BISCHOF / JUNGBAUER / BRÄUER /
CURKOVIC / MATHIAS / UHER

RVG
Kommentar

3. Auflage

BISCHOF / JUNGBAUER / BRÄUER /
CURKOVIC / MATHIAS / UHER

RVG

KOMMENTAR

3. Auflage

Luchterhand 2009

3. Auflage 2009

Bibliografische Information der Deutschen Bibliothek
Die Deutsche Bibliothek verzeichnet diese Publikation
in der Deutschen Nationalbibliografie;
detaillierte bibliografische Daten sind im Internet
über *http://dnb.ddb.de* abrufbar.

ISBN: 978-3-472-07388-8

ZITIERVORSCHLAG
Bearbeiter in Bischof RVG § ... Rn. ...; VV ... Rn. ...

---

www.wolterskluwer.de
www.luchterhand-fachverlag.de

Alle Rechte vorbehalten.
Luchterhand – eine Marke von Wolters Kluwer Deutschland GmbH.
© 2009 Wolters Kluwer Deutschland GmbH, Luxemburger Staße 449, 50939 Köln.

Das Werk einschließlich aller seiner Teile ist urheberrechtlich geschützt. Jede Verwertung außerhalb der engen Grenzen des Urheberrechtsgesetzes ist ohne Zustimmung des Verlages unzulässig und strafbar. Das gilt insbesondere für Vervielfältigungen, Übersetzungen, Mikroverfilmungen und die Einspeicherung und Verarbeitung in elektronischen Systemen.

Umschlagkonzeption: Martina Busch, Fürstenfeldbruck
Satz: Satz-Offizin Hümmer GmbH, Waldbüttelbrunn
Druck: L. E. G. O. S. p. A. – Lavis, Italy

Gedruckt auf säurefreiem, alterungsbeständigem und chlorfreiem Papier

Bearbeiter

Hans Helmut Bischof
VizepräsOLG a. D. Koblenz

Sabine Jungbauer
Rechtsfachwirtin, München

Antje Bräuer
Bürovorsteherin, München

Jaka Curkovic
Richterin am Landessozialgericht, Bonn

Wolfgang Mathias
Dipl.-Rpfl. u. Oberregierungsrat am LG Koblenz a. D.

Jochen D. Uher
Fachanwalt für Strafrecht, München

Vorwort

Seit der 2. Auflage dieses Kommentars ist weitere zahlreiche Rechtsprechung zum RVG ergangen. Auch einige umfassende Änderungen des RVG sind zwischenzeitlich in Kraft getreten, zu nennen sind hier insbesondere das Gesetz zur Änderung des Erfolgshonorarverbots, das auch erhebliche Auswirkungen auf nicht erfolgsbasierte Vergütungsvereinbarungen hat und bereits vollständig in die Neuauflage eingearbeitet wurde.

Insbesondere die Anrechnung der Geschäftsgebühr bereitet nicht nur der Praxis sondern auch den Gerichten erhebliche Arbeit und Kopfzerbrechen. Wohl kaum ein Thema wurde im vergangenen Jahr so heiß diskutiert wie das der Anrechnung der Geschäftsgebühr im Kostenfestsetzungsverfahren oder ihre Auswirkungen auf die von der Staatskasse bei PKH zu zahlende Vergütung. Inzwischen plant der Gesetzgeber eine Änderung durch Einführung eines neuen § 15 a RVG. Die Neuauflage stellt die umfangreiche Rechtsprechung zur Geschäftsgebühr und ihrer Anrechnung ebenso dar wie sie – soweit das zum Zeitpunkt der Drucklegung möglich war – auch auf die geplanten Änderungen durch § 15 a RVG-E eingeht.

Auch zu anderen Streitthemen hat sich viel getan, sei es die umfangreiche Rechtsprechung zu den Gebühren in Straf- und Bußgeldsachen (hier z. B. zum Längenzuschlag für Pflichtverteidiger oder der in Nrn. 4141 u. 5115 VV RVG geregelten Zusatzgebühren) oder auch die Rechtsprechung des BGH zum Thema Untervollmacht/Terminsvertreter.

Zahlreiche Entscheidungen des BGH zu anderen Fragen, wie denen des Kostenerstattungsrechts oder zur Termins- und Einigungsgebühr sind ebenso in die Neuauflage eingeflossen wie auch obergerichtliche Rechtsprechung, soweit sich der BGH zu bestimmten Problemen noch nicht geäußert hat.

Das Werk dient mit vielen Praxishinweisen und Berechnungsbeispielen der Anwendung in der täglichen Praxis.

Die Verfasser wünschen den Anwendern ihres Kommentars, dass sie mit seiner Hilfe ihre berechtigten Vergütungsansprüche zügig durchsetzen können und bei strittigen Fragen schnelle Antwort auf mögliche Vorgehensweisen finden.

Für Anregungen und Tipps aus der Praxis sind Autoren und Verlag dankbar.

November 2008   Die Verfasser

Autoren

Hans Helmut Bischof, VizePräsOLG a. D., war 28 Jahre im Kostensenat des OLG Koblenz, zuletzt 14 Jahre als dessen Vorsitzender tätig. Seit längerer Zeit ist er auf verschiedenen Gebieten als Dozent bei der Deutschen Anwaltakademie aktiv, insbesondere gestaltete er seit vielen Jahren im Team mit Herrn RA Madert und anschließend mit Frau Kindermann und Herrn Brieske den traditionsreichen **Intensivkurs Anwaltsgebührenrecht**, im Jahre 2008 auf Einladng früherer Teilnehmer mit Herrn RA Schons in Sils Maria. In den Jahren 2004 und 2005 hat er vor allem im Auftrag der Deutschen Anwaltakademie zahlreiche sehr gut besuchte Fortbildungsveranstaltungen zum neuen RVG durchgeführt. Er ist Autor von weiteren fünf Fachbüchern und weit über 100 Beiträgen in Fachzeitschriften, die sich etwa zur Hälfte mit Gebührenproblemen befassen. Er ist vielfältig als Gutachter in Gebühren- und Prozessrechtsfragen sowie als Schiedsrichter und ausgebildeter Wirtschaftsmediator tätig.

Sabine Jungbauer ist geprüfte Rechtsfachwirtin und arbeitet Teilzeit in München in einer renommierten Anwaltskanzlei. Sie ist seit vielen Jahren in der Aus- und Fortbildung der Rechtsfachwirte (Prozess- und Gebührenrecht) und Fachanwälte (Gebühren im Familien- u. Verkehrsrecht) tätig. Von der Autorin gibt es zahlreiche Veröffentlichungen in Fachzeitschriften (u. a. DAR, JurBüro). Sabine Jungbauer ist darüber hinaus Herausgeberin einer Buchreihe für Rechtsfachwirte im C. F. Müller Verlag (sowie Mitautorin des Werks Enders/Jungbauer, Übungsfälle für Rechtsfachwirte, Kosten- und Gebührenrecht) und als Referentin u. a. für den DAI, verschiedene Kammern und ISAR-Fachseminare (www.isar-fachseminare.de) tätig.

Antje Bräuer, Bürovorsteherin mit langjähriger Berufserfahrung, ist außerdem in der Aus- und Weiterbildung für Rechtsanwaltsfachangestellte tätig.

Autoren

Jaka Curkovic ist Richterin am Landessozialgericht Rheinland-Pfalz. Zur Zeit ist sie im 1. Senat tätig und dort für das Recht der Arbeitsförderung und das Krankenversicherungsrecht zuständig. Jaka Curkovic ist eine erfahrene Autorin im Sozialrecht. Sie ist Mitautorin des ebenfalls bei Wolters Kluwer Deutschland – Luchterhand erscheinenden Kommentars »SGG – Sozialgerichtsgesetz, Kommentar mit Nebenrecht« sowie des Kommentars »Sozialgesetzbuch III – Arbeitsförderung« (Nomos Verlag).

Wolfgang Mathias, Dipl.-Rpfl. und Oberregierungsrat a. D., bearbeitet insbesondere die Thematik der Prozesskostenhilfe. Wolfgang Mathias ist Mitautor des Werkes »Die Kostenfestsetzung« und des »KostO-Kommentars« aus dem Hause Wolters Kluwer Deutschland – Luchterhand.

Jochen D. Uher, Rechtsanwalt seit 1993 und Fachanwalt für Strafrecht. Jochen D. Uher ist u. a. Referent für Gebührenrecht bei der RAK München.

Inhaltsverzeichnis

Vorwort	VII
Literaturverzeichnis	XIX
Abkürzungsverzeichnis	XXIII
Rechtsanwaltsvergütungsgesetz – RVG (Gesetzestext)	1
– Text RVG	3
– Vergütungsverzeichnis RVG	31
– Anlage 2 (zu § 13 Abs. 1)	77

I.	**Kommentierung zum RVG**	79
Abschnitt 1. Allgemeine Vorschriften		79
§ 1	Geltungsbereich (*Bischof*)	79
§ 2	Höhe der Vergütung (*Bischof*)	100
§ 3	Gebühren in sozialrechtlichen Angelegenheiten (*Curkovic*)	113
§ 3a	Vergütungsvereinbarung (*Bischof*)	125
§ 4	Erfolgsunabhängige Vergütung (*Bischof*)	151
§ 4a	Erfolgshonorar (*Bischof*)	164
§ 4b	Fehlerhafte Vergütungsvereinbarung (*Bischof*)	188
§ 5	Vergütung für Tätigkeiten von Vertretern des Rechtsanwalts (*Bischof*)	192
§ 6	Mehrere Rechtsanwälte (*Bischof*)	204
§ 7	Mehrere Auftraggeber (*Bischof*)	212
§ 8	Fälligkeit, Hemmung der Verjährung (*Bischof*)	226
§ 9	Vorschuss (*Mathias*)	239
§ 10	Berechnung (*Mathias*)	246
§ 11	Festsetzung der Vergütung (*Bischof*)	252
§ 12	Anwendung von Vorschriften für die Prozesskostenhilfe (*Mathias*)	282
§ 12a	Abhilfe bei Verletzung des Anspruchs auf rechtliches Gehör (*Bischof*)	284
§ 12b	Elektronische Akte, elektronisches Dokument (*Mathias*)	296
Abschnitt 2. Gebührenvorschriften		299
§ 13	Wertgebühren (*Jungbauer*)	299
§ 14	Rahmengebühren (*Jungbauer*)	304
§ 15	Abgeltungsbereich der Gebühren (*Bischof*)	330
Abschnitt 3. Angelegenheit		358
§ 16	Dieselbe Angelegenheit (*Bischof*)	358
§ 17	Verschiedene Angelegenheiten (*Bischof*)	381
§ 18	Besondere Angelegenheiten (*Bischof*)	390
§ 19	Rechtszug; Tätigkeiten, die mit dem Verfahren zusammenhängen (*Bischof*)	412
§ 20	Verweisung, Abgabe (*Jungbauer*)	436
§ 21	Zurückverweisung (*Jungbauer*)	444
Abschnitt 4. Gegenstandswert		453
§ 22	Grundsatz (*Bischof*)	453
§ 23	Allgemeine Wertvorschrift (*Jungbauer*)	468
§ 23a	Gegenstandswert im Musterverfahren nach dem Kapitalanleger-Musterverfahrensgesetz (*Mathias*)	495

Inhaltsverzeichnis

§ 24	Gegenstandswert für bestimmte einstweilige Anordnungen (*Mathias*)	497
§ 25	Gegenstandswert in der Zwangsvollstreckung (*Bräuer*)	499
§ 26	Gegenstandswert in der Zwangsversteigerung (*Bräuer*)	507
§ 27	Gegenstandswert in der Zwangsverwaltung (*Bräuer*)	511
§ 28	Gegenstandswert im Insolvenzverfahren (*Bräuer*)	514
§ 29	Gegenstandswert im Verteilungsverfahren nach der Schifffahrtsrechtlichen Verteilungsverordnung (*Bräuer*)	518
§ 30	Gegenstandswert in gerichtlichen Verfahren nach dem Asylverfahrens-Gesetz (*Jungbauer*)	519
§ 31	Gegenstandswert in gerichtlichen Verfahren nach dem Spruchverfahrensgesetz (*Jungbauer*)	527
§ 31 a	Ausschlussverfahren nach dem Wertpapiererwerbs- und Übernahmegesetz (*Jungbauer*)	531
§ 32	Wertfestsetzung für die Gerichtsgebühren (*Bischof*)	534
§ 33	Wertfestsetzung für die Rechtsanwaltsgebühren (*Bischof*)	551

Abschnitt 5. Außergerichtliche Beratung und Vertretung 570

§ 34	Beratung, Gutachten, Mediation (*Bischof*)	570
§ 35	Hilfeleistung in Steuersachen (*Mathias*)	609
§ 36	Schiedsrichterliche Verfahren und Verfahren vor dem Schiedsgericht (*Bischof*)	619

Abschnitt 6. Gerichtliche Verfahren 629

§ 37	Verfahren vor den Verfassungsgerichten (*Jungbauer*)	629
§ 38	Verfahren vor dem Gerichtshof der Europäischen Gemeinschaften (*Jungbauer*)	640
§ 39	In Scheidungs- und Lebenspartnerschaftssachen beigeordneter Rechtsanwalt (*Jungbauer*)	650
§ 40	Als gemeinsamer Vertreter bestellter Rechtsanwalt (*Jungbauer*)	653
§ 41	Prozesspfleger (*Jungbauer*)	655

Abschnitt 7. Straf- und Bußgeldsachen 658

§ 42	Feststellung einer Pauschgebühr (*Uher*)	658
§ 43	Abtretung des Kostenerstattungsanspruchs (*Uher*)	663

Abschnitt 8. Beigeordneter oder bestellter Rechtsanwalt, Beratungshilfe 667

§ 44	Vergütungsanspruch bei Beratungshilfe (*Mathias*)	667
§ 45	Vergütungsanspruch des beigeordneten oder bestellten Rechtsanwalts (*Mathias*)	670
§ 46	Auslagen und Aufwendungen (*Mathias*)	676
§ 47	Vorschuss (*Mathias*)	682
§ 48	Umfang des Anspruchs und der Beiordnung (*Mathias*)	687
§ 49	Wertgebühren aus der Staatskasse (*Mathias*)	695
§ 50	Weitere Vergütung bei Prozesskostenhilfe (*Jungbauer*)	697
§ 51	Festsetzung einer Pauschgebühr in Straf- und Bußgeldsachen (*Uher*)	706
§ 52	Anspruch des bestellten Rechtsanwalts gegen den Beschuldigten oder den Betroffenen (*Uher*)	713
§ 53	Anspruch gegen den Auftraggeber, Anspruch des zum Beistand bestellten Rechtsanwalts gegen den Verurteilten (*Uher*)	719
§ 54	Verschulden eines beigeordneten oder bestellten Rechtsanwalts (*Uher*)	721
§ 55	Festsetzung der aus der Staatskasse zu zahlenden Vergütungen und Vorschüsse (*Uher*)	723
§ 56	Erinnerung und Beschwerde (*Uher*)	729

§ 57	Rechtsbehelf in Bußgeldsachen vor der Verwaltungsbehörde (*Uher*)	731
§ 58	Anrechnung von Vorschüssen und Zahlungen (*Bräuer*)	732
§ 59	Übergang von Ansprüchen auf die Staatskasse (*Bräuer*)	739

Abschnitt 9. Übergangs- und Schlussvorschriften ... 744

| § 60 | Übergangsvorschrift (*Jungbauer*) | 744 |
| § 61 | Übergangsvorschrift aus Anlass des Inkrafttretens dieses Gesetzes (*Jungbauer*) | 762 |

II. Kommentierung zum Vergütungsverzeichnis ... 782

Vorwort zum Vergütungsverzeichnis (Bischof) ... 785

Teil 1. Allgemeine Gebühren ... 791

Vorbemerkung 1 VV (*Bischof*) ... 791
1000 VV (*Bischof*) ... 793
1001 VV (*Jungbauer*) ... 824
1002 VV (*Curkovic*) ... 828
1003 VV (*Bischof*) ... 832
1004 VV (*Bischof*) ... 845
1005–1007 VV (*Curkovic*) ... 853
1008 VV (*Bischof*) ... 855
1009 VV (*Bräuer*) ... 887

Teil 2. Außergerichtliche Tätigkeiten einschließlich der Vertretung im Verwaltungsverfahren ... 893

Vorbemerkung 2 VV (*Jungbauer*) ... 893

Abschnitt 1. Prüfung der Erfolgsaussicht eines Rechtsmittels ... 896

2100 VV (*Jungbauer*) ... 896
2101 VV (*Jungbauer*) ... 907
2102 VV (*Jungbauer*) ... 910
2103 VV (*Jungbauer*) ... 914

Abschnitt 2. Herstellung des Einvernehmens ... 916

2200 VV (*Jungbauer*) ... 916
2201 VV (*Jungbauer*) ... 920

Abschnitt 3. Vertretung ... 921

Vorbemerkung 2.3 VV (*Jungbauer*) ... 921
2300 VV (*Jungbauer*) ... 928
2301 VV (*Jungbauer*) ... 992
2302 VV (*Jungbauer*) ... 999
2303 VV (*Jungbauer*) ... 1002

Abschnitt 4. Vertretung in bestimmten sozialrechtlichen Angelegenheiten ... 1009

Vorbemerkung 2.4 VV (*Curkovic*) ... 1009
2400 VV (*Curkovic*) ... 1009
2401 VV (*Curkovic*) ... 1009

Abschnitt 5. Beratungshilfe ... 1012

Vorbemerkung 2.5 VV (*Jungbauer*) ... 1012
2500 VV (*Jungbauer*) ... 1028

Inhaltsverzeichnis

2501 VV (*Jungbauer*)	1029
2502 VV (*Jungbauer*)	1032
2503 VV (*Jungbauer*)	1034
2504–2507 VV (*Jungbauer*)	1037
2508 VV (*Jungbauer*)	1039

Teil 3. Bürgerliche Rechtsstreitigkeiten, Verfahren der freiwilligen Gerichtsbarkeit, der öffentlich-rechtlichen Gerichtsbarkeit, Verfahren nach dem Strafvollzugsgesetz und ähnliche Verfahren ... 1041

Vorbemerkung 3 VV (*Bischof*) ... 1041

Abschnitt 1. Erster Rechtszug ... 1090

Vorbemerkung 3.1 VV (*Bischof*)	1090
3100 VV (*Bischof*)	1093
3101 VV (*Bischof*)	1116
3102–3103 VV (*Curkovic*)	1148
3104 VV (*Bischof*)	1151
3105 VV (*Bischof*)	1183
3106 VV (*Curkovic*)	1198

Abschnitt 2. Berufung, Revision, bestimmte Beschwerden und Verfahren vor dem Finanzgericht ... 1202

Vorbemerkung 3.2 VV (*Mathias*)	1202
Unterabschnitt 1. Berufung, bestimmte Beschwerden und Verfahren vor dem Finanzgericht	1202
Vorbemerkung 3.2.1 VV (*Mathias*)	1205
3200–3201 VV (*Mathias*)	1210
3202 VV (*Mathias*)	1216
3204–3205 VV (*Curkovic*)	1219
Unterabschnitt 2. Revision	1223
Vorbemerkung 3.2.2 VV (*Mathias*)	1223
3206–3209 VV (*Mathias*)	1223
3210–3211 VV (*Mathias*)	1225
3212–3213 VV (*Curkovic*)	1226

Abschnitt 3. Gebühren für besondere Verfahren ... 1227

Unterabschnitt 1. Besondere erstinstanzliche Verfahren	1227
Vorbemerkung 3.3.1 VV (*Mathias*)	1227
3300–3301 VV (*Mathias*)	1227
Unterabschnitt 2. Mahnverfahren	1229
Vorbemerkung 3.3.2 VV (*Bräuer*)	1229
3305 VV (*Bräuer*)	1230
3306 VV (*Bräuer*)	1247
3307 VV (*Bräuer*)	1249
3308 VV (*Bräuer*)	1259
Unterabschnitt 3. Zwangsvollstreckung und Vollziehung einer im Wege des einstweiligen Rechtsschutzes ergangenen Entscheidung	1266
Vorbemerkung 3.3.3 VV (*Bräuer*)	1266
3309 VV (*Bräuer*)	1266
3310 VV (*Bräuer*)	1286
Unterabschnitt 4. Zwangsversteigerung und Zwangsverwaltung	1288
3311 VV (*Bräuer*)	1289
3312 VV (*Bräuer*)	1295

Inhaltsverzeichnis

Unterabschnitt 5. Insolvenzverfahren, Verteilungsverfahren nach der Schifffahrtsrechtlichen Verteilungsordnung	1296
Vorbemerkung 3.3.5 VV (*Bräuer*)	1296
3313 VV (*Bräuer*)	1301
3314 VV (*Bräuer*)	1302
3315 VV (*Bräuer*)	1303
3316 VV (*Bräuer*)	1305
3317 VV (*Bräuer*)	1306
3318 VV (*Bräuer*)	1310
3319 VV (*Bräuer*)	1312
3320 VV (*Bräuer*)	1314
3321 VV (*Bräuer*)	1316
3322 VV (*Bräuer*)	1318
3323 VV (*Bräuer*)	1320
Unterabschnitt 6. Sonstige besondere Verfahren	1322
Vorbemerkung 3.3.6 VV (*Bräuer*)	1322
3324 VV (*Bräuer*)	1322
3325 VV (*Bräuer*)	1324
3326 VV (*Bräuer*)	1326
3327 VV (*Bräuer*)	1328
3328 VV (*Bräuer*)	1330
3329 VV (*Bräuer*)	1332
3330 VV (*Bräuer*)	1334
3331 VV (*Bräuer*)	1336
3332 VV (*Bräuer*)	1338
3333 VV (*Bräuer*)	1339
3334 VV (*Bräuer*)	1341
3335 VV (*Mathias*)	1343
3336 VV (*Curkovic*)	1348
3337 VV (*Bräuer*)	1349
Abschnitt 4. Einzeltätigkeiten	1352
Vorbemerkung 3.4 VV (*Jungbauer*)	1352
3400 VV (*Jungbauer*)	1353
3401 VV (*Jungbauer*)	1368
3402 VV (*Jungbauer*)	1381
3403 VV (*Bräuer*)	1405
3404 VV (*Bräuer*)	1407
3405 VV (*Jungbauer*)	1408
3406 VV (*Curkovic*)	1412
Abschnitt 5. Beschwerde, Nichtzulassungsbeschwerde und Erinnerung	1413
Vorbemerkung 3.5 VV (*Bräuer*)	1413
3500 VV (*Bräuer*)	1413
3501 VV (*Curkovic*)	1416
3502 VV (*Bräuer*)	1417
3503 VV (*Jungbauer*)	1418
3504–3505 VV (*Mathias*)	1419
3506–3509 VV (*Mathias*)	1421
3510 VV (*Mathias*)	1424
3511–3512 VV (*Curkovic*)	1426
3513 VV (*Bräuer*)	1428
3514 VV (*Bräuer*)	1429

Inhaltsverzeichnis

3515 VV (*Curkovic*)	1430
3516 VV (*Mathias*)	1431
3517–3518 VV (*Curkovic*)	1432

Teil 4. Strafsachen ... 1433
Einleitung zu Teil 4 (Uher) ... 1433
Vorbemerkung 4 VV (*Uher*) ... 1437

Abschnitt 1. Gebühren des Verteidigers ... 1441
Unterabschnitt 1. Allgemeine Gebühren ... 1441
Vorbemerkung 4.1 VV (*Uher*) ... 1441
4100–4103 VV (*Uher*) ... 1442
Unterabschnitt 2. Vorbereitendes Verfahren ... 1446
Vorbemerkung 4.1.2 VV (*Uher*) ... 1446
4104–4105 VV (*Uher*) ... 1446
Unterabschnitt 3. Gerichtliches Verfahren ... 1448
4106–4135 VV (*Uher*) ... 1448
Unterabschnitt 4. Wiederaufnahmeverfahren ... 1452
Vorbemerkung 4.1.4 VV (*Uher*) ... 1452
4136–4140 VV (*Uher*) ... 1452
Unterabschnitt 5. Zusätzliche Gebühren ... 1455
4141–4146 VV (*Uher*) ... 1455
4145 VV (*Uher*) ... 1460

Abschnitt 2. Gebühren in der Strafvollstreckung ... 1462
Vorbemerkung 4.2 VV (*Uher*) ... 1462
4200–4203 VV (*Uher*) ... 1462
4204–4207 VV (*Uher*) ... 1463

Abschnitt 3. Einzeltätigkeiten ... 1464
Vorbemerkung 4.3 VV (*Uher*) ... 1464
4300–4304 VV (*Uher*) ... 1464

Teil 5. Bußgeldsachen ... 1469
Vorbemerkung 5 VV (*Uher*) ... 1469

Abschnitt 1. Gebühren des Verteidigers ... 1471
Vorbemerkung 5.1 VV (*Uher*) ... 1471
Unterabschnitt 1. Allgemeine Gebühr ... 1472
5100 VV (*Uher*) ... 1472
Unterabschnitt 2. Verfahren vor der Verwaltungsbehörde ... 1473
Vorbemerkung 5.1.2 VV (*Uher*) ... 1473
5101–5106 VV (*Uher*) ... 1473
Unterabschnitt 3. Verfahren vor dem Amtsgericht ... 1474
Vorbemerkung 5.1.3 VV (*Uher*) ... 1474
5107–5112 VV (*Uher*) ... 1474
Unterabschnitt 4. Verfahren über die Rechtsbeschwerde ... 1475
5113–5114 VV (*Uher*) ... 1475
Unterabschnitt 5. Zusätzliche Gebühren ... 1476
5115–5116 VV (*Uher*) ... 1476

Inhaltsverzeichnis

Abschnitt 2. Einzeltätigkeiten	1478
5200 VV (*Uher*)	1478

Teil 6. Sonstige Verfahren	1479
Vorbemerkung 6 VV (*Uher*)	1479

Abschnitt 1. Verfahren nach dem Gesetz über die internationale Rechtshilfe in Strafsachen und Verfahren nach dem JStGH-Gesetz	1480
6100 VV (*Uher*)	1480
6101 VV (*Uher*)	1480

Abschnitt 2. Disziplinarverfahren, berufsgerichtliche Verfahren wegen der Verletzung einer Berufspflicht	1481
Vorbemerkung 6.2 VV (*Uher*)	1481
Unterabschnitt 1. Allgemeine Gebühren	1482
6200–6201 VV (*Uher*)	1482
Unterabschnitt 2. Außergerichtliches Verfahren	1482
6202 VV (*Uher*)	1482
Unterabschnitt 3. Gerichtliches Verfahren	1482
Vorbemerkung 6.2.3 VV (*Uher*)	1482
6203–6215 VV (*Uher*)	1482
Unterabschnitt 4. Zusatzgebühr	1484
6216 VV (*Uher*)	1484

Abschnitt 3. Gerichtliche Verfahren bei Freiheitsentziehung und in Unterbringungssachen	1486
6300–6303 VV (*Uher*)	1486

Abschnitt 4. Besondere Verfahren und Einzeltätigkeiten	1487
Vorbemerkung 6.4 VV (*Uher*)	1487
6400–6401 VV (*Uher*)	1488
6402–6403 VV (*Uher*)	1488
6404 VV (*Uher*)	1489

Teil 7. Auslagen	1491
Vorbemerkung 7 VV (*Bräuer*)	1491
7000 VV (*Bräuer*)	1497
7001–7002 VV (*Bräuer*)	1511
7003 VV (*Bräuer*)	1532
7004 VV (*Bräuer*)	1533
7005 VV (*Bräuer*)	1535
7006 VV (*Bräuer*)	1536
7007 VV (*Bräuer*)	1537
7008 VV (*Bräuer*)	1539

Anhang		1551
Anhang I	Synopse RVG a. F. – n. F. (*Jungbauer*)	1553
Anhang II	Bisherige Änderungen des RVG	1557
Anhang III	VV Nrn. 2100–2103 a. F. (*Jungbauer*)	1559
Anhang IV	Streitwertkatalog 2004	1577
Anhang V	Streiwertkatalog	1594

Stichwortverzeichnis	1613

Literaturverzeichnis

Bücher

Bassenge/Herbst	Gesetz über die Angelegenheiten der Freiwilligen Gerichtsbarkeit. Rechtspflegergesetz. Kommentar. 9. Auflage 2001
Baumbach/Hefermehl	Wettbewerbsrecht, 22. Auflage 2002
Baumbach/Lauterbach/Albers/Hartmann	ZPO, 66. Auflage 2008
Baumgärtel/Braunert/Föller/Heyenröder/ Houben/Lompe	RVG, 13. Auflage 2007
Borgmann/Haug	Anwaltshaftung, 4. Auflage 2003
Burhoff	RVG Straf- und Bußgeldsachen 2. Auflage 2008
Brunner/Dölling	Jugendgerichtsgesetz, 11. Auflage 2002
Braun	Die Gebührenabrechnung nach dem neuen RVG, 2003
Brieske	Die anwaltliche Honorarvereinbarung, 1997
Dölling/Feltes/Dittmann/Laue/Törnieg	Die Dauer von Strafverfahren vor den Landgerichten, 2000
Ebert	Strukturreform der BRAGO – Entwurf der Expertenkommission für ein RVG, BRAGO-Mitteilungen 6/2002
Enders	RVG für Anfänger, 13. Auflage 2006 (teilweise 14. Auflage 2004, dann entsprechend gekennzeichnet)
Ernst	Rechtsanwaltsvergütung 2004
Eyermann-Fröhler	Verwaltungsgerichtsordnung, 11. Auflage 2000
Expertenkommission	Gesetz über die Vergütung der Rechtsanwälte (Rechtsanwaltsvergütungsgesetz-RVG-E, Stand: 29.08.2001)
Feuerich/Braun	Bundesrechtsanwaltsordnung, 6. Auflage 2003
Festschrift für Madert	RVG – Probleme und Chancen, Festschrift für Wolfgang Madert, Hrsg. von Hans Helmut Bischof, 2006
Gebauer/Schneider	RVG, 2. Auflage 2004, sofern nicht anders gekennzeichnet (3. + 4. Auflage s. Schneider/Wolf)
Gerold/Schmidt/von Eicken/Madert	BRAGO, 15. Auflage 2002
Gerold/Schmidt/von Eicken/Madert/ Müller-Rabe	RVG, 17. Auflage 2006
Godin/Wilhelmi	Aktiengesetz, 4. Auflage 1971 (Nachdruck 1985)
Gerold/Schmidt/Nadert/Müller-Rabe/ Mayer/Burhoff	RVG 18. Auflage 2008
Göhler	Gesetz über Ordnungswidrigkeiten, 13. Auflage 2002
Göttlich/Mümmler	Kostenordnung, 15. Auflage 2000
Göttlich/Mümmler	BRAGO, 20. Auflage 2001
Göttlich/Mümmler/Rehberg/Xanke	RVG, 2. Auflage 2006
Harbauer	Rechtsschutzversicherung, 6. Auflage 1998
Hansens	BRAGO, 9. Auflage 2004
Hansens/Braun/Schneider	Praxis des Vergütungsrechts 2004
Hartmann	Kostengesetze, 38. Auflage 2008
Hartung/Römermann/Schons	RVG 2. Auflage 2006
Hennig	SGG (Loseblatt, Stand: Mai 2006)

Literaturverzeichnis

Hillach/Rohs	Handbuch des Streitwerts in bürgerlichen Rechtsstreitigkeiten, 9. Auflage 1995
Jungbauer	Gebührenoptimierung in Familiensachen 2005
Jungbauer	Prüfungsvorbereitungsbuch RVG u. GKG 2007 4. Auflage 2007 (zitiert Jungbauer, Rn. 1)
Jungbauer	Rechtsanwaltsvergütung 2007
Jungbauer/Enders	Übungsfälle für Rechtsfachwirte, Kosten- und Gebührenrecht, 2008
Kalthoener/Büttner	Prozesskostenhilfe und Beratungshilfe, 3. Auflage 2003
Keidel/Kunze/Winter	FGG, 15. Auflage 2003
Kindermann	Gebührenpraxis für Anwälte, 2001
Kindermann	Abrechnung in Ehe- und Familiensachen 2005 (zitiert: Kindermann Rn. 1)
Kleine-Cosack	Verfassungsbeschwerde und Menschenrechtsbeschwerde, 1. Auflage 2001
Kleinknecht/Meyer-Goßner	Strafprozeßordnung, 49. Auflage 2006
Korintenberg/Lappe/Bengel/Reimann	Kostenordnung, 17. Auflage 2008
Lappe	Gebührentipps für Anwälte, 3. Auflage 2000
Lindenmann/Trenk-Hinterberger	Beratungshilfegesetz, 1996
Lindenmeier/Möhring	Nachschlagewerk des Bundesgerichtshofs
Löwe/Rosenberg	Strafprozeßordnung und Gerichtsverfassungsgesetz, 25. Auflage 1997
Madert/Schons	Die Vergütungsvereinbarung, 3. Auflage 2006
Madert	Anwaltsgebühren in Zivilsachen, 4. Auflage 2000
Madert/Tacke	Anwaltsgebühren in Verwaltungs-, Steuer- und Sozialsachen, 1991
Markl/Meyer	GKG, 5. Auflage 2002
Marx	Kommentar zum Asylverfahrensgesetz, 5. Auflage 2003
Maurer/Krämer/Kilian	Vergütungsvereinbarung und -management 2004
Mayer/Kroiß	RVG, 2. Auflage 2006
Meyer	Strafrechtsentschädigung und Auslagenerstattung, 5. Auflage 2002
Meyer/Höver/Bach	Gesetz über die Entschädigung von Zeugen und Sachverständigen, 22. Auflage 2002
Meyer-Ladewig/Keller/Leitherer	SGG, 8. Auflage 2005
Mutschler	Kostenrecht in öffentlich-rechtlichen Streitigkeiten 2003
Oestreich/Winter/Hellstab	Gerichtskostengesetz (Loseblatt)
Palandt/Bearbeiter	BGB, 67. Auflage 2008
Pastor/Ahrens	Der Wettbewerbsprozeß, 4. Auflage 1999
Prölls/Martin	Versicherungsvertragsgesetz, 27. Auflage 2004
Rehberg	Gebühren- und Kostenrecht im Arbeitsrecht, 1. Auflage 2000
Riedel/Sußbauer	RVG, 9. Auflage 2005
Römer/Langheid	Versicherungsvertragsgesetz, 2. Auflage 2003
Rosenberg/Schwab/Gottwald	Zivilprozeßrecht, 16. Auflage 2004
Saage/Göppinger	Freiheitsentziehung und Unterbringung, 4. Auflage 2001
Schellhammer	Zivilprozess, 12. Auflage 2007
Schippel	BNotO, 7. Auflage 2000
Schneider	Die Vergütungsvereinbarung, 1. Auflage 2005
Schneider	Fälle und Lösungen zum RVG 2008

Literaturverzeichnis

Schneider/Herget	Streitwert-Kommentar, 11. Auflage 1996
Schneider/Wolf	RVG, 3. Auflage 2006 (4. Auflage 2008 soweit gekennzeichnet)
Schoreit/Dehn	Beratungshilfe – Prozeßkostenhilfe, 9. Auflage 2007
Schumann/Geißinger	Bundesgebührenordnung für Rechtsanwälte, 2. Auflage 1974
Seitz	Inkasso-Handbuch, 4. Auflage 2003
Stein/Jonas/Bearbeiter	ZPO, 22. Auflage 2003 ff.
Teubel	Gebührenmanagement in der Anwaltskanzlei, 1996
Teubel/Schons	Erfolgshonorar für Anwälte, 1. Auflage 2008
Thomas/Putzo	ZPO, 27. Auflage 2005
von Eicken/Hellstab/Lappe/Madert/ Mathias	Die Kostenfestsetzung, 19. Auflage 2005
Zeller/Stöber	Zwangsversteigerungsgesetz, 17. Auflage 2002
Zöller/Bearbeiter	ZPO, 26. Auflage 2008

Literaturverzeichnis

Aufsätze

Bischof	RVG – Erste Gebührenprobleme für Schiedsverfahren und Mediation, SchiedsVZ 2004, 252
Bischof	Das Kostenmodernisierungsgesetz – transparenter und einfacher, AGS 2004, 329
Bischof	Transparenz des RVG oder Wir wollen mehr Transparenz wagen – Terminsgebühr durch Besprechung, JurBüro 2004, 296
Bischof	Freiwillige übergesetzliche Gebührenleistung des Mandanten und Rückforderung, JurBüro 2005, 17
Bischof	1. Anwaltliche Vertretung bei der Erinnerung im Kostenfestsetzungs- und Ansatzverfahren beim Verwaltungsgericht – nach dem RVG anwaltsgebührenfrei? 2. Löst die Erinnerung nach § 766 ZPO immer die Gebühr der Nr. 3500 VV RVG aus? JurBüro 2006, 346
Bischof	Gesonderte Anwaltsgebühren bei Tätigkeit im gerichtsnaher Mediation? AGS 2007, 343; 393
Bischof	Hilfsantrag-Hilfsaanrechnung-Hilfswiderklage-Gebühren? AGS 2008, 317
Bischof	Geschäftsgebühr und nachfolgender Prozeß, JurBüro 2007, 314
Geißinger	Rechtsprechung in Beratungshilfesachen, AnwBl. 1992
Geißinger	Betrachtungen zum Beratungshilfegesetz, JurBüro 1984
Hansens	Inhalt der Kostenberechnung nach § 10 RVG, RVGreport 2/2004
Hansens	Neue Formerfordernisse für anwaltliche Kostenberechnungen, RVGreport 2/2004
Hansens	Gerichtsstand bei Honorarklagen, RVGreport 1/2004
Hansens	Die außergerichtliche Vertretung in Zivilsachen, RVGreport 2/2004
Herget	Beratungshilfe in der gerichtlichen Praxis, MDR 1984
Madert	Die Gebühren des Rechtsanwalts für Beratung und außergerichtliche Vertretung nach dem Rechtsanwaltsvergütungsgesetz in Verbindung mit dem Vergütungsverzeichnis, AGS 2004
Mock	Gegenüberstellung von BRAGO und RVG: Ein erster Vergleich, AGS 2003
Mümmler	Betrachtungen zum Beratungshilfegesetz, JurBüro 1984
Schall	Die Gebühren der Rechtsanwälte in der nichtstreitigen Steuerberatung, BB 1988
Schmidt	Anwaltsvergütung im ZPO-Mahnverfahren nach dem RVG, RVGreport 2004
Schneider	Die allgemeinen Regelungen/RVG-Spezial, AGS 2003
Schneider	Die Auslagentatbestände nach dem RVG, AGS 2004

Abkürzungsverzeichnis

a. A.	anderer Ansicht
Abl.	Amtsblatt
a. E.	am Ende
a. F.	alte Fassung
AG	1. Amtsgericht
AG	2. Die Aktiengesellschaft
AfP	Archiv für Presserecht
AGS	Anwaltsgebühren spezial
AgrarR	Agrarrecht
AKB	Allgemeine Bedingungen für die Kraftfahrtversicherung
AktG	Aktiengesetz
a. M.	anderer Meinung
ÄndG	Änderungsgesetz
Anm.	Anmerkung
AnwBl.	Anwaltsblatt
AO	Abgabenordnung
AP	Nachschlagewerk des Bundesarbeitsgerichts (seit 1954, vorher: Arbeitsrechtliche Praxis)
ARB	Allgemeine Bedingungen für die Rechtsschutzversicherung
ArbG	Arbeitsgericht
ArbGG	Arbeitsgerichtsgesetz
ArbuR	Arbeit und Recht
A-RST	Arbeitsrecht in Stichworten
Ast	Antragsteller
AuA	Arbeit und Arbeitsrecht
AuAS	Ausländer- und asylrechtlicher Rechtsprechungsdienst
BAA	Bundesausgleichsamt
BAG	Bundesarbeitsgericht
BAGE	Bundesarbeitsgerichtsentscheidungen
BauGB	Baugesetzbuch
BauR	Baurecht
BayerGVBl.	Bayerisches Gesetz- und Verordnungsblatt
BayJMBl.	Bayerisches Justizminsterialblatt
BayOLG	Bayerisches Oberstes Landesgericht
BayOLGZ	Entscheidungen des Bayerischen Obersten Landesgerichts in Zivilsachen
BayVBl.	Bayerische Verwaltungsblätter
BayVerfGH	Bayerischer Verfassungsgerichtshof
BB	Der Betriebsberater
BDH	Bundesdisziplinarhof
BerHG	Beratungshilfegesetz
BerlAnwBl.	Berliner Anwaltsblatt
BerlGVBl.	Berliner Gesetz- und Verordnungsblatt
BFG	Bundesfinanzgericht
BFH	Bundesfinanzhof
BFHE	Sammlung der Entscheidungen und Gutachten des BFH
BFH/NV	Beck'sches Nachschlagewerk der Entscheidungen des BFH
BGB	Bürgerliches Gesetzbuch

Abkürzungsverzeichnis

BGBl.	Bundesgesetzblatt
BGH	Bundesgerichtshof
BGH EBE	Eildienst der Entscheidungen des BGH
BGHEntlG	Gesetz zur Entlastung des Bundesgerichtshofes in Zivilsachen
BGHST	Entscheidungen des BGH in Strafsachen
BGHZ	Entscheidungen des BGH in Zivilsachen
BMinBlF	Bundesministerialblatt für Finanzen
BMJ	Bundesminister der Finanzen
BNotO	Bundesnotarordnung
BO	Berufsordnung für Rechtsanwälte
BPatG	Bundespatentgericht
BPersVG	Bundespersonalvertretungsgesetz
BRAGO	Bundesgebührenordnung für Rechtsanwälte
BRAK-Mitt.	BRAK-Mitteilungen
BRAO	Bundesrechtsanwaltsordnung
Breith.	Sammlung von Entscheidungen aus dem Sozialrecht
BSG	Bundessozialgericht
BStBl.	Bundessteuerblatt
BtPrax	Betreuungsrechtliche Praxis
BT-Drs.	Bundestags-Drucksachen
BVerfG	Bundesverfassungsgericht
BVerwG	Bundesverwaltungsgericht
CR	Computer und Recht
DAR	Deutsches Autorecht
DAV	Deutscher Anwaltverein
DAVorm	Der Amtsvormund
DAngV	Die Angestellten-Versicherung
DB	Der Betrieb
DGVZ	Deutsche Gerichtsvollzieherzeitung
DJ	Deutsche Justiz
DJZ	Deutsche Juristenzeitung
DNotZ	Deutsche Notarzeitung
DÖV	Die öffentliche Verwaltung
DR	Deutsches Recht
DRZ	Deutsche Rechtszeitschrift
DRiZ	Deutsche Richterzeitung
DStR	1. Deutsche Steuer-Rundschau
DStR	2. Deutsches Steuerrecht
DStZ	Deutsche Steuerzeitung
DtZ	Deutsch-Deutsche Rechtszeitschrift
DVBl.	Deutsches Verwaltungsblatt
DVO	Durchführungsverordnung
DWW	Deutsche Wohnungswirtschaft
DZWir	Deutsche Zeitschrift für Wirtschaftsrecht
EFG	Entscheidungen der Finanzgerichte
EGBGB	Einführungsgesetz zum Bürgerlichen Gesetzbuch
EGE	Ehrengerichtliche Entscheidungen
EGGVG	Einführungsgesetz zum Gerichtsverfassungsgesetz
EGH	Ehrengerichtshof-Entscheidungen
EheG	Ehegesetz
EinigVtr	Einigungsvertrag

Abkürzungsverzeichnis

1. ERG	1. Ehereformgesetz
EuGH	Gerichtshof der Europäischen Gemeinschaften
EWIR	Entscheidungen zum Wirtschaftsrecht
EzA	Entscheidungen zum Arbeitsrecht
EzFamR aktuell	Entscheidungssammlung zum Familienrecht
f.	folgende
FamRZ	Zeitschrift für das gesamte Familienrecht
FEVG	Freiheitsentziehungsverfahrensgesetz
ff.	fortfolgende
FG	Finanzgericht
FGG	Gesetz über die freiwillige Gerichtsbarkeit
FGO	Finanzgerichtsordnung
FPR	Familie, Partnerschaft und Recht
FreihEntzG	Gesetz über die Entziehung der Freiheit geisteskranker, geistesschwacher, rauschgift- oder alkoholsüchtiger Personen
FuR	Familie und Recht
G.	Gesetz
GBl.	Gesetzblatt
Gbl. DDR I	Gesetzblatt Deutsche Demokratische Republik Teil I
GBO	Grundbuchordnung
Geb.	Gebühr
GebrMG	Gebrauchsmustergesetz
GG	Grundgesetz
GKG	Gerichtskostengesetz
GenG	Genossenschaftsgesetz
GewArch	Gewerbearchiv
GmbH-Rdsch	GmbH-Rundschau
GrdstVG	Grundstücksverkehrsgesetz
Grundeigentum	Das Grundeigentum
GRUR	Gewerblicher Rechtsschutz und Urheberrecht, Auslandsteil
GuVBl.	Gesetz- und Verordnungsblatt
GV	Gerichtsvollzieher
GVG	Gerichtsverfassungsgesetz
GVKostG	Gesetz über Kosten der Gerichtsvollzieher
GWB	Gesetz gegen Wettbewerbsbeschränkungen
H.	Hinweise(n)
HausratsVO	Hausratsverordnung
HFR	Höchstrichtlicher Finanzrechtsprechung
HGB	Handelsgesetzbuch
h. M.	herrschende Meinung
HöfeO	Höfeordnung
HöfeVO	Verfahrensordnung für Höfesachen
HRR	Höchstrichterliche Rechtsprechung
HW	Haus und Wohnung, Berlin
i. d. F.	in der Fassung
InVo	Insolvenz und Vollstreckung
IRG	Gesetz über die internationale Rechtshilfe in Strafsachen
i. S.	im Sinne
i. V. m.	im Verbindung mit
JBeitrO	Justizbeitreibungsordnung

Abkürzungsverzeichnis

JGG	Jugendgerichtsgesetz
JMBl.	Justizministerialblatt
JMBlNRW	Justizministerialblatt für Nordrhein-Westfalen
JR	Juristische Rundschau
JurBüro	Das Juristische Büro. Fachzeitschrift
Justiz	Die Justiz, Amtsblatt des Justizministeriums Baden-Württemberg
JVBl.	Justizverwaltungsblatt
JWG	Gesetz für Jugendwohlfahrt (Jugendwohlfahrtgesetz)
JW	Juristische Wochenschrift
JZ	Juristenzeitung
KG	Kammergericht
KGBl.	Blätter für Rechtspflege im Bezirk des Kammergerichts
KGaA	Kommanditgesellschaft auf Aktien
KG-Rspr	Rechtsprechung Kammergericht
KJHG	Kinder- und Jugendhilfegesetz
KK	Karlsruher Kommentar zur StPO
KO	Konkursordnung
KostÄndG	Kostenänderungsgesetz
KostO	Gesetz über die Kosten in Angelegenheiten der freiwilligen Gerichtsbarkeit (Kostenordnung)
KostRÄndG	Kostenrechts-Änderungsgesetz
KostRsp.	Kostenentscheidungen, begründet von Tschischgale/Luetgebrune/Lappe, 3. Auflage 1984
KostVfg.	Durchführungsbestimmungen zu den Kostengesetzen (Kostenverfügung – KostVfg)
KSchG	Kündigungsschutzgesetz
KStG	Körperschaftssteuergesetz
KStZ	Kommunale Steuerzeitschrift
KTS	Konkurs, Treuhand- und Schiedsgerichtswesen
KV-GKG	Kostenverfügung zum Gerichtskostengesetz
LAG	Lastenausgleichsgesetz auch: Landesarbeitsgericht
LAGE	Entscheidungssammlung Landesarbeitsgerichte
LArbG	Landesarbeitsgericht
LG	Landgericht
LPachtVG	Landpachtverkehrsgesetz
LS	Leitsatz
LSG	Landessozialgericht
LVerwG	Landesverwaltungsgericht
LwVG	Gesetz über das gerichtliche Verfahren in Landwirtschaftssachen
m. A.	meiner Ansicht
MDR	Monatsschrift für Deutsches Recht
MedR	Medizinrecht
MedSach	Der medizinische Sachverständige
MinBl.	Ministerialblatt
MittBayNotK	Mitteilungen Bayerische Notar-Kammer
MittRhNotK	Mitteilungen Rheinische Notar-Kammer
MRK	Menschenrechtskonvention
MschG	Mieterschutzgesetz
m. H.	mit Hinweisen
m. w. N.	mit weiteren Nachweisen

Abkürzungsverzeichnis

NdsRpfl.	Niedersächsische Rechtspflege
NDV	Nachrichtendienst des Deutschen Vereins für öffentliche und private Fürsorge
n. F.	neue Fassung
NGO	Niedersächsische Gemeindeordnung
NJ	Neue Justiz
NJW	Neue Juristische Wochenschrift
NJW-CoR	NJW-Computerreport
NJWE-MietR	NJW-Entscheidungsdienst für Miet- und Wohnungsrecht
NJWE-WettbR	NJW-Entscheidungsdienst für Wettbewerbsrecht
NJW-RR	Neue Juristische Wochenschrift Rechtsprechungsreport
NLO	Niedersächsische Landkreisordnung
NRW	Nordrhein-Westfalen
NSTE	Neue Entscheidungssammlung für Strafrecht
NStZ	Neue Zeitschrift für Strafrecht
NStZ-RR	Neue Zeitschrift für Strafrecht Rechtsprechungsreport
NVwZ	Neue Zeitschrift für Verwaltungsrecht
NVwZ-RR	Neue Zeitschrift für Verwaltungsrecht Rechtsprechungsreport
NZA	Neue Zeitschrift für Arbeitsrecht
NZA-RR	Neue Zeitschrift für Arbeitsrecht, Rechtsprechungsreport
NZS	Neue Zeitschrift für Sozialrecht
NZV	Neue Zeitschrift für Verkehrsrecht
OGH	Oberster Gerichtshof für die britische Zone
OHG	Offene Handelsgesellschaft
OLGR	Die Rechtsprechung der Oberlandesgerichte
OLG-Rspr	OLG-Rechtsprechung (Gericht)
OLGZ	Entscheidungen der Oberlandesgerichte in Zivilsachen einschließlich der freiwilligen Gerichtsbarkeit
ÖV	Zeitschrift »Die öffentliche Verwaltung«
OVG	Oberverwaltungsgericht
OWiG	Gesetz über Ordnungswidrigkeiten
PatG	Patentgesetz
PersR	Der Personalrat
PrEntG	Preußisches Enteignungsgesetz
ProzBev.	Prozessbevollmächtigter
RA	Rechtsanwalt
RADG	Rechtsanwaltsdienstleistungsgesetz
RAGebO	alte Gebührenordnung für Rechtsanwälte
RAK	Rechtsanwaltskammer
RAnB	Rechtsprechung Spezial Neue Bundesländer
RAO	Rechtsanwaltsordnung
Rbeistand	Rechtsbeistand
RdL	Recht der Landwirtschaft
RGZ	Reichsgericht, Entscheidungen in Zivilsachen
RGBl.	Reichsgesetzblatt
RGRKom.	BGB-Kommentar der Reichsgerichtsräte
RGSt	Entscheidungen des Reichsgerichts in Strafsachen
RIW/AWD	Recht der internationalen Wirtschaft/Außenwirtschaftsdienst des Betriebs-Beraters
Rn.	Randnummer
Rpfleger	Der Deutsche Rechtspfleger

Abkürzungsverzeichnis

RpflG / RpflegerG	Rechtspflegergesetz
rv	Die Rentenversicherung
RVG	Rechtsanwaltsvergütungsgesetz
RVG prof.	RVG professionell
Rspr.	Rechtsprechung
Rspr. (mit Zahl)	Rechtsprechung der Oberlandesgerichte
RuS	Recht und Schaden
RVG	Rechtsanwaltsvergütungsgesetz
RVO	Reichsversicherungsordnung
RzW	Rechtsprechung zum Wiedergutmachungsrecht (NJW)
S.	Seite / Satz
SaBl.	Sammelblatt
Schaden-Praxis	Zeitschrift für die Schaden-Praxis
SchlH	Schleswig-Holstein
SchlHA	Justizministerialblatt für Schleswig-Holstein, Schleswig-Holsteinische Anzeigen
SG	Sozialgericht
Sgb	Die Sozialgerichtsbarkeit
SGG	Sozialgerichtsgesetz
SozS	Tschischgale, Kostenrecht in Sozialsachen, 1959
SJZ	Süddeutsche Juristenzeitung
SRZ	Saarländische Rechts- und Steuerzeitschrift
StAZ	Der Standesbeamte
StB	Der Steuerberater
Stbg	Die Steuerberatung
StBp	Die steuerliche Betriebsprüfung
StGB	Strafgesetzbuch
StKV	Staats- und Kommunalverwaltung
StPO	Strafprozessordnung
StraFo	Zeitschrift »Strafverteidiger-Forum«
StrafV	Zeitschrift »Der Strafverteidiger«
str.	streitig
StrEG	Gesetz über die Entschädigung für Strafverfolgungsmaßnahmen
StuW	Steuer und Wirtschaft
StV	Der Strafverteidiger
StVG	Straßenverkehrsgesetz
StVollzG	Strafvollzugsgesetz
ThürVBl.	Thüringisches Verwaltungsblatt
u.	und
u. a.	unter anderem
UStG	Umsatzsteuergesetz
UStR	Umsatzsteuer Rundschau
u. U.	unter Umständen
UWG	Gesetz gegen den unlauteren Wettbewerb
v.	vom
VBlBW	Verwaltungsblätter für Baden-Württemberg
Verf.	Verfahren
VerglO	Vergleichsordnung
Verh.	Verhandlung
VerschG	Verschollenheitsgesetz

Abkürzungsverzeichnis

VersR	Versicherungsrecht
VG	Verwaltungsgericht
VGH	Verwaltungsgerichtshof
VGHBW RsprDienst	VGH Baden-Württemberg Rechtsprechungs-Dienst
VIZ	Zeitschrift für Vermögens- und Investitionsrecht
VO	Verordnung
VOBl.	Verordnungsblatt
VRS	Verkehrsrechts-Sammlung
VuR	Verbraucher und Recht
VVG	Versicherungsvertragsgesetz
VV RVG	Vergütungsverzeichnis zum Rechtsanwaltsvergütungsgesetz
VwGO	Verwaltungsgerichtsordnung
VwVfG	Verwaltungsverfahrensgesetz
VwVG	Verwaltungs-Vollstreckungsgesetz
VwZG	Verwaltungs-Zustellungsgesetz
VZOG	Vermögenszuordnungsgesetz
WBewB	Wohnraumbewirtschaftungsrecht
WBschwO	Wehrbeschwerdeordnung
WDiszplO	Wehrdisziplinarordnung
WEG	Wohnungseigentumsgesetz
WF	Wertermittlungsforum
wistra	Zeitschrift für Wirtschaft, Steuer, Strafrecht
WPM	Zeitschrift für Wirtschafts- und Bankrecht, Wertpapiermitteilungen Teil IV
WRP	Wettbewerb in Recht und Praxis
WRV	Weimarer Reichsverfassung
WuM	Wohnungswirtschaft und Mietrecht
WZG	Warenzeichengesetz
ZAP	Zeitschrift für die anwaltliche Praxis
ZAP-Ost EN	Zeitschrift für die anwaltliche Praxis Ost, Eilnachrichten
z. B.	zum Beispiel
ZBR	Zeitschrift für Beamtenrecht
ZEV	Zeitschrift für Erbrecht und Vermögensnachfolge
ZfRV	Zeitschrift für Rechtsvergleichung
ZfS	1. Zentralblatt für Sozialversicherung, Sozialhilfe und Versorgung
ZfS	2. Zeitschrift für Schadensrecht
ZfV	Zeitschrift für Versicherungswesen
ZIP	Zeitschrift für die gesamte Insolvenzpraxis
ZMR	Zeitschrift für Miet- und Raumrecht
ZPO	Zivilprozessordnung
ZuSEG	Gesetz über die Entschädigung von Zeugen und Sachverständigen
ZVG	Gesetz über die Zwangsversteigerung und Zwangsverwaltung
ZZP	Zeitschrift für Zivilprozess

GESETZ ÜBER DIE VERGÜTUNG DER RECHTSANWÄLTINNEN UND RECHTSANWÄLTE

(Rechtsanwaltsvergütungsgesetz – RVG)

vom 05. 05. 2004 (BGBl I S. 718, Artikel 3)
zuletzt geändert durch G vom 31. 07. 2008 (BGBl I S. 1629)

Inhaltsverzeichnis

Abschnitt 1   Allgemeine Vorschriften

- § 1   Geltungsbereich
- § 2   Höhe der Vergütung
- § 3   Gebühren in sozialrechtlichen Angelegenheiten
- § 3 a Vergütungsvereinbarung
- § 4   Erfolgsunabhängige Vergütung
- § 4 a Erfolgshonorar
- § 4 b Fehlerhafte Vergütungsvereinbarung
- § 5   Vergütung für Tätigkeiten von Vertretern des Rechtsanwalts
- § 6   Mehrere Rechtsanwälte
- § 7   Mehrere Auftraggeber
- § 8   Fälligkeit, Hemmung der Verjährung
- § 9   Vorschuss
- § 10   Berechnung
- § 11   Festsetzung der Vergütung
- § 12   Anwendung von Vorschriften für die Prozesskostenhilfe
- § 12 a Abhilfe bei Verletzung des Anspruchs auf rechtliches Gehör
- § 12 b Elektronische Akte, elektronisches Dokument

Abschnitt 2   Gebührenvorschriften

- § 13   Wertgebühren
- § 14   Rahmengebühren
- § 15   Abgeltungsbereich der Gebühren

Abschnitt 3   Angelegenheit

- § 16   Dieselbe Angelegenheit
- § 17   Verschiedene Angelegenheiten
- § 18   Besondere Angelegenheiten
- § 19   Rechtszug; Tätigkeiten, die mit dem Verfahren zusammenhängen
- § 20   Verweisung, Abgabe
- § 21   Zurückverweisung

Abschnitt 4 Gegenstandswert

§ 22 Grundsatz
§ 23 Allgemeine Wertvorschrift
§ 23 a Gegenstandswert im Musterverfahren nach dem Kapitalanleger-Musterverfahrensgesetz
§ 24 Gegenstandswert für bestimmte einstweilige Anordnungen
§ 25 Gegenstandswert in der Zwangsvollstreckung
§ 26 Gegenstandswert in der Zwangsversteigerung
§ 27 Gegenstandswert in der Zwangsverwaltung
§ 28 Gegenstandswert im Insolvenzverfahren
§ 29 Gegenstandswert im Verteilungsverfahren nach der SVertO
§ 30 Gegenstandswert in gerichtlichen Verfahren nach dem AsylVfG
§ 31 Gegenstandswert in gerichtlichen Verfahren nach dem Spruchverfahrensgesetz
§ 31 a Ausschlussverfahren nach dem Wertpapiererwerbs- und Übernahmegesetz
§ 32 Wertfestsetzung für die Gerichtsgebühren
§ 33 Wertfestsetzung für die Rechtsanwaltsgebühren

Abschnitt 5 Mediation und außergerichtliche Tätigkeit

§ 34 Mediation
§ 35 Hilfeleistung in Steuersachen
§ 36 Schiedsrichterliche Verfahren und Verfahren vor dem Schiedsgericht

Abschnitt 6 Gerichtliche Verfahren

§ 37 Verfahren vor den Verfassungsgerichten
§ 38 Verfahren vor dem Gerichtshof der Europäischen Gemeinschaften
§ 39 In Scheidungs- und Lebenspartnerschaftssachen beigeordneter Rechtsanwalt
§ 40 Als gemeinsamer Vertreter bestellter Rechtsanwalt
§ 41 Prozesspfleger

Abschnitt 7 Straf- und Bußgeldsachen

§ 42 Feststellung einer Pauschgebühr
§ 43 Abtretung des Kostenerstattungsanspruchs

Abschnitt 8 Beigeordneter oder bestellter Rechtsanwalt, Beratungshilfe

§ 44 Vergütungsanspruch bei Beratungshilfe
§ 45 Vergütungsanspruch des beigeordneten oder bestellten Rechtsanwalts
§ 46 Auslagen und Aufwendungen
§ 47 Vorschuss
§ 48 Umfang des Anspruchs und der Beiordnung
§ 49 Wertgebühren aus der Staatskasse
§ 50 Weitere Vergütung bei Prozesskostenhilfe
§ 51 Festsetzung einer Pauschgebühr in Straf- und Bußgeldsachen
§ 52 Anspruch gegen den Beschuldigten oder den Betroffenen

§ 53   Anspruch gegen den Auftraggeber, Anspruch des zum Beistand bestellten Rechtsanwalts gegen den Verurteilten
§ 54   Verschulden eines beigeordneten oder bestellten Rechtsanwalts
§ 55   Festsetzung der aus der Staatskasse zu zahlenden Vergütungen und Vorschüsse
§ 56   Erinnerung und Beschwerde
§ 57   Rechtsbehelf in Bußgeldsachen vor der Verwaltungsbehörde
§ 58   Anrechnung von Vorschüssen und Zahlungen
§ 59   Übergang von Ansprüchen auf die Staatskasse

Abschnitt 9   Übergangs- und Schlussvorschriften

§ 60   Übergangsvorschrift
§ 61   Übergangsvorschrift aus Anlass des Inkrafttretens dieses Gesetzes

Anlage 1 (zu § 2 Abs. 2) Vergütungsverzeichnis

Teil 1   Allgemeine Gebühren
Teil 2   Außergerichtliche Tätigkeiten einschließlich der Vertretung im Verwaltungsverfahren
Teil 3   Bürgerliche Rechtsstreitigkeiten, Verfahren der freiwilligen Gerichtsbarkeit, der öffentlich-rechtlichen Gerichtsbarkeiten, Verfahren nach dem StVollzG, auch in Verb. mit § 92 JGG, und ähnliche Verfahren
Teil 4   Strafsachen
Teil 5   Bußgeldsachen
Teil 6   Sonstige Verfahren
Teil 7   Auslagen

Anlage 2 (zu § 13 Abs. 1)

Abschnitt 1
Allgemeine Vorschriften

§ 1
Geltungsbereich

(1) ¹Die Vergütung (Gebühren und Auslagen) für anwaltliche Tätigkeiten der Rechtsanwältinnen und Rechtsanwälte bemisst sich nach diesem Gesetz. ²Dies gilt auch für eine Tätigkeit als Prozesspfleger nach den §§ 57 und 58 der Zivilprozessordnung. ³Andere Mitglieder einer Rechtsanwaltskammer, Partnerschaftsgesellschaften und sonstige Gesellschaften stehen einem Rechtsanwalt im Sinne dieses Gesetzes gleich.

(2) ¹Dieses Gesetz gilt nicht für eine Tätigkeit als Vormund, Betreuer, Pfleger, Verfahrenspfleger, Testamentsvollstrecker, Insolvenzverwalter, Sachwalter, Mitglied des Gläubigerausschusses, Nachlassverwalter, Zwangsverwalter, Treuhänder oder Schiedsrichter oder für eine ähnliche Tätigkeit. ²§ 1835 Abs. 3 des Bürgerlichen Gesetzbuchs bleibt unberührt.

§ 2
Höhe der Vergütung

(1) Die Gebühren werden, soweit dieses Gesetz nichts anderes bestimmt, nach dem Wert berechnet, den der Gegenstand der anwaltlichen Tätigkeit hat (Gegenstandswert).

(2) ¹Die Höhe der Vergütung bestimmt sich nach dem Vergütungsverzeichnis der Anlage 1 zu diesem Gesetz. ²Gebühren werden auf den nächstliegenden Cent auf- oder abgerundet; 0,5 Cent werden aufgerundet.

§ 3
Gebühren in sozialrechtlichen Angelegenheiten

(1) ¹In Verfahren vor den Gerichten der Sozialgerichtsbarkeit, in denen das Gerichtskostengesetz nicht anzuwenden ist, entstehen Betragsrahmengebühren. ²In sonstigen Verfahren werden die Gebühren nach dem Gegenstandswert berechnet, wenn der Auftraggeber nicht zu den in § 183 des Sozialgerichtsgesetzes genannten Personen gehört.

(2) Absatz 1 gilt entsprechend für eine Tätigkeit außerhalb eines gerichtlichen Verfahrens.

§ 3a
Vergütungsvereinbarung

(1) ¹Eine Vereinbarung über die Vergütung bedarf der Textform. ²Sie muss als Vergütungsvereinbarung oder in vergleichbarer Weise bezeichnet werden, von anderen Vereinbarungen mit Ausnahme der Auftragserteilung deutlich abgesetzt sein und darf nicht in der Vollmacht enthalten sein. ³Sie hat einen Hinweis darauf zu enthalten, dass die gegnerische Partei, ein Verfahrensbeteiligter oder die Staatskasse im Falle der Kostenerstattung regelmäßig nicht mehr als die gesetzliche Vergütung erstatten muss. ⁴Die Sätze 1 und 2 gelten nicht für eine Gebührenvereinbarung nach § 34.

(2) ¹Ist eine vereinbarte, eine nach § 4 Abs. 3 Satz 1 von dem Vorstand der Rechtsanwaltskammer festgesetzte oder eine nach § 4a für den Erfolgsfall vereinbarte Vergütung unter Berücksichtigung aller Umstände unangemessen hoch, kann sie im Rechtsstreit auf den angemessenen Betrag bis zur Höhe der gesetzlichen Vergütung herabgesetzt werden. ²Vor der Herabsetzung hat das Gericht ein Gutachten des Vorstands der Rechtsanwaltskammer einzuholen; dies gilt nicht, wenn der Vorstand der Rechtsanwaltskammer die Vergütung nach § 4 Abs. 3 Satz 1 festgesetzt hat. ³Das Gutachten ist kostenlos zu erstatten.

(3) ¹Eine Vereinbarung, nach der ein im Wege der Prozesskostenhilfe beigeordneter Rechtsanwalt für die von der Beiordnung erfasste Tätigkeit eine höhere als die gesetzliche Vergütung erhalten soll, ist nichtig. ²Die Vorschriften des bürgerlichen Rechts über die ungerechtfertigte Bereicherung bleiben unberührt.

(4) § 8 des Beratungshilfegesetzes bleibt unberührt.

§ 4
Erfolgsunabhängige Vergütung

(1) ¹In außergerichtlichen Angelegenheiten kann eine niedrigere als die gesetzliche Vergütung vereinbart werden. ²Sie muss in einem angemessenen Verhältnis zu Leistung, Verantwortung und Haftungsrisiko des Rechtsanwalts stehen.

(2) ¹Der Rechtsanwalt kann sich für gerichtliche Mahnverfahren und Zwangsvollstreckungsverfahren nach den §§ 803 bis und 899 bis 915 b der Zivilprozessordnung verpflichten, dass er, wenn der Anspruch des Auftraggebers auf Erstattung der gesetzlichen Vergütung nicht beigetrieben werden kann, einen Teil des Erstattungsanspruchs an Erfüllungs statt annehmen werde. ²Der nicht durch Abtretung zu erfüllende Teil der gesetzlichen Vergütung muss in einem angemessenen Verhältnis zu Leistung, Verantwortung und Haftungsrisiko des Rechtsanwalts stehen.

(3) ¹In der Vereinbarung kann es dem Vorstand der Rechtsanwaltskammer überlassen werden, die Vergütung nach billigem Ermessen festzusetzen. ²Ist die Festsetzung der Vergütung dem Ermessen eines Vertragsteils überlassen, gilt die gesetzliche Vergütung als vereinbart.

(4) bis (6) (weggefallen)

§ 4 a
Erfolgshonorar

(1) ¹Ein Erfolgshonorar (§ 49 b Abs. 2 Satz 1 der Bundesrechtsanwaltsordnung) darf nur für den Einzelfall und nur dann vereinbart werden, wenn der Auftraggeber auf Grund seiner wirtschaftlichen Verhältnisse bei verständiger Betrachtung ohne die Vereinbarung eines Erfolgshonorars von der Rechtsverfolgung abgehalten würde. ²In einem gerichtlichen Verfahren darf dabei für den Fall des Misserfolgs vereinbart werden, dass keine oder eine geringere als die gesetzliche Vergütung zu zahlen ist, wenn für den Erfolgsfall ein angemessener Zuschlag auf die gesetzliche Vergütung vereinbart wird.

(2) Die Vereinbarung muss enthalten:

1. die voraussichtliche gesetzliche Vergütung und ggf. die erfolgsunabhängige vertragliche Vergütung, zu der der Rechtsanwalt bereit wäre, den Auftrag zu übernehmen, sowie
2. die Angabe, welche Vergütung bei Eintritt welcher Bedingungen verdient sein soll.

(3) ¹In der Vereinbarung sind außerdem die wesentlichen Gründe anzugeben, die für die Bemessung des Erfolgshonorars bestimmend sind. ²Ferner ist ein Hinweis aufzunehmen, dass die Vereinbarung keinen Einfluss auf die ggf. vom Auftraggeber zu zahlenden Gerichtskosten, Verwaltungskosten und die von ihm zu erstattenden Kosten anderer Beteiligter hat.

§ 4 b
Fehlerhafte Vergütungsvereinbarung

¹Aus einer Vergütungsvereinbarung, die nicht den Anforderungen des § 3 a Abs. 1 Satz 1 und 2 oder des § 4 a Abs. 1 und 2 entspricht, kann der Rechtsanwalt keine höhere als die gesetzliche Vergütung fordern. ²Die Vorschriften des bürgerlichen Rechts über die ungerechtfertigte Bereicherung bleiben unberührt.

§ 5
Vergütung für Tätigkeiten von Vertretern des Rechtsanwalts

Die Vergütung für eine Tätigkeit, die der Rechtsanwalt nicht persönlich vornimmt, wird nach diesem Gesetz bemessen, wenn der Rechtsanwalt durch einen Rechtsanwalt, den allgemeinen Vertreter, einen Assessor bei einem Rechtsanwalt oder einen zur Ausbildung zugewiesenen Referendar vertreten wird.

§ 6
Mehrere Rechtsanwälte

Ist der Auftrag mehreren Rechtsanwälten zur gemeinschaftlichen Erledigung übertragen, erhält jeder Rechtsanwalt für seine Tätigkeit die volle Vergütung.

§ 7
Mehrere Auftraggeber

(1) Wird der Rechtsanwalt in derselben Angelegenheit für mehrere Auftraggeber tätig, erhält er die Gebühren nur einmal.

(2) ¹Jeder der Auftraggeber schuldet die Gebühren und Auslagen, die er schulden würde, wenn der Rechtsanwalt nur in seinem Auftrag tätig geworden wäre; die Dokumentenpauschale nach Nummer 7000 des Vergütungsverzeichnisses schuldet er auch insoweit, wie diese nur durch die Unterrichtung mehrerer Auftraggeber entstanden ist. ²Der Rechtsanwalt kann aber insgesamt nicht mehr als die nach Absatz 1 berechneten Gebühren und die insgesamt entstandenen Auslagen fordern.

§ 8
Fälligkeit, Hemmung der Verjährung

(1) ¹Die Vergütung wird fällig, wenn der Auftrag erledigt oder die Angelegenheit beendet ist. ²Ist der Rechtsanwalt in einem gerichtlichen Verfahren tätig, wird die Vergütung auch fällig, wenn eine Kostenentscheidung ergangen oder der Rechtszug beendet ist oder wenn das Verfahren länger als 3 Monate ruht.

(2) ¹Die Verjährung der Vergütung für eine Tätigkeit in einem gerichtlichen Verfahren wird gehemmt, solange das Verfahren anhängig ist. ²Die Hemmung endet mit der rechtskräftigen Entscheidung oder anderweitigen Beendigung des Verfahrens. ³Ruht das Verfahren, endet die Hemmung 3 Monate nach Eintritt der Fälligkeit. ⁴Die Hemmung beginnt erneut, wenn eine der Parteien das Verfahren weiter betreibt.

§ 9
Vorschuss

Der Rechtsanwalt kann von seinem Auftraggeber für die entstandenen und die voraussichtlich entstehenden Gebühren und Auslagen einen angemessenen Vorschuss fordern.

§ 10
Berechnung

(1) ¹Der Rechtsanwalt kann die Vergütung nur auf Grund einer von ihm unterzeichneten und dem Auftraggeber mitgeteilten Berechnung einfordern. ²Der Lauf der Verjährungsfrist ist von der Mitteilung der Berechnung nicht abhängig.

(2) ¹In der Berechnung sind die Beträge der einzelnen Gebühren und Auslagen, Vorschüsse, eine kurze Bezeichnung des jeweiligen Gebührentatbestands, die Bezeichnung der Auslagen sowie die angewandten Nummern des Vergütungsverzeichnisses und bei Gebühren, die

nach dem Gegenstandswert berechnet sind, auch dieser anzugeben. ²Bei Entgelten für Post- und Telekommunikationsdienstleistungen genügt die Angabe des Gesamtbetrags.

(3) Hat der Auftraggeber die Vergütung gezahlt, ohne die Berechnung erhalten zu haben, kann er die Mitteilung der Berechnung noch fordern, solange der Rechtsanwalt zur Aufbewahrung der Handakten verpflichtet ist.

§ 11
Festsetzung der Vergütung

(1) ¹Soweit die gesetzliche Vergütung, eine nach § 42 festgestellte Pauschgebühr und die zu ersetzenden Aufwendungen (§ 670 des Bürgerlichen Gesetzbuchs) zu den Kosten des gerichtlichen Verfahrens gehören, werden sie auf Antrag des Rechtsanwalts oder des Auftraggebers durch das Gericht des ersten Rechtszugs festgesetzt. ²Getilgte Beträge sind abzusetzen.

(2) ¹Der Antrag ist erst zulässig, wenn die Vergütung fällig ist. ²Vor der Festsetzung sind die Beteiligten zu hören. ³Die Vorschriften der jeweiligen Verfahrensordnung über das Kostenfestsetzungsverfahren mit Ausnahme des § 104 Abs. 2 Satz 3 der Zivilprozessordnung und die Vorschriften der Zivilprozessordnung über die Zwangsvollstreckung aus Kostenfestsetzungsbeschlüssen gelten entsprechend. ⁴Das Verfahren vor dem Gericht des ersten Rechtszugs ist gebührenfrei. ⁵In den Vergütungsfestsetzungsbeschluss sind die von dem Rechtsanwalt gezahlten Auslagen für die Zustellung des Beschlusses aufzunehmen. ⁶Im Übrigen findet eine Kostenerstattung nicht statt; dies gilt auch im Verfahren über Beschwerden.

(3) ¹Im Verfahren vor den Gerichten der Verwaltungsgerichtsbarkeit, der Finanzgerichtsbarkeit und der Sozialgerichtsbarkeit wird die Vergütung vom Urkundsbeamten der Geschäftsstelle festgesetzt. ²Die für die jeweilige Gerichtsbarkeit geltenden Vorschriften über die Erinnerung im Kostenfestsetzungsverfahren gelten entsprechend.

(4) Wird der vom Rechtsanwalt angegebene Gegenstandswert von einem Beteiligten bestritten, ist das Verfahren auszusetzen, bis das Gericht hierüber entschieden hat (§§ 32, 33 und 38 Abs. 1).

(5) ¹Die Festsetzung ist abzulehnen, soweit der Antragsgegner Einwendungen oder Einreden erhebt, die nicht im Gebührenrecht ihren Grund haben. ²Hat der Auftraggeber bereits dem Rechtsanwalt gegenüber derartige Einwendungen oder Einreden erhoben, ist die Erhebung der Klage nicht von der vorherigen Einleitung des Festsetzungsverfahrens abhängig.

(6) ¹Anträge und Erklärungen können zu Protokoll der Geschäftsstelle abgegeben oder schriftlich ohne Mitwirkung eines Rechtsanwalts eingereicht werden. ²§ 129 a der Zivilprozessordnung gilt entsprechend. ³Für die Bevollmächtigung gelten die Regelungen der für das zugrunde liegende Verfahren geltenden Verfahrensordnung entsprechend.

(7) Durch den Antrag auf Festsetzung der Vergütung wird die Verjährung wie durch Klageerhebung gehemmt.

(8) ¹Die Absätze 1 bis 7 gelten bei Rahmengebühren nur, wenn die Mindestgebühren geltend gemacht werden oder der Auftraggeber der Höhe der Gebühren ausdrücklich zugestimmt hat. ²Die Festsetzung auf Antrag des Rechtsanwalts ist abzulehnen, wenn er die Zustimmungserklärung des Auftraggebers nicht mit dem Antrag vorlegt.

§ 12
Anwendung von Vorschriften für die Prozesskostenhilfe

¹Die Vorschriften dieses Gesetzes für im Wege der Prozesskostenhilfe beigeordnete Rechtsanwälte und für Verfahren über die Prozesskostenhilfe sind in den Fällen des § 11 a des Arbeitsgerichtsgesetzes und des § 4 a der Insolvenzordnung entsprechend anzuwenden. ²Der Bewilligung von Prozesskostenhilfe steht die Stundung nach § 4 a der Insolvenzordnung gleich.

§ 12 a
Abhilfe bei Verletzung des Anspruchs auf rechtliches Gehör

(1) Auf die Rüge eines durch die Entscheidung nach diesem Gesetz beschwerten Beteiligten ist das Verfahren fortzuführen, wenn

1. ein Rechtsmittel oder ein anderer Rechtsbehelf gegen die Entscheidung nicht gegeben ist und
2. das Gericht den Anspruch dieses Beteiligten auf rechtliches Gehör in entscheidungserheblicher Weise verletzt hat.

(2) ¹Die Rüge ist innerhalb von 2 Wochen nach Kenntnis von der Verletzung des rechtlichen Gehörs zu erheben; der Zeitpunkt der Kenntniserlangung ist glaubhaft zu machen. ²Nach Ablauf eines Jahres seit Bekanntmachung der angegriffenen Entscheidung kann die Rüge nicht mehr erhoben werden. ³Formlos mitgeteilte Entscheidungen gelten mit dem 3. Tage nach Aufgabe zur Post als bekannt gemacht. ⁴Die Rüge ist bei dem Gericht zu erheben, dessen Entscheidung angegriffen wird; § 33 Abs. 7 Satz 1 und 2 gilt entsprechend. ⁵Die Rüge muss die angegriffene Entscheidung bezeichnen und das Vorliegen der in Absatz 1 Nr. 2 genannten Voraussetzungen darlegen.

(3) Den übrigen Beteiligten ist, soweit erforderlich, Gelegenheit zur Stellungnahme zu geben.

(4) ¹Das Gericht hat von Amts wegen zu prüfen, ob die Rüge an sich statthaft und ob sie in der gesetzlichen Form und Frist erhoben ist. ²Mangelt es an einem dieser Erfordernisse, so ist die Rüge als unzulässig zu verwerfen. ³Ist die Rüge unbegründet, weist das Gericht sie zurück. ⁴Die Entscheidung ergeht durch unanfechtbaren Beschluss. ⁵Der Beschluss soll kurz begründet werden.

(5) Ist die Rüge begründet, so hilft ihr das Gericht ab, indem es das Verfahren fortführt, soweit dies auf Grund der Rüge geboten ist.

(6) Kosten werden nicht erstattet.

§ 12 b
Elektronische Akte, elektronisches Dokument

(1) ¹Die Vorschriften über die elektronische Akte und das gerichtliche elektronische Dokument für das Verfahren, in dem der Rechtsanwalt die Vergütung erhält, sind anzuwenden. ²Im Fall der Beratungshilfe sind die entsprechenden Vorschriften der Zivilprozessordnung anzuwenden.

(2) ¹Soweit für Anträge und Erklärungen in dem Verfahren, in dem der Rechtsanwalt die Vergütung erhält, die Aufzeichnung als elektronisches Dokument genügt, genügt diese Form auch für Anträge und Erklärungen nach diesem Gesetz. ²Dasselbe gilt im Fall der Beratungshilfe, soweit nach den Vorschriften der Zivilprozessordnung die Aufzeichnung als elektronisches Dokument genügt. ³Die verantwortende Person soll das Dokument mit einer qualifi-

zierten elektronischen Signatur nach dem Signaturgesetz versehen. [4]Ist ein übermitteltes elektronisches Dokument für das Gericht zur Bearbeitung nicht geeignet, ist dies dem Absender unter Angabe der geltenden technischen Rahmenbedingungen unverzüglich mitzuteilen.

(3) Ein elektronisches Dokument ist eingereicht, sobald die für den Empfang bestimmte Einrichtung des Gerichts es aufgezeichnet hat.

Abschnitt 2
Gebührenvorschriften

§ 13
Wertgebühren

(1) [1]Wenn sich die Gebühren nach dem Gegenstandswert richten, beträgt die Gebühr bei einem Gegenstandswert bis 300 EUR 25 EUR. [2]Die Gebühr erhöht sich bei einem

Gegenstandswert bis ... EUR	für jeden angefangenen Betrag von weiteren ... EUR	um ... EUR
1.500	300	20
5.000	500	28
10.000	1.000	37
25.000	3.000	40
50.000	5.000	72
200.000	15.000	77
500.000	30.000	118
über 500.000	50.000	150

[3]Eine Gebührentabelle für Gegenstandswerte bis 500.000 EUR ist diesem Gesetz als Anlage 2 beigefügt.

(2) Der Mindestbetrag einer Gebühr ist 10 EUR.

§ 14
Rahmengebühren

(1) [1]Bei Rahmengebühren bestimmt der Rechtsanwalt die Gebühr im Einzelfall unter Berücksichtigung aller Umstände, vor allem des Umfangs und der Schwierigkeit der anwaltlichen Tätigkeit, der Bedeutung der Angelegenheit sowie der Einkommens- und Vermögensverhältnisse des Auftraggebers, nach billigem Ermessen. [2]Ein besonderes Haftungsrisiko des Rechtsanwalts kann bei der Bemessung herangezogen werden. [3]Bei Rahmengebühren, die sich nicht nach dem Gegenstandswert richten, ist das Haftungsrisiko zu berücksichtigen. [4]Ist die Gebühr von einem Dritten zu ersetzen, ist die von dem Rechtsanwalt getroffene Bestimmung nicht verbindlich, wenn sie unbillig ist.

(2) [1]Im Rechtsstreit hat das Gericht ein Gutachten des Vorstands der Rechtsanwaltskammer einzuholen, soweit die Höhe der Gebühr streitig ist; dies gilt auch im Verfahren nach § 495 a der Zivilprozessordnung. [2]Das Gutachten ist kostenlos zu erstatten.

§ 15
Abgeltungsbereich der Gebühren

(1) Die Gebühren entgelten, soweit dieses Gesetz nichts anderes bestimmt, die gesamte Tätigkeit des Rechtsanwalts vom Auftrag bis zur Erledigung der Angelegenheit.

(2) ¹Der Rechtsanwalt kann die Gebühren in derselben Angelegenheit nur einmal fordern. ²In gerichtlichen Verfahren kann er die Gebühren in jedem Rechtszug fordern.

(3) Sind für Teile des Gegenstands verschiedene Gebührensätze anzuwenden, entstehen für die Teile gesondert berechnete Gebühren, jedoch nicht mehr als die aus dem Gesamtbetrag der Wertteile nach dem höchsten Gebührensatz berechnete Gebühr.

(4) Auf bereits entstandene Gebühren ist es, soweit dieses Gesetz nichts anderes bestimmt, ohne Einfluss, wenn sich die Angelegenheit vorzeitig erledigt oder der Auftrag endet, bevor die Angelegenheit erledigt ist.

(5) ¹Wird der Rechtsanwalt, nachdem er in einer Angelegenheit tätig geworden ist, beauftragt, in derselben Angelegenheit weiter tätig zu werden, erhält er nicht mehr an Gebühren, als er erhalten würde, wenn er von vornherein hiermit beauftragt worden wäre. ²Ist der frühere Auftrag seit mehr als 2 Kalenderjahren erledigt, gilt die weitere Tätigkeit als neue Angelegenheit und in diesem Gesetz bestimmte Anrechnungen von Gebühren entfallen.

(6) Ist der Rechtsanwalt nur mit einzelnen Handlungen oder mit Tätigkeiten, die nach § 19 zum Rechtszug oder zum Verfahren gehören, beauftragt, erhält er nicht mehr an Gebühren als der mit der gesamten Angelegenheit beauftragte Rechtsanwalt für die gleiche Tätigkeit erhalten würde.

Abschnitt 3
Angelegenheit

§ 16
Dieselbe Angelegenheit

Dieselbe Angelegenheit sind

1. das Verwaltungsverfahren auf Aussetzung oder Anordnung der sofortigen Vollziehung sowie über einstweilige Maßnahmen zur Sicherung der Rechte Dritter und jedes Verwaltungsverfahren auf Abänderung oder Aufhebung in den genannten Fällen,
2. das Verfahren über die Prozesskostenhilfe und das Verfahren, für das die Prozesskostenhilfe beantragt worden ist,
3. mehrere Verfahren über die Prozesskostenhilfe in demselben Rechtszug,
4. eine Scheidungssache und die Folgesachen (§ 621 Abs. 1 Nr. 1 bis 9, § 623 Abs. 1 bis 3, 5 der Zivilprozessordnung),
5. ein Verfahren über die Aufhebung der Lebenspartnerschaft und die Folgesachen (§ 661 Abs. 2, § 623 Abs. 1 und 5 der Zivilprozessordnung),
6. das Verfahren über einen Antrag auf Anordnung eines Arrests, einer einstweiligen Verfügung, auf Erlass einer einstweiligen oder vorläufigen Anordnung, auf Anordnung oder Wiederherstellung der aufschiebenden Wirkung, auf Aufhebung der Vollziehung oder Anordnung der sofortigen Vollziehung eines Verwaltungsakts und jedes Verfahren auf deren Abänderung oder Aufhebung,
7. das Verfahren nach § 3 Abs. 1 des Gesetzes zur Ausführung des Vertrages zwischen der Bundesrepublik Deutschland und der Republik Österreich vom 06. 06. 1959 über die gegenseitige Anerkennung und Vollstreckung von gerichtlichen Entscheidungen, Vergleichen und öffentlichen Urkunden in Zivil- und Handelssachen in der im BGBl Teil III,

Gliederungsnummer 319–12, veröffentlichten bereinigten Fassung, das zuletzt durch Artikel 23 des Gesetzes vom 27.07.2001 (BGBl I S. 1887) geändert worden ist, und das Verfahren nach § 3 Abs. 2 des genannten Gesetzes,
8. das Aufgebotsverfahren und das Verfahren über den Antrag auf Anordnung der Zahlungssperre nach § 1020 der Zivilprozessordnung,
9. das Verfahren über die Zulassung der Vollziehung einer vorläufigen oder sichernden Maßnahme und das Verfahren über einen Antrag auf Aufhebung oder Änderung einer Entscheidung über die Zulassung der Vollziehung (§ 1041 der Zivilprozessordnung),
10. das schiedsrichterliche Verfahren und das gerichtliche Verfahren bei der Bestellung eines Schiedsrichters oder Ersatzschiedsrichters, über die Ablehnung eines Schiedsrichters oder über die Beendigung des Schiedsrichteramts, zur Unterstützung bei der Beweisaufnahme oder bei der Vornahme sonstiger richterlicher Handlungen,
11. das Verfahren vor dem Schiedsgericht und das gerichtliche Verfahren über die Bestimmung einer Frist (§ 102 Abs. 3 des Arbeitsgerichtsgesetzes), die Ablehnung eines Schiedsrichters (§ 103 Abs. 3 des Arbeitsgerichtsgesetzes) oder die Vornahme einer Beweisaufnahme oder einer Vereidigung (§ 106 Abs. 2 des Arbeitsgerichtsgesetzes),
12. im Kostenfestsetzungsverfahren einerseits und im Kostenansatzverfahren andererseits jeweils mehrere Verfahren über
    a) die Erinnerung,
    b) die Beschwerde in demselben Beschwerderechtszug,
13. das Rechtsmittelverfahren und das Verfahren über die Zulassung des Rechtsmittels; dies gilt nicht für das Verfahren über die Beschwerde gegen die Nichtzulassung eines Rechtsmittels;
14. das Verfahren über die Privatklage und die Widerklage und zwar auch im Fall des § 388 Abs. 2 der Strafprozessordnung und
15. das erstinstanzliche Prozessverfahren und der erste Rechtszug des Musterverfahrens nach dem Kapitalanleger-Musterverfahrensgesetz.

§ 17
Verschiedene Angelegenheiten

Verschiedene Angelegenheiten sind

1. jeweils das Verwaltungsverfahren, das einem gerichtlichen Verfahren vorausgehende und der Nachprüfung des Verwaltungsakts dienende weitere Verwaltungsverfahren (Vorverfahren, Einspruchsverfahren, Beschwerdeverfahren, Abhilfeverfahren), das Verwaltungsverfahren auf Aussetzung oder Anordnung der sofortigen Vollziehung sowie über einstweilige Maßnahmen zur Sicherung der Rechte Dritter und ein gerichtliches Verfahren,
2. das Mahnverfahren und das streitige Verfahren,
3. das vereinfachte Verfahren über den Unterhalt Minderjähriger und das streitige Verfahren,
4. das Verfahren in der Hauptsache und ein Verfahren über einen Antrag auf
    a) Anordnung eines Arrests,
    b) Erlass einer einstweiligen Verfügung, einer einstweiligen Anordnung oder einer vorläufigen Anordnung in Verfahren der freiwilligen Gerichtsbarkeit,
    c) Anordnung oder Wiederherstellung der aufschiebenden Wirkung, auf Aufhebung der Vollziehung oder Anordnung der sofortigen Vollziehung eines Verwaltungsakts sowie
    d) Abänderung oder Aufhebung einer in einem Verfahren nach den Buchstaben a bis c ergangenen Entscheidung,
5. der Urkunden- oder Wechselprozess und das ordentliche Verfahren, das nach Abstandnahme vom Urkunden- oder Wechselprozess oder nach einem Vorbehaltsurteil anhängig bleibt (§§ 596, 600 der Zivilprozessordnung),

6. das Schiedsverfahren und das Verfahren über die Zulassung der Vollziehung einer vorläufigen oder sichernden Maßnahme sowie das Verfahren über einen Antrag auf Aufhebung oder Änderung einer Entscheidung über die Zulassung der Vollziehung (§ 1041 der Zivilprozessordnung),
7. das gerichtliche Verfahren und ein vorausgegangenes
   a) Güteverfahren vor einer durch die Landesjustizverwaltung eingerichteten oder anerkannten Gütestelle (§ 794 Abs. 1 Nr. 1 der Zivilprozessordnung) oder, wenn die Parteien den Einigungsversuch einvernehmlich unternehmen, vor einer Gütestelle, die Streitbeilegung betreibt (§ 15 a Abs. 3 des Einführungsgesetzes zur Zivilprozessordnung),
   b) Verfahren vor einem Ausschuss der in § 111 Abs. 2 des Arbeitsgerichtsgesetzes bezeichneten Art,
   c) Verfahren vor dem Seemannsamt zur vorläufigen Entscheidung von Arbeitssachen und
   d) Verfahren vor sonstigen gesetzlich eingerichteten Einigungsstellen, Gütestellen oder Schiedsstellen,
8. das Vermittlungsverfahren nach § 52 a des Gesetzes über die Angelegenheiten der freiwilligen Gerichtsbarkeit und ein sich anschließendes gerichtliches Verfahren,
9. das Verfahren über ein Rechtsmittel und das Verfahren über die Beschwerde gegen die Nichtzulassung des Rechtsmittels,
10. das strafrechtliche Ermittlungsverfahren und ein nach dessen Einstellung sich anschließendes Bußgeldverfahren,
11. das Strafverfahren und das Verfahren über die im Urteil vorbehaltene Sicherungsverwahrung und
12. das Wiederaufnahmeverfahren und das wiederaufgenommene Verfahren, wenn sich die Gebühren nach Teil 4 oder 5 des Vergütungsverzeichnisses richten.

§ 18
Besondere Angelegenheiten

Besondere Angelegenheiten sind

1. jedes Verfahren über eine einstweilige Anordnung nach
   a) § 127 a der Zivilprozessordnung,
   b) den §§ 620, 620 b Abs. 1, 2 der Zivilprozessordnung, auch in Verb. mit § 661 Abs. 2 der Zivilprozessordnung,
   c) § 621 f der Zivilprozessordnung, auch in Verb. mit § 661 Abs. 2 der Zivilprozessordnung,
   d) § 621 g der Zivilprozessordnung, auch in Verb. mit § 661 Abs. 2 der Zivilprozessordnung,
   e) § 641 d der Zivilprozessordnung,
   f) § 644 der Zivilprozessordnung, auch in Verb. mit § 661 Abs. 2 der Zivilprozessordnung,
   g) § 64 b Abs. 3 des Gesetzes über die Angelegenheiten der freiwilligen Gerichtsbarkeit;

   mehrere Verfahren, die unter demselben Buchstaben genannt sind, sind jedoch eine Angelegenheit; die Gegenstandswerte sind zusammenzurechnen; dies gilt auch dann, wenn die mehreren Verfahren denselben Gegenstand betreffen;
2. nicht in Nummer 1 genannte Verfahren über eine einstweilige oder vorläufige Anordnung in Verfahren der freiwilligen Gerichtsbarkeit; mehrere Anordnungen in derselben Hauptsache sind eine Angelegenheit; die Gegenstandswerte sind zusammenzurechnen; dies gilt auch dann, wenn die mehreren Verfahren denselben Gegenstand betreffen;

3. jede Vollstreckungsmaßnahme zusammen mit den durch diese vorbereiteten weiteren Vollstreckungshandlungen bis zur Befriedigung des Gläubigers; dies gilt entsprechend im Verwaltungszwangsverfahren (Verwaltungsvollstreckungsverfahren) und für jede Maßnahme nach § 33 des Gesetzes über die Angelegenheiten der freiwilligen Gerichtsbarkeit;
4. jede Vollziehungsmaßnahme bei der Vollziehung eines Arrests oder einer einstweiligen Verfügung (§§ 928 bis und 936 der Zivilprozessordnung), die sich nicht auf die Zustellung beschränkt;
5. jedes Beschwerdeverfahren und jedes Verfahren über eine Erinnerung gegen eine Entscheidung des Rechtspflegers in Angelegenheiten, in denen sich die Gebühren nach Teil 3 des Vergütungsverzeichnisses richten, soweit sich aus § 16 Nr. 12 nichts anderes ergibt;
6. das Verfahren über Einwendungen gegen die Erteilung der Vollstreckungsklausel, auf das § 732 der Zivilprozessordnung anzuwenden ist;
7. das Verfahren auf Erteilung einer weiteren vollstreckbaren Ausfertigung;
8. jedes Verfahren über Anträge nach den §§ 765 a, 813 b, 851 a oder 851 b der Zivilprozessordnung und jedes Verfahren über Anträge auf Änderung oder Aufhebung der getroffenen Anordnungen sowie jedes Verfahren über Anträge nach § 1084 Abs. 1 der Zivilprozessordnung,
9. das Verfahren auf Zulassung der Austauschpfändung (§ 811 a der Zivilprozessordnung);
10. das Verfahren über einen Antrag nach § 825 der Zivilprozessordnung;
11. die Ausführung der Zwangsvollstreckung in ein gepfändetes Vermögensrecht durch Verwaltung (§ 857 Abs. 4 der Zivilprozessordnung);
12. das Verteilungsverfahren (§ 858 Abs. 5, §§ 872 bis, 882 der Zivilprozessordnung);
13. das Verfahren auf Eintragung einer Zwangshypothek (§§ 867, 870 a der Zivilprozessordnung);
14. die Vollstreckung der Entscheidung, durch die der Schuldner zur Vorauszahlung der Kosten, die durch die Vornahme einer Handlung entstehen, verurteilt wird (§ 887 Abs. 2 der Zivilprozessordnung);
15. das Verfahren zur Ausführung der Zwangsvollstreckung auf Vornahme einer Handlung durch Zwangsmittel (§ 888 der Zivilprozessordnung), das Verfahren zur Ausführung einer Verfügung des Gerichts auf Vornahme, Unterlassung oder Duldung einer Handlung durch Zwangsmittel und einer besonderen Verfügung des Gerichts zur Anwendung von Gewalt (§ 33 des Gesetzes über die Angelegenheiten der freiwilligen Gerichtsbarkeit);
16. jede Verurteilung zu einem Ordnungsgeld gemäß § 890 Abs. 1 der Zivilprozessordnung;
17. die Verurteilung zur Bestellung einer Sicherheit im Fall des § 890 Abs. 3 der Zivilprozessordnung;
18. das Verfahren zur Abnahme der eidesstattlichen Versicherung (§§ 900 und 901 der Zivilprozessordnung, § 33 Abs. 2 Satz 5 und 6 des Gesetzes über die Angelegenheiten der freiwilligen Gerichtsbarkeit);
19. das Verfahren auf Löschung der Eintragung im Schuldnerverzeichnis (§ 915 a der Zivilprozessordnung);
20. das Ausüben der Veröffentlichungsbefugnis;
21. das Verfahren über Anträge auf Zulassung der Zwangsvollstreckung nach § 17 Abs. 4 der Schifffahrtsrechtlichen Verteilungsordnung und
22. das Verfahren über Anträge auf Aufhebung von Vollstreckungsmaßregeln (§ 8 Abs. 5 und § 41 der Schifffahrtsrechtlichen Verteilungsordnung).

§ 19
Rechtszug; Tätigkeiten, die mit dem Verfahren zusammenhängen

(1) ¹Zu dem Rechtszug oder dem Verfahren gehören auch alle Vorbereitungs-, Neben- und Abwicklungstätigkeiten und solche Verfahren, die mit dem Rechtszug oder Verfahren zusammenhängen, wenn die Tätigkeit nicht nach § 18 eine besondere Angelegenheit ist. ²Hierzu gehören insbesondere

1. die Vorbereitung der Klage, des Antrags oder der Rechtsverteidigung, soweit kein besonderes gerichtliches oder behördliches Verfahren stattfindet;
2. außergerichtliche Verhandlungen;
3. Zwischenstreite, die Bestimmung des zuständigen Gerichts, die Bestellung von Vertretern durch das in der Hauptsache zuständige Gericht, die Ablehnung von Richtern, Rechtspflegern, Urkundsbeamten der Geschäftsstelle oder Sachverständigen, die Festsetzung des Streit- oder Geschäftswerts;
4. das Verfahren vor dem beauftragten oder ersuchten Richter;
5. das Verfahren über die Erinnerung (§ 573 der Zivilprozessordnung) und die Rüge wegen Verletzung des Anspruchs auf rechtliches Gehör;
6. die Berichtigung und Ergänzung der Entscheidung oder ihres Tatbestands;
7. Verfahren wegen Rückgabe einer Sicherheit;
8. die für die Geltendmachung im Ausland vorgesehene Vervollständigung der Entscheidung und die Bezifferung eines dynamisierten Unterhaltstitels;
9. die Zustellung oder Empfangnahme von Entscheidungen oder Rechtsmittelschriften und ihre Mitteilung an den Auftraggeber, die Einwilligung zur Einlegung der Sprungrevision, der Antrag auf Entscheidung über die Verpflichtung, die Kosten zu tragen, die nachträgliche Vollstreckbarerklärung eines Urteils auf besonderen Antrag, die Erteilung des Notfrist- und des Rechtskraftzeugnisses, die Ausstellung einer Bescheinigung nach § 48 des Internationalen Familienrechtsverfahrensgesetzes oder § 56 des Anerkennungs- und Vollstreckungsausführungsgesetzes, die Ausstellung, die Berichtigung oder der Widerruf einer Bestätigung nach § 1079 der Zivilprozessordnung;
10. die Einlegung von Rechtsmitteln bei dem Gericht desselben Rechtszugs in Verfahren, in denen sich die Gebühren nach Teil 4, 5 oder 6 des Vergütungsverzeichnisses richten; die Einlegung des Rechtsmittels durch einen neuen Verteidiger gehört zum Rechtszug des Rechtsmittels;
11. die vorläufige Einstellung, Beschränkung oder Aufhebung der Zwangsvollstreckung, wenn nicht eine abgesonderte mündliche Verhandlung hierüber stattfindet;
12. die erstmalige Erteilung der Vollstreckungsklausel, wenn deswegen keine Klage erhoben wird;
13. die Kostenfestsetzung und die Einforderung der Vergütung;
14. die Festsetzung des für die Begründung von Rentenanwartschaften in einer gesetzlichen Rentenversicherung zu leistenden Betrags nach § 53 e Abs. 2 des Gesetzes über die Angelegenheiten der freiwilligen Gerichtsbarkeit;
15. die Zustellung eines Vollstreckungstitels, der Vollstreckungsklausel und der sonstigen in § 750 der Zivilprozessordnung genannten Urkunden;
16. die Aussetzung der Vollziehung (§ 24 Abs. 2 und 3 des Gesetzes über die Angelegenheiten der freiwilligen Gerichtsbarkeit) und die Anordnung der sofortigen Wirksamkeit einer Entscheidung und
17. die Herausgabe der Handakten oder ihre Übersendung an einen anderen Rechtsanwalt.

(2) Zu den in § 18 Nr. 3 und 4 genannten Verfahren gehören ferner insbesondere

1. gerichtliche Anordnungen nach § 758 a der Zivilprozessordnung,
2. die Erinnerung nach § 766 der Zivilprozessordnung,
3. die Bestimmung eines Gerichtsvollziehers (§ 827 Abs. 1 und § 854 Abs. 1 der Zivilprozessordnung) oder eines Sequesters (§§ 848 und 855 der Zivilprozessordnung),

4. die Anzeige der Absicht, die Zwangsvollstreckung gegen eine juristische Person des öffentlichen Rechts zu betreiben,
5. die einer Verurteilung vorausgehende Androhung von Ordnungsgeld und
6. die Aufhebung einer Vollstreckungsmaßnahme.

§ 20
Verweisung, Abgabe

[1]Soweit eine Sache an ein anderes Gericht verwiesen oder abgegeben wird, sind die Verfahren vor dem verweisenden oder abgebenden und vor dem übernehmenden Gericht ein Rechtszug. [2]Wird eine Sache an ein Gericht eines niedrigeren Rechtszugs verwiesen oder abgegeben, ist das weitere Verfahren vor diesem Gericht ein neuer Rechtszug.

§ 21
Zurückverweisung

(1) Soweit eine Sache an ein untergeordnetes Gericht zurückverwiesen wird, ist das weitere Verfahren vor diesem Gericht ein neuer Rechtszug.

(2) In den Fällen des § 629b der Zivilprozessordnung, auch in Verb. mit § 661 Abs. 2 der Zivilprozessordnung, bildet das weitere Verfahren vor dem Familiengericht mit dem früheren einen Rechtszug.

Abschnitt 4
Gegenstandswert

§ 22
Grundsatz

(1) In derselben Angelegenheit werden die Werte mehrerer Gegenstände zusammengerechnet.

(2) [1]Der Wert beträgt in derselben Angelegenheit höchstens 30 Mio. EUR, soweit durch Gesetz kein niedrigerer Höchstwert bestimmt ist. [2]Sind in derselben Angelegenheit mehrere Personen Auftraggeber, beträgt der Wert für jede Person höchstens 30 Mio. EUR, insgesamt jedoch nicht mehr als 100 Mio. EUR.

§ 23
Allgemeine Wertvorschrift

(1) [1]Soweit sich die Gerichtsgebühren nach dem Wert richten, bestimmt sich der Gegenstandswert im gerichtlichen Verfahren nach den für die Gerichtsgebühren geltenden Wertvorschriften. [2]In Verfahren, in denen im Gerichtskostengesetz Festgebühren bestimmt sind, sind die Wertvorschriften des Gerichtskostengesetzes entsprechend anzuwenden. [3]Diese Wertvorschriften gelten auch entsprechend für die Tätigkeit außerhalb eines gerichtlichen Verfahrens, wenn der Gegenstand der Tätigkeit auch Gegenstand eines gerichtlichen Verfahrens sein könnte. [4]§ 22 Abs. 2 Satz 2 bleibt unberührt.

(2) [1]In Beschwerdeverfahren, in denen Gerichtsgebühren unabhängig vom Ausgang des Verfahrens nicht erhoben werden oder sich nicht nach dem Wert richten, ist der Wert unter Be-

RVG

rücksichtigung des Interesses des Beschwerdeführers nach Absatz 3 Satz 2 zu bestimmen, soweit sich aus diesem Gesetz nichts anderes ergibt. ²Der Gegenstandswert ist durch den Wert des zugrunde liegenden Verfahrens begrenzt. ³In Verfahren über eine Erinnerung oder eine Rüge wegen Verletzung des rechtlichen Gehörs richtet sich der Wert nach den für Beschwerdeverfahren geltenden Vorschriften.

(3) ¹Soweit sich aus diesem Gesetz nichts anderes ergibt, gelten in anderen Angelegenheiten für den Gegenstandswert § 18 Abs. 2, §§ 19 bis 23, 24 Abs. 1, 2, 4, 5 und 6, §§ 25, 39 Abs. 2 und 3 sowie § 46 Abs. 4 der Kostenordnung entsprechend. ²Soweit sich der Gegenstandswert aus diesen Vorschriften nicht ergibt und auch sonst nicht feststeht, ist er nach billigem Ermessen zu bestimmen; in Ermangelung genügender tatsächlicher Anhaltspunkte für eine Schätzung und bei nichtvermögensrechtlichen Gegenständen ist der Gegenstandswert mit 4.000 EUR, nach Lage des Falles niedriger oder höher, jedoch nicht über 500.000 EUR anzunehmen.

§ 23 a
Gegenstandswert im Musterverfahren nach dem Kapitalanleger-Musterverfahrensgesetz

Im Musterverfahren nach dem Kapitalanleger-Musterverfahrensgesetz bestimmt sich der Gegenstandswert nach der Höhe des von dem Auftraggeber oder gegen diesen im Prozessverfahren geltend gemachten Anspruchs, soweit dieser Gegenstand des Musterverfahrens ist.

§ 24
Gegenstandswert für bestimmte einstweilige Anordnungen

¹Im Verfahren über eine einstweilige Anordnung der in § 620 Nr. 1, 2, 3 oder § 621 g der Zivilprozessordnung, jeweils auch in Verbindung mit § 661 Abs. 2 der Zivilprozessordnung, bezeichneten Art ist von einem Wert von 500 EUR auszugehen. ²Wenn die einstweilige Anordnung nach § 621 g der Zivilprozessordnung eine Familiensache nach § 621 Abs. 1 Nr. 7 der Zivilprozessordnung, auch in Verb. mit § 661 Abs. 2 der Zivilprozessordnung, betrifft, ist jedoch § 53 Abs. 2 Satz 2 des Gerichtskostengesetzes entsprechend anzuwenden. ³Betrifft die Tätigkeit eine einstweilige Anordnung nach § 64 b des Gesetzes über die Angelegenheiten der freiwilligen Gerichtsbarkeit, gelten die Sätze 1 und 2 entsprechend.

§ 25
Gegenstandswert in der Zwangsvollstreckung

(1) In der Zwangsvollstreckung bestimmt sich der Gegenstandswert

1. nach dem Betrag der zu vollstreckenden Geldforderung einschließlich der Nebenforderungen; soll ein bestimmter Gegenstand gepfändet werden und hat dieser einen geringeren Wert, ist der geringere Wert maßgebend; wird künftig fällig werdendes Arbeitseinkommen nach § 850 d Abs. 3 der Zivilprozessordnung gepfändet, sind die noch nicht fälligen Ansprüche nach § 42 Abs. 1 und 2 des Gerichtskostengesetzes zu bewerten; im Verteilungsverfahren (§ 858 Abs. 5, §§ 872 bis und 882 der Zivilprozessordnung) ist höchstens der zu verteilende Geldbetrag maßgebend;
2. nach dem Wert der herauszugebenden oder zu leistenden Sachen; der Gegenstandswert darf jedoch den Wert nicht übersteigen, mit dem der Herausgabe- oder Räumungsanspruch nach den für die Berechnung von Gerichtskosten maßgeblichen Vorschriften zu bewerten ist;

3. nach dem Wert, den die zu erwirkende Handlung, Duldung oder Unterlassung für den Gläubiger hat, und
4. in Verfahren über den Antrag auf Abnahme der eidesstattlichen Versicherung nach § 807 der Zivilprozessordnung nach dem Betrag, der einschließlich der Nebenforderungen aus dem Vollstreckungstitel noch geschuldet wird; der Wert beträgt jedoch höchstens 1.500 EUR.

(2) In Verfahren über Anträge des Schuldners ist der Wert nach dem Interesse des Antragstellers nach billigem Ermessen zu bestimmen.

§ 26
Gegenstandswert in der Zwangsversteigerung

In der Zwangsversteigerung bestimmt sich der Gegenstandswert

1. bei der Vertretung des Gläubigers oder eines anderen nach § 9 Nr. 1 und 2 des Gesetzes über die Zwangsversteigerung und die Zwangsverwaltung Beteiligten nach dem Wert des dem Gläubiger oder dem Beteiligten zustehenden Rechts; wird das Verfahren wegen einer Teilforderung betrieben, ist der Teilbetrag nur maßgebend, wenn es sich um einen nach § 10 Abs. 1 Nr. 5 des Gesetzes über die Zwangsversteigerung und die Zwangsverwaltung zu befriedigenden Anspruch handelt; Nebenforderungen sind mitzurechnen; der Wert des Gegenstands der Zwangsversteigerung (§ 66 Abs. 1, § 74a Abs. 5 des Gesetzes über die Zwangsversteigerung und die Zwangsverwaltung), im Verteilungsverfahren der zur Verteilung kommende Erlös, sind maßgebend, wenn sie geringer sind;
2. bei der Vertretung eines anderen Beteiligten, insbesondere des Schuldners, nach dem Wert des Gegenstands der Zwangsversteigerung, im Verteilungsverfahren nach dem zur Verteilung kommenden Erlös; bei Miteigentümern oder sonstigen Mitberechtigten ist der Anteil maßgebend;
3. bei der Vertretung eines Bieters, der nicht Beteiligter ist, nach dem Betrag des höchsten für den Auftraggeber abgegebenen Gebots, wenn ein solches Gebot nicht abgegeben ist, nach dem Wert des Gegenstands der Zwangsversteigerung.

§ 27
Gegenstandswert in der Zwangsverwaltung

¹In der Zwangsverwaltung bestimmt sich der Gegenstandswert bei der Vertretung des Antragstellers nach dem Anspruch, wegen dessen das Verfahren beantragt ist; Nebenforderungen sind mitzurechnen; bei Ansprüchen auf wiederkehrende Leistungen ist der Wert der Leistungen eines Jahres maßgebend. ²Bei der Vertretung des Schuldners bestimmt sich der Gegenstandswert nach dem zusammengerechneten Wert aller Ansprüche, wegen derer das Verfahren beantragt ist, bei der Vertretung eines sonstigen Beteiligten nach § 23 Abs. 3 Satz 2.

§ 28
Gegenstandswert im Insolvenzverfahren

(1) ¹Die Gebühren der Nummern 3313, 3317 sowie im Fall der Beschwerde gegen den Beschluss über die Eröffnung des Insolvenzverfahrens der Nummern 3500 und 3513 des Vergütungsverzeichnisses werden, wenn der Auftrag vom Schuldner erteilt ist, nach dem Wert der Insolvenzmasse (§ 58 des Gerichtskostengesetzes) berechnet. ²Im Fall der Nummer 3313 des Vergütungsverzeichnisses beträgt der Gegenstandswert jedoch mindestens 4.000 EUR.

(2) ¹Ist der Auftrag von einem Insolvenzgläubiger erteilt, werden die in Absatz 1 genannten Gebühren und die Gebühr nach Nummer 3314 nach dem Nennwert der Forderung berechnet. ²Nebenforderungen sind mitzurechnen.

(3) Im Übrigen ist der Gegenstandswert im Insolvenzverfahren unter Berücksichtigung des wirtschaftlichen Interesses, das der Auftraggeber im Verfahren verfolgt, nach § 23 Abs. 3 Satz 2 zu bestimmen.

§ 29
Gegenstandswert im Verteilungsverfahren nach der Schifffahrtsrechtlichen Verteilungsordnung

Im Verfahren nach der Schifffahrtsrechtlichen Verteilungsordnung gilt § 28 entsprechend mit der Maßgabe, dass an die Stelle des Werts der Insolvenzmasse die festgesetzte Haftungssumme tritt.

§ 30
Gegenstandswert in gerichtlichen Verfahren nach dem Asylverfahrensgesetz

¹In Streitigkeiten nach dem Asylverfahrensgesetz beträgt der Gegenstandswert in Klageverfahren, die die Asylanerkennung einschließlich der Feststellung der Voraussetzungen nach § 60 Abs. 1 des Aufenthaltsgesetzes und die Feststellung von Abschiebungshindernissen betreffen, 3.000 EUR, in sonstigen Klageverfahren 1.500 EUR. ²In Verfahren des vorläufigen Rechtsschutzes wegen aufenthaltsbeendender Maßnahmen nach dem Asylverfahrensgesetz beträgt der Gegenstandswert 1.500 EUR, im Übrigen die Hälfte des Werts der Hauptsache. ³Sind mehrere natürliche Personen an demselben Verfahren beteiligt, erhöht sich der Wert für jede weitere Person in Klageverfahren um 900 EUR und in Verfahren des vorläufigen Rechtsschutzes um 600 EUR.

§ 31
Gegenstandswert in gerichtlichen Verfahren nach dem Spruchverfahrensgesetz

(1) ¹Vertritt der Rechtsanwalt im Verfahren nach dem Spruchverfahrensgesetz einen von mehreren Antragstellern, bestimmt sich der Gegenstandswert nach dem Bruchteil des für die Gerichtsgebühren geltenden Geschäftswerts, der sich aus dem Verhältnis der Anzahl der Anteile des Auftraggebers zu der Gesamtzahl der Anteile aller Antragsteller ergibt. ²Maßgeblicher Zeitpunkt für die Bestimmung der auf die einzelnen Antragsteller entfallenden Anzahl der Anteile ist der jeweilige Zeitpunkt der Antragstellung. ³Ist die Anzahl der auf einen Antragsteller entfallenden Anteile nicht gerichtsbekannt, wird vermutet, dass er lediglich einen Anteil hält. ⁴Der Wert beträgt mindestens 5.000 EUR.

(2) Wird der Rechtsanwalt von mehreren Antragstellern beauftragt, sind die auf die einzelnen Antragsteller entfallenden Werte zusammenzurechnen; Nummer 1008 des Vergütungsverzeichnisses ist insoweit nicht anzuwenden.

§ 31 a
Ausschlussverfahren nach dem Wertpapiererwerbs- und Übernahmegesetz

¹Vertritt der Rechtsanwalt im Ausschlussverfahren nach § 39 b des Wertpapiererwerbs- und Übernahmegesetzes einen Antragsgegner, bestimmt sich der Gegenstandswert nach dem

Wert der Aktien, die dem Auftraggeber im Zeitpunkt der Antragstellung gehören. ²§ 31 Abs. 1 Satz 2 bis 4 und Abs. 2 gilt entsprechend.

§ 32
Wertfestsetzung für die Gerichtsgebühren

(1) Wird der für die Gerichtsgebühren maßgebende Wert gerichtlich festgesetzt, ist die Festsetzung auch für die Gebühren des Rechtsanwalts maßgebend.

(2) ¹Der Rechtsanwalt kann aus eigenem Recht die Festsetzung des Werts beantragen und Rechtsmittel gegen die Festsetzung einlegen. ²Rechtsbehelfe, die gegeben sind, wenn die Wertfestsetzung unterblieben ist, kann er aus eigenem Recht einlegen.

§ 33
Wertfestsetzung für die Rechtsanwaltsgebühren

(1) Berechnen sich die Gebühren in einem gerichtlichen Verfahren nicht nach dem für die Gerichtsgebühren maßgebenden Wert oder fehlt es an einem solchen Wert, setzt das Gericht des Rechtszugs den Wert des Gegenstands der anwaltlichen Tätigkeit auf Antrag durch Beschluss selbständig fest.

(2) ¹Der Antrag ist erst zulässig, wenn die Vergütung fällig ist. ²Antragsberechtigt sind der Rechtsanwalt, der Auftraggeber, ein erstattungspflichtiger Gegner und in den Fällen des § 45 die Staatskasse.

(3) ¹Gegen den Beschluss nach Absatz 1 können die Antragsberechtigten Beschwerde einlegen, wenn der Wert des Beschwerdegegenstands 200 EUR übersteigt. ²Die Beschwerde ist auch zulässig, wenn sie das Gericht, das die angefochtene Entscheidung erlassen hat, wegen der grundsätzlichen Bedeutung der zur Entscheidung stehenden Frage in dem Beschluss zulässt. ³Die Beschwerde ist nur zulässig, wenn sie innerhalb von 2 Wochen nach Zustellung der Entscheidung eingelegt wird.

(4) ¹Soweit das Gericht die Beschwerde für zulässig und begründet hält, hat es ihr abzuhelfen; im Übrigen ist die Beschwerde unverzüglich dem Beschwerdegericht vorzulegen. ²Beschwerdegericht ist das nächsthöhere Gericht, in bürgerlichen Rechtsstreitigkeiten der in § 119 Abs. 1 Nr. 1, Abs. 2 und 3 des Gerichtsverfassungsgesetzes bezeichneten Art jedoch das Oberlandesgericht. ³Eine Beschwerde an einen obersten Gerichtshof des Bundes findet nicht statt. ⁴Das Beschwerdegericht ist an die Zulassung der Beschwerde gebunden; die Nichtzulassung ist unanfechtbar.

(5) ¹War der Beschwerdeführer ohne sein Verschulden verhindert, die Frist einzuhalten, ist ihm auf Antrag von dem Gericht, das über die Beschwerde zu entscheiden hat, Wiedereinsetzung in den vorigen Stand zu gewähren, wenn er die Beschwerde binnen 2 Wochen nach der Beseitigung des Hindernisses einlegt und die Tatsachen, welche die Wiedereinsetzung begründen, glaubhaft macht. ²Nach Ablauf eines Jahres, von dem Ende der versäumten Frist an gerechnet, kann die Wiedereinsetzung nicht mehr beantragt werden. ³Gegen die Ablehnung der Wiedereinsetzung findet die Beschwerde statt. ⁴Sie ist nur zulässig, wenn sie innerhalb von 2 Wochen eingelegt wird. ⁵Die Frist beginnt mit der Zustellung der Entscheidung. ⁶Absatz 4 Satz 1 bis 3 gilt entsprechend.

(6) ¹Die weitere Beschwerde ist nur zulässig, wenn das Landgericht als Beschwerdegericht entschieden und sie wegen der grundsätzlichen Bedeutung der zur Entscheidung stehenden Frage in dem Beschluss zugelassen hat. ²Sie kann nur darauf gestützt werden, dass die Entscheidung auf einer Verletzung des Rechts beruht; die §§ 546 und 547 der Zivilprozessord-

nung gelten entsprechend. ³Über die weitere Beschwerde entscheidet das Oberlandesgericht. ⁴Absatz 3 Satz 3, Absatz 4 Satz 1 und 4 und Absatz 5 gelten entsprechend.

(7) ¹Anträge und Erklärungen können zu Protokoll der Geschäftsstelle gegeben oder schriftlich eingereicht werden; § 129 a der Zivilprozessordnung gilt entsprechend. ²Für die Bevollmächtigung gelten die Regelungen der für das zugrunde liegende Verfahren geltenden Verfahrensordnung entsprechend. ³Die Beschwerde ist bei dem Gericht einzulegen, dessen Entscheidung angefochten wird.

(8) ¹Das Gericht entscheidet über den Antrag durch eines seiner Mitglieder als Einzelrichter; dies gilt auch für die Beschwerde, wenn die angefochtene Entscheidung von einem Einzelrichter oder einem Rechtspfleger erlassen wurde. ²Der Einzelrichter überträgt das Verfahren der Kammer oder dem Senat, wenn die Sache besondere Schwierigkeiten tatsächlicher oder rechtlicher Art aufweist oder die Rechtssache grundsätzliche Bedeutung hat. ³Das Gericht entscheidet jedoch immer ohne Mitwirkung ehrenamtlicher Richter. ⁴Auf eine erfolgte oder unterlassene Übertragung kann ein Rechtsmittel nicht gestützt werden.

(9) ¹Das Verfahren über den Antrag ist gebührenfrei. ²Kosten werden nicht erstattet; dies gilt auch im Verfahren über die Beschwerde.

Abschnitt 5
Außergerichtliche Beratung und Vertretung

§ 34
Beratung, Gutachten und Mediation

(1) ¹Für einen mündlichen oder schriftlichen Rat oder eine Auskunft (Beratung), die nicht mit einer anderen gebührenpflichtigen Tätigkeit zusammenhängen, für die Ausarbeitung eines schriftlichen Gutachtens und für die Tätigkeit als Mediator soll der Rechtsanwalt auf eine Gebührenvereinbarung hinwirken, soweit in Teil 2 Abschnitt 1 des Vergütungsverzeichnisses keine Gebühren bestimmt sind. ²Wenn keine Vereinbarung getroffen worden ist, erhält der Rechtsanwalt Gebühren nach den Vorschriften des bürgerlichen Rechts. ³Ist im Fall des Satzes 2 der Auftraggeber Verbraucher, beträgt die Gebühr für die Beratung oder für die Ausarbeitung eines schriftlichen Gutachtens jeweils höchstens 250 EUR; § 14 Abs. 1 gilt entsprechend; für ein 1. Beratungsgespräch beträgt die Gebühr jedoch höchstens 190 EUR.

(2) Wenn nichts anderes vereinbart ist, ist die Gebühr für die Beratung auf eine Gebühr für eine sonstige Tätigkeit, die mit der Beratung zusammenhängt, anzurechnen.

§ 35
Hilfeleistung in Steuersachen

Für die Hilfeleistung bei der Erfüllung allgemeiner Steuerpflichten und bei der Erfüllung steuerlicher Buchführungs- und Aufzeichnungspflichten gelten die §§ 23 bis 39 der Steuerberatergebührenverordnung in Verbindung mit den §§ 10 und 13 der Steuerberatergebührenverordnung entsprechend.

§ 36
Schiedsrichterliche Verfahren und Verfahren vor dem Schiedsgericht

(1) Teil 3 Abschnitt 1 und 2 des Vergütungsverzeichnisses ist auf die folgenden außergerichtlichen Verfahren entsprechend anzuwenden:

1. schiedsrichterliche Verfahren nach Buch 10 der Zivilprozessordnung und
2. Verfahren vor dem Schiedsgericht (§ 104 des Arbeitsgerichtsgesetzes).

(2) Im Verfahren nach Absatz 1 Nr. 1 erhält der Rechtsanwalt die Terminsgebühr auch, wenn der Schiedsspruch ohne mündliche Verhandlung erlassen wird.

Abschnitt 6
Gerichtliche Verfahren

§ 37
Verfahren vor den Verfassungsgerichten

(1) Die Vorschriften für die Revision in Teil 4 Abschnitt 1 Unterabschnitt 3 des Vergütungsverzeichnisses gelten entsprechend in folgenden Verfahren vor dem Bundesverfassungsgericht oder dem Verfassungsgericht (Verfassungsgerichtshof, Staatsgerichtshof) eines Landes:

1. Verfahren über die Verwirkung von Grundrechten, den Verlust des Stimmrechts, den Ausschluss von Wahlen und Abstimmungen,
2. Verfahren über die Verfassungswidrigkeit von Parteien,
3. Verfahren über Anklagen gegen den Bundespräsidenten, gegen ein Regierungsmitglied eines Landes oder gegen einen Abgeordneten oder Richter und
4. Verfahren über sonstige Gegenstände, die in einem dem Strafprozess ähnlichen Verfahren behandelt werden.

(2) ¹In sonstigen Verfahren vor dem Bundesverfassungsgericht oder dem Verfassungsgericht eines Landes gelten die Vorschriften in Teil 3 Abschnitt 2 Unterabschnitt 2 des Vergütungsverzeichnisses entsprechend. ²Der Gegenstandswert ist unter Berücksichtigung der in § 14 Abs. 1 genannten Umstände nach billigem Ermessen zu bestimmen; er beträgt mindestens 4.000 EUR.

§ 38
Verfahren vor dem Gerichtshof der Europäischen Gemeinschaften

(1) ¹In Vorabentscheidungsverfahren vor dem Gerichtshof der Europäischen Gemeinschaften gelten die Vorschriften in Teil 3 Abschnitt 2 des Vergütungsverzeichnisses entsprechend. ²Der Gegenstandswert bestimmt sich nach den Wertvorschriften, die für die Gerichtsgebühren des Verfahrens gelten, in dem vorgelegt wird. ³Das vorlegende Gericht setzt den Gegenstandswert auf Antrag durch Beschluss fest. ⁴§ 33 Abs. 2 bis 9 gilt entsprechend.

(2) Ist in einem Verfahren, in dem sich die Gebühren nach Teil 4, 5 oder 6 des Vergütungsverzeichnisses richten, vorgelegt worden, sind in dem Vorabentscheidungsverfahren die Nummern 4130 und 4132 des Vergütungsverzeichnisses entsprechend anzuwenden.

(3) Die Verfahrensgebühr des Verfahrens, in dem vorgelegt worden ist, wird auf die Verfahrensgebühr des Verfahrens vor dem Gerichtshof der Europäischen Gemeinschaften angerechnet, wenn nicht eine im Verfahrensrecht vorgesehene schriftliche Stellungnahme gegenüber dem Gerichtshof der Europäischen Gemeinschaften abgegeben wird.

§ 39
In Scheidungs- und Lebenspartnerschaftssachen beigeordneter Rechtsanwalt

¹Der Rechtsanwalt, der nach § 625 der Zivilprozessordnung dem Antragsgegner beigeordnet ist, kann von diesem die Vergütung eines zum Prozessbevollmächtigten bestellten Rechtsanwalts und einen Vorschuss verlangen. ²Die für einen in einer Scheidungssache beigeordneten Rechtsanwalt geltenden Vorschriften sind für einen in einer Lebenspartnerschaftssache beigeordneten Rechtsanwalt entsprechend anzuwenden.

§ 40
Als gemeinsamer Vertreter bestellter Rechtsanwalt

Der Rechtsanwalt kann von den Personen, für die er nach § 67a Abs. 1 Satz 2 der Verwaltungsgerichtsordnung bestellt ist, die Vergütung eines von mehreren Auftraggebern zum Prozessbevollmächtigten bestellten Rechtsanwalts und einen Vorschuss verlangen.

§ 41
Prozesspfleger

¹Der Rechtsanwalt, der nach § 57 oder § 58 der Zivilprozessordnung dem Beklagten als Vertreter bestellt ist, kann von diesem die Vergütung eines zum Prozessbevollmächtigten bestellten Rechtsanwalts verlangen. ²Er kann von diesem keinen Vorschuss fordern. ³§ 126 der Zivilprozessordnung ist entsprechend anzuwenden.

Abschnitt 7
Straf- und Bußgeldsachen

§ 42
Feststellung einer Pauschgebühr

(1) ¹In Strafsachen, gerichtlichen Bußgeldsachen, Verfahren nach dem Gesetz über die internationale Rechtshilfe in Strafsachen und in Verfahren nach dem IStGH-Gesetz stellt das Oberlandesgericht, zu dessen Bezirk das Gericht des ersten Rechtszugs gehört, auf Antrag des Rechtsanwalts eine Pauschgebühr für das ganze Verfahren oder für einzelne Verfahrensabschnitte durch unanfechtbaren Beschluss fest, wenn die in den Teilen 4 bis 6 des Vergütungsverzeichnisses bestimmten Gebühren eines Wahlanwalts wegen des besonderen Umfangs oder der besonderen Schwierigkeit nicht zumutbar sind. ²Dies gilt nicht, soweit Wertgebühren entstehen. ³Beschränkt sich die Feststellung auf einzelne Verfahrensabschnitte, sind die Gebühren nach dem Vergütungsverzeichnis, an deren Stelle die Pauschgebühr treten soll, zu bezeichnen. ⁴Die Pauschgebühr darf das Doppelte der für die Gebühren eines Wahlanwalts geltenden Höchstbeträge nach den Teilen 4 bis 6 des Vergütungsverzeichnisses nicht übersteigen. ⁵Für den Rechtszug, in dem der BGH für das Verfahren zuständig ist, ist er auch für die Entscheidung über den Antrag zuständig.

(2) ¹Der Antrag ist zulässig, wenn die Entscheidung über die Kosten des Verfahrens rechtskräftig ist. ²Der gerichtlich bestellte oder beigeordnete Rechtsanwalt kann den Antrag nur unter den Voraussetzungen des § 52 Abs. 1 Satz 1, Abs. 2, auch in Verb. mit § 53 Abs. 1, stellen. ³Der Auftraggeber, in den Fällen des § 52 Abs. 1 Satz 1 der Beschuldigte, ferner die Staatskasse und andere Beteiligte, wenn ihnen die Kosten des Verfahrens ganz oder zum Teil auferlegt worden sind, sind zu hören.

(3) ¹Der Strafsenat des Oberlandesgerichts ist mit einem Richter besetzt. ²Der Richter überträgt die Sache dem Senat in der Besetzung mit 3 Richtern, wenn es zur Sicherung einer einheitlichen Rechtsprechung geboten ist.

(4) Die Feststellung ist für das Kostenfestsetzungsverfahren, das Vergütungsfestsetzungsverfahren (§ 11) und für einen Rechtsstreit des Rechtsanwalts auf Zahlung der Vergütung bindend.

(5) ¹Die Absätze 1 bis 4 gelten im Bußgeldverfahren vor der Verwaltungsbehörde entsprechend. ²Über den Antrag entscheidet die Verwaltungsbehörde. ³Gegen die Entscheidung kann gerichtliche Entscheidung beantragt werden. ⁴Für das Verfahren gilt § 62 des Gesetzes über Ordnungswidrigkeiten.

§ 43
Abtretung des Kostenerstattungsanspruchs

¹Tritt der Beschuldigte oder der Betroffene den Anspruch gegen die Staatskasse auf Erstattung von Anwaltskosten als notwendige Auslagen an den Rechtsanwalt ab, ist eine von der Staatskasse gegenüber dem Beschuldigten oder dem Betroffenen erklärte Aufrechnung insoweit unwirksam, als sie den Anspruch des Rechtsanwalts vereiteln oder beeinträchtigen würde. ²Dies gilt jedoch nur, wenn zum Zeitpunkt der Aufrechnung eine Urkunde über die Abtretung oder eine Anzeige des Beschuldigten oder des Betroffenen über die Abtretung in den Akten vorliegt.

Abschnitt 8
Beigeordneter oder bestellter Rechtsanwalt, Beratungshilfe

§ 44
Vergütungsanspruch bei Beratungshilfe

¹Für die Tätigkeit im Rahmen der Beratungshilfe erhält der Rechtsanwalt eine Vergütung nach diesem Gesetz aus der Landeskasse, soweit nicht für die Tätigkeit in Beratungsstellen nach § 3 Abs. 1 des Beratungshilfegesetzes besondere Vereinbarungen getroffen sind. ²Die Beratungshilfegebühr (Nummer 2500 des Vergütungsverzeichnisses) schuldet nur der Rechtsuchende.

§ 45
Vergütungsanspruch des beigeordneten oder bestellten Rechtsanwalts

(1) Der im Wege der Prozesskostenhilfe beigeordnete oder nach § 57 oder § 58 der Zivilprozessordnung zum Prozesspfleger bestellte Rechtsanwalt erhält, soweit in diesem Abschnitt nichts anderes bestimmt ist, die gesetzliche Vergütung in Verfahren vor Gerichten des Bundes aus der Bundeskasse, in Verfahren vor Gerichten eines Landes aus der Landeskasse.

(2) Der Rechtsanwalt, der nach § 625 der Zivilprozessordnung beigeordnet oder nach § 67a Abs. 1 Satz 2 der Verwaltungsgerichtsordnung bestellt ist, kann eine Vergütung aus der Landeskasse verlangen, wenn der zur Zahlung Verpflichtete (§ 39 oder § 40) mit der Zahlung der Vergütung im Verzug ist.

(3) ¹Ist der Rechtsanwalt sonst gerichtlich bestellt oder beigeordnet worden, erhält er die Vergütung aus der Landeskasse, wenn ein Gericht des Landes den Rechtsanwalt bestellt oder beigeordnet hat, im Übrigen aus der Bundeskasse. ²Hat zuerst ein Gericht des Bundes und so-

dann ein Gericht des Landes den Rechtsanwalt bestellt oder beigeordnet, zahlt die Bundeskasse die Vergütung, die der Rechtsanwalt während der Dauer der Bestellung oder Beiordnung durch das Gericht des Bundes verdient hat, die Landeskasse die dem Rechtsanwalt darüber hinaus zustehende Vergütung. ³Dies gilt entsprechend, wenn zuerst ein Gericht des Landes und sodann ein Gericht des Bundes den Rechtsanwalt bestellt oder beigeordnet hat.

(4) ¹Wenn der Verteidiger von der Stellung eines Wiederaufnahmeantrags abrät, hat er einen Anspruch gegen die Staatskasse nur dann, wenn er nach § 364b Abs. 1 Satz 1 der Strafprozessordnung bestellt worden ist oder das Gericht die Feststellung nach § 364b Abs. 1 Satz 2 der Strafprozessordnung getroffen hat. ²Dies gilt auch im gerichtlichen Bußgeldverfahren (§ 85 Abs. 1 des Gesetzes über Ordnungswidrigkeiten).

(5) ¹Absatz 3 ist im Bußgeldverfahren vor der Verwaltungsbehörde entsprechend anzuwenden. ²An die Stelle des Gerichts tritt die Verwaltungsbehörde.

§ 46
Auslagen und Aufwendungen

(1) Auslagen, insbesondere Reisekosten, werden nicht vergütet, wenn sie zur sachgemäßen Durchführung der Angelegenheit nicht erforderlich waren.

(2) ¹Wenn das Gericht des Rechtszugs auf Antrag des Rechtsanwalts vor Antritt der Reise feststellt, dass eine Reise erforderlich ist, ist diese Feststellung für das Festsetzungsverfahren (§ 55) bindend. ²Im Bußgeldverfahren vor der Verwaltungsbehörde tritt an die Stelle des Gerichts die Verwaltungsbehörde. ³Für Aufwendungen (§ 670 des Bürgerlichen Gesetzbuchs) gelten Absatz 1 und die Sätze 1 und 2 entsprechend; die Höhe zu ersetzender Kosten für die Zuziehung eines Dolmetschers oder Übersetzers ist auf die nach dem Justizvergütungs- und -entschädigungsgesetz zu zahlenden Beträge beschränkt.

(3) ¹Auslagen, die durch Nachforschungen zur Vorbereitung eines Wiederaufnahmeverfahrens entstehen, für das die Vorschriften der Strafprozessordnung gelten, werden nur vergütet, wenn der Rechtsanwalt nach § 364b Abs. 1 Satz 1 der Strafprozessordnung bestellt worden ist oder wenn das Gericht die Feststellung nach § 364b Abs. 1 Satz 2 der Strafprozessordnung getroffen hat. ²Dies gilt auch im gerichtlichen Bußgeldverfahren (§ 85 Abs. 1 des Gesetzes über Ordnungswidrigkeiten).

§ 47
Vorschuss

(1) ¹Wenn dem Rechtsanwalt wegen seiner Vergütung ein Anspruch gegen die Staatskasse zusteht, kann er für die entstandenen Gebühren und die entstandenen und voraussichtlich entstehenden Auslagen aus der Staatskasse einen angemessenen Vorschuss fordern. ²Der Rechtsanwalt, der nach § 625 der Zivilprozessordnung beigeordnet oder nach § 67a Abs. 1 Satz 2 der Verwaltungsgerichtsordnung bestellt ist, kann einen Vorschuss nur verlangen, wenn der zur Zahlung Verpflichtete (§ 39 oder § 40) mit der Zahlung des Vorschusses im Verzug ist.

(2) Bei Beratungshilfe kann der Rechtsanwalt keinen Vorschuss fordern.

§ 48
Umfang des Anspruchs und der Beiordnung

(1) Der Vergütungsanspruch bestimmt sich nach den Beschlüssen, durch die die Prozesskostenhilfe bewilligt und der Rechtsanwalt beigeordnet oder bestellt worden ist.

(2) [1]In Angelegenheiten, in denen sich die Gebühren nach Teil 3 des Vergütungsverzeichnisses bestimmen und die Beiordnung eine Berufung oder Revision betrifft, wird eine Vergütung aus der Staatskasse auch für die Rechtsverteidigung gegen eine Anschlussberufung oder eine Anschlussrevision und, wenn der Rechtsanwalt für die Erwirkung eines Arrests, einer einstweiligen Verfügung, einer einstweiligen oder vorläufigen Anordnung beigeordnet ist, auch für deren Vollziehung oder Vollstreckung gewährt. [2]Dies gilt nicht, wenn der Beiordnungsbeschluss ausdrücklich etwas anderes bestimmt.

(3) [1]Die Beiordnung in einer Ehesache erstreckt sich auf den Abschluss eines Vertrags im Sinne der Nummer 1000 des Vergütungsverzeichnisses, der den gegenseitigen Unterhalt der Ehegatten, den Unterhalt gegenüber den Kindern im Verhältnis der Ehegatten zueinander, die Sorge für die Person der gemeinschaftlichen minderjährigen Kinder, die Regelung des Umgangs mit einem Kind, die Rechtsverhältnisse an der Ehewohnung und dem Hausrat und die Ansprüche aus dem ehelichen Güterrecht betrifft. [2]Satz 1 gilt im Fall der Beiordnung in Lebenspartnerschaftssachen nach § 661 Abs. 1 Nr. 1 bis 3 der Zivilprozessordnung entsprechend.

(4) [1]In anderen Angelegenheiten, die mit dem Hauptverfahren nur zusammenhängen, erhält der für das Hauptverfahren beigeordnete Rechtsanwalt eine Vergütung aus der Staatskasse nur dann, wenn er ausdrücklich auch hierfür beigeordnet ist. [2]Dies gilt insbesondere für

1. die Zwangsvollstreckung und den Verwaltungszwang;
2. das Verfahren über den Arrest, die einstweilige Verfügung und die einstweilige sowie die vorläufige Anordnung;
3. das selbständige Beweisverfahren;
4. das Verfahren über die Widerklage, ausgenommen die Rechtsverteidigung gegen die Widerklage in Ehesachen und in Verfahren über Lebenspartnerschaftssachen nach § 661 Abs. 1 Nr. 1 bis 3 der Zivilprozessordnung.

(5) [1]Wird der Rechtsanwalt in Angelegenheiten nach den Teilen 4 bis 6 des Vergütungsverzeichnisses im ersten Rechtszug bestellt oder beigeordnet, erhält er die Vergütung auch für seine Tätigkeit vor dem Zeitpunkt seiner Bestellung, in Strafsachen einschließlich seiner Tätigkeit vor der Erhebung der öffentlichen Klage und in Bußgeldsachen einschließlich der Tätigkeit vor der Verwaltungsbehörde. [2]Wird der Rechtsanwalt in einem späteren Rechtszug beigeordnet, erhält er seine Vergütung in diesem Rechtszug auch für seine Tätigkeit vor dem Zeitpunkt seiner Bestellung. [3]Werden Verfahren verbunden, kann das Gericht die Wirkungen des Satzes 1 auch auf diejenigen Verfahren erstrecken, in denen vor der Verbindung keine Beiordnung oder Bestellung erfolgt war.

§ 49
Wertgebühren aus der Staatskasse

Bestimmen sich die Gebühren nach dem Gegenstandswert, werden bei einem Gegenstandswert von mehr als 3.000 EUR anstelle der Gebühr nach § 13 Abs. 1 folgende Gebühren vergütet:

Gegenstandswert bis ... EUR	Gebühr ... EUR
3.500	195
4.000	204
4.500	212
5.000	219
6.000	225
7.000	230
8.000	234
9.000	238
10.000	242
13.000	246
16.000	257
19.000	272
22.000	293
25.000	318
30.000	354
über 30.000	391

§ 50
Weitere Vergütung bei Prozesskostenhilfe

(1) ¹Nach Deckung der in § 122 Abs. 1 Nr. 1 der Zivilprozessordnung bezeichneten Kosten und Ansprüche hat die Staatskasse über die Gebühren des § 49 hinaus weitere Beträge bis zur Höhe der Gebühren nach § 13 einzuziehen, wenn dies nach den Vorschriften der Zivilprozessordnung und nach den Bestimmungen, die das Gericht getroffen hat, zulässig ist. ²Die weitere Vergütung ist festzusetzen, wenn das Verfahren durch rechtskräftige Entscheidung oder in sonstiger Weise beendet ist und die von der Partei zu zahlenden Beträge beglichen sind oder wegen dieser Beträge eine Zwangsvollstreckung in das bewegliche Vermögen der Partei erfolglos geblieben ist oder aussichtslos erscheint.

(2) Der beigeordnete Rechtsanwalt soll eine Berechnung seiner Regelvergütung unverzüglich zu den Prozessakten mitteilen.

(3) Waren mehrere Rechtsanwälte beigeordnet, bemessen sich die auf die einzelnen Rechtsanwälte entfallenden Beträge nach dem Verhältnis der jeweiligen Unterschiedsbeträge zwischen den Gebühren nach § 49 und den Regelgebühren; dabei sind Zahlungen, die nach § 58 auf den Unterschiedsbetrag anzurechnen sind, von diesem abzuziehen.

§ 51
Festsetzung einer Pauschgebühr in Straf- und Bußgeldsachen

(1) ¹In Straf- und Bußgeldsachen, Verfahren nach dem Gesetz über die internationale Rechtshilfe in Strafsachen und in Verfahren nach dem IStGH-Gesetz ist dem gerichtlich bestellten oder beigeordneten Rechtsanwalt für das ganze Verfahren oder für einzelne Verfahrensabschnitte auf Antrag eine Pauschgebühr zu bewilligen, die über die Gebühren nach dem Vergütungsverzeichnis hinausgeht, wenn die in den Teilen 4 bis 6 des Vergütungsverzeichnisses bestimmten Gebühren wegen des besonderen Umfangs oder der besonderen Schwierigkeit nicht zumutbar sind. ²Dies gilt nicht, soweit Wertgebühren entstehen. ³Beschränkt sich die Bewilligung auf einzelne Verfahrensabschnitte, sind die Gebühren nach dem Vergütungsverzeichnis, an deren Stelle die Pauschgebühr treten soll, zu bezeichnen. ⁴Eine Pauschgebühr kann auch für solche Tätigkeiten gewährt werden, für die ein Anspruch nach § 48 Abs. 5 besteht. ⁵Auf Antrag ist dem Rechtsanwalt ein angemessener Vorschuss zu bewilligen, wenn ihm insbesondere wegen der langen Dauer des Verfahrens und der Höhe der zu erwartenden Pauschgebühr nicht zugemutet werden kann, die Festsetzung der Pauschgebühr abzuwarten.

(2) ¹Über die Anträge entscheidet das Oberlandesgericht, zu dessen Bezirk das Gericht des ersten Rechtszugs gehört, und im Fall der Beiordnung einer Kontaktperson (§ 34 a des Einführungsgesetzes zum Gerichtsverfassungsgesetz) das Oberlandesgericht, in dessen Bezirk die Justizvollzugsanstalt liegt, durch unanfechtbaren Beschluss. ²Der BGH ist für die Entscheidung zuständig, soweit er den Rechtsanwalt bestellt hat. ³In dem Verfahren ist die Staatskasse zu hören. ⁴§ 42 Abs. 3 ist entsprechend anzuwenden.

(3) ¹Absatz 1 gilt im Bußgeldverfahren vor der Verwaltungsbehörde entsprechend. ²Über den Antrag nach Absatz 1 Satz 1 bis 3 entscheidet die Verwaltungsbehörde gleichzeitig mit der Festsetzung der Vergütung.

§ 52
Anspruch gegen den Beschuldigten oder den Betroffenen

(1) ¹Der gerichtlich bestellte Rechtsanwalt kann von dem Beschuldigten die Zahlung der Gebühren eines gewählten Verteidigers verlangen; er kann jedoch keinen Vorschuss fordern. ²Der Anspruch gegen den Beschuldigten entfällt insoweit, als die Staatskasse Gebühren gezahlt hat.

(2) ¹Der Anspruch kann nur insoweit geltend gemacht werden, als dem Beschuldigten ein Erstattungsanspruch gegen die Staatskasse zusteht oder das Gericht des ersten Rechtszugs auf Antrag des Verteidigers feststellt, dass der Beschuldigte ohne Beeinträchtigung des für ihn und seine Familie notwendigen Unterhalts zur Zahlung oder zur Leistung von Raten in der Lage ist. ²Ist das Verfahren nicht gerichtlich anhängig geworden, entscheidet das Gericht, das den Verteidiger bestellt hat.

(3) ¹Wird ein Antrag nach Absatz 2 Satz 1 gestellt, setzt das Gericht dem Beschuldigten eine Frist zur Darlegung seiner persönlichen und wirtschaftlichen Verhältnisse; § 117 Abs. 2 bis 4 der Zivilprozessordnung gilt entsprechend. ²Gibt der Beschuldigte innerhalb der Frist keine Erklärung ab, wird vermutet, dass er leistungsfähig im Sinne des Absatzes 2 Satz 1 ist.

(4) Gegen den Beschluss nach Absatz 2 ist die sofortige Beschwerde nach den Vorschriften der §§ 304 bis 311 a der Strafprozessordnung zulässig.

(5) ¹Der für den Beginn der Verjährung maßgebende Zeitpunkt tritt mit der Rechtskraft der das Verfahren abschließenden gerichtlichen Entscheidung, in Ermangelung einer solchen mit der Beendigung des Verfahrens ein. ²Ein Antrag des Verteidigers hemmt den Lauf der Ver-

jährungsfrist. ³Die Hemmung endet 6 Monate nach der Rechtskraft der Entscheidung des Gerichts über den Antrag.

(6) ¹Die Absätze 1 bis 3 und 5 gelten im Bußgeldverfahren entsprechend. ²Im Bußgeldverfahren vor der Verwaltungsbehörde tritt an die Stelle des Gerichts die Verwaltungsbehörde.

§ 53
Anspruch gegen den Auftraggeber, Anspruch des zum Beistand bestellten Rechtsanwalts gegen den Verurteilten

(1) Für den Anspruch des dem Privatkläger, dem Nebenkläger, dem Antragsteller im Klageerzwingungsverfahren oder des sonst in Angelegenheiten, in denen sich die Gebühren nach Teil 4, 5 oder 6 des Vergütungsverzeichnisses bestimmen, beigeordneten Rechtsanwalts gegen seinen Auftraggeber gilt § 52 entsprechend.

(2) ¹Der dem Nebenkläger oder dem nebenklageberechtigten Verletzten als Beistand bestellte Rechtsanwalt kann die Gebühren eines gewählten Beistands nur von dem Verurteilten verlangen. ²Der Anspruch entfällt insoweit, als die Staatskasse die Gebühren bezahlt hat.

§ 54
Verschulden eines beigeordneten oder bestellten Rechtsanwalts

Hat der beigeordnete oder bestellte Rechtsanwalt durch schuldhaftes Verhalten die Beiordnung oder Bestellung eines anderen Rechtsanwalts veranlasst, kann er Gebühren, die auch für den anderen Rechtsanwalt entstehen, nicht fordern.

§ 55
Festsetzung der aus der Staatskasse zu zahlenden Vergütungen und Vorschüsse

(1) ¹Die aus der Staatskasse zu gewährende Vergütung und der Vorschuss hierauf werden auf Antrag des Rechtsanwalts von dem Urkundsbeamten der Geschäftsstelle des Gerichts des ersten Rechtszugs festgesetzt. ²Ist das Verfahren nicht gerichtlich anhängig geworden, erfolgt die Festsetzung durch den Urkundsbeamten der Geschäftsstelle des Gerichts, das den Verteidiger bestellt hat.

(2) In Angelegenheiten, in denen sich die Gebühren nach Teil 3 des Vergütungsverzeichnisses bestimmen, erfolgt die Festsetzung durch den Urkundsbeamten des Gerichts des Rechtszugs, solange das Verfahren nicht durch rechtskräftige Entscheidung oder in sonstiger Weise beendet ist.

(3) Im Fall der Beiordnung einer Kontaktperson (§ 34a des Einführungsgesetzes zum Gerichtsverfassungsgesetz) erfolgt die Festsetzung durch den Urkundsbeamten der Geschäftsstelle des Landgerichts, in dessen Bezirk die Justizvollzugsanstalt liegt.

(4) Im Fall der Beratungshilfe wird die Vergütung von dem Urkundsbeamten der Geschäftsstelle des in § 4 Abs. 1 des Beratungshilfegesetzes bestimmten Gerichts festgesetzt.

(5) ¹§ 104 Abs. 2 der Zivilprozessordnung gilt entsprechend. ²Der Antrag hat die Erklärung zu enthalten, ob und welche Zahlungen der Rechtsanwalt bis zum Tag der Antragstellung erhalten hat; Zahlungen, die er nach diesem Zeitpunkt erhalten hat, hat er unverzüglich anzuzeigen.

(6) ¹Der Urkundsbeamte kann vor einer Festsetzung der weiteren Vergütung (§ 50) den Rechtsanwalt auffordern, innerhalb einer Frist von einem Monat bei der Geschäftsstelle des Gerichts, dem der Urkundsbeamte angehört, Anträge auf Festsetzung der Vergütungen, für die ihm noch Ansprüche gegen die Staatskasse zustehen, einzureichen oder sich zu den empfangenen Zahlungen (Absatz 5 Satz 2) zu erklären. ²Kommt der Rechtsanwalt der Aufforderung nicht nach, erlöschen seine Ansprüche gegen die Staatskasse.

(7) ¹Die Absätze 1 und 5 gelten im Bußgeldverfahren vor der Verwaltungsbehörde entsprechend. ²An die Stelle des Urkundsbeamten der Geschäftsstelle tritt die Verwaltungsbehörde.

§ 56
Erinnerung und Beschwerde

(1) ¹Über Erinnerungen des Rechtsanwalts und der Staatskasse gegen die Festsetzung nach § 55 entscheidet das Gericht des Rechtszugs, bei dem die Festsetzung erfolgt ist, durch Beschluss. ²Im Fall des § 55 Abs. 3 entscheidet die Strafkammer des Landgerichts. ³Im Fall der Beratungshilfe entscheidet das nach § 4 Abs. 1 des Beratungshilfegesetzes zuständige Gericht.

(2) ¹Im Verfahren über die Erinnerung gilt § 33 Abs. 4 Satz 1, Abs. 7 und 8 und im Verfahren über die Beschwerde gegen die Entscheidung über die Erinnerung § 33 Abs. 3 bis 8 entsprechend. ²Das Verfahren über die Erinnerung und über die Beschwerde ist gebührenfrei. ³Kosten werden nicht erstattet.

§ 57
Rechtsbehelf in Bußgeldsachen vor der Verwaltungsbehörde

¹Gegen Entscheidungen der Verwaltungsbehörde im Bußgeldverfahren nach den Vorschriften dieses Abschnitts kann gerichtliche Entscheidung beantragt werden. ²Für das Verfahren gilt § 62 des Gesetzes über Ordnungswidrigkeiten.

§ 58
Anrechnung von Vorschüssen und Zahlungen

(1) Zahlungen, die der Rechtsanwalt nach § 9 des Beratungshilfegesetzes erhalten hat, werden auf die aus der Landeskasse zu zahlende Vergütung angerechnet.

(2) In Angelegenheiten, in denen sich die Gebühren nach Teil 3 des Vergütungsverzeichnisses bestimmen, sind Vorschüsse und Zahlungen, die der Rechtsanwalt vor oder nach der Beiordnung erhalten hat, zunächst auf die Vergütungen anzurechnen, für die ein Anspruch gegen die Staatskasse nicht oder nur unter den Voraussetzungen des § 50 besteht.

(3) ¹In Angelegenheiten, in denen sich die Gebühren nach den Teilen 4 bis 6 des Vergütungsverzeichnisses bestimmen, sind Vorschüsse und Zahlungen, die der Rechtsanwalt vor oder nach der gerichtlichen Bestellung oder Beiordnung für seine Tätigkeit für bestimmte Verfahrensabschnitte erhalten hat, auf die von der Staatskasse für diese Verfahrensabschnitte zu zahlenden Gebühren anzurechnen. ²Hat der Rechtsanwalt Zahlungen empfangen, nachdem er Gebühren aus der Staatskasse erhalten hat, ist er zur Rückzahlung an die Staatskasse verpflichtet. ³Die Anrechnung oder Rückzahlung erfolgt nur, soweit der Rechtsanwalt durch die Zahlungen insgesamt mehr als den doppelten Betrag der ihm ohne Berücksichtigung des § 51 aus der Staatskasse zustehenden Gebühren erhalten würde.

§ 59
Übergang von Ansprüchen auf die Staatskasse

(1) ¹Soweit dem im Wege der Prozesskostenhilfe oder nach § 625 der Zivilprozessordnung beigeordneten oder nach § 67a Abs. 1 Satz 2 der Verwaltungsgerichtsordnung bestellten Rechtsanwalt wegen seiner Vergütung ein Anspruch gegen die Partei oder einen ersatzpflichtigen Gegner zusteht, geht der Anspruch mit der Befriedigung des Rechtsanwalts durch die Staatskasse auf diese über. ²Der Übergang kann nicht zum Nachteil des Rechtsanwalts geltend gemacht werden.

(2) ¹Für die Geltendmachung des Anspruchs gelten die Vorschriften über die Einziehung der Kosten des gerichtlichen Verfahrens entsprechend. ²Ansprüche der Staatskasse werden bei dem Gericht des ersten Rechtszugs angesetzt. ³Ist das Gericht des ersten Rechtszugs ein Gericht des Landes und ist der Anspruch auf die Bundeskasse übergegangen, wird er insoweit bei dem jeweiligen obersten Gerichtshof des Bundes angesetzt. ⁴Für die Entscheidung über eine gegen den Ansatz gerichtete Erinnerung und über die Beschwerde gilt § 66 des Gerichtskostengesetzes entsprechend.

(3) Absatz 1 gilt entsprechend bei Beratungshilfe.

Abschnitt 9
Übergangs- und Schlussvorschriften

§ 60
Übergangsvorschrift

(1) ¹Die Vergütung ist nach bisherigem Recht zu berechnen, wenn der unbedingte Auftrag zur Erledigung derselben Angelegenheit im Sinne des § 15 vor dem Inkrafttreten einer Gesetzesänderung erteilt oder der Rechtsanwalt vor diesem Zeitpunkt gerichtlich bestellt oder beigeordnet worden ist. ²Ist der Rechtsanwalt im Zeitpunkt des Inkrafttretens einer Gesetzesänderung in derselben Angelegenheit und, wenn ein gerichtliches Verfahren anhängig ist, in demselben Rechtszug bereits tätig, ist die Vergütung für das Verfahren über ein Rechtsmittel, das nach diesem Zeitpunkt eingelegt worden ist, nach neuem Recht zu berechnen. ³Die Sätze 1 und 2 gelten auch, wenn Vorschriften geändert werden, auf die dieses Gesetz verweist.

(2) Sind Gebühren nach dem zusammengerechneten Wert mehrerer Gegenstände zu bemessen, gilt für die gesamte Vergütung das bisherige Recht auch dann, wenn dies nach Absatz 1 nur für einen der Gegenstände gelten würde.

§ 61
Übergangsvorschrift aus Anlass des Inkrafttretens dieses Gesetzes

(1) ¹Die *Bundesgebührenordnung für Rechtsanwälte* in der im BGBl Teil III, Gliederungsnummer 368–1, veröffentlichten bereinigten Fassung, zuletzt geändert durch Artikel 2 Abs. 6 des Gesetzes vom 12.03.2004 (BGBl I S. 390), und Verweisungen hierauf sind weiter anzuwenden, wenn der unbedingte Auftrag zur Erledigung derselben Angelegenheit im Sinne des § 15 vor dem 01.07.2004 erteilt oder der Rechtsanwalt vor diesem Zeitpunkt gerichtlich bestellt oder beigeordnet worden ist. ²Ist der Rechtsanwalt am 01.07.2004 in derselben Angelegenheit und, wenn ein gerichtliches Verfahren anhängig ist, in demselben Rechtszug bereits tätig, gilt für das Verfahren über ein Rechtsmittel, das nach diesem Zeitpunkt eingelegt worden ist, dieses Gesetz. ³§ 60 Abs. 2 ist entsprechend anzuwenden.

(2) Auf die Vereinbarung der Vergütung sind die Vorschriften dieses Gesetzes auch dann anzuwenden, wenn nach Absatz 1 die Vorschriften der *Bundesgebührenordnung für Rechtsanwälte* weiterhin anzuwenden und die Willenserklärungen beider Parteien nach dem 01. 07. 2004 abgegeben worden sind.

Anlage 1 (zu § 2 Abs. 2) Vergütungsverzeichnis

Gliederung

Teil 1 Allgemeine Gebühren
Teil 2 Außergerichtliche Tätigkeiten einschließlich der Vertretung im Verwaltungsverfahren
    Abschnitt 1   Prüfung der Erfolgsaussicht eines Rechtsmittels
    Abschnitt 2   Herstellung des Einvernehmens
    Abschnitt 3   Vertretung
    Abschnitt 4   Vertretung in bestimmten sozialrechtlichen Angelegenheiten
    Abschnitt 5   Beratungshilfe
Teil 3 Bürgerliche Rechtsstreitigkeiten, Verfahren der freiwilligen Gerichtsbarkeit, der öffentlich-rechtlichen Gerichtsbarkeiten, Verfahren nach dem Strafvollzugsgesetz, auch in Verb. mit § 92 des Jugendgerichtsgesetzes
    Abschnitt 1   Erster Rechtszug
    Abschnitt 2   Berufung, Revision, bestimmte Beschwerden und Verfahren vor dem Finanzgericht
        Unterabschnitt 1 Berufung, bestimmte Beschwerden und Verfahren vor dem Finanzgericht
        Unterabschnitt 2 Revision
    Abschnitt 3   Gebühren für besondere Verfahren
        Unterabschnitt 1 Besondere erstinstanzliche Verfahren
        Unterabschnitt 2 Mahnverfahren
        Unterabschnitt 3 Zwangsvollstreckung und Vollziehung einer im Wege des einstweiligen Rechtsschutzes ergangenen Entscheidung
        Unterabschnitt 4 Zwangsversteigerung und Zwangsverwaltung
        Unterabschnitt 5 Insolvenzverfahren, Verteilungsverfahren nach der Schifffahrtsrechtlichen Verteilungsordnung
        Unterabschnitt 6 Sonstige besondere Verfahren
    Abschnitt 4   Einzeltätigkeiten
    Abschnitt 5   Beschwerde, Nichtzulassungsbeschwerde und Erinnerung
Teil 4 Strafsachen
    Abschnitt 1   Gebühren des Verteidigers
        Unterabschnitt 1 Allgemeine Gebühren
        Unterabschnitt 2 Vorbereitendes Verfahren
        Unterabschnitt 3 Gerichtliches Verfahren
        Erster Rechtszug
        Berufung
        Revision
        Unterabschnitt 4 Wiederaufnahmeverfahren
        Unterabschnitt 5 Zusätzliche Gebühren
    Abschnitt 2   Gebühren in der Strafvollstreckung
    Abschnitt 3   Einzeltätigkeiten
Teil 5 Bußgeldsachen
    Abschnitt 1   Gebühren des Verteidigers
        Unterabschnitt 1 Allgemeine Gebühr
        Unterabschnitt 2 Verfahren vor der Verwaltungsbehörde

VV RVG

                Unterabschnitt 3 Gerichtliches Verfahren im ersten Rechtszug
                Unterabschnitt 4 Verfahren über die Rechtsbeschwerde
                Unterabschnitt 5 Zusätzliche Gebühren
        Abschnitt 2   Einzeltätigkeiten
Teil 6 Sonstige Verfahren
        Abschnitt 1   Verfahren nach dem Gesetz über die internationale Rechtshilfe in Strafsachen und Verfahren nach dem IStGH-Gesetz
        Abschnitt 2   Disziplinarverfahren, berufsgerichtliche Verfahren wegen der Verletzung einer Berufspflicht
                Unterabschnitt 1 Allgemeine Gebühren
                Unterabschnitt 2 Außergerichtliches Verfahren
                Unterabschnitt 3 Gerichtliches Verfahren
                Erster Rechtszug
                Zweiter Rechtszug
                Dritter Rechtszug
                Unterabschnitt 4 Zusatzgebühr
        Abschnitt 3   Gerichtliche Verfahren bei Freiheitsentziehung und in Unterbringungssachen
        Abschnitt 4   Besondere Verfahren und Einzeltätigkeiten
Teil 7 Auslagen

Teil 1
Allgemeine Gebühren

Nr.	Gebührentatbestand	Gebühr oder Satz der Gebühr nach § 13 RVG
	Vorbemerkung 1: Die Gebühren dieses Teils entstehen neben den in anderen Teilen bestimmten Gebühren.	
1000	Einigungsgebühr .... (1) Die Gebühr entsteht für die Mitwirkung beim Abschluss eines Vertrags, durch den der Streit oder die Ungewissheit der Parteien über ein Rechtsverhältnis beseitigt wird, es sei denn, der Vertrag beschränkt sich ausschließlich auf ein Anerkenntnis oder einen Verzicht. Dies gilt auch für die Mitwirkung bei einer Einigung der Parteien in einem der in § 36 RVG bezeichneten Güteverfahren. Im Privatklageverfahren ist Nummer 4147 anzuwenden. (2) Die Gebühr entsteht auch für die Mitwirkung bei Vertragsverhandlungen, es sei denn, dass diese für den Abschluss des Vertrags im Sinne des Absatzes 1 nicht ursächlich war. (3) Für die Mitwirkung bei einem unter einer aufschiebenden Bedingung oder unter dem Vorbehalt des Widerrufs geschlossenen Vertrag entsteht die Gebühr, wenn die Bedingung eingetreten ist oder der Vertrag nicht mehr widerrufen werden kann. (4) Soweit über die Ansprüche vertraglich verfügt werden kann, gelten die Absätze 1 und 2 auch bei Rechtsverhältnissen des öffentlichen Rechts. (5) Die Gebühr entsteht nicht in Ehesachen (§ 606 Abs. 1 Satz 1 ZPO) und in Lebenspartnerschaftssachen (§ 661 Abs. 1 Nr. 1 bis 3 ZPO). Wird ein Vertrag, insbesondere über den Unterhalt, im Hinblick auf die in Satz 1 genannten Verfahren geschlossen, bleibt der Wert dieser Verfahren bei der Berechnung der Gebühr außer Betracht.	1,5
1001	Aussöhnungsgebühr .... Die Gebühr entsteht für die Mitwirkung bei der Aussöhnung, wenn der ernstliche Wille eines Ehegatten, eine Scheidungssache oder ein Verfahren auf Aufhebung der Ehe anhängig zu machen, hervorgetreten ist und die Ehegatten die eheliche Lebensgemeinschaft fortsetzen oder die eheliche Lebensgemeinschaft wieder aufnehmen. Dies gilt entsprechend bei Lebenspartnerschaften.	1,5
1002	Erledigungsgebühr, soweit nicht Nummer 1005 gilt .... Die Gebühr entsteht, wenn sich eine Rechtssache ganz oder teilweise nach Aufhebung oder Änderung des mit einem Rechtsbehelf angefochtenen Verwaltungsakts durch die anwaltliche Mitwirkung erledigt. Das Gleiche gilt, wenn sich eine Rechtssache ganz oder teilweise durch Erlass eines bisher abgelehnten Verwaltungsakts erledigt.	1,5

Nr.	Gebührentatbestand	Gebühr oder Satz der Gebühr nach § 13 RVG
1003	Über den Gegenstand ist ein anderes gerichtliches Verfahren als ein selbständiges Beweisverfahren anhängig: Die Gebühren 1000 bis 1002 betragen .... Dies gilt auch, wenn ein Verfahren über die Prozesskostenhilfe anhängig ist, soweit nicht lediglich Prozesskostenhilfe für ein selbständiges Beweisverfahren oder die gerichtliche Protokollierung des Vergleichs beantragt wird oder sich die Beiordnung auf den Abschluss eines Vertrags im Sinne der Nummer 1000 erstreckt (§ 48 Abs. 3 RVG). Das Verfahren vor dem Gerichtsvollzieher steht einem gerichtlichen Verfahren gleich.	1,0
1004	Über den Gegenstand ist ein Berufungs- oder Revisionsverfahren anhängig: Die Gebühren 1000 bis 1002 betragen	1,3
1005	Einigung oder Erledigung in sozialrechtlichen Angelegenheiten, in denen im gerichtlichen Verfahren Betragsrahmengebühren entstehen (§ 3 RVG): Die Gebühren 1000 und 1002 betragen	40,00 bis 520,00 EUR
1006	Über den Gegenstand ist ein gerichtliches Verfahren anhängig: Die Gebühr 1005 beträgt	30,00 bis 350,00 EUR
1007	Über den Gegenstand ist ein Berufungs- oder Revisionsverfahren anhängig: Die Gebühr 1005 beträgt	40,00 bis 460,00 EUR
1008	Auftraggeber sind in derselben Angelegenheit mehrere Personen: Die Verfahrens- oder Geschäftsgebühr erhöht sich für jede weitere Person um .... (1) Dies gilt bei Wertgebühren nur, soweit der Gegenstand der anwaltlichen Tätigkeit derselbe ist. (2) Die Erhöhung wird nach dem Betrag berechnet, an dem die Personen gemeinschaftlich beteiligt sind. (3) Mehrere Erhöhungen dürfen einen Gebührensatz von 2,0 nicht übersteigen; bei Festgebühren dürfen die Erhöhungen das Doppelte der Festgebühr und bei Betragsrahmengebühren das Doppelte des Mindest- und Höchstbetrags nicht übersteigen.	0,3 oder 30 % bei Festgebühren, bei Betragsrahmengebühren erhöhen sich der Mindest- und Höchstbetrag um 30 %
1009	Hebegebühr 1. bis einschließlich 2.500,00 EUR .... 2. von dem Mehrbetrag bis einschließlich 10.000,00 EUR	1,0 % 0,5 %

Nr.	Gebührentatbestand	Gebühr oder Satz der Gebühr nach § 13 RVG
	3. von dem Mehrbetrag über 10.000,00 EUR..........	0,25 % des aus- oder zurückgezahlten Betrags – mindestens 1,00 EUR
	(1) Die Gebühr wird für die Auszahlung oder Rückzahlung von entgegengenommenen Geldbeträgen erhoben. (2) Unbare Zahlungen stehen baren Zahlungen gleich. Die Gebühr kann bei der Ablieferung an den Auftraggeber entnommen werden. (3) Ist das Geld in mehreren Beträgen gesondert ausgezahlt oder zurückgezahlt, wird die Gebühr von jedem Betrag besonders erhoben. (4) Für die Ablieferung oder Rücklieferung von Wertpapieren und Kostbarkeiten entsteht die in den Absätzen 1 bis 3 bestimmte Gebühr nach dem Wert. (5) Die Hebegebühr entsteht nicht, soweit Kosten an ein Gericht oder eine Behörde weitergeleitet oder eingezogene Kosten an den Auftraggeber abgeführt oder eingezogene Beträge auf die Vergütung verrechnet werden.	

Teil 2
Außergerichtliche Tätigkeiten einschließlich der Vertretung im Verwaltungsverfahren

Nr.	Gebührentatbestand	Gebühr oder Satz der Gebühr nach § 13 RVG
Vorbemerkung 2: (1) Die Vorschriften dieses Teils sind nur anzuwenden, soweit nicht die §§ 34 bis 36 RVG etwas anderes bestimmen. (2) Für die Tätigkeit als Beistand für einen Zeugen oder Sachverständigen in einem Verwaltungsverfahren, für das sich die Gebühren nach diesem Teil bestimmen, entstehen die gleichen Gebühren wie für einen Bevollmächtigten in diesem Verfahren. Für die Tätigkeit als Beistand eines Zeugen oder Sachverständigen vor einem parlamentarischen Untersuchungsausschuss entstehen die gleichen Gebühren wie für die entsprechende Beistandsleistung in einem Strafverfahren des ersten Rechtszugs vor dem Oberlandesgericht. (3) Die Vorschriften dieses Teils mit Ausnahme der Gebühren nach den Nummern 2102, 2103, 2500 und 2501 gelten nicht für die in den Teilen 4 bis 6 geregelten Angelegenheiten.		
Abschnitt 1 **Prüfung der Erfolgsaussicht eines Rechtsmittels**		
2100	Gebühr für die Prüfung der Erfolgsaussicht eines Rechtsmittels, soweit in Nummer 2102 nichts anderes bestimmt ist .... Die Gebühr ist auf eine Gebühr für das Rechtsmittelverfahren anzurechnen.	0,5 bis 1,0
2101	Die Prüfung der Erfolgsaussicht eines Rechtsmittels ist mit der Ausarbeitung eines schriftlichen Gutachtens verbunden: Die Gebühr 2100 beträgt	1,3
2102	Gebühr für die Prüfung der Erfolgsaussicht eines Rechtsmittels in sozialrechtlichen Angelegenheiten, in denen im gerichtlichen Verfahren Betragsrahmengebühren entstehen (§ 3 RVG), und in den Angelegenheiten, für die nach den Teilen 4 bis 6 Betragsrahmengebühren entstehen. .... Die Gebühr ist auf eine Gebühr für das Rechtsmittelverfahren anzurechnen.	10,00 bis 260,00 EUR
2103	Die Prüfung der Erfolgsaussicht eines Rechtsmittels ist mit der Ausarbeitung eines schriftlichen Gutachtens verbunden: Die Gebühr 2102 beträgt	40,00 bis 400,00 EUR
Abschnitt 2 **Herstellung des Einvernehmens**		
2200	Geschäftsgebühr für die Herstellung des Einvernehmens nach § 28 EuRAG	in Höhe der einem Bevollmächtigten oder Verteidiger zustehenden Verfahrensgebühr

Nr.	Gebührentatbestand	Gebühr oder Satz der Gebühr nach § 13 RVG
2201	Das Einvernehmen wird nicht hergestellt: Die Gebühr 2200 beträgt	0,1 bis 0,5 oder Mindestbetrag der einem Bevollmächtigten oder Verteidiger zustehenden Verfahrensgebühr

Abschnitt 3
Vertretung

Vorbemerkung 2.3:
(1) Im Verwaltungszwangsverfahren ist Teil 3 Abschnitt 3 Unterabschnitt 3 entsprechend anzuwenden.
(2) Dieser Abschnitt gilt nicht für die in Abschnitt 4 genannten Angelegenheiten.
(3) Die Geschäftsgebühr entsteht für das Betreiben des Geschäfts einschließlich der Information und für die Mitwirkung bei der Gestaltung eines Vertrags.

Nr.	Gebührentatbestand	Gebühr oder Satz der Gebühr nach § 13 RVG
2300	Geschäftsgebühr .... Eine Gebühr von mehr als 1,3 kann nur gefordert werden, wenn die Tätigkeit umfangreich oder schwierig war.	0,5 bis 2,5
2301	Es ist eine Tätigkeit im Verwaltungsverfahren vorausgegangen: Die Gebühr 2300 für das weitere, der Nachprüfung des Verwaltungsakts dienende Verwaltungsverfahren beträgt .... (1) Bei der Bemessung der Gebühr ist nicht zu berücksichtigen, dass der Umfang der Tätigkeit infolge der Tätigkeit im Verwaltungsverfahren geringer ist. (2) Eine Gebühr von mehr als 0,7 kann nur gefordert werden, wenn die Tätigkeit umfangreich oder schwierig war.	0,5 bis 1,3
2302	Der Auftrag beschränkt sich auf ein Schreiben einfacher Art: Die Gebühr 2300 beträgt .... Es handelt sich um ein Schreiben einfacher Art, wenn dieses weder schwierige rechtliche Ausführungen noch größere sachliche Auseinandersetzungen enthält.	0,3

VV RVG

Nr.	Gebührentatbestand	Gebühr oder Satz der Gebühr nach § 13 RVG
2303	Geschäftsgebühr für 1. Güteverfahren vor einer durch die Landesjustizverwaltung eingerichteten oder anerkannten Gütestelle (§ 794 Abs. 1 Nr. 1 ZPO) oder, wenn die Parteien den Einigungsversuch einvernehmlich unternehmen, vor einer Gütestelle, die Streitbeilegung betreibt (§ 15 a Abs. 3 EGZPO), 2. Verfahren vor einem Ausschuss der in § 111 Abs. 2 des Arbeitsgerichtsgesetzes bezeichneten Art, 3. Verfahren vor dem Seemannsamt zur vorläufigen Entscheidung von Arbeitssachen und 4. Verfahren vor sonstigen gesetzlich eingerichteten Einigungsstellen, Gütestellen oder Schiedsstellen .. Soweit wegen desselben Gegenstands eine Geschäftsgebühr nach Nummer 2300 entstanden ist, wird die Hälfte dieser Gebühr nach dem Wert des Gegenstands, der in das Verfahren übergegangen ist, jedoch höchstens mit einem Gebührensatz von 0,75, angerechnet.	1,5
	Abschnitt 4 **Vertretung in bestimmten sozialrechtlichen Angelegenheiten**	
	Vorbemerkung 2.4: (1) Im Verwaltungszwangsverfahren ist Teil 3 Abschnitt 3 Unterabschnitt 3 entsprechend anzuwenden. (2) Vorbemerkung 2.3 Abs. 3 gilt entsprechend.	
2400	Geschäftsgebühr in sozialrechtlichen Angelegenheiten, in denen im gerichtlichen Verfahren Betragsrahmengebühren entstehen (§ 3 RVG) .... Eine Gebühr von mehr als 240,00 EUR kann nur gefordert werden, wenn die Tätigkeit umfangreich oder schwierig war.	40,00 bis 520,00 EUR
2401	Es ist eine Tätigkeit im Verwaltungsverfahren vorausgegangen: Die Gebühr 2400 für das weitere, der Nachprüfung des Verwaltungsakts dienende Verwaltungsverfahren beträgt .... (1) Bei der Bemessung der Gebühr ist nicht zu berücksichtigen, dass der Umfang der Tätigkeit infolge der Tätigkeit im Verwaltungsverfahren geringer ist. (2) Eine Gebühr von mehr als 120,00 EUR kann nur gefordert werden, wenn die Tätigkeit umfangreich oder schwierig war.	40,00 bis 260,00 EUR
	Abschnitt 5 **Beratungshilfe**	
	Vorbemerkung 2.5: Im Rahmen der Beratungshilfe entstehen Gebühren ausschließlich nach diesem Abschnitt.	
2500	Beratungshilfegebühr .... Neben der Gebühr werden keine Auslagen erhoben. Die Gebühr kann erlassen werden.	10,00 EUR

Nr.	Gebührentatbestand	Gebühr oder Satz der Gebühr nach § 13 RVG
2501	Beratungsgebühr	30,00 EUR
	(1) Die Gebühr entsteht für eine Beratung, wenn die Beratung nicht mit einer anderen gebührenpflichtigen Tätigkeit zusammenhängt. (2) Die Gebühr ist auf eine Gebühr für eine sonstige Tätigkeit anzurechnen, die mit der Beratung zusammenhängt.	
2502	Beratungstätigkeit mit dem Ziel einer außergerichtlichen Einigung mit den Gläubigern über die Schuldenbereinigung auf der Grundlage eines Plans (§ 305 Abs. 1 Nr. 1 InsO):	
	Die Gebühr 2501 beträgt	60,00 EUR
2503	Geschäftsgebühr	70,00 EUR
	(1) Die Gebühr entsteht für das Betreiben des Geschäfts einschließlich der Information oder die Mitwirkung bei der Gestaltung eines Vertrags. (2) Auf die Gebühren für ein anschließendes gerichtliches oder behördliches Verfahren ist diese Gebühr zur Hälfte anzurechnen. Auf die Gebühren für ein Verfahren auf Vollstreckbarerklärung eines Vergleichs nach den §§ 796a, 796b und 796c Abs. 2 Satz 2 ZPO ist die Gebühr zu einem Viertel anzurechnen.	
2504	Tätigkeit mit dem Ziel einer außergerichtlichen Einigung mit den Gläubigern über die Schuldenbereinigung auf der Grundlage eines Plans (§ 305 Abs. 1 Nr. 1 InsO):	
	Die Gebühr 2503 beträgt bei bis zu 5 Gläubigern	224,00 EUR
2505	Es sind 6 bis 10 Gläubiger vorhanden:	
	Die Gebühr 2503 beträgt	336,00 EUR
2506	Es sind 11 bis 15 Gläubiger vorhanden:	
	Die Gebühr 2503 beträgt	448,00 EUR
2507	Es sind mehr als 15 Gläubiger vorhanden:	
	Die Gebühr 2503 beträgt	560,00 EUR
2508	Einigungs- und Erledigungsgebühr	125,00 EUR
	(1) Die Anmerkungen zu Nummern 1000 und 1002 sind anzuwenden. (2) Die Gebühr entsteht auch für die Mitwirkung bei einer außergerichtlichen Einigung mit den Gläubigern über die Schuldenbereinigung auf der Grundlage eines Plans (§ 305 Abs. 1 Nr. 1 InsO).	

VV RVG

Teil 3
Bürgerliche Rechtsstreitigkeiten, Verfahren der freiwilligen Gerichtsbarkeit, der öffentlich-rechtlichen Gerichtsbarkeiten, Verfahren nach dem Strafvollzugsgesetz, auch in Verb. mit § 92 des Jugendgerichtsgesetzes, und ähnliche Verfahren

Nr.	Gebührentatbestand	Gebühr oder Satz der Gebühr nach § 13 RVG
	Vorbemerkung 3: (1) Für die Tätigkeit als Beistand für einen Zeugen oder Sachverständigen in einem Verfahren, für das sich Gebühren nach diesem Teil bestimmen, entstehen die gleichen Gebühren wie für einen Verfahrensbevollmächtigten in diesem Verfahren. (2) Die Verfahrensgebühr entsteht für das Betreiben des Geschäfts einschließlich der Information. (3) Die Terminsgebühr entsteht für die Vertretung in einem Verhandlungs-, Erörterungs- oder Beweisaufnahmetermin oder die Wahrnehmung eines von einem gerichtlich bestellten Sachverständigen anberaumten Termins oder die Mitwirkung an auf die Vermeidung oder Erledigung des Verfahrens gerichteten Besprechungen auch ohne Beteiligung des Gerichts; dies gilt nicht für Besprechungen mit dem Auftraggeber. (4) Soweit wegen desselben Gegenstands eine Geschäftsgebühr nach den Nummern 2300 bis 2303 entsteht, wird diese Gebühr zur Hälfte, jedoch höchstens mit einem Gebührensatz von 0,75, auf die Verfahrensgebühr des gerichtlichen Verfahrens angerechnet. Sind mehrere Gebühren entstanden, ist für die Anrechnung die zuletzt entstandene Gebühr maßgebend. Die Anrechnung erfolgt nach dem Wert des Gegenstands, der auch Gegenstand des gerichtlichen Verfahrens ist. (5) Soweit der Gegenstand eines selbständigen Beweisverfahrens auch Gegenstand eines Rechtsstreits ist oder wird, wird die Verfahrensgebühr des selbständigen Beweisverfahrens auf die Verfahrensgebühr des Rechtszugs angerechnet. (6) Soweit eine Sache an ein untergeordnetes Gericht zurückverwiesen wird, das mit der Sache bereits befasst war, ist die vor diesem Gericht bereits entstandene Verfahrensgebühr auf die Verfahrensgebühr für das erneute Verfahren anzurechnen. (7) Die Vorschriften dieses Teils sind nicht anzuwenden, soweit Teil 6 besondere Vorschriften enthält.	
	Abschnitt 1 **Erster Rechtszug**	
	Vorbemerkung 3.1: (1) Die Gebühren dieses Abschnitts entstehen in allen Verfahren, für die in den folgenden Abschnitten dieses Teils keine Gebühren bestimmt sind. (2) Dieser Abschnitt ist auch für das Rechtsbeschwerdeverfahren nach § 1065 ZPO anzuwenden.	
3100	Verfahrensgebühr, soweit in Nummer 3102 nichts anderes bestimmt ist	1,3
	(1) Die Verfahrensgebühr für ein vereinfachtes Verfahren über den Unterhalt Minderjähriger wird auf die Verfahrensgebühr angerechnet, die in dem nachfolgenden Rechtsstreit entsteht (§§ 651 und 656 ZPO). (2) Die Verfahrensgebühr für einen Urkunden- oder Wechselprozess wird auf die Verfahrensgebühr für das ordentliche Verfahren angerechnet, wenn dieses nach Abstandnahme vom Urkunden- oder Wechselprozess oder nach einem Vorbehaltsurteil anhängig bleibt (§§ 596, 600 ZPO). (3) Die Verfahrensgebühr für ein Vermittlungsverfahren nach § 52 a FGG wird auf die Verfahrensgebühr für ein sich anschließendes Verfahren angerechnet.	

Nr.	Gebührentatbestand	Gebühr oder Satz der Gebühr nach § 13 RVG
3101	1. Endigt der Auftrag, bevor der Rechtsanwalt die Klage, den ein Verfahren einleitenden Antrag oder einen Schriftsatz, der Sachanträge, Sachvortrag, die Zurücknahme der Klage oder die Zurücknahme des Antrags enthält, eingereicht oder bevor er für seine Partei einen gerichtlichen Termin wahrgenommen hat, 2. soweit lediglich beantragt ist, eine Einigung der Parteien oder mit Dritten über in diesem Verfahren nicht rechtshängige Ansprüche zu Protokoll zu nehmen oder festzustellen (§ 278 Abs. 6 ZPO) oder soweit lediglich Verhandlungen vor Gericht zur Einigung über solche Ansprüche geführt werden oder 3. soweit in einem Verfahren der freiwilligen Gerichtsbarkeit lediglich ein Antrag gestellt und eine Entscheidung entgegengenommen wird, beträgt die Gebühr 3100 .... (1) Soweit in den Fällen der Nummer 2 der sich nach § 15 Abs. 3 RVG ergebende Gesamtbetrag der Verfahrensgebühren die Gebühr 3100 übersteigt, wird der übersteigende Betrag auf eine Verfahrensgebühr angerechnet, die wegen desselben Gegenstands in einer anderen Angelegenheit entsteht. (2) Nummer 3 ist in streitigen Verfahren der freiwilligen Gerichtsbarkeit, insbesondere in Familiensachen und in Verfahren nach dem Gesetz über das gerichtliche Verfahren in Landwirtschaftssachen, nicht anzuwenden.	0,8
3102	Verfahrensgebühr für Verfahren vor den Sozialgerichten, in denen Betragsrahmengebühren entstehen (§ 3 RVG)	40,00 bis 460,00 EUR
3103	Es ist eine Tätigkeit im Verwaltungsverfahren oder im weiteren, der Nachprüfung des Verwaltungsakts dienenden Verwaltungsverfahren vorausgegangen: Die Gebühr 3102 beträgt .... Bei der Bemessung der Gebühr ist nicht zu berücksichtigen, dass der Umfang der Tätigkeit infolge der Tätigkeit im Verwaltungsverfahren oder im weiteren, der Nachprüfung des Verwaltungsakts dienenden Verwaltungsverfahren geringer ist.	20,00 bis 320,00 EUR

VV RVG

Nr.	Gebührentatbestand	Gebühr oder Satz der Gebühr nach § 13 RVG
3104	Terminsgebühr, soweit in Nummer 3106 nichts anderes bestimmt ist .... (1) Die Gebühr entsteht auch, wenn 1. in einem Verfahren, für das mündliche Verhandlung vorgeschrieben ist, im Einverständnis mit den Parteien oder gemäß § 307 oder § 495 a ZPO ohne mündliche Verhandlung entschieden oder in einem solchen Verfahren ein schriftlicher Vergleich geschlossen wird, 2. nach § 84 Abs. 1 Satz 1 VwGO oder § 105 Abs. 1 SGG ohne mündliche Verhandlung durch Gerichtsbescheid entschieden wird oder 3. das Verfahren vor dem Sozialgericht nach angenommenem Anerkenntnis ohne mündliche Verhandlung endet. (2) Sind in dem Termin auch Verhandlungen zur Einigung über in diesem Verfahren nicht rechtshängige Ansprüche geführt worden, wird die Terminsgebühr, soweit sie den sich ohne Berücksichtigung der nicht rechtshängigen Ansprüche ergebenden Gebührenbetrag übersteigt, auf eine Terminsgebühr angerechnet, die wegen desselben Gegenstands in einer anderen Angelegenheit entsteht. (3) Die Gebühr entsteht nicht, soweit lediglich beantragt ist, eine Einigung der Parteien oder mit Dritten über nicht rechtshängige Ansprüche zu Protokoll zu nehmen. (4) Eine in einem vorausgegangenen Mahnverfahren oder vereinfachten Verfahren über den Unterhalt Minderjähriger entstandene Terminsgebühr wird auf die Terminsgebühr des nachfolgenden Rechtsstreits angerechnet.	1,2
3105	Wahrnehmung nur eines Termins, in dem eine Partei nicht erschienen oder nicht ordnungsgemäß vertreten ist und lediglich ein Antrag auf Versäumnisurteil oder zur Prozess- oder Sachleitung gestellt wird: Die Gebühr 3104 beträgt .... (1) Die Gebühr entsteht auch, wenn 1. das Gericht bei Säumnis lediglich Entscheidungen zur Prozess- oder Sachleitung von Amts wegen trifft oder 2. eine Entscheidung gemäß § 331 Abs. 3 ZPO ergeht. (2) Absatz 1 der Anmerkung zu Nummer 3104 gilt entsprechend. (3) § 333 ZPO ist nicht entsprechend anzuwenden.	0,5
3106	Terminsgebühr in Verfahren vor den Sozialgerichten, in denen Betragsrahmengebühren entstehen (§ 3 RVG) .... Die Gebühr entsteht auch, wenn 1. in einem Verfahren, für das mündliche Verhandlung vorgeschrieben ist, im Einverständnis mit den Parteien ohne mündliche Verhandlung entschieden wird, 2. nach § 105 Abs. 1 SGG ohne mündliche Verhandlung durch Gerichtsbescheid entschieden wird oder 3. das Verfahren nach angenommenem Anerkenntnis ohne mündliche Verhandlung endet.	20,00 bis 380,00 EUR

Nr.	Gebührentatbestand	Gebühr oder Satz der Gebühr nach § 13 RVG
	Abschnitt 2 **Berufung, Revision, bestimmte Beschwerden und Verfahren vor dem Finanzgericht**	
	Vorbemerkung 3.2: (1) Dieser Abschnitt ist auch in Verfahren vor dem Rechtsmittelgericht über die Zulassung des Rechtsmittels anzuwenden. (2) Wenn im Verfahren über einen Antrag auf Anordnung, Abänderung oder Aufhebung eines Arrests oder einer einstweiligen Verfügung das Berufungsgericht als Gericht der Hauptsache anzusehen ist (§ 943 ZPO), bestimmen sich die Gebühren nach Abschnitt 1. Dies gilt entsprechend im Verfahren vor den Gerichten der Verwaltungs- und Sozialgerichtsbarkeit auf Anordnung oder Wiederherstellung der aufschiebenden Wirkung, auf Aussetzung oder Aufhebung der Vollziehung oder Anordnung der sofortigen Vollziehung eines Verwaltungsakts und in Verfahren auf Erlass einer einstweiligen Anordnung. Satz 1 gilt ferner entsprechend in Verfahren über einen Antrag nach § 115 Abs. 2 Satz 2 und 3, § 118 Abs. 1 Satz 3 oder nach § 121 GWB.	
	Unterabschnitt 1 **Berufung, bestimmte Beschwerden und Verfahren vor dem Finanzgericht**	
	Vorbemerkung 3.2.1: (1) Dieser Unterabschnitt ist auch anzuwenden 1. in Verfahren vor dem Finanzgericht, 2. in Verfahren über Beschwerden oder Rechtsbeschwerden gegen die den Rechtszug beendenden Entscheidungen a) in Familiensachen, b) in Lebenspartnerschaftssachen, c) in Verfahren nach dem Gesetz über das gerichtliche Verfahren in Landwirtschaftssachen und d) im Beschlussverfahren vor den Gerichten für Arbeitssachen, 3. in Beschwerde- und Rechtsbeschwerdeverfahren gegen den Rechtszug beendende Entscheidungen über Anträge auf Vollstreckbarerklärung ausländischer Titel oder auf Erteilung der Vollstreckungsklausel zu ausländischen Titeln sowie Anträge auf Aufhebung oder Abänderung der Vollstreckbarerklärung oder der Vollstreckungsklausel, 4. in Beschwerde- und Rechtsbeschwerdeverfahren nach dem GWB, 5. in Beschwerdeverfahren nach dem WpÜG, 6. in Beschwerdeverfahren nach dem WpHG, 7. in Verfahren vor dem BGH über die Beschwerde oder Rechtsbeschwerde gegen Entscheidungen des Bundespatentgerichts, 8. in Rechtsbeschwerdeverfahren nach dem StVollzG, auch in Verb. mit § 92 JGG, 9. in Beschwerde- und Rechtsbeschwerdeverfahren nach dem EnWG und 10. in Beschwerde- und Rechtsbeschwerdeverfahren nach dem VSchDG. (2) Für die in Absatz 1 genannten Verfahren ist Unterabschnitt 2 anzuwenden, wenn sich die Parteien nur durch einen beim BGH zugelassenen Rechtsanwalt vertreten lassen können.	
3200	Verfahrensgebühr, soweit in Nummer 3204 nichts anderes bestimmt ist ..	1,6

VV RVG

Nr.	Gebührentatbestand	Gebühr oder Satz der Gebühr nach § 13 RVG
3201	Vorzeitige Beendigung des Auftrags: Die Gebühr 3200 beträgt .... Eine vorzeitige Beendigung liegt vor, 1. wenn der Auftrag endigt, bevor der Rechtsanwalt das Rechtsmittel eingelegt oder einen Schriftsatz, der Sachanträge, Sachvortrag, die Zurücknahme der Klage oder die Zurücknahme des Rechtsmittels enthält, eingereicht oder bevor er für seine Partei einen gerichtlichen Termin wahrgenommen hat, oder 2. soweit lediglich beantragt ist, eine Einigung der Parteien oder mit Dritten über in diesem Verfahren nicht rechtshängige Ansprüche zu Protokoll zu nehmen oder festzustellen (§ 278 Abs. 6 ZPO), oder soweit lediglich Verhandlungen zur Einigung über solche Ansprüche geführt werden. Soweit in den Fällen der Nummer 2 der sich nach § 15 Abs. 3 RVG ergebende Gesamtbetrag der Verfahrensgebühren die Gebühr 3200 übersteigt, wird der übersteigende Betrag auf eine Verfahrensgebühr angerechnet, die wegen desselben Gegenstands in einer anderen Angelegenheit entsteht.	1,1
3202	Terminsgebühr, soweit in Nummer 3205 nichts anderes bestimmt ist .. (1) Die Anmerkung zu Nummer 3104 gilt entsprechend. (2) Die Gebühr entsteht auch, wenn nach § 79 a Abs. 2, §§ 90 a, 94 a FGO oder § 130 a VwGO ohne mündliche Verhandlung entschieden wird.	1,2
3203	Wahrnehmung nur eines Termins, in dem eine Partei, im Berufungsverfahren der Berufungskläger, nicht erschienen oder nicht ordnungsgemäß vertreten ist und lediglich ein Antrag auf Versäumnisurteil oder zur Prozess- oder Sachleitung gestellt wird: Die Gebühr 3202 beträgt .... Die Anmerkung zu Nummer 3105 und Absatz 2 der Anmerkung zu Nummer 3202 gelten entsprechend.	0,5
3204	Verfahrensgebühr für Verfahren vor den Landessozialgerichten, in denen Betragsrahmengebühren entstehen (§ 3 RVG)	50,00 bis 570,00 EUR
3205	Terminsgebühr in Verfahren vor den Landessozialgerichten, in denen Betragsrahmengebühren entstehen (§ 3 RVG) .... Die Anmerkung zu Nummer 3106 gilt entsprechend.	20,00 bis 380,00 EUR

Nr.	Gebührentatbestand	Gebühr oder Satz der Gebühr nach § 13 RVG
	Unterabschnitt 2 **Revision**	
	Vorbemerkung 3.2.2: Dieser Unterabschnitt ist auch anzuwenden 1. in den in Vorbemerkung 3.2.1 Abs. 1 genannten Verfahren, wenn sich die Parteien nur durch einen beim BGH zugelassenen Rechtsanwalt vertreten lassen können, 2. in Verfahren über die Rechtsbeschwerde nach § 15 des Kapitalanleger-Musterverfahrensgesetzes.	
3206	Verfahrensgebühr, soweit in Nummer 3212 nichts anderes bestimmt ist..	1,6
3207	Vorzeitige Beendigung des Auftrags: Die Gebühr 3206 beträgt.......................... Die Anmerkung zu Nummer 3201 gilt entsprechend.	1,1
3208	Im Verfahren können sich die Parteien nur durch einen beim BGH zugelassenen Rechtsanwalt vertreten lassen: Die Gebühr 3206 beträgt..........................	2,3
3209	Vorzeitige Beendigung des Auftrags, wenn sich die Parteien nur durch einen beim BGH zugelassenen Rechtsanwalt vertreten lassen können: Die Gebühr 3206 beträgt.......................... Die Anmerkung zu Nummer 3201 gilt entsprechend.	1,8
3210	Terminsgebühr, soweit in Nummer 3213 nichts anderes bestimmt ist.. Die Anmerkung zu Nummer 3104 gilt entsprechend.	1,5
3211	Wahrnehmung nur eines Termins, in dem der Revisionskläger nicht ordnungsgemäß vertreten ist und lediglich ein Antrag auf Versäumnisurteil oder zur Prozess- oder Sachleitung gestellt wird: Die Gebühr 3210 beträgt.......................... Die Anmerkung zu Nummer 3105 und Absatz 2 der Anmerkung zu Nummer 3202 gelten entsprechend.	0,8
3212	Verfahrensgebühr für Verfahren vor dem Bundessozialgericht, in denen Betragsrahmengebühren entstehen (§ 3 RVG)	80,00 bis 800,00 EUR
3213	Terminsgebühr in Verfahren vor dem Bundessozialgericht, in denen Betragsrahmengebühren entstehen (§ 3 RVG) .... Die Anmerkung zu Nummer 3106 gilt entsprechend.	40,00 bis 700,00 EUR

VV RVG

Nr.	Gebührentatbestand	Gebühr oder Satz der Gebühr nach § 13 RVG
	Abschnitt 3 **Gebühren für besondere Verfahren**	
	Unterabschnitt 1 **Besondere erstinstanzliche Verfahren**	
	Vorbemerkung 3.3.1: Die Terminsgebühr bestimmt sich nach Abschnitt 1.	
3300	Verfahrensgebühr 1. für das Verfahren vor dem Oberlandesgericht nach § 16 Abs. 4 des Urheberrechtswahrnehmungsgesetzes und 2. für das erstinstanzliche Verfahren vor dem Bundesverwaltungsgerichtshof und dem Oberverwaltungsgericht (Verwaltungsgerichtshof)	1,6
3301	Vorzeitige Beendigung des Auftrags: Die Gebühr 3300 beträgt .... Die Anmerkung zu Nummer 3201 gilt entsprechend.	1,0
	Unterabschnitt 2 Mahnverfahren	
	Vorbemerkung 3.3.2: Die Terminsgebühr bestimmt sich nach Abschnitt 1.	
3305	Verfahrensgebühr für die Vertretung des Antragstellers .... Die Gebühr wird auf die Verfahrensgebühr für einen nachfolgenden Rechtsstreit angerechnet.	1,0
3306	Beendigung des Auftrags, bevor der Rechtsanwalt den verfahrenseinleitenden Antrag oder einen Schriftsatz, der Sachanträge, Sachvortrag oder die Zurücknahme des Antrags enthält, eingereicht hat: Die Gebühr 3305 beträgt	0,5
3307	Verfahrensgebühr für die Vertretung des Antragsgegners .... Die Gebühr wird auf die Verfahrensgebühr für einen nachfolgenden Rechtsstreit angerechnet.	0,5
3308	Verfahrensgebühr für die Vertretung des Antragstellers im Verfahren über den Antrag auf Erlass eines Vollstreckungsbescheids .... Die Gebühr entsteht neben der Gebühr 3305 nur, wenn innerhalb der Widerspruchsfrist kein Widerspruch erhoben oder der Widerspruch gemäß § 703a Abs. 2 Nr. 4 ZPO beschränkt worden ist. Nummer 1008 ist nicht anzuwenden, wenn sich bereits die Gebühr 3305 erhöht.	0,5

Nr.	Gebührentatbestand	Gebühr oder Satz der Gebühr nach § 13 RVG
	Unterabschnitt 3 **Zwangsvollstreckung und Vollziehung einer im Wege des einstweiligen Rechtsschutzes ergangenen Entscheidung**	
	Vorbemerkung 3.3.3: Dieser Unterabschnitt gilt auch für Verfahren auf Eintragung einer Zwangshypothek (§§ 867 und 870 a ZPO), Verfahren nach § 33 FGG und für gerichtliche Verfahren über einen Akt der Zwangsvollstreckung (des Verwaltungszwangs).	
3309	Verfahrensgebühr .... Die Gebühr entsteht für die Tätigkeit in der Zwangsvollstreckung, soweit nachfolgend keine besonderen Gebühren bestimmt sind.	0,3
3310	Terminsgebühr .... Die Gebühr entsteht nur für die Teilnahme an einem gerichtlichen Termin oder einem Termin zur Abnahme der eidesstattlichen Versicherung.	0,3
	Unterabschnitt 4 **Zwangsversteigerung und Zwangsverwaltung**	
3311	Verfahrensgebühr .... Die Gebühr entsteht jeweils gesondert 1. für die Tätigkeit im Zwangsversteigerungsverfahren bis zur Einleitung des Verteilungsverfahrens; 2. im Zwangsversteigerungsverfahren für die Tätigkeit im Verteilungsverfahren, und zwar auch für eine Mitwirkung an einer außergerichtlichen Verteilung; 3. im Verfahren der Zwangsverwaltung für die Vertretung des Antragstellers im Verfahren über den Antrag auf Anordnung der Zwangsverwaltung oder auf Zulassung des Beitritts; 4. im Verfahren der Zwangsverwaltung für die Vertretung des Antragstellers im weiteren Verfahren einschließlich des Verteilungsverfahrens; 5. im Verfahren der Zwangsverwaltung für die Vertretung eines sonstigen Beteiligten im ganzen Verfahren einschließlich des Verteilungsverfahrens und 6. für die Tätigkeit im Verfahren über Anträge auf einstweilige Einstellung oder Beschränkung der Zwangsvollstreckung und einstweilige Einstellung des Verfahrens sowie für Verhandlungen zwischen Gläubiger und Schuldner mit dem Ziel der Aufhebung des Verfahrens.	0,4
3312	Terminsgebühr .... Die Gebühr entsteht nur für die Wahrnehmung eines Versteigerungstermins für einen Beteiligten. Im Übrigen entsteht im Verfahren der Zwangsversteigerung und der Zwangsverwaltung keine Terminsgebühr.	0,4

Nr.	Gebührentatbestand	Gebühr oder Satz der Gebühr nach § 13 RVG
	Unterabschnitt 5 **Insolvenzverfahren, Verteilungsverfahren nach der Schifffahrtsrechtlichen Verteilungsordnung**	
	Vorbemerkung 3.3.5: (1) Die Gebührenvorschriften gelten für die Verteilungsverfahren nach der SVertO, soweit dies ausdrücklich angeordnet ist. (2) Bei der Vertretung mehrerer Gläubiger, die verschiedene Forderungen geltend machen, entstehen die Gebühren jeweils besonders. (3) Für die Vertretung des ausländischen Insolvenzverwalters im Sekundärinsolvenzverfahren entstehen die gleichen Gebühren wie für die Vertretung des Schuldners.	
3313	Verfahrensgebühr für die Vertretung des Schuldners im Eröffnungsverfahren .... Die Gebühr entsteht auch im Verteilungsverfahren nach der SVertO.	1,0
3314	Verfahrensgebühr für die Vertretung des Gläubigers im Eröffnungsverfahren .... Die Gebühr entsteht auch im Verteilungsverfahren nach der SVertO.	0,5
3315	Tätigkeit auch im Verfahren über den Schuldenbereinigungsplan: Die Verfahrensgebühr 3313 beträgt	1,5
3316	Tätigkeit auch im Verfahren über den Schuldenbereinigungsplan: Die Verfahrensgebühr 3314 beträgt	1,0
3317	Verfahrensgebühr für das Insolvenzverfahren .... Die Gebühr entsteht auch im Verteilungsverfahren nach der SVertO.	1,0
3318	Verfahrensgebühr für das Verfahren über einen Insolvenzplan	1,0
3319	Vertretung des Schuldners, der den Plan vorgelegt hat: Die Verfahrensgebühr 3318 beträgt	3,0
3320	Die Tätigkeit beschränkt sich auf die Anmeldung einer Insolvenzforderung: Die Verfahrensgebühr 3317 beträgt .... Die Gebühr entsteht auch im Verteilungsverfahren nach der SVertO.	0,5

Nr.	Gebührentatbestand	Gebühr oder Satz der Gebühr nach § 13 RVG
3321	Verfahrensgebühr für das Verfahren über einen Antrag auf Versagung oder Widerruf der Restschuldbefreiung .... (1) Das Verfahren über mehrere gleichzeitig anhängige Anträge ist eine Angelegenheit. (2) Die Gebühr entsteht auch gesondert, wenn der Antrag bereits vor Aufhebung des Insolvenzverfahrens gestellt wird.	0,5
3322	Verfahrensgebühr für das Verfahren über Anträge auf Zulassung der Zwangsvollstreckung nach § 17 Abs. 4 SVertO	0,5
3323	Verfahrensgebühr für das Verfahren über Anträge auf Aufhebung von Vollstreckungsmaßregeln (§ 8 Abs. 5 und § 41 SVertO)	0,5
	Unterabschnitt 6 **Sonstige besondere Verfahren**	

Vorbemerkung 3.3.6:
Die Terminsgebühr bestimmt sich nach Abschnitt 1, soweit in diesem Unterabschnitt nichts anderes bestimmt ist.

Nr.	Gebührentatbestand	Gebühr
3324	Verfahrensgebühr für das Aufgebotsverfahren	1,0
3325	Verfahrensgebühr für Verfahren nach § 148 Abs. 1 und 2, §§ 246 a, 319 Abs. 6 AktG, auch in Verb. mit § 327 e Abs. 2 AktG, oder nach § 16 Abs. 3 UmwG	0,75
3326	Verfahrensgebühr für Verfahren vor den Gerichten für Arbeitssachen, wenn sich die Tätigkeit auf eine gerichtliche Entscheidung über die Bestimmung einer Frist (§ 102 Abs. 3 des Arbeitsgerichtsgesetzes), die Ablehnung eines Schiedsrichters (§ 103 Abs. 3 ArbGG) oder die Vornahme einer Beweisaufnahme oder einer Vereidigung (§ 106 Abs. 2 des Arbeitsgerichtsgesetzes) beschränkt	0,75
3327	Verfahrensgebühr für gerichtliche Verfahren über die Bestellung eines Schiedsrichters oder Ersatzschiedsrichters, über die Ablehnung eines Schiedsrichters oder über die Beendigung des Schiedsrichteramts, zur Unterstützung bei der Beweisaufnahme oder bei der Vornahme sonstiger richterlicher Handlungen anlässlich eines schiedsrichterlichen Verfahrens	0,75
3328	Verfahrensgebühr für Verfahren über die vorläufige Einstellung, Beschränkung oder Aufhebung der Zwangsvollstreckung .... Die Gebühr entsteht nur, wenn eine abgesonderte mündliche Verhandlung hierüber stattfindet. Wird der Antrag beim Vollstreckungsgericht und beim Prozessgericht gestellt, entsteht die Gebühr nur einmal.	0,5

VV RVG

Nr.	Gebührentatbestand	Gebühr oder Satz der Gebühr nach § 13 RVG
3329	Verfahrensgebühr für Verfahren auf Vollstreckbarerklärung der durch Rechtsmittelanträge nicht angefochtenen Teile eines Urteils (§§ 537, 558 ZPO)	0,5
3330	Verfahrensgebühr für Verfahren über eine Rüge wegen Verletzung des Anspruchs auf rechtliches Gehör...	0,5
3331	Verfahrensgebühr für das Verfahren über einen Antrag auf Abänderung eines Vollstreckungstitels nach § 655 Abs. 1 ZPO .... Der Wert bestimmt sich nach § 42 GKG.	0,5
3332	Terminsgebühr in den in Nummern 3324 bis 3331 genannten Verfahren	0,5
3333	Verfahrensgebühr für ein Verteilungsverfahren außerhalb der Zwangsversteigerung und der Zwangsverwaltung.. Der Wert bestimmt sich nach § 26 Nr. 1 und 2 RVG. Eine Terminsgebühr entsteht nicht.	0,4
3334	Verfahrensgebühr für Verfahren vor dem Prozessgericht oder dem Amtsgericht auf Bewilligung, Verlängerung oder Verkürzung einer Räumungsfrist (§§ 721, 794 a ZPO), wenn das Verfahren mit dem Verfahren über die Hauptsache nicht verbunden ist	1,0
3335	Verfahrensgebühr für das Verfahren über die Prozesskostenhilfe, soweit in Nummer 3336 nichts anderes bestimmt ist .... (1) Im Verfahren über die Bewilligung der Prozesskostenhilfe oder die Aufhebung der Bewilligung nach § 124 Nr. 1 ZPO bestimmt sich der Gegenstandswert nach dem für die Hauptsache maßgebenden Wert; im Übrigen ist er nach dem Kosteninteresse nach billigem Ermessen zu bestimmen. (2) Entsteht die Verfahrensgebühr auch für das Verfahren, für das die Prozesskostenhilfe beantragt worden ist, werden die Werte nicht zusammengerechnet.	in Höhe der Verfahrensgebühr für das Verfahren, für das die Prozesskostenhilfe beantragt wird, höchstens 1,0
3336	Verfahrensgebühr für das Verfahren über die Prozesskostenhilfe vor Gerichten der Sozialgerichtsbarkeit, wenn in dem Verfahren, für das Prozesskostenhilfe beantragt wird, Betragsrahmengebühren entstehen (§ 3 RVG)	30,00 bis 320,00 EUR
3337	Vorzeitige Beendigung des Auftrags im Fall der Nummern 3324 bis 3327, 3334 und 3335: Die Gebühren 3324 bis 3327, 3334 und 3335 betragen..	0,5

Nr.	Gebührentatbestand	Gebühr oder Satz der Gebühr nach § 13 RVG
	Eine vorzeitige Beendigung liegt vor, 1. wenn der Auftrag endigt, bevor der Rechtsanwalt den das Verfahren einleitenden Antrag oder einen Schriftsatz, der Sachanträge, Sachvortrag oder die Zurücknahme des Antrags enthält, eingereicht oder bevor er für seine Partei einen gerichtlichen Termin wahrgenommen hat, oder 2. soweit lediglich beantragt ist, eine Einigung der Parteien zu Protokoll zu nehmen.	

Abschnitt 4
Einzeltätigkeiten

Vorbemerkung 3.4:
(1) Für in diesem Abschnitt genannte Tätigkeiten entsteht eine Terminsgebühr nur, wenn dies ausdrücklich bestimmt ist.
(2) Im Verfahren vor den Sozialgerichten, in denen Betragsrahmengebühren entstehen (§ 3 RVG), vermindern sich die in den Nummern 3400, 3401, 3405 und 3406 bestimmten Höchstbeträge auf die Hälfte, wenn eine Tätigkeit im Verwaltungsverfahren oder im weiteren, der Nachprüfung des Verwaltungsakts dienenden Verwaltungsverfahren vorausgegangen ist. Bei der Bemessung der Gebühren ist nicht zu berücksichtigen, dass der Umfang der Tätigkeit infolge der Tätigkeit im Verwaltungsverfahren oder im weiteren, der Nachprüfung des Verwaltungsakts dienenden Verwaltungsverfahren geringer ist.

Nr.	Gebührentatbestand	Gebühr oder Satz der Gebühr nach § 13 RVG
3400	Der Auftrag beschränkt sich auf die Führung des Verkehrs der Partei mit dem Verfahrensbevollmächtigten: Verfahrensgebühr.................................... Die gleiche Gebühr entsteht auch, wenn im Einverständnis mit dem Auftraggeber mit der Übersendung der Akten an den Rechtsanwalt des höheren Rechtszugs gutachterliche Äußerungen verbunden sind.	in Höhe der dem Verfahrensbevollmächtigten zustehenden Verfahrensgebühr, höchstens 1,0, bei Betragsrahmengebühren höchstens 260,00 EUR
3401	Der Auftrag beschränkt sich auf die Vertretung in einem Termin im Sinne der Vorbemerkung 3 Abs. 3: Verfahrensgebühr....................................	in Höhe der Hälfte der dem Verfahrensbevollmächtigten zustehenden Verfahrensgebühr
3402	Terminsgebühr in dem in Nummer 3401 genannten Fall....................................	in Höhe der einem Verfahrensbeollmächtigten zustehenden Terminsgebühr
3403	Verfahrensgebühr für sonstige Einzeltätigkeiten, soweit in Nummer 3406 nichts anderes bestimmt ist .... Die Gebühr entsteht für sonstige Tätigkeiten in einem gerichtlichen Verfahren, wenn der Rechtsanwalt nicht zum Prozess- oder Verfahrensbevollmächtigten bestellt ist, soweit in diesem Abschnitt nichts anderes bestimmt ist.	0,8
3404	Der Auftrag beschränkt sich auf ein Schreiben einfacher Art: Die Gebühr 3403 beträgt....................................	0,3

VV RVG

Nr.	Gebührentatbestand	Gebühr oder Satz der Gebühr nach § 13 RVG
	Die Gebühr entsteht insbesondere, wenn das Schreiben weder schwierige rechtliche Ausführungen noch größere sachliche Auseinandersetzungen enthält.	
3405	Endet der Auftrag 1. im Fall der Nummer 3400, bevor der Verfahrensbevollmächtigte beauftragt oder der Rechtsanwalt gegenüber dem Verfahrensbevollmächtigten tätig geworden ist, 2. im Fall der Nummer 3401, bevor der Termin begonnen hat: Die Gebühren 3400 und 3401 betragen .... Im Fall der Nummer 3403 gilt die Vorschrift entsprechend.	höchstens 0,5, bei Betragsrahmengebühren höchstens 130,00 EUR
3406	Verfahrensgebühr für sonstige Einzeltätigkeiten in Verfahren vor Gerichten der Sozialgerichtsbarkeit, wenn Betragsrahmengebühren entstehen (§ 3 RVG) .... Die Anmerkung zu Nummer 3403 gilt entsprechend.	10,00 bis 200,00 EUR
	Abschnitt 5 **Beschwerde, Nichtzulassungsbeschwerde und Erinnerung**	
	Vorbemerkung 3.5: Die Gebühren nach diesem Abschnitt entstehen nicht in den in Vorbemerkung 3.1 Abs. 2 und Vorbemerkung 3.2.1 genannten Beschwerdeverfahren.	
3500	Verfahrensgebühr für Verfahren über die Beschwerde und die Erinnerung, soweit in diesem Abschnitt keine besonderen Gebühren bestimmt sind	0,5
3501	Verfahrensgebühr für Verfahren vor den Gerichten der Sozialgerichtsbarkeit über die Beschwerde und die Erinnerung, wenn in den Verfahren Betragsrahmengebühren entstehen (§ 3 RVG), soweit in diesem Abschnitt keine besonderen Gebühren bestimmt sind	15,00 bis 160,00 EUR
3502	Verfahrensgebühr für das Verfahren über die Rechtsbeschwerde (§ 574 ZPO, § 78 Satz 2 des Arbeitsgerichtsgesetzes)	1,0
3503	Vorzeitige Beendigung des Auftrags: Die Gebühr 3502 beträgt .... Die Anmerkung zu Nummer 3201 ist entsprechend anzuwenden.	0,5

Nr.	Gebührentatbestand	Gebühr oder Satz der Gebühr nach § 13 RVG
3504	Verfahrensgebühr für das Verfahren über die Beschwerde gegen die Nichtzulassung der Berufung, soweit in Nummer 3511 nichts anderes bestimmt ist .... Die Gebühr wird auf die Verfahrensgebühr für ein nachfolgendes Berufungsverfahren angerechnet.	1,6
3505	Vorzeitige Beendigung des Auftrags: Die Gebühr 3504 beträgt .... Die Anmerkung zu Nummer 3201 ist entsprechend anzuwenden.	1,0
3506	Verfahrensgebühr für das Verfahren über die Beschwerde gegen die Nichtzulassung der Revision, soweit in Nummer 3512 nichts anderes bestimmt ist .... Die Gebühr wird auf die Verfahrensgebühr für ein nachfolgendes Revisionsverfahren angerechnet.	1,6
3507	Vorzeitige Beendigung des Auftrags: Die Gebühr 3506 beträgt .... Die Anmerkung zu Nummer 3201 ist entsprechend anzuwenden.	1,1
3508	In dem Verfahren über die Beschwerde gegen die Nichtzulassung der Revision können sich die Parteien nur durch einen beim BGH zugelassenen Rechtsanwalt vertreten lassen: Die Gebühr 3506 beträgt	2,3
3509	Vorzeitige Beendigung des Auftrags, wenn sich die Parteien nur durch einen beim BGH zugelassenen Rechtsanwalt vertreten lassen können: Die Gebühr 3506 beträgt .... Die Anmerkung zu Nummer 3201 ist entsprechend anzuwenden.	1,8

Nr.	Gebührentatbestand	Gebühr oder Satz der Gebühr nach § 13 RVG

3510	Verfahrensgebühr für Beschwerdeverfahren vor dem Bundespatentgericht
	
	1. nach dem Patentgesetz, wenn sich die Beschwerde gegen einen Beschluss richtet,
	   a) durch den die Vergütung bei Lizenzbereitschaftserklärung festgesetzt wird oder Zahlung der Vergütung an das Deutsche Patent- und Markenamt angeordnet wird,
	   b) durch den eine Anordnung nach § 50 Abs. 1 PatG oder die Aufhebung dieser Anordnung erlassen wird,
	   c) durch den die Anmeldung zurückgewiesen oder über die Aufrechterhaltung, den Widerruf oder die Beschränkung des Patents entschieden wird,
	2. nach dem Gebrauchsmustergesetz, wenn sich die Beschwerde gegen einen Beschluss richtet,
	   a) durch den die Anmeldung zurückgewiesen wird,
	   b) durch den über den Löschungsantrag entschieden wird,
	3. nach dem Markengesetz, wenn sich die Beschwerde gegen einen Beschluss richtet,
	   a) durch den über die Anmeldung einer Marke, einen Widerspruch oder einen Antrag auf Löschung oder über die Erinnerung gegen einen solchen Beschluss entschieden worden ist oder
	   b) durch den ein Antrag auf Eintragung einer geographischen Angabe oder einer Ursprungsbezeichnung zurückgewiesen worden ist,
	4. nach dem Halbleiterschutzgesetz, wenn sich die Beschwerde gegen einen Beschluss richtet,
	   a) durch den die Anmeldung zurückgewiesen wird,
	   b) durch den über den Löschungsantrag entschieden wird,
	5. nach dem Geschmacksmustergesetz, wenn sich die Beschwerde gegen einen Beschluss richtet, durch den die Anmeldung eines Geschmacksmusters zurückgewiesen oder durch den über einen Löschungsantrag entschieden worden ist,
	6. nach dem Sortenschutzgesetz, wenn sich die Beschwerde gegen einen Beschluss des Widerspruchsausschusses richtet ....
		1,3

Nr.	Gebührentatbestand	Gebühr oder Satz der Gebühr nach § 13 RVG
3511	Verfahrensgebühr für das Verfahren über die Beschwerde gegen die Nichtzulassung der Berufung vor dem Landessozialgericht, wenn Betragsrahmengebühren entstehen (§ 3 RVG) .... Die Gebühr wird auf die Verfahrensgebühr für ein nachfolgendes Berufungsverfahren angerechnet.	50,00 bis 570,00 EUR
3512	Verfahrensgebühr für das Verfahren über die Beschwerde gegen die Nichtzulassung der Revision vor dem Bundessozialgericht, wenn Betragsrahmengebühren entstehen (§ 3 RVG) .... Die Gebühr wird auf die Verfahrensgebühr für ein nachfolgendes Revisionsverfahren angerechnet.	80,00 bis 800,00 EUR
3513	Terminsgebühr in den in Nummer 3500 genannten Verfahren	0,5
3514	Das Beschwerdegericht entscheidet über eine Beschwerde gegen die Zurückweisung des Antrags auf Anordnung eines Arrests oder Erlass einer einstweiligen Verfügung durch Urteil: Die Gebühr 3513 beträgt	1,2
3515	Terminsgebühr in den in Nummer 3501 genannten Verfahren	15,00 bis 160,00 EUR
3516	Terminsgebühr in den in Nummern 3502, 3504, 3506 und 3510 genannten Verfahren	1,2
3517	Terminsgebühr in den in Nummer 3511 genannten Verfahren	12,50 bis 215,00 EUR
3518	Terminsgebühr in den in Nummer 3512 genannten Verfahren	20,00 bis 350,00 EUR

VV RVG

Teil 4
Strafsachen

Nr.	Gebührentatbestand	Gebühr oder Satz der Gebühr nach § 13 oder § 49 RVG	
		Wahlanwalt	gerichtlich bestellter oder beigeordneter Rechtsanwalt
Vorbemerkung 4			

Vorbemerkung 4:
(1) Für die Tätigkeit als Beistand oder Vertreter eines Privatklägers, eines Nebenklägers, eines Einziehungs- oder Nebenbeteiligten, eines Verletzten, eines Zeugen oder Sachverständigen und im Verfahren nach dem Strafrechtlichen Rehabilitierungsgesetz sind die Vorschriften entsprechend anzuwenden.
(2) Die Verfahrensgebühr entsteht für das Betreiben des Geschäfts einschließlich der Information.
(3) Die Terminsgebühr entsteht für die Teilnahme an gerichtlichen Terminen, soweit nichts anderes bestimmt ist. Der Rechtsanwalt erhält die Terminsgebühr auch, wenn er zu einem anberaumten Termin erscheint, dieser aber aus Gründen, die er nicht zu vertreten hat, nicht stattfindet. Dies gilt nicht, wenn er rechtzeitig von der Aufhebung oder Verlegung des Termins in Kenntnis gesetzt worden ist.
(4) Befindet sich der Beschuldigte nicht auf freiem Fuß, entsteht die Gebühr mit Zuschlag.
(5) Für folgende Tätigkeiten entstehen Gebühren nach den Vorschriften des Teils 3:
1. im Verfahren über die Erinnerung oder die Beschwerde gegen einen Kostenfestsetzungsbeschluss (§ 464b StPO) und im Verfahren über die Erinnerung gegen den Kostenansatz und im Verfahren über die Beschwerde gegen die Entscheidung über diese Erinnerung,
2. in der Zwangsvollstreckung aus Entscheidungen, die über einen aus der Straftat erwachsenen vermögensrechtlichen Anspruch oder die Erstattung von Kosten ergangen sind (§§ 406b, 464b StPO), für die Mitwirkung bei der Ausübung der Veröffentlichungsbefugnis und im Beschwerdeverfahren gegen eine dieser Entscheidungen.

Abschnitt 1
Gebühren des Verteidigers

Vorbemerkung 4.1:
(1) Dieser Abschnitt ist auch anzuwenden auf die Tätigkeit im Verfahren über die im Urteil vorbehaltene Sicherungsverwahrung und im Verfahren über die nachträgliche Anordnung der Sicherungsverwahrung.
(2) Durch die Gebühren wird die gesamte Tätigkeit als Verteidiger entgolten. Hierzu gehören auch Tätigkeiten im Rahmen des Täter-Opfer-Ausgleichs, soweit der Gegenstand nicht vermögensrechtlich ist.

Unterabschnitt 1
Allgemeine Gebühren

4100	Grundgebühr........................	30,00 bis 300,00 EUR	132,00 EUR
	(1) Die Gebühr entsteht für die erstmalige Einarbeitung in den Rechtsfall nur einmal, unabhängig davon, in welchem Verfahrensabschnitt sie erfolgt. (2) Eine wegen derselben Tat oder Handlung bereits entstandene Gebühr 5100 ist anzurechnen.		
4101	Gebühr 4100 mit Zuschlag	30,00 bis 375,00 EUR	162,00 EUR

Nr.	Gebührentatbestand	Gebühr oder Satz der Gebühr nach § 13 oder § 49 RVG	
		Wahlanwalt	gerichtlich bestellter oder beigeordneter Rechtsanwalt
4102	Terminsgebühr für die Teilnahme an 1. richterlichen Vernehmungen und Augenscheinseinnahmen, 2. Vernehmungen durch die Staatsanwaltschaft oder eine andere Strafverfolgungsbehörde, 3. Terminen außerhalb der Hauptverhandlung, in denen über die Anordnung oder Fortdauer der Untersuchungshaft oder der einstweiligen Unterbringung verhandelt wird, 4. Verhandlungen im Rahmen des Täter-Opfer-Ausgleichs sowie 5. Sühneterminen nach § 380 StPO.... Mehrere Termine an einem Tag gelten als ein Termin. Die Gebühr entsteht im vorbereitenden Verfahren und in jedem Rechtszug für die Teilnahme an jeweils bis zu 3 Terminen einmal.	30,00 bis 250,00 EUR	112,00 EUR
4103	Gebühr 4102 mit Zuschlag..............	30,00 bis 312,50 EUR	137,00 EUR
	Unterabschnitt 2 **Vorbereitendes Verfahren**		
	Vorbemerkung 4.1.2: Die Vorbereitung der Privatklage steht der Tätigkeit im vorbereitenden Verfahren gleich.		
4104	Verfahrensgebühr................. Die Gebühr entsteht für eine Tätigkeit in dem Verfahren bis zum Eingang der Anklageschrift, des Antrags auf Erlass eines Strafbefehls bei Gericht oder im beschleunigten Verfahren bis zum Vortrag der Anklage, wenn diese nur mündlich erhoben wird.	30,00 bis 250,00 EUR	112,00 EUR
4105	Gebühr 4104 mit Zuschlag............	30,00 bis 312,50 EUR	137,00 EUR
	Unterabschnitt 3 **Gerichtliches Verfahren**		
	Erster Rechtszug		
4106	Verfahrensgebühr für den ersten Rechtszug vor dem Amtsgericht.......	30,00 bis 250,00 EUR	112,00 EUR
4107	Gebühr 4106 mit Zuschlag............	30,00 bis 312,50 EUR	137,00 EUR

VV RVG

Nr.	Gebührentatbestand	Gebühr oder Satz der Gebühr nach § 13 oder § 49 RVG	
		Wahlanwalt	gerichtlich bestellter oder beigeordneter Rechtsanwalt
4108	Terminsgebühr je Hauptverhandlungstag in den in Nummer 4106 genannten Verfahren	60,00 bis 400,00 EUR	184,00 EUR
4109	Gebühr 4108 mit Zuschlag	60,00 bis 500,00 EUR	224,00 EUR
4110	Der gerichtlich bestellte oder beigeordnete Rechtsanwalt nimmt mehr als 5 und bis 8 Std. an der Hauptverhandlung teil: Zusätzliche Gebühr neben der Gebühr 4108 oder 4109		92,00 EUR
4111	Der gerichtlich bestellte oder beigeordnete Rechtsanwalt nimmt mehr als 8 Std. an der Hauptverhandlung teil: Zusätzliche Gebühr neben der Gebühr 4108 oder 4109		184,00 EUR
4112	Verfahrensgebühr für den ersten Rechtszug vor der Strafkammer .... Die Gebühr entsteht auch für Verfahren 1. vor der Jugendkammer, soweit sich die Gebühr nicht nach Nummer 4118 bestimmt, 2. im Rehabilitierungsverfahren nach Abschnitt 2 StrRehaG.	40,00 bis 270,00 EUR	124,00 EUR
4113	Gebühr 4112 mit Zuschlag	40,00 bis 337,50 EUR	151,00 EUR
4114	Terminsgebühr je Hauptverhandlungstag in den in Nummer 4112 genannten Verfahren	70,00 bis 470,00 EUR	216,00 EUR
4115	Gebühr 4114 mit Zuschlag	70,00 bis 587,50 EUR	263,00 EUR
4116	Der gerichtlich bestellte oder beigeordnete Rechtsanwalt nimmt mehr als 5 und bis 8 Std. an der Hauptverhandlung teil: Zusätzliche Gebühr neben der Gebühr 4114 oder 4115		108,00 EUR
4117	Der gerichtlich bestellte oder beigeordnete Rechtsanwalt nimmt mehr als 8 Std. an der Hauptverhandlung teil: Zusätzliche Gebühr neben der Gebühr 4114 oder 4115		216,00 EUR

Nr.	Gebührentatbestand	Gebühr oder Satz der Gebühr nach § 13 oder § 49 RVG	
		Wahlanwalt	gerichtlich bestellter oder beigeordneter Rechtsanwalt
4118	Verfahrensgebühr für den ersten Rechtszug vor dem Oberlandesgericht, dem Schwurgericht oder der Strafkammer nach den §§ 74 a und 74 c GVG .... Die Gebühr entsteht auch für Verfahren vor der Jugendkammer, soweit diese in Sachen entscheidet, die nach den allgemeinen Vorschriften zur Zuständigkeit des Schwurgerichts gehören.	80,00 bis 580,00 EUR	264,00 EUR
4119	Gebühr 4118 mit Zuschlag	80,00 bis 725,00 EUR	322,00 EUR
4120	Terminsgebühr je Hauptverhandlungstag in den in Nummer 4118 genannten Verfahren	110,00 bis 780,00 EUR	356,00 EUR
4121	Gebühr 4120 mit Zuschlag	110,00 bis 975,00 EUR	434,00 EUR
4122	Der gerichtlich bestellte oder beigeordnete Rechtsanwalt nimmt mehr als 5 und bis 8 Std. an der Hauptverhandlung teil: Zusätzliche Gebühr neben der Gebühr 4120 oder 4121		178,00 EUR
4123	Der gerichtlich bestellte oder beigeordnete Rechtsanwalt nimmt mehr als 8 Std. an der Hauptverhandlung teil: Zusätzliche Gebühr neben der Gebühr 4120 oder 4121		356,00 EUR
	Berufung		
4124	Verfahrensgebühr für das Berufungsverfahren .... Die Gebühr entsteht auch für Beschwerdeverfahren nach § 13 StrRehaG.	70,00 bis 470,00 EUR	216,00 EUR
4125	Gebühr 4124 mit Zuschlag	70,00 bis 587,50 EUR	263,00 EUR
4126	Terminsgebühr je Hauptverhandlungstag im Berufungsverfahren ...... Die Gebühr entsteht auch für Beschwerdeverfahren nach § 13 StrRehaG.	70,00 bis 470,00 EUR	216,00 EUR
4127	Gebühr 4126 mit Zuschlag	70,00 bis 587,50 EUR	263,00 EUR

VV RVG

Nr.	Gebührentatbestand	Gebühr oder Satz der Gebühr nach § 13 oder § 49 RVG	
		Wahlanwalt	gerichtlich bestellter oder beigeordneter Rechtsanwalt
4128	Der gerichtlich bestellte oder beigeordnete Rechtsanwalt nimmt mehr als 5 und bis 8 Std. an der Hauptverhandlung teil: Zusätzliche Gebühr neben der Gebühr 4126 oder 4127		108,00 EUR
4129	Der gerichtlich bestellte oder beigeordnete Rechtsanwalt nimmt mehr als 8 Std. an der Hauptverhandlung teil: Zusätzliche Gebühr neben der Gebühr 4126 oder 4127		216,00 EUR
Revision			
4130	Verfahrensgebühr für das Revisionsverfahren	100,00 bis 930,00 EUR	412,00 EUR
4131	Gebühr 4130 mit Zuschlag	100,00 bis 1.162,50 EUR	505,00 EUR
4132	Terminsgebühr je Hauptverhandlungstag im Revisionsverfahren	100,00 bis 470,00 EUR	228,00 EUR
4133	Gebühr 4132 mit Zuschlag	100,00 bis 587,50 EUR	275,00 EUR
4134	Der gerichtlich bestellte oder beigeordnete Rechtsanwalt nimmt mehr als 5 und bis 8 Std. an der Hauptverhandlung teil: Zusätzliche Gebühr neben der Gebühr 4132 oder 4133		114,00 EUR
4135	Der gerichtlich bestellte oder beigeordnete Rechtsanwalt nimmt mehr als 8 Std. an der Hauptverhandlung teil: Zusätzliche Gebühr neben der Gebühr 4132 oder 4133		228,00 EUR
Unterabschnitt 4 Wiederaufnahmeverfahren			
Vorbemerkung 4.1.4: Eine Grundgebühr entsteht nicht.			
4136	Geschäftsgebühr für die Vorbereitung eines Antrags .... Die Gebühr entsteht auch, wenn von der Stellung eines Antrags abgeraten wird.	in Höhe der Verfahrensgebühr für den ersten Rechtszug	

Nr.	Gebührentatbestand	Gebühr oder Satz der Gebühr nach § 13 oder § 49 RVG	
		Wahlanwalt	gerichtlich bestellter oder beigeordneter Rechtsanwalt
4137	Verfahrensgebühr für das Verfahren über die Zulässigkeit des Antrags	in Höhe der Verfahrensgebühr für den ersten Rechtszug	
4138	Verfahrensgebühr für das weitere Verfahren	in Höhe der Verfahrensgebühr für den ersten Rechtszug	
4139	Verfahrensgebühr für das Beschwerdeverfahren (§ 372 StPO)	in Höhe der Verfahrensgebühr für den ersten Rechtszug	
4140	Terminsgebühr für jeden Verhandlungstag	in Höhe der Terminsgebühr für den ersten Rechtszug	
	Unterabschnitt 5 **Zusätzliche Gebühren**		
4141	Durch die anwaltliche Mitwirkung wird die Hauptverhandlung entbehrlich: Zusätzliche Gebühr .... (1) Die Gebühr entsteht, wenn 1. das Verfahren nicht nur vorläufig eingestellt wird oder 2. das Gericht beschließt, das Hauptverfahren nicht zu eröffnen oder 3. sich das gerichtliche Verfahren durch Rücknahme des Einspruchs gegen den Strafbefehl, der Berufung oder der Revision des Angeklagten oder eines anderen Verfahrensbeteiligten erledigt; ist bereits ein Termin zur Hauptverhandlung bestimmt, entsteht die Gebühr nur, wenn der Einspruch, die Berufung oder die Revision früher als 2 Wochen vor Beginn des Tages, der für die Hauptverhandlung vorgesehen war, zurückgenommen wird. (2) Die Gebühr entsteht nicht, wenn eine auf die Förderung des Verfahrens gerichtete Tätigkeit nicht ersichtlich ist. (3) Die Höhe der Gebühr richtet sich nach dem Rechtszug, in dem die Hauptverhandlung vermieden wurde. Für den Wahlanwalt bemisst sich die Gebühr nach der Rahmenmitte.	in Höhe der jeweiligen Verfahrensgebühr (ohne Zuschlag)	
4142	Verfahrensgebühr bei Einziehung und verwandten Maßnahmen	1,0	1,0

VV RVG

Nr.	Gebührentatbestand	Gebühr oder Satz der Gebühr nach § 13 oder § 49 RVG	
		Wahlanwalt	gerichtlich bestellter oder beigeordneter Rechtsanwalt
	(1) Die Gebühr entsteht für eine Tätigkeit für den Beschuldigten, die sich auf die Einziehung, dieser gleichstehende Rechtsfolgen (§ 442 StPO), die Abführung des Mehrerlöses oder auf eine diesen Zwecken dienende Beschlagnahme bezieht. (2) Die Gebühr entsteht nicht, wenn der Gegenstandswert niedriger als 25,00 EUR ist. (3) Die Gebühr entsteht für das Verfahren des ersten Rechtszugs einschließlich des vorbereitenden Verfahrens und für jeden weiteren Rechtszug.		
4143	Verfahrensgebühr für das erstinstanzliche Verfahren über vermögensrechtliche Ansprüche des Verletzten oder seines Erben	2,0	2,0
	(1) Die Gebühr entsteht auch, wenn der Anspruch erstmalig im Berufungsverfahren geltend gemacht wird. (2) Die Gebühr wird zu einem Drittel auf die Verfahrensgebühr, die für einen bürgerlichen Rechtsstreit wegen desselben Anspruchs entsteht, angerechnet.		
4144	Verfahrensgebühr im Berufungs- und Revisionsverfahren über vermögensrechtliche Ansprüche des Verletzten oder seines Erben	2,5	2,5
4145	Verfahrensgebühr für das Verfahren über die Beschwerde gegen den Beschluss, mit dem nach § 406 Abs. 5 Satz 2 StPO von einer Entscheidung abgesehen wird	0,5	0,5
4146	Verfahrensgebühr für das Verfahren über einen Antrag auf gerichtliche Entscheidung oder über die Beschwerde gegen eine den Rechtszug beendende Entscheidung nach § 25 Abs. 1 Satz 3 bis 5, § 13 StrRehaG	1,5	1,5
4147	Einigungsgebühr im Privatklageverfahren bezüglich des Strafanspruchs und des Kostenerstattungsanspruchs: Die Gebühr 1000 beträgt .... Für einen Vertrag über sonstige Ansprüche entsteht eine weitere Einigungsgebühr nach Teil 1.	20,00 bis 150,00 EUR	68,00 EUR

Nr.	Gebührentatbestand	Gebühr oder Satz der Gebühr nach § 13 oder § 49 RVG	
		Wahlanwalt	gerichtlich bestellter oder beigeordneter Rechtsanwalt
	Abschnitt 2 **Gebühren in der Strafvollstreckung**		
	Vorbemerkung 4.2: Im Verfahren über die Beschwerde gegen die Entscheidung in der Hauptsache entstehen die Gebühren besonders.		

4200	Verfahrensgebühr als Verteidiger für ein Verfahren über
	
	 1. die Erledigung oder Aussetzung der Maßregel der Unterbringung
	   a) in der Sicherungsverwahrung,
	   b) in einem psychiatrischen Krankenhaus oder
	   c) in einer Entziehungsanstalt,
	 2. die Aussetzung des Restes einer zeitigen Freiheitsstrafe oder einer lebenslangen Freiheitsstrafe oder
	 3. den Widerruf einer Strafaussetzung zur Bewährung oder den Widerruf der Aussetzung einer Maßregel der Besserung und Sicherung zur Bewährung............
		50,00 bis 560,00 EUR	244,00 EUR

4201	Gebühr 4200 mit Zuschlag............	50,00 bis 700,00 EUR	300,00 EUR
4202	Terminsgebühr in den in Nummer 4200 genannten Verfahren............	50,00 bis 250,00 EUR	120,00 EUR
4203	Gebühr 4202 mit Zuschlag............	50,00 bis 312,50 EUR	145,00 EUR
4204	Verfahrensgebühr für sonstige Verfahren in der Strafvollstreckung.........	20,00 bis 250,00 EUR	108,00 EUR
4205	Gebühr 4204 mit Zuschlag............	20,00 bis 312,50 EUR	133,00 EUR
4206	Terminsgebühr für sonstige Verfahren............	20,00 bis 250,00 EUR	108,00 EUR
4207	Gebühr 4206 mit Zuschlag............	20,00 bis 312,50 EUR	133,00 EUR

VV RVG

Nr.	Gebührentatbestand	Gebühr oder Satz der Gebühr nach § 13 oder § 49 RVG	
		Wahlanwalt	gerichtlich bestellter oder beigeordneter Rechtsanwalt
\multicolumn{4}{c}{**Abschnitt 3 — Einzeltätigkeiten**}			

Vorbemerkung 4.3:
(1) Die Gebühren entstehen für einzelne Tätigkeiten, ohne dass dem Rechtsanwalt sonst die Verteidigung oder Vertretung übertragen ist.
(2) Beschränkt sich die Tätigkeit des Rechtsanwalts auf die Geltendmachung oder Abwehr eines aus der Straftat erwachsenen vermögensrechtlichen Anspruchs im Strafverfahren, so erhält er die Gebühren nach den Nummern 4143 bis 4145.
(3) Die Gebühr entsteht für jede der genannten Tätigkeiten gesondert, soweit nichts anderes bestimmt ist. § 15 RVG bleibt unberührt. Das Beschwerdeverfahren gilt als besondere Angelegenheit.
(4) Wird dem Rechtsanwalt die Verteidigung oder die Vertretung für das Verfahren übertragen, werden die nach diesem Abschnitt entstandenen Gebühren auf die für die Verteidigung oder Vertretung entstehenden Gebühren angerechnet.

Nr.	Gebührentatbestand	Wahlanwalt	gerichtlich bestellter oder beigeordneter Rechtsanwalt
4300	Verfahrensgebühr für die Anfertigung oder Unterzeichnung einer Schrift 1. zur Begründung der Revision, 2. zur Erklärung auf die von dem Staatsanwalt, Privatkläger oder Nebenkläger eingelegte Revision oder 3. in Verfahren nach den §§ 57 a und 67 e StGB .... Neben der Gebühr für die Begründung der Revision entsteht für die Einlegung der Revision keine besondere Gebühr.	50,00 bis 560,00 EUR	244,00 EUR

Nr.	Gebührentatbestand	Gebühr oder Satz der Gebühr nach § 13 oder § 49 RVG	
		Wahlanwalt	gerichtlich bestellter oder beigeordneter Rechtsanwalt
4301	Verfahrensgebühr für 1. die Anfertigung oder Unterzeichnung einer Privatklage, 2. die Anfertigung oder Unterzeichnung einer Schrift zur Rechtfertigung der Berufung oder zur Beantwortung der von dem Staatsanwalt, Privatkläger oder Nebenkläger eingelegten Berufung, 3. die Führung des Verkehrs mit dem Verteidiger, 4. die Beistandsleistung für den Beschuldigten bei einer richterlichen Vernehmung, einer Vernehmung durch die Staatsanwaltschaft oder eine andere Strafverfolgungsbehörde oder in einer Hauptverhandlung, einer mündlichen Anhörung oder bei einer Augenscheinseinnahme, 5. die Beistandsleistung im Verfahren zur gerichtlichen Erzwingung der Anklage (§ 172 Abs. 2 bis 4, § 173 StPO) oder 6. sonstige Tätigkeiten in der Strafvollstreckung .... Neben der Gebühr für die Rechtfertigung der Berufung entsteht für die Einlegung der Berufung keine besondere Gebühr.	35,00 bis 385,00 EUR	168,00 EUR
4302	Verfahrensgebühr für 1. die Einlegung eines Rechtsmittels, 2. die Anfertigung oder Unterzeichnung anderer Anträge, Gesuche oder Erklärungen oder 3. eine andere nicht in Nummer 4300 oder 4301 erwähnte Beistandsleistung	20,00 bis 250,00 EUR	108,00 EUR
4303	Verfahrensgebühr für die Vertretung in einer Gnadensache .... Der Rechtsanwalt erhält die Gebühr auch, wenn ihm die Verteidigung übertragen war.	25,00 bis 250,00 EUR	110,00 EUR
4304	Gebühr für den als Kontaktperson beigeordneten Rechtsanwalt (§ 34 a EGGVG)		3.000,00 EUR

Teil 5
Bußgeldsachen

Nr.	Gebührentatbestand	Gebühr oder Satz der Gebühr nach § 13 oder § 49 RVG	
		Wahlanwalt	gerichtlich bestellter oder beigeordneter Rechtsanwalt

Vorbemerkung 5:
(1) Für die Tätigkeit als Beistand oder Vertreter eines Einziehungs- oder Nebenbeteiligten, eines Zeugen oder eines Sachverständigen in einem Verfahren, für das sich die Gebühren nach diesem Teil bestimmen, entstehen die gleichen Gebühren wie für einen Verteidiger in diesem Verfahren.
(2) Die Verfahrensgebühr entsteht für das Betreiben des Geschäfts einschließlich der Information.
(3) Die Terminsgebühr entsteht für die Teilnahme an gerichtlichen Terminen, soweit nichts anderes bestimmt ist. Der Rechtsanwalt erhält die Terminsgebühr auch, wenn er zu einem anberaumten Termin erscheint, dieser aber aus Gründen, die er nicht zu vertreten hat, nicht stattfindet. Dies gilt nicht, wenn er rechtzeitig von der Aufhebung oder Verlegung des Termins in Kenntnis gesetzt worden ist.
(4) Für folgende Tätigkeiten entstehen Gebühren nach den Vorschriften des Teils 3:
1. für das Verfahren über die Erinnerung oder die Beschwerde gegen einen Kostenfestsetzungsbeschluss, für das Verfahren über die Erinnerung gegen den Kostenansatz, für das Verfahren über die Beschwerde gegen die Entscheidung über diese Erinnerung und für Verfahren über den Antrag auf gerichtliche Entscheidung gegen einen Kostenfestsetzungsbescheid und den Ansatz der Gebühren und Auslagen (§ 108 OWiG),
2. in der Zwangsvollstreckung aus Entscheidungen, die über die Erstattung von Kosten ergangen sind, und für das Beschwerdeverfahren gegen die gerichtliche Entscheidung nach Nummer 1.

Abschnitt 1
Gebühren des Verteidigers

Vorbemerkung 5.1:
(1) Durch die Gebühren wird die gesamte Tätigkeit als Verteidiger entgolten.
(2) Hängt die Höhe der Gebühren von der Höhe der Geldbuße ab, ist die zum Zeitpunkt des Entstehens der Gebühr zuletzt festgesetzte Geldbuße maßgebend. Ist eine Geldbuße nicht festgesetzt, richtet sich die Höhe der Gebühren im Verfahren vor der Verwaltungsbehörde nach dem mittleren Betrag der in der Bußgeldvorschrift angedrohten Geldbuße. Sind in einer Rechtsvorschrift Regelsätze bestimmt, sind diese maßgebend. Mehrere Geldbußen sind zusammenzurechnen.

Unterabschnitt 1
Allgemeine Gebühr

5100	Grundgebühr	20,00 bis 150,00 EUR	68,00 EUR
	(1) Die Gebühr entsteht für die erstmalige Einarbeitung in den Rechtsfall nur einmal, unabhängig davon, in welchem Verfahrensabschnitt sie erfolgt. (2) Die Gebühr entsteht nicht, wenn in einem vorangegangenen Strafverfahren für dieselbe Handlung oder Tat die Gebühr 4100 entstanden ist.		

Unterabschnitt 2
Verfahren vor der Verwaltungsbehörde

Vorbemerkung 5.1.2:
(1) Zu dem Verfahren vor der Verwaltungsbehörde gehört auch das Verwarnverfahren und das Zwischenverfahren (§ 69 OWiG) bis zum Eingang der Akten bei Gericht.
(2) Die Terminsgebühr entsteht auch für die Teilnahme an Vernehmungen vor der Polizei oder der Verwaltungsbehörde.

Nr.	Gebührentatbestand	Gebühr oder Satz der Gebühr nach § 13 oder § 49 RVG	
		Wahlanwalt	gerichtlich bestellter oder beigeordneter Rechtsanwalt
5101	Verfahrensgebühr bei einer Geldbuße von weniger als 40,00 EUR	10,00 bis 100,00 EUR	44,00 EUR
5102	Terminsgebühr für jeden Tag, an dem ein Termin in den in Nummer 5101 genannten Verfahren stattfindet	10,00 bis 100,00 EUR	44,00 EUR
5103	Verfahrensgebühr bei einer Geldbuße von 40,00 EUR bis 5.000,00 EUR	20,00 bis 250,00 EUR	108,00 EUR
5104	Terminsgebühr für jeden Tag, an dem ein Termin in den in Nummer 5103 genannten Verfahren stattfindet	20,00 bis 250,00 EUR	108,00 EUR
5105	Verfahrensgebühr bei einer Geldbuße von mehr als 5.000,00 EUR	30,00 bis 250,00 EUR	112,00 EUR
5106	Terminsgebühr für jeden Tag, an dem ein Termin in den in Nummer 5105 genannten Verfahren stattfindet	30,00 bis 250,00 EUR	112,00 EUR

Unterabschnitt 3
Gerichtliches Verfahren im ersten Rechtszug

Vorbemerkung 5.1.3:
(1) Die Terminsgebühr entsteht auch für die Teilnahme an gerichtlichen Terminen außerhalb der Hauptverhandlung.
(2) Die Gebühren dieses Abschnitts entstehen für das Wiederaufnahmeverfahren einschließlich seiner Vorbereitung gesondert; die Verfahrensgebühr entsteht auch, wenn von der Stellung eines Wiederaufnahmeantrags abgeraten wird.

Nr.	Gebührentatbestand	Wahlanwalt	gerichtlich bestellter oder beigeordneter Rechtsanwalt
5107	Verfahrensgebühr bei einer Geldbuße von weniger als 40,00 EUR	10,00 bis 100,00 EUR	44,00 EUR
5108	Terminsgebühr je Hauptverhandlungstag in den in Nummer 5107 genannten Verfahren	20,00 bis 200,00 EUR	88,00 EUR
5109	Verfahrensgebühr bei einer Geldbuße von 40,00 EUR bis 5.000,00 EUR	20,00 bis 250,00 EUR	108,00 EUR
5110	Terminsgebühr je Hauptverhandlungstag in den in Nummer 5109 genannten Verfahren	30,00 bis 400,00 EUR	172,00 EUR
5111	Verfahrensgebühr bei einer Geldbuße von mehr als 5.000,00 EUR	40,00 bis 300,00 EUR	136,00 EUR
5112	Terminsgebühr je Hauptverhandlungstag in den in Nummer 5111 genannten Verfahren	70,00 bis 470,00 EUR	216,00 EUR

VV RVG

Nr.	Gebührentatbestand	Gebühr oder Satz der Gebühr nach § 13 oder § 49 RVG	
		Wahlanwalt	gerichtlich bestellter oder beigeordneter Rechtsanwalt
Unterabschnitt 4 Verfahren über die Rechtsbeschwerde			
5113	Verfahrensgebühr..................	70,00 bis 470,00 EUR	216,00 EUR
5114	Terminsgebühr je Hauptverhandlungstag...........................	70,00 bis 470,00 EUR	216,00 EUR
Unterabschnitt 5 Zusätzliche Gebühren			
5115	Durch die anwaltliche Mitwirkung wird das Verfahren vor der Verwaltungsbehörde erledigt oder die Hauptverhandlung entbehrlich: Zusätzliche Gebühr..................	in Höhe der jeweiligen Verfahrensgebühr	
	(1) Die Gebühr entsteht, wenn 1. das Verfahren nicht nur vorläufig eingestellt wird oder 2. der Einspruch gegen den Bußgeldbescheid zurückgenommen wird oder 3. der Bußgeldbescheid nach Einspruch von der Verwaltungsbehörde zurückgenommen und gegen einen neuen Bußgeldbescheid kein Einspruch eingelegt wird oder 4. sich das gerichtliche Verfahren durch Rücknahme des Einspruchs gegen den Bußgeldbescheid oder der Rechtsbeschwerde des Betroffenen oder eines anderen Verfahrensbeteiligten erledigt; ist bereits ein Termin zur Hauptverhandlung bestimmt, entsteht die Gebühr nur, wenn der Einspruch oder die Rechtsbeschwerde früher als 2 Wochen vor Beginn des Tages, der für die Hauptverhandlung vorgesehen war, zurückgenommen wird, oder 5. das Gericht nach § 72 Abs. 1 Satz 1 OWiG durch Beschluss entscheidet. (2) Die Gebühr entsteht nicht, wenn eine auf die Förderung des Verfahrens gerichtete Tätigkeit nicht ersichtlich ist. (3) Die Höhe der Gebühr richtet sich nach dem Rechtszug, in dem die Hauptverhandlung vermieden wurde. Für den Wahlanwalt bemisst sich die Gebühr nach der Rahmenmitte.		

Nr.	Gebührentatbestand	Gebühr oder Satz der Gebühr nach § 13 oder § 49 RVG	
		Wahlanwalt	gerichtlich bestellter oder beigeordneter Rechtsanwalt
5116	Verfahrensgebühr bei Einziehung und verwandten Maßnahmen .... (1) Die Gebühr entsteht für eine Tätigkeit für den Betroffenen, die sich auf die Einziehung oder dieser gleichstehende Rechtsfolgen (§ 46 Abs. 1 OWiG, § 442 StPO) oder auf eine diesen Zwecken dienende Beschlagnahme bezieht. (2) Die Gebühr entsteht nicht, wenn der Gegenstandswert niedriger als 25,00 EUR ist. (3) Die Gebühr entsteht nur einmal für das Verfahren vor der Verwaltungsbehörde und dem Amtsgericht. Im Rechtsbeschwerdeverfahren entsteht die Gebühr besonders.	1,0	1,0
	Abschnitt 2 **Einzeltätigkeiten**		
5200	Verfahrensgebühr .... (1) Die Gebühr entsteht für einzelne Tätigkeiten, ohne dass dem Rechtsanwalt sonst die Verteidigung übertragen ist. (2) Die Gebühr entsteht für jede Tätigkeit gesondert, soweit nichts anderes bestimmt ist. § 15 RVG bleibt unberührt. (3) Wird dem Rechtsanwalt die Verteidigung für das Verfahren übertragen, werden die nach dieser Nummer entstandenen Gebühren auf die für die Verteidigung entstehenden Gebühren angerechnet. (4) Der Rechtsanwalt erhält die Gebühr für die Vertretung in der Vollstreckung und in einer Gnadensache auch, wenn ihm die Verteidigung übertragen war.	10,00 bis 100,00 EUR	44,00 EUR

VV RVG

Teil 6
Sonstige Verfahren

Nr.	Gebührentatbestand	Gebühr	
		Wahlverteidiger oder Verfahrensbevollmächtigter	gerichtlich bestellter oder beigeordneter Rechtsanwalt
	Vorbemerkung 6: (1) Für die Tätigkeit als Beistand für einen Zeugen oder Sachverständigen in einem Verfahren, für das sich die Gebühren nach diesem Teil bestimmen, entstehen die gleichen Gebühren wie für einen Verfahrensbevollmächtigten in diesem Verfahren. (2) Die Verfahrensgebühr entsteht für das Betreiben des Geschäfts einschließlich der Information. (3) Die Terminsgebühr entsteht für die Teilnahme an gerichtlichen Terminen, soweit nichts anderes bestimmt ist. Der Rechtsanwalt erhält die Terminsgebühr auch, wenn er zu einem anberaumten Termin erscheint, dieser aber aus Gründen, die er nicht zu vertreten hat, nicht stattfindet. Dies gilt nicht, wenn er rechtzeitig von der Aufhebung oder Verlegung des Termins in Kenntnis gesetzt worden ist.		
	Abschnitt 1 **Verfahren nach dem Gesetz über die internationale Rechtshilfe in Strafsachen und Verfahren nach dem IStGH-Gesetz**		
6100	Verfahrensgebühr....................	80,00 bis 580,00 EUR	264,00 EUR
6101	Terminsgebühr je Verhandlungstag....	110,00 bis 780,00 EUR	356,00 EUR
	Abschnitt 2 **Disziplinarverfahren, berufsgerichtliche Verfahren wegen der Verletzung einer Berufspflicht**		
	Vorbemerkung 6.2: (1) Durch die Gebühren wird die gesamte Tätigkeit im Verfahren abgegolten. (2) Für die Vertretung gegenüber der Aufsichtsbehörde außerhalb eines Disziplinarverfahrens entstehen Gebühren nach Teil 2. (3) Für folgende Tätigkeiten entstehen Gebühren nach Teil 3: 1. für das Verfahren über die Erinnerung oder die Beschwerde gegen einen Kostenfestsetzungsbeschluss, für das Verfahren über die Erinnerung gegen den Kostenansatz und für das Verfahren über die Beschwerde gegen die Entscheidung über diese Erinnerung, 2. in der Zwangsvollstreckung aus einer Entscheidung, die über die Erstattung von Kosten ergangen ist, und für das Beschwerdeverfahren gegen diese Entscheidung.		
	Unterabschnitt 1 **Allgemeine Gebühren**		
6200	Grundgebühr........................ Die Gebühr entsteht für die erstmalige Einarbeitung in den Rechtsfall nur einmal, unabhängig davon, in welchem Verfahrensabschnitt sie erfolgt.	30,00 bis 300,00 EUR	132,00 EUR
6201	Terminsgebühr für jeden Tag, an dem ein Termin stattfindet................. Die Gebühr entsteht für die Teilnahme an außergerichtlichen Anhörungsterminen und außergerichtlichen Terminen zur Beweiserhebung.	30,00 bis 312,50 EUR	137,00 EUR

Nr.	Gebührentatbestand	Gebühr	
		Wahlverteidiger oder Verfahrensbevollmächtigter	gerichtlich bestellter oder beigeordneter Rechtsanwalt
	Unterabschnitt 2 **Außergerichtliches Verfahren**		
6202	Verfahrensgebühr	30,00 bis 250,00 EUR	112,00 EUR
	(1) Die Gebühr entsteht gesondert für eine Tätigkeit in einem dem gerichtlichen Verfahren vorausgehenden und der Überprüfung der Verwaltungsentscheidung dienenden weiteren außergerichtlichen Verfahren. (2) Die Gebühr entsteht für eine Tätigkeit in dem Verfahren bis zum Eingang des Antrags oder der Anschuldigungsschrift bei Gericht.		
	Unterabschnitt 3 **Gerichtliches Verfahren**		
	Erster Rechtszug		
	Vorbemerkung 6.2.3: Die nachfolgenden Gebühren entstehen für das Wiederaufnahmeverfahren einschließlich seiner Vorbereitung gesondert.		
6203	Verfahrensgebühr	40,00 bis 270,00 EUR	124,00 EUR
6204	Terminsgebühr je Verhandlungstag ...	70,00 bis 470,00 EUR	216,00 EUR
6205	Der gerichtlich bestellte Rechtsanwalt nimmt mehr als 5 und bis 8 Std. an der Hauptverhandlung teil: Zusätzliche Gebühr neben der Gebühr 6204		108,00 EUR
6206	Der gerichtlich bestellte Rechtsanwalt nimmt mehr als 8 Std. an der Hauptverhandlung teil: Zusätzliche Gebühr neben der Gebühr 6204		216,00 EUR
	Zweiter Rechtszug		
6207	Verfahrensgebühr	70,00 bis 470,00 EUR	216,00 EUR
6208	Terminsgebühr je Verhandlungstag ...	70,00 bis 470,00 EUR	216,00 EUR
6209	Der gerichtlich bestellte Rechtsanwalt nimmt mehr als 5 und bis 8 Std. an der Hauptverhandlung teil: Zusätzliche Gebühr neben der Gebühr 6208		108,00 EUR

VV RVG

Nr.	Gebührentatbestand	Gebühr	
		Wahlverteidiger oder Verfahrensbevollmächtigter	gerichtlich bestellter oder beigeordneter Rechtsanwalt
6210	Der gerichtlich bestellte Rechtsanwalt nimmt mehr als 8 Std. an der Hauptverhandlung teil: Zusätzliche Gebühr neben der Gebühr 6208		216,00 EUR
	Dritter Rechtszug		
6211	Verfahrensgebühr	100,00 bis 930,00 EUR	412,00 EUR
6212	Terminsgebühr je Verhandlungstag	100,00 bis 470,00 EUR	228,00 EUR
6213	Der gerichtlich bestellte Rechtsanwalt nimmt mehr als 5 und bis 8 Std. an der Hauptverhandlung teil: Zusätzliche Gebühr neben der Gebühr 6212		114,00 EUR
6214	Der gerichtlich bestellte Rechtsanwalt nimmt mehr als 8 Std. an der Hauptverhandlung teil: Zusätzliche Gebühr neben der Gebühr 6212		228,00 EUR
6215	Verfahrensgebühr für das Verfahren über die Beschwerde gegen die Nichtzulassung der Revision	60,00 bis 930,00 EUR	396,00 EUR
	Unterabschnitt 4 Zusatzgebühr		
6216	Durch die anwaltliche Mitwirkung wird die mündliche Verhandlung entbehrlich: Zusätzliche Gebühr .... (1) Die Gebühr entsteht, wenn eine gerichtliche Entscheidung mit Zustimmung der Beteiligten ohne mündliche Verhandlung ergeht oder einer beabsichtigten Entscheidung ohne Hauptverhandlungstermin nicht widersprochen wird. (2) Die Gebühr entsteht nicht, wenn eine auf die Förderung des Verfahrens gerichtete Tätigkeit nicht ersichtlich ist. (3) Die Höhe der Gebühr richtet sich nach dem Rechtszug, in dem die Hauptverhandlung vermieden wurde. Für den Wahlanwalt bemisst sich die Gebühr nach der Rahmenmitte.	in Höhe der jeweiligen Verfahrensgebühr	

Nr.	Gebührentatbestand	Gebühr	
		Wahlverteidiger oder Verfahrensbevollmächtigter	gerichtlich bestellter oder beigeordneter Rechtsanwalt
	Abschnitt 3 **Gerichtliche Verfahren bei Freiheitsentziehung und in Unterbringungssachen**		
6300	Verfahrensgebühr bei erstmaliger Freiheitsentziehung nach dem Gesetz über das gerichtliche Verfahren bei Freiheitsentziehungen und bei Unterbringungsmaßnahmen nach § 70 Abs. 1 FGG .... Die Gebühr entsteht für jeden Rechtszug.	30,00 bis 400,00 EUR	172,00 EUR
6301	Terminsgebühr in den Fällen der Nummer 6300 .... Die Gebühr entsteht für die Teilnahme an gerichtlichen Terminen.	30,00 bis 400,00 EUR	172,00 EUR
6302	Verfahrensgebühr in sonstigen Fällen .... Die Gebühr entsteht für jeden Rechtszug des Verfahrens über die Fortdauer der Freiheitsentziehung und über Anträge auf Aufhebung der Freiheitsentziehung sowie des Verfahrens über die Aufhebung oder Verlängerung einer Unterbringungsmaßnahme nach § 70 i FGG.	20,00 bis 250,00 EUR	108,00 EUR
6303	Terminsgebühr in den Fällen der Nummer 6302 .... Die Gebühr entsteht für die Teilnahme an gerichtlichen Terminen.	20,00 bis 250,00 EUR	108,00 EUR
	Abschnitt 4 **Besondere Verfahren und Einzeltätigkeiten**		
	Vorbemerkung 6.4: Die Gebühren nach diesem Abschnitt entstehen in Verfahren 1. auf gerichtliche Entscheidung nach der WBO, auch in Verb. mit § 42 WDO, 2. auf Abänderung oder Neubewilligung eines Unterhaltsbeitrags, 3. vor dem Dienstvorgesetzten über die nachträgliche Aufhebung einer Disziplinarmaßnahme und 4. auf gerichtliche Entscheidung über die nachträgliche Aufhebung einer Disziplinarmaßnahme.		
6400	Verfahrensgebühr für das Verfahren auf gerichtliche Entscheidung nach der WBO vor dem Truppendienstgericht	70,00 bis 570,00 EUR	
6401	Terminsgebühr je Verhandlungstag in den in Nummer 6400 genannten Verfahren	70,00 bis 570,00 EUR	

VV RVG

Nr.	Gebührentatbestand	Gebühr	
		Wahlverteidiger oder Verfahrensbevollmächtigter	gerichtlich bestellter oder beigeordneter Rechtsanwalt
6402	Verfahrensgebühr für das Verfahren auf gerichtliche Entscheidung nach der WBO vor dem Bundesverwaltungsgericht	85,00 bis 665,00 EUR	
6403	Terminsgebühr je Verhandlungstag in den in Nummer 6402 genannten Verfahren	85,00 bis 665,00 EUR	
6404	Verfahrensgebühr für die übrigen Verfahren und für Einzeltätigkeiten .... (1) Für eine Einzeltätigkeit entsteht die Gebühr, wenn dem Rechtsanwalt nicht die Verteidigung oder Vertretung übertragen ist. (2) Die Gebühr entsteht für jede einzelne Tätigkeit gesondert, soweit nichts anderes bestimmt ist. § 15 RVG bleibt unberührt. (3) Wird dem Rechtsanwalt die Verteidigung oder Vertretung für das Verfahren übertragen, werden die nach dieser Nummer entstandenen Gebühren auf die für die Verteidigung oder Vertretung entstehenden Gebühren angerechnet.	20,00 bis 250,00 EUR	108,00 EUR

Teil 7
Auslagen

Nr.	Auslagentatbestand	Höhe
	Vorbemerkung 7: (1) Mit den Gebühren werden auch die allgemeinen Geschäftskosten entgolten. Soweit nachfolgend nichts anderes bestimmt ist, kann der Rechtsanwalt Ersatz der entstandenen Aufwendungen (§ 675 in Verb. mit § 670 BGB) verlangen. (2) Eine Geschäftsreise liegt vor, wenn das Reiseziel außerhalb der Gemeinde liegt, in der sich die Kanzlei oder die Wohnung des Rechtsanwalts befindet. (3) Dient eine Reise mehreren Geschäften, sind die entstandenen Auslagen nach den Nummern 7003 bis 7006 nach dem Verhältnis der Kosten zu verteilen, die bei gesonderter Ausführung der einzelnen Geschäfte entstanden wären. Ein Rechtsanwalt, der seine Kanzlei an einen anderen Ort verlegt, kann bei Fortführung eines ihm vorher erteilten Auftrags Auslagen nach den Nummern 7003 bis 7006 nur insoweit verlangen, als sie auch von seiner bisherigen Kanzlei aus entstanden wären.	

7000	Pauschale für die Herstellung und Überlassung von Dokumenten:
	
	1. für Ablichtungen und Ausdrucke
	   a) aus Behörden- und Gerichtsakten, soweit deren Herstellung zur sachgemäßen Bearbeitung der Rechtssache geboten war,
	   b) zur Zustellung oder Mitteilung an Gegner oder Beteiligte und Verfahrensbevollmächtigte auf Grund einer Rechtsvorschrift oder nach Aufforderung durch das Gericht, die Behörde oder die sonst das Verfahren führende Stelle, soweit hierfür mehr als 100 Seiten zu fertigen waren,
	   c) zur notwendigen Unterrichtung des Auftraggebers, soweit hierfür mehr als 100 Seiten zu fertigen waren,
	   d) in sonstigen Fällen nur, wenn sie im Einverständnis mit dem Auftraggeber zusätzlich, auch zur Unterrichtung Dritter, angefertigt worden sind:
	
	für die ersten 50 abzurechnenden Seiten je Seite ..
	
	für jede weitere Seite ....
	
	2. für die Überlassung von elektronisch gespeicherten Dateien anstelle der in Nummer 1 Buchst. d genannten Ablichtungen und Ausdrucke:
	
	je Datei ....
	
	Die Höhe der Dokumentenpauschale nach Nummer 1 ist in derselben Angelegenheit und in gerichtlichen Verfahren in demselben Rechtszug einheitlich zu berechnen. Eine Übermittlung durch den Rechtsanwalt per Telefax steht der Herstellung einer Ablichtung gleich.
		
		0,50 EUR
		
		0,15 EUR
		
		2,50 EUR

7001	Entgelte für Post- und Telekommunikationsdienstleistungen .... Für die durch die Geltendmachung der Vergütung entstehenden Entgelte kann kein Ersatz verlangt werden.	in voller Höhe

VV RVG

Nr.	Auslagentatbestand	Höhe
7002	Pauschale für Entgelte für Post- und Telekommunikationsdienstleistungen	20 % der Gebühren – höchstens 20,00 EUR
	Die Pauschale kann in jeder Angelegenheit anstelle der tatsächlichen Auslagen nach Nummer 7001 gefordert werden.	
7003	Fahrtkosten für eine Geschäftsreise bei Benutzung eines eigenen Kraftfahrzeugs für jeden gefahrenen Kilometer	0,30 EUR
	Mit den Fahrtkosten sind die Anschaffungs-, Unterhaltungs- und Betriebskosten sowie die Abnutzung des Kraftfahrzeugs abgegolten.	
7004	Fahrtkosten für eine Geschäftsreise bei Benutzung eines anderen Verkehrsmittels, soweit sie angemessen sind	in voller Höhe
7005	Tage- und Abwesenheitsgeld bei einer Geschäftsreise	
	1. von nicht mehr als 4 Std.	20,00 EUR
	2. von mehr als 4 bis 8 Std.	35,00 EUR
	3. von mehr als 8 Std.	60,00 EUR
	Bei Auslandsreisen kann zu diesen Beträgen ein Zuschlag von 50 % berechnet werden.	
7006	Sonstige Auslagen anlässlich einer Geschäftsreise, soweit sie angemessen sind	in voller Höhe
7007	Im Einzelfall gezahlte Prämie für eine Haftpflichtversicherung für Vermögensschäden, soweit die Prämie auf Haftungsbeträge von mehr als 30 Mio. EUR entfällt	in voller Höhe
	Soweit sich aus der Rechnung des Versicherers nichts anderes ergibt, ist von der Gesamtprämie der Betrag zu erstatten, der sich aus dem Verhältnis der 30 Mio. EUR übersteigenden Versicherungssumme zu der Gesamtversicherungssumme ergibt.	
7008	Umsatzsteuer auf die Vergütung	in voller Höhe
	Dies gilt nicht, wenn die Umsatzsteuer nach § 19 Abs. 1 UStG unerhoben bleibt.	

Anlage 2
(zu § 13 Abs. 1)

Gegenstandswert bis ... EUR	Gebühr ... EUR	Gegenstandswert bis ... EUR	Gebühr ... EUR
300	25	40.000	902
600	45	45.000	974
900	65	50.000	1.046
1.200	85	65.000	1.123
1.500	105	80.000	1.200
2.000	133	95.000	1.277
2.500	161	110.000	1.354
3.000	189	125.000	1.431
3.500	217	140.000	1.508
4.000	245	155.000	1.585
4.500	273	170.000	1.662
5.000	301	185.000	1.739
6.000	338	200.000	1.816
7.000	375	230.000	1.934
8.000	412	260.000	2.052
9.000	449	290.000	2.170
10.000	486	320.000	2.288
13.000	526	350.000	2.406
16.000	566	380.000	2.524
19.000	606	410.000	2.642
22.000	646	440.000	2.760
25.000	686	470.000	2.878
30.000	758	500.000	2.996
35.000	830		

ABSCHNITT 1
ALLGEMEINE VORSCHRIFTEN

§ 1
Geltungsbereich

(1) ¹Die Vergütung (Gebühren und Auslagen) für anwaltliche Tätigkeiten der Rechtsanwältinnen und Rechtsanwälte bemisst sich nach diesem Gesetz. ²Dies gilt auch für eine Tätigkeit als Prozesspfleger nach den §§ 57 und 58 der Zivilprozessordnung. ³Andere Mitglieder einer Rechtsanwaltskammer, Partnerschaftsgesellschaften und sonstige Gesellschaften stehen einem Rechtsanwalt im Sinne dieses Gesetzes gleich.

(2) ¹Dieses Gesetz gilt nicht für eine Tätigkeit als Vormund, Betreuer, Pfleger, Verfahrenspfleger, Testamentsvollstrecker, Insolvenzverwalter, Sachwalter, Mitglied des Gläubigerausschusses, Nachlassverwalter, Zwangsverwalter, Treuhänder oder Schiedsrichter oder für eine ähnliche Tätigkeit. ²§ 1835 Abs. 3 des Bürgerlichen Gesetzbuchs bleibt unberührt.

Inhaltsübersicht

	Rn.
A. Allgemeines	1
I. Veränderungen durch die Novelle 2004	1
II. Inhaltsüberblick	5
B. Kommentierung	7
I. Abgrenzung von Absatz 1 und Absatz 2	7
1. Abs. 1	7
2. Abs. 2	8
II. Der Absatz 1 im Einzelnen	10
1. Persönlicher Bereich	10
2. Sachlicher Bereich	17
3. Rechtsgrund der Vergütung (Dienstvertrag/Werkvertrag)	21
4. Verjährung des Regressanspruchs	24
5. Vertragsabschluss	26
a) Zustandekommen	26
b) Bedingung	28
c) Bereicherungsanspruch	34
d) Vertragsparteien	35
aa) Mehrere Personen – Auftraggeber	35
bb) Personenverschiedenheit zwischen Prozesspartei und Auftraggeber	36
cc) Versicherungen	38
dd) Mehrere Personen – Auftragnehmer – Sozietät	41
6. Entgeltlichkeit	42
7. Belehrung, insbesondere neue Hinweispflicht nach § 49 b BRAO	43
8. Besuch des Mandanten beim Anwalt oder Anwaltmediator	51
III. Der Absatz 2 im Einzelnen	52
1. Unanwendbarkeit des RVG gem. Abs. 2	52
2. Vertragstypische Entgelte für die in Abs. 2 genannten Tätigkeiten	55
a) Vormund	55
b) Pfleger	65
c) Betreuer	66
d) Testamentsvollstrecker	67
e) Insolvenzverwalter	74
f) Mitglied des Gläubigerausschusses	75
g) Zwangsverwalter	76
h) Treuhänder	81
i) Schiedsrichter	82
j) Ähnliche Stellung	88
aa) Vermögensverwaltung	89
bb) Sequester	90
cc) Liquidator einer GmbH	91
dd) Mediator	92

A. Allgemeines

I. Veränderungen durch die Novelle 2004

§ 1 RVG hat im Jahre 2004 im Kern unverändert den § 1 BRAGO übernommen. Der Anwendungsbereich des Absatzes 1 (für anwaltliche Tätigkeiten fallen grundsätzlich RVG-Gebühren an) wurde mit dem RVG 2004 erweitert für den gerichtlich bestellten anwaltlichen Prozesspfleger (Abs. 1 Satz 2: §§ 57, 58 ZPO) nämlich durch den Vorsitzenden des Prozessge-

Abschnitt 1 – Allgemeine Vorschriften

richts: Bei Gefahr in Verzug: Bestellung zum Vertreter für prozessunfähige Partei bzw. für herrenlose Grundstücke).

2 Wurde bis zum In-Kraft-Treten des RVG ein Rechtsanwalt in solchen Fällen vom Vorsitzenden zum (gesetzlichen) Vertreter des Beklagten bestellt, so wurde seine Tätigkeit nicht wie die eines Prozessbevollmächtigten vergütet, sondern gem. § 1835 Abs. 3 BGB analog honoriert (Gerold/Schmidt/von Eicken/Madert BRAGO 15. Aufl. § 1 Rn. 55). Das bedeutete: Gebühren nach der BRAGO konnte er nur dann als **Aufwendungen** verlangen, wenn ein vernünftiger Dritter, der selbst kein Jurist war, einen Anwalt hinzugezogen hätte. Beim amtsgerichtlichen Prozess konnte das im Einzelfall zum Streit führen. Die Gesetzesnovelle 2004 hat klargestellt, dass die Tätigkeit des besonderen Vertreters (§§ 57, 58 ZPO) ebenfalls nach dem RVG selbst zu vergüten ist.

3 Klargestellt hat das RVG auch seine Anwendbarkeit für die Partnerschafts- und die sonstigen für den Zusammenschluss von Rechtsanwälten gesetzlich zulässigen Gesellschaften (z. B. BGB-Gesellschaften oder GmbHs), soweit sie anwaltliche Tätigkeiten ausüben.

4 Durch die besondere Erwähnung der **Mitglieder** einer **Rechtsanwaltskammer, Partnerschaftsgesellschaften** und **sonstigen Gesellschaften** in Abs. 1 Satz 3 wurde klargestellt, dass auch diese grundsätzlich dem RVG unterliegen, allerdings dann und nur dann, wenn sie **anwaltliche Tätigkeiten** im Sinne des Satzes 1 ausüben. Der bisherige Begriff **Berufstätigkeit** ist jetzt ersetzt durch **anwaltliche Tätigkeit**. Damit wird nunmehr auf die Tätigkeit und nicht mehr auf den Beruf selbst abgestellt. Mit der Einschränkung in Abs. 1 Satz 1 auf **anwaltliche Tätigkeiten** wird erreicht, dass Geschäftsführer einer Rechtsanwaltsgesellschaft, die nicht Rechtsanwalt, aber nach § 60 Abs. 1 Satz 2 BRAO Mitglieder einer Rechtsanwaltskammer sind, nicht nach dem RVG abrechnen können. Entsprechend ist die Geltung des RVG auch für Partnerschaftsgesellschaften, die **keine** anwaltliche Tätigkeiten ausüben, ausgeschlossen.

II. Inhaltsüberblick

5 Abs. 1 bestimmt, dass Rechtsanwälte und Rechtsanwaltsgesellschaften für typische anwaltliche Tätigkeiten **Vergütungen** (Gebühren und Auslagen) gemäß den Regelungen des RVG erhalten. Für die gesetzlichen Gebühren sieht § 13 Abs. 2 eine Mindestgebühr von € 10 vor.

Eine zeitabhängige Gebühr des Rechtsanwalts für eine telefonische Rechtsberatung über einen Beratungsdienst subsumiert der BGH (NJW-RR 2006, 215) nicht unter die gesetzlichen Gebühren. Er hält trotz des Wortlautes von § 13 Abs. 2 RVG (Mindestgebühr der gesetzlichen Gebühr: 10 EUR) eine Minutengebühr von DM 3,63 als vereinbarte Gebühr für zulässig.

6 Abs. 2 grenzt Tätigkeiten aus der typischen Anwaltstätigkeit (des Absatzes 1) aus, die zwar häufig auch von Rechtsanwälten übernommen werden, aber ebenso teils von anderen Staatsbürgern (z. B. Vormund) ausgeübt werden können. Hier gelten also nicht die Vergütungsvorschriften des RVG. Vielmehr wird hier die Vergütung ausdrücklich vereinbart oder hilfsweise auf eine **übliche** Vergütung zurückgegriffen.

B. Kommentierung

I. Abgrenzung von Absatz 1 und Absatz 2

1. Abs. 1

7 **Abs. 1** der Vorschrift regelt den Anwendungsbereich des RVG in persönlicher und sachlicher Hinsicht. Das Gesetz selbst nennt (für den persönlichen Bereich) die Rechtsanwälte, die Part-

nerschaftsgesellschaften und die sonstigen für den Zusammenschluss von Rechtsanwälten gesetzlich zulässigen Gesellschaften mit eigener Rechtspersönlichkeit (vgl. Begründung zu § 1 BT-Drs. 15/1971). Ferner gilt das RVG auch für die Rechtsbeistände (Gesetz zur Änderung und Ergänzung kostenrechtlicher Vorschriften vom 26.07.1957 (BGBl. I, 861), zuletzt geändert durch Gesetz vom 26.06.1992 (BGBl. I, 1147). In sachlicher Hinsicht muss es sich um eine anwaltliche Tätigkeit, also um eine für Rechtsanwälte berufsspezifische Tätigkeit handeln. Was das genau ist, sagt das RVG nicht. Das Berufsbild des Rechtsanwalts muss aus der Bundesrechtsanwaltsordnung (BRAO) abgeleitet werden. Materiell kann es sich dabei um einen Dienstvertrag mit dem Inhalt einer Geschäftsbesorgung (§§ 611, 675 BGB, z. B. Prozessauftrag) oder um einen Werkvertrag (z. B. Fertigung eines Vertragsentwurfs) handeln.

2. Abs. 2

Abs. 2 grenzt in seinem **Satz 1** Tätigkeiten aus der typischen Anwaltstätigkeit aus, die zwar häufig auch von Rechtsanwälten übernommen werden, aber ebenso teils von anderen Staatsbürgern (z. B. Vormund) ausgeübt werden können oder aber, die dem Interessenausgleich Mehrerer dienen (z. B. Schiedsrichter, Treuhänder). Für die in **Abs. 2** genannten Tätigkeiten gilt das **RVG nicht**. Meist wird hier die Vergütung ausdrücklich vereinbart, vom Gesetz ausdrücklich vorgeschrieben (Vormund, Pfleger, Betreuer – VBVG, siehe Rn. 55) oder hilfsweise auf eine übliche Vergütung zurückgegriffen. 8

Abs. 2 Satz 2 hebt hervor, dass § 1835 Abs. 3 des BGB unberührt bleibt: Muss ein Rechtsanwalt als Vormund in seiner Amtstätigkeit Handlungen ausführen, zu deren Bewältigung er volljuristische Fähigkeiten besitzen muss, so kann er dafür Aufwendungsersatz verlangen, dessen Höhe sich nach dem Gebührenverzeichnis des RVG richtet. Dieser Grundsatz (§ 1835 Abs. 3 BGB) wird von der Rechtsprechung auch für die übrigen in § 1 Abs. 2 Satz 1 einzeln aufgeführten Tätigkeiten entsprechend angewandt (BGH MDR 1998, 1435). Gelegentlich gelten bei den dort genannten Tätigkeiten entsprechende gesetzliche Regelungen. Das bedeutet, der Rechtsanwalt erhält etwa als Insolvenzverwalter die dafür üblichen Gebühren (§§ 63, 65 InsO i. d. F. vom 05.04.2004, BGBl. I, 502; §§ 2 ff. InsVV des BMJ i. d. F. vom 04.10.2004, BGBl. I, 2569). Fordert seine Tätigkeit dabei aber typisch volljuristische Fähigkeiten, so liquidiert der Insolvenzverwalter auch noch die Gebühren nach dem RVG (§ 5 InsVV). 9

II. Der Absatz 1 im Einzelnen

1. Persönlicher Bereich

§ 1 Abs. 1 handelt von der Vergütung des **Rechtsanwalts**. 10

Die Stellung des Rechtsanwalts und seine Befugnisse ergeben sich aus den Vorschriften der Bundesrechtsanwaltsordnung (BRAO). Es muss sich also um einen zugelassenen Rechtsanwalt (Aushändigung der Urkunde, § 12 BRAO) handeln. Rechtsanwaltsgesellschaften und Partnerschaftsgesellschaften, soweit sie nach der BRAO zulässig sind (etwa BGB-Gesellschaften oder GmbHs) und soweit sie anwaltliche Leistungen erbringen, gelten als Rechtsanwälte i. S. v. § 1 Abs. 1. Für **ausländische** Rechtsanwälte gilt daher das RVG nicht.

Rechtsbeistände: Das RVG gilt sinngemäß für Personen, denen die Erlaubnis zur geschäftsmäßigen Besorgung fremder Rechtsangelegenheiten erteilt worden ist (Art. IX Abs. 1 Satz 1 des Gesetzes zur Änderung und Ergänzung kostenrechtlicher Vorschriften v. 26.07.1957, BGBl. I, 861). Dazu zählen: Die Rechtsbeistände im Zivilprozess, also die Prozessagenten i. S. v. § 157 Abs. 3 ZPO, die Rentenberater, die Versicherungsberater und vereidigten Versteigerer (§ 1 Abs. 1 RBerG). 11

Übt ein Rechtsanwalt oder Rechtsbeistand mehrere Berufe gleichzeitig aus – Rechtsbeistand, Steuerbevollmächtigter und Wirtschaftsprüfer – und hat das ihm erteilte Mandat sowohl an- 12

Abschnitt 1 – Allgemeine Vorschriften

waltliche als auch steuerberatende Tätigkeiten zum Inhalt, so kann er die Gebühren nach dem RVG nur verlangen, wenn er den Mandanten auf diese beabsichtigte Abrechnung hingewiesen hat (OLG München 7. Zivilsenat – 7 U 4277/04 – OLGR München 2005, 356 = RVG-Letter 2005, 62, allerdings noch ergangen zur BRAGO).

Rick (Schneider/Wolf RVG 3. Aufl. § 1 Rn. 59) meint, durch die Neuregelung des § 35 RVG sei das Problem durch den Gesetzgeber dahin abschließend geregelt, dass der RA in Steuersachen nunmehr ausschließlich nach der SteuerberatervergütungsVO abzurechnen habe.

Einer solchen Rechtsanwendung steht der Wortlaut des § 35 RVG und die dazu gegebene Gesetzesbegründung entgegen. Die **Gesetzesbegründung zu § 35** lautet insoweit:

»*Demgegenüber findet sich in der BRAGO keine Vergütungsregelung für die steuerberatende Berufstätigkeit des Rechtsanwalts. Ihre Vorschriften eignen sich weder für die Gebührenberechnung der Hilfeleistung bei der Erfüllung allgemeiner Steuerpflichten, wie z. B. der Erstellung von Steuererklärungen, der Ermittlung des Überschusses der Betriebseinnahmen über die Betriebsausgaben sowie der Ermittlung des Überschusses der Einnahmen über die Werbungskosten, noch für die Gebührenberechnung von Hilfeleistungen bei der Erfüllung steuerlicher Buchführungs- und Aufzeichnungspflichten einschließlich der Lohnbuchführung ....*

Die §§ 23 bis 39 der Steuerberatergebührenverordnung (StBGebV) regeln indessen die für die Hilfeleistung in Steuersachen in Betracht kommenden Tatbestände umfassend. Auf die entsprechenden Tätigkeiten der Rechtsanwälte sinngemäß angewandt, ermöglichen sie auch für diese eine angemessene Vergütung.

Der Vorschlag, der die sinngemäße Anwendung der §§ 23 bis 39 StBGebV in Verbindung mit den §§ 10 und 13 StBGebV für die Hilfeleistung bei der Erfüllung allgemeiner Steuerpflichten und steuerlicher Buchführungs- und Aufzeichnungspflichten vorsieht, berücksichtigt den **Primat** *der Anwendung der Vorschriften des* **RVG** *für die* **Berufstätigkeit** *der Rechtsanwälte (§ 1 Abs. 1 RVG). Die Vorschriften der Steuerberatergebührenverordnung sollen nur anwendbar sein, soweit sich keine entsprechenden Bestimmungen im RVG finden.*«

Fazit:
(Buchhalterliche) Hilfeleistung in Steuersachen wird nach der SteuerberatervergütungsVO abgerechnet. Wenn der Anwalt aber eine steuerrechtliche **Rechtsberatung** erteilt, so ist nach der Gesetzesbegründung (nach dem in der Regel teureren) RVG abzurechnen. Tritt der Anwalt nach außen aber in seiner Berufsbezeichnung sowohl als Steuerberater wie als Rechtsanwalt auf, so wird man nach wie vor mit dem OLG München fordern müssen, dass er dann, will er nach dem RVG abrechnen, den Mandanten über seinen höheren Gebührenanspruch belehren muss. Dann hat er nämlich dem Mandanten beide Tätigkeiten angeboten, die des Steuerberaters und die des Rechtsanwalts, und der Mandant könnte (ohne ausdrücklichen gegenteiligen Hinweis) berechtigt glauben, er nehme nur die preiswerteren **Beratungsdienste eines Steuerberaters** in Anspruch.

Sucht der Mandant aber den »Nur«Anwalt mit einer steuerrechtlichen Frage auf und bittet ihn um eine steuerrechtliche Beratung, so kann der Anwalt auch ohne ausdrückliche Belehrung nach dem RVG (§ 34 RVG) abrechnen.

§ 21 (Rat, Auskunft) und § 22 (Gutachten) der SteuerberatervergütungsVO sind im § 35 RVG aus der Bezugnahme ausdrücklich ausgenommen. Wird ein Anwalt daher im Sinne von § 34 RVG tätig, so rechnet er, wie ausgeführt, nach RVG und nicht nach der SteuerberatervergütungsVO ab. Soweit der Kommentar von Gerold/Schmidt/von Eicken/Madert/Müller-Rabe in der 16. Auflage (§ 1 Rn. 14) und der 17. Auflage (§ 1 Rn. 11) auf die Belehrung als Kriterium abstellt, wird bei dieser Kommentierung nicht auf die Spezialregelung des § 35 hingewiesen.

Soweit das OLG München in der vorgenannten Entscheidung zu einem Altfall zu seiner Begründung auf die (hinsichtlich des fehlenden § 35 unvollständige) Kommentierung vom Madert in der 16. Auflage (also zum RVG) abstellt, spiegelt es vor, nach neuem Recht hätte sich nichts geändert und ignoriert damit genau wie Madert die Existenz des § 35 RVG.

Abschließend: Natürlich könnte der Rechtsanwalt auch in den in § 35 genannten Steuerhilfefällen im engeren Sinne statt nach der SteuerberatervergütungsVO nach dem RVG oder einer kreativen eigenen Regelung (höher) abrechnen, wenn er dabei die **formelle** Regelung des § 3a (Vereinbarung der Vergütung) beachtet.

Ich denke, Wortlaut des Gesetzes, Motive des Gesetzgebers und notfalls systematisches Denken helfen hier weiter.

Aber auch der Anwalt ist grundsätzlich gemäß § 3 Nr. 1 Steuerberatungsgesetz zu Hilfeleistungen in Steuersachen befugt. Für diese anwaltlichen Tätigkeiten gelten nicht die Gebührenvorschriften des RVG, vielmehr verweist § 35 RVG insoweit auf die entsprechenden Normen der StBGebV. 13

Für die **Patentanwälte** gilt die Gebührenordnung für Patentanwälte, die weitgehend auf das RVG verweist. 14

Auf **Hochschullehrer** ist § 1 seinem Wortlaut nach nicht anwendbar. Manche Verfahrensordnungen sehen eine Prozessvertretung durch Hochschullehrer vor: § 137 StPO, § 67 VwGO, § 32 BVerfGG, § 392 AO. Einige haben daher die Ansicht vertreten, der insoweit wortgleiche § 1 BRAGO sei auf Hochschullehrer anwendbar gewesen (BVerwG NJW 1978, 1173; OLG Düsseldorf MDR 1995, 423; Mußgnug NJW 1989, 2037; a. A., also nicht anwendbar: LG Gießen AnwBl. 1987, 499; VG München NJW 1989, 314; VG Mannheim NJW 1991, 1195; Gerold/Schmidt/von Eicken/Madert/Müller-Rabe RVG 17. Aufl. § 1 Rn. 19). Jedenfalls kann die Geltung des RVG in solchen Fällen durch Vertrag vereinbart werden (Gebauer/Schneider RVG § 1 Rn. 37). 15

Dies dürfte auch stillschweigend unter dem Gesichtspunkt der Üblichkeit erfolgen können. Für die **Kostenerstattung** gilt: Die notwendigen Kosten sind dem Obsiegenden zu erstatten (§ 91 ZPO). Mit einem Hochschullehrer vereinbarte Gebühren sind jedenfalls in Höhe der Gebühren eines Rechtsanwalts nach dem RVG **notwendig** und daher auch erstattungsfähig (OLG München JurBüro 2002, 201; VGH München NJW 1992, 853; Gebauer/Schneider RVG § 1 Rn. 37). 16

2. Sachlicher Bereich

Eine **anwaltliche Tätigkeit** des Rechtsanwalts muss Gegenstand des Vertrages sein (§ 1 Abs. 1). Nach § 3 BRAO ist der Rechtsanwalt der berufene unabhängige Berater und Vertreter in allen Rechtsangelegenheiten (BGHZ 68, 62). Das ist zunächst die Vertretung des Mandanten vor **Gericht** und Behörden. Daneben gewinnt zunehmend an Bedeutung die außergerichtliche **Beratung** auf allen Rechtsgebieten, sowie die Vorbereitung und Ausarbeitung von **Verträgen** und rechtlichen **Gutachten** und ferner das große Feld der außergerichtlichen Streitbeilegung (70% aller Fälle). 17

Die außergerichtlichen Tätigkeiten dominieren heute, so dass das RVG folgerichtig zunächst die Gebühren für diese Tätigkeiten im Teil 2 des VV regelt und die Vergütung für gerichtliche Tätigkeiten erst im Teil 3 des VV folgt. 18

Das Abgrenzungskriterium der anwaltlichen Tätigkeit gegenüber anderen Berufsfeldern ist die Aufgabe, rechtlichen Beistand zu leisten (BGHZ 57, 53, 56; BGH NJW-RR 1990, 948). Dazu hat der BGH (NJW 1980, 1855 = MDR 1980, 914) zur Abgrenzung gegenüber der Anlageberatung wörtlich erklärt: *»Die berufliche Tätigkeit eines RA wird geprägt durch die ihm (dem RA) eigentümliche Aufgabe, der berufene unabhängige Vertreter und Berater in allen Rechtsangelegenheiten zu sein (§ 3 Abs. 1 BRAO). Die Anwendung der BRAGO ist deshalb danach abzugrenzen, ob die Aufgabe, rechtlichen Beistand zu leisten, im Vordergrund steht, oder ob sie bei der Durchführung des erteilten Auftrags zurücktritt, als unwesentlich erscheint und im Ergebnis keine praktisch ins Gewicht* 19

Abschnitt 1 – Allgemeine Vorschriften

fallende Rolle spielt. Gegen das Vorliegen einer anwaltlichen Tätigkeit spricht es ferner, wenn die betreffende Aufgabe in der Regel oder mindestens in erheblichem Umfang auch von Angehörigen anderer Berufe wahrgenommen wird.«

20 Abgrenzung des Absatzes 1 (Anwaltstätigkeit) zu den »anwaltlichen« Tätigkeiten, die in Absatz 2 aufgeführt sind: Der noch näher zu untersuchende § 1 **Abs. 2 Satz 1** bestimmt ausdrücklich, dass die dort **aufgeführten Tätigkeiten** eines Anwalts, die auch von anderen Personen ausgeübt werden können (etwa Insolvenzverwaltung), **keine anwaltstypischen Berufstätigkeiten** sind und damit **nicht** der Gebührenregelung des **RVG** unterfallen.

3. Rechtsgrund der Vergütung (Dienstvertrag/Werkvertrag)

21 Alle Kommentare stimmen **im Wesentlichen** darin überein, dass das RVG nur die **Höhe** des Anspruchs bestimmt, während der **Grund** sich aus dem sachlichen Recht ergibt. Beim Anwaltsvertrag (also dem Grund des Anspruchs) handelt es sich meist um einen Dienstvertrag gem. § 611 BGB und zwar höherer Art – § 627 BGB –, der eine Geschäftsbesorgung zum Gegenstand hat – § 675 BGB –. Dazu der BGH (NJW 1987, 315, 316; 1970, 1596; 1965, 106): *»Die BRAGO enthält keine abschließende Regelung des Anwaltsvertrages. Sie enthält, von einer nicht erheblichen Ausnahme abgesehen, insbesondere keine Bestimmungen über den Grund des Vergütungsanspruchs. Dessen Voraussetzungen ergeben sich vielmehr aus den Vorschriften des BGB, die durch die in der BRAGO enthaltenen Regelungen, welche die Höhe des Vergütungsanspruchs bemessen, ergänzt werden.«*

22 Untersucht man die vom BGH angedeutete nicht erhebliche **Ausnahme**, in der die BRAGO, jetzt also das RVG, angeblich nicht nur die Höhe, sondern auch den Grund des Anspruchs regeln soll (siehe etwa Hansens BRAGO 8. Aufl. Einleitung Rn. 2; E. Schneider KostRsp. BRAGO § 31 Ziff. 1 Nr. 29; Gerold/Schmidt/von Eicken/Madert/Müller-Rabe RVG 17. Aufl. § 1 Rn. 2), so darf man hinter die beiden dort genannten Ausnahmefälle ein Fragezeichen setzen: Auch dort ergibt sich der Grund des Anspruchs nämlich nicht aus dem **Gebührengesetz**, sondern aus dem **Verfahrensgesetz**, nämlich aus § 121 ZPO und §§ 140, 141 StPO (ebenso an anderer Stelle Gerold/Schmidt/von Eicken/Madert/Müller-Rabe RVG 17. Aufl. Einl. Rn. 8; wohl auch Hartmann Kostengesetze RVG Grdz. vor § 1 Rn. 16).

23 Der Regelfall des Anspruchsgrundes ist also der **Dienstvertrag**. Wird der Rechtsanwalt dagegen mit der Ausarbeitung eines **schriftlichen Rechtsgutachtens** beauftragt, so ist das ein **Werkvertrag** (Hartung/Römermann RVG § 1 Rn. 17; Hartmann Kostengesetze RVG Grdz. Rn. 12; BGH NJW 1965, 106; Mayer/Kroiß RVG § 1 Rn. 10), bei dem sich die Höhe der Vergütung aus der Gebührenvereinbarung ergibt (§ 34 RVG). Fehlt es an einer ausdrücklichen Gebührenvereinbarung, so schuldet der Mandant die übliche Vergütung nach dem BGB. Für **Verbraucher** (§ 13 BGB) gilt dann ein Höchstbetrag für ein **schriftliches(!) Gutachten** von € 250,00 (§ 34 Abs. 1 Satz 3 RVG). Die Erst**beratungs**gebühr für **Verbraucher** beträgt höchstens € 190,00 (§ 34 Abs. 1 Satz 3 RVG). Ein Werkvertrag ist auch die Herstellung eines Vertragsentwurfs (BGH NJW 1996, 661) oder die Zusage der Prüfung der Rechtslage mit schriftlicher Stellungnahme = Kurzgutachten (AG Suhl AGS 1998, 86).

4. Verjährung des Regressanspruchs

24 Haftpflichtansprüche gegen den Anwalt verjähren beim Dienstvertrag im Ergebnis nach 2 × 3 = 6 Jahren und beim Werkvertrag nach 3 Jahren, im letzteren Fall gerechnet von der Abnahme des Werkes an (BGH NJW 1996, 661). Die 2 × 3 Jahre ergeben sich beim Dienstvertrag aus folgender Überlegung: Der Anwalt wäre bei einem Fehler vom Inhalt des Dienstvertrages her **bis zum Ende** seiner Dienstpflicht gehalten, den Mandanten über seinen Fehler zu unterrichten. Unterlässt er bis zum Ablauf der (ersten) 3 Jahre diese Aufklärung, so liegt darin eine erneute Pflichtverletzung, die erst nach weiteren 3 Jahren gem. § 51 b BRAO verjährt. Die Verjährungsfrist beginnt nach § 51 b BRAO mit dem **Entstehen** des Anspruchs, spätestens mit

der **Beendigung** des Mandats. § 51 b BRAO ist durch die Schuldrechtsreform nicht verändert worden.

Für die nachfolgend unter Rn. 52 ff. zu erörternden Tätigkeiten **des § 1 Abs. 2 Satz 1** (Insolvenzverwalter usw.) gilt die in § 51 b BRAO gesondert geregelte Verjährungsfrist **nicht** (BGH VersR 1968, 792; NJW 1993, 199; NJW 1994, 1405). Hier gilt die allgemeine schuldrechtliche Verjährungsfrist des § 195 BGB n. F., also ebenfalls 3 Jahre, aber Fristbeginn ist erst die **Kenntnis** von den anspruchsbegründenden Tatsachen oder grob fahrlässige **Unkenntnis** (§ 199 Abs. 1 Satz 1 BGB n. F.), jedenfalls Verjährung nach 10 Jahren.

5. Vertragsabschluss

a) Zustandekommen

Der Anwaltsvertrag kommt durch Angebot und Annahme zustande. Juristisch unsauber, aber allgemein gebräuchlich wird dieser Vertrag als »**Auftrag**« bezeichnet. Der Anwaltsvertrag ist formfrei, kann also auch mündlich abgeschlossen werden und auch konkludent erfolgen (BGH VersR 1981, 460, 461; BGH NJW 1991, 2084, 2085). Allerdings sind im letzteren Falle nach der insoweit recht strengen Ansicht des BGH im Interesse der Rechtssicherheit erhöhte Anforderungen zu stellen, die schlüssige Erklärung muss eindeutig und zweifelsfrei sein (BGH NJW 1991, 2085). Zweifel gehen daher zu Lasten des Anwalts.

Der Vertrag kann also grundsätzlich auch schlüssig (mündlich) abgeschlossen werden. Sucht der Mandant den Anwalt mit einem juristischen Anliegen auf und schildert seinen »Fall« und der Anwalt geht sachlich darauf ein und stellt Rückfragen, so kann darin bereits ein Angebot des Mandanten liegen. Die Rückfragen des Anwalts stellen aber nicht in jedem Falle schon eine Angebotsannahme dar. Im Einzelfall kann darin auch nur eine Information des Anwalts liegen, die er benötigt, um zu prüfen, ob er das Mandat annehmen will. Es besteht für den Anwalt kein Kontrahierungszwang (anders in den Fällen der §§ 48, 49 BRAO). Durch dieses Vorgespräch entsteht für den Anwalt die Pflicht (§ 44 BRAO), den Mandanten **unverzüglich** zu informieren, ob er das Mandat annimmt, sonst kann er sich auch ohne Vertragsabschluss schadensersatzpflichtig machen (Hartmann Kostengesetze RVG Grdz. Rn. 12; z. B. Eintritt der Verjährung wegen verzögerter Ablehnung des Mandats).

Jeder in einer Anwaltskanzlei tätige Jurist ist legitimiert, Mandatsanträge anzunehmen (Gebauer/Schneider RVG § 1 Rn. 6).

b) Bedingung

Wie jede Willenserklärung können beide Erklärungen, die des Mandanten und die des Anwalts, unter einer Bedingung erfolgen.

Häufigste Bedingung für Mandant oder Anwalt: Erteilung der Deckungszusage des Rechtsschutzversicherers oder Bewilligung von PKH.

Erteilt der Mandant den Auftrag, PKH zu beantragen, so liegt (mangels abweichender ausdrücklicher Abrede) darin der Auftrag zur Durchführung des PKH-Verfahrens, während der Prozessauftrag unter der aufschiebenden Bedingung der Bewilligung von PKH steht.

Unter der Geltung der BRAGO vertrat die h. M. die Ansicht, bitte eine Partei den Anwalt, sie zu vertreten, so sei damit stillschweigend der Auftrag erteilt, der Anwalt solle sie vorweg auch über die Rechtsaussichten beraten. Rate er von der angesonnenen rechtlichen Maßnahme ab, so habe er jedenfalls die Ratsgebühr (§ 20 BRAGO = Nr. 2100 i. d. F. bis 30. 06. 2006) verdient (Gerold/Schmidt/von Eicken/Madert/Müller-Rabe RVG 16. Aufl. VV RVG § 1 Rn. 69)

Nachdem ab 01. 07. 2006 die Ratsgebühr der Nr. 2100 entfallen ist, vielmehr § 34 jetzt ausdrücklich formuliert, der Rechtsanwalt solle für einen Rat oder eine Auskunft auf eine Gebührenver**einbarung** hinwirken, andernfalls die Gebühr sich nach den Vorschriften des BGB be-

Abschnitt 1 – Allgemeine Vorschriften

stimme, kann man diese Ansicht nicht mehr aufrecht erhalten. Eine Gebührenvereinbarung i. S. v. § 34 kann nur eine **ausdrückliche** Abrede sein, denn die Vereinbarung muss auch und gerade die Höhe festlegen. Da der Rat entgegen den bisherigen Normen (§ 20 BRAGO, Nr. 2199 VV RVG a. F.) nicht mehr streitwertabhängig mit einer Rahmengebühr von 0,1 bis 1,0 abgegolten wird, fehlt einer solchen schlüssigen (stillschweigenden) Verabredung eines Beratungsvertrages ein Vertragsessentiell, die **Höhe** der Gebühr.

31 Man kann daher wohl kaum noch behaupten, in dem Vertretungsantrag stecke schlüssig auch ein Beratungsantrag, der dann mangels Verabredung einer bestimmten Gebührenhöhe Gebühren nach dem BGB in üblicher Höhe auslöse. Das widerspricht jedenfalls dem Sinn des neuen § 34, der den Anwalt auffordert, durch eine sofortige ausdrückliche Festlegung der Gebührenhöhe für beide Teile Klarheit zu schaffen.

32 Hier fordert die Neuregelung vom Anwalt sofort Mut und Transparenz. Die von ihm zu vertretende Unklarheit hat er bei einem nachfolgenden Streit zu vertreten. Es bleibt ihm unbenommen, als Ausweg sofort auf seinen Stundensatz (für eine etwaige Beratung) oder eine Festgebühr hinzuwirken.

33 Der Mandant kann auch einen unbedingten Auftrag zur außergerichtlichen Vertretung und für deren Misserfolg (Eintritt der Bedingung) Prozessauftrag erteilen (BGH JurBüro 1969, 46 = AnwBl. 1969, 15; OLG Oldenburg MDR 1961, 245; Gerold/Schmidt/von Eicken/Madert BRAGO 15. Aufl. § 118 Vorbem. 5 ff.; KG RVGreport 2005, 380 für den Beklagten, falls Kläger nicht nur außergerichtlich den Anspruch verfolge, sondern auch anschließend durch **Klageerhebung** (Sonderproblem: Klage nach dem 01.07.2004 = RVG für Klage; a. A.: OLG Hamburg RVGreport 2005, 381: BRAGO für Klage).

    c)   **Bereicherungsanspruch**

34 Ist der Mandant bei der Auftragserteilung **(unerkannt) geschäftsunfähig** (Problem beim Querulanten), so hat der Anwalt i. d. R. einen Bereicherungsanspruch: Der Mandant ist bereichert um eine Leistung (Wert und Höhe) gemäß dem gesetzlichen Vergütungsanspruch (OLG Hamburg MDR 1998, 1123; LG Wiesbaden NJW 1967, 1570; Gerold/Schmidt/von Eicken/Madert/Müller-Rabe RVG 17. Aufl. § 1 Rn. 41).

    d)   **Vertragsparteien**

        aa)   **Mehrere Personen – Auftraggeber**

35 Stehen auf Seiten der **Auftraggeber** mehrere Personen, so gilt für die Gebühren die Spezialnorm des § 7 bzw. Nr. 1008 mit seiner wichtigen inhaltlichen Änderung im Verhältnis zur BRAGO: Erhöhung immer um 0,3 (eine 0,5 Gebühr wird also jetzt erhöht um 0,3 auf 0,8, früher multipliziert mit 0,3 nur auf 0,65).

        bb)   **Personenverschiedenheit zwischen Prozesspartei und Auftraggeber**

36 Schuldner der Vergütung ist der Auftraggeber (KG HRR 1942, Nr. 85; Riedel/Sußbauer RVG § 1 Rn. 17).

Der Auftraggeber muss allerdings mit der Prozesspartei nicht identisch sein, so kann etwa der Bürge (im eigenen Interesse) Auftraggeber für die Rechtsverteidigung des Hauptschuldners sein.

Der Haftpflichtversicherer erteilt dem Anwalt den Auftrag, den Versicherten im Prozess zu vertreten.

37 Zur Prozessfinanzierung wird auf die nachfolgenden Belegstellen verwiesen (AnwBl. 1981, 68; Hartung/Römermann RVG § 1 Rn. 136).

Zinsen einer eigenen bankmäßigen Prozessfinanzierung können nicht im einfachen Kostenfestsetzungsverfahren festgesetzt werden, hier muss im Gebührenerstattungsprozess gegen den Gegner geklagt werden – ZPO §§ 91, 103, 114, BGB § 607 – (OLG Koblenz, Beschl. v.

04. 01. 2006, Az.: 14 W 810/05; OLG Koblenz Rpfleger 1988, 161; NJW-RR 1998, 718; OLG Koblenz 6. ZS Rpfleger 1976, 408; OLG München NJW-RR 2000, 1096; OLG Nürnberg Rpfleger 1972, 179 f.; *Belz* in Münchner Kommentar ZPO § 91 Rn. 100; *Bork* in Stein/Jonas ZPO § 91 Rn. 37; *Herget* in Zöller ZPO § 91 Rn. 13; vgl. auch OLG Düsseldorf JurBüro 1981, 609; OLG Köln Rpfleger 1995, 520).

cc) Versicherungen

– Rechtsschutzversicherung

Wenn die Rechtsschutzversicherung Deckungszusage erteilt hat, bestehen gleichwohl vertragliche Beziehungen nur zwischen dem Anwalt und dem Mandanten, aber ferner auch zwischen der Rechtsschutzversicherung und dem Mandanten selbst. Der Rechtsschutzversicherer beauftragt gem. § 16 Abs. 2 ARB den Anwalt namens und im Auftrag des Versicherten. Der Anwalt hat daher keinen Honoraranspruch gegen die Rechtsschutzversicherung (Gebauer/Schneider RVG § 1 Rn. 12). Ausnahme: Die Rechtsschutzversicherung hat ausnahmsweise einen Schuldbeitritt erklärt. Der Mandant hat jedoch aus seinem Versicherungsvertrag (§ 1 Abs. 2 ARB) einen Freistellungsanspruch gegen seine Rechtsschutzversicherung, auch hinsichtlich des Vorschusses (§ 9 RVG). 38

Eine Zahlung der Versicherung ist zivilrechtlich eine Leistung an den Versicherungsnehmer gemäß dem Versicherungsvertrag. Im Alltag macht der Anwalt seinen Vergütungsanspruch unmittelbar gegenüber dem Rechtsschutzversicherer geltend. 39

– Haftpflichtversicherung

Die Haftpflichtversicherung, so auch die Kfz-Haftpflichtversicherung, schließt den Anwaltsvertrag zugunsten des Versicherungsnehmers ab (OLG Köln NJW 1978, 896; Mayer/Kroiß RVG § 1 Rn. 17). 40

Werden im Kfz-Prozess Halter und Versicherer verklagt, so beauftragt die Kfz-Haftpflichtversicherung gem. § 17 AKB den Anwalt, sie und den Halter gemeinsam zu vertreten. Auftraggeber ist dann nur die Kfz-Haftpflichtversicherung.

dd) Mehrere Personen – Auftragnehmer – Sozietät

Gehört der Anwalt zu einer Sozietät, so kommt der Vertrag mit allen Mitgliedern der Sozietät, auch denen der überörtlichen Sozietät, zustande (Gerold/Schmidt/von Eicken/Madert/Müller-Rabe RVG 17. Aufl. VV 3400 Rn. 20; Gebauer/Schneider RVG § 1 Rn. 11; BGH NJW 1999, 3040; OLG München JurBüro 1996, 139 = MDR 1995, 646; OLG Karlsruhe JurBüro 1995, 31; OLG Hamburg JurBüro 1996, 529; KG JurBüro 1996, 140; OLG Frankfurt 18. ZS MDR 1999, 385; OLG Brandenburg JurBüro 1998, 60; **a. A.:** OLG Düsseldorf MDR 1994, 1253; OLG Frankfurt 6. ZS JurBüro 1994, 419: nur mit Sozietätsmitgliedern am Gerichtssitz). 41

6. Entgeltlichkeit

Die Leistung des Rechtsanwalts kann nach den Umständen nur gegen eine Vergütung erwartet werden, so dass eine Vergütung als stillschweigend vereinbart anzusehen ist (§ 612 BGB). Der Mandant kann nicht einwenden, der Anwalt habe ihn nicht darauf hingewiesen, dass seine Leistung etwas koste. Der Mandant kann daher den Vertrag nicht wegen Irrtums anfechten. 42

Fragt der Mandant nach den voraussichtlich entstehenden Kosten, so muss der Anwalt aber eine wahrheitsgemäße und vollständige Auskunft erteilen.

7. Belehrung, insbesondere neue Hinweispflicht nach § 49 b BRAO

– Belehrung über Vergütung

Nach der herrschenden Meinung ist der Anwalt nicht verpflichtet, ungefragt darauf hinzuweisen, dass er eine Vergütung fordern und diese in ihrer Höhe nach dem RVG berechnen 43

Abschnitt 1 – Allgemeine Vorschriften

will (Gerold/Schmidt/von Eicken/Madert/Müller-Rabe RVG 17. Aufl. § 1 Rn. 49; BGH NJW 1998, 136; OLG Köln AGS 1994, 57).

44 Eine Ausnahme wird gemacht, wenn der Anwalt nach den besonderen Umständen des Falles (Grundsatz von Treu und Glauben) auf die Vergütung und deren Höhe hinweisen muss, weil die Rechtsverfolgung augenscheinlich unwirtschaftlich ist (RGZ 118, 365; BGH NJW 1969, 932, 933: Keine Belehrung bei prozesserfahrener Partei; siehe ferner ein schönes Beispiel bei Gerold/Schmidt/von Eicken/Madert/Müller-Rabe RVG 17. Aufl. § 1 Rn. 50: Klage einer rechtsunkundigen Frau gegen einen vermögenslosen Hochstapler, dann Schadensersatzpflicht des Anwalts, vgl. OLG Düsseldorf NJW 2000, 1650; OLG Nürnberg NJW-RR 1989, 1370).

45 Liegen die Voraussetzungen von PKH nahe, muss der Anwalt auf diese Möglichkeit hinweisen (OLG Düsseldorf AnwBl. 1987, 147); gleiches gilt hinsichtlich der neuen Möglichkeit der Prozessfinanzierung (AnwBl. 1981, 68; Hartung/Römermann RVG § 1 Rn. 136).

46 Der neue § 49 b BRAO fordert nunmehr, dass der Rechtsanwalt einen Hinweis geben muss, wenn sich die Gebühren nach dem **Gegenstandswert,** also in der Regel alle Fälle, richten. Die Novelle 2004 hat jetzt hinsichtlich des Gebührenanspruchs eine gewisse Belehrungspflicht des Rechtsanwalts eingeführt (Artikel 4 Nr. 18), indem sie dem § 49 b BRAO folgenden *Absatz 5* hinzugefügt hat:

47 *»Richten sich die zu erhebenden Gebühren nach dem Gegenstandswert, hat der Rechtsanwalt vor Übernahme des Auftrags hierauf hinzuweisen.«* Dies ist aber eine stumpfe Waffe. Die Nichtbeachtung dieser Pflicht stellt zwar eine Verletzung der Berufspflichten des Rechtsanwalts dar. Die gefundene gesetzliche Regelung kann nach ihrem Wortlaut im Regelfall aber nicht zur Unanwendbarkeit des Gebührenanspruchs nach dem RVG führen.

48 Bei entsprechendem Nachweis eines Schadens und vor allem der Kausalität könnte der Mandant aber Schadensersatz begehren, er könnte also verlangen, so gestellt zu werden, wie er bei ordnungsgemäßer Belehrung gestanden hätte. Da nur auf die Berechnungsart »*Gegenstandswert*«, nicht aber etwa auf die konkrete Höhe hinzuweisen ist, dürfte dem Mandanten der Kausalitätsnachweis für einen Nichtbelehrungsschaden sehr schwer fallen. In wenigen Fällen könnte das aber bedeuten, dass der Anwalt den entstandenen Gebührenanspruch gegenüber seinem Mandanten nicht erheben kann, weil der Mandant einen entsprechenden Schadensersatzanspruch aus PVV auf Nichterhebung der Gebühr hat.

Das sieht im Grundsatz ebenso der BGH (JurBüro 2007, 478 = NJW 2007, 2332), der sich in seiner Entscheidung u. a. auf die vorstehende Fundstelle stützt. Der BGH wörtlich:

»Ein Verstoß gegen § 49 b Abs. 5 BRAO kann aber einen Anspruch gemäß § 280 Abs. 1, § 311 Abs. 2 BGB begründen. Nach § 49 b Abs. 5 BRAO ist der Hinweis vor Übernahme des Auftrags zu erteilen, also vor Abschluss des Anwaltsvertrages, aber nach Aufnahme von Vertragsverhandlungen oder nach dem Beginn der Anbahnung eines Vertrages gemäß § 311 Abs. 2 Nrn. 1 und 2 BGB. Damit ist ein Schuldverhältnis im Sinne des § 241 Abs. 2 BGB entstanden.«

Die Partei hatte zwar vorgetragen, auf einen konkreten Hinweis mit Streitwertangabe hätte sie von einer Beauftragung der Prüfung vom Rücktritt vom Grundstückskaufvertrag (Wert € 220.000,00) abgesehen. Der BGH sah den Anwalt jedoch nur zum abstrakten Hinweis, er rechne nach Streitwert ab, verpflichtet. Dass die Partei auch dann schon vom Auftrag abgesehen hätte, fand der BGH nicht hinreichend dargelegt.

Zur allgemeinen Belehrungspflicht (außerhalb des neuen § 49 b BRAO) bemerkt der BGH:

»Auf die durch einen Vertragsschluss kraft Gesetzes entstehenden Anwaltsgebühren muss der Rechtsanwalt regelmäßig nicht ungefragt hinweisen, weil kein Mandant ein unentgeltliches Tätigwerden des Fachberaters erwarten darf und dessen gesetzliche Gebühren allgemein zu erfahren sind. Nur auf Verlangen des Auftraggebers hat der Rechtsanwalt die voraussichtliche Höhe des Entgelts mitzuteilen

(BGH – IX ZR 49/97, NJW 1998, 136, 137; – IX ZR 63/97, NJW 1998, 3486, 3487). Die Beklagten haben nicht behauptet, nach der Höhe der Gebühren gefragt zu haben.

Allerdings kann sich aus besonderen Umständen des Einzelfalles nach Treu und Glauben eine Pflicht des Rechtsanwalts ergeben, auch ohne Frage des Auftraggebers diesen über die voraussichtliche Höhe seiner Vergütung zu belehren, etwa wenn die Höhe der vom Auftraggeber zu zahlenden Gebühren das von ihm verfolgte Ziel wirtschaftlich sinnlos macht.«

Aus Gründen der Beweisbarkeit sollte die Belehrung immer schriftlich dokumentiert werden, und zwar muss die Belehrung vor dem Anfall der Gebühr erfolgen. 49

Im ersten Anschreiben an den Mandanten könnte es heißen: »Die Gebühren berechnen sich in Ihrem Fall nach der Höhe des Gegenstandswerts.«

Wenn der Anwalt seinen Mandanten ganz abstrakt (»Gebühren richten sich nach dem Gegenstandswert«) belehrt, wird der Mandant in aller Regel nachhaken und fragen: »Was heißt das?« Dann kommt sicher die weitere Frage nach dem konkreten Streitwert und der konkreten Gebühr. Eine dabei gegebene falsche Antwort des Anwalts kann in geeigneten Fällen bedeuten, dass der Anwalt den entstandenen Gebührenanspruch (Mehranspruch) gegenüber seinem Mandanten nicht erheben kann, weil dieser aus der Falschbelehrung möglicherweise einen Schadensersatzanspruch aus PVV gegenüber dem Anwalt auf Nichterhebung der Gebühr hat. Die Beweislast des fehlenden Hinweises hat der Mandant (BGH NJW 2008, 371). 50

8. Besuch des Mandanten beim Anwalt oder Anwaltmediator

Immer mehr Anwälte lassen sich inzwischen auch zum Mediator ausbilden. Für den Anwalt, der zugleich Mediator ist, ergibt sich eine neue Problematik: Der Anwalt darf sich beim ersten Informationsbesuch nicht zu viel zu einem eventuellen **Vertretungsmandat** erzählen lassen und darauf reagieren, sonst kann er nicht mehr das **allparteiliche Mediationsmandat** der mehreren Medianten übernehmen (Parteiverrat gem. § 356 StGB), falls er nunmehr zu dem Ergebnis gelangt, eine Mediation sei angezeigt. 51

III. Der Absatz 2 im Einzelnen

1. Unanwendbarkeit des RVG gem. Abs. 2

Absatz 2 stellt klar, dass bei den dort aufgeführten Tätigkeiten keine anwaltliche Tätigkeit vorliegt, auch wenn sie ein Anwalt ausübt. Folge: Das RVG ist auf diese Tätigkeiten nicht anwendbar, wenngleich die **BRAO (anwaltliches Standesrecht)** für den Anwalt auch hier gilt. Das RVG gilt nicht für eine Tätigkeit des Rechtsanwalts als Vormund, Betreuer, Pfleger, Verfahrenspfleger, Testamentsvollstrecker, Insolvenzverwalter, Sachwalter, Mitglied des Gläubigerausschusses, Nachlassverwalter, Zwangsverwalter, Treuhänder oder Schiedsrichter oder für eine ähnliche Tätigkeit. Dann erhält der Rechtsanwalt die dafür vorgesehenen **vertragstypischen oder spezialgesetzlichen Entgelte** (Madert AGS 1999, 1). 52

Beispiel für eine ähnliche Tätigkeit: RA als Liquidator einer GmbH gem. § 70 GmbHG (BGH MDR 1998, 1435). Fallen dabei Handlungen an, die volljuristische Kenntnisse voraussetzen, so kann der RA als Liquidator gesonderte RVG-Gebühren verlangen (BGH MDR 1998, 1435), Rechtsgedanke des § 1835 Abs. 3 BGB. Ferner: Vertritt der Rechtsanwalt sein Mündel, den Betreuten (gegebenenfalls im Wege der Geschäftsführung ohne Auftrag) in einem Prozess, so kann er ebenfalls die gesetzlichen Gebühren des RVG fordern (OVG Rheinland-Pfalz AGS 1998, 123; Gerold/Schmidt/von Eicken/Madert/Müller-Rabe RVG 17. Aufl. § 1 Rn. 87). Etwas anderes gilt für den so genannten **Verfahrenspfleger**, der dem Betroffenen gerade für das Betreuungsverfahren (§ 67 FGG) oder das Unterbringungsverfahren selbst (§ 70 b FGG) bestellt wird. Denn in den dort geltenden §§ 1908 b bis 1908 e BGB ist der inso- 53

Abschnitt 1 – Allgemeine Vorschriften

weit einschlägige § 1835 Abs. 3 BGB nicht genannt. Führt dagegen etwa der Testamentsvollstrecker anwaltliche Tätigkeiten aus, so kann auch er zusätzlich Gebühren nach dem RVG liquidieren (RGZ 149, 121; OLG Frankfurt MDR 2000, 788; FG Bremen AnwBl. 1997, 124; Göttlich/Mümmler/Rehberg/Xanke RVG »Testamentsvollstrecker« 5.1; Hartung/Römermann RVG § 1 Rn. 181; Gerold/Schmidt/von Eicken/Madert/Müller-Rabe RVG 17. Aufl. § 1 Rn. 143). Gleiches gilt für den Insolvenzverwalter (OLG Köln AnwBl. 1976, 246; LG Aachen KTS 1977, 187; Schmidt Rpfleger 1968, 255). Dies gilt grundsätzlich auch für den Anwalt, der Mediationstätigkeiten ausübt (Göttlich/Mümmler/Rehberg/Xanke BRAGO 20. Aufl. »Mediation« 2. Gebührenfragen).

54 Die Frage, ob der Mediator neben der Vergütung als Mediator auch noch zusätzlich die Anwaltsgebühren liquidieren darf, wenn er volljuristischen Rat erteilt, ist von der tatsächlichen Lage her dahin zu beantworten: Doppelte Gebühren kann der Anwaltmediator auch bei Erteilung von Rechtsrat, wenn ihm das nicht ohnehin verwehrt ist, nicht verlangen. Seine spezielle Fachkompetenz wird schon durch einen etwa vom Psychologen deutlich abgehobenen Stundensatz dokumentiert. Wollte man dem Mediator für seine Fachkompetenz als Volljurist eine besondere Gebühr zubilligen, so wäre jedenfalls dann die Mediatorgebühr um gerade die Höhe der Gebühr für die Zuziehung eines Volljuristen wieder herabzusetzen, weil er als Mediator dann jedenfalls wieder nur als Person ohne besondere juristische Kenntnisse anzusehen wäre. Praktisch ausgedrückt: Die Qualifikation als Volljurist steckt bereits in dem höheren Stundensatz des Anwaltmediators.

2. Vertragstypische Entgelte für die in Abs. 2 genannten Tätigkeiten

a) Vormund

55 Nach § 1836 Abs. 1 Satz 2 BGB wird die Vormundschaft entgeltlich geführt, wenn das Gericht bei der Bestellung feststellt, dass der Vormund die Vormundschaft berufsmäßig führt. Die Voraussetzungen der Berufsmäßigkeit liegen nach Satz 4 allerdings nur vor, wenn der Vormund gleichzeitig mehr als 10 Vormundschaften führt oder er eine Wochenstundenzahl von 20 Stunden voraussichtlich nicht unterschreitet. Dem entspricht auch der Wortlaut des seit dem 01.07.2005 in Kraft getretenen Gesetzes über die Vergütung von Vormündern und Betreuern – VBVG (BGBl. I, 1073). Das dürfte bei Anwälten nur selten vorkommen. Aber die Gerichte sind dabei recht streng:

OLGR Frankfurt 2006, 131: »Die Vergütung eines zur Überprüfung der Betreuervergütung bestellten Rechtsanwalts zum Verfahrenspfleger bemisst sich im Regelfall nach dem Stundensatz des § 1 Abs. 1 Satz 2 Nr. 2 BVormVG.

Eine Abrechnung nach der BRAGO kommt nur ausnahmsweise in Betracht, wenn der konkrete Fall vertiefte spezifische Rechtskenntnisse erfordert und deshalb ein anderer im Betreuungsrecht erfahrener und beruflich tätiger Verfahrenspfleger der höchsten Vergütungsstufe einen Rechtsanwalt hinzugezogen hätte.«

AG Sinzig (FamRZ 2007, 1585): »Der Verfahrenspfleger wurde gem. § 50 FGG im Verfahren auf Entziehung der elterlichen Sorge bestellt. Gem. § 50 V FGG bestimmt sich der Ersatz der Aufwendungen und Vergütung entsprechend § 67a FGG. Demnach erhält der Verfahrenspfleger seine Vergütung in entsprechender Anwendung der §§ 1–3 I und II des Vormünder- und Betreuervergütungsgesetzes. Gem. § 1 II RVG gilt dieses Gesetz ausdrücklich nicht für die Tätigkeit des Verfahrenspflegers. § 67a FGG verweist nicht auf die Vorschrift des § 1835 III BGB.

Die Verfahrenspflegschaft ist vom Gesetzgeber nicht als anwaltsspezifische Tätigkeit konzipiert.« Ebenso LG Mainz (NJW-RR 2006, 1444).

56 Unabhängig von der Vergütung als Vormund erhält der anwaltliche Vormund, wenn er typische anwaltliche Tätigkeiten ausführt, daneben eine Vergütung nach dem RVG (§ 1835 Abs. 3

Geltungsbereich | § 1

BGB = Aufwendungen, Palandt BGB § 1835 Rn. 8; Bamberger / Roth BGB 2. Aufl. 2008 § 1835 Rn. 7; BVerfGE 101, 331; BGHZ 139, 309 = NJW 2002, 345; BayObLG NJW 2002, 1660).

– **Regelfall beim Anwalt (eine oder wenige Vormundschaften)**

In Rechtsprechung und Schrifttum wird seit RG JW 1936, 378 der Standpunkt vertreten, dass gegenüber einem RA, der das Amt eines Vormunds übernommen hat, bei der Entscheidung der Frage, ob eine Vergütung zu bewilligen ist, sehr wohlwollend zu verfahren sei (BGH NJW 1975, 210, 211; BayObLG Rpfleger 1981, 111 u. 1987, 67; KG Rpfleger 1973, 24 u. JurBüro 1988, 1212; OLG Hamm Rpfleger 1972, 370; OLG Frankfurt Rpfleger 1974, 312). Dem Vormundschaftsgericht obliegt nach § 1836 Abs. 1 Satz 2 BGB die Feststellung der Berufsmäßigkeit, die beim Anwalt zu bejahen ist (BayObLG FamRZ 2000, 844), siehe auch § 3 Abs. 2 VBVG. 57

– **Höhe der Vergütung**

Die Höhe der Vergütung ist durch das VBVG (Rn. 55) neu geregelt worden: **Pauschalvergütung**. 58

Dazu lautet der neue **§ 3 VBVG**: 59

»*Stundensatz des Vormunds*

(1) Die dem Vormund nach § 1 Abs. 2 zu bewilligende Vergütung beträgt für jede Stunde der für die Führung der Vormundschaft aufgewandten und erforderlichen Zeit € 19,50. Verfügt der Vormund über besondere Kenntnisse, die für die Führung der Vormundschaft nutzbar sind, so erhöht sich der Stundensatz

1. *auf € 25,00, wenn diese Kenntnisse durch eine abgeschlossene Lehre oder eine vergleichbare abgeschlossene Ausbildung erworben sind;*
2. *auf € 33,50, wenn diese Kenntnisse durch eine abgeschlossene Ausbildung an einer* **Hochschule** *oder durch eine vergleichbare abgeschlossene Ausbildung erworben sind.*

Eine auf die Vergütung anfallende Umsatzsteuer wird, soweit sie nicht nach § 19 Abs. 1 des Umsatzsteuergesetzes unerhoben bleibt, zusätzlich ersetzt.

(2) Bestellt das Vormundschaftsgericht einen Vormund, der über besondere Kenntnisse verfügt, die für die Führung der Vormundschaft allgemein nutzbar und durch eine Ausbildung im Sinne des Absatzes 1 Satz 2 erworben sind, so wird vermutet, dass diese Kenntnisse auch für die Führung der dem Vormund übertragenen Vormundschaft nutzbar sind. Dies gilt nicht, wenn das Vormundschaftsgericht aus besonderen Gründen bei der Bestellung des Vormunds etwas anderes bestimmt.

(3) Soweit die besondere Schwierigkeit der vormundschaftlichen Geschäfte dies ausnahmsweise rechtfertigt, kann das Vormundschaftsgericht einen höheren als den in Absatz 1 vorgesehenen Stundensatz der Vergütung bewilligen. Dies gilt nicht, wenn der Mündel mittellos ist.«

Aus Absatz 1 Satz 2 Nr. 2 VBVG folgt, dass der anwaltliche Stundensatz € 33,50 + 19 % USt. = € 39,87 beträgt. 60

Dem Absatz 3 ist zu entnehmen, dass das Vormundschaftsgericht den Stundensatz beim vermögenden Betreuten bei besonderer Schwierigkeit **höher** festsetzen kann.

Daneben legt das neue Gesetz die **Monatshöchststundenanzahlen** fest, die in den ersten 3 Monaten am höchsten sind und dann degressiv abnehmen, ferner wird danach differenziert, ob der Betreute im Heim oder außerhalb eines Heimes lebt. Schließlich sind die Höchststundenzahlen beim vermögenden Betreuten höher als beim mittellosen Betreuten. 61

Im Einzelnen bestimmt **§ 5 VBVG** dazu: 62

»*Stundenansatz des Betreuers*

(1) Der dem Betreuer zu vergütende Zeitaufwand ist

1. *in den ersten drei Monaten der Betreuung mit fünfeinhalb,*

Abschnitt 1 – Allgemeine Vorschriften

2. im vierten bis sechsten Monat mit viereinhalb,
3. im siebten bis zwölften Monat mit vier,
4. danach mit zweieinhalb

Stunden im Monat anzusetzen. Hat der Betreute seinen gewöhnlichen Aufenthalt nicht in einem Heim, beträgt der Stundenansatz

1. in den ersten drei Monaten der Betreuung achteinhalb,
2. im vierten bis sechsten Monat sieben,
3. im siebten bis zwölften Monat sechs,
4. danach viereinhalb

Stunden im Monat.

(2) Ist der Betreute mittellos, beträgt der Stundenansatz

1. in den ersten drei Monaten der Betreuung viereinhalb,
2. im vierten bis sechsten Monat dreieinhalb,
3. im siebten bis zwölften Monat drei,
4. danach zwei

Stunden im Monat. Hat der mittellose Betreute seinen gewöhnlichen Aufenthalt nicht in einem Heim, beträgt der Stundenansatz

1. in den ersten drei Monaten der Betreuung sieben,
2. im vierten bis sechsten Monat fünfeinhalb,
3. im siebten bis zwölften Monat fünf,
4. danach dreieinhalb

Stunden im Monat.«

63 Auf die tabellarischen Zusammenstellung von Deinert – Neue Pauschalvergütung für anwaltliche Berufsbetreuer (JurBüro 2005, 285) – wird, insbesondere auch zu übergangsrechtlichen Problemen, verwiesen.

64 Hinsichtlich des Verfahrenspflegers hat das LG Mönchengladbach (FamRZ 2005, 922–923) zur Verfahrenspflegervergütung im Unterbringungsverfahren entschieden:

Einem Verfahrenspfleger, der im Hauptberuf Rechtsanwalt ist, steht grundsätzlich nur eine Vergütung nach den Sätzen des § 1 BVormG zu.

Eine Vergütung nach dem RVG kommt für den anwaltlichen Verfahrenspfleger ausnahmsweise dann in Betracht, wenn ein als Verfahrenspfleger bestellter Laie in gleicher Lage wegen besonderer rechtlicher Anforderungen einen Rechtsanwalt hinzugezogen hätte.

Demgegenüber meint das AG Sinzig (FamRZ 2007, 1585), der nach § 50 FGG bestellte Verfahrenspfleger erhalte Ersatz seiner Aufwendungen nur nach § 67 a FGG. § 67 a FGG verweise nicht auf § 1835 Abs. 3 BGB, sodass eine Vergütung nach dem RVG ausscheide, vielmehr nur das BVormG Anwendung finde.

Wie das zuvor genannte LG Mönchengladbach (FamRZ 2005, 922–923) wird vom OLG München (OLGR München 2006, 122 = FamRZ 2006, 577 = NJW-RR 2006, 931) die Rechtslage gesehen. § 1 Abs. 2 Satz 1 RVG sei keine abschließende Regelung. Hätte demnach ein normaler Verfahrenspfleger (sachlich geboten) einen Rechtsanwalt zugezogen, so könne auch der anwaltliche Verfahrenspfleger für seine Tätigkeit nach dem RVG liquidieren. Werde er sowohl bei der vorläufigen wie der endgültigen Unterbringung tätig, so handele es sich um 2 Angelegenheiten (§ 17 Nr. 4 b und § 18 Nr. 2 RVG).

b) Pfleger

65 Auf den Pfleger finden gem. § 1915 BGB die für die Vormundschaft geltenden Vorschriften entsprechende Anwendung.

Geltungsbereich | § 1

c) **Betreuer**

Eine Vergütung nach dem RVG kommt für den anwaltlichen Betreuer ausnahmsweise dann in Betracht, wenn ein als Betreuer bestellter Laie in gleicher Lage wegen besonderer rechtlicher Anforderungen einen Rechtsanwalt hinzugezogen hätte (§§ 1835 Abs. 3, 1908 i Abs. 1 BGB). 66

Nimmt der bestellte anwaltliche Betreuer (gerichtliche oder außergerichtliche) Einzelaufgaben wahr, bei denen er von der (anwaltlichen) Aufgabe her (vgl. Rn. 56) ausnahmsweise auch nach dem anwaltlichen Gebührenrecht (RVG) abrechnen könnte, so kann er wahlweise nach den Stundensätzen des VBVG (Rn. 55) oder nach dem RVG abrechnen (BayObLG NJW 2002, 1660 = FamRZ 2002, 573; OLG Frankfurt FamRZ 2002, 59; OLG Köln NJW-RR 2003, 712; OLG Hamm NJW-RR 2007, 1186 = FamRZ 2008, 232). Es handelt sich bei dieser Wahlentscheidung nicht um einen Fall des § 315 BGB oder des § 14 RVG. Der Anwalt kann daher seine einmal getroffene Wahl auch noch bis zur Rechtskraft der gerichtlichen Festsetzung ändern (OLG Hamm NJW-RR 2007, 1186 = FamRZ 2008, 232). Das OLG Hamm hat dies für den Fall eines schwierigen Arbeitsvertragsentwurfs für einen Pfleger eines MS-Erkankten in der Pflegestufe III bejaht.

Dagegen hat das LG Mainz in einem Fall, in dem der Betreute monatelang keine Miete gezahlt hatte, auf Räumung verklagt war und der anwaltliche Betreuer (bestellt zur Vermögenssorge) im gerichtlichen Verhandlungstermin lediglich ein prozessuales Anerkenntnis abgegeben hatte, dahin erkannt, dass diese Tätigkeit keine besonderen anwaltlichen Kenntnisse vorausgesetzt habe. Das LG Mainz hat daher eine Abrechnung von Gebühren nach dem RVG versagt (LG Mainz NZM 2006, 800 = NJW-RR 2006, 1444).

Fertigt der anwaltliche Betreuer zur sachgemäßem Bearbeitung der Angelegenheit Ablichtungen aus Behörden- oder Gerichtsakten (anders bei eigenen Urkunden des Betreuten), so setzt auf dessen Antrag der UdG gem. § 55 RVG diese Vergütung (VV Nr. 7000 Anm. 1 a – Gebühren und Auslagen § 1 RVG) aus der Staatskasse fest. Wird dies zu Unrecht verweigert, so ist dagegen das Rechtsmittel der Erinnerung eröffnet (AG Bochum Beschl. v. 06. 06. 2007–52 II 1808/07 – Juris). Die Frage des »Gebotenseins« steht im Ermessen des Rechtsanwalts. Das Gericht kann nur einen Ermessensfehlgebrauch prüfen (Baumgärtel/Braunert/Föller/Hergenröder/Houben/Lompe RVG 13. Aufl. Nr. 7000 Rn. 4, ähnlich Bischof/Bräuer RVG 2. Aufl. Nr. 7000 Rn. 11; OLG Düsseldorf JurBüro 2000, 359).

Zur 15 monatigen Ausschlussfrist für die Geltendmachung der Betreuervergütung vgl. BGH (FamRZ 2008, 1611).

Der anwaltliche Betreuer, der gem. § 1835 Abs. 3 BGB nach dem RVG abrechnen kann, kann im Regelfall, wenn er eine mittellose Person vertritt, für ein gerichtliches Verfahren nur in den Grenzen der Prozesskostenhilfe (§ 49 RVG) und bei außergerichtlicher Vertretung nur in den Grenzen der Beratungshilfe von der Staatskasse Aufwendungsersatz verlangen (BGH NJW 2007, 844 = FamRZ 2007, 381).

Das folgt nach Ansicht des BGH »aus dem Grundsatz, dass der Rechtsanwalt im Rahmen seiner umfassenden Beratungspflicht jeden erkennbar mittellosen Mandanten auf die Möglichkeiten der Inanspruchnahme von Prozesskostenhilfe hinzuweisen hat (vgl. OLG Düsseldorf MDR 1984, 937 f. und AnwBl. 1987, 147 ff.; Palandt/Heinrichs a. a. O. § 280 Rn. 73; Rinsche/Fahrendorf/Termille Die Haftung des Rechtsanwalts 7. Aufl. Kap. 10 Rn. 1333; Schneider MDR 1988, 282 f.; vgl. auch § 16 Abs. 1 BORA). Wird diese Pflicht verletzt, kann dem mittellosen Mandanten gegen den Rechtsanwalt ein auf die Befreiung von den Gebührenansprüchen gerichteter Gegenanspruch auf Schadenersatz zustehen.«

d) **Testamentsvollstrecker**

Der Testamentsvollstrecker kann für die Führung seines Amtes eine angemessene **Vergütung** verlangen (§ 2221 BGB, Auslagen richten sich nach § 2218 BGB). Dieser Vergütungsanspruch 67

Abschnitt 1 – Allgemeine Vorschriften

entfällt nur dann, wenn er letztwillig durch den Erblasser ausgeschlossen worden ist. Der Testamentsvollstrecker hat jedoch das Recht, die Übernahme des Amtes abzulehnen (§ 2202 BGB). Hat der Erblasser letztwillig, z. B. testamentarisch, die Höhe der Vergütung bestimmt, so ist diese maßgebend. Bei angemessener Höhe ist sie Nachlassverbindlichkeit, andernfalls ein Vermächtnis. Maßstab für die Höhe der Vergütung des Testamentsvollstreckers sind der ihm im Rahmen der Verfügung von Todes wegen nach dem Gesetz obliegende Pflichtenkreis, der Umfang der ihn betreffenden Verantwortung (§§ 2219, 276 BGB) und die von ihm geleistete Arbeit, wobei die Schwierigkeit der geleisteten Aufgabe und die Dauer der Abwicklung der Verwaltung, die Verwertung besonderer Kenntnisse und Erfahrungen und auch die sich im Erfolg auswirkende Geschicklichkeit zu berücksichtigen sind (BGH NJW 1967, 2400; eingehend und sehr konstruktiv: LG Köln RNotZ 2007, 40 = GI 2007, 159 – 18 O 140/05 – 26.09.2006). In Rechtsprechung und Literatur haben sich **zwei Gebühren** für den Testamentsvollstrecker herausgebildet, die **Konstituierungsgebühr** und die **Verwaltungsgebühr**.

68 Die **Konstituierungsgebühr** gilt die Arbeit und Verantwortung des Testamentsvollstreckers zu Beginn der Testamentsvollstreckung und zwar bis zur Konstituierung des Nachlasses ab. Hierunter fallen die Ermittlung und Inbesitznahme der Nachlassgegenstände, die Aufstellung des Nachlassverzeichnisses, die Bezahlung der Kosten der Beerdigung und des Grabsteines, die Regelung der Erbschaftssteuer, der Schulden und der Forderungen des Erblassers. Sie ist eine **einmalige** Sondergebühr, die grundsätzlich nur dann aus dem Nachlass zu zahlen ist, wenn sie zwischen den Erben und dem Testamentsvollstrecker vereinbart worden ist. Doch hat sich in Rechtsprechung und Schrifttum die Übung herausgebildet, dem Testamentsvollstrecker neben der Vergütung nach § 2221 BGB eine Konstituierungsgebühr auch ohne besondere Vereinbarung mit den Erben dann zuzubilligen, wenn der Testamentsvollstrecker während der Konstituierung des Nachlasses eine besonders arbeitsreiche und verantwortungsvolle Tätigkeit hat entfalten müssen (OLG Köln JurBüro 1993, 669).

69 **Die Verwaltungsgebühr,** die dem Testamentsvollstrecker zusteht (§ 2221 BGB), wird regelmäßig in Hundertsätzen vom **Bruttowert des verwalteten Aktivnachlasses (Verkehrswert)** bemessen. Regelsätze zur Höhe der Verwaltungsgebühr: Notarverein in Rhein-Preußen 1925 DNotZ 35, 623 = Rheinische Tabelle, Gebauer/Schneider RVG § 1 Rn. 108; Glaser MDR 1983, 93; BGH NJW 1967, 240: »*bewährte Sätze*«). Die Richtsätze geben in der Regel nur einen Anhalt für die Fälle, in denen der Testamentsvollstrecker die üblichen Aufgaben (gesetzlicher Pflichtenkreis) einer Nachlassabwicklung erfüllt. Erhebliche Abweichungen rechtfertigen eine Erhöhung der Richtsätze (Ermessensspielraum, BGH DNotZ 1968, 335). Maßgebend (für die **Verwaltungsgebühr**) sind, wie schon ausgeführt, die dem Testamentsvollstrecker obliegenden Pflichten, der Umfang der ihn treffenden Verantwortung (§§ 2219, 276 BGB) und die von ihm geleistete Arbeit, wobei die Schwierigkeit der geleisteten Aufgabe und die Dauer der Abwicklung der Verwaltung, die Verwertung, insbesondere Kenntnisse und Erfahrungen und auch die sich im Erfolg auswirkende Geschicklichkeit zu berücksichtigen sind (Göttlich/Mümmler/Rehberg/Xanke »Testamentsvollstrecker« 1.2; BGH NJW 1963, 847; NJW 1967, 2400; OLG Köln JurBüro 1993, 669). Zur Anpassung an die Zeitentwicklung vergleiche Glaser (NJW 1962, 1998), Tschischgale (JurBüro 1965, 89, offen gelassen von BGH NJW 1967, 2400).

70 **Empfehlung des Deutschen Notarvereins** (Neue Rheinische Tabelle http://www.dnotv.de): Der Vergütungsgrundbetrag deckt die einfache Testamentsvollstreckung (normale Verhältnisse, glatte Abwicklung) ab, d.h. die Nachlassverwaltung bis zur Abwicklung der erbschaftssteuerlichen Fragen, einschließlich der Überleitung des Nachlasses auf einen Nachfolger als Testamentsvollstrecker oder der Freigabe des Nachlasses an die Erben. Die Bemessungsgrundlage für den Vergütungsgrundbetrag ist der am Todestag des Erblassers bestehende Bruttowert des Nachlasses. Verbindlichkeiten sind nur dann vom Bruttowert des Nachlasses abzuziehen, wenn der Testamentsvollstrecker nicht mit den Verbindlichkeiten befasst ist.

Höhe des Vergütungsgrundbetrages:

bis	€ 250.000	4,0 %
bis	€ 500.000	3,0 %
bis	€ 2.500.000	2,5 %
bis	€ 5.000.000	2,0 %
über	€ 5.000.000	1,5 %

Mindestens aber der höchste Betrag der Vorstufe.

Beispiel: Bei einem Nachlass von € 260.000,00 beträgt der Grundbetrag nicht € 7.800,00 (= 3,0 % aus € 260.000,00), sondern € 10.000,00 (= 4 % aus € 250.000,00).

Neben der Vergütung steht dem Testamentsvollstrecker nach den Empfehlungen des Deutschen Notarvereins (vgl. Reimann DNotZ 2001, 344 ff.) nur bei einer Dauervollstreckung auch ein Anspruch auf Ersatz der von ihm bei der Ausübung seines Amtes entstandenen baren Auslagen zu, wie z. B. Postgebühren, Reisekosten, Entschädigung für Hilfskräfte (§§ 2218, 670 BGB). Streitig ist, ob der Testamentsvollstrecker auch die gesetzliche Umsatzsteuer in Ansatz bringen kann. An sich gilt (BGHZ 46, 268, 276), dass der Anwalt als Testamentsvollstrecker neben seiner Vergütung nicht noch zusätzlich die von ihm zu erstattende Umsatzsteuer erstattet verlangen kann (ebenso KG NJW 1974, 752; OLG Köln NJW-RR 1994, 269). Allerdings ist dann, wenn die Vergütung des Anwalts der Umsatzsteuer unterliegt, diese jedenfalls als Faktor bei der Bemessung der Höhe der Vergütung zu berücksichtigen.

Nachdem heute die USt 19 % beträgt, muss man sich fragen, ob die BGH-Entscheidung noch zeitgemäß ist. Das Landgericht Köln hat in der erwähnten sehr lesenswerten Entscheidung vom 26. 09. 2006 (RNotZ 2007, 40 = Gerling Informationen – GI 2007, 159, Fax 0221 1445155) mit überzeugenden Gründen herausgearbeitet, dass der Erblasser mit der Auswahl der Person des Testamentsvollstreckers eine entsprechende Vorgabe gegeben hat. Benennt er eine mehrwertsteuerpflichtige Person, so haben die Erben diesen Erblasserwillen hinzunehmen.

Das Urteil des LG Köln ist in seinen gesamten Ausführungen sehr lehrreich und ausgewogen. Aufgabe des Testamentsvollstreckers, des Steuerberaters des Erblassers, war die Fortführung und der anschließende Verkauf einer umfangreichen Arztpraxis bei einem überschuldeten Nachlass, entsprechenden Steuerfragen, mehreren unterhaltsberechtigten früheren Ehefrauen, einer Lebensgefährtin und wohl den beiden Töchtern als Erbinnen.

Wenn und soweit der Anwalt im Rahmen der Testamentsvollstreckung anwaltliche Tätigkeiten erbringt, so kann er RVG-Gebühren als Aufwendungsersatz (§ 2218 BGB) verlangen (vgl. Rn. 53, ferner Gebauer / Schneider RVG § 1 Rn. 100; Hartung / Römermann RVG § 1 Rn. 181).

e) Insolvenzverwalter

Der Insolvenzverwalter hat nach § 63 InsO Anspruch auf eine Vergütung für seine Geschäftsführung und auf Erstattung angemessener Auslagen. Der Regelsatz wird nach dem Wert der Masse berechnet, auf die sich die Schlussrechnung bezieht (§ 1 Abs. 1 Satz 1 InsVV).

Das Insolvenzgericht setzt die Höhe fest (§ 64 Abs. 1 InsO). Maßgebend ist die Insolvenzrechtliche Vergütungsverordnung in der Fassung vom 04. 10. 2004 (BGBl. I, 2569). BGH, Beschl. v. 13. 03. 2008 – IX ZB 63/05: Die Neuregelung der Mindestvergütung des Insolvenzverwalters (2004) hält sich im Rahmen der Ermächtigungsgrundlage und ist nicht verfassungswidrig.

Ist der Insolvenzverwalter als Rechtsanwalt zugelassen, so kann er gem. § 5 InsVV für Tätigkeiten, die ein nicht zugelassener Insolvenzverwalter angemessener Weise einem Anwalt übertragen hätte, Gebühren und Auslagen nach dem RVG der Masse entnehmen (Gebauer /

Abschnitt 1 – Allgemeine Vorschriften

Schneider RVG § 1 Rn. 123; Hartung/Römermann RVG § 1 Rn. 196; Mayer/Kroiß RVG § 1 Rn. 174, s. auch die Regelung des § 1835 Abs. 3 BGB).

f) Mitglied des Gläubigerausschusses

75 Als Mitglied des Gläubigerausschusses hat der Anwalt einen Anspruch auf Vergütung und Erstattung angemessener Auslagen (§ 73 InsO). Die Vergütung beträgt gem. § 17 InsVV zwischen € 35,00 und € 95,00 je Stunde + USt.

g) Zwangsverwalter

76 Der Zwangsverwalter erhält eine Vergütung nach der VO über die Geschäftsführung und die Vergütung des Zwangsverwalters vom 19.12.2003 (ZwVwV) (BGBl. I, 2804). (Die Vorgängerin wird als ZwVerwVO bezeichnet.)

77 § 18 ZwVwV lautet:

Regelvergütung

(1) Bei der Zwangsverwaltung von Grundstücken, die durch **Vermieten oder Verpachten** *genutzt werden, erhält der Verwalter als Vergütung in der Regel* **10 Prozent des für den Zeitraum der Verwaltung an Mieten oder Pachten eingezogenen Bruttobetrags.** *Für vertraglich geschuldete, nicht eingezogene Mieten oder Pachten erhält er 20 Prozent der Vergütung, die er erhalten hätte, wenn diese Mieten eingezogen worden wären. Soweit Mietrückstände eingezogen werden, für die der Verwalter bereits eine Vergütung nach Satz 2 erhalten hat, ist diese anzurechnen.*

(2) Ergibt sich im Einzelfall ein Missverhältnis zwischen der Tätigkeit des Verwalters und der Vergütung nach Absatz 1, so kann der in Absatz 1 Satz 1 genannte Prozentsatz bis auf 5 vermindert oder bis auf 15 angehoben werden.

(3) Für die Fertigstellung von Bauvorhaben erhält der Verwalter **6 Prozent der von ihm verwalteten Bausumme.** *Planungs-, Ausführungs- und Abnahmekosten sind Bestandteil der Bausumme und finden keine Anrechnung auf die Vergütung des Verwalters.*

78 In allen anderen Fällen gilt § 17 ZwVwV:

Vergütung und Auslagenersatz

(1) Der Verwalter hat Anspruch auf eine **angemessene Vergütung** *für seine Geschäftsführung sowie auf Erstattung seiner Auslagen nach Maßgabe des § 21. Die Höhe der Vergütung ist an der* **Art und dem Umfang** *der Aufgabe sowie an der* **Leistung** *des Zwangsverwalters auszurichten.*

(2) Zusätzlich zur Vergütung und zur Erstattung der Auslagen wird ein Betrag in Höhe der vom Verwalter zu zahlenden Umsatzsteuer festgesetzt.

(3) Ist der Verwalter als Rechtsanwalt zugelassen, so kann er für Tätigkeiten, die ein nicht als Rechtsanwalt zugelassener Verwalter einem Rechtsanwalt übertragen hätte, die gesetzliche Vergütung eines Rechtsanwalts abrechnen.

Die Erstattung der Auslagen richtet sich nach **§ 21 Abs. 2 und Abs. 3 ZwVwV**:

(2) Besondere Kosten, die dem Verwalter im Einzelfall, zum Beispiel durch Reisen oder die Einstellung von Hilfskräften für bestimmte Aufgaben im Rahmen der Zwangsverwaltung, tatsächlich entstehen, sind als Auslagen zu erstatten, soweit sie angemessen sind. Anstelle der tatsächlich entstandenen Auslagen kann der Verwalter nach seiner Wahl für den jeweiligen Abrechnungszeitraum eine **Pauschale** *von 10 Prozent seiner Vergütung, höchstens jedoch 40 Euro für jeden angefangenen Monat seiner Tätigkeit, fordern.*

(3) Mit der Vergütung sind auch die Kosten einer Haftpflichtversicherung abgegolten. Ist die Verwaltung jedoch mit einem besonderen Haftungsrisiko verbunden, so sind die durch eine Höherversicherung nach § 1 Abs. 4 begründeten zusätzlichen Kosten als Auslagen zu erstatten.

Geltungsbereich | § 1

Der BGH hat mit Beschl. v. 05.11.2004, Az.: IX a ZB 202/03 (JurBüro 2005, 208 = ZIP 2005, 1569) zu einem Fall, in dem der Zwangsverwalter nach Kündigung des Mietverhältnisses und Vollstreckung des Räumungstitels tätig geworden ist, zu den Gebühren und Auslagen des anwaltlichen Zwangsverwalters (zur neuen ZwVwV) ausgeführt:

»1. *Wird vom Zwangsverwalter im Verlauf des Kalenderjahres eine Mietwohnung zwangsgeräumt, berechnet sich die Vergütung in der Zeit des Leerstandes nach dem Umfang der Verwaltertätigkeit (§ 26 ZwVerwVO).*
2. *Wählt der Zwangsverwalter die Abrechnung nach dem Rechtsanwaltsvergütungsrecht, so kann er für eine Geschäftstätigkeit, die mit den gewährten Gebühren durch Anrechnung abgegolten ist, keine Vergütung nach anderen Tatbeständen mehr beanspruchen.*«

In einer Entscheidung aus dem Jahre 2008 hat sich der BGH (MDR 2008, 470) mit der Frage befasst, ob der Zwangsverwalter für eine Abrechnung der Nebenkosten, die er nach der Aufhebung der Zwangsverwaltung noch erstellt hat, eine Vergütung verlangen kann. Das hat der BGH mit der Begründung verneint, dass dafür nach der Aufhebung wieder der Eigentümer zuständig ist. Ferner hat der BGH ausgeführt, dass für die Darlegung des Ausnahmetatbestandes des § 19 Abs. 2 ZwVwV (Unangemessenheit der Regelvergütung) die Vorlage einer Vergleichsrechnung (plausible Darstellung des Zeitaufwandes) notwendig sei, so auch BGH v. 11.10.2007 – V ZB 1/07 – NJW-RR 2008, 99.

Siehe zum Ganzen auch BGH ZIP 2004, 2022 und Rpfleger 2004, 250.

Die Gebühren und Auslagen werden nach § 14 Abs. 2 ZwVwV auf Antrag vom Gericht (Rechtspfleger: § 3 RPflG) festgesetzt. Die Vergütung entnimmt der Zwangsverwalter der Masse (§ 155 Abs. 1 ZVG).

h) Treuhänder

Der Treuhänder erhält die mit ihm vereinbarte, hilfsweise die angemessene Vergütung (Dienstvertrag). Das AG Freiburg (WM 1981, 446) hat für einen Treuhandauftrag (Abwicklung einer Finanzierung und treuhänderische Verwaltung der dinglichen Sicherheiten durch eine Bank) 1% des Treuhandbetrages als üblich und angemessen erklärt.

i) Schiedsrichter

Der Schiedsrichter erhält die mit den Schiedsgerichtsparteien ausgehandelte Gebühr nebst Auslagen und USt. Ein solcher Vertrag kann auch dadurch zustande kommen, dass der Schiedsrichter bereit ist, zu den Bedingungen einer bestimmten, zwischen den Parteien durch Vertrag akzeptierten Schiedsgerichtsordnung tätig zu werden, so z. B. SGO Bau: 1,3 × (1,3 + 1,2) bzw. 1,0 × (1,3 + 1,2) Anwaltsgebühren; DIS: eigene Gebührentabelle; Schiedsgericht für Privates Baurecht Deutschland: eigene Gebührentabelle; ICC: Festsetzung durch den Gerichtshof: Nach Streitwert, Schwierigkeit und ganz besonders Geschwindigkeit der Erledigung. Handelt es sich um ein so genanntes Ad-hoc-Verfahren, was also von den Parteien frei nach §§ 1025 ff. ZPO vereinbart ist und damit keiner besonderen Schiedsgerichtsordnung unterliegt, so gelten mangels ausdrücklicher Absprache, jedenfalls in Rheinischen Landen, nach einem gemeinsam erstellten Gutachten (wohl aus den 1970er Jahren) der IHKs Düsseldorf, Köln und Koblenz folgende Gebühren als üblich: Vorsitzender 15/10 Anwaltsgebühren, Beisitzer 13/10 Anwaltsgebühren der BRAGO. D. h. bisher also: Prozessgebühr; Verhandlungs-/Erörterungsgebühr; Beweisgebühr und gegebenenfalls Vergleichsgebühr. Diese Sätze waren über viele Jahre aber auch in anderen Gegenden üblich (vgl. Gerold/Schmidt/von Eicken/Madert BRAGO 15. Aufl. § 1 Rn. 31; die 17. Aufl. § 1 Rn. 194 bezieht keine Stellung zu der Frage, ob die frühere Gesamthöhe von 39/10 für Beisitzer beibehalten werden soll), also Vorsitzender im Regelfall 3 × 15/10 = 45/10, Beisitzer 3 × 13/10 = 39/10. Nachdem nunmehr die Verhandlungs- und Beweisgebühr weggefallen sind, kommt man durch eine einfache Umstellung (Gebühr des **Berufungsanwalts**) nicht mehr auf dieselben Beträge, nämlich Beisitzer: Nr. 3200 Verfahrensgebühr 1,6 und Nr. 3002 Terminsgebühr 1,2 = insgesamt nur **2,8** statt **3,9** und Vorsitzender (1,6 + 0,2 =) 1,8 + (1,2 + 0,2 =) 1,4 = **3,2** statt **bisher 4,5**.

Abschnitt 1 – Allgemeine Vorschriften

Die bisher entstehenden **üblichen Gebühren** von 45/10 bzw. 39/10 sollten daher durch **ausdrückliche Vereinbarungen** fortgeschrieben werden. Das ginge etwa wie folgt:

83 (1) *»Die Schiedsrichter erhalten die Gebühren eines Anwalts in der Berufungsinstanz, wobei die Terminsgebühr doppelt anfällt. Die Gebühren des Vorsitzenden werden jeweils um 0,2 erhöht«.*

Das würde dann bedeuten: Der Vorsitzende erhält 1,8 + 1,4 + 1,4 = 4,6 und die Beisitzer 1,6 + 1,2 + 1,2 = 4,0. Da Schiedsgerichtsverfahren in der Regel in Bezug auf die mündlichen Verhandlungen und Beweisaufnahmen sehr arbeitsintensiv sind, wäre das eine arbeitsgerechte Lösung. Im Ergebnis lägen die neuen Gebühren dann allerdings insgesamt 0,1 höher als bisher.

(2) *»Verfahrens- und Terminsgebühr werden jeweils um 0,25 erhöht. Der Vorsitzende erhält 1,5 Gebühren, die Beisitzer 1,3 Gebühren.«* D. h.: $1,5 \times (1,3 + 0,25 + 1,2 + 0,25 =) 3 = 4,5$ bzw. $1,3 \times (1,3 + 0,25 + 1,2 + 0,25 =) 3 = 3,9$ (wie zu Zeiten des BRAGO).

Diese ausdrücklichen Abreden hat der Verfasser mehrfach ohne Schwierigkeiten praktiziert.

84 Die Erhöhung um $2 \times 0,25$ gleicht den Nachteil zur Üblichkeit unter der Geltung der BRAGO aus. Da in Schiedsgerichtssachen meist Beweisaufnahmen stattfinden, wäre es nicht billig, generell durch die strikte Anwendung des RVG zu einer Gebührenverkürzung um 0,5 Gebühren zu kommen.

85 Die Erhöhung um 1,3 der Gebühren der ersten Instanz trägt, wie bisher unbestritten war, dem Umstand Rechnung, dass das Schiedsgericht erst- und letztinstanzlich entscheidet. Die weiteren 0,2 des Vorsitzenden entgelten seine Geschäftsstellentätigkeit und Sitzungsorganisation usw. ab.

86 Für die Vergleichsgebühr (jetzt Einigungsgebühr Nr. 1000) des **Parteivertreters** im Schiedsverfahren wird eine 15/10 Gebühr angenommen, weil ein gerichtliches Verfahren nicht anhängig ist (Göttlich/Mümmler/Rehberg/Xanke BRAGO 20. Aufl.»Schiedsrichterliche Verfahren« 1.2; Gerold/Schmidt/von Eicken/Madert/Müller-Rabe RVG 17. Aufl. § 36 Rn. 12; Hansens BRAGO 8. Aufl. § 67 Rn. 7; jetzt Nrn. 1000/1003). Das muss dann ebenso für die **Schiedsrichter** gelten, wenn für sie Gebühren eines Anwalts vereinbart oder üblich sind.

87 Der **Streitwert** für das Schiedsgerichtsverfahren kann nach der Rechtsprechung des BGH (NJW 1985, 1903; JZ 1977, 185) nicht vom Schiedsgericht festgesetzt werden, weil es dann in eigener Sache entscheiden würde. Bei einer bezifferten Klage gibt es da keine Probleme. Muss der Streitwert festgesetzt werden, z. B. Feststellungs-, Unterlassungs- oder Stufenklage, so bleibt folgender legaler Ausweg: Das Schiedsgericht macht den Parteien einen Vorschlag zum Streitwert und handelt ihn dann mit ihnen aus und schließt einen ergänzenden Schiedsvertrag ab (vgl. Madert Die Honorarvereinbarung Muster C 13).

j) Ähnliche Stellung

88 Eine ähnliche Stellung des Anwalts wie in den aufgezählten Fällen wird von Rechtsprechung und Literatur in folgenden Fällen (keine abschließende Aufzählung) angenommen:

aa) Vermögensverwaltung

89 BGHZ 46, 268; JurBüro 1967, 481 mit Grundsätzen.

bb) Sequester

90 OLG Saarbrücken AGS 2001, 57 = OLGR 2000, 497: Grundsätze für Zwangsverwalter bzw. Insolvenzverwalter entsprechend anwendbar.

cc) Liquidator einer GmbH

91 BGH NJW 1998, 3567; OLG Hamburg MDR 1973, 54: entsprechend einem Insolvenzverwalter.

In allen Fällen aa) bis cc) gilt der in § 1 Abs. 2 ausdrücklich erwähnte § 1835 Abs. 3 BGB (bei anwaltlicher Tätigkeit zusätzlich Gebühren nach dem RVG) analog.

dd) Mediator

Unter der Geltung der BRAGO war die Anwendbarkeit des § 1 Abs. 2 auf den Mediator noch bis zuletzt sehr umstritten. Einige Stimmen in Literatur und Judikatur haben dagegen die BRAGO und dort entweder § 20 (Beratungsgebühr) oder § 118 (außergerichtliche Tätigkeit) angewandt. Diese Ansichten sind durch die Neuregelung des RVG überholt: Nunmehr bestimmt § 34: »**Für die Tätigkeit als Mediator soll der Rechtsanwalt auf eine Gebührenvereinbarung hinwirken. Wenn keine Vereinbarung getroffen worden ist, bestimmt sich die Gebühr nach den Vorschriften des bürgerlichen Rechts.**« Das bedeutet also: das übliche Dienstvertragsentgelt. Ein Problem aus der früher umstrittenen Einordnung der Mediation in § 1 Abs. 2 ist aber übrig geblieben: Wenn man Mediation im Vertrag auch ohne gleichzeitige Rechtsberatung zwischen den Medianten und dem Mediator vereinbaren kann, was entgegen OLG Rostock (BB 2001, 1869) angesichts der Vertragsfreiheit möglich sein muss, so kann sich gleichwohl im laufenden Mediationsverfahren ein Bedürfnis beider Medianten nach Rechtsrat durch den Mediator ergeben (Problem der Informiertheit in der Mediation). Gibt der Mediator also volljuristischen Rat, den die Medianten sich sonst bei einem Rechtskundigen einholen müssten, so könnte der Mediator (bei entsprechendem Auftrag) daneben noch nach dem RVG gemäß dem Streitwert liquidieren (ähnliche gedankliche Ansätze für den Mediator schon bei Göttlich/Mümmler/Rehberg/Xanke »Mediation« 2. Gebührenfragen, siehe aber Rn. 54). Offen ist ferner noch, ob der Anwaltmediator, wenn er die abschließende Einigung der Medianten entwirft oder sonst dabei mitwirkt, die Einigungsgebühr Nr. 1000 (1,5) liquidieren kann. Gerade in der Mediation ergibt sich dann ferner daneben im Regelfall noch eine Schwierigkeit bei der Wertberechnung der Abschlussvereinbarung, weil nicht alles, was geregelt wird, streitwertmäßig werthaltig ist.

92

Angesichts der Legaldefinition des § 34 ist jedenfalls die zuletzt in der Rechtsprechung und Literatur (näher dazu Bischof MDR 2003, 919) immer wieder vertretene Ansicht, die Mediation selbst unterfalle grundsätzlich den Gebührenvorschriften der BRAGO, endgültig überholt und auch bei nur mündlicher Absprache nicht an § 4, jetzt § 3a Abs. 2 RVG, zu messen (wohl auch *Mähler/Mähler* in Beck'sches Rechtsanwaltshandbuch; **a. A.** zu § 4 RVG a. F. ohne nähere Begründung: *Brieske* in Henssler/Koch Mediation § 12 Rn. 82 und Hartmann KostG 35. Aufl. § 1 RVG Rn. 43).

93

Abschnitt 1 – Allgemeine Vorschriften

§ 2
Höhe der Vergütung

(1) Die Gebühren werden, soweit dieses Gesetz nichts anderes bestimmt, nach dem Wert berechnet, den der Gegenstand der anwaltlichen Tätigkeit hat (Gegenstandswert).

(2) ¹Die Höhe der Vergütung bestimmt sich nach dem Vergütungsverzeichnis der Anlage 1 zu diesem Gesetz. ²Gebühren werden auf den nächstliegenden Cent auf- oder abgerundet; 0,5 Cent werden aufgerundet.

Inhaltsübersicht

	Rn.		Rn.
A. Allgemeines	1	b) Bewertungszeitpunkt	24
I. Veränderungen durch das RVG	1	c) Wertänderung	25
II. Inhaltsüberblick	4	d) Stufenklage	32
1. Inhalt der Norm	4	e) Selbständiges Beweisverfahren	33
2. Kernaussage der Norm	7	f) Hilfsantrag – Hilfsaufrechnung – Hilfswiderklage	34 a
B. Kommentierung	14	3. Gegenstand	35
I. Absatz 1 Satz 1	14	4. Abs. 2 Satz 1: Höhe der Vergütung (Anlage 1 VV RVG)	46
1. Gebühren	14	5. Abs. 2 Satz 2: Rundung	50
2. Wert	23		
a) Objektiver Geldwert	23		

A. Allgemeines

I. Veränderungen durch das RVG

1 Der Abs. 2 Satz 1 führt die neue Gesetzesstruktur ein: Sämtliche bisherigen Gebührentatbestände der BRAGO werden in einer **Anlage** zum Gesetz, dem Vergütungsverzeichnis (VV), zusammengefasst.

2 Der Wortlaut des Abs. 2 Satz 2 (Vergütungsverzeichnis) bringt eine erhebliche strukturelle Veränderung der bisherigen Gesetzeslage. Die bisherigen Gebührentatbestände – z. B. Gutachten über die Aussichten eines Rechtsmittels (§ 21 a BRAGO), Vergleichsgebühr (§ 23 BRAGO), Prozess-, Verhandlungs-, Erörterungsgebühr (§ 31 BRAGO), selbständiges Beweisverfahren (§ 48 BRAGO), außergerichtliche Vertretung (§ 118 BRAGO) – sind aus dem Paragraphen-Teil des RVG ausgeschieden und in das Vergütungsverzeichnis (VV) eingestellt worden.

3 Mit der Schaffung des Vergütungsverzeichnisses (VV) sollte das Gesetz durch seinen äußeren Aufbau (Sammlung sämtlicher Gebührentatbestände in einem Verzeichnis) für den rechtsuchenden Bürger transparenter werden.

II. Inhaltsüberblick

1. Inhalt der Norm

4 Abs. 1 bestimmt, dass im **Regelfall** nach den **Gegenstandswerten** abzurechnen ist.

5 Nach Absatz 2 Satz 1 werden die Gebührentatbestände aus dem Gesetz selbst herausgelöst und zusammengefasst in das neue Vergütungsverzeichnis (VV) eingestellt, Anlage 1 zum Gesetz. Die VV-Nummern mit ihren Vorbemerkungen und Anmerkungen haben gleichfalls Gesetzesqualität.

6 Abs. 2 Satz 2 regelt wortgleich mit dem § 11 Abs. 2 Satz 2 BRAGO die Rundung der Gebühren.

2. Kernaussage der Norm

Eines der schwierigsten Probleme der BRAGO war die Abgrenzung der Begriffe **Angelegen-** 7
heit und **Gegenstand**. Sie tauchten in zahlreichen Normen auf, teilweise nebeneinander, so in
§ 6 BRAGO, teilweise isoliert. Das wollte das RVG grundlegend ändern, mindestens einfacher und übersichtlicher gestalten:

§ 2 regelt den **Gegenstand** und in den §§ 15–18 wird der Begriff »eine oder mehrere **Angele-** 8
genheiten« umfassend beschrieben. Das **Abgrenzungsproblem** aber ist geblieben. Denn sprachlich liegen die beiden Begriffe zu nahe beieinander. Angelegenheit ist der weitergehende Begriff. Mehrere Gegenstände können eine Angelegenheit sein, nicht aber umgekehrt. Das folgt aus § 22 Abs. 1, wonach in derselben Angelegenheit die Werte mehrerer Gegenstände zusammengerechnet werden (näher dazu bei § 22).

Gegenstand: Einigkeit herrscht bei allen Kommentatoren (ob sich daraus aber der Sinn er- 9
schließt, ist eher fraglich) in Folgendem: »*Gegenstand der anwaltlichen Tätigkeit ist das Recht oder Rechtsverhältnis, auf das sich auftragsgemäß die Tätigkeit des Rechtsanwalts bezieht*« (BGH JurBüro 1972, 684; 1984, 837; OLG Hamm JurBüro 1979, 1311; Göttlich/Mümmler/Rehberg/Xanke »Gegenstandswert« 7; Gerold/Schmidt/von Eicken/Madert/Müller-Rabe RVG 17. Aufl. § 2 Rn. 2; Hansens BRAGO 8. Aufl. § 6 Rn. 3; Hartmann Kostengesetze RVG § 2 Rn. 4). **Angelegenheit** ist demgegenüber der Vorgang, der den **äußeren Rahmen** bei der Wahrnehmung dieser Rechtsposition gibt (BGH AnwBl. 1984, 501).

Abs. 1 hebt den Grundsatz hervor, dass die Gebühren nach dem Gegenstandswert bestimmt 10
werden, wenn dieses Gesetz nichts anderes bestimmt. **Beispiel** für eine **andere Bestimmung** im Gesetz selbst: § 34 Mediation, Beratung und Gutachten: Für diese drei Tätigkeiten wird dem Anwalt in § 34 eine möglichst feste Gebührenvereinbarung angeraten, hilfsweise erhält der Rechtsanwalt Gebühren nach den Vorschriften des BGB.

Weitere Ausnahmebeispiele von den Wertgebühren sind **Festgebühren**, etwa für die Bera- 11
tungshilfe (Nr. 2500: € 10,00), die **Betragsrahmengebühren**, z. B. in den sozialrechtlichen Verfahren Terminsgebühr Nr. 3106: € 20,00 – € 380,00).

Im neuen GKG sind die Festgebühren vermehrt worden (z. B. alle Beschwerdekosten einheit- 12
lich ohne Rücksicht auf den Streitwert (!) nur noch € 75,00 nach Nr. 1810 VV GKG).

Die Höhe der Gebühr bestimmt sich nach Abs. 1 bei Wertgebühren entsprechend dem Streit- 13
wert, und zwar anfallend jeweils durch einzelne komplexe anwaltliche Arbeitsschritte – z. B. Tätigkeit nach einem Verfahrensauftrag = Verfahrensgebühr, Nr. 3100 VV RVG, Wahrnehmung von einem oder mehreren Terminen = Terminsgebühr Nr. 3104 VV RVG, Einigungsgebühr Nr. 1000 VV RVG, oder Geschäftsgebühr = Betreiben des Geschäfts, Nr. 2300 VV RVG. Bruchteile von Cents der Gebühren werden nach Abs. 2 Satz 2 auf- oder abgerundet.

B. Kommentierung

I. Absatz 1 Satz 1

1. Gebühren

Der in Satz 1 genannte Begriff **Gebühren** ist im § 1 näher beschrieben. 14

§ 1 enthält eine **Legaldefinition** der Vergütung des Rechtsanwalts (Gebühren und Auslagen). Die Gebühren sind die Gegenleistung, die der Rechtsanwalt als Entgelt für seine Tätigkeit erhält. Sie gelten die anwaltliche Leistung als solche ab, insbesondere auch die allgemeinen Geschäftsunkosten wie Personal, Schreibgeräte, Online-Gebühren, Miete, Nebenkosten pp.

Abschnitt 1 – Allgemeine Vorschriften

15 Ersatz seiner **Auslagen** (sie sind Bestandteil der in Abs. 2 genannten **Vergütung**) kann der Rechtsanwalt gem. den §§ 675, 670 BGB verlangen. Das betont nun ausdrücklich die Vorbemerkung 7 (Auslagen) vor Nr. 7000. **Einige typische** Auslagen (keine abschließende Regelung) werden wie bisher spezialgesetzlich im RVG, genauer ausgedrückt im VV, aufgeführt (Nrn. 7000 ff.): Dokumentenpauschale, Post- und Telekommunikationsdienstleistungen pp. Ergänzend kann der Anwalt für dort nicht genannte Auslagen auf das BGB zurückgreifen (Gerold / Schmidt / von Eicken / Madert / Müller-Rabe RVG 17. Aufl. VV Vorbem. 7 Rn. 6), nämlich Aufwendungen, die er nach den Umständen für erforderlich halten darf, wie z. B. Detektivkosten, Zeitungsanzeigen zur Ermittlung von Zeugen, Übersetzungen (OLG Celle NJW 1960, 1306), Beweissicherungsfotos (AG Hamm AnwBl. 1975, 251), Übernahme der Prämie einer Einzelfallhaftpflichtversicherung bei hohen Streitwerten, die nicht von der allgemeinen Versicherung des Anwalts gedeckt sind (*Brieske* in Henssler / Koch Mediation in der Anwaltspraxis § 9 Rn. 94). Hier ist es üblich, dass der Anwalt mit der Partei einzelvertraglich verhandelt: Entweder beschränkt er oberhalb der Pflichtversicherungsgrenze (§ 51 a Abs. 1 Satz 1 BRAO: € 250.000,00) seine Haftung auf Vorsatz (§ 276 BGB) oder die Partei übernimmt den Haftpflichtversicherungsbeitrag (Aufwand) für den Betrag von € 250.000,00 übersteigende Haftungssumme (Feuerich / Braun BRAO § 51 a Rn. 6; *Brieske* in Henssler / Koch Mediation in der Anwaltspraxis § 9 Rn. 94). Ein Muster für eine einzelvertragliche Vereinbarung höherer Auslagen findet sich bei Madert (Die Honorarvereinbarung des Rechtsanwalts Muster C. 7).

16 Ob eine Partei auch ohne ausdrückliche Abrede verpflichtet ist, die Versicherungsprämie als Aufwendung zu erstatten, beantwortet sich aus dem folgenden Beziehungsgeflecht:
– Vorbemerkung 7 Abs. 1 Satz 1 (Allgemeine Geschäftsunkosten),
– Vorbemerkung 7 Abs. 1 Satz 2 (Ersatz der entstandenen Aufwendungen),
– Nr. 7007 (Haftpflichtversicherungsprämie für Haftungsbeträge von mehr als € 30 Mio., siehe auch § 22 Abs. 2: »Kappung« der Gebühren).

17 Die einschlägigen Gebührenkommentare greifen das für den Anwalt sehr wichtige Thema nicht konkret genug auf. Dazu folgende Kommentarbeispiele:

18 Bei der Vorbemerkung 7 wird das Thema Versicherungsprämie im Rahmen der inhaltlichen Erörterung der **allgemeinen Geschäftsunkosten** nicht speziell aufgegriffen (Gerold / Schmidt / von Eicken / Madert / Müller-Rabe RVG 17. Aufl. VV Vorbem. 7 Rn. 3 und 7; Gebauer / Schneider RVG VV Vorbem. 7 Rn. 7 ff. und Rn. 20 ff.; Mayer / Kroiß RVG VV Vorbem. 7 Rn. 1; Hartmann Kostengesetze RVG VV Vorbem. 7 Rn. 4; Hartung / Römermann RVG 1. Aufl. VV Teil 7 Rn. 6).

19 Bei der Kommentierung der neuen Nr. 7007 (Haftpflichtversicherungsprämie für Haftungsbeträge von mehr als € 30 Mio.) wird dann lapidar behauptet, die Gebühren decken nach VV Vorbem. 7 Abs. 1 Satz 1 die allgemeinen Geschäftsunkosten ab, zu denen auch die Prämien für die Haftpflichtversicherung gehören (Gerold / Schmidt / von Eicken / Madert / Müller-Rabe RVG 17. Aufl. VV 7005–7007 Rn. 22; Gebauer / Schneider RVG VV 7007 Rn. 2; Mayer / Kroiß RVG VV 7007 Rn. 2; Hartmann Kostengesetze RVG VV 7007 Rn. 1; RMOLK RVG / *Föller* schweigt an beiden möglichen Fundstellen). Nur Hartung (Hartung / Römermann RVG VV Teil 7 Rn. 60) bringt einen abweichenden auslegungsfähigen Satz:

»*Wenn der Rechtsanwalt sich im Einzelfall durch Abschluss einer zusätzlichen Vermögenshaftpflichtversicherung für ein Haftungsrisiko oberhalb der gesetzlichen Wertgrenzen gegen das erhöhte Risiko absichern will, kann er die dadurch entstehende zusätzliche Prämie nur erstattet verlangen, wenn er mit dem Mandanten eine entsprechende Vereinbarung trifft.*«

20 Bezöge sich dieser Satz, worauf der Zusammenhang hinweist, auf Streitwerte über € 30 Mio., so wäre er falsch, weil das Gesetz (Nr. 7007) auch ohne Abrede einen Ersatzanspruch gibt. Unterhalb der Wertgrenze von € 30 Mio. machte dieser Satz insoweit Sinn, als mit den Worten

»oberhalb der gesetzlichen Wertgrenzen« ausgedrückt sein könnte, oberhalb der gesetzlichen Grenze für die **Pflichtversicherung** von € 250.000,00 nach § 51 a Abs. 1 Satz 1 der BRAO.

Das hieße dann: Bis zu einem Versicherungswert von € 250.000,00 handelt es sich bei der Versicherungsprämie um einen Teil der allgemeinen Geschäftsunkosten, die jeder Anwalt generell für alle seine Mandate tragen muss. Beträgt das Haftungsrisiko € 250.000,00 bis € 30 Mio., so kann der Anwalt diesen Aufwand mit Zustimmung des Mandanten, soweit eine Einzelfallhaftpflichtversicherung von ihm abgeschlossen wird, vom Mandanten ersetzt verlangen. Die gesetzliche Regelung der Nr. 7007 spricht nicht gegen eine solche Möglichkeit der vertraglichen (oder auf Üblichkeit beruhenden) Übernahme der Versicherungsprämie. Letzteres geschieht nicht nur im Interesse des Anwalts, sondern in gleicher Weise auch zum Vorteil des Mandanten. Denn unterläuft bei einem hohen Streitwert dem Anwalt ein Fehler, so hilft ein noch so schöner Ersatzanspruch nichts, wenn die Haftungssumme erheblich über die finanziellen Möglichkeiten des betreffenden Anwalts hinausgeht und der Mandant im Ergebnis ausfällt.

Die vorstehende Auslegung entspricht dem oben näher begründeten Vorschlag und trägt der Gesetzessystematik der Vorbemerkung 7 Abs. 1 Rechnung. Danach kommt es darauf an, ob die Aufwendungen für ein **bestimmtes** Mandat (erstattungsfähige Auslagen) oder zur Bearbeitung aller Mandate und damit für den Kanzleibetrieb erforderlich sind (Hartung/Römermann RVG VV Vorbem. 7 Rn. 8).

Die Jahresprämien der Versicherer für einen Einzelfall belaufen sich, wenn man gut verhandelt, derzeit auf mindestens € 1.000,00 pro € 1 Mio. Haftpflichtversicherungssumme.

2. Wert

a) Objektiver Geldwert

Für den Wert des Gegenstandes (Abs. 1) ist der objektive Geldwert in Euro entscheidend. Es kommt weder auf die subjektive Werteinschätzung der Partei noch auf die des Anwalts an. Der erteilte Auftrag bestimmt und begrenzt den Wert. Wie der Wert zu berechnen ist, bestimmt sich in erster Linie nach § 23 Abs. 1 (grundsätzlich wie der Wert für die Gerichtsgebühren), weitere Wertvorschriften finden sich in den §§ 24–31.

b) Bewertungszeitpunkt

Bewertungszeitpunkt für die Wertberechnung ist der Zeitpunkt, in dem der jeweilige Gebührentatbestand durch eine Tätigkeit gemäß dem Auftrag ausgelöst wird. Es entscheidet also der Zeitpunkt der Erfüllung des Gebührentatbestandes (etwa Tätigwerden gem. Prozessauftrag = Verfahrensgebühr oder Beginn des Termins = Terminsgebühr) und nicht etwa der Schluss der mündlichen Verhandlung oder gar der spätere Zeitpunkt der Fälligkeit der Gebühren.

c) Wertänderung

Der Gebührentatbestand (Akt) kann im Verlaufe eines Verfahrens mehrfach ausgelöst werden, der Anwalt kann die Gebühr aber nur einmal in derselben Angelegenheit fordern (§ 15 Abs. 2). Ändert sich der Wert des Gegenstandes während der anwaltlichen Tätigkeit und löst die Tätigkeit erneut die Gebühr aus, so ist die Gebühr nach dem höchsten Wert des Zeitraums angefallen (Schneider/Wolf RVG 3. Aufl. § 2 Rn. 30), so auch mit guter Abgrenzung zu § 15 Abs. 3 **OLG Brandenburg** (OLGR Brandenburg 2008, 445): »Hinsichtlich der zu erstattenden 1,3 Verfahrensgebühr (Nr. 3100 VV RVG) gilt, dass sich diese aus dem höchsten Gebührenstreitwert errechnet. § 15 Abs. 3 RVG findet keine Anwendung.«

Die genannte Vorschrift (§ 15 Abs. 3 RVG) bestimmt, dass, wenn für Teile des Gegenstandes verschiedene Gebührenansätze anzuwenden sind, für die jeweiligen Teile gesondert berechnete Gebühren entstehen.

Abschnitt 1 – Allgemeine Vorschriften

Hinsichtlich der Terminsgebühr ist dies nicht der Fall. Der Gebührensatz beträgt einheitlich 1,2. Der »Gebührensatz« ist nicht mit dem Gebührenbetrag zu verwechseln. Unter Gebührensatz versteht das Gesetz den Berechnungsfaktor zur Gebühr des § 13 RVG. Bleibt der Gebührensatz der gleiche, verändert sich aber im Laufe der Angelegenheit der **Gegenstandswert**, so wird die Gebühr nach dem höchsten Wert berechnet, hinsichtlich dessen der Rechtsanwalt den Gebührentatbestand erfüllt hat (Riedel/Sußbauer RVG 9. Aufl. § 15 Rn. 29). Mithin ist die 1,2 Verfahrensgebühr aus dem höchsten Gegenstandswert zu berechnen.

Etwas anderes gilt hinsichtlich der festzusetzenden Verfahrensgebühr.

Die Verfahrensgebühr nach Nr. 3100 und 3101 der streitigen und der nicht streitigen Verhandlung unterliegt **verschiedenen Gebührensätzen**, so dass **§ 15 Abs. 3 RVG** zur Anwendung kommt. Hier gilt, dass die Gebühr für jeden Teilwert gesondert zu berechnen ist, die Summe der so errechneten Gebühren aber die aus dem Gesamtbetrag der Wertteile nach dem höchsten Gebührensatz berechneten Gebühren nicht übersteigen darf.

Ferner **OLG Hamm** (AGS 2007, 516 = OLGR Hamm 2007, 324): »Die Auffassung, wonach für Gebühren, die das gesamte Verfahren betreffen, die Werte aller anhängig gewesenen Teile des Streitgegenstandes zu addieren sind, auch soweit sie niemals gleichzeitig anhängig waren (vgl. OLG Celle JurBüro 1986, 741; ähnlich OLG Hamm OLGR 2005, 556), ist zutreffend. Die gegenteilige Auffassung des OLG Frankfurt (JurBüro 1994, 738) überzeugt nicht, weil die nicht gleichzeitige Anhängigkeit es nicht rechtfertigen kann, dass Gericht und Anwälte sich mit einem Teil des Streitgegenstandes im Ergebnis unentgeltlich befassen müssen (vgl. Liebheit JuS 2001, 687 [690 a. E.]; ähnlich Schneider/Herget, Streitwertkommentar, 12. Aufl. 2007, Rn. 3120). Die Verweisung des OLG Frankfurt auf die vergleichbare Situation bei einer Klageänderung und auf die diesbezügliche Entscheidung des KG Berlin Rpfleger 1968, 289 kann die Gegenansicht ebenfalls nicht überzeugend stützen. Auch bei einer Klageänderung ist nämlich eine Wertaddition des alten und des neuen Anspruchs keineswegs immer ausgeschlossen. Soweit in der Entscheidung des KG Berlin und teilweise auch in der Kommentarliteratur (Thomas/Putzo/Hüßtege, ZPO, 27. Aufl., Rn. 93 zu § 3; Zöller/Herget, ZPO, 26. Aufl., Rn. 16 zu § 3 »Klageänderung«; Baumbach u. a., ZPO, 65. Aufl., Rn. 7 zu § 5; Oestreich u. a., Streitwerthandbuch, 2. Aufl., »Klageänderung«) eine Addition abgelehnt wird, mag das für den Regelfall einer zulässigen Klageänderung im Ergebnis zutreffen, weil dort zumeist nur das prozessuale Begehren im Rahmen wirtschaftlicher Identität ausgetauscht wird, so dass schon nach dem Rechtsgedanken des § 45 (früher § 19) Abs. 1 S. 3 GKG keine Zusammenrechnung stattfindet. Wird hingegen im Wege der Klageänderung ein Anspruch gegen einen ganz andersartigen Anspruch ausgetauscht, der auch kumulativ neben dem ursprünglichen geltend gemacht werden könnte, und ist eine solche Klageänderung trotzdem sachdienlich oder wegen Zustimmung des Gegners zuzulassen, so muß richtigerweise auch dort eine Wertaddition stattfinden (ebenso Schneider/Herget a. a. O. Rn. 3118).«

26 • **Beispiel für Wertänderung in der Instanz**

Es wird außergerichtlich ein Dollarbetrag gefordert. Wie ausgeführt, wird der Wert nach Euro berechnet. Ändert sich der Wert des Dollars im Verhältnis zum Euro, etwa zu Beginn der Tätigkeit ist der Wert eines Dollar ($) gleich € 1,00, Änderung im Verlaufe der Tätigkeit $ 1 = € 1,20 und am Ende wieder $ 1,0 = € 1,00, so wäre der höchste Wert im Verlauf der Angelegenheit, also € 1,20 anzusetzen. Bei etwa geforderten $ 10.000,00 wäre der Geschäftswert damit € 12.000,00 und nicht etwa der geringere Eurowert am Beginn oder am Ende der Tätigkeit (Gerold/Schmidt/von Eicken/Madert/Müller-Rabe RVG 17. Aufl. § 2 Rn. 7).

27 Diese Feststellungen gelten aber nur für die **außergerichtliche** Tätigkeit. Das **GKG** enthält nämlich zu diesem Komplex eine Spezialnorm: § 15 GKG a. F. = § 40 GKG n. F., der gem. § 23 RVG im **gerichtlichen** Verfahren als Wertvorschrift auch für die Anwaltsgebühren gilt und lautet: »*Für die Wertberechnung ist der Zeitpunkt der den jeweiligen Streitgegenstand betreffenden Antragstellung maßgebend, die den Rechtszug einleitet.*«

Der ursprüngliche Text der BT-Drs. (15/1971) des neuen § 40 GKG lautete: 28

»*Für die Wertberechnung ist der Zeitpunkt der den jeweiligen Streitgegenstand betreffenden ersten Antragstellung in dem jeweiligen Rechtszug entscheidend.*«

Auf meine Kritik an dieser Fassung im Laufe des Gesetzgebungsverfahrens, der eine nicht be- 29 absichtigte Gesetzesänderung bewirkt hätte, ist die berichtigte, jetzt gültige Gesetzesfassung im Rechtsausschuss gefunden worden, die den alten Zustand des § 15 GKG a. F. wieder hergestellt hat (Gesetzesbegründung zu § 40 BT-Drs. 15/2487, S. 177).

Im gerichtlichen Verfahren entscheidet daher, wie bisher, der Wert bei der Anhängigkeit (§ 15 30 GKG a. F. = § 40 GKG n. F.; Hartmann KostG § 40 GKG Rn. 3). Das drückt der neu gefundene Wortlaut »*Antragstellung, die den Rechtszug einleitet,*« wieder klar aus. Mit der Änderung des Wortlautes des 15 GKG a. F. will der Gesetzgeber eine klare Regelung für das im gerichtlichen Alltag auch auftretende Problem der **Klageerweiterung** innerhalb der Instanz schaffen. Auch mit der ursprünglichen Gesetzesfassung der BT-Drs. (15/1971) war nur dieses beabsichtigt, jedoch war die erste Fassung etwas unglücklich formuliert. Nach der Gesetzesbegründung war es das Ziel, die Fassung des alten § 15 GKG in seinem Kern nicht zu verändern. Die Begründung lautete wörtlich:

»*Die Vorschrift soll die Regelung des § 15 GKG übernehmen. Mit der vorgenommenen Änderung soll klargestellt werden, dass im Falle der Klageerweiterung für den zusätzlich eingeführten Streitgegenstand allein die erste sich hierauf beziehende Antragstellung maßgebend sein soll.*«

Ändert sich der Streitgegenstand während der Instanz, etwa bei einer Klageerweiterung, z. B. 31 neben Ersatz nur des Sachschadens wird zusätzlich auch der Körperschaden ersetzt verlangt oder statt einer Teilklage wird anschließend der Gesamtschaden geltend gemacht, so greift nun die gesetzliche Klarstellung.

Ein Wertänderungsproblem tritt typischerweise bei der Stufenklage (§ 44 GKG) und dem selbständigen Beweisverfahren (Nr. 1610 KV GKG) auf.

d) Stufenklage

Bei der Stufenklage kann gem. § 254 ZPO die bestimmte Angabe der Leistungshöhe bis nach 32 Erteilung der Auskunft (und eventuell nach eidesstattlicher Versicherung) hinausgeschoben werden. Das OLG Frankfurt (JurBüro 1987, 878) bewertete den Streitwert der gesamten Stufenklage, da sich nach der Erteilung der Auskunft (Antrag zu 1) ein Nullwert des Leistungsanspruchs ergab, nach dem von ihm geschätzten Wert des nicht sehr inhaltsschweren höheren Anspruchs auf Auskunft mit € 500,00. Der Stufenkläger hatte zu Beginn der Instanz den Wert der unbestimmten Leistungsklage (Zugewinnausgleichsanspruch) auf € 25.000,00 geschätzt. Das OLG Frankfurt bewertete diesen Leistungsanspruch später mit € 0,00, wodurch der insoweit höhere Wert des Auskunftsantrages (€ 500,00 statt der € 0,00 des jetzigen Leistungsanspruchs) maßgeblich wurde. Die Ansicht des OLG Frankfurt ist mit der überwiegenden Meinung abzulehnen (KG JurBüro 1994, 108; OLG Bamberg JurBüro 1994, 114; Schneider/Herget Streitwert »Stufenklage« Rn. 4263). Die substantiierte **Schätzung** des Leistungsantrages zu Beginn der Instanz (§ 15 GKG a. F. = § 40 GKG n. F.) bestimmt vielmehr den Streitwert, bis sich etwa der Wert im Laufe des Verfahrens für die Zukunft verringert. Auftrag und Risiko des Anwalts würden sonst nicht hinreichend beachtet. Die Verfahrensgebühr wird nach dem Schätzwert des zu Beginn des Klageverfahrens noch unbestimmten Leistungsantrages (hier also € 25.000,00) berechnet. Geht ein Kläger dann später mit einem geringer bezifferten Leistungsantrag (€ 500,00) in den Termin hinein, so bestimmt nunmehr dieser geringere Wert die Terminsgebühr, es sei denn, der Kläger ist in einem vorangegangenen Termin schon mit einem höherwertigen Auskunftsantrag in einen Termin gegangen, der dann als höchster Antrag der Instanz anzusehen ist. Folgte man der abzulehnenden Ansicht des OLG Frankfurt, so müsste man, wenn wie hier die Auskunft einen Leistungsanspruch = € 0,00 ergibt, den Leistungsantrag von Anfang an mit € 0,00 ansetzen. Auch sonst wird aber eine etwa abzuweisende, weil unbegründete Klage nicht mit € 0,00 angesetzt. Hier verwirklicht sich

Abschnitt 1 – Allgemeine Vorschriften

eben das Prozessrisiko des Stufenklägers. Die 3. Stufe der Stufenklage wird sofort rechtshängig und kann in geeigneten Fällen zusammen mit der 1. Stufe sofort abgewiesen werden. Soll sie dann etwa auch, wenn die gesamte Stufenklage insgesamt als unbegründet abgewiesen wird, nur € 0,00 wert sein, also insgesamt nur mit € 0,00 bewertet werden? Das wäre unrichtig und nicht interessengemäß. Das **Verlangen** entscheidet über den Streitwert, nicht die Begründetheit des Verlangens. Am Anfang gibt es eben nur eine **Schätzung** des noch nicht genau bezifferten Verlangens auf Grund der vom Kläger mitgeteilten Schätztatsachen.

e) Selbständiges Beweisverfahren

33 Schätzt der sachkundig beratene Antragsteller zu Beginn des Beweisverfahrens seinen Schaden auf € 55.000,00 und kommt der gerichtliche Sachverständige am Ende des Beweisverfahrens auf eine Schadenshöhe von nur € 24.000,00, so ist der Wert des selbständigen Beweisverfahrens auf € 55.000,00 festzusetzen (OLG Koblenz JurBüro 1993, 552; OLG Köln JurBüro 1996, 31; OLG Brandenburg JurBüro 1996, 372; OLG Frankfurt JurBüro 1999, 594). E. Schneider (MDR 1998, 255; ähnlich OLG Hamburg MDR 1998, 928) meint demgegenüber (im Gegensatz zu seiner zuvor zitierten Ansicht bei der Stufenklage (Schneider/Herget Streitwert »Stufenklage« Rn. 4263), hier müsse das Gericht am Ende der Instanz infolge seiner nunmehr besseren Erkenntnisse den Streitwert gem. § 25 Abs. 2 Satz 2 GKG a. F. = § 63 Abs. 3 n. F., und zwar für den Beginn der Instanz, korrigieren, also auf € 24.000,00 herabsetzen. Auch hier kann man diese Thesen mit dem 0,00-Wert, den ein Gutachter vielleicht feststellt, ad absurdum führen. Würde die Partei bei solch einem verheerenden Verfahrensausgang (Gutachter sagt, die Untersuchung hat keinen Mangel ergeben) den schlecht agierenden Anwalt in Regress nehmen, so wären sicherlich die vollen € 55.000,00 seines ursprünglichen Auftrages und nicht der gutachterliche Nullwert wieder im Streit zwischen eigener Partei und dem Anwalt. Auch das Argument der materiell unbegründeten Klage, die auch den vollen Klagestreitwert auslöst, spricht gegen diese These von E. Schneider.

34 Führte etwa im Normalprozess die unter Zuziehung eines Sachverständigen durchgeführte Beweisaufnahme zu dem Ergebnis, dass von den beantragten € 55.000,00 nur € 24.000,00 beweisbar sind, so kommt es auch nicht zu einer nachträglichen Reduzierung des vorläufig festgesetzten Streitwertes von € 55.000,00 auf € 24.000,00. Das Ganze nennt man Prozessrisiko mit Teilkostenlast (§ 92 ZPO).

f) Hilfsantrag – Hilfsaufrechnung – Hilfswiderklage

34a **Das Problem**

Von großer Bedeutung und oft gebührenmäßig unterschätzt (also regelmäßig zu gering abgerechnet) sind die Fallgestaltungen der Hilfsaufrechnung, des Hilfsantrages sowie der Hilfswiderklage (Bischof AGS 2008, 317).

Jeder Anwalt und Richter kennt den früheren § 19 GKG, unverändert übernommen in den neuen § 45 GKG, wonach die vorgenannten 3 Institute den Streitwert nur erhöhen, wenn darüber rechtskraftfähig **entschieden** wird (§ 45 Abs. 1 S. 2 GKG): »*Ein hilfsweise geltend gemachter Anspruch wird mit dem Hauptanspruch zusammengerechnet, soweit eine Entscheidung über ihn ergeht.*«

Die Frage, ob (bei einer Erledigung des Rechtsstreits durch Entscheidung) die Gerichtsgebühren nur erhöht werden bei Entscheidung auch über den Hilfsanspruch, dagegen die Anwaltsgebühren auch ohne diese Entscheidung zu erhöhen sind, soll besonders behandelt werden (siehe nachfolgend: Streitwert im Verhältnis zum Auftraggeber ohne Entscheidung oder Vergleich, s. Rn. 34 b).

Erledigung des Rechtsstreits durch Vergleich

In den Mittelpunkt dieser Untersuchung soll zunächst die Gebührenbehandlung bei Erledigung des Rechtsstreits durch einen Vergleich gestellt werden, weil dabei regelmäßig viel Geld verschenkt wird.

Höhe der Vergütung | § 2

Jeder (Anwalt und Richter) sieht sich schon als besonders klug an, wenn er weiß, dass bei einem Totalvergleich, der die z. B. zur Hilfsaufrechnung gestellte(n) Forderung(en) materiell mitvergleicht, deren Werte den Vergleichswert erhöhen.

Das folgt nicht aus § 45 Abs. 4 GKG: »*Bei einer Erledigung des Rechtsstreits durch Vergleich sind die Absätze 1 bis 3 entsprechend anzuwenden.*«

Vielmehr bestimmen dies bereits die §§ 5 Satz 1 ZPO, 36 GKG, 22 Abs. 1 RVG:

Denn beim Vergleich sind alle Werte **zusammenzurechnen**, die vom Vergleich ergriffen sind.

Die Sonderregelung des vorgenannten § 45 Abs. 4 GKG wäre somit überflüssig. Sie hat auch einen anderen Sinn. Werden die hilfsweise eingebrachten Forderungen verglichen, so hat das zur Folge, dass sie so zu behandeln sind, als wäre über sie durch Gerichtsentscheidung materiell rechtskraftfähig **entschieden** (Schneider/Herget Streitwertkommentar 12. Aufl. Rn. 2853 und 2881):

»*Vielmehr wird mit der gesetzgeberischen Vorgabe, die § 45 Abs. 1 bis 3 GKG (§ 19 Abs. 1 bis 3 GKG a. F.) »entsprechend« anzuwenden, die vergleichsweise Regelung dem Bedingungseintritt gleichgestellt.*«

Erledigen sich Klage und Hilfswiderklage dadurch, dass die Parteien einen umfassenden Prozessvergleich darüber abschließen, dann steht das einer gerichtlichen Entscheidung gleich (so OLG Braunschweig JurBüro 1990, 912; OLG Düsseldorf OLGR 2005, 586 = AGS 2006, 188; OLG Köln, Beschl. v. 10.09.1990 – 17 U 31/89, KostRsp. GKG § 19 Nr. 163; OLG Köln MDR 1979, 412; OLG München MDR 1998, 681; OLG Düsseldorf JurBüro 1987, 1383; OLG München JurBüro 1978, 1226; Mayer/Kroiß RVG 2. Aufl. Anhang II Rn. 25; Anders/Gehle/Kunze Streitwert 4. Aufl. 2002 Stichwort »Vergleich« Rn. 18; Frank, Anspruchsmehrheiten im Streitwertrecht, 1986, S. 321; **a. A.:** OLG Bamberg JurBüro 1994, 112; OLG Koblenz MDR 1997, 404; OLG Köln JurBüro 1996, 476).

Folgt man der weit überwiegenden Meinung, so hat das im Falle des Vergleichs Bedeutung für alle Gebühren, also auch die **Verfahrens-** und die **Terminsgebühr**. Der Streitwert erhöht sich konstitutiv sowohl für das Gericht wie auch für die Anwälte (Mayer/Kroiß RVG 2. Aufl. Anhang II Rn. 26). Für den Anwalt erfällt ohnehin die Verfahrensgebühr (Nr. 3100) mit dem Prozessauftrag und die Terminsgebühr analog Nr. 3104 Anmerkung Abs. 2.

Streitig ist unter diesen Gerichten, ob für die Gebühren (außer der alles umfassenden Vergleichsgebühr) die Kappung auf die doppelte Summe gilt – Rechtskraft begrenzt durch die Höhe der Klageforderung (für Kappung: OLG München MDR 1998, 681; OLG Düsseldorf JurBüro 1987, 1383; keine Kappung: OLG München JurBüro 1978, 1226; OLG Düsseldorf NJW-RR 1997, 1279; Mayer/Kroiß RVG 2. Aufl. Anhang II Rn. 26).

Kostenerstattung

Da der Vergleich eine eigene »Kostengrundentscheidung« (Vereinbarung) enthält oder enthalten sollte (ansonsten gilt § 98 ZPO), sind die Anwaltskosten kraft Vertrages (Vergleich) aus dem höheren Streitwert auch erstattungsfähig, sofern gequotelt oder ganz überbürdet wird.

Streitwert im Verhältnis zum Auftraggeber ohne Entscheidung oder Vergleich 34 b

Die **Verfahrensgebühr** (Nr. 3100) für den hilfsweise eingebrachten Streitwert erfällt im Verhältnis zum Auftraggeber mit dem Prozessauftrag. Der Anwalt muss sich auftragsgemäß mit dem Hilfsanspruch beschäftigen und klagemäßig aufbereiten (E. Schneider AGS 2004, 274), und zwar völlig unabhängig davon, ob er das Hilfsbegehren selbst einbringt oder diesem auf der Gegenseite vorsorglich entgegentritt. Das folgt aus den Konzentrationsmaximen und den Präklusionsvorschriften. Der Anwalt kann sich nicht zurücklehnen und sagen, lass das Gericht doch erst einmal seine innerprozessuale **Bedingung** setzen, ehe ich anfange, mich mit dem Hilfsbegehren zu beschäftigen (siehe auch § 33 Rn. 15 unter (6)).

Abschnitt 1 – Allgemeine Vorschriften

Wird der Anwalt auftragsgemäß für einen wertmäßig eigenen Hilfsanspruch, eine Hilfsaufrechnung oder eine Hilfswiderklage tätig, so erfällt dadurch die Verfahrensgebühr (Nr. 3100), auch wenn noch keine gerichtliche Entscheidung (§ 45 Abs. 1 S. 2 GKG) ergangen oder ein Vergleich (§ 45 Abs. 4 GKG) abgeschlossen ist (Mayer/Kroiß RVG 2. Aufl. Anhang II Rn. 24; § 33 Rn. 6; OLG Hamburg MDR 1966, 853; E. Schneider AGS 2004, 274; AGS 2007, 255; Gerold/Schmidt/von Eicken/Madert/Müller-Rabe RVG 17. Aufl. Nr. 3100 VV Rn. 129). Gerichtlicher und anwaltlicher Streitwert weichen dann voneinander ab, sodass der Anwalt insoweit aus eigenem Recht eine isolierte Streitwertfestsetzung nach § 33 RVG begehren kann (Mayer/Kroiß RVG 2. Aufl. § 33 Rn. 6; LAG Köln AnwBl. 2002, 185; LAG Hamm MDR 1989, 852; LAG Nürnberg ArbuR 2008, 196 = DB 2008, 1332; Schneider/Wolf RVG 3. Aufl. § 33 Rn. 8 ff.). So auch VGH B.-W. (AGS 2008, 138):

»Für einen von den Beteiligten übereinstimmend für erledigt erklärten **Hilfsantrag** kann nach § 33 Abs. 1 Satz 1 RVG ein gesonderter Gegenstandswert festgesetzt werden, wenn die **gerichtliche** Streitwertfestsetzung den Wert des Hilfsantrags nach § 45 Abs. 1 Satz 2 GKG nicht berücksichtigt; § 32 Abs. 1 RVG steht dem nicht entgegen«.

Die Gegenmeinung wird ohne **eigene** Begründung – die Gründe sind wörtlich aus Göttlich/Mümmler/Rehberg/Xanke RVG 2. Aufl. Aufrechnung 1.2.1 übernommen – mit nichttragenden Gedanken vom 19. Senat des OLG Hamm, dem Einzelrichter, vertreten (JurBüro 2007, 204). Sein Argument, das System der **Mischkalkulation** fordere, dass der Anwalt auch bei niedrigen Streitwerten gelegentlich schwierige Fragen zu klären habe, könnte man einem Gericht vielleicht als oberflächliche Begründung (als Neidargument) noch einmal durchgehen lassen, obwohl es fehl am Platze ist, weil es hier nicht um (relativ) niedrige Gebühren bei niedrigen Streitwerten geht. Wenn aber das Gesetz kommentierende Anwälte (Rehberg/Xanke RVG 2. Aufl. a. a. O.) in einem Kommentar wörtlich so argumentieren, so zeigt es doch, dass sie mit der von der h. M. zu Recht ins Feld geführten **Abhängigkeit** der Anwaltsgebühren **vom Auftrag** offenbar nichts anfangen können. Das aber sollte eines der ersten Elemente sein, das ein Anwalt, der sich mit seinem Beruf und den Gebühren befasst, beherzigen sollte.

Der Prozessauftrag der eigenen Partei erstreckt sich eben auch auf das Hilfsbegehren, das muss die eigene Partei dann auch vergüten.

Das **KG** (JurBüro 2007, 488 = KGR Berlin 2007/800) argumentiert schon etwas tiefer angelegt wie folgt: »Dem Ergebnis jener Auffassung ist jedoch in Hinblick auf Sinn und Zweck der Vorschrift nicht zu folgen: § 45 I 2 GKG rechtfertigt eine gesonderte Festsetzung des Wertes eines Hilfsantrags nicht, wenn und soweit dieser prozessual unberücksichtigt bleibt, wenn also »keine Entscheidung über ihn ergeht....« Unter dem Blickwinkel, dass die Streitwertfestsetzung in Verbindung mit der Kostengrundentscheidung neben der Bemessung der Gerichtsgebühren zugleich der Kostenausgleichung zwischen den Parteien dient, erscheint es nicht gerechtfertigt, von dem Prozessgegner eine Vergütung lediglich für die Prüfung eines solchen Antrags durch den Prozessbevollmächtigten der Gegenseite zu verlangen, über den weder prozessual noch materiellrechtlich entschieden wurde. Der Hilfsanspruch hat dann keine gerichtliche Bewertung erfahren, und die Prozessparteien haben insoweit keinen Prozessfortschritt und kein Ergebnis erreicht. Offensichtlich liegt dieser Gedanke nicht nur der streitwertrechtlichen Behandlung des Hilfsantrages zugrunde, sondern gilt gleichermaßen auch für die Hilfsaufrechnung und – in entsprechender Anwendung des § 45 GKG – für die Hilfswiderklage. In allen diesen Fällen hat mithin eine gesonderte Festsetzung nach § 33 I RVG zu unterbleiben und gilt allein § 32 I RVG mit der Folge, dass der für das gerichtliche Verfahren maßgebende Streitwert gleichermaßen für die Erstattung der Anwaltsgebühren zu gelten hat. Keiner gesonderten Begründung bedarf es, dass der gegen seinen Mandanten gerichtete Vergütungsanspruch des Anwalts hiervon nicht berührt wird.«

Das KG hat, wie der letzte Satz zeigt, aber offenbar gar nicht verstanden, was Inhalt des § 33 und damit des Antrages des Anwalts ist. Der Antrag nach § 33 rechtfertigt sich daraus, dass die gerichtliche Streitwertfestsetzung ausnahmsweise nicht den anwaltlichen Streitwert abdeckt, weil beide verschieden sind.

Gerade der letzte Satz der mitgeteilten Gründe (Verhältnis Anwalt zur eigenen Partei) bestätigt, dass der isolierte Festsetzungsantrag des Anwalts begründet war.

Allerdings, die **Erstattungsfrage** hängt davon ab, ob es einen Kostentitel gibt, ob also das Gericht darüber entscheidet oder durch einen nach § 45 Abs. 4 GKG gleichgestellten Vergleich der Anspruch zwischen den Parteien im Kostenpunkt erledigt wird.

Übrigens: Da die Hilfsaufrechnung vor der Entscheidung nicht rechtshängig wird (BGH MDR 1995, 349), erfällt aus dem Mehrstreitwert nach Nr. 1000 VV eine 1,5 Einigungsgebühr.

Anders liegen die Dinge nach der Rechtsprechung **bei der Hilfswiderklage**.

Auch die Hilfswiderklage wird zwar zulässigerweise von einer innerprozessualen Bedingung abhängig gemacht (BGH NJW 1996, 2165 und 2306, 2307). Im Gegensatz zur Hilfsaufrechnung wird die Hilfswiderklage aber auflösend bedingt **sofort** rechtshängig. Die Rechtshängigkeit erlischt rückwirkend, wenn die Bedingung ausfällt, weil das Gericht z. B. dem **Hauptbegehren** des Beklagten auf Klageabweisung stattgibt (BGHZ 21, 13, 16 = NJW 1956, 1478; BGHZ 106, 219 = NJW 1989, 1487; Schneider/Wolf RVG 3. Aufl. VV 1000 Rn. 160; unrichtig: *Onderka* in Schneider/Wolf RVG 3. Aufl. Nr. 3101 Rn. 34, die meint, die bedingte Widerklage werde erst mit dem Eintritt der Bedingung rechtshängig, sodass Onderka folgerichtig <irrig> nur eine 0,8 Verfahrensgebühr nach Nr. 3101 zugestehen will). Daraus folgt: Eine Einigung über den Gegenstand der Hilfswiderklage löst nur die 1,0 Einigungsgebühr der Nr. 1003 aus.

In der Literatur (Schneider/Wolf RVG 3. Aufl. VV 1000 Rn. 158; Zöller ZPO 23. Aufl. § 33 Rn. 26; 260 Rn. 4; Thomas/Putzo ZPO 23. Aufl. § 260 Rn. 17) wird die Ansicht vertreten, auch der **Hilfsantrag** werde **sofort rechtshängig** und stehe unter der auflösenden Bedingung der – in der Regel – Abweisung des Hauptantrages. Allerdings lässt der BGH auch den **Erfolg des Hauptantrages** als Bedingung zu (BGH NJW 1961, 1862; NJW 1996, 2306; BAG NJW 1965, 1042; RGZ 144, 73).

Das bedeutet: Wird ein Vergleich unter Einschluss des Hilfsantrages geschlossen, so erfällt für den Mehrwert auch nur eine 1,0 Einigungsgebühr nach Nr. 1003 VV.

3. Gegenstand

Abs. 1 setzt den Begriff »Gegenstand« offenbar als bekannt voraus. Die Legaldefinition **»Wert ..., den der Gegenstand der anwaltlichen Tätigkeit hat«** (= Gegenstandswert) ist als Auslegungshilfe völlig untauglich. Diese Legaldefinition heißt im Klartext: Wert des Gegenstandes = »Gegenstandswert«. Am ehesten gelingt noch eine Abgrenzung, wenn man als Beispiel eine gerichtliche Tätigkeit des Anwalts betrachtet. Den Gegenstand der anwaltlichen Tätigkeit kann man richtigerweise entsprechend dem gerichtlichen Streitgegenstand begreifen. So ist auch *Schnapp* (Gebauer/Schneider RVG Nr. 1008 Rn. 26) zu verstehen: »*Die kleinste Einheit einer Rechtsposition*« (gemeint ist der Gegenstand) wird abgegrenzt »*anhand der Bestimmungsgrößen Sachverhalt und Rechtsfolge.*« Das aber ist der Sache nach nichts anderes als der Streitgegenstand gem. der BGH-Definition, nämlich: Historischer Sachverhalt und Antrag = Streitgegenstand (Riedel/Sußbauer BRAGO 8. Aufl. § 7 Rn. 7). 35

Den Begriff »Streitgegenstand« nennt Schnapp in diesem Zusammenhang (Rn. 27) bildhaft gut: 36

Gegenstand = Streitgegenstand und
Angelegenheit = Prozess.

Abschnitt 1 – Allgemeine Vorschriften

37 Das lässt sich also wie folgt definieren:

Angelegenheit ist der gesamte historische Sachverhalt eines **Rechtsstreits**, dessen Klageanträge aber **mehrere Streit-Gegenstände** kumulativ aneinander reihen können (objektive Klagehäufung – § 260 ZPO). § 22 Abs. 1 (siehe dort die Kommentierung des Begriffs: Angelegenheit) bestimmt dann auch wortgleich wie bisher § 7 Abs. 1 Satz 2 BRAGO, dass in derselben Angelegenheit die Werte mehrerer Gegenstände zusammengerechnet werden. Klagt jemand in einer Klage (im Wege der **kumulativen** Klagehäufung, subjektive Klagehäufung) gegen denselben Schuldner sowohl eine Kaufpreis- wie eine Darlehensforderung ein, so sind das zwei Gegenstände und **eine** (Klage-) **Angelegenheit** (Gerold/Schmidt/von Eicken/Madert/Müller-Rabe RVG 17. Aufl. § 15 Rn. 6). Die Werte der beiden **Gegenstände** werden addiert.

38 **Außerhalb gerichtlicher** Verfahren kann die Bestimmung des Gegenstandes gelegentlich größere Probleme machen, weil der Anwalt im Gespräch mit dem Mandanten erst herausbekommen muss, worum es diesem wirklich geht oder sinnvoller Weise gehen sollte, welchen Auftrag er also erhält. Hier kann der Gegenstand manchmal erst rückschauend abgegrenzt und festgelegt werden (OLG München NJW 1965, 258; Riedel/Sußbauer BRAGO 8. Aufl. § 7 Rn. 8).

39 Sehr lehrreiches Beispiel des BGH zu einer **außergerichtlichen** Anwaltstätigkeit: BGH NJW 1995, 1431: Der Anwalt wird beauftragt, außergerichtlich einen Verkehrsunfallschaden (**Angelegenheit**) abzuwickeln, der aus **vier Gegenständen**, nämlich der Geltendmachung von **Unfallrente**, **Fahrtkosten** zum Krankenhaus, Ersatz der Kosten einer **Haushaltshilfe** und **Schmerzensgeld** besteht. Beobachtet man diese Fallgestaltung beim nachfolgenden Prozess, so ergibt sich Folgendes: Jeder einzelne Gegenstand hätte isoliert eingeklagt werden können (mehrere selbständige Streitgegenstände), das Ganze kann aber auch in einer Klage (objektive Klagehäufung) zusammengefasst werden.

40 Auftrag, Gegenstand (und Angelegenheit) können nicht abstrakt gesehen werden. Konkret wird der Gegenstand erst durch den Auftrag. Der Parteiauftrag bestimmt den abzugrenzenden Gegenstand: Unterrichtet die Partei den Anwalt hinsichtlich des Sachverhaltes, der sowohl einen Kaufpreis- wie einen Darlehensanspruch beinhaltet, und erteilt die Partei dem Anwalt den Auftrag, nur den Kaufpreisanspruch einzuklagen, so ist Gegenstand der anwaltlichen Tätigkeit nur der Kaufpreisanspruch. Das lässt sich noch weiter einschränken: Berühmt sich der Mandant eines angeblichen Anspruchs von € 100.000,00, erteilt er jedoch seinem Anwalt Klageauftrag nur hinsichtlich einer als sicher geglaubten Quote von 40 % und lässt er daher nur einen Teilbetrag von € 40.000,00 einklagen, so ist Gegenstand für das gerichtliche Verfahren (anders die weitergehende Beratung) dieser Teilbetrag von € 40.000,00. Auch hier lässt sich die Parallele zum Streitgegenstand (Antrag entscheidet) ziehen. Gegenstand und Streitgegenstand sind bei einem Teilprozessauftrag nicht die gesamte Summe von € 100.000,00, sondern nur der Teilbetrag von € 40.000,00. Nur für die Teilklage gilt bei einer Entscheidung des Gerichts der Grundsatz der res judicata und nur insoweit wird die Verjährung durch die Klageerhebung gehemmt. Unrichtig ist daher die Entscheidung des OLG Düsseldorf (AnwBl. 1999, 293), das bei Einbeziehung von nicht eingeklagten Mieten in einen Prozessvergleich nur einen einzigen Gesamtgegenstand der einbezogenen Mieten mit den eingeklagten Mietzinsforderungen früherer Monate angenommen hat und damit zu Unrecht die 15/10 Vergleichsgebühr für die nicht anhängigen Beträge versagt hat.

41 Maßgebend ist der **objektive Geldwert des Gegenstandes** in Euro. Die subjektive Bewertung durch den Mandanten ist unbeachtlich.

42 Der Weg zur Berechnung des Gegenstandswertes führt über § 23 Abs. 1 RVG zum gerichtlichen Streitwert nach §§ 48, 39 ff. GKG. Wenn ein gerichtliches Verfahren noch nicht anhängig ist, gelten die GKG-Gebührenstreitwertvorschriften entsprechend, wenn der Gegenstand der anwaltlichen Tätigkeit auch Gegenstand eines gerichtlichen Verfahrens sein könnte (§ 23 Abs. 1 Satz 3 RVG).

Höhe der Vergütung | § 2

Mehrere Gegenstände einer Klage (Angelegenheit) werden zum Gegenstandswert zusammengerechnet (§ 22 Abs. 1). Die Gebühren werden grundsätzlich aus dem zusammengerechneten Wert entnommen (OLG Düsseldorf JurBüro 1986, 387). 43

- **Beispiel**

Eine Erbtante vermacht ihren beiden Nichten je ein Geldvermächtnis von € 20.000,00. Der Erbe verweigert die Zahlung. Beide Nichten klagen in einer gemeinsamen Klage die beiden Vermächtnisse gegen den Erben ein. Gegenstandswert: die zusammengerechneten € 40.000,00. Ein Anlass für eine erhöhte Gebühr wegen mehrerer Auftraggeber (Nr. 1008 Anmerkung 1) fehlt in diesem Falle, weil der Gegenstand der beiden Vermächtnisse nicht derselbe ist. Wie bei der objektiven Klagehäufung (zwei Gegenstände gegen einen Beklagten) wird also auch bei der subjektiven Klagehäufung, die hier vorliegt, vorgegangen. Es erfolgt eine Addition der beiden Werte. Eine objektive Klagehäufung mit Addition der Werte läge ebenso vor, wenn die Tante einer Nichte zwei Sparguthaben (€ 10.000,00 und € 20.000,00) vermacht hätte, die diese mit einer Klage (Wert: € 30.000,00) gegen den Erben geltend machte.

- **Beispielsfall** der Nr. 1008 Anmerkung 1 (Mehrere Auftraggeber, dieselbe Angelegenheit, der Gegenstand ist derselbe): 44

Der Erblasser vermacht den beiden Enkeln das Miteigentum an einem Hausgrundstück im Gesamtwerte von € 300.000,00 als Vermächtnis. Die beiden Enkel erheben gemeinsam Leistungsklage. Hier ist der Gegenstand von € 300.000,00 derselbe (Streitwert: € 300.000,00) und bei gemeinsamer Leistungsklage die Verfahrensgebühr um 0,3 zu erhöhen, also 1,3 + 0,3 = 1,6 aus € 300.000,00 = € 3.660,80 (OLG Schleswig JurBüro 1980, 1505: entscheidend ist die gemeinschaftliche Beteiligung).

- **Beispiel für 2 Angelegenheiten** 45
LG Duisburg Urt. v. 13.05.2005 (RVGreport 2005, 308–309):

Es handelt sich um verschiedene gebührenrechtliche Angelegenheiten, in denen jeweils eine gesonderte Geschäftsgebühr nach Nr. 2300 anfällt, wenn der Rechtsanwalt **außergerichtlich** zur Erwirkung einer Unterlassungserklärung mit Vertragsstrafeversprechen tätig wird und nachfolgend die verwirkte Vertragsstrafe **außergerichtlich** geltend macht.

4. Abs. 2 Satz 1: Höhe der Vergütung (Anlage 1 VV RVG)

Die Höhe der Vergütung wird in einem tabellarischen Vergütungsverzeichnis = VV RVG (Anlage 1 des Gesetzes) geregelt. Das Vergütungsverzeichnis ist dem Kostenverzeichnis des GKG nachempfunden. Der für die computergerechte Anwendung formulierte Text ist stark gewöhnungsbedürftig. Die übliche Gesetzessprache (Hauptsätze, abhängige Nebensätze) fehlt. Stattdessen muss man häufig Überschriften oder Satzteile über längere Passagen hin mitlesen oder als Abgrenzungsmerkmal zu ähnlichen Sachlagen beachten. Ganz fatal ist es, wenn man die kleingedruckten **Anmerkungen** übersieht, die gelegentlich das Entscheidende enthalten. Ein Beispiel dafür ist der gerade zitierte Absatz 1 der Anmerkung zu Nr. 1008. Der Obersatz von Nr. 1008 spricht von der **Angelegenheit**. Für **Wertgebühren** – und das sind noch immer trotz der jetzigen Vermehrung der Festgebühren die meisten – wird dann aber der Begriff **Angelegenheit** in Anmerkung **(1)** durch den Begriff **Gegenstand** ersetzt. Der Verfasser ist prompt auf den Begriff **Angelegenheit** im groß geschriebenen Obersatz der Nr. 1008 reingefallen und vermutete zunächst eine inhaltliche Gesetzesänderung zum bisherigen § 6 Abs. 1 Satz 2 BRAGO, was aber nicht der Fall ist. Genauso tückisch sind die kleingedruckten Vorbemerkungen, so etwa steht vor Nr. 3100 (Verfahrensgebühr 1,3) etwa der kleingedruckte **Abs. 5 der Vorbemerkung 3:** »Soweit der Gegenstand eines selbstständigen Beweisverfahrens auch Gegenstand eines Rechtsstreits ist oder wird, wird die Verfahrensgebühr des selbstständigen Beweisverfahrens auf die Verfahrensgebühr des Rechtszugs angerechnet.« Das hätte man sicher nach bisheriger Systematik woanders gesucht. 46

Abschnitt 1 – Allgemeine Vorschriften

47 Der Gesetzgeber und die Expertenkommission »BRAGO-Strukturreform« (Entwurf Seite 53) erwarten von dieser Verzeichnisform einen starken Rückgang der gerichtlich auszutragenden Streitfragen. Was aber für die bisherigen guten Erfahrungen mit dem für die erste Instanz schon früher novellierten GKG gilt, kann sich bei den traditionell viel streitigeren Anwaltsgebühren ganz anders entwickeln. Mit 100 BRAGO-Beschwerden gingen beim OLG Kostensenat vielleicht 5 GKG-Beschwerden einher (Schätzung). Bei den Anwaltsgebührenbeschwerden geht es eben um die Existenzsicherung des Anwalts, da wird heftiger gestritten, auch wenn der Anwalt formell die Partei vertritt, kämpft er doch meist bei den Anwaltsgebühren in eigener (Gebühren-)Sache. Die beiden ersten Praxisjahre mit dem RVG beweisen: Die streitigen Anwaltskostensachen sind nicht weniger, eher mehr geworden, insbesondere die »Terminsgebühr« hat eine Fülle von Streitfragen und gerichtliche Entscheidungen provoziert.

48 Das Vergütungsverzeichnis weist notwendigerweise den Gebührensatz aus (etwa 0,5; 1,0; 1,3; 1,5) oder arbeitet mit Betrags- oder Satzrahmengebühren (Beispiel für **Betragsrahmen:** Nr. 4100 – Gebühr des Verteidigers: Grundgebühr € 30,00 bis € 300,00; Beispiel für **Satzrahmengebühr**: Nr. 2300 – Geschäftsgebühr: 0,5 bis 2,5 Gebühr). Nach dem Auffinden des Gebührensatzes (z. B. 1,0 Gebühr) oder des Satzrahmens (z. B. 0,5 bis 2,5) muss dann noch auf die im § 13 dargestellte **Gebührentabelle** (wie bisher: Prinzip höherer Streitwert = höhere Gebühr) zurückgegriffen werden.

49 • **Beispiel:** 1,0 Gebühr bei einem Wert bis € 5.000,00. Ergebnis: Gebühr: € 301,00.

5. Abs. 2 Satz 2: Rundung

50 Die Rundungsvorschrift entspricht der Regelung des § 11 Abs. 2 Satz 2 BRAGO. Nach ihrem Wortlaut gilt die Norm für **Gebühren**. Der Taschenrechner oder das Rechenprogramm des Computers machen es möglich, dass leicht bis auf den letzten Cent ausgerechnet wird. Eine Auf- oder Abrundung findet nur in der dritten Dezimalstelle eines Euro statt, also bei Bruchteilen von Cents. Die 5 in der dritten Dezimalstelle wird dabei aufgerundet. Dies entspricht der kaufmännischen Rundungsregel.

§ 3
Gebühren in sozialrechtlichen Angelegenheiten

(1) ¹In Verfahren vor den Gerichten der Sozialgerichtsbarkeit, in denen das Gerichtskostengesetz nicht anzuwenden ist, entstehen Betragsrahmengebühren. ²In sonstigen Verfahren werden die Gebühren nach dem Gegenstandswert berechnet, wenn der Auftraggeber nicht zu den in § 183 des Sozialgerichtsgesetzes genannten Personen gehört.

(2) Absatz 1 gilt entsprechend für eine Tätigkeit außerhalb eines gerichtlichen Verfahrens.

Inhaltsübersicht

	Rn.		Rn.
I. Anwendungsbereich	1	3. Gebühren, wenn die Verfahren auf Gewährung einstweiligen Rechtsschutzes beim Berufungsgericht als Gericht der Hauptsache geführt werden	16
1. Absatz 1 Sozialrechtliche Verfahren, in denen das GKG nicht anwendbar ist	3		
2. Absatz 2 Tätigkeit außerhalb eines gerichtlichen Verfahrens	4	IV. Bestimmung der Betragsrahmengebühren in sozialrechtlichen Angelegenheiten nach § 14	17
3. Erstattungsfähigkeit der gesetzlichen Vergütung nach § 193 SGG	5	1. Allgemeines	17
II. Sozialrechtliche Verfahren, in denen das GKG anwendbar ist	6	2. Kriterien des § 14	21
1. Allgemeines	6	2.1 Beispielhafte Aufzählung der in § 14 genannten und bei der Gebührenbestimmung zu berücksichtigenden Kriterien	21
2. Anwendungsbereich des GKG in sozialrechtlichen Verfahren	7		
3. Personenkreis nach § 183 SGG	9	2.2 Umfang und Schwierigkeit der anwaltlichen Tätigkeit	22
III. Betragsrahmengebühren in Verfahren des einstweiligen Rechtsschutzes nach §§ 86 a, 86 b SGG	12	2.3 Berücksichtigung des (besonderen) Haftungsrisikos	29
1. Allgemeines	12	3. Mittelgebühr	33
2. Kosten- und gebührenrechtliche Behandlung	13	4. Unbilligkeit der Gebührenbestimmung	36
		5. Kostenfestsetzung	38

I. Anwendungsbereich

§ 3 Abs. 1 Satz 1 RVG bestimmt, dass (nur) in den sozialrechtlichen Verfahren, in denen das Gerichtskostengesetz (GKG) nicht anzuwenden ist, **Betragsrahmengebühren** entstehen. Demnach ist § 3 RVG für alle in § 51 SGG genannten Streitigkeiten durch die in § 183 SGG genannten Personen anwendbar. Nach Abs. 1 Satz 2 werden in den sozialgerichtlichen Verfahren, in denen das GKG anzuwenden ist, die Gebühren nach dem **Gegenstandswert** berechnet. Die Höhe der einzelnen Wertgebühren und die Gebührentatbestände sind ebenfalls im VV geregelt (vgl. z. B. Nr. 2100). 1

Die Vergütung des Rechtsanwalts richtet sich nach § 61 Abs. 1 Satz 2 immer dann nach dem RVG, wenn er nach dem 30. 06. 2004 in der jeweils betroffenen Instanz erstmals tätig geworden ist. Dies bedeutet, dass für die Vergütung des Rechtsanwalts auch dann das RVG maßgeblich ist, wenn er in der Angelegenheit bereits zuvor tätig war. Dies gilt unabhängig davon, welches Gerichtskostenrecht in der jeweiligen Instanz anzuwenden ist (vgl. hierzu Rn. 7). 2

1. Absatz 1 Sozialrechtliche Verfahren, in denen das GKG nicht anwendbar ist

§ 3 RVG grenzt daher wie bereits die Vorgängerregelung des § 116 Abs. 1, 2 BRAGO die Verfahren vor den Gerichten der Sozialgerichtsbarkeit, in denen der Rechtsanwalt **Wertgebühren** nach § 13, und den Verfahren, in denen er **Betragsrahmengebühren** erhält, ab. Bei den Betragsrahmengebühren ist im Gesetz lediglich der **Mindest- und der Höchstsatz** bestimmt, die 3

Abschnitt 1 – Allgemeine Vorschriften

im Einzelfall zustehende Gebühr wird nach § 14 bestimmt (vgl. hierzu Rn. 17 ff.). Auch nach neuem Recht kommt es mithin für das Entstehen der Betragsrahmengebühren entscheidend darauf an, in **welcher Eigenschaft** der Auftraggeber des Rechtsanwalts **am sozialrechtlichen Verfahren** beteiligt ist. Der Rechtsanwalt hat also zunächst vorab zu prüfen, ob er in einem sozialrechtlichen Verfahren tätig geworden ist, für das das **GKG einschlägig** ist. Nur wenn dies **nicht der Fall** ist, entstehen **Betragsrahmengebühren**. Die Betragsrahmengebühren sind – anders als nach altem Recht – nicht mehr in der Norm selbst, sondern in den verschiedenen Ziffern des **Vergütungsverzeichnisses (VV** als Anlage 1 zum RVG) geregelt (§ 2 Abs. 2). Die jeweiligen Nummern regeln die Vergütung des Rechtsanwalts für seine Tätigkeit abschließend.

2. Absatz 2 Tätigkeit außerhalb eines gerichtlichen Verfahrens

4 In sozialgerichtlichen Verfahren, in denen das GKG nicht anzuwenden ist, entstehen nach § 3 Abs. 2 i. V. m. Abs. 1 Satz 1 RVG auch außerhalb eines gerichtlichen Verfahrens Betragsrahmengebühren. § 3 gilt auch für das sog. **isolierte Vorverfahren** (Landessozialgericht – LSG – Rheinland-Pfalz, Urteil vom 08. 03. 2006 – Az.: L 4 SB 174/05 –, Breithaupt 2006, 781 bis 784). Es kommt also auch in diesen Verfahren darauf an, ob der Auftraggeber des Rechtsanwalts zum Personenkreis des § 183 SGG gehört und damit ein kostenprivilegierter Beteiligter ist. Außerhalb eines gerichtlichen Verfahrens kann der Rechtsanwalt im **Verwaltungs- und/ oder** dem im **Falle einer Anfechtungs- oder Verpflichtungsklage** nach § 78 SGG zwingend vorgeschalteten **Vorverfahren** tätig sein. Durch diese Regelung wird die für die gerichtliche Verfahren vollzogene Abgrenzung zwischen Verfahren, in denen nach dem Wert abgerechnet wird, und solchen, in denen Betragsrahmengebühren entstehen, auf das Verwaltungsverfahren übertragen (vgl. BT-Drs. 830/03, S. 231).

3. Erstattungsfähigkeit der gesetzlichen Vergütung nach § 193 SGG

5 Nach § 193 Abs. 3 SGG ist die gesetzliche Vergütung eines Rechtsanwalts oder **Rechtsbeistands** erstattungsfähig. Rechtsbeistände in diesem Sinne sind Personen, denen eine Erlaubnis zur geschäftsmäßigen Besorgung fremder Rechtsangelegenheiten nach dem **Rechtsberatungsgesetz** (RBerG) erteilt ist. Um allerdings in der mündlichen Verhandlung auftreten zu können, müssen Rechtsbeistände zusätzlich als Prozessagent bei dem jeweiligen Gericht, vor dem sie auftreten wollen, zugelassen sein (vgl. hierzu § 73 Abs. 6 SGG). Für die **Gebühren und Auslagen des Rechtsbeistands** gelten die Vorschriften des RVG sinngemäß; erstattungsfähig sind wie bei Rechtsanwälten nur die **gesetzlichen Gebühren** und **notwendigen Auslagen**. Tritt ein Rechtsbeistand **in eigener Sache** oder als Partei kraft Amtes auf, gilt § 91 Abs. 2 Satz 3 ZPO entsprechend (Meyer-Ladewig / Leitherer SGG § 193 Rn. 9). Dies gilt auch in Verfahren auf Gewährung einstweiligen Rechtsschutzes (BVerwGE 61, 100).

II. Sozialrechtliche Verfahren, in denen das GKG anwendbar ist

1. Allgemeines

6 In den sozialrechtlichen Verfahren, in denen das GKG anwendbar ist, ist für die Gebührenhöhe **der Gegenstandswert** – und damit die **Tabelle zu § 13 Abs. 1** – maßgeblich. Nach § 33 Abs. 1 setzt das Gericht des Rechtszugs den Wert des Gegenstandes der anwaltlichen Tätigkeit auf Antrag durch Beschluss selbstständig fest, wenn es u. a. an einem für die Gerichtsgebühren maßgeblichen Wert fehlt. Dabei richtet sich der Wert der Verfahren nach § 23 Abs. 3. Falls der Wert **summenmäßig feststeht**, ist er maßgebend. Ergibt sich der Gegenstandswert nicht aus Vorschriften des RVG, ist er nach § 23 Abs. 3 Satz 2 nach **billigem Ermessen zu bestimmen**. Diese Vorschrift entspricht wörtlich § 8 Abs. 2 Satz 2 Hs. 1 BRAGO in der bis zum 30. 06. 2004 geltenden Fassung. Deshalb können für ihre Auslegung die **Grundsätze** herangezogen werden, die die Rechtsprechung zu der früher geltenden Vorschrift entwickelt hat (so

BSG, Beschl. v. 11.01.2005, Az.: B 6 KA 70/04 B). Danach ist in erster Linie die sich **aus dem Antrag** des Rechtsuchenden für ihn **ergebende Bedeutung der Sache** maßgebend, d. h. in der Regel sein **wirtschaftliches Interesse** an der erstrebten Entscheidung und ihren Auswirkungen (BSG SozR 3–1930 § 8 Nr. 2 Satz 2 ff.; SozR 3–1930 § 8 Nr. 1 Satz 2 und Nr. 2 Satz 8). Deshalb ist auf den **wirtschaftlichen Wert** des im Streit befindlichen Anspruchs abzustellen. Bietet der bisherige Sach- und Streitstand hierzu – auch für eine Schätzung – keine genügenden Anhaltspunkte, ist der **Gegenstandswert** gemäß § 23 Abs. 3 Satz 2 Hs. 2 mit € 4.000,00 – **je nach Lage des Falles niedriger oder höher** – anzunehmen. Für die Berechnung des **Gegenstandswerts** in vertragsärztlichen **Disziplinarstreitverfahren** ist der Regelwert um den Betrag einer ggf. verhängten Geldbuße zu erhöhen (BSG, Beschl. v. 23.07.2003, Az.: B 6 KA 9/02 R, vgl. auch die Zusammenstellung von Wenner/Bernhard NZS 2006, 1 ff.).

2. Anwendungsbereich des GKG in sozialrechtlichen Verfahren

§ 197 a Abs. 1 Hs. 1 SGG regelt den **Anwendungsbereich** des GKG (vgl. auch § 1 Nr. 4 GKG) 7 in sozialgerichtlichen Verfahren. Anders als in § 116 Abs. 2 BRAGO werden in der Vorschrift die gebührenrechtlichen Streitigkeiten nicht aufgezählt. Die Bestimmung wurde durch das 6. SGG-Änderungsgesetz (6. SGG-ÄndG) vom 17.08.2001 (BGBl. I, 2144) mit Wirkung ab dem 2. Januar 2002 (Zeitpunkt des In-Kraft-Tretens des 6. SGG-ÄndG) eingeführt und gilt für Verfahren, **die ab dem 02.01.2002 rechtshängig geworden** sind (Art. 17 Abs. 1 Satz 2 des 6. SGG-ÄndG; vgl. BSG, Urt. v. 30.01.2002, Az.: B 6 KA 73/00 R). § 197 a SGG grenzt die nach dem GKG zu behandelnden Verfahren nur negativ ab (vgl. *Knittel* in Hennig SGG § 197 a Rn. 2) und ist als Sondervorschrift (Ausnahme) zu dem im sozialgerichtlichen Verfahren **weiterhin geltenden Grundsatz der Gebührenfreiheit** (vgl. § 183 SGG a. F.) zu verstehen, der auch durch das 6. SGG-ÄndG nicht beseitigt worden ist.

Falls es sich um ein Verfahren handelt, für das das GKG anzuwenden ist, erhält der Rechts- 8 anwalt nach § 3 Abs. 1 Satz 2 Wertgebühren. Für diese gilt ebenfalls das Vergütungsverzeichnis. Nach **§ 52 Abs. 4 GKG** darf in Verfahren vor den Gerichten der Sozialgerichtsbarkeit der **Streitwert nicht über € 2.500.000,00** angenommen werden.

3. Personenkreis nach § 183 SGG

Die Kostenerhebung kommt nach den Vorschriften des GKG nur in Betracht, wenn weder der 9 Kläger noch der Beklagte zu den in § 183 Satz 1 SGG genannten Personen gehört, also weder Versicherter, Leistungsempfänger einschließlich Hinterbliebenenleistungsempfänger, Behinderter oder deren Sonderrechtsnachfolger im Sinne des § 56 SGB I ist. Den in Satz 1 und 2 genannten Personen steht gleich, wer im Falle des Obsiegens zu diesen Personen gehören würde (§ 183 Satz 3 SGG). Ob der Betroffene zum **begünstigten Personenkreis gehört**, hängt von seiner Stellung im Verfahren ab. Streitgegenstand des Verfahrens muss ein **Anspruch** sein, der Bezug zu der in § 183 Satz 1 bis 3 SGG aufgeführten Eigenschaft hat. In **Zweifelsfällen** ist der **gesetzgeberische Wille** für die Gebührenfreiheit zur Auslegung der Begriffe **heranzuziehen**.

Hiernach sollte die **Kostenpflicht für Verfahren** eingeführt werden, an denen Personen be- 10 teiligt sind, die **nicht eines besonderen sozialen Schutzes** in Form eines kostenfreien Rechtsschutzes bedürfen; die Gebührenprivilegierung sei von ihrem Schutzzweck zur Durchsetzung von Ansprüchen auf Sozialleistungen ausgerichtet (amtliche Begründung in BT-Drs. 14/5943, S. 28 f. zu Nr. 68). Der Begriff der **Leistungsempfänger** ist daher auf die Empfänger von Sozialleistungen zu begrenzen (offen lassend: BSG, Beschl. v. 22.09.2004, Az.: B 11 AL 33/03 R). »**Versicherter**« i. S. d. § 183 Satz 1 SGG ist, wer aufgrund einer Pflichtversicherung oder einer freiwilligen Versicherung einem Zweig der Sozialversicherung angehört.

– Einzelfälle

Kein Leistungsempfänger im Sinne von § 183 SGG ist ein **privater Arbeitsvermittler,** der die 11 Zahlung aus dem Vermittlungsgutschein begehrt. Zwar ergibt sich dies nicht allein aus dem

Abschnitt 1 – Allgemeine Vorschriften

Wortlaut des § 183 Satz 1 SGG. Der Arbeitsvermittler empfängt durch die Auszahlung keine Sozialleistung und verwirklicht hiermit nicht eigene soziale Rechte (LSG Sachsen, Beschl. v. 16.02.2005, Az.: L 3 B 64/04 AL). Wird in einem Rechtsstreit um die Frage gestritten, ob der **Kläger als Versicherter einen Anspruch auf Befreiung von der Versicherungspflicht** hat, besteht kein Grund für eine Einschränkung des Anwendungsbereichs des § 183 Satz 1 SGG (LSG Rheinland-Pfalz, Beschl. v. 21.12.2004, Az.: L 5 LW 13/04). Wendet sich der Kläger in der Hauptsache mit der Anfechtungsklage gegen eine **Beitragsforderung** gerade mit der Begründung, er sei als **Selbständiger** von der **Beitragspflicht** befreit, trifft es zwar zu, dass seine Versicherteneigenschaft nicht eindeutig feststeht. Damit aber scheidet er hier nicht aus dem durch § 183 SGG begünstigten Personenkreis aus (LSG Hamburg v. 28.06.2005, Az.: L 1 B 138/05 R). Die Vorschrift ist eng auszulegen mit der Folge, dass es dann, wenn ein Sozialleistungsträger gegen einen Betroffenen auf der Grundlage des Sozialgesetzbuchs vorgeht, für diesen bei dem Kostenprivileg des § 183 Satz 1 SGG bleibt (vgl. bzgl. Statusfragen LSG Rheinland-Pfalz, Beschl. v. 21.12.2004, Az.: L 5 LW 13/04; *Meyer-Ladewig*/Keller/Leitherer SGG § 183 Rn. 5). Wird die Klägerin als **landwirtschaftliche Unternehmerin** zur Beitragszahlung veranlasst, ist sie in dieser **besonderen Konstellation** Unternehmerin und gleichzeitig auch Versicherter sowie ausnahmsweise auch selbst Beitragsschuldner nach § 150 Abs. 1 Satz 2 SGB VI (vgl. LSG Baden-Württemberg, Beschl. v. 04.05.2005, Az.: L 2 U 5059/04 ER-B).

III. Betragsrahmengebühren in Verfahren des einstweiligen Rechtsschutzes nach §§ 86 a, 86 b SGG

1. Allgemeines

12 Der **einstweilige Rechtsschutz ist in der Sozialgerichtsbarkeit** erst mit Wirkung vom 02.01.2002 durch das 6. SGGÄndG grundlegend umgestaltet und in § 86 a SGG (aufschiebende Wirkung) und § 86 b SGG (einstweiliger Rechtsschutz durch das Gericht) zusammengefasst worden. Die vorherigen gesetzlichen Regelungen waren unvollständig. Dies führte dazu, dass die Rechtsprechung zunehmend die verwaltungsrechtlichen Vorschriften (§§ 80 Abs. 5, 123 VwGO) entsprechend angewandt hatte.

2. Kosten- und gebührenrechtliche Behandlung

13 In entsprechender Anwendung des § 193 SGG hat von Amts wegen auch in den Verfahren über einstweiligen Rechtsschutz eine **gesonderte Kostenentscheidung** zu ergehen (vgl. BSG, Beschl. vom 06.09.1993, Az.: 6 RKa 25/91 = NZS 1994, 142–144, LSG Thüringen, Beschl. v. 10.04.2003, Az.: L 2 RI 377/02 ER; *Meyer-Ladewig* in Meyer-Ladewig/Keller/Leitherer, a.a.O., § 193 Rn. 2). Die Kostenentscheidung erfasst alle durch den Rechtsstreit und das Vorverfahren entstehenden erstattungsfähigen Kosten (**Grundsatz der Einheitlichkeit der Kostenentscheidung;** BSG SozR 3–1500 § 193 Nr. 10). In Verfahren, in denen Kosten nach dem GKG erhoben werden, ist auch ein gesonderter Streitwert festzusetzen (vgl. *Knittel* in Hennig, a.a.O., § 197 a Rn. 32).

14 Der einstweilige Rechtsschutz gilt in sozialrechtlichen Angelegenheiten **gebührenrechtlich als eigene Angelegenheit**. Dies ergibt sich aus § 17 Nrn. 1, 4 b und c i.V.m. §§ 86 a und b SGG. Hiernach sind das Hauptsacheverfahren und die in der Nrn. 1, 4 b und c einzeln genannten Verfahren »**verschiedene Angelegenheiten**«; sie können folglich **gesondert abgerechnet werden**.

15 **Alle Verfahren** auf Erlangung einstweiligen Rechtsschutzes sind **kostenrechtlich selbständig** (so auch *Knittel* in Hennig, a.a.O., § 197 Rn. 32). Dies bedeutet, dass auch in den Fällen, in denen einstweiliger Rechtsschutz während des Hauptsacheverfahrens beantragt wird, **separate Betragsrahmengebühren** entstehen (a.A.: *Madert* in Gerold/Schmidt/von Eicken/

Madert/Müller-Rabe RVG § 3 Rn. 17 f.). Andernfalls würde sich die **rechtliche Selbständigkeit** eines gerichtlichen Verfahrens (gebührenrechtlich) danach bestimmen, zu welchem Zeitpunkt, insbesondere in welcher zeitlichen Relation zu anderen gerichtlichen Verfahren, es eingeleitet oder beendet wird (vgl. hierzu BSG, Beschl. v. 06. 09. 1993, Az.: 6 Rka 25/91). Dass ein Hauptsacheverfahren neben dem einstweiligen Rechtsschutz anhängig ist, hat aber **Auswirkungen auf die Gebührenhöhe**. Hier ist **zu berücksichtigen**, dass der Rechtsanwalt von seinem Kenntnisstand im jeweils anderen Verfahren profitiert und sich dadurch sein Aufwand verringert. Wird zunächst das Hauptsacheverfahren anhängig, dürfte der **Aufwand** im parallel geführten Verfahren auf Gewährung einstweiligen Rechtsschutzes **unterdurchschnittlich bis gering** sein. Oftmals sind auch im einstweiligen Rechtsschutzverfahren, das bereits vor dem Hauptsacheverfahren betrieben wird, **niedrigere Gebühren** als im Hauptsacheverfahren angemessen (vgl. hierzu Rn. 28 ff.).

3. Gebühren, wenn die Verfahren auf Gewährung einstweiligen Rechtsschutzes beim Berufungsgericht als Gericht der Hauptsache geführt werden

Nach der **VV Vorbemerkung 3.2 Abs. 2 des Abschnitts 2** bestimmen sich die Gebühren in den Verfahren vor den Gerichten der Verwaltungs- und Sozialgerichtsbarkeit auf Anordnung oder Wiederherstellung der aufschiebenden Wirkung, auf Aussetzung oder Aufhebung der Vollziehung oder Anordnung der sofortigen Vollziehung eines Verwaltungsakts und in Verfahren auf Erlass einer einstweiligen Anordnung, die erstmalig bei dem **Berufungsgericht** als Gericht der Hauptsache durchgeführt werden, **nach Abschnitt I**, also nach den **Gebühren des ersten Rechtszugs**. 16

IV. Bestimmung der Betragsrahmengebühren in sozialrechtlichen Angelegenheiten nach § 14

1. Allgemeines

Das Gesetz unterscheidet zwei Arten von Rahmengebühren, nämlich **Betragsrahmen- und Satzrahmengebühren**. Satzrahmengebühren gibt es nur bei Wertgebühren nach § 13. Bei beiden Gebühren hat der Gesetzgeber lediglich die **Höchst- und Mindestsätze** festgelegt (bei der Betragsrahmengebühr durch Euro-Beträge und bei der Satzrahmengebühr durch Vergütungssätze). Der im konkreten Fall **geschuldete Gebührensatz** wird innerhalb dieses vorgegebenen Rahmens nach den Umständen des Einzelfalles ermittelt. Bei der Satzrahmengebühr wird zunächst innerhalb **eines Gebührensatzrahmens** (vgl. z. B. **Nr. 2300,** wonach für eine Geschäftsgebühr ein **Gebührensatzrahmen von 0,5 bis 2,5** vorgesehen ist) der angemessene Gebührensatz bestimmt und anschließend der diesem Gebührensatz und dem Gegenstandswert entsprechende Gebührenbetrag in der Tabelle des § 13 abgelesen bzw. nach ihr berechnet. 17

Die Höhe der in sozialgerichtlichen Verfahren nach § 3 Abs. 1 im Einzelfall **angemessenen Gebühren** des Rechtsanwalts bestimmt sich nach **§ 14 Abs. 1 Satz 1 und 4** sowie nach dem VV. Aufgabe des Gesetzgebers war es, für die der Sozialgerichtsbarkeit zugewiesene Menge der Sozialrechtsstreitigkeiten ein **angemessenes Kostenrecht** zu gestalten. Sozialrechtsstreitigkeiten drehen sich fast ausschließlich um Leistungen, die als Mittel der **sozialstaatlichen Daseinsfürsorge** gedacht sind und ihren Empfängern zu den **vom Grundgesetz geforderten erträglichen Lebensbedingungen** verhelfen sollen. Solche Streitigkeiten sind für den betroffenen Personenkreis grundsätzlich von **großer Wichtigkeit**. Deshalb müssen solche Leistungen **kostengünstig zu erstreiten** sein – auch wenn ein Rechtsanwalt beauftragt wird. 18

Der Gesetzgeber hat seine Aufgabe gelöst, indem er in den einzelnen Nummern des VV vergleichbar § 116 Abs. 1 BRAGO einen **Gebührenrahmen** geschaffen und es dem Rechtsanwalt 19

Abschnitt 1 – Allgemeine Vorschriften

überlassen hat, diesen auszufüllen. Der Anwalt ist derjenige, der dem Leistungsempfänger am nächsten steht und dessen Verhältnisse am besten überblickt. Ein Gebührenrahmen geht davon aus, dass es **ganz einfache**, leicht zu bearbeitende und **wenig bedeutungsvolle Streitigkeiten** gibt. Für sie ist an der unteren Grenze des Rahmens die angemessene Gebühr zu finden. Er akzeptiert aber auch, dass es **sehr schwierige, sehr umfangreiche** und **höchst bedeutungsvolle Verfahren** gibt, die mit dem Höchstwert angemessen zu vergüten sind. Die Anzahl dieser **Extremfälle** ist aber gering. Ein Gebührenrahmen besagt, dass die **große Masse** aller Streitfälle in der **Mitte** zwischen den beiden **Extremwerten** liegt. Hierbei handelt es sich um die als durchschnittlich schwer, durchschnittlich umfangreich oder durchschnittlich bedeutungsvoll zu bezeichnenden Verfahren. Diese Masse der »Normalfälle« ist nach dem Willen des Gesetzgebers mit der **Mittelgebühr** abzugelten, es sei denn, in den einzelnen Nummern des Vergütungsverzeichnisses ist **ausdrücklich etwas anderes geregelt** (vgl. Nrn. 2400, 2401 und Rn. 33 ff.).

Die Mittelgebühr wird nach der Formel

$$\frac{\text{Höchstgebühr} + \text{Mindestgebühr}}{2}$$

berechnet.

20 Der Rechtsanwalt hat die Schwierigkeit, den Fall seines Mandanten in das Gefüge des jeweils vorgesehenen Gebührenrahmens einzuordnen und die Gebühr im Einzelfall nach **billigem Ermessen** im Sinne des § 14 zu bestimmen. Der Gebührenansatz des Rechtsanwalts ist nicht verbindlich, wenn er nicht der Billigkeit entspricht und die Gebühr von einem **Dritten** zu erstatten ist. **Dritter** im Sinne dieser Vorschrift ist der an einem Verfahren Beteiligte, der auf der **Grundlage einer gerichtlichen Kostenentscheidung, eines gerichtlichen oder außergerichtlichen Vergleichs oder eines Kostenanerkenntnisses** die einem anderen Verfahrensbeteiligten entstandenen Gebühren und Auslagen zu erstatten hat (vgl. *Heinz* in Mutschler Kostenrecht in öffentlich-rechtlichen Streitigkeiten § 3 Rn. 253). Die Gebühr kann sich **nicht** nach der rein **subjektiven Einschätzung des Rechtsanwalts** oder seines Mandanten über die Bedeutung, den Umfang und die Schwierigkeit des Rechtsstreits bemessen. Sonst würde dem **Missbrauch** Tür und Tor geöffnet. Es gilt also, § 14 RVG – wie die Vorgängerregelung des § 12 BRAGO – aus einer **objektiven Sicht** heraus auszulegen. § 14 kann im Rahmen der Vergütung bei Prozesskostenhilfe nur bedingt Anwendung finden. § 14 RVG ist, wie schon die Vorläufervorschrift des § 12 BRAGO, Ausdruck des traditionell ständisch strukturierten Anwaltsrechts. Das ganze System des RVG ist nicht auf eine Entlohnung nach »Leistung« oder »Arbeit« bzw. »Aufwand« abgestellt. Der Umstand, dass sich die Gebühren nach dem RVG in Abhängigkeit vom Streitwert berechnen, weist ebenso wie die Institution der Betragsrahmengebühren auf eine soziale Komponente hin: Der Anwalt soll als verantwortliches unabhängiges Organ der Rechtspflege durchaus auch von der Möglichkeit Gebrauch machen, bei nicht begüterten Mandanten mehr Arbeit zu investieren, als von den zustehenden Gebühren her adäquat wäre. Auf diese Weise werden durch die einträglichen Mandate die anderen mit finanziert, was einen schon von dem Gesetzgeber der Reichsrechtsanwaltsgebührenordnung (RRAGO) durchaus beabsichtigten sozialen Umverteilungseffekt mit sich bringt. Abzustellen ist nicht auf die tatsächlich aufgewendete Zeit des beigeordneten Prozessbevollmächtigten, sondern auf die typischerweise erforderliche Zeit. Es mag sein, dass im Rahmen des § 14 ein objektiv überflüssiger Aufwand durchaus mit beachtlich sein kann, wenn er auf dem Wunsch des Auftraggebers beruhte (vgl. Hartmann Kostengesetze 37. Aufl. 2007 § 14 Rn. 3); dies kann aber im PKH-Vergütungsfestsetzungsverfahren keine Rolle spielen, weil in diesem Zusammenhang der Gleichheitssatz dominierend ist. Der Rechtsuchende soll nicht ohne Anwalt dastehen müssen, er hat allerdings auch nicht den Anspruch auf eine staatliche Finanzierung von Sonderwünschen. Alle zusätzlichen Tätigkeiten und Bemühungen, die ein auf dem Boden der gesetzlichen Gebühr mandatierter Rechtsanwalt ohne Verletzung des Anwaltsvertrages ablehnen dürfte, können also nicht gebührenerhöhend bei der PKH-Vergütung berücksichtigt werden. Die Bestimmung der angemessenen Vergütung im Rahmen der PKH darf bei

den Betragsrahmengebühren im Sozialgerichtsverfahren aus Gründen der Gleichbehandlung daher typisiert erfolgen (LSG Sachsen, Beschluss vom 07. 02. 2008 – L 6 B 33/08 AS-KO).

2. Kriterien des § 14

2.1 Beispielhafte Aufzählung der in § 14 genannten und bei der Gebührenbestimmung zu berücksichtigenden Kriterien

§ 14 Abs. 1 Satz 1 RVG verlangt wie § 12 Abs. 1 Satz 1 BRAGO die **Berücksichtigung sämtlicher Umstände des Einzelfalls, vor allem** des Umfangs und der Schwierigkeit der anwaltlichen Tätigkeit, der Bedeutung der Angelegenheit sowie der Einkommens- und Vermögensverhältnisse des Auftraggebers. Durch die gewählte **Formulierung »vor allem«** wird deutlich, dass es sich bei den genannten Kriterien **nicht um eine abschließende Aufzählung handelt**, sondern auch andere Gesichtspunkte bei der Bemessung der Gebühr entscheidungserheblich sein können. Der Gesetzgeber erläutert durch diese Formulierung, was er unter »Berücksichtigung aller Umstände« versteht. Er nennt Beispiele, die sich in **zwei Gruppen** teilen lassen: Einmal die Umstände, die im **Interesse des Mandanten** zu beachten sind (Bedeutung der Angelegenheit, Vermögens- und Einkommensverhältnisse). Zum anderen handelt es sich um die Umstände, die im **Interesse des Anwalts** zu berücksichtigen sind (Umfang und Schwierigkeit der anwaltlichen Tätigkeit). In der ersten Gruppe fällt auf, dass der Gesetzgeber die Bedeutung des Rechtsstreits für den Mandanten von seinen finanziellen Interessen **sprachlich klar unterscheidet**. Deshalb kann sich der Begriff »Bedeutung« nicht auf die wirtschaftlichen oder finanziellen Umstände des Mandanten beziehen. Es kann sich hierbei infolgedessen nur um Streitigkeiten handeln, die z. B. des Rechts wegen, um der Gerechtigkeit willen, aus Ärger über die Verwaltung oder wegen sekundärer Krankheitsgewinne geführt werden. Solche Streitigkeiten aus nicht finanziellen Gründen sind aber in der Sozialgerichtsbarkeit eher selten und zahlenmäßig zu vernachlässigen.

2.2 Umfang und Schwierigkeit der anwaltlichen Tätigkeit

Für die Beurteilung einer anwaltlichen Tätigkeit als **umfangreich** oder **schwierig** ist es sachgerecht, die **bisherige Rechtsprechung** zur Auslegung des § 12 Abs. 1 Satz 1 BRAGO heranzuziehen. Auch nach § 12 Abs. 1 Satz 1 BRAGO waren Umfang und Schwierigkeit der anwaltlichen Tätigkeit für die Bemessung der Rahmengebühr als Kriterien zu berücksichtigen. Der Umfang der anwaltlichen Tätigkeit ist im **Einzelfall** festzustellen.

Im Gegensatz zu den Wertgebühren sind für die Bestimmung der Höhe einer Betragsrahmengebühr nicht nur qualitative Kriterien maßgebend, sondern auch ein quantativer Aspekt, nämlich der Umfang des anwaltlichen Arbeit- und Zeitaufwands.

Sprachlich **unterscheidet** der Gesetzgeber zu Recht zwischen **Umfang** und **Schwierigkeit**. Denn es gibt **umfangreiche, leichte Verfahren** und umgekehrt **wenig umfangreiche schwierige Verfahren**. Im Normalfall ist es aber so, dass umfangreiche Verfahren auch schwierig sind und schwierige auch umfangreich. Von dieser Erfahrung ausgehend ist bei der Beurteilung von Umfang und Schwierigkeit grundsätzlich zu berücksichtigen, dass das **Amtsermittlungsprinzip** nach § 103 SGG in der Sozialgerichtsbarkeit die anwaltliche Tätigkeit **eher reduziert und erleichtert**. Auch die Tatsache, dass im Regelfall **allen Streitigkeiten ein Verwaltungsverfahren** vorausgeht, dass dessen **Ergebnis in den Verwaltungsakten nachgelesen** werden kann und dass in tatsächlicher und rechtlicher Hinsicht eine Zusammenfassung des Streitstoffs in den **überprüfbaren Bescheiden** vorliegt, macht es dem Rechtsanwalt **relativ leicht**, die entscheidenden Tatsachen und rechtlichen Vorschriften zu erkennen und entsprechend vorzutragen. Häufig ist daher der Umfang des anwaltlichen Vortrags während des Verfahrens auf ergänzende Hinweise zur Sachaufklärung beschränkt. Eine **intensive Auseinandersetzung mit Rechtsproblemen** ist daher im Regelfall gebührenerhöhend zu berücksichtigen.

Abschnitt 1 – Allgemeine Vorschriften

24 Als besondere, **gebührenerhöhende Schwierigkeit** in sozialrechtlichen Streitigkeiten wird immer wieder angegeben, dass **medizinische Sachverhalte** zu würdigen sind. Das Problem, sich mit Sachverständigengutachten auseinander zu setzen, obwohl dem Rechtsanwalt im Regelfall die Fachkenntnisse fehlen, ist aber ein **grundsätzliches** und kommt in Zivil- und Strafprozessverfahren genauso vor wie in sozialgerichtlichen Streitigkeiten. Es ist deshalb jedem Rechtsanwalt bekannt und rechtfertigt keineswegs, **allein deswegen** schon die anwaltliche Tätigkeit im Sozialgerichtsverfahren **als überdurchschnittlich schwierig zu betrachten.** Allerdings kann eine **fundierte inhaltliche Auseinandersetzung** mit umfangreichen medizinischen Fachgutachten als erschwerender, gebührenerhöhender Umstand bei der anwaltlichen Tätigkeit durchaus zu berücksichtigen sein (LSG Schleswig-Holstein, Beschl. v. 16. 06. 2003, Az.: L 5 B 13/03 SF SK).

25 Die **Schwierigkeit** der anwaltlichen Tätigkeit bestimmt sich danach, welche **Fertigkeiten** und **Kenntnisse** der Rechtsanwalt erbringen muss, um die Angelegenheit in tatsächlicher und rechtlicher Hinsicht bewältigen zu können (vgl. hierzu *Heinz* in Mutschler, a. a. O., § 3 Rn. 235). Dies ist nach **objektiven Maßstäben** zu beurteilen, so dass die **individuelle Persönlichkeitsstruktur** und der **Wissensstand** des einzelnen Rechtsanwalts keine Rolle spielen. Eine **Spezialisierung** darf dem Rechtsanwalt bei der Bestimmung der angemessenen Gebühr **nicht zum Nachteil gereichen.** Dies bedeutet, dass die Schwierigkeit der anwaltlichen Tätigkeit **ausschließlich nach objektiven Kriterien** zu beurteilen ist und es ohne Belang ist, wenn der konkrete Fall für den Rechtsanwalt aufgrund seiner **überdurchschnittlichen Fachkenntnisse »leicht« zu lösen war.** Die **komplizierte Persönlichkeitsstruktur** und die **Behinderung des Mandanten** kann gebührenerhöhend berücksichtigt werden, wenn diese den Schwierigkeitsgrad der anwaltlichen Tätigkeit erhöhen (LSG Thüringen, Beschl. v. 06. 07. 2004, Az.: L 6 B SF). Allein die Tatsache, dass es sich bei dem Verfahren um ein einstweiliges Rechtsschutzverfahren gehandelt hat, begründet keine besondere tatsächliche Schwierigkeit. Bei Verfahren des einstweiligen Rechtsschutzes handelt es sich nicht grundsätzlich um rechtlich schwierigere Verfahren als Hauptsacheverfahren. Entscheidend sind jeweils die konkreten Fragestellungen im Verfahren. Die Mittelgebühr ist auf 2/3 zu kürzen. Verfahren des einstweiligen Rechtsschutzes sind grundsätzlich von vornherein lediglich auf eine vorläufige Regelung gerichtet, und zwar zeitlich begrenzt regelmäßig durch den Eingang des Antrags bei Gericht und sodann auch nur für einen begrenzten Zeitraum (vgl. LSG Nordrhein-Westfalen, Beschluss vom 29. 01. 2008 – L 1 B 35/07 AS).

26 Auch **Fremdsprachenkenntnisse des Rechtsanwalts** können **gebührensteigernd** berücksichtigt werden. Ist die **Verständigung mit dem Mandanten** aufgrund mangelhafter Beherrschung der deutschen Sprache beeinträchtigt, ist dies bei der Schwierigkeit der anwaltlichen Tätigkeit zu berücksichtigen. Dies gilt auch dann, wenn das Gericht die Notwendigkeit der Beiordnung eines Dolmetschers nicht erkannt und für erforderlich gehalten hat. Dass in Sozialgerichtsverfahren durchaus in **erheblichem Umfang** sprachliche Verständigungsschwierigkeiten vorkommen können, steht der Berücksichtigung beim Schwierigkeitsgrad der anwaltlichen Tätigkeit nicht entgegen. Die Gerichtssprache ist deutsch (vgl. § 184 GVG sowie § 19 Abs. 1 Satz 1 SGB X für das Verwaltungsverfahren).

27 Ob eine anwaltliche Tätigkeit als **umfangreich** einzustufen ist, hängt im Regelfall vom **zeitlichen Aufwand** ab, der mit der Wahrnehmung des Mandats einhergeht. Es kommt also darauf an, wie hoch der Zeitaufwand für **Besprechungen mit dem Auftraggeber**, das **Aktenstudium**, die **Recherche** von Rechtsprechung und Literatur war. Der Umfang der Tätigkeit des Rechtsanwalts kann nicht allein nach dem **Seitenumfang** der eingereichten Schriftsätze beurteilt werden, weil diese u. a. auch Aktenstudium, Fertigung von Notizen, Überprüfung von Rechtsprechung und Literatur sowie Besprechung mit der Mandantschaft umfasst. Eine umfangreiche anwaltliche Tätigkeit kann sich gerade auch in **kurzen Schriftsätzen** äußern, die dafür aber die entscheidungserheblichen wesentlichen Gesichtspunkte erfassen. **»Vielschreiberei«** begründet keine höheren Gebühren (so auch Riedel/Sußbauer/Fraunholz, a. a. O., § 14 Rn. 8)

Der **Umfang der anwaltlichen Tätigkeit** ist im **einstweiligen Rechtsschutzverfahren** oft- 28
mals **deutlich unterdurchschnittlich** (a. A. wohl: SG Darmstadt, Beschl. v. 21. 05. 2005, Az.:
S 12 SF 49/05: danach ist der Gebührenrahmen auch im einstweiligen Rechtsschutzverfahren
voll auszuschöpfen). Denn umfangreiche Repliken und Erwiderungen sind hier zumeist
nicht nötig. Auch findet im einstweiligen Rechtsschutzverfahren nur eine **summarische Prüfung der Sach- und Rechtslage** statt, was eine erheblich **geringere Ermittlungstiefe** zur Folge
hat. Im Vergleich zum Hauptsacheverfahren findet im einstweiligen Rechtsschutzverfahren
eine förmliche Beweisaufnahme regelmäßig nicht statt. Weiterhin muss berücksichtigt werden, ob ein einstweiliges Rechtsschutzverfahren und ein Hauptsacheverfahren parallel geführt werden, so dass ein erheblicher Teil der anwaltlichen Arbeit auch im jeweils anderen
Verfahren nutzbar gemacht werden kann. Hieraus ergeben sich **Synergieeffekte,** die den Umfang der Tätigkeit ebenfalls reduzieren. Schließlich ist auch dem zeitlichen Umfang zwischen
Antragstellung und Entscheidung bzw. sonstiger Erledigung Rechnung zu tragen, der im
einstweiligen Rechtsschutzverfahren ebenfalls im Regelfall geringer ist (vgl. auch Rn. 15).

Auch ist zu berücksichtigen, dass ein Verfahren des einstweiligen Rechtsschutzes grundsätzlich von vornherein auf eine vorläufige, zeitlich begrenzte Regelung gerichtet ist. Dies rechtfertigt es, einem einstweiligen Rechtsschutzverfahren eine geringere Bedeutung als einem
entsprechenden Hauptsacheverfahren beizumessen (vgl. LSG NRW, Beschluss vom
09. 08. 2007, L 20 B 91/07 AS und vom 29. 01. 2008, L 1 B 35/07 AS). Dies gilt insbesondere
für Verfahren nach § 86 b Abs. 1 SGG, da die Anordnung der aufschiebenden Wirkung einer
Anfechtungsklage nur die Vollziehung eines belastenden Verwaltungsaktes hemmt. Durch
ein Verfahren nach § 86 b Abs. 1 SGG erfolgt keine Vorwegnahme der Hauptsache, sondern
es tritt bei Stattgabe des Antrags vielmehr nur ein Schwebezustand bis zum Abschluss des
Klageverfahrens ein, während dessen keine vollendeten Tatsachen geschaffen werden dürfen
(siehe zur Wirkung der Anordnung der aufschiebenden Wirkung: *Keller* in Meyer-Ladewig/
Keller/Leitherer SGG 8. Aufl. § 86 a Rn. 5 m. w. N.).

2.3 Berücksichtigung des (besonderen) Haftungsrisikos

Bei dem Haftungsrisiko handelt es sich nicht um eine gesonderte Gebühr, sondern lediglich 29
um eine Gebührenbemessungsgrundlage. Das ergibt sich daraus, dass der Gesetzgeber dem
Kriterium des Haftungsrisikos bei der Gebührenbestimmung ein besonderes Gewicht verleihen wollte. Ein Rechtsanwalt hat die aus dem Anwaltsvertrag resultierende allgemeine
Pflicht, die **Interessen** seines Mandanten nach jeder Richtung und **umfassend wahrzunehmen**; er hat das von dem Auftraggeber angestrebte Ziel zu klären und ihm unter dem **Gesichtspunkt des gefahrlosesten und sichersten Weges** (BGH NJW 1995, 2551; NJW 1993,
2799) diejenigen Schritte zu empfehlen, die zu dem erstrebten Zweck führen können. Insbesondere muss er seinen Auftraggeber umfassend beraten, belehren und ihn vor Nachteilen
bewahren, soweit diese voraussehbar und vermeidbar sind (BGH NJW 1988, 563; NJW 1992,
1159; NJW 1993, 1320; NJW 1994, 1211; NJW 1995, 449). Sind Rechtsfragen in Rechtsprechung
und Literatur streitig, dann darf der Rechtsanwalt nicht einmal auf den **Fortbestand einer
höchstrichterlichen Rechtsprechung** vertrauen, wenn diese in der Rechtsliteratur nachhaltig
kritisiert worden ist (vgl. hierzu BGH VersR 1994, 99 ff.). Die Beachtung der materiellen und
prozessrechtlichen Fristen ist hierbei die ureigenste Aufgabe der Rechtsanwälte, um zu verhindern, dass allein schon wegen Zeitablaufs die Durchsetzung der Ansprüche des Mandanten nicht mehr möglich ist (vgl. OLG Hamm, Beschl. v. 20. 06. 2000, Az.: 28 W 43/00).

Nach § 14 Abs. 1 Satz 2 **kann** daher bei der Bemessung der Rahmengebühr ein **besonderes** 30
Haftungsrisiko des Rechtsanwalts berücksichtigt werden. Nach dem Willen des Gesetzgebers soll also ein **über das allgemeine** und in jedem Fall bestehende Haftungsrisiko hinausgehendes Haftungsrisiko bei der Bemessung der Rahmengebühren herangezogen werden
können. Dagegen bestimmt **Satz 3,** dass bei Rahmengebühren, die sich **nicht nach dem Gegenstandswert** richten, **das Haftungsrisiko zu berücksichtigen ist.** Damit werden die bei
der Bestimmung der Gebühr in § 14 Abs. 1 Satz 1 beispielhaft und nicht abschließend genannten Kriterien zu Recht um das **zusätzliche Kriterium »(besonderes) Haftungsrisiko«** erwei-

Abschnitt 1 – Allgemeine Vorschriften

tert. Dies führt allerdings nicht ausnahmslos in jedem Fall zwangsläufig zu einer Erhöhung der Gebühr (LSG Nordrhhein-Westfalen, Urteil vom 29. 01. 2007), obwohl der Wortlaut des § 14 Abs. 1 Satz 3 eine derartige Erhöhung nahelegen könnte. Unter Zugrundelegung der Gesetzesbegründung (BT-Drs. 15/1971, S. 189 zu § 14 RVG) ist davon auszugehen, dass nur ein in Einzelfällen gegebenes höheres Risiko, das unter Zugrundelegung eines objektiven Maßstabes zu ermitteln ist, zu einer höheren Gebühr führen kann bzw. muss. Demgegenüber hat das generelle Haftungsrisiko keinen Einfluss auf die Gebührenhöhe (so im Ergebnis LSG Niedersachsen-Bremen, Beschluss vom 24. 04. 3006 – Az.: L 4 B 4/05 KR SF).

31 Wann ein besonderes Haftungsrisiko vorliegt, hängt von den **Umständen des Einzelfalles** ab. Es müssen in jedem Fall Umstände sein, die in der Sache selbst liegen und dadurch das (allgemeine) Haftungsrisiko des Rechtsanwalts zusätzlich deutlich erhöhen. Die Regelung des Satzes 3 trägt dem Umstand Rechnung, dass andernfalls, also **anders als bei Wertgebühren**, das (allgemeine) Haftungsrisiko, das ein Rechtsanwalt auf sich nimmt, bei der Gebührenhöhe nicht berücksichtigt werden würde. Bei der Bewertung anwaltlicher Tätigkeit spielt aber gerade auch aus der Sicht eines verständigen Mandanten in besonderen Fällen das konkrete Haftungsrisiko eine Rolle. Deswegen reicht bei den **Betragsrahmengebühren** ein allgemeines Haftungsrisiko aus.

32 In welchem **Umfang das Haftungsrisiko** zu einer Erhöhung der Rahmengebühr führt, regelt das Gesetz indes nicht. Dies kann auch **nicht pauschal** beurteilt werden, weil die angemessene Berücksichtigung des Haftungsrisikos von den besonderen Umständen des Einzelfalles abhängt. Die von *Klier* (NZS 2004, 469 ff.) vorgeschlagene Methode übersieht, dass das (besondere) Haftungsrisiko lediglich ein **weiteres, gleichwertiges Kriterium** des § 14 ist. Dies bedeutet, dass ein spezieller, bezifferbarer »Aufschlag« für das (besondere) Haftungsrisiko nicht vorgesehen ist, sondern dieser einzelfallbezogen ermittelt werden muss. Sein Vorschlag, auch bei durchschnittlichen Angelegenheiten und durchschnittlichem Haftungsrisiko einen Aufschlag auf die Mittelgebühr vorzunehmen, findet weder im Wortlaut noch in den Gesetzesmaterialien eine Stütze.

3. Mittelgebühr

33 Mit der Mittelgebühr wird die Tätigkeit eines Rechtsanwalts in einem Durchschnittsfall abgegolten. Ein Durchschnittsfall liegt vor, wenn nach den gemäß § 14 RVG maßgebenden Kriterien die Angelegenheit als durchschnittlich zu bewerten ist, es sich also um eine Angelegenheit mit durchschnittlicher Bedeutung für den Auftraggeber, durchschnittlichem Aufwand, durchschnittlicher Schwierigkeit, durchschnittlichen Vermögensverhältnissen und durchschnittlichem Haftungsrisiko des Anwalts handelt. Ob ein Durchschnittsfall vorliegt, ergibt sich aus dem Vergleich mit den sonstigen sozialrechtlichen Vorverfahren, bei denen im gerichtlichen Verfahren Betragsrahmengebühren entstehen, also Verfahren von privilegierten Personen im Sinne von § 183 SGG. Ein Abweichen von der Mittelgebühr ist bei einem Durchschnittsfall nicht zulässig (BSG, Urteil v. 26. 02. 1992, 9 a RVs 3/90; Urteil v. 22. 03. 1984, 11 RA 58/83, SozR 1300 § 63 Nr. 4; BVerwG, Beschl. v. 18. 09. 2001, 1 WB 28.01, Rpfleger 2002, 98). Schon ein einziger Umstand im Sinne des § 14 RVG kann ein Abweichen von der Mittelgebühr rechtfertigen.

Nach dem System, für das sich der Gesetzgeber entschieden hat, muss – von den Interessen der Kläger aus betrachtet – in den **allermeisten Fällen eine Mittelgebühr** (zur Berechnung s. Rn. 19) zu Stande kommen. Die große **Masse der Streitigkeiten** in sozialgerichtlichen Verfahren betrifft materiell-wirtschaftliche bzw. finanzielle Vorteile aller Art, die sich auf die **Einkommens- und Vermögensverhältnisse** der Mandanten auswirken. Bei der Auslegung dieses Begriffs darf man sich aber **nicht zu dem Schluss verleiten lassen**, dass die Gebühr **um so niedriger** sein müsse, **je bedürftiger** der Mandant ist. Diese Argumentation läuft darauf hinaus, dass der Anwalt auf seine Kosten **eine zusätzliche Prozesskostenhilfe** gewährt. Aber auch der umgekehrte Schluss (je bedürftiger der Mandant, desto höher sein Interesse an einer

Sozialleistung und desto höher die Anwaltsgebühr) entspricht nicht dem Willen des Gesetzgebers. Die in § 14 aufgeführten Beispiele sprechen dafür, dass stets **mehrere Gesichtspunkte zu berücksichtigen sind**, und zwar nicht nur die aufgeführten. Vielmehr sind alle **Umstände des Einzelfalles** zu bedenken und **miteinander abzuwägen**. Deswegen lässt sich in der Regel nicht die Feststellung treffen, dass nur ein bestimmter Betrag angemessen ist.

Zu den Verfahren um materiell-wirtschaftliche oder finanzielle Vorteile gehören Verfahren mit und ohne existenzsichernden Zielen. Die Streitigkeiten um **existenzsichernde Ziele** erstreben Leistungen, auf die der Empfänger **ganz oder jedenfalls zu einem sehr hohen Anteil zur Lebensführung angewiesen ist**. Das kann auf Dauer oder vorübergehend sein. In erster Linie handelt es sich hierbei um **Streitigkeiten auf Lohnersatzleistungen dem Grunde nach**, z. B. **Erwerbsminderungsrenten, Altersrenten, Verletztengeld und Verletztenrente, Übergangsgeld, Krankengeld, Arbeitslosengeld, Arbeitslosengeld II sowie Entschädigungsleistungen** nach dem Bundesversorgungsgesetz und nach den entsprechend anwendbaren Gesetzen. Dies gilt nicht nur für Streitigkeiten bezüglich der Frage, ob die Leistungen dem Grunde nach zustehen, sondern betrifft auch Verfahren, in denen um die Höhe von Sozialleistungen gestritten wird, sofern der umstrittene Betrag die Lebensführung des Klägers beeinflusst. Darüber hinaus haben aber auch Streitverfahren aus der Pflegeversicherung eine **existenzsichernde Bedeutung**. Seinem Sinn und Zweck nach sind auch Leistungen aus der Alterssicherung der Landwirte zur Existenzsicherung gedacht. Nicht auf Geldleistungen gehen Streitigkeiten, bei denen dem Grunde nach um die Gewährung von Heilbehandlungen, einer medizinischen oder beruflichen Rehabilitation und um Heil- oder Hilfsmittel gestritten wird. Nichts desto weniger ermöglichen aber auch diese Leistungen erst eine **sozialstaatlich angemessene Lebensführung**. 34

Nicht existenzsichernd, aber gleichwohl von gewichtiger materieller und finanzieller Bedeutung sind auch die **Verfahren um die Schwerbehinderteneigenschaft** oder um die **Gleichstellung mit schwer behinderten Menschen nach § 2 Abs. 3 SGB X**. Sie sind durchaus **mit finanziellen und wirtschaftlichen Vorteilen** verbunden (z. B. Kündigungsschutz in Zeiten hoher Arbeitslosigkeit, Zusatzurlaub, Steuervergünstigungen). Selbst der Streit um die **Merkzeichen des Behindertenrechts** hat materielle Bedeutung (Freifahrt im Nahverkehr, Gebührenbefreiung, Ermäßigung der KfZ-Steuer). Selbst wenn man nur die oben aufgeführten Verfahren um existenzsichernde Leistungen betrachtet, wird deutlich, dass die weit überwiegende Zahl der Streitigkeiten in der Sozialgerichtsbarkeit auf die **Einkommens- und Vermögensverhältnisse** der Mandanten **ganz entscheidenden Einfluss hat**. 35

4. Unbilligkeit der Gebührenbestimmung

Bei Unbilligkeit ist die Höhe der Betragsrahmengebühr von der Behörde bzw. vom zuständigen Urkundsbeamten des Sozialgerichts festzusetzen. Die Gebührenbestimmung ist aber nur dann unbillig, wenn sie **nicht nur geringfügig** von der angemessenen Gebühr abweicht. Die Billigkeit der Gebührenbestimmung ist im Rahmen einer **Erinnerung nach § 197 Abs. 2 SGG gerichtlich voll überprüfbar** (vgl. hierzu *Leitherer* in Meyer-Ladewig / Keller / Leitherer, a. a. O., § 197 Rn. 10 sowie Rn. 38). 36

Was »unbillig« in diesem Sinne ist, bedarf der **Auslegung**. Abweichungen zwischen der getroffenen und der angemessenen Gebührenbestimmung um kleinere Beträge rechtfertigen keine Abstriche und machen die Gebührenbestimmung nicht unbillig im Sinne des Gesetzes. Von einer **Unbilligkeit** ist i. d. R. erst auszugehen, wenn die **Abweichung zwischen geltend gemachter und angemessener Gebühr mehr als 20 %** beträgt (vgl. hierzu BSG SozR 1300 § 63 Nrn. 2 und 4 und *Heinz* in Mutschler, a. a. O., § 3 Rn. 254). § 14 Abs. 2 findet im Festsetzungsverfahren nach § 197 SGG keine Anwendung. Ein Gutachten des Vorstands der Rechtsanwaltskammer nach § 14 Abs. 2 ist nur dann einzuholen, wenn Rechtsanwalt und Auftraggeber in einem Rechtsstreit über die Höhe der angemessenen Gebühren streiten 37

Abschnitt 1 – Allgemeine Vorschriften

5. Kostenfestsetzung

38 Nach § 197 Abs. 1 Satz 1 SGG erfolgt die Kostenfestsetzung nur auf Antrag. Zuständig ist der Urkundsbeamte des Gerichts des ersten Rechtszugs, also nach § 8 SGG das SG. Der Urkundsbeamte des SG entscheidet daher auch dann, wenn die **Kostengrundentscheidung** nach § 193 oder § 197 a SGG **vom LSG oder BSG** getroffen worden ist. Für das Kostenfestsetzungsverfahren gelten nach der allgemeinen Verweisungsvorschrift des § 202 SGG die §§ 103 ff. ZPO. Durch die **ausdrückliche Verweisung** in § 197 Abs. 1 Satz 2 SGG auf § 104 Abs. 1 Satz 2 und Abs. 2 ZPO ist aber **nun klargestellt**, dass die festgesetzten Beträge **ab Antragstellung zu verzinsen** sind.

§ 3a
Vergütungsvereinbarung

(1) ¹Eine Vereinbarung über die Vergütung bedarf der Textform. ²Sie muss als Vergütungsvereinbarung oder in vergleichbarer Weise bezeichnet werden, von anderen Vereinbarungen mit Ausnahme der Auftragserteilung deutlich abgesetzt sein und darf nicht in der Vollmacht enthalten sein. ³Sie hat einen Hinweis darauf zu enthalten, dass die gegnerische Partei, ein Verfahrensbeteiligter oder die Staatskasse im Falle der Kostenerstattung regelmäßig nicht mehr als die gesetzliche Vergütung erstatten muss. ⁴Die Sätze 1 und 2 gelten nicht für eine Gebührenvereinbarung nach § 34.

(2) ¹Ist eine vereinbarte, eine nach § 4 Abs. 3 Satz 1 von dem Vorstand der Rechtsanwaltskammer festgesetzte oder eine nach § 4a für den Erfolgsfall vereinbarte Vergütung unter Berücksichtigung aller Umstände unangemessen hoch, kann sie im Rechtsstreit auf den angemessenen Betrag bis zur Höhe der gesetzlichen Vergütung herabgesetzt werden. ²Vor der Herabsetzung hat das Gericht ein Gutachten des Vorstands der Rechtsanwaltskammer einzuholen; dies gilt nicht, wenn der Vorstand der Rechtsanwaltskammer die Vergütung nach § 4 Abs. 3 Satz 1 festgesetzt hat. ³Das Gutachten ist kostenlos zu erstatten.

(3) ¹Eine Vereinbarung, nach der ein im Wege der Prozesskostenhilfe beigeordneter Rechtsanwalt für die von der Beiordnung erfasste Tätigkeit eine höhere als die gesetzliche Vergütung erhalten soll, ist nichtig. ²Die Vorschriften des bürgerlichen Rechts über die ungerechtfertigte Bereicherung bleiben unberührt.

(4) § 8 des Beratungshilfegesetzes bleibt unberührt.

Inhaltsübersicht

	Rn.
A. Allgemeines	1
I. Die Neuregelung der Vergütungsvereinbarung	1
1. Das Urteil des BVerfG (NJW 2007, 979) zum Erfolgshonorarverbot	1
2. Die Umsetzung des Urteils des BVerfG in das Gesetzeswerk	2
a) BRAO	2
b) Die Begründung des Gesetzgebers	3
c) Die Bedeutung der einzelnen 3 Sätze des § 49b Abs. 2 BRAO	4
aa) Verbot des Erfolgshonorars	4
bb) Verbot der Übernahme von Kosten durch RA	5
cc) Lediglich Erhöhung gesetzlicher Gebühren	6
d) Änderungen im RVG	7
II. Weitere Optionen des BVerfG für den Gesetzgeber	8
B. Kommentierung	9
I. Abs. 1 Textform	9
1. Textform statt Schriftform	9
2. Textform fordert	12
a) Lesbare Schriftzeichen	12
b) Urheberschaft	13
c) Abschluss der Erklärung	14
d) Vergütungsvereinbarung	15
e) Beweisführung durch »Urkunde« in Textform	16

	Rn.
f) Allgemeiner Schriftformhinweis sowohl für Erhöhung als auch Herabsetzung	17
g) Textformgebot – Gebührenvereinbarung nach § 34 (Beratung, Gutachten, Mediation)?	18
3. AGB – Vorgedruckte Vergütungsvereinbarungen – Aushandeln des Vertrages	19
a) Ratschlag zur Vermeidung von AGB	19
b) Dichte der Prüfung	20
aa) Mandant ist Verbraucher	21
bb) Mandant ist Unternehmer	22
c) Preisabsprache	23
4. Ausreichende Bestimmtheit der Honorarvereinbarung	24
5. Vergütungsvereinbarungen außerhalb der Vergütungsvorschriften des RVG	25
II. Abs. 1 Satz 2 Bezeichnung: Als Vergütungsvereinbarung oder ähnlich, abgesetzt und nicht in der Vollmacht	26
1. Bezeichnung Vergütungsvereinbarung oder ähnlich	26
2. Deutliches Absetzen mit Ausnahme von der Auftragserteilung	27
a) Vergütungsvereinbarungen einerseits und sonstige Vereinbarungen andererseits	27
b) Gestaltungsmöglichkeiten der deutlichen Absetzung	27

Abschnitt 1 – Allgemeine Vorschriften

		Rn.
	3. Trennung von der Vollmacht	28
III.	Abs. 1 Satz 3 Hinweispflicht auf begrenzte Kostenerstattung	29
IV.	Abs. 1 Satz 4 Geltung des Absatzes 1 Satz 1 und 2 nur für Vergütungsvereinbarung	30
V.	Herabsetzung einer unangemessen hohen Vergütung – Absatz 2 Satz 1 entspricht dem bisherigen Absatz 4 des § 4 a. F.	31
	1. Unanwendbarkeit der Norm	31
	2. Unangemessen hohe Vergütung	32
	3. Herabsetzung einer unangemessen hohen Vergütung	37
	4. Herabsetzung durch das Gericht	38
	a) Rechtsstreit	38
	b) Gerichtsstand	39
	aa) Gesetzlicher Gerichtsstand	39
	bb) Gerichtsstandsvereinbarung	42
	c) Herabsetzung auf den angemessenen Betrag – Berücksichtigung aller Umstände, Zeitpunkt	43
	d) Keine Herabsetzung unter den Betrag der gesetzlichen Vergütung	44

		Rn.
	e) Herabsetzung nach Bezahlung und Vergleich	45
	f) Rechtsfolge der Herabsetzung	46
VI.	Absatz 2 Satz 2 Gutachten der Rechtsanwaltskammer	47
VII.	Abs. 3 Satz 1 und 2 Prozesskostenhilfe / Rückforderung aus ungerechtfertigter Bereicherung	50
VIII.	Beratungshilfe	51
IX.	Rechnung	52
C.	**Formulierungsbeispiele**	53
	I. Vereinbarung eines Pauschalhonorars	53
	II. Vereinbarung eines Zeithonorars	54
D.	**Erstattungsfähigkeit der vereinbarten Vergütung**	55
	I. Problematik	55
	II. Stundenhonorar ist im Ergebnis niedriger als die gesetzliche Gebühr	56
	1. Außergerichtliche Angelegenheit	56
	2. Gerichtliche Angelegenheit	60
	III. Bruchteilserstattungsanspruch	71

A. Allgemeines

I. Die Neuregelung der Vergütungsvereinbarung

1. Das Urteil des BVerfG (NJW 2007, 979) zum Erfolgshonorarverbot

1   Der Urteilstenor lautet:

»Das Verbot anwaltlicher Erfolgshonorare einschließlich des Verbotes der »quota litis« (§§ 49 b Abs. 2 BRAO a. F., 49 b Abs. 2 Satz 1 BRAO) ist mit Art. 12 Abs. 1 GG insoweit nicht vereinbar, als es keine Ausnahme für den Fall zulässt, dass der Rechtsanwalt in der Vereinbarung eine erfolgsbasierte Vergütung besonderen Umständen in der Person des Auftraggebers Rechnung trägt, die diesen sonst davon abhielten, seine Rechte zu verfolgen.«

Das Urteil musste bis zum 30. 06. 2008 umgesetzt sein. Daraus erklären sich vielleicht kleine Ungereimtheiten, die die Rechtsprechung nun überwinden muss: So etwa die Frage, ob die §§ 3 a (**Vergütungs**vereinbarung) und 34 (**Gebühren**vereinbarung) dasselbe meinen, ob es also eine sprachliche Ungenauigkeit ist oder ob § 3 a gemäß der Legaldefinition des § 1 Abs. 1: **Gebühren und Auslagen** und § 34 nur die **Gebühren** meint, wofür ich votiere, da ich denke, wenn ein Gesetz in seinem § 1 eine Legaldefinition bringt, dann muss diese Definition doch auch für das ganze Gesetz gelten. Dann kann der Anwalt aus einer festen **Vergütungs**vereinbarung über etwa € 5.000,00 nur insgesamt € 5.000,00 **unter Einschluss der USt.** verlangen, während er neben einer vereinbarten **Gebühr** von € 5.000,00 für eine Beratung i. S. von § 34 noch die Auslagen, also insbesondere die **USt.** verlangen kann (im letzteren Sinne auch Schneider / Wolf RVG 3. Aufl. § 34 Rn. 48, unklar *Mayer* in Gerold / Schmidt / Madert / Müller-Rabe / Mayer / Burhoff RVG 18. Aufl. § 3 a Rn. 3; **a. A.** *Teubel/Winkler* in Mayer / Kroiß RVG 2. Aufl. § 34 Rn. 74 und *Teubel* in Teubel / Schons Erfolgshonorar 3. Rn. 4: an beiden Stellen wird die Ansicht vertreten, auch bei einer »Gebührenvereinbarung« sei die USt. aus Gründen der Unklarheit mit inbegriffen).

2. Die Umsetzung des Urteils des BVerfG in das Gesetzeswerk
a) BRAO

Der Gesetzgeber hat das Urteil des BVerfG in grundsätzlicher Hinsicht mit zwei Maßnahmen umgesetzt:

Im § 49 b BRAO hat er das grundsätzliche Verbot des Erfolgshonorars aufrechterhalten und in Bezug auf Ausnahmen auf Spezialregelungen im RVG verwiesen.

§ 49 b Abs. 2 BRAO lautet in seiner geänderten und seit dem 01. 07. 2008 geltenden Fassung:

»2) ¹*Vereinbarungen, durch die eine Vergütung oder ihre Höhe vom Ausgang der Sache oder vom Erfolg der anwaltlichen Tätigkeit abhängig gemacht wird, oder nach denen der Rechtsanwalt einen Teil des erstrittenen Betrages als Honorar erhält (Erfolgshonorar), sind unzulässig, soweit das Rechtsanwaltsvergütungsgesetz nichts anderes bestimmt. ²Vereinbarungen, durch die der Rechtsanwalt sich verpflichtet, Gerichtskosten, Verwaltungskosten oder Kosten anderer Beteiligter zu tragen, sind unzulässig. ³Ein Erfolgshonorar im Sinne des Satzes 1 liegt nicht vor, wenn lediglich vereinbart wird, dass sich die gesetzlichen Gebühren ohne weitere Bedingungen erhöhen.*«

b) Die Begründung des Gesetzgebers (BT-Drs. 16/8384 zu B »Besonderer Teil«, zu Art. 1, S. 9)

»*Mit der Neufassung des § 49 b Abs. 2 wird das berufsrechtliche Verbot der Vereinbarung von Erfolgshonoraren grundsätzlich beibehalten. Die Voraussetzungen, unter denen eine Vereinbarung von Erfolgshonoraren künftig erlaubt sein soll, sollen im Rechtsanwaltsvergütungsgesetz geregelt werden.*«

»*... Die gesetzliche Definition für das Erfolgshonorar in Satz 1 entspricht der bisherigen Regelung. Sie verzichtet aber auf den Begriff »quota litis«. Streitanteilsvereinbarungen sollen künftig unter denselben Voraussetzungen erlaubt sein wie sonstige erfolgsbasierte Vergütungen. ... Eine Unterscheidung zwischen verschiedenen Formen von Erfolgshonoraren ist daher entbehrlich.*«

c) Die Bedeutung der einzelnen 3 Sätze des § 49 b Abs. 2 BRAO
aa) Verbot des Erfolgshonorars

Satz 1 Diese Regelung hält am traditionellen Verbot der Vereinbarung eines Erfolgshonorars fest und verweist hinsichtlich der Ausnahmen auf das RVG (so auch die vorstehend wiedergegebene Gesetzesbegründung).

bb) Verbot der Übernahme von Kosten durch RA

Durch § 49 b Abs. 2 Satz 2 BRAO wird ausgeschlossen, dass ein Anwalt Gerichtskosten, Verwaltungskosten oder Kosten anderer Beteiligter für seinen Auftraggeber übernimmt. Dies ist nur einem Prozessfinanzierer erlaubt.

cc) Lediglich Erhöhung gesetzlicher Gebühren

§ 49 b Abs. 2 Satz 3 BRAO n. F. enthält eine wesentliche Einschränkung des bisher nach der weiten Fassung der Novelle des Jahres 2004 Erlaubten. Wie bisher ist die Vereinbarung erhöhter gesetzlicher Gebühren dann nicht als Erfolgshonorar zu bewerten, wenn es sich um Gebühren mit Erfolgskomponenten handelt. Eine Einschränkung liegt aber darin, dass die Vereinbarung **nicht von weiteren Bedingungen**, z. B. dem Ausgang der Sache, abhängig gemacht werden darf. In der Literatur war zur Novelle 2004 die Ansicht vertreten worden, die Erhöhung von gesetzlichen Gebühren, jedenfalls von Erfolgsgebühren (Paradebeispiel: Einigungsgebühr) könne auch von einem bestimmten Ausgang des Rechtsstreits (Vergleich) abhängig gemacht werden, also etwa, falls 70 % der Klagesumme erreicht werden (vgl. Braun Preiswerbung in Festschrift für Madert Seite 55; Enders JurBüro 2004, 238, ähnlich wohl auch Mayer/Kroiß RVG 1. Aufl. § 1 Rn. 251; Mayer AnwBl. 2007, 780; zweifelnd Bischof in der 2. Auflage § 4 Rn. 124).

Abschnitt 1 – Allgemeine Vorschriften

Diese Möglichkeit, das Abhängigmachen von einer weiteren Bedingung, ist jetzt nach dem Gesetzestext verschlossen.

Der Gesetzgeber listet in seiner Begründung zur fortbestehenden Möglichkeit der Erhöhung von gesetzlichen Gebühren die einzelnen Nummern der Gebühren mit Erfolgskomponenten auf. Die Liste in den Gesetzesmotiven deckt sich mit meinen Ausführungen in der 2. Auflage § 4 Rn. 126, also Nummern 1000 bis 1007 (Einigungsgebühren, die Aussöhnungsgebühren, die Erledigungsgebühren) sowie die Nummern 4141 und 5115 VV RVG.

d) Änderungen im RVG

7 Im RVG wurden neue Paragrafen eingefügt, die es in der Fassung bis zum 30. 06. 2008 nicht gab. Es handelt sich hierbei um § 3 a »Vergütungsvereinbarung«, § 4 a »Erfolgshonorar«, § 4 b »Fehlerhafte Vergütungsvereinbarungen«.

Der § 4 RVG a. F. wurde zwar grundsätzlich beibehalten, aber zum großen Teil aufgehoben. Einige Absätze wurden in die übrigen neuen Paragrafen verschoben.

II. Weitere Optionen des BVerfG für den Gesetzgeber

8 Das BVerfG hatte allerdings dem Gesetzgeber auch die Option gegeben, vom Verbot des Erfolgshonorars ganz abzusehen. Wenn denn einmal der EUGH das RVG, was nach wie vor zu befürchten ist, als »europarechtswidrig« erklärt haben wird, wird der Gesetzgeber darauf zurückkommen. Das BVerfG in seinem Urteil:

> »Schließlich ist der Gesetzgeber nicht gehindert, dem verfassungswidrigen Regelungsdefizit dadurch die Grundlage zu entziehen, dass das Verbot anwaltlicher Erfolgshonorare ...... völlig aufgegeben oder dass an ihm nur noch unter den engen Voraussetzungen wie etwa im Fall unzulänglicher Aufklärung des Mandanten festgehalten wird.«

B. Kommentierung

I. Abs. 1 Textform

1. Textform statt Schriftform

9 Wenn man einen Laien fragt, was der Unterschied zwischen Schriftform und Textform ist, so wird er über die Juristen nur den Kopf schütteln. Hätte man gesagt, Fax genügt oder E-Mail genügt, usw., so hätte der Laie uns Juristen verstanden, bei »Textform« versteht er (und viele Juristen auch) nur »Bahnhof.« Wir kommen beim Volk mit unserer Juristensprache häufig so schlecht an, weil wir in aller Vorsorge alles generell und abstrakt regeln wollen. Wenn es denn in 10 Jahren eine neue Übermittlungsform geben sollte, ja dann sollte man das Gesetz kurz erweitern.

Nun, wir müssen uns mit dem Begriff »Textform« beschäftigen, den der Gesetzgeber nicht erst jetzt bei der RVG-Novelle 2008 erfunden hat, sondern der schon so seit 2001, also vor der großen Novelle, im BGB steht:

§ 126 b BGB – Textform:

> *»Ist durch Gesetz Textform vorgeschrieben, so muss die Erklärung in einer Urkunde oder auf andere zur dauerhaften Wiedergabe in Schriftzeichen geeignete Weise abgegeben, die Person des Erklärenden genannt und der Abschluss der Erklärung durch Nachbildung der Namensunterschrift oder anders erkennbar gemacht werden.«*

Für die anschließende Auslegung der Norm ist schon jetzt darauf hinzuweisen, dass das Gesetz **früher** nur eine »**unvollkommene Schriftform**« gefordert hat: »**Erklärung des Auftraggebers** schriftlich«, **nur** also die Erklärung **des Mandanten** unterlag der Schriftform.

Jetzt aber lautet das Gesetz: »Eine **Vereinbarung** über die Vergütung«.

Es muss demgemäß jetzt zum **Austausch** von schriftlichen **Willen**serklärungen kommen, wenngleich dafür durch den Begriff »Textform« jetzt eine Fülle von Übermittlungsformen zugelassen wird, die früher (§ 4 RVG) nicht ausreichten.

Nach der **bisherigen Rechtslage** war es z. B. **umstritten**, ob die Erklärung des Auftraggebers **per Fax** abgegeben werden konnte. Dies hat das OLG Hamm (20. 09. 2005 – AGS 2006, 09) gegen gewichtige Stimmen in der Literatur **verneint**.

Die jetzt gewählte »Textform« ist eine erhebliche Vereinfachung für die Praxis, sie beruht auf Vorschlägen und Protesten der BRAG und des Deutschen Anwaltvereins im laufenden Gesetzgebungsverfahren zu den §§ 3 a bis 4 b RVG.

§ 126 b BGB (Textform) ist erst durch Gesetz vom 13. 07. 2001 (BGBl. I, S. 1542) in das BGB eingefügt worden. § 126 b BGB regelt die einfachste gesetzliche »Schriftform« und bewirkt dadurch eine Erleichterung des Rechtsverkehrs. Der Gesetzgeber 2001 hat die nachfolgenden Ziele für den Begriff »Textform« in den **Gesetzesmotiven zu § 126 a BGB** festgehalten:

»Die Textform ist nur für solche Formtatbestände vorgesehen, bei denen eine ausreichende Rechtssicherheit auch gegeben ist, wenn beispielsweise lediglich eine Kopie einer Erklärung (z. B. Telefax, ein nicht unterschriebenes Papierdokument herkömmlich postalisch oder die Erklärung überhaupt nur mittels telekommunikativer Einrichtungen) übermittelt wird. Dies gilt vor allem für Formtatbestände, bei denen keiner der Beteiligten und auch kein Dritter ein ernsthaftes Interesse an einer Fälschung der Erklärung haben kann« (BT- Drs. 14/4987, S. 18).«

Die Neuregelung stellt also, wie ausgeführt, zugleich eine Erleichterung (Formen der Übermittlung) wie auch eine Erschwerung (beiderseitige Erklärungen) der Form der Vergütungsvereinbarung dar, so auch *Mayer* in Gerold / Schmidt / Madert / Müller-Rabe / Mayer / Burhoff RVG 18. Aufl. § 3 a Rn. 5.

2. Textform fordert

a) Lesbare Schriftzeichen

Die Textform erfordert Schriftzeichen, die lesbar abgegeben werden. Ausreichend sind für das Erfordernis der Textform auch Dateien. Eine Leseversion der Textdatei reicht nicht. Eine Übermittlung in Papier ist nicht erforderlich. Ausreichend ist die elektronische Erstellung und Übermittlung z. B. per Fax, Computerfax, E-Mail oder SMS (Staudinger / Hertel BGB § 126 b Rn. 25 ff.; Bamberger/Roth BGB 2. Aufl. 2008 § 126 b Rn. 4–7; Prütting BGB 2. Aufl. 2007 § 126 b Rn. 4). Nicht erforderlich, aber natürlich erst recht wirksam, ist die Versendung der Vergütungsvereinbarung mittels elektronischer qualifizierter Signatur. **Neue BGH-Entscheidung** vom 05.08.2008 (NJW 2008, 2649): **PDF-Datei genügt** sogar für Berufung!

Gesprochene Mitteilungen, die digitalisiert versandt und erst beim Empfänger von der akustischen zur optischen Wahrnehmbarkeit umgewandelt werden, **genügen der Textform nicht** (Bamberger/Roth BGB 2. Aufl. 2008 § 126 b Rn. 3).

b) Urheberschaft

Weitere Voraussetzung ist die Namensnennung des Erklärenden. Es genügt die Erkennbarkeit der tatsächlichen Person des Erklärenden. Kennen sich die Parteien, so reicht die Angabe des Vornamens, etwa »dein Helmut«, ja sogar der Spitzname aus. Unerheblich ist, an welcher Stelle im Text der Urheber genannt ist.

Abschnitt 1 – Allgemeine Vorschriften

c) Abschluss der Erklärung

14 Der Abschluss der Erklärung muss erkennbar sein. Dazu gibt es mehrere Möglichkeiten:

Natürlich in erster Linie die Unterschrift auf dem Fax oder die eingescannte Unterschrift (Staudinger / Hertel BGB § 126 b Rn. 31) oder die maschinenschriftliche Unterschrift auf einer Datei.

Klar ist das Ende auch, was für die Form des § 126 b genügt, wenn es am Ende heißt: »Diese Erklärung ist nicht unterschrieben« oder »Dieses Schreiben wurde maschinell erstellt und trägt deshalb keine Unterschrift« oder auch sogar nur der Zusatz »Ende« (Staudinger / Hertel BGB § 126 b Rn. 32).

Auch eine bloße Zeichenfolge reicht aus, etwa --------------------.

d) Vergütungsvereinbarung

15 Aus dem Wort »Vereinbarung« muss man ableiten, dass es sich um korrespondierende Willenserklärungen handeln muss. Wie ausgeführt, genügt das **einseitige** schriftliche Versprechen des Mandanten nach der gesetzlichen Neufassung **nicht** mehr.

Die Wirksamkeit der Willenserklärung in Textform setzt daher (Vertragsschluss) deren Zugang beim Adressaten voraus.

Streitig ist, ob bei elektronischer Übermittlung daher das Einverständnis des Empfängers mit der elektronischen Übermittlung notwendig ist (bejahend Palandt BGB § 126 b Rn. 6, verneinend Münchner Kommentar BGB § 126 b Rn. 10). Fehlt das Einverständnis des Empfängers, so ist nach Palandt also zweifelhaft, ob auch ohne Kenntnisnahme (siehe § 130 BGB) die erforderliche Zurechnung des Zugangs zu bejahen ist. Denn, so ließe sich argumentieren, wer nicht durch E-Mails belästigt werden will und das deutlich erklärt, bei dem geht auch die Mail nicht zu. Andererseits ließe sich argumentieren, wer ein E-Mail Konto einrichtet, öffnet damit einen entsprechenden Briefkasten.

Ferner: Ist es für einen Vertrag in Textform erforderlich, dass eine letztlich **von beiden** Vertragspartnern stammende **einheitliche Urkunde** (wohlbemerkt ohne Unterschriften) erstellt wird oder zumindest **eine** von beiden Parteien hintereinander erstellte elektronische Datei? Beispiel: Der Empfänger einer E-Mail drückt die »Antworttaste« und fügt hinzu: »Ich bin mit dem Inhalt Ihrer E-Mail einverstanden, Friedrich Meyer.« Das würde jedenfalls ausreichen. Für die Beachtung der gesetzlichen Schriftform ist es nämlich auch ausreichend, wenn der Empfänger einer von der Gegenseite gezeichneten Urkunde diese zurücksendet (am besten, wenn auch nicht notwendig, mit »Einverstanden«), aber mit seiner Unterschrift (BGH NJW 2001, 222: notwendig: Unterschriften auf derselben Urkunde).

Allerdings enthalten weder § 126 b BGB noch § 3 a Abs. 1 Satz 1 RVG eine ausdrückliche Regelung für das Zustandekommen eines Vertrages in Textform. Aus diesem Unterschied zum Vertragsschluss in gesetzlicher Schriftform einerseits und der Textform andererseits könnte man im Umkehrschluss aus dem Schweigen schließen, dass eine einheitliche Urkunde (Datei) bei der Textform nicht notwendig sei.

Die eingangs gestellte Frage zur einheitlichen Urkunde bei der Textform beantworte ich daher wie folgt: Mangels konkreter Formvorschrift (auch sonst kommt ein Vertrag außerhalb der gesetzlichen Schriftform durch zwei korrespondierende Urkunden auf verschiedenen Papieren zustande (BGH NJW 2001, 222)), ist der Textform genügt, wenn sowohl der Antrag als auch die Annahme in Textform vorliegen, ohne dass beide körperlich (oder elektronisch) verbunden sind.

e) Beweisführung durch »Urkunde« in Textform

16 Mit der Textform kann der Beweis geführt werden, allerdings je knapper er gehalten ist, desto problematischer ist die Beweisführung. Die Beweislast für die Einhaltung der Textform für

die Vergütungsvereinbarung trägt der Rechtsanwalt. Das Beweismittel Textform, wenn sie in Papierform (schriftlich) abgegeben worden ist, ist eine Urkunde (§§ 415 ff. ZPO); ein elektronisches Dokument unterliegt allerdings – wie auch sonst Fotos – den Vorschriften über den Beweis durch den Augenschein (§§ 371, 372 ZPO), so auch Staudinger (BGB § 126 b Rn. 38 m. w. N.).

Um etwaige Beweisschwierigkeiten über die tatsächliche Abgabe einer wirksamen Willenserklärung sowie den Inhalt dieser übereinstimmenden Erklärung zu vermeiden, **empfehle ich**, falls es schnell gehen soll und die Unterschriftsleistung auf dem Vertragsexemplar nicht abgewartet werden soll oder kann, dennoch die elektronische Form der E-Mail besser zu meiden und in diesem Falle ein **unterschriebenes Fax** zu senden und die Zustimmung und Unterschrift auf diesem Fax per Rückfax zu erbitten. Genauso könnte der Anwalt die ausdrückliche schriftliche Zustimmung und Unterschriftsleistung, zurückgeleitet per Fax, auf einer von ihm an den Mandanten gerichteten E-Mail beinhaltend die Vergütungsvereinbarung erbitten. Nur, wenn er erstmal eine E-Mail absendet, wird darauf leicht nur mit einer E-Mail geantwortet, was gewisse Beweisschwierigkeiten später auslösen kann, wenn mehrere E-Mails ausgetauscht worden sind (so auch Teubel/Schons Erfolgshonorar für Anwälte § 2 Rn. 61).

f) Allgemeiner Schriftformhinweis sowohl für Erhöhung als auch Herabsetzung

Durch den viele Jahre geltenden Wortlaut des § 4 RVG (davor § 3 BRAGO) sind wir daran gewöhnt (Schutzfunktion für den Mandanten), dass **nur die höhere Vergütung** der Schriftform **bedurfte**. Diese Einschränkung findet sich nunmehr weder im § 3 a noch in den weiteren Regelungen der §§ 4, 4 a und 4 b. Das **Textformerfordernis** des § 3 a betrifft daher **nunmehr alle Formen der Vergütungsvereinbarungen** (also sowohl die **höhere** als die gesetzliche Vergütung, wie auch die **niedrigere** als die gesetzliche Vergütung, also auch das **Erfolgshonorar**). Diese Regelung löst zugunsten der Anwälte (u. a. **teilweise**) das bisherige Problem bei der Verabredung von Stundenhonoraren, bei denen sich erst am Ende herausstellt, ob die Vergütung höher oder niedriger als die gesetzliche Vergütung ist.

Nicht gelöst werden kann durch das Postulat der Textform das Problem: **Stundensatzvereinbarung in gerichtlichen Verfahren**, wenn die tatsächlich angefallene Vergütung im Ergebnis geringer als die gesetzlichen Gebühren ausgefallen ist. Denn nach § 49 b Abs. 1 BRAO ist die Regelung geblieben, dass es dem Anwalt verboten ist, unter den gesetzlichen Gebühren zu bleiben, soweit das RVG nichts anderes bestimmt. Ausnahmen von diesem Gebührenunterschreitungsverbot finden sich aber nur in § 4 Abs. 1 (außergerichtliche Angelegenheiten) und § 4 Abs. 2 (bestimmte Mahn- und Vollstreckungsangelegenheiten) sowie in § 4 a Abs. 1 Satz 2 (Angelegenheiten, auch gerichtliche, in denen ein Erfolgshonorar vereinbart wird), im übrigen ist es beim Verbot geringerer Vergütungen bei gerichtlicher Tätigkeit geblieben. Hilfe könnte von der umstrittenen BGH-Rechtsprechung zur Werbung mit niedrigen Pauschalgebühren kommen: z. B.: BGH NJW 2005, 1266: »Mit der Zeitvergütung, die in vielen Bereichen der anwaltlichen Tätigkeit üblich ist, wählen die Parteien des Anwaltsvertrags bewusst eine Berechnungsweise, die sich von der streitwertabhängigen Berechnung vollständig löst. Dies ist für sich genommen weder bei der üblichen Zeitvergütung noch im Streitfalle zu beanstanden.«

g) Textformgebot – Gebührenvereinbarung nach § 34 (Beratung, Gutachten, Mediation)?

Um jeglichen Zweifel auszuschließen (in der 2. Auflage wurde das so schon zu § 34 vertreten), hat der Gesetzgeber in Satz 4 ausdrücklich bestimmt, dass das Textformgebot nicht für die Gebührenvereinbarungen nach § 34 gilt.

Abschnitt 1 – Allgemeine Vorschriften

3. AGB – Vorgedruckte Vergütungsvereinbarungen – Aushandeln des Vertrages

a) Ratschlag zur Vermeidung von AGB

19 Vorgedruckte Vergütungsvereinbarungen (Honorarscheine) sind im Fachhandel erhältlich. Sie werden gerne gekauft, damit man sicher ist, alles Wesentliche beachtet zu haben. Dasselbe gilt, wenn man Mustertexte aus Fachbüchern zur Gebührenvereinbarung verwendet. Das alles hat allerdings den Nachteil, dass es dann AGBs sind. Vorzuziehen ist daher das Aushandeln der Vergütungsvereinbarung. Der Anwalt sollte in Reserve aber eine formgültige Vereinbarung haben, an der er sich orientiert (Checkliste). Dabei sollte er mit programmierter Textbearbeitung arbeiten und den gespeicherten Text auf den betreffenden Fall individuell abwandeln.

Da vorgedruckte Honorarscheine, so aber auch gespeicherte Vergütungsvereinbarungen, AGB i. S. v. § 305 BGB sind, sind sie gem. § 307 Abs. 1 und 2 BGB unwirksam, wenn sie den Vertragspartner des Verwenders entgegen den Geboten von Treu und Glauben unangemessen benachteiligen, wenn also eine Bestimmung mit wesentlichen Grundgedanken der gesetzlichen Regelung, von der abgewichen wird, nicht zu vereinbaren ist. Die **Angemessenheitskontrolle** nach § 3a Abs. 2 Satz 1 macht eine Inhaltskontrolle nach § 307 BGB nicht entbehrlich.

Der Nachweis des **individuellen** Aushandelns mittels Schriftverkehrs ist daher eminent wichtig (z. B. man macht zwei verschiedene Wahlvorschläge und setzt hinzu, man könne auch andere Bedingungen noch aushandeln).

Da jetzt bei deutlichem Absetzen von anderen Vereinbarungen ein wirksamer Gesamtvertrag (im Gegensatz zur Regelung des § 3 Abs. 1 BRAGO) zusammen mit der Gebührenvereinbarung vereinbart werden kann, werden die Fälle der Inhaltskontrolle zunehmen, die bisher bei reinen Entgeltabsprachen kaum ein Thema waren.

b) Dichte der Prüfung

20 Da die Beweislast für eine Individualvereinbarung beim Verwender, hier also im Regelfall bei Anwalt liegt, sollte man sich bei der Gebührenvereinbarung vorsorglich mit den AGBs beschäftigen.

aa) Mandant ist Verbraucher

21 Vorformulierte Vertragsbedingungen (Mandant ist Verbraucher) unterliegen nach § 310 Abs. 3 Satz 2 BGB auch schon dann der Unklarheitenregel des § 305c Abs. 2 BGB und der Inhaltskontrolle nach den §§ 307–309 BGB, wenn sie nur zur **einmaligen** Verwendung formuliert worden sind und der Mandant aufgrund der Vorformulierung keine Möglichkeit hatte, inhaltlich auf die betroffene Klausel Einfluss zu nehmen.

Dasselbe gilt erst recht, wenn die Vergütungsvereinbarungen für eine Vielzahl von Fällen vorformuliert sind.

Nach § 13 BGB sind alle Geschäfte Verbrauchergeschäfte, wenn sie nicht zu einem Zwecke abgeschlossen werden, der der gewerblichen oder selbständigen beruflichen Tätigkeit zugerechnet werden kann. Es ist darauf abzustellen, ob das Rechtsgeschäft – der Anwaltsvertrag – zu einem Zweck geschlossen wird, der weder der gewerblichen noch der selbstständigen beruflichen Tätigkeit des Mandanten (etwa einer freiberuflichen, künstlerischen oder landwirtschaftlichen Berufstätigkeit) zugerechnet werden kann. So hat z. B. das BAG den Arbeitnehmer im Rahmen des Arbeitsvertrages als Verbraucher i. S. des § 13 BGB eingeordnet (ebenso BGH JurBüro 2008, 267).

Liegen allgemeine Geschäftsbedingungen, also für eine Vielzahl von Verträgen vorformulierte Vertragsbedingungen, vor und betrifft das Mandat eine Tätigkeit des Mandanten als

Verbraucher, so müssen sich die vorformulierten Vertragsbedingungen, wie ausgeführt, an den §§ 305 ff. BGB, insbesondere auch an § 308 BGB (Klauselverbote mit Wertungsmöglichkeit) und § 309 BGB (Klauselverbote ohne Wertungsmöglichkeit), messen lassen.

bb) Mandant ist Unternehmer

Ist der Mandant beim Abschluss des Anwaltsvertrages Unternehmer i. S. von § 14 BGB, so ist der Schutz abgesenkt und es erfolgt lediglich eine erleichterte Inhaltskontrolle (§ 310 Abs. 1 Satz 1 BGB), sie beschränkt sich auf die Generalklausel des § 307 BGB.   22

Die Klauselverbote der §§ 308 und 309 BGB finden keine Anwendung, jedoch wird durch § 310 Abs. 1 Satz 2 BGB klargestellt, dass bei der Prüfung des § 307 BGB die Wertungen der §§ 308, 309 BGB mittelbar in die Inhaltskontrolle einfließen.

c) Preisabsprache

Klauseln, die Art und Umfang der vertraglichen Hauptleistungspflicht und den dafür zu zahlenden Preis unmittelbar regeln, unterliegen nicht der Inhaltskontrolle, da die Vertragsparteien nach dem Grundsatz der Privatautonomie Leistung und Gegenleistung grundsätzlich frei bestimmen können (so zuletzt für Vergütungsvereinbarung OLG Düsseldorf AGS 2006, 530 = NJW-RR 2007, 129 und allgemein BGH NJW 1992, 688 zu einer Preisbemessungsklausel für Fahrtkosten und NJW 1998, 3838 zur Nichtanwendbarkeit bei Art und Umfang der vertraglichen Hauptleistungspflicht und den dafür zu zahlenden Preis – Kreditkarte).   23

In der RVG-Literatur wird allerdings teilweise vertreten, dass nach den Umständen des Einzelfalls zu prüfen sei, ob durch eine Vergütungsvereinbarung gegen § 307 Abs. 1 i. V. m. Abs. 2 Nr. 1 BGB dann verstoßen werde, wenn die Vergütungsvereinbarung von dem **wesentlichen Grundgedanken der gesetzlichen Regelung** so weit abweiche, dass sie nicht mehr damit zu vereinbaren sei und darüber hinaus dadurch der Mandant entgegen den Geboten von Treu und Glauben benachteiligt werde (Mayer/Kroiß RVG 2. Aufl. § 4 Rn. 132). Die Rechtsprechung des BGH wird zu beobachten sein. Insbesondere kann es deshalb zukünftig zu Prüfungsfällen kommen, weil Vergütungsabsprachen, wenn auch deutlich getrennt, mit sonstigen Vertragsabreden verbunden werden können.

Mögliche künftige Problemfälle (AGBs):

Bei **Zeitnachweisen** der anwaltlichen Tätigkeit besteht nach der bereits erwähnten Entscheidung des OLG Düsseldorf (AGS 2006, 530 – aber Nichtzulassungsbeschwerde eingelegt, IX ZR 144/06) ein erhebliches Problem, wenn im 15- oder auch nur 10-Minutenzeittakt vereinbarungsgemäß abgerechnet werden soll. Die Entscheidung sollte man einmal am besten in ihrer gesamten Länge von 30 Druckseiten durchsehen. Wenn auch einige Leitsätze zwischenzeitlich stark kritisiert worden sind, so dürfte das Ergebnis doch stimmen. Hier hat ein Anwalt wirklich, wie sich aus der Entscheidung des OLG Düsseldorf ergibt, »zugelangt«.

Unanfechtbar dürfte nach meiner Ansicht eine Zeittaktklausel aber sein, wonach pro Tag in einer Gesamtsumme abgerechnet wird und sodann bei Überschreitung einer Stunde auf eine volle ¼ Stunde aufgerundet wird.

Siehe im Übrigen auch Gerold/Schmidt/Madert/Müller-Rabe/Mayer/Burhoff RVG 18. Aufl. § 3 a Rn. 57.

Keine Probleme dürften Vorschussklauseln bieten, wenn sie sich am Grundgedanken des § 9 RVG ausrichten.

4. Ausreichende Bestimmtheit der Honorarvereinbarung

Für die Wirksamkeit einer Honorarvereinbarung ist es erforderlich, dass sie genügend bestimmt ist (BGH NJW 1965, 1023; AnwBl. 1978, 227; OLG Hamm AnwBl. 1986, 452; AGS 2005, 378). Dabei muss ein Maßstab gewählt werden, der ohne Schwierigkeiten eine ziffernmäßige   24

Abschnitt 1 – Allgemeine Vorschriften

Bezeichnung der Vergütung zulässt. Das ist bei einer Vereinbarung einer Pauschale zuzüglich eines Zeithonorars möglich.

Zwar ist das Ausmaß der zeitlichen Beanspruchung bei Abschluss der Honorarvereinbarung noch offen. Dadurch wird die Leistung jedoch nicht unbestimmt. Vielmehr reicht es aus, wenn die Leistung bestimmbar ist (LG München I NJW 1975, 937). Das ist bei einem aufwandsbezogenen Stundenhonorar der Fall, da der Zeitaufwand für den Auftraggeber nachprüfbar darzulegen ist und demgemäß objektiv ermittelt werden kann (BGH AGS 2005, 378).

Es ist auch nicht erforderlich, dass sich der Anwalt zwischen einer Pauschale und einem Zeithonorar entscheidet. Auch Absatz 2 sieht beides nebeneinander als Möglichkeit vor (BGH AGS 2005, 378).

5. Vergütungsvereinbarungen außerhalb der Vergütungsvorschriften des RVG

25 Vereinbart der Anwalt für Tätigkeiten nach § 1 Abs. 2 (Treuhänder, Testamentsvollstrecker, Liquidator usw.) Stundensätze, so werden diese nicht an § 4 gemessen und die Abrede unterliegt auch nicht der Formvorschrift des § 3 a Absatz 1.

Diesen aus dem Gesetz (§ 1 Abs. 2) folgenden Grundsatz hat kürzlich das LAG Hamm (Beschl. v. 20. 01. 2006–10 TaBV 131/05, juris) bestätigt:

»Vereinbart der Anwalt für eine Schiedsrichtertätigkeit eine Stundenvergütung von € 200,00, so kann er diese Vereinbarung frei vom Formzwang des Absatz 1 Satz 1 mündlich treffen, da er für seine Schiedsrichtertätigkeit nicht den Vergütungsvorschriften des RVG unterliegt, wie sich aus § 1 Abs. 2 ergibt.«

II. Abs. 1 Satz 2 Bezeichnung: Als Vergütungsvereinbarung oder ähnlich, abgesetzt und nicht in der Vollmacht

1. Bezeichnung Vergütungsvereinbarung oder ähnlich

26 Nach § 3 a Abs. 1 Satz 2 muss die Vergütungsvereinbarung als Vergütungsvereinbarung oder **in vergleichbarer Weise** bezeichnet werden. Damit ist der unsinnige Streit zur Fassung 2004, ob die Bezeichnungen »Honorarvereinbarung« oder »Honorarschein« zur Formwidrigkeit der Vereinbarung führten, erledigt.

2. Deutliches Absetzen mit Ausnahme von der Auftragserteilung

a) Vergütungsvereinbarungen einerseits und sonstige Vereinbarungen andererseits

Nach dem Gesetzestext muss die Vergütungsvereinbarung von anderen Vereinbarungen mit Ausnahme der Auftragserteilung deutlich abgesetzt sein.

Zu solch anderen Vereinbarungen zählen nicht die Klauseln, die die Vergütung selbst betreffen, etwa eine Gerichtsstandsklausel für eine Vergütungsklage oder materielle Regelungen wie Fälligkeit, Vorschussanspruch, Notwendigkeit einer Zeittafel, Vergütung bei vorzeitiger Mandatsbeendigung.

Neu: Die Vergütungsvereinbarung braucht jetzt nicht mehr von der Auftragserteilung deutlich abgesetzt zu sein. Die Novelle bringt eine deutliche Erleichterung (anders noch BGH NJW 2004, 2818 und zuletzt AGS 2008, 60) für die Homogenität der Vergütungsvereinbarung. Jetzt können, was auch ein Laie erwartet, Auftragserteilung und dafür zu zahlende Vergütung zusammengefasst werden, etwa:

»Herr Franz Meyer beauftragt die Rechtsanwälte xy mit seiner außergerichtlichen Vertretung in der Erbschaftssache z und zahlt hierfür einen festen Betrag von

EUR 5.000,00 netto.

Hinzutreten die Auslagen nach den Nrn. 7000 ff. des RVG, also insbesondere die USt in gesetzlicher Höhe.«

Zur Notwendigkeit der ausdrücklichen Abrede hinsichtlich der »Auslagen«, siehe oben Rn. 1.

Dagegen sind als »andere Vereinbarungen« anzusehen etwa: Gerichtsstandsvereinbarungen für Klagen aus dem Mandatsverhältnis (z. B. Regress), soweit nach § 38 ZPO oder Art. 23 EuGVVO zulässig, Beschränkung der Haftung des Anwalts (§ 51 a Abs. 1 BRAO), Vereinbarungen über die ausschließliche Bearbeitung durch den Vertrauensanwalt, Dauer der Verwahrung der Handakten.

Zum Gerichtsstand: Wenn es nicht um Auslandsberührung (§ 38 Abs. 2 Satz 1 ZPO) geht, müssen beide Teile Kaufleute sein. Die Vereinbarung ist daher, abgesehen von der rügelosen Einlassung nach § 39 ZPO, nur gültig, wenn der Anwalt Kaufmann im Rechtssinne ist, wenn er also etwa als GmbH oder AG organisiert ist und auf der Gegenseite ein Kaufmann, eine juristische Person des öffentlichen Rechts oder ein öffentlich-rechtliches Sondervermögen steht (Schneider Die Vergütungsvereinbarung 2006 Rn. 2467).

Seit der Entscheidung des BGH von 2003 (MDR 2004, 164 = AGS 2004, 9) gilt die bisherige Rechtsprechung, dass der Anwalt am Sitz seiner Kanzlei als dem Gerichtsstand des Erfüllungsortes gem. § 29 ZPO klagen könne, nicht mehr. Will der Anwalt eine einheitliche Gerichtsstandsvereinbarung sowohl für den Gebührenanspruch wie auch für das Mandatsverhältnis treffen, so sollte er den sichersten Weg wählen und eine solche Vereinbarung in den deutlich zu trennenden Teil der anderen Vereinbarungen aufnehmen.

b) Gestaltungsmöglichkeiten der deutlichen Absetzung

Insoweit kann, da das Gesetz sich nicht geändert hat, auf die Kommentierung zu § 4 Abs. 1 Satz 2 RVG a. F. zurückgegriffen werden. 27

Die Vergütungsvereinbarung muss von anderen Vereinbarungen deutlich abgesetzt sein.

Die Vergütungsvereinbarung muss äußerlich von anderen Vereinbarungen deutlich, also etwa optisch, abgesetzt sein.

Diese deutliche Gestaltung kann durch Unterstreichung, graue Unterlegung oder Einrahmung, Verwendung von Sperrschrift, Fett- oder Farbdruck oder eine durchgezogene Linie erfolgen.

Ein deutliches Absetzen durch eine Trennlinie ist allerdings dann nicht ausreichend, wenn auch der übrige Text bereits mit mehreren Trennlinien versehen ist. Wichtig ist insbesondere eine unterschiedliche Überschrift als Mittel der deutlichen Abgrenzung: »Vergütungsvereinbarung« einerseits und »Mandatsvereinbarungen« andererseits.

Die Vergütungsvereinbarung muss sich von anderweitigen Erklärungen abheben, so dass für den Auftraggeber sofort erkennbar ist, dass hier eine gesonderte Vergütungsvereinbarung getroffen wird.

Zu empfehlen ist daher, die Vergütungsvereinbarung mit der Überschrift »Vergütungsvereinbarung« zu versehen, die sonstigen Vereinbarungen mit einer davon abweichenden Überschrift, etwa mit »Mandatsvereinbarung« oder »Das übrige Mandatsverhältnis betreffende Vereinbarungen« zu kennzeichnen, auch die Überschrift »sonstige Vereinbarungen« dürfte diesen Teil der Gesamtvereinbarung von der Vergütungsvereinbarung deutlich absetzen.

Abschnitt 1 – Allgemeine Vorschriften

3. Trennung von der Vollmacht

28 Satz 2 schreibt wie der frühere § 4 Abs. 1 Satz 1 vor, dass die Vergütungsvereinbarung nicht in der Vollmacht enthalten sein darf. Es müssen daher zwei Urkunden errichtet werden: Eine Vollmachtsurkunde und daneben die Vergütungsvereinbarung, letztere kann in Textform errichtet werden.

Hier reicht es nicht aus, wenn die Vergütungsvereinbarung und die Vollmacht in eine Urkunde aufgenommen und beide deutlich voneinander abgesetzt werden.

III. Abs. 1 Satz 3 Hinweispflicht auf begrenzte Kostenerstattung

29 Abs. 1 Satz 3 fordert jetzt, dass eine Vergütungsvereinbarung einen Hinweis darauf zu enthalten hat, dass die gegnerische Partei, ein Verfahrensbeteiligter oder die Staatskasse im Falle der Kostenerstattung regelmäßig nicht mehr als die gesetzliche Vergütung erstatten muss. Nach dem Wortlaut des Gesetzes gilt die Hinweispflicht für jede Art von Vergütungsvereinbarung, also auch für Vergütungsvereinbarungen, die eine niedrigere als die gesetzliche Vergütung vorsehen. Da die Norm aber den Rechtsuchenden schützen soll, hat sie nur Bedeutung, wenn die vereinbarte Vergütung die gesetzliche Vergütung übersteigt. Dem Rechtsuchenden soll damit klar gemacht werden, dass er die Differenz grundsätzlich selbst zu tragen hat, auch wenn der Gegner seine (gesetzlichen) Gebühren erstatten muss.

IV. Abs. 1 Satz 4 Geltung des Absatzes 1 Satz 1 und 2 nur für Vergütungsvereinbarung

30 Nach Abs. 1 Satz 4 gelten die Sätze 1 und 2 des Absatzes 1 nicht für **eine Gebührenvereinbarung nach § 34**. Bei Beratung, Gutachtentätigkeit und Mediation sieht das Gesetz keine grundsätzliche gesetzliche Gebühr vor (§ 34 Rn. 31, 32, 5). Dort soll der Anwalt nur auf eine Gebührenvereinbarung hinwirken. Diese kann er grundsätzlich auch mündlich vereinbaren, wenngleich aus Beweisgründen im Konfliktfall Schriftform (der Anwalt kann natürlich auch Textform wählen) dringend angezeigt ist.

V. Herabsetzung einer unangemessen hohen Vergütung – Absatz 2 Satz 1 entspricht dem bisherigen Absatz 4 des § 4 a. F.

1. Unanwendbarkeit der Norm

31 Ist die Gebührenvereinbarung wegen Sittenwidrigkeit nichtig (§ 138 BGB), so ist eine Herabsetzung durch den Richter nach Absatz 4 Satz 1 nicht möglich (Riedel/Sußbauer BRAGO 8. Aufl. § 3 Rn. 33; Schneider/Wolf RVG 3. Aufl. § 4 Rn. 130; Gerold/Schmidt/von Eicken/Madert/Müller-Rabe RVG 17. Aufl. § 4 Rn. 59). Allerdings schuldet der Auftraggeber gleichwohl die gesetzliche Vergütung, weil der Anwaltsvertrag selbst, der die gesetzliche Gebühr auslöst, infolge der sittenwidrigen Höhe nicht zugleich nichtig ist (§ 139 BGB, BGHZ 18, 348; Schneider/Wolf RVG 3. Aufl. § 4 Rn. 130).

In gleicher Weise ist die Herabsetzungsnorm nicht anwendbar auf formunwirksame Erhöhungsvereinbarungen gem. Abs. 1 Satz 1–3 (schon früher h. M. Riedel/Sußbauer BRAGO 8. Aufl. § 3 Rn. 33, jetzt folgt das aus § 4b RVG unmittelbar).

Das Gesetz selbst bestimmt nun positiv die drei Fälle der Anwendbarkeit der Herabsetzungsmöglichkeit durch das Gericht: eine vereinbarte, eine nach § 4 Abs. 3 Satz 1 von dem Vorstand der Rechtsanwaltskammer festgesetzte oder eine nach § 4 a für den Erfolgsfall vereinbarte Vergütung.

2. Unangemessen hohe Vergütung

Bis vor wenigen Jahren wurde in der Literatur (Madert Die Honorarvereinbarung 2. Aufl. 2002 Rn. 47) unter Bezugnahme auf die Entscheidung des BGH aus dem Jahre 1980 (BGHZ 77, 250 = NJW 1980, 1962) die Faustregel vertreten, eine vereinbarte Vergütung sei nicht ohne weiteres schon deshalb unangemessen hoch, weil sie die gesetzlichen Gebühren um das Zehnfache übersteige. Aus Sicherheitsgründen hat in jüngster Zeit *Teubel* (Mayer/Kroiß RVG § 4 Rn. 88) das 5- bis 7fache der gesetzlichen Gebühr als Grenze angeraten.

Nach der zuletzt hinsichtlich einer Honorarvereinbarung eines Strafverteidigers vom BGH am 27. 01. 2005 getroffenen Entscheidung (BGHZ 162, 98 = NJW 2005, 2142 = AGS 2005, 378 = MDR 2005, 1255, die Rechtsprechung ist gefolgt: OLG Frankfurt AGS 2005, 113 für eine Strafsache) muss man die Grenze künftig aus Sicherheitsgründen schon beim 5fachen (manche meinen beim 5- bis 6fachen, Mayer/Kroiß RVG 2. Aufl. § 4 Rn. 229) ziehen (allerdings ist gegen dieses BGH-Urteil **Verfassungsbeschwerde** eingelegt, die noch nicht entschieden ist).

Der BGH hat in dieser Entscheidung zu § 3 BRAGO, was aber auch für den gleichlautenden § 4 RVG a. F. und nunmehr für § 3 a gilt, folgende **Leitsätze** formuliert:

»1. Vereinbart ein Rechtsanwalt bei Strafverteidigungen eine Vergütung, die mehr als das Fünffache über den gesetzlichen Höchstgebühren liegt, spricht eine tatsächliche Vermutung dafür, dass sie unangemessen hoch und das Mäßigungsgebot des § 3 Abs. 3 BRAGO verletzt ist.

2. Die Vermutung einer unangemessen hohen Vergütung kann durch den Rechtsanwalt entkräftet werden, wenn er ganz ungewöhnliche, geradezu extreme einzelfallbezogene Umstände darlegt, die es möglich erscheinen lassen, bei Abwägung aller für die Herabsetzungsentscheidung maßgeblichen Gesichtspunkte die Vergütung nicht als unangemessen hoch anzusehen.«

Nach den Formulierungen des Urteils soll diese Regelung entsprechend für zivilrechtliche Ansprüche gelten bei hohen Streitwerten. Als hoch sieht die Literatur einen Streitwert im »hohen sechsstelligen Bereich« an (Gerold/Schmidt/Madert/Müller-Rabe/Mayer/Burhoff RVG 18. Aufl. § 3 a Rn. 25).

Beim Übersteigen der gesetzlichen Gebühren um das 4,5 fache hat der BGH trotz einer Gebühr von € 400.000,00 in einer Zivilsache mit einem Streitwert von € 8,1 Mio. keinen Anlass für die Bejahung einer unangemessen hohen Vergütung gesehen (BGH NJW-RR 2004, 1145). Eine Vielzahl von Beispielsfällen aus der Judikatur, auch der Untergerichte, findet sich bei Schneider Die Vergütungsvereinbarung 2006 Rn. 1406 ff.

Der Bundesgerichtshof (NJW 2003, 3486) sieht die Grenze zur Sittenwidrigkeit bei **mittleren Streitwerten** erst bei dem 9- bis 10-fachen der gesetzlichen Gebühren überschritten, ebenso das OLG Düsseldorf AGS 2006, 530.

Es sieht so aus, als mache der BGH höhenmäßig keinen Unterschied mehr zwischen einem sittenwidrig zu hohen Honorar und einer als unangemessen hoch zu qualifizierenden Vergütung (Mayer/Kroiß RVG 2. Aufl. § 4 Rn. 224; so der BGH in seinem Urteil vom 27. 01. 2005, NJW 2005, 2142), wenngleich bei der Sittenwidrigkeit auf den Zeitpunkt des Vertragsabschlusses und bei der Unangemessenheit auf den Verlauf des gesamten Mandats abzustellen ist und auch gelegentlich zur Bejahung der Sittenwidrigkeit noch besondere Umstände wie Verhaftung des Mandanten oder sonstige Notsituationen hinzukommen (vgl. Mayer/Kroiß RVG 2. Aufl. § 4 Rn. 223). Der BGH hat nämlich in seinem Urteil zur Unangemessenheit (NJW 2005, 2142) auf seine Maßstäbe zur Sittenwidrigkeit zurückgegriffen (etwa BGHZ 144, 343, 346).

Abschnitt 1 – Allgemeine Vorschriften

Bei der Unangemessenheitsprüfung dürfte es daher zulässig sein, dass in der 2. Stufe (Feststellung in der Stufe 1: das 5 fache der gesetzlichen Gebühren ist überschritten) nicht nur die Zusatzprüfung der vorgenannten Entscheidung des 9. ZS des BGH vom 27.01.2005 (NJW 2005, 2142) des Leitsatzes Nr. 2 stattfinden kann:

»Die Vermutung einer unangemessen hohen Vergütung kann durch den Rechtsanwalt entkräftet werden, wenn er ganz ungewöhnliche, geradezu extreme einzelfallbezogene Umstände darlegt, die es möglich erscheinen lassen, bei Abwägung aller für die Herabsetzungsentscheidung maßgeblichen Gesichtspunkte die Vergütung nicht als unangemessen hoch anzusehen.«

Es kann vielmehr stattdessen nunmehr die **Stundensatzbetrachtung** herangezogen werden (so auch OLG Hamm AGS 2007, 550 mit zustimmender Anmerkung von Schons; LG Berlin AnwBl. 2008, 549, das die BGH-Entscheidung des 9. ZS dahin auslegt, dass sie für Stundenhonorare überhaupt nicht gilt; Mayer/Kroiß RVG 2. Aufl. § 4 Rn. 230 und Teubel/Schons Erfolgshonorar für Anwälte 2008 § 2 Rn. 192; Gerold/Schmidt/Madert/Müller-Rabe/Mayer/Burhoff RVG 18. Aufl. § 3a Rn. 26 sowie Verfasser schon in der 2. Aufl. § 4 Rn. 34). Zur Stundensatzfrage hat der BGH in seiner Entscheidung (NJW 2003, 2386, 2387) nämlich (wenn auch zu § 138 BGB) den vereinbarten Stundensatz von DM 350,00 als nicht außergewöhnlich hoch bezeichnet und klargestellt, dass leistungsbezogene Vergütungsregelungen (Stundensatzvereinbarungen) von vornherein dann nicht unter § 138 BGB fallen, wenn der Stundensatz für sich genommen nicht unangemessen hoch ist. Denn eine leistungsbezogene Vergütung kann nach Auffassung des BGH nicht gegen das Sittengesetz verstoßen. Schon 2002 hat das OLG Hamm (AGS 2002, 268) DM 500 (also etwa € 250) als angemessen erklärt.

Teubel (Teubel/Schons Erfolgshonorar von Anwälten 2008 § 2 Rn. 193 und *Mayer* (Gerold/Schmidt/Madert/Müller-Rabe/Mayer/Burhoff RVG 18. Aufl. § 3a Rn. 26), also zwei Rechtsanwälte, bemerken, dass ein Stundensatz bis € 500,00 nicht unangemessen sei.

In anderem Zusammenhang, nämlich als Voraussetzung einer Beiordnung eines Notanwalts, hat das BSG folgende Entscheidung (16.10.2007 – B-6 KA 3/07 S) getroffen, nachdem der angefragte Wahlanwalt für seine Tätigkeit (Nichtzulassungsbeschwerde) einen Stundensatz von € 220,00 gefordert hatte:

»Das Verlangen eines Rechtsanwalts nach einer die gesetzlichen Mindestgebühren des § 3 Abs. 1 RVG übersteigenden Gebührenvereinbarung als Voraussetzung für die Übernahme des Mandats führt nicht dazu, dass dieser Rechtsanwalt als nicht zur Vertretung bereit i.S. von § 78b ZPO anzusehen ist.«

Auch anlässlich meiner Gebührenseminare in den letzten 15 Jahren habe ich immer wieder gehört, dass noch in DM-Zeiten in hoch angesehenen Praxen Stundensätze von bis zu DM 1.300,00, also € 650 gefordert und gezahlt worden sind. Dabei darf der entscheidende Richter nicht (neidisch) auf die reine Ziffer schielen. Mit dem Stundensatz muss der Anwalt nämlich zunächst einmal die Kosten seiner Praxis, die monatlich regelmäßig zu zahlen sind, sicherstellen.

Der angemessene Stundensatz ist, um die eigene Lebenshaltung sowie Bürokosten finanzieren zu können, sorgfältig zu kalkulieren. Hierzu die nachfolgenden groben Überlegungen:

Das Nettoeinkommen eines RA, also das persönliche Einkommen, errechnet sich derart, dass von den tatsächlich gezahlten Honoraren die Praxiskosten abzuziehen sind. Darüber hinaus sind Steuern sowie Vorsorgeaufwendungen für Krankheiten und Alter abzuziehen. Der verbleibende Betrag ist das Nettoeinkommen. Setzt man das Gebühreneinkommen mit 100 % an und die Praxiskosten mit 50 %, muss von diesen 50 % wieder die Hälfte für Steuern und Vorsorgeaufwendungen abgezogen werden, so dass lediglich 25 % vom Gebühreneinkommen als Nettoeinkommen übrig bleiben. Diese Kalkulation kann umgekehrt dazu verwendet werden, zu ermitteln, welches tatsächliche Gebühreneinkommen erforderlich ist, um ein bestimmtes Nettoeinkommen zu erzielen.

Vergütungsvereinbarung | § 3 a

- **Beispiel** 34

Ein monatlich zu erzielendes Nettoeinkommen von	€ 10.000,00
erfordert bei Berücksichtigung der Umsatzsteuer und den Vorsorgeaufwendungen von 50 % ein Gebühreneinkommen ohne Praxiskosten von	€ 20.000,00
und unter Einberechnung von 50 % Kosten ein monatliches Gebühreneinkommen von	€ 40.000,00
Somit kann errechnet werden, welches Gebühreneinkommen täglich erwirtschaftet werden muss, nämlich bei zwanzig Arbeitstagen im Monat pro Tag	€ 2.000,00
bei 10-stündiger Arbeitszeit somit pro Stunde	€ 200,00
bei 8-stündiger Arbeitszeit	€ 250,00

Die Vereinbarung von Zeitgebühren/Stundenhonoraren ist zweckmäßig, denn jeder Mandant kann sie überblicken und mit anderen Honorarberechnungen vergleichen. Ist eine Zeitgebühr vereinbart, muss der RA den zeitlichen Umfang seiner Tätigkeit erfassen; im Streitfall ist er beweispflichtig. Daher sind überzeugungskräftige detailreiche Aufzeichnungen über den Zeitaufwand sowie die Vereinbarung eines Mindestzeittaktes empfehlenswert. Auch ist zu vereinbaren, ob der Betrag pro angefangene Zeiteinheit, pro volle Zeiteinheit oder bei angefangener Zeiteinheit anteilig zu zahlen ist, wobei die Grenzen der Angemessenheit zu beachten sind. 35

Hier ist allerdings nach einer Entscheidung des OLG Düsseldorf (AGS 2006, 530) Vorsicht geboten. Ein Anwalt hatte Mindestzeittakte von 15 Minuten vereinbart. Das sah das **OLG Düsseldorf** aus folgenden Gründen als AGB-Verstoß nach § 307 Abs. 1 Satz 1, Absatz 2 Nr. 1 BGB an (gegen diese Entscheidung ist eine Nichtzulassungsbeschwerde unter IX ZR 144/06 beim 9. Senat des BGH anhängig):

»Von dieser vertraglich vorausgesetzten **Äquivalenz** weicht die Zeittaktklausel in ganz erheblicher Weise ab. Sie ist nämlich geeignet, die ausbedungene vollwertige Leistung, wie sie der Mandant nach Gegenstand und Zweck des Vertrages erwarten darf, unangemessen zu verkürzen. Sie unterliegt deshalb als Preisnebenabrede, der keine Leistung des Verwenders im Interesse des Verwendungsgegners entspricht, der Inhaltskontrolle (vgl. nur BGH NJW 1987, 1931, 1935 sub B. I. 1 m. w. N.; Palandt/Heinrichs BGB 65. Aufl. § 307 Rn. 762 m. w. N.). Die Unangemessenheit der Zeittaktklausel ergibt sich aus folgenden Umständen:

Nach ihr ist nicht nur jede Tätigkeit des Klägers, die etwa nur wenige Minuten oder gar auch nur Sekunden in Anspruch nimmt (z. B. ein kurzes Telefongespräch, Personalanweisungen, kurze Rückfragen, das Lesen einfacher und kurzer Texte), im Zeittakt von jeweils 15 Minuten zu vergüten, sondern auch jede länger andauernde Tätigkeit, die den jeweiligen Zeitabschnitt von 15 Minuten auch nur um Sekunden überschreitet, und zwar nicht beschränkt auf eine einmalige Anwendung z. B. am Ende eines Arbeitstages, sondern gerichtet auf die stetige Anwendung auch mehrmals täglich.

Der Senat braucht im Streitfall nicht zu entscheiden, ob etwa, wie das bei der so genannten anwaltlichen Hot-Line-Beratung üblich ist (vgl. BGH NJW 2003, 819, 821), nur eine minutengerechte Abrechnung angemessen ist oder ob mit Blick darauf, dass der Rechtsanwalt z. B. bei der Entgegennahme eines auch nur kurzen Ferngesprächs **aus seinem aktuellen Gedankenfluss und Arbeitsrhythmus herausgerissen wird und eine gewisse Zeit benötigt, um die unterbrochene Arbeit konzentriert fortsetzen zu können**, formularmäßig ein angemessener Zeitzuschlag vereinbart werden darf. Denn z. B. schon die Entgegennahme oder Führung von vier kurzen Ferngesprächen/Tag (mit durchschnittlich 15 Sek/Gespräch) würde auf der

Abschnitt 1 – Allgemeine Vorschriften

Grundlage der Zeittaktklausel zur Abrechnung eines Stundenhonorars von DM 450 (€ 230,08) statt eines tatsächlich insgesamt nur verdienten Minutenhonorars von DM 7,50 (€ 3,87) führen.«

In der Entscheidung hat der Senat auch einen Zeittakt von 10 Minuten als AGB-widrig erklärt.

Das OLG Hamm (Urt. vom 13. 03. 2008–28 U 71/07, JurBüro 2008, 306 = AnwBl. 2008, 546) sieht das allerdings im Hinblick auf die Berufsfreiheit des Anwalts nach dem GG anders, ebenso im Ergebnis *Teubel* in Teubel/Schons Erfolgshonorar für Anwälte § 2 Rn. 131.

Unanfechtbar dürfte eine Zeittaktklausel aber sein, wonach pro Tag in einer Gesamtsumme abgerechnet wird und sodann bei Überschreitung einer Stunde auf eine volle ¼ Stunde aufgerundet wird.

Teubel (Teubel/Schons Erfolgshonorar für Anwälte § 6 Rn. 22) empfiehlt, bis zur Klärung der Zeittaktfrage durch den BGH (IX ZR 144/06) minutengenaue Abrechnungen zu vereinbaren.

36 Da die Durchsetzung der Zeitgebühr wesentlich vom Vertrauensverhältnis zwischen dem RA und dem Mandanten abhängt, ist es hilfreich und empfehlenswert, in die Handakte die nachfolgende **Gesamtübersicht** aufzunehmen:

Handakte	Aktenzeichen:
Monat	Tag
Telefonat	
Gespräch	
Aktenstudium	
Gerichtstermin	
Auswertung Unterlagen	
Auswertung Post	
Lektüre	
Diktat	
Sonstiges	
Fahrtzeiten	

3. Herabsetzung einer unangemessen hohen Vergütung

37 Herabgesetzt werden können sowohl die vereinbarte Vergütung wie auch die vom Vorstand der Rechtsanwaltskammer festgesetzte Vergütung, wenn sie unter Berücksichtigung aller Umstände unangemessen hoch ist. Es genügt also nicht schon ein geringes Überschreiten der angemessenen Vergütung. Zwischen Vergütung und Tätigkeit des Anwalts muss ein nicht zu überbrückender Zwiespalt bestehen. Es muss unerträglich sein, den Auftraggeber an seinem Honorarversprechen festzuhalten (OLG Köln NJW 1998, 1960; OLG München NJW 1967, 1571; Schneider Die Vergütungsvereinbarung 2006 Rn. 171: »schlechthin unerträglich«).

Hierbei ist zu beachten, dass die Herabsetzung einer vereinbarten Vergütung einen Eingriff in die Vertragsfreiheit darstellt, von der nur zurückhaltend Gebrauch gemacht werden darf.

Die Darlegungs- und Beweislast für die Unangemessenheit hat der Auftraggeber. Der Anwalt hat die Art und den Umfang seiner Tätigkeit (Sphäre des Anwalts) darzulegen.

Bei der Prüfung der Frage, ob eine vereinbarte Vergütung herabzusetzen ist, hat das Gericht den anwaltlichen Zeit- und Arbeitsaufwand entscheidend zu berücksichtigen. Dabei sind neben den Kriterien des § 14 (Umfang, Schwierigkeit, Bedeutung der Angelegenheit, Einkommensverhältnisse des Auftraggebers und Haftungsrisiko) etwa dem Ansehen des Anwalts, z. B. Fachanwalt oder besonderer Spezialist, besondere Beachtung zu schenken (Schneider Die Vergütungsvereinbarung 2006 Rn. 1712).

Besonderheit bei erfolgsbezogener Vergütung: Da alle Umstände des Einzelfalles in die Abwägung einzubeziehen sind, ist bei einer erfolgsbezogenen Vergütungsvereinbarung in die Angemessenheitsprüfung auch das übernommene Vergütungsrisiko des Anwalts einzubeziehen (BT-Drs. 16/ 8384, S. 10). Je höher das vom Anwalt übernommene Risiko sich darstellt, desto höher ist die Schwelle für die Annahme einer unangemessenen Vergütung.

4. Herabsetzung durch das Gericht

a) Rechtsstreit

Die Herabsetzung der vereinbarten Vergütung erfolgt im Rechtsstreit durch das Gericht. 38

Dazu ergeben sich verschiedene Möglichkeiten (Schneider / Wolf RVG 3. Aufl. § 4 Rn. 121):

- Zahlungsklage des Anwalts;
- Gestaltungsklage des Auftraggebers auf Herabsetzung der nach seiner Ansicht zu hohen vereinbarten Vergütung (BGH NJW 1997, 2388);
- Feststellungsklage von Anwalt oder Auftraggeber, wenn Streit über die Angemessenheit besteht;
- Rückzahlungsklage des Auftraggebers;
- »Stufenklage« des Auftraggebers: Erste »Stufe« Herabsetzung und zweite »Stufe« Rückzahlung des zuviel gezahlten Betrags (Gerold / Schmidt / von Eicken / Madert / Müller-Rabe RVG 17. Aufl. § 4 Rn. 63; Schneider / Wolf RVG 3. Aufl. § 4 Rn. 121). Es handelt sich hier nicht um eine »echte« Stufenklage nach § 254 ZPO.

b) Gerichtsstand

aa) Gesetzlicher Gerichtsstand

Nach dem Grundsatzbeschluss des BGH (MDR 2004, 164 = AGS 2004, 9) ist Erfüllungsort der 39 anwaltlichen Vergütungsforderung nicht der Sitz der Kanzlei, sondern der Sitz des Beklagten, da es sich um eine einfache Zahlungsforderung handelt. Dies gilt auch für vereinbarte (höhere) Vergütungen.

Daneben kann die Klage (am selben Ort, dem Erfüllungsort) unter dem Gesichtspunkt des allgemeinen Gerichtsstandes des beklagten Mandanten (§ 13 ZPO) erhoben werden.

Zu denken ist aber auch an § 34 ZPO, den besonderen Gerichtsstand des Hauptprozesses (zuständig immer nur die erste Instanz): »Für Klagen der Prozessbevollmächtigten, der Beistände, der Zustellungsbevollmächtigten und der Gerichtsvollzieher wegen Gebühren und Auslagen ist das Gericht des Hauptprozesses zuständig.«

Auch § 34 ZPO gilt nicht nur für die gesetzliche Vergütung, sondern auch für die vertraglich vereinbarte (höhere) Vergütung.

Die Vorschrift gilt nicht für Gebühren aus Straf- und Bußgeldverfahren. Vereinbarte Vergü- 40 tungen aus Strafprozessen oder Bußgeldverfahren können daher nicht im örtlichen Gerichtsstand des § 34 ZPO eingeklagt werden.

Interessant ist die Gebührenklage bei Vertretung im Arbeitsgerichts- oder Familiengerichts- 41 prozess:

Abschnitt 1 – Allgemeine Vorschriften

Zuständig ist das örtlich (Sitz des Arbeits- oder Familiengerichts) zuständige Zivilgericht, hinsichtlich des Arbeitsgerichts entsprechend dem Streitwert das Amts- oder Landgericht. Für Gebühren aus einer Familiensache ist ohne Rücksicht auf den Streitwert das Amtsgericht (Zivilprozessabteilung = Gericht des Hauptprozesses) zuständig. Gleiches gilt für Gebührenansprüche aus Prozessen der drei anderen Gerichtszweige: Die Zivilgerichte sind nach § 34 ZPO (Amts- oder Landgericht) für den Gebührenprozess des Anwalts zuständig.

Prozessgericht i. S. v. § 34 ZPO meint sowohl die örtliche wie die sachliche Zuständigkeit. Hat der Anwalt aus einem Zivilprozess beim Landgericht eine Gebührenforderung von € 4.500,00, so ist trotz des geringeren Streitwerts das Landgericht zuständiges Prozessgericht der Hauptsache.

bb) Gerichtsstandsvereinbarung

42 Die materielle Wirksamkeit eines vorweg vereinbarten Gerichtsstands ist auch beim Anwalt an § 38 ZPO zu messen. Wenn es nicht um Auslandsberührung geht (§ 38 Abs. 2 Satz 1 ZPO), müssen beide Teile Kaufleute sein. Die Vereinbarung ist daher, abgesehen von der rügelosen Einlassung im Prozess nach § 39 ZPO, nur gültig, wenn der Anwalt Kaufmann im Rechtssinne ist, wenn er also etwa als GmbH oder AG organisiert ist und auf der Gegenseite ein Kaufmann, eine juristische Person des öffentlichen Rechts oder ein öffentlich-rechtliches Sondervermögen steht (Schneider Die Vergütungsvereinbarung 2006 Rn. 2467).

c) Herabsetzung auf den angemessenen Betrag – Berücksichtigung aller Umstände, Zeitpunkt

43 Die Vergütung ist auf den angemessenen Betrag, und zwar zum Zeitpunkt der Erledigung des Auftrags und nicht der Auftragserteilung selbst, herabzusetzen (Fälligkeit nach § 8).

Zu berücksichtigen sind alle Umstände, die im vergleichbaren Bewertungsfall bei Rahmengebühren zu beachten sind (Umfang, Schwierigkeit, Bedeutung der Angelegenheit, Einkommensverhältnisse des Auftraggebers und Haftungsrisiko). Dabei kann auch berücksichtigt werden, welches Ziel der Auftraggeber erstrebt hat, in welchem Umfang es durch die vom RA aufgewendete Mühe erreicht worden ist und inwieweit das Ergebnis tatsächlich und rechtlich als sein Erfolg zu buchen ist (Gerold/Schmidt/von Eicken/Madert/Müller-Rabe RVG 17. Aufl. § 4 Rn. 66; Hartung/Römermann RVG 2. Aufl. § 4 Rn. 48; LG Braunschweig AnwBl. 1973, 358).

d) Keine Herabsetzung unter den Betrag der gesetzlichen Vergütung

44 Unter den Betrag der gesetzlichen Vergütung kann die Herabsetzung nicht erfolgen.

Eine Herabsetzung auf den Betrag der gesetzlichen Vergütung ist nur ausnahmsweise zulässig, da schon die Tatsache einer wirksamen Vergütungsvereinbarung eine höhere Festsetzung rechtfertigt und die Parteien einvernehmlich eine höhere Gebühr verabredet haben. Das Gesetz lautet ja auch »bis zur Höhe der gesetzlichen Vergütung«. Im Regelfall dürfte daher angesichts der zu wahrenden Vertragsfreiheit herabzusetzen sein auf die gerade noch zu tolerierende Grenze, also etwa bei einer 10fach höheren Gebühr auf die 5fache Gebühr. Es geht nicht um Strafen und Abschrecken, sondern um Begrenzen.

e) Herabsetzung nach Bezahlung und Vergleich

45 Auch nach Bezahlung oder nach einem außergerichtlichen Vergleich kann eine Vergütung herabgesetzt werden. Ein rechtswirksamer Verzicht auf das Recht, eine Herabsetzung zu verlangen, ist nicht möglich.

f) Rechtsfolge der Herabsetzung

46 Erfolgte die Herabsetzung nach Zahlung der vereinbarten Vergütung, so ist die Leistung des Auftraggebers ohne Rechtsgrund erfolgt und das zuviel Gezahlte kann der Auftraggeber vom Rechtsanwalt als ungerechtfertigte Bereicherung gem. § 812 BGB zurückfordern.

Ist die vereinbarte Vergütung durch Richterspruch vor der Zahlung auf den angemessenen Betrag herabgesetzt worden, kann der RA die vereinbarte Vergütung nur in der Höhe fordern, auf die sie durch Richterspruch herabgesetzt worden ist.

VI. Absatz 2 Satz 2 Gutachten der Rechtsanwaltskammer

Gem. Abs. 2 Satz 2 RVG muss das Gericht vor der Herabsetzung ein Gutachten des Vorstandes der Rechtsanwaltskammer einholen. Das Gericht muss das Gutachten aber nur einholen, wenn es die Herabsetzung des vereinbarten Honorars beabsichtigt, nicht wenn es von einer Herabsetzung absehen will (OLG Köln AGS 1998, 66). Das Gutachten ist kostenlos zu erstatten. 47

Ein Gutachten ist nicht einzuholen, wenn der Vorstand der Rechtsanwaltskammer nach § 4 Abs. 3 Satz 1 die Vergütung selbst festgesetzt hat.

Will das Gericht die Gebührenklage schon aus anderen Gründen abweisen, so bedarf es ebenfalls nicht der Einholung eines Gutachtens zur »Herabsetzungsfrage«. 48

- **Beispiele**
  - Vertrag etwa formnichtig;
  - Erfolgshonorar unzulässig gem. § 49 b Abs. 2 BRAO;
  - Anspruch verjährt (so auch Schneider Die Vergütungsvereinbarung 2006 Rn. 1689).

Problematisch dürften die Fälle sein, in denen das Gericht die vereinbarte Vergütung als eindeutig überhöht ansieht, sich aber noch nicht entweder für eine Sittenwidrigkeit (also Nichtigkeit nach § 138 BGB) oder für eine unangemessene Höhe entschieden hat. Nur im 2. Falle wäre die Rechtsanwaltskammer anzuhören. Gleichwohl dürfte ein Kammergutachten eingeholt werden können, um dem Gericht die Entscheidungsfindung zu ermöglichen.

Zuständig ist die Rechtsanwaltskammer, der der Anwalt angehört (Schneider Die Vergütungsvereinbarung 2006 Rn. 1691), bei zwischenzeitlichem Ortswechsel die Kammer, der der Anwalt bei Rechnungsstellung angehört (§ 73 BRAO). 49

Das Gericht ist an die gutachterliche Stellungnahme der Kammer nicht gebunden (LG Karlsruhe AnwBl. 1983, 178). Das Gericht muss den Parteien rechtliches Gehör zum Gutachten geben.

Berücksichtigt werden muss vom Gericht im Rahmen seiner Entscheidung die tatsächliche Entwicklung des Mandats bis zum Schluss der mündlichen Verhandlung (OLG München NJW 1967, 1571; Schneider Die Vergütungsvereinbarung 2006 Rn. 1709, 84).

VII. Abs. 3 Satz 1 und 2 Prozesskostenhilfe/Rückforderung aus ungerechtfertigter Bereicherung

Die Neufassung des Gesetzes ist strenger als der bisherige Text (bisher: unvollkommene Verbindlichkeit, jetzt Nichtigkeit). Trifft also ein im Wege der Prozesskostenhilfe beigeordneter Anwalt für diese Tätigkeit eine Vergütungsvereinbarung mit dem Mandanten über eine **höhere als die gesetzliche** Vergütung, so ist diese nichtig. 50

Wird eine Vergütungsvereinbarung im Falle des Abs. 3 Satz 1 geschlossen, die die gesetzliche Vergütung **nicht übersteigt**, so ist diese zwar wirksam, die sozial schwache Partei ist dennoch auf Grund der Sperrwirkung des § 122 Abs. 1 Nr. 3 ZPO geschützt, allerdings nur für die Dauer der Prozesskostenhilfebewilligung und der Anwaltsbeiordnung. Der PKH-Anwalt kann während dieser Zeit nichts von ihr fordern. Anders aber, wenn die Prozesskostenhilfebewilligung aufgehoben wird etwa, weil die Partei falsche Angaben zur Sache gemacht hat

Abschnitt 1 – Allgemeine Vorschriften

oder sich die wirtschaftlichen Verhältnisse verbessert haben.«»Höher als die gesetzliche Vergütung« i. S. von § 3a Abs. 3 Satz 1 ist zu messen an der gesetzlichen Vergütung eines Wahlanwalts i. S. von § 13 und nicht an der Vergütung des PKH-Anwalts (§ 45).

Hat der sozial schwache Mandant jedoch Kenntnis davon, dass die Vereinbarung nichtig ist und er daher zur Zahlung nicht verpflichtet ist, und leistet er trotzdem, ist er nach § 814 BGB mit einer Rückforderung ausgeschlossen.

VIII. Beratungshilfe

51 Nach § 3a Abs. 4 RVG bleibt § 8 BerHG unberührt. Das heißt also im Klartext: Vereinbarungen über eine Vergütung im Bereich der Beratungshilfe sind nichtig.

IX. Rechnung

52 Hat der Anwalt eine (vornehmlich) höhere Vergütung vereinbart, so muss er wie auch sonst natürlich eine nachvollziehbare Berechnung (§ 10) der höheren Gebühr dem Mandanten senden. Er braucht neben den nach § 10 erforderlichen Normen nicht auch noch den § 3a zu nennen. Ist ein Zeithonorar vereinbart, so muss der Stundensatz und die Anzahl der Stunden angegeben werden. Die Zeittafel mit den Detailangaben kann als Anlage (mit seiner Unterschrift) beigefügt werden.

Werden etwa Gebühren (z. B. Nr. 1003 VV) verdoppelt, so ist die Nr. 1003 anzugeben und der Faktor 2,0.

C. Formulierungsbeispiele

I. Vereinbarung eines Pauschalhonorars

53 Gebührenvereinbarung

(Pauschalhonorar)

zwischen

Herrn RA ......

– Rechtsanwalt –

und

Herrn / Frau ....

– Auftraggeber –

(1) Der Rechtsanwalt hat mich, den Auftraggeber, darüber aufgeklärt, dass er eine vom RVG abweichende (höhere) Vergütung nur fordern kann, wenn wir eine Vergütungsvereinbarung in Textform abschließen (§ 3a RVG). Mir ist bekannt, dass in meiner Rechtsangelegenheit die Gebühren nach dem Rechtsanwaltsvergütungsgesetz (RVG) sich insbesondere nicht mit der Bedeutung der Sache für mich decken. Der Rechtsanwalt hat mich aufgeklärt, welcher Umfang und welche Schwierigkeiten in dem vorliegenden Einzelfall in Betracht kommen. Ich habe den Rechtsanwalt über meine persönlichen und wirtschaftlichen, insbesondere meine Vermögens- und Einkommensverhältnisse, informiert.

(2) Ich, der unterzeichnete Auftraggeber, beauftrage hiermit Rechtsanwalt ..., meine Interessen in meiner außergerichtlichen Rechtsangelegenheit gegenüber ... zu übernehmen.

Für die Durchführung des Verfahrens, namentlich ... (genaue Beschreibung der zu verrichtenden Tätigkeit), zahle ich als Auftraggeber an den Rechtsanwalt anstelle der gesetzlichen Gebühren ein als angemessen vereinbartes höheres Pauschalhonorar in Höhe von ...

(in Worten: ... Euro)

zzgl. der jeweils geltenden gesetzlichen Mehrwertsteuer, derzeit in Höhe von 19 %.

Auslagen, wie z. B. Entgelte für Post- und Telekommunikationsdienstleistungen sowie die Dokumentenpauschale und eventuell entstehende Kosten für notwendige Geschäftsreisen zzgl. der gesetzlichen Mehrwertsteuer sind gesondert zu vergüten.

(3) Ausgenommen von der Vergütungsvereinbarung sind die Durchführung gerichtlicher Verfahren im Anschluss an die außergerichtliche Tätigkeit. Hierfür werden die gesetzlichen Gebühren geschuldet.

(4) Als Vorschuss vereinbaren die Parteien einen Betrag in Höhe von ... Euro

(in Worten: ... Euro).

Der zwischen uns als Vorschuss (§ 9) vereinbarte Betrag ist sofort fällig und bei Übernahme des Mandats auf eines der Konten des Rechtsanwalts bei der ... zu überweisen. Der Rechtsanwalt ist berechtigt, das Mandat niederzulegen, soweit der Auftraggeber den vereinbarten Vorschussbetrag nicht fristgemäß zahlt. Kündigt der Auftraggeber das Mandat aus Gründen, die der Rechtsanwalt nicht zu vertreten hat, so besteht für den Auftraggeber kein Anspruch auf Rückzahlung des Vorschussbetrages bzw. eines Teilbetrages des bereits gezahlten Vorschusses.

(5) Der vereinbarte Restbetrag (Gesamtbetrag abzüglich Vorschussbetrag) ist fällig unter den Voraussetzungen des § 8 Abs. 1 RVG.

(6) Von dieser Vereinbarung bleiben Gebührenansprüche des RA gegenüber Dritten unberührt.

Ort, Datum

– Auftraggeber – – Rechtsanwalt –

II. Vereinbarung eines Zeithonorars

Gebührenvereinbarung

(Zeitgebühr / Stundenhonorar)

zwischen

Herrn RA ......

– Rechtsanwalt –

und

Herrn / Frau ....

– Auftraggeber –

(1) Der Rechtsanwalt hat mich, den Auftraggeber, darüber aufgeklärt, dass er nach § 3 a RVG eine höhere als die gesetzliche Vergütung nur fordern kann, wenn die Vergütungsvereinbarung in Textform abgeschlossen wird. Mir ist bekannt, dass in meiner Rechtsangelegenheit

Abschnitt 1 – Allgemeine Vorschriften

die Gebühren nach dem Rechtsanwaltsvergütungsgesetz (RVG) sich insbesondere nicht mit der Bedeutung der Sache für mich decken. Der Rechtsanwalt hat mich aufgeklärt, welcher Umfang und welche Schwierigkeiten in dem vorliegenden Einzelfall in Betracht kommen. Ich habe den Rechtsanwalt über meine persönlichen und wirtschaftlichen, insbesondere meine Vermögens- und Einkommensverhältnisse, informiert.

(2) Ich, der unterzeichnete Auftraggeber, beauftrage hiermit Rechtsanwalt ..., meine Interessen in meiner außergerichtlichen Rechtsangelegenheit gegenüber ... zu übernehmen.

Für die Durchführung des Verfahrens, namentlich ... (genaue Beschreibung der zu verrichtenden Tätigkeit), zahle ich als Auftraggeber an den Rechtsanwalt anstelle der gesetzlichen Gebühren ein als angemessen vereinbartes Stundenhonorar in Höhe von ...

(in Worten: ... Euro)

zzgl. der jeweils geltenden gesetzlichen Mehrwertsteuer, derzeit in Höhe von 19 %.

Auslagen, wie z. B. Entgelte für Post- und Telekommunikationsdienstleistungen sowie die Dokumentenpauschale und eventuell entstehende Kosten für notwendige Geschäftsreisen zzgl. der gesetzlichen Mehrwertsteuer sind gesondert zu vergüten.

Die pro Arbeitstag angefallene Arbeitszeit ist minutengenau in eine Gesamtsumme aufzuaddieren, sodann wird bei Überschreitung einer oder mehrerer Stunden nunmehr auf eine volle ¼ Stunde aufgerundet.

(3) Ausgenommen von der Honorarvereinbarung sind die Durchführung gerichtlicher Verfahren im Anschluss an die außergerichtliche Tätigkeit. Hierfür werden die gesetzlichen Gebühren geschuldet.

(4) Als Vorschuss vereinbaren die Parteien einen Betrag in Höhe von ...

(in Worten: ... Euro).

Der zwischen uns als Vorschuss (§ 9) vereinbarte Betrag ist sofort fällig und bei Übernahme des Mandats auf eines der Konten des RA bei der ... zu überweisen. Der RA ist berechtigt, das Mandat niederzulegen, soweit der Auftraggeber den vereinbarten Vorschussbetrag nicht fristgemäß bezahlt. Kündigt der Auftraggeber das Mandat aus Gründen, die der RA nicht zu vertreten hat, so besteht für den Auftraggeber kein Anspruch auf Rückzahlung des Vorschussbetrages bzw. eines Teilbetrages des bereits gezahlten Vorschusses.

(5) Der vereinbarte Restbetrag (Gesamtbetrag abzüglich Vorschussbetrag) ist fällig unter den Voraussetzungen des § 8 Abs. 1 RVG.

(6) Von dieser Vereinbarung bleiben Gebührenansprüche des RA gegenüber Dritten unberührt.

Ort, Datum

– Auftraggeber – – Rechtsanwalt –

D. Erstattungsfähigkeit der vereinbarten Vergütung

I. Problematik

55 Problematisch ist die Erstattungsfähigkeit der vereinbarten Gebühr, ein Problem, das sich vor allem auch bei der Vereinbarung von Stundenhonoraren bei hohen Streitwerten stellt, die hinsichtlich der Gesamtsumme höher oder niedriger liegen können als die gesetzliche Vergütung.

Erstattungsfähig sind nur die notwendigen Kosten (§ 91 Abs. 2 Satz 1 ZPO), das sind grundsätzlich die gesetzlichen Gebühren und nicht die davon abweichende vereinbarte Vergütung (Gerold/Schmidt/von Eicken/Madert/Müller-Rabe RVG 17. Aufl. § 4 Rn. 84 mit Hinweis auf BVerfG NJW 1985, 727, 728).

II. Stundenhonorar ist im Ergebnis niedriger als die gesetzliche Gebühr

1. Außergerichtliche Angelegenheit

Handelt es sich um eine außergerichtliche Angelegenheit, so ist die Vereinbarung einer niedrigeren als der gesetzlichen Gebühr zwischen Anwalt und Mandant nach § 49b Abs. 1 Satz 1 BRAO i. V. m. § 4 Abs. 1 Satz 1 RVG unproblematisch. Der Vertrag, der infolge Stundensatzvereinbarung zu im Ergebnis niedrigeren als den gesetzlichen Gebühren führt, ist im Verhältnis zur Partei damit für die gesamte Laufzeit wirksam. 56

Problematisch aber ist die Frage der **Erstattungsfähigkeit**. Soll, wenn die Partei einen materiellen Erstattungsanspruch hinsichtlich der Kosten der Zuziehung eines Anwalts hat, das Minus an Gebühren im Verhältnis zu den fiktiven gesetzlichen Gebühren auch der erstattungspflichtigen Partei zugute kommen? Warum sollte man dem Ersatzpflichtigen die Differenz schenken? Kann man nicht wie beim Verkehrsunfallschaden den Schaden auch abstrakt ohne Reparatur (also ohne tatsächlichen Auslagen zu haben) abrechnen? 57

Ein solch vordergründiger Gedanke ist rechtlich nicht haltbar. Das Gesetz gibt im § 91 ZPO nur einen **Erstattungsanspruch**. Auch materiell fallen unter den kausalen Schaden nur die tatsächlichen Kosten der Rechtsverfolgung, also nur das vereinbarte und damit das zu zahlende Honorar (Henssler NJW 2005, 1537, 1539 m. N.). Wird in Kenntnis eines geringeren Honoraranspruchs des Anwalts im Innenverhältnis anschließend im Außenverhältnis mehr verlangt, ist das nach Henssler (a. a. O.) schlichter Betrug i. S. d. § 263 StGB.

Als Ausweg aus dieser unguten Situation wird eine Vereinbarung dahin empfohlen, dass, falls für die Tätigkeit des Anwalts ein Erstattungsanspruch gegen den Gegner entsteht, die gesetzlichen Gebühren (im Verhältnis zur eigenen Partei) gelten sollen (Eggert AnwBl. 1994, 214; Henssler NJW 2005, 1537, 1539). Umgekehrt kann dasselbe Ergebnis dadurch erzielt werden, dass grundsätzlich die gesetzlichen Gebühren vereinbart werden, diese sich aber im Verhältnis zum Mandanten auf bestimmte Zeithonorare für den Fall der nicht durchsetzbaren Erstattungsansprüche gegen den Dritten ermäßigen (Teubel Gebührenmanagement in der Anwaltskanzlei 1996, 75 ff.; Henssler NJW 2005, 1537, 1539). Im Hinblick auf das Verbot eines Erfolgshonorars sind beide Klauseln aber nicht ganz unbedenklich. 58

Wenn die Voraussetzungen für eine Vereinbarung eines Erfolgshonorars vorliegen, kann das natürlich unter Beachtung der Besonderheiten des § 4a als Erfolgshonorar vereinbart werden.

Henssler (NJW 2005, 1537, 1539) meint daher, berufsrechtlich korrekt wäre bei vereinbarter **grundsätzlicher** Maßgeblichkeit der **gesetzlichen Gebühren** wohl nur das »**unverbindliche Inaussichtstellen**« eines Gebührenverzichts bzw. einer Ermäßigung nach Mandatsbeendigung. Ein zweiter Lösungsweg sei eine einschränkende Auslegung des § 49b Abs. 2 BRAO dahin, dass vom Schutzzweck der Norm her hier (Zeithonorar) kein Verstoß gegen das Verbot von Erfolgshonoraren vorliege. Zur Stützung dieser Ansicht, Vereinbarung von Stundenhonoraren sind keine »Erfolgshonorare«, ließe sich vielleicht aus der Rechtsprechung des BGH zur Tolerierung des Anbietens von Pauschal- und Zeitvergütungen etwas gewinnen. 59

Z. B. BGH (FamRZ 2005, 1086):

»**Mit der Zeitvergütung, die in vielen Bereichen der anwaltlichen Tätigkeit üblich ist, wählen die Parteien des Anwaltsvertrags bewusst eine Berechnungsweise, die sich von der streitwertabhängigen Berechnung vollständig löst. Dies ist für sich genommen weder**

Abschnitt 1 – Allgemeine Vorschriften

bei der üblichen Zeitvergütung (BGHZ 152, 153, 160 f. – Anwalts-Hotline) noch im Streitfall zu beanstanden.«

Soweit ich das sehe, heißt das nach BGH aber nur, Zeithonorare sind ein aliud und damit keine Unterschreitung der gesetzlichen Gebühren. (Auch das zu schreiben, fällt mir schon schwer.) Ergebnis: Im Verhältnis zur Partei verdient der Anwalt zunächst nur die Stundenhonorare. Sagt er, falls wir obsiegen, erhalte ich die (eventuell) höheren gesetzlichen Gebühren, so dürfte man wieder an der Klippe des grundsätzlich verbotenen Erfolgshonorars (mit Erlaubnisvorbehalt) stehen.

2. Gerichtliche Angelegenheit

60 Zu untersuchen ist hier die Anfallfrage und sodann die Erstattungsfrage, wenn das Stundenhonorar im Ergebnis etwa **niedriger als die gesetzliche Gebühr** ist.

Die gesamten Kommentare zu § 4 a. F. und § 4 n. F. (bzw. § 3 BRAGO) RVG schweigen sich zu dieser komplizierten Frage bezeichnenderweise aus (knappe Ausführungen finden sich allerdings verstreut in einem Gesamtkapitel bei *N. Schneider* (Die Vergütungsvereinbarung 2006 Rn. 267, 272, 278, 319 ff.) und ferner eine kurze Bemerkung in der 8. Auflage von Riedel/Sußbauer (BRAGO § 3 Rn. 6 in Verbindung mit § 1 Rn. 15).

61 Das hängt sicher vordergründig damit zusammen, dass es hier keinen »Kläger« gibt.

Dem Mandanten gefällt es, wenn er niedrigere als die gesetzlichen Gebühren kraft Vereinbarung zahlen muss. Der Anwalt wird bedauern, dass er nicht bei den gesetzlichen Gebühren geblieben ist, oder auch aus Wettbewerbsgründen keine Chance hatte, sie durchzusetzen. Gerade bei hohen Streitwerten fällt heute auf dem heiß umkämpften Anwaltsmarkt bei Streitwerten bis zur Kappungsgrenze von € 30 Mio. die Vereinbarung der Anwendung gesetzlicher Gebühren im Verhältnis zum Mandanten schwer. Zeithonorare sind hier vielmehr die Regel. Zu Beginn des Mandats ist ja auch noch offen, ob die Summe der Zeithonorare höher, oder, was der Mandant hofft, niedriger als die gesetzlichen Gebühren ist. Einige Anwaltspraxen wählen gelegentlich den Ausweg über opulente Zeitkonten (mehrere Mitarbeiter sind im Einsatz und halten auch zeitintensive Internberatungen zu Problemen des Falles ab, was man ihnen sicher nicht verwehren kann; auch Spruchkörper beraten). Allerdings versucht der BGH die Praxis der opulenten Zeitkonten dadurch einzugrenzen, dass er prüft, ob die abgerechneten Stunden unnötig aufgebläht sowie eine objektiv gebotene Konzentration und Beschleunigung der Mandatswahrnehmung wissentlich außer Acht gelassen worden ist (BGH NJW 2003, 3486).

62 Dennoch stellt sich berufsrechtlich und auch bei der Kostenerstattung (auch bei Schiedsverfahren, bei denen der Parteianwalt nach § 36, also nach dem Gesetz, abzurechnen hat) die Rechtsfrage, was gilt, wenn am Ende des Prozesses die Summe der Stundenhonorare niedriger ist als die gesetzlichen Gebühren.

Das Verbot des § 49 a Abs. 1 BRAO lautet: »*Es ist unzulässig, geringere Gebühren und Auslagen zu vereinbaren oder zu fordern als das RVG vorsieht.*«

63 Für **gerichtliche Verfahren** sieht § 4 Abs. 1 RVG keine Ausnahme vor (er regelt nur die außergerichtliche Tätigkeit), also gilt das Verbot des § 49 a Abs. 1 BRAO hier (**gerichtliche Verfahren**) absolut. Das hat gem. § 134 BGB die Nichtigkeit der Vergütungsvereinbarung hinsichtlich der anwaltlichen Gebühren für ein gerichtliches Verfahren zur Folge.

Nun wäre die Frage zu stellen, ob der Nichtigkeit der Umstand entgegensteht, dass zu Beginn der Instanz der Zeitaufwand noch nicht feststeht, folglich offen sei, ob die **gesetzliche Gebühr niedriger** oder höher als die Summe der Zeitgebühren liege. Im ersteren Fall wäre die Abrede nach § 49 a Abs. 1 BRAO, § 3 a RVG grundsätzlich erlaubt. Da der Wortlaut des § 49 a BRAO aber nicht auf den Zeitpunkt des Beginns des Auftrages abstellt, gilt die Norm zeitlich für **die gesamte Dauer** des Mandates (Schneider Die Vergütungsvereinbarung

2006 Rn. 272). Ausnahme in zeitlicher Hinsicht nach § 49a Abs. 1 Satz 2: **nach Erledigung** des Auftrages nur für die Ausnahmeregelung des Verzichts hinsichtlich gewisser Mandanten (z. B. Verwandte, Bedürftigkeit).

Erst am Ende des Mandats, wenn also kein weiterer Bearbeitungszeitaufwand mehr anfallen kann, stellt sich bei der Vereinbarung von Stundenhonoraren (beim Prozessauftrag) heraus, ob die Gesamtzeitvergütungen niedriger sind als das gesetzliche Honorar und daher die anfängliche Abrede gem. § 134 BGB nichtig ist. Es sei denn, man greift auf die BGH-Rechtsprechung vom aliud der Stundenhonorare im Verhältnis zu den gesetzlichen Gebühren zurück (BGH FamRZ 2005, 1086).

Es stellt sich die Frage des Ausweges über den soeben erwähnten Satz 2 des § 49a Absatz 1 BRAO:

»*Im Einzelfall darf der Rechtsanwalt besonderen Umständen in der Person des Auftraggebers, insbesondere dessen Bedürftigkeit, Rechnung tragen durch Ermäßigung oder Erlass von Gebühren oder Auslagen nach Erledigung des Auftrages.*«

Das Zeitmoment stellt hier wohl kein Hindernis dar, denn wenn die Vergleichsrechnung erst am Ende der Tätigkeiten im Rahmen des übernommenen Auftrages erstellt werden kann, so würde der Begriff »nach Erledigung des Auftrages« unschwer hier herangezogen werden können.

Im Regelfall fehlt es aber an »besonderen Umständen in der Person des Auftraggebers«. Hierunter fiel vor der Novellierung zum Erfolgshonorar (01. 07. 2008), wie das gesetzliche Beispiel zeigt, die Bedürftigkeit des Auftraggebers, vielleicht auch noch der Umstand, dass der an sich durchschnittlich verdienende Mandant die Gebühren eines besonders hohen Streitwertes nicht tragen kann = relative Bedürftigkeit (Schneider Die Vergütungsvereinbarung 2006 Rn. 305; Krämer/Mauer/Kilian Vergütungsvereinbarung und -management 2005 Rn. 474). Insoweit muss nun auf die Spezialregelung in § 4a verwiesen werden.

Beispiele für die Norm sind weiter das Mandat von einem Anwaltskollegen oder Verwandten oder engen Bekannten. Wenn das alles nicht vorliegt, wie es bei einem Firmenmandat die Regel sein dürfte, so bleibt es bei der Nichtigkeit (Enders RVG für Anfänger 12. Aufl.) der Instanz, wenngleich niemand am Aufgreifen des Falles interessiert ist.

– Rechtliche Lösung

Fraunholz (Riedel/Sußbauer BRAGO 8. Aufl. § 3 Rn. 6 in Verbindung mit § 1 Rn. 15 – die 9. Auflage schweigt zum Problem) vertritt die Ansicht, der Anwalt habe infolge der Nichtigkeit einen Bereicherungsanspruch hinsichtlich der üblichen gesetzlichen Gebühren gegen den Mandanten, es sei denn, der Anspruch scheitere an § 817 BGB.

Da nach der Rechtsprechung zu § 817 BGB positive Kenntnis vom Gesetzesverstoß zum Zeitpunkt der Leistung gefordert wird (BGH NJW 1980, 542), die nach den vorstehenden Untersuchungen sowohl beim Anwalt wie auch beim Mandanten fehlt, hätte der Anwalt einen **vollen gesetzlichen Gebührenanspruch** gegen den Mandanten aus ungerechtfertigter Bereicherung.

Die h. M. löst diese Fallgestaltungen (etwa bei einem **sittenwidrig zu hohen** und daher unwirksamen Versprechen höherer Gebühren) aber über einen anderen Weg. Die Nichtigkeit der (sittenwidrig zu hohen) Gebührenabsprache ergreift nicht zugleich den Anwaltsauftrag (BGHZ 18, 348; BGH NJW 1980, 2407; Schneider Die Vergütungsvereinbarung 2006 Rn. 1445; Mayer/Kroiß RVG § 4 Rn. 33).

Das bedeutet im Falle der Sittenwidrigkeit einer zu hohen Vergütung: Der Anwalt kann nur die gesetzlichen Gebühren verlangen.

Wendet man diesen Grundsatz auf die gesetzwidrig (§ 134 BGB) vereinbarte niedrigere Gebühr (gerichtliches Verfahren) an, so hätte der Anwalt einen Anspruch auf die **gesetzliche**

Abschnitt 1 – Allgemeine Vorschriften

Vergütung gegen den Mandanten, und dieser demzufolge einen entsprechenden **Erstattungsanspruch** gegen den unterlegenen Prozessgegner.

70 Die Erstattungsfrage stellt sich, wenn man die nachfolgenden Erwägungen hinsichtlich des Verhältnisses Anwalt zum Mandanten zu Ende denkt, aber genauso wie im Falle der gesetzlich zulässigen Vereinbarung niedrigerer Gebühren in außergerichtlichen Sachen (Rn. 57):

Ist in gerichtlichen Sachen die Vereinbarung niedriger als die gesetzlichen Gebühren und wegen Verstoßes gegen § 134 BGB i. V. m. § 49 a Abs. 1 Satz 1 BRAO nichtig, so hat der Anwalt zwar aus seiner anwaltlichen Tätigkeit heraus grundsätzlich einen Anspruch auf die gesetzlichen Gebühren, Treu und Glauben (§ 242 BGB) verbieten ihm aber, wenn er den Verstoß begangen hat, sich nunmehr auf die Unwirksamkeit der Gebührenvereinbarung zu berufen und eine höhere als die vereinbarte Vergütung vom Mandanten zu verlangen (Schneider Die Vergütungsvereinbarung 2006 Rn. 320; BGH NJW 1955, 1921 und NJW 1980, 2407; OLG Düsseldorf JurBüro 2004, 536).

Dann hat konsequenterweise der Mandant, wie im Falle der zulässigen Vereinbarung niedrigerer Gebühren im außergerichtlichen Bereich, ebenfalls keinen Erstattungsanspruch gegen den unterlegenen Prozessgegner, denn § 91 ZPO gibt nur einen **Erstattungsanspruch** hinsichtlich des eigenen tatsächlichen Aufwands des Mandanten.

III. Bruchteilserstattungsanspruch

71 In beiden vorstehenden Fallgestaltungen zu 1. und 2. (Gebührenschuld bei außergerichtlicher oder gerichtlicher Tätigkeit ist geringer als die gesetzlichen Gebühren) ergibt sich ein besonderes Erstattungsproblem, wenn der Verfahrens- oder Prozessgegner dem Mandanten des Anwalts nur für einen Bruchteil der Kosten haftet:

Die Kostenentscheidung lautet vielleicht: »Der Beklagte trägt **4/5** der Kosten des Rechtsstreit.« oder: »Wegen Berücksichtigung der Betriebsgefahr des Gläubigers, vertreten vom Anwalt, haftet der Unfallgegner (außergerichtliche Vertretung) nur zu **4/5**.«

72 Da der Gegner bei solch einer Quote dann seinerseits einen Quotenerstattungsanspruch von 1/5 hat, hat der Gläubiger (der Mandant) nach Ausgleich (§ 106 ZPO) einen Kostenersatzanspruch von **3/5**.

73 **Frage:** Kann er nun, wenn etwa sein Anwalt von vornherein nur Gebühren in Höhe von 3/5 der gesetzlichen Gebühren vereinbart hat, oder wenn die Summe der Stundenhonorare gerade 3/5 der gesetzlichen Gebühren ausmacht, vom Gegner, um sich nicht zu bereichern, nur wiederum seine tatsächlichen Aufwendungen für seinen Anwalt (sie sind geringer als das Gesetz es vorsieht) nur in Höhe der Erstattungsquote ersetzt verlangen oder kann er die gesetzlichen Gebühren im Maß seiner Erstattungsquote **bis zur Höhe seines tatsächlichen Aufwands** an eigenen Anwaltskosten vom Gegner erstattet verlangen?

Die Antwort lautet: Er kann seine gesamten Aufwendungen für seinen Anwalt, auch wenn sie geringer sind, als es das Gesetz erlaubt, bis zur Höhe seiner Quote der gesetzlichen Anwaltskosten vom Gegner erstattet verlangen.

Das Problem ist, soweit ersichtlich, in Judikatur und Literatur bisher nicht behandelt.

Die richtige Lösung liegt in dem Begriff »Ersatz des **eigenen Aufwandes** an Anwaltskosten«.

Der Gegner hat keinen Anspruch darauf, dass ihm auch hier die günstigere Gebührenabrede (zwischen Gegneranwalt und dessen Partei) weitergegeben wird.

§ 4
Erfolgsunabhängige Vergütung

(1) ¹In außergerichtlichen Angelegenheiten kann eine niedrigere als die gesetzliche Vergütung vereinbart werden. ²Sie muss in einem angemessenen Verhältnis zu Leistung, Verantwortung und Haftungsrisiko des Rechtsanwalts stehen.

(2) ¹Der Rechtsanwalt kann sich für gerichtliche Mahnverfahren und Zwangsvollstreckungsverfahren nach den §§ 803 bis und 899 bis 915 b der Zivilprozessordnung verpflichten, dass er, wenn der Anspruch des Auftraggebers auf Erstattung der gesetzlichen Vergütung nicht beigetrieben werden kann, einen Teil des Erstattungsanspruchs an Erfüllungs statt annehmen werde. ²Der nicht durch Abtretung zu erfüllende Teil der gesetzlichen Vergütung muss in einem angemessenen Verhältnis zu Leistung, Verantwortung und Haftungsrisiko des Rechtsanwalts stehen.

(3) ¹In der Vereinbarung kann es dem Vorstand der Rechtsanwaltskammer überlassen werden, die Vergütung nach billigem Ermessen festzusetzen. ²Ist die Festsetzung der Vergütung dem Ermessen eines Vertragsteils überlassen, gilt die gesetzliche Vergütung als vereinbart.

(4) bis (6) (weggefallen)

Inhaltsübersicht

	Rn.
A. Allgemeines	1
B. Kommentierung	2
I. Abs. 1 Satz 1 Vereinbarung niedrigerer Gebühren in außergerichtlichen Angelegenheiten	2
1. Erlaubnis des Satzes 1 = Ausnahmenorm zu § 49 b Abs. 1 Satz 1 BRAO	2
2. Keine Anwendbarkeit des § 49 b Abs. 1 BRAO auf den Vertrag: Anwalt – Unterbevollmächtigter	4
3. Außergerichtliche Angelegenheiten	5
4. Niedrigere Vergütung	6
5. Unterschreitung – Verhältnismäßigkeitsprüfung	7
II. Abs. 1 Satz 2 Angemessenes Verhältnis des Gebührenrestes zur anwaltlichen Leistung	8
1. Die vom BGH entschiedenen Fälle des Anbietens von Pauschal- und Zeitvergütungen	9
2. OLG Hamm – Verhältnismäßigkeitsprüfung	10
3. Angemessenes Verhältnis zu Leistung, Verantwortung und Haftungsrisiko des Rechtsanwalts	11
4. »Unterbieten« wegen besonderer Umstände in der Person des Auftraggebers § 49 b Abs. 1 Satz 2 BRAO	12
III. Absatz 2 Satz 1 und 2 Mahn- und Zwangsvollstreckungsverfahren	13
1. Erstattungsanspruch an Erfüllungs statt	13
2. Fehlende Beitreibbarkeit	14
3. Abtretung an Erfüllungs statt	15
4. Kriterien für die Beurteilung: Angemessenes Verhältnis zur Leistung des Anwalts	16
a) Leistung	17
b) Verantwortung	18
c) Haftungsrisiko	19
IV. Absatz 3 Satz 1 Ermessen des Vorstands der Rechtsanwaltskammer	21
V. Absatz 3 Satz 2 Ermessen eines Vertragsteils	22

A. Allgemeines

Der Gesetzgeber hat ohne wesentliche inhaltliche Änderungen (mit einer leichten Erweiterung der Möglichkeiten bei den **außergerichtlichen Angelegenheiten**) die Regelungen aus § 4 Abs. 2 und Abs. 3 der bisherigen Fassung des RVG mit der Novelle zum 01. 07. 2008 übernommen. 1

Die geringe Änderung bei den außergerichtlichen Angelegenheiten ergibt sich aus folgenden Textunterschieden:

Abschnitt 1 – Allgemeine Vorschriften

§ 4 Abs. 2 Satz 1 RVG a. F.: »In außergerichtlichen Angelegenheiten kann der Rechtsanwalt Pauschalvergütungen und Zeitvergütungen vereinbaren, die niedriger sind als die gesetzlichen Gebühren.«

§ 4 Abs. 1 RVG n. F.: »In außergerichtlichen Angelegenheiten kann eine niedrigere als die gesetzliche Vergütung vereinbart werden. Sie muss in einem angemessenen Verhältnis zu Leistung, Verantwortung und Haftungsrisiko des Rechtsanwalts stehen.«

§ 4 Abs. 1 Satz 1 RVG erlaubt nunmehr, dass in außergerichtlichen Angelegenheiten **eine niedrigere als die gesetzliche Vergütung** vereinbart werden kann. Bisher sah § 4 Abs. 2 Satz 1 lediglich vor, dass in außergerichtlichen Angelegenheiten »**Pauschalvergütungen und Zeitvergütungen**« vereinbart werden konnten, die niedriger sind als die gesetzlichen Gebühren. Jetzt können also in außergerichtlichen Angelegenheiten **Vergütungen jeglicher Art** niedriger vereinbart werden, etwa Pauschalhonorar, Zeithonorar oder ein Bruchteil der gesetzlichen Gebühren oder gesetzliche Gebühren minus Summe x. Der Meinungsstreit, der sich daran entzündet hatte, wie streng die Begriffe Pauschal- und Zeitvergütungen zu verstehen sind, hat sich mit der Neufassung erledigt.

Neu hinzugekommen im Absatz 1 Satz 2 ist die Übernahme der bisher nur für Mahnverfahren und Zwangsvollstreckungsverfahren in § 4 Abs. 2 Satz 2 geltende Untergrenze: Angemessenes Verhältnis zur Leistung, Verantwortung und zum Haftungsrisiko gilt jetzt für jegliche niedrigere Gebühr in außergerichtlichen Angelegenheiten. Nach § 4 Abs. 1 Satz 2 muss also jetzt die in außergerichtlichen Angelegenheiten vereinbarte, unter den gesetzlichen Gebühren liegende Vergütung in einem angemessenen Verhältnis zu Leistung, Verantwortung und Haftungsrisiko des Anwalts stehen.

B. Kommentierung

I. Abs. 1 Satz 1 Vereinbarung niedrigerer Gebühren in außergerichtlichen Angelegenheiten

1. Erlaubnis des Satzes 1 = Ausnahmenorm zu § 49 b Abs. 1 Satz 1 BRAO

2 § 4 Abs. 1 Satz 1 RVG: »In außergerichtlichen Angelegenheiten kann eine niedrigere als die gesetzliche Vergütung vereinbart werden.«

Der Satz 1 ist eine Ausnahmenorm. Die Grundnorm ist § 49 b Abs. 1 Satz 1 BRAO:

»*Es ist unzulässig, geringere Gebühren und Auslagen zu vereinbaren oder zu fordern, als das Rechtsanwaltsvergütungsgesetz vorsieht, soweit dieses nichts anderes bestimmt.*«

Das grundsätzliche Verbot des § 49 b Abs. 1 Satz 1 BRAO betrifft die Gebührenunterschreitung **bei gerichtlicher und außergerichtlicher** Tätigkeit des Anwalts. Eine wichtige Ausnahme davon ist § 4 Abs. 1 RVG.

3 Eine Gebührenunterschreitung liegt vor, wenn der Anwalt niedrigere Vergütungen (Gebühren und Auslagen) verlangt, als dies nach den Vorschriften des RVG möglich wäre. Bei Rahmengebühren, etwa Nr. 2300 VV oder Nr. 4100 VV, hat der Anwalt allerdings ohnehin schon nach § 14 ein weites Ermessen auch nach unten.

Der Anwalt darf übrigens schon nach § 49 b Abs. 1 Satz 2 BRAO im Einzelfall besondere Umstände in der Person des Auftraggebers (insbesondere Bedürftigkeit) berücksichtigen durch Ermäßigung oder Erlass von Gebühren oder Auslagen **nach Erledigung des Auftrags**, d. h. umgekehrt: **weder** von **vornherein** noch **während** der anwaltlichen Tätigkeit.

Die Beweislast für die Vereinbarung geringerer Gebühren trägt der Auftraggeber (OLG Saarbrücken OLGR 2003, 439; BGH NJW-RR 1997, 1285), auch etwa beschränkt auf die Übernahme der Gebühren durch den Rechtsschutzversicherer (LG Hamburg AnwBl. 1979, 66).

Das Verbot des § 49b Abs. 1 Satz 1 und 2 BRAO, im gerichtlichen Bereich geringere als die gesetzlichen Gebühren zu vereinbaren, verstößt nicht gegen das Grundrecht auf freie Berufsausübung (BayAGH, Beschl. v. 18. 01. 2005 – BayAGH II – 8/04).

2. Keine Anwendbarkeit des § 49b Abs. 1 BRAO auf den Vertrag: Anwalt – Unterbevollmächtigter

Der Anwalt selbst kann im Verhältnis zu dem von ihm selbst beauftragten Unterbevollmächtigten die gesetzlichen Gebühren problemlos unterschreiten.

Der BGH (AGS 2001, 51 = NJW 2001, 753) hatte sich mit folgendem Vertrag zwischen Haupt- und Unterbevollmächtigten zu befassen:

»Sehr geehrte Herren Kollegen,

in vorbezeichneter Angelegenheit nehmen wir Bezug auf das mit Ihnen geführte Telefonat vom 24. 01. 1997 und bedanken uns für die Bereitschaft, den Termin am 06. 02. 1997 für uns in Untervollmacht wahrzunehmen.

Im Übrigen gehen wir davon aus, dass nur die tatsächlich festsetzbaren Kosten intern abgerechnet werden. Soweit Unterbevollmächtigten- bzw. Korrespondenzanwaltskosten nicht in voller Höhe bzw. in Höhe evtl. fiktiver Parteiauslagen gegen die Gegenseite festgesetzt werden können, können diese vereinbarungsgemäß auch nicht gegenüber unserer Mandantschaft in Rechnung gestellt werden.«

In den **Entscheidungsgründen** hat der BGH dazu bemerkt:

»Erteilt der Prozeßbevollmächtigte einem Terminsvertreter im eigenen Namen den Auftrag zur Terminswahrnehmung, so ist dieser im Regelfall Erfüllungsgehilfe des Prozeßbevollmächtigten und verdient die Gebühr für diesen (OLG Hamm, AnwBl. 1978, 182, 183; Riedel/Sußbauer/Keller, Bundesrechtsanwaltsgebührenordnung, 8. Aufl., § 53 Rn. 5, § 33 Rn. 27; Gerold/Schmidt/von Eicken BRAGO 13. Aufl. § 33 Rn. 36). Zwischen der Partei und dem Terminsvertreter wird kein Vertragsverhältnis begründet. Die Entschädigungspflicht richtet sich vielmehr nach der internen Vereinbarung zwischen dem Terminsvertreter und dem Prozeßbevollmächtigten (OLG Hamm AnwBl. 1978, 183; Gerold/Schmidt/von Eicken, a. a. O., § 33 Rn. 36), der für die Ansprüche des Terminsvertreters in diesem Fall auch einzustehen hat. Bei dieser Art der Beauftragung eines Terminsvertreters, bei der der Prozeßbevollmächtigte die in seinem Interesse liegende Mitarbeit eines weiteren Rechtsanwalts honoriert, ist kein Verstoß gegen § 49b BRAO gegeben (Kleine-Cosack, Bundesrechtsanwaltsordnung, 3. Aufl., § 49b Rn. 13; Henssler/Prütting/Dittmann, Bundesrechtsanwaltsordnung, § 49b Rn. 25). Diese Bestimmung ist eingeführt worden, um den Preiswettbewerb um Mandate und die mittelbare Vereinbarung von Erfolgshonoraren in gerichtlichen Verfahren zu verhindern. Diese Gefahr besteht bei der Beauftragung eines Terminsvertreters durch den Prozeßbevollmächtigten im eigenen Namen nicht. Der Prozeßbevollmächtigte, der einen anderen Rechtsanwalt als Terminsvertreter einschaltet, erspart gegenüber einer eigenen Terminswahrnehmung für seine Partei nur die Kosten der Geschäftsreise nach § 28 BRAGO.«

Zur Klarstellung noch der **LS** des BGH:

»Erteilt der Prozeßbevollmächtigte einem Terminsvertreter im eigenen Namen den Auftrag zur Terminswahrnehmung, so ist dieser im Regelfall Erfüllungsgehilfe des Prozeßbevollmächtigten und verdient die Gebühr für diesen. Die Entschädigungspflicht richtet sich ohne Bindung an die Gebührenregelung des BRAGO § 53 nach der internen Vereinbarung zwischen dem Terminsvertreter und dem Prozeßbevollmächtigten. Ein Verstoß gegen BRAO § 49b ist nicht gegeben, wenn der Terminsvertreter weniger als die in BRAGO § 53 vorgesehenen Gebühren erhält.«

Abschnitt 1 – Allgemeine Vorschriften

Der Anwalt kann also im Verhältnis zum Unterbevollmächtigten die gesetzlichen Gebühren problemlos unterschreiten und der Unterbevollmächtigte wird mit den Reisekosten **abgespeist** (siehe dazu § 6 Rn. 22).

3. Außergerichtliche Angelegenheiten

5 Außergerichtliche Angelegenheiten sind alle Angelegenheiten, bei denen sich der Auftrag nicht auf eine gerichtliche Angelegenheit bezieht. Dazu gehört insbesondere die außergerichtliche Vertretung (Nr. 2300). Erhält der Anwalt z. B. einen **Prozessauftrag** und erschöpft sich seine Tätigkeit zunächst in der außergerichtlichen Sammlung der Prozessinformation, so ist dies alles doch sofort ab Auftragserteilung eine **gerichtliche Angelegenheit**. Dazu gehört auch, wenn der Anwalt nach Erteilung des Prozessauftrages noch ein letztes Mahnschreiben absendet. Unrichtig sind daher auch die obergerichtlichen Entscheidungen einschließlich der des BGH, dass das wettbewerbliche Abmahnschreiben zur außergerichtlichen Angelegenheit gehört. Entscheidend ist nicht die Klageeinreichung als Grenze zwischen außergerichtlich und gerichtlich, sondern vielmehr das anwaltliche Handeln vor oder nach dem Prozessauftrag. Es fällt schwer, dass Gerichte das einsehen, bestes Beispiel sind die vielen Fehlentscheidungen im Zusammenhang mit Vorbem. 3 VV: Besprechungen zur »Vermeidung« eines Rechtsstreits (siehe Vorbem. 3 Rn. 37 ff.). Gerichtliche Angelegenheiten beziehen sich auf alle fünf Gerichtszweige. Wird der Anwalt beauftragt, dem Mandanten bei der Steuererklärung zu helfen oder Einspruch gegen den Steuerbescheid einzulegen, so handelt es sich um eine außergerichtliche Tätigkeit, denn er hat noch keinen Vertretungsauftrag vor dem Finanzgericht.

4. Niedrigere Vergütung

6 Satz 1 erlaubt dem Anwalt, in außergerichtlichen Angelegenheiten niedrigere Vergütungen zu vereinbaren, die also **niedriger** sind **als die gesetzlichen Gebühren**. Ist streitig, ob eine solche Vereinbarung getroffen worden ist, so hat, wie ausgeführt, der **Auftraggeber** die Beweislast (OLG Saarbrücken OLGR 2003, 439; BGH NJW-RR 1997, 1285).

Der Anwalt muß zur Wirksamkeit jetzt auch hier die Textform (§ 3 a) wählen, die für alle vom Gesetz abweichenden Gebührenvereinbarungen gilt. Bislang war die Form hinsichtlich der **außergerichtlichen Gebühren** nur eine Sollvorschrift. Wie an anderer Stelle bereits betont, sollte der Anwalt bei der Vereinbarung von Zeitgebühren sicherheitshalber wenigstens die Textform (§ 3 a Abs. 1 Satz 1) wählen, da er bei Zeitgebühren meist am Anfang die gesetzlichen Gebühren unterschreitet, sie aber am Ende häufig übertrifft, jedenfalls fast nie im Gleichklang mit den gesetzlichen Gebühren liegt.

Hat sich der RA nicht das formgerechte schriftliche Einverständnis des Auftraggebers gem. § 3 a Abs. 1 Satz 1 geben lassen, dann kann er nur die gesetzlichen Gebühren durchsetzen (§ 4 b). Aus diesem Grunde sollten Zeitgebühren niemals mündlich, sondern immer schriftlich, und zwar wenigstens unter Beachtung der Textform des § 3 a Absatzes 1 Satz 1 vereinbart werden.

5. Unterschreitung – Verhältnismäßigkeitsprüfung

7 Der BGH (NJW 2005, 1266 – Telekanzlei –, JurBüro 2008, 267 = AGS 2008, 7 – Familienrecht Scheidung EUR 15–55; BGHZ 152, 153, 160 f. – Anwalts-Hotline, BGH (FamRZ 2005, 1086)) hatte in der Vergangenheit mehrfach Gelegenheit, sich mit der anwaltlichen Werbung mit sehr niedrigen Pauschal- und Zeitgebühren zu befassen. In der 2. Auflage hatte ich schon zum alten Gesetzestext geschrieben: »Nach meiner Meinung ist er (BGH) dabei zu großzügig umgegangen und hat insbesondere nicht dem Korrektiv des Absatzes 2 Satz 3 Rechnung getragen: »Der nicht durch Abtretung zu erfüllende Teil der gesetzlichen Vergütung **und die sonst nach diesem Absatz vereinbarten Vergütungen** müssen in angemessenem Verhältnis zur Leistung, Verantwortung und Haftungsrisiko des Anwalts stehen.«

Ich habe den Verdacht, der BGH hat »unbewusst« die Einschränkung des Absatzes 2 Satz 3 »müssen in angemessenem Verhältnis zur Leistung, Verantwortung und Haftungsrisiko des Anwalts stehen« nur auf die besondere Fallgestaltung »Der nicht durch Abtretung zu erfüllende Teil der gesetzlichen Vergütung« (= **Satz 2**) bezogen, obwohl das Gesetz vollständig lautet: »**und die sonst nach diesem Absatz vereinbarten Vergütungen**«.

Das kann im Klartext doch nur heißen, alle in diesem Absatz, also dem Absatz 2 des § 4 geregelten Fälle, also auch die Pauschal- und Zeitvergütungen, die **in Satz 1** genannt sind, unterfallen der Verhältnismäßigkeitsprüfung. So sieht das auch eindeutig *Madert* (Die Honorarvereinbarung 2. Aufl. Teil A Nr. 33: »**Gem. § 3 Abs. 5 Satz 4 BRAGO (= § 4 Abs. 2 Satz 3 RVG) muss die vereinbarte Vergütung in angemessenem Verhältnis zu Leistung, Verantwortung und Haftungsrisiko des Anwalts stehen. Das bedeutet, auch bei Beratungs- oder außergerichtlichen Angelegenheiten darf der Rechtsanwalt mit Hilfe einer Pauschal- bzw. Zeitvergütung nicht etwa ein normzweckwidriges Gebührendumping betreiben.**« In gleicher Weise legen den Absatz 2 Satz 3 aus: Hartmann KostG § 4 RVG Rn. 65; *Braun* FS für Madert Preiswerbung S. 47 und OLG Hamm (NJW 2004, 3269 = AGS 2005, 51). Madert (a. a. O.) ging dabei nur hinsichtlich der Beratungsgebühr zu weit, die in § 34 jetzt völlig frei gegeben worden ist. § 4 Abs. 2 Satz 3 RVG a. F. betraf nur dessen Absatz 2 selbst (also nicht die Beratungsgebühr), aber eben die dort (im Absatz 2) insgesamt genannten Gebührenunterschreitungen.

Das hat der Gesetzgeber nun mit aller Deutlichkeit durch Satz 2 des Absatzes 1 des § 4 n. F. klargestellt.

Hoffentlich wird der BGH (näher zur Kritik in den nachfolgenden Randnummern) insoweit alsbald erneut angerufen werden, damit er seine viel zu großzügige Rechtsprechung zu sehr niedrigen Pauschal- und Zeitgebühren, soweit es sich nicht um Beratungen im Sinne von § 34 handelt, bei denen die Gebühren frei gegeben sind, korrigiert.

II. Abs. 1 Satz 2 Angemessenes Verhältnis des Gebührenrestes zur anwaltlichen Leistung

»Sie (die niedrigere Vergütung) muss in einem angemessenen Verhältnis zu Leistung, Verantwortung und Haftungsrisiko des Rechtsanwalts stehen.«

Sowohl nach der bisherigen Fassung des RVG (§ 4 Abs. 2 Satz 3) wie auch schon der BRAGO (§ 3 Abs. 5 Satz 3) galt das Verhältnismäßigkeitsgebot für **alle** ermäßigten Gebühren nach § 4 Abs. 2 des RVG wie des gleichlautenden Absatzes 5 des § 3 der BRAGO.

Dieses Gebot hat der BGH nicht beachtet, jedenfalls nicht in substantiierter Weise, wie es für die höchste Instanz zu erwarten gewesen wäre.

1. Die vom BGH entschiedenen Fälle des Anbietens von Pauschal- und Zeitvergütungen

(1) BGH (NJW 2005, 1266 = MDR 2005, 1019 = AnwBl. 2005, 359): (Zu diesem Zeitpunkt war die Beratungsgebühr noch nicht freigegeben, § 34 trat am 01. 07. 2006 in Kraft.)

Der Beklagte ist Partner einer als »Telekanzlei« bezeichneten Partnerschaft von Rechtsanwälten. Diese wirbt bundesweit über ihre im Internet abrufbare Homepage für die von ihr unter dem Zeichen »Jucall« angebotene telefonische Rechtsberatung, bei der Interessenten gegen DM 5 pro Beratungsminute eine anwaltliche Rechtsberatung erhalten können. Die Werbung lautet weiter:

»Bei **sehr** einfachen und kurzen Anliegen behalten wir uns vor, den **Preis** im Einzelfall noch weiter zu **senken**.«

Abschnitt 1 – Allgemeine Vorschriften

Nur wenn der Gegenstandswert höher liegt als **DM 50.000**, stellen wir einzeln ausgehandelte Stundensätze in Rechnung.«

Dazu hat der BGH in seiner Entscheidung bemerkt:

»Wie der Senat bereits in der Entscheidung ›Anwalts-Hotline‹ (BGHZ 152, 153, 160 ff.) im Zusammenhang mit der wettbewerbsrechtlichen Beurteilung der Werbung für eine telefonische Rechtsberatung über eine 0190er-Telefonnummer ausgeführt hat, birgt das System einer telefonischen Rechtsberatung, bei der die Dienstleistung der Beratung nach Zeit abgerechnet wird, zwar gewisse Risiken für ein berufswidriges Verhalten der beteiligten Rechtsanwälte. Dies führt indessen nicht dazu, dass die Werbung für einen telefonischen Beratungsdienst **schlechthin** untersagt werden könnte.

Der Anrufer, der die als »Jucall« bezeichnete Dienstleistung einer Rechtsberatung in Anspruch nehmen will, erklärt sich durch seinen Anruf mit der Vereinbarung einer Zeitvergütung einverstanden. Wie der Senat bereits in der Entscheidung »Anwalts-Hotline« ausgeführt hat, liegt darin, dass sich diese Zeitvergütung nicht an den Bemessungskriterien der preisrechtlichen Bestimmungen – in der Vergangenheit die Bundesrechtsanwaltsgebührenordnung und heute das Rechtsanwaltsvergütungsgesetz – orientiert, kein berufsrechtlicher Verstoß. Mit der Zeitvergütung, die in vielen Bereichen der anwaltlichen Tätigkeit üblich ist, wählen die Parteien des Anwaltsvertrags bewusst eine Berechnungsweise, die sich von der streitwertabhängigen Berechnung vollständig löst. Dies ist für sich genommen weder bei der üblichen Zeitvergütung (vgl. BGHZ 152, 153, 160 f. – Anwalts-Hotline) noch im Streitfall zu beanstanden.«

Eine Untersuchung des Verhältnismäßigkeitsmaßstabes nach RVG § 4 Absatz 2 Satz 3 a. F. hat der BGH somit nicht angestellt. Vielmehr hat er dies mit dem Satz hinweggewischt: Mit der Zeitvergütung wählen die Parteien eine Berechnungsweise, die sich von der streitwertabhängigen Berechnung vollständig löst, dies ist nicht zu beanstanden.

Im zu entscheidenden Fall galt auch noch nicht die Freigabe der Gebühren für eine Beratung (01. 07. 2006). Der BGH hätte daher für die Verhältnismäßigkeitsprüfung auf die streitwertabhängige gesetzliche Gebühr für die Beratung nach damals Nrn. 2100 ff. abstellen müssen.

(2) BGHZ 152, 153, 160 f. – Anwalts-Hotline:

Auch die angezogene Entscheidung (die sich hinsichtlich der Beratung noch an § 20 BRAGO hätte messen lassen müssen) hatte nichts zu bieten, außer dem Behauptungssatz der vollständigen Lösung von der streitwertabhängigen Berechnung, was nicht zu beanstanden sei. Kein Wort des BGH zu BRAGO § 3 Abs. 5 Satz 3!

(3) BGH (FamRZ 2005, 1086):

»In dem von dem Betreiber des Beratungsdienstes mit seinem Geschäftsmodell geförderten Verhalten des telefonisch eingeschalteten Rechtsanwalts liegt kein Wettbewerbsverstoß vor. Insbesondere verstößt der Rechtsanwalt, der dem Ratsuchenden für jede Minute der Beratung DM 2,48 berechnet, nicht gegen die preisrechtlichen Bestimmungen der BRAO und des RVG ...

1. Im Rahmen eines telefonischen Beratungsdienstes, bei dem die über 0190er-Rufnummern eingehenden Anrufe von Ratsuchenden von dem Betreiber des Beratungsdienstes unmittelbar an die mit diesem vertraglich verbundenen Rechtsanwälte weitergeleitet werden, und diese jeweils einen bestimmten Anteil am Gesprächsentgelt entsprechend dem jeweiligen Gesprächsaufkommen erhalten, kommt der Vertrag über die Beratungsleistung zwischen dem Anrufer und dem sich jeweils meldenden Rechtsanwalt zustande.

Daneben sieht § 4 Abs. 2 Satz 1 RVG (früher § 3 Abs. 5 Satz 1 BRAGO) in außergerichtlichen Angelegenheiten u. a. eine Zeitvergütung vor, die niedriger sein kann als die gesetzlichen Gebühren. Zwar empfiehlt das Gesetz für den Fall der Gebührenunterschreitung eine schriftliche Vereinbarung (§ 4 Abs. 2 Satz 4 RVG, früher § 3 Abs. 1 Satz 3 BRAGO); das Nichtbefolgen dieser Empfehlung stellt jedoch kein wettbewerbswidriges Verhalten dar (vgl. BGHZ 152, 153, 161 – Anwalts-Hotline, m. w. N.).

Der Anrufer, der die von der Beklagten vermittelte Dienstleistung einer Rechtsberatung in Anspruch nehmen will, erklärt sich durch seinen Anruf mit der Vereinbarung einer Zeitvergütung einverstanden. Wie der Senat bereits in der Entscheidung »Anwalts-Hotline« ausgeführt hat, liegt darin, dass sich diese Zeitvergütung nicht an den Bemessungskriterien der preisrechtlichen Bestimmungen – in der Vergangenheit der Bundesrechtsanwaltsgebührenordnung und heute des Rechtsanwaltsvergütungsgesetzes – orientiert, kein berufsrechtlicher Verstoß. **Mit der Zeitvergütung, die in vielen Bereichen der anwaltlichen Tätigkeit üblich ist, wählen die Parteien des Anwaltsvertrags bewusst eine Berechnungsweise, die sich von der streitwertabhängigen Berechnung vollständig löst. Dies ist für sich genommen weder bei der üblichen Zeitvergütung (BGHZ 152, 153, 160 f. – Anwalts-Hotline) noch im Streitfall zu beanstanden.«**

Auch in dieser Entscheidung erwähnt der BGH mit keinem Wort die Verhältnismäßigkeitsprüfung, die nach Satz 3 für den gesamten Absatz 2 des § 4 galt.

(4) BGH (JurBüro 2008, 267 = AGS 2008, 7 – Familienrecht Scheidung EUR 15–55): Es ging um eine Unterlassungsklage. Zwischenzeitlich kam es zu der erwähnten Gesetzesänderung zum 01. 07. 2006, die die Gebühren für die Beratung völlig freigegeben hat (§ 34). Die Parteien haben demgemäß die Hauptsache für erledigt erklärt. In der Kostenentscheidung hat der BGH dann aber seinen kurzen »Wahrspruch« aus den drei vorgenannten Entscheidungen wieder nur wiederholt, kein Wort zum »angemessenen Verhältnis«. Diese letztere rechtliche Hauptsache kann nun aber nicht mit der Herausnahme der Beratungsgebühr aus den gesetzlichen Gebühren für erledigt betrachtet werden. Denn die »Beratungsgebühr«- Entscheidungen des BGH haben natürlich auch für die Zukunft Bedeutung für alle Fälle von Gebührenunterschreitungen im außergerichtlichen (gesetzlichen) Gebührenbereich, wie vornehmlich für die Geschäftsgebühr nach Nr. 2300.

2. OLG Hamm – Verhältnismäßigkeitsprüfung

(4) OLG Hamm (NJW 2004, 3269 = AGS 2005, 51): Anwaltswerbung mit Gebührenbeispielen für arbeitsrechtliche »Erstberatung«:

»1. Obwohl es sowohl nach altem als auch nach neuem Gebührenrecht im Einzelfall grundsätzlich möglich ist, für anwaltliche Erstberatungen die gesetzlichen Gebühren herabzusetzen (so auch LG Bremen NJW 2004, 2837), kann die Werbung mit bestimmten niedrigen Gebühren wettbewerbswidrig sein.

2. Die Wettbewerbswidrigkeit ist dann anzunehmen, wenn der Anwalt standardisiert die Gebühren für eine Erstberatung unterschreitet und so den Bewertungsmaßstab der Gebührenordnung verlässt, also sich **nicht mehr an der Schwierigkeit der Beratung, dem Umfang der Tätigkeit** usw. orientiert, sondern den Gebührenrahmen willkürlich pauschal für bestimmte Beratungsfälle festsetzt (Werbung mit »Gebührenbeispielen« von € 10 bis € 50 z. B. für eine arbeitsrechtliche »Erstberatung«)....

Nach § 3 Abs. 5 BRAGO a. F. konnte der Rechtsanwalt in außergerichtlichen Angelegenheiten Pauschalgebühren vereinbaren, die niedriger sein durften als die gesetzlichen Gebühren. Diese Möglichkeit war aber nicht schrankenlos ausgestaltet und gewährt worden. Nach § 4 Abs. 2 Satz 3 2. Alternative **muss eine solche Pauschalvergütung in einem angemessenen Verhältnis zu Leistung, Verantwortung und Haftungsrisiko des Rechtsanwalts stehen.** Dieses angemessene Verhältnis lässt sich bei einem Gebührenrahmen zwischen nur € 10,00 und € 50,00 nicht mehr verwirklichen. Denn nach Nr. 2100 stehen dem Rechtsanwalt bei der Erstberatung 1/10 bis 10/10 der vollen Gebühr, höchstens aber € 190,00 für Verbraucher zu.

Abschnitt 1 – Allgemeine Vorschriften

Die höchste Gebühr nach dem beworbenen Preisrahmen beträgt nach der Werbung lediglich € 50,00. Damit wird die Kappungsgrenze von € 190,00 so extrem herabgesetzt, dass **nicht mehr angemessen auf den Schwierigkeitsgrad der Sache abgestellt werden kann**. Denn für den potentiellen Mandanten der Antragsgegnerin bedeutet die beanstandete Werbung, dass er in keinem Fall mehr als € 50,00 entrichten muss, so schwierig sein Fall auch sein mag. Damit wird aber die Wertung des Gesetzgebers unterlaufen. Die Angemessenheitsprüfung hat sich die Antragsgegnerin von vornherein abgeschnitten, indem sie, ohne etwa typisierende Fallgruppen zu bilden, die Kappungsgrenze pauschal auf € 50,00 herabgesetzt hat …

Hinsichtlich der Möglichkeit von Pauschalvereinbarungen hat sich die Rechtslage nicht geändert. Nach § 4 Abs. 2 RVG muss wie bei § 3 Abs. 5 BRAGO a. F. bei herabgesetzten Gebühren weiterhin die Angemessenheit der Herabsetzung berücksichtigt werden … Die Antragsgegnerin schneidet sich die geforderte Angemessenheitsprüfung von vornherein ab, indem sie den extrem niedrigen Gebührenrahmen von € 10,00 bis € 50,00 gewählt hat.«

Das OLG Hamm meint abschließend mit einer für mich unverständlichen Begründung, es setze sich nicht in Widerspruch zur BGH-Rechtsprechung, indem es ausführt:

»Die Entscheidung des BGH »Anwalts-Hotline« (NJW 2003, 81) ist nicht einschlägig, weil es dort nicht um ein **Werbeverbot für die Preisgestaltung ging, sondern um ein Tätigkeitsverbot, nämlich die telefonische Rechtsberatung.**«

Schade, dass das OLG Hamm nicht den Weg zum BGH gegangen ist, der dann aus der Entscheidung des OLG Hamm doch etwas zu § 4 Abs. 2 Satz 3 (a. F.) hätte lernen können.

Nun, nachdem der Gesetzgeber jetzt den Satz 2 ausdrücklich im Absatz 1 des § 4 n. F. hinzugesetzt hat, wird der BGH in seiner nächsten Entscheidung genötigt sein, zum »angemessenen Verhältnis« etwas zu verlautbaren.

3. Angemessenes Verhältnis zu Leistung, Verantwortung und Haftungsrisiko des Rechtsanwalts

11 Der Satz 2 zeigt die Untergrenze auf, bis zu der die vereinbarte Gebühr einvernehmlich herabgesetzt werden darf. Diese Untergrenze dürfte allemal in den vorstehend aufgelisteten Fällen, die der BGH zu entscheiden hatte, überschritten gewesen sein. Das Gesetz gibt allerdings keinen festen Maßstab. Es sind in erster Linie die drei Momente **Leistung, Verantwortung und Haftungsrisiko** für die Bewertung heranzuziehen. In der Literatur wird zu Recht weitgehend die Ansicht vertreten, auch andere Umstände des Einzelfalles gehörten zum Begriff »angemessenes Verhältnis (Gerold/Schmidt/Madert/Müller-Rabe/Mayer/Burhoff RVG 18. Aufl. § 4 Rn. 6; Teubel/Schons Erfolgshonorar für Anwälte § 2 Rn. 223; *Römermann* in Hartung/Römermann/Schons RVG 2. Aufl. § 4 Rn. 49). Zu weiteren Einzelheiten siehe die Ausführungen zu Absatz 2 Satz 2 zur Teilabtretung.

4. »Unterbieten« wegen besonderer Umstände in der Person des Auftraggebers § 49 b Abs. 1 Satz 2 BRAO

12 Der durch die zum 01. 07. 2008 in Kraft getretene Novelle nicht geänderte § 49 b Abs. 1 Satz 1 und 2 BRAO lautet:

»*(1) Es ist unzulässig, geringere Gebühren und Auslagen zu vereinbaren oder zu fordern, als das Rechtsanwaltsvergütungsgesetz vorsieht, soweit dieses nichts anderes bestimmt.*

(2) Im Einzelfall darf der Rechtsanwalt besonderen Umständen in der Person des Auftraggebers, insbesondere dessen Bedürftigkeit, Rechnung tragen durch Ermäßigung oder Erlass von Gebühren oder Auslagen nach Erledigung des Auftrags.«

Der Gesetzestext macht keinen Unterschied zwischen **gerichtlicher oder außergerichtlicher Interessenvertretung**. Im früheren Abs. 5 des § 51 der Grundsätze des anwaltlichen Standesrechtes hieß es zusätzlich: »Bei der Vertretung eines Kollegen, einer Kollegenwitwe oder eines Mitarbeiters in deren eigenen Sachen darf der Rechtsanwalt auf seine Gebühren verzichten.« Diese Bestimmung ist in § 49 b Abs. 1 Satz 2 BRAO nicht mit aufgenommen worden, gilt aber sinngemäß fort, so auch Göttlich/Mümmler RVG 1. Aufl. »Gebührenverzicht« (jetzt: **Umstände in der Person des Auftraggebers**). Wegen dieser pauschalen Beschreibung können weitere Fälle hier subsumierbar werden.

Ermäßigung oder Erlass dürfen aber erst **nach Erledigung** des Auftrages erfolgen, das hindert, dass der Anwalt mit dem Unterbieten wirbt. Die **Bedürftigkeit** ist nur eine **beispielhafte** Aufzählung. Besondere Umstände der Gebührenermäßigung aus der Peron des Auftraggebers sind wie bisher (sittliche Verpflichtung): »die Vertretung von Verwandten und Freunden, hier muss dem Anwalt ein gewisser Ermessensspielraum eingeräumt werden« – in solchen weiteren Fällen neben der Bedürftigkeit muss natürlich nicht zugleich auch noch Bedürftigkeit vorliegen (BT-Drs. 12/4993, S. 31).

III. Absatz 2 Satz 1 und 2 Mahn- und Zwangsvollstreckungsverfahren

1. Erstattungsanspruch an Erfüllungs statt

§ 4 Absatz 2 Satz 1 RVG erlaubt, dass der Anwalt sich für gerichtliche Mahn- und Zwangsvollstreckungsverfahren nach den §§ 803 bis 863 und den §§ 899 bis 915 b ZPO verpflichtet, dass er für den Fall der Nichtbeitreibbarkeit einen Teil des Erstattungsanspruchs an Erfüllungs statt annehmen werde. **Bedingung** zur Annahme an Erfüllungs statt ist also wörtlich, dass der Erstattungsanspruch des Auftraggebers vom Gegner »**nicht beigetrieben**« werden kann. Eine gleiche Abrede schon für den Fall nur des Zweifels in Bezug auf die Beitreibbarkeit zu treffen, ist rechtlich unwirksam (Gerold/Schmidt/von Eicken/Madert/Müller-Rabe RVG 17. Aufl. § 4 Rn. 6). Anders als nach Satz 1 in außergerichtlichen Angelegenheiten ist eine Unterschreitung der gesetzlichen Vergütung somit nur zulässig, wenn der Anwalt für den Fall der Nichtbeitreibbarkeit des Anspruchs auf einen Teil seiner gesetzlichen Vergütung verzichtet und diesen Teil des Erstattungsanspruchs an Erfüllungs statt annimmt. Es ist also nach dem reinen Gesetzeswortlaut keine Gebührenminderung – real angesichts des Beitreibungsrisikos, das nunmehr den Anwalt trifft, aber doch.

Diese Abtretung entlastet seinen Auftraggeber, der damit einen Teil seines Beitreibungsrisiko auf den Anwalt überträgt. Der restliche (nicht durch Abtretung erfüllte) gesetzliche Gebührenanspruch verbleibt dem Anwalt gegen den Auftraggeber.

Aus dem Wort »werde« am Ende des Satzes 2 folge (nach *N. Schneider* in Gebauer/Schneider RVG 2. Aufl. § 4 Rn. 147), dass der Anwalt **im Voraus** sich die Erstattungsforderung abtreten lassen müsse, und zwar Zug-um-Zug gegen seine Zusage, dass er bei Uneinbringlichkeit (also dem tatsächlichen Ausfall seiner Partei) auf einen bestimmten Teil seines Honorars gegen seinen Auftraggeber verzichte. Bedingung für den Übergang ist dann ein späterer gescheiterter Beitreibungsversuch (Hartung/Römermann RVG § 4 Rn. 44).

Gegen die von N. Schneider vertretene These von der Vorausabrede (also zeitlich vor dem gescheiterten Beitreibungsversuch) hat *Römermann* (Hartung/Römermann RVG § 4 Rn. 36 – *Madert* in Gerold/Schmidt/von Eicken/Madert/Müller-Rabe RVG 16. Aufl. § 4 Rn. 20–21 schweigt dort dazu, bemerkt aber in Rn. 94 generell zum Zeitpunkt aller Gebührenabreden, das Gesetz nenne keinen bestimmten Zeitpunkt –) zu Recht Folgendes eingewandt:

»*Es kommt hierbei nicht entscheidend darauf an, ob die Vereinbarung vor oder nach Einleitung des Mahnverfahrens, vor oder nach dem ersten Vollstreckungsversuch getroffen wird. Insbesondere gibt es keinen erkennbaren Grund, warum Anwalt und Mandant nicht auch noch nach dem Scheitern*

Abschnitt 1 – Allgemeine Vorschriften

des ersten Vollstreckungsversuchs und damit in besserer Kenntnis des wirtschaftlichen Wertes der Abtretung die Honorarabrede eingehen sollten.«

Hier erscheint auch mir eine reine Wortauslegung zu eng. Gerade wenn der erste Vollstreckungsversuch erfolglos ist, werden sich Anwalt und Mandant zusammensetzen und beraten, was sie nun machen sollen. Sollte zu diesem Zeitpunkt vom Gesetz her eine entsprechende Abrede nicht mehr möglich sein? Das entspricht jedenfalls nicht einer Auslegung der Norm nach deren Sinn und Zweck (ratio des Gesetzes).

Abs. 2 Satz 1 trifft also eine Möglichkeit der vom Gebührengesetz abweichenden Vereinbarungsmöglichkeit für das gerichtliche Mahnverfahren und für Zwangsvollstreckungsverfahren nach den §§ 803–863 und §§ 899–915 b ZPO.

Neben dem Mahnverfahren erfasst die Regelung somit folgende Zwangsvollstreckungsverfahren:

(1) Mobiliarvollstreckung in das bewegliche Vermögen (§§ 803 ff. ZPO);

(2) Zwangsvollstreckung in Forderungen und andere Vermögenswerte (§§ 828 ff. ZPO).

Abs. 2 Satz 1 gilt demnach nicht für folgende Verfahren: Vollstreckung in das unbewegliche Vermögen (§§ 864 ff. ZPO), Verteilungsverfahren (§§ 872 ff. ZPO), Zwangsvollstreckung gegen juristische Personen des öffentlichen Rechts (§ 882 a ZPO und Zwangsvollstreckung zur Erwirkung der Herausgabe von Sachen oder zur Erwirkung von Handlungen oder Unterlassungen (§§ 883 ff. ZPO).

Zum genannten Mahnverfahren gehören auch die Verfahren auf Erlass eines Vollstreckungsbescheids sowie Erinnerungen oder Beschwerden innerhalb der Verfahren auf Erlass des Mahnbescheids oder eines Vollstreckungsbescheids.

2. Fehlende Beitreibbarkeit

14 Bedingung des Abtretungsfalls ist nach dem Gesetz (Abs. 2 Satz 2), »wenn der Anspruch des Auftraggebers auf Erstattung der gesetzlichen Vergütung nicht beigetrieben werden kann«.

Eine wertende Auslegung des Begriffs »Nichtbeitreibbarkeit« bedeutet: Die Abtretung hätte keinen Sinn, wenn sich aus den Umständen eine völlig aussichtslose Beitreibbarkeitslage ergäbe.

Andererseits wird man aber als **Mindestmaß** einen erfolglosen **Vollstreckungsversuch** fordern müssen (Hartung/Römermann RVG § 4 Rn. 39). Überzeugend zu diesem Problem sind auch folgende Ausführungen von *Mayer* (Gerold/Schmidt/Madert/Müller-Rabe/Mayer/Burhoff RVG 18. Aufl. § 4 Rn. 13): »Ab wann ist ein Anspruch beim Schuldner nicht beitreibbar? Genügt ein erster Zwangsvollstreckungsversuch, oder muss mindestens das Verfahren zur Abgabe der eidesstattlichen Versicherung betrieben werden? Oder wie steht es mit Schuldnern, die sich zwar in einer aktuellen wirtschaftlichen Krise befinden, bei denen aber eine hohe Erwartung besteht, dass die Forderung später doch noch realisiert werden kann? Richtiger Auffassung nach ist der Begriff der »Nichtbeitreibbarkeit« wertend auszulegen; eine völlig aussichtslose Beitreibbarkeitslage ist zwar nicht erforderlich, zumindest aber ein erfolgloser Vollstreckungsversuch.«

Eine Vergütungsvereinbarung i. S. von § 4 Abs. 2 Satz 1 kann auch noch nach Einleitung des Mahnverfahrens und auch noch nach Einleitung von ersten erfolglosen Zwangsvollstreckungsmaßnahmen abgeschlossen werden.

3. Abtretung an Erfüllungs statt

15 An Erfüllungs statt bedeutet (§ 364 BGB), dass der gesetzliche Vergütungsanspruch des Anwalts damit insoweit erlischt. Dagegen wird nunmehr der Anwalt infolge der Teilabtretung

Gläubiger des Teilanspruchs seines Auftraggebers gegen dessen Prozessgegner. Als Herr über diesen Anspruch kann der Anwalt ihn z. B. nunmehr auch abtreten, damit aufrechnen oder den Anspruch dem Dritten erlassen.

In der 2. Auflage habe ich – fest an den Gesetzeswortlaut mich anlehnend – ausgeführt:

»Der Anwalt kann sich nur für einen **Teil** (also nicht insgesamt) seines gesetzlichen Gebührenanspruchs den Anspruch seines Mandanten gegen den Dritten abtreten lassen.

Römermann (Hartung/Römermann RVG § 4 Rn. 44) meint zwar, einer **Gesamtabtretung** stehe kein Schutzzweck entgegen, zumal der Rechtsanwalt davon nur einen Vorteil habe und der Mandant ebenfalls nicht benachteiligt werde. Die Abwicklung werde erheblich vereinfacht, wenn der Erstattungsanspruch in einer Hand bleibe. Vor diesem Hintergrund sei § 4 Abs. 2 Satz 2 RVG **korrigierend** so auszulegen, dass durchaus der gesamte Erstattungsanspruch abgetreten werden dürfe.

Dieser weiten Auslegung gegen den Gesetzeswortlaut kann ich nicht zustimmen, da hier der gesetzgeberische wertende Gedanke doch eindeutig ist und dann die in Satz 3 angeordnete Verhältnismäßigkeitsprüfung nicht mehr möglich wäre (ähnlich von Eicken NJW 1995, 426, 428; Hartmann Kostengesetze 35. Aufl. § 4 RVG Rn. 64; Baumgärtel/Föller/Hergenröder/Houben/Lompe RVG 7. Aufl. § 4 Rn. 8; Hansens BRAGO 8. Aufl. § 3 Rn. 28).

Auf dieses Problem geht Römermann bezeichnenderweise bei der Verhältnismäßigkeitsprüfung des Satzes 3 dann auch nicht mehr ein (Hartung/Römermann RVG § 4 Rn. 149).«

Diese meine Ansicht hat Kritik erfahren: *Mayer* in Gerold/Schmidt/Madert/Müller-Rabe/Mayer/Burhoff RVG 18. Aufl. § 4 Rn. 16. Dessen Kritik hat mich überzeugt: Man kann die Norm nach ihrem Sinn und Zweck auch etwas abweichend vom Wortlaut (»einen Teil des Erstattungsanspruchs abtreten«) auslegen: Sinn der Norm ist: Es soll in diesem Risikofall dem Anwalt und seinem Auftraggeber erlaubt sein, dass der Anwalt nicht die vollen Gebühren erhält, sondern nur einen Teil von seinem Mandanten, dem Vollstreckungsgläubiger, und den Rest durch Abtretung an Erfüllung statt der teilweisen (oder ganzen?) gesetzlichen Vergütung, also des Gebührenerstattungsanspruchs des Mandanten gegen den Vollstreckungsschuldner. Der Restanspruch an Gebühren, die der Vollstreckungsgläubiger an seinen Anwalt zu zahlen hat (neben der Abtretung), muss in einem angemessenen Verhältnis zur anwaltlichen beruflichen Leistung stehen.

In Worten: Zahlt der Vollstreckungsgläubiger im Nichtbeitreibungsfall an seinen Anwalt etwa 50 % der Vollstreckungsgebühren, so ist das angemessen, ob nun dem Anwalt an Erfüllungs statt für die Restforderung nur 50 % oder 100 % der Mandantenforderung an den Vollstreckungsschuldner abgetreten werden. 1 : 0 für Mayer.

4. Kriterien für die Beurteilung: Angemessenes Verhältnis zur Leistung des Anwalts

§ 4 Absatz 2 Satz 3 RVG lautet: »Der nicht durch Abtretung zu erfüllende Teil der gesetzlichen Vergütung und die sonst nach diesem Absatz vereinbarten Vergütungen müssen **in angemessenem Verhältnis zu Leistung, Verantwortung und Haftungsrisiko** des Anwalts stehen.«

Zunächst wird dazu auf die Entscheidungen des AG Arnsberg (AGS 2000, 42) und des OLG Düsseldorf (AnwBl. 1985, 259) verwiesen.

a) Leistung

Unter der **Leistung des Anwalts** sind vor allem der Umfang und die Schwierigkeit der anwaltlichen Tätigkeit im gegebenen Fall zu sehen. Auch die Komponente »wirtschaftlicher Erfolg« dürfte hier trotz der Nähe zum Erfolgshonorar subsumierbar sein (ähnlich *Römermann* in Hartung/Römermann RVG 2. Aufl. § 4 Rn. 48; Gerold/Schmidt/von Eicken/Madert/Müller-Rabe RVG 17. Aufl. § 4 Rn. 66; LG Braunschweig AnwBl. 1973, 358).

Abschnitt 1 – Allgemeine Vorschriften

b) Verantwortung

18   Verantwortung liegt in der Nähe des weiter genannten Begriffs »Haftungsrisiko«. Will man ihm eine eigene Bedeutung beimessen, so kann man darunter vielleicht das weite Feld der nicht selten problematischen anwaltlichen **Zweckmäßigkeitserwägungen** (wie sie heute ausdrücklich bei den Anwaltsexamensklausuren gefordert werden) verstehen, also etwa Prozessrisiko, Beurteilung der Beitreibbarkeit, Zurückhalten von Angriffs- und Verteidigungsmitteln im Prozess (trotz Präklusionsgefahr nach § 296 ZPO zur Überraschung des Gegners – vom BVerfG in gewissen Fällen erlaubt, BVerfGE 54, 157), die Beschränkung des Sachvortrages usw.

c) Haftungsrisiko

19   Hier sind in erster Linie zu nennen: die Streitwerthöhe, ein besonders risikoreicher Prozess, ein besonders streitsüchtiger Mandant oder mehrere inhomogene Auftraggeber, etwa eine große Erbengemeinschaft oder etwa 12 Hauseigentümer (Auftraggeber) in einem neuen Wohngebiet mit (angeblich) gleichen Interessen (der eine ist schon geschieden, der zweite will die Immobile schnell mit Gewinn verkaufen, der dritte sucht ein Ökohaus).

20   Die Beschränkung des Gesetzes auf die genannten drei Kriterien dürfte, wie ausgeführt, nicht bedeuten, dass dies eine abschließende Regelung ist und nicht noch weitere Gesichtspunkte bei der Abwägung der Angemessenheit der Abrede nach Absatz 2 Satz 3 Berücksichtigung finden könnten (so zu Recht Hartung/Römermann/Schons RVG 2. Aufl. § 4 Rn. 49). Je mehr Arbeit der Anwalt in die Angelegenheit investiert, desto geringer muss der Abtretungsanteil (und höher der fortbestehende Gebührenanteil) sein und umgekehrt, je weniger Aufwand er betreiben muss, desto höher kann sein Abtretungsanteil sein (ebenso *N. Schneider* in Gebauer/Schneider RVG 2. Aufl. § 4 Rn. 149).

Auch wird man die Chancen einer Beitreibung dabei berücksichtigen müssen.

Welches Verhältnis **angemessen** ist, liegt weitgehend im Ermessen der Parteien. Unangemessen wäre jedenfalls eine Regelung, die bei erbrachter nicht unerheblicher anwaltlicher Leistung praktisch auf einen Gebührenverzicht hinausliefe (*Römermann* in Hartung/Römermann/Schons RVG § 4 Rn. 50).

Das OLG Köln hat sich mit der Angemessenheitsproblematik befasst (NJW 2006, 923):

Eine Anwaltspraxis bot in einem Werbeschreiben nachfolgende anwaltliche Leistungen gegen eine Vergütung von € 75,00 netto und die Abtretung des auf der Grundlage der gesetzlichen Vergütung nach dem RVG berechneten Kostenerstattungsanspruchs des Mandanten gegen den Schuldner an, und zwar die Titulierung und Beitreibung von maximal drei Forderungen pro Auftrag mit einer gesamten Forderungshöhe zwischen € 5.000,00 und € 1.500.000,00.

Das OLG Köln sah darin einen Verstoß gegen § 49 b BRAO i. V. m. § 4 Abs. 2 Sätze 2 und 3 RVG a. F. (= § 4 Abs. 2 Satz 1 und 2 n. F.). Nach § 4 Abs. 2 Satz 2 RVG könne sich der Rechtsanwalt zwar für gerichtliche Mahnverfahren und Zwangsvollstreckungsverfahren nach den §§ 803 bis 863 und §§ 899 bis 915 b ZPO verpflichten, dass er, wenn der Anspruch des Auftraggebers auf Erstattung der gesetzlichen Vergütung nicht beigetrieben werden könne, einen Teil des Erstattungsanspruchs an Erfüllungs statt annehme. Voraussetzung dafür sei jedoch gemäß § 4 Abs. 2 Satz 3 RVG, dass der nicht durch Abtretung zu erfüllende Teil der gesetzlichen Vergütung und die sonst nach diesem Absatz vereinbarten Vergütungen in einem angemessenen Verhältnis zu Leistung, Verantwortung und Haftungsrisiko des Rechtsanwalts stünden. Das sei bei einer pauschalen Summe von € 75,00 ohne Berücksichtigung der Umstände des Einzelmandats nicht der Fall (so auch OLG Hamm NJW 2004, 3269, 3270; LG Arnsberg JurBüro 2004, 610, 612; LG Arnsberg Rbeistand 2005, 106, 107).

IV. Absatz 3 Satz 1 Ermessen des Vorstands der Rechtsanwaltskammer

Die Partner der Vereinbarung können in allen Fällen der vom Gesetz abweichenden Gebührenvereinbarungen der Absätze 1 und 2 (also niedriger oder Abtretung an Erfüllungs statt) die Festsetzung dem billigen Ermessen des Vorstandes der Rechtsanwaltskammer überlassen. Allein zuständig ist die Kammer am Kanzleisitz des Anwalts, nicht die am Wohnsitz der Partei oder am Gerichtssitz (Hartmann Kostengesetze 35. Aufl. § 4 RVG Rn. 28; Gerold/Schmidt/von Eicken/Madert/Müller-Rabe RVG 17. Aufl. § 4 Rn. 37). Eine Minderung der Gebühren für gerichtliche Verfahren, die in den Absätzen 1 und 2 nicht genannt ist, lässt sich auch nicht über den Weg des Absatzes 3 (Ermessen des Vorstandes der Rechtsanwaltskammer) erreichen, weil auch einer solchen Möglichkeit der Wortlaut von § 49 b Abs. 1 Satz 1 BRAO entgegensteht

V. Absatz 3 Satz 2 Ermessen eines Vertragsteils

Soll die Festsetzung der Vergütung dem Ermessen eines Vertragsteils überlassen sein, so ist diese Vereinbarung unwirksam. In diesem Falle gilt die **gesetzliche** Vergütung als vereinbart.

Wird die Festsetzung der Vergütung einem sonstigen Dritten überlassen, so ist auch dieses unwirksam, dann ist Abs. 3 Satz 2 analog anzuwenden (Schneider/Wolf RVG 3. Aufl. § 4 Rn. 26; Hansens BRAGO 8. Aufl. § 4 Rn. 13; Riedel/Sußbauer BRAGO 8. Aufl. § 3 Rn. 27, 28). Dies folgt aus dem Sinn und Zweck der Vorschrift. Nur der Vorstand der Kammer ist als Ausnahme genannt.

Für eine Wirksamkeit einer Ermessensentscheidung eines Dritten (weil im Gesetz nicht ausdrücklich genannt) hat sich allerdings *Hartmann* (Kostengesetze 35. Aufl. § 4 RVG Rn. 31) ausgesprochen; dem hatte sich auch *Madert* (Gerold/Schmidt/von Eicken/Madert/Müller-Rabe RVG 17. Aufl. § 4 Rn. 38) angeschlossen. Die 18. Auflage schweigt zu diesem Problem.

Abschnitt 1 – Allgemeine Vorschriften

§ 4 a
Erfolgshonorar

(1) ¹Ein Erfolgshonorar (§ 49 b Abs. 2 Satz 1 der Bundesrechtsanwaltsordnung) darf nur für den Einzelfall und nur dann vereinbart werden, wenn der Auftraggeber auf Grund seiner wirtschaftlichen Verhältnisse bei verständiger Betrachtung ohne die Vereinbarung eines Erfolgshonorars von der Rechtsverfolgung abgehalten würde. ²In einem gerichtlichen Verfahren darf dabei für den Fall des Misserfolgs vereinbart werden, dass keine oder eine geringere als die gesetzliche Vergütung zu zahlen ist, wenn für den Erfolgsfall ein angemessener Zuschlag auf die gesetzliche Vergütung vereinbart wird.

(2) Die Vereinbarung muss enthalten:

1. die voraussichtliche gesetzliche Vergütung und ggf. die erfolgsunabhängige vertragliche Vergütung, zu der der Rechtsanwalt bereit wäre, den Auftrag zu übernehmen, sowie
2. die Angabe, welche Vergütung bei Eintritt welcher Bedingungen verdient sein soll.

(3) ¹In der Vereinbarung sind außerdem die wesentlichen Gründe anzugeben, die für die Bemessung des Erfolgshonorars bestimmend sind. ²Ferner ist ein Hinweis aufzunehmen, dass die Vereinbarung keinen Einfluss auf die ggf. vom Auftraggeber zu zahlenden Gerichtskosten, Verwaltungskosten und die von ihm zu erstattenden Kosten anderer Beteiligter hat.

Inhaltsübersicht

	Rn.
A. Allgemeines	1
I. Öffnung für das Erfolgshonorar	1
II. Materielle Voraussetzung – verständige Betrachtung	2
III. Anwendungsgebiete	3
IV. Unterschreitung gesetzlicher Gebühren in einem gerichtlichen Verfahren (Besonderheit für Gebührenunterschreitung im gerichtlichen Verfahren)	4
V. Gesetzesbegründung und Gesetzeswortlaut	5
VI. Die Angabe der wesentlichen Gründe	6
VII. Hinweispflichten des RA beim Erfolgshonorar	7
B. Kommentierung	8
I. Abs. 1 Satz 1 Gesetzliche Voraussetzungen für ein Erfolgshonorar	8
1. Erfolgshonorar	8
2. Nur Einzelfallregelung	9
3. Absehen von der Rechtsverfolgung	10
4. Unbestimmter Rechtsbegriff: Verständige Betrachtung	11
II. Abs. 1 Satz 2 Erfolgshonorar für ein gerichtliches Verfahren	12
1. Zivilprozess	12
a) Abschlag – Zuschlag	13
b) Prozessrisiko	14
2. Erfolgshonorar im Strafprozess und Rechtsstreitigkeiten der 4 anderen Gerichtszweige	18
3. Synallagma von Reduzierung bei Mißerfolg und Erhöhung	19
III. Abs. 2 Nr. 1 und Nr. 2 Transparenzgebot	20
1. Voraussichtliche gesetzliche Vergütung	21
2. Vergütungsangebot ohne Vereinbarung eines Erfolgshonorars	22
3. Bedingungen für den Eintritt des Erfolgshonorars	23
IV. Abs. 3 Satz 1 Wesentliche Bemessungsgründe	25
V. Abs. 3 Satz 2 Hinweis auf Kostenerstattungsrisiko	26
VI. Folgen eines Verstoßes der Verpflichtungen aus § 4 a Abs. 3	27
C. Kommentierung von § 49 b Abs. 2 Satz 3 BRAO	28
I. Die Neuregelung zum 01.07.2008 – Die bedingte Erhöhung gesetzlicher Gebühren	28
II. Darstellung der Rechtslage 01.07.2004 bis 30.06.2008 / Hervorhebung der jetzigen Änderung	29
1. Erfolgshonorar / Anteil am erstrittenen Betrag = quota litis	29
a) Ort der gesetzlichen Regelung	29
b) Die Rechtslage	30
c) Erfolgshonorar zwischen einem ausländischen RA und einem deutschen Auftraggeber	34
2. Gesetzliche Ausnahmen vom Verbot	35
a) Beispiele (zur Gesetzesfassung 2004)	36
b) Die neue Rechtslage ab 01.07.2008	41
c) Aufzählung der gesetzlichen Gebühren mit Erfolgskomponenten	42
D. Muster zu Erfolgshonorarvereinbarungen	43

A. Allgemeines

I. Öffnung für das Erfolgshonorar

In § 4 a RVG wird die Ausnahme vom Verbot der Vereinbarung eines Erfolgshonorars (§ 49 b Abs. 2 BRAO) – Verbot mit Erlaubnisvorbehalt – geregelt. 1

Voraussetzungen:

(1) nur für den Einzelfall

(2) nur für einzelne Rechtsangelegenheiten

(3) mit einzelnen Mandanten.

II. Materielle Voraussetzung – verständige Betrachtung

Der Auftraggeber müsste aufgrund seiner wirtschaftlichen Verhältnisse bei verständiger Betrachtung ohne die Vereinbarung eines Erfolgshonorars von der Rechtsverfolgung abgehalten werden. Die Gesetzesmaterialien beschreiben den gefundenen Begriff »verständige Betrachtung« wie folgt (BT-Drs. 16/8916 S. 17): 2

»Die »verständige Betrachtung« erfordert, dass nicht nur die wirtschaftlichen Verhältnisse, sondern auch die finanziellen Risiken und deren Bewertung durch den einzelnen Auftraggeber bei der Entscheidung über die Zulässigkeit von Erfolgshonoraren berücksichtigt werden.«

III. Anwendungsgebiete

Der Gesetzgeber hält die gefundene Formulierung für so flexibel, dass sie z. B. auch einem mittelständischen Unternehmen im Falle eines großen Bauprozesses die Möglichkeit eröffnet, ein anwaltliches Erfolgshonorar zu vereinbaren. Auch der DAV hat in einer Presseerklärung vom 27.06.2008 verlautbart, dass er die Regelung vor allem für hohe Streitwerte bei Bauprozessen, aber auch für Erbschaften, Produkthaftungsfälle und Schmerzensgeldforderungen für besonders praktikabel hält. 3

IV. Unterschreitung gesetzlicher Gebühren in einem gerichtlichen Verfahren (Besonderheit für Gebührenunterschreitung im gerichtlichen Verfahren)

Erstmals eröffnet das Gesetz die Möglichkeit, auch bei gesetzlichen Gebühren in einem **gerichtlichen Verfahren** eine **Unterschreitung** zu vereinbaren: 4

Die Vereinbarung einer niedrigeren als der gesetzlichen Vergütung oder die Zahlung keiner Vergütung in einem gerichtlichen Verfahren ist nur erlaubt, wenn dies für den Misserfolgsfall geschieht und gleichzeitig im Gegenzug für den **Erfolgsfall ein angemessener Zuschlag** auf die gesetzliche Vergütung vereinbart wird.

Folgende Bedingungen also:

(1) geringere oder keine Vergütung nur für den Fall des Misserfolges

(2) für den Fall des Erfolgs eine höhere als die gesetzliche Vergütung.

Abzustellen ist auf die Sicht des Mandanten.

Abschnitt 1 – Allgemeine Vorschriften

V. Gesetzesbegründung und Gesetzeswortlaut

5 Die Gesetzesbegründung, die so aber nicht deutlich in den Wortlaut des Gesetzes übernommen worden ist (s. Rn. 13), wird daher voraussichtlich (wenn die Gerichte nicht nur vom Gesetzeswortlaut ausgehen, sondern daneben noch die Begründung zur Auslegung heranziehen) zu divergierenden Gerichtsurteilen führen (richtig wäre die Gesamtbetrachtung des Einzelfalles, was auch immer zu gerechteren Urteilen führt). Die Gesetzesbegründung lautet (BT-Drs. 16/8384, S. 11):

*»Zum einen muss der Zuschlag umso größer sein, je weiter im Misserfolgsfall die gesetzliche Mindestvergütung **unterschritten** werden soll. Wird also vereinbart, dass im Falle des Misserfolgs der Rechtsanwalt oder die Rechtsanwältin keine Vergütung erhalten soll (no win, no fee), muss der Zuschlag größer sein, als in einem Fall, in dem der Rechtsanwalt oder die Rechtsanwältin auch im Misserfolgsfall eine – unter der gesetzlichen Mindestvergütung liegende – Grundvergütung erhalten soll (no win, les fee).*

*Zum anderen muss der Zuschlag umso größer sein, je geringer die **Erfolgsaussichten** sind. Beträgt die Erfolgsaussicht 50 %, wird im Allgemeinen ein Zuschlag angemessen sein, dessen Wert der Unterschreitung der gesetzlichen Mindestvergütung im Misserfolgsfall entspricht. Sind die Erfolgsaussichten größer, genügt ein niedrigerer Zuschlag, sind die Erfolgsaussichten geringer muss der Zuschlag größer sein.«*

Noch einmal: Der **Gesetzeswortlaut** fordert nur einen »**angemessenen Zuschlag**«.

Dieses Abhängigkeitsverhältnis von Erfolg (=Erhöhung) und Mißerfolg (=Verminderung) wird aber nur gefordert für gerichtliche Verfahren (Rn. 19).

VI. Die Angabe der wesentlichen Gründe

6 In Abs. 3 fordert das Gesetz, dass in der Vereinbarung die wesentlichen Gründe anzugeben sind, die für die Bemessung des Erfolgshonorars bestimmend sind.

VII. Hinweispflichten des RA beim Erfolgshonorar

7 Eine Vereinbarung über ein Erfolgshonorar muss enthalten:

(1) die voraussichtliche gesetzliche Vergütung und gegebenenfalls die erfolgsunabhängige vertragliche Vergütung, zu der der Rechtsanwalt bereit wäre, den Auftrag zu übernehmen;

(2) die Angabe, welche Vergütung bei Eintritt welcher Bedingungen verdient sein soll.

Die Motive dazu (BT-Drs. 16/8384, S. 15):

»Letztlich bietet allein die voraussichtliche gesetzliche Vergütung einen verlässlichen und transparenten Vergleichsmaßstab für die rechtsuchenden Bürgerinnen und Bürger. Allein dadurch werden sie in die Lage versetzt, den Erfolgszuschlag angemessen und vergleichbar zu erfassen. Deshalb sollte die Angabe der voraussichtlichen gesetzlichen Vergütung in der Erfolgshonorarvereinbarung zur Pflicht werden. Ist der Rechtsanwalt, Steuerberater oder Steuerbevollmächtigte nicht bereit, den Auftrag zu den gesetzlichen Gebühren zu übernehmen, hat er daneben auch die erfolgsunabhängige Vergütung in der Vereinbarung anzugeben, zu der er bereit wäre, den Auftrag zu übernehmen.«

B. Kommentierung

I. Abs. 1 Satz 1 Gesetzliche Voraussetzungen für ein Erfolgshonorar

1. Erfolgshonorar

Zunächst muss man sich klar machen, was ein »**Erfolgshonorar**« ist, besser, was der Gesetzgeber darunter versteht. Denn der Gesetzgeber bricht mit der bisher üblichen Unterscheidung zwischen Erfolgshonorar und »quota litis«. Der neue § 4a RVG knüpft an den Begriff des Erfolgshonorars an, der in § 49b Abs. 2 Satz 1 BRAO legal definiert wird als »Vereinbarung, durch die eine Vergütung oder ihre Höhe vom Ausgang der Sache oder vom Erfolg der anwaltlichen Tätigkeit abhängig gemacht wird oder nach denen der Anwalt einen Teil des erstrittenen Betrages als Honorar erhält.«

Beide früher getrennten Begriffe werden also nunmehr gleich behandelt unter der Bezeichnung »Erfolgshorar«.

Nicht ergriffen von dieser Regelung ist nach § 49b Abs. 2 Satz 3 BRAO die Fallgestaltung, wenn lediglich vereinbart wird, dass sich die gesetzlichen Gebühren **ohne weitere Bedingungen** erhöhen. Die Einschränkung **ohne weitere Bedingungen** ist **neu** (BT-Drs. 16/8384, S. 9). Unabhängig von dieser Begrenzung ist durch § 49b Abs. 2 Satz 3 BRAO klargestellt, dass es kein Erfolgshonorar darstellt, wenn erhöhte gesetzliche Gebühren mit Erfolgskomponenten vereinbart werden (wenn also etwa vereinbart wird, im Falle eines Vergleichs fällt die Einigungsgebühr doppelt an). Verboten ist es infolge des Bedingungsausschlusses nunmehr zu vereinbaren:

Die Einigungsgebühr erfällt doppelt, wenn ein Vergleich über mindestens € 100.000,00 erzielt wird. Das wurde hinsichtlich der bisherigen Gesetzesfassung teilweise anders gesehen.

2. Nur Einzelfallregelung

Der Begriff »Einzelfall« wird zu Unrecht als problematisch dahingehend gesehen, ob es sich auf den Mandanten oder auf beide bezieht, welch Letzteres *Mayer* (Gerold/Schmidt/Madert/Müller-Rabe/Mayer/Burhoff RVG 18. Aufl. § 4a Rn. 5) bejaht. Ich denke, hier wird ein Scheinproblem aufgebaut.

In Wahrheit geht es doch nur darum, dass der Anwalt ein Erfolgshonorar mit einem bestimmten Mandanten nur im Einzelfall und nicht generell mit diesem verabreden darf. Jeder Einzelfall soll konkret neu bedacht und auch nachvollziehbar belegt werden. Also kann das doch nur heißen, der Anwalt darf nicht sämtliche Mandate mit einem bestimmten Mandanten als Erfolgshonorarfälle behandeln. Dass der Gesetzgeber hier einen Anwalt treffen wollte, der mit sämtlichen Mandanten nur noch auf Erfolgsbasis abrechnen will, kann man dem Gesetzgeber sicher nicht unterstellen. Solche Exoten gibt es sowieso nicht, weil diese sich dann ins eigene »Fleisch« schneiden würden. Was sollten die Gerichte sagen, wenn dieser Anwalt sagen würde, jetzt wollte ich gerade mit einer neuen Gebührenserie beginnen: in Zukunft nur noch gesetzliche Gebühren.

3. Absehen von der Rechtsverfolgung

Hier wird entsprechend den Direktiven der Entscheidung des BVerfG (NJW 2007, 997) der Zugang (für jedermann) zum Recht verwirklicht. Maßgebend ist nach der Vorstellung des Gesetzgebers (BT-Drs. 16/8384, S. 10) nicht, ob eine **durchschnittliche** rechtsuchende Person in einer bestimmten Rechtsangelegenheit davon abgehalten würde, ihre Rechte zu verfolgen, wenn sie kein Erfolgshonorar vereinbaren könnte«, sondern – im Rahmen der verständigen Betrachtung – die **einzelne** rechtsuchende Person in ihrer **individuellen Lebenssituation. Hier ist ein weites Tor aufgestoßen, um dem jeweiligen Einzelfall (Gesamtheit der Umstände des Einzelfalles mit einer subjektiven Beurteilungskomponente) gerecht zu werden.**

Abschnitt 1 – Allgemeine Vorschriften

4. Unbestimmter Rechtsbegriff: Verständige Betrachtung

11 Partei und Anwalt und später der Richter dürfen also eine »**verständige Betrachtung**« an den Fall anlegen.

Die Partei darf danach nicht ausschließlich nach subjektiven Kriterien sagen, bei gesetzlichen Gebühren ist mir das (nämlich eine außergerichtliche oder gerichtliche Verfolgung des Anspruchs) zu risikoreich. Die subjektive Einschätzung wird vielmehr an dem (wenig) objektiven Kriterium der »verständigen Würdigung« überprüft. Die subjektive Entscheidung muss bei »verständiger Betrachtung« nachvollziehbar und plausibel sein. Daneben erfordert die »verständige Betrachtung«, dass auch die finanziellen Risiken und deren Bewertung durch den einzelnen Auftraggeber bei der Entscheidung über die Zulässigkeit von Erfolgshonoraren berücksichtigt werden (so die Motive BT-Drs. 16/ 8916, S. 17). Der Gesetzgeber (BT-Drs. 16/8384, S. 11) hatte bei dieser Regelung Lebenssachverhalte vor Augen, in denen beispielsweise um Vermögenswerte gestritten wird, die den einzigen oder wesentlichen Vermögensbestandteil einer rechtsuchenden Person ausmachen, etwa beim Streit um einen Erbteil, einen Entschädigungsbetrag oder ein Schmerzensgeld oder die Entscheidung eines mittelständischen Unternehmens im Falle eines risikoreichen Bauprozesses. Hier ist für die Praxis ein relativ weites Feld eröffnet.

Denn die Vorrausetzungen für die Vereinbarung eines Erfolgshonorars sind selbst dann gegeben, wenn die wirtschaftlichen Verhältnisse der betreffenden Partei bei isolierter Betrachtung nicht entgegenstünden, die Berücksichtigung der mit dem Fall insgesamt verbundenen finanziellen Risiken insbesondere angesichts der Erfolgswahrscheinlichkeit – verständige Betrachtung – **aus des Sicht des Mandanten** eine erfolgsabhängige Vergütung sinnvoll erscheinen lassen. Das folgt aus der Gesetzesbegründung (BT-Drs. 16/8916, S. 17), ebenso aus einer Auslegung des Begriffes »Verständige Betrachtung«; ebenso *Mayer* in Gerold/Schmidt/Madert/Müller-Rabe/Mayer/Burhoff RVG 18. Aufl. § 4 a Rn. 8.

II. Abs. 1 Satz 2 Erfolgshonorar für ein gerichtliches Verfahren

1. Zivilprozess

12 Für das **gerichtliche Verfahren** erlaubt der Zusammenhang der § 49 b Abs. 1 BRAO und § 4 Abs. 1 Satz 1 RVG grundsätzlich nur die Vereinbarung einer **höheren** Vergütung als die gesetzliche Vergütung (eine **niedrigere** Vergütung kann nur für den außergerichtlichen Bereich vereinbart werden).

Eine Ausnahme davon (niedrigere Gebühr im gerichtlichen Verfahren) macht das Institut des Erfolgshonorars. Erfolgshonorare sind nicht nur in Form eines Erfolgszuschlags zu den gesetzlichen Gebühren erlaubt, sondern auch durch die **Vereinbarung niedrigerer als der gesetzlichen Gebühren** oder gar überhaupt keiner Vergütung im Falle des **Misserfolgs**. Die gesetzliche Vergütung darf im letzteren Falle, also im **Falle des Misserfolgs – aber nur dann –** unterschritten werden, wenn zum Ausgleich hierfür im Erfolgsfall ein **angemessener** Zuschlag auf die gesetzliche Vergütung gezahlt wird.

a) Abschlag – Zuschlag

13 Was der Gesetzgeber aber dann **in der Gesetzesbegründung** im Detail zur Frage der Angemessenheit weiter entwickelt hat, überzeugt mich nicht und findet auch im Gesetz keine dafür greifbare Formulierung.

(BT-Drs. 16/8384, S. 11): Maßstab für die Angemessenheitsprüfung: Das Maß hinsichtlich des Zuschlages müsse, so wird dort formuliert, umso größer sein, je größer im Misserfolgsfall die Unterschreitung der gesetzlichen Gebühr vereinbart sei. Das lässt sich vielleicht noch vertreten, aber: Werde für den völligen Verlust ein Gebührenausschluss vereinbart, so müsse für den Fall des völligen Obsiegens der Zuschlag höher sein als im Falle der Vereinbarung einer Restvergütung auch im Falle des Totalverlustes. Woran soll das denn (in einem Einzelfall) gemessen werden, wenn die Parteien (in dem betreffenden Einzelfall) nur geregelt haben, dass es bei Prozessverlust keine Vergütung gibt, dagegen im Erfolgsfalle etwa ein Zuschlag auf die gesetzliche Vergütung von 15% gewährt wird?

Was die Parteien hypothetisch vereinbart hätten, wenn sie für den Fall des Totalverlustes noch eine Restgebühr vereinbart hätten in Höhe von x% und was sie umgekehrt im Falle des totalen Obsiegens dann zusätzlich an Prozenten hätten vereinbaren müssen, kann man doch gar nicht greifen, wenn die Parteien insoweit von hilfsweisen Regelung abgesehen haben. Das ist doch alles mit der »Stange im Nebel« herumfahren.

Mayer (Gerold/Schmidt/Madert/Müller-Rabe/Mayer/Burhoff RVG 18. Aufl. § 4 a Rn. 12) referiert diese, wie ich meine unbrauchbare Ansicht des Gesetzgebers ohne Kritik und macht sie sich damit wohl zu eigen. Ich kann damit (mit diesem Teil der Gesetzesbegründung) jedenfalls als Meßlatte für die Prüfung der Ausgewogenheit von Abschlag und Zuschlag nichts anfangen. So sieht es auch Schons (s. Rn. 17).

b) Prozessrisiko

Ebenso wenig überzeugend ist die Berechnungshypothese des Gesetzgebers im Hinblick auf das Prozessrisiko (Das muss übrigens ein kluger Kopf sein, der so genau, wie der Gesetzgeber es unterstellt, das Prozessrisiko berechnen kann. Da gibt es doch so tradierte Sprüche von »Bei Gott und den Gerichten« oder »auf hoher See«!

Betrage, so meint die Gesetzesbegründung, die Erfolgsaussicht 50%, werde im Allgemeinen ein Zuschlag angemessen sein, dessen Wert der Unterschreitung der gesetzlichen Mindestvergütung im Misserfolgsfall entspreche. Seien die Erfolgsaussichten größer, genüge ein niedrigerer Zuschlag, seien diese geringer, müsse der Zuschlag größer sein (BT-Drs. 16/8383, S. 11).

Setzt man beim ersten Satz der Gesetzesbegründung an, der relativ konkrete Zahlen des Gesetzgebers bringt, so würde das bedeuten:

Festgestellte Erfolgswahrscheinlichkeit: 50%. Wird für den Misserfolgsfall noch die Hälfte der gesetzlichen Gebühren vereinbart, so müsste dann dementsprechend bei einer rein mathematischen Betrachtung im Erfolgsfall das 1½ fache der gesetzliche Gebühr vereinbart werden, um die Angemessenheit von Abschlag und Zuschlag zu erfüllen.

Dem folgt *Mayer* (Gerold/Schmidt/Madert/Müller-Rabe/Mayer/Burhoff RVG 18. Aufl. § 4 a Rn. 13) mit mathematischer Genauigkeit, ich lasse ihn hier für den kritischen Leser einmal wörtlich sprechen, das Zitat ist etwas lang, aber zur kritischen Betrachtung seiner Thesen geht es leider nicht kürzer:

*»Bei einer **Erfolgswahrscheinlichkeit von 50%** muss also bei Zugrundelegung des Bewertungsmaßstabs, von dem der Gesetzgeber bei dem angemessenen Zuschlag ausgegangen ist, dann, wenn für den Misserfolgsfall nur eine Vergütung in Höhe der Hälfte der gesetzlichen Gebühren vereinbart wird, für den Erfolgsfall ein Honorar in Höhe des 1½-fachen der gesetzlichen Gebühren vereinbart werden; soll im Misserfolgsfall lediglich 1/3 der gesetzlichen Gebühren bezahlt werden, beträgt nach dieser Berechnungsmethode die erfolgsbasierte Vergütung im Erfolgsfall 5/3 der gesetzlichen Vergütung, soll im Misserfolgsfall lediglich 1/10 der gesetzlichen Vergütung geschuldet sein, muss bei dieser Erfolgswahrscheinlichkeit für den Erfolgsfall eine Vergütung in Höhe von 19/10 der gesetzlichen Gebühren vereinbart werden. Beträgt die **Erfolgswahrscheinlichkeit lediglich 25%**, so sind nach dieser Berechnungsmethode dann, wenn im Misserfolgsfall lediglich die Hälfte der gesetzlichen Gebühren geschuldet wird, als erfolgsbasierte Vergütung eine Vergütung i. H. von 2,5 der gesetzlichen Gebühren zu vereinbaren; soll im Misserfolgsfall bei dieser Erfolgswahrscheinlichkeit lediglich 1/3 der gesetzlichen Vergütung bezahlt werden, so erhöht sich die erfolgsbasierte Vergütung auf das Dreifache der gesetzlichen Vergütung; soll im Misserfolgsfall lediglich 1/10 der gesetzlichen Gebühren geschuldet*

Abschnitt 1 – Allgemeine Vorschriften

sein, so muss bei einer Erfolgswahrscheinlichkeit von 25 % für den Erfolgsfall eine erfolgsbasierte Vergütung in Höhe des 3,7-fachen der gesetzlichen Gebühren vereinbart werden.«

15 Zunächst mein (etwas zu scharfer, aber in der Sache besorgter) Kommentar zu diesen Berechnungsanweisungen von Mayer:

Ich habe einmal in einem Spruchkörper mit einem Kollegen zusammengearbeitet, der den Gesetzesbefehl des § 92 ZPO (bei Teilobsiegen sind die Kosten »verhältnismäßig zu teilen«) so umgesetzt hat, dass er fürs Urteil z. B. formulierte:

»Von den Kosten des Rechtsstreits trägt der Kläger 49,5 % und der Beklagte 50,5 %.« Als wir andern beiden im Spruchkörper ihn deshalb »hochnahmen«, meinte er, im Zeitalter des Taschenrechners könne man so etwas doch genau ausrechnen. Man denke in solch einem Falle an den Frust der Beteiligten an solch einer Kostenausgleichung für solch eine »kleine Münze« (Anwälte und Rechtspfleger). Der Anwalt der begünstigten Seite muss das ja vollziehen, er kann nicht einfach sagen: Das ist eine Kostenaufhebung. Und was ist, wenn der mehr unterlegene Gegner in diesem Falle leicht höhere außergerichtliche Kosten zur Ausgleichung anmeldet und ihn damit im Ergebnis noch übertrifft. Auch heute noch sollte der Spruch gelten: Minima non curat praetor. Ich fürchte, im Zeitalter des Einzelrichters wird es noch weitere mathematische Blüten zu § 92 ZPO dieser Art geben, obwohl Reichsgericht (JW 1938, 2768) und BGH übereinstimmend meinen, eine Kostenaufhebung sei auch in einem weiten Spielbereich um die 50 % herum möglich: Es ist also dort keine mathematische Genauigkeit zur Erfüllung des Gesetzesbefehls notwendig.

»Verhältnismäßige Teilung« (§ 92 ZPO) fordert sicher mehr an Genauigkeit als der Begriff »angemessen« in § 4 a RVG. Hätte der Gesetzgeber die mathematische Genauigkeit gewollt, die sich eventuell aus dem zitierten ersten Satz seiner Gesetzesbegründung ergibt (Bei Erfolgsaussicht 50 % müsse der Zuschlag dem Abschlag in gleicher Höhe, also minus 50 und + 50 entsprechen), so hätte er das doch in das Gesetz klar hineinschreiben können und auch müssen. Aus der zum Glück »butterweichen« Formulierung »angemessener Zuschlag« ergibt sich das jedenfalls nicht. Und ich denke, die Gerichte werden auch der Mayer'schen Kommentierung und seinen dann weiter (Rn. 20) aufgestellten mathematischen Tabellen nicht folgen, zumal **neben weiteren Umständen des Einzelfalles** mindestens 2 Komponenten ein genaues Rechnen erheblich unsicher machen:

– das Maß des Zu- und Abschlages und
– das Prozessrisiko (für eine Nachprüfung mathematisch völlig ungewisser Faktor).

Hier muss immer eine pauschale Gesamtschau des Falles vorgenommen werden und der Richter kann nur einen wirklichen Ermessensfehlgebrauch einer Vergütungsvereinbarung der Vertragspartner verwerfen.

Weiter verbietet der Umstand, dass zwei Momente für die Angemessenheitsprüfung zu beachten sind (Abschlag von der gesetzlichen Vergütung im Falle des Misserfolgs und die Erfolgswahrscheinlichkeit), hier mit mathematischen Quotienten zu arbeiten.

Hier muss aus der Sicht des prüfenden Richters nur »grosso modo« geprüft werden, sonst macht man sich lächerlich.

Und noch einmal: Woher nehmen wir den Seher, der die Prozessaussichten nach Punkt und Komma festlegt?

Der Zeitpunkt für die Angemessenheitsprüfung ist der **Vertragsschluss**, also eine Beurteilung ex ante und nicht aus der besseren Einsicht des Richters ex post. Das sieht übrigens auch Mayer so, sodass er meint, am Anfang sollte man sich auf 50 % festlegen. Was sollen dann aber die zum Vergleich herangezogenen englischen Tabellen (Rn. 17), die sehr differenzierte Erfolgsaussichten voraussetzen, und dann seine eigene Tabelle, die in 10 % -Schritten voranschreitet?

Ich finde übrigens im Gesetz kein Merkmal, das das **Prozessrisiko** ausdrücklich anspricht. Im Absatz 3 werden nur die »**wesentlichen** Gründe«, die für die Bemessung »bestimmend« waren, als zu beschreiben gefordert.

Wenn es dann dort etwa heißt, das Prozessrisiko ist groß, muss das genügen. Heißt nun groß aber 60 oder 70 oder 80 oder 90 % der Mayer'schen Tabelle?

Ich weiß, wovon ich rede: 37 Richterjahre mit jährlich 200 Prozessen, davon 14 Jahre Vorsitzender mit noch einigen jährlichen Fällen mehr und 8 Jahre Schiedsrichter mit immer offenem Rechtsgespräch auch zu den Prozessaussichten zu Beginn der mündlichen Verhandlung (also viel später als der anwaltliche Zeitpunkt bei Auftragserteilung). Hätte ich mich da genau prozentual festlegen müssen, hätte ich Probleme gehabt. Nach Äußerung meiner Prognose hätte ich den Parteien und ihren Anwälten dann wohl nicht mehr zuhören dürfen, um meine auf der Vorberatung beruhende Prognose nicht zu gefährden. Und dann soll ein Anwalt zu Beginn der »**anwaltlichen**« Instanz (!) der eigenen Partei etwas Konkretes in Prozenten sagen können zum Prozessrisiko. So etwas Ähnliches hatte der Gesetzgeber ja auch vor und hat es auf den Aufschrei der Anwälte hin gelassen und das Gesetz entschärft. Und nun sollen mathematische Tabellen, gefertigt von einem Anwalt, das Gesetz lupenrein anwendbar machen und vor allem die anfänglichen Gebührenvereinbarungen mathematisch vorprogrammieren. Nein, das gibt die gesetzliche Formulierung »angemessener Zuschlag« nicht her und wird auch dem in Absatz 1 Satz 1 ausdrücklich genannten Einzelfall nicht gerecht.

Bei allem muss man auch im Hinterkopf behalten, dass bei einer reinen Erhöhungsabsprache mit der Untergrenze der fortbestehenden gesetzlichen Gebühren für den Misserfolgsfall eine **spezielle** Angemessenheitsprüfung nach § 4 a Abs. 1 Satz 2 nicht stattzufinden hat.

Abschließend noch einmal: Nur völlig unausgewogene Abreden (Ermessensfehlgebrauch) können vom Gericht gem. § 4 b als unwirksam erklärt werden. Was wäre denn nach Mayers Ansicht, wenn dem Anwalt ein kleiner Rechenfehler unterlaufen wäre und die exakte Tabelle nicht völlig umgesetzt wäre?

Letztlich gipfeln dann Mayers Ausführungen in dem Satz zum Beginn der Instanz: »Nichts Genaues weiß man nicht« und daher setzen wir für die Tabelle Rn. 20 dann einfach immer 50 % Prozessrisiko an. Das scheint mir nun wiederum auch nicht hinreichend abgestimmt auf den Einzelfall. Es gibt auch Fälle, wo man den Risiko**bereich** höher oder niedriger prognostizieren kann.

Der Tabellenversuch von Mayer ist gut gemeint und ich habe auch schon Anwälte kritisch wegen solcher Veröffentlichungen zur Novelle des Erfolgshonorars sagen hören, was bringt uns das, es ist ja ein Nullsummenspiel (siehe Tabelle), wir lassen das besser mit dem Erfolgshonorar. Ich meine dagegen, wir lassen das mit der Mayer'schen Tabelle.

Schons (Teubel/Schons Erfolgshonorar für Anwälte § 4 Rn. 26) bedauert zwar, dass der Gesetzgeber die anwaltlichen Tabellen für Zu- und Abschläge nicht übernommen hat (die Mayer offenbar durch seine Kommentierung doch noch zum Gesetz erheben möchte – unkritisch insoweit Schneider/Wolf RVG 4. Aufl. § 4 a Rn 26 mit Fn. 29), bemerkt dann aber zutreffend:

*»Hat man gemeinsam mit dem Mandanten die nachvollziehbare Feststellung getroffen, dass die Voraussetzungen für den Abschluss einer Erfolgshonorarvereinbarung vorliegen, gilt es eine solche »maßzuschneidern« bzw. auszuhandeln. Entsprechend den Vorgaben des BVerfG gibt der Gesetzgeber den Vertragsbeteiligten hier einen praktisch **uneingeschränkten** Spielraum und zwar völlig unabhängig davon, ob die außergerichtliche oder die **gerichtliche** Tätigkeit des Rechtsanwalts betroffen ist.*

Beim unbestimmten Rechtsbegriff »angemessen« werden die Gerichte in den nächsten Jahren eine gefestigte Rechtsprechung herauszuarbeiten haben.«

Schons, der das Fehlen der anwaltlichen Tabellen bedauert, macht dann aber schon bei seinem ersten Beispiel (Teubel/Schons Erfolgshonorar für Anwälte § 7 Rn. 3) auch selbst keinen Gebrauch von der Mayer'schen Tabelle bzw. der von Mayer in Rn. 13 vorangestellten Erläu-

Abschnitt 1 – Allgemeine Vorschriften

terung mit Beispielen. Schons hält sich bei vereinbarter 50 %tiger Minderung der gesetzlichen Gebühren beim Eintritt des vereinbarten Misserfolgsfalls nicht an die ihm bekannte Tabelle und Vorbemerkung (Rn. 13) von Mayer. Im Erfolgsfall vereinbart er nämlich eine 3,5 fache Gebühr, während Mayer in der Vorbemerkung bei ähnlicher Prognose (25 %) nur eine Erhöhung von 2,5 errechnet. Nach dem von Mayer mitgeteilten englischen Beispiel (Rn. 17), das, wie Mayer meint, für uns von »erheblichem Erkenntniswert ist« (Beleg für diese These: Mayer AnwBl. 2007, 561; Mayer Gebührenformulare) gilt Folgendes: Geht man vom untersten Wert der englischen Tabelle: Erfolgswahrscheinlichkeit 50 % = Zuschlag 100 aus, und dann weiter nach unten auf 20 % (des Falles Schons), so errechnet sich m. E. nur ein Faktor 1,75 (Unterschied der englischen Tabelle zwischen 80 und 50 = 30 % und 50 % zu 20 % ebenfalls 30 %. Zuschlagsunterschied von 50 % zu 80 % = 75. Ergebnis für 20 % also 175 % = Zuschlagsfaktor 1,75.

Vielleicht müsste man dann aber als drittes Berechnungselement noch Folgendes bei den Tabellen als weiterer Multiplikationsfaktor anlegen, was Schons nämlich in seinem Einzelfall die Vertragsteile vereinbaren läßt:

Die Vertragspartner definieren (durch Parteiabrede kann man das natürlich aushandeln) den Erfolgsfall bei Erreichen von **70 %** der Klagesumme und den Misserfolgsfall bei Erreichen von **weniger als 70 %**. Erfolg und Misserfolg liegen beim Fall von Schons (§ 7 Rn. 3 Zu- und Abschlagsfall) also haarscharf nebeneinander. Was, wenn etwa dann zusätzlich noch Zwischenbereiche im mittleren Bereich mit dem Anfall nur der gesetzlichen Gebühren vereinbart würden?

Wenn diese Mustervereinbarung von Schons, einem ausgewiesenen Fachmann der Gebührenvereinbarung, bei Gericht hält – und ich meine, das wird sie – dann widerlegt auch dieses Beispiel von Schons die Tabellenkonstruktion von Mayer als Voraussetzung der »Angemessenheit« des vereinbarten **Abschlags** im gerichtlichen Verfahren.

Noch deutlicher wird das beim Beispiel von Schons (a. a. O. Rn. 4) beim Muster einer Erfolgshonorarvereinbarung bei einer **Strafverteidigung.**

Geschäftsgrundlage wird dort definiert: Ausgang völlig offen. Das definiere ich als 50 %.

Im Falle des Freispruchs (oder Bewährungsstrafe) erhält der Anwalt den 8-fachen Satz der Höchstvergütung, gelingt ihm das nicht, so erhält er **keine (!) Gebühr.**

Nach der Tabelle von *Mayer* (Gerold/Schmidt/Madert/Müller-Rabe/Mayer/Burhoff RVG 18. Aufl. § 4 a Rn. 20) dürfte er aber, da er für den Misserfolgsfall einen Abschlag von 100 % vereinbart hat, als angemessenen Zuschlag im Erfolgsfall nur die **doppelte** gesetzliche Gebühr fordern dürfen.

Auch das öffentlich-rechtliche Beispiel von Schons (a. a. O. Rn. 7) wendet die Tabelle von Mayer nicht an. Risiko 50 %. Für den Erfolgsfall wird ein fester Zuschlag i. H. v. € 30.000,00 vereinbart, während im Misserfolgsfall nur 25 % der gesetzlichen Gebühren fällig werden. Da kein Streitwert angegeben ist, lassen sich Zuschlag (Festbetrag von € 30.000,00) und Abschlag von 75 % (Äpfel und Birnen) prozentual nicht vergleichen.

Es ist zu hoffen, dass die Instanzgerichte, denen meist nur ein Gebührenkommentar zur Verfügung steht, zunächst versuchen, sich eine eigene Meinung zur Auslegung des Gesetzes **(angemessen, was bedeutet das hier?)** zu bilden und sich nicht gleich (im Zeitalter des Computers und Taschenrechners, weil Tabellen ja das anstrengende Denken ersetzen) von einer Tabellenjustiz als schnelle Lösung verführen lassen.

Ich hoffe, das war meine erste und letzte intensive Rechnerei mit Tabellen zur Lösung des Problems: Bei Unterschreitung der gesetzlichen Gebühren in gerichtlichen Verfahren, vereinbart für den Fall des Misserfolges muss im Gegenzug für den Erfolgsfall ein **angemessener Zuschlag** vereinbart werden. Wir sollten unsere juristische Kraft den wirklichen Fallproblemen widmen und diese Kraft nicht mit Förmeleien vergeuden.

2. Erfolgshonorar im Strafprozess und Rechtsstreitigkeiten der 4 anderen Gerichtszweige

Auf den ersten Blick könnte man meinen, quota litis und Erfolgshonorar (jetzt im Gesetz zu einer Einheit zusammen gefasst) ließen sich im **Strafprozess** nicht anwenden. Das gilt in der Tat für die quota litis (Teil des erstrittenen Betrages). Allenfalls, wenn es im Strafprozess um eine Einziehung geht, die abgewehrt werden soll, ließe sich ein solcher Anteil am Erfolg bei einer erfolgreichen Abwehr einer Einziehung denken.

Das Institut des Erfolgshonorars im engeren (bisherigen) Sinne ist aber ohne weiteres auch auf strafrechtliche Mandate anwendbar. Das belegt das zuvor schon erwähnte schöne Beispiel von *Schons* (Teubel/Schons Erfolgshonorar für Anwälte § 7 Rn. 4). Die Abrede lautet, soweit sie hier interessiert:

»Erfolgshonorarvereinbarung

zwischen Rechtsanwalt (...) und Herrn/Frau (...)

in dem Strafverfahren (...) wegen Hehlerei

(I.) Geschäftsgrundlage

Die Vertragsparteien stellen als Geschäftsgrundlage fest, dass ein Fall der notwendigen Verteidigung nicht vorliegt und dass die derzeitigen wirtschaftlichen Verhältnisse des Auftraggebers (Einkommen aus ausschließlich selbständiger Tätigkeit und Unterhaltsverpflichtungen gegenüber (...) Personen) die Beauftragung eines Verteidigers und dessen spätere Honorierung nur zulassen, wenn eine Freiheitsstrafe vermieden wird.

(II.) Prozessrisiko

Die Vertragsparteien stellen als verbindliche Geschäftsgrundlage für diese Vereinbarung einvernehmlich fest, dass der Ausgang des Verfahrens und insbesondere die Möglichkeit einer Freiheitsstrafe **völlig offen** sind, da bei einer ganzen Reihe der beim Auftraggeber aufgefundenen Gegenstände ein strafbarer Hintergrund noch nicht abschließend festgestellt werden konnte (ist ggf. weiter auszuführen).

(III.) Vergütung

Abweichend von der gesetzlichen Vergütung erhält der Rechtsanwalt sein Verteidigerhonorar **nur dann**, dann aber in Höhe des **8-fachen** der gesetzlichen Höchstvergütung, wenn das Verfahren in der ersten Instanz durch Freispruch oder eine Bewährungsstrafe endet.«

Schons wagt noch immer die 8-fache Gebühr, da gegen die einschlägige Entscheidung des BGH (NJW 2005, 2142 = 5-fache Gebühr in Strafsachen = Höchstgrenze) Verfassungsbeschwerde eingelegt ist und vorliegend ferner das Prozessrisiko mitentscheidend war.

In gleicher Weise können Erfolgshonorarvereinbarungen in Bußgeldsachen getroffen werden, etwa bei drohendem Fahrverbot oder erstrebtem Freispruch von einem Rotlichtverstoß u. ä.

Zweifellos sind ebenso wie im Zivilprozess Erfolgshonorarvereinbarungen in Rechtsstreitigkeiten der Sozial-, Arbeits- und Finanzgerichtsbarkeit denkbar und möglich.

Dasselbe gilt für Streitigkeiten in der Verwaltungsgerichtsbarkeit, etwa das erfolgreiche Erstreiten einer umkämpften Baugenehmigung oder die Abwehr einer drohenden Enteignung oder Abrissverfügung.

Abschnitt 1 – Allgemeine Vorschriften

3. Abs. 1 Satz 2 fordert das Synallagma von Reduzierung bei Mißerfolg und Erhöhung – Erfolg nur beim gerichtlichen Verfahren

19 **Folge:** Bei außergerichtlichen Gebühren kann die erhöhte Gebühr an den erfolg anknüpfen, wenn die Voraussetzungen des Abs. 1 vorliegen (a. A. Schons in Diskussionen beim Gebührenseminar 2008 in Sils-Maria). Ich denke, das folgt aus dem Umkehrschluss aus Satz 2. Also für den Fall des Erfolgs der außergerichtlichen Bemühungen (z. B. 70 %) erhält der Anwalt 180 % einer 1,3 Gebühr. Erfolgshonorar ist nicht definiert als Kombination von Erfolgs- und Misserfolgshonorar (siehe § 49 b BRAO). Das (Kombination) folgt auch nicht aus § 49 b Abs. 2 Satz 3, weil gemäß der Gesetzesbegründung mit Erhöhung gesetzlicher Gebühren nur Erfolgsgebühren gemeint sind.

III. Abs. 2 Nr. 1 und Nr. 2 Transparenzgebot

20 Aus Gründen der Transparenz für den Mandanten schreibt Abs. 2 zwei, gegebenenfalls aber auch drei Mindestinhalte für eine erfolgsbasierte Vergütungsvereinbarung vor:

Die Vereinbarung muss

1. die voraussichtliche gesetzliche Vergütung und ggf. die

erfolgsunabhängige vertragliche Vergütung, zu der der RA bereit wäre, den Auftrag zu übernehmen, sowie

2. die Angabe, welche Vergütung bei Eintritt welcher Bedingungen verdient sein soll,

enthalten.

Der Gesetzgeber beabsichtigte mit diesem Erfordernis, den rechtsunkundigen Auftraggebern die Bedeutung der Vereinbarung einer erfolgsbasierten Vergütung in Bezug auf die zu vergleichenden Vergütungssituationen klarzumachen.

Das ist sicher gut gemeint, aber eher praxisuntauglich und erheblich arbeitserschwerend für den Anwalt und könnte, wenn die Gerichte hier ex post peinlich genau die Gebührenhöhe prüfen (der Anwalt muss die Aufgabe ex ante lösen), letztlich zu einer Nichtannahme des neuen Instituts von Erfolgshonoraren (Zugangsöffnung zum Gericht) durch gerade die sorgfältig arbeitenden Anwälte führen. Sie würden leicht sagen, nein so etwas tun wir uns nicht an.

Dabei ist die 2. Bedingung (Angabe, welche Vergütung bei Eintritt welcher Bedingungen verdient sein soll) noch am ehesten zu erbringen, wenngleich auch sie auf Praxisschwierigkeiten stoßen kann.

1. Voraussichtliche gesetzliche Vergütung

21 Dieser Normteil muss als eine besondere **Schwachstelle** der gesetzlichen Neuregelung bezeichnet werden. Dieses Erfordernis bringt zu Beginn der anwaltlichen Instanz, also zum Zeitpunkt der Auftragserteilung, erhebliche praktische Probleme. Häufig hängt die Höhe der gesetzlichen Vergütung von der **späteren** und zudem »vorläufigen (!)« Streitwertfestsetzung durch das Gericht ab, wobei in vielen Fällen ein erheblicher Ermessensspielraum gegeben ist. Es werden ja nicht immer feste Summen eingeklagt. Wenn das so einfach wäre, wie der Gesetzgeber es dem Zeitgeist entsprechend zum Verbraucherschutz in das Gesetz geschrieben hat, dann könnte man nicht verstehen, dass beispielsweise das Standardwerk zum Streitwert (Schneider/Herget Streitwertkommentar 12. Auflage) immerhin 6469 (!) Randziffern verzeichnet und man bei problematischen Streitwerten nicht selten auch dort nicht fündig wird. Man denke nur an die Streitwertproblematik von Hilfsantrag, Hilfsaufrechnung und Hilfswiderklage (Bischof AGS 2008, Juliheft S. 317). In letzterem Bereich habe ich jahrelang

einen Fehler mit mir herumgeschleppt. Was soll der Anwalt übrigens berechnen, wenn eine Frage, wie bei dem vorstehenden Thema, lebhaft umstritten ist, manchmal gibt es ja sogar 3 Meinungen.

Der Anwalt kann zu Beginn der Instanz allenfalls problemlos den ohnehin schon vorgeschriebenen inhaltslosen Hinweis nach § 49 b Abs. 5 BRAO geben, dass er nach dem Streitwert abrechne und daher die gesetzliche Vergütung von der Höhe des Wertes abhängig sei. In einigen Fällen, wenn beziffert geklagt werden soll, lässt sich zwar der Streitwert greifen und die möglichen gesetzlichen Gebühren berechnen. Neben der schon angesprochenen möglichen Situation der Hilfsangriffe des Gegners, die den Streitwert verändern können, hängen manche Gebühren aber auch vom ungewissen Prozessverlauf ab, etwa Beendigung des Verfahrens durch Vergleich (zusätzliche Einigungsgebühr, eventuell unter Einbeziehung weiterer Positionen) oder Gebührenerhöhung bei Prozessverlust, weil zwischenzeitlich auf der Gegenseite ein Streithelfer beigetreten ist, oder Erhebung einer Widerklage oder gar Drittwiderklage. Wie hier (Drittwiderklage) die Gebühren sicher zu berechnen sind, weiß kaum ein Experte, ich auch nicht. Ich habe jedenfalls einmal, als ein sehr kundiger Kollege vom Landgericht mich wegen der Kostenentscheidung bei einer Drittwiderklage (mit Baumbach'scher Formel) aufgesucht und um Rat gebeten hat, einen halben Tag meines Lebens für dessen Kostenentscheidung ohne ein für mich klares Kostenergebnis vergeudet. Seitdem rate ich Erstinstanzlern, in Fällen der »Drittwiderklage« die verbundenen Verfahren, contra legem, von Amts wegen einfach zu trennen (§ 145 Abs. 2 ZPO), um zu einer nachvollziehbaren Kostenentscheidung zu kommen. Denn Prozessrecht ist (ultima ratio) Zweckmäßigkeitsrecht (BGHZ 10, 359, eine sehr kluge Entscheidung von erfahrenen BGH-Praktikern).

Geht es um Handlungen, Unterlassungen, Duldungen, Widerruf, so kann der Anwalt mal unverbindlich schätzen und auch das Gericht, das vorläufig schätzt und eigentlich nur nach dem Kläger sehen sollte, lässt sich natürlich auch bei seiner späteren Festlegung auf den endgültigen Streitwert von den Ausführungen des Beklagten und vielleicht auch der Schärfe des Kampfes beeinflussen. (Wir hatten einmal zu DM-Zeiten einen Fall, in dem der Amtsrichter einen Ortstermin in einem Hang durchgeführt hatte. Der Wert des Hanggrundstücks war sehr gering, sodass wir prüften, ob die damalige Zulässigkeitsgrenze für die Berufung von DM 200,00 überschritten war. Der Amtsrichter aber hatte den Streitwert »wegen der dem Gericht zugemuteten alpinen Kletterkünste« auf DM 1.500,00 festgesetzt. Das sind natürlich Auswüchse, aber auch bei Gericht menschelt es.)

Der Anwalt kann natürlich auf Nummer sicher gehen und mit viel zusätzlichem Zeitaufwand alle möglichen Gebührentatbestände und alternative Streitwertunterstellungen in einen Überblick möglicher Gebühren in dieser Sache in eine Tabelle oder Raster einstellen.

Eine derartige Darstellung, die den Rechtsanwalt, wenn er denn Gebühren berechnen kann und das nicht seinem Bürovorsteher überlässt, erheblichen zusätzlichen Zeitaufwand kostet, mag dem Gesetzestext (Reverenz an den Zeitgeist) Genüge tun, hilfreich für den Auftraggeber, nämlich transparent und damit eine Entscheidungshilfe ist sie jedenfalls nicht.

Sie bietet aber ein Einfallstor für spätere Angriffe gem. § 4 b (Formverstoß der Gebührenvereinbarung) von unzufriedenen Mandanten, die in der Sache letztlich keinen Erfolg hatten.

Die Schärfe des Gesetzes wird allerdings durch den Begriff »**voraussichtliche**« gesetzliche Vergütung etwas gemildert. Hier kann ein vernünftiges praxisnahes Gericht bei der gebotenen **weiten** Auslegung die Norm einigermaßen praktikabel machen. Hätte der Gesetzgeber wenigstens das Eigenschaftswort »ungefähre« Vergütung hinzugefügt, dann wäre alles leichter. So müssen die Gerichte durch entsprechende Auslegung das Wort ungefähr hinzusetzen.

2. Vergütungsangebot ohne Vereinbarung eines Erfolgshonorars

Ebenso unpraktikabel ist die Regelung der § 4 a Abs. 2 Nr. 2, wonach nicht nur die **alternative gesetzliche Vergütung**, sondern auch die **alternative erfolgsunabhängige vertragliche** Ver-

Abschnitt 1 – Allgemeine Vorschriften

gütung anzugeben ist, zu der ansonsten der Rechtsanwalt das Mandat übernehmen würde. Als Alternative bietet sich in diesen Fällen (abgesehen von der Tatsache, dass der Anwalt in gerichtlichen Verfahren die gesetzlichen Gebühren gar nicht unterschreiten darf – bei den Stundenhonoraren gibt es insoweit eine rechtliche Grauzone –) die Vereinbarung von Stundenhonoraren an. Dann hat der Mandant überhaupt keine feste Vergleichszahl. Hier ist die Prognose am Anfang der Instanz völlig unsicher. Die Sache selbst, das Verhalten des Gegners, die Arbeitsweise des Gerichts und von Sachverständigen kann eine noch so durchdachte Zeitprognose in kurzer Zeit völlig in ihr Gegenteil verkehren.

Was schreibt der vorsichtige Anwalt (zur Sicherung seines Honorars gegen einen späteren Angriff nach § 4 b)?

Er sei zu einer erfolgsunabhängigen besonderen vertraglichen Vergütung nicht bereit, die Alternative seien die gesetzlichen Gebühren. Auf diese Weise hat er dem Gesetz genüge getan, aber der vom Gesetzgeber intendierte Schutz des Mandanten ist nicht gelungen.

3. Bedingungen für den Eintritt des Erfolgshonorars

23 § 4 a Abs. 2 Nr. 2 verlangt ferner, dass in der Vereinbarung die Bedingung(en) bezeichnet werden, deren Eintritt das Erfolgshonorar anfallen lässt oder auch verhindert. Schon die genaue Definition des Erfolges ist häufig problematisch.

Es kann sich dabei um einen objektiv festzumachenden Erfolg (rechtlicher oder aber auch wirtschaftlicher Art), aber auch um einen nur subjektiven Erfolg handeln.

Es sollte auch geklärt werden, ob der erstinstanzliche Erfolg entscheidend ist oder aber erst die Rechtskraft. Was ist, wenn der Mandant (nach dem erstinstanzlichen Verlust) für die 2. Instanz »die Pferde wechselt« und dort obsiegt? Ist das dann noch der Erfolg des ersten Anwalts?

Was ist die Folge eines ohne die Anwälte abgeschlossenen Vergleichs unter dem zuvor definierten Erfolgslimit?

Dennoch, hier möchte ich den Gesetzgeber nicht kritisieren. Das ist die anwaltliche Bürde für seine Spekulation mit dem Erfolgshonorar. Da muss er die Bedingungen schon so klar festschreiben, dass der (unklare) Vertrag nicht später gegen ihn ausgelegt werden kann.

- **Beispiel für Bedingungsbeschreibung:**

»Schon der Zuspruch von 75 % der Klagesumme (Hauptsumme) durch Entscheidung oder Vergleich, allein in der ersten Instanz, löst ein Zusatzhonorar von € 5.000,00 aus. Wird diese Summe in erster Instanz durch Urteil oder Vergleich mit anwaltlicher Vertretung unterschritten, so fallen nur die gesetzlichen Gebühren in Höhe von 60 % an.

Vergleichen sich die Parteien ohne Mitwirkung ihrer Verfahrensanwälte, so fällt das vorgenannte Zusatzhonorar von € 5.000,00 ebenfalls an, gleich, in welcher Höhe der Vergleich abgeschlossen wird.«

24 Der von *Schons* (Teubel/Schons Erfolgshonorar für Anwälte § 4 Rn. 50) beklagte Fall wird wohl zu einem Reinfall des Anwalts führen. Der dort aufgeworfene Fall: Der Anwalt, der eine vorzügliche Klage eingereicht hat, verliert durch ein ersichtliches Fehlurteil in erster Instanz den Prozess. Der Mandant wechselt den Anwalt, der in 2. Instanz obsiegt.

Der erstinstanzliche Anwalt hat keinen Erfolg erreicht, erhält also infolge Prozessverlusts in der 1. Instanz nur die herabgesetzten Gebühren.

Will der Anwalt A als Prozessvertreter aller Instanzen das Erfolgshonorar bei rechtskräftigem Erfolg sichern, kann er formulieren: »Im Falle eines rechtskräftigen Erfolges bei Prozessvertretung von RA A, gleich in welcher Instanz Rechtskraft eintritt, erhält RA A zusätzlich x €.«

Einen ausdrücklichen Zusatz: »... gleich ob dieser rechtskräftige Erfolg durch RA A oder einen anderen von der Partei beauftragten Rechtsanwalt erzielt wird« wird ihm sein Mandant ohnehin nicht unterschreiben.

Andererseits erlaubt die Vertragsfreiheit auch, den Erfolg etwa erst mit der erfolgreichen Zwangsvollstreckung zu beschreiben (Gerold/Schmidt/Madert/Müller-Rabe/Mayer/Burhoff RVG 18. Aufl. § 4 a Rn. 27).

IV. Abs. 3 Satz 1 Wesentliche Bemessungsgründe

In Umsetzung der Entscheidung des BVerfG fordert das Gesetz in § 4 a Absatz 3 Satz 1:   25

In der Vereinbarung sind außerdem die wesentlichen Gründe anzugeben, die für die Bemessung des Erfolgshonorars bestimmend sind.

Die jetzt völlig entschärfte Bestimmung war im Gesetzgebungsverfahren heftig umstritten und wurde auf Protest der Anwälte erheblich abgemildert. Der Regierungsentwurf hatte vorgesehen, dass in der Vereinbarung die wesentlichen tatsächlichen Umstände und rechtlichen Erwägungen kurz darzustellen seien, auf denen die Einschätzung der Erfolgsaussichten zu Beginn des Mandates beruhte. Jetzt wird nur noch die Angabe der wesentlichen Gründe, die für die Bemessung des Erfolgshonorars bestimmend sind, gefordert.

Einleuchtend ist, dass der Anwalt die Erfolgsaussichten eines Verfahrens zu Beginn nicht zutreffend beurteilen kann, wenn ihm nur die subjektiven Angaben des Mandanten und subjektiv zusammengestellte Unterlagen vorliegen.

Häufig ändern sich die Erfolgsaussichten im Laufe eines Rechtsstreits, weil etwa jetzt die Klageerwiderung mit Beweisantritten und Vorlage von Urkunden erfolgt. Dieses bessere Wissen könnte bei einem kritischen Mandanten die Frage aufwerfen, ob der Anwalt zu Beginn des Mandats die Aussichten falsch eingeschätzt hat oder auch diese Möglichkeit hätte voraussehen müssen. Dieser Situation trägt die jetzige viel weichere Gesetzesformulierung Rechnung: Unter den »wesentlichen Gründen«, die für die Bemessung des Erfolgshonorars bestimmend sind, versteht der Gesetzgeber lediglich die »Geschäftsgrundlagen«, von denen die Vertragsparteien **bei der Vereinbarung** der erfolgsbasierten Vergütung ausgehen. Ermittlungs- oder Prüfungspflichten sollen nicht begründet werden.

Ausgangspunkt der Einschätzung sind danach die Gegebenheiten, die der Mandant zu Beginn des Mandatsverhältnisses schildert, sie sind die Geschäftsgrundlage, so dass diese im Nachhinein nicht mehr mit der Begründung erfolgreich vom Mandanten etwa im Erfolgsfalle dahin angegriffen werden können, die Prozessrisiken seien vom Anwalt zu hoch dargestellt worden. Mit dieser Formulierung kann die Praxis mit fairen Richtern leben.

V. Abs. 3 Satz 2 Hinweis auf Kostenerstattungsrisiko

In die Vereinbarung ist ein ausdrücklicher Hinweis aufzunehmen, dass die Vereinbarung keinen Einfluss auf die gegebenenfalls vom Auftraggeber zu zahlenden Gerichtskosten, Verwaltungskosten und die von ihm zu erstattenden Kosten anderer Beteiligter hat. Dies soll dem Mandanten klar vermittelnden, dass die Vereinbarung eines Erfolgshonorars im Misserfolgsfall ihn nur (bei entsprechender Vereinbarung) von der Gebührenforderung des eigenen Anwalts, nicht aber auch von sämtlichen übrigen Rechtsverfolgungskosten freistellt. Das Kostenrisiko einer Rechtsverfolgung mit Ausnahme der eigenen Anwaltskosten bleibt somit trotz Vereinbarung eines Erfolgshonorars mit dem eigenen Anwalt ganz beim Mandanten. Diese ausdrückliche schriftliche Belehrung in der Vereinbarung ist gutzuheißen.   26

Abschnitt 1 – Allgemeine Vorschriften

VI. Folgen eines Verstoßes der Verpflichtungen aus § 4a Abs. 3

27 Wird gegen die Verpflichtung, nach § 4a Abs. 3 Satz 1 in der erfolgsbasierten Vergütungsvereinbarung die wesentlichen Gründe anzugeben, die für die Bemessung des Erfolgshonorars bestimmend sind, oder die Verpflichtung, in die erfolgsbasierte Vergütungsvereinbarung entgegen § 4a Abs. 3 Satz 2 einen Hinweis aufzunehmen, dass die Vereinbarung keinen Einfluss auf die ggf. vom Auftraggeber zu zahlenden Gerichtskosten, Verwaltungskosten und die von ihm zu erstattenden Kosten anderer Beteiligter hat, verstoßen, so führt dies nach § 4b Satz 1 zwar nicht zur Nichtigkeit der Vergütungsvereinbarung, der Anwalt kann dann aber lediglich im Erfolgsfall die gesetzliche Vergütung fordern.

Genauso wie die vorstehenden formellen Verstöße gegen § 4a Abs. 3 sind die Verstöße gegen die Formvorschriften § 4a Abs. 1 und Absatz 2 sowie gegen § 3a Abs. 1 Satz 1 und Satz 2 zu behandeln.

Der Anwalt kann infolge des Verstoßes nicht die höhere Vergütung, sondern nur die gesetzliche Gebühr fordern (§ 4b RVG). Eine Mehrzahlung kann der Mandant nach Bereicherungsgrundsätzen grundsätzlich zurückfordern, es sei denn er kannte seine Nichtzahlungspflicht (§ 814 BGB).

Es bleibt abzuwarten, ob die Rechtsprechung die Anwälte durch eine weite Auslegung des § 814 BGB gegen eine Rückforderung bezahlter (Mehr-)Gebühren schützt, indem sie den § 814 BGB schon anwendet, wenn der Mandant wusste, dass er eine höhere als die gesetzliche Gebühr zahlte (in diesem Sinne wohl BGH NJW 2004, 2818).

Diese Kenntnis ist natürlich ein weniger als die Zahlung auf eine Nichtschuld, das Letztere setzt eigentlich die Kenntnis voraus, dass die Zahlungsverpflichtung nicht besteht, also, da ist ein Formfehler und daher bin ich zur Mehrzahlung nicht verpflichtet und zahle gleichwohl. Hier droht dem Anwalt bis zur absoluten Verjährung von 10 Jahren ein Rückforderungsanspruch seines Mandanten.

C. Kommentierung von § 49b Abs. 2 Satz 3 BRAO

»Ein Erfolgshonorar im Sinne des Satzes 1 liegt nicht vor, wenn lediglich vereinbart wird, dass sich die gesetzlichen Gebühren *ohne weitere Bedingungen* erhöhen.«

I. Die Neuregelung zum 01.07.2008 – Die bedingte Erhöhung gesetzlicher Gebühren

28 In § 49b Abs. 2 Satz 3 BRAO hat der Gesetzgeber die bisherige Formulierung mit Wirkung vom 01.07.2008 erheblich geändert. Hinweis zur Änderung: Der **Zusatz** (= **Einschränkung** der Anwendbarkeit der **Ausnahmenorm** des Satzes 3) ist vorstehend kursiv gedruckt. Der Gesetzgeber bleibt zwar grundsätzlich dabei, dass die Vereinbarung erhöhter gesetzlicher Gebühren kein Erfolgshonorar ist. Neu ist, dass die Vereinbarung **nicht** von **weiteren Bedingungen**, z.B. dem Ausgang der Sache, abhängig gemacht werden darf. (Dieses Problem muss man nun mit dem Erfolgshonorar lösen, falls der Fall von der wirtschaftlichen Lage her die Voraussetzungen dazu bietet.)

Ferner: Die Einschränkung, dass diese Erhöhungsmöglichkeit (Satz 3) nur besteht, wenn es sich um Gebühren mit **Erfolgskomponenten** handelt, findet sich erneut, wie schon 2004 nur in der **Gesetzesbegründung**, nicht aber im Gesetzes**wortlaut** selbst. Darauf hatte ich bereits in den Vorauflagen hingewiesen. Zur Klarstellung der Anwendungsfälle listet der Gesetzgeber in seiner neuerlichen **Begründung** (!) zur Einschränkung (keine weitere Bedingung) die Gebühren nach Nummern 1000 bis 1007 (Einigungsgebühren, die Aussöhnungsgebühren, die Erledigungsgebühren (in unterschiedlicher Höhe)), 4141 und 5115 VV RVG auf (zusätzliche Verfahrensgebühren in Straf- und Bußgeldsachen, wenn eine Hauptverhandlung durch die Mitwirkung des Rechtsanwalts entbehrlich wird), (BT-Drs. 16/8384, S. 9).

Die RVG-Kommentare haben der Anwendbarkeit des bisherigen **Satz 2 von § 49 b Abs. 2 BRAO**, der jetzt mit der knappen Ergänzung (keine weiteren Bedingungen) Satz 3 geworden ist, kaum Beachtung geschenkt. *Rick* (Schneider / Wolf RVG 3. Aufl. § 4 Rn. 34) widmet dem Problem nur zwei Sätze, bei Gerold / Schmidt habe ich nur etwas, wenn auch relativ knapp, in der 17., nicht in der 18. Auflage gefunden, und zwar § 4 Rn. 58, wo sich Madert der Gesetzesbegründung anschließt. Bei Göttlich / Mümmler RVG 1. Aufl. »Erfolgshonorar« findet sich nur 1 Satz . Hartung / Römermann / Schons RVG 2. Auflage schweigt zum Problem.

Nur *Mayer* (Mayer / Kroiß RVG 2. Auflage § 1 Rn. 248) stellt das Problem kurz dar, er akzeptiert aber trotz des auch nach seiner Ansicht weitergehenden Gesetzeswortlauts (§ 49 b Abs. 2 Satz 2 BRAO) die Einschränkung auf **erfolgsbezogene Gebühren** (gemäß den Gesetzesmotiven).

Obwohl auch ich nicht unbeeindruckt war von den Gesetzesmotiven (nur erfolgsbezogene Gebühren, also vornehmlich die Einigungsgebühr), hatten die weitergehenden Ansichten in der Literatur von Enders und Braun (dazu nachfolgend), die bis zum 30. 06. 2008 mit dem Gesetzeswortlaut vereinbar waren, doch einen gewissen Charme.

Ich **wiederhole** daher noch einmal meine **breiteren Ausführungen** aus der **2. Auflage** zum hier anstehenden Problem und mache jeweils kenntlich, wo der Gesetzgeber nun (keine weitere Bedingung) zum 01. 07. 2008 eingegriffen hat.

II. Darstellung der Rechtslage 01. 07. 2004 bis 30. 06. 2008 /Hervorhebung der jetzigen Änderung

1. Erfolgshonorar/Anteil am erstrittenen Betrag = quota litis

a) Ort der gesetzlichen Regelung

Erfolgshonorar und quota litis sind, wie ausgeführt, nicht in § 4 a RVG geregelt. Deshalb werden sie hier am Ende gesondert kommentiert. Die entsprechende Regelung befindet sich im § 49 b Abs. 2 BRAO.

§ 49 b Abs. 2 BRAO lautete bis zum 30. 06. 2008:

»(2) *[1]Vereinbarungen, durch die eine Vergütung oder ihre Höhe vom Ausgang der Sache oder vom Erfolg der anwaltlichen Tätigkeit abhängig gemacht wird (Erfolgshonorar) oder nach denen der Rechtsanwalt einen Teil des erstrittenen Betrags als Honorar erhält (quota litis), sind unzulässig. [2]Ein Erfolgshonorar i. S. d. Satzes 1 liegt nicht vor, wenn nur die Erhöhung von gesetzlichen Gebühren vereinbart wird.*«

Die Neufassung des Absatzes 2 des § 49 b BRAO (seit 01. 07. 2008) lautet:

»(2) *[1]Vereinbarungen, durch die eine Vergütung oder ihre Höhe vom Ausgang der Sache oder vom Erfolg der anwaltlichen Tätigkeit abhängig gemacht wird, oder nach denen der Rechtsanwalt einen Teil des erstrittenen Betrages als Honorar erhält (Erfolgshonorar), sind unzulässig, soweit das Rechtsanwaltsvergütungsgesetz nichts anderes bestimmt. [2]Vereinbarungen, durch die der Rechtsanwalt sich verpflichtet, Gerichtskosten, Verwaltungskosten oder Kosten anderer Beteiligter zu tragen, sind unzulässig. [3]Ein Erfolgshonorar im Sinne des Satzes 1 liegt nicht vor, wenn lediglich vereinbart wird, dass sich die gesetzlichen Gebühren **ohne weitere Bedingungen** erhöhen.*«

Abschnitt 1 – Allgemeine Vorschriften

In die Neufassung ist ein hier nicht interessierender neuer Satz 2 eingefügt worden. Der bisherige Satz 2 ist nunmehr Satz 3 geworden, allerdings mit der Einschränkung: »*ohne weitere Bedingungen.*«

b) Die Rechtslage

30 Nach § 134 BGB ist eine Vergütungsvereinbarung nichtig, wenn sich der Anwalt ein Erfolgshonorar oder einen Anteil am erstrittenen Betrag (quota litis) versprechen lässt. § 49 b Abs. 2 BRAO enthält in seinem ersten Teil ein gesetzliches Verbot (mit nachfolgendem Erlaubnisvorbehalt).

Die Vereinbarung eines unzulässigen Erfolgshonorars führt allerdings nicht zur Gesamtnichtigkeit des Anwaltsvertrages. Dem Rechtsanwalt bleibt in einem solchen Fall sein Anspruch auf die gesetzlichen Gebühren.

Keine Bedenken bestehen übrigens, **nach Beendigung** eines erfolgreichen Mandats ein Erfolgshonorar zu vereinbaren (wird jetzt nicht mehr **vom Erfolg abhängig** gemacht – Hartung/Holl/Nerlich Anwaltliche Berufsordnung 2. Aufl. § 49 b Rn. 34; Schneider Die Vergütungsvereinbarung 2006 Rn. 336; Gerold/Schmidt/von Eicken/Madert/Müller-Rabe RVG 17. Aufl. § 4 Rn. 51; Madert/Schons Die Vergütungsvereinbarung des Rechtsanwalts 3. Aufl. C. Muster Nr. 17).

Madert (Gerold/Schmidt/von Eicken/Madert/Müller-Rabe RVG 17. Aufl. Rn. 51) meint, selbst die Verabredung, im Erfolgsfalle die Höhe des Honorars **erneut zu besprechen**, begegne keinen Bedenken, da sie den Auftraggeber nicht bereits binde und somit nicht schon eine »**Vereinbarung**« darstelle.

31 • **Beispielsfälle**
(Kein Erfolgshonorar)

– Die Vergütung, die sich nach der Höhe eines bereits angefallenen Erbteils richtet (bestimmter Prozentsatz davon = Verabredung fester Vergütung), ist kein Erfolgshonorar (EGH München BRAK-Mitt 1984, 40)

(Erfolgshonorar)

– Unter das Verbot der Absprache eines Erfolgshonorars fällt aber auch die Abrede, dass für den Fall des Misserfolgs das Honorar oder ein Teil des Honorars zurückgezahlt werden soll: Verpflichtet sich der RA zur Rückzahlung eines Teils der vereinbarten Vergütung, falls ein bestimmter Erfolg seiner anwaltlichen Tätigkeit nicht eintritt (hier: Herabsetzung der Steuerschuld um einen bestimmten Betrag), so ist dies eine unzulässige Erfolgshonorarvereinbarung (BGH NJW 1987, 3203 = AnwBl. 1987, 489).
– Die Vereinbarung eines bestimmten Honorars für den Fall des Freispruchs ist unzulässig (EGH München BRAK-Mitt. 1991, 103)

32 **Abs. 2** des § 49 b BRAO definiert die **quota litis, wie ausgeführt,** als eine Vereinbarung dahin, dass der Anwalt einen Teil des erstrittenen Betrags als Honorar erhält, wenn also etwa ein fester Prozentsatz des Erstrittenen als Honorar geschuldet werden soll. Dasselbe gilt, wenn ein Sockelbetrag vereinbart worden ist und dieser Sockelbetrag für den Fall des Erfolgs um einen festen Teil des erstrittenen Betrags aufgestockt werden soll.

33 • **Beispiele aus der Rechtsprechung (quota litis)**

– Ein Erfolgshonorar liegt z. B. dann vor, wenn der Anwalt sich für eine Mitwirkung an der Veräußerung eines Grundstücks einen Anteil am Verkaufserlös versprechen lässt (BGH JurBüro 1988, 61 = NJW 1987, 2451).
– Hat ein RA angeboten, den vom Konkurs bedrohten Betrieb seines Mandanten zu sanieren, und damit Sanierungsmaßnahmen geplant, die zu einer Umsatzsteigerung des Betriebs geführt haben, so liegt in der Vereinbarung einer Vergütung, die prozentual am Nettoumsatz

des Betriebes ausgerichtet ist (hier 1 %), die Vereinbarung eines berufsrechtlich unzulässigen Erfolgshonorars (BGH DNotZ 1991, 318; EGH Celle BRAK-Mitt. 1993, 225).
- Der Anwalt hatte sich für seine Tätigkeit als Rechtsanwalt und Abwickler einer AG ein Erfolgshonorar in Höhe von 20 % des Wertes am Erlös als Beteiligung zusprechen lassen (BGH NJW 1996, 2499, 2501).
- Verlässt sich ein Auftraggeber darauf, dass er nur bei Erfolgseintritt das Honorar zahlen muss, kann der Anwalt bei Nichteintritt des Erfolges aufgrund seines verabredeten Vertrages noch nicht einmal die gesetzliche Vergütung verlangen. Ein solches Verlangen stellt sich nach § 242 BGB als eine unzulässige Rechtsausübung dar (BGH NJW 1980, 2407 und NJW 1955, 1921).

c) Erfolgshonorar zwischen einem ausländischen RA und einem deutschen Auftraggeber

Die Gültigkeit der Vereinbarung einer quota litis zwischen einem ausländischen Rechtsanwalt und einem deutschen Auftraggeber macht der BGH davon abhängig, ob es am Wohnsitz des ausländischen Anwalts zulässig ist, ein solches Erfolgshonorar zu vereinbaren. Ist das der Fall, kann eine allgemeine Sittenwidrigkeit der Vereinbarung eines Erfolgshonorars nicht festgestellt werden. Unzulässig ist aber eine solche Abrede gleichwohl dann, wenn ein übermäßig hoher Streitwertanteil festgestellt wird (BGH NJW 1957, 184).

2. Gesetzliche Ausnahmen vom Verbot

Der § 49 b Abs. 2 Satz 2 BRAO i. d. F. bis 30. 06. 2008 lautete: »*Ein Erfolgshonorar i. S. d. Satzes 1 liegt nicht vor, wenn nur die Erhöhung von gesetzlichen Gebühren vereinbart wird.*«

Dazu die Gesetzesbegründung: »*Nach dem neuen (im Jahre 2004) § 49 b Abs. 2 der Bundesrechtsanwaltsordnung (BRAO) sind Vereinbarungen, durch die eine Vergütung oder ihre Höhe vom Ausgang der Sache oder vom Erfolg der anwaltlichen Tätigkeit abhängig gemacht wird, unzulässig. Das grundsätzliche Verbot eines Erfolgshonorars soll nicht angetastet werden. Gleichwohl soll eine Lockerung vorgeschlagen werden. Soweit der Gesetzgeber für die Anwaltsgebühren im RVG-E Erfolgskomponenten vorsieht, sollen auch Vereinbarungen zulässig sein. Eine solche erfolgsbezogene Gebühr ist die in Nummer 1000 VV RVG-E vorgesehene Einigungsgebühr. Nach der vorgeschlagenen Änderung soll es z. B. zulässig sein, eine höhere als die gesetzlich vorgesehene Einigungsgebühr zu vereinbaren.*« (BT-Drs. 15/2487, S. 153).

Nach dem § 49 b Abs. 2 Satz 2 BRAO a. F. war somit in eingeschränktem Umfang die Vereinbarung eines quasi »Erfolgshonorars« dann zulässig, **wenn die Erhöhung der gesetzlichen Gebühren vereinbart wurde.**

a) Beispiele (zur Gesetzesfassung 2004)

• 1. Beispiel

Vereinbarung:

»**Bei einer Einigung soll die Einigungsgebühr in Höhe des vierfachen Betrages entstehen.**«

Die Vergleichsgebühr (jetzt Einigungsgebühr) ist nämlich, wie der Nichtanfall beim widerrufenen Vergleich zeigt, eine Erfolgsgebühr und nicht lediglich eine Tätigkeitsgebühr wie etwa die Verfahrensgebühr.

Diesen Erfolg, den erfolgreichen Abschluss eines Vergleichs, kann der Anwalt sich mit vereinbarten erhöhten Gebühren honorieren lassen.

Die **Gesetzesbegründung** erlaubt die Erfolgsabsprache nur in Bezug auf die **Erfolgsgebühren**, sie formuliert nämlich, wie erwähnt:

Abschnitt 1 – Allgemeine Vorschriften

»Soweit der Gesetzgeber für die Anwaltsgebühren im RVG-E Erfolgskomponenten vorsieht, sollen auch Vereinbarungen zulässig sein. Eine solche erfolgsbezogene Gebühr ist die in Nr. 1000 VV RVG-E vorgesehene Einigungsgebühr.«

Eine solche Vereinbarung ist auch nach der Gesetzesfassung vom 01. 07. 2008 zulässig.

37 Es fragte und fragt sich, ob folgende Gebührenabrede, die ebenfalls an den Vergleichserfolg anknüpft, zulässig ist:

- **2. Beispiel**

Vereinbarung:

»Bei einer Einigung sollen die Verfahrens-, Termins- und Einigungsgebühren in Höhe des doppelten Betrages entstehen.«

Sicher wäre es zulässig, nach § 4 Abs. 1 Satz 1 RVG von Anfang an generell **unbedingt** zu vereinbaren:

»Die Verfahrens-, Termins- und Einigungsgebühren sollen in Höhe des doppelten Betrages entstehen.«

Wie aber ist es mit dem Text des 2. Beispiels?

Was gilt, wenn **andere** als die Vergleichs-(Einigungs-)Gebühren, etwa die Verfahrens- oder die Termingebühr, vom **Vergleichserfolg** abhängig gemacht werden?

Insoweit stimmen nämlich alte und neue Gesetzesfassung inhaltlich überein:

»(1) Vereinbarungen, durch die eine Vergütung oder ihre Höhe vom Ausgang der Sache oder vom Erfolg der anwaltlichen Tätigkeit abhängig gemacht wird (Erfolgshonorar) ... sind unzulässig.

(2) Ein Erfolgshonorar i. S. d. Satzes 1 liegt nicht vor, wenn nur die Erhöhung **von gesetzlichen Gebühren** vereinbart wird.«

Satz 2 ist also ein Ausnahmetatbestand zu Satz 1. Nimmt man diesen Satz 2 wörtlich, so müsste auch diese Gebührenabrede trotz des allgemeinen Verbots des Satzes 1 zulässig sein, denn es ist nur die Erhöhung von gesetzlichen Gebühren (Verfahrens-, Termins- und Einigungsgebühr) vereinbart und zwar für den Fall des Erfolges in Form eines Vergleiches (so auch *Braun* in FS für Madert 2006 S. 55). Hätte der Gesetzgeber nur das, was er mit der Gesetzesbegründung erlauben wollte, im Gesetzestext richtig formuliert, so hätte es heißen müssen:

»Ein Erfolgshonorar i. S. d. Satzes 1 liegt nicht vor, wenn nur die Erhöhung von **gesetzlichen Erfolgsgebühren** vereinbart wird.«

Geschrieben hat der Gesetzgeber aber nur: »... liegt nicht vor, wenn nur die Erhöhung von **gesetzlichen Gebühren** vereinbart wird.«

Nach dem reinen Gesetzeswortlaut kann sich der Anwalt den Vergleichserfolg durch vereinbarte erhöhte gesetzliche Gebühren honorieren lassen.

Der Fehler des Gesetzgebers hinsichtlich des Wortlautes des Gesetzes ist umso gravierender, als er dieses Mal wusste, dass ein Teil der Literatur den Wortlaut des Gesetzes wörtlich nehmen wollte. Oder lesen die Gesetzesmacher keine Kommentare, sodass sie ihr eigenes sprachliches Problem von 2004 nicht entdeckt haben? Nun könnte man erst recht sagen, erlaubt ist, was der Wortlaut des Gesetzes erlaubt.

Wenn man hier zwar nicht angesichts des Gesetzeswortlauts, sondern wegen der Gesetzesbegründung der beiden Novellen 2004 und 2008, die allerdings nur bei unklarem Gesetzeswortlaut zur Auslegung heranzuziehen wären, Gefahren sieht, so könnte man einen vergleichbaren Gebührenerfolg dadurch erzielen, dass man das angestrebte Ergebnis der Verdoppelung der drei genannten Gebühren (1,3 + 1,2 + 1,0 = 3,5 × 2 = 7,0) durch nachfolgende Vereinbarung, die mit § 49 b Abs. 2 Satz 2 BRAO und auch der Gesetzesbegründung vereinbar wäre, erreicht:

- 3. Beispiel

Vereinbarung:

»Bei einer Einigung soll die Einigungsgebühr in Höhe des fünffachen Betrages entstehen.«

Die 5-fache Erhöhung ist auch bei hohen Streitwerten nach der nach wie vor umstrittenen (Verfassungsbeschwerde) BGH-Rechtsprechung grundsätzlich gerade noch tolerabel (NJW 2005, 2142). Es ergäben sich im 3. Beispiel daher: 1,3 + 1,2 + 5,0 = 7,5 Gebühren. Will man ganz sicher gehen, so vereinbart man eine 4fache Einigungsgebühr und liegt dann mit insgesamt 6,5 immer noch nahe an 7,0 (ebenso Madert AGS 2005, 536, 538, der sich stets an diese meine Thesen im Positionspapier der Anwaltakademie 2005/Sils Maria angelehnt hat).

Die Literatur ging teilweise noch einen Schritt weiter (Enders RVG Teil B JurBüro 2004, 238):

- 4. Beispiel Gegenständlicher Erfolg

»Gegenüber dem Mandanten ist eine Klage über € 10.000 anhängig. Der Rechtsanwalt vereinbart schriftlich mit dem Mandanten, dass er das 5-fache der in Nrn. 1000, 1003 VV RVG vorgesehenen Einigungsgebühr erhält, wenn es ihm gelingt, mit der Gegenseite einen Vergleich abzuschließen, wonach der Mandant nicht mehr als € 5.000,00 zahlen muss.«

Ähnlich äußert sich Enders in seinem Lehrbuch RVG für Anfänger 12. Aufl. Rn. 275 ff.

Meine bisherigen Ausführungen – und so sieht es auch durchgängig die Literatur – hielten eine Erfolgsgebühr in Form der Erhöhung der gesetzlichen Erfolgsgebühr nur dergestalt für zulässig, dass der vereinbarte Erfolg, von dem die Erfolgsgebühr abhängig gemacht werden konnte, in dem Formalakt der Einigung selbst bestand, also für den Fall einer »Einigung« (Mayer/Kroiß RVG § 1 Rn. 251; Enders RVG Teil B JurBüro 2004, 238, 1. Beispielsfall: »*Für den Fall der Einigung erfüllt die Einigungsgebühr 5-fach.*«).

Frage: Konnte die Bedingung auch inhaltlich näher konkretisiert werden? Dazu noch einmal der von Enders entwickelte – wie er meinte, unproblematische – Beispielsfall (JurBüro 2004, 238):

»Der Rechtsanwalt vereinbart schriftlich mit dem Mandanten, dass er das 5-fache der in Nummern 1000, 1003 VV RVG vorgesehenen Einigungsgebühr erhält, wenn es ihm gelingt, mit der Gegenseite einen Vergleich abzuschließen, wonach der Mandant nicht mehr als € 5.000,00 zahlen muss.«

Dieser Fall liegt anders als die von mir entwickelten Fälle 1 bis 3, nämlich ein Stück näher an der verbotenen Erfolgsgebühr des § 49 b Abs. 2 Satz 1 BRAO: »*Vereinbarungen, durch die eine Vergütung oder ihre Höhe vom Ausgang der Sache abhängig gemacht wird.*«

Aber, sieht man sich den Text des § 49 b Abs. 2 Satz 2 BRAO a. F. an: »*Ein Erfolgshonorar i. S. d. Satzes 1 liegt nicht vor, wenn nur die Erhöhung von gesetzlichen Gebühren vereinbart wird,*« so müsste auch diese Form der Abrede gültig gewesen sein, denn auch hier wurde nur die Erhöhung von gesetzlichen Gebühren vereinbart.

Auch die zitierte Gesetzesbegründung sprach nicht gegen die Zulässigkeit eines solchen inhaltlich näher beschriebenen Erfolgs.

Spiegelbildlich zu dem Beispiel von Enders wäre daher auch etwa folgende Bedingung zulässig gewesen:

»Die Einigungsgebühr wird verdoppelt, wenn es gelingt, im Wege des Vergleichs den Prozessgegner (Klage über € 3 Mio.) zur Zahlung von mindestens € 1 Mio. zu verpflichten.«

Abschnitt 1 – Allgemeine Vorschriften

40 Auch *Braun* (FS Madert 2006 S. 55) hielt es für zulässig, zu vereinbaren, bei einem Vergleich mit einem Erfolg von 50 % falle die Einigungsgebühr doppelt an (ebenso *Winkler* in FS Madert 2006 S. 246 unter 18). Braun wollte sogar dasselbe für einen Klageerfolg von 50 % durch streitiges Urteil als gem. § 49 b Abs. 2 Satz 2 BRAO wirksam vereinbart ansehen, was mir einen Schritt zu weit ging.

b) Die neue Rechtslage ab 01. 07. 2008

41 Den im Beispiel Nr. 4 als ab 2004 rechtlich zulässig angesehenen Vereinbarungen hat der Gesetzgeber nunmehr durch die neue Fassung des Gesetzes (gültig seit 01. 07. 2008) einen Riegel vorgeschoben. Nach dem neuen Gesetzestext kann nur dann die Erhöhung der gesetzlichen Gebühren für den Erfolgsfall vereinbart werden, wenn neben dem Erfolg selbst ***keine weiteren Bedingungen*** festgelegt werden. Das wäre aber dann der Fall, wenn etwa gesagt würde, ein Erfolg ist dann gegeben, *wenn 70 % der Klagesumme durch Vergleich erreicht werden* (so auch BT-Drs. 16/8383, S. 9; Gerold/Schmidt/Madert/Müller-Rabe/Mayer/Burhoff RVG 18. Aufl. § 4 a Rn. 4; Teubel/Schons Erfolgshonorar für Anwälte § 4 Rn. 15).

Auch bei einer solchen nach neuem Recht rechtlich nicht zulässigen Vergütungsvereinbarung könnte der Anwalt nach § 4 b die erhöhte Gebühr nicht fordern, sondern lediglich die gesetzliche Gebühr.

Wollte man diesen Fall (Verstoß gem. § 49 b Abs. 2 Satz 3 BRAO) nicht unter § 4 b RVG subsumieren wollen (ein Verstoß gegen § 4 a Abs. 1 RVG ist er allemal, weil keine wirtschaftlichen Verhältnisse betrachtet und dokumentiert und auch die weiteren Formerfordernisse nicht beachtet sind, also gilt gem. § 4 b RVG auch § 814 BGB), so wäre das Ergebnis nach der Rechtsprechung zur früheren Rechtslage dasselbe: Die Gebührenvereinbarung wurde als nichtig betrachtet, der Anwaltsauftrag aber blieb bestehen und brachte daher den Anspruch auf die gesetzlichen Gebühren.

c) Aufzählung der gesetzlichen Gebühren mit Erfolgskomponenten

42 Meist wird dazu beispielhaft die bekannteste Erfolgsgebühr, die frühere Vergleichs- und jetzige Einigungsgebühr (Nr. 1000) erwähnt.

Weitere erfolgsbezogene Gebühren nach dem RVG sind (so auch Xanke JurBüro 2004, 410 und BT-Drs. 16/8384, S. 9):

Nr. 1001 VV RVG – Aussöhnungsgebühr

Nr. 1002 VV RVG – Erledigungsgebühr

Nr. 1003 VV RVG – Einigung im anhängigen Verfahren

Nr. 1004 VV RVG – Einigung/Erledigung in der Berufung/Revision

Nr. 1005 VV RVG – Einigung/Erledigung in einer sozialger. Angelegenheit

Nr. 1006 VV RVG – Einigung/Erledigung in einem sozialger. Verfahren

Nr. 1007 VV RVG – Einigung/Erledigung in Berufung/Revision Sozialgericht

Nr. 4141 VV RVG – etwa endgültige Einstellung einer Strafsache

Nr. 5115 VV RVG – etwa **endgültige Einstellung** einer Bußgeldsache.

So kann der Anwalt etwa im letzteren Fall ohne weiteres für den Erfolg der endgültigen Einstellung des Bußgeldverfahrens (so wie beim Vergleichsabschluss) vereinbaren, dass er das 4fache der Gebühr nach Nr. 5115 VV RVG erhält, das ist keine zusätzliche Bedingung sondern der gesetzliche Erfolgsfall.

D. Muster zu Erfolgshonorarvereinbarungen

1. Beispiel Erfolg = nur Erhöhung der Gebühr

Erfolgshonorarvereinbarung (Quota Litis) mit beklagter Partei

In dem Bauprozess

der Fa A & Co.GmbH ... gegen die Fa B & Co.GmbH ...

(Landgericht ... Aktenzeichen)

treffen Herr X – Geschäftsführer der Komplementär-GmbH der Beklagten – Auftraggeber – und Rechtsanwalt C

folgende

Erfolgshonorarvereinbarung

1. Geschäftsgrundlage

Als verbindliche Geschäftsgrundlage für das Mandat teilt der Auftraggeber mit, dass die Beklagte Firma wegen zwar erheblicher, aber unsicherer Außenstände sich derzeit in einer gewissen Liquiditätsenge befindet, so dass es für diese schwierig ist, die Summe der in Bauprozessen geforderten und auch üblichen Stundensätze des eigenen Anwalts (€ 250,00 netto), die infolge der üblichen Länge eines Bauprozesses mit langwierigen Beweisaufnahmen in der Summe höher als die gesetzlichen Gebühren sind, in überschaubarer Zeit zu verkraften.

2. Prozessrisiko

Als weitere Geschäftsgrundlage wird festgehalten, dass nach Angaben des Auftraggebers der Klägerin wohl noch ein Teil der eingeklagten Restwerklohnforderung von € 150.000,00 zustehen dürfte. Die Beklagte bekämpft diese Forderung in Höhe von € 30.000,00 als übersetzte Forderung und ferner insgesamt mit einer Aufrechnung mit einer Vertragsstrafe in Höhe von € 150.000,00. Grund und Höhe der Vertragsstrafe sowie die genannten € 30.000,00 sind streitig, beide Seiten haben Beweise angetreten.

Das Prozessrisiko zu Lasten der Beklagten wird einvernehmlich auf 60 % angesetzt.

3. Vergütung

Die Beteiligten sind sich darüber einig, dass der Auftraggeber mit Abschluss der ersten Instanz (unabhängig vom Ausgang weiterer Instanzen) neben der gesetzlichen Vergütung an Rechtsanwalt C weitere 10 % des Betrages schuldet, um den die hiermit festgelegte Zahlungssumme der Beklagten von € 120.000,00 durch Vergleich oder Urteil unterschritten wird.

4. Hinweise

Dem Auftraggeber ist folgendes nach Unterrichtung durch Ra C bekannt:

a) Die gegnerische Partei, ein Verfahrensbeteiligter oder die Staatskasse müssen im Falle der Kostenerstattung (Kostenfestsetzung oder Kostenausgleich) im Allgemeinen nicht mehr als die gesetzliche Vergütung erstatten.

b) Diese Vereinbarung hat keinen Einfluss auf die im Unterliegensfall von der Beklagten zu zahlenden Gerichtskosten, Verwaltungskosten und die von ihr zu erstattenden Kosten anderer Beteiligter.

c) Dem Auftraggeber ist bekannt, dass bei dem derzeit bekannten möglichen Gegenstandswert (€ 150.000,00 + € 30.000,00 =) € 180.000,00, falls von der Beklagten keine Eventualwiderklage über € 30.000,00 erhoben wird, was diese sich je nach Ausgang der Beweisaufnahme vorbehält, die gesetzliche Vergütung (Gebühren + Nebenkosten außer Umsatzsteu-

Abschnitt 1 – Allgemeine Vorschriften

er) des Rechtsanwalts C maximal € 5.000,00 zzgl. geltender Umsatzsteuer beträgt und der Rechtsanwalt C nicht bereit ist, hier eine erfolgsunabhängige (angesichts des unsicheren Umfanges der Arbeitszeit) vertragliche Vergütung (außer einer Stundensatzabrede mit € 250,00) statt der gesetzlichen Vergütung zu akzeptieren.

Ort / Datum: _____

_____   _____
X   C, Rechtsanwalt

2. Beispiel Erfolgshonorar mit Ab- und Zuschlag, Erfolgshonorarvereinbarung mit Kläger

In dem Rechtsstreit

Handelsvertreter **A**

Berlin – **Kläger** –

Vertreten durch Rechtsanwalt **C**

gegen

die Service GmbH **B** – **Beklagte** –

vertreten durch die Geschäftsführer Dr. M

Koblenz

treffen Herr **A** – Auftraggeber –

und Rechtsanwalt **C**

folgende

Erfolgshonorarvereinbarung

1. Geschäftsgrundlage

Geschäftsgrundlage dieser Erfolgshonorarvereinbarung sind die schriftlichen Angaben, die der Auftraggeber gegenüber Herrn Rechtsanwalt **C** mit Schreiben vom (...) gemacht hat und welches hiermit im allseitigen Einverständnis als Anlage zu dieser Urkunde genommen wird. Insbesondere wird darauf hingewiesen, dass Herr **A** durch die unberechtigte fristlose Kündigung durch die Service GmbH **B** derzeit ohne flüssige Mittel ist, andererseits ein PKH Antrag angesichts des Grundvermögens von Herrn **A** aussichtslos erscheint.

2. Prozessrisiko

Dem Handelsvertreter **A** steht ein Ausgleichs- und Restprovisionsanspruch insgesamt in Höhe von geschätzt € 100.000,00 zu. Notfalls muss die Klage allerdings teilweise in eine Stufenklage geändert werden. Die Service GmbH **B** wirft Herrn **A** mangelnde Kundenbetreuung vor. Abgesehen davon, dass dies von Herrn **A** bestritten wird, fehlt es an einer Abmahnung. Andererseits hat sich Herr **A** im Hinblick auf seinen demnächstigen Ruhestand notwendigerweise schon langsam auf sein Hobby im Ruhestand, das Golfspielen, vorbereiten müssen.

Das Prozessrisiko hinsichtlich der derzeit ins Auge gefassten € 100.000,00 wird nach Streit über Grund und Höhe auf 1/3 bis 2/3 angesetzt.

3. Vergütung

Die Beteiligten sind sich darüber einig, dass der Auftraggeber mit rechtskräftigem Abschluss des Rechtsstreits (unabhängig davon, ob RA **C** Herrn **A** in allen Instanzen vertritt) im Erfolgsfalle 200 % der gesetzlichen Vergütung (§ 1Abs. 1 Satz 1 RVG) für die erste Instanz zu zahlen hat. Im Misserfolgsfalle reduziert sich die gesetzliche Vergütung auf 30 %. Der Erfolgsfall liegt vor, wenn ein Betrag von € 80.000,00, gleich ob durch Vergleich oder Urteil zugunsten von Herrn **A** tituliert wird.

Der Misserfolgsfall liegt vor bei einer Titulierung unter € 40.000,00.

Bei einer Titulierung zwischen € 40.000,00 und € 80.000,00 fallen die gesetzlichen Gebühren an.

4. Hinweise

Dem Auftraggeber ist folgendes nach Unterrichtung durch Ra C bekannt:

a) Die gegnerische Partei, ein Verfahrensbeteiligter oder die Staatskasse müssen im Falle der Kostenerstattung (Kostenfestsetzung oder Kostenausgleich) im Allgemeinen nicht mehr als die gesetzliche Vergütung erstatten.

b) Diese Vereinbarung hat keinen Einfluss auf die im Unterliegensfall von dem Kläger zu zahlenden Gerichtskosten, Verwaltungskosten und die von ihm zu erstattenden Kosten anderer Beteiligter.

c) Dem Auftraggeber ist bekannt, dass bei dem derzeit bekannten möglichen Gegenstandswert (€ 100.000,00), falls nicht doch noch eine Stufenklage zwischengeschaltet werden muss und die Beklagte die schon angekündigte Klage auf Herausgabe (u. a. des PKW, des Computers und des Druckers) unterlässt, die gesetzliche Vergütung (Gebühren + Nebenkosten mit Umsatzsteuer) des Rechtsanwalts C maximal € 4.500,00 beträgt. Rechtsanwalt C war bereit, eine erfolgsunabhängige vertragliche Vergütung dahin zu akzeptieren, dass ihm ohne Rücksicht auf den Prozessausgang ein festes Zusatzhonorar (neben der gesetzlichen Vergütung) von € 1.500,00 gewährt worden wäre.

Ort/Datum:_____

_____   _____
C, Rechtsanwalt   **A**

Bemerkung:

Hier sind von den Beteiligten vertragliche Gebühren vereinbart worden, die wegen ihrer 3fachen Differenzierung und des von RA **C** geforderten zusätzlichen Betrages für ein erfolgsunabhängiges Mandat als **angemessen** zu bewerten sind zwischen **Abschlag** beim Misserfolg (30 % Zahlungspflicht) und Erfolg (Zuschlag = 200 % der gesetzlichen Gebühren), und ferner Erfolg definiert ist schon bei 80 % der Klageforderung und angesichts des kaum einschätzbaren Prozessrisikos mit der eventuellen Notwendigkeit einer Stufenklage.

Dieses Beispiel könnte wegen der Umstände des Einzelfalles wohl kaum in die Tabelle von Mayer sachgerecht eingeordnet werden.

Abschnitt 1 – Allgemeine Vorschriften

§ 4 b
Fehlerhafte Vergütungsvereinbarung

¹Aus einer Vergütungsvereinbarung, die nicht den Anforderungen des § 3 a Abs. 1 Satz 1 und 2 oder des § 4 a Abs. 1 und 2 entspricht, kann der Rechtsanwalt keine höhere als die gesetzliche Vergütung fordern. ²Die Vorschriften des bürgerlichen Rechts über die ungerechtfertigte Bereicherung bleiben unberührt.

Inhaltsübersicht

	Rn.		Rn.
A. Allgemeines	1	1. Gesetzeskritik	2
B. Kommentierung	2	2. Zahlung der vereinbarten höheren Vergütung – Rückforderung der Differenz?	3
I. Satz 1 – Bei formwidriger Vergütungsvereinbarung nur gesetzliche Vergütung	2	II. Satz 2 Verweis auf Bereicherungsrecht	5

A. Allgemeines

1 § 4 b bringt eine grundlegende Neuerung zu Lasten des Anwalts. § 4 Abs. 1 Satz 3 a. F. sah auch im Falle einer nicht wirksamen Vergütungsvereinbarung eine unvollkommene Verbindlichkeit vor. Hatte der Mandant trotz der Unwirksamkeit der Vergütungsvereinbarung geleistet, so konnte er das Geleistete nicht deshalb zurückfordern, weil seine Erklärung nicht den Formvorschriften der Sätze 1 und 2 entsprach, wenn er **freiwillig** und **ohne Vorbehalt** geleistet hatte. Diese Vorschrift hatte eine friedensstiftende praktische Bedeutung. Eine Vielzahl von Vergütungsvereinbarungen, insbesondere wurzelnd in einem langjährigen und sehr weitgehenden Vertrauensverhältnis, konnte so ohne großes rechtliches Risiko für den Anwalt auch bei nur mündlicher Absprache aufrechterhalten werden. Zum echten Streit ist es daher nur in einer verschwindend geringen Anzahl von Fällen gekommen. Hier hat der Gesetzgeber ohne Not das Kind mit dem Bade ausgeschüttet. Nach der Gesetzesbegründung sollte mit der Aufhebung des früheren Ausschlusses des Rückforderungsanspruchs das grundsätzliche Verbot der Erfolgshonorare durchgesetzt werden.

Dieses Ziel hätte aber ebenso durchgesetzt werden können, wenn man nur insoweit (Erfolgshonorar) die strenge Regelung des § 4 b eingeführt hätte und es im Übrigen bei den andern Verstößen, meist Formverstößen, bei der unvollkommenen Verbindlichkeit gelassen hätte.

Hier haben mal wieder Systematiker ohne Ohr und Gespür für die Praxis mit deutscher Gründlichkeit alles einheitlich geregelt.

Ein Mandant, der freiwillig und ohne Vorbehalt (bei einem Formverstoß der Vergütungsvereinbarung) geleistet hat, ist nicht schutzwürdig (kritisch zur Neuregelung *Mayer* in Gerold/Schmidt/Madert/Müller-Rabe/Mayer/Burhoff RVG 18. Aufl. § 4 b Rn. 2 und *Teubel* in Teubel/Schons Erfolgshonorar für Anwälte § 2 Rn. 86). Vielleicht kann hier im Einzelfall § 242 BGB als Einwand helfen.

B. Kommentierung

I. Satz 1 – Bei formwidriger Vergütungsvereinbarung nur gesetzliche Vergütung

1. Gesetzeskritik

Beachtet die zwischen Anwalt und Mandanten getroffene Vergütungsvereinbarung nicht die Formalien des § 3a Abs. 1 Satz 1 und Satz 2 oder des § 4a Abs. 1 und 2, so kann der Anwalt keine höhere als die gesetzliche Vergütung fordern. Im Klartext: Das gilt bei Verletzung des Textformerfordernisses, bei fehlender Bezeichnung als »Vergütungsvereinbarung«, wenn die Vergütungsvereinbarung nicht deutlich abgesetzt ist oder sich in Gesellschaft mit einer Vollmacht befindet, oder wenn die Voraussetzungen für die Zulässigkeit der Vereinbarung einer erfolgsbasierten Vergütung nach § 4a Abs. 1 Satz 1 nicht vorliegen, wenn den Anforderungen an den Erfolgszuschlag nach § 4a Abs. 1 Satz 2 nicht genüge getan wird oder wenn die erfolgsbasierte Vergütungsvereinbarung nicht die zwingenden Bestandteile des § 4a Abs. 2 Nr. 1 oder Nr. 2 enthält.

Formfehler der Vergütungsvereinbarung begrenzen somit nach § 4b unnachgiebig den höheren Vergütungsanspruch des Anwalts auf die gesetzliche Vergütung.

Auch diese unterschiedslose Gleichbehandlung von völlig unterschiedlich schweren Formverstößen untereinander belegt die Eingangsthese unter A., dass hier der Gesetzgeber aus Gründen der Gleichmacherei ohne Rücksicht auf die Interessen der beteiligten Verkehrskreise unter Verschlechterung der jahrelang gut funktionierenden Praxis dadurch ein schlechteres Gesetz gemacht hat, dass er alles »über einen Kamm geschoren« hat. Novellen sollte man nur machen, wenn einem etwas eindeutig Besseres einfällt als die gewachsene traditionelle Regelung, die ihren jahrelangen Praxistest hinter sich hat.

Was die Neuregelung (hinsichtlich des Erfolgshonorars) anlangt, so ist es einerseits nicht verständlich, weshalb bei einer fehlerhaften erfolgsbezogenen Vergütungsvereinbarung (§ 4b Satz 1) der Anwalt im **Erfolgsfall** damit bestraft wird, dass er den Erfolgszuschlag nicht erhält, sondern lediglich die gesetzliche Vergütung. Im Misserfolgsfall müsste dann dagegen der Anwalt konsequenterweise ebenfalls einen Anspruch auf die gesetzliche Vergütung haben. Die Gesetzesmotive (BT-Drs. 16/8384, S. 12) führen aber aus, einem solchen Ansinnen des Anwalts stehe dann Treu und Glauben entgegen. Das entspricht auch der Schlussdebatte im Bundestag, die Partei der Linken hätte dieses Ergebnis gerne ins Gesetz selbst geschrieben. Dabei wird auf die Entscheidung des BGH von 1955 (NJW 1955, 1921) verwiesen. *Mayer* (Gerold/Schmidt/Madert/Müller-Rabe/Mayer/Burhoff RVG 18. Aufl. § 4b Rn. 4) wirft zwar die Frage auf, ob diese Entscheidung des BGH aus 1955 auf die heutigen Verhältnisse noch passe. Es ist aber darauf hinzuweisen, dass der BGH 1980 noch genauso entschieden hat (NJW 1980, 2407). Der Ansicht des BGH hat sich noch 2004 auch das OLG Düsseldorf (JurBüro 2004, 536) angeschlossen. Sie wird auch in der Literatur vertreten (Schneider Die Vergütungsvereinbarung 2006 Rn. 320).

Fazit des Satzes 1: Der Anwalt kann bei einem Verstoß gegen die zwingenden Formvorschriften keine höhere als die gesetzliche Vergütung fordern. Das gilt unabhängig davon, wer die Verletzung der Form zu vertreten hat. Stammt etwa die Vergütungsvereinbarung vom **Auftraggeber**, hat er sie z. B. nicht als Vergütungsvereinbarung oder ähnlich bezeichnet und übersieht das der Anwalt, so kann der Anwalt nicht mehr als die gesetzliche Vergütung fordern (Teubel/Schons Erfolgshonorar für Anwälte § 2 Rn. 81). Hier muss also nicht der Verwender grade stehen. Umgekehrt: Der Anwalt wird dagegen beim Formverstoß, wenn der Misserfolgsfall eintritt, an der insoweit dem Mandanten günstigeren niedrigeren (unwirksam) vereinbarten Gebühr nach Treu und Glauben festgehalten.

Abschnitt 1 – Allgemeine Vorschriften

2. Zahlung der vereinbarten höheren Vergütung – Rückforderung der Differenz?

3 Die Herabsetzung auf die gesetzliche Vergütung gilt auch dann, wenn der Auftraggeber die vereinbarte höhere Vergütung bereits gezahlt hat. Selbst wenn es sich um Schriftformmängel handelt, so werden diese nicht durch Erfüllung geheilt. Das hätte man hier in sinnvoller Weise mit einer analogen Anwendung von § 311 b Abs. 1 Satz 2 BGB sauberer lösen können.

- **Beispiel**

4 Man stelle sich vor: Die Vergütungsvereinbarung trägt keine Überschrift. Der detaillierte Vertragsinhalt lässt sich schon für jeden Laien verstehbar nur als Gebührenvereinbarung qualifizieren, deutlich abgesetzt vom Auftrag ist er, und lautet:

»*Für die gesamte Erledigung dieses außergerichtlichen Vertretungsauftrages verpflichtet sich Herr Mayer, an Herrn*

Rechtsanwalt Schneider eine pauschale Summe von € 15.000,00 nebst 19 % MwSt zu zahlen«

Die gesetzliche 1,3 (oder auch 2,5) Geschäftsgebühr (VV Nr. 2300) betrüge im gegebenen Fall nur € 5.000,00. Dann müsste der clevere Mandant, der sich herzlich für die erfolgreichen Dienste beim Anwalt bedankt hatte, dann aber mit dem Einwand kommt, leider, wie mir jetzt erst klar wird, ist die Vereinbarung nicht als »Gebührenvereinbarung« oder ähnlich bezeichnet, wenn auch deutlich abgehoben, ich zahle daher nur die gesetzlichen Gebühren in Höhe von € 5.000,00, tatsächlich nur die gesetzliche Gebühr zahlen und könnte den zuviel gezahlten Betrag von € 10.000,00 zu Recht zurückfordern.

Für diese Fallgestaltung hatte die BRAGO und ihr folgend das RVG in seiner Erstfassung eine gute Lösung, das Institut der unvollkommenen Verbindlichkeit. § 4 Abs. 1 Satz 3 sah nämlich auch im Falle einer nicht wirksamen Vergütungsvereinbarung folgende unvollkommene Verbindlichkeit vor: Hatte der Mandant trotz der Unwirksamkeit der Vergütungsvereinbarung geleistet, so konnte er das Geleistete nicht deshalb zurückfordern, weil seine Erklärung nicht den Formvorschriften der Sätze 1 und 2 entsprach, wenn er **freiwillig** und **ohne Vorbehalt** geleistet hatte. Diese Vorschrift hatte eine friedensstiftende praktische Bedeutung.

Davon ist der Gesetzgeber seit 01.07.2008 mit der Novelle ohne Not abgegangen, um alle Fälle von Formverstößen, ohne Rücksicht auf ihre Schwere, gleich zu behandeln. Eine wirklich schlechtere neue Gesetzeslösung angesichts der sehr praktikablen und über Jahre bewährten alten Gesetzesfassung. Nun wird man abwarten müssen, ob die Gerichte diese nicht vertretbaren Ergebnisse (§ 4 b) kreativ und gerecht mit ihren allerdings nur beschränkten Möglichkeiten der Gesetzesauslegung sachgerecht mit § 242 BGB lösen können.

Ferner:

Auf der Grundlage der bisherigen Gesetzesfassung war es z. B. rechtlich möglich, im Anschluss an ein erfolgreich durchgeführtes Verfahren dem Anwalt vorzuschlagen, ein Sonderhonorar von € 1.000,00 zu zahlen.

Ebenso war es dem Anwalt möglich, unabhängig von der gesetzlichen Vergütung unter Hinweis darauf, dass die vorgeschlagene Vergütung über die gesetzliche Vergütung hinausgehe, einen bestimmten Mehrbetrag dem Mandanten vorzuschlagen. Rein faktisch wurden derartige Vorschläge regelmäßig ohne große Diskussion durch Zahlung angenommen. Eine Lösung, die der emotionalen Lage beider Seiten nach erfolgreichem Abschluss eines schwierigen Prozesses voll entsprach.

Zukünftig könnten solche Dankeszahlungen (in der Regel 10 Jahre lang bis zur Verjährung – § 199 Abs. 1 Ziffer 2, Abs. 4 BGB), soweit sie die gesetzliche Vergütung übersteigen, etwa von den Erben oder sonstigen Rechtsnachfolgern, denen das emotionale Band fehlt, zurückverlangt werden.

Das alles ist die Folge davon, dass der Gesetzgeber einheitlich das Model gewählt hat, bei jedwedem Formfehler kann der Anwalt den Mehrbetrag (der also die gesetzliche Vergütung übersteigt) nicht einfordern.

II. Satz 2 Verweis auf Bereicherungsrecht

»Die Vorschriften des bürgerlichen Rechts über die ungerechtfertigte Bereicherung bleiben unberührt.«

Unmittelbar vor der Verabschiedung des Gesetzes zur Neuregelung des Verbots der Vereinbarung von Erfolgshonoraren hat sich der Bundestag dazu durchgerungen, in § 4b RVG diesen zusätzlichen klarstellenden Satz aufzunehmen.

Mit dieser Regelung will der Gesetzgeber einen Ausgleich für den Wegfall des früheren Rückforderungsausschlusses in § 4 Abs. 1 Satz 3 a. F. schaffen. Auch bei einer nach § 4b Satz 1 fehlerhaften Vergütungsvereinbarung kann der Mandant das Geleistete vom Anwalt dann nicht zurückfordern, wenn er positiv gewusst hat, dass er zur Leistung nicht verpflichtet war. Die Anwälte sollen sich wie jeder andere auf den Ausschlussgrund des § 814 BGB berufen dürfen. Die Beweislast für dieses Wissen hat allerdings der Anwalt. Also sollte der Anwalt den Tatbestand niederschreiben, dass der Mandant eigentlich nicht mehr zahlen müsse, als das Gebührengesetz von ihm fordere, und sich vom Mandanten dessen Kenntnis (mit einem Achselzucken und einem Verweis auf das unvernünftige Gesetz) unterschreiben lassen. Hoffentlich verliert er dann aber nicht diesen Mandanten wegen tiefgreifendem Vertrauensverlust. Ob dies allerdings ausreicht für § 814 BGB, ist fraglich, weil der Mandant ja eigentlich zusätzlich **wissen** müsste, dass er **wegen des Formverstoßes nicht** mehr **zahlen müsste**. Eine spannende Frage, was die Gerichte hier entscheiden werden – ob sie sich zur Auslegung an die alte Gesetzesfassung anlehnen werden?

Abschnitt 1 – Allgemeine Vorschriften

§ 5
Vergütung für Tätigkeiten von Vertretern des Rechtsanwalts

Die Vergütung für eine Tätigkeit, die der Rechtsanwalt nicht persönlich vornimmt, wird nach diesem Gesetz bemessen, wenn der Rechtsanwalt durch einen Rechtsanwalt, den allgemeinen Vertreter, einen Assessor bei einem Rechtsanwalt oder einen zur Ausbildung zugewiesenen Referendar vertreten wird.

Inhaltsübersicht

	Rn.
A. Allgemeines	1
B. Kommentierung	8
I. Teilregelung der Stellvertretung des Rechtsanwalts	8
1. Ausdrücklich genannter Personenkreis	8
2. Zulässigkeit der Stellvertretung bei den in § 5 genannten Personen	9
II. Der in § 5 ausdrücklich genannte Personenkreis im Einzelnen	10
1. Anderer Rechtsanwalt / Abgrenzung zur anwaltlichen Mehrvertretung, § 6	10
2. Der allgemeine Vertreter	15
3. Assessor bei einem Rechtsanwalt	17
4. Ein zur Ausbildung zugewiesener Referendar	20
III. Sonstige Vertretungsfälle: nicht in § 5 genannte Vertreter	27

	Rn.
1. Andere Personen	27
2. Zulässigkeit der Stellvertretung	28
3. Vergütungsanspruch des Rechtsanwalts bei Vertretung durch nicht in § 5 genannte Personen	29
4. Vereinbarung einer Vergütung für sonstige Hilfspersonen und Beachtung des § 4	36
IV. Erstattungspflicht der Staatskasse	40
1. Strafsachen	41
2. Zivilsachen	44
V. Erstattungspflicht des Gegners	46
1. Vertretung durch in § 5 genannte Personen	46
2. Vertretung durch in § 5 nicht genannte Personen	48
VI. Festsetzung der Gebühren des Anwalts gegen die eigene Partei – § 11	52

A. Allgemeines

1 Der Rechtsanwalt hat seine Dienste im Zweifel in Person zu leisten (§ 613 BGB). Angesichts der Terminüberschneidungen lässt sich dies nicht immer durchführen. Sofern der Rechtsanwalt sich vertreten lässt, hat er nicht in allen Fällen einen Gebührenanspruch nach den Vorschriften des RVG. § 5 nennt enumerativ folgende Personen: Rechtsanwalt, allgemeiner Vertreter, Assessor, Stationsreferendar, bei deren Zuziehung der Rechtsanwalt nach dem **RVG abrechnen** kann. Zieht er **andere Personen** (z. B. Bürovorsteher) als Vertreter hinzu, so muss er insoweit im Verhältnis zu seinem Mandanten (Anfall der Gebühr) auf die Vorschriften des **BGB**, meist auf das Dienstvertragsrecht, § 612 BGB, zurückgreifen. Von der Frage des Anfalls der Gebühr ist zu trennen die Frage der Erstattungsfähigkeit dieser Kosten durch den Gegner, also das Außenverhältnis der Partei zum Gegner.

2 Das Problem der Zuziehung eines Stellvertreters des Anwalts hat erheblich an Bedeutung gewonnen durch das neue Problem der Erstattungsfähigkeit der Kosten des Unterbevollmächtigten / Terminanwalts (§ 53 BRAGO = Nr. 3401 VV RVG). Der BGH hat im Jahre 2000 schon nach altem Recht entschieden (AGS 2001, 51 = MDR 2001, 173), was auch für das RVG gilt, wenn der Anwalt einen anderen Anwalt **im eigenen Namen** als Terminsvertreter zuzieht, dass dieser zugezogene Anwalt **Erfüllungsgehilfe des Anwalts** ist. Dessen Vergütung ist daher frei verhandelbar. Dabei ist eine **Unterschreitung** der gesetzlichen anwaltlichen Gebühren und Auslagen möglich – etwa an Stelle der Gebühren eines Unterbevollmächtigten / Terminanwalts nach § 53 BRAGO = Nr. 3401 VV RVG kann der Terminanwalt vertraglich lediglich auf die i. d. R. weit geringeren (erstattungsfähigen) fiktiven (weil ersparten) Parteiauslagen beschränkt werden. Ein Verstoß der Unterschreitung der zwingend durch das RVG vorgeschriebenen Gebühren (§ 49 b BRAO) liege, so meint der BGH, nicht vor, die

Abrede betreffe nur das Verhältnis des Anwalts zu seinem Erfüllungsgehilfen und nicht das Verhältnis des Anwalts zur Partei.

Wenn man auch zur Begründung der Entscheidung sehr kritisch stehen kann, so muss man sie – vor allem im Hinblick auf den neuen § 574 Abs. 2 Nr. 2 ZPO (letztinstanzliche Entscheidungsbefugnis des BGH in Kostensachen) – akzeptieren, mindestens kennen. Der 1. ZS des BGH hat die Entscheidung am 01.06.2006 mit eingehender Begründung (für einen Fall der Gebührenteilung) bei Auftragserteilung im eigenen Namen (unzulässig aber im Namen der Partei selbst) bekräftigt (BGH JurBüro 2007, 19 = AnwBl. 2006, 672 = AGS 2006, 471 = NJW 2006, 3569).

Im Hinblick auf die Qualifikation eines Assessors erhält der Rechtsanwalt nach dem RVG (im Gegensatz zur BRAGO) für dessen Einsatz die volle Vergütung. Es ist sachgerecht, dass auch die Vertretung durch einen Assessor, auch wenn er keinen Zulassungsantrag gestellt hat, in § 5 genannt wird.

Im Vorgriff auf die neue gesetzliche Regelung hat der BGH auch für Altfälle (also Auftrag vor dem 01.07.2004 = BRAGO; vom BGH wohl noch nicht entschieden für PKH-Fälle = nur **gebührengesetzliche** Ansprüche, siehe § 91 Abs. 2 Satz 1 ZPO) dem Anwalt für den bei ihm angestellten Assessor einen vollen Erstattungsanspruch gegeben.

BGH (JurBüro 2004, 482 = AGS 2004, 237 = NJW-RR 2004, 1143): Leitsatz:

»Auch bei Mandaten, die noch nicht unter die Regelung des § 5 RVG fallen (Fälle vor dem 01.07.2004), kann der Rechtsanwalt je nach den Umständen (gem. § 612 BGB, so die Gründe) eine Vergütung in Höhe der vollen gesetzlichen Gebühren verdienen, wenn er sich durch einen Assessor vertreten lässt. Dies ist in der Regel jedenfalls dann der Fall, wenn der Assessor bei dem Rechtsanwalt angestellt ist. Die so verdiente Vergütung hat der Prozessgegner unter den Voraussetzungen des § 91 Abs. 1 ZPO zu erstatten; sie ist im Verfahren nach den §§ 104 ff. ZPO unter den dort geltenden Voraussetzungen festzusetzen.«

Hinsichtlich des zur Ausbildung zugewiesenen Referendars gehen die Meinungen teilweise auseinander (Referendar ist bei Anwalt B in Ausbildung, tritt aber namens seines Ausbilders B für Anwalt A auf (siehe näher Rn. 20).

B. Kommentierung

I. Teilregelung der Stellvertretung des Rechtsanwalts

1. Ausdrücklich genannter Personenkreis

Die Norm regelt nur einen Teilbereich der Stellvertretung. § 5 bestimmt, dass der Rechtsanwalt auch dann die Gebühren des RVG erhält, wenn er nicht selbst tätig wird, sondern statt seiner die in § 5 enumerativ aufgezählten Personen handeln.

Dabei handelt es sich um folgende Personen:

ein anderer Rechtsanwalt, der allgemeine Vertreter, der Assessor bei einem Rechtsanwalt, der zur Ausbildung zugewiesene Referendar.

2. Zulässigkeit der Stellvertretung bei den in § 5 genannten Personen

Die grundsätzliche Frage, ob eine Übertragung der Aufgabe auf einen Stellvertreter erlaubt ist, regelt sich nach dem Auftrag. Gibt die Partei keine ausdrückliche Weisung, so darf der in der Regel termingeplagte Anwalt die Angelegenheit grundsätzlich einem anderen Anwalt, seinem amtlich bestellten Vertreter, einem Assessor (also auch einem Volljuristen), aber auch dem Referendar, der in der Praxis seine Ausbildungsstation absolviert, den der Ausbilder

Abschnitt 1 – Allgemeine Vorschriften

also zu unterweisen hat, übergeben; im letzteren Falle aber nur, wenn der Referendar nach Ansicht des Ausbilders auch der Aufgabe gewachsen ist (Gerold/Schmidt/von Eicken/Madert/Müller-Rabe RVG 17. Aufl. § 5 Rn. 7; OLG Karlsruhe JurBüro 1988, 74).

II. Der in § 5 ausdrücklich genannte Personenkreis im Einzelnen

1. Anderer Rechtsanwalt/Abgrenzung zur anwaltlichen Mehrvertretung, § 6

10 Der im § 5 genannte andere Rechtsanwalt, der den mandatierten Rechtsanwalt vertritt, ist ein als Anwalt zugelassener Volljurist. Auf den Ort oder die Gerichte seiner Zulassung kommt es nicht an (Hartung/Römermann RVG § 5 Rn. 19).

Wird ein weiterer, vom Mandanten **selbst** beauftragter Rechtsanwalt tätig, so liegt kein Fall des § 5, sondern ein solcher des § 6 vor.

11 • **Beispiele**
Zwei Verteidiger im Strafprozess oder die Beauftragung eines zusätzlichen Verkehrsanwalts oder unmittelbar beauftragten Terminsanwalts oder eines speziellen Beweisanwalts neben dem Prozessbevollmächtigten (früher § 54 BRAGO, jetzt Nr. 3401 VV RVG, vgl. Gebauer/Schneider RVG § 5 Rn. 4; VV Vorbem. 3400 Rn. 8). *Madert* (Gerold/Schmidt/von Eicken/Madert/Müller-Rabe RVG 16. Aufl. Anhang Synopse S. 1732 BRAGO-RVG) meint zwar in der Synopse, § 54 BRAGO sei ersatzlos entfallen. Hier müsste aber m. E. in der Synopse bei § 54 BRAGO Nr. 3401 angeführt sein, denn wenn der Hauptbevollmächtigte einen örtlichen Anwalt in die auswärtige Beweisaufnahme schickt (namens der Partei), so beschränkt sich die Aufgabe auf die Vertretung in einem Termin i. S. d. VV Vorbem. 3 Abs. 3; zu diesem Ergebnis kommt wohl auch *von Eicken* (Gerold/Schmidt/von Eicken/Madert/Müller-Rabe RVG 16. Aufl. § 60 Rn. 2; *Müller-Rabe* in 17. Aufl. Nr. 3401 Rn. 7).

12 Entscheidend ist, wer den Auftrag erteilt, der Mandant selbst (dann § 6) oder in dessen Namen der Anwalt (dann ebenfalls § 6) oder der Rechtsanwalt **selbst im eigenen Namen** (dann § 5).

Erteilt der Mandant selbst das zusätzliche Mandat, so hat der von ihm beauftragte Anwalt einen **unmittelbaren Gebührenanspruch gegen den Mandanten** selbst. Im anderen Falle (§ 5) muss der Beauftragte (Unterbevollmächtigte) sich mit seinem Entgeltanspruch an den von der Partei mandatierten Hauptbevollmächtigten halten (siehe oben Rn. 2 »Erfüllungsgehilfe des Anwalts«; BGH AGS 2001, 51).

13 Kein Fall des § 5 liegt vor, wenn ein Sozius (auch ein überörtlicher) tätig wird. Im Normalfall wird das Mandat nämlich **allen** Sozien erteilt. Etwas anderes gilt allerdings, vornehmlich in Strafsachen, wenn einem bestimmten Anwalt das Mandat persönlich erteilt wird. Besonderheit in Strafsachen: Wird etwa der gesamten Sozietät das Mandat erteilt und besteht diese aus mehr als drei Sozien, so liegt ein Verstoß gegen § 136 StPO vor, da der Angeklagte nur höchstens **drei Verteidiger** zuziehen darf.

14 Besonders bei der Vereinbarung höherer Gebühren wird diese Gebührenabrede üblicherweise nur zwischen dem Anwalt des besonderen Vertrauens persönlich und dem Mandanten getroffen. Zieht der Vertrauensanwalt nun (etwa wegen Terminkollision) seinen Sozius zu, so ist dennoch kein Fall des § 6: »**Vertretung durch mehrere Anwälte**«, sondern ein Vertretungsfall nach § 5 gegeben (vgl. Gerold/Schmidt/von Eicken/Madert/Müller-Rabe RVG 17. Aufl. § 5 Rn. 3, ferner zur Auslegungsproblematik Gebauer-Scheider RVG § 6 Rn. 15).

2. Der allgemeine Vertreter

15 Allgemeiner Vertreter ist der amtlich bestellte Vertreter gem. § 53 BRAO. Auch Rechtsreferendare können zum allgemeinen Vertreter bestellt werden, wenn sie mindestens 12 Monate Vor-

Vergütung für Tätigkeiten von Vertretern des Rechtsanwalts | § 5

bereitungsdienst absolviert haben (§ 53 Abs. 4 Satz 2 BRAO). Diese Rechtsreferendare können beim Anwalt in der Ausbildung sein oder sich etwa bei einem anderen Anwalt oder bei Gericht oder Behörden in Ausbildung befinden.

Desgleichen können sonstige Juristen mit der Befähigung zum Richteramt (= 2. Staatsexamen, etwa pensionierte Richter, Hochschullehrer usw.) zum allgemeinen Vertreter bestellt werden (§ 53 Abs. 4 BRAO). 16

Dieser allgemeine Vertreter kann dann selbst wieder Vertreter i. S. von § 5 bestellen, also z. B. der Anwalt B, der als amtlich bestellter Vertreter bestellt ist für den Anwalt A, seinen bei ihm in der Ausbildung befindlichen Referendar, der dann noch keine 12 Monate Tätigkeit absolviert haben muss. Hier übernimmt der Ausbilder B die Verantwortung (siehe Referendar, der sich bei einem anderen Anwalt in der Ausbildungsstation befindet, Rn. 20).

3. Assessor bei einem Rechtsanwalt

Neu in das Gesetz ist der Assessor bei einem Rechtsanwalt aufgenommen worden. Damit sind frühere Ungereimtheiten, dass zwar ein Stationsreferendar den Anwalt angemessen i. S. v. § 4 BRAGO vertreten konnte, nicht aber ein Assessor (mit besserer Qualifikation), beseitigt. Der nach altem Recht entschiedene Fall des LG Mainz (JurBüro 1997, 249) zeigt mit seinen grotesken Ergebnissen (siehe 1. Vorauflage Rn. 5), wie notwendig diese Gesetzesnovelle im Hinblick auf Assessoren war. 17

Die noch zum alten Recht ergangene Entscheidung des BGH (JurBüro 2004, 482 = AGS 2004, 237 = NJW-RR 2004, 1143) mit ihrer einschränkenden Formulierung könnte Zweifel aufkommen lassen, ob die Norm für alle zugezogenen Assessoren, in welcher Rechtsform auch immer sie zum Anwalt vertraglich stehen, gilt oder aber nur für den **angestellten** Assessor. Der noch zum alten Recht ergangene Leitsatz des BGH lautet nämlich: 18

»Auch bei Mandaten, die noch nicht unter die Regelung des § 5 fallen, kann der Rechtsanwalt je nach den Umständen (gem. § 612 BGB, so die Gründe) eine Vergütung in Höhe der vollen gesetzlichen Gebühren verdienen, wenn er sich durch einen Assessor vertreten lässt. Dies ist in der Regel **jedenfalls** dann der Fall, wenn der Assessor bei dem **Rechtsanwalt angestellt** ist.«

Der Gesetzestext des § 5 sieht aber keine ausdrückliche Einschränkung auf angestellte Assessoren vor. Das muss auch von der Formulierung »Assessor **bei** einem Rechtsanwalt« gelten. »Bei« heißt nicht »bei einem Rechtsanwalt angestellt«. Auch wenn der Assessor freier Mitarbeiter ist oder zunächst nur einmal ohne Vertrag einen Stundensatzauftrag für eine Probezeit oder eine Schwangerschaftsvertretung erhält, gilt die Neuregelung. Solche »Beschäftigungsverhältnisse« kommen auf dem derzeit angespannten Anwaltsarbeitsmarkt leider vor. Dasselbe gilt für einen Assessor, der freier Mitarbeiter für verschiedene Kanzleien ist (Hartung/Römermann RVG § 5 Rn. 28). Der Wortlaut der Gesetzesbegründung: »Eine solche Regelung ist für die Tätigkeit eines Assessors in der Übergangszeit bis zur Zulassung als Rechtsanwalt von Bedeutung« besagt nichts anderes. Denn im Gesetz findet sich keine solche Einschränkung (Gerold/Schmidt/von Eicken/Madert/Müller-Rabe RVG 17. Aufl. § 5 Rn. 6). 19

OLG Düsseldorf (MDR 2008, 414): 19a

Unerlaubte Rechtsberatung (§ 134 BGB, Art. 1 § 1 Abs. 1 S. 1 RBerG) = Nichtigkeit des Vertrages?

»Geschäftsmäßiger Besorger der Rechtsangelegenheit ist nicht der Rechtsassessor, sondern der zur Rechtsanwaltschaft zugelassene Rechtsanwalt als Kanzleiinhaber. Geschäftsmäßig im Sinne des Verbotsgesetzes handelt nämlich nur derjenige, der die Rechtsbesorgung selbständig betreibt (BGHZ 38, 71 = NJW 1963, 441). Tritt ein Kanzleimitarbeiter als Vertreter eines Rechtsanwalts auf, wird dadurch hinreichend dokumentiert, dass er nicht selbständig, son-

Abschnitt 1 – Allgemeine Vorschriften

dern als Angestellter, also in formell abhängiger Rechtsstellung auftritt, so dass sein Handeln nicht tatbestandsmäßig im Sinne der Verbotsnorm ist (OVG Hamburg 05. 01. 2000 – 2 Bs 280/99 – und LSG Schleswig 10. 12. 1999 – L 8 B 91/99 – Rechtsanwalt).

Das wird durch Art. 1 § 6 Abs. 1 Nr. 2 RBerG klargestellt. Diese Bestimmung erlaubt es dem Rechtsanwalt berufsrechtlich, unbeschränkt beliebige fremde Rechtsangelegenheiten durch seine Kanzleiangestellten erledigen zu lassen, wobei auch nicht vorausgesetzt wird, dass es sich um juristisch geschultes Personal handelt.

Das darf demgemäß auch ein früher als Anwalt zugelassener Assessor.

Es macht keinen Unterschied, ob es sich um einen noch nie zur Rechtsanwaltschaft zugelassenen, aber seine Zulassung betreibenden Assessor handelt (§ 12 Abs. 3 BRAO) oder um einen solchen, der wegen Erlöschens, Rücknahme oder Widerruf der Zulassung der Rechtsanwaltschaft schon einmal angehört hat (§ 17 Abs. 1 S. 1 BRAO).

Der Missbrauch eines Anstellungsvertrages liegt nicht vor, wenn der Assessor **weisungsabhängig** ist. Anders lägen die Dinge, wenn der Assessor **völlig selbständig** und damit geschäftsmäßig fremde Rechtsangelegenheiten besorgen würde (OLG Stuttgart NJW 1992, 3051).«

4. Ein zur Ausbildung zugewiesener Referendar

20 Aus der Entstehungsgeschichte der gleichlautenden BRAGO-Vorschrift (§ 4) ergibt sich, dass der Referendar nicht gerade dem Rechtsanwalt, den er vertritt, in der betreffenden Praxis zur Ausbildung überwiesen oder zugewiesen sein muss. Der Rechtsausschuss hat damals (bei § 4 BRAGO) aus der Fassung der Regierungsvorlage (»einen dem Rechtsanwalt zur Ausbildung zugewiesenen Referendar«) die Worte »dem Rechtsanwalt« gestrichen, um zu erreichen, »dass die Gebührenordnung auch gilt, wenn der Referendar, der für den Rechtsanwalt tätig ist, einem anderen Rechtsanwalt zugewiesen ist« (Riedel/Sußbauer BRAGO 9. Aufl. § 5 Rn. 6). Der Referendar muss also nur einer anderenPraxis zur Ausbildung zugewiesen sein. (Insoweit hat das OLG Düsseldorf mich zur Stützung seiner Ansicht falsch zitiert.) Dagegen genügt es nicht, wenn der Referendar sich in der Ausbildung etwa bei **Gericht** oder in der **Verwaltungsstation** befindet und gleichzeitig bei seinem Anwalt, der ihn ausgebildet hat, weiter nebenberuflich arbeitet (**a. A.** insoweit nur Hartung/Römermann RVG § 5 Rn. 31: »*Es kommt nicht darauf an, in welcher Station sich der Referendar befindet*«.). Soweit sich Römermann auf LG Osnabrück (JurBüro 1992, 798) bezieht, betrifft jene Entscheidung nur den Fall eines Referendars, der sich bei einem anderen Rechtsanwalt in der Ausbildung befindet.

21 Bei einer Gesetzesnovelle sollte aber auch diese Hürde fallen. Richtig wäre es, wenn man formulierte: »bei einem Rechtsanwalt in Ausbildung befindet oder schon befunden hat.«

Denn wenn ein Rechtsanwalt einen Referendar, der die Anwaltstation schon erfolgreich durchlaufen hat, nebenberuflich weiterbeschäftigt, so übernimmt er die Verantwortung dafür, dass der Referendar durch seine Zuziehung nicht überfordert wird. Da der Referendar in seiner Ausbildungsstation zugezogen werden darf, muss das erst recht gelten für den schon anwaltlich ausgebildeten Referendar. Diesen Erstrechtschluss könnte man auch jetzt schon ziehen entsprechend der »Assessorenentscheidung« des BGH (oben Rn. 5) nach altem Recht (JurBüro 2004, 482 = AGS 2004, 237 = NJW-RR 2004, 1143).

22 Das OLG Düsseldorf (JurBüro 2005, 364 = AGS 2005, 329 mit teilweise ablehnender Anmerkung von N. Schneider) hat in einer neueren Entscheidung noch zu § 4 BRAGO, aber unter ausdrücklicher Bezugnahme auch auf § 5, Folgendes ausgeführt:

»*Wird der Rechtsanwalt durch einen Referendaren (hier: in einer mündlichen Verhandlung vor dem Familiengericht) vertreten, fällt seine Vergütung regelmäßig nur dann an, wenn der Referendar entweder dem vertretenen Rechtsanwalt oder einem anderen Rechtsanwalt derselben Kanzlei zur Ausbildung* zugewiesen ist.« In den Gründen hat das OLG Düsseldorf hinsichtlich eines Referendars, der nur im Rahmen der Nebentätigkeit für den Anwalt arbeitet, weiter klargestellt:

»Eine Anwendung der BRAGO kommt nach dem Wortlaut des Gesetzes nur in Betracht, wenn der Referendar einem Rechtsanwalt zur Ausbildung zugewiesen ist, also während der sog. Anwaltsstation. Andernfalls stellt die Tätigkeit des Referendars juristische Hilfstätigkeit dar, die nicht nach der BRAGO zu vergüten ist, weil dies dem Charakter der BRAGO als besondere Vergütungsordnung für den Berufsstand der Rechtsanwälte widersprechen würde (vgl. Fraunholz in Riedel/Sußbauer a. a. O.; Bischof/Jungbauer/Podlech-Trappmann RVG 1. Aufl. § 5 Rn. 15; Gerold/Schmidt/Madert BRAGO 15. Aufl. § 4 Rn. 5; Hartmann Kostengesetze 32. Aufl. BRAGO § 4 Rn. 16; a. A.: Hartung/Römermann RVG § 5 Rn. 31).«

Diese Auffassung hat N. Schneider in seiner vorgenannten Anmerkung für eine besondere Fallgestaltung zu Recht als zu weitgehend kritisiert: 23

Für den Regelfall, dass der Referendar seine Nebentätigkeit während seiner **gerichtlichen oder verwaltungsrechtlichen** Ausbildungstage ausübt, stimmt N. Schneider der Ansicht des OLG Düsseldorf zwar zu (so auch schon die 1. Aufl. dieses Kommentars Rn. 15).

– **Referendar, der sich bei einem anderen Anwalt in der Ausbildungsstation befindet:** 24

Anders liegen die Dinge aber, wenn in einem in der Praxis selten vorkommenden Fall der Referendar, der sich bei einem anderen Anwalt in der Ausbildungsstation befindet, einen zweiten anderen Anwalt vertritt.

Dazu bemerkt N. Schneider (AGS 2005, 330) zutreffend: 25

»Indem der Anwalt einen Referendar mit einer Terminsvertretung beauftragt, der bei einem anderen Anwalt in Station ist, liegt darin genau betrachtet zunächst einmal ein Auftrag an den anderen Anwalt, für ihn tätig zu werden. Im Verhältnis zu dem anderen Anwalt gilt aber § 5. Nimmt dieser andere Anwalt den Termin nicht selbst wahr, sondern beauftragt er einen ihm zugewiesenen Referendar, dann gilt in diesem Verhältnis wiederum die Vorschrift des § 5. Wird dieser Referendar dann tätig, so ist über die doppelte Anwendung des § 5 die Kette zum beauftragenden Rechtsanwalt geschlossen, so dass dieser die volle Vergütung gem. § 5 abrechnen kann.« N. Schneider befindet sich mit dieser Ansicht in Übereinstimmung mit der überwiegenden Meinung (Hansens BRAGO 8. Aufl. § 4 Rn. 4; OLG Karlsruhe JurBüro 1988, 74; LG Osnabrück JurBüro 1992, 798, **a. A.:** OLG Hamburg Rpfleger 1988, 548).

Um die Erstattung (das gilt besonders für den PKH-Fall, denn dort sind nur die gesetzlichen Gebühren erstattungsfähig) möglichst sicher zu stellen, sollte der Referendar in das Sitzungsprotokoll aufnehmen lassen: 26

»Es erscheint für RA A (= Hauptbevollmächtigter der Partei) RA B, dieser vertreten durch Referendar X, der sich derzeit bei RA B in Ausbildung befindet.«

Damit übernimmt RA B die Verantwortung dafür, dass der bei ihm ausgebildete Referendar mit dieser Vertreteraufgabe nicht überfordert ist (OLG Düsseldorf JurBüro 2005, 364 = AGS 2005, 329).

III. Sonstige Vertretungsfälle: nicht in § 5 genannte Vertreter

1. Andere Personen

In der Praxis zieht der Rechtsanwalt auch andere, in § 5 nicht genannte Personen als Vertreter hinzu. Dabei handelt es sich in erster Linie um Bürovorsteher, Fachangestellte, Referendare außerhalb der Anwaltstation, wissenschaftliche Hilfsarbeiter und pensionierte Richter (Achtung bei **unmittelbarer** Vertretung der Partei durch pensionierte Richter – Verstoß gegen das 27

Abschnitt 1 – Allgemeine Vorschriften

Rechtsberatungsgesetz, der pensionierte Richter darf nur den **Anwalt selbst** beraten, nicht aber die Partei unmittelbar; vertraglich klarstellen).

2. Zulässigkeit der Stellvertretung

Kanzleiinhaber nach außen

28 OLG Düsseldorf (MDR 2008, 414, 13. 12. 2007 – I-24 U 102/07 –):

»Gehen Berufsträger ihrer anwaltlichen Tätigkeit in einer Kanzlei nach, tritt aber nur einer von ihnen dem rechtsuchenden Publikum als Kanzleiinhaber entgegen (dokumentiert durch die äußeren Umstände, etwa durch Kanzleischilder, Briefköpfe, Stempel, Formulare, Einträge in Register und Verzeichnisse etc.), kommt das Mandat in der Regel nur mit dem **Berufsträger** zustande, der diese Stellung auch nach außen vertritt (BGH NJW 2000, 1333). Das beruht auf dem anerkannten Grundsatz, dass im Rechtsverkehr derjenige als der Vertragspartner angesehen wird, der sich dem interessierten Publikum als der Unternehmens- oder Berufsträger und damit eben als diejenige (natürliche oder juristische) Person vorstellt, die über die beanspruchte (Dienst-)Leistung verfügt (so genanntes unternehmensbezogenes Geschäft – BGH NJW 1984, 1347, 1348; OLG Düsseldorf OLGR 2007, 540 m. w. N.). Das gilt angesichts der äußeren Umstände selbst dann, wenn der Assessor sich im Telefongespräch als Rechtsanwalt bezeichnet.«

Befugnis zur Bevollmächtigung

28 a Die Anwendung des § 5 RVG setzt eine – bezogen auf das konkrete Mandat – vertraglich erlaubte Vertretung des Rechtsanwalts voraus (Riedel/Sußbauer/Fraunholz RVG 8. Aufl. § 5 Rn. 2). Ob es dem Anwalt im Verhältnis zum Mandanten erlaubt ist, etwa den Assessor mit seiner Vertretung zu beauftragen, hängt von den (notfalls durch Auslegung zu ermittelnden) rechtsgeschäftlichen Erklärungen bei Vertragsabschluss ab. Im Zweifel hat der Anwalt gemäß § 613 BGB jedenfalls die Rechtsdiensthauptleistung persönlich zu erbringen (vgl. BGH NJW 1981, 2741, 2743).

Den vorgenannten weiteren Personen (Bürovorsteher, Fachangestellten, Referendaren außerhalb der Station, wissenschaftlichen Hilfsarbeitern und pensionierten Richtern) darf der Anwalt seine Vertretung ebenfalls im Zweifel nur dann übertragen, wenn der Mandant ausdrücklich oder stillschweigend zugestimmt hat. Umstritten ist, ob der Anwalt einen solchen Vertreter **ohne Einverständnis** des Mandanten etwa zu einem Termin schicken darf, wenn nur der Erlass eines VU zu erwarten ist (ja: Schneider/Wolf RVG 3. Aufl. RVG § 5 Rn. 10; nein: Gerold/Schmidt/von Eicken/Madert/Müller-Rabe RVG 17. Aufl. § 5 Rn. 8, weil auch dabei immer mit Überraschungen zu rechnen sei).

3. Vergütungsanspruch des Rechtsanwalts bei Vertretung durch nicht in § 5 genannte Personen

29 § 5 gibt nur einen Vergütungsanspruch nach dem RVG für die in § 5 ausdrücklich genannten Personen. Selbst wenn die Partei mit der Vertretung einer anderen Person (etwa dem mitarbeitenden Referendar, z. B. nach dessen Stagenende) einverstanden ist, entsteht kein Gebührenanspruch des Anwalts gegen die eigene Partei nach dem **RVG (§ 5) selbst** (LG Zweibrücken Rpfleger 1977, 114; OLG Frankfurt NJW 1975, 2211; LG Mainz JurBüro 1997, 249).

30 Ob der Rechtsanwalt für die Zuziehung anderer als der in § 5 enumerativ aufgeführten Personen überhaupt eine Vergütung verlangen kann, ist heftig umstritten. Die Skala geht von nichts, über den reinen Auslagenersatz, einer Bruchteilsgebühr bis zu den vollen Anwaltsgebühren.

31 Für andere (im § 5 nicht genannte) Hilfspersonen kann der Anwalt nämlich, wie ausgeführt, nicht nach dem RVG, sondern **nur nach § 612 BGB** die ausdrücklich vereinbarte oder angemessene Vergütung berechnen. Ist die Vergütung nicht vereinbart, so kann der Anwalt gem.

§§ 315, 316 BGB die übliche Vergütung selbst bestimmen (Gerold / Schmidt / von Eicken / Madert / Müller-Rabe RVG 17. Aufl. § 5 Rn. 12).

Einige Gerichte lehnen einen Anspruch dennoch ganz ab, weil § 5 als Ausnahmevorschrift eng auszulegen sei und eine abschließende Regelung darstelle (zuletzt LG Wuppertal JurBüro 1980, 537; LG Heilbronn AnwBl. 1995, 560; OLG Oldenburg JurBüro 1984, 387; OLG Düsseldorf JurBüro 1991, 671 »Referendar«). 32

Andere geben die Auslagen für Porto und Schreibauslagen (AG Hannover JurBüro 1965, 715) oder Auslagenersatz in Form von Reisekosten (kein Abwesenheitsgeld), so das OLG Zweibrücken (JurBüro 1985, 545). 33

Wieder andere geben eine angemessene (prozentuale) Vergütung: Für **Volljuristen** (der Assessor ist nunmehr in § 5 RVG mit vollem Vergütungsanspruch seines Anwalts genannt) geben **2/3** der Anwaltsvergütung die folgenden Gerichte: 34

LG Osnabrück	JurBüro 1978, 215
LG Wuppertal	JurBüro 1989, 1718
LG Kassel	AnwBl. 1980, 203
LG Düsseldorf	AnwBl. 1979, 194
Mitarbeitender Referendar: 5/10:	
LG Braunschweig	JurBüro 1986, 53
LG Aachen	JurBüro 1978, 261
LG Heidelberg	AnwBl. 1978, 319
LG Darmstadt	JurBüro 1982, 73
Für den Bürovorsteher nur 35 %:	
LG Düsseldorf	JurBüro 1987, 1804
LG Saarbrücken	JurBüro 1989, 628
OLG Köln	JurBüro 1985, 888

Die volle Gebühr bei der Unfallschadensregulierung durch den Bürovorsteher nach dem (inzwischen nicht mehr gültigen) »DAV-Abkommen«, weil jeglicher Streit über die Höhe ausgeschlossen werden sollte, gaben *Lappe* (MDR 1984, 990), *N. Schneider* (Gebauer / Schneider RVG § 5 Rn. 55). 35

Vertretung durch Steuerberater

Ein Anwalt kann sich bei einer Insolvenzberatung nicht durch einen mit ihm verbundenen Steuerberater vertreten lassen: 35a

OLG Düsseldorf (Rpfleger 2008, 206 = OLGR Düsseldorf 2008, 228):

»Eine nach § 44 Satz 1 RVG zu vergütende Beratungshilfe kann nur durch die zur Beratungshilfe nach § 3 BerHG Befugten erbracht und vergütet verlangt werden.

Ein Steuerberater oder eine Gesellschaft bürgerlichen Rechts mit einem Steuerberater gehören nicht zu den Gesellschaften i. S. des § 1 RVG. § 5 RVG findet auf Steuerberater oder/und Rechtsbeistände ohne Kammermitgliedschaft keine analoge Anwendung.

Abschnitt 1 – Allgemeine Vorschriften

Nach § 5 RVG kann für Tätigkeiten, die der Rechtsanwalt nicht persönlich vornimmt, eine Vergütung nach dem RVG nur gewährt werden, wenn der Rechtsanwalt durch einen Rechtsanwalt, den allgemeinen Vertreter (im Sinne des § 53 BRAO), einen Assessor bei einem Rechtsanwalt oder einen zur Ausbildung zugewiesenen Referendar vertreten wird. Wenn sich ein Rechtsanwalt im Rahmen seiner anwaltlichen Tätigkeit durch einen Steuerberater bei einer Privatinsolvenz vertreten läßt, hat der Rechtsanwalt insoweit keinen gesetzlichen Vergütungsanspruch. Infolge der abschließenden Aufzählung der gebührenrechtlich dem Anwalt gleich stehenden Personen sind andere als die in § 5 RVG genannten nicht geeignet, eine gesetzlich Vergütung des Anwalts auszulösen.«

Gleiches gilt, wenn der Anwalt sich durch eine staatlich anerkannte Beratungsstelle vertreten lässt:

AG Leipzig (11. 12. 2006 – 498 U II 6310/06 – InVo 2007, 107):

»Ein Rechtsanwalt, der im Rahmen der bewilligten Beratungshilfe in Untervollmacht eine staatlich anerkannte Beratungsstelle mit der Durchführung der außergerichtlichen Schuldenbereinigung beauftragt und selbst lediglich bei der Prüfung des Zahlungsplans sowie der Unterzeichnung eines Schriftsatzes, in dem das Scheitern des außergerichtlichen Einigungsversuchs bescheinigt wird, tätig wird, kann seine Gebühren nicht im Rahmen der Beratungshilfe nach den Bestimmungen der RVG abrechnen. Die Vorgehensweise des Rechtsanwalts stellt insoweit eine unzulässige Umgehung der Vorschriften des BerHG dar.«

Partei und Streithelfer werden im Termin von demselben Anwalt vertreten

35 b BGH (JurBüro 2007, 27 = AGS 2006, 486 = NJW 2006, 505):

»Der Prozessbevollmächtigte der Streithelferin hat sich im Termin zur mündlichen Verhandlung durch den Rechtsanwalt der Klägerin vertreten lassen. Mit dem Auftreten eines Terminsvertreters für den Prozessbevollmächtigten (vgl. BGH, Urteil vom 29. Juni 2000 – I ZR 122/98 – NJW 2001, 753, 754 unter II. 2. b) bb)) der Streithelferin in der mündlichen Verhandlung ist für diesen die Terminsgebühr entstanden, als ob er selbst aufgetreten wäre. Eine höchstpersönliche Wahrnehmung des Termins durch den Prozessbevollmächtigten der Streithelferin ist nicht Voraussetzung für den Anfall der Gebühr. Die Rechtsbeschwerde weist zu Recht auf § 5 RVG hin, der eine Vergütung auch für den Fall vorsieht, dass der Rechtsanwalt eine Tätigkeit nicht persönlich erbringt, sondern sich durch einen **anderen Anwalt** vertreten lässt.«

Tätigkeit für Partei und Beigeladenen

35 c Mit der Fallgestaltung, dass Partei und Beigeladener offenbar von Anfang an nur durch einen Anwalt vertreten waren, hatte sich das VG Trier zu befassen. Es hat die Angelegenheit (vertretbar) wie folgt gelöst:

VG Trier – 03. 06. 2005 – 5 K 107/05.TR

»Ein Rechtsanwalt, der im Klageverfahren sowohl für den Beklagten als auch für den Beigeladenen aufgetreten ist und in einem einheitlichen Schriftsatz für beide Beteiligte einen Klageabweisungsantrag gestellt hat, ist im Sinne des § 7 des RVG –»in derselben Angelegenheit für mehrere Auftraggeber« tätig geworden = VV Nr. 1008.«

4. Vereinbarung einer Vergütung für sonstige Hilfspersonen und Beachtung des § 4

– Anwendbarkeitsvereinbarung

36 Um einen späteren Streit zu vermeiden, sollte der Anwalt ausdrücklich mit dem Auftraggeber vereinbaren, dass er die RVG-Gebühren (**Anwendbarkeitsvereinbarung**) auch berechnen darf, wenn er sich durch eine in § 5 nicht genannte Person vertreten lässt. Nach h. M. bedarf diese Vereinbarung nicht der (qualifizierten) Schriftform des § 4. Denn es wird keine höhere, sondern nur eine gleich hohe Gebühr, wie sie die gesetzliche Gebühr des Anwalts (nach

dem RVG) darstellt, vereinbart (OLG Schleswig SchlHA 1990, 75; Gerold/Schmidt/von Eicken/Madert/Müller-Rabe RVG 17. Aufl. § 5 Rn. 14; Hansens BRAGO 8. Aufl. § 4 Rn. 7; Riedel/Sußbauer BRAGO 8. Aufl. § 5 Rn. 11).

– **Vereinbarung höherer als RVG-Gebühren**
Wird allerdings eine höhere als die RVG-Gebühr (**Vereinbarung höherer als RVG-Gebühren**) für den Vertreter vereinbart, was bei niedrigen Streitwerten auch bei Hilfspersonen nicht ganz fern liegt, so ist § 4 anzuwenden (Riedel/Sußbauer BRAGO 8. Aufl. § 5 Rn. 11; Gerold/Schmidt/von Eicken/Madert/Müller-Rabe RVG 17. Aufl. § 5 Rn. 14), da es sich bei der Vergütung, die durch den Einsatz des Vertreters anfällt, jedenfalls um die Vergütung **des Rechtsanwalts selbst** handelt. 37

Also: Aus einer Vereinbarung kann eine höhere als die gesetzliche Vergütung nur gefordert werden, wenn die **Erklärung des Auftraggebers schriftlich** abgegeben und **nicht** in der **Vollmacht** enthalten ist. Ist das Schriftstück nicht von dem Auftraggeber verfasst, muss es als **Vergütungsvereinbarung bezeichnet** und die Vergütungsvereinbarung von anderen Vereinbarungen **deutlich abgesetzt** sein. 38

Die Schriftform des § 4, die nur für die Erklärung des **Auftraggebers** gefordert ist, ist nach BGH (NJW 2000, 2340) nicht gewahrt, wenn der Auftraggeber ein Fax unterschreibt und an den Anwalt sendet. *Madert* (Gerold/Schmidt/von Eicken/Madert/Müller-Rabe RVG 17. Aufl. § 4 Rn. 17) sieht diese Rechtsprechung durch das Signaturgesetz vom 22.05.2001 (BGBl. I, 876) als überholt an. 39

IV. Erstattungspflicht der Staatskasse

Wird der Rechtsanwalt durch nicht in § 5 genannte Personen (gleich, ob mit oder ohne ausdrückliches Einverständnis seines Auftraggebers) vertreten, so ist der Erstattungsanspruch gegen die Staatskasse umstritten. 40

1. Strafsachen

Lässt sich der Pflichtverteidiger vertreten (auch durch in § 5 genannte Personen), so muss er zuvor die Zustimmung des Gerichts einholen. Denn der Pflichtverteidiger muss grundsätzlich die Verteidigung selbst führen (BGH Strafverteidiger 1981, 393). Eine Ausnahme gilt für den amtlich bestellten Vertreter nach § 53 BRAO (BGH NJW 1975, 2351; OLG Düsseldorf NJW 1994, 1296). 41

Wird die Zustimmung des Gerichts erteilt, so ist gleichwohl der Anspruch gegen die Staatskasse bei Personen, die nicht unter § 5 fallen (etwa dem Nicht-Stationsreferendar) umstritten (Anspruch gegen Staatskasse ja: OLG Braunschweig Rpfleger 1956, 114; nein: OLG Hamm AnwBl. 1979, 236). Will man sich eindeutige Klarheit verschaffen, so muss man durch das Gericht klarstellen lassen, ob es sich um eine Genehmigung der Vertretung oder aber eine Entbindung von der Pflichtverteidigung und Neubestellung des benannten Vertreters in eigener Person handelt (vgl. Göttlich/Mümmler/Rehberg/Xanke BRAGO »Vertreter des Rechtsanwalts« a. E.). 42

Erfolgt der Freispruch auf Kosten der Staatskasse und hat ein Nicht-Stationsreferendar vertreten, so geben einige Gerichte keinen Gebührenanspruch gegen die Staatskasse (KG NJW 1972, 1872; LG Freiburg NJW 1964, 70). Andere billigen Bruchteile zu, wie etwa das LG Aschaffenburg: 2/3 (JurBüro 1977, 1254); das LG Darmstadt: 1/2 (JurBüro 1982, 73). 43

2. Zivilsachen

Derselbe Streit herrscht in Zivilsachen nach erfolgter Beiordnung im Rahmen der Prozesskostenhilfe gem. § 121 ZPO. Die Staatskasse hat die gesetzlichen Gebühren immer zu erstatten, 44

Abschnitt 1 – Allgemeine Vorschriften

also die Kosten, die durch die Zuziehung der in § 5 genannten Personen entstehen (OLG Saarbrücken JurBüro 1984, 1668; OLG Stuttgart Rpfleger 1996, 83; OLG Düsseldorf JurBüro 2005, 346; OLG Brandenburg AGS 2008, 194).

45 Bei Personen, die nicht zum Personenkreis des § 5 gehören, geben keinen Anspruch gegen die Staatskasse das zuvor genannte OLG Saarbrücken (JurBüro 1984, 1668), das LG Mainz (JurBüro 1997, 249), das LG Kleve (JurBüro 1984, 1022). Eine Gegenmeinung wurde, allerdings nur für den jetzt unproblematischen Fall der Vertretung durch einen mitarbeitenden Assessor, vertreten und zwar vom OLG Frankfurt (MDR 1975, 706) und OLG Düsseldorf (AnwBl. 1978, 426). Für einen Nicht-Stationsreferendar scheidet ein Anspruch gegen die Staatskasse nach einhelliger Meinung aus.

V. Erstattungspflicht des Gegners

1. Vertretung durch in § 5 genannte Personen

46 § 91 Abs. 2 Satz 1 ZPO bestimmt:

»*Die gesetzlichen Gebühren und Auslagen des Rechtsanwalts der obsiegenden Partei sind in allen Prozessen zu erstatten.*«

47 Da die Zuziehung eines Vertreters i. S. von § 5 ein »gesetzlicher« Fall ist, sind die entsprechenden Gebühren zu erstatten. Abzustellen beim gesetzlichen Fall ist auf das Gebührengesetz selbst, das RVG. Das BGB reicht hier als Gesetz nicht aus (h. M.).

Die zum Assessorenfall vom BGH ergangene Entscheidung des BGH, die auf einen Anspruch nach § 612 BGB abstellt, ist daher in ihrer juristischen Konstruktion nicht unproblematisch (AGS 2001, 51 = MDR 2001, 173).

2. Vertretung durch in § 5 nicht genannte Personen

48 Bei der Vertretung durch eine nicht in § 5 genannte Person findet sich in der Rechtsprechung bei der Erstattungsfrage dieselbe Vielfalt der Meinungen wie beim Gebührenanspruch gegen die eigene Partei (oben – Rn. 29 ff.). Allerdings wird die Erstattungsfrage, die sich aus § 91 ZPO ergibt, noch enger als dort gesehen. Der unter der vorstehenden Ziffer 1. zitierte § 91 Abs. 2 Satz 1 ZPO wird als nicht einschlägig betrachtet, weil § 5 nur für die dort ausdrücklich genannten Personen und nicht für andere Hilfspersonen gilt. Man könnte aber als gesetzliche Vorschrift auch an § 612 Abs. 2 ff. BGB denken. »**Gesetzlich**« i. S. von § 91 Abs. 2 Satz 1 ZPO meint aber nach h. M. (Baumbach/Lauterbach/Albers/Hartmann ZPO 63. Aufl. § 91 Rn. 41) »**gebühren-gesetzlich**«.

49 Die Erstattungsfrage wird von der Rechtsprechung an der Formulierung des § 91 Abs. 1 ZPO »*notwendige Kosten zur zweckentsprechenden Rechtsverfolgung*« gemessen (LG Berlin JurBüro 1973, 124). Nach anderer Meinung handelt es sich hier (Kosten der Hilfspersonen) um Auslagen i. S. von § 91 Abs. 2 Satz 1 ZPO (Riedel/Sußbauer BRAGO 8. Aufl. § 5 Rn. 13).

50 Zur Erstattungsfähigkeit wird wieder alles vertreten:

– Keine Erstattung: LG Wuppertal (AnwBl. 1977, 332)
– Bruchteil: OLG Karlsruhe (AnwBl. 1976, 130): 3/4
– LG Düsseldorf (JurBüro 1987, 1031): 1/2 für Nichtstationsreferendar
– LG Bochum (AnwBl. 1971, 296): 1/2
– LG Darmstadt (JurBüro 1982, 72): 1/2
– LG Mosbach (NJW 1965, 1034): 1/2
– LG Frankfurt (NJW 1967, 2067): 1/2
– LG Berlin (AnwBl. 1968, 27): 1/2.

Vergütung für Tätigkeiten von Vertretern des Rechtsanwalts | § 5

Für die **Reisekosten** wird dann meist als Rechtsgrund nicht § 28 BRAGO analog, jetzt also 51
Nr. 7003 analog (Kilometergeld / Abwesenheitsgeld), herangezogen. Vielmehr sollen die Reisekosten erstattungsfähig sein bis zur Höhe der von der Partei ersparten Kosten einer Informationsreise zum Ort des Gerichts (LG Düsseldorf JurBüro 1987, 1031).

VI. Festsetzung der Gebühren des Anwalts gegen die eigene Partei – § 11

Nach § 11 RVG kann jetzt nicht nur die gesetzliche Vergütung gegen die eigene Partei festgesetzt werden, sondern daneben die dem Anwalt von der Partei zu ersetzenden Aufwendungen (§ 670 des BGB). 52

Hier kann auf den Gedanken von *Fraunholz* (Riedel / Sußbauer BRAGO 8. Aufl. § 5 Rn. 13) zurückgegriffen werden, dass es sich bei den Kosten der nicht in § 5 genannten Vertreter um »Auslagen« handelt. Wenn also der Anwalt belegen kann, dass er etwa dem Nichtstationsreferendar, den er in Absprache mit seiner Partei oder bedingt durch die Umstände hinzugezogen hat, Zahlungen für die Terminwahrnehmung geleistet hat (etwa eine Stundenvergütung, PKW-Reisekosten), so kann er diese jetzt gem. § 11 Abs. 1 gegen die eigene Partei im vereinfachten Vergütungsfestsetzungsverfahren (§ 11) vom Rechtspfleger festsetzen lassen. 53

Für seinen fest angestellten Bürovorsteher/-in oder seine/-n Fachangestellte/-n hat er mangels Einzelnachweis (außer Reisekosten) diese Möglichkeit der Festsetzung nicht. Hier muss er das entsprechende angemessene Entgelt, falls es aussonderbar und belegbar ist, gem. § 612 Abs. 2 BGB gegen die eigene Partei einklagen. 54

Abschnitt 1 – Allgemeine Vorschriften

§ 6
Mehrere Rechtsanwälte

Ist der Auftrag mehreren Rechtsanwälten zur gemeinschaftlichen Erledigung übertragen, erhält jeder Rechtsanwalt für seine Tätigkeit die volle Vergütung.

Inhaltsübersicht

	Rn.
A. Allgemeines	1
B. Kommentierung	6
I. Auftrag mehreren Rechtsanwälten erteilt	6
II. Gemeinschaftliche Erledigung	7
III. Die gleiche Aufgabe	8
IV. Gleichzeitigkeit der Tätigkeit	9
V. Erstattungsfähigkeit in Zivilsachen	10
1. Regelfall: Erstattungsfähig sind nur die Kosten eines Anwalts	10
2. Notwendiger Anwaltswechsel	12
3. Ausscheiden eines Anwalts aus einer Gemeinschaft	14
4. Unseriöses Aufsplitten eines Mandats	

	Rn.
von zwei Streitgenossen, erteilt einer Anwaltssozietät	15
5. Sonderfälle	17
6. Bürogemeinschaft	18
VI. Erstattungsfähigkeit in Strafsachen	20
VII. Tätigkeiten nacheinander	21
VIII. Unterbevollmächtigter	22
IX. Erhöhungsgebühr für die Geltendmachung von Gebührenansprüchen einer Anwaltsgemeinschaft oder Vertretung einer Anwaltssozietät im Passivprozess	26
X. Vertretung einer Anwaltssozietät im Passivprozess	27

A. Allgemeines

1 Nach dem Wortlaut »**zur gemeinschaftlichen Erledigung**« liegt die falsche Annahme sehr nahe, hier sei der der Sozietät erteilte Auftrag geregelt. Die Sozietät ist aber nach der Rechtsprechung des BGH (NJW 1980, 240; NJW 1963, 1301) Gesamthandsgemeinschaft, GbR, so dass ihr die Gebührenforderung zur gesamten Hand (und zwar nur einmal) zusteht.

§ 6 regelt vielmehr eine Selbstverständlichkeit: Wenn der Auftraggeber mehrere Anwälte nebeneinander für dieselbe Angelegenheit bestellt, so hat jeder Anwalt einen eigenen vollen Gebührenanspruch gegen den Auftraggeber.

Hier könnte eigentlich eine Kommentierung bereits abbrechen, denn es ist alles gesagt. Traditionell werden aber Abgrenzungsprobleme und naheliegende Fragen beim § 6 gesammelt dargestellt.

2 Wenn mehrere Anwälte in derselben Angelegenheit tätig werden, so muss man unterscheiden:

(1) Sie werden in der gleichen Angelegenheit in der gleichen Art nebeneinander tätig.

• **Beispiel**

Der Auftraggeber und seine Ehefrau sind Inhaber einer Familien-AG. Er will sich scheiden lassen und zieht zur Frage des Zugewinns sowohl seinen Hausanwalt als auch einen Fachanwalt für Familienrecht und ferner einen Spezialisten im Aktienrecht zu. Das ist ein wirklicher Fall. Nachdem entsprechende Gebühren angefallen waren, kamen die Eheleute auf die Idee, es mit der Mediation zu versuchen. Alle drei Anwälte hatten natürlich einen je eigenen Vergütungsanspruch gegen den Auftraggeber. Auch die Ehefrau ließ sich übrigens von drei ebensolchen Spezialisten beraten. Das schmälerte natürlich erheblich den verbleibenden Zugewinn.

§ 6 behandelt nur den Fall (1).

3 (2) Die mehreren Anwälte üben die gleiche Tätigkeit nacheinander aus.

• **Beispiel**
Der Auftraggeber entzieht während der Tätigkeit dem Anwalt das Mandat und beauftragt einen neuen Anwalt, oder nach dem Tode des ersten Prozessbevollmächtigten oder dessen Ausscheiden aus der Anwaltschaft wird ein neuer Prozessbevollmächtigter bestellt. Dann hat zwar wie im Falle des § 6 jeder Anwalt einen eigenen Gebührenanspruch, aber zur Anwendung des § 6 fehlt es am Merkmal der »gemeinschaftlichen Erledigung« des Auftrags.

(3) Die Anwälte üben verschiedenartige Tätigkeiten aus wie etwa der Prozessbevollmächtigte, der Verkehrsanwalt, der Terminsanwalt. Sie alle haben einen eigenen Vergütungsanspruch, aber der Auftrag ist verschieden.

(4) Die Anwälte üben ihren Beruf in einer Anwaltssozietät oder Partnerschaftsgesellschaft aus. Dann wird der Auftrag und die Prozessvollmacht den verbundenen Anwälten gemeinschaftlich erteilt, wenn nicht ausdrücklich etwas Gegenteiliges bestimmt wird (etwa der Mandant möchte ausschließlich von dem berühmten Strafverteidiger X, hilfsweise vom Verteidiger Y vertreten werden). Auch bei mündlich erteiltem Auftrag ist davon auszugehen, dass sich der Auftrag auf alle verbundenen Anwälte bezieht. Inhalt des Auftrags ist aber nach dem üblichen Parteiwillen, dass die verbundenen Rechtsanwälte nicht nebeneinander, sondern nur einer von ihnen und zwar jeder anstelle des anderen tätig werden soll. Sie sind nur ein einziger Auftragnehmer (BGH NJW 2001, 1056; BGH VersR 1996, 1306; BGH NJW 1963, 1301; BGHZ 56, 355; OLG Koblenz AnwBl. 1995, 105; OLG Düsseldorf v. 12. 04. 1978–23 W 8/78 – juris; Riedel/Sußbauer RVG 9. Aufl. § 6 Rn. 2; Gerold/Schmidt/von Eicken/Madert/Müller-Rabe RVG 17. Aufl. § 6 Rn. 9). In diesen Fällen will der Auftraggeber von einem Anwalt vertreten sein, wobei es ihm in der Regel gleichgültig ist, welcher Anwalt tätig wird, insbesondere ob sich mehrere die Arbeit teilen.

B. Kommentierung

I. Auftrag mehreren Rechtsanwälten erteilt

Der Mandant muss mehreren Anwälten einen Auftrag erteilt haben, es liegen also mehrere Aufträge vor.

Das ist nicht der Fall, wenn

- der Anwalt nach § 5 nur seinen allgemeinen Vertreter i. S. v. § 5 den Auftrag ausführen lässt;
- der Auftrag einer Sozietät, auch einer überörtlichen Sozietät, erteilt wird. Die mehreren Anwälte der (überörtlichen) Sozietät sind nur ein einziger Auftragnehmer (BGH NJW 2001, 1056);
- der Auftrag einem in Bürogemeinschaft tätigen Anwalt erteilt wird. Hier wird nur die Kanzleitätigkeit gemeinsam abgewickelt (Überzeichnet ausgedrückt, man teilt sich nur die Schreibkraft und Büromaschinen). Hier ist jeder Anwalt selbständig, der Auftrag wird nur einem speziellen Anwalt erteilt. Einer der anderen Anwälte ist dann meist allgemeiner Vertreter i. S. v. § 5.

II. Gemeinschaftliche Erledigung

Auftrag zur gemeinschaftlichen Erledigung durch mehrere Anwälte ist nur dann erteilt, wenn sie nebeneinander tätig werden sollen. Das ist z. B. der Fall, wenn in einem Strafverfahren ein Angeklagter seine Verteidigung mehreren Anwälten überträgt oder (wie z. B. in dem Mammutzivilverfahren Mülheim-Kärlich) jede Partei mehrere (unverbundene) Anwälte mit der Prozessführung beauftragt. Dann hat jeder Anwalt Anspruch auf die volle Vergütung, die

Abschnitt 1 – Allgemeine Vorschriften

er nach dem RVG verdient hat. Dann liegen mehrere Rechtsanwaltsverträge vor, die mit mehreren RA abgeschlossen worden sind.

III. Die gleiche Aufgabe

8 Die mehreren Anwälte müssen mit der gleichen Tätigkeit beauftragt worden sein, z. B. beide sind beauftragt, den Auftraggeber im strafrechtlichen Ermittlungsverfahren mit dem Ziel der Einstellung des Verfahrens zu vertreten. Dabei kann natürlich intern eine gewisse Arbeitsteilung verabredet sein. Gleichwohl – das regelt § 6 – hat jeder einen vollen Vergütungsanspruch. § 6 bestimmt, dass die nach dem RVG bemessene Vergütung sich nicht deshalb ermäßigt, weil mehrere RA'e tätig geworden sind. Soweit die Vergütung des Anwalts in einer Rahmengebühr besteht, kann jedoch der Umfang der dem einzelnen Anwalt obliegenden Tätigkeit bei der Ausfüllung seines speziellen Rahmens gemäß § 14 Berücksichtigung finden (Gebauer/Schneider RVG 2. Aufl. § 6 Rn. 22).

Im Prozess entsteht für jeden Anwalt die Terminsgebühr bereits durch das bloße Erscheinen zum Termin, auch wenn nur einer von ihnen den Klageantrag stellt (Hartung/Römermann RVG § 6 Rn. 22). Auch braucht im Hauptverhandlungstermin nicht jeder Verteidiger Fragen an alle Zeugen zu stellen (Riedel/Sußbauer RVG 9. Aufl. § 6 Rn. 3; Gerold/Schmidt/von Eicken/Madert/Müller-Rabe RVG 17. Aufl. § 6 Rn. 4).

Sind die Aufgaben verschieden, so sind die Tatbestandsvoraussetzungen des § 6 nicht gegeben: z. B. Hauptbevollmächtigter einerseits und Verkehrsanwalt oder Terminsanwalt oder Rechtsgutachter andererseits.

IV. Gleichzeitigkeit der Tätigkeit

9 Die Anwälte müssen gleichzeitig, nicht nacheinander dieselbe Tätigkeit ausüben (»zur gemeinschaftlichen Erledigung übertragen«).

- **Beispiele** für Tätigkeiten nacheinander:
  - nach dem Tode des ersten Prozessbevollmächtigten wird ein neuer Prozessbevollmächtigter bestellt;
  - nach dem Ausscheiden aus der Anwaltschaft (z. B. der Anwalt tritt in den öffentlichen Dienst ein) wird ein neuer Prozessbevollmächtigter bestellt;
  - der Auftraggeber entzieht während der Tätigkeit dem Anwalt das Mandat und beauftragt einen neuen Anwalt.

In all diesen Fällen ist zwar nicht der Tatbestand des § 6 gegeben, gleichwohl hat der jeweilige Anwalt vom eigenen Auftrag her einen eigenen Vergütungsanspruch gegen den Auftraggeber.

Zur Abgrenzung zur Auftragserteilung an die Anwaltssozietät siehe BGH NJW 1963, 1301:

1. Bei der Beauftragung einer Anwaltssozietät sollen im Zweifel die Anwälte der Sozietät nicht nebeneinander, sondern nacheinander tätig werden. Der Mandant beauftragt nur einen Anwalt, der aber befugt ist, jeden zur Sozietät gehörenden Anwalt beliebig als Mitarbeiter, Vertreter oder Substituten heranzuziehen. Andererseits soll die Sozietät oder jeder Sozius befugt sein, die Gebührenforderung auch im eigenen Namen geltend zu machen.

V. Erstattungsfähigkeit in Zivilsachen

1. Regelfall: Erstattungsfähig sind nur die Kosten eines Anwalts

Erstattungsfähig sind nur die Gebühren eines Anwalts, da die Voraussetzungen des § 91 Abs. 2 Satz 3 ZPO nicht vorliegen. Erstattungsfähig sind die Kosten mehrerer Anwälte nur insoweit, als sie die Kosten eines Rechtsanwalts nicht übersteigen oder als in der Person des Anwalts ein Wechsel eintreten musste. Nicht selten sind an einem Zivilrechtsstreit gegen den Staat mehrere Geschäftsbereiche beteiligt. Soweit diese jeweils einen Anwalt beauftragen, bleibt es bei der Grundregel, dass nur die Kosten eines Anwalts erstattungsfähig sind (OLG München MDR 1972, 790; OLG Köln JurBüro 1980, 1083). **10**

War die Zuziehung eines Spezialanwalts neben dem Hauptbevollmächtigten ausnahmsweise notwendig, so sind auch dessen Kosten erstattungsfähig (BVerfG NJW 1978, 259; OLG Frankfurt JurBüro 1977, 942 = JZ 1977, 404; OLG Hamm JurBüro 1962, 107; Hartmann Kostengesetze 35. Aufl. RVG § 6 Rn. 12). Das hat der Gesetzgeber ausdrücklich z. B. für die Zuziehung eines Patentanwalts anerkannt (§ 143 Abs. 3 PatG; § 27 V GebrMG; §§ 85 Abs. 5, 140 Abs. 3 MarkenG). **11**

Auch in für einen Normalanwalt schwierigen Rechtsgebieten wie dem Sozialrecht sind dennoch nur die Kosten eines Anwalts erstattungsfähig (SG Hannover JVBl. 1970, 285).

2. Notwendiger Anwaltswechsel

Ist der bisherige Prozessbevollmächtigte vor Prozessende verstorben, ist es notwendig i. S. v. § 91 Abs. 2 Satz 3 ZPO (Anwaltswechsel), einen neuen Prozessbevollmächtigten zu bestellen. Daher sind von dem unterlegenen Gegner die Kosten beider Anwälte (also auch die des zulässigerweise neu bestellten Anwalts – OLG Frankfurt MDR 1980, 1026; OLG Düsseldorf NJW 1963, 660) zu erstatten. Das gilt auch dann, wenn für den verstorbenen RA ein Abwickler bestellt worden ist (Gerold/Schmidt/von Eicken/Madert/Müller-Rabe RVG 17. Aufl. § 6 Rn. 18). Nach § 55 Abs. 3 BRAO stehen dem Abwickler Gebühren und Auslagen allerdings nur insoweit zu, als sie nicht bereits vor seiner Bestellung für den verstorbenen Anwalt angefallen sind. **12**

Verstirbt der von einer Partei beauftragte Anwalt einer Sozietät, so ist die **Erstattungsfrage streitig**. Die Mindermeinung hält es für erlaubt und damit ist es ein notwendiger Anwaltswechsel, wenn die Partei einen **praxisfremden neuen Anwalt** bestellt (Riedel/Sußbauer RVG 9. Aufl. § 6 Rn. 6; OLG Stuttgart Justiz 1969, 224; **a. A.:** Hamburg MDR 1968, 618; OLG Frankfurt Rpfleger 1977, 259; OLG Schleswig JurBüro 1978, 921; differenzierend: Gerold/Schmidt/von Eicken/Madert/Müller-Rabe RVG 17. Aufl. § 6 Rn. 19). **13**

Der letzteren differenzierenden Auffassung von Madert schließe ich mich im Anschluss an die Ausführungen in Rn. 5 an, wonach die Partei auch innerhalb einer Sozietät die Vertretung durch ausschließlich einen Anwalt ausdrücklich von Anfang an wählen darf. In diesem Ausnahmefall muss sie dann aber nach dem Tod dieses Anwalts ein neues freies Wahlrecht haben und kann nicht an die Sozietät gebunden sein (Gebauer/Schneider RVG 2. Aufl. § 6 Rn. 46; Gerold/Schmidt/von Eicken/Madert/Müller-Rabe RVG 17. Aufl. § 6 Rn. 19; OLG Hamm AnwBl. 1969, 349; OLG Karlsruhe JurBüro 1977, 1142; OLG Stuttgart Justiz 1969, 224).

3. Ausscheiden eines Anwalts aus einer Gemeinschaft

Bei Ausscheiden eines Anwalts aus einer Gemeinschaft besteht das Mandat im Regelfall mit den übrigen Mitgliedern der Sozietät fort; neu eintretende Anwälte treten in der Regel in das Mandatsverhältnis ein (BGH NJW 1994, 257). Der nur einmal entstehende Gebührenanspruch steht der Gesellschaft zur gesamten Hand zu (BGH AnwBl. 1996, 543 = VersR 1996, 1306). **14**

Abschnitt 1 – Allgemeine Vorschriften

Das gilt auch für den Sonderfall, dass einem Einzelanwalt das Mandat erteilt wird, danach ein weiterer Anwalt hinzutritt und nun der erste Anwalt ausscheidet.

Dazu hat das OLG Hamm (OLG Hamm MDR 1969, 63 – Sozietätsmandat –) bemerkt:

»Der einem Einzelanwalt erteilte Prozeßauftrag kann auf einen als Sozius hinzutretenden Anwalt ausgedehnt werden. Scheidet sodann einer der beiden Anwälte aus der Sozietät aus, so beschränkt sich der Auftrag, ohne dass ein Anwaltswechsel stattfindet, auf den verbleibenden Anwalt.«

4. Unseriöses Aufsplitten eines Mandats von zwei Streitgenossen, erteilt einer Anwaltssozietät

15 Mit einem Missbrauchsfall des Aufsplittens hat sich das OLG Koblenz hinsichtlich der Erstattungsfähigkeit von Anwaltskosten bei Aufteilung des Mandats zweier Beklagter auf zwei Mitglieder einer Anwaltssozietät und Bestellung eines dritten Rechtsanwalts als Terminsvertreter in Untervollmacht befasst (AnwBl. 1995, 105) – Gebührenerhöhung dadurch: DM 2.353,46:

Erteilen Streitgenossen den Auftrag, so ist in der Regel anzunehmen, dass auch die Streitgenossen eine Anwaltssozietät in der Weise beauftragen, dass immer nur ein Rechtsanwalt für sie tätig werden soll. Lediglich unter besonderen Umständen kann der Parteiwille dahin gehen, dass jeder Streitgenosse von einem der Sozien vertreten werden will (*Madert* in Gerold / Schmidt / von Eicken / Madert 10. Aufl. § 5 Rn. 5). Im Regelfall ist jedenfalls davon auszugehen, dass der Abschluss des Anwaltsdienstvertrages mit allen Mitgliedern der Sozietät zustandekommt (Göttlich / Mümmler BRAGO 17. Aufl. »Anwaltsgemeinschaft« Anm. 1 und 2).

Für die beiden Streitgenossen hatte sich eine Anwaltssozietät bestellt. Federführend war RA D.

Im Termin zur mündlichen Verhandlung trat der auch zur Sozietät gehörende RA Dr. A auf und erklärte, dass er nur für die Beklagte zu 2) auftrete, der Beklagte zu 1) werde durch Rechtsanwalt D vertreten, dieser wiederum werde heute durch Rechtsanwalt H vertreten. RA H gehörte nicht der Sozietät an. In der Folgezeit wurden dann getrennte Kopfbögen eingereicht, einerseits mit RA D andererseits mit RA Dr. A und für jeden Streitgenossen eine getrennte Gebührenabrechnung zur Kostenfestsetzung eingereicht. Dem Senat fiel allerdings auf, dass zwar getrennte Kopfbögen verwandt wurden, dass RA D aber in seiner Genauigkeit auf allen Schreiben einheitlich dasselbe Diktatzeichen »RA. D« verwandt hatte. Er bemerkte dazu:

»Die Behauptung im Schriftsatz vom 30.05.1994, es habe eine getrennte Bearbeitung durch Rechtsanwalt D bzw. Rechtsanwalt Dr. A stattgefunden, widerspricht der Aktenlage; das Verhalten der Beklagtenvertretung erscheint dem Senat unter diesen Umständen (zurückhaltend ausgedrückt) unseriös.«

16 Abschließend hat der Senat folgenden Leitsatz formuliert:

»Werden zwei Mandanten von einer Anwaltssozietät vertreten, so kann nicht dadurch ein weiteres Mandat geschaffen werden, dass ein im Termin anwesender Sozius (A) aufgrund seiner sozietätsinternen Vollmacht einem dritten Anwalt (C), der nicht der Sozietät angehört, Untervollmacht zur Vertretung eines weiteren Sozius (B) erteilt. Jedenfalls sind solche doppelten Gebühren nicht notwendig und damit nicht erstattungsfähig.«

5. Sonderfälle

17 Streitgenossen, die in erster Instanz einen gemeinsamen Anwalt bevollmächtigt haben, können in der Berufungsinstanz je verschiedene Prozessbevollmächtigte beauftragen (KG JurBüro 1978, 1394; Gerold / Schmidt / von Eicken / Madert / Müller-Rabe RVG 17. Aufl. § 6

Rn. 20; **a. A.**: OLG Hamburg JurBüro 1975, 384: Voraussetzung sachlicher Grund?). Zum Teilanwaltswechsel bei mehreren Streitgenossen vergleiche Gerold/Schmidt/von Eicken/Madert/Müller-Rabe RVG 17. Aufl. § 6 Rn. 20.

Scheidet der Anwalt aus der Anwaltschaft aus, so wird auf die Frage des Verschuldens der Partei und nicht auf den ausscheidenden Anwalt abgestellt (OLG München AnwBl. 1970, 77).

6. Bürogemeinschaft

Wird der Auftrag zwei in »Bürogemeinschaft« verbundenen Anwälten erteilt, der Fall aber nur von einem der beiden RA bearbeitet, so ist nach dessen Tod der andere RA der »Bürogemeinschaft« nicht bevollmächtigt, den Fall weiterzubearbeiten. Die Partei kann einen anderen Anwalt ihres Vertrauens beauftragen (Gerold/Schmidt/von Eicken/Madert/Müller-Rabe RVG 17. Aufl. § 6 Rn. 27; OLG Stuttgart Justiz 1969, 224). 18

Sagt der Praxisübernehmer dem bisherigen Inhaber zu, dass er die noch anhängigen Fälle ohne Berechnung von Mehrkosten zu Ende führen werde, so gilt dies auch zugunsten des in die Kosten verurteilten Prozessgegners (OLG Celle NJW 1969, 242 = MDR 1969, 155). 19

VI. Erstattungsfähigkeit in Strafsachen

Auch in Strafsachen, bei denen sich die Umfangsfrage nicht selten stellt, erlaubt das Gesetz keine Ausnahme (Mümmler JurBüro 1978, 1597; OLG Düsseldorf Rpfleger 1975, 256; OLG Koblenz OLGSt § 467 S. 150; KG JR 1975, 46). 20

§ 464a Abs. 2 Nr. 2 StPO verweist auf den unter V. schon erwähnten § 91 Abs. 2 Satz 3 ZPO, wonach die Kosten mehrerer Anwälte nur insoweit zu erstatten sind, als sie die Kosten eines Anwalts nicht übersteigen. Das bedeutet, der Angeklagte kann zwar mit der Begrenzung des § 137 Abs. 1 Satz 2 StPO mehrere Anwälte als Wahlverteidiger bestellen, erstattungsfähig sind aber nur die Kosten eines Anwalts.

VII. Tätigkeiten nacheinander

Sind mehrere Rechtsanwälte nicht gemeinschaftlich tätig geworden, sondern nacheinander oder jeder in einem besonderen Verfahrensabschnitt, oder ist jedem Anwalt ein anderes Tätigkeitsgebiet übertragen worden, so ist § 6 nicht anwendbar, z. B. nicht beim Beauftragen eines Verkehrsanwalts neben dem Prozessbevollmächtigten. In einem solchen Falle kann jeder RA nur die Vergütung für die gerade ihm übertragene Tätigkeit beanspruchen (OLGR Hamm 2007, 771 = AGS 2007, 476). 21

VIII. Unterbevollmächtigter

Bei Tätigkeit eines Unterbevollmächtigten gilt § 6 nicht. Er hat natürlich dennoch einen eigenen Gebührenanspruch entweder gegen die Partei, wenn er mit ihr einen Vertrag abgeschlossen hat oder aber, was auch möglich ist, gegen den ihn im eigenen Namen beauftragenden Anwalt. Im letzteren Fall ist für den Unterbevollmächtigten größte Vorsicht geboten, denn § 49b Abs. 1 BRAO i. V. m. § 4 Abs. 1 RVG (niedrigere Gebühr, verboten für gerichtliche Verfahren), gilt hier nicht. Denn diese Normen regeln nur das Verhältnis von Partei zu Anwalt, aber nicht von Anwalt zu Anwalt. Es kann also sein, dass der Unterbevollmächtigte, wenn er bei seinem Auftrag nicht genau hinsieht, für seine Tätigkeit nur einen Reisekostenerstattungsanspruch (wirksam!) vereinbart hat. 22

Abschnitt 1 – Allgemeine Vorschriften

23 Der **BGH** (AGS 2001, 51 = NJW 2001, 753) **hatte sich mit folgendem Vertrag zwischen Haupt- und Unterbevollmächtigten zu befassen:**

»Sehr geehrte Herren Kollegen,

in vorbezeichneter Angelegenheit nehmen wir Bezug auf das mit Ihnen geführte Telefonat vom 24. 01. 1997 und bedanken uns für die Bereitschaft, den Termin vor dem Amtsgericht Halle / Saalkreis am 06. 02. 1997, 10.30 Uhr, Zimmer 203, für uns in Untervollmacht wahrzunehmen.

Im Übrigen gehen wir davon aus, dass nur die tatsächlich festsetzbaren Kosten intern abgerechnet werden. Soweit Unterbevollmächtigten- bzw. Korrespondenzanwaltskosten nicht in voller Höhe bzw. in Höhe evtl. fiktiver Parteiauslagen gegen die Gegenseite festgesetzt werden können, so können diese vereinbarungsgemäß auch nicht gegenüber unserer Mandantschaft in Rechnung gestellt werden.«

24 In den **Entscheidungsgründen** hat der 1. ZS des BGH dazu bemerkt:

»Erteilt der Prozeßbevollmächtigte einem Terminsvertreter im eigenen Namen den Auftrag zur Terminswahrnehmung, so ist dieser im Regelfall Erfüllungsgehilfe des Prozeßbevollmächtigten und verdient die Gebühr für diesen (vgl. OLG Hamm AnwBl. 1978, 182, 183; Riedel/Sußbauer/Keller Bundesrechtsanwaltsgebührenordnung 8. Aufl. § 53 Rn. 5, § 33 Rn. 27; Gerold/Schmidt/von Eicken BRAGO 13. Aufl. § 33 Rn. 36). Zwischen der Partei und dem Terminsvertreter wird kein Vertragsverhältnis begründet. Die Entschädigungspflicht richtet sich vielmehr nach der internen Vereinbarung zwischen dem Terminsvertreter und dem Prozeßbevollmächtigten (vgl. OLG Hamm AnwBl. 1978, 182, 183; Gerold/Schmidt/von Eicken/Madert, a. a. O., § 33 Rn. 36), der für die Ansprüche des Terminsvertreters in diesem Fall auch einzustehen hat.

Bei dieser Art der Beauftragung eines Terminsvertreters, bei der der Prozeßbevollmächtigte die in seinem Interesse liegende Mitarbeit eines weiteren Rechtsanwalts honoriert, ist kein Verstoß gegen § 49 b BRAO gegeben (vgl. Kleine-Cosack Bundesrechtsanwaltsordnung 3. Aufl. § 49 b Rn. 13; Henssler/Prütting/Dittmann Bundesrechtsanwaltsordnung § 49 b Rn. 25). Diese Bestimmung ist eingeführt worden, um den Preiswettbewerb um Mandate und die mittelbare Vereinbarung von Erfolgshonoraren in gerichtlichen Verfahren zu verhindern. Diese Gefahr besteht bei der Beauftragung eines Terminsvertreters durch den Prozeßbevollmächtigten im eigenen Namen nicht. Der Prozeßbevollmächtigte, der einen anderen Rechtsanwalt als Terminsvertreter einschaltet, erspart gegenüber einer eigenen Terminswahrnehmung für seine Partei nur die Kosten der Geschäftsreise nach § 28 BRAGO.«

Der 1. ZS des BGH hat die Entscheidung am 01. 06. 2006 mit eingehender Begründung (für einen Fall der Gebührenteilung) bei Auftragserteilung im eigenen Namen (unzulässig aber im Namen der Partei selbst) bekräftigt (BGH JurBüro 2007, 19 = AnwBl. 2006, 672 = AGS 2006, 471 = NJW 2006, 3569).

25 Zur Klarstellung der LS des BGH:

»*Erteilt der Prozeßbevollmächtigte einem Terminsvertreter im eigenen Namen den Auftrag zur Terminswahrnehmung, so ist dieser im Regelfall Erfüllungsgehilfe des Prozeßbevollmächtigten und verdient die Gebühr für diesen. Die Entschädigungspflicht richtet sich ohne Bindung an die Gebührenregelung des BRAGO § 53 (juris: BRAGebO) nach der internen Vereinbarung zwischen dem Terminsvertreter und dem Prozeßbevollmächtigten. Ein Verstoß gegen BRAO § 49 b ist nicht gegeben, wenn der Terminsvertreter weniger als die in BRAGO § 53 vorgesehenen Gebühren erhält.«*

Der Anwalt kann also im Verhältnis zum Unterbevollmächtigten die gesetzlichen Gebühren problemlos unterschreiten und der Unterbevollmächtigte wird mit den Reisekosten abgespeist.

IX. Erhöhungsgebühr für die Geltendmachung von Gebührenansprüchen einer Anwaltsgemeinschaft oder Vertretung einer Anwaltssozietät im Passivprozess

Ob für die Geltendmachung von Gebührenansprüchen einer Anwaltsgemeinschaft die Erhöhungsgebühr anfällt, ist lebhaft umstritten.

Der BGH (RVG-Letter 2004, 32 = NJW-RR 2004, 489) hat noch zu § 6 Abs. 1 Satz 2 BRAGO = Nr. 1008 VV Folgendes ausgeführt:

»Für Aktivprozesse einer Anwaltssozietät, insbesondere bei Honorarklagen, fällt nach der ganz überwiegenden obergerichtlichen Rechtsprechung und h. M. in der Literatur eine Erhöhungsgebühr nach § 6 Abs. 1 Satz 2 BRAGO für den die Anwaltssozietät vertretenden Rechtsanwalt nicht an (vgl. OLG Düsseldorf MDR 2000, 851, 852 und NJW-RR 2002, 645, 646; OLG Nürnberg MDR 1997, 689, 690; OLG Koblenz JurBüro 2002, 256; JurBüro 1998, 302 ff. sowie JurBüro 1994, 729; HansOLG Hamburg MDR 1999, 256; im Ergebnis OLG Köln JurBüro 1994, 94; von Eicken in Gerold/Schmidt/von Eicken/Madert BRAGO 15. Aufl. 2002 § 6 Rn. 15 m.w.N.; Fraunholz in Riedel/Sußbauer BRAGO 8. Aufl. 2000 § 6 Rn. 13).*

*Eine Anwaltssozietät kann ohne weiteres dafür Vorsorge treffen, dass eine so häufig vorkommende Aufgabe wie die Einziehung einer Honorarforderung durch ein Sozietätsmitglied allein erledigt wird und dadurch die Prozessführungskosten im Interesse des vertretenen Mandanten möglichst gering gehalten werden.«

Die Gegenmeinung wird vertreten von KG MDR 1999, 1023 m. w. N.; LG Frankenthal JurBüro 1984, 866; OLG Hamm Rpfleger 1981, 31; AnwBl. 1978, 64.

X. Vertretung einer Anwaltssozietät im Passivprozess

OLG Düsseldorf (30. 10. 2007 – I-23 U 199/06, 23 U 199/06 – AnwBl. 2008, 72):

»In der Rechtsprechung und im Schrifttum ist anerkannt, dass mehrere als Streitgenossen verklagte Rechtsanwälte nur dann eine getrennte Vergütung für die Eigenvertretung beanspruchen dürfen, wenn für diese Art der Rechtsverteidigung **sachliche Gründe** vorhanden waren oder wenn sie nicht – wie etwa bei völliger Interessengleichheit – rechtsmissbräuchlich ist (so OLG Düsseldorf MDR 1997, 981 mit weiteren Nachweisen; OLG Sachsen-Anhalt, Beschl. v. 11. 08. 2005, 12 W 74/05 mit weiteren Nachweisen)«.

Abschnitt 1 – Allgemeine Vorschriften

§ 7
Mehrere Auftraggeber

(1) Wird der Rechtsanwalt in derselben Angelegenheit für mehrere Auftraggeber tätig, erhält er die Gebühren nur einmal.

(2) ¹Jeder der Auftraggeber schuldet die Gebühren und Auslagen, die er schulden würde, wenn der Rechtsanwalt nur in seinem Auftrag tätig geworden wäre; die Dokumentenpauschale nach Nummer 7000 des Vergütungsverzeichnisses schuldet er auch insoweit, wie diese nur durch die Unterrichtung mehrerer Auftraggeber entstanden ist. ²Der Rechtsanwalt kann aber insgesamt nicht mehr als die nach Absatz 1 berechneten Gebühren und die insgesamt entstandenen Auslagen fordern.

Inhaltsübersicht

	Rn.
A. Allgemeines	1
1. Systematik	1
2. Wegweiser	3
B. Kommentierung	5
I. Absatz 1	5
1. Dieselbe Angelegenheit	5
a) Grundsatz und Einschränkung	5
b) Dieselbe Angelegenheit	6
c) Angelegenheit bei gerichtlichem oder behördlichem Verfahren	8
d) Beispiele aus der Rechtsprechung für eine Angelegenheit	9
e) Angelegenheit im außergerichtlichen Bereich	10
2. Mehrere Auftraggeber	15
a) Tätigwerden für Auftraggeber	15
b) BGB-Gesellschaft	16
c) Bietergemeinschaft	19
d) Bruchteilsgemeinschaft	20
e) Anwaltssozietät	21
f) Parteiwechsel	21 a
g) Zeitpunkt der Auftragserteilung	21 b
h) Klage zugleich in Prozessstandschaft für mehrere Forderungsinhaber	21 c
II. Absatz 2 Satz 1 Haftungsrahmen eines jeden Auftraggebers	22
1. Halbsatz 1 Auftraggeber haftet für Vergütung seines Auftrags	22
2. Halbsatz 2 Auftraggeber schuldet die gesamte Dokumentenpauschale	25
III. Absatz 2 Satz 2 Einzelhaftung erhöht nicht die Anwaltsvergütung	27
IV. Einige Durchführungsgrundsätze der Nr. 1008 VV RVG	28
1. Erhöhungsfähige Gebühren	28
2. Erhöhung: Addition statt Multiplikation	30
3. Streitgenossen: Unterschiedlicher Prozessausgang	31

A. Allgemeines

1. Systematik

1 Wer nur **selten** an die Regelung des Mehrvertretungszuschlages herangeht und dies mittels Synopse und Kenntnis der BRAGO-Systematik unternimmt, wird gewisse Schwierigkeiten haben und fragen: Wo sind sie geblieben? Der Gesetzgeber 2004 hat nämlich ohne Not traditionell und systematisch Zusammengehöriges des § 6 BRAGO aufgespalten. Aber keine Sorge, es ist noch alles da, man muss es nur finden, auch wenn der Wortlaut der Nr. 1008 VV dann weitere systematische Unklarheiten enthält, die man beim ersten Leseversuch überwinden muss.

Wer in der **täglichen** Arbeit viel mit dem Problem der Mehrvertretung arbeitet, wird am liebsten **alles** bei der Nr. 1008 suchen.

2 Nun, Systematik muss sein, ganz besonders angesichts eines unsystematischen Gesetzesaufbaus.

Daher werden die jeweiligen Hauptprobleme bei der speziellen Norm breit, bei der anderen kurz behandelt. Das Schwergewicht der praktischen alltäglichen Anwendung liegt bei

Nr. 1008. Wer also bei § 7 RVG zu lesen anfängt, der sollte, falls er Spezielles sucht, auch noch in die detailliertere Kommentierung der Nr. 1008 sehen.

Einige Kommentatoren haben sich des Problems der Aufteilung eines Problemkreises in zwei Normen durch den Gesetzgeber dadurch entledigt, dass sie entweder nur bei § 7 RVG oder nur bei Nr. 1008 alles aus einem Guss kommentiert haben. Diese Vorgehensweise hat viel für sich. Nur könnten dadurch vornehmlich die Leser benachteiligt sein, die per Synopse die alte einheitliche Regelung von § 6 BRAGO nunmehr zunächst bei § 7 RVG suchen und wegen der beiden Teilregelungen (Rest bei Nr. 1008) dann die Lust am Weitersuchen verlieren.

Wie auch immer man sich hier entscheidet, 100 % Akzeptanz wird man nicht erreichen können.

Zu Lasten des größeren Umfangs des Kommentars haben wir uns hier und bei sonstigen Gebührennummern zu gewissen Doppelungen entschieden und damit von sonst lästigen Verweisungen oder gar Mehrfachverweisungen abgesehen.

2. Wegweiser

§ 7 RVG ersetzt weitgehend den § 6 BRAGO. Rest von § 6 jetzt bei Nr. 1008. 3

§ 7 Abs. 1 RVG ist identisch mit § 6 Abs. 1 Satz 1 BRAGO (auch bei mehreren Auftraggebern gibt es nur einmal die Gebühr). § 7 Abs. 2 RVG ersetzt § 6 Abs. 2 BRAGO mit Modifikationen hinsichtlich der Dokumentenpauschale (Haftung bis zur Höhe der Gebühren des fiktiven Alleinauftrages). § 6 Abs. 1 Satz 2 und 3 BRAGO (Mehrvertretungszuschlag) ist jetzt ausgegliedert und mit 2 Änderungen in die neue Nr. 1008 VV eingegliedert worden.

Nr. 1008 weicht in einem Punkt ganz wesentlich von § 6 Abs. 1 Satz 2 BRAGO ab. Jetzt wird 4 jeweils eine 0,3 Gebühr addiert, während früher mit 0,3 multipliziert wurde, was bei Gebühren unter 1,0 jetzt zu einer Besserstellung, bei Gebühren über 1,0 zu einer Schlechterstellung des Anwalts führt. Außerdem wird nunmehr für die Erhöhung nur noch bei Wertgebühren die Gegenstandsgleichheit gefordert, bei allen anderen Gebühren genügt nunmehr schon die Gleichheit der Angelegenheit.

B. Kommentierung

I. Absatz 1

1. Dieselbe Angelegenheit

a) Grundsatz und Einschränkung

Abs. 1 ergänzt den Grundsatz des § 15 Abs. 2 RVG, wonach der Anwalt die Gebühren in der- 5 selben Angelegenheit nur einmal fordern kann. Es macht nach Absatz 1 grundsätzlich, was die Gebührenhöhe anlangt, keinen Unterschied, ob der Anwalt in derselben Angelegenheit für einen oder mehrere Auftraggeber tätig wird. Wer nun etwa einwendet, das könne doch nicht stimmen, denn § 7 i. V. m. Nr. 1008 VV RVG sage doch gerade das Gegenteil, denn die mehreren Auftraggeber lösten doch eine Gebührenerhöhung aus, so hat dieser auch Recht.

Absatz 1 stellt den **Grundsatz** auf, und der wird dann auch generell durchgehalten, wie etwa bei der Terminsgebühr, der Einigungsgebühr und bei der Beratungsgebühr (im letzteren Falle hinsichtlich Nr. 1008 str., siehe § 34 Rn. 65). Davon werden dann in Nr. 1008 wichtige Ausnahmen gemacht (nur die kennt man), und zwar für die **Geschäftsgebühr** und die **Verfahrensgebühr.** Im Grundfall (zwei oder drei Auftraggeber) gibt es keine Verdoppelung oder Verdreifachung der Grundgebühr oder etwa einen doppelten oder dreifachen Streitwert, sondern nur eine Erhöhung um 0,3.

Abschnitt 1 – Allgemeine Vorschriften

b) Dieselbe Angelegenheit

6   Der **BGH** definiert (NJW 1995, 1431): »Angelegenheit ist das gesamte Geschäft, das der Rechtsanwalt für den Auftraggeber besorgen soll. Ihr (gemeint ist die Angelegenheit) Inhalt bestimmt den Rahmen, innerhalb dessen der Rechtsanwalt tätig wird (BGH LM § 7 BRAGO Nr. 2; NJW 1984, 1188 = LM § 6 BRAGO Nr. 5, ZIP 1995, 118)«.

7   Bei dem vom BGH entschiedenen Fall ging es um eine außergerichtliche Abwicklung der Schäden aus einem Verkehrsunfall, die sich über **vier** Jahre mit immer neuen Forderungen und damit neuen Aufträgen an den Anwalt hinzog (Unfallrente, Fahrtkosten, Haushaltshilfe, Schmerzensgeld). Das Ganze war nach BGH eine Angelegenheit mit vier Gegenständen.

Der BGH bemerkte zum Schluss jener Entscheidung sehr weise:

»Wann eine und wann mehrere Angelegenheiten vorliegen, bestimmt das Gesetz nicht. Die Abgrenzung ist unter Berücksichtigung der jeweiligen Lebensverhältnisse im Einzelfall vorzunehmen. Dabei ist insbesondere der Inhalt des erteilten Auftrages maßgebend. Sowohl die Feststellung des Auftrages als auch die Abgrenzung im Einzelfall ist grundsätzlich Aufgabe des **Tatrichters** (BGH LM § 7 BRAGO Nr. 2; NJW 1984, 1188).«

Ähnlich BGH JurBüro 1972, 684 = MDR 1972, 765.

c) Angelegenheit bei gerichtlichem oder behördlichem Verfahren

8   Für **gerichtliche und behördliche Verfahren** erscheint mir die These von *Madert* (Gerold/Schmidt/von Eicken/Madert BRAGO 15. Aufl. § 13 Rn. 5, weniger präzise 17. Aufl. § 15 Rn. 11) zur Beschreibung des Begriffs **Angelegenheit** sehr hilfreich: »*Für den in der Praxis wohl häufigsten Fall, dass der Rechtsanwalt in einem gerichtlichen oder sonstigen behördlichen Verfahren tätig wird, ist die* **Angelegenheit** *im Allgemeinen mit dem* **Verfahren identisch.**«

d) Beispiele aus der Rechtsprechung für eine Angelegenheit

9   (1) OLG Hamm (JurBüro 2000, 469):

Nach Abschluss eines Prozessvergleichs begehrt die Partei die Fortsetzung des Prozesses mit der Behauptung, der Prozessvergleich sei unwirksam.

(Anders aber, wenn die Partei einen **neuen Prozess** mit der Behauptung einleitet, sie sei wirksam – nach Fristsetzung – vom Prozessvergleich zurückgetreten oder die Geschäftsgrundlage des Prozessvergleiches sei entfallen. Letzteres muss im neuen Prozess <also 2 Angelegenheiten> geltend gemacht werden.)

(2) OLG Koblenz (JurBüro 1990, 42):

Die Beklagten und deren Streithelferin beauftragen denselben Anwalt.

(3) BGH (JurBüro 1976, 749):

Der Mandant erteilt den Auftrag, seine Arzneimittelfabrik für DM 8,8 Mio. zu verkaufen. Der Ankäufer macht zur Bedingung, dass die Firma zuvor in eine GmbH umgewandelt wird. Der Anwalt erhält den Auftrag, die Fa. zunächst in eine KG, dann in eine GmbH umzuwandeln. Dann wirkt er beim Verkauf der GmbH-Anteile mit.

Der BGH meint dazu: Das alles ist eine Angelegenheit, da die beiden Umwandlungen nur Hilfsgeschäfte für den Verkauf sind. Es sind noch nicht einmal mehrere Gegenstände – ohne Rücksicht auf die dabei auftauchenden schwierigen Rechtsfragen – und die Gebühr erfüllt damit nur einmal aus dem Wert von DM 8,8 Mio.

(4) OLG Frankfurt (JurBüro 1978, 697):

Prozessauftrag von drei Familienmitgliedern aus einem erlittenen Verkehrsunfall.

(5) BGH (JurBüro 1984, 537):

Vertretung mehrerer Eigentümer im Enteignungsverfahren, allerdings nur dann, wenn die Aufträge nach Inhalt, Ziel und Zweck sich weitgehend entsprechen; bei Verschiedenheit der Zielrichtung allerdings mehrere Angelegenheiten.

(6) LG Göttingen (JurBüro 2002, 25):

Beratungshilfe für die Vertretung gegen **zwei** Bescheide des Sozialhilfeträgers (zweifelhaft).

(7) OLG Düsseldorf (KostRsp § 3 BRAGO Nr. 28 = OLGR 1993, 160):

Eine GmbH-Gesellschafterin beauftragte einen Rechtsanwalt, ihre Interessen wahrzunehmen bei **zwei Gesellschafterversammlungen** (Februar und April 1987), nachdem die übrigen Gesellschafter den Entschluss gefasst hatten, sie auszuschließen; ferner erhielt er den Auftrag, diesen **Beschluss anzufechten** und den **Gesellschafteranteil** im Wege des Vergleiches bestmöglichst an die übrigen Gesellschafter **zu veräußern**.

(8) OLG Nürnberg (MDR 2008, 352):

Der gemeinsame Prozessbevollmächtigte des Klägers und des dem Rechtsstreit zum Zwecke des Vergleichsschlusses beitretenden Zedenten der streitgegenständlichen Forderung wird für beide Auftraggeber in derselben Angelegenheit im Sinne des § 7 Abs. 1 RVG tätig.

(9) Oberverwaltungsgericht des Landes Sachsen-Anhalt

(26. 10. 2007 – 4 L 177/07):»Die Mitgliedsgemeinden einer Verwaltungsgemeinschaft nehmen ihre Rechte gegen die Genehmigung einer Gemeinschaftsvereinbarung als Rechtsgemeinschaft wahr. Die gegen diese Vereinbarung gerichteten Rechtsbehelfe mehrerer Mitgliedsgemeinden (Widerspruch) betreffen einen Gegenstand und nicht mehrere Gegenstände, deren Werte nach § 22 Abs. 1 RVG also nicht zusammenzurechnen sind. Ist bei einem Verwaltungsakt jeder einzelne Auftraggeber nur in seinem **persönlichen Recht** betroffen, so handelt es sich um verschiedene Gegenstände, deren Werte zu addieren sind. Steht das Recht den Auftraggebern aber **als Rechtsgemeinschaft** zu, so ist nur ein Gegenstand gegeben.

Die Genehmigung der Gemeinschaftsvereinbarung hat gegenüber jeder Mitgliedsgemeinde die gleiche Wirkung. Bei erfolgreicher Anfechtung der Genehmigung durch nur eine Gemeinde fehlt es an der Wirksamkeit der Vereinbarung und der rechtlichen Bindung auch der übrigen Mitgliedsgemeinden an die Vereinbarung.«

(10) VG Freiburg (27. 09. 2007 – A 3 K 1834/07):

»Klagen mehrere Familienangehörige gegen eine der ihnen erteilten Duldungen beigefügte Wohnsitzauflage, um den Umzug zum Ehemann bzw. Vater der Kläger zu ermöglichen, handelt es sich um dieselbe Angelegenheit i. S. v. Nr. 1008 VV; § 7 RVG.

Die Urkundsbeamtin hat zu Recht die Verfahrensgebühr nach Nr. 3100 VV RVG von 1,3 auf 2,5 erhöht. Denn nach Nr. 1008 VV RVG erhöht sich die Verfahrensgebühr für jede weitere Person um 0,3, wenn in derselben Angelegenheit mehrere Personen Auftraggeber sind. Wenn sich mehrere Kläger **in Rechtsgemeinschaft gegen einen Verwaltungsakt** wenden oder den Erlass eines Verwaltungsakts erstreben, handelt es sich um einen wirtschaftlich identischen Streitgegenstand (vgl. BVerwG, Beschl. v. 28. 01. 1991 – 1 B 95.90 –, NVwZ-RR 1991, 669).«

(11) Schleswig-Holsteinisches Oberlandesgericht (05. 01. 2007 – 1 Verg 9/06 – NordÖR 2007, 91):

Werden zwei Rechtsschutzbegehren zur gemeinsamen Verhandlung und Entscheidung verbunden, liegt eine vergütungsrechtliche »Angelegenheit« mit zwei Gegenständen vor. **Deren Werte sind gemäß § 22 Abs. 1 RVG zusammenzurechnen.** Die Antragstellerinnen beteiligten sich als Bieterinnen an der öffentlichen Ausschreibung. Die Bruttoauftragssumme der Antragstellerin zu 1) betrug 41.547.821,78 Euro. Die Bruttoauftragssumme der Antragstellerin zu 2) betrug 39.228.081,50 Euro brutto. Die Antragsgegnerin beabsichtigte, den Zuschlag

Abschnitt 1 – Allgemeine Vorschriften

der P. Baugesellschaft als einer **weiteren Bieterin** zu erteilen. Die Antragstellerinnen stellten bei der Vergabekammer einen Nachprüfungsantrag. Die Vergabekammer hat die Nachprüfungsanträge zurückgewiesen und den Antragstellerinnen zu 1) und 2) die Kosten des Verfahrens je zur Hälfte auferlegt. Die Vergabekammer hat bemerkt, eine Addition der beiden Angebotssummen zur Ermittlung des Gegenstandswertes komme nicht in Betracht.

Allerdings stellen die beiden zunächst selbstständig und später verbundenen Nachprüfungsanträge getrennte Gegenstände derselben Angelegenheit dar, so dass gemäß § 22 Abs. 1 RVG die jeweiligen Einzelstreitwerte der Nachprüfungsverfahren der Antragstellerin zu 1) und der Antragstellerin zu 2) zusammenzurechnen sind. Der Begriff Gegenstand ist mit dem Begriff des Streitgegenstandes gleichzusetzen (vgl. Riedel/Sußbauer, BRAGO, 8. Aufl., § 7 Rn. 7; Bischof/Jungbauer/Podlech/Trappmann, RVG, § 22 Rn. 30). Der Streitgegenstand bestimmt sich danach zum einen aus dem dem Gericht zur Entscheidung gestellten Antrag, zum zweiten aus dem der Antragsbegründung zugrunde liegenden Sachverhalt und zum dritten aus den Personen, die nach der Antragstellung des Antragstellers aktiv- bzw. passiv legitimiert sein sollen. Danach liegen in den **verbundenen Verfahren zwei unterschiedliche Streitgegenstände** schon deshalb vor, weil auf der Aktivseite jeweils unterschiedliche Antragsteller vorhanden und die Anträge in den beiden Nachprüfungsverfahren nicht auf das gleiche Ziel gerichtet waren. Hieran hat sich auch durch die Verbindung der beiden Verfahren nichts geändert.« **Ergebnis also:** Streitwertaddition gem. § 22 Abs. 1 RVG.

e) Angelegenheit im außergerichtlichen Bereich

10 Für die Beurteilung der einheitlichen Angelegenheit im **außergerichtlichen** Bereich werden regelmäßig **drei Kriterien** genannt:

(1) **Einheitlicher Auftrag.** OLG München (NJW 1965, 258): Jeder neue Auftrag leitet eine neue Angelegenheit ein. OHG-Gesellschafter streiten zunächst über Hallenaufteilung, später über Geschäftsführung.

11 Das Abgrenzungskriterium »Auftrag« ist insbesondere wegen § 15 Abs. 5 problematisch, weil ein neuer (späterer) Auftrag in derselben Angelegenheit nicht zu einer neuen Angelegenheit führt. Allerdings ist eine neue Angelegenheit mit einem neuen Auftrag dann wiederum gegeben, wenn der erste Auftrag bei Erteilung des zweiten Auftrages **vollständig erledigt** ist (Hansens BRAGO 8. Aufl. § 13 Rn. 8).

Eine gesetzliche Ausnahme gilt nach Ablauf von zwei ganzen Kalenderjahren (§ 15 Abs. 5 Satz 2).

12 (2) **Einheitlicher (äußerer) Rahmen:** Berg/Blaß/Bolder/Kraft/Ramm (BRAGO Handbuch 2. Aufl. A Rn. 14): Etwa die Zusammenfassung in einem Anspruchsschreiben, ferner ein gleichlautendes Schreiben an alle Gläubiger zur Schuldenregulierung.

OLG Frankfurt (JurBüro 1978, 697):

Verkehrsunfallschaden von drei Familienmitgliedern wird in einem Regulierungsschreiben zusammengefasst.

(3) **Innerer Zusammenhang.** OLG Hamburg (MDR 1981, 944):

13 Dieser Zusammenhang fehlt zwischen vorgerichtlichem **Abmahnschreiben** in Wettbewerbssachen und dem späteren **Abschlussschreiben.** Das Abmahnschreiben schafft das Rechtsschutzinteresse für die EV. Das Abschlussschreiben des Gläubigers und die dann folgende Abschlusserklärung des Unterlassungsschuldners (Prozessvertrag) machen einen vorläufigen EV-Titel zu einem vollwertigen Titel der Hauptsache (*Schultz-Süchting* in UWG Jakobs/Lindacher-Teplitzky § 25 Rn. 285 ff.).

14 Innerer Zusammenhang ist etwa gegeben, wenn die geschiedene Ehefrau einheitlich (nachehelichen) Unterhalt für sich und als Vertreterin ihrer Kinder geltend macht.

2. Mehrere Auftraggeber

a) Tätigwerden für Auftraggeber

Nicht entscheidend ist nach dem neuen Gesetzestext, wer persönlich dem Anwalt den **Auf-** 15
trag erteilt hat, sondern ob der Anwalt für mehrere Auftraggeber **tätig** wird. Nicht entscheidend ist auch, ob der Anwalt von mehreren Personen bezahlt wird (Gerold/Schmidt/von Eicken/Madert/Müller-Rabe RVG 17. Aufl. Nr. 1008 Rn. 399).

b) BGB-Gesellschaft

Bei einer BGB-Gesellschaft ist nunmehr von einer eigenen Rechtspersönlichkeit der BGB-Ge- 16
sellschaft als solcher, jedenfalls für die prozessuale und außerprozessuale Auseinandersetzung, somit auch für die Gebührenberechnung, auszugehen (BGHZ 146, 341 = NJW 2001, 1056). Ist die BGB-Gesellschaft als solche Auftraggeberin des Anwalts, handelt es sich nur um einen Auftraggeber (Müller-Rabe in Gerold/Schmidt/von Eicken/Madert/Müller-Rabe RVG 17. Aufl. Nr. 1008 Rn. 63 m. w. N.; VG Meiningen, 30. 06. 2006 – 8 K 585/01.Me; a. A.: Madert AGS 2005, 244; N. Schneider AnwBl. 2004, 129, 131).

Davon zu unterscheiden ist der Fall, meist geht es insoweit um einen Passivprozess, dass, was 17
nach der neueren Rechtsprechung des BGH noch immer möglich ist, die **einzelnen Gesellschafter persönlich** klagen oder verklagt werden. Dann sind diese einzelnen Gesellschafter Auftraggeber, somit liegt dann eine Mehrheit von Auftraggebern vor. Werden etwa die BGB-Gesellschaft **und** ihre beiden Gesellschafter verklagt und vertritt ein Anwalt sie alle, so hat er drei Auftraggeber. Nach dem alten Rechtszustand waren nur die einzelnen Gesellschafter Auftraggeber, jetzt sind die BGB-Gesellschaft wie auch die einzelnen Gesellschafter Auftraggeber.

In der Praxis gibt es aber auch noch **BGB-Gesellschaften**, die von ihrer Zweckbindung her 18
keine eigene Rechtspersönlichkeit haben.

Der BGH betont, dass alle BGB-Gesellschaften auf Grund der Vertragsfreiheit jede von ihnen gewollte Rechtsposition einnehmen können. Es gibt wirtschaftliche Zweckbündnisse, die nicht selten auf zeitlich beschränkte Dauer gegründet werden, ohne die Stellung einer eigenen Rechtspersönlichkeit zu wollen. Dort wird dann nicht die Gesellschaft aktiv und passiv legitimiert, sondern wie bisher die Gesellschafter selbst. Zu solch »losen« Gesellschaften des Bürgerlichen Rechts gehören (je nach dokumentiertem Gesellschaftszweck) etwa die ARGE im Baurecht, kooperierende Architekturbüros, vielleicht um einen Großauftrag zu erhalten, gelegentlich Praxisgemeinschaften von Ärzten, Anwälten und Unternehmensgruppen. Bei Ärztegemeinschaften wird man näher prüfen müssen, ob sie eine Gemeinschaftspraxis sind oder ob man nur etwa Geräte oder Personal gemeinsam nutzt, Dritten gegenüber aber nicht als Gesellschaft auftritt und auch im Außenverhältnis (außer etwa beim Gerätekauf und dem Personal) nicht gemeinschaftlich haften möchte.

c) Bietergemeinschaft

Angesichts der vorstehenden Ausführungen ist die Bietergemeinschaft als zeitlich befristetes 19
Zweckbündnis und daher vom Prinzip her eher nicht als eigene Rechtspersönlichkeit anzusehen. Dennoch hat das OLG Jena (JurBüro 2004, 208) sie als Einheit angesehen und demgemäß die erhöhte Gebühr (noch nach § 6 Abs. 1 BRAGO) versagt. Das lässt sich allerdings mit der VOB begründen, die in §§ 21 Nr. 4, 25 Nr. 6 VOB/A die Bietergemeinschaft als einheitliches Unternehmen im Rahmen des Vergabeverfahrens qualifiziert. Diesem Gedanken ist auch *Müller-Rabe* (Gerold/Schmidt/von Eicken/Madert/Müller-Rabe RVG 17. Aufl. Nr. 1008 Rn. 68) beigetreten, der die Bietergemeinschaft i. d. R. als BGB-Gesellschaft qualifiziert.

Denkt man diesen Gedanken weiter, so könnte die »lose« BGB-Gesellschaft, etwa beim Gerätekauf für die Gesellschaft, **eine** Rechtsperson im Sinne der neuen BGH-Rechtsprechung sein,

Abschnitt 1 – Allgemeine Vorschriften

dagegen im Verhältnis zu den jeweiligen Kunden eine nur »lose« Gesellschaft mit nur Gesellschafter-Rechten und Pflichten.

d) Bruchteilsgemeinschaft

20 Klar ist die Rechtslage bei der Bruchteilsgemeinschaft.

Hier vertritt der Anwalt die **einzelnen Mitglieder** der Gemeinschaft und nicht die Gemeinschaft als solche. Der Anwalt hat also mehrere Auftraggeber, wenn er etwa Miteigentümer vertritt.

Bruchteilseigentümer sind auch die Eigentümer der Wohnungseigentümergemeinschaften.

e) Anwaltssozietät

21 Anwaltssozietäten sind nicht selten BGB-Gesellschaften. Im Aktivprozess sind sie daher, weil auf Dauer angelegt, eine eigene Rechtspersönlichkeit. Anders liegen die Dinge, wenn die Sozien in die Haftung genommen und einzeln verklagt werden. Dann sind sie mehrere Auftraggeber. Insoweit stellt sich dann nur unter dem Gesichtspunkt der Notwendigkeit (§ 91 ZPO), wenn jeder sich selbst vertritt, das Problem der Erstattungsfähigkeit, weil den Anwälten meist, jedenfalls wenn keine unterschiedlichen Interessen substantiiert dargelegt werden, entgegengehalten wird, sie hätten zur Kostengeringhaltung einen einzigen Anwalt betrauen können. Das entspricht der ganz h. M. Dazu im Einzelnen:

OLG Düsseldorf (JurBüro 1992, 816, 817):

»Der Senat teilt die Auffassung des Oberlandesgerichts Bamberg (JurBüro 1985, 1876), wonach es gegen Treu und Glauben verstößt, wenn mehrere in einer Sozietät verbundene Anwälte, die verklagt werden, sich jeweils selbst und allein vertreten, obwohl eine sachliche Rechtfertigung wegen der deckungsgleichen Interessenlage für ein solches Prozessverhalten nicht gegeben ist. Die Rechtspflegerin hat zu Recht die Anwaltsgebühren nur einmal in Ansatz gebracht und lediglich die 3/10 Erhöhung der Prozeßgebühr gemäß § 6 Abs. 1 Satz 2 BRAGO zugebilligt.«

OLG Stuttgart (JurBüro 1980, 701):

»Zwar sind gem. § 91 Abs. 2 Satz 4 ZPO einem RA in eigener Sache die Gebühren und Auslagen zu erstatten, die er als Gebühren und Auslagen eines bevollmächtigten RA erstatter verlangen könnte. Dies bedeutet nur, daß zu seinen Gunsten grundsätzlich die Fiktion gilt, als habe er einen RA beauftragt (vgl. Riedel/Sußbauer BRAGO 1978 § 52 Rn. 39). Nicht dagegen kann dieser Regelung entnommen werden, was gilt, wenn die Angehörigen einer RA-Sozietät jeweils gesamtschuldnerisch als Streitgenossen wegen Schadenersatz verklagt werden. Werden – wie im vorliegenden Falle – RÄe als Streitgenossen verklagt, kann für sie unter Beachtung der Fiktion des § 91 Abs. 2 Satz 4 ZPO grundsätzlich nichts anderes gelten wie für sonstige Streitgenossen. Nach dem allgemeinen Grundsatz des § 91 Abs. 1 Satz 1 ZPO ist die Notwendigkeit mehrerer Anwälte nicht zu bejahen, wenn sachliche Gründe für die Übertragung der Prozessvertretung auf verschiedene Anwälte nicht gegeben sind, also sachliche Gründe für die Aufspaltung der Mandate fehlen.«

Die Darlegungslast für die sachlichen Gründe liegt bei den Sozien. Ebenso: SchlHOLG JurBüro 1987, 1718; LG München JurBüro 1989, 223; OLG Bamberg JurBüro 1985, 1876; OLG Hamburg JurBüro 1986, 923; 1979, 50; 1980, 760; OLG Celle JurBüro 1987, 601; OLG Frankfurt AnwBl. 1988, 73; OLG Köln FamRZ 1993, 587; JurBüro 1980, 613; OLG Koblenz MDR 1994, 416; KG JurBüro 1986, 272; OLG Hamm JurBüro 1978, 1399; JurBüro 1979, 1060. **Es gibt daneben noch weitere problematische Auftraggebergemeinschaften wie etwa die Erbengemeinschaft, mehrere Mieter, Testamentsvollstrecker, Wohnungseigentümergemeinschaften/ WEVerwalter; Verein. Diese sind im Einzelnen bei Nr. 1008 kommentiert.**

f) Parteiwechsel

Der BGH hat gegen die beiden hauptsächlich vertretenen Meinungen einen eigenen Weg 21 a vorgezeichnet. Wegen der großen Bedeutung seien hier die tragenden Gründe des BGH (JurBüro 2007, 76 = AGS 2006, 583 = NJW 2007, 76) mitgeteilt:

»a) Allerdings ist umstritten, ob und unter welchen Voraussetzungen ein Parteiwechsel auf Beklagtenseite eine neue gebührenrechtliche Angelegenheit begründet.

aa) Während die früher herrschende Meinung, die in der Vertretung des neuen Beklagten stets eine neue Angelegenheit erblickte (etwa KG, NJW 1972, 959; OLG Celle, NJW 1971, 1757; OLG Düsseldorf, JurBüro 1980, 855; OLG Hamburg, JurBüro 1978, 369; OLG Hamm, JurBüro 1968, 609; OLG Köln, Rpfleger 1963, 361; OLG München, JurBüro 1994, 490; OLG Saarbrücken, MDR 1966, 855; OLG Schleswig, JurBüro 1980, 1504; OLG Stuttgart, Justiz 1972, 204), heute nur noch vereinzelt vertreten wird (LG Koblenz, JurBüro 1997, 363; Riedel/Sußbauer/Fraunholz, RVG, 9. Aufl., § 7 Rdn. 16; Stein/Jonas/Schumann, ZPO, 21. Aufl., § 264 Rdn. 124 und MünchKomm-ZPO/Lüke, 2. Aufl., § 263 Rdn. 101), liegt der heute überwiegend vertretenen Auffassung ein differenzierender Ansatz zugrunde (vgl. etwa Hartmann, Kostengesetze, 34. Aufl., § 7 RVG Rdn. 5 und § 15 RVG Rdn. 41; Göttlich/Mümmler/Rehberg/Xanke, RVG, S. 659 f.; Müller-Rabe in: Gerold/Schmidt/von Eicken/Madert/Müller-Rabe, RVG, 17. Aufl., VV 1008 Rdn. 95 f.; Madert, ebenda, § 15 Rdn. 11; Gebauer/Schneider/Schnapp, RVG, 3. Aufl., § 7 Rdn. 26; N. Schneider, ebenda, § 15 Rdn. 136; Zöller/Herget, ZPO, 25. Aufl., § 91 Rdn. 13 »Parteiwechsel«; Greger, ebenda, § 263 Rdn. 32; Musielak/Wolst, ZPO, 4. Aufl., § 91 Rdn. 57). Danach wird der Rechtsanwalt in derselben Angelegenheit tätig, wenn er die beiden wechselnden Beklagten teilweise – sei es auch nur für kurze Zeit – nebeneinander vertritt (OLG Bamberg, JurBüro 1978, 696, 697; OLG Hamburg, MDR 2002, 1339; OLG Hamm, JurBüro 2002, 192, 193; OLG Karlsruhe, JurBüro 2001, 88, 89; OLG Köln, JurBüro 1998, 589; OLG München, Rpfleger 1996, 261; OLG Schleswig, JurBüro 1997, 584). Wird er dagegen erst nach dem Ausscheiden des alten Beklagten mit der Vertretung des neuen beauftragt, soll dieser Auftrag grundsätzlich eine neue, eigenständig zu vergütende Angelegenheit bilden (vgl. OLG Frankfurt, JurBüro 1980, 1016, 1017; OLG Karlsruhe, OLGR 2001, 35; OLG Köln, JurBüro 2006, 249), es sei denn, der Anwalt vertritt neben den wechselnden Beklagten noch einen oder mehrere im Prozess verbleibende Streitgenossen (OLG Koblenz, JurBüro 1982, 1348).

bb) Demgegenüber soll der Parteiwechsel nach der Gegenauffassung selbst dann nicht verschiedene Angelegenheiten begründen, wenn der Rechtsanwalt nur die beiden wechselnden Beklagten vertritt und er den Auftrag zur Vertretung des neuen Beklagten erst nach dem Ausscheiden des alten erhalten hat (OLG Zweibrücken, JurBüro 1982, 1730, 1731; Schumann/Geißinger, BRAGO, 2. Aufl., § 13 Rdn. 25; früher auch OLG Koblenz, JurBüro 1985, 1822; NJW-RR 2000, 1369; 1370).

b) Der Senat hält die zuletzt genannte Auffassung für zutreffend, weil die bei einem Parteiwechsel vorliegende Kontinuität des gerichtlichen Verfahrens und die gebührenrechtliche Einheit des Rechtszugs die Vertretung wechselnder Parteien zu einer einzigen gebührenrechtlichen Angelegenheit verbindet.

aa) Unter einer Angelegenheit im gebührenrechtlichen Sinne ist das gesamte Geschäft zu verstehen, das der Rechtsanwalt besorgen soll. Ihr Inhalt bestimmt den Rahmen, innerhalb dessen sich die anwaltliche Tätigkeit bewegt. Sie schließt eine Vielzahl anwaltlicher Tätigkeiten zu einer gebührenrechtlichen Einheit zusammen (§ 13 Abs. 1 BRAGO, § 15 Abs. 1 RVG) und grenzt bei mehreren Auftraggebern die Tätigkeiten, für die eine Gesamtvergütung zu berechnen ist, von den Tätigkeiten ab, für der Rechtsanwalt getrennte Gebühren verlangen kann (BGH, Urt. v. 4. Mai 1972, III ZR 27/70, JurBüro 1972, 684; Urt. v. 29. Juni 1978, III ZR 49/77, JurBüro 1978, 1481, 1482; Urt. v. 17. November 1984, III ZR 193/82, JurBüro 1984, 537; Urt. v. 9. Februar 1995, IX ZR 207/94, NJW 1995, 1431). Nach § 7 Abs. 2 BRAGO (§ 22 Abs. 1 RVG)

Abschnitt 1 – Allgemeine Vorschriften

kann eine Angelegenheit mehrere Gegenstände umfassen, und mehrere Aufträge können dieselbe Angelegenheit betreffen (§ 13 Abs. 5 BRAGO, § 15 Abs. 5 RVG), selbst wenn sie von verschiedenen Auftraggebern erteilt werden (§ 6 BRAGO, § 7 RVG). Letzteres ist der Fall, wenn zwischen den Aufträgen ein innerer Zusammenhang besteht und sie sowohl inhaltlich als auch in der Zielrichtung so weitgehend übereinstimmen, dass von einem einheitlichen Rahmen der Tätigkeit gesprochen werden kann (BGH, Urt. v. 29. Juni 1978, III ZR 49/77, Jur-Büro 1978, 1481, 1482; Urt. v. 17. November 1984, III ZR 193/82, JurBüro 1984, 537, 538). Dabei müssen sich die Aufträge weder auf denselben Gegenstand beziehen noch gleichzeitig erteilt werden (BGH, Urt. v. 29. Juni 1978, a. a. O., 1483). Es ist auch nicht erforderlich, dass die Auftraggeber aufgrund einheitlicher Willensbildung an den Rechtsanwalt herantreten oder im Prozess als Einheit auftreten (BGH, Urt. v. 6. Oktober 1983, III ZR 109/82, JurBüro 1984, 377, 378; Urt. v. 12. Februar 1987, III ZR 255/85, NJW 1987, 2240, 2241; Beschl. v. 16. März 2004, VIII ZB 114/03, NJW-RR 2004, 1006).

Für den Parteiwechsel in einem gerichtlichen Verfahren folgt daraus zunächst, dass der Rechtsanwalt, der sowohl den alten als auch den neuen Beklagten vertritt, nicht schon deshalb in zwei verschiedenen Angelegenheiten tätig wird, weil sein Auftraggeber und mit ihm das seiner Tätigkeit zugrunde liegende Auftragsverhältnis wechseln. Denn die Angelegenheit ist weder an den Auftrag noch an die Person des Auftraggebers gebunden. Anders als bei außergerichtlichem Tätigwerden führt der Vollzug des Parteiwechsels nicht einmal zur Erledigung des ersten Auftrags, weil der Rechtsanwalt verpflichtet bleibt, eine Kostengrundentscheidung zugunsten des alten Beklagten zu erwirken und für diesen die Kostenfestsetzung zu betreiben (§ 37 Nr. 7 BRAGO, § 19 Abs. 1 Satz 2 Nr. 9 u. 13 RVG). Schon dies erhellt, dass das Kriterium der »zumindest teilweisen zeitlichen Überschneidung der Aufträge«, wie es von der überwiegenden Auffassung vertreten wird, für die Vertretung im Prozess keine überzeugende Abgrenzung leisten kann.

bb) Davon abgesehen sprechen vor allem gesetzessystematische und teleologische Erwägungen gegen die Annahme verschiedener gebührenrechtlicher Angelegenheiten bei einem Parteiwechsel.

(1) Nach den Gesetzesmaterialien (BT-Drs. 2/2545, S. 235) liegt der Bundesgebührenordnung für Rechtsanwälte die Vorstellung zugrunde, dass die Angelegenheit bei der Tätigkeit in einem **gerichtlichen Verfahren im Allgemeinen mit diesem Verfahren identisch** ist. Die Vorschrift des § 13 Abs. 2 Satz 2 BRAGO, nach der die Gebühren in jedem Rechtszug gefordert werden können, stellt deshalb eigens klar, dass nicht das gesamte Verfahren, sondern jeder Rechtszug als besondere Angelegenheit zu behandeln ist. Ausgehend hiervon regelt das Gesetz zum einen, welche anwaltlichen Tätigkeiten zu dem Rechtszug gehören und dadurch zu einer gebührenrechtlichen Einheit zusammengeschlossen werden (§ 37 BRAGO). Zum anderen bezeichnet es in zahlreichen Sondervorschriften diejenigen Verfahrensabschnitte, die gebührenrechtlich als besondere Angelegenheit oder als neuer Rechtszug gelten, obwohl sie prozessual zu demselben Rechtszug gehören (§§ 14 Abs. 1 Satz 2, Abs. 2 Satz 1, 15 Abs. 1, 38 Abs. 1, 39, 40 Abs. 1, 41 Abs. 1, 46 Abs. 3, 47 Abs. 3, 74 Abs. 2 BRAGO). Diese Gesetzessystematik, die der Gesetzgeber in das Rechtsanwaltsvergütungsgesetz übernommen hat (vgl. §§ 15 Abs. 2 Satz 2, 19 RVG) und durch die – abschließende (vgl. BT-Drs. 15/1971, S. 191 f.) – Zusammenfassung der Zweifels- und Ausnahmefälle in den §§ 17 und 18 RVG weiter verfeinert hat, rechtfertigt den Umkehrschluss, dass innerhalb desselben prozessualen Rechtszugs nur dann mehrere Angelegenheiten vorliegen, wenn dies ausdrücklich bestimmt ist. Das ist für die Tätigkeit des Anwalts nach einem Parteiwechsel nicht der Fall.

Das Gesetz unterscheidet nicht danach, ob der Rechtsanwalt gleichzeitig oder nacheinander für mehrere Auftraggeber tätig wird. In dem einen wie in dem anderen Fall hat dies zur Folge, dass der Rechtsanwalt der beiden wechselnden Beklagten die in dem Rechtszug anfallenden Gebühren nur einmal fordern kann. Die Regelung des § 6 Abs. 1 Satz 1 BRAGO (§ 7 Abs. 1 RVG) stellt klar, dass der allgemeine Grundsatz der Einmaligkeit der Gebühren (§ 13 Abs. 2 Satz 1 BRAGO, § 15 Abs. 2 Satz 1 RVG) auch dann gilt, wenn der Rechtsanwalt in derselben

Angelegenheit für mehrere Auftraggeber tätig wird. Der für solche Fälle typische Mehraufwand und das erhöhte Haftungsrisiko führen damit gerade nicht zu einer Verdoppelung der Gebühren. Vielmehr wird die Mehrbelastung bei identischem Gegenstand durch die in § 6 Abs. 2 Satz 2 BRAGO (Nr. 1008 RVG-VV) vorgesehene Erhöhung der Prozess- bzw. Geschäftsgebühr und im Übrigen durch Addition der Gegenstandswerte abgegolten.

(b) Die Konstellation des Parteiwechsels weist keine Besonderheiten auf, die eine abweichende Beurteilung rechtfertigen könnten. Die gesetzliche Regelung beruht auf einer typisierenden und generalisierenden Betrachtung, die gerade nicht an die Umstände des Einzelfalls, sondern nur an das Vorhandensein mehrerer Auftraggeber anknüpft (BGH, Urt. v. 6. Oktober 1983, III ZR 109/82, JurBüro 1984, 377, 378; Urt. v. 12. Februar 1987, III ZR 255/85, NJW 1987, 2240; Beschl. v. 16. März 2004, VIII ZB 114/03, NJW-RR 2004, 1006). Ohnehin ist die mit der sukzessiven Vertretung wechselnder Parteien verbundene Mehrbelastung im Regelfall sogar geringer als bei der gleichzeitigen Vertretung mehrerer Streitgenossen. Die Kontinuität des Verfahrens kommt dem Rechtsanwalt, der die beiden wechselnden Parteien vertritt, ebenso zugute wie dem Bevollmächtigten der im Prozess verbleibenden Partei. Auch er kann auf die Ergebnisse des bisherigen Verfahrens zurückgreifen. Bei einem Parteiwechsel muss sich der Rechtsanwalt zwar in besonderem Maße mit der Sachlegitimation der ausscheidenden Partei befassen, dies kann aber auch bei einzelnen Streitgenossen der Fall sein, und hier ist der Rechtsanwalt während des gesamten Rechtszugs für mehrere Auftraggeber tätig, während er im Fall des Parteiwechsels zunächst nur die ausscheidende und später nur noch die eintretende Partei in der Hauptsache vertritt.

(2) Gegen die überwiegend verfochtene Differenzierungslösung spricht zudem, dass sie zu teleologischen Friktionen führt, die bei Zugrundelegung der von dem Senat vertretenen Auffassung sämtlich vermieden werden. Zum einen erscheint es unter dem Gesichtspunkt der typischerweise entstehenden Mehrbelastung alles andere als plausibel, dass nur bei fehlender zeitlicher Überlappung der Auftragsverhältnisse eine neue Angelegenheit vorliegen soll. Denn die Mehrbelastung des Rechtsanwalts wird nicht dadurch verringert, dass er die beiden wechselnden Parteien für einen kurzen Zeitraum nebeneinander vertritt. Zum anderen ist zu beachten, dass eine solche kurzzeitige Überschneidung bei einem Parteiwechsel auf Klägerseite stets vorliegt (vgl. OLG Koblenz, JurBüro 1989, 193, 194), während sie bei einem Wechsel auf Beklagtenseite – aus reinem Gebühreninteresse – herbeigeführt oder verhindert werden kann (vgl. Hansens, JurBüro 1997, 568, 569) und häufig auch nur deshalb entsteht, weil bereits mündlich verhandelt wurde, so dass der Vollzug des Parteiwechsels entsprechend § 269 Abs. 1 ZPO von der Zustimmung des ausscheidenden Beklagten abhängt (vgl. dazu etwa Senat, Urt. v. 16. Dezember 2005, V ZR 230/04, NJW 2006, 1351, 1353 m. w. N.).«

g) Zeitpunkt der Auftragserteilung

Die vorstehenden Ausführungen zur »Rubrumsberichtigung« geben Veranlassung zu einer Anmerkung zum **Zeitpunkt** der Erteilung der mehreren Aufträge. Die Aufträge müssen nicht zum selben Zeitpunkt erteilt werde. Eine Auftraggebermehrheit liegt vor, wenn derselbe Rechtsanwalt für verschiedene natürliche oder juristische Personen auftragsgemäß in derselben Angelegenheit gleichzeitig tätig werden soll. Gleichgültig ist, ob die mehreren Auftraggeber bewusst zusammenwirken. Der Anwendungsfall ist auch dann gegeben, wenn zu einem bereits vorhandenen Auftraggeber ein weiterer Auftraggeber ohne Zusammenwirken mit dem ersten hinzutritt (BGH NJW-RR 2004, 1006; Rpfleger 1987, 387; OLG Schleswig JurBüro 1985, 394; OLG Düsseldorf JurBüro 1990, 1614).

21 b

Es reicht, wenn ein teilweise überlappendes Zeitfenster gegeben ist (OLG Koblenz – 16. 01. 2007 – 14 W 41/07 JurBüro 2007, 320 = AGS 2007, 342).

h) Klage zugleich in Prozessstandschaft für mehrere Forderungsinhaber

OLG Saarbrücken (JurBüro 2005)

21 c

Abschnitt 1 – Allgemeine Vorschriften

Eine Erhöhungsgebühr nach § 7 RVG ist jedenfalls nicht erstattungsfähig, selbst wenn die vom Anwalt vertretene Partei die Interessen am Prozess nicht beteiligter Dritter – etwa in Prozessstandschaft – wahrgenommen hat.

Kläger hat allein geklagt und zugleich in Prozessstandschaft für drei Personen, mit denen er eine Miteigentümergemeinschaft gebildet hat.

II. Absatz 2 Satz 1 Haftungsrahmen eines jeden Auftraggebers

1. Halbsatz 1 Auftraggeber haftet für Vergütung seines Auftrags

22 Gesetzestext: »Jeder der Auftraggeber schuldet die Gebühren und Auslagen, die er schulden würde, wenn der Rechtsanwalt nur in seinem Auftrag tätig geworden wäre.«

Absatz 2 Satz 1 Halbsatz 1 enthält den selbstverständlichen Grundsatz, dass jeder Auftraggeber nur für die Gebühren seines Auftrags haftet, auch wenn die mehreren Aufträge vom Anwalt zu einer Angelegenheit zusammengefasst werden und damit insgesamt (nach § 22 Abs. 1) infolge der Zusammenfassung einen höheren Gesamtstreitwert bedingen.

23 • Beispiel
Bei einem Verkehrsunfall erleidet der Halter einen PKW-Schaden von € 4.000,00, der Fahrzeugführer einen Körperschaden von € 5.000,00.

Der Anwalt berechnet seine Gebühren nach dem Gesamtstreitwert von € 9.000,00 (§ 22 Abs. 1), der Halter haftet für die fiktiven Gebühren aus einem Streitwert von € 4.000,00, der Fahrzeugführer für die fiktiven Gebühren aus einem Streitwert von € 5.000,00.

Fordert der Anwalt nun von einem Auftraggeber (Führer des Fahrzeuges) dessen gesamte Haftungssumme (Gebühren aus € 5.000,00) und vom zweiten Auftraggeber (dem Halter) den Rest seiner Gebühren aus dem Gesamtstreitwert von € 9.000,00, so muss der interne Ausgleich nach den Grundsätzen des Gesamtschuldnerausgleiches stattfinden (Beispiel bei Mayer/Kroiß RVG § 7 Rn. 2).

24 Der Grundsatz der Haftung für die Gebühren im Umfange des Auftrags gilt auch für die durch mehrere Auftraggeber verursachte (um je 0,30) erhöhte Gebühr nach Nr. 1008.

Das bedeutet: Fordert der Anwalt von einem Auftraggeber eine volle 1,3 Gebühr, so kann er vom zweiten Auftraggeber nur noch eine 0,3 Gebühr fordern. Auch hier müssen die beiden Auftraggeber sich intern nach § 426 BGB ausgleichen.

Hier noch ein Hinweis auf den **Umfang der Gesamtschuldnerhaftung** (gilt auch etwa für die Festsetzung nach § 11):Ist etwa gegen zwei Auftraggeber festzusetzen, so ist insgesamt eine 1,6-Verfahrensgebühr festsetzbar. Jeder der beiden Auftraggeber haftet, wie ausgeführt, nur für eine 1,3 Gebühr (Abs. 2 S. 1). Naheliegend wäre es also, zu rechnen:

Beide Auftraggeber haften zu je 1,3 als Gesamtschuldner (so irrig OLG Koblenz 14. ZS unter meinem Vorsitz, JurBüro 1988, 1662; OLG Frankfurt NJW 1970, 2115; Riedel/Sußbauer RVG 9. Aufl. § 7 Rn. 49).

Hansens (BRAGO 8. Aufl. § 6 Rn. 21) und *Norbert Schneider* (Schneider/Wolf RVG 3. Aufl. § 7 Rn. 192 ff. und noch klarer *N. Schneider* in AGS 2007, 44) haben nachgewiesen, dass diese Berechnungsweise den Anwalt benachteiligen würde. Würde einer der beiden als Gesamtschuldner die 1,3-Gebühr zahlen, so wäre damit die gesamte Gesamtschuld getilgt (§ 422 Abs. 1 S. 1 BGB). Der Anwalt könnte dann auch von dem anderen Auftraggeber keine weitere Vergütung (+ 0,3) mehr fordern.

Zutreffend ist es vielmehr, in Höhe von 1,0 eine Gesamtschuld festsetzen zu lassen. In Höhe der jeweils weiteren 0,3 haftet jede Partei als Alleinschuldner. Das bedeutet:

Die ersten 0,3-Gebühren, die eine Partei zahlt, zahlt sie nach §§ 366, 367 BGB auf ihre Einzelhaftung. Erst wenn sie darüber hinaus zahlt, zahlt sie auf die Gesamtschuld, die damit auch den weiteren Auftraggeber entlastet. Hat sie insgesamt 1,3 gezahlt, so ist sie befreit und der weitere Auftraggeber schuldet noch die weitere 0,3 Gebühr.

Hansens (BRAGO 8. Aufl. § 6 Rn. 21) schlägt vor, von der Gesamtforderung des Anwalts die 0,3 soviel mal abzuziehen, als insgesamt Auftraggeber vorhanden sind, der Rest ergibt dann die Gesamtschuld. *N. Schneider* (Schneider / Wolf RVG 3. Aufl. § 7 Rn. 194) hält diese Berechnungsmethode für den Normalfall zwar als zutreffend, meint aber, sie versage bei **unterschiedlicher Wertbeteiligung** der Gesamtschuldner.

Kostenerstattung

Zu unterscheiden von der Haftung des Auftraggebers gegenüber dem Anwalt ist die Kostenhaftung der Partei im Verhältnis zum Prozessgegner. Hier bestimmt § 100 Abs. 1 ZPO die Rechtslage, was von vielen Kosteninstanzen leicht übersehen wird:

»Besteht der unterliegende Teil aus mehreren Personen, so haften sie für die Kostenerstattung nach **Kopfteilen**.«

Der Absatz 1 ist der Grundsatz (KG Rpfleger 1975, 143; und JurBüro 2008, 208). Das gilt nach § 100 Abs. 4 ZPO nicht, wenn die Beklagten in der Hauptsache als **Gesamtschuldner** verurteilt worden sind (Thomas-Putzo ZPO 23. Aufl. § 100 Rn. 11).

2. Halbsatz 2 Auftraggeber schuldet die gesamte Dokumentenpauschale

Gesetzestext: »Die Dokumentenpauschale nach Nummer 7000 des Vergütungsverzeichnisses schuldet er auch insoweit, wie diese nur durch die Unterrichtung mehrerer Auftraggeber entstanden ist.«

Hier soll nach dem Willen des Gesetzgebers ersichtlich aus Vereinfachungsgründen nicht auf eine subtil zu ermittelnde Zurechnung abgestellt werden, sondern in pauschalierter Form haftet ein jeder der Auftraggeber für die volle Dokumentenpauschale der Nr. 7000 Nr. 1 c. Damit soll die außer Verhältnis stehende Prüfarbeit vereinfacht werden und eine genaue Aufsplittung der Kausalität (im Bezug auf die Auftraggeber) für die Dokumentenpauschale für mehr als 100 Ablichtungen vermieden werden.

Das gilt vom Wortlaut her aber nur für die Dokumentenpauschale und nicht für sonstige Auslagen nach Nummern 7000 ff., die speziell den betreffenden Auftraggebern zuzuordnen sind.

Da die beiden Aufträge zu **einer Angelegenheit** zusammengefasst sind, kann der Anwalt die Post- und Telekommunikationspauschale von € 20,00 nur einmal pro Angelegenheit fordern.

III. Absatz 2 Satz 2 Einzelhaftung erhöht nicht die Anwaltsvergütung

Gesetzestext: »Der Rechtsanwalt kann aber insgesamt nicht mehr als die nach Absatz 1 berechneten Gebühren und die insgesamt entstandenen Auslagen fordern.«

Zwar haftet jeder Auftraggeber für die fiktiven Kosten seines Auftrags, die in der Summe höher sind als die Anwaltsgebühren aus dem nach § 22 Abs. 1 zusammengerechneten Wert (das ist die Folge der Degression).

Der Anwalt kann aber nicht die Summe der beiden Teilgebühren beanspruchen, sondern nur die (infolge der Degression) niedrigere Gebühr aus dem Gesamtstreitwert. Dies schreibt Absatz 2 Satz 2 noch einmal ausdrücklich fest.

Abschnitt 1 – Allgemeine Vorschriften

IV. Einige Durchführungsgrundsätze der Nr. 1008 VV RVG

1. Erhöhungsfähige Gebühren

28 Das Gesetz nennt in Nr. 1008 VV RVG nur die **Geschäfts-** und die **Verfahrens**gebühr. Verdient der Anwalt beide, so sind sie auch beide zu erhöhen.

Die frühere Streitfrage der analogen Anwendung auf andere Gebühren stellt sich heute nicht mehr, da das RVG die in Betracht kommenden erhöhungsfähigen Gebühren jetzt sämtlich »Verfahrensgebühren« nennt: Mahnverfahren (Nrn. 3305, 3307, 3308); Korrespondenzgebühr (Nr. 3400), Terminsvertretungsgebühr (Nr. 3401), Einzeltätigkeitsgebühr (Nr. 3403); Zwangsvollstreckungsgebühr (Nr. 3309).

29 Umstritten ist die Erhöhungsfähigkeit bei der Beratungs- und Gutachtensgebühr. Während sich die Nichterhöhungsfähigkeit bei der Gutachtensgebühr noch leicht begründen lässt, nämlich, dass das Gutachten als wissenschaftliche Leistung nicht abhängig davon sein kann, ob es für einen oder zwei Auftraggeber erstellt wird, ist die Fragestellung bei der Beratungsgebühr schon schwieriger.

Erbitten mehrere Auftraggeber den Rat, so ist Nr. 1008 nicht analog anwendbar. Die direkte Anwendung von Nr. 1008 scheitert, weil diese Norm die Erhöhung nur für die »Verfahrens- oder die Geschäftsgebühr« vorsieht. Das ist weder die Beratungs- noch die Erstberatungsgebühr. In der Literatur wird zwar teilweise die Ansicht vertreten, die Norm sei hier entsprechend anwendbar (Hartung/Römermann RVG 2. Aufl. § 34 Rn. 94; Gebauer/Schneider RVG 2. Aufl. Nr. 1008 Rn. 43; Enders RVG für Anfänger 12. Aufl. Rn. 338; Vorauflage § 7 Rn. 17). Angesichts des klaren Gesetzeswortlauts ist *Müller-Rabe* (Gerold/Schmidt/von Eicken/Madert/Müller-Rabe RVG 17. Aufl. VV 1008 Rn. 13 ff.), *Hansens* (BRAGO 8. Aufl. § 6 Rn. 8); *Fraunholz* (Riedel/Sußbauer RVG 9. Aufl. § 7 Rn. 37) und den Oberlandesgerichten Köln (JurBüro 1992, 237) und Stuttgart (JurBüro 1984, 53) zu folgen, die eine Analogie ablehnen. Von der Sache her ist die Erhöhung bei einem reinen Rat auch nicht gefordert, weil sich der Rat an eine oder mehrere Personen inhaltlich kaum unterscheidet. Der Anwalt hat es im Übrigen in der Hand, beim Aushandeln der Gebühr gem. § 34 n. F. für den Rat dem Umstand Rechnung zu tragen, dass die Gebührenlast sich auf zwei Personen verteilt. Vereinbart er keine feste Gebühr und ist die übliche Gebühr zu suchen, so ist dabei nach der hier vertretenen Ansicht über § 14 (siehe § 34 Rn. 5 und 48) ebenfalls das wirtschaftliche Potential der beiden Auftraggeber in ihrer Gesamtheit als Faktor heranziehbar. Da seit dem 01. 07. 2006 für den Rat kein fester Gebührenrahmen mehr vorgegeben ist, ist die alte Problematik (weitgehend) entfallen.

2. Erhöhung: Addition statt Multiplikation

30 Nach Nr. 1008 VV RVG erhöht sich für jede weitere Person die Verfahrens- oder Geschäftsgebühr um 0,3.

Abweichend von der Regelung der BRAGO (§ 6), die eine Erhöhung **um** 3/10 (= 30 %) der anfallenden Gebühr, etwa bei einer 5/10 Gebühr auf 6,5/10 vorsah, wird jetzt die Erhöhung von 0,3 als fester Betrag hinzugerechnet, also bei einer 0,5 Gebühr werden 0,3 (= 0,8) hinzuaddiert (*Jungbauer* in FS Madert 2006 Erhöhung nach Nr. 1008 VV RVG, S. 143).

Auch hier wird wegen der Details auf die Kommentierung zu Nr. 1008 VV verwiesen.

3. Streitgenossen: Unterschiedlicher Prozessausgang (zunächst Hinweis auf Nr. 1008 VV Rn. 102 ff.)

31 VG Gießen, 12. 06. 2007 – 9 J 1025/07.A:

»Im Zusammenhang mit § 7 RVG wird der herrschenden Meinung gefolgt, dass der obsiegende Streitgenosse nur den seiner Beteiligung am Rechtsstreit entsprechenden Bruchteil der Anwaltskosten von dem Prozessgegner erstattet verlangen kann (BGH NJW 2003, 3419; OVG Münster NVwZ-RR 1992, 389; Gerold/Schmidt/von Eicken/Madert/Müller-Rabe VV 1008 Rn. 272, 273; Riedel/Sußbauer-Keller, RVG § 7 Rn. 54, 55).«

LAG München (15. 09. 2005–10 Ta 388/03, ZInsO 2006, 335 = Zeitschrift für das gesamte Insolvenzrecht)

Kostenfestsetzung bei teils obsiegenden, teils unterliegenden Streitgenossen, die von einem gemeinsamen Rechtsanwalt vertreten werden:

»Waren Streitgenossen in einem Prozess, in welchem ein Streitgenosse obsiegt hat und ein anderer unterlegen ist, durch einen gemeinschaftlichen Anwalt vertreten, so kann der obsiegende Streitgenosse grundsätzlich nur den seiner Beteiligung im Rechtsstreit entsprechenden Bruchteil der Anwaltskosten von dem Prozessgegner erstattet verlangen (BGH MDR 2003, 1140 gegen OLG Hamm JurBüro 2005, 91).

Dies gilt nicht, wenn der unterlegene Streitgenosse zahlungsunfähig ist, insbesondere ein Insolvenzverfahren mangels Masse nicht eröffnet wurde.«

Abschnitt 1 – Allgemeine Vorschriften

§ 8
Fälligkeit, Hemmung der Verjährung

(1) ¹Die Vergütung wird fällig, wenn der Auftrag erledigt oder die Angelegenheit beendet ist. ²Ist der Rechtsanwalt in einem gerichtlichen Verfahren tätig, wird die Vergütung auch fällig, wenn eine Kostenentscheidung ergangen oder der Rechtszug beendet ist oder wenn das Verfahren länger als 3 Monate ruht.

(2) ¹Die Verjährung der Vergütung für eine Tätigkeit in einem gerichtlichen Verfahren wird gehemmt, solange das Verfahren anhängig ist. ²Die Hemmung endet mit der rechtskräftigen Entscheidung oder anderweitigen Beendigung des Verfahrens. ³Ruht das Verfahren, endet die Hemmung 3 Monate nach Eintritt der Fälligkeit. ⁴Die Hemmung beginnt erneut, wenn eine der Parteien das Verfahren weiter betreibt.

Inhaltsübersicht

	Rn.		Rn.
A. Allgemeines	1	7. Ruhen des Verfahrens (Abs. 1 Satz 2 Alt. 3)	48
I. Fälligkeit – Absatz 1	1	IV. Hemmung der Verjährung (Abs. 2)	51
II. Hemmung der Verjährung und deren Beendigung – Absatz 2	7	1. Hemmung während der Anhängigkeit Abs. 2 Satz 1	51
B. Kommentierung	12	a) Kostenentscheidung, Beendigung des Rechtszuges, Ruhen von 3 Monaten	51
I. Fälligkeit – Absatz 1	12	b) Erledigung des Auftrags oder Beendigung der Angelegenheit	53
II. Folgen der Fälligkeit	14	c) Vertraglich vereinbarte Fälligkeit	55
III. Die einzelnen Fälligkeitstatbestände	15	2. Ende der Hemmung (Abs. 2 Satz 2 und 3)	58
1. Vorbemerkung	15	a) Gesetzliche Hemmungtatbestände	58
2. Vertragliche Sondervereinbarung der Fälligkeit	18	aa) Rechtskraft (Satz 2 Alt. 1)	59
3. Erledigung des Auftrags (Abs. 1 Satz 1 Alt. 1)	21	bb) Anderweitige Beendigung des Verfahrens (Satz 2 Alt. 2)	60
4. Beendigung der Angelegenheit (Abs. 1 Satz 1 Alt. 2)	28	cc) Ruhen des Verfahrens länger als 3 Monate	61
5. Kostenentscheidung (Abs. 1 Satz 2 Alt. 1)	36	b) Erneute Hemmung (Abs. 2 Satz 4)	65
6. Beendigung des Rechtszuges (Abs. 1 Satz 2 Alt. 2)	38		

A. Allgemeines

I. Fälligkeit – Absatz 1

1 Der Absatz 1 (Fälligkeit der Vergütung) ist lex specialis zu § 271 BGB, wonach die Leistung jederzeit verlangt werden kann.

2 In den jeweigen Gebühren- und Auslagentatbeständen (meist VV RVG) ist geregelt, welche Vergütung der Anwalt für seine Tätigkeit fordern kann, durch welche anwaltliche Handlung der Vergütungsanspruch also entsteht. Einfordern (abrechnen) kann der Anwalt die entstandene Vergütung aber nicht sofort, sondern erst ab dem Zeitpunkt der Fälligkeit, der also von der BGB-Fälligkeit (§ 271) abweicht. Bis dahin muss der Anwalt dem Auftraggeber die Forderung aber nicht kreditieren. Bis zum Eintritt der Fälligkeit kann der Anwalt nach § 9 einen angemessenen Vorschuss verlangen. Die Höhe des Vorschusses richtet sich nach den voraussichtlich entstehenden und den etwa schon entstandenen Gebühren und Auslagen (BGH NJW 1985, 2264).

3 Die Fälligkeitsregelung des Absatzes 1 betrifft sämtliche Vergütungen nach dem RVG, also auch vereinbarte Vergütungen nach § 4. Da die Vorschrift von der Vergütung (Legaldefinition in § 1 Abs. 1 Satz 1) spricht, gilt sie auch für Auslagen, jedenfalls soweit diese ausdrücklich im

RVG (Nrn. 7000 ff.) geregelt sind. *N. Schneider* (Gebauer/Schneider RVG § 8 Rn. 4; ähnlich Gerold/Schmidt/von Eicken/Madert/Müller-Rabe RVG 17. Aufl. § 8 Rn. 1) bemerkt:

»Keine Anwendung findet dagegen Abs. 1 auf solche Auslagen, die sich nicht nach dem RVG berechnen, also z. B. vorgelegte Gerichtskosten, Gerichtsvollzieherkosten, Sachverständigen- und Dolmetscherkosten. Diese Auslagen kann der Anwalt nach §§ 675, 670 BGB erstattet verlangen. Insoweit gilt die allgemeine Vorschrift des § 271 BGB, wonach die Erstattungsforderung sofort fällig wird.«

Gegen die Richtigkeit dieser absoluten These sind Zweifel anzumelden: 4

Bei dieser Ansicht ist der Gedanke der RVG-Novelle noch nicht ganz umgesetzt:

Die **VV Vorbemerkung 7 Absatz 1 Satz 2** lautet nämlich: »**Soweit nachfolgend nichts anderes bestimmt ist, kann der Rechtsanwalt Ersatz der entstandenen Aufwendungen (§ 675 i. V. m. § 670 BGB) verlangen.**« Dem entspricht auch der jetzt weitergehende § 11 Abs. 1 Satz 1, wonach Aufwendungen nach § 670 BGB nunmehr sogar gegen die eigene Partei im Vergütungsfestsetzungsverfahren (natürlich erst nach Fälligkeit) festgesetzt werden können.

Aus VV Vorbemerkung 7 Absatz 1 Satz 2 folgt daher, dass auch diese Auslagen (Aufwendungen nach §§ 670, 675 BGB i. V. m. VV Vorbem. 7 Abs. 1 Satz 2) angesichts des Wortlauts des § 8 Abs. 1 Satz 1 nicht sofort mit ihrer Entstehung nach der allgemeinen BGB-Vorschrift (§ 271 BGB) fällig werden, sondern erst später nach Erfüllung einer Tatbestandsvoraussetzung des § 8 Abs. 1 RVG. Letztlich ist das im Ergebnis aber auch unerheblich, denn wenn insoweit keine sofortige Fälligkeit gegeben ist, so besteht doch nach § 9 ein entsprechender Vorschussanspruch (§ 9) für voraussichtliche oder schon entstandene Auslagen (Hartmann Kostengesetze RVG § 9 Rn. 1: auch für vereinbarte Auslagen). 5

Hat der Anwalt daher gem. Nr. 7007 VV einen RVG-Vergütungsanspruch hinsichtlich der gezahlten Versicherungsprämie für eine Haftpflichtversicherung (Streitwert über € 30 Mio.) oder nur einen auf Vertrag (§ 3a RVG i. V. m. VV Vorbem. 7 Abs. 1 Satz 2) beruhenden Aufwendungsersatzanspruch hinsichtlich der gezahlten Versicherungsprämie für eine Haftpflichtversicherung unterhalb der vorgenannten Wertgrenze von € 30 Mio., so wird in beiden Fällen der Auslagenersatzanspruch als Teil der Vergütung nach § 8 Abs. 1 Satz 1 nicht sofort (gem. § 271 BGB) mit seiner Entstehung fällig. Der Anwalt hat aber einen sofortigen Vorschussanspruch in beiden Fällen, denn die Versicherungsprämie muss er sofort und nicht erst am Ende der Angelegenheit zahlen. 6

Die Fälligkeitsregelung gilt auch für den Gebührenanspruch des Anwalts gegen Dritte, die sich neben oder anstelle des Auftraggebers verpflichtet haben, z. B. Schuldbeitritt oder als Haftpflichtversicherer.

II. Hemmung der Verjährung und deren Beendigung – Absatz 2

Der **Absatz 2** enthält eine **Sonderregelung** für die **Hemmung** der Verjährung von Vergütungsforderungen aus **gerichtlichen** Verfahren. Nach § 199 Abs. 1 Nr. 1 BGB beginnt die Verjährungsfrist mit der Fälligkeit des Anspruchs (genauer: dem 31. 12. des Jahres, in das die Fälligkeit fällt). Die Verjährungsfrist beträgt 3 Jahre (§ 195 BGB). Der Rechtszug endet (Regelfall der Fälligkeit der Vergütung in gerichtlichen Verfahren) mit Verkündung des Urteils (Hansens JurBüro 1988, 692), während der Prozessauftrag des Rechtsanwalts wegen des anschließenden Kostenfestsetzungsverfahrens noch länger andauern kann. Handelt es sich um ein langwieriges Kostenfestsetzungsverfahren, könnte die Vergütung, die nach Abs. 1 Satz 2 in den meisten Fällen mit dem Urteil der Instanz fällig wird, schon vor dem Ende des Kostenfestsetzungsverfahrens verjähren. Wenn das Kostenfestsetzungsverfahren etwa gem. § 104 Abs. 3 Satz 2 ZPO bis zur Rechtskraft der Hauptsacheentscheidung ausgesetzt wird, verlängert sich das erstinstanzliche Kostenfestsetzungsverfahren sogar bis zum Ende der Rechtsmittelinstanz. Das Rechtsmittelgericht kann ferner den der Rechnung zugrunde liegenden 7

Abschnitt 1 – Allgemeine Vorschriften

Streitwert noch innerhalb von 6 Monaten ab Rechtskraft der Hauptsache oder anderweitiger Erledigung des Verfahrens abweichend von der Vorinstanz festsetzen. Diesen möglichen Verjährungsproblemen begegnet die in den Absatz 2 aufgenommene Vorschrift über die Hemmung der Verjährung während der Anhängigkeit des Verfahrens.

8 Nach bisherigem Recht wurde schon durch die Rechtsprechung gemäß einer neueren Entscheidung des BGH (MDR 1998, 860; anders noch JurBüro 1978, 357) bei zu niedriger Streitwertfestsetzung die Verjährung des vom zu niedrigen Streitwertbeschluss nicht gedeckten Betrages bis zur Heraufsetzung des Streitwertes gehemmt.

9 Der Abs. 2 Satz 2 nennt drei Möglichkeiten der Beendigung der Hemmung:

1. Rechtskräftige Entscheidung
2. Anderweitige Beendigung des Verfahrens
3. Stillstand des Verfahrens.

10 Die **Hemmung** gilt nach dem eindeutigen Wortlaut nur für Gebührenansprüche aus **gerichtlichen** Verfahren. Da diese Gebührenansprüche erst während der Anhängigkeit fällig werden (Abs. 1 Satz 2), beginnt die Verjährung (ohne anzurechnende Vorzeiten) praktisch immer erst mit dem Ende der Hemmung (Abs. 2 Satz 2).

11 **Zusammenfassung zu § 8:** Absatz 1 nennt fünf Fälligkeitstatbestände. Zwei gelten für sämtliche Anwaltstätigkeiten (1. Erledigung des Auftrags, 2. Beendigung der Angelegenheit). Für die drei Fälligkeitstatbestände im Verlauf von gerichtlichen Verfahren (3. Kostenentscheidung, 4. Ende des Rechtszuges, 5. Ruhen des Verfahrens) führt die Novelle nunmehr das Institut der Hemmung während der Anhängigkeit des Rechtsstreits ein. Diese Hemmung endet beim Eintritt von einer der drei näher beschriebenen Verfahrenssituationen (1. Rechtskraft der Entscheidung, 2. Anderweitige Verfahrensbeendigung, 3. Stillstand des Verfahrens). Mit dem Ende der Hemmung läuft beim Vergütungsanspruch aus gerichtlichen Verfahren in fast allen Fällen die dreijährige Verjährungsfrist erst an. Das beruht auf dem Umstand, dass der Vergütungsanspruch in gerichtlichen Verfahren zu einem Zeitpunkt erst fällig wird, zu dem die Verjährung ohnehin gem. Abs. 2 wegen Anhängigkeit der Sache gehemmt ist. Da nach Ende der Hemmung die Verjährungsfrist sofort zu laufen beginnt, ist von diesem Tag an zu rechnen und **nicht etwa** wieder vom **darauffolgenden 31. 12.** an.

B. Kommentierung

I. Fälligkeit – Absatz 1

12 § 8 Abs. 1 RVG ist **lex specialis** zu § 271 BGB. Während nach dem BGB die Leistung des Schuldners (Vergütung des Anwalts) mangels abweichender Vereinbarung sofort verlangt werden kann, kann sie nach § 8 Abs. 1 RVG erst ab der zeitlich hinausgeschobenen **Fälligkeit** begehrt werden. Das bedeutet im Normalfall: erst wenn die gesamte Anwaltsleistung erbracht ist, wenn also der Auftrag erledigt ist. In dem VV ist geregelt, welche Vergütung der Anwalt für seine Tätigkeit erhält, wann also der Vergütungsanspruch **entsteht**. § 8 Abs. 1 RVG bestimmt dagegen, wann genau die Vergütung **fällig** wird, wann der Anwalt mit dem Mandanten abrechnen kann. Den zeitlichen Ausgleich schafft § 9. Nach dieser Norm kann der Anwalt einen angemessenen **Vorschuss** in Höhe der zu erwartenden oder bereits entstandenen Vergütung verlangen.

Die Gebühren entstehen materiell bereits mit der ersten Tätigkeit, die im Gebührentatbestand (der entsprechenden Nummer der VV) beschrieben ist.

13 • **Beispiel**
Der Prozessauftrag ist erteilt. Die Verfahrensgebühr (Nr. 3100 VV) entsteht schon mit der ersten Entgegennahme der Information für die noch zu fertigende und einzureichende Klage-

schrift. Auslagen erwachsen, sobald der Rechtsanwalt sie aufgewendet hat. Entstehung und Fälligkeit der Vergütung fallen also, wie ausgeführt, meist auseinander. Die Fälligkeitsnorm des § 8 Abs. 1 gilt für alle nach dem RVG zu berechnenden **Vergütungen**, z. B. eine höhere als die gesetzliche Vergütung (§ 4), sie gilt auch für Vergütungsforderungen gegen Dritte, z. B. gegen einen Bürgen als Auftraggeber, gegen die Haftpflichtversicherung oder Rechtsschutzversicherung, ferner beim Prozesskostenhilfeanwalt und dem Pflichtverteidiger oder auch im Falle des § 11 a ArbGG.

II. Folgen der Fälligkeit

Nach dem Eintritt der Fälligkeit kann der Anwalt aus eigenem Recht die Festsetzung des Gegenstandswertes beantragen (§ 32 Abs. 2 Satz 1). Ferner beginnt erst mit der Fälligkeit der Lauf der dreijährigen Verjährungsfrist (§ 195 BGB), und zwar ab dem 31.12. des Jahres des Fälligkeitseintritts (§ 199 Abs. 1 Satz 1 BGB; Gebauer/Schneider RVG § 8 Rn. 104; BGHZ 113, 193 zum alten Recht).

14

III. Die einzelnen Fälligkeitstatbestände

1. Vorbemerkung

Der Absatz 1 enthält fünf Fälligkeitstatbestände. Hinzu tritt als sechste vorrangige Möglichkeit eine etwaige vertragliche **Sondervereinbarung** der Fälligkeit. Für den Eintritt der Fälligkeit genügt es, abgesehen von dem Fall der **Sondervereinbarung**, dass einer dieser fünf Tatbestände erfüllt ist. Es können natürlich auch nebeneinander mehrere ausgelöst werden. Entscheidend ist dann der Fälligkeitstatbestand, der **als erster** eingetreten ist, mit ihm beginnt die Verjährungsfrist (BGH NJW-RR 1992, 255). Deshalb muss man sorgfältig prüfen, ob neben einem offenkundigen Fälligkeitstatbestand vielleicht noch ein weiterer, vielleicht verborgener Fälligkeitsanknüpfungspunkt vorliegt. Zum Fälligkeitsbeginn durch Erledigung des Auftrages (Abs. 1 Satz 1 Alt. 1) wird in Literatur und Rechtsprechung die Ansicht vertreten, Voraussetzung der Fälligkeit sei, dass der Anwalt **Kenntnis** von der Erledigung habe (Gebauer/Schneider RVG § 16 Rn. 17; AG Waiblingen AnwBl. 1999, 705). Dieser Grundsatz müsste dann m. A. nach für alle fünf fälligkeitsauslösenden Fälle gelten. Für den Beginn der Verjährungsfrist der Anwaltsvergütung gilt nunmehr der neu gefasste § 199 Abs. 1 BGB. Danach beginnt die Verjährung mit dem Schluss des Jahres, in dem der Anspruch entstanden ist und der Gläubiger die anspruchsbegründenden Tatsachen **erfahren** hat oder ohne grobe Fahrlässigkeit hätte erfahren können.

15

Die frühere Rechtsprechung des BGH, dass für den Beginn der Verjährungsfrist nicht auf die Kenntnis abzustellen war (BGH NJW 1994, 1001), ist damit überholt. Es fragt sich daher nach der neuen Gesetzeslage, ob die Fälligkeit zu den anspruchsbegründenden Tatsachen gehört. Pate für den neuen Wortlaut hat der jetzt als überflüssig aufgehobene § 852 BGB gestanden. Dort spielte allerdings die Fälligkeit keine Rolle. Zum **alten § 198 BGB**, der auch von der Entstehung des Anspruchs handelte, wurde in Literatur und Rechtsprechung (Nachweise bei Palandt 59. Aufl. BGB § 198 Rn. 1) die Ansicht vertreten, entstanden sei der Anspruch, wenn er klageweise geltend gemacht werden könne, wozu auch die Fälligkeit gehöre. Definiert man die Entstehung so weit, so gehört die Fälligkeit zu den anspruchsbegründenden Tatsachen hinzu. Andererseits geht das Gesetz im Normalfall von der sofortigen Fälligkeit aus (§ 271 BGB). Man wird abwarten müssen, wie die Rechtsprechung das Problem entscheiden wird. Die neuere Literatur (Bamberger/Roth BGB § 199 Rn. 4) geht allerdings unter Bezugnahme auf BGHZ 113, 188, 194 davon aus, auch nach neuem Recht komme es für die Entstehung des Anspruchs auf die Möglichkeit der gerichtlichen Geltendmachung und damit auf die Fälligkeit an.

16

Abschnitt 1 – Allgemeine Vorschriften

17 In jedem Falle droht dem Anwalt der Fristenlauf infolge eigener **grob fahrlässiger Unkenntnis** von der Fälligkeit, wenn ihm etwa gerichtliche Entscheidungen nicht zugegangen sind. In Satz 1 sind **zwei** generelle Fälligkeitstatbestände aufgestellt, die für alle Vergütungen nach der BRAGO gelten, nämlich die **Erledigung des Auftrags** und die **Beendigung der Angelegenheit**. Nach Satz 2 kann bei einer Tätigkeit in einem **gerichtlichen** Verfahren die Fälligkeit durch **drei** weitere Situationen ausgelöst werden.

2. Vertragliche Sondervereinbarung der Fälligkeit

18 § 8 Abs. 1 enthält dispositives Recht, die Norm kann daher durch Vertrag abgeändert werden (Gerold/Schmidt/von Eicken/Madert/Müller-Rabe RVG 16. Aufl. § 8 Rn. 39). Da die Vereinbarung einer früheren Fälligkeit eine höhere als die gesetzliche Vergütung zur Folge hat, bedarf sie der Form des § 3 a (Gebauer/Schneider RVG § 8 Rn. 9; a. A.: Gerold/Schmidt/von Eicken/Madert/Müller-Rabe RVG 17. Aufl. § 8 Rn. 39: »*formlos möglich*«, allerdings wird das Problem des § 3 a nicht ausdrücklich erörtert). Ein Hindernis bei der Realisierung der vereinbarten früheren Fälligkeit stellt allerdings § 10 dar. Der Anwalt kann die Vergütung vom Auftraggeber nur auf Grund einer Berechnung fordern. Das ist zwar kein Problem, wenn der Anwalt für seine gesamte Tätigkeit ein Festhonorar vereinbart hat. Unproblematisch ist es auch, wenn der Anwalt in einem gerichtlichen Verfahren vereinbart, dass die Gebühren mit der ersten die Gebühr auslösenden Tätigkeit fällig werden sollen. Dann wird etwa die Verfahrensgebühr (Nr. 3100) mit Erteilung des Prozessauftrages und dem Empfang der ersten Information bereits fällig (a. A. insoweit wohl Gebauer/Schneider RVG § 8 Rn. 10). Problematisch wäre allerdings die Vorfälligkeitsvereinbarung im außergerichtlichen Bereich, soweit es dort um **Rahmengebühren** geht. Da die Geschäftsgebühr (Nr. 2300: 0,5 bis 2,5) eine **Gesamtbewertung** der Tätigkeit (§ 14) erfordert, kann diese Bewertung erst **am Ende** der gesamten Tätigkeit bei der Berechnung (§ 10) vorgenommen werden. Dasselbe gilt für Betragsrahmengebühren (etwa Nrn. 4100 ff. in Strafsachen).

19 Zu denken ist auch an die Vereinbarungen von **Zwischenabrechnungen** und damit Zwischenfälligkeiten. Dies ist angezeigt bei den immer mehr vordringenden **Zeithonoraren** mit Zeitkonten. Wird ein Stundenhonorar mit der Führung eines Zeitkontos ausgehandelt, so kann z. B. die Fälligkeit zwei Wochen nach Zugang der Rechnung mit Zeitaufstellung vereinbart werden (vgl. Madert Die Honorarvereinbarung Muster C 5: Kombination von Vorschuss und Zeitrechnungen in Abständen).

20 Ebenso können bedingte Fälligkeiten vereinbart werden: Die Fälligkeit kann an den Zeitpunkt der Erstattungsleistung des Verfahrensgegners geknüpft werden (Gebauer/Schneider RVG § 8 Rn. 12), etwa: »Die Vergütung wird erst fällig mit der Erstattung des dem Mandanten in Rechnung gestellten Honorars durch den Gegner.« Dann muss aber **gleichzeitig** auch ein endgültiger Fälligkeitstermin mit dem **Auftraggeber** selbst vereinbart werden. Sonst wäre eine Vereinbarung eines unwirksamen **Erfolgshonorars** gegeben. Denn wäre die Beitreibung beim Gegner erfolglos, so würde der Vergütungsanspruch gegen die eigene Partei nie fällig werden.

Generell ist die Vereinbarung einer späteren Fälligkeit als der gesetzlichen jederzeit formlos möglich. Standesrechtliche Bedenken bestehen nicht, es sei denn, das Hinausschieben der Fälligkeit kommt einem Verzicht auf die Forderung gleich, was nicht erlaubt ist.

3. Erledigung des Auftrags (Abs. 1 Satz 1 Alt. 1)

21 Die Vergütung wird sowohl in **gerichtlichen wie außergerichtlichen** Angelegenheiten fällig, wenn der Auftrag erledigt ist.

Im Regelfall ist der Auftrag erledigt, wenn der Anwalt die ihm übertragene Aufgabe erfüllt hat. Dieser Zeitpunkt fällt häufig mit der Beendigung der Angelegenheit zusammen.

Fälligkeit, Hemmung der Verjährung | § 8

Umfasst der Auftrag **mehrere Angelegenheiten**, dann kann die Fälligkeit eines Teils des Auftrags schneller, nämlich mit Beendigung der ersten Angelegenheit eintreten (Satz 1 Alt. 2). Die Erledigung des Auftrags kann aber umgekehrt, wenn es nur um einen Auftrag mit **einer Angelegenheit** geht, vor Beendigung der Angelegenheit auch durch Erledigung des Auftrags eintreten (Gerold/Schmidt/von Eicken/Madert/Müller-Rabe RVG 17. Aufl. § 8 Rn. 10), so z. B. durch: 22

- **Kündigung des Vertrags** durch eine Vertragspartei oder einvernehmliche Vertragsaufhebung (OLG Zweibrücken FamRZ 2007,1112 = OLGR Zweibrücken 2007, 299- 5 WF 23/07 Kündigung des Mandats); 23

- **Tod des Anwalts** (§§ 673, 675 BGB) oder Beendigung seiner Zulassung, allerdings nicht, wenn der Auftrag der Sozietät erteilt war (Regelfall, siehe § 5 Rn. 12; Riedel/Sußbauer RVG § 8 Rn. 4). Eine Erledigung liegt ebenfalls nicht vor, wenn für den verstorbenen Anwalt gem. § 55 BRAO ein Abwickler bestellt wird. Daran ändert auch § 55 Abs. 3 Satz 2 BRAO nichts, der bestimmt, dass dem Abwickler die Gebühren zustehen, die nach seiner Bestellung erwachsen, d. h. in seiner Person erstmals entstehen. Denn diese Norm betrifft nur das Innenverhältnis zwischen dem verstorbenen Anwalt (seinen Erben) und dem Abwickler. Die früheren beim verstorbenen Anwalt entstandenen Gebühren werden durch die Bestellung des Abwicklers im Verhältnis zur Partei nicht fällig (OLG Karlsruhe Justiz 1967, 314; OLG Düsseldorf MDR 1954, 751; Hartung/Römermann RVG § 8 Rn. 27; näher Riedel/Sußbauer RVG § 8 Rn. 4). Der Fall wird so behandelt als wäre ein Anwaltswechsel nicht eingetreten (OLG Karlsruhe Justiz 1967, 314); 24

- **Tod der Partei**. In der Literatur wird unter Bezugnahme auf eine Entscheidung des OLG Hamm (JurBüro 1977, 350 zum Übergangsrecht und zu § 6 Abs. 1 Satz 2 BRAGO) einhellig die Ansicht vertreten, im Regelfall ende der Auftrag der verstorbenen Partei nicht, auch nicht, wenn der Anwalt den Rechtsstreit nunmehr für die Erben fortführe. Zwar wird diese Ansicht vor allem zu § 6 Abs. 1 Satz 2 BRAGO = Nr. 1008 VV RVG weiterhin noch von zwei Oberlandesgerichten vertreten (OLG Hamm JurBüro 1994, 730 u. JurBüro 1977, 350 und OLG Frankfurt JurBüro 1982, 1346). Die Masse der Oberlandesgerichte (Nachweise bei Gerold/Schmidt/von Eicken/Madert BRAGO 15. Aufl. § 6 Rn. 9) gibt aber inzwischen den Mehrvertretungszuschlag, wenn der Anwalt die Erbengemeinschaft vertritt, nunmehr »Auftraggeber mehrere Personen« sind. Wer also bei Nr. 1008 der Ansicht vertritt, außer bei unbekannten Erben seien im Regelfall bei Fortführung des Rechtsstreits für die Erbengemeinschaft nunmehr Auftraggeber mehrere Personen (so Gebauer/Schneider RVG VV 1008 Rn. 18; Hansens BRAGO 8. Aufl. § 6 Rn. 6), der kann schwerlich bei § 8 unter Bezugnahme auf die Entscheidung des OLG Hamm (JurBüro 1977, 350 = Mindermeinung) und den § 672 Satz 1 BGB die Ansicht vertreten, im Regelfall ende der Auftrag nicht durch den Tod der Partei (so aber Gebauer/Schneider RVG § 8 Rn. 26; Hansens BRAGO 8. Aufl. § 16 Rn. 3). Nur soviel ist daran richtig: Der Auftrag endet noch nicht durch den Tod der Partei. 25

- Anders sieht es dann aber aus, wenn die Miterben den Rechtsstreit nun **fortführen**. Dann erteilen diese nach der weit überwiegenden Rechtsprechung zu § 6 BRAGO = Nr. 1008 VV RVG (so auch wörtlich Gebauer/Schneider RVG VV 1008 Rn. 18) **mindestens schlüssig** den Auftrag, nunmehr die Miterben zu vertreten. Nun wird zu Nr. 1008 natürlich nicht die Ansicht vertreten, der Auftrag des Erblassers wirke neben den neuen Aufträgen der Miterben fort, denn dann müsste man den Erblasser bei den Erhöhungen der Nr. 1008 mitzählen. Das richtige Ergebnis, dass nämlich der Tod kein Fälligkeitsgesichtspunkt ist, jedenfalls dann nicht, wenn die Erben den Rechtsstreit fortführen, kann man nicht mit dem Fortbestand des Erblasserauftrags begründen. § 8 muss vielmehr unter kostenrechtlicher Betrachtung ausgelegt werden. Das bedeutet, der Auftrag des Erblassers wird ersetzt durch die Aufträge seiner Rechtsnachfolger, der übergegangene Streitgegenstand wird weiterverfolgt. Der Anwalt kann noch nicht gegenüber dem Erblasser (das heißt also nun dessen Erben) den noch nicht erledigten Rechtsstreit abrechnen. So wird auch üblicher- 26

Abschnitt 1 – Allgemeine Vorschriften

weise in der Praxis im Rahmen der anschließenden Kostenfestsetzung nur die einmal anzusetzende Gebühr (mit den Erhöhungsbeträgen für die mehreren Miterben) angemeldet und festgesetzt.

27 – Fällig wird die Vergütung für den im Rahmen der **PKH** beigeordneten RA durch den **Tod** der bedürftigen **Partei** (Rechtsnachfolger müsste bei eigener Armut erneut für seine Person eigene PKH erwirken) oder **Aufhebung** der Beiordnung.

4. Beendigung der Angelegenheit (Abs. 1 Satz 1 Alt. 2)

28 Vielleicht der umstrittenste Begriff des Gebührenrechts, der Begriff »Angelegenheit« taucht auch hier wieder auf. Die neuen §§ 16 bis 18 wollen zwar jetzt Licht in das Dunkel der Abgrenzung bringen. Das gelingt auch zum Teil, aber ein großer Rest von Abgrenzungsproblemen bleibt bestehen. Bei der Frage der Fälligkeit hat das Abgrenzungsproblem aber nur geringe Bedeutung. Ist eine Angelegenheit im Sinne von § 15 Abs. 1 erledigt, so wird die Gebühr fällig.

29 **Beispiele** für die Beendigung außergerichtlicher Angelegenheiten:
– Besteht der Auftrag in der Erteilung eines Rates, so ist er mit den letzten Worten des Rates beendet.
– Hat der Anwalt Geschäftsbedingungen zu entwerfen, so ist die Angelegenheit mit der Aushändigung der schriftlichen Formulierung an den Auftraggeber beendet.
– Soll der Anwalt einen fälligen Anspruch zunächst nur außergerichtlich beitreiben, so ist die Angelegenheit beendet, wenn der Gegner auf das Aufforderungsschreiben zahlt oder die Zahlung endgültig verweigert. Dann wird die Gebühr Nr. 2300 – Geschäftsgebühr – fällig. Daran ändert auch nichts der Umstand, dass diese Geschäftsgebühr, wenn sich an die Anspruchsablehnung ein Prozess anschließt, zur Hälfte (höchstens aber 0,75) auf die Verfahrensgebühr (Nr. 3100) anzurechnen ist (siehe VV Vorbem. 3 Abs. 4).

30 Der Auftrag kann also, wie in diesem Falle, mehrere Angelegenheiten (Nr. 2300 und Nr. 3100) umfassen. Dann tritt die Fälligkeit nicht erst nach der ersten Alternative des Satzes 1 (Erledigung des Auftrags) ein, sondern bereits mit der **Beendigung der Angelegenheit** (2. Alt.).

31 • **Beispiel**
Der Anwalt erhält den umfassenden Auftrag, den Anspruch sowohl durch einstweilige Verfügung zu sichern, wie auch ihn einzuklagen. Dann ist der Auftrag erst insgesamt erledigt, wenn auch die sicher länger währende Hauptsache tituliert ist. Nach der Beendigung der Angelegenheit – einstweilige Verfügung durch deren Titulierung (etwa durch einen Vergleich) – werden die Gebühren des einstweiligen Verfügungsverfahrens fällig. Einstweilige Verfügung und Hauptsache sind verschiedene Angelegenheiten (§ 17 Nr. 3).

32 Das zur Erläuterung in der Literatur (z. B. Gebauer/Schneider RVG § 8 Rn. 30) geschilderte nachfolgende **Beispiel** für **einen** typischen **Auftrag mit mehreren Angelegenheiten** ist bei näherer Betrachtung nicht differenziert genug dargestellt:

Der Anwalt erhält den Auftrag, den Anspruch außergerichtlich geltend zu machen und einzuklagen. Hier kommt es auf die Untersuchung des genauen Auftrags an.

33 **1. Variante**: Der Anwalt erhält den **unbedingten** Prozessauftrag, soll aber zuvor, um einen sicheren Verzug zu schaffen und die Gefahr einer belastenden Kostenentscheidung nach § 93 ZPO (sofortiges Anerkenntnis) zu vermeiden, den Betrag vorgerichtlich anmahnen. Dann liegt nur ein Auftrag und **eine Angelegenheit** vor. Fälligkeit der nur verdienten Verfahrens- und Terminsgebühr tritt erst mit der Titulierung im Prozess ein. Die Geschäftsgebühr (Nr. 2300) ist mangels Auftrags gar nicht erst angefallen.

34 **2. Variante**: Der Anwalt erhält den Auftrag, zunächst zu versuchen, den Betrag außergerichtlich beizutreiben, für den Fall, dass das scheitern sollte, erhält er Klageauftrag (so war wohl der eingangs geschilderte Beispielsfall gemeint, der eine Beendigung einer »außergericht-

Fälligkeit, Hemmung der Verjährung | § 8

lichen« Angelegenheit erläutert). Dann handelt es sich in Wahrheit um einen ersten Auftrag mit einem weiteren bedingten zweiten Auftrag mit je einer Angelegenheit. Es liegt ein unbedingter Auftrag zur Angelegenheit **außergerichtliche Beitreibung** (Nr. 2300) und – aufschiebend bedingt – ein **Klageauftrag** (neue Angelegenheit) mit den Gebühren Verfahren und Termin vor (Nrn. 3100 und 3104, so Gerold/Schmidt/von Eicken/Madert BRAGO 15. Aufl. Vorbem. 5 vor § 118 mit Rspr.-Nachweisen, differenzierend 17. Aufl. VV 3100 Rn. 26 ff.). Es ist also, wie ausgeführt, ein Auftrag mit zwei Angelegenheiten, eine davon bedingt (der Klageauftrag) gegeben. Nur in diesem Fall der **zwei Angelegenheiten** stellt sich überhaupt die Anrechnungsfrage. Denn wo nichts erfüllt, so die 1. Variante, ist auch nichts anzurechnen. Das mit dem Auftrag und der Angelegenheit erstrebte Ziel braucht auch nicht erreicht zu sein, um dann erst die Fälligkeit auszulösen (Gerold/Schmidt/von Eicken/Madert/Müller-Rabe RVG 17. Aufl. § 8 Rn. 10). Scheitert die erstrebte gütliche außergerichtliche Beitreibung und muss daher geklagt werden, oder bucht der Auftraggeber nunmehr den Betrag als uneinbringlich aus, so sind Auftrag und Angelegenheit der außergerichtlichen Beitreibung gleichwohl erledigt und insoweit ist die Vergütung schon fällig.

- **Beispiel** für die Beendigung einer gerichtlichen Angelegenheit vor Erledigung des Auftrags: 35

Die Partei erteilt einen Zivilprozessauftrag. Im Laufe der ersten Instanz hat der Anwalt berechtigten Anlass für einen Befangenheitsantrag. Dieser gehört gem. § 19 Abs. 1 Satz 2 Nr. 3 RVG zur Instanz und ist durch die Vollmacht (§ 81 ZPO) gedeckt. Der Richterablehnungsantrag wird zurückgewiesen. Der Anwalt legt erfolgreich Beschwerde (§ 46 Abs. 2 ZPO) ein. Auch der Rechtsmittelzug ist durch die Vollmacht (den ursprünglichen Auftrag) abgedeckt (§ 81 ZPO; Zöller ZPO 23. Aufl. § 81 Rn. 2; BGH NJW 1994, 320). Die **Beschwerdegebühr** (Nr. 3500) wird mit der Beschwerdeentscheidung (Beschwerdeinstanz = besondere Angelegenheit, so § 18 Nr. 5) **fällig**, obwohl der **Prozessauftrag** noch **nicht erledigt** ist. Wann die Beendigung der Angelegenheit eintritt, kann gelegentlich, insbesondere bei außergerichtlichen Tätigkeiten, zweifelhaft sein. Für gerichtliche Verfahren ist diese Frage unter dem Blickwinkel der Fälligkeit meist bedeutungslos, weil Satz 2 für gerichtliche Verfahren drei weitere Kriterien für die Beendigung nennt, was nachfolgend näher untersucht wird.

Besonderheit für Insolvenzverfahren:

KG (ZInsO 2006, 607): »Im Sinne des § 140 Abs. 3 InsO ist bereits die Erteilung des Mandats das Ereignis, das den Honoraranspruch des Anwalts entstehen lässt (BGH NJW 1978, 1807; NJW 2004, 3118).«

5. Kostenentscheidung (Abs. 1 Satz 2 Alt. 1)

Hierunter fällt jede Entscheidung über den Kostenpunkt, sei es über außergerichtliche Kosten 36 oder/und Gerichtskosten, selbst wenn sich die Kostenfolge direkt aus dem Gesetz ergibt und damit die Kostenentscheidung nur deklaratorischen Charakter besitzt (Gerold/Schmidt/von Eicken/Madert/Müller-Rabe RVG § 8 Rn. 13; a. A.: Hartmann Kostengesetze RVG § 8 Rn. 12: bei gesetzlicher Kostenfolge liege keine Kosten-»Entscheidung« vor). Kostenentscheidung i. S. v. § 8 ist auch die Kostenregelung im **Vergleich**. Der **Mahnbescheid** enthält keine Kostenentscheidung, dagegen der **Vollstreckungsbescheid** (Gebauer/Schneider RVG § 8 Rn. 61; Riedel/Sußbauer RVG § 8 Rn. 13; Hartmann Kostengesetze RVG § 8 Rn. 12; a. A.: Hansens JurBüro 1987, 1281). Auch Teilkostenentscheidungen genügen. Sie lösen die Fälligkeit dann allerdings nur hinsichtlich derjenigen Gebühren aus, die von der Teilkostenentscheidung erfasst sind. Überlässt das Teilurteil die Kostenentscheidung hingegen dem Schlussurteil, tritt Fälligkeit dadurch nicht ein. Dasselbe gilt, wenn die »Kostenentscheidung« lautet: »Die Kosten des Verfahrens folgen den Kosten der Hauptsache« (Hartmann Kostengesetze RVG § 8 Rn. 12; KG AnwBl. 1984, 625; Gebauer/Schneider RVG § 8 Rn. 76; a. A.: Gerold/Schmidt/von Eicken/Madert/Müller-Rabe RVG 17. Aufl. § 8 Rn. 13).

Abschnitt 1 – Allgemeine Vorschriften

37 Ist nur über die Kosten eines Streitgenossen entschieden worden, so wird die Vergütung auch nur gegenüber diesem fällig. Erklären beide Parteien den Rechtsstreit in der Hauptsache für erledigt, so wird dadurch noch nicht die Fälligkeit ausgelöst, vielmehr erst mit der nachfolgenden Kostenentscheidung oder dem Kostenvergleich (Gerold/Schmidt/von Eicken/Madert/Müller-Rabe RVG 17. Aufl. § 8 Rn. 16; a. A.: Hansens BRAGO 8. Aufl. § 16 Rn. 6). Ergangen ist die Entscheidung mit ihrer Verkündung (§ 329 Abs. 1 Satz 1 ZPO), auch ihrer formlosen Mitteilung.

6. Beendigung des Rechtszuges (Abs. 1 Satz 2 Alt. 2)

38 Die **gebührenrechtliche** Beendigung des Rechtszuges, also der **Angelegenheit**, ist bereits in **Satz 1 Alt. 2** als Fälligkeitszeitpunkt geregelt: »**... Angelegenheit beendigt ist**«. Der in Satz 2 genannte Rechtszug meint den **prozessualen** Rechtszug.

39 Der prozessuale Rechtszug endet mit einer gerichtlichen Entscheidung (Endurteil oder Beschluss), einem Vergleich (LAG RhPf., 05. 01. 2007 – 10 Ta 248/06, auch wenn eine Partei später (ohne Widerrufsvorbehalt) den gerichtlichen Vergleich widerruft), der Rücknahme von Klage, Rechtsmittel oder Anklage, dagegen nicht mit der übereinstimmenden Erledigungserklärung. Die instanzbeendigende gerichtliche Entscheidung ist im letzteren Falle die Kostenentscheidung nach § 91 a ZPO (s. vorstehend Rn. 37).

40 Zwischenurteile nach § 303 ZPO (etwa über die Wiedereinsetzung) oder nach § 304 ZPO (Grundurteile) reichen nicht aus, weil sie die Instanz nicht abschließen. Die Sache bleibt zur Höhe in der ersten Instanz noch anhängig. Wird allerdings auf ein Rechtsmittel gegen ein Grundurteil das Verfahren i. S. d. § 21 zurückverwiesen, so wird die Vergütung wegen Beendigung der Angelegenheit (Satz 1 Alt. 2) jetzt fällig. Die weitere Tätigkeit in der ersten Instanz ist gemäß dem Text des § 21 eine neue Angelegenheit, damit ist der bisherige vorinstanzliche Rechtszug beim Erstgericht gebührenrechtlich zu Ende (Gerold/Schmidt/von Eicken/Madert/Müller-Rabe RVG 17. Aufl. § 8 Rn. 19).

41 Auch Vorbehaltsurteile (nach § 302 ZPO) schließen die Instanz nicht ab, anders jedoch Vorbehaltsurteile nach § 599 ZPO (Urkunden- und Wechselprozess).

42 Ergeht die gerichtliche Entscheidung im schriftlichen Verfahren (etwa nach § 91 a Abs. 1 Satz 2 ZPO, anders nach § 128 Abs. 2 Satz 2 ZPO: Verkündung des Urteils) oder im schriftlichen Vorverfahren (§ 310 Abs. 3 ZPO), so endet der Rechtszug mit dem Zugang der Entscheidung. Eine gerichtliche Entscheidung nach mündlicher Verhandlung beendet bereits mit ihrer Verkündung den Rechtszug, nicht erst mit ihrer Zustellung (§ 310 Abs. 1 Satz 1 ZPO).

43 Teilurteile stellen ebenfalls Endurteile über einen Teilstreitgegenstand dar. Sie beenden daher insoweit (zum entschiedenen Teil) die Instanz. Übereinstimmung herrscht, dass jedenfalls bei Teilurteilen, die die Klage gegen einen Streitgenossen insgesamt erledigen, die diesen betreffende Anwaltsvergütung dadurch fällig wird (Gerold/Schmidt/von Eicken/Madert/Müller-Rabe RVG 17. Aufl. § 8 Rn. 21; Gebauer/Schneider RVG § 8 Rn. 85).

44 • **Beispiel**
»Die Klage gegen den Beklagten zu 2) wird abgewiesen. Der Kläger trägt die außergerichtlichen Kosten des Beklagten zu 2).«

45 Unterschiedliche Ansichten werden vertreten zu folgendem

• **Beispiel**
Eingeklagt sind € 2.000,00. Der Rechtsstreit ist nur teilweise entscheidungsreif.

Das Gericht erlässt folgendes Teilurteil:

»Der Beklagte wird verurteilt, an den Kläger € 1.000,00 zu zahlen.

Die Kostenentscheidung bleibt dem Schlussurteil vorbehalten.«

Gebauer/Schneider (RVG § 8 Rn. 85) meinen, die Vergütung nach dem entschiedenen Teilstreitwert von € 1.000,00 sei mit Erlass des Teilurteils fällig. 46

Madert (Gerold/Schmidt/von Eicken/Madert/Müller-Rabe RVG 17. Aufl. § 8 Rn. 21) ist der Ansicht, dieses Teilurteil habe keine Auswirkungen auf die Fälligkeit. Der Verfasser schließt sich der letzteren Ansicht aus folgenden Gründen an: Eine Auslegung des § 8 Abs. 1 Satz 2 Alt. 2 nach seiner ratio »Beendigung des Rechtszuges« führt zu einer Verneinung der Teilfälligkeit. Soll etwa die Hälfte der Gebühr aus € 2.000,00 oder eine volle Abrechnung aller Gebühren aus einem Teilstreitwert von € 1.000,00 fällig werden? Fordert der Anwalt die nach der erstgenannten Kommentarstelle (Gebauer/Schneider § 8 Rn. 85) bereits fällige halbe Vergütung (Wert des Teilurteils) nicht ein, so kann sie bereits (teilweise, zu 50 % oder in ganzer Höhe aus € 1.000,00?) verjähren, ehe vielleicht die noch anhängige Restforderung wegen einer langwierigen Beweisaufnahme entschieden wird. Auch die Neuregelung des Absatzes 2 (Hemmung) würde häufig gegen einen Verjährungseintritt nicht helfen, weil der entschiedene Teilstreitwert von € 1.000,00 ja nicht mehr anhängig ist. Wer sollte dieses unpraktikable Ergebnis im Prozessalltag noch verstehen? »Rechtszug beendet« meint zunächst einmal: **der ganze Rechtszug**. Nur in klaren Fällen von Teilentscheidungen, wie dem Ausscheiden von Streitgenossen, kann man aus Gründen der **Praktikabilität** eine Ausnahme machen. Andererseits »Ende des Rechtszuges« bedeutet nicht, dass der Anwalt seine ganze Arbeit für den Rechtszug schon abgeschlossen haben muss. Dass er etwa noch mit Abwicklungsarbeiten nach Erlass des Urteils befasst ist, steht der Fälligkeit nicht entgegen, so insbesondere nicht das noch durchzuführende Kostenfestsetzungsverfahren (vgl. aber Rn. 7). 47

Sonderfall: Rest Teilverweisung

LAG Rh.Pf. (20. 02. 2006 – 4 Ta 21/06 –): Das Arbeitsgericht hat über die Klage entschieden und die Widerklage endgültig ans Landgericht verwiesen: Fälligkeit der Gebühren für die Klage, ja.

7. Ruhen des Verfahrens (Abs. 1 Satz 2 Alt. 3)

Mit dem Ruhen des Verfahrens ist nicht nur das mit einem förmlichen Beschluss angeordnete Ruhen des Verfahrens gem. § 251 ZPO gemeint, sondern auch ein tatsächliches Ruhen, wenn also in der Sache tatsächlich nichts mehr geschieht (KG JW 1928, 1871; Riedel/Sußbauer BRAGO 8. Aufl. § 8 Rn. 15; Gerold/Schmidt/von Eicken/Madert/Müller-Rabe RVG § 8 Rn. 29). Dazu zählt auch, wenn das Verfahren ausgesetzt (§§ 148 ff. ZPO) oder unterbrochen (§§ 239 ff. ZPO) wird. Voraussetzung ist, dass das Gericht durch sein Prozessverhalten zu erkennen gibt, dass es in der Sache nichts Weiteres veranlasst. Das ist nicht der Fall, wenn das Gericht Fristen von mehr als drei Monaten setzt oder aber so weit hinaus terminiert (vgl. LG Karlsruhe AGS 2008, 61, das das gerichtliche Handeln als Ruhenshandeln ganz ausschließen möchte). 48

Ergeht ein Grundurteil und wird das Höheverfahren länger als drei Monate nicht betrieben, etwa weil sich die Akten hinsichtlich des Grundurteils in der Rechtsmittelinstanz befinden, so ist ebenfalls von einem Nichtbetreiben (= Ruhen) auszugehen. Denn es ist heute möglich und wird auch nicht selten so praktiziert, dass von den Akten bis zum Erlass des Grundurteils durch Ablichtung ein Aktenstück für die Weiterbearbeitung des Höheverfahrens in der ersten Instanz hergestellt wird und das Höheverfahren in der unteren Instanz dann weitergeführt wird (ebenso Gerold/Schmidt/von Eicken/Madert/Müller-Rabe RVG 17. Aufl. § 8 Rn. 30). 49

In Strafsachen führt etwa die vorläufige Einstellung nach § 205 StPO zur Fälligkeit der Vergütung. Für die Bewilligung der Pauschvergütung ist dieser Weg der Fälligkeit aber nicht gangbar, da für deren Höhe eine Gesamtschau erforderlich ist (OLG Düsseldorf JurBüro 1980, 392; OLG Bamberg JurBüro 1990, 1281). 50

Abschnitt 1 – Allgemeine Vorschriften

IV. Hemmung der Verjährung (Abs. 2)

1. Hemmung während der Anhängigkeit Abs. 2 Satz 1

a) Kostenentscheidung, Beendigung des Rechtszuges, Ruhen von 3 Monaten

51 Absatz 2 gilt, wie sich aus dem Begriff »Anhängigkeit« ergibt, nur für Vergütungsansprüche aus **gerichtlichen Verfahren**. Die neue Norm will der unguten Situation abhelfen, dass der Vergütungsanspruch durch Zeitablauf bereits zu einem Zeitpunkt verjährt, zu dem das Kostenfestsetzungsverfahren noch nicht rechtskräftig abgeschlossen ist. Der Kostenfestsetzungsantrag hemmt nämlich im Gegensatz zur Klage (§ 204 Abs. 1 Satz 1 BGB) die Verjährung des Vergütungsanspruchs nicht. Wie bei der allgemeinen Verjährung (§ 204 BGB) arbeitet das RVG nicht mehr mit dem Institut der Unterbrechung, sondern nur mit dem der **Hemmung**. Bei der Hemmung muss man wegen des anfänglichen Zeitverbrauchs immer etwas auf der Hut sein. Für Vergütungen, die der Rechtsanwalt für eine Tätigkeit in einem gerichtlichen Verfahren erhält, ist die Sorge um schon abgelaufene Vorzeiten (vor der Hemmung) jedenfalls in den Fällen überflüssig, in denen die Fälligkeit erst nach Abs. 1 Satz 2 eintritt (Kostenentscheidung, Beendigung des Rechtszuges, Ruhen von 3 Monaten).

52 Diese drei Fälligkeitszeitpunkte liegen sämtlich nach dem Zeitpunkt der Anhängigkeit. Der zum Schluss des Jahres (§ 199 Abs. 1 Satz 1 BGB) mögliche Beginn der Verjährungsfrist tritt erst zu einem Zeitpunkt ein, zu dem wegen Anhängigkeit des Verfahrens bereits die Hemmung schützt.

b) Erledigung des Auftrags oder Beendigung der Angelegenheit

53 **Gefährliche**, schon abgelaufene **Vorzeiten vor der Hemmung** kann es bei Vergütungen für gerichtliche Tätigkeiten daher nur geben, wenn die Fälligkeit solcher Gebühren (für gerichtliche Tätigkeiten) sich aus den beiden Tatbeständen des Satzes 1 (**Erledigung des Auftrags oder Beendigung der Angelegenheit**) ergibt. Solche schon vorprozessual fällig werdenden Vergütungsansprüche für Tätigkeiten in gerichtlichen Verfahren sind kaum denkbar. Vielleicht bringt die Vielfalt des Lebens sie doch noch hervor.

54 • **Beispielsfall** (etwas weit hergeholt):

Ein Anwalt erhält im November Klageauftrag und fängt mit der Bearbeitung an. Im Dezember verstirbt er. Der Mandant beauftragt nunmehr einen anderen Anwalt, der am 15. März des Folgejahres die Klage anhängig macht. Folge:

Erledigung des Auftrags im Dezember = Fälligwerden der Vergütung nach Abs. 1 Satz 1 Alt. 1. Beginn der Verjährungsfrist am 31.12., Hemmung der Verjährung am 15. 03. des Folgejahres durch Anhängigmachen der Klage.

Besser vorstellbar ist diese Fallkonstellation (Anlaufen der Verjährungsfrist bei Vergütungsansprüchen aus gerichtlichen Verfahren) jedoch für den Fall der **vertraglich vereinbarten Fälligkeit**.

c) Vertraglich vereinbarte Fälligkeit

55 • **Beispiel**
Neben dem Prozessauftrag vom 01. 08. 2006 wird in gesonderter Urkunde vereinbart, dass ein Stundenhonorar von € 260,00 netto mit Zeitnachweis zu zahlen ist, fällig jeweils zum 15. des Folgemonats. Zur Vorbereitung der Klage unternimmt der Anwalt umfangreiche Recherchen, die sich bis zum 01.03. des Folgejahres 2007 hinziehen. Die Klage wird am 01.04. des Folgejahres 2006 bei Gericht eingereicht, also anhängig gemacht. Für die Zeitvergütungsforderungen, die erst im Jahre 2007 fällig geworden sind, ist die Sache problemlos, da die Verjährung insoweit ohnehin erst am 31. 12. 2007 beginnt, also in die Anhängigkeitszeit fällt. Soweit die Vergütungsforderungen für das Klageverfahren aber aus 2006 stammen und dort auch schon monatlich (am 15.09.; 15.10.; 15.11. und 15. 12. 2006) fällig geworden sind, sind bereits Verjäh-

rungszeiträume entstanden und zwar vom 31.12.2006 bis zur Hemmung durch die Klageeinreichung vom 01.04.2007, die nach Ende der Hemmung mitzurechnen sind.

Die Hemmung endet, sobald einer der drei Tatbestände des Absatzes 2 Satz 2 sich verwirklicht (näher erläutert nachfolgend unter Nr. 2.). 56

Die Anhängigkeit endet wie die Rechtshängigkeit erst mit der formellen Rechtskraft (BGH NJW 1995, 1095, 1096; Baumbach/Lauterbach ZPO § 261 Rn. 15). Das bedeutet: Befindet sich der Hauptsachestreit noch in der Rechtsmittelinstanz und läuft auf die Urteilsverkündung erster Instanz hin (Fälligkeitsauslösung des Vergütungsanspruchs) das Kostenfestsetzungsverfahren parallel ab oder wird es gar bis zur Rechtskraft der Hauptsache gem. § 104 Abs. 3 Satz 2 ZPO ausgesetzt, so wird während dieser Anhängigkeit der Hauptsache gemäß Abs. 2 die Verjährung des Vergütungsanspruchs gehemmt. 57

2. Ende der Hemmung (Abs. 2 Satz 2 und 3)

a) Gesetzliche Hemmungstatbestände

Die Hemmung endet nach Abs. 2 Satz 2 und 3 durch Eintritt der folgenden Umstände: 58

Rechtskraft, anderweitige Beendigung des Verfahrens, Ruhen des Verfahrens.

aa) Rechtskraft (Satz 2 Alt. 1)

Rechtskräftige Entscheidung bedeutet der Eintritt der äußeren Rechtskraft des Urteils (§§ 705, 322 ZPO), also Ablauf der Rechtsmittelfrist. 59

bb) Anderweitige Beendigung des Verfahrens (Satz 2 Alt. 2)

Anderweitige Beendigung des Verfahrens und damit anderweitige Beendigung der Anhängigkeit tritt z. B. ein durch Prozessvergleich, Klagerücknahme, wirksames Ausscheiden eines Beklagten durch Klageänderung (§ 264 ZPO; BGH FamRZ 1987, 928). 60

cc) Ruhen des Verfahrens länger als 3 Monate

Voraussetzung ist nicht die förmliche Anordnung des Ruhens des Verfahrens (§ 251 ZPO). Zeitlicher Anknüpfungspunkt für das Ende der Hemmung ist die **letzte Verfahrenshandlung** der Parteien, des Gerichts oder einer sonstigen mit dem Verfahren befassten Stelle (OVG Bremen JurBüro 1999, 298). 61

Hier wird der Gedanke aus Abs. 1 Satz 2 Alt. 3 (Nichtbetreiben länger als 3 Monate) wieder aufgegriffen, nur dass jetzt für das Ende der Hemmung nicht wie bei der Fälligkeit auf die Evidenz des Nichtbetreibens (3 Monate lang ist nichts geschehen), also das **Ende der 3 Monate** abgestellt wird, sondern das Ende der Hemmung zurückdatiert wird auf den Zeitpunkt der schon 3 Monate zurückliegenden **letzten Verfahrenshandlung**. Das bedeutet: Steht fest, dass das Verfahren (weil 3 Monate nichts mehr geschehen ist) nicht mehr betrieben wird, so entfällt für die letzten 3 Monate die Hemmung der Verjährung. Dieser Dreimonatszeitraum ist aber im Regelfall kaum relevant, da im gerichtlichen Verfahren der Stillstand (Nichtbetreiben) meist zeitlich vor der Kostenentscheidung und wohl immer vor der Beendigung des Rechtszuges liegt. Konsequenz: **Fälligkeit** tritt erst mit dem Ende der Dreimonatsfrist (Ruhen nach Abs. 1 Satz 2 Alt. 3) ein. Stichtag für den Verjährungsfristbeginn ist dann der nächste 31.12. 62

Ein anderer (früherer) Fälligkeitstermin könnte sich zwar aus einem der beiden Fälle des Absatzes 1 (Erledigung des Auftrags oder Beendigung der Angelegenheit) ergeben. Die Suche nach Beispielen fällt schwer. Deshalb noch einmal das schon genannte (Rn. 54).

• **Beispiel**

Der Anwalt stirbt im Dezember nach Erhalt des Prozessauftrags (November). Ein neuer Anwalt erhebt die Klage am 15.11. des Folgejahres. Der Vergütungsanspruch der Erben des ver- 63

Abschnitt 1 – Allgemeine Vorschriften

storbenen Anwalts wird somit im Dezember fällig. Die Verjährungsfrist beginnt am 31. 12. Im Folgejahr wird der letzte Schriftsatz am 15. 09. gewechselt. Folge: Am 16. 12. ruht das Verfahren länger als 3 Monate (Abs. 1 Satz 2 Alt. 3.), aber Ende der Hemmung durch die Rückdatierung schon am 15. 09.

Ergebnis: Die Zeit vom 31. 12. bis zur Klageeinreichung kommt aufs Dreijahreskonto und ferner die Zeit ab dem 15. 09. bis zur neuen Klageerhebung (15. 11. des Folgejahres). Man sieht, die Regelungen des Gesetzgebers sind generell und abstrakt und nicht immer praxisrelevant. Das von der Novelle bemühte Muster, der frühere § 210 Abs. 2 BGB, galt für vorprozessual fällig gewordene Forderungen. Hier ist die Hemmungsregelung aber geschaffen worden für Ansprüche, die im Regelfall erst durch ein prozessuales Geschehen fällig werden und gerade zu diesem Zeitpunkt besteht aber schon geraume Zeit die Hemmung durch Anhängigkeit.

Nichtbetreiben = Ergebnis einer wertenden Betrachtung

Die Feststellung des Nichtbetreibens (= Ruhen des Verfahrens) bedarf einer Wertung. Das Nichtbetreiben muss einen Verfahrensstillstand bewirken. Wie bei Rn. 48 (Ruhen des Verfahrens) bemerkt, tritt nicht deshalb ein Verfahrensstillstand ein, weil das Gericht etwa Fristen von 3 Monaten und mehr setzt oder ein Termin erst in 5 Monaten bestimmt wird.

• **Beispiel**

64 Das Gericht stellt den Parteien ein umfangreiches schriftliches Sachverständigengutachten über schwierige technische Fragen zu und gibt ihnen Gelegenheit zur Stellungnahme binnen 4 Monaten. Dann fehlt es an einem Verfahrensstillstand. Gleiches gilt etwa, wenn das Gericht auf 4 Monate hinaus terminiert oder das beschlossene Sachverständigengutachten mehr als 3 Monate auf sich warten lässt. Bei wertender Betrachtung muss es sich immer um ein erkennbares Nichtbetreiben handeln, woran es hier mangelt.

b) Erneute Hemmung (Abs. 2 Satz 4)

65 Greift eine der Parteien das nicht betriebene Verfahren wieder auf, so beginnt die Hemmung erneut (Abs. 2 Satz 4). Ein solches Betreiben muss inhaltlich erkennbar sein. Es fehlte etwa, wenn eine Partei nur eine Sachstandsanfrage hält. Eine der beiden Parteien muss das Verfahren entweder ausdrücklich oder doch wenigstens schlüssig wieder weiter betreiben. Unklar ist, was geschehen soll, wenn das Gericht die Sache selbst wieder aufgreift. Nach dem förmlichen Wortlaut des Gesetzes wird die Hemmung dann erst wieder beginnen, wenn nach der Aufnahme des Verfahrens durch das Gericht auch eine der Parteien das Verfahren wieder aktiv betreibt. Eine solche Verfahrenssituation (Gericht greift die Sache wieder auf) bildet bei einer kurzen Restlaufzeit eine Gefahr für den Anwalt. Sein Vergütungsanspruch kann in diesem Falle, wenn also nur das Gericht erneut gehandelt hat, für ihn überraschend verjähren, wenn er den Gesetzeswortlaut, der nur auf die Parteien abstellt, nicht kennt oder nicht beachtet. Die betreffende Partei sollte daher sicherheitshalber, auch wenn das Gericht die Sache wieder aufgegriffen hat, formelhaft schreiben: »... nehmen wir das Verfahren wieder auf« oder »... betreiben wir das Verfahren weiter«, um auf der sicheren Seite zu sein.

§ 9
Vorschuss

Der Rechtsanwalt kann von seinem Auftraggeber für die entstandenen und die voraussichtlich entstehenden Gebühren und Auslagen einen angemessenen Vorschuss fordern.

Inhaltsübersicht

	Rn.
A. Allgemeines	1
B. Kommentierung	6
I. Anwendungsbereich	6
II. Der Tatbestand im Einzelnen	12
1. Anspruchsberechtigter	12
2. Anspruchsverpflichteter	15
3. Höhe des Vorschusses	24
4. Steuerliche Behandlung des Vorschusses	28
5. Anforderung und Zahlung des Vorschusses	37
6. Abrechnung des Vorschusses; Insolvenzanfechtung	42

A. Allgemeines

Mit der Annahme des Mandats wird zwischen dem RA und seinem Mandanten (Auftraggeber) ein **Dienstvertrag** geschlossen, der eine Geschäftsbesorgung zum Gegenstand hat (§§ 675 f., 611 ff. BGB). Aufgrund dieses Vertragsverhältnisses könnte er Vergütung erst verlangen, wenn er seinen Auftrag erfüllt hat (§ 320 Abs. 1 Satz 1 BGB). Lediglich für die erforderlichen Aufwendungen könnte er Vorschuss fordern (§§ 675 Abs. 1, 669 BGB). Die Vorschrift gibt dem RA nun unabhängig vom Vertragsrecht einen Anspruch, von seinem Auftraggeber einen Vorschuss für die entstehenden Gebühren und Auslagen zu verlangen. 1

Für Aufwendungen, die nicht im RVG (VV Nrn. 7000 ff.) geregelt sind (z. B. vorgelegte Gerichtskosten), kann der RA **Vorschuss nach Vertragsrecht** (§§ 675 Abs. 1, 669 BGB) fordern (Schneider/Wolf RVG § 9 Rn. 2). 2

§ 9 entspricht wortwörtlich und demgemäß auch inhaltlich § 17 BRAGO. 3

Für die Anforderung eines Vorschusses ist die Übersendung einer **Berechnung (§ 10) keine Voraussetzung**. Der RA sollte allerdings dem Mandanten die Höhe des Vorschusses mittels einer Berechnung plausibel machen. 4

Hat der RA einen Vorschuss erhalten, ist er auch dann zur Übersendung einer Berechnung verpflichtet, wenn er keine weitere Vergütung geltend machen will (Gerold/Schmidt/von Eicken/Madert/Müller-Rabe RVG § 10 Rn. 5). 5

B. Kommentierung

I. Anwendungsbereich

Das Recht steht grundsätzlich **jedem RA zu**, der einen Geschäftsbesorgungsvertrag mit seinem Auftraggeber geschlossen hat und sich die Vergütung nach dem RVG richtet. Der Vorschuss dient zur Sicherstellung des späteren Vergütungsanspruchs des RA (BGH NJW 2006, 2701 und NJW 1989, 1167). 6

Zum dem späteren Vergütungsanspruch gehört auch die Pauschgebühr nach § 42 (Schneider/Wolf RVG § 9 Rn. 22). 6a

Ausgenommen hiervon ist der **PKH-Anwalt**, da dieser durch § 122 Abs. 1 Nr. 3 ZPO gehindert ist, seine Vergütung gegenüber dem Auftraggeber geltend zu machen. Die Hinderung besteht während der Dauer der PKH-Bewilligung, somit auch bei Vorliegen der Vorausset- 7

Abschnitt 1 – Allgemeine Vorschriften

zungen für die weitere Vergütung nach § 50 RVG. Der PKH-Anwalt kann jedoch nach § 47 einen Vorschuss von der Staatskasse verlangen (siehe dort).

8   Die Vorschrift **gilt somit nicht für den RA**, der lediglich aufgrund einer gerichtlichen Bestellung oder Beiordnung tätig wird. Das ist insbesondere
   – der gerichtlich bestellte Verteidiger (Vorschussausschluss auch nach § 52 Abs. 1 Satz 1 Hs. 2 RVG),
   – der nach § 625 ZPO beigeordnete RA (für diesen ist die Vorschusspflicht in § 39 Satz 1 RVG geregelt),
   – der nach § 67 a Abs. 1 Satz 2 VwGO bestellte RA (hier ist die Vorschusspflicht in § 40 RVG geregelt),
   – der nach den §§ 57, 58 ZPO zum Prozesspfleger bestellte RA (Vorschussausschluss auch durch § 41 Satz 2 RVG),
   – der dem Privatkläger, dem Nebenkläger, dem Antragsteller im Klageerzwingungsverfahren oder in sonstigen Angelegenheiten, in denen sich die Gebühren nach Teil 4, 5 oder VV bestimmen, beigeordnete RA (Vorschussausschluss auch durch §§ 53 Abs. 1, 52 Abs. 1 Satz 1 Hs. 2 RVG),
   – der Notanwalt (§ 78 b ZPO) (Vorschussregelung in § 78 c Abs. 2 ZPO).

9   Soweit für diese eine Vergütung aus der Staatskasse gewährt wird (siehe bei § 45), besteht nach § 47 und für die Pauschvergütung nach § 51 Abs. 1 Satz 5 ein Anspruch auf Vorschuss gegen die Staatskasse.

10 Ist jedoch **PKH** nur **teilweise** gewährt worden, kann der RA von seinem Auftraggeber für den durch die PKH nicht gedeckten Anspruch Vorschuss verlangen.

11 Die Vorschrift ist auch **nicht anwendbar** für den RA, der eine Vergütung nach anderen Vorschriften erhält. Dies ist insbesondere der RA als (Gegen-)Betreuer, (Gegen-)Vormund oder Pfleger. Dieser kann nach den §§ 669, 670 BGB vom Mündel/Betreuten Vorschuss verlangen (§§ 1835, 1908 i, 1915 BGB), bei mittellosen Mündeln/Betreuten von der Staatskasse (§ 1835 Abs. 4 BGB). Das ist auch der RA als Insolvenz- oder Zwangsverwalter. Hier ist der Vorschuss in den § 9 InsVV, § 22 ZwVwV geregelt.

II. Der Tatbestand im Einzelnen

1. Anspruchsberechtigter

12 Die Vorschrift **gilt für alle**, die nach § 1 Abs. 1 nach dem RVG abrechnen können. Das sind nicht nur die Prozess-/Verfahrensbevollmächtigten oder Verteidiger, sondern auch die Rechtsanwälte die mit der außergerichtlichen Vertretung beauftragt sind, z. B. der Beratungsanwalt, der Verkehrsanwalt oder der Terminsvertreter. Auf die Erörterung bei § 1 Rn. 10 ff. wird Bezug genommen.

13 Demgegenüber **gilt § 9 nicht** für diejenigen Rechtsanwälte, die als Vormund, Betreuer, Pfleger, Verfahrenspfleger, Testamentsvollstrecker, Insolvenzverwalter, Sachwalter, Mitglied des Gläubigerausschusses, Nachlassverwalter, Zwangsverwalter, Treuhänder, Schiedsrichter, Sequesters (siehe hierzu BVerfG NJW 2004, 437) oder in ähnlicher Stellung tätig werden. Da für diese das RVG nicht gilt (§ 1 Abs. 2). Für diese kommt unter Umständen ein Vorschussrecht nach anderen Bestimmungen in Betracht. So z. B. für den RA als Vormund oder Gegenvormund (§ 835 Abs. 1 BGB) oder als Pfleger (§ 1915 BGB), jeweils i. V. m. §§ 670, 669 BGB.

14 Wird der Vormund, Betreuer, Pfleger zur Vertretung des Mündel, Betreuten usw. als RA tätig und kann daher zusätzlich eine Vergütung nach dem RVG verlangen, greift auch § 9 und er kann aus dem verwalteten Vermögen einen Vorschuss verlangen (Gerold/Schmidt/Madert/Müller-Rabe/Mayer/Burhoff § 9 Rn. 3).

Der nach § 78 c ZPO beigeordnete Anwalt (**Notanwalt**) kann gem. § 78 c Abs. 2 ZPO die Übernahme der Vertretung davon abhängig machen, dass ihm die Partei einen Vorschuss zahlt, wobei nach dem Wortlaut der Bestimmung dieser Anwalt den Vorschuss grundsätzlich vor der Übernahme der Vertretung geltend machen muss.

Soweit sich z. B. durch eine Klageerweiterung oder durch Hilfsaufrechnung (§ 45 Abs. 3 GKG) die Berechnungsgrundlage für den Vorschuss ändert, kann der Notanwalt auch nach Übernahme der Vertretung einen Vorschuss verlangen (vgl. Madert AGS 2003, 286; Schneider/Wolf RVG § 9 Rn. 12). 14a

2. Anspruchsverpflichteter

Der **Auftraggeber** schuldet den Vorschuss. Soweit ein Dritter (z. B. Mitauftraggeber) dem RA nach den Bestimmungen des bürgerlichen Rechts unmittelbar für die Vergütung haftet, ist auch dieser Dritte vorschusspflichtig (vgl. Gerold/Schmidt/Madert/Müller-Rabe/Mayer/Burhoff RVG § 9 Rn. 15; Schneider/Wolf RVG § 9 Rn. 33). 15

Keinen unmittelbaren Anspruch auf Vorschuss hat der RA gegen **Dritte**, die lediglich seinem Auftraggeber vorschusspflichtig sind (z. B. nach § 1360 a BGB; Schneider/Wolf RVG § 9 Rn. 33; Gerold/Schmidt/Madert/Müller-Rabe/Mayer/Burhoff RVG § 9 Rn. 13). 16

Kein Dritter ist die Partei kraft Amtes (u. a. Insolvenzverwalter, Testamentsvollstrecker). Sie erteilt den Auftrag unmittelbar und haftet daher auch unmittelbar mit dem von ihm verwalteten Vermögen. 17

Zu beachten ist, dass bei **Minderjährigen** ohne Einwilligung der gesetzlichen Vertreter des Minderjährigen kein Mandatsvertrag zustande kommt, da dieser – wie bereits ausgeführt – sich ausschließlich nach den Bestimmungen des bürgerlichen Rechts richtet. Die Vorschrift § 110 BGB sichert dem Anwalt seinen Honoraranspruch nicht. 18

Aber auch soweit der gesetzliche Vertreter den Auftrag erteilt, den Minderjährigen z. B. in einem Strafprozess zu verteidigen, ist Vorsicht geboten; denn weigert sich dieser später, die Anwaltsgebühren zu bezahlen und hat der minderjährige Mandant selbst keine Einkünfte, so lässt sich der Vergütungsanspruch schwerlich durchsetzen, denn es besteht keine Haftung des Inhabers der elterlichen Sorge für die Anwaltskosten. 19

Es ist daher ratsam, dass der RA von den Eltern des minderjährigen Kindes aufgrund deren Unterhaltspflicht (§§ 1602, 1610 Abs. 2 BGB) einen angemessenen Vorschuss verlangt oder aber die Mandatsübernahme davon abhängig macht, dass die Eltern die persönliche Haftung für die Vergütung anstelle des Minderjährigen übernehmen. 20

Zwischen dem RA und der **Rechtsschutzversicherung** des Auftraggebers bestehen grundsätzlich keine unmittelbaren Rechtsbeziehungen. Diese bestehen nur zwischen Versicherer und Auftraggeber einerseits sowie zwischen dem Auftraggeber und dem RA andererseits. Daraus folgt, dass der Vorschussanspruch nur gegenüber dem Mandanten besteht. Aus § 5 Abs. 2 a der Allgemeinen Bedingungen für die Rechtsschutzversicherung (ARB 2008) hat der Mandant als Versicherungsnehmer einen Anspruch gegen den Versicherer auf Freistellung. Fordert der RA von seinem Auftraggeber einen Vorschuss, so hat die Versicherung diesen zu erfüllen (BGH NJW 2006, 1281 = VersR 2006, 404). Zahlt die Versicherung den Vorschuss, so zahlt sie in Erfüllung ihrer Verpflichtung aus dem Versicherungsvertrag gegenüber dem Versicherungsnehmer auf dessen Schuld aus dem Anwaltsvertrag gegenüber dem RA (§ 267 BGB). Die von der Versicherung gezahlten Vorschüsse kann diese vom RA auch dann nicht zurückverlangen, wenn nachträglich die Kostendeckungszusage wirksam widerrufen wird oder aus anderen Gründen Ersatzansprüche bestehen. Derartige Ansprüche des Versicherers richten sich allein gegen seinen Versicherungsnehmer, es sei denn, die Versicherung hätte sich bei der Zahlung die Rückforderung vorbehalten (LG Trier RuS 1991, 309; Gerold/Schmidt/Madert/Müller-Rabe/Mayer/Burhoff RVG § 9 Rn. 28). 21

Abschnitt 1 – Allgemeine Vorschriften

22 Im **Strafverfahren** ist im Zusammenhang mit einer Rechtsschutzversicherung die Besonderheit zu beachten, dass kein **Versicherungsschutz** für vorsätzlich begangene Taten besteht (§ 2 i ARB 2008). Der RA sollte daher bei Taten, die auch fahrlässig begangen werden können, immer auf Zahlung des gesamten Vorschusses durch die Rechtsschutzversicherung bestehen, denn wird sein Auftraggeber wegen Vorsatz verurteilt, gibt es keine Möglichkeit mehr, die Versicherung zur Zahlung zu veranlassen.

23 Es besteht kein Anspruch auf Vorschuss, wenn der **Zahlungspflichtige nur Raten zahlen kann** (OLG Düsseldorf FamRZ 1995, 680). Allerdings dürfte hier zu prüfen sein, ob der Auftraggeber Anspruch auf PKH hat.

3. Höhe des Vorschusses

24 Der RA kann für die entstandene und in der gleichen Angelegenheit (siehe unten Rn. 37 a) voraussichtlich noch entstehende Vergütung (Gebühren und Auslagen) einen **angemessenen** Vorschuss fordern.

25 Demgemäß richtet sich die Höhe des Vorschusses nach der Höhe der bei Durchführung des Auftrags dem RA **voraussichtlich entstehenden Vergütung** (OLG Frankfurt AGS 2005, 658; AG Dieburg NJW-RR 2004, 932 = AGS 2004, 282 mit Anm. N. Schneider), wobei es unerheblich ist, ob Teile davon bereits angefallen sind oder erst in Zukunft anfallen werden und ob es sich um eine gesetzliche oder eine vereinbarte Vergütung handelt.

26 Bei **Rahmengebühren** orientiert sich die Höhe des Vorschusses an dem vorhersehbaren Gebührensatz unter Berücksichtigung von § 14. Dabei wäre es unbillig, die Obergrenze des Rahmens auszuschöpfen, wenn hierfür noch keine Anhaltspunkte vorliegen (BGH Rpfleger 2004, 246 = NJW 2004, 1043).

26a Liegt eine Honorarvereinbarung vor, kann sie Grundlage für die Vorschusshöhe sein (Gerold/Schmidt/Madert/Müller-Rabe/Mayer/Burhoff RVG § 9 Rn. 11; Schneider/Wolf RVG § 9 Rn. 90, die ein Aufnahme der Vorschusspflicht und -höhe in die Vereinbarung empfehlen).

27 Ist erkennbar, dass der bisher angeforderte Vorschuss **nicht ausreichend** ist, kann selbstverständlich ein weiterer Vorschuss gefordert werden, z. B. im Falle einer Klageerhöhung oder Widerklage (siehe auch BGH Rpfleger 2004, 246 = NJW 2004, 1043).

4. Steuerliche Behandlung des Vorschusses

28 Der Vorschuss geht in das Vermögen des RA über, denn er bezweckt die Sicherstellung der entstandenen und enthält die **Vorauszahlung** auf die noch nicht entstandene Vergütung. In der Regel ist die Vergütung in jedem Fall noch nicht fällig (§ 8 Abs. 1). Vorschüsse an den RA sind Betriebseinnahmen (§ 4 Abs. 3 EStG). Daher beinhalten Vorschusszahlungen auf Gebühren auch einen Umsatzsteueranteil.

29 Gerichtskostenvorschüsse des Mandanten sind einkommensteuerrechtlich keine Betriebseinnahmen, mithin ist die Einzahlung bei der Gerichtskasse auch keine Betriebsausgabe. Umsatzsteuerlich sind Gerichtskostenvorschüsse als durchlaufende Posten nicht zu versteuern (Kehrer AnwBl. 1963, 133).

30 Bei der Verrechnung von Vorschusszahlungen ist auf den gesonderten Ausweis der **Umsatzsteuer** zu achten.

31 Allzu oft wird bei der Schlussabrechnung der Umsatzsteuerausweis von Vorschusszahlungen vernachlässigt oder gar falsch angegeben. Dies führt zu Problemen bei einer möglichen Betriebsprüfung.

32 Wird der Vorschuss nicht in Nettobetrag und entsprechender Umsatzsteuer gesondert aufgeführt, schuldet man dem Finanzamt die für die Vorschusszahlung ausgewiesene Umsatzsteuer zweimal (§ 14 Abs. 2 Satz 1 UStG).

Vorschuss | § 9

Weil das Gesetz bezüglich Nettobeträgen und Umsatzsteuer/Mehrwertsteuer eindeutige Vorgaben macht, muss aus der Kostenvorschussberechnung eindeutig hervorgehen, dass damit Vorschüsse im Voraus abgerechnet werden. Dabei kommt es nicht darauf an, ob vor Ausführung der anwaltlichen Leistung über das gesamte Honorar oder nur über einen Teil der Vergütung abgerechnet wird. Diese Regelung gilt auch für die Umsatzsteuer (§ 14 Abs. 5 UStG). 33

Wichtig ist insoweit, dass die Umsatzsteuer auf den Vorschuss bereits mit Ablauf des Voranmeldungszeitraums entsteht, in dem die Zahlung vereinnahmt worden ist. Sie kann nicht erst in der Schlussrechnung angesetzt werden. In der Schlusskostennote, mit der dann die erbrachte Leistung insgesamt abgerechnet wird, sind die vereinnahmten Vorschüsse sowie die hierauf entfallenden Steuerbeträge abzusetzen, weil darüber Rechnungen mit gesondertem Steuerausweis erteilt worden sind. 34

- **Beispiel** 35
Der RA wird beauftragt, für seinen Mandanten eine Forderung von € 30.000,00 einzuklagen. Der RA verlangt folgenden Vorschuss:

Gegenstandswert: € 30.000,00

1,3 Verfahrensgebühr, Nr. 3100 VV RVG	€ 985,40
1,2 Terminsgebühr, Nr. 3104 VV RVG	€ 909,60
Auslagenpauschale, Nr. 7002 VV RVG	€ 20,00
Zwischensumme	€ 1.915,00
19 % USt Nr. 7008 VV RVG	€ 363,85
Summe:	€ 2.278,85

Der Mandant hat die Vorschussanforderungen insgesamt gezahlt.

Im weiteren Verlauf des Verfahrens entsteht noch eine Einigungsgebühr aus € 15.000,00.

Wie sieht seine Schlussrechnung im Hinblick auf die Umsatzsteuer aus?

Lösung:

Es darf nur noch auf den Netto-Restbetrag Umsatzsteuer erhoben werden. Die Schlussrechnung könnte wie folgt aussehen:

Beschreibung	Wert	Betrag
1,3 Verfahrensgebühr Nr. 3100 VV RVG,	€ 30.000	€ 985,40
1,2 Terminsgebühr Nr. 3104 VV RVG,	€ 30.000	€ 909,60
1,0 Einigungsgebühr Nr. 1003 VV RVG,	€ 15.000	€ 566,00
Auslagenpauschale Nr. 7002 VV RVG		€ 20,00
Zwischensumme		€ 2.481,00
19 % USt. Nr. 7008 VV RVG		€ 471,39
Zwischensumme 1		€ 2.952,39
./. Vorschuss Vergütung		€ 1.915,00
./. Vorschuss USt.		€ 363,85
Rest Vergütung		€ 566,00
Rest USt		€ 107,54
Insgesamt noch zu zahlen		€ 673,54

Abschnitt 1 – Allgemeine Vorschriften

36 Ohne die Angabe, wieviel Umsatzsteuer in dem Vorschuss enthalten ist, müsste der RA die Umsatzsteuer für die Vorschusszahlung (€ 363,85) und die Umsatzsteuer für die Schlussrechnung (€ 471,39) an das Finanzamt abführen, wobei allerdings die Schlussrechnung berichtigungsfähig ist (§ 14 Abs. 2 Satz 2 i. V. m. § 17 UStG).

36 a Die Anforderung des Vorschusses kann eine Rechnung im Sinne des § 14 UStG sein. Näheres siehe § 10 Rn. 27 ff.

5. Anforderung und Zahlung des Vorschusses

37 Die Anforderung kann ohne Berechnung im Sinne des § 10 erfolgen, da diese Vorschrift für den Vorschuss nicht gilt. Es empfiehlt sich allerdings, die Höhe des Vorschusses seinem Auftraggeber durch eine Berechnung plausibel zu machen.

37 a Umfasst ein Auftrag mehrere Angelegenheiten ist für die Vorschussanforderung ist nicht der Auftrag, sondern die jeweilige Angelegenheit maßgebend. Die Vorschussanforderung muss sich daher auf die jeweilige Angelegenheit beziehen. Ist diese bereits beendet und damit die Vergütung fällig (§ 8 Abs. 1, siehe auch § 8 Rn. 22) erlischt der Vorschussanspruch (BGH NJW 2006, 2701).

38 Für die Anforderung und Zahlung des Vorschusses gilt § 286 BGB. Der RA kann daher **Verzugszinsen** berechnen (§ 288 BGB).

39 Mit dem Eingang der Vorschusszahlung beim RA tritt Erfüllungswirkung ein (§ 362 BGB). Zahlungen in einer **fremden Währung** werden somit mit dem Kurswert am Eingangstag umgerechnet.

40 Bei **Nichtzahlung** des angeforderten Vorschusses darf der RA seine Tätigkeit einstellen. Sollte der RA die Einstellung jedoch nicht angekündigt haben, muss er unaufschiebbare, insbesondere fristwahrende Handlungen noch vornehmen (OLG Karlsruhe, Beschl. v. 09. 11. 1987, Az.: 4 U 178/86; VGH Baden-Württemberg Justiz 1982, 102).

41 Der **Vorschuss kann nicht** nach § 11 **festgesetzt werden**. Er könnte jedoch eingeklagt werden. Dies ist allerdings nach überwiegender Auffassung standeswidrig (a. A. Mayer/Kroiß § 9 Rn. 1). Der bessere Weg ist die Niederlegung des Mandats, um so die Vergütung fällig zu stellen und sie damit festsetzbar (§ 11) oder standesgemäß einklagbar zu machen.

6. Abrechnung des Vorschusses; Insolvenzanfechtung

42 Nach Fälligkeit der Vergütung hat der Auftraggeber gegen den RA einen vertraglichen Anspruch auf **Abrechnung des Vorschusses**. Übersteigt der Vorschuss die Vergütung, hat der Auftraggeber einen vertraglichen Anspruch auf Rückzahlung. Der Anspruch auf Rückzahlung unterliegt der regelmäßigen Verjährungsfrist (§ 195 BGB = 3 Jahre). Die Frage, wann die Frist beginnt, ist streitig. Die eine Auffassung geht vom Ende des Jahres aus (§ 199 BGB), in welchem die Fälligkeit (§ 8) eintritt (OLG Düsseldorf OLGR 1992, 75; Gerold/Schmidt/Madert/Müller-Rabe/Mayer/Burhoff RVG 17. Aufl. § 9 Rn. 23). Nach der anderen Auffassung beginnt die Verjährung erst mit Ablauf des Jahres, in welchem der Auftraggeber die Berechnung (§ 10) erhält (Schneider/Wolf RVG § 9 Rn. 87). Der ersten Auffassung ist der Vorzug zu geben, da auch für diesen Anspruch die Mitteilung der Berechnung für den Beginn der Verjährung ohne Bedeutung ist (§ 10 Abs. 1 Satz 2).

43 Bei der Zahlung eines Vorschusses an den RA kann es sich um ein Bargeschäft i. S. des § 142 InsO handeln, wenn zwischen Auftragserteilung oder dem Beginn der Tätigkeit und der Zahlung des Vorschusses ein enger zeitlicher Zusammenhang besteht. Dies ist bei einem Zeitraum von mehr als 30 Tagen nicht mehr der Fall (BGH NJW 2006, 2701). Darüber hinaus muss die Höhe des Vorschusses so bemessen sein, dass die wertäquivalente Vergütung für die nächsten 30 Tage nicht überschritten wird (BGH a. a. O.). Der BGH hält es in diesem Zusammenhang für zumutbar, in regelmäßigen Abständen Vorschüsse anzufordern, die diese

Voraussetzungen erfüllen (BGH a. a. O.). Bei Zahlung des Vorschusses darf schließlich die Fälligkeit der Vergütung noch nicht eingetreten sein (siehe oben Rn. 37 a). Handelt es sich um ein Bargeschäft, ist die Zahlung des Vorschusses insolvenzfest i. S. des § 142 InsO (siehe auch Ringstmeier BGHReport 2006, 135).

Abschnitt 1 – Allgemeine Vorschriften

§ 10
Berechnung

(1) ¹Der Rechtsanwalt kann die Vergütung nur auf Grund einer von ihm unterzeichneten und dem Auftraggeber mitgeteilten Berechnung einfordern. ²Der Lauf der Verjährungsfrist ist von der Mitteilung der Berechnung nicht abhängig.

(2) ¹In der Berechnung sind die Beträge der einzelnen Gebühren und Auslagen, Vorschüsse, eine kurze Bezeichnung des jeweiligen Gebührentatbestands, die Bezeichnung der Auslagen sowie die angewandten Nummern des Vergütungsverzeichnisses und bei Gebühren, die nach dem Gegenstandswert berechnet sind, auch dieser anzugeben. ²Bei Entgelten für Post- und Telekommunikationsdienstleistungen genügt die Angabe des Gesamtbetrags.

(3) Hat der Auftraggeber die Vergütung gezahlt, ohne die Berechnung erhalten zu haben, kann er die Mitteilung der Berechnung noch fordern, solange der Rechtsanwalt zur Aufbewahrung der Handakten verpflichtet ist.

Inhaltsübersicht

	Rn.		Rn.
A. Allgemeines	1	2. Form und Inhalt der Berechnung	16
B. Kommentierung	6	3. Unrichtigkeiten in der Kostenberechnung / Nachliquidation	24
I. Anwendungsbereich	6	4. Nachfordern der Berechnung	26
II. Der Tatbestand im Einzelnen	11	5. Anforderungen nach § 14 UStG	27
1. Einforderung	11		

A. Allgemeines

1 Man unterscheidet im RVG zwischen **Entstehen** der Gebühren und Auslagen, **Fälligkeit** der Vergütung und **Einforderbarkeit** oder Geltendmachbarkeit der Vergütung. Die Gebühren entstehen regelmäßig mit der Aufnahme der entsprechenden Tätigkeit (z. B. bei Nr. 3100 mit der ersten Handlung des RA zur Erfüllung des Geschäfts). Fällig wird die Vergütung, wenn eine der Voraussetzungen des § 8 vorliegt. Einfordern kann der RA dagegen seine Vergütung erst, wenn er ihre Berechnung seinem Mandanten mitgeteilt hat (§ 10).

2 § 10 entspricht § 18 BRAGO mit Ausnahme notwendiger Änderungen bezogen auf das neu eingeführte Vergütungsverzeichnis.

3 Der Lauf der Verjährungsfrist ist von der Mitteilung der Berechnung nicht abhängig (§ 10 Abs. 1 Satz 2).

4 Das Verlangen eines Vorschusses (§ 9) ist von der Mitteilung einer Berechnung nicht abhängig. Es empfiehlt sich gleichwohl, die für die Höhe des Vorschusses maßgebende Berechnung dem Mandanten mitzuteilen.

5 Hat der RA einen Vorschuss erhalten, so ist er zur Übersendung der Berechnung auch dann verpflichtet, wenn er keine weitere Vergütung geltend machen will (siehe auch § 9 Rn. 42).

B. Kommentierung

I. Anwendungsbereich

Die Vorschrift gilt für die nach dem RVG zu berechnende Vergütung. Erhält der RA eine Vergütung nach anderen Vorschriften (z. B. als Insolvenzverwalter), ist sie nicht anwendbar (§ 1 Abs. 2 RVG). 6

Sie gilt auch für Vergütungsvereinbarungen nach §§ 4, 4a RVG. Allerdings ist sie durch diese Vereinbarung ganz oder teilweise abdingbar. 7

Für Auslagen, die nicht nach dem RVG, sondern nach § 679 BGB abgerechnet werden, gilt die Vorschrift nicht. Diese können formlos abgerechnet werden. Allerdings muss auch diese Abrechnung für den Auftraggeber nachvollziehbar sein. 8

Die Vorschrift gilt nur gegenüber dem Auftraggeber, nicht gegenüber der Staatskasse. Gegenüber der Staatskasse ist § 55 RVG anzuwenden. 9

Die formelle Berechnung nach § 10 RVG muss weder im Kostenfestsetzungsverfahren nach §§ 104 ff. ZPO noch bei materiell-rechtlichen Erstattungsansprüchen vorgelegt werden (OLG Potsdam AnwBl. 2001, 306). Die Vorschrift gilt nur die Einforderbarkeit im Verhältnis zum Mandanten des RA (OLG München ZfSch 2007, 48). Der Ersatzpflichtige seines Mandanten kann daher nicht einwenden, ihm sei noch keine Berechnung nach § 10 RVG zugegangen. Er kann auch nicht einwenden, dass dem Mandaten des RA noch keine Berechnung nach § 10 RVG zugegangen sei (OLG München ZfSch 2007, 48). Auch der Eintritt des Verzugs des Ersatzpflichtigen ist nicht von der ordnungsgemäßen Einforderung an den Mandanten abhängig (N. Schneider AGS 2006, 19; gegen LG Bonn JurBüro 2005, 478). 10

Die Rechtsschutzversicherung kann die Zahlung verweigern, solange ihr gegenüber nicht die ordnungsgemäße Anforderung nach § 10 RVG nachgewiesen wird. 10a

II. Der Tatbestand im Einzelnen

1. Einforderung

Voraussetzung für die Einforderung der Vergütung des RA ist die Mitteilung einer ordnungsgemäßen Berechnung an den Auftraggeber (OLG Frankfurt AnwBl. 1975, 163). 11

Einforderung ist jede Geltendmachung des Anspruchs, also schon die Aufforderung zur Zahlung, die Mahnung, die Aufrechnung oder die Zurückbehaltung gegenüber einem Geldanspruch und schließlich das gerichtliche Geltendmachen des Anspruchs mittels Klage oder durch Mahnbescheid (BGH AnwBl. 1985, 257). Voraussetzung des Einforderns ist die Fälligkeit des Vergütungsanspruchs (§ 8). Zuvor kann der RA nur den Vorschuss (§ 9) verlangen. Daher ist die Übersendung einer Berechnung vor Fälligkeit grundsätzlich als Forderung eines angemessenen Vorschusses aufzufassen (Gerold/Schmidt/Madert/Müller-Rabe/Madert/Burhoff RVG § 10 Rn. 4). Keine Einforderung ist dagegen die Beantragung der Festsetzung des Geschäftswertes. 12

Adressat der Berechnung ist der Auftraggeber. Dabei müssen Name und Anschrift richtig angegeben sein. Adressat ist nicht immer der Vertretene. Es kann auch der Haftpflichtversicherer sein (z. B. die Versicherung hat nach § 10 AKB den Auftrag auch für den Halter und den Fahrer erteilt, dann bleibt sie gleichwohl der Adressat). 13

Bei **mehreren Auftraggebern** genügt regelmäßig eine Gesamtrechnung, in der alle Auftraggeber aufzuführen sind oder die auftraggebende Gemeinschaft (z. B. BGB-Gesellschaft, Erbengemeinschaft) zu bezeichnen ist. Liegt keine Vermögensgemeinschaft vor, muss sich aus der Berechnung ergeben, in welcher Höhe (§ 7 Abs. 2 Satz 1) jeder haftet. In diesem 14

Abschnitt 1 – Allgemeine Vorschriften

Fall dürften getrennte Rechnungen zweckmäßig sein, aus denen sich die Gesamtvergütung und der Einzelanteil ergeben, die außerdem den Hinweis enthalten, dass eine Nachforderung bis zur Höhe der Haftung (§ 7 Abs. 2 Satz 1) bei Nichtzahlung eines anderen Auftraggebers möglich ist.

15 **Einfordern ohne Berechnung** verpflichtet den Auftraggeber nicht zur Zahlung. Ebenso wenig kann er vor Erhalt der Berechnung durch Mahnung in Verzug geraten. Macht der RA seine Vergütung richtig geltend, muss er in der Klage, dem Mahnbescheidsantrag oder dem Festsetzungsgesuch (§ 11) angeben, dass er eine Kostenrechnung erstellt und sie dem Auftraggeber mitgeteilt hat. Unterlässt er diese Angabe, ist der Anspruch unschlüssig. Seine Klage muss abgewiesen werden. Zwar kann die Berechnung mit der Klage nachgeholt werden; der RA riskiert dann jedoch, dass ihm die Kosten des Rechtsstreits auferlegt werden (§ 93 ZPO).

2. Form und Inhalt der Berechnung

16 Die Kosten(be)rechnung bedarf der **Schriftform** und muss entweder vom RA persönlich oder seinem allgemeinen Vertreter **unterzeichnet** sein. Das Stempeln mit einem Faksimile reicht nicht aus (OLG Hamburg AnwBl. 1970, 233), ebenso wenig die Unterzeichnung durch das Büropersonal. Zu den Fällen, in denen die persönliche Unterschrift des RA ausnahmsweise entbehrlich ist, siehe *N. Schneider* (AGS 2005, 284).

Die Schriftform kann durch ein elektronisches Dokument ersetzt werden (§ 126 BGB). In diesem Fall ersetzt die qualifizierte elektronische Signatur nach dem Signaturgesetz die Unterschrift (§ 126 a BGB). Nur soweit die Schriftform und die Unterschrift gewahrt sind, kann der RA von seinem Auftraggeber seine Gebühren einfordern (§ 10 Abs. 1 Satz 1 RVG).

17 Der **ehemalige Rechtsanwalt** ist als Gläubiger seiner Vergütungsansprüche auch nach dem Ausscheiden aus der Anwaltschaft berechtigt und verpflichtet, zur Einforderung dieser Ansprüche außerhalb eines Kostenfestsetzungsverfahrens entsprechende Berechnungen zu unterzeichnen und den Auftraggebern mitzuteilen, wenn der bestellte Abwickler insoweit nicht tätig geworden ist (BGH NJW-RR 2004, 1144).

18 Die Berechnung muss die **abgerechneten Angelegenheiten** enthalten (z. B. »Rechtsstreit K./.B«). Bei mehreren Verfahren der gleichen Parteien ist diese Angabe weiter zu konkretisieren. Das Gleiche gilt bei einem Verfahren über mehrere Instanzen oder mehreren gebührenrechtlichen Angelegenheiten. Darüber hinaus muss ersichtlich sein, welche Gebühren und Auslagen zu welchem Verfahren gehören. Zur besseren Übersicht können manchmal getrennte Rechnungen für jede Angelegenheit zweckmäßig sein.

19 Die Berechnung muss eine kurze Bezeichnung des **Gebührentatbestands** mit der betreffenden Nummer des VV, bei Wertgebühren auch den Wert, sowie den Gebührenbetrag enthalten. Die Bezeichnung und der Betrag der **Auslagen** sind ebenfalls anzugeben. Eine **Zusammenfassung** mehrerer Gebühren und/oder Auslagen ist nicht zulässig. **Post- und Telekommunikationsdienstleistungen** (Nr. 7001 VV) müssen jedoch nicht einzeln aufgeführt werden, bei ihnen genügt die Angabe des Gesamtbetrags (§ 10 Abs. 2 S. 2). Auf Nachfrage des Mandanten ist jedoch eine detaillierte Aufstellung nachzuholen.

Außerdem müssen die erhaltenen **Vorschüsse** in der Berechnung enthalten sein. Hinsichtlich der Angabe der im Vorschuss enthaltenen **USt.** wird auf § 9 Rn. 28 ff. verwiesen).

20 Die Angabe des **Gebührensatzes** ist nicht vorgeschrieben, aber zweckmäßig, damit Rückfragen durch den Auftraggeber vermieden werden. Der rechtsunkundige Mandant sollte die Rechnung nachvollziehen können, ohne das Gesetz zur Hand zu nehmen.

21 • **Beispiel**
Auftragsgemäß klagt der RA vor dem Landgericht für den rechtsschutzversicherten Mandanten einen Betrag in Höhe von € 30.000,00 ein. Unter Hinweis auf § 9 (Vorschuss) hat der RA die

Rechtsschutzversicherung vor Klageeinreichung um Anweisung eines anwaltsüblichen und angemessenen Kostenvorschusses hier in Höhe von € 2.278,85 (davon € 363,85 USt.) gebeten. Nachdem dieser Betrag auf dem Kanzleikonto eingegangen ist, erhebt der RA Klage unter Beifügung eines Verrechnungsschecks in Höhe von € 1.020,00 für die Gerichtsgebühren. Im Termin zur mündlichen Verhandlung wird u. a. ein Vergleich über € 15.000,00 geschlossen und im Vergleich werden die Kosten des Rechtsstreits einschließlich des Vergleichs gegeneinander aufgehoben. Der RA übersendet der Rechtsschutzversicherung, die vorab ihr Einverständnis zu einem Vergleichsabschluss erklärt hatte, die nachfolgende Kostenberechnung:

In Sachen A ./. B

Klageverfahren LG XY (Az.: ...)

Gegenstandswert: € 30.000,00 bzw. € 15.000,00, § 2 Abs. 1 RVG

1,3 Verfahrensgebühr, Gegenstandswert € 30.000,00 Nr. 3100 VV RVG	€ 985,40
1,2 Terminsgebühr, Gegenstandswert € 30.000,00 Nr. 3104 VV RVG	€ 909,60
1,0 Einigungsgebühr, Gegenstandswert € 15.000,00 Nr. 1003 VV RVG	€ 566,00
Auslagenpauschale, Nr. 7002 VV RVG	€ 20,00
Zwischensumme 1	€ 2.481,00
19 % USt., Nr. 7008 VV RVG	€ 471,39
Zwischensumme 2	€ 2.952,39
./. Vorschuss auf Vergütung	€ 1.915,00
./. Vorschuss auf USt.	€ 363,85
Zwischensumme 3	€ 673,54
Verauslagte Gerichtskosten	€ 1.020,00
Endsumme	€ 1.693,54

Bei **Rahmengebühren** sollte unabhängig von den Mindestvoraussetzungen des § 10 auch die Höhe der Gebühr plausibel gemacht werden, insbesondere wenn mehr als die Mittelgebühr berechnet wird. 22

Wegen des Pflichtinhalts nach dem UStG siehe unten Rn. 27 ff. 23

3. Unrichtigkeiten in der Kostenberechnung/Nachliquidation

Fehler in der Kostenberechnung beeinflussen die **Wirksamkeit** derselben nicht; es brauchen 24 aber nur die tatsächlich entstandenen Gebühren und Auslagen bezahlt zu werden. Der RA kann eine falsche Berechnung nachträglich berichtigen, auch kann er übersehene Gebühren nachträglich einfordern (Nachliquidation) (OLG Düsseldorf AGS 2008, 432; BGH NJW-RR 1995, 758).

Auch die Justiz kann irrtümlich nicht angesetzte Gerichtskosten im Wege der **Nachliquida-** 25 **tion** nachfordern (§ 7 GKG). Was für die Gerichtskosten im Kostenansatzverfahren und für die Rechtsanwaltsgebühren im Kostenfestsetzungsverfahren gilt, muss auch für die Kostenrechnungen des RA gegenüber seinem Auftraggeber gelten. Eine Nachliquidation ist mithin möglich, es sei denn, derselben steht die Einrede der Verjährung entgegen (KG JurBüro 1971, 1029; 1973, 956). Vorsicht ist geboten bei einem geschätzten Streitwert und bei Rahmengebühren. Hier ist eine Nachliquidation zu Ungunsten des Mandanten nur dann möglich, wenn dieselbe ausdrücklich in der Rechnung vorbehalten wurde. In der Ausübung des Ermessen bei den Rahmengebühren liegt die Bestimmung der Leistung (§ 315 BGB), die nach Wirksamwerden (§ 130 BGB) nicht mehr einseitig geändert werden kann (Gerold/Schmidt/Madert/Müller-Rabe/Mayer/Burhoff RVG § 10 Rn. 13; Mümmler JurBüro 1997, 18). Anders verhält es sich aber bei vergessenen Gebührenansprüchen sowie insbesondere bei übersehenen Streit-

Abschnitt 1 – Allgemeine Vorschriften

werterhöhungen. Hier ist die Nachliquidation uneingeschränkt möglich, es sei denn, der Gebührenanspruch ist zwischenzeitlich verjährt. Ist auf diesen Gebührenanspruch bereits ein Vorschuss geleistet worden, kann der Vorschuss nicht zurückgefordert werden (BGH NJW-RR 1995, 758).

4. Nachfordern der Berechnung

26 Der Rechtsanwalt kann nur nach Erteilung seiner Berechnung die Zahlung der Vergütung fordern (§ 10 Abs. 1 Satz 1). Dies hindert jedoch seinen Auftraggeber nicht, ohne Berechnung zu zahlen. Er kann auch gegenüber dem Rechtsanwalt auf die Berechnung verzichten. Ohne Verzicht kann der Auftraggeber auch noch nach der Bezahlung eine Berechnung fordern und zwar solange, wie der RA zur Aufbewahrung seiner Handakten verpflichtet ist (regelmäßig 5 Jahre nach Beendigung des Auftrags, § 50 Abs. 2 BRAO).

5. Anforderungen nach § 14 UStG

27 Über den Inhalt der Vergütungsrechnung nach § 10 RVG hinaus stellt § 14 UStG weitere Anforderungen an den Pflichtinhalt der Anwaltsrechnung. Nur wenn die Rechnung den Anforderungen des § 14 UStG genügt, ist der Mandant zum Vorsteuerabzug berechtigt.

28 In **folgenden Fällen** ist der RA nach § 14 Abs. 1 UStG verpflichtet, eine Rechnung über die erbrachten Anwaltsleistungen zu erteilen:

a) Anwaltsleistungen im Zusammenhang mit einem Grundstück.

b) Anwaltsleistungen an einen anderen Unternehmer für dessen Unternehmen oder an eine juristische Person.

In den **übrigen Fällen** besteht keine Verpflichtung nach dem UStG. Hier greift allerdings **§ 10 RVG** (siehe oben Rn. 6 ff.).

29 Die nach § 14 Abs. 1 UStG auszustellende Rechnung muss **folgende Angaben enthalten** (§ 14 Abs. 4 UStG):

1. den vollständigen Namen und die vollständige Anschrift des leistenden Unternehmers und des Leistungsempfängers,

2. die dem leistenden Unternehmer vom Finanzamt erteilte Steuernummer oder die ihm vom Bundeszentralamt für Steuern erteilte Umsatzsteuer-Identifikationsnummer,

3. das Ausstellungsdatum,

4. eine fortlaufende Nummer mit einer oder mehreren Zahlenreihen, die zur Identifizierung der Rechnung vom Rechnungsaussteller einmalig vergeben wird (Rechnungsnummer),

5. die Menge und die Art (handelsübliche Bezeichnung) der gelieferten Gegenstände oder den Umfang und die Art der sonstigen Leistung,

6. den Zeitpunkt der Lieferung oder sonstigen Leistung; in den Fällen des Abs. 5 Satz 1 den Zeitpunkt der Vereinnahmung des Entgelts oder eines Teils des Entgelts, sofern der Zeitpunkt der Vereinnahmung feststeht und nicht mit dem Ausstellungsdatum der Rechnung übereinstimmt,

7. das nach Steuersätzen und einzelnen Steuerbefreiungen aufgeschlüsselte Entgelt für die Lieferung oder sonstige Leistung (§ 10) sowie jede im Voraus vereinbarte Minderung des Entgelts, sofern sie nicht bereits im Entgelt berücksichtigt ist,

8. den anzuwendenden Steuersatz sowie den auf das Entgelt entfallenden Steuerbetrag oder im Fall einer Steuerbefreiung einen Hinweis darauf, dass für die Lieferung oder sonstige Leistung eine Steuerbefreiung gilt und

9. in den Fällen des § 14 b Abs. 1 Satz 5 einen Hinweis auf die Aufbewahrungspflicht des Leistungsempfängers.

Diese Anforderungen an die Rechnung **treffen** allerdings **nur zu**, wenn der Mandant ein **Unternehmer** ist, der selbst Umsatzsteuer entrichten muss, da diese Angaben Voraussetzung für den Vorsteuerabzug sind. Allerdings sollten Rechnungen aus praktischen Gründen auch in den anderen Fällen die Angaben enthalten und gemeinsam abgelegt werden. RA Dr. Klaus Otto, der Vorsitzender des Ausschusses Steuerrecht bei der Bundesrechtsanwaltskammer ist, gibt hierzu noch viele andere praktische Hinweise. Finden kann man diese Ausführungen auf der Internetseite der BRAK.

Eine Rechnung liegt nicht vor, wenn es sich um eine Mitteilung der Berechnung handelt. Dies ist z. B. bei Kostenfestsetzungsanträgen (§§ 103 ff. ZPO, § 11 RVG), Erstattungsanträgen (§ 55 RVG), Mitteilung der entstandenen RA-Kosten gegenüber der Rechtsschutzversicherung oder einem erstattungspflichtigen Dritten der Fall. In diesen Fällen darf die Berechnung insbesondere keine fortlaufende Nummer erhalten. RA Dr. Otto schlägt hierzu vor, in diesen Fällen nur eine Abschrift der Rechnung für den Mandanten zu übersenden.

Abschnitt 1 – Allgemeine Vorschriften

§ 11
Festsetzung der Vergütung

(1) ¹Soweit die gesetzliche Vergütung, eine nach § 42 festgestellte Pauschgebühr und die zu ersetzenden Aufwendungen (§ 670 des Bürgerlichen Gesetzbuchs) zu den Kosten des gerichtlichen Verfahrens gehören, werden sie auf Antrag des Rechtsanwalts oder des Auftraggebers durch das Gericht des ersten Rechtszugs festgesetzt. ²Getilgte Beträge sind abzusetzen.

(2) ¹Der Antrag ist erst zulässig, wenn die Vergütung fällig ist. ²Vor der Festsetzung sind die Beteiligten zu hören. ³Die Vorschriften der jeweiligen Verfahrensordnung über das Kostenfestsetzungsverfahren mit Ausnahme des § 104 Abs. 2 Satz 3 der Zivilprozessordnung und die Vorschriften der Zivilprozessordnung über die Zwangsvollstreckung aus Kostenfestsetzungsbeschlüssen gelten entsprechend. ⁴Das Verfahren vor dem Gericht des ersten Rechtszugs ist gebührenfrei. ⁵In den Vergütungsfestsetzungsbeschluss sind die von dem Rechtsanwalt gezahlten Auslagen für die Zustellung des Beschlusses aufzunehmen. ⁶Im Übrigen findet eine Kostenerstattung nicht statt; dies gilt auch im Verfahren über Beschwerden.

(3) ¹Im Verfahren vor den Gerichten der Verwaltungsgerichtsbarkeit, der Finanzgerichtsbarkeit und der Sozialgerichtsbarkeit wird die Vergütung vom Urkundsbeamten der Geschäftsstelle festgesetzt. ²Die für die jeweilige Gerichtsbarkeit geltenden Vorschriften über die Erinnerung im Kostenfestsetzungsverfahren gelten entsprechend.

(4) Wird der vom Rechtsanwalt angegebene Gegenstandswert von einem Beteiligten bestritten, ist das Verfahren auszusetzen, bis das Gericht hierüber entschieden hat (§§ 32, 33 und 38 Abs. 1).

(5) ¹Die Festsetzung ist abzulehnen, soweit der Antragsgegner Einwendungen oder Einreden erhebt, die nicht im Gebührenrecht ihren Grund haben. ²Hat der Auftraggeber bereits dem Rechtsanwalt gegenüber derartige Einwendungen oder Einreden erhoben, ist die Erhebung der Klage nicht von der vorherigen Einleitung des Festsetzungsverfahrens abhängig.

(6) ¹Anträge und Erklärungen können zu Protokoll der Geschäftsstelle abgegeben oder schriftlich ohne Mitwirkung eines Rechtsanwalts eingereicht werden. ²§ 129a der Zivilprozessordnung gilt entsprechend. ³Für die Bevollmächtigung gelten die Regelungen der für das zugrunde liegende Verfahren geltenden Verfahrensordnung entsprechend.

(7) Durch den Antrag auf Festsetzung der Vergütung wird die Verjährung wie durch Klageerhebung gehemmt.

(8) ¹Die Absätze 1 bis 7 gelten bei Rahmengebühren nur, wenn die Mindestgebühren geltend gemacht werden oder der Auftraggeber der Höhe der Gebühren ausdrücklich zugestimmt hat. ²Die Festsetzung auf Antrag des Rechtsanwalts ist abzulehnen, wenn er die Zustimmungserklärung des Auftraggebers nicht mit dem Antrag vorlegt.

Inhaltsübersicht

	Rn.		Rn.
A. Allgemeines	1	IV. Vergütung aus gerichtlichen Verfahren	11
I. Erweiterung des Anwendungsbereichs durch die Novelle	1	**B. Kommentierung**	16
II. Beteiligte	8	I. Abs. 1 Festsetzung der gesetzlichen Vergütung gegen die eigene Partei	16
III. Rechtsschutzinteresse für Gebührenklage	10	1. Verfahrensbeteiligte	16

	Rn.		Rn.
a) Rechtsanwalt	16	3. Gerichtsgebühren/ Gebührenfreiheit 1. und 2. Instanz (Abs. 2 Satz 4)	47
b) Vertreter/Hilfspersonen des Rechtsanwalts	19	a) 1. Instanz	47
c) Auftraggeber	20	b) 2. Instanz	48
2. Gegenstand der Festsetzung	28	4. Die Entscheidung (Abs. 2 Satz 4)	51
a) Die drei ausdrücklich genannten Gegenstände	28	a) Bindung an den Antrag	52
		b) Austausch von Positionen	53
aa) Gebühren entstanden in einem gerichtlichen Verfahren	29	c) Beschluss	54
		d) Zustellung	55
bb) Gesetzliche Vergütung (Gebühren und Auslagen)	30	e) Anfechtung der Entscheidung (Zivil- und Arbeitsgerichtsbarkeit)	56
cc) Die nach § 42 festgestellte Pauschgebühr	31	f) Rechtskraft	61
		III. Abs. 3 Verwaltungs-, Finanz-, Sozialgerichtsbarkeit	64
dd) Zu ersetzende Aufwendungen nach § 670 BGB	32	1. Urkundsbeamter des erkennenden Gerichts	64
b) Behandlung von Sonderfällen	33		
aa) Vereinbarte Gebühr	33	2. Rechtsmittel gegen Entscheidungen des Urkundsbeamten in den öffentlich-rechtlichen Verfahren	65
bb) Gebühren des Güteverfahrens	34		
cc) Außergerichtlicher Vergleich	35		
II. Abs. 2 Verfahrensgrundsätze	36	IV. Abs. 4 Gegenstandswert bestritten – Aussetzung	68
1. Verfahren	36		
a) Allgemeines	36	V. Abs. 5 Einreden und Einwendungen	69
b) Fälligkeit (Abs. 2 Satz 1)	37	1. Anforderungen an die Einreden und Einwendungen	69
2. Rechtliches Gehör (Abs. 2 Satz 2)	39		
a) Gehör des Gegners	39	2. Völlig aus der Luft gegriffene Einwendungen	72
b) Rahmengebühr	41		
c) Ausland	43	3. Mehrere Auftraggeber – nur einige davon erheben Einwendungen nach Abs. 5	73 a
d) Vorschriften der Verfahrensordnungen (Abs. 2 Satz 3)	44		
		4. Die Gebührenklage	74
aa) Gericht des ersten Rechtszugs	44	VI. Abs. 6 Form	75
bb) Funktionelle Zuständigkeit	46	VII. Abs. 7 Hemmung der Verjährung	76
cc) Zwangsvollstreckungsvorschriften	46 a	VIII. Abs. 8 Rahmengebühren	77

A. Allgemeines

I. Erweiterung des Anwendungsbereichs durch die Novelle

§ 11 ist in einem wesentlichen Punkt gegenüber der Vorgängernorm (§ 19 BRAGO) in seinem Anwendungsbereich erweitert worden. So können, wie bisher, neben der gesetzlichen Vergütung auch die in § 42 vorgesehene Pauschgebühr und die dem Anwalt zu ersetzenden Aufwendungen, die zu den Kosten des gerichtlichen Verfahrens gehören, gegen die eigene Partei festgesetzt werden. Durch den Klammerzusatz (§ 670 des Bürgerlichen Gesetzbuches) ist klargestellt, dass es sich bei den Aufwendungen nicht nur um im RVG (Nr. 7000) genannte Auslagen handelt, sondern dass insbesondere auch die verauslagten Gerichtskosten zu diesen Aufwendungen gehören (vgl. dazu weiter auch VV Vorbem. 7 Abs. 1). Diese Frage war früher in der Rechtsprechung lebhaft umstritten, verneinend zuletzt der BGH (JurBüro 2003, 588). Der Gesetzeswortlaut ließ diese weite Interpretation an sich nicht zu, wenngleich Gründe der Prozessökonomie die Festsetzung im vereinfachten Verfahren dringend nahe legten (so auch der BGH, a. a. O.). Dem Grundsatz der Zweckmäßigkeit hat das RVG dadurch Rechnung getragen, dass der **Anwalt auch die von ihm für die eigene Partei verauslagten Gerichtskosten und sonstigen zweckmäßigen Auslagen im vereinfachten Festsetzungsverfahren** gegen seine Partei **festsetzen** lassen kann. Bisher musste er nach der überwiegenden Meinung solche von ihm für die Partei verauslagten Beträge bei Verweigerung der Erstattung mit der Klage verfolgen. 1

Abschnitt 1 – Allgemeine Vorschriften

2   Das Festsetzungsverfahren bleibt jedoch auf solche Aufwendungen beschränkt, die zu den Kosten des **gerichtlichen Verfahrens** gehören, weil nach Ansicht des Gesetzgebers das Gericht nur insoweit die für eine Festsetzung erforderliche Sachkenntnis besitzt (ebenso LAG Hamburg AGS 2006, 449 für Geschäftsgebühr nach Nr. 2300). Diese Auffassung hat der BGH (JurBüro 2006, 140 = WRP 2006, 237 = BB 2006, 127) hinsichtlich der Kosten einer wettbewerbsrechtlichen Abmahnung bestätigt. Das sieht das OLG Hamburg (Beschl. v. 10. 01.2005, ZfS 2005, 201) anders:

»RVG § 2 Abs. 1 Satz 1 Anl. 1 Nr. 2400, RVG Vorbem. 3 Abs. 4, RVG § 11

Im wettbewerbsrechtlichen einstweiligen Verfügungsverfahren entspricht es der Prozessökonomie, den durch Anrechnung nicht verbrauchten Rest der Geschäftsgebühr im Kostenfestsetzungsverfahren mit festzusetzen. Dies gilt jedenfalls dann, wenn die Mittelgebühr von 1,3 zugrunde gelegt wird.«

Das OLG Hamburg hat diese Entscheidung zwar in einem Kostenfestsetzungsverfahren nach § 103 ZPO getroffen, dabei aber durch das Zitat des **§ 11 RVG** zum Ausdruck gebracht, dass es dieselben Grundsätze auch bei einer Festsetzung gegen die eigene Partei anzuwenden beabsichtigt.

3   In Absatz 2 ist klargestellt, dass nur das Festsetzungsverfahren vor dem Gericht des ersten Rechtszugs **gerichtsgebührenfrei** ist, nicht dagegen das Verfahren über die **Beschwerde**, wenn diese erfolglos bleibt. Dies entsprach schon nach bisher geltendem Recht der überwiegenden Auffassung in Literatur und Rechtsprechung (Gerold / Schmidt / von Eicken / Madert BRAGO 15. Aufl. § 19 Rn. 56; Riedel/Sußbauer BRAGO 8. Aufl. § 19 Rn. 37; a. A.: OLG Koblenz JurBüro 1980, 70 unter Berufung auf BVerfG NJW 1977, 145).

Für die erstinstanzliche Vertretung für das **Einfordern der Vergütung** (ebenso für die Kostenfestsetzung) erfällt ohnehin für den Anwalt keine besondere Gebühr, weil diese Tätigkeiten nach § 19 Abs. 1 Nr. 13 zum Rechtszug gehören und damit durch die Verfahrensgebühr abgegolten sind.

4   Während die gem. § 11 mögliche Festsetzung auf Antrag des Rechtsanwalts in der Regel zur Beschaffung eines Vollstreckungstitels gegen seinen Auftraggeber erfolgt, dient die auch mögliche Festsetzung auf Antrag des **Auftraggebers** (oder dessen Rechtsnachfolgers) der Überprüfung der vom Anwalt vorgenommenen Kostenberechnung. Eine in diesem Fall notwendige Kostenentscheidung könnte zu Schwierigkeiten führen, weil nicht immer feststeht, wer in dem Verfahren unterlegen ist.

5   Hier hat die Novelle den Gedanken der Mindermeinung (OLG Koblenz, a. a. O.) aufgegriffen und wenigstens hinsichtlich der ersten Instanz festgelegt (Abs. 2 Satz 3): »**Das Verfahren vor den Gerichten des ersten Rechtszugs ist gebührenfrei**,« d. h. also: **gerichtsgebührenfrei**. Das OLG Koblenz sah im Anschluss an die Entscheidung des BVerfG (a. a. O.) im Vergütungsfestsetzungsverfahren ein amtliches **Berechnungsverfahren**, und zwar **in beiden** Rechtszügen, bei dem es eigentlich weder Sieger noch Verlierer gab. **Die Kostenerstattung** im Beschwerdeverfahren wird nunmehr aus Gründen der Gleichbehandlung ausgeschlossen. Ohne diese Sonderregelung trüge der **Anwalt** beim Misserfolg seiner Beschwerde nur Gerichtsgebühren, während den **Auftraggeber** zusätzlich das Risiko träfe, neben den Gerichtskosten noch die Kosten des antragstellenden Anwalts, also seines eigenen Anwalts, tragen zu müssen.

6   **Kompliziertes Ergebnis: Gerichtsgebühren**pflichtig ist die **erfolglose Beschwerde** für den Unterlegenen (Festgebühr von € 50,00 gem. Nr. 1811 KV zum GKG). **Außergerichtliche** Kosten fallen nur im Beschwerdeverfahren an (Nr. 3500: 0,5 Gebühr, wenn etwa der Auftraggeber sich dafür einen eigenen Anwalt nimmt), der Unterlegene muss sie dem Obsiegenden aber **nicht erstatten** (Abs. 2 Satz 5 Alt. 2). Erstattungspflichtig sind nur die Auslagen des Anwalts für die Zustellung des Festsetzungsbeschlusses, Abs. 2 Satz 4.

In Abs. 8 ist der bisherige absolute Ausschluss des Festsetzungsverfahrens für Rahmengebühren (OLG Bamberg JurBüro 1987, 1041; a. A.: schon OLG Stuttgart JurBüro 1984, 395) eingeschränkt. Entsprechend der bereits bestehenden Praxis einiger Gerichte bei Festsetzung nur des gesetzlichen Mindestsatzes (OLG Koblenz MDR 2000, 1033; OLG Oldenburg AnwBl. 1964, 325) ist die Festsetzung bei Rahmengebühren nach dem RVG zulässig, wenn lediglich die Mindestgebühren geltend gemacht werden. Ferner ist jetzt die Festsetzungsmöglichkeit für den Fall gegeben, dass der Auftraggeber bei Rahmengebühren der konkreten Höhe der Gebühren ausdrücklich zustimmt. Damit wird die Gelegenheit eröffnet, einvernehmlich einen kostengünstigen Titel für den Anwalt zu schaffen, allerdings nur, wenn der Rechtsanwalt bereits dem Festsetzungsantrag die Zustimmungserklärung des Auftraggebers beifügt.

Ferner ist die Festsetzung einer nach § 42 vom Oberlandesgericht für Straf- oder Bußgeldsachen festgestellten Pauschgebühr möglich (so ausdrücklich Abs. 1 Satz 1 Alt. 2; Mayer/Kroiß RVG § 11 Rn. 19).

II. Beteiligte

Das Vergütungsfestsetzungsverfahren nach § 11 ermöglicht dem Anwalt, seine Vergütung in vollstreckbarer Form in einem einfachen, raschen und billigen Verfahren vom Gericht (Rechtspfleger) festsetzen zu lassen (BVerfG JurBüro 1977, 333 = NJW 1977, 145; OLG Koblenz JurBüro 1980, 70). Zugleich erlaubt das Gesetz auch dem **Auftraggeber**, die Rechnung seines Anwalts in kompetenter und kostensparender Weise überprüfen zu lassen. Allerdings wird die letztere Zielsetzung nur höchst selten genutzt. In der Praxis kommen Festsetzungsverfahren der Auftraggeber kaum vor. Wenn überhaupt, so werden solche Festsetzungsverfahren, da sie auch vom **Rechtsnachfolger** des Auftraggebers betrieben werden können, meist vom **Rechtsschutzversicherer** eingeleitet, wenn er sich mit dem beauftragten Anwalt hinsichtlich des Anfalls oder der Höhe einer Gebühr streitet (so etwa LAG Nürnberg JurBüro 1996, 263: Rechtsschutzversicherer hatte drei Gebühren als Vorschuss gezahlt und bestritt erfolgreich den Anfall der 3., der Beweisgebühr; OLG Köln JurBüro 1982, 76: Erbe des Auftraggebers).

Für das Vergütungsfestsetzungsverfahren stellt § 11 eigene Verfahrensregelungen auf, die denen des Kostenfestsetzungsverfahrens (§§ 103 ff. ZPO) ähneln. Zwischen den beiden »Festsetzungsverfahren« besteht keine irgendwie geartete Bindungswirkung. Sie können daher auch zu unterschiedlichen Ergebnissen führen (BGH JurBüro 1973, 26; OLG Hamm Rpfleger 1977, 456). Ist im Verfahren nach § 103 ZPO eine Gebühr (z. B. die Termingebühr mit vollem Streitwert trotz streitiger Teilerledigung) zuerkannt worden, so folgt hieraus nicht automatisch, dass diese Gebühr auch mit vollem Wert im Verfahren nach § 11 berücksichtigt werden müsste. Es gibt keine Rechtskrafterstreckung der Entscheidung nach §§ 103 ff. ZPO auf den Beschluss nach § 11 RVG (Rennen MDR 1973, 644).

III. Rechtsschutzinteresse für Gebührenklage

Da das Festsetzungsverfahren nach § 11 einfacher und preiswerter als eine Gebührenklage ist, fehlt für eine Gebührenklage im ordentlichen Verfahren das Rechtsschutzinteresse, solange eine vereinfachte Festsetzung möglich ist. Einer solch vereinfachten Festsetzung können nichtgebührenrechtliche, also materielle Einwendungen entgegenstehen, die dann gem. Abs. 5 eine Festsetzung hindern. Dann muss der Anwalt im ordentlichen Prozess Gebührenklage erheben.

Abschnitt 1 – Allgemeine Vorschriften

IV. Vergütung aus gerichtlichen Verfahren

11 Das Festsetzungsverfahren ist nur möglich für gesetzliche Vergütungen und Aufwendungen im Sinne von Abs. 1, die in einem gerichtlichen Verfahren entstanden sind (a. A.: OLG Hamburg ZfS 2005, 201 für außergerichtliche Abmahnung; Rn. 2). Der Anwendungsbereich des § 11 ist weiter als etwa nur für den Bereich von bürgerlichen **Rechtsstreitigkeiten**. Er gilt für die Tätigkeit des Rechtsanwalts in **allen gerichtlichen** Verfahren, und zwar ohne Rücksicht auf den Zweig der Gerichtsbarkeit. Die Vergütung, die auf Grund eines **anwaltlichen Dienstvertrages** mit dem **Anwalt in einem Rechtsstreit** angefallen ist, kann daher auch von anderen als ordentlichen Gerichten, etwa von Gerichten der öffentlich-rechtlichen Gerichtsbarkeit (z. B.: BFH Rpfleger 1992, 82 für einen Steuerberater gemäß § 45 StBGebV für dessen Tätigkeit beim Finanzgericht) festgesetzt werden.

12 Festgesetzt werden kann nach h. M. nur die **(gebühren-)gesetzliche** Vergütung des Rechtsanwalts. Damit scheiden für eine Festsetzung von vornherein die Vergütungen der in § 1 Abs. 2 genannten Funktionen eines Anwalts wie etwa als Betreuer, Testamentsvollstrecker, Insolvenzverwalter usw. aus.

13 Gebührengesetzlich gehören aus dem § 5 (Vertreter des Rechtsanwalts) nur die Gebühren der dort enumerativ genannten Personen (etwa amtlich bestellter Vertreter, mitarbeitender Assessor) dazu, nicht aber die Gebühr, die der **Bürovorsteher, der Nicht-Stationsreferendar oder ein sonstiger wissenschaftlicher Mitarbeiter** verdient hat. Denn dann beruht der Gebührenanspruch **nicht** auf dem Gesetz, gemeint ist das **Gebührengesetz**, sondern auf einer dienstvertraglichen Absprache mit der Partei nach dem Bürgerlichen Gesetzbuch (§§ 612, 613 BGB; Gerold/Schmidt/von Eicken/Madert/Müller-Rabe RVG 17. Aufl. § 11 Rn. 43; LAG Hamm JurBüro 1994, 732). Das ist also keine »gesetzliche« Vergütung. Der Anwalt kann aber nach der Neuregelung, was ihm jetzt Abs. 1 Satz 1 Alt. 3 erlaubt, **Aufwendungen** nach **Bürgerlichem Recht (§ 670 BGB)** gegen seine Partei **festsetzen** lassen. Das sind z. B. notwendige Vergütungen, die er an **Hilfspersonen außerhalb** des Katalogs des § 5 gezahlt hat, die er somit gegen seine eigene Partei im vereinfachten Festsetzungsverfahren festsetzen lassen kann, wenn er die Einzelfallursächlichkeit zu belegen vermag.

Die einschlägigen Kommentare haben diese auf der Neuregelung des Absatzes 1 Satz 1 Alt. 3 beruhende neue Festsetzungsmöglichkeit noch nicht aufgegriffen und lehnen vielmehr, was für die BRAGO (§ 19) richtig war, die Festsetzungsmöglichkeit der anwaltlichen Aufwendungen für zugezogene Hilfspersonen ab, wobei sie sich auf die zur früheren Rechtslage ergangene Entscheidung des LAG Hamm (JurBüro 1994, 732) berufen (vgl. Gebauer/Schneider RVG § 11 Rn. 103; Mayer/Kroiß RVG § 11 Rn. 24 ff. und 45).

Hier lässt sich aber nach neuem Recht auf den Gedanken von *Fraunholz* (Riedel/Sußbauer BRAGO 9. Aufl. § 5 Rn. 13, § 11 Rn. 12) zurückgreifen, dass es sich bei den Kosten der nicht in § 5 genannten Vertreter um »Auslagen«, also Aufwendungen im Sinne von § 670 BGB handelt (a. A. jetzt auch: Gerold/Schmidt/von Eicken/Madert/Müller-Rabe RVG 17. Aufl. § 11 Rn. 43).

Aufwendungen nach § 670 BGB sind solche, die der Anwalt zwecks Ausführung des Auftrages den Umständen nach für **erforderlich** halten darf.

Diese letztere Hürde wird der Anwalt in der Regel leicht überspringen.

Anders sieht es aber mit der Kausalität der speziellen Kosten gerade in Bezug auf den betreffenden Auftrag aus. Die Aufwendungen müssen nachweisbar gerade durch die spezielle Angelegenheit abgrenzbar verursacht sein.

14 Wenn also der Anwalt belegen kann, dass er etwa dem Nicht-Stationsreferendar, den er in Absprache mit seiner Partei oder bedingt durch die Umstände hinzugezogen hat, Zahlungen für die Terminwahrnehmung geleistet hat (etwa eine Stundenvergütung, PKW-Reisekosten), so

kann er diese jetzt gem. § 11 Abs. 1 gegen die eigene Partei im vereinfachten Vergütungsfestsetzungsverfahren (§ 11) vom Rechtspfleger als Auslagen festsetzen lassen.

Für seinen fest angestellten Bürovorsteher/-in oder seine/-n Fachangestellte/-n hat er allerdings mangels Einzelnachweis (außer Reisekosten) diese Möglichkeit der Festsetzung nicht. Hier muss er vielmehr, wenn das entsprechende angemessene Entgelt aussonderbar und belegbar ist, gem. § 612 Abs. 2 BGB gegen die eigene Partei in einem ordentlichen Prozess einklagen. 15

Hat der **Anwalt** im **eigenen Namen** einen Unterbevollmächtigten beauftragt, so können die dadurch entstandenen Gebühren vom **Unterbevollmächtigten** nicht unmittelbar gegen die Partei festgesetzt werden, weil die Partei nicht Auftraggeber des Unterbevollmächtigten ist. Fehlt hinsichtlich der Beauftragung des Unterbevollmächtigten eine ausdrückliche Abrede, so wird nach der Verkehrsauffassung angenommen, der Anwalt habe den Unterbevollmächtigten **namens** und in Vollmacht **der Partei** bestellt (§ 81 ZPO; Gerold/Schmidt/von Eicken/Madert BRAGO 15. Aufl. § 19 Rn. 13; Zöller ZPO 23. Aufl. § 81 Rn. 69). Dann hat dieser »Unterbevollmächtigte« einen eigenen Festsetzungsanspruch gegen die Partei selbst (OLG Zweibrücken Rpfleger 1994, 477; Gerold/Schmidt/von Eicken/Madert/Müller-Rabe RVG 17. Aufl. § 11 Rn. 14 »Einzeltätigkeitsanwalt«). Bestellt der Hauptbevollmächtigte neben sich einen weiteren **Hauptbevollmächtigten**, so ist diese Handlung nicht mehr durch die Prozessvollmacht (§ 81 ZPO) gedeckt (BGH NJW 1981, 1727: Anscheins- oder Duldungsvollmacht ist aber zu prüfen). Bestellt der Anwalt **im eigenen** Namen den Vertreter (Unterbevollmächtigten) für einzelne Handlungen, so kann der Anwalt diesen eigenen **Aufwand** für den Unterbevollmächtigten nach der Neuregelung des **Absatzes 1 Satz 1** nunmehr als zu ersetzende **Aufwendungen (§ 670 BGB)** gegen die eigene Partei festsetzen lassen (siehe vorstehend: Hilfspersonen, Rn. 13).

B. Kommentierung

I. Abs. 1 Festsetzung der gesetzlichen Vergütung gegen die eigene Partei

1. Verfahrensbeteiligte

a) Rechtsanwalt

Festsetzbar sind nur anwaltliche Vergütungen (Gebühren und Auslagen) für Tätigkeiten in **gerichtlichen** Verfahren, in welcher Funktion der Anwalt auch immer dort tätig ist, also z. B. bei folgenden Tätigkeiten, die im VV RVG genannt sind: Prozessbevollmächtigter (Nr. 3100 – also in allen Gerichtszweigen, siehe Überschrift VV Teil 3); Verkehrsanwalt (Nr. 3400); Mahnanwalt (Nr. 3305); von der Partei beauftragter Terminsanwalt (Nr. 3401, diese Nummer fasst die früheren §§ 53 – Terminsanwalt – und 54 BRAGO – Beweisanwalt – jetzt zusammen); Anwalt in Zwangsvollstreckungsverfahren (Nr. 3309); Anwalt im PKH-Prüfungsverfahren (Nr. 3335; OLG Koblenz JurBüro 1979, 1315; KG JurBüro 1982, 1185); als Verfahrensbevollmächtigter in Zwangsversteigerungs- und Zwangsverwaltungsverfahren (Nr. 3311) und in Insolvenzsachen (Nrn. 3313 ff.). Die **Überschrift des Teils 3** des VV RVG lautet ja auch: 16

»**Bürgerliche Rechtsstreitigkeiten, Verfahren der freiwilligen Gerichtsbarkeit, der öffentlich-rechtlichen Gerichtsbarkeiten, Verfahren nach dem Strafvollzugsgesetz und ähnliche Verfahren.**« Ferner bestimmt die **Vorbemerkung 3.1 Abs. 1** vor Nr. 3100:

»**Die Gebühren dieses Abschnitts entstehen in allen Verfahren, soweit in den folgenden Abschnitten dieses Teils keine besonderen Gebühren bestimmt sind.**«

Abschnitt 1 – Allgemeine Vorschriften

Das bedeutet: Sowohl auf die anwaltlichen Tätigkeiten der streitigen FGG-Verfahren (Hausrat, WE, Landwirtschaftssachen, Auslandsschulden) wie auch auf die anwaltlichen Tätigkeiten in normalen Verfahren der freiwilligen Gerichtsbarkeit sind die Vorschriften des VV anwendbar und damit auch gem. § 11 festsetzbar.

17 Auf der Mitte zwischen gerichtlicher und nichtgerichtlicher Tätigkeit liegt die schon genannte Vertretung in Zwangsvollstreckungssachen:

Für die Festsetzung von Kosten, die einem Anwalt im Zwangsvollstreckungsverfahren entstanden sind, besteht nur dann die Möglichkeit der Festsetzung der Kosten, wenn der Anwalt entweder in einem **gerichtlichen** Zwangsvollstreckungsverfahren die Vertretung übernommen hat oder aus einem **Erkenntnisverfahren** heraus, in dem er die Partei vertreten hat, nunmehr die **Vollstreckung** (etwa mit Hilfe des Gerichtsvollziehers) **betreibt**. Betreibt er hingegen ohne vorgehende Vertretung in einem Erkenntnisverfahrens **nur die Zwangsvollstreckung**, so können die Zwangsvollstreckungskosten nicht im Verfahren nach § 11 gegen die eigene Partei festgesetzt werden (LG Berlin JurBüro 1978, 221: Fall: Rechtsanwalt beauftragt den Gerichtsvollzieher mit der Vollstreckung aus einer notariellen Urkunde). Anders liegen die Dinge natürlich bei einer Vollstreckung gegen den **Titelschuldner**, etwa einer Direktvollstreckung der Zwangsvollstreckungskosten selbst nach § 788 Abs. 1 ZPO oder isolierte Kostenfestsetzung im **Außenverhältnis** zwischen den **Parteien** selbst nach § 788 Abs. 2 ZPO. In diesen Fällen ist das Verhältnis Anwalt – Auftraggeber nicht betroffen.

Für die Festsetzung der Zwangsvollstreckungskosten im Verfahren nach § 11 RVG wie nach §§ 104, 788 Abs. 2 ZPO ist das Vollstreckungsgericht zuständig (BGH AGS 2005, 208). A. A.: OLG Stuttgart (AGS 2005, 65 = NJW 2005, 759 ZPO), welches seinen früheren Beschluss mit Rechtsprechungsnachweisen wie folgt begründet: »*Für die Festsetzung der Kosten eines Rechtsanwalts gegen seinen Mandanten aus einer Tätigkeit im Rahmen der Zwangsvollstreckung ist das Gericht des ersten Rechtszugs zuständig. Diese Zuständigkeit bleibt von § 788 Abs. 2 ZPO unberührt. Laut § 19 Abs. 1 BRAGO ist das Landgericht Stuttgart als Gericht des ersten Rechtszugs zur Entscheidung über den Antrag gemäß § 19 BRAGO sachlich zuständig. § 788 Abs. 2 ZPO lässt auch in seiner neuen Fassung diese Zuständigkeit unberührt (Gerold/Schmidt/von Eicken/Madert BRAGO 15. Aufl. § 19 Rn. 25; Gerold/Schmidt RVG 16. Aufl. § 11 Rn. 37; BLAH ZPO 63. Aufl. § 788 Rn. 12; a. A. BayObLG JurBüro 2003, 326; OLG Köln MDR 2000, 1276; OLG Koblenz JurBüro 2002, 199; Hartung/Römermann RVG § 11 Rn 75 f.; Göttlich/Mümmler RVG ›Vergütungsfestsetzung‹ Nr. 10; vgl. zum Meinungsstand auch Gebauer/Schneider BRAGO 2002 § 19 Rn. 94). Der Wortlaut des § 788 Abs. 2 Satz 1 ZPO verweist ausdrücklich nur auf die §§ 103 Abs. 2, 104 bis 107 ZPO und nicht auf § 19 BRAGO.*« Infolge der genannten BGH-Entscheidung (AGS 2005, 208) ist ein Meinungswandel zu erwarten (so auch jetzt Gerold/Schmidt/von Eicken/Madert/Müller-Rabe RVG 17. Aufl. § 11 Rn. 263).

Ist das erkennende Gericht das Vollstreckungsgericht (Verfahren nach §§ 887, 888 und 890 ZPO), so ist natürlich dieses »Vollstreckungsgericht« für die Festsetzung nach § 11 RVG, § 104 ZPO zuständig (BGH AGS 2005, 208).

18 **Nicht festsetzbar** sind Vergütungen für außergerichtliche anwaltliche Tätigkeiten, etwa die Geschäftsgebühr nach Nr. 2300, insbesondere aber auch alle »Gebühren« für die in **§ 1 Abs. 2** genannten »**Ämter**« wie Vormund, Betreuer, Pfleger, Verfahrenspfleger, Testamentsvollstrecker, Insolvenzverwalter, Sachwalter, Mitglied des Gläubigerausschusses, Nachlassverwalter, Zwangsverwalter, Treuhänder, Schiedsrichter oder in ähnlicher Stellung (etwa der Mediator, wenn er die Anwendung der Normen des RVG vertraglich ausdrücklich für seine Tätigkeit mit den Medianten vereinbart hat).

Das Festsetzungsverfahren bleibt deshalb auf Vergütungen des Anwalts (Gebühren und Auslagen), die zu den »**Kosten des gerichtlichen Verfahrens**« (so Abs. 1 Satz 1) gehören, beschränkt, weil nach Ansicht des Gesetzgebers das Gericht nur insoweit die für eine Festsetzung erforderliche Sachkenntnis besitzt. Diese einschränkende Auffassung hat der BGH in einer neueren Entscheidung (Beschl. v. 20. 10. 2005, Az.: I ZB 21/05 – WRP 2006, 237; BB 2006,

127) hinsichtlich der Kosten einer wettbewerbsrechtlichen Abmahnung (außergerichtliche Tätigkeit) bestätigt.

Das sieht das OLG Hamburg (Beschl. v. 10. 01. 2005, ZfS 2005, 201) mit folgender überzeugender Begründung, die hier vollständig wiedergeben wird, anders:

»*RVG § 2 Abs. 1 Satz 1 Anl. 1 Nr. 2400, RVG Vorbem. 3 Abs. 4, **RVG § 11**. In Wettbewerbssachen ist es unabdingbar, die Gegenseite vorab abzumahnen, was dann eine Geschäftsgebühr nach Nr. 2400 (a. F., jetzt 2300) anfallen lässt. Wenn diese nach VV Vorbem. 3 Abs. 4 zur Hälfte auf die Verfahrensgebühr der späteren einstweiligen Verfügung anzurechnen ist, wird sie schon dadurch mit in das Verfahren der gerichtlichen Kostenfestsetzung einbezogen. Es entspricht der Prozessökonomie, solcherart auch hinsichtlich des so nicht verbrauchten Restes der Geschäftsgebühr zu verfahren. Einerseits wäre es wenig zweckmäßig, die Partei insoweit auf den Klageweg zu verweisen, andererseits ist eben die vorherige Abmahnung in Wettbewerbsverfahren eng mit der gerichtlichen Auseinandersetzung verwoben.*

Dass es sich bei der Geschäftsgebühr der Nr. 2400 (a. F.) um eine Rahmengebühr handelt, ist jedenfalls dann unschädlich, wenn – wie hier – die Mittelgebühr von 1,3 zugrunde gelegt wird, von der nach der Fassung des Gesetzes auszugehen ist, so dass der sich ergebende Betrag auch unter der Quote der VV Vorbem. 3 Abs. 4 Satz 1 – Gebührensatz von 0,75 – verbleibt.«

Das OLG Hamburg hat diese lobenswerte Entscheidung zwar in einem Kostenfestsetzungsverfahren nach § 103 ZPO getroffen, dabei aber durch das Zitat des **§ 11 RVG** zum Ausdruck gebracht, dass es dieselben Grundsätze auch bei einer Festsetzung gegen die eigene Partei anzuwenden beabsichtigt.

Der Amtsrichter, der nur selten einen Gebührenprozess zu bearbeiten hat und dies meist nur unwillig tut, ist auch nicht besser befähigt zur Entscheidung über den Ersatz der Geschäftsgebühr als die Spezialisten der Kosteninstanzen, die ohnehin bei der Anrechnungsfrage (VV Vorbem. 3 Abs. 4 Satz 1) den Gebührensatz (0,5–2,5) für die Geschäftsgebühr bestimmen müssen, vgl. Vorbem. 3 VV Rn. 88 ff.

b) Vertreter/Hilfspersonen des Rechtsanwalts

Zieht der Anwalt einen der in **§ 5 genannten Vertreter** zu, so ist insoweit das Verfahren nach § 11 nach dem alternativen Wortlaut (1. Alt.) »**gesetzliche Vergütung**« eröffnet. Dagegen kann der Anwalt dann keine **Gebühren** nach der ersten Alternative dieser Norm festsetzen lassen, wenn er **sonstige Hilfspersonen** zuzieht, wenn er etwa seinen **Bürovorsteher oder den Nicht-Stationsreferendar oder einen sonstigen wissenschaftlichen Mitarbeiter** beteiligt. Denn dann beruht der Gebührenanspruch **nicht** auf dem Gesetz, gemeint ist das **Gebührengesetz**, sondern einer dienstvertraglichen Absprache mit der Partei nach dem Bürgerlichen Gesetzbuch (§§ 612, 613 BGB; Gerold/Schmidt/von Eicken/Madert/Müller-Rabe RVG 17. Aufl. § 11 Rn. 43). Es handelt sich also dann nicht um eine gesetzliche Vergütung. Wie unter Rn. 13 aber bereits ausgeführt, kann der Anwalt nach der Neuregelung, was ihm jetzt Abs. 1 Alt. 3 erlaubt, **Aufwendungen** nach **Bürgerlichem Recht (§ 670 BGB)** gegen seine Partei **festsetzen** lassen. Das sind z. B. notwendige Vergütungen, die er an **Hilfspersonen außerhalb** des Katalogs des § 5 gezahlt hat, die er somit gegen seine eigene Partei im vereinfachten Festsetzungsverfahren festsetzen lassen kann. In den einschlägigen Kommentaren wird diese Festsetzungsmöglichkeit, die der neue Wortlaut des § 11 Abs. 1 erlaubt, nicht untersucht (Gebauer/Schneider RVG § 11 Rn. 103 unter Bezugnahme auf die ältere überholte Rechtsprechung LAG Hamm JurBüro 1994, 732; sehr knapper Hinweis allerdings von N. Schneider bei Vorbem. 7 Rn. 20 mit Rn. 11, z. B. Hansens ZAP Fach 24 S. 521; Mayer/Kroiß RVG § 11 Rn. 45; Gerold/Schmidt/von Eicken/Madert/Müller-Rabe RVG 17. Aufl. § 11 Rn. 43).

Das Problem liegt aber, wenn man die Festsetzungsmöglichkeit dem Grunde nach bejaht, bei der Aussonderung des fallbezogenen Aufwandes. Zieht der Anwalt Hilfskräfte auf Stundensatzbasis zu, so gibt es bei ordnungsgemäß geführten Stundentafeln allerdings keine Probleme.

Abschnitt 1 – Allgemeine Vorschriften

Zu den Aufwendungen im Sinne von Abs. 1 gehören nunmehr unstreitig auch die vom Anwalt für die Partei verauslagten Gerichtskosten.

c) Auftraggeber

20 Antragsberechtigt ist auch der Auftraggeber, was in der Praxis selten praktiziert wird. Der Auftraggeber hat mit dem Festsetzungsverfahren nach § 11 ein preiswertes Mittel, die Vergütungsforderung seines Anwalts kompetent durch den Rechtspfleger überprüfen zu lassen. Auftraggeber ist derjenige, der den Anwaltsvertrag mit dem Rechtsanwalt abgeschlossen hat und ihm die Vergütung schuldet. Dies muss nicht die vertretene Prozesspartei sein, z. B. der Bürge, der ein eigenes Interesse am Obsiegen des Hauptschuldners hat.

21 • **Beispiel der Festsetzung durch Auftraggeber**

Der Kfz-Versicherer erteilt den Prozessauftrag (Klageabweisung), Prozessparteien sind neben ihm der Halter und eventuell auch noch der Führer.

Daher kann der Anwalt in den Fällen, in denen er gleichzeitig als gemeinsamer Prozessbevollmächtigter sowohl für die in Anspruch genommene Haftpflichtversicherung (§ 3 PflVersG) als auch für den versicherten Halter (und eventuell den Führer) tätig geworden ist, eine Festsetzung gem. § 11 RVG nur gegen den Versicherer, den Auftraggeber betreiben (OLG Köln JurBüro 1978, 221) und natürlich umgekehrt, es sei denn ausnahmsweise hätten Halter und/oder Führer dem Anwalt auch einen eigenen Auftrag zur Prozessführung erteilt.

22 **Achtung:** Auftraggeber des Prozessbevollmächtigten kann **neben** der Partei **auch** deren **Rechtsanwalt** sein, wenn dieser, was gelegentlich vorkommt, selbst die Bezahlung seinem Kollegen zusagt (OLG München AGS 1998, 190 = MDR 1998, 1373 = JurBüro 1998, 598; KG JurBüro 1970, 773; OLG Hamburg JurBüro 1984, 1179; OLG Schleswig JurBüro 1984, 1178).

23 Ist der Auftrag von einer OHG oder KG erteilt worden, so können die persönlich haftenden Gesellschafter nach § 128 HGB neben der Gesellschaft Beteiligte des Vergütungsfestsetzungsverfahren sein (KG JurBüro 1970, 773; OLG Frankfurt AnwBl. 1971, 318; a. A.: OLG Bamberg JurBüro 1983, 1194; SchlHOLG JurBüro 1984, 1178).

– **Rechtsnachfolger des Auftraggebers**

24 Auch der Rechtsnachfolger des Auftraggebers kann den Vergütungsfestsetzungsantrag nach § 11 stellen, also insbesondere sein **Erbe** (OLG Köln JurBüro 1972, 76) oder der **Rechtsschutzversicherer** (LAG Nürnberg JurBüro 1996, 263).

25 Für den Auftraggeber kann das Festsetzungsverfahren auch dann besonders interessant sein, wenn er bereits Vorschüsse geleistet hat und glaubt, damit sämtliche berechtigten Forderungen getilgt zu haben. Nach Abs. 1 Satz 2 sind getilgte Beträge abzusetzen. Das bedeutet, dem Festsetzungsantrag fehlt nicht etwa dann das Rechtsschutzinteresse, wenn die Vergütungsforderung bereits getilgt ist. Der Auftraggeber kann dann beantragen, **festzustellen**, dass dem Anwalt ein **weiterer** Vergütungsanspruch **nicht** mehr zustehe (OLG Köln JurBüro 1984, 1356; Hansens BRAGO 8. Aufl. § 19 Rn. 20). Nach **vorbehaltloser vollständiger** Zahlung soll allerdings für beide Seiten ein Rechtsschutzinteresse am Festsetzungsverfahren nicht mehr bestehen (SchlHOLG SchlHA 1980, 204; Gerold/Schmidt/von Eicken/Madert BRAGO 15. Aufl. § 19 Rn. 24; Hansens BRAGO 8. Aufl. § 19 Rn. 20; a. A. für den Auftraggeber: Gebauer/Schneider RVG § 11 Rn. 137).

Angesichts der Strafbarkeit der Gebührenüberhebung und dem Interesse des Auftraggebers an der Rückforderung einer etwaigen Überzahlung kann man gegen die Richtigkeit dieser überwiegend vertretenen These Zweifel anmelden.

Das BVerfG (NJW 1977, 145) sieht in dem Vergütungsverfahren kein kontradiktorisches, sondern ein objektives Verfahren, das geschaffen wurde, um Rechtsanwaltsgebührenrechnungen objektiv zu prüfen und insoweit Zivilprozesse überflüssig zu machen. Von diesem Zweck her müsste es dann aber trotz vollständiger **Erfüllung** des Vergütungsanspruchs entgegen der h. M. etwa in den beiden nachfolgenden Beispielsfällen immer noch möglich sein, die Berechtigung des Vergütungsanspruchs überprüfen zu lassen:

- Vom Verfasser erlebter **Beispielsfall:** 26

Ein Anwalt hat, nachdem sein ursprünglicher Mandant im Laufe des Rechtsstreits verstorben war, die Miterben vertreten. Diese haben zunächst den in Rechnung gestellten Mehrvertretungszuschlag nach Nr. 1008 unbeanstandet gezahlt. Ein Mandant hörte kurz darauf bei seinem Stammtisch von einem pensionierten Richter, das OLG Koblenz gebe in solchen Fällen (was damals noch der Rechtsprechung des Kostensenats entsprach) den Mehrvertretungszuschlag des § 6 BRAGO nicht, da der alleinige Auftrag des Erblassers fortbestehe. Der Anwalt lehnte das darauf erhobene Rückforderungsverlangen seines früheren Mandanten (es ging um einen 6-stelligen Betrag) gleichwohl ab.

Warum soll hier nicht mehr das kostengünstige Gebührenfestsetzungsverfahren (mit Rechtsmittelzug) zu den Kostenspezialisten zulässig sein? Nach der h. M. können die Miterben nur noch den Klageweg zum Prozessrichter einschlagen, der sich sehr selten mit solche schwierigen Gebührenfragen beschäftigt. Wenn auch das Verfahren nach § 11 eine Rückfestsetzung nicht vorsieht (Gerold/Schmidt/von Eicken/Madert/Müller-Rabe RVG 17. Aufl. § 11 Rn. 250; Hansens BRAGO 8. Aufl. § 19 Rn. 20; KG MDR 1959, 403), so könnte das objektive Verfahren nach § 11 doch wenigstens zur **Feststellung** der Rechtslage genutzt werden.

- **Beispiel**

Der Auftraggeber hat Vorschüsse in Höhe der späteren Rechnung geleistet. Der Anwalt setzt 27 in seiner Rechnung die Vorschüsse ab und kommt damit zu einer Restforderung von € 0,00. Nun möchte der Auftraggeber eine Gebühr als **zu Unrecht gezahlt feststellen** lassen und diesen Betrag vom Anwalt erstattet bekommen. In diesem Fall der angeblichen Überzahlung wird in der Tat das Feststellungsinteresse auch von einem Teil der Literatur bejaht (Gebauer/Schneider BRAGO § 19 Rn. 35; ähnlich RVG 2. Aufl. Rn. 137; a. A.: Gerold/Schmidt/von Eicken/Madert BRAGO 15. Aufl. § 19 Rn. 23, 24 und 17. Aufl. § 11 Rn. 250, 249, 219; OLG Brandenburg, 13. 03. 2007 – 6 W 41/07 – AGS 2007, 461).

2. Gegenstand der Festsetzung

a) Die drei ausdrücklich genannten Gegenstände

Das Gesetz selbst nennt in Abs. 1 Satz 1 **drei** Gegenstände: 28

- die gesetzliche Vergütung (also Gebühren und Auslagen – § 1 RVG)
- die nach § 42 festgestellte Pauschgebühr
- die zu ersetzenden Aufwendungen (§ 670 des BGB)
- Behandlung von Sonderfällen.

aa) Gebühren entstanden in einem gerichtlichen Verfahren

Das Festsetzungsverfahren bleibt jedoch hinsichtlich der vorgenannten Vergütungen grund- 29 sätzlich auf solche Aufwendungen beschränkt, die zu den Kosten des **gerichtlichen Verfahrens** gehören, weil das Gericht nur insoweit die für eine Festsetzung erforderliche Sachkenntnis besitzt. Diese Auffassung hat der BGH in einer neueren Entscheidung (Beschl. v. 20. 10. 2005, Az.: I ZB 21/05 – WRP 2006, 237; BB 2006, 127) hinsichtlich der Kosten einer wettbewerbsrechtlichen Abmahnung bestätigt. Zur Begründung hat der BGH ausgeführt: »*Die Kosten einer Abmahnung gehören nicht zu den einen Rechtsstreit unmittelbar vorbereitenden Kosten. Die Abmahnung hat eine doppelte Funktion. Sie dient der Streitbeilegung ohne Inanspruchnahme der Gerichte und mit ihr verfolgt der Gläubiger das weitere Ziel, dem Schuldner die Möglichkeit zu verwehren, den gerichtlich geltend gemachten Anspruch mit der Kostenfolge des § 93 ZPO anzuerkennen. Auch dieser letztgenannte Zweck hat keine den Prozess unmittelbar vorbereitende Funktion.*«

Abschnitt 1 – Allgemeine Vorschriften

Das sieht das OLG Hamburg (Beschl. v. 10.01.2005, ZfS 2005, 201) aus Gründen der Prozessökonomie anders.

Man muss sich in der Tat mit dem OLG Hamburg fragen, warum die Kosteninstanzen, die dieser Materie durch ihre tägliche Arbeit viel näher stehen als der Amtsrichter, der sich recht selten und daher meist auch unwillig mit der Kostenmaterie befassen muss, nicht die Entscheidungsbefugnis haben sollten. Das wäre auch ganz im Interesse des Mandanten, der dann nicht einem erheblich teureren Gebührenprozess ausgesetzt wird.

Der frühere eherne Grundsatz der Kosteninstanzen, den der Verfasser auch über viele Jahre angewandt hat – materielle Kostenersatzansprüche gehören nicht in das Kostenfestsetzungsverfahren – ist durch die VV Vorbem. 3 Abs. 4 (Teilanrechnung der außergerichtlich entstandenen Gebühren nach Nrn. 2300–2303) eine lex imperfecta, überholt, wenn er auch nach neuem Recht, ohne dass nachgedacht wurde (und weil es ja auch den Kosteninstanzen zusätzliche Arbeit machen würde) gebetsmühlenhaft wiederholt wurde und wird. Stattdessen suchte man Auswege gegen den gesetzlichen Wortlaut der VV Vorbem. 3 Abs. 4, indem man die dort gesetzlich vorgeschriebene Anrechnung auf die Verfahrensgebühr bar jeder juristischen Systematik einfach ignorierte, um zu einem praktikablen Ergebnis zu kommen.

Siehe zur verworrenen Rechtslage: Verfasser: Bischof (JurBüro 2007, 341) »Geschäftsgebühr und nachfolgender Prozess mit Hinweis auf die BGH-Rechtsprechung seit 07.03.2007 zur Vorbem. 3.4.«

In der Praxis stellt sich immer wieder die Frage, ob ein Verfahren nach § 11 möglich ist, wenn infolge des anwaltlichen Prozessauftrages zwar schon Gebühren nach dem 3. Teil entstanden sind (etwa die 0,8 Verfahrensgebühr oder die 1,3 Terminsgebühr – Besprechungen zur Abwendung des Rechtsstreits nach Vorbem. 3.3) und es hinterher nicht mehr zur Klageeinreichung und damit zu einem »gerichtlichen Verfahren« im Sinne von § 11 Abs. 1 Satz 1 kommt.

Die Frage stellt sich ebenso für eine Kostenfestsetzung nach den §§ 103 ff. ZPO.

Der BGH (JurBüro 2007, 533 = AGS 2007, 549 = NJW 2007, 2859) hat bisher die Frage nur für eine Festsetzung (§§ 103 ff. ZPO) bejahend entschieden, bei der es zum gerichtlichen Verfahren gekommen ist und sodann auch **außerhalb** des **gerichtlichen** Verfahrens selbst entstandene Gebühren festzusetzen waren.

Der Grundsatz der Prozessökonomie kann in solchen Fällen, in denen ein gerichtliches Verfahren erst gar nicht mehr eingeleitet worden ist, zur Stützung der vereinfachten Kostenfestsetzung nicht herangezogen werden.

Ich meine daher, eine Festsetzung (nach § 11 RVG und §§ 103 ff. ZPO) ist mangels Beginns der gerichtlichen Instanz nicht möglich. Hier muss in beiden Fällen der Klageweg gewählt werden.

bb) Gesetzliche Vergütung (Gebühren und Auslagen)

30 Mit der Bezeichnung »gesetzliche Vergütung« wird an die Legaldefinition des § 1 angeknüpft (Gebühren und Auslagen). Damit sind zunächst einmal alle Gebühren nach dem VV, soweit der Anwalt diese in einem gerichtlichen Verfahren verdient hat, festsetzungsfähig gegen die eigene Partei, also etwa die Verfahrens-, Termins- und Einigungsgebühr, aber auch Einzeltätigkeiten (etwa Nr. 3403 oder das Mahnverfahren Nr. 3305).

OLG München (JurBüro 2007, 585): »Nach der Rechtsprechung des BGH erfordert die Festsetzung einer anwaltlichen Einigungsgebühr gemäß VV RVG 1000 im Kostenfestsetzungsverfahren nach §§ 103, 104 ZPO, dass die Parteien einen als Vollstreckungstitel tauglichen Vergleich nach §§ 794 Abs. 1, 160 Abs. 3 Nr. 1 ZPO haben protokollieren lassen (BGH NJW 2006, 1523 = AnwBl. 2006, 860). Der Senat wendet diese Rechtsprechung aus Gründen der Rechtseinheit (§ 574 Abs. 2 Nr. 2 ZPO) auch auf § 11 an.«

Nachdem der BGH zwischenzeitlich (2. ZS 13. 04. 2007 JurBüro 2007, 469 = NJW 2007, 2187 – der 8. ZS hat gerade mal ein knappes Jahr an seiner unmöglichen Rechtsprechung, die ich scharf kritisiert habe, festgehalten, siehe meine Kritik in der 2. Aufl. Nr. 1000 Rn. 8 ff. –) seine insoweit unhaltbare Rechtsprechung ausdrücklich aufgehoben hat, kann, wie an sich keiner näheren Begründung bedarf, ein glaubhaft gemachter (auch nicht gerichtlich protokollierter) Vergleich auch Gegenstand einer Gebührenfestsetzung nach § 11 sein; ebenso das BAG (Jur-Büro 2006, 587 = NJW 2006, 1997).

Mediation: OLG Hamm (NJW 2006, 2499): »In VV Vorbemerkung 3 Abs. 3 RVG ist ausdrücklich geregelt, dass die Terminsgebühr (auch) anfällt bei »Besprechungen ohne Beteiligung des Gerichts«, wenn diese der Erledigung des Verfahrens dienen. Das kann bei einer Mediation nicht zweifelhaft sein (so auch OLG Koblenz, RVGreport 2005, 269 f. = Kosten des gerichtlichen Verfahrens).«

Festsetzbar ist auch die Terminsgebühr aus Anlass des Abschlusses eines gerichtlichen **Vergleiches** gem. § 278 Abs. 6 ZPO (BAG NJW 2006, 3022; BGH JurBüro 2007, 360 = NJW-RR 2007, 1149 und NJW-RR 2006, 1507).

Der Begriff Auslagen meint zunächst einmal die ausdrücklich geregelten Auslagen Nrn. 7000 ff., wie Dokumentenpauschale, Post und Telekommunikation und USt.

Festsetzungsfähig sind, wie ausgeführt, grundsätzlich nur die im gerichtlichen Verfahren entstandenen Gebühren und Auslagen, davon macht allerdings **Abs. 8 Abs. 1** eine Ausnahme. Dort sind **Rahmengebühren** schlechthin genannt, und nicht nur solche, die im gerichtlichen Verfahren entstanden sind (Hessisches LAG, 07. 12. 2005 – 13 Ta 386 / 05 – RVGreport 2006, 381; die in diesem Zusammenhang als abweichende Ansicht des BGH MDR 2005, 656 zitierte Entscheidung betrifft **altes** Gebührenrecht und auch nur die Frage der Erstattungsfähigkeit der Geschäftsgebühr nach § 118 BRAGO in der Kostenfestsetzung nach §§ 103 ZPO ff.; näher zum hier interessierenden Problem Rn. 77).

cc) Die nach § 42 festgestellte Pauschgebühr

Die Festsetzung einer nach § 42 vom Oberlandesgericht für Straf- oder Bußgeldsachen festgestellten Pauschgebühr ist jetzt möglich geworden (so ausdrücklich Abs. 1 Satz 1 Alt. 2; Mayer / Kroiß RVG § 11 Rn. 19). Wegen der Einzelheiten der Pauschgebühr wird auf die Kommentierung zu § 42 verwiesen.

Gebührenrechtlich könnte sich vordergründig die Frage erheben: Wenn die Pauschgebühr der Höhe nach schon verbindlich durch das erkennende Strafgericht festgesetzt wird, was soll dann noch eine Festsetzung nach § 11?

Mit der Festsetzung der Höhe durch das erkennende Strafgericht hat der Anwalt noch keinen Titel gegen den Mandanten, wenn dieser die Vergütung nicht freiwillig zahlt. Die Festsetzung nach § 11 dient also der Titulierung. Die Höhe selbst steht verbindlich fest. § 42 Abs. 4 sieht vor, dass die Feststellung der Pauschgebühr für das Kostenfestsetzungsverfahren, das Vergütungsfestsetzungsverfahren und für den etwaigen Gebührenrechtsstreit des Anwalts gegen seinen Auftraggeber bindend ist. Divergierende Entscheidungen sollen vermieden werden (BT-Drs. 15/1971, S. 246).

Dies schließt aber nicht aus, dass trotz der verbindlichen Festsetzung der Pauschgebühr der Mandant gem. Abs. 5 nichtgebührenrechtliche Einwendungen erheben kann, die dann im Gebührenprozess gegen die in ihrer Höhe verbindlich festgesetzte Pauschgebühr eingewandt werden können (Mayer / Kroiß RVG § 11 Rn. 22; Gebauer / Schneider RVG § 11 Rn. 66).

dd) Zu ersetzende Aufwendungen nach § 670 BGB

Mit »gesetzliche Vergütung« i. S. v. Abs. 1 ist das **Gebührengesetz** gemeint und nicht etwa das BGB, also etwa eine dienstvertragliche Absprache mit der Partei nach dem Bürgerlichen Gesetzbuch (§§ 612, 613 BGB; Gerold / Schmidt / von Eicken / Madert / Müller-Rabe RVG

Abschnitt 1 – Allgemeine Vorschriften

17. Aufl. § 11 Rn. 41; LAG Hamm JurBüro 1994, 732). Allerdings übersehen die einschlägigen Kommentare zum RVG, die insoweit (Kosten für Hilfspersonen, etwa Gebauer/Schneider RVG § 11 Rn. 105 bis 111) keine Änderung der Rechtslage signalisieren, dass der in dem Begriff **Vergütung** steckende Teil »**Auslagen**« durch die Vorbem. 7 Abs. 1 Satz 2 hinsichtlich der Erstattbarkeit der **Aufwendungen** nach § 670 BGB eine Ausweitung erfahren hat: Vorbem. 7 Abs. 1 Satz 2 lautet nämlich:

»**Soweit nachfolgend nichts anderes bestimmt ist, kann der Rechtsanwalt Ersatz der entstandenen Aufwendungen (§ 675 i. V. m. § 670 BGB) verlangen.**«

Aufwendungen nach § 670 BGB sind solche, die der Anwalt zwecks Ausführung des Auftrags den Umständen nach für erforderlich halten darf. Zu Recht weist N. Schneider dann an anderer Stelle (Gebauer/Schneider RVG VV Vorbem. 7 Rn. 33) darauf hin, dass die Entscheidung des BGH (JurBüro 2003, 588 = AGS 2003, 391) zum alten Recht (keine Festsetzung von nicht im Gebührengesetz speziell geregelten Auslagen wie Gerichtsgebührenvorschuss) durch das RVG überholt ist.

Der BGH (JurBüro 2003, 588) hatte zum alten Recht festgestellt, dass vom Anwalt für die Partei eingezahlte gerichtliche Gebührenvorschüsse nicht im vereinfachten Verfahren nach § 19 gegen die eigene Partei festgesetzt werden könnten. Der Gesetzeswortlaut ließ nach Ansicht des BGH (und vieler OLGs) diese weite Interpretation nicht zu, wenngleich Gründe der Prozessökonomie die Festsetzung im vereinfachten Verfahren dringend nahe legten.

Diesen Missstand wollte die Novelle, wie sich aus der Begründung ergab, ausdrücklich beseitigen. N. Schneider betont an der angegebenen Stelle den Gesetzeswandel hinsichtlich der vom BGH entschiedenen Problematik. Es ist aber angesichts des sehr weiten Regelungsgehaltes der Vorbem. 7 Abs. 1 Satz 2 zu hoffen, dass der BGH, der in seiner Entscheidung den Grundsatz der Prozessökonomie betont hat, diesen hier aufgezeigten Weg der Festsetzung des Prozessaufwandes des Anwalts (nicht nur hinsichtlich der gerichtlichen Vorschüsse) großzügig mitgehen wird (so auch jetzt in einer Andeutung Gerold/Schmidt/von Eicken/Madert/Müller-Rabe RVG 17. Aufl. § 11 Rn. 109, VV Vorbem. 7 Rn. 8).

Bestehen bleibt allerdings das Problem der Kausalität.

Dies gilt weniger für den von *N. Schneider* (Gebauer/Schneider RVG VV Vorbem. 7 Rn. 20) aufgelisteten Katalog wie Kosten des Gerichts, GV, ZU, Meldeanfragen usw., sondern vielmehr für die **Aufwendungen für Hilfspersonal**. Hier muss der Anwalt, will er eine Festsetzung im vereinfachten Verfahren nach § 11 erreichen, die Einzelfallkausalität (etwa durch Stundennachweise und entsprechende Zahlung) belegen (vgl. Gebauer/Schneider RVG VV Vorbem. 7 Rn. 20 a. E.: Hinzuziehung juristischer Mitarbeiter, etwa zur Sichtung einer Vielzahl von Aktenordnern; OLG Brandenburg StraFo 1997, 30, siehe ferner näher Rn. 14).

b) Behandlung von Sonderfällen

aa) Vereinbarte Gebühr

33 Hat der Anwalt gem. § 3a eine **höhere** als die gesetzliche **Gebühr vereinbart**, so kann er diese Gebühr **nur einklagen** und nicht gem. § 11 festsetzen lassen, auch nicht in Höhe des gesetzlichen Teils (OLG Frankfurt Rpfleger 1989, 303; OLG Bremen JurBüro 1972, 690).

bb) Gebühren des Güteverfahrens

34 Nicht festsetzbar sind auch Anwaltsgebühren, die in dem neuen Güteverfahren, das in einigen Bundesländern eingeführt worden ist, entstanden sind (Nr. 2303). Denn bei der Gütestelle handelt es sich **nicht** um ein **Gericht**.

cc) Außergerichtlicher Vergleich

35 Dagegen **genügt** es, dass die Gebühren im Rahmen eines gerichtlichen Verfahrens entstanden sind, auch wenn die Tätigkeit nicht bei Gericht ausgeübt wird, wie etwa die **Vergleichsge-**

bühr für einen außergerichtlichen Vergleich, der ein gerichtliches Verfahren beendet. In gleicher Weise sind festsetzbar Gebühren, die durch **Einbeziehung nicht rechtshängiger Ansprüche** in einen gerichtlichen Vergleich entstanden sind (Gerold/Schmidt/von Eicken/Madert/Müller-Rabe RVG 17. Aufl. § 11 Rn. 70; Gebauer/Schneider RVG § 11 Rn. 55). Problematisch ist die Festsetzung der Differenzverfahrensgebühr von 0,8. Eine Kostenfestsetzung nach § 104 ZPO gegen den Gegner scheitert wohl daran, dass der einbezogene Anspruch nicht Gegenstand des Rechtsstreits war (etwa bei einem Vergleichswiderruf). Gegen die eigene Partei könnte man im Festsetzungsverfahren nach § 11 jedenfalls aus Gründen der Prozessökonomie für eine Festsetzung plädieren, weil ansonsten der Anwalt den Anspruch, falls er einen Vergleichsauftrag hatte, im teureren Gebührenprozess gegen die eigene Partei einklagen müsste. Der Gebührenanfall selbst steht auch für das vereinfachte Festsetzungsverfahren durch die Vergleichsprotokollierung fest.

Wird der Vergleich unbedingt abgeschlossen und übernimmt eine Partei alle Kosten, die durch den Vergleich verursacht sind, so macht die Kostenfestsetzung nach § 104 ZPO oder § 11 RVG keine Probleme. Aber Achtung: Nicht formulieren: »Kosten des Vergleichs«, dann ist nämlich streitig, ob mit dieser knappen Formulierung auch die Differenzverfahrensgebühr für den einbezogenen Anspruch gemeint ist (OLG Frankfurt AGS 2003, 516; a. A.: LG Bonn JurBüro 1998, 33 m. zust. Anm. v. Enders). Besser also formulieren: »die durch den Vergleich verursachten Kosten«.

II. Abs. 2 Verfahrensgrundsätze

1. Verfahren

a) Allgemeines

Der Abs. 2 enthält eigenständige Verfahrensregelungen für das Festsetzungsverfahren, die allerdings dem § 104 ZPO (Kostenfestsetzungsverfahren) nachgebildet sind. Wo eine spezielle Regelung fehlt, verweist Abs. 2 Satz 3, da das Vergütungsfestsetzungsverfahren für alle Gerichtsbarkeiten gilt, auf die jeweils geltende Verfahrensordnung, also etwa auf die ZPO und für die öffentlich-rechtlichen Streitigkeiten auf die VwGO. Das bedeutet z. B., dass als Rechtsmittel gegen die Entscheidung der 1. Instanz in Zivilsachen die sofortige Beschwerde (§ 11 Abs. 1 RPflG, § 569 Abs. 1 ZPO) gegeben ist (vgl. LAG Schleswig-Holstein, 16. 02. 2006 – 1 Ta 271/05). Für die **Vollstreckung** aus dem Vergütungsfestsetzungsbeschluss wird für **alle Verfahrensarten** auf die Vollstreckung von Kostenfestsetzungsbeschlüssen nach der ZPO verwiesen (Abs. 2 Satz 3). Auch in Verfahren mit Amtsverfahren gilt durch die Bezugnahme auf die ZPO der Beibringungsgrundsatz (Mayer/Kroiß RVG § 11 Rn. 63; Schultzenstein ZZP 34, 301, 471; 44, 574; Gerold/Schmidt/von Eicken/Madert BRAGO 15. Aufl. § 19 Rn. 20, ähnlich 17. Aufl. § 11 Rn. 221; so auch Hessischer VGH NJW 2007, 3738 unter Bezugnahme auf diese Kommentarstelle).

OLG Düsseldorf (JurBüro 2008, 209): Kommt es nach PKH-Bewilligung zum Anwaltswechsel und erneuter Beiordnung eines Anwalts »soweit durch den Anwaltswechsel der Staatskasse keine Nachteile entstehen«, so kann der »beigeordnete Anwalt«, soweit er von der Staatskasse keine Gebühren erhält, die Festsetzung seiner Gebühren (ohne eine Sperre nach § 122 Abs. 1 Nr. 3 ZPO) gegen die eigene Partei begehren.

OLGR Karlsruhe 2006, 843 = FamRZ 2007, 231 = AGS 2007, 95:

Nach Eröffnung des Insolvenzverfahrens und nach Bestreiten des Vergütungsanspruchs durch den Insolvenzverwalter steht dem Anwalt zwar das Verfahren nach § 11 RVG offen, jedoch nicht mit dem Ziel der Kostenfestsetzung gegen die insolvente Partei oder gar den Insolvenzverwalter, sondern nur mit dem Ziel der **Feststellung** des Vergütungsanspruchs (OLGR München 2004, 185; a. A. Gerold/Schmidt/von Eicken RVG 17. Aufl. 2004 § 11 Rn. 236 m. w. N.: nur Feststellungs**klage** nach § 179 InsO).

Abschnitt 1 – Allgemeine Vorschriften

b) Fälligkeit (Abs. 2 Satz 1)

37 Der Vergütungsfestsetzungsantrag ist erst zulässig, wenn die Vergütung fällig ist (Abs. 2 Satz 1; Fälligkeit siehe § 8; OLG Düsseldorf JurBüro 1988, 867; Hartung/Römermann RVG § 11 Rn. 80). Eine Gebührenberechnung (§ 10) muss spätestens mit dem Festsetzungsantrag mitgeteilt werden. Fügt der Anwalt eine solche Berechnung nicht bei und behauptet er auch nicht, seinem Auftraggeber die Berechnung bereits erteilt zu haben, so ist sein Festsetzungsantrag zurückzuweisen (Gerold/Schmidt/von Eicken/Madert BRAGO 15. Aufl. § 19 Rn. 24, 17. Aufl. Rn. 167, 242).

Eine **Vorschussforderung** kann also nicht festgesetzt werden, auch kann nicht etwa auf Betreiben des Auftraggebers (Partei) durch ein Festsetzungsverfahren geprüft werden, ob die Vorschussforderung berechtigt ist.

38 Nach Abs. 1 Satz 2 sind getilgte Beträge abzusetzen. Das bedeutet, dem Festsetzungsantrag fehlt nicht etwa dann das Rechtsschutzinteresse, wenn die Vergütungsforderung bereits getilgt ist. Der Auftraggeber kann dann beantragen, festzustellen, dass dem Anwalt ein weiterer Vergütungsanspruch **nicht** mehr zustehe (Gebauer/Schneider RVG § 11 Rn. 137; LAG Nürnberg JurBüro 1996, 263; OLG Köln JurBüro 1984, 1356; Hansens BRAGO 8. Aufl. § 19 Rn. 20; Mayer/Kroiß RVG § 11 Rn. 59; siehe näher Rn. 25–27).

2. Rechtliches Gehör (Abs. 2 Satz 2)

a) Gehör des Gegners

39 Vor der Festsetzung ist (wie nach § 104 ZPO) der Gegner zu hören (OLG Frankfurt NJW 1999, 1265; AG Linz AnwBl. 2001, 573; LG Lüneburg Rpfleger 1999, 491).

Die Anhörung des Gebührenschuldners muss auch bei klarer Vergütungslage erfolgen, schon allein wegen der immer gegebenen Möglichkeit von nichtgebührenrechtlichen Einwendungen (Abs. 5; Hartmann Kostengesetze 35. Aufl. RVG § 11 Rn. 43).

40 Umgekehrt ist eine Anhörung (entgegen Gerold/Schmidt/von Eicken/Madert BRAGO 15. Aufl. § 19 Rn. 26) nicht entbehrlich, wenn der Antrag ergibt, dass der Auftraggeber **bereits vor der Antragstellung nichtgebührenrechtliche Einwendungen** erhoben hat. Denn der Antragsgegner hat möglicherweise im Interesse, **abschließend** zu prüfen, ob er einen kostenträchtigen Gebührenprozess wirklich wagen will (Mayer/Kroiß RVG § 11 Rn. 59; Gebauer/Schneider RVG § 11 Rn. 140). Im Übrigen dürfte *Müller-Rabe* (Gerold/Schmidt/von Eicken/Madert/Müller-Rabe RVG 17. Aufl. § 11 Rn. 228, 136) zu folgen sein, dass die Einwendungen wirksam erst im Festsetzungsverfahren selbst erhoben werden können. Zur Zulässigkeit der sofortigen Gebührenklage in diesen Fällen siehe aber Abs. 5 Satz 2 (Rn. 62).

b) Rahmengebühr

41 Ein zweiter Problemfall: Nach Abs. 8 Satz 2 ist die Festsetzung von Rahmengebühren, wenn mehr als die Mindestgebühr gefordert wird, abzulehnen, wenn der Anwalt die Zustimmungserklärung des Auftraggebers nicht mit dem Antrag vorlegt. Bei diesem eindeutigen Gesetzeswortlaut ist es verständlich, dass die h. M. nur den Weg der Ablehnung als unzulässig (und zwar ohne rechtliches Gehör des Auftraggebers) sieht (Mayer/Kroiß RVG § 11 Rn. 43). Aus Gründen der Prozessökonomie ist aber auch hier der Gegenansicht von *N. Schneider* (Gebauer/Schneider RVG § 11 Rn. 96 und 140) der Vorzug zu geben, die dahin geht, es reiche auch noch aus, wenn der Auftraggeber im Rahmen seiner Anhörung zu einer geforderten höheren Rahmengebühr seine Zustimmung erteile. Auch im allgemeinen Prozessrecht ist die Rechtsprechung diesen Weg der Prozessökonomie (BGH: Verfahrensrecht ist Zweckmäßigkeitsrecht, BGHZ 10, 359) gegangen und hat im Urkundenprozess, in dem nach dem Gesetz auch die anspruchsbegründenden Umstände durch Urkunden zu belegen sind und diese schon mit der Klage eingereicht werden müssen, es genügen lassen, dass der Prozessgegner (bei fehlenden Urkunden) das tatsächliche Vorbringen nicht bestritten hat.

Festsetzung der Vergütung | § 11

Beim vereinfachten Vergütungsfestsetzungsverfahren, bei dem nicht wie im Erkenntnisverfahren des Urkundenprozesses mündlich verhandelt wird, braucht man nicht so weit zu gehen, dass schon das Nichtbestreiten ausreicht (so auch Gebauer/Schneider RVG § 11 Rn. 97). Es muss aber genügen, wenn der Antragsgegner im Rahmen seiner Anhörung dem Begehren des Anwalts ausdrücklich zustimmt. Auch hier kann das Motiv etwa sein, einen teuren Gebührenprozess nicht zu wagen, vielleicht liegt auch nur eine frühere nur mündliche Zustimmung vor. Siehe weiter Rn. 77.

Dem Gegner des Antragstellers ist, wie ausgeführt, Gelegenheit zur Stellungnahme zu geben, bevor dem Antrag entsprochen wird (Abs. 2 Satz 2). Dies gilt auch in der Rechtsmittelinstanz, wenn dem Rechtsmittel ganz oder teilweise stattgegeben werden soll (BVerfG 7, 109). Ist der wirkliche Aufenthalt des Auftraggebers nicht zu ermitteln, so muss öffentlich zugestellt werden (Gerold/Schmidt/von Eicken/Madert/Müller-Rabe RVG 17. Aufl. § 11 Rn. 239). Gerade bei einem gestörten Verhältnis zwischen Anwalt und Auftraggeber muss dem Problem des Zugangs des Antrags besondere Aufmerksamkeit gewidmet werden. Lässt sich der tatsächliche Zugang nicht feststellen, so ist förmlich zuzustellen (OLG Frankfurt JurBüro 1983, 1517). 42

c) Ausland

Auch ein Auftraggeber, der im Ausland wohnt, muss gehört werden (a. A.: LG Bielefeld NJW 1960, 1817). Ein »Einschreiben gegen Rückschein« reicht im Allgemeinen als Zugangsnachweis aus (OLG Frankfurt MDR 1957, 687), aber Achtung bei der Vollstreckung aus dem Vergütungsfestsetzungsbeschluss im Ausland: Ist die förmliche Zustellung nicht nachweisbar, so kann dies der Vollstreckbarkeit des Titels entgegenstehen. Hier sollte daher der sichere Weg der Zustellung im Wege der Rechtshilfe gewählt werden. 43

d) Vorschriften der Verfahrensordnungen (Abs. 2 Satz 3)

aa) Gericht des ersten Rechtszugs

Sachlich und örtlich zuständig ist das Gericht des ersten Rechtszugs. Innerhalb der ordentlichen Gerichtsbarkeit und der Arbeitsgerichtsbarkeit ist die Festsetzung nach § 11 funktionell dem **Rechtspfleger** übertragen (§ 21 Nr. 2 RPflG), bei den Gerichten der allgemeinen und besonderen Verwaltungsgerichtsbarkeit dem **Urkundsbeamten der Geschäftsstelle** (§ 11 Abs. 3 Satz 1). 44

Über Unterschiede bei den Rechtsmitteln vgl. unten Rn. 65 ff.

Gericht des ersten Rechtszugs ist das erstinstanzliche Gericht des Verfahrens, in dem die Vergütung des Rechtsanwalts entstanden ist. Das ist bei Verweisung wegen der Einheitlichkeit der Kosteninstanz (§ 281 Abs. 3 Satz 1 ZPO) das Gericht, an das verwiesen worden ist (z. B. bei Abgabe an das Landwirtschaftsgericht OLG Hamm RdL 1960, 103; LAG Düsseldorf JurBüro 1995, 649). Endet der Anwaltsauftrag mit der Verweisung, so ist der Rechtspfleger des verweisenden Gerichts noch so lange zuständig, wie die Akten noch nicht abgegeben sind, also dort noch ruhen. Soweit aber damit zu rechnen ist, dass das Verfahren beim neuen Gericht weiter betrieben wird, ist dieses zuständig. Denn auf einen Festsetzungsantrag muss der Gegner gehört werden. Es ist aber nicht zu verantworten, die Hauptakten trotz Verweisung bis zur Erledigung des Zwischenverfahrens beim verweisenden Gericht zu belassen (jetzt auch Gerold/Schmidt/von Eicken/Madert/Müller-Rabe RVG 17. Aufl. § 11 Rn. 262). Gericht des ersten Rechtszugs kann, wie ausgeführt, auch ein Verfassungs-, Verwaltungs-, Sozial- oder Finanzgericht sein (unten Rn. 64). Kommt es zu einer Rechtswegverweisung, so ist ebenfalls das Gericht, an das verwiesen wird, zuständig (Gerold/Schmidt/von Eicken/Madert/Müller-Rabe RVG 17. Aufl. § 11 Rn. 262). Endet das Verfahren mit dem Mahnverfahren, so ist nicht das (zentrale) Mahngericht, sondern das Gericht, das für ein streitiges Verfahren zuständig geworden wäre, für die Festsetzung zuständig (BGH NJW 1991, 2084; a. A. das OLG Naumburg (NJW 2008, 186), das offenbar die Entscheidung des BGH nicht kannte, sonst 45

Abschnitt 1 – Allgemeine Vorschriften

hätte es vorlegen müssen. Das OLG Naumburg hält das zentrale Mahngericht für zuständig). Auch ein ordentliches Gericht der freiwilligen Gerichtsbarkeit kann in Betracht kommen.

Geht es um die Vertretung in einer **gerichtlichen Zwangsvollstreckungssache**, so ist nunmehr (seit der 2. Zwangsvollstreckungsnovelle) das Vollstreckungsgericht, funktionell dort der Rechtspfleger (§ 21 Nr. 2 RPflG) für die Festsetzung zuständig (§ 788 Abs. 2 Satz 1 ZPO), und zwar nach Beendigung der Zwangsvollstreckung das Vollstreckungsgericht, in dessen Bezirk die letzte Vollstreckungshandlung erfolgt ist. Vollstreckungsgericht ist in der Regel das AG (§ 764 ZPO, Ausnahmen siehe §§ 887–890 ZPO).

Wird vom Anwalt ohne gerichtliche Beteiligung vollstreckt, so ist eine Vergütungsfestsetzung überhaupt nicht möglich (siehe Rn. 17).

Der frühere Streit, ob das erkennende Gericht trotz der 2. Zwangsvollstreckungsnovelle für die Festsetzung nach § 11 weiter zuständig sei, ist durch die Entscheidung des BGH (NJW 2005, 1273), die auf die Divergenzvorlage des OLG Stuttgart (NJW 2005, 759) ergangen ist, im Sinne der vorstehenden Kommentierung erledigt. Auch der insoweit abweichende Kommentar von Gerold/Schmidt/v. Eicken/Madert/Müller-Rabe RVG 17. Aufl. § 11 Rn. 263 verfolgt offenbar die früher von einigen OLGs gestützte Gegenmeinung nicht weiter.

bb) Funktionelle Zuständigkeit

46 Der Rechtspfleger des ersten Rechtszugs ist zuständig für die Festsetzung der Vergütung für alle Rechtszüge und zwar auch dann, wenn der Rechtsanwalt, der die Festsetzung der Vergütung begehrt, in dem ersten Rechtszug nicht tätig geworden ist. Der Rechtspfleger kann mit der Festsetzung mehrmals befasst werden, z. B. in jedem Rechtszug und/oder zunächst nur für einen Rechtsanwalt und später für weitere Rechtsanwälte.

cc) Zwangsvollstreckungsvorschriften

46a Die Zwangsvollstreckung aus dem Vergütungsfestsetzungsbeschluss findet nach § 11 Abs. 2 Satz 3 RVG unter entsprechender Anwendung der Vorschriften der Zivilprozessordnung über die Zwangsvollstreckung aus Kostenfestsetzungsbeschlüssen (§ 794 Abs. 1 Nr. 2 ZPO) statt (*Müller-Rabe* in Gerold/Schmidt/v. Eicken/Madert/Müller-Rabe Rechtsanwaltsvergütungsgesetz 17. Aufl. 2007 Rn. 346 zu § 11 RVG). Auf die Zwangsvollstreckung aus den in § 794 ZPO erwähnten Schuldtiteln sind nach § 795 Satz 1 ZPO die Vorschriften der §§ 724 bis 793 ZPO entsprechend anzuwenden. Nach § 769 ZPO kann daher auch durch Beschluss eine einstweilige Anordnung zur Einstellung der Zwangsvollstreckung erlassen werden. Grundsätzlich ist die Vollstreckungsgegenklage möglich, allerdings mit der Einschränkung nach § 767 Abs. 2 ZPO (näher Rn. 63).

3. Gerichtsgebühren/ Gebührenfreiheit 1. und 2. Instanz (Abs. 2 Satz 4)

a) 1. Instanz

47 Das Verfahren erster Instanz (Gebührenfestsetzungsverfahren) ist gebührenfrei (§ 11 Abs. 2), d. h. keine Gerichtsgebühren, keine Anwaltsgebühren; allerdings werden Auslagen erhoben (Teil 9 des Kostenverzeichnisses zum GKG). Der Rechtsanwalt (oder der Auftraggeber) ist als Antragsteller Kostenschuldner, wenn er das Verfahren nach § 11 betreibt (§ 22 GKG; LG Hildesheim NdsRpfl. 1966, 143 noch zu § 49 GKG a. F.). Nur die von dem Anwalt für die Zustellung des Beschlusses gezahlten Auslagen sind erstattungspflichtig, im Übrigen findet eine Auslagenerstattung nicht statt.

b) 2. Instanz

48 Für Beschwerden (etwa nach Nr. 1810 KV GKG = Festgebühr für ZPO-Beschwerde von € 75,00) werden bei Erfolglosigkeit Gebühren und Auslagen nach dem GKG erhoben, und zwar vom Unterlegenen.

Festsetzung der Vergütung | § 11

Die erfolglose Beschwerde löst also zwar Gerichtsgebühren aus (OLG Koblenz MDR 2002, 909). Eine Kostenerstattung findet aber nicht statt und zwar in erster und zweiter Instanz. Ausgenommen sind nur die Zustellungskosten für den Beschluss, die der Anwalt zu zahlen hat und die zu seinen Gunsten bei der Festsetzung mit angesetzt werden (Abs. 2 Satz 5). 49

Gerichtsgebührenpflichtig ist nur die erfolglose Beschwerde und nicht etwa für den Unterliegenden die erfolgreiche Beschwerde des Gegners. Außergerichtliche Kosten fallen zwar für den Anwalt im Beschwerdeverfahren an (Nr. 3500: 0,5), der Unterlegene muss sie aber nicht dem Obsiegenden erstatten (Abs. 2 Satz 6 Hs. 2). 50

Das AG Neuwied (AGS 2005, 577 mit abl. Anm. von N. Schneider) hat sich mit der Frage befasst, ob die Kosten eines im Festsetzungsverfahren nach § 11 vom Mandanten neu zugezogenen Anwalts, wenn schon nicht nach Abs. 2, so doch beim Obsiegen im Gebührenprozess (wegen endgültig durchgreifender nichtgebührenrechtlicher Einwendungen) als Prozessvorbereitungskosten im Gebührenprozess erstattungsfähig sind. Diese Frage hat das AG mit unzutreffender Begründung verneint: Nur Vorbereitungskosten, die in Beziehung auf den betreffenden Rechtsstreit (hier also die Gebührenklage) entstanden seien, könnten nach der Kostengrundentscheidung festgesetzt werden. Die streitigen Kosten aus dem Festsetzungsverfahren nach § 11 stellten sich damit als Kosten eines anderen »Rechtsstreits« dar.

Dies hat N. Schneider in seiner ablehnenden Anmerkung zu Recht kritisiert.

In Übereinstimmung mit der Rechtsprechung des BGH (BGHZ 21, 199, 201 = NJW 1956, 1518) gilt auch bei der Gebührenklage der allgemeine prozessrechtliche Grundsatz, dass ein Rechtsschutzinteresse für einen Rechtsbehelf fehlt, wenn ein einfacheres und sparsameres Verfahren zur Verfügung steht. Der Anwalt muss daher zunächst einen Festsetzungsantrag nach § 11 stellen. Um einen Titel gegen sich zu vermeiden, muss sodann der Mandant (und das darf er auch durch einen neuen Anwalt, sein Vertrauensverhältnis zu seinem früheren Anwalt ist in diesen Fällen ja gestört) nichtgebührenrechtliche Einwendungen (etwa mangelhafte Anwaltsleistung) nach Abs. 5 erheben. Beide vorgenannten Umstände, Rechtsschutzinteresse für die Gebührenklage und Erhebung nichtgebührenrechtlicher Einwendungen im Festsetzungsverfahren) stehen somit in einem Abhängigkeitsverhältnis. Sie machen daher die im Gebührenfestsetzungsverfahren nach § 11 anfallenden Anwaltsgebühren (Einzeltätigkeit des neuen Anwalts des Mandanten nach Nr. 3403 = 0,8 Gebühr) zu Prozessvorbereitungskosten des Gebührenprozesses.

Soweit geht der Verfasser mit der Kritik von N. Schneider konform.

Der Verfasser kann ihm dann aber nicht folgen, wenn er argumentiert, der **gesetzliche** Ausschluss der Erstattungsfähigkeit der außergerichtlichen Gebühren (§ 11 Abs. 2 Satz 6) beziehe sich nur auf das Festsetzungsverfahren nach § 11, nicht aber auf den Gebührenprozess, in dem »endgültig über das Bestehen oder Nichtbestehen der vermeintlichen Vergütungsforderung entschieden werde.« Das von N. Schneider gefundene Ergebnis würde zwar auch meinem Rechtsgefühl entsprechen.

Der Verfasser fürchtet aber, der Gesetzgeber hat hier – bewusst oder unbewusst – vom Wortlaut her einen Riegel vorgeschoben.

Die Parallele zu § 12 a ArbGG scheint dem Verfasser evident. Auch dort fallen Anwaltsgebühren an, sie sind aber nicht erstattungsfähig. Dies gilt nach der ständigen Rechtsprechung des BAG selbst dann, wenn aus einem materiell-rechtlichen Schadensersatzanspruch beim Arbeitsgericht geklagt wird (BAG NJW 1973, 1061; NJW 1961, 92), was verfassungsgemäß sein soll (LAG Stuttgart AnwBl. 1986, 106).

Wie § 12 a ArbGG, so ist § 11 Abs. 2 Satz 6 RVG nach seinem gesetzlichen Wortlaut nicht nur eine prozessuale sondern eine materielle Ausschlussnorm. Ob der Gesetzgeber das gewollt hat, kann bei einem eindeutigen Wortlaut dahin stehen, und der Gesetzeswortlaut scheint dem Verfasser eindeutig: **§ 11 Absatz 2 Satz 6 RVG:**

Abschnitt 1 – Allgemeine Vorschriften

»Im Übrigen *(also außer Zustellungskosten)* **findet eine Kostenerstattung nicht statt; dies gilt auch im Verfahren über Beschwerden.«**

4. Die Entscheidung (Abs. 2 Satz 4)

51 Die Entscheidung ergeht durch Beschluss (Abs. 2 Satz 2: Verweis auf das Kostenfestsetzungsverfahren nach § 104 Abs. 1 ZPO, siehe ferner Abs. 2 Satz 4). Der Beschluss kann lauten auf die Festsetzung eines bestimmten Betrages der Vergütung oder auf völlige oder teilweise Ablehnung als unbegründet oder unzulässig.

Erforderlich ist ein Antrag, schriftlich oder zu Protokoll der Geschäftsstelle (Abs. 6). Vom Auftraggeber wird nach einhelliger Meinung ein bezifferter Antrag nicht verlangt (Gebauer/ Schneider RVG § 11 Rn. 136; Gerold/Schmidt/von Eicken/Madert/Müller-Rabe RVG 17. Aufl. § 11 Rn. 249). Es genügt, wenn er sich auf eine Rechnung bezieht und erklärt, es möge nur die rechtmäßige Forderung festgesetzt werden.

Zur Berücksichtigung eines Ansatzes genügt die Glaubhaftmachung (§ 104 Abs. 2 ZPO). Wird die Umsatzsteuer gefordert, so braucht der Anwalt nicht gem § 104 Abs. 2 Satz 3 ZPO zu erklären, dass er wegen des Betrages nicht vorsteuerabzugsberechtigt ist (LAG Nürnberg JurBüro 1999, 99; Gebauer/Schneider RVG § 11 Rn. 134); denn der Anwalt macht keinen Erstattungsanspruch wie bei § 104 ZPO, sondern einen eigenen Gebührenanspruch, wie auch sonst, wenn er Rechnungen schreibt, geltend. Das folgt jetzt eindeutig aus Nr. 7008.

a) Bindung an den Antrag

52 Über den Antrag darf der Rechtspfleger nicht hinausgehen (§ 308 ZPO), selbst wenn während des Verfahrens ein höherer Gegenstandswert festgesetzt wird. Der Anwalt muss dann seinen Antrag erweitern.

b) Austausch von Positionen

53 In Literatur (Stein/Jonas ZPO 21. Aufl. § 104 Rn. 20; von Eicken/Hellstab/Lappe/Madert/ Mathias Die Kostenfestsetzung 19. Aufl. B 72 ff., Gerold/Schmidt/von Eicken/Madert/ Müller-Rabe RVG 17. Aufl. § 11 Rn. 268; Hansens BRAGO 8. Aufl. § 19 Rn. 29) und Rechtsprechung (OLG Frankfurt JurBüro 1979, 389; OLG Hamm JurBüro 1974, 367; KG MDR 1977, 941) wird der Grundsatz betont, dass geltend gemachte Rechnungsposten, die nicht angefallen sind, durch andere nicht geltend gemachte Rechnungsposten ersetzt werden dürfen. Als Streitgegenstand des Festsetzungsverfahrens sind aber nicht alle objektiv festsetzungsfähigen Kosten des Anwalts im jeweiligen Rechtsstreit, sondern nur diejenigen anzusehen, die vom Anwalt durch Vortrag eines bestimmten Sachverhalts, der in der Zitierung bestimmter Vorschriften des Gebührenrechts bestehen kann, individualisiert werden (von Eicken KostRsp. ZPO § 104 (B) Nr. 12). Die Gebühren müssen aber wesensgleich sein. Man wird bei der Gebührenfestsetzung nach § 11 engherziger sein müssen als bei der Kostenfestsetzung nach § 104 ZPO, weil es bei der Letzteren um einen Gesamtkostenerstattungsanspruch der Partei geht. Bei der Gebührenfestsetzung geht es immer auch um die mitgeteilte Berechnung des Anwalts. Zulässig ist daher die Auswechslung in erster Linie bei der Mitteilung richtiger Gebührensachverhalte, aber falscher Normsubsumtionen. Da die neuen Gebührentatbestände des RVG größere Tätigkeitskomplexe abdecken, wird das Problem ohnehin nicht mehr so oft auftauchen. Im Übrigen sollten hier Rechtspfleger und Kosteninstanzen auch großzügig von Hinweisen nach § 139 ZPO Gebrauch machen. Wenn ein Rechtspfleger/Richter von Amts wegen schon auswechseln darf, dann macht er sich auch nicht durch einen eine Partei begünstigenden Hinweis befangen.

c) Beschluss

54 Die **Entscheidung** über den Festsetzungsantrag ergeht durch Beschluss. Er bedarf einer **Begründung,** soweit dem Antrag oder den Einwendungen ganz oder teilweise nicht stattgegeben wird. Das Beschwerdegericht muss bei rechtsgrundsätzlichen Fragen, z. B. wenn es von

einem anderen Gericht abweichen will, nunmehr die Rechtsbeschwerde zulassen (§ 574 Abs. 1 Satz 2 ZPO).

Eine Kostenentscheidung entfällt, weil im Verfahren vor dem Urkundsbeamten/ Rechtspfleger weder Gebühren des Gerichts noch des Anwalts anfallen (Abs. 2 Satz 3). Einzige Ausnahme: Gem. Abs. 2 Satz 3 sind in den Festsetzungsbeschluss die vom Anwalt für die Zustellung des Beschlusses gezahlten Auslagen aufzunehmen.

d) Zustellung

Nach § 104 Abs. 1 Satz 3 ZPO ist die Entscheidung, wenn dem Antrag ganz oder zum Teil entsprochen worden ist, vom Gericht dem Antragsgegner persönlich zuzustellen. Hat er einen neuen RA, so ist diesem nur dann zuzustellen, wenn er ausdrücklich für das Verfahren nach § 11 bestellt worden ist. Der neue Prozessauftrag erstreckt sich nicht ohne weiteres auf das Vergütungsfestsetzungsverfahren (OLG Hamm JurBüro 1992, 394). Dem antragstellenden Anwalt ist die Entscheidung nur förmlich zuzustellen, wenn sein Antrag ganz oder teilweise zurückgewiesen wird (§ 104 Abs. 1 Satz 4 ZPO). Mit der Zustellung wird die Rechtsmittelfrist in Lauf gesetzt. Zu beachten ist aber der Wortlaut der neuen Heilungsvorschrift des § 189 ZPO bei einfachem Zugang! 55

e) Anfechtung der Entscheidung (Zivil- und Arbeitsgerichtsbarkeit)

Die Anfechtung der Entscheidung über den Vergütungsfestsetzungsantrag richtet sich danach, ob die Entscheidung in der Zivilgerichtsbarkeit (und Arbeitsgerichtsbarkeit) vom Rechtspfleger oder im Bereich der Verwaltungs-, Finanz- und Sozialgerichtsbarkeit vom Urkundsbeamten (Abs. 3) getroffen worden ist. 56

Gem. § 11 Abs. 1 RPflG i. V. m. § 104 Abs. 3 Satz 1 ZPO findet in der Zivilgerichtsbarkeit gegen die Entscheidung des Rechtspflegers die sofortige Beschwerde statt. Die sofortige Beschwerde ist nur zulässig, wenn die Beschwer mehr als € 200,00 beträgt. Das folgt aus dem **neuen § 567 Abs. 2 ZPO**, der durch Artikel 4 § 15 (20) Nr. 5 der Novelle 2004 geändert worden ist. Der Gesetzgeber hat mit dem neuen § 567 Abs. 2 ZPO bewusst nicht nur die Beschwer von mehr als € 100,00 für Kostengrundentscheidungen (bisher Abs. 2 Satz 1) auf € 200,00, sondern auch für sofortige Beschwerden gegen **alle anderen Entscheidungen über Kosten** im Sinne des bisherigen Abs. 2 **Satz 2** auf € 200,00 angehoben, also im letzteren Fall vervierfacht (siehe die Gesetzesbegründung zu § 66 GKG und zu Artikel 4 § 15 (20) Nr. 5 (BT-Drs. 15/1971, S. 156 und 233)). Es gibt nach der Novelle nur noch den Abs. 2 des § 567 ZPO, bestehend aus einem Satz, der lautet: *»Gegen Entscheidungen über Kosten ist die Beschwerde nur zulässig, wenn der Wert des Beschwerdegegenstandes € 200,00 übersteigt.«* Abs. 1 des § 11 RPflG verweist auf die ZPO-Normen, also auch auf § 574 Abs. 1 Nr. 2 ZPO, die **weitere** Beschwerde als Zulassungsbeschwerde, allerdings erst gegen Entscheidungen des **Beschwerdegerichts**. 57

Bei Werten bis € 200,00 entscheidet wegen des grundgesetzlich garantierten Richters (Art. 97 GG) gem. § 11 Abs. 2 Satz 3 RPflG letztlich der Richter der Instanz.

Hier gibt es eine **systematische Divergenz** zwischen den Kostenrechtsmitteln, die nach den Verfahrensvorschriften der ZPO abgewickelt werden (Kostenfestsetzungsbeschluss nach § 104 ZPO und Gebührenfestsetzungsbeschluss nach § 11) einerseits und den Rechtsmitteln, die nach den Kostengesetzen bearbeitet werden, wie § 66 GKG, § 33 RVG sowie § 4 JVEG. 58

In den letzteren 3 Fällen gibt es für Streitwerte (Beschwer) bis € 200,00 als Ausgleich für die starke Beschweranhebung die Möglichkeit, dass der **erste Richter** die an sich ausgeschlossene Beschwerde wegen grundsätzlicher Bedeutung zulässt. Zur Kostenansatz**erinnerung** des § 66 GKG führt die Begründung des Gesetzes (bei den Begründungen zu § 33 RVG und § 4 JVEG wird jeweils auf die Begründung zu § 66 GKG verwiesen) Folgendes aus:

»Wird die Entscheidung über die Erinnerung durch den Rechtspfleger getroffen und liegt der Beschwerdewert nicht über € 200,00, so soll zunächst der Rechtspfleger zur Entscheidung über die Zulassung der Beschwerde berufen sein. Für den Fall der Nichtzulassung ist gegen die Entscheidung des Rechts-

Abschnitt 1 – Allgemeine Vorschriften

pflegers die befristete Erinnerung nach § 11 Abs. 2 des Rechtspflegergesetzes (RPflG) gegeben. Der Richter soll dann im Rahmen dieses Erinnerungsverfahrens erneut über die Zulassung der Beschwerde entscheiden können.«

59 Da **in die ZPO** (bislang und zwar bewusst: die Regelung gilt nur für die »Kostengesetze« siehe BT-Drs. 15/1971, S. 140 linke Spalte: »*in allen Kostengesetzen*«) vom Gesetzgeber **keine** entsprechende **Zulassungsbeschwerde durch den ersten Richter** eingestellt worden ist, endet die Überprüfungsmöglichkeit bei einer Beschwer bis € 200,00 beim Rechtspfleger bzw. **Richter der ersten Instanz** (Kostenfestsetzung und Gebührenfestsetzung gegen die eigene Partei).

Setzt also der Rechtspfleger und schließlich der Richter der Instanz nach Ansicht des Anwalts in der Gebührenfestsetzung gegen die eigene Partei zu Unrecht einen Betrag bis zu € 200,00 nicht an, so hat der Anwalt dagegen kein Rechtsmittel zur nächsten Instanz.

– **Rechtsmittelfrist**

60 Gem. § 569 Abs. 1 ZPO ist auch im Vergütungsfestsetzungsverfahren die Rechtsmittelfrist von 2 Wochen einzuhalten. Die sofortige Beschwerde kann sowohl beim Untergericht wie beim Beschwerdegericht eingelegt werden (§ 569 Abs. 1 ZPO). Auch ohne Begründung ist sie zulässig, wenngleich eine Begründung dringend anzuraten ist. Es besteht kein Anwaltszwang (§ 11 Abs. 6 Satz 1 RVG). Der sofortigen Beschwerde kann das Untergericht abhelfen (§ 572 Abs. 1 Satz 1 ZPO).

f) **Rechtskraft**

61 Die Rechtskraft der Entscheidung im Gebührenfestsetzungsverfahren steht einer erneuten Geltendmachung durch Gebührenklage entgegen, wenn etwa der Festsetzungsantrag des Anwalts als unbegründet zurückgewiesen worden ist (BGH JurBüro 1976, 1188). Auch für den Auftraggeber ist die rechtskräftige Festsetzung bindend. Er kann später keine negative Gebührenfeststellungsklage erheben, die er etwa mit Einwendungen nichtgebührenrechtlicher Art beim ordentlichen Gericht begründet. Im Gebührenfestsetzungsverfahren werden zwar nichtgebührenrechtliche Einwendungen materiell nicht geprüft. Er muss die nichtgebührenrechtlichen Einwendungen aber dort vorbringen, um das Festsetzungsverfahren zu beenden, sonst wird der Spruch des Festsetzungsverfahrens rechtskräftig (Gebauer/Schneider RVG § 11 Rn. 226; BayVGH, 13. 12. 2007 – 13 M 07.3072). Siehe Rn. 63.

Soweit Norbert Schneider in Anm. zu OLG Koblenz (AGS 2004, 443) bemerkt, es bleibe dem Mandanten unbenommen, seine sachlichen Einwendungen nachträglich mit der Vollstreckungsgegenklage geltend zu machen, weil im Verfahren nach § 11 materielle Einwendungen nicht zu prüfen seien, kann dem nicht gefolgt werden. Denn der Gebührenfestsetzungsbeschluss erwächst insgesamt in Rechtskraft (siehe Rn. 61 und Schneider/Wolf RVG 3. Aufl. § 11 Rn. 231 ff., 236: »Die Präklusionsvorschrift des § 767 Abs. 2 ZPO ist anzuwenden – BGH Rpfleger 2002, 231«).

62 Wird die Gebührenfestsetzung wegen nichtgebührenrechtlicher Einwendungen abgelehnt, so kann der Anwalt nunmehr unbeschränkt die Gebührenklage erheben.

Abs. 5 Satz 2 RVG stellt klar, dass das Rechtsschutzinteresse für eine Gebührenklage auch dann gegeben ist, wenn der Auftraggeber nur **außerprozessual** nichtgebührenrechtliche Einwendungen erhoben hat.

– **Vollstreckungsgegenklage**

63 Mit einer Vollstreckungsgegenklage kann geltend gemacht werden, dass die Forderung nach der Festsetzung bezahlt worden ist. Wegen der auch hier geltenden Präklusion (§ 767 Abs. 2 ZPO) können nur nachträglich entstandene Einwendungen geltend gemacht werden (Gebauer/Schneider RVG § 11 Rn. 231; Hartung/Römermann RVG § 11 Rn. 178; BGH JurBüro 1976, 1188 m. w. N.).

Festsetzung der Vergütung | § 11

Nach § 767 Abs. 2 ZPO sind nichtgebührenrechtliche Einwendungen unzulässig, wenn nunmehr erstmals der Einwand der angeblichen anwaltlichen Schlechtleistung erhoben wird. Der Mandant hätte ohne weiteres die Möglichkeit gehabt, diese Bedenken im Rahmen der Vergütungsfestsetzung, gegebenenfalls mit der sofortigen Beschwerde (beim Urkundsbeamten siehe Rn. 65), geltend zu machen (vgl. BGH NJW 1997, 743). Eine Berücksichtigung von Amts wegen kommt nach dem klaren Gesetzeswortlaut nicht in Betracht (BayVGH, 14.12.2007- 13 S 07.2791).

Zuständigkeit
Streitig ist, welches Gericht das Gericht des ersten Rechtszuges (für die Vollstreckungsgegenklage) ist, wenn die Vergütungsfestsetzung des Finanzgerichts oder des Verwaltungsgerichts mit der Vollstreckungsgegenklage angegriffen wird. Mit beachtlicher Begründung hat sich *Müller-Rabe* (Gerold/Schmidt/von Eicken/Madert/Müller-Rabe RVG 17. Aufl. § 11 Rn. 355) für die Zuständigkeit des Zivilgerichts ausgesprochen (ebenso OVG Lüneburg NJW 1984, 2485; OVG NW Rpfleger 1986, 152). Wendet sich der Auftraggeber vor der Festsetzung mit nichtgebührenrechtlichen Einwendungen gegen die Festsetzung, so ist für die **Gebührenklage** auch bei diesen Streitigkeiten das **Zivilgericht** zuständig. Man könnte also mit guten Gründen fragen, warum sollte das zeitlich nach der Festsetzung bei der Vollstreckungsgegenklage anders sein? Einwendungen i. S. v. § 767 ZPO werden in der Regel nichtgebührenrechtlicher Art sein. Die Gegenmeinung, die die Verwaltungsgerichte für zuständig erklärt (BayVGH DVBl. 1969, 614; LG Bonn NJW 1977, 814, weitere Nachweise bei Gerold/Schmidt/von Eicken/Madert/Müller-Rabe RVG 17. Aufl. § 11 Rn. 355), ist im verwaltungsgerichtlichen Bereich im Vordringen.

63a

Der BayVGH (14.12.2007 – 13 S 07.2791) hat seine frühere Ansicht von 1969, also vor dem RVG – allerdings ohne nähere Begründung – erneut bekräftigt, ohne auf den Meinungsstreit näher einzugehen. Der BayVGH:

»Die Frage nach dem Rechtsweg im Vollstreckungsrechtsschutzverfahren ist nach der Rechtsnatur des Titels zu entscheiden. Auf den Rechtscharakter der dem Titel zugrunde liegenden Forderung kommt es hingegen nicht an« (BayVGH vom 29.10.1982 – NJW 1983, 1992 = BayVBl. 1983, 375; OVG NRW vom 08.12.2003 – NVwZ-RR 2004, 311; Kopp/Schenke VwGO 15. Aufl. 2007 Rn. 5 zu § 164; a. A. *Müller-Rabe* in Gerold/Schmidt/v. Eicken/Madert/Müller-Rabe RVG 17. Aufl. Rn. 355 zu § 11 RVG).

Die nachfolgende Entscheidung des VGH Baden-Württemberg (RVGreport 2008, 98, 19.11.2007–13 S 2355/07) hat mich allerdings doch so angesprochen, dass ich im Ergebnis meine, beides lässt sich gut vertreten. Man wird beobachten müssen, wo die Reise hingeht. Der VGH Baden-Württemberg:

»Vergütungsfestsetzungsbeschlüsse nach § 11 RVG sind nach § 168 Abs. 1 Nr. 4 VwGO unabhängig davon, dass dort von »Kosten« und nicht von »Vergütung« die Rede ist, Vollstreckungstitel (OVG Münster NVwZ-RR 2004, 311). Allerdings ist die in ihnen titulierte Kostenforderung nicht Prüfungsergebnis des vorangegangenen gerichtlichen Verfahrens, sondern nur das kostenrechtliche »Resultat«. Die beiden Vollstreckungstitel sind der Systematik der Kostenvorschriften entsprechend hier vom VG als dem im Erkenntnisverfahren tätig gewordenen Gericht erteilt worden; daran ändert die privatrechtliche Natur des in ihnen festgesetzten Anspruchs (OVG Münster NVwZ-RR 2004, 311 und Bader VwGO 2005 § 168 Rn. 8) nichts. Damit erfolgt auch die Vollstreckung solcher Titel nach den Vorschriften der VwGO. Da nach § 167 Abs. 1 Satz 2 VwGO Vollstreckungsgericht jeweils das Gericht des ersten Rechtszugs – hier also das Verwaltungsgericht als das mit dem Ausweisungsverfahren und mit seiner kostenrechtlichen Abwicklung befasste Gericht – ist, obliegt diesem Gericht auch die Vollstreckung des nach Abschluss des Erkenntnisverfahrens erlassenen Vergütungsfestsetzungsbeschlusses. Gegenstand der verwaltungsgerichtlichen Festsetzung ist nämlich der zwar im Privatrechtsverhältnis zwischen Anwalt und Mandant wurzelnde, aber durch die Gebührenvorschriften öffentlichrechtlich überformte Vergütungsanspruch des Rechtsanwalts. Die Re-

Abschnitt 1 – Allgemeine Vorschriften

gelung des § 11 Abs. 5 Satz 1 RVG – die Vergütungsfestsetzung ist abzulehnen, soweit der Antragsgegner Einwendungen oder Einreden erhebt, die nicht im Gebührenrecht ihren Grund haben – stellt sicher, dass das Vergütungsfestsetzungsverfahren und dementsprechend auch seine Vollstreckung von privatrechtlichen Einwendungen weitgehend freigehalten wird; dies rechtfertigt andererseits die Kompetenz des Gerichts des ersten Rechtszugs (hier: des Verwaltungsgerichts), über die Vollstreckung eines im Kern privatrechtlichen Anspruchs zu entscheiden (siehe dazu Riedel/Sußbauer 9. Aufl. Rn. 52 zu § 11). Hiervon abgesehen erklärt § 11 Abs. 2 Satz 3 RVG für das Vergütungsverfahren die jeweilige Verfahrensordnung des Erkenntnisgerichts für maßgebend (siehe dazu auch OVG Münster NVwZ-RR 2004, 311). Da auch § 767 Abs. 1 ZPO (entsprechend anwendbar nach § 167 Abs. 1 Satz 1 VwGO) für Abwehrklagen gegen die Vollstreckung das Gericht des ersten Rechtszugs als zuständiges Vollstreckungsgericht bestimmt, geht der Gesetzgeber allgemein von einer Befugnis dieses Gerichts zur Entscheidung über Vollstreckungsabwehrklagen aus. Insofern ist § 167 Abs. 1 Satz 2 i. V. m. § 168 VwGO gegenüber § 40 VwGO die speziellere Vorschrift (siehe dazu Ehlers Schoch/Schmidt-Aßmann VwGO § 40 Rn. 25, 862 und Sodan/Ziekow, VwGO 2006 § 40 Rn. 79 und 80). Es ist auch sonst nicht ungewöhnlich, dass es im Vollstreckungsverfahren nicht wie im Erkenntnisverfahren auf die wahre Rechtsnatur des Anspruchs, sondern auf die Herkunft des Vollstreckungstitels ankommt (siehe Ehlers a. a. O. Rn. 25 zu § 40 und Sodan/Ziekow, a. a. O., Fn. 72 zu § 40 VwGO m. w. N. und Beispielen). Im Interesse der Rechtsklarheit werden die mit dieser am ehesten dem Gesetzeswortlaut entsprechenden Auffassung verbundenen Nachteile – etwa die Prüfungspflicht privatrechtlicher Vorfragen bei nachträglichen Einwendungen gegen Gebührenansprüche – hinzunehmen sein. Auch sonst mutet (und traut) das Prozessrecht bei Vergütungsfestsetzungsbeschlüssen dem Verwaltungsgericht die Prüfung privatrechtlicher Fragen – etwa der Fälligkeit von Vergütungsansprüchen, siehe § 11 Abs. 2 Satz 1 RVG – zu.«

III. Abs. 3 Verwaltungs-, Finanz-, Sozialgerichtsbarkeit

1. Urkundsbeamter des erkennenden Gerichts

64 Auf eine Besonderheit für Verfahren der VwGO, FGO und SGG ist hinzuweisen. Da dort anders als in der Zivilgerichtsbarkeit eine ausdrückliche Zuständigkeitsregelung für eine Festsetzung für Vollstreckungsverfahren fehlt, ist der Urkundsbeamte des erkennenden Gerichts zuständig, etwa für eine Vergütungsfestsetzung für eine Tätigkeit des Anwalts im Verfahren des Verwaltungszwangs (also in einem Vollstreckungsverfahren). Mit dem Anfall der Vergütung in einem solchen Vollstreckungsverfahren ist die Regelung in Absatz 2 Satz 2 nicht zu verwechseln, wonach für die Vollstreckung aus solch einem Festsetzungsbeschluss die ZPO-Vorschriften über die Vollstreckung aus Kostenfestsetzungsbeschlüssen entsprechend gelten.

2. Rechtsmittel gegen Entscheidungen des Urkundsbeamten in den öffentlich-rechtlichen Verfahren

– **Verwaltungsgericht**

65 Gegen die Gebührenfestsetzungsentscheidung des Urkundsbeamten der Geschäftsstelle ist gemäß §§ 165, 151 VwGO binnen einer Frist von zwei Wochen die Stellung eines Antrags auf gerichtliche Entscheidung gegeben. Die Frist beginnt mit der Bekanntgabe des Beschlusses. Wird keine Rechtsbehelfsbelehrung beigefügt, so beträgt die Frist ein Jahr (§ 58 Abs. 2 VwGO).

Dem Antrag auf gerichtliche Entscheidung kann der Urkundsbeamte selbst abhelfen. Andernfalls hat er die Sache dem Gericht vorzulegen, das durch Beschluss entscheidet. Dieser Beschluss kann nun mit der Beschwerde angefochten werden (§ 146 VwGO), Frist: zwei Wochen (§ 147 Abs. 1 Satz 1 VwGO), Beschwerdewert: € 200,00 (§ 146 Abs. 3 VwGO).

Festsetzung der Vergütung | § 11

– Sozialgerichtsbarkeit

Die Entscheidung des Urkundsbeamten im sozialgerichtlichen Verfahren kann mit der Erinnerung angefochten werden (§ 178 SGG), Frist: 1 Monat ab Bekanntgabe des Bescheides, ohne Beifügung einer Rechtsbehelfsbelehrung: ein Jahr (§ 66 Abs. 2 SGG). **66**

Der Urkundsbeamte kann der Erinnerung selbst abhelfen. Hilft er nicht ab, so legt er sie dem Gericht vor. Dieses entscheidet nach § 197 Abs. 2 SGG unanfechtbar.

– Finanzgerichtsbarkeit

In finanzgerichtlichen Verfahren ist die Erinnerung gegen die Entscheidung des Urkundsbeamten (§ 53 Abs. 1 FGO) gegeben, Frist: zwei Wochen ab Bekanntgabe, d. h. ab Zustellung, ohne Beifügung einer Rechtsbehelfsbelehrung: ein Jahr seit Bekanntgabe (§ 55 Abs. 2 FGO). **67**

Der Urkundsbeamte kann der Erinnerung selbst abhelfen, andernfalls entscheidet das Gericht (§ 149 Abs. 4 FGO). Der Beschluss ist unanfechtbar (§ 128 Abs. 4 FGO).

IV. Abs. 4 Gegenstandswert bestritten – Aussetzung

Für die Aussetzung und Unterbrechung gelten die §§ 239 ff. ZPO entsprechend. **68**

Wird der vom Anwalt angegebene Gegenstandswert von einem Beteiligten bestritten, so ist nicht etwa die Festsetzung wegen nichtgebührenrechtlicher Einwendungen (Abs. 5) abzulehnen. Vielmehr ist das Verfahren bis zu einer gerichtlichen Wertfestsetzung (§§ 32, 33 RVG) auszusetzen. Die Aussetzung und Wiederaufnahme erfolgt von Amts wegen (a. A. zu Letzterem: Riedel/Sußbauer RVG 9. Aufl. § 19 Rn. 11: Antrag erforderlich).

V. Abs. 5 Einreden und Einwendungen

1. Anforderungen an die Einreden und Einwendungen

Der Rechtspfleger und demgemäß im Rechtsmittelrechtszug die richterlichen Kosteninstanzen sollen im vereinfachten Festsetzungsverfahren **nur gebührenrechtliche Fragen** prüfen, nicht aber Fragen des materiellen Rechts. Dem trägt Abs. 5 dadurch Rechnung, dass eine Festsetzung abzulehnen ist, wenn der Auftraggeber nichtgebührenrechtliche Einwendungen, also solche, die »nicht im Gebührenrecht ihren Grund haben«, erhebt. Zu diesem Begriff »nichtgebührenrechtliche Einwendungen« gibt es eine breite Kasuistik. **69**

BayVerwGH (30. 01. 2008 – 10 C 07.2676): »Die nichtgebührenrechtlichen Einwendungen können auch noch in der Beschwerdeinstanz erstmalig vorgebracht werden, insoweit gibt es keine Präklusion (§ 571 ZPO)«; ebenso OLG Naumburg 28. 12. 2007 – 8 WF 278/07.

Nichtgebührenrechtliche Einwendungen sind Einwendungen und Einreden, die ihre Grundlage im materiellen Recht oder in behaupteten Vereinbarungen zwischen Anwalt und Mandanten haben. Schon die **Erhebung** der Einwendung führt zur Ablehnung des Antrags, der Einwand muss weder substantiiert noch schlüssig sein (OLG Frankfurt NJW-RR 1993, 1276; Gerold/Schmidt/von Eicken/Madert/Müller-Rabe RVG 17. Aufl. § 11 Rn. 137). **70**

• Beispiele aus der Judikatur **71**

OLG Stuttgart (JurBüro 1976, 1200): Mangelhafte Beratung zu Beweisfragen und Abschluss eines ungünstigen Vergleichs.

OLG München (JurBüro 1978, 1810): Einwand braucht nicht schlüssig im Sinne des materiellen Rechts zu sein.

OLG Köln (JurBüro 1980, 1179): Vom Rechtsanwalt wurde die Verteidigung angeblich nicht wahrgenommen.

Abschnitt 1 – Allgemeine Vorschriften

OLG Koblenz (JurBüro 1986, 1668): Keine Gebühren für das PKH-Verfahren, weil von Anfang an klar gewesen sei, dass Partei wegen Arbeitslosigkeit und Abgabe einer e. V. keine Anwaltsgebühren habe zahlen können. Ebenso BayVGH (30. 01. 2008 – 10 C 07.2676): Bedingung: PKH-Bewilligung, ähnlich LAG Köln (02. 12. 2007 – 7 Ta 226/ 07).

OLG Koblenz (JurBüro 2006, 199 = AGS 2006, 168): »Die Antragsgegnerin rügt vorrangig, sie sei nicht darüber aufgeklärt worden, dass im Prozesskostenhilfeprüfungsverfahren Anwaltskosten anfallen und von ihr zu tragen seien. Darin liegt grundsätzlich ein nicht gebührenrechtlicher Einwand, der die Festsetzung hindert. Es steht der Vorwurf im Raum, die Antragsteller hätten sich schadensersatzpflichtig gemacht, so dass die Antragsgegnerin ihrer Inanspruchnahme letztlich mit dem Arglisteinwand begegnen könnte (vgl. OLG Koblenz NJW-RR 1998, 864). Ob dieser Vorwurf zu greifen vermag, ist im Kostenfestsetzungsverfahren nicht zu entscheiden, denn damit wäre der Rechtspfleger als Festsetzungsorgan überfordert.« Ebenso BayVGH (30. 01. 2008 – 10 C 07.2676).

LAG Schleswig-Holstein (v. 08. 08. 2005, Az.: 2 Ta 162/05 – Bibliothek BAG): Macht eine Partei, der im Wege der Prozesskostenhilfe ein Rechtsanwalt beigeordnet worden war, später geltend, die neben der Kostenerstattung der Landeskasse geleisteten Zahlungen hätten dem Prozessbevollmächtigten nicht zugestanden und seien von ihm zu erstatten, so ist dies nicht im Rahmen eines Verfahrens nach § 19 BRAGO (jetzt § 11 RVG) festzustellen, da es sich um einen außergebührenrechtlichen Einwand handelt.

OLG Celle (Rpfleger 1969, 25; KG Rpfleger 1969, 100): Einwendungen oder Einreden, die sich gegen den Grund des Anspruchs richten, z. B. es läge kein Auftrag vor oder der Auftrag sei überschritten worden. LAG Rh.Pf. (29. 05. 2006 – 4 Ta 95/06): Partei wendet ein: Kein Auftrag erteilt für ArbG Trier, sondern für ArbG Koblenz.

OLG Hamm (JurBüro 1959, 473): Es sei nur Auftrag zur Prüfung der Rechtsaussichten und nicht auch zum Abschluss eines Vergleichs erteilt worden.

OLG Düsseldorf (Rpfleger 1994, 82): Kostenschuld sei befreiend von einem Dritten übernommen worden.

OLG Koblenz (JurBüro 1992, 239) und OLG Karlsruhe (JurBüro 1992, 740): Mandant wendet ein: Gebührenteilungsvereinbarung, so dass er dem Prozessbevollmächtigten nicht die gesamten Gebühren schulde (a. A.: SchlHOLG JurBüro 1983, 1516).

OLG Stuttgart (JurBüro 1983, 700) und OLG Köln (JurBüro 1986, 1525): Vergütungsanspruch sei verjährt. Diese Einwendung ist dann ausnahmsweise unbeachtlich, wenn Verjährung zweifellos nicht vorliegt.

OLG München (AnwBl. 1970, 1039): Die Forderung sei durch Zahlung, Aufrechnung, Erlass usw. getilgt – soweit dies unbestritten ist, sind die getilgten Beträge bei der Festsetzung abzusetzen.

AG Köln (AGS 2008, 35), so auch LAG Baden-Württemberg (Rpfleger 1982, 485) und Schneider/Wolf RVG 3. Aufl. § 11 Rn. 176: Der Rechtsanwalt solle die Rechtsschutzversicherung in Anspruch nehmen, reicht als nichtgebührenrechtlicher Einwand nicht aus. Anders wenn der Mandant ausdrücklich behauptet, er habe mit dem Anwalt vereinbart, dass er nicht mit ihm, sondern der Rechtsschutzversicherung abrechne (= Behauptung einer Stundungsabrede), so OVG Lüneburg (NdsRpfl 1995, 219).

Hessischer VGH (NJW 2007, 3738): Wenn eine pauschale Gebührenvereinbarung getroffen sei, mache es keinen Sinn, die einzelnen Aufträge einzeln abzurechnen.

FinG Schleswig-Holstein (AGS 2007, 248): Rechtsmittel zu Unrecht nicht eingelegt.

OVG Lüneburg (AGS 2007, 573 = NJW 2007, 2204) Rüge des fehlenden Hinweises auf § 49 b Abs. 5 BRAO.

2. Völlig aus der Luft gegriffene Einwendungen

Diesen unbefriedigenden Zustand der Zulässigkeit von unsubstantiierten Einwendungen, die bei einem folgenden Gebührenprozess kostenmäßig zum Nachteil des Auftraggebers umschlagen, haben die Gerichte versucht einzuschränken: 72

OLG Koblenz (NJW 1977, 1069 = JurBüro 1977, 495): Haltlose, völlig aus der Luft gegriffene nichtgebührenrechtliche Einwendungen, wie etwa nur die formelhafte Wiederholung des Gesetzestextes des § 11 Abs. 5 sind unbeachtlich. So auch OLG München, MDR 1997, 597 ff.; OLG Karlsruhe, OLGR 2000, 353; Zweibrücken, OLGR 2003, 360; LG Düsseldorf JurBüro 1992, 680; OLG Hamburg, JurBüro 1995, 649; Gerold/Schmidt/Müller-Rabe RVG 17. Aufl. § 11 Rn. 138–140; Hartmann Kostengesetze 36. Aufl. § 11 RVG Rn. 56, 57 m. w. N.). Im gegebenen Falle hatte sich der Antragssteller darauf beschränkt, den Wortlaut des § 19 Abs. 5 BRAGO zu wiederholen, in dem er erklärt hat, seine Einwendungen gegen den Antrag der Antragsteller hätten »ihren Grund nicht in . . . . Gebührenrecht«. Die Einwendungen ergäben sich vielmehr aus Inhalt und Zweck der geschuldeten Beratung und somit aus dem Auftragsverhältnis.

OLG Frankfurt (OLGR 1994, 24): Schriftwechsel zwischen Anwalt und Partei kann Einwendungen widerlegen.

OLG Koblenz (JurBüro 2004, 593 = AGS 2004, 443): »Zwar steht der Festsetzung der Vergütung im Verfahren nach § 11 RVG die Rüge des Mandanten, er habe dem Rechtsanwalt keinen Auftrag erteilt, entgegen. Die Rüge ist jedoch unbeachtlich, wenn sich aus **aktenkundigen Schreiben** des Mandanten zweifelsfrei ergibt, dass er ist den Anwalt beauftragt hat, so dass die Einwendung offensichtlich aus der Luft gegriffen ist.«

Soweit Norbert Schneider in Anm. zu OLG Koblenz (AGS 2004, 443) bemerkt, es bleibe dem Mandanten unbenommen, seine sachlichen Einwendungen nachträglich mit der Vollstreckungsgegenklage geltend zu machen, weil im Verfahren nach § 11 materielle Einwendungen nicht zu prüfen seien, kann dem nicht gefolgt werden. Denn der Gebührenfestsetzungsbeschluss erwächst insgesamt in Rechtskraft (siehe Rn. 61 und Schneider/Wolf RVG 3. Aufl. § 11 Rn. 231 ff., 235, es gilt auch hier nur § 767 Abs. 2 ZPO).

OLG München (MDR 1997, 597): Einwand: »Wir fühlen uns schlecht beraten«, reicht nicht aus.

OLG Hamburg (JurBüro 2000, 144): Der Einwand, der Anwalt habe auf seine Gebühren verzichtet, reicht ohne Substantiierung nicht aus.

LAG Berlin (NZA-RR 2008, 205): Einwand, Mandant habe nur einmal mit dem Anwalt gesprochen, sonst habe er seinen Vertreter geschickt, reicht nicht aus.

OLG Frankfurt (OLGR Frankfurt 2006, 940 = RVGreport 2006, 303): »Der Beklagte hat lediglich ausgeführt, die abgerechnete Leistung stünde in keinem Verhältnis zur »eigenen originären Tätigkeit« des Anwalts. Da sich die Höhe der festzusetzenden Gebühren gemäß § 13 RVG nach dem Gegenstandswert richten, ist dieser Einwand offensichtlich unbegründet.«

OLG Koblenz (MDR 1996, 862 – instruktiver Fall): Zum nichtgebührenrechtlichen Einwand nach § 11 Abs. 5 ist es genügend, aber auch erforderlich, dass sich aus dem Vorbringen in Verbindung mit den Verfahrensakten ein sachlicher Kern ergibt, der ein Rechtsschutzinteresse für eine Prüfung in einem gesonderten Rechtsstreit begründet.

LG Bonn (JurBüro 1975, 1209): Der Rechtspfleger hat, falls teils gebührenrechtliche, teils außergebührenrechtliche Einwendungen erhoben sind, den Antrag als unbegründet zurückzuweisen, soweit er aus gebührenrechtlichen Gründen keinen Erfolg haben kann, ihn im Übrigen als unzulässig ablehnen. Damit wird das Verfahren allerdings in unerwünschter Weise gespalten (vgl. Rn. 74: sofortige Klage).

Abschnitt 1 – Allgemeine Vorschriften

LAG Rh.-Pf. (02. 08. 2005 – 9 Ta 164/ 05): Partei habe sich nicht richtig vertreten gefühlt und daher den Anwalt gewechselt.

Hessisches LAG (NZA-RR 2006, 494 = RVG-Letter 2006, 78): Bei widersprüchlichem und zudem unsubstantiierten Vorbringen und Schweigen auf eine Aufklärungsverfügung.

OLG Saarbrücken (AGS 2005, 210 = MDR 2005, 779): Zwar liegt der Einwand, die geltend gemachten Gebühren seien bezahlt, grundsätzlich außerhalb des Gebührenrechts und kann daher dazu führen, dass die Festsetzung der Vergütung nach § 19 Abs. 5 Satz 1 BRAGO abzulehnen ist, wobei lediglich fraglich sein kann, ob und inwieweit der Erfüllungseinwand substantiiert vorgebracht werden muss (vgl. hierzu OLG Koblenz BRAGOreport 2002, 79; Hanseatisches Oberlandesgericht JurBüro 1995, 426; LAG Düsseldorf JurBüro 1995, 648; OLG Frankfurt AnwBl. 1983, 568). Hierauf kommt es jedoch vorliegend nicht an, denn die Antragsgegnerin trägt nicht nur vor, die Gebührenforderung beglichen zu haben, sondern sie rügt zugleich, dass von einem falschen Streitwert ausgegangen worden sei. Letzteres rechtfertigt jedoch die Ablehnung der Kostenfestsetzung nicht (§ 19 Abs. 4 BRAGO).

Der Angriff, der Streitwert sei falsch gegriffen, ist kein nichtgebührenrechtlicher Einwand.

73 **Im Gebührenrecht** haben Einwendungen oder Einreden ihren Grund, wenn mit ihnen geltend gemacht wird, dass eine Gebühr nach den Vorschriften des RVG und der diesen Vorschriften zugrunde liegenden prozessualen Lage überhaupt nicht (KG Rpfleger 1956, 86; OLG Neustadt MDR 1961, 68) oder nicht in der geforderten Höhe entstanden ist, z. B., dass statt der geforderten vollen nur eine halbe Gebühr entstanden oder dass eine Gebühr auf die andere anzurechnen sei (OLG Celle JurBüro 1968, 888), oder dass etwa die Vergütung nach § 8 nicht fällig sei oder eine wirksame Prozesskostenhilfebewilligung entgegenstehe; ferner, wenn geltend gemacht wird, dass Auslagen nicht in der Höhe entstanden sind, bis zu der sie nach den Vorschriften des RVG gefordert werden können; dass z. B. eine Geschäftsreise nicht notwendig gewesen sei oder auch, wie vorstehend schon bemerkt, der Streitwert falsch gegriffen sei.

3. Mehrere Auftraggeber – nur einige davon erheben Einwendungen nach Abs. 5

73a LG Kaiserslautern (30. 03. 2006 – 1 T 212/05 – AGS 2007, 43 mit zust. Anm. von N. Schneider): »Erheben von mehreren Streitgenossen nur einige Auftraggeber nichtgebührenrechtliche Einwendungen im Sinne des § 11 Abs. 5 S. 1 RVG, so kann gegen die übrigen Auftraggeber, die keine entsprechenden Einwände vorgebracht haben, eine Kostenfestsetzung gem. § 11 RVG erfolgen.

Bei der Festsetzung nach § 11 ist § 7 Abs. 2 S. 2 hinsichtlich der Einzelhaftung bzw. der gesamtschuldnerischen Haftung zu beachten. Im zugrunde liegenden Fall hatten zwei Auftraggeber keine Einwendungen erhoben, wobei davon ausgegangen werden soll, dass derselbe Gegenstand vorlag, also ein Fall der Nr. 1008 VV.«

Ist gegen zwei nicht widersprechende Auftraggeber festzusetzen, so ist insgesamt eine 1,6-Verfahrensgebühr festsetzbar. Jeder der beiden Auftraggeber haftet allerdings nur für eine 1,3 Gebühr (§ 7 Abs. 2 S. 1). Nahe liegend wäre es also, zu rechnen:

Beide Auftraggeber haften zu je 1,3 als Gesamtschuldner (so irrig OLG Koblenz 14. ZS unter meinem Vorsitz, JurBüro 1988, 1662; OLG Frankfurt NJW 1970, 2115; Riedel/Sußbauer RVG 9. Aufl. § 7 Rn. 49).

Hansens (BRAGO 8. Aufl. § 6 Rn. 21) und *Norbert Schneider* (Schneider / Wolf RVG 3. Aufl.

§ 7 Rn. 192 ff und noch klarer AGS 2007, 44) haben nachgewiesen, dass diese Berechnungsweise den Anwalt eindeutig benachteiligen würde. Würde einer der beiden als Gesamtschuldner die 1,3-Gebühr zahlen, so wäre damit die gesamte Gesamtschuld getilgt (§ 422 Abs. 1 S. 1 BGB). Der Anwalt könnte auch von dem anderen Auftraggeber keine weitere Vergütung (0,3) mehr erhalten.

Zutreffend ist es vielmehr, in Höhe von 1,0 eine Gesamtschuld festsetzen zu lassen. In Höhe der jeweils weiteren 0,3 haftet jede Partei als Alleinschuldner. Das bedeutet: Die ersten 0,3-Gebühren, die eine Partei zahlt, zahlt sie nach §§ 366, 367 BGB auf ihre Einzelhaftung. Erst wenn sie darüber hinaus zahlt, zahlt sie auf die Gesamtschuld, die damit auch den weiteren Auftraggeber entlastet. Hat sie insgesamt 1,3 gezahlt, so ist sie befreit und der weitere Auftraggeber schuldet noch die weitere 0,3 Gebühr.

Hansens (BRAGO 8. Aufl. § 6 Rn. 21) schlägt vor, von der Gesamtforderung des Anwalts die 0,3 soviel mal abzuziehen, als insgesamt Auftraggeber vorhanden sind, der Rest ergibt dann die Gesamtschuld.

4. Die Gebührenklage

Auch hier gilt der allgemeine prozessrechtliche Grundsatz, dass ein Rechtsschutzinteresse für einen Rechtsbehelf fehlt, wenn ein einfacheres und sparsameres Verfahren zur Verfügung steht (BGHZ 21, 199, 201 = NJW 1956, 1518). 74

Der Anwalt muss daher im Rahmen der Gebührenklage, was deren Zulässigkeit anlangt, vortragen, dass er infolge nichtgebührenrechtlicher Einwendungen (Abs. 5) erfolglos die Festsetzung begehrt hat, oder aber der Mandant bereits im Vorfeld einer solch möglichen Festsetzung nichtgebührenrechtliche Einwendungen erhoben hat (Abs. 5 Satz 2). »Vorfeld« ist nicht nur das Verfahren nach § 11, sondern das gesamte frühere Vorbringen des Mandanten (so etwa der Vorwurf der arglistigen Täuschung des Mandanten durch den Anwalt (AG Bergisch Gladbach (AGS 2006, 412) mit allerdings fehlerhafter Kostenentscheidung: Umstellung von Gesamtschuld auf halbe Bruchteilsschuld = wirtschaftlich identischer Wert, daher war 50 %tige Kostentragung des Klägers unrichtig). Betreibt der Anwalt die Gebührenklage in der Form des Mahnverfahrens, so braucht er erst nach Widerspruch wie üblich Begründungseinzelheiten, also auch zur Zulässigkeit, vorzutragen, z. B., dass das Rechtschutzinteresse für die Gebührenklage gegeben ist, weil der Mandant nichtgebührenrechtliche Einwendungen erhoben hat (LG Karlsruhe AnwBl. 1983, 178; Gerold/Schmidt/von Eicken/Madert/Müller-Rabe RVG 17. Aufl. § 11 Rn. 377; Gebauer/Schneider RVG § 11 Rn. 259; Mayer/Kroiß RVG § 11 Rn. 112). *Gebauer/Schneider* (RVG § 11 Rn. 259), die sich auf *Hansens* (JurBüro Sonderheft 1999, 27) beziehen, gehen aber m. E. zu weit, wenn sie fordern, eine solche Darlegung (*»eine Festsetzung wegen nichtgebührenrechtlicher Einwendungen ist nicht möglich«*) sei bereits im Mahnantrag anzugeben. § 690 Abs. 1 Nr. 3 ZPO fordert nur ganz knappe Angaben (schlagwortartig) zum **materiellen** Anspruch. Hinsichtlich der Prüfung der Prozessvoraussetzung (einschließlich des Rechtsschutzinteresses) im Mahnverfahren hat der BGH (NJW 1981, 876) bemerkt: Richtig ist allerdings, dass ein Mahnbescheid nicht erlassen werden darf, wenn die Prüfung ergibt, dass eine allgemeine Prozessvoraussetzung fehlt ...

Der Antragsteller ist nicht gehalten, die Voraussetzungen für das Bestehen des Rechtsschutzbedürfnisses im Antrag positiv darzulegen. Beim Schweigen im Mahnantrag darf nach Ansicht des BGH daher der Rechtspfleger den Mahnantrag nicht wegen fehlender (knapper) Angaben zum Rechtsschutzbedürfnis zurückweisen.

Sind gegen einen Teil der Gebührenforderung nichtgebührenrechtliche Einwendungen erhoben worden, so muss der Anwalt nicht aufsplitten, er kann sofort einheitlich Gebührenklage erheben (Mayer/Kroiß RVG § 11 Rn. 113).

Sachlich zuständig ist das Zivilgericht, auch wenn es um einen Vertretungsfall etwa der Verwaltungsgerichtsbarkeit geht, es bleibt ein zivilrechtlicher Anspruch (Riedel/Sußbauer RVG § 11 Rn. 57). Zum Gerichtsstand (§ 29 ZPO neu) vgl. BGH NJW 2004, 54 = AnwBl. 2004, 119. In

Abschnitt 1 – Allgemeine Vorschriften

Ländern mit obligatorischen Güteverfahren (§ 15 a EG ZPO) muss aber der Anwalt trotz Erhebung nichtgebührenrechtlicher Einwendungen als Zulässigkeitsvoraussetzung das Güteverfahren durchführen. Ausweg: Mahnverfahren (Henke AnwBl. 2005, 352; RVGreport 2005, 256).

Zum besonderen Gerichtsstand der Gebührenklage siehe § 34 ZPO: »**Hauptprozess**«.

§ 34 RVG trifft jedoch nur Bestimmungen hinsichtlich der örtlichen und sachlichen Zuständigkeit (nicht auch hinsichtlich des Rechtsweges), so dass für Gebührenklagen aus Arbeitsgerichtsprozessen (früher sah man das als eine Frage der sachlichen Zuständigkeit an) auch das ordentliche Gericht zuständig ist (BAG JurBüro 1998, 310). Für Gebührenklagen aus familiengerichtlichen Prozessen ist der normale Zivilrichter zuständig (BGH JurBüro 1986, 714).

Das AG Neuwied (AGS 2005, 577 mit abl. Anm. von N. Schneider) hat sich mit der Frage befasst, ob die Kosten eines im Festsetzungsverfahren nach § 11 vom Mandanten neu zugezogenen Anwalts, wenn schon nicht nach Abs. 2, so doch beim Obsiegen im Gebührenprozess (wegen endgültig durchgreifender nichtgebührenrechtlicher Einwendungen) als Prozessvorbereitungskosten im Gebührenprozess erstattungsfähig sind. Diese Frage hat das AG mit unzutreffender Begründung verneint: Nur Vorbereitungskosten, die in Beziehung auf den betreffenden Rechtsstreit (hier also die Gebührenklage) entstanden seien, könnten nach der Kostengrundentscheidung festgesetzt werden. Die streitigen Kosten aus dem Festsetzungsverfahren nach § 11 stellten sich damit als Kosten eines anderen »Rechtsstreits« dar (näher Rn. 50). Das ist zwar unrichtig, denn der Einwand nach Abs. 5 und eine dann notwendige Gebührenklage lassen die Einwendung nach Abs. 5 als notwendige Vorbereitung des Gebührenprozesses erscheinen.

Aber Abs. 2 Satz 6 ist nach seinem gesetzlichen Wortlaut nicht nur eine prozessuale, sondern auch eine materielle Ausschlussnorm. Ob der Gesetzgeber das gewollt hat, kann bei einem eindeutigen Wortlaut dahin stehen, denn der Gesetzeswortlaut ist eindeutig: **Abs. 2 Satz 6 RVG:**

»**Im Übrigen** *(also außer Zustellungskosten)* **findet eine Kostenerstattung nicht statt; dies gilt auch im Verfahren über Beschwerden.**«

VI. Abs. 6 Form

75 Es besteht kein Anwaltszwang (Abs. 6). Erforderlich ist ein Antrag, schriftlich oder zu Protokoll der Geschäftsstelle.

VII. Abs. 7 Hemmung der Verjährung

76 Bereits durch den Antrag und nicht erst durch dessen Zustellung wird die Verjährung des Gebührenanspruchs gehemmt (BGH JurBüro 1981, 369). Schon nach dem Wortlaut des Gesetzes (Abs. 7) wird die Gegenmeinung, die die demnächstige Zustellung nach § 167 ZPO fordert, widerlegt (LG Bonn JurBüro 1975, 1337; LG Stuttgart JurBüro 1979, 202).

Wird der Antrag zurückgenommen oder als unzulässig oder nach Abs. 5 (nichtgebührenrechtliche Einwendungen) zurückgewiesen, so endet die Hemmung nach den neuen Verjährungsvorschriften nach 6 Monaten (rechtskräftige Entscheidung oder anderweitige Beendigung des Verfahrens, **§ 204 Abs. 2 Satz 1 BGB**). Durch die dann etwa folgende Gebührenklage wird die Verjährung aber erneut gehemmt (§ 204 Abs. 2 Satz 3).

VIII. Abs. 8 Rahmengebühren

Rahmengebühren können nur festgesetzt werden, wenn Mindestgebühren begehrt werden oder der Auftraggeber der Höhe der Gebühren zustimmt. Die Zustimmungserklärung des Auftraggebers muss mit dem Antrag vorgelegt werden.

In Abs. 8 ist der bisherige absolute Ausschluss des Festsetzungsverfahrens für Rahmengebühren (OLG Bamberg JurBüro 1987, 1041) teilweise aufgegeben worden. Entsprechend der bereits bestehenden Praxis einiger Gerichte bei Festsetzung nur des gesetzlichen Mindestsatzes (OLG Koblenz MDR 2000, 1033; OLG Oldenburg AnwBl. 1964, 325; a. A. KG JurBüro 1991, 415; BGH MDR 2005, 656 wird hier häufig auch zitiert, betrifft aber die Kostenfestsetzung nach §§ 103 ZPO ff. und besagt nichts zum neuen Absatz 8 des § 11, der von § 19 Abs. 8 BRAGO ersichtlich abweicht) ist die Festsetzung bei Rahmengebühren nach dem RVG zulässig, wenn lediglich die Mindestgebühren geltend gemacht werden.

Nach Hessischem LAG (07. 12. 2005 -13 Ta 386/05) kommt die Festsetzung einer Geschäftsgebühr als Mindestgebühr gemäß § 11 Abs. 8 RVG allerdings nur in Betracht, wenn der Rechtsanwalt gemäß § 315 BGB verbindlich erklärt, dass er **abschließend** nur die Mindestgebühr geltend macht. Die Festsetzung einer Mindestgebühr als »Sockelgebühr« (also mit dem Vorbehalt der Erhöhung) sei ausgeschlossen. Ferner ist jetzt die Festsetzungsmöglichkeit für den Fall gegeben, dass der Auftraggeber bei Rahmengebühren der konkreten Höhe der Gebühren **ausdrücklich** zustimmt. Damit wird die Gelegenheit eröffnet, einvernehmlich einen kostengünstigen Titel für den Anwalt zu schaffen, allerdings nur, wenn der Rechtsanwalt bereits dem Festsetzungsantrag die Zustimmungserklärung des Auftraggebers beifügt. Diese muss nicht an der Formvorschrift des § 3 a gemessen werden (Mayer / Kroiß RVG § 11 Rn. 40).

Nach Abs. 8 sind sämtliche Rahmengebühren (Satzrahmengebühren, z. Z. nur außergerichtlich vorgesehen, Betragsrahmengebühren, etwa im sozialgerichtlichen Verfahren) innerhalb der in Abs. 8 gezogenen Grenzen festsetzbar (Mayer / Kroiß RVG § 11 Rn. 32; Gebauer / Schneider RVG § 11 Rn. 88).

Mit dem Festsetzungsantrag hat der Anwalt die Bestimmung gem. § 14 verbindlich getroffen und kann dann eine Differenz (oberhalb des begehrten »Sockels«) später nicht mehr einklagen (Schneider / Wolf RVG 3. Aufl. § 11 Rn. 93; Mayer / Kroiß RVG 2. Aufl. § 11 Rn. 34).

Abschnitt 1 – Allgemeine Vorschriften

§ 12
Anwendung von Vorschriften für die Prozesskostenhilfe

¹Die Vorschriften dieses Gesetzes für im Wege der Prozesskostenhilfe beigeordnete Rechtsanwälte und für Verfahren über die Prozesskostenhilfe sind in den Fällen des § 11 a des Arbeitsgerichtsgesetzes und des § 4 a der Insolvenzordnung entsprechend anzuwenden. ²Der Bewilligung von Prozesskostenhilfe steht die Stundung nach § 4 a der Insolvenzordnung gleich.

A. Allgemeines

1   Die Vorschrift erstreckt die Regelungen im RVG für die im Wege der Prozesskostenhilfe beigeordneten Rechtsanwälte auch auf die nach § 11 a ArbGG und § 4 a InsO beigeordneten Rechtsanwälte. Sie soll vermeiden, dass in allen Vorschriften, die auch auf die nach den § 11 a ArbGG und § 4 a InsO beigeordneten Rechtsanwälte angewendet werden, die Gleichstellung ausdrücklich normiert werden muss, wie dies z. B. in § 121 BRAGO der Fall war.

B. Kommentierung

I. Anwendungsbereich

2   Das **ArbGG** sieht zwei Formen der Beiordnung eines RA vor:

a) die Beiordnung nach § 11 a Abs. 1 ArbGG und

b) die Beiordnung im Rahmen der PKH nach § 11 a Abs. 3 ArbGG.

Der wesentliche Unterschied besteht darin, dass die Beiordnung nach § 11 a Abs. 1 ArbGG nur die Anwaltskosten erfasst und nicht geprüft wird, ob die Rechtsverfolgung oder Rechtsverteidigung Aussicht auf Erfolg hat. Die Rechtsverfolgung darf lediglich nicht offensichtlich mutwillig sein (§ 11 a Abs. 2 ArbGG).

Bei der Bewilligung der PKH wird dagegen geprüft, ob die Rechtsverfolgung oder Rechtsverteidigung Aussicht auf Erfolg hat. Darüber hinaus werden von der Bewilligung der PKH auch die Gerichtskosten erfasst.

Für den nach § 11 a Abs. 1 ArbGG beigeordneten RA gelten die §§ 45 ff. RVG nicht unmittelbar. Damit ist ein ausdrücklicher Verweis auf diese Vorschriften, die die Ansprüche gegen die Staatskasse normieren, erforderlich.

Die **InsO** sieht die Bewilligung von PKH für den Schuldner nicht vor. Stattdessen können dem Schuldner unter bestimmten Voraussetzungen die Verfahrenskosten gestundet werden (§ 4 a Abs. 1 InsO). Für den Fall der Stundung kann dem Schuldner, der eine natürlich Person ist, ein RA beigeordnet werden (§ 4 a Abs. 2 InsO), wenn dies erforderlich erscheint. Da diese Beiordnung nicht ihm Rahmen der PKH erfolgt, ist ein Verweis auf die §§ 45 ff. RVG erforderlich.

II. Der Tatbestand im Einzelnen

Es werden die Vorschriften über die Entschädigung der beigeordneten Rechtsanwälte für anwendbar erklärt. Dies sind insbesondere die des 8. Abschnitts und zwar die §§ 45 bis 50, 54 bis 56, 58 und 59 RVG. Näheres siehe bei diesen Paragraphen.

Abschnitt 1 – Allgemeine Vorschriften

§ 12 a
Abhilfe bei Verletzung des Anspruchs auf rechtliches Gehör

(1) Auf die Rüge eines durch die Entscheidung nach diesem Gesetz beschwerten Beteiligten ist das Verfahren fortzuführen, wenn

1. ein Rechtsmittel oder ein anderer Rechtsbehelf gegen die Entscheidung nicht gegeben ist und
2. das Gericht den Anspruch dieses Beteiligten auf rechtliches Gehör in entscheidungserheblicher Weise verletzt hat.

(2) ¹Die Rüge ist innerhalb von 2 Wochen nach Kenntnis von der Verletzung des rechtlichen Gehörs zu erheben; der Zeitpunkt der Kenntniserlangung ist glaubhaft zu machen. ²Nach Ablauf eines Jahres seit Bekanntmachung der angegriffenen Entscheidung kann die Rüge nicht mehr erhoben werden. ³Formlos mitgeteilte Entscheidungen gelten mit dem 3. Tage nach Aufgabe zur Post als bekannt gemacht. ⁴Die Rüge ist bei dem Gericht zu erheben, dessen Entscheidung angegriffen wird; § 33 Abs. 7 Satz 1 und 2 gilt entsprechend. ⁵Die Rüge muss die angegriffene Entscheidung bezeichnen und das Vorliegen der in Absatz 1 Nr. 2 genannten Voraussetzungen darlegen.

(3) Den übrigen Beteiligten ist, soweit erforderlich, Gelegenheit zur Stellungnahme zu geben.

(4) ¹Das Gericht hat von Amts wegen zu prüfen, ob die Rüge an sich statthaft und ob sie in der gesetzlichen Form und Frist erhoben ist. ²Mangelt es an einem dieser Erfordernisse, so ist die Rüge als unzulässig zu verwerfen. ³Ist die Rüge unbegründet, weist das Gericht sie zurück. ⁴Die Entscheidung ergeht durch unanfechtbaren Beschluss. ⁵Der Beschluss soll kurz begründet werden.

(5) Ist die Rüge begründet, so hilft ihr das Gericht ab, indem es das Verfahren fortführt, soweit dies auf Grund der Rüge geboten ist.

(6) Kosten werden nicht erstattet.

Inhaltsübersicht

	Rn.
A. Allgemeines	1
B. Kommentierung	7
I. Absatz 1 Fortsetzung des Verfahrens	7
1. Verfahrensfortsetzung in der Instanz beim judex a quo	7
2. Antragsberechtigt ist beschwerter Beteiligter	8
3. Ein Rechtsbehelf gegen die Entscheidung ist nicht gegeben	9
4. Gericht hat den Anspruch auf rechtliches Gehör verletzt	12
a) Pannenfälle – Fehler von anderen Personen	12
b) Fahrlässig vom Richter selbst verursachte Gehörsverletzungen	14
c) Vorsätzliche Gehörsverletzungen durch den Richter	15
5. Verletzung des Anspruchs auf rechtliches Gehör	18
II. Absatz 2 Frist, Form, Zuständigkeit	19
1. Satz 1 Frist	19

	Rn.
2. Satz 2 und 3 Absolute Jahresfrist	23
3. Satz 4 Rügeerhebung beim Gericht der Entscheidung	24
4. Satz 5 Pflichtinhalt der Rüge	26
III. Absatz 3 Rechtliches Gehör des Gegners zur Gehörsrüge	27
IV. Absatz 4 Satz 1 und 2 Prüfung der Statthaftigkeit, Form und Frist der Gehörsrüge	28
V. Absatz 4 Satz 3 Zurückweisung als unbegründet	29
VI. Absatz 4 Satz 4 Unanfechtbarkeit	30
VII. Absatz 4 Satz 5 Begründung der Entscheidung	31
VIII. Absatz 5 Abhilfe	33
IX. Absatz 6 Kosten des Anhörungsrügenverfahrens	35
1. Richtige Fragestellung: Um welche Kosten geht es? Hauptsache oder Abhilfeverfahren?	35
2. Kosten der Hauptsache	36
3. Kosten des Anhörungsrügeverfahrens wegen einer Entscheidung nach den Kostengesetzen	38

A. Allgemeines

Egon Schneider (FS für Madert RVG Probleme und Chancen 2006 S. 187) hat die Gehörsrüge **1** eine legislative Missgeburt genannt. Zu Recht hebt er hervor: »*Der grundrechtsverletzende Richter ist aus psychologischer Sicht ein ›Beschuldigter‹, dem man im Strafverfahren nicht zumutet, sich selbst zu belasten.*«

Gerade die schwachen Vertreter des richterlichen Berufsstandes werden versuchen, um das »Geständnis« ihres Fehlers herumzukommen. E. Schneider zitiert zur Bestätigung seiner These (a. a. O. S. 192) eine ganze Reihe von ähnlichen Stimmen, etwa Seer / Thulfaut (BB 2005, 1088): »*Die Anhörungsrüge bietet ein Selbstkontrollverfahren, das nur eingeschränkt geeignet ist, die Justizgrundrechte zu sichern. Die Hauptschwäche dieses Rechtsbehelfes liegt darin, dass der Richter in eigener Sache entscheiden und eigene Fehler nach außen hin dokumentieren muss. Besteht keine Möglichkeit zur Überprüfung der Entscheidung des Ausgangsgerichts durch das Rechtsmittelgericht, wird die Bereitschaft dazu nur wenig ausgeprägt sein und besteht die Gefahr eines Pseudo-Rechtsschutzes*«; ähnlich Zuck (NJW 2005, 1229).

Das Anhörungsrügengesetz ist das Gesetz über die Rechtsbehelfe bei Verletzung des Anspruchs auf rechtliches Gehör. Mit diesem Gesetz hat der Gesetzgeber den Forderungen des BVerfG v. 30. 04. 2003 (NJW 2003, 1924) entsprochen. In der Begründung des Gesetzentwurfs heißt es: **2**

»*Das Bundesverfassungsgericht soll nicht mit der Korrektur objektiver Verfahrensfehler belastet werden, die instanzintern einfacher und ökonomischer behoben werden können. Die Entwurfsregulierung befriedigt daher zum einen das Bedürfnis des erstinstanzlichen Gerichts, vorwiegend unbeabsichtigte Verletzungen des Anspruchs auf rechtliches Gehör bei Beanstandungen korrigieren zu können, zum anderen führt sie zu einer Entlastung des Bundesverfassungsgerichts.*«

Soweit Verstöße gegen den Anspruch auf Gewährung rechtlichen Gehörs weder innerhalb **3** des allgemeinen Rechtsbehelfssystems noch ein ausdrücklicher Rechtsbehelf vorgesehen war, hat das Anhörungsrügengesetz nach dem Vorbild des § 321 a ZPO eine entsprechende Rüge in alle Verfahrensordnungen eingefügt, wenn und soweit Rechtsmittel ausgeschlossen sind und / oder es sich um letztinstanzliche Entscheidungen handelt.

Auch in alle Kostengesetze, wie hier in § 12 a, ist der Rechtsbehelf der Rüge wegen Verletzung **4** des rechtlichen Gehörs (Anhörungsrüge) nunmehr aufgenommen worden. Eingefügt sind die § 69 a GKG, § 157 a KostO, § 2 GVKostG, § 13 Abs. 2 JVerwKostO, § 4 a JVEG und **§ 12 a RVG**, die jeweils für Kostenentscheidungen nach diesen Gesetzen die Möglichkeit der Anhörungsrüge schaffen (vgl. Hagen Schneider JurBüro 2005, 513).

Bei der Anhörungsrüge handelt es sich um einen eigenständigen, allerdings subsidiären Rechtsbehelf. Zunächst sind in Kostensachen die normalen Rechtsbehelfe oder Rechtsmittel, also die Erinnerung und die Beschwerde, auszuschöpfen.

Die Anhörungsrüge kann wie allgemein nur von demjenigen eingelegt werden, der beschwert ist. Antragsberechtigt ist somit nur eine am Verfahren beteiligte Person. **5**

An einem Verfahren nach dem RVG kann sich auch der Anwalt selbst beteiligen (etwa im Zusammenhang mit dem Streitwert nach den §§ 32, 33) und dann gegebenenfalls auch eine Gehörsrüge erheben. Auch der beigeordnete Anwalt kommt hier in Betracht. § 12 a RVG findet Anwendung, wenn es sich um eine angeblich gehörverletzende Entscheidung im Verfahren nach dem RVG handelt. Die Vorschriften des Zivilprozessverfahrensrechts sind allerdings nicht anwendbar in den Fällen der § 11 Abs. 2 (Festsetzung gegen die eigene Partei mit abschließender Verfahrensregelung im § 11 selbst), §§ 42, 52 Abs. 4 (Straf- und Bußgeldsachen) und § 57 Satz 2 (Bußgeldsachen nach dem OWiG), vielmehr sind in jenen Fällen auf die Anhörungsrüge die jeweiligen Verfahrensordnungen anzuwenden (Hagen Schneider JurBüro 2005, 513).

Abschnitt 1 – Allgemeine Vorschriften

Die Rüge ist naturgemäß bei dem Gericht der angegriffenen Entscheidung zu erheben.

Eine rechtzeitige Rüge nach § 12 a hemmt den Eintritt der formellen Rechtskraft (Hartmann Kostengesetze 35. Aufl. § 12 a RVG Rn. 3).

6 Der Antrag muss gemäß dem Wortlaut des Absatzes 1 insbesondere enthalten:
- die Angabe des Zeitpunktes der Kenntniserlangung von der Verletzung des Anspruchs auf rechtliches Gehör unter Glaubhaftmachung dieser Angaben,
- eine Darlegung, weshalb der Anspruch in entscheidungserheblicher Weise verletzt worden ist,
- die Bezeichnung der angegriffenen Entscheidung.

B. Kommentierung

I. Absatz 1 Fortsetzung des Verfahrens

1. Verfahrensfortsetzung in der Instanz beim judex a quo

7 Mit der Gehörsrüge kann die Fortsetzung eines Verfahrens, das in der Instanz schon abgeschlossen ist, erzwungen werden, hier also das Kostenverfahren nach dem RVG.

Wegen der engen Verbindung mit den Verfahrensgesetzen lehnt sich auch die Gehörsrüge in Anwaltsgebührensachen (§ 12 a RVG) an den gleichlautenden Wortlaut des § 321 a ZPO und § 69 a GKG an. In einem Gehörsverletzungsverfahren nach § 12 a sind die entsprechenden zugeordneten Verfahrensbestimmungen anzuwenden, also das Zivilprozessrecht im Allgemeinen.

Das Zivilprozessverfahrensrecht ist allerdings **nicht** anwendbar in den Fällen der § 11 Abs. 2, § 42 Abs. 5, § 52 Abs. 4 und § 57 Satz 2 RVG, vielmehr sind dort auf die Anhörungsrüge die jeweiligen Verfahrensordnungen anzuwenden (Hagen Schneider JurBüro 2005, 513).

2. Antragsberechtigt ist beschwerter Beteiligter

8 Die Anhörungsrüge kann nur von demjenigen eingelegt werden, der beschwert ist. Demgemäß sind nur am Verfahren beteiligte Personen antragsberechtigt. Im Bereich eines Verfahrens nach dem RVG sind zunächst einmal die Parteien Beteiligte, aber auch der Anwalt (etwa nach den §§ 32, 33) kann sich aus eigenem Recht selbst beteiligen und dann gegebenenfalls auch eine Gehörsrüge erheben, auch an den beigeordneten Anwalt ist zu denken.

3. Ein Rechtsbehelf gegen die Entscheidung ist nicht gegeben

9 Die Gehörsrüge ist nur ein subsidiärer Rechtsbehelf. Ihre Zulässigkeit setzt voraus, dass ein Rechtsmittel oder ein anderer Rechtsbehelf gegen die Entscheidung nicht gegeben ist. Das bedeutet, ist gegen die Entscheidung das Rechtsmittel der Erinnerung oder der Beschwerde eröffnet, so ist die Gehörsrüge nicht zulässig. War die Beschwerde im Rechtsmittelverfahren erfolglos, so kann die Verletzung rechtlichen Gehörs der ersten Instanz nun nicht auch noch anschließend mit der Gehörsrüge angegriffen werden. Denn »gegeben« heißt grundsätzlich einmal eröffnet. Fraglich ist, ob die Gehörsrüge zulässig ist, wenn der Betroffene von der Verletzung des rechtlichen Gehörs erst (innerhalb der Jahresfrist) erfährt, wenn zu diesem Zeitpunkt die Frist für den normalen eröffneten Rechtsbehelf schon verstrichen ist. Angesichts des Grundrechtsverstoßes ist hier die Norm verfassungskonform dahin auszulegen, dass der normale Rechtsbehelf nicht gegeben ist. Nur so kann man den Widerstreit zwischen der Jahresfrist zur Rüge des Grundrechtsverstoßes und der kürzeren Rechtsmittelfrist für den an sich gegebenen ordentlichen Rechtsbehelf auflösen.

Abhilfe bei Verletzung des Anspruchs auf rechtliches Gehör | § 12 a

Vorrangiger Rechtsbehelf ist auch eine Berichtigungsmöglichkeit der Entscheidung nach den §§ 319 bis 321 ZPO (Hartmann Kostengesetze 35. Aufl. § 12 a RVG Rn. 5 bis 9). Angesichts der in der Praxis zu erwartenden Aussichtslosigkeit der Gehörsrüge, wenn den Richter selbst ein Schuldvorwurf trifft (etwas anderes gilt, wenn etwa die Geschäftsstelle ihm einen Schriftsatz nicht vorgelegt hat), rät *E. Schneider* (FS für Madert RVG Probleme und Chancen 2006 S. 204), sofort das Rechtsmittelgericht mit dem außerordentlichen Rechtsbehelf der Beschwerde wegen greifbarer Gesetzeswidrigkeit (für Fortbestand dieses Instituts: BFH NJW 2004, 2854 und 2005, 3374; OLG Hamm OLGReport 2004, 262; VGH München NVwZ-RR 2004, 698) anzurufen. Wie das allerdings ausgehen wird angesichts der Möglichkeit der Gehörsrüge, ist schwer abzuschätzen. 10

Starke Rechtsmittelrichter werden hoffentlich bei grober Rechtsverletzung wegen ihrer Bindung an das Gerechtigkeitsgebot selbst sofort handeln. Das ist verfahrensmäßig abgesichert durch die frühe BGH-Entscheidung aus dem 10. Band, S. 359: »Prozessrecht ist **Zweckmäßig-keits**recht«. Es ist in diesem Sinne nicht **zweckmäßig**, bei greifbarer Gesetzeswidrigkeit die Partei formal auf die Gehörsrüge zu verweisen, sondern selbst den Makel so schnell wie möglich von der Justiz zu nehmen und damit der Gerechtigkeit zu dienen (Auftrag an den Richter, *E. Schneider* in FS für Madert RVG Probleme und Chancen 2006 S. 188). Allerdings kann man auch nicht umgekehrt sagen, weil der Partei der außerordentliche Rechtsbehelf der Beschwerde wegen greifbarer Gesetzeswidrigkeit zur Verfügung stehe (BGHZ 155, 133 meint irrig, jetzt gebe es diese nicht mehr, obwohl man mit ihr doch auch andere Fehler als nur Gehörsverletzungen angreifen kann), sei der Rechtmittelzug noch nicht ausgeschöpft und die Gehörsrüge deshalb unzulässig. 11

Übrigens scheint der BGH in vorsichtiger Weise in dieser Frage wieder umzusteuern. In BGH DB 2005, 1248 heißt es nämlich: »Erweist sich die in einer Nichtzulassungsbeschwerde erhobene **Rüge der Verletzung des rechtlichen Gehörs** als begründet, so kann das Revisionsgericht der Beschwerde dadurch stattgeben, das es in ein und demselben Beschluss das Berufungsurteil aufhebt und den Rechtsstreit an das Berufungsgericht zurückverweist. Der Zulassung der Revision bedarf es in einem solchen Fall nicht.«

4. Gericht hat den Anspruch auf rechtliches Gehör verletzt

a) Pannenfälle – Fehler von anderen Personen

Unproblematisch sind nur die Fälle, in denen nicht dem Richter, sondern einem anderen Bediensteten ein Fehler unterläuft und der Richter dadurch das rechtliche Gehör verletzt. Es wird etwa ein Schriftsatz in das falsche Aktenstück eingeheftet (BVerfG Rpfleger 1995, 293), wegen eines defekten Faxgerätes des Gerichts ist ein Schriftsatz nicht in den Geschäftsgang gelangt (AG Wiesbaden NJW-RR 1995, 702) oder die Serviceeinheit ist seit Wochen unterbesetzt und hat Rückstände in der Zuordnung der eingegangenen Schriftsätze zu den Akten, so dass der rechtzeitig eingegangene Schriftsatz sich im Termin noch nicht bei den Akten befindet. 12

Für eine besondere Fallkonstellation hat der BGH (FamRZ 1987, 922 m. w. N.) eine interessante Entscheidung getroffen: Ein Schriftsatz trägt den Eingangsstempel des Tages, an dem die Entscheidung des Gerichts existent geworden ist, also den inneren Bereich des Gerichts verlassen hat. Nach Ansicht des BGH wird in diesem Falle zugunsten der Partei vermutet, dass das Gericht den Schriftsatz der Partei nicht mehr zur Kenntnis genommen hat (BGHZ 85, 361, 364; BGH NJW 1982, 888). Auf ein Verschulden des Richters kommt es zur Verwirklichung des Grundrechtsverstoßes nicht an (BVerfG NJW 1983, 218; Zöller ZPO 23. Aufl. § 128 Vorbem. Rn. 8). 13

Solche Drittfehler können unproblematisch mit der Anhörungsrüge korrigiert werden. Den Richter trifft kein Vorwurf. Er braucht sich nicht zu entschuldigen, sondern dokumentiert

Abschnitt 1 – Allgemeine Vorschriften

in seinem Abhilfebeschluss (Rn. 33) den Fehler eines anderen Justizbediensteten oder auch der Technik und setzt das vermeintlich abgeschlossene Verfahren wieder fort.

b) Fahrlässig vom Richter selbst verursachte Gehörsverletzungen

14 Trifft den Richter selbst ein Schuldvorwurf, und sei es auch nur leichte Fahrlässigkeit (wie ausgeführt – Rn. 13 – kommt es auf eine culpa nicht an), so sinkt die Erfolgschance einer Gehörsrüge ganz erheblich. Das Gesetz sieht heute im Regelfall die Zuständigkeit des Einzelrichters vor. Fast alle Richter im Eingangsamt wollen noch befördert werden, da könnte das freiwillige Einräumen von Fehlern diesem Ziel hinderlich sein. Also wird gemauert, zumal ein Rechtsmittel nicht vorgesehen ist.

Es kommt immer wieder vor, dass der Richter ein Sachvorbringen nicht berücksichtigt, weil er die Akten nicht sorgfältig gelesen oder sich keine entsprechenden Notizen gemacht hat. Der verfassungsrechtliche Grundsatz des rechtlichen Gehörs fordert zwar nicht, dass der Richter jede Einzelheit des Vorbringens erörtert, er muss sich aber mit dem wesentlichen Parteivorbringen auseinandersetzen (BVerfGE 65, 295; 70, 293; NJW 1982, 30; NJW 1983, 1453). Das rechtliche Gehör kann auch verletzt werden durch Unterlassen eines nach § 139 ZPO gebotenen Hinweises (BVerfG FamRZ 1995, 795 = NJW 1995, 2095) oder die Nichterhebung eines erheblichen Beweises, was allerdings in Kostensachen eher die Ausnahme ist.

Wird nun die Gehörsrüge erhoben, so ist es ein Leichtes, zu argumentieren, die betreffende Tatsache gehöre zum Randbereich des Streitstoffes oder das Vorbringen sei angesichts des Gegnervorbringens nicht substantiiert genug, um ihm nachgehen zu können. Angesichts der Rechtsmittelfreiheit ist das alles viel schneller argumentativ abgewürgt als mit einem eigenen Schuldvorwurf zugegeben.

c) Vorsätzliche Gehörsverletzungen durch den Richter

15 Bei dem noch immer hohen Richterbild in der Öffentlichkeit wird man kaum glauben, dass es auch vorsätzliche Gehörsverletzungen durch Richter gibt. Der Gesetzgeber ermutigt rationell arbeitende Richter gerade im Kleinbereich bis zu € 600 (§ 495 a ZPO) zu solchem Tun, wenn dort das Gesetz erlaubt, dass der Richter das Verfahren nach billigem Ermessen bestimmen kann. Das höherrangige Grundrecht kann die ZPO natürlich nicht derogieren.

E. Schneider (FS für Madert RVG Probleme und Chancen 2006 S. 191) berichtet mit Belegstellen von einer Fülle von solchen (vorsätzlichen) Gehörsverletzungen. Der von ihm dort referierte gravierendste Fall ist die Praxis der 3. ZK des LG München (ZAP Fach 13, S. 996), nach der den Anwälten angekündigt worden ist, Anträge auf Fristverlängerung nach § 225 ZPO würden nur berücksichtigt, wenn sie der Geschäftsstelle spätestens eine Woche vor Fristablauf vorlägen. Das kann man wirklich nicht nur als fahrlässige Gehörsverletzung qualifizieren. Weitere einschlägige ähnliche Entscheidungen sind an folgenden Stellen nachzulesen: AG Bergisch-Gladbach (ZAP-Justizspiegel Heft 1/1998, S. 12); AG Fürstenfeldbruck (ZAP-Justizspiegel Heft 6/2002, S. 324); AG Starnberg (ZAP-Justizspiegel Heft 16/2001, S. 1006); LG Erfurt (ZAP-Justizspiegel Heft 6/2002, S. 326).

16 Gerade in Kostensachen wird permanent das rechtliche Gehör dadurch verletzt, dass bei Streitwertbeschwerden, die einen höheren Streitwert erstreben, die dadurch benachteiligte eigene Partei in der Mehrzahl der Fälle trotz der Interessenkollision nicht persönlich gehört wird (vgl. § 32 Rn. 18; OLG Bamberg JurBüro 1994, 160 und JurBüro 1991, 1692; Schneider/Herget Streitwert 11. Aufl. Rn. 4192; Zöller ZPO 23. Aufl. § 128 Vorbem. Rn. 3).

17 Gesetzte Fristen zur eventuellen Stellungnahme müssen angemessen sein, sonst wird dadurch das **rechtliche Gehör** verletzt (BVerfG NJW 1982, 169; Zöller ZPO 23. Aufl. § 128 Vorbem. Rn. 6).

5. Verletzung des Anspruchs auf rechtliches Gehör

in entscheidungserheblicher Weise

Der Antrag nach § 12 a muss eine Darlegung enthalten, weshalb der Anspruch in **entscheidungserheblicher** Weise verletzt worden ist. Das erfordert eine eingehende Auseinandersetzung mit der Kausalität des Rechtsverstoßes, ähnlich dem revisionsrechtlichen Erfordernis der Darlegung des Beruhens der Entscheidung auf der Rechtsverletzung i. S. v. § 546 ZPO, sofern nicht ein absoluter Revisionsgrund vorliegt, bei dem das Beruhen vom Gesetz vermutet wird (§ 547 ZPO). Es reicht also nicht aus, nur zu rügen, das Gericht habe das rechtliche Gehör verletzt, sondern zusätzlich muss begründet werden, dass die getroffene Entscheidung auf dieser Gehörsverletzung beruht, nämlich anders und zwar für den Antragsteller günstiger ausgefallen wäre, wenn das rechtliche Gehör beachtet worden wäre.

Auch eine geringe Günstigerstellung reicht aus (Hartmann Kostengesetze 35. Aufl. § 12 a RVG Rn. 19).

Darzulegen ist mehr als nur die entfernte Möglichkeit der Kausalität. Es kann aber auch nicht eine hochgradige Gewissheit gefordert werden. Maßstab sollte eine durch Tatsachenvortrag erhärtete naheliegende Möglichkeit des Beruhens der Entscheidung auf dem Gehörsverstoß sein (ähnlich Hartmann Kostengesetze 35. Aufl. § 12 a RVG Rn. 29 bis 34).

II. Absatz 2 Frist, Form, Zuständigkeit

1. Satz 1 Frist

Um der Gefahr vorzubeugen, den Rechtsbehelf der Anhörungsrüge mit dem Ziel einer allgemeinen Korrektur einer im Übrigen nicht mehr anfechtbaren unliebsamen Entscheidung zu missbrauchen, ist die Rüge an strenge Fristen und Darlegungsanforderungen gebunden.

Der Absatz 2 kennt zwei Fristen: Die 2-Wochenfrist des Satzes 1, die von der **Kenntniserlangung** an zu laufen beginnt, und die absolute Frist von einem Jahr seit **Bekanntmachung** der Entscheidung des Satzes 2.

Satz 1 lautet:

»Die Rüge ist innerhalb von zwei Wochen nach Kenntnis von der Verletzung des rechtlichen Gehörs zu erheben; der Zeitpunkt der Kenntniserlangung ist glaubhaft zu machen.«

Die 2-Wochenfrist beginnt also mit dem Zeitpunkt der Kenntniserlangung. Da dieser Zeitpunkt im subjektiven Bereich liegt, obliegt dem Antragsteller als Zulässigkeitsvoraussetzung die Glaubhaftmachung des Zeitpunktes der Kenntniserlangung von der Verletzung des rechtlichen Gehörs. Da die Glaubhaftmachung im Halbsatz 2 geregelt ist, muss die Glaubhaftmachung nicht binnen der 2-Wochenfrist erfolgen (Hartmann Kostengesetze 35. Aufl. § 12 a RVG Rn. 24). Nach allgemeinen Verfahrensvorschriften kann glaubhaft gemacht werden mit allen auch sonst zulässigen Beweismitteln und ferner mit der eigenen Versicherung an Eides statt (§ 294 ZPO).

Dazu ein allgemeiner Hinweis auf die allgemeinen Beweismittel, was vielen Anwälten und der Mehrzahl der Richter nicht geläufig ist: Der Gesetzeswortlaut des § 286 ZPO:

»*Das Gericht hat unter Berücksichtigung **des gesamten Inhalts der Verhandlung** und des Ergebnisses einer etwaigen Beweisaufnahme nach freier Überzeugung zu entscheiden, ob eine tatsächliche Behauptung für wahr oder für nicht wahr zu erachten sei.*«

Das Gericht ist also, was viele irrig glauben, bei seiner Beweiswürdigung nicht auf die fünf klassischen Beweismittel beschränkt. Es kommt vielmehr dem schriftsätzlichen Vorbringen selbst (z. B. Konstanz oder ständig wechselndes Vorbringen) und insbesondere der Parteian-

Abschnitt 1 – Allgemeine Vorschriften

hörung nach § 141 ZPO (eigentlich nur Parteivorbringen) eine wichtige Funktion für die Beweiswürdigung zu (Zöller ZPO 23. Aufl. § 286 Rn. 14). Wir haben beim 5. Senat des OLG Koblenz beispielsweise beim Gebrauchtwagenkauf hinsichtlich des Hinweises auf die Unfalleigenschaft eines Gebrauchtwagens nicht selten der Parteianhörung nach § 141 ZPO mehr geglaubt als dem als Zeugen vernommenen Autoverkäufer.

21 Auch die Umsetzung der Entscheidung des Europäischen Gerichtshofs für Menschenrechte vom 27. 10. 1993 (NJW 1995, 1413), deren Leitsatz lautet:

»Das aus Art. 6 I EMRK folgende Prinzip der Waffengleichheit im Zivilprozess kann verletzt sein, wenn es einer klagenden Gesellschaft, die für eine Tatsache im Schadensersatzprozess beweispflichtig ist, verwehrt wird, ihren Alleingesellschafter als Zeugen für den Verlauf eines Gesprächs zu benennen, an dem nur der Alleingesellschafter und ein Vertreter der Beklagten beteiligt waren, wenn die Anhörung des Vertreters der Beklagten als Zeuge vom Tatrichter als zulässig erachtet wurde.«

durch den BGH spricht für die Richtigkeit der These, dass auch das **Parteivorbringen** selbst »Beweismittel« ist.

Der BGH (NJW 1999, 363) meint nämlich, beim Fall des so genannten Vieraugengespräches könne man dem Grundsatz der Waffengleichheit auch dadurch Genüge tun, dass man statt der Parteivernehmung nach § 448 ZPO die **Partei nach § 141 ZPO anhöre** (BGH NJW 1998, 306; OLG Zweibrücken NJW 1998, 167 = MDR 1998, 436). Denn das Gericht könne nach § 286 ZPO der Parteianhörung (§ 141 ZPO) den Glaubwürdigkeitsvorzug vor einer Zeugenvernehmung geben (BGH GRUR 1990, 669, 672; BGHZ 122, 115, 121; BGH NJW 1998, 306, 307).

22 Was aber für die Beweisaufnahme und Beweiswürdigung selbst gilt, muss erst recht für die beweismäßig schwächere Form der Glaubhaftmachung gelten, so dass auch bei der Glaubhaftmachung nach Satz 1 Halbsatz 2 sehr viel mehr als nur die fünf klassischen Beweismittel (plus die eigene eidesstattliche Versicherung) möglich ist. Gerade auf diesem Gebiet kann man feststellen, ob die Prozessjuristen an ihrem früheren Ausbildungswissen hängen geblieben oder ob sie mit den Beweisentscheidungen der neuen Zeit, die aber schon in der ZPO angelegt sind (§§ 286, 448 ZPO), mitgegangen sind.

2. Satz 2 und 3 Absolute Jahresfrist

23 Ohne Rücksicht auf die Kenntnis von der Verletzung des rechtlichen Gehörs ist die Rüge verfristet, wenn seit **Bekanntmachung** der Entscheidung ein Jahr verstrichen ist.

Das Gesetz selbst stellt also hier auf die Bekanntmachung (Verkündung, hilfsweise Zustellung § 329 ZPO) ab und nicht etwa auf die Existenzwerdung der Entscheidung (so aber Rn. 13: Verlassen des inneren Bereichs des Gerichts – BGH FamRZ 1987, 922).

Da nicht alle Entscheidungen verkündet oder förmlich zugestellt werden müssen, vielmehr nach der Grundsatzregelung des § 329 Abs. 2 Satz 1 ZPO formlos zuzusenden sind, bestimmt insoweit der Satz 3 des Absatzes 2:

»Formlos mitgeteilte Entscheidungen gelten mit dem dritten Tage nach Aufgabe zur Post als bekannt gemacht.«

Es ist auf die Kenntnis der Partei oder die des Vertreters (§§ 51 Abs. 2 und 85 Abs. 2 ZPO) abzustellen (Hartmann Kostengesetze 35. Aufl. § 12 a RVG Rn. 23). Kennen müssen genügt also (Schneider/Wolf RVG 3. Aufl. § 12 a Rn. 14).

3. Satz 4 Rügeerhebung beim Gericht der Entscheidung

24 Satz 4 lautet: »Die Rüge ist bei dem Gericht zu erheben, dessen Entscheidung angegriffen wird; § 33 Abs. 7 Satz 1 gilt entsprechend.«

In dieser Regelung liegt der Pferdefuß der Neuregelung. Zunächst wird auf die Kritik in den Rn. 1, 11 und 12 verwiesen, die im Kern lautet: »Die Anhörungsrüge bietet ein Selbstkontrollverfahren, das nur eingeschränkt geeignet ist, die Justizgrundrechte zu sichern. Die Hauptschwäche dieses Rechtsbehelfes liegt darin, dass der **Richter in eigener Sache entscheiden** und eigene Fehler nach außen hin dokumentieren muss. Besteht keine Möglichkeit zur Überprüfung der Entscheidung des Ausgangsgerichts durch das Rechtsmittelgericht, wird die Bereitschaft dazu nur wenig ausgeprägt sein« (siehe weiter *E. Schneider* FS für Madert RVG Probleme und Chancen 2006 S. 188 ff.).

Es ist zwar gut vom Gesetzgeber gedacht, dass der Richter selbst in der Instanz am einfachsten die Korrektur vornehmen könnte. Aber da hat der Gesetzgeber an der Psyche des Menschen vorbeigedacht und damit Steine statt Brot gegeben.

Der Halbsatz 2 des § 12 a Abs. 2 Satz 4 RVG lautet: »§ 33 Abs. 7 Satz 1 gilt entsprechend.« Damit gilt auch bei § 12 a: 25

»Anträge und Erklärungen können zu Protokoll der Geschäftsstelle gegeben oder schriftlich eingereicht werden; § 129 a der Zivilprozessordnung gilt entsprechend.«

Die Gehörsrüge kann also frei vom Anwaltszwang erhoben werden. Der Hinweis auf den § 129 a ZPO kann bei Unachtsamkeit zu einer Gefahr werden: § 129 a ZPO erlaubt ausdrücklich die Erhebung der Rüge zu Protokoll eines jeden Amtsgerichts im Bundesgebiet. Die 2-Wochenfrist aber ist nur gewahrt, wenn die Rüge beim Gericht, dessen Entscheidung gerügt wird, eingegangen ist (Hartmann Kostengesetze 35. Aufl. § 12 a RVG Rn. 27; a. A. Schneider/Wolf RVG 3. Aufl. § 12 a Rn. 15).

4. Satz 5 Pflichtinhalt der Rüge

Abs. 2 Satz 5 nennt den notwendigen Inhalt des Rügeschriftsatzes. Fehlt eine der in Satz 5 genannten Merkmale, so ist die Rüge unzulässig. Nach Ablauf der 2-Wochenfrist kann kein Punkt nachgeholt werden. Denn Satz 5 lautet: 26

»Die Rüge muss die angegriffene Entscheidung bezeichnen und das Vorliegen der in Absatz 1 Nr. 2 genannten Voraussetzungen darlegen.« – also eine Darlegung, dass das Gericht den Anspruch dieses Beteiligten auf rechtliches Gehör in entscheidungserheblicher Weise verletzt hat.

Für die Bezeichnung der angegriffenen Entscheidung genügt es, wenn Datum und Aktenzeichen und Gericht angegeben sind (Hartmann Kostengesetze 35. Aufl. § 12 a RVG Rn. 28).

Wegen der Einzelheiten des notwendigen Schriftsatzinhaltes wird auf die Ausführungen der Rn. 6 verwiesen.

III. Absatz 3 Rechtliches Gehör des Gegners zur Gehörsrüge

Absatz 3 lautet: »Den übrigen Beteiligten ist, soweit erforderlich, Gelegenheit zur Stellungnahme zu geben.« Wie keiner näheren Begründung bedarf, ist den übrigen Beteiligten, in der Regel also den Prozessgegnern, denen die Gefahr droht, dass die ihnen günstige Entscheidung infolge der Gehörsrüge zu ihrem Nachteil wieder abgeändert wird, rechtliches Gehör zur Rüge zu gewähren. Das »soweit erforderlich« meint, eine Anhörung erübrigt sich, wenn die Gehörsrüge ohne weiteres als unzulässig oder unbegründet zurückzuweisen ist (Müller NJW 2002, 2744 zum neuen gleichlautenden § 321 a ZPO).   27

Abschnitt 1 – Allgemeine Vorschriften

IV. Absatz 4 Satz 1 und 2 Prüfung der Statthaftigkeit, Form und Frist der Gehörsrüge

28 Absatz 4 lautet: »Das Gericht hat von Amts wegen zu prüfen, ob die Rüge an sich statthaft und ob sie in der gesetzlichen Form und Frist erhoben ist. Mangelt es an einem dieser Erfordernisse, so ist die Rüge als unzulässig zu verwerfen.«

Dass das Gericht eine entsprechende Prüfungspflicht hat, folgt ohnehin aus seinem gesetzlichen Auftrag. Die Worte »Das Gericht hat von Amts wegen zu prüfen« ist also eine leere Worthülse.

»An sich statthaft« meint, es muss wegen der Subsidiarität des Rechtsbehelfs geprüft werden, ob ein vorrangiges allgemeines Rechtsmittel eröffnet, »gegeben« ist. Erst wenn das verneint wird, prüft das Gericht die Einhaltung der Frist (Absatz 2 Satz 1 und 2) und sodann die Beachtung der Form, also insbesondere die ausreichende und schlüssige Begründung (Absatz 1 Nr. 2).

Ist auch nur eines dieser 3 Elemente nicht gegeben, so ist die Gehörsrüge als **unzulässig zu verwerfen** (OLG Düsseldorf zu § 321 a ZPO WoM 2004, 161).

Eine mündliche Verhandlung ist im Gegensatz zu §§ 320, 321 ZPO nicht erforderlich.

V. Absatz 4 Satz 3 Zurückweisung als unbegründet

29 Ist die Gehörsrüge unbegründet, so weist sie das Gericht als unbegründet zurück. Vor der Begründetheitsprüfung ist die Zulässigkeitsprüfung (Rn. 28) vorzunehmen (Baumbach/Lauterbach ZPO 63. Aufl. § 321 a Rn. 43).

VI. Absatz 4 Satz 4 Unanfechtbarkeit

30 Satz 4 lautet: »Die Entscheidung ergeht durch unanfechtbaren Beschluss.«

Diese Vorschrift bedeutet nur, dass der Beschluss keinem ordentlichen Rechtsmittel unterliegt.

Einfach gesetzlich kann aber nicht die Verfassungsbeschwerde, z. B. wegen Verletzung des rechtlichen Gehörs (Art. 103 GG), ausgeschlossen werden. So wird demgemäß allgemein die Ansicht vertreten, dass nunmehr (nach Ablehnung der Gehörsrüge) die Verfassungsbeschwerde zulässig wird (Baumbach/Lauterbach ZPO 63. Aufl. § 321 a Rn. 61; *E. Schneider* in FS für Madert RVG Probleme und Chancen 2006 S. 196; Hartmann Kostengesetze 35. Aufl. § 12 a RVG Rn. 61).

VII. Absatz 4 Satz 5 Begründung der Entscheidung

31 Satz 5 lautet: »Der Beschluss soll kurz begründet werden.«

Sowohl der Beschluss, der die Rüge als unzulässig verwirft, wie auch der Beschluss, der diese als unbegründet zurückweist, soll begründet werden. Wenn der Beschluss auch unanfechtbar ist, so ist er doch, wenn auch nur kurz, zu begründen. Dabei wird etwa bei Fristversäumung anzugeben sein, ob die 2-Wochenfrist oder die Jahresfrist versäumt ist oder dass etwa die Glaubhaftmachung von der Kenntniserlangung innerhalb der Frist nicht gelungen sei.

32 Besonders sorgfältig muss die Begründung nachvollziehbar angelegt sein, wenn die Rüge zwar zu Recht die Verletzung des rechtlichen Gehörs gerügt hat, aber das Gericht das **Beru-**

hen der Entscheidung auf der Gehörsverletzung **verneint** (so auch Hartmann Kostengesetze 35. Aufl. § 12 a RVG Rn. 5).

Der mit der Gehörsrüge angegriffene Richter sollte immer bedenken, dass gegen seine Entscheidung mit demselben Vorbringen Verfassungsbeschwerde erhoben werden kann (Rn. 30).

VIII. Absatz 5 Abhilfe

Absatz 5 lautet: »Ist die Rüge begründet, so hilft ihr das Gericht ab, indem es das Verfahren fortführt, soweit dies aufgrund der Rüge geboten ist.«

Bejaht das Gericht Statthaftigkeit, Zulässigkeit und Begründetheit der Anhörungsrüge, so hilft es ihr ab und führt das durch die angegriffene Entscheidung schon abgeschlossene Verfahren weiter. Nur das Verfahren ist fortzuführen; ob die schon getroffene Entscheidung zu ändern ist, stellt sich erst am Ende des fortzuführenden Verfahrens heraus. Deshalb ist auch nicht etwa die getroffene Entscheidung auf die erfolgreiche Gehörsrüge hin vorab erst einmal aufzuheben. Die Zurückversetzung erfolgt nur in den Stand vor dem Schluss der letzten mündlichen Verhandlung (Hartmann Kostengesetze 35. Aufl. § 12 a RVG Rn. 55).

Schlüssige Abhilfe durch Verfahrensfortführung

Ein ausdrücklicher Verfahrensfortsetzungsbeschluss ist nicht erforderlich, KG (JurBüro 2007, 543 = AGS 2007, 466):

»Ohne vorherige Entscheidung über die Anhörungsrüge wäre das Amtsgericht zu einer nochmaligen Entscheidung in der Sache nicht befugt gewesen, weil gegen den Beschluss vom 10. April 2006 mangels Zulassung kein Rechtsmittel gegeben war, dem das Amtsgericht hätte abhelfen können. Hält das Gericht eine Anhörungsrüge aber für begründet, hat es ihr abzuhelfen, indem es das Verfahren fortführt, soweit dies aufgrund der Rüge geboten ist, § 12 a Abs. 5 RVG. Das ist vorliegend geschehen, auch wenn das Amtsgericht ausdrücklich in seinem Beschluss vom 23. Juni 2006 auf die Anhörungsrüge nicht eingegangen ist. Das ist aber nach dem Wortlaut des § 12 a Abs. 5 RVG auch nicht erforderlich.«

Entsprechend dem Modell des § 343 ZPO wird am erneuten Ende der Instanz entweder die bisherige Entscheidung in der neuen Entscheidung aufrechterhalten oder aber die bisherige Entscheidung aufgehoben und eine neue Entscheidung getroffen (AG Magdeburg ZMR 2003, 45).

Nachholung der Beschwerdezulassung in der Abhilfeentscheidung

KG (JurBüro 2007, 543 = AGS 2007, 466): »Wird der Gehörsrüge stattgegeben, im Endergebnis aber die erste Entscheidung aufrechterhalten, so ist es gleichwohl möglich, dass jetzt das Erstgericht seinen Erstbeschluss insoweit abändert, dass es nunmehr erstmals (Wert unter 200,00 EUR) die Beschwerde wegen grundsätzlicher Bedeutung nach § 33 Abs. 2 Satz 2 RVG zulässt. Zwar kann das Erstgericht die Beschwerde nicht nachträglich, etwa auf die Einlegung der Beschwerde, zulassen (§ 33 Rn. 39; Schneider/Wolf RVG 3. Aufl. § 33 Rn. 88). Etwas anderes gilt aber, wenn das Gericht auf eine Gehörsrüge incidenter mit der Aufrechterhaltung der Erstentscheidung nunmehr die Beschwerde zulässt.«

Eine Einstellung der Zwangsvollstreckung gegen Sicherheitsleistung ist nach § 707 Abs. 1 Satz 1 ZPO (»Wiederaufnahme des Verfahrens«) möglich (Hartmann Kostengesetze 35. Aufl. § 12 a RVG Rn. 57).

Abschnitt 1 – Allgemeine Vorschriften

IX. Absatz 6 Kosten des Anhörungsrügenverfahrens

1. Richtige Fragestellung: Um welche Kosten geht es? Hauptsache oder Abhilfeverfahren?

35 Es ist zunächst zu unterscheiden, ob eine Hauptsachekostenentscheidung oder eine Kostenentscheidung für das Abhilfeverfahren zu treffen ist.

Wenn es im Absatz 6 heißt, Kosten werden nicht erstattet, so bedeutet das übrigens zunächst einmal nicht, dass im Abhilfeverfahren keine Kosten anfallen und man sich daher alles sparen kann.

2. Kosten der Hauptsache

36 In den Verfahrensordnungen ist nicht geregelt, wer die Kosten des Anhörungsverfahrens zu tragen hat. Für den Anwalt wird durch die Anhörungsrüge keine neue Instanz eröffnet (§ 19 Abs. 1 Nr. 5). Allerdings können nach Erhebung der Gehörsrüge Gebühren anfallen, die bisher noch nicht angefallen waren, etwa die Einigungsgebühr oder wegen Streitwerterhöhung oder einer Widerklage / Aufrechnung Gebühren aus einem höheren Streitwert. Es ist also am Ende der Instanz eine einheitliche Kostenentscheidung zu treffen, ohne dass die Möglichkeit der §§ 96, 97 ZPO gegeben wäre (N. Schneider NJW 2002, 1094; Hartmann Kostengesetze 35. Aufl. § 12 a RVG Rn. 50).

Allerdings ist nach dem Muster des § 343 ZPO bei Erfolglosigkeit der Gehörsrüge, weil die gerügte Entscheidung ja aufrechterhalten wird, ausdrücklich nur auszusprechen, dass die rügende Partei auch die weiteren Kosten des Rechtsstreits zu tragen hat – die zuvor angefallenen Kosten hat sie ja infolge der Aufrechterhaltung der gerügten Entscheidung zu tragen.

Der BGH (WuM 2005, 475) hat entschieden:

Wird die Anhörungsrüge (nach § 321 a ZPO) als nicht begründet zurückgewiesen, so können die Kosten des Rügeverfahrens der beschwerten Partei auferlegt werden.

Bei einer **vollen** Zurückweisung der Gehörsrüge fällt eine gerichtliche Festgebühr von € 50 nach Nr. 1700 KV GKG an.

37 Wird der Rechtsanwalt aber ausschließlich in dem Anhörungsrügenverfahren tätig, erhält er im Verhältnis zur eigenen Partei für die Tätigkeit eine Gebühr nach Nr. 3330 VV RVG – 0,5 Gebühr –, die allerdings wegen des Wortlauts des Absatzes 6 nicht erstattungsfähig ist.

3. Kosten des Anhörungsrügeverfahrens wegen einer Entscheidung nach den Kostengesetzen

38 Soweit es sich um ein Anhörungsrügenverfahren wegen einer Entscheidung nach den Kostengesetzen handelt (z. B. § 12 a RVG), ist das Verfahren **gerichtsgebührenfrei** (KG JurBüro 2007, 543 = AGS 2007, 466). Eine Gebührenerhebung scheitert schon daran, dass insoweit kein Gebührentatbestand geschaffen wurde (§ 1 GKG).

Für den Anwalt gehört das Gehörsrügeverfahren (§ 12 a RVG) zur Kosteninstanz, das kann z. B. ein etwaiges Verfahren sein, das die Anwaltskosten betrifft.

39 Wird ein Anwalt ausschließlich mit der Anhörungsrüge nach § 12 a RVG beauftragt, so kann er gegenüber seiner Partei eine 0,5-Verfahrensgebühr nach Nr. 3330 VV RVG, in welcher nunmehr der frühere Klammerzusatz »nach § 321 a ZPO« gestrichen worden ist, geltend machen.

40 Für Anhörungsrügen in den von den Teilen 4–6 erfassten Rechtsgebieten (Strafsachen, Bußgeldsachen, Sonderverfahren des Teiles 6) gelten die Auffangtatbestände Nr. 4302, Nr. 5200 und Nr. 6404 VV RVG.

Abhilfe bei Verletzung des Anspruchs auf rechtliches Gehör | § 12 a

Eine Kostenerstattung scheitert auch hier an Absatz 6 des § 12 a.

Auch im Beschwerdeverfahren sind Kosten nicht zu erstatten (§ 56 Abs. 2 Satz 2 RVG, KG Jur-Büro 2007, 543 = AGS 2007, 466).

Abschnitt 1 – Allgemeine Vorschriften

§ 12 b
Elektronische Akte, elektronisches Dokument

(1) ¹Die Vorschriften über die elektronische Akte und das gerichtliche elektronische Dokument für das Verfahren, in dem der Rechtsanwalt die Vergütung erhält, sind anzuwenden. ²Im Fall der Beratungshilfe sind die entsprechenden Vorschriften der Zivilprozessordnung anzuwenden.

(2) ¹Soweit für Anträge und Erklärungen in dem Verfahren, in dem der Rechtsanwalt die Vergütung erhält, die Aufzeichnung als elektronisches Dokument genügt, genügt diese Form auch für Anträge und Erklärungen nach diesem Gesetz. ²Dasselbe gilt im Fall der Beratungshilfe, soweit nach den Vorschriften der Zivilprozessordnung die Aufzeichnung als elektronisches Dokument genügt. ³Die verantwortende Person soll das Dokument mit einer qualifizierten elektronischen Signatur nach dem Signaturgesetz versehen. ⁴Ist ein übermitteltes elektronisches Dokument für das Gericht zur Bearbeitung nicht geeignet, ist dies dem Absender unter Angabe der geltenden technischen Rahmenbedingungen unverzüglich mitzuteilen.

(3) Ein elektronisches Dokument ist eingereicht, sobald die für den Empfang bestimmte Einrichtung des Gerichts es aufgezeichnet hat.

A. Allgemeines

1 Die Vorschrift wurde durch Art. 14 Abs. 6 JKomG eingefügt. Mit dem JKomG sollen die Zivilprozessverfahren, die Zwangsvollstreckungs- und Insolvenzverfahren, die Verfahren der Fachgerichtsbarkeiten, die Strafverfahren und die Ordnungswidrigkeitsverfahren für den elektronischen Rechtsverkehr geöffnet werden.

B. Kommentierung

I. Anwendungsbereich

2 Das RVG enthält eigenständige, von den Verfahrensvorschriften unabhängige Rechtsbehelfsvorschriften (§§ 33 Abs. 3 ff., 56, 57 RVG). Darüber hinaus enthalten die §§ 11, 33 Abs. 1 und 55 RVG Antragsrechte des RA. Aus diesem Grunde mussten für das RVG eigene Regeln für den elektronischen Rechtsverkehr und die elektronische Akte geschaffen werden. Der Inhalt orientiert sich an den §§ 130 a, 130 b und 298 a ZPO.

II. Der Tatbestand im Einzelnen

3 Absatz 1 enthält eine Rechtsgrundverweisung auf die Vorschriften über die elektronische Akte und das gerichtliche elektronische Dokument des Verfahrensgesetzes, nach dem sich das Verfahren richtet, in welchem der RA tätig wird. Damit kommen unterschiedliche Verfahrensvorschriften zur Anwendung (z. B. §§ 130 b, 298 a ZPO, §§ 46 c–46 d ArbGG, §§ 55 a Abs. 3, 55 b VwGO, §§ 52 a Abs. 3, 52 b FGO, §§ 65 a Abs. 3, 65 b SGG, §§ 110 b, 110 c OWiG).

Im Strafverfahren ist die Einführung der elektronischen Akte vorerst nicht vorgesehen. In der freiwilligen Gerichtsbarkeit ist zurzeit weder die Einführung des elektronischen Dokuments noch der elektronischen Akte geplant.

Die Verweisung ist wegen der unterschiedlichen Verordnungsermächtigungen für die Einführung des elektronischen Rechtsverkehrs in den einzelnen Verfahrensordnungen und da-

Elektronische Akte, elektronisches Dokument | § 12 b

mit auch wegen des Zeitpunktes der Einführung erforderlich. Außerdem wird hierdurch gewährleistet, dass auch im Verfahren nach dem RVG so viel möglich ist wie im Hauptverfahren selbst, aber nicht mehr.

Für die elektronische Akte und die gerichtlichen elektronischen Dokumente in der Beratungshilfe (§§ 44, 55, 56 RVG) gelten die §§ 130 b und 298 a ZPO. 4

Absatz 2 bestimmt ausdrücklich, dass auch für Anträge oder Erklärungen nach dem RVG die elektronische Form genügt, sofern sie auch nach dem jeweiligen Verfahrensgesetz (im Beratungshilfeverfahren nach der ZPO) möglich ist. Es handelt sich insbesondere um folgende Verfahren: Verfahren nach der ZPO (§ 130 a ZPO), dem ArbGG (§ 46 b ArbGG), der VwGO (§ 55 a Abs. 1 u. 2), der FGO (§ 52 a Abs. 1 u. 2 FGO), dem SGG (§ 65 a Abs. 1 u. 2 SGG), der StPO (§ 41 a StPO) und dem OWiG (§ 110 a OWiG). 5

Das elektronische Dokument soll (nicht muss) mit einer qualifizierten elektronischen Signatur nach dem SigG versehen werden. Die Sollvorschrift stellt klar, dass in den Fällen, in denen eine formlose Mitteilung genügt, auch eine E-Mail ohne Signatur genügt. Allerdings entfalten nur Dokumente mit der qualifizierten elektronischen Signatur Beweiskraft (§ 371 a Abs. 1 ZPO). Unter einer qualifizierten elektronischen Signatur versteht man Daten in elektronischer Form, die anderen elektronischen Daten beigefügt oder logisch mit ihnen verknüpft sind und die zur Authentifizierung dienen, ausschließlich dem Signaturschlüssel-Inhaber zugeordnet sind, die Identifizierung des Signaturschlüssel-Inhabers ermöglichen, mit Mitteln erzeugt werden, die der Signaturschlüssel-Inhaber unter seiner alleinigen Kontrolle halten kann, und mit den Daten, auf die sie sich beziehen, so verknüpft sind, dass eine nachträgliche Veränderung der Daten erkannt werden kann. Außerdem müssen die elektronischen Signaturen auf einem zum Zeitpunkt ihrer Erzeugung gültigen qualifizierten Zertifikat beruhen und mit einer sicheren Signaturerstellungseinheit erzeugt werden (§ 2 Nrn. 1–3 SigG). Eine sichere Signaturerstellungseinheit ist eine Software- oder Hardwareinheit zur Speicherung und Anwendung des jeweiligen Signaturschlüssels, die mindestens die Anforderungen nach § 17 o. § 23 SigG und der sich darauf beziehenden Vorschriften der Rechtsverordnung nach § 24 SigG erfüllen und die für qualifizierte elektronische Signaturen bestimmt sind. 6

Die Bundesregierung hat mit der Rechtsverordnung vom 24. 08. 2007 (BGBl. I, S. 2130) den elektronischen Rechtsverkehr beim BGH und Bundespatentgericht zugelassen. Die Rechtsverordnung regelt in § 2 die Form der Einreichung und in § 3 die Bekanntgabe der Betriebsvoraussetzungen. Die §§ lauten: 7

(1) Zur Einreichung elektronischer Dokumente sind elektronische Poststellen der Gerichte

»§ 2 Form der Einreichung

(1) Zur Entgegennahme elektronischer Dokumente sind elektronische Poststellen der Gerichte bestimmt. Die elektronischen Poststellen sind über die auf den Internetseiten

1. *www.bundesgerichtshof.de/erv.html und*
2. *www.bundespatentgericht.de/bpatg/erv.html*

bezeichneten Kommunikationswege erreichbar.

(2) Die Einreichung erfolgt durch die Übertragung des elektronischen Dokuments in die elektronische Poststelle.

(3) Eine qualifizierte elektronische Signatur und das ihr zugrunde liegende Zertifikat müssen durch das adressierte Gericht oder eine andere von diesem mit der automatisierten Überprüfung beauftragte Stelle prüfbar sein. Die Eignungsvoraussetzungen für eine Prüfung werden gemäß § 3 Nr. 2 bekannt gegeben.

(4) Das elektronische Dokument muss eines der folgenden Formate in einer für das adressierte Gericht bearbeitbaren Version aufweisen:

Abschnitt 1 – Allgemeine Vorschriften

1. ASCII (American Standard Code for Information Interchange) als reiner Text ohne Formatierungscodes und ohne Sonderzeichen,
2. Unicode,
3. Microsoft RTF (Rich Text Format),
4. Adobe PDF (Portable Document Format),
5. XML (Extensible Markup Language),
6. TIFF (Tag Image File Format),
7 Microsoft Word, soweit keine aktiven Komponenten (zum Beispiel Makros) verwendet werden,
8. ODT (OpenDocument Text), soweit keine aktiven Komponenten verwendet werden.

Nähere Informationen zu den bearbeitbaren Versionen der zulässigen Dateiformate werden gemäß § 3 Nr. 3 bekannt gegeben.

(5) Elektronische Dokumente, die einem der in Absatz 4 genannten Dateiformate in der nach § 3 Nr. 3 bekannt gegebenen Version entsprechen, können auch in komprimierter Form als ZIP-Datei eingereicht wer-den. Die ZIP-Datei darf keine anderen ZIP-Dateien und keine Verzeichnisstrukturen enthalten. Beim Einsatz von Dokumentensignaturen muss sich die Signatur auf das Dokument und nicht auf die ZIP-Datei beziehen.

(6) Sofern strukturierte Daten übermittelt werden, sollen sie im Unicode-Zeichensatz UTF 8 (Unicode Transformation Format) codiert sein.

§ 3 Bekanntgabe der Betriebsvoraussetzungen

Die Gerichte geben auf den in § 2 Abs. 1 Satz 2 genannten Internetseiten bekannt:

die Einzelheiten des Verfahrens, das bei einer vorherigen Anmeldung zur Teilnahme am elektronischen Rechtsverkehr sowie für die Authentifizierung bei der jeweiligen Nutzung der elektronischen Poststelle einzuhalten ist, einschließlich der für die datenschutzgerechte Administration elektronischer Post-fächer zu speichernden personenbezogenen Daten; die Zertifikate, Anbieter und Versionen elektronischer Signaturen, die nach ihrer Prüfung für die Bearbeitung durch das jeweilige Gericht geeignet sind; dabei ist mindestens die Prüfbarkeit qualifizierter elektronischer Signaturen sicherzustellen, die dem Profil ISIS-MTT (Industrial-Signature-Interoperability-Standard – Mail-TrusT) entsprechen; die nach ihrer Prüfung den in § 2 Abs. 3 und 4 fest-gelegten Formatstandards entsprechenden und für die Bearbeitung durch das jeweilige Gericht geeigneten Versionen der genannten Formate sowie die bei dem in § 2 Abs. 4 Nr. 5 bezeichneten XML-Format zugrunde zu legenden Definitions- oder Schemadateien; die zusätzlichen Angaben, die bei der Übermittlung oder bei der Bezeichnung des einzureichenden elektronischen Dokuments gemacht werden sollen, um die Zuordnung innerhalb des adressierten Gerichts und die Weiterverarbeitung zu gewährleisten.«

8 Zum Teil haben inzwischen die meisten Bundesländer bei einigen Gerichten oder Gerichtszweigen den elektronischen Rechtsverkehr eingeführt. Zum Sachstand der Einführung wird auf die Internetseite des Deutschen EDV-Gerichtstags e. V. verwiesen (https://www.edvgt.de/pages/gemeinsame-kommission-elektronischer-rechtsverkehr/materialien.php).

9 Eingegangen ist das elektronische Dokument, wenn es von der Empfangseinheit des Gerichts aufgezeichnet wurde. Die Aufzeichnung der Absendung ist somit kein Beweis für den Eingang. Es kommt ebenso aber auch nicht darauf an, wann das Dokument ausgedruckt oder geöffnet wird.

10 Befindet sich die Empfangseinrichtung des Gerichts auf einer zentralen Datenverarbeitungsanlage, so gilt der Eingang dort als Eingang. Allerdings muss der richtige Empfänger bezeichnet werden, denn das Dokument gilt auch auf einer gemeinsamen Empfangseinrichtung bei dem Gericht als eingegangen, an das es gerichtet ist (BGH NJW 1990, 990 zum Telefax).

11 Bei Störung des Empfangs wird man Wiedereinsetzung gewähren müssen, sofern das Dokument so rechtzeitig abgesandt wurde, dass es bei normaler Beförderung und störungsfreier Empfangsanlage rechtzeitig eingegangen wäre (BGH NJW 1992, 244 zum Telefax).

ABSCHNITT 2
GEBÜHRENVORSCHRIFTEN

§ 13
Wertgebühren

(1) ¹Wenn sich die Gebühren nach dem Gegenstandswert richten, beträgt die Gebühr bei einem Gegenstandswert bis 300 EUR 25 EUR. ²Die Gebühr erhöht sich bei einem

Gegenstandswert bis ... EUR	für jeden angefangenen Betrag von weiteren ... EUR	um ... EUR
1.500	300	20
5.000	500	28
10.000	1.000	37
25.000	3.000	40
50.000	5.000	72
200.000	15.000	77
500.000	30.000	118
über 500.000	50.000	150

³Eine Gebührentabelle für Gegenstandswerte bis 500.000 EUR ist diesem Gesetz als Anlage 2 beigefügt.

(2) Der Mindestbetrag einer Gebühr ist 10 EUR.

Inhaltsübersicht

	Rn.		Rn.
A. Allgemeines	1	2. Wahlanwaltsgebühren	6
B. Kommentierung	4	3. Tabelle als Anlage 2 zum RVG	7
I. Normzweck / Anwendungsbereich	4	4. Mindestgebühr	11
1. Wertgebühren	4	5. Höchstgebühr / Rundungsregel	16

A. Allgemeines

Die Gebühren des Rechtsanwalts werden, soweit das RVG nichts anderes bestimmt (siehe Teil 4 VV), nach dem Wert berechnet (Wertgebühren), den der Gegenstand der anwaltlichen Tätigkeit hat (Gegenstandswert), § 2 Abs. 1. § 13 regelt, wie sich diese Wertgebühren konkret berechnen. 1

Für die Rechtsanwaltsgebühren berechnet sich der Gegenstandswert nach den Bestimmungen des RVG, §§ 22–33 sowie Anm. zu Nr. 3335. Ist im RVG selbst keine konkrete Bestimmung für die Wertberechnung (Anwaltsgebühren) aufgenommen, bestimmt sich der Wert nach § 23. So ist beispielsweise für Tätigkeiten, die gerichtlich sind bzw. gerichtlich sein könnten, die Wertbestimmung über die für die Gerichtsgebühren geltenden Vorschriften vorzuneh- 2

Abschnitt 2 – Gebührenvorschriften

men. Es wird insoweit zur Ermittlung des Gegenstandswerts auf die Kommentierung zu § 23 verwiesen.

3   Die Gebührentabelle steigt degressiv, das bedeutet, dass die Gebühren nicht im gleichen Verhältnis steigen, wie die Streitwerte.

• **Beispiel**
Bei einem Wert von € 300,00 beträgt die Gebühr € 25,00; bei einem Wert von € 600,00 beträgt die Gebühr € 45,00 und nicht, wie dies bei einem linearen Anstieg der Fall wäre, € 50,00. Die Degression der Gebührentabelle führt dazu, dass eine getrennte Abrechnung aus unterschiedlichen Gegenstandswerten im Gesamtergebnis zu höheren Gebühren führt, als die Abrechnung einer einheitlichen Gebühr aus dem addierten Wert. Das bessere wirtschaftliche Ergebnis der getrennten Abrechnung führt dazu, dass immer wieder Streit darüber aufkommt, ob es sich bei der anwaltlichen Tätigkeit um eine oder um mehrere Angelegenheiten handelt, vgl. dazu auch die Kommentierungen zu § 15 Abs. 2 und §§ 16–18.

B. Kommentierung

I. Normzweck/Anwendungsbereich

1. Wertgebühren

4   Zahlreiche Gebühren des VV sind Wertgebühren, d. h. sie richten sich in ihrer Höhe nach dem Gegenstandswert. Ist der Gegenstandswert ermittelt, regelt das Vergütungsverzeichnis die Höhe der Gebühr (§ 2), so z. B. 1,3 für die Verfahrensgebühr Nr. 3100.

5   Die Tabelle zu § 13 ist auch anwendbar auf Satzrahmengebühren, wie z. B. Nr. 2300. Bei Satzrahmengebühren ist jedoch zunächst nach § 14 der konkrete Gebührensatz zu bestimmen, bevor die Gebühr in der Tabelle zu § 13 abgelesen werden kann. Die in § 13 genannten Gebühren betragen 1,0 und sind mit dem Gebührensatz der jeweils zu berechnenden Gebühr zu multiplizieren, sofern die Gebühr selbst nicht 1,0 beträgt.

2. Wahlanwaltsgebühren

6   Die Tabelle zu § 13 enthält die so genannten Wahlanwaltsgebühren, auch Regelgebühren genannt. Für die Gebührenansprüche des beigeordneten oder gerichtlich bestellten Rechtsanwalts enthält § 49 eine eigene Tabelle mit geringeren Gebühren.

3. Tabelle als Anlage 2 zum RVG

7   Eine Gebührentabelle für Gegenstandswerte bis € 500.000,00 wurde dem RVG als Anlage 2 beigefügt. Auch dieser Gebührentabelle sind lediglich 1,0-Gebühren zu entnehmen. Ist der ermittelte Gebührensatz ein anderer, z. B. 1,3 bzw. 0,8, so ist die aus der Tabelle entnommene 1,0-Gebühr entsprechend zu multiplizieren.

8   Anlage 2 zu § 13 sieht folgende Gebühren vor:

Gegenstandswert bis ... Euro	Gebühr ... Euro	Gegenstandswert bis ... Euro	Gebühr ... Euro
300	25	1.500	105
600	45	2.000	133
900	65	2.500	161
1.200	85	3.000	189

Wertgebühren | § 13

Gegenstandswert bis ... Euro	Gebühr ... Euro	Gegenstandswert bis ... Euro	Gebühr ... Euro
3.500	217	80.000	1.200
4.000	245	95.000	1.277
4.500	273	110.000	1.354
5.000	301	125.000	1.431
6.000	338	140.000	1.508
7.000	375	155.000	1.585
8.000	412	170.000	1.662
9.000	449	185.000	1.739
10.000	486	200.000	1.816
13.000	526	230.000	1.934
16.000	566	260.000	2.052
19.000	606	290.000	2.170
22.000	646	320.000	2.288
25.000	686	350.000	2.406
30.000	758	380.000	2.524
35.000	830	410.000	2.642
40.000	902	440.000	2.760
45.000	974	470.000	2.878
56.000	1.046	500.000	2.996
65.000	1.123		

Ist der Gegenstandswert bekannt, so ergibt sich der Geldbetrag, den der RA in Rechnung stellen kann, aus dieser Gebührentabelle. 9

• **Beispiel**
Bei einem Gegenstandswert bis € 4.000,00 beträgt der Gebührenanspruch bei einem 1,0 Gebührensatz € 245,00.

Liegt der Gegenstandswert zwischen zwei Beträgen (Gebührensprung), so muss der nächst 10 höhere Wert zugrunde gelegt werden.

• **Beispiel**
Bei einem Gegenstandswert von € 3.200,00 ist der nächsthöhere Betrag (€ 3.500,00) zugrunde zu legen, die 1,0 Gebühr beträgt dann € 217,00.

Abschnitt 2 – Gebührenvorschriften

4. Mindestgebühr

11 Der Mindestbetrag einer Gebühr beträgt nach § 13 Abs. 2 € 10,00. Nach dem Wortlaut der Vorschrift gilt dies ausschließlich für eine Gebühr, nicht aber z. B. für die in Nrn. 7000 ff. geregelten Auslagen.

12 Auch für Gebühren unter einem Satz von 1,0, z. B. bei der 0,3 Verfahrensgebühr, gilt § 13 Abs. 2.

13 • **Beispiel**
Eine 1,0 Gebühr aus einem Gegenstandswert von € 300,00 beträgt € 25,00 nach der Tabelle zu § 13; danach würde eine 0,3 Gebühr € 7,50 betragen. Aufgrund von § 13 Abs. 2 beträgt diese Gebühr jedoch mindestens € 10,00.

Gegenstandswert: € 300,00

0,3 Verfahrensgebühr, Nr. 3309, § 13 Abs. 2 RVG	€ 10,00
Auslagenpauschale, Nr. 7002	€ 2,00
Zwischensumme	€ 12,00
19 % Umsatzsteuer, Nr. 7008	€ 2,28
Summe:	**€ 14,28**

Hinweis: Die Auslagenpauschale berechnet sich erst aus der nach § 13 Abs. 2 aufgerundeten Gebühr.

14 Die Hebegebühr stellt zu § 13 Abs. 2 eine Sondervorschrift dar. Die Mindestgebühr einer Hebegebühr beträgt € 1,–. Auf Nr. 1009 ist § 13 Abs. 2 daher nicht anzuwenden.

15 § 13 Abs. 2 ist auch nicht auf die Erhöhung nach Nr. 1008 anzuwenden (Schneider / Wolf RVG § 13 Rn. 18; N. Schneider AGS 2005, 325; Hansens RVGreport 2005, 372; a. A.: *Volpert* in Hansens / Braun / Schneider Teil 17 Rn. 26; ders. RVGreport 2004, 450, 453). Insofern handelt es sich bei der Erhöhung nach Nr. 1008 nicht um eine eigene Gebühr, vielmehr um einen Erhöhungsfaktor. Fraglich ist allerdings, ob eine Gebühr ohne Erhöhung zunächst auf die Mindestgebühr anzuheben ist und sodann erst die Erhöhung hiervon berechnet wird (Schneider / Wolf § 13 Rn. 22). Für die unter Rn. 13 beispielhaft aufgeführte 0,3 Verfahrensgebühr aus einem Wert von € 300,00 stellt sich somit die Frage, ob zunächst von € 7,50 auf € 10,00 zu erhöhen ist, und sodann auf € 10,00 eine 0,3 Erhöhung zu berechnen ist oder aber von € 7,50 auszugehen ist, die dann erhöht werden. Nach Ansicht der Verfasserin ist, da die Erhöhung keine eigenständige Gebühr sondern vielmehr einen Erhöhungsfaktor darstellt, die Erhöhung von € 7,50 ausgehend zu berechnen:

Wert: € 300,00

0,6 erhöhte Verfahrensgebühr, Nr. 3309	€ 15,00
Auslagenpauschale, Nr. 7002	€ 3,00
Zwischensumme	€ 18,00
19 % Umsatzsteuer, Nr. 7008	€ 3,42
Summe:	**€ 21,42**

(Diese Auffassung vertritt auch *Schneider* in Schneider / Wolf RVG § 13 Rn. 22).

5. Höchstgebühr/Rundungsregel

16 In derselben Angelegenheit (§§ 16 ff.) beträgt der Wert höchstens € 30 Millionen, soweit durch Gesetz nichts anderes bestimmt ist, § 22 Abs. 2 Satz 1. Sind in derselben Angelegenheit mehrere Personen Auftraggeber, beträgt der Wert für jede Person höchstens € 30 Mio., insgesamt jedoch nicht mehr als € 100 Millionen, § 22 Abs. 2 Satz 2. Mit § 22 Abs. 2 wurde durch das

RVG erstmals eine Wertgrenze eingeführt, so dass die gesetzlichen Gebühren durch die dort geregelten Werte »gedeckelt« sind.

Nach Henke (AnwBl. 2006, 54 f.) stellen sich die Gebührenverluste bei Berücksichtigung der Kappungsgrenze für den Anwalt, der Fälle mit einem hohen Streitwert betreut, immens dar. Henke berechnet, dass bei einem Streitwert von € 100 Mio. (ausgehend von einem Auftraggeber und dem Anfall einer Verfahrens- und Terminsgebühr) das Gebührenaufkommen ohne die Kappungsgrenze bei € 874.361,60 liegt. Bei Berücksichtigung der Kappungsgrenze kann der Rechtsanwalt nur € 265.361,60 berechnen. Die Gebührenverluste sind immens. Eine große Baurechtskanzlei hatte Verfassungsbeschwerde beim Bundesverfassungsgericht (Az.: I BvR 910/05) eingereicht. Die Verfassungsbeschwerde richtete sich gegen § 22 Abs. 2. Es wurde die Verletzung von Art. 3 Abs. 1 GG und Art. 12 Abs. 1 GG gerügt. Begründet wurde die Verfassungsbeschwerde u. a. damit, dass die Beschwerde führende Kanzlei eine Vielzahl von baurechtlichen Großprojekten mit Gegenstandwerten jenseits der € 30 Mio.-Grenze betreut, bei zwei Projekten sogar jenseits der Milliardengrenze. Das Bundesverfassungsgericht hat jedoch entschieden, dass es die Regelung in § 22 Abs. 2 nicht für verfassungswidrig erachtet (BVerfG, Beschl. v. 13.02.2007, Az.: 1 BvR 910/05, NJW 2007, 2098 = IBRRS 60737 = BeckRS 2007, 23738). Diese Entscheidung ist m. E. zu kritisieren, da der Hinweis des BVerfG, die Parteien könnten ja eine Vergütungsvereinbarung schließen, bei der öffentlichen Hand an der Praxis vorbeigeht. Gemessen an den aus einem Wert von € 30 Mio. entstehenden Maximalgebühren bei Verfahren, die zu ihrer Bearbeitung einen ganzen Stab an Mitarbeitern benötigen, und die daher nicht kostendeckend sind, kommt die Streitwertdeckelung dann in der Tat einem Berufsverbot für derartige Großverfahren gleich.

Gebühren werden auf den nächstliegenden Cent auf- oder abgerundet; 0,5 Cent werden aufgerundet, § 2 Abs. 2 Satz 2.

Abschnitt 2 – Gebührenvorschriften

§ 14
Rahmengebühren

(1) ¹Bei Rahmengebühren bestimmt der Rechtsanwalt die Gebühr im Einzelfall unter Berücksichtigung aller Umstände, vor allem des Umfangs und der Schwierigkeit der anwaltlichen Tätigkeit, der Bedeutung der Angelegenheit sowie der Einkommens- und Vermögensverhältnisse des Auftraggebers, nach billigem Ermessen. ²Ein besonderes Haftungsrisiko des Rechtsanwalts kann bei der Bemessung herangezogen werden. ³Bei Rahmengebühren, die sich nicht nach dem Gegenstandswert richten, ist das Haftungsrisiko zu berücksichtigen. ⁴Ist die Gebühr von einem Dritten zu ersetzen, ist die von dem Rechtsanwalt getroffene Bestimmung nicht verbindlich, wenn sie unbillig ist.

(2) ¹Im Rechtsstreit hat das Gericht ein Gutachten des Vorstands der Rechtsanwaltskammer einzuholen, soweit die Höhe der Gebühr streitig ist; dies gilt auch im Verfahren nach § 495a der Zivilprozessordnung. ²Das Gutachten ist kostenlos zu erstatten.

Inhaltsübersicht

	Rn.		Rn.
A. Allgemeines	1	aa) Durchschnittliche Angelegenheit	72
B. Kommentierung	2	bb) Arithmetisches Mittel	75
I. Anwendungsbereich	2	cc) Durchschnittliche Angelegenheiten betreffend Geschäftsgebühr Nr. 2300	79
1. Betragsrahmengebühren	3	b) Mindestgebühr/Höchstgebühr	81
2. Satzrahmengebühren	5	c) Strafsachen	84
II. Der Tatbestand im Einzelnen	7	d) Bußgeldsachen	90
1. Rechtsanwalt bestimmt die Gebühr	7	e) Familiensachen	99
2. Bemessungskriterien	8	f) Unfallsachen	100
a) Einzelfallbetrachtung	11	g) Geschäftsgebühr als Regelgebühr/Schwellengebühr	101
b) Umfang der anwaltlichen Tätigkeit	14	h) Einzelfallentscheidungen zur Geschäftsgebühr Nr. 2300	106
c) Schwierigkeit der anwaltlichen Tätigkeit	23	4. Erhöhung	114
aa) Rechtliche Schwierigkeit	24	5. Verbindlichkeit der Bestimmung	118
bb) Tatsächliche Schwierigkeit	34	a) Verbindlichkeit gegenüber dem Auftraggeber	118
cc) Spezialkenntnisse = weniger schwierig oder weniger Umfang?	37	b) Verbindlichkeit gegenüber einem ersatzpflichtigen Dritten	124
d) Bedeutung der Angelegenheit für den Auftraggeber	41	6. Gutachten des Vorstands der Rechtsanwaltskammer	128
e) Einkommens- und Vermögensverhältnisse des Auftraggebers	45	a) Notwendigkeit	128
f) Billiges Ermessen	51	b) Zuständigkeit	141
aa) Begriffsbestimmung	51	c) Kostenfreiheit	147
bb) Toleranzgrenze	52	7. Vergütungsfestsetzung gegen den Auftraggeber, § 11 Abs. 8	148
g) Besonderes Haftungsrisiko	62		
h) Mehrere Rahmengebühren in derselben Angelegenheit	69		
3. Konkrete Bemessung der Gebühr	71		
a) Mittelgebühr	71		

A. Allgemeines

1 Die im RVG vorgegebenen Rahmengebühren sind in ihrer Höhe nicht konkret bestimmt. § 14 Abs. 1 regelt, welche Kriterien der Rechtsanwalt bei der konkreten Bestimmung einer Rahmengebühr zu berücksichtigen hat. Nach § 14 Abs. 2 ist im Rechtsstreit, sofern die Höhe einer Gebühr streitig ist, ein Gutachten des Vorstands der Rechtsanwaltskammer einzuholen, das kostenlos zu erstatten ist.

B. Kommentierung

I. Anwendungsbereich

Das RVG unterscheidet zwei Arten von **Rahmengebühren**: Betragsrahmen- und Satzrahmengebühren (vgl. Rn. 3 ff.). Anders als bei den Festgebühren bestimmt das Gesetz hier nicht die endgültige Höhe der Gebühr, sondern die untere und obere Grenze des Gebührenrahmens. § 14 ist auf alle Arten von Rahmengebühren anwendbar. Lediglich was die sogenannten Regelgebühren (auch Schwellengebühren genannt) betrifft, beschränkt der Gesetzgeber bei einem Gebührensatz oberhalb dieser Regelsätze die in § 14 genannten Kriterien auf die beiden Kriterien Umfang und Schwierigkeit (vgl. Rn. 101 ff.). 2

1. Betragsrahmengebühren

Bei Betragsrahmengebühren wird ein Betragsrahmen vorgegeben, d. h. eine Mindest- und Höchstgebühr. Innerhalb dieses Rahmens ist die konkrete Gebühr zu bestimmen. 3

- **Beispiel** 4

Grundgebühr Nr. 4100

Gebührenrahmen (Wahlverteidiger) Mindestgebühr € 30,00; Höchstgebühr € 300,00.

2. Satzrahmengebühren

Satzrahmengebühren sind zugleich auch immer Wertgebühren, da sie sich nach dem Gegenstandswert berechnen. Allerdings wird bei Satzrahmengebühren kein fester Gebührensatz sondern lediglich ein Satzrahmen vorgegeben, d. h. ein Mindest- und Höchstsatz. Innerhalb dieses Rahmens zwischen beiden Gebührensätzen bestimmt der Rechtsanwalt den konkreten Gebührensatz. Mehr als die Höchstgebühr kann nicht verlangt werden, soweit die gesetzlichen Gebühren abgerechnet werden und keine Vergütungsvereinbarung getroffen wurde. 5

- **Beispiel** 6

Geschäftsgebühr Nr. 2300

Satzrahmen: Mindestsatz 0,5; Höchstsatz 2,5.

II. Der Tatbestand im Einzelnen

1. Rechtsanwalt bestimmt die Gebühr

§ 14 Abs. 1 Satz 1 regelt, dass der Rechtsanwalt (!) die Gebühr unter Berücksichtigung der dort genannten Kriterien nach billigem Ermessen bestimmt. Das Bestimmungsrecht liegt damit weder bei einer Versicherung (Haftpflicht- oder Rechtsschutzversicherung) noch bei einem sonstigen erstattungspflichtigen Dritten (vgl. dazu auch Hartung/Römermann/Schons § 14 Rn. 13 sowie Rn. 72 – pauschales Herabsetzen der Gebühr durch RSV ist eine rechtswidrige Praxis). Das gesetzlich normierte Bestimmungsrecht des Anwalts hängt damit zusammen, dass allein der Rechtsanwalt die in § 14 Abs. 1 genannten Kriterien fallbezogen einordnen kann. 7

2. Bemessungskriterien

§ 14 benennt konkrete Bemessungskriterien. Dabei hat der Gesetzgeber seine frühere, in § 12 BRAGO getroffene Wortwahl »*insbesondere*« geändert in »*vor allem*«. Während teilweise angenommen wird, hierin liege eine besondere Gewichtung der nun konkret aufgezählten Kriterien, hinter denen andere, nicht aufgezählte zurücktreten (Braun Gebührenabrechnung S. 33; *Rick* in Schneider/Wolf § 14 Rn. 23; Hansens/Braun/Schneider Teil 1 Rn. 14), ist der 8

Abschnitt 2 – Gebührenvorschriften

Auffassung von Burhoff zu folgen, dass hierunter zu verstehen ist, dass die dort genannten konkreten Kriterien in jedem Fall zu berücksichtigen sind und andere, nicht genannte, gleichwertig daneben stehen (Burhoff Straf- und Bußgeldsachen § 14 Rn. 8; Burhoff RVGreport 2005, 361).

9 Da Umfang und Schwierigkeit der anwaltlichen Tätigkeit in § 14 Abs. 1 zuerst genannt sind (im Gegensatz zu § 12 Abs. 1 BRAGO, der die Bedeutung der Angelegenheit voranstellte), wird hierin eine bewusste Änderung mit stärkerer Gewichtung dieser Kriterien gesehen (Burhoff Straf- und Bußgeldsachen § 14 Rn. 9; Otto, Ministerialrat des BMJ, NJW 2006, 1472 ff., wobei Otto den Kriterien »Umfang« und »Schwierigkeit« eine herausragende Rolle beimisst).

10 Bei bestimmten Rahmengebühren ist geregelt, dass nicht alle Kriterien des § 14 ausschlaggebend sein sollen, so z. B. bei einer Geschäftsgebühr Nr. 2300 über 1,3 oder bei den Bußgeldsachen, bei denen die Höhe der Geldbuße bereits Auswirkungen auf die Höhe der im VV geregelten Gebühr hat.

a) Einzelfallbetrachtung

11 Die Gebührenbestimmung soll unter Berücksichtigung der Umstände des Einzelfalls erfolgen. Damit eröffnet der Gesetzgeber zum einen die Möglichkeit, auch andere als in § 14 ausdrücklich genannte Kriterien für die Berechnung der Gebühr zugrunde zu legen. § 14 nennt nur die wichtigsten zu berücksichtigenden Umstände (LSG Erfurt MDR 2002, 607).

12 Mit der Formulierung »*vor allem*« wird verdeutlicht, dass es sich nicht um eine abschließende sondern eine weit auslegbare Aufzählung handelt (Hartmann Kostengesetze RVG § 14 Rn. 2). Zum anderen fordert der Gesetzgeber damit, dass grundsätzlich eine Einzelfallbetrachtung vorzunehmen ist. Pauschalierungen verbieten sich im Hinblick auf § 14 (so auch: Enders RVG für Anfänger Rn. 559; Schons NJW 2005, 1024).

13 Umstände des Einzelfalls, die nicht unter die gesondert in § 14 aufgezählten Kriterien fallen, können sein:
– Bedrohung des Rechtsanwalts durch Gegner
– Schwerhörigkeit oder Behinderung des Auftraggebers (Kommunikationsschwierigkeiten)
– Fall steht im besonderen öffentlichen Interesse
– Tätigkeit an Samstagen, Sonn- oder Feiertagen (Vorschlag von Madert: Erhöhung der Gebühr um 0,3 bei Tätigkeit an Samstagen, um 0,4 an Sonntagen und um 0,5 an Feiertagen (*Madert* in Gerold/Schmidt/von Eicken/Madert/Müller-Rabe § 14 Rn. 20)
– Tätigkeit unter hohem Zeitdruck, wie z. B. Schutzschriften, einstweilige Verfügungen, etc.
– Reputation des Anwalts (Schneider/Wolf § 14 Rn. 52)
– Erfolg der anwaltlichen Tätigkeit (Schneider/Wolf § 14 Rn. 52 f. unter Verweis auf Hansens/Braun/Schneider Teil 1 Rn. 90)

b) Umfang der anwaltlichen Tätigkeit

14 Umfang bedeutet insbesondere der zeitliche Aufwand, den ein Rechtsanwalt zur Bearbeitung des Mandats erbringen muss (Schneider/Wolf, § 14 Rn. 28; Gerold/Schmidt/von Eicken/Madert/Müller-Rabe § 14 Rn. 15; Otto NJW 2004, 1420; ders. NJW 2006, 1472 ff.; Enders RVG für Anfänger Rn. 470 ff.; Bischof/Jungbauer/Podlech-Trappmann RVG Seiten 478–480). Da auf den Umfang der anwaltlichen Tätigkeit abgestellt wird und nicht auf den Umfang der Angelegenheit, spielt die »Dicke« einer Akte solange keine Rolle, wie nicht z. B. hierdurch auch die anwaltliche Tätigkeit umfangreicher wird, zum Beispiel dadurch, dass zahlreiche Unterlagen zu sichten sind.

15 Mandanten mit einer schwierigen Persönlichkeitsstruktur und auch schwierige Gegner können zu einer Erhöhung des Umfangs der Angelegenheit führen.

16 In den zeitlichen Umfang nicht mit einzubeziehen sind:

Rahmengebühren | § 14

Zeiten für die Aneignung von Basiswissen (Hartung/Römermann RVG § 14 Rn. 22); zeitlicher Aufwand, der für das Gericht oder den Gegner entstanden ist; der Anschein, den der Umfang der Sache hat.

Einzurechnen sind:

17

Grundsätzlich der **tatsächliche Umfang** der anwaltlichen Tätigkeit (nicht aber der Anschein); **Dauer der Vorarbeit** des Anwalts (LG Freiburg AnwBl. 1998, 213; LG Ravensburg AnwBl. 1985, 160; LG Wuppertal AnwBl. 1985, 160); **Einarbeitung in ein Zivilverfahren**, das dem Strafverfahren vorausging (LG Dresden, Beschl. v. 09. 08. 2006, Az.: 4 Qs 20/06, www.burhoff.de); **Umfang geprüfter Beiakten**; **Tätigkeit während des gerichtlichen Verfahrens**, wie Verhandlungsdauer (OLG Bremen JurBüro 1981, 1193; OLG Düsseldorf Rpfleger 1993, 41; OLG Koblenz JurBüro 1999, 247); **Wartezeit** vor dem Aufruf (OLG Hamm AGS 1998, 136; OLG Karlsruhe AGS 1993, 77; LG Ravensburg AnwBl. 1985, 160; AG Anklam, Beschl. v. 02. 02. 2006, Az.: 513 Js 95 7/05 62 Ds 378/OS); **Wahrnehmung von Terminen** einschl. Fahrt- und Wartezeiten (LG Ravensburg AnwBl. 1985, 160; OLG Hamm AGS 1998, 136; OLG Karlsruhe AGS 1993, 77); Wahrnehmung von Gerichtsterminen (Schneider/Wolf RVG § 14 Rn. 29); **Vorbereitung** eines gerichtlichen Termins (Schneider/Wolf RVG § 14 Rn. 29); lange **Verhandlungspausen**; **mandatsspezifische Rechercheleistungen** (Hartung/Römermann RVG § 14 Rn. 22); Recherche von mandatsbezogener Literatur und Rechtsprechung; Studium und Auswertung mandatsbezogener Literatur und Rechtsprechung (Schneider/Wolf RVG § 14 Rn. 29); **Studium der Unterlagen** (Verträge, geführter Schriftwechsel, Gutachten, etc.); Zeit für die **Auswertung eines Gutachtens**; Studium und Auswertung einer **beigezogenen Akte** (z. B. Unfallakte, Ermittlungsakte, Strafakte, etc.); **Besprechungen** wirken sich auf den Umfang der anwaltlichen Tätigkeit aus und sind bei der Bestimmung der Geschäftsgebühr zu berücksichtigen (Enders RVG für Anfänger Rn. 565; Gerold/Schmidt/von Eicken/Madert/Müller-Rabe RVG VV 2300, 2301 Rn. 28; Hansens RVGreport 2004, 209, 211); **Besprechungen mit Familienangehörigen** z. B. in Strafsachen (Burhoff Straf- und Bußgeldsachen § 14 Rn. 16); **persönliche Besprechungen** mit dem Mandanten; **telefonische** Besprechungen mit dem Mandanten; Besprechungen mit Dritten (Gegenanwalt, Gegner, Zeugen, Sachverständigen, Streithelfer, etc.), wobei es keine Rolle spielt, ob es sich um Besprechungen mit dem eigenen Auftraggeber, der Gegenseite oder aber Dritten handelt; **Besprechungen außerhalb der üblichen Bürozeiten** können ebenfalls zu einem höheren Gebührensatz führen (N. Schneider ZfS 2004, 396, 397); **Anzahl der Tatvorwürfe** (Burhoff Straf- und Bußgeldsachen § 14 Rn. 16); **Anzahl der Zeugen** (Burhoff Straf- und Bußgeldsachen § 14 Rn. 16); **Büroarbeiten** des Rechtsanwalts (beachte § 5 RVG), wie z. B. Diktatzeiten, Korrigieren und Ausfertigen von Schriftstücken, Studium der eingehenden Korrespondenz, Weiterleitung und Kommentierung der eingehenden Korrespondenz, Korrespondenz mit dem Rechtsschutzversicherer (sofern hierfür nicht gesondert Gebühren geltend gemacht werden) sowie anderen Dritten (Steuerberater, etc.); **Doppelfunktion des Anwalts** (z. B. Tätigkeit als Verteidiger und im Beschwerdeverfahren, so LG Krefeld MDR 1978, 1046); **Umfang des Kostenfestsetzungsverfahrens** (SG Düsseldorf AnwBl. 1983, 40); **Vorbereitung des Plädoyers** (LG Wuppertal AnwBl. 1985, 160; LG Kiel JurBüro 1985, 1348); **Auswertung eines Fachgutachtens** (LG Kiel JurBüro 1985, 1348); **Nebentätigkeit**en, die nicht gesondert abgerechnet werden, da sie zum Rechtszug zählen (§ 19 RVG) (LG Lübeck DAR 1990, 357; LG Köln JurBüro 2001, 195); **Wahrnehmung eines auswärtigen Ortstermins** (LG Lüneburg AnwBl. 1966, 29); **Besuche in der JVA** (Burhoff Straf- und Bußgeldsachen § 14 Rn. 16); **Anzahl der gehörten Zeugen** (Schneider/Wolf RVG § 14 Rn. 29).

Zu Unrecht geht das AG Stuttgart davon aus, dass eine Besprechung, die aufgrund der besonderen Lebensumstände des Auftraggebers (2 Todesfälle in der Familie) ausführlich verlief, zu keiner Berücksichtigung führe, wenn **objektiv** eine kurze Besprechung ausgereicht hätte (AG Stuttgart, Urt. v. 18. 02. 2005, Az.: 16 C 8655/04 RVGreport 2005, 189 m. krit. Anm. Hansens). Für die Bemessung der Gebühr ist grundsätzlich auf den tatsächlichen Aufwand abzustellen, sofern er gerechtfertigt war. Der Gesetzgeber stellt in § 14 selbst auf den tatsächlichen Umfang

18

Abschnitt 2 – Gebührenvorschriften

ab und nicht darauf, dass nur der Umfang zu berücksichtigen ist, der notwendig war. Lediglich an den Haaren herbeigezogene »Tätigkeitszeiten« rechtfertigen eine Korrektur. Zu berücksichtigen ist im vorliegenden Fall zudem, dass es der Auftraggeber selbst war, der den Anwalt angerufen hat und dadurch die Tätigkeitszeiten herbeiführte. Dabei obliegt es dem Rechtsanwalt, im Einzelfall zu entscheiden, welche Tätigkeit er für geboten hält.

19 Die **allgemeine Terminsvorbereitung** ist auch im Rahmen der Verfahrensgebühr zu berücksichtigen (vgl. Burhoff RVGreport 2004, 127). Der Auffassung von Burhoff ist zu folgen, da mit dem RVG in Strafsachen eine neue Gebührenstruktur geschaffen wurde und die Terminsgebühr nun die reine Tätigkeit in der Hauptverhandlung abdeckt, während die Verfahrensgebühr sich auch auf die der Vorbereitung der Hauptverhandlung dienende Tätigkeit erstreckt. Dies lässt sich bereits daran erkennen, dass im Falle einer vorzeitigen Beendigung der Angelegenheit (wenn es also zum Anfall der Terminsgebühr nicht mehr kommt), sämtliche Tätigkeiten des Anwalts bis zum Termin noch mit der Verfahrensgebühr abgegolten werden (a. A.: *Madert* in Gerold/Schmidt/von Eicken/Madert/Müller-Rabe RVG § 14 Rn. 15, der aber offensichtlich versehentlich noch von der alten Rechtslage ausgeht).

20 Auch **nutzloser Aufwand** kann zur Erhöhung des Umfangs führen (Hartung/Römermann RVG § 14 Rn. 19 ff.; Burhoff RVG Straf- und Bußgeldsachen § 14 Rn. 13 (S. 367) m. w. N.).

21 Braun ist der Auffassung, dass der Rechtsanwalt pro Fall durchschnittlich **fünf Stunden** an berechnungsfähiger Zeit aufwendet (Braun Festschrift 50 Jahre Deutsches Anwaltsinstitut e. V., S. 379). Ob sich die durchschnittliche Bearbeitungszeit auf einen so einfachen Nenner bringen lässt, muss bezweifelt werden. Denn allein die unterschiedlichen Rechtsgebiete weisen erhebliche Unterschiede in ihrer durchschnittlichen Bearbeitungszeit auf. So lässt sich diese Zeitangabe beispielsweise auf Bau- oder auch Familiensachen nach Ansicht der Verfasserin nicht anwenden.

22 Es ist dringend zu empfehlen, den Umfang der anwaltlichen Tätigkeit in der Akte zu dokumentieren, da sich bei nachträglicher Erfassung nur selten ein geschlossenes Bild ergibt und der Anwalt in der Praxis oft gehalten ist, seine Gebühr zu rechtfertigen, sei es gegenüber der Staatskasse, dem Mandanten oder einem erstattungspflichtigen Dritten.

c) Schwierigkeit der anwaltlichen Tätigkeit

23 Das Bemessungskriterium »Schwierigkeit« betrifft nicht nur Merkmale der juristischen Bearbeitung, in denen besondere Kenntnisse erforderlich sind, somit eine rechtliche Schwierigkeit. Auch Fälle, in denen eine tatsächliche Schwierigkeit gegeben ist, können sich auf die Höhe der Gebühr auswirken.

aa) Rechtliche Schwierigkeit

24 Eine rechtliche Schwierigkeit ist bei der Bemessung der Gebühr zu berücksichtigen (BVerwG NVwZ 1983, 607; LG Kiel JurBüro 1992, 603; AG Lüneburg JurBüro 2003, 250). Bei der rechtlichen Schwierigkeit stellt sich regelmäßig die Frage, wie intensiv sich der Rechtsanwalt mit der Sache beschäftigen muss (Enders JurBüro 2004, 516; Jungbauer Rechtsanwaltsvergütung Rn. 656; *Madert* in Gerold/Schmidt/von Eicken/Madert/Müller-Rabe RVG § 14 Rn. 16).

25 Immer ist von einem **objektiven Maßstab** aus zu prüfen, ob die anwaltliche Tätigkeit schwierig ist oder nicht. So kann beispielsweise ein Zugewinnausgleichsverfahren durchschnittlich sein. Muss aber beispielsweise erst eine Unternehmensbewertung durch Sachverständigengutachten erfolgen, um den der Mandantschaft zustehenden Ausgleichsanspruch berechnen zu können, kann von einer objektiven Schwierigkeit des Falles ausgegangen werden, was zu einer höheren Gebühr führt. Es kommt also grundsätzlich nicht darauf an, ob die Sache für den bearbeitenden RA schwierig ist (Enders JurBüro 2004, 516; Enders RVG für Anfänger Rn. 139; OLG Jena RVGreport 2005, 145). Mit dieser Begründung würde der »schlechte« Anwalt, für den alles schwierig ist, die höchsten Gebühren erhalten.

Rahmengebühren | § 14

Dabei gibt es einzelne **Rechtsgebiete**, die für sich genommen objektiv als schwierig angesehen werden: 26

- Konzernrecht (Enders JurBüro 2004, 516; Enders RVG für Anfänger Rn. 139)
- EU-Beihilferecht (Enders JurBüro 2004, 516; Enders RVG für Anfänger Rn. 139)
- Urheberrecht (Enders JurBüro 2004, 516; Enders RVG für Anfänger Rn. 139)
- EG-Recht (Enders JurBüro 2004, 516; Enders RVG für Anfänger Rn. 139)
- Wettbewerbssachen (Enders JurBüro 2004, 516; Enders RVG für Anfänger Rn. 139)
- das Vergaberecht (Wird ein Anwalt im Vergabenachprüfungsverfahren tätig, ist es auch bei durchschnittlichen Fällen jedenfalls dann nicht unbillig, den 2,5fachen Gebührensatz abzurechnen, wenn der Antrag zulässig war und eine mündliche Verhandlung stattgefunden hat: BayObLG, Vergabesenat, Beschl. v. 16.02. 2005 Az.: Verg 028/04 = JurBüro 2005, 361)
- entlegene Spezialgebiete.

Nach *Sermond* (NZV 2005, 504) soll eine Verkehrsunfallregulierung grundsätzlich überdurchschnittlich schwierig sein.

Wenn auch die Gerichte beispielsweise Kammern und Senate mit Spezialzuständigkeit geschaffen haben, kann man davon ausgehen, dass es sich grundsätzlich um ein schwieriges Rechtsgebiet handelt (Gebauer/Schneider RVG § 14 Rn. 31) und jahrelange praktische Erfahrungen zur optimalen Fallbearbeitung erforderlich sind. 27

Nach Enders (Enders JurBüro 2004, 516) können auch Fälle aus bestimmten Rechtsgebieten als schwierig angesehen werden, wenn bei der Bearbeitung **von einem Routinefall abgewichen** wird. 28

Diese Rechtsgebiete betreffen: 29

- Familien- und Erbrecht
- Verwaltungsrecht
- Arbeitsrecht
- Sozialrecht
- Strafrecht einschl. Strafvollstreckungsrecht
- Steuerrecht.

Nach Ansicht der Verfasserin fallen hierunter auch: 30

- das Persönlichkeits- und Presserecht
- das Asylverfahrensrecht.

Auch die Tatsache, dass für ein bestimmtes Rechtsgebiet eine Fachanwaltschaft eingeführt wurde, spricht dafür, dass es sich um schwierigere Rechtsgebiete handelt (vgl. dazu auch Rn. 37), so z. B.: 31

- Miet- und WEG-Recht
- Familienrecht
- Erbrecht
- Insolvenzrecht
- Bau- und Architektenrecht
- Handels- und Gesellschaftsrecht
- Medizinrecht
- Urheberrecht
- Banken- und Kapitalmarktrecht.

Die Vertretung mehrerer Auftraggeber kann zu einer Erhöhung des Gebührensatzes führen, wenn kein Fall der Nr. 1008 gegeben ist. 32

Zu berücksichtigen sind auch **Haft und ihre Dauer** (OLG Koblenz Rpfleger 2003, 468); schwierige **Verjährungsfragen** (Burhoff Straf- und Bußgeldsachen § 14 Rn. 20 mit Verweis auf Burhoff RVGreport 2005, 361, 363); **schwieriges Schwurgerichtsverfahren** (OLG 33

Abschnitt 2 – Gebührenvorschriften

Hamm JurBüro 2006, 255); eine **schwierige Beweislage** (Burhoff Straf- und Bußgeldsachen § 14 Rn. 20); schwieriges Nebenklagemandat in einem Sexualstrafverfahren (Burhoff Straf- und Bußgeldsachen § 14 Rn. 20 unter Verweis auf OLG Koblenz, NJW 2005, 917 f.).

bb) Tatsächliche Schwierigkeit

34 Tatsächliche Schwierigkeiten können zu einer Erhöhung der Rahmengebühren führen und zwar solche, die durch die Fallgestaltung bedingt sind, aber auch durch den Umgang mit den beteiligten Personen (Gerold/Schmidt/von Eicken/Madert/Müller-Rabe RVG § 14 Rn. 50; Bischof/Jungbauer/Podlech-Trappmann RVG § 14 Rn. 18; Göttlich/Mümmler/Rehberg/Xanke RVG »Rahmengebühr«, 2.3.3.).

35 Tatsächlich schwierig kann eine Sache sein, wenn

- der Rechtsanwalt sich mit Gutachten auseinandersetzen muss (z. B. medizinischen, psychiatrischen, bautechnischen)
- die Aufklärung des Sachverhalts aufgrund von Widersprüchen schwierig ist
- die Haftung bereits dem Grunde nach strittig ist
- die Haftungsquote strittig ist
- Fremdsprachenkenntnisse erforderlich sind (LG Karlsruhe AnwBl. 1980, 121; AG Krefeld AnwBl. 1980, 303).
- Verständigungsschwierigkeiten zwischen RA und Mandanten vorhanden sind, z. B.: Mandant trägt ein Hörgerät; es muss ein Dolmetscher hinzugezogen werden (Hartung/Römermann RVG § 14 Rn. 30)
- oder der Rechtsanwalt den im Ausland befindlichen Mandanten nur zu ganz bestimmten Uhrzeiten erreichen kann
- Schwierigkeiten mit einem uneinsichtigen und wenig nachgiebigen Gegner vorherrschen (Enders JurBüro 2004, 516)
- Schwierigkeiten, die in der Persönlichkeitsstruktur des Mandanten liegen, das Mandatsverhältnis prägen (Enders JurBüro 2004, 516; LG Karlsruhe AnwBl. 1987, 338)

36 Schwierige Mandanten und auch schwierige Gegner führen in der Regel auch zu einer **Erhöhung des Umfangs** der Angelegenheit.

cc) Spezialkenntnisse = weniger schwierig oder weniger Umfang?

37 Bei der Bemessung des Kriteriums »Umfang« wird regelmäßig auf den tatsächlichen Umfang abzustellen sein. Ist daher ein Rechtsanwalt auf einem Fachgebiet spezialisiert, wird sich möglicherweise der Umfang der Angelegenheit verringern, da der RA wegen einer Spezialisierung mit geringerem Zeitaufwand arbeitet (Hartung/Römermann RVG § 14 Rn. 29; OLG Jena RVGreport 2005, 145; Burhoff RVGreport 2005, 361 ff.). Der Auffassung des AG München, eine Fachanwaltschaft wirke nicht gebührenerhöhend (AG München AGS 2007, 81), kann pauschal nicht gefolgt werden, da der Erwerb eines Fachanwaltstitels den Nachweis besonderer theoretischer und praktischer Kenntnisse voraussetzt. Würden daher die Rechtsgebiete, für die Fachanwaltschaften eingerichtet wurden (z. Zt. 19) nicht schwieriger zu bearbeiten sein als sonstige Fälle, hätte es einer solchen Einrichtung mit entsprechenden Nachweisen nicht bedurft.

38 Wie Enders richtig anmerkt, ist der Argumentation von Rechtsschutzversicherern nicht zu folgen, die häufig das Kriterium Schwierigkeit beim spezialisierten Anwalt absenken wollen (Enders JurBüro 2004, 517). Umgekehrt würde dies bedeuten, dass für den nicht spezialisierten (möglicherweise auch den schlechten) Anwalt nahezu alles schwierig ist mit der Folge, dass er seine Rahmengebühr höher bemessen könnte.

39 Die Schwierigkeit ist daher immer nach objektiven Maßstäben zu bemessen (*Rick* in Schneider/Wolf RVG § 14 Rn. 32). Ist der Verteidiger in einem entlegenen Spezialgebiet besonders spezialisiert, ist dies bei der Bemessung der Vergütung gebührenerhöhend zu berücksichtigen (AG Hünfeld JurBüro 1970, 97). Nach Ansicht des SG Marburg ist für das Merkmal

Rahmengebühren | § 14

»schwierig« nicht entscheidend, welche Vorkenntnisse ein Rechtsanwalt mitbringt und ob er sich schwerpunktmäßig mit der Rechtsmaterie befasst, sondern es ist allein auf die Schwierigkeiten abzustellen, die typischer Weise mit der Rechtsmaterie verbunden sind (SG Marburg, Beschl. v. 26. 03. 2008, Az.: S 12 KA 1429/05, RVGreport 2008, 181). Das SG Marburg hat dabei Probleme eines Vertragsarztes als schwierige Rechtsmaterie eingestuft (SG Marburg, a. a. O.).

Sofern der Rechtsanwalt in mehreren gleich gelagerten Angelegenheiten von höchstem Schwierigkeitsgrad tätig wird, kann er in jeder einzelnen Angelegenheit die Höchstgebühr beanspruchen (OVG Hamburg MDR 1972, 808). 40

d) Bedeutung der Angelegenheit für den Auftraggeber

Bei diesem Kriterium kommt es insbesondere auf die Sicht des Auftraggebers an, wonach in Rechtsprechung und Literatur insbesondere berufliche Konsequenzen sowie die Beeinträchtigung der gesellschaftlichen Stellung anerkannt sind. Die gebührenerhöhende Bedeutung kann sich ergeben aus: 41

- den beruflichen Konsequenzen
- der gesellschaftlichen Stellung
- dem wirtschaftlichen Interesse des Auftraggebers
- dem ideellen Interesse
- dem politischen Interesse
- dem persönlichen Interesse
- dem Ansehen des Auftraggebers
- den Auswirkungen auf gleich gelagerte Fälle für den Auftraggeber
- Angst vor Strafe eines bisher unbescholtenen Bürgers
- drohende Inhaftierung einer Mutter mit Kleinkindern; u. a.

Eine Bedeutung der Angelegenheit in der Öffentlichkeit wirkt sich nur dann gebührenerhöhend aus, wenn dies auch die Bedeutung der Angelegenheit für den Auftraggeber erhöht (*Madert* in Gerold/Schmidt/von Eicken/Madert/Müller-Rabe RVG § 14 Rn. 17). 42

Ein **drohender Verlust der beruflichen Existenz** rechtfertigt den Ansatz einer Höchstgebühr (LG Flensburg JurBüro 1984, 1038). Auf die Höhe der Gebühr können sich zudem auswirken: **berufliche Nachteile** (AG Homburg ZfS 1997, 388); **Beeinträchtigung der gesellschaftlichen Stellung** (LG Kaiserslautern AnwBl. 1964, 289); **Führerscheinentzug für Berufskraftfahrer** (LG Heidelberg AnwBl. 1965, 184); **Entzug der Fahrerlaubnis allgemein** (LG Kleve ZfS 1994, 65); **drohender Arbeitsplatzverlust** bei Entzug der Fahrerlaubnis (AG Frankfurt ZfS 1992, 209); **Einberufung zum Wehrdienst** für approbiertem Arzt (BVerwG NVwZ 1983, 607); **Disziplinarmaßnahmen** (LG Hanau AnwBl. 1982, 388); **drohende Freiheitsstrafe** (Otto NJW 2006, 1472); **keine Übernahme in Staatsdienst** (AG Homburg ZfS 1997, 388); **drohendes Fahrverbot** (AG Frankenthal RVGreport 2005, 271; AGS 2005, 292; AG Pinneberg, AGS 2005, 552); ein mögliches **Präjudiz** des Strafverfahrens für das folgende Zivilverfahren (*Rick* in Schneider/Wolf § 14 Rn. 39). Die Bedeutung der Angelegenheit kann sich auch aus einem **hohen Streitwert** ergeben (LG Kiel JurBüro 1992, 602; a. A.: *Madert* in Gerold/Schmidt/von Eicken/Madert/Müller-Rabe RVG § 14 Rn. 17 – der darauf abstellt, dass der hohe Streitwert bereits zu höheren Gebühren führt und nicht nochmals zu berücksichtigen ist). 43

Nach Ansicht der Verfasserin ist auf den Einzelfall abzustellen. Ein hoher Streitwert kann für einen »Otto-Normalverbraucher« eine höhere Bedeutung haben als für ein Unternehmen. Es ist dann im Einzelfall zu prüfen, ob über die durch den hohen Streitwert veranlassten Gebühren hinaus eine Anhebung des Gebührensatzes gerechtfertigt erscheint. 44

e) Einkommens- und Vermögensverhältnisse des Auftraggebers

§ 14 führt als weiteres Kriterium für die Bemessung der Gebühr die Einkommens- und Vermögensverhältnisse des Auftraggebers auf. Kaum ein Kriterium wird von der Praxis so missachtet wie dieses. Das mag damit zusammenhängen, dass eine gewisse Scheu besteht, gegen- 45

Abschnitt 2 – Gebührenvorschriften

über dem Auftraggeber oder seiner Rechtsschutzversicherung die guten Einkommens- und Vermögensverhältnisse als Grund für die Erhöhung der Gebühr anzuführen. § 14 führt die Einkommens- und Vermögensverhältnisse jedoch als Kriterium auf, so dass sie selbstverständlich relevant sind und zwar sowohl gebührenerhöhend bei überdurchschnittlichen Verhältnissen als auch gebührenmindernd bei unterdurchschnittlichen Verhältnissen.

46   Madert geht dabei von einem Durchschnittseinkommen eines Arbeitnehmers nach dem statistischen Bundesamt aus (der für Arbeiternehmer im produzierenden Gewerbe 2006 erzielte durchschnittliche monatliche Bruttoverdienst lag bei € 2.669,00 (altes Bundesgebiet) und bei € 1.994,00 (neue Bundesländer) für Angestellte lagen diese Verdienste 2006 bei € 3.595,00 (alte Bundesländer) und € 2.679,00 (neue BL) (Quelle: www.dstatis.de) (*Madert* in Gerold/Schmidt/von Eicken/Madert/Müller-Rabe RVG § 14 Rn. 18). Bei der Bemessung spielen aber nicht nur die Einkommensverhältnisse eine Rolle (wobei Miet- und Zinseinkünfte, Einkünfte aus Kapitalvermögen, 13. u. 14. Gehalt, Boni etc. hinzuzurechnen sind) sondern auch die Vermögensverhältnisse (Sparguthaben, Wertpapiere, Sachwerte wie Kraftfahrzeug, Schmuck, Antiquitäten). Nicht maßgeblich ist dabei das Einkommen der jeweiligen Berufsgruppe, der der Auftraggeber angehört, sondern vielmehr das durchschnittliche Bevölkerungseinkommen (*Römermann* in Hartung/Römermann/Schons § 14 Rn. 43).

47   Der Bayerische Verfassungsgerichtshof hat dabei schon früh entschieden, dass die Berücksichtigung der wirtschaftlichen Verhältnisse des Kostenschuldners nicht gegen die Verfassung, den Gleichheitssatz und auch nicht den Rechtsstaatsgrundsatz verstößt (BayVerfGH JVBl. 1967, 108).

48   Als maßgebender Zeitpunkt für die wirtschaftlichen Verhältnisse wird entweder auf den Zeitpunkt der Auftragserteilung oder auf den Zeitpunkt der Fälligkeit abgestellt, je nachdem, zu welchem Zeitpunkt sie besser sind (LG Krefeld AnwBl. 1976, 136). Teilweise wird angenommen, dass die Entwicklung während der gesamten Tätigkeit des Anwalts ausschlaggebend ist (LG Bayreuth JurBüro 1985, 1187). Schneider stellt auf den Zeitpunkt der Abrechnung ab, da der Auftraggeber dann die Gebühren aus seinem Vermögen bestreiten muss (*Schneider* in Gebauer/Schneider RVG § 14 Rn. 45; ebenso nur *Rick* in Schneider/Wolf § 14 Rn. 45; Mayer/Kroiß § 14 Rn. 25). Nach Ansicht der Verfasserin verbietet sich auch hier eine Pauschalierung. Die Frage, zu welchem Zeitpunkt auf die Vermögens- und Einkommensverhältnisse abzustellen ist, sollte einer Einzelfallbetrachtung unterzogen werden. Zu bedenken ist auch, dass möglicherweise bereits eine Mittelgebühr als Vorschusszahlung gefordert worden ist. Ist dieser Vorschuss gezahlt worden, stellt sich die Frage, warum, auch wenn sich die Einkommens- und Vermögensverhältnisse des Auftraggebers drastisch verschlechtern, der einmal gezahlte Vorschuss gemindert und damit teilweise zurückgezahlt werden sollte, wenn der Mandant zum Zeitpunkt der Zahlung durchaus leistungsfähig war.

49   Hat ein Auftraggeber einen Anspruch gegen seine Rechtsschutzversicherung auf Freistellung, so ist er – selbst als einkommensschwache Person – wie ein Normalverdiener zu behandeln (LG Kaiserslautern AnwBl. 1964, 289). Sofern die Kosten von einem erstattungspflichtigen Dritten eingefordert werden, ist nach Ansicht von Römermann das Kriterium »Einkommens- und Vermögensverhältnisse des Auftraggebers« außer Acht zu lassen (*Römermann* in Hartung/Römermann/Schons § 14 Rn. 40).

50   Verbessern sich die Vermögensverhältnisse des Auftraggebers durch die Tätigkeit des Rechtsanwalts, so ist dies zu Gunsten des Anwalts zu berücksichtigen (*Madert* in Gerold/Schmidt/von Eicken/Madert/Müller-Rabe RVG § 14 Rn. 18).

f) Billiges Ermessen

aa) Begriffsbestimmung

51   Der Begriff »billiges Ermessen« ist ein unbestimmter Rechtsbegriff. Er ist gesetzlich nicht definiert und lässt damit einen Spielraum für die Bestimmung der Gebühr.

Rahmengebühren | § 14

Billiges Ermessen fordert eine Abwägung der jeweiligen Interessen, vorliegend daher der Interessen des Auftraggebers und der Interessen des Anwalts. Die Vergütung soll in angemessenem Verhältnis zur Gegenleistung stehen. Zur Verbindlichkeit einer angemessenen Gebühr siehe unter Rn. 118 ff.

bb) Toleranzgrenze

Die Bestimmung der Gebühr durch den Rechtsanwalt ist nach § 315 Abs. 3 BGB nur dann unverbindlich, wenn sie nicht der Billigkeit entspricht. Sofern die nach Ansicht des Gerichts angemessene Rahmengebühr nicht um mehr als 20 % überstiegen wird, ist sie nach Auffassung der herrschenden Rechtsprechung nicht als unbillig anzusehen (OLG Köln, Beschl. v. 11.07.2007, Az.: 2 Ws 332/07, NJOZ 2007 5804 = BeckRS 2007 16799 = RVGreport 2008, 55; OLG Hamm, Beschl. v. 01.03.2007, Az.: 4 Ausl A 34/05; BeckRS 2007, 05614; OLG Koblenz NJW 2005, 918; OLG München MDR 2004, 176; AG Aachen AnwBl. 2005, 233; OLG München, Beschl. v. 24.09.2003; Rechtspfleger 2004, 294 ff.; OLG Schleswig AGS 2003, 25; OLG Düsseldorf BRAGOreport 2002, 95; OLG Dresden AGS 2001, 268; OLG Düsseldorf AnwBl. 1999, 704 = JurBüro 2000, 359; OLG Oldenburg Rpfleger 1999, 566; OLG Köln JurBüro 1994, 31; OLG München JurBüro 1991, 1485 = Rpfleger 1991, 464; OLG Düsseldorf AnwBl. 1983, 875 (hier: Gebühr übersteigt angemessene Gebühr um 17,5 %, ist daher nicht unbillig); LG Köln MDR 1996, 645; LG Zweibrücken MDR 1992, 196; LG Düsseldorf AnwBl. 1983, 41; SG Stuttgart AnwBl. 1984, 569; SG Karlsruhe AnwBl. 1984, 571; SG Kiel AnwBl. 1984, 571; SG Aachen AGS 1992, 20; AG Diez AGS 2003, 74; AG Hof AGS 2003, 245; AG Duisburg AGS 2003, 492; Gerold/Schmidt/von Eicken/Madert § 14 RVG Rn. 34). 52

Ist jedoch die Bestimmung eines höheren Gebührensatzes ermessensunrichtig, entfällt auch eine Toleranzgrenze (OLG Dresden AGS 2001, 268). 53

Das OLG Jena ist der Auffassung, dass eine Überschreitung der Regelgebühr von 1,3 im Rahmen der so genannten Toleranzgrenze von 20 % bei einer nicht umfangreichen und nicht schwierigen Anwaltstätigkeit nicht erlaubt ist (OLG Jena, Beschl. v. 02.02.2005, Az.: 9 Verg 6/04, JurBüro 2004, 145). Der Auffassung des OLG Jena ist nach Ansicht der Verfasserin nur insoweit zu folgen, als nicht generell auf die Regelgebühr von 1,3 pauschal eine 20 %ige Erhöhung berechnet werden kann, da die Kappungsgrenze von 1,3 eine feste Größenordnung ist, die höhere Ansprüche, wenn die Tätigkeit nicht umfangreich oder schwierig war, ausschließt. 54

Eine **20 %ige Toleranzgrenze** ist auch nach dem RVG zuzubilligen (AG Aachen, Urt. v. 20.12.2004, Az.: 84 C 591/04; AnwBl. 3/2005, S. 223 = JurBüro 2005, 192 = RVGreport 2005, 60 = AGS 2005, 107; AG Kelheim, Urt. v. 21.12.2004, Az.: 3 C 0929/04, AnwBl. 2005, 224 = JurBüro 2005, 195; RVGreport 2005, 62 = AGS 2005, 61; Enders RVG für Anfänger Rn. 157). Ist die Rechtsschutzversicherung nur bereit, eine 1,1 Gebühr zu zahlen, liegt die vom Anwalt in Ansatz gebrachte 1,3 Gebühr noch innerhalb der 20 %igen Toleranzgrenze (Enders RVG für Anfänger Rn. 159). 55

Das AG Kempen hält eine 1,5 Geschäftsgebühr für angemessen, wenn in nicht schuldhafter Weise die Ansprüche zunächst nicht gegen den richtigen Haftpflichtversicherer geltend gemacht werden; es billigt dem Rechtsanwalt unter Berücksichtigung der **20 %igen** Toleranzgrenze eine 1,8 Geschäftsgebühr zu (AG Kempen, Urt. v. 01.02.2005, Az.: 13 C 450/04 = JurBüro 2005, 591). 56

Die 20 %ige Toleranzgrenze ist jedoch nicht »per se« anzuwenden (BFH, Beschl. v. 19.10.2004, Az.: VII B 1/04 = RVGreport 2006, 20; LSG NRW, Urt. v. 29.01.2007, Az.: L 1 AL 54/06, RVGreport 2007, 218 f.). Richtet sich die Bestimmung eines bestimmten Gebührensatzes nicht nach billigem Ermessen, so entfällt auch eine Toleranzgrenze (AG Hof AGS 2003, 245). 57

Die vom Rechtsanwalt angesetzte Gebühr kann bei fehlender Begründung auch dann schon unbillig hoch sein, wenn sie die Toleranzgrenze um weniger als 20 % übersteigt (BVerwG, 58

Abschnitt 2 – Gebührenvorschriften

Urt. v. 17.08.2005, Az.: 6 C 13/04, RVGreport 2006, 21, NJW 2006, 247, das die Anwendung einer Toleranzgrenze als Kriterium für die Bemessung der Gebühr zu Recht verneint).

59 Teilweise wurde dem starren Festhalten an einer 20 %igen Toleranzgrenze mit Unverständnis begegnet, in Ermangelung einer verlässlicheren und praktikableren Methode hält E. Schneider es jedoch zu Recht für unergiebig, das Prinzip der Prozentabweichung zu kritisieren (*E. Schneider* in Anm. zu KostRspr BRAGO § 12 Nr. 5). So wird angenommen, dass der Prozentsatz von 20, der bisher auf die Geschäftsgebühr nach BRAGO angewandt wurde, mit dem RVG erweitert werden müsste, da sich der Rahmen der Gebühr vervierfacht hätte (30 %: AG Saarbrücken, Urt. v. 21.10.2005, Az.: 42 C 192/05, ADAJUR Dok.Nr. 67285; ebenso Kitzinger FamRZ 2005, 11). Dieser Auffassung kann nicht gefolgt werden, da sich nach Ansicht der Verfasserin die 20 % nicht auf den Rahmen beziehen, sondern vielmehr auf die vom Anwalt nach seinem Ermessen festgelegte Gebühr. Es erscheint fraglich, ob eine Abweichung um mehr als 20 % »tolerierbar« ist. Zum Teil wurde jedoch bereits nach BRAGO 25 % angenommen (LG Zweibrücken MDR 1992, 196).

60 Die (zusätzliche) Ausübung einer Toleranzgrenze kommt bei einer 1,3 Geschäftsgebühr, wenn die Tätigkeit des Anwalts nicht umfangreich oder schwierig war, nicht in Betracht (so auch in einer obiter dictum – Entscheidung: OLG Jena, Beschl. v. 02.02.2005, Az.: 9 Verg 6/04, NZBau 2005, 356; AnwBl. 2005, 296L; JurBüro 2005, 303; OLGReport KG 2006, 81; VergabeR 2005, 679).

61 Ein Gericht ist nicht befugt, kleinliche bzw. geringfügige Abstriche von der vom Rechtsanwalt bestimmten Gebühr zu machen (OLG München AnwBl. 1980, 469).

g) Besonderes Haftungsrisiko

62 **Neu** ist, dass bei der Bestimmung der konkreten Höhe der Rahmengebühr durch den RA nunmehr gesetzlich geregelt ist, dass im Einzelfall ein besonderes Haftungsrisiko desselben bei der Bemessung herangezogen werden **kann**, § 14 Abs. 1 Satz 2. § 14 Abs. 1 Satz 3 fordert, dass bei Rahmengebühren, die sich nicht nach dem Gegenstandswert richten, das Haftungsrisiko zu berücksichtigen **ist**.

63 Der Gesetzgeber hat deswegen zwischen Satz- und Betragsrahmengebühren unterschieden, weil nach seiner Auffassung ein besonderes Haftungsrisiko bei Satzrahmengebühren bereits über einen hohen Gegenstandswert zu höheren Gebühren führt, während z. B. in Strafsachen ein Ausgleich über einen hohen Wert nicht möglich ist. Madert wendet zu Recht ein, dass jedoch in einer Reihe von Fällen der Gesetzgeber den Gegenstandswert aus sozialen Gründen gekappt hat, so z. B. beim Versorgungsausgleich, § 49 GKG (*Madert* in Gerold/Schmidt/von Eicken/Madert/Müller-Rabe RVG § 14 Rn. 19). Im Zweifelsfall sollte der Rechtsanwalt seine Argumentation entsprechend hierauf einstellen. So kann es z. B. sein, dass im Hinblick auf ein durchzuführendes Verbundverfahren (Scheidung und Versorgungsausgleich) der Versorgungsausgleich gänzlich ohne Berechnung verbleibt, wenn durch den hier bestimmten Festwert von € 1.000,00 kein Gebührensprung in der Tabelle erfolgt. Gleichwohl haftet der Rechtsanwalt voll und das Haftungsrisiko ist gerade beim Versorgungsausgleich sehr hoch. Zu Recht wird daher gefordert, dass sich ein solches Haftungsrisiko auf eine außergerichtlich verdiente Geschäftsgebühr auswirken muss (*Madert* in Gerold/Schmidt/von Eicken/Madert/Müller-Rabe RVG § 14 Rn. 18; *Winkler* in Mayer/Kroiß RVG § 14 Rn. 30 ff.; Schneider/Wolf RVG § 14 Rn. 45 ff.; zum Haftungsrisiko der Anwälte vgl. auch Borgmann NJW 2005, 22; Slobodenjuk NJW 2006, 113).

64 Aus der amtlichen Gesetzesbegründung ergibt sich, dass bei der Bewertung der anwaltlichen Tätigkeit gerade aus Sicht des verständigen Mandanten das Haftungsrisiko, das ein Anwalt auf sich nimmt, eine erhebliche Rolle spielt. Soweit ein besonderes Haftungsrisiko gegeben ist, soll dies auch zu einer höheren Gebühr führen. Es ist sachgerecht, dieses Merkmal gleichrangig mit Bedeutung, Schwierigkeit und Umfang einer Sache zu behandeln. Auch in der

Rahmengebühren | § 14

BRAO ist das Haftungsrisiko in § 49 b BRAO explizit erwähnt, ebenso findet in Nr. 7007 der Gedanke, ein besonderes Haftungsrisiko zu berücksichtigen, Platz.

Dem Wortlaut nach muss ein **besonderes** Haftungsrisiko vorliegen. Dass wird insbesondere 65 dann der Fall sein, soweit es sich um eine Angelegenheit mit einem hohen Streitwert handelt.

§ 14 Abs. 1 Satz 2 bestimmt, dass bei Rahmengebühren, die sich nicht nach dem Gegen- 66 standswert richten (somit bei Anfall von Betragsrahmengebühren z. B. in Strafsachen), schon das einfache Haftungsrisiko bei der Bestimmung der konkreten Gebühr im Einzelfall zu berücksichtigen ist. Das Haftungsrisiko soll hier grundsätzlich Berücksichtigung finden, weil das Haftungsrisiko nach Ansicht des Gesetzgebers in diesen Fällen, anders als bei den Wertgebühren mit einem entsprechenden Streitwert, ansonsten keinen Eingang in die Höhe der Gebühr finden würde.

Abweichungen von einem üblichen »normalen« Haftungsrisiko sind damit sowohl gebüh- 67 renerhöhend als auch ggf. gebührenmindernd zu berücksichtigen (Otto NJW 2006, 1472 ff.). Burhoff weist zu Recht darauf hin, dass allerdings der (gesetzlich vorgeschriebene) Abschluss einer Haftpflichtversicherung nicht zu einer Reduzierung der Gebühren führen kann (Burhoff RVG Straf- und Bußgeldsachen § 14 Rn. 33 unter Verweis auf Onderka RVGprofessionell 2004, 58). Eine Erhöhung der Gebühr kann jedoch nur bei einem tatsächlich gegebenen höheren Haftungsrisiko erfolgen (LSG NRW, Urt. v. 29. 01. 2007, Az.: L 1 AL 54/06, RVGreport 2007, 218 f.).

Ein Haftungsrisiko ist nicht generell zu beachten (LSG Nordrhein-Westfalen, Urt. v. 68 29.01.2007, Az.: L 1 AL 54/06, JurBüro 2007, 419 = RVGreport 2007, 218 f.). Ein durchschnittliches Haftungsrisiko löst im Zusammenspiel mit anderen durchschnittlich einzustufenden Kriterien nur eine durchschnittliche Gebühr (Mittelgebühr) aus (LSG Nordrhein-Westfalen, a. a. O.); eine fristgerechte Einlegung von Rechtsmitteln gehört zu den allgemeinen Pflichten des Anwalts und erhöht sein Haftungsrisiko nicht (LSG Nordrhein-Westfalen, a. a. O.).

h) Mehrere Rahmengebühren in derselben Angelegenheit

Zu beachten ist: Entstehen in derselben gebührenrechtlichen Angelegenheit mehrere Rah- 69 mengebühren, so ist bei der Bestimmung der einzelnen Gebühren nur der zeitliche Aufwand zu berücksichtigen, der den Tätigkeitsabschnitt betrifft, der durch die entstehende Gebühr abgegolten wird (Hartung/Römermann RVG § 14 Rn. 20 u. 21).

• **Beispiel** 70
Intensive außergerichtliche Vertretung, mehrere Beratungstermine und Telefongespräche mit dem Auftraggeber – der RA bestimmt eine Gebühr von 1,8 nach Nr. 2300.

Im Anschluss an die außergerichtliche Vertretung erfolgt die gerichtliche Tätigkeit. Diese war nur von kurzer Dauer. Klage eingereicht, Zahlung durch Gegenseite. Bei der Bemessung der Geschäftsgebühr darf die gerichtliche Tätigkeit (die Tätigkeit, die nach dem Auftrag der außergerichtlichen Vertretung erfolgt) nicht berücksichtigt werden.

3. Konkrete Bemessung der Gebühr
a) Mittelgebühr

Soweit im Einzelnen Entscheidungen zur Gebührenhöhe in bestimmten Angelegenheiten an- 71 gegeben werden, wird ergänzend auf die jeweiligen Gebührenabschnitte, wie z. B. Bußgeldverfahren in Teil 5, Strafsachen in Teil 4 oder auch die Geschäftsgebühr in Nr. 2300 verwiesen.

aa) Durchschnittliche Angelegenheit

Die Mittelgebühr ist grundsätzlich dann zu erstatten, wenn es sich um eine durchschnittliche 72 Angelegenheit handelt. Sie soll gelten und damit zur konkreten billigen Gebühr in den »Normalfällen« werden, d. h. in den Fällen, in denen sämtliche, vor allem die nach § 14 Abs. 1

Abschnitt 2 – Gebührenvorschriften

Satz 1 zu berücksichtigenden Umstände durchschnittlicher Art sind, also übliche Bedeutung der Angelegenheit, durchschnittlicher Umfang und durchschnittliche Schwierigkeit der anwaltlichen Tätigkeit, wirtschaftliche Verhältnisse des Auftraggebers, die dem Durchschnitt der Bevölkerung entsprechen (BVerwG JurBüro 1985, 1813; AnwBl. 1981, 191; BGH NJW 1969, 923; LG Flensburg JurBüro 1979, 1504; Gerold/Schmidt/von Eicken/Madert/Müller-Rabe RVG § 14 Rn. 10; Hartung/Römermann/Schors § 14 Rn. 64; LSG NRW, Urt. v. 29.01.2007, Az.: L 1 AL 54/06, JurBüro 2007, 419 = RVGreport 2007, 218 f.).

73 Die einzelnen Bemessungskriterien des § 14 können Anlass geben, von der Mittelgebühr nach oben oder unten abzuweichen, soweit ein Umstand vom Durchschnitt abweicht und besonders hervor- oder zurücktritt (OLG München JurBüro 1979, 227; LG Flensburg JurBüro 1976, 1504).

74 Nach der Kompensationstheorie kann ein im Einzelfall besonders ins Gewicht fallendes Kriterium die Relevanz der übrigen Umstände kompensierend zurückdrängen (OLG München AnwBl. 1977, 171; 1980, 469; LG Bayreuth JurBüro 1987, 1522; LG Paderborn JurBüro 1989, 490). Dies bedeutet für die Mittelgebühr, dass diese auch dann gerechtfertigt ist, wenn einzelne Merkmale eine Erhöhung, andere wieder eine Absenkung der Gebühr rechtfertigen würden, so dass sich diese gegenseitig aufheben (LSG Jena AGS 2002, 223 = JurBüro 2002, 420 = MDR 2002, 606).

bb) Arithmetisches Mittel

75 Die Mittelgebühr bei Rahmengebühren wird durch das arithmetische Mittel gebildet. Dies bedeutet, dass Mindest- und Höchstsatz addiert und sodann durch zwei geteilt werden.

76 • **Beispiel Betragsrahmengebühr**
Grundgebühr Nr. 4100

Gebührenrahmen (Wahlverteidiger) Mindestgebühr € 30,00; Höchstgebühr € 300,00

€ 30,00 + € 300,00 = € 330,00; € 330,00 geteilt durch 2 = € 165,00.

77 • **Beispiel**
Geschäftsgebühr Nr. 2300
Satzrahmen: Mindestsatz 0,5; Höchstsatz 2,5

0,5 + 2,5 = 3,0; 3,0 geteilt durch 2 = 1,5.

78 Die Mittelgebühr wird von der Praxis als die in durchschnittlichen Fällen angemessene Gebühr erachtet. Eine Pauschalierung für eine Vielzahl von Fällen verbietet sich jedoch und ist mit dem Grundgedanken von § 14, der die Bestimmung im Einzelfall fordert, nicht vereinbar.

cc) Durchschnittliche Angelegenheiten betreffend Geschäftsgebühr Nr. 2300

79 Eine 1,3 Geschäftsgebühr wurde in der Literatur schon zu Beginn des RVG im Jahre 2004 für durchschnittliche Angelegenheiten durchweg bejaht (Braun/Hansens RVG-Praxis S. 84 ff.; Bultmann Die neue Rechtsanwaltsvergütung Rn. 255 ff.; Enders RVG für Anfänger Rn. 476; *Jungbauer* in Jungbauer/Mock Rechtsanwaltsvergütung Rn. 1095 ff., *Hansens* in Hansens/Braun/Schneider Praxis des Vergütungsrechts Teil 7: Zivilrechtliche Angelegenheiten S. 438 ff., Rn. 122 ff.; Hartmann Kostengesetze RVG VV 2300 Rn. 24; Hartung/Römermann RVG Teil 2 Rn. 56 ff.; *Hembach* in Gebauer/Schneider RVG VV 2400 Rn. 6 ff.; *Kindermann* in Burhoff/Kindermann Rn. 122 f.; *Madert* in Gerold/Schmidt/von Eicken/Madert/Müller-Rabe RVG 16. Aufl. RVG VV 2300–2403 Rn. 95 ff.; Schneider/Mock Das neue Gebührenrecht für Anwälte S. 413 Rn. 8, S. 140; Enders Anrechnung der Geschäftsgebühr nach BRAGO und RVG JurBüro 2004, 169–173; Enders Umfang der anwaltlichen Tätigkeit JurBüro 9/2004, 459–462; Hansens JurBüro 2004, 245; Hansens RVGreport 2004, 59 ff.; Hansens RVGreport 2004, 209 ff.; *Teubel* in Mayer/Kroiß RVG VV 2400 Rn. 9; Göttlich/Mümmler/Rehberg/Xanke, S. 433; Römermann Vorsicht Falle? Die neue Schwellengebühr im RVG Magazin »Anwalt«

3/2004; Onderka RVG Professionell 2004, 56 u. 106 ff.; Schönemann RVG Professionell 2004, S. 127; Volpert RVG Professionell 2004, 111 f.; Podlech-Trappmann »Geschäftsgebühr und Terminsgebühr« JurBüro 7/2004, S. 351–360; Madert Die Mittelgebühr nach Nr. 2400 VV AGS 5/2004, S. 185–187 (= ZfS 2007/2004, S. 301, 303 = MittBl. der ARGE Verkehrsrecht 2/2004, S. 40–43); Henke »Wann kann ich eine Geschäftsgebühr höher als den Regelwert von 1,3 abrechnen?« AnwBl. 10/2004, 579; Ministerialrat im Bundesministerium der Justiz Otto NJW 2004, 1420 f.).

Grundsätzlich ist eine Einzelfallbetrachtung vorzunehmen, Pauschalierungen verbieten sich im Hinblick auf § 14 (so auch: Enders RVG für Anfänger Rn. 559; Schons NJW 2005, 1024; Hartung/Römermann/Schons § 14 Rn. 66). 80

b) Mindestgebühr/Höchstgebühr

Die Mindestgebühr kommt nur bei Geringverdienern und dann in Betracht, wenn die Sache gleichzeitig sehr einfach ist (LG Lübeck MDR 1984, 487; VG Düsseldorf AnwBl. 1984, 322). 81

Eine Höchstgebühr ist nicht nur dann angebracht, wenn alle Umstände für eine Erhöhung sprechen. So kann z. B. bei durchschnittlichen wirtschaftlichen Verhältnissen allein der Umfang oder die Schwierigkeit den Ansatz einer Höchstgebühr rechtfertigen (OLG Hamm AnwBl. 1999, 124 – Höchstgebühr für Verteidiger –; LG Verden Strafverteidiger 1993, 140 (Strafsache); FG Köln JurBüro 2001, 191; SG Freiburg AnwBl. 1984, 570 u. JurBüro 1989, 1677; OLG Bamberg JurBüro 1986, 1376 – Sorgerechtsverfahren –; OLG Düsseldorf AnwBl. 1986, 408 – umfangreiche, mehrere Besprechungen –; OLG Karlsruhe AnwBl. 1984, 323 – Sorgerechtsverfahren –; OLG Schleswig JurBüro 1989, 489 – isol. Sorgerechtsverfahren –; OLG Düsseldorf OLGR 1998, 87 – Höchstgebühr für aktienrechtliches Spruchverfahren). 82

Die Auffassung des LG Osnabrück, dass nur extreme Umstände eine Höchstgebühr rechtfertigen (LG Osnabrück JurBüro 1995, 83; vgl. auch LG Kleve JurBüro 1995, 34), ist abzulehnen. 83

c) Strafsachen

Hauptverhandlungsdauer beim Amtsrichter von einer Stunde ist nicht unterdurchschnittlich, bei der großen Strafkammer aber wohl (OLG Düsseldorf Rpfleger 1993, 41); Höchstgebühr für Hauptverhandlungsdauer von länger als fünf Stunden (OLG Bremen JurBüro 1981, 1193). Die Dauer einer Hauptverhandlung mit 16 Minuten ist unterdurchschnittlich und rechtfertigt den Ansatz der Mittelgebühr von € 230,00 regelmäßig nicht; angemessen sind € 150,00; die Höhe der Festgebühr eines Pflichtverteidigers mit € 184,00 steht dem nicht entgegen (AG Koblenz, Beschl. v. 21. 07. 2007, Az.: 29 Cs 624/04, NJOZ 2005, 3719); € 150,00 Terminsgebühr vor dem Amtsgericht (Nr. 4108 VV) bei einer 15-minütigen HV (AG Westerburg, Beschl. v. 20. 03. 2007, Az.: 2020 Js 54170/06.31 a Cs; BeckRS 2007, 08574). 84

Bei der Gebührenbestimmung nach § 14 Abs. 1 für eine Hauptverhandlungsgebühr kommt es nur auf den Umfang der Hauptverhandlung selbst an, nicht auch auf den Umfang des übrigen Verfahrens; vorbereitende Schriftsätze und Erwiderungen zur Anklageschrift werden durch die Verfahrensgebühr abgegolten (AG Koblenz AGS 2004, 484 mit Anmerkung N. Schneider). 85

Die erstmalige Einarbeitung in den Rechtsfall ist mit der Mittelgebühr (Grundgebühr) angemessen vergütet, wenn die Sache nach Umfang und rechtlichem Schwierigkeitsgrad nichts Herausragendes an sich hat; auch wenn die Bedeutung der Sache für den Beschuldigten von überaus hohem Gewicht ist, zumal auch der Aktenumfang gering war (70 Blatt); zugrunde liegende Geschehen und Beweismittel waren überschaubar und der rechtliche Schwierigkeitsgrad hielt sich in Grenzen (KG, Beschl. v. 09. 08. 2005, Az.: 3 Ws 59/05 RVGreport 2007, 180). Soweit das Bußgeld keine weiteren Auswirkungen auf den Betroffenen hat, sind Gebühren unterhalb der Mittelgebühr angemessen (LG Cottbus, Beschl. v. 29. 05. 2007, Az.: 24 Qs 77/07, BeckRS 2007, 15368; Hansens, ZfS 2007, 529). 86

Abschnitt 2 – Gebührenvorschriften

87 Die Mittelgebühr für den Nebenkläger ist angemessen, obwohl die wirtschaftlichen Verhältnisse die absolute Untergrenze erreichen (AG Nürnberg AGS 1993, 14); dabei ist für den Nebenklägervertreter kein Abschlag von der Verteidigergebühr zu machen (Burhoff Straf- und Bußgeldsachen § 14 Rn. 12; Gebauer/Schneider RVG § 14 Rn. 25).

88 Auch bei Privatklagen ist grundsätzlich von der Mittelgebühr auszugehen (LG München II AnwBl. 1980, 470).

89 Für die Frage, wann eine Rahmengebühr in Strafsachen angemessen ist, wird auf das umfangreiche ABC der Pauschvergütung von Burhoff verwiesen (Burhoff Straf- und Bußgeldsachen § 14 Rn. 14 mit Verweis auf § 51 Rn. 73 ff.).

d) Bußgeldsachen

90 In straßenverkehrsrechtlichen Bußgeldsachen ist grundsätzlich der Ansatz einer Mittelgebühr gerechtfertigt (Burhoff RVG in Straf- und Bußgeldsachen 2. Aufl. Vorm. 5 Rn. 39 ff.; Schneider/Wolf vor Teil 5 VV RVG Rn. 61 ff.; Hartung/Römermann/Schons Vorbem. 5 VV RVG Rn. 9; Burhoff VRR 2006, 333; ders. RVGreport 2007, 252; Jungbauer DAR 2007, 56 ff. (mit Berechnungsbeispiel); Hansens RVGreport 2006, 210; LG Stralsund ZfS 2006, 407; AG Altenburg RVGreport 2006, 182). Die Höhe der Geldbuße ist dabei nicht als Kriterium für die Bemessung der Gebühr heranzuziehen, weil der Gesetzgeber durch die dreistufige Regelung der Gebühren die Berücksichtigung bereits vorgenommen hat und sich eine zweifache Berücksichtigung verbietet (Burhoff, RVGreport 2005, 361; ders. in VRR 2006, 333; s. auch Hansens RVGreport 2006, 210; AG München, Urt. v. 26.10.2006, Az.: 191 C 33490/05, JurBüro 2007, 141 = RVGreport 2007, 23 m. zutreffender Anm. Burhoff; vgl. auch Burhoff, VRR 2006, 333; **a.A.** LG Hannover, Beschl. v. 21.02.2008, Az.: 48 Qs (OWi) 37/08, RVGreport 2008, 183, mit abl. Anm. Burhoff; bei der Bemessung der konkreten Gebühr innerhalb des Gebührenrahmens (§ 14) sind im OWi-Verfahren im Hinblick auf die Bedeutung der Angelegenheit nicht nur die Höhe der Geldbuße (hier: € 50,00), sondern auch sonstige Umstände zu berücksichtigen (AG Viechtach, Beschl. v. 09.09.2005, Az.: 7 II OWi 00971/05)). Nach Ansicht des AG Fürstenwalde sind Mittelgebühren im OWi-Verfahren auch bei Geldbußen von € 50,00 gerechtfertigt (AG Fürstenwalde, Beschl. v. 24.10.2006, Az.: 3 OWi 281 Js-Owi 13626/06 (279/06), JurBüro 2007, 418). Die Orientierung einiger Gerichte an der Höhe der Geldbuße ist aus verschiedenen Gründen nicht gerechtfertigt. Zum einen hat der Gesetzgeber selbst schon eine Abstufung der Gebühren entsprechend der Höhe der Geldbuße vorgenommen. Zum anderen kann auch bei geringer Geldbuße die Bedeutung der Angelegenheit für den Auftraggeber überragend sein. Das Problem für den Mandanten liegt in der Praxis im verkehrsrechtlichen Mandant häufig nicht in der Höhe der Geldbuße sondern vielmehr der Eintragung von Punkten im VZR, der Verhängung eines Fahrverbots oder dem drohenden Entzug der Fahrerlaubnis. Der Gesetzgeber äußert sich zur Anpassung der Gebührenhöhe im RVG an die Höhe der Geldbuße wie folgt: *»Für Bußgeldsachen wird – wie in Strafsachen – eine Dreiteilung der Gebühren vorgeschlagen. Bußgeldverfahren bei einer Geldbuße von weniger als 40,00 Euro (Punktegrenze für Eintragungen in das Verkehrszentralregister) sollen niedriger als nach geltendem Recht entgolten werden. Für Bußgeldverfahren mit darüber liegenden Geldbußen bis 5.000,00 Euro soll in etwa das derzeitige Niveau beibehalten werden. Bußgeldverfahren mit darüber liegenden Geldbußen und damit entsprechend hoher Bedeutung für den Betroffenen und in der Regel hohem anwaltlichen Aufwand sollen dagegen besser vergütet werden. Bei Geldbußen von mehr als 5.000,00 Euro sind die Bußgeldsenate der Oberlandesgerichte in Rechtsbeschwerdeverfahren mit drei Richtern besetzt, bei geringeren Geldbußen mit einem Richter (§ 80a Abs. 2 Nr. 1 OWiG)«* (BT-Drs. 15/1971, S. 230, zu Teil 5).

91 Zur Frage der Mittelgebühr in OWi-Sachen hat das AG Viechtach, das sich für den Ansatz einer Mittelgebühr ausgesprochen hat, ausgeführt (AG Viechtach, Beschl. v. 30.03.2006, Az.: 7 II OWi 550/06 – abrufbar unter www.burhoff.de, dort: RVG-Entscheidungen = VRR 2006, 359; vgl. dazu auch Jungbauer »Mittelgebühr in OWi-Sachen« DAR 2007, 56 ff.):

»Diese Besonderheit der Verkehrsordnungswidrigkeit rechtfertigt es nicht, grundsätzlich von einer geringeren Bedeutung auszugehen. Hätte der Gesetzgeber dies beabsichtigt, hätte er bei der den Gebührenrahmen jeweils bestimmenden Höhe der Geldbußen stärker differenziert und nicht, wie geschehen, Geldbußen von 40,– EURO bis 5.000,– EURO in einem Gebührentatbestand zusammengefasst. Bei der Beurteilung der Bedeutung einer Angelegenheit ist vielmehr der Besonderheit der Angelegenheit und der besonderen Umstände Rechnung zu tragen, die gerade für die Bedeutung dieser Angelegenheit ausschlaggebend sind. Abzustellen ist somit bei Verkehrsordnungswidrigkeiten auf die drohenden Punkte im Verkehrszentralregister, eine etwaige Vorbelastung, ein drohendes Fahrverbot, bzw. Fahrerlaubnisentzug und etwaige Schadensersatzansprüche. Die Bedeutung der Angelegenheit war mindestens durchschnittlich. Es drohte eine Geldbuße von 100,– EURO mit 3 Punkten im VZR. Der polizeiliche Sachbearbeiter hatte sogar ein Fahrverbot vorgeschlagen. Ein Fahrverbot wurde sogar für den Fall einer erneuten Zuwiderhandlung angedroht. Mit den Voreintragungen hätte der Betroffene 8 Punkte im Verkehrszentralregister erreicht, woraufhin Maßnahmen der Straßenverkehrsbehörde mit Auswirkung auf die Fahrerlaubnis in den Bereich der nahen Möglichkeit rückten. Dies war für den Betroffenen, der offensichtlich Berufskraftfahrer ist, von besonderer Bedeutung. Der Umfang und die Schwierigkeit der Angelegenheit der anwaltlichen Tätigkeiten waren durchschnittlich. Der Verteidiger hat Informationen des Betroffenen über den Vorgang entgegengenommen, Einspruch eingelegt, Akteneinsicht genommen, den Sachverhalt mit dem Betroffenen besprochen und den Einspruch begründet. Die durchschnittliche Bedeutung der Angelegenheit und der durchschnittliche Umfang und die Schwierigkeit der anwaltlichen Tätigkeit rechtfertigen den Ansatz der Mittelgebühr.«

Abzulehnen ist die Entscheidung des LG Dortmund, in OWi-Sachen sei aufgrund der meist geringen tatsächlichen und rechtlichen Schwierigkeiten, die mit der Wahrnehmung eines solchen Mandats verbunden sind, die Gebühr normalerweise im unteren Bereich des gesetzlichen Gebührenrahmens anzusiedeln (LG Dortmund RVGreport 2005, 465). 92

Nach Burhoff ist es unzulässig, wenn die Bemessung der konkreten Gebühr maßgeblich an die Höhe der Geldbuße angeknüpft wird. Abzustellen ist dabei ausschließlich auf den straßenverkehrsrechtlichen Zusammenhang, AG Darmstadt, Urt. v. 27.06.2005, Az.: 305 C 421/04, RVGreport 2007, 220 m. Anm. Burhoff (vgl. dazu auch AG München RVGreport 2007, 22 m. Anm. Burhoff; LG Kiel RVGreport 2007, 24 (Hansens); Burhoff RENOreport 2007, 2). Der Gesetzgeber hat bereits bei der Bemessung der Gebühren für Bußgeldverfahren dieses Kriterium selbst berücksichtigt, indem er eine Staffelung entsprechend der jeweiligen Höhe der Geldbuße vorgenommen hat. Burhoff hält zu Recht eine nochmalige Absenkung mit diesem Kriterium für unzulässig. Auch sei der Hinweis auf den weiten Rahmen der Betragsrahmengebühr nicht berechtigt. Zu berücksichtigen sei, dass ein Großteil der verkehrsrechtlichen Geldbußen im unteren Bereich festgesetzt werden (vgl. dazu Verfahrensgebühr Nr. 5103, Geldbuße von € 40,00 bis € 5.000,00), so dass hier von durchschnittlichen Fällen auszugehen ist. Andere Entscheidungen würden im straßenverkehrsrechtlichen OWi-Recht das Gesamtgefüge verkennen und verschieben. Es sei gerade in OWi-Sachen grundsätzlich von der Mittelgebühr auszugehen (Burhoff RVGreport 2005, 362; Leipold Anwaltsvergütung in Strafsachen Rn. 495; AG Frankenthal RVGreport 2005, 271 = VRR 2005, 280 (Mittelgebühr grundsätzlich dann, wenn es um die Verhängung eines Fahrverbots geht oder dem Betroffenen Punkte im VZR drohen); AG München, Urt. v. 05.08.2005, Az.: 122 C 10289/05, http://www.burhoff.de; RVGreport 2005, 381). 93

Sofern der Rechtsanwalt in einem straßenverkehrsrechtlichen OWi-Verfahren eine Mittelgebühr als **Vorschuss** fordert, liegt darin keine fehlerhafte Ermessensausübung seitens des Rechtsanwalts (bei Voreintragung im VZR, drohenden weiteren Punkten u. evtl. Fahrverbot sowie durchschnittlichen Einkommens- und Vermögensverhältnissen (Hansens/Braun/Schneider Praxis des Vergütungsrechts 1. Auflage S. 59 ff., m. w. N.; *N. Schneider* in Schneider/Wolf RVG § 14 Rn. 76). 94

Abschnitt 2 – Gebührenvorschriften

95 Von einer Mittelgebühr gehen daher einige Gerichte dann aus,

– wenn **Eintragungen im VZR** drohen (AG Rotenburg AGS 2006, 288 m. Anm. Madert; AG Saarlouis RVGreport 2006, 182; AG Viechtach RVGreport 2005, 420 (hier allerdings auch zus. Wiedereinsetzungsantrag); AG Viechtach VRR 2006, 359; AG Saarbrücken RVGreport 2006 181; AG Altenburg RVGreport 2006, 182)
– ein **Fahrverbot** droht (AG Frankenthal RVGreport 2006, 271 (Gebühr kann dann auch über der Mittelgebühr liegen); AG Pinneberg AGS 2005, 552; AG Saarlois RVGreport 2006, 182; AG Viechtach VRR 2006, 359 (drohendes Fahrverbot))
– oder ein **Sachverständigengutachten** einzuholen ist (AG München, Urt. v. 26. 10. 2006, Az.: 191 C 33490/05, RVGreport 2007, 23).

96 Die Mittelgebühr ist gerechtfertigt und bei umfangreicher Tätigkeit oder überdurchschnittlicher Bedeutung auch **zu überschreiten**, wenn ein Fahrverbot in Frage steht oder Eintragungen in der so genannten »Verkehrssünderkartei«, die bedeutsam für den Verlust der Fahrerlaubnis werden können (AG Frankenthal (Pfalz) VRR 2005, 271); bei möglichem Eintrag von mehr als zwei Punkten liegt eine hohe Bedeutung für den Betroffenen vor, so dass von der Mittelgebühr abgewichen werden kann (LG Gera JurBüro 2000, 581; LG Potsdam MDR 2000, 581).

Ist ein Auftraggeber beruflich auf die Fahrerlaubnis angewiesen, liegt eine Voreintragung im VZR vor und droht eine weitere Eintragung sowie ein Fahrverbot aufgrund eines beharrlichen Verkehrsverstoßes und verfügt der Auftraggeber über zumindest durchschnittliche Einkommens- und Vermögensverhältnisse, ist die Mittelgebühr als Vorschussforderung nicht unbillig (AG München RVGreport 2005, 381). Ist der Auftraggeber Facharzt, der dringend auf den Führerschein angewiesen ist, dem eine Eintragung im VZR droht und führt der Anwalt drei zeitintensive Besprechungen mit diesem, ist der Ansatz von 20 % über der Mittelgebühr liegenden Gebühren gerechtfertigt (AG Homburg, Beschl. v. 12. 02. 2007, Az.: 11 OWi 516/06; Hansens ZfS 2007, 648). Bußgeldverfahren wegen Verkehrsordnungswidrigkeiten, die außer der verhängten Geldbuße für den Betroffenen keine weiteren Auswirkungen haben, sind mit einer unter der Mittelgebühr liegenden Gebühr abzugelten (LG Magdeburg, Beschl. v. 02. 08. 2007, Az.: 28 Qs 129/07, JurBüro 2008, 86; vgl. dazu auch: LG Osnabrück, Beschl. v. 10. 12. 2007, Az.: 15 Qs 111/07, JurBüro 2008, 143 (€ 50,00 Geldbuße ohne Fahrverbot und geringer Aktenumfang – € 50,00 Grundgebühr; € 75,00 Verfahrensgebühr; € 60,00 für 7-minütige HV; € 130,00 für 30-minütige HV (mit Zeugeneinvernahme); € 100,00 für 10-minütige HV (mit Zeugeneinvernahme)).

97 Bei der Bemessung der konkreten Gebühr innerhalb des Rahmens (§ 14) ist auch bei Verkehrsordnungswidrigkeiten auf den zu beurteilenden Einzelfall abzustellen (Gerold/Schmidt/von Eicken/Madert/Müller-Rabe RVG 17. Aufl. § 14 Rn. 10; AG Frankenthal (Pfalz) VRR 2005, 271). Dabei spielt regelmäßig nicht der Anschein des Umfangs eine Rolle, sondern vielmehr der tatsächliche Umfang. Falsch ist daher die Entscheidung des Landgerichts Deggendorf (Beschl. v. 13. 02. 2006, Az.: 1 Qs 11/06, abrufbar unter www.burhoff.de, dort: RVG-Entscheidungen), nach der für die Höhe der Gebühr »eine nach Aktenlage feststellbare Verteidigertätigkeit« erforderlich ist. Es ist herrschende Auffassung, dass bei der Berücksichtigung des Umfangs der anwaltlichen Tätigkeit nicht der Anschein eine Rolle spielt, sondern der tatsächliche Umfang (Enders RVG für Anfänger 13. Aufl. 2006 Rn. 145). Dieser muss sich nicht zwangsläufig allein aus der Gerichtsakte ergeben. Ein kurzer Schriftsatz bedeutet nicht, dass seitens des Rechtsanwalts wenig Zeit aufgewendet worden ist, diesen zu erstellen. Richter würden sich vermutlich bedanken, wenn Rechtsanwälte bei derartigen Entscheidungen nun dazu übergehen würden, ihre Schriftsätze mit all ihren Gedanken zu füllen, um höhere Gebühren entsprechend ihrem tatsächlichen Aufwand abrechnen zu können. Nicht alles, was in langen Besprechungen mit dem Mandanten erörtert wird, wird Bestandteil der Gerichtsakte (und soll es auch nicht werden) (Enders RVG für Anfänger Rn. 145). Die teilweise vertretene Auffassung von Rechtsschutzversicherungen, bei Bußgeldverfahren handele es sich um

Masseverfahren, die regelmäßig unterdurchschnittlichen Aufwand erfordern, ist nicht zu teilen (so aber Pfeiffer DAR 2006, 653 ff.; vgl. dazu Jungbauer DAR 2007, 56 ff.).

Dauert die Hauptverhandlung nur 10 Minuten, ist dies unterdurchschnittlich; anstelle der Mittelgebühr für die Terminswahrnehmung in Höhe von € 215,00 ist eine Gebühr von € 100,00 angemessen (AG Betzdorf, Beschl. v. 27.10.2005, Az.: 2040 Js 22489/05–2 OWi, NJOZ 2006, 444). 98

e) Familiensachen

Zum Umfang in Familiensachen siehe ausführlich unter Kommentierung zu Nr. 2300 Rn. 53 ff. 99

f) Unfallsachen

Zum Umfang in Unfallsachen siehe ausführlich unter Kommentierung zu Nr. 2300 Rn. 57 ff. 100

g) Geschäftsgebühr als Regelgebühr/Schwellengebühr

Der Gesetzgeber begründet die Regelgebühr im Gesetzesentwurf (BT-Drs. 15/1971, S. 257, zu Nr. 2400 (a. F.)): 101

»In durchschnittlichen Angelegenheiten ist grundsätzlich von der Mittelgebühr (1,5) auszugehen. In der Anmerkung soll jedoch bestimmt werden, dass der Rechtsanwalt eine Gebühr von mehr als 1,3 nur fordern kann, wenn die Tätigkeit umfangreich oder schwierig war. Damit ist gemeint, dass Umfang oder Schwierigkeit über dem Durchschnitt liegen. In anderen Fällen dürfte die Schwellengebühr von 1,3 zur Regelgebühr werden.

... Eine nach Abwägung der unterschiedlichen Kriterien des § 14 Abs. 1 RVG-E in der Summe gänzlich durchschnittliche Angelegenheit würde also nur dann einen Gebührensatz von mehr als 1,3 (etwa in Höhe der Mittelgebühr 1,5) rechtfertigen, wenn die Tätigkeit des Anwalts im Hinblick auf Umfang oder Schwierigkeit über dem Durchschnitt liegt, dies jedoch allein in der Gesamtschau nach § 14 Abs. 1 RVG unberücksichtigt bleiben müsste, weil andere Merkmale vergleichsweise unterdurchschnittlich ins Gewicht fallen. Ist eine Sache danach schwierig oder umfangreich, steht eine Ausnutzung des Gebührenrahmens unter den Voraussetzungen des § 14 Abs. 1 RVG (bis zum 2,5fachen der Gebühr) im billigen Ermessen des Anwalts. Sind auch Umfang und Schwierigkeit der Sache jedoch nur von durchschnittlicher Natur, verbleibt es bei der Regelgebühr (1,3).«

Die Geschäftsgebühren Nrn. 2300, 2301 stellen eine Besonderheit dar. Zwar handelt es sich hierbei ebenfalls um Rahmengebühren (Betragsrahmengebühren), der Gesetzgeber hat jedoch in den Anmerkungen zu diesen Geschäftsgebühren bestimmt, dass die Höchstsätze beziehungsweise Höchstbeträge gelten, wenn die Tätigkeit des Rechtsanwalts nicht umfangreich oder schwierig war. Damit spielen für die Höhe der Geschäftsgebühr z. B. nach Nr. 2300 **ab 1,3** nur noch die Kriterien Umfang und Schwierigkeit eine Rolle, während alle anderen Kriterien dahinter vollständig zurücktreten. 102

Die Kappungsgrenze gilt nur für einen Auftraggeber (*Hansens* in Hansens/Braun/Schneider Praxis des Vergütungsrechts Teil 7 B. Rn. 143 (u. 140 ff.)). Hansens sieht zu Recht keinen Anhaltspunkt dafür, dass der Gesetzgeber die Kappungsgrenze von 1,3 auch bei einer nach Nr. 1008 erhöhten Geschäftsgebühr gelten lassen wollte. Dies wäre auch nicht sachgerecht und würde eine nicht zu rechtfertigende Benachteiligung gegenüber einem Anwalt, der Prozessauftrag hat und die Erhöhung ohne Kappung berechnen darf, bedeuten. 103

Der Meinung von Braun, die neue Mittelgebühr bei der Geschäftsgebühr Nr. 2300 (vormals Nr. 2400) für die nicht umfangreiche bzw. die nicht schwierige Tätigkeit des RA sei bei 0,9 anzusiedeln, war nicht zu folgen (Braun Gebührenabrechnung nach dem neuen Rechtsanwaltsvergütungsgesetz (RVG), S. 62 u. 63.). Braun, der seine Meinung zwischenzeitlich aufgegeben haben soll, ging davon aus, dass es zwei Geschäftsgebühren geben würde. Eine mit einem Rahmen von 0,5 bis 1,3 für die nicht umfangreiche und auch nicht schwierige Tätigkeit des RA sowie eine Geschäftsgebühr für eine umfangreiche oder schwierige Tätigkeit des RA 104

Abschnitt 2 – Gebührenvorschriften

von 1,3 bis 2,5. Daraus folgte für Braun, dass die Mittelgebühr für die nicht umfangreiche und nicht schwierige Tätigkeit bei 0,9 (0,5 plus 1,3 = 1,8: 2 = 0,9) anzusiedeln sei.

105 Diese Auslegung der neuen Geschäftsgebühr ist falsch. Sie ist weder durch das Gesetz, das nur eine Geschäftsgebühr mit nur einer Vergütungsverzeichnis-Nr. vorsieht, noch durch die Gesetzesbegründung gedeckt (BT-Drs. 15/1971, zu Nr. 2400, S. 206 f.). Denn in der Gesetzesbegründung führt der Gesetzgeber selbst aus, dass er abweichend von der Mittelgebühr mit 1,5 die neue Regelgebühr von 1,3 als Kappungsgrenze einführt. So hat sich denn auch im Mai 2004 Klaus Otto, Referatsleiter im Bundesjustizministerium, in einem Aufsatz in der NJW dahingehend geäußert, dass sich eine Mittelgebühr von 0,9 aus dem Gesetz nicht ableiten lässt (Otto NJW 2004, 1420; vgl. dazu auch: *Jungbauer* in Jungbauer/Mock Rechtsanwaltsvergütung Rn. 596 ff., Hansens RVGreport 2004, 57; Hansens JurBüro 2004, 245; Ennemann RVGreport 2004, 97; Enders RVG für Anfänger Rn. 470 ff.; Schneider/Mock Das neue Gebührenrecht für Anwälte § 13 Rn. 8, S. 140; Jungbauer Gebührenoptimierung in Familiensachen Rn. 516; Dombek Neue Justiz 2004, 193, 194; Riedmeyer DAR 2004, 262; Mayer/Kroiß/Teubel 1. Aufl. 2004 RVG VV 2400 Rn. 9; Bischof/Jungbauer/Podlech-Trappmann RVG Teil 2, 4.2.2.2.2.).

h) Einzelfallentscheidungen zur Geschäftsgebühr Nr. 2300

106 Nachstehend wird auszugsweise Rechtsprechung zur Höhe der Geschäftsgebühr dargestellt.

0,9 Geschäftsgebühr bei einem kurzen Schreiben, einer Besprechung und zwei Telefonaten mit Mandantin (AG Stuttgart, Urt. v. 18.02.2005, Az.: 16 C 8655/04, JurBüro 2005, 308 = Enders RVG für Anfänger Rn. 560). 1,3 Geschäftsgebühr für ein vierseitiges Schreiben an den Arbeitgeber des Mandanten; es ging um die Entfernung einer Abmahnung aus der Personalakte (AG Stuttgart NJW 2005, 1956 = Enders RVG für Anfänger Rn. 561).

107 1,3 Geschäftsgebühr für die Geltendmachung einer Forderung in vierseitigem Anspruchsschreiben bei umfangreicher Auseinandersetzung mit der Sach- und Rechtslage, Zitierung einschlägiger Urteile, längere Besprechungen mit den Mandanten, Verständigung mit Mandant war schwierig (AG Pinneberg, Urt. v. 21.02.2005, Az.: 69 C 268/04, JurBüro 2005, 308 = Enders RVG für Anfänger Rn. 562).

108 0,9 Geschäftsgebühr bei einem kurzen Schreiben, einer Besprechung und zwei Telefonaten mit Mandantin (AG Stuttgart, Urt. v. 18.02.2005, Az.: 16 C 8655/04 = JurBüro 2005, 308 = Enders RVG für Anfänger Rn. 560). 1,3 Geschäftsgebühr für ein vierseitiges Schreiben an den Arbeitgeber des Mandanten; es ging um die Entfernung einer Abmahnung aus der Personalakte (AG Stuttgart NJW 2005, 1956 = Enders RVG für Anfänger Rn. 561).

109 Für eine nicht überdurchschnittliche Tätigkeit in einem Nachprüfungsverfahren (Vergabekammer), das bereits vor einer mündlichen Verhandlung durch Antragsrücknahme beendet wurde, war nach den Ausführungen des BayObLG eine 1,3 Geschäftsgebühr angemessen (BayObLG, Beschl. v. 30.11.2004, Az.: Verg 24/04, RVGreport 2005, 144). Wird ein Anwalt im Vergabenachprüfungsverfahren tätig, ist es auch bei durchschnittlichen Fällen jedenfalls dann nicht unbillig, den 2,5fachen Gebührensatz abzurechnen, wenn der Antrag zulässig war und eine mündliche Verhandlung stattgefunden hat (LS BayObLG, Beschl. v. 16.02.2005, Az.: Verg 28/04, VergabeR 2005, 406 = JurBüro 2005, 361 = OLGReport München 2005, 603 = ZfBR 2005, 417 = NZBau 2005, 415). Der abstrakte Schwierigkeitsgrad vergaberechtlicher Nachprüfungsverfahren vor der Vergabekammer rechtfertigt grundsätzlich die Überschreitung der in Nr. 2300 benannten Kappungsgrenze von 1,3, so dass für diese Verfahren ein Rahmen von 0,5–2,5 eröffnet ist. Hat eine Sache einen besonders einfach gelagerten Sachverhalt geringen Umfangs zum Gegenstand, kann im Einzelfall ein Gebührensatz von unter 1,3 angemessen sein (LS OLG Jena, Beschl. v. 02.02.2005, Az.: 9 Verg 6/04, NZBau 2005, 356 =AnwBl. 2005, 296L = JurBüro 2005, 303 = OLGReport KG 206, 81= VergabeR 2005, 679). Die Kappungsgrenze von 1,3 beschränkt das dem Rechtsanwalt nach § 14 Abs. 1 Satz 1 einge-

räumte Ermessen hinsichtlich der Bestimmung des Gebührenrahmens (obiter-dictum-Entscheidung, OLG Jena, a. a. O).

Wird ein Anwalt im Vergabenachprüfungsverfahren tätig, ist es auch bei durchschnittlichen Fällen jedenfalls dann nicht unbillig, den 2,5fachen Gebührensatz abzurechnen, wenn der Antrag zulässig war und eine mündliche Verhandlung stattgefunden hat (BayObLG, Vergabesenat, Beschl. v. 16. 02. 2005, Az.: Verg 028/04, JurBüro 2005, 361). 110

Für ein Abschlussschreiben ist regelmäßig eine durchschnittliche Geschäftsgebühr von 1,3 anzusetzen (OLG Hamm, Urt. v. 03. 05. 2007, Az.: 4 U 1/07, WRP 2008, 135 = BeckRS 2008, 01527). 111

Bei durchschnittlicher Natur von Umfang und Schwierigkeit kommt eine Herabsetzung der Regelgebühr wg. schlechter Einkommens- und Vermögensverhältnisses des Auftraggebers nicht in Betracht (LSG Nordrhein-Westfalen, Urt. v. 23. 04. 2007, Az.: L 19 AS 54/06; NJW-RR 2008, 87 = BeckRS 2007, 45402). 112

Für Bausachen hat das VG Mainz wie folgt entschieden:»1. Es gibt keinen dahin gehenden Erfahrungswert, dass baurechtliche Angelegenheiten stets schwierig im Sinne der amtlichen Anmerkung zu Nr. 2400 VV RVG sind. 2. Allein der Umstand, dass ein Rechtsanwalt an der den gesetzlichen Regelfall darstellenden mündlichen Erörterung vor dem Stadt- bzw. Kreisrechtsausschuss teilgenommen hat, führt für sich noch nicht dazu, dass eine Angelegenheit als überdurchschnittlich im Sinne der amtlichen Anmerkung zu Nr. 2400 VV RVG anzusehen ist« (LS VG Mainz, Urt. v. 14. 03. 2006, Az.: 3 K 131/06, NJW 2006, 1993 = NVwZ 2006, 1206). 113

4. Erhöhung

Vertritt der Rechtsanwalt in derselben Angelegenheit mehrere Personen, die Auftraggeber sind, so regelt Nr. 1008, dass sich bei **Betragsrahmen**gebühren der Mindest- und Höchstbetrag um 30 % erhöht. 114

- Beispiel 115

Grundgebühr Nr. 4100.
Gebührenrahmen (Wahlverteidiger) Mindestgebühr € 30,00; Höchstgebühr € 300,00;
erhöhte Mindestgebühr € 30,00 + 30 % = € 30,00 + € 9,00 = € 39,00;
erhöhte Höchstgebühr € 300,00 + 30 % = € 300,00 + € 90,00 = € 390,00;
erhöhter Betragsrahmen: € 39,00 bis € 390,00.

- Beispiel 116

Geschäftsgebühr Nr. 2300.

Satzrahmen: Mindestsatz 0,5; Höchstsatz 2,5.

Vertritt der Rechtsanwalt mehrere Nebenkläger, so erhöhen sich sämtliche Verfahrensgebühren (so z. B. die Verfahrensgebühr Nr. 4104 u. 4108) nach Nr. 1008. 117

5. Verbindlichkeit der Bestimmung
a) Verbindlichkeit gegenüber dem Auftraggeber

Hat der Rechtsanwalt bei einer Rahmengebühr einmal sein **Ermessen ausgeübt**, kann er hiervon zum Nachteil seines Auftraggebers **nicht abweichen**, wenn die entsprechende Erklärung (Vergütungsrechnung) dem Auftraggeber zugegangen ist (§§ 315 Abs. 2, 130 Abs. 1 Satz 1 BGB). Er ist an sein einmal ausgeübtes Ermessen gebunden (BGH AnwBl. 1987, 489; KG JurBüro 2004, 484; OLG Koblenz AGS 2000, 88; OLG Düsseldorf JurBüro 1998, 412; LG Köln DAR 1988, 392; Enders RVG für Anfänger Rn. 161; Schneider/Wolf § 14 Rn. 82; Gerold/Schmidt/von Eicken/Madert/Müller-Rabe RVG § 14 Rn. 4). Dies soll auch dann gelten, wenn der Rechtsanwalt einen unzutreffenden Gebührentatbestand angewandt hat; wählt er einmal die Mittelgebühr, ist er hieran gebunden (N. Schneider in Gebauer/Schneider RVG § 14 Rn. 90; 118

Abschnitt 2 – Gebührenvorschriften

a. A.: hat der RA einen gesetzlichen Gebührentatbestand übersehen, ist er nicht mehr gebunden: *Madert* in Gerold/Schmidt/von Eicken/Madert/Müller-Rabe RVG § 14 Rn. 4, **a. A.**: *Schneider* in Gebauer/Schneider RVG § 14 Rn. 90). Der Auffassung, dass, wenn der Rechtsanwalt von falschen Gebührentatbeständen ausging (so z. B. 1,2 Terminsgebühr fälschlich bei außergerichtlicher Vertretung und daher Geschäftsgebühr mit 1,3, da der Anwalt die geführten Besprechungen mit der Terminsgebühr abgegolten sah), er nicht mehr hiervon abweichen kann, kann nicht geteilt werden. Den Anwalt bei einem Versehen bei der Abrechnung an die einmal festgelegte Geschäftsgebühr zu binden, käme zu einem untragbaren Ergebnis. Zu berücksichtigen ist doch, dass der Anwalt den Gebührensatz für die Geschäftsgebühr mit 1,3 angenommen hat, weil er die Besprechungen versehentlich mit der Terminsgebühr für abgegolten hielt. Die Verfasserin hält es für gerechtfertigt, dass in derartigen Fällen aufgrund des Erklärungsirrtums des Anwalts eine Korrektur des Gebührensatzes möglich sein muss. Dies stellt auch für den Auftraggeber keine unzumutbare Härte dar. Zwar kann man grundsätzlich von einem Anwalt erwarten, dass er das Gebührenrecht kennt, aber es kann dem Anwalt auch zugebilligt werden, dass er sich einmal irren kann.

119 Ist der Rechtsanwalt über die Bemessungskriterien getäuscht worden, ist das ausgeübte Ermessen ebenfalls nicht verbindlich (*Madert* in Gerold/Schmidt/von Eicken/Madert/Müller-Rabe RVG § 14 Rn. 4).

120 Nach dem OLG Köln ist es zulässig, sich für den Fall der nicht pünktlichen Begleichung oder bei Einwendungen des Auftraggebers eine Erhöhung vorzubehalten (OLG Köln AGS 1993, 34 m. Anm. Madert).

121 Da seit der Änderung des § 14 UStG auf der Rechnung der Leistungszeitraum anzugeben ist, stellt sich die Frage, inwieweit ein Abweichen vom Gebührensatz möglich ist, wenn der Rechtsanwalt **nach** Rechnungstellung erneut tätig wird. Der Auftraggeber, dem die Besonderheiten bei der Bemessung einer Rahmengebühr meist nicht bekannt sind, vertraut möglicherweise darauf, dass keine höheren Gebühren entstehen. Ob daher ein Abweichen möglich ist, erscheint zweifelhaft. Schneider bejaht die Möglichkeit, bei erneuter Tätigkeit einen höheren Gebührensatz abrechnen zu können (*N. Schneider* in Gebauer/Schneider RVG § 14 Rn. 91).

122 Zur Vermeidung von Streitigkeiten mit dem Auftraggeber sollte eine Rechnung erst dann ohne Vorbehalt der Nachliquidation gestellt werden, wenn die Angelegenheit erledigt ist und hinsichtlich des Gebührensatzes Sicherheit besteht, dass hiervon nicht mehr abgewichen werden soll! Generell ist dem Rechtsanwalt anzuraten, bei Abrechnung seiner Gebühr einen Vorbehalt zur Nachliquidation des Gebührensatzes aufzunehmen, wenn er damit rechnen muss, dass weitere Tätigkeit von ihm veranlasst ist (z. B. »Nachliquidation hinsichtlich des in Ansatz gebrachten Gebührensatzes bleibt (bei weitergehender Tätigkeit) ausdrücklich vorbehalten.«).

123 Muss der Rechtsanwalt seine Gebühr (vgl. § 11 Abs. 8) gegen den Auftraggeber einklagen, so gilt § 315 Abs. 3 BGB: »*Soll die Bestimmung nach billigem Ermessen erfolgen, so ist die getroffene Bestimmung für den anderen Teil nur verbindlich, wenn sie der Billigkeit entspricht. Entspricht sie nicht der Billigkeit, so wird die Bestimmung durch Urteil getroffen.*« In einem Vergütungsprozess gegen den Auftraggeber hat der Rechtsanwalt die Beweislast (AG München ZfS 1992, 310).

b) Verbindlichkeit gegenüber einem ersatzpflichtigen Dritten

124 Ist die vom Rechtsanwalt bestimmte Gebühr von einem Dritten zu ersetzen, so ist die vom Rechtsanwalt getroffene Bestimmung nicht verbindlich, wenn sie unbillig ist, § 14 Abs. 1 Satz 2.

125 Dritte sind Beteiligte, gegen die ein prozessualer oder materiell-rechtlicher Kostenerstattungsanspruch besteht. Dies können sein:

– Nebenkläger gegen den Angeklagten (§ 472 StPO)

- eine Partei gegen die andere im Zivilprozess (§ 91 ZPO)
- ein Beteiligter gegen einen anderen in FGG-Verfahren (§ 13 a FGG)
- Angeklagter gegenüber der Staatskasse bei Freispruch (§ 467 Abs. 2 StPO)
- Gegner, gegen den sich ein materiell-rechtlicher Kostenerstattungsanspruch richtet, so z. B. Pflichtverletzung aus Vertrag, aus Verzug, aus PVV, CIC, unerlaubter Handlung, Eingriff in den ausgeübten Gewerbebetrieb; Sonderbedarf im Rahmen der Unterhaltspflicht; vorsätzliche sittenwidrige Schädigung etc.
- ein Rechtsschutzversicherer (AG Dieburg DAR 1999, 382 = JurBüro 1998, 641 = ZfS 1999, 32, **a. A.:** *Madert* in Gerold/Schmidt/von Eicken/Madert/Müller-Rabe RVG § 14 Rn. 86).

Die Beweislast für die Nicht-Angemessenheit der Gebühr trifft den Dritten (*Madert* in Gerold/Schmidt/von Eicken/Madert/Müller-Rabe RVG § 14 Rn. 8; *Rick* in Schneider/Wolf RVG § 14 Rn. 80). **126**

Rechtspfleger und Gericht sind auf die Prüfung beschränkt, dass die vom Rechtsanwalt geltend gemachte Gebühr nicht unbillig und damit nicht verbindlich ist. Will das Gericht die Gebühr nicht wie beantragt zusprechen, hat es festzustellen, dass die vom Rechtsanwalt bestimmte Gebühr unbillig hoch ist (LG Detmold NJW 1969, 1384; OLG Düsseldorf AnwBl. 1989, 293; AG München ZfS 1992, 310). **127**

6. Gutachten des Vorstands der Rechtsanwaltskammer

a) Notwendigkeit

In § 14 Abs. 2 wird die Verpflichtung des Gerichts, im Streitfall über die Höhe einer Gebühr ein Gutachten des Vorstands der Rechtsanwaltskammer einzuholen, geregelt. Der Sinn der Vorschrift liegt darin, die Angemessenheit einer Gebühr unter Berücksichtigung der örtlichen Gegebenheiten durch den Vorstand der Rechtsanwaltskammer zu Fragen der Angemessenheit der Gebühren einzuholen. Ob eine Gebühr überhaupt entstanden ist, ist nach Ansicht des Gesetzgebers eine Rechtsfrage, die das Gericht auch ohne Gutachten beantworten kann. Das Gutachten ist auch in Verfahren nach § 495 a ZPO einzuholen (sog. Bagatellstreitigkeiten bis € 600,–). **128**

Das Gutachten soll sich daher mit der Frage befassen, ob die von dem Rechtsanwalt nach § 14 Abs. 1 bestimmte Gebühr unter Berücksichtigung aller Umstände des Einzelfalls billigem Ermessen entspricht. Es ist nur dann einzuholen, wenn die Höhe der Gebühr streitig ist. Die Klärung der Frage, ob überhaupt eine Gebühr entstanden ist, fällt nicht unter § 14 Abs. 2. Der Gesetzgeber selbst äußert dazu: »*Ob eine Gebühr überhaupt entstanden ist, ist eine Rechtsfrage, die das Gericht auch ohne Gutachten beantworten kann*« (BT-Drs. 15/1971 zu § 14 RVG). Daher ist ein Gutachten weder einzuholen, wenn die Entstehung von Gebühren in Frage steht, noch bei der Bestimmung des Gegenstandswertes oder einer behaupteten Schlechterfüllung des Anwaltsvertrags (Mayer/Kroiß § 14 Rn. 55 ff.). **129**

Dabei handelt es sich bei dem Gutachten des Kammervorstands um ein Rechtsgutachten, dass dazu dient, die Ausübung des Ermessens durch den Anwalt einer gerichtlichen Billigkeitskontrolle zu unterziehen (BGH AnwBl. 2004, 251). **130**

Mit Rechtsstreit ist nach herrschender Auffassung der Vergütungsprozess gegen den eigenen Auftraggeber oder seinen Rechtsnachfolger gemeint, nicht jedoch ein Prozess gegen einen etwaig erstattungspflichtigen Dritten (BFH RVGreport 2006, 20; OLG Frankfurt FamRZ 1992, 711; BVerwG RVGreport 2006, 21; AG Köln AGS 2006, 71; *N. Schneider* in MDR 2002, 1295 ff.; ders. NJW 2004, 193 ff.; Mayer/Kroiß/Winkler RVG § 14 Rn. 51; *Römermann* in Hartung/Römermann/Schons 2. Aufl. 2006 § 14 Rn. 96; Gerold/Schmidt/von Eicken/Madert/Müller-Rabe § 14 Rn. 112; Hansens/Braun/Schneider Teil 1 Rn. 217; **a. A.:** Schons NJW 2005, 1024 f.; ders. NJW 2005, 3089, 3091). **131**

Abschnitt 2 – Gebührenvorschriften

132 Auch in einem Rechtsstreit gegen die Rechtsschutzversicherung gilt § 14 Abs. 2 Satz 1 RVG nicht (Hansens ZAP Fach 254, 499; Mayer/Kroiß § 14 Rn. 52).

133 Die **Einholung eines Kammergutachtens** in einem Prozess gegen den Haftpflichtversicherer ist ebenfalls **nicht erforderlich** (AG Aachen, Urt. v. 20. 12. 2004, Az.: 84 C 591/04; AnwBl. 2005, 223 = JurBüro 2005, 192 = RVGreport 2005, 60 = AGS 2005, 107; AG Kelheim, Urt. v. 21. 12. 2004, Az.: 3 C 0929/04 = AnwBl. 3/2005, 224 = JurBüro 2005, 195; RVGreport 2005, 62 = AGS 2005, 61; AG Köln AGS 2005, 287; AG Essen RVGreport 2005, 347; AG Chemnitz AGS 2005, 252; AG Gelsenkirchen AGS 2005, 107 = RVGreport 2005, 60 = AnwBl. 2005, 223; AG Dellbrück AGS 2005, 248; AG Würzburg AGS 2005, 247; AG Worms RVGreport 2005, 229).

134 Die überwiegende Auffassung in Literatur und Rechtsprechung verneint die Anwendung des § 14 Abs. 2 Satz 1 für erstattungsrechtliche Fragen, da diese Bestimmung nur im Verhältnis Anwalt zu seinem Auftraggeber gelten soll. Ob diese Auffassung auch der BGH teilt, bleibt abzuwarten. Was die Anrechnung der Geschäftsgebühr im Erstattungsrecht betrifft, so hat der BGH mehrfach entschieden, dass die Anrechnung auch gegenüber einem erstattungspflichtigen Gegner zur Reduzierung der Verfahrensgebühr führt, selbst wenn die Geschäftsgebühr nicht oder nur zur Hälfte eingeklagt worden ist. Keinesfalls ist der BGH der auch hier oft vertretenen Auffassung gefolgt, Vorbem. 3 Abs. 4 beziehe sich allein auf das Auftragsverhältnis Rechtsanwalt/Mandant und nicht auf das Verhältnis Mandant/erstattungspflichtiger Gegner. Allerdings wurde die BGH-Entscheidung vielfach kritisiert (vgl. Kommentierung zu Nr. 2300 Rn. 248 ff.). Warum daher ausgerechnet § 14 Abs. 2 nicht im Verhältnis zum Gegner gelten soll, ist fraglich.

135 Wird das Gutachten, obwohl vorgeschrieben, nicht eingeholt, liegt hierin ein Verfahrensfehler, der auf Antrag einer Partei zur Zurückverweisung nach § 538 Abs. 1 ZPO führen kann (BVerfG AGS 2002, 148 – Nichteinholen eines Gutachtens stellt Gesetzesverletzung dar).

136 Eine Bindung des Gerichts an den Inhalt des Gutachtens gibt es nicht (BGH NJW 2004, 1043; OLG Düsseldorf, Urt. v. 05. 07. 2005, Az.: 24 U 220/04, NJOZ 2006, 436, OLGReport Hamm 2006, 171), es gibt vielmehr die freie Beweiswürdigung durch das Gericht (ebenso BGH, Beschl. v. 25.09.2008, Az.: IX ZR 133/07 Beck RS 2008, 21851).

137 **Kein** Gutachten ist erforderlich, wenn
  – der Rechtsstreit durch Vergleich endet
  – der Rechtsstreit durch Anerkenntnis- oder Verzichtsurteil endet
  – die Höhe der Gebühr nicht streitig ist
  – das Gericht die Gebühr dem Grunde nach verneint
  – nur die Mindestgebühr gefordert wird (weniger geht nicht)
  – die Klage gegen einen erstattungspflichtigen Dritten gerichtet ist
  – die Klage gegen die Rechtsschutzversicherung gerichtet ist (vgl. Rn. 132)
  – wenn die Vergütung verjährt ist (so auch: Mayer/Kroiß § 14 Rn. 58; Hartung/Römermann/Schons § 14 Rn. 99)
  – wenn der Auftraggeber einwendet, die Forderung sei bereits erfüllt, denn dann fehlt es am Streit über die Höhe der Gebühr (so auch: Mayer/Kroiß § 14 Rn. 60)
  – wenn keine ordnungsgemäße Berechnung nach § 10 vorliegt und die Klage schon aus diesen Gründen abweisungsreif ist (wobei die ordnungsgemäße Abrechnung in der Klage nachgeholt werden kann)
  – wenn der Gegner sich zur Höhe der Gebühr nicht äußert (OLG Düsseldorf AnwBl. 1984, 443; OLG Düsseldorf AnwBl. 1985, 259; *N. Schneider* in Gebauer/Schneider RVG § 14 Rn. 111 – unter Hinweis auf § 138 Abs. 3 ZPO)
  – wenn es sich um die Frage der Erstattung außergerichtlicher Kosten des Verwaltungsvorverfahrens gegenüber der Behörde handelt (LSG NRW, Urt. v. 29. 01. 2007, Az.: L 1 AL 54/06, JurBüro 2007, 419 = RVGreport 2007, 218 f.).

Ebenfalls ist die Einholung eines Gutachtens im **Kostenfestsetzungsverfahren** nicht erforderlich, da das Kostenfestsetzungsverfahren nicht »Rechtsstreit« im Sinne von § 14 Abs. 2 Satz 1 RVG ist.

Nach zu bejahender Ansicht von *Winkler* (Mayer/Kroiß § 14 Rn. 63) ist im Falle des **Versäumnisurteils** trotz der erforderlichen Schlüssigkeitsprüfung ein Gutachten nicht einzuholen, da im Säumnisverfahren bei fehlendem Bestreiten die Zustimmung des Beklagten fingiert wird. 138

Sofern lediglich die Mittelgebühr gefordert wird und weder Anhaltspunkte gegen den Ansatz sprechen noch der Beklagte solche substantiiert behauptet, wird die Einholung eines Gutachtens der Kammer ebenfalls nicht für erforderlich erachtet (N. Schneider NJW 2004, 193). Nach Ansicht der Verfasserin würde die Einholung eines Gutachtens in solchen Fällen auch eine bloße Förmelei darstellen. Ein unsubstantiiertes Bestreiten der Gebührenhöhe reicht daher für die Einholung eines Kammergutachtens nicht aus. Sofern die beklagte Partei daher lediglich mit »an den Haaren herbeigezogenen Behauptungen« die Gebührenhöhe bestreitet, können diese durch das Gericht unbeachtet bleiben. 139

Nur wenn der Rechtsanwalt hinsichtlich der von ihm in Ansatz gebrachten Gebühr konkret ausführt, hat der Vorstand der zuständigen Rechtsanwaltskammer das nötige »Werkzeug«, ein Gutachten auf Grundlage der tatsächlichen Gegebenheiten zu erstellen. Ansonsten muss er sich auf den Akteninhalt beziehen, der oft nicht genügend aufschlussreich ist. Es bietet sich daher an, detailliert zu den in § 14 Abs. 1 genannten Kriterien vorzutragen und entsprechende Dokumentationen wie z. B. »Time-Sheets« (Zeitaufschriebe) vorzulegen. Zur Erfüllung der einzelnen Kriterien (wie z. B. Schwierigkeit der anwaltlichen Tätigkeit, Einkommens- und Vermögensverhältnisse des Auftraggebers, Bedeutung der Angelegenheit für den Auftraggeber etc.) sollte konkret vorgetragen werden. 140

b) Zuständigkeit

Örtlich zuständig ist der Vorstand der Rechtsanwaltskammer, welcher der Rechtsanwalt zum Zeitpunkt des Rechtsstreits angehört. Sofern der Anwalt in einen anderen Kammerbezirk wechselt, gilt der Vorstand der Rechtsanwaltskammer zum Zeitpunkt der Rechnungstellung als maßgeblich (Mayer/Kroiß § 14 Rn. 66; *N. Schneider* in Schneider/Wolf § 14 Rn. 101, *Braun* in Hansens/Braun/Schneider Teil 1 Rn. 214 a. A.: Feuerich/Weyland BRAO § 73 Rn. 55, die auf den Zeitpunkt der Ausführung des Mandats abstellen). Das Abstellen auf den Rechnungszeitpunkt scheint sachgerecht, da ansonsten lebhaft darüber gestritten werden könnte, in welchem Kammerbezirk der Schwerpunkt der Mandatsbearbeitung lag. Eine Korrektur der einmal erstellten Rechnung im Vergütungsprozess selbst (z. B. bei vorausgehender Rechnungstellung, die den Erfordernissen des § 10 RVG nicht genügt), führt nicht zur Begründung einer neuen Zuständigkeit (analoge Anwendung von § 26 Abs. 3 Nr. 2 ZPO – keine Änderung der Zuständigkeit bei Änderung der die Zuständigkeit begründenden Umstände). 141

• **Beispiel**
RA Huber, Kanzleisitz München, rechnet eine 2,0 Geschäftsgebühr ab. Der Auftraggeber weigert sich, die Rechnung zu begleichen. Es wird Klage vor dem Amtsgericht München eingereicht. Im Rechtsstreit bestreitet der Auftraggeber die Höhe der Gebühr. RA Huber verlegt während es Prozesses seinen Kanzleisitz nach Nürnberg. Für die Erstellung des Gutachtens bleibt der Vorstand der Rechtsanwaltskammer München zuständig.

Der Vorstand der Rechtsanwaltskammer kann die Erstellung des Gutachtens einem seiner Mitglieder oder einer Abteilung übertragen, er hat jedoch durch seine Unterschrift die Verantwortung für das Gutachten zu übernehmen; diese Auffassung ist jedoch umstritten (vgl. dazu Mayer/Kroiß § 14 Rn. 73 f. u. 77 ff., der bezweifelt, dass eine Übertragung der Gutachtenserstellung auf eine Abteilung im Sinne des § 77 BRAO zulässig ist). Die Übertragung auf eine Abteilung scheint jedoch sinnvoll, wenn man berücksichtigt, dass auch ein Mitglied 142

Abschnitt 2 – Gebührenvorschriften

des Vorstands selbst in einem Prozess betroffen sein könnte. In diesen Fällen sollte eben gerade keine Erstellung des Gutachtens in eigener Angelegenheit erfolgen. Auch beim Beschluss durch den Vorstand (§ 71 BRAO) darf das entsprechende Vorstandsmitglied nicht mitstimmen (Ausnahme: Wahlen). Darüber hinaus ist die Erstellung eines Gutachtens von 20 oder mehr Vorstandsmitgliedern praktisch nicht durchführbar; eine Arbeitsteilung daher geboten.

143 Möglich ist, den Gutachter wegen Besorgnis der Befangenheit abzulehnen. Geschieht dies vor Übersendung des Gutachtens an das Gericht, bietet sich an, dass die Kammer bei Begründetheit des Befangenheitsantrags einen neuen Gutachter bestellt. Sofern die Besorgnis der Befangenheit erst nach Einreichung des Gutachtens bei Gericht erhoben wird, hat das Gericht den Ablehnungsantrag bei der Würdigung des Gutachtens zu berücksichtigen (Hartmann Kostengesetze RVG § 14 Rn. 33 unter Verweis auf: BGHZ 62, 94). Fraglich ist, ob der Befangenheitsantrag sich gegen den gesamten Vorstand oder aber nur gegen die das Gutachten vorbereitende Gebührenabteilung richtet. *Hartmann* und *Madert* vertreten die Auffassung, dass der Befangenheitsantrag sich nur gegen diese richte und bei Begründetheit des Antrags ein anderer Gutachter/eine andere Abteilung mit der Erstellung des Gutachtens beauftragt werden sollte (Hartmann Kostengesetze RVG § 14 Rn. 33; Gerold/Schmidt/von Eicken/Madert/Müller-Rabe § 14 Rn. 122; **a. A.** Mayer/Kroiß § 14 Rn. 80 unter Verweis auf BGHZ 62, 93).

144 Da das Gutachten des Vorstands der Rechtsanwaltskammer vom Amts wegen einzuholen ist, ist es Beweismittel i. S. des § 411 ZPO wie ein Sachverständigengutachten (OLG Düsseldorf JurBüro 1990, 872; OLG München MDR 1989, 922; OLG Frankfurt JurBüro 1983, 865). Dies hat zur Folge, dass Ordnungsmittel gegen den Vorstand der Rechtsanwaltskammer nicht in Frage kommen (*Rick* in Schneider/Wolf § 14 Rn. 103).

145 Die Tatsachenfeststellung liegt beim Gericht; ist diese lückenhaft, hat die Rechtsanwaltskammer die Sache an das Gericht zurückzugeben, damit die erforderlichen Tatsachen festgestellt werden (*N. Schneider* in Schneider/Wolf, § 14 Rn. 104).

146 Möglich ist eine Anhörung des Gutachters in der mündlichen Verhandlung (OLG Celle AnwBl. 1973, 144; NJW 1973, 203 = JurBüro 1972, 1090 = MDR 1973, 147).

c) Kostenfreiheit

147 § 14 Abs. 2 Satz 2 bestimmt, dass das Gutachten des Vorstands der Rechtsanwaltskammer kostenlos zu erstatten ist. Folgt man der unter Rn. 132 dargestellten Auffassung, dass ein solches Gutachten nur im Rechtsstreit zwischen Anwalt und Auftraggeber zu erstatten ist, bezieht sich auch die Kostenfreiheit selbstverständlich nur auf derartige Gutachten. Wird in einem Prozess gegen einen etwaigen erstattungspflichtigen Dritten ein Kammergutachten eingeholt, fällt dieses dann nicht unter die hier bestimmte Kostenfreiheit.

7. Vergütungsfestsetzung gegen den Auftraggeber, § 11 Abs. 8

148 Eine Festsetzung der Vergütung gegen den eigenen Auftraggeber nach § 11 Abs. 8 kann bei Rahmengebühren nur erfolgen, wenn die Mindestgebühren geltend gemacht werden oder der Auftraggeber der Höhe der Gebühren ausdrücklich zugestimmt hat.

149 Die Festsetzung auf Antrag des Rechtsanwalts ist dann abzulehnen, wenn der Rechtsanwalt die Zustimmungserklärung des Auftraggebers nicht mit dem Antrag auf Festsetzung vorlegt.

150 Da § 11 ohnehin nur dann infrage kommt, wenn die festzusetzenden Kosten zu denen des gerichtlichen Verfahrens gehören, findet § 11 Abs. 8 auf die Gebühren nach Teil 2 keine Anwendung. Infrage kommen vornehmlich Gebühren in sozialgerichtlichen Verfahren (Betragsrahmengebühren) sowie Gebühren, die in Straf- und Bußgeldsachen entstanden sind.

§ 11 Abs. 8 bietet dem Rechtsanwalt die Möglichkeit, kostengünstig in den Fällen einen Titel zu schaffen, in denen er mit dem Mandanten Ratenzahlungen vereinbart hat, spätere Einwände gegen die Höhe der von ihm geltend gemachten Gebühr jedoch vermeiden möchte. Die Zustimmungserklärung des Mandanten kann in der Vergütungsvereinbarung über dem geltend gemachten Gebührensatz liegen, aber auch nachträglich vom Mandanten unterzeichnet worden sein. 151

Abschnitt 2 – Gebührenvorschriften

§ 15
Abgeltungsbereich der Gebühren

(1) Die Gebühren entgelten, soweit dieses Gesetz nichts anderes bestimmt, die gesamte Tätigkeit des Rechtsanwalts vom Auftrag bis zur Erledigung der Angelegenheit.

(2) ¹Der Rechtsanwalt kann die Gebühren in derselben Angelegenheit nur einmal fordern. ²In gerichtlichen Verfahren kann er die Gebühren in jedem Rechtszug fordern.

(3) Sind für Teile des Gegenstands verschiedene Gebührensätze anzuwenden, entstehen für die Teile gesondert berechnete Gebühren, jedoch nicht mehr als die aus dem Gesamtbetrag der Wertteile nach dem höchsten Gebührensatz berechnete Gebühr.

(4) Auf bereits entstandene Gebühren ist es, soweit dieses Gesetz nichts anderes bestimmt, ohne Einfluss, wenn sich die Angelegenheit vorzeitig erledigt oder der Auftrag endigt, bevor die Angelegenheit erledigt ist.

(5) ¹Wird der Rechtsanwalt, nachdem er in einer Angelegenheit tätig geworden ist, beauftragt, in derselben Angelegenheit weiter tätig zu werden, erhält er nicht mehr an Gebühren, als er erhalten würde, wenn er von vornherein hiermit beauftragt worden wäre. ²Ist der frühere Auftrag seit mehr als 2 Kalenderjahren erledigt, gilt die weitere Tätigkeit als neue Angelegenheit und in diesem Gesetz bestimmte Anrechnungen von Gebühren entfallen.

(6) Ist der Rechtsanwalt nur mit einzelnen Handlungen oder mit Tätigkeiten, die nach § 19 zum Rechtszug oder zum Verfahren gehören, beauftragt, erhält er nicht mehr an Gebühren als der mit der gesamten Angelegenheit beauftragte Rechtsanwalt für die gleiche Tätigkeit erhalten würde.

Inhaltsübersicht

	Rn.
A. Allgemeines	1
B. Kommentierung	5
I. Absatz 1 Prinzip der Pauschgebühr	5
1. Pauschgebühr Begriff	5
2. Abgeltung in zeitlicher Hinsicht	7
3. Ausnahmen von Ziffern 1 und 2: »Soweit nichts anderes bestimmt ist«	8
4. Angelegenheit	9
a) Definitionen des Begriffs »Angelegenheit« durch die Rechtsprechung	9
b) Angelegenheit bei gerichtlichem oder behördlichem Verfahren	14
5. Beispiele aus der Rechtsprechung für eine Angelegenheit	26
6. Beispiele für mehrere Angelegenheiten	27
7. Angelegenheit im außergerichtlichen Bereich	28
a) Einheitlicher Auftrag	29
b) Einheitlicher (äußerer) Rahmen	30
c) Innerer Zusammenhang	31
8. Angelegenheit – problematische Fragestellungen	32
a) Mehrere Auftraggeber	32
b) Bedingter Auftrag	33
c) Strafsachen	34
d) Auftrag zur Tätigkeit auf dem Gebiet der freiwilligen Gerichtsbarkeit	35

	Rn.
e) Hausanwalt	36
9. Verabredung mehrerer Angelegenheiten durch Gebührenvereinbarung (§ 3 a RVG)	37
10. Gegenstand	39
II. Absatz 2 Einmaligkeit der Gebühren	61
1. Auftragsausführung/ Instanz	61
2. Rubrumsberichtigung – Parteiwechsel	70
III. Absatz 3 Unterschiedliche Gebührensätze	76
1. Halbsatz 1 Der erste Rechenschritt des § 15 Abs. 3 RVG	76
– Rechenbeispiel – Verschiedene Gebührensätze, Erhebung, Teilklage – § 15 Abs. 3 RVG:	77
2. Halbsatz 2 Der zweite Rechenschritt des § 15 Abs. 3 RVG (Kappung)	78
– Rechenbeispiel – Verschiedene Gebührensätze Mehrvergleich – § 15 Abs. 3 RVG:	79
3. Rechenbeispiel – Verschiedene Gebührensätze, Teilversäumnisurteil – § 15 Abs. 3 RVG	81
IV. Absatz 4 Vorzeitige Beendigung	82
1. Konsequenz aus der Pauschgebührenregelung	82
2. Ausnahmen von Absatz 4	85
3. Erledigung der Angelegenheit	86
4. Ende des Auftrags	87

Abgeltungsbereich der Gebühren | § 15

	Rn.		Rn.
V. Absatz 5 Erneute Beauftragung	88	I. BVerwG: Entgegnung auf Nichtzulassungsbeschwerde durch bisherigen Verfahrensbevollmächtigten	105
1. Satz 1 Neue Aufträge in derselben Angelegenheit	88		
2. Satz 2 Erneuter Auftrag in derselben Angelegenheit nach mehr als 2 Kalenderjahren	93	II. OLG Schleswig: Scheidung mit Folgesache vor dem Stichtag, Aufenthaltsbestimmungsrecht erst nach dem 01.07.2004	106
VI. Absatz 6 Mehrere Einzelaufträge	98	III. OLG Hamm: Verbindung von Strafsachen	
C. Übergangsrecht – eine Angelegenheit/zwei Angelegenheiten – § 15 RVG	105		

A. Allgemeines

§ 15 RVG macht in erster Linie klar, dass anwaltliche Gebühren Pauschgebühren sind, d. h. es **1** werden verschiedene Arbeitsleistungen zu einem pauschalen Gebührentatbestand zusammengefasst und damit pauschal abgegolten. Jede einzelne Tätigkeit löst schon die Pauschalgebühr oder auch Aktgebühr aus (etwa Verfahren, Termin, Vertretung). Wenn der Anwalt weiter am Fall arbeitet, so löst auch diese Tätigkeit erneut die Aktgebühr aus, der Anwalt kann sie aber nur einmal fordern.

Die Norm regelt den Abgeltungsbereich der Gebühren für die gesamte Tätigkeit des RA beginnend vom Auftrag bis hin zur Erledigung der Angelegenheit (§ 15 Abs. 1). **2**

In derselben Angelegenheit kann der Anwalt die Gebühren nur einmal fordern, in gerichtlichen Verfahren in jedem Rechtszug gesondert (§ 15 Abs. 2).

§ 15 Abs. 3 regelt die Anwendung verschiedener Gebührensätze auf Teile des Gegenstands. Die vorzeitige Erledigung der Angelegenheit oder des Auftrags lässt die bereits entstandenen Gebühren grundsätzlich unberührt (§ 15 Abs. 4).

Wird der Rechtsanwalt in derselben Angelegenheit mehrfach nacheinander beauftragt, erhält er nicht mehr an Gebühren, als er erhalten würde, wenn er von vornherein insgesamt beauftragt worden wäre (§ 15 Abs. 5); Ausnahme, wenn zwischen den Aufträgen ein Zeitraum von zwei Kalenderjahren liegt.

Der mit mehreren Einzelhandlungen beauftragte Anwalt erhält nicht mehr an Gebühren als der mit einem Gesamtauftrag beauftragte Anwalt (§ 15 Abs. 6).

Die Norm arbeitet auch wieder mit den schwierigsten Begriffen des RVG: **Angelegenheit** und **3 Gegenstand**, die trotz des Versuchs des Gesetzgebers, in den §§ 16–18 Klarheit zu schaffen, nach wie vor Abgrenzungsschwierigkeiten erzeugen:

Angelegenheit ist der Vorgang, der den äußeren Rahmen bei der Wahrnehmung der Rechtsposition gibt (BGH AnwBl. 1984, 501).

Gegenstand der anwaltlichen Tätigkeit ist das Recht oder Rechtsverhältnis, auf das sich auf- **4** tragsgemäß die Tätigkeit des Rechtsanwalts bezieht (BGH JurBüro 1972, 684; 1984, 837; OLG Hamm JurBüro 1979, 1311; Göttlich/Mümmler/Rehberg/Xanke RVG 1. Aufl. »Angelegenheit Nr. 2« 7; Gerold/Schmidt/von Eicken/Madert/Müller-Rabe RVG 17. Aufl. § 22 Rn. 2; Hansens BRAGO 8. Aufl. § 6 Rn. 3; Gebauer/Schneider RVG 2. Aufl. Nr. 1008 Rn. 28). Den Begriff Gegenstand kann man in etwa mit dem Streitgegenstandsbegriff der BGH-Rechtsprechung gleichsetzen (Gebauer/Schneider RVG 2. Aufl. Nr. 1008 Rn. 27; Riedel/Sußbauer BRAGO 8. Aufl. § 7 Rn. 7).

Abschnitt 2 – Gebührenvorschriften

B. Kommentierung

I. Absatz 1 Prinzip der Pauschgebühr

1. Pauschgebühr Begriff

5 In der heutigen Arbeitswelt ist es üblich geworden, die Arbeit in viele Schritte und kleine Zeiteinheiten aufzuteilen. Damit will man vorgeben, man mache alles transparent und damit könne der Kunde das Zustandekommen der Entgelthöhe kontrollieren. Anwaltliche Arbeit ist Geistesarbeit, diese lässt sich nur unvollkommen in einzelne Abrechnungsteile aufsplitten. So ist es zu begrüßen, dass der Gesetzgeber 2004 beim bewährten Pauschgebührensystem geblieben ist.

Das Wort **Pauschgebühren** lässt sich wie folgt näher erklären:

Die Anwaltsvergütung ist der Höhe nach im RVG in Verbindung mit dem VV RVG im Einzelnen geregelt. Mehrere Arbeitsschritte, die ein Anwalt üblicherweise bei Erledigung einer Streitsache zu durchlaufen hat, werden pauschal zu einem die Gebühr auslösenden Akt wie etwa Verfahren (Nr. 3100), Termin (Nr. 3104), Geschäft (Nr. 2300) oder Einigung (Nr. 1000) zusammengefasst.

Durch die Erfüllung eines solchen Gebührentatbestands wird jeweils eine Gebühr in der für sie bestimmten Höhe ausgelöst, im Falle einer Rahmengebühr außerdem nach Maßgabe des § 14.

Die Gebühren entstehen durch jede weitere Erfüllung des Gebührentatbestands erneut. Gebühren, die zunächst nur als Bruchteilsgebühren (etwa Säumnistermin nach Nr. 3105) entstanden sind, können nachträglich zur vollen Gebühr, Rahmengebühren zur höchsten Höhe des Rahmens (etwa Nr. 2300: 2,5 Gebühr) anwachsen.

6 Das jeweils erneute Auslösen etwa der Verfahrensgebühr hat aber Bedeutung beim **Anwaltswechsel**. Nimmt der **neue** Anwalt als erstes vielleicht auf »Zuruf« auf dem Flur einen Termin wahr, so löst er neben der Terminsgebühr durch das Befassen mit der Angelegenheit nach Erteilung des Prozessauftrages zugleich die Verfahrensgebühr aus. Gelegentlich kann das auch bei **später Bewilligung** von Prozesskostenhilfe von gebührenauslösender Bedeutung für die PKH-Gebühren sein.

Auch für die **Verjährung** hat der Grundsatz, dass der Anwalt jede Gebühr zwar nur einmal fordern kann, die Gebühr aber nicht nur einmal mit der ersten Tätigkeit, vielmehr mit jeder Tätigkeit erneut entsteht, große Bedeutung. Dies wird bedeutungsvoll, wenn etwa vor einer längeren Unterbrechung des Verfahrens entstandene Gebühren inzwischen verjährt sind. Wird der Anwalt nach der Aufnahme erneut tätig, so kann er die wiederholt ausgelösten Gebühren als unverjährt (einmal) fordern.

2. Abgeltung in zeitlicher Hinsicht

7 In zeitlicher Hinsicht entgelten die Pauschgebühren alle gleichartigen Tätigkeiten von der Erteilung des Auftrags bis zur Erledigung der Angelegenheit.

Die Beendigung des Auftrags liegt nicht nur bei vollständiger Erledigung der Sache vor, sondern etwa auch bei Niederlegung oder Entzug des Mandats, beim Tod des Anwalts oder der Beendigung der Zulassung eines Einzelanwalts.

Im außergerichtlichen Bereich ist die Angelegenheit erledigt, sobald der Rahmen, innerhalb dessen sich die anwaltliche Tätigkeit abspielt, erfüllt ist. Ist der Anwalt z. B. mit der Erteilung eines Rats beauftragt, ist die Angelegenheit mit dem Rat beendet. Auch Erfüllung durch den Gegner beendet die Sache. Wird etwa wegen fehlender Erfolgsaussicht von einer gerichtlichen Weiterverfolgung Abstand genommen, so ist die Angelegenheit ebenfalls beendet.

Abgeltungsbereich der Gebühren | § 15

Kommt die Angelegenheit zu einem Abschluss und wird danach ein neuer Auftrag erteilt, so handelt es sich im Regelfall um eine neue Angelegenheit (LG Kleve AnwBl. 1981, 509; BGH NJW 1995, 1431 r. Sp.)

Vorbereitungshandlungen und Abwicklungstätigkeiten rechnen zu der Angelegenheit, soweit dafür kein besonderes Verfahren nötig ist.

So bestimmt die Vorbemerkung 3 Absatz 2, dass der Anwalt die **Verfahrensgebühr für das Betreiben des Geschäfts einschließlich der Information erhält.** Hierzu gehören Tätigkeiten wie Informationssammlung für den Mandanten, Besprechungen mit dem Mandanten, die Beschaffung von Beweismitteln, Adressen, Schriftstücken und technischen Gutachten, die zum Verständnis des Anwalts erforderlich sind, ferner die Fertigung und Einreichung der Klageschrift, die Bestimmung des zuständigen Gerichts (§ 19 Abs. 1 Nr. 3).

3. Ausnahmen von Ziffern 1 und 2: »Soweit nichts anderes bestimmt ist«

Die Grundregelung des Satzes 1 wird durch den Halbsatz: »Soweit nichts anderes bestimmt ist« eingeschränkt. Die damit vorgesehenen Ausnahmen betreffen Gebühren, die in derselben Angelegenheit bzw. demselben Rechtszug erneut anfallen können (im »Urkundenprozess« 2 × die Terminsgebühr), oder die Tätigkeiten entlohnen, die besonders vergütet werden, wie etwa die Hebegebühr (Nr. 1009). 8

4. Angelegenheit

a) Definitionen des Begriffs »Angelegenheit« durch die Rechtsprechung

Der **Gesetzgeber** der 2. Legislaturperiode hat damals von einer **Legaldefinition** des Begriffs »Angelegenheit« wegen der Vielfältigkeit der Lebensverhältnisse **abgesehen**. Die **Rechtsprechung** sollte da weiterhelfen (BT-Drs. 2/2545 S. 235). Da diese auf dieselben Schwierigkeiten gestoßen ist, ist auch in den vielen vergangenen Jahren durch die Rechtsprechung nicht viel Klares an Definition für den Begriff »Angelegenheit« herausgekommen. 9

Der **BGH** definiert (NJW 1995, 1431): »Angelegenheit ist das gesamte Geschäft, das der Rechtsanwalt für den Auftraggeber besorgen soll. Ihr (gemeint ist die Angelegenheit) Inhalt bestimmt den Rahmen, innerhalb dessen der Rechtsanwalt tätig wird (BGH LM § 7 BRAGO Nr. 2; NJW 1984, 1188; mehrere durch Enteignung Betroffene, ZIP 1995, 118)«. 10

Bei dem vom BGH entschiedenen Fall (NJW 1995, 1431) ging es um eine außergerichtliche Abwicklung der Schäden aus einem Verkehrsunfall, die sich über **vier** Jahre mit immer neuen Forderungen und damit **neuen Aufträgen** an den Anwalt hinzog (Unfallrente, Fahrtkosten, Haushaltshilfe, Schmerzensgeld). Das Ganze war nach BGH trotz der mehrfachen Aufträge dennoch nur eine Angelegenheit mit vier Gegenständen. 11

Der BGH bemerkte zum Schluss jener Entscheidung sehr weise: 12

»Wann eine und wann mehrere Angelegenheiten vorliegen, bestimmt das Gesetz nicht. Die Abgrenzung ist unter Berücksichtigung der jeweiligen Lebensverhältnisse im Einzelfall vorzunehmen. Dabei ist insbesondere der Inhalt des erteilten Auftrags maßgebend. Sowohl die Feststellung des Auftrags als auch die Abgrenzung im Einzelfall ist grundsätzlich Aufgabe des **Tatrichters** (BGH LM § 7 BRAGO Nr. 2; NJW 1984, 1188).«

Schon 1972 hatte der BGB ähnlich formuliert (JurBüro 1972, 684 = MDR 1972, 765): 13

»Die Angelegenheit bedeutet den Rahmen, innerhalb dessen sich die anwaltliche Tätigkeit abspielt, wobei im Allgemeinen der dem Anwalt erteilte Auftrag entscheidet.«

Besonders hilfreich und subsumtionsgeeignet erscheinen mir diese BGH-Thesen nicht. Letztlich wird vom Gesetzgeber auf die Rechtsprechung und von dieser (nämlich dem BGH) auf

Abschnitt 2 – Gebührenvorschriften

den Tatrichter verwiesen und dieser soll dann die Umstände des Einzelfalles entscheiden lassen. Also von Rechtssicherheit keine Spur.

b) Angelegenheit bei gerichtlichem oder behördlichem Verfahren

14 Für **gerichtliche und behördliche Verfahren** erscheint mir die These von *Madert* (Gerold/Schmidt/von Eicken/Madert/Müller-Rabe RVG 17. Aufl. § 15 Rn. 11, genauer 15. Aufl. § 13 Rn. 5) zur Beschreibung des Begriffs **Angelegenheit** sehr hilfreich: *»Für den in der Praxis wohl häufigsten Fall, dass der Rechtsanwalt in einem gerichtlichen oder sonstigen behördlichen Verfahren tätig wird, ist die **Angelegenheit** im Allgemeinen mit dem **Verfahren identisch**«.*

15 • **Beispiel**
Ein Unfallgeschädigter beauftragt in einem Zuge den Anwalt, im Zivilprozess den Unfallschaden einzuklagen und ferner, ihn in der Strafsache gegen den Schädiger als Nebenkläger zu vertreten. Obwohl es nur um **einen** Auftrag geht, handelt es sich doch um **zwei Angelegenheiten**, weil es zwei gerichtliche Verfahren sind.

16 Das OVG Münster (AGS 2006, 16) möchte diesen überwiegend anerkannten Grundsatz nicht akzeptieren, und will auch bei mehreren gerichtlichen Verfahren diese (wie im außergerichtlichen Bereich) dann zu **einer** Angelegenheit zusammenfassen, wenn derselbe Auftrag, der innere Zusammenhang und ein einheitlicher Tätigkeitsrahmen vorliegen. Das OVG Münster hatte folgenden Fall zu entscheiden:

50 Anlieger wenden sich in getrennten Klagen mit einheitlichem Sachvortrag, vertreten durch denselben Anwalt, gegen den Beitragsbescheid für Straßenausbaubeiträge, der gegen jeden von ihnen ergangen ist.

Diese Entscheidung ist unrichtig. Das OVG zitiert in seiner Entscheidung als abweichende Meinung nur die Ansicht von Gerold/Schmidt/von Eicken/Madert/Müller-Rabe RVG 16. Aufl. § 7 Rn. 12, welche wie folgt lautet: *»Werden Aufträge mehrerer Personen in getrennten Verfahren erledigt, so fehlt der einheitliche Rahmen. Werden z. B. gleichartige Ansprüche je in einem gesonderten Verfahren eingeklagt, so haftet auch dann jeder Auftraggeber für die vollen Gebühren, wenn die Schriftsätze in den verschiedenen Verfahren den gleichen Inhalt haben (OLG München AnwBl. 1981, 155).«*

17 Diese von Madert und dem OLG München vertretene Ansicht entspricht aber der herrschenden Meinung (Gebauer/Schneider RVG 2. Aufl. § 15 Rn. 75; Mayer/Kroiß RVG § 15 Rn. 34, 39, 52; Göttlich/Mümmler/Rehberg/Xanke RVG 1. Aufl. »Angelegenheit« Nr. 2; Hartmann KostG 35. Aufl. § 15 Rn. 17, 37; KG Rpfleger 1979, 434; OLG Hamm JurBüro 1974, 1253; OLG München JurBüro 1974, 149 und AnwBl. 1995, 48; OLG Hamm FamRz 1992, 711; LG Neubrandenburg JurBüro 1996, 640; AG Köln AnwBl. 1988, 35; AG Tecklenburg AnwBl. 1995, 48; im Grundsatz auch BGH NJW 2004, 1043, 1045; **a. A.:** BVerwG NJW 2000, 2289 für 7 Widerspruchsverfahren; LG Cottbus Rpfleger 2001, 569: 52 Einzelverfahren).

18 Hintergrund der Mindermeinung ist das Problem, dass der Anwalt ohne Sachgrund eine einheitliche Angelegenheit nicht einseitig aufsplitten darf (BGH NJW 2004, 1043). Erhebt er getrennte Klagen, so sind dies zunächst einmal verschiedene Angelegenheiten. Fraglich ist aber, ob er die durch die Aufteilung geschaffene Gebührendifferenz von der Partei fordern darf.

Hinsichtlich der Aufteilungsbefugnis wird man zunächst danach differenzieren müssen, ob es sich um mehrere Klagen einer Partei oder um mehrere Klagen verschiedener Parteien handelt.

19 Im ersteren Fall muss der Anwalt (im Bezug auf einen Gebührenanspruch gegenüber seiner Partei), wenn sowohl eine getrennte, wie eine verbundene Prozessführung in Frage kommt, das prozessuale wie das gebührenmäßige Für und Wider des Vorgehens der Partei darlegen und deren Entscheidung herbeiführen (Gebauer/Schneider RVG 2. Aufl. § 15 Rn. 177). Dieses gehört in das Vertrauensverhältnis der anwaltlichen Parteivertretung und kann nicht stattdessen vom Richter (unzuständigerweise) ex post anders entschieden werden.

Abgeltungsbereich der Gebühren | § 15

Solchenfalls ist natürlich dem Anwalt angeraten, die Partei schriftlich zu belehren und deren Unterschrift einzuholen. Dabei ist nämlich zu bedenken, dass bei Prozessverlust der Mandant eventuell einen Freistellungsanspruch gegen den eigenen Anwalt hinsichtlich der (ohne sein Einverständnis) verursachten Mehrgebühren hat (Schneider/Wolf RVG 3. Aufl.§ 15 Rn. 190). Das getrennte Vorgehen kann aber **prozesstaktisch** gerechtfertigt sein. Das alles sollte der Anwalt aufzeichnen und sich unterschreiben lassen. Die Belehrungspflicht hat der BGH in seinem Urteil vom 04. 12. 2007 (AGS 2008, 164 = NJW-RR 2008, 656) noch einmal wie folgt betont:

»Je nach Sachlage können die anwaltlichen Vertreter des Klägers schließlich Hinweispflichten getroffen haben (vgl. BGH, BGHZ 77, 27, 29 f. und NJW 2004, 1043, 1045), bei deren Verletzung der Kläger seinen Anwälten nur zur Zahlung der Kosten verpflichtet wäre, die bei gemeinsamer Verfolgung der getrennt verfolgten Ansprüche entstanden wären.

In der Sache ging es um zwei getrennte Klagen wegen Wort- und Bildberichterstattung.

Zur **Möglichkeit der Aufteilung** hat der BGH ausgeführt: »Voraussetzung eines Erstattungsanspruchs ist vielmehr, dass die anwaltliche Tätigkeit aus der maßgeblichen Sicht des Geschädigten mit Rücksicht auf dessen spezielle Situation zur Wahrnehmung seiner Rechte erforderlich und zweckmäßig war (BGHZ 127, 348, 350; VersR 2006, 521; VersR 2007, 505; NJW 1986, 2243; NJW 2004, 2448). Hierzu hätte das Berufungsgericht den Vortrag der Parteien beachten müssen, weshalb in derartigen Fällen eine getrennte Verfolgung zweckmäßig und sogar geboten sein könne; es hätte prüfen müssen, ob vertretbare **sachliche Gründe** für eine getrennte Geltendmachung bestanden haben oder ob lediglich Mehrkosten verursacht worden sind.«

Bei der Erstattungsfrage kann der Richter also in sparsamer Weise das anwaltliche Ermessen unter dem Gesichtspunkt, ob hinreichende sachliche Gründe für eine Trennung dargetan sind, überprüfen (OLG Koblenz Rpfleger 1983, 38; Baumbach/Lauterbach ZPO 63. Aufl. § 91 Rn. 32 m. N.). Denn nur die notwendigen Kosten sind erstattungsfähig nach § 91 ZPO.

Handelt es sich um mehrere Klagen mehrerer Kläger, so kann der Anwalt umgekehrt nicht einfach aus Gründen der sparsamen Prozessführung die mehreren Klagen in einer Klage zusammenfassen. Dazu brauchte er – nach Belehrung – die Zustimmung einer jeden Partei. Er kann die eine Partei nicht einfach zwingen, sich am Kostenrisiko der anderen Parteien zu beteiligen, denn es ist nicht sicher, dass der Richter bei unterschiedlichem Prozessausgang bei der schwierigen Kostenentscheidung, wenn von den 50 Mandanten eine Reihe obsiegt, die anderen aber ganz oder teilweise unterliegen, keine Fehler zu Lasten des betreffenden Mandanten macht.

Hinzukommt, dass bei einem Ausfall eines anderen Kostenschuldners dieser Mandant ohnehin wieder für die Kosten seiner Klage allein voll haften müsste (§ 7 Abs. 2). Wenn es sich dabei um zahlreiche Kläger, 50 an der Zahl im Falle des OVG Münster, handelt und dabei nur 3 oder 4 ausfallen, so ist der Verfasser gewiss, dass dann hinsichtlich des auf den betreffenden zahlungsfähigen Kläger entfallenden Kostenanteils das Ergebnis nach dem Grundsatz, mit der Stange in der Luft herumstochern, gesucht würde. Wie soll hier aber ein Anwalt, der nicht gerade zur Kostenelite gehört, sachgemäß und **richtig** vorweg seinen gebührenrechtlich unerfahrenen Mandanten aufklären?

Sagt eine Partei, ich will mein Prozessrisiko allein tragen, so muss das vom Anwalt und den Gerichten als vertretbar akzeptiert werden und zwar sowohl im Kostenanfall wie auch bei der **Kostenerstattung** (vgl. auch § 19 Rn. 23).

Werden die mehreren bei Gericht eingereichten Klagen gem. § 147 ZPO verbunden, so wird die Sache nach der Verbindung eine Angelegenheit. Wird nun erstmals ein Termin bestimmt, so ist alles eine Angelegenheit mit der Addition der mehreren verschiedenen Gegenstände (§ 22 Abs. 1). Die Gerichte werden allerdings in aller Regel wegen ihres Pensenschlüssels die 50 Klagen nicht verbinden, sondern nur zur gleichen Zeit terminieren, und das in jeder Instanz. Der Kostenrechtspfleger hat dann später bei der Kostenfestsetzung das zweifelhafte

Abschnitt 2 – Gebührenvorschriften

Vergnügen, das von allen Prozessbeteiligten mit Augenzwinkern begleitete Prozessieren, das die Kosten hochtreibt, wieder mit der Blankettnorm des § 91 Abs. 1 Satz 1 ZPO auf das notwendige Maß zurückzuführen (OLG Koblenz Rpfleger 1983, 38).

25 Für den Rechtsmittelrechtszug bestimmt übrigens § 15 Abs. 2 Satz 2 positivrechtlich, dass es sich insoweit um eine neue Angelegenheit im Verhältnis zur ersten Instanz handelt.

5. Beispiele aus der Rechtsprechung für eine Angelegenheit

26 (1) OLG Hamm (JurBüro 2000, 469):

Nach Abschluss eines Prozessvergleichs begehrt die Partei die Fortsetzung des Prozesses mit der Behauptung, der Prozessvergleich sei unwirksam = 1 Angelegenheit (ebenso LG Düsseldorf AGS 2005, 286).

Anders liegen die Dinge aber, wenn die Partei einen **neuen Prozess** mit der Behauptung einleitet, sie sei wirksam – nach Fristsetzung – vom Prozessvergleich zurückgetreten oder die Geschäftsgrundlage des Prozessvergleiches sei entfallen. Letzteres muss im neuen Prozess (also 2 Angelegenheiten) geltend gemacht werden.

(2) LG Düsseldorf (AGS 2005, 286):

Anfechtung eines Vergleichs, der bestimmt: Kostenaufhebung, anschließendes bestätigendes Urteil: Anfechtender trägt die weiteren Kosten.

Das LG Düsseldorf formuliert wörtlich:

»1. Wenn die Anfechtung eines Prozessvergleichs erklärt wird, bilden das Verfahren vor dem Vergleichsabschluss und das Nachverfahren gebührenrechtlich eine Angelegenheit.

2. Die vor Vergleichsabschluss erwachsenen Rechtsanwaltsgebühren entstehen nicht noch einmal.«

Das LG Düsseldorf kann sich zwar insgesamt auf eine ganz h. M. stützen (OLG Hamm JurBüro 1980, 550; OLG Frankfurt JurBüro 1981, 1345; OLG Koblenz NJW 1978, 2399; Gerold/Schmidt/von Eicken/Madert/Müller-Rabe RVG 17. Aufl. § 15 Rn. 35). Der 2. Satz ist aber unrichtig. Es handelt sich zwar um eine Angelegenheit, aber nach der Vergleichsanfechtung entstehen die anwaltlichen Gebühren erneut, der Anwalt kann sie aber in derselben Angelegenheit nur einmal fordern (§ 15 Abs. 2 Satz 1, so auch schon oben Rn. 6).

Im Ergebnis ist die Entscheidung des LG Düsseldorf aber zutreffend. Denn wenn der 2. Kostentenor (im Urteil) heißt, dass der unberechtigt Anfechtende die **weiteren** Kosten des Rechtstreits zu tragen hat, so ist das eine »Mehrkostenentscheidung«. Zusätzliche Kosten sind aber im weiteren Verfahren nicht entstanden. Das war anders im Falle des OLG Hamm (JurBüro 1980, 550), wo ein Mehrvergleich abgeschlossen war, der angefochten wurde und dadurch im »Nachverfahren« ein höherer Streitwert anstand als im ursprünglichen Prozess (vgl. auch die interessanten Ausführungen von OLG Frankfurt (JurBüro 1981, 1345), das sich mit der auf Absatz 2 Satz 1 gestützten Gegenmeinung von H. Schmidt (AnwBl. 1977, 111) auseinandersetzt).

(3) OLG Koblenz (JurBüro 1990, 42):

Die Beklagten und deren Streithelferin beauftragen denselben Anwalt.

(4) BGH (JurBüro 1976, 749):

Der Mandant erteilt den Auftrag, seine Arzneimittelfabrik für DM 8,8 Mio. zu verkaufen. Der Ankäufer macht zur Bedingung, dass die Firma zuvor in eine GmbH umgewandelt wird. Der Anwalt erhält den Auftrag, die Fa. zunächst in eine KG, dann in eine GmbH umzuwandeln. Dann wirkt er beim Verkauf der GmbH-Anteile mit.

Abgeltungsbereich der Gebühren | § 15

Der BGH meint dazu: Das alles sei eine Angelegenheit, da die beiden Umwandlungen nur Hilfsgeschäfte für den Verkauf seien. Es sind noch nicht einmal mehrere Gegenstände – ohne Rücksicht auf die dabei auftauchenden schwierigen Rechtsfragen – und die Gebühr erfällt damit nur einmal aus dem Wert von DM 8,8 Mio.

(5) OLG Frankfurt (JurBüro 1978, 697):

Prozessauftrag von 3 Familienmitgliedern aus einem erlittenen Verkehrsunfall.

(6) BGH (JurBüro 1984, 537):

Vertretung mehrerer Eigentümer im Enteignungsverfahren, allerdings nur dann, wenn die Aufträge nach Inhalt, Ziel und Zweck sich weitgehend entsprechen; bei Verschiedenheit der Zielrichtung allerdings mehrere Angelegenheiten.

(7) LG Göttingen (JurBüro 2002, 25):

Beratungshilfe für die Vertretung gegen **zwei** Bescheide des Sozialhilfeträgers (zweifelhaft).

(8) OLG Düsseldorf (KostRsp § 3 BRAGO Nr. 28 = OLGR 1993, 160):

Eine GmbH-Gesellschafterin beauftragte einen Rechtsanwalt, ihre Interessen wahrzunehmen bei **zwei Gesellschafterversammlungen** (Februar und April 1987), nachdem die übrigen Gesellschafter den Entschluss gefasst hatten, sie auszuschließen; ferner erhielt er den Auftrag, diesen **Beschluss anzufechten** und den **Gesellschafteranteil** im Wege des Vergleiches bestmöglichst an die übrigen Gesellschafter **zu veräußern**.

(9) OLG Dresden (Rpfleger 2006, 44 = OLGR Dresden 2006, 233):

Wird ein Rechtsanwalt sowohl im Verfahren zur Bestimmung des zuständigen Gerichts nach §§ 36, 37 ZPO als auch im anschließenden Hauptsacheverfahren tätig, so erhält der Rechtsanwalt für die Tätigkeit im Gerichtsstandsbestimmungsverfahren selbst keine gesonderte Vergütung, wenn der Antrag auf Bestimmung des zuständigen Gerichts zurückgewiesen wird.

Dies folgt aus § 19 Abs. 1 Nr. 3, wonach das Verfahren zur Bestimmung des zuständigen Gerichts zur Instanz gehört. Nur wenn ein Anwalt ausschließlich für das Bestimmungsverfahren nach §§ 36, 37 ZPO als Verfahrensbevollmächtigter bestellt ist, hat er einen gesonderten Gebührenanspruch nach Nr. 3403 VV von 0,8. (Allerdings kann der gleichzeitig dort geäußerten Meinung des OLG Dresden nicht gefolgt werden, für den Prozessbevollmächtigten, der im Verfahren nach §§ 36, 37 ZPO vertrete, falle die Verfahrensgebühr (Nr. 3100) noch nicht an, weil ein Klageverfahren noch nicht anhängig sei. Die Unrichtigkeit dieser These folgt bereits aus der vom OLG Dresden erörterten Norm des § 19 Abs. 1 Nr. 3: Das Bestimmungsverfahren gehört für den Anwalt natürlich als Vorbereitungsmaßnahme zur anwaltlichen Instanz – einen Begriff, den das OLG Dresden zwar erörtert, aber ersichtlich nicht verstanden hat: Die anwaltliche Instanz beginnt mit dem Klageauftrag. Muss zu dessen Durchführung dazu erst das zuständige Gericht bestimmt werden, so gehört das eben nach § 19 Abs. 1 Nr. 3 zur anwaltlichen Instanz; siehe unten Rn. 61).

(10) AG Schleiden (DGVZ 2005, 142):

Wenn der Gläubiger nach einem erfolglosen Zwangsvollstreckungsversuch im Geschäftslokal des Schuldners einen neuen Auftrag zur Vollstreckung in der Wohnung des Schuldners erteilt, steht diese Maßnahme in einem inneren Zusammenhang mit dem ersten Vollstreckungsversuch, so dass sie als dessen Fortsetzung zu sehen ist. Es handelt sich damit um eine gebührenrechtlich einheitliche Angelegenheit der Mobiliarzwangsvollstreckung, so dass für den Gläubigeranwalt keine weitere Gebühr entsteht.

(11) OLG Koblenz (AGS 2005, 194 mit Nachweis der unterschiedlichen Rechtsprechung): Wechsel des Auftraggebers.

Abschnitt 2 – Gebührenvorschriften

Vertritt ein Anwalt in einem Rechtsstreit (falsche Partei war verklagt) mehrere Auftraggeber **zeitlich nacheinander**, so sind es zwei Angelegenheiten, obwohl die Klageforderung dieselbe ist. Anders liegen die Dinge, dann also nur **eine Angelegenheit**, wenn er beide Auftraggeber, wenn auch nur kurzfristig, gleichzeitig vertritt, dann erhält er nur die Erhöhungsgebühr nach Nr. 1008, str., siehe näher unter Rubrumsberichtigung Rn. 70 ff.

Im Falle des OLG Koblenz war es eine Angelegenheit für die Beklagtenanwälte. Aus dem Sitzungsprotokoll folgte, dass sie bereits über eine Prozessvollmacht der Beklagten zu 2. verfügten, ehe sich der Parteiwechsel vollzog und die Beklagte zu 1. unter Eintritt der Beklagten zu 2. aus dem Verfahren ausschied.

Das OLG Koblenz hat die **Rechtsbeschwerde** zum BGH zugelassen.

Der BGH (JurBüro 2007, 76 = AGS 2006, 583) hat darauf die Entscheidung im Ergebnis bestätigt, setzt für dieses Ergebnis aber grundsätzlich eine **teilweise** Verfahrensidentität **nicht voraus**.

(12) OLG Stuttgart (JurBüro 1982, 551):

Die Angelegenheit bleibt dieselbe, wenn an die Stelle des Auftraggebers dessen Gesamtrechtsnachfolger tritt. Dann entsteht der Gebührenanspruch nicht erneut.

(13) KG (JurBüro 2008, 208): Nach einer Verfahrensverbindung kommt für die nachfolgend entstandene Terminsgebühr nur noch eine Gebühr – nach dem neuen Wert – in Betracht. Denn mit der Verbindung werden die Verfahren **eine Angelegenheit** im Sinne des § 15 Abs. 2 RVG (OLG Bamberg JurBüro 1986, 219, 220; OLG Koblenz JurBüro 1986, 1523, 1524).

(14) AG Kamen (AGS 2007, 26): Da im Mahnverfahren auch bei Inanspruchnahme mehrerer Gesamtschuldner jeweils ein gesonderter Antragsvordruck auszufüllen ist, bleibt es doch eine Angelegenheit, selbst wenn zwei gesonderte Mahnbescheide mit verschiedenen Geschäftsnummern erteilt werden.

(15) KG (AGS 2006, 274): »Machen Miterben jeweils einen eigenen Anspruch auf Zahlung ihres Pflichtteils geltend, so ist der Gegenstand der anwaltlichen Tätigkeit nicht derselbe. Dies hat zur Folge, dass die Werte der Einzelgegenstände gemäß § 22 Abs. 1 RVG zu addieren sind und die Verfahrensgebühr sich nicht nach Nr. 1008 VV RVG erhöht.« Es ist aber eine Angelegenheit.

6. Beispiele für mehrere Angelegenheiten

27 (1) OLG Zweibrücken (AnwBl. 1968, 363):

Zwei verschiedene Angelegenheiten sind es, wenn der RA sich nach einem Verkehrsunfall zunächst an den Haftpflichtversicherer des Gegners und sodann an die eigene Kaskoversicherung wendet. Ebenso AG Limburg (AGS 2006, 267): »Der Haftpflichtversicherer des Unfallgegners hat die für die Regulierung des Kaskoschadens entstandenen Anwaltskosten neben den Kosten für die Geltendmachung der Schadensersatzansprüche im Rahmen der Eintrittspflicht zu erstatten, wenn er den Geschädigten gemäß § 158 c VVG (Alkoholfahrt des VN) auf die vorrangige Inanspruchnahme seines Kaskoversicherers verwiesen hat.« (2) OLG Köln (Rpfleger 2001, 149):

Wenn der Anwalt mehreren Drittschuldnern, die ihren Wohn- oder Geschäftssitz an unterschiedlichen Orten haben, vorläufige Zahlungsverbote zustellen lassen will und zu diesem Zweck mehrere Zustellungsersuchen an verschiedene Gerichtsvollzieher an jeweils andere Orte richten muss.

(3) OLG Köln (AGS 2000, 208):

Die Vergütungsfestsetzung gegen die eigene Partei gemäß § 11 ist eine vom Hauptsacheverfahren unabhängige Angelegenheit.

(4) LG Köln (MDR 2000, 730):

Zwei teils außergerichtliche/teils gerichtliche Angelegenheiten sind zunächst der Kündigungsauftrag hinsichtlich eines Mietverhältnisses und der anschließende Räumungsprozessauftrag.

(5) OLG Koblenz (JurBüro 1999, 328):

Vertretung im Erkenntnisverfahren und in der Zwangsvollstreckung.

(6) OLG Koblenz (AGS 1998, 67 = JurBüro 1998, 359):

Beweisverfahren gegen Bauunternehmer, Streitverkündung durch Antragsteller an Architekten. Danach klagt Antragsteller gegen Architekten (Streitverkündeten mit Beweisergebnis aus dem Beweisverfahren). Beweisverfahren und anschließende Klage sind zwei Angelegenheiten, denn es fehlt an der Parteiidentität.

(7) AG Ahaus (JurBüro 1976, 57) und AG Charlottenburg (JurBüro 2002, 25):

Einholung der Deckungszusage beim Rechtsschutzversicherer und spätere Prozessvertretung, a. A.: LG München (JurBüro 1993, 163): Einholung der Deckungszusage sei Nebengeschäft im Rahmen des Prozessauftrages.

(8) LG Hanau (RVGreport 2005, 382):

Wird für zwei Verfahren, in denen der Anwalt zum Pflichtverteidiger des Angeklagten bestellt ist, ein gemeinsamer Termin zur Hauptverhandlung bestimmt, so erhält der Pflichtverteidiger seine Gebühren (Grundgebühr, Verfahrensgebühr, Terminsgebühr) in beiden Verfahren, wenn diese erst im Hauptverhandlungstermin nach Aufruf der Sache zur gemeinsamen Verhandlung und Entscheidung verbunden wurden. Erst durch den Verbindungsbeschluss wird aus zwei Angelegenheiten eine Angelegenheit. Die gleichzeitige Terminierung von Verfahren bedeutet noch nicht deren stillschweigende Verbindung.

(9) LG Duisburg (RVGreport 2005, 308):

Es handelt sich um drei verschiedene Angelegenheiten (2 × Gebühr nach Nr. 2300), wenn der Rechtsanwalt 1. außergerichtlich zur Erwirkung einer Unterlassungserklärung mit Vertragsstrafeversprechen tätig wird, 2. nachfolgend die verwirkte Vertragsstrafe außergerichtlich geltend macht und 3., weil die Vertragsstrafe nicht gezahlt wird, die Vertragsstrafe (zusammen mit der noch offenstehenden Bruchteilsgeschäftsgebühr für das außergerichtliche Vertragsstrafebegehren) einklagt.

Für die Anrechnung auf die im gerichtlichen Verfahren entstehende Verfahrensgebühr ist nach Vorbem. 3 Abs. 4 Satz 2 VV RVG die zuletzt entstandene Geschäftsgebühr (für das Vertragsstrafebegehren) maßgebend.

(10) Mümmler (JurBüro 1996, 240 und 1996, 347):

Zwei Angelegenheiten, wenn der RA zunächst den Antragsteller im selbstständigen Beweisverfahren vertritt und sodann nach Vorlage des abschließenden Gutachtens vom Gegner fordert, die Mängelbeseitigungskosten laut Gutachten an den Antragsteller zu zahlen.

(11) VG Sigmaringen (NC 6 K 701/05 – 22. 08. 2006): Vertritt ein Rechtsanwalt im Streit um die Zulassung zur Hochschule die Universität gegenüber mehreren Antragstellern, liegt infolge der erforderlichen Einzelfallprüfung nicht dieselbe Angelegenheit vor.

(12) AG Kassel (JurBüro 2006, 592 = AGS 2007, 133): Bei einem Beratungshilfeverfahren und dem nachfolgenden Prozesskostenhilfeprüfungsverfahren handelt sich nicht um dieselbe Angelegenheit. Die im Beratungshilfeverfahren entstandene Auslagenpauschale ist daher nicht auf die Gebühr oder die Auslagenpauschale des nachfolgenden PKH-Verfahrens anzurechnen.

Abschnitt 2 – Gebührenvorschriften

(13) BGH (NJW 2008, 1744): »Das Abschlussschreiben eines Rechtsanwalts, mit dem nach Erwirkung einer auf Unterlassung einer Äußerung gerichteten einstweiligen Verfügung der Antragsgegner dazu aufgefordert wird, den Verfügungsanspruch anzuerkennen und auf Widerspruch sowie die Stellung eines Antrags nach § 926 ZPO zu verzichten, gehört hinsichtlich der Anwaltsgebühren zur angedrohten **Hauptsacheklage** und nicht mehr zum **Eilverfahren**. Kommt es nicht zum Hauptsacheprozess, weil der Antragsgegner die geforderten Erklärungen abgibt, steht dem Antragsteller grundsätzlich ein materiell-rechtlicher Kostenerstattungsanspruch zu.« (Siehe insoweit auch die ausdrückliche Regelung des § 17 Nr. 4 (abwegig KGR Berlin 2006, 850).

(14) VG Dresden (2 K 1334/05 – 15. 08. 2005) Verfahrenstrennung durch Trennungsbeschluss: »Hat das Gericht die zunächst in einem Verfahren zusammen verfolgten Klagebegehren gemäß § 93 VwGO getrennt, sind die Gebühren eines bevollmächtigten Rechtsanwalts nur dann nach den Einzelstreitwerten der abgetrennten Verfahren zu ermitteln, wenn die Gebührentatbestände nach Zustellung des Trennungsbeschlusses erneut verwirklicht worden sind.«

(15) OLG Rostock (JurBüro 2007, 640 = OLGR Rostock 2007, 1062 = FamRZ 2008, 626) zu

§ 16 Nr. 4 RVG »Werden in Familiensachen außerhalb des Scheidungsverbundes zugleich Verfahren (hier ein Antrag auf Zuordnung des Aufenthaltsbestimmungsrechts und eine Klage auf Unterhalt) miteinander verhandelt, deren Parteien voneinander unterschiedlich sind und die unterschiedlichem Verfahrensrecht (ZPO und FGG) unterliegen, so errechnen sich die Gebühren nicht nach der Summe ihrer Streitgegenstände sondern für jede Sache gesondert, mehrere Angelegenheiten.«

(16) Gerold/Schmidt/von Eicken/Madert/Müller-Rabe RVG 17. Aufl. § 15 Rn. 107:

Schmerzensgeld durch Prozessvergleich erledigt, dann neuer Auftrag, materiellen Zukunftsschaden zu fordern = zwei Angelegenheiten. Hätte sich dagegen der Auftrag von Anfang an auf beide Gegenstände bezogen, so nur eine Angelegenheit.

(17) Nach unrichtiger Ansicht von OLG Köln JurBüro 2007, 302; OLG Karlsruhe MDR 2008, 473; BGH MDR 1987, 735; Schneider/Wolf RVG 3. Aufl. § 19 Rn. 47; Mayer/Kroiß RVG 2. Aufl. § 19 Rn. 45 soll die Zurückweisung oder Rücknahme eines Antrages auf Bestimmung des zuständigen Gerichts (§§ 36, 37 ZPO) im Verhältnis zur Hauptsache eine eigene Angelegenheit sein, obwohl diese Gerichte einräumen, dass dies nicht gilt, wenn es zur positiven Bestimmung kommt (§ 19 Abs. 1 Satz 2 Nr. 3 RVG). Dem hat zu Recht das OLG Dresden (OLGR Dresden 2006, 233) widersprochen, teilweise allerdings mit unrichtiger Begründung.

Wenn § 19 Abs. 1 Satz 2 Nr. 3 RVG als zur Instanz gehörig erklärt »alle Vorbereitungs-, Neben- und Abwicklungstätigkeiten und **solche Verfahren, die mit dem Rechtszug oder Verfahren zusammenhängen**, insbesondere ... die Bestimmung des zuständigen Gerichts«, so ist es gebührenrechtlich völlig systemfremd, die Norm dahin auszulegen, nur eine positive »Bestimmung« gehöre zur Instanz, nicht aber die Zurückweisung eines solchen Antrages.

Der BGH mag noch in gewisser Weise entschuldigt sein, weil beim § 37 BRAGO der zitierte Eingangssatz noch fehlte. Nachdem nun aber im Eingang ausdrücklich »das Verfahren« genannt ist, lässt sich die Rechtsprechung des OLG Köln und des OLG Karlsruhe nicht vertreten, so erfreulich sie auch für die Anwaltschaft ist.

Die »Nebentätigkeiten«, die im § 19 genannt sind, gehören zur anwaltlichen Instanz, die mit dem Prozessauftrag und der ersten anwaltlichen Tätigkeit beginnt, gleich ob der Anwalt zuerst die Klage fertigt oder einen Antrag nach § 36 ZPO einreicht. Eine jede solche Tätigkeit löst wie viele auf dem Wege zum abschließenden Urteil die Verfahrensgebühr aus, der Anwalt kann sie nach § 15 Abs. 2 Satz 1 aber nur einmal fordern. Daher ist auch Vieles, was das OLG Dresden zur Begründung seines richtigen Ergebnisses geschrieben hat, gebührenrechtlich nicht haltbar.

Die richtige Begründung lautet einfach: Das Verfahren zur Bestimmung des zuständigen Gerichts gehört kraft Gesetzes zum Rechtszug des Verfahrens und an diesen Gesetzesbefehl hat man sich zu halten (§ 19 Abs. 1 Satz 2 Nr. 3 RVG).

(18) Niedersächsisches Oberverwaltungsgericht (NJW 2007, 395 = JurBüro 2007, 22): Rechtsanwaltskosten im Hochschulzulassungsrecht. Ein Rechtsanwalt, der im Kapazitätsprozess eine Hochschule gegen die Teilhabeansprüche einer Vielzahl von Studienbewerbern vertritt, wird gebührenrechtlich in mehreren und nicht in derselben Angelegenheit tätig (Abgrenzung von OVG Hamburg, Beschluss vom 30. 09. 1987 – Bs IV 593/87 –, HmbJVBl. 1988, 47).

7. Angelegenheit im außergerichtlichen Bereich

Für die Beurteilung der einheitlichen Angelegenheit im **außergerichtlichen** Bereich werden regelmäßig **drei Kriterien** genannt: 28

a) Einheitlicher Auftrag

OLG München (NJW 1965, 258): Jeder neue Auftrag leitet eine neue Angelegenheit ein. OHG-Gesellschafter streiten zunächst über Hallenaufteilung, später über Geschäftsführung. 29

Das Abgrenzungskriterium »Auftrag« ist allerdings insbesondere wegen § 15 Abs. 5 problematisch, weil ein neuer (späterer) Auftrag in derselben Angelegenheit nicht zu einer neuen Angelegenheit führt. Allerdings ist eine neue Angelegenheit mit einem neuen Auftrag dann wiederum gegeben, wenn der erste Auftrag bei Erteilung des zweiten Auftrages **vollständig erledigt** ist (Hansens BRAGO 8. Aufl. § 13 Rn. 8; Gerold/Schmidt/von Eicken/Madert/Müller-Rabe RVG 17. Aufl. § 15 Rn. 107).

Eine gesetzliche Ausnahme gilt nach Ablauf von 2 ganzen Kalenderjahren (§ 15 Abs. 5 Satz 2).

b) Einheitlicher (äußerer) Rahmen

Berg/Blaß/Bolder/Kraft/Ramm (BRAGO Handbuch 2. Aufl. A Rn. 14): Etwa die Zusammenfassung in einem Anspruchsschreiben, ferner ein gleichlautendes Schreiben an alle Gläubiger zur Schuldenregulierung (Gerold/Schmidt/von Eicken/Madert/Müller-Rabe RVG 17. Aufl. § 15 Rn. 8). 30

OLG Frankfurt (JurBüro 1978, 697):

Der Verkehrsunfallschaden von drei Familienmitgliedern wird in einem Regulierungsschreiben zusammengefasst.

c) Innerer Zusammenhang

OLG Hamburg (MDR 1981, 944): 31

Dieser Zusammenhang fehlt zwischen vorgerichtlichem **Abmahnschreiben** in Wettbewerbssachen und dem späteren **Abschlussschreiben**. Das Abmahnschreiben schafft das Rechtsschutzinteresse für die EV. Das Abschlussschreiben des Gläubigers und die dann folgende Abschlusserklärung des Unterlassungsschuldners (Prozessvertrag) machen einen vorläufigen EV-Titel zu einem vollwertigen Titel der Hauptsache (*Schultz-Süchting* in UWG Jakobs/Lindacher-Teplitzky § 25 Rn. 285 ff.).

Innerer Zusammenhang ist etwa gegeben, wenn geschiedene Ehefrau einheitlich (nachehelichen) Unterhalt für sich und als Vertreterin ihrer Kinder geltend macht.

Eine Kombination von gerichtlichem und außergerichtlichem Verfahren stellt folgender von von Eicken (AGS 1998, 144) untersuchter Fall dar: Der Anwalt hat zunächst nur den Auftrag zur Durchführung eines Beweisverfahrens. Dieses endet mit der Stellungnahmefrist des Gerichts zum Gutachten (§ 411 Abs. 4 Satz 2 ZPO) oder mangels Fristsetzung innerhalb eines angemessenen Zeitraums zur Stellungnahme zum Sachverständigengutachten. Nach diesem Zeitablauf kann der Anwalt mit neuem Auftrag durch Geltendmachung eines Anspruchs gemäß dem Beweisergebnis neue Gebühren (**neue Angelegenheit**) nach Nr. 2300 VV RVG verdienen.

8. Angelegenheit – problematische Fragestellungen

a) Mehrere Auftraggeber

32 Auch wenn der Anwalt für mehrere Auftraggeber tätig wird, handelt es sich doch nur um eine Angelegenheit, allerdings kann er nach Nr. 1008 eine erhöhte Geschäfts-/Verfahrensgebühr verlangen.

b) Bedingter Auftrag

33 Ein Auftrag, den Schuldner außergerichtlich zur Leistung zu motivieren, und der spätere Auftrag (nach einem Misserfolg), den Anspruch einzuklagen, sind zwei Angelegenheiten. Das folgt bereits aus der Anrechnungspflicht der Vorbemerkung 3 Abs. 4. Denn wenn es sich lediglich um eine Angelegenheit handelte, wäre nichts anzurechnen. Immer wenn eine Anrechnungspflicht greift, lässt sich feststellen: dann müssen es auch verschiedene Angelegenheiten sein. Wird von Anfang an der Auftrag erteilt, einen außergerichtlichen Beitreibungsversuch zu unternehmen (Nr. 2300) und für den Fall des Scheiterns, den Anspruch einzuklagen (Nr. 3100), so ist ein unbedingter und ein bedingter Auftrag erteilt (Gebauer/Schneider RVG 2. Aufl. § 61 Rn. 13; OLG Bamberg JurBüro 1989, 497; OLG Koblenz AGS 1995, 133; Hartung/Römermann RVG § 60 Rn. 19; Gerold/Schmidt/von Eicken/Madert/Müller-Rabe RVG 17. Aufl. § 15 Rn. 19).

c) Strafsachen

34 In Strafsachen ist das gleiche Strafverfahren stets die gleiche Angelegenheit. Es ist also nur eine Angelegenheit, wenn der Anwalt in dem gleichen Strafverfahren mehrere Privatkläger, Nebenkläger oder andere Verfahrensbeteiligte vertritt. Dabei können gebührenrechtlich die Interessen der vertretenen Personen verschieden sein. Vertritt z. B. der Anwalt einen Angeklagten, um dessen Freisprechung zu erreichen, und eine Nebenklägerin, um die Verurteilung eines Mitangeklagten herbeizuführen, so ist auch dieses eine Angelegenheit. Nr. 1008 VV ist aber hier anzuwenden (Gerold/Schmidt/von Eicken/Madert/Müller-Rabe RVG 17. Aufl. § 15 Rn. 14 m. N.).

Die Frage ist allerdings streitig. Zwei Angelegenheiten nehmen in solchen Fällen an: LG Ulm (AnwBl. 1960, 99) und LG Hildesheim (AnwBl. 1966, 168).

d) Auftrag zur Tätigkeit auf dem Gebiet der freiwilligen Gerichtsbarkeit

35 Auch hier (Tätigkeit vor Gerichten der freiwilligen Gerichtsbarkeit) wird gem. Absatz 1 alles abgegolten vom Auftrag bis zur Erledigung der Angelegenheit = alles eine Angelegenheit. Interessantes Beispiel von *Madert* (Gerold/Schmidt/von Eicken/Madert/Müller-Rabe RVG 17. Aufl. § 15 Rn. 16): Wird der RA von den Vormündern zweier Mündel beauftragt, die vormundschaftsgerichtliche Genehmigung für den Verkauf eines Grundstücks einzuholen, welches beiden Mündeln gemeinsam gehört, so liegt eine einheitliche Angelegenheit vor, wenn das Gesuch in einem Auftrag an dasselbe Vormundschaftsgericht gestellt wird. Dagegen liegen verschiedene Angelegenheiten vor, wenn der eine Genehmigungsantrag an das Amtsgericht A und der andere an das Amtsgericht B gestellt werden muss.

e) Hausanwalt

36 Nicht selten wird einem Anwalt der Auftrag erteilt, alle Rechtsangelegenheiten eines Unternehmens zu erledigen. Dadurch wird diese Tätigkeit nicht zu einer einzigen Angelegenheit. Vielmehr bleibt es beim allgemeinen Prinzip:

Jeder Einzelauftrag ist eine besondere Angelegenheit, z. B. jede Abmahnung, jede Kündigung, jedes Kurzgutachten.

9. Verabredung mehrerer Angelegenheiten durch Gebührenvereinbarung (§ 3 a RVG)

Der Anwalt kann gem. § 3 a RVG (Vereinbarung einer höheren als der gesetzlichen Vergütung) aus einer Angelegenheit **mehrere** gebührenrechtliche **Angelegenheiten** machen (Schneider Die Vergütungsvereinbarung 2006 Rn. 853; OLG Düsseldorf OLGR 1993, 160). 37

Es ist dann aber erforderlich, dass diese Vereinbarung der in § 3 a vorgeschriebenen Form entspricht.

Dazu hat das OLG Düsseldorf in dem unter Rn. 26 Fall (8) schon erwähnten Fall der Vertretung einer GmbH-Gesellschafterin im Ausschlussverfahren und beim Verkauf des Anteils (KostRsp § 3 BRAGO Nr. 28 mit Anm. Herget = OLGR 1993, 160 = OLGReport 1993, 160) bemerkt: Grundsätzlich sei es möglich gewesen, diese einheitliche Angelegenheit in getrennte Angelegenheiten aufzuteilen, und zwar in die Angelegenheit »Teilnahme an den Gesellschafterversammlungen« und »Vermarktung des Gesellschaftsanteils« (Wert jeweils DM 1,8 Mio. = Wert des Geschäftsanteils). Eine solche Vereinbarung müsse sich aber, wie jede Gebührenvereinbarung, die über die gesetzlichen Gebührentatbestände hinausgehe, an § 3 (jetzt § 3 a) messen lassen, was hier nicht der Fall gewesen sei. Dieser Lösungsweg, den Anwälte meist nicht bedenken, wäre auch möglich gewesen im BGH-Fall (JurBüro 1976, 749), oben (Rn. 26 – Fall (4) –): Auftrag zum Verkauf der Arzneimittelfabrik nach Umwandlung in eine KG und sodann in eine GmbH. 38

10. Gegenstand

Der Begriff Gegenstand taucht im § 15 erst im Absatz 3 auf. 39

An sich wäre er daher erst später zu kommentieren. Das immer wiederkehrende Begriffspaar Angelegenheit/Gegenstand legt es jedoch nahe, den Begriff **Gegenstand** in unmittelbarer Nähe zur **Angelegenheit** zu erläutern.

Der Begriff Gegenstand ist vom Gesetzgeber ebenfalls inhaltlich nicht definiert. § 2 lautet zwar wie folgt: »Die Gebühren werden, soweit dieses Gesetz nichts anderes bestimmt, nach dem Wert berechnet, den der Gegenstand der anwaltlichen Tätigkeit hat (Gegenstandswert).« Diese gesetzliche Definition bringt uns aber nicht weiter. Da liegt eine ironische Bemerkung nahe. Die Definition des Gegenstands besagt lediglich, dass der Wert des Gegenstands der anwaltlichen Tätigkeit der Gegenstandswert ist. Was aber ist der Gegenstand?

Alle Kommentatoren meinen in wörtlicher Übereinstimmung mit der Rechtsprechung wenig inhaltsreich: »*Gegenstands(-wert) der anwaltlichen Tätigkeit ist das Recht oder Rechtsverhältnis, auf das sich auftragsgemäß die Tätigkeit des Rechtsanwalts bezieht*« (Gerold/Schmidt/von Eicken/Madert/Müller-Rabe RVG 16. Aufl. § 22 Rn. 2; Riedel/Sußbauer BRAGO 8. Aufl. § 7 Rn. 2; Gebauer/Schneider RVG 2. Aufl. § 2 Rn. 19; Göttlich/Mümmler/Rehberg/Xanke 20. Aufl. »Gegenstandswert« 7; Hansens BRAGO 8. Aufl. § 6 Rn. 3; Hartmann Kostengesetze 35. Aufl. § 2 RVG Rn. 4; BGH JurBüro 1972, 684; 1984, 837; OLG München NJW 1965, 258; OLG Hamm JurBüro 1979, 1311). 40

In gerichtlichen Verfahren kann man den Begriff Gegenstand mit dem Begriff des Streitgegenstands der BGH-Rechtsprechung gleichsetzen (so auch ausdrücklich Riedel/Sußbauer BRAGO 8. Aufl. § 7 Rn. 7; Gebauer/Schneider RVG 2. Aufl. VV 1008 Rn. 25, 26; OLG Koblenz JurBüro 1990, 990), also Antrag in Verbindung mit dem Lebenssachverhalt. Im Falle der objektiven Klagehäufung (§ 260 ZPO), also einer Mehrheit von Streitgegenständen (anders bei einem Antrag, der auf mehrere Anspruchsgrundlagen gestützt wird = Anspruchsgrundlagenkonkurrenz), liegen also mehrere Gegenstände vor, die gebührenrechtlich nach § 22 Abs. 1 zusammenzurechnen sind. Der Gegenstand wird durch den Auftrag bestimmt. Prüft der Rechtsanwalt etwa mögliche Ansprüche seines Mandanten gegen A, B und C, hatte er jedoch nur den Auftrag, den Anspruch gegen den A zu prüfen und einzuklagen, so kann er Ge- 41

Abschnitt 2 – Gebührenvorschriften

bühren nur für den Gegenstand seines Auftrags verlangen (Gebauer / Schneider BRAGO § 7 Rn. 18).

42 Aber auch außergerichtlich lässt sich mit dem Streitgegenstandsbegriff arbeiten. Dazu noch einmal das schon erwähnte Beispiel des BGH (NJW 1995, 1431): Ein Anwalt wird beauftragt, den Unfallschaden geltend zu machen. Die Angelegenheit zieht sich über Jahre hin. Der Anwalt macht nach und nach geltend: Unfallrente, Fahrtkosten, Haushaltshilfe, Schmerzensgeld.

Der gesamte Unfallschaden ist die Angelegenheit, sie besteht aus mehreren Gegenständen. Deren vier Werte sind nach § 22 Abs. 1 zusammenzurechnen, also die Werte von Rente, Fahrtkosten, Haushaltshilfe und Schmerzensgeld.

43 Rechtsprechungsbeispiele für die Zusammenrechnung mehrerer Gegenstände einer Angelegenheit: BGH (JurBüro 1991, 534); OLG Koblenz (JurBüro 1978, 702); OLG Hamm (JurBüro 1979, 1311); OLG Düsseldorf (JurBüro 1982, 712; 1986, 387).

OLG Stuttgart (JurBüro 1982, 1358): zusammengefasste Klage **mehrerer Unterhaltsgläubiger** gegen denselben Unterhaltsschuldner (Mutter + Kinder gegen Vater), die Gegenstände sind zu addieren.

44 OLG Koblenz (JurBüro 1994, 669): Verkehrsunfall: (3 Verkehrsopfer als Kläger) A klagt aus Verkehrsunfall Sachschaden (€ 5.000), B aus demselben Unfall ein Schmerzensgeld (€ 7.000), C aus dem Unfall einen Körperschaden (€ 4.000) ein.

Der Rechtsanwalt vertritt die Kläger A, B und C im gemeinsamen Prozess.

Es ist dieselbe Angelegenheit, aber es sind drei verschiedene Gegenstände, die gem. § 22 Abs. 1 addiert werden auf € 16.000.

45 OVG Münster (AGS 2000, 226): Ein Bebauungsplan wird durch mehrere Grundstückseigentümer angegriffen = mehrere Gegenstände einer Angelegenheit = Addition gemäß § 22 Abs. 1 (das geschah in einer gemeinsamen Klage). Beim Angriff des Bebauungsplanes durch mehrere Miteigentümer oder mehrere Wohnungseigentümer liegt ein Fall der Nr. 1008 VV RVG Anmerkung Abs. 1 = mehrere Auftraggeber vor. Obwohl es bei Nr. 1008 VV RVG selbst »Angelegenheit« heißt, hat sich für Wertgebühren am Inhalt des früheren § 6 Abs. 1 Satz 2 BRAGO = »Gegenstand« nichts geändert. Das folgt aus der Anmerkung Abs. 1 zu Nr. 1008 und ferner aus dem 4. Absatz der Gesetzesbegründung zur Nr. 1008 BT-Drs. 15/1971, S. 205: »Absatz 1 der Anmerkung entspricht der Voraussetzung des § 6 Abs. 1 Satz 2 Halbsatz 1 BRAGO«.

46 LArbG Nürnberg (JurBüro 2002, 363): Arbeitsrechtlicher Lohnanspruch von 24 Arbeitern, gemeinsame Klage von 24 Bauarbeitern (gleicher Stundenlohn, unterschiedliche Arbeitszeit). Rückständiger Lohn = eine Angelegenheit mit verschiedenen Klagegegenständen (individuelle Lohnforderungen): Zusammenzurechnen, § 22 Abs. 1.

47 OLG Hamburg (JurBüro 1987, 1037):

Gegendarstellungsanspruch (zwei Geschädigte), der sich gegen dieselbe (unrichtige) Darstellung wendet. Dieselbe Angelegenheit, die Gegenstände betreffen aber jeden Antragsteller höchstpersönlich, also Addition, kein Fall von Nr. 1008 VV RVG mit Anmerkung Abs. 1, keine Gegenstandsgleichheit.

48 OLG Hamburg (JurBüro 1989, 63; 1990, 855; 1998, 541):

Dasselbe Unterlassungsgebot gegen drei Beklagte, Wert: 3 × € 10.000,–. Jeder Beklagte haftet nur für je € 10.000,–, denn nur insoweit ist er am zusammengerechneten Streitgegenstand beteiligt. Ebenso

BGH (X ZB 12/06 – 15. 04. 2008 –NSW BRAGO § 6 - BGH-intern): »Bei einem inhaltsgleichen gegen mehrere Beklagte gerichteten Unterlassungsbegehren handelt es sich nicht um denselben Gegenstand der anwaltlichen Tätigkeit; das gilt auch, wenn eine juristische Person und ihr Organ in Anspruch genommen werden.«

OLG Stuttgart (JurBüro 1998, 302): 49

Abwehr gleichartiger Unterlassungsansprüche gegen mehrere Beklagte.

OLG Frankfurt (JurBüro 2002, 139): 50

(Höchstpersönliche) Auskunftsansprüche gegen zwei Beklagte.

OLG Koblenz (JurBüro 1982, 1828; OLG München JurBüro 1990, 602): 51

Erbrecht (zwei Vermächtnisnehmer). Testament: »Meine beiden Nichten sollen aus meinem Erbe je € 20.000,– bekommen«. Gemeinsame Klage gegen den Erben = Addition nach Absatz 1. Anders aber: Testament: »Ich vermache meinen beiden Nichten das Miteigentum am Hausgrundstück (Gesamtwert € 250.000,–)«. Dann liegt eine gemeinschaftliche Beteiligung vor, also erhöhte Gebühr nach Nr. 1008 VV RVG Anmerkung Abs. 1 aus € 250.000,–, aber keine Wertaddition nach § 22 Abs. 1 (vgl. OLG Schleswig JurBüro 1980, 1505).

OLG Schleswig (JurBüro 1980, 1505): 52

Klage der mehreren Bruchteilseigentümer = Wertaddition nach Absatz 1, aber keine Gebührenerhöhung nach Nr. 1008 VV RVG Anmerkung Abs. 1.

OLG Stuttgart (JurBüro 1998, 535 = AGS 1999, 7); AG Dortmund (JurBüro 1994, 485), im Ergebnis auch LG Bonn (Rpfleger 1990, 136):

Räumungsklage gegen zwei Mieter, keine Wertaddition nach Absatz 1, sondern erhöhte Gebühr nach Nr. 1008 VV RVG Anmerkung Abs. 1; a. A.: LG Köln (JurBüro 1990, 857) und OLG Köln (JurBüro 1992, 318 und JurBüro 1987, 1182): weder Wertaddition noch Erhöhung.

(Gerold / Schmidt-*Madert* (BRAGO § 7 Rn. 4)): Mehrere Gegenstände einer Angelegenheit = Mieten von 4 Monaten in den Prozessvergleich einbezogen. Unrichtig insoweit OLG Düsseldorf (AnwBl. 1999, 293), das sich zu Unrecht auf die Fundstelle von Gerold / Schmidt-*Madert* BRAGO § 7 Rn. 2 bezieht (Rn. 4 hätte vom OLG gelesen werden müssen!) und fälschlich meint, der Gegenstand sei derselbe.

BGH: Teilklage und Restanspruch sind zwei verschiedene (Streit-)Gegenstände, so die Antragstheorie des BGH. 53

OLG Koblenz (JurBüro 1992, 601): 54

Klage gegen mehrere GmbH-Gesellschafter, die jeweils die Stammeinlage nicht gezahlt haben (Wertaddition nach Abs. 1).

OLG Düsseldorf (AnwBl. 1978, 422 = JurBüro 1978, 1649): 55

Drittwiderspruchsklage gegen mehrere Pfändungsgläubiger, die wegen verschiedener Forderungen dieselbe Sache beim Schuldner gepfändet haben (verschiedene Gegenstände – Addition).

OLG Hamburg (JurBüro 1979, 53): 56

Mehrere Beklagte werden jeweils auf die auf jeden entfallende Quote in Anspruch genommen, die Quoten betreffen je einen verschiedenen Gegenstand = § 22 Abs. 1.

OLG Düsseldorf (AGS 1997, 133): 57

Zusammengefasste Klage: Streitwert € 198.000,– aus drei Wechseln je € 66.000,– gegen drei Wechselschuldner = § 22 Abs. 1.

LAG Rheinland-Pfalz (NZA-RR 2005, 272 = LAGE § 61 RVG Nr. 2): 58

Abschnitt 2 – Gebührenvorschriften

Keine zwei Gegenstände, wenn Kläger versehentlich 2 × zeitlich versetzt dieselbe Klageerweiterung einreicht (Auslegung des Gewollten durch das Gericht).

59 Eine einheitliche Angelegenheit liegt auch vor, wenn der RA in einem Verfahren zwei Personen mit verschiedenen Interessen vertritt. Verteidigt z. B. der RA in einem Strafverfahren den Ehemann und vertritt er gleichzeitig die Ehefrau als Nebenklägerin gegen den Mitangeklagten, so liegt nur eine einheitliche Angelegenheit vor. Das einheitliche Strafverfahren ist hier ein Bindeglied (Gerold/Schmidt/von Eicken/Madert/Müller-Rabe RVG 17. Aufl. § 15 Rn. 14; LG Krefeld AnwBl. 1979, 79; LG Bayreuth JurBüro 1971, 426; a. A.: LG Hildesheim AnwBl. 1966, 168).

60 Abschließend noch einmal klarstellend: Derselbe Gegenstand, mehrere Auftraggeber: Der frühere § 6 Abs. 1 Satz 2 BRAGO ist für Wertgebühren im Ergebnis identisch ins RVG übernommen, obwohl Nr. 1008 VV RVG selbst jetzt von derselben Angelegenheit spricht, denn für Wertgebühren ersetzt die Anmerkung Abs. 1 den Begriff Angelegenheit praktisch durch den Begriff Gegenstand. Sind an demselben Gegenstand mehrere Auftraggeber beteiligt, so wird die Gebühr erhöht, vertritt der Anwalt dagegen mehrere Auftraggeber mit verschiedenen Gegenständen, so sind diese nach § 22 Abs. 1 RVG zu addieren.

II. Absatz 2 Einmaligkeit der Gebühren

1. Auftragsausführung/Instanz

61 Absatz 2 lautet: »Der Rechtsanwalt kann die Gebühren in derselben Angelegenheit nur einmal fordern. In gerichtlichen Verfahren kann er die Gebühren in jedem Rechtszug fordern.«

Satz 1

Viele Kommentare definieren beim § 15 Abs. 1 und 2 RVG nicht sauber. Richtig muss es heißen: Die Gebühr kann in der Instanz oder bei der Auftragsausführung mehrmals anfallen, der Anwalt kann sie aber nur einmal fordern. Das ist wichtig für den PKH-Anwalt und ferner beim Anfall unterschiedlicher Gebühren in der Instanz.

62 Hinsichtlich des **Satzes 2** gilt:

Der Begriff Rechtszug im Sinne des RVG deckt sich zeitlich nicht mit dem gerichtlichen Verfahren. Denn für den Anwalt beginnt die Instanz bereits, wenn er Prozessauftrag hat und in Ausführung des Auftrages die erste Handlung vornimmt. So kann z. B. das Einholen der ersten Prozessinformationen zeitlich erheblich vor Einreichung der Klage liegen (Gerold/Schmidt/von Eicken/Madert/Müller-Rabe RVG 17. Aufl. § 15 Rn. 26).

63 Meint der Anwalt irrig, die Instanz sei beendet und legt die Akten weg, geht die Sache dann aber doch wider Erwarten weiter, so bleibt es doch eine Instanz.

64 Trotz Verweisung oder Abgabe wird keine neue Instanz eröffnet. Das gilt auch für das Verhältnis von Zivilkammer und KfH. Auch ein Ruhen oder Unterbrechen des Verfahrens beendet nicht die Instanz, z. B. bei der Fortsetzung durch die Erben (Gerold/Schmidt/von Eicken/Madert/Müller-Rabe RVG 17. Aufl. § 15 Rn. 34).

65 Nach Erlass eines Teilurteils geht das Verfahren in der Instanz weiter, auch wenn gegen das Teilurteil Berufung eingelegt wird. Wird ein Vorbehaltsurteil gemäß § 302 ZPO erlassen, so könnte es nahe liegen, dass wie beim Urkundenurteil im Nachverfahren eine neue Instanz beginnen würde. Dem ist aber nicht so, wie die ausdrückliche Regelung in § 17 Nr. 3 RVG (verschiedene Angelegenheiten) belegt.

66 Eine ausdrückliche Regelung findet sich auch in § 21 RVG, der für den Fall der Zurückverweisung bestimmt, dass dann eine neue Instanz beginnt, also neue Gebühren nach Nr. 3100 und Nr. 3104.

Verweist in Strafsachen das Revisionsgericht die Sache unter Aufhebung des angefochtenen 67
Urteils an die Strafkammer zurück, stellt das erneute Berufungsverfahren eine Instanz dar, in
der eine Gebühr nach Nr. 4125 erneut anfällt. Wird wiederum Revision eingelegt, erwächst
erneut die Gebühr nach Nr. 4131.

Wird die Sache von einem Senat eines Obersten Gerichtshofes dem Großen Senat vorgelegt, so 68
wird damit kein neuer Rechtszug eröffnet.

Anders liegen die Dinge, wenn ein Gericht die Sache dem Bundesverfassungsgericht vorlegt 69
für das Verfahren beim Verfassungsgericht oder bei einem Vorabentscheidungsverfahren
beim EUGH für das Verfahren vor jenem Gericht, bei dem der deutsche Anwalt auftreten
darf (Bischof Europarecht für Anfänger 2. Aufl. Rn. 247 ff.).

2. Rubrumsberichtigung – Parteiwechsel

Der BGH hat gegen die beiden hauptsächlich vertretenen Meinungen einen eigenen Weg 70
vorgezeichnet. Wegen der großen Bedeutung seien hier die tragenden Gründe des BGH
(JurBüro 2007, 76 = AGS 2006, 583 = NJW 2007, 76) mitgeteilt:

»Allerdings ist umstritten, ob und unter welchen Voraussetzungen ein Parteiwechsel auf Beklagtenseite eine neue gebührenrechtliche Angelegenheit begründet.

Während die früher herrschende Meinung, die in der Vertretung des neuen Beklagten stets eine neue Angelegenheit erblickte (etwa KG, NJW 1972, 959; OLG Celle, NJW 1971, 1757; OLG Düsseldorf, JurBüro 1980, 855; OLG Hamburg, JurBüro 1978, 369; OLG Hamm, JurBüro 1968, 609; OLG Köln, Rpfleger 1963, 361; OLG München, JurBüro 1994, 490; OLG Saarbrücken, MDR 1966, 855; OLG Schleswig, JurBüro 1980, 1504; OLG Stuttgart, Justiz 1972, 204), heute nur noch vereinzelt vertreten wird (LG Koblenz, JurBüro 1997, 363; Riedel/Sußbauer/Fraunholz, RVG, 9. Aufl., § 7 Rn. 16; Stein/Jonas/Schumann, ZPO, 21. Aufl., § 264 Rn. 124 und MünchKomm-ZPO/Lüke, 2. Aufl., § 263 Rn. 101), liegt der heute überwiegend vertretenen Auffassung ein differenzierender Ansatz zugrunde (vgl. etwa Hartmann, Kostengesetze, 34. Aufl., § 7 RVG 5 und § 15 RVG Rn. 41; Göttlich/Mümmler/Rehberg/Xanke, RVG, S. 659 f.; Müller-Rabe in: Gerold/Schmidt/von Eicken/Madert/Müller-Rabe, RVG, 17. Aufl., VV 1008 Rn. 95 f.; Madert, ebenda, § 15 Rn. 11; Gebauer/Schneider/Schnapp, RVG, 3. Aufl., § 7 Rn. 26; N. Schneider, ebenda, § 15 Rn. 136; Zöller/Herget, ZPO, 25. Aufl., § 91 Rn. 13 »Parteiwechsel«; Greger, ebenda, § 263 Rn. 32; Musielak/Wolst, ZPO, 4. Aufl., § 91 Rn. 57). Danach wird der Rechtsanwalt in derselben Angelegenheit tätig, wenn er die beiden wechselnden Beklagten teilweise – sei es auch nur für kurze Zeit – nebeneinander vertritt (OLG Bamberg, JurBüro 1978, 696, 697; OLG Hamburg, MDR 2002, 1339; OLG Hamm, JurBüro 2002, 192, 193; OLG Karlsruhe, JurBüro 2001, 88, 89; OLG Köln, JurBüro 1998, 589; OLG München, Rpfleger 1996, 261; OLG Schleswig, JurBüro 1997, 584). Wird er dagegen erst nach dem Ausscheiden des alten Beklagten mit der Vertretung des neuen beauftragt, soll dieser Auftrag grundsätzlich eine neue, eigenständig zu vergütende Angelegenheit bilden (vgl. OLG Frankfurt, JurBüro 1980, 1016, 1017; OLG Karlsruhe, OLGR 2001, 35; OLG Köln, JurBüro 2006, 249), es sei denn, der Anwalt vertritt neben den wechselnden Beklagten noch einen oder mehrere im Prozess verbleibende Streitgenossen (OLG Koblenz, JurBüro 1982, 1348).

bb) Demgegenüber soll der Parteiwechsel nach der Gegenauffassung selbst dann nicht verschiedene Angelegenheiten begründen, wenn der Rechtsanwalt nur die beiden wechselnden Beklagten vertritt und er den Auftrag zur Vertretung des neuen Beklagten erst nach dem Ausscheiden des alten erhalten hat (OLG Zweibrücken, JurBüro 1982, 1730, 1731; Schumann/Geißinger, BRAGO, 2. Aufl., § 13 Rn. 25; früher auch OLG Koblenz, JurBüro 1985, 1822; NJW-RR 2000, 1369; 1370).

Der Senat hält die zuletzt genannte Auffassung für zutreffend, weil die bei einem Parteiwech- 71
sel vorliegende Kontinuität des gerichtlichen Verfahrens und die gebührenrechtliche Einheit

Abschnitt 2 – Gebührenvorschriften

des Rechtszugs die Vertretung wechselnder Parteien zu einer einzigen gebührenrechtlichen Angelegenheit verbindet.

aa) Unter einer Angelegenheit im gebührenrechtlichen Sinne ist das gesamte Geschäft zu verstehen, das der Rechtsanwalt zu besorgen soll. Ihr Inhalt bestimmt den Rahmen, innerhalb dessen sich die anwaltliche Tätigkeit bewegt. Sie schließt eine Vielzahl anwaltlicher Tätigkeiten zu einer gebührenrechtlichen Einheit zusammen (§ 13 Abs. 1 BRAGO, § 15 Abs. 1 RVG) und grenzt bei mehreren Auftraggebern die Tätigkeiten, für die eine Gesamtvergütung zu berechnen ist, von den Tätigkeiten ab, für die der Rechtsanwalt getrennte Gebühren verlangen kann (BGH, Urt. v. 4. Mai 1972, III ZR 27/70, JurBüro 1972, 684; Urt. v. 29. Juni 1978, III ZR 49/77, JurBüro 1978, 1481, 1482; Urt. v. 17. November 1984, III ZR 193/82, JurBüro 1984, 537; Urt. v. 9. Februar 1995, IX ZR 207/94, NJW 1995, 1431). Nach § 7 Abs. 2 BRAGO (§ 22 Abs. 1 RVG) kann eine Angelegenheit mehrere Gegenstände umfassen, und mehrere Aufträge können dieselbe Angelegenheit betreffen (§ 13 Abs. 5 BRAGO, § 15 Abs. 5 RVG), selbst wenn sie von verschiedenen Auftraggebern erteilt werden (§ 6 BRAGO, § 7 RVG). Letzteres ist der Fall, wenn zwischen den Aufträgen ein innerer Zusammenhang besteht und sie sowohl inhaltlich als auch in der Zielrichtung so weitgehend übereinstimmen, dass von einem einheitlichen Rahmen der Tätigkeit gesprochen werden kann (BGH, Urt. v. 29. Juni 1978, III ZR 49/77, JurBüro 1978, 1481, 1482; Urt. v. 17. November 1984, III ZR 193/82, JurBüro 1984, 537, 538). Dabei müssen sich die Aufträge weder auf denselben Gegenstand beziehen noch gleichzeitig erteilt werden (BGH, Urt. v. 29. Juni 1978, a. a. O., 1483). Es ist auch nicht erforderlich, dass die Auftraggeber aufgrund einheitlicher Willensbildung an den Rechtsanwalt herantreten oder im Prozess als Einheit auftreten (BGH, Urt. v. 6. Oktober 1983, III ZR 109/82, JurBüro 1984, 377, 378; Urt. v. 12. Februar 1987, III ZR 255/85, NJW 1987, 2240, 2241; Beschl. v. 16. März 2004, VIII ZB 114/03, NJW-RR 2004, 1006).

Für den Parteiwechsel in einem gerichtlichen Verfahren folgt daraus zunächst, dass der Rechtsanwalt, der sowohl den alten als auch der neuen Beklagten vertritt, nicht schon deshalb in zwei verschiedenen Angelegenheiten tätig wird, weil sein Auftraggeber und mit ihm das seiner Tätigkeit zugrunde liegende Auftragsverhältnis wechseln. Denn die Angelegenheit ist weder an den Auftrag noch an die Person des Auftraggebers gebunden. Anders als bei außergerichtlichem Tätigwerden führt der Vollzug des Parteiwechsels nicht einmal zur Erledigung des ersten Auftrags, weil der Rechtsanwalt verpflichtet bleibt, eine Kostengrundentscheidung zugunsten des alten Beklagten zu erwirken und für diesen die Kostenfestsetzung zu betreiben (§ 37 Nr. 7 BRAGO, § 19 Abs. 1 Satz 2 Nr. 9 u. 13 RVG). Schon dies erhellt, dass das Kriterium der »zumindest teilweisen zeitlichen Überschneidung der Aufträge«, wie es von der überwiegenden Auffassung vertreten wird, für die Vertretung im Prozess keine überzeugende Abgrenzung leisten kann.

Davon abgesehen sprechen vor allem gesetzessystematische und teleologische Erwägungen gegen die Annahme verschiedener gebührenrechtlicher Angelegenheiten bei einem Parteiwechsel.

72 Nach den Gesetzesmaterialien (BT-Drs. 2/2545, S. 235) liegt der Bundesgebührenordnung für Rechtsanwälte die Vorstellung zugrunde, dass die Angelegenheit bei der Tätigkeit in einem gerichtlichen Verfahren im Allgemeinen mit diesem Verfahren identisch ist. Die Vorschrift des § 13 Abs. 2 Satz 2 BRAGO, nach der die Gebühren in jedem Rechtszug gefordert werden können, stellt deshalb eigens klar, dass nicht das gesamte Verfahren, sondern jeder Rechtszug als besondere Angelegenheit zu behandeln ist. Ausgehend hiervon regelt das Gesetz zum einen, welche anwaltlichen Tätigkeiten zu dem Rechtszug gehören und dadurch zu einer gebührenrechtlichen Einheit zusammengeschlossen werden (§ 37 BRAGO). Zum anderen bezeichnet es in zahlreichen Sondervorschriften diejenigen Verfahrensabschnitte, die gebührenrechtlich als besondere Angelegenheit oder als neuer Rechtszug gelten, obwohl sie prozessual zu demselben Rechtszug gehören (§§ 14 Abs. 1 Satz 2, Abs. 2 Satz 1, 15 Abs. 1, 38 Abs. 1, 39, 40 Abs. 1, 41 Abs. 1, 46 Abs. 3, 47 Abs. 3, 74 Abs. 2 BRAGO). Diese Gesetzessystematik, die der Gesetzgeber in das Rechtsanwaltsvergütungsgesetz übernommen hat (vgl. §§ 15 Abs. 2 Satz 2, 19 RVG)

Abgeltungsbereich der Gebühren | § 15

und durch die – abschließende (vgl. BT-Drs. 15/1971, S. 191 f.) – Zusammenfassung der Zweifels- und Ausnahmefälle in den §§ 17 und 18 RVG weiter verfeinert hat, rechtfertigt den Umkehrschluss, dass innerhalb desselben prozessualen Rechtszugs nur dann mehrere Angelegenheiten vorliegen, wenn dies ausdrücklich bestimmt ist. Das ist für die Tätigkeit des Anwalts nach einem Parteiwechsel nicht der Fall.

Das Gesetz unterscheidet nicht danach, ob der Rechtsanwalt gleichzeitig oder nacheinander für mehrere Auftraggeber tätig wird. In dem einen wie in dem anderen Fall hat dies zur Folge, dass der Rechtsanwalt der beiden wechselnden Beklagten die in dem Rechtszug anfallenden Gebühren nur einmal fordern kann. Die Regelung des § 6 Abs. 1 Satz 1 BRAGO (§ 7 Abs. 1 RVG) stellt klar, dass der allgemeine Grundsatz der Einmaligkeit der Gebühren (§ 13 Abs. 2 Satz 1 BRAGO, § 15 Abs. 2 Satz 1 RVG) auch dann gilt, wenn der Rechtsanwalt in derselben Angelegenheit für mehrere Auftraggeber tätig wird. Der für solche Fälle typische Mehraufwand und das erhöhte Haftungsrisiko führen damit gerade nicht zu einer Verdoppelung der Gebühren. Vielmehr wird die Mehrbelastung bei identischem Gegenstand durch die in § 6 Abs. 2 Satz 2 BRAGO, Nr. 1008 RVG-VV) vorgesehene Erhöhung der Prozess- bzw. Geschäftsgebühr und im Übrigen durch Addition der Gegenstandswerte abgegolten.

Die Konstellation des Parteiwechsels weist keine Besonderheiten auf, die eine abweichende Beurteilung rechtfertigen könnten. Die gesetzliche Regelung beruht auf einer typisierenden und generalisierenden Betrachtung, die gerade nicht an die Umstände des Einzelfalls, sondern nur an das Vorhandensein mehrerer Auftraggeber anknüpft (BGH, Urt. v. 6. Oktober 1983, III ZR 109/82, JurBüro 1984, 377, 378; Urt. v. 12. Februar 1987, III ZR 255/85, NJW 1987, 2240; Beschl. v. 16. März 2004, VIII ZB 114/03, NJW-RR 2004, 1006). Ohnehin ist die mit der sukzessiven Vertretung wechselnder Parteien verbundene Mehrbelastung im Regelfall sogar geringer als bei der gleichzeitigen Vertretung mehrerer Streitgenossen. Die Kontinuität des Verfahrens kommt dem Rechtsanwalt, der die beiden wechselnden Parteien vertritt, ebenso zugute wie dem Bevollmächtigten der im Prozess verbleibenden Partei. Auch er kann auf die Ergebnisse des bisherigen Verfahrens zurückgreifen. Bei einem Parteiwechsel muss sich der Rechtsanwalt zwar in besonderem Maße mit der Sachlegitimation der ausscheidenden Partei befassen, dies kann aber auch bei einzelnen Streitgenossen der Fall sein, und hier ist der Rechtsanwalt während des gesamten Rechtszugs für mehrere Auftraggeber tätig, während er im Fall des Parteiwechsels zunächst nur die ausscheidende und später nur noch die eintretende Partei in der Hauptsache vertritt. **73**

Gegen die überwiegend verfochtene Differenzierungslösung spricht zudem, dass sie zu teleologischen Friktionen führt, die bei Zugrundelegung der von dem Senat vertretenen Auffassung sämtlich vermieden werden. Zum einen erscheint es unter dem Gesichtspunkt der typischerweise entstehenden Mehrbelastung alles andere als plausibel, dass nur bei fehlender zeitlicher Überlappung der Auftragsverhältnisse eine neue Angelegenheit vorliegen soll. Denn die Mehrbelastung des Rechtsanwalts wird nicht dadurch verringert, dass er die beiden wechselnden Parteien für einen kurzen Zeitraum nebeneinander vertritt. Zum anderen ist zu beachten, dass eine solche kurzzeitige Überschneidung bei einem Parteiwechsel auf Klägerseite stets vorliegt (vgl. OLG Koblenz, JurBüro 1989, 193, 194), während sie bei einem Wechsel auf Beklagtenseite – aus reinem Gebühreninteresse – herbeigeführt oder verhindert werden kann (vgl. Hansens, JurBüro 1997, 568, 569) und häufig auch nur deshalb entsteht, weil bereits mündlich verhandelt wurde, so dass der Vollzug des Parteiwechsels entsprechend § 269 Abs. 1 ZPO von der Zustimmung des ausscheidenden Beklagten abhängt (vgl. dazu etwa Senat, Urt. v. 16. Dezember 2005, V ZR 230/04, NJW 2006, 1351, 1353 m. w. N.).« **74**

Auf eine Besonderheit hat das OLG Karlsruhe (JurBüro 2001, 88), das grundsätzlich auch mit dem Institut der Anm. Abs. 1 zu Nr. 1008 arbeitet, hingewiesen: **75**

Hat der Anwalt schon für den später ausgeschiedenen Beklagten einen Termin wahrgenommen und nimmt er für den neuen Beklagten erneut einen Termin wahr, so verdient er zweimal

Abschnitt 2 – Gebührenvorschriften

die Terminsgebühr, wenn zum Zeitpunkt des 2. Termins der Erstbeklagte bereits wirksam ausgeschieden war.

III. Absatz 3 Unterschiedliche Gebührensätze

1. Halbsatz 1 Der erste Rechenschritt des § 15 Abs. 3 RVG

76 Der Gesetzeswortlaut: »Sind für Teile des Gegenstands verschiedene Gebührensätze anzuwenden, entstehen für die Teile gesondert berechnete Gebühren.«

Der Gesetzgeber hat das Rechnen ganz leicht gemacht. Die allgemein verbreitete Furcht vor dem § 15 Abs. 3 ist völlig unbegründet.

– **Rechenbeispiel – Verschiedene Gebührensätze, Erhebung, Teilklage – § 15 Abs. 3 RVG:**

77 Der Anwalt hat Klageauftrag über € 30.000,–
Der Beklagte zahlt vor Klageeinreichung € 10.000,–
Es erfolgt Klageerhebung über € 20.000,–

(Übrigens ein Beispiel dafür, dass anwaltliche und gerichtliche Instanz zu verschiedenen Zeitpunkten beginnen, vgl. Rn. 62).

Nach dem ersten Halbsatz des Absatzes 3 berechnen sich die untereinander verschiedenen Gebührensätze (einmal: 1,3 und im zweiten Fall 0,8) für die beiden Teile (einmal: € 20.000,– und im zweiten Fall € 10.000,–) des Gegenstands wie folgt:

Wert: € 20.000,– Verfahrensgebühr (Klageeinreichung) Nr. 3100: 1,3 € 839,80
Wert: € 10.000,– Verfahrensgebühr (Erledigung vor Klageeinreichung)
Nr. 3101: 0,8 € 388,80
Gesamtgebühren nach Halbsatz 1 € 1.228,60

Das wäre aber mehr, als der Anwalt erhalten hätte, wenn er die gesamte Klage über € 30.000,– bei Gericht eingereicht hätte.

2. Halbsatz 2 Der zweite Rechenschritt des § 15 Abs. 3 RVG (Kappung)

78 Die rechnerische Korrektur erfolgt über den Halbsatz 2, der lautet:

»... jedoch nicht mehr als die aus dem Gesamtbetrag der Wertteile nach dem höchsten Gebührensatz berechnete Gebühr.«

Also ist hinsichtlich der Begrenzung, der Kappung, zu rechnen:

Wert: € 30.000,– Verfahrensgebühr, somit höchstens Nr. 3100: 1,3 **€ 985,40**

Die Summe der beiden Teilgebühren von € 1.228,60 ist also zu kürzen um € 242,20, was ich als gerecht empfinde.

– **Rechenbeispiel – Verschiedene Gebührensätze Mehrvergleich – § 15 Abs. 3 RVG:**

Mehrvergleich (Einbeziehung nicht rechtshängiger Ansprüche in einen Gesamtvergleich).

Im Rahmen eines Klageverfahrens (Streitwert: € 15.000,–) kommt es im Termin zu Vergleichsverhandlungen. Diese sind erfolgreich. Die Parteien erörtern, ob sie einen weiteren zwischen

Abgeltungsbereich der Gebühren | § 15

ihnen streitigen, bisher nicht anhängigen Punkt (Wert: € 20.000,–) in den Vergleich einbeziehen sollen. Das gelingt.

Abgesehen von der hier anfallenden Differenzverfahrensgebühr ist bei solch einem Vergleich (Einigung genannt) gebührenrechtlich zu beachten, dass verschiedene Gebührensätze zur Anwendung kommen (§ 15 Abs. 3).

Für den verglichenen rechtshängigen Streitgegenstand erfällt eine 1,0 Einigungsgebühr (Nr. 1003 VV RVG), für den einbezogenen, bisher nicht rechtshängigen Wert beträgt die Einigungsgebühr 1,5 (Nr. 1000 VV RVG).

Berechnung:

Klagewert:			€	15.000,00
zusätzlicher, einbezogener Wert:			€	20.000,00
1. 1,3 Verfahrensgebühr (Nr. 3100)	€	15.000,–	€	735,80
0,8 (Differenz-)Verfahrensgebühr (Nr. 3101)	€	20.000,–	€	516,80
			€	1.252,60
Kappung nach § 15 Abs. 3				
1,3 Verfahrensgebühr, §§ 2 Abs. 2, 13 Abs. 1 RVG	€	35.000,–	€	**1.079,–**
2. 1,0 Einigungsgebühr (Nr. 1003)	€	15.000,–	€	566,–
1,5 Einigungsgebühr (Nr. 1000)	€	20.000,–	€	969,–
			€	1.535,–
Kappung nach § 15 Abs. 3				
1,5 Einigungsgebühr, §§ 2 Abs. 2, 13 Abs. 1 RVG, Wert:	€	35.000,–	€	**1.245,–**
3. 1,2 Terminsgebühr, §§ 2 Abs. 2, 13 Abs. 1 RVG Nr. 3104 Anm. Abs. 2	€	35.000,–	€	996,–
4. Auslagenpauschale Nr. 7002 VV RVG	€	20,–	€	20,–
Zwischensumme:			€	**3.340,–**
19 % USt, Nr. 7008 VV RVG	€	634,60		
Summe:			€	**3.974,60**

Wäre über den einbezogenen Betrag (€ 20.000,–) nicht verhandelt, sondern dieser Betrag nur mitprotokolliert worden, so wäre der Absatz 3 der Anmerkung zu Nr. 3104 VV RVG hinsichtlich des einbezogenen Anspruchs einschlägig und insoweit würde die Terminsgebühr aus dem Wert € 20.000,– wegen einfacher Protokollierung nicht erfallen.

Es wäre dann nur die Terminsgebühr aus dem Klagestreitwert € 15.00 angefallen: **€ 679,20**.

Auch das OLG Zweibrücken (JurBüro 2005, 539) bemerkt, dass bei der Einbeziehung nicht anhängiger Ansprüche die in § 15 Abs. 3 getroffene Regelung wegen der unterschiedlichen Gebührensätze zu beachten sind (offen gelassen unter Bezugnahme auf Gerold/Schmidt/von Eicken/Madert/Müller-Rabe RVG 16. Aufl Nr. 1000 Rn. 53 ff., ob die Einigungsgebühr nur für streitige Ansprüche gilt).

Vermerk:

Die Anmerkung Abs. 2 zu Nr. 3104 ist ihrem Inhalt nach eine Anrechnungspflicht, denklogisch kann aber nur angerechnet werden, was grundsätzlich angefallen ist (näher dazu mit Beispielen VV Nr. 3104 Rn. 69 ff.; Mayer/Kroiß RVG Nr. 3104 Rn. 37).

3. Rechenbeispiel – Verschiedene Gebührensätze, Teilversäumnisurteil – § 15 Abs. 3 RVG

Klageeinreichung in Höhe von € 30.000,–. Im Termin teilt der Beklagtenvertreter als erstes mit, dass er über einen Teilbetrag von € 10.000,– keinen Antrag stellen werde. Antragsgemäß ergeht vorab ein Teilversäumnisurteil über € 10.000,–. Der Restbetrag wird nach streitiger Verhandlung in einem späteren Termin zugesprochen:

Abschnitt 2 – Gebührenvorschriften

1,3 Verfahrensgebühr Nr. 3100 Wert:	€ 30.000,–		€ 985,40
0,5 Terminsgebühr Nr. 3105 Wert:	€ 10.000,–		€ 243,00
1,2 Terminsgebühr Nr. 3104 Wert:	€ 20.000,–		€ 775,20
			€ 1.018,20
Kappung: 1,2 Terminsgebühr aus Wert:	€ 30.000,–	€ 909,60	€ 909,60
			€ 108,60
Gesamtgebührenanspruch des Klägeranwalts:			**€ 1.895,00**

IV. Absatz 4 Vorzeitige Beendigung

1. Konsequenz aus der Pauschgebührenregelung

82 § 15 Abs. 4 stellt einen aus dem Begriff der Pauschgebühr folgenden allgemeinen Grundsatz klar, dass es auf bereits entstandene Gebühren grundsätzlich ohne Einfluss ist, wenn sich die Angelegenheit vorzeitig erledigt oder der Auftrag endet, bevor die Angelegenheit erledigt ist.

• **Beispiel 1: Klage wird eingereicht, aber nicht durchgeführt**

83 Hat der Klägervertreter die Klage bei Gericht eingereicht, so erfällt dafür die 1,3 Verfahrensgebühr nach Nr. 3100. Erklärt nunmehr der Mandant, er wolle mit dem Beklagten doch lieber in Frieden leben, der Anwalt solle die Angelegenheit beenden, so tritt zwar die Beendigung des Auftrags ein, aber da die Pauschgebühr schon durch die bisherige anwaltliche Tätigkeit ausgelöst ist, hat konsequenterweise die Beendigung des Auftrags, bevor die Angelegenheit erledigt ist, keinen Einfluss auf die schon angefallene Gebühr. Dies bestätigt der Absatz 4 deklaratorisch.

• **Beispiel 2: Verbindung von zwei Strafsachen erst nach Aufruf zur Sache in zwei Verfahren**

84 Das Landgericht Hanau (RVGreport 2005, 382) hat die Rechtsprechung des OLG Köln (AnwBl. 2002, 1139) bestätigt, dass bei einem Verbindungsbeschluss in Bezug auf zwei Strafsachen erst nach getrenntem Aufruf beider Sachen der Anwalt die Terminsgebühr in beiden Sachen verdient, da gem. § 15 Abs. 4 die vorzeitige Beendigung ohne Einfluss auf bereits entstandene Gebühren bleibt. Im Einzelnen hat das LG Hanau dazu ausgeführt:

Der Anwalt wurde mit Beschluss des Amtsgerichts Hanau vom 14. 10. 2004 zum Pflichtverteidiger für den Angeklagten in zwei Verfahren bestellt. Gleichzeitig wurde in beiden Verfahren ein gemeinsamer Termin zur Hauptverhandlung bestimmt. In diesem Termin wurden nach dem Aufruf der Sache und der Feststellung der Anwesenheit beide Verfahren zur gemeinsamen Verhandlung und Entscheidung verbunden.

Der Pflichtverteidiger kann bis zur Verbindung beider Verfahren die bis dahin entstandene Vergütung fordern.

Die Verbindung der Verfahren erfolgte erst durch ausdrücklichen Beschluss des Amtsgerichts nach Aufruf im Termin zur Hauptverhandlung vom 21. 12. 2004. Da es sich bis dahin um zwei getrennte Verfahren handelte, kann der Beschwerdeführer auch die Terminsgebühr nach VV 4108 der Anl. 1 zum RVG verlangen. Diese Gebühren entstanden bereits mit Anwesenheit des Verteidigers bei Aufruf der Sache. Erst danach erfolgte eine Verbindung beider Verfahren zur gemeinsamen Verhandlung und Entscheidung. Dies berührt jedoch bereits entstandene Gebühren nicht (§ 15 Abs. 4 RVG). Einzelne Strafverfahren bleiben bis zur Verbindung selbstständig, auch wenn eine Anberaumung der Hauptverhandlung auf den gleichen Termin erfolgt, da dies noch nicht die (stillschweigende) Verbindung der Verfahren bedeutet. Der Verteidiger erhält somit getrennt für jede Hauptverhandlung die entsprechende Gebühr, selbst wenn nach Beginn der Hauptverhandlung, nach Aufruf der Sache, ein Verbindungsbeschluss ergeht (OLG Köln AnwBl. 2002, 113 m. w. N.).

2. Ausnahmen von Absatz 4

Von dem bisher dargestellten Grundsatz des Absatzes 4 (Pauschgebühr wird ausgelöst durch die erste Handlung und fällt nicht weg durch vorzeitige Auftragsbeendigung) gibt es allerdings durch Nr. 3101 eine wichtige Ausnahme. 85

Nr. 3101 VV RVG lautet:

»1. Endigt der Auftrag, bevor der Rechtsanwalt die Klage, den ein Verfahren einleitenden Antrag oder einen Schriftsatz, der Sachanträge, Sachvortrag, die Zurücknahme der Klage oder die Zurücknahme des Antrags enthält, eingereicht oder bevor er für seine Partei einen gerichtlichen Termin wahrgenommen hat, beträgt die Gebühr 3100 0,8.«

Durch die Stoffsammlung oder die Fertigung der Klageschrift wird an sich gem. Vorbemerkung 3.2 die Verfahrensgebühr bereits ausgelöst, denn dort heißt es:

»Die Verfahrensgebühr entsteht für das Betreiben des Geschäfts einschließlich der Information.«

Mit der Nr. 3101 Abs. 1 durchbricht das Gesetz den allgemeinen Grundsatz des § 15 Abs. 4.

In tatsächlicher Hinsicht kommt es bei Rahmengebühren zu einer Einschränkung der Höhe der Gebühr durch das vorzeitige Ende des Auftrags: Nach § 14 bestimmt der Umfang der Bearbeitung die Höhe der Gebühr. Endet die Angelegenheit vorzeitig, so wird der Umfang nicht mehr vergrößert.

3. Erledigung der Angelegenheit

Erledigung der Angelegenheit kann z. B. dadurch eintreten, dass der Gegner erfüllt, während der Anwalt gerade das Anspruchsschreiben formuliert, oder der Beklagtenanwalt fertigt die Klageerwiderung, als ihm die Klagerücknahme zugeht. Das alles hat keinen Einfluss auf die schon angefallenen Gebühren. 86

4. Ende des Auftrags

Ende des Auftrags: Anwendungsfälle: Kündigung des Mandats seitens der Partei oder des Anwalts (= Niederlegung des Mandats). § 15 Abs. 4 betont den Grundsatz: Einmal angefallene Gebühren können nicht nachträglich wegfallen. 87

V. Absatz 5 Erneute Beauftragung

1. Satz 1 Neue Aufträge in derselben Angelegenheit

Satz 1 lautet: »Wird der Rechtsanwalt, nachdem er in einer Angelegenheit tätig geworden ist, beauftragt, in derselben Angelegenheit weiter tätig zu werden, erhält er nicht mehr an Gebühren, als er erhalten würde, wenn er von vornherein hiermit beauftragt worden wäre.« 88

Mit diesem Satz werden eine Reihe von Gerichten und Autoren widerlegt, die definieren, jeder neue Auftrag führe zu einer neuen Angelegenheit.

- **Beispiel** 89

Der Anwalt erhält den Auftrag, einen Anspruch außergerichtlich beizutreiben. Der Schuldner reagiert nicht. Der Anwalt fragt den Mandanten: »Was sollen wir machen?« Der Mandant sagt: »Bei dem ist wohl nichts zu holen. Ich will nicht gutes Geld einem schlechten Prozess nachwerfen.« Der Auftrag ist also beendet. Nach einem halben Jahr erscheint der Mandant erneut beim Anwalt und sagt: »Ich will Sie erneut beauftragen zur außergerichtlichen Beitreibung. Ich habe gehört, mein Schuldner hat wieder einen lukrativen Job.« Das ist ein neuer Auftrag, aber Absatz 5 Satz 1 sagt, der Auftrag zur weiteren Tätigkeit in derselben Angelegen-

Abschnitt 2 – Gebührenvorschriften

heit führt nicht zu einem Mehr an Gebühren: Der Anwalt erhält nicht mehr an Gebühren, als er erhalten würde, wenn er von vornherein hiermit, also dem Gesamtauftrag, beauftragt worden wäre.

LG Osnabrück (JurBüro 2007, 586): Partei erhält mehrere Beratungsberechtigungsscheine und erteilt nacheinander Auftrag hinsichtlich verschiedener Gegenstände einer Angelegenheit.

90 Eine Ausnahme vom Grundsatz des Satzes 1 gilt nur, wenn die bisherige Angelegenheit vollständig erledigt war (Gerold/Schmidt/von Eicken/Madert/Müller-Rabe RVG 17. Aufl. § 15 Rn. 102; Gebauer/Schneider RVG 2. Aufl. § 15 Rn. 246).

- **Beispiel**

91 Nach einem Verkehrsunfall wird der Anwalt beauftragt, den PKW-Schaden zu regulieren. Der Versicherer lässt sich noch eine Rechnung vom Anwalt nachreichen und zahlt dann. Nach einem halben Jahr kommt der Mandant erneut und berichtet: »Dass anfänglich unauffällige Schleudertrauma macht inzwischen erhebliche Beschwerden, bitte machen Sie Arztkosten, Kosten der Krankengymnastik und ein Schmerzensgeld geltend.« Jetzt handelt es sich um eine neue Angelegenheit, die nicht unter Absatz 5 fällt (Gerold/Schmidt/von Eicken/Madert/Müller-Rabe RVG 17. Aufl. § 15 Rn. 102).

92 Bei Rahmengebühren schließt § 15 Abs. 5 Satz 1 nicht aus, dass der zweite Auftrag in derselben Angelegenheit, wenn beim zweiten Auftrag der erste Auftrag noch nicht endgültig erledigt war, bei der nach § 14 anzustellenden Bemessung des **Gesamtauftrages** Berücksichtigung findet (Gebauer/Schneider RVG 2. Aufl. § 15 Rn. 250).

2. Satz 2 Erneuter Auftrag in derselben Angelegenheit nach mehr als 2 Kalenderjahren

93 Satz 2 lautet:

»Ist der frühere Auftrag seit mehr als zwei Kalenderjahren erledigt, gilt die weitere Tätigkeit als neue Angelegenheit und in diesem Gesetz bestimmte Anrechnungen von Gebühren entfallen.«

- **Beispiel**

94 Der Anwalt meldet Ende 2002 einen Anspruch an. Der Gegner lehnt jede Haftung ab. Das teilt der Anwalt am 10.01.2003 seiner Partei mit dem Bemerken mit, bei dem ihm bisher bekannten Sachverhalt halte er die Weiterverfolgung für aussichtslos. Mehr als zwei Kalenderjahre später wendet sich der Auftraggeber mit ergänzendem Sachverhalt an ihn und bittet um Weiterverfolgung des Anspruchs. Hier kommt § 15 Abs. 5 Satz 2 zur Anwendung. Also noch einmal, das Gesetz lautet: »Ist der frühere Auftrag seit mehr als zwei Kalenderjahren erledigt, gilt die weitere Tätigkeit als neue Angelegenheit.«

Kalenderjahr meint **Kalenderjahr** und nicht nur Jahr:

- **Beispiel 1**

95 Schreiben des Rechtsanwalts am 10.01.2003 an seine Partei: »Anspruch aussichtslos«. Schreiben der Partei vom 10.02.2005: Bitte weitermachen!

Ergebnis: Keine neue Angelegenheit nach § 15 Abs. 5 Satz 2, denn es sind nur zwei Jahre vorbei.

- **Fallvariation**

96 Schreiben der Partei jetzt vom 02.01.2006: Bitte weitermachen. Dann ist die Frist von mehr als zwei Kalenderjahren erfüllt, es müssen also zwei **volle Kalenderjahre**, neben einem etwa schon angebrochenen Jahr, dazwischenliegen!

- **Beispiele aus der Rechtsprechung** für die Bejahung der neuen Angelegenheit:

OLG Zweibrücken (JurBüro 1999, 414 = AGS 2000, 64 mit Anm. von Eicken AGS 2000, 145): Abschluss des selbstständigen Beweisverfahrens im Jahre 1993. Klageerhebung: Januar 1997, abzustellen ist natürlich auf den Zeitpunkt des Klageauftrages.

OLG München (JurBüro 2000, 469): Widerspruch gegen den Mahnbescheid am 10.01.1995, Antrag auf Durchführung des streitigen Verfahrens: Januar 1999 = § 15 Abs. 5 Satz 2.

Mit dem Wortlaut wird ferner klargestellt, dass es sich bei diesen Fällen nicht nur um eine neue Angelegenheit handelt, sondern dass auch eine Anrechnung von Gebühren nicht stattfindet.

VI. Absatz 6 Mehrere Einzelaufträge

Abs. 6 lautet:

»Ist der Rechtsanwalt nur mit einzelnen Handlungen beauftragt, so erhält er nicht mehr an Gebühren als der mit der gesamten Angelegenheit beauftragte Rechtsanwalt für die gleiche Tätigkeit erhalten würde.«

Wenn der Anwalt mit einzelnen Aufträgen betraut ist, erhält er in der Regel für den Einzelauftrag weniger an Gebühren, als wenn er mit dem gesamten Verfahren beauftragt ist (z. B. Nr. 3401 VV: die Hälfte der Verfahrensgebühr Nr. 3100 VV). Die Addition der mehreren Einzelaufträge könnte aber dazu führen, dass er insgesamt höhere Gebühren erhalten würde als bei einem Gesamtauftrag. Das soll der Wortlaut des Absatzes 6 verhindern.

Zunächst sind also die Gebühren für alle Einzelaufträge zu berechnen und sodann diese zu addieren. Die Kappung erfolgt dergestalt, dass sodann eine Verfahrens- und eine Terminsgebühr vergleichend berechnet wird, diese letztere Gesamtsumme bildet nach Absatz 6 die Obergrenze für die Gebühr aus mehreren Einzeltätigkeiten (Gerold/Schmidt/von Eicken/Madert/Müller-Rabe RVG 17. Aufl. § 15 Rn. 113). Bei diesen Ausführungen wurde vorausgesetzt, dass der Anwalt auch einen Termin wahrgenommen hat.

Hat der Anwalt nur mehrere Einzeltätigkeiten im Sinne von Nr. 3403 (ohne Terminswahrnehmung) durchgeführt, so erfällt in jedem Einzelfall nur eine 0,8 Gebühr, höchstens jedoch eine 1,3 Gebühr (Nr. 3100).

- **Beispiel**

Der Verfahrensbevollmächtigte zieht im Namen der Partei (anders, wenn dies im eigenen Namen geschieht) für die Klageschrift (Wert: € 1 Mio.) einen auf dem Fachgebiet ausgewiesenen Spezialisten zu, der ihm einen Klageentwurf fertigt. Dafür erhält der Spezialist mangels abweichender Verabredung eine 0,8 Verfahrensgebühr nach Nr. 3403.

Als die Replik ansteht, kommt der Hauptbevollmächtigte zu dem Entschluss: »Es ist besser, der Spezialist macht wieder einen Entwurf!« (Solche Praktiken sind dem Verfasser aus eigenem Erleben bekannt.) Also erteilt er namens der Partei einen neuen, bislang nicht vorgesehenen Einzelauftrag mit Gebührenanfall nach Nr. 3403 VV RVG, 0,8 Gebühr.

Es ist nun wie folgt zu rechnen:

1. Wert € 1.000.000,–	Klageentwurf Nr. 3403 VV 0,8	€ 4.496,–
2. Wert € 1.000.000,–	Replikentwurf Nr. 3403 VV 0,8	€ 4.496,–
		€ 8.992,–
Begrenzt nach § 15 Abs. 5: Wert € 1.000.000,– Nr. 3100 VV 1,3		€ 5.844,80

Abschnitt 2 – Gebührenvorschriften

101 Bei einem Rechtsstreit ist, wie ausgeführt, der Rechtszug die Angelegenheit (§ 15 Abs. 2). Abs. 6 ist daher auch einschlägig, wenn der Anwalt zunächst nicht mit der Vertretung im ganzen Rechtszug, sondern anfänglich nur mit einer Einzeltätigkeit (etwa nur der Terminswahrnehmung) beauftragt worden ist und erst später den Auftrag zur **Gesamtvertretung** als Prozessbevollmächtigter erhält. Die Gebührenregelung ist dann etwas kompliziert:

Für die Terminswahrnehmung erhält er sowohl eine halbe **Verfahrens**gebühr nach Nr. 3401 wie eine **Termins**gebühr nach Nr. 3402.

Wird er dann später Hauptbevollmächtigter, so erhält er keine Terminsgebühr mehr (Nr. 3104), denn er hat sie bereits nach Nr. 3402 erhalten.

Da er aber durch den Einzelauftrag nach Nr. 3401 bisher nur eine halbe Verhandlungsgebühr erhalten hat, erhält er als Hauptbevollmächtigter über Nr. 3100 aber dann noch die weitere halbe Verfahrensgebühr (so auch Riedel/Sußbauer RVG 9. Aufl. § 15 Rn. 53).

102 Abs. 6 ist in Verbindung mit Abs. 2 wie folgt zu lesen:

»Ist der Rechtsanwalt nur mit einzelnen Handlungen beauftragt, so erhält er nicht mehr an Gebühren als **der für den Rechtszug** beauftragte Rechtsanwalt für die gleiche Tätigkeit erhalten würde.«

103 Dazu ein interessantes **Beispiel** von *Madert* (Gerold/Schmidt/von Eicken/Madert/Müller-Rabe RVG 17. Aufl. § 15 Rn. 111):

Der einzelbeauftragte Anwalt (nur Terminsanwalt) wird daneben einzelbeauftragt zur Führung außergerichtlicher Vergleichsverhandlungen. Da solche Verhandlungen für den Hauptbevollmächtigten gem. § 19 Nr. 2 zur Instanz gehören, kann der Einzelanwalt insoweit nicht gesondert abrechnen (Abs. 6), weil auch der Hauptbevollmächtigte dies nicht in Rechnung stellen könnte. Es ließe sich allerdings erwägen, da Abs. 6 ja nur »deckeln« will, ob die Grenze nur in der Gesamthöhe der Instanz liegt und der Einzelanwalt »auffüllen« dürfte, was allerdings nur schwer mit dem Wortlaut (vielleicht aber mit dem Sinn, so auch § 15 Abs. 3) zu vereinbaren wäre.

104 Der Grundsatz des Absatzes 6 gilt für alle Angelegenheiten, also z. B. auch die für die Vertretung (Nr. 2300), Bußgeld- oder Strafsachen. In Strafsachen z. B. kann der Anwalt für mehrere Einzeltätigkeiten innerhalb einer Instanz nicht mehr an Gebühren erhalten, als er zu beanspruchen hätte, wenn er zum Verteidiger der Instanz bestellt worden wäre (Gerold/Schmidt/von Eicken/Madert/Müller-Rabe RVG 16. Aufl. § 15 Rn. 276).

C. Übergangsrecht – eine Angelegenheit/zwei Angelegenheiten – § 15 RVG

I. BVerwG: Entgegnung auf Nichtzulassungsbeschwerde durch bisherigen Verfahrensbevollmächtigten

105 BVerwG (RVGreport 2006, 99):

Hat der Prozessbevollmächtigte schon im erst- und zweitinstanzlichen Verfahren eine Partei vertreten, folgt daraus weder, dass ihm im Sinne der Übergangsvorschrift des § 61 Abs. 1 Satz 1 RVG ein unbedingter Auftrag zur Vertretung auch in dem Verfahren über eine von der Gegenseite eingelegte Beschwerde gegen die Nichtzulassung der Revision im Berufungsurteil erteilt worden ist, noch handelt es sich insoweit um die Erledigung derselben Angelegenheit im Sinne des § 15 RVG. Daran ändert auch nichts, dass das Verfahren über die Nichtzulassungsbeschwerde zunächst beim **Berufungsgericht** und erst nach dessen Nichtabhilfeentscheidung beim Bundesverwaltungsgericht anhängig wird (vgl. zuletzt Beschluss vom 7. September 2005 – BVerwG 4 B 49.05 – BauR 2005, 1814 m. w. N.).

Zweitinstanzliches Verfahren und Entgegnung auf die Nichtzulassungsbeschwerde der Revision sind **zwei verschiedene Angelegenheiten** im Sinne von § 15.

II. OLG Schleswig: Scheidung mit Folgesache vor dem Stichtag, Aufenthaltsbestimmungsrecht erst nach dem 01. 07. 2004

OLG Schleswig (OLGR Schleswig 2006, 73 = FuR 2006, 141): **106**

Die Parteien streiten zwar erst seit September 2004 um das Aufenthaltsbestimmungsrecht, gemäß § 15 i. V. m. § 16 Nr. 4 RVG sind eine Scheidungssache und die **Folgesachen** aber als dieselbe Angelegenheit i. S. v. § 15 anzusehen. Das Scheidungsverbundverfahren mit dem Antrag auf Scheidung und Durchführung des Versorgungsausgleichs ist vor dem 01. 07. 2004 rechtshängig geworden. Die **Erweiterung des Scheidungsverbundes** um den Streit um das Aufenthaltsbestimmungsrecht für den Sohn der Parteien (September 2004) stellt insofern eine Fortführung derselben Angelegenheit dar. Mithin ist die BRAGO für die Gebührenberechnung maßgeblich.

III. OLG Hamm: Verbindung von Strafsachen nach dem Stichtag, dann erst Pflichtverteidigerbestellung

OLG Hamm (JurBüro 2005, 535 = AGS 2005, 535 m. w. N. zum Übergangsrecht) **107**

Das RVG ist anwendbar, wenn mehrere Verfahren verbunden werden und der Rechtsanwalt nach dem 01. 07. 2004 beigeordnet worden ist. Das RVG ist auf das gesamte Verfahren anwendbar (und nicht auf einzelne Teile noch die BRAGO). Die verbundenen Verfahren haben ihre gebührenrechtliche Selbstständigkeit durch die Verbindung verloren (ebenso LG Koblenz JurBüro 2005, 255).

ABSCHNITT 3
ANGELEGENHEIT

§ 16
Dieselbe Angelegenheit

Dieselbe Angelegenheit sind

1. das Verwaltungsverfahren auf Aussetzung oder Anordnung der sofortigen Vollziehung sowie über einstweilige Maßnahmen zur Sicherung der Rechte Dritter und jedes Verwaltungsverfahren auf Abänderung oder Aufhebung in den genannten Fällen,
2. das Verfahren über die Prozesskostenhilfe und das Verfahren, für das die Prozesskostenhilfe beantragt worden ist,
3. mehrere Verfahren über die Prozesskostenhilfe in demselben Rechtszug,
4. eine Scheidungssache und die Folgesachen (§ 621 Abs. 1 Nr. 1 bis 9, § 623 Abs. 1 bis 3, 5 der Zivilprozessordnung),
5. ein Verfahren über die Aufhebung der Lebenspartnerschaft und die Folgesachen (§ 661 Abs. 2, § 623 Abs. 1 und 5 der Zivilprozessordnung),
6. das Verfahren über einen Antrag auf Anordnung eines Arrests, einer einstweiligen Verfügung, auf Erlass einer einstweiligen oder vorläufigen Anordnung, auf Anordnung oder Wiederherstellung der aufschiebenden Wirkung, auf Aufhebung der Vollziehung oder Anordnung der sofortigen Vollziehung eines Verwaltungsakts und jedes Verfahren auf deren Abänderung oder Aufhebung,
7. das Verfahren nach § 3 Abs. 1 des Gesetzes zur Ausführung des Vertrages zwischen der Bundesrepublik Deutschland und der Republik Österreich vom 06.06.1959 über die gegenseitige Anerkennung und Vollstreckung von gerichtlichen Entscheidungen, Vergleichen und öffentlichen Urkunden in Zivil- und Handelssachen in der im BGBl Teil III, Gliederungsnummer 319–12, veröffentlichten bereinigten Fassung, das zuletzt durch Artikel 23 des Gesetzes vom 27.07.2001 (BGBl I S. 1887) geändert worden ist, und das Verfahren nach § 3 Abs. 2 des genannten Gesetzes,
8. das Aufgebotsverfahren und das Verfahren über den Antrag auf Anordnung der Zahlungssperre nach § 1020 der Zivilprozessordnung,
9. das Verfahren über die Zulassung der Vollziehung einer vorläufigen oder sichernden Maßnahme und das Verfahren über einen Antrag auf Aufhebung oder Änderung einer Entscheidung über die Zulassung der Vollziehung (§ 1041 der Zivilprozessordnung),
10. das schiedsrichterliche Verfahren und das gerichtliche Verfahren bei der Bestellung eines Schiedsrichters oder Ersatzschiedsrichters, über die Ablehnung eines Schiedsrichters oder über die Beendigung des Schiedsrichteramts, zur Unterstützung bei der Beweisaufnahme oder bei der Vornahme sonstiger richterlicher Handlungen,
11. das Verfahren vor dem Schiedsgericht und die gerichtlichen Verfahren über die Bestimmung einer Frist (§ 102 Abs. 3 des Arbeitsgerichtsgesetzes), die Ablehnung eines Schiedsrichters (§ 103 Abs. 3 des Arbeitsgerichtsgesetzes) oder die Vornahme einer Beweisaufnahme oder einer Vereidigung (§ 106 Abs. 2 des Arbeitsgerichtsgesetzes),
12. im Kostenfestsetzungsverfahren einerseits und im Kostenansatzverfahren andererseits jeweils mehrere Verfahren über
    a) die Erinnerung,
    b) die Beschwerde in demselben Beschwerderechtszug,
13. das Rechtsmittelverfahren und das Verfahren über die Zulassung des Rechtsmittels; dies gilt nicht für das Verfahren über die Beschwerde gegen die Nichtzulassung eines Rechtsmittels;

14. das Verfahren über die Privatklage und die Widerklage und zwar auch im Fall des § 388 Abs. 2 der Strafprozessordnung und
15. das erstinstanzliche Prozessverfahren und der erste Rechtszug des Musterverfahrens nach dem Kapitalanleger-Musterverfahrensgesetz.

Inhaltsübersicht

	Rn.			Rn.
A. Allgemeines	1		4. Nr. 4 Scheidungs- und Folgesachen	14
I. Die drei Kataloge der §§ 16–18	1		5. Nr. 5 Folgesachen nach Aufhebung der Lebenspartnerschaft	16
II. Normzweck	2		6. Nr. 6 Titulierung im Eilverfahren und Abänderung oder Aufhebung	17
III. Übersetzung der schwierigen Gesetzessprache (§§ 16–18) durch Beispiele	4		7. Nr. 7 Vertrag mit Österreich – Vollstreckungsanerkennung	18
1. Die Sprachverwirrung	4		8. Nr. 8 Aufgebotsverfahren	19
2. Die drei ähnlichen Begriffe der §§ 16–18	5		9. Nr. 9 Verfahren über die Zulassung der Vollziehung von Eilmaßnahmen im Schiedsverfahren	20
3. Erklärung der Unterschiede durch je ein Beispiel	6		10. Nr. 10 Verfahren zur Bestellung eines Schiedsrichters	21
B. Kommentierung	9		11. Nr. 11 Verfahren nach §§ 102 Abs. 3, 103 Abs. 3, 106 Abs. 2 ArbGG	23
I. Allgemeines/Systematik	9		12. Nr. 12 Erinnerung und Beschwerde gegen Kostenansatz und Kostenfestsetzung	24
II. Die einzelnen Fälle des Katalogs »Dieselbe Angelegenheit«	10		13. Nr. 13 Zulassung des Rechtmittels und Rechtsmittelverfahren	29
1. Nr. 1 Verwaltungsverfahren des vorläufigen Rechtschutzes	10		14. Nr. 14 Privatklage und Widerklage	31
2. Nr. 2 Prozesskostenhilfeverfahren und Hauptsache	11			
3. Nr. 3 Mehrere Prozesskostenhilfeverfahren in demselben Rechtszug	13			

A. Allgemeines

I. Die drei Kataloge der §§ 16–18

Der RVG-Gesetzgeber hat versucht, in den §§ 16, 17, 18 drei Kataloge zu schaffen, die nach seiner (irrigen) Ansicht **abschließend** (BT-Drs. 15/1971, S. 191 und 192) aufzählen, was eine Angelegenheit ist (§ 16), was verschiedene Angelegenheiten (§ 17) und was besondere Angelegenheiten (§ 18) sind. Die sehr umfangreichen neuen Vorschriften enthalten: § 16 (dieselbe Angelegenheit): 14 Nummern, § 17 (verschiedene Angelegenheiten): 12 Nummern und § 18 (besondere Angelegenheiten): gar 22 Nummern, die dann teilweise auch noch von a bis d in »Unternummern« weiter zergliedert werden.

II. Normzweck

Zum Zweck der Norm bemerkt die Gesetzesbegründung (BT-Drs. 15/1971, S. 190):

»Nach § 15 Abs. 2 Satz 1 RVG kann der Rechtsanwalt die Gebühren in derselben Angelegenheit nur einmal fordern. Mit der vorgeschlagenen Vorschrift (also § 16) sollen bestimmte Tätigkeiten einer Angelegenheit zugeordnet werden, bei denen es ohne diese Vorschrift zumindest zweifelhaft wäre, ob sie eine gemeinsame Angelegenheit bilden.«

Die optimistische Behauptung des Gesetzgebers (BT-Drs. 15/1971, S. 191 und 192), er habe mit den drei Katalogen nun eine eindeutige und abschließende Aufzählung gefunden, stimmt leider nicht.

Abschnitt 3 – Angelegenheit

Es gibt im Rahmen der Lebensvielfalt noch weitere anwaltliche Tätigkeiten, die, wenn sie auftreten, nicht in die Katalogaufzählung passen und daher nach den bisherigen allgemeinen Kriterien dahin untersucht werden müssen, ob es sich um eine oder zwei Angelegenheiten handelt. Das lässt sich leider nicht abstrakt für alle Fälle von vornherein in einem Katalog festlegen. Erinnert sei an dieser Stelle an die Entscheidung des OLG Düsseldorf, bei dem das OLG meinte, es sei **eine** Angelegenheit, wobei das Gegenteil (mehrere Angelegenheiten) wohl genauso nach den Kriterien der Abgrenzung einer Angelegenheit vertretbar gewesen wäre: OLG Düsseldorf (KostRsp § 3 BRAGO Nr. 28 = OLGR 1993, 160):

Fall: Eine GmbH-Gesellschafterin beauftragte einen Rechtsanwalt, ihre Interessen wahrzunehmen bei **zwei Gesellschafterversammlungen** (Februar und April 1987), nachdem die übrigen Gesellschafter den Entschluss gefasst hatten, sie auszuschließen; ferner erhielt er den weiteren Auftrag, diesen **Beschluss anzufechten** und den **Gesellschafteranteil** im Wege des Vergleiches bestmöglichst an die übrigen Gesellschafter **zu veräußern** (§ 22 Rn. 26, 33).

3 Wegen weiterer zahlreicher Beispielsfälle zur Frage, was ist eine, was sind verschiedene Angelegenheiten, wird verwiesen auf § 22 Rn. 26, 27; siehe auch Rn. 9.

Dennoch ist der Versuch des Gesetzgebers zu loben, einen verbindlichen Teilkatalog zusammengetragen zu haben.

III. Übersetzung der schwierigen Gesetzessprache (§§ 16–18) durch Beispiele

1. Die Sprachverwirrung

4 Für Menschen mit gesundem Sprachgebrauch ist der Unterschied zwischen den Begriffen (2) **verschiedene** Angelegenheiten und (3) **besondere** Angelegenheiten schon erheblich schwieriger zu begreifen, und berührt demgemäß auch immer die Abgrenzung zu § 16 (**dieselbe** Angelegenheit (1)). Benutzerfreundlich erscheint dieser klärende Vorspruch (Rn. 5–8) daher **wortgleich** bei allen drei §§ 16 bis 18.

2. Die drei ähnlichen Begriffe der §§ 16–18

5 Wichtig scheint für den Anwender beim Gebrauch der §§ 16, 17 und 18, dass er sich klarmacht, was bedeutet:

(1) **dieselbe** Angelegenheit (§ 16)
(2) **verschiedene** Angelegenheiten (§ 17)
(3) **besondere** Angelegenheiten (§ 18).

3. Erklärung der Unterschiede durch je ein Beispiel

6 Einfach ist der Unterschied zwischen (1) und (2), er liegt auf der Hand: Zu **derselben Angelegenheit** im Sinne von **§ 16** werden mehrere Vorgänge gebührenrechtlich zusammengezogen, also gebührenrechtlich als eine Angelegenheit betrachtet und demgemäß auch nur einmal abgerechnet, geltend gemacht im Sinne von § 15 Abs. 2 Satz 1 (»**Der Rechtsanwalt kann die Gebühren in derselben Angelegenheit nur einmal fordern**«).

• **Beispiel** dazu § 16 Nr. 2
Das Verfahren über die **Prozesskostenhilfe** und das Verfahren, für das die Prozesskostenhilfe beantragt worden ist, werden als dieselbe Angelegenheit erklärt.

7 Nun, bei **verschiedenen Angelegenheiten** (§ 17) werden immer **zwei** anwaltliche **Tätigkeiten, Handlungen, konkret** benannt und klargestellt, dass der Gesetzgeber sie, wenn sie beide vom Anwalt geleistet werden, als zwei (**verschiedene**) Angelegenheiten behandelt.

- **Beispiel** dazu § 17 Nr. 4

»Das Verfahren in der Hauptsache und ein Verfahren über einen Antrag auf Erlass einer einstweiligen Verfügung.« Für beide Verfahren (Tätigkeiten) kann der Anwalt im Gegensatz zu **PKH-Verfahren und Hauptsache** (§ 16 Nr. 2) getrennt liquidieren, weil es sich um **(zwei) verschiedene Angelegenheiten** handelt. Wenn diese konkret beschriebenen beiden Tätigkeiten in dieser **Zweierkombination** auftreten, sind es immer kraft Gesetzes (§ 17) **zwei** Gebührenangelegenheiten.

Im Gegensatz dazu wird der **besonderen Angelegenheit** (§ 18) **allein** das Merkmal **eigene Angelegenheit** zuerkannt. **Wann immer** sie auftritt, in welcher Tätigkeitskombination auch immer, sie ist immer eine **eigene Angelegenheit**.

- **Zwei Beispiele**

(1) Das Verfahren auf Erteilung einer weiteren vollstreckbaren Ausfertigung (§ 733 ZPO).

(2) Jedes Verfahren über einen Antrag nach § 765 a ZPO (sittenwidrige Vollstreckung).

Wird der Anwalt im Verfahren auf Erteilung einer **weiteren** vollstreckbaren Ausfertigung nach § 733 ZPO tätig, so bleibt dies immer eine **besondere Angelegenheit**, auch wenn er sonst noch Tätigkeiten in der Zwangsvollstreckung daneben, welcher Art auch immer sie seien, erledigt. Dasselbe gilt für ein Verfahren nach § 765 a ZPO.

B. Kommentierung

I. Allgemeines/Systematik

Der Tätigkeitenkatalog des § 16 stellt praktisch schon einen aufzählenden verbindlichen Kommentar zu der Frage dar, welche anwaltlichen Tätigkeiten, wenn sie in einer Kombination auftreten, nur eine Angelegenheit darstellen. Der Richter ist dann nicht mehr befugt, zu sagen, in Wahrheit sind die beiden Teilangelegenheiten doch eigenständige Angelegenheiten, weil etwa der innere Zusammenhang von mir nicht bejaht wird.

§ 16 trifft nur den Fall, dass die beiden Teile einer gesetzlich zusammengefassten Angelegenheit von demselben Anwalt erledigt werden. Sind für die beiden Verfahrensteile unterschiedliche Anwälte bestellt, so erhält jeder Anwalt die ihm zustehenden Gebühren gesondert.

Der gesetzliche Katalog des § 16 ist, wie unter Rn. 3 bemerkt, nicht abschließend. Weitere Fälle entwickelt die Rechtsprechung, so zuletzt der BGH (Beschl. v. 22. 09. 2005, JurBüro 2006, 151 = AGS 2006, 38 = NJW-RR 2006, 429), der zur Klageänderung, also möglicherweise einem neuen Streitgegenstand im Prozess, bemerkt:

»Die Klageänderung zieht – wenn der Wert des neuen Antrags denjenigen des früheren Antrags nicht übersteigt – keine kostenrechtlichen Folgen nach sich. Hinsichtlich der Gerichtsgebühren gilt der neue Antrag als von Anfang an anhängig. Auch der Anwalt kann seine Gebühren nur einmal fordern, weil es sich um ein und dieselbe Angelegenheit handelt (Gerold/Schmidt/von Eicken/Madert/Müller-Rabe § 15 Rn. 102; *Fraunholz* in Riedel/Sußbauer RVG § 15 Rn. 10; *Greger* in Zöller, a. a. O. § 263 Rn. 32; vgl. zur BRAGO auch KG JurBüro 1968, 610, 611; OLG Hamburg JurBüro 1978, 1807).«

II. Die einzelnen Fälle des Katalogs »Dieselbe Angelegenheit«

1. Nr. 1 Verwaltungsverfahren des vorläufigen Rechtschutzes

Mit dem Verwaltungsverfahren, dem anschließenden Widerspruchsverfahren, der Aussetzung oder Anordnung der sofortigen Vollziehung pp. befassen sich zwei Nummern der Ka-

Abschnitt 3 – Angelegenheit

taloge, nämlich § 16 Nr. 1 und § 17 Nr. 1. Einen Teilsektor regelt § 16 Nr. 1 und bestimmt, dass die Tätigkeiten des Anwalts in den nachfolgend aufgeführten Verfahren sämtlich untereinander nur eine Angelegenheit darstellen. Selbst wenn der Anwalt in allen nachfolgend aufgezählten Verfahren für die Partei auftreten würde, könnte er die Gebühr nach § 15 Abs. 2 nur 1 × fordern, weil diese Tätigkeiten nach dem Wortlaut des § 16 Nr. 1 alle miteinander (und erst recht dann auch Teilkombinationen von ihnen) immer nur **eine Angelegenheit** darstellen. Es handelt sich um folgende Handlungen, die die Gebühr natürlich schon auslösen, wenn nur eine Vertretungshandlung erfüllt ist:

Das Verwaltungsverfahren auf Aussetzung oder Anordnung der sofortigen Vollziehung sowie über einstweilige Maßnahmen zur Sicherung der Rechte Dritter und jedes Verwaltungsverfahren auf Abänderung oder Aufhebung hinsichtlich zuvor genannter Maßnahmen. Noch einmal:

Die hier, in Nr. 1 des § 16 aufgezählten Handlungen bilden **untereinander** nur **eine** Angelegenheit.

2. Nr. 2 Prozesskostenhilfeverfahren und Hauptsache

11 Das Verfahren über die Prozesskostenhilfe gehörte nach der BRAGO-Regelung zum § 37 Nr. 3. Das bedeutete, es gehörte zu dem Rechtszug der Hauptsache des Verfahrens, für das Prozesskostenhilfe beantragt wurde. Systematisch war das nicht richtig, denn das Prozesskostenhilfeverfahren ist ein eigenständiges Verfahren.

Das Prozesskostenhilfeverfahren ist jetzt in den § 16 eingestellt worden, was praktisch ausdrückt, auch wenn es ein eigenständiges Verfahren darstellt, gesonderte Gebühren können gleichwohl neben den Gebühren der Hauptsache nicht geltend gemacht werden (vgl. BayVGH 21. 02. 2006 – 12 CE 05.2338).

Im Ergebnis ändert sich für den Anwalt also nichts. Eher also viel Lärm um Nichts.

Zu den Gebühren, die schon im Prozesskostenhilfeverfahren anfallen können, sei hier bemerkt:

Für seine dortige Tätigkeit erhält er eine **Verfahrensgebühr** nach Nr. 3335 in Höhe von 1,0, bei vorzeitiger Erledigung in Höhe von 0,5 nach Nr. 3337.

Die Vorbemerkung 3.3.6 verweist hinsichtlich der **Terminsgebühr** auf den Abschnitt 1, also sowohl auf Nr. 3104 (Terminsgebühr 1,2) wie auf Nr. 3105 (Nichterscheinen des Gegners) von 0,5. Wird der Anwalt nach Bewilligung von Prozesskostenhilfe im anschließenden Hauptsacheverfahren tätig, so handelt es sich um **dieselbe** Angelegenheit (§ 16 Nr. 2). Der Anwalt kann dann die Gebühren nach Teil 3 des Vergütungsverzeichnisses nur einmal geltend machen (§ 15 Abs. 2 Satz 1), allerdings nur nach der ab mehr als € 3.000,00 aufwärts geminderten Tabelle zu § 49.

Mehrere PKH-Verfahren in einer Instanz, daneben Beschwerde in einer PKH-Sache:

LSG Rh. Pf. (NZS 2007, 672 vom 06. 08. 2007): »Nach § 16 Nr. 2 RVG sind das Verfahren über die Prozesskostenhilfe und das Verfahren, für das die Prozesskostenhilfe beantragt worden ist, dieselbe Angelegenheit. § 16 Nr. 3 RVG bestimmt, dass mehrere Verfahren über die Prozesskostenhilfe in demselben Rechtszug dieselbe Angelegenheit sind. Nach dem Wortlaut des § 16 Nrn. 2 und 3 RVG sind damit die Prozesskostenhilfeverfahren innerhalb derselben Instanz gemeint und nicht die im Beschwerdeverfahren (ebenso Gerold/ Schmidt/ von Eicken/ Madert/ Müller-Rabe, RVG, Kommentar, 17. Aufl., VV 3335, Rn. 68).«

Bedingte Klageerhebung

12 Der BGH (NJW 1952, 545 = BGHZ 4, 328) hat dazu ausgeführt: »*Wenn bei gleichzeitiger Einreichung von Klageschrift und PKH Gesuch die Klageschrift keine selbständige Bedeutung haben soll, so*

muss der Kläger klar und eindeutig erklären, dass die Klage nur unter der Voraussetzung der Bewilligung von PKH eingereicht sein soll.« Nach dieser Entscheidung genügt es nicht, dass etwa eingereicht wird »anliegendes PKH-Gesuch und Klage«, letztere mit Unterschrift, »mit der Bitte um Bewilligung von PKH«. Nach Ansicht des BGH sind dann Klage und PKH-Gesuch eingereicht (vgl. auch BGH VersR 1968, 369; NJW 1972, 1373).

Etwas anderes gilt, wenn mit dem PKH-Gesuch ein Klageentwurf oder eine nicht unterschriebene Klage eingereicht wird (so BGH NJW 1952, 1375; OLG Celle MDR 1963, 687: »beabsichtigte Klage«).

Ergeben sich daher bei Eingang von Klage und PKH-Gesuch Zweifel, so muss der Kläger durch Zwischenverfügung befragt werden.

Wird nur ein Klageentwurf beigefügt, so entsteht nur die Verfahrensgebühr 1,0 für das Prozesskostenhilfeverfahren (Nr. 3335 Gebauer/Schneider RVG VV 3335 Rn. 7; Mayer/Kroiß RVG § 16 Rn. 6).

3. Nr. 3 Mehrere Prozesskostenhilfeverfahren in demselben Rechtszug

Mehrere PKH-Verfahren in demselben Rechtszug werden als eine Angelegenheit behandelt. Zu mehreren PKH-Verfahren kann es etwa kommen, wenn auch der Gegner PKH begehrt und dazu eine Stellungnahme erforderlich wird. Die Partei kann auch selbst mehrere PKH – Anträge stellen, jedenfalls dann, wenn sich der Sachverhalt oder die persönlichen Verhältnisse der Partei seit der letzten Entscheidung verändert haben.

4. Nr. 4 Scheidungs- und Folgesachen

Eine Scheidungssache und die Folgesachen sind dieselbe Angelegenheit, obwohl sie nach § 623 Abs. 1 ZPO selbständige Verfahren sind, was ohne die Spezialregelung des § 16 RVG nach § 15 Abs. 2 Satz 2 RVG zu zwei Angelegenheiten führen würde. Ebenso ein Verfahren über die Aufhebung der Lebenspartnerschaft und die Folgesachen.

Zu beachten ist, dass die Gegenstandswerte der Scheidungssache mit den Werten der Folgesachen zu addieren sind (§ 22 Abs. 1) (Schleswig-Holsteinisches Oberlandesgericht OLGR Schleswig 2006, 73).

Ausnahme: OLG Rostock (JurBüro 2007, 640 = OLGR Rostock 2007, 1062 = FamRZ 2008, 626) zu § 16 Nr. 4 RVG: »Werden in Familiensachen außerhalb des Scheidungsverbundes zugleich Verfahren (hier ein Antrag auf **Zuordnung des Aufenthaltsbestimmungsrechts und eine Klage auf Unterhalt**) miteinander verhandelt, deren Parteien voneinander unterschiedlich sind und die unterschiedlichem Verfahrensrecht (ZPO und FGG) unterliegen, so errechnen sich die Gebühren nicht nach der Summe ihrer Streitgegenstände sondern für jede Sache gesondert«, sie sind also mehrere Angelegenheiten.

LG Düsseldorf (AGS 2007, 147 = JurBüro 2007, 377) zu § 16 Nr. 4 RVG, § 2 Abs. 2 BeratHiG: Beratungshilfe in Familiensachen: Bewilligung hinsichtlich **des Umgangsrechts und des Unterhalts** als verschiedene Angelegenheiten.

Bei der Beratungshilfe in einer Familiensache während der Trennungszeit stellen die Tätigkeiten hinsichtlich des Umgangsrechts einerseits und des Unterhalts andererseits gebührenrechtlich **verschiedene Angelegenheiten** dar. Unerheblich ist dabei, dass nur ein Berechtigungsschein erteilt, und darin der Begriff der Angelegenheit lediglich im Singular verwendet worden ist. Ähnlich: AG Brandenburg FamRZ 2006, 638; OLG Hamm FamRZ 2005, 532; Landgericht Neuruppin FamRZ 2004, 41; Landgericht Hannover JurBüro 1987, 220; OLG Düsseldorf MDR 1986, 157; OLG Braunschweig JurBüro 1985, 250; je m. w. N.

(A. A. AG Bochum 08. 03. 2007 – 52 II 3679/06 wegen § 16 Nr. 4 RVG; OLG Nürnberg MDR 2004, 1186; OLG München MDR 1988, 330; je m. w. N.

Abschnitt 3 – Angelegenheit

Differenzierend: OLG Stuttgart (JurBüro 2007, 21= AGS 2007, 97) (Trennungszeit-Scheidung):

»Da bei den Pauschgebühren der Beratungshilfe das Korrektiv des Gegenstandswertes fehlt, kommt der Abgrenzung, wann eine und wann mehrere Angelegenheiten anzunehmen sind, erhebliche praktische Bedeutung zu.

Für die Beratungshilfe in einer Familiensache sind Regelungen für die Zeit der Trennung vor Rechtskraft der Scheidung einerseits und die Scheidungssache mit den Folgesachen im Sinne des § 16 Nr. 4 RVG andererseits **jeweils eine Angelegenheit**.«

15 Trennt das Familiengericht den Streit um das Aufenthaltsbestimmungsrecht vom übrigen Scheidungsverfahren ab, so fallen anders als im Falle einer Vorabentscheidung über den Scheidungsantrag nach § 628 ZPO die Rechtsanwaltsgebühren erneut an. Allerdings sind die bisherigen Gebühren anzurechnen, so dass der Rechtsanwalt entweder die Gebühren aus dem Verfahren vor der Trennung oder aus den beiden Verfahren nach der Trennung unter Anrechnung der vor der Trennung entstandenen Gebühren verlangen kann.

5. Nr. 5 Folgesachen nach Aufhebung der Lebenspartnerschaft

16 Dieselbe Angelegenheit sind ein Verfahren über die Aufhebung der Lebenspartnerschaft und die Folgesachen (LPartG vom 16. 02. 2001 (BGBl. I, 266). Nach § 661 Abs. 2 ZPO finden die Vorschriften über Scheidungs- und Folgesachen entsprechende Anwendung auf Lebenspartnerschaften. Auch hier findet eine Streitwertaddition gem. § 22 Abs. 1 statt (Rn. 15).

6. Nr. 6 Titulierung im Eilverfahren und Abänderung oder Aufhebung

17 Nr. 6 übernimmt die Regelung des § 40 Abs. 2 BRAGO für den Arrest und die einstweilige Verfügung und die Regelung des § 114 Abs. 6 BRAGO, der auf § 40 BRAGO verweist, für die einstweilige Anordnung in Verfahren vor den Gerichten der öffentlich-rechtlichen Gerichtsbarkeiten. Die Regelung erfasst auch Verfahren nach den §§ 80 und 80a VwGO und auch **einstweilige** Anordnungen und **vorläufige** Anordnungen in Verfahren der freiwilligen Gerichtsbarkeit (§ 69 Abs. 3 FGG; Mayer/Kroiß RVG § 16 Rn. 19; Gebauer/Schneider RVG § 16 Rn. 55).

Das Verfahren auf Aussetzung der Vollziehung nach § 80 Abs. 4 Satz 1 VwGO ist zwar nicht ausdrücklich erwähnt, unterfällt aber, schon im Hinblick auf die bisherige Rechtsprechung, auch der Nr. 6. Das folgt auch aus der Gesetzesbegründung, wonach die Gesetzesformulierung ausdrücklich so gewählt sei, dass sie auch Verfahren nach § 80 und § 80a VwGO erfasse.

All diese genannten Tätigkeiten (Anordnungsverfahren) bilden **eine Angelegenheit** mit dem späteren Verfahren auf deren **Abänderung oder Aufhebung**. Das entsprach schon der früheren Rechtsprechung (OLG Nürnberg JurBüro 1966, 774).

Bei dieser Zweierkombination gibt es sogar auf beiden Seiten eine Aufzählung von alternativen anwaltlichen Tätigkeiten, deshalb muss man den Gesetzestext hier besonders genau lesen, um ihn zu verstehen.

In den genannten Anordnungs- und etwaigen Abänderungsverfahren fällt für denselben Rechtsanwalt (anders beim Anwaltswechsel) nur einmal die Verfahrens-, Termins- oder Einigungsgebühr an (OLG Dresden JurBüro 2000, 139; OLG Koblenz VersR 1987, 595; OLG Saarbrücken JurBüro 1989, 68). Das gilt auch dann, wenn in einer Instanz mehrere Aufhebungsverfahren nacheinander durchgeführt werden.

BayVerwGH München (NJW 2007, 2715): »Nach § 16 Nr. 6 RVG sind u. a. auch das Verfahren über einen Antrag auf Anordnung oder Wiederherstellung der aufschiebenden Wirkung und **jedes Verfahren auf deren Abänderung oder Aufhebung** dieselbe Angelegenheit. Da die Gebühren in derselben Angelegenheit nur einmal gefordert werden dürfen (§ 15 Abs. 2 Satz 1 RVG), kann ein Rechtsanwalt, der bereits im Verfahren nach § 80 Abs. 5 VwGO tätig geworden ist, für das Abänderungsverfahren nach § 80 Abs. 7 VwGO nicht erneut Gebühren verlangen.«

OLG Düsseldorf (AGS 2007, 311): »Nach § 16 Nr. 6 RVG sind u. a. auch das Verfahren über einen Antrag auf Anordnung oder Wiederherstellung der aufschiebenden Wirkung und jedes Verfahren auf deren Abänderung oder Aufhebung dieselbe Angelegenheit. Da die Gebühren in derselben Angelegenheit nur einmal gefordert werden dürfen (§ 15 Abs. 2 Satz 1 RVG), kann ein Rechtsanwalt, der bereits im Verfahren nach § 80 Abs. 5 VwGO tätig geworden ist, für das Abänderungsverfahren nach § 80 Abs. 7 VwGO nicht erneut Gebühren verlangen.«

Schutzschrift

Anfall der Gebühr für eine vorsorglich eingereichte **Schutzschrift** (näher, auch zur Höhe s. VV Nr. 3100 Rn. 41). Inzwischen ist es in der Rechtsprechung allgemein anerkannt, dass der in Aussicht genommene Antragsgegner einer einstweiligen Verfügung das Recht hat, vor Einreichung einer einstweiligen Verfügung eine **Schutzschrift** einzureichen (BGH NJW 2003, 1257; OLG Hamburg AGS 2005, 495; OLG Koblenz JurBüro 1990, 1160; OLG Nürnberg NJW-RR 2005, 941 = AGS 2005, 339). Bei dieser besonderen Situation hat der Anwalt des Antragsgegners schon einen Auftrag zur Vertretung als Verfahrensbevollmächtigter des Antragsgegners, ehe die einstweilige Verfügung seiner Partei zugestellt worden ist. Auch hier spricht aber viel dafür, dass man die BGH-Entscheidung dahin auszulegen hat, dass der Auftrag **bedingt** ist durch den **Eingang des Verfügungsantrages** bei Gericht. Mit einem Sonderfall hat sich das OLG Frankfurt (OLGR Frankfurt 2006, 793) beschäftigt:

»Die Kosten einer Schutzschrift, die zur Verteidigung gegen einen erwarteten Antrag auf Erlass einer einstweiligen Verfügung eingereicht worden ist, sind auch dann erstattungspflichtig, wenn der Antrag vor Eingang der Schutzschrift wieder zurückgenommen worden ist, ohne dass der Antragsgegner hiervon wissen konnte.«

7. Nr. 7 Vertrag mit Österreich – Vollstreckungsanerkennung

Hier bemerkt die Gesetzesbegründung (BT-Drs. 15/1971, S. 190):

»Nach § 47 Abs. 3 BRAGO gilt das Verfahren nach § 3 Abs. 2 des Gesetzes zur Ausführung des Vertrages zwischen der Bundesrepublik Deutschland und der Republik Österreich vom 6. Juni 1959 über die gegenseitige Anerkennung und Vollstreckung von gerichtlichen Entscheidungen, Vergleichen und öffentlichen Urkunden in Zivil- und Handelssachen in der im Bundesgesetzblatt Teil III, Gliederungsnummer 319–12, veröffentlichten bereinigten Fassung, das zuletzt durch Artikel 23 des Gesetzes vom 27. Juli 2001 (BGBl. I S. 1887) geändert worden ist, als besondere Angelegenheit. Die Prozessgebühr, die der Rechtsanwalt für das Verfahren nach § 3 Abs. 1 des genannten Gesetzes erhält, wird zu zwei Dritteln auf die gleiche Gebühr des Verfahrens nach § 3 Abs. 2 angerechnet. Gemäß Nr. 7 sollen künftig die Verfahren nach § 3 Abs. 1 und nach § 3 Abs. 2 des genannten Gesetzes dieselbe Angelegenheit bilden. Damit kann die Anrechnung von Gebühren entfallen.«

Hintergrund dieser Regelung ist die abweichende Rechtslage in Österreich. Österreich kennt den Erlass für vorläufig vollstreckbare Titel nur zum Zecke der Sicherung. Nach dem Vollstreckungsabkommen werden österreichische Titel, wenn sie nur für vorläufig vollstreckbar erklärt sind, nur zur Sicherung der Zwangsvollstreckung in Deutschland für vollstreckbar erklärt. Nach Rechtskraft des Titels kann der in Deutschland vollstreckbare Beschluss auf Antrag dahin erweitert werden, dass er nunmehr ohne Beschränkung für vollstreckbar (§ 3 Abs. 2) erklärt wird. Durch die Regelung (eine Angelegenheit) erübrigt sich die frühere Anrechnungsvorschrift. Im Ergebnis konnte der Anwalt aber früher eine 1 + 1/3 Gebühr verdienen.

Abschnitt 3 – Angelegenheit

8. Nr. 8 Aufgebotsverfahren

19 Für das Aufgebotsverfahren erfallen nunmehr gem. Nr. 3324 eine 1,0 Verfahrensgebühr und gem. Nr. 3332 eine Terminsgebühr von 0,5.

Nach § 45 BRAGO konnten im Aufgebotsverfahren unter Berücksichtigung des Antrages auf Anordnung der Zahlungssperre nach § 1020 ZPO insgesamt Gebühren in Höhe von 4 × 5/10 erfallen. Die systematische Sonderregelung für Aufgebotsverfahren ist entfallen. Auch hier gilt jetzt der Grundsatz von Verfahrens- und Terminsgebühr, wenn auch wegen der generell geringeren Mühe mit herabgesetzten Gebührensätzen. Nr. 8 bestimmt, dass Aufgebotsverfahren und Zahlungssperrantrag dieselbe Angelegenheit darstellen und damit die Gebühren nur einmal anfallen.

Nr. 8 gilt nur für das amtsgerichtliche Aufgebotsverfahren, nicht aber für die Anfechtungsklage nach § 957 ZPO.

Beispiele für Aufgebotsverfahren:

– Eigentümer eines Grundstücks
– Gläubiger einer Hypothek, Grundschuld oder Rentenschuld
– Nachlassgläubiger.

9. Nr. 9 Verfahren über die Zulassung der Vollziehung von Eilmaßnahmen im Schiedsverfahren

20 Nr. 9 regelt die Zulassung (§ 1041 Abs. 2 ZPO) oder Aufhebung der Vollziehung (§ 1041 Abs. 3 ZPO) einer vorläufigen oder sichernden Maßnahme. Den gebührenrechtlichen Teil des im Schiedsverfahren (Eilverfahren) tätigen Anwalts als Parteivertreter (Tätigkeit beim staatlichen Gericht in Zusammenhang mit einem Schiedsverfahren) übernehmen jetzt die Nrn. 3309 und 3310, 0,3 (Verfahrengebühr) + 0,3 (Terminsgebühr). Die Klarstellung, was zu derselben Angelegenheit gehört, ist aus systematischen Gründen inhaltsgleich in den Katalog des § 16 eingestellt worden. Es geht der Sache nach um Folgendes:

Das Schiedsgericht kann Eilmaßnahmen anordnen (§ 1041 Abs. 1 Satz 1 ZPO), es kann aber auch davon absehen und sie dem staatlichen Gericht überlassen.

Die schiedsgerichtliche Maßnahme bedarf allerdings der Zulassung durch das staatliche Gericht (§ 1041 Abs. 2 Satz 1 ZPO). Nach Abs. 2 kann das staatliche Gericht den Zulassungsbeschluss nach Abs. 2 aufheben oder abändern.

Zulassungs- und Abänderungsbeschluss sind eine Angelegenheit.

Lehnt das Schiedsgericht eine Eilmaßnahme ab und beantragt der Anwalt sie nunmehr beim staatlichen Gericht, so ist Nr. 9 nicht einschlägig. Ferner: Der Parteianwalt verdient im schiedsrichterlichen Verfahren die normalen Gebühren des 3. Teils (Gerold/Schmidt/von Eicken/Madert/Müller-Rabe RVG 17. Aufl. § 36 Rn. 10). Muss er nun zusätzlich einen Zulassungs- oder Abänderungsantrag zu einer Eilmaßnahme an das staatliche Gericht (§ 1041 Abs. 2 und 3 ZPO) stellen, so verdient er die erwähnten (geringeren) Gebühren nach den Nrn. 3309 und 3310 zusätzlich. Dies folgt aus § 17 Nr. 6. Der Zulassungsantrag gehört nämlich zum Eilverfahren und nicht zur schiedsgerichtlichen Hauptsache. Deshalb steht auch § 16 Nr. 10 (gerichtliche Verfahren bei der Vornahme sonstiger richterlichen Handlungen) nicht entgegen (ebenso Gebauer/Schneider RVG § 16 Rn. 88 ff.; Gerold/Schmidt/von Eicken/Madert/Müller-Rabe RVG 17. Aufl. § 17 Nr. 6 Rn. 38).

10. Nr. 10 Verfahren zur Bestellung eines Schiedsrichters

Nr. 10 regelt, dass die dort aufgeführten (Neben-)Tätigkeiten des Anwalts zur Schiedsrichterbestellung und bei der gerichtlichen Unterstützung des Schiedsgerichts **eine** Angelegenheit bilden **mit dem Schiedsverfahren** selbst.

Dieselbe Angelegenheit, und da hat sich inhaltlich im Verhältnis zur BRAGO nichts geändert, ist das **schiedsrichterliche Verfahren** nach dem 10. Buch der ZPO und das **gerichtliche** Verfahren (§ 1050 ZPO) zur Unterstützung des Schiedsgerichts bei der Beweisaufnahme oder bei der Vornahme sonstiger richterlicher Handlungen (wie z. B. Ersuchen einer Behörde um Vorlage einer Urkunde; Amtliche Auskunft – § 273 Abs. 2 Nr. 2 ZPO; Erscheinenszwang für Zeugen; siehe Baumbach/Lauterbach/Albers/Hartmann ZPO 63. Aufl. § 1050 Rn. 1) und ebenso das Schiedsrichterbestellungsverfahren.

Zu den gerichtlichen Unterstützungsmaßnahmen gehört nicht die Zulassung der vom Schiedsgericht angeordneten Maßnahme des einstweiligen Rechtsschutzes nach § 1041 ZPO.

Der Zulassungsantrag gehört nämlich zum Eilverfahren und nicht zur schiedsgerichtlichen Hauptsache (siehe näher Rn. 20).

Die Gesetzesbegründung, wonach die Nr. 10 die frühere Regelung des § 46 Abs. 4 BRAGO übernehme, kann der Verfasser nicht als zutreffend ansehen. Die Begründung (BT-Drs. 15/1971, S. 190) lautet:

»*Nr. 10 übernimmt die Regelung aus § 46 Abs. 4 BRAGO, wonach der Rechtsanwalt im schiedsrichterlichen Verfahren eine Vergütung für die Tätigkeit in gerichtlichen Verfahren bei der Bestellung eines Schiedsrichters oder Ersatzschiedsrichters, über die Ablehnung eines Schiedsrichters oder über die Beendigung des Schiedsrichteramtes, zur Unterstützung bei der Beweisaufnahme oder bei der Vornahme sonstiger richterlicher Handlungen **nur dann erhält, wenn seine Tätigkeit auf diese Verfahren beschränkt ist**.*« § 46 Abs. 4 BRAGO gab nämlich eine halbe Gebühr.

11. Nr. 11 Verfahren nach §§ 102 Abs. 3, 103 Abs. 3, 106 Abs. 2 ArbGG

Für den Anwalt, der seine Partei im arbeitsrechtlichen Verfahren vor dem Schiedsgericht vertritt (auch dieses unterfällt dem § 36) vertritt, sind das **Schiedsgerichtsverfahren** und die einzeln in Nr. 11 aufgeführten **(Hilfs-)Tätigkeiten**, wie gerichtliche Entscheidung über die Bestimmung einer Frist (§ 102 Abs. 3 ArbGG), die Ablehnung eines Schiedsrichters (§ 103 Abs. 3 ArbGG) oder die Vornahme einer Beweisaufnahme oder einer Vereidigung (§ 106 Abs. 2 ArbGG) **eine Angelegenheit**.

Auch hier ist angesichts des Gesetzestextes für den Verfasser die Gesetzesbegründung nicht nachvollziehbar. Sie lautet (BT-Drs. 15/1971, S. 190):

»*Nr. 11 übernimmt die Regelung aus § 62 Abs. 3 BRAGO. Danach erhält der Rechtsanwalt in Arbeitssachen für seine Tätigkeit, die eine gerichtliche Entscheidung über die Bestimmung einer Frist (§ 102 Abs. 3 ArbGG), die Ablehnung eines Schiedsrichters (§ 103 Abs. 3 ArbGG) oder die Vornahme einer Beweisaufnahme oder einer Vereidigung (§ 106 Abs. 2 ArbGG) betrifft, **nur dann eine Vergütung, wenn seine Tätigkeit auf diese Verfahren beschränkt ist**.*« Diese Begründung wäre richtig, wenn der Wortlaut des § 62 Abs. 3 **Satz 1** in die Nr. 11 übernommen worden wäre.

Tatsächlich übernimmt der Wortlaut der Nr. 11 aber lediglich den **Satz 2** des Absatzes 3 des § 62 BRAGO, der seinerseits auf die Regelung des **§ 67 Abs. 4 BRAGO** verweist. Beide Normen handeln von der Festlegung **auf eine Angelegenheit**, nämlich dem, was der **Gesetzestext der Nrn. 10 und 11** wirklich beschreibt.

Abschnitt 3 – Angelegenheit

Im Klartext bedeutet die Norm (§ 16 Nr. 11 RVG):

Vertritt der Anwalt die Schiedsgerichtspartei sowohl im Schiedsverfahren wie im »Hilfsverfahren« für das schiedsgerichtliche Verfahren (beim Arbeitsgericht), so macht das Gesetz daraus **eine** Angelegenheit.

Nur wenn der Anwalt die Schiedsgerichtspartei ausschließlich im »Hilfsverfahren« beim Arbeitsgericht vertritt, so kann er für dieses »Hilfsverfahren« Gebühren geltend machen, und zwar nach Nr. 3326 (Verfahrensgebühr) 0,75 und nach Nr. 3332 (Terminsgebühr) 0,5.

12. Nr. 12 Erinnerung und Beschwerde gegen Kostenansatz und Kostenfestsetzung

24 Der Wortlaut der Norm, und zwar auch in seiner letzten Fassung, die auf einem Vorschlag des Rechtsausschusses beruht, könnte nach wie vor falsch ausgelegt werden. Die Gesetzesgeschichte ist wenig rühmlich. Ursprünglich wollte der Gesetzgeber in den § 16 Nr. 12 nur die Regelung des § 61 Abs. 2 BRAGO übernehmen, nämlich dass mehrere Ansatzerinnerungen einer Instanz untereinander immer nur eine Angelegenheit bilden und dass genauso mehrere Kostenfestsetzungserinnerungen einer Instanz insgesamt auch nur eine (eigene im Verhältnis zur Ansatzerinnerung) Angelegenheit bilden. In den »gemeinsamen Topf« zu den Kostenfestsetzungserinnerungen sollten auch noch die Kostenfestsetzungsbeschwerden (Angriffswert über € 200,00) geworfen werden (äußerst knapp ausgedrückt in BT-Drs. 15/1971, S. 191).

25 **Die Auslegung des § 61 Abs. 1 Nr. 2 BRAGO** in Verbindung mit Abs. 2 war umstritten:

(Gerold/Schmidt/von Eicken/Madert BRAGO 15. Aufl. § 61 Rn. 25):

»Die Vorschrift, dass die Erinnerungsgebühren nur einmal erwachsen, gilt auch für den Fall, dass einmal Erinnerung gegen die **Kostenfestsetzung** *und zum anderen Erinnerung gegen den* **Kostenansatz** *eingelegt worden ist. Beispiel: Die unterlegene Partei wendet sich im Erinnerungsverfahren nach § 104 ZPO gegen die der Gegenpartei zugebilligte Beweisgebühr des RA und in einem weiteren Erinnerungsverfahren gemäß § 5 GKG gegen den Ansatz einer gerichtlichen Gebühr. Es entsteht nur* **eine** *Erinnerungsgebühr aus dem* **zusammengerechneten Wert** *der beiden Gebühren.«*

Dagegen hatte Hansens überzeugend festgestellt (Hansens BRAGO 8. Aufl. § 61 Rn. 17):

»Zu weitgehend ist hingegen die Auffassung von Gerold/Schmidt/von Eicken/Madert Rn. 25; Riedel/Sußbauer/Keller Rn. 21, die sowohl die Erinnerung gegen den Kostenfestsetzungsbeschluss als auch die gegen den Kostenansatz als nur eine Angelegenheit ansehen. Vielmehr liegen **zwei** *Angelegenheiten vor. Denn in beiden Verfahren geht es um verschiedene Ansprüche zwischen anderen Beteiligten.«*

26 Trotz dieses Meinungsstreites fand sich das »und« zwischen Kostenfestsetzung und Kostenansatz wieder im Gesetz, dem Entwurf der Nr. 12. Die Begründung, die ja nur den alten Zustand tradieren wollte, gab leider zur bisherigen Streitfrage nichts her.

Der Rechtsausschuss hat versucht, Klarheit zu schaffen (BT-Drs. 15/2487, S. 183). Das »und« ist aber wieder im Gesetz zwischen **»im Kostenfestsetzungsverfahren einerseits und im Kostenansatzverfahren andererseits«**. »Einerseits« und »Andererseits« sollten demgegenüber offensichtlich trennen. Ferner ist auch noch hinzugekommen die Erwähnung **»jeweils mehrere Verfahren«**.

27 Hoffentlich legt ein Gericht den noch immer nicht 100 % klaren Wortlaut der Norm nicht doch noch so aus wie von Eicken es getan hat (Gerold/Schmidt/von Eicken/Madert BRAGO 15. Aufl. § 61 Rn. 25, s. oben). Hätte der Gesetzgeber doch formuliert, was gemeint ist, nämlich mehrere Erinnerungen gegen den Kostenansatz **»untereinander« oder** mehrere Erinnerungen und Beschwerden gegen die Kostenfestsetzung **»untereinander«**, also ferner auch noch statt des **Und** ein **Oder** gebraucht, so wäre doch alles klar gewesen. Das jedenfalls ist gewollt und folgt aus dem Wortgebrauch **einerseits** und **andererseits** und **jeweils** (so auch

Mayer/Kroiß RVG § 16 Rn. 43 und jetzt auch Gerold/Schmidt/von Eicken/Madert/Müller-Rabe 17. Aufl. RVG § 16 Rn. 116).

So lautet denn auch die Gesetzesbegründung des Rechtsausschussvorschlages auf Seite 183: 28
»*Damit soll klargestellt werden, dass Erinnerungs- und Beschwerdeverfahren im Kostenfestsetzungsverfahren einerseits und Rechtsbehelfsverfahren im Kostenansatzverfahren andererseits **nicht** dieselbe Angelegenheit bilden.*«

Anwendungsfälle der Norm sind folgende Fallgestaltungen:

- **Beispiel 1**

Beide Parteien legen Rechtsmittel gegen den sie beschwerenden Kostenfestsetzungsbeschluss ein. Ergebnis: Eine Angelegenheit = mehrere Kostenfestsetzungsbeschwerden untereinander, aber die Werte werden für die Anwaltsgebühren gem. § 22 Abs. 1 addiert.

- **Beispiel 2**

Auf die sofortige Beschwerde gegen den Kostenfestsetzungsbeschluss (Angriff über € 200,00) hilft der Rechtspfleger ab, jetzt legt der dadurch beschwerte Gegner sofortige Beschwerde gegen den Abhilfebeschluss ein. Es ist dieselbe Angelegenheit. Da der Streitgegenstand identisch ist, erfolgt keine Wertaddition.

Die Verfahrensgebühr für Verfahren nach Nr. 12 bestimmt sich nach Nr. 3500 und beträgt 0,5 aus dem Wert des Beschwerdegegenstandes, der Kostendifferenz, berechnet nach dem Umfang des Angriffs. Auch wenn § 18 Nr. 5 bestimmt, »**dass jedes Beschwerdeverfahren und jedes Verfahren über eine Erinnerung gegen eine Entscheidung des Rechtspflegers in Angelegenheiten, in denen sich die Gebühren nach Teil 3 des Vergütungsverzeichnisses richten, als eine besondere Angelegenheit zu werten sind**«, so bleibt die Regelung des § 16 Nr. 12 davon unberührt. Das ist kein Widerspruch. Die Gesetzesbegründung zu § 18 Nr. 5 lautet (BT-Drs. 15/1971, S. 193) überzeugend:

»*In Nr. 5 soll klargestellt werden, dass Beschwerde- und Erinnerungsverfahren grundsätzlich eine **besondere** Angelegenheit bilden. **Hiervon sollen jedoch mehrere Verfahren über die Beschwerde und die Erinnerung gegen die Kostenfestsetzung und den Kostenansatz in demselben Rechtszug ausgenommen werden** (§ 16 Nr. 12).*« Das bedeutet, das Beschwerdeverfahren oder Erinnerungsverfahren steht außerhalb des Gebührenrechtszuges des Prozesses.

13. Nr. 13 Zulassung des Rechtmittels und Rechtsmittelverfahren

Das Rechtsmittelverfahren und das Verfahren über die **Zulassung des Rechtsmittels** sind 29 nach wie vor eine Angelegenheit; anders das Verfahren über die **Beschwerde** gegen die Nichtzulassung eines Rechtsmittels und das **Rechtsmittel**verfahren. Dies sind verschiedene Angelegenheiten, konsequenterweise ist das Letztere daher als Nr. 9 in den § 17 übernommen. (**Beispiele für Rechtsmittelzulassung**: §§ 543, 574 ZPO; §§ 72, 92 ArbGG; §§ 124, 132 VwGO und ferner die neuen Rechtsmittelzulassungen des KostRMoG: § 66 Abs. 2 Satz 2 GKG; § 33 Abs. 3 Satz 2 und Abs. 6 Satz 1 RVG; § 4 Abs. 3 JVEG.)

Zur Zuordnung des Zulassungsverfahrens bemerkt *Fraunholz* (Riedel/Sußbauer BRAGO 30 8. Aufl. § 14 Rn. 29 – in der 9. Auflage fehlen Ausführungen dazu): »*In vermehrtem Umfang machen die Verfahrensordnungen die Durchführung von Rechtsmitteln von einer vorangehenden Zulassung abhängig. Es stellt sich hier die Frage, ob das Verfahren über die Zulassung einen gesonderten Rechtszug bildet oder dem **unteren** oder **höheren** Rechtszug zuzurechnen ist.*«

Die neue Nr. 13 entscheidet sich dahin, dass grundsätzlich das Zulassungsverfahren zum **höheren Rechtszug** gehört, also keine **gesonderten** Gebühren entstehen lässt ... Daraus folgt, dass für das Zulassungsverfahren schon gesonderte Gebühren entstehen können. So sieht es auch Gerold/Schmidt/von Eicken/Madert/Müller-Rabe 17. Aufl. RVG § 16 Rn. 127). Anders sieht es *N. Schneider* (Gebauer/Schneider RVG § 16 Rn. 117).

Abschnitt 3 – Angelegenheit

Er rechnet die Zulassung durch das Erstgericht zur ersten Instanz und als mit der erstinstanzlichen Gebühr abgegolten, die Zulassung gehöre nach § 19 Abs. 1 Satz 1 noch zur Instanz. Angesichts des Wortlautes des § 16 Nr. 13 Hs. 1 **muss** man das Verfahren über die Zulassung des Rechtsmittels zur Rechtsmittelinstanz zählen, obwohl vom Verfahrensablauf her (mit der abschließenden Entscheidung der ersten Instanz entscheidet diese zugleich über die Zulassung) der Ansicht von Schneider der Vorzug zu geben wäre. Inkonsequent ist *Hansens* (BRAGO 8. Aufl. § 14 Rn. 13). Er bemerkt: »*Wird das Rechtsmittel von dem* **Gericht** *zugelassen,* **dessen Entscheidung angefochten** *werden soll und wird das Rechtsmittel dann eingelegt, gehört die Tätigkeit des RA im Verfahren über die Zulassung gemäß § 14 Abs. 2 Satz 2 zum* **Rechtszug des anschließenden Rechtsmittels.** *Der RA erhält also für seine Tätigkeit im Zulassungsverfahren über die im Rechtsmittelverfahren verdienten Gebühren hinaus keine weiteren gleichartigen Gebühren. Endet der Auftrag des RA, nachdem er die Zulassung des Rechtsmittels erreicht hat, kann für ihn mangels Tätigkeit im anschließenden Rechtsmittelverfahren die Bestimmung des § 14 Abs. 2 Satz 2 nicht eingreifen. Seine Tätigkeit gehört dann gemäß § 13 Abs. 2 Satz 2 zum Rechtszug der Instanz, in der das Zulassungsverfahren betrieben wurde. Gleiches gilt, wenn das Rechtsmittel nicht zugelassen wird.*«

Der Verfasser ist der Ansicht, eine einmal gewonnene Qualität kann nicht nachträglich wieder wegfallen.

Madert (Gerold/Schmidt/von Eicken/Madert/Müller-Rabe 17. Aufl. RVG § 16 Rn. 125 ff.) geht den Weg konsequent zu Ende: Wenn das Verfahren über die Zulassung kraft Gesetzes zum Rechtszug des Rechtsmittels gehört, – der neue Gesetzeswortlaut sagt nur, dass beide dieselbe Angelegenheit sind –, so dürfte Madert zu folgen sein, dass dann bereits eine Tätigkeit im Zulassungsverfahren der ersten Instanz nach § 16 Nr. 13 gebührenrechtlich zur Rechtsmittelinstanz gehört (Legaldefinition des § 16 Nr. 11) und damit bereits die 1,6 Gebühr der Nr. 3200 auslöst. Sie kann dann, weil sie einmal angefallen ist, nicht später wieder, wie N. Schneider meint, wegfallen und mit der Gebühr erster Instanz abgegolten sein. Müller-Rabes These hat zwar ein überraschendes Ergebnis angesichts der Tatsache, dass in der Praxis die Zulassungsentscheidung als Teil der erstinstanzlichen Entscheidung gehandhabt wird.

Aber, in der Tat, § 16 Nr. 13 bedeutet, wenn beides eine Angelegenheit ist, so kann nicht der eine Teil zur ersten und der zweite Teil zur zweiten Instanz gerechnet werden.

Die Rechtsfrage wird allerdings nur selten auftauchen, weil der Anwalt, wenn er die Zulassung des Rechtsmittels erkämpft hat, dieses auch einlegen wird. Er kann dann die Rechtsmittelgebühren allerdings nur einmal fordern. Anders, wenn er erst in die Nichtzulassungsbeschwerde gehen muss, dann sind es verschiedene Angelegenheiten (§ 17 Nr. 9).

14. Nr. 14 Privatklage und Widerklage

31 Eine Angelegenheit ist das Verfahren über die Privatklage und die Widerklage und zwar auch im Falle des § 388 Abs. 2 der Strafprozessordnung, wenn also der Kläger nicht der Verletzte ist. Die Gebühren des Anwalts als Beistand oder Vertreter des Privatklägers und des Widerbeklagten sowie des Angeklagten erhöhen sich durch die Widerklage auch dann nicht, wenn der Privatkläger nicht der Verletzte ist. Dabei geht es um den Fall, dass der Anwalt nicht nur den Privatkläger, sondern auch den Verletzten, der nicht mit dem Privatkläger identisch ist (§§ 374 Abs. 2, 388 Abs. 2 StPO), gegen eine Widerklage des Beschuldigten verteidigt. Es handelt sich dann übrigens um **mehrere Auftraggeber** (Nr. 1008) mit einer Erhöhung des Mindest- und des Höchstbetrages der Verfahrensgebühr um 30 % (Betragsrahmengebühr).

§ 17
Verschiedene Angelegenheiten

Verschiedene Angelegenheiten sind

1. jeweils das Verwaltungsverfahren, das einem gerichtlichen Verfahren vorausgehende und der Nachprüfung des Verwaltungsakts dienende weitere Verwaltungsverfahren (Vorverfahren, Einspruchsverfahren, Beschwerdeverfahren, Abhilfeverfahren), das Verwaltungsverfahren auf Aussetzung oder Anordnung der sofortigen Vollziehung sowie über einstweilige Maßnahmen zur Sicherung der Rechte Dritter und ein gerichtliches Verfahren,
2. das Mahnverfahren und das streitige Verfahren,
3. das vereinfachte Verfahren über den Unterhalt Minderjähriger und das streitige Verfahren,
4. das Verfahren in der Hauptsache und ein Verfahren über einen Antrag auf
   a) Anordnung eines Arrests,
   b) Erlass einer einstweiligen Verfügung, einer einstweiligen Anordnung oder einer vorläufigen Anordnung in Verfahren der freiwilligen Gerichtsbarkeit,
   c) Anordnung oder Wiederherstellung der aufschiebenden Wirkung, auf Aufhebung der Vollziehung oder Anordnung der sofortigen Vollziehung eines Verwaltungsakts sowie
   d) Abänderung oder Aufhebung einer in einem Verfahren nach den Buchstaben a bis c ergangenen Entscheidung,
5. der Urkunden- oder Wechselprozess und das ordentliche Verfahren, das nach Abstandnahme vom Urkunden- oder Wechselprozess oder nach einem Vorbehaltsurteil anhängig bleibt (§§ 596, 600 der Zivilprozessordnung),
6. das Schiedsverfahren und das Verfahren über die Zulassung der Vollziehung einer vorläufigen oder sichernden Maßnahme sowie das Verfahren über einen Antrag auf Aufhebung oder Änderung einer Entscheidung über die Zulassung der Vollziehung (§ 1041 der Zivilprozessordnung),
7. das gerichtliche Verfahren und ein vorausgegangenes
   a) Güteverfahren vor einer durch die Landesjustizverwaltung eingerichteten oder anerkannten Gütestelle (§ 794 Abs. 1 Nr. 1 der Zivilprozessordnung) oder, wenn die Parteien den Einigungsversuch einvernehmlich unternehmen, vor einer Gütestelle, die Streitbeilegung betreibt (§ 15 a Abs. 3 des Einführungsgesetzes zur Zivilprozessordnung),
   b) Verfahren vor einem Ausschuss der in § 111 Abs. 2 des Arbeitsgerichtsgesetzes bezeichneten Art,
   c) Verfahren vor dem Seemannsamt zur vorläufigen Entscheidung von Arbeitssachen und
   d) Verfahren vor sonstigen gesetzlich eingerichteten Einigungsstellen, Gütestellen oder Schiedsstellen,
8. das Vermittlungsverfahren nach § 52 a des Gesetzes über die Angelegenheiten der freiwilligen Gerichtsbarkeit und ein sich anschließendes gerichtliches Verfahren,
9. das Verfahren über ein Rechtsmittel und das Verfahren über die Beschwerde gegen die Nichtzulassung des Rechtsmittels,
10. das strafrechtliche Ermittlungsverfahren und ein nach dessen Einstellung sich anschließendes Bußgeldverfahren,
11. das Strafverfahren und das Verfahren über die im Urteil vorbehaltene Sicherungsverwahrung und
12. das Wiederaufnahmeverfahren und das wiederaufgenommene Verfahren, wenn sich die Gebühren nach Teil 4 oder 5 des Vergütungsverzeichnisses richten.

Abschnitt 3 – Angelegenheit

Inhaltsübersicht

	Rn.
A. Allgemeines	1
I. Die drei Kataloge der §§ 16–18	1
II. Normzweck	2
III. Übersetzung der schwierigen Gesetzessprache (§§ 16–18) durch Beispiele	4
1. Die Sprachverwirrung	4
2. Die drei ähnlichen Begriffe der §§ 16–18	5
3. Erklärung der Unterschiede durch je ein Beispiel	6
B. Kommentierung	9
I. Allgemeines/Systematik	9
II. Transparenz des Normaufbaus	10
III. Die einzelnen Nummern	12
1. Nr. 1 Verwaltungsverfahren, Widerspruchsverfahren, Aussetzung oder Anordnung der sofortigen Vollziehung und gerichtliches Verfahren	12
2. Nr. 2 Mahnverfahren und streitiges Verfahren	15
3. Nr. 3 Vereinfachtes Verfahren über Unterhalt und Hauptsache	16
4. Nr. 4 Eilverfahren sowie Abänderungsverfahren und Hauptsache	17
5. Nr. 5 Abstandnahme vom Urkundenprozess oder nach Vorbehaltsurteil	18
6. Nr. 6 Schiedsverfahren und Verfahren über Zulassung der Vollziehung	19
7. Nr. 7 Güteverfahren vor Gütestelle und gerichtliches Verfahren	20
8. Nr. 8 FGG Vermittlungsverfahren und gerichtliches Verfahren – Umgangsrecht	21
9. Nr. 9 Rechtsmittelverfahren und Nichtzulassungsbeschwerde	22
10. Nr. 10 Einstellung des Ermittlungsverfahrens, danach Bußgeldverfahren	23
11. Nr. 11 Strafverfahren und im Urteil vorbehaltene Sicherungsverwahrung	24
12. Nr. 12 Wiederaufnahme und wiederaufgenommenes Verfahren	25
IV. Erweiterung des abschließenden Katalogs: Verschiedene Angelegenheiten von Rechtsprechung und Literatur über die angeblich abschließende Aufzählung hinaus entwickelt	26
1. Verkehrsunfall, Zweiter Auftrag nach Erledigung des ersten Auftrags	26
2. Kündigung und Räumungsprozess	27
3. Erkenntnisverfahren und Zwangsvollstreckung	28
4. Fortsetzen eines Rechtsstreits nach einem Prozessvergleich?	29
5. GmbH-Ausschluss, danach Verkaufsauftrag	30
6. Einholung der Deckungszusage beim Rechtsschutzversicherer und späterer Prozess	31
7. Mehrere Aufträge: Differenzierte Betrachtung erforderlich wegen § 15 Abs. 5 Satz 1	33
8. Abmahnschreiben in Wettbewerbssachen und späteres Abschlussschreiben	34
9. Anspruchserhebung zunächst gegenüber Haftpflichtversicherer, dann Kasko	35
10. Beweisverfahren, danach außergerichtliche Vertretung	36

A. Allgemeines

I. Die drei Kataloge der §§ 16–18

1 Der RVG-Gesetzgeber hat versucht, in den §§ 16, 17, 18 drei Kataloge zu schaffen, die nach seiner (irrigen) Ansicht abschließend (BT-Drs. 15/1971, S. 191 und 192) aufzählen, was eine Angelegenheit ist (§ 16), was verschiedene Angelegenheiten sind (§ 17) und was besondere Angelegenheiten sind (§ 18). Die sehr umfangreichen neuen Vorschriften enthalten: § 16 (dieselbe Angelegenheit): 14 Nummern, § 17 (verschiedene Angelegenheiten): 12 Nummern und § 18 (besondere Angelegenheiten): gar 22 Nummern, die dann teilweise auch noch von a bis d in »Unternummern« weiter zergliedert werden.

II. Normzweck

2 Es gibt im Rahmen der Lebensvielfalt noch weitere anwaltliche Tätigkeiten, die, wenn sie auftreten, nicht in die Katalogaufzählung passen und daher nach den bisherigen allgemeinen Kriterien dahin untersucht werden müssen, ob es sich um eine oder zwei Angelegenheiten handelt. Das lässt sich leider nicht abstrakt für alle Fälle von vornherein in einem Katalog festlegen. Beispiel: OLG Düsseldorf (KostRsp § 3 BRAGO Nr. 28 = OLGR 1993, 160):

Eine GmbH-Gesellschafterin beauftragte einen Rechtsanwalt, ihre Interessen wahrzunehmen bei zwei Gesellschafterversammlungen (Februar und April 1987), nachdem die übrigen Gesellschafter den Entschluss gefasst hatten, sie auszuschließen; **ferner erhielt er den weiteren Auftrag, diesen** Beschluss anzufechten **und den** Gesellschafteranteil **im Wege des Vergleiches bestmöglichst an die übrigen Gesellschafter** zu veräußern. **Das OLG meint eine Angelegenheit, ich meine, es waren mindestens zwei Angelegenheiten.**

Praxistipp: Durch Gebührenvereinbarung in der Form des § 3 a macht man daraus jedenfalls sicherheitshalber zwei Angelegenheiten, so auch das OLG Düsseldorf. Auch die Möglichkeit der Gebührenvereinbarung spricht gegen einen abschließenden Katalog.

Zahlreiche Beispielsfälle zur Frage, was ist eine, was sind verschiedene Angelegenheiten bei § 22 Rn. 26, 27; siehe auch Rn. 9.

Dennoch ist der Versuch des Gesetzgebers zu loben, einen verbindlichen Teilkatalog zusammengetragen zu haben.

III. Übersetzung der schwierigen Gesetzessprache (§§ 16–18) durch Beispiele

1. Die Sprachverwirrung

Für Menschen mit gesundem Sprachgebrauch ist der Unterschied zwischen den Begriffen (2) **verschiedene** Angelegenheiten und (3) **besondere** Angelegenheiten schon erheblich schwieriger zu begreifen, und berührt demgemäß auch immer die Abgrenzung zu § 16 (**dieselbe** Angelegenheit (1)). Benutzerfreundlich erscheint dieser klärende Vorspruch (Rn. 5–8) daher **wortgleich** bei allen drei §§ 16 bis 18.

2. Die drei ähnlichen Begriffe der §§ 16–18

Wichtig scheint für den Anwender beim Gebrauch der §§ 16, 17 und 18, dass er sich klarmacht, was bedeutet:

(1) **dieselbe** Angelegenheit (§ 16)
(2) **verschiedene** Angelegenheiten (§ 17)
(3) **besondere** Angelegenheiten (§ 18).

3. Erklärung der Unterschiede durch je ein Beispiel

Einfach ist der Unterschied zwischen (1) und (2), er liegt auf der Hand: Zu **derselben Angelegenheit** im Sinne von § 16 werden mehrere Vorgänge gebührenrechtlich zusammengezogen, also gebührenrechtlich als eine Angelegenheit betrachtet und demgemäß auch nur einmal abgerechnet, geltend gemacht im Sinne von § 15 Abs. 2 Satz 1 (»**Der Rechtsanwalt kann die Gebühren in derselben Angelegenheit nur einmal fordern**«).

• **Beispiel** dazu § 16 Nr. 2

Das Verfahren über die **Prozesskostenhilfe** und das Verfahren, für das die Prozesskostenhilfe beantragt worden ist, werden als dieselbe Angelegenheit erklärt.

Nun, bei **verschiedenen Angelegenheiten** (§ 17) werden immer **zwei** anwaltliche **Tätigkeiten, Handlungen, konkret** benannt und klargestellt, dass der Gesetzgeber sie, wenn sie beide vom Anwalt geleistet werden, als zwei (**verschiedene**) Angelegenheiten behandelt.

• **Beispiel** dazu § 17 Nr. 4

»**Das Verfahren in der Hauptsache und ein Verfahren über einen Antrag auf Erlass einer einstweiligen Verfügung.**« Für beide Verfahren (Tätigkeiten) kann der Anwalt im Gegensatz

Abschnitt 3 – Angelegenheit

zu **PKH-Verfahren und Hauptsache** (§ 16 Nr. 2) getrennt liquidieren, weil es sich um **(zwei) verschiedene Angelegenheiten** handelt. Wenn diese konkret beschriebenen beiden Tätigkeiten in dieser **Zweierkombination** auftreten, sind es immer kraft Gesetzes (§ 17) **zwei** Gebühren**angelegenheiten**.

8   Im Gegensatz dazu wird der **besonderen Angelegenheit** (§ 18) **allein** das Merkmal **eigene Angelegenheit** zuerkannt. **Wann immer** sie auftritt, in welcher Tätigkeitskombination auch immer, sie ist immer eine **eigene Angelegenheit**.

• Zwei Beispiele

(1) Das Verfahren auf Erteilung einer weiteren vollstreckbaren Ausfertigung (§ 733 ZPO).

(2) Jedes Verfahren über einen Antrag nach § 765 a ZPO (sittenwidrige Vollstreckung).

Wird der Anwalt im Verfahren auf Erteilung einer weiteren vollstreckbaren Ausfertigung nach § 733 ZPO tätig, so bleibt dies immer eine besondere Angelegenheit, auch wenn er sonst noch Tätigkeiten in der Zwangsvollstreckung daneben, welcher Art auch immer sie seien, erledigt. Dasselbe gilt für ein Verfahren nach § 765 a ZPO.

B. Kommentierung

I. Allgemeines/Systematik

9   Wie bei § 16, so findet sich auch hier kein Pendant in der BRAGO. In § 17 ist ein Katalog von Angelegenheiten zusammengestellt, die vom Gesetzgeber als verschiedene Angelegenheiten qualifiziert werden. Immer wenn diese in der konkret beschriebenen Zweierkombination auftreten, handelt es sich (gesetzlich festgeschrieben) um zwei Angelegenheiten. Damit sind eine Reihe von früheren Streitfragen (eine oder zwei Angelegenheiten?) beseitigt. Was neben dem Katalog bleibt, ist die Auslegung im Einzelfall nach den zur Definition einer Angelegenheit herausgearbeiteten Kriterien bei solchen Fallgestaltungen, die im Katalog nicht ausdrücklich erwähnt sind. Es wäre daher auch falsch zu sagen, wenn eine Zweierkombination, die in einem Rechtsfall auftritt, im Katalog des § 17 nicht zu finden ist, so bedeute das rechtlich, dann handele es sich eben nicht um verschiedene Angelegenheiten, sondern um ein und dieselbe im Sinne von § 16, weil dort die Gesetzesbegründung nichts von einer abschließenden Aufzählung geäußert hat.

Die sachangemessene Einordnung muss naturgemäß nach Sachkriterien erfolgen – Einheitlicher Auftrag, einheitlicher äußerer Rahmen und innerer Zusammenhang – (BGH JurBüro 1976, 749; 1984, 537).

II. Transparenz des Normaufbaus

10 Verschiedene Angelegenheiten: Ausdrücklich beschriebene Zweierkombinationen. In dieser Norm sollen nach der Gesetzesbegründung die Fälle aufgeführt werden, bei denen es ohne diese Vorschrift zumindest zweifelhaft wäre, ob sie verschiedene Angelegenheiten darstellen.

Dann sollte man aber die angestrebte Klarheit auch bei der Gesetzessprache umsetzen.

Grundsätzlich, und dann ist die Norm sofort verstehbar, sollten bei solch einem Katalog am besten immer nur Paare genannt werden: Beispiel: Nr. 2: (1) das Mahnverfahren und (2) das streitige Verfahren.

Der Katalog kennt aber in der Mehrzahl seiner Fälle Fallgestaltungen, in denen auf einer Seite nur ein Verfahren steht, auf der anderen Seite aber eine Aufzählung von zwei oder mehr Möglichkeiten von Fallgestaltungen, was auch gerade noch »transparent« ist.

• Beispiel
Nr. 5, nämlich (1) der Urkunden- oder Wechselprozess und (2) das ordentliche Verfahren, das (a) nach Abstandnahme vom Urkunden- oder Wechselprozess oder (b) nach einem Vorbehaltsurteil anhängig bleibt. Also Urkundenprozess ist eine Angelegenheit und Nachverfahren nach Abstandnahme ist eine weitere (neue) Angelegenheit. Dasselbe gilt für (1) Urkundenprozess und (2) Nachverfahren nach einem Vorbehaltsurteil.

Schwierig und damit nicht mehr sofort transparent wird es dann, wenn in einer Nr. mehr als 3 Verfahren genannt und untereinander zur Definition von mehreren Angelegenheiten in Beziehung gesetzt werden.

• Beispiele
Nr. 1 und Nr. 6. Dass man es auch bei einem komplexen Fall übersichtlich darstellen kann, beweisen Nrn. 4 und 7 (Untergliederungen a bis d).

Der Transparenz steht aber meist das übertriebene Ziel der Gesetzesformulierer im Wege, möglichst kurz und dennoch umfassend zu formulieren. Da könnte gelegentlich für das Verständnis sehr hilfreich sein ein Relativsatz oder das Anfügen einer beispielhaften Wendung: »wie«, »etwa«, oder Ziffernfolgen bzw. Buchstabenfolgen wie bei Nrn. 4 und 7. Seit vielen Jahren ist der Verfasser in Kostensachen tätig und hatte gleichwohl nicht selten bei diesem neuen Gesetz erhebliche Verständnisprobleme. Hinter die Behauptung, es werde mehr **Transparenz** gewagt und das Gesetz für den rechtsuchenden Bürger anwenderfreundlicher gestaltet (BT-Drs. 15/1971, S. 144), sind daher selbst bei den hier zum Zwecke der Transparenz und Übersichtlichkeit geschaffenen Katalogen (§§ 16 bis 19; siehe etwa § 17 Nr. 1) eine Reihe von **Fragezeichen** zu setzen.

III. Die einzelnen Nummern

1. Nr. 1 Verwaltungsverfahren, Widerspruchsverfahren, Aussetzung oder Anordnung der sofortigen Vollziehung und gerichtliches Verfahren

Nach § 119 Abs. 1 und 3 BRAGO bildeten das Verwaltungsverfahren und das dem Rechtsstreit vorausgehende Verfahren, das der Nachprüfung des Verwaltungsakts dient, sowie das Verwaltungsverfahren auf Aussetzung oder Anordnung der sofortigen Vollziehung sowie über einstweilige Maßnahmen zur Sicherung der Rechte Dritter **dieselbe Angelegenheit**. Das RVG hat das zugunsten der Anwaltschaft geändert.

Zunächst muss der Anwender den Teilbereich im Auge behalten, der als **eine Angelegenheit in § 16 Nr. 1** geregelt ist. § 16 Nr. 1 gilt nur für folgenden Sektor:

Dieselbe Angelegenheit ist nunmehr das Verwaltungsverfahren auf Aussetzung oder Anordnung der sofortigen Vollziehung sowie über einstweilige Maßnahmen zur Sicherung der Rechte Dritter und jedes Verwaltungsverfahren auf Abänderung oder Aufhebung in den genannten Fällen.

Im Gegensatz dazu regelt Nr. 1 des § 17 Folgendes:

Verschiedene Angelegenheiten sind:

(1) das Verwaltungsverfahren,

(2) das einem gerichtlichen Verfahren vorausgehende und der Nachprüfung des Verwaltungsakts dienende weitere Verwaltungsverfahren (Vorverfahren, Einspruchsverfahren, Beschwerdeverfahren, Abhilfeverfahren),

(3) das Verwaltungsverfahren auf Aussetzung oder Anordnung der sofortigen Vollziehung sowie über einstweilige Maßnahmen zur Sicherung der Rechte Dritter,

Abschnitt 3 – Angelegenheit

(4) ein gerichtliches Verfahren.

14 In Nr. 1 wird nunmehr bestimmt, dass jedes der vier vorbezeichneten Verfahren jeweils verschiedene Angelegenheiten, also vier mögliche Angelegenheiten darstellen.

Die Gesetzesbegründung (BT-Drs. 15/1971, S. 191) schildert eingehend zwei typische Verwaltungsverfahren, ein Verfahren auf Erteilung einer Baugenehmigung und ein beitragsrechtliches Mandat, die beide belegen, dass es vom Arbeitsumfang nicht mehr gerechtfertigt ist, das Verwaltungsverfahren und das einer ablehnenden Entscheidung folgende Widerspruchsverfahren wie bisher als eine Angelegenheit zu betrachten. Aus der Schilderung des beitragsrechtlichen Mandats wird ferner der Schluss gezogen, dass Widerspruchsverfahren und Verfahren auf Aussetzung der Vollziehung des Beitragsbescheides ebenfalls vom Arbeitsaufwand her als verschiedene Angelegenheiten zu qualifizieren sind.

Aus der Neuregelung folgt auch, dass es eine neue Angelegenheit ist, wenn durch verwaltungsgerichtliches Urteil der VA aufgehoben und die Sache an die Verwaltungsbehörde zur Neubescheidung unter Beachtung der Rechtsauffassung des Gerichts zurückverwiesen wird. Denn wenn schon VA und Widerspruchsverfahren zwei Angelegenheiten sind, so muss das erst recht gelten, wenn die Sache schon an das Verwaltungsgericht gelangt war (Mayer/Kroiß RVG § 17 Rn. 8).

Beispielsfälle aus der Judikatur

14a OLG München: »Im Verfahren der vorläufigen Unterbringung als auch der endgültigen Unterbringungsmaßnahme erfällt für beide Verfahren eine Verfahrensgebühr« (OLGR München 2006, 122).

VG Magdeburg (22. 06. 2006 – 9 B 105/06): Keine Erstattungsfähigkeit der Kosten des Aussetzungsverfahrens nach § 80 Abs. 4.

OVG NRW (DÖV 2006, 1054 = NVwZ-RR 2006, 856): »Das behördliche Aussetzungsverfahren nach § 80 Abs. 6 VwGO ist kein Vorverfahren im Sinne des § 162 Abs. 2 Satz 2 VwGO, für das die Zuziehung eines Bevollmächtigten für notwendig erklärt werden kann.«

OLG Zweibrücken (JurBüro 2005, 482): Die Wohnungseigentümer trifft keine Pflicht gegenüber einem säumigen Hausgeldschuldner, zwecks Kostenersparnis den Zahlungsanspruch im gerichtlichen Verfahren nach § 43 WEG durch den Verwalter als Verfahrensstandschafter geltend machen zu lassen.

Beauftragt die Gemeinschaft der Wohnungseigentümer einen Rechtsanwalt, ist im Falle einer ihr günstigen Kostengrundentscheidung die angefallene Mehrvertretungsgebühr nach § 7 RVG i. V. m. Nr. 1008 VV als Bestandteil der notwendigen Kosten vom Gegner zu erstatten.

Diese Entscheidung dürfte durch die BGH-Entscheidung zur Teilrechtsfähigkeit der Wohnungseigentümergemeinschaft (BGH NJW 2005, 2061) **überholt** sein.

2. Nr. 2 Mahnverfahren und streitiges Verfahren

15 Das Mahnverfahren und das streitige Verfahren sind, wie bisher schon, zwei verschiedene Angelegenheiten. Der Antragstellervertreter erhält eine 1,0, der Antragsgegnervertreter eine 0,5 Verfahrensgebühr. Kommt es zum nachfolgenden Rechtsstreit, wird diese Verfahrensgebühr auf die Verfahrensgebühr des Rechtsstreits angerechnet. Das bedeutet nicht, dass bei einem nachfolgenden Rechtsstreit das immer ein Nullsummenspiel ist. Zum einen wird, wie der Wortlaut der Anmerkungen zu Nrn. 3305 und 3307 besagt, nur die **Gebühr**, also nicht die **Auslagenpauschale** angerechnet, sie erfällt also zweimal ungekürzt, Nr. 7002, im Regelfall also 2 × € 20,00 (BGH JurBüro 2004, 649). Die prozentuale Pauschale berechnet sich nach der Gebühr und nicht nach der nach der Anrechnung verbleibenden Restgebühr (Gebauer/Schneider RVG § 17 Rn. 93 str.).

Verschiedene Angelegenheiten | § 17

BGH (JurBüro 2004, 649): Die Auslagenpauschale nach § 26 Satz 2 BRAGO ist sowohl für das Mahnverfahren wie auch für das anschließende Streitverfahren gesondert erstattungsfähig.

Ferner: Ist der Wert des Rechtsstreits geringer als der des Mahnverfahrens, z. B. nur einer von zwei Antragsgegnern legt bei Bruchteilsschuldnerschaft Widerspruch ein, oder es wird nur Teilwiderspruch (summenmäßige Beschränkung) eingelegt, so wird natürlich nur die Teilverfahrensgebühr für den identischen Streitgegenstand angerechnet.

Das Gebührenverzeichnis lautet insoweit:

Unterabschnitt 2 Mahnverfahren		
Vorbemerkung 3.3.2: Die Terminsgebühr bestimmt sich nach Abschnitt 1.		
3305	Verfahrensgebühr für die Vertretung des Antragstellers .... Die Gebühr wird auf die Verfahrensgebühr für einen nachfolgenden Rechtsstreit angerechnet.	1,0
3307	Verfahrensgebühr für die Vertretung des Antragsgegners .... Die Gebühr wird auf die Verfahrensgebühr für einen nachfolgenden Rechtsstreit angerechnet.	0,5

Seit dem 01. 01. 2005 ist nunmehr eine neue Vorbemerkung 3.3.2 eingefügt worden:

»**Die Terminsgebühr bestimmt sich nach Abschnitt 1.**«

Das bedeutet: Auch im Mahnverfahren kann eine Terminsgebühr (Nr. 3104) entstehen. Abschnitt 1 geht nämlich im VV von Nr. 3100 bis Nr. 3106. Auch während des Mahnverfahrens kann es zu Vergleichsverhandlungen kommen. Dann verdienen die Anwälte die Terminsgebühr. Dies ist bei Mitwirken an Besprechungen, die auf Vermeidung oder Erledigung des Mahnverfahrens gerichtet sind, gegeben. Auf das Ergebnis der Besprechung kommt es für den Anfall der Terminsgebühr nicht an.

Da nach § 17 Nr. 2 Mahnverfahren und Streitverfahren verschiedene Angelegenheiten sind, kann der Anwalt auch zweimal, natürlich anrechnungsfrei, die Terminsgebühr verdienen.

Liegen zwischen Mahnverfahren und Streitverfahren mehr als 2 Kalenderjahre, so findet auch hinsichtlich der Verfahrensgebühr entgegen der Anmerkung zu Nr. 3305 eine Anrechnung nicht mehr statt, weil § 15 Abs. 5 Satz 2 analog anwendbar ist (Gebauer/Schneider RVG § 17 Rn. 94).

Unmittelbar ist diese Norm allerdings nicht anwendbar, weil sie nach ihrem Wortlaut für dieselbe Angelegenheit gilt.

3. Nr. 3 Vereinfachtes Verfahren über Unterhalt und Hauptsache

Das vereinfachte Verfahren über den Unterhalt Minderjähriger einerseits und das streitige Verfahren andererseits sind verschiedene Angelegenheiten. Das minderjährige Kind kann gem. §§ 645 ff. ZPO, wenn es mit dem in Anspruch genommenen Elternteil nicht in einem Haushalt lebt, im vereinfachten Verfahren seinen Unterhalt festsetzen lassen.

Die Neuregelung hinsichtlich des Anfalls der Gebühr und der Anrechnung findet sich jetzt in Anmerkung Abs. 1 zu Nr. 3100 (d. h. also: auch das vereinfachte Verfahren selbst löst schon die Verfahrensgebühr Nr. 3100 mit einer 1,3 Gebühr aus).

Abschnitt 3 – Angelegenheit

3100	Verfahrensgebühr, soweit in Nummer 3102 nichts anderes bestimmt ist .... (1) Die Verfahrensgebühr für ein vereinfachtes Verfahren über den Unterhalt Minderjähriger wird auf die Verfahrensgebühr angerechnet, die in dem nachfolgenden Rechtsstreit entsteht (§§ 651 und 656 ZPO). ...	1,3

4. Nr. 4 Eilverfahren sowie Abänderungsverfahren und Hauptsache

17 In Nr. 4 sind vier verschiedene Eilverfahren aufgeführt, die sämtlich im Verhältnis zu ihrer Hauptsache eine eigene Angelegenheit bilden:

a) Arrest
b) einstweilige Verfügung, einstweilige Anordnung, vorläufige Anordnungen in Verfahren der freiwilligen Gerichtsbarkeit
c) Anordnung oder Wiederherstellung der aufschiebenden Wirkung, auf Aufhebung der Vollziehung oder Anordnung der sofortigen Vollziehung eines Verwaltungsakts sowie
d) Abänderung oder Aufhebung einer in einem Verfahren nach den Buchstaben a bis c ergangenen Entscheidung.

Der Gesetzgeber hat die Sachbearbeitung bei den Eilverfahren oder vorläufigen Anordnungen in FGG-Verfahren für genauso schwierig und umfangreich wie die Vorbereitungen eines gerichtlichen Hauptsacheverfahrens gehalten. Im Einzelnen wird dazu auf Seite 192 (BT-Drs. 15/1971) ausgeführt:

»Nach geltendem Recht ist der Mehraufwand für einstweilige und vorläufige Anordnungen in FGG-Verfahren bei der Bestimmung der konkreten Gebühr innerhalb des bestehenden Rahmens berücksichtigt worden (vgl. dazu Gerold/Schmidt/von Eicken/Madert, a. a. O., Rn. 23 zu § 41 BRAGO). Da künftig in FGG-Verfahren keine Rahmengebühren, sondern Festgebühren vorgesehen sind, kann der Mehraufwand nur durch eigene Gebühren berücksichtigt werden. Aus diesen Gründen ist die gebührenmäßige Verselbstständigung der vorläufigen Anordnung gerechtfertigt.«

Wenn sich der für die Gebühren maßgebende Gegenstandswert (mangels zu erhebender Gerichtskosten) nicht nach den für die Gerichtsgebühren geltenden Wertvorschriften richtet, weil die Kostenordnung für die einstweilige oder vorläufige Anordnung keine Gebühr vorsieht, ist nach § 23 Abs. 3 Satz 2 der Wert nach billigem Ermessen zu bestimmen. Dabei wird wohl in der Regel ein Bruchteil des für die Hauptsache maßgebenden Werts und nur ausnahmsweise der volle Wert in Betracht kommen. Keine Bestimmung nach billigem Ermessen erfolgt bei den einstweiligen Anordnungen in den Sorgerechts-, Umgangsrechts- und Kindesherausgabeverfahren und ferner den vorläufigen Anordnungen nach §§ 1 u. 2 Gewaltschutzgesetz (GewSchG). Nach § 24 ist in diesen Verfahren von einem Wert von € 500,00 auszugehen.

Beispielsfälle aus der Rechtsprechung

OLGR Zweibrücken 2008, 367: »Für ein Hauptsacheverfahren und ein Verfahren auf Erlass einer bestimmten einstweiligen Anordnung nach dem Gewaltschutzgesetz (= verschiedene Angelegenheiten gem. § 17 Nr. 4 RVG) ist jeweils ein eigener Wert festzusetzen.«

OLG Koblenz (JurBüro 2005, 427 = AGS 2005, 561):

»Der Geschäftswert für ein (Hauptsache-)Verfahren nach dem Gewaltschutzgesetz ist in der Regel mit 3.000,00 EUR anzusetzen (§§ 100 a Abs. 2, 30 Abs. 2 KostO). Hinsichtlich des Antrags auf Erlass einer einstweiligen Anordnung im Rahmen eines Gewaltschutzverfahrens ist zu unterscheiden: – Soll durch die einstweilige Anordnung die Benutzung der Wohnung geregelt werden, beträgt der Wert 2.000,00 EUR (§§ 64 b Abs. 3 FGG, 24 S. 2 und 3 RVG, 53 Abs. 2 S. 2 GKG) – ist die Benutzung des Hausrats zu regeln, beträgt der Wert 1.200,00 EUR

(§§ 64b Abs. 3 FGG, 24 S. 2 und 3 RVG, 53 Abs. 2 S. 2 GKG) – ansonsten beläuft sich der Wert auf 500,00 EUR (§§ 64b Abs. 3 FGG, 24 S. 1 und 3 RVG). Wird ein Rechtsanwalt sowohl mit dem Hauptsacheverfahren als auch mit dem Verfahren auf Erlass einer einstweiligen Anordnung befasst, ist jeweils ein eigener Wert für beide Verfahrensgegenstände festzusetzen (§ 17 Nr. 4 RVG).«

SG Lüneburg (AGS 2007, 409): »Das jeweilige Eilverfahren gilt gegenüber dem Hauptsacheverfahren als eine »verschiedene« Angelegenheit (vgl. § 17 Nr. 1 RVG).«

LG Ravensburg (AGS 2007, 445):»Gemäß dem auch im WEG-Verfahren Anwendung findenden § 17 Nr. 4 Buchst. b RVG bilden das Hauptsacheverfahren und das Verfahren über einen Antrag auf Erlass einer einstweiligen Anordnung vergütungsrechtlich verschiedene Angelegenheiten. Somit besteht ein berechtigtes Interesse an der Festsetzung eines gesonderten Gegenstandswertes für das Verfahren betreffend die einstweilige Anordnung.«

AG Detmold (ZfSch 2007, 405): »Die Pauschale Nr. 7002 VV RVG entsteht im Bußgeldverfahren vor der Verwaltungsbehörde und im anschließenden Verfahren vor dem AG jedes Mal neu.«

OLG Stuttgart (AGS 2007, 564): »**Werden in einer Unterhaltssache (Klage in der Hauptsache mit gleichzeitig eingereichtem Antrag auf Erlass einer einstweiligen Anordnung) zwischen den Parteivertretern außergerichtliche Verhandlungen zur Erledigung der Verfahren geführt, fällt die Terminsgebühr sowohl in der Hauptsache als auch im einstweiligen Anordnungsverfahren an und ist auch erstattungsfähig, sofern nicht eine ausdrückliche Beschränkung der Verhandlungen auf eines der Verfahren vorgenommen wurde.**«

Für das Arrest- und Verfügungsverfahren setzt das Gericht für Gericht und Anwalt einen eigenen von der Hauptsache in der Regel abweichenden Streitwert nach freiem Ermessen fest (Schneider/Herget Streitwertkommentar »Einstweilige Verfügung« Rn. 1313 ff.). Maßgebend ist das Interesse des Antragstellers. Werden keine besonderen Umstände vorgetragen, so setzen die Gerichte meist 1/3 des Hauptsachewertes. Wäre der Wert der Hauptsache € 9.000,00, so ist sowohl für die Hauptsache wie für die einstweilig Verfügung (Wert: € 3.000,00) das Landgericht zuständig (für die EV ist das Gericht der Hauptsache zuständig (§ 937 Abs. 1 ZPO)). Das wird häufig von Anfängern übersehen.

Die 4. Modalität: »– **d) Abänderung oder Aufhebung einer in einem Verfahren nach den Buchstaben a) bis c) ergangenen Entscheidung**«, könnte Anlass für ein Missverständnis sein.

Bei unaufmerksamem Lesen könnte man den irrigen Gedanken fassen, die **einstweilige Verfügung** (Buchstabe b) einerseits und das Verfahren auf **Abänderung** oder **Aufhebung** einer einstweiligen Verfügung (Buchstabe d) andererseits bildeten jeweils verschiedene Angelegenheiten. Einer solchen Auslegung steht bereits der eindeutige Wortlaut des § 16 Nr. 6 entgegen.

§ 17 Nr. 4 macht nur eine Aussage zum Verhältnis von **Hauptsache** und **Eilverfahren**, nicht aber zu verschiedenen Stadien des Eilverfahrens untereinander. Wird ein Anwalt etwa nur im Aufhebungsverfahren einer EV tätig und vertritt er sodann die Partei in der Hauptsache, so sind es zwei Angelegenheiten. Vertritt er die Partei im Einstweiligen Verfügungsverfahren und sodann im Aufhebungsverfahren, so ist es eine Angelegenheit.

Beispielsfälle aus der Rechtsprechung

OLG Karlsruhe (OLGR Karlsruhe 2007, 940): »Hat ein Rechtsanwalt im anhängigen Scheidungsverfahren als Folgesache im Wege einer einstweiligen Anordnung Trennungsunterhaltsansprüche beantragt und wird im einstweiligen Rechtsschutzverfahren zur endgültigen Regelung des Unterhalts dann ohne Anhängigkeit eines den Unterhalt betreffenden streitigen Hauptsacheverfahrens ein Unterhaltsvergleich abgeschlossen, dann handelt es sich zur Entgeltung der Tätigkeit um verschiedene Angelegenheiten gem. § 17 Nr. 4b RVG. Der An-

Abschnitt 3 – Angelegenheit

walt kann für die zusätzlich geregelte Angelegenheit eine Verfahrens-, Termins-, und Einigungsgebühr erhalten.«

Eine Anrechnung von Gebühren der beiden Verfahren findet nicht statt.

Innerer Zusammenhang (siehe auch Rn. 34): OLG Hamburg (MDR 1981, 944): Dieser Zusammenhang fehlt zwischen vorgerichtlichem **Abmahnschreiben** in **Wettbewerbssachen** und dem späteren **Abschlussschreiben**. Das Abmahnschreiben schafft das Rechtsschutzinteresse für die EV. Das Abschlussschreiben des Gläubigers und die dann folgende Abschlusserklärung des Unterlassungsschuldners (Prozessvertrag) machen einen vorläufigen EV-Titel zu einem vollwertigen Titel der Hauptsache (*Schultz-Süchting* in UWG Jakobs / Lindacher-Teplitzky § 25 Rn. 285 ff.).

Das Abschlussschreiben klärt ab, ob es eines Hauptsacheverfahrens bedarf (Rechtsschutzinteresse).

A. A.: KGR Berlin 2006, 850 = RVGreport 2006, 344:

»Wird mit einem Abmahnschreiben und sodann – nach Erwirkung einer einstweiligen Verfügung – mit einem Abschlussschreiben dasselbe Unterlassungsbegehren verfolgt, fällt für die außergerichtliche Vertretung nur eine einheitliche Geschäftsgebühr an.

Für das Abmahnschreiben vom 28. 04. 2005 und das Abschlussschreiben vom 08. 06. 2005 ist nur eine einheitliche Geschäftsgebühr (VV Ziffer 2400 RVG) angefallen. Gemäß § 17 Nr. 4 b RVG stellen zwar ein Antrag auf Erlass einer einstweiligen Verfügung und eine Klage gebührenrechtlich verschiedene Angelegenheiten dar. Bei der außergerichtlichen Vertretung der Klägerin handelte es sich aber gleichwohl um eine einheitliche Angelegenheit. Mit dem Abmahnschreiben wurden die Forderungen der Klägerin bereits umfassend geltend gemacht und das Abschlussschreiben diente der Durchsetzung des identischen Unterlassungsbegehrens. Die Geschäftsgebühr gilt daher gemäß § 15 Abs. 1 RVG die gesamte außergerichtliche Tätigkeit des Anwalts vom Auftrag bis zur Erledigung der Angelegenheit ab (s. a. Göttlich / Mümmler, RVG, »Geschäftsgebühr« Anm. 5.2 mit weiteren Nachweisen; Riedel / Sußbauer / Schneider, RVG, 9. Auflage, VV Teil 2 Rn. 31). Dem Rechtsanwalt steht in einem Fall wie dem vorliegenden eine Geschäftsgebühr für die vorgerichtliche Vertretung zu sowie jeweils eine Verfahrensgebühr für das Eilverfahren und – unter teilweiser Anrechnung der Geschäftsgebühr – für das Hauptsacheverfahren (vgl. Gerold / Schmidt / von Eicken / Madert / Müller-Rabe, RVG, 17. Auflage, § 17 Rn. 26). Soweit in der Literatur eine Geschäftsgebühr – für ein einfaches Schreiben – aufgrund der Beauftragung mit einem Abschlussschreiben angenommen wird (vgl. Ahrens, Wettbewerbsprozess, 5. Auflage, Kap. 58 Rn. 41), ist damit nichts über eine zusätzliche Geschäftsgebühr für die Abmahnung gesagt.«

Gerold / Schmidt / von Eicken / Madert / Müller-Rabe, RVG, 17. Auflage, **§ 17 Rn. 26)** wird zitiert, die Fundstelle sagt aber etwas anderes, hätte das KG (es war wohl der ER) wenigstens im Sachregister des zitierten Kommentars das Stichwort »Abschlussschreiben« aufgeschlagen, hätte er die richtige Lösung unter **Anhang II Rn. 147** gefunden:

= »Eigene Angelegenheit«.

Auch der vom KG bemühte Kommentar von Göttlich / Mümmler, RVG zeigt unter »Abschlussschreiben« den richtigen Weg auf.

Eine solch inhaltlich angreifbare Begründung entspricht nicht dem in Kostensachen früher hohen Ansehen des KG.

Der BGH hat mit seiner grundlegenden Entscheidung (NJW 2008, 1744) solchen Gedankenausflügen ein Ende bereitet:»Das Abschlussschreiben eines Rechtsanwalts, mit dem nach Erwirkung einer auf Unterlassung einer Äußerung gerichteten einstweiligen Verfügung der Antragsgegner dazu aufgefordert wird, den Verfügungsanspruch anzuerkennen und auf Widerspruch sowie die Stellung eines Antrags nach § 926 ZPO zu verzichten, gehört hinsichtlich der Anwaltsgebühren zur angedrohten Hauptsacheklage und nicht mehr zum Eilverfahren. Kommt es nicht zum Hauptsacheprozess, weil der Antragsgegner die geforderten Erklärungen abgibt, steht dem Antragsteller grundsätzlich ein materiell-rechtlicher Kostenerstattungsanspruch zu.«

Siehe auch schon 2. Auflage § 22 Rn. 31 mit Hinweis auf OLG Hamburg MDR 1981, 944, was das recherchierende KG auch nicht aufgefunden hat.

5. Nr. 5 Abstandnahme vom Urkundenprozess oder nach Vorbehaltsurteil

Das ordentliche Verfahren, das nach Abstandnahme vom Urkunden- oder Wechselprozess oder nach einem Vorbehaltsurteil anhängig bleibt (§§ 596, 600 ZPO), gilt (wie schon nach § 39 Satz 1 BRAGO) als besondere Angelegenheit. Aber:

18

3100	**Verfahrensgebühr**, soweit in Nummer 3102 nichts anderes bestimmt ist..	1,3
	...	
	(2) Die **Verfahrensgebühr** für einen Urkunden- oder Wechselprozess wird auf die **Verfahrensgebühr** für das ordentliche Verfahren angerechnet, wenn dieses nach Abstandnahme vom Urkunden- oder Wechselprozess oder nach einem Vorbehaltsurteil anhängig bleibt (§§ 596, 600 ZPO).	

Angerechnet wird also die **Verfahrens**gebühr, und nur diese, nicht auch die Terminsgebühr oder die **Auslagen**pauschale, die im Urkunden- oder Wechselprozess entstanden sind.

Die Norm durchbricht den Grundsatz, dass die Gebühren in der Instanz nur einmal entstehen (§ 15 Abs. 2 Satz 2). Es bleiben auch zwei Angelegenheiten, wenn das Urkundenverfahren nicht zu Ende geführt wird, vielmehr der Kläger im Laufe des Urkundenverfahrens, vielleicht auf einen gerichtlichen Hinweis (kein ausreichender Beweis durch Urkunden), vom Urkundenverfahren gem. § 596 ZPO Abstand nimmt, so der ausdrückliche Gesetzeswortlaut.

Hinsichtlich des Übergangsrechts hat das KG (RVGreport 2005, 222) entschieden, dass die Anrechnungsnormen der BRAGO (§ 39 Satz 2) und des RVG (Nr. 3100 Anm. 2) sich entsprechen.

6. Nr. 6 Schiedsverfahren und Verfahren über Zulassung der Vollziehung

Zunächst ist diese Norm abzugrenzen von dem fast identischen Wortlaut des § 16 Nr. 9.

19

Der Unterschied besteht in den drei Worten zu Beginn des Textes, nämlich: »**das Schiedsverfahren und**«. Das bedeutet: § 16 Nr. 9 bestimmt, dass die dort ebenso wie in Nr. 6 des § 17 genannten gerichtlichen Maßnahmen der Sicherung **untereinander** eine Angelegenheit bilden, dass sie aber andererseits zusammengenommen (alle gerichtlichen Maßnahmen der Sicherung) in Bezug auf das eigentliche Schiedsverfahren verschiedene Angelegenheiten darstellen.

Das ergibt sich aus dem Wortlaut: Verschiedene Angelegenheiten sind:

Das Schiedsverfahren einerseits und das Verfahren über die Zulassung der Vollziehung einer vorläufigen oder sichernden Maßnahme sowie das Verfahren über einen Antrag auf Aufhebung oder Änderung einer Entscheidung über die Zulassung der Vollziehung (§ 1041 der ZPO) **andererseits**.

Die Gebührenhöhe der Tätigkeit im Rahmen der (gerichtlichen) sichernden Maßnahme folgt aus den Nrn. 3309 und 3310 VV RVG, 0,3 (Verfahrengebühr) + 0,3 (Terminsgebühr). Gebühr des im Schiedsverfahren (Eilverfahren) tätigen Anwalts **als Parteivertreter** (Tätigkeit beim staatlichen Gericht in Zusammenhang mit einem Schiedsverfahren; näher dazu § 16 Rn. 20):

Abschnitt 3 – Angelegenheit

Stets ist zu unterscheiden zwischen der Parteivertretung im Schiedsverfahren – § 36 – (und in den gerichtlichen sichernden Maßnahmen) einerseits und der Tätigkeit des Rechtsanwalts als **Schiedsrichter**. Im letzteren Falle ist § 1 Abs. 2 einschlägig.

7. Nr. 7 Güteverfahren vor Gütestelle und gerichtliches Verfahren

20 Nr. 7 bestimmt, dass die dort genannten verschiedenen Güte- und Schlichtungsverfahren **und ein nachfolgendes gerichtliches Verfahren** verschiedene Angelegenheiten bilden.

Zu a) – Güteverfahren: Gütestellen nach § 794 Abs. 1 Nr. 1 ZPO sind die durch die Landesjustizverwaltungen eingerichteten oder anerkannten Gütestellen gem. § 15 a EGZPO.

Zu den Verfahren nach a) zählen insbesondere Verfahren vor den Gütestellen zur obligatorischen außergerichtlichen Streitschlichtung (§ 15 a seit 01.01.2000).

Bislang haben von der den Landesjustizverwaltungen eröffneten Möglichkeit solcher Ausführungsgesetze lediglich die Länder Baden-Württemberg, Bayern, Nordrhein-Westfalen, Hessen, Brandenburg, Saarland, Sachsen-Anhalt und Schleswig Holstein Gebrauch gemacht. Diese für die Praxis wenig geeigneten Hürden stoßen bei den meisten Anwälten zu Recht auf herbe Kritik. Zu Recht weist *Henke* (AnwBl. 2005, 352; ebenso Hansens RVGreport 2005, 256) darauf hin, dass es völlig unverständlich ist, dass der Anwalt, nachdem die von ihm mit der Festsetzung nach § 11 in Anspruch genommene Partei die Titulierung durch nichtgebührenrechtliche Einwendungen verhindert hat, nun nicht sofort Gebührenklage erheben kann, sondern in den betreffenden Bundesländern zunächst einmal erfolglos auch noch das Güteverfahren anstrengen muss (Ausweg: Mahnverfahren).

Das gerichtsinterne Mediationsverfahren ist kein Güteverfahren nach § 15 a EGZPO: AG Hannover zur gerichtsinternen Mediation (42 C 4283/06 – NdsRpfl 2007, 72):

»Für die Vertretung der Partei bei einer gerichtsnahen Mediation steht dem zum Prozessbevollmächtigten beauftragten Rechtsanwalt keine zusätzliche Geschäftsgebühr zu, weil es sich bei der Vertretung in einem gerichtsnaher Mediationsverfahren um »dieselbe Angelegenheit« handelt, die Gegenstand des außergerichtlichen und des anschließenden gerichtlichen Verfahrens ist. § 17 Nr. 7 RVG findet insoweit weder direkt noch analog Anwendung.«

Das Ergebnis ist richtig, die inhaltlichen Ausführungen sind nur teilweise korrekt. Zuzustimmen ist der These, dass es sich nicht um ein Güteverfahren handelt, das in einigen Bundesländern dem Zivilprozess (überflüssigerweise) vorgeschaltet ist. Die Norm (§ 17 Nr. 7 RVG) ist auch nicht analog anwendbar. Bei der gerichtsinternen Mediation handelt es sich um eine außergerichtliche Verhandlung im Sinne von § 19 Abs. 1 Nr. 2, die zur Instanz gehört (siehe § 278 Abs. 5 S. 2 ZPO).

Zu b) Nach § 111 Abs. 2 ArbGG können zur Beilegung von Streitigkeiten zwischen Ausbildenden und Auszubildenden die Handwerksinnungen und sonstige zuständige Stellen i. S. d. Berufsbildungsgesetzes Ausschüsse bilden. Einer Klage muss in allen Fällen die Verhandlung vor dem Ausschuss vorangegangen sein. Aus vor dem Ausschuss geschlossenen Vergleichen und aus Sprüchen des Ausschusses, die von beiden Seiten anerkannt sind, findet die Zwangsvollstreckung statt. Das Verfahren vor einem solchen Ausschuss ist in § 111 Abs. 2 Satz 2 bis 7 ArbGG geregelt.

Zu c) Nach dem SeemannsG v. 26.07.1957 (BGBl. II, 713) ist jedes Seemannsamt verpflichtet, die gütliche Ausgleichung der zu seiner Kenntnis gebrachten Arbeitsstreitigkeiten zu versuchen. Die Bedeutung dieser Vorschrift ist äußerst gering.

Zu d) Verfahren vor gesetzlich eingerichteten Einigungsstellen, Gütestellen oder Schiedsstellen. Voraussetzung ist, dass eine andere Stelle als das Gericht zuständig ist, das über eine Klage zu entscheiden hat.

Also die Tätigkeit des Anwalts als Parteivertreter im

- Verfahren bei den von den Industrie- und Handelskammern eingerichteten Einigungsstellen nach § 27 a UWG
- Verfahren vor der Schiedsstelle für Urheberrechtsfälle beim Deutschen Patentamt §§ 28 ff. ArbEG (BGBl. I 1957, 756) – Arbeitnehmererfindungen
- Verfahren vor Einigungsstellen nach §§ 39 ff. des Gesetzes über die Erstreckung von gewerblichen Schutzrechten (BGBl. I 1992, 938)
- Verfahren vor den Schiedsstellen nach § 14 WahrnG (BGBl. I 1965, 1294)
- Verfahren vor den Schiedsmännern
- Verfahren der Verkehrsopferhilfe nach § 14 PflVG.

Die anwaltliche Vertretungsgebühr von 1,5 für sämtliche vorgenannten Einigungs-Verfahren folgt aus Nr. 2303.

Daneben kann grundsätzlich zuvor eine Geschäftsgebühr (Nr. 2300) angefallen sein. Dazu lautet die Anmerkung zu Nr. 2303:

»**Soweit wegen desselben Gegenstandes eine Geschäftsgebühr nach Nr. 2300 entstanden ist, wird die Hälfte dieser Gebühr nach dem Wert des Gegenstandes, der in das Verfahren übergegangen ist, jedoch höchstens mit einem Gebührensatz von 0,75, angerechnet.**«

Die Anrechnung erfolgt nach dem Wert des Gegenstandes, der in das Schiedsstellen-Verfahren übergegangen ist.

8. Nr. 8 FGG – Vermittlungsverfahren und gerichtliches Verfahren – Umgangsrecht

Nr. 8 stellt klar, dass ein Vermittlungsverfahren nach § 52 a FGG und ein nachfolgendes gerichtliches Verfahren verschiedene Angelegenheiten darstellen. Nach § 52 a FGG kann ein Elternteil das Familiengericht um Vermittlung im Streit um die Durchführung des Umgangs mit einem gemeinschaftlichen Kind ersuchen. Antragsberechtigt sind beide Elternteile, sowohl der Umgangsberechtigte wie der betreuende Elternteil.

Im Vergütungsverzeichnis wird das Verfahren nach § 52 a FGG (Vermittlungsverfahren zur Umgangsregelung auf Antrag eines Elternteils) an verschiedenen Stellen geregelt.

Der Grundsatz ist, der Anwalt erhält nach Nr. 3101 Nr. 3 (grundsätzlich auch Anmerkung Absatz 2 hier beachten für streitige FGG-Verfahren) eine 0,8 Gebühr. Denn durch die Novelle ist das FGG – Verfahren in den Teil 3 eingegliedert. Hat der Anwalt nicht nur einen Antrag gestellt, sondern auch schriftlichen Sachvortrag gehalten, so beträgt die Verfahrensgebühr nach Nr. 3100 1,3 (Umkehrschluss aus Nr. 3: »lediglich einen Antrag gestellt«).

Scheitert das Vermittlungsverfahren nach § 52 a FGG, so ist gem. Anm. Abs. 3 zu Nr. 3100 die Verfahrensgebühr (entweder von 0,8 oder von 1,3) für das Vermittlungsverfahren nach § 52 a FGG auf die Verfahrensgebühr für das anschließende gerichtliche Verfahren anzurechnen. Hat die Vermittlung Erfolg, so kommt es erst gar nicht zu einem anschließenden förmlichen Gerichtsverfahren, so dass auch nichts aus dem Vermittlungsverfahren auf ein anderes gerichtliches Verfahren anzurechnen ist. Dazu die einschlägigen transparenten Nummern des VV RVG:

Abschnitt 3 – Angelegenheit

3100	**Verfahrensgebühr**, soweit in Nummer 3102 nichts anderes bestimmt ist	1,3
	... (3) Die **Verfahrensgebühr** für ein **Vermittlungsverfahren** nach § 52 a FGG wird auf die **Verfahrensgebühr** für ein sich anschließendes Verfahren angerechnet.	
3101	... 3. soweit in einem Verfahren der freiwilligen Gerichtsbarkeit **lediglich ein Antrag** gestellt und eine **Entscheidung entgegengenommen** wird, beträgt die Gebühr 3100	0,8

Die einschlägige Gesetzesbegründung zu diesem Sachkomplex (angesiedelt bei Nr. 3101) lautet (BT-Drs. 15/1971, S. 211):

»*Da jedoch das FGG-Amtsverfahren keiner Sachanträge bedarf, ist das Haftungsrisiko des Anwalts (im Hinblick auf eine fehlerhafte Antragstellung) zur Zeit der Einleitung des Verfahrens ungleich geringer einzustufen. Folglich soll dem Anwalt hier erst dann die volle Verfahrensgebühr nach Nr. 3100 erwachsen, wenn er für seinen Mandanten in der Sache vorträgt.*

Die Nr. 3 des Gebührentatbestandes (Nr. 3101) soll verhindern, dass in nicht streitigen FGG-Verfahren, in denen sich die Tätigkeit des Anwalts darauf beschränkt, bei Gericht einen Antrag zu stellen und die Entscheidung entgegenzunehmen, die Gebühr mit einem Gebührensatz von 1,3 entsteht.«

9. Nr. 9 Rechtsmittelverfahren und Nichtzulassungsbeschwerde

22   Nr. 9 regelt, dass das **Verfahren** über das **zugelassene Rechtsmittel** eine neue Angelegenheit ist im Verhältnis zum **erfolgreichen** Verfahren über **die Beschwerde** gegen seine **Nichtzulassung**. Hinweis: Das Rechtsmittelverfahren und das Verfahren über die Zulassung des Rechtsmittels sind dagegen nur **eine Angelegenheit**, siehe näher § 16 Nr. 13. Von dieser Grundregelung ist in § 16 Nr. 13 das Nichtzulassungs**beschwerde**verfahren ausdrücklich ausgenommen worden, so dass es sich insoweit nach § 17 Nr. 9 um zwei verschiedene Angelegenheiten handelt. Im Beschwerdeverfahren entstehen die Gebühren nach Teil 3 Abschnitt 5, im Rechtsmittelverfahren die Gebühren nach Teil 3 Abschnitt 2.

Zum Anfall der Verfahrensgebühr für die Nichtzulassungsbeschwerde und der Anrechnung der Gebühr auf die entsprechende Gebühr des Rechtsmittelverfahrens, und zwar in allen Gerichtszweigen, wird auf die beiden nachfolgenden Nummern des VV RVG verwiesen:

3504	Verfahrensgebühr für das Verfahren über die **Beschwerde gegen die Nichtzulassung der Berufung**, soweit in Nummer 3511 nichts anderes bestimmt ist	1,6
	Die Gebühr wird auf die Verfahrensgebühr für ein nachfolgendes Berufungsverfahren angerechnet.	
3506	Verfahrensgebühr für das Verfahren über die **Beschwerde gegen die Nichtzulassung der Revision**, soweit in Nummer 3512 nichts anderes bestimmt ist	1,6
	Die Gebühr wird auf die Verfahrensgebühr für ein nachfolgendes Revisionsverfahren angerechnet.	

In sozialgerichtlichen Sachen siehe die Nummern 3511 und 3512.

10. Nr. 10 Einstellung des Ermittlungsverfahrens, danach Bußgeldverfahren

Das strafrechtliche Ermittlungsverfahren **und** ein nach dessen Einstellung sich anschließendes Bußgeldverfahren bilden verschiedene Angelegenheiten. Damit wurde ein insoweit hinsichtlich der früheren Rechtslage (§ 105 BRAGO) bestehender Meinungsstreit beendet. 23

Zu einer solchen Verfahrensgestaltung kann es kommen, wenn die StA das Ermittlungsverfahren einstellt und die Akten zur Ermittlung einer Ordnungswidrigkeit an die Verwaltungsbehörde abgibt.

Obwohl es zwar nach neuem Recht zwei Angelegenheiten sind, entsteht jedoch im anschließenden Bußgeldverfahren die **Grundgebühr** nicht mehr besonders (Nr. 5100 Anm. Abs. 2).

11. Nr. 11 Strafverfahren und im Urteil vorbehaltene Sicherungsverwahrung

Nach Nr. 11 bilden das Verfahren über die nach § 275 a StPO im Urteil vorbehaltene Sicherungsverwahrung und das dieser zugrunde liegende Verfahren verschiedene Angelegenheiten (so auch schon § 87 Satz 3 BRAGO). Im Strafurteil kann die Entscheidung über die Sicherungsverwahrung einem weiteren Verfahren vorbehalten werden. In diesem Verfahren können Zeugen gehört werden, ferner ist ein Sachverständiger zu hören. Dieses vorbehaltene Verfahren ist eine verschiedene Angelegenheit. Es entstehen die Gebühren des 4. Teils Abschnitt 1, siehe Vorbem. 1 Abs. 1. 24

12. Nr. 12 Wiederaufnahme und wiederaufgenommenes Verfahren

Das Wiederaufnahmeverfahren und das wiederaufgenommene, neue Strafverfahren (Verfahren in Bußgeldsachen) sind verschiedene Angelegenheiten. Diese Ansicht wurde in der Literatur auch schon zu § 90 BRAGO vertreten. Die Gebührenregelung für das Wiederaufnahmeverfahren findet sich in Nrn. 4136 bis 4140 VV RVG. 25

IV. Erweiterung des abschließenden Katalogs: Verschiedene Angelegenheiten von Rechtsprechung und Literatur über die angeblich abschließende Aufzählung hinaus entwickelt

1. Verkehrsunfall, Zweiter Auftrag nach Erledigung des ersten Auftrags

(Gerold/Schmidt/von Eicken/Madert/Müller-Rabe 17. Aufl. RVG § 15 Rn. 102): Schmerzensgeld durch Prozessvergleich erledigt, dann wird **neuer** Auftrag mit dem Inhalt erteilt, materiellen Zukunftsschaden zu fordern = **2 Angelegenheiten**. Hätte sich dagegen der Auftrag von Anfang an auf beide Gegenstände bezogen, so wäre es nur eine Angelegenheit mit zwei Gegenständen gewesen. Entscheidend ist, dass der erste Auftrag zum Zeitpunkt des zweiten Auftrages erledigt ist, sonst käme die Klammer des § 15 Abs. 5 Satz 1 zum Tragen (= eine Angelegenheit). 26

2. Kündigung und Räumungsprozess

LG Köln MDR 2000, 730: **Zwei** (teils außergerichtliche/teils gerichtliche) **Angelegenheiten** sind zunächst der Kündigungsauftrag hinsichtlich eines Mietverhältnisses und der anschließende Räumungsprozessauftrag. 27

3. Erkenntnisverfahren und Zwangsvollstreckung

OLG Koblenz JurBüro 1999, 328: Zwei Angelegenheiten sind die Vertretung im Erkenntnisverfahren und in der Zwangsvollstreckung. 28

Abschnitt 3 – Angelegenheit

4. Fortsetzung eines Rechtsstreits nach einem Prozessvergleich?

29 OLG Hamm JurBüro 2000, 469: **Eine** Angelegenheit, wenn eine Partei nach Abschluss eines Prozessvergleichs die Fortsetzung des Prozesses mit der Behauptung begehrt, der Prozessvergleich sei **unwirksam** (gegen diese Absolutheit sind Zweifel angebracht, richtig für Anfechtung). Das gilt jedenfalls nicht, wenn die Partei einen **neuen Prozess** mit der Behauptung einleitet, sie sei wirksam (nach Fristsetzung) vom Prozessvergleich zurückgetreten oder die Geschäftsgrundlage des Prozessvergleichs sei entfallen. Letzteres muss im neuen Prozess (also jetzt zwei Angelegenheiten) geltend gemacht werden (Anpassung des Vergleichs nach § 242 BGB).

5. GmbH-Ausschluss, danach Verkaufsauftrag

30 OLG Düsseldorf, Urt. v. 12.01.93, Az.: 2 U 278/91 – KostRsp § 3 BRAGO Nr. 28 = OLGR 1993, 160 (Fall gibt Anlass zu Zweifeln):

Eine Angelegenheit (Gebührenanfall also nur **einmal**), wenn eine GmbH-Gesellschafterin einen Anwalt beauftragt, ihre Interessen wahrzunehmen bei **zwei Gesellschafterversammlungen** (Februar und April 1987), nachdem die übrigen Gesellschafter den Entschluss gefasst haben, sie auszuschließen, und er ferner jetzt den Auftrag erhält, diesen **Beschluss anzufechten** und den **Gesellschafteranteil** im Wege des Vergleichs bestmöglichst an die übrigen Gesellschafter **zu veräußern**.

6. Einholung der Deckungszusage beim Rechtsschutzversicherer und späterer Prozess

31 (Gerold/Schmidt/von Eicken/Madert/Müller-Rabe RVG 17. Aufl. § 19 Rn. 27; Mümmler JurBüro 1993, 163; Enders JurBüro 2002, 25 m. w. N.; Gebauer/Schneider RVG § 19 Rn. 8; H. Schmidt JurBüro 1974, 820; AG Ahaus JurBüro 1976, 57; AG Charlottenburg JurBüro 2002, 25):

Zwei Angelegenheiten: Einholung der Deckungszusage beim Rechtsschutzversicherer und späterer Prozess.

Auf den ersten Blick liegt es nahe, die Klärung und gegebenenfalls Beschaffung der finanziellen Voraussetzungen **für den Prozess** durch den Anwalt als kostenfreies **Nebengeschäft** im Rahmen des **Prozessauftrages** zu qualifizieren. So vertritt denn auch ein Teil der Rechtsprechung die Ansicht, die Einholung einer Deckungszusage des Rechtsschutzversicherers durch den insoweit beauftragten Anwalt sei eine nicht gebührenrelevante Prozessvorbereitungshandlung, die zwar in § 19 nicht ausdrücklich erwähnt, aber den dort genannten Beispielen **gleich zu achten** sei (»insbesondere«). Das LG München (JurBüro 1993, 163) formuliert, der Schriftverkehr mit dem Rechtsschutzversicherer diene als begleitende Tätigkeit der Durchsetzung des Anspruchs.

32 Diese Auffassung verkennt, dass es sich bei Einholung der Kostendeckungszusage beim Rechtsschutzversicherer um eine weitere Angelegenheit handelt, die mit dem Prozessauftrag selbst nichts zu tun hat. Die Klärung der Frage, ob ein Anspruch auf eine Kostendeckungszusage nach den der Rechtsschutzversicherung zugrundeliegenden Versicherungsbedingungen dem Mandanten zusteht oder nicht, ist ein ganz anderer (Streit-) Gegenstand: Sowohl die geforderte **Deckungssumme**, nämlich die Freistellung von den beiderseitigen **außergerichtlichen** wie von den **Gerichtskosten**, ist verschieden vom **Begehren der Klage** in der Hauptsache. Daneben sind aber auch die beiden historischen Sachverhalte, hier die klagebegründenden Tatsachen, dort der Inhalt des Rechtsschutzversicherungsvertrages und ferner die Parteien verschieden. Allerdings wird in der Praxis die 2. Rechnung meist nicht erstellt, weil der Rechtsschutzversicherer nach den Bedingungen allenfalls bei Verzug oder Erstverweigerung zahlungspflichtig ist und der Anwalt sich scheut, die Rechnung dem Mandanten zu schicken.

7. Mehrere Aufträge: Differenzierte Betrachtung erforderlich wegen § 15 Abs. 5 Satz 1

(OLG München NJW 1965, 258): Die These, jeder neue Auftrag leitet eine neue Angelegenheit 33
ein, die das OLG München mit Literaturzitaten aufstellt, muss auch noch an § 15 Abs. 5 Satz 1 gemessen werden.

Der Fall: OHG-Gesellschafter streiten zunächst über Hallenaufteilung, zwei Monate später über Geschäftsführung. Aufträge zu verschiedenen Zeiten erteilt, allerdings, wie das OLG München meint, standen die Gegenstände in keinem (inneren?) »Zusammenhang«. Ergebnis: zwei Angelegenheiten.

Vergleiche zu den verschiedenen Aufträgen ferner: Hansens BRAGO 8. Aufl. § 13 Rn. 8 m. w. N.; OLG Koblenz JurBüro 1977, 62; 1990, 42. Das Abgrenzungskriterium »Auftrag« ist insbesondere wegen § 15 Abs. 5 Satz 1 problematisch, weil ein neuer Auftrag in derselben Angelegenheit nicht neue Gebühren einer neuen Angelegenheit auslöst. Allerdings ist eine neue Angelegenheit mit einem neuen Auftrag dann wiederum gegeben, wenn der erste Auftrag bei Erteilung des zweiten Auftrages **vollständig erledigt** ist (Hansens BRAGO 8. Aufl. § 13 Rn. 8; H. Schmidt NJW 1973, 1311; Gerold/Schmidt/von Eicken/Madert/Müller-Rabe RVG 17. Aufl. § 15 Rn. 102, siehe Rn. 26).

8. Abmahnschreiben in Wettbewerbssachen und späteres Abschlussschreiben

(OLG Hamburg MDR 1981, 944): **Zwei** Angelegenheiten, wenn **innerer Zusammenhang** 34
fehlt. Er fehlt etwa zwischen vorgerichtlichem **Abmahnschreiben** in Wettbewerbssachen und dem späteren **Abschlussschreiben. Siehe auch oben Rn. 17.** Das ist ohne weiteres nachvollziehbar, wenn man sich den Charakter des Abschlussschreibens vor Augen hält: Das Abschlussschreiben des Gläubigers und die dann folgende Abschlusserklärung des Unterlassungsschuldners (Prozessvertrag) sollen einen vorläufigen EV-Titel zu einem vollwertigen Titel machen, ohne dass es eines Hauptsacheverfahrens bedarf. Das Abschlussschreiben soll also ein neues Verfahren, das Hauptsacheverfahren, ersetzen. Das Abschlussschreiben gehört damit gegenständlich nicht mehr zur einstweiligen Verfügung selbst. Zu dieser gehört aber als Vorbereitungsmaßnahme das Abmahnschreiben. Abmahnschreiben und Abschlussschreiben sind also zwei verschiedene Angelegenheiten (Unterschiedliche Streitwerte von einstweiliger Verfügung/Hauptsache beachten!). (Zum Charakter des Abschlussschreiben s. Großkommentar Schultz-Süchting UWG, Herausgeber: Jakobs/Lindacher-Teplitzky § 25 Rn. 285 ff.).

Das ist kein direkter Fall von § 17 Nr. 4, denn durchgeführt ist bisher nur das gerichtliche einstweilige Verfügungsverfahren, nicht aber das noch im Raume stehende gerichtliche Hauptsacheverfahren. Darüber verhandeln die Parteien noch außergerichtlich (Nr. 2300). Das Hauptsacheverfahren ist noch nicht anhängig.

Der **BGH** (NJW 2008, 1744 = MDR 2008, 650) ist dieser Ansicht mit überzeugender Begründung beigetreten:

»Nach allgemeiner Auffassung gehört das Abschlussschreiben zum Hauptsacheverfahren und stellt sich im Verhältnis zum Eilverfahren, dem die Abmahnung zuzuordnen ist, als eigenständige Angelegenheit dar (VersR 2007, 506; NJW 1973, 901, 902 »Goldene Armbänder«; Hess in Ullmann juris Praxiskommentar UWG § 12 Rn. 120; Hefermehl/Köhler/Bornkamm, Wettbewerbsrecht 26. Aufl. § 12 Rn. 3.73; Ahrens, Der Wettbewerbsprozess 5. Aufl. Kap. 58 Rn. 40; Büscher in Fezer, Lauterkeitsrecht § 12 Rn. 154). Dies hat seinen Grund in der das Hauptsacheverfahren vorbereitenden Funktion des Abschlussschreibens.

Die einstweilige Verfügung dient der Sicherung eines Individualanspruchs oder der einstweiligen Regelung eines streitigen Rechtsverhältnisses (§§ 935, 940 ZPO). Insoweit deckt sie sich

Abschnitt 3 – Angelegenheit

mit einem der Unterlassungsklage stattgebenden Urteil des Hauptprozesses und ermöglicht bereits die Durchsetzung des Unterlassungsanspruchs im Wege der Zwangsvollstreckung (§§ 936, 928, 890 ZPO). Sie bleibt aber auch in diesen Fällen nur eine vorläufige Regelung. Wird sie wie im Streitfall ohne mündliche Verhandlung durch Beschluss erlassen (§ 937 Abs. 2 ZPO), kann sie mit dem Widerspruch angegriffen werden und ist aufgrund mündlicher Verhandlung durch Urteil aufzuheben, wenn sich ihr Erlass als nicht oder nicht mehr gerechtfertigt erweist (§ 925 ZPO). Aber auch dann, wenn sie aufgrund mündlicher Verhandlung durch Urteil erlassen oder nach Erhebung eines Widerspruchs durch Urteil formell rechtskräftig bestätigt worden ist, bleibt sie eine nur vorläufige Regelung. Dies folgt insbesondere daraus, dass dem Antragsteller (Verfügungskläger) auf Antrag des Antragsgegners (Verfügungsbeklagten) eine Frist zur Klageerhebung gesetzt werden kann, wenn die Hauptsache noch nicht anhängig ist (§ 926 ZPO). Führt der Hauptprozess zur Abweisung der Klage, ist die einstweilige Verfügung auf Antrag des Antragsgegners wegen veränderter Umstände aufzuheben. Aus diesem Grund ist das Rechtsschutzinteresse für eine Unterlassungsklage nicht schon deshalb zu verneinen, weil der Kläger bereits im Besitz einer gleichlautenden, formell rechtskräftigen einstweiligen Verfügung ist.

Dieser Zusammenhang zwischen Verfügungs- und Hauptsacheklage zeigt, dass der Rechtsanwalt, der im Auftrag seines Mandanten nach Erwirkung der durch Beschluss erlassenen einstweiligen Verfügung den Anspruchsgegner dazu auffordert, auf Widerspruch hiergegen und auf die Stellung eines Antrages nach § 926 ZPO zu verzichten, nicht mehr nur im Rahmen des Verfügungsverfahrens tätig wird. Denn er will auf diese Weise die Klaglosstellung seines Auftraggebers und damit ein Ergebnis erzielen, wie es nur mit dem Hauptprozess erreicht werden kann. Damit gehört die von ihm entfaltete weitere Tätigkeit sachlich zum Hauptprozess. Sie stellt eine Abmahnung vor Erhebung der Hauptsacheklage dar, wie sie von der Rechtsprechung zur Vermeidung von Kostennachteilen für den Fall eines sofortigen Anerkenntnisses durch den Gegner im Hinblick auf § 93 ZPO auch nach Erwirkung einer einstweiligen Verfügung gefordert wird (vgl. Senatsurteil vom 12. Dezember 2006 – VI ZR 188/05 – und BGH, Urteil vom 2. März 1973 – I ZR 5/72 – jeweils a. a. O.). Der Umstand, dass ein derartiges Aufforderungsschreiben aus nahe liegenden Gründen an die ergangene einstweilige Verfügung anknüpft und die Klaglosstellung des Anspruchsberechtigten durch einen Verzicht auf die gegen die einstweilige Verfügung möglichen Rechtsbehelfe zu erreichen versucht, nimmt ihm nicht die Bedeutung einer den Hauptprozess vorbereitenden Abmahnung. Wird wie im Streitfall die Hauptsacheklage ausdrücklich angedroht, ist schon daraus ersichtlich, was mit einer solchen Anfrage erstrebt wird, nämlich die Klaglosstellung des Anspruchsberechtigten.

Voraussetzung für die Vergütungspflicht des Auftraggebers und damit auch den Erstattungsanspruch gegen den Antragsgegner ist allerdings, dass dem Rechtsanwalt ein entsprechender, über die Vertretung im Verfügungsverfahren hinausgehender Auftrag erteilt worden ist.«

9. Anspruchserhebung zunächst gegenüber Haftpflichtversicherer, dann Kasko

35 (OLG Zweibrücken AnwBl. 1968, 363): **Zwei** verschiedene **Angelegenheiten**, wenn der Anwalt sich nach einem Verkehrsunfall zunächst an den **Haftpflichtversicherer** des Gegners und sodann an die eigene **Kaskoversicherung** wendet.

10. Beweisverfahren, danach außergerichtliche Vertretung

36 (Mümmler JurBüro 1996, 240 und 1996, 347): **Zwei Angelegenheiten** (2 Aufträge), wenn der Anwalt zunächst den Antragsteller im selbständigen Beweisverfahren vertritt und sodann nach Vorlage des abschließenden Gutachtens (Erledigung des selbständigen Beweisverfahrens) vom Gegner fordert, die Mängelbeseitigungskosten lt. Gutachten an den Antragsteller zu zahlen.

Von Eicken »Wann endet das selbständige Beweisverfahren?« (AGS 1998, 144) – **Antwort: Kenntnis** der Parteien vom Sachverständigengutachten **und angemessene Zeit** zur Stellung eines Anhörungsantrages nach § 411 ZPO (richtig: §§ 402, 397 ZPO). Nach diesem Zeitablauf kann der Anwalt also durch Geltendmachung eines Anspruchs gemäß dem Beweisergebnis neue Gebühren **(neue Angelegenheit)** bei entsprechendem **Auftrag** zur außergerichtlichen Vertretung (Nr. 2300) verdienen.

Abschnitt 3 – Angelegenheit

§ 18
Besondere Angelegenheiten

Besondere Angelegenheiten sind

1. jedes Verfahren über eine einstweilige Anordnung nach
   a) § 127 a der Zivilprozessordnung,
   b) den §§ 620, 620 b Abs. 1, 2 der Zivilprozessordnung, auch in Verb. mit § 661 Abs. 2 der Zivilprozessordnung,
   c) § 621 f der Zivilprozessordnung, auch in Verb. mit § 661 Abs. 2 der Zivilprozessordnung,
   d) § 621 g der Zivilprozessordnung, auch in Verb. mit § 661 Abs. 2 der Zivilprozessordnung,
   e) § 641 d der Zivilprozessordnung,
   f) § 644 der Zivilprozessordnung, auch in Verb. mit § 661 Abs. 2 der Zivilprozessordnung,
   g) § 64 b Abs. 3 des Gesetzes über die Angelegenheiten der freiwilligen Gerichtsbarkeit; mehrere Verfahren, die unter demselben Buchstaben genannt sind, sind jedoch eine Angelegenheit; die Gegenstandswerte sind zusammenzurechnen; dies gilt auch dann, wenn die mehreren Verfahren denselben Gegenstand betreffen;
2. nicht in Nummer 1 genannte Verfahren über eine einstweilige oder vorläufige Anordnung in Verfahren der freiwilligen Gerichtsbarkeit; mehrere Anordnungen in derselben Hauptsache sind eine Angelegenheit; die Gegenstandswerte sind zusammenzurechnen; dies gilt auch dann, wenn die mehreren Verfahren denselben Gegenstand betreffen;
3. jede Vollstreckungsmaßnahme zusammen mit den durch diese vorbereiteten weiteren Vollstreckungshandlungen bis zur Befriedigung des Gläubigers; dies gilt entsprechend im Verwaltungszwangsverfahren (Verwaltungsvollstreckungsverfahren) und für jede Maßnahme nach § 33 des Gesetzes über die Angelegenheiten der freiwilligen Gerichtsbarkeit;
4. jede Vollziehungsmaßnahme bei der Vollziehung eines Arrests oder einer einstweiligen Verfügung (§§ 928 bis und 936 der Zivilprozessordnung), die sich nicht auf die Zustellung beschränkt;
5. jedes Beschwerdeverfahren und jedes Verfahren über eine Erinnerung gegen eine Entscheidung des Rechtspflegers in Angelegenheiten, in denen sich die Gebühren nach Teil 3 des Vergütungsverzeichnisses richten, soweit sich aus § 16 Nr. 12 nichts anderes ergibt;
6. das Verfahren über Einwendungen gegen die Erteilung der Vollstreckungsklausel, auf das § 732 der Zivilprozessordnung anzuwenden ist;
7. das Verfahren auf Erteilung einer weiteren vollstreckbaren Ausfertigung;
8. jedes Verfahren über Anträge nach den §§ 765 a, 813 b, 851 a oder 851 b der Zivilprozessordnung und jedes Verfahren über Anträge auf Änderung oder Aufhebung der getroffenen Anordnungen sowie jedes Verfahren über Anträge nach § 1084 Abs. 1 der Zivilprozessordnung,
9. das Verfahren auf Zulassung der Austauschpfändung (§ 811 a der Zivilprozessordnung);
10. das Verfahren über einen Antrag nach § 825 der Zivilprozessordnung;
11. die Ausführung der Zwangsvollstreckung in ein gepfändetes Vermögensrecht durch Verwaltung (§ 857 Abs. 4 der Zivilprozessordnung);
12. das Verteilungsverfahren (§ 858 Abs. 5, §§ 872 bis, 882 der Zivilprozessordnung);
13. das Verfahren auf Eintragung einer Zwangshypothek (§§ 867, 870 a der Zivilprozessordnung);
14. die Vollstreckung der Entscheidung, durch die der Schuldner zur Vorauszahlung der Kosten, die durch die Vornahme einer Handlung entstehen, verurteilt wird (§ 887 Abs. 2 der Zivilprozessordnung);

15. das Verfahren zur Ausführung der Zwangsvollstreckung auf Vornahme einer Handlung durch Zwangsmittel (§ 888 der Zivilprozessordnung), das Verfahren zur Ausführung einer Verfügung des Gerichts auf Vornahme, Unterlassung oder Duldung einer Handlung durch Zwangsmittel und einer besonderen Verfügung des Gerichts zur Anwendung von Gewalt (§ 33 des Gesetzes über die Angelegenheiten der freiwilligen Gerichtsbarkeit);
16. jede Verurteilung zu einem Ordnungsgeld gemäß § 890 Abs. 1 der Zivilprozessordnung;
17. die Verurteilung zur Bestellung einer Sicherheit im Fall des § 890 Abs. 3 der Zivilprozessordnung;
18. das Verfahren zur Abnahme der eidesstattlichen Versicherung (§§ 900 und 901 der Zivilprozessordnung, § 33 Abs. 2 Satz 5 und 6 des Gesetzes über die Angelegenheiten der freiwilligen Gerichtsbarkeit);
19. das Verfahren auf Löschung der Eintragung im Schuldnerverzeichnis (§ 915 a der Zivilprozessordnung);
20. das Ausüben der Veröffentlichungsbefugnis;
21. das Verfahren über Anträge auf Zulassung der Zwangsvollstreckung nach § 17 Abs. 4 der Schifffahrtsrechtlichen Verteilungsordnung und
22. das Verfahren über Anträge auf Aufhebung von Vollstreckungsmaßregeln (§ 8 Abs. 5 und § 41 der Schifffahrtsrechtlichen Verteilungsordnung).

Inhaltsübersicht

	Rn.
A. Allgemeines	1
I. Die drei Kataloge der §§ 16–18	1
II. Normzweck	2
III. Übersetzung der schwierigen Gesetzessprache (§§ 16–18) durch Beispiele	4
1. Die Sprachverwirrung	4
2. Die drei ähnlichen Begriffe der §§ 16–18	5
B. Kommentierung	10
I. Allgemeines/Systematik	10
II. Die einzelnen Nummern	12
1. Nr. 1 Einstweilige Anordnungen	12
2. Nr. 2 Weitere einstweilige oder vorläufige Anordnungen nach dem FGG	13
3. Nr. 3 Vollstreckungsmaßnahmen und daraus folgende weitere Vollstreckungshandlungen	14
4. Nr. 4 Vollziehungsmaßnahmen bei Arrest/einstweiliger Verfügung	20
5. Nr. 5 Beschwerdeverfahren und Verfahren über eine Erinnerung	21
6. Nr. 6 Einwendungen des Schuldners gegen die Vollstreckungsklausel (§ 732 ZPO)	24
7. Nr. 7 Einwendungen des Schuldners gegen die Vollstreckungsklausel (§ 732 ZPO)	25
8. Nr. 8 Verfahren über Vollstreckungsschutzanträge gem. §§ 765 a, 813 b, 851 a und 851 b ZPO	28
9. Nr. 9 Zulassung der Austauschpfändung (§ 811 a ZPO)	29
10. Nr. 10 Verfahren über Anträge auf anderweitige Verwertung	30
11. Nr. 11 Die Ausführung der Zwangsvollstreckung in ein gepfändetes Vermögensrecht durch Verwaltung (§ 857 Abs. 4 ZPO)	31
12. Nr. 12 Das Verteilungsverfahren (§ 858 Abs. 5, §§ 872 bis 877, 882 ZPO)	32
13. Nr. 13 Das Verfahren auf Eintragung einer Zwangshypothek nach §§ 867, 870 a ZPO	33
14. Nr. 14 Die Vollstreckung der Entscheidung, durch die der Schuldner zur Vorauszahlung der Kosten, die durch die Vornahme einer Handlung entstehen, verurteilt wird (§ 887 Abs. 2 ZPO)	36
15. Nr. 15 Das Verfahren zur Ausführung der Zwangsvollstreckung auf Vornahme einer Handlung durch Zwangsmittel (§ 888 der Zivilprozessordnung), das Verfahren zur Ausführung einer Verfügung des Gerichts auf Vornahme, Unterlassung oder Duldung einer Handlung durch Zwangsmittel und einer besonderen Verfügung des Gerichts zur Anwendung von Gewalt (§ 33 des Gesetzes über die Angelegenheiten der freiwilligen Gerichtsbarkeit)	37
16. Nr. 16 Jede Verurteilung zu einem Ordnungsgeld gem. § 890 Abs. 1 ZPO	39

Abschnitt 3 – Angelegenheit

	Rn.		Rn.
17. Nr. 17 Die Verurteilung zur Bestellung einer Sicherheit im Falle des § 890 Abs. 3 ZPO	40	20. Nr. 20 Das Ausüben der Veröffentlichungsbefugnis	44
18. Nr. 18 Das Verfahren zur Abnahme der eidesstattlichen Versicherung (§§ 900 und 901 ZPO, § 33 Abs. 2 Satz 5 und 6 des Gesetzes über die Angelegenheiten der freiwilligen Gerichtsbarkeit)	41	21. Nr. 21 Das Verfahren über Anträge auf Zulassung der Zwangsvollstreckung nach § 17 Abs. 4 der Schifffahrtsrechtlichen Verteilungsordnung	45
19. Nr. 19 Das Verfahren auf Löschung der Eintragung im Schuldnerverzeichnis, § 915 a ZPO	43	22. Nr. 22 Das Verfahren über Anträge auf Aufhebung von Vollstreckungsmaßregeln (§ 8 Abs. 5 und § 41 der Schifffahrtsrechtlichen Verteilungsordnung)	46

A. Allgemeines

I. Die drei Kataloge der §§ 16–18

1 Der RVG-Gesetzgeber hat versucht, in den §§ 16, 17, 18 drei Kataloge zu schaffen, die nach seiner (irrigen) Ansicht **abschließend** (BT-Drs. 15/1971, S. 191 und 192) aufzählen, was eine Angelegenheit ist (§ 16), was verschiedene Angelegenheiten sind (§ 17) und was besondere Angelegenheiten sind (§ 18).

II. Normzweck

2 Es gibt im Rahmen der Lebensvielfalt noch weitere anwaltliche Tätigkeiten, die, wenn sie auftreten, nicht in die Katalogaufzählung passen und daher nach den bisherigen allgemeinen Kriterien dahin untersucht werden müssen, ob es sich um eine oder zwei Angelegenheiten handelt. Das lässt sich leider nicht abstrakt für alle Fälle von vornherein in einem Katalog festlegen. Beispiel: OLG Düsseldorf (KostRsp § 3 BRAGO Nr. 28 = OLGR 1993, 160):

Eine GmbH-Gesellschafterin beauftragte einen Rechtsanwalt, ihre Interessen wahrzunehmen bei **zwei Gesellschafterversammlungen** (Februar und April 1987), nachdem die übrigen Gesellschafter den Entschluss gefasst hatten, sie auszuschließen, ferner erhielt er den weiteren Auftrag, diesen **Beschluss anzufechten** und den **Gesellschafteranteil** im Wege des Vergleiches bestmöglichst an die übrigen Gesellschafter **zu veräußern**. Das OLG meint eine Angelegenheit, ich meine, es waren mindestens zwei Angelegenheiten.

Praxistipp: Durch Gebührenvereinbarung in der Form des § 4 macht man daraus jedenfalls sicherheitshalber zwei Angelegenheiten, so auch das OLG Düsseldorf. Auch die Möglichkeit der Gebührenvereinbarung spricht gegen einen abschließenden Katalog.

3 Zahlreiche Beispielsfälle zur Frage, was ist eine, was sind verschiedene Angelegenheiten bei § 22 Rn. 26, 27; siehe auch § 17 IV Rn. 26 ff.

Dennoch ist der Versuch des Gesetzgebers zu loben, einen verbindlichen Teilkatalog zusammengetragen zu haben.

III. Übersetzung der schwierigen Gesetzessprache (§§ 16–18) durch Beispiele

1. Die Sprachverwirrung

4 Für Menschen mit gesundem Sprachgebrauch ist der Unterschied zwischen den Begriffen (2) **verschiedene** Angelegenheiten und (3) **besondere** Angelegenheiten schon erheblich schwie-

riger zu begreifen, und berührt demgemäß auch immer die Abgrenzung zu § 16 (**dieselbe** Angelegenheit (1)). Benutzerfreundlich erscheint dieser klärende Vorspruch (Rn. 5) daher **wortgleich** bei allen drei §§ 16 bis 18.

2. Die drei ähnlichen Begriffe der §§ 16–18

Wichtig scheint für den Anwender beim Gebrauch der §§ 16, 17 und 18, dass er sich klarmacht, was bedeutet: 5

(1) **dieselbe** Angelegenheit (§ 16)
(2) **verschiedene** Angelegenheiten (§ 17)
(3) **besondere** Angelegenheiten (§ 18).

Einfach ist der Unterschied zwischen (1) und (2), er liegt auf der Hand: Zu der **derselben Angelegenheit** im Sinne von **§ 16** werden mehrere Vorgänge gebührenrechtlich zusammengezogen, also gebührenrechtlich als eine Angelegenheit betrachtet und demgemäß auch nur einmal abgerechnet, geltend gemacht im Sinne von § 15 Abs. 2 Satz 1 (»**Der Rechtsanwalt kann die Gebühren in derselben Angelegenheit nur einmal fordern**«).

• **Beispiel** dazu § 16 Nr. 2

Das Verfahren über die **Prozesskostenhilfe** und das Verfahren, für das die Prozesskostenhilfe beantragt worden ist, werden als dieselbe Angelegenheit erklärt.

Für Menschen mit gesundem Sprachgebrauch ist der Unterschied zwischen den Begriffen

(2) **verschiedene** Angelegenheiten und

(3) **besondere** Angelegenheiten schon erheblich schwieriger zu verstehen, und berührt demgemäß auch immer die Abgrenzung zu § 16 (**dieselbe** Angelegenheit). Benutzerfreundlich erscheint dieser klärende Vorspruch daher **wortgleich** bei allen drei §§ 16 bis 18.

Nun, bei **verschiedenen** Angelegenheiten (§ 17) werden immer **zwei** anwaltliche **Tätigkeiten, Handlungen, konkret** benannt und klargestellt, dass der Gesetzgeber sie, wenn sie beide vom Anwalt geleistet werden, als zwei (**verschiedene**) Angelegenheiten behandelt. Diese Angelegenheiten können folglich gesondert abgerechnet werden. 6

• **Beispiel** dazu § 17 Nr. 4 7
»**Das Verfahren in der Hauptsache und ein Verfahren über einen Antrag auf Erlass einer einstweiligen Verfügung.**« Für beide Verfahren (Tätigkeiten) kann der Anwalt im Gegensatz zu PKH-Verfahren und Hauptsache (§ 16 Nr. 2) getrennt liquidieren, weil es sich um (**zwei**) **verschiedene Angelegenheiten** handelt. Wenn diese konkret beschriebenen beiden Tätigkeiten in dieser **Zweierkombination** auftreten, sind es immer kraft Gesetzes (§ 17) **zwei** Gebühren**angelegenheiten**.

Im Gegensatz dazu wird der hier geregelten **besonderen Angelegenheit** (§ 18) allein das Merkmal **eigene Angelegenheit** zuerkannt. **Wann immer** sie auftritt, in welcher Tätigkeitskombination auch immer, sie ist immer eine **eigene Angelegenheit**. 8

• **Zwei Beispiele** 9
(1) Das Verfahren auf Erteilung einer weiteren vollstreckbaren Ausfertigung (§ 733 ZPO), § 18 Nr. 7.
(2) Jedes Verfahren über einen Antrag nach § 765 a ZPO (sittenwidrige Vollstreckung), § 18 Nr. 8.

Wird der Anwalt im Verfahren auf Erteilung einer **weiteren** vollstreckbaren Ausfertigung nach § 733 ZPO tätig, so bleibt dies immer eine **besondere Angelegenheit**, auch wenn er sonst noch Tätigkeiten in der Zwangsvollstreckung daneben, welcher Art auch immer sie seien, erledigt. Dasselbe gilt für ein Verfahren nach § 765 a ZPO.

Abschnitt 3 – Angelegenheit

B. Kommentierung

I. Allgemeines/Systematik

10 In dieser Vorschrift werden die Tätigkeiten aufgezählt, die grundsätzlich selbstständige Angelegenheiten darstellen, gleichgültig, mit welchen anderen Tätigkeiten des Anwalts sie in Zusammenhang stehen. Auch die BRAGO kannte bereits den Begriff **besondere Angelegenheit in den** § 58 Abs. 3 (was ist eine **besondere** Angelegenheit in der Zwangsvollstreckung?) und § 41 (was ist eine **besondere** Angelegenheit bei einstweiligen Anordnungen in Familiensachen?). Für die im § 18 einzeln aufgezählten Arbeitskomplexe (Tätigkeiten) des Anwalts bestimmt das Gesetz (§ 18) durch die Qualitätsbezeichnung **besondere Angelegenheit**, dass **ihnen je einzeln**, mit welcher anderen anwaltlichen Tätigkeit sie auch immer einhergehen, die Bezeichnung **besondere Angelegenheit** zuerkannt wird. Das hat zur Folge, für diese Tätigkeit (Nummer des Kataloges des § 18) kann der Anwalt immer isoliert abrechnen. Sonstige Tätigkeiten, auch wenn ein **innerer Zusammenhang** mit der besonderen Angelegenheit besteht, sind ausgegrenzt und können dann eine andere, weitere gebührenauslösende Tätigkeit darstellen.

11 Der Tätigkeitenkatalog stellt praktisch schon einen aufzählenden **verbindlichen Kommentar** zu der Frage dar, welche anwaltlichen Tätigkeiten eine besondere Angelegenheit darstellen.

Daher wird im Folgenden auch nicht zu jeder einzelnen Nummer, die sich meist von selbst versteht, noch einmal eingehend kommentierend Stellung genommen. Einige Nummern geben allerdings Anlass zu einer knappen Erläuterung.

II. Die einzelnen Nummern

1. Nr. 1 Einstweilige Anordnungen

12 Nr. 1 hat die Regelung des § 41 Abs. 1 BRAGO grundsätzlich übernommen, jedoch mit der wesentlichen Verbesserung für den Anwalt, dass in derselben **Angelegenheit** die Werte mehrerer **Gegenstände** addiert werden. Dies weicht von der BRAGO-Regelung insofern ab, als der Anwalt in mehreren Verfahren über Anträge auf Erlass einer einstweiligen Anordnung, die denselben Gegenstand betrafen, nicht mehr an Gebühren als in einem einzigen Verfahren erhalten konnte (§ 41 Abs. 1 Satz 2 BRAGO). Die Neuregelung trägt dem zusätzlichen Aufwand des Anwalts für die weiteren Verfahren Rechnung.

Die Nr. 1 nennt **7 verschiedene Arten von einstweiligen Anordnungen:**

a) § 127a der Zivilprozessordnung: Leistung von Vorschuss auf die Prozesskosten für das Unterhaltsverfahren,

b) den §§ 620, 620b Abs. 1, 2 der Zivilprozessordnung, auch in Verbindung mit § 661 Abs. 2 der Zivilprozessordnung: Elterliche Sorge, Umgangsrecht, Herausgabe des Kindes, Unterhalt, Getrenntleben, Ehegattenunterhalt, Nutzung Hausrat und Ehewohnung, Kostenvorschuss für Ehesache und Folgesachen pp. § 661 ZPO erweitert die Regelung auf Lebenspartnerschaften,

c) § 621f der Zivilprozessordnung, auch in Verbindung mit § 661 Abs. 2 der Zivilprozessordnung: Kostenvorschuss in anderen Familiensachen als Ehesachen,

d) § 621g der Zivilprozessordnung, auch in Verbindung mit § 661 Abs. 2 der Zivilprozessordnung: Isolierte Familiensachen,

e) § 641d der Zivilprozessordnung: Unterhalt bei Feststellung der Vaterschaft,

f) § 644 der Zivilprozessordnung, auch in Verbindung mit § 661 Abs. 2 der Zivilprozessordnung: Gesetzlicher Kindes oder Ehegattenunterhalt,

g) § 64b Abs. 3 des Gesetzes über die Angelegenheiten der freiwilligen Gerichtsbarkeit: Einstweilige Gewaltschutzregelungen.

Besondere Angelegenheiten | § 18

Alle vorgenannten einstweiligen Anordnungen sind im Verhältnis zur Hauptsache verschiedene Angelegenheiten schon nach § 17 Nr. 4 b. Die Anordnungsverfahren sind hier in sieben Gruppen eingestellt. Jede Gruppe bildet also eine besondere Angelegenheit, und zwar sowohl zur Hauptsache (schon geregelt durch § 17 Nr. 4 b) als auch untereinander.

Terminsgebühr in einer Anordnungssache

OLGR Oldenburg (2007, 707 = FamRZ 2007, 575):

»Das einstweilige Anordnungsverfahren ist vorliegend eine besondere Angelegenheit im Sinne von § 18 Nr. 1 f RVG. Nach Nr. 3104 RVG VV erhält der Prozessbevollmächtigte im ersten Rechtszug für die Vertretung in einem Termin zur mündlichen Verhandlung grundsätzlich eine 1,2-Terminsgebühr (BGH, Beschluss vom 18. Juli 2006 zu XI ZB 41/05). Diese fällt mit Rücksicht auf § 18 RVG grundsätzlich auch in einem einstweiligen Anordnungsverfahren an (Zöller-Philippi, ZPO, 25. Auflage 2005, Rdn. 13 zu § 644), und zwar bereits dann, wenn – wie hier – **anlässlich** eines Termins in der Hauptsache **auch** über die einstweilige Anordnung verhandelt wird (Musielak-Borth, ZPO, 4. Auflage 2004, Rdn. 8 zu § 644 und Rdn. 94 zu § 620). Soweit besondere Angelegenheiten vorliegen, findet keine Anrechnung statt, und zwar weder im Verhältnis zu anderen Eilverfahren noch zum Hauptverfahren, weil es im RVG an einer Anrechnungsvorschrift fehlt (zutreffend Gerold/Schmidt u. a., RVG, 17. Auflage 2006, Rdn. 18 zu § 18).«

Mehrere Gegenstände innerhalb einer Gruppe

Erhält der Anwalt innerhalb einer Gruppe den Auftrag, mehrere Gegenstände zu erledigen, so werden diese Gegenstände innerhalb derselben Angelegenheit nach § 22 Abs. 1 zusammengerechnet. Das bestimmt jetzt mit hinreichender Klarheit ausdrücklich der Hs. 2 der Nr. 1.

So auch das KG (JurBüro 2007, 254): »Auch wenn im einstweiligen Anordnungsverfahren nach § 620 ZPO mehrere Anträge gestellt werden, handelt es sich gebührenrechtlich gemäß § 18 Abs. 1 Buchst. b RVG um eine Angelegenheit. Die Werte der einzelnen Verfahrensgegenstände sind zusammenzurechnen.«

OLG Koblenz (JurBüro 2007, 203 = AGS 2007, 425): »Nach § 18 Nr. 1 b) RVG ist für einen nach Erlass einer einstweiligen Anordnung gestellten Antrag nach § 620 b I oder II ZPO ein eigener Wert festzusetzen; dieser ist dem ursprünglichen Wert des Verfahrens hinzuaddieren. Das gilt auch für Anordnungen, die auf Zahlung von Unterhalt gerichtet sind, und zwar sowohl nach § 620 ZPO als auch nach § 644 ZPO.«

OLG Karlsruhe (AGS 2007, 426) – Addition nach § 22: »Der Wert ist allerdings im Hinblick auf § 18 Nr. 1 b, Halbs. 3, 4 RVG zu verdoppeln, da über zwei gesonderte Anträge auf Erlass einer einstweiligen Anordnung durch je gesonderte Beschlüsse (vom 24. Februar 2006 sowie vom 15. Mai 2006) entschieden wurde; der zweite Antrag wurde erst gestellt, nachdem über den ersten Antrag (abschlägig) entschieden war. Es liegt zwar dennoch nur eine Angelegenheit vor (§ 18 Nr. 1 Halbs. 2 RVG). Die Gegenstandswerte der je selbstständigen Verfahren sind jedoch zu addieren (§ 18 Nr. 1 Halbs. 3, 4 RVG; OLG München FamRZ 2006, 1218; Gerold/Schmidt-Müller-Rabe, RVG, 17. Aufl., § 18 Rdnr. 16).«

Anordnung und spätere Abänderung der Anordnung

OLG Koblenz (7 WF 93/07 – 30. 01. 2007 –, unveröffentlicht): Addition der Werte der Anordnung und der späteren Abänderung der Anordnung.

Gewaltschutzverlängerung bei erster Befristung

OLG Frankfurt (FamRZ 2007, 849):

»Wird einem anwaltlichen Antrag auf Erlass einer Gewaltschutzmaßnahme befristet entsprochen (hier: befristete Zuweisung der Ehewohnung) und stellt der Rechtsanwalt einen weite-

Abschnitt 3 – Angelegenheit

ren Antrag auf Verlängerung der Befristung, handelt es sich um zwei unabhängige, jeweils die Vergütungen auslösende Tatbestände.

Die Bezirksrevisorin hatte geltend gemacht, es handele sich um eine Angelegenheit nach § 18 Nr. 2. Der Anwalt hatte Beschwerde aus eigenem Recht nach § 33 Abs. 3, Abs. 4 RVG erfolgreich eingelegt.«

Zur Begründung seiner Entscheidung hat das OLG ausgeführt:

»Fristverlängerungen betreffend die angeordneten Maßnahmen zum Gewaltschutz sind demgegenüber Änderungsentscheidungen im Sinne des § 18 Abs. 1 FGG und erfüllen damit den Gebührentatbestand des § 100a Abs. 1 KostO erneut (Gerhardt/Keske, Handbuch d. Fachanwalts f. FamR, 5. Aufl., 17. Kapitel, Rdn. 236).

Erforderlich ist nämlich eine weitere Sachentscheidung mit eigenständiger Tatsachenfeststellung und erneuter Berücksichtigung und Abwägung der beiderseitigen Belange der Beteiligten.

§ 18 Ziffer 2. RVG, wonach »mehrere Anordnungen in derselben Hauptsache ... eine Angelegenheit« sind, wobei die Gegenstandswerte der Anordnungen zusammenzurechnen sind, ist im vorliegenden Fall weder unmittelbar noch entsprechend anwendbar.

Zu berücksichtigen ist weiter, dass mit der Vorschrift § 18 Ziffern 1. und 2. RVG keineswegs die Kürzung von Rechtsanwaltsgebühren, sondern vielmehr die angemessene Mehrvergütung für erhöhten Aufwand des Rechtsanwalts bei mehreren Verfahren über Anträge auf Erlass einstweiliger Anordnungen im Rahmen eines Hauptsacheverfahrens beabsichtigt war (Gerold/Müller-Rabe, RVG, 17. Aufl., § 18 Rdn. 4), weshalb auch eine entsprechende Anwendung der Vorschrift im vorliegenden Fall nicht in Betracht kommt.«

Gegenläufige Anträge

OLG München (AGS 2007, 424): »Seit Geltung des RVG ist bei einstweilgen Anordnungen ein gesonderter Gegenstandswert anzusetzen, wenn nach Erlass Anträge nach § 620b I, II ZPO gestellt werden. Werden bei einer einstweiligen Anordnung zur elterlichen Sorge gegenläufige Anträge gestellt, bleibt es bei einem Verfahren und damit einem einheitlichen Gegenstandswert. Dies gilt auch, wenn mehrere Anträge zu Teilbereichen der elterlichen Sorge, z. B. Aufenthaltsbestimmungsrecht und Passangelegenheiten, gestellt werden. Der Ausgangswert von 500 Euro nach § 24 RVG kann erhöht werden, wenn dies nach den Umständen des Einzelfalles wegen erhöhter Schwierigkeit der Sache geboten ist.«

2. Nr. 2 Weitere einstweilige oder vorläufige Anordnungen nach dem FGG

13 Die Novellierung der Nr. 1 wirkt sich notwendigerweise auch aus auf die Gebührenberechnung in den verwandten Tätigkeiten, die in der Nr. 2 aufgezählt sind. Für die dort genannten einstweiligen und vorläufigen Anordnungen, welche nicht in Nr. 1 aufgeführt sind, wird festgestellt, dass sie ebenfalls als besondere Angelegenheiten behandelt werden. Die Begründung des Gesetzes bemerkt dazu (BT-Drs. 15/1971, S. 192):

»*In Nr. 2 sind die sonstigen, gesetzlich nicht ausdrücklich geregelten einstweiligen und vorläufigen Anordnungen aufgenommen worden, weil kein sachlicher Grund besteht, diese Verfahren anders zu behandeln als die in § 64b FGG ausdrücklich geregelten einstweiligen Anordnungen.*«

§ 64b FGG ist ausdrücklich in Nr. 1 erwähnt.

3. Nr. 3 Vollstreckungsmaßnahmen und daraus folgende weitere Vollstreckungshandlungen

Nr. 3 hat zunächst fast wörtlich die Grundsatzregelung zu den Zwangsvollstreckungssachen des § 58 Abs. 1 BRAGO übernommen, die ganz allgemein bestimmt hatte, was zu einer Angelegenheit in der Zwangsvollstreckung gehört. § 58 Abs. 1 BRAGO lautete:

»(1) In der Zwangsvollstreckung (§ 57) gilt jede Vollstreckungsmaßnahme zusammen mit den durch diese vorbereiteten weiteren Vollstreckungshandlungen bis zur Befriedigung des Gläubigers als eine Angelegenheit.«

Das entspricht inhaltlich voll der neuen Nr. 3 Hs. 1.

Die im Hs. 2 weiter aufgeführten beiden Fallgestaltungen befanden sich an anderer Stelle in der BRAGO. Durch die Einordnung der Letzteren in die Zwangsvollstreckungsvergütung ergibt sich eine Gebührenreduzierung, es fällt nämlich nur noch an: die Verfahrensgebühr Nr. 3309 mit 0,3 und, falls gegeben, die Terminsgebühr der Nr. 3310 mit 0,3.

Um etwaige Zweifel für das sozialgerichtliche Vollstreckungsverfahren zu beseitigen, hat das LSG Berlin-Brandenburg (L 10 B 752/06 AS ER – 27. 09. 2006) Folgendes festgestellt: »Vollstreckungs- bzw. Vollziehungsvorgänge, die auf nach dem SGG erlangten Titeln beruhen, sind nicht von der allgemeinen Kostenregelung, die nach § 18 Nr. 3 und 4 Vergütungsverzeichnis (Anl. 1 zu § 2 Abs. 2 RVG) Nr. 3309 für Vollziehungs- und Vollstreckungsmaßnahmen gilt, ausgenommen, d. h. sie sind als »besondere« und damit selbständig Gebühren begründende Angelegenheit im Sinne der §§ 15, 18 RVG einzuordnen.«

Nach dem Wortlaut der Nr. 3 ist eine besondere Angelegenheit jede Vollstreckungsmaßnahme nebst Folgemaßnahmen bis zur Befriedigung des Gläubigers.

Unter dem Begriff »Vollstreckungsmaßnahme« ist die vom Gläubiger gewählte Art der Vollstreckung zu verstehen, etwa die Sachpfändung einerseits und der Pfändungs- und Überweisungsbeschluss andererseits, beides sind also besondere Angelegenheiten (Mayer/Kroiß RVG § 18 Rn. 25; Gebauer/Schneider RVG § 18 Rn. 37). Die Vollstreckungsmaßnahme ist die Klammer, die die zur Erledigung der Vollstreckung notwendigen einzelnen Schritte = Vollstreckungshandlungen zusammenfasst. Die einzelnen Teilakte der Zwangsvollstreckung von deren Vorbereitung bis zur Befriedigung des Gläubigers bilden gebührenrechtlich eine Angelegenheit = eine Vollstreckungsmaßnahme i. S. v. § 18 Nr. 3, soweit sie miteinander in einem inneren Zusammenhang stehen und der folgende Akt sich als eine Fortsetzung der vorausgehenden Vollstreckungshandlung darstellt. Solche einzelnen Schritte wären etwa bei der Sachpfändung die anwaltliche Recherche, wo Vollstreckungsgut aufbewahrt wird, der Auftrag an den GV, vielleicht das Begleiten des GV bei der Vollstreckungshandlung, Aufbewahrung, Durchführung der Versteigerung usw. (das Gesetz nennt das vorbereitende Handlungen bis zur Befriedigung des Gläubigers (siehe Nr. 3)).

Zunächst war streitig, ob die Erinnerung nach § 766 ZPO zu dieser einheitlichen Maßnahmenzusammenfassung gehört (so LG Mönchengladbach JurBüro 2006, 76), oder ob sie, wie teilweise in der Literatur vertreten wurde, jetzt eine eigene Angelegenheit i. S. von Nr. 5 sei. Der Gesetzgeber hat aber zwischenzeitlich durch eine Novelle zum RVG klargestellt, dass das Erinnerungsverfahren nach § 766 ZPO zur (Zwangsvollstreckungs-)Instanz gehört (§ 19 Abs. 2 Nr. 2).

§ 18 Nr. 3 kommt praktisch in der Zwangsvollstreckung täglich zur Anwendung. Vorbereitende Maßnahmen und Durchführungshandlungen zählen, wie ausgeführt, als eine Angelegenheit mit der Maßnahme selbst. So gelten das vorläufige Zahlungsverbot und der Antrag auf Erlass eines Pfändungs- und Überweisungsbeschlusses als eine Angelegenheit; ebenso die schriftliche Vollstreckungsandrohung und der Zwangsvollstreckungsauftrag.

Abschnitt 3 – Angelegenheit

- **Beispiel:** LG München (19. 12. 2007 – 6 T 5058/07 –): »Zwar gehört auch die Zahlungsaufforderung mit der Vollstreckungsandrohung als die Vollstreckung vorbereitende Maßnahme bereits zur Zwangsvollstreckung. Bleibt die unter Androhung von Zwangsvollstreckungsmaßnahmen erfolgte Zahlungsaufforderung des vom Gläubiger beauftragten Anwalts jedoch ohne Erfolg, so bilden der anschließend erteilte Vollstreckungsauftrag (hier Vorpfändung) und das vorangegangene Aufforderungsschreiben eine Angelegenheit, so dass eine Verfahrensgebühr nach §§ 2, 13 RVG i. V. m. Nr. 3309 VV auch nur **einmal** anfällt, § 15 Abs. 2, Abs. 5 RVG (Gerold/Schmidt/von Eicken, RVG, 17. Aufl., VV 3309, Rz. 358, 360; Hartmann, Kostengesetze, 36. Aufl., VV 3309, Rz. 10; AG Worms DGVZ 98, 127; AG Charlottenburg, DGVZ 98, 175).«

Dies gilt entsprechend im Verwaltungszwangsverfahren (Verwaltungsvollstreckungsverfahren) und ferner auch für jede Maßnahme nach § 33 FGG, § 18 Nr. 3 RVG.

Bei der Abgrenzung von zwei selbständigen Vollstreckungsmaßnahmen einerseits und/oder den durch die erste Vollstreckungsmaßnahme vorbereiteten weiteren Vollstreckungshandlungen ergeben sich in der Praxis Probleme. Nach einer Entscheidung des OLG Düsseldorf (JurBüro 1987, 239: Sicherungsvollstreckung und anschließende Befriedigung nach Beibringung der Sicherheit) bilden die gesamten zu einer bestimmten Vollstreckungsmaßnahme gehörenden – in einem **inneren Zusammenhang stehenden** – Einzelmaßnahmen die gleiche Angelegenheit.

15 Bei der Zwangsvollstreckung gegen **mehrere** Schuldner bildet **jede Vollstreckung** gegen jeden Schuldner eine **besondere** Angelegenheit, und zwar auch dann, wenn die Zwangsvollstreckung gegen Gesamtschuldner im gleichen Antrag beantragt wird (OLG Düsseldorf OLGR 1996, 248; OLG Koblenz JurBüro 1986, 1838; OLG Hamm AnwBl. 1988, 357; LG Berlin JurBüro 1988, 604; LG Düsseldorf JurBüro 1993, 217; Gebauer/Schneider RVG § 18 Rn. 48.; Mayer/Kroiß RVG § 18 Rn. 38; a. A.: SchlHOLG JurBüro 1996, 89 und AnwBl. 1994, 474). Lautet der Titel auf eine vertretbare Handlung gegen mehrere Schuldner (§ 887 ZPO), so ist schon der Antrag nach § 887 ZPO eine erste Vollstreckungsmaßnahme i. S. v. § 18 Nr. 3, so dass Antrag und Beschwerde gegen jeden einzelnen Schuldner eine gesonderte Angelegenheit der ZV darstellen (unrichtig daher OLG München – 11 W 1901/05 – vom 02. 08. 2005 – Rechtsbeschwerde beim BGH –).

16 Mehrere (besondere) Angelegenheiten liegen sogar vor bei der Vollstreckung eines Räumungsurteils wegen einer Wohnung gegen zwei Räumungsschuldner, z. B. Eheleute (OLG München NJW 1959, 1376; LG Stuttgart Rpfleger 1989, 428; a. A.: OLG München NJW 1967, 2018; OLG Bremen OLGR 1997, 362).

Ein Gläubiger kann grundsätzlich **gleichzeitig mehrere** Wege einer erfolgversprechenden Vollstreckung versuchen. Das gilt nicht (nur notwendige Kosten – § 788 ZPO), wenn der Gläubiger damit rechnen muss, dass schon eine dieser Vollstreckungsmaßnahmen für sich allein zum Erfolg führen wird, Zeitpunkt: Entschluss zu den mehreren Vollstreckungsmaßnahmen (OLG Frankfurt AnwBl. 1971, 209; OLG Hamburg JurBüro 1979, 854).

Die Räumungsvollstreckung in verschiedene Mietobjekte (Geschäft und Privatwohnung an einem anderen Ort) ist ein Fall verschiedener Angelegenheiten (Hansens BRAGO 8. Aufl. § 58 Rn. 7a).

17 **Fall:** Neben der Forderungspfändung wird noch eine Mobiliarzwangsvollstreckung eingeleitet, damit beginnt eine **weitere besondere** Angelegenheit = Übergang zu einer anderen Art von **Vollstreckungsmaßnahme** (OLG Düsseldorf JurBüro 1987, 1792; Hansens BRAGO 8. Aufl. § 58 Rn. 5). Das ist keine durch den Pfändungs- und Überweisungsbeschluss vorbereitete weitere Vollstreckungshandlung, die etwa noch zur ersten Angelegenheit gehört.

Dazu eine interessante abgrenzende Entscheidung des LG Mainz zum neuen § 18 Nr. 3, die den sehr häufigen Fall betrifft, dass der Gläubigeranwalt zunächst einmal nach Titelerlass den Schuldner zur Zahlung auffordert = eine erste Vollstreckungshandlung (KG AnwBl.

1973, 173; Gerold/Schmidt/von Eicken/Madert/Müller-Rabe RVG 16. Aufl. VV 3309 Rn. 372 m. w. N.). Zu welcher Maßnahme gehört sie?

LG Mainz (Beschl. v. 04. 08. 05, Az.: 3T 130/05):

»*Bleibt die unter Androhung von Zwangsvollstreckungsmaßnahmen erfolgte Zahlungsaufforderung des Anwalts ohne Erfolg, so stellt der anschließend erteilte Vollstreckungsauftrag mit dem Aufforderungsschreiben eine Angelegenheit dar. Der Gläubiger meint, dies gelte nur, wenn es sich bei der auf die Androhung folgenden Vollstreckungshandlung um einen Vollstreckungsauftrag an den **Gerichtsvollzieher** handelte. Dem vermag die Kammer nicht zu folgen. Ein innerer Zusammenhang besteht zwischen Vollstreckungsandrohung und anschließendem Antrag auf Erlass eines Pfändungs- und Überweisungsbeschlusses in gleicher Weise wie zwischen Vollstreckungsandrohung und Vollstreckungsauftrag an den Gerichtsvollzieher. Richtig ist, dass bei Wechsel der Vollstreckungsart, etwa bei Übergang von der Mobiliar- zur Forderungspfändung, mangels Gleichartigkeit der Vollstreckungshandlungen verschiedene Angelegenheiten vorliegen. Hierum geht es im vorliegenden Fall jedoch nicht, da die allgemeine Vollstreckungsandrohung **noch nicht auf eine bestimmte Art** der Zwangsvollstreckung gerichtet war.*«

Weigert sich der Gerichtsvollzieher zunächst, einen Gläubigerantrag zu vollziehen und wird er auf Erinnerung nach § 766 ZPO zur Handlung angewiesen, so ist die jetzt vorgenommene Vollstreckungshandlung keine neue (besondere) Vollstreckungsmaßnahme, sie gehört vielmehr zum ersten Antrag, das heißt, alles ist eine Angelegenheit (Gerold/Schmidt/von Eicken/Madert/Müller-Rabe 17. Aufl. RVG VV 3309 Rn. 63). **18**

Die Vollstreckungserinnerung löste nach der BRAGO keine weitere Gebühr aus, weil sie zur Vollstreckungsmaßnahme gerechnet wurde (§ 57 BRAGO). Das hat der Gesetzgeber jetzt geändert (BT-Drs. 15/ 1971, S. 218 zu Nr. 3500). Sie unterfällt jetzt nicht mehr den Spezialnormen für die Zwangsvollstreckung (Teil 3 Abschnitt 3 Unterabschnitt 3, also den Nummern 3309 und 3310), sondern der Regelung der Beschwerde und der ausdrücklich in der Überschrift erwähnten »Erinnerung«, Teil 3 Abschnitt 5 mit den Nrn. 3500 und 3513. Das besagt jetzt auch ausdrücklich die Regelung der Nr. 5 des § 18 (so auch Gebauer/Schneider RVG § 18 Rn. 43). Im Gegensatz zur BRAGO, die in § 61 einen Gebührenanfall nur bei einer Kostenerinnerung vorsah, fehlt jetzt eine solche Einschränkung sowohl in der Überschrift des Teils 3 Abschnitt 5 als auch im Text der Nr. 3500 selbst. Das hat der Gesetzgeber auch so gewollt. Wer da angesichts des klaren Wortlauts noch Zweifel hat, der kann das in der Gesetzesbegründung zu Nr. 3500 (BT-Drs. 15/1971, S. 218) wörtlich nachlesen:

»*Sie entspricht hinsichtlich der Beschwerde und der Erinnerung gegen die Kostenfestsetzung und den Kostenansatz dem geltenden Recht (§ 61 BRAGO). Die Vorschrift erfasst nunmehr alle Arten der Erinnerung (z. B. nach § 11 RPflG, §§ 573 und 766 ZPO). Insoweit ist die Gebühr gegenüber dem geltenden Recht (§ 55 BRAGO) leicht erhöht.*«

Werden mehrere Titel gegen denselben Schuldner vom Gerichtsvollzieher auf Grund eines einheitlichen Auftrages gleichzeitig im Rahmen derselben Maßnahme vollstreckt, so ist dies eine Angelegenheit. Anders liegen die Dinge, wenn ein weiterer Vollstreckungsauftrag erst erteilt wird zu einem Zeitpunkt, zu dem der frühere Auftrag bereits ausgeführt ist (von Eicken AGS 1996, 95). **19**

4. Nr. 4 Vollziehungsmaßnahmen bei Arrest/einstweiliger Verfügung

Obwohl die Titelzustellung nach der Rechtsprechung schon eine Vollziehungsmaßnahme im Sinne von § 929 ZPO darstellt, löst sie doch alleine, wie der letzte Halbsatz ausdrücklich hervorhebt, keine eigenständige gebührenrechtliche Vollziehungsmaßnahme im Sinne der **Gebührennorm** aus, sie gehört für den Prozessbevollmächtigten noch zur Instanz (§ 19 Nr. 9 und Nr. 15). **20**

Dies folgt aus dem ausdrücklichen Wortlaut der Nr. 4:

Abschnitt 3 – Angelegenheit

»Jede Vollziehungsmaßnahme bei der Vollziehung eines Arrests oder einer einstweiligen Verfügung (§§ 928 bis 934 und 936 der Zivilprozessordnung), die sich nicht auf die Zustellung beschränkt.«

Anders liegen die Dinge, wenn ein neuer Anwalt nur mit der Vollziehung beauftragt wird. Dann war und ist die Zustellung auch gebührenrechtlich eine Vollziehungshandlung i. S. v. § 18 Nr. 4 (OLG Koblenz JurBüro 1984, 887; SchlHOLG JurBüro 1984, 410; Gerold/Schmidt/von Eicken/Madert BRAGO 15. Aufl. § 58 Rn. 17 und § 57 Rn. 11 bis 13).

Angesichts der Neuformulierung

»Jede Vollziehungsmaßnahme ..., die sich nicht auf die Zustellung beschränkt«

könnten Zweifel aufkommen, ob dieser absolute Ausschluss auch den neuen Anwalt, der nur mit der Zustellung beauftragt wird, betrifft. Der Gesetzgeber hat zu diesem speziellen Problem in der Gesetzesbegründung (BT-Drs. 15/1971, S. 193, 194 zur Nr. 4 des § 18 und Nr. 15 des § 19) nichts Spezielles gesagt. Er hat aber an dieser Stelle auf die beiden zuvor genannten Fundstellen (Gerold/Schmidt/von Eicken/Madert BRAGO 15. Aufl. § 58 Rn. 17 und § 57 Rn. 11 bis 13) verwiesen, so dass man mit Gebauer/Schneider (RVG § 19 Rn. 116) und Mayer/Kroiß (RVG § 18 Rn. 47) zu Recht die Ansicht vertreten kann, dass der Gesetzgeber die Rechtslage nicht verändern wollte.

Der Instanzanwalt kann bei anderen Vollziehungshandlungen (außer der Zustellung) natürlich die Vollziehungsgebühr als besondere Gebühr in Rechnung stellen.

Beispiele für Vollziehungshandlungen:

Pfändungsbeschluss nach Arrest, Eintragung von Vormerkung oder Widerspruch aufgrund einstweiliger Verfügung, Antrag auf Eintragung einer Sicherungshypothek (KG MDR 1991, 66), Antrag auf Eintragung eines Veräußerungsverbots (OLG Köln JurBüro 1998, 639).

5. Nr. 5 Beschwerdeverfahren und Verfahren über eine Erinnerung

21 Durch Nr. 5 wird klargestellt, dass Beschwerde- und Erinnerungsverfahren grundsätzlich eine besondere Angelegenheit bilden, das heißt also im Bezug auf andere gebührenrelevante Tätigkeiten, die der Anwalt im Umfeld von Beschwerde- und Erinnerungsverfahren erledigt (siehe oben Rn. 18).

Davon gibt es eine wichtige Ausnahme, die in § 16 Nr. 12 als Ausnahme geregelt ist (Folge der Sonderregelung des § 16: dieselbe Angelegenheit): Mehrere Verfahren über die Beschwerde und die Erinnerung gegen die **Kostenfestsetzung** sind untereinander eine Angelegenheit. Mehrere Erinnerungen gegen den **Kostenansatz** sind ebenfalls untereinander in demselben Rechtszug eine Angelegenheit. **Kostenfestsetzung und Kostenansatz** bilden jeweils eigene **Stämme**, die nicht übersprungen werden, etwa von Kostenfestsetzungsrechtsmittel einerseits und Kostenansatzrechtsmittel andererseits (siehe Anm. zu § 16 Nr. 12 Rn. 24 ff.). Hat der Anwalt also in der Instanz die Partei sowohl im Kostenansatzrechtsmittel wie auch im Kostenfestsetzungsrechtsmittel vertreten, so sind es zwei Angelegenheiten.

Nr. 5 gilt, wie bisher schon, nicht für Straf- und Bußgeldsachen.

22 Aus der **öffentlich-rechtlichen Judikatur** liegt eine erste Entscheidung zur Nr. 5 vor, die zu kritisieren ist und nach Ansicht des Verfassers auch nicht mit dem Sinn und Zweck des Gesetzes und auch nicht dem Willen des Gesetzgebers übereinstimmt.

Es geht um die Auslegung der Gesetzespassage:

»... jedes Verfahren über eine Erinnerung gegen eine Entscheidung des Rechtspflegers in Angelegenheiten, in denen sich die Gebühren nach Teil 3 des Vergütungsverzeichnisses richten ...«

Das Verwaltungsgericht Regensburg (RVGreport 2005, 382; ebenso BayVerwG JurBüro 2005, 595) hat in strengem Gehorsam an den Wortlaut dieser Norm, dem Anwalt, der Kostenerinnerung beim Verwaltungsgericht (das würde auch für das Finanzgericht gelten) eingelegt hat, die in Nr. 5 vorgesehene besondere Erinnerungsgebühr nach Nr. 3500 mit folgender Begründung versagt:

»*Teil 3 betrifft bürgerliche Rechtsstreitigkeiten, Verfahren der freiwilligen Gerichtsbarkeit, der öffentlich-rechtlichen Gerichtsbarkeiten, Verfahren nach dem Strafvollzugsgesetz und ähnliche Verfahren. Er regelt aber nur die Gebührenhöhe. Ob dem Grunde nach eine Gebühr anfällt, kann aus der dortigen Nr. 3500 (Höhe der Gebühr für Verfahren über die Erinnerung) daher nicht entnommen werden. Das ist allein in § 18 Nr. 5 RVG geregelt.*

Der eindeutige Wortlaut dieser Vorschrift nennt Entscheidungen des Rechtspflegers, nicht aber **Entscheidungen des Urkundsbeamten.** *Die Tatsache, dass beim Verwaltungsgericht die Urkundsbeamten in der Kostenfestsetzung Tätigkeiten ausüben, die bei den Zivilgerichten dem Rechtspfleger übertragen sind, rechtfertigt keine Auslegung des Gesetzes gegen seinen klaren Wortlaut im Sinne einer Ausdehnung des Gebührentatbestandes.*

In diesem Zusammenhang ist zweierlei von Bedeutung:

(1.) Auch z. B. im Verfahren vor den Zivilgerichten ist nicht jede Erinnerung eine besondere Angelegenheit i. S. v. § 18 Nr. 5 RVG. So gibt es die Erinnerung gegen die Art und Weise der Zwangsvollstreckung nach § 766 ZPO (z. B. gegen Maßnahmen des Gerichtsvollziehers), außerdem die Erinnerung nach § 573 ZPO gegen Entscheidungen des beauftragten oder ersuchten Richters oder des Urkundsbeamten der Geschäftsstelle.

(2.) Dem Rechtspfleger sind nach § 20 RPflG u. a. in bürgerlichen Rechtsstreitigkeiten und in der freiwilligen Gerichtsbarkeit zahlreiche Geschäfte übertragen (§§ 3, 20 RPflG), die nach Maßgabe des § 11 Abs. 2 RPflG der Erinnerung unterliegen können. Die Kostenfestsetzung (§ 21 RPflG) bildet nur einen Teil der ihm zugewiesenen Aufgaben.

Vielmehr greift § 18 Nr. 5 einen Teil der möglichen Erinnerungsverfahren heraus und definiert ihn dadurch, dass es sich (1.) um eine Entscheidung des Rechtspflegers (2.) in Angelegenheiten nach Teil 3 des Vergütungsverzeichnisses handeln muss. Deshalb muss man annehmen, dass die Beschränkung auf den Rechtspfleger in § 18 Nr. 5 bewusst erfolgt ist und kein redaktionelles Versehen darstellt.«

Ich habe diese Entscheidung in der Vorauflage dieses Kommentars wie folgt scharf kritisiert:

Dass der Gesetzgeber das Problem übersehen hat, springt doch ins Auge. Das VerwG hätte gut daran getan, die Überschrift über der von ihm zitierten Nr. 3500 zu lesen und auszulegen. Es kann doch von der Sache her keinen Unterschied machen, wer funktionell zuständig ist, über die Kostenerinnerung zu entscheiden.

Der bisherige § 61 BRAGO, der dem Anwalt eine Kostenerinnerungsgebühr gab, wurde über § 114 BRAGO auch sinngemäß auf das Verfahren vor den Verwaltungsgerichten angewandt (Riedel/Sußbauer BRAGO 7. Aufl. § 114 Rn. 24; VGH Kassel AnwBl. 1982, 159; Gerold/Schmidt/von Eicken/Madert BRAGO 15. Aufl. § 61 Rn. 16, der auch die Erinnerung gegen die Entscheidung des Urkundsbeamten ausdrücklich erwähnt).

Es ist auch eine reine Behauptung, die Erinnerung nach § 766 ZPO sei nach neuem Recht nicht anwaltsgebührenpflichtig (vgl. oben Rn. 18).

Unrichtig und die Struktur des neuen RVG mit dem VV RVG nicht hinreichend beachtend ist auch die These des VG Regensburg:

»*Teil 3 ... regelt aber nur die Gebührenhöhe. Ob dem Grunde nach eine Gebühr anfällt, kann aus der dortigen Nr. 3500 (Höhe der Gebühr für Verfahren über die Erinnerung) daher nicht entnommen werden. Das ist allein in § 18 Nr. 5 geregelt.*«

Abschnitt 3 – Angelegenheit

Auch hier hilft, falls man das nicht schon sofort aus dem deutlich zweigliedrig aufgebauten Gesetz erkennt, ein Blick in die Gesetzesbegründung weiter. Es ist unrichtig, dass die Gebühren dem Grunde nach im RVG und nur in ihrer Höhe im VV, wie das VG meint, geregelt seien.

Die Gesetzesbegründung (BT-Drs. 15/1971, S. 140) dazu:

»*Auch in diesem Gesetz (RVG) sollen die **Gebühren- und Auslagentatbestände** in einem Verzeichnis dargestellt werden, das dem Gesetz als Anlage beigefügt wird.*«

S. 144: »*Dies soll insbesondere dadurch erreicht werden, dass **sämtliche Gebührentatbestände** nicht mehr in dem Gesetz selbst, sondern in einer Anlage, dem Vergütungsverzeichnis, **abschließend** geregelt werden.*«

Der vom VG Regensburg angezogene § 18 Nr. 5 hat mit dem Grund des Anspruchs, der im VV RVG geregelt ist, eigentlich gar nichts zu tun. Er besagt nur so viel, wie er aussagt: Eine Beschwerde oder eine Erinnerung ist jetzt immer eine **eigene Angelegenheit**, in welcher verfahrensmäßigen Verbindung sie auch immer auftritt.

Sollte die Fehlentscheidung des VG Regensburg Schule machen und in der Rechtsprechung Nachfolger finden, so wird deren Lehrsatz, die Erinnerung im verwaltungsgerichtlichen Prozess gegen den Kostenansatz oder gegen die Kostenfestsetzung lasse die anwaltliche Gebühr der Nr. 3500 nicht erfallen, weil der Urkundsbeamte (des Verwaltungsgerichts) in § 18 Nr. 5 nicht genannt sei, die nächste Novelle zum RVG, die sicher bald kommen wird, nicht überleben. Ein Strich des Gesetzgebers wird den irrigen Leitsatz zur Makulatur werden lassen. Noch aber ist zu hoffen, dass sich nachfolgende Gerichte etwas mehr um den Geist und die Motive des neuen RVG kümmern werden.

Die Hoffnung aus der 2. Auflage hat nicht getrogen:

Das BVerwG hat in eigener Sache – eigener Urkundsbeamter (JurBüro 2007, 534 = AGS 2007, 406) – wie folgt erkannt: »Nach § 164 VwGO setzt der Urkundsbeamte des Gerichts des ersten Rechtszugs (bzw. der jeweiligen Rechtsmittelinstanz) auf Antrag den Betrag der zu erstattenden Kosten fest. Rechtspfleger i. S. d. Rechtspflegergesetzes gibt es bei den Verwaltungsgerichten nicht. Der Begriff des Urkundsbeamten ist nicht beamten- oder dienstrechtlich definiert; er ist ein prozessualer Funktionsbegriff (Stelkens, in: Schoch/Schmidt-Aßmann/Pietzner, VwGO, § 13 Rn. 9 m. w. N.). Die Festsetzung von Gerichts- und Anwaltskosten wird in der Regel Beamten des höheren oder gehobenen Dienstes mit entsprechender Ausbildung übertragen. Funktional betrachtet erfüllt der Urkundsbeamte der Geschäftsstelle mit der Kostenfestsetzung Aufgaben, die in der ordentlichen Gerichtsbarkeit dem Rechtspfleger zugewiesen sind. Bei der Kostenfestsetzung wird der Urkundsbeamte der Geschäftsstelle als richterliches Organ tätig und ist deshalb insoweit an Weisungen nicht gebunden (Kopp/Schenke, VwGO, 14. Aufl., 2005, § 164 Rn. 3). Gründe für eine unterschiedliche Kostenerstattungsregelung bei Erinnerungen gegen Kostenfestsetzungen des Rechtspflegers und des Urkundsbeamten der Geschäftsstelle sind nicht erkennbar. Die Urkundsbeamtin der Geschäftsstelle weist in dem angegriffenen Kostenfestsetzungsbeschluss zu Recht darauf hin, dass bei einer streng am Wortlaut orientierten Auslegung des § 18 Nr. 5 RVG wesentlich Gleiches ungleich behandelt würde. § 18 Nr. 5 RVG ist daher so zu verstehen, dass auch Erinnerungen gegen Kostenfestsetzungen des Urkundsbeamten der Geschäftsstelle in der Verwaltungsgerichtsbarkeit erfasst werden (a. A. VG Regensburg, Beschluss vom 11. Juli 2005 – RN 11 S 03.2905 – AGS 2005, 549 = KostRsp. § 18 RVG Nr. 1 mit ablehnender Anmerkung von Lappe und N. Schneider).«

Zur **Beschwerde** bemerkt das LSG Berlin-Brandenburg (L 18 B 426/06 AS vom 29. 05. 2007) zutreffend Folgendes:

»Es war auch eine gesonderte Entscheidung über die Kostenerstattung im Beschwerdeverfahren zu treffen (vgl. LSG Niedersachsen-Bremen, Beschluss vom 27. März 2007 – L 5 B 3/06 VG –, veröffentlicht in juris, mwN). Denn die Beschwerde gegen eine im Beschlusswege ergangene Kostengrundentscheidung stellt eine besondere Angelegenheit iS von § 18 Nr. 5 Rechtsanwaltsvergütungsgesetz (RVG) dar. So sind nach § 18 Nr. 5 RVG besondere Angelegenheiten jedes Beschwerdeverfahren und jedes Verfahren über eine Erinnerung gegen eine Entscheidung des Rechtspflegers in Angelegenheiten, in denen sich die Gebühren nach Teil 3 des Vergütungsverzeichnisses richten, soweit sich aus § 16 Nr. 12 RVG nichts anderes ergibt. Das Vergütungsverzeichnis zum RVG regelt in Teil 3 Nr. 3501 eine Verfahrensgebühr für Verfahren vor den Gerichten der Sozialgerichtsbarkeit über die Beschwerde und die Erinnerung, wenn in den Verfahren – wie hier – Betragsrahmengebühren entstehen (§ 3 RVG). Die früher zu § 116 Bundesgebührenordnung für Rechtsanwälte vertretene Auffassung, dass alle Nebenverfahren wie auch Beschwerdeverfahren grundsätzlich mit der für das Betreiben des sozialgerichtlichen Verfahrens in einem Rechtszug entstandenen Gebühr abgegolten sind, ist damit nicht mehr haltbar (vgl. LSG Rheinland-Pfalz, Beschluss vom 30. November 2006 – L 6 B 221/06 SB – RVGreport 2007, 98).«

– Also: Auch das LSG Rh. Pf. sieht die Rechtslage jetzt ebenso. Die zitierte gleichlautende Entscheidung des LSG Niedersachsen-Bremen vom 27. März 2007 ist veröffentlicht in RVGreport 2007, 262.
– **Vorbemerkung zu Nrn. 6 bis 20**

Die Nrn. 6 bis 20 haben bis auf drei Nummern wörtlich die Nummern- und Reihenfolge der Aufzählung der besonderen Zwangsvollstreckungsangelegenheiten des Absatzes 3 des § 58 BRAGO übernommen. 23

Die drei Ausnahmen:

Nr. 12 (Verteilungsverfahren) ist eine völlige, allerdings für den Praxisalltag wenig bedeutsame Neuaufnahme, die Nrn. 15 und 18 sind lediglich unerheblich, was den früheren Wortlaut anlangt, um weitere Handlungen ergänzt worden.

Damit kann der Anwender bei sicher selten auftauchenden Fragen zu den Nummern 6 bis 20 auf die bisherige Judikatur und Literatur zu § 58 Abs. 3 BRAGO problemlos zurückgreifen.

6. Nr. 6 Einwendungen des Schuldners gegen die Vollstreckungsklausel (§ 732 ZPO)

Die Norm hat einen großen Anwendungsbereich, sie gilt kraft Verweisung in den Fällen der §§ 733, 738, 742, 744, 749, 795, 797 Abs. 3 und 6, 797a Abs. 2 ZPO. Diese Normen nehmen ausdrücklich auf § 732 Bezug. An sich unterfällt das Verfahren nach § 733 ZPO (weitere vollstreckbare Ausfertigung) der Sondernorm: **Nr. 7**. Erhebt der Schuldner aber Einwendungen gegen die Klausel der weiteren vollstreckbaren Ausfertigung, so ist Nr. 6 i. V. m. § 732 ZPO einschlägig. Denn der Schuldner kann auch gegen die Erteilung einer weiteren vollstreckbaren Ausfertigung Einwendungen gegen die Klausel nach § 732 ZPO erheben (Zöller ZPO 23. Aufl. § 733 Rn. 14). 24

Beide beteiligte Anwälte erhalten die Gebühr für die besondere Angelegenheit und konsequenterweise auch dann, wenn sie bereits sonst in der Vollstreckung eine weitere Vollstreckungsgebühr verdient haben. Der Anwalt des Gläubigers erhält die Gebühr für sein reines **Tätigwerden** im Klausel**einwendungs**verfahren, das der Schuldner eingeleitet hat. Es genügt also, wenn er die Klauselerinnerung kritisch prüft, eine Stellungnahme braucht er nicht abzugeben (OLG Koblenz JurBüro 2000, 77; Gebauer/Schneider RVG § 18 Rn. 65).

Es fällt für die Vertretung in der Zwangsvollstreckung an: die Verfahrensgebühr Nr. 3309 mit 0,3 und, falls im Einzelfall gegeben, die Terminsgebühr der Nr. 3310 mit 0,3.

Abschnitt 3 – Angelegenheit

7. Nr. 7 Einwendungen des Schuldners gegen die Vollstreckungsklausel (§ 732 ZPO)

25 Will der Gläubiger etwa zugleich an mehreren Orten vollstrecken (z. B. die Konten des Schuldners an verschiedenen Orten gleichzeitig pfänden lassen), so benötigt er mehrere vollstreckbare Ausfertigungen des Titels. Diese muss er im Verfahren nach § 733 ZPO erwirken. Der Anwalt erhält für die gesamte Tätigkeit in einem solchen Verfahren eine gesonderte Gebühr Nr. 3309, unabhängig davon, ob er bereits sonst im Rahmen der Zwangsvollstreckung tätig war (OLG Koblenz JurBüro 2000, 77). Wird der Schuldner vor Erteilung der weiteren vollstreckbaren Ausfertigung gehört, was nicht notwendig ist (§ 733 ZPO) und lässt sich der Schuldner nun von einem Anwalt vertreten, so fällt auch für diesen die Verfahrensgebühr Nr. 3309 mit 0,3 an. Für den Anwalt des Schuldners erwächst die Gebühr, wenn er den Antrag des Gläubigers kritisch überprüft; einer Stellungnahme dazu bedarf es nicht (OLG Koblenz JurBüro 2000, 77).

26 Abgrenzungsbeispiele: Klauselumschreibung im Auftrag des Alt- bzw. Neugläubigers.

Die bloße Umschreibung einer bereits erteilten Vollstreckungsklausel auf den Rechtsnachfolger ist gebührenrechtlich nicht der Erteilung einer weiteren vollstreckbaren Ausfertigung gleichzusetzen und löst daher keine gesonderte Zwangsvollstreckungsgebühr aus (OLG Hamm JurBüro 2001, 29 = AGS 2001, 57; Gebauer/Schneider RVG § 18 Rn. 67).

Das gilt allerdings nur, wenn der bisherige Anwalt **des ursprünglichen Titelgläubigers** die Umschreibung (für den Altgläubiger) beantragt (§ 19 Abs. 1 Nr. 12).

Stellt der **Neugläubiger** (vertreten durch denselben Anwalt) den Umschreibungsantrag, so erfällt die 0,3 Verfahrengsgebühr Nr. 3309. Denn es ist nun eine neue Angelegenheit für den Neugläubiger und dessen Anwalt. Der frühere Auftrag des Altgläubigers (betreffend Zivilverfahren und Erteilung einer vollstreckbaren Ausfertigung) ist im Verhältnis zum neuen Auftrag nicht derselbe. Es gibt jetzt für den Anwalt einen **neuen Auftraggeber**.

27 Der Antrag des Neugläubigers auf Erteilung der Klausel (Umschreibung) löst die 0,3-Verfahrensgebühr erstmalig aus, weitere ausführende Zwangsvollstreckungshandlungen (also weitere Zwangsvollstreckungsschritte derselben Zwangsvollstreckungsmaßnahme) für diesen Gläubiger gehören zu derselben Angelegenheit (§ 18 Nr. 3, siehe § 18 Rn. 14), es sei denn, es läge wiederum eine der besonderen Angelegenheiten des § 18 vor (vgl. dazu Enders JurBüro 2001, 29).

Verlust des Vollstreckungstitels

AG Heilbronn (RVG professionell 2007, 63 – 24. 01. 2007 – 12 M 8196/06):

»Eine Gebühr für die Erteilung einer weiteren vollstreckbaren Ausfertigung ist nur dann erstattungsfähig, wenn eine weitere vollstreckbare Ausfertigung erforderlich und dies vom Gläubiger nicht zu vertreten ist (hier: verneint wegen Gläubigerverschuldens am Verlust des Zwangsvollstreckungstitels). Auch eine Gebühr für die Entgegennahme von Informationen und Unterlagen im Rahmen der Erteilung des Vollstreckungsauftrags ist nicht erstattungsfähig, wenn dies durch einen Anwaltswechsel beim Gläubiger selbst verursacht wurde.«

8. Nr. 8 Verfahren über Vollstreckungsschutzanträge gem. §§ 765 a, 813 b, 851 a und 851 b ZPO

28 Jeder der einzeln aufgeführten Vollstreckungsschutzanträge stellt eine besondere Angelegenheit dar, aber auch die Wiederholung eines Antrages, wenn der erste Antrag zurückgewiesen worden ist, desgleichen, wie das Gesetz hervorhebt, auch ein Abänderungsantrag. Bei einem Verfahren ohne Termin fällt die 0,3-Gebühr nach Nr. 3309 an, gelegentlich wird aber über

einen der genannten Vollstreckungsschutzanträge auch mündlich verhandelt (Terminsgebühr Nr. 3310 VV: 0,3).

Nach h. M. sind eine besondere Angelegenheit nur an das Gericht gerichtete Vollstreckungsschutzanträge, nicht solche etwa an den Gerichtsvollzieher auf Vollstreckungsaufschub nach § 813 a ZPO (Mayer/Kroiß RVG § 18 Rn. 65; Hartung/Römermann RVG § 18 Rn. 48).

Wenn die Vollstreckung gegen mehrere Schuldner betrieben wird, liegen auch mehrere besondere Angelegenheiten vor, wenn diese sämtlich einen Vollstreckungsschutzantrag an das Gericht stellen. Das gilt selbst dann, wenn mehrere Schuldner einen gemeinsamen Antrag stellen (Gebauer/Schneider RVG § 18 Rn. 71; Mayer/Kroiß RVG § 18 Rn. 66; LG Mannheim Rpfleger 1982, 238; a. A.: LG Regenburg JurBüro 1963, 410).

9. Nr. 9 Zulassung der Austauschpfändung (§ 811 a ZPO)

Die gesetzliche Möglichkeit der Austauschpfändung ermöglicht den Zugriff auf den (Mehr-)Wert einer unpfändbaren Sache (Luxusfernseher wird ausgetauscht mit Standardgerät). Gegenstandswert ist der zu schätzende Überschuss des Versteigerungserlöses. Stellt der Gläubiger nach Ablehnung seines Austauschantrages, weil das billigere Ersatzstück für den Zweck ungeeignet ist, einen zweiten Antrag mit einem anderen Ersatzstück, so fällt dafür die Gebühr (Nr. 3309: 0,3) erneut an.

Nur das gerichtliche Verfahren (Austauschpfändung) bildet eine besondere Angelegenheit, nicht hingegen das außergerichtliche Verfahren nach § 811 b ZPO auf vorläufige Austauschpfändung durch den Gerichtsvollzieher (Hartung/Römermann RVG § 18 Rn. 51).

10. Nr. 10 Verfahren über Anträge auf anderweitige Verwertung

Durch die 2. Zwangsvollstreckungsnovelle von 1997 wurde § 825 ZPO dahin geändert, dass die Zuständigkeit für die Anordnung der anderweitigen Verwertung jetzt grundsätzlich beim **Gerichtsvollzieher** liegt (also besondere Angelegenheit (Hartung/Römermann RVG § 18 Rn. 55)). Das Vollstreckungsgericht ist gem. § 825 Abs. 2 ZPO nur noch zuständig, wenn es um die Versteigerung durch eine andere Person als den Gerichtsvollzieher geht.

11. Nr. 11 Die Ausführung der Zwangsvollstreckung in ein gepfändetes Vermögensrecht durch Verwaltung (§ 857 Abs. 4 ZPO)

Bei der Zwangsvollstreckung in ein unveräußerliches Recht, dessen Ausübung einem anderen überlassen werden kann, kann das Gericht nach § 857 Abs. 4 Satz 1 und 2 ZPO eine **Verwaltung** anordnen. Die Pfändung wird durch Übergabe der zu benutzenden Sache an den Verwalter bewirkt (§ 857 Abs. 4 Satz 3). Sowohl die **Pfändung** wie auch die Ausführung der **Verwaltung** sind je eine besondere Angelegenheit der Zwangsvollstreckung (Gerold/Schmidt/von Eicken/Madert/Müller-Rabe RVG 17. Aufl. VV 3309 Rn. 314).

Die Gebühr umfasst insbesondere:

Besprechungen mit dem Verwalter, Prüfung der Rechnungslegung und Überwachung der Tätigkeit des Verwalters sowie dessen Verteilung der Einkünfte.

Der Wert richtet sich nach dem Betrage der **Forderung**, wegen deren die Verwaltung angeordnet worden ist, wenn nicht der Wert des **Gegenstandes der Verwaltung** geringer ist.

12. Nr. 12 Das Verteilungsverfahren (§ 858 Abs. 5, §§ 872 bis 877, 882 ZPO)

Nr. 12 regelt die Gebühren des Verteilungsverfahrens (§ 858 Abs. 5, §§ 872 bis 877, 882 ZPO). Nr. 12 ist als einzige Nummer völlig neu in den Zwangsvollstreckungskatalog aufgenommen worden. Der Gegenstand war in einem eigenen Paragrafen geregelt. Nach § 60 BRAGO erhielt der Anwalt für die Vertretung im Verteilungsverfahren eine 0,5 Gebühr, nach dem

Abschnitt 3 – Angelegenheit

RVG erhält er, falls es nicht zu einem Termin kommt, jetzt nur die 0,3 Verfahrensgebühr Nr. 3309, kommt es zum Termin, die weitere 0,3 Terminsgebühr der Nr. 3310, dann also 0,1 mehr als nach der BRAGO.

Das Verteilungsverfahren der Immobiliarzwangsvollstreckung ist hier nicht erfasst (siehe VV Teil 3 Abschnitt 3 Unterabschnitt 4).

Besonderheit für Verteilungsverfahren außerhalb der Zwangsversteigerung und der Zwangsverwaltung: Sondernorm Nr. 3333 ist anwendbar.

13. Nr. 13 Das Verfahren auf Eintragung einer Zwangshypothek nach §§ 867, 870 a ZPO

33 Prozessuale Grundlage für eine Zwangshypothek ist zunächst § 866 ZPO:

(1) Die Zwangsvollstreckung in ein Grundstück erfolgt durch Eintragung einer **Sicherungshypothek** für die Forderung, durch Zwangsversteigerung und durch Zwangsverwaltung.

(2) Der Gläubiger kann verlangen, dass eine dieser Maßregeln allein oder neben den übrigen ausgeführt werde.

(3) Eine Sicherungshypothek (Abs. 1) darf nur für einen Betrag von mehr als siebenhundertfünfzig Euro eingetragen werden; Zinsen bleiben dabei unberücksichtigt, soweit sie als Nebenforderung geltend gemacht sind.

34 **§ 867 Zwangshypothek.** Die Sicherungshypothek wird auf Antrag des Gläubigers in das Grundbuch eingetragen; die Eintragung ist auf dem vollstreckbaren Titel zu vermerken. Mit der Eintragung entsteht die Hypothek. Das Grundstück haftet auch für die dem Schuldner zur Last fallenden Kosten der Eintragung.

Eine beliebte Prüfungsfrage im 2. Staatsexamen: Kann aus einem Titel über € 750,00 in ein Grundstück vollstreckt werden? Antwort ja, aber nur in Form der Zwangsverwaltung oder der Vollstreckung aus dem persönlichen Titel (Rang nach den eingetragenen Rechten = im Regelfall im »Schornstein«). Die Eintragung einer Sicherungshypothek und die anschließende Versteigerung aus dem dinglichen Titel scheitert daran, dass die Titelsumme den Betrag von € 750,00 nicht übersteigt.

Bei Titeln über € 750,00 kann eine Zwangshypothek auf Antrag des Gläubigers, vertreten durch seinen Anwalt, gem. § 867 ZPO eingetragen werden. Dafür fällt die 0,3 Gebühr nach Nr. 3309 an.

35 § 870 a ZPO enthält eine entsprechende Bestimmung für die Zwangsvollstreckung in ein eingetragenes Schiff oder ein Schiffsbauwerk. Jetzt ist klargestellt, dass die anwaltliche Tätigkeit in einem solchen Verfahren stets eine besondere Angelegenheit der Zwangsvollstreckung ist.

14. Nr. 14 Die Vollstreckung der Entscheidung, durch die der Schuldner zur Vorauszahlung der Kosten, die durch die Vornahme einer Handlung entstehen, verurteilt wird (§ 887 Abs. 2 ZPO)

36 Erfüllt der Schuldner seine Verpflichtung zur Vornahme einer vertretbaren Handlung nicht (z. B. die Freistellung des Gläubigers von einer Verbindlichkeit gegenüber einem Dritten), kann der Gläubiger gem. § 887 Abs. 1 ZPO beim Prozessgericht des ersten Rechtszuges die Ermächtigung beantragen, die geschuldete Handlung auf Kosten des Schuldners vornehmen zu lassen. Zugleich kann er gem. § 887 Abs. 2 ZPO beantragen, den Schuldner zur Vorauszahlung der voraussichtlichen Kosten der Ersatzvornahme zu verurteilen. Zur Freistellungsklage als vertretbare Handlung siehe:

Besondere Angelegenheiten | § 18

Bischof ZIP 1984, 1444, 1446, 1452; BGH NJW 1986, 978; BGH NJW 1983, 2438; BGH NJW 1991, 634; KG OLGZ 1973, 54: z. B. Grundschuld; OLG Frankfurt FamRZ 1976, 108, BGH NJW 1987, 2225; 1996, 1131: Unterhaltsverpflichtung.

Für die Anträge nach § 887 Abs. 1 (Ermächtigung = Vorbereitungshandlung) und Abs. 2 ZPO (Kostenvorschuss) kann der Anwalt nur 1 × die Verfahrensgebühr 0,3 aus Nr. 3309 liquidieren (Gerold / Schmidt / von Eicken / Madert / Müller-Rabe RVG 17. Aufl. VV 3309 Rn. 214). Das Gesetz erwähnt als besondere Angelegenheit nur die **Vollstreckung** des nach § 887 Abs. 2 ZPO festgesetzten Kostenvorschusses selbst als weitere besondere Angelegenheit. Die Beschlüsse nach Abs. 1 und 2 des § 887 ZPO sind hier nicht gemeint. Für sie erfällt insgesamt einmal die normale Zwangsvollstreckungsgebühr Nr. 3309 oder auch Nr. 3310 (Gebauer / Schneider RVG § 18 Rn. 81), siehe § 18 Nr. 3.

15. Nr. 15 Das Verfahren zur Ausführung der Zwangsvollstreckung auf Vornahme einer Handlung durch Zwangsmittel (§ 888 der Zivilprozessordnung), das Verfahren zur Ausführung einer Verfügung des Gerichts auf Vornahme, Unterlassung oder Duldung einer Handlung durch Zwangsmittel und einer besonderen Verfügung des Gerichts zur Anwendung von Gewalt (§ 33 des Gesetzes über die Angelegenheiten der freiwilligen Gerichtsbarkeit)

Beim ersten Teil der Norm handelt es sich um die Vollstreckung von Titeln, die eine unvertretbare Handlung des Schuldners zum Gegenstand haben (§ 888 ZPO). Beispiele: Widerruf einer ehrenrührigen Tatsachenbehauptung (BGH NJW 1962, 1498); Ausstellung eines Arbeitszeugnisses (Zöller ZPO 23. Aufl. § 888 Rn. 3); Abgabe einer Gegendarstellung nach den Landespressegesetzen (OLG Köln NJW 1969, 755); Verpflichtung des Ehegatten, bei der Abgabe der gemeinsamen Steuererklärung mitzuwirken (LG Zweibrücken MDR 1976, 144); Erteilung einer Prozessvollmacht an zugelassenen Rechtsanwalt (BGH NJW 1995, 463).

Unvertretbare Handlungen sind solche, die nicht durch einen Dritten vorgenommen werden können und die ausschließlich vom Willen des Schuldners abhängen. Der Beklagte wird in dem Urteil zur Vornahme der Handlung durch Zwangsgeld oder Ersatzzwangshaft oder Zwangshaft angehalten.

Das in Nr. 15 als besondere Angelegenheit beschriebene Zwangsvollstreckungsverfahren beginnt schon mit der Aufforderung an den Vollstreckungsschuldner zur Vornahme der Handlung. Der Gläubiger kann aber auch sofort (keine weitere Androhung – § 888 Abs. 2 ZPO) Antrag auf Festsetzung des Zwangsmittels an das **erkennende Gericht** als Vollstreckungsgericht stellen.

Zweite Zwangsgeld- oder Zwangshaftfestsetzung

Durch die Vollstreckung des festgesetzten Zwangsgeldes oder eine **zweite Zwangsgeld- oder Zwangshaftfestsetzung** wird **keine zweite besondere Angelegenheit** eingeleitet. Die Zwangsvollstreckungsmaßnahme ist nach h. M. erst beendet, wenn der Schuldner die Handlung vornimmt (Gebauer / Schneider RVG § 18 Rn. 85 m. w. N.; Mayer / Kroiß RVG § 18 Rn. 96; a. A.: Hartmann KostG RVG § 18 Rn. 47; Hartung / Römermann / Schons RVG 2. Auflage § 18 Rn. 76).

Dazu mit überzeugender Begründung LG Mannheim (AGS 2008, 23): »Werden Zwangsmittel mehrfach beantragt, festgesetzt und vollstreckt, so ist in der Literatur umstritten, ob es sich insgesamt um eine einzige besondere Angelegenheit nach § 18 Nr. 15 RVG handelt. Während Römermann (Hartung / Römermann / Schons, RVG, 2. Aufl, § 18 Rn. 76) und Hartmann (in: ders. KostenG, 36. Aufl., § 18 RVG Rn. 47) vertreten, dass jeder Antrag eine neue Angelegenheit begründe und die jeweilige Angelegenheit mit der Ahndung oder Zurückweisung des Antrages ende, nimmt die überwiegende Mehrheit in der Literatur an, dass es sich auch im

Abschnitt 3 – Angelegenheit

Fall der mehrfachen Festsetzung von Zwangsmitteln um eine einzige besondere Angelegenheit nach § 18 Nr. 15 RVG handelt (Müller-Rabe in Gerold/Schmidt, RVG, 17. Aufl, VV 3309 Rn. 252; Walker in: Schuschke/Walker, Vollstreckung und Vorl. Rechtsschutz, Bd. I Zwangsvollstreckung, § 888 ZPO, Rn. 51, Göttlich/Mümmler/Rehberg/Xanke, RVG, 2. Aufl, »Zwangsvollstreckung 4.10«, Rohn in Mayer/Kroiß, RVG, 2. Aufl., § 18 Rn. 96; Volpert/Schmidt in: Hansens/Braun/Schneider, Praxis des Vergütungsrechts, Teil 17, § 18 Nr. 15 Rn. 160).

Die Regelung des § 18 Nr. 15 RVG entspricht inhaltlich § 58 Abs. 3 Nr. 8 BRAGO a. F. (vgl. Bundestagsdrucksache 14/9037 v. 14.05.2002 S. 59). Bereits vor Geltung der Bundesrechtsanwaltsgebührenordnung (BRAGO) war in der Gebührenordnung für Rechtsanwälte aus dem Jahr 1927 (RGBl. Teil I v. 08.07.1927, S. 162 ff.) in § 34 geregelt, dass bei Ausführungen der Zwangsvollstreckung auf Vornahme einer Handlung durch Geldstrafen oder Haft (Zivilprozessordnung § 888) das gesamte Verfahren eine Instanz bildet, während in § 33 hinsichtlich der Zwangsvollstreckung auf Unterlassung oder Duldung (§ 890 ZPO) jede Verurteilung zu einer Strafe den Schluss der Instanz begründet. Diese unterschiedliche Behandlung der Zwangsvollstreckung nach § 890 ZPO und nach § 888 ZPO hat sich später in der Regelung des § 58 Abs. 3 Nr. 8 und 9 BRAGO a. F. und heute in § 18 Nr. 15 und 16 RVG fortgesetzt. Nach § 18 Nr. 16 RVG ist jede Verurteilung zu einem Ordnungsgeld nach § 890 Abs. 1 ZPO eine besondere Angelegenheit. Auch hinsichtlich der früheren Regelungen in § 58 BRAGO und § 34 GebO war ganz überwiegend vertreten worden, dass auch im Fall der Erforderlichkeit einer erneuten Festsetzung von Zwangsmitteln nach § 888 ZPO dies hinsichtlich der Anwaltsgebühren mit dem ersten Zwangsmittelantrag eine einzige Angelegenheit darstellt, der Anwalt also nur einmal eine Gebühr erhält.

Der herrschenden Auffassung ist im Hinblick auf den Wortlaut der Regelung in § 18 Nr. 15 RVG zuzustimmen. Die Gebühr des Rechtsanwalts fällt auch im Falle der mehrfachen Beantragung von Zwangsmitteln bis zur Vornahme der erzwungenen Handlung nur einmal an.

Die Zwangsvollstreckung ist ein vom Hauptsacheverfahren getrenntes, besonderes Verfahren, in dem der Rechtsanwalt neue Gebühren verdient. Gemäß § 18 Nr. 15 RVG ist das Verfahren zur Ausführung der Zwangsvollstreckung auf Vornahme einer Handlung durch Zwangsmittel (§ 888 ZPO) eine besondere Angelegenheit. Nach § 13 RVG i. V. mit 3309 VV beträgt die für die Tätigkeit in der Zwangsvollstreckung entstehende Gebühr der Höhe nach 3/10. Sie entsteht mit dem Antrag (§ 6 Abs. 1 RVG). Das Verfahren zur Ausführung der Zwangsvollstreckung umfasst nicht lediglich die schriftsätzliche Androhung der Zwangsvollstreckung einschließlich des später betriebenen Verfahrens nach § 888 ZPO (vgl. OLG Hamm, Beschl. v. 18.10.1983 – 23 W 541/83, RPfleger 1984, 117), sondern auch jeden weiteren Antrag auf Festsetzung von Zwangsmitteln bis zur Erfüllung der begehrten Handlung. Der erneute Antrag und die erneute Verurteilung zu einem Zwangsgeld lösen nicht das Entstehen einer weiteren 3/10-Gebühr aus.

Während im Fall der **Unterlassungsvollstreckung nach § 890 ZPO ein Gläubiger jeweils neue Verstöße** in der Zwangsvollstreckung geltend macht und hierzu jeweils einen neuen Antrag und einen neuen, von Verstößen gegen das Unterlassungsgebot getragenen Lebenssachverhalt vorzutragen hat, begehrt ein Gläubiger mit jedem Zwangsmittelantrag die Erfüllung seines gleichbleibenden Vollstreckungszieles (hier: der Auskunftserteilung). Der Gläubiger kann also durch die Zwangsvollstreckung nach § 888 ZPO ähnlich wie bei der Vollstreckung eines Zahlungsanspruches Erfüllung erlangen, während er im Rahmen der Vollstreckung nach § 890 ZPO lediglich durch das Ordnungsmittel davon abgehalten werden soll, zukünftig weitere Verstöße zu begehen.«

Siehe unten § 18 Nr. 16 Rn. 39.

Der Gegenstandswert entspricht dem geschätzten Wert der Handlung, die Höhe des festgesetzten Zwangsgeldes ist ohne Bedeutung (Mayer/Kroiß RVG § 18 Rn. 99; Gebauer/Schneider RVG § 25 Rn. 17).

Der zweite Teil der Norm ist neu aufgenommen. Es handelt sich dabei um die Zwangsmittel und die Gewaltanwendung gem. § 33 FGG (Neuaufnahme des FGG-Verfahrens in die allgemeine Gebührenregelung des Teils 3 des VV). In der Sache geht es hier wie bei § 888 ZPO um die Vornahme einer Handlung. Die Aufnahme in diese Nummer erfolgte auch, weil in diesem Fall ähnlich wie in § 888 ZPO ein besonderes gerichtliches Verfahren stattfindet.

16. Nr. 16 Jede Verurteilung zu einem Ordnungsgeld gem. § 890 Abs. 1 ZPO

Verstößt der Schuldner gegen eine titulierte Duldungs- oder Unterlassungspflicht, so kann gegen ihn auf Antrag – nach vorheriger Androhung – ein Ordnungsmittel festgesetzt werden (§ 890 Abs. 1 ZPO). Nach § 891 Satz 2 ZPO ist der Schuldner vor der Entscheidung zu hören. Das geschieht meist in diesen Verfahren in einer mündlichen Verhandlung, zumal nicht selten Zeugen zu vernehmen sind.

Dann entsteht für das Verfahren neben der 0,3 Verfahrensgebühr Nr. 3309 noch die Terminsgebühr Nr. 3310, ebenfalls 0,3. Die Gebühr erfällt trotz des unklaren Wortlautes der Norm nicht nur bei einer **Verurteilung**, sondern auch bei Zurückweisung des Verurteilungsantrags (Gebauer/Schneider RVG § 18 Rn. 89; Hartung/Römermann RVG § 18 Rn. 81).

»Jede« Verurteilung bedeutet: Kommt es zu einem erneuten Bestrafungsverfahren, so liegt eine **weitere** besondere Angelegenheit vor.

Ist der Androhungsbeschluss nicht, was rechtlich zulässig ist, schon mit dem Urteil verbunden worden und muss er daher nach § 890 Abs. 2 ZPO besonders beantragt werden, so beginnt damit bereits die besondere Angelegenheit des Bestrafungsverfahrens der Nr. 16, so dass das Ganze als eine Zwangsvollstreckungsmaßnahme anzusehen ist (Gerold/Schmidt/von Eicken/Madert/Müller-Rabe RVG 17. Aufl. VV 3309 Rn. 298, vgl. auch § 19 Rn. 76; a. A.: Hartung/Römermann RVG § 18 Rn. 79, der meint, das besondere Androhungsverfahren gehöre noch zum Erkenntnisverfahren. Das ist unrichtig, der besondere Androhungsbeschluss ist eine Maßnahme der Zwangsvollstreckung, BGH NJW 1992, 749, 750; Vereinigte Zivilsenate RGZ 42, 419).

17. Nr. 17 Die Verurteilung zur Bestellung einer Sicherheit im Falle des § 890 Abs. 3 ZPO

Auch das Verfahren nach § 890 Abs. 3 ZPO bildet eine besondere Angelegenheit. Nach dieser Vorschrift kann der Schuldner auf Antrag des Gläubigers zur Bestellung einer Sicherheit für den durch seine zukünftigen Zuwiderhandlungen entstehenden Schaden auf bestimmte Zeit verurteilt werden. Streitwert für die 0,3 Gebühr-Verfahren und eventuell Termin Nr. 3309 bzw. 3310:

Die Höhe des mutmaßlich entstehenden Schadens ist nach § 3 ZPO zu schätzen. Die Rückgabe dieser Sicherheit (§ 109 ZPO) gehört zur Instanz (§ 19 Abs. 1 Nr. 7) und löst keine weitere Gebühr aus (Gerold/Schmidt/von Eicken/Madert/Müller-Rabe RVG 17. Aufl. VV 3309 Rn. 298, s. § 19 II 4; Gebauer/Schneider RVG § 18 Rn. 93; a. A.: Hartung/Römermann RVG § 18 Rn. 88, 89, der sich zu Unrecht zur Absicherung seiner Meinung auf die beiden vorstehenden Kommentare beruft, die ihre Ansicht aus der Vorauflage beibehalten haben).

Die Zwangsvollstreckung zur Bewirkung der Sicherheitsleistung ist ein weiteres besonderes Vollstreckungsverfahren (Gerold/Schmidt/von Eicken/Madert/Müller-Rabe RVG 17. Aufl. VV Rn. 306; Gebauer/Schneider RVG § 18 Rn. 93; Hartmann KostG RVG § 18 Rn. 50).

Abschnitt 3 – Angelegenheit

18. Nr. 18 Das Verfahren zur Abnahme der eidesstattlichen Versicherung (§§ 900 und 901 ZPO, § 33 Abs. 2 Satz 5 und 6 des Gesetzes über die Angelegenheiten der freiwilligen Gerichtsbarkeit)

41 Es handelt sich um die eidesstattliche Versicherung, die nach den §§ 807, 836 Abs. 3, 883 ZPO zu leisten ist, und nicht um eine eidesstattliche Versicherung nach materiellem Recht. Letztere richtet sich nach der vorstehenden Nr. 15 (Gebauer/Schneider RVG § 18 Rn. 96; Hartmann KostG RVG § 18 Rn. 51).

Zu dieser Angelegenheit gehören alle Vollstreckungshandlungen bis zur Abgabe der eidesstattlichen Versicherung, einschließlich des Haftbefehlsantrages, ferner der dem Gerichtsvollzieher erteilte Verhaftungsauftrag (LG Oldenburg JurBüro 1991, 1003).

Die Entstehung der Gebühr hängt nicht davon ab, dass der Schuldner die eidesstattliche Versicherung tatsächlich abgibt, schon die Einleitung des »Verfahrens« selbst ist im Gesetz genannt.

42 Die 0,3 Verfahrensgebühr (Nr. 3309) für die Tätigkeit in der Zwangsvollstreckung erfällt schon durch das Stellen des Antrags auf Erteilung einer Abschrift aus dem Vermögensverzeichnis (AG Würzburg JurBüro 1983, 1197; AG Rheine JurBüro 1983, 1198).

Beantragt der Gläubiger wegen Ungenauigkeit des Vermögensverzeichnisses Ergänzung und eine neue eidesstattliche Versicherung, so ist das als Fortsetzung des bisherigen Verfahrens zu qualifizieren. Zu der schon mit dem Eingangsverfahren entstandenen Verfahrensgebühr tritt also keine zweite Verfahrensgebühr hinzu.

Der Antrag auf wiederholte Abnahme der e. V. (§ 903 ZPO) wegen angeblich neuem Vermögenserwerb des Schuldners ist eine neue Angelegenheit (H. Schmidt JurBüro 1963, 128).

Prüft der Anwalt durch Einholung einer Auskunft aus dem Schuldnerverzeichnis, ob der Schuldner bereits innerhalb der 3 letzten Jahre die EV geleistet hat, so löst das nach überwiegender Ansicht die Gebühr bereits aus (LG Hanau JurBüro 1989, 1552; LG Darmstadt JurBüro 1992, 399; Hartung/Römermann RVG § 18 Rn. 94; Gebauer/Schneider RVG § 18 Rn. 98; a. A. AG Lahnstein AGS 2003, 75 mit abl. Anm. von N. Schneider; LG Detmold JurBüro 1991, 277).

Die Norm ist mindestens analog anzuwenden.

Neu in das Gesetz hinzugekommen ist das Verfahren zur Abnahme der eidesstattlichen Versicherung nach § 33 Abs. 2 Satz 5 und 6 FGG, weil die Vorschriften über die Abgrenzung der Angelegenheiten (besondere Angelegenheiten) auch für FGG-Verfahren unmittelbar gelten und da in diesen Fällen auch ein besonderes gerichtliches Verfahren stattfindet.

19. Nr. 19 Das Verfahren auf Löschung der Eintragung im Schuldnerverzeichnis, § 915 a ZPO

43 § 915 a ZPO enthält folgende Regelung: Wenn die Befriedigung des Gläubigers, der gegen den Schuldner das Verfahren betrieben hat, nachgewiesen wird oder wenn seit dem Schluss des Jahres, in dem die Eintragung in das Verzeichnis erfolgt ist, drei Jahre verstrichen sind, hat das Vollstreckungsgericht auf Antrag des Schuldners dessen Löschung in dem Schuldnerverzeichnis anzuordnen. Auch dies qualifiziert das Gesetz als besondere Angelegenheit, die die 0,3-Gebühr der Nr. 3309 auslöst. Ferner sieht Abs. 2 eine vorzeitige Löschung bei Befriedigung des Gläubigers oder Wegfall des Eintragungsgrundes (etwa wegen Titelwegfalls) vor.

In dieser Angelegenheit kann sowohl der Anwalt des Schuldners wie der des Gläubigers tätig sein. Als Schuldneranwalt kann er den Löschungsantrag stellen, als Vertreter des Gläubigers kann ihm rechtliches Gehör zu einem Löschungsantrag (insbesondere bei Fällen vorzeitiger Löschung) gewährt werden.

Der Gegenstandswert ist nach dem Interesse des Schuldners an der Löschung nach § 3 ZPO zu schätzen.

20. Nr. 20 Das Ausüben der Veröffentlichungsbefugnis

Das Ausüben der Veröffentlichungsbefugnis kann Tenorbestandteil eines Widerrufsurteils sein (Flechsig/Hertel/Vahrenhold NJW 1994, 2441). Die Veröffentlichung in **mehreren** Zeitungen ist nur **eine** Angelegenheit. Es geht dabei nur um die Art und Weise, die Form des einheitlichen Widerrufs (Riedel/Sußbauer BRAGO 7. Aufl. § 58 Rn. 37, die 9. Aufl. schweigt dazu). 44

Der Gegenstandswert richtet sich nach dem Interesse des Gläubigers an der Bekanntmachung, was gemäß § 3 ZPO zu schätzen ist (OLG Hamm JurBüro 1954, 502).

21. Nr. 21 Das Verfahren über Anträge auf Zulassung der Zwangsvollstreckung nach § 17 Abs. 4 der Schifffahrtsrechtlichen Verteilungsordnung

Der Schiffseigner kann die Haftung für sich und ihm gleichgestellte Personen beschränken, wenn er einen Fonds errichtet und im Schadensfalle verteilt. Die Befriedigung der Gläubiger geschieht nach einem insolvenzähnlichen Verfahren. Für die Mitwirkung in Form der genannten Antragstellung erhält der Anwalt die 0,3 Verfahrensgebühr. Eingehend zur SVertO und zum Verfahrensablauf Mayer/Kroiß (RVG § 18 Rn. 127). 45

22. Nr. 22 Das Verfahren über Anträge auf Aufhebung von Vollstreckungsmaßregeln (§ 8 Abs. 5 und § 41 der Schifffahrtsrechtlichen Verteilungsordnung)

Die Vorschrift ist wortgleich aus § 81 Abs. 2 Nr. 2 BARGO übernommen. 46

Durch die Eröffnung des Verteilungsverfahrens wird die Einzelzwangsvollstreckung bis zur Aufhebung oder Einstellung des Verfahrens unzulässig. Trotz dieses Vollstreckungshindernisses kann es zur Vollstreckung kommen. Wird also gleichwohl vollstreckt, kann beim Prozessgericht die Unzulässigkeit im Wege der Klage geltend gemacht werden. Das Prozessgericht kann auf Antrag die Zwangsvollstreckung ohne oder gegen Sicherheitsleistung einstweilen einstellen (§§ 8 Abs. 4, 41 SVertO). Ist die Zwangsvollstreckung einstweilen eingestellt, kann auf Antrag des Schuldners zusätzlich angeordnet werden, dass die Vollstreckungsmaßregeln gegen Sicherheitsleistung **aufgehoben** werden (§ 8 Abs. 5 SVertO).

Für seine Tätigkeit in dem Verfahren auf Aufhebung von Vollstreckungsmaßregeln (besondere Angelegenheit) erhält der Anwalt die 0,3 Gebühr der Nr. 3309. 47

Abschnitt 3 – Angelegenheit

§ 19
Rechtszug; Tätigkeiten, die mit dem Verfahren zusammenhängen

(1) ¹Zu dem Rechtszug oder dem Verfahren gehören auch alle Vorbereitungs-, Neben- und Abwicklungstätigkeiten und solche Verfahren, die mit dem Rechtszug oder Verfahren zusammenhängen, wenn die Tätigkeit nicht nach § 18 eine besondere Angelegenheit ist. ²Hierzu gehören insbesondere

1. die Vorbereitung der Klage, des Antrags oder der Rechtsverteidigung, soweit kein besonderes gerichtliches oder behördliches Verfahren stattfindet;
2. außergerichtliche Verhandlungen;
3. Zwischenstreite, die Bestimmung des zuständigen Gerichts, die Bestellung von Vertretern durch das in der Hauptsache zuständige Gericht, die Ablehnung von Richtern, Rechtspflegern, Urkundsbeamten der Geschäftsstelle oder Sachverständigen, die Festsetzung des Streit- oder Geschäftswerts;
4. das Verfahren vor dem beauftragten oder ersuchten Richter;
5. das Verfahren über die Erinnerung (§ 573 der Zivilprozessordnung) und die Rüge wegen Verletzung des Anspruchs auf rechtliches Gehör;
6. die Berichtigung und Ergänzung der Entscheidung oder ihres Tatbestands;
7. Verfahren wegen Rückgabe einer Sicherheit;
8. die für die Geltendmachung im Ausland vorgesehene Vervollständigung der Entscheidung und die Bezifferung eines dynamisierten Unterhaltstitels;
9. die Zustellung oder Empfangnahme von Entscheidungen oder Rechtsmittelschriften und ihre Mitteilung an den Auftraggeber, die Einwilligung zur Einlegung der Sprungrevision, der Antrag auf Entscheidung über die Verpflichtung, die Kosten zu tragen, die nachträgliche Vollstreckbarerklärung eines Urteils auf besonderen Antrag, die Erteilung des Notfrist- und des Rechtskraftzeugnisses, die Ausstellung einer Bescheinigung nach § 48 des Internationalen Familienrechtsverfahrensgesetzes oder § 56 des Anerkennungs- und Vollstreckungsausführungsgesetzes, die Ausstellung, die Berichtigung oder der Widerruf einer Bestätigung nach § 1079 der Zivilprozessordnung;
10. die Einlegung von Rechtsmitteln bei dem Gericht desselben Rechtszugs in Verfahren, in denen sich die Gebühren nach Teil 4, 5 oder 6 des Vergütungsverzeichnisses richten; die Einlegung des Rechtsmittels durch einen neuen Verteidiger gehört zum Rechtszug des Rechtsmittels;
11. die vorläufige Einstellung, Beschränkung oder Aufhebung der Zwangsvollstreckung, wenn nicht eine abgesonderte mündliche Verhandlung hierüber stattfindet;
12. die erstmalige Erteilung der Vollstreckungsklausel, wenn deswegen keine Klage erhoben wird;
13. die Kostenfestsetzung und die Einforderung der Vergütung;
14. die Festsetzung des für die Begründung von Rentenanwartschaften in einer gesetzlichen Rentenversicherung zu leistenden Betrags nach § 53e Abs. 2 des Gesetzes über die Angelegenheiten der freiwilligen Gerichtsbarkeit;
15. die Zustellung eines Vollstreckungstitels, der Vollstreckungsklausel und der sonstigen in § 750 der Zivilprozessordnung genannten Urkunden;
16. die Aussetzung der Vollziehung (§ 24 Abs. 2 und 3 des Gesetzes über die Angelegenheiten der freiwilligen Gerichtsbarkeit) und die Anordnung der sofortigen Wirksamkeit einer Entscheidung und
17. die Herausgabe der Handakten oder ihre Übersendung an einen anderen Rechtsanwalt.

(2) Zu den in § 18 Nr. 3 und 4 genannten Verfahren gehören ferner insbesondere

1. gerichtliche Anordnungen nach § 758a der Zivilprozessordnung,
2. die Erinnerung nach § 766 der Zivilprozessordnung,

Rechtszug; Tätigkeiten, die mit dem Verfahren zusammenhängen | § 19

3. die Bestimmung eines Gerichtsvollziehers (§ 827 Abs. 1 und § 854 Abs. 1 der Zivilprozessordnung) oder eines Sequesters (§§ 848 und 855 der Zivilprozessordnung),
4. die Anzeige der Absicht, die Zwangsvollstreckung gegen eine juristische Person des öffentlichen Rechts zu betreiben,
5. die einer Verurteilung vorausgehende Androhung von Ordnungsgeld und
6. die Aufhebung einer Vollstreckungsmaßnahme.

Inhaltsübersicht

	Rn.
A. Allgemeines	1
I. Die Quellen des neuen § 19	1
II. Der Normzweck	8
B. Kommentierung	11
I. Überblick über den Abs. 1 Satz 1	11
II. Überblick über den Abs. 1 Satz 2	12
1. Nr. 1 Die Vorbereitung der Klage, des Antrags oder der Rechtsverteidigung, soweit kein besonderes gerichtliches oder behördliches Verfahren stattfindet	12
a) Regelungszweck des Abs. 1 Satz 2	12
b) Vorbereitung von Klage / Klageerwiderung	13
c) Einholung der Deckungszusage beim Rechtsschutzversicherer und späterer Prozess	14
d) Vorprozessualer Beitreibungsversuch und Klage	19
e) Auskunft und schriftliches Gutachten	28
f) Ausnahme bei besonderem gerichtlichen oder behördlichen Verfahren	30
2. Nr. 2 Außergerichtliche Verhandlungen	31
3. Nr. 3 Zwischenstreite	36
4. Nr. 4 Beauftragter/ersuchter Richter	38
5. Nr. 5 Erinnerung (§ 573 ZPO) und Rüge der Verletzung rechtlichen Gehörs	39
6. Nr. 6 Urteils- oder Tatbestandsberichtigung	43
7. Nr. 7 Rückgabe einer Sicherheit	44
8. Nr. 8 Vervollständigung der Entscheidung für Auslandsvollstreckung	45
9. Nr. 9 Anwaltliche Handlungen nach Ende der prozessualen Instanz, wie Zustellungen, Kostenanträge, Notfristzeugnisse pp.	46
10. Nr. 10 Einlegung von Rechtsmitteln beim Gericht desselben Rechtszuges – Teil 4 bis 6 VV (Strafsachen, Bußgeldsachen pp.)	55
11. Nr. 11 Vorläufige Einstellung, Beschränkung oder Aufhebung der Zwangsvollstreckung (ohne mündliche Verhandlung)	57
12. Nr. 12 Erstmalige Erteilung der Vollstreckungsklausel	58
13. Nr. 13 Kostenfestsetzung und Einforderung der Vergütung	62
14. Nr. 14 Schaffung einer Rentenanwartschaft im Scheidungsverfahren	65
15. Nr. 15 Zustellung von Titeln	66
16. Nr. 16 Aussetzung der Vollziehung u. Anordnung der sofortigen Wirksamkeit	67
17. Nr. 17 Herausgabe der Handakten bzw. deren Übersendung	68
18. Abs. 2 Nr. 1 Durchsuchungsanordnungen u. Nachtzeitvollstreckungen	69
19. Abs. 2 Nr. 2 Erinnerung nach § 766 ZPO	70 a
20. Abs. 2 Nr. 3 Bestimmung eines Gerichtsvollziehers oder Sequesters	71
21. Abs. 2 Nr. 43 Anzeige der ZV-Absicht bei Vollstreckung gegen juristische Personen des öffentlichen Rechts	74
22. Abs. 2 Nr. 5 Androhung von Ordnungsgeld	75
23. Abs. 2 Nr. 6 Aufhebung einer Vollstreckungsmaßnahme	77

A. Allgemeines

I. Die Quellen des neuen § 19

Abs. 1 Satz 1 beschreibt den allgemeinen Gebührengrundsatz, dass alle Vorbereitungs-, Neben- und Abwicklungstätigkeiten sowie Nebenverfahren zu dem jeweiligen Rechtszug oder jeweiligen Verfahren gehören, deshalb keine besonderen Angelegenheiten mit gesonderten Gebühren sind, vielmehr mit der jeweiligen Gebühr des Hauptgegenstandes, dem sie dienen, abgegolten sind. Die Vorschrift tritt an die Stelle des § 37 BRAGO, soweit es sich um Prozessverfahren vor den ordentlichen Gerichten handelt. Soweit es sich um Tätigkeiten in der Zwangsvollstreckung handelt, wird die für Zwangsvollstreckungssachen gleichartige Regelung des § 58 Abs. 2 BRAGO in den neuen § 19 Abs. 2 und Abs. 1 Nr. 15 mitaufgenommen.

Abschnitt 3 – Angelegenheit

2   Schließlich wird klargestellt, dass auch das von der ZPO-Novelle 2002 neu geschaffene Abhilfeverfahren bei Verletzung rechtlichen Gehörs (§ 321 a ZPO) zur Instanz gehört (Abs. 1 Nr. 5).

3   § 19 hat weitgehend den Inhalt des § 37 BRAGO übernommen. Da die Novelle in den Absätzen 1 und 2 jetzt insgesamt 22 Ziffern – gegenüber nur 7 Ziffern der früheren Regelung – enthält, könnte man meinen, der Inhalt der Norm sei erheblich erweitert worden. Das trifft nur zum Teil zu: Eingestellt sind im neu geschaffenen Abs. 2 insgesamt 5 Ziffern aus dem früheren § 58 Abs. 2 BRAGO (dem Katalog der Maßnahmen, die keine besonderen Angelegenheiten der **Zwangsvollstreckung** darstellen); in Abs. 1 Nr. 15 ist eine weitere Zwangsvollstreckungstätigkeit (§ 58 Abs. 2 Nr. 2 BRAGO) aufgenommen worden: Die Urteilszustellung zum Zecke der Zwangsvollstreckung sowie in Abs. 1 Nr. 10 eine Regelung für die strafrechtliche Vertretung (§ 87 BRAGO Pauschalgebühr für den Strafverteidiger). Die dann noch verbleibende Differenz von weiteren 8 Ziffern regeln ebenfalls kein Neuland: Die Expertenkommission und ihr folgend der Gesetzgeber hielten es für hilfreich, einzelne Sammelziffern des Katalogs des § 37 BRAGO, die es allerdings nach wie vor gibt (siehe etwa Nr. 3 oder 9), in Einzelteile zu **zerlegen** und dadurch weitere Ziffern zu schaffen, so z. B. die jetzigen Ziffern 7, 8, 9, 11, 12, 13, 14, 17. Die Antwort auf die Frage, was der tiefere Sinn für diesen »Verschiebebahnhof« sein soll, sucht man vergeblich in der Gesetzesbegründung.

4   Weniges ist ferner ohne inhaltliche Änderung aus dem neuen § 19 **ausgegliedert** und weitgehend in andere Normen eingestellt worden. Nur das ausgeschiedene selbstständige Beweisverfahren ist eine **eigene Angelegenheit** geworden.

Das **selbständige Beweisverfahren** wird in der Nr. 3 **absichtlich** nicht mehr genannt. Es ist damit künftig immer eine **eigene Angelegenheit**, und zwar gleich, ob es parallel zu einer Hauptsache abläuft oder aber, was die Regel ist, ob es einer möglichen Hauptsache vorgeschaltet ist. Dazu bemerkt die Gesetzesbegründung:

»Das selbstständige Beweisverfahren soll künftig immer eine eigene Angelegenheit bilden ... Das Verfahren beschränkt sich ... nicht mehr auf die bloße Beweissicherung; vielmehr soll auch schon in diesem Verfahren eine endgültige Beilegung des Rechtsstreits angestrebt werden ...

Der Antrag auf Durchführung eines selbstständigen Beweisverfahrens setzt dieselben Vorarbeiten voraus, die den Ansatz der Gebühr Nr. 3100 im eigentlichen Rechtsstreit rechtfertigen. Ein solches Verfahren gibt Gelegenheit, schon frühzeitig über eine gütliche Beilegung des Rechtsstreits zu verhandeln und den weiteren Prozess über die Hauptsache möglichst zu vermeiden. Dieser Entlastungseffekt rechtfertigt es, das selbständige Beweisverfahren auch gebührenmäßig wie die Hauptsache zu behandeln.«

5   Das hat zur Konsequenz, dass der Anwalt für das Beweisverfahren und die Hauptsache grundsätzlich getrennt, also zweimal liquidieren kann.

Die Gebühren (Verfahrensgebühr + Terminsgebühr) fallen also für beide Verfahren an, allerdings findet nach Teil 3 VV Vorbem. 3 Abs. 5, wenn **derselbe** Anwalt die Partei sowohl im Beweisverfahren wie in der Hauptsache vertritt, eine teilweise Anrechnung statt, und zwar wird die Verfahrensgebühr (aber **nur diese**) des selbstständigen Beweisverfahrens auf die Verfahrensgebühr des Rechtszuges angerechnet.

6   Das gilt demgemäß nicht für eine etwaige Terminsgebühr (Nr. 3104), die gelegentlich auch im selbstständigen Beweisverfahren anfallen kann. Der Anwalt kann sie durch Teilnahme an den örtlichen Erhebungen des Sachverständigen auslösen. Denn nach neuem Recht genügt die **»Wahrnehmung** eines von einem gerichtlich bestellten **Sachverständigen** anberaumten **Termins** (Teil 3 VV Vorbem. 3 Abs. 3)«. Es muss also kein richterlicher Termin sein. Sie kann auch nach der VV Vorbem. 3 Abs. 3 dadurch anfallen, dass der Anwalt, nachdem ihm der Auftrag zur Durchführung des Beweisverfahrens erteilt worden ist, Besprechungen zur Vermeidung oder Erledigung des Beweisverfahrens führt, wobei als Gesprächspartner allerdings die eigene Partei nicht ausreicht.

Rechtszug; Tätigkeiten, die mit dem Verfahren zusammenhängen | § 19

Will der Anwalt die Anrechnung der Verfahrensgebühr des selbstständigen Beweisverfahrens auf die Hauptsacheverfahrensgebühr vermeiden, so muss er mit seiner Partei eine der Form des § 3a Abs. 1 Satz 1 entsprechende schriftliche Gebührenvereinbarung treffen. Diese trifft aber nur die eigene Partei, nicht jedoch bei PKH-Bewilligung den Fiskus (§ 45 Abs. 1 = gesetzliche Vergütung). Die höhere Gebühr ist auch nicht erstattungsfähig (§ 91 Abs. 2 Satz 1 ZPO; BVerfG NJW 1985, 727; Gerold/Schmidt/von Eicken/Madert/Müller-Rabe RVG 17. Aufl. § 4 Rn. 84). 7

II. Der Normzweck

Im gerichtlichen Verfahren erhält der Anwalt Pausch-, andere nennen es Aktgebühren für näher beschriebene Arbeitseinheiten wie etwa das Verfahren oder die Wahrnehmung des Termins oder den Abschluss eines Prozessvergleichs. § 19 bestimmt, dass alle Vorbereitungs-, Neben- und Abwicklungstätigkeiten dazu gehören und damit durch die Aktgebühr mit abgegolten sind. Diese Nebentätigkeiten gehören zum gerichtlichen Rechtszug (= Instanz) oder auch **Verfahren**. Mit dem letzteren ist inhaltlich nichts anderes gemeint. Da die Zwangsvollstreckungstätigkeiten nunmehr in den Katalog des § 19 mit aufgenommen worden sind, ist jetzt auch der Begriff »Verfahren« in den Eingang des § 19 Abs. 1 Satz 1 ausdrücklich neu aufgenommen worden. 8

Der Begriff »**Rechtszug**« ist im RVG nicht definiert. Gemeint ist der gebührenrechtliche Rechtszug, der mit dem Rechtszug im prozessualen Sinn nicht identisch ist. Der Gebührenrechtszug beginnt mit dem Prozessauftrag (§ 15 Abs. 1), der prozessrechtliche Rechtszug erst mit der Einreichung der Anspruchsschrift beim Gericht. Auch das Ende des gebührenrechtlichen Rechtszuges (die Erledigung der Angelegenheit i. S. von § 15 Abs. 1) weicht vom prozessrechtlichen Ende des Rechtszuges ab. § 19 zählt u. a. Beispiele von anwaltlichen Tätigkeiten auf, die zeitlich gesehen vor oder nach dem prozessualen Rechtszug liegen, und die dennoch gebührenrechtlich zum Rechtszug gehören (Nr. 1: das Sammeln der Unterlagen für eine noch zu schreibende Klage; Nr. 12: die erstmalige Erteilung der Vollstreckungsklausel). 9

Anders als beim hier zu untersuchenden § 19 meint der Begriff »Beendigung des Rechtszuges« bei der **Fälligkeit (§ 8 Abs. 1 Satz 2)** den prozessualen Rechtszug (siehe § 8 Rn. 38; ferner *Madert* in Gerold/Schmidt/von Eicken/Madert/Müller-Rabe RVG 17. Aufl. § 8 Rn. 16 ff.). 10

B. Kommentierung

I. Überblick über den Abs. 1 Satz 1

Vorbereitungs-, Neben- und Abwicklungstätigkeiten

Mit dem neuen Abs. 1 Satz 1 soll der Regelungszweck dieser Vorschrift allgemein umschrieben werden. Zum Rechtszug bzw. Verfahren gehören danach auch alle Vorbereitungs-, Neben- und Abwicklungstätigkeiten, die mit dem Rechtszug oder Verfahren zusammenhängen. Sie werden mit der allgemeinen Verfahrensgebühr mitabgegolten (§ 15 Abs. 1), es sei denn, eine begleitende Tätigkeit wird in § 18 als besondere Angelegenheit ausdrücklich erwähnt. 11

Satz 1 beschreibt abstrakt den Grundsatz, dass Nebenhandlungen zur Haupttätigkeit hinzugehören.

Insofern ist der Satz 1 ein Sammelbecken für solche Nebenhandlungen, die in den Nrn. 1 bis 17 des Satzes 2 nicht ausdrücklich (beispielhaft, weil in den Verfahren häufig vorkommend) genannt sind, Nebentätigkeiten werden damit mit der allgemeinen Verfahrensgebühr abgegolten und können nicht gesondert abgerechnet werden (Gerold/Schmidt/von Eicken/Madert/Müller-Rabe RVG 17. Aufl. § 19 Rn. 4).

II. Überblick über den Abs. 1 Satz 2

Die einzelnen Nummern:

1. Nr. 1 Die Vorbereitung der Klage, des Antrags oder der Rechtsverteidigung, soweit kein besonderes gerichtliches oder behördliches Verfahren stattfindet

a) Regelungszweck des Abs. 1 Satz 2

12 In Satz 2 werden beispielhaft solche Nebenhandlungen, die im Verfahren häufig vorkommen, aufgelistet. Die Aufzählung in Satz 2 ist nur beispielhaft und nicht abschließend, wie sich aus der Wortwahl »**insbesondere**« ergibt.

b) Vorbereitung von Klage/Klageerwiderung

13 In Nr. 1 wird klargestellt, dass die Gebühreninstanz des Anwalts in gerichtlichen Verfahren nicht erst mit der Einleitung des gerichtlichen Verfahrens, sondern schon mit den Vorbereitungshandlungen, nachdem der Prozessauftrag erteilt ist, beginnt.

Dazu sind z. B. Kündigungs- und Mahnschreiben, die durch den Prozessauftrag veranlasst sind, ebenso zu rechnen wie insbesondere die Aufnahme der Prozessinformation. Es ist dabei unerheblich, ob die Information vom Auftraggeber oder einem Dritten erteilt wird oder ob der Anwalt sich die Information selbst, etwa durch Aktenstudium, Einsicht in das Grundbuch, eine Ortsbesichtigung oder durch eine Befragung eines Experten beschafft. Das alles gilt in gleicher Weise für den Anwalt, der vom Beklagten den Prozessauftrag erhalten hat. Auch er muss erst recherchieren, ehe er schreiben und seinen Schriftsatz bei Gericht einreichen kann.

c) Einholung der Deckungszusage beim Rechtsschutzversicherer und späterer Prozess

Ein Anwalt, dessen alleinige Aufgabe es ist, vom Rechtsschutzversicherer die Deckungszusage zu besorgen, verdient fraglos die Gebühr der Nr. 2300.

14 Soll der Anwalt aber auch, was die Regel ist, im Rahmen des Klageauftrages den Deckungsschutz besorgen, so wird das dogmatisch schon schwieriger. Auf den ersten Blick liegt es nahe, die Klärung und gegebenenfalls Beschaffung der finanziellen Vorraussetzungen für den Prozess durch den Anwalt als Nebengeschäft im Rahmen des Prozessauftrages zu qualifizieren. So vertritt denn auch ein Teil der Rechtsprechung die Ansicht, die Einholung einer Deckungszusage des Rechtsschutzversicherers durch den insoweit beauftragten Anwalt sei eine nicht gebührenrelevante Prozessvorbereitungshandlung, die zwar in § 19 nicht ausdrücklich erwähnt, aber den dort genannten Beispielen (»insbesondere«) doch gleich zu achten sei. Das LG München (JurBüro 1993, 163) formuliert, der Schriftverkehr mit dem Rechtsschutzversicherer diene als begleitende Tätigkeit der Durchsetzung des Anspruchs. Das OLG München, a. a. O., teilt in einem Bezugnahmebeschluss die Ansicht des LG München.

15 Diese Auffassung verkennt, dass es sich bei Einholung der Kostendeckungszusage beim Rechtsschutzversicherer um eine weitere Angelegenheit handelt, die mit dem Prozessauftrag selbst nichts zu tun hat. Die Klärung der Frage, ob dem Mandanten ein Anspruch auf eine Kostendeckungszusage nach den Versicherungsbedingungen zusteht oder nicht, ist ein ganz anderer (Streit-)Gegenstand: Sowohl die geforderte Deckungssumme selbst, nämlich die Freistellung von den beiderseitigen außergerichtlichen wie von den Gerichtskosten, ist

Rechtszug; Tätigkeiten, die mit dem Verfahren zusammenhängen | § 19

verschieden vom Klageantrag in der Hauptsache, wie auch die beiden historischen Sachverhalte sich erheblich unterscheiden, hier die klagebegründenden Tatsachen für die Klage, dort der Inhalt des Rechtsschutzversicherungsvertrages. Der Anwalt erhält die Geschäftsgebühr nach Nr. 2300.

Die hier vertretene Meinung entspricht der Ansicht der Literatur und einem Teil der Rechtsprechung (Kindermann Gebührenpraxis für Anwälte Seite 32; *Müller-Rabe* in Gerold/Schmidt/von Eicken/Madert/Müller-Rabe RVG 17. Aufl. § 19 Rn. 27; Mümmler JurBüro 1993, 163; Enders JurBüro 2002, 25 m. w. N.; Gebauer/Schneider RVG VV Vorbem. 2.4 Rn. 20; H. Schmidt JurBüro 1974, 820; AG Charlottenburg JurBüro 2002, 25; AG Ahaus JurBüro 1976, 57). Allerdings wird in der Praxis die 2. Rechnung meist nicht erstellt, weil der Rechtsschutzversicherer nach den Bedingungen allenfalls bei Verzug oder Erstverweigerung zahlungspflichtig ist und der Anwalt sich scheut, die Rechnung dann seinem Mandanten zu schicken. 16

Tipp: Der Anwalt rät seiner Partei, sie solle selbst die Deckungszusage einholen, da die Einholung durch ihn, den Anwalt für sie kostenpflichtig sei. Wert: Übernahme der gesamten Prozesskosten. **Angebot des Anwalts:** Dies alles für die Partei zu machen für eine Pauschale von € 50,00 oder € 100,00; dieses Vorgehen ist rechtlich gedeckt durch § 4 Abs. 1 Satz 1 (außergerichtliche Angelegenheit). Ist die Pauschale höher als die gesetzliche Gebühr, so ist dies rechtlich ohne weiteres möglich. In beiden Fällen muss die Form des § 3 a beachtet werden. Im Hinblick auf die vorgenannte Entscheidung des LG München (JurBüro 1993, 163) sollte, wie schon angeraten, die Partei darauf hingewiesen werden, dass der Rechtsschutzversicherer nach Ansicht eines Teiles der Rechtsprechung nach dem Versicherungsvertrag für die Gebühr nicht hafte, daher die Partei für die Gebühr aufkommen müsse, wenn der Anwalt ihr die Arbeit abnehme. 17

Das LG München geht sogar noch einen Schritt weiter und meint unter Billigung seines OLG, der Anwalt hafte der Partei aus **PVV auf Freistellung vom Gebührenanspruch**, wenn er sie **nicht belehrt** habe. Ohne ausdrückliche Belehrung geht der Anwalt also nach dieser rüden Rechtsprechung leer aus. Für eine Hinweispflicht: Gebauer/Schneider (RVG VV Vorbem. 2.4 Rn. 20) und OL G München (JurBüro 1993, 163). 18

d) Vorprozessualer Beitreibungsversuch und Klage

Bei dieser Fallgestaltung muss der genaue Inhalt des Auftrages untersucht werden, auf dessen Ausgestaltung der Anwalt natürlich Einfluss nehmen kann. 19

Es sind drei Fallgestaltungen zu unterscheiden:

1. Fall: Die Partei erteilt dem Anwalt nur den Auftrag, für sie außergerichtlich tätig zu werden (Geschäftsgebühr nach Nr. 2300: 0,5 bis 2,5). Es handelt sich dann um eine im Verhältnis zur Klage, wenn insoweit ein Auftrag noch nachfolgt, **getrennte Angelegenheit**, allerdings mit der Anrechnungspflicht zur Hälfte, höchstens jedoch zu 0,75 auf die spätere Verfahrensgebühr.

Achtung: Anmerkung zu Nr. 2300 beachten: **Mehr als eine 1,3 Gebühr setzt voraus: umfangreiche oder schwierige Tätigkeit.** Auch § 15 Abs. 5 Satz 1 macht hier beide zeitlich getrennten Aufträge nicht zu einer Angelegenheit. Das folgt bereits aus der im Gesetz geregelten Anrechnungspflicht (Teil 3 VV Vorbem. 3 Abs. 4), die bei ein und derselben Angelegenheit gar nicht möglich wäre. 20

2. Fall: Der Mandant erteilt **sofort** Prozessauftrag, aber mit der Maßgabe, dass der Anwalt dem Gegner aus Gründen der Sicherheit (Verzug und Anlass zur Klageerhebung – § 93 ZPO) noch einmal eine letzte Frist setzen solle. Dann ist dieses letzte Abmahnschreiben Prozessvorbereitungshandlung im Sinne von § 19 Abs. 1 Satz 2 Nr. 1 und kann folglich mangels Vertretungsauftrages die Geschäftsgebühr (Nr. 2300) nicht auslösen (= **alles eine Angelegenheit**). 21

Abschnitt 3 – Angelegenheit

22 Das richtige Vorgehen bei diesen Fallgestaltungen (Fälle 1. bis 3.) ist eine Angelegenheit, die zwischen Anwalt und Mandanten besprochen werden muss. Der Richter kann dieses Internum nicht von außen bestimmen, schon gar nicht ex post im nachfolgenden Gebührenprozess. Natürlich sind Amtsrichter – meist ist der Streitwert nicht höher als € 5.000,00 –, die in der Regel nicht mit Kostensachen befasst sind, wenig erfreut, nunmehr als Folge der RVG-Novelle Prozesse hinsichtlich der nach noch überwiegender Meinung nicht festsetzbaren anrechnungsfreien Restgebühren aus Nr. 2300 führen zu müssen. Es kann aber nicht angehen, die Reißleine zu ziehen und zu erklären, wenn der Schuldner vorprozessual nicht freiwillig zahle, seien die Kosten einer vorprozessualen Vertretung (Nr. 2300) nicht notwendig, denn es könne sofort ohne außergerichtliche Versuche Klage erhoben werden (AG Geldern AGS 2005, 319 mit abl. Anm. Madert; ähnlich AG Düsseldorf JurBüro 2004, 426; AG München JurBüro 2004, 427).

Die der Novelle 2004 vorausgehenden Tatsachenforschungen haben ergeben, dass heute mindestens 70 % der Streitfälle von den Anwälten außergerichtlich erledigt werden. Das war der entscheidende Impuls für die strukturelle Umgestaltung des anwaltlichen Gebührenrechts im Jahre 2004. Es kann nicht angehen, dass durch eine restriktive Rechtsprechung durch Amtsgerichte hier diese für die Justiz erfreuliche Entwicklung wieder umgekehrt wird. Auch der Sache nach muss man fordern: Schuster bleib bei deinen Leisten! Der Richter darf nicht als Besserwisser in das für ihn fremde Vertrauensverhältnis zwischen Anwalt und Partei durch Notwendigkeitskriterien eingreifen. Was der Partei aus der ex-ante-Sicht voraussichtlich am besten nützt – auch der Richter ist kein Prophet – ist Sache des beratenden Anwalts. Nachher sind alle klüger. Die Erfahrung lehrt im Übrigen, dass ein renitenter Schuldner, wenn es ernst wird und der Gläubiger die Kosten für einen Anwalt nicht scheut, sich doch nicht selten zur Zahlung oder Ratenzahlung bequemt (vgl. Eulerich NJW 2005, 3381).

Beweislast für Erfolgsaussicht außergerichtlicher Beitreibung

Gerade angesichts dieser Ausführungen sind die nachfolgenden Feststellungen des OLG Hamm (NJW-RR 2006, 242) scharf zu kritisieren. Das OLG bemerkt:

»Bezüglich der Frage, ob sich der Rechtsanwalt nur einen bedingten oder einen unbedingten Klageauftrag erteilen lässt, ist zu berücksichtigen, dass der Rechtsanwalt die Erfolgsaussichten der Durchsetzung eines Anspruchs prüfen und insoweit den sichersten Weg wählen muss (Palandt/Heinrichs § 280 BGB Rdnr. 76, 79, 80 und 84). Die Pflicht zur interessengemäßen Beratung eines Mandanten bei der Auftragserteilung gebietet es dem Anwalt, sich grundsätzlich nur dann einen bedingten Klageauftrag erteilen zu lassen, wenn er unter Würdigung aller Umstände Grund zu der Annahme hat, dass eine Klageerhebung nicht erforderlich sein werde, was eine umfassende Würdigung aller Umstände des Einzelfalls erfordert (BGH NJW 1968, 2334). Es muss zu erwarten sein, dass der Versuch einer außergerichtlichen Regulierung mit Hilfe eines Anwalts Aussicht auf Erfolg bietet (Gerold/Schmidt/Madert, a.a.O. VV 2400–2403 Rdnr. 20–22). Gegebenenfalls ist es erforderlich, die (eingeschränkten) Erfolgsaussichten des Versuchs einer außergerichtlichen Streitbeilegung mit dem Mandanten unter Hinweis auf die möglicherweise anfallenden zusätzlichen Kosten zu erörtern (zur grundsätzlichen Verpflichtung zu einem Bedenkenhinweis und zum Aufzeigen des richtigen Wegs vgl. BGH NJW 1985, 42; Palandt/Heinrichs, § 280 BGB, Rdnr. 79).

Diese Auffassung steht im Einklang mit der sehr umfangreichen Rechtsprechung bezüglich der Erstattungsfähigkeit von Inkassokosten (vgl. dazu Palandt/Heinrichs, § 286 BGB, Rdnr. 49 mit umfangreichen Nachw.). Die ganz h. M. in der Rechtsprechung (vgl. die Nachw. bei Palandt/Heinrichs a.a.O.) verneint eine Erstattungsfähigkeit der Inkassokosten grundsätzlich dann, wenn der Schuldner erkennbar zahlungsunwillig ist und daher voraussehbar ist, dass später ohnehin ein Rechtsanwalt mit einer Klageerhebung beauftragt werden muss – bei dem ein Mahnschreiben etc. der Vorbereitung des Rechtsstreits gem. § 19 Abs. 1 Nr. 1 RVG dient und keine zusätzlichen Kosten verursacht. Der Senat bejaht in Übereinstimmung mit Hein-

Rechtszug; Tätigkeiten, die mit dem Verfahren zusammenhängen | § 19

richs (a. a. O. m. w. Nachw.) die Erstattungsfähigkeit der Inkassokosten unter Berücksichtigung der Obersätze des RVG nur dann, wenn der Gläubiger aus besonderen Gründen darauf vertrauen durfte, dass der Schuldner ohne gerichtliche Hilfe leisten wird.«

Es ist bereits grundsätzlich angreifbar, die Rechtsprechung zur Erstattungsfähigkeit der Inkassokosten hier heranzuziehen. Als Präsidialrichter habe ich eine Reihe von Inkassounternehmen geprüft. Da besteht schon ein eklatanter Unterschied zur durchschnittlichen anwaltlichen Tätigkeit. Die vom OLG Hamm aufgestellte Behauptung, der **Anwalt habe die Beweislast**, dass der Schuldner aus besonderen Gründen auch ohne Klage zahlen werde, ist **durch nichts belegt**. Auch die Fundstelle bei Gerold/Schmidt/Madert, a. a. O. VV 2400–2403 Rn. 20–22 ist recht schwach als Stütze, denn in der vom OLG Hamm bezeichnenderweise (Kunst des Weglassens gegenläufiger Ausführungen bei Zitaten) nicht mehr zitierten Rn. 25 führt Madert aus, die **Vermutung** spreche dafür, dass der Anwalt **zunächst eine gütliche Lösung suchen solle** (ähnlich BVerfG NJW-RR 2007, 1073). Gerade wenn ein Anwalt mit dem dann für den Schuldner hohen Kostenrisiko einer Klage herangezogen wird, überlegt sich ein Schuldner doch ernstlich noch einmal, ob er es auf einen Rechtsstreit ankommen lassen will. Die **Erstattungsfrage** stellt sich ja (in Bezug zu 100 % von Fällen der außergerichtlichen Beitreibung) **nur** dann, wenn der Schuldner durch Urteil verurteilt wird. Die vielen Fälle der erfolgreichen außergerichtlichen Beitreibung durch Anwälte sehen die Richter doch gar nicht. Warum soll der Gläubiger und nicht der zu Unrecht die Zahlung verweigernde Schuldner das Kostenrisiko eines vorweggenommenen letzten außergerichtlichen Beitreibungsversuchs tragen? Ein solcher Versuch kann in vielen Fällen mit einem dem Schuldner günstigen Vergleich enden, ehe hohe Prozesskosten entstanden sind. Hat der Gläubigeranwalt etwa die Aufgabe, in erster Linie die Interessen des säumigen Schuldners zu wahren?

Erklärtes Ziel der RVG-Novelle ist gerade die Stärkung der **außergerichtlichen Abwicklung** der Streitfälle (siehe etwa den Aufsatz von Eulerich NJW 2005, 3381, den ich aus voller Überzeugung damals im Gebührenseminar angestoßen habe). Hier mischen sich Richter unzuständigerweise in die **Unabhängigkeit (!)** der Beratung von Anwalt und Partei ein. (Vergleiche die ähnliche Problematik der Aufteilung in § 6 Rn. 17 und § 15 Rn. 17 ff.)

3. Fall: Der Mandant erteilt einen unbedingten Auftrag zur außergerichtlichen Vertretung zur 23 Realisierung des Anspruchs und für den Fall des Misserfolgs (also bedingt) Prozessauftrag (BGH JurBüro 1969, 46 = AnwBl. 1969, 15; OLG Oldenburg MDR 1961, 245; Gerold/Schmidt/ von Eicken/Madert/Müller-Rabe RVG 17. Aufl. VV 2300, 2301 Rn. 6; vgl. Nr. 3100 Rn. 11.

Neben der bis zu höchstens 0,75 anrechnungspflichtigen **Geschäftsgebühr** kann für den Anwalt in den Fällen zu 1. und 3. nach der neuen Gesetzeslage nicht mehr zusätzlich für eine Besprechung (telefonisch oder mündlich), die auf den außergerichtlichen Auftrag gestützt würde, eine **vorgerichtliche Besprechungsgebühr** (§ 118 Abs. 1 Satz 2 BRAGO) anfallen. Denn die außergerichtliche Besprechungsgebühr ist im Hinblick auf die neue Höhe der Geschäftsgebühr bis zu 2,5 (Nr. 2300) ersatzlos gestrichen worden (Gesetzesbegründung BT-Drs. 15/1979, S. 207).

Für den Anfall der **Terminsgebühr** (Nr. 3104) enthält Teil 3 VV Vorbem. 3 Abs. 3 aber folgenden interessanten Wortlaut: »**Die Terminsgebühr entsteht für ... die Mitwirkung an auf die Vermeidung oder Erledigung des Verfahrens gerichteten Besprechungen ohne Beteiligung des Gerichts.**«

Es handelt sich bei der Vorbem. 3 Abs. 3 nicht um einen gedanklichen Missgriff des Gesetz- 24 gebers, der ja die Besprechungsgebühr für vorgerichtliche Besprechungen nach der ausdrücklichen Gesetzesbegründung nicht mehr geben will und solchen zusätzlichen Tätigkeiten durch den Höchstsatz von 2,5 Rechnung trägt (Nr. 2300).

Hat der Anwalt einen **Prozess**auftrag und wird er für diesen Prozessauftrag auch tatsächlich 25 tätig (entweder hat er nur einen Prozessauftrag – oben Fall 2 – oder der Prozessauftrag wird wirksam nach Eintritt der Bedingung, der erfolglosen außergerichtlichen Vertretung – oben

Abschnitt 3 – Angelegenheit

Fall 3 Rn. 23 –), so verdient der Anwalt zunächst die Verfahrensgebühr (Nr. 3100). Verhandelt er nunmehr (das Gericht braucht nicht dabei zu sein, seine Anwesenheit schadet aber auch nicht) im Rahmen einer **Besprechung** mit dem Gegner schon zur Vermeidung eines gerichtlichen Verfahrens (oder auch erst zu dessen Erledigung), so erfällt dafür die **Terminsgebühr** (Nr. 3104). Hat der Anwalt zum Beispiel einen Prozessauftrag, fertigt er dann den Entwurf einer Klage, sendet diesen Entwurf dem Gegner zu einem letzten Vergleichsversuch zu und kommt es dann zu einer Besprechung zur Abwendung des Prozesses, so erfällt dafür die Terminsgebühr. Damit entfällt auch bewusst die bisherige Problematik, dass die Erörterungsgebühr nicht für anwaltliche Erörterungen ohne das Gericht anfallen konnte.

26 Um es noch einmal kurz und klar zu sagen: **Die auftragsgemäße Besprechung mit dem Gegner zur Vermeidung eines gerichtlichen Verfahrens oder zu dessen Erledigung durch den zum Prozess mandatierten Anwalt löst bereits (auch ohne Beteiligung des Gerichts) die Terminsgebühr (Nr. 3104) aus.**

27 Auch die Überschriften »**Teil 3 Bürgerliche Rechtsstreitigkeiten**« (dagegen **Teil 2 außergerichtliche Tätigkeit**, Abschnitt 4 **Vertretung**) stehen nicht entgegen.

Zwar ist in dem geschilderten Fall (Rn. 25) ein bürgerlicher Rechtsstreit (verfahrensmäßige Instanz) noch nicht anhängig. Dennoch geht es bei der »**Prozessvermeidungsbesprechung**« nicht um einen außergerichtlichen Vertretungsfall. Denn es ist abzustellen auf den **gebührenrechtlichen** Instanzbegriff. Hinsichtlich der Anwaltsgebühren beginnt der bürgerliche Rechtsstreit eben schon mit dem **Prozessauftrag**. Wird der Anwalt daher aufgrund des Prozessauftrages (nicht des außergerichtlichen Vertretungsauftrages) tätig, so kann er die Gebühren in bürgerlichen Rechtsstreitigkeiten auch schon vor der Klageerhebung verdienen, also auch die Terminsgebühr für die »Prozessvermeidungsbesprechung«.

e) Auskunft und schriftliches Gutachten

28 Hat der Auftraggeber vor Erteilung des Prozessauftrags einen Rat erbeten, erhält der RA die vereinbarte Gebühr, mangels einer Vereinbarung die übliche Gebühr. Kommt es nach der Beratung zu einem Prozessauftrag, so ist die Beratungsgebühr auf die Verfahrensgebühr anzurechnen (§ 34 Abs. 2).

29 Hat der Mandant dem Prozessanwalt vor oder nach dem Prozessauftrag zugleich einen **schriftlichen Gutachtensauftrag** erteilt, so ist die dafür vereinbarte Gebühr auf die Verfahrensgebühr nicht anzurechnen (Wortlaut des § 34 Abs. 2).

f) Ausnahme bei besonderem gerichtlichen oder behördlichen Verfahren

30 Wenn ein besonderes gerichtliches oder behördliches Verfahren stattfindet, gehört dies nicht zum Gebührenrechtszug und ist gesondert zu vergüten (Nr. 1 Hs. 2; Mayer/Kroiß RVG § 19 Rn. 8). Ein besonderes behördliches Verfahren ist z. B. die Einholung einer vormundschaftsgerichtlichen Genehmigung für eine Klage, die ein Geschäft des Vormundes im Sinne der §§ 1821, 1822 BGB betrifft; ferner ein Vorverfahren oder ein Widerspruchsverfahren, das dem Verwaltungsrechtsstreit vorausgeht und der Nachprüfung eines Verwaltungsaktes dient (siehe § 17 Nr. 1; dafür gibt es also zusätzlich nach der Nr. 2300 die Geschäftgebühr). Wenn der Anwalt den Auftraggeber sowohl im Verwaltungsverfahren, also vor Erlass des VA wie auch im anschließenden Widerspruchsverfahren vertreten hat, erfällt für das Widerspruchsverfahren die geringere Gebühr der Nr. 2301 (0,5 bis 1,3). Bei der Bemessung dieser niedrigeren Gebühr ist nicht (mehr) zu berücksichtigen, dass der Umfang der Tätigkeit infolge der Tätigkeit im Verwaltungsverfahren geringer ist, Anm. (1).

Gem. Teil 3 VV Vorbem. 3 Abs. 4 ist die Geschäftsgebühr zur Hälfte, höchstens jedoch mit einem Gebührensatz von 0,75 auf die Verfahrensgebühr der Klage beim Verwaltungsgericht anzurechnen.

2. Nr. 2 Außergerichtliche Verhandlungen

Infolge des für den Anwalt sehr positiven Wortlautes des Teil 3 VV Vorbemerkung 3 Abs. 3: »Mitwirken an auf die Vermeidung oder Erledigung des Verfahrens gerichteten Besprechung ohne Beteiligung des Gerichts« ist der **für den Anwalt sich negativ** auswirkende Anwendungsbereich der neuen **Nr. 2: »zur Instanz gehören außergerichtliche Verhandlungen«**, stark eingeschränkt worden. Wurde der Anwalt bisher nach einem wirksam gewordenen Prozessauftrag bei **außergerichtlichen Vergleichsverhandlungen** tätig (gleich ob vor oder nach Rechtshängigkeit), so gehörte diese Tätigkeit ohne zusätzlichen Gebührenanfall **zur Instanz** (OLG Hamm JurBüro 1992, 413; OLG Karlsruhe Justiz 1990, 21; BGH NJW 1968, 52). Wird er nunmehr nach Klageauftrag im Verhandlungswege (z. B. mündliche Besprechung mit dem Gegner) tätig, um den Prozess **zu vermeiden oder zu erledigen, so erhält er jetzt die Terminsgebühr 1,2** (Rn. 25). 31

Mediation während des Rechtsstreits

Ein neuer Problemfall zur Nr. 2 hat sich durch die gerichtsinterne Mediation ergeben. Die Legitimation dazu findet sich in § 278 Abs. 5 Satz 2 ZPO. Das dort genannte Merkmal »außergerichtlich« wollen viele Richter und Gerichtspräsidenten einfach nicht zur Kenntnis nehmen. Sie subsumieren dann den Mediationsrichter unter den Begriff der Rechtshilfe (§ 278 Abs. 5 **Satz 1** ZPO), obwohl die ZPO und das GVG durchgängig darunter den **auswärtigen** Richter verstehen. Wenn der Gesetzgeber die Mediation im **Satz 2** geregelt hat, so kann der im Gegensatz dazu stehende Satz 1 nicht einfach in den Satz 2 hineininterpretiert werden. Dasselbe gilt für den Versuch, den Mediationsrichter zum **beauftragten** Richter i. S. von **Satz 1** zu erklären. Nur der Senat oder die Kammer kann eines ihrer Mitglieder in einer einzelnen Sache **beauftragen**, nicht aber das Präsidium für ein ganzes Geschäftsjahr. 31a

Präsident und entscheidender Senat bestärken sich dann noch gegenseitig durch eine **amtliche Auskunft** (!) des Präsidenten zur Gesetzeslage und den anschließenden dies bestätigenden Senatsbeschluss (dies alles ist nachzulesen bei OLG Rostock JurBüro 2007, 194 = AGS 2007, 126). Dann behauptet auch noch der OLG-Präsident, der sich auf das Gebiet des Kostenrechts mit seiner amtlichen Auskunft begibt, Folgendes: »Auf die kostenrechtliche Folge weist der Mediator im übrigen die Parteien eingangs der Mediationsverhandlung regelmäßig hin. Den Parteien und Prozessbevollmächtigten wird mitgeteilt, dass das Mediationsverfahren nach Auffassung der beim Oberlandesgericht tätigen Mediatoren »kostenneutral« ist, sich durch dieses Verfahren also weder die Gerichtsgebühren noch die Rechtsanwaltsgebühren erhöhen oder erniedrigen.«

Es ist aber ganz herrschende Meinung, dass durch eine Besprechung (beim Mediator) der Parteivertreter zur Erledigung des Verfahrens nach Vorbem. 3.3 VV die Terminsgebühr der Nr. 3104 bzw. 3202 für den Anwalt anfällt.

Das Mediationsverfahren löst also doch eine Gebühr aus. Wissen das der OLG-Präsident Rostock und die dort tätigen Richtermediatoren nicht?

Nur die Hilfsbegründung des OLG Rostock ist richtig und hätte zur Ablehnung der zu Unrecht geforderten doppelten Gebühren für Verfahren und Termin ausgereicht (vgl. meine Anmerkungen in AGS 2007, 343 <OLG Rostock>; 393 <OLG Braunschweig>).

§ 19 Abs. 1 Nr. 2. bestimmt positivrechtlich, dass außergerichtliche Verhandlungen zum Rechtszug gehören. Sie können daher für den beteiligten Anwalt neben den Gebühren der Instanz keine weiteren Gebühren auslösen (§ 15 Abs. 2 Satz 1). (Das hindert nicht, dass die Instanzgebühren schon durch eine der in § 19 aufgeführten Nebentätigkeiten (Abs. 1 Nr. 2) bereits ausgelöst werden können, also auch die Gebühr nach Vorbem. 3.3 i. V. mit VV Nr. 3104 (Terminsgebühr), siehe auch Rn. 25.

AG Hannover zur gerichtsinternen Mediation (42 C 4283/06 – NdsRpfl 2007, 72):

Abschnitt 3 – Angelegenheit

»Für die Vertretung der Partei bei einer gerichtsnahen Mediation steht dem zum Prozessbevollmächtigten beauftragten Rechtsanwalt keine zusätzliche Geschäftsgebühr zu, weil es sich bei der Vertretung in einem gerichtsnahen Mediationsverfahren um »dieselbe Angelegenheit« handelt, die Gegenstand des außergerichtlichen und des anschließenden gerichtlichen Verfahrens ist. § 17 Nr. 7 RVG findet insoweit weder direkt noch analog Anwendung.«

Das Ergebnis ist richtig, die inhaltlichen Ausführungen sind nur teilweise korrekt. Zuzustimmen ist der These, dass es sich nicht um ein Güteverfahren handelt, das in einigen Bundesländern dem Zivilprozess (überflüssigerweise, kostentreibend) vorgeschaltet ist (§ 15 a EGZPO). Zu § 19 Abs. 1 Nr. 2 siehe oben.

Gleiches gilt für eine umständlich begründete Entscheidung des OLG Braunschweig zur gerichtsinternen Mediation während des Rechtsstreits (AGS 2007, 12 = Rpfleger 2007, 114 = RVGreport 2007, 27, siehe meine ablehnende Anm. in AGS 2007, 393 und schon in SchiedsVZ 2004, 254).

32 Bedeutung hat der durch die genannte Vorbemerkung eingeschränkte Wortlaut der Norm (**Nr. 2**) aber für **Fälle** von Verhandlungen, die nicht auf die **Vermeidung oder Erledigung des Prozesses** abzielen, etwa Verfahrensabsprachen wie Aussetzung, Absehen von der Vollstreckung (Zustimmung zur Sprungrevision ist in Nr. 9 gesondert genannt). Der frühere einschränkende Zusatz: »Vergleichs-Verhandlungen« ist jetzt entfallen, so dass die **Nr. 2 jetzt alle Verhandlungen** (außer Prozessvermeidungs- und Prozessbeendigungsverhandlungen) ergreift.

33 Ist die **Terminsgebühr** bereits durch die mündliche Verhandlung selbst angefallen, so kann sie für eine etwaige außergerichtliche Verhandlung der Parteien ohne das Gericht zur Beendigung des Prozesses nicht erneut **geltend gemacht** werden (§ 15 Abs. 2 Satz 1). Dies gilt auch, wenn nach dem ersten Urteil die erstinstanzlichen Parteivertreter im Rahmen des Prozessauftrages erster Instanz noch einmal Vergleichsverhandlungen zur Vermeidung der Berufung aufnehmen (keine weitere Terminsgebühr, andererseits aber fällt bei Erfolg die Vergleichsgebühr an).

34 Hat allerdings der Anwalt jetzt schon den **Prozessauftrag für die Berufungsinstanz**, so erfällt sowohl die Verfahrensgebühr (Nr. 3200: 1,6) für die Berufungsinstanz wie die **Terminsgebühr** der **2. Instanz (Nr. 3202: 1,2)** wegen der Absicht der Erledigung des Prozesses (§ 15 Abs. 2 Satz 2 in Verbindung mit Teil 3 VV Vorbem. 3 Abs. 3).

35 Ob der Gegenanwalt auch schon diese Gebühren beanspruchen kann, hängt davon ab, ob auch er schon einen Berufungsprozessauftrag hat (Hansens BRAGO § 37 Rn. 4). Der Gegenanwalt kann **mangels Berufungsprozessauftrag** aber die Vertretungsgebühr-**Geschäftsgebühr** (Nr. 2300) bei Vergleichsverhandlungen verdienen (a. A. Mayer/Kroiß RVG § 19 Rn. 34). Schließen die Anwälte die Vergleichsverhandlungen erfolgreich durch Vergleich ab, so erhält der Gegenanwalt dann die Differenzverfahrensgebühr Nr. 3201 (Gerold/Schmidt/von Eicken/Madert/Müller-Rabe RVG 16. Aufl. § 19 Rn. 16; die 17. Aufl. bringt dieses interessante Beispiel nicht mehr), die in der Berufungsinstanz 1,1 beträgt (Nr. 3201). Gem. VV Vorbem. 3 Abs. 4 wird die Gebühr Nr. 2300 zur Hälfte auf die Gebühr Nr. 3201 angerechnet.

3. Nr. 3 Zwischenstreite

36 Aus dem Wortlaut des bisherigen § 37 Nr. 3 sind **herausgenommen** worden:

- Prozesskostenhilfe (jetzt wortgleich § 16 Nr. 2)
- vorläufige Einstellung, Beschränkung oder Aufhebung der Zwangsvollstreckung (jetzt wortgleich Nr. 11)
- Rückgabe einer Sicherheit (jetzt wortgleich Nr. 7)
- Erlaubnis der Nachtzustellung (jetzt aufgenommen in Abs. 2 Nr. 1)

Rechtszug; Tätigkeiten, die mit dem Verfahren zusammenhängen | § 19

– sowie als einzige substantielle Maßnahme (siehe näher Rn. 4) **das selbstständige Beweisverfahren**.

Da die hier einzeln genannten Zwischenverfahren

– Zwischenstreite
– Bestimmung des zuständigen Gerichts (§ 36 ZPO)
– Bestellung von Vertretern durch das in der Hauptsache zuständige Gericht (§ 57 Abs. 1 und Abs. 2 ZPO)
– Ablehnung von Richtern, Rechtspflegern, Urkundsbeamten der Geschäftsstelle oder Sachverständigen
– Festsetzung des Streit- oder Geschäftswerts

zur Instanz gehören, können sie natürlich, wenn bis dahin durch sonstige Handlungen eine entsprechende Gebühr noch nicht ausgelöst worden ist, auch selbst die betreffende Gebühr auslösen. Hat z. B. in der Hauptsache noch kein Termin stattgefunden und wird in einem Zwischenstreit etwa mündliche Verhandlung bestimmt (etwa über die Zurückweisung der Nebenintervenienten nach § 71 Abs. 1 Satz 1 ZPO), so wird dadurch bereits die Terminsgebühr (Nr. 3104) ausgelöst (allerdings vorerst nur aus dem Wert des Zwischenstreits). Kommt es später mit demselben Anwalt noch zum Termin in der Hauptsache, so kann man vereinfacht nur einmal die höhere Terminsgebühr aus diesem Wert erheben (höchster Wert der Instanz nach § 15).

Die Anwendbarkeit des § 19 bedeutet ja, dass die Zwischenstreite zur Instanz gehören und dem Anwalt durch den Zwischenstreit keine weiteren Gebühren entstehen.

Der in der Norm als erstes genannte Blankettbegriff »Zwischenstreite« betrifft etwa die Zwischenstreite nach folgenden ZPO-Vorschriften:

– § 71 Zurückweisung einer Nebenintervention (Bischof JurBüro 1984, 1309; MDR 1999, 787)
– § 135 Abs. 2 Rückgabe der vom Gegner zur Einsicht überlassenen Urkunden
– § 280 Zwischenstreit über die Zuständigkeit (Zöller 23. Aufl. § 280 Rn. 12 zu § 37 Nr. 3 BRAGO)
– § 303 Zwischenurteilsfähige Zwischenstreite
– §§ 372 a, 387 Körperliche Untersuchungen
– § 387 Zeugnisverweigerung
– § 408 Gutachtenverweigerung
– §§ 397, 402 Zulässigkeit von Fragen der Parteien an Zeugen und Sachverständigen.

Bestimmung des zuständigen Gerichts (§ 36 ZPO) – Ablehnung des Antrages

Zum Punkt Bestimmung des zuständigen Gerichts (§ 36 ZPO) entwickelt sich in letzter Zeit eine unvertretbare Ansicht von Teilen der Judikatur und Literatur, die auf einer Fehlentscheidung des BGH von 1987 **zum alten Recht**, dem insoweit kürzeren Text der BRAGO (§ 37), ergangen ist.

Nach unrichtiger Ansicht von OLG Köln (JurBüro 2007, 302), OLG Karlsruhe (MDR 2008, 473), OLG Koblenz (NJW-RR 2007, 425), BGH (MDR 1987, 735), Schneider/Wolf (RVG 3. Aufl. § 19 Rn. 47), Mayer/Kroiß (RVG 2. Aufl. § 19 Rn. 45) soll die **Zurückweisung oder Rücknahme** eines Antrages auf Bestimmung des zuständigen Gerichts (§§ 36, 37 ZPO) im Verhältnis zur Hauptsache **eine eigene Angelegenheit** sein, obwohl diese Gerichte einräumen, dass dies nicht gilt, wenn es zur positiven Bestimmung kommt (§ 19 Abs. 1 Satz 2 Nr. 3 RVG). Dem hat zu Recht das OLG Dresden (OLGR Dresden 2006, 233) widersprochen, teilweise allerdings mit unrichtiger Begründung. Die große Anzahl der erstgenannten Gerichte hat wohl wieder mal zu schnell den BGH abgeschrieben und nicht in das Gesetz hineingesehen, dessen Wortlaut sich zur Klarstellung 2004 mit dem RVG verändert hat.

Abschnitt 3 – Angelegenheit

Wenn der neue Wortlaut des § 19 Abs. 1 Satz 2 Nr. 3 RVG als zur Instanz gehörig erklärt »alle Vorbereitungs-, Neben- und Abwicklungstätigkeiten und solche **Verfahren**, die mit dem Rechtszug oder Verfahren zusammenhängen, insbesondere . . . . .

die Bestimmung des zuständigen Gerichts«, so ist es gebührenrechtlich völlig systemfremd, die Norm dahin auszulegen, nur eine positive »Bestimmung« gehöre zur Instanz, nicht aber die Zurückweisung eines solchen Antrages.

Der BGH (1987) mag noch in gewisser Weise entschuldigt sein, weil beim § 37 BRAGO der vorstehend zitierte Eingangssatz hinsichtlich »**des Verfahrens**« noch fehlte. Nachdem nun aber im Eingang ausdrücklich »das Verfahren« genannt ist, lässt sich die Rechtsprechung des OLG Köln, des OLG Karlsruhe und des 4. Senats des OLG Koblenz nicht mehr vertreten. Der 4. Senat des OLG Koblenz begründet seine irrige Ansicht damit, dass er behauptet, § 37 BRAGO und § 19 RVG hätten **denselben Wortlaut**. Da wurde der Eingangssatz der Norm, also des § 19 RVG, nicht zur Kenntnis genommen. Die »Nebentätigkeiten«, die im § 19 genannt sind, gehören zur **anwaltlichen** Instanz, die mit dem Prozessauftrag und der ersten anwaltlichen Tätigkeit beginnt, gleich ob der Anwalt zuerst die Klage fertigt oder einen Antrag nach § 36 ZPO einreicht. Eine jede solche Tätigkeit löst wie viele auf dem Wege zum abschließenden Urteil (etwa die Vertretung im Termin, die Klageauslegung, das Fristverlängerungsgesuch pp) die **Verfahrensgebühr** immer wieder aus, der Anwalt kann sie (die Verfahrensgebühr) nach § 15 Abs. 2 Satz 1 aber nur einmal fordern. Daher ist auch Vieles, was das OLG Dresden zur Begründung seines richtigen Ergebnisses geschrieben hat, gebührenrechtlich nicht haltbar. So etwa:

»Soweit ihnen (den Anwälten) von der Antragsgegnerin zu diesem Zeitpunkt bereits ein Auftrag zur Vertretung im sich möglicherweise anschließenden Klageverfahren erteilt worden sein sollte, ist dies nach Auffassung des Gerichtes unbeachtlich, *solange die Klage noch nicht anhängig und damit das Hauptsacheverfahren noch nicht eingeleitet ist. . . . .Zudem kann ein solcher Auftrag nach Überzeugung des Gerichts nur unter der aufschiebenden Bedingung gestanden haben, dass ein entsprechendes Hauptsacheverfahren überhaupt von der Antragstellerin anhängig gemacht wird. Damit liegt ein wirksamer Auftrag allerdings erst dann vor, wenn die Bedingung eingetreten ist, d. h. die Antragstellerin Klage gegen die Antragsgegnerin zu 1) wegen des dem hiesigen Verfahren nach § 37 ZPO zugrunde liegenden Lebenssachverhalts erhoben hat.*«

Diese Formulierungen zeugen davon, dass auch dem Senat des OLG Dresden nicht bekannt ist, dass die anwaltliche Instanz (Verfahrensgebühr) mit dem Auftrag und der ersten Tätigkeit beginnt. Deshalb taten sich ja auch viele Gerichte mit der richtigen Anwendung der Vorbemerkung 3.3 so schwer und postulierten: Ohne Klageeinreichung keine Terminsgebühr. Diesen irrigen Meinungen hat der BGH (JurBüro 2007, 241 = AGS 2007, 166 = NJW-RR 2007, 720) ein Ende gesetzt.

Die richtige und knappe Begründung lautet hier: **Das Verfahren** zur Bestimmung des **zuständigen Gerichts** gehört kraft Gesetzes zum Rechtszug des Verfahrens (§ 19) und an diesen Gesetzesbefehl hat man sich zu halten. Da muss man nicht auch noch, wie das OLG Dresden es gemacht hat, sogar das **Grundgesetz** zur Auslegung des § 19 RVG bemühen.

Streitverkündung

Nach einhelliger Meinung gehört die Streitverkündung gegenüber einem Dritten zur Instanz und wird mit den Instanzgebühren abgegolten (Göttlich/Mümmler RVG 1. Aufl. Nebenintervention zu 1.; KG DR 41, 1322; Gerold/Schmidt/von Eicken/Madert/Müller-Rabe RVG 16. Aufl. § 19 Rn. 20; 17. Aufl?).

4. Nr. 4 Beauftragter/ersuchter Richter

38 Die Verfahren vor dem beauftragten und dem ersuchten Richter (§§ 361, 362, 375, 613 ZPO; § 96 VwGO) gehören zur Instanz des erkennenden Gerichts.

Rechtszug; Tätigkeiten, die mit dem Verfahren zusammenhängen | § 19

Ohne ausdrückliche Erwähnung ist der Zwischenstreit (§ 366 ZPO) über Streitfragen, die sich bei der Durchführung des Verfahrens beim beauftragten oder ersuchten Richter ergeben, durch die Formulierung »Verfahren vor dem beauftragten oder ersuchten Richter« ebenfalls ergriffen.

Der Anwalt kann also die Wahrnehmung etwa des Termins beim auswärtigen ersuchten Richter (Beweisaufnahme) nicht gesondert in Rechnung stellen. Dieser Termin gehört zur Instanz. Reisekosten kann er natürlich abrechnen.

5. Nr. 5 Erinnerung (§ 573 ZPO) und Rüge der Verletzung rechtlichen Gehörs

Die allgemeine Formulierung »Erinnerungsverfahren nach § 573 ZPO« erfasst die Erinnerungsverfahren betreffend die Änderung der Entscheidung des beauftragten oder ersuchten Richters und des Urkundsbeamten der Geschäftsstelle. Bei § 573 ZPO geht es nicht um die Kostenfestsetzungserinnerung gegen die Rechtspflegerkostenfestsetzung (Spezialregelung in § 18 Nr. 5). Die Nrn. 5 und 4 dürfen nicht verwechselt werden. Nr. 5 betrifft die **Erinnerung** gegen die Entscheidungen der drei vorgenannten, Nr. 4 regelt die Prozessvertretung im vorangehenden **Verfahren** beim beauftragten oder ersuchten Richter. Im Ergebnis ist die Unterscheidung aber irrelevant, weil beide Verfahrensgestaltungen zur Instanz gehören. Zur Erinnerung nach § 766 ZPO siehe Rn. 70 a. — 39

Die Vertretung in einem der hier genannten Erinnerungsverfahren löst beim Prozessbevollmächtigten keine besondere Gebühr aus. Vertritt ein Anwalt eine Partei allerdings ausschließlich im Erinnerungsverfahren, so verdient er dadurch die 0,5 Gebühr der Nr. 3500 (Verfahrensgebühr), vgl. dazu die weiter anwendbare Entscheidung des OLG Koblenz (JurBüro 1981, 719). — 40

Herausgenommen ist inzwischen durch den neuen § 12 a das seit 01. 01. 2002 in die ZPO eingestellte Abhilfeverfahren wegen Verletzung des rechtlichen Gehörs, § 321 a ZPO (siehe Rn. 41).

Wird gegen die Erinnerungsentscheidung die sofortige Beschwerde eingelegt, so gehört dies nicht (wie die Erinnerung) zur Instanz. Dafür kann der Anwalt gesondert nach Nr. 3500 liquidieren.

Nr. 5 erwähnt ferner die Rüge wegen Verletzung des Anspruchs auf rechtliches Gehörs. — 41

Hierbei handelt es sich in erster Linie um die seit dem 01. 01. 2002 mit dem § 321 a ZPO neu eingefügte Gehörsrüge. Inzwischen (01. 01. 2005) ist die Norm fast wortgleich auch als § 12 a in das RVG eingestellt worden. Das bedeutet, auch für das Gebührenverfahren gilt, verletzt eine Entscheidung den Grundsatz des rechtlichen Gehörs und ist gegen sie ein Rechtsmittel nicht gegeben, so kann der Betroffene binnen 2 Wochen nach Kenntnis von der Gehörsverletzung mit der Rüge die Abhilfe begehren.

Nach § 12 a Abs. 6 werden Kosten (= Gebühren und Auslagen) nicht erstattet. Die Nr. 5 Alt. 2 besagt lapidar, dass das Gehörsrügeverfahren zur Instanz gehört. Der Anwalt erhält dafür also keine besonderen Gebühren (Baumgärtel/Föller/Herchenröder/Houben/Lompe RVG § 19 Rn. 8; *Hansens* in Anm. zu FG Hamburg RVGreport 2005, 65 zur erfolgreichen »Gegenvorstellung«, kein Fall von Gehörsrüge; Hartung/Römermann RVG § 19 Rn. 54; Riedel/Sußbauer RVG § 12 a Rn. 14).

Brandenburgisches OLG (AGS 2008, 223): »Das Verfahren der Rüge wegen Verletzung des Anspruches auf rechtliches Gehör (§ 321 a ZPO) gehört zum Rechtszug (§ 19 Abs. 1 S. 2 Ziffer 5 RVG). Prozessbevollmächtigte, die bereits im Hauptsacheverfahren beauftragt waren, erhalten deshalb keine weiteren Gebühren (Zöller/Vollkommer, ZPO, 26. Auflage, § 321 a Rn. 20; Hartmann, Kostengesetze, 34. Auflage, § 19 RVG Rn. 22).

Abschnitt 3 – Angelegenheit

Etwas anderes gilt nur dann, wenn der Rechtsanwalt speziell für das Rügeverfahren beauftragt worden ist. In einem solchen Falle können Gebühren nach RVG-VV Nr. 3330 ausgelöst werden.«

42 § 19 Nr. 5 gilt nach übereinstimmender Meinung in Rechtsprechung und Literatur auch, obwohl im Gesetz nicht ausdrücklich erwähnt, für die sogenannte »Gegenvorstellung« (FG Hamburg RVGreport 2005, 65; Mayer/Kroiß RVG § 19 Rn. 60; vgl. zur Gegenvorstellung BGHZ 150, 133 und ferner *E. Schneider* in FS für Madert RVG Probleme und Chancen 2006 Die Gehörsrüge – eine legislative Missgeburt Seite 203).

Anders ist die Rechtslage allerdings, wenn ein Anwalt nur mit der Gehörsrüge nach § 321 a ZPO oder der Gegenvorstellung beauftragt wird, dann erhält er eine 0,5 Gebühr nach Nr. 3330. Der Anwalt der Instanz aber muss die Gehörsrüge kostenfrei miterledigen.

6. Nr. 6 Urteils- oder Tatbestandsberichtigung

43 Die Norm ergreift die Verfahren nach den §§ 319 bis 321 ZPO, also offenbare Unrichtigkeiten (§ 319 ZPO), Berichtigung des Tatbestandes (§ 320 ZPO) und Urteilsergänzung (§ 321 ZPO).

Diese Verfahren gehören, was leicht nachvollziehbar ist, zur Instanz. Hat allerdings in der Hauptsache noch kein Termin stattgefunden, so erfällt durch die in den §§ 320 und 321 ZPO zwingend vorgeschriebene mündliche Verhandlung die Terminsgebühr durch die mündliche Verhandlung über den Berichtigungsantrag (§§ 320 Abs. 5, 321 Abs. 4 ZPO).

Gegen den die Berichtigung nach § 319 ZPO ablehnenden Beschluss ist die Beschwerde gegeben, die dann die zusätzliche 0,5 Beschwerdegebühr (Nr. 3500) auslöst.

Der ausschließlich für die Berichtigung oder Ergänzung beauftragte Anwalt erhält dafür die 0,8 Gebühr Nr. 3403 (früher § 56 BRAGO); so auch Gebauer/Schneider RVG § 19 Rn. 59; Baumgärtel/Föller/Hergenröder/Houben/Lompe RVG § 19 Rn. 9.

Denn dieser Anwalt ist nicht zum Prozessbevollmächtigten bestellt, Anmerkung zu Nr. 3403. *Ebert* (in Mayer/Kroiß RVG § 19 Rn. 61), der eine **»Verfahrensgebühr«** nach Nr. 3402 Nr. 1 vorsieht, ist nicht zu folgen. Wenn man den »Berichtigungsanwalt« als Prozessbevollmächtigten ansehen will – hier wäre auf die tatsächliche Sachlage des Einzelfalles abzustellen (ähnlich *von Eicken* in Gerold/Schmidt/von Eicken/Madert BRAGO 15. Aufl. § 56 Rn. 7), – so würde nicht nur die 1,2 **Terminsgebühr** der Nr. 3402, sondern auch noch die 1,3 **Verfahrensgebühr** nach Nr. 3401 anfallen (Gerold/Schmidt/von Eicken/Madert/Müller-Rabe RVG 17. Aufl. § 19 Rn. 84, 86).

7. Nr. 7 Rückgabe einer Sicherheit

44 Die Nr. 7 betrifft die Verfahren nach den §§ 109 und 715 Abs. 1 Satz 1 ZPO, also den nach Wegfall der Veranlassung zur Sicherheitsleistung an das Gericht zu stellenden Antrag, dem Gegner eine Frist zur Freigabe der Sicherheit zu setzen (OLG München JurBüro 1969, 335) oder den Antrag auf Anordnung der Rückgabe der Sicherheit nach Rechtskraft. Dies gilt nicht für die Tätigkeit des Anwalts gegenüber der Hinterlegungsstelle (OLG Bamberg JurBüro 1973, 1076; OLG Nürnberg JurBüro 1977, 501; Enders JurBüro 1997, 227; a. A. OLG Frankfurt JurBüro 1977, 1092; OLG Stuttgart JurBüro 1981, 220; OLG Koblenz MDR 1984, 325), insoweit fällt die Geschäftsgebühr Nr. 2300 an.

Die Sicherheitsrückgabeverfahren gehören also noch zum Rechtszug.

Wird für die Sicherheitsrückgabeverfahren (etwa nach Rechtskraft des Urteils) ein neuer Anwalt tätig, so erhält er die 0,8 Gebühr der Nr. 3403.

Rechtszug; Tätigkeiten, die mit dem Verfahren zusammenhängen | § 19

8. Nr. 8 Vervollständigung der Entscheidung für Auslandsvollstreckung

Nach deutschem Recht ergeht ein Anerkenntnis oder Versäumnisurteil ohne Gründe (§ 313 b Abs. 1 Satz 2 ZPO). Bei einer Vollstreckung in Belgien, Niederlande, Großbritannien, Nordirland und Tunesien (zwischenstaatliche Vereinbarung und § 33 des AG zum EG-Übereinkommen vom 29. Juli 1972 – BGBl. I, 1328 –, näher dazu Riedel/Sußbauer BRAGO 8. Aufl. § 37 Rn. 36; die 9. Auflage ist dazu zu knapp) bedarf die Entscheidung einer Vervollständigung. Dieses Verfahren gehört für den Anwalt zur Instanz. 45

9. Nr. 9 Anwaltliche Handlungen nach Ende der prozessualen Instanz, wie Zustellungen, Kostenanträge, Notfristzeugnisse pp.

Die Nr. 9 enthält fast alle Handlungen des Anwalts, die dieser nach Ende der **prozessualen** Instanz in Erledigung des Prozessauftrages noch zu leisten hat. Nämlich: Zustellung oder Empfang von Entscheidungen oder Rechtsmittelschriften sowie deren Mitteilung an den Auftraggeber. Das hat das OLG Braunschweig (JurBüro 2006, 26) noch einmal klargestellt unter Hinweis auf § 19 Abs. 1 Nr. 9 und § 18 Nr. 4 letzter Halbsatz. 46

Das gilt nicht, wenn der Anwalt **ausschließlich** mit der Zustellung der Entscheidung beauftragt wird, dann hätte er zwar auch eine Tätigkeit in der Instanz wahrgenommen, aber einen Einzelauftrag erhalten.

Nicht unproblematisch vertritt die h. M. die Ansicht, auch die Prüfung der Rechtzeitigkeit der Berufungseinlegung (also Prüfung der Zulässigkeit der Berufung) gehöre noch zur 1. Instanz: OLG Karlsruhe (AGS 2008, 19 für neues Recht; ähnlich KGR Berlin 2006, 413), OLG Schleswig (SchlHA 1992, 83; Hansens BRAGO 8. Aufl. § 37 Rn. 22 für das gleichlautende alte Recht), ferner für neues Recht: Gerold/Schmidt/von Eicken/Madert/Müller-Rabe RVG 17. Aufl. § 19 Rn. 95).

Hat die Partei das Mahnverfahren selbst betrieben und auch den Vollstreckungsbescheid selbst erwirkt und beauftragt sie jetzt einen Rechtanwalt mit der öffentlichen Zustellung des Vollstreckungsbescheides, so entsteht für diesen noch die Gebühr nach Nr. 3308 (Vertretung beim Erwirken des VB). Denn mit der Tätigkeit im Rahmen der öffentlichen Zustellung ist der Anwalt noch im Verfahren um den Erlass des Vollstreckungsbescheides tätig geworden (LG Bonn AGS 2005, 340).

Klarzustellen ist: Das Kostenfestsetzungsverfahren hinsichtlich der zweitinstanzlichen Kosten wird vom Rechtspfleger der 1. Instanz durchgeführt (§ 103 Abs. 2 Satz 1 ZPO). Der Kostenfestsetzungsbeschluss wird also konsequenterweise dem erstinstanzlichen Anwalt zugestellt.

Achtung: Selbst wenn der zweitinstanzliche Anwalt den Kostenfestsetzungsantrag hinsichtlich seiner Kosten einreicht (kein Anwaltszwang: § 78 Abs. 3 ZPO), was nicht selten geschieht, ist das Gericht befugt, den Kostenfestsetzungsbeschluss nur dem erstinstanzlichen Anwalt zuzustellen (wegen des Fortbestands der umfassenden Prozessvollmacht des § 81 ZPO). Die bisherige Vollmacht endet erst durch Neubestellung eines anderen Anwalts, bis dahin wird die Partei durch **mehrere** Anwälte vertreten. Mit der ersten Zustellung an einen der beiden Anwälte beginnt bereits die Rechtsmittelfrist zu laufen, und zwar auch ohne Kenntnis des zweitinstanzlichen Anwalts (BGH NJW 1980, 309; NJW 1991, 1176; OLG Koblenz NJW-RR 1997, 1023; KostRsp ZPO § 104 (B) Nr. 354; Zöller ZPO 23. Aufl. § 84 Rn. 1). Hier muss der zweitinstanzliche Anwalt Organisationsmaßnahmen ergreifen, um sicher zu stellen, dass der erstinstanzliche Anwalt ihn sofort von einer Zustellung unterrichtet. Der Erstinstanzler vergisst das regelmäßig, weil er sich sagt, den Antrag hat ja der Zweitinstanzler gestellt. 47

Zur Instanz des erstinstanzlichen Anwalts gehört auch noch die Empfangnahme eines im Berufungsrechtszug ergangenen VU, sofern die in 2. Instanz säumige Partei keinen Anwalt bestellt hat.

Abschnitt 3 – Angelegenheit

48 Nach Einlegung eines Rechtsmittels durch den Gegner ist nach der Rechtsprechung der erstinstanzliche Anwalt ferner weiter zuständig (ohne zusätzlichen Gebührenanspruch) für folgende Handlungen: Empfangnahme der Beschwerdeentscheidung in Richterablehnungsverfahren (§ 46 ZPO; LG Berlin JurBüro 1984, 62); Empfangnahme der Bitte des Rechtsmittelführers, vorerst noch keinen eigenen Rechtsmittelanwalt zu bestellen (KG JurBüro 1979, 388); Entgegennahme der Berufungsschrift durch den erstinstanzlichen Anwalt (OLG Koblenz JurBüro 1985, 715).

BAG (NJW 2008, 1340): »Nach § 15 Abs. 1 RVG entgelten die Gebühren die gesamte Tätigkeit des Rechtsanwalts vom Anfang bis zur Erledigung der Angelegenheit. Das erstinstanzliche Prozessverfahren und das Rechtsmittelverfahren bilden dabei jeweils eine eigene Angelegenheit (§ 16 Nrn. 13 und 15 RVG). Zum jeweiligen Rechtszug gehören dabei auch Neben- und Abwicklungstätigkeiten (§ 19 Abs. 1 Satz 1 RVG). In § 19 Abs. 1 Satz 2 RVG hat der Gesetzgeber anhand von Regelbeispielen – »insbesondere« – Tätigkeiten aufgeführt, die er als zum Rechtszug gehörig ansieht. Nach Nr. 9 dieser Bestimmung gehört dazu auch die Inempfangnahme von Rechtsmittelschriften - hier also der Berufungsschrift des Klägers - und ihre Mitteilung an den Auftraggeber. Die Inempfangnahme des Schreibens des Vorsitzenden der Berufungskammer und seine Mitteilung an die Beklagte stehen dem letztlich gleich, so dass ebenfalls eine Neben- und Abwicklungstätigkeit nach § 19 Abs. 1 Satz 1 RVG vorliegt. Dieses Schreiben diente letztlich nur dazu, dass die Beklagte die Bedeutung der Rechtsmittelschrift vollständig erfassen konnte,« Das persönlich eingelegte Rechtsmittel war, wie der Vorsitzende mitteilte, unzulässig.

Die Beratung der Partei durch den erstinstanzlichen Anwalt über die Aussichten der Berufung gehört dagegen nicht zur 1. Instanz. Hierfür erfällt die gesonderte Gebühr nach Nr. 2100.

49 Einwilligung zu der vom Gegner erbetenen Verlängerung der Berufungsbegründungsfrist (§ 520 Abs. 2 Satz 2 ZPO) oder Revisionsbegründungsfrist (§ 551 Abs. 2 Satz 5 ZPO), siehe OLG Celle (JurBüro 1986, 1825; Rpfleger 1982, 127); sowie der Empfangnahme der entsprechenden Entscheidung (OLG Koblenz JurBüro 1988, 871; SchlHOLG Schl HA 1992, 83). Einwilligung zur Einlegung der Sprungrevision (§ 566 Abs. 2 Satz 1 ZPO); Kosten- und Verlustigkeitsantrag. Es handelt sich um die Anträge nach § 269 Abs. 4 ZPO (nach Klagerücknahme) und die Rechtslage des § 516 Abs. 3 Satz 1 ZPO (Berufungsrücknahme). Allerdings ist seit dem 01.01. 2002 nach einer **Berufungsrücknahme** der Beschluss auch ohne Antrag von Amts wegen zu fassen (§ 516 Abs. 3 Satz 2 ZPO).

50 Nach altem Recht gab es dann ein Problem, wenn vor der Rücknahme noch keine Verhandlungsgebühr angefallen war. Die Verhandlungsgebühr konnte nur erfallen, wenn die Rücknahme nicht vorterminlich, sondern erst zu Beginn der mündlichen Verhandlung erklärt wurde und sodann vom Gegner Kosten- und Verlustigkeitskeitsantrag gestellt wurde. Erging die Entscheidung trotz **freigestellter mündlicher Verhandlung** gleichwohl **in einer mündlichen Verhandlung,** so erfiel die **Verhandlungsgebühr** (Gerold/Schmidt/von Eicken BRAGO 15. Aufl. § 35 Rn. 8: »§ 3 ...«; OLG Stuttgart JurBüro 1975, 194; OLG Koblenz JurBüro 1975, 1082, 1083 m. w. N.; OLG München AGS 1997, 143; OLG Hamm JurBüro 1976, 918; LG Detmold JurBüro 1986, 1831). Das galt für die Klagerücknahme wie für die Berufungsrücknahme. Die in der Regel halbe Verhandlungsgebühr berechnete sich nach dem Kostenwert (OLG Saarbrücken AnwBl. 1972, 321; OLG Koblenz JurBüro 1983, 559; OLG Hamburg JurBüro 1985, 403; Mümmler BRAGO »Verlustigkeitsbeschluss« 4.; BGHZ 15, 394), wenn man nicht dem Verlustigkeitsantrag oder Wirkungslosigkeitsantrag einen besonderen zusätzlichen Teilwert beimaß (im letzteren Sinne *E. Schneider* Anm. zu KostRsp BRAGO § 31 Nr. 52: zusätzlicher Schätzwert).

51 Nach neuem Gebührenrecht stellt sich dieselbe Frage hinsichtlich der **Terminsgebühr**. Nimmt der Kläger oder Berufungsführer die Klage oder das Rechtsmittel schon vor dem Termin zurück, so kann die Terminsgebühr wegen Terminsaufhebung nicht mehr anfallen, anders jedoch bei einer Rücknahme erst **im Termin**. Die Terminsgebühr erfüllt, weil der Anwalt

Rechtszug; Tätigkeiten, die mit dem Verfahren zusammenhängen | § 19

zum Termin erschienen ist (Nr. 3104). Auch hier wird man wegen der **Erstattungsfähigkeit** auf den Istzustand abstellen müssen. Rechtspfleger oder Richter des Kostenfestsetzungsverfahrens sind nicht befugt, die prozessualen Ermessensentscheidungen des die zurücknehmende Partei vertretenden Anwalts durch ihr Ermessen zu korrigieren. Für den dem neuen § 516 Abs. 2 Satz 2 ZPO ähnlichen Fall der amtswegigen Kostenentscheidung nach § 91 a ZPO n. F. hat das OLG Hamm (JurBüro 2001, 33) entschieden, dass bei einer Verhandlung mit (überflüssigen) Kostenanträgen gleichwohl die Verhandlungsgebühr erfällt. Gleiches müsste also für die Terminsgebühr gelten, wenn in der mündlichen Verhandlung erst die Rücknahme oder Erledigung erklärt wird.

Bei der Klagerücknahme ist nach wie vor ein Kostenantrag des Beklagten erforderlich (§ 269 Abs. 4 ZPO; OLG Koblenz MDR 2004, 297; Baumbach/Lauterbach ZPO 63. Aufl. § 269 Rn. 44).

Auch hier hat der Rechtspfleger in der Kostenfestsetzung nicht die Befugnis, fiktiv festzustellen, es sei dem Kläger zumutbar gewesen, die Klage vorterminlich durch Schriftsatz zurückzunehmen.

Nachträgliche Vollstreckbarerklärung eines Urteils

Hierbei handelt es sich um die Vollstreckbarerklärung des Teils des Urteils, das durch die Berufungs- oder Revisionsanträge nicht angefochten wird (§§ 537, 558 ZPO). 52

Der Gesetzestext ist missverständlich und muss ausgelegt werden: Es ist zu unterscheiden zwischen dem **anfänglichen Totalangriff** einerseits und dem **anfänglichen Teilangriff** auf ein erstinstanzliches Urteil andererseits. Ferner: Es geht in beiden Fällen um die Gebühren des **Rechtsmittelanwalts**. Legt der Rechtsmittelanwalt zunächst in **voller Höhe** das Rechtsmittel ein und beschränkt er es später, so ist Nr. 9 des § 19 anzuwenden, wenn nunmehr beantragt wird, nachträglich den nicht mehr angefochtenen Teil des Urteils für vollstreckbar zu erklären. Dieser Antrag wird durch die Instanzgebühr (aus dem vollen Streitwert) abgegolten (E. Schneider DRiZ 1979, 44). Ist das erste Urteil aber von Anfang an nur **teilweise angegriffen** worden (und auch später der Angriff nicht auf die volle Summe erweitert worden – § 705 Satz 2 ZPO; BGHZ 7, 143), so ist nicht Nr. 9 sondern Nr. 3329 mit einer 0,5 Gebühr einschlägig. Die auf den ersten Blick der Nr. 9 widersprechende Regelung der Nr. 3329 hat folgenden Hintergrund: Der Antrag auf Vollstreckbarerklärung gem. §§ 537, 558 ZPO gehört nur dann zur Instanz, wenn der Anwalt den Auftrag zur Rechtsmitteleinlegung für den **vollen** Wert hat. Ist dagegen sein Rechtsmittelauftrag von vornherein auf einen Teilwert beschränkt, so erhält der Rechtsmittelanwalt zunächst nur Gebühren aus dem **Teilwert**. Stellte er nun zusätzlich Anträge zur Vollstreckbarerklärung hinsichtlich des nicht angefochtenen Urteilsteils, so ginge er insoweit gem. § 19 Abs. 1 Nr. 9 leer aus, weil er Gebühren nur aus dem angefochtenen Teil erhielte. Um hier einen gerechten Ausgleich zu schaffen, regelte die bisherige Sondernorm des § 49 Abs. 2 BRAGO, der nunmehr die Nr. 3329 entspricht, dass der Anwalt aus dem nicht angefochtenen Teilstreitwert die folgende Gebühr erhält.

Nr. 3329 lautet: »**Verfahrensgebühr im Verfahren auf Vollstreckbarerklärung der durch Rechtsmittelanträge nicht angefochtenen Teile eines Urteils (§§ 537, 558 ZPO): 0,5.**«

Die Nr. 3329 ist als Sondernorm (gegenüber § 19 Abs. 1 Nr. 9) ferner dann nicht einschlägig, 53
wenn der Rechtsmittelkläger sein Rechtsmittel, wie schon erwähnt, auf den ursprünglich nicht angefochtenen Teil erweitert, er das ursprüngliche volle Rechtsmittel nachträglich beschränkt oder die Parteien sich auch über den zunächst nach § 537 ZPO für vorläufig vollstreckbar erklärten Urteilsteil nachträglich insgesamt vergleichen. Denn in all diesen drei Fällen erhält der Anwalt die Gebühren aus dem **vollen** Streitwert, die Vollstreckbarerklärung gehört folgerichtig dann gem. § 19 Abs. 1 Nr. 9 zur Instanz und es besteht kein Bedürfnis nach einer zusätzlichen Gebühr nach Nr. 3329.

Abschnitt 3 – Angelegenheit

Erteilung des Notfrist- und Rechtskraftzeugnisses

54 Weder der Antrag des Anwalts auf Erteilung des Notfristzeugnisses (§ 706 Abs. 2 ZPO – an die Geschäftsstelle des Rechtsmittelgerichts) noch auf Erteilung des Rechtskraftzeugnisses (§ 706 Abs. 1 ZPO – an die Geschäftsstelle des Gerichts des ersten Rechtszuges) lösen eine besondere Gebühr aus. Sie gehören zur Instanz.

Dies gilt auch dann (keine gesonderten Gebühren), wenn der erstinstanzliche Anwalt sich an das Rechtsmittelgericht wendet (Hartmann Kostengesetze RVG § 19 Rn. 39).

10. Nr. 10 Einlegung von Rechtsmitteln beim Gericht desselben Rechtszuges – Teil 4 bis 6 VV (Strafsachen, Bußgeldsachen pp.)

55 Teil 4 VV betrifft Strafsachen, Teil 5 Bußgeldsachen und Teil 6 sonstige Verfahren (also Rechtshilfe in Strafsachen, Disziplinar- und berufsgerichtliche Verfahren sowie Freiheitsentziehungs- und Unterbringungssachen).

56 Vertritt der Rechtsanwalt seinen Mandanten im Hauptsacheverfahren und legt er anschließend ein Rechtsmittel beim entscheidenden Gericht ein, so gehört die Rechtsmitteleinlegung noch zur Instanz. Die Regelung der Nr. 10 betrifft allerdings nur den Verteidiger, der schon in der unteren Instanz tätig war, hingegen nicht den Anwalt der Rechtsmittelinstanz (Nr. 10 Hs. 2), wenn dieser also das Rechtsmittel einlegt.

Zur übergangsrechtlichen Problematik hat das OLG Frankfurt eine gut nachvollziehbare Entscheidung (NJW 2005, 377) getroffen:

Zwischen der ersten und zweiten Instanz gab es einen Pflichtverteidigerwechsel. Zur Prüfung stand die Frage an, ob dadurch Mehrkosten entstehen könnten. Das OLG verneinte diese Frage und untersuchte dabei die Gebühren des ersten Pflichtverteidigers. Es warf dabei die Frage auf, wann für denselben Verteidiger erstmals die Revisionsgebühr anfalle. Das OLG Frankfurt führte dazu aus:

»*Seine Revisionstätigkeit würde, da er in erster Instanz tätig war, mit seiner ersten Tätigkeit* **nach** *Einlegung des Rechtsmittels beginnen* (§ 19 Nr. 10; Gerold/Schmidt/von Eicken/Madert/Müller-Rabe RVG 17. Aufl. VV 4130 bis 4135 Rn. 1, VV 4124 bis 4129 Rn. 2).«

Das OLG führt dann weiter aus, der erste Pflichtverteidiger hätte in der Revisionsinstanz ebenso hohe Gebühren erhalten, wie der neue Pflichtverteidiger. Da die BRAGO die neue sogenannte Grundgebühr nicht kenne, falle sie im Rechtmittelzug (Revision) unter der Geltung des RVG erstmals an. Die Grundgebühr wäre somit durch die Tätigkeit des ersten Pflichtverteidigers in der Revisionsinstanz ausgelöst worden, obwohl er zur Zeit der Geltung der BRAGO bereits tätig geworden sei. Die Rechtsfrage müsse aber in diesem Sinne entschieden werden, weil sonst in Übergangsfällen eine undurchsichtige Gemengelage zwischen BRAGO und RVG entstehe.

11. Nr. 11 Vorläufige Einstellung, Beschränkung oder Aufhebung der Zwangsvollstreckung (ohne mündliche Verhandlung)

57 Einstellungsentscheidungen finden sich z. B. in den §§ 707, 719, 732 Abs. 2, 769, 771 Abs. 3, 788 Abs. 1 Satz 2 ZPO. Auch wenn es nach Erlass eines Einstellungsbeschlusses um die Erhöhung der Sicherheitsleistung geht, gehört diese Entscheidung ebenso noch zur Instanz (OLG Celle JurBüro 1971, 948 zum wortgleichen alten Recht).

Findet in den vorgenannten Verfahren eine abgesonderte mündliche Verhandlung statt, so gilt, wie das Gesetz ausdrücklich bestimmt, die Regelung nicht.

Rechtszug; Tätigkeiten, die mit dem Verfahren zusammenhängen | § 19

Vielmehr fallen dafür die besonderen Gebühren Nr. 3328 (0,5 Verfahrensgebühr) und Nr. 3332 (0,5 Terminsgebühr) an. Diese beiden Thesen werden bestätigt durch LAG München (AGS 2008, 18):

»Dem Kläger steht für die Entscheidung über einen Antrag auf Einstellung der Zwangsvollstreckung nach § 769 ZPO kein gesonderter Gebührenanspruch zu. Denn die Entscheidung über die Einstellung der Zwangsvollstreckung gehört zum Rechtszug und zum Verfahren der Hauptsache. Dies ergibt sich bereits aus § 19 Abs. 1 Ziff. 11 RVG. Danach gehört zum Hauptsacheverfahren ausdrücklich die vorläufige Einstellung, Beschränkung oder Aufhebung der Zwangsvollstreckung. Gehört die Angelegenheit zum Erkenntnisverfahren, kann für das Verfahren über die Entscheidung hierüber kein gesonderter Gebührenanspruch entstehen. Erst recht gilt dies für die hier vom Kläger geltend gemachte Verfahrensgebühr gem. Nr. 3309 VV. Die Tätigkeit des Rechtsanwalts ist hier durch die Gebühren im Erkenntnisverfahren abgegolten (vgl. Mayer/Kroiß-Gierl RVG Nr. 3309 VV Rn. 10; Bischof/Bräuer RVG 2. Aufl. Vorbem. 3.3.3 Nr. 3309 VV Rn. 13).

Anders wäre dies dann, wenn gem. § 19 Abs. 1 Nr. 11 RVG über die vorläufige Einstellung der Zwangsvollstreckung eine abgesonderte mündliche Verhandlung stattgefunden hätte. Dann stünde dem Kläger allerdings nicht die Gebühr Nr. 3309 VV, sondern sogar eine 0,5-Verfahrensgebühr nach Nr. 3328 VV zu. Eine solche Verhandlung hat hier jedoch nicht stattgefunden. Dies hätte nämlich vorausgesetzt, dass eine gerade vom Hauptsacheverfahren getrennte mündliche Verhandlung durchgeführt worden wäre, wie sich schon aus dem Wortlaut der Vorschrift ergibt (vgl. OLG München AnwBl. 1991, 167; Mayer/Kroiß-Gierl a. a. O. Nr. 3328 VV Rz. 4). Dass – wie im vorliegenden Verfahren – über den Antrag in einer **mündlichen Verhandlung im Zusammenhang mit der Verhandlung über die Hauptsache** stattgefunden hat, genügt gerade nicht (vgl. OLG Naumburg JurBüro 2002, 531; OLG Hamburg MDR 2001, 1441). Die Tätigkeit des Rechtsanwalts dabei ist durch die Mitwirkung an der Verhandlung über die Hauptsache abgegolten.«

OLG Koblenz (JurBüro 2007, 640 = AGS 2008, 63): »Begehrt der Räumungsschuldner außerhalb einer Vollstreckungsabwehrklage die einstweilige Anordnung von Räumungsschutz nach § 769 ZPO, gehört die anwaltliche Tätigkeit noch zum Ausgangsverfahren und ist nicht gesondert zu vergüten.«

Hessischer VGH (AGS 2008, 236): »Die Tätigkeit des Anwalts im auf eine einstweilige Maßnahme des Beschwerdegerichts nach § 570 Abs. 3 ZPO i. V. m. § 173 Satz 1 VwGO gerichteten Verfahren stellt grundsätzlich eine mit dem Beschwerdeverfahren zusammenhängende Tätigkeit im Sinne des § 19 Abs. 1 Satz 2 Nr. 11 RVG, § 2 Abs. 2 RVG i. V. m. Nr. 3328 des Vergütungsverzeichnisses (VV) dar, die nach den genannten Vorschriften nur bei abgesonderter mündlicher Verhandlung eine (weitere) halbe Gebühr auslöst.

12. Nr. 12 Erstmalige Erteilung der Vollstreckungsklausel

Sowohl das Verfahren auf Erteilung der Vollstreckungsklausel (§§ 724–726 ZPO) wie deren Umschreibung auf den Rechtsnachfolger (§§ 727–729 ZPO, vgl. OLG München Rpfleger 1972, 264) gehören zur Instanz. Zum Umschreibungsantrag durch **Rechtsnachfolger** siehe § 18 Rn. 26.

Das gilt nicht für die Erteilung einer **weiteren** vollstreckbaren Ausfertigung (§ 733 ZPO), z. B. beim Verlust der ersten Ausfertigung oder bei der Notwendigkeit der **gleichzeitigen** Mehrfachvollstreckung.

Hier fällt die besondere Gebühr des § 18 Nr. 7 (siehe § 18 Rn. 25; OLG Köln JurBüro 1995, 474; SchlHOLG JurBüro 1991, 1198) an.

Für die Klage auf Erteilung der Vollstreckungsklausel (§ 731 ZPO) fallen, wie das Gesetz hervorhebt (Nr. 12 Hs. 2), die Gebühren einer ganz normalen Klage an (also Verfahrensgebühr +

Abschnitt 3 – Angelegenheit

Terminsgebühr; Göttlich/Mümmler/Rehberg/Xanke RVG 1. Aufl. »Vollstreckungsklausel« Nr. 7: Klage auf Erteilung, Wert = Wert des Anspruchs, der beigetrieben werden soll; OLG Köln Rpfleger 1969, 247; LG Hildesheim NJW 1964, 1232; Mayer/Kroiß RVG § 19 Rn. 96).

13. Nr. 13 Kostenfestsetzung und Einforderung der Vergütung

62 Die neue Nr. 13 (Kostenfestsetzung und Einforderung der Vergütung) ist aus § 37 Nr. 7 übernommen. Die bisherige Hervorhebung, dass die anschließende Kostenfestsetzungs**erinnerung** nicht zur Instanz gehört, fehlt. Dies wird aber jetzt an anderer Stelle betont: § 18 Nr. 5 regelt jetzt ausdrücklich, dass jedes Erinnerungsverfahren (§ 11 RPflG) und jedes Beschwerdeverfahren (§ 104 Abs. 3 ZPO) eine besondere Angelegenheit darstellt.

Die Gesetzesbegründung zu § 18 Nr. 5 lautet (BT-Drs. 15/1971, S. 193) überzeugend:

»*In Nummer 5 soll klargestellt werden, dass Beschwerde- und Erinnerungsverfahren grundsätzlich eine besondere Angelegenheit bilden. Hiervon sollen jedoch mehrere Verfahren über die Beschwerde und die Erinnerung gegen die Kostenfestsetzung und den Kostenansatz in demselben Rechtszug ausgenommen werden* (§ 16 Nr. 12).«

Das bedeutet, das Beschwerdeverfahren oder Erinnerungsverfahren steht außerhalb des Gebührenrechtszuges des Prozesses (§ 19).

63 **Einforderung der Vergütung** meint: Das Erstellen einer Rechnung gegenüber der Partei (§ 10) oder das **vereinfachte Festsetzungsverfahren** gegen die eigene Partei (§ 11).

Stellt der zweitinstanzliche Anwalt beim erstinstanzlichen Rechtspfleger den Kostenfestsetzungsantrag, so wird diese Tätigkeit ebenfalls durch die Gebühren der Hauptsache in der Berufungsinstanz abgegolten (Fall der Nr. 13).

64 Hat die Partei sich in der ersten Instanz selbst vertreten und vertritt der Anwalt die Partei nur im Kostenfestsetzungsverfahren, so erhält er die 0,8 Gebühr nach Nr. 3403 Anmerkung (Verfahrensgebühr für sonstige Tätigkeiten) aus dem Wert der geltend gemachten Kosten (Mümmler JurBüro 1978, 821).

14. Nr. 14 Schaffung einer Rentenanwartschaft im Scheidungsverfahren

65 Zur Klarstellung nennt das Gesetz ausdrücklich die Festsetzungsnorm des § 53 e **Abs. 2** FGG. Das Festsetzungsverfahren (nach einer Ehegattenvereinbarung § 1587 o Abs. 2 BGB) gehört zum Rechtszug der Ehesache. Nichtergriffen von Nr. 14 ist das Abänderungsverfahren nach § 53 e **Abs. 3** FGG, denn nur das Festsetzungsverfahren selbst, **Abs. 2**, ist in Nr. 14 genannt.

15. Nr. 15 Zustellung von Titeln

66 Die Zustellung von Vollstreckungstiteln, der Klausel und der in § 750 ZPO genannten Urkunden sind keine besonderen Tätigkeiten und gehören zum Rechtszug (Gerold/Schmidt/von Eicken/Madert/Müller-Rabe RVG 17. Aufl. § 19 Rn. 95). In Nr. 15 wird neben Titel und Klausel ausdrücklich nur der § 750 ZPO genannt. Es fragt sich, ob die Regelung der Nr. 15 dann nicht gilt (also besondere Angelegenheit), wenn der Anwalt im Zusammenhang mit der Zwangsvollstreckung sonstige Urkunden zustellt, wie etwa den Nachweis der Sicherheitsleistung (Bankbürgschaft) oder Rechtskraftattest, Erbschein usw. Die Antwort gibt der Abs. 1 Satz 2 des § 19. Dort wird das Wort »**insbesondere**« gebraucht. Die vorgenannten Zustellungen sind weitere Zusammenhangshandlungen und lösen damit, wenn auch diese Urkunden zugestellt werden, keine besondere Gebühr aus. Auch sie gehören infolge des Wortlauts des § 19 gebührenrechtlich noch zur Erkenntnisinstanz, obwohl sie materiell Zwangsvollstreckungshandlungen sind (Göttlich/Mümmler/Rehberg/Xanke RVG 1. Aufl. »Zustellung«; Gebauer/Schneider RVG § 19 Rn. 116).

Rechtszug; Tätigkeiten, die mit dem Verfahren zusammenhängen | § 19

Wird ein Anwalt nur mit der Zustellung beauftragt, so löst das die Zwangsvollstreckungsgebühr Nr. 3309, eine 0,3 Gebühr aus (Gebauer/Schneider RVG § 19 Rn. 116). Der Ansicht von *Müller-Rabe* (Gerold/Schmidt/von Eicken/Madert/Müller-Rabe RVG 16. Aufl. VV 3309 Rn. 388), der Anwalt verdiene dadurch die 0,8 Gebühr der Nr. 3403 (Verfahrensgebühr für sonstige Tätigkeiten) kann nicht gefolgt werden. Diese Ansicht ist auch in der 17. Auflage aufgegeben.

Betreibt dieser Anwalt neben der Zustellung auch die übrige Zwangsvollstreckung, so erfällt nur einmal die Vollstreckungsgebühr der Nr. 3309.

Wegen weiterer Einzelheiten wird auf § 18 Nr. 3 und dort Rn. 14 verwiesen.

16. Nr. 16 Aussetzung der Vollziehung u. Anordnung der sofortigen Wirksamkeit

Aussetzung der Vollziehung und Anordnung der sofortigen Wirksamkeit in **FGG-Sachen** (§ 24 Abs. 2 und 3 FGG) gehören wie die entsprechende Regelung der **Zwangsvollstreckungseinstellungen** (Nr. 11) zur Instanz. Nach § 24 Abs. 2 FGG kann das Gericht, dessen Verfügung angefochten wird, anordnen, dass die Vollziehung auszusetzen ist. Dieselbe Befugnis hat nach Abs. 3 das Beschwerdegericht. 67

17. Nr. 17 Herausgabe der Handakten bzw. deren Übersendung

Die Herausgabe der Handakten bzw. deren Übersendung an einen anderen Rechtsanwalt gehören zur Instanz. Enthält die Aktenübersendung an den Rechtsmittel-Anwalt allerdings **im Einverständnis** des Auftraggebers gutachterliche Äußerungen, so erfällt dafür nach der Anmerkung zu Nr. 3400 eine Gebühr in Höhe der Verfahrensgebühr des Rechtsmittelanwalts, höchstens jedoch 1,0 (Mayer/Kroiß RVG § 19 Rn. 104; Gebauer/Schneider RVG § 19 Rn. 126; Gerold/Schmidt/von Eicken/Madert/Müller-Rabe RVG 16. Aufl. § 19 Rn. 157, VV 3400 Rn. 111). 68

Die Anforderungen an einen insoweit **schlüssig** erteilten Auftrag sind allerdings nach einem Urteil des BGH (JurBüro 1991, 1647) sehr hoch anzusetzen.

Nrn. 3400 und 2100 sind wie folgt abzugrenzen:

Nr. 2100 regelt gutachterliche Äußerungen im Bezug auf die Erfolgsaussichten eines Rechtsmittels gegenüber der Partei.

Nr. 3400 regelt gutachterliche Äußerungen gegenüber dem Rechtsmittelanwalt (Gebauer/Schneider RVG Nr. 2200 – heute 2100 – Rn. 5).

Diese Norm (Anmerkung zu Nr. 3400) ist platziert als Zusatz zu der Verkehrsanwaltsgebühr der Nr. 3400, wobei es beim Grundfall um die Tatsacheninformation geht, während nach der Anmerkung die gleiche Gebühr auch erfällt, wenn der erstinstanzliche Anwalt zwar nicht den Verkehr übernommen hat, aber schon mit der Aktenübersendung an den Rechtsmittelanwalt gutachterliche Äußerungen abgibt. Die beiden Normen (Nr. 3400 und Nr. 2100) sind nicht berührt von der Gesetzesnovelle 01.07.2006, denn der neue § 34 gilt nur für einen mündlichen oder schriftlichen **Rat** an die Partei oder deren **Beratung**/Auskunft. Im Einzelfall kann die Abgrenzung der drei Normen Nr. 2100, Nr. 3400 und § 34 schwierig sein.

18. Abs. 2 Nr. 1 Durchsuchungsanordnungen u. Nachtzeitvollstreckungen

Der **Abs. 2** nimmt für seine 5 Ziffern zunächst Bezug auf § 18 Nr. 3 und 4. 69

Die Zwangsvollstreckungsgebühr beträgt 0,3, siehe Nr. 3309.

Mit dieser Gebühr wird die gesamte Zwangsvollstreckung einer Maßnahme abgegolten. Die im Absatz 2 aufgeführten Nebengeschäfte gehören zu den in § 18 Nrn. 3 und 4 genannten

Abschnitt 3 – Angelegenheit

Vollstreckungs- und Vollziehungsmaßnahmen. Es wir allerdings nicht die gesamte Zwangsvollstreckung zusammengefasst und einmal mit einer 0,3 Gebühr abgegolten. Vielmehr löst jede gesonderte Zwangsvollstreckungsmaßnahme mit ihren Nebengeschäften die 0,3 Gebühr erneut aus (vgl. § 18 Rn. 14).

70 **Abs. 2 Nr. 1: Gerichtliche Anordnungen nach § 758 a ZPO**

§ 758 a ZPO ist durch die 2. Zwangsvollstreckungsnovelle von 1999 in das Gesetz als Folge der Entscheidung des Bundesverfassungsgerichts von 1979 (NJW 1979, 539) eingefügt worden. Danach muss dem Betreten der Wohnung des Schuldners durch den Gerichtsvollzieher eine richterliche Durchsuchungsanordnung vorausgehen, es sei denn, der Erfolg der Durchsuchung wäre dadurch gefährdet. Die Tätigkeiten des Anwalts bei solch einem Verfahren gehören als Nebentätigkeiten zur **Zwangsvollstreckungsinstanz** (§ 18 Nr. 3) der betreffenden Vollstreckungsmaßnahme, etwa Herausgabevollstreckung oder Sachpfändung.

Gleiches gilt für ein Antragsverfahren auf Nachtvollstreckung (§ 758 Abs. 4 ZPO): 21.00 h bis 6.00 h. Auch eine neue Durchsuchungsanordnung, weil der Schuldner die Wohnung gewechselt hat, löst keine neue Vollstreckungsgebühr aus, denn die Zwangsvollstreckungsmaßnahme bleibt dieselbe (LG Bamberg DGVZ 1999, 93).

19. Abs. 2 Nr. 2 Erinnerung nach § 766 ZPO

70 a Die Novelle zum RVG beseitigt die Unklarheit, ob die Erinnerung nach § 766 ZPO, wie die unter § 19 Absatz 1 Nr. 5 genannte Erinnerung, als zur Instanz (Zwangsvollstreckungsinstanz) gehörig zu betrachten ist (so schon Schneider/Wolf RVG 3. Aufl. VV 3500 Rn. 60) und damit nur eine 0,3 Gebühr auslöst oder ob sie, weil in § 19 nicht genannt, eine 0,5 Gebühr nach VV Nr. 3500 auslöst (Mayer/Kroiß RVG 2. Aufl. Nr. 3500 VV Rn. 3, sowie die Vorauflage, Vorbemerkung 3.5 Rn. 13; LG Mönchengladbach JurBüro 2006, 76). Die ausdrückliche Aufzählung sagt, sie gehört zur Instanz und löst **keine besondere** Gebühr aus, sondern, wie sonstige ZV-Handlungen, nur die 0,3 Gebühr.

20. Abs. 2 Nr. 3 Bestimmung eines Gerichtsvollziehers oder Sequesters

71 Die Norm regelt nicht allzu häufig vorkommende Zwangsvollstreckungssituationen (Gerichtsvollzieher: §§ 827 Abs. 1, 854 Abs. 1 ZPO und Sequester: §§ 848, 855 ZPO).

72 **§ 827 Abs. 1 ZPO** regelt, dass bei einer Anschlusspfändung durch einen anderen Gerichtsvollzieher der Auftrag auf den Gerichtsvollzieher, der die erste Pfändung bewirkt hat, kraft Gesetzes übergeht, sofern nicht das Vollstreckungsgericht auf **Antrag** eines beteiligten Gläubigers oder des Schuldners anordnet, dass die Verrichtungen jenes Gerichtsvollziehers von einem anderen zu übernehmen seien. Das dort genannte **Antragsverfahren** gehört zur in die Wege geleiteten Zwangsvollstreckungsmaßnahme. Wird ein Herausgabeanspruch, der eine bewegliche körperliche Sache betrifft, für mehrere Gläubiger gepfändet (**§ 854 Abs. 1 ZPO**), so wird der Gerichtsvollzieher, an den der Drittschuldner die Sache herauszugeben hat, wenn ihn der Gläubiger nicht bezeichnet hat, auf Antrag des Drittschuldners von dem Amtsgericht des Ortes ernannt, an dem die Sache herauszugeben ist. Auch dieses Antragsverfahren gehört zur Instanz.

73 **§ 848 ZPO** regelt bei der Pfändung eines Anspruchs, der eine unbewegliche Sache betrifft, die Herausgabe an einen auf Antrag zu bestellenden Sequester. Bei der Pfändung dieses Anspruchs für mehrere Gläubiger (**§ 855 ZPO**) hat der Drittschuldner die Sache an einen vom Amtsgericht der belegenen Sache ernannten oder auf seinen **Antrag** zu ernennenden Sequester herauszugeben. Beide Antragsverfahren gehören als Nebentätigkeiten zur Zwangsvollstreckungsinstanz der in die Wege geleiteten Maßnahme.

21. Abs. 2 Nr. 43 Anzeige der ZV-Absicht bei Vollstreckung gegen juristische Personen des öffentlichen Rechts

Es ist eine zur Instanz der Zwangsvollstreckung gehörende Angelegenheit, wenn der Anwalt des Gegners einer juristischen Person des öffentl. Rechts die Zwangsvollstreckungsabsicht nach § 882 ZPO anzeigt (OLG Frankfurt JurBüro 1981, 571). Für die gesamte Zwangsvollstreckungsmaßnahme erhält er die 0,3 Verfahrensgebühr gemäß Nr. 3309. **74**

22. Abs. 2 Nr. 5 Androhung von Ordnungsgeld

Wird mit dem Urteil selbst noch nicht die Strafandrohung bei einem Unterlassungs- oder Duldungsurteil verbunden (§ 890 Abs. 2 ZPO erlaubt das), so gehört das dann erforderliche Androhungsverfahren zur Instanz der Zwangsvollstreckung (BGH NJW 1979, 217). Der Anwalt, der auch später die Partei im Bestrafungsverfahren vertritt, verdient somit die Zwangsvollstreckungsgebühr (Nr. 3309) nur einmal. Er hat sie bereits mit Beantragung des Strafandrohungsbeschlusses, wenn dieser isoliert beantragt wird, verdient (KG JurBüro 2004, 46; vgl. näher § 18 Rn. 39); das gilt, wie aus § 18 Nr. 15 folgt, auch dann, wenn er die Partei bereits im Erkenntnisverfahren vertreten hat (OLG München NJW 1968, 411). **75**

Beantragt er die Strafandrohung schon im Erkenntnisverfahren (vgl. § 890 Abs. 2 ZPO), so gehört sie gebührenrechtlich zu dieser Instanz, also dem Erkenntnisverfahren (Gerold/Schmidt/von Eicken/Madert/Müller-Rabe RVG 17. Aufl. VV 3309 Rn. 298), obwohl die im Erkenntnisverfahren ausgesprochene Strafandrohung nach der Rechtsprechung schon zur Zwangsvollstreckung gehört (Vereinigte Zivilsenate RGZ 42, 419). Wird die Duldung oder Unterlassung in einem Prozessvergleich tituliert, so kann die Strafandrohung, da sie hoheitlichen Charakter hat, nicht in den Prozessvergleich (Vertrag der Parteien) aufgenommen werden. Der Richter kann den Strafandrohungsbeschluss auch nicht sofort im Anschluss an den Prozessvergleich in derselben Verhandlung erlassen, denn die Zwangsvollstreckung setzt Titel, Klausel und Zustellung voraus. Klausel und Zustellung fehlen dann noch. Nach deren Erledigung kann der Gläubiger den Strafandrohungsbeschluss beantragen (0,3 Gebühr nach Nr. 3309). **76**

23. Abs. 2 Nr. 6 Aufhebung einer Vollstreckungsmaßnahme

Die Vertretung in diesem Verfahren (Aufhebung einer Vollstreckungsmaßnahme) gehört zur Zwangsvollstreckungsmaßnahme, die der Anwalt eingeleitet oder auch nur fortgesetzt hat. **77**

War der Anwalt aber an der Vollstreckung nicht beteiligt, so verdient er die Zwangsvollstreckungsgebühr der Nr. 3309 auch durch seine Beteiligung an der Aufhebung einer Vollstreckungsmaßnahme. Dieser Fall kommt in der Praxis nicht selten vor.

Der Anwalt des Schuldners, der die Aufhebung der Vollstreckungsmaßnahme beantragt, wird nicht selten als erstes gerade diese Maßnahme beantragen, wenn er mit dieser bisher ihm fremden Zwangsvollstreckungssache beauftragt ist. Schon durch diesen Antrag löst er erstmalig die Gebühr nach Nr. 3309 (Verfahrensgebühr in der Zwangsvollstreckung) aus (Mayer/Kroiß RVG § 19 Rn. 114), auch wenn danach noch weitere Handlungen des Anwalts im Aufhebungsverfahren hinzutreten.

Für alle Fälle der Vertretung in Zwangsvollstreckungssachen (**Verfahrensgebühr** 0,3) gilt, dass der Anwalt, falls es zu einem gerichtlichen Termin in der Zwangsvollstreckung kommt, daneben die **Terminsgebühr** (Nr. 3310) von 0,3 geltend machen kann. **78**

Abschnitt 3 – Angelegenheit

§ 20
Verweisung, Abgabe

¹Soweit eine Sache an ein anderes Gericht verwiesen oder abgegeben wird, sind die Verfahren vor dem verweisenden oder abgebenden und vor dem übernehmenden Gericht ein Rechtszug. ²Wird eine Sache an ein Gericht eines niedrigeren Rechtszugs verwiesen oder abgegeben, ist das weitere Verfahren vor diesem Gericht ein neuer Rechtszug.

Inhaltsübersicht

	Rn.		Rn.
A. Allgemeines	1	c) Gegenstandsidentität	19
B. Kommentierung	9	d) Verweisung nach dem 01.07.2004 / Änderungen des RVG	24
I. Anwendungsbereich	9	e) Strafsachen	28
II. Der Tatbestand im Einzelnen	13	f) Wechsel von Gebührenarten	36
1. Horizontalverweisung, § 20 Satz 1	13	g) Arbeitsgerichtssachen	40
a) Allgemeines	13	2. Diagonalverweisung, § 20 Satz 2	42
b) Kein neuer Rechtszug	17	3. Erstattungsfähigkeit von Mehrkosten	47

A. Allgemeines

1 Nach § 15 Abs. 2 Satz 2 kann der Rechtsanwalt die Gebühren in jedem Rechtszug fordern. Welche Tätigkeiten zum Rechtszug gehören und damit nicht gesondert abrechenbar sind, regelt § 19. § 20 stellt insofern eine Ergänzung dar, als er für die Fälle von Verweisung oder Abgabe bestimmt, wann von einem neuen und wann von demselben Rechtszug auszugehen ist.

2 Dabei sind in § 20 die so genannte Horizontal- und Diagonalverweisung gebührenrechtlich geregelt. Während § 20 Satz 1 die Verweisung an ein Gericht innerhalb der gleichen Instanz regelt (Horizontalverweisung), befasst sich § 20 Satz 2 mit der Verweisung von einem Rechtsmittelgericht an ein Gericht des niedrigeren (nicht untergeordneten) Rechtszugs (Diagonalverweisung).

3 Schwierigkeiten bei der Abrechnung können sich z. B. dann ergeben, wenn eine Angelegenheit nach Verweisung gebührenrechtlich völlig anders zu behandeln ist. Wird beispielsweise eine Zivilsache nach Verweisung als sozialgerichtliches Verfahren im Sinne von § 3 weitergeführt, sind statt Wert- nun Betragsrahmengebühren anzuwenden. Auf diese Abrechnungsschwierigkeiten wird im Nachfolgenden unter Rn. 36 ff. eingegangen.

4 In der Praxis werden drei verschiedene Arten von Verweisungen unterschieden: Die Horizontalverweisung, die Vertikalverweisung und die Diagonalverweisung. In § 20 Satz 1 ist die sog. **Horizontalverweisung** geregelt. Damit sind die Fälle gemeint, in denen eine Verweisung / Abgabe einer Sache an ein anderes Gericht wegen **örtlicher oder sachlicher Unzuständigkeit** oder aber auch wegen **Unzulässigkeit des Rechtsweges** an ein anderes Gericht der gleichen instanzlichen Ebene verwiesen wird.

5 • Beispiele

– Das Amtsgericht München verweist den Rechtsstreit wegen örtlicher Unzuständigkeit an das Amtsgericht Rosenheim.
– Das Landgericht Bonn (1. Instanz) verweist wegen Unzuständigkeit des zivilgerichtlichen Rechtsweges an das Arbeitsgericht Siegburg.
– Das Landgericht München II, 1. Instanz verweist eine Wohnraummietsache wegen sachlicher Unzuständigkeit an das Amtsgericht Starnberg.

Bei der **Vertikalverweisung** wird ein Verfahren von einem Rechtsmittelgericht an ein im Instanzenzug **untergeordnetes** Gericht zurückverwiesen. Die Vertikalverweisung betrifft regelmäßig die Fälle des § 21, siehe auch die Kommentierung dort. 6

Bei der **Diagonalverweisung** verweist **ein Rechtsmittelgericht** an ein **erstinstanzliches Gericht**, das mit der Sache bisher **nicht betraut** war, z. B. weil sich erst in zweiter Instanz die örtliche oder sachliche Unzuständigkeit oder auch die Unzulässigkeit des Rechtsweges ergibt. 7

- **Beispiele** 8
- Das Landgericht München I verweist als 2. instanzliches Gericht die Sache an das Amtsgericht Rosenheim.
- Das Landesarbeitsgericht München verweist an das Amtsgericht München.

B. Kommentierung

I. Anwendungsbereich

§ 20 gilt für alle gerichtlichen Verfahren, somit für: 9
- den Zivilprozess,
- Angelegenheiten der Freiwilligen Gerichtsbarkeit,
- Strafsachen,
- Arbeitsgerichtssachen,
- Verwaltungsgerichtssachen,
- Finanzgerichtssachen,
- Sozialgerichtssachen,
- und Verfahren anderer Gerichtsbarkeiten (z. B. Patentgerichtsbarkeit, Verfassungsgerichtsbarkeit, etc.).

Nicht zur Anwendung kommt § 20, wenn von einem Gericht an eine Verwaltungsbehörde, an die Bußgeldstelle, oder eine Strafsache an die Staatsanwaltschaft verwiesen wird (Hartmann Kostengesetze § 20 Rn. 3; Schneider/Wolf RVG vor §§ 20, 21 Rn. 4; Burhoff RVG Straf- und Bußgeldsachen § 20 Rn. 3 (S. 513)). 10

Ist auf Grund der Vorschriften über die örtliche oder sachliche Zuständigkeit der Gerichte die Unzuständigkeit des Gerichts auszusprechen, so hat das angegangene Gericht, sofern das zuständige Gericht bestimmt werden kann, auf Antrag des Klägers durch Beschluss sich für unzuständig zu erklären und den Rechtsstreit an das zuständige Gericht zu verweisen; sind mehrere Gerichte zuständig, so erfolgt die Verweisung an das vom Kläger gewählte Gericht., § 281 Abs. 1 ZPO. Sofern der Kläger einen Antrag nach § 281 Abs. 1 ZPO nicht stellt, ist die Klage als unzulässig abzuweisen. Dies hindert den Kläger nicht, die Klage erneut (beim zuständigen Gericht) einzureichen. In einem solchen Fall liegt kein Fall des § 20 vor, sondern es sind vielmehr zwei gebührenrechtlich selbständige Angelegenheiten anzunehmen. 11

Ob die Verweisung zu Unrecht erfolgt, ist gebührenrechtlich nicht relevant (Hartmann Kostengesetze § 20 RVG Rn. 4). 12

II. Der Tatbestand im Einzelnen

1. Horizontalverweisung, § 20 Satz 1

a) Allgemeines

Ist aufgrund der Vorschriften über die örtliche oder sachliche Zuständigkeit der Gerichte die Unzuständigkeit des Gerichts auszusprechen, so hat sich das angegangene Gericht, sofern 13

Abschnitt 3 – Angelegenheit

das zuständige Gericht bestimmt werden kann, auf Antrag des Klägers durch Beschluss für unzuständig zu erklären und den Rechtsstreit an das zuständige Gericht zu verweisen, § 281 Abs. 1 Satz 1 ZPO.

14 Für die Anrufung des falschen Rechtswegs gilt § 17a Abs. 2 Satz 1 GVG. Das Gericht gibt nach Anhörung der Parteien von Amts wegen den Rechtsstreit an das zuständige Gericht des zulässigen Rechtswegs ab, wenn der beschrittene Rechtsweg unzulässig ist.

15 Die Abgabe oder Verweisung nach § 20 Satz 1 (die gebührenrechtlich einen Rechtszug darstellt) kommt in aller Regel meist in der ersten Instanz vor. Nur äußerst selten wird es zu einer Verweisung nach § 20 Satz 1 im Rechtsmittelverfahren kommen. Dies scheitert in der Praxis i. d. R. meist daran, dass bei Einlegung des Rechtsmittels die Rechtsmittelfrist ausgeschöpft wurde.

16 • **Beispiel**
Eine Berufung gegen das Urteil des Amtsgerichts München wird beim Landgericht München II eingelegt. Eine Verweisung an das zuständige Landgericht München I ist zwar theoretisch möglich, wird jedoch in der Praxis meist daran scheitern, dass die Berufung i. d. R. am letzten Tag eingelegt wird.

b) Kein neuer Rechtszug

17 Wird nach § 20 Satz 1 an ein Gericht der gleichen instanzlichen Ebene abgegeben, so sind die Verfahren vor dem verweisenden oder abgebenden und vor dem übernehmenden Gericht ein Rechtszug. Dies bedeutet, dass die Gebühren nach § 15 Abs. 2 Satz 2 insgesamt nur einmal berechnet werden können.

18 • **Beispiel**
Rechtsanwalt J reicht Klage beim Amtsgericht Neuss auf Räumung von Wohnraum ein. Das AG Neuss erklärt sich nach Einreichung der Klage für örtlich unzuständig, Rechtsanwalt J beantragt für den Kläger die Abgabe an das örtlich zuständige AG Düsseldorf. Rechtsanwalt J vertritt den Kläger nun im Prozess vor dem AG Düsseldorf. Rechtsanwalt J kann einmal eine 1,3 Verfahrensgebühr Nr. 3100 abrechnen.

c) Gegenstandsidentität

19 Nach § 23 Abs. 1 RVG i. V. m. § 40 GKG gilt für die Wertberechnung der Zeitpunkt der den jeweiligen Streitgegenstand betreffenden Antragstellung als maßgebend, der den Rechtszug einleitet. Wertschwankungen, die auf einer Kursschwankung beruhen, haben daher bei einer Verweisung nach § 20 Satz 1 keinen Einfluss auf den Gegenstandswert. Da es bei einem Rechtszug bleibt, ändert sich der Wert hierdurch nicht.

20 Etwas anderes kann dann gelten, wenn sich der Gegenstandswert (z. B. durch Teilanerkenntnis) nach Verweisung verringert hat. Da § 20 Satz 1 regelt, dass die Verfahren vor dem verweisenden oder abgebenden und vor dem übernehmenden Gericht nur **soweit** ein Rechtszug sind, als eine Sache an ein anderes Gericht verwiesen oder abgegeben wird, können sich jedoch bei der Abrechnung verschiedene Fallkonstellationen ergeben.

21 Verringert sich beispielsweise der Gegenstandswert nach Verweisung, so kann der Rechtsanwalt die vor Verweisung entstandenen Gebühren aus dem höheren Wert berechnen (Schneider/Wolf RVG § 20 Rn. 11).

22 Sofern sich der Streitwert nach der Verweisung erhöht, erhält der Rechtsanwalt die Gebühren nach dem höheren Wert nur, soweit sie vor dem übernehmenden Gericht entstehen.

23 • **Beispiel**
Rechtsanwalt R erhebt Klage vor dem Landgericht München I auf Zahlung von € 14.000,00. Nach streitiger Verhandlung wird die Sache an das zuständige Landgericht Koblenz verwiesen. Der Kläger beantragt in einer Klageerweiterung weitere € 6.000,00. Bevor es zu einem

Verhandlungstermin kommt, stirbt der Kläger. Die Erben wollen das Verfahren nicht weiter betreiben, die Klage wird zurückgenommen.

Entstanden sind:

1,3 Verfahrensgebühr, Nr. 3100 aus dem Wert von € 20.000,00;
1,2 Terminsgebühr, Nr. 3104 aus dem Wert von € 16.000,00.
§ 20 Satz 1 ist zu zitieren.

d) Verweisung nach dem 01. 07. 2004/Änderungen des RVG

Ist die Angelegenheit vor In-Kraft-Treten des RVG anhängig geworden, und erfolgt die Verweisung nach In-Kraft-Treten des RVG, so hat die Abrechnung nach wie vor nach BRAGO zu erfolgen, da § 20 Satz 1 RVG keinen neuen Rechtszug auslöst. Damit bleibt die Bundesrechtsanwaltsgebührenordnung nach § 134 Abs. 1 Satz 1 BRAGO maßgebend. 24

Auch eine Änderung des Gebührenrechts während der Abgabe ändert nichts daran, dass das »alte« Gebührenrecht (ggf. das RVG in einer früheren Fassung) anwendbar bleibt. 25

• **Beispiel** 26
Nach Auftragserteilung im Dezember 2004 erfolgt eine Klageeinreichung im Januar 2005. Da es für die Anwendung des richtigen Rechts auf den Zeitpunkt des unbedingten Klageauftrags ankommt, ist das RVG in der Fassung bis zum 31. 12. 2004 anwendbar. Erfolgt eine Verweisung im Februar 2005, ändert dies hieran nichts. Änderungen des RVG, die zum 01. 01. 2005 in Kraft getreten waren (z. B. durch das Anhörungsrügengesetz), haben hierauf keine Auswirkungen.

Grundsätzlich gilt, dass bereits entstandene Gebühren nicht wieder wegfallen, wenn sich nachträglich eine Reduzierung der Angelegenheit z. B. durch vorzeitige Erledigung oder Beendigung ergibt, § 15 Abs. 4. Eine Vielzahl an Problemen, die sich dadurch ergeben hat, dass nach einer Verweisung andere Gebührensätze anzuwenden sind, ist durch die Aufnahme der FGG-Angelegenheiten in Teil 3 des Vergütungsverzeichnisses und die damit erfolgte gebührenrechtliche Gleichbehandlung von ZPO-, FGG-Sachen und Verfahren nach der Hausratsverordnung weggefallen. 27

e) Strafsachen

Häufig kommt es in Strafsachen zu einer Verweisung an ein anderes Gericht. **Erhöht** sich der Betragsrahmen, da z. B. statt vor dem Strafrichter nunmehr das Verfahren vor der großen Strafkammer fortgeführt wird, war schon zu Zeiten der BRAGO die Rechtsprechung strittig, ob nun die Gebühren nach dem erhöhten Betragsrahmen oder aber zumindest bis zur Verweisung für die bis dahin entstandenen Gebühren nach dem niedrigeren Rahmen zu berechnen sind (für den höchsten Gebührensatz: OLG Hamburg JurBüro 1990, 478; OLG Düsseldorf JurBüro 1982, 1528 = MDR 1982, 1042; LG Göttingen JurBüro 1988, 1177; OLG Schleswig JurBüro 1984, 867; **a. A.** (für abgeschlossene Gebührentatbestände bleibt es beim geringeren Rahmen): OLG Hamburg AnwBl. 1981, 202 = MDR 1961, 519; LG Krefeld JurBüro 1981, 546 = Rpfleger 1981, 320; OLG Hamm AnwBl. 1966, 141; OLG Hamburg JurBüro 1990, 478 = MDR 1990, 91 = Rpfleger 1990, 223 unter Aufgabe der bisherigen gegenteiligen Auffassung). Nach Burhoff richtet sich die Höhe der Verfahrensgebühr für das gerichtliche Verfahren nach dem Rahmen des höchsten mit der Sache befassten Gerichts (Burhoff RVG Straf- und Bußgeldsachen § 20 Rn. 8 (S. 514)). Der Auffassung ist zuzustimmen, da die Verfahrensgebühr als Betriebsgebühr die Tätigkeiten des Anwalts außerhalb des Verhandlungstermins abgilt. Die Terminsgebühr kann dagegen nur in der Höhe des Satzrahmens entstehen, der für »diesen« Termin, der abgerechnet wird, gültig ist (so auch Burhoff, a. a. O.). Dies ist auch nach dem RVG nicht weiter problematisch, da es die Unterscheidung zwischen Hauptverhandlungs- und Fortsetzungsverhandlungsgebühr nicht mehr gibt. Da sowohl die Grund- als auch die (Vor-)Verfahrensgebühr nach Nr. 4104 (u. 4105) nicht mehr abhängig von der Ordnung des Gerichts ist, stellt sich für diese beiden Gebühren die Frage ohnehin nicht. 28

Abschnitt 3 – Angelegenheit

29 Da nach dem RVG **einzelne** Verfahrensabschnitte honoriert werden, ist diese Frage nach Ansicht der Verfasserin einer differenzierten Betrachtung zu unterziehen. Die Grundgebühr nach Nr. 4100 entsteht beispielsweise immer i. H. v. € 30,00 bis € 300,00 für den Wahlverteidiger und i. H. v. € 232,00 für den gerichtlich bestellten oder beigeordneten Rechtsanwalt (Gebühr Nr. 4100; mit Zuschlag bei Inhaftierung des Mandanten siehe Nr. 4101). Die Grundgebühr ist daher nicht abhängig von der Ordnung des Gerichts und wirft damit für die Abrechnungspraxis keine Probleme auf. Gleiches gilt für die Terminsgebühr nach Nr. 4102 für richterliche, staatsanwaltschaftliche oder polizeiliche Vernehmungen und Verhandlungen, Verhandlungen i. R. d. Täter-Opfer-Ausgleichs sowie Sühnetermine nach § 380 StPO. Die Vorverfahrensgebühr nach Nr. 4104 (Nr. 4105 – Gebühr mit Zuschlag) ist ebenfalls nicht mehr abhängig von der Ordnung des Gerichts und somit bei der Abrechnung ebenfalls unproblematisch.

30 Bei den Verfahrensgebühren könnte sich die Frage stellen, ob diese danach zu berechnen sind, vor welchem Gericht Anklage erhoben worden ist, oder aber danach, vor welchem Gericht tatsächlich die Hauptverhandlung stattfindet. Da die Verfahrensgebühr in Strafsachen jedoch nunmehr für das Betreiben des Geschäfts einschließlich der Information entsteht, vgl. dazu Abs. 2 der Vorbem. 4 VV, ist bei der Verfahrensgebühr immer von der höheren Ordnung des Gerichts auszugehen, unabhängig davon, ob zunächst Anklage vor einem Gericht einer niedrigeren Ordnung erhoben und das Verfahren dann vor einem höheren Gericht fortgesetzt wird oder aber auch im umgekehrten Fall zunächst vor dem höher gestellten Gericht Anklage erhoben wird und die Verhandlung dann vor einem niedrigeren Gericht fortgeführt werden sollte.

31 Voraussetzung für die Inansatzbringung der höheren Verfahrensgebühr ist natürlich eine entsprechende Tätigkeit im gerichtlichen Verfahren nach Verweisung an ein Gericht einer höheren Ordnung.

32 Was die einzelnen Terminsgebühren betrifft, so kann nach Ansicht der Verfasserin auf die jeweiligen Hauptverhandlungstage abgestellt werden. Da in Strafsachen der Rechtsanwalt die Terminsgebühren für jeden einzelnen Hauptverhandlungstag erhält, dürfte sich die Höhe der Terminsgebühren immer danach richten, vor welchem Gericht die jeweilige Hauptverhandlung tatsächlich stattgefunden hat (so auch *Schneider* in Schneider/Wolf RVG § 20 Rn. 22).

33 Sofern sich der Betragsrahmen **ermäßigt**, gilt grundsätzlich auch das oben Gesagte. Unproblematisch sind auch hier wieder Grundgebühr, Terminsgebühr nach Nr. 4102 sowie Vorverfahrensgebühr nach Nr. 4104.

34 Ist die Verfahrensgebühr beispielsweise nach Nr. 4112 entstanden, ermäßigt sie sich auch dann nicht, wenn die Sache später an den Strafrichter abgegeben wird, § 15 Abs. 4.

35 Entstehen allerdings Gebühren (z. B. Terminsgebühr Nr. 4108 statt Nr. 4114) nach Verweisung nur aus einem geringeren Rahmen, können auch nur diese niedrigeren Gebühren berechnet werden. Nach § 15 Abs. 4 ist es ohne Einfluss auf bereits verdiente Gebühren, wenn sich im Laufe des Verfahrens der Gebührenrahmen wegen einer Verweisung oder Abgabe an ein anderes Gericht ermäßigt.

f) Wechsel von Gebührenarten

36 Schwieriger dürfte die Frage nach der korrekten Gebührenabrechnung dann werden, wenn durch die Verweisung oder Abgabe an ein anderes Gericht von Wertgebühren zu Rahmengebühren oder umgekehrt gewechselt wird.

37 Wird z. B. von einem Zivilgericht an ein Sozialgericht verwiesen und entstehen in diesem Verfahren vor dem Sozialgericht Betragsrahmengebühren, da das GKG keine Anwendung findet, weil z. B. der am Rechtsstreit beteiligte Kläger ein Behinderter ist (vgl. dazu § 183 SGG i. V. m. § 197 a Abs. 1 Satz 1 Hs. 1 SGG), so entstehen vor dem Zivilgericht zunächst die Gebühren nach Teil 3 des Vergütungsverzeichnisses Nrn. 3100, 3104. Nach Verweisung an das

Sozialgericht kann der Rechtsanwalt nach der herrschenden Rechtsprechung nur noch den Betrag aus dem Betragsrahmen ausschöpfen, der nach Abzug der bisher entstandenen Wertgebühren verbleibt (BVerwG AnwBl. 1981, 191; Schneider/Wolf § 20 Rn. 27).

Ist der Betragsrahmen für die sozialgerichtliche Angelegenheit bereits durch die Wertgebühren voll ausgeschöpft, so kann der Rechtsanwalt keine weiteren Gebühren verlangen. 38

Im umgekehrten Fall, wenn vom Sozialgericht z. B. an ein Zivilgericht verwiesen wird, können Gebühren z. B. nach Nr. 3100 und Nr. 3104 zusätzlich nur berechnet werden, wenn sich aufgrund eines höheren Gegenstandswertes ein höherer Betrag als die berechneten Betragsrahmengebühren ergibt oder ein entsprechender Gebührentatbestand vor dem Sozialgericht nicht zum Tragen kam. 39

g) Arbeitsgerichtssachen

§ 12a Abs. 1 Satz 1 ArbGG schränkt den Erstattungsanspruch der obsiegenden Partei gegen die unterliegende Partei insoweit ein, als eine Kostenerstattung wegen Zeitversäumnis und für die Zuziehung eines Prozessbevollmächtigten oder Beistandes für die erste Instanz des arbeitsgerichtlichen Verfahrens nicht stattfindet (wohl aber findet in 1. Instanz vor den Arbeitsgerichten eine Kostenerstattung der Parteireisekosten dann statt, wenn das Gericht das persönliche Erscheinen der Partei angeordnet hat, was zur Güteverhandlung regelmäßig der Fall ist, in der Praxis jedoch vielfach übersehen wird). 40

Das Brandenburgische OLG hat mit Beschluss vom 09.03.2000 (Az.: 8 W 246/99 = JurBüro 2000, 422) entschieden, dass die dem Beklagten für die anwaltliche Vertretung vor dem Arbeitsgericht erwachsenen Kosten auch dann nicht erstattungsfähig sind, wenn nach Verweisung an das Landgericht dieses die durch die Anrufung des unzuständigen Arbeitsgerichts entstandenen (Mehr-)Kosten dem Kläger auferlegt hat. Der Ausschluss der Erstattungsfähigkeit nach § 12a Abs. 1 Satz 1 ArbGG gerät nach Ansicht des Brandenburgerischen OLGs nicht dadurch in Wegfall, dass der Rechtsstreit vom Arbeitsgericht an das ordentliche Gericht verwiesen wird (vgl. dazu auch OLG Stuttgart JurBüro 1984, 1731, 1732; OLG München AnwBl. 1989, 108; OLG Karlsruhe JurBüro 1991, 1638 m. w. N.). Die für die anwaltliche Vertretung vor dem Arbeitsgericht angemeldeten Kosten waren deshalb bei der Festsetzung zu Lasten der Gegenpartei nicht zu berücksichtigen. 41

2. Diagonalverweisung, § 20 Satz 2

Damit die Verweisung nach § 20 Satz 2 nicht mit der Zurückverweisung (§ 21) verwechselt wird, ist zwischen den Begriffen »Gericht eines niedrigeren Rechtszugs« und »Gericht eines untergeordneten Rechtszugs« zu unterscheiden. Die Verweisung nach § 20 Satz 2 erfolgt immer in einer Rechtsmittelinstanz. Nur so ist die Verweisung an ein Gericht eines **niedrigeren** Rechtszugs möglich. § 20 Satz 2 stellt klar, dass das weitere Verfahren vor diesem Gericht ein neuer Rechtszug ist, mit der Folge, dass alle Gebühren ausnahmslos **neu** entstehen können. Eine Anrechnungsvorschrift ist nicht vorgesehen, auch nicht für die Verfahrensgebühr. 42

Wird eine Sache jedoch an ein Gericht eines **untergeordneten** Rechtszugs verwiesen, so ist dieses Gericht, an das zurückverwiesen wird, bereits mit der Sache befasst gewesen (es handelt sich dann um eine Zurückverweisung im Sinne des § 21). Bei einer Verweisung nach § 20 Satz 2 kommt dies nicht in Betracht, da hier klargestellt ist, dass bei dieser Art Verweisung (Diagonalverweisung) die Sache an ein Gericht eines niedrigeren Rechtszugs verwiesen wird. Ein Gericht eines niedrigeren Rechtszugs ist jedoch dem Gericht, das die Sache verweist, nicht untergeordnet. 43

- **Beispiel** 44

Das Landgericht Köln verweist in zweiter Instanz einen Rechtsstreit an das Amtsgericht Bonn. Das Amtsgericht Bonn erster Instanz ist gegenüber dem Landgericht Köln in zweiter Instanz ein Gericht des niedrigeren Rechtszugs, da es erstinstanzlich ist. Es ist dem Landge-

Abschnitt 3 – Angelegenheit

richt Köln aber nicht untergeordnet. Dem Landgericht Köln untergeordnet ist das Amtsgericht Köln. Im gegenständlichen Beispiel war das Amtsgericht Bonn mit der Sache bisher nicht befasst. Klage wurde beim Amtsgericht Köln eingereicht. Die Berufung wurde beim Landgericht Köln eingelegt. Das Landgericht Köln stellt fest, dass die Sache vom Amtsgericht Bonn hätte entschieden werden müssen.

45 Dass die Gebühren für die Vertretung vor dem Amtsgericht Bonn **neu** entstehen können, entspricht der Logik, da das Amtsgericht Bonn bisher mit der Sache noch nicht befasst war. Der Rechtsanwalt kann in unserem Beispiel somit dreimal abrechnen (§ 20 Satz 2 i. V. m. § 15 Abs. 2 Satz 2): Das erstinstanzliche Verfahren vor dem Amtsgericht Köln, das zweitinstanzliche Verfahren vor dem Landgericht Köln und das erstinstanzliche Verfahren vor dem Amtsgericht Bonn.

46 Wertänderungen und Änderungen des Gebührenrechts (§ 61) sind bei der Diagonalverweisung für den neuen Rechtszug zu beachten, vgl. dazu auch § 40 GKG sowie §§ 60 Abs. 1 Satz 1, 61 Abs. 1 Satz 1 RVG (Schneider / Wolf RVG § 29 Rn. 29).

3. Erstattungsfähigkeit von Mehrkosten

47 In § 20 wird unterschieden, ob eine Sache auf der gleichen instanzlichen Ebene verwiesen wird, oder aber an ein Gericht eines niedrigeren Rechtszuges. Erfolgt die Verweisung an ein Gericht der gleichen instanzlichen Ebene, handelt es sich um einen Rechtszug mit der Folge, dass die Gebühren nach § 15 Abs. 2 Satz 1 nur einmal berechnet werden können.

48 Dies gilt jedoch nur dann, wenn derselbe Rechtsanwalt die Angelegenheit weiter betraut. Wird ein anderer Rechtsanwalt vor dem übernehmenden Gericht beauftragt, so entstehen die Gebühren für diesen neu.

49 Dem Kläger sind die durch die Anrufung des sachlich oder örtlich unzuständigen Gerichts entstehenden Mehrkosten auch dann aufzuerlegen, wenn er in der Hauptsache obsiegt, § 281 Abs. 3 Satz 2 ZPO. Gleiches gilt, wenn der Kläger den falschen Rechtsweg beschreitet. Auch hier hat er die entstandenen Mehrkosten dann zu tragen, wenn er in der Hauptsache obsiegt, § 17 b Abs. 2 Satz 2 GVG.

50 • **Beispiel**
Rechtsanwalt R erhebt vor dem örtlich unzuständigen Landgericht Köln Klage. Das Landgericht Köln erklärt sich für örtlich unzuständig und gibt dem Kläger Gelegenheit, einen Verweisungsantrag an das örtlich zuständige Landgericht Hamburg zu stellen. Zwischenzeitlich bestellt sich Rechtsanwalt B für den Beklagten. Nach Verweisung des Rechtsstreits an das Landgericht Hamburg bestellt sich in Hamburg für den Beklagten Rechtsanwalt D. Rechtsanwalt R, der den Kläger sowohl vor dem Landgericht Köln als auch dem Landgericht Hamburg vertritt, kann seine Gebühren (hier: Verfahrensgebühr nach Nr. 3100) nur einmal berechnen. Auf der Beklagtenseite entsteht die Verfahrensgebühr jedoch zweimal, da der Beklagte sich vor dem Landgericht Köln und dem Landgericht Hamburg von jeweils anderen Rechtsanwälten vertreten lässt. Die entstehenden Mehrkosten (hier: 1,3 Verfahrensgebühr) hat der Kläger als Verursacher zu tragen, unabhängig davon, wie der Prozess endet. Interessant ist in diesem Zusammenhang die Rechtsprechung des OLG München, das allerdings bei Verweisung des Rechtsstreits dann nicht einen Anwaltswechsel grds. für notwendig erachtet, wenn der Prozessbevollmächtigte bei dem zuerst angegangenen Gericht als auch bei dem Gericht, an das verwiesen wurde, postulationsfähig ist. Eine Erstattung der Kosten eines zusätzlichen Anwalts kommt nach Ansicht des OLG München (Beschl. v. 10.10.2000, Az: 11 W 2250/00, JurBüro 2001, 32) in Betracht, a) in Form ersparter anwaltlicher Reisekosten des ursprünglichen Prozessbevollmächtigten, b) in Form ersparter Parteireisekosten zur Information des Prozessbevollmächtigten am Ort des Gerichts der Klageerhebung. Im gegenständlichen Fall handelte es sich bei dem abgebenden und dem annehmenden Gericht um die Landgerichte Passau und München I, jeweils in erster Instanz. Dabei hat das OLG München seiner

Neigung Ausdruck verliehen, die Rechtsprechung zur Erstattungsfähigkeit der Kosten eines zusätzlich beauftragten Beweisanwalts (früher: § 54 BRAGO) entsprechend heranzuziehen. Damit ist die Fortführung des Mandats für den bisherigen Prozessbevollmächtigten ausnahmsweise – bei Abwägung der erzielten Kostenersparnis einerseits und des einzusetzenden Zeitaufwands andererseits – ggf. unzumutbar (vgl. Senat JurBüro 1984, 595 = AnwBl. 1984, 211; Hansens BRAGO Rn. 7 zu § 54). Ein solcher Ausnahmefall konnte bei der Entfernung von Passau nach München durch das OLG München nicht gesehen werden.

In der Rechtsprechung wird teilweise die Meinung vertreten, dass eine vom Gericht übersehene Auferlegung von Mehrkosten im Kostenfestsetzungsverfahren nicht mehr berücksichtigt werden kann, mit der Folge, dass der Beklagte auch diese Mehrkosten zu tragen hat (Schmidt NJW 1975, 984; OLG Bremen NJW 1972, 1206; OLG Hamburg JurBüro 1972, 419; 1983, 771; KG Rpfleger 1976, 103 = MDR 1976, 405; OLG Köln JurBüro 1974, 98; OLG München AnwBl. 1979, 432 = Rpfleger 1979, 465; JurBüro 1980, 298 m. Anm. v. Mümmler; OLG Stuttgart JurBüro 1973, 73; **a. A.:** OLG Frankfurt MDR 1981, 58 = Rpfleger 1981, 29; OLG Hamm JurBüro 1972, 70 = Rpfleger 1971, 442; OLG Saarbrücken NJW 1975, 982; OLG Zweibrücken JurBüro 1975, 1248). Der herrschenden Auffassung, dass eine Berücksichtigung im Kostenfestsetzungsverfahren nicht erfolgen kann, ist nach Ansicht der Verfasserin in jedem Fall dann zu folgen, wenn sich für den Beklagten keine Kostenquote ergibt, sondern er vielmehr voll in die Kosten verurteilt wurde. Dann fehlt es bereits an einer Kostengrundentscheidung, die ermöglichen würde, dass man auf Seiten des Beklagten entstandene Mehrkosten gegen den Kläger festsetzt. Etwas anderes muss aber nach Ansicht der Verfasserin dann gelten, wenn sich auch für den Kläger eine Kostenquote ergibt. Dann können entstandene Mehrkosten, soweit sie für den Beklagten notwendig waren, auch in das Kostenausgleichsverfahren zumindest in Höhe der Quote eingebracht werden. Eine volle Auferlegung dieser Mehrkosten ist aber auch hier nicht möglich, da es dazu einer entsprechenden Kostengrundentscheidung bedürfte.

Abschnitt 3 – Angelegenheit

§ 21
Zurückverweisung

(1) Soweit eine Sache an ein untergeordnetes Gericht zurückverwiesen wird, ist das weitere Verfahren vor diesem Gericht ein neuer Rechtszug.

(2) In den Fällen des § 629 b der Zivilprozessordnung, auch in Verb. mit § 661 Abs. 2 der Zivilprozessordnung, bildet das weitere Verfahren vor dem Familiengericht mit dem früheren einen Rechtszug.

Inhaltsübersicht

	Rn.		Rn.
A. Allgemeines	1	II. Der Tatbestand im Einzelnen	22
		1. Neuer Rechtszug	22
B. Kommentierung	4	2. Gebühren nach Zurückverweisung	24
I. Anwendungsbereich	4	3. Anrechnung der Verfahrensgebühr	29
1. Allgemein	4	4. Keine neuen Gebühren in den Fällen des	
2. Strafsachen	5	§ 629 b ZPO auch i. V. m. § 661 Abs. 2 ZPO	36
3. Verwaltungsbehörde	6	5. Derselbe Rechtsanwalt	37
4. Zurückverweisung im Zivilprozess	7	6. Zeitlicher Zusammenhang	38
5. Rechtszug beendete Entscheidung	14		

A. Allgemeines

1 § 21 ergänzt § 15 Abs. 2 Satz 2 und regelt den Grundsatz, dass im Falle einer Zurückverweisung das weitere Verfahren vor dem untergeordneten Gericht einen neuen Rechtszug darstellt, mit der Folge, dass für den neuen Rechtszug die Gebühren neu entstehen können. Entsprechend der Gesetzessystematik ist die Anrechnungsvorschrift für die Zurückverweisung nicht im Gesetzesteil, sondern im Vergütungsverzeichnis, dort in Vorbemerkung 3 Abs. 6, geregelt. Danach erhält der Rechtsanwalt die Verfahrensgebühr nur, wenn die Sache an ein Gericht zurückverwiesen wird, das mit der Angelegenheit **noch nicht befasst** war.

2 Wie in § 20 ist die Regelung darauf beschränkt, dass ein neuer Rechtszug nur vorliegt, »soweit« der Gegenstand des übergeordneten Verfahrens mit dem untergeordneten Verfahren identisch ist. Die mit dem Wort »soweit« vorgenommene Beschränkung ist somit für die Fälle von Bedeutung, in denen nur wegen eines Teils des Gegenstandswertes des Verfahrens eine Zurückverweisung erfolgt.

3 Abs. 2 des § 21 regelt die Zurückverweisung nach § 629 b ZPO (Scheidungsverbundverfahren) auch in Verbindung mit § 661 Abs. 2 ZPO.

B. Kommentierung

I. Anwendungsbereich

1. Allgemein

4 § 21 Abs. 1 gilt für:

- Zivilprozessangelegenheiten, vgl. Rn. 7;
- Angelegenheiten der freiwilligen Gerichtsbarkeit;
- Strafsachen, vgl. Rn. 5;
- Arbeitsgerichtssachen;
- Verwaltungsgerichts-, Finanzgerichts- und Sozialgerichtssachen;

- Patentgerichtssachen;
- Verfassungsgerichtssachen;

usw.

2. Strafsachen

§ 21 ist auch auf Strafsachen anwendbar (Gerold/Schmidt/von Eicken/Madert/Müller-Rabe RVG § 21 Rn. 49). Eine Zurückverweisung ist in § 354 StPO geregelt. Erfolgt nach § 354 Abs. 1 StPO die Aufhebung des Urteils nur wegen Gesetzesverletzung bei Anwendung des Gesetzes auf die dem Urteil zugrunde liegenden Feststellungen, so hat das Revisionsgericht in der Sache grds. selbst zu entscheiden, sofern ohne weitere tatsächliche Erörterungen nur auf Freisprechung, auf Einstellung, auf eine absolut bestimmte Strafe zu erkennen ist, das Revisionsgericht in Übereinstimmung mit dem Antrag der Staatsanwaltschaft die gesetzlich niedrigste Strafe oder das Absehen von Strafe für angemessen erachtet. In allen übrigen Fällen ist die Sache an eine andere Abteilung oder Kammer des Gerichts, dessen Urteil aufgehoben wird, oder an ein zu demselben Land gehörendes anderes Gericht gleicher Ordnung zurückzuverweisen, § 354 Abs. 2 Satz 1 StPO. In Verfahren, in denen ein Oberlandesgericht im ersten Rechtszug entschieden hat, ist die Sache an einen anderen Senat dieses Gerichts zurückzuverweisen, § 354 Abs. 2 Satz 2 StPO. Die Zurückverweisung in Strafsachen kann an ein Gericht niedrigerer Ordnung erfolgen, wenn die noch in Frage kommende strafbare Handlung zu dessen Zuständigkeit gehört, § 354 Abs. 3 StPO.

3. Verwaltungsbehörde

§ 21 Abs. 1 gilt nicht, wenn eine Angelegenheit vom Verwaltungsgericht an die Verwaltungsbehörde zurückverwiesen wird oder aber auch eine Rückgabe der Straf- oder Bußgeldsache an die ermittelnde Behörde erfolgt.

4. Zurückverweisung im Zivilprozess

Bei der Zurückverweisung handelt es sich um die bereits unter § 20 Rn. 6 beschriebene Vertikalverweisung. Mit der ZPO-Reform wurde die Zurückverweisung in § 538 ZPO neu geregelt. Eine Zurückverweisung kann unter Aufhebung des Urteils und des Verfahrens an das Gericht des ersten Rechtszugs nur erfolgen,

- soweit das Verfahren im ersten Rechtszug an einem wesentlichen Mangel gelitten hat und aufgrund dieses Mangels eine umfangreiche oder aufwendige Beweisaufnahme notwendig ist;
- wenn durch das angefochtene Urteil ein Einspruch als unzulässig verworfen wird;
- wenn durch das angefochtene Urteil nur über die Zulässigkeit der Klage entschieden ist;
- wenn im Falle eines nach Grund und Betrag streitigen Anspruchs durch das angefochtene Urteil über den Grund des Anspruchs vorab entschieden oder die Klage abgewiesen ist, es sei denn, dass der Streit über den Betrag des Anspruchs zur Entscheidung reif ist;
- wenn das angefochtene Urteil im Urkunden- oder Wechselprozess unter Vorbehalt der Rechte erlassen ist;
- wenn das angefochtene Urteil ein Versäumnisurteil ist oder wenn das angefochtene Urteil ein entgegen den Voraussetzungen des § 301 ZPO erlassenes Teilurteil ist

und

- eine Partei die Zurückverweisung beantragt.

Lediglich in dem Fall, dass das angefochtene Urteil ein entgegen den Voraussetzungen des § 301 ZPO erlassenes Teilurteil ist, ist ein Antrag für die Zurückverweisung nicht notwendig.

Eine Zurückverweisung ist auch im Falle einer Aufhebung des Urteils durch das Revisionsgericht nach § 563 Abs. 1 ZPO möglich. Hier gilt § 21 RVG ebenso. Wenn das Urteil des Beru-

Abschnitt 3 – Angelegenheit

fungsgerichts durch das Revisionsgericht aufgehoben wird, ist die Sache zur erneuten Verhandlung und Entscheidung an das Berufungsgericht zurückzuverweisen. Die Zurückverweisung kann dabei auch an einen anderen Spruchkörper des Berufungsgerichts erfolgen.

10 Darüber hinaus ist nach § 566 Abs. 8 Satz 2 ZPO im Falle einer Sprungrevision § 563 ZPO mit der Maßgabe anzuwenden, dass die Zurückverweisung an das erstinstanzliche Gericht erfolgt. Auch für die Zurückverweisung nach § 566 ZPO gilt § 21 RVG.

11 § 21 Abs. 1 RVG betrifft somit nicht allein die Fälle der Zurückverweisung nach § 538 ZPO. Auch ist die prozessuale Zurückverweisung von der gebührenrechtlichen Zurückverweisung nach § 21 RVG zu unterscheiden. Denn ob die Zurückverweisung infolge einer Aufhebung oder Bestätigung des angefochtenen Urteils, ob sie mit ausdrücklichen Worten erfolgt ist oder nicht, spielt für die Anwendung von § 21 keine Rolle. Entscheidend ist, dass sich aus dem Urteil der Rechtsmittelinstanz die Notwendigkeit einer weiteren Verhandlung vor dem untergeordneten Gericht, das mit der Sache bereits befasst war, ergibt und der Rechtsanwalt das Ergebnis der Erörterungen/Verhandlungen der Rechtsmittelinstanz in seine Betrachtungen einbeziehen und seine Prozesstaktik auf die Entscheidung des Rechtsmittelgerichts aufbauen muss (*Madert* in Gerold/Schmidt/von Eicken/Madert/Müller-Rabe RVG § 21 Rn. 17). Das ist nach Auffassung der herrschenden Meinung auch dann der Fall, wenn das höhere Gericht das Rechtsmittel gegen ein Urteil, das den Anspruch dem Grunde nach für begründet erklärt hatte (§ 304 ZPO), zurückverwiesen hat und nunmehr vor dem untergeordneten Gericht die Höhe des Anspruchs verhandelt wird (Beschl. v. 29.04.2004, Az.: V ZB 46/03 = JurBüro 2004, 479: »Die Bestätigung eines Grundurteils im Rechtsmittelverfahren bedeutet keine Zurückverweisung im Sinne von § 15 Abs. 1 Satz 1 BRAGO« (nun § 21 Satz 1 RVG); so auch OLG Düsseldorf JurBüro 1993, 728 = AGS 1993, 49; AGS 1995, 13 = JurBüro 1995, 197; JurBüro 1997, 364; OLG Frankfurt AnwBl. 1978, 145; 1984, 98; OLG Karlsruhe JurBüro 1996, 135; OLG Koblenz MDR 1996, 533; AGS 1997, 112 f. m. Anm. Madert; OLG Schleswig AGS 1995, 63 m. Anm. Madert; OLG Stuttgart JurBüro 1994, 1672; OLG Zweibrücken JurBüro 1990, 479; OLG Oldenburg AGS 2000, 167). Die in der Rechtsprechung bisher vertretene Gegenmeinung (OLG Oldenburg JurBüro 1996, 305 m. abl. Anm. Mümmler; Schleswig MDR 1987, 417 sowie JurBüro 1996, 135; Saarbrücken JurBüro 1990, 338 m. abl. Anm. Mümmler; Düsseldorf JurBüro 1993, 672; München JurBüro 1994, 543; MDR 1998, 1501) ist aufgrund der Entscheidung des BGH vom 29.04.2004 obsolet geworden.

12 Bei der Vertikalverweisung handelt es sich immer um eine Verweisung an ein untergeordnetes Gericht, das mit der Sache bereits befasst war. Aus diesem Grunde wird für diese Form der Verweisung der Begriff »**Zurück**verweisung« verwendet. Bereits aus diesem Begriff ergibt sich, dass eine Zurückverweisung nur dann vorliegt, wenn ein Gericht mit dieser Sache bereits befasst war. Auch aus der Formulierung »untergeordnetes Gericht« und der Tatsache, dass eine Zurückverweisung immer durch das Rechtsmittelgericht erfolgt, ergibt sich, dass an das Ausgangsgericht zurückverwiesen wird, das bereits mit der Sache befasst war.

13 • **Beispiel**
Das Oberlandesgericht Hamburg verweist auf Antrag des Klägers in der zweiten Instanz den Rechtsstreit wegen grober Verfahrensfehler an das Landgericht Hamburg zurück, das in erster Instanz die Beweisaufnahme fehlerhaft durchgeführt hatte.

5. Rechtszug beendete Entscheidung

14 Damit § 21 Abs. 1 zur Anwendung gelangen kann, muss ein Gericht des höheren Rechtszugs auf Rechtsmittel (Berufung, Revision, sofortige Beschwerde, Rechtsbeschwerde) mit der Sache befasst gewesen sein. Dabei darf das Rechtsmittelgericht nicht in der Sache selbst endgültig entschieden haben, vielmehr wird die Sache zur weiteren Verhandlung und Entscheidung an das untergeordnete Gericht zurückverwiesen. Dieses untergeordnete Gericht soll abschließend entscheiden.

Zurückverweisung | § 21

Eine Zurückverweisung liegt **nicht** vor, wenn das Revisionsgericht ein zusprechendes Urteil des Berufungsgerichtes bestätigt (*Madert* in Gerold/Schmidt/von Eicken/Madert/Müller-Rabe RVG § 21 Rn. 25). 15

Wenn das Berufungsgericht über einen Teilanspruch durch Teilurteil endgültig entscheidet, liegt ebenfalls keine Zurückverweisung vor (*Madert* in Gerold/Schmidt/von Eicken/Madert/Müller-Rabe RVG § 21 Rn. 23). 16

Eine Zurückverweisung i. S. d. § 21 liegt auch dann vor, wenn nach Erhebung einer Stufenklage das Gericht in einem Teilurteil dem Begehren der ersten Stufe teilweise stattgibt, gegen dieses Teilurteil Berufung eingelegt wird, das Berufungsverfahren durch einen Vergleich beendet und das Verfahren in dem ersten Rechtszug betreffend die zweite Stufe der Klage fortgesetzt wird (zu § 15 Abs. 1 BRAGO analog anwendbar auf § 21 RVG: OLG Hamm, Beschl. v. 09. 02. 2000, Az.: 23 W 569/99 = JurBüro 2002, 474). Der Annahme einer Zurückverweisung i. S. d. § 21 Abs. 1 nach Bestätigung eines Grundurteils steht nach Auffassung des OLG Hamm insbesondere nicht entgegen, dass der Streit über den Betrag von Anfang an in erster Instanz verblieben ist. Vielmehr ergibt sich aus der Möglichkeit einer Abänderung des Grundurteils und einer Abweisung der Klage insgesamt durch das Berufungsgericht, dass der gesamte Rechtsstreit zwangsläufig ebenfalls zur Disposition des Berufungsgerichts steht. Entsprechend hätte auch im vorliegenden Fall das Berufungsgericht über den gesamten Streitstoff entscheiden können, wenn es die Stufenklage insgesamt abgewiesen hätte (OLG Hamm, a. a. O.). In seinen Beschlussgründen führt das OLG Hamm aus, dass der Gegenansicht (vgl. OLG München MDR 1998, 1501 ff.; LG Berlin Rpfleger 1999, 239 ff.) allerdings zuzugestehen ist, dass nach einem landgerichtlichen Grundurteil, wie auch hier nach einem Teilurteil über die erste Stufe einer Stufenklage, der Prozess in erster Instanz nicht durch ein abschließendes Urteil beendet ist und möglicherweise sogar unabhängig vom Berufungsverfahren in erster Instanz fortgeführt werden kann. Solange dies aber nach Auffassung des OLG Hamm, wie regelmäßig, nicht geschieht, sei kein Grund ersichtlich, die Fortführung des Verfahrens nach Beendigung des Berufungsrechtszuges gebührenrechtlich anders zu behandeln als die Fälle, in denen nach Abweisung der Klage in erster Instanz erst das Berufungsgericht ein Grundurteil oder, im Falle einer Stufenklage, ein zusprechendes Teilurteil erlässt. Dass im gegenständlichen Verfahren die Zurückverweisung auf einem Vergleichsschluss beruht und nicht ausdrücklich erfolgt ist, sei ohne Bedeutung. Damit schließt sich das OLG Hamm der herrschenden Rechtsprechung an. 17

Entscheidend für die Anwendbarkeit des § 21 ist, dass sich nach Beendigung eines Rechtsmittelverfahrens die Notwendigkeit einer weiteren Verhandlung vor dem untergeordneten Gericht ergibt. 18

Keine Zurückverweisung i. S. d. § 21 liegt vor, wenn gegen ein Teilurteil nach § 301 ZPO ein Rechtsmittel eingelegt und dann das Teilurteil durch Zurückweisung des Rechtsmittels rechtskräftig wird. Das weitere Verfahren vor dem untergeordneten Gericht über den noch nicht entschiedenen Teil ist nicht als neuer Rechtszug i. S. d. § 21 anzusehen (München Rpfleger 1981, 456). 19

Das Pfälz. OLG Zweibrücken hat mit Beschluss v. 10. 08. 1999 (Az.: 5 W 2/99 = JurBüro 2000, 21) entschieden, dass in den Fällen, in denen ein vor dem 1. Juli 1994 anhängig gewesenes Verfahren nach diesem Stichtag durch ein Berufungsurteil in die erste Instanz zurückverwiesen worden ist, sich die erneut anfallenden Gebühren des Rechtsanwalts nach dem seit diesem Tag geltenden Gebührenrecht bestimmen. Das Pfälz. OLG Zweibrücken verweist insoweit auf § 134 Abs. 1 Satz 2 BRAGO und zählt das Verfahren nach Zurückverweisung (als sog. »zweite« 1. Instanz) unter die Verfahren in den weiteren Rechtszügen, die in § 134 Abs. 1 Satz 2 BRAGO normiert sind. Interessant ist diese Entscheidung für das nunmehr geltende RVG. Nach Ansicht der Verfasserin ist diese Entscheidung analog anwendbar, was dazu führt, dass in den Fällen, in denen die Zurückverweisung nach dem 01. 07. 2004 erfolgt, das Verfahren vor dem untergeordneten Gericht nach Zurückverweisung nach dem RVG abzu- 20

Abschnitt 3 – Angelegenheit

rechnen ist (so auch für das RVG: Kammergericht, Beschl. v. 01. 08. 2005, Az.: 4 Ws 60/05 = RVGreport 2005, 343).

21 Wird ein Teil-Urteil zur 1. Stufe einer Stufenklage vom Rechtsmittelgericht nicht gebilligt und daher aufgehoben, so liegt ein Fall der Zurückverweisung vor. Gebührenrechtlich handelt es sich dann um eine neue Instanz (OLG Köln, Beschl. v. 01. 12. 2006, Az.: 17 W 138/06, OLGReport Hamm 2007, 396 = BeckRS 2007, 01444). Dies gilt auch, wenn das Teil-Urteil teilweise bestätigt und teilweise aufgehoben wird (OLG Köln, a. a. O.). Eine Zurückverweisung, die neue Gebühren auslöst, liegt dann nicht vor, wenn das Berufungsgericht das Teil-Urteil zur 1. Stufe gänzlich bestätigt (OLG Köln, a. a. O.).

II. Der Tatbestand im Einzelnen

1. Neuer Rechtszug

22 Grundsätzlich erhält der Rechtsanwalt nach § 15 Abs. 2 die Gebühren in derselben Angelegenheit nur einmal. In gerichtlichen Verfahren kann der Rechtsanwalt die Gebühren in jedem Rechtszug einmal fordern. § 21 Abs. 1 stellt klar, dass das Verfahren vor dem untergeordneten Gericht nach Zurückverweisung gebührenrechtlich einen neuen Rechtszug darstellt, und somit die Gebühren erneut entstehen können. Eine Ausnahme gilt lediglich für die Verfahrensgebühr. Soweit eine Sache an ein untergeordnetes Gericht zurückverwiesen wird, das mit der Sache bereits befasst war, ist die vor diesem Gericht bereits entstandene Verfahrensgebühr auf die Verfahrensgebühr für das erneute Verfahren anzurechnen, vgl. hierzu die Kommentierung unter Rn. 29.

23 • **Beispiel**
Vor dem Landgericht München I wird Klage erhoben auf Zahlung von € 7.500,00. Nach streitiger Verhandlung und Beweisaufnahme verkündet das Gericht ein Klage abweisendes Urteil. Der Kläger legt Berufung zum Oberlandesgericht München ein. Das Oberlandesgericht München verweist auf Antrag des Berufungsklägers nach streitiger Verhandlung die Sache an das Landgericht München I wegen grober Verfahrensfehler zurück. Das Landgericht München I bestimmt Verhandlungstermin und führt erneut eine Beweisaufnahme durch. Sodann verkündet es ein Klage stattgebendes Urteil. Die Sache ist damit erledigt. Der Klägervertreter kann nunmehr drei Kostenrechnungen erstellen:

Gegenstandswert € 7.500,00

a) Verfahren vor dem Landgericht München I vor Zurückverweisung

1,3 Verfahrensgebühr Nr. 3100 VV RVG	€ 535,60
1,2 Terminsgebühr Nr. 3104 VV RVG	€ 494,40
Auslagenpauschale, Nr. 7002 VV RVG	€ 20,00
Zwischensumme	€ 1.050,00
19 % USt, Nr. 7008 VV RVG	€ 199,50
Summe:	**€ 1.249,50**

b) Verfahren vor dem Oberlandesgericht München

1,6 Verfahrensgebühr Nr. 3200 VV RVG	€ 659,20
1,2 Terminsgebühr Nr. 3202 VV RVG	€ 494,40
Auslagenpauschale, Nr. 7002 VV RVG	€ 20,00
Zwischensumme	€ 1.173,60
19 % USt, Nr. 7008 VV RVG	€ 222,98
Summe:	**€ 1.396,58**

c) *Verfahren vor dem Landgericht München I nach Zurückverweisung*, § 21 Abs. 1

1,3 Verfahrensgebühr	€ 535,60
anzurechnen, Nr. 3100, Abs. 6 der Vorbem. 3 VV RVG	./. € 535,60
Zwischensumme	€ 0,00
1,2 Terminsgebühr Nr. 3104 VV RVG	€ 494,40
Auslagenpauschale, Nr. 7002 VV RVG	€ 20,00
Zwischensumme	€ 514,40
19 % USt, Nr. 7008 VV RVG	€ 97,74
Summe:	**€ 612,14**
Summe von a) bis c)	**€ 3.258,22**

2. Gebühren nach Zurückverweisung

Nach Zurückverweisung können mit Ausnahme der Verfahrensgebühr, die anzurechnen ist, soweit der Gegenstand der Verfahren identisch ist, alle Gebühren **neu** entstehen. Mit dem Wegfall der Beweisgebühr kann es somit hier zum Anfall einer Terminsgebühr kommen, wobei die Nummer des Vergütungsverzeichnisses sich zum einen danach richtet, ob die Zurückverweisung vom Revisions- an ein Berufungsgericht erfolgt ist oder aber vom Berufungsgericht an das erstinstanzliche Gericht. Die Terminsgebühr fällt sowohl in erster als auch zweiter Instanz regelmäßig i. H. v. 1,2 an. Erfolgt die Zurückverweisung an die erste Instanz, ist die Vergütungsverzeichnisnummer 3104 anwendbar, bei Zurückverweisung vom Revisions- an das Berufungsgericht findet Nr. 3202 für die Terminsgebühr Anwendung. 24

Bei Wahrnehmung nur eines Termins, in dem eine Partei nicht erschienen oder nicht ordnungsgemäß vertreten ist und lediglich ein Antrag auf Versäumnisurteil oder zur Prozess- oder Sachleitung gestellt wird, entsteht nach Nr. 3105 in erster Instanz eine Terminsgebühr i. H. v. 0,5, und, sofern das Verfahren nach Zurückverweisung vor dem Berufungsgericht fortzuführen ist, erhält der Rechtsanwalt für die Wahrnehmung nur eines Termins, in dem eine Partei, im Berufungsverfahren der Berufungskläger, nicht erschienen oder nicht ordnungsgemäß vertreten ist und lediglich ein Antrag auf Versäumnisurteil oder zur Prozess- oder Sachleitung gestellt wird, eine Terminsgebühr i. H. v. 0,5 nach Nr. 3203. Beantragt der Berufungskläger gegen den nicht erschienenen oder nicht ordnungsgemäß vertretenen Berufungsbeklagten ein Versäumnisurteil oder stellt einen Antrag zur Prozess- oder Sachleitung, entsteht die Terminsgebühr i. H. v. 1,2 nach Nr. 3202. 25

Die Terminsgebühr wird aus dem Gegenstandswert berechnet, der sich nach dem Zeitpunkt des Entstehens der Terminsgebühr ergibt. Bei nur teilweiser Zurückverweisung entsteht die Terminsgebühr auch nur aus dem Wert dieses Teils (OLG Köln JurBüro 1979, 697). 26

In den Fällen, in denen sich der Gegenstandswert nach der Zurückverweisung z. B. durch Klageerweiterung oder Erhebung einer Widerklage erhöht, entsteht die Terminsgebühr aus dem erhöhten Gegenstandswert. Zu beachten ist in diesen Fällen, dass sich auch die Verfahrensgebühr nach dem höheren Gegenstandswert berechnet. Aufgrund der Anrechnungsvorschrift erhält der Rechtsanwalt die Verfahrensgebühr jedoch nicht doppelt (einmal aus dem niedrigeren und einmal aus dem höheren Gegenstandswert), er muss vielmehr entsprechend der Anrechnungsvorschrift in Vorbemerkung 3 Abs. 6 eine Anrechnung der Verfahrensgebühr in entsprechender Höhe vornehmen, vgl. dazu auch die Kommentierung unter Rn. 29. 27

Auch eine Einigungsgebühr nach Nrn. 1003, 1004 kann nach Zurückweisung in Betracht kommen. 28

3. Anrechnung der Verfahrensgebühr

Die notwendige Anrechnung der Verfahrensgebühr ergibt sich aus Abs. 6 der Vorbemerkung 3. **Soweit** eine Sache an ein untergeordnetes Gericht zurückverwiesen wird, das mit der Sache 29

Abschnitt 3 – Angelegenheit

bereits befasst war, ist die vor diesem Gericht bereits entstandene Verfahrensgebühr auf die Verfahrensgebühr für das erneute Verfahren anzurechnen.

30 Die Anrechnungsvorschrift für die Verfahrensgebühr stellt klar, dass die Verfahrensgebühr nur anzurechnen ist, soweit sie sowohl vor als auch nach Zurückverweisung entstanden ist.

31 • **Beispiel**
Rechtsanwalt Huber reicht Klage auf Zahlung von € 70.000,00 ein. Der Klage wird nach mündlicher Verhandlung stattgegeben in Höhe von € 30.000,00. Wegen des Restbetrages wird Berufung eingelegt. Das Berufungsgericht entscheidet auf Antrag des Klägers nach Termin, dass die Sache zur erneuten Beweisaufnahme an das erstinstanzliche Gericht zurückverwiesen wird. Vor dem erstinstanzlichen Gericht findet nach Zurückverweisung eine mündliche Verhandlung statt. Die Parteien schließen sodann einen Vergleich, wonach der Beklagte zur Abgeltung der Restansprüche einen Betrag in Höhe von € 25.000,00 zahlt.

a) Klageverfahren, Gegenstandswert € 70.000,00

1,3 Verfahrensgebühr Nr. 3100 VV RVG	€ 1.560,00
1,2 Terminsgebühr Nr. 3104 VV RVG	€ 1.440,00
Auslagenpauschale, Nr. 7002 VV RVG	€ 20,00
Zwischensumme	€ 3.020,00
19 % USt., Nr. 7008 VV RVG	€ 573,80
Summe:	**€ 3.593,80**

b) Verfahren vor dem Berufungsgericht, Gegenstandswert € 40.000,00, § 47 GKG

1,6 Verfahrensgebühr Nr. 3200 VV RVG	€ 1.443,20
1,2 Terminsgebühr Nr. 3202 VV RVG	€ 1.082,40
Auslagenpauschale, Nr. 7002 VV RVG	€ 20,00
Zwischensumme	€ 2.545,60
19 % USt., Nr. 7008 VV RVG	€ 483,66
Summe:	**€ 3.029,26**

c) Verfahren vor dem erstinstanzlichen Gericht nach Zurückverweisung, § 21 Satz 1 RVG

Gegenstandswert: € 40.000,00

1,3 Verfahrensgebühr Nr. 3100 VV RVG	€ 1.172,60
anzurechnen, Nr. 3100, Abs. 6 der Vorbem. 3 VV RVG	./. € 1.172,60
1,3 Verfahrensgebühr aus € 40.000,00 Zwischensumme	€ 0,00
1,2 Terminsgebühr Nr. 3104 VV RVG	€ 1.082,40
1,0 Einigungsgebühr Nr. 1003 VV RVG	€ 902,00
Auslagenpauschale, Nr. 7002 VV RVG	€ 20,00
Zwischensumme	€ 2.004,40
19 % USt., Nr. 7008 VV RVG	€ 380,84
Summe:	**€ 2.385,24**
Summe von a) bis c):	**€ 9.008,30**

32 • **Beispiel**
Klageerweiterung in der Berufungsinstanz

Rechtsanwalt Huber reicht Klage auf Zahlung von € 70.000,00 ein. Der Klage wird nach mündlicher Verhandlung stattgegeben. Der Beklagte legt Berufung ein. Im Berufungsverfahren erweitert der Kläger die Klage um weitere fällig gewordene € 20.000,00 auf € 90.000,00. Nach Verhandlungstermin wird die Sache schließlich auf Antrag zur abschließenden Verhandlung an das erstinstanzliche Gericht zurückverwiesen.

Zurückverweisung | § 21

a) Klageverfahren, Gegenstandswert € 70.000,00

1,3 Verfahrensgebühr Nr. 3100 VV RVG	€ 1.560,00
1,2 Terminsgebühr Nr. 3104 VV RVG	€ 1.440,00
Auslagenpauschale, Nr. 7002 VV RVG	€ 20,00
Zwischensumme	€ 3.020,00
19 % USt., Nr. 7008 VV RVG	€ 573,80
Summe:	**€ 3.593,80**

b) Verfahren vor dem Berufungsgericht, Gegenstandswert € 90.000,00, § 47 GKG

1,6 Verfahrensgebühr Nr. 3200 VV RVG	€ 2.043,20
1,2 Terminsgebühr Nr. 3202 VV RVG	€ 1.532,40
Auslagenpauschale, Nr. 7002 VV RVG	€ 20,00
Zwischensumme	€ 3.595,60
19 % USt., Nr. 7008 VV RVG	€ 683,16
Summe:	**€ 4.278,76**

c) Verfahren vor dem erstinstanzlichen Gericht nach Zurückverweisung, § 21 Satz 1 RVG

Gegenstandswert: € 90.000,00

1,3 Verfahrensgebühr aus € 90.000,00, Nr. 3100 VV RVG	€ 1.660,10
Anzurechnen nach Vorbem. 3 Abs. 6 VV RVG	
1,3 Verfahrensgebühr aus € 70.000,00, Nr. 3100 VV RVG	./. € 1.560,00
Zwischensumme	€ 100,10
1,2 Terminsgebühr aus € 90.000,00 Nr. 3104 VV RVG	€ 1.532,40
1,0 Einigungsgebühr? Nr. 1003 VV RVG	
Auslagenpauschale, Nr. 7002 VV RVG	€ 20,00
Zwischensumme	€ 1.652,50
19 % USt., Nr. 7008 VV RVG	€ 313,96
Summe:	**€ 1.966,48**
Summe von a) bis c):	**€ 9.839,04**

Die Anrechnungsvorschrift gilt auch in Finanzgerichtsverfahren. Hierzu wurde bereits in den siebziger Jahren entschieden, dass in den Fällen, in denen der BFH die Sache an das erstinstanzliche Finanzgericht zurückverweist, der Rechtsanwalt die damalige Prozessgebühr nicht nochmals erhält (BFHE 113, 45 = JurBüro 1972, 133; FinG Berlin EFG 1970, 238). 33

Anzuwenden ist die Anrechnungsvorschrift auch auf Verfahren der freiwilligen Gerichtsbarkeit. Da die Verfahren der freiwilligen Gerichtsbarkeit nach dem RVG ebenfalls nach Teil 3 des Vergütungsverzeichnisses abzurechnen sind, ist die Entscheidung des BayObLG (Beschl. v. 02. 03. 2000, Az.: 3 Z BR 409/99 = BayObLGZ 2000 Nr. 13 = JurBüro 2000, 583) für Abrechnungen nach dem RVG analog auf die Verfahrensgebühr anzurechnen. Das BayObLG hat entschieden, dass in Verfahren der freiwilligen Gerichtsbarkeit die Geschäftsgebühr des § 118 Abs. 1 Nr. 1 BRAGO nicht erneut anfällt, wenn eine Sache an das untergeordnete Gericht zurückverwiesen wird, das mit der Sache bereits befasst war. 34

§ 15 Abs. 5 Satz 2 gilt auch in den Fällen des § 21. Soweit damit zwischen Zurückverweisung zwischen dem Ende des ersten Verfahrens und dem Beginn des zweiten Verfahrens mehr als 35

Abschnitt 3 – Angelegenheit

zwei Kalenderjahre liegen, ist eine Anrechnung nach Vorbem. 3 Abs. 6 nicht mehr vorzunehmen (OLG München, Beschl. v. 12. 05. 2006, Az.: 11 W 1378/06, AnwBl. 2006, 588 = FamRZ 2006, 1561 = OLGreport München 2006, 681; vgl. dazu auch Hartung/Römermann/Schons RVG Vorb. 3 VV RVG Rn. 98; Schneider ZAP Fach 24, 1229; N. Schneider MDR 2003, 727).

4. Keine neuen Gebühren in den Fällen des § 629 b ZPO auch i. V. m. § 661 Abs. 2 ZPO

36 § 21 Abs. 2 betrifft die Fälle, in denen das Familiengericht den Scheidungsantrag abgewiesen und das Urteil aufgehoben hat, da hier das OLG über den Scheidungsantrag nicht selbst zu entscheiden, sondern die Sache an das Familiengericht zurückzuverweisen hat, das die Abweisung ausgesprochen hat, wenn bei dem Familiengericht eine Folgesache zur Entscheidung ansteht. Absatz 2 stellt klar, dass nach der Zurückverweisung bereits angefallene Gebühren nicht nochmals entstehen. Die Angelegenheit wird gebührenrechtlich so behandelt, als wäre sie von Anfang an nur beim Familiengericht anhängig gewesen. § 21 Abs. 2 hindert selbstverständlich nicht den Rechtsanwalt, Gebühren erstmalig zu berechnen, die bis dahin noch gar nicht angefallen waren, bzw. aus einem höheren Gegenstandswert zu berechnen, wenn sich zwischenzeitlich eine Erhöhung ergeben hat. § 661 Abs. 2 ZPO wurde aufgrund der Einführung des Lebenspartnerschaftsgesetzes (Gesetz vom 16. 02. 2001, BGBl. I, S. 266) eingefügt.

5. Derselbe Rechtsanwalt

37 Voraussetzung für eine Anwendung des § 21 Abs. 1 ist, dass derselbe Rechtsanwalt weiter in dem Verfahren vor dem untergeordneten Gericht, an das die Sache zurückverwiesen wurde, tätig wird. Wird ein neuer Rechtsanwalt tätig, so gilt § 21 Abs. 1 für diesen nicht, insbesondere nicht die Anrechnungsvorschrift in Vorbem. 3 Abs. 6. Schwierigkeiten können sich in diesem Fall lediglich bei der Erstattungsfähigkeit der Gebühren ergeben, wenn mehrere Rechtsanwälte beauftragt werden. Hier wird sich der Auftraggeber auf § 91 ZPO und damit die Frage der »Notwendigkeit« der entstandenen Mehrkosten verweisen lassen müssen.

6. Zeitlicher Zusammenhang

38 Liegen zwischen dem Abschluss des erstinstanzlichen Verfahrens und der Zurückverweisung mehr als zwei Kalenderjahre, so gilt § 15 Abs. 5 Satz 2 mit der Folge, dass alle Gebühren neu entstehen.

39 Erfolgt die Zurückverweisung daher erst nach mehr als zwei Kalenderjahren, entfällt die Anrechnung der Verfahrensgebühr.

ABSCHNITT 4
GEGENSTANDSWERT

§ 22
Grundsatz

(1) In derselben Angelegenheit werden die Werte mehrerer Gegenstände zusammengerechnet.

(2) ¹Der Wert beträgt in derselben Angelegenheit höchstens 30 Mio. EUR, soweit durch Gesetz kein niedrigerer Höchstwert bestimmt ist. ²Sind in derselben Angelegenheit mehrere Personen Auftraggeber, beträgt der Wert für jede Person höchstens 30 Mio. EUR, insgesamt jedoch nicht mehr als 100 Mio. EUR.

Inhaltsübersicht

	Rn.		Rn.
A. Allgemeines	1	c) Angelegenheit im außergerichtlichen Bereich	28
B. Kommentierung	12	d) Verabredung mehrerer Angelegenheiten durch Gebührenvereinbarung (§ 4)	32
I. Normzweck	12		
II. Der Tatbestand im Einzelnen	15		
1. Dieselbe Angelegenheit	15	2. Gegenstand	34
a) Definitionen der Rechtsprechung	16	3. Abs. 2 Satz 1: Kappungsgrenze € 30 Mio.	54
b) Angelegenheit bei gerichtlichem oder behördlichem Verfahren	19	4. Abs. 2 Satz 2 Begrenzung bei mehreren Personen	61
		5. Versicherungsprämie Auslagen Nr. 7007	62

A. Allgemeines

Auf den ersten Blick erscheint der Inhalt des Absatzes 1 des § 22 völlig einfach: Klagt der Kläger aus einem Verkehrsunfall ein 1

Sachschaden	€ 10.000,00
Körperschaden	€ 8.000,00
Schmerzensgeld	€ 5.000,00
	€ 23.000,00,

so sind die drei Gegenstände derselben Angelegenheit zusammenzurechnen und der Wert beträgt nach Abs. 1 € 23.000,00.

Der in § 7 Abs. 2 BRAGO enthaltene Grundsatz, dass in derselben Angelegenheit die Werte mehrerer Gegenstände zusammengerechnet werden, gilt unverändert durch **Abs. 1** des § 22 fort. Das **schwierigste** Problem der BRAGO, nämlich was ist ein Gegenstand, was ist eine Angelegenheit, ist uns trotz der Novellierung allerdings **erhalten** geblieben. Daran haben auch die §§ 16 bis 18 (dieselbe Angelegenheit, verschiedene Angelegenheiten und besondere Angelegenheiten – kasuistische Aufzählungen) nur wenig geändert. 2

Gegenstand der anwaltlichen Tätigkeit ist das Recht oder Rechtsverhältnis, auf das sich auftragsgemäß die Tätigkeit des Rechtsanwalts bezieht (BGH JurBüro 1972, 684; 1984, 837; OLG Hamm JurBüro 1979, 1311; Göttlich/Mümmler/Rehberg/Xanke RVG 1. Aufl. »Angelegenheit« Nr. 2; Gerold/Schmidt/von Eicken/Madert/Müller-Rabe RVG 17. Aufl. § 22 Rn. 2; Hansens BRAGO 8. Aufl. § 6 Rn. 3; Gebauer/Schneider RVG Nr. 1008 Rn. 28). In etwas unscharfer Form kann man den Begriff Gegenstand auch mit dem Streitgegenstandsbegriff 3

Abschnitt 4 – Gegenstandswert

der BGH-Rechtsprechung gleichsetzen (Gebauer/Schneider RVG Nr. 1008 Rn. 27; Riedel/Sußbauer BRAGO 8. Aufl. § 7 Rn. 7). **Angelegenheit** ist demgegenüber der Vorgang, der den äußeren Rahmen bei der Wahrnehmung dieser Rechtsposition gibt (BGH AnwBl. 1984, 501).

4 Einen völlig neuen Weg stellt die Kappungsgrenze von € 30 Mio. in **Abs. 2** dar. Denselben Höchstwert sieht § 39 Abs. 2 GKG vor. So etwas gab es bisher nur bei den PKH-Gebühren (€ 30.000,00).

5 Die **knappe** Gesetzesbegründung, die ihrerseits auf die Kappung für die Gerichtsgebühren verweist, lautet: »*Mit Absatz 2 soll auch für das vorgeschlagene RVG eine allgemeine Wertgrenze eingefügt werden, wie sie für das Gerichtskostengesetz in Artikel 1 (§ 39 GKG) vorgesehen ist. Danach soll der Wert in derselben Angelegenheit höchstens € 30 Mio. betragen ... Eine Gebühr mit einem Gebührensatz von 1,0 aus € 30 Mio. beträgt € 91.496,00. Auf die Begründung zu Artikel 1 (§ 39 GKG) wird Bezug genommen. In einem Verfahren, das mit einem streitigen Urteil endet, würden damit – bei einem Auftraggeber – Gebühren mit höchstens € 228.740,00 anfallen.*«

Die Begründung zu § 39 GKG lautet: »*Durch Absatz 2 soll wie in den übrigen Kostengesetzen eine allgemeine Wertgrenze eingefügt werden. Nur so kann vermieden werden, dass bei hohen Streitwerten unverhältnismäßig hohe Gebühren entstehen. Das mit der Prozessführung verbundene Kostenrisiko wird für die Parteien in Verfahren mit hohen Streitwerten auf ein angemessenes Maß zurückgeführt.*«

Diese völlig vordergründige und knappe Begründung kann nicht überzeugen.

Die Gebühren erhöhen sich nämlich im Verhältnis zu den hohen Streitwerten, sie sind damit nicht unverhältnismäßig, sie sind nur hoch, weil auch der Streitwert hoch ist (zugleich auch der Arbeitseinsatz und das anwaltliche Risiko). Was soll da unverhältnismäßig sein? Umgekehrt sind infolge der Kappung die Verhältnisse, die Relationen zerstört, wenn eine Streitwertsteigerung nicht mehr zu einer Gebührensteigerung führt. Wenn um € 300 Mio. gestritten wird, und so etwas gibt es bei Großfirmen, so ist das eben 10 × mehr als ein Streit um € 30 Mio. Wieso soll der Anwalt bei 10 × größerem Risiko und meist auch entsprechend höherem Arbeitseinsatz nur dieselben Gebühren erhalten? Das vom Gesetzgeber angesprochene Risiko der Parteien liegt bei solch hohen Streitwerten auch nicht im Kostenrisiko, sondern im Risiko des Erfolges oder Misserfolges in der Sache selbst, der Hauptsache; die Kosten sind bei diesen hohen Streitwerten für die Parteien nur eine relativ kleine Nebensache. Dann sollte man doch gleich Klagen über € 30 Mio. verbieten, denn eine höhere Klage wäre doch »unverhältnismäßig«.

6 Das im Gebührenrecht bewährte Mittel der Gebührendegression schafft bei den Gebühren die angemessene Abfederung. Hätte man hier etwas Sinnvolles unternehmen wollen, so hätte man bei den ganz hohen Streitwerten eine stärkere Degression einführen können. Die Kappung heißt, das Kind mit dem Bade auszuschütten.

Anwälte können sich helfen, indem sie eine Gebührenabrede für höhere Streitwerte entsprechend ihrem Risiko treffen, obwohl das angesichts der Gesetzeslage und des starken Konkurrenzdrucks in diesem Streitwertbereich nicht einfach und manchmal nicht durchsetzbar ist. Die **Gerichtskasse** geht aber bei höheren Streitwerten (Mehrbetrag über € 30 Mio.) **leer** aus, und dies, obwohl Großverfahren wie die Schadensersatzklage des Kernkraftwerkes Mülheim – Kärlich mehrjährige Freistellung von teurer Richterkraft nur für ein einziges Verfahren notwendig machen. Der Gesetzgeber hat sich wohl von der Furcht leiten lassen, dass der Fiskus in öffentlich-rechtlichen Großverfahren bei Streitwerten über € 30 Mio. als Partei in Anspruch genommen wird und den Rechtsstreit verliert.

Inzwischen ist auch von einer Anwaltskanzlei Verfassungsbeschwerde eingelegt worden (kritisch zur Kappung auch Hartmann Kostengesetze RVG § 22 Rn. 4; Gerold/Schmidt/von Eicken/Madert/Müller-Rabe RVG 17. Aufl. § 22 Rn. 6; Hartung/Römermann RVG § 22 Rn. 9).

Grundsatz | § 22

Für den Anwalt hält die Novelle ein kleines Trostpflästerchen bereit: 7

Der Gebührenbegrenzung wird ein neuer Auslagentatbestand gegenüber gestellt. Nach der neuen Nr. 7007 kann der Anwalt die im Einzelfall gezahlte Prämie für eine Vermögensschadenhaftpflichtversicherung, soweit die Prämie auf Haftungsbeträge oberhalb des jeweiligen Höchstwertes entfällt, von der Partei ersetzt verlangen.

Bei einem Streitwert von etwa € 100 Mio. kann er, falls er eine Person vertritt, also die Versicherungsprämie für den Mehrbetrag von € 70 Mio. als Auslagen erstattet verlangen.

Wenn man gut mit dem Versicherer verhandelt, kann man mit einer Jahresprämie von etwa € 1.000,00 pro € 1 Mio. Versicherungssumme rechnen.

Auch diese Regelung zeugt aber von wenig Praxisnähe. Alle Versicherer lassen sich zunächst 8 einmal als Selbstbehalt die verdienten Gebühren versprechen. Die in der Gesetzesbegründung errechnete Höchstgebühr von € 228.740,00 für den Streitwert bis € 30 Mio. verbleibt also gar nicht im Regressfall als »gerechter« Ausgleich für das Risiko bis € 30 Mio. im Vermögen des Anwalts. Der Anwalt muss auf eigenes Risiko den Sockelbetrag von € 30 Mio. natürlich auch versichern. Er kann allerdings bei Risiken, die über die Mindestversicherungssumme (€ 250.000,00) hinausgehen, von dem Mandanten die Versicherungsprämie als Aufwand gem. §§ 675, 670 BGB sich ersetzen lassen (*Brieske* in Henssler/Koch Mediation in der Anwaltspraxis § 9 Rn. 94). Die Vorbem. 7 Abs. 1 Satz 2 lautet nämlich heute:

Soweit nachfolgend nichts anderes bestimmt ist, kann der Rechtsanwalt Ersatz der entstandenen Aufwendungen (§ 675 i. V. m. § 670 BGB) verlangen. Dazu die Gesetzesbegründung BT-Drs. 15/1971, S. 231:

»Mit Satz 2 soll klargestellt werden, dass § 675 i. V. m. § 670 BGB über den Ersatz von Aufwendungen grundsätzlich anwendbar bleibt. Das heißt also, die zitierte Vorbemerkung ist ein allgemeines Auffangbecken für solche Aufwendungen, die nicht schon nachfolgend (Nrn. 7000 bis 7008) besonders genannt sind. Bei Mandaten im Millionenbereich liegt der Abschluss einer besonderen Haftpflichtversicherung für eventuelle Haftungsschäden auch und insbesondere im eigenen Interesse des Mandanten. Denn was würde es ihm helfen, wenn er bei einem Fehler des Anwalts einen leicht durchsetzbaren Schadensersatzanspruch hätte, der Anwalt aber in aller Regel in diesen Größenordnungen, von wenigen abgesehen, nicht leistungsfähig wäre. Angesichts dieser im Alltag häufig vorkommenden Einzelfallversicherungspraxis ist in der Neuregelung der Nr. 7007 kein entscheidender Ausgleich für die Gebührenkappung ab € 30 Mio. zu sehen.«

Übrigens: Das Anfordern einer Haftpflichtprämie wird nicht selten Anlass zu einem Gespräch über eine Haftungsbegrenzung nach § 276 BGB sein. Das eventuelle Ergebnis wäre dann individuell ausgehandelt.

Änderung des Gegenstandswertes

Der Gegenstandswert muss nicht für sämtliche Gebühren in derselben Angelegenheit der 9 gleiche sein. Für jede Gebühr ist der Gegenstandswert vielmehr gesondert zu ermitteln.

• **Beispiel:** Der Beklagte leistet vorterminlich einen Teilbetrag, danach werden vorterminlich übereinstimmende Teilerledigungserklärungen abgegeben. Die Termingebühr erfällt dann nicht mehr aus dem ursprünglichen Klagewert, sondern aus dem noch anhängigen Restbetrag. Es kann somit vorkommen, dass sich eine Gebühr nach dem Wert nur eines Gegenstandes richtet und eine andere Gebühr nach dem zusammengerechneten Wert.

Zusammenrechnungsverbote

Der in § 22 Abs. 1 geregelte Grundsatz der Zusammenrechnung der Werte gilt nicht aus- 10
nahmslos. Beispiele für Additionsverbote:

Abschnitt 4 – Gegenstandswert

- Nr. 1009: Hebegebühr, da jede Auszahlung eine gesonderte Angelegenheit darstellt.
- § 44 GKG: Stufenklage, die GKG-Norm gilt über § 23 Abs. 1 Satz 1 RVG auch für die Anwaltsgebühren.
- § 45 Abs. 1 GKG, § 23 Abs. 1 Satz 1 RVG: Klage und Widerklage, betreffend denselben Streitgegenstand.
- § 48 Abs. 4 GKG, § 23 Abs. 1 Satz 1 RVG: vermögensrechtlicher und nichtvermögensrechtlicher Anspruch.
- § 45 Abs. 1 Satz 2, 3 GKG, § 23 Abs. 1 Satz 1 RVG: Hilfsanspruch, soweit er denselben Gegenstand wie den Hauptanspruch betrifft.
- § 45 Abs. 2 GKG, § 23 Abs. 1 Satz 1 RVG: wechselseitig eingelegte Rechtsmittel, die denselben Streitgegenstand betreffen und nicht in getrennten Prozessen verhandelt werden.

11 **Abs. 2 Satz 2:** Sind bei Streitwerten über € 30 Mio. auf einer Seite mehrere Personen Auftraggeber, so bestimmt das Gesetz: »**Sind in derselben Angelegenheit mehrere Personen Auftraggeber, beträgt der Wert für jede Person höchstens 30 Millionen EUR, insgesamt jedoch nicht mehr als 100 Millionen EUR.**«

B. Kommentierung

I. Normzweck

12 Im Hinblick auf die Gebührendegression (je höher der Streitwert, desto geringer der Prozentanteil der Gebühren) kommt dem Wortlaut des Abs. 1, der von der Addition mehrerer Gegenstände innerhalb einer Angelegenheit handelt, eine hohe Bedeutung für die zu errechnenden Gebühren zu: Denn für jede Angelegenheit kann eine eigene Rechnung erstellt werden, die Gegenstände hingegen müssen zu einer Summe zusammengefasst werden und die Summe bildet dann den Wert. Das führt zu einem erheblichen Unterschied des Rechnungsbetrages.

13 • **Beispiel**
2 **Angelegenheiten** im Wert von je € 10.000,00 ergeben bei einer 1,0 Gebühr (2 × 486 =) € 972,00, dagegen 2 **Gegenstände** à € 10.000,00 bei einer 1,0 Gebühr = 1 Angelegenheit (Wert € 20.000,00) nur € 646,00.

14 Der geschäftstüchtige Anwalt wird daher immer darauf achten, dass er mit mehreren Angelegenheiten und nicht mit mehreren Gegenständen einer Angelegenheit betraut wird.

§ 22 Abs. 1 verkündet den Grundsatz, ohne aber Anhaltspunkte für die Abgrenzung der beiden Begriffe Angelegenheit und Gegenstand zu bieten.

Die §§ 16 bis 18 zählen zwar einige Verfahrensinstitute auf, die entweder als dieselbe oder als verschiedene Angelegenheiten gelten. Die Abgrenzungsprobleme zwischen Angelegenheit und Gegenstand bleiben aber bestehen.

II. Der Tatbestand im Einzelnen

1. Dieselbe Angelegenheit

15 § 16 bestimmt für einige Zweifelsfälle, dass die dort aufgeführten Tätigkeiten zusammen eine Angelegenheit bilden.

Das Problemfeld ist aber, wie das Leben selbst, viel größer als die Aufzählung der §§ 16 ff.

a) Definitionen der Rechtsprechung

16 Der **Gesetzgeber** der 2. Legislaturperiode hat damals von einer Legaldefinition des Begriffs »Angelegenheit« wegen der Vielfältigkeit der Lebensverhältnisse abgesehen. Die **Rechtspre-**

Grundsatz | § 22

chung sollte da weiterhelfen (BT-Drs. 2/2545, S. 235). Da diese auf dieselben Schwierigkeiten gestoßen ist, ist auch in den vielen vergangenen Jahren durch die Rechtsprechung nicht viel Klares an Definitionen herausgekommen:

Der **BGH** definiert (NJW 1995, 1431): »*Angelegenheit ist das gesamte Geschäft, das der Rechtsanwalt für den Auftraggeber besorgen soll. Ihr (gemeint ist die Angelegenheit) Inhalt bestimmt den Rahmen, innerhalb dessen der Rechtsanwalt tätig wird (BGH LM § 7 BRAGO Nr. 2; NJW 1984, 1188 = LM § 6 BRAGO Nr. 5, ZIP 1995, 118)*«. 17

Bei dem vom BGH entschiedenen Fall ging es um eine außergerichtliche Abwicklung der Schäden aus einem Verkehrsunfall, die sich über 4 Jahre mit immer neuen Forderungen und damit neuen Aufträgen an den Anwalt hinzog (Unfallrente, Fahrtkosten, Haushaltshilfe, Schmerzensgeld). Das Ganze war nach BGH eine Angelegenheit mit 4 Gegenständen.

Der BGH bemerkte zum Schluss jener Entscheidung sehr weise:

»*Wann eine und wann mehrere Angelegenheiten vorliegen, bestimmt das Gesetz nicht. Die Abgrenzung ist unter Berücksichtigung der jeweiligen Lebensverhältnisse im Einzelfall vorzunehmen. Dabei ist insbesondere der Inhalt des erteilten Auftrages maßgebend. Sowohl die Feststellung des Auftrages als auch die Abgrenzung im Einzelfall ist grundsätzlich Aufgabe des **Tatrichters** (BGH LM § 7 BRAGO Nr. 2; NJW 1984, 1188).*«

Schon 1972 hatte der BGH ähnlich formuliert (JurBüro 1972, 684 = MDR 1972, 765): 18

»*Die **Angelegenheit** bedeutet den **Rahmen**, innerhalb dessen sich die anwaltliche Tätigkeit abspielt, wobei im Allgemeinen der dem Anwalt erteilte Auftrag entscheidet.*«

Besonders hilfreich und subsumtionsgeeignet erscheinen dem Verfasser diese BGH-Thesen nicht. Letztlich wird vom Gesetzgeber auf die Rechtsprechung und von dieser (nämlich dem BGH) auf den Tatrichter verwiesen und dieser soll dann die Umstände des Einzelfalles entscheiden lassen. Also von Rechtssicherheit keine Spur.

b) Angelegenheit bei gerichtlichem oder behördlichem Verfahren

Für **gerichtliche und behördliche Verfahren** erscheint dem Verfasser die These von Madert (Madert in Gerold/Schmidt/von Eicken/Madert BRAGO 15. Aufl. § 13 Rn. 5; ähnlich 17. Aufl. § 15 Rn. 11) zur Beschreibung des Begriffs **Angelegenheit** sehr hilfreich: »*Für den in der Praxis wohl häufigsten Fall, dass der Rechtsanwalt in einem gerichtlichen oder sonstigen behördlichen Verfahren tätig wird, ist die **Angelegenheit** im Allgemeinen mit dem **Verfahren identisch**.*« 19

• **Beispiel** 20
Ein Unfallgeschädigter beauftragt in einem Zuge den Anwalt, im Zivilprozess den Unfallschaden einzuklagen und ferner, ihn in der Strafsache gegen den Schädiger als Nebenkläger zu vertreten. Obwohl es nur um **einen** Auftrag geht, handelt es sich doch um **zwei Angelegenheiten**, weil zwei gerichtliche Verfahren.

Das OVG Münster (AGS 2006, 16) möchte diesen weitüberwiegend anerkannten Grundsatz nicht akzeptieren und will auch bei mehreren gerichtlichen Verfahren diese wie im außergerichtlichen Bereich dann zu einer Angelegenheit zusammenfassen, wenn derselbe Auftrag, der innere Zusammenhang und ein einheitlicher Tätigkeitsrahmen vorliegen. Das OVG Münster hatte folgenden Fall zu entscheiden: 21

50 Anlieger wenden sich in getrennten Klagen mit einheitlichem Sachvortrag, vertreten durch denselben Anwalt, gegen den Beitragsbescheid für Straßenausbaubeiträge, der gegen jeden von ihnen ergangenen ist.

Diese Entscheidung ist unrichtig. Das OVG zitiert zwar in seiner Entscheidung die abweichende Ansicht von Gerold/Schmidt/von Eicken/Madert/Müller-Rabe RVG 16. Aufl. § 7 Rn. 12, welche wie folgt lautet: »*Werden Aufträge mehrerer Personen in getrennten Verfahren erledigt, so fehlt der einheitliche Rahmen. Werden z. B. gleichartige Ansprüche je in einem gesonderten Ver-*

Abschnitt 4 – Gegenstandswert

fahren eingeklagt, so haftet auch dann jeder Auftraggeber für die vollen Gebühren, wenn die Schriftsätze in den verschiedenen Verfahren den gleichen Inhalt haben (OLG München AnwBl. 81, 155).«

Diese von Madert und dem OLG München vertretene Ansicht entspricht der herrschenden Meinung (Gebauer/Schneider RVG § 15 Rn. 75; Mayer/Kroiß RVG § 15 Rn. 39, 52; Göttlich/Mümmler/Rehberg/Xanke RVG 1. Aufl. »Angelegenheit« Nr. 2.; Hartmann Kostengesetze RVG § 15 Rn. 17, 37; KG Rpfleger 1979, 434; OLG Hamm JurBüro 1974, 1253; OLG München JurBüro 1974, 149 und AnwBl. 1995, 48; OLG Hamm FamRZ 1992, 711; LG Neubrandenburg JurBüro 1996, 640; AG Köln AnwBl. 1988, 35; AG Tecklenburg AnwBl. 1995, 48; im Grundsatz auch BGH NJW 2004, 1043, 1045; a. A.: BVerwG NJW 2000, 2289 für 7 Widerspruchsverfahren; LG Cottbus Rpfleger 2001, 569 für 52 Einzelverfahren).

22 Hintergrund der Mindermeinung ist das Problem, dass der Anwalt ohne Sachgrund eine einheitliche Angelegenheit nicht einseitig aufsplitten darf (BGH NJW 2004, 1043). Erhebt er getrennte Klagen, so sind dies zunächst einmal verschiedene Angelegenheiten. Fraglich ist aber, ob er die durch die Aufteilung geschaffene Gebührendifferenz von der Partei fordern darf.

Hinsichtlich der Aufteilungsbefugnis wird man zunächst danach differenzieren müssen, ob es sich um mehrere Klagen einer Partei oder um mehrere Klagen verschiedener Parteien handelt.

23 Im ersteren Fall muss der Anwalt (im Bezug auf einen Gebührenanspruch gegenüber seiner Partei), wenn sowohl eine getrennte wie eine verbundene Prozessführung in Frage kommt, das prozessuale wie das gebührenmäßige Für und Wider des Vorgehens der Partei darlegen und deren Entscheidung herbeiführen. Dieses gehört in das Vertrauensverhältnis der anwaltlichen Parteivertretung und kann nicht stattdessen vom Richter ex ante anders entschieden werden. Solchenfalls ist natürlich dem Anwalt angeraten, die Partei schriftlich zu belehren mit deren Unterschrift. Allenfalls bei der Erstattungsfrage wird der Richter in sparsamer Weise das anwaltliche Ermessen unter dem Gesichtspunkt, ob hinreichend sachliche Gründe für eine Trennung dargetan sind, überprüfen können.

24 Handelt es sich um mehrere Klagen mehrerer Kläger, so kann der Anwalt nicht einfach aus Gründen der sparsamen Prozessführung die mehreren Klagen in einer Klage zusammenfassen. Dazu brauchte er – nach Belehrung – die Zustimmung einer jeden Partei. Er kann diese Partei nicht einfach zwingen, sich am Kostenrisiko der anderen Parteien zu beteiligen, denn es ist nicht sicher, dass die Richter bei unterschiedlichem Prozessausgang bei der schwierigen Kostenentscheidung, wenn von den 50 Mandanten eine Reihe obsiegt, die anderen ganz oder teilweise unterliegen, keine Fehler zu Lasten des betreffenden Mandanten machen. Hinzukommt, dass bei einem Ausfall eines Kostenschuldners dieser Mandant ohnehin wieder für seine Klage voll haften müsste (§ 7 Abs. 2). Wenn es sich dabei um zahlreiche Kläger, 50 an der Zahl im Falle des OVG Münster, handelt und dabei nur 3 oder 4 ausfallen, so ist der Verfasser gewiss, dass dann hinsichtlich des auf den betreffenden zahlungsfähigen Kläger entfallenden Kostenanteils das Ergebnis nach dem Grundsatz, mit der Stange im Nebel herumstochern, gesucht würde. Wie soll hier aber ein Anwalt, der nicht gerade zur Kostenelite gehört, sachgemäß und richtig vorweg aufklären? Sagt eine Partei, ich will mein Prozessrisiko allein tragen, so muss das vom Anwalt und den Gerichten als sachgemäß akzeptiert werden und zwar sowohl im Kostenanfall wie auch bei der Kostenerstattung (vgl. auch § 19 Rn. 23).

Werden die mehreren bei Gericht eingereichten Klagen gem. § 147 ZPO verbunden, so wird die Sache nach der Verbindung für die Zukunft eine Angelegenheit. Würde nun erstmals Termin bestimmt, so wäre alles eine Angelegenheit mit der Addition der mehreren verschiedenen Gegenstände (Abs. 1). Die Gerichte werden allerdings in aller Regel wegen ihres Pensenschlüssels die 50 Klagen nicht verbinden, sondern allenfalls gleichzeitig terminieren.

25 Für den Rechtsmittelrechtszug bestimmt übrigens § 15 Abs. 2 Satz 2 positivrechtlich, dass es sich insoweit um eine neue Angelegenheit im Verhältnis zur ersten Instanz handelt.

Grundsatz | § 22

- **Beispiele aus der Rechtsprechung für eine Angelegenheit** 26
(1) OLG Hamm (JurBüro 2000, 469): Nach Abschluss eines Prozessvergleichs begehrt die Partei die Fortsetzung des Prozesses mit der Behauptung, der Prozessvergleich sei unwirksam.

(Anders aber, wenn die Partei einen **neuen Prozess** mit der Behauptung einleitet, sie sei wirksam – nach Fristsetzung – vom Prozessvergleich zurückgetreten oder die Geschäftsgrundlage des Prozessvergleiches sei entfallen. Letzteres muss im neuen Prozess – also zwei Angelegenheiten – geltend gemacht werden.)

(2) OLG Koblenz (JurBüro 1990, 42): Die Beklagten und deren Streithelferin beauftragen denselben Anwalt.

(3) BGH (JurBüro 1976, 749): Der Mandant erteilt den Auftrag, seine Arzneimittelfabrik für € 8,8 Mio. zu verkaufen. Der Ankäufer macht zur Bedingung, dass die Firma zuvor in eine GmbH umgewandelt wird. Der Anwalt erhält den Auftrag, die Firma zunächst in eine KG, dann in eine GmbH umzuwandeln. Dann wirkt er beim Verkauf der GmbH-Anteile mit.

Der BGH meint dazu: Das alles ist eine Angelegenheit, da die beiden Umwandlungen nur Hilfsgeschäfte für den Verkauf sind. Es sind noch nicht einmal mehrere Gegenstände – ohne Rücksicht auf die dabei auftauchenden schwierigen Rechtsfragen – und die Gebühr erfällt damit nur einmal aus dem Wert von € 8,8 Mio.

(4) OLG Frankfurt (JurBüro 1978, 697): Prozessauftrag von 3 Familienmitgliedern aus einem erlittenen Verkehrsunfall.

(5) BGH (JurBüro 1984, 537): Vertretung mehrerer Eigentümer im Enteignungsverfahren, allerdings nur dann, wenn die Aufträge nach Inhalt, Ziel und Zweck sich weitgehend entsprechen; bei Verschiedenheit der Zielrichtung allerdings mehrere Angelegenheiten.

(6) LG Göttingen (JurBüro 2002, 25): Beratungshilfe für die Vertretung gegen **zwei** Bescheide des Sozialhilfeträgers (zweifelhaft).

(7) OLG Düsseldorf (KostRsp § 3 BRAGO Nr. 28 = OLGR 1993, 160): Eine GmbH-Gesellschafterin beauftragte einen Rechtsanwalt, ihre Interessen wahrzunehmen bei **zwei Gesellschafterversammlungen** (Februar und April 1987), nachdem die übrigen Gesellschafter den Entschluss gefasst hatten, sie auszuschließen; ferner erhielt er den Auftrag, diesen **Beschluss anzufechten** und den **Gesellschafteranteil** im Wege des Vergleiches bestmöglichst an die übrigen Gesellschafter **zu veräußern**.

- **Beispiele für mehrere Angelegenheiten** 27
(1) OLG Zweibrücken (AnwBl. 1968, 363): Zwei verschiedene Angelegenheiten sind es, wenn der RA sich nach einem Verkehrsunfall zunächst an den Haftpflichtversicherer des Gegners und sodann an die eigene Kaskoversicherung wendet.

(2) OLG Köln (Rpfleger 2001, 149): Wenn der Anwalt mehreren Drittschuldnern, die ihren Wohn- oder Geschäftssitz an unterschiedlichen Orten haben, vorläufige Zahlungsverbote zustellen lassen will und zu diesem Zweck mehrere Zustellungsersuchen an verschiedene Gerichtsvollzieher an jeweils anderen Orten richten muss.

(3) OLG Köln (AGS 2000, 208): Die Vergütungsfestsetzung gem. BRAGO § 19 (jetzt § 11) ist eine vom Hauptsacheverfahren 1. Instanz unabhängige Angelegenheit.

(4) LG Köln (MDR 2000, 730): Zwei teils außergerichtliche/teils gerichtliche Angelegenheiten sind zunächst der Kündigungsauftrag hinsichtlich eines Mietverhältnisses und der anschließende Räumungsprozessauftrag.

(5) OLG Koblenz (JurBüro 1999, 328): Vertretung im Erkenntnisverfahren und in der Zwangsvollstreckung.

(6) OLG Koblenz (AGS 1998, 1967 = JurBüro 1998, 359): Beweisverfahren gegen Bauunternehmer, Streitverkündung durch Antragsteller an Architekten. Danach klagt Antragsteller gegen

Abschnitt 4 – Gegenstandswert

Architekten (Streitverkündeten mit Beweisergebnis aus dem Beweisverfahren). Beweisverfahren und anschließende Klage sind zwei Angelegenheiten, denn es fehlt an der Parteiidentität.

(7) AG Ahaus (JurBüro 1976, 57) und AG Charlottenburg (JurBüro 2002, 25): Einholung der Deckungszusage beim Rechtsschutzversicherer und spätere Prozessvertretung; **a. A.:** LG München (JurBüro 1993, 163): Einholung der Deckungszusage sei Nebengeschäft im Rahmen des Prozessauftrages.

(8) *Mümmler* (JurBüro 1996, 240 und 1996, 347): Zwei Angelegenheiten, wenn der RA zunächst den Antragsteller im selbständigen Beweisverfahren vertritt und sodann nach Vorlage des abschließenden Gutachtens vom Gegner fordert, die Mängelbeseitigungskosten laut Gutachten an den Antragsteller zu zahlen.

(9) VG Sigmaringen (NC 6 K 701/05–22. 08. 2006): Vertritt ein Rechtsanwalt im Streit um die Zulassung zur Hochschule die Universität gegenüber mehreren Antragstellern, liegt infolge der erforderlichen Einzelfallprüfung nicht dieselbe Angelegenheit vor.

(10) AG Kassel (JurBüro 2006, 592 = AGS 2007, 133): Bei einem Beratungshilfeverfahren und dem nachfolgenden Prozesskostenhilfeprüfungsverfahren handelt es sich nicht um dieselbe Angelegenheit. Die im Beratungshilfeverfahren entstandene Auslagenpauschale ist daher nicht auf die Gebühr oder die Auslagenpauschale des nachfolgenden PKH-Verfahrens anzurechnen.

(11) BGH (NJW 2008, 1744):»Das Abschlussschreiben eines Rechtsanwalts, mit dem nach Erwirkung einer auf Unterlassung einer Äußerung gerichteten einstweiligen Verfügung der Antragsgegner dazu aufgefordert wird, den Verfügungsanspruch anzuerkennen und auf Widerspruch sowie die Stellung eines Antrags nach § 926 ZPO zu verzichten, gehört hinsichtlich der Anwaltsgebühren zur angedrohten **Hauptsacheklage** und nicht mehr zum **Eilverfahren**. Kommt es nicht zum Hauptsacheprozess, weil der Antragsgegner die geforderten Erklärungen abgibt, steht dem Antragsteller grundsätzlich ein materiell-rechtlicher Kostenerstattungsanspruch zu.« (Siehe insoweit auch die ausdrückliche Regelung des § 17 Nr. 4 (abwegig KGR Berlin 2006, 850).

(12) VG Dresden (2 K 1334/05–15. 08. 2005) Verfahrenstrennung durch Trennungsbeschluss: »Hat das Gericht die zunächst in einem Verfahren zusammen verfolgten Klagebegehren gemäß § 93 VwGO getrennt, sind die Gebühren eines bevollmächtigten Rechtsanwalts nur dann nach den Einzelstreitwerten der abgetrennten Verfahren zu ermitteln, wenn die Gebührentatbestände nach Zustellung des Trennungsbeschlusses erneut verwirklicht worden sind.«

(13) OLG Rostock (JurBüro 2007, 640 = OLGR Rostock 2007, 1062 = FamRZ 2008, 626) zu § 16 Nr. 4 RVG: Werden in Familiensachen außerhalb des Scheidungsverbundes zugleich Verfahren (hier ein Antrag auf Zuordnung des Aufenthaltsbestimmungsrechts und eine Klage auf Unterhalt) miteinander verhandelt, deren Parteien voneinander unterschiedlich sind und die unterschiedlichem Verfahrensrecht (ZPO und FGG) unterliegen, so errechnen sich die Gebühren nicht nach der Summe ihrer Streitgegenstände, sondern für jede Sache gesondert = mehrere Angelegenheiten.

(14) AG Nauen (ZfSch 2007, 407):

Das Bußgeldverfahren vor der Verwaltungsbehörde und das anschließende Verfahren vor dem AG sind 2 verschiedene Angelegenheiten, in denen dem Verteidiger jeweils eine gesonderte Postentgeltpauschale zusteht.

(15) *Madert* in Gerold/Schmidt/von Eicken/Madert/Müller-Rabe RVG 17. Aufl. § 15 Rn. 102: Schmerzensgeld durch Prozessvergleich erledigt, dann neuer Auftrag, materiellen Zukunftsschaden zu fordern = zwei Angelegenheiten. Hätte sich dagegen der Auftrag von Anfang an auf beide Gegenstände bezogen, so nur eine Angelegenheit.

Diese beispielhafte Aufzählung von 22 Fällen aus dem Prozessalltag beweist nachdrücklich, dass die Gesetzesbegründung zu den §§ 17 (verschiedene Angelegenheiten) und 18 (besondere Angelegenheiten), die meint, bei den beiden vorgenannten Normen handele es sich jeweils um abschließende Aufzählungen, unrichtig ist und in der Rechtsprechung keinen Bestand haben wird. Der Zusatz »insbesondere« wäre da klüger gewesen. So muss die Rechtsprechung diese von der Sache her geforderte Interpretation jedenfalls des § 17 nachholen.

c) Angelegenheit im außergerichtlichen Bereich

Für die Beurteilung der einheitlichen Angelegenheit im **außergerichtlichen** Bereich werden regelmäßig **drei Kriterien** genannt:

(1) **Einheitlicher Auftrag:** OLG München (NJW 1965, 258): Jeder neue Auftrag leitet eine neue Angelegenheit ein. OHG-Gesellschafter streiten zunächst über Hallenaufteilung, später über Geschäftsführung.

Das Abgrenzungskriterium »Auftrag« ist insbesondere wegen § 15 Abs. 5 problematisch, weil ein neuer (späterer) Auftrag in derselben Angelegenheit nicht zu einer neuen Angelegenheit führt. Allerdings ist eine neue Angelegenheit mit einem neuen Auftrag dann wiederum gegeben, wenn der erste Auftrag bei Erteilung des zweiten Auftrages **vollständig erledigt** ist (Hansens BRAGO 8. Aufl. § 13 Rn. 8; Gerold/Schmidt/von Eicken/Madert/Müller-Rabe 17. Auflage § 15 Rn. 102).

Eine gesetzliche Ausnahme gilt nach Ablauf von zwei ganzen Kalenderjahren (§ 15 Abs. 5 Satz 2).

(2) **Einheitlicher (äußerer) Rahmen**: Berg/Blaß/Bolder/Kraft/Ramm BRAGO Handbuch 2. Aufl. A Rn. 14: Etwa die Zusammenfassung in einem Anspruchsschreiben, ferner ein gleichlautendes Schreiben an alle Gläubiger zur Schuldenregulierung.

OLG Frankfurt (JurBüro 1978, 697): Verkehrsunfallschaden von drei Familienmitgliedern wird in einem Regulierungsschreiben zusammengefasst.

(3) **Innerer Zusammenhang:** OLG Hamburg (MDR 1981, 944): Dieser Zusammenhang fehlt zwischen vorgerichtlichem **Abmahnschreiben** in Wettbewerbssachen und dem späteren **Abschlussschreiben**. Das Abmahnschreiben schafft das Rechtsschutzinteresse für die EV. Das Abschlussschreiben des Gläubigers und die dann folgende Abschlusserklärung des Unterlassungsschuldners (Prozessvertrag) machen einen vorläufigen EV-Titel zu einem vollwertigen Titel der Hauptsache (*Schultz-Süchting* in UWG Jakobs/Lindacher-Teplitzky § 25 Rn. 285 ff.). So auch BGH NJW 2008, 1744 (abwegig KG KGR Berlin 2006, 850).

Innerer Zusammenhang ist etwa gegeben, wenn die geschiedene Ehefrau einheitlich (nachehelichen) Unterhalt für sich und als Vertreterin ihrer Kinder geltend macht.

Eine Kombination von gerichtlichem und außergerichtlichem Verfahren stellt folgender von von Eicken (AGS 1998, 144) untersuchter Fall dar: Der Anwalt hat zunächst nur den Auftrag zur Durchführung eines Beweisverfahrens. Dieses endet mit der Stellungnahmefrist des Gerichts zum Gutachten (§ 411 Abs. 4 Satz 2 ZPO) oder mangels Fristsetzung innerhalb eines angemessenen Zeitraums zur Stellungnahme zum Sachverständigengutachten. Nach diesem Zeitablauf kann der Anwalt mit neuem Auftrag durch Geltendmachung eines Anspruchs gemäß dem Beweisergebnis neue Gebühren **(neue Angelegenheit)** nach Nr. 2300 verdienen, nach der Neufassung der Vorbem. 3 Abs. 4 »entsteht« dürfte hier allerdings jetzt anzurechnen sein. *Madert* (RVG 18. Auflage Nr. 2300 Rn. 40) legt noch den alten Gesetestext zugrunde.

d) Verabredung mehrerer Angelegenheiten durch Gebührenvereinbarung (§ 4)

Der Rechtsanwalt kann aber gem. § 3 a (Vereinbarung einer höheren als der gesetzlichen Vergütung) aus einer Angelegenheit **mehrere** gebührenrechtliche **Angelegenheiten** machen. Es ist dann aber erforderlich, dass diese Vereinbarung der in § 3 a vorgeschriebenen Form entspricht.

Abschnitt 4 – Gegenstandswert

33 Dazu hat das OLG Düsseldorf in dem (unter Rn. 26 – Fall (7) –) schon erwähnten Fall der Vertretung einer GmbH-Gesellschafterin im Ausschlussverfahren und beim Verkauf des Anteils (KostRsp § 3 BRAGO Nr. 28 = OLGR 1993, 160) bemerkt: Grundsätzlich sei es möglich gewesen, diese einheitliche Angelegenheit in getrennte Angelegenheiten aufzuteilen, und zwar in die Angelegenheit »Teilnahme an den Gesellschafterversammlungen« und »Vermarktung des Gesellschaftsanteils« (Wert jeweils DM 1,8 Mio. = Wert des Geschäftsanteils). Eine solche Vereinbarung müsse sich aber, wie jede Gebührenvereinbarung, die über die gesetzlichen Gebührentatbestände hinausgehe, an § 3 (jetzt § 4) messen lassen, was hier nicht der Fall gewesen sei. Dieser Lösungsweg, den Anwälte meist nicht bedenken, wäre auch möglich gewesen im BGH-Fall (JurBüro 1976, 749), oben (Rn. 26 – Fall (3) – Auftrag zum Verkauf der Arzneimittelfabrik nach Umwandlung in eine KG und sodann in eine GmbH).

2. Gegenstand

34 Der Begriff **Gegenstand** ist vom Gesetzgeber ebenfalls inhaltlich nicht definiert. § 2 lautet zwar wie folgt: »**Die Gebühren werden, soweit dieses Gesetz nichts anderes bestimmt, nach dem Wert berechnet, den der Gegenstand der anwaltlichen Tätigkeit hat (Gegenstandswert).**« Diese gesetzliche Definition bringt uns nicht weiter. Sie besagt lediglich, dass der **Wert des Gegenstandes** der anwaltlichen Tätigkeit der **Gegenstandswert** ist. Was aber ist der Gegenstand?

35 Alle Kommentatoren meinen in wörtlicher Übereinstimmung mit der Rechtsprechung wenig inhaltsreich: »*Gegenstands(-wert) der anwaltlichen Tätigkeit ist das Recht oder Rechtsverhältnis, auf das sich auftragsgemäß die Tätigkeit des Rechtsanwalts bezieht.*« (Gerold / Schmidt / von Eicken / Madert / Müller-Rabe RVG 17. Aufl. § 22 Rn. 35; Riedel / Sußbauer BRAGO 9. Aufl. § 2 Rn. 3; Gebauer / Schneider § 7 Rn. 16; Göttlich / Mümmler / Rehberg / Xanke »Gegenstandswert« 7; Hansens § 6 Rn. 3; Hartmann Kostengesetze RVG § 7 Rn. 27; BGH JurBüro 1972, 684; 84, 837; OLG München NJW 1965, 258; OLG Hamm JurBüro 1979, 1311).

In **gerichtlichen** Verfahren kann man den Begriff Gegenstand mit dem Begriff des Streitgegenstandes der BGH-Rechtsprechung gleichsetzen (so auch ausdrücklich Riedel / Sußbauer BRAGO 9. Aufl. § 7 Rn. 3; Gebauer / Schneider Nr. 1008 Rn. 26; OLG Koblenz JurBüro 1990, 990), also **Antrag** in Verbindung mit dem **Lebenssachverhalt**. Im Falle der objektiven Klagehäufung (§ 260 ZPO), also einer Mehrheit von Streitgegenständen (anders bei einem Antrag, der auf mehrere Anspruchsgrundlagen gestützt wird = **Anspruchsgrundlagenkonkurrenz**), liegen also mehrere Gegenstände vor, die gebührenrechtlich nach Abs. 1 zusammenzurechnen sind. Der Gegenstand wird durch den **Auftrag** bestimmt. Prüft der Rechtsanwalt etwa mögliche Ansprüche seines Mandanten gegen A, B und C, hatte er jedoch nur den Auftrag, den Anspruch gegen den A zu prüfen und einzuklagen, so kann er Gebühren nur für den Gegenstand seines Auftrages verlangen (Gebauer / Schneider BRAGO § 7 Rn. 18).

36 Aber auch außergerichtlich lässt sich mit dem Streitgegenstandsbegriff arbeiten.

Dazu noch einmal das schon erwähnte Beispiel des BGH (NJW 1995, 1431): Ein Anwalt wird beauftragt, den Unfallschaden geltend zu machen. Die Angelegenheit zieht sich über Jahre hin. Der Anwalt macht nach und nach geltend: Unfallrente, Fahrtkosten, Haushaltshilfe, Schmerzensgeld.

Der gesamte Unfallschaden ist die Angelegenheit, sie besteht aus mehreren Gegenständen. Deren vier Werte sind nach § 22 Abs. 1 zusammenzurechnen, also die Werte von Rente, Fahrtkosten, Haushaltshilfe und Schmerzensgeld.

Rechtsprechungsbeispiele für die Zusammenrechnung mehrerer Gegenstände einer Angelegenheit: BGH (JurBüro 1991, 534); OLG Koblenz (JurBüro 1978, 702); OLG Hamm (JurBüro 1979, 1311); OLG Düsseldorf (JurBüro 1982, 712; 1986, 387).

OLG Stuttgart (JurBüro 1982, 1358): Zusammengefasste Klage **mehrerer Unterhaltsgläubiger** 37 gegen denselben Unterhaltsschuldner (Mutter + Kinder gegen Vater), die Gegenstände sind zu addieren.

OLG Koblenz (JurBüro 1994, 669): Verkehrsunfall: (3 Verkehrsopfer als Kläger) A klagt aus 38 Verkehrsunfall Sachschaden (€ 5.000,00), B aus demselben Unfall ein Schmerzensgeld (€ 7.000,00), C aus dem Unfall einen Körperschaden (€ 4.000,00) ein.

Der Rechtsanwalt vertritt die Kläger A, B und C im gemeinsamen Prozess.

Es ist dieselbe Angelegenheit, aber es sind drei verschiedene Gegenstände, die gem. § 22 Abs. 1 addiert werden auf € 16.000,00.

OVG Münster (AGS 2000, 226): Ein Bebauungsplan wird durch mehrere Grundstückseigen- 39 tümer angegriffen = mehrere Gegenstände einer Angelegenheit = Addition gem. § 22 Abs. 1 (das geschah in einer gemeinsamen Klage). Beim Angriff des Bebauungsplanes durch mehrere Miteigentümer oder mehrere Wohnungseigentümer liegt ein Fall der Nr. 1008 Anmerkung Abs. 1 vor: mehrere Auftraggeber. Obwohl es bei Nr. 1008 selbst »**Angelegenheit**« heißt, hat sich für Wertgebühren am Inhalt des früheren § 6 Abs. 1 Satz 2 BRAGO = »Gegenstand« nichts geändert. Das folgt aus der Anmerkung Abs. 1 zu Nr. 1008 und ferner aus dem 4. Absatz der Gesetzesbegründung zur Nr. 1008, BT-Drs. 15/1971, S. 205: »*Absatz 1 der Anmerkung entspricht der Voraussetzung des § 6 Abs. 1 Satz 2 Hs. 1 BRAGO.*«

OVG NRW (AGS 2006, 16): Eine Angelegenheit – mehrere zu addierende Gegenstände:

Vielzahl von Straßenbaubeitragsbescheiden – Anlieger

»In den hier in Rede stehenden Klageverfahren hat der Prozessbevollmächtigte inhaltlich identische Schriftsätze verfertigt. Es wird auch nicht geltend gemacht, dass sonst eine unterschiedliche Tätigkeit bezüglich verschiedener Gegenstände entfaltet worden sei. Dem steht nicht entgegen, dass – wie die Kläger geltend machen – die Bearbeitung jedes Gegenstandes eine individuelle Prüfung (etwa bezogen auf die für das jeweilige Grundstück angesetzten Beitragsberechnungsgrößen) erfordert habe. Entscheidend für die Annahme, dass nur eine Angelegenheit vorliegt, ist der Umstand, dass wegen des Vorliegens der genannten beiden Merkmale des einheitlichen Auftrags und des inneren Zusammenhangs die Gegenstände im Wesentlichen einheitlich bearbeitet werden konnten und auch einheitlich bearbeitet worden sind. In dieser Arbeitserleichterung für den Rechtsanwalt liegt die Rechtfertigung, die mehreren Gegenstände als eine Angelegenheit zu betrachten und damit die gebührenrechtliche Degression eingreifen zu lassen, die bei einer Behandlung jedes Gegenstandes als eigene Angelegenheit nicht einträte. Dass individuelle Randfragen möglicherweise mit in den Blick genommen worden sind, ohne sich aber in einer Sprengung des einheitlichen Tätigkeitsrahmens durch individuelle Bearbeitung niederzuschlagen, hindert nicht die Bewertung der **verschiedenen Gegenstände als eine Angelegenheit**. Der Rechtsanwalt erhält schließlich auch für jeden Gegenstand insofern eine Vergütung, als der Gegenstandswert der einen Angelegenheit nach der Gesamtsumme der einzelnen Werte jedes Gegenstands berechnet wird.«

LArbG Nürnberg (JurBüro 2002, 363): Arbeitsrechtlicher Lohnanspruch von 24 Arbeitern, ge- 40 meinsame Klage von 24 Bauarbeitern (gleicher Stundenlohn, unterschiedliche Arbeitszeit), rückständiger Lohn = eine Angelegenheit mit verschiedenen Klagegegenständen (individuelle Lohnforderungen): Zusammenzurechnen, § 22 Abs. 1.

OLG Hamburg (JurBüro 1987, 1037): Gegendarstellungsanspruch (zwei Geschädigte), der 41 sich gegen dieselbe (unrichtige) Darstellung wendet. Dieselbe Angelegenheit, die Gegenstände betreffen aber jeden Antragsteller höchstpersönlich, also Addition, kein Fall von Nr. 1008 mit Anm. Abs. 1, keine Gegenstandsgleichheit.

OLG Hamburg (JurBüro 1989, 63; JurBüro 1990, 855; JurBüro 1998, 541): Dasselbe Unterlas- 42 sungsgebot gegen 3 Beklagte, Wert: 3 × € 10.000,00. Jeder Beklagte haftet nur für je € 10.000,00, denn nur insoweit ist er am zusammengerechneten Streitgegenstand beteiligt.

Abschnitt 4 – Gegenstandswert

43 OLG Stuttgart (JurBüro 1998, 302): Abwehr gleichartiger Unterlassungsansprüche gegen mehrere Beklagte.

44 OLG Frankfurt (JurBüro 2002, 139): (Höchstpersönliche) Auskunftsansprüche gegen zwei Beklagte.

45 OLG Koblenz (JurBüro 1982, 1828; OLG München JurBüro 1990, 602): Erbrecht (zwei Vermächtnisnehmer). Testament: »Meine beiden Nichten sollen aus meinem Erbe je € 20.000,00 bekommen«. Gemeinsame Klage gegen den Erben = Addition nach Abs. 1. Anders aber: Testament: »Ich vermache meinen beiden Nichten das Miteigentum am Hausgrundstück« (Gesamtwert € 250.000,00). Dann liegt eine gemeinschaftliche Beteiligung vor, also erhöhte Gebühr nach Nr. 1008 Anm. Abs. 1 aus € 250.000,00, aber keine Wertaddition nach § 22 Abs. 1 (vgl. OLG Schleswig JurBüro 1980, 1505).

46 OLG Schleswig (JurBüro 1980, 1505): Klage der mehreren Bruchteilseigentümer = Wertaddition nach Abs. 1, aber keine Gebührenerhöhung nach Nr. 1008 Anm. Abs. 1.

OLG Stuttgart (JurBüro 1998, 535 = AGS 1999, 7); AG Dortmund (JurBüro 1994, 485); im Ergebnis auch LG Bonn (Rpfleger 1990, 136): Räumungsklage gegen zwei Mieter, keine Wertaddition nach Abs. 1, sondern erhöhte Gebühr nach Nr. 1008 Anm. Abs. 1, zutreffend; a. A.: LG Köln (JurBüro 1990, 857) und OLG Köln (JurBüro 1992, 318 und JurBüro 1987, 1182): weder Wertaddition noch Erhöhung.

Madert in Gerold/Schmidt/von Eicken/Madert/Müller-Rabe RVG 17. Aufl. § 22 Rn. 5: Mehrere Gegenstände einer Angelegenheit = Mieten von vier Monaten in den Prozessvergleich einbezogen. Unrichtig insoweit OLG Düsseldorf (AnwBl. 1999, 293), das sich zu Unrecht auf die Fundstelle von Madert/Gerold/Schmidt BRAGO § 7 Rn. 2 bezieht (Rn. 4 hätte vom OLG gelesen werden müssen!), und fälschlich meint, der Gegenstand sei derselbe.

47 BGH: Teilklage und Restanspruch sind zwei verschiedene (Streit-)Gegenstände, so die Antragstheorie des BGH.

48 OLG Koblenz (JurBüro 1992, 601): Klage gegen mehrere GmbH-Gesellschafter, die jeweils die Stammeinlage nicht gezahlt haben (Wertaddition nach Abs. 1).

49 OLG Düsseldorf (AnwBl. 1978, 422 = JurBüro 1978, 1649): Drittwiderspruchsklage gegen mehrere Pfändungsgläubiger, die wegen verschiedener Forderungen dieselbe Sache beim Schuldner gepfändet haben (verschiedene Gegenstände – Addition).

50 OLG Hamburg (JurBüro 1979, 53): Mehrere Beklagte werden jeweils auf die auf jeden entfallende Quote in Anspruch genommen, die Quoten betreffen einen je verschiedenen Gegenstand = § 22 Abs. 1.

51 OLG Düsseldorf (AGS 1997, 133): Zusammengefasste Klage – Streitwert € 198.000,00 – aus drei Wechseln je € 66.000,00 – gegen drei Wechselschuldner = § 22 Abs. 1.

52 LAG Rheinland-Pfalz (NZA-RR 2005, 272 = LAGE § 61 RVG Nr. 2): Keine zwei Gegenstände, wenn Kläger versehentlich 2 × zeitlich versetzt dieselbe Klageerweiterung einreicht (Auslegung des Gewollten durch das Gericht).

52a OLG Zweibrücken (OLGR Zweibrücken 2008, 367): »Werden – wie hier (Anträge 1 + 2) – in einem Verfahren sowohl Maßnahmen nach § 1 Gewaltschutzgesetz als auch solche nach § 2 der genannten Vorschrift begehrt, so handelt es sich um zwei unterschiedliche Verfahrensgegenstände, die jeweils getrennt zu bewerten sind. Für die Bemessung des Gegenstandswertes des Verfahrens sind beide Werte zusammen zu rechnen (§ 22 Abs. 1 RVG).«

52b Schleswig-Holsteinisches OLG (05.01.2007 – 1 Verg 9/06 – NordÖR 2007, 91):

Werden zwei Rechtsschutzbegehren (Nachprüfungsanträge von Bietern) zur gemeinsamen Verhandlung und Entscheidung gem. § 93 VwGO verbunden, so liegt eine Angelegenheit mit zwei (zu addierenden) Gegenständen vor.

Grundsatz | § 22

Abschließend noch einmal klarstellend: Derselbe Gegenstand, mehrere Auftraggeber: Der 53 frühere § 6 Abs. 1 Satz 2 BRAGO ist für Wertgebühren im Ergebnis identisch ins RVG übernommen worden, obwohl **Nr. 1008** selbst jetzt von derselben **Angelegenheit** spricht, denn für Wertgebühren ersetzt die **Anm. Abs. 1** den Begriff Angelegenheit praktisch durch den Begriff **Gegenstand**. Sind an demselben Gegenstand mehrere Auftraggeber beteiligt, so wird die Gebühr erhöht, vertritt der Anwalt dagegen mehrere Auftraggeber mit **verschiedenen** Gegenständen, so sind diese nach **§ 22 Abs. 1** zu addieren.

3. Abs. 2 Satz 1: Kappungsgrenze € 30 Mio.

Einen neuen Weg stellt die Kappungsgrenze von € 30 Mio. in Abs. 2 dar. 54

Denselben Höchstwert sieht § 39 Abs. 2 GKG vor. So etwas gab es bisher nur bei den PKH-Gebühren (€ 30.000,00).

Zur Begründung der Wertgrenze wird auf die Gesetzesbegründung zum § 39 GKG verwiesen. 55 Die dort gegebene Begründung ist allerdings ausgesprochen kurz und wenig überzeugend. Sie lautet:

»*Durch Absatz 2 soll wie in den übrigen Kostengesetzen eine allgemeine Wertgrenze eingefügt werden. Nur so kann vermieden werden, dass bei hohen Streitwerten unverhältnismäßig hohe Gebühren entstehen. Das mit der Prozessführung verbundene Kostenrisiko wird für die Parteien in Verfahren mit hohen Streitwerten auf ein angemessenes Maß zurückgeführt.*«

Das erste Argument, es müssten Gebühren vermieden werden, die unverhältnismäßig hoch 56 seien, ist falsch. Die Gebühren stehen immer in einem rechnerischen Verhältnis zum Streitwert, sie sind eine Bruchteilsquote. Steigt der Streitwert, steigt auch (und zwar degressiv) die Gebühr. Es ist gerade unverhältnismäßig, dass ein Anwalt bei einem Streitwert von € 30 Mio. dieselbe Gebühr erhält wie bei einem Wert von € 300 Mio. Das neue Gesetz ist nunmehr ein unverhältnismäßiger Verstoß gegen den Gleichheitsgrundsatz und die Berufsfreiheit.

Auch das zweite Argument, das Kostenrisiko der Parteien müsse bei Streitwerten über € 30 57 Mio. begrenzt werden, überzeugt nicht. Geht es um einen streitigen Anspruch von mehr als € 30 Mio., so liegt das weitaus größere Risiko der Parteien bei der Hauptsumme und nicht bei den Gebühren, die neben dem Hauptsachestreitwert nur eine Nebensache sind.

Leider ist das BVerfG (BVerfGE 118, 1 = AGS 2007, 413) einen anderen Weg gegangen und hält die Regelung in § 22 Abs. 2 (bzw. für gerichtliche Verfahren in § 39 Abs. 2 GKG i. V. m. § 23 Abs. 1 Satz 1 RVG) für verfassungsgemäß. Immerhin hat das Minderheitenvotum sich wenigstens auf meinen Einwand gegen das Gesetz (§ 22 Rn. 51 aus der ersten Auflage) gestützt. Wir alle müssen also mit dem verfehlten Gesetz (§ 22 Abs. 2) vorerst leben.

Die Anwälte haben die zweifelhafte und kaum durchsetzbare Chance, bei höheren Streitwerten der Mehrarbeit und dem höheren Risiko mit einer ausdrücklichen Gebührenabrede zu begegnen, wobei die höheren Gebühren nicht erstattungsfähig sind.

Dabei stehen u. a. folgende Möglichkeiten zur Verfügung: 58

Vereinbarung, dass der reale (über € 30 Mio. liegende) Streitwert der Abrechnung zugrunde gelegt wird. *Hergenröder* (Baumgärtel/Föller/Hergenröder/Houben/Lompe RVG § 22 Rn. 4) ist nicht zu folgen, wenn sie ausführt, der Streitwert könne nicht einvernehmlich etwa auf € 35 Mio. festgelegt werden, wohl aber könnten höhere Gebühren, als sie dem Wert von € 30 Mio. entsprächen, nach § 4 a. F., jetzt § 3 vereinbart werden. Die dafür angegebene Belegstelle (Hartung/Römermann RVG § 22 Rn. 23) besagt das Gegenteil. Im Übrigen ist es allgemein anerkannt, dass durch Gebührenvereinbarungen nach § 3 a auch ein höherer Streitwert festgelegt wird (Madert Die Honorarvereinbarung A Rn. 22, 2. Gruppe). Dasselbe

Abschnitt 4 – Gegenstandswert

Ergebnis ließe sich durch eine Vereinbarung erzielen, wonach die Kappungsgrenze des Absatzes 2 entfiele (Hartung/Römermann RVG § 22 Rn. 24).

59 Bei einem Streitwert von DM 9 Milliarden (AKW Mülheim-Kärlich) käme man dann aber in den Geltungsbereich des § 3 a Abs. 2 Satz 1: »**unangemessen hoch**«, wobei der Verfasser angesichts des enormen Haftungsrisikos eine Berücksichtigung der Umstände des Einzelfalles befürwortet, zumal für ein Haftungsrisiko von € 4,5 Milliarden wohl kein Versicherer für den Anwalt gefunden werden könnte (so auch die Ausführungen der Antragsteller der Verfassungsbeschwerde). Diese Dimension eines wirklich durchgeführten Prozesses zeigt, dass die gesetzgeberische Entscheidung, € 30 Mio. und € 4,5 Milliarden einfach gleichzusetzen, reine Willkür darstellt.

60 Die Gerichtskasse hat diese Möglichkeit nicht, obwohl in Großverfahren, siehe etwa den Schadensersatzanspruch AKW Mülheim-Kärlich, mehrjährige Richterfreistellungen für solche Verfahren erforderlich geworden sind. Die Begrenzung des Risikos dient in erster Linie dem Schutz des Staates in öffentlich-rechtlichen Streitigkeiten, in denen der Staat Partei ist und damit nur einem begrenzten Gebührenrisiko ausgesetzt ist. Das hat das BVerfG einfach nicht sehen wollen.

4. Abs. 2 Satz 2 Begrenzung bei mehreren Personen

61 Sind mehrere Personen Auftraggeber, beträgt der Wert für jede Person höchstens € 30 Mio., insgesamt jedoch höchstens € 100 Mio.

Bei genauem Studium des Satzes 2 des Abs. 2 fällt auf, dass dort der weitergehende Begriff Angelegenheit und nicht Gegenstand genannt wird. Warum das so ist, wird in der Gesetzesbegründung nicht gesagt. Die Wortwahl:»Angelegenheit« hat zur Konsequenz:

Werden zwei Ehegatten als Gesamtschuldner auf Rückzahlung eines Darlehens von € 60 Mio. verklagt und von einem gemeinsamen Anwalt vertreten, so kann dieser die Angelegenheit mit einem Streitwert von € 30 Mio. + 30 Mio. = € 60 Mio. abrechnen. Er könnte ferner, da nur der Wert jeweils auf € 30 Mio. begrenzt wird, wegen Identität des Gegenstandes von € 60 Mio. die 0,3 Erhöhungsgebühr 1 × in Rechnung stellen.

Addition der Werte von je € 30 Mio. sowie Erhöhungsgebühr (siehe auch Nr. 1008 Rn. 108)

61a Zur »kumulativen« Anwendung sowohl des § 22 Abs. 2 Satz 2 wie der Nr. 1008 VV gibt es nun eine interessante Entscheidung des OLG Dresden (AGS 2007, 521):

»Nach Auffassung des Senates ist die Wertbegrenzung bei mehreren Auftraggebern dahingehend zu verstehen, dass der Prozessbevollmächtigte gegenüber dem einzelnen Auftraggeber höchstens einen Vergütungsanspruch auf der Grundlage eines Gegenstandswertes von 30 Mio. Euro geltend machen kann und ihm insgesamt, d. h. gegenüber allen Auftraggebern zusammen, höchstens ein Vergütungsanspruch auf der Grundlage eines Gegenstandswertes von 100 Mio. Euro zusteht. Im vorliegenden Fall ist daher bei dem den Beklagten zu 1. und 2. zustehenden Kostenerstattungsanspruch ein Gegenstandswert von 60 Mio. Euro (2 × 30 Mio. Euro) zugrunde zu legen.

Neben dem Gegenstandswert ist die **Höhe des Gebührensatzes** für die Ermittlung der Rechtsanwaltsvergütung maßgeblich. Nach Nr. 3100 des Vergütungsverzeichnisses zum RVG erhält ein Rechtsanwalt für die Vertretung eines Mandanten im ersten Rechtszug eine **1,3fache Verfahrensgebühr**. Nach **Nr. 1008** des Vergütungsverzeichnisses zum RVG erhöht sich der für die Verfahrensgebühr geltende Gebührensatz für jede weitere Person, für die der Anwalt in derselben Angelegenheit tätig ist, **um 0,3** oder 30 %. Bei Vertretung von 2 Mandanten in derselben Angelegenheit gilt damit für die Verfahrensgebühr der 1,6 fache Satz.

Entgegen der Auffassung des Landgerichts ist bei der Berechnung der Anwaltsvergütung für die Verfahrensgebühr auch dann der 1,6 fache Satz anzusetzen, wenn der Gegenstandswert nach § 22 Abs. 2 2. HS RVG insgesamt mehr als 30 Mio. Euro beträgt. Aus § 7 Abs. 1 RVG lässt sich nicht entnehmen, dass bei einer Erhöhung der »Kappungsgrenze« für den Gegenstandswert keine Erhöhung des Gebührensatzes nach Nr. 1008 des Vergütungsverzeichnisses erfolgt. Die Beschwerdeführer wenden insoweit zu Recht ein, dass sich aus § 7 Abs. 1 RVG lediglich ergibt, dass der Rechtsanwalt, der in derselben Angelegenheit für mehrere Auftraggeber tätig wird, die Gebühren nur einmal erhält. § 7 Abs. 2 RVG bestimmt ferner, dass jeder Auftraggeber (lediglich) die Gebühren und Auslagen schuldet, die er schulden würde, wenn der Rechtsanwalt nur in seinem Auftrag tätig geworden wäre. Die Gebührenerhöhung nach Nr. 1008 des Vergütungsverzeichnisses hat daher nicht zur Folge, dass sich der Gebührenanspruch des Rechtsanwalts gegen den einzelnen Mandanten erhöht. In Verbindung mit § 22 Abs. 2 RVG bedeutet dies in einem Fall wie dem vorliegenden, dass der einzelne Mandant die Gebühren schuldet, die er schulden würde, wenn der Anwalt bei einem Gegenstandswert von 30 Mio. Euro lediglich für ihn allein tätig geworden wäre. Im Übrigen kann der Kostenerstattungsanspruch gegenüber dem Prozessgegner selbstverständlich niemals höher sein als der Betrag, den der Anwalt insgesamt von den durch ihn gemeinsam vertretenen Mandanten höchstens beanspruchen kann. Diese Grenze wird im vorliegenden Fall durch den geltend gemachten Kostenerstattungsanspruch der Beklagten zu 1. und 2. nicht überschritten.

Auch die Einwendungen der Klägerin **gegen eine »kumulative Anwendung« der Gebührensatzerhöhung nach Nr. 1008 der Vergütungsvorschrift und der Erhöhung des Gegenstandswertes nach § 22 Abs. 2 RVG überzeugen nicht**. Der Regelung des § 22 RVG lässt sich nicht entnehmen, dass eine Erhöhung des Gegenstandswertes nur dann eintritt, wenn »**verschiedene Gegenstände** addiert zu Werten von über 30 Mio. Euro führen«. § 22 Abs. 1 RVG bestimmt, dass in derselben Angelegenheit die Werte mehrerer Gegenstände zusammengerechnet werden. Die Wertbegrenzung nach § 22 Abs. 2 RVG gilt jedoch unabhängig davon, ob sich der Gegenstandswert in derselben Angelegenheit aus dem Wert eines Gegenstands oder aus der Addition der Werte mehrerer Gegenstände ergibt.«

Das OLG Dresden bestätigt also meine Eingangsthese (Rn. 61): »Er könnte ferner, da nur der Wert jeweils auf € 30 Mio. begrenzt wird, wegen Identität des Gegenstandes die 0,3 Erhöhungsgebühr 1 × in Rechnung stellen.«

Ergebnis der Wortauslegung: Es wird auch addiert (§ 22 Abs. 1 i. V. m. Abs. 2), wenn mehrere Personen um »denselben« Gegenstand streiten.

5. Versicherungsprämie Auslagen Nr. 7007

Für den Anwalt hält die Novelle ein kleines Trostpflaster bereit:

Der Gebührenbegrenzung wird ein neuer Auslagentatbestand gegenüber gestellt. Nach der neuen Nr. 7007 kann der Anwalt die im Einzelfall gezahlte Prämie für eine Vermögensschadenshaftpflichtversicherung, soweit die Prämie auf Haftungsbeträge oberhalb des jeweiligen Höchstwertes entfällt, von seinem Mandanten erstattet verlangen. Bei einem Streitwert von etwa € 100 Mio. und einer vertretenen Person kann er also die Versicherungsprämie für den Mehrbetrag von € 70 Mio. als Auslagen erstattet verlangen. Auch diese Regelung zeigt wenig Praxisnähe. Alle Versicherer lassen sich zunächst einmal im Versicherungsvertrag vorweg als Selbstbehalt die gesamten verdienten Gebühren des regresspflichtigen Anwalts versprechen. Die in der Gesetzesbegründung errechnete Höchstgebühr von € 228.740,00 Mio. für den Streitwert bis € 30 Mio. verbleibt also gar nicht als »gerechter« Ausgleich für das Risiko des Streitwertes bis € 30 Mio. im Vermögen des Anwalts. Der Anwalt muss vielmehr daneben auf eigenes Risiko den Sockelbetrag von € 30 Mio. auch versichern. Da nicht selten bei Risiken, die über die Mindestversicherungssumme (€ 250.000,00) hinausgehen, Anwälte sich schon derzeit von ihren Mandanten bei einer vollen Haftung die Versicherungsprämie als Aufwand gem. §§ 675, 670 BGB (*Brieske* in Henssler / Koch Mediation in der Anwaltspraxis § 9 Rn. 94) durch Vereinbarung ersetzen lassen, ist in der Neuregelung der Nr. 7007 kein entscheidender Ausgleich für die Gebührenkappung ab € 30 Mio. zu sehen.

Abschnitt 4 – Gegenstandswert

§ 23
Allgemeine Wertvorschrift

(1) ¹Soweit sich die Gerichtsgebühren nach dem Wert richten, bestimmt sich der Gegenstandswert im gerichtlichen Verfahren nach den für die Gerichtsgebühren geltenden Wertvorschriften. ²In Verfahren, in denen im Gerichtskostengesetz Festgebühren bestimmt sind, sind die Wertvorschriften des Gerichtskostengesetzes entsprechend anzuwenden. ³Diese Wertvorschriften gelten auch entsprechend für die Tätigkeit außerhalb eines gerichtlichen Verfahrens, wenn der Gegenstand der Tätigkeit auch Gegenstand eines gerichtlichen Verfahrens sein könnte. ⁴§ 22 Abs. 2 Satz 2 bleibt unberührt.

(2) ¹In Beschwerdeverfahren, in denen Gerichtsgebühren unabhängig vom Ausgang des Verfahrens nicht erhoben werden oder sich nicht nach dem Wert richten, ist der Wert unter Berücksichtigung des Interesses des Beschwerdeführers nach Absatz 3 Satz 2 zu bestimmen, soweit sich aus diesem Gesetz nichts anderes ergibt. ²Der Gegenstandswert ist durch den Wert des zugrunde liegenden Verfahrens begrenzt. ³In Verfahren über eine Erinnerung oder eine Rüge wegen Verletzung des rechtlichen Gehörs richtet sich der Wert nach den für Beschwerdeverfahren geltenden Vorschriften.

(3) ¹Soweit sich aus diesem Gesetz nichts anderes ergibt, gelten in anderen Angelegenheiten für den Gegenstandswert § 18 Abs. 2, §§ 19 bis 23, 24 Abs. 1, 2, 4, 5 und 6, §§ 25, 39 Abs. 2 und 3 sowie § 46 Abs. 4 der Kostenordnung entsprechend. ²Soweit sich der Gegenstandswert aus diesen Vorschriften nicht ergibt und auch sonst nicht feststeht, ist er nach billigem Ermessen zu bestimmen; in Ermangelung genügender tatsächlicher Anhaltspunkte für eine Schätzung und bei nichtvermögensrechtlichen Gegenständen ist der Gegenstandswert mit 4.000 EUR, nach Lage des Falles niedriger oder höher, jedoch nicht über 500.000 EUR anzunehmen.

Inhaltsübersicht

	Rn.
A. Allgemeines	1
B. Kommentierung	9
I. Normzweck / Anwendungsbereich	9
1. Begriff	9
2. Zu bewertende Gegenstände	10
3. Hinweispflicht	11
II. Der Tatbestand im Einzelnen	17
1. Systematik der Gegenstandswertberechnung für die Rechtsanwaltsgebühren	17
2. Verfahrens- oder Gebührenstreitwert	19
3. Tätigkeit im gerichtlichen Verfahren	30
a) Gerichtliche Verfahren	30
b) Anwendung anderer Wertvorschriften als des GKG	32
c) Lex specialis derogat legi generali	37
d) Einzelne gerichtliche Tätigkeiten	40
aa) Rechtsmittelverfahren	41
bb) Zeitpunkt der Wertberechnung	45
cc) Miet-, Pacht- und ähnliche Nutzungsverhältnisse	51
dd) Gesetzliche Unterhaltsansprüche / Wiederkehrende Leistungen, § 42 GKG	81
ee) Nebenforderungen	92
ff) Klage und Widerklage	102
gg) Hilfsweise Aufrechnung	108
hh) Stufenklage, § 44 GKG	118
ii) Arbeitsgerichtliche Wertvorschriften	123
jj) Auffangwert in verwaltungsgerichtlichen Streitigkeiten	126
4. Tätigkeit im Beschwerdeverfahren	128
5. Tätigkeit im Erinnerungs- und Gehörsrügeverfahren	129
6. Tätigkeit in außergerichtlichen Angelegenheiten	130
a) Tätigkeit ist nicht gerichtlich, könnte aber gerichtlich sein	130
b) Tätigkeit ist nicht gerichtlich, könnte auch nicht gerichtlich sein	133
aa) Ehe- und Erbvertrag	137
bb) Miet- und Pachtvertrag	147
cc) Aufhebungsvertrag betreffend Arbeitsverhältnis	150
7. Auffangvorschrift	152

A. Allgemeines

In § 22 ist der Grundsatz für die Gegenstandswertberechnung aufgenommen, während § 23 als sog. »Auffangvorschrift« die Wertberechnungen regelt, die in den folgenden Spezialvorschriften (§§ 24–31) nicht enthalten sind. Die §§ 32 und 33 regeln die Wertfestsetzung für die Gerichtsgebühren bzw. die Rechtsanwaltsgebühren.

Die Spezialvorschriften für die Berechnung des Rechtsanwaltsgebührenstreitwerts sind im RVG gesammelt in Abschnitt 4 des Gesetzesteils zum RVG (§§ 22–33) geregelt. Eine Ausnahme hierzu bildet Abs. 1 der Anmerkung zu Nr. 3335 – Wertberechnung im Prozesskostenhilfeverfahren. Da Spezialvorschriften zur Berechnung des Gegenstandswerts aus dem RVG bei der Berechnung des Anwaltsgebührenwerts anderen Wertbestimmungen vorgehen, ist die konzentrierte Darstellung in Abschnitt 4 des RVG zu begrüßen. Spezielle Wertvorschriften finden sich in den §§ 24–31.

Abs. 1 Satz 1 und 3 des § 23 enthalten die allgemeinen Wertvorschriften, die für die Berechnung des Anwaltsgebührenwerts auf die für die Gerichtsgebühren geltenden Wertvorschriften verweisen, sofern die Tätigkeit des Rechtsanwalts gerichtlich ist oder gerichtlich sein könnte.

Zusätzlich wurde in Abs. 1 Satz 2 des § 23 aufgenommen, dass in Verfahren, in denen im Gerichtskostengesetz Festgebühren bestimmt sind, die Wertvorschriften des Gerichtskostengesetzes entsprechende Anwendung finden. Dies hängt mit der 2004 erfolgten teilweisen Ersetzung von Wertgebühren durch Festgebühren im GKG zusammen (z. B. Nrn. 1510 bis 1520 KV GKG – Festgebühren für die Vollstreckbarerklärung ausländischer Titel und ähnliche Verfahren).

In § 23 Abs. 1 Satz 4 ist aufgenommen, dass die Streitwertdeckelung des § 22 Abs. 2 Satz 2 unberührt bleibt. Diese Regelung war notwendig, da § 39 Abs. 2 GKG für die Gerichtskosten eine Deckelung von € 30 Mio. für den Streitwert, unabhängig von der Anzahl der Auftraggeber, vorsieht, während in § 22 Abs. 2 Satz 2 RVG bei mehreren Auftraggebern die Kappungsgrenze bis max. € 100 Mio. gilt.

Abs. 2 regelt für die Beschwerdeverfahren, in denen Gerichtsgebühren unabhängig vom Ausgang des Verfahrens nicht erhoben werden oder sich die Gebühren nicht nach dem Wert richten, dass der Wert unter Berücksichtigung des Interesses des Beschwerdeführers nach Abs. 3 S. 2 zu bestimmen ist, soweit sich aus dem RVG nichts anderes ergibt. Dabei ist der Gegenstandswert durch den Wert des zugrunde liegenden Verfahrens begrenzt. In Verfahren über eine Erinnerung oder eine Rüge wegen Verletzung des rechtlichen Gehörs richtet sich der Wert nach den für Beschwerdeverfahren geltenden Vorschriften. Werden in einem Beschwerdeverfahren Gerichtsgebühren nur in den Fällen einer Verwerfung oder Zurückweisung der Beschwerde erhoben (z. B. Nr. 1811 KV GKG), ist § 23 Abs. 1 Satz 1 (Verweis auf die Wertvorschriften für die Gerichtsgebühren) auch dann anzuwenden, wenn im konkreten Fall eine Gebühr gar nicht erhoben wird.

Eine Streitwertregelung für Erinnerungs- bzw. Gehörsrügeverfahren wurde in Abs. 2 Satz 2 für notwendig erachtet, da für Erinnerungsverfahren keine Gerichtsgebühren erhoben werden und im Gehörsrügeverfahren eine Festgebühr in Nr. 1700 KV GKG geregelt ist.

In Abs. 3 wird für die Tätigkeiten des Rechtsanwalts, die nicht gerichtlich sind und auch nicht gerichtlich sein könnten (sogenannte »andere Angelegenheiten« als die in Abs. 1 und 2 Genannten) und sich eine spezielle Wertvorschrift auch aus dem RVG selbst nicht ergibt, auf bestimmte Wertvorschriften der KostO verwiesen. Zum 01.07.2004 wurden ergänzend die § 39 Abs. 3 und § 46 Abs. 4 KostO aufgenommen.

Abschnitt 4 – Gegenstandswert

8 § 23 ist nicht anwendbar für alle Verfahren, in denen Betragsrahmengebühren vorgesehen sind (vgl. dazu überwiegend Teil 4 bis Teil 6 des Vergütungsverzeichnisses, aber auch bestimmte sozialgerichtliche Angelegenheiten).

B. Kommentierung

I. Normzweck/Anwendungsbereich

1. Begriff

9 Während § 22 den Grundsatz für die Berechnung des Gegenstandswertes enthält, gilt § 23 als allgemeine Wertvorschrift. In der Praxis sind verschiedene Begriffe für den Gegenstandswert gebräuchlich. Während sowohl die BRAGO als auch das RVG den Begriff des »Gegenstandswerts« geprägt haben (vgl. dazu § 7 BRAGO, § 23 Abs. 1 Satz 1 RVG), wird im GKG der Begriff »Streitwert« (vgl. dazu § 39 Abs. 2) verwendet. In der KostO wird vom »Geschäftswert« (§ 18 KostO) gesprochen. Welchen Begriff man verwendet, hängt vom Horizont des Betrachters ab. Für die Berechnung der Gerichtskosten im Zivilprozess wäre die Verwendung des Begriffs Streitwert richtig, für die Berechnung der anwaltlichen Vergütung der Begriff Gegenstandswert. In der Praxis ist jedoch häufig zu beobachten, dass keine saubere Differenzierung vorgenommen wird, was in der Regel jedoch unschädlich ist.

2. Zu bewertende Gegenstände

10 Folgende Gegenstände können über § 23 bewertet werden:

– **Tätigkeit im gerichtlichen Verfahren:**

Bei der Tätigkeit im gerichtlichen Verfahren richtet sich der Gegenstandswert nach den für die Gerichtsgebühren geltenden Wertvorschriften, soweit es sich um Wertgebühren handelt. Sind im GKG Festgebühren vorgesehen, sollen die Wertvorschriften des GKG entsprechend angewendet werden, § 23 Abs. 1 Satz 1.

– **Tätigkeit außerhalb eines gerichtlichen Verfahrens, wenn Gegenstand der Tätigkeit gerichtlich sein könnte, § 23 Abs. 1 Satz 3:**

§ 23 Abs. 1 und 2 sind analog anwendbar. Hier gilt somit das Gleiche wie zuvor.

– **Beschwerdeverfahren, die gebührenfrei oder nicht wertgebunden sind, § 23 Abs. 2 Satz 1 und 2:**

Wert bestimmt sich nach dem Interesse des Beschwerdeführers, soweit sich aus dem RVG nichts anderes ergibt; Begrenzung des Wertes auf den Wert des zugrunde liegenden Verfahrens.

– **Gehörsrüge-Verfahren oder Erinnerung, § 23 Abs. 2 Satz 3:**

Wertberechnung entsprechend Beschwerdeverfahren.

– **»Andere Angelegenheiten«, § 23 Abs. 3 Satz 1:**

Vornehmlich Verfahren, die nicht gerichtlich sind und auch nicht gerichtlich sein könnten (z. B. Vertragsgestaltung); Anwendung entsprechender Vorschriften der KostO.

– **Andere Angelegenheiten ohne entsprechende Bewertungsvorschriften, § 23 Abs. 3 Satz 2:**

Bestimmung des Wertes nach billigem Ermessen (§ 23 Abs. 3 Satz 2); in Ermangelung genügender tatsächlicher Anhaltspunkte für eine Schätzung und bei nicht vermögensrechtlichen

Allgemeine Wertvorschrift | § 23

Gegenständen € 4.000,00, nach Lage des Falles niedriger oder höher, jedoch nicht über € 500.000,00.

3. Hinweispflicht

Durch Art. 4 des KostRMoG wurde in § 49b BRAO ein neuer Absatz 5 eingefügt: 11

»*Richten sich die zu erhebenden Gebühren nach dem Gegenstandswert, hat der Rechtsanwalt den Auftraggeber vor Auftragsannahme hierauf hinzuweisen.*«

Ob die neue Vorschrift bei Verletzung lediglich berufsrechtliche oder aber materiell-rechtliche 12 Ansprüche auslöst, war in der Literatur zunächst umstritten (nur berufsrechtliche Auswirkungen: Burhoff RVG Stichwort »Hinweispflicht« im Vergütungs-ABC Rn. 6; auch zivilrechtliche Bedeutung: *Madert* in Gerold/Schmidt/von Eicken/Madert/Müller-Rabe RVG § 4 Rn., 98 ff, 223 ff.; *Bischof* in: Bischof/Jungbauer/Bräuer/Curkovic/Mathias/Uher RVG 2. Aufl. § 1 Rn. 48; Jungbauer Rechtsanwaltsvergütung, 4. Aufl. 2007 Rn. 88; Schneider/Wolf § 2 Rn. 72 ff.; Hansens ZAP 2005 Fach 24, S. 885 [888]; ders., RVGreport 2004, 182 [183]; RVGreport 2004, 443 [448]; Rick AnwBl. 2006, 648 [650 f.]; Hartmann NJW 2004, 2484). Nach zutreffender herrschender Meinung besteht ein aufrechenbarer Schadensersatzanspruch des Auftraggebers, da eine schuldhafte Verletzung der Hinweispflicht (die dem Schutz des Mandanten dient) zur Schadensersatzpflicht des Rechtsanwalts führt. So entschied denn auch der BGH:

»*Der Rechtsanwalt, der den Mandanten vor Übernahme des Auftrags schuldhaft nicht darauf hinweist, dass sich die für seine Tätigkeit zu erhebenden Gebühren nach dem Gegenstandswert richten, ist dem Mandanten zum Ersatz des hierdurch verursachten Schadens verpflichtet*« (amtl. Leitsatz – BGH, Urt. v. 24.05.2007, Az.: IX ZR 89/06, NJW 2007, 2332 = JurBüro 2007, 478 = FamRZ 2007, 1322 = ZfS 2007, 465 = BRAK-Mitt 2007, 159; 175 = ZErb 2007, 416 = NJW-Spezial 2007, 382 = WM 2007, 1390 = RVGreport 2007, 316 (Hansens)).

Der Anwalt haftet nach den Grundsätzen zum Verschulden bei Vertragsschluss nach §§ 280 Abs. 1, 311 Abs. 2 BGB. Der BGH stellte klar, dass auch die Verletzung von Berufspflichten Schadensersatzansprüche des Mandanten begründet, wenn sie seinem Schutz dienen. Nach Ansicht des BGH reicht ein allgemeiner Hinweis darauf, dass sich die Gebühren nach dem Gegenstandswert richten; eine konkrete Berechnung muss nicht vorgenommen werden. Vor allem ist der Anwalt nicht verpflichtet, ohne weitere Nachfrage des Mandanten weitere Angaben zur Höhe der Gebühren oder des Gegenstandswertes zu machen. Der BGH weist darauf hin, dass zwar Schadensersatzansprüche bei fehlendem Hinweis begründet werden könnten, allerdings § 49b Abs. 5 BRAO kein gesetzliches Verbot enthalte. § 134 BGB finde deshalb keine Anwendung, so dass der Vergütungsanspruch des Rechtsanwalts nicht durch einen Verstoß gegen die vorvertragliche Hinweispflicht entfällt (BGH, a. a.O). Ein Verstoß gegen § 49b Abs. 5 BRAO führt daher nicht zur Nichtigkeit des Anwaltsvertrags. Eine solche hätte zudem auch die – durch den Gesetzgeber sich nicht gewünschte Folge – dass der Mandant jeglichen Schadensersatz aus Schlechterfüllung des Anwaltsvertrags verlieren würde. Im übrigen hielt der BGH fest, dass der **Mandant vortragen und ggfs. unter Beweis stellen muss**, wie er auf eine allgemeine Information des Anwalts zur Abrechnung nach dem Gegenstandswert reagiert hätte (BGH, a. a.O).

Auch der Verstoß gegen die in § 12a ArbGG geregelte Pflicht, in Arbeitsgerichtsachen 1. In- 13 stanz auf einen fehlenden Erstattungsanspruch hinzuweisen, kann einen Schadensersatzanspruch gegen den Rechtsanwalt nach §§ 280 Abs. 1, 311 Abs. 2 BGB begründen (Madert, in: Gerold/Schmidt/von Eicken/Madert/Müller-Rabe, Rn. 98; Hansens, RVG-Report 2004, 443 [448].

»*Den Mandanten trifft die Beweislast dafür, dass der Rechtsanwalt seiner Hinweispflicht aus § 49* 14 *Abs. 5 BRAO nicht nachgekommen ist. Der Anwalt muss allerdings konkret darlegen, in welcher Weise er belehrt haben will*« (amtl. Leitsatz – BGH, Urt. v. 11.10.2007, Az.: IX ZR 105/06, NJW

Abschnitt 4 – Gegenstandswert

2008, 371 = NJW 2008, 371 =NJW-Spezial 2007, 622= JurBüro 2008, 145 = MDR 2008, 235 = BB 2007, 2768 = VersR 2008, 556 = ZfS 2008, 45 = WM 2007, 2351 = BeckRS 2007, 18513 = RVGreport 2008, 37). Den Anwalt trifft auch keine schriftliche Dokumentationspflicht (BGH, a. a. O.). Diese aktuelle Rechtsprechung des BGH zur Beweislast bei Verletzung der Hinweispflicht entspricht der ständigen bisherigen Rechtsprechung des BGH. Danach trägt derjenige, der die Verletzung einer Aufklärungs- oder Beratungspflicht behauptet, für diese Pflichtverletzung die Beweislast. Dass der Beweis einer negativen Tatsache schwierig ist, ist bekannt. Diese Schwierigkeit wird jedoch nach Ansicht des BGH dadurch ausgeglichen, dass die Partei, der die Pflichtverletzung vorgeworfen wird, die behauptete Pflichtverletzung substantiiert bestreiten und darlegen muss, wie im Einzelnen beraten bzw. aufgeklärt worden sein soll; den Auftraggeber obliegt dann der Nachweis, dass diese Darstellung nicht zutreffend ist (BGHZ 126, 217 [225] = NJW 1994, 3295; BGHZ 166, 56 [60]; BGH, NJW 1982, 1147 = WM 1982, 13 [16]; NJW 1987, 1322 = WM 1987, 590 [591]; NJW 1990, 1242 = WM 1990, 115; NJW 1993, 1139; NJW-RR 1999, 641).

15 Der Gegenstandswert kann oft vor Auftragsannahme auch gar nicht beziffert werden, da sich erst im Laufe des Gesprächs oder gar später herausstellt, wo der Gegenstandswert anzusiedeln ist. Darüber hinaus kann sich der Gegenstandswert z. B. bei Widerklage oder hilfsweiser Aufrechnung bzw. Klageerweiterung deutlich erhöhen. Der Anwalt soll daher lediglich auf die Tatsache hinweisen, dass sich die Vergütung nach dem Gegenstandswert berechnet. Der Gesetzgeber geht davon aus, dass der verständige Mandant dann den Anwalt weiter über die Vergütung befragen wird (BT-Drs. 15/1971, zu § 49b Abs. 5 BRAO).

16 Der Rechtsanwalt schuldet dem Mandanten gegenüber grundsätzlich keine ausdrückliche Belehrung über anfallende **Gebühren**; dies gilt jedoch dann nicht, wenn der Mandant erkennbar von falschen Voraussetzungen ausgeht (hier Rechtsschutzversicherung BGH, Beschl. v. 14. 12. 2005, Az.: IX ZR 210/03, FamRZ 2006, 478 = BRAK-Mitt 2006, 115 = NJW-Spezial 2006, 190 = AnwBl. 2006, 214 = NJOZ 2006, 1416; vgl. dazu auch: BGH, Urt. v. 10. 06. 1985, Az.: III ZR 73/84, NJW 1985, 2642, 2643; BGH Urt. v. 02. 07. 1998, Az.: IX ZR 63/97, ZIP 1998, 1801, 1803). Auch bei besonders hoher Vergütung kann sich eine Hinweispflicht des Anwalts ergeben (dass für den Anwalt bei unterlassenem Hinweis auf die exorbitante Höhe des Honorars kein Honoraranspruch besteht: OLG Saarbrücken, Urt. v. 12. 09. 2007, Az.: 1 U 676/06, JurBüro 2008, 30).

II. Der Tatbestand im Einzelnen

1. Systematik der Gegenstandswertberechnung für die Rechtsanwaltsgebühren

17 Sind Wertgebühren nach der Tabelle zu § 13 Abs. 1 oder § 49 zu berechnen, ist als erste Größenordnung der Gegenstandswert zu ermitteln.

18 In § 23 ist eine Systematik enthalten, die es dem Anwender ermöglicht, jeden Gegenstandswert auf irgendeine Art und Weise zu berechnen, und sei es auch, dass letztendlich über § 23 Abs. 1 Satz 1 RVG, § 48 Abs. 1 GKG, § 3 ZPO oder über § 23 Abs. 3 Satz 2 RVG der Gegenstandswert nach billigem Ermessen zu bestimmen ist. Die Systematik der Wertberechnung für die Anwaltsgebühren wird nachstehend dargestellt.

- Ist der Gegenstandswert in einer der Spezialvorschriften des RVG geregelt, gilt diese.
- Falls nein, und ist der Rechtsanwalt in einem gerichtlichen Verfahren tätig, so bestimmt sich der Gegenstandswert nach den für Gerichtsgebühren geltenden Wertvorschriften (GKG, KostO, ZPO, etc.).
- Falls der Rechtsanwalt nicht in einem gerichtlichen Verfahren tätig ist, stellt sich die Frage: Könnte der Gegenstand der anwaltlichen Tätigkeit gerichtlich sein? Falls ja, bestimmt sich

Allgemeine Wertvorschrift | § 23

der Gegenstandswert nach den für die Gerichtsgebühren geltenden Wertvorschriften (siehe Rn. 29).
- Ist der Rechtsanwalt in einem Beschwerdeverfahren tätig, für das Gerichtsgebühren nicht anfallen bzw. bei denen Festgebühren erhoben werden? Falls ja, so ist der Wert für die Anwaltsgebühren unter Berücksichtigung des Interesses des Beschwerdeführers nach billigem Ermessen zu bestimmen, in Ermangelung genügender tatsächlicher Anhaltspunkte für eine Schätzung und bei nichtvermögensrechtlichen Gegenständen ist der Gegenstandswert mit € 4.000,00, nach Lage des Falles niedriger oder höher, jedoch nicht über € 500.000,00 anzunehmen (Abs. 3 Satz 2), soweit sich aus dem RVG selbst nichts anderes ergibt. In diesen Fällen ist der Gegenstandswert für das Beschwerdeverfahren durch den Wert des zugrunde liegenden Verfahrens begrenzt.
- Ist der Rechtsanwalt in einem Verfahren über eine Erinnerung oder eine Gehörsrüge (Rüge wegen Verletzung des rechtlichen Gehörs, § 321 a ZPO) tätig geworden? Falls ja, richtet sich der Wert nach den für das Beschwerdeverfahren geltenden Vorschriften (vgl. Rn. 128).
- Ist der Rechtsanwalt in einer »anderen Angelegenheit« tätig geworden und ergibt sich auch aus dem RVG keine Gegenstandswertbestimmung für diese Tätigkeit (Tätigkeit außerhalb eines gerichtlichen Verfahrens, in einer Angelegenheit, die auch nicht gerichtlich sein könnte, z. B. Entwurf eines Vertrags), so verweist § 23 Abs. 3 auf entsprechende Bestimmungen in der KostO (z. B. Kaufverträge, Verträge über die Bestellung eines Erbbaurechts, die Begründung von Wohnungseigentum, die Bestellung eines Wohnungserbbaurechts, Erstellung eines Miet-, Pacht oder Leibrentenvertrags, Erstellung eines Dienstvertrags, Erstellung eines Erb- oder Ehevertrags).
- Soweit sich der Gegenstandswert auch aus diesen Vorschriften der KostO nicht ergibt und auch sonst nicht feststeht, ist er nach Absatz 3 Satz 2 nach billigem Ermessen zu bestimmen.
- Fehlen genügende tatsächliche Anhaltspunkte für eine Schätzung des Gegenstandswerts, so gilt in solchen anderen Angelegenheiten und bei nichtvermögensrechtlichen Gegenständen ein Gegenstandswert von € 4.000,00, nach Lage des Falles niedriger oder höher, jedoch nicht über € 500.000,00.

2. Verfahrens- oder Gebührenstreitwert

Bei den Streitwerten unterscheidet man Gebühren- und Verfahrensstreitwert. Diese Unterscheidung ist enorm wichtig, denn Gebühren- und Verfahrensstreitwert können ganz unterschiedlich sein. Die Berechnung auf der falschen Grundlage kann zu falschen Ergebnissen führen.

Der Streitwert kann z. B. Bedeutung haben für

1. die sachliche Zuständigkeit des angerufenen Gerichts und mögliche Verfahrensarten
2. die Zulässigkeit des Rechtsmittels (Erreichen der Beschwerdesumme)
3. die Vollstreckbarkeit von Urteilen
4. die Zulässigkeit der Eintragung einer Zwangshypothek
5. die Berechnung der Gebühren des Gerichts und der Rechtsanwälte.

Die Punkte 1. bis 4. behandeln den Verfahrensstreitwert. Punkt 5. betrifft allein den Rechtsanwalts- und Gerichtsgebührenstreitwert. Die sachliche Zuständigkeit des Gerichts bestimmt sich – sofern nicht abweichende Vorschriften bestehen – nach dem Wert des Streitgegenstandes. Gemäß § 23 Nr. 1 GVG gehören Streitigkeiten, deren Gegenstand an Geld oder Geldeswert bis € 5.000,00 beträgt, in den Zuständigkeitsbereich der Amtsgerichte. Ab Streitigkeiten von € 5.000,01 ist in bestimmten Angelegenheiten das Landgericht zuständig, § 71 GVG.

Ob ein Rechtsmittel zulässig ist, hängt in vermögensrechtlichen Streitigkeiten vom Wert des Beschwerdegegenstands ab, so z. B.

- € 600,01 Mindest-Beschwerdegegenstand im Berufungsverfahren, § 511 ZPO

Abschnitt 4 – Gegenstandswert

- € 20.000,01 Mindest-Beschwerdewert im Verfahren der Nichtzulassungsbeschwerde der Revision, § 544 Abs. 1 Satz 1 ZPO i. V. m. § 26 Nr. 8 EGZPO (noch befristet bis 31.12.2011 durch das 2. JuModG, in Kraft getreten zum 31.12.2006)
- € 200,01 Mindestbeschwerdewert in Kostensachen (Beschwerde gegen die Kostentragungspflicht), § 567 Abs. 2 Satz 1 ZPO
- € 200,01 Mindestbeschwerdewert in Kostensachen (z. B. sofortige Beschwerde gegen Kostenfestsetzungsbeschluss, § 567 Abs. 2 Satz 2 ZPO).

23 Zu beachten ist dabei auch die Unterscheidung zwischen den Begriffen Beschwer und Beschwerdegegenstand.

• **Beispiel**
Ein Kläger begehrt mit der Klage € 5.000,00. Die Klage wird in Höhe von € 1.000,00 abgewiesen. Die Beschwer beträgt € 1.000,00. Beschwer ist damit der Wert, wegen dem ein Rechtsmittel eingelegt werden könnte. Die Berufung ist jedoch nur statthaft, § 511 ZPO, wenn nicht die Beschwer € 600,00 übersteigt, sondern vielmehr muss **der Beschwerdegegenstand** (also der Betrag, weswegen tatsächlich Rechtsmittel eingelegt wird) € 600,00 übersteigen. Hätte der Gesetzgeber in § 511 ZPO die Formulierung Beschwer gewählt statt Beschwerdegegenstand, hätte die Berufung in obigem Beispiel bei einer Beschwer von € 1.000,00 auch wegen € 200,00 eingelegt werden können. Das ist aber nicht der Fall und vom Gesetzgeber auch nicht gewollt. Daher hat man in § 511 Abs. 2 Nr. 1 ZPO den Begriff »Beschwerdegegenstand« gewählt.

24 Sind keine besonderen Bestimmungen hinsichtlich des Streitwerts vorrangig, so richtet sich der Verfahrensstreitwert immer nach den §§ 3–9 ZPO. Im Zivilprozess wird der Verfahrensstreitwert immer über die §§ 3–9 ZPO bewertet. Die §§ 3–9 ZPO stellen zur Heranziehung bei der Berechnung des Gebührenstreitwerts die ultima ratio dar.

25 Wenn in den §§ 39–60 GKG keine speziellere Wertvorschrift für den Gegenstand, den der Rechtsanwalt zu bewerten hat, zu finden ist, dann – **und nur dann** – gelten die Wertvorschriften der §§ 3–9 ZPO. Findet sich in den §§ 39–60 GKG eine speziellere Vorschrift für die Wertberechnung, so geht diese immer vor, § 48 Abs. 1 Satz 1 GKG.

26 §§ 3–9 ZPO bestimmen:
- § 3 ZPO: Wertfestsetzung nach freiem Ermessen
- § 4 ZPO: Nebenforderungen werden nicht berücksichtigt
- § 5 ZPO: Mehrere Ansprüche werden addiert; nicht jedoch Klage und Widerklage
- § 8 ZPO: max. 25facher Jahresbetrag bei Pacht- oder Mietverhältnis
- § 9 ZPO: 3,5facher Jahresbetrag bei wiederkehrenden Nutzungen oder Leistungen

27 Umgekehrt ist von größter Wichtigkeit bei der Wertberechnung, dass diese nicht fehlerhaft erfolgt, so z. B. vom Gebührenstreitwert ausgegangen wird, wenn der Verfahrensstreitwert zu berechnen ist.

28 • **Beispiel**
In einer Unterhaltssache werden statt der begehrten € 500,00 monatlichem Unterhalt für die geschiedene Ehefrau lediglich € 450,00 zugesprochen. Ist eine Berufung gegen dieses Urteil möglich?

Fehlerhaft berechnet mit der Vorschrift des § 42 Abs. 1 GKG erhält man das Ergebnis: 12 × € 50,00 = € 600,00 – Berufung nicht möglich, da der Beschwerdegegenstand des § 511 Abs. 2 Nr. 2 ZPO nicht erreicht wird (er muss € 600,00 übersteigen). Eine Berufung gegen dieses Urteil ist aber sehr wohl möglich. Denn der Verfahrensstreitwert – und um diesen allein geht es bei der Frage, ob eine Berufung zulässig ist – richtet sich im vorliegenden Fall ausschließlich nach § 9 ZPO: »wiederkehrende Leistungen«. Bei der Bewertung mit dem 3,5fachen Jahressatz ergibt sich ein Wert von € 2.100,00, so dass der Beschwerdegegenstand ohne weiteres € 600,00 übersteigen kann. Eine Berufung ist daher zulässig.

Allgemeine Wertvorschrift | § 23

Auch in Mietsachen gilt, dass § 8 ZPO nur für den Zuständigkeits- und Rechtsmittelwert sowie den Wert der Beschwer, nicht aber für den Gebührenstreitwert (der sich nach § 41 GKG bestimmt) maßgeblich ist (Thomas/Putzo ZPO § 8 Rn. 1; Zöller ZPO § 8 Rn. 1; BGH, Urt. v. 22. 02. 2006, Az.: XII ZR 134/03 JurBüro 2006, 369 = NJW-RR 2006, 160 = MDR 2006, 980 = NZM 2006, 378). 29

3. Tätigkeit im gerichtlichen Verfahren
a) Gerichtliche Verfahren

§ 23 Abs. 1 Satz 1 regelt, dass, soweit sich die Gerichtsgebühren nach dem Wert richten, der Gegenstandswert für die Anwaltsgebühren im gerichtlichen Verfahren sich nach den für die Gerichtsgebühren geltenden Wertvorschriften bemisst. Mit »im gerichtlichen Verfahren« ist nicht nur der Fall gemeint, wenn der Rechtsanwalt als Prozess- oder Verfahrensbevollmächtigter bestellt ist, sondern weitergehend sind auch die Fälle gemeint, in denen ein Rechtsanwalt in gerichtlichen Verfahren tätig wird, ohne dass er zwangsläufig dort bestellt sein muss (*E. Schneider* in Schneider/Wolf RVG § 23 Rn. 10). Absatz 1 Satz 1 gilt daher auch z. B. für den Korrespondenzanwalt (*E. Schneider* in Schneider/Wolf RVG § 23 Rn. 11). Zum »Verfahren« i. S. des Abs. 1 gehören alle im formellen Recht geregelten Abläufe zur Herbeiführung einer Entscheidung. 30

Unter »gerichtliche Verfahren« sind zudem sämtliche Rechtswege erfasst, in denen Gebühren sich nach dem Wert berechnen, so z. B. die Zivilgerichtsbarkeit, freiwillige Gerichtsbarkeit, Verfassungs-, Verwaltungs- und Finanzgerichtsbarkeit. Auch die Sozialgerichtsbarkeit fällt teilweise hierunter. Allerdings werden bestimmte Angelegenheiten der Sozialgerichtsbarkeit nicht nach dem Gegenstandswert, sondern mit Betragsrahmengebühren abgerechnet. In letzteren Fällen ist § 23 nicht anwendbar. 31

b) Anwendung anderer Wertvorschriften als des GKG

Die für die Gerichtsgebühren geltenden Wertvorschriften betreffen hauptsächlich, aber nicht allein das GKG und die KostO. Die für die Praxis wohl wichtigsten Wertbestimmungen, auf die § 23 Abs. 1 Satz 1 RVG verweist, finden sich in den §§ 39–53 GKG. Spezielle Wertvorschriften für gerichtliche Verfahren finden sich aber auch z. B. in der KostO (z. B. §§ 30 Abs. 2, 94 Abs. 2, 100, 100 a KostO usw.). 32

Zudem gilt, dass Spezialvorschriften im RVG in gerichtlichen Verfahren immer einer Anwendung des § 23 RVG vorgehen, wie z. B. §§ 26–28 oder Anmerkung Abs. 1 zu Nr. 3335 VV RVG. 33

Die Wertvorschriften aus dem ArbGG sind mit dem KostRMoG in das GKG aufgenommen worden (§ 42 GKG). 34

Aber auch in anderen Spezialgesetzen finden sich Wertvorschriften, so z. B. in § 182 InsO. 35

Über § 48 Abs. 1 GKG wird für die Fälle, die im GKG nicht geregelt sind, auf die Anwendung der Wertvorschriften für die Berechnung des Verfahrensstreitwerts in der ZPO (§§ 3–9 ZPO) verwiesen, vgl. Rn. 25. 36

c) Lex specialis derogat legi generali

Soweit im RVG selbst Wertbestimmungen vorgesehen sind – so z. B. § 25 Gegenstandswert in der Zwangsvollstreckung; § 26 Gegenstandswert in der Zwangsversteigerung; § 28 Gegenstandswert im Insolvenzverfahren – sind die Vorschriften aus dem GKG (so z. B. § 54 GKG Zwangsversteigerung; § 55 GKG Zwangsverwaltung; § 58 GKG Insolvenzverfahren) nicht anwendbar, wenn der Anwaltsgebührenwert berechnet werden soll. 37

Zu beachten ist, dass bei der Wertberechnung sowohl für die Gerichts- als auch die Anwaltsgebühren in bürgerlichen Rechtsstreitigkeiten und in den in § 1 Nr. 1b) und c) GKG genannten Familien- und Lebenspartnerschaftssachen sich die Gebühren nach den für die Zustän- 38

Abschnitt 4 – Gegenstandswert

digkeit des Prozessgerichts oder die Zulässigkeit des Rechtsmittels geltenden Vorschriften über den Wert des Streitgegenstandes bestimmen (vgl. dazu §§ 3–9 ZPO), soweit nichts anderes bestimmt ist, § 48 Abs. 1 Satz 1 GKG. Dies bedeutet, dass immer dann, wenn im Gerichtskostengesetz Vorschriften für die Berechnung des Gegenstandswertes enthalten sind, diese den Verfahrens-Wertvorschriften aus der ZPO vorgehen.

39 • **Beispiel**
Gesetzliche Unterhaltsansprüche zählen zu den wiederkehrenden Leistungen und sind nach § 42 Abs. 1 Satz 1 GKG mit dem für die ersten 12 Monate nach Einreichung der Klage oder des Antrags geforderten Betrag zu bewerten, höchstens jedoch mit dem Gesamtbetrag der geforderten Leistung. Über § 23 Abs. 1 Satz 1 RVG gilt § 42 Abs. 1 Satz 1 GKG auch für die Berechnung des Anwaltsgebührenstreitwerts. Sind **vertragliche** Unterhaltsansprüche zu bewerten, so findet sich eine Gegenstandswertregelung weder im RVG noch im GKG. § 42 GKG regelt nur die gesetzlichen Unterhaltsansprüche. Sind vertragliche Unterhaltsansprüche für die Rechtsanwaltsgebühren zu bewerten, gilt über § 48 Abs. 1 Satz 1 GKG § 9 ZPO. Die vertraglichen Unterhaltsansprüche sind danach mit dem 3,5fachen Jahresbetrag zu bewerten. Die Vorschriften der ZPO treten also zurück, soweit das GKG spezielle Bewertungsregeln selbst enthält. Dabei werden gesetzliche Ansprüche nicht dadurch zu vertraglichen, dass die Parteien eine Einigung über den Unterhalt schließen. Es ist aber möglich, dass die Parteien in einer Einigung vereinbaren, dass mehr als der gesetzliche Unterhalt zu zahlen ist. Der gesetzliche Anspruch wird dann mit dem Jahresbetrag bewertet, der freiwillig mehr gezahlte Unterhalt mit dem 3,5 fachen Jahresbetrag.

d) Einzelne gerichtliche Tätigkeiten

40 Es würde den Rahmen dieses Kompakt-Kommentars sprengen, an dieser Stelle eine umfangreiche Darstellung der Gegenstandswertberechnung vorzunehmen, gleichwohl sollen einige in der Praxis häufig vorkommende und daher wichtige Beispielsfälle gebracht werden.

aa) Rechtsmittelverfahren

41 § 47 Abs. 1 GKG

»Im Rechtsmittelverfahren bestimmt sich der Streitwert nach den Anträgen des Rechtsmittelführers. Endet das Verfahren, ohne dass solche Anträge eingereicht werden, oder werden, wenn eine Frist für die Rechtsmittelbegründung vorgeschrieben ist, innerhalb dieser Frist Rechtsmittelanträge nicht eingereicht, ist die Beschwer maßgebend.«

42 • **Beispiel**
Urteil gegen den Beklagten zur Zahlung von € 10.000,00. Klageabweisung in Höhe von € 4.000,00. Wegen dieses Anspruchs legt der Kläger Berufung ein. Wert für das Berufungsverfahren: € 4.000,00.

43 • **Beispiel**
Von € 12.000,00, die mit der Klage geltend gemacht worden sind, wurden lediglich € 8.000,00 zugesprochen. Der Kläger ist mit € 4.000,00 beschwert. Er möchte jedoch nur wegen eines Teilbetrags i. H. v. € 2.000,00 Berufung einlegen. Der Klägervertreter legt Berufung ein. Anträge und Begründung sollen einem gesonderten Schriftsatz vorenthalten bleiben. Der Gegenanwalt bestellt sich. Kurz darauf nimmt der Klägervertreter die Berufung wieder zurück. Streitwert für den Gegenanwalt € 4.000,00 (Beschwer, Anträge waren noch nicht gestellt), für den Klägervertreter € 2.000,00 (hier gilt der erteilte Auftrag).

44 § 47 GKG wird im obigen Beispiel für die Anwaltsgebühren herangezogen (über § 23 Abs. 1 Satz 1 RVG), gilt aber selbstverständlich auch bzw. in erster Linie für die Gerichtskosten. Eine missbräuchliche Beschränkung des Werts durch Stellung entsprechender Anträge führt jedoch nicht zur Reduzierung der Gerichtskosten (vgl. dazu ausführlich Meyer GKG 6. Aufl. 2004 § 47 Rn. 4 sowie Schneider/Herget Streitwertkommentar Rn. 4540 ff., der für die Frage der Missbräuchlichkeit auf die Teilbarkeit des Streitgegenstands abstellt). Als rechtsmiß-

bräuchlich nimmt die Rechtsprechung gestellte Anträge im Berufungsrücknahmeschriftsatz an, die in keinem Verhältnis zur Beschwer stehen (Schneider/Herget Streitwertkommentar Rn. 4544 ff. m. v. w. N.).

Wird eine versehentlich eingelegte Berufung alsbald nach Erkennen des Irrtums zurückgenommen, kommt eine Festsetzung des Wertes auf den Mindestwert der Gebührentabelle in Betracht (Herget/Schneider Streitwertkommentar Rn. 4537 »Versehentliche Berufung«). 44a

bb) Zeitpunkt der Wertberechnung

§ 40 GKG 45

»*Für die Wertberechnung ist der Zeitpunkt der den jeweiligen Streitgegenstand betreffenden Antragstellung maßgebend, die den Rechtszug einleitet.*«

Für den Verfahrensstreitwert bestimmt § 4 Abs. 1 Hs. 1 ZPO ebenfalls, dass der Zeitpunkt der Einreichung der Klage bzw. der Einlegung des Rechtsmittels maßgebend ist. 46

In § 40 GKG soll nun klargestellt werden, dass im Falle einer Klageerweiterung für den zusätzlich eingeführten Streitgegenstand allein die erste sich hierauf beziehende Antragstellung maßgebend sein soll. Diese neue Formulierung ist aber als problematisch anzusehen. Denn nach § 137 ZPO sind die Anträge in der mündlichen Verhandlung zu stellen. Ein schriftlich gestellter Antrag ist nur dann relevant, wenn eine mündliche Verhandlung nicht stattfindet, weil sie entweder nicht vorgeschrieben ist (z. B. einstweiliges Verfügungsverfahren) oder aber im Einverständnis mit den Parteien nicht stattfindet, ein Anerkenntnis- oder Versäumnisurteil im schriftlichen Verfahren ergeht oder aber nach § 495a ZPO über eine Bagatell-Streitigkeit im schriftlichen Verfahren entschieden wird. Auch einem Vergleich nach § 278 Abs. 6 ZPO muss keine mündliche Verhandlung vorausgehen. Problematisch könnte sich also der Fall gestalten, wenn vor einer mündlichen Verhandlung ein Antrag wieder zurückgenommen wird. Die alte Formulierung »*maßgeblich ist die Instanz einleitende Antragsstellung*« hätte auch für die Klageerweiterung gelten können. Es bleibt abzuwarten, ob aus dieser Neuformulierung Probleme erwachsen. 47

• **Beispiel** 48

K verklagt D auf Herausgabe von 10 detailliert bezeichneten Aktien. Zum Zeitpunkt der Klageeinreichung hatten die Aktien einen Kurswert von € 4.500,00; drei Wochen später stieg der Kurs auf € 6.400,00.

Die Kursänderung hat keinen Einfluss auf die sachliche Zuständigkeit des Amtsgerichts, §§ 2, 4 Abs. 1 Hs. 1 ZPO, §§ 23 Nr. 1, 71 Abs. 1 GVG. Der Gebührenstreitwert beträgt gem. § 40 GKG € 4.500,00.

Variante:

Das Amtsgericht gibt der Klage vollumfänglich statt. D. legt Berufung gegen das Urteil ein. Am Tag der Berufungseinlegung hatten die Aktien einen Kurswert von € 11.200,00, zwei Wochen später aufgrund eines großen Börsencrashs nur noch € 460,00.

Die Zulässigkeit des Rechtsmittels ist durch den Kursverfall nicht berührt, es zählt der Tag der Einlegung der Berufung, §§ 2, 4 Abs. 1 Hs. 1, 511 ZPO (Beschwerdegegenstand über € 600,00). Die Gebühren berechnen sich entsprechend § 40 GKG nach dem Tag der Berufungseinlegung, Wert also hier: € 11.200,00.

Werterhöhungen, die sich durch Klageerweiterung ergeben, fallen nicht unter § 40 GKG, d. h., sie werden berücksichtigt und zwar ebenso wie die ursprüngliche Klageforderung nach dem Zeitpunkt der betreffenden Antragstellung der Klageerweiterung. 49

Sofern der Kläger im Wege der Klageänderung den Klaggrund für einen Zahlungsanspruch auswechselt, sind die Werte des ursprünglichen und des wirtschaftlich nicht identischen neuen Streitgegenstands (Hier: Darlehensforderung statt Wohnraummiete) bei der Wertfest- 50

Abschnitt 4 – Gegenstandswert

setzung für das gerichtliche Verfahren zu addieren (OLG Celle, Beschl. v. 20. 05. 2008, Az.: 2 W 108/08 NJOZ 2008, 2277). Aus den Gründen: »Außerdem wäre es auch gar nicht einzusehen, warum sich das Gericht und die Anwälte mit einem Teil des Streitgegenstandes letztlich unentgeltlich beschäftigen sollten (OLG Hamm AGS 2007, 517 m. w. Nachw.).«

cc) Miet-, Pacht- und ähnliche Nutzungsverhältnisse

51 – **Streit über das Bestehen oder Nichtbestehen eines Miet- oder Pachtverhältnisses**

§ 41 Abs. 1 GKG

»Ist das Bestehen oder die Dauer eines Miet-, Pacht- oder ähnlichen Nutzungsverhältnisses streitig, so ist der Betrag des auf die streitige Zeit entfallenden Entgeltes und, wenn das einjährige Entgelt geringer ist, dieser Betrag für die Wertberechnung maßgebend. Das Entgelt nach Satz 1 umfasst neben dem Nettogrundentgelt Nebenkosten dann, wenn diese als Pauschale vereinbart sind und nicht gesondert abgerechnet werden.«

52 In Absatz 1 Satz 2 ist zusätzlich aufgenommen worden, dass Zahlungen für Nebenkosten nur dann als Entgelt anzusehen sind, wenn sie Entgeltcharakter haben, über sie also nicht mehr gesondert abgerechnet wird. Das ist eine Verschlechterung gegenüber altem Recht. Bisher hat die Rechtsprechung einer Addition der verbrauchsunabhängigen Kosten zugestimmt. Allein die verbrauchsabhängigen Kosten (Wasser, Heizung) waren nicht additionsfähig. Da in den meisten Fällen über eine Nebenkostenpauschale eine Abrechnung erfolgt, wird die Neuregelung nur in Ausnahmefällen greifen. Eine solche nicht abzurechnende Nebenkostenpauschale wurde bereits in der Vergangenheit von der Rechtsprechung als berücksichtigungsfähig anerkannt (OLG Düsseldorf MDR 1992, 812 f.; Schneider/Herget Streitwert 11. Aufl. Rn. 3085 f. m. w. N.).

53 Im Hinblick darauf, dass diese Regelung zum 01. 07. 2004 in Kraft getreten ist, wird auf die Darstellung der bisherigen umfangreichen Rechtsprechung zur Frage, wann und in welcher Höhe Nebenkostenpauschalen addiert werden können, nicht mehr eingegangen.

54 Unter den Begriff der »Pauschale« fällt sowohl die Vereinbarung eines Festbetrags als auch prozentualen Zuschlags (OLG Düsseldorf, Beschl. v. 29. 06. 2004, Az.: 10 W 61/04, OLGR 2005, 74 = NZM 2005, 240 = NJW-Spezial 2005, 98).

55 Das Kammergericht hat in einem Beschluss vom 25. 10. 2004 zum neuen GKG entschieden, dass auch bei einer Klage auf Räumung und Herausgabe von Geschäftsräumen, Nebenkostenvorschüsse nur dann streitwerterhöhend zu berücksichtigen sind, wenn diese als Pauschale vereinbart worden sind (KG, Beschl. v. 25. 10. 2004, Az.: 8 W 75/04 = RVGreport 2005, 78). Nach Ansicht des KG ist § 41 Abs. 1 Satz 2 GKG auch in Räumungssachen anwendbar, da in § 41 Abs. 2 Satz 1 GKG auf beide Sätze des § 41 Abs. 1 GKG verwiesen würde. Damit ist auch in Räumungsrechtsstreitigkeiten zumeist die Jahres-Nettomiete anzunehmen.

56 Zur Miete hinzuzurechnen ist auch die Umsatzsteuer (KG, Beschl. v. 15. 01. 2007, Az.: 12 W 5/07, NZM 2007, 518 = ZMR 2007, 534; N. Schneider MietRB 5/2005, 135; KG, Beschl. v. 29. 01. 2005, Az.: 8 W 20/05, KGR 2005, 525; Schneider/Herget Streitwertkommentar Rn. 3535 m. v. w. N.).

57 • **Beispiel**
Vor Gericht ist ein Mietrechtsstreit wegen Kündigung des Mietverhältnisses anhängig. Die monatliche Miete beträgt € 800,00 kalt. Es ist eine gesondert abzurechnende Betriebskostenpauschale von € 100,00 vereinbart.

Gegenstandswert hier: € 800,00 × 12 = € 9.600,00, § 23 Abs. 1 RVG, § 41 Abs. 1 GKG.

58 • **Beispiel**
Die Parteien streiten sich vor Gericht darüber, ob das Mietverhältnis am 30. 06. 2008 oder aber am 31. 10. 2008 beendet ist. Die Miete beträgt € 900,00 zzgl. einer nicht mehr abzurechnenden Betriebskostenpauschale von € 100,00, mithin gesamt € 1.000,00.

Allgemeine Wertvorschrift | § 23

Gegenstandswert hier: € 1.000,00 × 4 = € 4.000,00, § 23 Abs. 1 RVG, § 41 Abs. 1 GKG.

Nach § 41 Abs. 1 Satz 1 GKG ist, sofern über das Bestehen oder die Dauer eines Miet- oder Pachtverhältnisses (§§ 535 ff. u. 581 ff. BGB) Streit zwischen den Parteien besteht, der Betrag der streitigen Zeit maßgebend, höchstens jedoch das einjährige Entgelt. Da in § 41 Abs. 1 GKG nicht auf die ersten 12 Monate nach Klageeinreichung abgestellt wird (wie z. B. beim Unterhalt in § 42 Abs. 1 GKG), bedeutet dies für den Gebührenstreitwert, dass etwaige zwischenzeitlichen Mieterhöhungen zu berücksichtigen sind. 59

Ist nur der **Inhalt** eines Miet- oder Pachtvertrags Streitgegenstand, greift § 9 ZPO (3,5facher Jahresbetrag der wiederkehrenden Leistung). Für die Anwendung von § 41 GKG ist erforderlich, dass das Bestehen (auch Fortbestehen) oder die Dauer eines Miet-, Pacht- oder ähnlichen Nutzungsverhältnisses streitig ist. Dabei ist gleichgültig, ob ein solches Verhältnis überhaupt besteht. Ausreichend ist, wenn der Bestand von einer Partei behauptet wird. 60

Einschlägig – und ein häufiger Anwendungsfall des § 41 GKG in der Praxis – ist § 41 GKG auch dann, wenn Klage erhoben wird mit dem Ziel festzustellen, ob eine **Kündigung wirksam** ist oder nicht. Klage auf Zahlung von Mietzins und Feststellung des Fortbestehens des Mietverhältnisses im Umfang der zeitlichen Kongruenz = identischer Streitgegenstand (BGH JurBüro 2006, 369 im Anschluss an Senatsbeschluss v. 17. 03. 2004, Az.: XII ZR 162/00 = NZM 2004, 423). 61

Bei Staffelmietverträgen gilt für die Berechnung des Streitwerts der Jahresbetrag aus dem höchsten Entgelt (BGH, Beschl. v. 30. 10. 2007, Az.: VIII ZR 163/07, NZW 2007, 935; Bestätigung von BGH NZM 2005, 944). 62

– **Räumung** 63

§ 41 Abs. 2 GKG

»*Wird wegen Beendigung eines Miet-, Pacht- oder ähnlichen Nutzungsverhältnisses die Räumung eines Grundstücks, Gebäudes oder Gebäudeteils verlangt, ist ohne Rücksicht darauf, ob über das Bestehen des Nutzungsverhältnisses Streit besteht, das für die Dauer eines Jahres zu zahlende Entgelt maßgebend, wenn sich nicht nach Absatz 1 ein geringerer Streitwert ergibt. Wird die Räumung oder Herausgabe auch aus einem anderen Rechtsgrund verlangt* (also nicht wegen Beendigung; z. B. bei Hausbesetzung), *ist der Wert der Nutzung eines Jahres maßgebend* (Anm.: unabhängig davon, ob die streitige Zeit kürzer als ein Jahr ist).«

Wird wegen Beendigung eines Miet-, Pacht- oder ähnlichen Nutzungsverhältnisses Räumung begehrt, ist die einjährige Miete oder Pacht für die Wertberechnung maßgeblich, es sei denn, der auf die streitige Zeit entfallende Betrag ist geringer. Zum Entwurf eines Miet- oder Pachtvertrags vgl. Rn. 147. 64

Dabei kann es sich um einen Antrag auf Räumung

– eines Grundstücks,
– eines Gebäudes,
– oder eines Gebäudeteils

handeln. § 41 Abs. 2 GKG gilt **sowohl** für **Wohn-** als auch **Geschäftsraum**.

Auch im Räumungsrechtsstreit gilt, dass eine Pauschale, über die gesondert abgerechnet wird, nicht zur Addition führt, da § 41 Abs. 2 GKG auf Abs. 1 verweist (BGH, Beschl. v. 30. 10. 2007, Az.: VIII ZR 163/07, NZW 2007, 935). 65

§ 41 Abs. 2 GKG gilt unabhängig davon, ob über das Bestehen oder die Dauer eines Miet-, Pacht- oder ähnlichen Nutzungsverhältnisses zusätzlich Streit besteht (BGH MDR 1995, 530). Sofern sich daher nach § 41 Abs. 1 GKG ein geringerer Streitwert ergibt, ist dieser maßgebend. 66

Unter § 41 Abs. 2 GKG fällt jedoch **nicht** die Räumungs- und Herausgabeklage eines Grundstücksverkäufers gegen den Käufer (OLG Nürnberg, Beschl. v. 30. 03. 2004, Az.: 9 W 1014/04 = 67

Abschnitt 4 – Gegenstandswert

JurBüro 2004, 377). Hier gilt vielmehr § 6 ZPO. Für die auf Besitzeinräumung gerichtete Klage ist der Verkehrswert des Grundstücks maßgebend (OLG Nürnberg, Beschl. v. 30. 03. 2004, Az.: 9 W 1014/04 = JurBüro 2004, 377). Das OLG Nürnberg begründet dies damit, dass es bei der Klage auf Rückgabe eines Kaufgrundstücks darum geht, ob das Kaufvertragsverhältnis fortbesteht oder nicht. Streitkern ist damit der Kaufvertrag; der gleichzeitig mit dem Kaufvertrag abgeschlossene Nutzungsvertrag ist nur ein Anhängsel zum Kaufvertrag und damit für den Streitwert nicht wesentlich.

68 Werden mit der Räumungsklage Mietrückstände geltend gemacht, sind diese zu addieren, § 22 Abs. 1. Werden in einer Klage Mietzahlungsansprüche sowie ein Feststellungsantrag betreffend das Bestehen oder Nichtbestehen des Mietverhältnisses geltend gemacht, so sind die beiden Ansprüche einzeln zu bewerten und sodann zu addieren, wenn und soweit der Zeitraum, für den Zahlung verlangt wird, und der Zeitraum, für den das Bestehen oder Nichtbestehen des Mietverhältnisses festgestellt werden soll, sich nicht decken (BGH, Beschl. v. 22. 02. 2006, Az.: XII ZR 134/03, JurBüro 2006, 369 = MDR 2006, 980 = NZM 2006, 378 = NJW-RR 2006, 1004). Für den Fall, dass sich die Zeiträume überschneiden, ist, soweit eine Überschneidung gegeben ist, allein auf den höheren Anspruch abzustellen, da es sich im Umfang der zeitlichen Kongruenz wirtschaftlich um denselben Gegenstand handelt (BGH, Urt. v. 02. 11. 2005, Az.: XII ZR 137/05 = NZM 2006, 138 ff. = NJW-RR 2006, 378 = MDR 2006, 657 = NZM 2006, 190). Eine Addition kann auch dann erfolgen, soweit Zahlungs- und Feststellungsbegehren nicht im Verhältnis von Klage und Widerklage stehen (§ 41 Abs. 1 Satz 3 GKG; BGH, Beschl. v. 22. 02. 2006, Az.: XII ZR 134/03, JurBüro 2006, 369= MDR 2006, 980 = NZM 2006, 378 = NJW-RR 2006, 1004; BGH, Beschl. v. 17. 03. 2004, Az.: XII ZR 162/00 = NZM 2004, 423 unter 2 a).

70 Der Gebührenstreitwert für die Anwaltsgebühren und Gerichtskosten ist auch dann nach § 41 Abs. 2 Satz 2 GKG festzusetzen, wenn sich der Beklagte gegenüber der auf Eigentum gestützten Räumungsklage auf ein vom Kläger bestrittenes Mietverhältnis beruft (OLG Düsseldorf, Beschl. v. 24. 01. 2008, Az.: 10 W 6/08, WuM 2008, 160 = OLGReport Hamm 2008, 366 = ZMR 2008, 364 = BeckRS 2008, 01637; **a. A.** (Räumungsklage und Berufung auf Mietvertrag durch Beklagten führt zur Anwendung des § 41 Abs. 1 Satz 1 GKG: KG, Beschl. v. 07. 01. 2008, Az.: 12 U 127/06, ZMR 2008, 448).

69 Auf Dauerwohnrecht findet weder § 41 GKG noch § 9 ZPO Anwendung; es gilt vielmehr § 24 Abs. 2 KostO (OLG Braunschweig, Beschl. v. 05. 10. 2007, Az.: 8 W 81/07, BeckRS 2008, 02807 unter Verweis auf BGH, Beschl. v. 20. 10. 2005, Az.: V ZR 73/05, BeckRS 2005, 13243; NJW-RR 1994, 909; OLG Köln JurBüro 2006, 477 = BeckRS 2006, 07867).

71 Gibt der Berufungskläger im Rechtsmittelverfahren wg. Kündigung einer Mietsache nicht das nach seiner Meinung korrekte Ende des Mietvertrags an, ist nach höchstrichterlicher Rechtsprechung die streitige Zeit nach § 9 ZPO zu bestimmen und die Beschwer mit dem 3,5fachen Jahresbetrag der Miete anzusetzen (BVerfG Besch. v. 09. 05. 2006, Az.: 1 BvR 761/06, NZM 2006, 578, unter Verweis auf BGH, NZM 2005, 435 = NJW-RR 2005, 867 [868 f.]; NZM 2004, 460; NJOZ 2003, 447; NJW-RR 1996, 316; NJW-RR 1992, 1359).

72 Bei einem Streit über das Bestehen oder die Dauer eines Mietverhältnisses richtet sich der Gebührenstreitwert nach § 41 Abs. 1 GKG, nicht nach § 8 ZPO. Die Wertberechnung nach § 8 ZPO ist nur für den Zuständigkeits- und Rechtsmittelwert (Beschwer) maßgeblich (BGH, Beschl. v. 22. 02. 2006, Az.: XII ZR 134/03, JurBüro 2006, 369 = MDR 2006, 980 = NZM 2006, 378 = NJW-RR 2006, 1004).

73 – Mieterhöhung/Modernisierungsmaßnahmen, Mängelbeseitigung

§ 41 Abs. 5 GKG

»*Bei Ansprüchen auf Erhöhung der Miete für Wohnraum ist der Jahresbetrag der zusätzlich geforderten Miete, bei Ansprüchen des Mieters auf Durchführung von Instandsetzungsmaßnahmen der Jahresbetrag einer angemessenen Mietminderung und bei Ansprüchen des Vermieters auf Duldung einer*

Allgemeine Wertvorschrift | § 23

Durchführung von Modernisierungs- oder Erhaltungsmaßnahmen der Jahresbetrag einer möglichen Mieterhöhung, in Ermangelung dessen einer sonst möglichen Mietminderung durch den Mieter maßgebend. Endet das Mietverhältnis vor Ablauf eines Jahres, ist ein entsprechend niedrigerer Betrag maßgebend.«

Die Vorschrift des § 41 Abs. 5 GKG ist bei Mieterhöhungsverfahren nur für den Gebührenstreitwert (für die Anwalts- und Gerichtsgebühren) maßgeblich; für die Bestimmung des Wertes des Beschwerdegegenstandes (somit den Verfahrensstreitwert, siehe Rn. 19) ist sie dagegen ohne Bedeutung; es gilt vielmehr § 9 ZPO (der 3,5fache Jahresbetrag) (BGH, Beschl. v. 28.11.2006, Az.: VIII ZB 9/06, WuM 2007, 32 = ZMR 2007, 107). 74

Erhebt der Rechtsanwalt Klage auf Zustimmung des Mieters zur Erhöhung der Miete für Wohnraum, so ist als Gegenstandswert für dieses Verfahren der Jahresbetrag der zusätzlich geforderten Miete anzunehmen, § 23 Abs. 1 Satz 1 RVG, § 41 Abs. 5 GKG. Dies gilt aber nur, wenn die Erhöhung für Wohnraum gefordert wird. Wird die Erhöhung der Miete oder Pacht für Geschäftsräume (gewerblich genutzte Räume) oder bewegliche Sachen verlangt, so bestimmt sich der Wert über § 23 Abs. 1 Satz 1 RVG, § 48 Abs. 1 GKG nach § 9 ZPO. Danach ist der 3,5-fache Jahresbetrag der Differenz zwischen dem ursprünglichen Mietzins und dem neuen erhöhten Mietzins maßgebend und als Gegenstandswert für die Anwaltsgebühren anzunehmen. Wird die Erhöhung für einen kürzeren Zeitraum als 3,5 Jahre geltend gemacht, so ist die Differenz zwischen der alten und der neuen Pacht für diesen kürzeren Zeitraum als Gegenstandswert zugrunde zu legen. 75

Sofern die Erhöhung der Miete für Geschäftsräume verlangt wird, greift über § 23 Abs. 1 RVG, § 48 Abs. 1 GKG der § 9 ZPO. Danach ist der 3,5-fache Jahresbetrag der wiederkehrenden Beträge maßgeblich, auch hier die Differenz (BGH, Beschl. v. 17.03.2004, Az.: XII ZR 162/00 = JurBüro 2004, 378). 76

Äußerst strittig war bisher, wie eine Klage auf Duldung von Modernisierungsmaßnahmen des Vermieters bzw. eine Klage auf Beseitigung von Mängeln des Mieters zu bewerten ist. In § 41 Abs. 5 GKG soll der alte Streit in Rechtsprechung und Literatur über die Frage der Bewertung solcher Maßnahmen geklärt werden. Aus der Gesetzesbegründung (BT-Drs. 15/1971, S. 154 zu § 41, rechte Spalte): 77

»Auf der Grundlage eines Wohnraummietverhältnisses kommt es nicht selten zu Klagen entweder des Mieters auf Instandsetzung seiner Wohnung bzw. auf ungestörte Gewährung des Mietgebrauchs im Wege einer Mängelbeseitigung oder des Vermieters auf Duldung der Durchführung von Modernisierungs- oder Erhaltungsmaßnahmen. In der gerichtlichen Praxis ist seit langem die Frage strittig, wie der Gebührenstreitwert dieser Klagen zu bemessen ist. Nach einer Ansicht ist vom monatlichen Mietminderungsbetrag auszugehen, der mit dem 3½fachen Jahresbetrag anzusetzen sei. Eine andere Ansicht begrenzt dagegen den Streitwert auf höchstens den Jahresmietzins oder den 12fachen monatlichen Mietminderungsbetrag. Wieder eine andere Ansicht will die Mängelbeseitigungskosten als Streitwertbetrag ansehen, entweder in voller Höhe oder begrenzt auf höchstens den Jahresmietzins. Diesen von einander abweichenden Ansichten lagen bisher zwei unterschiedliche Ansätze zur Auslegung der § 3 und § 9 ZPO bzw. § 16 GKG zu Grunde. In bürgerlichen Rechtsstreitigkeiten richten sich die Gerichtsgebühren gemäß § 12 Abs. 1 S. 1 GKG nach dem für die Zulässigkeit des Prozessgerichts oder die Zulässigkeit des Rechtsmittels maßgeblichen Wert des Streitgegenstandes, soweit nichts anderes bestimmt ist. Deshalb findet derzeit § 3 ZPO Anwendung, wonach der Wert des Streitgegenstandes von dem Gericht nach freiem Ermessen festgesetzt wird. Nach überwiegender Ansicht soll bei Instandsetzungsklagen im Rahmen des freien Ermessens der Gedanke des § 9 S. 1 ZPO zur Anwendung gebracht werden, wonach der Wert des Rechts auf wiederkehrende Nutzungen oder Leistungen nach dem 3½fachen Wert des einjährigen Bezugs berechnet wird. Nach der konträren Rechtsansicht ist der Streitwert durch die Anwendung des sich aus § 16 Abs. 1 GKG ergebenden Rechtsgedankens auf einen einfachen Jahresbetrag zu begrenzen.

....

Abschnitt 4 – Gegenstandswert

Hintergrund für die vorgeschlagene Regelung sind sozial-politische Erwägungen. Instandsetzungs-, Modernisierungs- oder Erhaltungsmaßnahmen können hohe Kosten verursachen und damit im Streitfall zu hohen Streitwerten führen ...«

78 **Fazit:**

Klage des Mieters auf Mängelbeseitigung – Jahresbetrag einer angemessenen Mietminderung (so auch: LG Berlin, Beschl. v. 13. 12. 2007, Az.: 67 T 144/07, BeckRS 2008, 04276).

Klage des Vermieters auf Duldung – Jahresbetrag einer möglichen Mieterhöhung

Mieterhöhung – Jahresbetrag der Differenz

Ausnahme: Mietverhältnis endet vor Ablauf eines Jahres – dieser Zeitraum

79 **– Gegenstandswert Kündigung mit anschl. Räumungsrechtsstreit**

Der Gegenstand der außergerichtlichen Tätigkeit eines Rechtsanwalts, der mit der Beratung des Vermieters über das Kündigungsrecht und dem Ausspruch der Kündigung beauftragt ist, betrifft das Räumungsverlangen des Vermieters und somit denselben Gegenstand wie eine spätere gerichtliche Tätigkeit des Rechtsanwalts im Rahmen der Räumungsklage. (amtl. LS BGH, 14. 03. 2007, Az.: VIII ZR 184/06, NJW 2007, 2050 = JurBüro 2007, 358 = MDR 2007, 982 = ZMR 2007, 521 = WuM 2007, 330).

80 Die Geschäftsgebühr des Rechtsanwalts für die vorgerichtliche Tätigkeit im Zusammenhang mit der Kündigung ist gemäß § 23 Abs. 1 Satz 3 RVG, § 41 Abs. 2 GKG nach dem einjährigen Bezug der Nettomiete zu berechnen und im Rahmen der Anlage 1 Teil 3, Vorbemerkung 3 Abs. 4 VV RVG auf die Verfahrensgebühr eines nachfolgenden Räumungsrechtsstreits anzurechnen (BGH, 14. 03. 2007, Az.: VIII ZR 184/06, NJW 2007, 2050 = JurBüro 2007, 358 = MDR 2007, 982 = ZMR 2007, 521 = WuM 2007, 330; **a.A.** LG Karlsruhe, Urt. v. 14. 10. 2005, Az.: 9 S 177/05, JurBüro 2006, 471 = NZM 2006, 259 = NJW 2006, 1526 (keine Anrechnung); LG Mönchengladbach, Urt. v. 30. 09. 2005, Az.: 2 S 83/05, NJW 2006, 705 = NZM 2006, 174 (Kündigung und Räumung sind nicht derselbe Gegenstand, daher keine Anrechnung).

dd) Gesetzliche Unterhaltsansprüche/Wiederkehrende Leistungen, § 42 GKG

81 **– Gesetzlicher Unterhalt**

§ 42 Abs. 1 Satz 1 GKG

»Bei Ansprüchen auf Erfüllung einer gesetzlichen Unterhaltspflicht ist der für die ersten zwölf Monate nach Einreichung der Klage oder des Antrags geforderte Betrag maßgeblich, höchstens jedoch der Gesamtbetrag der geforderten Leistung.«

82 **• Beispiel**
Die Ehefrau verklagt ihren Mann auf Zahlung von € 500,00 monatlich Unterhalt. Das Gericht erkennt durch Urteil schließlich € 400,00 an.

Gegenstandswert: € 500,00 × 12 = € 6.000,00, § 23 Abs. 1 RVG, § 42 Abs. 1 GKG.

83 **• Beispiel**
Die 20 Jahre in nichtehelicher Lebensgemeinschaft gelebt habenden Parteien trennen sich. Der Mann verpflichtet sich, an seine frühere Lebensgefährtin € 500,00 monatlich Unterhalt zu zahlen. Dieser vertraglichen Verpflichtung kommt er nicht nach. Daraufhin verklagt sie ihn.

Streitwertberechnung: Hier ist nicht von einer gesetzlichen Unterhaltspflicht die Rede. Somit greift § 42 GKG vorliegend nicht. Maßgeblich ist, da das GKG zur vertraglichen Unterhaltspflicht keine Regelung enthält, § 9 ZPO, somit der 3,5fache Jahresbetrag des einjährigen Bezugs, vgl. dazu auch Rn. 39 (so auch: OLG Karlsruhe, Beschl. v. 29. 11. 2005, Az.: 20 WF 135/05 JurBüro 2006, 145 = FamRZ 2006, 1217 = OLGReport München 2006, 284).

Allgemeine Wertvorschrift | § 23

€ 500,00 × 12 = € 6.000,00 × 3,5 = € 21.000,00, § 23 Abs. 1 RVG, § 48 Abs. 1 Satz 1 GKG, § 9 ZPO.

Werden neben Trennungsunterhalt auch nacheheliche Unterhaltsansprüche geltend gemacht, liegen verschiedene Gegenstände vor, die getrennt zu bewerten sind. 84

Auch bei der Geltendmachung von Trennungsunterhalt bzw. bei Antrag auf Abändung des Trennungsunterhalts ist der Jahresbetrag als Wert festzusetzen, außer, der geforderte Betrag liegt darunter (OLG Frankfurt, Beschl. v. 09. 11. 2006, Az.: 6 WF 175/06, FamRZ 2007, 749; a.A. Wert für Trennungsunterhalt bestimmt sich nach Zeitraum zwischen Rechtshängigkeit und Rechtskraft der Scheidung: OLG Schleswig, Beschl. v. 03. 07. 2006; Az.: 13 WF 106/06, FamRZ 2006, 1560; OLGReport Celle 2006, 633)). 85

– **Schadensersatzrente** 86

§ 42 Abs. 2 GKG

»Wird wegen der Tötung eines Menschen oder wegen der Verletzung des Körpers oder der Gesundheit des Menschen Schadensersatz durch Entrichtung einer Geldrente verlangt, so ist der fünffache Betrag des einjährigen Bezugs maßgebend, wenn nicht der Gesamtbetrag der geforderten Leistungen geringer ist. Dies gilt nicht bei Ansprüchen aus einem Vertrag, der auf Leistung einer solchen Rente gerichtet ist.«

- **Beispiel** 87

Frau Müller wird durch Urteil eine eingeklagte monatliche Rentenzahlung wg. Körperverletzung in Höhe von € 1.000,00 zugesprochen.

Gegenstandswert: € 1.000,00 × 12 = € 12.000,00 × 5 = € 60.000,00, § 23 Abs. 1 RVG, § 42 Abs. 2 GKG.

- **Beispiel** 88

Gleicher Sachverhalt wie zuvor. Allerdings war auch eine Schmerzensgeldzahlung zusätzlich zur Rente in Höhe von € 30.000,00 beantragt. Diese wurde auch zuerkannt.

Gegenstandswert: € 90.000,00. Mehrere Ansprüche werden nach § 22 Abs. 1 RVG, § 39 Abs. 1 GKG zusammengerechnet.

– **Rückstände** 89

§ 42 Abs. 5 GKG

»Die bei Einreichung der Klage fälligen Beträge werden dem Streitwert hinzugerechnet.«

- **Beispiel** 90

Einreichung der Klage am 04. 04. eines Jahres. Der Unterhalt für April dieses Jahres gilt bereits als Rückstand, da Unterhalt nach dem BGB immer im Voraus zu leisten ist. Somit berechnet sich der Streitwert aus dem Jahresunterhalt sowie dem Rückstand für einen Monat (hier: April dieses Jahres).

Zu Mietrückständen siehe Rn. 68. 91

ee) Nebenforderungen

§ 43 GKG 92

»(1) Sind außer dem Hauptanspruch auch Früchte, Nutzungen, Zinsen oder Kosten als Nebenforderungen betroffen, wird der Wert der Nebenforderungen nicht berücksichtigt.

(2) Sind Früchte, Nutzungen, Zinsen oder Kosten als Nebenforderungen ohne den Hauptanspruch betroffen, ist der Wert der Nebenforderungen maßgebend, soweit er den Wert des Hauptanspruchs nicht übersteigt.

(3) Sind die Kosten des Rechtsstreits ohne den Hauptanspruch betroffen, ist der Betrag der Kosten maßgebend, soweit er den Wert des Hauptanspruchs nicht übersteigt.«

Abschnitt 4 – Gegenstandswert

93 Werden z. B. neben einer Hauptforderung Zinsen geltend gemacht (»Der Beklagte wird verurteilt an die Klägerin € 4.000,00 zzgl. Zinsen i. H. v. 5 % Punkten über dem Basiszinssatz zu bezahlen«), wirken diese nicht werterhöhend, wenn sie in Abhängigkeit zur Hauptforderung stehen. Macht ein Kläger jedoch z. B. einen Zinsbetrag isoliert – d. h. unabhängig von der Hauptforderung geltend, ist dieser Hauptforderung.

94 Was **vorprozessual aufgewendete Kosten** betrifft (insbesondere die Geschäftsgebühr nach Nr. 2300 VV), so sind hinsichtlich der Wertberechnung auf Klägerseite drei Fallgestaltungen zu unterscheiden:

1. Fall) Vollständige Abhängigkeit der Kosten von der Hauptforderung

Vorprozessual aufgewendete Kosten zur Durchsetzung des im laufenden Verfahren geltend gemachten (restlichen) Hauptanspruchs wirken nicht werterhöhend, und zwar unabhängig davon, ob diese Kosten der Hauptforderung hinzugerechnet werden oder neben der im Klageweg geltend gemachten Hauptforderung Gegenstand eines eigenen Antrags sind (BGH Beschl. v. 30. 01. 2007, Az.: X ZB 7/06, NJW 2007, 3289 = JurBüro 2007, 313 = VersR 2007, 1102, BGH Beschl. v. 15. 05. 2007, Az.: VI ZB 18/06, BGH-Report 2007, 845 = BeckRS 2007, 10888 = JurBüro 2007, 487, BGH Beschl. v. 25. 09. 2007, Az.: VI ZB 22/07, NJW-RR 2008 374 und Urt. v. 12. 06. 2007 (BeckRS 2007, 12117).

Dies kann nach Ansicht der Verfasserin aber nur dann gelten, wenn die **gesamten** geltend gemachten Kosten von der Hauptforderung abhängig sind.

95 • **Beispiel**
Es wurde ein Betrag von € 5.000,00 angemahnt. Die Kosten für das Aufforderungsschreiben betragen:

1,3 Geschäftsgebühr aus € 5.000,00 Nr. 2300 VV RVG	€ 391,30
Auslagenpauschale, Nr. 7002 VV RVG	€ 20,00
Zwischensumme	€ 411,30
19 % USt., Nr. 7008 VV RVG	€ 78,15
Summe	**€ 489,45**

Die in einer Klage geltend gemachte Hauptforderung (nebst Zinsen) und vorgerichtlichen Kosten i. H. v. € 489,45 führen zu **keiner** Wertaddition.

96 **2. Fall) Isolierte Geltendmachung allein der vorgerichtlichen Kosten**

Wird nun die Kostenforderung (mangels Zahlung durch den Schuldner) in voller Höhe mit der Hauptforderung i. H. v. € 5.000,00 eingeklagt, ist der gesamte Kosten-Betrag i. H. v. € 489,45 als Nebenforderung anzusehen. Er wirkt nicht werterhöhend. Anders verhält es sich, wenn der Anspruchsgegner in Ausübung seines Leistungsbestimmungsrechts die gesamte Hauptforderung, nicht aber die vorgerichtlichen Kosten ausgleicht. Werden die vorgerichtlichen Kosten allein geltend gemacht, sind sie als Hauptforderung anzusehen.

97 • **Beispiel**
Es wurde ein Betrag von € 5.000,00 angemahnt. Die Kosten für das Aufforderungsschreiben betragen:

1,3 Geschäftsgebühr aus € 5.000,00 Nr. 2300 VV RVG	€ 391,30
Auslagenpauschale, Nr. 7002 VV RVG	€ 20,00
Zwischensumme	€ 411,30
19 % USt., Nr. 7008 VV RVG	€ 78,15
Summe	**€ 489,45**

Allgemeine Wertvorschrift | § 23

Der Schuldner zahlt auf die Mahnung den gesamten Hauptforderungsbetrag. Offen stehen allein noch die vorgerichtlichen Kosten i. H. v. € 489,15. Diese werden nun klageweise geltend gemacht. Der Gegenstandswert für dieses Verfahren beträgt: € 489,15.

3. Fall) Teilweise Abhängigkeit der vorgerichtlichen Kosten von der Hauptforderung

98

Angenommen der Anspruchsgegner zahlt auf die geltend gemachte Hauptforderung in Ausübung seines Leistungsbestimmungsrechts einen Teilbetrag i. H. v. 2.000,00. Auf die Kosten zahlt er nichts. Eingeklagt wird nun der Rest-Hauptforderungsbetrag i. H. v. € 3.000,00 sowie die gesamten aus einem Wert von € 5.000,00 entstandenen Kosten i. H. v. € 489,45. Es stellt sich die Frage, wie hoch der Gegenstandswert für dieses Verfahren ist. Nach meiner Ansicht sind zu den € 3.000,00 Resthauptforderung der Teil der vorprozessualen Kosten werterhöhend zu berücksichtigen, die nicht in Abhängigkeit zur im laufenden Verfahren geltend gemachten Hauptforderung stehen (vgl. auch das Beispiel aus Jungbauer Simplify your RVG Deutscher Anwaltverlag 2007, S. 29 f. sowie Enders RVG f. Anfänger 14. Aufl. 2008 Rn. 658).

- **Beispiel**

99

Entstanden ist eine

1,3 Geschäftsgebühr aus € 5.000,00 Nr. 2300 VV RVG	€ 391,30
Hiervon wird in Abzug gebracht eine 1,3 Geschäftsgebühr aus € 3.000,00, denn insoweit ist die Geschäftsgebühr von der in diesem Verfahren geltend gemachten Resthauptforderung abhängig	./. € 245,70
Gebührenanteil, der nicht von der geltend gemachten Resthauptforderung abhängig ist	€ 145,60
Auslagenpauschale, Nr. 7002 VV RVG	€ 20,00
Zwischensumme	€ 165,60
19 % USt., Nr. 7008 VV RVG	€ 31,46
Summe:	€ 197,06
Von dem Gesamtbetrag der vorprozessual entstandenen Kosten	€ 489,45
ist ein Betrag i. H. v. € 197,06	./. € 197,06
werterhöhend, während der Restbetrag nicht werterhöhend (und damit Nebenforderung) ist.	€ 292,39
Der Gegenstandswert für dieses Verfahren beträgt daher:	
Resthauptforderung	€ 3.000,00
werterhöhender Anteil vorprozessualer Kosten	€ 197,06
Gesamtwert:	€ 3.197,06

Aus diesem Wert entsteht eine 1,3 Verfahrensgebühr nach Nr. 3100 für diese Klage. Die vorprozessual entstandene Geschäftsgebühr ist lediglich soweit anzurechnen, wie sich Wert der außergerichtlichen Tätigkeit und der gerichtlichen Tätigkeit decken, damit aus einem Wert von € 3.000,00.

4. Fall) Erst Nebenforderung dann im Prozessverlauf Hauptforderung

»Die geltend gemachten vorprozessualen Anwaltskosten sind als Streitwert erhöhender Hauptanspruch zu berücksichtigen, soweit der geltend gemachte Hauptanspruch übereinstimmend für erledigt erklärt worden ist.« BGH, Beschl. v. 04.12.2007, Az.: VI ZB 73/06, JurBüro 2008, 202; Enders RVG für Anfänger 14. Aufl. 2008 Rn. 659).

100

Abschnitt 4 – Gegenstandswert

101 • **Beispiel**
Klage auf Zahlung eines Betrags i. H. v. € 3.176,65; weiter eingeklagt vorgerichtliche Kosten in Höhe von € 186,82; geltend gemacht als Nebenforderung, abhängig von der eingeklagten Hauptforderung). Nach Zustellung der Klage wird die Hauptforderung teilweise i. H. v. € 2.700,16 durch den Beklagten bezahlt, die geltend gemachten vorgerichtlichen Kosten nicht. Mit Schriftsatz wird die Hauptsache teilweise für erledigt erklärt. Der BGH setzte den Wert für die Zeit nach Erledigungserklärung auf € 663,31 fest (Rest-HF € 476,49 + € 186,82 Kosten) als Verfahrenswert fest. Dieser Wert gilt auch für die Anwaltsgebühren (Enders RVG für Anfänger 14. Aufl. 2008 Rn. 659).

ff) Klage und Widerklage

102 § 45 Abs. 1 GKG:

»In einer Klage und in einer Widerklage geltend gemachte Ansprüche, die nicht in getrennten Prozessen verhandelt werden, werden zusammengerechnet ... Betreffen die Ansprüche denselben Gegenstand, ist nur der Wert des höheren Anspruchs maßgebend.«

103 Für den kostenrechtlichen Begriff des Gegenstands i. S. von § 45 Abs. 1 Satz 3 GKG kommt es nicht auf den so genannten zweigliedrigen Streitgegenstandsbegriff des Prozessrechts an. Derselbe Gegenstand i. S. von § 45 Abs. 1 Satz 3 GKG liegt vielmehr vor, wenn sich Haupt- und Hilfsansprüche einander ausschließen und damit notwendigerweise die Zuerkennung des einen Anspruchs mit der Aberkennung des anderen verbunden ist. Dies ist der Fall, wenn mit dem Hauptantrag Schadensersatz in Höhe des positiven Erfüllungsintressses und mit dem Hilfsantrag Ersatz des Vertrauensschadens und damit das negative Interesse begehrt wird (zitiert nach beck-online, OLG Rostock, Beschl. v. 23. 10. 2007, Az.: 7 W 75/07, BeckRS 2007, 18657 = NJ 2008, 82 L = OLGReport KG 2008, 170).

104 • **Beispiel**
Klage in einer Unfallsache. Der Kläger fordert € 2.600,00, der Beklagte erhebt Widerklage und beantragt, den Kläger zur Zahlung von € 2.000,00 zu verurteilen. Es handelt sich um verschiedene Ansprüche. Hier also Wertaddition, somit € 4.600,00, § 23 Abs. 1 RVG, § 45 Abs. 1 GKG.

105 Beim Verfahrensstreitwert werden Klage und Widerklage nicht addiert, § 5 ZPO.

106 • **Beispiele für »derselbe Gegenstand«**
- Dingliche Klage aus einer Grundschuld und Widerklage auf Herausgabe des Briefes bzw. auf Löschung der Sicherheit.
- Klage aus einem Wertpapier auf Zahlung und Widerklage auf Herausgabe der Urkunde.
- Klage auf Herausgabe einer Sache und Widerklage auf Feststellung des Eigentums des Beklagten.
- Klage auf Herausgabe eines Kraftfahrzeugs und Widerklage auf Herausgabe des Kraftfahrzeugbriefes.
- Bejaht das Gericht die Klage in den obigen Fällen, muss es zwingend die Widerklage abweisen.

107 **Keine** Gegenstandsidentität liegt in den folgenden Fällen vor:
- Klage auf Herausgabe des Kraftfahrzeugbriefes und Widerklage auf Zahlung des Kaufpreises.
- Klage auf Rückzahlung einer Anzahlung und Widerklage auf Restzahlung.
- Klage auf Zahlung eines Unfallschadens und Widerklage auf Zahlung ebenfalls eines Unfallschadens (wechselseitiger Schuldvorwurf).

gg) Hilfsweise Aufrechnung

§ 45 Abs. 3 GKG

»Macht der Beklagte hilfsweise die Aufrechnung mit einer bestrittenen Gegenforderung geltend, so erhöht sich der Streitwert um den Wert der Gegenforderung, soweit eine der Rechtskraft fähige Entscheidung über sie ergeht.«

§ 45 Abs. 4 GKG

»Bei Erledigung des Rechtsstreits durch Vergleich sind die Absätze 1 bis 3 entsprechend anzuwenden.«

Stellt der Beklagte in einem Prozess hilfsweise Gegenforderungen zur Aufrechnung, so erhöht sich der Streitwert um die hilfsweise zur Aufrechnung gestellte Gegenforderung, § 45 Abs. 3 GKG. Voraussetzungen sind:

- die Klageforderung muss bestritten sein, die Aufrechnung muss also hilfsweise erfolgen;
- die hilfsweise zur Aufrechnung gestellte Gegenforderung muss bestritten sein;
- über die hilfsweise zur Aufrechnung gestellte Gegenforderung muss eine der Rechtskraft fähige Entscheidung ergehen.

Ist die hilfsweise zur Aufrechnung gestellte Gegenforderung höher als die Klageforderung, so erhöht sich der Wert nur in Höhe der Klageforderung, denn nur insoweit ergeht eine der Rechtskraft fähige Entscheidung über die hilfsweise zur Aufrechnung gestellte Gegenforderung, § 322 Abs. 2 ZPO.

Wird mit mehreren Forderungen hilfsweise die Aufrechnung erklärt, so ist der Wert der Klageforderung um alle hilfsweise zur Aufrechnung gestellten Gegenforderungen zu erhöhen, über die eine der Rechtskraft fähige Entscheidung ergeht.

Gemäß § 45 Abs. 4 GKG findet die Wertaddition auch dann statt, wenn sich der Rechtsstreit durch Vergleich erledigt. Es muss also nicht unbedingt über die hilfsweise zur Aufrechnung gestellte Gegenforderung eine der Rechtskraft fähige Entscheidung ergehen, sondern es ist ausreichend, wenn die hilfsweise zur Aufrechnung gestellte Gegenforderung mitverglichen wird, also diese sich durch den Vergleich erledigt. Dabei haben die Parteien darauf zu achten, dass im Vergleichstext die Einbeziehung der hilfsweise zur Aufrechnung gestellten Gegenforderung zum Ausdruck kommt, da sich ansonsten Auslegungsschwierigkeiten ergeben können (Schneider/Wolf § 23 Rn. 129). Da die Vergleichstexte im Termin häufig knapp gehalten werden, kann sich dies nachteilig für die Wertberechnung darstellen. Allein schon im Hinblick auf die Rechtskrafterstreckung sollten beide Parteien ein Interesse daran haben, unmissverständliche Formulierungen zu wählen.

• **Beispiel**

Eingeklagt sind € 10.000,00; im Vergleich halten die Parteien fest, dass der Beklagte noch einen Betrag in Höhe von 3.000,00 zu zahlen hat, da die restliche Klageforderung durch die hilfsweise zur Aufrechnung gestellte und begründete Gegenforderung i. H. v. € 7.000,00 erloschen ist. Möglicher Vergleichstext: »Der Beklagte zahlt zur Abgeltung der streitgegenständlichen € 10.000,00 einen Betrag i. H. v. € 3.000,00, da die restliche Klageforderung durch die mit Schriftsatz vom ..... hilfsweise zur Aufrechnung gestellte Gegenforderung erloschen ist.« Ein Einklagen der Gegenforderung i. H. v. € 7.000,00 ist damit für den Beklagten nicht mehr möglich, da diese durch die Aufrechnung verbraucht ist.

Ist die hilfsweise zur Aufrechnung gestellte Gegenforderung höher als die Klageforderung und wird die komplette Gegenforderung durch Vergleich erledigt, so ist beim Gegenstandswert für den Vergleich die komplette Gegenforderung zu berücksichtigen, beim Gegenstandswert für das Verfahren nur die Gegenforderung in Höhe der Klageforderung. Nach Ansicht der Verfasserin entstehen aus dem Wert der Klageforderung und dem Wert der Gegenforderung begrenzt auf die Klageforderung die Gebühren für rechtshängige Ansprüche,

Abschnitt 4 – Gegenstandswert

hinsichtlich des überschießenden Betrags die Gebühren für nicht rechtshängige Ansprüche, sofern der Vergleich auch den überschießenden Betrag umfasst.

115 • **Beispiel**
Eingeklagt sind € 10.000,00; im Vergleich halten die Parteien fest, dass der Beklagte noch einen Betrag in Höhe von € 18.000,00 zu zahlen hat, da die restliche Klageforderung durch die hilfsweise zur Aufrechnung gestellte und begründete Gegenforderung i. H. v. € 17.000,00 erloschen ist. Möglicher Vergleichstext: »Der Beklagte zahlt zur Abgeltung der streitgegenständlichen € 10.000,00 sowie der hilfsweise zur Aufrechnung gestellten Gegenforderung in Höhe von € 17.000,00 einen Betrag i. H. v. € 18.000,00. Die Parteien sind sich darüber einig, dass mit diesem Vergleich sowohl die Klageforderung als auch die hilfsweise zur Aufrechnung gestellte Gegenforderung in voller Höhe erledigt sind.«

Vergütungsansprüche der RAe, wenn über die Gegenforderung auch im Termin gesprochen wurde (i. S. d. Vorm. § 3 Abs. 3 Alt. 3):

1,3 Verfahrensgebühr aus € 20.000,00, Nr. 3100 VV RVG
0,8 Verfahrensgebühr aus € 7.000,00, Nr. 3101 Nr. 2 VV RVG
nach § 15 Abs. 3 RVG höchstens: 1,3 Verfahrensgebühr aus € 27.000,00
1,2 Terminsgebühr aus € 27.000,00, Nr. 3104 VV RVG
1,0 Einigungsgebühr aus € 20.000,00, Nr. 1003 VV RVG
1,5 Einigungsgebühr aus € 7.000,00, Nr. 1000 VV RVG
nach § 15 Abs. 3 RVG höchstens: 1,5 Einigungsgebühr aus € 27.000,00

116 In Rechtsprechung und Literatur ist umstritten, ob sich der Streitwert dann wieder auf den Wert der Klageforderung ermäßigt, wenn in dem 1. Rechtszug zwar eine der Rechtskraft fähige Entscheidung über die hilfsweise zur Aufrechnung gestellte Gegenforderung ergangen ist, das Berufungsgericht aber diese Entscheidung wieder aufhebt und nicht mehr über die hilfsweise zur Aufrechnung gestellte Gegenforderung entscheidet. Überwiegend wird hier wohl die Auffassung vertreten, dass sich in solchen Fällen der Wert für das erstinstanzliche Verfahren nicht wieder auf den Wert der Klageforderung reduziert. Denn über die hilfsweise zur Aufrechnung gestellte Gegenforderung war eine der Rechtskraft fähige Entscheidung ergangen und somit ist der Wert gem. § 45 Abs. 3 GKG entsprechend um diese Gegenforderung zu erhöhen. § 45 Abs. 3 GKG fordert nicht, dass die Entscheidung über die hilfsweise zur Aufrechnung gestellte Gegenforderung auch rechtskräftig wird, sondern nach dem Wortlaut des Gesetzes reicht es aus, dass eine der Rechtskraft fähige Entscheidung über die Gegenforderung ergeht.

117 • **Beispiel**
Huber verklagt Müller auf Zahlung von € 10.000,00. Der Beklagte stellt den Antrag, die Klage abzuweisen. Hilfsweise rechnet er mit einer Gegenforderung in Höhe von € 12.000,00 auf. Das Gericht urteilt, dass die Klageforderung zwar begründet, aber durch die hilfsweise zur Aufrechnung gestellte Gegenforderung erloschen ist.

Beide Forderungen (Klageforderung und Gegenforderung) waren bestritten. (Wäre die Klageforderung nicht bestritten, so wäre nicht eine Hilfs-, sondern eine Primäraufrechnung erfolgt, die sich nicht streitwerthöhend auswirkt.) Über die Gegenforderung wurde auch eine der Rechtskraft fähige Entscheidung verkündet. Der Streitwert beträgt hier € 20.000,00, denn zu den drei genannten Voraussetzungen kann dann letztendlich die Gegenforderung nur bis zur Höhe der Klageforderung berücksichtigt werden, § 322 Abs. 2 ZPO.

hh) Stufenklage, § 44 GKG

118 Stufenklagen kommen in der Praxis regelmäßig dann vor, wenn, bevor ein entsprechender Leistungsantrag gestellt werden kann, vom Gegner zunächst erst einmal Auskunft erteilt werden muss, damit eine Bezifferung erfolgen kann. Stufenklagen kommen deshalb in der Praxis vor z. B. bei

- Klage auf Auskunft über das Einkommen und Zahlung von Unterhalt
- Rechnungslegung, um z. B. den Provisionsanspruch des Handelsvertreters der Höhe nach berechnen zu können.

Wenn der Gegner einer außergerichtlichen Aufforderung zur Auskunftserteilung nicht nachkommt, wird auf Auskunft, Rechnungslegung, etc. geklagt werden. Es gibt die Möglichkeit, lediglich Auskunftsklage oder aber eine so genannte Stufenklage einzureichen, mit der zunächst Auskunft und nach Auskunftserteilung die noch zu beziffernde Leistung eingeklagt werden (ggf. mit der Zwischenstufe »eidesstattliche Versicherung«). 119

Die Stufenklage hat zwei Werte: 120
- den Wert des Auskunftsantrags,
- den Wert des Leistungsantrags.

Maßgebend für Gerichts- und Anwaltsgebühren ist gem. § 44 GKG der höhere Wert, also entweder der Wert der Auskunfts- oder der des Leistungsantrags. In der Regel ist der Wert des Leistungsantrags höher. Die beiden Werte sind nicht zu addieren. Der Wert des Auskunftsantrags orientiert sich am Wert des Leistungsantrags. Er beträgt einen Bruchteil des Wertes des Hauptantrages. In der Rechtsprechung wird $1/10$ bis $1/2$ des Wertes des Hauptantrags als Wert für den Auskunftsantrag angenommen. Je weniger der Kläger Kenntnis über das hat, was er mit der Auskunft begehrt, desto höher ist der Bruchteil in Ansatz zu bringen. Der Wert des Leistungsantrags ist ggf. gem. § 3 ZPO zu schätzen. Maßgebend ist das, was der Kläger bei der Klageerhebung erhofft. Anhaltspunkte hierfür können sich aus der Klagebegründung ergeben. Nach diesem so ermittelten – vorläufigen – Wert bestimmt sich dann der Wert des Auskunftsantrags mit dem oben erwähnten Bruchteil. Bei dem so ermittelten Wert für den Auskunftsantrag bleibt es auch dann, wenn sich nach Auskunft herausstellen sollte, dass der Kläger überhaupt keinen Anspruch hat. Der Wert ist dann nicht etwa null. Die Schätzung des Klägers gem. § 3 ZPO zum Leistungsantrag bleibt solange wertbestimmend, bis er den evtl. niedrigeren Zahlungsanspruch beziffert. Beziffert der Kläger nach Rechnungslegung den Anspruch höher als zunächst geschätzt, ist eine frühere Wertfestsetzung gem. § 63 Abs. 3 GKG zu berichtigen. Der Wert für den Auskunftsantrag ist dann entsprechend höher festzusetzen. Sind Auskunfts- und Leistungsantrag im Rahmen einer Stufenklage anhängig geworden, so entstehen die Gebühren dem Anwalt nur einmal nach dem höheren Wert. 121

Sofern zur Begründung des **Auskunftsanspruchs** in der Klage die Erwartungen des Klägers mitgeteilt sind, ist diese Erwartung auch dann zur Wertbestimmung heranzuziehen, wenn sich nachträglich herausstellt, dass sie übertrieben war (OLG München, Beschl. v. 03. 04. 2006, Az.: 17 W 1187/06, OLGReport München 2006, 457; MDR 2006, 1134); sofern die Erwartungen übertroffen werden, ist der tatsächliche Wert maßgeblich (OLG München, a. a. O.). 122

ii) Arbeitsgerichtliche Wertvorschriften

Die arbeitsgerichtlichen Wert- und Kostenvorschriften sind in das GKG eingestellt worden. 123

So finden sich in § 42 Abs. 3 GKG 124

- die Ansprüche auf wiederkehrende Leistungen aus einem öffentlich-rechtlichen Dienst- oder Amtsverhältnis, einer Dienstpflicht oder einer Tätigkeit, die an Stelle einer gesetzlichen Dienstpflicht geleistet werden kann;
- Ansprüche von Arbeitnehmern auf wiederkehrende Leistungen, die mit dem 3fachen Jahresbetrag der wiederkehrenden Leistungen bewertet werden, wenn nicht der Gesamtbetrag der geforderten Leistungen geringer ist.

Nach § 42 Abs. 4 GKG gilt: 125

- für Rechtsstreitigkeiten vor den Gerichten für Arbeitssachen über das Bestehen, das Nichtbestehen oder die Kündigung eines Arbeitsverhältnisses höchstens der Betrag des für die Dauer eines Vierteljahrs zu leistenden Arbeitsentgelts, § 42 Abs. 4 Satz 1 GKG;

Abschnitt 4 – Gegenstandswert

- eine Abfindung wird nicht hinzugerechnet, § 42 Abs. 4 Satz 1 Hs. 2 GKG;
- Rechtsstreitigkeiten über Eingruppierungen sind mit dem Wert des dreijährigen Unterschiedsbetrags zur begehrten Vergütung maßgebend, sofern nicht der Gesamtbetrag der geforderten Leistungen geringer ist, § 42 Abs. 4 Satz 2 GKG.

jj) Auffangwert in verwaltungsgerichtlichen Streitigkeiten

126 In Verfahren vor den Gerichten der Verwaltungs-, Finanz- und Sozialgerichtsbarkeit ist, soweit nichts anderes bestimmt ist, der Streitwert nach der sich aus dem Antrag des Klägers für ihn ergebenden Bedeutung der Sache nach Ermessen zu bestimmen, § 52 Abs. 1 GKG. Bietet der Sach- und Streitstand für die Bestimmung des Streitwerts keine genügenden Anhaltspunkte, ist ein Streitwert von € 5.000,00 anzunehmen.

127 Der Streitwertkatalog für die Verwaltungsgerichtsbarkeit 2004 kann im Internet unter www.bundesverwaltungsgericht.de/enid/Aktuelles/Aktuelles_b3.html heruntergeladen werden. Der Streitwertkatalog findet sich zudem im Anhang Teil IV.

4. Tätigkeit im Beschwerdeverfahren

128 Absatz 2 in § 23 musste neu eingefügt werden. Hier gab es nach der bisher geltenden BRAGO keine generelle Wertvorschrift für Beschwerdeverfahren, in denen die Gerichtsgebühren unabhängig vom Ausgang des Verfahrens nicht erhoben werden sollten oder sich Festgebühren ergeben. Aus diesem Grund verweist Absatz 2 Satz 1 zur Berechnung des Gegenstandswertes auf Absatz 3 Satz 2 mit dem Zusatz, dass bei der Bemessung des Gegenstandswertes das Interesse des Beschwerdeführers ebenfalls zu berücksichtigen ist, soweit sich aus dem RVG nichts anderes ergibt (vgl. dazu anders in § 28 Abs. 1 Satz 1: Beschwerde gegen den Beschluss über die Eröffnung des Insolvenzverfahrens, wenn der Auftrag vom Schuldner erteilt ist, nach dem Wert der Insolvenzmasse (§ 58 GKG)). Absatz 2 Satz 2 stellt klar, dass der Gegenstandswert für Beschwerdeverfahren durch den Wert des zugrunde liegenden Verfahrens begrenzt ist. Dies ergibt sich jedoch nach Auffassung der Verfasserin bereits aus Absatz 2 Satz 1, nach dem der Wert unter Berücksichtigung des Interesses des Beschwerdeführers zu bestimmen ist. Regelmäßig kann davon ausgegangen werden, dass das Interesse des Beschwerdeführers an einem Erfolg seiner Beschwerde nicht höher sein kann als der Wert des zugrunde liegenden Verfahrens. Zumindest ist dies nun in Absatz 2 Satz 2 klar definiert.

5. Tätigkeit im Erinnerungs- und Gehörsrügeverfahren

129 In Absatz 2 Satz 3 ist die Berechnung des Gegenstandswertes in Erinnerungsverfahren (§ 574 ZPO) und Gehörsrügeverfahren (Rüge wegen Verletzung des rechtlichen Gehörs, § 321a ZPO) geregelt. Die Aufnahme dieser Verfahren in Absatz 2 Satz 3 war notwendig, da in Erinnerungsverfahren Gerichtsgebühren grds. nicht erhoben werden und in Gehörsrügeverfahren eine Festgebühr im GKG vorgesehen ist (Nr. 1700 KV GKG). Abs. 2 Satz 3 verweist daher für derartige Verfahren auf die für Beschwerdeverfahren geltenden Vorschriften, so dass insoweit auf die Ausführungen unter Rn. 124 verwiesen werden kann.

6. Tätigkeit in außergerichtlichen Angelegenheiten

a) Tätigkeit ist nicht gerichtlich, könnte aber gerichtlich sein

130 Ist die Tätigkeit des Anwalts nicht gerichtlich, könnte aber gerichtlich sein, gilt über § 23 Abs. 1 Satz 3 das unter Ziff. 3 Rn. 30 ff. Ausgeführte.

131 Zur Frage, wie eine Kündigung neben einem Räumungsverfahren zu bewerten ist, vgl. Rn. 79 f.

132 Um zur Anwendung der für die Gerichtsgebühren (§ 23 Abs. 1) geltenden Wertvorschriften zu gelangen, muss die Frage gestellt werden, ob der Auftraggeber einen materiell-rechtlichen Anspruch geltend machen kann. Unproblematisch lässt sich die Frage mit ja beantworten,

wenn der Rechtsanwalt für seinen Auftraggeber außergerichtlich den Schuldner zur Zahlung, Herausgabe, Duldung, Unterlassen etc. auffordert.

b) Tätigkeit ist nicht gerichtlich, könnte auch nicht gerichtlich sein

Soll der Rechtsanwalt für den Mandanten z. B. einen Vertrag entwerfen, so könnte diese Tätigkeit nicht Gegenstand eines gerichtlichen Verfahrens sein, solange ein Kontrahierungszwang nicht gegeben ist.

Soweit sich daher aus dem RVG nichts anderes ergibt, gelten in anderen Angelegenheiten (somit solche, die nicht gerichtlich sind und auch nicht gerichtlich sein könnten) für den Gegenstandswert § 18 Abs. 2, §§ 19–23, 24 Abs. 1, 2, 4, 5 und 6, §§ 25, 39 Abs. 2 und 3 und § 46 Abs. 4 der Kostenordnung entsprechend.

§ 23 Abs. 3 Satz 1 RVG bezieht sich auf folgende Bestimmungen:

§ 18 Abs. 2 KostO – Hauptgegenstand und Nebenforderungen

§ 19 KostO – Sachen

§ 20 KostO – Kauf-, Vorkaufs- und Wiederkaufsrecht

§ 21 KostO – Erbbaurecht, Wohnungseigentum, Wohnungserbbaurecht

§ 22 KostO – Grunddienstbarkeiten

§ 23 KostO – Pfandrechte und sonstige Sicherheiten, Rangänderungen

§ 24 KostO – (ohne Abs. 3) Wiederkehrende Nutzungen und Leistungen

§ 25 KostO – Miet- und Pachtrechte, Dienstverträge

§ 39 KostO – Austauschverträge

§ 39 Abs. 3 KostO – Eheverträge

§ 46 Abs. 4 KostO – Verfügungen über den Nachlass

Die Frage, ob § 23 Abs. 3 Satz 1 und damit die Wertvorschriften für gerichtliche Angelegenheiten nicht anwendbar sind, kann über eine »Negativ-Abgrenzung« erfolgen:

– Es ist kein gerichtliches Verfahren anhängig.
– Die anwaltliche Tätigkeit könnte auch nicht Gegenstand eines gerichtlichen Verfahrens sein.
– Trotz anhängigen oder möglichen gerichtlichen Verfahrens kann über die für die Gerichtsgebühren geltenden Vorschriften keine Bewertung vorgenommen werden, weil es an einer solchen fehlt. Ausnahme: Gerichtsgebührenfreiheit.
– Die Gebühren können auch nicht nach dem Wert des Gegenstandes berechnet werden.
– Im RVG findet sich keine Sondervorschrift.

Im Nachfolgenden sollen einige praxisrelevante Beispiele für die Bewertung von Vertragsentwürfen gegeben werden.

aa) Ehe- und Erbvertrag

Neu in die Paragraphen-Reihe des § 23 Abs. 3 RVG aufgenommen wurden § 39 Abs. 3, § 46 Abs. 4 KostO zum 01.07.2004.

§ 39 Abs. 3 KostO regelt die Bestimmung des Geschäftswerts bei Eheverträgen.

»*Bei Eheverträgen bestimmt sich der Geschäftswert nach dem zusammengerechneten Wert der gegenwärtigen Vermögen beider Ehegatten und, wenn der Ehevertrag nur das Vermögen eines Ehegatten betrifft, nach diesem. Bei Ermittlung des Vermögens werden die Schulden abgezogen. Betrifft der Ehevertrag nur bestimmte Gegenstände, so ist deren Wert maßgebend. Die Sätze 1 bis 3 gelten entsprechend bei Lebenspartnerschaftsverträgen.*«

Abschnitt 4 – Gegenstandswert

139 Maßgeblich für die Wertberechnung ist der Zeitpunkt der Beurkundung (Göttlich/Mümmler KostO Kommentar 14. Auflage 2000). Betrifft der Ehevertrag das Vermögen beider Ehegatten, ist das gesamte gegenwärtige Vermögen beider Ehegatten maßgebend, z. B.

- Vereinbarung oder Aufhebung der Gütergemeinschaft, §§ 1415 ff. BGB (OLG Hamm DNotZ 1959, 99);
- Ausschluss oder Aufhebung des gesetzlichen Güterstandes der Zugewinngemeinschaft (§§ 1363 ff. BGB) mit der Folge der Gütertrennung (§ 1414 BGB) (hier ist ebenfalls das Vermögen beider Ehegatten betroffen).

140 Schulden werden abgezogen, und zwar nur von dem Vermögen, auf dem sie lasten; Gesamtschulden von dem Vermögen, das sie im Innenverhältnis belasten, sonst nach § 426 BGB (Gesamtschuldnerausgleich) je zur Hälfte. Überschuldetes Vermögen eines Ehegatten bleibt demnach außer Betracht, da die Überschuldung nicht vom Vermögen des anderen in Abzug zu bringen ist.

141 Soll nur ein bestimmter Gegenstand durch Ehevertrag geregelt werden, so gilt dessen Wert, § 39 Abs. 3 Satz 3 KostO. In der Praxis kommt der modifizierte Zugewinnausgleich recht häufig vor. Hier werden beispielsweise oft Geschäfts-, Gesellschafts- oder Erbanteile aus dem zukünftigen Zugewinnausgleich ausgeklammert.

142 Es gilt jedoch der Grundsatz, dass bei Regelung mehrerer Teile des Gesamtvermögens insgesamt kein höherer Wert angenommen werden darf, als sich bei einer Vereinbarung über das gesamte gegenwärtige Vermögen nach Abzug der Schulden ergeben hätte (BayObLG JurBüro 1982, 1060 = MittBayNot 1982, 144; OLG Stuttgart JurBüro 1990, 372).

143 § 39 Abs. 3 KostO ist auch auf Lebenspartnerschaftsverträge anwendbar.

144 § 46 Abs. 4 KostO ist Grundlage für die Wertberechnung bei der Erstellung von Testamenten und Erbverträgen. § 46 Abs. 4 KostO:

»Wird über den ganzen Nachlass oder einen Bruchteil davon verfügt, so ist der Gebührenberechnung der Wert des nach Abzugs der Verbindlichkeiten verbleibenden reinen Vermögens oder der Wert des entsprechenden Bruchteils des reinen Vermögens zugrunde zu legen. Vermächtnisse, Pflichtteilsrechte und Auflagen werden nicht abgezogen.«

145 Verfügt ein Erblasser über seinen Nachlass insgesamt oder einen rechnerischen Bruchteil hiervon, so kommt der Wert des nach Abzug der Verbindlichkeiten verbleibenden reinen Vermögens des Erblassers in Betracht. Im erstgenannten Fall handelt es sich um den Wert des ganzen reinen Nachlasses, im letztgenannten Fall um den Wert des entsprechenden Bruchteils. Etwaige Vermächtnisse, Teilungsanordnung, Auflagen, Testamentsvollstreckung etc., die im Erbvertrag einer Regelung unterworfen sind, bleiben wertmäßig außen vor. Nur Erblasserschulden sind berücksichtigungsfähige Verbindlichkeiten. Dies bedeutet, dass Vermächtnisse etc., die im Erbvertrag geregelt sind, nicht zum Abzug führen.

146 Wird ein Ehevertrag gleichzeitig mit einem Erbvertrag erstellt, so gilt bei der Wertberechnung der Vertrag mit dem höheren Wert. Aus diesem Grund sind zunächst die Werte für beide Verträge zu ermitteln (Göttlich/Mümmler KostO E. Ehevertrag S. 247).

bb) Miet- und Pachtvertrag

147 Bei Ausarbeitung eines Mietvertrages bestimmt sich der Wert nach § 23 Abs. 3 Satz 1 RVG, § 25 Abs. 1 KostO. Maßgebend ist die für die gesamte Vertragsdauer zu zahlende Pacht oder Miete, höchstens der 25-fache Jahresbetrag. Bei unbestimmter Vertragsdauer ist der 3fache Jahresbetrag der zu zahlenden Miete oder Pacht als Wert anzunehmen. Auch dann, wenn der Rechtsanwalt damit beauftragt ist, Verhandlungen über den Abschluss eines Miet-/Pachtvertrages zu führen, ist der Wert nach § 25 Abs. 1 KostO zu bestimmen.

Allgemeine Wertvorschrift | § 23

- **Beispiel**

Auftrag an RA, einen Pachtvertrag für 30 Jahre zu schließen. Monatliche Pacht € 1.500,00, zusätzlich vereinbart wird eine Kautionszahlung von € 10.000,00 sowie monatliche Nebenleistungen von € 400,00.

Die Erstellung eines Vertragsentwurfs kann nicht Gegenstand eines gerichtlichen Verfahrens sein. Somit ist der Wert über § 23 Abs. 3 RVG nach § 25 Abs. 1 KostO zu ermitteln. Bei unbefristeten Verträgen greift § 25 Abs. 1 Satz 2 KostO (3facher Jahreswert). Da der Vertrag vorliegend jedoch auf 30 Jahre befristet ist, bestimmt sich der Wert nach allen Leistungen des Pächters während der ganzen Vertragszeit, höchstens jedoch nach der 25fachen Jahrespacht.

Wertberechnung:

– Pacht: 12 × € 1.500,00 × 25 =	€ 450.000,00
– Kaution:	€ 10.000,00
– Nebenleistungen: 12 × € 400,00 × 25 =	€ 120.000,00
Summe:	**€ 580.000,00**

Ausgehend von einer Regelgebühr berechnet sich der anwaltliche Vergütungsanspruch wie folgt:

1,3 Geschäftsgebühr Nr. 2300	€ 4.284,80
Auslagenpauschale Nr. 7002	€ 20,00
Zwischensumme	€ 4.304,80
19 % USt., Nr. 7008	€ 817,91
Summe:	**€ 5.122,71**

Dies auch dann, wenn der Auftrag des Rechtsanwalts dahin geht, Verhandlungen über die Verlängerung eines Miet-/Pachtvertrages zu führen, **ohne** dass eine Kündigung des Vertrages erfolgt ist oder Streit herrscht über das Bestehen oder Nichtbestehen eines Miet-/Pachtvertrages.

cc) Aufhebungsvertrag betreffend Arbeitsverhältnis

Es ist nach wie vor strittig, wie der Entwurf eines Aufhebungsvertrags bei einem Arbeitsverhältnis zu bewerten ist. Ein Aufhebungsvertrag kann nicht Gegenstand eines gerichtlichen Verfahrens sein, wenn nicht zuvor eine Kündigung erfolgt ist. Das bedeutet, solange eine Kündigung nicht erfolgt ist, wäre richtigerweise der Aufhebungsvertrag nach § 25 Abs. 2 KostO zu bewerten. Das BAG hat jedoch am 16.05.2000 anders entschieden. Danach gilt auch bei Entwurf eines Aufhebungsvertrags der 3-Monats-Bezug (Hartmann Kostengesetze § 42 GKG Rn. 59; Aufhebungsverträge ebenfalls 3-Monats-Bezug: BAG, Urt. v. 16.05.2000, Az.: 9 AZR 279/99). Zu diesem Urteil des BAG hat Horst-Reiner Enders (JurBüro 2001, 479) kritisch angemerkt, dass die Entscheidung nach seiner Auffassung rechtsfehlerhaft sei. Der Auffassung von Enders ist zu folgen. Dabei ist § 23 Abs. 1 in der Historie zu betrachten. 1994 wurde der seinerzeitige § 8 BRAGO (der in § 23 Abs. 1 wortgleich übernommen wurde – KostRÄndG 1994 (BGBl. I, Nr. 38 vom 29.06.1994, 1325 ff.) neu gefasst. Zur Begründung (BT-Drs. 12/6962) führte der Gesetzgeber aus: »*Absatz 1 übernimmt inhaltlich den geltenden Absatz 1 in sprachlich gestraffter Form. Die Beschreibung der außergerichtlichen Tätigkeiten, in denen die für die Gerichtsgebühren geltenden Wertvorschriften anzuwenden sind, stellt jedoch nicht wie in der geltenden Vorschrift darauf ab, daß diese Tätigkeiten üblicherweise einem gerichtlichen Verfahren vorausgehen, sondern darauf, daß der Gegenstand der anwaltlichen Tätigkeit auch Gegenstand eines gerichtlichen Verfahrens sein könnte. Damit soll unterstrichen werden, daß die außergerichtliche Tätigkeit nicht üblicherweise einer gerichtlichen Tätigkeit vorausgeht, sondern daß vielmehr in der Mehrzahl der Fälle die Angelegenheit außergerichtlich erledigt wird.*«

Abschnitt 4 – Gegenstandswert

151 Enders ist insoweit zuzustimmen, als bereits die Gesetzesbegründung zeigt, dass der Gesetzgeber eine klare Differenzierung von außergerichtlicher und gerichtlicher Tätigkeit angestrebt hat (JurBüro 2001, 479). Es mag zwar zutreffend sein, dass die Bewertung des Entwurfs eines Aufhebungsvertrags damit zu relativ hohen Gegenstandswerten führen kann. Allein dies rechtfertigt jedoch nicht, dass systemwidrig auf das 3fache Brutto-Monatsentgelt abgestellt wird. Zur Vermeidung von Streitigkeiten zwischen Anwalt und Partei wird daher der Abschluss einer Vergütungsvereinbarung angeraten. Interessengerecht scheint der Ansatz eines 12fachen Brutto-Monatsentgelts als Gegenstandswert für die Erstellung eines Aufhebungsvertrags.

7. Auffangvorschrift

152 Soweit sich der Gegenstandswert aus den in Abs. 3 aufgezählten Bestimmungen der KostO nicht ergibt und auch sonst nicht feststeht, ist er nach billigem Ermessen zu bestimmen; in Ermangelung genügender tatsächlicher Anhaltspunkte für eine Schätzung und bei nichtvermögensrechtlichen Gegenständen ist der Gegenstandswert mit € 4.000,00, nach Lage des Falles niedriger oder höher, jedoch nicht über € 500.000,00 anzunehmen.

153 Unter nicht vermögensrechtliche Ansprüche fallen in erster Linie persönliche und familienrechtliche Angelegenheiten, wie z. B. die Herausgabe eines Tagebuchs, die Abwehr von Beleidigungen usw. Es handelt sich bei nicht vermögensrechtlichen Angelegenheiten um solche, die nicht auf Geld oder Geldeswert gerichtet sind und nichtvermögensrechtlichen Verhältnissen entspringen (RGZ 144, 159).

154 Der Rechtsanwalt hat, soweit der Gegenstandswert sich somit aus den in Abs. 3 aufgezählten Bestimmungen der KostO nicht ergibt und auch sonst nicht feststeht, diesen nach billigem Ermessen zu bestimmen. Billiges Ermessen wird gleichgesetzt mit »gerecht« oder »sachgerecht« (vgl. *E. Schneider* in Gebauer/Schneider RVG § 8 Rn. 79). Eine Grenze nach oben oder unten ist vom Gesetzgeber nicht vorgeschrieben. Allerdings wird die Ermessensausübung als »pflichtgemäße Amtsausübung« definiert (BayObLG FamRZ 1999, 604).

155 Erst wenn eine Ermessensentscheidung nicht möglich ist, ist in Ermangelung genügender tatsächlicher Anhaltspunkte für eine Schätzung der Wert mit € 4.000,00, nach Lage des Falles niedriger oder höher, jedoch nicht über € 500.000,00 anzunehmen. Gleiches gilt für vermögensrechtliche Streitigkeiten. Der Wert von € 4.000,00 ist dabei kein fester Regelwert, sondern vielmehr nur als Ausgangs- oder Hilfswert zu verstehen (OLG Köln Rpfleger 1994, 417).

§ 23 a
Gegenstandswert im Musterverfahren nach dem Kapitalanleger-Musterverfahrensgesetz

Im Musterverfahren nach dem Kapitalanleger-Musterverfahrensgesetz bestimmt sich der Gegenstandswert nach der Höhe des von dem Auftraggeber oder gegen diesen im Prozessverfahren geltend gemachten Anspruchs, soweit dieser Gegenstand des Musterverfahrens ist.

A. Allgemeines

Mit dem Kapitalanleger-Musterverfahrensgesetz wurde eine Möglichkeit zur Bündelung gleichgerichteter Ansprüche geschädigter Kapitalanleger geschaffen, die in verschiedenen Prozessen gestellte Musterfrage einheitlich mit Breitenwirkung klären zu lassen. Zentrales Instrument ist der vom Oberlandesgericht zu erlassende Musterentscheid. Dieser Musterentscheid wird im Rahmen eines eigenständigen, vom Ausgangsverfahren losgelösten Musterverfahrens getroffen. 1

Das Musterverfahren gliedert sich in zwei Verfahrensabschnitte. In einem ersten Abschnitt wird über die Zulassung eines Musterverfahrens entschieden. Voraussetzung hierfür ist, dass mindestens zehn gleichgerichtete Anträge zur Klärung derselben streitentscheidenden Musterfrage gestellt und in einem einzurichtenden Klageregister des elektronischen Bundesanzeigers bekannt gemacht wurden. Sind diese Voraussetzungen gegeben, holt das Ausgangsgericht einen Musterentscheid beim übergeordneten Oberlandesgericht ein.

In einem zweiten Abschnitt wird dann das Musterverfahren durchgeführt. Unter Zugrundelegung dieses Musterentscheids wird abschließend der individuelle Rechtsstreit des einzelnen Kapitalanlegers entschieden.

Das Gesetz ist zunächst auf fünf Jahre befristet und tritt am 01.11.2010 außer Kraft; gleichzeitig gelten die auf den Artikeln 2 bis 8 beruhenden Teile der dort geänderten Rechtsvorschriften wieder in ihrer bis zum 01.11.2005 geltenden Fassung; eingefügte oder angefügte Regelungen treten zu diesem Zeitpunkt außer Kraft.

Sollte sich das Gesetz bewähren, kann es durch Gesetzesänderung verlängert werden.

B. Kommentierung

I. Anwendungsbereich

Das erstinstanzliche Musterverfahren bildet zusammen mit dem zugrunde liegenden erstinstanzlichen Prozessverfahren einen Rechtszug (§ 17 KapMuG; Vorbemerkung 1.2.1 VV GKG). Aus diesem Grunde enthält das GKG keine Wertvorschriften für dieses Verfahren und kann somit nicht den Wert für die anwaltliche Tätigkeit bestimmen. Nach dem RVG ist das erstinstanzliche Prozessverfahren und der erste Rechtszug des Musterverfahrens eine Angelegenheit (§ 16 Nr. 15). Damit kann der RA die Gebühren nur einmal fordern (§ 15 Abs. 2 Satz 1). Es können jedoch in dem Musterverfahren Gebühren entstehen, die im erstinstanzlichen Prozessverfahren nicht anfallen. Die Gesetzesbegründung enthält hierzu folgendes Beispiel: »*In Betracht kommt hier die Terminsgebühr in den Fällen, in denen das Hauptsacheverfahren ohne Durchführung eines Termins beendet wird*«. Die Vorschrift bestimmt für diese Fälle den Wert. 2

Abschnitt 4 – Gegenstandswert

3   Die Vorschrift könnte etwas klarer sein. Die Vorschrift besagt, dass regelmäßig der Wert des Hauptsacheverfahrens, in dem der Auftraggeber des RA Partei ist, auch den Wert des Musterverfahrens bestimmt. Der Wert entspricht somit regelmäßig dem im Hauptsacheverfahren geltend gemachten Anspruch.

§ 24
Gegenstandswert für bestimmte einstweilige Anordnungen

¹Im Verfahren über eine einstweilige Anordnung der in § 620 Nr. 1, 2, 3 oder § 621 g der Zivilprozessordnung, jeweils auch in Verbindung mit § 661 Abs. 2 der Zivilprozessordnung, bezeichneten Art ist von einem Wert von 500 EUR auszugehen. ²Wenn die einstweilige Anordnung nach § 621 g der Zivilprozessordnung eine Familiensache nach § 621 Abs. 1 Nr. 7 der Zivilprozessordnung, auch in Verb. mit § 661 Abs. 2 der Zivilprozessordnung, betrifft, ist jedoch § 53 Abs. 2 Satz 2 des Gerichtskostengesetzes entsprechend anzuwenden. ³Betrifft die Tätigkeit eine einstweilige Anordnung nach § 64 b des Gesetzes über die Angelegenheiten der freiwilligen Gerichtsbarkeit, gelten die Sätze 1 und 2 entsprechend.

A. Allgemeines

Der Gegenstandswert für bestimmte einstweilige Anordnungen war bisher in § 8 Abs. 3 BRAGO mit identischem Wortlaut geregelt. 1

Mit der Übernahme in eine eigene Vorschrift sind keine inhaltlichen Änderungen verbunden.

Die Vorschrift ist erforderlich, da die Verfahren gerichtskostenfrei sind (vgl. § 1 GKG i. V. m. Teil 1, Hauptabschnitt 4, Abschnitt 2 VV GKG) und damit § 23 Abs. 1 RVG nicht anwendbar ist. 2

B. Kommentierung

I. Anwendungsbereich

Die Vorschrift betrifft folgende **einstweilige Anordnungen**: 3

a) in Ehesachen (§ 620 ZPO)
   - die elterliche Sorge für ein gemeinschaftliches Kind (§ 620 Nr. 1 ZPO),
   - den Umgang eines Elternteils mit dem Kinde (§ 620 Nr. 2 ZPO),
   - die Herausgabe des Kindes an den anderen Elternteil (§ 620 Nr. 3 ZPO);

b) in sonstigen Familiensachen (§ 621 g ZPO)
   - die elterliche Sorge für ein Kind (§ 621 Abs. 1 Nr. 1 ZPO),
   - die Regelung des Umgangs mit einem Kind (§ 621 Abs. 1 Nr. 2 ZPO),
   - die Herausgabe eines Kindes, für das die elterliche Sorge besteht (§ 621 Abs. 1 Nr. 3 ZPO),
   - Regelungen nach der HausratsVO (§ 621 Abs. 1 Nr. 7 ZPO);

c) in Verfahren nach den §§ 1 und 2 GewSchG (§ 64 b Abs. 3 FGG);
d) sowie die entsprechenden Verfahren in Lebenspartnerschaftssachen (§ 661 Abs. 2 ZPO).

Für die **übrigen Verfahren** der einstweiligen Anordnung in Familiensachen (ausgenommen § 620 Nr. 5 ZPO) ist kein besonderer Wert im RVG erforderlich, da der Wert im GKG geregelt ist. 4

Die einstweiligen Anordnungen, die das **Getrenntleben** der Ehegatten betreffen (§ 620 Nr. 5 ZPO), sind ebenfalls gerichtskostenfrei. Für sie fehlt jedoch eine Wertvorschrift im RVG. Für diese Verfahren ist der Wert nach § 23 Abs. 3 Satz 2 RVG zu schätzen. Das OLG Bamberg (JurBüro 1978, 860) hat auch für diese Verfahren den Wert aus § 8 Abs. 3 Satz 1 BRAGO (jetzt: § 24 Satz 1 RVG) von € 500,00 angenommen. Dieser Wert dürfte regelmäßig als Mindestwert zutreffen (Schneider/Wolf RVG § 24 Rn. 15). 5

Abschnitt 4 – Gegenstandswert

II. Der Tatbestand im Einzelnen

6 Der **Ausgangswert** beträgt € 500,00 für die Verfahren über eine einstweilige Anordnung in den Ehesachen nach § 620 Nr. 1 ZPO (elterliche Sorge für ein gemeinschaftliches Kind), § 620 Nr. 2 ZPO (Umgang eines Elternteils mit dem Kind), § 620 Nr. 3 ZPO (Herausgabe des Kindes an den anderen Elternteil) sowie in den selbständigen Familiensachen nach §§ 621 g, 621 Abs. 1 Nr. 1 ZPO (elterliche Sorge für ein Kind), §§ 621 g, 621 Abs. 1 Nr. 2 ZPO (die Regelung des Umgangs mit einem Kind), §§ 621 g, 621 Abs. 1 Nr. 3 ZPO (Herausgabe eines Kindes, für das die elterliche Sorge besteht).

7 Der Ausgangs- oder Hilfswert von € 500,00 tritt an die Stelle des Wertes von € 4.000,00, der in § 23 Abs. 3 Satz 2 RVG geregelt ist. Demgemäß darf der Ausgangswert höher oder niedriger festgesetzt werden (OLG Koblenz FamRZ 1999, 386). Insbesondere bei der Regelung der elterlichen Sorge (§§ 620 Nr. 1, 621 Abs. 1 Nr. 1 ZPO) überschreitet die Rechtsprechung den Ausgangswert von € 500,00 häufig und orientiert sich insoweit an § 30 Abs. 2 KostO, der von € 3.000,00 ausgeht. Insoweit ist der Betrag von € 500,00 ein Mindestwert (OLG Zweibrücken FamRZ 1998, 1031; OLG München NJW-RR 2006, 357) und ist nur in finanziell, rechtlich und tatsächlich schlichten Fällen anzunehmen (Gerold/Schmidt/von Eicken/Madert/Müller-Rabe RVG § 24 Rn. 3; Schneider/Wolf RVG § 24 Rn. 11).

8 Streitig ist, ob und wie bei der Sorge für **mehrere Kinder** der Gegenstandswert anzuheben ist (Gerold/Schmidt/Madert/Müller-Rabe/Mayer/Burhoff RVG § 24 Rn. 3; Schneider/Wolf RVG § 24 Rn. 12; für generelle Erhöhung: OLG Bamberg JurBüro 1988, 1008; OLG Celle JurBüro 1982, 1710; OLG Düsseldorf AnwBl. 1985, 222; 1994, 95 und AGS 1993, 92; OLG Köln AGS 1994, 77 m. Anm. Madert; für Erhöhung bei Mehrarbeit: OLG Karlsruhe FamRZ 2007, 848; OLG Bamberg JurBüro 1981, 735; OLG Frankfurt JurBüro 1981, 245; OLG Hamm JurBüro 1989, 1303; OLG Koblenz JurBüro 1979, 404; OLG Saarbrücken AnwBl. 1984, 372).

Die Obergrenze von € 500.000,00 hat keine Bedeutung, da die Verfahren der einstweiligen Anordnung regelmäßig geringer zu bewerten sind als die Hauptsache.

9 Für die einstweiligen Anordnungen betreffend die Regelungen nach der **HausratsVO** (§§ 621 g, 621 Abs. 1 Nr. 7 ZPO) richtet sich der Wert nach § 53 Abs. 2 Satz 2 GKG (§ 24 Satz 2). Er beträgt somit, soweit die Benutzung der Wohnung zu regeln ist, € 2.000,00 und soweit die Benutzung des Hausrats zu regeln ist, € 1.200,00 (OLG Naumburg FamRZ 2007, 1669).

10 Betrifft die anwaltliche Tätigkeit einstweilige Anordnungen nach **§ 64 b FGG** (Verfahren nach §§ 1 oder 2 GewSchG), wird auf die Wertvorschriften der Sätze 1 und 2 verwiesen (§ 24 Satz 3 RVG). Somit ist für die Verfahren nach § 1 GewSchG (Gerichtliche Maßnahmen zum Schutz vor Gewalt und Nachstellungen) als Ausgangswert € 500,00 (OLG Nürnberg MDR 2008, 887; OLG Saarbrücken NJW-RR 2008, 746; OLG Zweibrücken FamRZ 2008, 1878) und für die Verfahren nach § 2 GewSchG (Überlassung einer gemeinsam genutzten Wohnung) ein Wert von € 2.000,00 anzunehmen (OLG Köln FamRZ 2008, 1099; OLG Düsseldorf FamRZ 2008, 1096; OLG Zweibrücken FamRZ 2008, 1878; OLG Dresden FamRZ 2006, 803; OLG Koblenz JurBüro 2005, 427). Im Übrigen wird auf die vorstehenden Ausführungen verwiesen.

§ 25
Gegenstandswert in der Zwangsvollstreckung

(1) In der Zwangsvollstreckung bestimmt sich der Gegenstandswert

1. nach dem Betrag der zu vollstreckenden Geldforderung einschließlich der Nebenforderungen; soll ein bestimmter Gegenstand gepfändet werden und hat dieser einen geringeren Wert, ist der geringere Wert maßgebend; wird künftig fällig werdendes Arbeitseinkommen nach § 850 d Abs. 3 der Zivilprozessordnung gepfändet, sind die noch nicht fälligen Ansprüche nach § 42 Abs. 1 und 2 des Gerichtskostengesetzes zu bewerten; im Verteilungsverfahren (§ 858 Abs. 5, §§ 872 bis und 882 der Zivilprozessordnung) ist höchstens der zu verteilende Geldbetrag maßgebend;
2. nach dem Wert der herauszugebenden oder zu leistenden Sachen; der Gegenstandswert darf jedoch den Wert nicht übersteigen, mit dem der Herausgabe- oder Räumungsanspruch nach den für die Berechnung von Gerichtskosten maßgeblichen Vorschriften zu bewerten ist;
3. nach dem Wert, den die zu erwirkende Handlung, Duldung oder Unterlassung für den Gläubiger hat, und
4. in Verfahren über den Antrag auf Abnahme der eidesstattlichen Versicherung nach § 807 der Zivilprozessordnung nach dem Betrag, der einschließlich der Nebenforderungen aus dem Vollstreckungstitel noch geschuldet wird; der Wert beträgt jedoch höchstens 1.500 EUR.

(2) In Verfahren über Anträge des Schuldners ist der Wert nach dem Interesse des Antragstellers nach billigem Ermessen zu bestimmen.

Inhaltsübersicht

	Rn.		Rn.
A. Allgemeines	1	4. Gegenstandswert im Verteilungsverfahren (§ 25 Abs. 1 Nr. 1 Hs. 4)	19
B. Kommentierung	2	II. Wert der herauszugebenden oder zu leistenden Sache (§ 25 Abs. 1 Nr. 2)	20
I. Wert der Forderung (§ 25 Abs. 1 Nr. 1)	2		
1. Vollstreckung einer bestimmten Geldforderung (§ 25 Abs. 1 Nr. 1 Hs. 1)	2	III. Vollstreckung zur Erwirkung einer Handlung, Duldung oder Unterlassung (§ 25 Abs. 1 Nr. 3)	23
2. Vollstreckung (Pfändung) in einen bestimmten Gegenstand (§ 25 Abs. 1 Nr. 1 Hs. 2)	6	IV. Eidesstattliche Versicherung (§ 25 Abs. 1 Nr. 4)	24
		V. Anträge des Schuldners (§ 25 Abs. 2)	27
3. Pfändung von künftig fällig werdendem Arbeitseinkommen (§ 25 Abs. 1 Satz 1 Hs. 3)	13		

A. Allgemeines

§ 25 RVG enthält für die gesamte Zwangsvollstreckung – mit Ausnahme der besonders geregelten Verfahren der Zwangsversteigerung (§ 26) und der Zwangsverwaltung (§ 27) sowie der Insolvenzverfahren (§ 28) und der Verteilungsverfahren nach der Schifffahrtsrechtlichen Verteilungsverordnung (§ 29), die auch eigene Gebührentatbestände im Vergütungsverzeichnis haben – eine einheitliche Regelung des Gegenstandswertes, weil die entsprechenden Gerichtsgebühren Festgebühren sind, so dass eine Ableitung des Wertes nicht mehr möglich ist (vgl. § 23 Abs. 1 RVG). § 25 ist eine Spezialvorschrift, die den übrigen Gegenstandswertvorschriften bei der Berechnung des Gegenstandswertes für die Anwaltsgebühren vorgeht. 1

Abschnitt 4 – Gegenstandswert

B. Kommentierung

I. Wert der Forderung (§ 25 Abs. 1 Nr. 1)

1. Vollstreckung einer bestimmten Geldforderung (§ 25 Abs. 1 Nr. 1 Hs. 1)

2 Gemäß § 25 Abs. 1 Nr. 1 bestimmt sich der Gegenstandswert in der Zwangsvollstreckung nach dem Betrag der zu vollstreckenden Geldforderung einschließlich der Nebenforderungen. Zu den Nebenforderungen gehören Zinsen sowie die Kosten des Gläubigers für bereits durchgeführte Zwangsvollstreckungsmaßnahmen, insbesondere dessen Anwaltskosten, nicht aber die Kosten der aktuellen Zwangsvollstreckungsmaßnahme. Diese werden bei der Bestimmung der Höhe des Gegenstandswerts für die Zwangsvollstreckungsmaßnahme nicht berücksichtigt.

3 • **Beispiel**
Der Anwalt beauftragt den zuständigen Gerichtsvollzieher unter Vorlage der vollstreckbaren Ausfertigung eines rechtskräftigen Endurteils und der Belege über die bisherigen Kosten des Gläubigers mit der Durchführung der Sachpfändung beim Schuldner. Die Hauptforderung zzgl. der Zinsen und sonstiger Kosten beträgt insgesamt € 18.000,00. Als der Gerichtsvollzieher beim Schuldner erscheint, stellt er fest, dass dieser vermögenslos ist und erteilt deshalb eine Fruchtlosigkeitsbescheinigung. Der Gegenstandswert zur Berechnung der Anwaltsgebühren für diese Vollstreckungsmaßnahme beträgt gem. § 25 Abs. 1 Nr. 1 € 18.000,00. Die für den Auftrag entstandenen Gerichtsvollzieherkosten sind Kosten der aktuellen Zwangsvollstreckungsmaßnahme, die für den Gegenstandswert zur Berechnung der Anwaltsgebühren für den Antrag auf Sachpfändung keine Berücksichtigung finden.

4 Gem. § 25 Abs. 1 Nr. 1 wird der Gegenstandswert in der Zwangsvollstreckung nach dem Betrag der zu vollstreckenden Geldforderung berechnet und zwar, abweichend von § 23 Abs. 1 GKG und § 18 Abs. 2 KostO, einschließlich der Nebenforderungen, das heißt einschließlich der einzuziehenden Zinsen und Kosten. Die Zinsen werden berechnet bis zu dem Tag, an dem die Zwangsvollstreckung ausgeführt oder der Antrag zurückgenommen wird. Es werden nicht nur die Zinsen berücksichtigt, die bis zur Entstehung des Vollstreckungstitels aufgelaufen sind. Die weiteren bis zum Tage der Pfändung anlaufenden Zinsen werden zwar vom Gerichtsvollzieher berechnet und mitvollstreckt (§ 130 Nr. 1a GVGA), sie erhöhen aber nicht den Gegenstandswert der laufenden Vollstreckungsmaßnahme, weil der Wert in dem Zeitpunkt entscheidend ist, in dem der Anwalt durch seine Tätigkeit den Gebührentatbestand erfüllt (*Wolf* in Gebauer/Schneider RVG 1. Aufl. § 25 Rn. 2; a. A.: Mümmler JurBüro 1995, 395; Hansens BRAGO § 57 Rn. 15; *Gierl* in Mayer/Kroiß RVG § 25 Rn. 6). Nach der zuletzt genannten Ansicht sollen die Zinsen bis zur Ausführung des Auftrags oder dessen Rücknahme bei der Berechnung des Gegenstandswertes mit berücksichtigt werden, da nicht berücksichtigt wird, dass der Zeitpunkt der Auftragserteilung keinen abgeschlossenen »Zins-Wert« betrifft, sondern einen Mindestbetrag bezogen auf einen von der Tenorierung im Urteil her dynamischen Wert, dessen Grundlage für die Berechnung zwar feststeht, nicht jedoch der zu erreichende Höchstwert. Dieser steht erst bei Ausführung der Zwangsvollstreckung fest (*Gierl* in Mayer/Kroiß, a. a. O., Fn. 3). Diese Auffassung ist prozessual gesehen richtig, bedeutet aber in der Praxis, dass der Anwalt seine Kosten nach einer Vollstreckungsmaßnahme stets noch einmal berechnen muss, weil sich durch die nach Auftragserteilung angefallenen Zinsen der Gegenstandswert erhöht hat und dadurch ein Gebührensprung verursacht worden sein könnte. Dies wird der Anwalt in der Regel jedoch nicht tun, da der Aufwand in keinem Verhältnis zu den durch Neuberechnung verdienten Gebühren steht. Hinzu kommt, dass der Gerichtsvollzieher noch einmal mit dem Einzug der restlichen ermittelten Gebühren beauftragt werden muss. Da es sich um dieselbe Vollstreckungsmaßnahme handelt, löst dieser Auftrag zwar keine Gebühren aus – weder auf Seiten des Anwalts, noch auf Seiten des Gerichtsvollziehers –, gleichwohl kann sich daraus u. U. ein Schwanz weiterer

Vollstreckungsmaßnahmen ergeben, wenn nämlich der Schuldner die weiteren Beträge nicht freiwillig an den Gerichtsvollzieher abführt. Nicht zu unterschätzen ist auch der zeitliche Aufwand.

Die bei der Berechnung des Gegenstandswertes zu berücksichtigenden Kosten umfassen sol- 5 che von früheren Zwangsvollstreckungsmaßnahmen, nicht aber die gerichtlichen und außergerichtlichen Kosten des jeweils in Frage stehenden Vollstreckungsakts selbst. Maßgebend für die Wertberechnung ist nicht die titulierte Forderung, sondern die Höhe der Forderung, die vollstreckt wird. Es gilt der höchste Wert der Forderung, der in der einzelnen Angelegenheit zu irgendeinem Zeitpunkt bestand, in welchem der Anwalt durch seine Tätigkeit den Gebührentatbestand der Zwangsvollstreckungsmaßnahme erfüllt hat (Mümmler JurBüro 1995, 395). Der Wert ist für jedes einzelne Zwangsvollstreckungsverfahren, das eine besondere Angelegenheit bildet, besonders zu bestimmen.

Ist der Vollstreckungsversuch erfolglos verlaufen, so bemessen sich die Gebühren nach dem Wert der zu vollstreckenden Forderung (LG Hamburg JurBüro 2005, 326).

2. Vollstreckung (Pfändung) in einen bestimmten Gegenstand (§ 25 Abs. 1 Nr. 1 Hs. 2)

Soll auftragsgemäß ein bestimmter Gegenstand gepfändet werden, so ist für die Berechnung 6 der Anwaltsgebühren der Wert des Gegenstandes zugrunde zu legen. Hat dieser Gegenstand einen geringeren Wert als die zu vollstreckende Forderung, so ist dieser geringere Wert maßgebend.

• **Beispiel** 7
Der Anwalt erteilt dem Gerichtsvollzieher den Auftrag, wegen einer Forderung in Höhe von € 5.000,00 den neu angeschafften Flachbildschirmfernseher des Schuldners zu pfänden. Dieser kostet im Laden € 2.500,00. Tatsächlich ist der Bildschirm € 1.000 wert, der Schuldner hatte ihn gebraucht gekauft, zumal war es ein Ausstellungsstück.

Der Gegenstandswert für die Berechnung der Anwaltsgebühren beträgt € 1.000,00, weil dies 8 dem objektiven Verkehrswert des gepfändeten Gegenstandes entspricht. Es kommt bei der Berechnung des Gegenstandswertes nicht auf die subjektiven Vorstellungen des Anwalts oder des Gläubigers an, weil diese sich letztendlich einer Kontrolle entziehen. Das Kriterium ist der objektive Verkehrswert im Zeitpunkt der die Anwaltsgebühr auslösenden Tätigkeit (§ 25 Rn. 6 mit überzeugender Begründung durch Hinweis auf § 6 ZPO; a. A.: LG Kiel JurBüro 1991, 1198). Es kommt auch nicht auf den bei einer Verwertung erzielten Erlös des gepfändeten Gegenstandes an (a. A.: Mümmler JurBüro 1995, 396 – allerdings für den Verkehrswert einer zu räumenden Wohnung).

Unter den Begriff »Gegenstand« fallen auch zu pfändende Rechte, somit auch Forderungen 9 (LG Kiel JurBüro 1991, 1198; LG Hamburg JurBüro 2001, 110). Umstritten ist, welcher Gegenstandswert für die Berechnung der Anwaltsgebühren zugrunde zu legen ist, wenn sich nach der Pfändung herausstellt, dass die Forderung nicht in der erwarteten Höhe besteht.

• **Beispiel** 10
Der Anwalt erwirkt wegen einer Geldforderung des Gläubigers gegen den Schuldner in Höhe von € 3.500,00 auftragsgemäß einen Pfändungs- und Überweisungsbeschluss in eine Kaufpreisforderung des Schuldners gegen den Drittschuldner. Dem Anwalt ist bekannt, dass der Kaufpreis seinerzeit € 3.000,00 betrug. Nach entsprechender Auskunft des Drittschuldners stellt sich heraus, dass dieser Teilzahlungen geleistet hat und die Forderung zum Zeitpunkt der Pfändung nur noch in Höhe von € 1.200,00 bestand.

Auch hier kommt es auf den objektiven Wert der Forderung zum Zeitpunkt der gebührenaus- 11 lösenden Tätigkeit an. Zum Zeitpunkt der Beantragung des Pfändungs- und Überweisungsbeschlusses betrug die Forderung noch € 1.200,00, dieser Wert ist daher der Berechnung der

Abschnitt 4 – Gegenstandswert

Anwaltsgebühren zugrunde zu legen (so auch Gebauer/Schneider RVG 1. Aufl. § 25 Rn. 6; *Gierl* in Mayer/Kroiß RVG § 25 Rn. 10). Andere Ansichten stellen auf das behauptete Interesse des Gläubigers ab (LG Kiel JurBüro 1991, 1198) oder auf den im Nachhinein festgestellten Wert der Forderung (BFH v. 15.04.1987, BFH/NV 1988, 112). Richtig ist die erstgenannte Ansicht.

12 Wird eine Forderung gepfändet, die nicht existiert oder die unpfändbar ist, so stellt sich die Frage, welcher Gegenstandswert der Gebührenberechnung zugrunde zulegen ist. Die Meinungen hierüber gehen in Rechtsprechung und Literatur auseinander.

12 a Zum einen wird die Auffassung vertreten, dass trotz nicht existierender oder unpfändbarer Forderung der Gegenstandswert gemäß § 25 Nr. 1 Hs. 1 zu berechnen ist – also nach dem Wert der zu vollstreckenden Forderung. Zum anderen wird die Auffassung vertreten, dass § 25 Nr. 1 Hs. 2 anzuwenden sei, also der Wert der gepfändeten Forderung maßgeblich ist. Beträgt die Forderung € 0,00 oder existiert sie wegen Unpfändbarkeit nicht, dann verdiene der Anwalt lediglich die Mindestgebühr gemäß § 13 Abs. 2 in Höhe von € 10,00.

12 b Für die Geltung von § 25 Nr. 1 Hs. 1 – Wert der zu vollstreckenden Forderung – sprechen sich aus: LG Kiel JurBüro 1991, 1198; LG Koblenz RVG-B (RVG-Berater) 2005, 135; LG Düsseldorf AGS 2006, 86; RVGreport 2005, 359; LG Hamburg AnwBl. 2006, 499). Diese Meinung ist abzulehnen, weil sie dem Wortlaut in § 25 Abs. 1 Hs. 2 widerspricht, wonach bei der Pfändung eines Gegenstandes oder einer Forderung der (geringere) Wert des Gegenstandes maßgeblich ist. Eine Ausnahme, dass für den Fall, dass der Wert der Forderung € 0,00 beträgt oder die Forderung nicht existiert, sieht der 2. Halbsatz nicht vor, insbesondere wird auch nicht auf den 1. Halbsatz, was zu dessen Anwendung führen könnte, verwiesen.

12 c Für die Geltung von § 25 Nr. 1 Hs. 2 – Mindestgebühr gem. § 13 Abs. 2 – sprechen sich aus: OLG Köln Rpfleger 2001, 149 = InVo 2001, 148 (Mindestgebühr DM 20,00 – Entscheidung zur BRAGO) und das AG Hamburg-Altona AGS 2007, 100. Das AG Hamburg-Altona hat sich in der genannten Entscheidung sehr ausführlich mit der Problematik auseinandergesetzt und seine Entscheidung überzeugend begründet. Es spricht sich für die konsequente Anwendung von § 25 Nr. 1 Hs. 2 aus: »Die Vorschrift des § 25 Abs. 1, 2. Halbsatz RVG ist eine Sonderregelung, die in sich schon von dem Prinzip abweicht, dass es auf die zu vollstreckende Forderung ankommt. Dann aber ist es konsequent, im Fall der Anwendbarkeit dieser Ausnahmeregelung, sie auch so anzuwenden, wie sie formuliert ist und danach kommt es nicht auf den erhofften Wert an, sondern auf den tatsächlichen. Der Wert kann letztendlich erst am Ergebnis gemessen werden. Bleibt die Vollstreckung – wie hier – letztendlich erfolglos, war die Forderung wertlos.« Das AG schließt daraus, dass die Gebühr für die anwaltliche Tätigkeit der »Mindestwert« anzusetzen sei. Es lässt jedoch offen, welcher »Mindestwert« hier gemeint ist – derjenige nach § 13 Abs. 2 oder der Mindeststreitwert, also € 300,00. Die Begründung der Entscheidung lässt jedoch auf € 10,00 schließen. Das Amtsgericht Hamburg-Altona hat die Rechtsbeschwerde gegen seine Entscheidung zugelassen. Ebenso spricht sich *Müller-Rabe* in Gerold/Schmidt § 25 Rn. 8 für den Ansatz der Mindestgebühr von € 10,00 aus.

12 d Darüber hinaus wird in der Literatur eine dritte Meinung vertreten: Stellt sich nach der Pfändung heraus, dass die Forderung nicht existiert oder unpfändbar ist, so sei nicht der Mindestgebührenbetrag gemäß § 13 Abs. 2 zugrunde zu legen, sondern ein Gegenstandswert von € 300,00. Hierfür spricht sich *Wolf* in Gebauer/Schneider § 25 Rn. 7 aus (allerdings unter Hinweis auf das OLG Köln (vgl. Rn. 12 c), welches entgegen der Annahme von *Wolf* gerade keine Berechnung der Gebühr aus dem geringsten Streitwert vornimmt, sondern lediglich die Mindestgebühr zugesteht, und auf das LG Kiel SchlHA 1990, 12, welches ebenfalls die Mindestgebühr gemäß § 11 Abs. 2 Satz 1 BRAGO in Höhe von DM 20,00 in Ansatz bringen will und nicht eine Gebühr aus dem Mindeststreitwert) und *Gierl* in Mayer/Kroiß, dieser wiederum mit Verweis auf *Wolf*. Diese Meinung wird auch, ohne weitere Begründung, von *Enders* in RVG für Anfänger Rn. 1612 vertreten. Es bleibt damit festzuhalten, dass diese dritte Auffassung in der Rechtsprechung keinerlei Stütze findet.

Gegenstandswert in der Zwangsvollstreckung | § 25

Gegen die letztgenannte Meinung, die Berechnung der Gebühr aus dem Mindeststreitwert von € 300,00 vorzunehmen, spricht, dass dieser Gegenstandswert willkürlich zugrunde gelegt wird. Gegen diese Verfahrensweise spricht der Wortlaut von § 25 Abs. 1 Hs. 2. »Geringerer Wert« kann nicht gleichbedeutend mit »geringster Gegenstandswert« verwendet werden, sondern ist vielmehr auf den tatsächlichen Wert der Forderung zu beziehen. Der Gegenstandswert »bis € 300,-« beinhaltet Forderungen von € 0,01 bis € 300,00. Wenn die Forderung jedoch € 0,00 beträgt oder nicht existiert, kann nicht ein fiktiver Wert von € 0,01 angenommen werden, um daraus die Gebühr zu berechnen. Der unter Rn. 12c genannten Auffassung ist daher zuzustimmen, da nichts für die Annahme eines fiktiven Gegenstandswertes von bis zu € 300,00 spricht. 12e

Die Diskussion, ob ein Gegenstandswert von € 300,00 oder die Mindestgebühr bei der Berechnung zugrunde zulegen ist, ist allerdings nur eine theoretische, zumindest solange, wie der Anwalt nur einen Auftraggeber vertritt: Legt man der Gebührenrechnung einen Gegenstandswert von € 300,00 zugrunde und berechnet hieraus eine 0,3 Gebühr, erhält man einen Betrag von € 7,50, welcher wegen § 13 Abs. 2 auf € 10,00 zu erhöhen ist. Beachtlich wird die genaue Unterscheidung zwischen beiden Abrechnungsweisen allerdings dann, wenn der Anwalt zwei oder mehrere Auftraggeber vertritt. Eine 0,6 Gebühr (Nr. 3309 zuzüglich Nr. 1008) beträgt € 15,00. Berechnet man eine Mindestgebühr zuzüglich einer Erhöhung um 0,3, so ergibt sich ein Gebührenbetrag von € 13,00. Der Unterschied bei der Anwendung der einen oder anderen Sichtweise beträgt danach € 2,00.

3. Pfändung von künftig fällig werdendem Arbeitseinkommen (§ 25 Abs. 1 Satz 1 Hs. 3)

Wird künftig fällig werdendes Arbeitseinkommen nach § 850d Abs. 3 ZPO gepfändet, so sind die noch nicht fälligen Ansprüche nach § 42 Abs. 1 und 2 GKG zu bewerten. 13

Dadurch, dass § 850d Abs. 3 ZPO nicht als Klammerzitat, sondern in den laufenden Text eingestellt ist, wird verdeutlicht, dass nur die sog. Vorratspfändung, d.h. die Pfändung auch in zukünftig fällig werdenden Arbeitseinkommens, und nicht auch der Fall des § 832 ZPO gemeint ist. Hier kann nur wegen bereits fälliger Ansprüche vollstreckt werden, lediglich das Pfandrecht erstreckt sich auch auf die erst nach der Pfändung fällig werdenden Beträge. 14

Weil die noch nicht fälligen Ansprüche nach § 42 Abs. 1 und 2 GKG zu bewerten sind, gilt, dass der Jahresbetrag der wiederkehrenden Leistung maßgebend ist, wenn nicht der Gesamtbetrag der geforderten Leistung geringer ist. Maßgeblich für die Berechnung des Jahresbetrages ist das Arbeitseinkommen, das der Schuldner nach der Darstellung des Gläubigers zum Zeitpunkt der Antragstellung bezieht, abzüglich der dem Schuldner nach § 850d Abs. 1 Satz 2 ZPO zu belassenen Beträge (Gerold/Schmidt/von Eicken/Madert, a.a.O., § 57 Rn. 29). 15

- **Beispiel** 16
Der Anwalt beantragt am 15.03.2006 auftragsgemäß einen Pfändungs- und Überweisungsbeschluss in das Arbeitseinkommen des Schuldners wegen einer monatlichen Unterhaltsforderung in Höhe von € 250,00 seit dem 01.01.2006. Zu diesem Zeitpunkt sind bereits € 750,00 fällig (€ 250,00 für die Monate Januar, Februar und März 2006). Hinzu kommen die noch fällig werdenden Unterhaltsforderungen. Diese betragen gem. § 42 Abs. 1 GKG € 3.000,00 (= Jahresbetrag: 12 × € 250,00). Die Anwaltsgebühren berechnen sich danach aus einem Gegenstandswert von € 3.750,00 (€ 750,00 fälliger Unterhalt + € 3.000,00 zukünftig fällig werdender Unterhalt).

Wird in Arbeitseinkommen wegen einer Unterhaltsrente gem. § 42 Abs. 2 GKG (Geldrente wegen der Tötung eines Menschen bzw. wegen der Verletzung des Körpers oder der Gesundheit eines Menschen) nach § 850d Abs. 3 ZPO gepfändet, ist der fünffache Betrag des einjährigen Bezuges maßgebend, wenn nicht der Gesamtbetrag der geforderten Leistung geringer ist. Dies gilt nicht bei Ansprüchen aus einem Vertrag, der auf Leistung einer solchen Rente gerichtet ist. 17

Abschnitt 4 – Gegenstandswert

18 Wird wegen eines Unterhaltsanspruches, der durch eine einstweilige Anordnung tituliert ist, gem. § 850 d Abs. 3 ZPO gepfändet, so berechnet sich der Gegenstandswert für die anwaltlichen Gebühren gem. § 53 Abs. 2 GKG (Hansens BRAGO § 57 Rn. 15; *Wolf* in Gebauer/Schneider RVG 1. Aufl. § 25 Rn. 10). Demnach ist für die Berechnung der sechsmonatige Bezug zugrunde zu legen.

4. Gegenstandswert im Verteilungsverfahren (§ 25 Abs. 1 Nr. 1 Hs. 4)

19 Im Verteilungsverfahren nach §§ 858 Abs. 5, 872 bis 877 und 882 ZPO berechnet sich der Gegenstandswert für die Anwaltsgebühren ebenfalls nach dem Betrag der zu vollstreckenden Geldforderung einschließlich der Nebenforderungen (Nr. 1 Hs. 1). Die Kosten für die aktuelle Zwangsvollstreckungsmaßnahme sind nicht zu berücksichtigen. Der errechnete Betrag wird jedoch gem. Hs. 4 in der Höhe auf den zu verteilenden Geldbetrag begrenzt. Ist dieser geringer als die eigentliche Forderung, so ist er der Berechnung zugrunde zu legen. Die Kosten des Teilungsplanes (§ 874 Abs. 2 ZPO) sind von dem errechneten Betrag bzw. dem zu verteilenden Geldbetrag nicht in Abzug zu bringen (*Gierl* in Mayer/Kroiß RVG § 25 Rn. 16; *Wolf* in Gebauer/Schneider RVG 1. Aufl. § 25 Rn. 12).

II. Wert der herauszugebenden oder zu leistenden Sache (§ 25 Abs. 1 Nr. 2)

20 Hat der Gläubiger dem Vollstreckungsorgan den Auftrag erteilt, einen bestimmten Gegenstand zu pfänden, so ist für die Berechnung der Anwaltsgebühren der objektive Verkehrswert dieses Gegenstands maßgebend. Maßgebend ist auch hier der Wert zum Zeitpunkt der die Gebühr auslösenden Tätigkeit des Anwalts.

21 Eine Ausnahme von dieser Berechnungsweise regelt der Hs. 2: Wird die Herausgabe oder Räumung des Gegenstandes aufgrund der Beendigung eines Miet-, Pacht- oder ähnlichen Nutzungsverhältnisses verlangt, so ist das für die Dauer eines Jahres zu zahlende Entgelt maßgebend, sofern sich nicht ein geringerer Wert ergibt, weil die streitige Zeit weniger als ein Jahr betrug. Dies ergibt sich aus dem Verweis auf die maßgeblichen Vorschriften für die Berechnung der Gerichtskosten. Einschlägig ist insoweit § 41 Abs. 2 Satz 1 GKG. Zu beachten ist, dass sich dies nur auf einen Räumungs- oder Herausgabeanspruch wegen eines Nutzungsverhältnisses bezieht. Stützt sich der Räumungs- oder Herausgabeanspruch auch auf einen anderen Rechtsgrund (z. B. Eigentum), so ist i. V. m. § 41 Abs. 1 Satz 2 GKG der Wert der Nutzung eines Jahres maßgebend.

22 Der Verkehrswert der herauszugebenden Sache ist für die Berechnung der Anwaltsgebühren maßgebend, wenn sich der Räumungs- oder Herausgabeanspruch gänzlich auf einen anderen Rechtsgrund als die Beendigung eines Nutzungsverhältnisses bezieht. § 41 Abs. 1, 2 GKG ist insoweit nicht einschlägig, da dort nur die Wertberechnung aufgrund eines Nutzungsverhältnisses geregelt ist (vgl. zu diesem Thema auch: Enders JurBüro 1998, 226).

III. Vollstreckung zur Erwirkung einer Handlung, Duldung oder Unterlassung (§ 25 Abs. 1 Nr. 3)

23 Der Gegenstandswert für die Berechnung der Anwaltsgebühren richtet sich nach dem Wert, den die zu erwirkende Handlung, Duldung oder Unterlassung für den Gläubiger hat. Das Interesse des Gläubigers muss geschätzt werden, dürfte in der Regel aber geringer sein als der Wert der Hauptsache (a. A.: OLG Köln JurBüro 1992, 251; *Gierl* in Mayer/Kroiß RVG § 25 Rn. 19 m. w. N.).

Im Verfahren gem. § 887 Abs. 1, 2 ZPO ist der beantragte Vorschuss lediglich ein Indiz für das Interesse.

Wird ein gem. § 887 Abs. 2 ZPO festgesetzter Vorschuss vollstreckt, ist der Vorschussbetrag ausschlaggebend. Die Höhe eines im Rahmen der §§ 888, 890 ZPO festgesetzten Zwangs- oder Ordnungsmittels ist für das Interesse ohne Bedeutung (*Wolf* in Gebauer/Schneider RVG 1. Aufl. § 25 Rn. 18; *Gierl* in Mayer/Kroiß RVG § 25 Rn. 19; OLG Karlsruhe InVo 2000, 253; OLG Hamburg InVo 1998, 264).

IV. Eidesstattliche Versicherung (§ 25 Abs. 1 Nr. 4)

In Verfahren über den Antrag auf Abnahme der eidesstattlichen Versicherung (§§ 807, 899 ff. ZPO) bestimmt sich der Gegenstandswert nach dem Betrag, der einschließlich der Nebenforderungen aus dem Vollstreckungstitel noch geschuldet wird. Zu diesen gehören insbesondere Zinsen und Kosten früherer Vollstreckungen, es kommt nicht auf den titulierten Betrag oder den Betrag, der derzeit vollstreckt wird, an. Das bedeutet, dass auch bei der Vollstreckung eines Teilbetrages sich der Gegenstandswert aus der insgesamt noch offenen Forderung berechnet (*Gierl* in Mayer/Kroiß RVG § 25 Rn. 20 m. w. N.). Der Wert beträgt jedoch höchstens € 1.500,00. Die Kosten der der eidesstattlichen Versicherung vorausgehenden Vollstreckung stehen zum Zeitpunkt der Auftragserteilung gerade bei einem kombinierten Auftrag (Sachpfändung und eidesstattliche Versicherung) noch nicht fest; sie sollten daher nur dann – geschätzt – in den Vollstreckungsauftrag aufgenommen werden, wenn dies zu einem Gebührensprung führt (Enders JurBüro 1999, 1 ff.).

- **Beispiel**

Auftragsgemäß beauftragt der Anwalt den zuständigen Gerichtsvollzieher mit der Abnahme der eidesstattlichen Versicherung nach § 807 ZPO zu Lasten des Schuldners wegen einer Hauptforderung von € 500,00, Zinsen in Höhe von € 50,00, titulierter vorgerichtlicher Nebenkosten von € 97,50 sowie der Kosten des gerichtlichen Mahnverfahrens in Höhe von € 107,55. Im Termin zahlt der Schuldner den gesamten Betrag an den Gerichtsvollzieher. Für den Anwalt sind die nachfolgenden Gebühren und Auslagen entstanden:

Gegenstandswert: € 755,05

0,3 Verfahrensgebühr Nr. 3309	€ 19,50
Auslagenpauschale Nr. 7002	€ 3,90
Zwischensumme	€ 23,40
19 % Umsatzsteuer Nr. 7008	€ 4,45
Summe:	**€ 27,85**

Die für den Antrag auf Abnahme der eidesstattlichen Versicherung entstehenden Gebühren und Auslagen des Gerichtsvollziehers zieht dieser direkt vom Schuldner ein.

- **Beispiel**

Sachverhalt wie Beispiel zuvor mit der Maßgabe, dass sich der Gesamtbetrag aus titulierter Hauptforderung, Zinsen, titulierten vorgerichtlichen Nebenkosten, Kosten des gerichtlichen Mahnverfahrens sowie der Kosten für die bisherigen Zwangsvollstreckungsmaßnahmen auf insgesamt € 8.975,00 beläuft. Im Termin zahlt der Schuldner den kompletten Betrag. Für den Anwalt sind die nachfolgenden Gebühren und Auslagen entstanden:

Gegenstandswert: € 1.500,00 (Höchstbetrag)

0,3 Verfahrensgebühr Nr. 3309	€ 31,50
Auslagenpauschale Nr. 7002	€ 6,30
Zwischensumme	€ 37,80
19 % Umsatzsteuer Nr. 7008	€ 7,18
Summe:	**€ 44,98**

Abschnitt 4 – Gegenstandswert

Versichert der Schuldner gem. § 883 Abs. 2 ZPO an Eides statt, dass er eine bestimmte Sache nicht besitzt und auch über deren Verbleib keine Aussage machen kann, so bemisst sich der Wert für den entsprechenden anwaltlichen Auftrag nicht nach § 25 Abs. 1 Nr. 4, sondern nach Abs. 2. Die Wertbegrenzung in Nr. 4 bezieht sich ausdrücklich nur auf Verfahren nach § 807 ZPO.

V. Anträge des Schuldners (§ 25 Abs. 2)

27 In Verfahren über Anträge des Schuldners ist der Wert zur Berechnung der Anwaltsgebühren nach dem Interesse des Antragstellers zu bestimmen. Ein konkreter Gegenstandswert lässt sich nicht angeben, er ist vielmehr nach billigem Ermessen zu bestimmen. Maßgebend hierfür ist das Interesse des Antragstellers, welches sich aus dem konkreten Antrag und dem damit verfolgten Ziel bestimmen lässt. Der Wert der Vollstreckungsmaßnahme kann als Anhaltspunkt dienen, grundsätzlich ist aber auf das verfolgte Rechtsschutzinteresse des Antragstellers abzustellen (*Gierl* in Mayer/Kroiß RVG § 25 Rn. 22).

28 Begehrt der Schuldner Vollstreckungsschutz gegen eine Räumungsvollstreckung mit dem Ziel, die Räumlichkeiten zeitlich begrenzt weiter zu nutzen, so bemisst sich das Interesse nach dem Mietwert der streitigen Zeit, maximal ist jedoch der einjährige Mietzins zugrunde zu legen (LG Münster Rpfleger 1996, 166). Da der Schuldner während dieser Zeit jedoch weiter zur Zahlung des Mietzinses verpflichtet ist, ist der Wert niedriger anzusetzen (*Gierl* in Mayer/Kroiß RVG § 25 Rn. 23; *Wolf* in Gebauer/Schneider RVG 1. Aufl. § 25 Rn. 22), bei absehbarer, aber noch unbestimmter Zeit auf den Jahresbetrag der Miete zu bemessen. Dabei dürfte es sich um den Maximalbetrag handeln, denn der Schuldner muss ja das Nutzungsentgelt weiterzahlen. Angemessen dürfte daher die Hälfte des Nutzungswertes sein (OLG Koblenz OLGR 1997, 34; LG Münster Rpfleger 1996, 166; Gebauer/Schneider BRAGO § 57 Rn. 81 f.; Schneider/Herget Streitwert-Kommentar Rn. 3643, 4953).

§ 25 Abs. 2 ist nicht für Beschwerden des Schuldners maßgebend. Für die Wertbestimmung ist insoweit § 23 Abs. 2 heranzuziehen.

§ 26
Gegenstandswert in der Zwangsversteigerung

In der Zwangsversteigerung bestimmt sich der Gegenstandswert

1. bei der Vertretung des Gläubigers oder eines anderen nach § 9 Nr. 1 und 2 des Gesetzes über die Zwangsversteigerung und die Zwangsverwaltung Beteiligten nach dem Wert des dem Gläubiger oder dem Beteiligten zustehenden Rechts; wird das Verfahren wegen einer Teilforderung betrieben, ist der Teilbetrag nur maßgebend, wenn es sich um einen nach § 10 Abs. 1 Nr. 5 des Gesetzes über die Zwangsversteigerung und die Zwangsverwaltung zu befriedigenden Anspruch handelt; Nebenforderungen sind mitzurechnen; der Wert des Gegenstands der Zwangsversteigerung (§ 66 Abs. 1, § 74a Abs. 5 des Gesetzes über die Zwangsversteigerung und die Zwangsverwaltung), im Verteilungsverfahren der zur Verteilung kommende Erlös, sind maßgebend, wenn sie geringer sind;
2. bei der Vertretung eines anderen Beteiligten, insbesondere des Schuldners, nach dem Wert des Gegenstands der Zwangsversteigerung, im Verteilungsverfahren nach dem zur Verteilung kommenden Erlös; bei Miteigentümern oder sonstigen Mitberechtigten ist der Anteil maßgebend;
3. bei der Vertretung eines Bieters, der nicht Beteiligter ist, nach dem Betrag des höchsten für den Auftraggeber abgegebenen Gebots, wenn ein solches Gebot nicht abgegeben ist, nach dem Wert des Gegenstands der Zwangsversteigerung.

Inhaltsübersicht

	Rn.		Rn.
A. Allgemeines	1	3. 3. Halbsatz	6
B. Kommentierung	4	4. 4. Halbsatz	7
I. Vertretung des Gläubigers oder eines anderen nach § 9 Nr. 1 und Nr. 2 ZVG Beteiligten (§ 26 Nr. 1)	4	II. Vertretung eines anderen Beteiligten (§ 26 Nr. 2)	9
		III. Vertretung eines unbeteiligten Bieters (§ 26 Nr. 3)	12
1. 1. Halbsatz	4	IV. Mehrere Personen als Auftraggeber	13
2. 2. Halbsatz	5	V. Mehrere Schuldner	17

A. Allgemeines

§ 26 RVG regelt als Spezialvorschrift abweichend von § 23 RVG i. V. m. § 54 GKG (Verkehrswert des zu versteigernden Grundstückes) den Gegenstandswert zur Berechnung der Anwaltsgebühr im Zwangsversteigerungsverfahren. Darüber hinaus differenziert § 26 RVG stark hinsichtlich der Stellung des Mandanten im Versteigerungsverfahren sowie nach dem Umfang und der Art der Vollstreckung (bei Teilforderungen) und nach der Art des Verfahrens (Verteilungsverfahren). 1

Die Vorschrift ist auch im Fall einer Teilungsversteigerung anwendbar (LG Köln AnwBl. 1981, 76; Hartmann Kostengesetze RVG § 68 Rn. 14).

Der Gegenstandswert für die Anwaltsgebühren richtet sich nach § 26, wenn der Anwalt eine Tätigkeit im Rahmen einer Zwangsversteigerung, die sich nach dem Gesetz über die Zwangsversteigerung und Zwangsverwaltung (ZVG) richtet, ausübt. Maßnahmen der Zwangsvollstreckung, auch wenn sie ein Grundstück betreffen, fallen nicht unter § 26, z. B. die Eintragung einer Zwangssicherungshypothek, die Vollstreckung aus einem Zuschlagsbeschluss gem. § 93 ZVG (gegen den Grundstücksbesitzer) oder die Vollstreckung aus einem Zuschlagsbeschluss gem. § 132 ZVG (gegen den Ersteher), wenn die Vollstreckung in das sonstige Vermögen des Erstehers erfolgt (vgl. auch *Gierl* in Mayer/Kroiß § 26 Rn. 6). Stellt aller- 2

Abschnitt 4 – Gegenstandswert

dings der Anwalt des Schuldners im Zwangsversteigerungsverfahren einen Vollstreckungsschutzantrag nach § 765 a ZPO, so fällt dies gem. Nr. 3311 Nr. 6 in den Tätigkeitsbereich der Zwangsversteigerung, der Gegenstandswert ist dann nach § 26 RVG zu berechnen.

3 Der Gegenstandswert richtet sich danach, ob es sich bei dem Auftraggeber um einen Gläubiger, einen anderen Beteiligten außer dem Schuldner, um den Schuldner oder einen nicht beteiligten Bieter handelt. Der gebührenrechtlich relevante Begriff des Beteiligten deckt sich mit dem in § 9 ZVG enthaltenen gleichlautenden Terminus (Mümmler JurBüro 1972, 745). Keine Beteiligten sind der Bieter (Ersteher) sowie der Bürge des Erstehers (Göttlich / Mümmler RVG S. 1244).

B. Kommentierung

I. Vertretung des Gläubigers oder eines anderen nach § 9 Nr. 1 und Nr. 2 ZVG Beteiligten (§ 26 Nr. 1)

1. 1. Halbsatz

4 Bei der Vertretung des betreibenden Gläubigers bzw. eines Gläubigers, der dem Verfahren später beitritt, eines dinglich Berechtigten (§ 9 Nr. 1 ZVG) oder einer anderen in § 9 Nr. 2 ZVG genannten Person, ist grundsätzlich der Wert des dem Gläubiger zustehenden Rechts maßgebend; auszugehen ist also vom Betrag des den Beteiligten zustehenden Anspruchs, wobei Nebenforderungen hinzugerechnet werden (Schneider MDR 1976, 181). Die Vertretung des Schuldners ist von Nr. 1 nicht umfasst.

2. 2. Halbsatz

5 Betreibt der Gläubiger die Zwangsversteigerung wegen einer Teilforderung, so ist diese Beschränkung nur dann relevant, wenn es sich um die Geltendmachung einer persönlichen Forderung (§ 10 Abs. 1 Nr. 5 ZVG) handelt. § 10 Abs. 1 Nr. 5 ZVG betrifft die Ansprüche des Gläubigers, soweit er nicht in einer der in § 10 Abs. 1 Nr. 1 bis Nr. 4 ZVG ihm vorgehenden Klassen zu befriedigen ist, also seine Ansprüche aus persönlichen Titeln. In diesen Fällen ist für den Gegenstandswert der Teilbetrag der Forderung maßgebend, wegen der die Zwangsversteigerung betrieben wird, weil dann von vornherein feststeht, dass der Gläubiger wegen des Mehrbetrags aus dem Erlös keine Befriedigung erlangt. In allen anderen Fällen ist der volle Wert des dem Gläubiger oder dem Beteiligten zustehenden Rechts auch dann maßgebend, wenn die Zwangsversteigerung nur wegen einer Teilforderung betrieben wird. Vertritt der Anwalt den Beteiligten wegen mehrerer Forderungen, so sind die Werte zusammenzurechnen (Gerold / Schmidt / von Eicken / Madert BRAGO § 68 Rn. 14).

3. 3. Halbsatz

6 Für § 26 Nr. 1 RVG gilt insgesamt, dass Nebenforderungen, namentlich Zinsen und Kosten, zur Hauptforderung zu addieren sind. Die Zinsen sind bis zum Erlass des Anordnungs- oder Beitrittsbeschlusses zu berechnen. Zu berücksichtigen sind ferner alle Prozesskosten und die Kosten früherer Zwangsvollstreckungen sowie die Kosten des Zwangsversteigerungsverfahrens, soweit sie angemeldet sind (Riedel / Sußbauer BRAGO § 68 A 26).

4. 4. Halbsatz

7 Gem. 4. Halbsatz ist der Gegenstandswert einer Obergrenze unterworfen, und zwar dann, wenn der Wert des Gegenstandes der Zwangsversteigerung und im Verteilungsverfahren der zur Verteilung kommende Erlös geringer ist, als die dem Gläubiger oder einem Beteiligten zustehenden Rechte. In diesem Falle ist der geringere Wert für die Berechnung der Anwalts-

gebühren maßgebend. Der Wert des Gegenstandes der Zwangsversteigerung wird vom Vollstreckungsgericht gem. § 66 Abs. 1 ZVG (vom Gericht festgesetzter Wert im Versteigerungstermin) und gem. § 74 a Abs. 5 ZVG (Festsetzung des Verkehrswertes des Grundstücks einschließlich aller beweglichen Gegenstände, auf die sich die Versteigerung erstreckt, sofern der Zuschlag versagt wird) festgesetzt.

Im Verteilungsverfahren bildet der zur Verteilung kommende Erlös den maximal anzusetzenden Gegenstandswert. Dieser setzt sich zusammen aus dem durch Zahlung zu berichtigenden Teil des Meistgebots, dem Meistbargebot. Eventuell tritt noch der Erlös aus einer besonderen Versteigerung (§ 65 ZVG) hinzu. Nicht hinzu gehören nach den Versteigerungsbedingungen bestehen bleibende Rechte (§§ 52 Abs. 1, 91 Abs. 1 ZVG). 8

II. Vertretung eines anderen Beteiligten (§ 26 Nr. 2)

Erstreckt sich die Tätigkeit des Anwalts auf einen anderen Beteiligten als die in § 26 Nr. 1 RVG i. V. m. § 9 Nrn. 1 u. 2 ZVG Genannten, so z. B. auf einen Mitbeteiligten im Teilungsversteigerungsverfahren (§§ 180 ff. ZVG), auf den Vollstreckungsschuldner, den Insolvenzverwalter oder Testamentsvollstrecker, so kommt als Gegenstandswert für die Verfahrensgebühr und die Terminsgebühr nur der Wert des Gegenstandes der Zwangsversteigerung in Betracht, es ist nicht der Wert der Forderung, wegen der vollstreckt wird, zugrunde zu legen (LG Düsseldorf RVGreport 2007, 155; LG Zweibrücken JurBüro 2006, 382). Dieser wird so wie in § 26 Nr. 1 Hs. 4 RVG bestimmt: Der Wert des Gegenstandes der Zwangsversteigerung wird vom Vollstreckungsgericht gem. § 66 Abs. 1 ZVG (vom Gericht festgesetzter Wert im Versteigerungstermin) und gem. § 74 a Abs. 5 ZVG (Festsetzung des Verkehrswertes des Grundstücks einschließlich aller beweglichen Gegenstände, auf die sich die Versteigerung erstreckt, sofern der Zuschlag versagt wird) festgesetzt. 9

Im Verteilungsverfahren bildet der zur Verteilung kommende Erlös den maximal anzusetzenden Gegenstandswert. Dieser setzt sich zusammen aus dem durch Zahlung zu berichtigenden Teil des Meistgebots, dem Meistbargebot. Eventuell tritt noch der Erlös aus einer besonderen Versteigerung (§ 65 ZVG) hinzu. Nicht hinzu gehören nach den Versteigerungsbedingungen bestehen bleibende Rechte (§§ 52 Abs. 1, 91 Abs. 1 ZVG). 10

Vertritt der Anwalt einen Miteigentümer bzw. Mitberechtigten im Rahmen der Teilungsversteigerung, so bemisst sich der Wert zur Berechnung der Anwaltsgebühren nicht nach dem gesamten Wert der Zwangsversteigerung, sondern gem. 2. Halbsatz nach deren Anteil am Wert des Gegenstandes der Zwangsversteigerung. Dies gilt auch für die Vertretung eines Gläubigers, der den Anspruch auf Aufhebung der Gemeinschaft samt Teilung und Auszahlung des Erlöses gepfändet hat, da er durch die Pfändung die Stellung des Miteigentümers einnimmt (*Gierl* in Mayer/Kroiß RVG § 26 Rn. 25). 11

Die Gebühr für die Vertretung im Verteilungsverfahren ist auch hier aus dem zur Verteilung kommenden Erlös zu berechnen.

III. Vertretung eines unbeteiligten Bieters (§ 26 Nr. 3)

Vertritt der Anwalt einen Bieter, der nicht am Verfahren beteiligt ist, bestimmen sich seine Gebühren nach dem höchsten Gebot (i. S. v. § 49 ZVG, hinzu kommen bestehen bleibende Rechte), das er für den Auftraggeber abgegeben hat. Kommt es nicht zu einem Gebot, so ist der Grundstückswert maßgebend. Erteilt der Auftraggeber dem Anwalt die Vollmacht, bis zu einem bestimmten Betrag zu bieten (Bietervollmacht), und ist das tatsächlich abgegebene Gebot höher, so ist der Betrag der Vollmacht zur Berechnung der Gebühren maßgebend (*Gierl* in Mayer/Kroiß RVG § 26 Rn. 26), da der Anwalt nur in diesem bestimmten Rahmen beauftragt 12

Abschnitt 4 – Gegenstandswert

war. Nimmt der Bieter jedoch mit dem Anwalt am Termin teil und gibt der Anwalt mit dessen Einverständnis ein höheres Gebot, als von der Bietervollmacht umfasst ist, ab, so gilt diese Beschränkung nicht. In diesem Falle ist auch das höchste für den Auftraggeber abgegebene Gebot zur Berechnung der Anwaltsgebühren maßgebend.

IV. Mehrere Personen als Auftraggeber

13 Vertritt der Anwalt mehrere Auftraggeber und stehen die Auftraggeber in Rechtsgemeinschaft, liegt ein einheitlicher Auftrag vor. Der Anwalt kann seine Gebühren nur einmal berechnen, allerdings kann er die Gebühren gem. Nr. 1008 entsprechend erhöhen.

14 • Beispiel
Eine Erbengemeinschaft, bestehend aus drei Miterben, betreibt wegen einer ihr zustehenden Forderung die Zwangsvollstreckung.

• Beispiel
Der Anwalt vertritt als Gesamtschuldner Ehemann und Ehefrau, die Miteigentümer je zur Hälfte sind.

15 Auch soweit die Auftraggeber nicht in Rechtsgemeinschaft stehen, liegt nur eine Angelegenheit vor. Die Werte, mit denen die Auftraggeber an der Versteigerung beteiligt sind, werden gem. § 22 Abs. 1 addiert. Dies gilt sowohl für Auftraggeber, die mit verschiedenen Forderungen am Verfahren beteiligt sind, als auch für Auftraggeber, die verschiedene Rechte im Versteigerungsverfahren geltend machen (z. B. Grundschuldgläubiger und Gläubiger eines persönlichen Rechts).

16 • Beispiel
Der RA vertritt den Gläubiger A mit einer Forderung von € 20.000,00 und den Gläubiger B mit einer Forderung von € 30.000,00. Der Anwalt erhält seine Gebühren aus einem Gegenstandswert von € 50.000,00 (streitig: Gerold/Schmidt/von Eicken/Madert BRAGO § 68 Rn. 20; a. A.: Schumann/Geißinger Bundesgebührenordnung für Rechtsanwälte A 27).

V. Mehrere Schuldner

17 Wurde der Anwalt von mehreren Schuldnern mit der Vertretung im Versteigerungsverfahren beauftragt, so ist als Gegenstandswert der Wert des Gegenstandes der Zwangsversteigerung bzw. bei Miteigentümern oder sonstigen Berechtigten deren Anteil in Ansatz zu bringen (§ 26 Nr. 2).

§ 27
Gegenstandswert in der Zwangsverwaltung

¹In der Zwangsverwaltung bestimmt sich der Gegenstandswert bei der Vertretung des Antragstellers nach dem Anspruch, wegen dessen das Verfahren beantragt ist; Nebenforderungen sind mitzurechnen; bei Ansprüchen auf wiederkehrende Leistungen ist der Wert der Leistungen eines Jahres maßgebend. ²Bei der Vertretung des Schuldners bestimmt sich der Gegenstandswert nach dem zusammengerechneten Wert aller Ansprüche, wegen derer das Verfahren beantragt ist, bei der Vertretung eines sonstigen Beteiligten nach § 23 Abs. 3 Satz 2.

Inhaltsübersicht

	Rn.
A. Allgemeines	1
B. Kommentierung	2
I. Vertretung des Antragstellers (§ 27 Satz 1)	3
II. Vertretung des Schuldners (§ 27 Satz 2 Hs. 1)	7
III. Vertretung eines sonstigen Beteiligten (§ 27 Satz 2 Hs. 2)	8
IV. Der Anwalt als Zwangsverwalter	10

A. Allgemeines

Das Verfahren der Zwangsverwaltung ist in den §§ 146–161 ZVG geregelt. Es findet grundsätzlich auf Antrag eines persönlichen oder dinglichen Gläubigers wegen eines Geldanspruches statt. Nach § 172 ZVG kann auch der Insolvenzverwalter die Zwangsverwaltung beantragen. Der Zwangsverwaltung unterliegen Grundstücke, Erbbaurechte, Wohnungseigentum, Hochseekabel. Demgegenüber ist die Zwangsverwaltung bei Schiffen, Schiffsbauwerken und Luftfahrzeugen nicht vorgesehen. **1**

B. Kommentierung

§ 27 stellt eine Sondervorschrift zu § 23 dar. Der Gegenstandswert zur Berechnung der Anwaltsgebühren berechnet sich daher nicht nach § 23 RVG i. V. m. § 55 GKG. Vielmehr richtet er sich insoweit nach der Person des vom Anwalt Vertretenen: dem Antragsteller, dem Schuldner oder einem sonstigen Beteiligten. **2**

I. Vertretung des Antragstellers (§ 27 Satz 1)

Der Gegenstandswert bestimmt sich nach dem Anspruch, wegen dessen das Verfahren beantragt ist. Wird das Verfahren nur wegen eines Teilbetrags beantragt, so ist nur dieser Teilbetrag maßgebend. Macht der Antragsteller mehrere Forderungen geltend, so sind diese gem. § 22 Abs. 1 zu addieren. **3**

Nebenforderungen sind mitzurechnen (2. Halbsatz). Hierzu gehören die zum Verfahren angemeldeten Kosten sowie die Kosten vorangegangener Zwangsvollstreckungs- oder -versteigerungsmaßnahmen. Zinsen, die bis zum Anordnungs- oder Beitrittsbeschluss entstanden sind, werden ebenfalls addiert. Zinsen, die als künftig fällig werdend geltend gemacht werden, sind als wiederkehrende Leistungen zu betrachten. **4**

Bei Ansprüchen auf wiederkehrende Leistungen ist der Wert der Leistung eines Jahresbetrags maßgebend (3. Halbsatz). **5**

Abschnitt 4 – Gegenstandswert

Hierbei macht das Gesetz keine Einschränkungen, daher gilt diese Vorschrift abweichend von §§ 41, 42 GKG nicht nur bei Miete und Pacht oder ähnlichen Nutzungen und bei Ansprüchen auf gesetzlichen Unterhalt, sondern bei allen wiederkehrenden Leistungen einschließlich laufender Zinsen. Der Jahresbetrag ist nur der Höchstbetrag, und daher nicht maßgebend, wenn der Gesamtbetrag der wiederkehrenden Leistungen, wegen derer die Anordnung erfolgt ist, geringer ist als der Jahresbetrag (a. A.: Gebauer/Schneider RVG 1. Aufl. § 27 Rn. 4 mit dem Hinweis darauf, dass hier eine § 41 Abs. 1, 2 GKG entsprechende Regelung fehlt). Dies ist zwar richtig, gleichwohl muss – auch wenn im Hinblick auf die Art der wiederkehrenden Leistung §§ 41, 42 GKG gerade nicht zur Anwendungen kommen – hier eine differenzierte Betrachtung erfolgen: es widerspricht dem Grundgedanken von Zwangsvollstreckungsmaßnahmen, wenn der anwaltlichen Tätigkeit ein höherer Gegenstandswert zugrunde gelegt werden soll, als die tatsächliche Höhe der Forderung beträgt. Rückstände bis zur Anordnung der Zwangsverwaltung sind neben den laufenden wiederkehrenden Leistungen zusätzlich zu bewerten. Sie fallen nicht in den Jahresbetrag (Gerold/Schmidt/von Eicken/Madert BRAGO § 69 Rn. 6).

6 Wurde vom Insolvenzverwalter die Zwangsversteigerung eines Grundstücks, das zur Insolvenzmasse gehört, beantragt (§ 172 ZVG), so gilt für die Bestimmung des Gegenstandswertes nicht Satz 1, da der Insolvenzverwalter insoweit keinen Anspruch i. S. v. Satz 1 geltend macht (so auch *Wolf* in Gebauer/Schneider RVG 1. Aufl. § 27 Rn. 5). Vielmehr ist in diesem Fall der Gegenstandswert gem. § 27 Satz 2 Hs. 2 zu bestimmen.

II. Vertretung des Schuldners (§ 27 Satz 2 Hs. 1)

7 Für den Gegenstandswert bei Vertretung des Schuldners ist maßgebend die Summe aller Ansprüche, also Haupt- und Nebenforderungen, wegen derer das Zwangsverwaltungsverfahren beantragt worden ist. Es kommt nicht darauf an, ob wegen aller dieser Ansprüche das Verfahren auch tatsächlich eröffnet worden ist. Ist der Anwalt aber erst beauftragt worden, nachdem einer der Anträge zurückgenommen oder ein Beitritt nicht zugelassen worden ist, ist nur noch die Summe der restlichen Ansprüche maßgebend.

III. Vertretung eines sonstigen Beteiligten (§ 27 Satz 2 Hs. 2)

8 Wer – neben Gläubiger und Schuldner – »sonstiger« Beteiligter des Zwangsverwaltungsverfahrens ist, ergibt sich aus § 9 ZVG, also z. B. derjenige, der mit einem dinglichen Recht vor dem Zwangsverwaltungsvermerk eingetragen ist, derjenige, der ein späteres Recht anmeldet oder auch ein Mieter. Auch der Insolvenzverwalter zählt zu den sonstigen Beteiligten eines Zwangsverwaltungsverfahrens.

9 Vertritt der Anwalt einen sonstigen Beteiligten, so ist der Gegenstandswert zur Berechnung der Anwaltsgebühren nach § 23 Abs. 3 Satz 2, d. h. nach billigem Ermessen zu bestimmen. Anhaltspunkt für die Ermessensausübung ist das Interesse des Beteiligten am Zwangsverwaltungsverfahren; dieses kann recht unterschiedlich sein, je nach Eigenschaft des Vertretenen (Besitzer eines Rechtes, Mieter).

IV. Der Anwalt als Zwangsverwalter

10 Wird der Anwalt als Zwangsverwalter gerichtlich bestellt, so wird seine Vergütung nach § 153 ZVG vom Gericht festgesetzt. Das RVG findet dann keine Anwendung. Durch die gerichtlich festgesetzte Vergütung werden alle Tätigkeiten abgegolten, die auch jeder andere Zwangsverwalter auszuführen hat, z. B. der Abschluss von Mietverträgen für das verwaltete Grund-

stück oder die Beauftragung eines Gerichtsvollziehers mit der Verschaffung des Besitzes am Grundstück (§ 150 Abs. 2 ZVG).

Führt aber der Anwalt in seiner Eigenschaft als Zwangsverwalter einen Rechtsstreit, so kann er in entsprechender Anwendung des § 1835 Abs. 2 BGB dafür Gebühren nach dem RVG berechnen (Gerold/Schmidt/von Eicken/Madert BRAGO § 69 Rn. 15).

§ 27 ist nicht anzuwenden bei einem Streit über die Höhe der Zwangsverwaltervergütung, dessen Wert richtet sich nach dem Vergütungsinteresse des Zwangsverwalters (BGH NJW-RR 2007, 1150 = JurBüro 2007, 288).

Abschnitt 4 – Gegenstandswert

§ 28
Gegenstandswert im Insolvenzverfahren

(1) ¹Die Gebühren der Nummern 3313, 3317 sowie im Fall der Beschwerde gegen den Beschluss über die Eröffnung des Insolvenzverfahrens der Nummern 3500 und 3513 des Vergütungsverzeichnisses werden, wenn der Auftrag vom Schuldner erteilt ist, nach dem Wert der Insolvenzmasse (§ 58 des Gerichtskostengesetzes) berechnet. ²Im Fall der Nummer 3313 des Vergütungsverzeichnisses beträgt der Gegenstandswert jedoch mindestens 4.000 EUR.

(2) ¹Ist der Auftrag von einem Insolvenzgläubiger erteilt, werden die in Absatz 1 genannten Gebühren und die Gebühr nach Nummer 3314 nach dem Nennwert der Forderung berechnet. ²Nebenforderungen sind mitzurechnen.

(3) Im Übrigen ist der Gegenstandswert im Insolvenzverfahren unter Berücksichtigung des wirtschaftlichen Interesses, das der Auftraggeber im Verfahren verfolgt, nach § 23 Abs. 3 Satz 2 zu bestimmen.

Inhaltsübersicht

	Rn.		Rn.
A. Allgemeines	1	1. Anwendungsbereich	9
B. Kommentierung	4	2. Gegenstandswert	10
I. § 28 Abs. 1 – Vertretung des Schuldners	4	III. § 28 Abs. 3 – Vertretung eines sonstigen Beteiligten	14
1. Anwendungsbereich	4	1. Anwendungsbereich	14
2. Gegenstandswert	5	2. Gegenstandswert	15
II. § 28 Abs. 2 – Vertretung des Gläubigers	9		

A. Allgemeines

1 § 28 stellt eine Sondervorschrift zu § 23 dar. Der Gegenstandswert zur Berechnung der Anwaltsgebühren berechnet sich daher nicht nach § 23. Vielmehr wird unterschieden nach der Person des Vertretenen (z. B. Insolvenzgläubiger, Insolvenzschuldner), nach dem jeweiligen Verfahrensabschnitt, in dem der Anwalt tätig wird (z. B. Insolvenzeröffnungsverfahren, Insolvenzverfahren) und nach der Art der Tätigkeit (Forderungsanmeldung, Terminswahrnehmung im Beschwerdeverfahren). Insoweit werden der Gebührenberechnung verschiedene Gegenstandswerte zugrunde gelegt.

2 § 28 nennt nicht die jeweiligen Gebührentatbestände, sondern verweist auf die entsprechenden VV-Nummern. Sofern im Vergütungsverzeichnis die VV-Nummern untereinander wiederum aufeinander verweisen, so gilt auch für diese VV-Nummern der entsprechende Gegenstandswert gem. § 28.

3 • Beispiel
Nr. 3315 (Vertretung des Schuldners im Verfahren über den Schuldenbereinigungsplan) ist in § 28 Abs. 1 nicht explizit genannt. Abs. 1 nennt jedoch die Nr. 3313. Im Vergütungsverzeichnis verweist Nr. 3315 auf Nr. 3313 (»Die Verfahrensgebühr 3313 beträgt ...«). Für die Bestimmung des Gegenstandswertes ist daher über Nr. 3313 auf § 28 Abs. 1 Satz 2 zurückzugreifen. Damit ist klar, dass der Gegenstandswert für die anwaltliche Tätigkeit im Verfahren über den Schuldenbereinigungsplan (Nr. 3315) mindestens € 4.000,00 beträgt.

B. Kommentierung

I. § 28 Abs. 1 – Vertretung des Schuldners

1. Anwendungsbereich

Abs. 1 regelt die Berechnung des Gegenstandswertes für die anwaltliche Tätigkeit, soweit der 4
Anwalt für den Schuldner tätig wird und zwar in den Verfahrensabschnitten

- Insolvenzeröffnungsverfahren (Nr. 3313)
- Insolvenzverfahren (Nr. 3317)
- Verfahren wegen einer Beschwerde gegen die Eröffnung des Insolvenzverfahrens (Nr. 3500)
- Termin in dem o. g. Beschwerdeverfahren (Nr. 3513).

2. Gegenstandswert

Der Gegenstandswert bestimmt sich ausschließlich nach dem Wert der Insolvenzmasse (§ 58 5
GKG), den diese zum Zeitpunkt der Beendigung des Insolvenzverfahrens hat; dies ergibt sich aus der Verweisung in Absatz 1. Zur Insolvenzmasse (§ 35 InsO) gehören das gesamte Vermögen des Schuldners zur Zeit der Eröffnung des Insolvenzverfahrens sowie das Vermögen, welches er während des Verfahrens noch erlangt, auch das neu erworbene, außerdem Früchte, Nutzungen und Zinsen. Die Gegenstände, die § 36 InsO als unpfändbar bezeichnet und solche, an denen ein Aussonderungsrecht besteht (§ 47 InsO), gehören nicht zur Insolvenzmasse. Gem. § 58 Abs. 1 Satz 2 GKG wird der Wert eines Anspruchs auf Ersatzaussonderung (§ 48 InsO) sowie der zur abgesonderten Befriedigung (§§ 49 f. InsO) erforderliche Betrag vom Wert der Insolvenzmasse abgezogen. Masseverbindlichkeiten (§§ 53–55 InsO) werden nicht abgezogen.

Entscheidend für die Bewertung des Vermögens ist der Zeitpunkt der Beendigung des Insolvenzverfahrens. Soweit der Auftrag des Anwalts vorher endet, ist dieser frühere Zeitpunkt maßgebend (Gebauer/Schneider RVG 1. Aufl. § 28 Rn. 5; Enders JurBüro 1999, 169, 171). 6

Der maßgebliche Wert ist unter Heranziehung aller vorhandenen Erkenntnisquellen (z. B. des 7
Inventars) zu schätzen, wobei ausschlaggebend der Verkehrswert der jeweiligen Gegenstände ist; §§ 4–9 ZPO finden insoweit keine Anwendung (*Wolf* in Gebauer/Schneider RVG 1. Aufl. § 28 Rn. 6).

Wird der Anwalt im Eröffnungsverfahren tätig (Nr. 3313) oder ist er für den Schuldner im Ver- 8
fahren über den Schuldenbereinigungsplan tätig (Nr. 3315 verweist auf Nr. 3313), so beträgt der Gegenstandswert zur Berechnung der Gebühren mindestens € 4.000,00.

II. § 28 Abs. 2 – Vertretung des Gläubigers

1. Anwendungsbereich

Abs. 2 regelt die Berechnung des Gegenstandswertes für die anwaltliche Tätigkeit, soweit der 9
Anwalt für einen Insolvenzgläubiger tätig wird, und zwar in den Verfahrensabschnitten

- Insolvenzeröffnungsverfahren (Nr. 3314)
- Insolvenzverfahren (Nr. 3317) – Verweis auf Abs. 1
- Verfahren wegen einer Beschwerde gegen die Eröffnung des Insolvenzverfahrens (Nr. 3500) – Verweis auf Abs. 1
- Termin in dem o. g. Beschwerdeverfahren (Nr. 3513) – Verweis auf Abs. 1
- Verfahren über den Schuldenbereinigungsplan (Nr. 3316) – wegen des Verweises in Nr. 3316 auf Nr. 3314.

Abschnitt 4 – Gegenstandswert

Zwar verweist § 28 Abs. 2 ohne Einschränkungen auf die in Abs. 1 genannten Gebühren, für die in Abs. 1 genannte Nr. 3313 (Vertretung des Schuldners im Insolvenzeröffnungsverfahren) gilt dies aber nicht, weil Nr. 3314 die hier genannte speziellere VV-Nummer ist.

2. Gegenstandswert

10 Zur Berechnung der Anwaltsgebühren ist der Nennwert der Forderung – also die Forderung, die der Insolvenzgläubiger im Verfahren geltend macht – zugrunde zu legen. Hinzu kommen wegen der ausdrücklichen Regelung in Satz 2 auch sämtliche Nebenforderungen, mithin auch Zinsen und Kosten, letztere jedoch nur bis zur Eröffnung des Verfahrens (*Gierl* in Mayer/Kroiß RVG § 28 Rn. 18).

11 Dies gilt auch für das Eröffnungsverfahren (streitig: Gebauer/Schneider RVG 1. Aufl. § 28 Rn. 9 m.w.N.; a.A.: Enders JurBüro 1999, 169).

12 Macht der Anwalt auftragsgemäß nur eine Teilforderung im Insolvenzverfahren geltend, so ist deren Wert maßgebend für die Berechnung der Gebühren.

13 Ist der Nennwert der Forderung höher als der Wert der Insolvenzmasse, so ist gleichwohl der Nennwert für die Berechnung der Gebühren zugrunde zu legen. Dies folgt daraus, dass in Abs. 2 gerade kein Hinweis auf § 58 GKG erfolgt. Dies erscheint sachgerecht, da § 28 von der Systematik her eben unterscheidet, ob der Anwalt für den Gläubiger oder den Schuldner tätig wird.

III. § 28 Abs. 3 – Vertretung eines sonstigen Beteiligten

1. Anwendungsbereich

14 Abs. 3 regelt die Berechnung des Gegenstandswertes »**im Übrigen**«, also in den Fällen, die in Abs. 1 und Abs. 2 nicht genannt sind. Dazu gehören:

- die Vertretung einer anderen Person im Insolvenzverfahren als der des Gläubigers oder Schuldners, z. B. die Vertretung des Insolvenzverwalters (Nr. 3317)
- die Tätigkeit im Verfahren über einen Insolvenzplan (Nr. 3318)
- die Vertretung des Schuldners, der den Insolvenzplan vorgelegt hat (Nr. 3319) und die Vertretung im Verfahren über einen Antrag auf Versagung oder Widerruf der Restschuldbefreiung (Nr. 3321)
- die Vertretung des Gläubigers oder des Schuldners im Beschwerdeverfahren, jedoch nur, wenn es im Verfahren nicht um die Anfechtung eines Beschlusses über die Eröffnung des Insolvenzverfahrens geht; ansonsten die Vertretung anderer Personen im Beschwerdeverfahren (Nr. 3500 und Nr. 3513).

14a Vertritt der Anwalt in einem Verfahren über die Rechtsbeschwerde den Gläubiger wegen eines Antrages auf Versagung der Restschuldbefreiung, so kann bei der Festsetzung des Gegenstandswerts für die Anwaltsgebühren der Wert von € 4.000 herangezogen werden, wenn genügende tatsächliche Anhaltspunkte für eine Schätzung fehlen (BGH JurBüro 2007, 315).

2. Gegenstandswert

15 Der Gegenstandswert zur Berechnung der Anwaltsgebühren ist unter Berücksichtigung des wirtschaftlichen Interesses, das der Auftraggeber im Verfahren verfolgt, zu bestimmen und zwar nach billigem Ermessen, § 23 Abs. 3 Satz 2. Stellt der Anwalt für den Gläubiger einen Antrag auf Versagung der Restschuldbefreiung, so bemisst sich der Gegenstandswert ebenfalls, unter Berücksichtigung des wirtschaftlichen Interesses, nach billigem Ermessen. Das AG Duisburg hält dieses Interesse für identisch mit dem Betrag der restlichen Forderung, die dem Versagungsantragsteller bei einem Erfolg seines Antrages erhalten bleibt (AG Duis-

burg ZVI 2002, 297–298 = ZInsO 2002, 844 = NZI 2002, 619–620). Das LG Bochum bemisst den Gegenstandswert auf den hälftigen Betrag der zur Insolvenztabelle angemeldeten Forderung, soweit der Schuldner zumindest eine geringfügige Befriedigung der gegen ihn bestehenden Forderung gewährleisten kann (LG Bochum ZInsO 2001, 564).

Abschnitt 4 – Gegenstandswert

§ 29
Gegenstandswert im Verteilungsverfahren nach der Schifffahrtsrechtlichen Verteilungsordnung

Im Verfahren nach der Schifffahrtsrechtlichen Verteilungsordnung gilt § 28 entsprechend mit der Maßgabe, dass an die Stelle des Werts der Insolvenzmasse die festgesetzte Haftungssumme tritt.

A. Allgemeines

1 § 29 regelt den Gegenstandswert im Verteilungsverfahren nach der Schifffahrtsrechtlichen Verteilungsordnung.

B. Kommentierung

I. Anwendungsbereich

2 § 29 verweist vollständig auf § 28, ohne eigene inhaltliche Regelung im Hinblick auf die Person des Vertretenen. Es wird daher auf die Ausführungen zu § 28 verwiesen.

II. Gegenstandswert

3 Für den Gegenstandswert ist ebenfalls auf § 28 zurückzugreifen, jedoch mit der Maßgabe, dass an die Stelle des Wertes der Insolvenzmasse die festgesetzte Haftungssumme tritt (§ 5 SVertO).

§ 30
Gegenstandswert in gerichtlichen Verfahren nach dem Asylverfahrensgesetz

¹In Streitigkeiten nach dem Asylverfahrensgesetz beträgt der Gegenstandswert in Klageverfahren, die die Asylanerkennung einschließlich der Feststellung der Voraussetzungen nach § 60 Abs. 1 des Aufenthaltsgesetzes und die Feststellung von Abschiebungshindernissen betreffen, 3.000 EUR, in sonstigen Klageverfahren 1.500 EUR. ²In Verfahren des vorläufigen Rechtsschutzes wegen aufenthaltsbeendender Maßnahmen nach dem Asylverfahrensgesetz beträgt der Gegenstandswert 1.500 EUR, im Übrigen die Hälfte des Werts der Hauptsache. ³Sind mehrere natürliche Personen an demselben Verfahren beteiligt, erhöht sich der Wert für jede weitere Person in Klageverfahren um 900 EUR und in Verfahren des vorläufigen Rechtsschutzes um 600 EUR.

Inhaltsübersicht

	Rn.		Rn.
A. Allgemeines	1	b) Verfahren nach § 60 Abs. 1 AufenthaltsG	13
B. Kommentierung	5	c) Sonstige Klagen	18
I. Anwendungsbereich	5	3. Mehrere am Verfahren Beteiligte	21
II. Der Tatbestand im Einzelnen	10	4. Vorläufiger Rechtsschutz	26
1. Allgemeines	10	5. Beschwerde gegen Festsetzung des Gegenstandswerts	28
2. Klageverfahren nach dem AsylVfG	12	6. Auswirkungen auf die Praxis	29
a) Klagen auf Asylanerkennung	12		

A. Allgemeines

Nach BRAGO bestimmte sich der Gegenstandswert im Verfahren nach dem Asylverfahrensgesetz (AsylVfG) über § 8 Abs. 1 nach § 83 b Abs. 2 AsylVfG (erstmals eingeführt durch ÄnderungsG 1993). § 83 b Abs. 2 AsylVfG wurde zum 01.07.2004 durch Art. 4 Abs. 14 KostRMoG aufgehoben und die dortige Gegenstandswertregelung ohne inhaltliche Änderungen in § 30 RVG übernommen. 1

Durch die Regelung des § 83 b Abs. 2 AsylVfG und nun durch § 30 RVG beabsichtigte der Gesetzgeber aufgrund der sehr differenzierten Streitwertrechtsprechung zu einer »übersichtlichen und weitgehend einheitlichen Handhabung zu gelangen« (BT-Drs. 12/4450, S. 29). Denn weder durch den Streitwertkatalog für die Verwaltungsgerichtsbarkeit (NVwZ 1991, 1156; Entwurf in NVwZ 1989, 1041; zur Unverbindlichkeit des Streitwertkatalogs vgl. auch GK-AsylVfG 44, a. a. O.; Marx AsylVfG § 83 b Rn. 10) noch durch den durch die Rechtsprechung im Allgemeinen für den auf die Asylberechtigung zielenden Klageantrag zugrunde gelegten Auffangstreitwert nach § 13 Abs. 1 Satz 2 GKG a. F. von damals DM 8.000,00 (BayVGH EZAR 613 Nr. 1; OVG Hamburg InfAuslR 1987, 201; OVG RhPf DÖV 1983, 209; OVG Saarland EZAR 613 Nr. 7) konnte diese Uneinheitlichkeit behoben werden. Bei Einführung des § 83 b Abs. 2 Satz 2 AsylVfG hatte der Gesetzgeber aus diesem Grund festgehalten, dass die dort getroffene Regelung verbindlich, umfassend und abschließend sei (vgl. dazu BT-Drs. 12/4450, S. 29). Dies gilt damit auch für § 30 RVG, der jedoch teilweise auslegungsbedürftig ist (vgl. Rn. 16). 2

Das Asylverfahrensgesetz ist zuletzt geändert worden durch Artikel 3 des Gesetzes vom 19. August 2007 (BGBl. I, S. 1970). 3

§ 30 Satz 1 wurde geändert mit Wirkung zum 31.12.2006 durch das 2. Justizmodernisierungsgesetz (G v. 22.12.2006), BGBl. I, S. 3416. § 51 Abs. 1 des Ausländergesetzes wurde in § 30 4

Abschnitt 4 – Gegenstandswert

RVG ersetzt durch § 60 Abs. 1 Aufenthaltsgesetz. Die redaktionelle Anpassung war aufgrund des Zuwanderungsgesetzes vom 01. 01. 2005 erforderlich geworden.

§ 60 Aufenthaltsgesetz – Verbot der Abschiebung

»*(1) In Anwendung des Abkommens über die Rechtsstellung der Flüchtlinge vom 28. Juli 1951 (BGBl. 1953 II S. 559) darf ein Ausländer nicht in einen Staat abgeschoben werden, in dem sein Leben oder seine Freiheit wegen seiner Rasse, Religion, Staatsangehörigkeit, seiner Zugehörigkeit zu einer bestimmten sozialen Gruppe oder wegen seiner politischen Überzeugung bedroht ist. Dies gilt auch für Asylberechtigte und Ausländer, denen die Flüchtlingseigenschaft unanfechtbar zuerkannt wurde oder die aus einem anderen Grund im Bundesgebiet die Rechtsstellung ausländischer Flüchtlinge genießen oder die außerhalb des Bundesgebiets als ausländische Flüchtlinge nach dem Abkommen über die Rechtsstellung der Flüchtlinge anerkannt wurden. Eine Verfolgung wegen der Zugehörigkeit zu einer bestimmten sozialen Gruppe kann auch dann vorliegen, wenn die Bedrohung des Lebens, der körperlichen Unversehrtheit oder der Freiheit allein an das Geschlecht anknüpft.*

Eine Verfolgung im Sinne des Satzes 1 kann ausgehen von

a) dem Staat,
b) Parteien oder Organisationen, die den Staat oder wesentliche Teile des Staatsgebietes beherrschen oder
c) nichtstaatlichen Akteuren, sofern die unter Buchstabe a) und b) genannten Akteure einschließlich internationaler Organisationen erwiesenermaßen nicht in der Lage oder nicht willens sind, Schutz vor der Verfolgung zu bieten, und dies unabhängig davon, ob in dem Land eine staatliche Herrschaftsmacht vorhanden ist oder nicht,

es sei denn, es besteht eine innerstaatliche Fluchtalternative. Für die Feststellung, ob eine Verfolgung nach Satz 1 vorliegt, sind http://www.aufenthaltstitel.de/rl_2004_83_eg.html sowie die http://www.aufenthaltstitel.de/rl_2004_83_eg.html ergänzend anzuwenden. Wenn der Ausländer sich auf das Abschiebungsverbot nach diesem Absatz beruft, stellt das Bundesamt für Migration und Flüchtlinge außer in den Fällen des Satzes 2 in einem Asylverfahren fest, ob die Voraussetzungen des Satzes 1 vorliegen und dem Ausländer die Flüchtlingseigenschaft zuzuerkennen ist. Die Entscheidung des Bundesamtes kann nur nach den Vorschriften des Asylverfahrensgesetzes angefochten werden.«

B. Kommentierung

I. Anwendungsbereich

5 Da gerichtliche Verfahren nach dem AsylVfG grundsätzlich gerichtskostenfrei sind, findet sich eine vergleichbare Wertbestimmung im GKG nicht. § 30 RVG ist damit allein für die Wertberechnung für Rechtsanwaltsgebühren anzuwenden.

Die Gerichtskostenfreiheit in Verfahren nach dem AsylVfG bezieht sich sowohl auf die Hauptsache-, als auch auf Eil- und andere Nebenverfahren. Begründet wird die Gerichtskostenfreiheit für derartige Verfahren damit, dass die Einziehung fälliger Gerichtskosten nicht unerhebliche Probleme bereitet, da viele Kostenschuldner in der Regel entweder mittellos oder nicht mehr auffindbar seien und der hohe Verwaltungsaufwand bei einer notwendigen Niederschlagung der Kosten zu vermeiden sei (BT-Drs. 12/4450, S. 29).

Die sich aus § 83 b Abs. 1 AsylVfG ergebende Gerichtskostenfreiheit ist eine »allgemeine Gerichtskostenfreiheit«. Es kommt daher allein darauf an, ob das Klagebegehren zu den Rechtsstreitigkeiten nach dem AsylVfG als objektiv zugehörig anzusehen ist (vgl. BVerwGE 18, 226; 47, 238; 51, 216).

§ 30 setzt mit einem Anspruch auf Vollständigkeit die Gegenstandswerte für Streitigkeiten nach dem AsylVfG fest, wobei differenzierende Regelungen für die unterschiedlichen Entscheidungsinhalte, für Haupt- und Eilverfahren sowie für eine Auftraggebermehrheit erfolgen.

§ 30 ist auf gerichtliche Verfahren nach dem Asylverfahrensgesetz (AsylVfG) anzuwenden. Nach § 1 AsylVfG gilt dieses Gesetz für Ausländer, die Schutz als politisch Verfolgte nach Art. 16a Abs. 1 GG oder Schutz vor Abschiebung oder einer sonstigen Rückführung in einen Staat beantragen, in dem ihnen die in § 60 Abs. 1 des Aufenthaltsgesetzes bezeichneten Gefahren drohen.

Eine Streitwertfestsetzung von Amts wegen erfolgt aufgrund der Gerichtskostenfreiheit nicht. In der Praxis hat sich durchgesetzt, dass das Bundesverwaltungsgericht am Ende seiner Entscheidungsgründe den Satz anfügt: »*Der Gegenstandswert bemisst sich nach § 30*«, wobei in neuerlichen Entscheidungen gleichzeitig auch auf die geänderte Rechtsprechung des BVerwG zu Verfahren auf Asylanerkennung und/oder Anerkennung als Flüchtling nach § 60 Abs. 1 AufenthG verwiesen wird, vgl. Rn. 12. In Verfahren, in denen sich der gesetzliche Gegenstandswert nicht ohne weiteres aus § 30 ablesen lässt, ist auf Antrag der Streitwert für die Rechtsanwaltsgebühren nach § 33 durch Beschluss festzusetzen.

Eine Beschwerde gegen eine Streitwertfestsetzung ist nicht möglich, siehe Kommentierung unter § 30 Rn. 28.

II. Der Tatbestand im Einzelnen

1. Allgemeines

In den Verfahren, in denen die Asylanerkennung einschließlich der Feststellung der Voraussetzungen nach § 60 Abs. 1 des Aufenthaltsgesetzes und die Feststellung von Abschiebungshindernissen betroffen sind, gilt ein Streitwert i. H. v. € 3.000,00, in sonstigen Klageverfahren i. H. v. € 1.500,00. In den Verfahren des vorläufigen Rechtsschutzes wegen aufenthaltsbeendender Maßnahmen nach dem AsylVfG beträgt der Gegenstandswert € 1.500,00, im Übrigen die Hälfte des Wertes der Hauptsache.

§ 83b Abs. 2 Satz 1 AsylVfG ist teilweise für verfassungswidrig angesehen worden. Nach Auffassung seiner Gegner werde durch diese Vorschrift die Freiheit der Berufsausübung (Art. 12 GG) unzulässig eingeschränkt, da zur Senkung der Kosten im Asylstreitverfahren absichtlich ein unangemessen niedriger Gegenstandswert zugrunde gelegt würde, wodurch Rechtsanwälten in diesem Bereich eine angemessene Vergütung vorenthalten bliebe (Hamb OVG, Beschl. v. 23.11.1983, Az.: BfV 7/96; AuAS 1994, 89). Das Bundesverwaltungsgericht hat jedoch keine verfassungsrechtlichen Bedenken (BVerwG, Beschl. v. 20.01.1994, Az.: 9 B 15/94; AuAS 1994, 88 = EZAR 613 Nr. 30 = DÖV 1994, 386 f. = NVwZ 1994, 586; DVBl. 1994, 537).

Der Gesetzgeber hat sich an der Höhe des Auffangstreitwertes des § 52 Abs. 2 RVG zwar orientiert (seinerzeit zu § 13 Abs. 1 Satz 2 GKG a. F.: BT-Drs. 12/4450, S. 29), eine Verknüpfung mit § 52 Abs. 2 GKG erfolgte jedoch nicht.

2. Klageverfahren nach dem AsylVfG

a) Klagen auf Asylanerkennung

§ 30 Satz 1 RVG bezieht sich auf Klageverfahren, die die Asylanerkennung (Art. 16a GG) zum Gegenstand haben. Eine solche Klage hat einen Gegenstandswert i. H. v. € 3.000,00, ohne Rücksicht darauf, ob weitere Gegenstände – wie z. B. Antrag auf Feststellung der Abschiebungsschutzberechtigung oder Feststellung von Abschiebungshindernissen nach § 60 Abs. 1

Abschnitt 4 – Gegenstandswert

AufenthaltsG geltend gemacht werden, § 30 Abs. 1 Satz 1 Hs. 1 RVG (VGH München AGS 2002, 58). Eine objektive Klagehäufung (Klage wegen Asylanerkennung einschließlich Feststellung der Voraussetzungen nach § 60 Abs. 1 AufenthaltsG hat damit auf den Streitwert i. H. v. € 3.000,00 keinen Einfluss. Für eine Differenzierung z. B. durch Festsetzung einzelner Teilgegenstandswerte ist kein Raum (BVerwG, Beschl. v. 20. 01. 1994, Az.: 9 B 15/94; AuAS 1994, 88 = EZAR 613 Nr. 30 = DÖV 1994, 386 f. = NVwZ 1994, 586; DVBl. 1994, 537).

Der Streitwert beträgt auch dann € 3.000,00, wenn der Verwaltungsrechtsstreit nur wegen der Asylanerkennung geführt wird (BayVGH AuAS 2000, 215).

Klagen eines Bundesbeauftragten werden ebenfalls von § 30 Satz 1 erfasst, wenn sie als Gegenstand die Asylanerkennung haben (BVerwG, Urt. v. 27. 06. 1995, Az.: 9 C 7/95; AuAS 1995, 222).

b) Verfahren nach § 60 Abs. 1 AufenthaltsG

13 Nach einer Entscheidung des BVerwG (BVerwG, Urt. v. 18. 07. 2006, Az.: BVerwG 1 C 15/05 NVwZ 2006, 410 = AuAS 2006, 246) ist bei Verfahren, in denen es um die Feststellung der Voraussetzungen des § 60 Abs. 1 AufenthG und die Feststellung von Abschiebungshindernissen geht, von einem Gegenstandswert von € 3.000,00 auszugehen.

14 Der Gegenstandswert nach § 30 RVG beträgt für die Klage auf Asylanerkennung und/oder Anerkennung als Flüchtling nach § 60 Abs. 1 AufenthG seit Inkrafttretens des Zuwanderungsgesetzes (01. 01. 2005) € 3.000,00 (Grundsatzentscheidung: BVerwG, Beschl. v. 21. 12. 2006, Az.: 1 C 29/03, NVwZ 2007, 469; Beschl. v. 26. 09. 2007, Az.: 10 C 37/07, BeckRS 2007 27283; Beschl. v. 12. 09. 2007, Az.: 10 C 39/07, BeckRS 2007 26678; Beschl. v. 01. 08. 2007, Az.: 1 B 116/05, BeckRS 2007 25504; Beschl. v. 19. 07. 2007, Az.: 10 B 44/07, BeckRS 2007 25084, Urt. v. 12. 06. 2007, Az.: 10 C 24/07, NVwZ 2007, 1330; Urt. v. 20. 03. 2007, Az.: 1 C 21/06, NVwZ 2007, 1089; Beschl. v. 14. 02. 2007, Az.: 1 C 22.04; Beschl. v. 22. 04. 2008, Az.: 10 B 88/07, BeckRS 2008 34922; VG Hannover, Beschl. v. 29. 11. 2007, Az.: 6 A 1904/05, BeckRS 2007 28334; VGH Bad.-Württ, Beschl. v. 05. 07. 2007, Az.: A 2 S 40/07 AuAS 2007, 216 f.; BayVGH, Beschl. v. 12. 06. 2007, Az.: 6 ZB 05.30752; VG Köln, Beschl. v. 18. 04. 2007, Az.: 18 K 3121/06.A; vgl. auch zur Verfassungsmäßigkeit des Gegenstandswerts nach § 30 RVG: BVerfG, Beschl. v. 17. 01. 2006, Az.: 1 BvR 1386/05, m. abl. Anm. von Ton, AGS 2006, 141; **a. A.** (Wert: € 1.500,00) OVG Münster, Beschl. v. 17. 07. 2007, Az.: 15 A 2119/02, NVwZ-RR 2008, 216; vgl. dazu auch OVG Münster Beschl. v. 23. 05. 2007, Az.: 16 A 3938/05; NVwZ-RR 2007, 430; BVerwG NVwZ 2007, 469; VG Oldenburg Beschl. v. 26. 03. 2007, Az.: 4 A 3057/05; VG Minden Beschl. v. 23. 04. 2007, Az.: 10 K 2565/06.A).

15 Aus den Gründen (BVerwG v. 12. 12. 2006, a. a.O Rn. 14):

»[4] a) Allerdings hält der Senat an der Rechtsprechung des früher für das Asylrecht zuständigen 9. Senats (Buchholz 402,25 § 83 b AsylVfG Nr. 1 = NVwZ 1994, 586 L) zur Auslegung des § 83 b II AsylVfG a. F., der seit 01. 07. 2004 durch den wortgleichen § 30 RVG ersetzt worden ist, nicht mehr fest. Danach war nur bei Klageverfahren, die die Asylanerkennung nach Art. 16 a GG betrafen oder einschlossen, der höhere Gegenstandswert von 3000 Euro maßgeblich. Dagegen war bei allen anderen Klagen, die lediglich asylrechtlichen und/oder ausländerrechtlichen Abschiebungsschutz nach § 51 I, § 53 AuslG betrafen, der Gegenstandswert für sonstige Klageverfahren in Höhe von 1500 Euro anzusetzen (). Diese Auslegung beruhte maßgeblich auf dem besonderen Schutz und Status, den Art. 16 a GG als Grundrecht in weitergehender Weise als das damals so genannte »kleine Asyl« nach § 51 I AuslG vermittelt. Sie ist angesichts der seither ständig wachsenden Bedeutung und namentlich angesichts der gesetzlichen Ausweitung des Schutzumfangs sowie der weitgehenden Angleichung des Status der als Flüchtlinge im Sinne der Genfer Konvention (GenfFK) Anerkannten, bei denen die Voraussetzungen des § 60 I AufenthG vorliegen, durch das am 01. 01. 2005 in Kraft getretene Zuwanderungsgesetz nicht mehr gerechtfertigt. So hat der anerkannte Flüchtling nunmehr nach § 25 II AufenthG die gleiche aufenthaltsrechtliche Stellung wie der Asylberechtigte nach § 25 I AufenthG (vgl. für die Niederlassungserlaubnis auch § 26 III AufenthG, für den Widerruf des Aufenthaltstitels § 52 I Nr. 4 Auf-

Gegenstandswert in gerichtlichen Verfahren nach dem Asylverfahrensgesetz | § 30

enthG sowie für die Ausweisung § 56 I Nr. 5 und IV AufenthG). Auch die Rechtsstellung der Familienangehörigen unterscheidet sich aufenthaltsrechtlich nicht mehr (§ 29 II AufenthG). Außerdem hat der Gesetzgeber – entsprechend dem Familienasyl – einen Anspruch auf Familienabschiebungsschutz nach § 26 IV AsylVfG eingeführt. Mit der Angleichung ist die aufenthaltsrechtliche Stellung des anerkannten Asylberechtigten sogar insoweit »verschlechtert« worden, als er nach § 26 I AufenthG nur noch eine für längstens drei Jahre befristete Aufenthaltserlaubnis – und nicht mehr wie bisher eine unbefristete Aufenthaltserlaubnis (§ 68 I AsylVfG a. F.) – erhält. Der Senat hat ferner berücksichtigt, dass die Richtlinie 2004/83/EG des Rates der Europäischen Union vom 29. 04. 2004 (ABlEG Nr. L 304 vom 30. 09. 2004, S. 12 – Qualifikationsrichtlinie) künftig einen vorrangigen asylrechtlichen Schutz in Anknüpfung an den Flüchtlingsbegriff i. S. von Art. 1 GenfFK vorsieht.

[5] Nach der Auffassung des Senats ist § 30 RVG daher für die Zeit seit Inkrafttreten des Zuwanderungsgesetzes dahin gehend auszulegen, dass Klageverfahren, die die Asylanerkennung und/oder die Flüchtlingsanerkennung nach § 60 I AufenthG betreffen (gegebenenfalls einschließlich weiterer nachrangiger Schutzbegehren), mit einem Wert von 3000 Euro zu veranschlagen sind. Das gilt – wie bisher – auch dann, wenn zusätzlich Abschiebungsverbote nach § 60 II, II, V oder VII AufenthG nicht geltend gemacht werden. Danach ist auch für Klageverfahren, die nicht die Asylanerkennung, sondern nur die Anerkennung als Konventionsflüchtling nach § 60 I AufenthG (gegebenenfalls einschließlich weiterer nachrangiger Schutzbegehren) zum Gegenstand haben, ebenso wie für entsprechende Streitverfahren um den Widerruf oder die Rücknahme dieses Status nach § 73 I und II AsylVfG (vgl. das vom Prozessbevollmächtigten der Kl. angeführte Urteil vom 18. 07. 2006, NVwZ 2006, 410, insoweit nicht abgedruckt in AuAS 2006, 246, auch nicht in juris) nunmehr ein Gegenstandswert von 3000 Euro anzusetzen.

[6] b) Diese neue Auslegung des § 30 RVG gilt allerdings erst für die Rechtslage ab 01. 01. 2005 und deshalb nicht für solche Verfahren, in denen die Rechtsanwaltsvergütung nach dem bisherigen, vor dem Inkrafttreten des Zuwanderungsgesetzes am 01. 01. 2005 geltenden niedrigeren Gegenstandswert zu berechnen ist (vgl. den Rechtsgedanken der Übergangsvorschriften in § 60 I RVG, § 134 I BRAGO). Danach ist hier entgegen der Ansicht der Beschwerde für das Revisionsverfahren von einem Gegenstandswert von 1500 Euro auszugehen, da der unbedingte Auftrag zur Vertretung in dem seit Januar 2004 anhängigen, von der Gegenseite betriebenen Revisionsverfahren dem Prozessbevollmächtigten der Kl. vor dem Inkrafttreten des Zuwanderungsgesetzes erteilt worden ist (vgl. zur Maßgeblichkeit des Zeitpunkts des unbedingten Auftrags zur Vertretung in dem Verfahren über ein von der Gegenseite eingelegtes Rechtsmittel nach der entsprechenden Vorschrift des § 61 I RVG im Einzelnen BVerwG, Buchholz 363 § 56 RVG Nr. 1 = NVwZ-RR 2006, 359).«

16 An der Rechtsprechung des BVerwG (NVwZ 2007, 469), wonach der Gegenstandswert auch dann auf € 3.000,00 festzusetzen ist, wenn der Streitgegenstand allein die Verpflichtung zur Feststellung der Voraussetzungen des § 60 Abs. 1 AufenthG ist, wird auch nach der Änderung des § 30 RVG durch das 2. Justizmodernisierungsgesetz v. 22. 12. 2006 festgehalten (VG Stuttgart, Beschl. v. 16. 05. 2007, Az.: A 4 K 136/07, NVwZ-RR 2007, 640). Damit schließt sich das VG Stuttgart der Rechtsprechung des BVerwG an. Das VG Stuttgart ist nicht der Auffassung, dass der Wortlaut in § 30 »Asylanerkennung »einschließlich« der Feststellung der Voraussetzungen des § 60 Abs. 1 AufenthG« zwingend kumulativ zu sehen ist. Denkbar ist nach Ansicht des VG Stuttgart auch, dass auch dann, wenn nur die Feststellung nach § 60 Abs. 1 AufenthG Streitgegenstand ist, der Gegenstandswert € 3.000,00 betragen soll und nur in allen anderen denkbaren Streitigkeiten nach dem AsylVerfG der Wert € 1.500,00 beträgt. Eine losgelöste Betrachtung von § 13 Abs. 2 AsylVerfG komme nicht in Betracht, denn schließlich sei in den Fällen, »in denen der Asylbewerber die Anerkennung der Asylberechtigung begehrt, zwingend kraft Gesetzes Verfahrens- bzw. Streitgegenstand auch die Festsstellung der Voraussetzungen des § 60 I AufenthG, ohne dass der Asylbewerber dieses beeinflussen könnte«. Dann aber hätte der Gesetzgeber eigentlich für gerade diesen Fall gar keine besondere, die »Einschließlichkeit« betonende Regelung treffen müssen, da diese ohnehin gesetzlich vorgeben ist. Er hätte dann nur formulieren müssen, »... in Klageverfahren, die die Asylberechtigung betreffen, 3000 Euro, in sonstigen Klageverfahren 1500 Euro ...«. Die

Abschnitt 4 – Gegenstandswert

Materialien des Gesetzgebungsverfahrens sind im Übrigen unergiebig (vgl. BT-Dr 12/4450, 29).« (VG Stuttgart, a. a. O.).

17 »1. Gibt der Prozessbevollmächtigte nach erfolgreicher Klage hinsichtlich der Rechtsstellung des § 51 Abs. 1 AuslG/§ 60 Abs. 1 AufenthG im Kostenfestsetzungsantrag irrtümlich – etwa in Unkenntnis der geänderten Rechtsprechung des Bundesverwaltungsgerichts zu § 30 RVG (vgl. Beschlüsse vom 21. 12. 2006 – 1 C 29.03 –, NVwZ 2007, 469 und vom 14. 02. 2007 – 1 C 22.04 –) einen Gegenstandswert von 1.500 EUR an und liegt dieser dem Kostenfestsetzungsbeschluss zugrunde, stehen einer Nachfestsetzung auf Grundlage eines Gegenstandswertes von 3.000 EUR weder die Rechtskraft des vorangegangenen Kostenfestsetzungsbeschlusses noch Grundsätze von Treu und Glauben entgegen.

(amtlicher Leitsatz) 2. Dieser Anspruch auf Nachfestsetzung verjährt nach Rechtskraft der Kostengrundentscheidung gemäß § 197 Abs. 1 Nr. 3 BGB in dreißig Jahren.« (VG Sigmaringen, Beschl. v. 13. 03. 2008, Az.: 5 K 396/08 BeckRS 2008 33853; vgl. zur Verjährung des Kostenerstattungsanspruchs auch: BGH, Beschl. v. 23. 03. 2006, Az.: V ZB 189/05 NJW 2006, 1962).«

c) Sonstige Klagen

18 Nach § 30 Satz 1 letzter Hs. beträgt der Streitwert in **sonstigen** Klageverfahren € 1.500,00.

Das BVerwG hat in einer vielfach zitierten Entscheidung beschlossen, dass bei isoliertem Abschiebungsschutz nach § 51 Abs. 1 AuslG die Regelung des § 83 b Abs. 2 Satz 2 Hs. 1 AsylVfG anzuwenden ist, so dass insgesamt der Streitwert von nur DM 3.000,00 (nach der Euro-Umstellung durch das KostREuroUG = € 1.500,00) zugrunde gelegt wurde (BVerwG, Beschl. v. 20. 01. 1994, Az.: 9 B 15/94; AuAS 1994, 88 = EZAR 613 Nr. 30 = DÖV 1994, 386 f. = NVwZ 1994, 586; DVBl. 1994, 537).

19 Das Asylverfahrensgesetz ist zuletzt geändert worden Artikel 3 des Gesetzes vom 19. August 2007 (BGBl. I, S. 1970). Unter »sonstige Verfahren« sind z. B. die folgenden zu verstehen:

– Klage auf Gewährung der Einreise, §§ 18 Abs. 2, 4, 18 a Abs. 6 AsylVfG
– Klage gegen Zurückschiebung, § 18 Abs. 3 AsylVfG
– Klage gegen Abschiebungsandrohung, § 34 Abs. 1 AsylVfG
– Klage gegen Abschiebungsanordnung, § 34 a AsylVfG
– Klage gegen Durchsetzung der Ausreisepflicht, § 36 Abs. 1 AsylVfG
– Klage gegen Zuweisungsentscheidung, § 50 Abs. 1 AsylVfG
– Klage gegen länderübergreifende Verteilung, § 51 Abs. 1 AsylVfG
– Klage auf vorübergehendes Verlassen des Aufenthaltsbereichs einer Aufnahmeeinrichtung, § 57 Abs. 1 AsylVfG
– Klage gegen Auflagen, § 60 AsylVfG
– usw.

20 Unerheblich ist dabei, ob die Verwaltungsbehörde die Streitigkeit fälschlich als Verfahren nach dem Asylverfahrensgesetz einordnet. Für die Anwendbarkeit des § 30 kommt es allein auf die rechtliche Behandlung an, auch wenn diese nach objektiver Sicht falsch ist (BVerwG NVwZ 1993, 276).

3. Mehrere am Verfahren Beteiligte

21 Sind mehrere natürliche Personen an demselben Verfahren beteiligt, erhöht sich der Wert für jede weitere Person in Klageverfahren um € 900,00 und in Verfahren des vorläufigen Rechtsschutzes für jede weitere Person um € 600,00.

Nach § 30 Satz 2 kommt es bei einer Erhöhung des Streitwerts nicht darauf an, ob die weitere Person ein Familienmitglied ist.

Auch wird nicht mehr unterschieden, ob es sich bei den weiteren Personen zahlenmäßig um die z. B. zweite, dritte oder vierte Person handelt.

Jeder weitere Auftraggeber ist wertmäßig gleich behandelt und erhöht den Streitwert um jeweils € 900,00 bzw. € 600,00.

Bei der Erhöhung für jede weitere Person um € 900,00 wird auch hinsichtlich der Klageverfahren keine Unterscheidung mehr getroffen. Es ist daher unerheblich, ob es sich um ein Klageverfahren auf Asylanerkennung oder aber um ein sonstiges Klageverfahren i. S. von § 30 Satz 1 Hs. 2 handelt. Es wird immer um jeweils € 900,00 im Klageverfahren erhöht.

In den Verfahren des vorläufigen Rechtsschutzes beträgt die Erhöhung unter den gleichen Voraussetzungen wie zuvor genannt € 600,00 je weitere durch den Rechtsanwalt vertretene Person. Auch hier spielt der Gegenstand des Verfahrens keine Rolle.

Die Werterhöhung greift auch dann, wenn separat eingereichte Klagen oder Anträge zur gemeinsamen Entscheidung miteinander verbunden worden sind. Dies gilt jedoch nicht, wenn die Verfahren nur zur gemeinsamen Verhandlung verbunden wurden und ihre verfahrensrechtliche Selbständigkeit und damit auch ihre jeweiligen Aktenzeichen behalten. Dies ergibt sich aus der Formulierung in § 30 Satz 3, wenn es dort heißt »*demselben Verfahren*«.

Eine Werterhöhung soll auch dann vorgenommen werden können, wenn die mehreren Personen von verschiedenen Bevollmächtigten vertreten werden, wie dies sehr häufig bei nachträglich verbundenen Verfahren vorkommt, wobei die Erhöhung damit begründet wird, dass der Gegenstandswert verfahrensbezogen und nicht personenbezogen festgesetzt wird. Wäre die Erhöhung personenbezogen zu betrachten, und nicht verfahrensbezogen, hätte nach Ansicht der Verfasserin der Gesetzgeber die Formulierung »**sind mehrere natürliche Personen an demselben Verfahren beteiligt, erhöht sich der Wert für jeden weiteren Auftraggeber**« gewählt.

Ein Fall der Streitgenossenschaft (§ 64 VwGO) ist zudem in Asylverfahren eigentlich nicht denkbar.

- **Beispiel**

Ein Rechtsanwalt vertritt eine Frau in einem Klageverfahren auf Asylanerkennung. Ihr Ehemann wird von einem anderen Rechtsanwalt vertreten. Die Verfahren werden verbunden. Der Streitwert beträgt nach § 30 Satz 1 Hs. 1 und Satz 3 € 3.900,00. Die anwaltlichen Vertreter können für die Klageeinreichung jeweils eine 1,3 Verfahrensgebühr nach Nr. 3100 berechnen.

Beantragen mehrere Familienmitglieder ihre **Einbürgerung**, ist Satz 3 nicht anwendbar (VGH Baden-Württemberg AGS 1997, 41; OVG Münster, Beschl. v. 22.03.2002, Az.: 19 E 205/02 (zitiert nach juris).

4. Vorläufiger Rechtsschutz

In Verfahren des vorläufigen Rechtsschutzes wegen aufenthaltsbeendender Maßnahmen nach dem AsylVfG beträgt der Gegenstandswert nach § 30 Satz 2 regelmäßig € 1.500,00. Mit dieser Regelung dürften vorwiegend Verfahren wegen Abschiebungsschutz betroffen sein.

In **anderen** Verfahren des vorläufigen Rechtsschutzes nach dem AsylVfG ist für den Gegenstandswert die Hälfte des Wertes der Hauptsache anzunehmen, somit regelmäßig € 750,00. Vor der Einführung des § 83b AsylVfG hatte die obergerichtliche Rechtsprechung wegen der Bedeutung dieser Angelegenheiten für den Asylsuchenden und auch deswegen, weil er mit dem Eilrechtsschutzantrag dasselbe Ziel wie mit einer Asylklage verfolgt, den vollen Auffangstreitwert des § 13 Abs. 1 Satz 2 GKG a. F. zugrunde gelegt (OVG Bremen InfAuslR 1987, 203; OVG Hamburg EZAR 613 Nr. 19; OVG RhPf DÖV 1983, 209; OVG NW, Beschl. v. 01.07.1988, Az.: 18 B 22541/87; **a. A.:** BayVGH, Beschl. v. 29.06.1987, Nr. 19 C 87.30413: DM 3.000,00; ebenso Hess.VGH EZAR 613 Nr. 23). Diese Rechtsprechung ist jedoch nach der klaren gesetzlichen Regelung nicht mehr anwendbar.

Abschnitt 4 – Gegenstandswert

Eine entsprechende Erhöhung des Streitwerts findet in Eilrechtsschutzanträgen dann statt, wenn mehrere natürliche Personen an demselben Verfahren beteiligt sind und zwar für jede weitere Person um € 600,00, vgl. dazu auch die Kommentierung unter Rn. 21.

5. Beschwerde gegen Festsetzung des Gegenstandswerts

28 Da nach § 80 AsylVfG die Beschwerde – vorbehaltlich des § 133 Verwaltungsgerichtsordnung betreffend Nichtzulassungsbeschwerde gegen Nichtzulassung der Revision – gegen Entscheidungen in Rechtsstreitigkeiten nach dem AsylVfG ausgeschlossen ist, kann auch gegen einen Streitwertbeschluss eine Beschwerde **nicht** eingereicht werden (OVG Hamburg, Beschl. v. 11.03.1999, Az.: 4 So 15/99.A – zitiert nach Juris).

6. Auswirkungen auf die Praxis

29 Es bedarf keiner näheren Darlegung, dass der in § 30 geregelte Streitwert in vielen Fällen das Gebührenaufkommen in derartigen Verfahren nicht angemessen honoriert. Zwar ist aufgrund der Begrenzung des Streitwerts auf € 1.500,00 bzw. € 3.000,00 auch in PKH-Verfahren häufig die Tabelle zu § 13 Abs. 1 anzuwenden und die PKH-Tabelle nach § 49 nur in den Fällen, in denen mehrere natürliche Personen am Verfahren beteiligt sind und der Wert über € 3.000,00 liegt. Dies wird dennoch in arbeitsintensiven Fällen häufig nicht zu angemessenen Gebühren führen. Der Rechtsanwalt sollte daher prüfen, ob die Möglichkeit besteht, mit dem Mandanten eine Vergütungsvereinbarung (z. B. für ein pauschales Zusatzhonorar) zu treffen. Zur Sicherung seiner Vergütungsansprüche ist anzuraten, einen entsprechenden Vorschuss zu verlangen.

§ 31
Gegenstandswert in gerichtlichen Verfahren nach dem Spruchverfahrensgesetz

(1) ¹Vertritt der Rechtsanwalt im Verfahren nach dem Spruchverfahrensgesetz einen von mehreren Antragstellern, bestimmt sich der Gegenstandswert nach dem Bruchteil des für die Gerichtsgebühren geltenden Geschäftswerts, der sich aus dem Verhältnis der Anzahl der Anteile des Auftraggebers zu der Gesamtzahl der Anteile aller Antragsteller ergibt. ²Maßgeblicher Zeitpunkt für die Bestimmung der auf die einzelnen Antragsteller entfallenden Anzahl der Anteile ist der jeweilige Zeitpunkt der Antragstellung. ³Ist die Anzahl der auf einen Antragsteller entfallenden Anteile nicht gerichtsbekannt, wird vermutet, dass er lediglich einen Anteil hält. ⁴Der Wert beträgt mindestens 5.000 EUR.

(2) Wird der Rechtsanwalt von mehreren Antragstellern beauftragt, sind die auf die einzelnen Antragsteller entfallenden Werte zusammenzurechnen; Nummer 1008 des Vergütungsverzeichnisses ist insoweit nicht anzuwenden.

Inhaltsübersicht

	Rn.		Rn.
A. Allgemeines	1	2. Zeitpunkt der Antragstellung	13
B. Kommentierung	3	3. Unterlassene Angaben	14
I. Anwendungsbereich / Normzweck	3	4. Wertfestsetzung	15
II. Der Tatbestand im Einzelnen	12	5. Mehrere Auftraggeber	16
1. Mehrere Antragsteller	12	6. Selbstvertretung durch RA	17

A. Allgemeines

§ 31 hat § 8 Abs. 1a BRAGO, der selbst erst kurz vor dem KostRMoG am 01.09.2003 in Kraft getreten war, ersetzt. Das Spruchverfahrensgesetz (SpruchG) vom 12.06.2003 wurde am 17.06.2003 verkündet und im Bundesgesetzblatt I Nr. 25, S. 838 verabschiedet. Es ist zum 18.06.2003 bzw. 01.09.2003 in Kraft getreten und wurde zuletzt geändert durch Artikel 2 des Gesetzes vom 19.04.2007 (BGBl. I, S. 542). 1

Im Aktiengesetz (AktG) und im Umwandlungsgesetz (UmwG) ist das gesellschaftsrechtliche Spruchverfahren vorgesehen, um bei unternehmerischen Strukturmaßnahmen den Minderheitsgesellschaftern, die Anspruch auf einen angemessenen Ausgleich bzw. eine Abfindung haben, effektiven Rechtsschutz zu gewähren, ohne dass die Umstrukturierung durch etwaige Anfechtungsklagen blockiert werden kann. Diese Spruchverfahren dauern in der Praxis häufig sehr lange, durchschnittlich fünf Jahre. In einzelnen Fällen kann ein Spruchverfahren darüber hinaus noch erheblich länger andauern. Damit die Dauer derartiger Spruchverfahren erheblich gestrafft und verkürzt werden kann, ist zum 01. September 2003 das Spruchverfahrensgesetz (SpruchG) in Kraft getreten. Das SpruchG konzentriert die Vorschriften zum gerichtlichen Verfahren und legt den Beteiligten umfassende Pflichten zur Verfahrensförderung auf. Mit dem SpruchG sollte durch die Verkürzung der Verfahrensdauer auch eine Entlastung der Gerichte erfolgen. Ein wesentlicher Punkt zur Verfahrensstraffung sollte in der Vermeidung der früher üblichen »flächendeckenden« Gutachten bestehen und es sollte die verstärkte Konzentration auf den Bericht eines künftig generell vom Gericht zu bestellenden sachverständigen Prüfers vermieden werden. 2

Abschnitt 4 – Gegenstandswert

B. Kommentierung

I. Anwendungsbereich/Normzweck

3 Wird ein Rechtsanwalt zum gemeinsamen Vertreter von Antragsberechtigten, die selbst nicht Antragsteller sind, zur Wahrung ihrer Rechte frühzeitig bestellt, so kann dieser nach § 6 Abs. 2 SpruchG vom Antragsgegner den Ersatz seiner Auslagen und Vergütung nach dem RVG verlangen. Die Auslagen und die Vergütung werden durch das Gericht festgesetzt, § 6 Abs. 2 Satz 2 SpruchG. Für den gemeinsamen Vertreter gilt allerdings, dass das Gericht nur die Hälfte des für die Gerichtsgebühren maßgeblichen Geschäftswerts zugrunde zu legen hat, § 6 Abs. 2 Satz 3 SpruchG. Nach § 8 SpruchG soll durch mündliche Verhandlung entschieden werden.

4 § 31 regelt die Wertberechnung für die Vergütung des Rechtsanwalts, wenn er nicht alle am Spruchverfahren beteiligten Antragsteller vertritt, sondern nur einen oder einige von mehreren. Vertritt der Rechtsanwalt alle Antragsteller, ist für die Anwendung von § 31 kein Raum, da eine entsprechende Quotelung entfällt.

5 Der Gegenstandswert für das Verfahren selbst ergibt sich nicht aus § 31, sondern vielmehr aus § 15 SpruchG:

»§ 15 Kosten

(1) Für die Gerichtskosten sind die Vorschriften der Kostenordnung anzuwenden, soweit nachfolgend nichts anderes bestimmt ist. Als Geschäftswert ist der Betrag anzunehmen, der von allen in § 3 genannten Antragsberechtigten nach der Entscheidung des Gerichts zusätzlich zu dem ursprünglich angebotenen Betrag insgesamt gefordert werden kann; er beträgt mindestens 200.000 und höchstens 7,5 Millionen Euro. Maßgeblicher Zeitpunkt für die Bestimmung des Werts ist der Tag nach Ablauf der Antragsfrist (§ 4 Abs. 1). Der Geschäftswert ist von Amts wegen festzusetzen. Für das Verfahren des ersten Rechtszugs wird die volle Gebühr erhoben. Kommt es in der Hauptsache zu einer gerichtlichen Entscheidung, erhöht sich die Gebühr auf das Vierfache der vollen Gebühr; dies gilt nicht, wenn lediglich ein Beschluss nach § 11 Abs. 4 Satz 2 ergeht. Für den zweiten Rechtszug wird die gleiche Gebühr erhoben; dies gilt auch dann, wenn die Beschwerde Erfolg hat.

(2) Schuldner der Gerichtskosten ist nur der Antragsgegner. Diese Kosten können ganz oder zum Teil den Antragstellern auferlegt werden, wenn dies der Billigkeit entspricht; die Haftung des Antragsgegners für die Gerichtskosten bleibt hiervon unberührt.

(3) Der Antragsgegner hat einen zur Deckung der Auslagen hinreichenden Vorschuss zu zahlen. § 8 der Kostenordnung ist nicht anzuwenden.

(4) Das Gericht ordnet an, dass die Kosten der Antragsteller, die zur zweckentsprechenden Erledigung der Angelegenheit notwendig waren, ganz oder zum Teil vom Antragsgegner zu erstatten sind, wenn dies unter Berücksichtigung des Ausgangs des Verfahrens der Billigkeit entspricht.«

6 Die Gebühren für die Vertretung einer Partei in einem Verfahren nach dem SpruchG bestimmen sich nach dem RVG nach Teil 3 des Vergütungsverzeichnisses.

Sowohl der Rechtsanwalt, der einen Antragsteller vertritt, als auch der nach § 6 SpruchG bestellte gemeinsame Vertreter können daher eine 1,3 Verfahrensgebühr nach Nr. 3100 sowie eine 1,2 Terminsgebühr nach Nr. 3104 (ggf. 0,5 Terminsgebühr nach Nr. 3105) verdienen. Für die Gerichtskosten sind nach § 15 SpruchG die Vorschriften der KostO anzuwenden, soweit in § 15 SpruchG selbst nichts anderes geregelt ist. Das SpruchG richtet sich nach dem FGG, § 17 SpruchG. Nach § 15 Abs. 1 Satz 2 SpruchG ist als Geschäftswert der Betrag anzunehmen, der von allen in § 3 SpruchG genannten Antragsberechtigten nach der Entscheidung des Gerichts zusätzlich zu dem ursprünglich angebotenen Betrag insgesamt gefordert werden kann; er beträgt mindestens € 200.000,00 und höchstens € 7,5 Mio. Maßgeblicher Zeitpunkt für die Bestimmung des Werts ist nach § 15 Abs. 1 Satz 4 SpruchG der Tag nach Ablauf der in § 4 Abs. 1 SpruchG geregelten Antragsfrist.

Für den Rechtsanwaltsgebührenwert enthält § 31 eine eigene Wertbestimmung. Zu beachten ist dabei, dass § 31 allein auf die Vertretung eines von mehreren Antrag**stellern** abstellt. Für den Vertreter des Antrags**gegners** gilt über § 23 Abs. 1 Satz 1 die für die Gerichtsgebühren geltende Wertvorschrift des § 15 SpruchG (so auch Hartmann Kostengesetze § 31 RVG Rn. 2). § 31 ist somit nur anwendbar, soweit der Rechtsanwalt lediglich **einen von mehreren** Antragstellern vertritt. Ist nur ein einziger Antragsteller vorhanden, was selten der Fall ist, so gilt ebenfalls über § 23 Abs. 1 Satz 1 RVG die Anwendung des § 15 SpruchG.

Wird der Antrag im Spruchverfahren als unzulässig zurückgewiesen, ist der Mindestwert von € 200.000,00 als Geschäftswert festzusetzen (OLG Frankfurt, Beschl. v. 10.10.2005, Az.: 20 W 235/05, NZG 2006, 951; OLG Düsseldorf, Beschl. v. 10.08.2004, Az.: 19 W 6/04, NZG 2004, 1171; OLG Stuttgart, Beschl. v. 31.03.2004, Az.: 20 W 4/04, NZG 2004, 625); dies gilt selbst dann, wenn es überhaupt nicht zu einer gerichtlichen Entscheidung kommt (OLG Düsseldorf, a.a.O). 7

Der Geschäftswert für die Gerichtsgebühr kann auch bei einer Beschwerde über die Zurückweisung eines Antrags auf Einleitung eines Spruchverfahrens als unzulässig nicht unter dem Mindestwert von € 200.000,00 festgesetzt werden (OLG Frankfurt, Beschl. v. 28.01.2008 – 20 W 443/07, ZIP 2008, 1036; Fortführung von OLG Frankfurt, Beschl. v. 10.10.2005, 20 W 235/05, NZG 2006, 951 = AG 2005, 890). 8

Sofern im Spruchverfahren eine sofortige Beschwerde erfolgt, wird § 30 KostO durch § 15 Abs. 1 Satz 2 SpruchG verdrängt; etwas anderes gilt, wenn lediglich eine Zwischenentscheidung, wie z. B. ein Beweisbeschluss angegriffen wird. In solchen Fällen kommt § 15 Abs. 1 Satz 2 SpruchG nicht zur Anwendung (es gilt ein Teil des Hauptwertes als Gegenstandswert; § 30 Abs. 1 KostO kann analog herangezogen werden (OLG Karlsruhe, Beschl. v. 15.08.2007, Az.: 12 W 21/07, BeckRS 2007, 14660)). 9

Bei einer Antragsrücknahme ist die volle Gebühr zu erheben; § 130 Abs. 2 KostO kommt nicht analog zur Anwendung (OLG Düsseldorf, Beschl. v. 31.05.2007, Az.: 10 W 53/07, OLGReport Hamm 2007, 604). 10

Auch in sogenannten Alt-Verfahren, die vor Inkrafttreten des SpruchG anhängig wurden, können im Rahmen der Ermessensentscheidung zur Festsetzung des Geschäftswerts die Kriterien des § 15 SpruchG berücksichtigt werden (OLG München, Beschl. v. 30.11.2006, Az.: 31 Wx 59/06, NJOZ 2007, 584). 11

II. Der Tatbestand im Einzelnen

1. Mehrere Antragsteller

Für den Regelfall, dass mehrere Antragsteller vorhanden sind, ist in § 31 vorgesehen, dass sich der Wert für jeden Anwalt nur auf einen Bruchteil beläuft. Dies hängt u. a. damit zusammen, dass die außergerichtlichen Kosten der Antragsteller in einem für sie erfolgreichen Verfahren ganz bzw. z. T. dem Antragsgegner auferlegt werden können, so dass sich der Gesetzgeber bemüßigt sah, das Kostenrisiko des Antragsgegners auf ein vertretbares Maß zu beschränken (BT-Drs. 15/371, S. 19 zu Art. 6: Änderung der Bundesgebührenordnung für Rechtsanwälte). Auch hält der Gesetzgeber die Regelung des § 31 für sachgerecht, da die Interessen des Antragstellervertreters angemessen berücksichtigt werden, weil das wirtschaftliche Interesse jedes Antragstellers i. d. R. nur einen Bruchteil des Interesses des Antragsgegners ausmacht. Daher ist in § 31 geregelt, dass sich der Gegenstandswert nach dem Bruchteil des für die Gerichtsgebühren geltenden Geschäftswerts, der sich aus dem Verhältnis der Anzahl der Anteile des Auftraggebers zu der Gesamtzahl der Anteile aller Antragsteller ergibt, 12

Abschnitt 4 – Gegenstandswert

bemisst (Geschäftswert dividiert durch Zahl aller Anteile der Antragsteller multipliziert mit Zahl der Anteile des einzelnen Antragstellers = Gegenstandswert). Diese Berechnungsmethode entspricht der Rechtsprechung des BGH (vgl. AGS 1999, 181) und damit auch der herrschenden Meinung. Die Gesamtzahl der Anteile aller Antragsberechtigten, somit auch derjenigen, die keinen Antrag gestellt haben, wird als Referenzgröße für ungeeignet erachtet. Den nicht antragstellenden außenstehenden Anteilsinhabern kommt allenfalls die Stellung von Nebenintervenienten zu, daher kann ihnen nach Ansicht des BGH der Streitgegenstand auch nicht teilweise zugerechnet werden (vgl. BGH, a. a. O.; *Römermann* in Hartung/Römermann/Schons RVG § 31 Rn. 9).

2. Zeitpunkt der Antragstellung

13 Für die Berechnung der auf die einzelnen Antragsteller entfallenden Anzahl der Anteile ist der jeweilige Zeitpunkt der Antragstellung maßgeblich. Mit dieser Regelung in § 31 Abs. 1 Satz 2 wird erreicht, dass der einmal ermittelte Wert während der gesamten Dauer des Verfahrens gilt, unabhängig davon, ob und ggf. wie sich der Bestand der gegenständlichen Anteile bis zur Entscheidung noch verändert.

3. Unterlassene Angaben

14 In § 4 Abs. 2 Satz 3 SpruchG ist geregelt, dass sich die Zahl der vom Antragsteller gehaltenen Anteile aus der Antragsbegründung ergeben soll. In § 31 Abs. 1 Satz 3 ist eine Auffangvorschrift enthalten für die Fälle, in denen ein Antragsteller die Angaben unterlassen hat und die Anzahl der von ihm gehaltenen Anteile auch nicht anderweitig gerichtsbekannt ist. In diesen Fällen wird vermutet, dass der Antragsteller lediglich einen Anteil hält. Damit soll verhindert werden, dass die Festsetzung des Gegenstandswertes daran scheitert, dass ein Antragsteller seiner Verpflichtung aus § 4 Abs. 2 Satz 3 SpruchG nicht nachkommt. Da der Gegenstandswert von Amts wegen festzusetzen ist, § 15 Abs. 1 Satz 4 SpruchG, könnte die fehlende Angabe die Wertfestsetzung ansonsten verhindern. Im Interesse der Rechtsanwälte beträgt der Mindestwert € 5.000,00, § 31 Abs. 1 Satz 4 RVG.

4. Wertfestsetzung

15 Kommt für den Rechtsanwalt die Anwendung des § 31 in Frage, da er nur einen von mehreren Antragstellern vertritt, so wird er seinen Streitwert regelmäßig nach § 33 festsetzen lassen müssen, da sich der Wert für die Berechnung der Anwaltsgebühren in diesen Fällen nicht mit dem Wert für die Gerichtsgebühren deckt. In diesem Zusammenhang wird darauf hingewiesen, dass die Streitwertbeschwerde nach § 33 nach wie vor der 2-Wochen-Frist (ab Zustellung der Entscheidung) unterliegt, im Gegensatz zur Streitwertbeschwerde nach § 32 RVG i. V. m. § 31 Abs. 1 KostO, die innerhalb von sechs Monaten nach Rechtskraft der Entscheidung oder anderweitiger Erledigung noch eingelegt werden kann.

5. Mehrere Auftraggeber

16 Nach Abs. 2 des § 31 erhält der Rechtsanwalt, wenn er von mehreren Antragstellern beauftragt wird, die Gebühren aus dem addierten Wert nur einmal. Klarstellend fügt der Gesetzgeber an, dass Nr. 1008 des Vergütungsverzeichnisses nicht anzuwenden ist. Dabei sind die auf die einzelnen Antragsteller entfallenden Werte zusammenzurechnen.

6. Selbstvertretung durch RA

17 Ein Rechtsanwalt, der in einem Spruchverfahren selbst Antragsteller ist, kann für die Vertretung in eigener Sache keine Gebühren verlangen, da § 91 Abs. 2 Satz 3 ZPO in FG-Angelegenheiten nicht zur Anwendung kommen kann (BayObLG, Beschl. v. 17. 05. 2006, Az.: 3Z BR 71/00, NJW-RR 2007, 773; OLG München, Beschl. v. 30. 11. 2006, Az.: 31 Wx 59/06, NJOZ 2007, 584).

§ 31a
Ausschlussverfahren nach dem Wertpapiererwerbs- und Übernahmegesetz

¹Vertritt der Rechtsanwalt im Ausschlussverfahren nach § 39 b des Wertpapiererwerbs- und Übernahmegesetzes einen Antragsgegner, bestimmt sich der Gegenstandswert nach dem Wert der Aktien, die dem Auftraggeber im Zeitpunkt der Antragstellung gehören. ²§ 31 Abs. 1 Satz 2 bis 4 und Abs. 2 gilt entsprechend.

A. Allgemeines

Durch Art. 3 des »Gesetz(es) zur Umsetzung der Richtlinie 2004/25/EG des Europäischen Parlaments und des Rates vom 21. April 2004 betreffend Übernahmeangebote (Übernahmerichtlinie-Umsetzungsgesetz)« vom 08.07.2006 (BGBl. I, S. 1426) wurde § 31 a RVG m. W. v. 14.07.2006 eingeführt. Das Gesetz ist teilweise am 14.07.2006 in Kraft getreten, teilweise zum 01.01.2007. 1

Ziel des Gesetzes ist die Umsetzung der Richtlinie 2004/25/EG des Europäischen Parlaments und des Rates vom 21.04.2004 betreffend Übernahmeangebote (Übernahmerichtlinie), deren Ziel es wiederum ist, eine Rahmenregelung für Übernahmeverfahren zu schaffen. Diese Richtlinie soll dem Schutz der Interessen der Aktionäre bei Übernahmeangeboten und sonstigen Kontrollerwerben dienen. Mit der Festlegung von Mindestvorgaben bei der Abwicklung von Übernahmeangeboten verspricht sich der Gesetzgeber eine gemeinschaftsweite Klarheit, Transparenz und Rechtssicherheit auch bei grenzüberschreitenden Übernahmen. 2

Die Bestimmungen der Übernahmerichtlinie enthalten grundsätzlich nur Mindestanforderungen; es steht den einzelnen Mitgliedsstaaten frei, zusätzliche Bedingungen und strengere Regelungen für Angebote festzulegen. 3

Da auf § 39 b Wertpapiererwerbs- und Übernahmegesetz (WpÜG) in dem hier zu kommentierenden § 31 a Bezug genommen wird, soll § 39 b Wertpapiererwerbs- und Übernahmegesetz vom 20.12.2001 (BGBl. I, S. 3822), geändert durch Art. 2 Abs. 3 des Gesetzes vom 22.09.2005 (BGBl. I, S. 2802) sowie Änderung vom 08.07.2006 durch das Gesetz zur Umsetzung der Richtlinie 2004/25/IG des Europäischen Parlaments und des Rates vom 21. April 2004 betreffend Übernahmeangebote (Übernahmerichtlinie-Umsetzungsgesetz) (BGBl. I, S. 1426) und durch Artikel 3 a, G. v. 21.12.2007, BGBl. I, S. 3089 nachstehend aufgeführt werden: 4

»§ 39 b 5

Ausschlussverfahren

(1) Auf das Verfahren für den Ausschluss nach § 39 a ist das Gesetz über die Angelegenheiten der freiwilligen Gerichtsbarkeit anzuwenden, soweit in den Absätzen 2 bis 5 nichts anderes bestimmt ist.

(2) Das Landgericht hat den Antrag auf Ausschluss nach § 39 a in den Gesellschaftsblättern bekannt zu machen.

(3) Das Landgericht entscheidet durch einen mit Gründen versehenen Beschluss. Der Beschluss darf frühestens einen Monat seit Bekanntmachung der Antragstellung im elektronischen Bundesanzeiger und erst dann ergehen, wenn der Bieter glaubhaft gemacht hat, dass ihm Aktien in Höhe des zum Ausschluss mindestens erforderlichen Anteils am stimmberechtigten oder am gesamten Grundkapital der Zielgesellschaft gehören. Gegen die Entscheidung des Landgerichts findet die sofortige Beschwerde statt. Die sofortige Beschwerde hat aufschiebende Wirkung. Über sie entscheidet das Oberlandesgericht Frankfurt am Main. Die weitere Beschwerde ist ausgeschlossen.

Abschnitt 4 – Gegenstandswert

(4) Das Landgericht hat seine Entscheidung dem Antragsteller und der Zielgesellschaft sowie den übrigen Aktionären der Gesellschaft, sofern diese im Beschlussverfahren angehört wurden, zuzustellen. Es hat die Entscheidung ferner ohne Gründe in den Gesellschaftsblättern bekannt zu geben. Die Beschwerde steht dem Antragsteller und den übrigen Aktionären der Zielgesellschaft zu. Die Beschwerdefrist beginnt mit der Bekanntmachung im elektronischen Bundesanzeiger, für den Antragsteller und für die übrigen Aktionäre, denen die Entscheidung zugestellt wurde, jedoch nicht vor Zustellung der Entscheidung.

(5) Die Entscheidung ist erst mit Rechtskraft wirksam. Sie wirkt für und gegen alle Aktionäre. Mit rechtskräftiger Entscheidung gehen alle Aktien der übrigen Aktionäre auf den zum Ausschluss berechtigten Aktionär über. Sind über diese Aktien Aktienurkunden ausgegeben, so verbriefen sie bis zu ihrer Aushändigung nur den Anspruch auf eine angemessene Abfindung. Der Vorstand der Zielgesellschaft hat die rechtskräftige Entscheidung unverzüglich zum Handelsregister einzureichen.

(6) Für die Kosten des Verfahrens gilt die Kostenordnung. Für das Verfahren des ersten Rechtszugs wird das Vierfache der vollen Gebühr erhoben. Für den zweiten Rechtszug wird die gleiche Gebühr erhoben; dies gilt auch dann, wenn die Beschwerde Erfolg hat. Wird der Antrag oder die Beschwerde vor Ablauf des Tages zurückgenommen, an dem die Entscheidung der Geschäftsstelle übermittelt wird, so ermäßigt sich die Gebühr nach Satz 2 auf die Hälfte. Als Geschäftswert ist der Betrag anzunehmen, der dem Wert aller Aktien entspricht, auf die sich der Ausschluss bezieht; er beträgt mindestens € 200.000,00 und höchstens € 7,5 Millionen. Maßgeblicher Zeitpunkt für die Bestimmung des Werts ist der Zeitpunkt der Antragstellung. Schuldner der Gerichtskosten ist nur der Antragsteller. Das Gericht ordnet an, dass die Kosten der Antragsgegner, die zur zweckentsprechenden Erledigung der Angelegenheit notwendig waren, ganz oder zum Teil vom Antragsteller zu erstatten sind, wenn dies der Billigkeit entspricht.«

B. Kommentierung

6 Grundsätzlich bestimmt sich der Gegenstandswert für die Anwaltsgebühren über § 23 Abs. 1 RVG nach den für die Gerichtsgebühren geltenden Wertvorschriften. Eine Festsetzung des Gerichtsgebührenwerts ist über § 32 Abs. 1 RVG auch für die Anwaltsgebühren bindend. Nach § 39b Abs. 6 WpÜG (siehe Rn. 5) ist als Gerichtsgebührenwert der Betrag anzunehmen, der dem Wert aller Aktien entspricht, auf die sich der Ausschluss bezieht. Für den Rechtsanwalt, der den Antragsteller vertritt, wird diese Regelung für vertretbar gehalten, da die Entscheidung für und gegen alle vom Ausschluss betroffenen Aktionäre wirkt (BR-Drs. 154/06, S. 47, Zu Art. 3 (Änderung des Rechtsanwaltsvergütungsgesetzes), Abs. 2). Gegenstandswert für den Antragstellervertreter sind demnach alle zu übertragenden Aktien.

7 Vertritt jedoch ein Rechtsanwalt auf der Antragsgegnerseite nicht alle Aktionäre, sondern nur einen oder einige von ihnen, soll sich der Vergütungsanspruch nach dem Wert der Aktien richten, die der Antragsgegnervertreter vertritt.

8 Sofern ein Rechtsanwalt daher mehrere Antragsgegner vertritt, erhält er die Gebühren aus dem addierten Wert deren Aktien, § 31 Abs. 2, vgl. § 31a Satz 2.

9 Eine Erhöhung nach Nr. 1008 kommt mangels Gegenstandsidentität nicht in Betracht (so auch BR-Drs. 154/06, S. 47, Zu Art. 3 (Änderung des Rechtsanwaltsvergütungsgesetzes), Abs. 3). Dies ergibt sich auch aus dem Verweis in § 31a Satz 2 auf § 31 Abs. 2, der die Anwendung von Nr. 1008 explizit ausschließt.

10 Die Gebühren der 1. Instanz (Landgericht) richten sich nach Teil 3 Abschnitt 1 (entsprechend Vorbem. 3.1. Abs. 1). Für das Beschwerdeverfahren entstehen die Gebühren nach Teil 3 Abschnitt 2 (vgl. auch Vorbem. 3.2.1. Abs. 1 Nr. 5).

11 Nach § 39b Abs. 6 Satz 1 WpÜG berechnen sich die Gerichtskosten des Ausschlussverfahrens nach der KostO. Dabei ist nach Ansicht von Hartmann Zeitpunkt der Antragstellung

Ausschlussverfahren nach dem Wertpapiererwerbs- und Übernahmegesetz | § 31 a

im Sinne des § 31 a Satz 1 der Eingang des Antrags beim (zuständigen) Gericht (Hartmann Kostengesetze 37. Aufl. 2007 § 31 a RVG Rn. 3). Soweit die Uhrzeit des Antrags nicht bekannt ist, schlägt Hartmann vor, von 12.00 Uhr mittags auszugehen (Hartmann, a. a.O).

Auch wenn der Wert der gegenständlichen Aktien niedriger ist, so gilt über § 31 a Satz 2 i. V. m. § 31 Abs. 1 Satz 4 ein Mindestwert von € 5.000,00. **12**

Abschnitt 4 – Gegenstandswert

§ 32
Wertfestsetzung für die Gerichtsgebühren

(1) Wird der für die Gerichtsgebühren maßgebende Wert gerichtlich festgesetzt, ist die Festsetzung auch für die Gebühren des Rechtsanwalts maßgebend.

(2) ¹Der Rechtsanwalt kann aus eigenem Recht die Festsetzung des Werts beantragen und Rechtsmittel gegen die Festsetzung einlegen. ²Rechtsbehelfe, die gegeben sind, wenn die Wertfestsetzung unterblieben ist, kann er aus eigenem Recht einlegen.

Inhaltsübersicht

	Rn.		Rn.
A. Allgemeines	1	c) Endgültige Streitwertfestsetzung	25
B. Der Tatbestand im Einzelnen	7	III. Antrags- und Beschwerderecht des Anwalts	28
I. Wertfestsetzung	7	1. Antragsrecht	28
1. Form	7	2. Das Beschwerderecht	29
2. Begründungszwang	10	3. Das Beschwerdeverfahren	30
II. Bindungswirkung der Streitwertfestsetzung	12	a) Beschwerdeschrift	30
1. Festsetzung nach § 62 GKG (Zuständigkeitsstreitwert)	12	b) Beschwerdewert	31
		c) Frist	32
2. Anfechtbarkeit des Zuständigkeitsstreitwertbeschlusses durch den Anwalt aus eigenem (Gebühren-)Recht	17	d) Besetzung des Beschwerdegerichts	32 a
		e) Gebühren und Kosten	33
		IV. Gegenvorstellungen	34
3. Festsetzung nach § 63 GKG (Gebührenstreitwert)	21	V. Streitwertkatalog	35
		1. Bebauungsplan	35
a) Vorläufige (Gebühren-)Streitwertfestsetzung (§ 63 Abs. 1 Satz 1 GKG)	22	2. Beweisverfahren	36
		3. Gewaltschutz	37
b) Anfechtbarkeit der vorläufigen (Gebühren-)Streitwertfestsetzung durch den Anwalt	23	4. Eintragung im Grundbuch	38
		5. Unterlassung – Wettbewerbsverbot	39
		6. Gewaltschutzgesetz: Nachstellung, Ehewohnung	40

A. Allgemeines

1 Wichtige Vorbemerkung:

In den §§ 32, 33 RVG ist jeweils ein eigenes anwaltliches Beschwerderecht gegen eine Streitwertfestsetzung geregelt:

§ 32 Abs. 2 Satz 1 und § 33 Abs. 3 Satz 1 und 3.

Für die Beschwerde nach § 32 (auch aus eigenem Anwaltsrecht) gilt die lange Frist von 6 Monaten, für die Beschwerde aus § 33 (aus ausschließlich eigenem Recht des Anwalts) gilt gem. Abs. 3 Satz 3 die kurze 2-Wochenfrist. Der Unterschied wird in fast 50 % der Fälle in der Praxis nicht beachtet, weil jeder annimmt, für die Streitwertbeschwerde habe er ja 6 Monate Zeit. So gibt es reihenweise unzulässige Streitwertbeschwerden, so auch in der Rechtsprechungsübersicht bei Juris aus letzter Zeit.

2 Die materielle Regelung für die Werte, an denen die anwaltlichen Gebühren in gerichtlichen Verfahren (gilt nur für Wertgebühren) gemessen werden, findet sich in § 23. Grundsatz: Der Wert gilt einheitlich für Gerichts- und Anwaltsgebühren.

§ 32 befasst sich mit der Festsetzung des Wertes.

– Honorarklage
Wie ist die Lage bei einer außergerichtlichen Tätigkeit des Anwalts?

Wertfestsetzung für die Gerichtsgebühren | § 32

Dazu bestimmt § 23 Abs. 1 Satz 3:

Diese Wertvorschriften gelten auch entsprechend für Tätigkeiten außerhalb eines gerichtlichen Verfahrens, wenn der Gegenstand der Tätigkeit auch Gegenstand eines gerichtlichen Verfahrens sein könnte. Diese Regelung betrifft also nur die Wertvorschriften, nicht die Festsetzung. Muss der Anwalt bei Streit seine Gebühren für die außergerichtliche Tätigkeit einklagen, so muss er zwar in erster Linie hinsichtlich des Wertes die genannte fiktive Regelung des § 23 Abs. 1 Satz 3 beachten, es kann allerdings nicht zu einer Bindung an einen vom Gericht festgesetzten Streitwert kommen, den er etwa mit einer Streitwertbeschwerde anfechten könnte (Gebauer/Schneider RVG § 32 Rn. 3).

Ist der gerichtliche Gebührenstreitwert festgesetzt, so ist diese Festsetzung auch für die Gebühren des Anwalts maßgebend. Dies folgt aus § 23 Abs. 1, wonach sich in gerichtlichen Verfahren der Gegenstandswert nach den für die Gerichtskosten geltenden Wertvorschriften bestimmt. Der Anwalt kann die Wertfestsetzung für die Gerichtsgebühren aus eigenem Recht betreiben (Abs. 2). 3

§ 32 regelt hinsichtlich des für den Anwalt geltenden Streitwertes nur einen Teilbereich, einige Lücken werden durch den subsidiär (Riedel/Sußbauer RVG § 33 Rn. 3) anwendbaren § 33 geschlossen. Es gibt aber auch Fälle, in denen weder § 32 noch § 33 anwendbar sind: 4

Für die »Festsetzung« des Gegenstandswertes zur Berechnung der anwaltlichen Gebühren sind **vier Fälle** zu unterscheiden: 5

(1) Richten sich in gerichtlichen Verfahren die Gerichtsgebühren **nach dem Wert** der Angelegenheit (§ 23 Abs. 1 Satz 1), so **gilt § 32**, sofern der Gegenstand der gerichtlichen und der anwaltlichen Tätigkeit der **Gleiche** ist.

(2) Richten sich in gerichtlichen Verfahren die **Gerichtsgebühren** nicht nach dem **Wert** (für das Gericht gelten **Festgebühren**), so sind nach § 23 Abs. 1 Satz 2 RVG für die Gebühren des Anwalts die **Wertvorschriften des GKG**, und wenn solche ausdrücklichen Wertvorschriften im GKG fehlen, über § 48 Abs. 1 GKG die Vorschriften der ZPO zum Verfahrensstreitwert entsprechend anzuwenden. Dann ist **nicht § 32 RVG** einschlägig, vielmehr ist der Wert auf Antrag des Anwalts vom Gericht gem. der subsidiären Norm des **§ 33 Abs. 1 RVG** festzusetzen. Gleiches gilt bei Gerichtsgebührenfreiheit des Verfahrens, etwa das erstinstanzliche PKH-Bewilligungsverfahren, das Entschädigungsverfahren nach § 225 BEG wegen NS-Unrecht.

(3) Ist der **Gegenstand** der Tätigkeit des Anwalts mit dem Gegenstand der gerichtlichen Tätigkeit **nicht identisch** (Beispiel: Der Anwalt vertritt nur einen der drei verklagten Bruchteilsschuldner: Es sind 3 Beklagte, jeder soll je € 4.000,00 zahlen, Gesamtklage also über € 12.000,00), so ist der Gegenstandswert der anwaltlichen Tätigkeit ebenfalls **nicht gem. § 32 (für alle Beteiligte konstitutive Festsetzung),** sondern nach der subsidiären Vorschrift des **§ 33 Abs. 1** (also keine **Teilbindung**) zu bestimmen (Riedel/Sußbauer RVG § 33 Rn. 5). Diesen Grundsatz hat das BVerwG in einer Entscheidung vom 20.10.2005 – Az.: 8 B 81/04 – juris, § 32 Abs. 1, § 33 Abs. 1 RVG mit folgendem Leitsatz bekräftigt:

»*Die Wertfestsetzung für Gerichtsgebühren ist nach § 32 Abs. 1 RVG für die Rechtsanwaltsgebührenfestsetzung maßgebend. Voraussetzung ist jedoch, dass der Wert des Gegenstandes der anwaltlichen Tätigkeit derselbe ist wie der der gerichtlichen Tätigkeit. Bezieht sich die anwaltliche Tätigkeit in vermögensrechtlichen Verfahren auf einen Miterbenanteil an einem zu restituierenden Vermögenswert, ist die Wertfestsetzung für die Gebühren des Rechtsanwalts anteilmäßig vorzunehmen.*«

In den Gründen ist dann weiter bemerkt, dass es sich dann um eine selbständige Streitwertfestsetzung nach § 33 Abs. 1 handelt. Es ist auch nicht so, dass jedenfalls hinsichtlich des identischen Teilwertes (Verfahrenswert für gerichtliches Verfahren etwa € 50.000,00, zusammengesetzt aus einer Forderung gegen den Beklagten zu 1. € 30.000,00 und gegen den Beklagten zu 2. € 20.000,00) hinsichtlich des Beklagten zu 1. eine Teilbindung nach § 32 vorläge, was

Abschnitt 4 – Gegenstandswert

auch nicht so ferne läge. Es gilt vielmehr ausschließlich § 33 (so auch schon BGH NJW 1968, 2334; BayObLG JurBüro 1979, 1505; Gerold/Schmidt/von Eicken/Madert/Müller-Rabe RVG 17. Aufl. § 33 Rn. 3).

(4) Betrifft die Tätigkeit des Anwalts kein bei Gericht anhängiges Verfahren, so ist für eine Festsetzung des Gegenstandswertes der Anwaltstätigkeit weder § 32 noch § 33 anwendbar. Der Wert ist in diesem Falle, falls sich Anwalt und Auftraggeber nicht einigen, in dem Gebührenprozess inzidenter von dem Prozessgericht des Gebührenprozesses zu entscheiden. Hierher gehört auch der Fall, dass der Wert des Gegenstandes, auf den sich die Tätigkeit des Anwalts erstreckt, höher ist als der Wert des gerichtlichen Gegenstandes. Über den Höherwert gibt es dann kein anhängiges Verfahren.

6 • **Beispiel** für Letzteres: Klageauftrag über einen ziffernmäßig nicht festliegenden, sondern zu schätzenden Gegenstand im Wert von geschätzt € 20.000,00. Im Einvernehmen mit dem Mandanten erhebt der Anwalt jedoch nach Sachverhaltsermittlung zunächst nur Teilklage über 60 % = € 12.000,00. Der Streitwert wird nur für den gerichtlich geltend gemachten Teilstreitwert auf € 12.000,00 festgesetzt, auf den sich das gerichtliche Verfahren bezieht. Für den nicht anhängigen Restwert von 40 % gibt es dann kein bei Gericht anhängiges Verfahren und damit keine Möglichkeit der gerichtlichen Streitwertfestsetzung. Hinsichtlich der Differenz von € 8.000,00 erfällt dann die 0,8 Verfahrensgebühr Nr. 3101 VV.

B. Der Tatbestand im Einzelnen

I. Wertfestsetzung

1. Form

7 Das Gericht setzt den gerichtlichen Streitwert durch Beschluss und (zwar zunächst vorläufig) zum Zweck der Gebührenberechnung (§ 63 Abs. 1 Satz 1 GKG) jedenfalls nach Abschluss des Verfahrens (§ 63 Abs. 2 Satz 1 GKG) fest (zur Festsetzung nach § 62 GKG siehe Rn. 12).

8 **§ 63 GKG n. F. lautet:**

»*Wertfestsetzung für die Gerichtsgebühren*

(1) Sind Gebühren, die sich nach dem Streitwert richten, mit der Einreichung der Klage-, Antrags-, Einspruchs- oder Rechtsmittelschrift oder mit der Abgabe der entsprechenden Erklärung zu Protokoll fällig, setzt das Gericht sogleich den Wert ohne Anhörung der Parteien durch Beschluss vorläufig fest, wenn Gegenstand des Verfahrens nicht eine bestimmte Geldsumme in Euro ist oder gesetzlich kein fester Wert bestimmt ist. Einwendungen gegen die Höhe des festgesetzten Wertes können nur im Verfahren über die Beschwerde gegen den Beschluss, durch den die Tätigkeit des Gerichts aufgrund dieses Gesetzes von der vorherigen Zahlung von Kosten abhängig gemacht wird, geltend gemacht werden. Die Sätze 1 und 2 gelten nicht in Verfahren vor den Gerichten der Finanzgerichtsbarkeit. Die Gebühren sind in diesen Verfahren vorläufig nach dem in § 52 Abs. 4 Satz 1 bestimmten Mindestwert zu bemessen.

(2) Soweit eine Entscheidung nach § 62 Satz 1 nicht ergeht oder nicht bindet, setzt das Prozessgericht den Wert für die zu erhebenden Gebühren durch Beschluss fest, sobald eine Entscheidung über den gesamten Streitgegenstand ergeht oder sich das Verfahren anderweitig erledigt. In Verfahren vor den Gerichten für Arbeitssachen oder der Finanzgerichtsbarkeit gilt dies nur dann, wenn ein Beteiligter oder die Staatskasse die Festsetzung beantragt oder das Gericht sie für angemessen hält.

(3) Die Festsetzung kann von dem Gericht, das sie getroffen hat, und, wenn das Verfahren wegen der Hauptsache oder wegen der Entscheidung über den Streitwert, den Kostenansatz oder die Kostenfestsetzung in der Rechtsmittelinstanz schwebt, von dem Rechtsmittelgericht von Amts wegen geändert

werden. *Die Änderung ist nur innerhalb von sechs Monaten zulässig, nachdem die Entscheidung in der Hauptsache Rechtskraft erlangt oder das Verfahren sich anderweitig erledigt hat.«*

Statt durch gesonderten Beschluss setzen viele Richter den Streitwert im Erkenntnisverfahren häufig zugleich mit dem Urteil fest (zulässig: OLG Koblenz WM 1984, 1581; Gerold/Schmidt/von Eicken/Madert/Müller-Rabe RVG 17. Aufl. § 32 Rn. 62; Schneider/Herget Streitwert Rn. 1609; Gebauer/Schneider RVG § 32 Rn. 5). 9

Am Ende des Tenors oder der Entscheidungsgründe steht dann der Zusatz: »Streitwert € 20.000,00«. Dadurch erspart sich der Richter ein eigenes Rubrum für den Beschluss und braucht nur einmal zu unterschreiben. Äußerlich kann man nicht erkennen, dass es sich insoweit um einen gesonderten Beschluss handelt. Der Beschluss ist aber gleichwohl mit der Beschwerde angreifbar (OVG Saarland JurBüro 1997, 98; Gerold/Schmidt/von Eicken/Madert/Müller-Rabe RVG 17. Aufl. § 32 Rn. 76; OLG Koblenz KostRsp GKG a. F. § 25 Nr. 28).

2. Begründungszwang

Ob der Streitwertbeschluss begründet werden muss, ist nach wie vor streitig. Die Novelle trifft zum Problem keine ausdrückliche Regelung. Den Begründungszwang verneinen: 10

KG (AnwBl. 1974, 394); OLG Düsseldorf (JurBüro 1974, 1589); Hansens (BRAGO 8. Aufl. § 9 Rn. 14); **a. A.**, also Begründungszwang: OLG Frankfurt (AnwBl. 1990, 99); OLG Thüringen (FamRZ 2001, 780); E. Schneider (Gebauer/Schneider RVG § 32 Rn. 7). E. Schneider leitet die Forderung nach dem Begründungszwang jetzt mit beachtlichen Gründen aus BVerGE 86, 146 ab, wonach das rechtliche Gehör verletzt ist, wenn das Gericht auf ein wesentliches Vorbringen in den Gründen seiner Entscheidung nicht eingegangen ist. Die Praxis löst das Problem aber bisher pragmatisch erfolgreich mit folgender Vorgehensweise: Auf eine Beschwerde kann das rechtliche Gehör nach ständiger Rechtsprechung des BVerfG nachgeholt werden (NJW 1956, 1026; 1958, 1723). Dem sind die Instanzgerichte gefolgt (OLG Hamm JurBüro 1978, 271; OLG Düsseldorf JurBüro 1974, 1589; OLG Bamberg JurBüro 1981, 1863; KG AnwBl. 1974, 394; Gerold/Schmidt/von Eicken/Madert/Müller-Rabe RVG 17. Aufl. § 32 Rn. 63). Entweder hilft das Gericht der Beschwerde mit Gründen ab, oder es holt im Rahmen der Nichtabhilfeentscheidung (§ 572 Abs. 1 Satz 1 Hs. 2 ZPO) mit der Vorlage die Begründung nach.

Das LAG Rh. Pf. hat mit Beschl. v. 08. 12. 2005 – Az.: 5 Ta 280/05 (juris) diese Grundsätze noch einmal zusammengefasst und auf eine weitere rechtliche Grundlage gestellt:

»Beschlüsse, die einem Rechtsmittel unterliegen, müssen grundsätzlich begründet werden (§ 313 Abs. 1 Nr. 6 ZPO analog; Vollkommer/Zöller ZPO § 329 Rn. 24). Der Begründungszwang ist auch bei gerichtlichen Wertfestsetzungsentscheidungen gemäß § 33 RVG und § 63 Abs. 2 GKG zu beachten. Dies gilt jedenfalls dann, wenn die vorgenommene Wertfestsetzung nicht ohne weiteres verständlich ist (mag sie auch möglicherweise im Ergebnis letztendlich zutreffend sein). Die Begründung soll die am Wertfestsetzungsverfahren Beteiligten in die Lage versetzen, in Kenntnis der tragenden Gründe des Gerichts ihre Rechte wirksam wahrzunehmen, die vorgenommene Festsetzung, d. h. die entsprechenden richterlichen Erwägungen nachzuvollziehen und die Erfolgsaussichten eines Rechtsbehelfs oder Rechtsmittels abzuschätzen. Das Arbeitsgericht hat die gebotene Begründung auch nicht im Rahmen der Nichtabhilfeentscheidung nachgeholt.«

Einer näheren Begründung bedarf die Streitwertfestsetzung allerdings dann nicht, wenn sich die tatsächlichen und rechtlichen Überlegungen des Erstrichters ohne weiteres den Akten entnehmen lassen (LAG Rh. Pf., a. a. O.; OLG Bamberg JurBüro 1985, 1849; OLG Frankfurt JurBüro 1982, 888; Gebauer/Schneider RVG § 32 Rn. 10). 11

Abschnitt 4 – Gegenstandswert

II. Bindungswirkung der Streitwertfestsetzung

1. Festsetzung nach § 62 GKG (Zuständigkeitsstreitwert)

12 § 62 GKG lautet in der Neufassung leicht verändert zu § 24 GKG a. F. wie folgt:

»Ist der Streitwert für die Entscheidung über die Zuständigkeit des Prozessgerichts oder die Zulässigkeit des Rechtsmittels festgesetzt, ist die Festsetzung auch für die Berechnung der Gebühren maßgebend, soweit die Wertvorschriften dieses Gesetzes nicht von den Wertvorschriften des Verfahrensrechts abweichen.«

13 Über den verknüpfenden Wortlaut des § 32 RVG bindet also die Festsetzung des **Verfahrensstreitwertes** auch den Anwalt hinsichtlich seines Gebührenstreitwertes in gerichtlichen Verfahren.

14 Nicht jede gerichtliche »Festsetzung« des »Verfahrensstreitwertes« ist aber eine Festsetzung im Sinne des § 62 GKG.

Meist handelt es sich nicht um eine Zuständigkeits-, sondern um eine vorläufige Gebühren-Streitwertfestsetzung gem. § 63 Abs. 1 Satz 1 GKG. Der Ansicht des OLG München (MDR 1998, 1242), die Streitwertfestsetzung alsbald nach Klageeinreichung sei im Zweifel als Festsetzung des **Zuständigkeitsstreitwertes** anzusehen, ist unrichtig. Sie widerspricht dem Wortlaut des § 63 Abs. 1 Satz 1 GKG, wonach alsbald der **Gebührenstreitwert vorläufig** festzusetzen ist. Um eine Festsetzung des Verfahrensstreitwertes kann es sich daher nur handeln, wenn das Gericht das **ausdrücklich** erklärt.

15 Aber auch eine solche ausdrückliche Festsetzung des Verfahrensstreitwertes ist im Regelfall nur ein unverbindlicher gerichtlicher Hinweis ohne Bindungswirkung nach § 62 GKG (*E. Schneider* in Gebauer / Schneider RVG § 32 Rn. 25).

E. Schneider (Gebauer / Schneider RVG § 32 Rn. 24) und *Schneider/Herget* (Streitwert Rn. 1646) ist zuzustimmen, dass das Gericht im Regelfall über den Zuständigkeitsstreitwert **verbindlich** im Sinne von § 62 GKG nur durch **Urteil** entscheiden kann und nicht durch einen die Instanz bindenden Beschluss. § 17 a Abs. 4 GVG, der hiervon in Bezug auf die Zulässigkeit der **Beschlussform** eine Ausnahme macht, gilt nur für die Rechtswegentscheidung. Das BVerfG hat zwar in einem Beschluss zur Subsidiarität der Verfassungsbeschwerde (NJW 1993, 3150) die Ansicht vertreten, § 24 Satz 1 GKG, jetzt § 62 Satz 1 GKG stelle ein im **Beschlussweg** zu entscheidendes isoliertes Streitwertfestsetzungsverfahren bereit. Ob dieser Beschluss dann aber für das nachfolgende Urteil auch **Bindungswirkung** hat, ist dort nicht untersucht. Zweifel ergeben sich insoweit dadurch, dass jedenfalls ein die erste Instanz betreffender »Zuständigkeitsbeschluss« nach h. M. nur zusammen mit dem Urteil anfechtbar ist, also zum Urteil selbst gehört (KG MDR 1987, 853 m. w. N.; OLG München MDR 1988, 973). Hätte er Bindungswirkung, so müsste er isoliert anfechtbar sein und bei eingetretener Rechtskraft auch für das Urteil verbindlich feststehen (dazu schweigt sich das BVerfG in seiner knappen These, a. a. O., aus). Hier zeigt sich wieder, dass Entscheidungen des BVerfG im prozessualen Bereich (hier angeblich isolierter Zuständigkeitswertbeschluss) häufig nur schwer widerspruchsfrei in das prozessuale Gesamtgefüge einzuordnen und daher, was ihre Systematik anlangt, mit Vorsicht zu betrachten sind.

16 Ein wichtiger **Ausnahmefall** muss aber in diesem Zusammenhang beachtet werden: Verweist ein Gericht gem. § 281 ZPO einen Rechtsstreit wegen sachlicher Unzuständigkeit an ein übergeordnetes oder untergeordnetes Gericht (§§ 23, 71 GVG), so ist wenigstens die dabei entscheidende Streitwertgrenze von € 5.000,00 verbindlich festgelegt, weil dieser **Verweisungsbeschluss** selbst **unanfechtbar** ist (§ 281 Abs. 2 Satz 3 ZPO). Für diesen Fall ist in Judikatur und Lehre allgemein anerkannt, dass etwa ein Landgericht den gerichtlichen **Gebührenstreitwert** wegen der Bindungswirkung des § 62 Satz 1 GKG jedenfalls nicht mehr unter € 5.001,00 festsetzen kann, wenn das Amtsgericht verwiesen hat, bzw. umgekehrt das Amtsgericht, wenn das Landgericht an das Amtsgericht verwiesen hat, nicht mehr höher als auf

Wertfestsetzung für die Gerichtsgebühren | § 32

€ 5.000,00 festsetzen kann (OLG Saarbrücken JurBüro 1965, 644; OLG München MDR 1988, 973; Hartmann Kostengesetze § 62 GKG Rn. 3; Schneider / Herget Streitwert Rn. 1648 ff.).

2. Anfechtbarkeit des Zuständigkeitsstreitwertbeschlusses durch den Anwalt aus eigenem (Gebühren-)Recht

Problematisch ist, ob der Anwalt aus eigenem Recht (§ 32 Abs. 2 Satz 1 RVG) auch dann die Streitwertentscheidung anfechten kann, wenn das Gericht eine die Partei selbst **bindende** Verfahrensstreitwertfestsetzung gem. § 62 Satz 1 GKG getroffen hat. 17

Dazu hat das OLG Bremen (AnwBl. 1988, 71 = JurBüro 1988, 70) in einem überzeugenden Beschluss Folgendes ausgeführt:

»Zwar ist gegen einen Beschluss, durch den – wie hier – der Streitwert für die Entscheidung über die Zuständigkeit des Landgerichts festgesetzt wird, ein Rechtsmittel grundsätzlich nicht gegeben. Das gilt jedoch nicht für den Prozessbevollmächtigten einer Partei, dem gemäß § 9 Abs. 2 BRAGO (jetzt § 32 Abs. 2 Satz 1 RVG) ein eigenes Beschwerderecht gegen die Festsetzung des Streitwerts zusteht …

Würde man dem prozessbevollmächtigten Rechtsanwalt nicht ein eigenes Beschwerderecht gegen einen Streitwertbeschluss im Sinne von § 24 Satz 1 (jetzt § 62 Satz 1) GKG zugestehen, wäre ihm entgegen der Zweckbestimmung des § 9 Abs. 2 BRAGO (jetzt § 32 Abs. 2 Satz 1 RVG) praktisch die Möglichkeit genommen, sich gegen eine zu niedrige Festsetzung des für seine Gebühren maßgeblichen Streitwertes zu wehren. In sachgerechter Auslegung des § 9 Abs. 2 BRAGO steht dem prozessbevollmächtigten Rechtsanwalt daher auch ein Beschwerderecht gegen einen den Streitwert auch nur für die Entscheidung über die Zuständigkeit des Prozessgerichts festsetzenden Beschluss zu.« A. A. allerdings OLG Frankfurt (AGS 2007, 256), das das OLG Bremen zwar zitiert, sich an einer Zulassung der Rechtsbeschwerde zum BGH durch § 66 Abs. 3 Satz 3 aber gehindert sieht; a. A. auch LAG Schl.-H. (NZA-RR 2006, 320).

Diesen zutreffenden Erwägungen ist auch *E. Schneider* (Gebauer / Schneider RVG § 32 Rn. 56) beigetreten. E. Schneider weist dann noch ergänzend darauf hin, dass sich an dem **Zuständigkeitsbeschluss** des Gerichts selbst **für das Verfahren** trotz einer etwa erfolgreichen anwaltlichen **Gebührenstreitwert**beschwerde nichts ändert. 18

● **Beispiel**
Das Amtsgericht setzt den Verfahrensstreitwert einer Unterlassungsklage zu Beginn des Verfahrens auf € 4.000,00 fest. Der Anwalt greift aus eigenem Recht die Streitwertfestsetzung des Amtsgerichts gem. § 32 Abs. 2 Satz 1 RVG i. V. m. § 62 GKG erfolgreich beim LG an und dort wird der **Gebührenstreitwert** für die **anwaltliche Tätigkeit** auf € 10.000,00 festgesetzt. Ergebnis: Das Amtsgericht bleibt wegen der verfahrensmäßigen Bindung weiter sachlich zuständig.

Der Anwalt kann also sofort gegen die **Festsetzung des Verfahrensstreitwertes** ein Rechtsmittel nach § 32 Abs. 2 Satz 1 RVG einlegen. Die in § 63 Abs. 1 Satz 2 GKG hinsichtlich der Partei (**Kostenschuldner**) vorgenommene Beschränkung auf die **Ansatzbeschwerde** gegen den aufgegebenen Gerichtskostenvorschuss (§ 67 Abs. 1 GKG) findet auf den Anwalt keine Anwendung, weil er gegenüber der Gerichtskasse nicht Kostenschuldner ist und ihm daher der Rechtsbehelf der Ansatzbeschwerde nicht zusteht (Gebauer / Schneider RVG § 32 Rn. 77; a. A.: OLG Frankfurt OLGR 1999, 43). Er hat auch weiter deshalb ein Rechtsschutzinteresse für den Rechtsbehelf, da sein Vorschussanspruch gegen seine eigene Partei (§ 9) hinsichtlich des Wertes zunächst nicht höher ist als der gerichtlich festgesetzte Gebührenstreitwert (Schneider / Herget Streitwert Rn. 907, 920) und der festgesetzte Verfahrensstreitwert zunächst auch als Gebührenstreitwert gilt (§ 62 Abs. 1 GKG).

Dasselbe Problem stellt sich, wenn auch nicht mit derselben Schärfe, bei jeder Streitwerterhöhungsbeschwerde des Anwalts. Die Partei ist durch die angeblich zu niedrige Festsetzung nicht beschwert. Sechs Monate nach Rechtskraft der Hauptsache kann allerdings die Streit-

Abschnitt 4 – Gegenstandswert

wertfestsetzung nicht mehr zu Lasten der Partei geändert werden (§ 63 Abs. 3 Satz 2 GKG). Bis dahin kann der Streitwert aber auf das Rechtsmittel des Anwalts selbst zu Lasten der Partei erhöht werden. Das OLG Bremen hat in dem erörterten Fall (AnwBl. 1988, 71 = JurBüro 1988, 70) auf die Gebührenstreitwertbeschwerde des Anwalts trotz bindend festgesetztem Verfahrensstreitwert den Gebührenstreitwert von DM 500,00 auf DM 2.500,00 heraufgesetzt. Daher ist der Partei, da sie insoweit Gegner des eigenen Anwalts ist, im Beschwerdeverfahren des Anwalts aus eigenem Recht (§ 32 Abs. 2) rechtliches Gehör zu geben.

19 Die erfolgreiche Streitwertbeschwerde des Anwalts hat zunächst einmal zur Folge, dass jedenfalls im Verhältnis Anwalt zur eigenen Partei der höhere Gebührenstreitwert gilt. Obsiegt nun die Partei im Rechtsstreit, so hat sie nach gesetzlicher Vorschrift (§ 91 Abs. 1 Satz 1 ZPO) einen Erstattungsanspruch hinsichtlich der notwendigen, also der höheren sie treffenden Kosten gegen den Gegner. Da aber der gerichtliche Streitwertbeschluss nunmehr für alle Gebühren gilt (er ist ein »konstitutiver Beschluss«, Gerold/Schmidt/von Eicken/Madert/Müller-Rabe RVG 17. Aufl. § 32 Rn. 66; Riedel-Sußbauer RVG § 32 Rn. 24 ff.), hat er auch über die §§ 23, 32 für den Gegner Geltung, so dass nunmehr auch der Gegneranwalt einen höheren Gebührenanspruch gegen die von ihm vertretene Partei hat (*E. Schneider* in Gebauer/Schneider RVG § 33 Rn. 51 – Umkehrbeschluss –).

20 Der Gesetzgeber hätte im Übrigen gut daran getan, den für den Prozessalltag unpraktikablen § 62 Satz 1 GKG ganz aufzuheben und die Entscheidungen über Verfahrensstreitwert und Gebührenstreitwert konsequent zu trennen. Der Wortlaut des § 62 Satz 1 GKG macht, wenn man ihn wörtlich beachtet, nur überflüssige Mehrarbeit, zumal er in vielen Fällen, was man erst subtil herausarbeiten muss, ohnehin nicht anwendbar ist, z. B. wenn für den Gebührenstreitwert besondere GKG-Normen, wie §§ 41 GKG ff. gelten oder zwar ein Verfahrensstreitwertbeschluss vorliegt, seine Bindung nach der aufgezeigten divergierenden Rechtsprechung aber zweifelhaft ist. Hier hätte der Gesetzgeber bei Kenntnis der Praxisprobleme wirklich etwas zur Vereinfachung beitragen können. Die Novelle wird sicher noch eine Reparaturnovelle nach sich ziehen, vielleicht bezieht man dann dieses Problem ein.

3. Festsetzung nach § 63 GKG (Gebührenstreitwert)

21 Im gerichtlichen Verfahren kann zweimal Anlass zur Festsetzung des Gebührenstreitwertes bestehen. Geht die Klage (oder ein sonstiger Antrag) ein und ist der Streitwert durch den Klageantrag nicht bereits ziffernmäßig festgelegt (statt Zahlung einer bestimmten Summe wird etwa auf Unterlassung einer ehrabschneidenden Tatsachenbehauptung geklagt), so muss das Gericht zur Vorschussberechnung für das Streitverfahren den Streitwert festlegen. Dies erfolgt in der Regel nur vorläufig (§ 63 Abs. 1 Satz 1 GKG). Am Ende der Instanz wird dann der Gebührenstreitwert endgültig festgesetzt (§ 63 Abs. 1 Satz 2 GKG).

a) Vorläufige (Gebühren-)Streitwertfestsetzung (§ 63 Abs. 1 Satz 1 GKG)

22 Häufig ergeben sich die Details der streitwertrelevanten Tatsachen erst im Laufe des Rechtsstreits. Da das Verfahren aber in Gang gesetzt werden soll (Vorschusspflicht), fordert die Prozessökonomie, dass der Streitwert zunächst einmal vorläufig festgesetzt wird.

Dennoch, der Anwalt sollte hier nicht unsorgfältig sein, denn es ist immer schwer, das Gericht zu bewegen, eine einmal getroffene Schätzung zu korrigieren.

Eine rechtliche Bindungswirkung kommt dieser vorläufigen Streitwertfestsetzung, wie der Name schon sagt, von ihrer Zweckbestimmung her allerdings nicht zu.

Die Parteien (Antragsteller) sollen zwar mit der Einreichung der Klage (oder sonstiger Antragsschrift) eine Streitwertangabe (mit Begründung) machen (§ 253 Abs. 3 ZPO, § 61 GKG). Sie müssen allerdings vom Gericht vor der vorläufigen Festsetzung nicht gehört werden (Gebauer/Schneider RVG § 32 Rn. 76). Die **Prozessparteien** können ihre Rechte mit der Ansatz-

Wertfestsetzung für die Gerichtsgebühren | § 32

beschwerde gegen die gerichtliche Vorschussanforderung gem. §§ 63 Abs. 1 Satz 2, 66 GKG geltend machen.

b) Anfechtbarkeit der vorläufigen (Gebühren-)Streitwertfestsetzung durch den Anwalt

Der Begriff »Vorläufige Streitwertfestsetzung« darf jedoch nicht dahin missverstanden werden, dass der Anwalt den vorläufigen Streitwertbeschluss nicht anfechten dürfe, er könne sich etwa nur gegen den entscheidenden Streitwertbeschluss am Ende der Instanz wehren. In dieser Richtung könnte Rn. 149 (bei Gerold/Schmidt/von Eicken/Madert/Müller-Rabe RVG 16. Aufl. § 32) verstanden werden, die wie folgt lautet: »*Die vorläufige Festsetzung des Gebührenstreitwertes kann nicht mit der Streitwertbeschwerde gem. § 68 GKG angefochten werden.*« Das trifft nur zu hinsichtlich der Partei selbst, die sich mit der Ansatzbeschwerde wehren kann. Der Anwalt hingegen kann nach wie vor gegen eine vorläufige Streitwertfestsetzung gem. § 32 Abs. 2 Satz 1 Streitwertbeschwerde, also auch gegen die vorläufige Streitwertfestsetzung, einlegen. 23

Andernfalls würde er das Insolvenzrisiko in Bezug auf seine Partei tragen. *E. Schneider* (Gebauer/Schneider RVG § 32 Rn. 76) hat überzeugend herausgearbeitet, dass § 25 Abs. 3 Satz 1 GKG a. F. = §§ 63 Abs. 2, 66 GKG n. F. nur auf die vorschusspflichtige Partei selbst anwendbar ist, nicht aber auf den Rechtsanwalt als Verfahrensbevollmächtigten. Dieser kann vielmehr aus eigenem Recht sofort gegen den vorläufigen Streitwertbeschluss Beschwerde einlegen, denn er wird bereits durch die vorläufige Streitwertfestsetzung beschwert. Solange nämlich der gerichtliche Beschluss (also auch der vorläufige) Bestand hat, kann der Rechtsanwalt gem. § 63 Abs. 2 Satz 1 GKG nur nach diesem Wert gegenüber seiner Partei abrechnen (OLG Köln OLGR Köln 2000, 323; Schneider MDR 2000, 380, 381; Mayer/Kroiß RVG § 32 Rn. 77, zur ähnlichen Problematik <Beschwerde des Anwalts gegen Festsetzung des Zuständigkeitsstreitwertes> siehe auch Rn. 17: OLG Bremen 2. ZS. JurBüro 1988, 70; a. A. insoweit: OLG Frankfurt OLGR 1999, 43, das meint, der Anwalt könne sich erst gegen die endgültige Streitwertfestsetzung zur Wehr setzen; ebenso OLG Hamm MDR 2005, 1309; OLG Bremen 2. ZS OLGR Bremen 2007, 418; LSG Rh.-Pf. AGS 2007, 149; LSG B.-W. -03. 12. 2007 – LS KA 3492/07 W-B; OLGR Köln 2005, 556 und OLG Koblenz 10 W 166/08 -03. 04. 2008 – die abweichende Entscheidung des OLG Köln wird nicht erwähnt und auch nicht die Rechtsbeschwerde zum BGH zugelassen). 24

Folgt man der Gegenmeinung, so ist folgender Hinweis des **LSG B.-W.** (03. 12. 2007, siehe vorstehend) von rechtlichem Interesse:

»Der Senat erlaubt sich an dieser Stelle schließlich den Hinweis, dass ein Rechtsanwalt schon ein erstes Tätigwerden (Klageerhebung) von einem Vorschuss abhängig machen kann. Das bedeutet aber, für diesen Vorschuss muss er ohnehin zunächst (bis dahin liegt mangels Klageerhebung noch überhaupt keine wie auch immer geartete Entscheidung des Gerichts über die Höhe des Streitwertes vor) den Streitwert **selbst** gegenüber seinem Mandanten »vorläufig« festsetzen bzw. eine entsprechende Honorarvereinbarung treffen. Außerdem ist es wohl nicht ganz unüblich und auch durchaus rechtens, dass Anwälte schon zu Beginn eines Verfahrens einen Vorschuss in einer Größenordnung der voraussichtlich insgesamt anfallenden Gebühren geltend machen, um sich gerade hinsichtlich möglicher Insolvenzrisiken bzw. nachträglicher Streitigkeiten über die Höhe des Honorars abzusichern (siehe etwa Hartmann Kostengesetze 36. Aufl. § 9 RVG Rn. 13; *Madert* in Gerold/Schmidt u. a. RVG 16. Aufl. § 9 Rn. 18, 22/23).

Soweit in dem Zusammenhang der Klägerbevollmächtigte noch die **Auffassung** vertritt, er müsse ein Beschwerderecht auch gegen den vorläufigen Streitwert haben, da er gem. § 32 Abs. 1 RVG an den vorläufigen Streitwert bezüglich der Berechnung des **Vorschusses gebunden sei, kann der Senat diese nicht teilen.**

Abschnitt 4 – Gegenstandswert

In § 32 Abs. 1 RVG ist nur die Rede vom »gerichtlich festgesetzten« Streitwert. Damit kann offensichtlich im Hinblick auf die in § 32 Abs. 2 RVG vorgenommene Verweisung auf die zulässigen Rechtsmittel nach dem GKG nur der endgültig festgesetzte gemeint sein, nicht aber der vorläufige, denn es gibt weder ein Antragsrecht auf Festsetzung des vorläufigen Streitwertes noch – wie bereits ausgeführt – ein Beschwerderecht bei Festsetzung des vorläufigen Streitwertes.«

Was das LSG B.-W. zur Nichtbindung des Anwalts an die vorläufige Streitwertfestsetzung gegen die h. M. vertritt, scheint mir **vertretbar** und für Anwälte als Argument einsetzbar.

Das **LAG Schleswig-Holstein** meint insoweit (NZA-RR 2006, 320), der Streitwertfestsetzungsantrag könne nicht mit der Klarheit für einen anwaltlichen Vorschussanspruch begründet werden. Der Anwalt könne von seiner Partei den aus **seiner Sicht zutreffenden Wert** zugrunde legen.

24a Für einen **Sonderfall (Mandatsniederlegung)** hat das OLG Zweibrücken (OLGR Zweibrücken 2007, 299 = FamRZ 2007, 1112) entschieden: »Der Statthaftigkeit der Beschwerde steht vorliegend nicht § 63 Abs. 1 Satz 2 GKG entgegen (vgl. OLG Köln, AGS 2005, 80 zu der entsprechenden Regelung in § 25 Abs. 2 Satz 1 GKG). Nach dieser Bestimmung ist die Beschwerde gegen eine vorläufige Streitwertfestsetzung nur zulässig, soweit hiervon die Höhe eines von der Partei zu zahlenden Gerichtskostenvorschusses abhängig ist. Diese Bestimmung gilt indes nur für das Verhältnis der Staatskasse zur Partei. Grund dieser Regelung ist, dass die Partei in jedem anderen Fall durch eine vorläufige (überhöhte) Streitwertfestsetzung nicht beschwert ist (Schneider, AGS 2005, 80). Für die Anwaltsvergütung gilt sie hingegen jedenfalls dann nicht, wenn der Anspruch des Rechtsanwalts – wie hier infolge der Mandatskündigung (§ 8 Abs. 1 RVG) – auf Zahlung seiner Gebühren fällig ist, weil der Rechtsanwalt in diesem Fall durch eine zu niedrige (vorläufige) Streitwertfestsetzung beschwert ist. Der Gegenstandswert, aus dem sich die Anwaltsgebühren errechnen, bestimmt sich nämlich nach § 23 Abs. 1 Satz 1 RVG in aller Regel – so auch vorliegend – nach dem für die Gerichtsgebühren geltenden Streitwert und damit nach der Streitwertfestsetzung durch das Gericht. Ob dasselbe auch im Hinblick auf einen Vorschussanspruch des Anwalts (§ 9 RVG) gilt oder ob der Anwalt hier überhaupt keine Wertfestsetzung (und deshalb möglicherweise mit der Beschwerde auch keine höhere als die erfolgte) verlangen kann (so LAG Schleswig-Holstein NZA-RR 2006, 320 mit nach Auffassung des Senats zweifelhafter Begründung), kann vorliegend dahinstehen, weil der Vergütungsanspruch der Beschwerdeführer hier infolge der Kündigung des Mandats **fällig** ist.«

c) Endgültige Streitwertfestsetzung

25 Eine endgültige Streitwertfestsetzung sieht § 63 Abs. 2 Satz 1 GKG vor, *»sobald eine Entscheidung über den gesamten Streitgegenstand ergeht oder sich das Verfahren anderweitig erledigt«*.

Ergeht also nur ein Teilurteil, so ist eine Streitwertfestsetzung nicht angezeigt.

Die Streitwertfestsetzung am Ende der Instanz hat von Amts wegen zu erfolgen. Ein besonderer Antrag kann aber im Übrigen nicht schaden.

Vor der endgültigen Streitwertfestsetzung ist stets rechtliches Gehör zu gewähren (KG NJW 1975, 743; Schneider JurBüro 1977, 1509; Schneider/Herget Streitwert Rn. 1607).

Zuständig für die Festsetzung ist das **Prozessgericht** des Rechtszugs, für den der Wert festgesetzt werden soll. Das ist für den ersten Rechtszug das Prozessgericht erster Instanz, für das Berufungsverfahren das Berufungsgericht, für das Revisionsverfahren das Revisionsgericht (anders ist die Zuständigkeit für die Kostenfestsetzung geregelt, hier entscheidet immer die erste Instanz). Die Wertfestsetzung gilt grundsätzlich nur für den Rechtszug, für den sie getroffen worden ist.

26 Nach Abs. 3 des § 63 GKG kann das Gericht, das die Festsetzung getroffen hat, diese von Amts wegen ändern. Eine solche Änderung ist aber dann untersagt, wenn sechs Monate

Wertfestsetzung für die Gerichtsgebühren | § 32

seit Rechtskraft der Hauptsache oder anderweitiger Erledigung verstrichen sind (§ 63 Abs. 3 Satz 2 GKG).

Von wenig Erfahrung in Kostensachen zeugt folgende Passage in einem Beschluss des 5. ZS des KG (JurBüro 2008, 208):

»Auch insoweit ist die sofortige Beschwerde unbegründet, weil die **Kostenfestsetzungsinstanzen** an die erfolgte Wertfestsetzung gebunden sind. Der Wert der verbundenen Verfahren ist hier mit Beschluss vom 08. Januar 2007 auf 300.000,00 Euro festgesetzt worden.

Offenbar hätte sonst das KG (Kostenbeschwerdesenat) einen höheren zu addierenden Wert angesetzt.

Der dem 5. Senat des KG nicht bekannte Satz des GKG lautet aber:

§ 63 Abs. 3: »Die Festsetzung kann von dem Gericht, das sie getroffen hat, und, wenn das Verfahren wegen der Hauptsache oder wegen der Entscheidung über den Streitwert, den Kostenansatz oder die **Kostenfestsetzung** in der Rechtsmittelinstanz schwebt, von dem **Rechtsmittelgericht** von Amts wegen geändert werden.«

Die Kosteninstanz (als Beschwerdegericht) ist also nach dem Gesetz gerade nicht an die Festsetzung des **erkennenden** Gerichts gebunden.« Es ist zu befürchten, dass der durch die formal falsche Entscheidung des 5. Senates des KG hinsichtlich des um € 10.000,00 zu erhöhenden Streitwertes geschädigte Anwalt mangels Gesetzeskenntnis keine **Gegenvorstellung** erhoben hat, sonst hätte der 5. Senat vielleicht (um sich nicht zu blamieren) seine insoweit falsche Entscheidung nicht veröffentlicht oder wenigstens die Abhilfeentscheidung mitveröffentlicht.

Die Entscheidung des KG wäre nur dann richtig oder wenigstens vertretbar, worüber die Sachverhaltsschilderung allerdings schweigt, wenn der Streitwert bereits im **Erkenntnisverfahren in der Beschwerdeinstanz** entschieden worden wäre. In der Judikatur wird nämlich gut vertretbar die Ansicht vertreten, das Kostenfestsetzungsbeschwerdegericht dürfe den Streitwert dann nicht mehr von Amts wegen ändern, wenn früher (also i. d. R.) im Erkenntnisverfahren das **Beschwerdegericht** über den Streitwert bereits entschieden habe (OLG Koblenz JurBüro 2004, 32 = AGS 2004, 67 = NJW-RR 2004, 1510): »Hat das Rechtsmittelgericht den Streitwert im Hauptsacheverfahren festgesetzt, ist das bindend, wenn die Sache später wegen der Kostenfestsetzung erneut in die Rechtsmittelinstanz gelangt (Aufgabe der Senatsrechtsprechung vom 31. Mai 1991, 14 W 250/91 in JurBüro 1991, 1509 = OLGZ 1992, 441–444 = MDR 1992, 310 = VersR 1992, 1026–1027).«

Für Streitwertfestsetzungen nach § 33 RVG gibt es allerdings eine Abänderung von Amts wegen nicht, weil insoweit nicht das GKG, also dessen Ausnahmenorm § 63 Abs. 3 gilt (§ 33 Rn. 9; dort eigenständige Rechtsmittelregelung; LAG Köln AGS 2007, 317 unter II 2.). In den Fällen des § 33 wird die Divergenz zwischen Kostenfestsetzung und Streitwertfestsetzung i. d. R. zwar nicht auftreten, weil § 33 RVG in erster Linie Bedeutung hat für das Verhältnis Anwalt und eigene Partei hat. Dennoch kann es etwa zur Kostenfestsetzung kommen, wenn in einem Vergleich geregelt ist, dass der Gegner die Parteikosten der Gegenpartei ganz oder teilweise erstatten muss. Hier (Fälle des § 33) könnte das Kostenfestsetzungsbeschwerdegericht nicht mehr von Amts wegen den vom erkennenden Gericht auf Antrag festgesetzten Wert ändern.

Den ersten Leitsatz der vorstehenden Entscheidung des OLG Koblenz (JurBüro 1991, 1509), an der der Verfasser mitgewirkt hat, hat der BGH allerdings inzwischen bestätigt (BGH AGS 2005, 413 = NJW 2005, 2233): »Bei der Richterablehnung hat der **Gegner** der ablehnenden Partei die Stellung eines Verfahrensbeteiligten. Die Entstehung und die Erstattung seiner Anwaltsgebühren im **Beschwerdeverfahren** richten sich deshalb nach allgemeinen Grundsätzen. Sie sind insbesondere **nicht** davon **abhängig**, daß der Anwalt einen **Schriftsatz eingereicht** hat.

Abschnitt 4 – Gegenstandswert

Der im Hauptsacheverfahren tätige Anwalt ist in der Regel als beauftragt anzusehen, die Partei auch im Beschwerdeverfahren einer Richterablehnung zu vertreten.«

Das Gericht des höheren Rechtszugs kann den Wert für den niedrigeren Rechtszug nicht **erstmals** festsetzen; es kann nur eine bereits erfolgte Festsetzung der unteren Instanz **abändern** (E. Schneider JurBüro 1969, 705).

Das Rechtsmittelgericht ist bei Festsetzung des Streitwertes für die eigene Instanz nicht verpflichtet, den Streitwert der unteren Instanz zu überprüfen (BGH VersR 1972, 440).

27 Das Beschwerdegericht kann den Streitwert nicht mehr von Amts wegen neu festsetzen, wenn es die erstinstanzliche Festsetzung bereits **auf Beschwerde** bestätigt hatte (BGH MDR 1986, 654; Hamm MDR 1990, 63; siehe auch vorstehend OLG Koblenz JurBüro 2004, 32 = AGS 2004, 67 = NJW-RR 2004, 1510). Ansonsten kann das Rechtsmittelgericht den festgesetzten Streitwert von Amts wegen ändern. Ob das Rechtsmittel Erfolg hat oder nicht, ist gleichgültig, es sei denn, dass ein prozessual unzulässiges Rechtsmittel eingelegt worden ist. Ist das Rechtsmittel unzulässig, ist das Rechtsmittelgericht nämlich an einer Sachentscheidung gehindert. Nur dann, wenn das Verfahren **sachlich** in der Rechtsmittelinstanz schwebt, kann das Rechtsmittelgericht die von dem unteren Gericht getroffene Wertfestsetzung ändern.

Insoweit gibt es aber eine im Vordringen befindliche gegenteilige Rechtsprechung der Verwaltungsgerichtsbarkeit, die auch bei unzulässigem Rechtsmittel eine Abänderbarkeit von Amts wegen zulässt, OVG Sachsen (05. 10. 2007 – 5 E 191/07 – Beschwer von € 200,00 nicht erreicht); OVG Bremen (28. 08. 1996 – 2 B 103/96 –); OVG NW (DÖV 1978, 816).

Diese Rechtsprechung hätte zur Konsequenz, dass ein rechtskräftiger Streitwertbeschluss durch Einlegung eines **unzulässigen** Rechtsmittels in die Beschwerdeinstanz gebracht werden könnte und dann das Beschwerdegericht (von Amts wegen) dem unzulässigen Rechtsmittel im Streitwertpunkt stattgäbe. Diese Wortauslegung des Begriffes »Schweben« des § 63 Abs. Satz 1 GKG ist doch recht kühn und m. E. abzulehnen.

III. Antrags- und Beschwerderecht des Anwalts

1. Antragsrecht

28 Erst wenn das Gericht den Streitwert nicht selbst von Amts wegen festsetzt, besteht für den Anwalt Anlass, einen Festsetzungsantrag zu stellen.

Das Abänderungsinteresse des Anwalts ist nur gegeben, wenn er eine **Werterhöhung** anstrebt (OLG Bamberg JurBüro 1986, 1516; Gerold/Schmidt/von Eicken/Madert/Müller-Rabe RVG 17. Aufl. § 32 Rn. 122). Der sich selbst **als Partei** vertretende Anwalt kann aber sowohl die Erhöhung wie die Herabsetzung des Streitwertes verfolgen (KG Rpfleger 1962, 37). Dem Anspruch auf die richtige (höhere) Wertfestsetzung steht nicht entgegen, dass der Anwalt mit seinem Mandanten schon eine Honorarvereinbarung hinsichtlich des erstrebten höheren Streitwertes getroffen hat (BFH NJW 1976, 208). Denn der gesetzliche Streitwert ist besser gesichert als der nur auf Vereinbarung beruhende Streitwert.

Hat der Anwalt das Festsetzungsverfahren **im eigenen Interesse eingeleitet**, so ist er damit **selbst Partei des Festsetzungsverfahrens**. Ihm muss nunmehr, ebenso wie seinem Mandanten, rechtliches Gehör gewährt werden (Art. 103 Abs. 1 GG). Er muss über alle weiteren Schriftsätze seiner Partei und über alle Verfügungen und Entscheidungen des Gerichts informiert werden.

Das LG Berlin (Grundeigentum 2005, 241) meint sehr großzügig, bei einer Beschwerde gegen eine zu niedrige Festsetzung des Streitwerts durch den Rechtsanwalt im Namen der Partei sei davon auszugehen, dass der Rechtsanwalt die Beschwerde im eigenen Namen einlegen wolle. So hat auch das OLG Koblenz (JurBüro 2008, 254) das unbestimmte Beschwerdebegehren anwaltsfreundlich ergänzend ausgelegt; ebenso Brandenburgisches OLG (12 W 7/2007 – 14.08.2007); LG Berlin (Grundeigentum 2005, 241). Das LG Bonn hat hingegen in einem Beschluss (vom 13.07.2007 – 5 T 57/07) die mit dem Rubrum der Partei eingelegte Streitwerterhöhungsbeschwerde mangels Beschwer der Partei **als unzulässig** zurückgewiesen. Sächsisches OVG (5 E 237/06 – 18.05.2007): »Begehrt der den Streitwertheraufsetzungsantrag verfolgende Anwalt **PKH für seine Partei für diese Beschwerde**, so ist dieses Begehren unzulässig.«

Zu Recht weist das OVG darauf hin, dass der PKH-Anwalt im **eigenen Namen** Streitwertbeschwerde nach § 33 Abs. 1 einlegen kann.

2. Das Beschwerderecht

Die Befugnis des Anwalts zur Rechtsmitteleinlegung ist durch (§ 32) Abs. 2 Satz 1 geschaffen, weil er als Vertreter einer Partei nicht selbst Partei ist. Sein eigenes Gebühreninteresse kann er infolge dieser gesetzlichen Regelung also im eigenen Namen verfolgen. Dazu BayVGH (13.02.2008 – 14 C 08.250): Der Anwalt hat erfolglos aus eigenem Recht den Streitwert (Auffangtatbestand: § 52 Abs. 2 GKG: 5.000,00 EUR) als zu niedrig angesehen, in einem Falle in dem seiner Mandantin die Hundezucht im Wohngebiet untersagt worden war. 29

3. Das Beschwerdeverfahren

a) Beschwerdeschrift

Das Beschwerdeverfahren wird durch einen Antrag eingeleitet, der sich gegen den festgesetzten Wert wendet. Terminologisch kommt es zwar nicht auf die richtige Wortwahl bei der Rechtsmittelbezeichnung an. Um eine Streitwertbeschwerde handelt es sich auch dann, wenn der Anwalt »Erinnerung« gegen die gerichtliche Wertfestsetzung einlegt. 30

Bei einem Erfolg der Beschwerde wirkt sich der Erhöhungsbeschluss **konstitutiv** auf alle Beteiligten (Parteien, Anwälte, Gerichtskasse) aus (Gerold/Schmidt/von Eicken/Madert/Müller-Rabe RVG 17. Aufl. § 32 Rn. 66). Das Instanzgericht kann der Beschwerde selbst abhelfen (§ 68 Abs. 1 Satz 5 GKG i.V.m. § 66 Abs. 3 GKG, so im Ergebnis zutreffend, aber mit falschen Normen: ArbG Weiden ArbuR 2005, 195).

b) Beschwerdewert

Auch für die Streitwertbeschwerde des Anwalts gilt über § 32 Abs. 2 Satz 1 RVG i.V.m. § 68 GKG der neue Beschwerdewert von immerhin € 200,00. Die mit der Beschwerde erstrebte Gebührendifferenz muss also € 200,00 übersteigen, es sei denn, das Gericht hätte (Neuregelung) ausnahmsweise im Streitwertbeschluss wegen grundsätzlicher Bedeutung der Rechtsfrage die Beschwerde ausdrücklich zugelassen (§ 68 Abs. 1 Satz 2 GKG). 31

Der Beschwerdewert errechnet sich aus dem **Unterschied seiner** (des beschwerdeführenden Anwalts eigener) **Gebühren** einschließlich Mehrwertsteuer nach dem angegriffenen Streitwert und dem mit der Beschwerde erstrebten Streitwert (OLG Hamburg AnwBl. 1981, 501). Die sich durch den erstrebten Erfolg ebenfalls ändernden Gerichtskosten bleiben dabei folgerichtig außer Ansatz, das wäre bei einem **Parteiangriff** wegen der Kostenlast **anders**.

OLG Koblenz (JurBüro 2008, 254): »Die zweitinstanzliche Streitwertfestsetzung des Landgerichts kann selbst dann mit der Beschwerde zum Oberlandesgericht angefochten werden, wenn der Instanzenzug der Hauptsache wegen § 542 Abs. 2 S. 1 ZPO beim Landgericht endet;« ebenso Onderka (AGS 2006, 246); OLGR Celle 2006, 191 = AGS 2006, 245; KGR Berlin 2007, 508; OLGR Karlsruhe 2007, 686; a. A. OLGR Celle 2006, 270. 31a

OLG Naumburg (01.10.2007 – WF 225/07): »Setzt das (Amts-) Gericht einen Geschäftswert fest, ist hiergegen beim Amtsgericht die Beschwerde gegeben. Der Senat ist zur Entscheidung 31b

Abschnitt 4 – Gegenstandswert

erst berufen, wenn das Familiengericht von seiner **Abhilfebefugnis** – negativ – Gebrauch gemacht hat.

c) Frist

32 Auch für den Anwalt gilt die 6-Monats-Frist des § 63 Abs. 3 Satz 2 GKG.

Die grundsätzliche Beschwerdefrist von 6 Monaten ab Rechtskraft oder anderweitiger Erledigung (§ 63 Abs. 3 Satz 2 GKG) kann nach § 68 Abs. 1 Satz 3 Hs. 2 GKG ausnahmsweise etwas länger sein: Ist der Streitwert, was in der Praxis durchaus vorkommt, erst später als einen Monat vor Ablauf der 6-Monats-Frist des § 63 Abs. 3 Satz 2 GKG festgesetzt worden (Streitwertbeschluss ergeht etwa erst 5 1/2 Monate nach Rechtskraft), so kann die Streitwertbeschwerde noch innerhalb eines Monats ab Zustellung oder formloser Mitteilung des Festsetzungsbeschlusses eingelegt werden. Achtung: Die Streitwertbeschwerde des Anwalts **im eigenen Namen** nach § 33 RVG ist an eine Frist von 2 Wochen gebunden (§ 33 Abs. 3 Satz 3). Das LAG RhPf. (Beschl. v. 18. 02. 2005 – Az.: 10 Ta 39/05 – juris) hat einen ursprünglichen Streitwertfestsetzungsantrag deshalb als Antrag nach § 33 ausgelegt (Rechtsmittelfrist dann 2 Wochen), weil der Anwalt auch um Festsetzung des Wertes des Mehrvergleiches gebeten hat. Für das arbeitsgerichtliche Verfahren sieht das KV zum GKG (im Gegensatz zu Nr. 1900) nämlich keine gerichtliche Differenzverfahrensgebühr für den Mehrvergleich vor, siehe § 33 Rn. 41.

d) Besetzung des Beschwerdegerichts

32a **Landessozialgericht**
LSG NR.-W. (24. 02. 2006 – L 10 B 21/05 KA – SGb 2006, 475):

»Nach § 66 Abs. 6 Satz 1 Halbsatz 1 Gerichtskostengesetz (GKG) entscheidet über die Beschwerde das Gericht durch eines seiner Mitglieder als Einzelrichter. Funktionell zuständig ist hiernach grundsätzlich das nach der senatsinternen Geschäftsverteilung zuständige Senatsmitglied als Einzelrichter. Dennoch entscheidet der Senat in seiner Besetzung mit drei Berufsrichtern. Dies ergibt sich aus folgendem: § 66 Abs. 6 GKG ist § 568 Zivilprozeßordnung (ZPO) nachgebildet (BT-Drs. 15/1971 S. 157). Demzufolge sollen die mit einer Entscheidung durch den Einzelrichter möglichen Beschleunigungseffekte nur bei den Gerichten genutzt werden, bei denen eine Entscheidung durch Einzelrichter institutionell auch vorgesehen ist. Das trifft beispielsweise auf den Bundesgerichtshof (BGH) und Bundesfinanzhof (BFH) nicht zu (hierzu BFH vom 29. 09. 2005 – IV E 5/05 – sowie BGH vom 13. 01. 2005 – V ZR 218/04 –). Etwas anderes gilt für das Finanzgericht bzw. das Oberverwaltungsgericht. Hier kann der Vorsitzende den Rechtsstreit auf den Einzelrichter übertragen (§ 6 Abs. 1 FGO; § 6 Abs. 1 VwGO; vgl. auch §§ 348, 348 a ZPO). Wird hiervon Gebrauch gemacht, dürften die Voraussetzungen des § 66 Abs. 1 Satz 1 erfüllt sein, so dass die originäre Zuständigkeit eines Senatsmitglieds als Einzelrichter gegeben wäre (vgl. FG Düsseldorf vom 26. 08. 2005 – 11 Ko 1910/05 GK –). Anders verhält es sich für das Landessozialgericht. Das Sozialgerichtsgesetz sieht eine Möglichkeit, nach der eine Streitsache vom Vorsitzenden in die originäre Zuständigkeit eines Senatsmitglieds delegiert werden kann, lediglich über § 155 Abs. 1 SGG vor. Diese Vorschrift berechtigt den Vorsitzenden, seine Aufgaben in dem dort umschriebenen Umfang einem Berufsrichter des Senats zu übertragen, der dann als Berichterstatter (für den Senat) tätig wird. Ist ein Berichterstatter bestellt, muss dieser in den in § 155 Abs. 2 SGG genannten Fällen kraft Gesetzes allein und damit als Einzelrichter entscheiden (§ 155 Abs. 4 SGG). Dessen Entscheidung ist dennoch die des Senats, wenngleich in der Besetzung mit einem Einzelrichter. Eine Entscheidung in der Besetzung mit drei Berufsrichtern wäre ein Verstoß gegen die funktionelle Zuständigkeit und damit gegen das Gebot des gesetzlichen Richters (Frehse in Berliner Kommentare SGG 2. Auflage 2004 § 155 Rdn. 7 m. w. N.). Gleichwohl folgt hieraus nicht, dass ein Senatsmitglied als Einzelrichter über die Streitwertbeschwerde entscheiden könnte. Die Zuständigkeitsregelungen des § 155 Abs. 2 SGG sind abschließend. Die Einzelrichterzuständigkeit ist hiernach nur in den dort genannten Fällen und nur dann gegeben, wenn die Entscheidung im vorbereitenden Verfahren ergeht. Zwar mag eine Entscheidung über eine Streitwertbeschwerde noch als Entscheidung über den Streitwert (§ 155 Abs. 2

Wertfestsetzung für die Gerichtsgebühren | § 32

Nr. 4 SGG) interpretiert werden, indessen ist dies vorliegend schon deswegen nicht Teil des vorbereitenden Verfahrens, weil das Hauptsacheverfahren S 16 KA 15/04 (SG Gelsenkirchen) mit rechtskräftigem Urteil vom 29. 09. 2005 beendet war. Ist sonach eine Entscheidung durch den Einzelrichter gerichtsverfassungsrechtlich bzw. **prozessrechtlich im SGG-Verfahren** auf die Ausnahmekonstellation des § 155 Abs. 2 SGG beschränkt und liegen dessen Voraussetzungen – wie hier – nicht vor, kommt eine Entscheidung über die Streitwertbeschwerde durch den Einzelrichter auf der Grundlage von § 66 Abs. 6 GKG nicht in Betracht. Zuständig ist der Senat.«

BayVGH (17. 03. 2005 – 25 C 05.36): 32 b

Über die Beschwerde entscheidet der Senat durch den Berichterstatter, weil die angefochtene Streitwertfestsetzung vom 20. Dezember 2004 durch ein einzelnes Mitglied der zuständigen Kammer des Verwaltungsgerichts vorgenommen worden ist (§ 72 Nr. 1, § 68 Abs. 1 Satz 4, § 66 Abs. 6 Satz 1 GKG).

e) Gebühren und Kosten

Nach § 68 Abs. 3 GKG ist das Streitwertbeschwerdeverfahren (gerichts-)gebührenfrei. 33

Außergerichtliche Kosten werden nicht erstattet. Auch bei Erfolg seiner Streitwertbeschwerde kann der Anwalt also keine Erstattung einer Beschwerdegebühr vom Gegner, wer immer das sei, verlangen.

IV. Gegenvorstellungen

Nach § 66 Abs. 4 Satz 3 GKG findet eine (Streitwert-)Beschwerde an einen obersten Gerichts- 34 hof des Bundes nicht statt, davon betroffen sind also Streitwertfestsetzungen der Oberlandesgerichte, aber auch der Finanzgerichte. Das Finanzgericht des Saarlandes hat zu dieser Problematik Folgendes festgestellt (EFG 2005, 1968):

»*Den einzigen Rechtsbehelf gegen einen Streitwertfestsetzungsbeschluss eines Oberlandesgerichts/Finanzgerichts nach § 32 Abs. 2 RVG bildet die ausschließlich gegen die Streitwertfestsetzung gerichtete Gegenvorstellung entsprechend § 321 a ZPO.*

§ 133 a FGO, der die Anhörungsrüge im Finanzprozess normiert, steht einer Gegenvorstellung nicht entgegen. Denn die Norm verdrängt andere nichtförmliche Rechtsbehelfe nur insoweit, als die Verletzung rechtlichen Gehörs geltend gemacht wird. Soweit nicht die Verletzung rechtlichen Gehörs, sondern anderer Verfahrensnormen gerügt wird, ist die Gegenvorstellung im herkömmlichen Sinne nach wie vor statthaft (BFH BFH/NV 2005, 898; BFH/NV 2005, 1349). Denn durch die Schaffung und Reglementierung der Anhörungsrüge in allen Verfahrensordnungen sollte das Institut der Gegenvorstellung nicht ausgeschlossen werden (vgl. BT-Drs. 663/04, S. 33).«

Weist das Gericht die Gegenvorstellung dann aber zurück, so ist der Beschluss unanfechtbar (so grundsätzlich auch Gerold/Schmidt/von Eicken/Madert/Müller-Rabe RVG 17. Aufl. § 32 Rn. 99). Gegen das Ergebnis dieser Selbstüberprüfung ist nämlich keine außerordentliche Beschwerde an das im Instanzenzug nächsthöhere Gericht gegeben (BFH BFH/NV 2005, 1128).

– Frist der Gegenvorstellung

Die Gegenvorstellung muss innerhalb der Frist des § 63 Abs. 3 Sätze 1 und 2 GKG (analog) – 6 Monate – eingelegt werden. Das Gericht kann die von ihm getroffene Entscheidung über die Höhe des Streitwerts innerhalb von 6 Monaten, nachdem die Entscheidung in der Hauptsache Rechtskraft erlangt oder das Verfahren sich anderweitig erledigt hat, ändern.

Abschnitt 4 – Gegenstandswert

V. Streitwertkatalog

1. Bebauungsplan

35 BayVGH (17.03. 2005 – 25 C 05.36):

Nach Angaben des Klägerbevollmächtigten sah dieser Bebauungsplan die Festsetzung eines Gewerbegebiets und eines Industriegebiets auf einer Gesamtfläche von 13,6 ha vor. Der Streitwertkatalog für die Verwaltungsgerichtsbarkeit 2004 (NVwZ 2004, 1327), den der Senat bei der Bemessung des Streitwerts regelmäßig heranzieht, enthält insoweit keine Empfehlung. Der 15. Senat des Verwaltungsgerichtshofs (BayVGH vom 02. 12. 1991, Az. 15 B 89.3770) und das Thüringer Oberverwaltungsgericht (ThürOVG vom 19. 07. 1994 Thür VBl. 1995, 15) haben bei Klagen auf Genehmigung eines Bebauungsplans den damaligen Regelstreitwert von DM 6.000 zu Grunde gelegt. Der erkennende Senat hat bei einem Rechtsstreit um die Genehmigung eines Flächennutzungsplans einen Mindeststreitwert von 10.000 Euro und im konkreten Fall, der ein Gewerbegebiet mit 57 ha Gesamtfläche betraf, eine Erhöhung auf € 20.000 für geboten erachtet (BayVGH vom 22. 09. 2003 BayVBl. 2004, 221). Dies steht in Einklang mit dem Streitwertkatalog 2004, der nunmehr unter Nr. 9.9 einen Streitwert von mindestens € 10.000 für den Genehmigungsstreit bezüglich eines Flächennutzungsplans vorschlägt. Ein Bebauungsplan erstreckt sich zwar nicht, wie in der Regel ein Flächennutzungsplan (vgl. § 5 Abs. 1 Satz 1 BauGB), über das ganze Gemeindegebiet. Er enthält aber für den Planbereich rechtsverbindliche Festsetzungen für die städtebauliche Ordnung (vgl. § 8 Abs. 1 BauGB) und weist den Charakter einer Rechtsnorm auf. Er ist daher – möglicherweise abgesehen von kleinräumigen Bebauungsplänen – für die Entwicklung einer Gemeinde in der Regel von ähnlicher Bedeutung wie ein Flächennutzungsplan. Das Verwaltungsgericht hat vielmehr angesichts des auf der Hand liegenden Gewichts der Planung eines Gewerbegebiets und eines Industriegebiets in dieser Größenordnung für die Klägerin zu Recht den Streitwert auf € 10.000 festgesetzt. Dieser Streitwert ist der Sache angemessen und nicht zu beanstanden. Stichhaltige Gründe, die einen höheren Streitwert als sachgerecht erscheinen lassen könnten, sind weder vorgetragen noch ersichtlich.

2. Beweisverfahren

36 OLG Stuttgart (BauR 2006, 2111):

Zur Frage des Streitwerts im selbständigen Beweisverfahren war die bisherige Rechtsprechung der Obergerichte uneinheitlich, sowohl was die anzusetzende Quote des Hauptsachewerts angeht, also auch, was die Maßgeblichkeit der Angaben des Antragstellers betrifft. Der Beschwerdeführer hat dies im Schriftsatz vom 22. 07. 2005 umfassend dargestellt. Der Bundesgerichtshof hat jedoch mit Beschluss vom 16. 09. 2004 (NJW 2004, 3488) diese Fragen weitgehend geklärt. Danach ist der volle Hauptsachewert anzusetzen, wovon auch das Landgericht ausgegangen ist. Insbesondere hat der Bundesgerichtshof hervorgehoben, dass der vom Antragsteller bei Verfahrenseinleitung geschätzte Wert weder bindend noch maßgeblich ist. Das Gericht hat nach Einholung des Gutachtens den »richtigen« Hauptsachewert, bezogen auf den Zeitpunkt der Verfahrenseinleitung und das Interesse des Antragstellers, festzusetzen. Bestätigt das Gutachten nicht alle behaupteten Mängel, hat eine Schätzung zu erfolgen. Dies bedeutet aber umgekehrt für den Fall, dass der Sachverständige im Grunde nach einen behaupteten Mangel bestätigt, dass seine Angaben zur Höhe der Mangelbeseitigungskosten Grundlage für den »richtigen« Hauptsachewert sind. In diesem Sinne hat die Entscheidung des Bundesgerichtshofs zustimmende Aufnahme in die Rechtsprechung der Oberlandesgerichte gefunden (OLG Karlsruhe OLGRep 2005, 216; OLG Schleswig OLGRep 2005, 217).

3. Gewaltschutz

OLGR Naumburg 2006, 284:

Für Maßnahmen nach dem GewaltschutzG ist in Ermangelung genügender tatsächlicher Anhaltspunkte für eine Schätzung von € 3.000 auszugehen. Dieser Wert kann ausnahmsweise auch herabgesetzt werden.

4. Eintragung im Grundbuch

OLG Karlsruhe (JurBüro 2006, 145 = AGS 2006, 561):

Zwar richtet sich grundsätzlich der Streitwert für eine auf Auflassung und Eintragungsbewilligung gerichtete Klage nach dem vollen Streitwert des Wohnungseigentums (vgl. OLG Karlsruhe JurBüro 1988, 1551 mit zustimmender Anmerkung von Mümmler, a. a. O., 1552). Verlangen jedoch Kläger lediglich die Zustimmung der Beklagten zum Vollzug einer bereits erklärten Auflassung, die wegen einer umstrittenen Restgegenforderung verweigert wird, so ist nach der in der Rechtsprechung des Bundesgerichtshofs vertretenen Auffassung (NJW 2002, 684 = DNotZ 2002, 216), die der Senat ebenso wie das Landgericht teilt, der Gebührenstreitwert nicht nach § 6 ZPO a. F. zu bestimmen, sondern gemäß § 3 ZPO unter Berücksichtigung des Werts der streitigen Gegenforderung zu schätzen. Die Kläger haben mit ihrer Klage weder die Übertragung des Besitzes an der Wohnung verlangt noch eine Erklärung der Beklagten angestrebt, die materiell-rechtlich oder grundbuchrechtlich Voraussetzung für eine Eigentumsübertragung war. Das Rechtsschutzbegehren der Kläger richtete sich nicht auf die Erteilung einer Auflassung, sondern lediglich darauf, das dem Vollzug der Eigentumsumschreibung noch entgegenstehende Hindernis zu beseitigen. Dieses bestand nur mehr in der (gemäß Ziffer v Abs. 3 des notariellen Kaufvertrages erforderlichen) noch fehlenden Zustimmung der beklagten Verkäuferin dazu, dass der Notar die ihm bereits zu treuen Händen vorliegende Auflassungsgenehmigungserklärung der Beklagten zum Vollzug der Eintragung an das Grundbuchamt weiterleite. Rechtsfehlerfrei hat danach das Landgericht bei seiner Streitwertbemessung auf die im Rechtsstreit wirtschaftlich allein noch maßgebliche Restkaufpreisforderung von € 1.546,42 abgehoben.

5. Unterlassung – Wettbewerbsverbot

LAG Köln (NZA 2005, 547 = LAGE § 53 GKG 2004 Nr. 1): Gemäß § 3 ZPO ist der Wert nach freiem Ermessen im Wege der Schätzung zu bestimmen. Maßgeblich für die Schätzung ist bei einem auf Unterlassung von Wettbewerbsverstößen gestützten Verfahren das Interesse, dass der Kläger an der Unterbindung weiterer gleichartiger Verstöße hat. Dieser Betrag ist sodann im Verfahren auf Erlass einer einstweiligen Verfügung um einen angemessenen Abschlag zu kürzen (vgl. LAG Köln 28. 12. 2000 – 8 Ta 251/01 –; KG Berlin 26. 11. 2004 – 5 W 146/04 – juris; ferner HWK/Kalb, § 12 ArbGG Rn. 26 »einstweilige Verfügung«). Ein gewichtiges Indiz für die Schätzung des klägerischen Interesses bildet auch die Angabe des Streitwerts in der Klage- oder Antragsschrift, weil diese Angabe noch unbeeinflusst vom Ausgang des Rechtsstreits erfolgt. Sie kann daher mangels anderer Anhaltspunkte regelmäßig zugrunde gelegt werden. Die Streitwertangabe enthebt das Gericht aber nicht von der Notwendigkeit, diese anhand der Aktenlage unter Berücksichtigung von Wertfestsetzungen in vergleichbaren Fällen selbständig zu überprüfen (vgl. KG Berlin, a. a. O.). Nach Maßgabe dieser Kriterien ist der Gegenstandswert vorliegend auf ein halbes Jahreseinkommen der Antragsgegnerin, nämlich auf € 13.200,00 festzusetzen.

Zwar ist der Streit über die Gültigkeit eines nachvertraglichen Wettbewerbsverbots regelmäßig mit dem Betrag der insgesamt höchstens geschuldeten Karenzentschädigung zu bewerten, also regelmäßig mit einem Jahreseinkommen (LAG Hamm 23. 12. 1980 – 8 Ta 148/80 – EzA § 61 ArbGG 1479 Nr. 4). Dieser Streitwert ist aber beim einstweiligen Verfügungsverfah-

Abschnitt 4 – Gegenstandswert

ren im Regelfall niedriger anzusetzen als bei der Hauptsacheklage auf Unterlassung, weil es hierbei nur um die vorläufige Sicherung geht.

(6) Gewaltschutzgesetz: Nachstellung, Ehewohnung

40 OLGR Zweibrücken 2008, 367:

Für bestimmte einstweilige Anordnungen im Rahmen von Verfahren nach dem Gewaltschutzgesetz gem. § 64b Abs. 3 S. 1 FGG, die ein Kontaktaufnahmeverbot sowie das Begehren auf Überlassung der gemeinsamen Ehewohnung zur alleinigen Benutzung zum Gegenstand haben, ist der gem. § 22 Abs. 1 RVG zusammenzurechnende Gegenstandswert für die anwaltliche Tätigkeit gem. § 24 S. 3 RVG festzusetzen. Bei einstweiligen Anordnungen, die Maßnahmen zum Schutz vor Gewalt und Nachstellungen nach § 1 Abs. 1 GewaltSchG zum Gegenstand haben, ist von einem Wert von € 500 auszugehen, § 24 S. 1 RVG; bei solchen, die sich auf das Überlassen der Ehewohnung gem. § 2 Abs. 1 GewaltSchG richten, ist entsprechend § 24 S. 2 RVG der Festwert von € 2000 anzusetzen. Dabei ist für ein Hauptsacheverfahren und ein Verfahren auf Erlass einer bestimmten einstweiligen Anordnung als verschiedene Angelegenheiten gem. § 17 Nr. 4 RVG jeweils ein eigener Wert festzusetzen.

§ 33
Wertfestsetzung für die Rechtsanwaltsgebühren

(1) Berechnen sich die Gebühren in einem gerichtlichen Verfahren nicht nach dem für die Gerichtsgebühren maßgebenden Wert oder fehlt es an einem solchen Wert, setzt das Gericht des Rechtszugs den Wert des Gegenstands der anwaltlichen Tätigkeit auf Antrag durch Beschluss selbständig fest.

(2) ¹Der Antrag ist erst zulässig, wenn die Vergütung fällig ist. ²Antragsberechtigt sind der Rechtsanwalt, der Auftraggeber, ein erstattungspflichtiger Gegner und in den Fällen des § 45 die Staatskasse.

(3) ¹Gegen den Beschluss nach Absatz 1 können die Antragsberechtigten Beschwerde einlegen, wenn der Wert des Beschwerdegegenstands 200 EUR übersteigt. ²Die Beschwerde ist auch zulässig, wenn sie das Gericht, das die angefochtene Entscheidung erlassen hat, wegen der grundsätzlichen Bedeutung der zur Entscheidung stehenden Frage in dem Beschluss zulässt. ³Die Beschwerde ist nur zulässig, wenn sie innerhalb von 2 Wochen nach Zustellung der Entscheidung eingelegt wird.

(4) ¹Soweit das Gericht die Beschwerde für zulässig und begründet hält, hat es ihr abzuhelfen; im Übrigen ist die Beschwerde unverzüglich dem Beschwerdegericht vorzulegen. ²Beschwerdegericht ist das nächsthöhere Gericht, in bürgerlichen Rechtsstreitigkeiten der in § 119 Abs. 1 Nr. 1, Abs. 2 und 3 des Gerichtsverfassungsgesetzes bezeichneten Art jedoch das Oberlandesgericht. ³Eine Beschwerde an einen obersten Gerichtshof des Bundes findet nicht statt. ⁴Das Beschwerdegericht ist an die Zulassung der Beschwerde gebunden; die Nichtzulassung ist unanfechtbar.

(5) ¹War der Beschwerdeführer ohne sein Verschulden verhindert, die Frist einzuhalten, ist ihm auf Antrag von dem Gericht, das über die Beschwerde zu entscheiden hat, Wiedereinsetzung in den vorigen Stand zu gewähren, wenn er die Beschwerde binnen 2 Wochen nach der Beseitigung des Hindernisses einlegt und die Tatsachen, welche die Wiedereinsetzung begründen, glaubhaft macht. ²Nach Ablauf eines Jahres, von dem Ende der versäumten Frist an gerechnet, kann die Wiedereinsetzung nicht mehr beantragt werden. ³Gegen die Ablehnung der Wiedereinsetzung findet die Beschwerde statt. ⁴Sie ist nur zulässig, wenn sie innerhalb von 2 Wochen eingelegt wird. ⁵Die Frist beginnt mit der Zustellung der Entscheidung. ⁶Absatz 4 Satz 1 bis 3 gilt entsprechend.

(6) ¹Die weitere Beschwerde ist nur zulässig, wenn das Landgericht als Beschwerdegericht entschieden und sie wegen der grundsätzlichen Bedeutung der zur Entscheidung stehenden Frage in dem Beschluss zugelassen hat. ²Sie kann nur darauf gestützt werden, dass die Entscheidung auf einer Verletzung des Rechts beruht; die §§ 546 und 547 der Zivilprozessordnung gelten entsprechend. ³Über die weitere Beschwerde entscheidet das Oberlandesgericht. ⁴Absatz 3 Satz 3, Absatz 4 Satz 1 und 4 und Absatz 5 gelten entsprechend.

(7) ¹Anträge und Erklärungen können zu Protokoll der Geschäftsstelle gegeben oder schriftlich eingereicht werden; § 129 a der Zivilprozessordnung gilt entsprechend. ²Für die Bevollmächtigung gelten die Regelungen der für das zugrunde liegende Verfahren geltenden Verfahrensordnung entsprechend. ³Die Beschwerde ist bei dem Gericht einzulegen, dessen Entscheidung angefochten wird.

(8) ¹Das Gericht entscheidet über den Antrag durch eines seiner Mitglieder als Einzelrichter; dies gilt auch für die Beschwerde, wenn die angefochtene Entscheidung von einem Einzelrichter oder einem Rechtspfleger erlassen wurde. ²Der Einzelrichter überträgt das Verfahren der Kammer oder dem Senat, wenn die Sache besondere Schwierigkeiten tatsächlicher oder rechtlicher Art aufweist oder die Rechtssache grundsätzliche Bedeutung hat. ³Das Gericht entscheidet jedoch immer ohne Mitwirkung ehrenamtlicher Richter.

Abschnitt 4 – Gegenstandswert

⁴Auf eine erfolgte oder unterlassene Übertragung kann ein Rechtsmittel nicht gestützt werden.

(9) ¹Das Verfahren über den Antrag ist gebührenfrei. ²Kosten werden nicht erstattet; dies gilt auch im Verfahren über die Beschwerde.

Inhaltsübersicht

	Rn.
A. Allgemeines	1
I. Wichtige Vorbemerkung	1
B. Kommentierung	10
I. Abgrenzungen	10
II. Die einzelnen Absätze	14
1. Abs. 1 Kein verbindlicher gerichtlicher Streitwert	14
a) Die anwaltlichen Gebühren richten sich nicht nach dem für die Gerichtsgebühren maßgebenden Wert (Abs. 1 Hs. 1)	15
aa) Gerichtlicher und anwaltlicher Wert decken sich tatsächlich nicht	15
bb) Für die Gebühren des Rechtsanwalts gelten besondere Wertvorschriften (selten in der Praxis vorkommend)	16
b) Es fehlt an einem für die Gerichtsgebühren maßgebenden Wert (§ 33 Abs. 1 Hs. 2)	17
aa) GKG sieht Festgebühr für die gerichtliche Tätigkeit vor	17
bb) Das gerichtliche Verfahren ist von Gerichtsgebühren befreit	19
c) Außergerichtliches Verfahren – Höherwert	21
d) Antrag	23
aa) Konkretisierung	23
bb) Frist-Verwirkung	24
e) Beschluss	25
2. Abs. 2 Fälligkeit und Beteiligte	26
a) Fälligkeit der Vergütung ist Voraussetzung für Wertfestsetzungsantrag (Abs. 2 Satz 1)	26
b) Antragsberechtigte (Abs. 2 Satz 2)	32
3. Abs. 3 Beschwerde	34
a) Abs. 3 Satz 1: Beschwerdebefugt ist der Antragsberechtigte – Beschwer mehr als € 200,00	34
aa) Welcher Antragsberechtigte ist beschwerdebefugt?	34
bb) Beschwer mehr als € 200,00 (Abs. 3 Satz 1)	36
b) Zulassungsbeschwerde (Abs. 3 Satz 2)	39
c) Beschwerdefrist (Abs. 3 Satz 3)	40
4. Abs. 4 Abhilfe und Zuständigkeit	42
a) Satz 1 Abhilfeprüfung	42
b) Abs. 4 Satz 2 Nächsthöheres Gericht	43
c) Abs. 4 Satz 3 Keine Beschwerde gegen Gerichtshof des Bundes	44
d) Abs. 4 Satz 4 Bindung an Zulassungsbeschwerde	45
5. Abs. 5 Wiedereinsetzung	46
6. Abs. 6 Weitere Beschwerde	47
7. Abs. 7 Einlegung der Beschwerde	48
a) Satz 1 Zu Protokoll der Geschäftsstelle	48
b) Satz 2 Einlegung beim Erstrichter	49
8. Abs. 8 Grundsätzliche Einzelrichterzuständigkeit	50
9. Abs. 9 Gebühren und Kosten	51
10. Gebühren aus der Staatskasse (PKH)	52

A. Allgemeines

I. Wichtige Vorbemerkung

1 In den §§ 32, 33 RVG ist jeweils ein eigenes anwaltliches Beschwerderecht gegen eine Streitwertfestsetzung geregelt: § 32 Abs. 2 Satz 1 und § 33 Abs. 3 Satz 1 und 3.

Für die **Beschwerde nach § 32** (auch **aus eigenem Anwaltsrecht**) gilt die lange Frist von **6 Monaten**, für die **Beschwerde aus § 33** (aus **ausschließlich eigenem Recht des Anwalts**) gilt gem. Abs. 3 Satz 3 die kurze **2-Wochenfrist**. Der Unterschied wird in fast 50 % der Fälle in der Praxis nicht beachtet, weil **jeder annimmt,** für die Streitwertbeschwerde habe er ja **6 Monate Zeit.** So gibt es **reihenweise unzulässige Streitwertbeschwerden gerade in eigenen Sachen,** so auch in der Rechtsprechungsübersicht bei Juris aus letzter Zeit (z. B. LAG Hamm RVGreport 2005, 200; LAG RhPf., v. 18. 02. 2005 – Az.: 10 Ta 39/05 – juris).

Die Abs. 1 und 2 gewähren dem Anwalt ein eigenes Antragsrecht (Streitwertfestsetzung) und **2** Beschwerderecht in den Fällen, in denen sich seine Gebühren **(1) nicht nach den gerichtlichen Gebühren richten oder (2) ein gerichtlicher Gebührenwert fehlt.**

Der Beschwerdewert ist seit 2004 vervierfacht (€ 200,00), einen geringen Ausgleich bietet die **3** Zulassungsbeschwerde (grundsätzliche Bedeutung) und die weitere Beschwerde. Eine Nichtzulassungsbeschwerde ist allerdings ausdrücklich ausgeschlossen worden.

Nach Abs. 2 Satz 1 ist der Festsetzungsantrag erst bei Fälligkeit der Gebühr und nicht schon **4** für den Vorschussanspruch zulässig. Der Kreis der Antragsberechtigten sind Anwalt, Auftraggeber, erstattungspflichtiger Gegner und die Staatskasse nach PKH-Bewilligung. Abs. 3 Satz 1 gibt allen vorgenannten Antragsberechtigten auch ein Beschwerderecht, aber erst, wie erwähnt, bei einer Beschwer von mehr als € 200,00 und wenn sie auch **selbst erstinstanzlicher Antragsteller** waren. Abs. 3 Satz 2 (ausdrückliche Zulassung wegen grundsätzlicher Bedeutung) ist an § 66 Abs. 2 GKG angepasst. In beiden Fällen beruht die völlige Neugestaltung auf folgenden Erwägungen des Gesetzgebers. (In der Gesetzesbegründung zu den Absätzen 3 ff. wird fast ausschließlich Bezug genommen auf die eingehende Begründung BT-Drs. 15/1971, S. 156 zu der entsprechenden Regelung in **§ 66 GKG**, die hier wiedergeben wird und zwar hinsichtlich der einzelnen Absätze des § 33 RVG):

»*Der Wert des Beschwerdegegenstands ist von derzeit € 50,00 auf € 200,00 erhöht worden, was zu* **5** *einer spürbaren Entlastung der Gerichte führen dürfte. Bei einem Beschwerdewert bis zu dieser Wertgrenze wird in den meisten Fällen eine richterliche Entscheidung ausreichen. Neu ist jedoch, dass das Gericht, das die angefochtene Entscheidung erlassen hat, gemäß Satz 2 künftig die Möglichkeit haben soll, die Beschwerde bei Gegenstandswerten von bis zu € 200,00 wegen der grundsätzlichen Bedeutung der zur Entscheidung stehenden Frage zuzulassen. Die Zulassung bzw. Nichtzulassung der Beschwerde soll sowohl bereits in der angefochtenen Entscheidung ausgesprochen als auch noch später – etwa nach Einlegung und Begründung der Beschwerde – nachgeholt werden können.*« (Die Frage des Verfassers schon in der 1. Auflage: Wo steht der Letztere im Gesetz? Der Verfasser kann in § 66 Abs. 2 Satz 2 GKG und § 33 Absatz 3 Satz 2 RVG nur finden: »in dem Beschluss«, also doch wohl in dem »angefochtenen Beschluss« und nicht in dem »Nichtabhilfebeschluss.« Die Rechtsprechung wird's richten!) Inzwischen hat die Rechtsprechung entschieden: LG Koblenz, Beschl. v. 11.11.2004 – Az.: 9 Qs 223/04 – FamRZ 2005, 741. Eine nachträgliche Ergänzung um die Zulassung ist unbeachtlich; ebenso Gebauer/Schneider RVG § 33 Rn. 83 bis 85; Riedel/Sußbauer RVG § 33 Rn. 29. Ein gesetzgeberisches Meisterstück!

Weiter die Gesetzesbegründung zu § 66 GKG = § 33 Abs. 3 Satz 2 RVG: »*Mit Einführung der* **6** *Zulassungsbeschwerde wird – auch zum Ausgleich für die Anhebung des Beschwerdewerts nach Satz 1 – bezweckt, Fragen von grundsätzlicher kostenrechtlicher Bedeutung in jedem Fall (?) einer Überprüfung durch das Beschwerdegericht zugänglich machen zu können. Auf diese Weise sollen die Einheitlichkeit der Rechtsprechung und die Rechtsfortbildung auf dem Gebiet des Kostenrechts entscheidend gestärkt werden.*«

Nach meiner Einschätzung bleibt das eine fromme Hoffnung angesichts der Nichteinführung **7** der Nichtzulassungsbeschwerde. Gerade die fachkundigsten Richter, deren Entscheidungen ohnehin von einer gewissen Güte zeugen, besitzen eher die Stärke, ein Rechtsmittel gegen die eigene Entscheidung zuzulassen, als die eher schwachen Vertreter der Richterzunft, die in der Praxis ihre eher mager begründeten Entscheidungen durch eine Nichtzulassung gegen eine Aufhebung absichern.

Zu einer Nichtzulassungsbeschwerde konnte sich der Gesetzgeber nicht durchringen. Die Begründung S. 196, 157 dazu: **8**

»*Absatz 4 Satz 4 regelt entsprechend § 574 Abs. 3 Satz 2 ZPO, dass das Beschwerdegericht an die Zulassung der Beschwerde gebunden ist. Die Nichtzulassung soll dagegen einer Anfechtung entzogen sein. Dies erscheint vor dem Hintergrund vertretbar, dass es der Zulassung der Beschwerde nur bei einem Wert des Beschwerdegegenstands von höchstens € 200,00 bedarf.*«

Abschnitt 4 – Gegenstandswert

9 **Wichtig:** Während die Festsetzung nach § 32 **konstitutiv** wirkt, also für alle Beteiligte, wirkt die Festsetzung nach § 33 nur für und gegen die Beteiligten an dem gerade in Rede stehenden Anspruch des betreffenden Anwalts (Anwalt, Partei, eventuell erstattungspflichtige Gegenpartei und Landeskasse im Fall von PKH-Bewilligung). Die **isolierte Wertfestsetzung** für den betreffenden anwaltlichen Gebührenanspruch hat also keine Konstitutivwirkung für den Anwalt der Gegenseite, einen Verkehrsanwalt oder die Gerichtskasse (Gerold/Schmidt/von Eicken/Madert/Müller-Rabe RVG 17. Aufl. § 32 Rn. 66; Gebauer/Schneider RVG § 33 Rn. 51; Riedel/Sußbauer RVG § 33 Rn. 16; siehe auch § 32 unter B II. 2. Rn. 19 und B III. 3. Rn. 30). Dort beruht die Konstitutivwirkung darauf, dass auch der gerichtliche Gebührenstreitwert mit betroffen ist.

Beispiel für eine isolierte Festsetzung:

LG Bonn (13.03.2007 – 6 T 309/06): Es ging um den Beschwerdewert hinsichtlich der angegriffenen Kostenentscheidung erster Instanz. Für das Gericht war für die Beschwerde nur eine Festgebühr angefallen. Daher lag für beide Anwälte ein Fall von § 33 vor. Ein Anwalt meinte, in erster Instanz sei keine, der andere meinte, es sei eine Terminsgebühr angefallen. Das LG Bonn setzte (überraschend, aber gesetzlich erlaubt) die Beschwerdewerte der beiden Anwälte **unterschiedlich** hoch fest.

Folge: Beantragen die Verfahrensbevollmächtigten beider Parteien gemäß § 33 RVG die Festsetzung des Wertes des Gegenstandes der anwaltlichen Tätigkeit im Beschwerdeverfahren, so kann dies zu unterschiedlichen Wertfestsetzungen führen.

B. Kommentierung

I. Abgrenzungen

10 Die Norm füllt die Lücken, die § 32 RVG offen gelassen hat:

Sie schafft für den Anwalt ein Verfahren (Streitwertfestsetzung und Beschwerderecht) in den Fällen, in denen sich seine Gebühren (1) nicht nach den gerichtlichen Gebühren richten oder (2) ein gerichtlicher Gebührenwert fehlt. Das Gesetz spricht von einer selbständigen Streitwertfestsetzung, sie ist also nicht abhängig von einer Festsetzung eines gerichtlichen Streitwertes (§ 32, siehe dazu § 32 Rn. 5 unter (2) und (3)).

Das bedeutet, für alle anwaltlichen Tätigkeiten **in gerichtlichen** Verfahren bietet das Gesetz eine Wertfestsetzungsverfahren an, entweder das der Bindung an den gerichtlichen Gebührenstreitwert (§ 32) oder das besondere Antragsverfahren nach § 33.

Kein besonderes Streitwertfestsetzungsverfahren wird angeboten, wenn der Anwalt außergerichtlich tätig wird. Dann muss das für die Gebührenklage zuständige Prozessgericht den Wert inzidenter festsetzen (siehe § 32 unter Rn. 5 Fallgestaltung (4)).

11 **Subsidiarität.** Das Verfahren nach § 33 ist nur eröffnet, wenn kein Fall des § 32 gegeben ist, also die Festsetzung des gerichtlichen Streitwertes für die Anwaltsgebühren nicht maßgebend ist, entweder weil

(1) sie sich nicht nach dem für die Gerichtsgebühren maßgebenden Wert berechnen oder weil

(2) es an einem solchen (gerichtlichen) Wert fehlt.

Unrichtig daher und gegen das Subsidiaritätsgebot verstoßend: OLG Zweibrücken (OLGR Zweibrücker 2008, 367), das dem Anwalt nach § 33 ein **Beschwerderecht** gegen eine vorläufige Streitwertfestsetzung in der Hauptsache gibt, wenn dort das **Verfahren ruht.** Hier hätte richtigerweise der Antrag als **Erstantrag** auf Streitwertfestsetzung nach § 32 Abs. 2 Satz 1 aufgefasst werden müssen.

Bezeichnenderweise hat das OLG auch nicht die Einhaltung der 2 Wochenfrist des § 33 Abs. 3 Satz 3 geprüft.

Während bei der Festsetzung des Streitwertes nach § 32 die Beschwerdefrist 6 Monate beträgt (§ 63 Abs. 3 Satz 2 GKG), ist bei der Streitwertfestsetzung nach **§ 33 die 2-Wochenfrist** der sofortigen Beschwerde nach § 33 Abs. 3 Satz 3 zu beachten.

Nach Abs. 2 Satz 1 des § 33 ist der Streitwertfestsetzungsantrag erst **bei Fälligkeit** der Vergütung (§ 8) **zulässig**. Anders der Streitwertfestsetzungsantrag nach **§ 32**; dort gibt die Rechtsprechung (OLG Bremen AnwBl. 1988, 71 = JurBüro 1988, 70; siehe § 32 unter B. II. 2. Rn. 17; a. A. LAG Schl. H. (NZA-RR 2006, 320, 23. 03. 2006 – 2 Ta 54/06) dem Anwalt sogar schon ein **Beschwerderecht** gegen die **(Verfahrens-)**Streitwertfestsetzung, wenn das Verfahren gerade erst begonnen hat, die anwaltlichen Gebühren also noch nicht fällig sind, er vielmehr gerade mal seinen **Vorschussanspruch** (§ 9) gegen seine eigene Partei geltend machen kann. 12

Auch bei einer **Gebühren**streitwertfestsetzung für die Gerichtsgebühren (§ 32) kann der Anwalt nach streitiger Meinung schon zu einem Zeitpunkt, zu dem er mangels Fälligkeit lediglich einen Vorschussanspruch hat, **Streitwertbeschwerde** einlegen (Gebauer / Schneider RVG § 32 Rn. 77; a. A.: OLG Frankfurt OLGR 1999, 43). Die Beschränkung auf die Fälligkeit (§ 33 Abs. 2 Satz 1) fehlt nämlich in § 32. Wichtig ist, dass nach der Neufassung die sofortige Beschwerde **nur** beim Judex a quo, also dem **Erstrichter** eingelegt werden kann, weil dieser der sofortigen Beschwerde **selbst abhelfen** kann. 13

II. Die einzelnen Absätze

1. Abs. 1 Kein verbindlicher gerichtlicher Streitwert

Auslegungsbedürftig ist der folgende Satzteil: »Berechnen sich die Gebühren nicht nach dem für die Gerichtsgebühren maßgebenden Wert oder fehlt es an einem solchen Wert, ...«. 14

  a) **Die anwaltlichen Gebühren richten sich nicht nach dem für die Gerichtsgebühren maßgebenden Wert (Abs. 1 Hs. 1)**

  aa) Gerichtlicher und anwaltlicher Wert decken sich tatsächlich nicht

Dies ist der in der Praxis am häufigsten vorkommende Fall: 15

• **Beispiele**
(1) Die Wohnungseigentümergemeinschaft klagt in gemeinsamer Klage gegen drei Miteigentümer (subjektive Klagehäufung) auf Zahlung des Jahresbeitrages für die Instandsetzung pp. Die Festsetzung des gerichtlichen Gebührenstreitwertes der gesamten Klage, die grundsätzlich möglich wäre, würde aber nicht für den Wert der Klage(-abweisung – Rechtsverteidigung) eines einzelnen beklagten Miteigentümers gelten. Zieht einer der Miteigentümer für sich alleine einen Anwalt zu, so ist für diesen nur der Wert von dessen Anteil maßgebend. Gerichtlicher und anwaltlicher Wert decken sich hier also nicht.

Das hat übrigens zur Konsequenz, dass etwa bei untereinander gleichen Beklagtenanteilen und Festsetzung des gerichtlichen Wertes auf € 12.000,00 das Gericht den anwaltlichen Wert für diesen Beklagten nicht zwingend auf 1/3 = € 4.000,00 festsetzen müsste, sondern auch etwa auf Grund besserer Erkenntnis abweichend mit € 5.000,00 bewerten könnte. Der gerichtlich festgesetzte Wert ist eben hier nicht maßgebend und damit auch nicht bindend (§ 33).

(2) Ähnliches Beispiel aus der Judikatur: Die Gebühren eines Anwalts, der einen Miterben im Erbscheinserteilungsverfahren vertritt, sind nach dem Wert des von dem Vertretenen beanspruchten Erbteils zu berechnen, nicht nach der gesamten Erbschaft (BGH NJW 1968, 2334 = JurBüro 1969, 45 = Rpfleger 1968, 390).

Abschnitt 4 – Gegenstandswert

(3) Kläger nimmt zwei Beklagte auf Widerruf von ehrenrührigen Tatsachenbehauptungen in Anspruch. Jeder Beklagte nimmt sich einen eigenen Anwalt. Nach der Rechtsprechung handelt es sich zwar wegen der **gemeinsamen Klage** um **eine Angelegenheit**, aber **zwei verschiedene Gegenstände**, so dass die beiden Einzelwerte sowohl für das Gericht (§ 5 ZPO) wie für den **Kläger**anwalt (§ 22 Abs. 1) zusammenzurechnen sind (OLG Hamburg JurBüro 1990, 855: gegen 3 Beklagte wird dasselbe Unterlassungsgebot begehrt; OLG Stuttgart JurBüro 1998, 302: Abwehr gleichartiger Unterlassungsansprüche gegen mehrere Beklagte; OLG Hamburg JurBüro 1998, 54: Unterlassungsklage gegen drei Unterlassungsschuldner). **Anders** aber sieht die Wertfestsetzung auf der **Beklagtenseite** aus, wenn sich jeder Beklagte einen eigenen Anwalt nimmt. Dann ist für ihn der Einzelwert und nicht der gerichtlich festgesetzte zusammengerechnete Wert maßgebend und auf Antrag festsetzbar, und zwar auch abweichend vom quotenmäßigen Anteil am gerichtlichen Gesamtwert. Der Wert für den Anwalt gilt nur für diesen und nicht für die übrigen Beteiligten einschließlich dem Gericht (Riedel/Sußbauer RVG § 33 Rn. 16).

(4) Weiteres Rechtsprechungsbeispiel: BayObLG (JurBüro 1979, 1505): Nachlassgläubiger, Höhe der Forderung, deren Sicherung die Nachlassverwaltung dient (nicht Wert des Nachlasses).

(5) **Miterbenanteil** (BVerwG, 20. 10. 2005 – 8 B 81/04): »Bezieht sich die anwaltliche Tätigkeit in vermögensrechtlichen Verfahren auf einen Miterbenanteil an einem zu restituierenden Vermögenswert, ist die Wertfestsetzung für die Gebühren des Rechtsanwalts anteilmäßig vorzunehmen.«

(6) Hilfsaufrechnung, Hilfswiderklage, Hilfsantrag:

Streitwert im Verhältnis zum Auftraggeber – es ergeht keine Entscheidung oder Vergleich darüber.

(Entscheidet das Gericht darüber oder wird die Sache insgesamt verglichen, siehe § 2 Rn. 34 a und Bischof AGS 2008, 317.)

Die Verfahrensgebühr (Nr. 3100) für den hilfsweise eingebrachten Streitwert erfällt im Verhältnis **zum Auftraggeber** mit dem Prozessauftrag. Der Anwalt muss sich auftragsgemäß mit dem Hilfsanspruch beschäftigen und klagemäßig aufbereiten (E. Schneider AGS 2004, 274), und zwar völlig unabhängig davon, ob er das Hilfsbegehren selbst einbringt oder diesem auf der Gegenseite vorsorglich entgegentritt. Das folgt aus den Konzentrationsmaximen und den Präklusionsvorschriften. Der Anwalt kann sich nicht zurücklehnen und sagen, lass das Gericht doch erst einmal seine innerprozessuale Bedingung setzen, ehe ich anfange, mich mit dem Hilfsbegehren zu beschäftigen.

Wird der Anwalt auftragsgemäß für einen wertmäßig eigenen Hilfsanspruch, eine Hilfsaufrechnung oder eine Hilfswiderklage tätig, so erfällt dadurch die Verfahrensgebühr (Nr. 3100), auch wenn noch keine gerichtliche Entscheidung (§ 45 Abs. 1 Satz 2 GKG) ergangen oder ein Vergleich (§ 45 Abs. 4 GKG) abgeschlossen ist (Mayer/Kroiß RVG 2. Aufl. Anhang II Rn. 24; § 33 Rn. 6; OLG Hamburg MDR 1966, 853; E. Schneider AGS 2004, 274; AGS 2007, 255; Gerold/Schmidt/von Eicken/Madert/Müller-Rabe RVG 17. Aufl. Nr. 3100 VV Rn. 129). Gerichtlicher und anwaltlicher Streitwert weichen dann voneinander ab, sodass der Anwalt insoweit aus eigenem Recht eine isolierte Streitwertfestsetzung nach § 33 RVG begehren kann (Mayer/Kroiß RVG 2. Aufl. § 33 Rn. 6; LAG Köln AnwBl. 2002, 185; LAG Hamm MDR 1989, 852; LAG Nürnberg ArbuR 2008, 196 = DB 2008, 1332; Schneider/Wolf RVG 3. Aufl. § 33 Rn. 8 ff.).

VGH B.-W. (AGS 2008, 138):

»Für einen von den Beteiligten übereinstimmend für erledigt erklärten Hilfsantrag kann nach § 33 Abs. 1 Satz 1 RVG ein gesonderter Gegenstandswert festgesetzt werden, wenn die gerichtliche Streitwertfestsetzung den Wert des Hilfsantrags nach § 45 Abs. 1 Satz 2 GKG nicht berücksichtigt (§ 32 Abs. 1 RVG steht dem nicht entgegen)«.

Die **Gegenmeinung** wird ohne **eigene** Begründung – die Gründe sind wörtlich aus Göttlich / Mümmler / Rehberg / Xanke RVG 2. Aufl. Aufrechnung 1.2.1 übernommen – mit nichttragenden Gedanken vom 19. Senat des OLG Hamm, dem Einzelrichter, vertreten (JurBüro 2007, 204 = MDR 2007, 618). Das Argument, das System der Mischkalkualtion fordere, dass der Anwalt auch bei niedrigen Streitwerten gelegentlich schwierige Fragen zu klären habe, könnte man einem Gericht vielleicht als oberflächliche Begründung (als Neidargument) noch einmal durchgehen lassen, obwohl es fehl am Platze ist, weil es hier nicht um (relativ) niedrige Gebühren bei niedrigen Streitwerten geht. Wenn aber das Gesetz kommentierende Anwälte (Rehberg / Xanke RVG 2. Aufl.) in einem Kommentar wörtlich so argumentieren, so zeigt es doch, dass sie mit dem von der h. M. zu Recht ins Feld geführten Abhängigkeit der Anwaltsgebühren vom Auftrag offenbar nichts anfangen können. Das aber sollte eines der ersten Elemente sein, das ein Anwalt, der sich mit seinem Beruf und den Gebühren befasst, beherzigen sollte.

Der Prozessauftrag der eigenen Partei erstreckt sich eben auch auf das Hilfsbegehren, das muss die eigene Partei dann auch vergüten.

Das **KG** (JurBüro 2007, 488 = KGR Berlin 2007/800) argumentiert schon etwas tiefer angelegt wie folgt: »Dem Ergebnis jener Auffassung ist jedoch in Hinblick auf Sinn und Zweck der Vorschrift nicht zu folgen: § 45 I 2 GKG rechtfertigt eine gesonderte Festsetzung des Wertes eines Hilfsantrags nicht, wenn und soweit dieser prozessual unberücksichtigt bleibt, wenn also »keine Entscheidung über ihn ergeht ... Unter dem Blickwinkel, daß die Streitwertfestsetzung in Verbindung mit der Kostengrundentscheidung neben der Bemessung der Gerichtsgebühren zugleich der Kostenausgleichung zwischen den Parteien dient, erscheint es nicht gerechtfertigt, von dem Prozeßgegner eine Vergütung lediglich für die Prüfung eines solchen Antrags durch den Prozeßbevollmächtigten der Gegenseite zu verlangen, über den weder prozessual noch materiellrechtlich entschieden wurde. Der Hilfsanspruch hat dann keine gerichtliche Bewertung erfahren, und die Prozeßparteien haben insoweit keinen Prozeßfortschritt und kein Ergebnis erreicht. Offensichtlich liegt dieser Gedanke nicht nur der streitwertrechtlichen Behandlung des Hilfsantrages zugrunde, sondern gilt gleichermaßen auch für die Hilfsaufrechnung und – in entsprechender Anwendung des § 45 GKG – für die Hilfswiderklage. In allen diesen Fällen hat mithin eine gesonderte Festsetzung nach § 33 I RVG zu unterbleiben und gilt allein § 32 I RVG mit der Folge, daß der für das gerichtliche Verfahren maßgebende Streitwert gleichermaßen für die Erstattung der Anwaltsgebühren zu gelten hat. Keiner gesonderten Begründung bedarf es, dass der gegen seinen Mandanten gerichtete Vergütungsanspruch des Anwalts hiervon nicht berührt wird.«

Das KG hat, wie der letzte Satz zeigt, aber offenbar gar nicht verstanden, was Inhalt des § 33 und damit des Antrages des Anwalts ist. Der Antrag nach § 33 rechtfertigt sich daraus, dass die gerichtliche Streitwertfestsetzung ausnahmsweise nicht den anwaltlichen Streitwert abdeckt, weil beide verschieden sind.

Gerade der letzte Satz der mitgeteilten Gründe (Verhältnis Anwalt zur eigenen Partei) bestätigt, dass der isolierte Festsetzungsantrag des Anwalts begründet war.

Allerdings hängt die **Erstattungsfrage** davon ab, ob es einen Kostentitel gibt, ob also das Gericht darüber entscheidet oder durch einen nach § 45 Abs. 4 GKG gleichgestellten Vergleich der Anspruch zwischen den Parteien im Kostenpunkt erledigt wird.

Übrigens: Da die Hilfsaufrechnung vor der Entscheidung nicht rechtshängig wird (BGH MDR 1995, 349), erfällt aus dem Mehrstreitwert nach Nr. 1000 VV eine 1,5 Einigungsgebühr.

Abschnitt 4 – Gegenstandswert

Anders liegen die Dinge nach der Rechtsprechung bei der **Hilfswiderklage**:

Auch die Hilfswiderklage wird zulässigerweise von einer innerprozessualen Bedingung abhängig gemacht (BGH NJW 1996, 2165 und 2306, 2307). Im Gegensatz zur Hilfsaufrechnung wird die Hilfswiderklage aber auflösend bedingt sofort rechtshängig. Die Rechtshängigkeit erlischt rückwirkend, wenn die Bedingung ausfällt, weil das Gericht dem Hauptbegehren des Beklagten auf Klageabweisung stattgibt (BGHZ 21, 13, 16 = NJW 1956, 1478; BGHZ 106, 219 = NJW 1989, 1487; Schneider/Wolf RVG 3. Aufl. VV 1000 Rn. 160; unrichtig: *Onderka* in Schneider/Wolf RVG 3. Aufl. Nr. 3101 Rn. 34, die meint, die bedingte Widerklage werde erst mit dem Eintritt der Bedingung rechtshängig, sodass Onderka folgerichtig (irrig) nur eine 0,8 Verfahrensgebühr nach Nr. 3101 zugestehen will). Daraus folgt: Eine Einigung über den Gegenstand der Hilfswiderklage löst nur die 1,0 Einigungsgebühr der Nr. 1003 aus.

In der Literatur (Schneider/Wolf RVG 3. Aufl. VV 1000 Rn. 158; Zöller ZPO 23. Aufl. § 33 Rn. 26; 260 Rn. 4; Thomas/Putzo ZPO 23. Aufl. § 260 Rn. 17) wird die Ansicht vertreten, auch der Hilfsantrag werde sofort rechtshängig und stehe unter der auflösenden Bedingung der – in der Regel – Abweisung des Hauptantrages. Allerdings lässt der BGH auch den **Erfolg des Hauptantrages** als Bedingung zu (BGH NJW 1961, 1862; NJW 1996, 2306; BAG NJW 1965, 1042; RGZ 144, 73).

Das bedeutet, wird ein Vergleich unter Einschluss des Hilfsantrages geschlossen, so erfällt für den Mehrwert auch nur eine 1,0 Einigungsgebühr nach Nr. 1003 VV.

(7) Analoge Anwendung des § 33 Abs. 1 für PKH-Anwalt: Sächsisches OVG (5 E 237/06 – 18. 05. 2007): »Begehrt der den Streitwertherabsetzungsantrag verfolgende Anwalt PKH für seine Partei für diese Beschwerde, so ist dieses Begehren natürlich unzulässig.«

Zu Recht weist das OVG darauf hin, dass der PKH-Anwalt **im eigenen Namen** Streitwertbeschwerde nach § 33 Abs. 1 einlegen kann.

bb) Für die Gebühren des Rechtsanwalts gelten besondere Wertvorschriften (selten in der Praxis vorkommend)

16 Nach § 26 bestimmt sich der anwaltliche Wert der Zwangsversteigerungsgebühren nach dem Wert des dem Gläubiger zustehenden Rechts. **Nebenforderungen** sind nach § 68 Abs. 3 Nr. 1 Hs. 3 BRAGO = § 26 Nr. 1 Hs. 3 RVG hinzuzurechnen. Erheblich abweichend ist die Regelung des gerichtlichen Wertes (§§ 43, 54 GKG): **Nebenforderungen** bleiben **hier** außer Ansatz. Nach der BRAGO gab es auf diesem Gebiet noch eine Reihe von Ausnahmenormen, die jetzt weggefallen sind (siehe die bei Riedel/Sußbauer BRAGO 8. Aufl. § 8 Rn. 16 aufgezählten Normen der BRAGO).

LG Zweibrücken (JurBüro 2006, 382): »§ 26 RVG regelt den Gegenstandswert für die Gebühren des Rechtsanwalts im Zwangsversteigerungsverfahren abweichend von den für die Gerichtsgebühren geltenden Bestimmungen (§§ 43 Abs. 1, 54 GKG). Der Gegenstandswert, nach dem sich die Gebühren richten, ist verschieden je nach der Person, die der Rechtsanwalt vertritt. Vertritt der Rechtsanwalt wie vorliegend einen Schuldner (§ 26 Nr. 2 RVG), so ist für die Verfahrens- und die Terminsgebühr allein der volle oder – wie vorliegend bei Miteigentümern – der anteilige Wert des Gegenstandes der Zwangsversteigerung maßgebend.«

b) Es fehlt an einem für die Gerichtsgebühren maßgebenden Wert (§ 33 Abs. 1 Hs. 2)

aa) GKG sieht Festgebühr für die gerichtliche Tätigkeit vor

17 Sieht das GKG mit seinem Vergütungsverzeichnis für die gerichtliche Tätigkeit **keine Wert**gebühr sondern eine **Festgebühr** vor, so fehlt es an einem für die Gerichtsgebühren maßgebenden **Wert**. Der Streitwert kann also nicht gem. § 32 (für die Gerichtsgebühren) festgesetzt werden. Es kommt vielmehr die **antragsabhängige** subsidiäre Wertfestsetzung nach § 33 zur Anwendung. Diese Fallgestaltung wird in der Zukunft **erheblich** zunehmen, weil die Neufas-

sung des GKG zu einer beträchtlichen **Vermehrung** von gerichtlichen **Festgebühren** geführt hat (Begründung zum Gesetzesentwurf BT-Drs. 15/1971, S. 42, Allgemeines I GKG Nr. 3: »*Soweit dies vertretbar ist, sollen Wertgebühren auf Festgebühren umgestellt werden.*«). Grotesker Fall des LG Bonn, siehe Rn. 9.

- **Beispiele**

(1) OLG Köln (AGS 2005, 262 = OLGR Köln 2005, 259): Festsetzung eine Zwangsgeldes zur Erzwingung einer unvertretbaren Handlung nach § 888 ZPO, GKG KV Nr. 2110: Festgebühr von € 15,00.

(2) Nach Nr. 1810 des KV zum GKG gilt Folgendes:

»*Verfahren über Beschwerden nach § 71 Abs. 2, § 91 a Abs. 2, § 99 Abs. 2 und § 269 Abs. 5 ZPO: Festgebühr € 75,00.*«

(3) OLG Koblenz (JurBüro 2005, 384): Vollstreckungsschutzantrag – Räumungsaufschub, § 765 a ZPO: Festgebühr nach KV Nr. 2111: € 15,00.

(4) OLG Koblenz (JurBüro 2005, 427): Einstweilige Anordnung nach dem Gewaltschutzgesetz, Wert der anwaltlichen Tätigkeit.

(5) BayVGH (JurBüro 2006, 596 = AGS 2007, 48):

Da im Prozesskostenhilfebeschwerdeverfahren als Gerichtsgebühr eine Festgebühr anfällt (vgl. Nr. 5502 des Kostenverzeichnisses Anlage 1 zum GKG n. F.) und es somit an einem für die Gerichtsgebühren maßgebenden Wert fehlt, setzt der Verwaltungsgerichtshof den Wert des Gegenstands der anwaltschaftlichen Tätigkeit auf Antrag des Bevollmächtigten durch Beschluss selbständig fest (§ 33 Abs. 1 und 2 RVG).

(6) OVG NRW (NVwZ-RR 2007, 826 = DVBl. 2007, 1121): Streitwertbeschwerde – Wert des Selbständigen Beweisverfahrens: Froschlärm – Gerichtlicher Wert fehlt, da Beschwerde gem. Nr. 5502 der Anlage 1 zum GKG.

(7) LG Bonn (13. 03. 2007 – 6 T 309/06):

Fällt im Beschwerdeverfahren eine Festgebühr an, kommt eine Wertfestsetzung von Amts wegen für die Gerichtsgebühren nicht in Betracht.

(8) LG Siegen (10. 06. 2005 – 4 T 113/05 – 4 T 190/04 – FamRZ 2006, 354 = JurBüro 2005, 654):

Höhe des Gegenstandswertes für Rechtsanwaltsgebühr: Beschwerdeverfahren gegen die Bestellung einer vorläufigen Betreuerin für ein Zwangsversteigerungsverfahren.

Es war die Höhe des Gegenstandswertes für ein Beschwerdeverfahren gegen die Bestellung einer vorläufigen Betreuerin für ein Zwangsversteigerungsverfahren festzusetzen. Die Beschwerde richtete sich gegen die Person der vorläufigen Betreuerin (gerichtliche Festgebühr).

(9) OLG Köln (24. 03. 2005 – 25 WF 45/05 – AGS 2005, 262):

Gegenstandswertbemessung eines Verfahrens auf Zwangsgeldfestsetzung zur Erwirkung der Löschung einer Grundschuld, § 888 ZPO:

In einem Verfahren auf Festsetzung eines Zwangsgelds nach § 888 ZPO bemisst sich der Gegenstandswert nach dem Wert, den die zu erwirkende Handlung für den Gläubiger hat, also nach dem Interesse, das er an der Vornahme der Handlung hat. Maßgeblich ist insoweit das Erfüllungsinteresse an der titulierten Verpflichtung.

Bei der Zwangsvollstreckung aus einem Titel über die Verpflichtung des Schuldners zur Übertragung lastenfreien Grundstückseigentums bemisst sich der Wert des Verfahrens auf Zwangsgeldfestsetzung zur Erwirkung der Löschung einer Grundschuld nach deren Nominalwert, und zwar unabhängig davon, ob das zugrunde liegende Darlehen bereits getilgt ist.

Abschnitt 4 – Gegenstandswert

bb) Das gerichtliche Verfahren ist von Gerichtsgebühren befreit

19 Das erstinstanzliche PKH-Verfahren ist **gerichts**gebührenfrei. Das Gericht setzt also für sein eigenes Verfahren keinen Streitwert fest. Für die anwaltliche Vertretung im PKH-Verfahren (früher § 51 BRAGO) gilt jetzt Nr. 3335 VV RVG: »**Im Verfahren über die Bewilligung der Prozesskostenhilfe oder die Aufhebung der Bewilligung nach § 124 Nr. 1 ZPO bestimmt sich der Gegenstandswert nach dem für die Hauptsache maßgebenden Wert.**« Auf Antrag des Anwalts setzt das Gericht gem. § 33 Abs. 1 Hs. 2 (es fehlt an einem für die Gerichtsgebühren maßgebenden Wert) den Hauptsachewert fest.

20 • **Weitere Beispielsfälle**

Das gerichtliche Verfahren (Klage) nach dem Bundesentschädigungsgesetz (BEG) ist ebenfalls gerichtsgebührenfrei, während die Anwälte einen Anspruch auf Streitwertfestsetzung nach § 33 haben.

In vertragsarztrechtlichen Streitigkeiten beim Sozialgericht werden noch keine Gerichtsgebühren erhoben (BSG JurBüro 2005, 543).

Gerichtskostenfreies Personalvertretungsverfahren: BayVGH (29. 12. 2006 – 17 P 06.2136) und OVG Berlin-Brandenburg (09. 05. 2006 – 60 PV 2.06).

LAG B.-W. (JurBüro 2008, 250): Handelt es sich um eine Wertfestsetzung in einem Verfahren, bei dem sich die Gerichtsgebühr nach dem Streitwert richtet, so ist § 32 und nicht § 33 anwendbar, auch wenn das Verfahren durch Prozessvergleich geendet hat und deshalb Gerichtsgebühren entfallen (Vorbemerkung 8 zu Teil 8 KV GKG).

OLG Düsseldorf (26. 04. 2005 – II–10 WF 06/05): Anwalt meint irrig, eine verfahrensmäßige Zwischenlösung stelle einen Vergleich dar und möchte (irrig) Vergleichsgebühr liquidieren. **Bei einem Vergleich beim Arbeitsgericht entfällt die in dem betreffenden Rechtszug angefallene gerichtliche Gebühr, siehe GV zum GKG Vorbem. Nr. 8.**

Es gibt daher eine ungeheuer große Anzahl von Streitwertbeschwerdeentscheidungen der LAGs, gestützt auf § 33.

Bei den bei Juris zu § 33 RVG nachgewiesenen etwa 300 Entscheidungen« dürften gut 200 Entscheidungen **materielle** Streitwertfestsetzungen für Vergleiche in Arbeitssachen sein, ein **sehr guter Streitwertkatalog.**

c) Außergerichtliches Verfahren – Höherwert

21 Betrifft die Tätigkeit des Anwalts kein bei Gericht anhängiges Verfahren, so ist für eine Festsetzung des Gegenstandswertes der Anwaltstätigkeit auch nach § 33 kein Raum. Der Wert ist in diesem Falle, falls sich Anwalt und Auftraggeber nicht einigen, in dem Gebührenprozess inzidenter von dem Prozessgericht des Gebührenprozesses zu entscheiden. Hierher gehört auch der Fall, dass der Wert des Gegenstandes, auf den sich die Tätigkeit des Anwalts erstreckt, höher ist als der Wert des gerichtlichen Gegenstandes. Über den Höherwert gibt es dann kein anhängiges Verfahren.

22 • **Beispiel**
Klageauftrag über € 30.000,00. Im Einvernehmen mit dem Mandanten erhebt der Anwalt jedoch nach Sachverhaltsermittlung zunächst nur Teilklage über € 20.000,00. Der Streitwert wird nur für den gerichtlich geltend gemachten Teilstreitwert auf € 20.000,00 festgesetzt, auf den sich das gerichtliche Verfahren bezieht. Für den nicht anhängigen Restwert gibt es dann kein bei Gericht anhängiges Verfahren und damit keine Möglichkeit der gerichtlichen Streitwertfestsetzung.

d) Antrag

aa) Konkretisierung

Das Wertfestsetzungsverfahren wird nur **auf Antrag** eingeleitet (Abs. 1 und 2). Irrig daher OLG Naumburg (02. 03. 2006 – 14 WF 38/06), das es als zweckmäßig ansieht, den Streitwert von Amts wegen festzusetzen, vgl. etwa Rn. 9) Das Verfahren findet im Interesse der Beteiligten statt. Es gilt der Beibringungsgrundsatz. Der Antrag muss ein Begehren und die zur Begründung der beantragten Wertfestsetzung erforderlichen tatsächlichen Behauptungen (Zulässigkeit des Verfahrens und sachliche Berechtigung) enthalten.

Ein bestimmter Streitwertantrag ist im Gegensatz zur Beschwerde (dort Klärung der Beschwer) nicht erforderlich (Schneider/Wolf RVG 3. Aufl. § 33 Rn. 24). Soweit eine Schätzung notwendig ist, genügt der Vortrag von Schätztatsachen (RGZ 140, 213; 141, 305; BGHZ 4, 138).

Der sich selbst vertretende Rechtsanwalt hat, falls ein erstattungspflichtiger Gegner fehlt, kein Rechtsschutzinteresse für eine Festsetzung des abweichenden Wertes (FinG Berlin-Brandenburg EFG 2007, 1367).

bb) Frist-Verwirkung

Anders als nach § 63 Abs. 3 Satz 2 GKG ist eine Frist zur **Antragstellung** nicht vorgesehen (BVerwG, 20. 10. 2005 – 8 B 81/04). Es können allenfalls die allgemeinen Grundsätze über die Verwirkung prozessualer Rechte geltend gemacht werden. Der reine Zeitablauf als solcher rechtfertigt die Annahme einer Verwirkung nicht. Hinzukommen müssen besondere Umstände, welche die Ausübung des Antragsrechts als treuwidrig erscheinen lassen. Sie ergeben sich beispielsweise nicht schon daraus, dass der Anwalt als Parteivertreter mit einer Erinnerung gegen den Kostenfestsetzungsbeschluss nicht zugleich den Antrag auf Wertfestsetzung für die eigenen Rechtsanwaltsgebühren gestellt hat (BVerwG, Beschl. v. 20. 10. 2005 – Az.: 8 B 81/04 – juris).

Hinweis: Aber Achtung! Nur die Antragstellung ist nicht fristgebunden, anders die Streitwertbeschwerde nach Abs. 3 Satz 3: Hier nur 2 Wochenfrist.

e) Beschluss

Die Festsetzung erfolgt durch einen Beschluss. Die Form der Bekanntmachung richtet sich nach den jeweiligen Verfahrensvorschriften, im Zivilprozess nach § 329 Abs. 2 Satz 2 ZPO, also Amtszustellung, da eine Rechtsmittelfrist von 2 Wochen in Lauf gesetzt wird (Abs. 3 Satz 3).

Beschlüsse, die einem Rechtsmittel unterliegen, müssen grundsätzlich begründet werden (§ 313 Abs. 1 Nr. 6 ZPO analog). Dies ist anerkanntes Recht (*Vollkommer* in Zöller ZPO § 329 Rn. 24). Der Begründungszwang gilt auch bei gerichtlichen Wertfestsetzungsbeschlüssen nach § 33 RVG (LAG RhPf., Beschl. v. 08. 12. 2005 – Az.: 5 Ta 280/05 – juris, mit guter Begründung, vgl. § 32 Rn. 10).

Es entscheidet das **Gericht des Rechtszugs,** d. h. also desjenigen Gerichts, bei dem das Verfahren in der Instanz anhängig war, für den der Anwalt einen Vergütungsanspruch geltend macht. Ist der Rechtspfleger für die Entscheidung der Hauptsache zuständig, obliegt ihm auch die Wertfestsetzung nach § 33 RVG. Das Gericht des höheren Rechtszugs ist im Gegensatz zur Festsetzung nach § 32 nicht befugt, den Wert zugleich für die untere Instanz festzusetzen; es kann auch nicht die Wertfestsetzung einer unteren Instanz von Amts wegen ändern.

Für Streitwertfestsetzungen nach § 33 RVG gibt es nämlich eine Abänderung von Amts wegen nicht, weil insoweit nicht das GKG, also dessen Ausnahmenorm § 63 Abs. 3 gilt (Rn. 9; eigenständige Rechtsmittelregelung; LAG Köln AGS 2007, 317 unter II 2.). Hier wird die Divergenz zwischen Kostenfestsetzung und Streitwertfestsetzung i. d. R. zwar nicht auftreten, weil § 33 RVG in erster Linie Bedeutung hat für das Verhältnis Anwalt und eigene Partei

Abschnitt 4 – Gegenstandswert

hat. Dennoch kann es etwa zur Kostenfestsetzung kommen, wenn in einem Vergleich geregelt ist, dass der Gegner die Parteikosten der Gegenpartei ganz oder teilweise erstatten muss. Hier könnte das Kostenfestsetzungsbeschwerdegericht nicht mehr von Amts wegen den vom erkennenden Gericht festgesetzten Wert ändern.

Ist der Rechtsanwalt in mehreren Rechtszügen tätig geworden, so erfolgt die Festsetzung für jeden Rechtszug gesondert.

2. Abs. 2 Fälligkeit und Beteiligte

a) Fälligkeit der Vergütung ist Voraussetzung für Wertfestsetzungsantrag (Abs. 2 Satz 1)

26 Der Festsetzungsantrag ist erst zulässig, wenn die Vergütung **fällig** ist. Die Fälligkeit ergibt sich aus § 8 (Erledigung des Auftrages, Beendigung der Angelegenheit, Kostenentscheidung, Beendigung des Rechtszuges, Ruhen des Verfahrens länger als drei Monate. Näher dazu § 8 Rn. 15 ff.).

Das Festsetzungsverfahren ist **nicht zulässig**, um eine Berechnungsgrundlage (Streitwert) für den **Vorschuss** (§ 9) zu erlangen (Gebauer/Schneider RVG § 33 Rn. 31).

Der Antrag kann auch noch nach der Bezahlung oder Erstattung der Gebühren gestellt werden, wenn etwa der Auftraggeber oder die Staatskasse die Höhe des angenommenen Wertes bestreiten.

27 Infolge der Vermehrung der gerichtlichen Festgebühren bei der Beschwerde ergibt sich das nachfolgende Fälligkeitsproblem:

Die Gesetzesbegründung (BT-Drs. 15/1971, S. 164) meint: *»Die Wertgebühren sollen durch Festgebühren ersetzt werden, da es sich hierbei um Beschwerden gegen Kostengrundentscheidungen handelt, bei denen sich der Beschwerdewert in einem überschaubaren Rahmen bewegt. Eine Festgebühr von € 75,00 trägt dem Arbeitsaufwand des Gerichts in angemessener Weise Rechnung. Die Gebühr entspricht etwa einer Wertgebühr bei einem Streitwert von € 2.000,00.«*

Hier wird – wie in vielen anderen Fällen von neu eingeführten Festgebühren – eher gedankenlos und alles gleichmachend die Vereinfachung gepriesen (der Kostenbeamte braucht sich um den Wert der angegriffenen Gesamtkostenentscheidung nicht mehr zu kümmern, er setzt vielmehr ohne Rücksicht auf den Streitwert die **immer gleiche Festgebühr** für etwa eine »91 a Beschwerde« mit € 75,00 an).

Ist das aber wirklich eine Vereinfachung? Bisher setzte das Gericht zugleich mit dem »91 a-Beschluss« sofort von Amts wegen, schon wegen der Gerichtsgebühren, den Beschwerdewert fest. Soll es wirklich für den Kostenbeamten einen entscheidenden Zeitgewinn darstellen, wenn er jetzt nicht mehr in die Tabelle sehen muss und die Beschwerdegebühr gemäß dem zuvor **gerichtlich** schon festgesetzten Beschwerdewert abliest?

28 Da jetzt für das Gericht die Festgebühr gilt, fehlt es an einem für die Gerichtsgebühr maßgebenden Wert. Der Anwalt kann also hinsichtlich des Streitwertes aus eigenem Recht nach § 33 vorgehen.

29 Die nunmehr jedenfalls für die Anwaltsgebühren notwendige Streitwertfestsetzung nach § 33 kann aber nur **auf Antrag** ergehen (§ 33 Abs. 1). Liegt also kein anwaltlicher Antrag vor, und welcher Anwalt weiß das schon, dann muss das **Beschwerdegericht**, wenn dann nachträglich bei der kostenrechtlichen Abwicklung der Anwaltsgebühren der Streitwertfestsetzungsantrag nachgereicht wird, die schon zurückgesandten Akten beim Erstgericht noch einmal anfordern und sich erneut einlesen.

Der Antrag ist nach ausdrücklicher Gesetzesvorschrift (Abs. 2 Satz 1) auch **erst zulässig**, wenn die Beschwerdegebühr des Anwalts fällig ist, also im gerichtlichen Verfahren (§ 8):

Wenn die **Angelegenheit beendet** ist, also wenn eine Kostenentscheidung ergangen oder der Rechtszug beendet ist. Das bedeutet in der Praxis, frühestens mit der Absendung (Existenz der Entscheidung!) des gerichtlichen Beschlusses mit der **Kostenentscheidung** wird der Beschwerdegebührenanspruch des Anwalts **fällig**. Ein etwa vorsorglich mit der Beschwerdeeinlegung zugleich eingereichter Streitwertfestsetzungsantrag des Anwalts ist verfrüht und daher, wie das Gesetz selbst in Abs. 2 formuliert, »unzulässig«.

E. Schneider (Gebauer/Schneider RVG § 33 Rn. 32) bemerkt zu diesem Problem: 30

»Wird der Antrag verfrüht gestellt, hat das Gericht den Anwalt darauf hinzuweisen (§ 139 ZPO). Er kann den Antrag dann zurücknehmen und später neu stellen oder ihn bis zum Eintritt der Fälligkeit ruhen lassen.«

Ob ein solch unzulässiger Antrag aber von selbst zulässig wird, bezweifelt der Verfasser. Er müsste nach Fälligkeit **wiederholt** werden. Dann kann man aber auch gleich mit der Antragstellung warten bis zur Fälligkeit.

Gegen die Zulässigkeit eines gerichtlichen **Vorratsbeschlusses** (Streitwertfestsetzung) nach 31
§ 33 spricht folgender Rechtsgedanke: Nach ganz einhelliger Meinung hat ein Streitwertbeschluss **nach § 32** (gerichtlicher Streitwert), von wem auch immer er beantragt oder mit der Beschwerde erstritten wird, konstitutiven Charakter. Anders der antragsabhängige Beschluss nach § 33; diese Streitwertfestsetzung wirkt nur für den betreffenden antragstellenden Anwalt und die an diesem Gebührenanspruch Beteiligten und nicht konstitutiv für oder gegen die übrigen Beteiligten, insbesondere betrifft er nicht den Gegenanwalt (Riedel/Sußbauer RVG § 33 Rn. 16). Ein gerichtlicher Streitwert-Vorratsbeschluss, verbunden mit der Beschwerdeentscheidung selbst, wie es bisher gute **arbeitssparende** Tradition war, dürfte wegen Unklarheit hinsichtlich der Person des vom Beschluss zu diesem verfrühten Zeitpunkt Betroffenen auch höchst anfechtbar sein. **Von Amts wegen** darf er erst gar nicht ergehen (mangels Bedeutung für die Gerichtsgebühren – § 32). Diese Problematik wird sich zukünftig gerade in **Beschwerdeverfahren** ergeben, weil für diese Verfahren jetzt **durchgängig Festgebühren** eingeführt sind. Bislang bleibt die Praxis bei ihrer früheren Übung, den Beschwerdewert vorsorglich einmal in der Entscheidung selbst mit festzusetzen, was wohl, mangels Antrags und vor Fälligkeit ergangen, unwirksam ist.

b) Antragsberechtigte (Abs. 2 Satz 2)

Antragsberechtigt sind nach Abs. 2: 32

(1) **Der Anwalt**, für dessen Gebühren der Wert festgesetzt werden soll. Ist ein Verfahren nach § 33 für mehrere Rechtsanwälte eröffnet, z. B. für den Prozessbevollmächtigten und den Verkehrsanwalt, so kann jeder der beiden ein eigenes Streitwertfestsetzungsverfahren wegen seiner Gebühren beantragen.

(2) **Der Auftraggeber** des Anwalts, für dessen Gebühren der Wert festgesetzt werden soll.

• **Beispiel**
OLG Köln (AGS 2005, 262): Festsetzung eines Zwangsgeldes zur Erzwingung einer unvertretbaren Handlung. Der Mandant ist der Ansicht, das Gericht habe mit € 52.000,00 den Wert zu hoch angesetzt, in Wahrheit betrage er nur € 10.000,00.

(Antrag nach § 33 und nicht nach § 32, weil für das Gericht eine Festgebühr gilt (GKG KV Nr. 2110: Festgebühr von € 15,00).)

Auftraggeber des Anwalts kann auch ein anderer Anwalt sein. Beauftragt der Hauptbevollmächtigte im eigenen Namen und nicht im Namen der Partei einen Unterbevollmächtigten, so kann der Prozessbevollmächtigte als Auftraggeber des Unterbevollmächtigten im Hinblick auf dessen Gebührenanspruch den Festsetzungsantrag stellen.

Ein Antrag des Auftraggebers auf Heraufsetzung des Streitwertes ist unzulässig (LAG Hamm RVGreport 2005, 200). Deshalb legen viele Gerichte (das muss aber nicht so sein)

Abschnitt 4 – Gegenstandswert

den Heraufsetzungsantrag nicht als Parteiantrag, sondern als eigenen Antrag des Anwalts aus (LAG Rh.Pf., Beschl. v. 08. 12. 2005 – Az.: 5 Ta 280/05 – juris).

(3) **Der erstattungspflichtige Gegner selbst**. Dies ist der Prozessgegner, gegen den der Auftraggeber einen prozessualen Erstattungsanspruch hinsichtlich seiner eigenen Rechtsanwaltsgebühren hat.

(4) **Die Staatskasse** nach PKH-Bewilligung.

Es geht also immer nur konkret um die Wertfestsetzung für die Gebühren des Verfahrens **eines bestimmten Anwalts**. An dem betreffenden Festsetzungsverfahren etwa dieses konkreten Anwalts sind neben dem Anwalt selbst nur beteiligt: der zahlungspflichtige Auftraggeber, der erstattungspflichtige Prozessgegner und, im Falle der PKH-Bewilligung, die Staatskasse, aber nicht etwa der Prozessbevollmächtigte des erstattungspflichtigen Prozessgegners hinsichtlich dessen eigener Anwaltsgebührenansprüche gegenüber seiner Partei (Riedel / Sußbauer RVG § 33 Rn. 16). Der vorgenannte enge Kreis der Beteiligten ist zu hören. Die ergehende Entscheidung ist ihnen bekannt zu machen. Sie erwächst ihnen gegenüber in Rechtskraft.

33 Kreis der Nichtbeteiligten also:

Der Anwalt des erstattungspflichtigen Gegners, der Verkehrsanwalt oder der von der Partei beauftragte Unterbevollmächtigte (siehe wegen der Wirkung Rn. 9).

3. Abs. 3 Beschwerde

a) Abs. 3 Satz 1: Beschwerdebefugt ist der Antragsberechtigte – Beschwer mehr als € 200,00

aa) Welcher Antragsberechtigte ist beschwerdebefugt?

34 Beschwerdebefugt ist nicht jeder Antragsberechtigte, sondern nur derjenige, der selbst den **Festsetzungsantrag gestellt** hat, bzw. der an diesem speziellen Antrag als Gegner Beteiligte, also einer aus dem engen Kreis der Beteiligten, etwa der erstattungspflichtige Gegner selbst oder die Partei des Anwalts. Beide Letzteren könnten mit der Beschwerde geltend machen, die auf Antrag des Anwalts getroffene Wertfestsetzung sei zu hoch ausgefallen. Nicht beschwerdebefugter Antragsberechtigter ist in diesem Verfahren der Anwalt des erstattungspflichtigen Gegners. Er könnte nur einen eigenen Antrag nach Abs. 1 stellen und später damit in die Beschwerde nach Abs. 3 gehen.

35 Da der Satz 1 des Abs. 3 des § 33 aber lautet:

»**Gegen den Beschluss nach Abs. 1 können die Antragsberechtigten Beschwerde einlegen**«, maßen sich nicht selten Antragsberechtigte irrig ein Beschwerderecht an und staunen dann, wenn ihre im eigenen anwaltlichen Namen gegen eine zu geringe Streitwertfestsetzung eingelegte Beschwerde als unzulässig verworfen wird.

Beschwerde kann, wie oben ausgeführt, nur einlegen, wer zuvor sein eigenes Antragsrecht wahrgenommen hat und sich dann gegen eine angeblich zu geringe Festsetzung wendet.

Der (auch) antragsberechtigte Anwalt der Gegenseite ist aus eigenem Recht nicht am Antragsverfahren des weiteren Antragsberechtigten beteiligt, und dies sogar dann nicht, wenn ihm in jenem Verfahren überflüssigerweise rechtliches Gehör eingeräumt worden ist. Dies hat jüngst noch einmal das LAG Hamm (Beschl. v. 13.01.06 – Az.: 13 TaBV 168/05 – NZA-RR 2006 – 267) wie folgt bestätigt:

»Vor diesem Hintergrund ist es einem Rechtsanwalt, auch wenn er – wie hier – ohne zwingende gesetzliche Vorgaben am erstinstanzlichen Verfahren beteiligt worden ist, verwehrt, Beschwerde gegen eine Wertfestsetzungsentscheidung einzulegen, die er nicht durch seinen eigenen Antrag (mit-)herbeigeführt hat und wodurch er dementsprechend auch nicht be-

Wertfestsetzung für die Rechtsanwaltsgebühren | § 33

schwert ist (vgl. BAG AP BetrVG 1972 § 40 Nr. 67; Gerold/Schmidt/von Eicken/Madert/Müller-Rabe RVG 16. Aufl. § 33 Rn. 28).«

Die Partei ist als Beschwerdeführerin anzunehmen, wenn eine Herabsetzung des Gegenstandswerts beantragt wird (OLG Oldenburg JurBüro 1998, 421; Hartung/Römermann RVG § 33 Rn. 47; Hartmann Kostengesetze RVG § 32 Rn. 14). Die Gegenpartei selbst kann Anschlussbeschwerde einlegen (Gerold/Schmidt/von Eicken/Madert/Müller-Rabe RVG 17. Aufl. § 33 Rn. 3).

bb) Beschwer mehr als € 200,00 (Abs. 3 Satz 1)

Nur wenn der **Beschwerdegegenstand** € 200,00 übersteigt, ist nach Abs. 3 Satz 1 die sofortige Beschwerde zulässig. Beschwerdegegenstand des Anwalts ist der Unterschied der Gebühren, berechnet nach dem festgesetzten und dem mit der Beschwerde erstrebten Wert, jeweils zuzüglich Umsatzsteuer (OVG Hamburg AnwBl. 1981, 501). Es ist immer davon auszugehen, dass der Anwalt die Beschwerde mit dem Ziele einer Erhöhung des Wertes, die anderen Beteiligten mit dem Ziele einer Herabsetzung des Wertes einlegen. Bei der Beschwerde des Auftraggebers ist Beschwerdewert der Betrag der Anwaltsgebühren, um den sich diese bei der erstrebten Herabsetzung des Gegenstandswertes vermindern (LAG Bremen JurBüro 2005, 95 = AGS 2005, 126). Das gilt ebenso für die Beschwerde des erstattungspflichtigen Gegners. Für die Staatskasse ist der Beschwerdegegenstand der Unterschied der dem Anwalt aus der Staatskasse zu gewährenden Vergütung. 36

Für neues Vorbringen gilt § 571 Abs. 2 ZPO.

Grundsätzlich ist zur Zulässigkeit (Beschwer), auch um den Beschwerdewert feststellen zu 37
können, ein bezifferter Antrag des Beschwerdeführers erforderlich (Hartmann Kostengesetze RVG § 33 Rn. 20; Hartung/Römermann RVG § 33 RVG Rn. 50).

Es kann in Einzelfällen genügen, wenn aus dem Beschwerdeschriftsatz erkennbar wird, dass der Beschwerdewert auf jeden Fall durch die beabsichtigte Wertänderung erreicht ist (Hartung/Römermann RVG § 33 Rn. 50).

Ist die Beschwerdesumme Abs. 3 Satz 1 (neu seit 01.07.2004: € 200,00) nicht erreicht, so ist die 38
Beschwerde als unzulässig zurückzuweisen. Das gilt für nach dem 01.07.2004 eingelegte Beschwerden ohne Rücksicht darauf, wie lange die Hauptsache schon vor dem 01.07.2004 anhängig war (OLG Hamm NStZ-RR 2005, 390; LAG Bremen JurBüro 2005, 95), auch wenn sich die Gebühren selbst noch nach altem Recht (BRAGO) richten. Eine falsche Rechtsmittelbelehrung begründet nicht die Anfechtbarkeit einer Entscheidung (BAG NJW 2001, 204).

Rechtsmittelverzicht

LAG Rh.Pf. (AE 2008, 148 – 03.09.2007 – 1 Ta 203/07) 38a

»Ein Rechtsmittelverzicht ist in entsprechender Anwendung des § 515 ZPO grundsätzlich auch bei Beschwerden gegen die Festsetzung des Gegenstandswerts der anwaltlichen Tätigkeit möglich. Mit einem Rechtsmittelverzicht gibt eine Partei, die ihn erklärt, endgültig das Recht auf, eine gerichtliche Entscheidung anfechten zu wollen (Schwab, Die Berufung im arbeitsgerichtlichen Verfahren, Diss. 2004, S. 127 f., 132 ff.). Eine solche Prozesserklärung muss wegen ihrer weitreichenden Folgen klar und unmissverständlich formuliert sein. Insbesondere darf an dem Willen des Erklärenden, die Entscheidung unwiderruflich als endgültig hinzunehmen, kein Zweifel bestehen (vgl. BAG, Beschluss vom 15.03.2006 – 9 AZN 885/05 – NJW 2006, 1995 ff.). Ein solcher Rechtsmittelverzicht führt zur Unzulässigkeit des Rechtsmittels. Er kann – wie sich aus § 313a Abs. 2 ZPO und § 514 ZPO a. F. mittelbar ergibt – grundsätzlich auch vor Verkündung der Entscheidung ausgesprochen werden (vgl. im Zusammenhang mit der Berufung Schwab/Weth/ Schwab, ArbGG, § 64 Rn. 217).

Im vorliegenden Fall hat das Arbeitsgericht im Gütetermin einen Wert für Klage und Vergleich in Höhe von 3.045,00 Euro vorgeschlagen. Mit dieser Höhe haben sich ausweislich

Abschnitt 4 – Gegenstandswert

des Protokolls der Güteverhandlung die Beschwerdeführer ausdrücklich einverstanden erklärt und sodann die weitere Erklärung abgegeben, auf Rechtsmittel zu verzichten.«

Beschwerde gegen die vorläufige Streitwertfestsetzung

38 b An sich handelt es sich dann um eine Beschwerde des Anwalts aus eigenem Recht i. S. von § 32 Abs. 2 Satz 1 (siehe § 32 Rn. 24).

Das OLG Zweibrücken (OLGR Zweibrücken 2007, 299 = FamRZ 2007, 1112) hat in einem Falle, in dem der Anwalt um Streitwertfestsetzung nach Mandatsniederlegung die Beschwerde (möglicherweise) als eine solche nach § 33 Abs. 3 Satz 1 aufgefasst und zu diesem Sonderfall (Mandatsniederlegung – vorläufige Streitwertfestsetzung) überzeugend ausgeführt:

»Der Statthaftigkeit der Beschwerde steht vorliegend nicht § 63 Abs. 1 Satz 2 GKG entgegen (vgl. OLG Köln, AGS 2005, 80 zu der entsprechenden Regelung in § 25 Abs. 2 Satz 1 GKG). Nach dieser Bestimmung ist die Beschwerde gegen eine vorläufige Streitwertfestsetzung nur zulässig, soweit hiervon die Höhe eines von der Partei zu zahlenden Gerichtskostenvorschusses abhängig ist. Diese Bestimmung gilt indes nur für das **Verhältnis der Staatskasse zur Partei**. Grund dieser Regelung ist, dass die Partei in jedem anderen Fall durch eine vorläufige (überhöhte) Streitwertfestsetzung nicht beschwert ist (Schneider, AGS 2005, 80). Für die Anwaltsvergütung gilt sie hingegen jedenfalls dann nicht, wenn der Anspruch des Rechtsanwalts – wie hier infolge der Mandatskündigung (§ 8 Abs. 1 RVG) – auf Zahlung seiner Gebühren fällig ist, weil der Rechtsanwalt in diesem Fall durch eine zu niedrige (vorläufige) Streitwertfestsetzung beschwert ist. Der Gegenstandswert, aus dem sich die Anwaltsgebühren errechnen, bestimmt sich nämlich nach § 23 Abs. 1 Satz 1 RVG in aller Regel – so auch vorliegend – nach dem für die Gerichtsgebühren geltenden Streitwert und damit nach der Streitwertfestsetzung durch das Gericht. Ob dasselbe auch im Hinblick auf einen Vorschussanspruch des Anwalts (§ 9 RVG) gilt oder ob der Anwalt hier überhaupt keine Wertfestsetzung (und deshalb möglicherweise mit der Beschwerde auch keine höhere als die erfolgte) verlangen kann (so LAG Schleswig-Holstein, NZA-RR 2006, 320 mit nach Auffassung des Senats zweifelhafter Begründung), kann vorliegend dahinstehen, weil der Vergütungsanspruch der Beschwerdeführer hier infolge der Kündigung des Mandats fällig ist.« Das Zitat des § 23 Abs. 1 Satz 1 könnte allerdings auch für § 32 sprechen.

b) Zulassungsbeschwerde (Abs. 3 Satz 2)

39 Neu ist die Zulassungsbeschwerde wegen grundsätzlicher Bedeutung (Abs. 3 Satz 2), also bei einer Beschwer bis € 200,00. Die Nichtzulassung ist unanfechtbar (Abs. 4 Satz 4). Die nachträgliche Zulassung der Beschwerde kann die Statthaftigkeit des Rechtsmittels nicht mehr herbeiführen. Das Schweigen zur Zulassung gilt als konkludente Nichtzulassung der Beschwerde (LG Koblenz, Beschl. v. 11.11.04 – Az.: 9 Qs 223/04, FamRZ 2005, 741). Eine nachträgliche Ergänzung um die Zulassung wird als unbeachtlich behandelt (Gebauer/Schneider RVG § 33 Rn. 83 bis 85; Riedel/Sußbauer RVG § 33 Rn. 29; siehe BGH für weitere Beschwerde: FamRZ 2004, 530). Zur Nachholung auf Gehörsrüge siehe § 12 a Rn. 34.

c) Beschwerdefrist (Abs. 3 Satz 3)

40 Nach Abs. 3 Satz 3 beträgt die Beschwerdefrist nur 2 Wochen (Achtung: Unterschied zur Beschwerde nach § 32, auch wenn der Anwalt sie nach § 32 im eigenen Namen einlegt (dort 6 Monate)).

Dies wird häufig von Anwälten nicht beachtet (LAG Hamm RVGreport 2005, 200).

Es ist eine einfache befristete Beschwerde, keine sofortige Beschwerde (LAG Hessen, Beschl. v. 07. 01. 05, Bibliothek BAG).

Hinzukommt, dass die einschlägigen Grundnormen in den verschiedenen Gerichtsbarkeiten unterschiedlich ausgestaltet sind, was zu Ergebnisverschiedenartigkeiten führt.

Die Festsetzungserinnerung (PKH) des § 56 Abs. 2 verweist auf § 33 Abs. 3 usw. (KG RVGreport 2005, 418, v. 29.07.2005 – 6 W 224/04). Zur Sache selbst hat das KG dort entschieden:

»Der einer Partei im Rahmen der Prozesskostenhilfebewilligung beigeordnete Rechtsanwalt kann eine Vergleichsgebühr auch dann verlangen, wenn er am Abschluss eines außergerichtlichen Vergleichs, der zur Beendigung des Verfahrens geführt hat, mitgewirkt hat.«

- **Fall** 41

Beantragt war vom Anwalt die Streitwertfestsetzung eines Verfahrens, das mit einem Mehrvergleich geendet hatte.

Das neue einheitliche **GKG** bestimmt dazu im **KV**:

Zivilprozess	Nr. 1900 Differenzgebühr für Mehrvergleich	0,25
Verwaltungsgerichtsprozess	Nr. 5600	0,25
Arbeitsgerichtsprozess	Fehlanzeige	

Das LAG RhPf. (v. 18.02.2005 – Az.: 10 Ta 39/05 – juris) hat einen ursprünglichen Streitwertfestsetzungsantrag deshalb als Antrag nach § 33 ausgelegt (Rechtsmittelfrist dann **zwei Wochen**), weil der Anwalt auch um Festsetzung des Wertes des Mehrvergleichs gebeten hat.

Da das GKG für das arbeitsgerichtliche Verfahren eine gerichtliche Gebühr für den Mehrvergleich nicht kennt, wichen gerichtlicher Wert und anwaltlicher Wert voneinander ab. Folge: § 33 und **Verfristung des Rechtsmittels**. Hätte der Anwalt den Wertfestsetzungsantrag in einer zivil-, sozial- oder verwaltungsgerichtlichen Rechtssache eingereicht, so wäre seine 3 Monate nach Streitwertfestsetzung eingereichte Beschwerde nach § 32 zulässig gewesen.

Hier sollte der Gesetzgeber die Frist des § 32 auch in den § 33 übernehmen.

Bis dahin kann man den Anwälten nur raten, Streitwertbeschwerden, die sie im eigenen Interesse einlegen, **sicherheitshalber innerhalb einer Frist von 2 Wochen einzulegen**.

4. Abs. 4 Abhilfe und Zuständigkeit

a) Satz 1 Abhilfeprüfung

Das Erstgericht hat eine Abhilfeprüfung vorzunehmen. Daher wird die Beschwerde nicht als 42 sofortige Beschwerde, sondern als befristete Beschwerde bezeichnet. Hilft das Erstgericht der Beschwerde ab, so handelt es sich dabei um eine Entscheidung über die Beschwerde, die insbesondere auch eine Beschwerdekostenentscheidung treffen muss (Bischof Zivilprozess Kohlhammer 1979 Rn. 229; KG DR 40, 2190; Schellberg NJW 1971, 1347; Gubelt MDR 1970, 895). Hilft das Erstgericht der Beschwerde ganz oder teilweise nicht ab, so legt es diese dem Beschwerdegericht vor.

Durch Abs. 4 Satz 1 Hs. 2 ist klargestellt, dass auch in den Fällen, in denen durch eine Teilabhilfe der Wert des verbleibenden Beschwerdegegenstands € 200,00 nicht mehr übersteigt, der Vorgang dem Beschwerdegericht zur Entscheidung über den restlichen Teil der Beschwerde vorzulegen ist.

b) Abs. 4 Satz 2 Nächsthöheres Gericht

Abs. 4 Satz 2 dient der Vereinfachung der kostenrechtlichen Verfahrensregeln, dass unabhän- 43 gig vom Instanzenzug der Hauptsache als Beschwerdegericht grundsätzlich das allgemein dem erkennenden Gericht übergeordnete Gericht anzusehen ist. In Verfahren vor den ordentlichen Gerichten ist hinsichtlich des Amtsgerichts ohne Rücksicht auf den Instanzenzug der Hauptsache grundsätzlich das Landgericht als Beschwerdegericht anzusehen. Da das Beschwerdegericht sich ausschließlich mit kostenrechtlichen Fragen zu befassen hat, ist die Entkoppelung vom Instanzenzug der Hauptsache erfolgt. In der Mehrzahl der Verfahren ist allerdings das nächsthöhere Gericht auch in der Hauptsache Rechtsmittelgericht.

Abschnitt 4 – Gegenstandswert

In den Fällen, in denen das Oberlandesgericht nach § 119 Abs. 1 Nr. 1, Abs. 2 und 3 GVG für die Entscheidung über Rechtsmittel gegen Entscheidungen der Amtsgerichte zuständig ist, entscheidet wegen des häufig engen Sachzusammenhangs zwischen Hauptsache und Kosten das Oberlandesgericht.

c) Abs. 4 Satz 3 Keine Beschwerde gegen Gerichtshof des Bundes

44 Gegen Entscheidungen der Oberen Landesgerichte (dazu gehören auch die Finanzgerichte) ist kein Rechtsmittel eröffnet. Gegen deren Fehlentscheidungen können Gegenvorstellungen erhoben werden (Finanzgericht des Saarlandes EFG 1995, 1968; siehe näher § 32 Rn. 34).

d) Abs. 4 Satz 4 Bindung an Zulassungsbeschwerde

45 Das Beschwerdegericht ist an die Zulassung der Beschwerde gebunden. Das gilt allerdings nicht, wenn die Zulassung durch nachträglichen Beschluss erfolgt (Rn. 39). Die Nichtzulassung ist unanfechtbar.

5. Abs. 5 Wiedereinsetzung

46 Neu im Gesetz geregelt ist eine umfangreiche **eigenständige** Wiedereinsetzungsregelung in Abs. 5, die der üblichen Wiedereinsetzungsregelung entspricht.

6. Abs. 6 Weitere Beschwerde

47 Die **weitere Beschwerde** an das Oberlandesgericht ist nur wegen grundsätzlicher Bedeutung einer **Rechtsfrage** zulässig, wenn das **Landgericht als Beschwerdegericht** entschieden und sie wegen der grundsätzlichen Bedeutung der zur Entscheidung stehenden Frage in dem Beschluss selbst **zugelassen** hat. Auch hier ist eine nachträgliche Zulassung unwirksam (Gebauer/Schneider RVG § 33 Rn. 33; BGH FamRZ 2004, 530).

Eine Rechtsverletzung liegt nur vor, wenn eine Rechtsnorm nicht oder nicht richtig angewendet worden ist. Auch hier ist eine Nichtzulassungsbeschwerde nicht eröffnet.

Eine weitere Beschwerde wurde etwa vom LG Düsseldorf zugelassen zu einer Rechtsfrage, die das OLG Düsseldorf (OLGR Düsseldorf 2008, 228) wie folgt entschieden hat: »Eine analoge Anwendung des § 3 BerHG auf i. S. von § 305 Abs. 1 Nr. 1 InsO anerkannte Stellen für Verbraucherinsolvenzberatung kommt nicht in Betracht.

Ein Steuerberater oder eine Gesellschaft bürgerlichen Rechts mit einem Steuerberater gehören nicht zu den Gesellschaften i. S. des § 1 RVG. § 5 RVG findet auf Steuerberater oder/und Rechtsbeistände ohne Kammermitgliedschaft keine analoge Anwendung.«

LAG Rh.Pf. (27. 10. 2006 – 9 Ta 193/06) »Bleibt eine sofortige Beschwerde gegen eine Vergütungsfestsetzung (PKH) ohne Erfolg, ist gegen diese Entscheidung gem. § 56 Abs. 2 Satz 1 RVG i. V. m. **§ 33 Abs. 6 Satz 1 RVG** kein Rechtsmittel gegeben, da sie jener eines Oberlandesgerichtes entspricht, wenn sie im Bereich der ordentlichen Gerichtsbarkeit gefällt worden wäre und § 33 Abs. 6 Satz 1 RVG eine weitere Beschwerde für diesen Fall nicht vorsieht.«

7. Abs. 7 Einlegung der Beschwerde

a) Satz 1 Zu Protokoll der Geschäftsstelle

48 Anträge und Erklärungen können zu Protokoll der Geschäftsstelle gegeben oder schriftlich eingereicht werden; § 129 a der Zivilprozessordnung gilt entsprechend. Zu Protokoll der Geschäftsstelle bedeutet nach § 78 Abs. 3 ZPO: Die Streitwertbeschwerde ist vom Anwaltszwang, sollte er in der Hauptsache bestehen, befreit.

Das ist für die vom Auftraggeber einzulegende Beschwerde wichtig.

b) Satz 2 Einlegung beim Erstrichter

Die Einlegung der Beschwerde beim Beschwerdegericht ist unzulässig. Die Pflicht zur Einlegung beim Erstrichter soll sicherstellen, dass dieser alsbald über die Abhilfefrage entscheidet.

8. Abs. 8 Grundsätzliche Einzelrichterzuständigkeit

Der Einzelrichter ist in beiden Rechtszügen grundsätzlich zuständig, es sei denn, er legt (im ersten Rechtszug) die Sache wegen besonderer Schwierigkeiten oder grundsätzlicher Bedeutung der Vollkammer vor.

VGH B.-W. (AUAS 2008, 22 v. 26. 11. 2007 – 11 S 2492/07): Über die Beschwerde gegen die Festsetzung des Gegenstandswertes für den ersten Rechtszug durch einen Einzelrichter des Verwaltungsgerichts entscheidet auch im zweiten Rechtszug der Einzelrichter (§ 33 Abs. 8 Satz 1 Hs. 2 RVG).

Über die Beschwerde gegen einen Kammerbeschluss muss dann auch im Rechtsmittelzug der gesamte Spruchkörper entscheiden.

Der OLG Senat kann ferner mit 3 Richtern entscheiden, wenn der Einzelrichter des OLG das Verfahren wegen grundsätzlicher Bedeutung ihm überträgt.

Beispiel dazu (KG JurBüro 2005, 531): Fall der anwaltlichen Vertretung bei der Einziehung beschlagnahmter Gegenstände nach Nr. 4142.

9. Abs. 9 Gebühren und Kosten

Abs. 9 bestimmt die Gebührenfreiheit (weder Gerichts- noch Anwaltsgebühren) nur für das Antragsverfahren – anders der Anfall einer gerichtlichen Gebühr für das Beschwerdeverfahren (erfolglose Beschwerde Nr. 1811 KV GKG: Festgebühr € 50,00) – und regelt den Ausschluss der Erstattung (also nicht des Anfalls: 0,5 Gebühr Nr. 3500 VV RVG) der anwaltlichen Gebühren in allen Instanzen.

Die 0,5 Anwaltsgebühr (Nr. 3500 VV RVG) wird vom Gegner also nicht erstattet.

10. Gebühren aus der Staatskasse (PKH)

§ 56 Abs. 2 Satz 1 verweist hinsichtlich der **Erinnerung** des Rechtsanwalts und der Staatskasse auf § 33 Abs. 4 Satz 1 ff. § 33 hat daher durch diese Verweisung (**Frist: 2 Wochen** für Beschwerde) in der Praxis eine umfangreiche Bedeutung (vgl. z. B. KG RVGreport 2005, 418).

ABSCHNITT 5
AUßERGERICHTLICHE BERATUNG UND VERTRETUNG

§ 34
Beratung, Gutachten und Mediation

(1) ¹Für einen mündlichen oder schriftlichen Rat oder eine Auskunft (Beratung), die nicht mit einer anderen gebührenpflichtigen Tätigkeit zusammenhängen, für die Ausarbeitung eines schriftlichen Gutachtens und für die Tätigkeit als Mediator soll der Rechtsanwalt auf eine Gebührenvereinbarung hinwirken, soweit in Teil 2 Abschnitt 1 des Vergütungsverzeichnisses keine Gebühren bestimmt sind. ²Wenn keine Vereinbarung getroffen worden ist, erhält der Rechtsanwalt Gebühren nach den Vorschriften des bürgerlichen Rechts. ³Ist im Fall des Satzes 2 der Auftraggeber Verbraucher, beträgt die Gebühr für die Beratung oder für die Ausarbeitung eines schriftlichen Gutachtens jeweils höchstens 250 EUR; § 14 Abs. 1 gilt entsprechend; für ein 1. Beratungsgespräch beträgt die Gebühr jedoch höchstens 190 EUR.

(2) Wenn nichts anderes vereinbart ist, ist die Gebühr für die Beratung auf eine Gebühr für eine sonstige Tätigkeit, die mit der Beratung zusammenhängt, anzurechnen.

Inhaltsübersicht

	Rn.
A. Allgemeines	1
I. Bisherige Regelung/Motive für die Gesetzesänderung auf dem Prüfstand	1
1. Sinn der Neuregelung	1
2. Motive des Gesetzgebers	3
3. Grenzen für eine Gebührenvereinbarung	5
II. Das neue System – Dreistufiger Aufbau	6
1. Erste Stufe Feste Vergütungsvereinbarung	6
2. Zweite Stufe Mangels Gebührenvereinbarung Verweis auf BGB, gilt nicht für Verbraucher	7
3. Dritte Stufe Keine Gebührenvereinbarung – Mandant ist Verbraucher	8
III. Unanwendbarkeit des § 34 RVG	9
1. Tätigkeiten des Anwalts unterfallen generell nicht dem RVG (§ 1 Abs. 2)	9
2. Umfassendere Tätigkeit des Anwalts verbunden mit einem Rat	10
3. Rat im Rahmen der Beratungshilfe	11
IV. Neues Prüfungsschema	12
1. 1. Schritt	12
2. 2. Schritt	13
3. 3. Schritt	14
a) Mandant ist nicht Verbraucher	15
b) Mandant ist Verbraucher	16
B. Kommentierung	17
I. Abs. 1 Satz 1 Ausdrückliche Gebührenvereinbarung	17
1. Abgrenzung mündlicher oder schriftlicher Rat (Beratung) und Auskunft untereinander und von anderen Tätigkeiten	17
a) Beratung	17
b) Rat	18
c) Schriftlicher Rat und schriftliches Gutachten	20
d) Auskunft	21
e) Anrechnung, § 34 Abs. 2 RVG	23
2. Beispielsvarianten der Verknüpfung des Rates mit anderen weitergehenden gebührenauslösenden Tätigkeiten	24
3. Gebührenvereinbarung	31
a) Form	31
b) Gibt es eine gesetzliche Gebühr, an der die vereinbarte Gebühr des § 34 Abs. 1 Satz 1 RVG zu messen ist?	32
4. Gebührenvereinbarung – Belehrungspflicht	36
5. Gebührenvereinbarung für ein schriftliches Gutachten	37
a) Unterschied schriftliches Gutachten – schriftlicher Rat	37
b) Inhalt des Gutachtens	38
II. Abs. 1 Satz 2 Fehlen einer Gebührenvereinbarung oder Nichtbeweisbarkeit	43
III. Abs. 1 Satz 3 Fehlen einer Gebührenvereinbarung oder Nichtbeweisbarkeit – Auftraggeber ist Verbraucher	51
1. Bedeutung der Neuregelung – »Sprengsatz« Satz 3	51
2. Auftraggeber ist Verbraucher	56
3. Erstberatung	60
4. Umfang der Beratung	62
5. Beratung durch Vertreter des Rechtsanwalts	63
6. Mehrere Auftraggeber	65
7. Festsetzung gegen den Gegner	65 a

	Rn.		Rn.
IV. Abs. 2 Anrechnung	66	c) Muster Zeitgebühren / Stundenhonorar	98
V. Beispiele für Gebührenvereinbarungen	70	d) Was kann sonst noch – außer einem Stundenhonorar – vereinbart werden?	99
1. Rückgriff auf bisherige gesetzliche Regelung	71	e) Vor- und Nachbereitungskosten	105
2. Zivilrechtliche und strafrechtliche Beratung	73	f) Begleitung eines Medianten im Mediationsverfahren durch einen Anwalt	106
3. Stundenhonorarabrede mit Vertretungsregelung	75	g) Rechtsberatung der zwei oder mehr Medianten durch den Mediator	108
4. Werbung mit niedrigen Beratungssätzen	75 a	aa) Gibt anwaltliches Fachwissen einen zusätzlichen Gebührenanspruch?	108
C. Mediation	76	bb) Darf der Anwaltmediator die Medianten überhaupt rechtlich beraten?	111
I. Allgemeines	76	cc) Abschlussvereinbarung / Vergleich / Titel	121
1. Motive des Gesetzgebers	76	3. Zwei Vertragsbeispiele	129
2. Mediationsgrundsätze	77	a) Medianten und Mediator	129
3. Formbedürftigkeit des Mediationsvertrages?	78	b) Vereinbarung zwischen den Medianten	130
4. Fehlen einer ausdrücklichen Gebührenvereinbarung	82	4. PKH Bewilligung – Beiordnung des Mediators?	133
5. Übliche Gebühr = früherer gesetzlicher Rechtszustand	83	5. Besondere Anwaltsgebühren für eine Mediation innerhalb des Rechtszuges?	135
II. Kommentierung	89	6. Haftung des Mediators	136
1. Form des Mediationsvertrages / Gebührenabrede	89		
2. Höhe der Vergütung: Gebühren und Auslagen	91		
a) Unterschied Gebühren – Auslagen	91		
b) Zeithonorar	95		

A. Allgemeines

I. Bisherige Regelung/Motive für die Gesetzesänderung auf dem Prüfstand

1. Sinn der Neuregelung

§ 34 RVG regelte bisher nur die vom Gesetz angeratene Vereinbarung der Gebühren für die Mediation. Die jetzt daneben in den § 34 eingestellten anwaltlichen Tätigkeiten: 1

– mündlicher oder schriftlicher Rat oder eine Auskunft (Beratung)
– Ausarbeitung eines schriftlichen Gutachtens

fanden sich bisher im VV RVG in den Nummern 2100 bis 2103 mit streitwertabhängigen Gebührensätzen. Dieses in vielen Jahren gewachsene solide Abrechnungsregelwerk hat der Gesetzgeber zugunsten eines zukünftig voraussichtlich starken Gebührenverhandlungsdrucks, dessen Tendenz angesichts der derzeit noch wachsenden Anwaltszahl sicher nach unten gehen wird, aufgegeben. Der von *Römermann* (RVG 2. Aufl. § 34 Rn. 1 ff.) erhobene Appell an die Anwaltschaft, im Interesse des gesamten Berufsstandes auf diesem Arbeitsfeld keinen Preiswettbewerb mit gegenseitigem Unterbieten zu veranstalten, wird ungehört verhallen. *Madert* (Gerold / Schmidt / von Eicken / Madert / Müller-Rabe RVG 17. Aufl. § 34 Rn. 5) hegt offenbar die Erwartung, dass die bisherige streitwertabhängige Regelung auch in Zukunft noch von großem Gewicht sein wird, indem er für die (mangels ausdrücklicher Vereinbarung) subsidiäre BGB-Vergütung (Üblichkeit) auf die Anwendung der bisherigen Nrn. 2100 bis 2103 hofft und demgemäß zur Kommentierung des neuen § 34 nur 5 Randnummern aufführt, dagegen zur Darstellung der bisherigen Regelung 99 Randnummern ab Rn. 6 bringt.

Wenn man der Neuregelung (grundsätzlich ausdrückliche Gebührenabrede) überhaupt noch einen vertretbaren Sinn abgewinnen will, so den, dass dadurch der europarechtliche Druck auf die deutschen Gebührenordnungen mit gesetzlich festgelegten Sätzen der freien Berufe 2 besser abgewehrt oder vielleicht ein wenig erschwert werden wird. Der europarechtliche Druck ist aber etwas durch die bisher kaum beachtete Entscheidung des EuGH vom 11.12.2003, Rs. C-289/02, abgedruckt in EUROPA Kompact 2004, 131, gewichen. Dort hat der EuGH es für zulässig erklärt, dass beim Auftreten eines österreichischen Anwalts in Deutschland die von ihm vertretene Partei beim Obsiegen **nur** die Gebühren in Höhe der BRAGO, die niedriger als die österreichischen Gebühren sind, erstattet erhält. Die Gesetzesbegründung für die Neuregelung des § 34 ist leer und überzeugt nicht.

2. Motive des Gesetzgebers

3 Nach der amtlichen Begründung soll die Regelung des § 34 Abs. 1 Satz 1 RVG als Appell an den Rechtsanwalt verstanden werden, Gebührenvereinbarungen bei den hier genannten Tätigkeitsfeldern in der Regel herbeizuführen. Auch soll die Regelung den Einstieg zu einem Gespräch über die Gebührenvereinbarung erleichtern.

(1) Vom Gesetzgeber soll nicht mehr reguliert werden, als im Hinblick auf die Prozesskostenerstattung und zur Sicherstellung einer ordnungsgemäß funktionierenden Rechtspflege erforderlich ist.

(2) Es soll für den Auftraggeber (vor allem den Verbraucher) transparent sein, was er dem Anwalt für dessen Tätigkeit schuldet.

(3) Ist eine Vergütungsvereinbarung getroffen worden, so kann es nicht zu möglicherweise vor den Gerichten durchzuführenden Streitigkeiten über die Höhe der angemessenen Gebühr kommen.

(4) Im außergerichtlichen Bereich nehmen Vereinbarungen ohnehin zu. Die Vereinbarung der Gebühren ermöglicht eine auf den Einzelfall zugeschnittene Gestaltung der Gebühren.

4 Es ist äußerst fraglich, ob gerade auf dem Gebiet der anwaltlichen Beratung infolge des jetzt sicher einsetzenden Preiswettbewerbs nach unten der unter (1) genannte Zweck der ordnungsgemäß **funktionierenden Rechtspflege** gesichert wird; eher wird er gefährdet. Auch die unter (3) geäußerte sichere Erwartung des **Ausschlusses von gerichtlichen Vergütungsstreitigkeiten** scheint mir überzogen. Schon wird nämlich in der einschlägigen Kommentarliteratur die Befürchtung geäußert, auch bei der frei nach § 34 vereinbarten Vergütung werde von der wenig anwaltsfreundlichen Rechtsprechung, wenn auch unrichtigerweise, eine **gerichtliche Angemessen**heitsprüfung nach **§ 3 a Abs. 2 Satz 1** vorgenommen (Römermann RVG 2. Aufl. § 34 Rn. 47, der allerdings zutreffend auch bemerkt, dass diese Norm nur für abweichend vom Gesetz vereinbarte Gebühren gilt; die Frage der Anwendbarkeit von § 3 a Abs. 2 Satz 1 wirft zu Unrecht auch N. *Schneider* (Die Vergütungsvereinbarung Rn. 1314) auf).

3. Grenzen für eine Gebührenvereinbarung

5 Wird keine feste Gebühr vereinbart, so gilt die nach BGB übliche Gebühr, und da es eine solche nicht gibt, wird der Anwalt sie einseitig nach § 315 BGB (nach den Kriterien des § 14) bestimmen und die Partei kann dann das **Gericht** anrufen, damit dieses die **Unbilligkeit** nach § 315 Abs. 3 Satz 2 BGB feststellt (ebenso Gerold/Schmidt/von Eicken/Madert/Müller-Rabe RVG 17. Aufl. § 34 Rn. 1). Nun kann man zwar einwenden, die drohende Billigkeitsprüfung durch ein Gericht bei fehlender fester Gebührenvereinbarung und dann notwendiger einseitiger Gebührenfestsetzung durch den Anwalt gemäß § 14 sei gerade ein Argument für eine feste Gebührenabrede. Da man aber zukünftig generell (bei BGB-Anwendung) Angemessenheitsprüfungen nach § 315 Abs. 3 Satz 2 BGB haben wird, liegt der Gedanke nicht fern; mindestens kann vom Gebührenschuldner eine Gebührenabwehrklage darauf gestützt werden, dass auch die fest vereinbarte Gebühr einer Überprüfung zugeführt werden müsse, und wenn das nicht über § 3 a Abs. 2 Satz 1 RVG gehe, so sei jedenfalls eine Kontrolle nach § 138 BGB zulässig. Dann werden wir zukünftig die gleichen Überprüfungsangriffe haben wie bei § 3 a Abs. 2 Satz 1 (Sittenwidrigkeit/unangemessen hoch). Dabei wird sich in Bewertungsfäl-

len mit niedrigem Streitwert ein auskömmliches Honorar bei vordergründigem Zahlenvergleich, der den Arbeitsaufwand vernachlässigt, immer in der Nähe der Sittenwidrigkeitsgrenze bewegen. Die positive Erwartung des Gesetzgebers, bei fest vereinbarten Beratungshonoraren würden Gebührenstreitigkeiten vermieden, entspricht damit mehr dem grünen Tisch als der Praxisnähe. Es ist zu hoffen, dass die Rechtsprechung die ausgehandelten Gebühren grundsätzlich unbeanstandet lässt.

II. Das neue System – Dreistufiger Aufbau

1. Erste Stufe Feste Vergütungsvereinbarung

§ 34 Abs. 1 RVG ist dreistufig aufgebaut. Die **erste Stufe** (Abs. 1 Satz 1) richtet sich mit dem gesetzlichen Appell an den Anwalt, auf eine **feste Gebührenvereinbarung** hinzuwirken. Dabei ist es gleichgültig, ob der Mandant Verbraucher im Sinne des § 13 BGB ist oder nicht. Der Anwalt kann das Honorar für die Tätigkeitsbereiche des § 34 Abs. 1 Satz 1 (**Beratung, schriftliches Gutachten**) frei vereinbaren. Ausnahmen von § 34: soweit in Teil 2 Abschnitt 1 VV nichts anderes bestimmt ist: etwa die Prüfung der Erfolgsaussichten des Rechtsmittels, hier gilt VV (n. F.) Nr. 2100 bis 2003.

6

2. Zweite Stufe Mangels Gebührenvereinbarung Verweis auf BGB, gilt nicht für Verbraucher

In der **zweiten Stufe** findet § 34 Abs. 1 Satz 2 Anwendung. Wenn keine Gebührenvereinbarung verabredet ist, erhält der Anwalt die Gebühren nach den Vorschriften des bürgerlichen Rechts (Beratung = Dienstvertrag, § 612 Abs. 2 BGB; schriftliches Gutachten = Werkvertrag, § 632 Abs. 2 BGB). Diese Regelung gilt allerdings nur, wenn der Mandant **nicht Verbraucher** im Sinne von § 13 BGB ist.

7

3. Dritte Stufe Keine Gebührenvereinbarung – Mandant ist Verbraucher

Die in Abs. 1 Satz 3 geregelte **dritte Stufe** tritt an die Stelle der zweiten Stufe, wenn der Mandant **Verbraucher** im Sinne des § 13 BGB ist. Dann (Satz 3) schuldet der Mandant keine BGB-Vergütung, sondern höchstens die in Satz 3 genannten Höchstbeträge von € 250 (Beratung, schriftliches Gutachten) und bei einer Erstberatung höchstens € 190.

8

III. Unanwendbarkeit des § 34 RVG

1. Tätigkeiten des Anwalts unterfallen generell nicht dem RVG (§ 1 Abs. 2)

Zunächst zur Klarstellung: § 34 gilt für die beiden dort genannten Tätigkeiten (Beratung, schriftliches Gutachten) auf allen Rechtsgebieten: Bürgerlich-rechtliche Angelegenheiten einschließlich der freiwilligen Gerichtsbarkeit, arbeitsgerichtliche Angelegenheiten, Straf- und Bußgeldsachen, Angelegenheiten des 6. Teiles des VV, finanzgerichtliche Angelegenheiten, öffentlich-rechtliche Angelegenheiten und sozialrechtliche Angelegenheiten.

9

§ 34 ist **nicht anwendbar** auf Tätigkeiten des Anwalts nach § 1 Abs. 2. Denn auf die dort geregelten Tätigkeiten sind die Vergütungsvorschriften des RVG generell nicht anwendbar, also auch nicht die Vergütungsvorschrift des § 34, die allerdings von einer frei vereinbarten Entgeltvereinbarung ausgeht, was für einige der Tätigkeiten nach § 1 Abs. 2 ebenso gilt (Gerold/Schmidt/von Eicken/Madert/Müller-Rabe RVG 17. Aufl. § 34 Rn. 10).

2. Umfassendere Tätigkeit des Anwalts verbunden mit einem Rat

10 Wird ein Rat im Zusammenhang mit einer weitergehenden Tätigkeit (Vertretung nach Nr. 2300 oder Prozessverfahren nach Nr. 3100) erteilt, so ist **nicht § 34,** sondern die spezielle Gebührennorm des VV einschlägig. Das gilt auch in folgendem lehrreichen Fall:

Ein Auftraggeber erteilt dem Anwalt einen Prozessauftrag. Der Anwalt berät ihn und rät abschließend von der Klageerhebung ab. Auch hier ist nicht § 34 anwendbar, sondern die Spezialnorm der Nr. 3101 mit der 0,8 Gebühr (Gerold/Schmidt/von Eicken/Madert/Müller-Rabe RVG 17. Aufl. § 34 Rn. 6).

3. Rat im Rahmen der Beratungshilfe

11 Die Erteilung eines (mündlichen oder schriftlichen) Rates im Wege der Beratungshilfe wird nicht durch § 34, sondern durch Nrn. 2500–2508 VV besonders geregelt.

IV. Neues Prüfungsschema (detaillierter als Rn. 6–8)

1. 1. Schritt

12 Zunächst ist zu prüfen, ob § 34 durch einen der beiden Fälle der vorstehenden Ziffer III. 1 und 2 (Tätigkeit i. S. von § 1 Abs. 2 oder umfassenderer Auftrag als nur Rat) ausgeschlossen ist.

2. 2. Schritt

13 Handelt es sich also um eine Beratung oder ein schriftliches Gutachten (was im letzteren Falle nicht die Rechtsmittelaussicht betreffen darf, dann nach Nr. 2101 VV 1,3 Gebühr), so ist in allen Fällen (auch wenn der Mandant Verbraucher ist) eine **ausdrückliche Gebührenvereinbarung** nach § 34 RVG zulässig.

Deren Wirksamkeit ist nicht an § 3a Abs. 2 Satz 1 RVG (unangemessen hoch) zu messen. Es kommt allenfalls Sittenwidrigkeit nach § 138 BGB in Frage.

Bei einer ausdrücklichen Gebührenvereinbarung ist mit der Verneinung der Sittenwidrigkeit die Prüfung zu Ende. Aus Gründen der Beweisbarkeit sollte für die Gebührenvereinbarung dennoch die Schriftform gewählt werde, wobei die Textform wie bei § 3a Abs. 2 Satz 1 genügt.

3. 3. Schritt

14 Nur wenn eine Gebührenvereinbarung fehlt, geht die Prüfung mit einem **3. Schritt** weiter. Jetzt erstmals unterscheidet sich der weitere Prüfungsweg danach, ob der Mandant Verbraucher oder kein Verbraucher ist.

a) Mandant ist nicht Verbraucher

15 Jetzt ist die Vergütung nach dem BGB zu ermitteln:

Beratung = Dienstvertrag, § 612 Abs. 2 BGB; schriftliches Gutachten = Werkvertrag, § 632 Abs. 2 BGB.

Mangels Üblichkeit bestimmt der Anwalt nach den § 315 Abs. 1 BGB und § 14 RVG die Vergütung, die vom Richter, wenn er vom Auftraggeber in einem Prozess gegen den Anwalt angerufen wird, gem. § 315 Abs. 3 Satz 2 auf ihre Billigkeit geprüft werden kann.

b) Mandant ist Verbraucher

Für den Fall des Fehlens (oder der Nichterweisbarkeit – Beweislast Anwalt) einer schriftlichen oder mündlichen Gebührenvereinbarung ist die Höchstgebühr für den Verbraucher beschränkt auf: 16

Beratung	höchstens € 250,00
Erstberatung (nur Gespräch, nicht erfasst **schriftliche** Erstberatung)	höchstens € 190,00
Schriftliches Gutachten	höchstens € 250,00

Ende der Prüfung

B. Kommentierung (Beratung, Gutachten; Mediation siehe C.)

I. Abs. 1 Satz 1 Ausdrückliche Gebührenvereinbarung (Beratung, schriftliches Gutachten – Die in Satz 1 auch genannte Mediation folgt einheitlich unter C.)

1. Abgrenzung mündlicher oder schriftlicher Rat (Beratung) und Auskunft untereinander und von anderen Tätigkeiten

a) Beratung

§ 34 Abs. 1 Satz 1 RVG definiert in etwas unscharfer Weise den Begriff der »Beratung«. Danach ist unter Beratung die Erteilung eines mündlichen oder schriftlichen Rats oder eine Auskunft zu verstehen. 17

b) Rat

Unter Rat ist die Empfehlung des Anwalts gegenüber seinem Mandanten zu verstehen, wie jener sich in der mit dem Anwalt erörterten bestimmten Lage verhalten soll (BGHZ 7, 378). Der Rat betrifft also eine irgendwie **konkrete** Fallgestaltung, mit der sich der Anwalt befasst. 18

• **Beispiel**
Der Mandant nennt dem Anwalt die Vertragsgrundlage seines Bauvertrages, das Datum der Abnahme und sonstige Details und fragt, ob der Anspruch im **konkreten Fall** verjährt ist.

Die Antwort, das **Ergebnis**, den Rat kann der Anwalt mündlich, schriftlich (Schreiben, E-Mail, Fax) oder auch telefonisch erteilen. Bespricht der Anwalt dieselbe Angelegenheit mehrfach unter Raterteilung mit dem Mandanten, so erfällt doch nur eine Ratsgebühr, es sei denn, die Gebührenvereinbarung treffe insoweit eine abweichende Regelung.

Der schriftliche Rat ist ein Dienstvertrag (§ 34), das schriftliche Gutachten ein Werkvertrag (§ 34). Das schriftliche Gutachten zu den Aussichten eines Rechtmittels unterfällt der Spezialregelung der Nrn. 2100–2103. Die drei Begriffe sollte man auseinander halten, auch wenn grundsätzlich für Auskunft und normales Gutachten dieselbe Regelung (§ 34) gilt. Denn für die Abgrenzung schriftliches Gutachten und schriftlicher Rat i. S. von § 34, welch letzterer auch eine (meist knappe) Begründung haben kann (Gerold/Schmidt/von Eicken/Madert/Müller-Rabe RVG 17. Aufl. § 34 Rn. 8; AG Wiesbaden AnwBl. 1962, 51), muss man den Unterschied kennen. Denn gem. § 34 Abs. 2 ist nur die vereinbarte Gebühr für einen schriftlichen Rat, nicht aber die vereinbarte Gebühr für ein schriftliches Gutachten auf eine sonstige Zusammenhangs-Gebühr (etwa Nr. 2300 oder Nr. 3100) anzurechnen. Eine genaue Definition des Begriffes Rat erlaubt auch eine bessere Abgrenzung des Begriffes Rat von der Vertretung (Nr. 2300). Übrigens ist die Beratung hinsichtlich des festzulegenden Wortlautes eines Vertrages (Werkvertrag des Anwalts) expressis verbis ein Vertretungsfall nach Nr. 2300 (Gerold/Schmidt/von Eicken/Madert/Müller-Rabe RVG 17. Aufl. § 34 Rn. 16). 19

Abschnitt 5 – Außergerichtliche Beratung und Vertretung

c) Schriftlicher Rat und schriftliches Gutachten

20 Ein (schriftlicher) **Rat** liegt vor, wenn der Anwalt dem Mandanten nur das **Ergebnis** seiner Erwägungen mündlich oder schriftlich mitteilt, eine Empfehlung gibt. Ein **schriftliches Gutachten** ist gegeben, wenn der Anwalt den logischen Weg zum Ergebnis, also die **rechtlichen Zwischenschritte** ähnlich einem Votum, einer relationsmäßigen Ableitung darstellt (Gerold/Schmidt/von Eicken/Madert/Müller-Rabe RVG 17. Aufl. § 34 Rn. 8; OLG München JurBüro 1992, 103; Hartung/Römermann RVG 2. Aufl. § 34 Rn. 26).

d) Auskunft

21 Auskunft ist die Beantwortung **allgemeiner** Rechtsfragen ohne Beziehung zu einem konkreten Fall, zum Beispiel die Beantwortung der Frage, wann Ansprüche aus einem Bauwerkvertrag verjähren. Die Auskunft kann mündlich, schriftlich oder telefonisch erfolgen. Ob schon ein Auftrag erteilt ist, kann gelegentlich streitig sein.

Zu streng erscheint mir die Ansicht des AG Lahr:

AG Lahr (JurBüro 2007, 87):

Gewinnung eines Mandanten, wenn der Anwalt schon im Rahmen eines unverbindlichen Telefongesprächs ausführlich und gründlich die Sach- und Rechtslage erörtert.

»Eine briefliche Anfrage an einen Rechtsanwalt, ob dieser gegebenenfalls ein bestimmtes Klageverfahren durchführen werde, und der nachfolgende Rückruf des Anwalts, in dessen Verlauf dieser die Risiken, Erfolgsaussichten und die notwendigen Vorarbeiten darlegt, lösen mangels Zustandekommens eines Beratungsauftrags keine Beratungsgebühr aus. Das Telefongespräch mit dem Anwalt ist aus der Sicht des Anfragenden als bloße Vorbereitung einer etwaigen Beauftragung anzusehen, und zwar auch dann, wenn der Anwalt (möglicherweise zur Gewinnung eines Mandanten) schon im Rahmen dieses unverbindlichen Telefongesprächs ausführlich und gründlich die Sach- und Rechtslage erörtert.«

Zu Recht hat Winkler (JurBüro 2007, 87) bemerkt: Durch den Rückruf des Anwalts auf die schriftliche Anfrage des Auftraggebers sei stillschweigend ein Dienstleistungsvertrag zustande gekommen.

22 Der Anwendungsbereich des § 34 Abs. 1 Satz 1 RVG erstreckt sich auf die gesamte außergerichtliche Beratung, soweit sie (siehe Satz 1 Hs. 2) **nicht mit einer anderen gebührenpflichtigen Tätigkeit zusammenhängt** (etwa außergerichtliche Vertretung, Nr. 2300, oder Prozessvertretung im Rahmen der Teile 3 bis 6 des VV – z. B. Zivilprozess, Strafprozess). Auch die Tatbestände des Teiles 2 Abschnitt 1 VV = Nrn. 2001 bis 2103 (mündliche und schriftliche Rechtsmittelaussichtsprüfung) sind ausdrücklich ausgenommen, siehe Satz 1 Hs. 4. Zu weiteren Ausgrenzungen vgl. Rn. 9, nämlich § 1 Abs. 2 (Tätigkeit als Insolvenzverwalter, Schiedsrichter usw., ferner Rat im Rahmen der Beratungshilfe).

e) Anrechnung, § 34 Abs. 2 RVG

23 Zur Klarstellung der Abgrenzung von Beratung und schriftlichem Gutachten von weitergehenden Tätigkeiten (die nicht mit einer anderen gebührenpflichtigen Tätigkeit zusammenhängen, etwa außergerichtliche Vertretung, Nr. 2300, oder Prozessvertretung, Nr. 3100) sei hier auch noch die Bedeutung des Absatzes 2 des § 34 klargestellt.

2. Beispielsvarianten der Verknüpfung des Rates mit anderen weitergehenden gebührenauslösenden Tätigkeiten

24 • **Beispiel zum neuen Recht** (siehe zum alten Recht denselben Beispielsfall bei Jungbauer im Anhang III: Teil 2 a. F. Nrn. 2100–2103):

Bauer Huber hat seinem Bruder darlehensweise € 50.000,00 zur Verfügung gestellt. Die beiden haben per Handschlag vereinbart, dass der Betrag nach 1 Jahr zurückgezahlt werden soll.

Beratung, Gutachten und Mediation | § 34

Nach einem Jahr erfolgt keine Zahlung. Bauer Huber fordert seinen Bruder mehrfach mündlich auf, den Betrag zurückzuzahlen. Da alles ohne Reaktion bleibt, kündigt er das Darlehen schriftlich. Als der Bruder auch darauf nicht reagiert, sucht Huber seinen Anwalt Fleidl auf und fragt, was er tun kann, damit er sein Geld wiederbekomme. Der Anwalt berät ihn über die rechtlichen Möglichkeiten Mahnbescheid, außergerichtliches Mahnschreiben, Klage. Bauer Huber fragt, was ihn diese Beratung kostet. Anwalt Fleidl sieht auf die Uhr (50 Minuten sind vergangen mit dem Erfragen des Sachverhaltes und der kurzen Auskunft) und sagt: € 250,00 netto + Nebenkosten.

Nachdem Bauer Huber eine Auskunft zu einem konkreten Fall erbeten hat, ist von einem Beratungsauftrag auszugehen.

- **Variante 1** 25

Bauer Huber sagt zum Anwalt: »Die Auskunft reicht mir, ich werde bei Ihrem Bürovorsteher den Betrag bezahlen. Beim nächsten Familienfest werde ich mit meinem Bruder energischer reden, dann wird er wohl zahlen.«

Gebührenrechtliches Ergebnis:

Es handelt sich um einen Fall, der **ausschließlich** nach § 34 Abs. 1 abzurechnen ist, entweder ist schon eine feste Gebührenvereinbarung getroffen, oder aber hätte Huber die Zahlung der geforderten € 250,00 nicht zugesagt, so ließe sich darüber streiten, ob wenigstens schlüssig durch seine Frage und die Antwort des Anwalts eine (auch mündlich gültige) Gebührenvereinbarung über € 250,00 netto zustande gekommen ist. Wollte man das aus Gründen der gebotenen Klarheit verneinen, so würde man über die übliche Vergütung nach § 612 BGB und § 14 RVG wohl zu einer ähnlichen Summe gelangen.

- **Variante 2** 26

Bauer Huber sagt zum Anwalt: »Sie haben mir aus dem Herzen gesprochen, schicken Sie meinem Bruder gleich eine Klage.«

Gebührenrechtliches Ergebnis:

In diesem Falle kann man keine Trennung zwischen Beratung und Prozessauftrag erkennen, mit der Folge, dass die Beratung gem. Satz 1 Hs. 2 **mit einer anderen gebührenpflichtigen Tätigkeit** (Prozessauftrag gem. Nr. 3100) zusammenhängt und keine eigene Gebühr nach § 34 Abs. 1 auslöst. Daran änderte auch der Umstand nichts, dass der Anwalt auf die Frage, was die Beratung bisher koste, mit den € 250,00 geantwortet hätte. Das wäre dann als beginnendes Gespräch über eine Abrechnung nach Stundensätzen zu werten gewesen, das dann aber mangels späteren erneuten Aufgreifens angesichts des Prozessauftrages über € 50.000,00 nicht zu Ende geführt worden wäre.

Im Prinzip ergäbe sich in gleicher Weise kein Unterschied, wenn Bauer Huber ausschließlich eine Gebühr nach Nr. 2300 (Vertretung) dadurch ausgelöst hätte, dass er statt eines Klageauftrages nur den Auftrag erteilt hätte, den Anspruch außergerichtlich beizutreiben.

- **Variante 3** 27

Bauer Huber ist nach der allgemeinen Beratung, nachdem er die ausgehandelte Beratungsgebühr von € 250,00 netto gezahlt hatte, mit der Bemerkung nach Hause gegangen: »Nun weiß ich Bescheid, beim nächsten Familienfest spreche ich energisch mit meinem Bruder über die Angelegenheit.«

1 Monat später sucht Huber erneut seinen Anwalt auf und berichtet: »Mein Bruder hat zu mir gesagt, unser Vater habe mir früher Geld zugesteckt, was aber nicht stimmt. Er verweigere daher die Rückzahlung der € 50.000,00. Jetzt reicht es mir: Bitte erheben Sie Klage gegen ihn auf Rückzahlung des Darlehens.« Auf die Klage wird der Bruder kostenpflichtig zur Zahlung von € 50.000,00 verurteilt.

Abschnitt 5 – Außergerichtliche Beratung und Vertretung

Gebührenrechtliches Ergebnis:

Gebührenanspruch des Anwalts gegen die eigene Partei:

Anwalt Fleidl hat durch die Beratung verdient (netto) € 250,00. Der Auftrag ist abgeschlossen. § 15 Abs. 5 findet daher keine Anwendung (§ 15 Rn. 90; Gerold/Schmidt/von Eicken/Madert/Müller-Rabe RVG 17. Aufl. § 15 Rn. 102; Gebauer/Schneider RVG 2. Aufl. § 15 Rn. 246).

Die in der ersten Angelegenheit (Beratung) einmal angefallene Beratungsgebühr von € 250,00 (netto) fällt durch den Prozessauftrag nicht nachträglich weg. Auch Satz 1 des § 34 Abs. 1 findet keine Anwendung, weil der Rat bis zum Abschluss dieser Tätigkeit nicht mit einer anderen gebührenpflichtigen Tätigkeit (etwa Nr. 3100) zusammenhing.

28 Das kollidierende Gebührenproblem wird nunmehr durch die **Anrechnungsvorschrift** des § 34 Abs. 2 gelöst:

Zunächst noch einmal der allgemeine Grundsatz: Haben wir einen **Anrechnungsfall**, so ist das nur möglich bei **mehreren Angelegenheiten**.

29 **Es ist zu rechnen:**

Beratungsgebühr, § 34 Abs. 1			€ 250,00
Wert € 50.000,00 Verfahren 1,3	€ 1.359,80		
Anzurechnen § 34 Abs. 2	€ 250,00		
Rest	€ 1.109,80	€ 1.109,80	
Wert € 50.000,00 Terminsgebühr 1,2		€ 1.255,20	
		€ 2.615,00	

+ Nebenkosten.

30 Dieses Anrechnungsbeispiel zeigt klar und deutlich, dass der Anwalt, wenn es zunächst nur zu einem Beratungsmandat kommt, von der im Abs. 2 ausdrücklich erwähnten Möglichkeit, »wenn nichts anderes vereinbart ist«, sofort bei der Gebührenvereinbarung Gebrauch machen sollte, also ausdrücklich bei der Abrede, dass der Rat € 250,00 netto ausmache, und dass dieser Betrag (nämlich Gebühr und Auslagen nach Nrn. 7000 ff. VV), wenn er später in der Angelegenheit einen neuen Auftrag erhalte, nicht auf die dann entstehende Vergütung (Gebühren und Auslagen) angerechnet werde. Wie keiner weiteren Begründung bedarf, sollte der Auftrag mit dieser besonderen Vergütungs- und Nichtanrechnungsabrede zu Beweiszwecken noch am selben Tag dem Mandanten schriftlich bestätigt werden. Dieses Schreiben löst dann auch, falls es nicht zu weiteren Schreiben oder Telefonaten bei der Beratung kommt, als Nebenkosten noch die Pauschale von € 20,00 nach Nr. 7002 aus, und zwar (zweifach) neben der Pauschale für das Prozessverfahren.

Siehe ferner zur Anrechnung auch Kommentierung zu Absatz 2 Rn. 66 ff.

3. Gebührenvereinbarung

a) Form

31 Der Anwalt kann nach dem Wortlaut des § 34 Abs. 1 Satz 1 die Höhe seiner Vergütung frei und ohne gesetzliche Vorgaben vereinbaren. Dabei macht es nach Satz 1 keinen Unterschied, ob der Mandant Verbraucher oder kein Verbraucher ist. Auch berufsrechtliche Schranken nach der BRAO engen den Anwalt dabei nicht ein. Nach der Gesetzesbegründung soll die Regelung des § 34 Abs. 1 Satz 1 RVG als Appell an den Rechtsanwalt verstanden werden, Gebührenvereinbarungen in den in der Vorschrift genannten Bereichen in der Regel herbeizuführen. Auch soll die Regelung den Einstieg zu einem Gespräch über die Gebührenvereinbarung erleichtern.

Vom Gesetzgeber soll nicht mehr reguliert werden, als im Hinblick auf die Prozesskostenerstattung und zur Sicherstellung einer ordnungsgemäß funktionierenden Rechtspflege erforderlich ist (BT-Drs. 15/1971, S. 238).

Aus Gründen der Beweisbarkeit sollte die Schriftform gewählt werden, was nicht erforderlich ist, wenn der Mandant sofort den ausgehandelten Betrag bezahlt (Hartung/Römermann RVG 2. Aufl. § 34 Rn. 60). Da Schriftform im Gesetz nicht gefordert wird, wird es auch ausreichen, wenn das Mandat im Anschluss an den ersten Beratungsbesuch schriftlich bestätigt wird mit ausdrücklicher Erwähnung des mündlich ausgehandelten Honorars oder (meist) Stundensatzes. Dabei sollte die Abrede getroffen werden, dass eine Anrechnung auf weitere Gebühren, die der Rechtsanwalt für sonstige Tätigkeiten, die mit der Beratung in Zusammenhang stehen, nicht erfolgt.

b) Gibt es eine gesetzliche Gebühr, an der die vereinbarte Gebühr des § 34 Abs. 1 Satz 1 RVG zu messen ist?

Die Antwort auf die in der Überschrift gestellte Frage lautet: **Nein**. 32

Es wäre doch gerade widersinnig, wenn der Gesetzgeber ausdrücklich die Beratung und das schriftliche Gutachten (beides im außergerichtlichen Bereich angesiedelt) vom bisher gesetzlich umschriebenen Gebührenrahmen lösen und damit einem freien Aushandeln übergeben wollte, wenn dann die Rechtsanwender gegen den Gesetzeswortlaut und die Motive des Gesetzgebers wieder krampfhaft nach einer begrenzenden Einschränkung suchen würden, um dann doch die Freiheit der auszuhandelnden Vereinbarung wieder einzuschränken. Hier soll allein der Markt regulierend wirken. Ferner sei auf den europarechtlichen Gedanken (Rn. 2) verwiesen.

Diese Thesen werden inzwischen auch von der einschlägigen Rechtsprechung (bis auf wenige Ausnahmen) vertreten:

BVerfG (NJW 2008, 1298):

Beratung bis zu 60 Minuten – Startpreis der Versteigerung: 1 EUR.

BVerfG: »Da der Gesetzgeber den Rechtsanwälten durch § 34 RVG im Bereich der **außergerichtlichen Beratung** den Preiswettbewerb eröffnet hat, sind Internetauktionen über anwaltliche Beratungsleistungen auch nicht deswegen berufsrechtswidrig, weil der Rechtsanwalt sein Angebot wirksam nur an den Höchstbietenden richtet und dadurch der Anschein erweckt werde, es handele sich um eine normierte Handelsware und ihm käme es auf die Erzielung eines maximalen Gewinns an.« In diesem Sinne auch

OLG Stuttgart (AGS 2007, 59 = NJW 2007, 924)

OLG Düsseldorf (AnwBl. 2006, 284)

Anwaltsgerichtshof Berlin (AnwBl. 2007, 375)

Wedel (JurBüro 2007, 623);

a. A. LG Freiburg (JurBüro 2007, 646 = NJW 2007, 160)

LG Ravensburg (AnwBl. 2006, 677 – aufgehoben von OLG Stuttgart, siehe vorstehend).

Die Gebührenvereinbarung kann nur am allgemein geltenden Sittenwidrigkeitsmaßstab (§ 138 Abs. 2 BGB) gemessen werden, wobei zuvor aber alle Kriterien des § 14 herangezogen werden müssen und etwa sonstige Sittenwidrigkeitsmerkmale (doppelter Marktpreis als Grenze) untauglich sind. Zu denken wäre hier an Fälle, in denen das ausgehandelte Stundenhonorar ganz erheblich über der üblichen Spanne von Stundenhonoraren läge. Nach den BRAK Informationen Heft 5 vom Januar 2006 Seite 11 liegen die derzeitig bekannt gewordenen Stundensätze zwischen € 100,00 und € 600,00, gehen aber in internationalen Großsozietäten auch erheblich darüber hinaus. Wenn also etwa von einer weitgehend in Deutschland tä-

Abschnitt 5 – Außergerichtliche Beratung und Vertretung

tigen mittleren Kanzlei ein Stundenhonorar von € 1.200,00 ausgehandelt wäre, so müsste man sich von den Kriterien des § 14 im Einzelfall die Schwierigkeit der anwaltlichen Tätigkeit, die Bedeutung der Angelegenheit, die wirtschaftlichen Verhältnisse des Mandanten und das Haftungsrisiko des Anwalts näher ansehen, ehe man zum Sittenwidrigkeitsurteil wegen Wuchers gelangte.

Wenn etwa damals der Betreiber des Kernkraftwerks Mülheim-Kärlich (Bedeutung der Angelegenheit DM 9 Milliarden, wirtschaftliche Verhältnisse des Mandanten und außerordentlich hohes Haftungsrisiko) nur eine Beratung erbeten hätte, so ließe sich sicher gegen einen Stundensatz von € 2.000,00 überhaupt nichts einwenden.

Andererseits wird in Bewertungsfällen mit niedrigem Streitwert (etwa € 400,00) ein auskömmliches Honorar sich bei vordergründigem Zahlenvergleich, der den Arbeitsaufwand vernachlässigt, immer in der Nähe der Sittenwidrigkeitsgrenze bewegen. Es müssen also alle Umstände des Einzelfalles, auch über die Kriterien des § 14 hinaus, zur Bewertung der Sittenwidrigkeitsfrage herangezogen werden. Dabei scheint es zweifelhaft, ob tatsächlich vom System des § 138 BGB her nur auf Fakten zum Zeitpunkt des Vertragsabschlusses abgestellt werden darf (so BRAK Informationen Heft 5 Seite 22) und nicht auch ergänzend Entwicklungen des Mandats, die bei Vertragsschluss schon angelegt waren, ebenfalls in die Bewertung einbezogen werden dürfen.

33 Die ersten Stimmen aus der Anwaltschaft sehen die Rechtslage zwar grundsätzlich genauso, malen aber den »Teufel an die Wand«, indem sie vor Richterwillkür warnen und daher mindestens den sichersten Weg der schriftlichen Form nach den Formerfordernissen des § 3 a dringend empfehlen.

Man sollte hier das Institut der selbsterfüllenden Prophezeiung einer zu befürchtenden falschen Rechtsanwendung meiden, sonst redet man die falschen Gedanken der Richterschaft nur herbei.

Umgekehrt: Eine klare und richtige Darstellung der Rechtslage schafft Nachfolger im Denken.

34 § 3 a (Gebührenvereinbarung) ist **insgesamt unanwendbar**, weil es im Verhältnis zur frei auszuhandelnden Gebührenvereinbarung für die Tätigkeiten des § 34 **keine gesetzliche Vergütung** mehr gibt, an der festgestellt werden kann, ob diese niedriger oder höher ist als die gem. § 34 Abs. 1 vereinbarte Gebühr. Die nach dem Gesetz, dem § 34 RVG, vorgesehene **gesetzliche Gebühr** ist, jedenfalls wenn es dazu nach Abs. 1 Satz 1 kommt, die **vereinbarte Gebühr**.

35 Stimmen der Literatur zum Problem:

Römermann (RVG 2. Aufl. § 34 Rn. 47) fürchtet, auch bei der frei nach § 34 vereinbarten Vergütung werde von der wenig anwaltsfreundlichen Rechtsprechung, wenn auch unrichtigerweise, eine gerichtliche Angemessenheitsprüfung nach § 3 a Abs. 2 Satz 1 vorgenommen, und rät daher zur genauen Beachtung der Form des § 3 a. Auch *N. Schneider* (Die Vergütungsvereinbarung 2006 Rn. 1314) wirft die Frage auf, ob die vereinbarte Vergütung gem. § 3 a Abs. 2 Satz 1 einer Angemessenheitsprüfung unterzogen werden könne.

§ 3 a ist, wie ausgeführt, nicht anwendbar, weil die einzige gesetzliche Regelung für die Beratung und das schriftliche Gutachten der § 34 Abs. 1 Satz 1 ist.

N. Schneider (Die Vergütungsvereinbarung 2006 Rn. 1316 ff.) untersucht dann weiter, ob vielleicht die darunter liegende abweichende gesetzliche Gebühr die übliche Gebühr des § 612 Abs. 2 BGB sei, die dann anfangs jedenfalls noch durch die bisherigen Nrn. 2100 ff. ausgefüllt werde. Auch das ist nicht zutreffend. Denn wenn nach Satz 1 des Abs. 1 eine Gebührenvereinbarung zustande gekommen ist, dann ist der subsidiäre Satz 2 (übliche Gebühr, § 612 BGB) nicht anwendbar. Beide Normen (Satz 1 und Satz 2) schließen sich gegenseitig aus.

Madert (Gerold/Schmidt/von Eicken/Madert/Müller-Rabe RVG 17. Aufl. § 34 Rn. 1) behauptet ohne nähere Begründung, was so undifferenziert nicht zutreffend ist, »§ 34 regelt nur noch Beratung und Gutachten für Verbraucher, indem er eine Höchstgrenze vorsieht. Ansonsten verweist der neue § 34 auf eine Vergütungsvereinbarung und, wenn keine Vereinbarung getroffen wird, auf das BGB.«

Höchstgrenzen für Verbraucher gibt es nur, wenn keine Vereinbarung getroffen ist (Satz 2).

In Satz 1 hat der Gesetzgeber die Gebührenvereinbarung absolut, also auch mit einem Verbraucher freigegeben (Henssler Aktuelle Praxisfragen anwaltlicher Vergütungsvereinbarungen NJW 2005, 1537 mit Hinweis auf eine Presseerklärung des BMJ). Man kann also auch nicht, wie N. Schneider (Die Vergütungsvereinbarung 2006 in Rn. 1318) erwägt, die Gebührengrenzen des Satzes 2 für Verbraucher auf dem Umweg einer vergleichenden Betrachtung nach § 3a wieder in den Satz 1 einfügen. Der Gesetzgeber war frei in seiner Entscheidung, er hat sich bewusst im Satz 1 für die Freigabe entschieden. Da kann die Dritte Gewalt nicht in die Legislative eingreifen.

4. Gebührenvereinbarung – Belehrungspflicht

Den Anwalt trifft vor der Gebührenvereinbarung nach § 34 RVG keine Belehrungspflicht, auch nicht gegenüber einem Verbraucher. § 16 BORA ist tatbestandsmäßig nicht erfüllt, weil diese Vorschrift Hinweispflichten nur für die Inanspruchnahme von Prozesskosten- oder Beratungshilfe aufstellt. Nach § 49b Abs. 5 BRAO hat der Anwalt den Mandanten vor Übernahme des Mandats darauf hinzuweisen, wenn sich die von ihm zu erhebenden Gebühren nach dem Gegenstandswert richten. Das ist bei § 34 RVG gerade nicht der Fall. Im Umkehrschluss kann man also argumentieren, da das Gesetz schweigt, gibt es bei § 34 auch keine Belehrungspflicht. 36

Hartung (Hartung/Römermann RVG 2. Aufl. § 34 Rn. 46) bemerkt zu Recht, dass der Anwalt auch einen Verbraucher im Sinne des § 13 BGB nicht darüber zu belehren braucht, dass er ohne Abschluss einer Gebührenvereinbarung möglicherweise weniger zahlen müsse.

5. Gebührenvereinbarung für ein schriftliches Gutachten

a) Unterschied schriftliches Gutachten – schriftlicher Rat

Das schriftliche **Gutachten** unterscheidet sich vom schriftlichen **Rat** (mit Gründen). Beim Rat kommt es entscheidend nur auf das Ergebnis an (siehe auch Rn. 20). Der Rat wird daher nicht oder nur kurz begründet (Gerold/Schmidt/von Eicken/Madert/Müller-Rabe RVG 17. Aufl. § 34 Rn. 8; AG Wiesbaden AnwBl. 1962, 51). Für einen schriftlichen Rat reicht die Mitteilung einer Empfehlung aus. Das Gutachten soll dagegen die rechtlichen Erwägungen klarlegen. Der schriftliche Rat ist ein Dienstvertrag (§ 34), das schriftliche Gutachten ein Werkvertrag (§ 34). Das schriftliche Gutachten zu den Aussichten eines Rechtsmittels unterfällt der Spezialregelung der Nrn. 2100–2103. Die drei Begriffe sollte man auseinander halten, auch wenn grundsätzlich für Auskunft und normales schriftliches Gutachten dieselbe Regelung (§ 34) gilt. Dennoch muss man deren Unterschied kennen. Denn gem. § 34 Abs. 2 ist nur die vereinbarte Gebühr für einen **schriftlichen Rat**, nicht aber die vereinbarte Gebühr für ein **schriftliches Gutachten** auf eine sonstige Zusammenhangs-Gebühr (etwa Nr. 2300 oder Nr. 3100) **anzurechnen**. Das schriftliche Gutachten zu den Aussichten eines Rechtmittels unterfällt der Spezialgeregelung der Nrn. 2100–2103. Die drei Begriffe müssen auseinander gehalten werden. 37

b) Inhalt des Gutachtens

Ein **schriftliches Gutachten** ist gegeben, wenn der Anwalt den logischen Weg zum Ergebnis, also die **rechtlichen Zwischenschritte** ähnlich einem Votum, einer relationsmäßigen Ableitung, darstellt (Gerold/Schmidt/von Eicken/Madert/Müller-Rabe RVG 17. Aufl. § 34 Rn. 8; OLG München JurBüro 1992, 103; Hartung/Römermann RVG 2. Aufl. § 34 Rn. 26). 38

Abschnitt 5 – Außergerichtliche Beratung und Vertretung

Das schriftliche Gutachten sollte sich nicht nur in rechtlichen Erwägungen erschöpfen.

Es hat vielmehr in der Regel zu enthalten (OLG München AnwBl. 1999, 228; MDR 1992, 193):

- Eine geordnete Darstellung des zu beurteilenden **Sachverhalts**;
- die Herausarbeitung der rechtlichen Probleme;
- das Referat der Rechtsprechung und des Schrifttums zum Problem des Falles;
- eine eigene Beurteilung der Rechtslage unter Auswertung von Rechtsprechung und Schrifttum.

Das Gutachten sollte sprachlich so gestaltet sein, dass es der Mandant in tatsächlicher und rechtlicher Hinsicht selbst nachvollziehen oder wenigstens nachprüfen lassen kann.

Das Gutachten muss die Rechtslage ohne Parteinahme objektiv darstellen. Zweckmäßigkeitserwägungen müssen, wenn der Fall sie, wie häufig im Rechtsleben, erfordert, als solche gekennzeichnet werden und von der Darstellung der Rechtslage, gegebenenfalls eingeschoben nach wichtigen Gedankenschritten, deutlich von den Rechtsfragen getrennt dargestellt werden (a. A.: Gerold/Schmidt/von Eicken/Madert/Müller-Rabe RVG 17. Aufl. § 34 Rn. 78 zu den Zweckmäßigkeitserwägungen, die nur zu einer Beratung gehören sollen). Das aber erscheint von Madert zu eng gesehen.

39 Ein schriftliches Gutachten muss nicht in Papierform erstellt werden. Es genügt, wenn der Auftraggeber sich das Gutachten selbst ausdrucken kann, etwa Anlage zu einer E-Mail, Übersendung einer Diskette oder per Fax.

40 Das Gutachten hat den Auftraggeber als Adressaten. Es hat den Zweck, dem Auftraggeber Entscheidungshilfen zu geben. Der Auftraggeber kann es natürlich als Anlage zu seinem Schriftsatz zu den Akten reichen oder außergerichtlich dem Gegner zugänglich machen.

Ein Gutachtensauftrag wird in der Regel nur einem auf dem betreffenden Gebiet besonders erfahrenen Anwalt mit Spezialkenntnissen (oder einem Richter im Ruhestand, aktiven Richtern ist die Gutachtenserstattung nach dem Richtergesetz verboten) erteilt.

Der Auftrag muss klar die Erstattung eines schriftlichen Gutachtens zum Ziel haben. Gelegentlich erbittet der Mandant ein Gutachten, meint aber einen schriftlichen Rat. Der Gutachter sollte also, wenn der Auftrag nicht von einem Rechtsanwalt kommt, ausdrücklich durch Belehrung klären, dass der Auftraggeber nicht nur einen schriftlichen Rat, sondern ein wirkliches schriftliches Gutachten erhalten will.

41 Die Höhe der Gebühr sollte der Gutachter unter Berücksichtigung aller Umstände, insbesondere der Bedeutung der Angelegenheit einschließlich des Gegenstandswertes, des Umfangs und der Schwierigkeit der rechtlichen Tätigkeit sowie der Vermögens- und Einkommensverhältnisse des Auftraggebers vorschlagen und aushandeln.

Da die Erstattung eines Gutachtens im Allgemeinen schwieriger und umfangreicher als ein schriftlicher Rat ist, wird auch die auszuhandelnde Vergütung bei gleichem Sachverhalt höher liegen.

Auch beim schriftlichen Gutachten kann von vornherein ein fester Betrag oder ein Zeithonorar (meist mit Höchstbegrenzung) vereinbart werden.

42 Erstattungsfähig sind die Gutachtenskosten nur, wenn das Gutachten zur Rechtsverfolgung oder Verteidigung notwendig im Sinne von § 91 ZPO war.

Beispielsfälle:

OLG Koblenz JurBüro 1976, 1686; OLG Bamberg JurBüro 1976, 1688; OLG Frankfurt VersR 1981, 69; OLG Celle NdsRpfl 1982, 112; OLG Hamm MDR 1979, 234.

II. Abs. 1 Satz 2 Fehlen einer Gebührenvereinbarung oder Nichtbeweisbarkeit

§ 34 Abs. 1 Satz 2 lautet: »Wenn keine Vereinbarung getroffen worden ist, erhält der Rechtsanwalt Gebühren nach den Vorschriften des bürgerlichen Rechts.«   43

Dieser Satz der Novelle birgt in sich die große Unbekannte. Wie wird die Rechtsprechung, vom Gesetzgeber mit der Norm völlig allein gelassen, in der Praxis etwas Sinnvolles anfangen?

Ist der dem Anwalt erteilte »Auftrag« ein Dienstvertrag (Regelfall der anwaltlichen Leistung), so gilt § 612 Abs. 2 BGB. Es gilt also die **übliche Vergütung** als vereinbart. Beim anwaltlichen Werkvertrag (etwa schriftliches Gutachten, Ausarbeitung eines Vertragsentwurfs) ist § 632 Abs. 2 BGB anzuwenden, es ist also wiederum die **übliche Vergütung** vereinbart.

Was also, so möchte man den Gesetzgeber fragen, ist ab 01. 07. 2006 eine übliche Gebühr für eine anwaltliche Beratung oder ein schriftliches Gutachten?

Kann es sein, dass es in der logischen Sekunde des Übergangs vom 30. 06. 2006 zum   44
01. 07. 2006 eine neue Üblichkeit gibt? Antwort: nein. Das würde bedeuten, dass am 01. 07. 2006 das ebenfalls üblich ist, was am 30. 06. 2006 üblich ist. Das ist die gesetzliche Regelung für die Auskunft, nämlich gem. Nr. 2100 eine 0,1 bis 1,0 Gebühr aus dem Geschäftswert. Das hieße aber, die frühere gesetzliche Regelung über die Üblichkeit zu konservieren, was soll dann noch die Novelle?

Ähnlich zweifelnd äußert sich N. Schneider (Die Vergütungsvereinbarung 2006 Rn. 1317):   45

»Das Problem, dass sich hier zumindest anfangs stellen wird, ist die Frage, was denn am 01. 07. 2006 üblich ist. Eine Üblichkeit wird sich bis dahin nicht herausgebildet haben, weil – entgegen der Erwartung des Gesetzgebers – kaum ein Anwalt in den zwei Jahren Übergangszeit seit Inkrafttreten des RVG von der Möglichkeit einer Vergütungsvereinbarung in diesen Fällen Gebrauch macht. Üblich ist dann jedenfalls (noch), nach den Nrn. 2100 ff. VV RVG abzurechnen. Über die Üblichkeit würde also die bisherige gesetzliche Regelung konserviert.«

Ich denke, hier muss man einen Schritt weiter gehen: 46

Die Motive des Gesetzgebers, die bei der Rechtsanwendung zu beachten sind, besagen, die reine streitwertabhängige Gebühr der Nr. 2100 VV = 0,1 bis 1,0 Gebühr soll abgeschafft werden. Sie darf dann nicht wieder durch die Hintertür der Üblichkeit, wenn die Parteien eine Gebührenvereinbarung versäumen, eingeführt werden. Sieht man sich um, was auf diesem anwaltlichen Feld noch geschieht, so lässt sich feststellen, dass gerade im außergerichtlichen Bereich, zu dem die Beratung gehört, das Zeithonorar inzwischen häufig vereinbart wird. Da andererseits aber die streitwertabhängigen Honorare auch im außergerichtlichen Bereich noch immer häufig Anwendung finden, wird man eine Mischung von beiden Systemen als üblich betrachten können.

In beiden Systemen spielen die im § 14 festgeschriebenen Kriterien, wenn sie auch beim Stundensatz nur im Hintergrund mitwirken, eine gewichtige Rolle. Bei der Nummer 2100 VV a. F.   47
sind sie gesetzliches Kriterium für die Ausfüllung des Rahmens von 0,1 bis 1,0.

Das bedeutet in der Umsetzung des § 14, der lautet: 48

»Bei Rahmengebühren bestimmt der Rechtsanwalt die Gebühr im Einzelfall unter Berücksichtigung **aller Umstände**, vor allem des **Umfangs** und der **Schwierigkeit der anwaltlichen Tätigkeit**, der **Bedeutung der Angelegenheit** sowie der **Einkommens- und Vermögensverhältnisse** des Auftraggebers nach billigem Ermessen. Ein besonderes **Haftungsrisiko** des Rechtsanwalts kann bei der Bemessung herangezogen werden.«

Abschnitt 5 – Außergerichtliche Beratung und Vertretung

Es ist üblich, bei der Bemessung der üblichen Höhe der Vergütung die fünf Kriterien des § 14 RVG, aber auch sonstige wichtige Umstände des Einzelfalles heranzuziehen und danach das einzelfallangemessene Honorar vom Anwalt gem. § 315 BGB zu bestimmen. Die bisherige Streitwertabhängigkeit kann daher auch in der Zukunft im Rahmen der üblichen Vergütung eine wichtige Rolle unter dem Gesichtspunkt **Bedeutung der Angelegenheit** spielen, es ist aber nicht mehr allein auf den Streitwert abzustellen.

49 Im Klartext: Soll der Anwalt (gem. § 315 Abs. 1 BGB) und später bei Streit der Richter (§ 315 Abs. 3 Satz 2 BGB) die Üblichkeit bestimmen, so hat er nicht generelle Momente heranzuziehen, sondern im Einzelfall die fünf hervorgehobenen Elemente einschließlich des Streitwertes sowie sonstige wichtige Umständen des Einzelfalles abzuwägen und dann im Rahmen einer wertenden Betrachtung die übliche Gebühr mit einem **gewissen Ermessensfreiraum** festzusetzen.

Das kann in concreto etwa nur die Festsetzung eines Stundensatzes sein, es kann aber auch, etwa bei einem hohen Streitwert der Stundensatz in den Hintergrund treten und der hohe Streitwert die Vergütung entscheidend bestimmen. Es sind aber auch Kombinationen für einzelne Tätigkeitsschritte denkbar, ähnlich einem Beispiel aus der Mediation: Bei der Mediation gibt es bei vielen Vertretern der Methode die Üblichkeit, für die anfänglichen Mediationssitzungen Stundensätze zu vereinbaren, die Abschlussvereinbarung aber streitwertabhängig abzurechnen.

Auf die Beratung angewandt:

Das Beraten könnte mit einem Zeithonorar abgegolten werden; führt die Beratung aber zu einer schriftlich ausgearbeiteten Empfehlung, wie die Angelegenheit erledigt werden kann, so könnte für diesen Teil der Beratung eine streitwertabhängige Vergütung als üblich akzeptiert werden. Diese reine Empfehlung darf dann aber nicht die Schwelle zu Nr. 2300 (etwa Vertragsentwurf) überschreiten, dann Anrechnung der Beratung nach Abs. 2.

50 Wer meint, übliche Gebühr im Sinne des neuen § 34 RVB ab 01. 07. 2006 sei eben die bis dahin vom Gesetz vorgeschriebene streitwertabhängige Gebühr für diese Tätigkeiten (so etwa Gerold/Schmidt/von Eicken/Madert/Müller-Rabe RVG 17. Aufl. § 34 Rn. 5; N. Schneider Die Vergütungsvereinbarung 2006 Rn. 1317), springt sicher zu kurz. Das kann vom Gesetzgeber nicht mit der Neuregelung des § 34, auch hinsichtlich der Auffangregelung für den Fall des Fehlens einer Verabredung, gewollt sein. Sonst hätte der Gesetzgeber sich die Neuregelung, die strukturell Neues will, sparen können.

Rechtsprechung

50a Es gibt eine erste Entscheidung zur **üblichen** Vergütung: AG Emmerich (AnwBl. 2008, 74): Das AG hat einen Streitwert von € 5.000,00 angesetzt (warum, erschließt sich nicht aus den kurzen Urteilsgründen) und daraus eine 0,75 Gebühr als üblich erklärt (= € 285,00 brutto).

III. Abs. 1 Satz 3 Fehlen einer Gebührenvereinbarung oder Nichtbeweisbarkeit – Auftraggeber ist Verbraucher

1. Bedeutung der Neuregelung – »Sprengsatz« Satz 3

51 Der eigentliche Sprengsatz der Neuregelung des § 34 Abs. 1 RVG liegt in dessen Satz 3 (Hensster Aktuelle Praxisfragen anwaltlicher Vergütungsvereinbarungen NJW 2005, 1537).

Der für den lässig mit den Gebührenfragen umgehenden Anwalt – und davon gibt es nach meinen Beobachtungen in den jährlich von der Anwaltakademie durchgeführten Sommerintensivkursen noch immer einen sehr hohen Prozentsatz – gefährliche Satz 3 lautet nämlich:

»Ist im Falle des Satzes 2 der Auftraggeber Verbraucher, beträgt die Gebühr für die Beratung oder für die Ausarbeitung eines schriftlichen Gutachtens jeweils höchstens 250 Euro, für ein erstes Beratungsgespräch beträgt die Gebühr jedoch höchstens 190 Euro.«

Hat der Anwalt somit, ohne eine feste Gebührenvereinbarung ausgehandelt zu haben, einen Mandanten beraten, der Verbraucher im Sinne des § 13 BGB ist, so erhält der sich um Gebührenfragen nicht kümmernde Anwalt zukünftig, und sei der Streitwert des Beratungsgegenstandes oder das Einkommen der Partei noch so hoch, für diese Beratung höchstens € 250, und wenn es das erste Beratungsgespräch ist, nur höchstens € 190.

Nun wird der sich immer als jovial gebärdende Anwalt, der über Gebührenfragen natürlich nicht mit seinen Mandanten spricht, entgegnen, »Verbraucher«, so etwas gehört nicht zu meiner Klientel.

Es könnte dann aber passieren, wenn es einen Gebührenkonflikt gibt, dass er erstaunt dazu lernen müsste, wer heute alles Verbraucher im Sinne des § 13 BGB ist.

Man kann daher nur allen Anwälten, vor allem den sorglosen, eindringlich raten, nach dem 01.07.2006 im Rahmen eines ersten Beratungsgespräches die Gebührenfrage anzusprechen und jedenfalls **vor dessen Abschluss** eine feste Gebührenvereinbarung mit dem Auftraggeber zu treffen.

Der Gesetzgeber meint zwar, wie sich spiegelbildlich aus der neuen Hinweispflicht des § 49 b Abs. 5 BRAO (Streitwertgebühren – Hinweispflicht **vor** Übernahme des Auftrags) ergibt, diese Hinweise und Vereinbarungen sollten **zu Beginn** des Beratungsgespräches erfolgen. Nur, dieses Ansinnen ist, wie auch bei streitwertabhängigen Gebühren, in der Regel völlig unpraktikabel, denn zu Beginn weiß der Anwalt nichts vom Umfang der im angesonnenen Tätigkeit und damit hier von den immer brauchbaren Kriterien des § 14 RVG.

Ist die Beratung aber schon völlig abgeschlossen und der Anwalt fordert jetzt Verhandlungen über eine Gebührenvereinbarung, dann kommt er eigentlich nach § 34 zu spät, wenngleich sich dies in der Praxis in vielen Fällen als homogen anbietet. Ein streitender Mandant könnte nämlich später, wenn er die Rechnung nicht bezahlt, einwenden, bis zum Ende der Beratung war keine Gebühr (auch nicht, was ausreicht, mündlich) vereinbart, also gilt in meinem Falle die übliche BGB-Gebühr, und da ich mich als Verbraucher habe beraten lassen, die Höchstgebühr von € 250,00 oder gar nur von € 190,00.

2. Auftraggeber ist Verbraucher

§ 13 BGB: »Verbraucher ist jede **natürliche** Person, die ein Rechtsgeschäft zu einem Zweck abschließt, der weder ihrer gewerblichen noch ihrer selbständigen beruflichen Tätigkeit zugeordnet werden kann.« Der Gegensatz zu den natürlichen Personen sind die juristischen Personen, also GmbH, Genossenschaft, AG, Verein und Stiftung. Hinsichtlich der Gesellschaft bürgerlichen Rechts herrscht trotz der Entscheidung des BGH von 2001 (BGHZ 14, 431 – BGB-Gesellschaft ist rechtsfähig –) Streit. Sie soll ebenfalls Verbraucher sein, wenn sie zu privaten Zwecken tätig wird (so Bamberger-Roth BGB § 13 Rn. 3; Palandt BGB § 13 Rn. 29, a. A.: Hartung/Römermann RVG 2. Aufl. § 34 Rn. 80).

Unter dem Gesichtspunkt des Verbraucherschutzes (§ 34 Abs. 1 Satz 3 RVG) ist auf den Gegenstand des Anwaltsvertrags abzustellen. Satz 3 (Verbraucher) ist also anwendbar, wenn der **Gegenstand der Beratung** weder einer gewerblichen noch einer selbständigen beruflichen Tätigkeit (siehe § 14 BGB) des Mandanten (z. B. der eines Architekten oder Arztes) zuzuordnen ist.

Verbraucher ist dann sogar der vermögende Unternehmer oder Vorstandsvorsitzende eines DAX-Unternehmens, wenn er sich in seiner Scheidungs- oder Erbangelegenheit beraten lässt. Trotz seiner immensen Einkommens- und Vermögensverhältnisse braucht er, wenn er keine

Abschnitt 5 – Außergerichtliche Beratung und Vertretung

ausdrückliche Gebührenvereinbarung getroffen hat, nur € 190,00, maximal € 250,00 für die Beratung angesichts des Wortlauts von Satz 3 zu zahlen.

57 Es kann auch zu Mischfällen kommen: Erleidet ein Arzt mit dem gemischt genutzten PKW einen Verkehrsunfall auf einer Privatfahrt, so betrifft, falls er sich vom Anwalt wegen seines Schmerzensgeldanspruchs beraten lässt, dies seinen privaten Bereich als Verbraucher. Geht es um den Nutzungsausfall, so ist entscheidend, welche Benutzung des PKW überwiegt (Bamberger/Roth BGB § 13 Rn. 7; OLG Naumburg WM 1998, 2158).

Lässt der Arzt sich aber wegen des im privaten Bereich erlittenen Unfalls hinsichtlich der Möglichkeiten der Einstellung eines beruflichen Vertreters beraten, so tritt der Mandant als Unternehmer i. S. von § 14 BGB auf und Satz 3 RVG ist nicht anwendbar. Maßgeblich ist die Auslegung nach objektiven Begleitumständen (Gebauer/Schneider RVG 2. Aufl. Nr. 2102 Rn. 6).

58 Ein Sonderproblem gibt es im Arbeitsrecht, wenn sich ein Arbeitnehmer über eine sein Arbeitsverhältnis betreffende Rechtsfrage beraten lässt. Insoweit herrschte früher Streit, ob die Schuldrechtsreform die frühere Bereichsausnahme des Arbeitsrechts aus dem Gebiet der AGB's beseitigt habe (vgl. Hromadka NJW 2002, 2523, 2524). Das BAG (NJW 2005, 3305, 3308) ist der Ansicht, nach der Neuregelung des Schuldrechts bestehe die frühere Bereichsausnahme nicht mehr. Die von *N. Schneider* (Gebauer/Schneider RVG 2. Aufl. Nr. 2102 Rn. 6) auf die frühere BAG-Rechtsprechung gestützte Ansicht, die Beratung des Arbeitnehmers über Arbeits- oder Aufhebungsverträge sei keine Verbraucherberatung, ist nunmehr durch das Urteil des BAG (NJW 2005, 3305, 3308) überholt.

Jedenfalls für das Gebührenrecht hat das OLG Hamm (RVGreport 2004, 432; ebenso AG Hamburg-St. Georg JurBüro 2005, 645) ohne Begründung zum Verbraucherbegriff der Nr. 2102 festgestellt, der Arbeitnehmer sei Verbraucher.

59 Die Begrenzung auf **höchstens € 250,00** gilt zugunsten eines Verbrauchers auch für die schriftliche Ausarbeitung eines Gutachtens (Satz 3). Sowohl beim Rat wie auch beim Gutachten muss die Spanne bis zum Höchstbetrag von € 250,00 durch die Bewertung des Anwalts gem. den Kriterien des § 14 vorgenommen werden.

3. Erstberatung

60 Sowohl die jetzt überholte Nr. 2102 VV wie auch der neue § 34 Abs. 1 Satz 3 Hs. 2 kennen die Erstberatungsgebühr nur noch für Verbraucher und zwar nur noch für eine erste mündliche Beratung, ein erstes Gespräch, nicht aber für eine erste schriftliche Beratung. Der Anwalt erhält für eine erste mündliche Beratung eines Verbrauchers, wenn er keine ausdrückliche Gebührenvereinbarung getroffen hat, maximal € 190,00. Berät er den Verbraucher aber (und wenn auch erstmals) sofort schriftlich, so gilt Satz 3 Hs. 2 nach seinem Wortlaut nicht. Das hat zur Konsequenz, dass die Obergrenze von € 250,00 sowohl für einen schriftlichen (kurzen) Rat wie für ein schriftliches Gutachten gilt, wenn der Empfänger ein Verbraucher ist. Das alles gilt, wie ausgeführt, aber nicht, wenn eine schriftliche Gebührenvereinbarung getroffen ist.

Um eine (ausschließliche) Erstberatung handelt es sich auch nicht, wenn der Mandant am Ende des ersten Beratungsgespräches den Anwalt bittet, die mündliche Beratung ihm noch einmal schriftlich (zusammengefasst) zukommen zu lassen (Hartung/Römermann RVG 2. Aufl. § 34 Rn. 89). Ohne ausdrückliche Gebührenvereinbarung gilt auch hier die Kappung von € 250,00.

Hinsichtlich des Charakters einer ersten Beratung vgl. AG Augsburg AGS 2005, 99, 132.

61 Wenn der Anwalt also spürt, hier könnte eine Verbraucherberatung ins Spiel kommen, so muss sofort eine Warnlampe angehen und er muss alsbald auf die Gebührenfrage zu sprechen kommen, sonst kann er in streitigen Fällen am Ende trotz schwieriger und regressträchtiger Materie oder besten Vermögensverhältnissen des Mandanten (etwa einem Erbrechtsrat mit hohem Wert) auf € 250,00 oder gar € 190,00 sitzen bleiben.

4. Umfang der Beratung

Der Anwalt kann die Vergütung für die Beratung in derselben Angelegenheit nur einmal fordern (§ 15 Abs. 2 Satz 1), auch wenn in derselben Angelegenheit mehrere Beratungsgespräche erforderlich sind. Für den Sonderfall des ersten Beratungsgespräches gilt im Prinzip, mit der ersten Besprechung ist das »erste Beratungsgespräch« abgeschlossen. Benötigt man zwei Termine, so entwickelt sich damit daraus eine normale Beratung. Ausnahme: Das erste Beratungsgespräch kann als solches nicht abgeschlossen werden, weil es aus Gründen, die in der Person des Anwalts oder des Auftraggebers liegen, abgebrochen werden muss. Etwa der Anwalt oder der Auftraggeber muss dringend zu einem anderen Termin. Dann ist die Fortsetzung auch noch ein erstes Beratungsgespräch (Mayer/Kroiß RVG Nr. 2102 VV Rn. 11; AG Brühl NJW-RR 1998, 493; Hartung/Römermann RVG § 34 Rn. 88). 62

Wenn der Rechtsanwalt aber in verschiedenen Angelegenheiten berät, so kann er für jede Angelegenheit eine gesonderte (Beratungs-)Vergütung verlangen.

5. Beratung durch Vertreter des Rechtsanwalts

In der Beratungspraxis kommt es angesichts der üblichen Kürze der dafür erforderlichen Zeit, häufig ist auch Eile geboten, vor, dass die Beratung nicht durch den Anwalt selbst erfolgt. Der Mandant wünscht einen schnellen Rat und will nicht auf einen noch zu vereinbarenden Termin mit dem Anwalt selbst warten. Meist reicht dem Mandanten dann auch der Rat eines sonstigen Mitarbeiters in der Kanzlei, je nach Schwierigkeit, durch einen Volljuristen oder einen sonstigen Büromitarbeiter. Kein Problem ergibt sich, wenn ein Vertretungsfall des § 5 vorliegt: 63

Für eine Tätigkeit, die der Rechtsanwalt nicht persönlich vornimmt, kann er gemäß § 5 RVG eine Vergütung nur verlangen, wenn er durch einen anderen Rechtsanwalt, einen allgemeinen Vertreter, einen Assessor bei einem Rechtsanwalt oder einen zur Ausbildung zugewiesenen Referendar vertreten wird. Diese Aufzählung ist abschließend. Eine Beratung durch andere zur Anwaltskanzlei gehörende Mitarbeiter löst nicht ohne weiteres einen Vergütungsanspruch aus. Wegen der Einzelheiten wird auf die Kommentierung zu § 5 verwiesen.

Gerade für diesen Fall muss der Anwalt in besonderer Weise sicherstellen, dass sein Mitarbeiter mit dem Mandanten eine ausdrückliche Gebührenvereinbarung abschließt, denn wenn er sich hier auf die übliche Vergütung nach § 612 Abs. 2 BGB einlässt, läuft er bei einer Reihe von Gerichten Gefahr, gar nichts zu erhalten (siehe Kommentierung zu § 5).

In jedem Falle sollte in der Vergütungsvereinbarung vorsorglich festgelegt werden, dass der Anwalt sich von den in § 5 RVG genannten Personen und anderen Mitarbeitern seines Büros vertreten lassen darf und das vereinbarte Honorar auch für eine solche Beratung geschuldet wird. 64

Es kann sich ja ergeben, dass der Anwalt beim 2. Beratungstermin plötzlich verhindert ist, der Mandant auch den anderen Mitarbeiter akzeptiert und gerade durch die Länge der 2. Beratung weitere Beratungsstunden anfallen, wenn etwa ein Stundenhonorar bei der Gebührenvereinbarung ausgemacht worden ist.

6. Mehrere Auftraggeber

Erbitten mehrere Auftraggeber den Rat, so ist Nr. 1008 VV nicht analog anwendbar. Die direkte Anwendung scheitert, weil Nr. 1008 die Erhöhung nur für die Verfahrens- oder die Geschäftsgebühr vorsieht, vom Wortlaut her aber nicht für die Beratungs- oder Erstberatungsgebühr passt. In der Literatur wird zwar teilweise die Ansicht vertreten, die Norm sei hier ent- 65

Abschnitt 5 – Außergerichtliche Beratung und Vertretung

sprechend anwendbar (Hartung/Römermann RVG 2. Aufl. § 34 Rn. 94; Gebauer/Schneider RVG 2. Aufl. Nr. 1008 Rn. 43; Enders RVG für Anfänger 12. Aufl. Rn. 338; Vorauflage § 7 Rn. 17). Angesichts des klaren Gesetzeswortlauts ist *Müller-Rabe* (Gerold/Schmidt/von Eicken/Madert/Müller-Rabe RVG 17. Aufl. VV 1008 Rn. 13 ff.), *Hansens* (BRAGO 8. Aufl. § 6 Rn. 8); *Fraunholz* (Riedel/Sußbauer RVG 9. Aufl. § 7 Rn. 37) und den Oberlandesgerichten Köln (JurBüro 1992, 237) und Stuttgart (JurBüro 1984, 53) zu folgen, die eine Analogie ablehnen. Von der Sache her ist die Erhöhung bei einem reinen Rat nicht gefordert, weil sich der Rat an eine oder mehrere Personen inhaltlich kaum unterscheidet. Erst wenn ein Verfahren betrieben wird, wirkt sich die Tatsache der Vertretung mehrerer Auftraggeber aus.

7. Festsetzung gegen den Gegner

65a Das OLG Rostock (JurBüro 2008, 371) hat in einem Fall, in dem der Antragsgegner eines Mahnverfahrens sich von einem Anwalt hat beraten lassen, dahin erkannt: »Die Festsetzung der Ratsgebühr des § 34 RVG kann nach der Neufassung dieser Vorschrift seit dem 1. Juli 2006 nicht im Festsetzungsverfahren nach §§ 91, 104 ZPO erfolgen, vielmehr muss der jeweilige Gläubiger diese Gebühr im normalen Klageverfahren geltend machen.«

Hinter diesen Leitsatz lässt sich angesichts der Fallkonstellation ein Fragezeichen setzen. Zumindest hätte das OLG Rostock prüfen müssen, ob es sich hier bei einer Beratung nach Zustellung des Mahnbescheides nicht um eine Einzeltätigkeit in einem Verfahren (Nrn. 3307, 3403, Gerold/Schmidt/von Eicken/Madert/Müller-Rabe RVG 17. Aufl. 3403 VV Rn. 43) gehandelt hat, die dann erstattungsfähig gewesen wäre. Auf den Umfang der Einzeltätigkeit kommt es nicht an. Sie kann auch intern erfolgen.

IV. Abs. 2 Anrechnung

66 Die Anrechnungsnorm des Abs. 2 des § 34 RVG lautet hier:

»Die Gebühr für die Beratung ist auf eine Gebühr, die der Rechtsanwalt für eine sonstige Tätigkeit erhält, die mit der Beratung zusammenhängt, anzurechnen.«

Das sonstige Privileg der Anrechnung **nur auf die nachfolgende Verfahrensgebühr** gilt hier somit **nicht**.

Hätte der Anwalt sich also eine Beratungsgebühr von € 1.000,00 versprechen lassen und im anschließenden Rechtsstreit nur eine Verfahrensgebühr von € 700,00 verdient, so wäre der Restbetrag von € 300,00 dann noch auf die Terminsgebühr zu verrechnen.

Die saubere Lösung bietet Abs. 2 des § 34 selbst an, der den Zusatz enthält: »... wenn nichts anderes vereinbart ist.«

67 Wenn der Anwalt schon ein festes Honorar für die Beratung aushandelt, so kann er natürlich zugleich aushandeln, dass eine Anrechnung nach Abs. 2 ausgeschlossen ist (Hartung/Römermann RVG 2. Aufl. § 34 Rn. 96).

Die vorstehenden Ausführungen zur Ausschlussmöglichkeit der Anrechnung gelten in gleicher Weise für die Beratung eines Verbrauchers.

Die (mangels abweichender Abrede geltende) Anrechnungsvorschrift nach Abs. 2 betrifft, wie ihr Wortlaut besagt, nur die Beratung, nicht auch ein schriftliches Gutachten.

68 Sind im Zusammenhang mit der Beratung überhaupt Auslagen entstanden (etwa Bestätigungsschreiben hinsichtlich des Beratungsauftrages an Mandanten mit Angabe der Vereinbarung € 250,00 nebst Nebenkosten), so kann der Anwalt sowohl für die Beratung wie für die Prozessvertretung die Auslagenpauschale in Rechnung stellen (Anm. zu Nr. 7002; vgl. insoweit BGH JurBüro 2004, 649 und JurBüro 2005, 142).

Da die Anrechnungsvorschrift des Abs. 2 die Anrechnung nur der **Gebühr** vorsieht, gilt die 69
Norm **nicht** für **Auslagen** (der Beratung), denn die Legaldefinition des § 1 (Vergütung) unterscheidet zwischen Gebühren und Auslagen. Auch ohne ausdrücklichen Anrechnungsausschluss bleibt dem Anwalt der Anspruch auf eine doppelte Auslagenpauschale, wenn er im Anschluss an den Rat die Angelegenheit fortsetzt (Geschäftsgebühr oder Verfahrensgebühr fällt nunmehr an).

V. Beispiele für Gebührenvereinbarungen

Wie an anderer Stelle ausgeführt (Rn. 4 und 13), bedarf die Vergütungsvereinbarung nach § 34 70
Abs. 1 Satz 1 nicht der Form des § 3 a. Angesichts der Sorgen der Anwälte vor einer willkürlichen Rechtsprechung bedeutet es andererseits auch keinen großen Aufwand, wenn die Vergütungsvereinbarung in gesonderter Urkunde oder deutlich abgesetzt niedergeschrieben und als »Vergütungsvereinbarung« bezeichnet wird. Die Unterschrift des Auftraggebers sichert dann jedenfalls den Beweis.

In der Gebührenvereinbarung sollte beschrieben werden, welche Leistungen der Rechtsanwalt für die vereinbarte Vergütung zu erbringen hat.

1. Rückgriff auf bisherige gesetzliche Regelung

Infolge der in § 34 bestätigten Vertragsfreiheit könnten die Beteiligten ohne weiteres die An- 71
wendung der Nrn. 2100 bis 2103 VV RVG (i. d. F. bis zum 30. 06. 2006) für anwendbar erklären.

Das könnte für den vorsichtigen Anwalt den Reiz haben, dass er sich auf eine kodifizierte Regelung mit Rechtsprechung und Literatur verlassen könnte.

- **Beispiel** 72
    »**Vergütungsvereinbarung (RVG alt und Ausschluss der Anrechnung)**

1.) Für die Beratung hinsichtlich der rechtlichen Möglichkeiten der alsbaldigen Räumung der Lagerhalle durch den Pächter, der mit den Pachtzahlungen in Rückstand ist, wird ein Geschäftswert von € 200.000,00 mit einer Beratungsgebühr nach Nr. 2100 VV RVG i. d. Fassung bis 30. 06. 2006 von 1,0 vereinbart.

2.) Eine Anrechnung auf eine später in derselben Angelegenheit anfallende Gebühr wird hiermit ausdrücklich ausgeschlossen.«

2. Zivilrechtliche und strafrechtliche Beratung

Nicht selten ergeben sich aus einem Sachverhalt sowohl zivilrechtliche wie strafrechtliche 73
Probleme. Hier kann es angezeigt sein, die beiden Aspekte auch gebührenrechtlich zu trennen und in einer Vergütungsvereinbarung beide Aufträge gemeinsam zu regeln.

»**Gebührenvereinbarung** 74

Herr Franz Mayer hat am 01. 06. 2006 in × einen Verkehrsunfall schuldhaft verursacht. Den Unfallgegner trifft ein Mitverschulden. Er hat den Unfallverlauf Herrn RA Klug geschildert.

Herr Franz Mayer erbittet von RA Klug einen kurzen schriftlichen Rat

1. zu der Frage, ob er zivilrechtliche Ersatzansprüche (voraussichtliche Quote) gegen den Unfallgegner hat. Herr Franz Mayer wird ein Gutachten zum Zeitwert seines gerade 2 Monate alten Mercedes S Klasse vor dem Unfall (jetzt Schrottwert), Kaufpreis € 110.000,00, umgehend einholen und Herrn RA Klug übersenden.
2. zu der Frage, wie er sich bei der demnächst anstehenden polizeilichen Anhörung verhalten soll.

Abschnitt 5 – Außergerichtliche Beratung und Vertretung

Die Beratungsgebühr zu 1. beträgt 5 % vom Zeitwert des Unfallfahrzeuges vor dem Unfall gemäß der im vorzulegenden Gutachten angegebenen Zahl.

Für die Beratung zu 2. wird ein festes Honorar von € 1.000,00 vereinbart.«

3. Stundenhonorarabrede mit Vertretungsregelung

75 »Gebührenvereinbarung

1. Für die Beratung und Erteilung eines kurzen schriftlichen Rates beim Bauvorhaben Keltenstraße mit dem Generalunternehmer Friedrich Meyer wird zwischen Rechtsanwalt Klug (Rechtsanwalt) und Ferdinand Schulze pp (Auftraggeber) ein Stundenhonorar von € 350,00 vereinbart. Es wird ein Mindestintervall von 10 Minuten vereinbart, das heißt, dauert ein Telefonat 8 Minuten, so werden 10 Minuten, dauert es 13 Minuten, so werden 20 Minuten abgerechnet.
2. Der Rechtsanwalt wird Aufzeichnungen über die geleistete Arbeitszeit führen.
3. Der Rechtsanwalt ist berechtigt, zu seiner Unterstützung einen anderen Rechtsanwalt aus seiner Kanzlei hinzuzuziehen. Für diesen Rechtsanwalt beträgt das Stundenhonorar € 250,00.
   Die teilweise Übernahme der Beratung durch sonstige Bürobedienstete ist im Einzelfall nur zulässig, wenn der Auftraggeber sein ausdrückliches Einverständnis erklärt. In diesem Falle beträgt das Stundenhonorar € 150,00.
4. Ferner zahlt der Auftraggeber für die Arbeiten von Schreibkräften ein Stundenhonorar von € 50,00.
5. Alle Auslagen wie Entgelte für Post- und Telekommunikationsdienstleistungen, Schreibauslagen, sowie die Mehrwertsteuer in der jeweils gültigen Höhe werden gesondert berechnet.
6. Der Auftraggeber verpflichtet sich, einen sofort fälligen Vorschuss von € 1.500,00 zu zahlen. Mit dem Vorschuss werden die sich aus den Aufstellungen ergebenden Rechnungsbeträge verrechnet. Sobald der Vorschuss durch die Beträge aus den Rechnungen des Rechtsanwalts erschöpft ist, wird der Auftraggeber sofort einen weiteren Vorschuss in gleicher Höhe zahlen.
7. Eine Anrechnung auf eine später in derselben Angelegenheit anfallende Gebühr wird hiermit ausdrücklich ausgeschlossen.«

4. Werbung mit niedrigen Beratungssätzen

75a BVerfG (NJW 2008, 1298):

Beratung bis zu 60 Minuten – Startpreis der Versteigerung: 1 EUR.

BVerfG: »Da der Gesetzgeber den Rechtsanwälten durch § 34 RVG im Bereich der außergerichtlichen Beratung den Preiswettbewerb eröffnet hat, sind Internetauktionen über anwaltliche Beratungsleistungen auch nicht deswegen berufsrechtswidrig, weil der Rechtsanwalt sein Angebot wirksam nur an den Höchstbietenden richtet und dadurch der Anschein erweckt werde, es handele sich um eine normierte Handelsware und ihm käme es auf die Erzielung eines maximalen Gewinns an.«

OLG Stuttgart (AGS 2007, 59 = NJW 2007, 924):

20 EUR für jedweden Beratungsfall

»Die Werbung eines Rechtsanwalts, für den Pauschalbetrag von 20 Euro incl. Mehrwertsteuer eine außergerichtliche Rechtsberatung zu erbringen, verstößt seit der zum 1. Juli 2006 erfolgten Änderung des § 34 RVG nicht gegen das Verbot der Unterschreitung gesetzlicher Gebühren.«

Anwaltsgerichtshof Berlin (AnwBl. 2007, 375):

»Die **unentgeltliche** Beratung von Hartz-IV-Beziehern verstößt nicht gegen § 49 b Abs. 1 BRAO. Jedenfalls sind mit Inkrafttreten des neuen § 34 RVG am 1. Juli 2006 die gesetzlichen Gebühren für die außergerichtliche Beratung ersatzlos weggefallen. Eine unzulässige Gebührenunterschreitung scheidet somit aus.«

LG Freiburg (JurBüro 2007, 646 = NJW 2007, 160):

»Die Werbung eines Anwalts, eine Erstberatung in allen Rechtsgebieten für 9,99 Euro durchzuführen, ist irreführend, wenn der Anwalt sich vorbehält, in umfangreichen Verfahren ein höheres Honorar verlangen zu wollen.

Ferner wird durch diese Werbung gegen die anwaltliche Verpflichtung zur angemessenen Preisgestaltung (§ 49 b I 1 BRAO i. V. m. § 4 II 3 RVG) verstoßen.«

Nur der erste Satz der Entscheidung des LG Freiburg ist richtig. Die Werbung war insoweit **irreführend**.

An § 3 a RVG wird die zulässige (vereinbarte) Beratungsgebühr seit dem 01. 07. 2006 nicht mehr gemessen (vgl. Wedel JurBüro 2007, 623 und oben Rn. 34).

C. Mediation

I. Allgemeines

1. Motive des Gesetzgebers

Die Gesetzesbegründung (BT-Drs. 15/1971, S. 196) bemerkt zum Zweck der Aufnahme der Mediatortätigkeit in das RVG: 76

»Wegen der zunehmenden Bedeutung der Tätigkeit und wegen ihrer streitverhütenden und damit justizentlastenden Wirkung soll die Mediation nunmehr auch als Berufstätigkeit des Rechtsanwalts ausdrücklich genannt werden. Allerdings sieht das RVG hierfür keine bestimmten Gebühren vor. Stattdessen soll bestimmt werden, dass der Rechtsanwalt in diesen Fällen auf eine Gebührenvereinbarung hinwirken soll. Es liegt im Wesen der Mediation, dass für den Auftraggeber transparent sein muss, was er dem Anwalt für dessen Tätigkeit schuldet. Dies kann nur über eine Gebührenvereinbarung erreicht werden. Satz 2 soll klarstellen, dass in dem Fall, in dem keine Gebührenvereinbarung getroffen worden ist, sich die Gebühr für die Mediation nach den Vorschriften des bürgerlichen Rechts bestimmt. Insoweit ist § 612 BGB anwendbar.«

2. Mediationsgrundsätze

Jeder Mediator lernt in seiner Ausbildung, dass er zu Beginn seiner Tätigkeit den Medianten 77 die Grundsätze der Mediation erläutert und sodann mit ihnen eine Mediationsvereinbarung abschließt. Zu dieser Vereinbarung, die insbesondere die Grundsätze der Freiwilligkeit, Vertraulichkeit, Informiertheit (Offenheit), Eigenverantwortlichkeit, der Beweisverbote und der Allparteilichkeit des Mediators enthalten sollte, gehört auch von vornherein eine Abrede über das Entgelt des Mediators. Auch darüber muss offen und mutig am Anfang gesprochen werden, auch wer von den Medianten dafür aufkommen soll, wenn möglich beide zu je 1/2, damit auch nicht der Schein der Parteilichkeit entsteht. Gegebenenfalls kann hier eine Freistellungsvereinbarung oder die Zusage einer späteren Erstattung helfen, wenn aktuell nur einer der Medianten zahlungsfähig ist. Gerade das Besprechen dieses Punktes kann zwischen den Medianten zu einem ersten wieder sachlichen Gedankenaustausch führen, was insgesamt das Ziel der Mediation ist: Eigenverantwortlichkeit und kreative eigene Problemlösung.

Abschnitt 5 – Außergerichtliche Beratung und Vertretung

3. Formbedürftigkeit des Mediationsvertrages?

78 Die bisher im Hinblick auf die mögliche Formwidrigkeit (wegen § 3 a RVG) aufgestellte Forderung der **Isoliertheit** der Gebührenvereinbarung in einem gesonderten Vertrag ist angesichts des klaren Wortlautes des § 34 nunmehr obsolet. *Römermann* (Hartung/Römermann RVG 2. Aufl. § 34 Rn. 24, 28) meint zwar einerseits, die Formvorschrift des § 3 a RVG sei nicht anwendbar, andererseits geht er unter Bezugnahme auf eine Literaturstelle bei Schneider/Mock davon aus, eine Angemessenheitsprüfung nach § 3 a Abs. 2 Satz 1 sei möglich.

79 Römermann dazu wörtlich:

»*Die Angemessenheit der zwischen dem Rechtsanwalt und seinem Auftraggeber vereinbarten Vergütung kann im Honorarprozess überprüft werden. Nach der amtlichen Begründung sieht der Gesetzgeber in der Vorschrift des § 34 RVG eine Parallele zur Bestimmung einer angemessenen Gebühr nach § 21 BRAGO. Obwohl diese Vorschrift keinen Gebührenrahmen vorgab, verwies sie in ihrem Satz 2 gleichwohl auf § 12 BRAGO. Dieser Vorschrift entspricht der heutige § 14 RVG. Daraus ist zu folgern, dass § 4 Abs. 4 RVG anwendbar sein soll. Danach kann eine vereinbarte Vergütung im Rechtsstreit nach vorheriger Einholung eines Gutachtens des Vorstands der Rechtsanwaltskammer auf den angemessenen Betrag herabgesetzt werden (so auch Schneider/Mock Das neue Gebührenrecht für Anwälte § 12 Rn. 7–8).*«

80 Entweder ist § 3 a insgesamt oder überhaupt nicht anwendbar. Wie *Römermann* (Hartung/Römermann RVG 2. Aufl. § 34 Rn. 24) zutreffend bemerkt, gibt es keine gesetzliche Gebühr, an der die vereinbarte Gebühr für die Mediation zu messen wäre. Also fehlt die Grundlage für die Anwendung des gesamten § 3 a.

Hier gibt es nur die Sittenwidrigkeitsgrenze des § 138 BGB, mit der die Anwaltskammer nichts zu tun hat, nur das Gericht (Rn. 5, 32).

81 Andererseits kann es auch nichts schaden, die Abrede über die Vergütung in einer gesonderten Vereinbarung festzuhalten, damit in diesem wichtigen Punkt für alle Beteiligten Klarheit herrscht. Vernünftig ist es auch, einen Vertrag zwischen den Medianten und einen weiteren zweiten Vertrag zwischen dem Mediator einerseits und den Medianten andererseits abzuschließen. In den letzteren Vertrag kann man dann deutlich getrennt die Gebührenabrede einstellen (vgl. zum Ganzen die praxiserprobten klugen Ausführungen von *Koch* (Henssler/Koch Mediation in der Anwaltspraxis 1. Aufl. § 8 Vertragsgestaltungen in der Mediation S. 245 ff. sowie Muster Seite 267) und ferner *Horst* (Haft/Schlieffen Handbuch Mediation § 32 Honorar- und Kostenfragen S. 838 ff.) und *Risse* (Wirtschaftsmediation 2003 § 4 Der Weg zur ersten Mediationssitzung, II Der Mediatorvertrag Seite 137 mit Beispiel Rn. 16 sowie § 13 Kosten der Mediation Seite 488 mit Beispiel Rn. 9); *Bischof* (MDR 2003, 919).

4. Fehlen einer ausdrücklichen Gebührenvereinbarung

82 Versäumt der Mediator die Vereinbarung einer festen Vergütung, so hat er nach Absatz 1 Satz 2 nur einen Anspruch auf die übliche Vergütung nach § 612 BGB.

Dann kann er sich unter dem Gesichtspunkt, was üblich ist (zur Üblichkeit bis zum 01. 07. 2004 siehe Rn. 83 ff.) und war, den alten Streit hinsichtlich der rechtlichen Grundlagen der Gebühr des Mediators wieder einhandeln. *Schneider/Mock* (Das neue Gebührenrecht für Anwälte § 12 Rn. 7–8) halten noch eine ganze Reihe von Vorschriften des RVG für anwendbar auf die Mediation.

5. Übliche Gebühr = früherer gesetzlicher Rechtszustand?

83 Im **Geltungsbereich der BRAGO** war es lebhaft umstritten, ob mangels abweichender einzelvertraglicher Gebührenvereinbarung für den Mediator ähnlich dem Schiedsrichter über § 1 Abs. 2 BRAGO die Anwendbarkeit der BRAGO schon kraft Gesetzes ausgeschlossen war (**ähnlicher** Fall wie die in § 1 Abs. 2 BRAGO beispielhaft aufgezählten Tätigkeiten), so Bischof

Beratung, Gutachten und Mediation | § 34

(MDR 2003, 919); *Enders* (JurBüro 1998, 57, 58); *Hembach* (Gebauer/Schneider BRAGO § 1 Rn. 35); Risse Wirtschaftsmediation 2003 Seite 486 Rn. 4 und *Madert* (Die Honorarvereinbarung des Rechtsanwalts 2. Aufl. A 4 Seite 24).

Die Gegenmeinung hat argumentiert, Mediation sei »Anwaltssache« auch im gebühren- 84 rechtlichen Sinne (so noch immer Schneider/Mock Das neue Gebührenrecht für Anwälte § 12 Rn. 1), so dass die Tätigkeiten des Mediators unter die einzelnen Normen der BRAGO zu subsumieren seien (*Horst* in Haft/Schliefen Handbuch Mediation 2002, § 32 Honorar- und Kostenfragen, S. 838 ff., Rn. 19 ff. = **BRAGO unmittelbar** anwendbar). Horst argumentiert:

*»Da in § 18 BerufsO (BO) gesagt ist, Mediation ist eine typische Anwaltstätigkeit, gilt natürlich auch die BRAGO. Die Mediation ist **keine** vergleichbare Tätigkeit mit den **Katalogtätigkeiten** des § 1 II BRAGO.«*

Diese Ansicht wurde ferner vertreten vom OLG Hamm (MDR 1999, 836 = JurBüro 1999, 589). 85 Das OLG Hamm konnte sich auf die Ansicht des BRAK-Ausschusses Mediation (BRAK-Mitt. 1996, 187) stützen. Das OLG Hamm hat die Mediation als **Beratung i. S. von § 20 BRAGO** qualifiziert und demgemäß für eine nach dem 1. Termin abgebrochene Mediation lediglich die **Erstberatungsgebühr des § 20 Abs. 1 Satz 2 BRAGO** zugebilligt.

Zum **Verhältnis Jurastudium und Mediation** hat der BayVGH (24. 04. 2008 – 7 ZB 07.1068 –) andererseits ausgeführt: »Auch die Argumentation der Klägerin zur Notwendigkeit des Jurastudiums für die Berufsausübung als Mediatorin trägt inhaltlich nicht. Es gibt keine Rechtsvorschriften, die die Berufsausübung eines Mediators von der mit einem abgeschlossenen Studium der Rechtswissenschaften erworbenen Qualifikation abhängig machen würden. Insbesondere folgt dies nicht aus § 34 des Rechtsanwaltsvergütungsgesetzes (RVG), der lediglich einen speziellen Gebührentatbestand für die entsprechende Tätigkeit eines Rechtsanwalts regelt. Allein der Umstand, dass die juristische Berufsausbildung in Verbindung mit den Kenntnissen der Mediationstechnik einen weiteren Gebührentatbestand eröffnet, lässt noch keinen neuen Beruf entstehen, für den die Kombination der genannten Ausbildungen zwingend ist. Auch wird die Tätigkeit eines Mediators nicht notwendig mit einer juristischen Vorbildung verbunden.«

Horst (in Haft/Schlieffen Handbuch Mediation 2002, § 32 Honorar- und Kostenfragen, S. 838 ff., Rn. 19 ff.) begründete seine These der Anwendbarkeit der BRAGO näher u. a. wie folgt:

*»Die Mediationstätigkeit ist mit den typischen Tätigkeiten, wie sie in § 1 **Abs. 2** BRAGO aufgeführt* 86 *sind, nicht vergleichbar. Der Mediator ist nicht Sachwalter einer Vermögensmasse, sondern er ist gehalten, durch neutrale Vermittlung eine eigenverantwortliche Einigung der miteinander in Interessenkonflikt befindlichen Parteien zu fördern. Auch mit der Tätigkeit als Schiedsrichter ist die Mediation nicht vergleichbar. Ein Mediator kann den Streitfall nicht entscheiden und damit einer für die Parteien verbindlichen Regelung zuführen. Nur wenn im Rahmen eines Mediationsverfahrens die Parteien dem Mediator mit dessen Zustimmung diese Stellung zuweisen, liegt – ausnahmsweise – ein Schiedsgericht vor. Somit müssen gemäß § 1 **Abs. 1** BRAGO auf die Tätigkeit des Anwaltsmediators auch die Grundsätze der BRAGO angewendet werden.«*

In weiterer Konsequenz wandte er dann den § 118 BRAGO an, also:

- Geschäftsgebühr,
- Besprechungsgebühr,
- gegebenenfalls Beweisgebühr,
- gegebenenfalls Vergleichsgebühr.

Diese höchst umstrittene und abzulehnende Rechtslage, die für »Altfälle« der Mediation, also 87 Mediationsaufträge vor dem 01. 07. 2004, zu beachten war, könnte unter dem Gesichtspunkt

Abschnitt 5 – Außergerichtliche Beratung und Vertretung

der Üblichkeit nach dem § 612 BGB, weil keine feste Gebühr vereinbart ist, eine Auferstehung feiern.

88 Der Gesetzgeber des **RVG** hat die Rechtslage aber **eindeutig im ersteren Sinne** (Rn. 83) gesetzlich geregelt:

> Die Gebühren und Kosten der Mediation richten sich nunmehr in erster Linie nach einer freien Vereinbarung zwischen dem Mediator und den Medianten, ohne an die Gebührenvereinbarungsnorm des § 3 a RVG gebunden zu sein. Fehlt eine Gebührenvereinbarung, so sind nicht irgendeine oder alle Gebührennormen des RVG als bisher üblich anwendbar, sondern nach dem Gesetz die **Dienstvertragsnorm des § 612 Abs. 2 BGB**. Die Medianten schulden dann die »übliche Vergütung« und das ist nicht das Gebührengefüge des RVG, sondern es sind die im Mediationsverfahren üblichen Stundensätze zu ermitteln, nach denen allgemein abgerechnet wird.

II. Kommentierung

1. Form des Mediationsvertrages/Gebührenabrede

89 Das Gesetz ist dahin angelegt, dass der Rechtsanwalt als Mediator auf eine Gebührenvereinbarung hinwirken soll. Es liegt im Wesen der Mediation, dass für den Auftraggeber transparent sein muss, was er dem Anwalt für dessen Tätigkeit schuldet. Da jetzt die Gebührenvorschriften des RVG nicht mehr anwendbar sind, braucht für eine »abweichende« Gebührenabrede nicht mehr die Form des § 3 a beachtet zu werden. Grundsätzlich wäre daher auch ein mündlicher Vertrag möglich, wenngleich die Schriftform schon aus Gründen der Transparenz und des Beweises eindeutig vorzuziehen ist (*Koch* in Henssler / Koch Mediation in der Anwaltspraxis 1. Aufl. § 8 Vertragsgestaltungen in der Mediation S. 246). Wenn allerdings die Mediation nach einer mündlich schon festen Verabredung abgebrochen wird, ehe der schriftliche bestätigende Vertrag unterzeichnet ist, so lässt sich auf den mündlichen Vertrag die Kostenabrechnung stützen; entweder gilt der mündlich schon vereinbarte (meist der) Stundensatz oder aber mangels Festlegung auf einen Stundensatz die übliche Vergütung nach § 612 Abs. 2 BGB.

90 Nach altem Recht (BRAGO) wurde im Hinblick auf die Entscheidung des OLG Hamm (MDR 1999, 836 = JurBüro 1999, 589) und gewichtige Stimmen in der Literatur, die die BRAGO für anwendbar hielten, im Hinblick auf § 3 BRAGO der Abschluss von **3 gesonderten Verträgen** empfohlen (Henssler / Koch Mediation in der Anwaltspraxis 1. Aufl. § 8 Vertragsgestaltungen in der Mediation S. 246 ff.): Ein Vertrag des Mediators mit den Medianten, ein Vertrag unter den Medianten und eine Gebührenvereinbarung zwischen Mediator und den Medianten. Unter der Geltung des RVG kann es nunmehr mit zwei Verträgen sein Bewenden haben: Die Gebührenvereinbarung kann jetzt in den Mediationsvertrag des Mediators mit den Medianten mit aufgenommen werden, da es Bedenken nach § 3 a nicht mehr gibt.

2. Höhe der Vergütung: Gebühren und Auslagen

a) Unterschied Gebühren – Auslagen

91 Die herkömmlichen Gebührengesetze (§ 1 GKG, § 1 RVG) definieren: Kosten (RVG: Vergütung) = Gebühren und Auslagen.

92 Die **anwaltlichen Auslagen** (also Reisekosten, Abwesenheitsgeld, Porto, Telefon, MwSt. usw.) gehören als Auslagen zu dem hier genannten Oberbegriff **Vergütung**. Als Auslagen gehören zu der Vergütung **der Mediation** ferner:

> Eine eventuelle Saalmiete und, falls erforderlich, Sachverständigenkosten und schließlich bei hohem Haftungsrisiko auch die Versicherungsprämie (*Brieske* in Henssler / Koch Mediation

in der Anwaltspraxis 1. Aufl. § 9 Haftungs- und Honorarfragen in der Mediation S. 271 ff. Rn. 68).

Zu diesem Thema (**Auslagen**) ist nicht viel Tiefgründiges zu sagen. Dennoch muss der Punkt erwähnt werden, damit diese Kosten nicht ungeregelt bleiben oder **gar vergessen** werden. 93

Da das Entgelt für die Mediation im RVG geregelt ist und zwar nur die Gebühren selbst und somit nicht die Auslagen, gilt formalrechtlich daneben für die Auslagen die allgemeine Regelung der Nrn. 7000 ff. VV. Dennoch ist es ratsam, um einem künftigen Auslegungsstreit vorzubeugen, auch die Auslagentragung ausdrücklich im Mediatorvertrag klarstellend zu regeln. Es ließe sich nämlich vom **Empfängerhorizont** des Medianten her argumentieren, er habe mangels abweichenden Hinweises eines Rechtskundigen darauf vertraut, dass mit dem verabredeten Stundensatz alle Auslagen des Mediators wie Telefonkosten, Porto, Reisekosten, ja sogar die vom Mediator aus dem Stundensatz abzuführende Steuer einschließlich Umsatzsteuer abgegolten seien. Im Streitfalle könnte diese Unklarheit der Abrede möglicherweise zu Lasten des Anwaltmediators ausgehen. 94

b) Zeithonorar

In der bisherigen Mediationspraxis ist die Verabredung eines Zeithonorars (Stundensatz, Tagessatz) – mit allerdings einer wichtigen Ausnahme, der Sonderabrede für die Ausarbeitung einer schriftlichen Abschlussvereinbarung (siehe Rn. 101) – die Regel. 95

Die auf dem Markt üblichen Stundensätze variieren:

Ich weiß von Psychologen, dass sie teilweise Stundensätze von nur € 100,00 verabreden und kenne Rechtsanwälte, die schon für € 150,00 in der Stunde als Mediator tätig werden (natürlich zzgl. MwSt. und Auslagen).

Die Gesellschaft für Wirtschaftsmediation und Konfliktmanagement e. V. – http://www.gwmK.org – schlägt Stundensätze von € 180,00 bis € 420,00 oder auch Tagessätze von € 2.000,00 (+ MwSt. u. Auslagen) vor. 96

Madert berichtet: Stundensätze für anwaltliche Tätigkeiten auf **anwaltlichem** Gebiet liegen derzeit zwischen € 150,00 und € 650,00 (Madert/Schons »Die Honorarvereinbarung« 3. Aufl. 2006, B Rn. 167, mit Hinweis auf Ebert in Rn. 123, 131: € 200–400).

Risse (Wirtschaftsmediation § 13 Kosten der Mediation Seite 486 Rn. 6) nennt Stundensätze für Wirtschaftsmediatoren zwischen € 200,00 und € 450,00 (zuzüglich MwSt. und Auslagen).

Wenn man bedenkt, dass eine durchschnittliche Mediation etwa **6 Doppelstunden** dauert, so ist selbst bei Stundensätzen von € 400,00 (12 × € 400,00 = € 4.800,00) der Versuch einer Mediation zur Vermeidung eines kostenträchtigen und langwierigen Rechtsstreits, gegebenenfalls über mehrere Instanzen, hoch interessant. Eine erfolgreiche Mediation lohnt sich immer, aber auch eine »erfolglose Mediation« (siehe die Anmerkung Rn. 104), der ein Rechtsstreit folgt, und die € 4.800,00 überflüssige Kosten verursacht, ist bei hohen Streitwerten eine Quantité négligeable. Mediationsklauseln – also die vertragliche Vereinbarung, ehe eine Streitpartei klagen oder ein Schiedsgericht anrufen kann, muss sie einen Mediator mit der Konfliktlösung beauftragen – nehmen nach meinen Beobachtungen in vielen Schiedsgerichtsverfahren der letzten Jahre in internationalen, aber auch in nationalen Verträgen mit bedeutenden Streitwerten in hohem Maße zu (**2 Muster** einer solchen **Mediationsvereinbarung**: Risse Wirtschaftsmediation 2003 § 3 Die Mediationsvereinbarung Seite 111 und 112). 97

Abschnitt 5 – Außergerichtliche Beratung und Vertretung

c) Muster Zeitgebühren/Stundenhonorar

98

Gebührenvereinbarung

zwischen

A (volle Adresse) und B (volle Adresse)

– **Medianten** –

C (volle Adresse)

– **Mediator** –

1. Für die gesamte Tätigkeit in dem Mediationsverfahren verpflichten sich die Medianten als Gesamtschuldner, ein Honorar von
250,00 Euro (i. W.: .... Euro)
für jede Zeitstunde zu zahlen. Ein angemessener Zeitaufwand für die Vorbereitung und Nachbereitung der einzelnen Mediationssitzungen ist ebenfalls zu honorieren. Wartezeiten wie z. B. bei Behörden zählen ebenfalls mit. (Eventuell: Es wird schon jetzt ein Mindesthonorar von vier Stunden vereinbart, unabhängig von der tatsächlichen Dauer dieses Mediationsverfahrens.)
2. Alle Auslagen wie Entgelte für Schreibauslagen, Post- und Telekommunikationsdienstleistungen, Reisekosten, Tage- und Abwesenheitsgelder und dergleichen (VV zum RVG Nr. 7000 bis 7006) sowie die Mehrwertsteuer in der jeweils gültigen Höhe (VV zum RVG Nr. 7008) werden gesondert berechnet.
3. Der Mediator wird Aufzeichnungen über die geleistete Arbeitszeit führen und in Abständen die geleisteten Stunden in Rechnung stellen. Die Medianten werden die Rechnung prüfen, sie als richtig abzeichnen und umgehend dem Mediator zusenden (Fax genügt).
4. Die Medianten verpflichten sich, einen sofort fälligen Vorschuss von 1.500,00 Euro (i. W. .... Euro) zu zahlen.
Mit dem Vorschuss werden die sich aus den Aufstellungen ergebenden Rechnungsbeträge verrechnet. Die Medianten verpflichten sich, sobald der Vorschuss durch die Beträge aus den Rechnungen des Mediators erschöpft ist, sofort einen Vorschuss in gleicher Höhe zu zahlen.
5. Die Medianten sind mündlich belehrt, dass sie für das vereinbarte Honorar als Gesamtschuldner haften, auch wenn sie vorab an den Mediator beide nur je die Hälfte des insgesamt vereinbarten Honorars zahlen.
6. Sollte eine der vorstehenden Vereinbarungen unwirksam sein, gilt statt der unwirksamen Vereinbarung die gesetzliche Regelung; die übrigen Abreden bleiben unberührt.

(Ort, Datum, Vor- und Zuname)   (Ort, Datum, Vor- und Zuname)

Mediator   Medianten

d) Was kann sonst noch – außer einem Stundenhonorar – vereinbart werden?

99 Wird der Mediator mit einem Wirtschaftskonflikt mit einem hohen Streitwert konfrontiert, so wird er versucht sein, statt der üblichen Stundensatzabrede eine streitwertabhängige Vergütungsregelung zu treffen. Sein – wenn auch geringes – Haftungsrisiko wird sich im Regelfall auch an der hohen Streitwertsumme orientieren, ohne dass diesem hohen Haftungsrisiko als Pendant dann bei einer Stundensatzabrede auch ein hohes Gebührenaufkommen gegenübersteht.

Eine frei vereinbarte Entgeltabsprache kann natürlich auch statt an der Zeit am Streitwert anknüpfen.

100 Der Mediator könnte vertraglich ohne weiteres unter Heranziehung von Nr. 2300 VV vereinbaren, dass für die Mediation **(Wert € 3.000.000)** eine Geschäftsgebühr (mit etwa einem mittleren Umfang von 1,5 Gebühren) anfällt.

Weitere Varianten: Er könnte vereinbaren: 101
- dass eine Geschäftsgebühr von 2,5 anfällt;
- dass eine zweite Geschäftsgebühr von 2,5 ab einer Verhandlungsdauer von mehr als 20 Stunden anfällt (alleine um einen Anreiz für einen vertretbaren Zeitaufwand zu schaffen);
- dass neben der Geschäftsgebühr von 2,5 entsprechend der Anzahl der Medianten die Erhöhungsgebühr der Nr. 1008 VV von je 0,3 anfällt;
- dass neben der Geschäftgebühr von 2,5 (Mediationsverfahren) für die **schriftliche Formulierung** der ausgehandelten Abschlussvereinbarung die **Einigungsgebühr** der Nr. 1000 VV von 1,5 aus dem Wert von € 3 Mio. anfällt (oder die Einigungsgebühr auch schon anfällt bei einer reinen **Anwesenheit** des Mediators bei einer abschließenden Einigung – mit schriftlicher Niederlegung – ausgearbeitet von den Parteianwälten).

Für diejenigen, die sich in der Mediation nicht auskennen, seien zur Erläuterung des letzten Vorschlages hier kurz die üblichen Schritte eines Mediationsverfahrens dargestellt: 102

1. Schritt: Zusammentreffen der Beteiligten. Erläuterung der Grundsätze der Mediation durch den Mediator. Vereinbarung der Regeln sowie der Gebühren.
2. Schritt: Die Medianten stellen ihre Sichtweisen des Konflikts dar. Der Mediator visualisiert und paraphrasiert die Darstellung der Medianten.
3. Schritt: Die hinter den von den Medianten geäußerten Positionen liegenden Interessen und Gefühle werden ergründet.
4. Schritt: Kreative Entwicklung von verschiedensten Lösungsmöglichkeiten. Bewertung durch die Medianten selbst. Ausscheiden von ungeeigneten Lösungsideen. Suche nach win-win-Lösungen, von denen alle Medianten profitieren können.
5. Schritt: Nach der Einigung auf eine einvernehmliche Lösung, die aus mehreren Unterpunkten bestehen kann, wird die Mediation abgeschlossen durch eine schriftliche Fixierung, die dann von den Beteiligten unterzeichnet wird.

Die im letzten Formulierungsvorschlag erwähnte Einigungsgebühr könnte also entweder anfallen für die schriftliche Ausarbeitung der Abschlussvereinbarung oder schon für die Teilnahme des Mediators an dem gesamten erfolgreichen 5. Schritt des Mediationsverfahrens. 103

Noch eine Anmerkung zum »**Erfolg**« der Mediation: Juristen neigen dazu, Ziel und Erfolg der Mediation darin zu sehen, dass am Ende eine gemeinsame Vereinbarung zwischen den Medianten getroffen wird. Das ist unrichtig, denn auch in einem Abbruch einer Mediation durch einen oder beide Medianten darf der Mediator, wenn es auch schwer fällt, keinen Misserfolg sehen. Ein mögliches Ergebnis der Mediation kann nämlich auch in der Feststellung bestehen, dass der Konflikt nicht durch eine Mediation zu lösen ist und daher die Mediation rechtzeitig (und nicht etwa verzögert) abzubrechen ist. Meist haben die Medianten nämlich durch das Verfahren selbst den großen Zugewinn erzielt, dass sie erleben konnten, wie man wieder untereinander zu einem sachlichen Sprechen und Zuhören gelangen kann. Auch darin kann ein Erfolg der Mediation liegen. Es gibt Fälle, in denen es zwar nicht zu einer abschließenden Lösungsvereinbarung und Neugestaltung kommt, die Medianten sich vielmehr entschließen, den Status quo zu belassen, weil er doch die bessere Lösung ist, sie sich aber vornehmen, bei künftigen Schwierigkeiten sofort das autonome, klärende Gespräch zu suchen. Diese Sicht eines Erfolges können wir Juristen von den Psychologen, die auch mit gutem Erfolg Mediation betreiben, lernen. Aus eigener Erfahrung in zwei Fällen von insgesamt 19 Mediationen weiß ich, wie schwer das fällt. Man ist frustriert, wenn trotz eifrigen Bemühens das Ende lautet: »Wir können uns nicht einigen.« 104

e) Vor- und Nachbereitungskosten

Ein konfliktträchtiges Thema kann der Ansatz von Zeitstunden für die Vor- und Nachbereitungen der Mediationssitzungen werden, falls dieser Punkt nicht ausdrücklich vorbesprochen und im Vertrag geregelt ist. 105

Abschnitt 5 – Außergerichtliche Beratung und Vertretung

Neben der reinen Sitzungszeit fallen für den Mediator in aller Regel an:
- Telefonate zur Organisation des ersten Termins.
- Vorbereitung auf ein gerade zu diesen Medianten passendes Einführungsgespräch mit geeigneten Bausteinen für einen Mediationsvertrag.
- Fertigung eines Ergebnisprotokolls mit eventuellen Programmpunkten für die nächste Sitzung oder doch wenigstens eingehende Notizen und Reflexionen im Anschluss an den Termin.
- Vor dem nächsten Termin: Einlesen in das Zwischenergebnis und die Ziele des nächsten Termins, Nachbereitung dieses Termins.

Zeit kostet eben Geld, das kann man dann den Medianten auch erklären und vertraglich regeln, um spätere Konflikte hierüber zu vermeiden (Risse Wirtschaftsmediation § 13 Kosten der Mediation Seite 486 Rn. 6).

f) Begleitung eines Medianten im Mediationsverfahren durch einen Anwalt

106 In zahlreichen Fällen wird die Partei (Mediant) in der Mediation begleitet durch einen Anwalt ihres Vertrauens (»Außenanwalt«). Häufig hat gerade dieser den Versuch einer Mediation angestoßen; oder im Hauptvertrag ist bei Streitigkeiten als Prozessvoraussetzung, wie ich in Schiedsverfahren zunehmend feststelle, vorab die Durchführung einer (erfolglosen) Mediation vorgesehen. Dann begleitet der zugezogene Anwalt die Partei natürlich auch im Mediationsverfahren. Gerade bei der Wirtschaftsmediation, aber auch nicht selten bei der Familien- und Umweltmediation, werden Medianten von Außenanwälten begleitet.

Deren Gebühren richten sich dann nicht nach § 34 RVG, also grundsätzlich nach einer Vereinbarung oder hilfsweise nach der Üblichkeit (§ 612 Abs. 2 BGB), sondern es handelt sich dann um »Vertretungskosten« nach Nr. 2300 VV RVG. Bei der Vertretung im Mediationsverfahren handelt es sich um die Tätigkeit außerhalb eines gerichtlichen Verfahrens. Die Geschäftsgebühr ist also aus dem Geschäftswert mit 0,5 bis 2,5 zu bemessen. Da die anwaltliche Betreuung im Mediationsverfahren spezifische Kenntnisse dieses Verfahrens voraussetzt und auch juristisch anspruchsvoll ist, dürfte, wenn auch die übrigen Kriterien des § 14 Abs. 1 Satz 1 im oberen Bereich liegen, in der Regel der Griff nach dem höchsten Gebührensatz von 2,5 zulässig sein (vgl. Risse Wirtschaftsmediation § 12 Die Rolle der Anwälte S. 481 Rn. 24 noch zum § 118 BRAGO: 10/10 Geschäftsgebühr; § 13 Kosten der Mediation S. 490 Rn. 12; *Brieske* in Henssler/Koch Mediation in der Anwaltspraxis 2. Aufl. 2004 § 12 Haftungs- und Honorarfragen in der Mediation Rn. 76). In der Wirtschafts- oder Umweltmediation geht es meist um hohe Streitwerte und damit auch um ein hohes Haftungsrisiko. In die Bewertungsnorm des § 14 hat der Gesetzgeber nunmehr (neu) als einen zu berücksichtigenden Faktor das besondere Haftungsrisiko eingestellt.

Hat der Außenanwalt die Partei zunächst schon außerhalb des Mediationsverfahrens im Konflikt mit der Gegenseite vertreten, so verdient der Anwalt nach der Vorbemerkung 2.4 Abs. 3 die Geschäftsgebühr (Nr. 2300) für beide Vertretungsteile nur einmal. Will er daraus 2 Angelegenheiten machen, muss er das nach § 3a ausdrücklich durch eine »Gebührenvereinbarung« regeln (OLG Düsseldorf KostRsp § 3 BRAGO Nr. 28 = OLGR 1993, 160).

107 Bei Werten über € 30 Mio. (Kappungsgrenze) hat der Anwalt jetzt einen gesetzlichen Erstattungsanspruch hinsichtlich der gezahlten Haftpflichtversicherungsprämie für das über € 30 Mio. hinausgehende Risiko.

Der Parteianwalt haftet wie bei jeder anderen anwaltlichen Tätigkeit mangels anderer Absprache aus PVV für fahrlässiges Fehlverhalten (Risse Wirtschaftsmediation 2003 § 12 Die Rolle der Anwälte Rn. 26 Seite 482).

g) Rechtsberatung der zwei oder mehr Medianten durch den Mediator

aa) Gibt anwaltliches Fachwissen einen zusätzlichen Gebührenanspruch?

Schon die Überschrift alleine dürfte manchem gestandenen Anwalt erhebliches Unbehagen bereiten: Es handelt sich um zwei Medianten mit unterschiedlichen, meist gegensätzlichen Konfliktpositionen und da soll der **Anwaltmediator** beiden raten dürfen? Das ist doch Parteiverrat. Konsequenz also: Da muss der Mediator sich konsequent heraushalten.

108

Andererseits: Es gibt in der Mediation den **Grundsatz der Informiertheit**, d. h. beide Parteien versprechen sich vertraglich (daher auch das Beweisverbot für den Fall eines späteren Rechtsstreits in derselben Sache), sich gegenseitig über alle fallrelevanten Fakten offen zu informieren. Gilt das dann nicht auch für den Anwaltmediator, jedenfalls mindestens dann, wenn die Parteien ihn nach der Rechtslage ausdrücklich fragen? Sie haben ja häufig deshalb gerade ihn als juristischen Fachmann und nicht einen Psychologen als Mediator aufgesucht. Dies ist ein nach wie vor heiß umstrittenes Thema in der Literatur zur Mediation. Es liegt auch bereits eine einschlägige, wenn auch nicht in allen Teilbegründungen überzeugende höchstrichterliche Entscheidung zur der Frage Mediation und Rechtsberatungsgesetz vor (OLG Rostock Zeitschrift für Konfliktmanagement 2001, 193, 195 = MDR 2001, 1197). Im **Ergebnis** dürfte der Fall vom OLG Rostock allerdings zutreffend entschieden worden sein.

109

Die Frage stellt sich nicht nur berufsrechtlich, sondern auch gebührenrechtlich.

110

Denn für die Katalogtätigkeiten des früheren § 1 Abs. 2 BRAGO = jetzt § 1 Abs. 2 RVG, etwa den Vormund (§ 1835 Abs. 3 BGB), den Insolvenzverwalter, den Liquidator usw. war es völlig unbestritten (vgl. § 1 unter II. 1; BGH MDR 1998, 1435), dass der Rechtsanwalt, der eine dieser Tätigkeiten ausübte, die dafür **übliche** Vergütung erhielt. Forderte seine Tätigkeit dabei aber typisch **volljuristische** Fähigkeiten, so konnte und kann der Rechtsanwalt **daneben** auch noch die Gebühren nach der BRAGO, jetzt dem RVG, fordern.

Göttlich/Mümmler/Rehberg/Xanke (BRAGO 20. Aufl. »Mediation« 2. Gebührenfragen) vertreten dann auch die Ansicht, würde ein nichtanwaltlicher Mediator rechtlichen Beistand hinzuziehen müssen, um seine Funktion ordnungsgemäß auszuführen, so wäre dieser (Beistand) nach der BRAGO zu honorieren. Der in **Doppelfunktion** als Rechtsanwalt und Mediator tätig werdende Anwalt könne dann gebührenrechtlich **nicht anders** behandelt werden, wenn er sein Fachwissen in die Vermittlungstätigkeit einfließen lasse.

bb) Darf der Anwaltmediator die Medianten überhaupt rechtlich beraten?

Friedrichsmeier (Haft/Schlieffen Handbuch Mediation § 21 Der Rechtsanwalt als Mediator S. 527 ff.) geht sehr großzügig mit der Befugnis zur Beratung der beiden Medianten durch den Anwaltmediator über Rechtsfragen um. Auch andere Autoren sehen es als eine Aufgabe des Mediators an, über Rechtsfragen mit den Medianten zu sprechen. Dazu im Einzelnen: *Friedrichsmeier* in Haft/Schlieffen Handbuch Mediation § 21 Der Rechtsanwalt als Mediator S. 536 Rn. 37:

111

»Wenn man der hier vertretenen Auffassung folgt, dass der Mediator nicht nur für die Kommunikation, sondern auch für den Inhalt der Verhandlung mit verantwortlich ist, so muss dieser schon zu Beginn der Mediation prüfen, ob durch die Zeitabfolge der Mediation Rechtsveränderungen entstehen können und auf mögliche Rechtswahrung hinweisen.«

112

Henssler (Henssler/Koch Mediation in der Anwaltspraxis 1. Aufl. § 3 Anwaltliches Berufsrecht und Mediation S. 92 Rn. 9):

113

*»Bei der Beauftragung eines Rechtsanwalts als Mediator bestimmen die Parteien einvernehmlich dessen Rolle als zur **Objektivität, Neutralität und Unvoreingenommenheit** verpflichteten Mittler ohne eigene Konfliktentscheidungskompetenz. Beide Seiten begrenzen die Tätigkeit des Anwalts auf die Position des Verhandlungsführers der eigenen Konfliktbearbeitung. Das Ziel der Vermittlung bedingt, dass die Ausgangsinteressen der Parteien mit Hilfe des Mediators in ein gemeinsames Interesse*

Abschnitt 5 – Außergerichtliche Beratung und Vertretung

an einer einverständlichen Regelung »mediatisiert« werden. Im Rahmen des Mediationsverfahrens müssen daher zwar notwendig die gegenläufigen, den Konflikt auslösenden Interessen der Parteien erörtert und beraten werden. Die Auseinandersetzung mit dem Interessengegensatz der Parteien führt aber zu keiner Interessenkollision, da auch sie durch das übergeordnete gemeinsame Interesse an der gütlichen Konfliktlösung bedingt ist. Wer als Rechtsanwalt von beiden Parteien gemeinsam einen Mediationsauftrag annimmt, ist damit ausschließlich diesem gemeinsamen Interesse der Parteien verpflichtet.«

114 *Risse* (Wirtschaftsmediation 2003 § 8 Sachklärung und Erörterung der Rechtslage S. 302 Rn. 55) meint dazu:

»Der Mediator und die eingeschalten Parteianwälte sind dafür verantwortlich, dass die Parteien die rechtlichen Chancen und Risiken des Konflikts begreifen. Es ist Aufgabe des Mediators, dafür zu sorgen, dass die streitgegenständlichen Rechtsfragen in der Mediation erörtert werden. Wenn er diese Diskussion nicht alleine führen will oder kann, muss er für sich und die Parteien Hilfe von außen organisieren. Grundregel ist dabei immer, dass der Mediator mit den Parteien zunächst abstrakt bespricht, wie das Recht in die Mediation eingeführt werden soll, also nicht einfach mit rechtlichen Erörterungen beginnt. Nur ein versierter Jurist kann den Parteien die Rechtslage erläutern. Die Offenlegung von gesetzlichen Wertungen, die sich hinter dem Wortlaut von Rechtsnormen verstecken, gehört zu den anspruchsvollsten juristischen Aufgaben überhaupt. Der Mediator muss durch Nachhaken und Befragen der Anwälte oder des hinzugezogenen Experten sicherstellen, dass diese Wertungen zur Sprache kommen. Anders als vor Gericht findet zudem die rechtliche Erörterung nicht zwischen und nicht für Volljuristen statt. Der Mediator übersetzt schwierige juristische Fragen daher für die rechtsunkundigen Parteien in eine allgemeinverständliche Sprache. Der Mediator sorgt dafür, dass die rechtlichen Argumente entsprechend aufbereitet werden ...

Der Mediator hat schließlich die Aufgabe, die Parteien zu einer realistischen Bewertung der Prozessrisiken zu veranlassen.«

115 An anderer Stelle rät Risse mehr zur Zurückhaltung (§ 10 Abschluss des Vergleichsvertrags S. 386 Rn. 9):

»Mediatoren, die eine Anwalts- oder Notarzulassung besitzen, müssen beachten, dass es ihnen die neutrale Stellung als Mediator verbietet, parteilichen Rechtsrat zu erteilen. Der Hinweis an eine Seite, die versprochene Zahlung doch besser durch eine Gehaltsabtretung sichern zu lassen, verbietet sich daher.«

116 *Ulrike Fischer* (Henssler / Koch Mediation in der Anwaltspraxis Mediation im Familienrecht S. 324 Rn. 63), die sehr erfahrene Familienmediatorin, deren zurückhaltende Art in Rechtsfragen ich aus zahlreichen gemeinsam durchgeführten Seminaren über diese Problematik kenne, hat keine Bedenken, dass der Mediator irgendwann mit der Erörterung der Rechtslage, allerdings zum richtigen Zeitpunkt, heraustreten müsse. Allerdings warnt sie: *»Der Mediator gerät schnell an die Grenzen seiner Allparteilichkeit.«*

117 *Günther/Hoffer* (Henssler / Koch Mediation in der Anwaltspraxis 1. Aufl. Mediation im Zivilrecht Seite 399, Rn. 109):

»Fachlich sollte der Mediator sich vor allem auf dem von ihm gewählten Rechtsgebiet sehr gut auskennen. So muss ein Mediator im Wirtschaftsrecht neben gesellschafts-, arbeits-, handels- und ähnlichen wirtschaftsrechtlichen auch steuerrechtliche und bilanzielle Kenntnisse haben, um qualifiziert bei der Ausarbeitung eines Vergleichsvertrags mitwirken zu können.«

Trotz dieser recht übereinstimmenden Thesen in der Literatur tendieren fast alle anwaltlichen Teilnehmer an Mediationsseminaren zu der Ansicht, sie wollten sich lieber aus Sicherheitsgründen als Mediator der Erteilung von Rechtsauskünften enthalten und die Medianten insoweit auf externe Anwälte verweisen.

118 Einigkeit besteht aber dahin, dass der Mediator seine Mitwirkung jedenfalls dann verweigern muss, wenn die Medianten einen offensichtlich gesetz- oder formwidrigen Vertrag mit seiner Anleitung und Hilfe schließen wollen.

Die vordergründige Frage, ob der Mediator neben der Vergütung als Mediator auch noch zusätzlich die Anwaltsgebühren liquidieren darf, wenn er volljuristischen Rat erteilt, ist dahin zu beantworten: Doppelte Gebühren kann der Anwaltmediator auch bei Erteilung von Rechtsrat, wenn ihm das nicht ohnehin verwehrt ist, nicht verlangen. 119

Seine spezielle Fachkompetenz wird schon durch einen etwa vom Psychologen deutlich abgehobenen Stundensatz dokumentiert.

Wollte man dem Mediator für seine Fachkompetenz als Volljurist eine besondere Gebühr zubilligen, so wäre jedenfalls dann die Mediatorgebühr um gerade die Höhe der Gebühr für die Zuziehung eines Volljuristen (Nr. 2300 VV RVG) wieder herabzusetzen, weil er als Mediator dann jedenfalls wieder nur als Person ohne besondere juristische Kenntnisse anzusehen wäre. Praktisch ausgedrückt: Die Qualifikation als Volljurist steckt bereits in dem höheren Stundensatz des Anwaltsmediators, sollte er berufsrechtlich überhaupt befugt sein, beiden Medianten Rechtsrat und Rechtsbelehrung zu erteilen. Gerade in Bau- und Wirtschaftsmediationen wählen die Medianten schon allein aus Zeitgründen fachkompetente Mediatoren aus. 120

cc) Abschlussvereinbarung/Vergleich/Titel

– Richtermediator 121

Bei Nr. 3104 VV RVG ist unter Rn. 15 ff. näher untersucht, ob der Richtermediator am Ende der Mediationssitzung einen wirksamen Vergleich – die Streitsache ist bei seinem Kollegen gerichtlich anhängig, ruht aber gem. § 251 ZPO – protokollieren kann (wirksamer Titel?).

Mein Ergebnis: Die Sache ist dem Richtermediator gem. § 278 Abs. 5 Satz 2 ZPO zur »außergerichtlichen Streitschlichtung« überwiesen. Ein wirksamer Titel wird somit beim Richtermediator, der nicht in amtlicher richterlicher Funktion den »Prozessvergleich« protokolliert, nicht geschaffen. Die Protokollierung des Vergleichs muss der zuständige Richter des ruhenden Verfahrens vornehmen. Zu ähnlichen Gedanken, wenn die Mediation bei einer ruhenden Streitsache vor einem nichtrichterlichen Mediator zur Einigung führt, siehe Risse Wirtschaftsmediation 2003 § 10 Abschluss des Vergleichsvertrags S. 444 Rn. 110. Hier wird man die Entwicklung zur Umsetzung der EU-Richtlinie zur Mediation beobachten müssen.

Ein **neuer Problemfall** zu § 19 Abs. 1 Nr. 2 und zur funktionellen (rechtlichen) Rechtfertigung des Richtermediators hat sich durch die gerichtsinterne Mediation ergeben. Die Legitimation dazu findet sich in § 278 Abs. 5 Satz 2 ZPO. Das dort genannte Merkmal »außergerichtlich« wollen viele Richter und Gerichtspräsidenten einfach nicht zur Kenntnis nehmen. Sie subsumieren dann den Mediationsrichter unter den Begriff der Rechtshilfe (§ 278 Abs. 5 Satz 1 ZPO, obwohl die ZPO und das GVG durchgängig darunter den **auswärtigen (den ersuchten)** Richter verstehen. Wenn der Gesetzgeber die Mediation im Satz 2 geregelt hat, so kann der im Gegensatz dazu stehende Satz 1 nicht einfach in den Satz 2 hineininterpretiert werden. Dasselbe gilt für den Versuch, den Mediationsrichter zum **beauftragten Richter** i. S. von Satz 1 zu erklären. Nur der Senat oder die Kammer kann eines **ihrer** Mitglieder in einer **einzelnen** Sache **beauftragen**, nicht aber das Präsidium für ein ganzes Geschäftsjahr.

Präsident und Senat bestärken sich dann noch gegenseitig durch eine amtliche Auskunft des Präsidenten zur Gesetzeslage und den anschließenden bestätigenden Senatsbeschluss (dies alles ist nachzulesen bei OLG Rostock JurBüro 2007, 194 = AGS 2007, 126 mit ablehnender Anm. des Verfassers AGS 2007, 343). Dann behauptet auch noch der OLG-Präsident, der sich auf das Gebiet des Kostenrechts mit seiner amtlichen Auskunft begibt, Folgendes: »Auf die kostenrechtliche Folge weist der Mediator im übrigen die Parteien eingangs der Mediationsverhandlung regelmäßig hin. Den Parteien und Prozessbevollmächtigten wird mitgeteilt, dass das Mediationsverfahren nach Auffassung der beim Oberlandesgericht tätigen Mediatoren »kostenneutral« ist, sich durch dieses Verfahren also weder die Gerichtsgebühren noch die Rechtsanwaltsgebühren erhöhen oder erniedrigen.«

Abschnitt 5 – Außergerichtliche Beratung und Vertretung

Es ist aber ganz herrschende Meinung, dass durch eine **Besprechung (beim Mediator)** der Parteivertreter zur Erledigung des Verfahrens nach Vorbem. 3.3 VV die **Terminsgebühr** der Nr. 3104 bzw. 3202 für den Anwalt anfällt. Es kann sein, dass auch im Prozess die Terminsgebühr angefallen wäre, aber bis zum Hinweis hat i. d.R noch kein richterlicher Termin stattgefunden.

Nur die Hilfsbegründung des OLG Rostock ist richtig und hätte zur Ablehnung der zu Unrecht geforderten doppelten Gebühren für Verfahren und Termin ausgereicht.

§ 19 Abs. 1 Nr. 2 bestimmt positivrechtlich, dass außergerichtliche Verhandlungen zum Rechtszug gehören. Sie können daher für den beteiligten Anwalt neben den Gebühren der Instanz keine weiteren Gebühren auslösen (§ 15 Abs. 2 Satz 1). (Das hindert nicht, dass die Instanzgebühren schon durch eine der in § 19 aufgeführten Nebentätigkeiten bereits ausgelöst werden können, also auch die Gebühr nach Vorbem. 3.3 i. V. mit Nr. 3104 VV (Terminsgebühr).

Die gerichtsinterne Mediation ist auch keine weitere Angelegenheit unter dem Gesichtspunkt eines Güteverfahrens nach § 17 Nr. 7: AG Hannover zur gerichtsinternen Mediation – 42 C 4283/06 – NdsRpfl 2007, 72):

»Für die Vertretung der Partei bei einer gerichtsnahen Mediation steht dem zum Prozessbevollmächtigten beauftragten Rechtsanwalt keine zusätzliche Geschäftsgebühr zu, weil es sich bei der Vertretung in einem gerichtsnahen Mediationsverfahren um »dieselbe Angelegenheit« handelt, die Gegenstand des außergerichtlichen und des anschließenden gerichtlichen Verfahrens ist. § 17 Nr. 7 RVG findet insoweit weder direkt noch analog Anwendung.«

122 **– Anwaltmediator**

Die ZPO kennt den Anwaltsvergleich (§ 796a ZPO). § 796a ZPO lautet:

»Ein von Rechtsanwälten im Namen und mit Vollmacht der von ihnen vertretenen Parteien abgeschlossener Vergleich wird auf Antrag einer Partei für vollstreckbar erklärt, wenn sich der Schuldner darin der sofortigen Zwangsvollstreckung unterworfen hat und der Vergleich unter Angabe des Tages seines Zustandekommens bei einem Amtsgericht niedergelegt ist, bei dem eine der Parteien zur Zeit des Vergleichsabschlusses ihren allgemeinen Gerichtsstand hat.«

123 Werden die Parteien von »Außenanwälten« in der Mediation begleitet, so können diese zweifellos im Namen und mit Vollmacht der Medianten den Anwaltsvergleich schließen und ihn sodann beim Wohnsitzgericht einer Partei niederlegen. Danach müsste dann noch gem. § 796b ZPO die Vollstreckbarkeitserklärung des Gerichts eingeholt werden, das an sich für den titulierten Anspruch zuständig gewesen wäre. Für diese Handlungen verdienen die »Außenanwälte« folgende anwaltlichen Gebühren:

124 Für die Einigung aus dem Wert (Nr. 1000 VV RVG) die **Einigungsgebühr 1,5**.

Hatte der Außenanwalt schon einen Prozessauftrag, so erfällt neben der **Verfahrensgebühr 0,8** ferner für die Teilnahme an der Besprechung mit dem Gegner (auch ohne Beteiligung des Gerichts) zur Vermeidung des gerichtlichen Verfahrens gem. Vorbemerkung 3 Abs. 3 zu Teil 3 VV RVG aus dem Wert des Prozessauftrages die **Terminsgebühr 1,2** (die hier nicht problematische Gebühr Nr. 2300 – Geschäftsgebühr aus dem Wert – die ebenfalls angefallen ist, wenn der Außenanwalt vor der Mediation die Partei schon vertreten hat, wird zur Hälfte auf die 0,8 Verfahrensgebühr angerechnet).

Vertretung im Verfahren nach § 796b ZPO, Vollstreckbarerklärung nach § 796a ZPO (also Niederlegung beim AG und Vollstreckbarerklärung des Anwaltsvergleichs durch Beschluss ohne mündliche Verhandlung):

Nr. 3327 VV RVG – Vollstreckbarerklärung eines Anwaltsvergleichs

Tätigkeit beschränkt sich auf eine sonstige richterliche Handlung: **Verfahrensgebühr 0,75**.

Keine Terminsgebühr, weil gem. § 796 b ZPO nur nach Anhörung, also ohne mündliche Verhandlung, entschieden wird, also kein Sonderfall nach Nr. 3104 Anmerkung 1 Abs. 1 VV RVG vorliegt. Die **Titulierung** der Mediationseinigung durch einen Anwaltsvergleich ist somit unproblematisch.

Für Medianten ohne anwaltliche Unterstützung ist an die notarielle Urkunde nach § 794 Abs. 1 Nr. 5 ZPO als gute Möglichkeit zu denken.

Streitig ist, ob der **Anwaltmediator selbst** einen **wirksamen Anwaltsvergleich** protokollieren kann.

Schon allein der Wortlaut des § 796 a ZPO scheint das auszuschließen, weil er die Beteiligung mehrerer Rechtsanwälte voraussetzt. *Hacke* (Der ADR-Vertrag Heidelberg 2001 Seite 281) will das über eine Doppelvertretung der beiden Medianten durch den Anwaltmediator lösen. Diese Ansicht ist abzulehnen. Ginge es um die anwaltlichen Fähigkeiten als **juristische Protokollperson** – über diese würde auch der Anwaltmediator verfügen –, so müsste der Anwaltsvergleich auch zulässig sein, wenn in einem normalen Streitfall außerhalb der Mediation nur eine der Parteien anwaltlich vertreten wäre. Nach h. M., und dafür spricht auch der Gesetzeswortlaut des § 796 a ZPO, müssen aber **beide Vergleichspartner** des Anwaltsvergleichs **durch einen Anwalt** vertreten sein. Nach dem Gesetzeswortlaut schließen **die Anwälte** namens und in Vollmacht der von ihnen vertretenen Parteien den Anwaltsvergleich (§ 796 a ZPO). Mit *Risse* (Wirtschaftsmediation 2003 § 10 Seite 441 Rn. 103) ist daher der Abschluss eines Anwaltsvergleichs (§ 796 a ZPO) allein durch den Anwaltmediator abzulehnen. Daher stellen sich insoweit für dieses Denkmodell keine weiteren Gebührenfragen.

Die Einigungsgebühr der Nr. 1000 VV RVG kann der **Anwaltmediator** daher nur liquidieren, wenn er sie dienstvertraglich (§ 612 BGB) ausdrücklich mit den Medianten für seine Teilnahme an der Abschlussvereinbarung, die dadurch keine Titelqualität erlangt, vereinbart hat. Einen **unmittelbaren gesetzlichen Anspruch nach dem VV RVG** (Nr. 1000) kann er durch seine Beteiligung an der abschließenden Einigung, in welcher Form auch immer, nicht erlangen.

3. Zwei Vertragsbeispiele

a) Medianten und Mediator

Mediationsvereinbarung

zwischen

1. Herrn Dr. Fischer
   Uhuweg 8
   56020 Koblenz

2. Frau Fischer
   Kohlweg 20
   56075 Koblenz

– einerseits – im Folgenden kurz **Medianten** genannt

und

Hans Mayer, Mediator
Stefan Str. 2
56022 Koblenz

– **andererseits** – im Folgenden **Mediator** genannt.

Abschnitt 5 – Außergerichtliche Beratung und Vertretung

1. Die Medianten beauftragen den Mediator zur Durchführung des Mediationsverfahrens, dessen **Ziel** die von den Medianten selbst erarbeitete **einvernehmliche Regelung** ihres aufgetretenen persönlichen Konfliktes ist.
2. **Das Mediationsverfahren ist** abgeschlossen, sobald die einvernehmliche Regelung in einer Abschlussvereinbarung schriftlich fixiert ist, unterzeichnet von den Medianten und dem Mediator, der keine rechtliche Beratung erteilt.
3. Wie die Abschlussvereinbarung selbst unterliegt auch das Mediationsverfahren **der freien Regelung** durch die Medianten. Sie sind insbesondere gegenüber dem Mediator und untereinander zur jederzeitigen Beendigung der Mediation berechtigt.
4. Der Mediator wird nicht im Interesse eines, sondern aller Medianten ausschließlich tätig. Er ist während und nach Abschluss der Mediation zu vollständigem Stillschweigen allen Dritten gegenüber und zur Zeugnisverweigerung verpflichtet.
5. Der Mediator darf im Einverständnis der Medianten mit einzelnen Medianten »Vieraugengespräche« führen. Er darf Informationen, die er in solchen Einzelsitzungen mit nur einer Partei erfahren hat, einer anderen Partei oder Dritten nur mit ausdrücklicher Zustimmung des Informationsgebers zugänglich machen. Dabei muss der Mediator klären, ob, in welchem Umfang und wem gegenüber er von den Informationen Gebrauch machen darf.
6. Ihre Rechte und Pflichten untereinander zur Durchführung dieses Mediationsverfahrens vereinbaren die Medianten in gesonderter nachfolgender Urkunde.

Gebührenvereinbarung

Das Honorar des Mediators wird auf der Basis eines nach Stundenaufwand zu berechnenden Zeithonorars (€ 200 + Mehrwertsteuer, derzeit 19 %) berechnet.

Herr Dr. Fischer übernimmt **vorerst** bis zu einer neuen Vereinbarung nach 5 Doppelzeitstunden die Zahlung des Stundensatzes von € 200,00 nebst MwSt. an den Mediator.

Koblenz, den 22. 06. 2008

(Mayer) (Dr. Fischer) (Fischer)

b) Vereinbarung zwischen den Medianten

Vereinbarung im Mediationsverfahren

zwischen

1. Herrn Dr. Fischer
   Uhuweg 8
   56020 Koblenz   **und**

2. Frau Fischer
   Kohlweg 20
   56075 Koblenz

1. Wir haben die Mediationsvereinbarung unter Ziffer I. geschlossen.
2. Die Besonderheiten eines Mediationsverfahrens sind uns nach durchgeführter Belehrung bekannt. Uns ist bewusst, dass wir nun in fairem, offenem, vertraulichem Umgang miteinander eine einvernehmliche Regelung unseres Konflikts mit Hilfe des Mediators erreichen wollen.
Wir vereinbaren ausdrücklich, allen Dritten gegenüber auch nach dem Ende der Mediation über alles, was wir im Laufe des Mediationsverfahrens voneinander erfahren haben, Stillschweigen zu bewahren, es sei denn, wir befreien uns von dieser Schweigepflicht.
Entsprechend werden wir uns auch in etwaigen gerichtlichen Verfahren verhalten, weil wir der Meinung sind, es würde uns zur Unehre gereichen, würden wir in einem gerichtlichen Verfahren gegeneinander als Zeugen oder als Parteien aussagen.

3. Wir halten uns an diese Vereinbarung bis zum Abschluss des Mediationsverfahrens – das auch vor zustande gekommener Abschlussvereinbarung von jedem von uns jederzeit gekündigt werden kann – gebunden.
4. Diese Vereinbarung kann im Übrigen nur einverständlich, dann schriftlich, abgeändert werden.

Koblenz, den 22. Juni 2008

(Dr. Fischer) (Fischer)

Ein weiteres Muster findet sich bei Schiffer Schiedsverfahren und Mediation, 2. Auflage, Seite 317.

Muster für eine Zusatzgebühr für die abschließende Vereinbarung

I.

Mediationsvereinbarung
zwischen

1. Fliesenstudio B GmbH & Co. KG

Geschäftsführer

und

2. A AG

im Folgenden kurz Medianten genannt

– einerseits –

und

RA Friedrich

im Folgenden kurz Mediator genannt

– andererseits –.

1. Die Medianten beauftragen den Mediator zur Durchführung des Mediationsverfahrens, dessen Ziel die von den Medianten selbst erarbeitete einvernehmliche Regelung ihres Konfliktes im Zusammenhang mit dem Bauvorhaben A Center in H ist.
2. Das Mediationsverfahren ist abgeschlossen, sobald die einvernehmliche Regelung in einer Abschlussvereinbarung schriftlich fixiert ist, unterzeichnet von den Medianten und dem Mediator.
3. Wie die Abschlussvereinbarung selbst unterliegt auch das Mediationsverfahren der freien Regelung durch die Medianten. Sie sind insbesondere gegenüber dem Mediator und untereinander zur jederzeitigen Beendigung der Mediation berechtigt.
4. Der Mediator wird nicht im Interesse eines, sondern aller Medianten neutral tätig. Er ist während und nach Abschluss der Mediation zu vollständigem Stillschweigen allen Dritten gegenüber und zur Zeugnisverweigerung verpflichtet.
5. Der Mediator darf im Einverständnis aller Medianten mit einzelnen Medianten »Vieraugengespräche« führen. Er darf Informationen, die er in solchen Einzelsitzungen mit nur einer Partei erfahren hat, einer anderen Partei oder Dritten nur mit ausdrücklicher Zustimmung des Informationsgebers zugänglich machen.
6. Ihre Rechte und Pflichten untereinander zur Durchführung dieses Mediationsverfahrens vereinbaren die Medianten in gesonderter Urkunde **II**.
7. Die Abänderung dieser Vereinbarung muss schriftlich erfolgen. Ausgenommen von der Schriftform zur Abänderung dieser Vereinbarung ist der Ausspruch der Kündigung nach Ziffer 3 dieser Vereinbarung.

Abschnitt 5 – Außergerichtliche Beratung und Vertretung

8. Sollte eine der vorstehenden Vereinbarungen unwirksam sein, gilt statt der unwirksamen Vereinbarung die gesetzliche Regelung; die übrigen Abreden bleiben unberührt.
9. Vergütungsvereinbarung

Das Honorar des Mediators wird auf der Basis eines nach Stundenaufwand zu berechnenden Zeithonorars (€ 200,00 + 19 % MwSt.), berechnet. Ein angemessener Zeitaufwand für die

Vorbereitung (z. B. Aktenstudium) und Nachbereitung der einzelnen Mediationssitzungen ist ebenfalls zu honorieren. Die Reisezeit als solche wird nicht angesetzt.

Jede Partei übernimmt – ungeachtet der gesamtschuldnerischen Haftung –

im Innenverhältnis € 100,00.

Auslagen für Reisen (PKW: 0,3 EUR /km) sowie etwaige Hotelkosten werden

gesondert in Rechnung gestellt; diese tragen die Medianten zu je 50 %.

Sollte das Mediationsverfahren durch eine einvernehmliche Abschlussvereinbarung enden, so erhält der Mediator eine

Einigungsgebühr 1,5 gem. Rechtsanwaltsvergütungsgesetz (RVG) VV Nr. 1000 aus dem Gesamtwert aller Einigungspunkte (+ 19 % MwSt.). Übernahme im Innenverhältnis zu je 50 %, beide haften als Gesamtschuldner.

x. y. 2008

(B)   (A)   (F)

II.

Vereinbarung zwischen den Medianten

1. Fliesenstudio B GmbH & Co. KG

Geschäftsführer

und

2. A AG

1. Wir haben obige Mediationsvereinbarung I. geschlossen.

2. Die Besonderheiten eines Mediationsverfahrens sind uns bekannt. Uns ist bewusst, dass wir nun in fairem, offenem, vertraulichem Umgang miteinander eine einvernehmliche Regelung unseres Konflikts mit Hilfe des Mediators erreichen wollen.

Wir verpflichten uns, den Mediator in einem etwaigen Rechtsstreit zwischen uns nicht als Zeugen über Tatsachen zu benennen, die er im vertraulichen Mediationsverfahren von uns gehört hat.

3. Uns ist bekannt, dass der Mediator seinen Honoraranspruch – ungeachtet der Aufteilung im Innenverhältnis – gegen jeden von uns in voller Höhe als Gesamtschuldner geltend machen kann.

x. y. 2008

(B)   (A)

4. PKH Bewilligung – Beiordnung des Mediators?

133 Das OLG Dresden hat eine Beiordnung des Mediators als »PKH-Anwalt« aus rechtssystematischen Gründen zu Recht abgelehnt:

»Die einer bedürftigen Partei gewährte Prozesskostenhilfe kann auch dann nicht auf die Kosten einer außergerichtlichen Mediation erstreckt werden, wenn diese auf **Anregung des Prozessgerichts** zur Beilegung eines anhängigen Sorgerechtsverfahrens durchgeführt werden soll.«

Demgegenüber beruft sich das AG Eilenburg (AGS 2008, 36 = FamRZ 2007, 1670) auf § 52 FGG und hat **von Amts wegen** den Mediator für das Umgangsrechtverfahren nach Einverständnis beider Eltern beigeordnet. 134

§ 52 FGG lautet:

»(1) In einem die Person eines Kindes betreffenden Verfahren soll das Gericht so früh wie möglich und in jeder Lage des Verfahrens auf ein Einvernehmen der Beteiligten hinwirken. Es soll die Beteiligten so früh wie möglich anhören und auf bestehende Möglichkeiten der Beratung durch die Beratungsstellen und -dienste der Träger der Jugendhilfe insbesondere zur Entwicklung eines einvernehmlichen Konzepts für die Wahrnehmung der elterlichen Sorge und der elterlichen Verantwortung hinweisen.

(2) Soweit dies nicht zu einer für das Kindeswohl nachteiligen Verzögerung führt, soll das Gericht das Verfahren aussetzen, wenn

1. die Beteiligten bereit sind, außergerichtliche Beratung in Anspruch zu nehmen, oder
2. nach freier Überzeugung des Gerichts Aussicht auf ein Einvernehmen der Beteiligten besteht; in diesem Fall soll das Gericht den Beteiligten nahelegen, eine außergerichtliche Beratung in Anspruch zu nehmen.

(3) Im Fall des Absatzes 2 kann das Gericht eine einstweilige Anordnung über den Verfahrensgegenstand von Amts wegen erlassen.«

Diese Entscheidung erscheint mir recht gewagt.

5. Besondere Anwaltsgebühren für eine Mediation innerhalb des Rechtszuges? (näher Rn. 121)

Anwälte haben versucht, die gerichtsinterne Mediation als eine **besondere Angelegenheit** zu qualifizieren und demgemäß dafür erneut (also doppelt) Verfahrensgebühren oder aber eine Geschäftsgebühr nach Nr. 2300 VV abzurechnen. 135

Einem solchen Ansinnen steht der eindeutige Wortlaut des § 19 Abs. 1 Satz 2 Nr. 2 entgegen, denn es handelt sich dabei um »außergerichtliche Verhandlungen«, die somit zur Instanz gehören. Dass die gerichtsinterne Mediation eine außergerichtliche Handlung ist, auch wenn sie von einem Richter durchgeführt wird, folgt aus § 278 Abs. 5 Satz 2 ZPO. Die von einigen Gerichten und Gerichtspräsidenten – Rostock und Braunschweig – (amtliche Auskünfte) vorgenommenen Klimmzüge, der Mediationsrichter könne Richter eines Güteverfahrens, ersuchter oder beauftragter Richter sein oder es handele sich um erlaubte Tätigkeit innerhalb der Justizverwaltung, überzeugen alle nicht und würden bei einem gut ausgebildeten Zwangsvollstreckungsrichter (Titel, Klausel, Zustellung) keinen Bestand haben.

Die Oberlandesgerichte Rostock (JurBüro 2007, 194 = AGS 2007, 126 und AGS 2007, 124 mit ablehnender Anmerkung des Verfassers AGS 2007, 343) und Braunschweig (JurBüro 2007, 190 = AGS 2007, 127 mit ablehnender Anmerkung des Verfassers AGS 2007, 393) kommen allerdings auf vielen Umwegen (mit teilweise unhaltbaren Thesen) zum richtigen (verneinenden) Ergebnis.

6. Haftung des Mediators

Das AG Lübeck (JurBüro 2007, 312 = NJW 2007, 3790) hatte sich im Rahmen einer Gebührenklage des Mediators mit dem Einwand des Medianten zu befassen, er habe eine falsche rechtliche Wertung vorgenommen, sodass der Gebührenanspruch entfalle. Dazu hat das AG Lübeck in einer gut ausgewogenen Entscheidung bemerkt: 136

Abschnitt 5 – Außergerichtliche Beratung und Vertretung

»Der Anspruch auf die Vergütung im Falle der Kündigung entfällt gemäß § 628 Abs. 1 Satz 2 BGB nur dann, wenn der Auftraggeber das Dienstverhältnis aufgrund eines vertragswidrigen Verhaltens des Dienstverpflichteten kündigt und die bisherigen Leistungen infolge der Kündigung für den anderen Teil kein Interesse mehr haben.

Diese Vorschrift ist auf einen **Anwaltsvertrag** anzuwenden. Sie setzt dann aber voraus, dass ein anwaltliches Fehlverhalten von der Schwere eines **wichtigen Grundes** im Sinne des § 626 Abs. 1 BGB vorliegt (vgl. etwa KG Berlin, KGR Berlin 2005, 89–90; OLG Koblenz, OLGR, 2005, 686–688; Weth in Juris PK § 628 Rn. 15).

Für einen Vertrag über eine **anwaltliche Mediation** gilt nach Auffassung des Gerichtes **nicht anderes**, da auch dieser Vertrag ein Anwaltsvertrag ist. Wird die Mediation durch einen Anwalt angeboten, dann ist sie eine anwaltliche Dienstleistung, für die der Anwalt im Rahmen der mediationsfachlichen Regelungen genauso einzustehen hat, wie für alle anderen anwaltlichen Dienstleistungen auch.

Ein Fehlverhalten liegt hier nicht in einer möglicherweise falschen Unterhaltsberechnung.

Eine Verletzung eines normalen Anwaltsvertrages kann vorliegen, wenn er seinen Mandanten nicht zutreffend über die Berechnung eines Unterhaltsanspruches aufklärt (vgl. KG Berlin, KGR Berlin 2005, 89–90; OLG Köln FamRZ 1996, 942–944).

Diese Sorgfaltspflichten eines eine Partei vertretenden Rechtsanwalts treffen einen Rechtsanwalt, der als Mediator tätig wird, jedoch nicht in gleicher Weise.

Wesen einer Mediation ist es nämlich, dass ein Mediator im Einverständnis beider Parteien mit dem Ziel der Vermittlung und Schlichtung tätig wird. Der Anwalt nimmt also nicht die Interessen einer Partei wahr, was sich auch schon daraus ergibt, dass ihm jede weitere Tätigkeit für eine Partei allein generell nach § 43 a Abs. 4 der BRAO untersagt wird. Weiter folgerichtig darf ein Rechtsanwalt, der als Mediator tätig war, nicht für eine der Parteien als Rechtsanwalt auftreten, § 45 Abs. 1 Nr. 3 BRAO (vgl. OLG Karlsruhe NJW 2001, 3197–3199).

Hinter all dem steht der Gedanke, dass es Aufgabe eines Mediators ist, den Kommunikationsprozess zwischen den Parteien zu gestalten und auf einen sachgerechten Interessenausgleich hinzuwirken, ohne sich in der Sache einer der Parteien zuzuwenden. Die Eigenverantwortlichkeit der Parteien bleibt deshalb im Mediationsverfahren vollständig erhalten und ist eines seiner wesentlichen Elemente (vgl. Kracht in Handbuch Mediation § 15 Rn. 102, 107). Zwar kann ein Mediator, der sich als sog. »aktiver Mediator« versteht, eigene Vorschläge einbringen (vgl. Kracht a. a. O. Rn. 104). Er hat dann aber hinsichtlich der rechtlichen Prüfung darauf zu achten, dass sich die Parteien ggf. von ihre Interessen vertretenden Anwälten beraten lassen (vgl. Kracht a. a. O. Rn. 83). Er kann deswegen diese Beratung nicht auch selbst übernehmen. Damit würde er letztlich seine Neutralität aufgeben. Hinzu kommt, dass der Anwaltsmediator zu keiner der Parteien in einem besonderen Informationsverhältnis steht. Die Partei kann also gar nicht erwarten, dass eine rechtliche Betrachtung eines Vorschlages unter allen möglichen Gesichtspunkten erfolgt.«

§ 35
Hilfeleistung in Steuersachen

Für die Hilfeleistung bei der Erfüllung allgemeiner Steuerpflichten und bei der Erfüllung steuerlicher Buchführungs- und Aufzeichnungspflichten gelten die §§ 23 bis 39 der Steuerberatergebührenverordnung in Verbindung mit den §§ 10 und 13 der Steuerberatergebührenverordnung entsprechend.

A. Allgemeines

In der BRAGO fand sich keine Vergütungsregelung für die steuerberatende Berufstätigkeit 1 des RA, obwohl gem. § 3 Nr. 1 Steuerberatungsgesetz Rechtsanwälte zu unbeschränkten geschäftsmäßigen Hilfestellungen in Steuersachen befugt sind. Inzwischen wird von dieser Befugnis von sehr vielen Rechtsanwälten Gebrauch gemacht. Das Gebührenrecht der Rechtsanwälte kann diese spezielle Tätigkeit nicht angemessen honorieren. Das RVG schafft hier Abhilfe, indem es einige Vorschriften des Gebührenrechts der Steuerberater zur entsprechenden Anwendung bringt.

B. Kommentierung

I. Anwendungsbereich

Die Vorschrift bringt nur die Vorschriften aus der StBGebV zur Anwendung, für die es keine 2 entsprechende Vorschrift im RVG gibt. Daher fehlen z. B. die RVG-Paragraphen 9 (Vorschuss), 21 (Rat, Auskunft) und 22 (Gutachten) in der StBGebV. Soweit Vorschriften der StBGebV nicht aufgeführt sind, verbleibt es bei den Regelungen im RVG.

Die in der Vorschrift genannten Bestimmungen der StBGebV (Stand: Zuletzt geändert durch 3 Art. 5 G. v. 08.04.2008, BGBl. I, S. 666) lauten:

»*§ 10 – Wertgebühren*

(1) Die Wertgebühren bestimmen sich nach den der Verordnung als Anlage beigefügten Tabellen A bis E. Sie werden nach dem Wert berechnet, den der Gegenstand der beruflichen Tätigkeit hat. Maßgebend ist, soweit diese Verordnung nichts anderes bestimmt, der Wert des Interesses.

(2) In derselben Angelegenheit werden die Werte mehrerer Gegenstände zusammengerechnet; dies gilt nicht für die in den §§ 24 bis 27, 30, 35 und 37 bezeichneten Tätigkeiten.

§ 13 – Zeitgebühr

Die Zeitgebühr ist zu berechnen

1. *in den Fällen, in denen diese Verordnung dies vorsieht,*
2. *wenn keine genügenden Anhaltspunkte für eine Schätzung des Gegenstandswerts vorliegen; dies gilt nicht für Tätigkeiten nach § 23 sowie für die Vertretung im außergerichtlichen Rechtsbehelfsverfahren (§§ 40), im Verwaltungsvollstreckungsverfahren (§ 44) und in gerichtlichen und anderen Verfahren (§§ 45, 46).*

Sie beträgt 19 bis 46 Euro je angefangene halbe Stunde.

§ 23 – Sonstige Einzeltätigkeiten

Die Gebühr beträgt für

Abschnitt 5 – Außergerichtliche Beratung und Vertretung

1. die Berichtigung einer Erklärung	2/10 bis 10/10
2. einen Antrag auf Stundung	2/10 bis 8/10
3. einen Antrag auf Anpassung der Vorauszahlungen	2/10 bis 8/10
4. einen Antrag auf abweichende Steuerfestsetzung aus Billigkeitsgründen	2/10 bis 8/10
5. einen Antrag auf Erlass von Ansprüchen aus dem Steuerschuldverhältnis oder aus zollrechtlichen Bestimmungen	2/10 bis 8/10
6. einen Antrag auf Erstattung (§ 37 Abs. 2 der Abgabenordnung)	2/10 bis 8/10
7. einen Antrag auf Aufhebung oder Änderung eines Steuerbescheides oder auf Aufhebung einer Steueranmeldung	2/10 bis 10/10
8. einen Antrag auf volle oder teilweise Rücknahme oder auf vollen oder teilweisen Widerruf eines Verwaltungsaktes	4/10 bis 10/10
9. einen Antrag auf Wiedereinsetzung in den vorigen Stand außerhalb eines Rechtsbehelfsverfahrens	4/10 bis 10/10
10. sonstige Anträge, soweit sie nicht in Steuererklärungen gestellt werden	2/10 bis 10/10

einer vollen Gebühr nach Tabelle A (Anlage 1). Soweit Tätigkeiten nach den Nummern 1 bis 10 denselben Gegenstand betreffen, ist nur eine Tätigkeit maßgebend, und zwar die mit dem höchsten oberen Gebührenrahmen.

§ 24 – Steuererklärungen

(1) Der Steuerberater erhält für die Anfertigung

1. der Einkommensteuererklärung ohne Ermittlung der einzelnen Einkünfte 1/10 bis 6/10 einer vollen Gebühr nach Tabelle A (Anlage 1); Gegenstandswert ist die Summe der positiven Einkünfte, jedoch mindestens 6.000 Euro;

2. der Erklärung zur gesonderten Feststellung der Einkünfte ohne Ermittlung der Einkünfte 1/10 bis 5/10 einer vollen Gebühr nach Tabelle A (Anlage 1); Gegenstandswert ist die Summe der positiven Einkünfte, jedoch mindestens 6.000 Euro;

3. der Körperschaftsteuererklärung ohne die Erklärung zur gesonderten Feststellung nach den §§ 27, 28, 37 und 38 des Körperschaftssteuergesetzes 2/10 bis 8/10 einer vollen Gebühr nach Tabelle A (Anlage 1); Gegenstandswert ist das Einkommen vor Berücksichtigung eines Verlustabzugs, jedoch mindestens 12.500 Euro; bei der Anfertigung einer Körperschaftssteuererklärung für eine Organgesellschaft ist das Einkommen der Organgesellschaft vor Zurechnung maßgebend; das entsprechende Einkommen ist bei der Gegenstandsberechnung des Organträgers zu kürzen;

4. der Erklärung zur gesonderten Feststellung nach §§ 27, 28, 37 und 38 des Körperschaftsteuergesetzes 1/10 bis 5/10 einer vollen Gebühr nach Tabelle A (Anlage 1); Gegenstandswert ist die Summe

a) des steuerlichen Einlagenkontos (§ 27 Abs. 2 Satz 1 des Körperschaftsteuergesetzes),

b) des durch Umwandlung von Rücklagen entstandenen Nennkapitals (§ 28 Abs. 1 Satz 3 des Körperschaftsteuergesetzes),

c) des Körperschaftsteuerguthabens (§ 37 Abs. 2 Satz 4 des Körperschaftsteuergesetzes) und

d) des Endbetrags/fortgeschriebenen Endbetrags im Sinne des § 36 Abs. 7 des Körperschaftsteuergesetzes aus dem Teilbetrag im Sinne des § 30 Abs. 2 Nr. 2 des Körperschaftsteuergesetzes in der Fassung des Artikels 4 des Gesetzes vom 14. Juli 2000 (BGBl. I S. 1034) – (§ 38 Abs. 1 Satz 1 und 2 des Körperschaftsteuergesetzes), jedoch mindestens 12.500 Euro;

5. der Erklärung zur Gewerbesteuer

1/10 bis 6/10 einer vollen Gebühr nach Tabelle A (Anlage 1); Gegenstandswert ist der Gewerbeertrag vor Berücksichtigung des Freibetrags und eines Gewerbeverlustes, jedoch mindestens 6.000 Euro,

b) nach dem Gewerbekapital 1/20 bis 12/20 einer vollen Gebühr nach Tabelle A (Anlage 1); Gegenstandswert ist das Gewerbekapital vor Berücksichtigung der Freibeträge jedoch mindestens 9.000 Euro;

6. der Gewerbesteuerzerlegungserklärung 1/10 bis 6/10 einer vollen Gebühr nach Tabelle A (Anlage 1); Gegenstandswert sind 10 Prozent der als Zerlegungsmaßstab erklärten Arbeitslöhne und Betriebseinnahmen, jedoch mindestens 4.000 Euro;

7. der Umsatzsteuer-Voranmeldung 1/10 bis 6/10 einer vollen Gebühr nach Tabelle A (Anlage 1); Gegenstandswert sind 10 Prozent der Summe aus dem Gesamtbetrag der Entgelte und der Entgelte, für die der Leistungsempfänger Steuerschuldner ist, jedoch mindestens 500 Euro;

8. der Umsatzsteuererklärung für das Kalenderjahr einschließlich ergänzender Anträge und Meldungen 1/10 bis 8/10 einer vollen Gebühr nach Tabelle A (Anlage 1); Gegenstandswert sind 10 Prozentder Summe aus dem Gesamtbetrag der Entgelte und der Entgelte, für die der Leistungsempfänger Steuerschuldner ist, jedoch mindestens 6.000 Euro;

9. der Vermögensaufstellung zur Ermittlung des Einheitswertes des Betriebsvermögens 1/20 bis 14/20 einer vollen Gebühr nach Tabelle A (Anlage 1); Gegenstandswert ist das Rohbetriebsvermögen, jedoch mindestens 12.500 Euro;

10. der Vermögensteuererklärung oder der Erklärung zur gesonderten Feststellung des Vermögens von Gemeinschaften 1/20 bis 18/20 einer vollen Gebühr nach Tabelle A (Anlage 1); Gegenstandswert ist das Rohvermögen, jedoch bei natürlichen Personen mindestens 12.500 Euro und bei Körperschaften, Personenvereinigungen und Vermögensmassen mindestens 25.000 Euro;

11. der Erklärung zur gesonderten Feststellung des gemeinen Wertes nicht notierter Anteile an Kapitalgesellschaften 1/20 bis 18/20 einer vollen Gebühr nach Tabelle A (Anlage 1); Gegenstandswert ist die Summe der Anteilswerte, jedoch mindestens 25.000 Euro;

12. der Erbschaftsteuererklärung ohne Ermittlung der Zugewinnausgleichsforderung nach § 5 des Erbschaftsteuergesetzes 2/10 bis 10/10 einer vollen Gebühr nach Tabelle A (Anlage 1); Gegenstandswert ist der Wert des Erwerbs von Todes wegen vor Abzug der Schulden und Lasten, jedoch mindestens 12.500 Euro;

13. der Schenkungsteuererklärung 2/10 bis 10/10 einer vollen Gebühr nach Tabelle A (Anlage 1); Gegenstandswert ist der Rohwert der Schenkung, jedoch mindestens 12.500 Euro;

14. der Kapitalertragsteuererklärung 1/20 bis 6/20 einer vollen Gebühr nach Tabelle A (Anlage 1); Gegenstandswert ist die Summe der kapitalertragsteuerpflichtigen Kapitalerträge, jedoch mindestens 3.000 Euro;

15. der Lohnsteuer-Anmeldung 1/20 bis 6/20 einer vollen Gebühr nach Tabelle A (Anlage 1); Gegenstandswert sind 20 Prozent der Arbeitslöhne einschließlich sonstiger Bezüge, jedoch mindestens 1.000 Euro;

16. von Steuererklärungen auf dem Gebiet der Einfuhr- und Ausfuhrabgaben, und der Verbrauchsteuern, die als Einfuhrabgaben erhoben werden, 1/10 bis 3/10 einer vollen Gebühr nach Tabelle A (Anlage 1); Gegenstandswert ist der Betrag, der sich bei Anwendung der höchsten in Betracht kommenden Abgabensätze auf die den Gegenstand der Erklärung bildenden Waren ergibt, jedoch mindestens 1.000 Euro;

17. von Anmeldungen oder Erklärungen auf dem Gebiete der Verbrauchsteuern, die nicht als Einfuhrabgaben erhoben werden, 1/10 bis 3/10 einer vollen Gebühr nach Tabelle A (Anlage 1); Gegenstandswert ist für eine Steueranmeldung der angemeldete Betrag und für eine Steuererklärung der festgesetzte Betrag, jedoch mindestens 1.000 Euro;

18. von Anträgen auf Gewährung einer Verbrauchsteuervergütung oder einer einzelgesetzlich geregelten Verbrauchsteuererstattung, sofern letztere nicht in der monatlichen Steuererklärung oder Steuer-

Abschnitt 5 – Außergerichtliche Beratung und Vertretung

anmeldung geltend zu machen ist, 1/10 bis 3/10 einer vollen Gebühr nach Tabelle A (Anlage 1); Gegenstandswert ist die beantragte Vergütung oder Erstattung, jedoch mindestens 1.000 Euro;

19. von Anträgen auf Gewährung einer Investitionszulage 1/10 bis 6/10 einer vollen Gebühr nach Tabelle A (Anlage 1); Gegenstandswert ist die Bemessungsgrundlage;

20. von Anträgen auf Steuervergütung nach § 4a des Umsatzsteuergesetzes 1/10 bis 6/10 einer vollen Gebühr nach Tabelle A (Anlage 1); Gegenstandswert ist die beantragte Vergütung;

21. von Anträgen auf Vergütung der abziehbaren Vorsteuerbeträge an im Ausland ansässige Unternehmer 1/10 bis 6/10 einer vollen Gebühr nach Tabelle A (Anlage 1); Gegenstandswert ist die beantragte Vergütung, jedoch mindestens 1.000 Euro;

22. von Anträgen auf Erstattung von Kapitalertragsteuer und Vergütung der anrechenbaren Körperschaftsteuer 1/10 bis 6/10 einer vollen Gebühr nach Tabelle A (Anlage 1); Gegenstandswert ist die beantragte Erstattung, jedoch mindestens 1.000 Euro;

23. von Anträgen nach Abschnitt X des Einkommensteuergesetzes 2/10 bis 10/10 einer vollen Gebühr nach Tabelle A (Anlage 1); Gegenstandswert ist das beantragte Jahreskindergeld;

24. von Anträgen nach dem Eigenheimzulagengesetz 2/10 bis 10/10 einer vollen Gebühr nach Tabelle A (Anlage 1); Gegenstandswert ist die beantragte Eigenheimzulage;

25. der Anmeldung über den Steuerabzug von Bauleistungen 1/10 bis 6/10 einer vollen Gebühr nach Tabelle A (Anlage 1); Gegenstandswert ist der angemeldete Steuerabzugsbetrag (§§ 48ff. des Einkommensteuergesetzes), jedoch mindestens 1.000 Euro.

(2) Für die Ermittlung der Zugewinnausgleichsforderung nach § 5 des Erbschaftsteuergesetzes erhält der Steuerberater 5 Zehntel bis 15 Zehntel einer vollen Gebühr nach Tabelle A (Anlage 1); Gegenstandswert ist der ermittelte Betrag, jedoch mindestens 12.500 Euro.

(3) Für einen Antrag auf Lohnsteuer-Ermäßigung (Antrag auf Eintragung von Freibeträgen) erhält der Steuerberater 1/20 bis 4/20 einer vollen Gebühr nach Tabelle A (Anlage 1); Gegenstandswert ist der voraussichtliche Jahresarbeitslohn; er beträgt mindestens 4.500 Euro.

(4) Der Steuerberater erhält die Zeitgebühr

1. für die Anfertigung einer Erklärung zur Hauptfeststellung, Fortschreibung oder Nachfeststellung der Einheitswerte für Grundbesitz oder einer Feststellungserklärung nach § 138 des Bewertungsgesetzes;

2. für Arbeiten zur Feststellung des verrechenbaren Verlustes gemäß § 15a des Einkommensteuergesetzes;

3. für die Anfertigung einer Meldung über die Beteiligung an ausländischen Körperschaften, Vermögensmassen und Personenvereinigungen und an ausländischen Personengesellschaften;

4. für die Anfertigung eines Erstattungsantrages nach § 50 Abs. 5 Satz 2 Nr. 3 des Einkommensteuergesetzes;

5. für die Anfertigung einer Anmeldung nach § 50a Abs. 5 des Einkommensteuergesetzes, § 73e der Einkommensteuer-Durchführungsverordnung;

6. für die Anfertigung eines Antrags auf Erteilung einer Freistellungsbescheinigung nach § 48b des Einkommensteuergesetzes;

7. für die Anfertigung eines Antrags auf Altersvorsorgezulage nach § 89 des Einkommensteuergesetzes;

8. für die Anfertigung eines Antrags auf Festsetzung der Zulage nach § 90 Abs. 4 des Einkommensteuergesetzes;

9. *für die Anfertigung eines Antrags auf Verwendung für eine eigenen Wohnzwecken dienende Wohnung im eigenen Haus nach den §§ 92a, 92b Abs. 1 des Einkommensteuergesetzes;*

10. *für die Anfertigung eines Antrags auf Festsetzung des Rückzahlungsbetrags nach § 94 Abs. 2 des Einkommensteuergesetzes;*

11. *für die Anfertigung eines Antrags auf Stundung nach § 95 Abs. 2 des Einkommensteuergesetzes;*

12. *für die Anfertigung eines Antrags auf Gewährung der Zulage nach Neubegründung der unbeschränkten Steuerpflicht nach § 95 Abs. 3 des Einkommensteuergesetzes.*

§ 25 – Ermittlung des Überschusses der Betriebseinnahmen über die Betriebsausgaben

(1) Die Gebühr für die Ermittlung des Überschusses der Betriebseinnahmen über die Betriebsausgaben bei den Einkünften aus Land- und Forstwirtschaft, Gewerbebetrieb oder selbständiger Arbeit beträgt 5 Zehntel bis 20 Zehntel einer vollen Gebühr nach Tabelle B (Anlage 2). Gegenstandswert ist der jeweils höhere Betrag, der sich aus der Summe der Betriebseinnahmen oder der Summe der Betriebsausgaben ergibt, jedoch mindestens 12.500 Euro.

(2) Für Vorarbeiten, die über das übliche Maß erheblich hinausgehen, erhält der Steuerberater die Zeitgebühr.

(3) Sind bei mehreren Einkünften aus derselben Einkunftsart die Überschüsse getrennt zu ermitteln, so erhält der Steuerberater die Gebühr nach Absatz 1 für jede Überschussrechnung.

(4) Für die Aufstellung eines schriftlichen Erläuterungsberichts zur Ermittlung des Überschusses der Betriebseinnahmen über die Betriebsausgaben erhält der Steuerberater 2/10 bis 12/10 einer vollen Gebühr nach Tabelle B (Anlage 2). Der Gegenstandswert bemisst sich nach Abs. 1 Satz 2.

§ 26 – Ermittlung des Gewinns aus Land- und Forstwirtschaft nach Durchschnittssätzen

(1) Die Gebühr für die Ermittlung des Gewinns nach Durchschnittssätzen beträgt 5 Zehntel bis 20 Zehntel einer vollen Gebühr nach Tabelle B (Anlage 2). Gegenstandswert ist der Durchschnittssatzgewinn nach § 13a Abs. 3 des Einkommensteuergesetzes.

(2) Sind für mehrere land- und forstwirtschaftliche Betriebe desselben Auftraggebers die Gewinne nach Durchschnittssätzen getrennt zu ermitteln, so erhält der Steuerberater die Gebühr nach Absatz 1 für jede Gewinnermittlung.

§ 27 – Ermittlung des Überschusses der Einnahmen über die Werbungskosten

(1) Die Gebühr für die Ermittlung des Überschusses der Einnahmen über die Werbungskosten bei den Einkünften aus nichtselbständiger Arbeit, Kapitalvermögen, Vermietung und Verpachtung oder sonstigen Einkünften beträgt 1 Zwanzigstel bis 12 Zwanzigstel einer vollen Gebühr nach Tabelle A (Anlage 1). Gegenstandswert ist der jeweils höhere Betrag, der sich aus der Summe der Einnahmen oder der Summe der Werbungskosten ergibt, jedoch mindestens 6.000 Euro.

(2) Beziehen sich die Einkünfte aus Vermietung und Verpachtung auf mehrere Grundstücke oder sonstige Wirtschaftsgüter und ist der Überschuss der Einnahmen über die Werbungskosten jeweils getrennt zu ermitteln, so erhält der Steuerberater die Gebühr nach Absatz 1 für jede Überschussrechnung.

(3) (weggefallen)

§ 28 – Prüfung von Steuerbescheiden

Für die Prüfung eines Steuerbescheids erhält der Steuerberater die Zeitgebühr.

§ 29 – Teilnahme an Prüfungen

Der Steuerberater erhält

1. *für die Teilnahme an einer Prüfung, insbesondere an einer Außen- oder Zollprüfung (§ 193 der Abgabenordnung, Artikel 78 der Verordnung (EWG) Nr. 2913/92 des Rates vom 12. Oktober 1992 zur Festlegung des Zollkodex der Gemeinschaften (ABl. EG Nr. L 302 S. 1, 1993 Nr. L 79 S. 84, 1996*

Abschnitt 5 – Außergerichtliche Beratung und Vertretung

Nr. L 97 S. 38), die zuletzt durch die Verordnung (EG) Nr. 648/2005 des Europäischen Parlaments und des Rates vom 13. April 2005 (ABl. EU Nr. L 117 S. 13) geändert worden ist, in der jeweils geltenden Fassung) einschließlich der Schlussbesprechung und der Prüfung des Prüfungsberichts, an einer Ermittlung der Besteuerungsgrundlagen (§ 208 der Abgabenordnung) oder an einer Maßnahme der Steueraufsicht (§§ 209 bis 217 der Abgabenordnung) die Zeitgebühr;

2. für schriftliche Einwendungen gegen den Prüfungsbericht 5 Zehntel bis 10 Zehntel einer vollen Gebühr nach Tabelle A (Anlage 1).

§ 30 – Selbstanzeige

Für die Tätigkeit im Verfahren der Selbstanzeige (§§ 371 und 378 Abs. 3 der Abgabenordnung) einschließlich der Ermittlungen zur Berichtigung, Ergänzung oder Nachholung der Angaben erhält der Steuerberater 10 Zehntel bis 30 Zehntel einer vollen Gebühr nach Tabelle A (Anlage 1).

§ 31 – Besprechungen

(1) Für Besprechungen mit Behörden oder mit Dritten in abgabenrechtlichen Sachen erhält der Steuerberater 5/10 1 bis 10/10 einer vollen Gebühr nach Tabelle A (Anlage 1).

(2) Die Besprechungsgebühr entsteht, wenn der Steuerberater an einer Besprechung über tatsächliche oder rechtliche Fragen mitwirkt, die von der Behörde angeordnet ist oder im Einverständnis mit dem Auftraggeber mit der Behörde oder mit einem Dritten geführt wird. Der Steuerberater erhält diese Gebühr nicht für die Beantwortung einer mündlichen oder fernmündlichen Nachfrage der Behörde

§ 32 – Einrichtung einer Buchführung

Für die Hilfeleistung bei der Einrichtung einer Buchführung erhält der Steuerberater die Zeitgebühr.

§ 33 – Buchführung

(1) Für die Buchführung einschließlich des Kontierens der Belege beträgt die Monatsgebühr 2/10 bis 12/10 einer vollen Gebühr nach Tabelle C (Anlage 3).

(2) Für das Kontieren der Belege beträgt die Monatsgebühr 1/10 bis 6/10 einer vollen Gebühr nach Tabelle C (Anlage 3).

(3) Für die Buchführung nach vom Auftraggeber kontierten Belegen oder erstellten Kontierungsunterlagen beträgt die Monatsgebühr 1/10 bis 6/10 einer vollen Gebühr nach Tabelle C (Anlage 3).

(4) Für die Buchführung nach vom Auftraggeber erstellten Eingaben für die Datenverarbeitung und mit beim Auftraggeber eingesetzten Datenverarbeitungsprogrammen des Steuerberaters erhält der Steuerberater neben der Vergütung für die Datenverarbeitung und für den Einsatz der Datenverarbeitungsprogramme eine Monatsgebühr von 1/20 bis 10/20 einer vollen Gebühr nach Tabelle C (Anlage 3).

(5) Für die laufende Überwachung der Buchführung des Auftraggebers beträgt die Monatsgebühr 1/10 bis 6/10 einer vollen Gebühr nach Tabelle C (Anlage 3).

(6) Gegenstandswert ist der jeweils höchste Betrag, der sich aus dem Jahresumsatz oder aus der Summe des Aufwandes ergibt.

(7) Für die Hilfeleistung bei sonstigen Tätigkeiten im Zusammenhang mit der Buchführung erhält der Steuerberater die Zeitgebühr.

(8) Mit der Gebühr nach den Absätzen 1, 3 und 4 sind die Gebühren für die Umsatzsteuervoranmeldung (§ 24 Abs. 1 Nr. 7) abgegolten.

§ 34 – Lohnbuchführung

(1) Für die erstmalige Einrichtung von Lohnkonten und die Aufnahme der Stammdaten erhält der Steuerberater eine Gebühr von 2,60 bis 9 Euro je Arbeitnehmer.

(2) Für die Führung von Lohnkonten und die Anfertigung der Lohnabrechnung erhält der Steuerberater eine Gebühr von 2,60 bis 15 Euro je Arbeitnehmer und Abrechnungszeitraum.

(3) Für die Führung von Lohnkonten und die Anfertigung der Lohnabrechnung nach vom Auftraggeber erstellten Buchungsunterlagen erhält der Steuerberater eine Gebühr von 1 bis 5 Euro je Arbeitnehmer und Abrechnungszeitraum.

(4) Für die Führung von Lohnkonten und die Anfertigung der Lohnabrechnung nach vom Auftraggeber erstellten Eingaben für die Datenverarbeitung und mit beim Auftraggeber eingesetzten Datenverarbeitungsprogrammen des Steuerberaters erhält der Steuerberater neben der Vergütung für die Datenverarbeitung und für den Einsatz der Datenverarbeitungsprogramme eine Gebühr von 0,50 bis 2,60 Euro je Arbeitnehmer und Abrechnungszeitraum.

(5) Für die Hilfeleistung bei sonstigen Tätigkeiten im Zusammenhang mit dem Lohnsteuerabzug und der Lohnbuchführung erhält der Steuerberater die Zeitgebühr.

(6) Mit der Gebühr nach den Absätzen 2 bis 4 sind die Gebühren für die Lohnsteueranmeldung (§ 24 Abs. 1 Nr. 15) abgegolten.

§ 35 – Abschlussarbeiten

(1) Die Gebühr beträgt für

1. a) die Aufstellung eines Jahresabschlusses (Bilanz und Gewinn- und Verlustrechnung) 10/10 bis 40/10;

b) die Erstellung eines Anhangs 2/10 bis 12/10;

c) die Erstellung eines Lageberichts 2/10 bis 12/10;

2. die Aufstellung eines Zwischenabschlusses oder eines vorläufigen Abschlusses (Bilanz und Gewinn- und Verlustrechnung) 5/10 bis 12/10;

3. a) die Ableitung des steuerlichen Ergebnisses vom Handelsbilanzergebnis 2/10 bis 10/10

b) die Entwicklung einer Steuerbilanz aus der Handelsbilanz 5/10 bis 12/10;

4. die Aufstellung einer Eröffnungsbilanz 5/10 bis 12/10;

5. die Aufstellung einer Auseinandersetzungsbilanz 5/10 bis 20/10;

6. den schriftlichen Erläuterungsbericht zu Tätigkeiten nach den Nummern 1 bis 5 2/10 bis 12/10;

7. a) die beratende Mitwirkung bei der Aufstellung eines Jahresabschlusses (Bilanz und Gewinn- und Verlustrechnung) 2/10 bis 10/10;

b) die beratende Mitwirkung bei der Erstellung eines Anhangs 2/10 bis 4/10;

c) die beratende Mitwirkung bei der Erstellung eines Lageberichts 2/10 bis 4/10;

8. die Zusammenstellung eines Jahresabschlusses (Bilanz und Gewinn- und Verlustrechnung) aus übergebenen Endzahlen (ohne Vornahme von Prüfungsarbeiten) 2/10 bis 6/10 einer vollen Gebühr nach Tabelle B (Anlage 2).

(2) Gegenstandswert ist

1. in den Fällen des Absatzes 1 Nr. 1 bis 3, 7 und 8 das Mittel zwischen der berichtigten Bilanzsumme und der betrieblichen Jahresleistung;

2. in den Fällen des Absatzes 1 Nr. 4 und 5 die berichtigte Bilanzsumme;

3. in den Fällen des Absatzes 1 Nr. 6 der Gegenstandswert, der für die dem Erläuterungsbericht zugrunde liegenden Abschlussarbeiten maßgeblich ist.

Die berichtigte Bilanzsumme ergibt sich aus der Summe der Posten der Aktivseite der Bilanz zuzüglich Privatentnahmen und offener Ausschüttungen, abzüglich Privateinlagen, Kapitalerhöhungen durch Einlagen und Wertberichtigungen. Die betriebliche Jahresleistung umfasst Umsatzerlöse, sonstige betriebliche Erträge, Erträge aus Beteiligungen, Erträge aus anderen Wertpapieren und Ausleihungen

Abschnitt 5 – Außergerichtliche Beratung und Vertretung

des Finanzanlagevermögens, sonstige Zinsen und ähnliche Erträge, Veränderungen des Bestands an fertigen und unfertigen Erzeugnissen, andere aktivierte Eigenleistungen sowie außerordentliche Erträge. Ist der betriebliche Jahresaufwand höher als die betriebliche Jahresleistung, so ist dieser der Berechnung des Gegenstandswerts zugrunde zu legen. Betrieblicher Jahresaufwand ist die Summe der Betriebsausgaben einschließlich der Abschreibungen. Bei der Berechnung des Gegenstandswerts ist eine negative berichtigte Bilanzsumme als positiver Wert anzusetzen. Übersteigen die betriebliche Jahresleistung oder der höhere betriebliche Jahresaufwand das 5fache der berichtigten Bilanzsumme, so bleibt der übersteigende Betrag bei der Ermittlung des Gegenstandswerts außer Ansatz. Der Gegenstandswert besteht nur aus der berichtigten Bilanzsumme, wenn die betriebliche Jahresleistung geringer als 3.000 Euro ist. Der Gegenstandswert besteht nur aus der betrieblichen Jahresleistung, wenn die berichtigte Bilanzsumme geringer als 3.000 Euro ist.

(3) Für die Anfertigung oder Berichtigung von Inventurunterlagen und für sonstige Abschlussvorarbeiten bis zur abgestimmten Saldenbilanz erhält der Steuerberater die Zeitgebühr.

§ 36 – Steuerliches Revisionswesen

(1) Der Steuerberater erhält für die Prüfung einer Buchführung, einzelner Konten, einzelner Posten des Jahresabschlusses, eines Inventars, einer Überschussrechnung oder von Bescheinigungen für steuerliche Zwecke und für die Berichterstattung hierüber die Zeitgebühr.

(2) Der Steuerberater erhält

1. für die Prüfung einer Bilanz, einer Gewinn- und Verlustrechnung, eines Anhangs, eines Lageberichts oder einer sonstigen Vermögensrechnung für steuerliche Zwecke 2/10 bis 10/10 einer vollen Gebühr nach Tabelle B (Anlage 2) sowie die Zeitgebühr;

2. für die Berichterstattung über eine Tätigkeit nach Nummer 1 die Zeitgebühr. Der Gegenstandswert bemisst sich nach § 35 Abs. 2.

§ 37 – Vermögensstatus, Finanzstatus für steuerliche Zwecke

Die Gebühr beträgt für

1. die Erstellung eines Vermögensstatus oder Finanzstatus 5/10 bis 15/10;

2. die Erstellung eines Vermögensstatus oder Finanzstatus aus übergebenen Endzahlen (ohne Vornahme von Prüfungsarbeiten) 2/10 bis 6/10;

3. den schriftlichen Erläuterungsbericht zu den Tätigkeiten nach Nummer 1 1/10 bis 6/10 einer vollen Gebühr nach Tabelle B (Anlage 2). Gegenstandswert ist für die Erstellung eines Vermögensstatus die Summe der Vermögenswerte, für die Erstellung eines Finanzstatus die Summe der Finanzwerte.

§ 38 – Erteilung von Bescheinigungen

(1) Der Steuerberater erhält für die Erteilung einer Bescheinigung über die Beachtung steuerrechtlicher Vorschriften in Vermögensübersichten und Erfolgsrechnungen 1 Zehntel bis 6 Zehntel einer vollen Gebühr nach Tabelle B (Anlage 2). Der Gegenstandswert bemisst sich nach § 35 Abs. 2.

(2) Der Steuerberater erhält für die Mitwirkung an der Erteilung von Steuerbescheinigungen die Zeitgebühr.

§ 39 – Buchführungs- und Abschlussarbeiten für land- und forstwirtschaftliche Betriebe

(1) Für Angelegenheiten, die sich auf land- und forstwirtschaftliche Betriebe beziehen, gelten abweichend von den §§ 32, 33, 35 und 36 die Absätze 2 bis 7.

(2) Die Gebühr beträgt für

1. laufende Buchführungsarbeiten einschließlich Kontieren der Belege jährlich 3/10 bis 20/10;

2. die Buchführung nach vom Auftraggeber kontierten Belegen oder erstellten Kontierungsunterlagen jährlich 3/20 bis 20/20;

3. die Buchführung nach vom Auftraggeber erstellten Datenträgern oder anderen Eingabemitteln für die Datenverarbeitung neben der Vergütung für die Datenverarbeitung und für den Einsatz der Datenverarbeitungsprogramme jährlich 1/20 bis 16/20;

4. die laufende Überwachung der Buchführung jährlich 1/10 bis 6/10 einer vollen Gebühr nach Tabelle D (Anlage 4). Die volle Gebühr ist die Summe der Gebühren nach Tabelle D Teil a und Tabelle D Teil b.

(3) Die Gebühr beträgt für

1. die Abschlussvorarbeiten 1/10 bis 5/10;

2. die Aufstellung eines Abschlusses 3/10 bis 10/10;

3. die Entwicklung eines steuerlichen Abschlusses aus dem betriebswirtschaftlichen Abschluss oder aus der Handelsbilanz oder die Ableitung des steuerlichen Ergebnisses vom Ergebnis des betriebswirtschaftlichen Abschlusses oder der Handelsbilanz 3/20 bis 10/20;

4. die beratende Mitwirkung bei der Erstellung eines Abschlusses 1/20 bis 10/20;

5. die Prüfung eines Abschlusses für steuerliche Zwecke 1/10 bis 8/10;

6. den schriftlichen Erläuterungsbericht zum Abschluss 1/10 bis 8/10 einer vollen Gebühr nach Tabelle D (Anlage 4). Die volle Gebühr ist die Summe der Gebühren nach Tabelle D Teil a und Tabelle D Teil b.

(4) Die Gebühr beträgt für

1. die Hilfeleistung bei der Einrichtung einer Buchführung 1/10 bis 6/10;

2. die Erfassung der Anfangswerte bei Buchführungsbeginn 3/10 bis 15/10 einer vollen Gebühr nach Tabelle D Teil a (Anlage 4).

(5) Gegenstandswert ist für die Anwendung der Tabelle D Teil a die Betriebsfläche. Gegenstandswert für die Anwendung der Tabelle D Teil b ist der Jahresumsatz zuzüglich der Privateinlagen, mindestens jedoch die Höhe der Aufwendungen zuzüglich der Privatentnahmen. Im Falle des Absatzes 3 vermindert sich der 100.000 Euro übersteigende Betrag auf die Hälfte.

(6) Bei der Errechnung der Betriebsfläche (Absatz 5) ist

1. bei einem Jahresumsatz bis zu 1.000 Euro je Hektar das Einfache;

2. bei einem Jahresumsatz über 1.000 Euro je Hektar das Vielfache, das sich aus dem durch 1.000 geteilten Betrag des Jahresumsatzes je Hektar ergibt;

3. bei forstwirtschaftlich genutzten Flächen die Hälfte;

4. bei Flächen mit bewirtschafteten Teichen die Hälfte;

5. bei durch Verpachtung genutzten Flächen ein Viertel der tatsächlich genutzten Flächen anzusetzen.

(7) Mit der Gebühr nach Absatz 2 Nr. 1, 2 und 3 ist die Gebühr für die Umsatzsteuervoranmeldungen (§ 24 Abs. 1 Nr. 7) abgegolten.«

II. Der Tatbestand im Einzelnen

Nach den §§ 23 bis 39 StBGebV erhält der RA Wert- oder Zeitgebühren. Die Höhe der Wertgebühren richtet sich auch für den RA nicht nach dem RVG, sondern nach den Anlagen 1 bis 4 der StBGebV (§ 10 StBGebV). Dabei handelt es sich regelmäßig um Rahmengebühren. Die Bestimmung der Höhe hat dabei nach den Grundsätzen des § 14 zu erfolgen, nicht nach § 11 StBGebV, da auf diese Vorschrift nicht hingewiesen wird.

Abschnitt 5 – Außergerichtliche Beratung und Vertretung

4a Die Anwendung des § 22 Abs. 2 Satz 1 RVG (Wert höchstens € 30 Mio.) ist durch den Verweis auf § 10 StBGebV ausgeschlossen. Damit gibt es für diese Tätigkeiten keinen Höchstwert (N. Schneider AGS 2005, 322).

5 Die Höhe der Zeitgebühren richtet sich nach § 13 Satz 2 StBGebV (€ 19–€ 46 je angefangene halbe Stunde). Es handelt sich um folgende Vorschriften:

- § 24 Abs. 4 StBGebV (insbesondere Anfertigung einer Erklärung zur Hauptfeststellung, Fortschreibung oder Nachfeststellung der Einheitswerte für Grundbesitz, Arbeiten zur Feststellung des verrechenbaren Verlusts gemäß § 15 a EStG),
- § 25 Abs. 2 StBGebV (Vorarbeiten zur Ermittlung des Überschusses der Betriebseinnahmen über die Betriebsausgaben, die über das übliche Maß erheblich hinausgehen),
- § 28 StBGebV (Prüfung eines Steuerbescheids),
- § 29 Nr. 1 StBGebV (Teilnahme an Prüfungen),
- § 32 StBGebV (Hilfeleistung bei der Einrichtung einer Buchführung),
- § 33 Abs. 7 StBGebV (Hilfeleistungen bei sonstigen Tätigkeiten im Zusammenhang mit der Buchführung),
- § 34 Abs. 5 StBGebV (Hilfeleistung bei sonstigen Tätigkeiten im Zusammenhang mit dem Lohnsteuerabzug und der Lohnbuchführung),
- § 35 Abs. 3 StBGebV (Anfertigung oder Berichtigung von Inventurunterlagen und sonstige Abschlussvorarbeiten bis zur abgestimmten Saldenbilanz),
- § 36 Abs. 1 und 2 StBGebV (Prüfung einer Buchführung, einzelner Konten oder einer Überschussrechnung für steuerliche Zwecke und Berichterstattung hierüber sowie Prüfung einer Bilanz, einer Gewinn- und Verlustrechnung, eines Anhangs, eines Lageberichts oder einer sonstigen Vermögensrechnung für steuerliche Zwecke) sowie § 38 Abs. 2 StBGebV (Mitwirkung an der Erteilung von Steuerbescheinigungen).

6 Darüber hinaus sind Tätigkeiten mit der Zeitgebühr abzurechnen, wenn für deren Wert keine genügenden Anhaltspunkte für eine Schätzung vorliegen (§ 13 Satz 1 Nr. 2 StBGebV). Dies gilt nach dieser Vorschrift ausdrücklich nicht für die in § 23 StBGebV aufgeführten Tätigkeiten.

§ 36
Schiedsrichterliche Verfahren und Verfahren vor dem Schiedsgericht

(1) Teil 3 Abschnitt 1 und 2 des Vergütungsverzeichnisses ist auf die folgenden außergerichtlichen Verfahren entsprechend anzuwenden:
1. schiedsrichterliche Verfahren nach Buch 10 der Zivilprozessordnung und
2. Verfahren vor dem Schiedsgericht (§ 104 des Arbeitsgerichtsgesetzes).

(2) Im Verfahren nach Absatz 1 Nr. 1 erhält der Rechtsanwalt die Terminsgebühr auch, wenn der Schiedsspruch ohne mündliche Verhandlung erlassen wird.

Literatur: Bischof RVG Erste Gebührenprobleme für Schiedsverfahren und Mediation SchiedsVZ 2004, 252; Enders JurBüro 1998, 169 u. 281, Die Vergütung des Anwalts für eine Tätigkeit im schiedsrichterlichen Verfahren.

Inhaltsübersicht

	Rn.
A. Allgemeines	1
B. Kommentierung im Einzelnen	5
I. Schiedsrichterliches Verfahren	5
II. Der Tatbestand im Einzelnen	15
1. Abs. 1 Satz 1 Hs. 1 Entsprechende Anwendung des Teils 3 Abschnitt 1 und 2 VV RVG	15
2. Abs. 1 Satz 1 Hs. 2 Schiedsverfahren, 10. Buch der ZPO und § 104 ArbGG	16
3. Abs. 2 Schiedsspruch ohne mündliche Verhandlung	17
III. Wichtige Begriffe	19
1. Beginn des schiedsrichterlichen Verfahrens	19

	Rn.
2. Besonderheiten bei den Gebühren	20
3. Gegenstandswert	23
4. Kostengrundentscheidung	30
5. Vergütungsfestsetzung	31
6. Höhe der Schiedsrichtergebühren	32
a) Allgemeines	32
b) Vorschlag 1	34
c) Vorschlag 2 (Bausachen SGBau)	35
d) Vorschlag 3 (Ad-hoc-Verfahren – Verfasser)	36
e) Vorschlag 4 (Ad-hoc-Verfahren – Elsing)	37
f) Vorschlag 5 (DAV – DRiB)	39
g) Vorschlag 6 (DIS-Regelung für Ad-hoc-Verfahren)	40

A. Allgemeines

Der § 36 RVG bestimmt (in seinem Absatz 1) für den anwaltlichen Parteivertreter, dass bei einer Vertretung im schiedsgerichtlichen und im arbeitsschiedsgerichtlichen Verfahren die üblichen Gebühren des Teils 3 des Vergütungsverzeichnisses, also des prozessualen Streitverfahrens, anfallen. Das sind die Verfahrensgebühr (Nr. 3100), die Terminsgebühr (Nr. 3104) und die Einigungsgebühr (Nr. 1000 1,5 Gebühr, da kein gerichtliches Verfahren anhängig ist, Gebauer/Schneider RVG § 36 Rn. 14). Abs. 1 nimmt zwar ausdrücklich nur Bezug auf Teil 3. Dennoch fällt auch hier die Einigungsgebühr Nr. 1000 an (Gebauer/Schneider RVG § 36 Rn. 21). 1

Für den anwaltlichen Parteivertreter im schiedsrichterlichen Verfahren nach dem 10. Buch der ZPO fällt die Terminsgebühr auch dann an, wenn der Schiedsspruch (ausnahmsweise) ohne mündliche Verhandlung erlassen wird. Diese Sonderregelung gilt nur im schiedsrichterlichen Verfahren nach dem 10. Buch der ZPO und nicht im Verfahren vor dem Schiedsgericht in Arbeitssachen, weil dort gem. § 105 Abs. 1 und 2 ArbGG ohnehin immer eine mündliche Anhörung notwendig ist. 2

Dieselbe Angelegenheit (§ 16 Nr. 10 RVG) ist für den vertretenden Anwalt das **schiedsrichterliche** Verfahren nach dem 10. Buch der ZPO und das **gerichtliche** Verfahren (§ 1050 ZPO) zur Unterstützung des Schiedsgerichts bei der Beweisaufnahme oder bei der Vornahme sons- 3

Abschnitt 5 – Außergerichtliche Beratung und Vertretung

tiger richterlicher Handlungen (wie z. B. Erscheinenszwang für Zeugen; Ersuchen einer Behörde um Vorlage einer Urkunde; Amtliche Auskunft – § 273 Abs. 2 Nr. 2 ZPO –; siehe Baumbach/Lauterbach/Albers/Hartmann ZPO 63. Aufl. § 1050 Rn. 1).

4 In gleicher Weise ist dieselbe Angelegenheit (§ 16 Nr. 11 RVG) das Verfahren vor dem Schiedsgericht in Arbeitssachen und das arbeitsgerichtliche Verfahren zur Unterstützung des Schiedsgerichts.

Demgegenüber sind verschiedene Angelegenheiten das **Schiedsverfahren einerseits** und das Verfahren über die Zulassung der Vollziehung einer **vorläufigen** oder sichernden **Maßnahme** (§ 1041 ZPO) **andererseits**, § 17 Nr. 6 RVG.

Auch das Verfahren etwa auf Vollstreckbarerklärung von Schiedssprüchen (§§ 1060 ff. ZPO) ist eine besondere Angelegenheit, das Gebühren nach Nrn. 3327 und 3332 auslöst; diese VV-Nummern sind lex specialis zu den durch § 36 Abs. 1 RVG angezogenen Nummern 3100 und 3104.

B. Kommentierung im Einzelnen

I. Schiedsrichterliches Verfahren

5 Bei dem in § 36 RVG an erster Stelle genannten schiedsrichterlichen Verfahren des 10. Buches der ZPO (§§ 1025 bis 1066) handelt es sich vor allem um Verfahren vor privaten Schiedsgerichten, die bürgerliche Rechtsstreitigkeiten betreffen. Bei der Schiedsgerichtsbarkeit handelt es sich um die Ausübung privater Gerichtsbarkeit unter Ausschluss der staatlichen Gerichtsbarkeit.

6 § 1029 ZPO definiert: Schiedsvereinbarung ist eine Vereinbarung der Parteien, alle oder einzelne Streitigkeiten, die zwischen ihnen in Bezug auf ein bestimmtes Rechtsverhältnis vertraglicher oder nichtvertraglicher Art entstanden sind oder künftig entstehen, der Entscheidung durch ein Schiedsgericht zu unterwerfen.

Eine Schiedsvereinbarung kann in Form einer selbständigen Vereinbarung (Schiedsabrede) oder in Form einer Klausel in einem Vertrag (Schiedsklausel) geschlossen werden.

7 Jeder vermögensrechtliche Anspruch kann Gegenstand einer Schiedsvereinbarung sein. Eine Ausnahme bildet eine Schiedsvereinbarung über Rechtsstreitigkeiten, die den Bestand eines Mietverhältnisses über Wohnraum im Inland betreffen: sie ist unwirksam, es sei denn, es handele sich um Wohnraum nach § 549 Abs. 2 Nr. 1 bis 3 BGB (also vermietet zum vorübergehenden Gebrauch oder von möblierten Wohnungen).

Die Schiedsvereinbarung muss entweder in einem von den Parteien unterzeichneten Schriftstück oder in zwischen ihnen gewechselten Schreiben, Fernkopien, Telegrammen oder anderen Formen der Nachrichtenübermittlung, die einen Nachweis der Vereinbarung sicherstellen, enthalten sein.

8 In sehr beschränktem Umfang unterliegt das Schiedsverfahren der staatlichen Nachprüfung, dennoch wird das Schiedsgericht dadurch nicht ein staatliches Gericht (KG AGS 1998, 75). Demgemäß kann ein Schiedsgericht auch, wenn es eine deutsche Norm an Hand einer europarechtlichen Richtlinie auslegen möchte, keine Vorabentscheidung des EuGH einholen, anders das staatliche Gericht, das im Rahmen der Anerkennung oder Vollstreckung mit Schiedssprüchen befasst wird (EuGH v. 23. 03. 1982 – Az.: Rs 102/81 – Slg. 1982, 1095; Bischof Europarecht für Anfänger 2. Aufl. Rn. 175).

Die Vergütung für eine Mitwirkung des Anwalts in einem gerichtlichen Verfahren, das Bezug zu einem schiedsgerichtlichen Verfahren hat (z. B. Vollstreckbarerklärung), richtet sich nicht nach § 36 sondern nach dem Nrn. 3327 und 3332 (siehe auch § 16 Nr. 9, 10 und § 17 Nr. 6 RVG).

Dabei handelt es sich um **Mitwirkungshandlungen des Anwalts** bei folgenden **staatlichen Handlungen** im Zusammenhang mit einem Schiedsverfahren, bei denen gesonderte Gebühren ausgelöst werden:

- Aufhebung eines Schiedsspruchs (§ 1059 ZPO),
- Vollstreckbarerklärung von Schiedssprüchen (§ 1060 ZPO),
- Aufhebung der Vollstreckbarerklärung (§ 1061 Abs. 3 ZPO),
- Feststellung der Zulässigkeit oder Unzulässigkeit des schiedsrichterlichen Verfahrens (§ 1032 Abs. 2 ZPO),
- Rüge der Unzuständigkeit des Schiedsgericht (§ 1040 ZPO),
- Vollstreckbarerklärung oder Aufhebung eines ausländischen Schiedsspruchs (§ 1061 ZPO).

Die Tätigkeit des Rechtsanwalts **als Schiedsrichter** fällt ebenfalls nicht unter § 36, sondern unter § 1 Abs. 2. Dafür erhält der Anwalt die im Schiedsrichtervertrag vereinbarte und in Ermangelung einer Vereinbarung die angemessene Vergütung, das waren bisher für den Vorsitzenden 15/10 Gebühren und für die Beisitzer 13/10 Gebühren (Prozess, Verhandlungs- und Beweisgebühr). Da seit In-Kraft-Treten des RVG nur noch zwei Gebühren (an Stelle von bisher drei Gebühren) anfallen, muss hier eine neue Üblichkeit durch entsprechende Vereinbarungen für Ad-hoc-Schiedsverfahren geschaffen werden.

Die bisher entstehenden **üblichen Gebühren** von 45/10 bzw. 39/10 müssen zu ihrer weiteren Wirksamkeit sicherheitshalber durch **ausdrückliche Vereinbarungen** fortgeschrieben werden (siehe unten Rn. 32 ff.).

§ 36 RVG findet ferner keine Anwendung, wenn sich die Beteiligten auf die Einholung eines **Schiedsgutachtens** geeinigt haben (§ 317 BGB). Dann erhält der Anwalt die Gebühren der Nr. 2300 (Geschäftsgebühr; Riedel/Sußbauer RVG § 36 Rn. 4). Entscheidet der Schiedsgutachter über Rechtsfragen oder Tatsachen, die eng mit Rechtsfragen zusammenhängen, so erhält er mangels Parteiabsprache Gebühren eines Schiedsrichters.

§ 36 RVG findet auch Anwendung bei Verfahren vor **Schiedsgerichten**, die von **Gesetzes wegen eröffnet** sind, wenn die Vorschriften der §§ 1025 ff. ZPO über das schiedsgerichtliche Verfahren darauf Anwendung finden (etwa § 8 des Gesetzes über die Verbände der gesetzlichen Krankenkassen und Ersatzkassen, BGBl. I 1955, 524).

Da der Gesetzgeber die bisherigen §§ 67 und 62 BRAGO im § 36 RVG zusammengefasst hat und beide Fälle grundsätzlich (bis auf die notwendige mündliche Verhandlung in Arbeitssachen) gleich behandelt, sind die früheren Abgrenzungsprobleme weggefallen.

– Verfahren vor dem Schiedsgericht in Arbeitssachen

Für das in § 36 RVG aufgenommene Verfahren vor dem Schiedsgericht in Arbeitssachen (früher § 62 BRAGO) gelten keine Besonderheiten mehr. Das Verfahren vor dem Schiedsgericht in Arbeitssachen ist in den §§ 101–110 ArbGG geregelt. In erster Linie geht es um Verfahren, bei denen durch einen Tarifvertrag die sonst gegebene Zuständigkeit der Arbeitsgerichtsbarkeit ausgeschlossen ist unter gleichzeitiger Eröffnung des Weges zu dem Schiedsgericht (§ 101 ArbGG).

VV Nr. 1000 verweist in Anm. Abs. 1 Satz 2 auf ein Güteverfahren nach § 36, das nie ins Gesetz aufgenommen worden ist.

II. Der Tatbestand im Einzelnen

1. Abs. 1 Satz 1 Hs. 1 Entsprechende Anwendung des Teils 3 Abschnitt 1 und 2 VV RVG

In den schiedsrichterlichen Verfahren des 10. Buches der ZPO und in den Verfahren vor dem Schiedsgericht in Arbeitssachen erhält der Anwalt die gleichen Gebühren wie in einem ge-

Abschnitt 5 – Außergerichtliche Beratung und Vertretung

richtlichen Verfahren. Dies wird erreicht durch die Formulierung »**Entsprechende Anwendung des Teils 3 Abschnitt 1 und 2**«.

»Teil 3 Abschnitt 1 und 2« bedeutet Nrn. 3100 bis 3213 einschließlich Vorbem. 3.

Damit wäre an sich die Einigungsgebühr der Nr. 1000 nicht ergriffen. Die Vorbem. 1 vor Nr. 1000 besagt aber, dass die Gebühren dieses Teils (also 1) neben den in anderen Teilen bestimmten Gebühren entstehen, demgemäß fällt auch sie im Schiedsverfahren an (Gebauer/Schneider RVG § 36 Rn. 21; Gerold/Schmidt/von Eicken/Madert/Müller-Rabe RVG 17. Aufl. § 36 Rn. 12).

2. Abs. 1 Satz 1 Hs. 2 Schiedsverfahren, 10. Buch der ZPO und § 104 ArbGG

16 Das 10. Buch der ZPO regelt seit 1998 in moderner Form nach novellierten Vorschriften, die an die internationalen Regeln angepasst sind, das deutsche Schiedsverfahrensrecht. Neu und etwas fremdartig wirkt der Schiedsspruch mit vereinbartem Wortlaut, §§ 1053, 1054 ZPO. Dabei handelt es sich um den Schiedsvergleich. Diese Regelung hat ihren Sinn in der gesicherten Vollstreckbarkeit im Ausland, weil eine Reihe von ausländischen Rechtsordnungen den Prozessvergleich nicht kennen. Nicht selten lassen es die Schiedsparteien zunächst beim reinen Schiedsvergleich. Bei Bedarf wird dann später noch der Schiedsspruch mit vereinbartem Wortlaut erbeten. Wenig praktikabel ist der Wortlaut des § 1053 Abs. 1 Satz 2 ZPO, wonach der Schiedsspruch mit vereinbartem Wortlaut auf Antrag **der Parteien** zu erlassen ist. Der Vollstreckungsschuldner hat kein Interesse an solch einem Antrag.

3. Abs. 2 Schiedsspruch ohne mündliche Verhandlung

17 Abs. 2 gilt nur für das schiedsrichterliche Verfahren nach dem 10. Buch der ZPO (Terminsgebühr erfällt, auch wenn das Schiedsgericht den Schiedsspruch ohne mündliche Verhandlung erlässt).

Für das Verfahren vor dem Schiedsgericht nach § 104 ArbGG bestimmt § 105 Abs. 1 und 2 ArbGG dagegen: »*Vor der Fällung des Schiedsspruchs sind die Streitparteien mündlich zu hören.*« Insoweit bedurfte es also keiner Spezialregelung.

18 Die im arbeitsgerichtlichen Verfahren vor dem Schiedsgericht reduzierten Gebühren für **Einzeltätigkeiten** sind eingestellt in Nr. 3326, beachte zur Angelegenheit auch § 16 Nr. 11 RVG.

III. Wichtige Begriffe

1. Beginn des schiedsrichterlichen Verfahrens

19 Das Verfahren beginnt nach dem Wortlaut des § 1044 ZPO mangels anderweitiger Vereinbarung mit dem Tag, an dem der Beklagte den Antrag, die Streitigkeit einem Schiedsgericht vorzulegen, empfangen hat. Der Antrag muss einen Hinweis auf die Schiedsvereinbarung enthalten. Wie im ordentlichen Prozess beginnt die anwaltliche Gebühreninstanz aber schon mit der Erteilung des Prozessauftrags an den für das Schiedsverfahren bestellten Anwalt. Er endet gem. § 1056 Abs. 1 ZPO mit dem Schiedsspruch oder dem Beschluss des Schiedsgerichts auf Feststellung der Beendigung des Schiedsverfahrens (§ 1056 Abs. 2 ZPO).

2. Besonderheiten bei den Gebühren

20 Wie ausgeführt, erklärt § 36 Abs. 1 RVG den Teil 3 Abschnitt 1 und 2 des VV für entsprechend anwendbar, so dass zunächst einmal kein Unterschied zu machen ist zwischen den eine Gebühr auslösenden Handlungen im ordentlichen Prozess und denen im Schiedsverfahren. Die **Eigenart des Schiedsverfahrens** muss dennoch im Auge behalten werden.

Zunächst ist auch hier auf die VV Vorbemerkung Abs. 3 zu Teil 3, die auch hier nach dem Eingang des § 36 gilt, zu verweisen.

Nach Erhalt des Prozessauftrages für das Schiedsverfahren kann der Anwalt daher schon vor Einreichung der Schiedsklage, wenn er beispielsweise der Gegenseite als letzte Chance vorab einen Klageentwurf zuleitet und jetzt Besprechungen zur Vermeidung eines gerichtlichen Verfahrens durchgeführt werden, selbst wenn diese Besprechungen im Ergebnis erfolglos bleiben, schon ohne Anhängigkeit der Sache die Terminsgebühr 1,2 der Nr. 3104 verdienen.

Eine Wahrnehmung des Termins i. S. d. Nr. 3104 liegt auch dann vor, wenn der Anwalt in einem vom Schiedsgericht anberaumten Termin allein erscheint, weil das Schiedsverfahren eine Säumnis mit Versäumnisurteil nicht kennt (§ 1048 Abs. 3 ZPO), das Schiedsgericht das Verfahren vielmehr auch bei Säumnis einer Partei fortsetzen kann. Aber auch ohne Fortsetzung des Verfahrens hätte der Anwalt die Terminsgebühr durch die einseitige Wahrnehmung des Termins bereits verdient. 21

Aufgrund der Ausnahmeregelung des Abs. 2 erhält der Anwalt im Schiedsverfahren nach dem 10. Buch der ZPO die Terminsgebühr ferner, wenn ein Schiedsspruch ohne mündliche Verhandlung (§ 1047 ZPO) erlassen wird.

Die **Einigungsgebühr** (Nr. 1000) beträgt für den Parteivertreter im Schiedsverfahren **1,5**, weil das schiedsrichterliche Verfahren kein gerichtliches Verfahren i. S. d. Nr. 1003 ist. Daran ändert auch ein etwa nachfolgendes Vollstreckbarkeitsverfahren nichts, weil die Gegenstände von Schiedsverfahren und Vollstreckbarkeitsverfahren verschieden sind (Schneider/Wolf RVG 3. Aufl. § 36 Rn. 21; Gerold/Schmidt/von Eicken/Madert/Müller-Rabe RVG 17. Aufl. § 36 Rn. 20; Riedel/Sußbauer RVG § 36 Rn. 12; Göttlich/Mümmler/Rehberg/Xanke »Schiedsrichterliche Verfahren« 1.2; Hansens BRAGO 8. Aufl. § 67 Rn. 7). Diese Ausführungen gelten zwar in erster Linie für den Anwalt als Parteivertreter im Schiedsverfahren. Da die Schiedsrichter aber anwaltliche Gebühren im Schiedsverfahren erhalten, gilt die Regelung der Nr. 1000 auch für Schiedsrichter. 22

3. Gegenstandswert

Gem. § 1 Satz 1 i. V. m. § 2 bemisst sich die Vergütung des Parteivertreters im Schiedsverfahren nach dem Gegenstandswert. Abweichend davon kann er eine Gebührenvereinbarung treffen. 23

Gerade in Schiedsverfahren wird es nahe liegen, von der neuen Möglichkeit der Vereinbarung eines »Erfolgshonorars« Gebrauch zu machen. Nach dem neuen § 49 b BRAO ist in eingeschränktem Umfang die Vereinbarung eines quasi »Erfolgshonorars« dann nämlich zulässig, wenn die Erhöhung der gesetzlichen Erfolgsgebühren vereinbart wird (*Bischof* in FS Madert 2006 S. 2; *Braun* in FS Madert 2006 S. 54). Die Gebührenvereinbarung des Parteianwalts mit seinem Auftraggeber könnte daher etwa lauten: »Bei einer Einigung soll die Einigungsgebühr in Höhe des vierfachen Betrages entstehen.« 24

Braun (FS Madert S. 55) meint sogar, jede Gebühr, also auch die Verfahrens- oder die Terminsgebühr könne vervielfacht werden. Zum Kompromissvorschlag siehe *Bischof* (FS Madert S. 3, ferner § 4 a Rn. 28 ff.). 25

Beim Schiedsverfahren ergibt sich hier eine besondere Problemlage: 26

Das Schiedsgericht selbst darf die Vergütung seiner **Mitglieder** weder unmittelbar noch mittelbar selbst festsetzen, z. B. durch Festsetzung des Streitwerts (BGH JZ 1977, 185). Der BGH sieht darin eine Entscheidung in eigener Sache. In seinem Urt. v. 07. 03. 1985 (NJW 1985, 1903) hat der BGH ausgeführt, es sei gesetzwidrig (§ 41 ZPO), wenn der Schiedsrichter bei Nichtzahlung der angeforderten Beweisgebühr für die Schiedsrichter von der beabsichtigten Beweisaufnahme absehe und ohne diese durchentscheide.

Abschnitt 5 – Außergerichtliche Beratung und Vertretung

Das Schiedsgericht könne in einem solchen Fall lediglich seine Leistung zurückbehalten (§ 273 BGB; BGH NJW 1971, 888) oder das Verfahren aussetzen. Weigere sich die säumige Partei hartnäckig, den Vorschuss zu zahlen, so könne **der Gegner** den Schiedsvertrag aus wichtigem Grund kündigen oder **auf Zahlung** des Vorschusses vor dem ordentlichen Gericht klagen.

27 Im Einverständnis aller Beteiligten kann das Schiedsgericht jedoch auf Vorschlag der Parteien den Gegenstandswert, am besten in einem von allen Beteiligten unterschriebenen **Vertrag**, vereinbaren (Gerold/Schmidt/von Eicken/Madert/Müller-Rabe RVG 17. Aufl. § 36 Rn. 15; Hansens BRAGO 8. Aufl. § 67 Rn. 9; Enders JurBüro 1998, 172; vgl. auch Madert/Schons Die Honorarvereinbarung 3. Aufl. Teil C Muster 14).

28 *Madert* (Gerold/Schmidt/von Eicken/Madert/Müller-Rabe RVG 17. Aufl. § 36 Rn. 125) sieht schon in folgendem Ablauf eine rechtsgeschäftliche Vereinbarung:

»*Wird der Wert von den Parteien im Einverständnis ihrer RAe mit einem bestimmten Betrag angegeben und sodann von dem Schiedsgericht mit diesem Betrag festgesetzt, so liegt in diesem Vorgang die rechtsgeschäftliche Vereinbarung des Gegenstandswertes durch alle Verfahrensbeteiligten, die bindend ist.*«

29 Kommt es zwischen dem Schiedsgericht und den Parteien (Vergütung des Schiedsgerichts) oder den Parteien und ihren Anwälten (Vergütung der Anwälte) zu keiner Einigung, so hat das im Gebührenprozess angerufene Gericht den Gegenstandswert selbst zu bestimmen.

4. Kostengrundentscheidung

30 Sofern die Parteien nichts anderes vereinbart haben, hat das Schiedsgericht in einem Schiedsspruch darüber zu entscheiden, zu welchem Anteil die Parteien die Kosten des schiedsrichterlichen Verfahrens einschließlich der den Parteien erwachsenen und zur zweckentsprechenden Rechtsverfolgung notwendigen Kosten zu tragen haben (Kostengrundentscheidung nach § 1057 Abs. 1 ZPO). In der Quotelung ist das Schiedsgericht, das dabei auch das pflichtgemäße Ermessen berücksichtigen darf, freier als das ordentliche Gericht. Dabei kann es, wenn es bei einer Quotenentscheidung zur objektiven Klagehäufung kommt, notwendig werden, die Teilstreitwerte festzusetzen, OLG Dresden BB 2001 Beil. 6 S. 20 ; zur Erstattung der gezahlten Vorschüsse OLG Dresden BB 2001 Beil. 7 S. 22 und BGH NJW 1999, 2974.

5. Vergütungsfestsetzung

31 Der Rechtsanwalt, der die Schiedspartei vertritt, kann keine **Vergütungsfestsetzung** nach § 11 gegen die eigene Partei betreiben, er muss notfalls vor dem ordentlichen Gericht klagen (KG AGS 1998, 75 = AnwBl. 1999, 55; Lachmann Handbuch für die Schiedsgerichtspraxis 3. Aufl. Rn. 1875). Das Schiedsgericht kann in Form des Ergänzungs**schiedsspruchs** (§ 1057 Abs. 2 Satz 2 ZPO; BGH JZ 1977, 185) nur zwischen den Parteien des Schiedsverfahrens, nicht aber zwischen Anwalt und Partei die Gebührenfestsetzungsfrage (§ 14) entscheiden.

6. Höhe der Schiedsrichtergebühren

a) Allgemeines

32 Streng systematisch gehört dieser Punkt zwar nicht mehr unbedingt zum Kernbereich des § 36. Wenn ein Anwalt an einem Schiedsverfahren beteiligt ist, interessiert ihn aber diese Frage in der Regel auch brennend. Entweder geht es um die eigenen Schiedsrichtergebühren oder aber seine Partei fragt ihn als Parteivertreter, ob entsprechende Vorschussanforderungen des Schiedsgerichts berechtigt sind und wie insgesamt das Kostenrisiko aussieht. Schließlich muss er auch den »Kostenfestsetzungsbeschluss« des Schiedsgerichts, den Ergänzungsschiedsspruch, auf seine Richtigkeit überprüfen können. Der Parteianwalt hat also in mehrfacher Hinsicht ein starkes Interesse auch an den genauen Gebühren der Schiedsrichter.

Der Schiedsrichter erhält die mit den Schiedsgerichtsparteien ausgehandelte Gebühr nebst 33
Auslagen und USt. (Muster einer Vereinbarung siehe Madert/Schons Die Vergütungsvereinbarung des Rechtsanwalts 3. Aufl. 2006 C Muster 14; siehe ferner Muster bei Rn. 34 ff.). Ein solcher Vertrag kann auch dadurch zustandekommen, dass der Schiedsrichter bereit ist, zu den Bedingungen einer bestimmten, zwischen den Parteien durch Vertrag akzeptierten Schiedsgerichtsordnung tätig zu werden, so z. B. SGO Bau: 1,3 bzw. 1,2 Anwaltsgebühren für Beisitzer, für den Vorsitzenden mit Multiplikator 1,3. (Das kann man aber mit den Parteien unter gewissen Voraussetzungen nach der SGO Bau abändern.; DIS: eigene Gebührentabelle; Schiedsgericht für Privates Baurecht Deutschland – www.schiedsgericht.org: eigene Gebührentabelle; ICC: Festsetzung durch den Gerichtshof nach Streitwert, Schwierigkeit und ganz besonders Geschwindigkeit der Erledigung.

Handelt es sich um ein so genanntes Ad-hoc-Schiedsgericht, was also von den Parteien frei nach den §§ 1025 ff. ZPO angerufen wird und damit keiner besonderen Schiedsgerichtsordnung unterliegt, so galten mangels ausdrücklicher Absprache bis zum Jahre 2004, jedenfalls in Rheinischen Landen, nach einem gemeinsam erstellten Gutachten (wohl aus den 70er Jahren) der IHK's Düsseldorf, Köln und Koblenz folgende Gebühren als üblich: Vorsitzender 15/10 Anwaltsgebühren, Beisitzer 13/10 Anwaltsgebühren der BRAGO. Das hieß bis 2004: Prozessgebühr, Verhandlungs-/Erörterungsgebühr, Beweisgebühr und gegebenenfalls Vergleichsgebühr. Diese Sätze waren aber auch in anderen Gegenden üblich (vgl. Gerold/Schmidt/von Eicken/Madert BRAGO 15. Aufl. § 1 Rn. 31), also (ohne die zusätzliche Vergleichsgebühr) Vorsitzender im Regelfall $3 \times 15/10 = 45/10$, Beisitzer $3 \times 13/10$ (nämlich Berufungsgebühren) $= 39/10$. Nachdem seit 2004 die Verhandlungs- und Beweisgebühr weggefallen ist, kommt man durch eine einfache Umstellung auf das RVG nicht mehr auf dieselben Beträge: nämlich Beisitzer Gebühr des Berufungsanwalts = Nr. 3200 Verfahrensgebühr: 1,6 und Nr. 3002 Terminsgebühr 1,2 = insgesamt nur **2,8** statt **bisher 3,9** und Vorsitzender (1,6 + 0,2 =) 1,8 + (1,2 + 0,2 =) 1,4 = insgesamt **3,2** statt **bisher 4,5**.

b) Vorschlag 1

(Verfasser in SchVZ 2004, 252 m. w. N., ebenso LG Mönchengladbach Urt. v. 14. 07. 2006 – 2 O 134/05 –)

»Die Schiedsrichter erhalten die Gebühren eines Anwalts in der Berufungsinstanz (RVG), 34
wobei die Terminsgebühr doppelt anfällt. Die Gebühren des Vorsitzenden werden jeweils
um 0,2 erhöht«.
Das würde dann bedeuten: Der Vorsitzende erhält 1,8 + 1,4 + 1,4 = 4,6 (bisher 4,5) und die Beisitzer 1,6 + 1,2 + 1,2 = 4,0 (bisher 3,9).

c) Vorschlag 2 Bausachen SGBau

In **Bausachen** war bisher schon durch die Regelung der SGBau eine etwas schlechtere Regelung üblich (BRAGO): 35
Vorsitzender 13/10 Gebühren × 3 = 39/10
Beisitzer 10/10 Gebühren × 3 = 30/10
Diese Regelung lässt sich als gleichwertig wie folgt fortschreiben, was der Verfasser ohne weiteres bei den Parteien, die die alte Regelung kannten, aushandeln konnte:

»Die Schiedsrichter erhalten die Gebühren nach dem RVG, wobei die Verfahrens- und die
Terminsgebühr um je 0,25 Gebühren erhöht werden.

Die Gebühr des Vorsitzenden wird mit 1,3 multipliziert.«

Ergebnis:
Schiedsrichter erhält dann, wie bisher, den Faktor 1,3 (+ 0,25) + 1,2 (+ 0,25) = 3,0 Gebühr. Der Vorsitzende erhält dann wie bisher 3,0 × 1,3 = 3,9.

Abschnitt 5 – Außergerichtliche Beratung und Vertretung

d) Vorschlag 3 (Ad-hoc-Verfahren – Verfasser)

36 Diesen Weg für Bausachen kann man auch, wie der Verfasser schon unter der Geltung des RVG praktiziert hat, bei den bisherigen Ad-hoc-Schiedsverfahren aushandeln mit
3 × 1,5 = 4,5 (Vorsitzender) und
3 × 1,3 = 3,9 (Beisitzer); nämlich:

+ gegebenenfalls Einigungsgebühr nach Nr. 1003 (bzw. je nach Vereinbarung: 1,5 nach Nr. 1000).

»**Die Beisitzer erhalten Gebühren nach dem RVG, wobei die Verfahrens- und die Terminsgebühr vorweg um je 0,25 Gebühren erhöht werden, sodann wird das Ergebnis (3,0) mit dem Faktor 1,3 multipliziert.**

Der Vorsitzende erhält Gebühren nach dem RVG, wobei die Verfahrens- und die Terminsgebühr vorweg um je 0,25 Gebühren erhöht werden, sodann wird das Ergebnis (3,0) mit dem Faktor 1,5 multipliziert wird.«

Eine solche ausdrückliche Vereinbarung schreibt den bisher als üblich betrachteten Rechtszustand (langjährige frühere Vereinbarung zwischen dem deutschen Anwaltverein und dem deutschen Richterbund sowie die Gutachten (wohl aus den 70er Jahren) der IHK's Düsseldorf, Köln und Koblenz) fort.

e) Vorschlag 4 (Ad-hoc-Verfahren – Elsing)

37 *Elsing* (zitiert nach Lachmann Handbuch für die Schiedsgerichtspraxis 3. Aufl. Rn. 4211)

Vorsitzender: 2,3 Verfahrensgebühr, 2,0 Terminsgebühr (= 4,3 Gebühr statt bisher 4,5 Gebühr);

Beisitzer: Verfahrensgebühr 1,6 und Terminsgebühr 1, 6 (= 3,2 Gebühr statt bisher 3,9 Gebühr).

38 Lachmann Handbuch für die Schiedsgerichtspraxis 3. Aufl. Rn. 4213 scheint mir die folgende Mustervereinbarung zu favorisieren.

f) Vorschlag 5 (DAV – DRiB)

39 **Textmuster für eine Vereinbarung über die Vergütung der Schiedsrichter**

Ausgearbeitet vom **Deutschen Anwaltverein** im Einvernehmen mit dem **Deutschen Richterbund**

»§ 1 Vergütung

(1) Jedes Mitglied des Schiedsgerichts erhält für seine Tätigkeit eine Vergütung (Gebühren und Auslagen), die derjenigen entspricht, die einem Rechtsanwalt für die Vertretung einer Partei vor den staatlichen Gerichten gemäß dem Rechtsanwaltsvergütungsgesetz (RVG) zusteht. Das RVG sieht für gerichtliche Verfahren die Entstehung einer Verfahrensgebühr, einer Termingebühr und ggf. einer Einigungsgebühr vor. Für die Höhe der Gebühren gilt das RVG in der zum Zeitpunkt des Abschlusses der Vereinbarung geltenden Fassung.

(2) Der Vorsitzende des Schiedsgerichts oder der Einzelschiedsrichter erhält für jeden Gebührentatbestand eine Gebühr mit einem Satz von 2,0. Die beisitzenden Schiedsrichter erhalten die Gebühren eines in zweiter Instanz tätigen Rechtsanwalts. Die Mitglieder des Schiedsgerichts können die Gebühren in anderer Weise unter sich aufteilen.

(3) Die Parteien haben den Schiedsrichtern alle notwendigen Auslagen ggf. zzgl. USt. zu erstatten, insbesondere Reisekosten und Tagegelder, Post- und Telekommunikationskosten (evtl. Pauschale nach RVG-VV Nr. 7002) und Aufwendungen, die für die Durchführung des Verfahrens, der Verhandlungen und von Beweisaufnahmen notwendig geworden sind, und zwar nach den Grundsätzen, die für entsprechende Maßnahmen vor den ordentlichen Gerichten gelten.

§ 2 Streitwert

Das Schiedsgericht legt der Berechnung der Gebühren einen Streitwert zugrunde, der nach den Grundsätzen der Zivilprozessordnung und des Gerichtskostengesetz zu bemessen ist. Die Bestimmung des Streitwerts erfolgt im Rahmen des § 315 BGB.

§ 3 Fälligkeit

Die Fälligkeit der Ansprüche der Schiedsrichter richtet sich nach den Bestimmungen des RVG (§ 8).

§ 4 Haftung der Parteien

Die Parteien haften den Schiedsrichtern als Gesamtschuldner.

§ 5 Vorschuss

(1) Die Schiedsrichter können von den Parteien je zur Hälfte die Zahlung eines Vorschusses bis zur Höhe der voraussichtlich entstehenden Vergütung verlangen. Ist der geleistete Vorschuss verbraucht, so kann Vorschuss nachgefordert werden. Zahlt eine Partei nicht, kann die andere Partei in Anspruch genommen werden.

(2) Das Schiedsgericht kann den Beginn seiner Tätigkeit vom Eingang des Vorschusses abhängig machen.«

Nach dieser Mustervereinbarung erhält der Vorsitzende (beim Verfahren ohne Vergleich) 2 × 2,0 = 4,0 Gebühren

(also 0,5 weniger als bis zum Jahre 2004) und beim Verfahren mit einem Vergleich 3 × 2,0 = 6,0 Gebühren wie bis 2004.

Die Beisitzer erhalten (beim Verfahren ohne Vergleich) eine 1,6 Verfahrens- und eine 1,2 Terminsgebühr, also insgesamt 2,8 statt bis zum Jahre 2004 3,9 Gebühren.

Beim Verfahren mit Vergleich erhalten sie 2,8 + 1,5 = 4,3 statt bis 2004 insgesamt 5,2 Gebühren.

Der in der Mustervereinbarung gewählte Weg zum **verbindlichen Streitwert** über § 315 BGB erscheint mir angesichts der BGH-Rechtsprechung (WM 1977, 319 = MDR 1977, 583), wonach die Streitwertfestsetzung eine unzulässige Entscheidung in eigener Sache darstelle, bedenklich.

Besser ist es, man nimmt den Streitwertvorschlag zu Protokoll und lässt das Protokoll bis dahin von den Parteien unterschreiben (= Schiedsrichtervertrag, so OLG Frankfurt, Beschl. vom 05. 09. 2005 – 26 Sch 14/05), wenn man es nicht ausreichen lässt im Protokoll zu formulieren:

»Die Parteien stimmen darin überein, dass der Streitwert × EUR beträgt. Vorgelesen und genehmigt von den Parteien.«

Zur Zulässigkeit einer verbindlichen Vereinbarung siehe auch Lachmann Handbuch für die Schiedsgerichtspraxis 3. Aufl. Rn. 1899 sowie die unter Rn. 27 aufgeführte Literatur.

Im sogenannten **Ergänzungsschiedsspruch** (§ 1057 Abs. 2 ZPO), der Kostenfestsetzung, kann das Schiedsgericht eine Ausgleichung der geleisteten Vorschüsse im **Verhältnis der Parteien zueinander** vornehmen, ohne damit zugleich über den Gebührenanspruch des Schiedsgerichts im Verhältnis zu einer jeden Partei, also in eigener Sache zu entscheiden.

Das Schiedsgericht entscheidet dann, was zulässig und geboten ist, nur darüber, welche Partei der Gegnerpartei den eingezahlten Kostenvorschuss in welcher Höhe zu erstatten hat (OLG Dresden Betriebsberater 2001 Beilage 6 Seite 20 und Beilage 7 Seite 22; BGH LM § 1025 ZPO Nr. 40 und § 1041 Abs. 1 Ziff: 2 ZPO Nr. 1). Nach dieser übereinstimmenden Rechtsprechung entscheiden die Schiedsrichter also insoweit nicht in eigener Sache

Abschnitt 5 – Außergerichtliche Beratung und Vertretung

(Wolff SchiedsVZ 2006, 131). Nach Ansicht des BGH kann jedenfalls das Schiedsgericht über die Erstattungsforderung dann entscheiden, wenn es selbst die **gesamte Vergütung als Vorschuss** erhalten hat (vgl. auchLachmann Handbuch für die Schiedsgerichtspraxis 3. Aufl. Rn. 1890).

g) Vorschlag 6 (DIS-Regelung für Ad-hoc-Verfahren)

40 Gelegentlich wird jetzt auch vorgeschlagen, das DIS-Vergütungssystem zu vereinbaren (Schütze Schiedsgericht und Schiedsverfahren 4. Aufl. 2007 Rn. 70; Kröll NJW 2007, 743, 747). Das ist grundsätzlich möglich, allerdings sieht diese Regelung **keine Vergleichsgebühr** für die Schiedsrichter vor. Angesichts der Wichtigkeit von eingehenden Vergleichsverhandlungen gerade in Schiedsgerichtssachen sollte man daneben den Anfall einer Vergleichsgebühr von 1, 0 oder 1,5 vorweg zusätzlich vereinbaren. Wenn Kröll bemerkt, »die Vergleichsgebühr mache für den Schiedsrichter eigentlich keinen Sinn«, so beachtet er nicht den hohen Arbeitsaufwand, der für die »Erarbeitung« eines risikoangemessenen Vergleichs von den Schiedsrichtern zu leisten ist. In den meisten Schiedsverfahren, die ich geleitet habe, hätte ich häufig ein formelles Urteil fällen können. Der mühevoll erarbeitete Vergleich schafft aber gerade in Schiedsverfahren zwischen den wirtschaftlich denkenden Streitparteien am ehesten Frieden.

Das hindert nicht, dass am Ende auch das Schiedsgericht seinen Beitrag zum Frieden durch ein Entgegenkommen bei der Vergleichsgebühr signalisiert. Aber ehrliche (Vergleichs-)Arbeit muss auch ihren gerechten Lohn haben.

ABSCHNITT 6
GERICHTLICHE VERFAHREN

§ 37
Verfahren vor den Verfassungsgerichten

(1) Die Vorschriften für die Revision in Teil 4 Abschnitt 1 Unterabschnitt 3 des Vergütungsverzeichnisses gelten entsprechend in folgenden Verfahren vor dem Bundesverfassungsgericht oder dem Verfassungsgericht (Verfassungsgerichtshof, Staatsgerichtshof) eines Landes:

1. Verfahren über die Verwirkung von Grundrechten, den Verlust des Stimmrechts, den Ausschluss von Wahlen und Abstimmungen,
2. Verfahren über die Verfassungswidrigkeit von Parteien,
3. Verfahren über Anklagen gegen den Bundespräsidenten, gegen ein Regierungsmitglied eines Landes oder gegen einen Abgeordneten oder Richter und
4. Verfahren über sonstige Gegenstände, die in einem dem Strafprozess ähnlichen Verfahren behandelt werden.

(2) ¹In sonstigen Verfahren vor dem Bundesverfassungsgericht oder dem Verfassungsgericht eines Landes gelten die Vorschriften in Teil 3 Abschnitt 2 Unterabschnitt 2 des Vergütungsverzeichnisses entsprechend. ²Der Gegenstandswert ist unter Berücksichtigung der in § 14 Abs. 1 genannten Umstände nach billigem Ermessen zu bestimmen; er beträgt mindestens 4.000 EUR.

Inhaltsübersicht

	Rn.
A. Allgemeines	1
I. Veränderungen durch die Novelle 2004	1
II. Inhaltsüberblick	3
B. Kommentierung	5
I. Anwendungsbereich / Verfahren vor den Verfassungsgerichten	5
II. Der Tatbestand im Einzelnen	8
1. Strafprozessähnliche Verfahren	8
2. Sonstige Verfahren	16
a) Verfahrensgebühr	18
b) Terminsgebühr	24
c) Mehrere Auftraggeber	27
3. Gegenstandswert	30
a) Anwendbarkeit des § 14 RVG	33
aa) Subjektive und objektive Bedeutung der Angelegenheit	34
bb) Umfang / Schwierigkeit der anwaltlichen Tätigkeit	37
cc) Vermögens- und Einkommensverhältnisse des Auftraggebers	38
b) Gegenstandswert bei einstweiliger Anordnung	39
c) Wertfestsetzung	40
4. Kostenerstattung	43
a) Kostengrundentscheidung	43
b) Wer ist erstattungspflichtig?	49
c) Erstattungsberechtigung	51
d) Verfahrensablauf	52
e) Erstattungsfähige Kosten	53
5. Prozesskostenhilfe	56
6. Missbrauchsgebühr	59

A. Allgemeines

I. Veränderungen durch die Novelle 2004

§ 37 Abs. 1 RVG übernimmt die für bestimmte Verfahren vor dem Bundesverfassungsgericht 1
und den Verfassungsgerichten eines Landes geltende Regelung des bisherigen § 113 Abs. 1
BRAGO. Wegen der besonderen Bedeutung dieser Verfahren sind in § 37 RVG nunmehr je-

Abschnitt 6 – Gerichtliche Verfahren

doch die Gebühren nach den für die Revision in Strafsachen vorgesehenen Vorschriften zu richten. Dies entspricht den Vergütungsverzeichnisnummern 4130 bis 4135.

2 Der bisherige § 113 Abs. 1 BRAGO sah für den Rechtsanwalt für derartige Verfahren die gleichen Gebühren wie in Strafsachen erster Instanz vor dem Oberlandesgericht vor. Nun wird der besonderen Bedeutung dieser Verfahren durch eine Erhöhung der Gebühren im RVG mittels Einstufung in eine höhere Gebührenstufe Rechnung getragen.

II. Inhaltsüberblick

3 Abs. 1 erklärt die Vorschriften für die Revision in Teil 4 Abschnitt 1 Unterabschnitt 3 des Vergütungsverzeichnisses für anwendbar, wenn es sich um ein Verfahren vor dem Bundesverfassungsgericht oder Verfassungsgericht eines Landes (Verfassungsgerichtshof, Staatsgerichtshof) der nachfolgenden Art handelt:

- Verfahren über die Verwirkung von Grundrechten, den Verlust des Stimmrechts, den Ausschluss von Wahlen und Abstimmungen,
- Verfahren über die Verfassungswidrigkeit von Parteien,
- Verfahren über Anklagen gegen den Bundespräsidenten, gegen ein Regierungsmitglied eines Landes oder gegen einen Abgeordneten oder Richter und
- Verfahren über sonstige Gegenstände, die in einem dem Strafprozess ähnlichen Verfahren behandelt werden.

4 Abs. 2 regelt, dass in sonstigen Verfahren vor den Verfassungsgerichten die für Rechtsmittelverfahren in bürgerlichen Rechtsstreitigkeiten vorgesehenen Gebühren entstehen. Es bleibt auch dabei, dass sich die Gebühren nach den höheren Sätzen für Rechtsmittelverfahren richten sollen. In Abs. 2 Satz 2 wird für die Bemessung des Gegenstandswerts auf die in § 14 Abs. 1 genannten Kriterien verwiesen, wobei der Wert mindestens € 4.000,00 beträgt.

B. Kommentierung

I. Anwendungsbereich/Verfahren vor den Verfassungsgerichten

5 Die Verfassungsgerichte stehen als höchster Repräsentant der Rechtsprechung neben der Legislative und Exekutive. Das Verfahren vor dem Bundesverfassungsgericht ist durch das Bundesverfassungsgerichtsgesetz (BVerfGG) geregelt. Für die Landesverfassungsgerichte (Verfassungsgerichtshof, Staatsgerichtshof) gibt es eigene Landesverfassungsgerichtsgesetze bzw. Staatsgerichtshofgesetze. § 13 Nrn. 1–15 BVerfGG zählen die vom Grundgesetz bestimmten Fälle auf, in denen das Bundesverfassungsgericht entscheidet. Für die Gebühren des Rechtsanwalts wird zwischen den Verfahren unterschieden, die einem Strafprozess ähneln, einerseits und den sonstigen Verfahren andererseits. Abs. 1 regelt die Gebühren in Verfahren, die dem Strafprozess ähneln, während Abs. 2 die sonstigen Verfahren (verwaltungsprozessähnliche Verfahren) gebührenrechtlich behandelt.

6 Das Bundesverfassungsgericht entscheidet nach § 13 BVerfGG (zuletzt geändert aufgrund des Föderalismusreform-Begleitgesetzes vom 05.09.2006 (BGBl. I, S. 2098) m.W.v. 12.09.2006):

1. über die Verwirkung von Grundrechten (Art. 18 des Grundgesetzes),
2. über die Verfassungswidrigkeit von Parteien (Art. 21 Abs. 2 des Grundgesetzes),
3. über Beschwerden gegen Entscheidungen des Bundestages, die die Gültigkeit einer Wahl oder den Erwerb oder Verlust der Mitgliedschaft eines Abgeordneten beim Bundestag betreffen (Art. 41 Abs. 2 des Grundgesetzes),

4. über Anklagen des Bundestages oder des Bundesrates gegen den Bundespräsidenten (Art. 61 des Grundgesetzes),
5. über die Auslegung des Grundgesetzes aus Anlass von Streitigkeiten über den Umfang der Rechte und Pflichten eines obersten Bundesorgans oder anderer Beteiligter, die durch das Grundgesetz oder in der Geschäftsordnung eines obersten Bundesorgans mit eigenen Rechten ausgestattet sind (Art. 93 Abs. 1 Nr. 1 des Grundgesetzes),
6. bei Meinungsverschiedenheiten oder Zweifeln über die förmliche oder sachliche Vereinbarkeit von Bundesrecht oder Landesrecht mit dem Grundgesetz oder die Vereinbarkeit von Landesrecht mit sonstigem Bundesrecht auf Antrag der Bundesregierung, einer Landesregierung oder eines Drittels der Mitglieder des Bundestages (Art. 93 Abs. 1 Nr. 2 des Grundgesetzes),
6 a. bei Meinungsverschiedenheiten, ob ein Gesetz den Voraussetzungen des Artikels 72 Abs. 2 des Grundgesetzes entspricht, auf Antrag des Bundesrates, einer Landesregierung oder der Volksvertretung eines Landes (Art. 93 Abs. 1 Nr. 2 a des Grundgesetzes),
6 b. darüber, ob im Falle des Artikels 72 Abs. 4 die Erforderlichkeit für eine bundesgesetzliche Regelung nach Artikel 72 Abs. 2 nicht mehr besteht oder Bundesrecht in den Fällen des Artikels 125 a Abs. 2 Satz 1 nicht mehr erlassen werden könnte, auf Antrag des Bundesrates, einer Landesregierung oder der Volksvertretung eines Landes (Artikel 93 Abs. 2 des Grundgesetzes),
7. bei Meinungsverschiedenheiten über Rechte und Pflichten des Bundes und der Länder, insbesondere bei der Ausführung von Bundesrecht durch die Länder und bei der Ausübung der Bundesaufsicht (Art. 93 Abs. 1 Nr. 3 u. Art. 84 Abs. 4 Satz 2 des Grundgesetzes),
8. in anderen öffentlich-rechtlichen Streitigkeiten zwischen dem Bund und den Ländern, zwischen verschiedenen Ländern oder innerhalb eines Landes, soweit nicht ein anderer Rechtsweg gegeben ist (Art. 93 Abs. 1 Nr. 4 des Grundgesetzes),
8 a. über Verfassungsbeschwerden (Art. 93 Abs. 1 Nr. 4 a u. b des Grundgesetzes),
9. über Richteranklagen gegen Bundesrichter und Landesrichter (Art. 98 Abs. 2 u. 5 des Grundgesetzes),
10. über Verfassungsstreitigkeiten innerhalb eines Landes, wenn diese Entscheidung durch Landesgesetz dem Bundesverfassungsgericht zugewiesen ist (Art. 99 des Grundgesetzes),
11. über die Vereinbarkeit eines Bundesgesetzes oder eines Landesgesetzes mit dem Grundgesetz oder die Vereinbarkeit eines Landesgesetzes oder sonstigen Landesrechts mit einem Bundesgesetz auf Antrag eines Gerichts (Art. 100 Abs. 1 des Grundgesetzes),
11 a. über die Vereinbarkeit eines Beschlusses des Deutschen Bundestages zur Einsetzung eines Untersuchungsausschusses mit dem Grundgesetz auf Vorlage nach § 36 Abs. 2 des Untersuchungsausschussgesetzes,
12. bei Zweifeln darüber, ob eine Regel des Völkerrechts Bestandteil des Bundesrechts ist und ob sie unmittelbar Rechte und Pflichten für den einzelnen erzeugt, auf Antrag des Gerichts (Art. 100 Abs. 2 des Grundgesetzes),
13. wenn das Verfassungsgericht eines Landes bei der Auslegung des Grundgesetzes von einer Entscheidung des Bundesverfassungsgerichts oder des Verfassungsgerichts eines anderen Landes abweichen will, auf Antrag dieses Verfassungsgerichts (Art. 100 Abs. 3 des Grundgesetzes),
14. bei Meinungsverschiedenheiten über das Fortgelten von Recht als Bundesrecht (Art. 126 des Grundgesetzes),
15. in den ihm sonst durch Bundesgesetz zugewiesenen Fällen (Art. 93 Abs. 2 des Grundgesetzes).

Die **Landesverfassungsgerichte in Deutschland** sind: Staatsgerichtshof Baden-Württemberg, Bayerischer Verfassungsgerichtshof, Verfassungsgerichtshof des Landes Berlin, Verfassungsgericht des Landes Brandenburg, Staatsgerichtshof der Freien Hansestadt Bremen, Hamburgisches Verfassungsgericht, Staatsgerichtshof des Landes Hessen, Landesverfas-

Abschnitt 6 – Gerichtliche Verfahren

sungsgericht Mecklenburg-Vorpommern, Niedersächsischer Staatsgerichtshof, Verfassungsgerichtshof für das Land Nordrhein-Westfalen, Verfassungsgerichtshof Rheinland-Pfalz, Verfassungsgerichtshof des Saarlandes, Verfassungsgerichtshof des Freistaates Sachsen, Landesverfassungsgericht Sachsen-Anhalt und Thüringer Verfassungsgerichtshof.

Vor Landesverfassungsgerichte werden u. a. Verfassungsbeschwerden, Popularklagen, Organstreitigkeiten, Richtervorlagen, Anklagen gegen Mitglieder der Staatsregierung oder des Landtags, aus Schlüssel von Wählergruppen, Verfahren über die Gültigkeit einer Landtagswahl oder Verfahren über den Verlust der Mitgliedschaft beim Landtag geführt.

II. Der Tatbestand im Einzelnen

1. Strafprozessähnliche Verfahren

8 Die strafprozessähnlichen Verfahren sind in Absatz 1 gebührenrechtlich umfasst. Dort sind nach § 37 Abs. 1 Nrn. 1–3

1. die Verfahren über die Verwirkung von Grundrechten, den Verlust des Stimmrechts, den Ausschluss von Wahlen und Abstimmungen,
2. Verfahren über die Verfassungswidrigkeit von Parteien,
3. Verfahren über Anklagen gegen den Bundespräsidenten, gegen ein Regierungsmitglied eines Landes oder gegen einen Abgeordneten oder Richter und
4. Verfahren über sonstige Gegenstände, die in einem dem Strafprozess ähnlichen Verfahren behandelt werden,

aufgezählt.

9 Die in Abs. 1 Nrn. 1 bis 3 genannten Verfahren werden durch Abs. 1 Nr. 4 dahin ergänzt, dass Abs. 1 auch für Verfahren über sonstige Gegenstände gilt, die in einem dem Strafprozess ähnlichen Verfahren behandelt werden. Derartige Verfahren können sich insbesondere aus den Landesverfassungsgerichtsgesetzen bzw. Staatsgerichtshofgesetzen ergeben.

10 Für diese strafprozessähnlichen Verfahren bestimmt Abs. 1, dass die Vorschriften für die Revision in Teil 4, Abschnitt 1, Unterabschnitt 3 des Vergütungsverzeichnisses entsprechend anzuwenden sind.

11 Wird der Rechtsanwalt in derartigen Verfahren tätig, erhält er die Gebühren aus Teil 4, Abschnitt 1, Unterabschnitt 3 des Vergütungsverzeichnisses, somit die Gebühren wie in einem Revisionsverfahren.

12

Nr.	Gebührentatbestand	Gebühr oder Satz der Gebühr nach § 13 oder § 49 RVG	
		Wahlanwalt	gerichtlich bestellter oder beigeordneter Rechtsanwalt
Revision			
4130	Verfahrensgebühr für das Revisionsverfahren	100,00 bis 930,00 EUR	412,00 EUR
4131	Gebühr 4130 mit Zuschlag	100,00 bis 1.162,50 EUR	505,00 EUR
4132	Terminsgebühr je Hauptverhandlungstag im Revisionsverfahren	100,00 bis 470,00 EUR	228,00 EUR

Nr.	Gebührentatbestand	Gebühr oder Satz der Gebühr nach § 13 oder § 49 RVG	
		Wahlanwalt	gerichtlich bestellter oder beigeordneter Rechtsanwalt
4133	Gebühr 4132 mit Zuschlag...........	100,00 bis 587,50 EUR	275,00 EUR
4134	Der gerichtlich bestellte oder beigeordnete Rechtsanwalt nimmt mehr als 5 und bis 8 Stunden an der Hauptverhandlung teil: Zusätzliche Gebühr neben der Gebühr 4132 oder 4133...............		114,00 EUR
4135	Der gerichtlich bestellte oder beigeordnete Rechtsanwalt nimmt mehr als 8 Stunden an der Hauptverhandlung teil: Zusätzliche Gebühr neben der Gebühr 4132 oder 4133...............		228,00 EUR

Der Rechtsanwalt kann somit nach Nr. 4130 VV RVG eine Verfahrensgebühr i. H. v. € 100,00 bis € 930,00 verdienen. Befindet sich der Beschuldigte nicht auf freiem Fuß, beträgt die Verfahrensgebühr mit Zuschlag nach Nr. 4131 VV € 100,00 bis € 1.162,50. Für den beigeordneten Rechtsanwalt ergibt sich eine Verfahrensgebühr i. H. v. € 412,00 bzw. mit Zuschlag i. H. v. € 505,00.

Die Terminsgebühr je Hauptverhandlungstag im Verfahren vor dem Verfassungsgericht beträgt nach Nr. 4132 VV € 100,00 bis € 470,00, mit Zuschlag € 100,00 bis € 587,50 (Nr. 4133 VV). Der Pflichtverteidiger erhält die Terminsgebühr i. H. v. € 228,00 und mit Zuschlag i. H. v. € 275,00. Aus den Vergütungsverzeichnisnummern 4134 und 4135 ergibt sich die für den Pflichtverteidiger gestaffelte zusätzliche Terminsgebühr (so genannter Längenzuschlag), wenn die Verhandlung lange andauert i. H. v. € 114,00 (mehr als 5 und bis 8 Stunden) und € 228,00 (mehr als 8 Stunden).

Grundgebühr nach Nrn. 4100/4101 und Vorverfahrensgebühr nach Nrn. 4104/4105 können nach Ansicht in der Literatur ebenfalls entstehen, auch wenn diese in § 37 nicht gesondert aufgezählt sind (*Wahlen* in Schneider/Wolf RVG § 37 Rn. 14). Die Grundgebühr erhält der Rechtsanwalt für das erstmalige Einarbeiten in den Rechtsfall, unabhängig davon, in welchem Verfahrensabschnitt die Tätigkeit erfolgt. Die Grundgebühr kann jedoch nur entstehen, wenn der RA sie bisher noch nicht verdient hat, da sie nicht in jedem Rechtszug neu entsteht.

2. Sonstige Verfahren

In sonstigen Verfahren vor dem Bundesverfassungsgericht oder dem Verfassungsgericht eines Landes gelten nach Abs. 2 die Vorschriften in Teil 3, Abschnitt 2, Unterabschnitt 2 des Vergütungsverzeichnisses entsprechend.

Unter diesen sonstigen Verfahren sind z. B. Verfassungsbeschwerden, das abstrakte Normenkontrollverfahren, das konkrete Normenkontrollverfahren auf Antrag des Gerichts nach Art. 100 GG, das Verfassungsbeschwerdeverfahren, das Wahlprüfungsverfahren, öffentlich-rechtliche Streitigkeiten zwischen Bund und Ländern, zwischen Ländern oder innerhalb eines Landes usw. zu verstehen. Da sich die Gebühren nach § 37 Abs. 2 nach Teil 3, Abschnitt

Abschnitt 6 – Gerichtliche Verfahren

2, Unterabschnitt 2 des Vergütungsverzeichnisses richten, gelten die gleichen Gebühren wie in einem Revisionsverfahren.

a) Verfahrensgebühr

18 In Verfassungsgerichtsverfahren fällt in der Regel nur eine Verfahrensgebühr an, da Verfassungsgerichte nur in Ausnahmefällen aufgrund einer mündlichen Verhandlung entscheiden (Lenz BRAK-Mitt. 1998, 259). In der Regel werden in derartigen Verfahren Vergütungsvereinbarungen geschlossen.

19 Entsprechend Abs. 2 kann eine Verfahrensgebühr in Höhe von 1,6 nach Nr. 3206 VV entstehen. Endet der Auftrag vorzeitig, entsteht die Verfahrensgebühr nach Nr. 3206 VV lediglich in Höhe von 1,1 gem. Nr. 3207 VV. Hartung hält angesichts der Bedeutung des Verfahrens die Gebührenvorschriften für den BGH-Anwalt (2,3 nach Nr. 3208) für angemessen (*Hartung* in Hartung/Römermann/Schons § 37 Rn. 13; ablehnend Mayer/Kroiß RVG § 37 Rn. 13–15; zweifelnd Schneider/Mock Das neue Gebührenrecht für Anwälte § 23 Rn. 3). Der Auffassung von Hartung über die Angemessenheit ist zwar grundsätzlich zuzustimmen. Der Wortlaut in Nr. 3208 lässt jedoch eine derartige Auslegung nach meiner Auffassung nicht zu.

20 Eine vorzeitige Beendigung liegt dann vor, wenn der Auftrag endet, bevor der Rechtsanwalt das Rechtsmittel einlegt oder einen Schriftsatz einreicht, der Sachanträge, Sachvortrag, die Zurücknahme der Klage, des Antrags oder des Rechtsmittels enthält, oder bevor er für seine Partei einen gerichtlichen Termin wahrgenommen hat.

21 Eine Anrechnungsvorschrift ist in § 37 Abs. 2 nicht enthalten. Der Rechtsanwalt erhält daher die Verfahrensgebühr auch dann, wenn er beispielsweise im Revisionsverfahren vor dem BGH tätig war und anschließend nach gescheiterter Anhörungsrüge Verfassungsbeschwerde wg. Verletzung des rechtlichen Gehörs eingereicht wird.

22 Verfahren vor den Verfassungsgerichten gelten als besondere Angelegenheit, so dass alle Gebühren neu entstehen können, § 15 Abs. 2 Satz 1.

23 Sofern ein nach § 94 Abs. 3 BVerfGG zur Äußerung Berechtigter einen Rechtsanwalt beauftragt, schriftsätzlich vorzutragen, so erhält der Rechtsanwalt die Verfahrensgebühr nach Nr. 3206 VV (*Wahlen* in Gebauer/Schneider RVG § 37 Rn. 17).

b) Terminsgebühr

24 Die Terminsgebühr entsteht nach Nr. 3210 VV in Höhe von 1,5.

25 Die Anmerkung zu Nummer 3104 gilt entsprechend, so dass die Terminsgebühr auch dann entstehen kann, wenn in einem Verfahren, für dass die mündliche Verhandlung vorgeschrieben ist, im Einverständnis mit den Parteien ohne mündliche Verhandlung entschieden wird. Nach § 25 BVerfGG entscheidet das Bundesverfassungsgericht aufgrund mündlicher Verhandlung, soweit nichts anderes bestimmt ist und nicht alle Beteiligten ausdrücklich auf sie verzichten. Damit kann generell eine Terminsgebühr bei Entscheidung im schriftlichen Verfahren entstehen (*Wahlen* in Schneider/Wolf RVG § 37 Rn. 18).

26 Lediglich in Verfahren über eine Verfassungsbeschwerde nach § 13 Nr. 8 a BVerfGG kann das Bundesverfassungsgericht von einer mündlichen Verhandlung absehen (§ 94 Abs. 5 BVerfGG), wenn von ihr keine weitere Förderung des Verfahrens zu erwarten ist und die zur Äußerung berechtigten Verfassungsorgane, die dem Verfahren beigetreten sind, auf eine mündliche Verhandlung verzichten. Da in derartigen Verfahren die mündliche Verhandlung in das Ermessen des Bundesverfassungsgerichts gestellt wird, kann eine Terminsgebühr für eine Entscheidung im schriftlichen Verfahren nicht entstehen (BVerfGE 35, 34; 41, 228).

c) Mehrere Auftraggeber

27 Vertritt der Rechtsanwalt mehrere Auftraggeber, erhöht sich die Verfahrensgebühr nach Nr. 1008 VV je weiteren Auftraggeber um 0,3 in den in Abs. 2 genannten Verfahren, und

um 30% der Mindest- und Höchstgebühr in den in Abs. 1 genannten Verfahren, höchstens jedoch um 2,0 (Verfahren nach Abs. 2) bzw. das Doppelte der Mindest- und Höchstgebühr (Verfahren nach Abs. 1).

Der Anwendungsbereich der Nr. 1008 VV ist – mit Ausnahme der Verfahren nach § 13 Nr. 8a BVerfGG (Verfassungsbeschwerde) – in Verfahren vor dem Bundesverfassungsgericht gegeben, wenn der Rechtsanwalt in derselben Angelegenheit mehrere Beteiligte vertritt (BayVGH AnwBl. 1992, 499; BVerfG NJW-RR 2001, 139). 28

Zwar ist es möglich, dass mehrere Auftraggeber in einem Verfassungsbeschwerdeverfahren auftreten, so z. B. wenn sie gegen denselben Akt der öffentlichen Gewalt gerichtet sind. Sie haben jedoch nicht denselben Gegenstand (BVerfGE 1996, 251, 257). Denn mit einer Verfassungsbeschwerde kann nur eine subjektive Beschwer des jeweiligen Beschwerdeführers gegen den Vorstoß eines Grundrechts oder grundrechtsrechtsähnlichen Rechts geltend gemacht werden. Der Rechtsanwalt, der daher mehrere Beschwerdeführer in einer von diesen gegen eine Rechtsnorm erhobenen Verfassungsbeschwerde vertritt, erhält somit keine Erhöhung nach Nr. 1008 VV (BVerfG Rpfleger 1998, 82). Lediglich bei der Bemessung des Gegenstandswertes kann der Tätigkeit des Rechtsanwalts für mehrere Auftraggeber Rechnung getragen werden (BVerfG NJW-RR 2001, 139; BVerfGE 1996, 251, 258). Es handelt sich in einem solchen Fall um mehrere Gegenstände, die nach § 22 Abs. 1 zu addieren sind. 29

3. Gegenstandswert

Da die Gebühren nach Abs. 1 Betragsrahmengebühren sind, stellt sich die Frage nach dem Gegenstandswert nur für die sonstigen Verfahren nach Abs. 2. 30

Sofern das BVerfG eine Verfassungsbeschwerde nicht zur Entscheidung annimmt, ist der Wert auf € 4.000,00 beschränkt und i. d. R. nicht zu erhöhen (BVerfG NJW 2000, 1399), wird dagegen einer Verfassungsbeschwerde stattgegeben, ist der Mindestwert angemessen zu erhöhen (BverfG NJW 1995, 1737). Der Regelwert von € 4.000,00 ist ein Mindestbetrag und sollte auch bei geringfügigen Angelegenheiten nicht unterschritten werden (BVerfG AnwBl. 1980, 358; Zuck AnwBl. 1978, 333). Allerdings kann auch bei der Nichtannahme dann vom Regelwert nach oben abgewichen werden, wenn die Bedeutung der Sache für den Auftraggeber, Umfang oder Schwierigkeit der anwaltlichen Tätigkeit eine höhere Bewertung rechtfertigen (BVerfG NJW 1995, 1737; VerfGH Brandenburg NVwZ-RR 2004, 154). 31

Im Hinblick auf die Fülle an Streitwertfestsetzungen durch das BVerfG sollen nur exemplarisch einige Einzelentscheidungen der jüngeren Zeit dargestellt werden: zivilrechtliche Verurteilung der Beschwerdeführer zur Zahlung von Schadensersatz wegen Kapitalanlagebetruges – € 8.000,00 (BVerfG, Beschl. v. 29. 02. 2008, Az.: 1 BvR 371/07, NZG 2008, 475 = NJW 2008, 1726); Umgangsausschluss – € 10.000,00 (BVerfG, Beschl. v. 09. 05. 2007 – 1 BvR 1253/06, FamRZ 2007, 1625 = FuR 2007, 418); Beweiswürdigung im Patentnichtigkeitsverfahren – € 125.000,00 (BVerfG, Beschl. v. 14. 05. 2007, Az.: 1 BvR 2485/06 (Lexetius.com/2007, 2454); Unterbringung in geschl. Abt. – Verfassungsbeschwerdeverfahren € 10.000,00; Verfahren über den Antrag auf Erlass einer einstweiligen Anordnung auf € 5.000,00 (BVerfG, Beschl. v. 14. 06. 2007, Az.: 1 BvR 338/07 (Lexetius.com/2007, 2283); Versammlungsfreiheit (G8-Gipfel) – € 4.000,00 (BVerfG, Beschl. v. 19. 07. 2007, Az.: 1 BvR 1423/07 (Lexetius.com/2007, 3303); Recht auf den gesetzlichen Richter – € 8.000,00 (BVerfG, Beschluss vom 20. 07. 2007, Az.: 1 BvR 3084/06 (Lexetius.com/2007, 2471); Versammlungsfreiheit – Meinungsfreiheit – € 8.000.00; BVerfG, Beschl. v. 19. 12. 2007, Az.: 1 BvR 2793/04, NVwZ 2008, 671; Umgangsrecht – € 8.000,00; BVerfG, Beschl. v. 23. 01. 2008, Az.: 1 BvR 2911/07 (Lexetius.com/2008, 556 = FamRZ 2008, 856; unterhaltsrechtliche Abänderungsklage; Verfassungsbeschwerdeverfahren € 8.000,00; im Verfahren auf Erlass einer einstweiligen Anordnung auf € 4.000,00 (BVerfG, Beschl. v. 18. 03. 2008, Az.: 1 BvR 125/06 (Lexetius.com/2008, 859)); Rechtmäßigkeit eines Bebauungsplans – € 25.600,00 (BVerfG, NVwZ 2003, 727); Enteignung – € 18.400,00 (BVerfG 31a

Abschnitt 6 – Gerichtliche Verfahren

NVwZ 2003, 726); Anwalts-Ranking-Liste – € 35.000,00 (BVerfG NJW 2003, 277); Geistheiler – € 15.000,00 (BVerfG NJW-RR 2004, 705).

31 b   Das BVerfG hält bei der Stattgabe einer Verfassungsbeschwerde regelmäßig einen Wert von € 8.000,00 für angemessen; soweit eine Verfassungsrechtsfrage weit über den Rechtskreis des Beschwerdeführers hinausreicht, auch einen höheren Wert (BVerfG NJW 2006, 2249). Da die Wertfestsetzungen regelmäßig in den Entscheidungen des BVerfG erfolgen, wird zur Bewertung eigener Angelegenheiten die Heranziehung ähnlicher BVerfG-Entscheidungen angeraten.

31 c   In Normenkontrollverfahren gilt die Festsetzung des Wertes nicht unter € 4.000,00 auch dann, wenn das ausgesetzte Verfahren einen erheblich geringeren Wert besitzt (vgl. dazu auch Zuck AnwBl. 1974, 34; AnwBl. 1978, 333; BVerfG AnwBl. 1980, 358).

32   Aufgrund der sehr unterschiedlichen Entscheidungen zu den Gegenstandswerten und der Tatsache, dass die Verfahrensgebühr beim Mindestwert von € 4.000,00 lediglich € 392,00 (= 1,6 aus € 4.000,00) beträgt, ist der Abschluss einer Vergütungsvereinbarung angeraten. Dem Abschluss einer Vergütungsvereinbarung steht auch nicht die Festsetzung des Gegenstandswertes entgegen (BVerfGE 21, 190, 191).

32 a   Für einstweilige Anordnungsverfahren ist regelmäßig ein niedrigerer Wert anzunehmen, teilweise wird von 10–50 % der Hauptsache ausgegangen (Hartmann Kostengesetze § 37 RVG Rn. 8); 10 % scheinen jedoch im Hinblick auf die häufige Wertfestsetzung von € 4.000,00 für ein einstweiliges Anordnungsverfahren deutlich zu niedrig.

a) Anwendbarkeit des § 14 RVG

33   Abs. 2 Satz 2 regelt für die sonstigen Verfahren, dass der Gegenstandswert unter Berücksichtigung der in **§ 14 Abs. 1** genannten Umstände nach billigem Ermessen zu bestimmen ist und mindestens € 4.000,00 beträgt. § 14 regelt, dass der Rechtsanwalt die Gebühr im Einzelfall unter Berücksichtigung aller Umstände, u. a. des Umfangs und der Schwierigkeit der anwaltlichen Tätigkeit, der Bedeutung der Angelegenheit sowie der Einkommens- und Vermögensverhältnisse des Auftraggebers nach billigem Ermessen bestimmt, vgl. dazu auch Rn. 8 ff., wobei das BVerfG bei Berücksichtigung des Umfangs und der Schwierigkeit auch die Frage berücksichtigt, ob der Anwalt ausreichend gründlich gearbeitet hat (BVerfG NJW 1989, 2047).

aa) Subjektive und objektive Bedeutung der Angelegenheit

34   Bei der Bemessung des Gegenstandswertes ist zu berücksichtigen, welche Auswirkungen das Verfahren auf die wirtschaftlichen Verhältnisse, auf die Stellung des Auftraggebers und sein Ansehen hat (BVerfG NJW 1989, 2047). Neben der subjektiven Bedeutung der Angelegenheit für den Auftraggeber spielt auch die objektive Bedeutung des Verfahrens eine Rolle. Eine Erhöhung des Ausgangswertes ist dann vorzunehmen, wenn die objektive Seite des Falles im Verhältnis zum subjektiven Interesse ein eigenständiges Gewicht hat (BVerfG NJW 1989, 2048). Die objektive Bedeutung eines Verfahrens lässt sich auch daran messen, ob das Verfahren von der Kammer oder dem Senat entschieden wird (Kleine-Cosack Verfassungsbeschwerde und Menschenrechtsbeschwerde S. 274).

35   Nach Ansicht des Bundesverfassungsgerichts ist es nicht gerechtfertigt, über den Mindestwert von € 4.000,00 hinauszugehen, wenn der Rechtsbehelf nicht zur Entscheidung angenommen wird (BVerfG NJW 2000, 1399). Der Streitwert kann jedoch auch deutlich über dem Mindestwert liegen. So wurden für eine Verfassungsbeschwerde auch schon Werte von DM 700.000,00 (BVerfG NJW 1995, 1737) oder DM 1.400.000,00 (BVerfG NJW 1989, 2048) festgesetzt.

36   Für den Gegenstandswert einer kommunalen Verfassungsbeschwerde ist die objektive Bedeutung der Sache entscheidend (NWVerfGH NVwZ-RR 1998, 151 (Wert hier: DM 1 Mio.)).

bb) Umfang/Schwierigkeit der anwaltlichen Tätigkeit

Eine sorgfältige oder gehaltvolle Arbeit des Rechtsanwalts, die über die Bedeutung der Sache hinausgeht, rechtfertigt eine Werterhöhung ebenso, wie bei einer nachlässigen Arbeit oder einem Aufwand, der hinter der Bedeutung der Sache zurückbleibt, eine Wertreduzierung in Betracht kommt (BVerfG NJW 1995, 1737). 37

cc) Vermögens- und Einkommensverhältnisse des Auftraggebers

Durchschnittliche Vermögens- oder Einkommensverhältnisse führen nach Ansicht des Bundesverfassungsgerichts zu keiner Wertänderung (BVerfG NJW 1989, 2047). Etwas anderes ist nur dann anzunehmen, wenn der Ausgang des Verfahrens unmittelbaren Einfluss auf die wirtschaftlichen Verhältnisse des Auftraggebers hat. Nach Ansicht der Verfasserin ist jedoch zu berücksichtigen, dass die Rechtsprechung des Bundesverfassungsgerichts vor In-Kraft-Treten des RVG erfolgt ist. Der Gesetzgeber hat durch die neue Formulierung in § 14 (»... vor allem ...« statt »insbesondere«) die dort genannten Kriterien gleichrangig nebeneinander gestellt, vgl. dazu auch die Kommentierung zu § 14. 38

b) Gegenstandswert bei einstweiliger Anordnung

In einem Verfahren über den Erlass einer einstweiligen Anordnung ist der Gegenstandswert niedriger als in der Hauptsache anzusetzen. Hier kommen nach Ansicht in der Literatur 1/10 bis 5/10 des Hauptsachewertes in Betracht (Kleine-Cosack, a. a. O., S. 288; 10–50% lt. Hartmann Kostengesetze § 37 RVG Rn. 8). Ob 10% des Hauptsachewertes für eine einstweilige Anordnung angemessen sind, dürfte sich dabei auch nach dem Hauptsachewert selbst richten. So scheinen 10% vom Regelwert als Gegenstandswert für eine einstweilige Anordnung auch dann nicht angemessen, wenn die Verfassungsbeschwerde zur Entscheidung nicht angenommen wird, vgl. dazu auch Rn. 31. 39

c) Wertfestsetzung

Die Festsetzung des Streitwerts erfolgt auf Antrag nach § 33 durch das Verfassungsgericht. Da das Verfahren des Bundesverfassungsgerichts nach § 34 Abs. 1 BVerfGG kostenfrei ist, erfolgt die Festsetzung des Streitwerts nach § 33. Die Streitwertbeschwerde gegen einen Beschluss nach § 33 unterliegt nach wie vor der 2-wöchigen Befristung, vgl. auch die Kommentierung von Bischof unter § 33. 40

Die Festsetzung der Vergütung nach § 11 erfolgt durch den Rechtspfleger des Verfassungsgerichts (BVerfG NJW 1999, 778). 41

Will der Rechtsanwalt dabei lediglich den Mindestwert (€ 4.000,00) festsetzen lassen, besteht ein Rechtsschutzbedürfnis für einen solchen Antrag nicht (BVerfG NJW 2000, 1399). 42

4. Kostenerstattung

a) Kostengrundentscheidung

Erweist sich eine Verfassungsbeschwerde als begründet, so sind dem Beschwerdeführer die notwendigen Auslagen ganz oder teilweise zu erstatten, § 34a Abs. 2 BVerfGG. Sofern sich ein Antrag auf Verwirkung der Grundrechte, die Anklage gegen den Bundespräsidenten oder einen Richter als unbegründet erweist, sind dem Antragsgegner oder dem Angeklagten die notwendigen Auslagen einschließlich der Kosten der Verteidigung zu ersetzen, § 34a Abs. 1 BVerfGG. In allen übrigen Fällen kann das Bundesverfassungsgericht eine volle oder teilweise Erstattung der Auslagen anordnen, § 34a Abs. 3 BVerfGG. 43

Eine teilweise Kostenerstattung ergibt sich bei nur teilweisem Obsiegen (BVerfGE 35, 79, 148; 47, 285, 326). Überwiegt jedoch bei teilweisem Obsiegen der Erfolg, so kann dennoch eine volle Auslagenerstattung dem Grunde nach erfolgen (BVerfGE 74, 358, 380). 44

Abschnitt 6 – Gerichtliche Verfahren

45 Nach Ansicht des Bundesverfassungsgerichts kommt bei Verfahren, die nicht in § 34 a Abs. 1 u. 2 BVerfGG genannt sind, bei Vorliegen besonderer Billigkeitsgründe eine Auslagenerstattung dennoch in Betracht (BVerfG NJW 1987, 2571; BVerfG NVwZ-RR 1997, 673).

46 So hat das Bundesverfassungsgericht beispielsweise eine Kostenerstattungspflicht bejaht, wenn sich eine ursprünglich zulässige und begründete Verfassungsbeschwerde nachträglich erledigt (BVerfGE 72, 34, 37; BVerfG AnwBl. 1987, 333; BVerfG NJW 1992, 818).

47 Selbst eine unbegründete Verfassungsbeschwerde kann eine Kostenerstattungspflicht auslösen, wenn sie zu Klarstellungen in Bezug auf ein Gesetz von subjektiver und allgemeiner Bedeutung geführt hat (BVerfG NJW 1991, 1597; 1992, 817).

48 Auch wenn Verfassungsbeschwerde gegen ein Gesetz erhoben wird, obwohl erkennbar bereits Verfassungsbeschwerden anhängig sind, kann eine Kostenerstattungspflicht bestehen, wenn der Fall verfassungsrechtlich relevante Besonderheiten aufweist, oder wenn die Verfassungsbeschwerde auf einen tragenden rechtlichen Gesichtspunkt gestützt wird, der erkennbar in den anderen anhängigen Verfassungsbeschwerden nicht geltend gemacht worden ist (BVerfG NJW 1992, 816, 818).

b) Wer ist erstattungspflichtig?

49 Als **erstattungspflichtig** ist derjenige Träger der öffentlichen Gewalt anzusehen, dem die gerügte Rechtsverletzung zuzuordnen ist (Kleine / Cosak Verfassungsbeschwerden und Menschenrechtsbeschwerde S. 287).

50 Eine Erstattungspflicht kann sich somit z. B. bei Bundesgesetzen für den Bund und bei Landesgesetzen für das entsprechende Bundesland ergeben. Wird mit der Verfassungsbeschwerde das Urteil eines Gerichts angefochten, richtet sich die Erstattungspflicht danach, ob im gegenständlichen Instanzenzug das Gericht des Bundes oder Landes die Möglichkeit zur Abhilfe gehabt hätte (BVerfGE 46, 73, 96; 43, 79, 95). Ist in der im Instanzenzug vorangegangenen Entscheidung des Gerichts eine selbständige Grundrechtsverletzung enthalten, haften für die Auslagen sowohl Bund als auch Land (BVerfGE 34, 325, 331).

c) Erstattungsberechtigung

51 Eine Auslagenerstattung für einen Äußerungsberechtigten ist nicht möglich, da dieser kein Beteiligter des Verfahrens vor dem Bundesverfassungsgericht ist (BVerfG NJW 1999, 203; BVerfGE 55, 132; 36, 101; 20, 351).

d) Verfahrensablauf

52 Ist im Verfahren eine Entscheidung zur Auslagenerstattung nicht erfolgt, kann diese auch noch nach Beendigung des Verfahrens nachgeholt werden. Sofern im Kostenfestsetzungsverfahren Streit über die Auslegung einer Kostenentscheidung entsteht, kann das Bundesverfassungsgericht seine Kostenentscheidung klarstellen (BVerfG NJW 1993, 3253; BVerfG NJW-RR 1996, 138). Hat das Bundesverfassungsgericht eine Auslagenerstattung nicht verfügt, so wird teilweise die Auffassung vertreten, dass die Kosten als Bestandteil der Kosten des vor diesen Gerichten anhängigen Verfahrens anzusehen sind (LG München I AnwBl. 1964, 51; 1966, 329; AG München AnwBl. 1963, 180; **a. A.**: BFH BStBl. 65 III 519; FG Düsseldorf EFG 1964, 63; FG Stuttgart EFG 1964, 84; NJW 1966, 2073).

e) Erstattungsfähige Kosten

53 Als erstattungsfähig hat das Bundesverfassungsgericht anerkannt:
– die Kosten für die Beauftragung von Rechtsanwälten bei umfangreichem und besonders schwierigem Verfahrensgegenstand (BVerfG NJW 1999, 133, 134; BVerfGE 46, 321, 324);
– die Gebühren und Auslagen eines Rechtsanwalts, der sich selbst vertritt (BVerfG NJW 1996, 382; 1990, 2124; BVerfGE 71, 23);

Verfahren vor den Verfassungsgerichten | § 37

- die Gebühren und Auslagen von zwei sich wechselseitig vertretenden Rechtsanwälten, auch wenn sie gleich lautende Schriftsätze einreichen (BVerfG NJW 1990, 2124);
- Reisekosten für eine Informationsreise des Beteiligten zu seinem Verfahrensbevollmächtigten bzw. eines Bevollmächtigten zum Auftraggeber (BVerfG NJW 1997, 2668, 2669);
- Reisekosten eines Verfahrensbevollmächtigten zum Verkündungstermin nach § 30 Abs. 1 Satz 3 BVerfGG (BVerfGE 36, 308);
- Entgelte für Post- und Telekommunikationsdienstleistungen (jetzt nach Nrn. 7001, 7002 VV) (BVerfG NJW-RR 1995, 441, 442);
- Schreibauslagen (jetzt nach Nr. 7000 VV) (BVerfG NJW 1996, 382 f.; 1997, 2668 f.).

Zur Frage der Erstattungsfähigkeit von Kosten für ein Rechtsgutachten hat das Bundesverfassungsgericht ausführlich entschieden (BVerfGE 96, 251, 258; BVerfG NJW 1993, 2793). Es hat die Erstattungsfähigkeit bis auf Ausnahmefälle verneint, da es Sache des Bevollmächtigten, der ein Verfassungsgerichtsverfahren übernimmt, ist, sich mit der Rechtsmaterie entsprechend vertraut zu machen. 54

Zu den nicht erstattungsfähigen Auslagen zählt der Zeit- und Arbeitsaufwand eines sich selbst vertretenden Beschwerdeführers im Verfassungsbeschwerdeverfahren (BVerfG NJW 1994, 1525). 55

5. Prozesskostenhilfe

Auch für das Verfahren vor dem Bundesverfassungsgericht kann Prozesskostenhilfe bewilligt werden (BVerfG AnwBl. 1997, 233). Ist Prozesskostenhilfe bewilligt und der Rechtsanwalt beigeordnet worden, berechnen sich die Gebühren nach Abs. 2 des § 38 nach der Tabelle zu § 49. Da das Verfahren über die Verfassungsbeschwerde kostenfrei ist und ein Anwaltszwang nicht besteht, werden die Voraussetzungen zur Bewilligung von Prozesskostenhilfe sehr streng geprüft. Die Gewährung von PKH ist nur dann zu erwarten, wenn der Beschwerdeführer nicht in der Lage ist, sich selbst zu vertreten (BVerfG AnwBl. 1997, 233). 56

Für die Bewilligung von PKH sind die Verfahrensvorschriften der §§ 114 ff. ZPO anzuwenden (in ständiger Rechtsprechung: BVerfGE 1, 109, 110). 57

Zeichnet sich der Erfolg der Verfassungsbeschwerde ab, sollte der Rechtsanwalt unter Verweis auf § 34a Abs. 2 BVerfGG beantragen, die Erstattung der dem Beschwerdeführer notwendigen Auslagen anzuordnen. 58

6. Missbrauchsgebühr

Nach § 34 BVerfGG kann eine Missbrauchsgebühr von bis zu € 2.600,00 auferlegt werden, wenn die Beschwerde nach Art. 41 Abs. 2 GG einen Missbrauch darstellt oder wenn ein Antrag auf Erlass einer einstweiligen Anordnung (§ 32 BVerfGG) missbräuchlich gestellt wurde. Diese Missbrauchsgebühr wird i. d. R. anwaltlich vertretenen Beschwerdeführern auferlegt. Dies scheint in der Tatsache begründet zu sein, dass in der Zeit von 1951 bis 2001 beim Bundesverfassungsgericht 156.622 Anträge eingegangen sind, wobei allein 131.445 Verfassungsbeschwerden gezählt wurden. Der überwiegende Teil wurde gar nicht erst zur Entscheidung angenommen. In diesem Zeitraum von 50 Jahren waren nur 3.268 Verfassungsbeschwerden erfolgreich, somit 2,5 % der eingereichten Verfassungsbeschwerden. Es ist offensichtlich, dass das Bundesverfassungsgericht mit der Auferlegung der Missbrauchsgebühr auch die Zahl der Verfassungsbeschwerden einzudämmen versucht. Als fragwürdig wird der oft erfolgte Hinweis des Bundesverfassungsgerichts, der Beschwerdeführer könne wegen der auferlegten Missbrauchsgebühr ggf. bei seinem Verfahrensbevollmächtigten Rückgriff nehmen, angesehen (BVerfGE 60, 253; NJW 1986, 2101; 1996, 1373; 1999, 1856; 2001, 120; Zuck NJW 1993, 2645). 59

Abschnitt 6 – Gerichtliche Verfahren

§ 38
Verfahren vor dem Gerichtshof der Europäischen Gemeinschaften

(1) ¹In Vorabentscheidungsverfahren vor dem Gerichtshof der Europäischen Gemeinschaften gelten die Vorschriften in Teil 3 Abschnitt 2 des Vergütungsverzeichnisses entsprechend. ²Der Gegenstandswert bestimmt sich nach den Wertvorschriften, die für die Gerichtsgebühren des Verfahrens gelten, in dem vorgelegt wird. ³Das vorlegende Gericht setzt den Gegenstandswert auf Antrag durch Beschluss fest. ⁴§ 33 Abs. 2 bis 9 gilt entsprechend.

(2) Ist in einem Verfahren, in dem sich die Gebühren nach Teil 4, 5 oder 6 des Vergütungsverzeichnisses richten, vorgelegt worden, sind in dem Vorabentscheidungsverfahren die Nummern 4130 und 4132 des Vergütungsverzeichnisses entsprechend anzuwenden.

(3) Die Verfahrensgebühr des Verfahrens, in dem vorgelegt worden ist, wird auf die Verfahrensgebühr des Verfahrens vor dem Gerichtshof der Europäischen Gemeinschaften angerechnet, wenn nicht eine im Verfahrensrecht vorgesehene schriftliche Stellungnahme gegenüber dem Gerichtshof der Europäischen Gemeinschaften abgegeben wird.

Inhaltsübersicht

	Rn.		Rn.
A. Allgemeines	1	3. Gebühren für den BGH-Anwalt?	28
I. Überblick über Verfahren vor dem EuGH	2	4. Gebühren bei sozialgerichtlichen Angelegenheiten	30
II. Vorabentscheidungsverfahren vor dem Europäischen Gerichtshof	10	5. Verfahren nach Teil 4–6	33
III. Inhaltsüberblick	16	6. Der Gegenstandswert	38
B. Kommentierung	20	7. Anrechnung der Verfahrensgebühr	42
I. Anwendungsbereich	20	8. Vorzeitige Beendigung	44
II. Der Tatbestand im Einzelnen	23	9. Terminsgebühr	45
1. Verfahren nach Teil 3 VV	23	10. Entscheidung im schriftlichen Verfahren	49
2. Gebühren für das Berufungs- oder Revisionsverfahren?	24	11. Kostenerstattung	50

A. Allgemeines

1 Aus der Überschrift des § 38 ist die im Gesetzestext enthaltene Beschränkung auf Vorabentscheidungsverfahren (Art. 234 EGV »Vertrag zur Gründung der Europäischen Gemeinschaft«) nicht ersichtlich. Bereits § 113a BRAGO (der durch § 38 RVG ersetzt wurde) war im Wortlaut in seiner Überschrift ungenau. Diese Ungenauigkeit wird bedauerlicherweise auch in § 38 beibehalten. Die Gelegenheit zu einer sprachlichen Anpassung wurde versäumt.

I. Überblick über Verfahren vor dem EuGH

2 Vorabentscheidungsverfahren sind von anderen Verfahren vor dem Europäischen Gerichtshof (EuGH) zu unterscheiden. Vor dem Europäischen Gerichtshof können Vertragsverletzungsverfahren, Nichtigkeitsklagen, Untätigkeitsklagen, Schadensersatzanträge sowie Vorabentscheidungsverfahren anhängig gemacht werden.

3 Bei Vertragsverletzungsverfahren handelt es sich um Verfahren, bei denen ein anderer Mitgliedstaat oder die EU Kommission eine Klage gegen einen anderen Mitgliedstaat einreicht, der seine Verpflichtungen mutmaßlich nicht erfüllt hat. Derartige Verfahren kommen häufig vor, wenn Richtlinien der EU nicht innerhalb bestimmter Fristen umgesetzt werden.

Verfahren vor dem Gerichtshof der Europäischen Gemeinschaften | § 38

Nichtigkeitsklagen können von einem Mitgliedstaat, dem Rat, der Europäischen Kommission oder dem Europäischen Parlament dann beantragt werden, wenn die Rechtmäßigkeit einer EU-Maßnahme geprüft werden soll. 4

Bei Untätigkeitsklagen prüft der EuGH, ob es unrechtmäßig war, dass der Rat, das Europäische Parlament oder die Kommission in einer bestimmten Situation keine Entscheidung getroffen haben. Vor Einreichung einer Untätigkeitsklage ist das betreffende Organ aufzufordern, tätig zu werden. Erst nach Ablauf einer Frist von weiteren zwei Monaten kann die Klage zum EuGH eingereicht werden. 5

Sofern von EU-Organen oder ihren Mitarbeitern Schäden verursacht worden sind, entscheidet der EuGH nach entsprechenden Schadensersatzanträgen, ob die EU für derartige Schäden, die im Rahmen einer außervertraglichen Haftung (somit deliktischen) verursacht worden sind, Ersatz leisten muss. 6

Der EuGH ist zudem zuständig für Klagen, die auf eine in öffentlich- oder privatrechtlichen Verträgen enthaltene Schiedsklausel gestützt sind, ebenso wie für Rechtsstreitigkeiten zwischen der Gemeinschaft und ihren Beamten oder sonstigen Bediensteten. Sofern das Gericht des ersten Rechtszugs entschieden hat, kann beim Gerichtshof ein auf Rechtsfragen beschränktes Rechtsmittel eingelegt werden (vgl. hierzu Art. 220 Abs. 1 i. V. m. Art. 225 EGV). 7

Der Ablauf der Verfahren vor dem Europäischen Gerichtshof ist in einer 29-seitigen Abhandlung auf der Internetseite des EuGH unter www.curia.eu.int/ (dort unter Gerichtshof und Hinweise für Prozessvertreter, Stand Juli 2008) abrufbar; die 66-seitige Verfahrensordnung finden Sie hier (nicht rechtsverbindlich!): http://curia.europa.eu/de/instit/txtdocfr/txtsenvigueur/txt5.pdf – Stand 29. 06. 2008). Die Verfahrensordnung vor dem Europäischen Gerichtshof ist etliche Male geändert worden, zuletzt am 15. 01. 2008 (ABl. L 24 v. 29. 01. 2008, S. 39). Die Entscheidung über die Kosten des Vorabentscheidungsverfahrens ist Sache des nationalen Gerichts.

Verfahren vor dem Europäischen Gerichtshof für Menschenrechte dürfen nicht mit den Verfahren vor dem Europäischen Gerichtshof verwechselt werden. Der europäische Gerichtshof für Menschenrechte in Straßburg ist eine Einrichtung des Europarates. Hier werden Beschwerden über die Verletzung der Europäischen Menschenrechtskonvention, die vom Europarat erarbeitet wurde und 1953 in Kraft trat, verhandelt. Vor dem Europäischen Gerichtshof für Menschenrechte können zum einen Beschwerden eines Mitglieds der Europäischen Menschenrechtskonvention eingelegt werden, wenn ein anderes Mitgliedsland gegen die Menschenrechtskonvention mutmaßlich verstoßen hat, zum anderen können Bürger gegen Mitgliedsländer Beschwerde einlegen. Voraussetzung zur Anrufung des Europäischen Gerichtshofs für Menschenrechte ist die Ausschöpfung des Rechtswegs im Inland. Eine entsprechende Beschwerde ist innerhalb von sechs Monaten nach der anzugreifenden Entscheidung einzulegen. 8

Von diesen oben genannten Verfahren unterscheiden sich die Vorabentscheidungsverfahren, die allein Gegenstand des § 38 sind. 9

II. Vorabentscheidungsverfahren vor dem Europäischen Gerichtshof

Die Zuständigkeit des Europäischen Gerichtshofs für Vorabentscheidungsverfahren dient dem Zweck, in allen Mitgliedstaaten eine einheitliche Auslegung der Bestimmungen des Gemeinschaftsrechts sicherzustellen. Daher beschränkt sich der Europäische Gerichtshof in Vorabentscheidungsverfahren darauf, aus Wortlaut und Geist die Bedeutung der betreffenden Gemeinschaftsnormen abzuleiten. Es ist sodann allein Sache der nationalen Gerichte, unter Berücksichtigung der tatsächlichen und rechtlichen Umstände des bei ihnen anhängigen Rechtsstreits die in dieser Weise ausgelegten Bestimmungen des Gemeinschaftsrechts anzuwenden. Damit ist das Vorabentscheidungsverfahren ein objektives nicht kontradiktorisches 10

Abschnitt 6 – Gerichtliche Verfahren

Zwischenverfahren, das sehr stark vom Kooperationsprinzip zwischen den nationalen Gerichten und dem EuGH geprägt ist.

11 Gem. Art. 225 Abs. 1 Satz 1 EGV ist der EuGH für Vorabentscheidungen ausschließlich zuständig. Vorlageberechtigt sind nach Art. 234 Abs. 2 EGV nur »Gerichte eines Mitgliedstaates«. Mit Gericht in diesem Sinne ist ein Spruchkörper gemeint, der auf gesetzlicher Grundlage damit betraut ist, Rechtssachen unabhängig zu entscheiden. Die Kriterien: ständige Einrichtung, gesetzliche Grundlage, obligatorische Gerichtsbarkeit, streitiges Verfahren, Anwendung von Rechtsnormen und Unabhängigkeit der Richter müssen erfüllt sein. Dies ist bei den deutschen staatlichen Gerichten regelmäßig der Fall. Die Gerichtseigenschaft i. S. d. Art. 234 Abs. 2 EGV fehlt bei Schiedsgerichten, soweit sie nicht in das mitgliedschaftliche Rechtssystem einbezogen sind (z. B. §§ 125 ff. ZPO). Das Vorabentscheidungsverfahren ist zulässig, wenn das vorlegende Gericht eine Entscheidung des EuGH zum Erlass seines Urteils für erforderlich hält, Art. 234 Abs. 2 EGV. Gem. Art. 234 Abs. 3 EGV besteht darüber hinaus eine Vorlagepflicht für alle nationalen Gerichte, deren Entscheidungen mit innerstaatlichen Rechtsmitteln nicht mehr angefochten werden können. Dabei ist strittig, ob die Vorlagepflicht nur die obersten Gerichte (sog. »abstrakte Betrachtungsweise«) oder alle Gerichte, die in dem konkreten Verfahren letzte Instanz sind (sog. »konkrete Betrachtungsweise«) trifft. Die herrschende Meinung folgt der konkreten Betrachtungsweise, da die Einheitlichkeit der Anwendung des Gemeinschaftsrechts der Zweck des Vorabentscheidungsverfahrens ist. Aus diesem Grund können z. B. auch Amtsgerichte vorlageverpflichtet sein, wenn ihre Entscheidungen unanfechtbar sind.

12 Es gibt nur **ausnahmsweise** eine **Vorlagepflicht** für ein Gericht, das nicht letztinstanzlich ist. Nach der Rechtsprechung des EuGH kommen hier zwei Fälle in Betracht:

1. Nationale Gerichte dürfen Gemeinschaftsrecht nicht verwerfen, weil dadurch die Einheitlichkeit des Gemeinschaftsrechts gefährdet wäre. Hält also das nationale Gericht eine entscheidungserhebliche Vorschrift des Gemeinschaftsrechts für ungültig und will diese unangewendet lassen, besteht insoweit eine Vorlagepflicht, da das »Verwerfungsmonopol« beim EuGH liegt (EuGH Rspr. 1987, 4199 = NJW 1988, 1451).
2. Will ein Gericht die Aussetzung der Vollziehung eines auf sekundärem Gemeinschaftsrecht beruhenden nationalen VA anordnen, muss es gleichzeitig die Frage der Gültigkeit des gemeinschaftlichen Rechtsaktes vorlegen (EuGH Rspr. 1991 I, 415 (Zuckerfabrik Soder Dithmarschen)).

13 Das letztinstanzliche Gericht trifft nur ausnahmsweise keine Vorlagepflicht, wenn die aufgeworfene Rechtsfrage bereits vom EuGH entschieden wurde oder aber die Auslegung derart offenkundig ist, dass für einen vernünftigen Zweifel kein Raum bleibt (EuGH Rspr. 1982, 3415 = NJW 1983, 1257). Zulässig ist eine erneute Vorlage allerdings dann, wenn das vorlegende Gericht berechtigte Zweifel daran hat, dass der EuGH an seiner bisherigen Rechtsprechung festhalten will. Zu beachten ist, dass eine unterlassene Vorlage an den EuGH eine Vertragsverletzung bedeutet und ein Vertragsverletzungsverfahren durch die Kommission nach sich ziehen kann (BVerfG NJW 1988, 1456). Nach dieser Rechtsprechung des Bundesverfassungsgerichts begründet jedoch nicht jeder Verstoß gegen Zuständigkeits- und Verfahrensregelungen eine Verletzung des Anspruchs auf den gesetzlichen Richter (nach dem BVerfG ist auch der EuGH gesetzlicher Richter i. S. von Art. 101 Abs. 1 Satz 2 GG). Voraussetzung für eine Verfassungsbeschwerde ist daher der Nachweis, dass das zur Vorlage verpflichtete Gericht seine Pflicht willkürlich außer Acht gelassen hat.

14 Zum besseren Verständnis, was unter den hier aufgeführten Vorabentscheidungsverfahren gemeint ist, soll Art. 234 EGV zitiert werden: Art. 234 EGV

»*¹Der Gerichtshof entscheidet im Wege der Vorabentscheidung*

a) über die Auslegung dieses Vertrags,
b) über die Gültigkeit und die Auslegung der Handlungen der Organe der Gemeinschaft und der EZB,

c) *über die Auslegung der Satzungen der durch den Rat geschaffenen Einrichtungen, soweit diese Satzungen dies vorsehen.*

²*Wird eine derartige Frage einem Gericht eines Mitgliedsstaats gestellt und hält dieses Gericht eine Entscheidung darüber zum Erlass seines Urteils für erforderlich, so kann es diese Frage dem Gerichtshof zur Entscheidung vorlegen.* ³*Wird eine derartige Frage in einem schwebenden Verfahren bei einem einzelstaatlichen Gericht gestellt, dessen Entscheidungen selbst nicht mehr mit Rechtsmitteln des innerstaatlichen Rechts angefochten werden können, so ist dieses Gericht zur Anrufung des Gerichtshofes verpflichtet.«*

Das Gericht hat über die Aussetzung des Verfahrens und die Einholung einer Vorabentscheidung des Gerichtshofs der Europäischen Gemeinschaften nach Art. 234 EG in der gleichen Besetzung zu entscheiden, in der es die Entscheidung treffen müsste, für die die Vorlagefragen erheblich sind (wie BVerfG, Beschl. v. 15.04.2005, Az.: 1 BvL 6/03 und 8/04 – NVwZ 2005, 801 zum Vorlageverfahren nach Art. 100 Abs. 1 GG) (BVerwG, Urt. v. 31.03.2008, Az.: 10 C 32.07 Lexetius.com/2008, 9339). Vgl. auch zu den Voraussetzungen, unter denen das BVerfG bei Nichtvorlage an den EuGH einen Verstoß gegen das Prinzip des gesetzlichen Richters annimmt (BVerfG, Ärzterichtlinie, Beschl. v. 09.01.2001, NJW 2001, 1267); zu den Zulässigkeitsvoraussetzungen einer Richtervorlage an das Bundesverfassungsgericht, die gegen sekundäres Gemeinschaftsrecht gerichtet ist: BVerfG, BananenmarktVO, 07.06.2000, BVerfGE 102, 147; die Unzulässigkeit einer Verfassungsbeschwerde gegen ein Gerichtsurteil, das maßgeblich durch eine Vorabentscheidung des EuGH geprägt ist: BVerfG, Alcan II [BVerfG], Beschl. v. 17.02.2000, NJW 2000, 2015. [15]

III. Inhaltsüberblick

Die Gebühren in Vorabentscheidungsverfahren richten sich nach der Art des Ausgangsverfahrens. Dabei fallen in Vorabentscheidungsverfahren vor dem Gerichtshof der Europäischen Gemeinschaft nach Abs. 1 die für Rechtsmittelverfahren vorgesehenen Gebühren an (Teil 3 Abschnitt 2), wenn im Ausgangsverfahren nach Abs. 1 die für Rechtsmittelverfahren vorgesehenen Gebühren aus Teil 3 des Vergütungsverzeichnisses anfallen. [16]

Sofern sich im Ausgangsverfahren die Gebühren nach Teil 4, 5 oder 6 des Vergütungsverzeichnisses richten, erhält der Rechtsanwalt nach Abs. 2 für ein Vorabentscheidungsverfahren vor dem Europäischen Gerichtshof die Gebühren für eine Revision in Strafsachen. [17]

Die im Ausgangsverfahren verdiente Verfahrensgebühr ist nach Abs. 3 auf die Verfahrensgebühr im Vorabentscheidungsverfahren anzurechnen. [18]

Der Verweis für die Berechnung des Gegenstandswerts auf die für die Gerichtsgebühren geltenden Wertvorschriften findet sich in § 38 Abs. 1 Satz 2. Der Streitwert wird nach wie vor auf Antrag durch Beschluss vom vorlegenden Gericht festgesetzt, § 38 Abs. 1 Satz 3. [19]

B. Kommentierung

I. Anwendungsbereich

§ 38 gilt, wie unter A.I. dargestellt, nicht für Direktklagen von natürlichen und juristischen Personen gegen die Organe der Europäischen Gemeinschaft (z.B. Nichtigkeitsklage nach Art. 230 EGV oder Untätigkeitsklage nach Art. 232 EGV). In der Literatur wird einerseits die analoge Anwendbarkeit des § 38 Abs. 1 auch auf diese Verfahren angenommen (Bischof AGS 1998, 49, 50; *Wahlen* in Gebauer/Schneider RVG § 38 Rn. 4), andererseits die analoge Anwendbarkeit von § 37 Abs. 2 (Verfahren vor den Verfassungsgerichten) bejaht (Hartmann Kostengesetze § 38 Rn. 1). Die Verfasserin tendiert eher zur ersten Auffassung, da die Anwen- [20]

Abschnitt 6 – Gerichtliche Verfahren

dung des § 38 die Möglichkeit offen lässt, bei einer Tätigkeit vor dem Gericht erster Instanz die Gebühren nach Teil 3 Abschnitt 2 (Berufung) abzurechnen, wohingegen § 37 Abs. 2 Satz 1 allein auf die Gebühren des Revisionsverfahrens abstellt.

21 Bei Vorabentscheidungsverfahren handelt es sich um einen Zwischenstreit (EuGH AWD 1973, 282). Umfang und Schwierigkeit der anwaltlichen Tätigkeit in einem derartigen Verfahren sind jedoch nicht zu unterschätzen, weshalb berechtigt der Abschluss einer Vergütungsvereinbarung (vgl. § 3a ff.) angeraten wird (*Wahlen* in Schneider/Wolf § 38 Rn. 4, Hartmann Kostengesetze § 38 RVG Rn. 4).

22 Das Vorabentscheidungsverfahren vor dem Gerichtshof der Europäischen Gemeinschaften stellt eine selbständige Gebührenangelegenheit dar (BT-Drs. 7/2016, S. 105; Bischof AGS 1998, 49 f.; Hartmann Kostengesetze § 38 Rn. 3).

II. Der Tatbestand im Einzelnen

1. Verfahren nach Teil 3 VV

23 § 38 Abs. 1 Satz 1 kommt nur dann zur Anwendung, wenn auch im Ausgangsrechtsstreit Teil 3 des Vergütungsverzeichnisses direkt oder sinngemäß anzuwenden wäre. Damit kommt § 38 Abs. 1 Satz 1 in bürgerlichen Rechtsstreitigkeiten, Verfahren der freiwilligen Gerichtsbarkeit, öffentlich-rechtlichen Gerichtsbarkeiten (Verwaltungsgerichtsverfahren (Ausnahme: Diziplinarverfahren, vgl. dazu Teil 6), Finanzgerichtsverfahren), Verfahren nach dem Strafvollzugsgesetz und ähnlichen Verfahren (z. B. Sozialgerichtsverfahren) zur Anwendung. Dabei spielt es keine Rolle, ob der Rechtsanwalt überhaupt im Ausgangsverfahren eine Tätigkeit entfaltet hat (*Swolana* in Hansens BRAGO § 113a Rn. 3).

2. Gebühren für das Berufungs- oder Revisionsverfahren?

24 In Abs. 1 des § 38 ist geregelt, dass in Vorabentscheidungsverfahren vor dem EuGH die Vorschriften in Teil 3, Abschnitt 2 des Vergütungsverzeichnisses entsprechend anzuwenden sind. Wahlen hält es für ein gesetzgeberisches Versehen, dass nicht, wie in § 37 Abs. 2 Satz 1 auf Teil 3 Abschnitt 2 **Unterabschnitt 2** (Revision) abgestellt wird, sondern lediglich auf Teil 3 Abschnitt 2, worunter auch die Berufungsverfahren fallen (*Wahlen* in Schneider/Wolf RVG § 38 Rn. 6). Wahlen begründet seine Auffassung mit der Absicht des Gesetzgebers, keine Änderung zu § 113a BRAGO herbeiführen zu wollen. Der Auffassung von Wahlen kann nach Ansicht der Verfasserin gefolgt werden. Zwar ist die Begründung von Wahlen insofern nicht nachvollziehbar, als mit dem RVG – anders als nach BRAGO, die für Berufungs- als auch Revisionsverfahren eine 3/10 Erhöhung vorgesehen hatte (Ausnahme: BGH-Anwalt 20/10) – verschiedene Gebühren für das Berufungs- und Revisionsverfahren geregelt sind. Allerdings wird in Vorabentscheidungsverfahren, in denen sich die Gebühren nach Teil 4–6 richten, ebenfalls auf Revisionsverfahren abgestellt. Aus diesem Grund hält die Verfasserin es für gerechtfertigt, auch in Verfahren, die nach Teil 3 abgerechnet werden, die Gebühren für das **Revisionsverfahren** anzuwenden. Warum hier unterschieden werden sollte, ist nicht erfindlich.

25 Hartung geht noch einen Schritt weiter. Er vertritt die Auffassung, dass aufgrund der Rangordnung des Gerichtshofs der Europäischen Gemeinschaften die Verfahrensgebühr nach Nr. 3208 i. H. v. 2,3 zur Anwendung gelangen kann (*Hartung* in Hartung/Römermann/Schons § 38 Rn. 8). Diese weite Auslegung lässt der Wortlaut der Nr. 3208 jedoch nicht zu, auch wenn Hartung im Prinzip zu folgen wäre (ebenso ablehnend: *Mayer* in Mayer/Kroiß RVG § 38 Rn. 13 f.).

26 Damit können, wenn sich im Ausgangsverfahren die Gebühren nach Teil 3 VV berechnen, folgende Gebühren in einem Vorabentscheidungsverfahren nach § 38 entstehen:

Nr.	Gebührentatbestand	Gebühr oder Satz der Gebühr nach § 13 RVG
3206	Verfahrensgebühr, soweit in Nummer 3212 nichts anderes bestimmt ist	1,6
3207	Vorzeitige Beendigung des Auftrags: Die Gebühr 3206 beträgt .... Die Anmerkung zu Nummer 3201 gilt entsprechend.	1,1
3210	Terminsgebühr, soweit in Nummer 3213 nichts anderes bestimmt ist .... Die Anmerkung zu Nummer 3104 gilt entsprechend.	1,5
3211	Wahrnehmung nur eines Termins, in dem der Revisionskläger nicht ordnungsgemäß vertreten ist und lediglich ein Antrag auf Versäumnisurteil oder zur Prozess- oder Sachleitung gestellt wird: Die Gebühr 3210 beträgt .... Die Anmerkung zu Nummer 3105 und Absatz 2 der Anmerkung zu Nummer 3202 gelten entsprechend.	0,8
3212	Verfahrensgebühr für Verfahren vor dem Bundessozialgericht, in denen Betragsrahmengebühren entstehen (§ 3 RVG)	80,– bis 800,– EUR
3213	Terminsgebühr in Verfahren vor dem Bundessozialgericht, in denen Betragsrahmengebühren entstehen (§ 3 RVG) ...... Die Anmerkung zu Nummer 3106 gilt entsprechend.	40,– bis 700,– EUR

3. Gebühren für den BGH-Anwalt?

Nach Art. 104 § 2 VFO (EuGH-Verfahrensordnung) trägt der Gerichtshof den vor den nationalen Gerichten, die ihn angerufen haben, geltenden Verfahrensvorschriften hinsichtlich Vertretung und persönlichem Erscheinen der Parteien des Ausgangsverfahrens Rechnung. Dies bedeutet, dass in Vorabentscheidungsverfahren der Grundsatz des Anwaltszwangs in modifizierter Form besteht. Nach Ansicht der Verfasserin kann der im Vorabentscheidungsverfahren vertretende Rechtsanwalt die Gebühren des BGH-Anwalts **nicht** beanspruchen, somit Gebühren nach Nrn. 3208 und 3209 (*Wahlen* in Schneider/Wolf RVG § 38 Rn. 7), vgl. auch Rn. 24.

Zur Frage der Tatbestandsmerkmale der einzelnen Gebühren siehe die Kommentierung unter der jeweiligen Vergütungsverzeichnis-Nummer.

4. Gebühren bei sozialgerichtlichen Angelegenheiten

Soweit nach Abschnitt 2 Teil 3 des Vergütungsverzeichnisses Betragsrahmengebühren vorgesehen sind, gelten auch hier die Gebühren für Revisionsverfahren (somit die Nrn. 3204, 3205, 3212 und 3213 VV) (so auch *Wahlen* in Schneider/Wolf § 38 Rn. 8) – so ist bei der Bemessung des Betragsrahmens § 14 heranzuziehen. Danach hat der Rechtsanwalt die Gebühr im Einzelfall unter Berücksichtigung aller Umstände, v. a. des Umfangs und der Schwierigkeit der anwaltlichen Tätigkeit, der Bedeutung der Angelegenheit sowie der Einkommens- und Vermögensverhältnisse des Auftraggebers, nach billigem Ermessen zu bestimmen. Ein besonderes Haftungsrisiko des Rechtsanwalts ist bei der Bemessung heranzuziehen. Insoweit wird ergänzend auf die Kommentierung zu § 14 verwiesen. Aufgrund der Bedeutung der Angele-

Abschnitt 6 – Gerichtliche Verfahren

genheit wird man häufig auf die Höchstgebühr zurückgreifen können (vgl. dazu auch *Wahlen* in Schneider / Wolf § 38 Rn. 10).

31 In derartigen Angelegenheiten können daher folgende Gebühren entstehen:

Nr.	Gebührentatbestand	Gebühr oder Satz der Gebühr nach § 13 RVG
3212	Verfahrensgebühr für Verfahren vor dem Bundessozialgericht, in denen Betragsrahmengebühren entstehen (§ 3 RVG)	80,– bis 800,– EUR
3213	Terminsgebühr in Verfahren vor dem Bundessozialgericht, in denen Betragsrahmengebühren entstehen (§ 3 RVG) .... Die Anmerkung zu Nummer 3106 gilt entsprechend.	40,– bis 700,– EUR

32 Zur Frage der Tatbestandsmerkmale der einzelnen Gebühren siehe die Kommentierung unter der jeweiligen Vergütungsverzeichnis-Nummer.

5. Verfahren nach Teil 4–6

33 Abs. 2 bestimmt, dass, wenn in einem Verfahren, in dem sich die Gebühren nach Teil 4, 5 oder 6 des Vergütungsverzeichnisses richten, vorgelegt worden ist, im Verfahren auf Vorabentscheidung die Nrn. 4130 und 4132 entsprechend anzuwenden sind.

34 Damit kommt eine Anwendung des § 38 Abs. 2 in Strafsachen, Bußgeldsachen, Disziplinarverfahren, berufsrechtlichen Verfahren sowie in den weiteren in Teil 6 genannten Verfahren in Betracht.

35 Folgende Gebühren können daher entstehen:

Nr.	Gebührentatbestand	Gebühr oder Satz der Gebühr nach § 13 oder § 49 RVG	
		Wahlanwalt	gerichtlich bestellter oder beigeordneter Rechtsanwalt
4130	Verfahrensgebühr für das Revisionsverfahren	100,– bis 930,– EUR	412,– EUR
4132	Terminsgebühr je Hauptverhandlungstag im Revisionsverfahren	100,– bis 470,– EUR	228,– EUR

36 Ein besonderes Haftungsrisiko des Rechtsanwalts ist bei der Bemessung heranzuziehen, vgl. auch die weiteren Kommentierungen unter § 14. Aufgrund der Bedeutung der Angelegenheit wird häufig die Höchstgebühr angemessen sein, wenn nicht ohnehin eine Vergütungsvereinbarung geschlossen wird.

37 Die Tatsache, dass ein Vorabentscheidungsverfahren vor dem EuGH objektiv gesehen in der Regel eine sehr hohe Bedeutung der Angelegenheit für den Auftraggeber mit sich bringt, kann bei der Bemessung der Gebühr berücksichtigt werden.

6. Der Gegenstandswert

Der Gegenstandswert bestimmt sich nach Absatz 1 Satz 2 nach den Wertvorschriften, die für **38** die Gerichtsgebühren des Verfahrens gelten, in dem vorgelegt wird. Danach entspricht der Gegenstandswert für das Vorabentscheidungsverfahren dem des Ausgangsrechtsstreits. Dies gilt nur dann nicht, wenn die dem EuGH durch das Gericht des Ausgangsrechtsstreits vorgelegte Frage nur für einen Teil des Gegenstandes des Ausgangsrechtsstreits von Bedeutung ist. In diesen Fällen ist für das Vorabentscheidungsverfahren ein niedrigerer Gegenstandswert festzusetzen (BFH NJW 1969, 1135 f.; BFHE 119, 397 f.; BT-Drs. 7/2016, S. 106). Eine Erhöhung des Gegenstandswertes für das Vorabentscheidungsverfahren kommt in diesen Fällen auch dann nicht in Betracht, wenn der Entscheidung des EuGH eine objektiv hohe Bedeutung zuzumessen ist (BFH NJW 1969, 1135 f.; BFHE 119, 397 f.; BT-Drs. 7/2016, S. 106).

Auf Antrag wird der Gegenstandswert durch Beschluss vom vorlegenden Gericht festgesetzt, **39** Abs. 1 Satz 3.

Nach Abs. 1 Satz 4 gilt § 33 Abs. 2–9 (Wertfestsetzung für die RA-Gebühren) entsprechend. **40**

In § 33 ist die Wertfestsetzung für die Rechtsanwaltsgebühren geregelt, wenn sich die Gebüh- **41** ren in einem gerichtlichen Verfahren nicht nach dem für die Gerichtsgebühren maßgebenden Wert bestimmen oder es an einem solchen Wert fehlt, weil z. B. sich die Tätigkeit des Gerichts mit der Tätigkeit des Rechtsanwalts nicht deckt. Da Gerichtsgebühren beim vorlegenden Gericht anfallen, dieses aber auf Antrag den Gegenstandswert festsetzt, ist für die Wertfestsetzung § 33 maßgeblich. Die Streitwertbeschwerde gegen einen Streitwertbeschluss nach § 33 unterliegt nach wie vor der 2-wöchigen Befristung, § 33 Abs. 3 Satz 3 (vgl. dazu auch die Kommentierung unter § 33).

7. Anrechnung der Verfahrensgebühr

Nach Abs. 3 ist die Verfahrensgebühr des Verfahrens, in dem vorgelegt worden ist, auf die **42** Verfahrensgebühr des Verfahrens vor dem EuGH anzurechnen, wenn nicht eine im Verfahrensrecht vorgesehene schriftliche Stellungnahme gegenüber dem EuGH abgegeben wird. Die Anrechnung der Verfahrensgebühr kann der Rechtsanwalt vermeiden, wenn er nach Zustellung des Vorlagebeschlusses des vorlegenden Gerichts durch den Kanzler des EuGH innerhalb einer zweimonatigen Frist nach Art. 20 der EG-Satzung einen Schriftsatz oder eine schriftliche Erklärung abgibt.

Alle verfahrens- oder sachbezogenen Äußerungen sind als Stellungnahme im Sinne des **43** Abs. 3 ausreichend, selbst wenn sich diese lediglich auf einzelne materiell- oder verfahrensrechtliche Fragen bezieht (Ernst § 38 Rn. 5). Wird diese Frist zur Stellungnahme versäumt und nimmt der Rechtsanwalt ausschließlich an dem Termin zur mündlichen Verhandlung vor dem EuGH teil, führt dies unweigerlich zur Anrechnung der Verfahrensgebühr des Ausgangsrechtsstreits auf die Verfahrensgebühr für das Vorabentscheidungsverfahren (FG München EFG 1989, 254, 255).

8. Vorzeitige Beendigung

Bei einer vorzeitigen Beendigung des Auftrags entsteht die Verfahrensgebühr nach Teil 3 bei **44** Wertgebühren in entsprechend reduzierter Höhe (Nrn. 3207 o. 3209). Bei Satzrahmengebühren nach Teil 3 (Nr. 3212 u. Nr. 4130) ist bei der Bemessung der Gebühr die vorzeitige Beendigung entsprechend zu berücksichtigen. Auch die reduzierten Verfahrensgebühren sind nach Abs. 3 ebenfalls anzurechnen.

Abschnitt 6 – Gerichtliche Verfahren

9. Terminsgebühr

45 Für die Teilnahme an einer mündlichen Verhandlung oder Erörterung vor dem EuGH erhält der Rechtsanwalt eine Terminsgebühr in Höhe von 1,5 bzw. € 40,00 bis € 700,00, wenn sich die Gebühren nach Teil 3 des VV richten und in Höhe von € 100,00 bis € 470,00, wenn sich die Gebühren nach Teil 4–6 richten.

46 Die Stellung eines Antrags ist für den Anfall der Terminsgebühr nicht erforderlich; die Teilnahme am Termin genügt, *Madert* in Gerold/Schmidt/von Eicken/Madert/Müller-Rabe RVG § 38 Rn. 15.

47 Die Terminsgebühr für Gebühren nach Teil 3 entsteht nach Abs. 3 der Vorbem. 3 auch für die Mitwirkung an auf die Vermeidung oder Erledigung des Verfahrens gerichteten Besprechungen ohne Beteiligung des Gerichts, mit Ausnahme von Besprechungen mit dem Auftraggeber. Die Terminsgebühr kann nach dieser 3. Alternative der Vorbem. 3 Abs. 3 auch in Vorabentscheidungsverfahren verdient werden.

48 Da das Vorabentscheidungsverfahren vor dem EuGH nicht zum Rechtszug gehört, können die Gebühren gesondert entstehen (§ 15 Abs. 2 Satz 2). Eine Terminsgebühr ist nicht anzurechnen, wie sich aus Abs. 3, der sich allein auf die Verfahrensgebühr bezieht, zu entnehmen ist.

10. Entscheidung im schriftlichen Verfahren

49 Fraglich ist, ob eine Terminsgebühr im Vorabentscheidungsverfahren entstehen kann, wenn die Entscheidung im schriftlichen Verfahren ergeht. Zwar wird in den Anmerkungen in Nrn. 3210 und 3213 auf die Anmerkungen in Nrn. 3104 und 3106 verwiesen. Eine Terminsgebühr im schriftlichen Verfahren erfordert jedoch, dass es sich entweder um ein Verfahren handelt, für das die mündliche Verhandlung vorgeschrieben ist oder aber, dass einer der Ausnahmetatbestände der Anmerkung Nr. 1 zu Nr. 3104 vorliegt. Art. 44 a EuGH-Verfahrensordnung sowie Art. 104 Abs. 4 EuGH-Verfahrensordnung sehen vor, dass das Gericht von einer mündlichen Verhandlung in bestimmten Fällen absehen kann und dann eine mündliche Verhandlung nur auf Antrag stattfindet. Dies bedeutet, dass zwar grundsätzlich eine mündliche Verhandlung vorgesehen ist, von dieser jedoch abgesehen werden kann. Da sich die in Anmerkung 1 zu Nr. 3104 vorgesehenen Ausnahmen auf Entscheidungen des Gerichts bzw. einen Vergleich beziehen, die für das Vorabentscheidungsverfahren nicht in Frage kommen, würde der zur Anwendung kommende Verweis auf die Anmerkung Nr. 1 zu Nr. 3104 nutzlos sein. Es ist daher vorstellbar, dass eine Entscheidung ohne Durchführung einer mündlichen Verhandlung im Vorabentscheidungsverfahren eine Terminsgebühr auslöst. Dies wäre auch sachgerecht, da der Termin in Vorabentscheidungsverfahren – anders als in der ZPO – nur noch der Ergänzung des schriftlichen Vortrags dient. Stellt der beteiligte Rechtsanwalt daher keinen Antrag auf Durchführung der mündlichen Verhandlung, wird er in der Regel entsprechend sorgfältig schriftsätzlich vorgetragen haben, was den Anfall der Terminsgebühr rechtfertigen würde.

11. Kostenerstattung

50 Nach Art. 104 § 6 EuGH-Verfahrensordnung ist die Entscheidung über die Kosten des Vorabentscheidungsverfahrens Sache des nationalen Gerichts, wobei der Gerichtshof im Rahmen der PKH eine Beihilfe bewilligen kann, um es einer Partei zu erleichtern, sich vertreten zu lassen oder persönlich zu erscheinen. Damit erfolgt sowohl die Entscheidung über die Kosten dem Grunde als auch der Höhe nach durch das Ausgangsgericht.

51 Die Kostenentscheidung des Ausgangsverfahrens erstreckt sich auch auf die Kosten des Vorabentscheidungsverfahrens (EuGHE 70, 69; BFHE 94, 49 = NJW 1969, 1135).

Verfahren vor dem Gerichtshof der Europäischen Gemeinschaften | § 38

Der EuGH hat entschieden, dass Artikel 104 § 5 der Verfahrensordnung des Gerichtshofes in 52
der kodifizierten Fassung 1999/ C 65/ 01 vom 06. 03. 1999 dahin auszulegen ist, dass sich die Festsetzung der Kosten, die den Parteien des Ausgangsverfahrens für ein Vorabentscheidungsverfahren nach Artikel 234 EG entstanden sind, nach den innerstaatlichen Rechtsvorschriften bestimmt, die auf den beim vorlegenden Gericht anhängigen Rechtsstreit anwendbar sind, soweit diese nicht ungünstiger sind als diejenigen für vergleichbare Zwischenverfahren, zu denen es im Rahmen eines solchen Rechtsstreits nach nationalem Recht kommen kann (EuGH, Urt. v. 06. 12. 2001, Az.: C-472/99, Lexetius.com/2001, 1441 [2001/12/106]).

Abschnitt 6 – Gerichtliche Verfahren

§ 39
In Scheidungs- und Lebenspartnerschaftssachen beigeordneter Rechtsanwalt

¹Der Rechtsanwalt, der nach § 625 der Zivilprozessordnung dem Antragsgegner beigeordnet ist, kann von diesem die Vergütung eines zum Prozessbevollmächtigten bestellten Rechtsanwalts und einen Vorschuss verlangen. ²Die für einen in einer Scheidungssache beigeordneten Rechtsanwalt geltenden Vorschriften sind für einen in einer Lebenspartnerschaftssache beigeordneten Rechtsanwalt entsprechend anzuwenden.

Inhaltsübersicht

	Rn.		Rn.
A. Allgemeines	1	1. Gerichtliche Beiordnung	7
B. Kommentierung	6	2. Vergütung	8
I. Anwendungsbereich	6	3. Vorschuss	14
II. Der Tatbestand im Einzelnen	7	4. Anspruch gegen die Landeskasse	17

A. Allgemeines

1   Die praktische Bedeutung des § 39 ist gering, da eine Beiordnung nach § 625 ZPO nur selten erfolgt. Grundsätzlich gilt, dass in Verfahren vor dem Amtsgericht kein Anwaltszwang herrscht. § 78 Abs. 2 ZPO enthält eine Ausnahme für Verfahren vor den Familiengerichten. Danach müssen sich die Ehegatten in Ehesachen und Folgesachen, Lebenspartner in Lebenspartnerschaftssachen und Folgesachen und die Parteien und am Verfahren beteiligte Dritte in selbstständigen Familiensachen durch einen bei einem Amts- oder Landgericht zugelassenen Rechtsanwalt vertreten lassen. Diese Vorschrift wird vom Antragsgegner in der Praxis häufig umgangen, wenn er keinen eigenen Sachantrag stellen will, zum Beispiel bei einer einverständlichen Scheidung. Oft bedient sich der Antragsgegner für den Rechtsmittelverzicht im Termin lediglich eines so genannten »Flur-Anwalts«.

2   Ist nach Überzeugung des Gerichts jedoch die Beiordnung eines Rechtsanwalts zum Schutz des Antragsgegners dringend erforderlich (z. B. bei vermuteter Übervorteilung in einer Scheidungsvereinbarung), kann es eine solche anordnen.

3   § 625 ZPO lautet:

»(1) ¹Hat in einer Scheidungssache der Antragsgegner keinen Rechtsanwalt als Bevollmächtigten bestellt, so ordnet das Prozessgericht ihm von Amts wegen zur Wahrnehmung seiner Rechte im ersten Rechtszug hinsichtlich des Scheidungsantrags und eines Antrags nach § 1671 Abs. 1 BGB einen Rechtsanwalt bei, wenn diese Maßnahme nach der freien Überzeugung des Gerichts zum Schutz des Antragsgegners unabweisbar erscheint; § 78 c Abs. 1, 3 gilt sinngemäß. ²Vor einer Beiordnung soll der Antragsgegner persönlich gehört und dabei besonders darauf hingewiesen werden, dass die Familiensachen des § 621 Abs. 1 gleichzeitig mit der Scheidungssache verhandelt und entschieden werden können.

(2) Der beigeordnete Rechtsanwalt hat die Stellung eines Beistandes.«

4   Der beigeordnete Rechtsanwalt ist Beistand, §§ 90, 625 Abs. 2, 661 Abs. 2 ZPO. Das heißt, er vertritt den Antragsgegner nicht, sondern berät ihn über die Tragweite der Scheidung und deren Folgen und trägt ggf. neben (nicht für) dem Antragsgegner schriftlich oder mündlich vor. Erteilt der Antragsgegner diesem Rechtsanwalt Prozessvollmacht, wird er zum Prozessbevollmächtigten, nicht vorher (OLG Naumburg FamRZ 2002, 248; *Albers* in Baumbach/Lauterbach ZPO § 625 Rn. 7); vor der Erteilung einer Prozessvollmacht kann an den nach § 625

ZPO beigeordneten Rechtsanwalt auch keine wirksame Zustellung erfolgen (BGH FamRZ 1995, 416).

Ergänzend zu § 39 ist § 45 Abs. 2 heranzuziehen. Danach kann der nach § 625 ZPO beigeordnete Rechtsanwalt eine Vergütung aus der Landeskasse erst verlangen, wenn der zur Zahlung Verpflichtete mit der Zahlung der Vergütung in Verzug ist. Insoweit wird auf die Kommentierung zu § 45 und weiter unten unter B II Ziff. 4 verwiesen. Wird ein Rechtsanwalt nach § 625 ZPO beigeordnet, ist er verpflichtet, die Beistandschaft zu übernehmen, vgl. § 48 Abs. 1 BRAO, sofern nicht ein wichtiger Grund für eine Ablehnung besteht. Ein wichtiger Grund könnte z. B. bei Interessenkollision gegeben sein, oder aber auch, wenn der Begünstigte den Anwalt beleidigt und anpöbelt.

B. Kommentierung

I. Anwendungsbereich

Die Norm regelt den Gebührenanspruch des RA, der dem Mandanten nach § 625 ZPO beigeordnet worden ist. Da der nach § 625 ZPO beigeordnete Rechtsanwalt nicht Verfahrensbevollmächtigter ist und somit nicht ohne weiteres die Vorschriften des dritten Teils des Vergütungsverzeichnisses anwendbar waren, bedurfte es einer eigenständigen Regelung im RVG.

II. Der Tatbestand im Einzelnen

1. Gerichtliche Beiordnung

Durch die gerichtliche Beiordnung entsteht ein Rechtsverhältnis zwischen Staat und beigeordnetem Rechtsanwalt einerseits und durch die Erteilung der **Prozessvollmacht** andererseits ein Vertragsverhältnis zwischen dem Auftraggeber und dem beigeordneten Rechtsanwalt. Die prozessuale Situation ist derjenigen eines im Wege der PKH beigeordneten Anwalts vergleichbar. Die Besonderheit für den beigeordneten RA besteht darin, dass sein Gebührenanspruch auch dann gegenüber dem Antragsgegner besteht, soweit dieser ihm keine Vollmacht erteilt hat oder mit der Beiordnung nicht einverstanden ist. Er wird daher gebührenrechtlich behandelt wie ein **Prozessbevollmächtigter** (Schneider / Wolf RVG § 39 Rn. 5).

2. Vergütung

§ 39 stellt auf den Gebührenanspruch eines Prozessbevollmächtigten ab. Da die Beiordnung nach § 625 ZPO sich auf die in § 39 RVG genannten Familiensachen beschränkt, richtet sich der Vergütungsanspruch des beigeordneten Rechtsanwalts nach Teil 3 des Vergütungsverzeichnisses.

Der nach § 625 ZPO beigeordnete Rechtsanwalt erhält daher regelmäßig eine 1,3 Verfahrensgebühr nach Nr. 3100 VV. Bei vorzeitiger Beendigung ermäßigt sich die Verfahrensgebühr auf 0,8. Denkbar ist auch die Entstehung einer 0,8 Verfahrensgebühr nach Nr. 3101 Nr. 2 VV für den Abschluss eines Mehrvergleichs.

Für den Anfall einer Terminsgebühr in Höhe von 1,2 nach Nr. 3104 VV ist ausreichend, dass der beigeordnete Rechtsanwalt am Termin teilnimmt (vgl. auch Hartmann Kostengesetze § 39 Rn. 3). Die Stellung von Anträgen ist nicht notwendig. Auch entsteht die Terminsgebühr, wenn der beigeordnete Rechtsanwalt selbst nicht das Wort ergreift.

Für den Fall, dass die Parteien eine Einigung vereinbaren, kann eine Einigungsgebühr nach Nrn. 1000, 1003 VV entstehen. Im Falle einer Aussöhnung kann aus dem Wert der Ehe- oder Lebenspartnerschaftssache auch eine Aussöhnungsgebühr gemäß Nrn. 1001, 1003 anfallen.

Abschnitt 6 – Gerichtliche Verfahren

12 Zu den einzelnen Gebührenansprüchen des Verfahrensbevollmächtigten siehe auch die Kommentierungen unter den oben dargestellten Vergütungsverzeichnis-Nummern.

13 Die Fälligkeit des Vergütungsanspruchs richtet sich nach § 8.

3. Vorschuss

14 Durch § 39 Satz 1 wird geregelt, dass der beigeordnete Rechtsanwalt vom Antragsgegner einen **Vorschuss** verlangen kann. Dieser Regelungsgehalt der Norm ist neu. Nach dem bis zum 30. 06. 2004 geltenden § 36 a BRAGO war ein Vorschussanspruch des Rechtsanwalts gegenüber dem Antragsgegner ausgeschlossen.

15 Die Höhe des Vorschusses richtet sich nach § 9.

16 Nach Kindermann sollte darauf geachtet werden, dass nicht nur die Voraussetzungen für eine Beiordnung nach § 625 ZPO, sondern auch für eine solche im Wege der PKH vorliegen, da sich Umfang der Bewilligung und Zeitpunkt, zu dem ein Vorschuss aus der Staatskasse beansprucht werden kann, unterscheiden (Kindermann Rn. 668).

4. Anspruch gegen die Landeskasse

17 Vergütungsschuldner der Vergütung des nach § 625 ZPO beigeordneten Rechtsanwalts ist der Antragsgegner. Von diesem kann der beigeordnete Rechtsanwalt die nach Teil 3 des Vergütungsverzeichnisses entstandenen Gebühren nach der Tabelle zu § 13 fordern.

18 Erst wenn sich der Vergütungsschuldner mit der Zahlung der Vergütung in Verzug befindet, kann der beigeordnete Rechtsanwalt seine Vergütung aus der Landeskasse verlangen. Dabei richtet sich der Vergütungsanspruch gegen die Landeskasse nach § 49.

19 Wenn die Landeskasse Zahlung geleistet hat, kann der Rechtsanwalt den Vergütungsschuldner wegen der weitergehenden Differenz bis zur Höhe der vollen Wahlanwaltsgebühren noch in Anspruch nehmen. Hat er bereits Zahlungen erhalten, sind diese nach § 58 Abs. 2 bei der Abrechnung gegenüber der Staatskasse anzugeben. Übersteigen die Zahlungen des Vergütungsschuldners die Differenz zwischen der PKH-Anwalts- und Wahlanwaltstabelle, erfolgt insoweit ein Übergang auf die Staatskasse, § 59 Abs. 1.

20 Sofern der Antragsgegner zur Zahlung der Anwaltsvergütung nicht in der Lage ist, hat der beigeordnete Anwalt ihn auf die Möglichkeit hinzuweisen, einen Prozesskostenhilfeantrag zu stellen.

21 Eine Festsetzung der Kosten gegen den Gegner kommt nicht in Betracht (*N. Schneider* in Schneider/Wolf § 39 Rn. 19; ebenso *Ebert* in Mayer/Kroiß § 39 Rn. 25).

§ 40
Als gemeinsamer Vertreter bestellter Rechtsanwalt

Der Rechtsanwalt kann von den Personen, für die er nach § 67 a Abs. 1 Satz 2 der Verwaltungsgerichtsordnung bestellt ist, die Vergütung eines von mehreren Auftraggebern zum Prozessbevollmächtigten bestellten Rechtsanwalts und einen Vorschuss verlangen.

Inhaltsübersicht

	Rn.
A. Allgemeines	1
B. Kommentierung	4
I. Normzweck	4
II. Der Tatbestand im Einzelnen	5

	Rn.
1. Vergütung	5
2. Vorschuss	8
3. Anspruch gegen die Landeskasse	10

A. Allgemeines

§ 40 regelt den Anspruch zwischen dem nach § 67 a Abs. 1 Satz 2 VwGO bestellten Rechtsanwalt und den Begünstigten. Er geht als Spezialvorschriften in solchen Fällen anderen Regelungen des RVG vor. 1

§ 67 a VwGO lautet:

»(1) Sind an einem Rechtsstreit mehr als zwanzig Personen im gleichen Interesse beteiligt, ohne durch einen Prozessbevollmächtigten vertreten zu sein, kann das Gericht ihnen durch Beschluss aufgeben, innerhalb einer angemessenen Frist einen gemeinsamen Bevollmächtigten zu bestellen, wenn sonst die ordnungsgemäße Durchführung des Rechtsstreits beeinträchtigt wäre. Bestellen die Beteiligten einen gemeinsamen Bevollmächtigten nicht innerhalb der ihnen gesetzten Frist, kann das Gericht einen Rechtsanwalt als gemeinsamen Vertreter durch Beschluss bestellen. Die Beteiligten können Verfahrenshandlungen nur durch den gemeinsamen Bevollmächtigten oder Vertreter vornehmen. Beschlüsse nach den Sätzen 1 und 2 sind unanfechtbar.

(2) Die Vertretungsmacht erlischt, sobald der Vertreter oder der Vertretene dies dem Gericht schriftlich oder zur Niederschrift des Urkundsbeamten der Geschäftsstelle erklärt, der Vertreter kann die Erklärung nur hinsichtlich aller Vertretenen abgeben. Gibt der Vertretene eine solche Erklärung ab, so erlischt die Vertretungsmacht nur, wenn zugleich die Bestellung eines anderen Bevollmächtigten angezeigt wird.«

Die Regelung hat sich in der Praxis nicht bewährt, obwohl sie bereits seit über 15 Jahren in Kraft ist. Aus diesem Grund spielt auch die korrespondierende Vorschrift des § 40 nur eine untergeordnete Rolle. 2

Ergänzend zu § 40 ist § 45 Abs. 2 heranzuziehen. Danach kann der bestellte Rechtsanwalt eine Vergütung aus der Landeskasse erst verlangen, wenn die zur Zahlung Verpflichteten mit der Zahlung der Vergütung in Verzug sind. Insoweit wird auf die Kommentierung zu § 45 und weiter unten unter II Ziff. 3 Rn. 10 ff. verwiesen. 3

B. Kommentierung

I. Normzweck

Die Norm regelt den Gebührenanspruch des in einem Verfahren nach § 67 a VwGO gerichtlich bestellten Rechtsanwalts. 4

Abschnitt 6 – Gerichtliche Verfahren

II. Der Tatbestand im Einzelnen

1. Vergütung

5 Die Gebühren in verwaltungsgerichtlichen Verfahren richten sich nach Teil 3 des Vergütungsverzeichnisses. Dem Rechtsanwalt steht der Vergütungsanspruch gegen die Personen, für die er bestellt worden ist, zu, und zwar auch dann, wenn diese ihm keine Prozessvollmacht erteilt haben oder sie mit der Bestellung nicht einverstanden sind (Hansens NJW 1991, 1137, 1140).

6 Für die einzelnen Gebühren nach Teil 3 wird auf die Kommentierungen zu den entsprechenden Gebühren in Teil 3 des Vergütungsverzeichnisses verwiesen (Nrn. 3100 ff.).

7 In § 40 ist geregelt, dass der Rechtsanwalt von den Personen, für welche er zum gemeinsamen Vertreter bestellt worden ist, die Vergütung eines von mehreren zum Prozessbevollmächtigten gestellten Rechtsanwalts verlangen kann. Daraus ergibt sich, dass der Rechtsanwalt eine Erhöhung nach Nr. 1008 der Verfahrensgebühr beanspruchen kann. Da § 40 nur dann zur Anwendung kommt, wenn der Rechtsanwalt für mindestens 20 Beteiligte bestellt wird, ergibt sich hieraus, dass die Erhöhung 2,0 beträgt (BR-Drs. 830/03, S. 255), soweit der Gegenstand der anwaltlichen Tätigkeit derselbe ist. Zudem hat der Rechtsanwalt Anspruch auf Erstattung seiner Auslagen (Schneider/Wolf § 40 Rn. 5).

2. Vorschuss

8 Das Vorschussrecht des bestellten Rechtsanwalts, das in § 40 geregelt ist, richtet sich nach § 9.

9 Den Vorschuss kann der Rechtsanwalt jedoch erst dann von der Staatskasse fordern, wenn die Begünstigten sich mit der Zahlung in Verzug befinden, § 47 Abs. 1 Satz 2 (Mayer/Kroiß RVG § 40 Rn. 6). Ob lediglich ein Vertretener in Verzug sein muss oder aber ob alle Vertretenen sich in Verzug befinden müssen, ist strittig (Verzug des Einzelnen reicht aus: von Eicken AnwBl. 1991, 187, 190; Verzug aller Vertretenen erforderlich: Hansens NJW 1991, 1137, 1140). Dieser Auffassung von Hansens ist jedoch nicht zu folgen. Für den Rechtsanwalt wäre es unzumutbar, warten zu müssen, bis alle 20 oder mehr Vertretenen in Verzug sind (von Eicken AnwBl. 1999, 187, 190). Wahlen geht zu Recht davon aus, dass auch bei Verzug eines Vertretenen die Abrechnung mit der Staatskasse für diesen i. S. des § 7 Abs. 2 beantragt werden kann (*Wahlen* in Schneider/Wolf § 40 Rn. 8; so auch *Hartung* in Römermann/Schons RVG § 40 Rn. 15; Mayer/Kroiß RVG § 40 Rn. 7).

3. Anspruch gegen die Landeskasse

10 Der nach § 40 bestellte Rechtsanwalt kann eine Vergütung aus der Landeskasse erst dann fordern, wenn die Personen, für die er bestellt worden ist, mit der Zahlung der Vergütung in Verzug sind, § 45 Abs. 2.

11 Von der Landeskasse kann der Rechtsanwalt jedoch lediglich die Gebühren nach § 49 beanspruchen, obgleich ihm gegenüber den Vertretenen ein Anspruch nach § 13 gebührt.

12 Erfolgt daher die Abrechnung gegenüber der Landeskasse, steht dem bestellten Rechtsanwalt gegenüber den Vertretenen die Differenz bis zur Wahlanwaltsvergütung noch zu (*Hartung* in Römermann/Schons RVG § 40 Rn. 15), solange er nicht im Wege der Prozesskostenhilfe zusätzlich beigeordnet wird. Erst dann gilt § 133 Abs. 1 Nr. 3 ZPO.

13 Etwa geleistete Vorschüsse sind bei der Abrechnung gegenüber der Landeskasse anzugeben, § 58 Abs. 2. Übersteigt der Vorschuss die Differenz zwischen den Gebühren nach der Tabelle zu § 49 und nach § 13, ergibt sich insoweit ein Übergang auf die Staatskasse, § 59 Abs. 1.

§ 41
Prozesspfleger

¹Der Rechtsanwalt, der nach § 57 oder § 58 der Zivilprozessordnung dem Beklagten als Vertreter bestellt ist, kann von diesem die Vergütung eines zum Prozessbevollmächtigten bestellten Rechtsanwalts verlangen. ²Er kann von diesem keinen Vorschuss fordern. ³§ 126 der Zivilprozessordnung ist entsprechend anzuwenden.

Inhaltsübersicht

	Rn.		Rn.
A. Allgemeines	1	1. Gesetzlicher Vergütungsanspruch	7
B. Kommentierung	6	2. Vorschuss	9
I. Anwendungsbereich	6	3. Beitreibung der Rechtsanwaltsvergütung	11
II. Der Tatbestand im Einzelnen	7		

A. Allgemeines

Der Regelungsgehalt dieser Norm ist **neu** und wurde erst mit dem RVG eingeführt. 1

Wortlaut des § 57 ZPO: 2

»(1) Soll eine nicht prozessfähige Partei verklagt werden, die ohne gesetzlichen Vertreter ist, so hat ihr der Vorsitzende des Prozessgerichts, falls mit dem Verzuge Gefahr verbunden ist, auf Antrag bis zu dem Eintritt des gesetzlichen Vertreters einen besonderen Vertreter zu bestellen.

(2) Der Vorsitzende kann einen solchen Vertreter auch bestellen, wenn in den Fällen des § 201 eine nicht prozessfähige Person bei dem Gericht ihres Aufenthaltsortes verklagt werden soll.«

Wortlaut des § 58 ZPO: 3

»(1) Soll ein Recht an einem Grundstück, das von dem bisherigen Eigentümer nach § 928 des Bürgerlichen Gesetzbuchs aufgegeben und von dem Aneignungsberechtigten noch nicht erworben worden ist, im Wege der Klage geltend gemacht werden, so hat der Vorsitzende des Prozessgerichts auf Antrag einen Vertreter zu bestellen, dem bis zur Eintragung eines neuen Eigentümers die Wahrnehmung der sich aus dem Eigentum ergebenden Rechte und Verpflichtungen im Rechtsstreit obliegt.

(2) Absatz 1 gilt entsprechend, wenn im Wege der Klage ein Recht an einem eingetragenen Schiff oder Schiffsbauwerk geltend gemacht werden soll, das von dem bisherigen Eigentümer nach § 7 des Gesetzes über Rechte an eingetragenen Schiffen und Schiffsbauwerken vom 15.11.1940 (ReichsgesetzBl. I, S. 1499) aufgegeben und von dem Aneignungsberechtigten noch nicht erworben worden ist.«

Die Vertretungsmacht des Prozesspflegers entspricht in ihrem Umfang weitgehend einer Vollmacht nach § 80 ZPO (LG Hamburg FamRZ 1996, 173). 4

Ernsthafte Zweifel an der Prozessfähigkeit einer Partei können die Klage unzulässig machen (BGH NJW 1961, 2207). Nach Ansicht des BGH trägt der Kläger die Beweislast für die Partei- und Prozessfähigkeit beider Parteien (BGH NJW 1962, 1510; 1996, 1059; 2000, 289). Im Zweifelsfall kann das Gericht für den Beklagten einen Prozesspfleger bestellen. Der Prozesspfleger kommt somit nur im Passivprozess vor. 5

B. Kommentierung

I. Anwendungsbereich

6 Obwohl § 1 Abs. 1 Satz 2 die Tätigkeit des Prozesspflegers unter den Anwendungsbereich des RVG stellt, sah sich der Gesetzgeber veranlasst, zur Klärung schwieriger Fragen im Zusammenhang mit der Vergütung des Prozesspflegers eine eigene gesetzliche Norm ins Leben zu rufen.

Ein nach dem 01.07.2004 zum Prozesspfleger bestellter Rechtsanwalt kann die gleichen Gebühren geltend machen wie ein Prozessbevollmächtigter und zwar unabhängig davon, ob er auch tatsächlich Prozessbevollmächtigter ist.

II. Der Tatbestand im Einzelnen

1. Gesetzlicher Vergütungsanspruch

7 Aus § 41 Satz 1 ergibt sich, dass der zum Prozesspfleger bestellte Rechtsanwalt gegenüber der Partei, für die er bestellt wurde, einen Vergütungsanspruch hat. Vor In-Kraft-Treten des RVG herrschte Streit darüber, ob der Vergütungsanspruch des zum Prozesspfleger bestellten Rechtsanwalts aus dem Gesetz oder aber aus GoA abzuleiten war. Nunmehr ist klargestellt, dass der Rechtsanwalt einen gesetzlichen Anspruch gegenüber der Partei hat.

8 Er kann aber zunächst seine Vergütung gegenüber der Staatskasse geltend machen (Hartmann Kostengesetze 37. Aufl. 2007 § 41 Rn. 4), § 45 Abs. 1 Satz 1. Die Vergütung gegenüber der Staatskasse richtet sich nach § 49; die Festsetzung der Vergütung erfolgt nach § 55. Soweit die Staatskasse geleistet hat, dürfte der Anspruch des Rechtsanwalts gegen den Auftraggeber (bzw. seinen gesetzlichen Vertreter) auf die Staatskasse übergehen, auch wenn in § 59 Abs. 1 der Prozesspfleger nicht ausdrücklich genannt ist (so auch: *Ebert* in Mayer/Kroiß § 41 Rn. 16).

2. Vorschuss

9 Der Prozesspfleger kann gegenüber dem Vertretenen keinen Vorschuss verlangen. Dies ist in § 41 Satz 2 ausdrücklich geregelt.

Dass der Rechtsanwalt keinen Vorschuss fordern darf, ist im Hinblick darauf, dass ein Prozesspfleger bei Gefahr in Verzug gestellt wird, konsequent. Der Prozesspfleger hat allerdings nach § 45 Abs. 1 einen Anspruch auf Vorschuss gegenüber der Staatskasse nach den §§ 46 ff. Der Anspruch gegen die Staatskasse besteht nicht erst bei Verzug (Schneider/Wolf § 41 Rn. 16), was wohl darin begründet ist, dass eine Mahnung gegenüber einem Prozessunfähigen keine Wirkung entfaltet (Mayer/Kroiß § 41 Rn. 16).

10 Erst wenn der Beklagte die Prozessvollmacht erteilt, hat der Prozesspfleger als Prozessbevollmächtigter einen Anspruch auf Vorschuss nach § 9 (*Madert* in Gerold/Schmidt/von Eicken/Madert/Müller-Rabe RVG § 41 Rn. 6). Allerdings muss der Rechtsanwalt – solange die Bestellung andauert – auch nach Niederlegung der Prozessvollmacht als Prozesspfleger tätig bleiben (*Madert* in Gerold/Schmidt/von Eicken/Madert/Müller-Rabe RVG § 41 Rn. 7). Hat der Rechtsanwalt daher als vom Beklagten bestellter Prozessbevollmächtigter einen Vorschuss gefordert, und kündigt beispielsweise der Beklagte daraufhin das Mandat bzw. legt der Rechtsanwalt nieder, weil der Vorschuss nicht geleistet wird, hindert nach Ansicht von Madert die weiter bestehende Prozesspflegschaft das Fälligwerden des Vergütungsanspruchs (a.a.O.). Dabei ist zu beachten, dass eine wirksame Prozessvollmacht von nicht prozessfähigen Parteien nicht erteilt werden kann.

3. Beitreibung der Rechtsanwaltsvergütung

Soweit § 41 Satz 3 RVG die entsprechende Anwendung von § 126 ZPO vorsieht, folgt daraus, dass der für die Partei bestellte Rechtsanwalt berechtigt ist, seine Gebühren und Auslagen von dem in die Prozesskosten verurteilten Gegner im eigenen Namen beizutreiben (§ 126 Abs. 1 ZPO). Er kann damit im eigenen Namen Kostenfestsetzung gegen den unterlegenen Gegner beantragen, was zur Folge hat, dass Zahlung nicht nur – wie sonst üblich – über den begünstigten Rechtsanwalt läuft, sondern er unmittelbar einen Zahlungsanspruch aus dem Kostenfestsetzungsbeschluss hat.

Der Gegner kann mit Kosten aufrechnen, die nach der in demselben Rechtsstreit über die Kosten erlassenen Entscheidung von der Partei zu erstatten sind, was sich aus § 126 Abs. 2 ZPO ergibt.

ABSCHNITT 7
STRAF- UND BUSSGELDSACHEN

§ 42
Feststellung einer Pauschgebühr

(1) ¹In Strafsachen, gerichtlichen Bußgeldsachen, Verfahren nach dem Gesetz über die internationale Rechtshilfe in Strafsachen und in Verfahren nach dem IStGH-Gesetz stellt das Oberlandesgericht, zu dessen Bezirk das Gericht des ersten Rechtszugs gehört, auf Antrag des Rechtsanwalts eine Pauschgebühr für das ganze Verfahren oder für einzelne Verfahrensabschnitte durch unanfechtbaren Beschluss fest, wenn die in den Teilen 4 bis 6 des Vergütungsverzeichnisses bestimmten Gebühren eines Wahlanwalts wegen des besonderen Umfangs oder der besonderen Schwierigkeit nicht zumutbar sind. ²Dies gilt nicht, soweit Wertgebühren entstehen. ³Beschränkt sich die Feststellung auf einzelne Verfahrensabschnitte, sind die Gebühren nach dem Vergütungsverzeichnis, an deren Stelle die Pauschgebühr treten soll, zu bezeichnen. ⁴Die Pauschgebühr darf das Doppelte der für die Gebühren eines Wahlanwalts geltenden Höchstbeträge nach den Teilen 4 bis 6 des Vergütungsverzeichnisses nicht übersteigen. ⁵Für den Rechtszug, in dem der BGH für das Verfahren zuständig ist, ist er auch für die Entscheidung über den Antrag zuständig.

(2) ¹Der Antrag ist zulässig, wenn die Entscheidung über die Kosten des Verfahrens rechtskräftig ist. ²Der gerichtlich bestellte oder beigeordnete Rechtsanwalt kann den Antrag nur unter den Voraussetzungen des § 52 Abs. 1 Satz 1, Abs. 2, auch in Verb. mit § 53 Abs. 1, stellen. ³Der Auftraggeber, in den Fällen des § 52 Abs. 1 Satz 1 der Beschuldigte, ferner die Staatskasse und andere Beteiligte, wenn ihnen die Kosten des Verfahrens ganz oder zum Teil auferlegt worden sind, sind zu hören.

(3) ¹Der Strafsenat des Oberlandesgerichts ist mit einem Richter besetzt. ²Der Richter überträgt die Sache dem Senat in der Besetzung mit 3 Richtern, wenn es zur Sicherung einer einheitlichen Rechtsprechung geboten ist.

(4) Die Feststellung ist für das Kostenfestsetzungsverfahren, das Vergütungsfestsetzungsverfahren (§ 11) und für einen Rechtsstreit des Rechtsanwalts auf Zahlung der Vergütung bindend.

(5) ¹Die Absätze 1 bis 4 gelten im Bußgeldverfahren vor der Verwaltungsbehörde entsprechend. ²Über den Antrag entscheidet die Verwaltungsbehörde. ³Gegen die Entscheidung kann gerichtliche Entscheidung beantragt werden. ⁴Für das Verfahren gilt § 62 des Gesetzes über Ordnungswidrigkeiten.

Inhaltsübersicht

	Rn.		Rn.
A. Allgemeines	1	2. Antrag	12
B. Kommentierung	4	3. Einzelrichter	14
I. Normzweck / Anwendungsbereich	4	4. Bindungswirkung	15
II. Der Tatbestand im Einzelnen	7	5. Verwaltungsbehörde	16
1. Pauschgebühr	7	III. Auswirkung auf die Praxis	18

A. Allgemeines

Das RVG regelt in Abschnitt 7 Gebühren in Straf- und Bußgeldsachen für den **Wahlanwalt**. 1
Für den Pflichtverteidiger sowie den beigeordneten RA gelten die **§§ 51 ff.**, die in Abschnitt 8 geregelt sind. Allerdings besteht auch für den gerichtlich bestellten oder beigeordneten Rechtsanwalt unter bestimmten Voraussetzungen die Möglichkeit, einen Antrag gem. § 42 zu stellen (vgl. § 42 Abs. 2 Satz 2). § 42 gilt auch für die Tätigkeit des Rechtsanwalts als Beistand in einem Verfahren nach dem Strafrechtlichen Rehabilitierungsgesetz, da auch eine solche Tätigkeit nach Teil 4 VV abzurechnen ist (OLG Jena, Beschl. v. 18.09.2006, Az.: 1 ARs 38/06).

Für den **Wahlanwalt** gelten § 42 (Feststellung einer Pauschgebühr) und § 43 (Abtretung des 2 Kostenerstattungsanspruchs). Eine vergleichbare Bestimmung gab es in der BRAGO nicht. § 99 BRAGO sah nur die Bewilligung einer Pauschgebühr für den gerichtlich bestellten RA, regelmäßig den **Pflichtverteidiger** vor. Anfall und Höhe der jeweiligen Gebühren ergeben sich nicht aus dem Gesetzesteil, sondern aus dem **Vergütungsverzeichnis (VV)** (Anlage 1 zu **§ 2 Abs. 2**), und zwar für **Strafsachen** in Teil 4 VV, für **Bußgeldsachen** in Teil 5 VV. Auf die Ausführungen zu diesen Teilen wird verwiesen.

Zu beachten ist **§ 17 Nr. 10,** der bestimmt, dass es sich um **verschiedene Angelegenheiten** 3 handelt, soweit das strafrechtliche Ermittlungsverfahren endgültig eingestellt wird und sich daran ein Bußgeldverfahren anschließt. Diese Klarstellung des Gesetzgebers beseitigt den bisherigen Streit, ob es sich nach Einstellung der Ermittlungen wegen eines strafrechtlichen Vergehens und Abgabe der Sache zur Verfolgung der Tat als Ordnungswidrigkeit um eine einheitliche Angelegenheit bzw. um zwei verschiedene Angelegenheiten handelt (unabhängig davon, dass in einem solchen Fall die Grundgebühr nur einmal anfällt – vgl. Nr. 5100 Abs. 2 – bzw. im umgekehrten Fall anzurechnen ist – vgl. Nr. 4100 Abs. 2).

B. Kommentierung

I. Normzweck/Anwendungsbereich

§ 42 ermöglicht, dass in Verfahren, die insgesamt oder teilweise besonders umfangreich oder 4 schwierig sind, nunmehr auch für den **Wahlanwalt** auf Antrag eine **Pauschgebühr** für das ganze Verfahren oder für einzelne Verfahrensabschnitte festgestellt werden kann. Dies ist sachgerecht, da der Gebührenrahmen der Teile 4, 5 VV nicht immer ausreichend ist, um die Tätigkeit des Rechtsanwalts angemessen zu honorieren. Exemplarisch sei hier auf Wirtschaftsstrafsachen größeren Umfangs verwiesen, wobei ein besonderer Umfang/eine besondere Schwierigkeit natürlich auch in allen anderen Bereichen der Strafrechtspflege auftreten können. Die Vorschrift führt außerdem dazu, dass die Erstattung vereinbarter Honorare, die höher als die gesetzlichen Gebühren sind, zukünftig teilweise möglich ist, was nach der Rechtsprechung zu § 464a Abs. 2 Nr. 2 StPO zu Zeiten der BRAGO nicht möglich war.

§ 42 Abs. 1 gilt ebenso für Verfahren nach dem Gesetz über die internationale Rechtshilfe in 5 Strafsachen und für Verfahren nach dem IStGH-Gesetz, somit Verfahren gem. Teil 6 Abschnitt 1 VV. Auch in diesen Verfahren hat der Wahlanwalt, soweit die Voraussetzungen (besonderer Umfang und/oder besondere Schwierigkeit) vorliegen, einen Anspruch auf Feststellung einer Pauschgebühr. **§ 42 Abs. 1** gilt hingegen nicht für Verfahren gem. Teil 6 Abschnitt 2–4 VV. Dies ist darin begründet, dass diesen Verfahren andere als strafrechtliche Verfahrensordnungen zugrunde liegen (Disziplinarrecht, FGG, Berufsrecht).

Die Möglichkeit einer Pauschgebühr besteht sowohl für den Verteidiger, als auch für den 6 Rechtsanwalt als Nebenklägervertreter, Zeugenbeistand etc. (vgl. **Teil 4 Vorb. 4 Abs. 1 VV**). Sie betrifft gem. § 42 Abs. 1 Satz 2 nicht den RA als Vertreter des Adhäsionsklägers, auch nicht

Abschnitt 7 – Straf- und Bußgeldsachen

den Verteidiger, soweit dieser seinen Mandanten auch bzgl. der Adhäsionsklage vertritt, da die insoweit anfallenden Gebühren gesondert geregelt sind (**Nr. 4143, 4144 VV**).

II. Der Tatbestand im Einzelnen

1. Pauschgebühr

7 In § 42 Abs. 1 ist bestimmt, wann die **Pauschgebühr** festgestellt werden kann. Der Gesetzgeber hat dazu die gleiche Terminologie wie in § 51 (Festsetzung einer Pauschgebühr in Straf- und Bußgeldsachen) für den **Pflichtverteidiger** verwandt. Voraussetzung ist danach – wie beim gerichtlich bestellten RA –, dass die sonst vorgesehenen Gebühren wegen des besonderen Umfangs oder der Schwierigkeit dem RA nicht zuzumuten sind. Es genügt somit, wenn eines der beiden Merkmale erfüllt ist.§ 42 Abs. 1 Satz 2 stellt klar, dass die Pauschgebühr nur die Tätigkeitsbereiche erfasst, in denen der RA **Betragsrahmengebühren** erhält. Demgegenüber tritt die Pauschgebühr insbesondere nicht an die Stelle der Gebühren nach den **Nr. 4142–4145 VV**.

7a Die Prüfung der Unzumutbarkeit der gesetzlichen Gebühren schließt eine Prüfung der weiteren Bemessungskriterien des § 14 Abs. 1 ein, nämlich die Bedeutung der Angelegenheit sowie die Einkommens- und Vermögensverhältnisse des Auftraggebers (OLG Jena NJW 2006, 933 = AGS 2006, 173 f.; OLG Jena, Beschl. v. 18. 09. 2006, Az.: 1 ARs 38/06), ferner ggf. ein besonderes Haftungsrisiko des Rechtsanwalts.

8 Die Pauschgebühr kann entweder für das ganze Verfahren oder, wenn nur einzelne Verfahrensabschnitte besonders umfangreich oder schwierig gewesen sind, für diese einzelnen Verfahrensabschnitte beantragt werden. Zu den Voraussetzungen des besonderen Umfangs/der besonderen Schwierigkeit wird auf die Kommentierung zu § 51 verwiesen. Wird nur für einzelne **Verfahrensabschnitte** eine Pauschgebühr beantragt, sind nach § **42 Abs. 1 Satz 3** die Gebühren des Vergütungsverzeichnisses, an deren Stelle die Pauschgebühr treten soll, zu bezeichnen. Aus dieser Formulierung ergibt sich auch, was unter »Verfahrensabschnitt« zu verstehen ist, nämlich jeder Teil des Verfahrens, für den besondere Gebühren bestimmt sind. Die Regelung verhindert, dass der in Rechtsprechung und Literatur im Rahmen des § 99 BRAGO seinerzeit bestehende Streit, inwieweit eine Pauschgebühr für einzelne Verfahrensteile festgesetzt werden kann, zur Auslegung dieser Vorschrift neu entsteht.

9 In § **42 Abs. 1 Satz 4** ist die Höhe der festzustellenden Pauschgebühr geregelt. Sie darf das Doppelte der Höchstbeträge nach **Teil 4–6 VV** nicht übersteigen. Gebühren, die die Höchstbeträge gem. Teil 4–6 VV nicht übersteigen, sind bereits anderweitig festsetzbar, so dass es insofern einer Antragstellung gem. § 42 Abs. 1 nicht bedarf. Das OLG (oder der BGH) wäre insofern gar nicht zuständig (OLG Jena, Beschl. v. 18. 09. 2006, Az.: 1 ARs 38/06). Die Regelung bezieht sich allein auf die Gebührentatbestände von **Teil 4–6 VV**, nicht jedoch z. B. auf Auslagen gem. **Teil 7 VV**.

10 Will der Wahlanwalt eine darüber hinausgehende Vergütung erzielen, so muss er mit seinem Mandanten eine entsprechende Vergütungsvereinbarung (vgl. § 3 a) abschließen.

11 Anders als für den Pflichtverteidiger in § 51 geregelt, wird die Pauschgebühr nicht bewilligt, sondern nur der Höhe nach festgestellt. Die Entscheidung ist kein Vollstreckungstitel. Die Festsetzung der Vergütung unter Einschluss der Auslagen soll nach den allgemeinen Vorschriften in den darin vorgesehenen Verfahren erfolgen. Hierfür kommen sowohl ein Vergütungsfestsetzungsverfahren (§ 11), ein Kostenfestsetzungsverfahren bzw. ein Vergütungsprozess in Betracht. Die Bestimmung sieht deshalb vor, dass sich das Verfahren vor dem **OLG** allein auf die Feststellung der Höhe der Gebühr beschränkt. Einwendungen, die z. B. den Grund der Vergütungsforderung betreffen, werden in diesem Verfahren nicht geprüft. Damit wird verhindert, dass solche Rechtsfragen für die Pauschgebühr anders beurteilt werden als in einem Vergütungsprozess wegen der noch offenen Gebühren und der Auslagen.

2. Antrag

Nach § 42 Abs. 1 Satz 1 wird die Pauschgebühr auf **Antrag** festgestellt. Diesen soll der RA nach § 42 Abs. 2 erst nach Eintritt der Rechtskraft der Entscheidung über die Kosten des Verfahrens stellen können, weil erst zu diesem Zeitpunkt feststeht, wer an dem Festsetzungsverfahren beteiligt werden muss. Diejenigen, die von der Feststellung der Pauschgebühr betroffen sein können, sind zu dem Antrag zu hören. Diese weitgehende **Anhörungspflicht** ist erforderlich, wenn die Entscheidung, wie in § 42 Abs. 4 normiert, Bindungswirkung für Vergütungsstreitigkeiten entfalten und damit eventuelle Vergütungsrechtsstreite vermeiden soll.

Über den Antrag hat nach § 42 Abs. 1 Satz 1 das **OLG** zu entscheiden, zu dessen Bezirk das Gericht des ersten Rechtszuges gehört. Für den Rechtszug, in dem der **BGH** für das Verfahren zuständig ist, ist er auch für die Entscheidung über den Antrag zuständig. Somit ist der BGH auch zuständig, wenn eine Pauschvergütung für das Revisionsverfahren vor dem BGH beantragt wird (OLG Hamm, Beschl. v. 16. 04. 2007, Az.: 2 (s) Sbd. IX – 136/06). Die Entscheidungszuständigkeit ist daher anders geregelt als bei der Pauschgebühr des gerichtlich bestellten RA (Pflichtverteidiger) nach § 51 Abs. 2. Nach der Begründung des Gesetzgebers (BT-Drs. 15/1971) sollte die Entscheidungszuständigkeit ebenso geregelt sein wie bei der Pauschgebühr des gerichtlich bestellten Rechtsanwalts gem. § 51 Abs. 2 (so noch die Vorauflage). Dem steht jedoch der Wortlaut des § 42 Abs. 1 Satz 5 entgegen (siehe auch *Schneider* in Schneider/Wolf RVG § 42 Rn. 23).

Der Beschluss des erkennenden Gerichts ist nach § 42 Abs. 1 Satz 1 unanfechtbar; dies entspricht der seinerzeit geltenden Regelung für die Pauschgebühr des Pflichtverteidigers (§ 99 BRAGO) und dient der Verfahrensvereinfachung und der Verfahrensbeschleunigung.

3. Einzelrichter

§ 42 Abs. 3 sieht für die Entscheidung den **Einzelrichter** vor. Nur wenn es zur Sicherung einer einheitlichen Rechtsprechung geboten ist, soll der Einzelrichter die Sache auf den **Senat** übertragen. Dies gilt jedoch nur für die Zuständigkeit des OLG. Soweit der BGH zuständig ist, hat der entsprechende Senat zu entscheiden (BGH RVGreport 2005, 345), da § 42 Abs. 3 hier nicht anwendbar ist.

4. Bindungswirkung

§ 42 Abs. 4 sieht vor, dass die Feststellung der Pauschgebühr für das Kostenfestsetzungsverfahren, das Vergütungsfestsetzungsverfahren und auch für einen Rechtsstreit des RA auf Zahlung bindend sein soll. Im Umkehrschluss folgt daraus, dass der Antrag auf Feststellung der Pauschvergütung gestellt werden muss, bevor ein Kostenfestsetzungsverfahren durchgeführt worden ist, damit die Feststellung des erkennenden Gerichts im Kostenfestsetzungsverfahren noch berücksichtigt werden kann. Nach Abschluss des Kostenfestsetzungsverfahrens kommt ein Antrag auf Feststellung einer Pauschvergütung nicht mehr in Betracht (OLG Jena, Beschl. v. 30. 10. 2007, Az.: 1 AR (S) 72/07).

Damit wird vermieden, dass ggf. in einem dieser Verfahren nachträglich divergierende Entscheidungen ergehen. Die mit diesen Entscheidungen befassten Stellen müssen zudem nicht mehr die Frage des »besonderen Umfangs« oder der »besonderen Schwierigkeit« entscheiden, sondern können bei ihrer Entscheidung die Feststellung des OLG zugrunde legen. Auch das dient der Verfahrensvereinfachung und der Verfahrensbeschleunigung.

Die Einholung eines Gutachtens des Vorstands der Rechtsanwaltskammer gem. § 14 Abs. 2 im Streitfalle ist nicht vorgeschrieben. Diese Vorschrift betrifft nur das Verhältnis zwischen Rechtsanwalt und Auftraggeber, was bei einem Antrag gem. § 42 Abs. 1 zwar möglich, aber nicht zwingend der Fall ist. Weiterhin ist der Antrag gem. § 42 Abs. 1 kein Rechtsstreit i. S. d. § 14 Abs. 2, auch wenn eine Anhörung des Zahlungspflichtigen vorgeschrieben ist (§ 42 Abs. 2 Satz 3). Gleichwohl erscheint es sinnvoll, im Streitfall ein solches Gutachten ein-

Abschnitt 7 – Straf- und Bußgeldsachen

zuholen, um der Entscheidung auch die Sachkompetenz des Vorstands der Rechtsanwaltskammer zugrunde legen zu können. Rechtsgrundlage eines solchen Gutachtens wäre dann § 73 Abs. 2 Nr. 8 BRAO. Empfehlenswert ist es, schon bei Antragstellung die Einholung eines solchen Gutachtens anzuregen.

5. Verwaltungsbehörde

16 Zuständig für die Festsetzung einer Pauschgebühr im Bußgeldverfahren ist gem. **§ 42 Abs. 5** die **Verwaltungsbehörde**. Dies gilt jedoch nur für das Verfahren vor der Verwaltungsbehörde (**Nr. 5100–5106 VV**). In gerichtlichen Bußgeldsachen verbleibt es gem. **§ 42 Abs. 1** bei der Zuständigkeit des **OLG**.

17 Allein gegen die Entscheidung der Verwaltungsbehörde ist als Rechtsbehelf der Antrag auf gerichtliche Entscheidung gem. § 62 OWiG vorgesehen. Zuständig für diesen Antrag ist das gem. § 68 OWiG zuständige AG.

III. Auswirkung auf die Praxis

18 Die gesetzliche Neuregelung des **RVG** ermöglicht, dass in Fällen, in denen auch die gesetzlichen Höchstgebühren sich als nicht zumutbar erweisen, nunmehr eine angemessene Vergütung des RA bewirkt werden kann, zumindest aber diesem Ziel spürbar näher gekommen werden kann. Es verbleibt allerdings im Risikobereich des RA, ob er die festgesetzte Pauschgebühr dann auch gegen den Kostenschuldner (soweit es sich hierbei nicht um die Staatskasse handelt) durchsetzen kann.

19 Bei Antragstellung empfiehlt es sich, auch auf die weiteren Bemessungskriterien des **§ 14 Abs. 1** einzugehen, soweit diese den Anspruch auf eine Pauschgebühr stützen können. Empfehlenswert ist ggf. eine Schilderung des Verfahrensablaufs. Auch weitere, unbenannte Kriterien sind in Betracht zu ziehen (z. B. besondere Fremdsprachenkenntnisse, querulatorischer Mandant etc.). Da der Wahlanwalt, anders als der gerichtlich beigeordnete oder bestellte Rechtsanwalt, Betragsrahmengebühren beanspruchen kann, innerhalb derer unterschiedliche Umstände weitgehend berücksichtigt werden können, wird eine Unzumutbarkeit i. S. v. § 42 wesentlich seltener vorliegen als bei § 51 (BGH, Beschl. v. 03. 04. 2007, Az.: 3 StR 486/06; BGH, Beschl. v. 20. 06. 2007, Az.: 5 StR 461/06).

19a • **Beispiel für einen Feststellungsantrag gem. § 42**
In dem Strafverfahren gegen

N. N.

beantrage ich im Hinblick auf das nunmehr rechtskräftige Urteil des Gerichts vom xx.xx.xxxx, für meine Verteidigertätigkeit in 1. Instanz eine Pauschvergütung gem. § 42 RVG in nachfolgend berechneter Höhe festzustellen:

Nr. 4101 VV RVG, Grundgebühr in Strafsachen, mit Haftzuschlag	€ 750,00
Nr. 4105 VV RVG, Verfahrensgebühr – vorbereitendes Verfahren – in Strafsachen, mit Haftzuschlag	€ 625,00
Nr. 4113 VV RVG, Verfahrensgebühr – Strafkammer – in Strafsachen, mit Haftzuschlag	€ 675,00
Nr. 4115 VV RVG, Terminsgebühr Strafkammer, HV 13. 09. 2007, mit Haftzuschlag	€ 1.175,00
Endbetrag:	**€ 3.225,00**

Nach dem Kostenausspruch des o. g. Urteils ist zur Tragung der Kosten des Verfahrens und der notwendigen Auslagen meines Mandanten verpflichtet ... Zur Begründung des Antrags führe ich aus:

§ 43
Abtretung des Kostenerstattungsanspruchs

[1]Tritt der Beschuldigte oder der Betroffene den Anspruch gegen die Staatskasse auf Erstattung von Anwaltskosten als notwendige Auslagen an den Rechtsanwalt ab, ist eine von der Staatskasse gegenüber dem Beschuldigten oder dem Betroffenen erklärte Aufrechnung insoweit unwirksam, als sie den Anspruch des Rechtsanwalts vereiteln oder beeinträchtigen würde. [2]Dies gilt jedoch nur, wenn zum Zeitpunkt der Aufrechnung eine Urkunde über die Abtretung oder eine Anzeige des Beschuldigten oder des Betroffenen über die Abtretung in den Akten vorliegt.

Inhaltsübersicht

	Rn.		Rn.
A. Kommentierung	1	4. Anwaltskosten	11
I. Normzweck/Anwendungsbereich	1	5. Vereitelung oder Beeinträchtigung	14
II. Der Tatbestand im Einzelnen	3	6. Rechtsfolgen	21
1. Abtretungserklärung	3	7. Gerichtliche Entscheidung	25
2. Zeitpunkt der Abtretung	6	B. Hinweis für die Praxis	27
3. Systematik des Bürgerlichen Rechts	9		

A. Kommentierung

I. Normzweck/Anwendungsbereich

Soweit eine Kostenentscheidung ganz oder teilweise zugunsten des Mandanten ergeht (Freispruch, Teilfreispruch, evtl. Einstellung z. B. gem. § 153 StPO, Teilerfolg eines Rechtsmittels), hat dieser einen eigenen Anspruch auf Erstattung u. a. seiner notwendigen Auslagen, damit auch der Anwaltskosten, gegen die Staatskasse. Soweit diese – sei es aus demselben oder aus vorangegangenen Verfahren oder aus anderen Gründen – noch Ansprüche gegen den Mandanten hat, wird sie die Aufrechnung erklären. Soweit die Aufrechnung der Staatskasse wirksam ist, entfällt für den RA die Möglichkeit, sich wegen seiner Vergütung aus dem Anspruch des Angeklagten gegenüber der Staatskasse ganz oder zumindest teilweise zu befriedigen. Der RA trüge dann das Risiko einer Zahlungsunfähigkeit oder -unwilligkeit des Mandanten. § 43 ist daher eine **Schutzvorschrift** zu Gunsten des RA. 1

Die Vorschrift sichert dem RA den Gebührenanspruch, soweit der Beschuldigte oder der Betroffene seinen Anspruch gegen die Staatskasse auf Erstattung von Anwaltskosten als notwendige Auslagen an den RA abgetreten hat. Voraussetzung ist jedoch, dass zum Zeitpunkt der Aufrechnung eine Urkunde über die Abtretung oder eine Anzeige des Beschuldigten/Betroffenen über die Abtretung in den Akten vorliegt. Die von der Staatskasse gegenüber dem Beschuldigten oder dem Betroffenen erklärte Aufrechnung wäre gegenüber dem RA dann insoweit unwirksam, als sie dessen Anspruch vereiteln oder beeinträchtigen würde. 2

II. Der Tatbestand im Einzelnen

1. Abtretungserklärung

Soweit der Beschuldigte/Betroffene gegen die Staatskasse einen Anspruch auf Erstattung von Anwaltskosten als notwendige Auslagen hat, kann er denselben an den RA abtreten, so dass dessen Gebührenanspruch gegenüber der Staatskasse dadurch gesichert wird. 3

Abschnitt 7 – Straf- und Bußgeldsachen

4   Voraussetzung ist eine **Abtretungserklärung** des Beschuldigten/Betroffenen zu Gunsten des RA.

5   Der RA sollte dafür Sorge tragen, dass dieselbe grundsätzlich in **Schriftform** vorliegt, denn es muss eine nach § 398 BGB formwirksame Abtretung vorliegen. Es reicht nicht aus, dass der RA kraft seiner Vollmachtsurkunde berechtigt ist, die Kostenerstattungsansprüche in Empfang zu nehmen oder einzuziehen. Daher ersetzt die Inkassovollmacht oder Einziehungsermächtigung die erforderliche Abtretung nicht (Gebauer/Schneider, a. a. O., § 96 a Rn. 18; Burhoff, § 43 Rn. 12; LG Düsseldorf, Beschl. v. 19. 07. 2005, Az.: X Qs 92/05). Ebenso wenig genügt eine Abtretungserklärung in der Vollmachtsurkunde (LG Düsseldorf AGS 2007, 34 mit abl. Anm. Volpert).

5a War der Rechtsanwalt als Pflichtverteidiger für den Mandanten tätig, so wird er ohnehin eine gesonderte Vollmacht für die Geltendmachung der Kostenerstattungsansprüche benötigen, da bei Beiordnung als Pflichtverteidiger das Wahlmandat niedergelegt wird und die Vollmacht des Wahlverteidigers mit der Beiordnung erlischt (Meyer-Goßner StPO § 142 Rn. 7).

2. Zeitpunkt der Abtretung

6   Der RA wird sich in der Regel den Erstattungsanspruch bereits bei **Auftragserteilung,** möglicherweise im Zusammenhang mit der Erteilung der **Vollmacht** abtreten lassen. Auch eine Abtretung nach der Kostenentscheidung reicht jedoch aus, da es genügt, wenn die Abtretungsurkunde zeitgleich mit der Kostenberechnung bei Gericht eingereicht wird. Mit Vorlage der **Abtretungsurkunde** bei Gericht oder bei der Verwaltungsbehörde hat er seine Ansprüche gesichert.

7   § 43 Satz 2 ist zusätzlich aufgenommen worden, weil die Frage, bis zu welchem Zeitpunkt die Abtretung erfolgen kann, in der Rechtsprechung bisher umstritten war. Während ein Teil der Gerichte die Abtretung auch noch nach Erklärung der Aufrechnung für wirksam hielt – nach deren Auffassung lebte die bereits erloschene Forderung wieder auf –, wurde dies von einem anderen Teil der Gerichte abgelehnt, weil eine bereits erloschene Forderung nicht mehr abgetreten werden könne.

8   Der Streit ist nunmehr hinfällig, weil gesetzlich eindeutig normiert ist, dass die Schutzvorschrift nur dann Anwendung findet, wenn zum Zeitpunkt der Aufrechnung durch die Staatskasse bereits eine Urkunde über die Abtretung oder eine Anzeige des Beschuldigten über die Abtretung in den Akten vorliegt. Der RA ist daher gehalten, entsprechend zu handeln und rechtzeitig für eine wirksame Abtretung zu sorgen und diese Abtretungserklärung auch rechtzeitig dem Gericht zu übermitteln.

3. Systematik des Bürgerlichen Rechts

9   Durch die nunmehr geltende Regelung verbleibt es bei der Systematik des Bürgerlichen Rechts, d. h., die Forderung muss im Zeitpunkt der Abtretung noch bestehen. Um Zweifel an der Wirksamkeit einer Abtretungserklärung auszuschließen, ist darauf abzustellen, ob die **Abtretungsurkunde/Abtretungsanzeige** des Betroffenen bei dem Gericht oder bei der Verwaltungsbehörde eingegangen ist.

10 Demgegenüber ist keine Regelung vorgesehen, die auch eine Abtretung nach Erklärung der Aufrechnung noch zulassen würde, da dies für eine unbestimmte Zeit zu einer Unsicherheit auf Seiten der Staatskasse führen würde. Die Norm geht aber zu Gunsten des RA dennoch weiter als die bürgerlich-rechtlichen Vorschriften über die Abtretung. Wenn die Forderung der Staatskasse nach rechtskräftigem Abschluss des Verfahrens fällig ist und die Abtretung erst nach diesem Zeitpunkt erfolgt, bliebe nach § 406 BGB die Aufrechnung gegen den Erstattungsanspruch auch noch gegenüber dem RA möglich. Diese Möglichkeit der Aufrechnung wird durch die neue Regelung ausgeschlossen. Dies bedeutet, dass nach Anzeige der Vertre-

tung und Vorlage der Abtretungsurkunde eine Aufrechnung zu Lasten des RA nicht mehr möglich ist.

4. Anwaltskosten

§ 43 gilt – wie bis zum 30. 06. 2004 in § 96 a BRAGO – nur für die Anwaltskosten (Gebühren und Auslagen) im jeweiligen Verfahren, soweit sie als notwendige Auslagen entstanden sind. Demgegenüber sind abgetretene Ansprüche auf Erstattung eigener Auslagen des Angeschuldigten (etwa eigene Reisekosten) gegen die Aufrechnung nicht geschützt (Gerold / Schmidt / von Eicken / Madert / Müller-Rabe, a. a. O., § 43 Rn. 4). 11

Bezogen auf den **Honoraranspruch** ist Voraussetzung, dass der RA gegen den Angeschuldigten einen Anspruch auf die Zahlung von Gebühren und / oder Auslagen haben muss. Es muss sich um einen gesetzlichen Anspruch handeln. Für ein vereinbartes höheres Honorar gilt dies nicht (Hartmann, a. a. O., § 96 a Rn. 5), da nur die durch die Staatskasse erstattungsfähigen Kosten umfasst sind. 12

Der abgetretene Anspruch kann aber aus einem anderen Strafverfahren stammen (Gerold / Schmidt / von Eicken / Madert / Müller-Rabe, a. a. O., Rn. 4). 13

5. Vereitelung oder Beeinträchtigung

Die Aufrechnung ist nur insoweit unwirksam, als sie den Anspruch des RA vereiteln oder beeinträchtigen würde, so dass dem RA noch Kostenansprüche aus dem gegenwärtigen Verfahren zustehen müssen. 14

§ 43 sichert die Vergütungsansprüche des RA. Eine Abtretung aus anderen Gründen (z. B. wegen eines Darlehens) ist vom Schutzbereich der Vorschrift nicht umfasst. 15

Die Aufrechnung muss den Vergütungsanspruch des RA ganz oder teilweise vereiteln oder beeinträchtigen. Hierbei genügt jede Art einer solchen Störung, um die Aufrechnung unwirksam zu machen, also jede Verschlechterung der Vermögenslage des RA, z. B. eine bloße Verzögerung des Zahlungseingangs, denn auch durch sie kann es zumindest unsicher werden, ob der RA unter diesen Umständen den Auftraggeber trotz seiner Abtretung dennoch in Anspruch nehmen könnte (Hartmann, a. a. O., § 96 a Rn. 11). 16

Dem RA obliegt die Beweislast der Vereitelung oder Beeinträchtigung seines Anspruchs. Er muss darlegen, dass er zur Durchsetzung seiner Ansprüche auf den ihm abgetretenen Erstattungsanspruch angewiesen ist. Der RA muss also ohne die Verwertung des abgetretenen Anspruchs Schwierigkeiten haben, zu seinem Geld zu kommen. Hohe Anforderungen dürfen jedoch nicht gestellt werden. Es ist ausreichend, dass die Position des RA durch die Aufrechnung konkret verschlechtert wird (LG Bamberg JurBüro 1976, 1353). 17

Für eine derartige Beeinträchtigung ist es ausreichend, soweit der RA eine freiwillige Zahlung des Auftraggebers nicht erreichen kann und mithin auf eine Vollstreckung angewiesen ist (Gebauer / Schneider, a. a. O., § 96 a Rn. 23). 18

Der RA kann daher auch nicht von der Staatskasse auf die Möglichkeit verwiesen werden, mit seinem Mandanten Ratenzahlungen zu vereinbaren. Auch dies würde die Vergütungsansprüche des RA beeinträchtigen, da gegenüber der Staatskasse Anspruch auf sofortige Zahlung besteht (Gerold / Schmidt / von Eicken / Madert / Müller-Rabe, a. a. O., Rn. 11 f.). 19

Eine Vereitelung oder Beeinträchtigung fehlt, soweit der Auftraggeber und der RA in einer zulässigen **Honorarvereinbarung** festgelegt haben, dass sich der RA für den Fall einer etwaigen Aufrechnung der Staatskasse stets an den Auftraggeber halten kann und soweit der Auftraggeber in diesem Fall auch zahlungsfähig und zahlungswillig ist oder soweit der Auftraggeber und der RA einen Vorschuss vereinbart haben und dieser beitreibbar ist (Hartmann, a. a. O., § 96 a Rn. 13). 20

6. Rechtsfolgen

21 Sind die Tatbestandsvoraussetzungen des § 43 erfüllt, so ist die von der Staatskasse erklärte Aufrechnung insoweit unwirksam, als sie den Anspruch des RA vereiteln würde. Nach Vorliegen der Abtretungserklärung kann mit schuldbefreiender Wirkung nur noch an den Rechtsanwalt gezahlt werden (LG Düsseldorf, Beschl. v. 05. 07. 2007, Az.: 14 Qs 65/07).

22 Daher ist die Aufrechnung nicht ohne weiteres insgesamt unwirksam. Es muss im Einzelfall geprüft werden, in welcher Höhe eine Beeinträchtigung vorliegt. Soweit dem RA z. B. nur noch eine **Restforderung** gegen den Auftraggeber zusteht, ist die Aufrechnung nur insoweit unwirksam.

23 Hat der RA mit dem Mandanten eine die gesetzlichen Gebühren übersteigende Vergütung wirksam vereinbart, so sind etwaige Vorschüsse des Mandanten zunächst auf den Teil der Vergütung zu verrechnen, der die gesetzlichen Gebühren übersteigt (Gerold/Schmidt/von Eicken/Madert/Müller-Rabe, a. a. O., Rn. 6).

24 • **Beispiel**
Das vereinbarte Honorar des RA beläuft sich auf € 4.000,00. Er hat bereits Vorschüsse in Höhe von € 2.000,00 erhalten. Der Erstattungsanspruch des Mandanten gegen die Staatskasse beträgt € 3.000,00, ebenso eine Forderung der Staatskasse gegen den Mandanten aus einem vorhergehenden Verfahren. Eine von der Staatskasse erklärte Aufrechnung ist daher nur in Höhe von € 2.000,00 unwirksam, da nur noch insoweit ein offener Vergütungsanspruch des RA besteht. Im übrigen – wegen der restlichen € 1.000,00 – ist die Aufrechnung dagegen wirksam.

7. Gerichtliche Entscheidung

25 Soweit die Staatskasse in Bezug auf die erklärte Aufrechnung die Erfüllung der an den Verteidiger abgetretenen Forderung auf Erstattung der Anwaltskosten verweigert, ist dies auf Antrag des RA im Verfahren nach Art. XI § 1 KostÄndG 57 zu prüfen. Es entscheidet das **Amtsgericht,** in dessen Bezirk die für die Einziehung oder Befriedigung des Anspruchs zuständige Kasse ihren Sitz hat. Gegen seine Entscheidung ist Beschwerde und ggf. weitere Beschwerde nach § 14 Abs. 3–5 KostO gegeben (Gerold/Schmidt/von Eicken/Madert, a. a. O., § 96 a Rn. 5).

26 Wird jedoch eine Geldstrafe durch die Aufrechnung mit dem Kostenerstattungsanspruch vollstreckt, so richtet sich die Zuständigkeit für Entscheidungen über Einwendungen nach der StPO (vgl. §§ 459, 459 h, 462 a Abs. 2 StPO).

B. Hinweis für die Praxis

27 Durch die Neuregelung in § 43 Satz 2 ist der Streitpunkt geklärt, bis wann eine Abtretung erfolgen kann, denn durch die neue Regelung wird festgelegt, dass die Forderung im Zeitpunkt der Abtretung noch bestehen muss. Liegt die Abtretungsurkunde oder eine Abtretungsanzeige des Beschuldigten oder Betroffenen beim Gericht oder bei der Verwaltungsbehörde vor, so ist von einer wirksamen Abtretung auszugehen. Es ist daher empfehlenswert, eine **Abtretungsvereinbarung** bereits **frühzeitig**, z. B. mit Einreichung der **Vollmachtsurkunde** einzureichen, damit ab diesem Zeitpunkt der Gebührenanspruch des RA auf Erstattung seiner Kosten aus der Staatskasse gegen eine Aufrechnungserklärung abgesichert ist. Empfehlenswert ist die Vorlage der Abtretungsurkunde im Original (vgl. § 410 BGB).

ABSCHNITT 8
BEIGEORDNETER ODER BESTELLTER RECHTSANWALT, BERATUNGSHILFE

§ 44
Vergütungsanspruch bei Beratungshilfe

¹Für die Tätigkeit im Rahmen der Beratungshilfe erhält der Rechtsanwalt eine Vergütung nach diesem Gesetz aus der Landeskasse, soweit nicht für die Tätigkeit in Beratungsstellen nach § 3 Abs. 1 des Beratungshilfegesetzes besondere Vereinbarungen getroffen sind. ²Die Beratungshilfegebühr (Nummer 2500 des Vergütungsverzeichnisses) schuldet nur der Rechtsuchende.

Inhaltsübersicht

	Rn.		Rn.
A. Allgemeines	1	a) Rechtsuchender mit Berechtigungsschein	4
B. Kommentierung	2	b) Rechtsuchender ohne Berechtigungsschein	5
I. Anwendungsbereich	2	c) Nachträgliche Aufhebung der Beratungshilfe	9
II. Der Tatbestand im Einzelnen	3	d) Anspruch gegen den Gegner	12
1. Beratungshilfe	3		
2. Vergütungsansprüche	4		

A. Allgemeines

Die Vorschrift gibt dem RA, der eine Tätigkeit im Rahmen der Beratungshilfe nach dem Beratungshilfegesetz (BerHG) entfaltet, einen Anspruch gegen die Landeskasse auf Zahlung der Vergütung (Nrn. 2501 ff.) mit Ausnahme der Beratungshilfegebühr (Nr. 2500). Für diese haftet nur der Rechtsuchende (§ 44 Satz 2). 1

Satz 1 entspricht in vollem Umfang § 131 BRAGO, Satz 2 übernimmt den Kostenschuldner für die in das RVG übernommene Gebühr (Nr. 2500) aus dem früheren § 8 Abs. 1 BerHG. 1a

Die Vorschrift gilt nicht für die Tätigkeit in einer Beratungsstelle nach § 3 Abs. 1 BerHG. In diesem Fall richtet sich die Vergütung nach der besonderen Vereinbarung. 1b

B. Kommentierung

I. Anwendungsbereich

Die Vorschrift nennt nur den RA. Sie ist aber auch auf den Rechtsbeistand anwendbar, da die Beratungshilfe auch durch Rechtsbeistände, die Mitglied einer Rechtsanwaltskammer sind, gewährt werden kann (§ 3 Abs. 1 BerHG) und das RVG auf sie entsprechend anzuwenden ist (siehe § 1 Rn. 11). Die abl. Ansicht des LG Bielefeld (JurBüro 1989, 1256) ist durch die Änderung des § 3 BerHG überholt. Wird die Beratungshilfe nicht vom RA persönlich erteilt, besteht der Anspruch auf Vergütung nur bei Gewährung durch einen in § 5 genannten Vertreter (OLG Düsseldorf Rpfleger 2008, 206; Gerold/Schmidt/Madert/Müller-Rabe/Mayer/Burhoff § 44 Rn. 6; Schneider/Wolf RVG § 44 Rn. 13, die den Anspruch auch bei Beratung durch einen qualifizierten Mitarbeiter, der die Voraussetzungen des § 5 nicht erfüllt, entstehen lassen wollen). 2

Abschnitt 8 – Beigeordneter oder bestellter Rechtsanwalt, Beratungshilfe

II. Der Tatbestand im Einzelnen

1. Beratungshilfe

3 Einem Rechtsuchenden mit geringem Einkommen kann auf Antrag Beratungshilfe vom zuständigen Amtsgericht gewährt werden. Über den Antrag entscheidet der Rechtspfleger (§ 24a RPflG). Die Einzelheiten ergeben sich aus dem BerHG. Liegen die Voraussetzungen vor und erledigt das Amtsgericht die Angelegenheit nicht selbst, erteilt es einen Berechtigungsschein für die Gewährung der Beratungshilfe durch einen RA nach Wahl des Rechtsuchenden (§ 6 Abs. 1 BerHG).

3a Die Erteilung des Berechtigungsscheins ist für die Festsetzung bindend und kann nicht vom Festsetzungsorgan korrigiert werden (OLG Stuttgart JurBüro 2007, 434).

2. Vergütungsansprüche

a) Rechtsuchender mit Berechtigungsschein

4 Berät ein RA einen Rechtsuchenden mit einem Berechtigungsschein, so hat er Anspruch auf die Gebühr Nr. 2500 (nur) gegen den Rechtsuchenden (§ 44 Satz 2). Der RA kann auf diese Gebühr verzichten (Nr. 2500). Neben dieser Gebühr können keine Auslagen erhoben werden (Nr. 2500). Außerdem erhält der RA die Gebühren nach den Nrn. 2501 ff. und die Auslagen (§ 46; Nrn. 7000 ff.; zu der Frage der Höhe der Auslagenpauschale Nr. 7002 siehe Nrn. 7001–7002 Rn. 28 ff.). Für diese Vergütung (§ 1) hat er nur einen Anspruch gegen die Landeskasse (§ 44 Satz 1). Ein Anspruch gegen den Rechtsuchenden wird durch die Vorschrift ausgeschlossen.

4a Die Anzahl der erteilten Berechtigungsscheine hat keinen Einfluss auf die Anzahl der Gebühren. Gleiche Gebühren können in einer Angelegenheit nur einmal anfallen, auch wenn mehrere Berechtigungsscheine erteilt wurden. Wegen der gebührenrechtlichen Angelegenheit in Beratungshilfesachen siehe Enders in JurBüro 2000, 337 und OLG Stuttgart JurBüro 2007, 21.

b) Rechtsuchender ohne Berechtigungsschein

5 Voraussetzung für den Anspruch gegen die Landeskasse ist die Erteilung des Berechtigungsscheins. Erscheint der Rechtsuchende jedoch ohne Berechtigungsschein und begehrt, dass der RA ihm Beratungshilfe erteilt (§§ 4 Abs. 2 Satz 4, 7 BerHG), so ist der RA nicht verpflichtet, vor Erteilung des Berechtigungsscheins tätig zu werden. Er kann dem Rechtsuchenden aufgeben, dass dieser sich zuvor einen Berechtigungsschein beim zuständigen Amtsgericht besorgt oder er kann den Antrag im Auftrag des Rechtsuchenden stellen (Schneider/Wolf RVG § 44 Rn. 19). Für den Antrag erhält der RA (auch bei Ablehnung des Berechtigungsscheins) keine besondere Vergütung (Schneider/Wolf RVG § 44 Rn. 21).

6 Leistet der RA die Beratungshilfe sofort, ohne die Vorlage des Berechtigungsscheins abzuwarten, dann reicht das für einen Vergütungsanspruch gegenüber der Staatskasse nicht aus, denn für den Anspruch gegen die Staatskasse ist neben der Gewährung der Beratungshilfe durch den RA auch die Ausstellung des Berechtigungsscheins erforderlich (Gerold/Schmidt/Madert/Müller-Rabe/Mayer/Burhoff RVG § 44 Rn. 3). Der Anspruch entsteht, wenn der Berechtigungsschein nachträglich noch **erteilt** wird. Wird der Berechtigungsschein **nicht** erteilt, dann erwirbt der RA keinen Vergütungsanspruch gegen die Staatskasse, ihm verbleibt nur die Beratungshilfegebühr (Nr. 2500) gegenüber dem Mandanten in Höhe von € 10,00 (Schneider/Wolf RVG § 44 Rn. 20).

Der RA hat bei Ablehnung des Berechtigungsscheins auch keinen Anspruch gegen den Rechtsuchenden, da dessen Auftrag unter der Bedingung der Erteilung stand (Gerold/Schmidt/Madert/Müller-Rabe/Mayer/Burhoff RVG § 44 Rn. 3; Schneider/Wolf RVG § 44 Rn. 26).

Der Anwalt kann jedoch mit dem Ratsuchenden vereinbaren, dass für den Fall der gerichtlichen Ablehnung der Beratungshilfe Beratung und eventuelle Vertretung (§ 2 Abs. 1 BerHG) nach den Regelgebühren abgerechnet werden. Eine solche Vereinbarung verstößt nicht gegen § 8 BerHG, da Beratungshilfe ja gerade nicht gewährt wurde (Schneider/Wolf RVG § 44 Rn. 27). 7

Macht der Rechtsuchende keine Beratungshilfe geltend, erkennt der RA im Laufe des Beratungsgesprächs jedoch, dass die Voraussetzungen vorliegen können, ist er verpflichtet, den Ratsuchenden darauf hinzuweisen, damit der Antrag auf Beratungshilfe noch gestellt werden kann (§ 4 Abs. 2 Satz 4 BerHG; Gerold/Schmidt/von Eicken/Madert/Müller-Rabe RVG § 44 Rn. 4; Schneider/Wolf RVG § 44 Rn. 29). 8

c) Nachträgliche Aufhebung der Beratungshilfe

Wird die Bewilligung der Beratungshilfe aufgehoben, ist das Vertrauen des RA auf die Gültigkeit des Berechtigungsscheins grundsätzlich geschützt. Wird er also erst nach Vorlage des Scheins tätig, hat er Anspruch auf die bis zum Bekanntwerden angefallene Vergütung, es sei denn er wusste oder hätte erkennen müssen, dass die Voraussetzungen für die Beratungshilfe nicht vorgelegen hatten (Schneider/Wolf RVG § 44 Rn. 34 ff.). 9

Ist der RA allerdings bereits vor Erteilung des Berechtigungsscheins tätig geworden, soll nach einer Ansicht der RA keinen Anspruch gegen die Staatskasse auf die Vergütung haben, die bereits vor Erteilung entstanden ist, sofern die Bewilligung wieder aufgehoben wurde (LG Münster JurBüro 1985, 1844 mit abl. Anm. Herget; LG Paderborn JurBüro 1986, 1211; LG Frankenthal JurBüro 1986, 1379). 10

Nach einer anderen Ansicht soll der Vertrauensschutz auch in diesem Fall gelten (Herget KostRsp BRAGO § 132 Nr. 53; Schneider/Wolf RVG § 44 Rn. 36). 11

Der zweiten Ansicht ist zu folgen. Der Vertrauensschutz erstreckt sich auf die ganze Vergütung, die vor der Aufhebung entstanden ist. Der Zeitpunkt des Entstehens der Vergütung ist dabei ohne Belang, da der Anspruch nicht niedriger wäre, wenn der RA bis zur Erteilung des Berechtigungsscheins gewartet hätte (Mayer/Kroiß RVG § 44 Rn. 62).

d) Anspruch gegen den Gegner

Neben dem Rechtsuchenden (Nr. 2500) und der Landeskasse (Nrn. 2501 ff.) hat der Anwalt auch noch einen Anspruch gegen den erstattungspflichtigen Gegner (§ 9 Satz 2 BerHG). Dieser Anspruch geht mit Zahlung der Vergütung auf die Landeskasse über (§ 59 Abs. 3). 12

Abschnitt 8 – Beigeordneter oder bestellter Rechtsanwalt, Beratungshilfe

§ 45
Vergütungsanspruch des beigeordneten oder bestellten Rechtsanwalts

(1) Der im Wege der Prozesskostenhilfe beigeordnete oder nach § 57 oder § 58 der Zivilprozessordnung zum Prozesspfleger bestellte Rechtsanwalt erhält, soweit in diesem Abschnitt nichts anderes bestimmt ist, die gesetzliche Vergütung in Verfahren vor Gerichten des Bundes aus der Bundeskasse, in Verfahren vor Gerichten eines Landes aus der Landeskasse.

(2) Der Rechtsanwalt, der nach § 625 der Zivilprozessordnung beigeordnet oder nach § 67 a Abs. 1 Satz 2 der Verwaltungsgerichtsordnung bestellt ist, kann eine Vergütung aus der Landeskasse verlangen, wenn der zur Zahlung Verpflichtete (§ 39 oder § 40) mit der Zahlung der Vergütung im Verzug ist.

(3) ¹Ist der Rechtsanwalt sonst gerichtlich bestellt oder beigeordnet worden, erhält er die Vergütung aus der Landeskasse, wenn ein Gericht des Landes den Rechtsanwalt bestellt oder beigeordnet hat, im Übrigen aus der Bundeskasse. ²Hat zuerst ein Gericht des Bundes und sodann ein Gericht des Landes den Rechtsanwalt bestellt oder beigeordnet, zahlt die Bundeskasse die Vergütung, die der Rechtsanwalt während der Dauer der Bestellung oder Beiordnung durch das Gericht des Bundes verdient hat, die Landeskasse die dem Rechtsanwalt darüber hinaus zustehende Vergütung. ³Dies gilt entsprechend, wenn zuerst ein Gericht des Landes und sodann ein Gericht des Bundes den Rechtsanwalt bestellt oder beigeordnet hat.

(4) ¹Wenn der Verteidiger von der Stellung eines Wiederaufnahmeantrags abrät, hat er einen Anspruch gegen die Staatskasse nur dann, wenn er nach § 364 b Abs. 1 Satz 1 der Strafprozessordnung bestellt worden ist oder das Gericht die Feststellung nach § 364 b Abs. 1 Satz 2 der Strafprozessordnung getroffen hat. ²Dies gilt auch im gerichtlichen Bußgeldverfahren (§ 85 Abs. 1 des Gesetzes über Ordnungswidrigkeiten).

(5) ¹Absatz 3 ist im Bußgeldverfahren vor der Verwaltungsbehörde entsprechend anzuwenden. ²An die Stelle des Gerichts tritt die Verwaltungsbehörde.

Inhaltsübersicht

	Rn.		Rn.
A. Allgemeines	1	II. Der Tatbestand im Einzelnen	8
B. Kommentierung	2	1. Anspruchsberechtigter	8
I. Anwendungsbereich	2	2. Anspruchverpflichtete	9
1. Unmittelbarer Anspruch	2	3. Anspruchsvoraussetzungen	11
2. Subsidiärer Anspruch	6	4. Hindernisse	17
3. Sonstige Ansprüche	7		

A. Allgemeines

1 Die Vorschrift führt die in der BRAGO an verschiedenen Stellen enthaltenen Vergütungsansprüche des gerichtlich beigeordneten oder bestellten RA gegen die Staatskasse zusammen.

Abs. 1 übernahm die Regelungen des § 121 BRAGO, wobei die Nennung des § 11 a ArbGG und § 4 a InsO wegen § 12 entbehrlich geworden war. Neu aufgenommen wurde der Prozesspfleger (§§ 57 und 58 ZPO), für den es bisher in der BRAGO keine Regelung gab, was vereinzelt zu der Ansicht geführt hatte, dieser hätte keinen Anspruch gegen die Staatskasse (Gerold/Schmidt/von Eicken 15. Aufl. Vor § 121 BRAGO Rn. 15). Diese Ansicht ist durch das RVG überholt.

In Abs. 2 wurden die Regelungen aus § 36a Abs. 2 Satz 1 und § 115 BRAGO zusammengeführt. Eine inhaltliche Änderung war damit nicht verbunden.

Abs. 3 übernahm ohne inhaltliche Änderung die Regelung aus § 103 BRAGO.

Ohne inhaltliche Änderung wurden in den Abs. 4 die Regelungen aus § 97 Abs. 1 Satz 2 BRAGO und § 105 Abs. 1 BRAGO übernommen.

In den Abs. 5 wurde die Regelung aus § 105 Abs. 1 BRAGO hinsichtlich des Verfahrens vor der Verwaltungsbehörde übernommen.

B. Kommentierung

I. Anwendungsbereich

1. Unmittelbarer Anspruch

Die Vorschrift regelt in Abs. 1 den **unmittelbaren Anspruch** des im Wege der PKH beigeordneten RA (§ 121 ZPO) gegen die Staatskasse. Voraussetzung ist eine Bestellung oder Beiordnung. Damit sind alle Verfahren betroffen, in denen PKH bewilligt werden kann. Das sind zunächst die Verfahren nach der ZPO, da hier die PKH-Vorschriften (§§ 114 ff. ZPO) unmittelbar gelten. Das sind aber auch die Arbeitsgerichtsverfahren (§ 13a Abs. 3 ArbGG, die FG-Verfahren (§ 14 FGG), die Verwaltungsgerichtsverfahren (§ 166 Abs. 1 VwGO), die Sozialgerichtsverfahren (§ 73a Abs. 1 SGG), die Nebenklage in den Strafverfahren (§ 397a Abs. 2 StPO) und die Finanzgerichtsverfahren (§ 142 Abs. 1 FGO), die auf die PKH-Vorschriften in der ZPO verweisen. Die Vorschrift gilt darüber hinaus durch § 12 auch für den nach § 11a Abs. 1 ArbGG oder § 4a Abs. 2 InsO beigeordneten RA. Schließlich gilt sie auch für den nach den §§ 57 oder 58 ZPO zum Prozesspfleger bestellten RA. In den genannten Fällen entsteht ein unmittelbarer Anspruch gegen die Staatskasse.

Die **Beiordnung** erfolgt bei PKH im **Anwaltsprozess** ohne besonderen Antrag (§ 121 Abs. 1 ZPO), in den übrigen Verfahren nur auf Antrag und nur, wenn die Vertretung durch einen RA erforderlich erscheint oder der Gegner durch einen RA vertreten ist (§ 121 Abs. 2 ZPO).

Ist vor dem **Arbeitsgericht** der Gegner durch einen RA vertreten, kann der Partei – ohne Bewilligung von PKH – unter den Voraussetzungen des § 11a Abs. 1 ArbGG auf Antrag ein RA beigeordnet werden. Die Beiordnung vor dem LAG oder dem BAG erfolgt nur im Rahmen von PKH nach § 121 Abs. 1 ZPO (§ 11a Abs. 3 ArbGG).

In **Insolvenzverfahren** erfolgt die Beiordnung, wenn einer natürlichen Person die Verfahrenskosten nach Stellung des Antrags auf Restschuldbefreiung gestundet wurden und die Vertretung des Schuldners durch einen RA erforderlich erscheint (§ 4a Abs. 2 InsO).

Auch der **sonst gerichtlich bestellte** oder **beigeordnete** RA hat wie der PKH-Anwalt einen unmittelbaren Anspruch gegen die Staatskasse (Abs. 3). Es handelt sich hierbei insbesondere um die in Strafsachen erfolgten Bestellungen oder Beiordnungen, wie z. B. zum Pflichtverteidiger (§ 141 StPO), zum Beistand eines Zeugen (§ 68b StPO), des Nebenklägers (§ 397a Abs. 1 StPO), des nebenklageberechtigten Verletzten (§ 406b Abs. 4 StPO), des Auszuliefernden oder des im Ausland Verurteilten (§§ 40 Abs. 2, 53 Abs. 2 des Gesetzes über die internationale Rechtshilfe in Strafsachen) oder um Freiheitsentziehungsverfahren (z. B. § 1 Unterbringungsgesetz).

Anspruchsberechtigt ist auch der nach § 60 OWiG bestellte RA (Abs. 5).

Ob zu dem in Abs. 3 genannten Personenkreis auch der **Notanwalt** gehört, ist umstritten (dafür: Schneider/Wolf RVG § 45 Rn. 22; dagegen: Gerold/Schmidt/Madert/Müller-Rabe/Mayer/Burhoff RVG § 45 Rn. 121). Grundsätzlich schließt Abs. 3 den Notanwalt nicht aus.

Abschnitt 8 – Beigeordneter oder bestellter Rechtsanwalt, Beratungshilfe

Allerdings hat er das Recht (und gegenüber der Staatskasse die Pflicht), die Übernahme des Mandats von der Zahlung eines Vorschusses abhängig zu machen (§ 78 c Abs. 2 ZPO). Aus diesem Grunde wird ein Erstattungsanspruch gegen die Staatskasse nur ausnahmsweise in Betracht kommen.

2. Subsidiärer Anspruch

6 In Abs. 2 wird der Anspruch gegen die Staatskasse des RA geregelt, der in Scheidungs- oder Lebenspartnerschaftssachen einer nicht durch einen RA vertretenen Partei zu seinem Schutz beigeordnet wurde (**§ 625 ZPO** bzw. §§ 661 Abs. 2, 625 ZPO) oder in einem Verwaltungsrechtsstreit beigeordnet wurde, weil dies zur ordnungsgemäßen Durchführung des Verfahrens mit mehr als 20 Beteiligten erforderlich ist (**§ 67 a VwGO**). In diesen Fällen erfolgte die Beiordnung im Interesse der Betroffenen, ohne dass diese hierauf einen Rechtsanspruch hätten. Das Gericht handelt hier wie ein Geschäftsführer ohne Auftrag. Damit ist es nur konsequent, dass die Staatskasse nicht unmittelbar, sondern nur subsidiär haftet. Der RA muss zunächst versuchen, von dem oder den Vertretenen seine Vergütung zu erhalten. Sein Rechtsanspruch gründet sich hierbei nicht aus dem Vertragsrecht, sondern aus den §§ 39 und 40. Voraussetzung für die Zahlungspflicht der Staatskasse ist Verzug des zur Zahlung Verpflichteten. Der Verzug ist bei Antragstellung glaubhaft (§ 294 ZPO) zu machen (§ 55 Abs. 5 Satz 1 RVG i. V. m. § 104 Abs. 2 Satz 1 ZPO; zur Glaubhaftmachung siehe BGH NJW 1998, 1870).

3. Sonstige Ansprüche

7 In **Patent**-, Gebrauchsmuster-, Geschmacksmuster-, Topographieschutz- und Sortenschutzsachen kann im Rahmen der Verfahrenskostenhilfe ein Patentanwalt oder RA beigeordnet werden. Dessen Vergütung richtet sich nach dem Gesetz über die Erstattung von Gebühren des beigeordneten Vertreters in Patent-, Gebrauchsmuster-, Geschmacksmuster-, Topographieschutz- und Sortenschutzsachen (VertrGebErstG). Damit ist das RVG für die dort geregelten Verfahren nicht anwendbar.

Für die Verfahren vor dem BGH in diesen Sachen richtet sich die Vergütung nach den Vorschriften im RVG für PKH-Anwälte (§ 9 VertrGebErstG) und damit nach den Vorschriften des 8. Abschnitts des RVG.

II. Der Tatbestand im Einzelnen

1. Anspruchsberechtigter

8 Anspruchsberechtigt ist jeweils der nach den genannten Vorschriften beigeordnete oder bestellte **RA**. Es entsteht der Anspruch auch, wenn ein in § 5 genannter Vertreter für den beigeordneten oder bestellten RA tätig wird.

In Verfahren vor den Finanzgerichten kann auch ein **Steuerberater** im Rahmen der PKH beigeordnet werden (§ 142 Abs. 2 FGO). Damit ist auch der beigeordnete Steuerberater anspruchsberechtigt.

Rechtsbeistände und sonstige Personen, die nicht RA sind (z. B. Hochschullehrer, Notare), können weder beigeordnet noch bestellt werden. Erfolgt die Bestellung trotzdem, sind auch sie anspruchsberechtigt, da sich der Vergütungsanspruch nach den Beschlüssen des Gerichts richtet (vgl. § 48).

Keinen Anspruch nach dem RVG hat auch der vom Gericht als **Verfahrenspfleger** (§§ 50, 67, 70 b FGG) bestellte RA (§ 1 Abs. 2). Die Erstattung seiner Aufwendungen ist in § 67 a FGG geregelt.

2. Anspruchverpflichtete

Der Anspruch richtet sich gegen die Bundeskasse, soweit die Beiordnung oder Bestellung von einem Bundesgericht erfolgte und gegen die Kasse des Landes, dem das Gericht angehört, das den RA beigeordnet oder bestellt hat. Im Falle der Bestellung durch eine Verwaltungsbehörde richtet sich der Anspruch gegen diese Verwaltungsbehörde.

Es handelt sich bei dieser Vorschrift um die Bestimmung des Haushalts, der die Kosten des RA zu tragen hat. Aus diesem Grunde bestimmt auch Nr. 1.3.1 Satz 2 der mit den Justizverwaltungen des Bundes und der Länder abgestimmten Verwaltungsvorschriften über die Festsetzung der aus der Staatskasse zu gewährenden Vergütung (in NRW: AV d. JM vom 30. Juni 2005 (5650 – Z. 20) – JMBl. NRW S. 181):

»*Hat der UdG des Gerichts des ersten Rechtszugs die Vergütung festgesetzt und die Bundeskasse die Vergütung zu zahlen (§ 45 Abs. 1, 3 RVG), so hat er ein Exemplar der Festsetzung dem Gericht des Bundes zur Erteilung der Auszahlungsanordnung zu übersenden.*«

Bei Abgabe des Verfahrens an ein Gericht eines anderen Landes wurde auf den Finanzausgleich verzichtet (Abschnitt IV Nr. 2 der Vereinbarung des Bundes und der Länder über den Ausgleich von Kosten (in NRW: AV d. JM vom 6. Juli 2001 (5600 – I B. 55) – JMBl. NRW S. 191)).

3. Anspruchsvoraussetzungen

Voraussetzung für den Anspruch gegen die Staatskasse ist eine **wirksame Beiordnung** oder Bestellung. Wirksam ist eine Beiordnung auch dann, wenn sie fehlerhaft ist (OLG Zweibrücken Rpfleger 2002, 627 = NJW-RR 2003, 3; z. B. PKH ohne Antrag). Lediglich eine nichtige Bestellung oder Beiordnung entfaltet keine Wirkung. Das ist dann der Fall, wenn in ihr eine der Rechtsordnung unbekannte oder gesetzlich unzulässige Rechtsfolge ausgesprochen wird oder wenn die Entscheidung aus tatsächlichen Gründen keine Wirkungen entfalten kann (OLG Zweibrücken, a. a. O.). Dies ist jedoch bei der PKH-Bewilligung nicht der Fall, da sie eine nach Form und Inhalt grundsätzlich gesetzmäßige Entscheidung ist, die auch faktisch Wirkung entfaltet (OLG Zweibrücken, a. a. O.).

Ebenso verhält es sich, wenn die Beiordnung unter Verstoß gegen § 121 Abs. 3 ZPO erfolgte, die PKH-Bewilligung nicht notwendig war (OLG Zweibrücken JurBüro 1995, 362 = Rpfleger 1995, 364) oder zu Unrecht rückwirkend erfolgte (OLG Köln JurBüro 1997, 591).

Die Beiordnung oder Bestellung ist für die Festsetzung bindend und kann nicht vom Festsetzungsorgan korrigiert werden (Thüringer LSG, Beschl. v. 15.07.2004, Az.: L 6 B 25/04 SF; E. Schneider MDR 1989, 225; weiteres siehe § 55).

Die Beiordnung hängt allerdings vom Bestand der PKH-Bewilligung ab. Sie fällt weg, wenn die PKH-Bewilligung aufgehoben wird. Die Aufhebung lässt jedoch bereits entstandene Ansprüche des RA unberührt (OLG Zweibrücken JurBüro 1984, 237 = Rpfleger 1984, 115; OLG Düsseldorf JurBüro 1982, 1407 = Rpfleger 1982, 396). Etwas anderes gilt, wenn der RA daran mitgewirkt hat, dass die falsche PKH-Bewilligung ergangen ist. In diesem Fall ist er nicht schutzwürdig und hat keinen Erstattungsanspruch gegen die Staatskasse (Schneider/Wolf RVG § 45 Rn. 29; siehe auch unten Rn. 17).

Die Beiordnung entfaltet jedoch nur insoweit **Wirkung**, wie ein Anspruch gegen die eigene Partei besteht (der allerdings wegen § 122 Abs. 1 Nr. 3 ZPO nicht durchsetzbar ist). Für Gebühren oder Auslagen, für die kein Anspruch gegen die eigene Partei besteht, besteht auch kein Anspruch gegen die Staatskasse. Die Ansprüche gegen die Partei können aufgrund eines Geschäftsbesorgungsvertrags (§ 675 BGB) oder aufgrund Geschäftsführung ohne Auftrag (§ 683 BGB) entstehen (BGH NJW-RR 2004, 81; zum Anspruch aus Geschäftsführung ohne Auftrag siehe auch BGHZ 138, 281).

Abschnitt 8 – Beigeordneter oder bestellter Rechtsanwalt, Beratungshilfe

Hieraus folgt, dass die Staatskasse alle **Einwendungen** gegen den Gebührenanspruch hat, die auch der Partei zustünden (OLG Karlsruhe JurBüro 1992, 558). Die Staatskasse muss – wie die Partei auch – nur die notwendigen Kosten erstatten (LAG Baden-Württemberg JurBüro 1998, 401; OLG Düsseldorf JurBüro 1993, 604). So kann ein RA nicht die Gebühren für die verspätete Berufungseinlegung von der Staatskasse verlangen, wenn die Versäumung der Frist sein Verschulden ist (BVerwG Rpfleger 1995, 75).

13 Die Frage der **Mutwilligkeit** des Verfahrens, für das er beigeordnet wurde, unterliegt grundsätzlich nicht der Prüfung durch den UdG (OLG Zweibrücken Rpfleger 1995, 364). Diese Frage ist vom Gericht bei der PKH-Prüfung abschließend geklärt worden (OLG Oldenburg NdsRpfl 1994, 245).

Von diesem Grundsatz macht das OLG Düsseldorf (JurBüro 1994, 547; FamRZ 1994, 312) eine Ausnahme in den Fällen, in denen außerhalb des Verbundes des § 623 ZPO ein isoliertes Verfahren betrieben wird. Nach Meinung des Gerichts könne Prozesskostenhilfe für eine Klage in einem isolierten Verfahren nicht mit der Begründung versagt werden, die Rechtsverfolgung sei mutwillig, weil der Anspruch im Rahmen des Scheidungsverbundes hätte geltend gemacht werden können. Denn nicht der Anspruch an sich sei mutwillig, sondern nur die Art der gerichtlichen Geltendmachung. Der im Rahmen der Gewährung von Prozesskostenhilfe beigeordnete Rechtsanwalt würde jedoch gegen das Gebot kostensparender Prozessführung verstoßen, wenn er ein isoliertes Verfahren betreibt, obwohl das Scheidungsverfahren und das damit im Verbund enthaltene Verfahren bereits anhängig waren. Da die PKH nicht versagt werden könne, müsse der Einwand der Landeskasse, der im Rahmen der Prozesskostenhilfe zu vergütende Anwalt habe vermeidbare Kosten pflichtwidrig veranlasst, im Festsetzungsverfahren erledigt werden.

Diese Ansicht ist jedoch nicht unbestritten. Daher sollte der UdG sich an die Ansicht seines (Ober-)Gerichts halten.

14 Die Beiordnung umfasst nur solche Vergütungsansprüche, die von ihr gedeckt sind. Das sind regelmäßig nur Ansprüche, die **nach Beiordnung** entstehen (OLG Karlsruhe JurBüro 1985, 874). Näheres siehe § 48.

15 Bei den Beiordnungen nach **Abs. 2** muss außerdem die Partei mit der Zahlung in Verzug sein (siehe Rn. 6).

16 Eine Vergütung für den Verteidiger wird aus der Staatskasse nur gewährt, wenn eine Bestellung für die Instanz erfolgt ist (§ 45 Abs. 3). Dieser Grundsatz wird durch **Absatz 4** nicht berührt. Die Vorschrift stellt lediglich klar, dass die Vorbereitung des Wiederaufnahmeverfahrens bereits zur Rechtsmittelinstanz gehört. Wird der Verteidiger auch für diesen Rechtszug bestellt, erstreckt sich die Bestellung auch auf die Tätigkeit zur Vorbereitung des Wiederaufnahmeverfahrens (§ 48 Abs. 5). Für das Abraten von der Stellung des Wiederaufnahmeantrags reicht die Bestellung der bisherigen Instanz nicht mehr. Es ist daher eine besondere Bestellung erforderlich.

Die Vorschrift wäre allerdings in § 48 besser aufgehoben, da sie den Umfang der Bestellung regelt.

4. Hindernisse

17 Dem Anspruch des RA dürfen keine Hindernisse entgegenstehen. Ein Hindernis könnte sich z. B. ergeben, wenn durch die Mitwirkung des Anwalts eine Vereinbarung getroffen oder eine Verfahrensgestaltung gewählt würde, durch die die Staatskasse sachwidrig benachteiligt wird. Das Gleiche gilt, wenn durch Handeln oder Nichthandeln des RA, ohne dabei die Interessen seiner Partei zu vertreten, der Übergang des Anspruchs auf die Staatskasse (§ 59) vereitelt würde (LG Köln JurBüro 1990, 1283). Die Staatskasse könnte dann dem Anspruch des RA den **Arglisteinwand** entgegenhalten.

Vergütungsanspruch des beigeordneten oder bestellten Rechtsanwalts | § 45

• **Beispiel** 18
Die Parteien vergleichen sich dahingehend, dass der Bekl. die Forderung zahlt und der Kl. die Kosten des Rechtsstreits mit Ausnahme der Kosten des Bekl. übernimmt.

Diese Regelung verhindert den Rückgriff der Staatskasse beim Beklagten, obwohl der Bekl. im Normalfall die Kosten des Verfahrens insgesamt zu tragen hätte.

Bei der Beurteilung dieser Frage ist zu prüfen, ob eine Partei bei Kenntnis der Sach- und Rechtslage auch so gehandelt hätte, falls sie die Kosten selbst tragen müsste.

Grundsätzlich kann der RA seinen Anspruch gegen die Staatskasse erst geltend machen, 19
wenn die Vergütung **fällig** ist (§ 8 Abs. 1). Allerdings kann er vorher einen Vorschuss fordern (§ 47; siehe dort).

Der Anspruch gegen die Staatskasse unterliegt der regelmäßigen **Verjährung** (§ 195 BGB 20
= 3 Jahre). Sie beginnt mit dem Schluss des Jahres, in dem der Anspruch entstanden ist (§ 197 Abs. 1 BGB). Allerdings kann der Ablauf der Frist gehemmt sein (§ 8 Abs. 2; siehe dort).

Abschnitt 8 – Beigeordneter oder bestellter Rechtsanwalt, Beratungshilfe

§ 46
Auslagen und Aufwendungen

(1) Auslagen, insbesondere Reisekosten, werden nicht vergütet, wenn sie zur sachgemäßen Durchführung der Angelegenheit nicht erforderlich waren.

(2) ¹Wenn das Gericht des Rechtszugs auf Antrag des Rechtsanwalts vor Antritt der Reise feststellt, dass eine Reise erforderlich ist, ist diese Feststellung für das Festsetzungsverfahren (§ 55) bindend. ²Im Bußgeldverfahren vor der Verwaltungsbehörde tritt an die Stelle des Gerichts die Verwaltungsbehörde. ³Für Aufwendungen (§ 670 des Bürgerlichen Gesetzbuchs) gelten Absatz 1 und die Sätze 1 und 2 entsprechend; die Höhe zu ersetzender Kosten für die Zuziehung eines Dolmetschers oder Übersetzers ist auf die nach dem Justizvergütungs- und -entschädigungsgesetz zu zahlenden Beträge beschränkt.

(3) ¹Auslagen, die durch Nachforschungen zur Vorbereitung eines Wiederaufnahmeverfahrens entstehen, für das die Vorschriften der Strafprozessordnung gelten, werden nur vergütet, wenn der Rechtsanwalt nach § 364b Abs. 1 Satz 1 der Strafprozessordnung bestellt worden ist oder wenn das Gericht die Feststellung nach § 364b Abs. 1 Satz 2 der Strafprozessordnung getroffen hat. ²Dies gilt auch im gerichtlichen Bußgeldverfahren (§ 85 Abs. 1 des Gesetzes über Ordnungswidrigkeiten).

Inhaltsübersicht

	Rn.		Rn.
A. Allgemeines	1	d) Reisekosten	14
B. Kommentierung	3	aa) Reisekosten des PKH-Anwalts	14
I. Anwendungsbereich	3	bb) Reisekosten des bestellten oder beigeordneten Verteidigers	23
II. Der Tatbestand im Einzelnen	5	cc) Höhe	24
1. Erstattungsgrundsatz	5	e) Dolmetscherkosten	25
2. Einzelne Auslagenarten	9	f) Übersetzungskosten	26
a) Allgemeine Geschäftskosten	9	3. Vorabentscheidung (Abs. 2)	27
b) Dokumentenpauschale (Nr. 7000)	10	4. Nachforschungen zur Vorbereitung der Wiederaufnahme (Abs. 3)	32
c) Pauschale für Entgelte für Post- und Telekommunikationen (Nr. 7002)	13		

A. Allgemeines

1 Die Vorschrift ist eine leicht redaktionell und leicht inhaltlich geänderte Zusammenfassung der §§ 126 und 97 Abs. 2 BRAGO. Dabei wurde insbesondere § 126 Abs. 2 Satz 1 BRAGO nicht in die neue Vorschrift übernommen und damit ein Anlass zur Beschäftigung der Gerichte beseitigt, der aus dem scheinbaren Widerspruch der Vorschrift mit § 121 Abs. 3 ZPO entstand. Es kommt jetzt nicht mehr darauf an, wo der beigeordnete RA wohnt oder arbeitet, sondern nur darauf, ob die Auslagen zur sachgemäßen Durchführung der Sache erforderlich waren. Dabei haben die Gerichte natürlich § 121 Abs. 3 ZPO zu beachten, wonach ein nicht beim Prozessgericht zugelassener RA nur beigeordnet werden kann (soll), wenn hierdurch keine Mehrkosten entstehen.

2 Abs. 2 Satz 3 ist durch das EG-Prozesskostenhilfegesetz dahingehend geändert worden, dass die Vorabentscheidung nach Satz 1 oder 2 auch für die Aufwendungen nach §§ 675, 670 BGB gelten, die im Teil 7 des VV nicht enthalten sind. Damit wurde insbesondere für Übersetzer- und Dolmetscherkosten in grenzüberschreitenden Fällen eine streitige Rechtsfrage beseitigt.

B. Kommentierung

I. Anwendungsbereich

Die Vorschrift gilt für **alle Auslagen** (nicht nur Reisekosten, was sich aus dem Wort »insbesondere« ergibt), also nicht nur die im Teil 7 des VV aufgeführten, sondern auch die Aufwendungen nach § 670 BGB.

Die negative Fassung des § 126 Abs. 1 Satz 1 BRAGO wurde beibehalten. Dies begründet eine **Beweislast** für die Staatskasse, dass Auslagen zur sachgemäßen Wahrnehmung der Interessen der Parteien nicht erforderlich waren. Damit wird dem Umstand Rechnung getragen, dass der RA seine die Auslagen auslösende Entscheidung im Voraus treffen muss. Es kann daher nicht Aufgabe des UdG oder des auf die Erinnerung entscheidenden Gerichts sein, im Nachhinein zu beurteilen, ob es nicht auch eine günstigere Gelegenheit gegeben hätte, und damit seine eigene Auffassung an die Stelle der Meinung des Rechtsanwalts zu setzen. Der Rechtsanwalt hat den Rechtsstreit geführt; nur er ist für die sachgemäße Wahrnehmung der Interessen der Partei verantwortlich. Die entstandenen Auslagen sind daher auch dann noch zu ersetzen, wenn Zweifel an der Notwendigkeit auftreten. Eine Erstattung scheidet nur dann aus, wenn die Prüfung ergibt, dass das die Auslagen verursachende Ereignis für die sachgemäße Durchführung des Auftrags nicht erforderlich war. Dabei ist auf den Zeitpunkt des Entstehens der Auslagen abzustellen, nicht auf den Zeitpunkt der Festsetzung (denn hinterher ist man oft schlauer).

II. Der Tatbestand im Einzelnen

1. Erstattungsgrundsatz

Vergütet werden nur Auslagen, die zur sachgemäßen Durchführung des Auftrags erforderlich waren. Die Staatskasse hat insoweit eine mit der unterlegenen Partei vergleichbare Interessenlage, es sollen – wie im § 91 ZPO – nur **notwendige Kosten** erstattet werden. Gleichwohl kann die zu § 91 ZPO ergangene Rechtsprechung nur eingeschränkt auf die Auslagenerstattung durch die Staatkasse übertragen werden, da im Rahmen der Erstattbarkeit nach § 91 ZPO derjenige die Notwendigkeit beweisen muss, der den Anspruch erhebt, während hier die Beweislast umgedreht ist.

Es sind nur Auslagen zu erstatten, die dem RA **selbst entstanden** sind. Parteiauslagen gehören nicht zu den nach § 46 erstattbaren Auslagen. Das Gleiche gilt für die Auslagen, die zu einem Geschäft gehören, für das keine PKH bewilligt wurde. Ersatz für diese Auslagen kann der RA trotz § 122 Abs. 1 Nr. 3 ZPO von seinem Auftraggeber fordern.

Es sind nur Auslagen **erstattungsfähig**, die vom Umfang der Beiordnung (§ 48) erfasst werden. Das sind grundsätzlich diejenigen, die erst nach der Beiordnung und vor endgültiger Erledigung des Auftrags entstanden sind. Eine Ausnahme bilden die Auslagen, die in Angelegenheiten nach den Teilen 4 bis 6 VV entstehen, da hier die Bestellung oder Beiordnung auch die Tätigkeit vor der Bestellung umfasst (§ 48 Abs. 5). Erstattbar sind auch die sogenannten **Nachlaufkosten**, die noch zur Abwicklung des Auftrags anfallen aber erst nach Erledigung des Hauptgeschäfts entstanden sind. Im Zweifel muss der RA den Zusammenhang der Auslage mit der Beiordnung dartun.

Es können nur **tatsächlich entstandene** Auslagen erstattet werden. Fiktive oder ersparte Aufwendungen sind nicht erstattungsfähig. Es können auch keine nichterstattungsfähigen Auslagen dadurch erstattbar werden, dass andere Auslagen dadurch erspart wurden (OVG NRW Rpfleger 2006, 443).

Abschnitt 8 – Beigeordneter oder bestellter Rechtsanwalt, Beratungshilfe

2. Einzelne Auslagenarten

a) Allgemeine Geschäftskosten

9 Nicht zu den Auslagen gehören die allgemeinen Geschäftskosten, die mit den Gebühren abgegolten werden (VV Vorbemerkung 7 Abs. 1). Hierzu gehört der Büroaufwand jeder Art, Formulare, Bücher und Zeitschriften.

b) Dokumentenpauschale (Nr. 7000)

10 Ehe beurteilt werden kann, in welcher Höhe die Dokumentenpauschale von der Staatskasse zu erstatten ist, muss zunächst festgestellt werden, in welcher Höhe der Anwalt sie von seinem Mandanten zusätzlich zu den Gebühren fordern kann. Der RA kann nur in den in Nr. 7000 genannten Fällen die Dokumentenpauschale verlangen (BGH JurBüro 2003, 246 = Rpfleger 2003, 215 = NJW 2003, 1127), da nur insoweit die Kosten für die Herstellung von Abschriften, Ablichtungen oder Ausdrucken nicht zu den allgemeinen Geschäftsunkosten zählen und daher nicht durch die Gebühren gedeckt sind (VV Vorbemerkung 7 Abs. 1 Satz 1). Näheres hierzu siehe Kommentierung zu Nr. 7000.

11 Steht fest, dass die Dokumentenpauschale angefallen ist, kommt es für die Erstattung der Staatskasse darauf an, ob die Fertigung der Kopien zur sachgerechten Durchführung des Auftrags erforderlich war. Es ist also zu fragen, was die Partei in verständiger Würdigung in Auftrag gegeben hätte. Bei der Beurteilung dieser Frage ist weder eine kleinliche Handhabung des UdG (OLG Brandenburg JurBüro 1996, 259) noch eine großzügige Ablichtungspraxis des RA angebracht.

12 Während die Anfertigung eines Auszugs aus der Strafakte grundsätzlich erstattungsfähig ist (OLG Düsseldorf MDR 1984, 426), ist ein Auszug aus einer Zivilsache regelmäßig nicht zu erstatten, da dem RA die Schreiben der gegnerischen Partei nebst Anlagen und die gerichtlichen Verfügungen kostenfrei zur Verfügung gestellt werden (KG JurBüro 1975, 346). Siehe hierzu die Kommentierung zu Nr. 7000 Rn. 11 bis Rn. 13.

c) Pauschale für Entgelte für Post- und Telekommunikationen (Nr. 7002)

13 Die Pauschale von 20 % errechnet sich beim PKH-Anwalt aus der Gebührenhöhe des § 49 und somit bis zu einem Wert von € 3.000,00 nach der Tabelle des § 13 Abs. 1 und bei dem gerichtlich bestellten oder beigeordneten RA aus den hierfür ausgeworfenen Gebühren in den Teilen 4 bis 6 der VV. Ansonsten wird auf die Kommentierung zu Nrn. 7001 und 7002 Bezug genommen.

d) Reisekosten

aa) Reisekosten des PKH-Anwalts

14 Nach § 121 Abs. 3 ZPO kann ein nicht beim Prozessgericht zugelassener RA nur beigeordnet werden, wenn dadurch weitere Kosten nicht entstehen. Diese Vorschrift ist lediglich eine Anweisung an das Gericht für die Beiordnung des RA. Sie enthält dagegen keine Aussage über die Erstattungsfähigkeit von Reisekosten. Die diesen Grundsatz weiter einschränkende Bestimmung des § 126 Abs. 1 Satz 2 BRAGO (nicht zu vergüten sind Mehrkosten, die dadurch entstehen, dass der RA seinen Wohnsitz oder seine Kanzlei nicht am Ort des Gerichts hat) ist nicht in das RVG übernommen worden. Der Gesetzgeber hat diese Vorschrift wegen § 121 Abs. 3 ZPO für entbehrlich gehalten.

15 Es wird aufgrund § 121 Abs. 3 ZPO allgemein als zulässig angesehen, den RA, auf den diese Voraussetzungen nicht zutreffen, mit seiner Einwilligung zu den Bedingungen eines gerichtsansässigen Anwalts beizuordnen. In der Zustimmung des RA ist ein Verzicht auf Entschädigung der Mehrkosten aus der Staatskasse zu sehen.

16 Fraglich ist, ob die Beiordnung zu den Bedingungen eines gerichtsansässigen RA auch dann erfolgen kann, wenn seine Zustimmung nicht vorliegt (dafür: BAG NJW 2005, 3083; OLG

Nürnberg JurBüro 2001, 431; OLG Celle JurBüro 2000, 480; dagegen: Schneider / Wolf RVG § 46 Rn. 19; OLG Karlsruhe FamRZ 1991, 348). Dem BAG ist zu folgen. Die Vorschrift gibt dem Gericht die Befugnis zum Eingriff in das Vergütungsrecht des RA.

Das Gericht darf allerdings nur einen zur Übernahme des Mandats bereiten RA bestellen. Allerdings kennt der RA, der für die Partei den Antrag auf Beiordnung stellt, § 121 Abs. 3 ZPO. Man kann daher unterstellen, dass er auch dann bereit ist, das Mandat zu übernehmen, wenn er nur mit der Einschränkung bestellt wird, dass hierdurch keine Mehrkosten entstehen. Die Einschränkung ohne Zustimmung kann vom RA mit der Beschwerde angefochten werden (BAG NJW 2005, 3083).

Das Gericht muss jedoch vor der Bestellung zu den Kosten eines ortsansässigen RA prüfen, ob gemäß § 121 Abs. 4 Alt. 2 ZPO der Partei ein Verkehrsanwalt beizuordnen wäre. Bei dieser Prüfung sind die Grundsätze anzuwenden, die der BGH hinsichtlich der Erstattung der Reisekosten und des auswärtigen RA in mehreren Entscheidungen aufgestellt hat. Die Beauftragung eines am Geschäfts- oder Wohnort der Partei ansässigen RA ist nach dem BGH (BGH JurBüro 2003, 202 = NJW 2003, 898 = Rpfleger 2003, 98; NJW-RR 2004, 858 = JurBüro 2004, 432; FamRZ 2004, 866) regelmäßig notwendig i. S. von § 91 Abs. 2 Satz 1 Hs. 2 ZPO, denn die Partei, »die einen Rechtsstreit zu führen beabsichtigt oder selbst verklagt ist und ihre Belange in angemessener Weise wahrgenommen wissen will, wird nämlich in aller Regel einen RA in der Nähe ihres Wohn- oder Geschäftsortes aufsuchen, um dessen Rat in Anspruch zu nehmen und ihn gegebenenfalls mit der Prozessvertretung zu beauftragen. Sie wird dies wegen der räumlichen Nähe und in der Annahme tun, dass zunächst ein persönliches mündliches Gespräch erforderlich ist. Diese Erwartung ist berechtigt, denn für eine sachgemäße gerichtliche oder außergerichtliche Beratung und Vertretung ist der RA zunächst auf die Tatsacheninformation der Partei angewiesen. Diese kann in aller Regel nur in einem persönlichen mündlichen Gespräch erfolgen. Häufig wird zudem nach einer (Klage-)Erwiderung der Gegenseite ein zweites Gespräch notwendig sein, weil der RA ergänzende Informationen seiner Partei benötigt oder weil später entstandene Missverständnisse auszuräumen sind.« (so der BGH, a. a. O.).

Liegen diese Voraussetzungen vor, kann der auswärtige RA ohne die Einschränkung beigeordnet werden, da dann die Kosten des Verkehrsanwalts erspart werden (LAG RP MDR 2006, 716; BGH NJW 2004, 2749; BAG NJW 2005, 3083). Die Einschränkung wäre in diesem Fall unzulässig.

Aus diesen Entscheidungen geht auch hervor, dass die Reisekosten zu erstatten sind, wenn die Beiordnung ohne Einschränkung erfolgt. Bei Fehlen der Einschränkung ist für die Annahme, die Beiordnung wäre – stillschweigend – mit der Einschränkung ausgesprochen, kein Raum.

Erfolgt die Beiordnung mit dieser Einschränkung oder wohnt bzw. arbeitet der RA am Gerichtsort, fallen Reisekosten des RA nur für Reisen zu den außerhalb des Gerichtsorts anberaumten Verhandlungen des Gerichts (z. B. Ortstermin) oder des ersuchten Gerichts (z. B. Zeugenvernehmung) an.

Wird jedoch entgegen § 121 Abs. 3 ZPO ein RA ohne Einschränkung beigeordnet, der weder bei Prozessgericht zugelassen ist, noch am Ort des Gerichts seinen Wohnsitz oder seine Kanzlei hat, und liegen dabei die besonderen Gründe für die Beiordnung eines Verkehrsanwalts nicht vor, so ist die Beiordnung gleichwohl für die Erstattung maßgebend (siehe § 48) und die Reisekosten sind zu erstatten (LAG Berlin-BB, Beschl. v. 01. 10. 2008 – 17 Ta (Kost) 6081/08; OLG Stuttgart JurBüro 2008, 261). Die uneingeschränkte Beiordnung ist jedoch keine Feststellung nach § 46 Abs. 2 Satz 1 (OLG Stuttgart JurBüro 2008, 261).

Ist der RA beim Prozessgericht zugelassen, hat seinen Wohnort oder Kanzleisitz aber nicht am Gerichtsort, ist eine Bestellung mit der Beschränkung auf die Kosten eines ortsansässigen RA nicht zulässig (OLG Oldenburg NJW 2006, 851).

Abschnitt 8 – Beigeordneter oder bestellter Rechtsanwalt, Beratungshilfe

bb) Reisekosten des bestellten oder beigeordneten Verteidigers

23 Für den Pflichtverteidiger gilt § 142 StPO. Eine Einschränkung wie beim PKH-Anwalt ist insoweit nicht möglich. Die Reisekosten sind ihm daher zu erstatten.

cc) Höhe

24 Die Höhe der Reisekosten richtet sich nach Nrn. 7003 bis 7006 des VV. Darüber hinaus ist natürlich der Grundsatz von § 46 Abs. 1 zu beachten.

e) Dolmetscherkosten

25 Das BVerfG (Rpfleger 2004, 179) hat hinsichtlich des Strafverfahrens entschieden, dass der Beschuldigte, der der deutschen Sprache nicht hinreichend mächtig ist, in jeder Phase des Verfahrens einen Dolmetscher hinzuziehen kann. Diese vom BVerfG aufgestellten Grundsätze gelten auch für den Verkehr zwischen RA und Mandant und sind auch auf sonstige Verfahren anzuwenden.

f) Übersetzungskosten

26 Grundsätzlich hat die Partei auf ihre Kosten die Korrespondenz mit dem Anwalt und die für das Gericht bestimmten Schriftstücke und Urkunden auf ihre Kosten übersetzen zu lassen (OLG Brandenburg Rpfleger 2002, 367). Für diese Kosten kann sie bei Obsiegen im Rahmen des § 91 ZPO von dem Gegner Ersatz verlangen. Anders verhält es sich allerdings, wenn sie im Einzelfall diese Kosten nicht aufbringen kann und daher der RA die Kosten übernimmt. In diesem Fall kann der RA für die Kosten im Rahmen des § 46 Ersatz von der Staatskasse verlangen (OLG Oldenburg, a. a. O.).

3. Vorabentscheidung (Abs. 2)

27 Reisekosten und Aufwendungen nach § 670 BGB, insbesondere für Dolmetscher oder Übersetzer, können einen erheblichen Betrag ausmachen. Der RA kann aus diesem Grunde einem nicht unerheblichen Risiko ausgesetzt sein, da er weder sicher weiß, ob ihm die Staatskasse oder seine Partei – bei Ablehnung durch die Staatskasse – die Auslagen ersetzt. Dieses Risiko kann der RA ausschalten, wenn er hierzu die Vorabentscheidung des Gerichts über die Erforderlichkeit der Auslagen herbeiführt. Die positive Entscheidung ist für den UdG im Festsetzungsverfahren nach § 55 bindend (§ 46 Abs. 2 Satz 1). Die Ablehnung bindet den UdG dagegen nicht. Er könnte, insbesondere wenn sich neue Gesichtspunkte ergeben haben, die Auslagen gleichwohl zur Erstattung festsetzen.

28 Der Antrag ist beim Instanzgericht zu stellen. Der beigeordnete RA ist antragsberechtigt. Sein Auftraggeber kann den Antrag nicht stellen. Der Antrag muss vor Beginn der Reise oder Entstehen der Aufwendung gestellt werden. Ein nachträglich gestellter Antrag ist unzulässig (Gerold/Schmidt/Madert/Müller-Rabe/Mayer/Burhoff RVG § 46 Rn. 69). Über den Antrag entscheidet das Gericht in der Besetzung, in der es auch über das Verfahren entscheidet, da eine besondere Norm (wie § 33 Abs. 3 Satz 1), die in jedem Fall den Einzelrichter entscheiden lässt, fehlt. In Verfahren, die dem Rechtspfleger übertragen sind (z. B. Zwangsversteigerungsverfahren – § 3 Nr. 1 lit. i RPflG), entscheidet der Rechtspfleger.

29 Die Vorabentscheidung des Gerichts ist unanfechtbar, da es an einer Vorschrift über die Anfechtbarkeit fehlt. Damit kann weder die Staatskasse die positive noch der RA die negative Entscheidung anfechten (a. A.: OLG München MDR 1998, 439 = OLGR 1998, 194 – keine Bindungswirkung bei unrichtiger Feststellung).

30 Das Verfahren hat jedoch kaum praktische Bedeutung, da der RA über die Beantragung eines Vorschusses (§ 47) eine Vorabentscheidung des UdG bekommt, die bei Ablehnung anfechtbar ist (siehe § 47 Rn. 13 ff.). Außerdem muss er bei Gewährung des Vorschusses nicht in Vorlage treten.

In Bußgeldverfahren vor einer Verwaltungsbehörde ist diese für die Entscheidung zuständig. 31
Der Antrag auf Vorabentscheidung ist somit bei ihr zu stellen (§ 46 Abs. 2 Satz 2).

4. Nachforschungen zur Vorbereitung der Wiederaufnahme (Abs. 3)

Abs. 3 ist eigentlich entbehrlich, da sich aus § 48 ergibt, dass ein Vergütungsanspruch, also 32
auch ein Anspruch auf Auslagen, nur dann vorhanden ist, wenn der Anwalt für die Angelegenheit bestellt wurde. Sofern die Regelung gleichwohl für erforderlich gehalten wird, wäre sie besser im § 48 aufgehoben.

Der Ersatzanspruch auf Auslagen, die durch Nachforschungen zur Vorbereitung eines Wie- 33
deraufnahmeverfahrens entstehen, für das die Vorschriften der StPO gelten, werden nur dann vergütet, soweit das Gericht entweder den Verteidiger schon vor der Entstehung dieser Auslagen gem. § 364 b Abs. 1 Satz 1 StPO bestellt oder soweit es eine Feststellung gem. § 364 b Abs. 1 Satz 2 StPO getroffen hat. Liegen diese Voraussetzungen vor, entsteht der Anspruch auf den Auslagenersatz unabhängig davon, ob der RA dem Auftraggeber davon abgeraten hat, den Wiederaufnahmeantrag zu stellen.

Das Gericht ist auch nicht befugt zu prüfen, ob die Nachforschungen des RA notwendig wa- 34
ren, sondern es darf und muss nur prüfen, ob dessen Auslagen notwendig waren (Hartmann RVG § 46 Rn. 52).

§ 46 Abs. 3 Satz 2 bestimmt, dass diese Grundsätze auch im gerichtlichen Bußgeldverfahren 35
gelten mit dem entsprechenden Hinweis auf § 85 OWiG (den Voraussetzungen der Wiederaufnahme des Verfahrens bei rechtskräftigen Bußgeldentscheidungen).

Abschnitt 8 – Beigeordneter oder bestellter Rechtsanwalt, Beratungshilfe

§ 47
Vorschuss

(1) ¹Wenn dem Rechtsanwalt wegen seiner Vergütung ein Anspruch gegen die Staatskasse zusteht, kann er für die entstandenen Gebühren und die entstandenen und voraussichtlich entstehenden Auslagen aus der Staatskasse einen angemessenen Vorschuss fordern. ²Der Rechtsanwalt, der nach § 625 der Zivilprozessordnung beigeordnet oder nach § 67 a Abs. 1 Satz 2 der Verwaltungsgerichtsordnung bestellt ist, kann einen Vorschuss nur verlangen, wenn der zur Zahlung Verpflichtete (§ 39 oder § 40) mit der Zahlung des Vorschusses im Verzug ist.

(2) Bei Beratungshilfe kann der Rechtsanwalt keinen Vorschuss fordern.

Inhaltsübersicht

	Rn.		Rn.
A. Allgemeines	1	b) Auslagen	7
		c) Höhe des Vorschusses	8
B. Kommentierung	3	2. Verfahren	9
I. Anwendungsbereich	3	a) Antrag	9
1. Unmittelbarer Anspruch	3	b) Zuständiges Gericht	10
2. Subsidiärer Anspruch	4	c) Entscheidung	12
3. Anspruchsausschluss	5	3. Rechtsbehelfe	13
II. Der Tatbestand im Einzelnen	6	a) Erinnerung	13
1. Art und Höhe des Anspruchs	6	b) Beschwerde	16
a) Gebühren	6	4. Vorläufigkeit der Festsetzung	19

A. Allgemeines

1 Die Vorschrift führt den in der BRAGO an verschiedenen Stellen enthaltenen Anspruch des gerichtlich beigeordneten oder bestellten RA auf Vorschuss aus der Staatskasse zusammen. So übernimmt Abs. 1 Satz 1 RVG die Regelungen der § 127 und § 97 Abs. 4 BRAGO, Satz 2 RVG die der § 36 a Abs. 2 Satz 2 und § 115 Satz 2 BRAGO. Abs. 2 RVG übernimmt § 133 Satz 1 BRAGO, der durch die fehlende Verweisung auf § 127 BRAGO einen Vorschuss ausschloss. Eine inhaltliche Änderung war damit nicht verbunden.

2 Die Vorschrift regelt die Vorschusspflicht der Staatskasse gegenüber dem gerichtlich beigeordneten oder bestellten RA und eröffnet damit eine gegen den Mandaten (§ 9) vergleichbare Anspruchsgrundlage gegen die Staatskasse. Die beiden Regelungen unterscheiden sich im Übrigen lediglich darin, dass der RA von der Staatskasse einen Vorschuss auf voraussichtlich entstehende Gebühren nicht verlangen kann.

B. Kommentierung

I. Anwendungsbereich

1. Unmittelbarer Anspruch

3 Der unmittelbare Vorschussanspruch steht jedem RA zu, der nach § 45 einen unmittelbaren Anspruch hat, aus der Staatskasse vergütet zu werden. Das ist der im Rahmen der Prozesskostenhilfe beigeordnete RA, unabhängig davon, ob die PKH-Vorschriften der ZPO unmittelbar oder durch Verweis (z. B. § 397 a Abs. 2 StPO, § 166 Abs. 1 VwGO, § 73 a Abs. 1 SGG, § 142 Abs. 1 FGO oder § 12 RVG) zur Anwendung kommen, der nach den §§ 57, 58 ZPO bestellte RA, der im Strafverfahren beigeordnete oder bestellte RA (z. B. §§ 141 Abs. 1, 397 a Abs. 1

StPO) oder sonst gerichtlich oder in Bußgeldverfahren durch die Verwaltungsbehörde bestellte oder beigeordnete Rechtsanwälte. Wegen der Einzelheiten siehe § 45 Rn. 2 ff.

Der Anspruch auf Vorschuss wird durch § 51 Abs. 1 Satz 5 dahingehend erweitert, dass der Pflichtverteidiger auch auf die zu erwartende Pauschgebühr einen Vorschuss verlangen kann (siehe § 51 Rn. 8).

2. Subsidiärer Anspruch

Der RA, der nach § 625 ZPO beigeordnet oder nach § 67a Abs. 1 Satz 1 VwGO bestellt wurde, hat nur dann einen Anspruch auf Zahlung eines Vorschusses gegen die Staatskasse, wenn sein unmittelbarer Vergütungsschuldner (vgl. § 39 und § 40 RVG), von dem er nach den genannten Vorschriften einen Vorschuss verlangen kann, mit der Zahlung des Vorschusses in Verzug (§ 286 BGB) ist. Dabei genügt es, dass in dem Festsetzungsantrag der Verzug glaubhaft gemacht wird (§ 55 Abs. 5 Satz 1 RVG i. V. m. § 104 Abs. 2 Satz 1 ZPO). 4

3. Anspruchsausschluss

Der RA kann für die in der Beratungshilfe bereits entstandenen Gebühren (Nrn. 2601 ff.) sowie für die bereits entstandenen oder noch entstehenden Auslagen keinen Vorschuss aus der Staatskasse erhalten (§ 47 Abs. 2). Die Vorschrift normiert zwar den bisherigen Rechtszustand (vgl. Rn. 1). Ein sachlicher Grund ist jedoch nicht ersichtlich. Dieser Ausschluss erscheint auch wegen der Tätigkeit mit dem Ziel einer außergerichtlichen Einigung (Nrn. 2604 ff.), bei der insbesondere bei vielen Gläubigern erhebliche Auslagen entstehen können, unangemessen. 5

II. Der Tatbestand im Einzelnen

1. Art und Höhe des Anspruchs

a) Gebühren

Berechtigung besteht nur hinsichtlich der bereits **entstandenen** Gebühren. Dies ist der Fall, wenn der Tatbestand für das Entstehen der Gebühr voll erfüllt ist. So fällt z. B. die Verfahrensgebühr (Nr. 3100 VV) mit der ersten Tätigkeit des Klägeranwalts nach Erteilung des Prozessauftrags an (vgl. Nr. 3100 VV Rn. 47 ff.). Hierin unterscheidet sich der Anspruch auf Vorschuss gegen die Staatskasse von dem gegen den Mandanten. Von dem Letztgenannten kann der RA auch einen Vorschuss für die voraussichtlich entstehenden Gebühren fordern (§ 9). **Fällig** (§ 8 Abs. 1) muss die Gebühr nicht sein. Natürlich kann ein Vorschuss nur für solche Gebühren gefordert werden, die auch von der **Staatskasse zu erstatten** sind. **Wertgebühren** bestimmen sich dabei nach § 49. Im Sozialgerichtsverfahren, im welchen überwiegend **Betragsrahmengebühren** anfallen (z. B. Nr. 3102), steht regelmäßig erst am Ende des Verfahrens die genaue Höhe der Gebühr fest. Für den Vorschuss wird daher von der Mittelgebühr ausgegangen (LSG Stuttgart JurBüro 1990, 883). Für die **weitere Vergütung** (§ 50) kann kein Vorschuss gefordert werden. 6

b) Auslagen

Der RA kann aus der Staatskasse einen Vorschuss für bereits **entstandene**, aber auch für **voraussichtlich entstehende** Auslagen (Teil 7 VV) fordern. Da nur solche Auslagen erstattet werden, die zur **sachgemäßen** Durchführung der Angelegenheit erforderlich waren (§ 46 Abs. 1), kann natürlich auch nur für solche Auslagen ein Vorschuss gefordert werden. Zu den Auslagen, für die Vorschuss gefordert werden kann, gehört auch die vom Anwalt zu zahlende **USt.** (Nr. 7008). Die Frage der **Notwendigkeit** kann der RA hinsichtlich der Reisekosten und der Aufwendungen (§ 670 BGB) vorher vom Gericht klären lassen (§ 46 Abs. 2 Satz 1 u. 3 7

Abschnitt 8 – Beigeordneter oder bestellter Rechtsanwalt, Beratungshilfe

RVG). Das Gleiche gilt für den Vorschuss von der **Verwaltungsbehörde** (§ 46 Abs. 2 Satz 2 RVG). Näheres siehe § 46 Rn. 27 ff.

c) Höhe des Vorschusses

8 Nach Satz 1 hat der RA einen Anspruch auf einen **angemessenen** Vorschuss. Diese Angemessenheit gilt in erster Line für die **Auslagen**. Hinsichtlich der **Gebühren** kann der RA immer die entstandenen **in voller Höhe** fordern. Das Gleiche gilt für die bereits **angefallenen Auslagen**. Lediglich bei den **voraussichtlich entstehenden** Auslagen darf die Prognose nicht überzogen sein. Insoweit sollte der RA bei seinem Antrag die Höhe der voraussichtlich noch entstehenden Auslagen plausibel machen.

2. Verfahren

a) Antrag

9 Voraussetzung für die Festsetzung des Vorschusses ist ein Antrag (§ 55 Abs. 1 Satz 1). Eine besondere Form ist für den Antrag nicht vorgeschrieben. Er kann deshalb schriftlich oder mündlich zu Protokoll der Geschäftsstelle angebracht werden.

In dem Antrag sind die Ansätze glaubhaft zu machen (§ 55 Abs. 5 Satz 1 RVG i. V. m. § 104 Abs. 2 ZPO). Die Erklärung nach § 104 Abs. 2 Satz 3 ZPO hinsichtlich der USt. ist allerdings entbehrlich, da der RA nicht vorsteuerabzugsberechtigt ist und die Frage, ob die Partei, der er beigeordnet oder bestellt worden ist, vorsteuerabzugsberechtigt ist, bei der Erstattung aus der Staatskasse ohne Bedeutung ist. Der RA hat immer Anspruch auf Erstattung der USt., wenn er selbst USt. abführen muss. Außerdem hat der Antrag eine Erklärung über die erhaltenen Zahlungen zu enthalten (§ 55 Abs. 5 Satz 2 RVG).

Eine Ausschlussfrist für den Antrag gibt es nicht. Die Beantragung eines Vorschusses dürfte jedoch dann obsolet sein, wenn die endgültige Abrechnung alsbald erfolgen könnte.

b) Zuständiges Gericht

10 Grundsätzlich ist das Gericht der ersten Instanz für die Entscheidung über den Antrag zuständig (§ 55 Abs. 1 Satz 1). Das Rechtsmittelgericht ist in Verfahren nach Teil 3 VV dann zuständig, wenn das Verfahren noch im Rechtszug anhängig ist (§ 55 Abs. 2). In den Verfahren nach Teil 4 bis 6 VV ist immer das erstinstanzliche Gericht zuständig. Gibt es kein erstinstanzliches Gericht, ist das Gericht zuständig, das den RA bestellt hat (§ 55 Abs. 1 Satz 2) bzw. das Landgericht, dessen Präsident den RA zur Kontaktperson bestellt hat (§ 55 Abs. 3). Einzelheiten siehe § 55 Rn. 8 ff.

11 Es entscheidet der UdG (§ 55 Abs. 1, 2 u. 3). Dieser ist bei seiner Entscheidung weisungsfrei (siehe § 55 Rn. 8).

c) Entscheidung

12 Wird dem Antrag in vollem Umfange stattgegeben, erfolgt i. d. R. keine förmliche Entscheidung, sondern lediglich die Anordnung der Auszahlung. Der RA erhält in diesem Fall lediglich durch die Gutschrift auf seinem Konto eine Mitteilung.

Weicht die Festsetzung von dem Antrag ab oder wird die Festsetzung eines Vorschusses abgelehnt, ist eine förmliche Entscheidung mit Begründung erforderlich, die dem RA formlos zu übersenden ist (§ 329 Abs. 2 Satz 2 ZPO).

3. Rechtsbehelfe

a) Erinnerung

13 Die teilweise oder völlig ablehnende Entscheidung des UdG unterliegt der Erinnerung. Die Erinnerung ist fristlos, wie sich aus der Begründung zu der Änderung des § 56 durch das

JKomG ergibt (BT-Drs. 15/4952). Falls der UdG ihr nicht, wozu er befugt ist, abhilft, hat über sie in jedem Fall das Gericht des Rechtszuges, im Falle des § 55 Abs. 3 die Strafkammer des Landgerichts zu entscheiden (§ 56 Abs. 1 RVG). Dabei entscheidet bei Kollegialgerichten das Gericht durch eines seiner Mitglieder (§ 56 Abs. 2 Satz 1 i. V. m. § 33 Abs. 8 RVG). Bei Schwierigkeiten tatsächlicher oder rechtlicher Art und bei grundsätzlicher Bedeutung hat der Einzelrichter die Sache dem Spruchkörper zur Entscheidung zu übertragen. Spruchkörper mit Laienrichtern entscheiden immer ohne diese.

Da es sich nicht um die Anfechtung einer Entscheidung des Rechtspflegers handelt (mag der entscheidende UdG auch zugleich Rechtspflegeraufgaben wahrnehmen), muss das Gericht der Instanz also auch dann selbst eine Entscheidung durch begründeten Beschluss treffen, wenn es die Erinnerung für unzulässig oder unbegründet hält. Hilft es dennoch lediglich nicht ab und legt es die Akten dem Beschwerdegericht vor, so tritt dadurch keine Devolutivwirkung ein. Das Beschwerdegericht kann deshalb die Sache formlos an den ersten Richter zurückgeben, weil die Erinnerungsinstanz noch nicht abgeschlossen ist. Einer Aufhebung der Nichtabhilfe (gleichgültig, ob sie in Beschlussform ergangen ist oder nur in Form eines Vermerks) und einer förmlichen Zurückverweisung bedarf es nicht (OLG Koblenz JurBüro 1989, 801; OLG München Rpfleger 1980, 203 = JurBüro 1980, 1052; a. A. (Aufhebung und Zurückverweisung nötig): OLG Bamberg JurBüro 1991, 696; JurBüro 1989, 1270; OLG Bremen KostRsp BRAGO § 128 Nr. 10; OLG Celle NdsRpfl 1982, 218; OLG Karlsruhe, Beschl v. 21. 12. 1979, Az.: 5 WF 166/79). **14**

Bis 31. 08. 2004 war der Rechtspfleger nicht befugt, über Anträge zu entscheiden, die auf Änderung einer Entscheidung des Urkundsbeamten der Geschäftsstelle gerichtet waren (§ 4 Abs. 2 Satz 3 RPflG). Damit war nach herrschender Meinung auch in den dem Rechtspfleger übertragenen Verfahren der Richter für die Entscheidung über die Erinnerung zuständig (OLG München, Beschl. v. 03. 04. 2003, Az.: 11 WF 805/03; LG Mönchengladbach JurBüro 1989, 802; Lappe Rpfleger 1984, 76 in Anm. zu AG Lübeck). Das zum 01. 09. 2004 in Kraft getretene 1. Justizmodernisierungsgesetz hat die genannte Vorschrift wegen der größeren Sachnähe des Rechtspflegers in diesen Geschäften aufgehoben (BT-Drs. 15/1508, Begr. zu Artikel 9 Nr. 1). Damit ist der Rechtspfleger nunmehr auch für die Entscheidung über die Erinnerung nach § 56 zuständig, wenn ihm das Ausgangsgeschäft nach dem Rechtspflegergesetz übertragen ist und der UdG der Erinnerung nicht abhilft. **15**

b) Beschwerde

Gegen die richterliche oder rechtspflegerliche Erinnerungsentscheidung kann innerhalb von 2 Wochen nach Zustellung der Entscheidung Beschwerde eingelegt werden, soweit sie nicht an einen obersten Gerichtshof des Bundes geht, § 56 Abs. 2 Satz 1 i. V. m. § 33 Abs. 3 RVG. Hatte der Urkundsbeamte der Erinnerung selbst voll abgeholfen, so ist gegen seine Entscheidung zunächst die Erinnerung gegeben und erst gegen die richterliche Entscheidung die Beschwerde. Die Beschwerdefrist gilt auch in den Verfahren, in denen eine längere oder kürzere Frist vorgesehen ist (z. B. § 173 SGG, § 311 StPO). Die Beschwerde setzt nicht voraus, dass das Ausgangsverfahren an das Beschwerdegericht hätte gelangen können oder überhaupt mit mindestens zwei Rechtszügen ausgestaltet ist (OLG Düsseldorf JurBüro 1981, 727; nach OLG Hamm JurBüro 1972, 432 ist wegen § 127 Abs. 2 Satz 2 ZPO die Beschwerde gegen die Festsetzung nach § 128 BRAGO unzulässig, wenn der RA vom LG als Berufungsgericht beigeordnet war und die Entscheidung über die Beschwerde eine Nachprüfung des Umfangs der Bewilligung erfordert.). **16**

Der Beschwerdegegenstand muss € 200,00 übersteigen (§ 56 Abs. 2 Satz 1 i. V. m. § 33 Abs. 3 Satz 1 RVG). **17**

Der Beschwerdewert wird nur nach dem Betrag der erstrebten Änderung der Vergütung nach den Sätzen des § 49 unter Einschluss der darauf entfallenden Mehrwertsteuer bemessen, nicht nach den entsprechenden Wahlanwaltsgebühren. Maßgeblich ist der Wert im Zeitpunkt der Beschwerdeeinlegung, im Falle einer Teilabhilfe jedoch der Wert der verbleibenden Be-

Abschnitt 8 – Beigeordneter oder bestellter Rechtsanwalt, Beratungshilfe

schwer. Sinkt der Beschwerdewert infolge willkürlicher Einschränkung des Rechtsmittels unter die Beschwerdesumme, so wird dieses unzulässig. Eine Anschlussbeschwerde ist zulässig. Für die Erreichung des Beschwerdewerts werden aber der Wert von Beschwerde und Anschlussbeschwerde nicht zusammengerechnet.

Die Beschwerde ist auch zulässig, wenn sie von dem Gericht, das über die Erinnerung gegen die Entscheidung des Urkundsbeamten entschieden hat, wegen grundsätzlicher Bedeutung zugelassen wird (§ 56 Abs. 2 Satz 1 i. V. m. § 33 Abs. 3 Satz 2).

Das Gericht, dessen Entscheidung angefochten wird, hat zu prüfen, ob es der Beschwerde abhilft (§ 56 Abs. 2 Satz 1 i. V. m. § 33 Abs. 4).

18 Eine weitere Beschwerde ist zulässig, wenn das Landgericht als Beschwerdegericht entschieden und sie wegen grundsätzlicher Bedeutung zugelassen hat (§ 56 Abs. 2 Satz 1 i. V. m. § 33 Abs. 6 RVG). Damit ist anders als z. B. bei der Kostenfestsetzung nach § 104 ZPO nach wie vor eine höchstrichterliche Entscheidung nicht vorgesehen.

4. Vorläufigkeit der Festsetzung

19 Es versteht sich von selbst, dass die Festsetzung eines Vorschusses kein Präjudiz für die endgültige Festsetzung der Vergütung ist. Eine Zahlung unter dem Vorbehalt der endgültigen Abrechnung ist daher entbehrlich. Bei der endgültigen Abrechnung kann daher nachgefordert werden, wenn sich der Vorschuss als zu niedrig herausstellt. Es kann jedoch auch eine erfolgte Überzahlung wieder zurückgefordert werden. Eine höhere oder niedrigere Vergütung kommt insbesondere in Betracht, wenn sich der Wert ändert, Gebühren sich nachträglich ermäßigen, neue Gebühren oder Auslagen hinzu kommen, die Höhe der Betragsrahmengebühren feststeht und von dem bevorschussten Betrag abweicht, oder sich die Schätzung der voraussichtlich entstehenden Auslagen als falsch erweist.

20 Das Verfahren, wenn der Vorschuss des RA zu hoch war, ist im RVG nicht geregelt. Unbestritten ist, dass der UdG bei der Festsetzung der Anwaltsvergütung (§ 55) den überzahlten Betrag zugunsten der Staatskasse rückfestsetzen und vom RA einfordern kann. Betreibt der RA das Verfahren nach § 55 jedoch nicht (wozu er bei Überzahlung standesrechtlich verpflichtet ist), ist es umstritten, ob der UdG von Amts wegen tätig werden kann oder die Staatskasse ein Antragsrecht hat. Da das Verfahren insoweit nicht geregelt ist, kann man der Staatskasse ein Recht, den überzahlten Betrag zurückzufordern, nicht absprechen. Dabei ist die Staatskasse nicht auf die Anfechtung der Anordnung der Vorschusszahlung angewiesen (gegen Schneider/Wolf RVG § 47 Rn. 20). Der Rückforderungsanspruch unterliegt auch nicht der Verwirkung (OVG Niedersachsen JurBüro 1991, 674) und nicht der Frist des § 20 GKG, sondern lediglich der Verjährung. Die Verjährung beginnt jedoch erst, wenn die Staatskasse von dem Eintritt der Fälligkeit der Vergütung (vgl. § 8 RVG) Kenntnis erlangt (§ 199 Abs. 1 BGB).

§ 48
Umfang des Anspruchs und der Beiordnung

(1) Der Vergütungsanspruch bestimmt sich nach den Beschlüssen, durch die die Prozesskostenhilfe bewilligt und der Rechtsanwalt beigeordnet oder bestellt worden ist.

(2) ¹In Angelegenheiten, in denen sich die Gebühren nach Teil 3 des Vergütungsverzeichnisses bestimmen und die Beiordnung eine Berufung oder Revision betrifft, wird eine Vergütung aus der Staatskasse auch für die Rechtsverteidigung gegen eine Anschlussberufung oder eine Anschlussrevision und, wenn der Rechtsanwalt für die Erwirkung eines Arrests, einer einstweiligen Verfügung, einer einstweiligen oder vorläufigen Anordnung beigeordnet ist, auch für deren Vollziehung oder Vollstreckung gewährt. ²Dies gilt nicht, wenn der Beiordnungsbeschluss ausdrücklich etwas anderes bestimmt.

(3) ¹Die Beiordnung in einer Ehesache erstreckt sich auf den Abschluss eines Vertrags im Sinne der Nummer 1000 des Vergütungsverzeichnisses, der den gegenseitigen Unterhalt der Ehegatten, den Unterhalt gegenüber den Kindern im Verhältnis der Ehegatten zueinander, die Sorge für die Person der gemeinschaftlichen minderjährigen Kinder, die Regelung des Umgangs mit einem Kind, die Rechtsverhältnisse an der Ehewohnung und dem Hausrat und die Ansprüche aus dem ehelichen Güterrecht betrifft. ²Satz 1 gilt im Fall der Beiordnung in Lebenspartnerschaftssachen nach § 661 Abs. 1 Nr. 1 bis 3 der Zivilprozessordnung entsprechend.

(4) ¹In anderen Angelegenheiten, die mit dem Hauptverfahren nur zusammenhängen, erhält der für das Hauptverfahren beigeordnete Rechtsanwalt eine Vergütung aus der Staatskasse nur dann, wenn er ausdrücklich auch hierfür beigeordnet ist. ²Dies gilt insbesondere für

1. die Zwangsvollstreckung und den Verwaltungszwang;
2. das Verfahren über den Arrest, die einstweilige Verfügung und die einstweilige sowie die vorläufige Anordnung;
3. das selbständige Beweisverfahren;
4. das Verfahren über die Widerklage, ausgenommen die Rechtsverteidigung gegen die Widerklage in Ehesachen und in Verfahren über Lebenspartnerschaftssachen nach § 661 Abs. 1 Nr. 1 bis 3 der Zivilprozessordnung.

(5) ¹Wird der Rechtsanwalt in Angelegenheiten nach den Teilen 4 bis 6 des Vergütungsverzeichnisses im ersten Rechtszug bestellt oder beigeordnet, erhält er die Vergütung auch für seine Tätigkeit vor dem Zeitpunkt seiner Bestellung, in Strafsachen einschließlich seiner Tätigkeit vor Erhebung der öffentlichen Klage und in Bußgeldsachen einschließlich der Tätigkeit vor der Verwaltungsbehörde. ²Wird der Rechtsanwalt in einem späteren Rechtszug beigeordnet, erhält er seine Vergütung in diesem Rechtszug auch für seine Tätigkeit vor dem Zeitpunkt seiner Bestellung. ³Werden Verfahren verbunden, kann das Gericht die Wirkungen des Satzes 1 auch auf diejenigen Verfahren erstrecken, in denen vor der Verbindung keine Beiordnung oder Bestellung erfolgt war.

Abschnitt 8 – Beigeordneter oder bestellter Rechtsanwalt, Beratungshilfe

Inhaltsübersicht

	Rn.
A. Allgemeines	1
B. Kommentierung	3
I. Anwendungsbereich	3
1. Sachlicher Umfang der Beiordnung oder Bestellung	3
2. Zeitlicher Umfang der Beiordnung oder Bestellung	14
a) Vergütungsanspruch bei PKH	14
b) Vergütungsanspruch in Strafverfahren pp.	18
3. Beschränkung des Umfangs der Beiordnung oder Bestellung	19
4. Beendigung der Beiordnung oder Bestellung	22
a) Beendigung der Bewilligung	22
b) Beendigung der Beiordnung oder Bestellung unabhängig von der Bewilligung	26
II. Der Tatbestand im Einzelnen	30
1. Verfahren nach Teil 3 VV (Abs. 2)	30
a) Erstreckung der Beiordnung auf Anschlussrechtsmittel	30
b) Erstreckung der Beiordnung bei Arrest, einstweiliger Verfügung sowie einstweiliger oder vorläufiger Anordnung	31
2. Ehe- und Lebenspartnerschaftssachen (Abs. 3)	32
3. Zusammenhängende Verfahren (Abs. 4)	36
4. Verfahren nach den Teilen 4 bis 6 VV (Abs. 5)	37

A. Allgemeines

1 Die Vorschrift ergänzt § 45 RVG um die Regelung über den Umfang der Bestellung oder Beiordnung.

2 Abs. 1 übernimmt § 122 Abs. 1 BRAGO, erweitert um den bestellten RA. § 122 Abs. 2 wird in Abs. 2 übernommen und um die einstweilige und vorläufige Anordnung erweitert. In Abs. 3 findet sich § 122 Abs. 3 Satz 1 und 2 BRAGO wieder. Dabei wurde die bisherige Meinung zu der bisherigen Regelung berücksichtigt und das Umgangsrecht ausdrücklich aufgenommen. Abs. 4 entspricht § 122 Abs. 3 Satz 3 und 4 BRAGO; dabei wurde wegen § 18 Nr. 1 und 2 der Begriff Hauptprozess durch Hauptverfahren ersetzt, weil die Regelung auch die FGG-Verfahren erfassen soll. Absatz 5 übernimmt § 97 Abs. 3 und § 105 Abs. 1 BRAGO und erweitert die Regelung auch auf die Rechtsmittelverfahren. Abs. 5 Satz 3 stellt klar, dass die Erstreckung nicht für die verbundenen Verfahren gilt, in denen der Anwalt bisher nicht bestellt war, gibt dem Gericht aber die Möglichkeit, die Erstreckung ausdrücklich auszusprechen.

B. Kommentierung

I. Anwendungsbereich

1. Sachlicher Umfang der Beiordnung oder Bestellung

3 Grundsätzlich bestimmt die **Bewilligung der Prozesskostenhilfe** den **Umfang** der Beiordnung oder Bestellung (§ 48 Abs. 1 RVG). Die Bewilligung erstreckt sich in **Scheidungssachen** auf den gemäß § 623 Abs. 1 Satz 3 ZPO anhängigen Versorgungsausgleich (§ 624 Abs. 2 ZPO), sofern die Bewilligung nichts anderes bestimmt. Das RVG enthält weitere Bestimmungen, die diesen Umfang erweitern oder begrenzen. Der **Bewilligungsbeschluss** für die PKH bestimmt also, welche Tätigkeiten des RA von der Staatskasse zu vergüten sind und welche nicht. Er ist für die Festsetzung (§ 55 RVG) **bindend**. Dies gilt selbst für **fehlerhafte** Bewilligungen (OLG Stuttgart JurBüro 1989, 1143). Die Bewilligung darf auch nicht in Frage gestellt werden, wenn es **kostengünstigere Verfahren** gibt (OLG Zweibrücken Rpfleger 1995, 364; a. A.: OLG Düsseldorf Rpfleger 1994, 27). Das gleiche gilt für eine **fehlerhaft bestimmte Rückwirkung** der Bewilligung (OLG München AnwBl. 1987, 340).

4 Die Bewilligung erfolgt für jeden **Rechtszug** gesondert (§ 119 Abs. 1 Satz 1 ZPO). **Rechtszug ist** hier allerdings nicht verfahrensrechtlich, sondern **kostenrechtlich** i. S. v. § 35 GKG zu ver-

Umfang des Anspruchs und der Beiordnung | § 48

stehen (OLG Hamm JurBüro 1983, 1722 = Rpfleger 1984, 34). Damit gehört auch das Verfahren nach Zurückverweisung zum Rechtszug (§ 37 GKG; OLG Düsseldorf JurBüro 1987, 453 = Rpfleger 1987, 263). **Nicht zum Rechtszug** gehören Verfahrensabschnitte, die besondere Kosten verursachen **und** für die noch keine Prüfung nach § 114 ZPO erfolgt ist (BVerwG JurBüro 1995, 309). Damit gehören z. B. die **Beschwerde gegen die Nichtzulassung der Revision und das Revisionsverfahren** zum gleichen Rechtszug, da die Prüfung der Beschwerde zugleich die Zulässigkeit der Revision beinhaltet und damit bei Erfolg der Beschwerde feststeht, dass die Revision nicht aussichtslos ist (BVerwG, a. a. O.).

In **Zwangsvollstreckungssachen** ist jede Vollstreckungsmaßnahme eine besondere Angelegenheit (§ 18 Nr. 3). Daher muss auch für jede Vollstreckungsmaßnahme PKH **gesondert bewilligt** und der RA beigeordnet werden. Hierzu hat der BGH entschieden (Rpfleger 2004, 174 = NJW-RR 2004, 787): »Für das Zwangsvollstreckungsverfahren ergeben sich ... keine Besonderheiten. Die von § 114 ZPO geforderte Erfolgsaussicht lässt sich auch dort ex ante beurteilen, ... Das gilt für den Gläubiger, der seinen titulierten Anspruch im Wege der Zwangsvollstreckung durchsetzen will, ebenso wie für den Schuldner, der sich gegen konkrete vollstreckungsrechtliche Eingriffe zur Wehr setzen möchte. Soweit im Zuge des Prozesskostenhilfe-Änderungsgesetzes vom 10. Oktober 1994 (BGBl. I, 2954 f.) in den Gesetzgebungsmaterialien (BT-Drs. 13/341, 13) eine abweichende – allein auf die Person des Vollstreckungsgläubigers bezogene – Auffassung vertreten wurde, ist dies in den Vorschriften der §§ 114 ff. ZPO nicht zum Ausdruck gekommen.« 5

Eine **Pauschalbewilligung** kommt somit **grundsätzlich nicht** in Betracht. Dies gilt auch für die Vollstreckung eines minderjährigen Kindes wegen Unterhalt (LG Köln JurBüro 1990, 515 = Rpfleger 1989, 516; LG Koblenz DAVorm 1985, 920; LG Gießen JurBüro 1984, 291 = Rpfleger 1983, 456; **zulässig hält dies**: LG Berlin DAVorm 1991, 776; DAVorm 1992, 1357; LG Hechingen DAVorm 1988, 542; AG Aschaffenburg JurBüro 1987, 1239; LG Fulda Rpfleger 1984, 34; LG Frankenthal DAVorm 1988, 188 (bei Unterhaltsrückständen); Rpfleger 1982, 235). Die Befürworter verkennen allerdings, dass neben den persönlichen und wirtschaftlichen Verhältnissen des Gläubigers auch zu prüfen ist, ob die Vollstreckungsmaßnahme **nicht mutwillig** ist. Die erste Voraussetzung wird man im Einzelfall für einen bestimmten Zeitraum bejahen können. Zur Beurteilung, ob eine Maßnahme mutwillig ist, muss man allerdings **wissen, was beabsichtigt ist**. 6

Auch die Stundung der Verfahrenskosten des **Insolvenzverfahrens** erfolgt für jeden Verfahrensabschnitt gesondert (§ 4 a Abs. 3 Satz 2 InsO). Unter Verfahrensabschnitt ist jeder Teil des Verfahrens zu verstehen, der besondere Kosten verursacht und für den bei der ursprünglichen Stundung noch nicht alle einer Restschuldbefreiung möglicherweise entgegenstehenden Umstände geprüft werden konnten (BT-Drs. 14/5680, Begr. zu § 4 a). Die Kosten des Verfahrens über den Schuldenbereinigungsplan und des Verfahrens zur Restschuldbefreiung werden allerdings von der Stundung erfasst (§ 4 a Abs. 1 Satz 2 InsO). 7

Das Gesetz erstreckt in einigen Fällen die Bewilligung auch auf **andere anhängige** Verfahren (z. B. § 624 Abs. 2 ZPO). Für ein **nicht anhängiges oder erst nach der Bewilligung anhängig gemachtes Verfahren** muss die Erstreckung jedoch ausdrücklich ausgesprochen werden (LG Berlin JurBüro 1989, 629 = Rpfleger 1989, 203; OLG Koblenz JurBüro 2004, 134). Eine stillschweigende Ausdehnung ist nicht zulässig (OLG Bamberg JurBüro 1986, 606). 8

Dies gilt nicht für die Einigung in den in § 48 Abs. 3 genannten Gegenständen. Auf diese erstreckt sich die Beiordnung, ohne dass sie anhängig gemacht werden müssten (siehe Rn. 12).

Wird der RA **ohne Einschränkung** beigeordnet oder bestellt, hat der RA Anspruch auf Vergütung aller Tätigkeiten, die mit der Durchführung des Verfahrens in der Instanz zusammenhängen. Das sind insbesondere die in § 19 aufgeführten Tätigkeitsfelder. Darüber hinaus bestimmt § 48 den Umfang der Tätigkeiten, die im Rahmen der Beiordnung oder Bestellung von der Staatskasse zu vergüten sind. 9

Abschnitt 8 – Beigeordneter oder bestellter Rechtsanwalt, Beratungshilfe

10 Zu dem Prozessumfang gehört auch die Erledigung des Verfahrens durch eine **Einigung**. Damit wird der zu Protokoll erklärte Einigungsvertrag von der Bewilligung erfasst. Ob dies auch für die **außergerichtliche Einigung** eines **anhängigen** Prozessstoffes gilt, ist umstritten. Das RVG enthält hierfür keine spezielle Regelung, damit erhält auch der PKH-Anwalt die Einigungsgebühr (Nr. 1000 VV RVG) (BGH JurBüro 1988, 1376 = Rpfleger 1987, 519; OLGR Hamm 2000, 381; OLG Schleswig NJW-RR 2004, 422).

11 Für die **Einigung über nichtanhängige** Ansprüche besteht nur dann ein Anspruch gegen die Staatskasse, wenn hierfür eine ausdrückliche PKH-Bewilligung oder Beiordnung erfolgt ist (OLGR Hamm 2003, 409; LAG Frankfurt v. 25. 11. 2003 – Az.:13 Ta 356/03; das LAG Köln AnwBl. 2005, 588, lässt dagegen konkludente Bewilligungen zu).

12 Dies gilt nicht für die in **§ 48 Abs. 3 genannten Einigungen**. Wie aus der Begründung zu Nr. 1003 VV zu entnehmen ist (BT-Drs. 15/1971) geht der Gesetzgeber davon aus, dass diese Verfahren nicht anhängig sind, daher erhält der RA für diese Einigungen die Gebühr nach Nr. 1001 und nicht die nach Nr. 1003 VV(Anm. zu Nr. 1003 VV). Damit erstreckt sich die Beiordnung in einer Ehe- oder Lebenspartnerschaftssache auch auf die Einigung in den nicht anhängigen in § 48 Abs. 3 genannten Gegenständen (OLG Potsdam FamRZ 2005, 1264; OLG Koblenz JurBüro 2004, 134; Schneider/Wolf RVG § 48 Rn. 42 ff.).

13 Die PKH umfasst grundsätzlich nur den Streitgegenstand, der Gegenstand der Prüfung nach § 114 ZPO war. **Erweitert** sich dieser, muss geprüft werden, ob die Bewilligung die Erweiterung umfasst. Dies ist dann der Fall, wenn keine weiteren oder höheren Kosten entstehen oder die Erfolgsaussicht und Mutwilligkeit bereits geprüft ist.

- **Beispiel 1**

Im Verhandlungstermin wird die Klage von € 36.000,00 auf € 40.000,00 erhöht, da sich herausgestellt hat, dass der Schaden höher ist als zunächst angenommen. Da die Gebührenhöhe im GKG und nach § 48 bei dem neuen Streitwert genau so hoch ist wie beim alten, ist keine Erweiterung der PKH-Bewilligung erforderlich.

- **Beispiel 2**

Dem Berufungsbeklagten wurde zur Verteidigung gegen die Berufung PKH bewilligt. Er schließt sich nun der Berufung an. Für das Anschlussrechtsmittel ist die Erfolgsaussicht nicht geprüft, daher sind ein gesonderter Antrag und eine gesonderte Bewilligung erforderlich.

2. Zeitlicher Umfang der Beiordnung oder Bestellung

a) Vergütungsanspruch bei PKH

14 Der RA kann bei PKH von der Staatskasse grundsätzlich nur Vergütung für solche Tätigkeiten fordern, die er **nach dem Wirksamwerden** seiner Beiordnung geleistet hat, also etwa nicht für solche Tätigkeiten, die er in der vorangehenden Zeit als Wahlanwalt erbracht hat (BGH NJW 1970, 757). Wirksam wird die Beiordnung erst mit dem Beschluss, mit der sie ausgesprochen wurde.

15 Das Gericht kann allerdings in seinem Beschluss den Zeitpunkt bestimmen, ab dem PKH bewilligt und der RA beigeordnet wird. Allerdings fehlt die Angabe des Zeitpunkts sehr häufig. Dies bedeutet jedoch nicht, dass dann keine Rückwirkung stattfindet. Vielmehr ist im Zweifel anzunehmen, dass dann die Bewilligung und Beiordnung auf den Zeitpunkt der Antragstellung zurückwirkt, sofern zu diesem Zeitpunkt **alle vom Antragsteller beizubringenden Voraussetzungen** für die PKH vorlagen (BGH JurBüro 1982, 52; NJW 1970, 757). Liegen die Gründe für die späte Bewilligung beim Gericht, kann auch eine Entscheidung nach **Abschluss der Instanz** rückwirkend auf den Zeitpunkt der Antragstellung erfolgen (LAG Köln MDR 2005, 1138).

16 Der RA kann somit Vergütung für die Tätigkeiten verlangen, die **nach** dem ausdrücklichen oder stillschweigenden Zeitpunkt der Beiordnung einen Gebührentatbestand erfüllen.

Legt das Gericht ausdrücklich einen **Zeitpunkt fest**, zu welchem die Voraussetzungen für die PKH noch nicht vorlagen, ist die Entscheidung zwar fehlerhaft, sie kann jedoch von der Staatskasse nicht angefochten werden, da sie insoweit kein Beschwerderecht hat (§ 127 Abs. 3 ZPO). Der fehlerhafte Beschluss ist bei der Festsetzung zu beachten (siehe § 55 RVG). 17

b) Vergütungsanspruch in Strafverfahren pp.

Eine **Ausnahme** von dem Grundsatz, dass nur die nach dem Zeitpunkt der Bewilligung angefallene Vergütung erstattet wird, sieht das Gesetz für den RA vor, der in Angelegenheiten nach den Teilen 4 bis 6 des VV beigeordnet oder bestellt wurde (§ 48 Abs. 5). Das Gesetz gewährt hier einen Vergütungsanspruch auch für die Tätigkeiten des RA in dieser Angelegenheit vor der Bestellung oder Beiordnung. Näheres siehe Rn. 37 ff. 18

3. Beschränkung des Umfangs der Beiordnung oder Bestellung

Das Gericht kann die Bewilligung auf **einzelne Verfahrensteile** begrenzen (z. B. Klage über € 50.000,00, PKH nur für € 20.000,00). Außerdem kann auch die Beiordnung oder Bestellung des RA nur für einzelne Teile des Verfahrens oder Tätigkeiten erfolgen (z. B. Beiordnung eines Verkehrsanwalts). 19

Wurde nur für **einen Teil des Anspruchs** PKH bewilligt, gleichwohl aber der ganze Anspruch eingeklagt, erhält der RA seine Vergütung in Höhe des Streitwerts der PKH-Bewilligung und für die Vergütungen, die für die Verfolgung des PKH bewilligten Anspruchs erforderlich waren (OLGR Schleswig 2005, 487). Hierzu ein **Beispiel**: 20

Kläger erhält PKH für einen Anspruch in Höhe von € 20.000,00, in Höhe von € 30.000,00 wird PKH versagt, da die Rechtsverfolgung insoweit nicht hinreichend Aussicht auf Erfolg bietet. Er klagt aber gleichwohl wegen € 50.000,00. Der Klage wird in Höhe von € 20.000,00 stattgegeben.

Der RA erhält seine Vergütung aus dem Wert von € 20.000,00. Wurde in einem Ortstermin wegen des nicht von der PKH umfassten Teils Beweis erhoben, so werden die für den Ortstermin entstehenden Auslagen des RA (z. B. Reisekosten) nicht von der Staatskasse gezahlt. Insoweit hat der RA nach wie vor Anspruch gegen seine Partei. Die Wirkung des § 122 Abs. 1 Nr. 2 ZPO greift dafür nicht.

Wird nur **einem von mehreren Streitgenossen PKH bewilligt** und ein RA beigeordnet, ist der Erstattungsanspruch gegen die Staatskasse umstritten. Der BGH (JurBüro 1994, 174 = Rpfleger 1993, 452) und das OLG Koblenz (JurBüro 2004, 384 = Rpfleger 2004, 503) wollen der »armen« Partei in diesem Fall nur die Erhöhungsgebühr (Nr. 1008 VV) aus der Staatskasse erstatten. Diese lassen jedoch das Innenverhältnis außer Betracht. Es ist daher dem OLG Köln (NJW-RR 1999, 725) zu folgen, das die Haftung der »armen« Partei als Grundlage der Erstattung annimmt, höchstens jedoch die im Innenverhältnis von der »armen« Partei zu tragende Vergütung (so auch OLGR Bamberg 2001, 28; OLG Düsseldorf Rpfleger 1997, 532; OLG München JurBüro 1997, 89 = Rpfleger 1996, 478; Schneider / Wolf RVG § 48 Rn. 58 f.). 21

4. Beendigung der Beiordnung oder Bestellung
a) Beendigung der Bewilligung

Die Bewilligung endet mit **endgültigem Abschluss** des Verfahrens, für das PKH bewilligt wurde. Ein solcher liegt nicht vor, wenn in der Rechtsmittelinstanz die Entscheidung der vorgehenden Instanz aufgehoben und die Sache zurückverwiesen wird. In diesem Fall gilt die für die Instanz bewilligte PKH fort, obwohl das weitere Verfahren als neuer Rechtszug gilt (§ 21 Abs. 1). 22

Wird das **Verfahren getrennt**, gilt die PKH grundsätzlich auch in dem abgetrennten Verfahren weiter. Eine **Ausnahme** gilt insoweit im **Scheidungsverfahren**. Wird eine nicht notwen- 23

Abschnitt 8 – Beigeordneter oder bestellter Rechtsanwalt, Beratungshilfe

dige Folgesache aus dem Verbund abgetrennt und als selbständige Familiensache fortgeführt, **gilt die** in der Scheidungssache bewilligte **PKH nicht für die jetzt selbständige Familiensache** (OLG Braunschweig AGS 2003, 167; OLG Naumburg FamRZ 2001, 1469). Hier ist eine neuerliche Prüfung der Prozesskostenhilfebewilligungsvoraussetzungen auf entsprechenden Antrag hin deshalb geboten, weil die Führung einer selbständigen Familiensache mit erheblich höheren Kosten verbunden ist als bei einer Verhandlung und Entscheidung im Verbund, so dass mit der herrschenden Meinung zu prüfen ist, ob Prozesskostenhilfe nicht wegen unnötig teurer und deshalb mutwilliger Prozessführung zu verweigern ist (OLG Braunschweig, a. a. O.).

24 Die Bewilligung **endet** auch **mit dem Tod der Partei** (OLG Celle JurBüro 1987, 1237; OLG Düsseldorf Rpfleger 1999, 334). Will der Erbe das Verfahren weiterführen, sind ein erneuter Antrag und eine erneute Bewilligung erforderlich.

Umstritten ist, ob bei Tod die Bewilligung ex nunc oder ex tunc wegfällt (siehe hierzu OLG Düsseldorf, a. a. O.). Für einen rückwirkenden Wegfall der PKH gibt es keine Rechtsgrundlage, aus diesem Grunde **entfällt** die **PKH ex nunc**. Der RA kann somit nach wie vor seine für die Vertretung des Erblassers angefallene Vergütung von der Staatskasse verlangen (Schneider/Wolf RVG § 48 Rn. 24).

25 Die **Bewilligung** kann nur unter den in § 124 ZPO normierten Voraussetzungen **aufgehoben** werden. Mit Aufhebung der PKH nach § 124 ZPO entfällt sie rückwirkend. Dies **gilt** jedoch **nicht** für die **Beiordnung** des RA (es sei denn, der RA hat an der Irreführung des Gerichts mitgewirkt). Soweit der Vergütungsanspruch gegen die Staatskasse bereits entstanden ist, bleibt dieser auch bei Aufhebung der PKH bestehen (OLG Koblenz FamRZ 1997, 755). Der RA hat in diesem Fall allerdings auch einen Anspruch gegen seine Partei auf die vollen Gebühren nach § 13 RVG, da ihn § 122 Abs. 1 Nr. 3 ZPO nicht mehr hindert.

b) Beendigung der Beiordnung oder Bestellung unabhängig von der Bewilligung

26 Aus wichtigem Grund kann die Beiordnung des RA vom Gericht aufgehoben werden (§ 48 Abs. 2 BRAO). Vergütungsansprüche gegen die Staatskasse können nach der Aufhebung nicht mehr entstehen. Wird ein neuer RA beigeordnet, hat dieser ohne Einschränkung Anspruch gegen die Staatskasse auf die nach der Beiordnung entstandenen Vergütungsansprüche, selbst wenn sie auch bereits beim ersten RA entstanden waren. Etwas anderes gilt nur, wenn das Gericht dies bei der Anordnung geregelt hat.

27 Auf die öffentlich-rechtliche Beiordnung ohne Einfluss ist das Vertragsverhältnis zwischen RA und Mandant. Aus diesem Grunde wirkt sich eine Kündigung des Anwaltsvertrags nicht auf die Beiordnung aus (*Schnapp* in Schneider/Wolf RVG § 48 Rn. 30).

28 Auch die Verweisung des Verfahrens an ein anderes Gericht der gleichen Instanz hat auf die Beiordnung grundsätzlich keinen Einfluss, es sei denn, der RA ist bei dem neuen Gericht nicht postulationsfähig.

29 Die Beiordnung ist regelmäßig wie die Bewilligung personenbezogen. In diesem Fall endet die Beiordnung mit dem Tod des RA. Die Beiordnung geht nicht auf den Abwickler über. Wird ein neuer RA beigeordnet, können die Vergütungsansprüche erneut entstehen. Das Gericht sollte daher nicht einen bestimmten RA einer Sozietät, sondern diese selbst beiordnen, um die Mehrbelastung der Staatskasse zu vermeiden, denn regelmäßig hat die Partei auch die Sozietät und nicht einen bestimmten RA beauftragt.

II. Der Tatbestand im Einzelnen

1. Verfahren nach Teil 3 VV (Abs. 2)

a) Erstreckung der Beiordnung auf Anschlussrechtsmittel

In Verfahren, in denen die Vergütung in Teil 3 VV geregelt ist, erstreckt sich die Beiordnung in einem Rechtsmittelverfahren (Berufung, Revision) kraft Gesetzes auch auf das **Anschlussrechtsmittel** des Gegners, es sei denn, das Gericht hat bei der Beiordnung etwas anderes bestimmt (§ 48 Abs. 2). 30

b) Erstreckung der Beiordnung bei Arrest, einstweiliger Verfügung sowie einstweiliger oder vorläufiger Anordnung

Die Vollziehung eines Arrestes, einer einstweiligen Verfügung oder Anordnung oder einer vorläufigen Anordnung, die sich nicht auf die Zustellung beschränkt, ist eine besondere Angelegenheit (§ 18 Nr. 3 und 4). § 48 Abs. 2 bestimmt daher, dass sich die Beiordnung des RA kraft Gesetzes auch auf die **Vollziehung** oder **Vollstreckung** erstreckt, da dies wegen der Eilbedürftigkeit geboten ist. Auch hier kann das Gericht etwas anderes bestimmen. 31

2. Ehe- und Lebenspartnerschaftssachen (Abs. 3)

Die Bewilligung der PKH in Scheidungssachen und in Verfahren zur Aufhebung einer Lebenspartnerschaft **erstreckt** sich kraft Gesetzes nur auf den **Versorgungsausgleich**, da dieser auch ohne Antrag anhängig wird (§§ 623 Abs. 1 Satz 3, 624 Abs. 2, 661 Abs. 2 ZPO). Für alle **anderen Folgesachen** muss PKH **besonders beantragt und bewilligt werden**. 32

Der Gesetzgeber will jedoch für die außergerichtliche Erledigung der anderen Folgesachen Anreiz bieten. Aus diesem Grunde **erstreckt** § 48 Abs. 3 die Beiordnung in einer Ehesache (§ 606 Abs. 1 Satz 1 ZPO) und den entsprechenden Lebenspartnerschaftssachen (§ 661 Abs. 1 Nr. 1 bis 3 ZPO) auch auf den **Abschluss eines Vertrags** im Sinne der Nr. 1000 VV in **folgenden Folgesachen**:

a) Ehegattenunterhalt (Lebenspartnerschaftsunterhalt) (§ 621 Abs. 1 Nr. 5 ZPO),
b) Kindesunterhalt (§ 621 Abs. 1 Nr. 4 ZPO),
c) Personensorge (§ 621 Abs. 1 Nr. 1 ZPO),
d) Umgangsrecht (§ 621 Abs. 1 Nr. 2 ZPO),
e) Rechtsverhältnisse an der Ehewohnung (Lebenspartnerschaftswohnung) und dem Hausrat (§ 621 Abs. 1 Nr. 7 ZPO) und
f) Ansprüche aus dem Güterrecht (§ 621 Abs. 1 Nr. 8 ZPO). Diese Folgesachen müssen hierfür nicht anhängig gemacht werden.

Die Vorschrift erstreckt sich nach dem OLG Dresden nicht nur auf die Beiordnung, sondern auch auf die Bewilligung der PKH (OLGR Dresden 1997, 183). 33

Sie gilt nicht bei isolierten Familiensachen (OLG Koblenz JurBüro 2001, 311; OLG München JurBüro 1999, 589; KGR Berlin 1999, 183; **a. A.**: OLG Stuttgart JurBüro 1998, 472). 34

Der Verweis auf Nr. 1000 VV stellt klar, dass es sich nicht um eine zu Protokoll des Gerichts erklärte Vereinbarung handeln muss, sondern dass auch eine außergerichtliche Vereinbarung den Anspruch gegen die Staatskasse auslöst (Schneider/Wolf RVG § 48 Rn. 45; Gerold/Schmidt/von Eicken/Madert/Müller-Rabe RVG § 48 Rn. 62 ff.). Dies ergibt sich auch aus der Anmerkung zu Nr. 1003 VV, die bei Vorliegen des § 48 Abs. 3 die (außergerichtliche) Einigungsgebühr nach Nr. 1000 VV und nicht die nach Nr. 1003 VV bei Anhängigkeit der Angelegenheit vorsieht. 35

3. Zusammenhängende Verfahren (Abs. 4)

36 Die Vorschrift stellt klar, dass die Beiordnung für das Hauptverfahren für ein **Nebenverfahren nicht** gilt. So umfasst z. B. die Bestellung zum Pflichtverteidiger nicht die Vertretung im Adhäsionsverfahren (Thüringer OLG Rpfleger 2008, 529). Es ist daher für diese Verfahren PKH besonders zu beantragen und zu bewilligen sowie ein RA beizuordnen. Dass die Beiordnung alleine nicht genügt, ergibt sich aus § 121 ZPO, der für die Beiordnung eine PKH-Bewilligung voraussetzt. In einer Beiordnung liegt allerdings auch dann eine PKH-Bewilligung, wenn sie nicht ausdrücklich ausgesprochen wurde. Durch die Beiordnung erhält der RA in jedem Fall einen Anspruch gegen die Staatskasse auf Erstattung seiner Vergütung.

4. Verfahren nach den Teilen 4 bis 6 VV (Abs. 5)

37 In Strafverfahren, Bußgeldverfahren und den sonstigen Verfahren nach Teil 6 weicht die Rückwirkung der Beiordnung erheblich vom Grundsatz ab. Der RA hat hier auch Anspruch gegen die Staatskasse auf Vergütung der Tätigkeiten, die zum Verfahren gehören, aber vor der Beiordnung oder Bestellung angefallen sind. Die gilt insbesondere für die Tätigkeiten im Ermittlungsverfahren oder im Bußgeldverfahren vor der Verwaltungsbehörde.

38 Die Vorschrift stellt nunmehr auch klar, dass die Rückwirkung auch für die Tätigkeit in den Rechtsmittelverfahren gilt, die vor der Beiordnung oder Bewilligung erfolgten. Dies sind z. B. die Wiederaufnahmeverfahren.

Eine Regelung für den Fall, dass es nicht zur Beiordnung oder Bestellung im Rechtsmittelverfahren kommt, weil der RA vom Wiederaufnahmeverfahren abgeraten hat, ist nicht hier, sondern in § 45 Abs. 4 enthalten. Es wird insoweit auf § 45 Rn. 16 verwiesen.

39 Die Vorschrift enthält nun auch eine Regelung, wenn Verfahren verbunden werden. In diesen Fällen ist eine ausdrückliche Erstreckung der Beiordnung oder Bestellung erforderlich.

40 Wird im Termin ein **weiterer Pflichtverteidiger** bestellt, weil der bestellte verhindert ist, ist umstritten, ob dieser nur die Terminsgebühr oder die volle Vergütung erhält (vgl. OLG Karlsruhe NJW 2008, 2935). Enthält die Bestellung jedoch keine Einschränkung, erhält er die Vergütung für alle Tätigkeiten im Zusammenhang mit der Verteidigung (OLG Karlsruhe NJW 2008, 2935; OLG München, Beschluss v. 23. 10. 2008 – 4 Ws 140/08 (k)).

§ 49
Wertgebühren aus der Staatskasse

Bestimmen sich die Gebühren nach dem Gegenstandswert, werden bei einem Gegenstandswert von mehr als € 3.000 anstelle der Gebühr nach § 13 Abs. 1 folgende Gebühren vergütet:

Gegenstandswert bis ... Euro	Gebühr Euro	Gegenstandswert bis ... Euro	Gebühr Euro
3.500,–	195,–	13.000,–	246,–
4.000,–	204,–	16.000,–	257,–
4.500,–	212,–	19.000,–	272,–
5.000,–	219,–	22.000,–	293,–
6.000,–	225,–	25.000,–	318,–
7.000,–	230,–	30.000,–	354,–
8.000,–	234,–	über 30.000,–	391,–
9.000,–	238,–		
10.000,–	242,–		

Inhaltsübersicht

	Rn.		Rn.
A. Allgemeines	1	II. Der Tatbestand im Einzelnen	3
B. Kommentierung	2	1. Begrenzung der Gebührenhöhe	3
I. Anwendungsbereich	2	2. Anspruch auf volle Gebühren	6

A. Allgemeines

Der beigeordnete oder bestellte RA erhält aus der Staatskasse die gesetzliche Vergütung, soweit in diesem Abschnitt nichts anderes bestimmt ist (§ 45 Abs. 1). Mit dem § 49 bestimmt das Gesetz für Wertgebühren ab einem Gegenstandswert von € 3.000,00 etwas anderes. Der Betrag für die 1,0 Gebühr verringert sich gegenüber der Regelgebühr (§ 13 RVG). Die Vorschrift entspricht inhaltlich § 123 BRAGO. Eine Änderung der Gebührenhöhe ist nicht erfolgt. Die Vorschrift ist verfassungsgemäß (BVerfG NJW 1971, 187). Allerdings darf die Prozesskostenhilfe darüber hinaus nicht auch zur Reduzierung des Streitwertes herangezogen werden (BVerfG NJW 2005, 2980). 1

B. Kommentierung

I. Anwendungsbereich

Die Norm findet Anwendung, soweit der im Wege der Prozesskostenhilfe beigeordnete oder nach §§ 57, 58 ZPO zum Prozesspfleger bestellte RA seinen Gebührenanspruch gegenüber der Staatskasse abrechnet und die Gebühren sich nach dem Gegenstandswert bestimmen. 2

Abschnitt 8 – Beigeordneter oder bestellter Rechtsanwalt, Beratungshilfe

II. Der Tatbestand im Einzelnen

1. Begrenzung der Gebührenhöhe

3 Übersteigt der Gegenstandswert € 3.000,00 nicht, bestimmt die Vorschrift nichts anderes im Sinne des § 45 Abs. 1. Es verbleibt somit bei der Gebührenhöhe des § 13.

4 Bei einem Gegenstandswert, der € 3.000,00 übersteigt, tritt die Gebührenhöhe in § 49 an die Stelle der in § 13 normierten. Der im VV enthaltene Gebührensatz ändert sich dagegen nicht.

- **Beispiel**

Bei einem Gegenstandswert von € 10.000,00 erhält der RA folgende Verfahrensgebühren:

a) in der 1. Instanz 1,3 × € 242,00 = € 314,60,

b) in der Berufungsinstanz 1,6 × € 242,00 = € 387,20.

5 Die Vorschrift sieht bereits bei einem Wert, der € 30.000,00 übersteigt, keine Steigerung der Gebührenhöhe mehr vor. Dies kann z. B. bei »unechten« Streitgenossen dazu führen, dass der RA gleichwohl nicht mehr erhält als bei einem Auftraggeber.

- **Beispiel**

A, B und C haben jeweils einen Anspruch gegen D in Höhe von € 40.000,00. Klagen diese gemeinsam gegen D, werden die Werte addiert (§ 22 Abs. 1). Der RA erhält somit als Verfahrensgebühr 1,3 × € 391,00 = € 508,30 (§ 7 Abs. 1). Diesen Betrag bekäme er jedoch auch schon, wenn er nur A vertreten würde.

Hätten dagegen A, B und C einen gemeinsamen Anspruch von € 120.000,00 gegen D, würde sich die Verfahrensgebühr um 0,6 (Nr. 1008) auf 1,9 erhöhen. Sie würde dann 1,9 × € 391,00 = € 742,90 betragen.

Das Beispiel zeigt, dass bei hohen Streitwerten der RA bei der Vertretung von »unechten« Streitgenossen vom Gesetz schlechter gestellt wird. Dies soll nach einer Meinung dadurch ausgeglichen werden, dass dem beigeordneten RA auch bei verschiedenen Gegenständen der Mehrvertretungszuschlag zugebilligt wird (BGH JurBüro 1981, 1657; Schneider/Wolf RVG § 49 Rn. 14; Enders JurBüro 2005, 409 Nr. 2.2.2).

2. Anspruch auf volle Gebühren

6 Der RA hat folgende Möglichkeiten, die volle Vergütung doch noch zu erlangen:

a) Anspruch gegen den erstattungspflichtigen Gegner (§ 126 ZPO) oder/und

b) Anspruch gegen die Staatskasse auf weitere Vergütung unter den in § 50 genannten Voraussetzungen, wenn sein Mandant PKH mit Ratenzahlung bewilligt bekommen hatte.

Gegen seinen Mandanten kann er wegen § 122 Abs. 1 Nr. 3 ZPO nur bei Aufhebung der PKH den Anspruch geltend machen.

§ 50
Weitere Vergütung bei Prozesskostenhilfe

(1) ¹Nach Deckung der in § 122 Abs. 1 Nr. 1 der Zivilprozessordnung bezeichneten Kosten und Ansprüche hat die Staatskasse über die Gebühren des § 49 hinaus weitere Beträge bis zur Höhe der Gebühren nach § 13 einzuziehen, wenn dies nach den Vorschriften der Zivilprozessordnung und nach den Bestimmungen, die das Gericht getroffen hat, zulässig ist. ²Die weitere Vergütung ist festzusetzen, wenn das Verfahren durch rechtskräftige Entscheidung oder in sonstiger Weise beendet ist und die von der Partei zu zahlenden Beträge beglichen sind oder wegen dieser Beträge eine Zwangsvollstreckung in das bewegliche Vermögen der Partei erfolglos geblieben ist oder aussichtslos erscheint.

(2) Der beigeordnete Rechtsanwalt soll eine Berechnung seiner Regelvergütung unverzüglich zu den Prozessakten mitteilen.

(3) Waren mehrere Rechtsanwälte beigeordnet, bemessen sich die auf die einzelnen Rechtsanwälte entfallenden Beträge nach dem Verhältnis der jeweiligen Unterschiedsbeträge zwischen den Gebühren nach § 49 und den Regelgebühren; dabei sind Zahlungen, die nach § 58 auf den Unterschiedsbetrag anzurechnen sind, von diesem abzuziehen.

Inhaltsübersicht

	Rn.		Rn.
A. Allgemeines	1	4. Anspruchskonkurrenz bei mehreren Rechtsanwälten	26
B. Kommentierung	5	a) Haupt- und Unterbevollmächtigter	26
I. Normzweck/Anwendungsbereich	5	b) Rechtsanwaltswechsel	29
II. Der Tatbestand im Einzelnen	13	c) Quotelung	30
1. Deckung der in § 122 Abs. 1 Nr. 1 ZPO bezeichneten Kosten und Ansprüche	13	d) Mehrere Rechtsanwälte über mehrere Instanzen	32
2. Zeitpunkt der Festsetzung	17	5. Auswirkungen auf die Praxis	34
3. Unverzügliche Mitteilung der Berechnung	18		

A. Allgemeines

In § 50 RVG sind weitgehend die früheren Regelungen aus § 124 BRAGO (eingeführt mit Gesetz vom 13.06.1980 – BGBl. I, S. 677 mit Wirkung ab 01.01.1981) über die »weitere Vergütung« des Rechtsanwalts geregelt. § 50 kommt nur dann zum Tragen, wenn dem Auftraggeber Prozesskostenhilfe mit Ratenzahlung bewilligt worden ist. Zu berücksichtigen ist, dass nach § 115 Abs. 1 Satz 4 ZPO der Zahlungspflichtige höchstens 48 Monatsraten leisten muss. In § 50 Abs. 1 RVG ist nunmehr eindeutig klargestellt, dass die Staatskasse verpflichtet ist, die weitere Vergütung des Anwalts (Differenz zwischen den Wahlanwalts- und PKH-Anwaltsgebühren) einzuziehen, wenn sämtliche von der Staatskasse verauslagten Beträge eingezogen, aber noch nicht volle 48 Monatsraten geleistet worden sind. Damit ist in § 50 die früher herrschende Rechtsprechung (vgl. z. B. OLG Nürnberg JurBüro 1989, 370 = NJW 1989, 176; OLG Düsseldorf JurBüro 1989, 641 = MDR 1989, 362; OLG Saarbrücken JurBüro 1989, 800; OLG Oldenburg JurBüro 1990, 232; LAG Köln JurBüro 1990, 608 = Rpfleger 1990, 214; OLG Stuttgart JurBüro 1985, 1724; LAG Hamm MDR 1997, 405) aufgenommen worden. 1

In Abs. 1 Satz 2 sind die Voraussetzungen für die Festsetzung der eingezogenen Beträge geregelt. Danach ist die weitere Vergütung (Differenz zwischen Wahlanwalts- und PKH-Anwaltsgebühren; sowie sich aus Kostenquotelung oder bei nur teilweiser Bewilligung von PKH ergebende Differenzvergütungsansprüche) festzusetzen, wenn das Verfahren durch rechtskräftige Entscheidung oder in sonstiger Weise (z. B. Vergleich) beendet ist und die 2

Abschnitt 8 – Beigeordneter oder bestellter Rechtsanwalt, Beratungshilfe

von der Partei zu zahlenden Beträge (die von der Staatskasse verauslagt wurden) beglichen sind oder wegen dieser Beträge eine Zwangsvollstreckung in das bewegliche Vermögen der Partei erfolglos geblieben ist oder aussichtslos erscheint. In § 50 Abs. 1 Satz 2 ist festgelegt, dass die Zwangsvollstreckung wegen der »von der Partei zu zahlenden Beträge« erfolglos geblieben sein muss. Hierdurch ist klargestellt, dass sich diese Voraussetzung auf die Beträge bezieht, die von der Staatskasse verauslagt und durch die PKH-Partei im Wege der Ratenzahlung zu begleichen sind. Das Festsetzungsverfahren für diese weitere Vergütung ist in § 55 Abs. 6 geregelt. Es wird daher für das Festsetzungsverfahren auf die Kommentierung an dieser Stelle verwiesen.

3   § 50 Abs. 2 bestimmt, dass der beigeordnete Rechtsanwalt eine Berechnung seiner Regelvergütung (§ 13) unverzüglich zu den Prozessakten mitteilen soll.

4   § 50 Abs. 3 regelt die verhältnismäßige Teilung der Einziehung der weiteren Vergütung in den Fällen, in denen mehrere Rechtsanwälte beigeordnet sind.

B. Kommentierung

I. Normzweck/Anwendungsbereich

5   Häufig wird übersehen, dass der Rechtsanwalt, der im PKH-Verfahren beigeordnet worden ist, nicht nur die Gebühren nach der Tabelle zu § 49 erhalten kann. So ist es durchaus möglich, dass der Rechtsanwalt durch verschiedene Möglichkeiten seine Gebühren bis zur Höhe der Wahlanwaltsgebühren abrechnen kann, sei es z. B. durch entsprechende Einziehung von Vorschüssen, bei einer Kostenquotelung, bei Kostenverurteilung der Gegenseite oder aber auch in den Fällen, in denen der Partei Prozesskostenhilfe nur unter Ratenzahlungen bewilligt wurde. Mit der letzteren Möglichkeit befasst sich die nachstehende Kommentierung.

6   Wurde PKH nur unter Ratenzahlungen bewilligt, so kann der RA die von der Staatskasse eingezogenen Beträge erstattet verlangen, soweit die von der Staatskasse verauslagten Gebühren und Kosten im Wege der Ratenzahlung beglichen worden sind, höchstens jedoch maximal bis zu den Wahlanwaltsgebühren. Das bedeutet, dass der Rechtsanwalt auch über die Anwendung des § 50 insgesamt nicht mehr erhält, als er erhalten würde, wenn er von vorneherein als Wahlanwalt beauftragt worden wäre. Wird PKH ohne Ratenzahlung bewilligt, greift § 50 nicht.

7   Durch § 50 RVG wird für den Rechtsanwalt ein gewisser Ausgleich dafür geschaffen, dass der im Wege der PKH beigeordnete Rechtsanwalt nach § 122 Abs. 1 Nr. 3 ZPO während des Bestehens und im Umfang der PKH Ansprüche auf Vergütung gegen die Partei nicht geltend machen kann, auch wenn diese zu Ratenzahlungen verpflichtet worden ist. Die Sperrwirkung des § 122 Abs. 1 Nr. 3 ZPO gilt auch dann, wenn die Partei nachträglich, z. B. durch den Gewinn des Prozesses, finanziell plötzlich in der Lage wäre, die Rechtsanwaltgebühren nach der Tabelle zu § 13 RVG zu bezahlen.

8   § 50 regelt die Entstehung, Höhe und Fälligkeit eines zusätzlichen Vergütungsanspruchs des beigeordneten Rechtsanwalts gegenüber der Staatskasse. Voraussetzung hierfür ist, dass zum einen der Auftraggeber Prozesskostenhilfe unter der Bedingung von Ratenzahlungen bewilligt erhalten hat und zum anderen sich überhaupt ein Unterschied zwischen Wahlanwalts- und PKH-Anwaltsgebühren ergibt. Dies ist bei Gegenstandswerten bis € 3.000,00 nicht der Fall. § 50 greift daher auch nicht in den Fällen, in denen die Wahlanwalts-Tabelle zu § 13 Abs. 1 bei der Berechnung der Gebühren gegenüber der Staatskasse zugrunde gelegt wird.

9   § 50 RVG ist sinnvoll, weil dem Auftraggeber die festgesetzten Ratenzahlungen offenbar zuzumuten sind. Es ist daher nicht einzusehen, warum ein Rechtsanwalt lediglich zu den PKH-

Gebühren für seinen Auftraggeber tätig werden soll, wenn dieser finanziell in der Lage ist, die entstehenden Gebühren nach der Wahlanwalts-Tabelle zu § 13 Abs. 1 RVG durch Ratenzahlungen zu bezahlen. Die Staatskasse tritt daher, wenn die in § 122 Abs. 1 Nr. 1 ZPO bezeichneten Gebühren und Auslagen durch die Ratenzahlungen gedeckt sind, als Treuhänderin für den beigeordneten Rechtsanwalt auf, indem sie die weiter eingehenden Ratenzahlungen für den Rechtsanwalt vereinnahmt und schließlich an ihn weiterleitet (Schneider/Wolf § 50 Rn. 5).

Ist der Rechtsanwalt im Rahmen einer PKH-Bewilligung beigeordnet worden, die keine Ratenzahlungsverpflichtung für seinen Auftraggeber vorsieht, kann er gegenüber der Staatskasse keine weiteren Beträge als die Grundvergütung nach § 49 fordern. 10

Wegen der Möglichkeit für den Rechtsanwalt, Vorschüsse zu fordern und auf eine etwaige Differenz zwischen Wahlanwalts- und PKH-Anwaltsgebühren zu verrechnen, vgl. die Kommentierungen zu § 58. 11

Zu beachten ist, dass die weitere Vergütung nach § 50, auch wenn sie sehr häufig nur die Differenz zwischen der PKH- und Wahlanwaltsvergütung beträgt, nicht auf diese Differenz beschränkt ist. Ergeben sich weitergehende Zahlungsansprüche des Rechtsanwalts, z. B. wegen nur teilweiser Bewilligung von PKH oder auch aufgrund einer Kostenquotelung, so kann der Rechtsanwalt auch diese Vergütungsansprüche im Rahmen des § 50 geltend machen (Schneider/Wolf § 50 Rn. 8). 12

II. Der Tatbestand im Einzelnen

1. Deckung der in § 122 Abs. 1 Nr. 1 ZPO bezeichneten Kosten und Ansprüche

§ 50 Abs. 1 RVG sieht vor, dass der Rechtsanwalt nur dann Anspruch auf eine weitere Vergütung hat, wenn die in § 122 Abs. 1 Nr. 1 ZPO bezeichneten Kosten und Ansprüche (z. B. Gerichtskosten, Gerichtsvollzieherkosten, Rechtsanwaltskosten, Kosten für Gutachter und Zeugen etc.) der Staatskasse gedeckt sind. 13

• **Beispiel** 14
In einem Rechtsstreit erster Instanz mit einem Streitwert von € 50.000,00 fallen eine Verfahrens- und eine Terminsgebühr an. Es erging eine Entscheidung durch Urteil. Der dem Kläger unter Bewilligung von PKH beigeordnete Rechtsanwalt rechnet seine Gebühren mit der Staatskasse ab. Außer den Anwaltsgebühren und Gerichtskosten sind von der Staatskasse keine Kosten übernommen worden. Der beigeordnete Rechtsanwalt teilt auch seine weitere Vergütung nach § 50 mit. Dem Auftraggeber wurde PKH unter monatlicher Ratenzahlung i. H. v. € 115,00 bewilligt. Es ergibt sich folgende Abrechnung:

1. Abrechnung gegenüber der Staatskasse
1,3 Verfahrensgebühr	
§ 49 RVG, Nr. 3100 VV RVG	€ 508,30
1,2 Terminsgebühr	
§ 49 RVG, Nr. 3104 VV RVG	€ 469,20
Auslagenpauschale, Nr. 7002 VV RVG	€ 20,00
Zwischensumme	€ 997,00
19 % USt., Nr. 7008 VV RVG	€ 189,43
Summe	€ 1.186,43

2. Gerichtskosten
3,0 Gerichtsgebühren	€ 1.368,00

Abschnitt 8 – Beigeordneter oder bestellter Rechtsanwalt, Beratungshilfe

3. Die Wahlanwaltsgebühren des Rechtsanwalts betragen:

1,3 Verfahrensgebühr, Nr. 3100 VV RVG	€ 1.359,80
1,2 Terminsgebühr, Nr. 3104 VV RVG	€ 1.255,20
Zwischensumme	€ 2.615,00
19 % USt., Nr. 7008 VV RVG	€ 496,85
Summe:	**€ 3.111,85**
abzgl. der aus der Staatskasse erhaltenen Gebühren ./.	€ 1.186,43
Differenz zwischen Wahlanwalts- und PKH-Anwaltsgebühren:	€ 1.925,42
4. Summe aus 1. und 2.:	**€ 2.554,43**
5. Gesamtbetrag von PKH-Anwaltsgebühren, Gerichtskosten und Differenz zu den Wahlanwaltsgebühren:	**€ 4.479,85**

Die Differenz zwischen den Wahlanwalts- und PKH-Anwaltsgebühren beträgt € 1.925,42. Die Auslagenpauschale wurde bereits von der Staatskasse erstattet und kann nicht doppelt verlangt werden. Der Gesamtbetrag der Vergütungsansprüche des Klägervertreters und der Gerichtskosten beträgt € 4.479,85. Die monatlichen Ratenzahlungen durch den Auftraggeber i. H. v. € 115,00 werden insgesamt 38 Monate lang eingezogen. Im 39. Monat sind vom Auftraggeber nur noch € 109,85 zu bezahlen. Zu beachten ist, dass der Auftraggeber maximal 48 Monate lang die Raten zu bezahlen hat. Übersteigen die aus der Staatskasse übernommenen Beträge und die Differenz zwischen der Wahlanwalts- und PKH-Anwaltsgebühr die in 48 Monaten zu leistenden Ratenzahlungen, geht dies zu Lasten der weiteren Vergütung des Rechtsanwalts, da die Staatskasse zunächst die in § 122 Abs. 1 Nr. 1 ZPO bezeichneten Kosten und Ansprüche einzieht.

15 § 50 Abs. 1 hält fest, dass mit der weiteren Vergütung die Differenz zwischen den Gebühren nach § 49 zu den Gebühren nach der Tabelle zu § 13 einzuziehen ist. Sind die Gebühren des Rechtsanwalts für das PKH-Verfahren aufgrund eines niedrigen Streitwerts (bis € 3.000,00) nach der Tabelle zu § 13 zu berechnen, kommt § 50 nicht zur Anwendung. Ausdrücklich ist in Abs. 1 geregelt, dass die Einziehung der weiteren Vergütung nur soweit erfolgt, als sie nach den Vorschriften der ZPO und nach den Bestimmungen, die das Gericht getroffen hat, zulässig ist. Damit wird auf die in § 115 Abs. 1 Satz 4 ZPO geregelte Dauer der Ratenzahlungen mit maximal 48 Monaten sowie auf die festgesetzte Höhe der zu leistenden Ratenzahlungen abgestellt. Wie bereits dargelegt, ist das Gericht weder verpflichtet noch ist es zulässig, durch das Gericht über die Dauer von 48 Monaten hinaus weitere Ratenzahlungen einzuziehen.

16 Das Gericht kann nach § 120 Abs. 4 ZPO die Ratenzahlungen reduzieren, ohne dass dem Rechtsanwalt insoweit ein Rechtsmittel zusteht (OLG Saarbrücken AGS 2001, 187; OLG Köln OLGR 1997, 215 = FamRZ 1997, 1283; OLG Schleswig OLGR 1996, 331). Allerdings kann die Staatskasse, die verpflichtet ist, die Interessen des Anwalts wahrzunehmen, zu Gunsten des Anwalts ein Rechtsmittel einlegen (unter den engen Voraussetzungen des § 127 Abs. 3 ZPO). Nach Ansicht von Schnapp bedeutet die Entscheidung des Rechtspflegers über die Zahlungen der Partei an die Staatskasse, der zugleich die Funktion eines Kostenbeamten ausübt, dass durch diese Personalunion die Staatskasse faktisch als Behörde entscheidet und nach den allgemeinen Grundsätzen des Verwaltungsrechts analog § 11 Abs. 2 RpflG der Anwalt im eigenen Namen eine Erinnerung einreichen kann (*Schnapp* in Schneider/Wolf RVG § 50 Rn. 24; ebenso OLG Düsseldorf FamRZ 1986, 1230). Allerdings könne der Anwalt, da es sich um einen Rechtsbehelf und kein Rechtsmittel handele, lediglich geltend machen, dass sein restlicher Vergütungsanspruch durch weitere Ratenzahlungen der Partei in der Höhe, die das Gericht für zumutbar erachtet, der Erfüllung bedarf (*Schnapp* in Schneider/Wolf RVG § 50 Rn. 24).

2. Zeitpunkt der Festsetzung

In Abs. 1 Satz 2 ist der Zeitpunkt geregelt, wann die weitere Vergütung durch das Gericht festzusetzen ist. Es wird für den Zeitpunkt auf die Beendigung des Verfahrens durch rechtskräftige Entscheidung oder in sonstiger Weise abgestellt. Damit ist klargestellt, dass die weitere Vergütung auch festgesetzt werden kann, wenn das Verfahren nicht nur durch Urteil, sondern auch z. B. durch Vergleich oder Erledigung der Hauptsache beendet ist. Beendet i. S. des Abs. 1 Satz 2 ist ein Verfahren dann, wenn neue Vergütungsansprüche nicht mehr entstehen und die bisher entstandenen Vergütungsansprüche sich nicht mehr verändern können. 17

3. Unverzügliche Mitteilung der Berechnung

Nicht unter die Beendigung i. S. des Abs. 1 Satz 2 des Verfahrens fällt ein Ruhen des Verfahrens, auch wenn dieses lange andauert, da durch die Weiterbetreibung des Verfahrens jederzeit eine Veränderung des Kostenanfalls und der Kostenverteilung eintreten kann (OLG Düsseldorf MDR 1991, 550). Schlecht sieht es in diesem Fall für den Rechtsanwalt aus, dessen Auftraggeber keinerlei Interesse daran hat, das Verfahren fortzusetzen. In diesen Fällen bleibt es für den beigeordneten Rechtsanwalt bei der Vergütung nach § 49. Keinesfalls kann er das Verfahren nur deshalb wieder aufnehmen, um so eine Beendigung und die Festsetzung seiner weiteren Vergütung nach § 50 zu erreichen. 18

In einer Ehesache ist bei Abtrennung einer Folgesache erst dann von einer Beendigung auszugehen, wenn auch über die Folgesache entschieden ist, da erst zu diesem Zeitpunkt die konkreten Vergütungsansprüche berechnet werden können (OLG Düsseldorf JurBüro 1983, 719 = Rpfleger 1983, 176). 19

Aus Abs. 1 Satz 1 ergibt sich eine Amtspflicht der Staatskasse für die Einziehung der weiteren Vergütung, deren Verletzung Ersatzansprüche begründen kann (Schneider / Wolf § 50 Rn. 20). 20

Hat der Rechtsanwalt jedoch seine Berechnung nicht rechtzeitig zu den Prozessakten gereicht, so hat er selbst die Nichteinziehung der weiteren Vergütung zu vertreten, da § 55 Abs. 6 eine Ausschlussfrist enthält und in § 50 Abs. 2 die Verpflichtung des beigeordneten Rechtsanwalts, die Berechnung seiner Regelvergütung nach § 13 unverzüglich zu den Prozessakten zu reichen, ausdrücklich geregelt ist. 21

In § 55 Abs. 6 ist bestimmt, dass der Urkundsbeamte vor der Festsetzung der weiteren Vergütung nach § 50 den Rechtsanwalt auffordern kann, innerhalb einer **Frist** von einem Monat bei der Geschäftsstelle des Gerichts, dem der Urkundsbeamte angehört, Anträge auf Festsetzung der Vergütungen, für die ihm noch Ansprüche gegen die Staatskasse zustehen, einzureichen oder sich zu den empfangenen Zahlungen (§ 55 Abs. 5 Satz 2) zu erklären. Kommt der Rechtsanwalt der Aufforderung nicht nach, erlöschen seine Ansprüche gegen die Staatskasse. Im allgemeinen Büroablauf sollte daher darauf geachtet werden, dass diese Frist, die bei einer Versäumung zu erheblichen Gebührenausfällen des Rechtsanwalts führen kann, entsprechend notiert wird. In der Praxis erfolgt regelmäßig eine Mitteilung der weiteren Vergütung durch Ausfüllen der entspr. Spalte im Festsetzungsantrag, um auch bei späterer Anordnung von Ratenzahlungen kein Fristproblem zu haben. 22

Beachtlich ist in diesem Punkt auch die Rechtsprechung des Pfälz. OLG Zweibrücken (Beschl. v. 08.07.1998, Az.: 2 DF 21/98 = JurBüro 1989, 592). Nicht nur der Anspruch auf die weitere Vergütung, sondern auch derjenige auf die PKH-Vergütung soll erlöschen, wenn diese Frist vom Rechtsanwalt versäumt wird (so auch: LG Bayreuth JurBüro 1992, 743; KG JurBüro 1984, 1692). In seinen Beschlussgründen führte das Pfälz. OLG Zweibrücken aus, dass zwar zuzugeben ist, dass die vom Senat geteilte herrschende Meinung im Einzelfall zu einschneidenden Konsequenzen für den beigeordneten Rechtsanwalt führen könne. Dies möge auch auf den ersten Blick mit der bei den Gerichten häufiger zu beobachtenden zögerlichen Verfahrensweise nur schwer vereinbar sein. Jedoch sei, so das Pfälz. OLG Zweibrücken, der Rechtsordnung die Bestimmung auch strenger Ausschlussfristen alles andere als 23

Abschnitt 8 – Beigeordneter oder bestellter Rechtsanwalt, Beratungshilfe

fremd und der beschwerdeführende Rechtsanwalt sei nicht darin überfordert, der mit den erforderlichen Hinweisen versehen und von ihm gemäß Empfangsbekenntnis zur Kenntnis genommenen Aufforderung auch nachzukommen. Die Auffassung ist nach meiner Ansicht abzulehnen. Im Hinblick auf diese Rechtsprechungstendenz empfiehlt es sich jedoch immer, bei Abrechnung der PKH-Vergütung mit der Staatskasse in den Formularen zugleich die Spalte für die Wahlanwaltsvergütung auszufüllen. Die Auffassung, eine Versäumung der Frist sei nicht sanktioniert (*Schnapp* in Schneider/Wolf § 50 Rn. 14; Riedel/Sußbauer § 50 Rn. 10; Hartung/Römermann/Schons § 50 Rn. 53) ist falsch. § 55 Abs. 6 regelt klar das Erlöschen des Anspruchs.

24 Die Verpflichtung der Staatskasse, Zahlungen weiter einzuziehen, entfällt zunächst, wenn diese vorläufig eingestellt worden sind. Der Rechtspfleger hat jedoch die Wiederaufnahme der Zahlungen anzuordnen, falls sich ergibt, dass die Kosten gegen einen anderen am Verfahren Beteiligten zwar geltend gemacht, aber nicht durchgesetzt werden können (Schneider/Wolf § 50 Rn. 21). Der ablehnenden Auffassung von *Schnapp* in Schneider/Wolf § 50 Rn. 21, gegenüber der Auffassung des OLG Düsseldorf (OLG Düsseldorf OLGR 1992, 199), dass das Insolvenzrisiko des Prozessgegners auch der Rechtsanwalt der PKH-Partei mittrage, ist zu folgen. § 55 Abs. 6 regelt ausdrücklich, dass die Ansprüche des Rechtsanwalts gegen die Staatskasse nur dann erlöschen, wenn der Rechtsanwalt nicht innerhalb der dort genannten Ausschlussfrist eine Berechnung seiner Vergütung mitteilt. Sind jedoch die Zahlungen durch das Gericht vorläufig eingestellt worden, wird regelmäßig eine solche Aufforderung gar nicht erst an den Rechtsanwalt ergehen. Damit können nach meiner Auffassung die Ansprüche gegen die Staatskasse auch nicht erlöschen. Wird allerdings die Wiederaufnahme von Ratenzahlungen durch das Gericht abgelehnt, so steht dem Rechtsanwalt weder ein Rechtsbehelf noch ein Rechtsmittel zu (OLG Düsseldorf FamRZ 1986, 1230). Da der Rechtsanwalt selbst an der Bewilligung von PKH nicht beteiligt ist, hat er auch keine eigene Beschwerdebefugnis nach § 127 Abs. 2 Satz 2 ZPO (vgl. auch die Kommentierung unter Rn. 16). Ob ein Beschwerderecht des Rechtsanwalts nach § 128 Abs. 3 ausscheidet, ist in der Rechtsprechung strittig (kein Beschwerderecht des Rechtsanwalts: OLG Düsseldorf FamRZ 1986, 1230; OLG Köln OLGR 1997, 215; **a. A.**: OLG Hamm FamRZ 1989, 412; OLG Bamberg FamRZ 1988, 192; OLG Stuttgart AnwBl. 1985, 49; wohl aber ein Erinnerungsrecht, vgl. Rn. 16).

25 Nach § 120 Abs. 3 ZPO soll das Gericht die vorläufige Einstellung der Zahlungen bestimmen, wenn 1. abzusehen ist, dass die Zahlung der Partei die Kosten deckt; 2. wenn die Partei, ein ihr beigeordneter Rechtsanwalt oder die Bundes- oder Landeskasse die Kosten gegen einen anderen am Verfahren Beteiligten geltend machen kann. Ist eine vorläufige Einstellung erfolgt, die weitere Vergütung des Rechtsanwalts aber noch nicht gedeckt (und 48 Monate noch nicht erreicht), ist die Wiederaufnahme der Ratenzahlungen anzuordnen (Gerold/Schmidt/Müller-Rabe/Burhoff 18. Aufl. 2008 § 50 Rn. 16).

4. Anspruchskonkurrenz bei mehreren Rechtsanwälten

a) Haupt- und Unterbevollmächtigter

26 In § 50 Abs. 3 ist die Anspruchskonkurrenz bei mehreren Anwälten geregelt. Abs. 3 betrifft die Fälle, in denen mehrere Rechtsanwälte beigeordnet sind und die eingezogenen Beträge nicht ausreichen, um allen beigeordneten Rechtsanwälten die Vergütung nach § 13 zukommen zu lassen. Seit dem Wegfall der Beschränkung der Postulationsfähigkeit vor den Land- und Oberlandesgerichten kommt in der Praxis vornehmlich die Beiordnung eines Unterbevollmächtigten in Frage. Allerdings i. d. R. nur in den Fällen, in denen die Kosten eines Unterbevollmächtigten die voraussichtlichen Reisekosten des Prozessbevollmächtigten nicht wesentlich übersteigen. Der BGH hat den Begriff »wesentlich« mit etwa 10 % definiert (BGH, Beschl. v. 16. 10. 2002 – Az.: VIII ZB 30/02 – JurBüro 2003, 202 ff.; vgl. dazu auch ausführlich unter Nr. 3401, Nr. 3402 VV).

Interessant ist in diesem Zusammenhang auch die aktuelle Rechtsprechung zu der Erstattungsfähigkeit von Reisekosten eines im Wege der PKH beigeordneten Rechtsanwalts. Nach einer Entscheidung des Thüringer OLG (Beschl. v. 15.05.2003, Az.: 1 WF 366/02) hat der Rechtsanwalt, der seinen Wohnsitz oder seine Kanzlei nicht an dem Ort hat, an dem sich das Prozessgericht befindet, Anspruch auf Erstattung seiner Fahrtkosten, wenn eine uneingeschränkte Beiordnung erfolgt ist.

Die Beiordnung eines am Wohn- oder Geschäftsort der auswärtigen Partei ansässigen Rechtsanwalts im Rahmen der bewilligten Prozesskostenhilfe widerspricht jedenfalls in schwierigeren Rechtsstreitigkeiten nicht den Bestimmungen des § 121 Abs. 3 ZPO. Die zu erstattenden Kosten sind jedoch auf die Kosten zu begrenzen, die bei der Beiordnung eines Hauptanwalts und eines Verkehrsanwalts entstehen (OLG Koblenz, Beschl. v. 12.06.2003, Az.: 11 WF 332/03, JurBüro 2003, 476). Das OLG Koblenz hält in seiner zuvor zitierten Entscheidung die vom BGH aufgestellten Grundsätze (vgl. dazu: BGH, Beschl. v. 16.10.2002, Az.: VIII ZB 30/02 in FamRZ 2003, 441; JurBüro 2003, 202 ff.; vgl. dazu weiter: BGH, Beschl. v. 12.12.2002, Az.: I ZB 29/02, JurBüro 2003, 205 ff.; BGH, Beschl. v. 10.04.2003, Az.: I ZB 36/02, JurBüro 2003, 370 ff.; BGH, Beschl. v. 18.02.2003, Az.: XXI ZB 10/02, JurBüro 2003, 427), die für eine Erstattungsfähigkeit von Reisekosten seit der Änderung des § 78 ZPO sprechen (Erweiterung der Postulationsfähigkeit), auch auf PKH-Angelegenheiten für anwendbar. Eine Ausnahme stellen nur die Angelegenheiten dar, die so einfach gelagert sind, dass ein Mandantengespräch nicht geführt werden müsste.

Es bietet sich daher an, um die sich aus § 50 Abs. 3 ergebenden Problematiken einer verhältnismäßigen Aufteilung der weiteren Vergütung auszuschließen, die Beiordnung des Rechtsanwalts zu erreichen, ohne dass diese Beiordnung die Einschränkung »den Bedingungen eines ortsnahen Rechtsanwalts« unterliegt.

b) Rechtsanwaltswechsel

Ausnahmsweise kann sich eine Mehrheit von Rechtsanwälten auch dann ergeben, wenn ein Rechtsanwaltswechsel stattgefunden hat, § 91 Abs. 2 Satz 2 ZPO, z. B. wg. Tod des Anwalts.

c) Quotelung

Zunächst hat der Urkundsbeamte der Geschäftsstelle in den Fällen, in denen mehrere Rechtsanwälte im Rahmen ihrer Beiordnung tätig geworden sind, für jeden der Rechtsanwälte den Unterschiedsbetrag zwischen der Vergütung nach § 49 und § 13 festzustellen sowie die darauf anzurechnenden Zahlungen (wie z. B. Vorschüsse) nach § 58 RVG vom jeweiligen Unterschiedsbetrag in Abzug zu bringen. Die tatsächlich noch offene (= ungedeckte) Restforderung und ihr prozentualer Anteil aller noch offenen Restforderungen ergibt den Prozentsatz des Anteils des Anwalts an dem noch zur Verteilung anstehenden Überschuss.

- **Beispiel**

In einem Klageverfahren (Wert: € 17.300,00; PKH-Bewilligung und Beiordnung eines Haupt- und Unterbevollmächtigten) tritt für den Hauptbevollmächtigten im Termin ein Unterbevollmächtigter auf. Nach streitiger Verhandlung wird die Klage abgewiesen. Zur Verteilung steht über die geleisteten Ratenzahlungen ein Betrag in Höhe von € 400,00 zur Verfügung.

Kosten des Hauptbevollmächtigten nach § 13 RVG
(1,3 Verfahrensgebühr, Ausl., USt.) € 961,28
Kosten des Hauptbevollmächtigten nach § 49 RVG
(1,3 Verfahrensgebühr, Ausl., USt.) € 444,58
Differenz 1 € 516,70
Kosten des Unterbevollmächtigten nach § 13 RVG
(0,65 Verfahrensgebühr, 1,2 Terminsgebühr, Ausl., USt.) € 1.357,91
Kosten des Unterbevollmächtigten nach § 49 RVG
(0,65 Verfahrensgebühr, 1,2 Terminsgebühr, Ausl., USt.) € 622,61
Differenz 2 € 735,30

Abschnitt 8 – Beigeordneter oder bestellter Rechtsanwalt, Beratungshilfe

Differenz 1 + Differenz 2 = Gesamt € 1.252,00

Anteil Hauptbevollmächtigter 41,2 %:
Zu verteilender Betrag € 400,00
hiervon 41,2 % € 164,80

Ergebnis:

Von dem zu verteilenden Betrag in Höhe von € 400,00 stehen dem Hauptbevollmächtigten € 164,80 zu, dem Unterbevollmächtigten € 235,20 = 58,8 % von € 400,00.

d) Mehrere Rechtsanwälte über mehrere Instanzen

32 § 50 Abs. 3 gilt nicht, wenn mehrere Rechtsanwälte über mehrere Instanzen im Wege der Beiordnung für den Auftraggeber tätig geworden sind (OLG München OLGR 1995, 156; **a. A.:** OLG Hamm Rpfleger 1994, 469). Der Auffassung des OLG München ist zu folgen, da sich die angeordnete Ratenzahlung immer auf die jeweilige Instanz bezieht und nach meiner Auffassung somit auch nur für die weitere Vergütung des Rechtsanwalts in dieser Instanz relevant sein kann. Das OLG Hamm, das jedoch die Instanz übergreifende Verrechnung bejaht (OLG Hamm Rpfleger 1994, 469), hält die Instanz übergreifende Verrechnung auch nur für die Instanzen für gerechtfertigt, die durch eine Ratenzahlungsbestimmung im Bewilligungsbeschluss zum Ausdruck gebracht haben, dass sie die Partei für hinreichend vermögend halten, die Kosten aller Instanzen durch Ratenzahlungen zu decken.

33 Wurde danach für eine Instanz PKH ohne Ratenzahlung bewilligt, weil sich die wirtschaftlichen Verhältnisse der Partei z. B. verschlechtert haben, ist diese Instanz für die Partei insgesamt kostenfrei und zwar auch dann, wenn die Zahlungsverpflichtung aus der Vorinstanz einen Überschuss über die Kosten dieser Vorinstanz ergeben sollte. Die in § 115 Abs. 1 Satz 4 ZPO geregelte maximale Dauer der Ratenzahlungen mit 48 Monaten gilt nicht für nur eine Instanz, sondern auch für etwaige höhere Instanzen, und zwar selbst dann, wenn auch im Bewilligungsbeschluss für die Rechtsmittelinstanz eine Ratenzahlungsbestimmung enthalten ist (Zöller / Philippi § 115 ZPO Rn. 43).

5. Auswirkungen auf die Praxis

34 Nachdem § 50 den Anspruch des Rechtsanwalts gegen die Staatskasse auf Einziehung der weiteren Vergütung regelt, ist nicht zu verstehen, warum in der Praxis häufig von dieser Möglichkeit kein Gebrauch gemacht wird. Gerade von der langen Zahlungsdauer von vier Jahren (§ 115 Abs. 1 Satz 4 ZPO) kann der Rechtsanwalt profitieren, da selbst bei geringen festgesetzten Ratenzahlungen wenn auch nicht die volle Differenz zwischen Wahl- und PKH-Anwaltsgebühren, so aber doch in der Regel zumindest ein Teil auf diese Weise eingezogen werden kann. Zu begrüßen ist, dass sich die herrschende Rechtsprechung, dass staatlicherseits eine Verpflichtung zur Einziehung besteht, nunmehr auch im Wortlaut des § 50 Abs. 1 wiederfindet. Angesichts der Regelung in § 50 kann der RA in Gewissenskonflikt kommen, der sich stark dafür einsetzt, dass seiner Partei PKH ohne Raten bewilligt wird.

35 Als weitere Voraussetzung ist in § 50 Abs. 1 Satz 2 geregelt, dass die von der Partei zu zahlenden Beträge beglichen worden sein müssen bzw. wegen dieser Beträge eine Zwangsvollstreckung in das bewegliche Vermögen der Partei erfolglos geblieben ist oder erfolglos erscheint. Die hier angesprochenen »Beträge« sind die in § 122 Abs. 1 Nr. 1 ZPO bezeichneten Kosten und Ansprüche. Nach § 50 Abs. 2 soll der beigeordnete Rechtsanwalt eine Berechnung seiner Regelvergütung unverzüglich zu den Prozessakten mitteilen. Der Begriff der Regelvergütung stellt auf die Gebühren nach § 13 (und damit die Wahlanwaltsgebühren) ab. In der Praxis wird mit dem Antrag auf Festsetzung der Kosten gegen die Staatskasse nach § 49 regelmäßig auch die weitere Vergütung nach § 50 aufgegeben. Der Rechtsanwalt sollte, sofern dem Auftraggeber PKH mit Ratenzahlungen bewilligt worden ist, diese weitere Vergütung ohne zu-

sätzliche Aufforderung an das Gericht mitteilen. Zwar ist in § 55 Abs. 6 geregelt, dass der Urkundsbeamte vor der Festsetzung den Rechtsanwalt auffordern kann, innerhalb einer Frist von einem Monat bei der Geschäftsstelle des Gerichts, dem der Urkundsbeamte angehört, Anträge auf Festsetzung der weiteren Vergütung, für die ihm noch Ansprüche gegen die Staatskasse zustehen, einzureichen. Zum einen handelt es sich bei § 55 Abs. 6 Satz 1 um eine Kann-Vorschrift. Zum anderen ist die hier enthaltene Monatsfrist eine streng ausgelegte Ausschlussfrist. Kommt der Rechtsanwalt der Aufforderung des Urkundsbeamten nämlich nicht nach, erlöschen seine Ansprüche gegen die Staatskasse, § 55 Abs. 6 Satz 2, und zwar, wie unter Rn. 22 u. Rn. 23 dargelegt, nach der Rechtsprechung nicht nur hinsichtlich der weiteren Vergütung, sondern darüber hinaus auch die PKH-Anwaltsvergütung nach § 49. Der Rechtsanwalt sollte daher dafür Sorge tragen, dass seine Büroorganisation so geregelt ist, dass der Vermerk »PKH-Bewilligung mit Ratenzahlung« ohne weiteres für den Abrechnenden aus der Akte sofort erkennbar ist. Die Wahlanwaltsvergütung sollte mit der Abrechnung der Vergütungsansprüche gegen die Staatskasse sofort mit aufgegeben werden.

Der Rechtsanwalt kann vielmehr wegen der Sperrwirkung in § 122 Abs. 1 Nr. 3 ZPO die weitere Vergütung auch nicht nachträglich gegenüber dem Mandanten geltend machen. Sofern der Rechtsanwalt seine weitere Vergütung von dritter Seite erhalten hat, kann § 50 unbeachtet bleiben. Denkbar wäre hier eine Kostenerstattung durch den unterlegenen Gegner, der regelmäßig die Regelvergütung nach § 13 zu erstatten hat, auch wenn ihm selbst Prozesskostenhilfe bewilligt worden ist. Denn die bewilligte Prozesskostenhilfe bezieht sich immer nur auf den eigenen beigeordneten Rechtsanwalt und lässt die Verpflichtung, bei Unterliegen die Kosten der Gegenseite zu erstatten, nach § 123 ZPO unberührt. 36

Denkbar ist ferner eine freiwillige Zahlung der Partei oder Dritter, die zum Ausgleich der weiteren Vergütung führt. Aber auch in den Fällen, wo sich die Durchsetzbarkeit etwaiger Ansprüche gegen Dritte noch nicht abzeichnet und der Rechtsanwalt sich die Geltendmachung der weiteren Vergütung nach § 50 offenhalten möchte, sollte er die Berechnung seiner Regelvergütung unverzüglich (ohne schuldhaftes Verzögern) zu den Prozessakten mitteilen. 37

Abschnitt 8 – Beigeordneter oder bestellter Rechtsanwalt, Beratungshilfe

§ 51
Festsetzung einer Pauschgebühr in Straf- und Bußgeldsachen

(1) ¹In Straf- und Bußgeldsachen, Verfahren nach dem Gesetz über die internationale Rechtshilfe in Strafsachen und in Verfahren nach dem IStGH-Gesetz ist dem gerichtlich bestellten oder beigeordneten Rechtsanwalt für das ganze Verfahren oder für einzelne Verfahrensabschnitte auf Antrag eine Pauschgebühr zu bewilligen, die über die Gebühren nach dem Vergütungsverzeichnis hinausgeht, wenn die in den Teilen 4 bis 6 des Vergütungsverzeichnisses bestimmten Gebühren wegen des besonderen Umfangs oder der besonderen Schwierigkeit nicht zumutbar sind. ²Dies gilt nicht, soweit Wertgebühren entstehen. ³Beschränkt sich die Bewilligung auf einzelne Verfahrensabschnitte, sind die Gebühren nach dem Vergütungsverzeichnis, an deren Stelle die Pauschgebühr treten soll, zu bezeichnen. ⁴Eine Pauschgebühr kann auch für solche Tätigkeiten gewährt werden, für die ein Anspruch nach § 48 Abs. 5 besteht. ⁵Auf Antrag ist dem Rechtsanwalt ein angemessener Vorschuss zu bewilligen, wenn ihm insbesondere wegen der langen Dauer des Verfahrens und der Höhe der zu erwartenden Pauschgebühr nicht zugemutet werden kann, die Festsetzung der Pauschgebühr abzuwarten.

(2) ¹Über die Anträge entscheidet das Oberlandesgericht, zu dessen Bezirk das Gericht des ersten Rechtszugs gehört, und im Fall der Beiordnung einer Kontaktperson (§ 34 a des Einführungsgesetzes zum Gerichtsverfassungsgesetz) das Oberlandesgericht, in dessen Bezirk die Justizvollzugsanstalt liegt, durch unanfechtbaren Beschluss. ²Der BGH ist für die Entscheidung zuständig, soweit er den Rechtsanwalt bestellt hat. ³In dem Verfahren ist die Staatskasse zu hören. ⁴§ 42 Abs. 3 ist entsprechend anzuwenden.

(3) ¹Absatz 1 gilt im Bußgeldverfahren vor der Verwaltungsbehörde entsprechend. ²Über den Antrag nach Absatz 1 Satz 1 bis 3 entscheidet die Verwaltungsbehörde gleichzeitig mit der Festsetzung der Vergütung.

Inhaltsübersicht

	Rn.		Rn.
A. Allgemeines	1	3. Art des Verfahrens	10
B. Kommentierung	2	4. Umfang der Pauschgebühr	11
I. Normzweck/Anwendungsbereich	2	5. Voraussetzungen	12
II. Der Tatbestand im Einzelnen	6	a) Umfang der Angelegenheit	14
1. Pauschgebühr für das Verfahren oder Verfahrensabschnitte (§ 51 Abs. 1)	6	b) Schwierigkeit der Angelegenheit	19
		III. Funktionale Zuständigkeit (§ 51 Abs. 2)	22
2. Antrag	9	IV. Verwaltungsbehörde (§ 51 Abs. 3)	25

A. Allgemeines

1 Die Vorschrift entspricht weitgehend der des § 42, bezieht sich jedoch auf den gerichtlich bestellten bzw. beigeordneten Rechtsanwalt. Sie basiert auf der bis 30. 06. 2004 geltenden Regelung des § 99 BRAGO.

Festsetzung einer Pauschgebühr in Straf- und Bußgeldsachen | § 51

B. Kommentierung

I. Normzweck/Anwendungsbereich

Vorgesehen ist nach § 51 die Bewilligung einer nach § 42 festgestellten **Pauschgebühr** für den gerichtlich bestellten bzw. beigeordneten Rechtsanwalt, d. h. für den **Pflichtverteidiger**, aber auch für den als **Vertreter der Nebenklage**, als **Zeugenbeistand** etc. beigeordneten RA.

Der Gesetzgeber weist darauf hin, dass entsprechend den Ausführungen zu § 42 auch hier der Tatbestand dahingehend erweitert worden ist, dass die Vorschrift auch für Verfahren nach dem Gesetz über die internationale Rechtshilfe in Strafsachen und in Verfahren nach dem IStGH-Gesetz gilt, weil auch die in diesen Verfahren tätigen Wahlanwälte ebenso wie die Wahlverteidiger in Straf- und Bußgeldsachen unter bestimmten Voraussetzungen einen Anspruch auf Feststellung einer Pauschgebühr haben. Für Disziplinarverfahren und berufsgerichtliche Verfahren ist eine Pauschgebühr hingegen nicht vorgesehen.

Das RVG beinhaltet neue Gebührentatbestände im Strafverfahren, so die Terminsgebühr für die Teilnahme an Terminen außerhalb der Hauptverhandlung (**Nr. 4102, 4103 VV**) und den Längenzuschlag für die Teilnahme an Hauptverhandlungen von mehr als 5 bzw. 8 Stunden Dauer (z. B. **Nr. 4110, 4111 VV** für Verfahren vor dem Amtsgericht). Nach den Ausführungen des Gesetzgebers zur Gesetzesbegründung wird daher der praktische **Anwendungsbereich von § 51** im Gegensatz zu § 99 BRAGO eingeschränkt sein in dem Umfang, in dem diese Gebührentatbestände bereits einen erhöhten Umfang der Angelegenheit berücksichtigen. Es bedarf daher einer eingehenderen Begründung des RA, warum gleichwohl aufgrund des Umfangs der Angelegenheit die (durch das RVG deutlich angehobenen) gesetzlichen Gebühren unzumutbar sind (z. B. Umfang der Ermittlungsakten, Zeitaufwand von Besprechungen und der Vorbereitung der Hauptverhandlung, eigene Ermittlungen, Anzahl von Terminen insbesondere außerhalb der Hauptverhandlung, Anzahl und Dauer der Besuche des Mandanten in der JVA).

Ergänzend führt der Gesetzgeber zur Notwendigkeit der Pauschgebührenregelung des § 51 aus, dass diese Vorschrift trotz des eingeschränkten praktischen Anwendungsbereichs erforderlich sei, weil nicht alle von den Oberlandesgerichten bei der Gewährung einer Pauschgebühr herangezogenen Umstände sich durch entsprechende gesetzliche Bestimmungen im Vergütungsverzeichnis berücksichtigen lassen. Der besondere **Ausnahmecharakter** der Vorschrift ergibt sich im Übrigen bereits daraus, dass die sonst vorgesehenen Gebühren wegen des besonderen Umfangs und der besonderen Schwierigkeit es für den Anwalt nicht zumutbar erscheinen lassen, sich mit dem gesetzlichen Gebührenanspruch begnügen zu müssen (vgl. Burhoff StraFo 2008, 192 ff.), so dass es weiterhin einer **Pauschgebührenregelung** bedarf, insbesondere auch im Hinblick auf die Rechtsprechung des Bundesverfassungsgerichts, wonach die Inanspruchnahme des Pflichtverteidigers, der geringere Gebühren als der Wahlverteidiger erhält, nicht zu einem Sonderopfer führen darf (BVerfGE 68, 237; KG AGS 2006, 26 ff.).

II. Der Tatbestand im Einzelnen

1. Pauschgebühr für das Verfahren oder Verfahrensabschnitte (§ 51 Abs. 1)

Wie schon § 99 BRAGO unterscheidet **§ 51 Abs. 1**, dass sich besonders umfangreiche oder schwierige Strafsachen bezogen auf das ganze Verfahren erstrecken bzw. für einzelne Teile des Verfahrens vorliegen können. Es wird dann je nach Antrag die Pauschgebühr entweder für das gesamte Verfahren oder aber nur für den einzelnen Verfahrensabschnitt gewährt, wobei **§ 48 Abs. 1 Satz 2** klarstellt, dass die Pauschgebühr nur den Tätigkeitsbereich erfasst, in dem der Rechtsanwalt als Pflichtverteidiger **Festgebühren** erhält; demnach soll die Pausch-

Abschnitt 8 – Beigeordneter oder bestellter Rechtsanwalt, Beratungshilfe

gebühr – so die Begründung des Gesetzgebers – nicht an die Stelle der Gebühren nach den **Nrn. 4142–4145 VV** treten.

7 Gem. **§ 51 Abs. 1 Satz 4** ist eine Pauschgebühr auch für solche Tätigkeiten zu gewähren, für die ein Anspruch nach **§ 48 Abs. 5** besteht. Hierdurch wird deutlich, dass auch diejenige Tätigkeit des späteren Pflichtverteidigers zu berücksichtigen ist, die er, bevor er beigeordnet worden ist, zunächst als **Wahlanwalt** erbracht hat. Der Gesetzeswortlaut »kann ... gewährt werden« bringt insofern lediglich zum Ausdruck, dass eine Pauschgebühr für Tätigkeiten vor Bestellung/Beiordnung nicht zwingend ist, sondern von Umfang und Schwierigkeit der erbrachten Tätigkeit abhängt. Ein darüber hinaus gehendes Ermessen besteht nicht. Nach den Ausführungen des Gesetzgebers geht es hierbei in der Praxis im Wesentlichen um die Berücksichtigung der bereits im **Ermittlungsverfahren** erbrachten Tätigkeit als Wahlverteidiger. Diese Tätigkeiten können nunmehr auch bei der Gewährung der Pauschgebühr mitberücksichtigt werden, was erneut zu einer Stärkung der Stellung des Verteidigers im Ermittlungsverfahren führt.

8 Im Unterschied zu § 42 Abs. 2 (Antragstellung erst ab Rechtskraft der Kostenentscheidung) kann der RA gem. **§ 51 Abs. 1 Satz 5** die Bewilligung eines angemessenen Vorschusses beantragen, wenn ihm wegen der langen Dauer des Verfahrens und der Höhe der zu erwartenden Pauschgebühr nicht zugemutet werden kann, die Festsetzung der Pauschgebühr abzuwarten (von einem Teil der Rechtsprechung wurde dies allerdings auch bisher schon – zumindest in Großverfahren – so gehandhabt). Diese Neuregelung wird insbesondere bei besonders langwierigen Verfahren, die z. B. über mehrere Jahre andauern und bei denen der Pflichtverteidiger daher auch erst nach Jahren die Festsetzung der Pauschgebühr beantragen kann, von Bedeutung sein. Zu beachten ist, dass mit dieser Neueinführung eine ausdrückliche Regelung für die Gewährung eines angemessenen Vorschusses eingeführt worden ist für die Fälle, für die es im Übrigen unbillig wäre, den Anwalt auf die Festsetzung der Pauschgebühr zu verweisen. Es ist daher empfehlenswert, einen Antrag auf Vorschusszahlung zu stellen, soweit die zu erwartende Pauschgebühr deutlich über den üblichen Gebühren liegen wird. Allerdings wird ein Vorschuss nur in Betracht kommen, wenn die Bewilligung einer Pauschgebühr mit Sicherheit zu erwarten ist. Wird einem solchen Antrag nicht entsprochen, verbleibt zumindest die Möglichkeit, einen Vorschuss auf die bereits entstandenen und noch entstehenden gesetzlichen Gebühren geltend zu machen (vgl. KG AGS 2006, 26 ff.).

2. Antrag

9 Ebenso wie in § 42 Abs. 1 wird die Pauschvergütung nur auf Antrag des RA bewilligt. Für diesen besteht kein Formzwang, gleichwohl ist ein Abweichen von der Schriftform, insbesondere im Hinblick auf den Begründungszwang, kaum vorstellbar.

9a Der Anspruch des Pflichtverteidigers ist fällig, sobald dessen Tätigkeit beendet ist, d. h. entweder mit seiner Entpflichtung oder mit rechtskräftigem Abschluss des Verfahrens (h. M., u. a. OLG Düsseldorf AGS 2007, 75). Teilweise wird in der Rechtsprechung auch die Auffassung vertreten, Fälligkeit trete ein mit Abschluss der Instanz (vgl. Gebauer/Schneider § 51 Rn. 103 ff.). Da für den Anspruch auf Pauschvergütung die allgemeinen Verjährungsvorschriften gelten (OLG Köln AGS 2006, 281 f. – § 195 BGB), empfiehlt es sich, zumindest in Fällen, in denen ein Abschluss des Verfahrens zeitlich nicht kalkulierbar ist, bereits nach Abschluss der Instanz einen entsprechenden Antrag zu stellen, um sonst möglichen Rechtsverlusten vorzubeugen.

3. Art des Verfahrens

10 Es muss sich um eine Straf- oder Bußgeldsache, ein Verfahren nach dem Gesetz über die internationale Rechtshilfe in Strafsachen oder um ein Verfahren nach dem IStGH-Gesetz handeln, in dem der antragstellende RA gerichtlich bestellt oder beigeordnet wurde.

Festsetzung einer Pauschgebühr in Straf- und Bußgeldsachen | § 51

4. Umfang der Pauschgebühr

Die Pauschgebühr kann für das ganze Verfahren oder einzelne Verfahrensabschnitte bean- 11
tragt werden. Soweit nur für einzelne **Verfahrensabschnitte** eine Pauschgebühr beantragt wird, bestimmt § 51 Abs. 1 Satz 3, dass die Gebühren nach dem Vergütungsverzeichnis, an deren Stelle die Pauschgebühr treten soll, zu bezeichnen sind. Zur Begründung führt der Gesetzgeber aus, dass diese Fassung die Unsicherheiten bei der Handhabung des § 99 BRAGO bestehenden Streit beseitigen soll, in welchem Umfang eine Pauschgebühr für einzelne Verfahrensteile festgesetzt werden konnte.

Die Begrenzung des § 42 Abs. 1 Satz 4 gilt hier nicht; das Gericht kann auch mehr als das Dop- 11a
pelte der Wahlverteidiger-Höchstgebühren zuerkennen (OLG Stuttgart, Beschl. v. 24. 04. 2008, 2 ARs 21/08, auf burhoff.de). Das Gericht kann auch mehr zusprechen, als vom Pflichtverteidiger beantragt wurde (OLG Jena, Beschl. v. 17. 03. 2008, 1 AR (S) 3/08, auf burhoff.de).

5. Voraussetzungen

Die Angelegenheit muss so umfangreich und/oder schwierig gewesen sein, dass die gesetz- 12
lichen Gebühren für den RA nicht zumutbar sind. Dies wird zumindest dann zu bejahen sein, wenn die Angelegenheit sowohl als besonders schwierig als auch als besonders umfangreich anzusehen ist (OLG Hamm AGS 2005, 112 ff.).

Die Bedeutung der Angelegenheit ist zwar eines der Bemessungskriterien des **§ 14 Abs. 1**, je- 13
doch nicht relevant für die Frage, ob eine Pauschgebühr zu gewähren ist. Ebenso ist eine erhöhte Presseresonanz möglicherweise bei der Bedeutung der Angelegenheit zu berücksichtigen, nicht jedoch bei Umfang oder Schwierigkeit, es sei denn, dass die Presseresonanz hierauf direkte Auswirkungen hat (z. B. Erschwernis eigener Ermittlungen).

a) Umfang der Angelegenheit

Hierbei wird zum einen der zeitliche Aufwand zu berücksichtigen sein, den der RA für die 14
Bearbeitung aufwenden muss. Besonders umfangreich ist eine Sache dann, wenn der vom Verteidiger zu erbringende zeitliche Aufwand erheblich über dem Zeitaufwand liegt, den er in einer »normalen« Sache zu erbringen hat (OLG Hamm AGS 2006, 229 ff.). Dies wird allerdings relativiert durch Gebührentatbestände, die eigens einen erhöhten Zeitaufwand berücksichtigen (s. o. Rn. 4). Diese berücksichtigen allerdings nur die Dauer von Terminen, so dass die anderweitig aufgewendete Zeit (Aktenstudium, Besprechungen etc.) hiervon unberührt bleibt. Auch eine größere Anzahl von Terminen außerhalb der Hauptverhandlung indiziert den besonderen Umfang einer Angelegenheit, ebenso eine überdurchschnittliche Anzahl von Hauptverhandlungstagen, bei denen ja regelmäßig noch die Zeit für die Vorbereitung mit einzuberechnen ist, ebenso eine besondere Dichte der Terminierung (OLG Hamm AGS 2005, 112 ff., 117). Auch wenn einzelne Verfahrensabschnitte jeweils für sich betrachtet zwar überdurchschnittlich, aber nicht besonders umfangreich sind, kann eine Gesamtbetrachtung dazu führen, dass das Verfahren insgesamt als besonders umfangreich zu bewerten ist (OLG Hamm AGS 2006, 229 ff.). Ein Verfahren kann auch dann besonders umfangreich sein, wenn der Verteidiger sich innerhalb sehr kurzer Zeit in einen erheblichen Verfahrensstoff einarbeiten muss (OLG Hamm AGS 2006, 498 f. – in diesem Beispielsfall wurde der Rechtsanwalt an einem Freitag als Pflichtverteidiger bestellt, musste sich am Wochenende in ca. 300 Blatt Akten einarbeiten, sich mit drei Sachverständigengutachten auseinandersetzen und am Dienstag, somit 4 Tage nach der Pflichtverteidigerbestellung, den nächsten Hauptverhandlungstermin wahrnehmen).

Weitere Anhaltspunkte für den Umfang der Angelegenheit sind z. B. der Umfang der Ermitt- 15
lungsakten (sowie ggf. von Beiakten) und die Zeitdauer der Ermittlungen und des Verfahrens, sowie ggf. die Verbindung mehrerer Verfahren (LG Verden AGS 2004, 486). Der besondere Umfang ist anhand der einzelnen Verfahrensabschnitte und pauschal zu prüfen (OLG Hamm AGS 2005, 112), da ein besonderer Umfang des gesamten Verfahrens auch vorliegen

Abschnitt 8 – Beigeordneter oder bestellter Rechtsanwalt, Beratungshilfe

kann, wenn dies für die einzelnen Verfahrensabschnitte noch nicht zutrifft. Ebenso kann in einem Verfahren nach dem IRG die Wahrnehmung von Anhörungsterminen (die nicht nach Nr. 6101 VV zu vergüten sind) einen besonderen Aufwand darstellen, der die Zuerkennung einer Pauschgebühr rechtfertigt (OLG Köln AGS 2006, 380 f.).

16 Auch die Zeit notwendiger Kanzleiabwesenheit kann Indiz für den besonderen Umfang der Angelegenheit sein, z. B. beim auswärtigen Pflichtverteidiger oder bei Unterbringung des Mandanten in einer entfernt liegenden Anstalt. So kommt für das Vorverfahren eine Pauschgebühr i. H. der Wahlverteidigerhöchstgebühr in Betracht bei vier Besuchen des Mandanten in der JVA (Zeitaufwand 10 Stunden), der notwendigen Hinzuziehung eines Dolmetschers und einer problematischen Persönlichkeitsstruktur des Mandanten (OLG Karlsruhe RVG prof. 2005, 202).

16 a Strittig ist, ob Fremdsprachenkenntnisse des Rechtsanwalts und dadurch ersparte Dolmetscherkosten geeignet sind, eine Pauschgebühr zu rechtfertigen oder zu erhöhen (dafür: OLG Köln AGS 2007, 74; dagegen: OLG Celle AGS 2007, 74 f.).

16 b Eine verfahrensverkürzende Besprechung vor Terminsbeginn ist im Rahmen der Pauschgebühr zu berücksichtigen (OLG Karlsruhe RVGreport 2005, 315; AGS 2006, 121 f.), ebenso eine intensive Vorbereitung der Hauptverhandlung, die zu einer Verkürzung der Hauptverhandlung führt (OLG Hamm AGS 2006, 229 ff.).

17 Strittig ist, ob der Zeitaufwand zu berücksichtigen ist, der entsteht für Verfahrens- und Beweisanträge, die aus Sicht des Gerichts unnötig sind oder nur der Verzögerung dienen. Nach hiesiger Auffassung ist auch dieser Zeitaufwand berücksichtigungsfähig (ebenso Gerold/Schmidt/von Eicken/Madert/Müller-Rabe, a. a. O., Rn. 17), es sei denn, dass ein Missbrauch offenkundig ist (a. A. die wohl überwiegende h. M.). Das Gericht kann zum einen nicht beurteilen, ob der aus seiner Sicht unnötige Antrag auch aus Sicht des RA unnötig war, denn der RA hat möglicherweise einen anderen Informationsstand als das Gericht. Zum anderen besteht ansonsten die Gefahr, dass über diesen Weg eine Maßregelung unbequemen Verteidigerverhaltens angestrebt werden könnte.

18 Eine Hauptverhandlung von 2 ½ Stunden vor dem Schöffengericht ist allenfalls durchschnittlich und damit nicht geeignet, einen besonderen Umfang der Angelegenheit i. S. v. § 51 RVG zu begründen (OLG Hamm AGS 2005, 437 ff.). Eine Hauptverhandlung von 4 Stunden 15 Minuten (OLG Hamm AGS 2005, 440) oder mehr als 5 Stunden (OLG Jena AGS 2005, 342) vor dem Schöffengericht ist überdurchschnittlich lang, vor der Strafkammer hingegen nicht (OLG Hamm AGS 2005, 112 ff., 117).

b) Schwierigkeit der Angelegenheit

19 Die besondere Schwierigkeit der Angelegenheit kann sich ergeben aus tatsächlichen oder aus rechtlichen Gesichtspunkten (allein ein rechtlicher Hinweis gem. § 265 StPO wird hierfür jedoch nicht genügen). Dies ist der Fall, wenn die Sache über das Normalmaß hinaus verwickelt ist, wenn zahlreiche, sich widersprechende Aussagen überprüft und gewertet werden müssen, wenn in rechtlicher Hinsicht Abgrenzungsprobleme hinsichtlich Täterschaft/Teilnahme oder hinsichtlich bandenmäßiger Begehung bestehen (OLG Hamm AGS 2005, 112 ff., 114). Grundsätzlich ist für die Beurteilung eines Verfahrens als »besonders schwierig« die Einschätzung des Vorsitzenden maßgebend (Burhoff StraFo 2008, 192 ff.). Eine besondere Schwierigkeit der Tätigkeit des Pflichtverteidigers kann sich auch ergeben, wenn dieser neben einem Wahlverteidiger bestellt ist (z. B. zur Sicherung des Verfahrens) und dessen Tätigkeit die Tätigkeit des Pflichtverteidigers erschwert oder beeinträchtigt (OLG München, Beschl. vom 24. 07. 2008, 1 AR 239/08).

20 Überschreitet die Dauer der jeweiligen Hauptverhandlungen die übliche Dauer (Strafrichter – ca. 2 Stunden; Schöffengericht/Strafkammer – 4 bis 5 Stunden; Schwurgericht – 6 bis 8 Stunden), so indiziert dies eine besondere Schwierigkeit der Angelegenheit (Gerold/Schmidt/von Eicken/Madert/Müller-Rabe, a. a. O., Rn. 26).

Weitere Anhaltspunkte für die Schwierigkeit der Angelegenheit können sein die Erforderlichkeit von besonderen Fachkenntnissen, die Einarbeitung in spezielle, entfernt liegende Rechtsgebiete, erschwerte Kommunikation mit dem Mandanten, problematische Persönlichkeit des Mandanten oder dessen besonders problematisches Prozessverhalten). 21

III. Funktionale Zuständigkeit (§ 51 Abs. 2)

Grundsätzlich entscheidet über den Antrag das **OLG**, zu dessen Bezirk das Gericht des ersten Rechtszugs gehört, wobei § 51 Abs. 2 Satz 4 auf § 42 Abs. 3 verweist, so dass grundsätzlich der **Einzelrichter** zu entscheiden hat. Nur soweit es zur Sicherung einer einheitlichen Rechtsprechung geboten ist, hat der Einzelrichter die Sache auf den **Senat** zu übertragen. 22

Die örtliche Zuständigkeit ändert sich, falls der RA als Kontaktperson beigeordnet ist. Dann entscheidet das **OLG**, in dessen Bezirk sich die JVA befindet, und zwar durch unanfechtbaren Beschluss. 23

Ausnahmsweise ist der **BGH** für die Entscheidung zuständig, soweit er den Rechtsanwalt bestellt hat. In diesem Fall entscheidet gem. § 139 GVG eine Spruchgruppe mit fünf Richtern (AGS 2006, 120 f.), da § 122 Abs. 1 GVG zwar für die Oberlandesgerichte gilt, aber nicht für den BGH. Entsprechend § 99 Abs. 2 Satz 3 BRAGO besteht auch weiterhin ein **Anhörungsrecht** der Staatskasse. 24

IV. Verwaltungsbehörde (§ 51 Abs. 3)

Zuständig für die Festsetzung einer Pauschgebühr im Bußgeldverfahren ist gem. § 51 Abs. 3 die **Verwaltungsbehörde**. Dies gilt jedoch nur für das Verfahren vor der Verwaltungsbehörde (**Nr. 5100–5106 VV**). In gerichtlichen Bußgeldsachen verbleibt es gem. § 51 Abs. 1 bei der Zuständigkeit des **OLG**. 25

Antragsmuster (geltend gemacht werden hier jeweils die Wahlverteidiger-Höchstgebühren): 26

OLG ....

In dem Strafverfahren gegen

....

Gericht 1. Instanz: ....

beantrage ich, für meine Verteidigertätigkeit in 1. Instanz eine Pauschvergütung gem. § 51 RVG festzusetzen. Ich wurde meinem Mandanten mit Beschluss des Gerichts vom .... beigeordnet.

Die bisherige Geltendmachung der Pflichtverteidigergebühren stellt keinen Verzicht auf die Beantragung einer Pauschgebühr dar. Im Hinblick auf den besonderen Umfang/die besondere Schwierigkeit des Verfahrens ist eine Beschränkung der Verteidigergebühren auf die Pflichtverteidigergebühren nicht zumutbar.

Die Pauschvergütung wird in nachfolgender Höhe geltend gemacht:

VV 4103 Nr. 3, Terminsgebühr außerhalb HV, mit Haftzuschlag Beschuldigtenvernehmung bei der Polizei am	€ 312,50
VV 4101, Grundgebühr in Strafsachen, mit Haftzuschlag	€ 375,00
VV 4105, Verfahrensgebühr – vorbereitendes Verfahren –, mit Haftzuschlag	€ 312,50
VV 4113, Verfahrensgebühr – Strafkammer –, mit Haftzuschlag	€ 337,50
VV 4115, Terminsgebühr Strafkammer, HV ...., mit Haftzuschlag	€ 587,50
Zwischensumme netto:	€ 1.925,00

Abschnitt 8 – Beigeordneter oder bestellter Rechtsanwalt, Beratungshilfe

./. Auf berechnete Gebühren bereits bezahlt netto:	€ 958,00	
Offener Betrag netto:		€ 967,00
VV 7008, 19 % Mehrwertsteuer aus € 967,00		€ 183,73
Endbetrag:		**€ 1.150,73**

Zur Begründung des Antrags führe ich aus:

....

Die beantragten weiteren Gebühren erscheinen daher der Höhe nach gerechtfertigt.

§ 52
Anspruch gegen den Beschuldigten oder den Betroffenen

(1) ¹Der gerichtlich bestellte Rechtsanwalt kann von dem Beschuldigten die Zahlung der Gebühren eines gewählten Verteidigers verlangen; er kann jedoch keinen Vorschuss fordern. ²Der Anspruch gegen den Beschuldigten entfällt insoweit, als die Staatskasse Gebühren gezahlt hat.

(2) ¹Der Anspruch kann nur insoweit geltend gemacht werden, als dem Beschuldigten ein Erstattungsanspruch gegen die Staatskasse zusteht oder das Gericht des ersten Rechtszugs auf Antrag des Verteidigers feststellt, dass der Beschuldigte ohne Beeinträchtigung des für ihn und seine Familie notwendigen Unterhalts zur Zahlung oder zur Leistung von Raten in der Lage ist. ²Ist das Verfahren nicht gerichtlich anhängig geworden, entscheidet das Gericht, das den Verteidiger bestellt hat.

(3) ¹Wird ein Antrag nach Absatz 2 Satz 1 gestellt, setzt das Gericht dem Beschuldigten eine Frist zur Darlegung seiner persönlichen und wirtschaftlichen Verhältnisse; § 117 Abs. 2 bis 4 der Zivilprozessordnung gilt entsprechend. ²Gibt der Beschuldigte innerhalb der Frist keine Erklärung ab, wird vermutet, dass er leistungsfähig im Sinne des Absatzes 2 Satz 1 ist.

(4) Gegen den Beschluss nach Absatz 2 ist die sofortige Beschwerde nach den Vorschriften der §§ 304 bis 311 a der Strafprozessordnung zulässig.

(5) ¹Der für den Beginn der Verjährung maßgebende Zeitpunkt tritt mit der Rechtskraft der das Verfahren abschließenden gerichtlichen Entscheidung, in Ermangelung einer solchen mit der Beendigung des Verfahrens ein. ²Ein Antrag des Verteidigers hemmt den Lauf der Verjährungsfrist. ³Die Hemmung endet 6 Monate nach der Rechtskraft der Entscheidung des Gerichts über den Antrag.

(6) ¹Die Absätze 1 bis 3 und 5 gelten im Bußgeldverfahren entsprechend. ²Im Bußgeldverfahren vor der Verwaltungsbehörde tritt an die Stelle des Gerichts die Verwaltungsbehörde.

Inhaltsübersicht

	Rn.		Rn.
A. Allgemeines	1	3. Leistungsfähigkeit (§ 52 Abs. 2)	12
B. Kommentierung	3	4. Darlegungsfrist (§ 52 Abs. 3)	16
I. Normzweck / Anwendungsbereich	3	5. Sofortige Beschwerde (§ 52 Abs. 4)	18
II. Der Tatbestand im Einzelnen	5	6. Verjährungsfrist (§ 52 Abs. 5)	21
1. Entstehung und Wegfall des Anspruchs (§ 52 Abs. 1)	5	7. Bußgeldverfahren (§ 52 Abs. 6)	23
2. Vorschuss und Auslagen (§ 52 Abs. 1)	8	III. Auswirkung auf die Praxis	24

A. Allgemeines

Die Norm regelt ergänzende Vergütungsansprüche des Pflichtverteidigers gegen seinen Mandanten. Der Pflichtverteidiger wird nicht aufgrund eines zivilrechtlichen Auftrags für den Mandanten tätig, sondern aufgrund der gerichtlichen Bestellung (§ 140 StPO). Er hat daher keine Vertragsgrundlage, um sonst ggf. ergänzende Vergütungsansprüche durchzusetzen. Es wäre jedoch unbillig für den Pflichtverteidiger, wenn er seine Tätigkeit für die abgesenkte Pflichtverteidigervergütung erbringen müsste, obwohl sein Mandant in der Lage wäre, die gesetzliche Wahlverteidigervergütung zu bezahlen. 1

Abschnitt 8 – Beigeordneter oder bestellter Rechtsanwalt, Beratungshilfe

2 Zu beachten ist, dass die beantragte Feststellung des Gerichts keine Kostenfestsetzung und auch keinen Vollstreckungstitel darstellt. Es ist Sache des RA, nach der gerichtlichen Feststellung seine restlichen Vergütungsansprüche gegen den Beschuldigten geltend zu machen und ggf. hierzu den Zivilrechtsweg zu beschreiten.

B. Kommentierung

I. Normzweck/Anwendungsbereich

3 Anwendbar ist die Vorschrift nur auf den gerichtlich bestellten RA, der neben dem Vergütungsanspruch gegenüber der Staatskasse auch einen Anspruch auf seine Vergütung wie ein Wahlanwalt gegenüber dem Beschuldigten haben kann (BGHSt 86, 99). Die Vorschrift bezieht sich sowohl auf die Verteidigungstätigkeit des RA als auch ggf. auf dessen Tätigkeit in einem Adhäsionsverfahren.

4 Demgegenüber findet die Norm keine Anwendung, soweit dem RA gegenüber dem Mandanten aus einer Honorarvereinbarung eine Forderung zusteht. Dies gilt sowohl für eine vor der Bestellung zum Pflichtverteidiger zustande gekommene Vereinbarung, wie für eine der Bestellung nachfolgende (Hartmann, a. a. O., § 52 Rn. 5; BGHSt 86, 100).

II. Der Tatbestand im Einzelnen

1. Entstehung und Wegfall des Anspruchs (§ 52 Abs. 1)

5 Nur der gerichtlich bestellte RA (**Pflichtverteidiger**) kann von dem Beschuldigten die Zahlung der Gebühren eines gewählten Verteidigers verlangen. Mithin entsteht der Anspruch mit der Wirksamkeit der Bestellung (OLG Celle RVGreport 2005, 277), unabhängig von ihrem Umfang. Derselbe ist vom Willen und dem Auftrag des Betroffenen unabhängig, so dass der Anspruch für den gerichtlich bestellten Verteidiger auch dann entsteht, soweit der Beschuldigte einen anderen Wahlverteidiger beauftragt hat (Hartmann, a. a. O., § 100 Rn. 7). § 52 gilt allgemein, somit auch im Falle einer Beiordnung gem. JGG. Es wäre daher für die Ansprüche des Rechtsanwalts gem. § 52 ohne Belang, wenn sein Mandant nicht voll geschäftsfähig wäre. Maßgebend ist allein dessen wirtschaftliche Leistungsfähigkeit.

6 Der RA muss lediglich die gerichtliche Feststellung der Leistungsfähigkeit des Beschuldigten beantragen. Er ist nicht verpflichtet, einen bestimmten Forderungsbetrag zu beziffern, wenngleich dies in der Praxis praktikabel sein mag, insbesondere wenn in Betracht zu ziehen ist, dass der Beschuldigte lediglich zu Ratenzahlungen imstande ist.

7 Der Anspruch gegenüber dem Beschuldigten entfällt in dem Umfang, in dem die Staatskasse Gebühren an den Pflichtverteidiger gezahlt hat, andernfalls könnte der vom Gericht bestellte Verteidiger mehr Vergütung als ein vom Beschuldigten gewählter Verteidiger erhalten, was schon nicht Sinn der Vorschrift des § 100 BRAGO war.

2. Vorschuss und Auslagen (§ 52 Abs. 1)

8 Ausdrücklich normiert ist in **§ 52 Abs. 1 Satz 1 (2. Hs.)**, dass der gerichtlich bestellte Verteidiger wegen eines Anspruchs gegen den Beschuldigten und/oder den Betroffenen **keinen Vorschuss** fordern kann. Allerdings kann er eine freiwillig vom Beschuldigten geleistete Zahlung annehmen (BGH Rpfleger 1979, 412 m. w. N.). Für diesen Fall ist aus berufsrechtlichen Gründen empfehlenswert, den Beschuldigten darüber aufzuklären, dass dieser zu einer Zahlung nicht verpflichtet ist. Der bestellte Verteidiger darf seine Tätigkeit nicht von einer Vorschusszahlung abhängig machen. Eine erfolgte Zahlung ist auf die von der Staatskasse zu zahlenden Gebühren anzurechnen, was auch dann gilt, soweit die Zahlung vor der gerichtlichen Bestel-

lung erfolgte und zwar unabhängig davon, ob die Zahlung in Höhe der gesetzlichen Gebühren eines Wahlverteidigers oder aufgrund einer Honorarvereinbarung erfolgt ist. Hat der Beschuldigte bereits gezahlt, muss der RA die von der Staatskasse erhaltenen Beträge in einer entsprechenden Höhe an diese zurückzahlen. Zur Berechnung wird auf die Kommentierung zu § 58 verwiesen.

Im Übrigen gibt § 52 dem gerichtlich bestellten Anwalt keine Befugnis, von dem Beschuldigten die Erstattung von **Auslagen** zu fordern. Hierfür besteht auch kein Bedürfnis, da der gerichtlich bestellte RA bereits einen Anspruch auf Ersatz seiner Auslagen gegenüber der **Staatskasse** hat (§ 46). 9

Die Umsatzsteuer gehört zwar zu den Auslagen des RA (vgl. **Teil 7 VV**), gleichwohl ist diese ebenfalls vom Beschuldigten zu erstatten, soweit der RA einen Differenzvergütungsanspruch gegen diesen geltend machen kann. Sinn der Vorschrift ist die Gleichstellung des Pflichtverteidigers mit dem Wahlverteidiger, soweit die wirtschaftliche Leistungsfähigkeit des Beschuldigten dies zulässt. Dem würde es widersprechen, wenn ein Teil der Vergütung des Pflichtverteidigers um die Umsatzsteuer des Differenzvergütungsanspruchs gekürzt würde. 10

- **Berechnungsbeispiel** 11

Pflichtverteidigervergütung:

Grundgebühr in Strafsachen, Nr. 4100 VV RVG	€ 132,00
Verfahrensgebühr – vorbereitendes Verfahren – in Strafsachen, Nr. 4104 VV RVG	€ 112,00
Verfahrensgebühr – Amtsgericht – in Strafsachen, Nr. 4106 VV RVG	€ 112,00
Terminsgebühr, Hauptverhandlung Amtsgericht, Nr. 4108 VV RVG	€ 184,00
Post- und Telekommunikation, Nr. 7002 VV RVG	€ 20,00
Kopierkosten, 40 Kopien, Nr. 7000 Nr. 1.a) VV RVG	€ 20,00
Zwischensumme:	€ 580,00
19 % Umsatzsteuer, Nr. 7008 VV RVG	€ 92,80
Summe:	**€ 672,80**

Wahlverteidigervergütung (hier wird jeweils von der Angemessenheit der Mittelgebühren ausgegangen):

Grundgebühr in Strafsachen, Nr. 4100 VV RVG	€ 165,00
Verfahrensgebühr – vorbereitendes Verfahren – in Strafsachen, Nr. 4104 VV RVG	€ 140,00
Verfahrensgebühr – Amtsgericht – in Strafsachen, Nr. 4106 VV RVG	€ 140,00
Terminsgebühr, Hauptverhandlung Amtsgericht, Nr. 4108 VV RVG	€ 230,00
Post- und Telekommunikation, Nr. 7002 VV RVG	€ 20,00
Kopierkosten, 40 Kopien, Nr. 7000 Nr. 1.a) VV RVG	€ 20,00
Zwischensumme:	€ 715,00
19 % Umsatzsteuer, Nr. 7008 VV RVG	€ 114,40
Summe:	**€ 829,40**

Der Differenzvergütungsanspruch beträgt € 135,00 netto, somit € 156,60 incl. Umsatzsteuer. Wäre die hierauf entfallende Umsatzsteuer nicht vom Beschuldigten zu erstatten, so wäre der Pflichtverteidiger um € 21,60 schlechter gestellt als der Wahlanwalt.

Soweit der Anspruch des Rechtsanwalts auf einem quotalen Erstattungsanspruch des Beschuldigten gegen die Staatskasse beruht, ist die Berechnung wie folgt vorzunehmen (OLG Hamburg, Beschl. v. 03. 09. 2007, Az.: 2 Ws 194/07): 11a

a) Berechnung der Wahlverteidigergebühr für den Verfahrensabschnitt, für den der Erstattungsanspruch festgelegt wurde;

b) Abzug der für diesen Verfahrensabschnitt gezahlten Pflichtverteidigergebühren;

Abschnitt 8 – Beigeordneter oder bestellter Rechtsanwalt, Beratungshilfe

c) vom Restbetrag wird die Quote berechnet, in deren Höhe der Beschuldigte einen Erstattungsanspruch hat.

Der verbleibende Betrag kann dann gem. § 52 geltend gemacht werden. Zur Sicherung der Zahlungsansprüche des Rechtsanwalts empfiehlt es sich, diesbezüglich gem. § 43 zu verfahren.

11b • **Berechnungsbeispiel**

Im Revisionsverfahren erging Beschluss, wonach 1/3 der notwendigen Auslagen des Beschuldigten (nicht inhaftiert) die Staatskasse zu tragen hat. Die Wahlverteidigerhöchstgebühr ist angemessen.

a) Wahlverteidigervergütung

Verfahrensgebühr – Revisionsverfahren – in Strafsachen, Nr. 4130 VV RVG	€ 930,00
Post- und Telekommunikation, Nr. 7002 VV RVG	€ 20,00
Zwischensumme:	€ 950,00
19 % Umsatzsteuer, Nr. 7008 VV RVG	€ 180,50
Summe:	**€ 1.110,50**

b) Gezahlte Pflichtverteidigervergütung

Verfahrensgebühr – Revisionsverfahren – in Strafsachen, Nr. 4130 VV RVG	€ 412,00
Post- und Telekommunikation, Nr. 7002 VV RVG	€ 20,00
Zwischensumme:	€ 432,00
19 % Umsatzsteuer, Nr. 7008 VV RVG	€ 82,08
Summe:	**€ 514,08**
c) Offener Betrag:	€ 596,42
Hiervon 1/3 entsprechend der Kostenquote = auszuzahlender Betrag	**€ 198,81**

3. Leistungsfähigkeit (§ 52 Abs. 2)

12 § 52 Abs. 2 setzt voraus, dass der Beschuldigte leistungsfähig/zahlungsfähig ist, denn der Anspruch kann nur insoweit geltend gemacht werden, als dem Beschuldigten ein Erstattungsanspruch gegen die Staatskasse zusteht oder das Gericht des ersten Rechtszugs auf Antrag des Verteidigers feststellt, dass der Beschuldigte ohne Beeinträchtigung des für ihn und seine Familie notwendigen Unterhalts zur Zahlung oder zur Leistung von Raten in der Lage ist. Insoweit hat der RA als bestellter Verteidiger einen Antrag auf Feststellung der Zahlungsfähigkeit des Beschuldigten zu stellen, wobei dieser sowohl zu Protokoll der Geschäftsstelle als auch schriftlich erfolgen kann.

13 Das Gericht hat die Pflicht, im **Beschlussverfahren** nach den Vorschriften der StPO die Verhältnisse des Beschuldigten von Amts wegen zu ermitteln (Gerold/Schmidt/von Eicken/Madert/Müller-Rabe, a. a. O., § 52 Rn. 21). Insofern wird es jedoch sinnvoll sein, wenn der Pflichtverteidiger bei Antragstellung Ausführungen zu den wirtschaftlichen Verhältnissen des Beschuldigten, zu dessen beruflicher Stellung, seinem Einkommen etc. macht, soweit dies nicht mit seiner anwaltlichen Schweigepflicht kollidiert.

14 Maßgeblicher Zeitpunkt für die wirtschaftlichen Verhältnisse des Beschuldigten ist der Zeitpunkt der Entscheidung des Gerichts, was sich aus der eindeutigen Formulierung des Gesetzestextes ergibt, wonach zu prüfen ist, ob der Beschuldigte zur Zahlung oder zur Leistung von Raten in der Lage **ist**. Insofern kann es für den RA taktisch sinnvoll sein, mit der Antragstellung (bei erwarteter Verbesserung der wirtschaftlichen Verhältnisse des Beschuldigten, z. B. wegen eines neuen Arbeitsplatzes) abzuwarten.

14a Der Rechtsanwalt ist jedoch nicht gehalten, mit der Antragstellung bis zum rechtskräftigen Abschluss des Verfahrens abzuwarten. Die Feststellung der Zahlungsfähigkeit kann beantragt werden, sobald die Vergütung fällig ist, so z. B. nach Abschluss der Instanz (KG, Beschl. v. 07. 03. 2007, Az.: 1 Ws 21/07).

Funktional zuständig für die Entscheidung über den Antrag ist das Gericht des ersten Rechts- 15
zugs; für den Fall, dass das Verfahren nicht gerichtlich anhängig geworden ist, entscheidet das Gericht, das den Verteidiger bestellt hat (§ 52 Abs. 2 Satz 2).

4. Darlegungsfrist (§ 52 Abs. 3)

Das Gericht setzt dem Beschuldigten eine Frist zur Darlegung seiner persönlichen und wirt- 16
schaftlichen Verhältnisse (§ 52 Abs. 3 Satz 1 Hs. 2), sobald der Antrag nach § 52 Abs. 2 Satz 1 gestellt worden ist. Zur Neuregelung gegenüber der bisherigen Regelung des § 100 BRAGO führt der Gesetzgeber aus, dass der Beschuldigte dadurch verpflichtet wird, gegenüber dem Gericht seine Einkommens- und Vermögensverhältnisse entsprechend einem Antrag auf Bewilligung von Prozesskostenhilfe darzulegen, was sich auch daraus ergibt, dass die Norm im zweiten Halbsatz § 117 Abs. 2–4 ZPO als analog anwendbar bestimmt.

Kommt der Beschuldigte seiner Verpflichtung innerhalb der Darlegungsfrist nicht nach, so 17
wird seine **Leistungsfähigkeit** gesetzlich vermutet, was sich aus **§ 52 Abs. 3 Satz 2** ergibt. Eine etwaige Untätigkeit oder fehlende Mitwirkung des Beschuldigten soll nicht zu Lasten des RA gehen (KG, Beschl. v. 07. 03. 2007, Az.: 1 Ws 21/07).

5. Sofortige Beschwerde (§ 52 Abs. 4)

Entsprechend § 100 Abs. 2 Satz 3 BRAGO bestimmt **§ 52 Abs. 4,** dass gegen den Beschluss 18
nach Abs. 2 die **sofortige Beschwerde** nach den Vorschriften der §§ 304–311 a StPO zulässig ist.

Beschwerdeberechtigt sind sowohl der Pflichtverteidiger, wenn die Feststellung der Leis- 19
tungsfähigkeit ganz oder teilweise abgelehnt bzw. der Beschuldigte, soweit die Leistungsfähigkeit ganz oder teilweise festgestellt worden ist. Erstattungspflichtige Dritte sind demgegenüber nicht beschwerdeberechtigt, da sie nur mittelbar berührt werden. Dies gilt insbesondere auch für die Staatskasse, der nach § 467 StPO die notwendigen Auslagen des Beschuldigten auferlegt worden sind (Gebauer/Schneider, a. a. O., § 100 Rn. 63; OLG Hamm Rpfleger 1962, 187; OLG Karlsruhe NJW 1968, 857).

Die **Beschwerdefrist** beträgt gem. § 311 Abs. 2 StPO eine Woche ab Bekanntgabe der Entschei- 20
dung über die Feststellung der Leistungsfähigkeit bzw. Ablehnung derselben. Gem. § 304 Abs. 3 StPO muss die Beschwer € 200,00 übersteigen. Ein **Anwaltszwang** besteht nicht. Die Beschwerde kann daher auch zu Protokoll der Geschäftsstelle erklärt werden (Hartmann, a. a. O., § 100 Rn. 64, 65; Hansens, a. a. O., § 100 Rn. 15).

6. Verjährungsfrist (§ 52 Abs. 5)

§ 52 Abs. 5 Satz 1 besagt, dass der für den Beginn der Verjährung maßgebende Zeitpunkt mit 21
der Rechtskraft der das Verfahren abschließenden gerichtlichen Entscheidung eintritt, in Ermangelung einer solchen mit der Beendigung des Verfahrens. Die Verjährungsfrist beträgt drei Jahre. Die Verjährungsfrist beginnt also nicht schon mit der Beendigung des Rechtszugs.

Zu beachten ist, dass der Antrag des Verteidigers den Lauf der Verjährungsfrist hemmt (**§ 52** 22
Abs. 5 Satz 2), jedoch nicht unterbricht. Die Hemmung endet sechs Monate nach der Rechtskraft der Entscheidung des Gerichts über den Antrag (**§ 52 Abs. 5 Satz 3**).

7. Bußgeldverfahren (§ 52 Abs. 6)

Nach § 52 Abs. 6 wird der Anwendungsbereich von § 52 Abs. 1–5 auf das **Bußgeldverfahren** 23
vor der **Verwaltungsbehörde** erweitert. Gegen die Entscheidung der Verwaltungsbehörde

Abschnitt 8 – Beigeordneter oder bestellter Rechtsanwalt, Beratungshilfe

findet nicht die sofortige Beschwerde, sondern der Rechtsbehelf aus § 62 OWiG statt, was sich aus der Gesetzesbegründung ergibt.

III. Auswirkung auf die Praxis

24 Für den RA ist insbesondere **§ 52 Abs. 3** bedeutsam, wonach der Beschuldigte verpflichtet ist, gegenüber dem Gericht seine Einkommens- und Vermögensverhältnisse wie bei einem Antrag auf Bewilligung von Prozesskostenhilfe darzulegen. Kommt der Beschuldigte der Aufforderung innerhalb der gesetzten Frist nicht nach, wird seine Leistungsfähigkeit vermutet.

§ 53
Anspruch gegen den Auftraggeber, Anspruch des zum Beistand bestellten Rechtsanwalts gegen den Verurteilten

(1) Für den Anspruch des dem Privatkläger, dem Nebenkläger, dem Antragsteller im Klageerzwingungsverfahren oder des sonst in Angelegenheiten, in denen sich die Gebühren nach Teil 4, 5 oder 6 des Vergütungsverzeichnisses bestimmen, beigeordneten Rechtsanwalts gegen seinen Auftraggeber gilt § 52 entsprechend.

(2) ¹Der dem Nebenkläger oder dem nebenklageberechtigten Verletzten als Beistand bestellte Rechtsanwalt kann die Gebühren eines gewählten Beistands nur von dem Verurteilten verlangen. ²Der Anspruch entfällt insoweit, als die Staatskasse die Gebühren bezahlt hat.

Inhaltsübersicht

	Rn.		Rn.
A. Abgrenzung zu § 52	1	I. Prozesskostenhilfe	2
B. Der Tatbestand im Einzelnen	2	II. Höhe der Vergütung	5

A. Abgrenzung zu § 52

§ 52 bezieht sich auf den Pflichtverteidiger und dessen Differenzvergütungsanspruch gegen den Beschuldigten, § 53 Abs. 1 bezieht sich auf den RA, der im Wege der Prozesskostenhilfe dem Nebenkläger, Privatkläger etc. beigeordnet wurde. Ansonsten ist der Regelungsgehalt mit § 52 deckungsgleich. Zu beachten ist, dass sich dies ausschließlich auf Ansprüche gegenüber dem Mandanten bezieht. Die Möglichkeit z. B. des RA als Nebenklägervertreter, gegen den Beschuldigten (je nach Inhalt der Kostenentscheidung) Ansprüche geltend zu machen, ist hiervon unabhängig. 1

B. Der Tatbestand im Einzelnen

I. Prozesskostenhilfe

Die **Beiordnung** des RA erfolgt im Wege der **Prozesskostenhilfe,** und zwar den §§ 114 ff. ZPO entsprechend. 2

§ 53 Abs. 1 umfasst u. a. die Beiordnung eines Vertreters des Antragstellers als Nebenklägervertreter (§§ 395, 397 a StPO), als Zeugenbeistand (§ 68 b StPO), im Adhäsionsverfahren (§ 404 Abs. 5 StPO) und im Klageerzwingungsverfahren (§ 172 Abs. 3 Satz 2 Hs. 2 StPO); bei Vertretung des Beschuldigten, soweit dieser im Adhäsionsverfahren auf vermögensrechtliche Ansprüche in Anspruch genommen wird (§ 404 Abs. 5 StPO), ist hingegen § 52 anzuwenden (s. o. § 52 Rn. 3). 3

Soweit § 53 Abs. 2 den Regelungsinhalt des § 102 Abs. 2 Satz 2 BRAGO übernimmt, werden damit die Bestellungen eines Beistands für den Nebenkläger (§ 397 a Abs. 1 StPO), den nebenklageberechtigten Verletzten (§ 406 g Abs. 3 Nr. 1 StPO) sowie für einen Zeugen nach § 68 b StPO in der Hauptverhandlung erfasst (OLG Hamm AGS 2000, 177 = AnwBl. 2000, 700 = JurBüro 2000, 532). Die Bestellung als Beistand gem. § 397 a Abs. 1 StPO schließt allerdings die Bestellung als Zeugenbeistand gem. § 68 b StPO aus (Meyer-Goßner StPO § 397 a Rn. 2). 4

Abschnitt 8 – Beigeordneter oder bestellter Rechtsanwalt, Beratungshilfe

II. Höhe der Vergütung

5 § 53 Abs. 1 nimmt Bezug auf § 52, so dass der Anspruch gegen den Auftraggeber sowie der Anspruch des zum Beistand bestellten RA gegen den Verurteilten sich nach dieser Vorschrift bestimmt und mithin dem Anspruch gegen den Beschuldigten oder den Betroffenen gleichgestellt ist. Es kann daher auf die Kommentierung zu § 52 verwiesen werden.

6 Der dem Nebenkläger oder dem nebenklageberechtigten Verletzten als **Beistand** bestellte RA kann die Gebühren eines gewählten Beistands nur von dem Verurteilten verlangen, nicht jedoch von seinem Mandanten, was sich aus § 53 Abs. 2 Satz 1 ergibt. In dem Umfang, in dem die **Staatskasse** die Gebühren bezahlt hat, entfällt der Anspruch gegen den Verurteilten (**§ 53 Abs. 2 Satz 2**).

6a In beiden Fällen gilt, dass gegenüber der Staatskasse nur die Gebühren eines beigeordneten Verteidigers geltend gemacht werden können (Meyer-Goßner StPO § 397 a Rn. 17).

§ 54
Verschulden eines beigeordneten oder bestellten Rechtsanwalts

Hat der beigeordnete oder bestellte Rechtsanwalt durch schuldhaftes Verhalten die Beiordnung oder Bestellung eines anderen Rechtsanwalts veranlasst, kann er Gebühren, die auch für den anderen Rechtsanwalt entstehen, nicht fordern.

Inhaltsübersicht

	Rn.		Rn.
A. Allgemeines	1	II. Beiordnung eines anderen Rechtsanwalts	8
B. Tatbestand	2	III. Gebührenkürzung	11
I. Verschulden des Rechtsanwalts	2		

A. Allgemeines

§ 54 gilt – im Unterschied zu den vorhergehenden Vorschriften – nicht nur für die in den **Teilen 4–6 VV** geregelten Angelegenheiten, sondern in allen gerichtlichen Verfahren, in denen eine Beiordnung oder Bestellung in Betracht kommt. **1**

B. Tatbestand

I. Verschulden des Rechtsanwalts

Es muss ein Verschulden des RA vorliegen. Ein Verschulden der Partei – z. B. eine Mandatskündigung – ist nicht geeignet, zum Nachteil des ersten RA die Rechtsfolge des § 54 auszulösen. **2**

Der beigeordnete oder bestellte RA hat kein Recht zur Kündigung des Mandats, auch nicht bei angenommenen wichtigen Kündigungsgründen (z. B. Falschinformation durch die Partei). Dies gilt ebenso für eine Niederlegung der Vollmacht. Er muss stattdessen die Aufhebung seiner Bestellung oder Beiordnung beantragen und dies begründen. **3**

Der zunächst beigeordnete RA handelt bereits dann vorwerfbar, soweit er gegen dasjenige Sorgfaltsmaß verstößt, das man von ihm unter Berücksichtigung der gesamten Umstände des Einzelfalls und bei Zugrundelegung durchschnittlicher, rechtlicher Kenntnisse sowie bei Beachtung der Berufserfahrung dieses Anwalts hatte erwarten können. Es ist daher weder ein zu strenger noch ein zu großzügiger Maßstab geboten (Hartmann, a. a. O., § 125 Rn. 7). **4**

Bei Übernahme des Mandats hat der beigeordnete RA daher zu überprüfen, ob er die **Geschäftsbesorgung** voraussichtlich bis zum Schluss wird ausführen können (Gebauer/Schneider, a. a. O., § 125 Rn. 8; OLG Bamberg JurBüro 1984, 1562; OLG Frankfurt AnwBl. 1984, 205). Ein schuldhaftes Verhalten des Rechtsanwalts kann vorliegen, wenn dieser trotz bereits bestehender erheblicher Arbeitsbelastung seine Beiordnung als Pflichtverteidiger beantragt, ohne den Umfang dieses Verfahrens einschätzen zu können (OLG Jena, Beschl. v. 20. 03. 2006, Az.: 1 Ws 407/05). **5**

Bei der Aufgabe der Zulassung ist zu prüfen, wodurch diese begründet wird. Bei Krankheit oder wegen hohen Alters ist kein Verschulden anzunehmen (OLG Frankfurt JurBüro 1974, 1599). Verschweigt demgegenüber der RA bei der Beiordnung seine Absicht, die Zulassung im weiteren Verlauf aufzugeben, so wird dies regelmäßig als Verschulden anzusehen sein (Gerold/Schmidt/von Eicken/Madert, a. a. O., § 54 Rn. 16; OLG Frankfurt AnwBl. 1984, 205). **6**

Abschnitt 8 – Beigeordneter oder bestellter Rechtsanwalt, Beratungshilfe

7 Für ein schuldhaftes Verhalten ist ein grobes Verschulden nach dem Gesetzeswortlaut und dem Sinn der Vorschrift nicht erforderlich, so dass bereits eine leichte Fahrlässigkeit genügt.

II. Beiordnung eines anderen Rechtsanwalts

8 Nur soweit der zuerst beigeordnete RA durch sein schuldhaftes Verhalten die Beiordnung eines anderen RA veranlasst hat, kann er die Gebühren, die auch für den anderen RA entstehen, nicht fordern, wobei das Verschulden eines Erfüllungsgehilfen ausreichend ist.

9 Somit tritt die Folge des § 54 nicht ein, wenn zwar ein Verschulden des RA vorliegt, nachfolgend aber kein anderer RA beigeordnet oder bestellt wird.

10 Obwohl nach dem Wortlaut der Vorschrift das Gesetz nur von **Gebühren** spricht, gilt dies auch für nochmals entstehende **Auslagen** (Gerold/Schmidt/von Eicken/Madert, a. a. O., § 54 Rn. 11; OLG Hamburg Rpfleger 1977, 420).

III. Gebührenkürzung

11 Der Gebührenanspruch des zuerst beigeordneten RA verringert sich um denjenigen Vergütungsanspruch, den der nunmehr beigeordnete RA von der Staatskasse fordern kann. Soweit Gebühren doppelt anfallen, muss der erste RA bei einem von ihm verschuldeten Anwaltswechsel zurückstehen, denn § 54 will vermeiden, dass der Staatskasse durch ein Anwaltsverschulden Mehrkosten entstehen. Die Norm soll hingegen keine Kostenersparnis zu Lasten des ersten Anwalts bewirken.

- **Beispiel 1**

In einem Zivilrechtsstreit hat RA A. Klage eingereicht vor dem 30.06.2004. RA B. erhält infolge Verschuldens von RA A. am 30.07.2004 das Mandat.

RA A. hat gem. § 54 keinen Anspruch auf eine 10/10 Prozessgebühr gem. § 31 Abs. 1 Nr. 1 BRAGO. Er wird aber nicht mit der 1,3 Verfahrensgebühr gem. Nr. 3100 VV, die bei RA B. entstanden ist, belastet.

- **Beispiel 2**

RA A. ist im Ermittlungsverfahren als Pflichtverteidiger beigeordnet. Sein Mandant ist seit Beginn des Mandats in Haft, wird jedoch alsbald aus der Haft entlassen. Danach wird infolge Verschuldens von RA A. dessen Bestellung zurückgenommen und RA B. als Pflichtverteidiger bestellt.

RA A. hat gem. § 54 Anspruch auf die Gebühren gem. Nr. 4101, 4105 VV insoweit, als diese die bei RA B. entstandenen Gebühren gem. Nr. 4100, 4104 VV übersteigen. Ihm verbleibt also in diesem Beispielsfall der Haftzuschlag, nachdem dieser Gebührenanspruch nur bei RA A., nicht jedoch bei RA B. entstanden ist.

11a § 54 bezieht sich nur auf die Gebühren, nicht auf die Auslagen (z. B. Kopierkosten). Ob diese zu erstatten sind, richtet sich nach § 46 (OLG Jena, Beschl. v. 20.03.2006, 1 Ws 407/06).

§ 55
Festsetzung der aus der Staatskasse zu zahlenden Vergütungen und Vorschüsse

(1) ¹Die aus der Staatskasse zu gewährende Vergütung und der Vorschuss hierauf werden auf Antrag des Rechtsanwalts von dem Urkundsbeamten der Geschäftsstelle des Gerichts des ersten Rechtszugs festgesetzt. ²Ist das Verfahren nicht gerichtlich anhängig geworden, erfolgt die Festsetzung durch den Urkundsbeamten der Geschäftsstelle des Gerichts, das den Verteidiger bestellt hat.

(2) In Angelegenheiten, in denen sich die Gebühren nach Teil 3 des Vergütungsverzeichnisses bestimmen, erfolgt die Festsetzung durch den Urkundsbeamten des Gerichts des Rechtszugs, solange das Verfahren nicht durch rechtskräftige Entscheidung oder in sonstiger Weise beendet ist.

(3) Im Fall der Beiordnung einer Kontaktperson (§ 34a des Einführungsgesetzes zum Gerichtsverfassungsgesetz) erfolgt die Festsetzung durch den Urkundsbeamten der Geschäftsstelle des Landgerichts, in dessen Bezirk die Justizvollzugsanstalt liegt.

(4) Im Fall der Beratungshilfe wird die Vergütung von dem Urkundsbeamten der Geschäftsstelle des in § 4 Abs. 1 des Beratungshilfegesetzes bestimmten Gerichts festgesetzt.

(5) ¹§ 104 Abs. 2 der Zivilprozessordnung gilt entsprechend. ²Der Antrag hat die Erklärung zu enthalten, ob und welche Zahlungen der Rechtsanwalt bis zum Tag der Antragstellung erhalten hat; Zahlungen, die er nach diesem Zeitpunkt erhalten hat, hat er unverzüglich anzuzeigen.

(6) ¹Der Urkundsbeamte kann vor einer Festsetzung der weiteren Vergütung (§ 50) den Rechtsanwalt auffordern, innerhalb einer Frist von einem Monat bei der Geschäftsstelle des Gerichts, dem der Urkundsbeamte angehört, Anträge auf Festsetzung der Vergütungen, für die ihm noch Ansprüche gegen die Staatskasse zustehen, einzureichen oder sich zu den empfangenen Zahlungen (Absatz 5 Satz 2) zu erklären. ²Kommt der Rechtsanwalt der Aufforderung nicht nach, erlöschen seine Ansprüche gegen die Staatskasse.

(7) ¹Die Absätze 1 und 5 gelten im Bußgeldverfahren vor der Verwaltungsbehörde entsprechend. ²An die Stelle des Urkundsbeamten der Geschäftsstelle tritt die Verwaltungsbehörde.

Inhaltsübersicht

	Rn.
A. Allgemeines	1
B. Einzelne Verfahrensarten	2
I. Beiordnung als Pflichtverteidiger etc.	2
1. Voraussetzungen des Antrags	2
2. Formalien des Antrags	5
3. Zuständigkeit für den Antrag	8
4. Inhalt des Antrags	12
II. Prozesskostenhilfe	21
1. Voraussetzungen des Antrags (§ 55 Abs. 1)	21
2. Formalien des Antrags	24
3. Zuständigkeit für den Antrag	25
4. Inhalt des Antrags	26
5. Erklärungspflicht des RA	27
6. Weitere Vergütung gem. § 50	28
a) Antragsfrist	29
b) Anspruchsverlust	30
III. Beratungshilfe (§ 55 Abs. 4)	31
IV. Bußgeldverfahren (§ 55 Abs. 7)	32

A. Allgemeines

Regelungsinhalt von § 55 ist die Zuständigkeit zur Festsetzung der Vergütung des beigeordneten oder bestellten RA. Die Vorschrift gilt ebenso für Vergütungsansprüche als Pflichtverteidiger, wie für Ansprüche aufgrund von Prozesskostenhilfe oder Beratungshilfe; sie gilt 1

Abschnitt 8 – Beigeordneter oder bestellter Rechtsanwalt, Beratungshilfe

auch für den nach § 57 oder § 58 ZPO als Prozesspfleger bestellten RA (vgl. **§ 45 Abs. 1**), sowie für den nach § 11 a ArbGG oder nach § 4 a InsO beigeordneten RA (vgl. **§ 12 Satz 1**).

B. Einzelne Verfahrensarten

I. Beiordnung als Pflichtverteidiger etc.

1. Voraussetzungen des Antrags

2 Voraussetzung für einen Antrag gem. **§ 55 Abs. 1 S. 1** ist eine Beiordnung als Pflichtverteidiger. Grundlage hierfür ist ein Beschluß des Gerichts gem. § 140 StPO, gem. § 408 b StPO, § 418 Abs. 4 StPO, § 463 Abs. 3 Satz 5 StPO oder, falls Jugendstrafrecht zur Anwendung kommt, gem. § 68 JGG. Weiterhin kommt als Grundlage einer Bestellung als Beistand in Betracht § 40 Abs. 2 oder § 53 Abs. 2 IRG, weiterhin die Bestellung als Beistand des Nebenklägers (§ 397 a Abs. 1 StPO), die Beiordnung für den Nebenkläger im Rahmen der Prozesskostenhilfe (§ 397 a Abs. 2 StPO) oder die Bestellung als Zeugenbeistand (§ 68 b StPO).

3 Eine rückwirkende Bestellung als Pflichtverteidiger ist unzulässig (Meyer-Goßner StPO § 141 Rn. 7; KG StV 2007, 343 f.). Es käme daher nicht in Betracht, etwa nach Urteilsverkündung oder gar nach Rechtskraft noch einen Beschluss gem. § 140 StPO zu erlassen. Denkbar ist jedoch, dass eine stillschweigende Beiordnung erfolgt ist (a. a. O.). Dies ist insbesondere dann in Betracht zu ziehen, wenn der Beschluss über die Beiordnung lediglich infolge eines Versehens unterblieben ist (insbesondere wenn die Voraussetzungen eindeutig vorlagen, z. B. weil ein Verbrechen angeklagt war – § 140 Abs. 1 Nr. 2 StPO) oder wenn es im konkreten Einzelfall ständiger Handhabung entsprach, dass die Beiordnung stillschweigend erfolgte (regelmäßig wiederkehrende Beiordnung im Rahmen einer gerichtlichen Überprüfung gem. § 67 e StGB – OLG Jena, Beschl. v. 25. 11. 2005, Az.: 1 Ws 226/05). Nach neuerer Rechtsprechung ist auch eine rückwirkende Beiordnung zulässig, wenn der Antrag rechtzeitig gestellt wurde und die gesetzlichen Voraussetzungen für eine Beiordnung vorlagen (LG Dortmund StV 2007, 344; LG Frankenthal StV 2007, 344; LG Erfurt StV 2007, 346).

4 Bei Rücknahme der Bestellung – z. B. gem. § 143 StPO oder weil die Voraussetzungen des § 140 Abs. 1 Nr. 5 StPO nicht mehr vorliegen – bleiben die bis zur Rücknahme erfüllten Gebührentatbestände unberührt und können gegenüber der Staatskasse geltend gemacht werden.

2. Formalien des Antrags

5 Eine Schriftform ist für den Antrag nicht vorgeschrieben. Der Antrag kann daher auch zu Protokoll der Geschäftsstelle erklärt werden. Ebenso kommt eine Übermittlung des Antrags im Wege der elektronischen Datenübertragung in Betracht (*Schnapp* in Gebauer/Schneider § 55 Rn. 15). Gleichwohl wird in der Praxis an schriftlicher Antragstellung kein Weg vorbeiführen. Soweit sich der Antrag auf die gesetzliche Vergütung bezieht, mithin auf die Gebühren und Auslagen, die der RA festgesetzt haben will, so muss der **Antrag** eine **Kostenrechnung** enthalten, welche den Voraussetzungen des § 10 zu entsprechen hat (so dass sich das Schriftformerfordernis auch hieraus ergibt).

6 Eine Frist ist für die Einreichung des Antrags nicht bestimmt. Somit gelten die allgemeinen Vorschriften. Gem. § 195 BGB beträgt die Verjährungsfrist für Vergütungsansprüche des Rechtsanwalts 3 Jahre. Die Frist beginnt mit dem Ende des Kalenderjahres, in der die Leistung verlangt werden kann (§ 199 Abs. 1 BGB). Dies gilt auch für Vergütungsansprüche des Rechtsanwalts gegenüber der Staatskasse. Ausnahmsweise soll bereits vor Ablauf der Verjährungsfrist die Antragstellung als verspätet gelten, wenn nach den Gesamtumständen nicht mehr damit gerechnet werden musste, dass ein Vergütungsanspruch noch erhoben wird (*Schnapp* in Gebauer/Schneider § 55 Rn. 18).

Festsetzung der aus der Staatskasse zu zahlenden Vergütungen und Vorschüsse | § 55

Der Rechtsanwalt hat die Möglichkeit, einen von ihm als unrichtig erkannten Antrag nachzubessern. Hierfür gilt ebenfalls die o. g. Verjährungsfrist. Allerdings soll nach der Rechtsprechung – in analoger Anwendung von § 20 GKG – eine Nachbesserung nur zulässig sein, wenn sie bis zum Ende des auf die Endabrechnung folgenden Kalenderjahres erfolgt (*Schnapp* in Gebauer/Schneider § 55 Rn. 18 m. w. N.). 7

3. Zuständigkeit für den Antrag

Zuständig für die Festsetzung ist grundsätzlich der **Urkundsbeamte** der Geschäftsstelle des Gerichts des ersten Rechtszugs, so dass danach der Antrag auch zu Protokoll der Geschäftsstelle erklärt werden kann. Der Urkundsbeamte wird als unabhängiges Gerichtsorgan tätig (Gerold/Schmidt/von Eicken/Madert, a. a. O., § 55 Rn. 4; OLG Koblenz MDR 1975, 75). Das Gericht des ersten Rechtszuges ist auch dann für die Festsetzung zuständig, wenn die Beiordnung als Pflichtverteidiger erst in der Rechtsmittelinstanz erfolgte. 8

Aus **§ 55 Abs. 1 Satz 2** folgt, dass, soweit das Verfahren nicht gerichtlich anhängig geworden ist, die Festsetzung durch den Urkundsbeamten der Geschäftsstelle des Gerichts, das den Verteidiger bestellt hat, zu erfolgen hat. 9

Diese Zuständigkeit gilt auch dann, soweit der RA von einem Gericht höherer Instanz bestellt worden ist. Hat z. B. der **BGH** den Verteidiger bestellt und ist daher die **Bundeskasse** für die Vergütung zuständig, so hat der Urkundsbeamte der Geschäftsstelle des Gerichts des ersten Rechtszugs die Durchschrift des Festsetzungsgesuchs dem BGH zur Erteilung der Auszahlungsanordnung zu übersenden (Gerold/Schmidt/von Eicken/Madert, a. a. O., § 55 Rn. 4; Riedel/Sußbauer, a. a. O., § 98 A 3). 10

Ist der RA nach § 34 a des Einführungsgesetzes zum Gerichtsverfassungsgesetz als **Kontaktperson** beigeordnet, so bestimmt **§ 55 Abs. 3,** dass die Festsetzung durch den Urkundsbeamten der Geschäftsstelle des Landgerichts erfolgt, in dessen Bezirk die **Justizvollzugsanstalt** liegt. 11

4. Inhalt des Antrags

§ 55 Abs. 1 beinhaltet neben dem Antrag auf Festsetzung der **Vergütung** auch die Möglichkeit, einen **Vorschuss** festsetzen zu lassen, soweit dies nach dem Gesetz in Betracht kommt (also nicht z. B. bei einer Pauschgebühr gem. § 42, wohl aber bei einer Pauschgebühr gem. § 51). 12

Die Berechnung der Vergütung ergibt sich aus dem VV. Der Verteidiger hat die Verfahrensabschnitte zu benennen, in denen er tätig war. Zu beachten ist, dass die Beiordnung als Pflichtverteidiger auch die Verfahrensabschnitte umfasst, die vor der Beiordnung lagen, allerdings nur auf die jeweilige Instanz bezogen (vgl. § 48 Abs. 5). 13

- **Beispiel 1** 14
Der Verteidiger war in 1. Instanz bereits im Vorverfahren tätig. Er wurde in der Hauptverhandlung als Pflichtverteidiger beigeordnet. Er kann gegenüber der Staatskasse als Pflichtverteidigergebühren beanspruchen eine Grundgebühr, eine Verfahrensgebühr für das vorbereitende Verfahren, eine Verfahrensgebühr für das gerichtliche Verfahren und eine Terminsgebühr für die Hauptverhandlung.

- **Beispiel 2** 15
Der Verteidiger wurde während des gerichtlichen Verfahrens mandatiert und in der Hauptverhandlung als Pflichtverteidiger beigeordnet. Er kann gegenüber der Staatskasse als Pflichtverteidigergebühren beanspruchen eine Grundgebühr, eine Verfahrensgebühr für das gerichtliche Verfahren und eine Terminsgebühr für die Hauptverhandlung.

16 • **Beispiel 3**
Der Verteidiger war in der 1. Instanz und in der Berufungsinstanz tätig. Er wurde in der Berufungsverhandlung als Pflichtverteidiger beigeordnet. Er kann gegenüber der Staatskasse als Pflichtverteidigergebühren beanspruchen eine Verfahrensgebühr für das Berufungsverfahren und eine Terminsgebühr für die Berufungsverhandlung.

17 • **Beispiel 4**
Der Verteidiger wurde erst während des Berufungsverfahrens mandatiert und in der Berufungsverhandlung als Pflichtverteidiger beigeordnet. Er kann gegenüber der Staatskasse als Pflichtverteidigergebühren beanspruchen eine Grundgebühr, eine Verfahrensgebühr für das Berufungsverfahren und eine Terminsgebühr für die Berufungsverhandlung.

18 Zur Berücksichtigung des Gebührenansatzes ist es ausreichend, soweit der Verteidiger denselben glaubhaft macht, was sich ausdrücklich aus **§ 55 Abs. 5 Satz 1** ergibt, der § 104 Abs. 2 ZPO als entsprechend anwendbar erklärt. Die **Glaubhaftmachung** erfolgt nach § 294 ZPO.

19 Bezogen auf die **Auslagen** genügt die Angabe des Gesamtbetrages und zur Glaubhaftmachung die Versicherung des Verteidigers, dass dieselben entstanden sind (LG Frankenthal AnwBl. 1985, 157). Bei ungewöhnlich hohen Auslagen entstehen entsprechend hohe Anforderungen an die Darlegung und Glaubhaftmachung (KG NJW 1976, 1272).

20 Schreibauslagen hat der Verteidiger im Einzelnen glaubhaft zu machen, weil diese nicht in § 104 Abs. 2 Satz 2 ZPO miterwähnt sind (Hartmann, a. a. O., § 98 Rn. 7).

II. Prozesskostenhilfe

1. Voraussetzungen des Antrags (§ 55 Abs. 1)

21 Voraussetzung ist hier für einen Vergütungsantrag gem. § 55 Abs. 1, dass der Rechtsanwalt dem Mandanten im Wege der Prozesskostenhilfe beigeordnet wurde (vgl. §§ 114 ff. ZPO).

22 Hierbei ist zu beachten, dass Prozesskostenhilfe für jede Instanz gesondert beantragt werden muss (§ 119 Abs. 1 Satz 1 ZPO), während die Bestellung als Pflichtverteidiger insoweit nicht beschränkt ist (was allerdings grundsätzlich durch entsprechenden Gerichtsbeschluss möglich wäre, vgl. Meyer-Goßner § 140 StPO Rn. 6), sondern erst mit der Rechtskraft des Verfahrens (oder mit der Rücknahme der Bestellung) endet.

23 Weiter ist zu beachten, dass die Beiordnung im Wege der Prozesskostenhilfe beschränkt ist auf die Vergütung, die bei einem ortsansässigen Rechtsanwalt entstehen würde (vgl. § 121 Abs. 3 ZPO). Fahrtkosten, die bei Beiordnung eines auswärtigen Rechtsanwalts entstehen, werden daher von der Staatskasse nicht erstattet, es sei denn, dass die Fahrtkosten auch bei einem ortsansässigen Rechtsanwalt entstanden wären (Beispiel: Beweistermin, kommissarische Zeugenvernehmung oder sonstiger Termin außerhalb des Gerichtsortes). Auch diese Einschränkungen gelten bei der Pflichtverteidigerbestellung nicht; eine Beschränkung auf die Vergütung eines ortsansässigen Rechtsanwalts wäre unzulässig (Meyer-Goßner § 142 StPO Rn. 6; OLG Brandenburg AGS 2007, 77 f.).

2. Formalien des Antrags

24 Die obigen Ausführungen (Rn. 5–7) gelten hier entsprechend.

3. Zuständigkeit für den Antrag

25 Nach **§ 55 Abs. 2** ist in Angelegenheiten, in denen sich die Gebühren nach Teil 3 des Vergütungsverzeichnisses bestimmen, mithin in bürgerlichen Rechtsstreitigkeiten, Verfahren der freiwilligen Gerichtsbarkeit, der öffentlich-rechtlichen Gerichtsbarkeiten sowie Verfahren nach dem Strafvollzugsgesetz und ähnlichen Verfahren, vor dem rechtskräftigen Abschluss

des Verfahrens der Urkundsbeamte des Gerichts des Rechtszugs, in dem die beantragten Gebühren entstanden sind, für die Festsetzung zuständig. Dies gilt, solange das Verfahren nicht beendet ist. Ist dies der Fall, verbleibt es bei der Zuständigkeit gem. § 55 Abs. 1.

4. Inhalt des Antrags

Die Regelung nimmt in § 55 Abs. 5 Satz 1 ausdrücklich Bezug auf § 104 Abs. 2 ZPO, der analog gilt und aus dem folgt, dass es zur Berücksichtigung des Ansatzes des Vergütungsanspruchs genügt, soweit derselbe glaubhaft gemacht wird (§ 294 ZPO). Aus der analog anzuwendenden Norm ergibt sich des Weiteren, dass hinsichtlich der dem RA erwachsenen Auslagen für Post- und Telekommunikationsdienstleistungen es genügt, zu versichern, dass diese Auslagen entstanden sind.

5. Erklärungspflicht des RA

Aus § 55 Abs. 5 Satz 2 folgt, dass darüber hinaus der Antrag die Erklärung enthalten muss, ob und welche Zahlungen der Rechtsanwalt bis zum Tag der Antragstellung erhalten hat; Zahlungen, die er nach diesem Zeitpunkt erhält, hat er unverzüglich – ohne schuldhaftes Zögern (§ 126 BGB) – anzuzeigen. Beides gilt auch für Zahlungen, die nach der Berechnung des RA anrechnungsfrei sind i. S. v. § 58; es ist somit jede Zahlung anzugeben. Wird dies unterlassen, so kommt eine berufsrechtliche, ggf. auch eine strafrechtliche Relevanz des Verhaltens des RA in Betracht.

6. Weitere Vergütung gem. § 50

§ 55 Abs. 6 regelt das **Festsetzungsverfahren,** nämlich die besonderen Antragsvoraussetzungen, die Mitwirkungspflicht des beigeordneten RA bei der Überprüfung dieses Antrags durch den Urkundsbeamten der Geschäftsstelle und die sich für den Fall einer Nichtbeachtung dieser Pflicht ergebenden Rechtsfolgen, soweit der RA die Festsetzung einer weiteren Vergütung nach § 50 begehrt.

a) Antragsfrist

Im Gegensatz zum Antrag des beigeordneten RA auf Festsetzung seiner **Grundvergütung,** der keinerlei Befristung unterliegt, ermächtigt die Norm den Urkundsbeamten der Geschäftsstelle, dem beigeordneten RA für die Stellung des Antrags auf weitere Vergütung (§ 50) eine **Ausschlussfrist** von einem Monat zu setzen. Wegen der besonderen Bedeutung der Ausschlusswirkung ist die Fristsetzung nur dann wirksam, wenn sie von dem Urkundsbeamten der Geschäftsstelle mit vollem Namen unterschrieben wird (OLG Bamberg JurBüro 1993, 89). Der Beschluss ist förmlich zuzustellen (§ 329 Abs. 2 Satz 2 ZPO). Eine formlose Übersendung setzt die Frist nicht in Lauf. Wird eine Ausfertigung zugestellt, muss diese zur Wirksamkeit der Zustellung einen vollständigen Ausfertigungsvermerk mit Unterschrift des Urkundsbeamten der Geschäftsstelle enthalten (BGH NJW 1987, 2868). Die Frist beginnt mit dem Zugang der Aufforderung bei dem Anwalt und ist eingehalten, wenn der Antrag innerhalb eines Monats bei dem Gericht eingeht, dessen Urkundsbeamter die Frist gesetzt hat. Dieser ist nicht befugt, eine andere als die vom Gesetz vorgesehene Monatsfrist zu setzen (Gebauer/Schneider, a. a. O., § 128 Rn. 21, 22). Eine Aufforderung ohne Fristsetzung kann die Ausschlusswirkung des § 55 Abs. 6 Satz 2 RVG nicht herbeiführen (OLG Zweibrücken AGS 2005, 351).

b) Anspruchsverlust

Innerhalb der Antragsfrist hat der RA, soweit er eine weitere Vergütung begehrt, den Antrag einzureichen und sich insbesondere zu den bereits empfangenen Zahlungen (§ 55 Abs. 5 Satz 2) zu erklären. Kommt der RA dieser Aufforderung nicht nach, erlöschen seine Ansprüche gegen die Staatskasse, was sich aus § 55 Abs. 6 Satz 2 ergibt.

Abschnitt 8 – Beigeordneter oder bestellter Rechtsanwalt, Beratungshilfe

III. Beratungshilfe (§ 55 Abs. 4)

31 Im Falle der **Beratungshilfe** wird die Vergütung von dem Urkundsbeamten der Geschäftsstelle des in § 4 Abs. 1 BerHG bestimmten Gerichts festgesetzt, was sich aus **§ 55 Abs. 4** ergibt. Demgemäß ist der Urkundsbeamte des Amtsgerichts zuständig, in dessen Bezirk der Rechtsuchende seinen allgemeinen Gerichtsstand hat. Mangelt es an einem allgemeinen Gerichtsstand im Inland, so ist örtlich das Amtsgericht und funktional der Urkundsbeamte zuständig, in dessen Bezirk ein Bedürfnis für Beratungshilfe auftritt. In den Fällen, in denen dem Rechtsuchenden bereits ein Berechtigungsschein ausgestellt wurde (§ 6 Abs. 1 BerHG), ergibt sich aus diesem bereits, bei welchem Gericht der Vergütungsantrag einzureichen ist.

IV. Bußgeldverfahren (§ 55 Abs. 7)

32 § 55 Abs. 7 bestimmt, dass im **Bußgeldverfahren** vor der Verwaltungsbehörde die Absätze 1 und 5 entsprechend gelten. An die Stelle des Urkundsbeamten der Geschäftsstelle tritt die **Verwaltungsbehörde,** was sich aus **§ 55 Abs. 7 Satz 2** ergibt.

§ 56
Erinnerung und Beschwerde

(1) ¹Über Erinnerungen des Rechtsanwalts und der Staatskasse gegen die Festsetzung nach § 55 entscheidet das Gericht des Rechtszugs, bei dem die Festsetzung erfolgt ist, durch Beschluss. ²Im Fall des § 55 Abs. 3 entscheidet die Strafkammer des Landgerichts. ³Im Fall der Beratungshilfe entscheidet das nach § 4 Abs. 1 des Beratungshilfegesetzes zuständige Gericht.

(2) ¹Im Verfahren über die Erinnerung gilt § 33 Abs. 4 Satz 1, Abs. 7 und 8 und im Verfahren über die Beschwerde gegen die Entscheidung über die Erinnerung § 33 Abs. 3 bis 8 entsprechend. ²Das Verfahren über die Erinnerung und über die Beschwerde ist gebührenfrei. ³Kosten werden nicht erstattet.

Inhaltsübersicht

	Rn.		Rn.
A. Erinnerung	1	II. Voraussetzungen	7
B. Beschwerde	6	III. Verfahren	11
I. Zulässigkeit	6	C. Sonstiges	13

A. Erinnerung

Gegen die Festsetzung der Vergütung durch den Urkundsbeamten des Gerichts ist gem. § 56 **Abs. 1 Satz 1** Erinnerung zulässig. Das Recht zur Einlegung der Erinnerung steht sowohl der Staatskasse als auch dem RA (ggf. dessen Rechtsnachfolger) zu, soweit eine dieser Parteien sich durch die Festsetzung der Vergütung beschwert fühlt. **§ 33 Abs. 4 Satz 1, Abs. 7 und 8** gelten entsprechend. 1

Anders als bei der Beschwerde ist die Zulässigkeit der Erinnerung nicht von einer Mindestbeschwer (vgl. **§ 33 Abs. 3 Satz 1**) abhängig. 2

Die Erinnerung ist nicht fristgebunden – vgl. OLG Jena, Beschl. v. 20.03.2006, Az.: 1 Ws 407/05 (**anders noch die Vorauflage**). Nach anderer Auffassung gilt die Zwei-Wochen-Frist des § 33 Abs. 3 Satz 3 RVG auch für die Erinnerung; zumindest ist jedoch nach Ablauf von mehr als 1 Jahr Verwirkung anzunehmen (AG Dresden, Beschl. v. 08.11.2007, Az.: 230 Ds 105 Js 032178/06). 3

Über die Erinnerung entscheidet durch Beschluss das Gericht des Rechtszugs, bei dem die Festsetzung erfolgt ist. Soweit das LG oder OLG zuständig ist, erfolgt der Beschluss durch den Einzelrichter, es sei denn, die Sache weist besondere Schwierigkeiten auf oder hat grundsätzliche Bedeutung (KG, Beschl. v. 22.09.2005, Az.: 3 Ws 464/05; OLG Hamm, Beschl. v. 09.08.2005, Az.: 4 Ws 323/05). Ehrenamtliche Richter nehmen an der Beschlussfassung in keinem Falle teil (§ 33 Abs. 8). 4

Im Fall des **§ 55 Abs. 3** (Beiordnung als Kontaktperson) entscheidet die Strafkammer des LG. 5

Abschnitt 8 – Beigeordneter oder bestellter Rechtsanwalt, Beratungshilfe

B. Beschwerde

I. Zulässigkeit

6 Aus dem Wortlaut des § 56 ergibt sich gem. **Abs. 2** die Möglichkeit, gegen die Erinnerungsentscheidung Beschwerde einzulegen, nicht. Dies ergibt sich weiterhin aus der Überschrift, zum anderen aus der Verweisung auf **§ 33 Abs. 3–8**.

II. Voraussetzungen

7 Die Beschwerde ist zulässig, soweit der Wert des Beschwerdegegenstands € 200,00 übersteigt (§ 33 Abs. 3 Satz 1). Die Zulässigkeit wird nicht dadurch berührt, dass das erlassende Gericht teilweise abhilft (so dass nach Teilabhilfe die Beschwer unter € 200,00 liegen würde).

8 Wenn das erlassende Gericht die Beschwerde ausdrücklich zugelassen hat wegen der grundsätzlichen Bedeutung der Angelegenheit, ist eine Mindestbeschwer nicht erforderlich (**§ 33 Abs. 3 Satz 2**).

9 Die Beschwerde kann schriftlich eingereicht oder zu Protokoll der Geschäftsstelle erklärt werden. Anwaltszwang besteht nicht, auch nicht, wenn in der Hauptsache Anwaltszwang bestand.

10 Die Beschwerde ist innerhalb einer Notfrist von zwei Wochen einzulegen (**§ 33 Abs. 3 Satz 3**). Eine nachträgliche Zulassung der Beschwerde ist unzulässig (LG Koblenz FamRZ 2005, 741 LS). Unterbleibt allerdings eine vorgeschriebene Rechtsmittelbelehrung (z. B. gem. § 9 Abs. 5 Satz 1 ArbGG), so beginnt der Fristablauf nicht. Es gelten dann die allgemeinen Vorschriften – im Beispielsfall die Jahresfrist des § 9 Abs. 5 Satz 4 ArbGG (LAG Düsseldorf AGS 2006, 198 f.).

III. Verfahren

11 Soweit das erlassende Gericht die Beschwerde für zulässig und begründet hält, hat es dieser abzuhelfen. Ansonsten hat es die Beschwerde dem Beschwerdegericht vorzulegen (**§ 33 Abs. 4**).

12 Eine weitere Beschwerde ist nur zulässig, wenn das Landgericht als Beschwerdegericht diese wegen der grundsätzlichen Bedeutung der Sache ausdrücklich zugelassen hat (**§ 33 Abs. 6**).

C. Sonstiges

13 Unter den Voraussetzungen von § 33 Abs. 5 ist bei unverschuldeter Fristversäumnis sowohl bei der Erinnerung als auch bei der Beschwerde Wiedereinsetzung in den vorigen Stand möglich. Hierfür gilt eine Frist von zwei Wochen ab Beseitigung des Hindernisses, das zur Fristversäumung führte. Nach Ablauf eines Jahres, vom Ende der versäumten Frist gerechnet, kann Wiedereinsetzung nicht mehr beantragt werden.

14 Gem. **§ 56 Abs. 2 Satz 2, 3** ist sowohl das Erinnerungsverfahren als auch das Beschwerdeverfahren und das Verfahren über die weitere Beschwerde gebührenfrei. Eine Kostenerstattung erfolgt weder im Erinnerungsverfahren noch im Beschwerdeverfahren.

§ 57
Rechtsbehelf in Bußgeldsachen vor der Verwaltungsbehörde

¹Gegen Entscheidungen der Verwaltungsbehörde im Bußgeldverfahren nach den Vorschriften dieses Abschnitts kann gerichtliche Entscheidung beantragt werden. ²Für das Verfahren gilt § 62 des Gesetzes über Ordnungswidrigkeiten.

A. Normzweck/Anwendungsbereich

§ 57 beinhaltet die Überprüfung durch das Gericht von Entscheidungen im Rahmen der Festsetzung der Anwaltsvergütung gegen die Staatskasse im Bußgeldverfahren vor der Verwaltungsbehörde. 1

B. Der Tatbestand im Einzelnen

Aus § 57 Satz 1 ergibt sich, dass gegen Entscheidungen der **Verwaltungsbehörde** im **Bußgeldverfahren** eine **gerichtliche Entscheidung** beantragt werden kann. § 57 kommt daher nicht in Betracht, wenn eine gerichtliche Entscheidung im Bußgeldverfahren ergangen ist. 2

Für den Ablauf des Verfahrens gilt § 62 OWiG. § 62 Abs. 2 Satz 1 OWiG bestimmt, dass über den Antrag auf gerichtliche Entscheidung das nach § 68 OWiG zuständige Gericht entscheidet, mithin grundsätzlich das **Amtsgericht**, in dessen Bezirk die Verwaltungsbehörde ihren Sitz hat, wobei funktional der **Einzelrichter** zuständig ist (§ 68 Abs. 1 OWiG). Die Regelung entspricht somit der im 7. Abschnitt für die Feststellung einer Pauschgebühr in Bußgeldsachen vor der Verwaltungsbehörde (vgl. § 42 Abs. 5). 3

Der Antrag auf gerichtliche Entscheidung ist einzureichen bei der Verwaltungsbehörde, die die anzufechtende Entscheidung erlassen hat (§ 62 Abs. 2 Satz 2 OWiG i. V. m. § 306 StPO). Die Entscheidung des Gerichts über den Antrag ist nicht anfechtbar, soweit das Gericht nichts anderes bestimmt (§ 62 Abs. 2 Satz 3 OWiG). Eine Begründung des Antrags erscheint angebracht, ist jedoch nicht vorgeschrieben. Eine Frist für den Antrag ist nicht bestimmt. 3a

Soweit der Antrag auf gerichtliche Entscheidung erfolgreich ist, wird auch eine Kosten- und Auslagenentscheidung zugunsten des Antragstellers zu erfolgen haben (§ 62 Abs. 2 Satz 2 OWiG i. V. m. § 467 StPO). Im Falle des Unterliegens sind die Kosten des Verfahrens dem Antragsteller aufzuerlegen (§ 62 Abs. 2 Satz 2 OWiG i. V. m. § 473 StPO). 3b

Abschnitt 8 – Beigeordneter oder bestellter Rechtsanwalt, Beratungshilfe

§ 58
Anrechnung von Vorschüssen und Zahlungen

(1) Zahlungen, die der Rechtsanwalt nach § 9 des Beratungshilfegesetzes erhalten hat, werden auf die aus der Landeskasse zu zahlende Vergütung angerechnet.

(2) In Angelegenheiten, in denen sich die Gebühren nach Teil 3 des Vergütungsverzeichnisses bestimmen, sind Vorschüsse und Zahlungen, die der Rechtsanwalt vor oder nach der Beiordnung erhalten hat, zunächst auf die Vergütungen anzurechnen, für die ein Anspruch gegen die Staatskasse nicht oder nur unter den Voraussetzungen des § 50 besteht.

(3) ¹In Angelegenheiten, in denen sich die Gebühren nach den Teilen 4 bis 6 des Vergütungsverzeichnisses bestimmen, sind Vorschüsse und Zahlungen, die der Rechtsanwalt vor oder nach der gerichtlichen Bestellung oder Beiordnung für seine Tätigkeit für bestimmte Verfahrensabschnitte erhalten hat, auf die von der Staatskasse für diese Verfahrensabschnitte zu zahlenden Gebühren anzurechnen. ²Hat der Rechtsanwalt Zahlungen empfangen, nachdem er Gebühren aus der Staatskasse erhalten hat, ist er zur Rückzahlung an die Staatskasse verpflichtet. ³Die Anrechnung oder Rückzahlung erfolgt nur, soweit der Rechtsanwalt durch die Zahlungen insgesamt mehr als den doppelten Betrag der ihm ohne Berücksichtigung des § 51 aus der Staatskasse zustehenden Gebühren erhalten würde.

Inhaltsübersicht

	Rn.		Rn.
A. Allgemeines	1	heiten, die sich nach dem 3. Teil des Vergütungsverzeichnisses richten	9
B. Kommentierung	5	III. Anrechnung von Vorschüssen in Straf- und Bußgeldsachen sowie in sonstigen Verfahren	16
I. Anrechnung von Zahlungen, die der Anwalt nach § 9 BerHG erhalten hat	5		
II. Anrechnung von Zahlungen in Angelegen-			

A. Allgemeines

1 Die Gebühren, die der beigeordnete Anwalt gem. § 49 aus der Staatskasse erhält, liegen zum Teil erheblich unter den Wahlanwaltsgebühren, die sich aus der Tabelle zu § 13 Abs. 1 ergeben. Gleiches gilt für die Vergütung des Anwalts, der zum Pflichtverteidiger bestellt worden ist. § 58 gibt dem Anwalt die Möglichkeit, Vorschusszahlungen des Mandanten oder eines Dritten zuerst auf den Vergütungsteil der Kostenberechnung zu verrechnen, dessentwegen er keinen Anspruch gegen die Staatskasse hat. Dadurch wird zumindest ein Teil des durch die geringeren Gebühren nicht gedeckten Teiles der Vergütung kompensiert.

2 Abs. 1 regelt die Anrechnung von Zahlungen, die der Anwalt gem. § 9 BerHG von einem erstattungspflichtigen Gegner erhalten hat, auf die von der Landeskasse zu zahlende Vergütung.

3 Abs. 2 regelt die Verrechnung von Vorschüssen und Zahlungen in Angelegenheiten des 3. Teiles des Vergütungsverzeichnisses. Danach sind, bei entsprechender Voraussetzung, Zahlungen zunächst auf die weitere Vergütung gem. § 50 zu verrechnen und die verbleibenden Beträge sodann auf die Forderungen gegenüber der Staatskasse anzurechnen.

4 Abs. 3 regelt die Anrechnung von Vorschüssen und Zahlungen in Straf- und Bußgeldsachen sowie in sonstigen Verfahren des 6. Teils des RVG. Darüber hinaus regelt Abs. 3 Beschränkungen hinsichtlich der Anrechnung von Zahlungen in Straf- und Bußgeldsachen.

B. Kommentierung

I. Anrechnung von Zahlungen, die der Anwalt nach § 9 BerHG erhalten hat

Gem. § 9 des Gesetzes über Rechtsberatung und Vertretung für Bürger mit geringem Einkommen (BerHG) hat der Gegner, wenn er verpflichtet ist, dem Rechtsuchenden die Kosten der Wahrnehmung seiner Rechte zu ersetzen, die gesetzliche Vergütung für die Tätigkeit des Rechtsanwalts zu zahlen.

Dieser Anspruch geht kraft Gesetzes auf den Rechtsanwalt über, was dazu führt, dass er ihn in eigenem Namen gegen den Erstattungspflichtigen geltend machen muss.

Obwohl der Ratsuchende dem Anwalt bis auf die Beratungshilfegebühr gem. Nr. 2500 in Höhe von € 10,00 keine Gebühren schuldet, ist der Gegner, wenn ein entsprechender Erstattungsanspruch besteht, zur Zahlung der gesetzlichen Gebühren gem. Nrn. 2300 bis 2302 verpflichtet.

Macht der Anwalt gem. § 44 gegenüber der Staatskasse seinen Vergütungsanspruch geltend, so muss er die Zahlungen, die er vom erstattungspflichtigen Gegner erhalten hat, hierauf anrechnen. Bringt er die Beratungshilfegebühr von € 10,00 von dieser Abrechnung in Abzug, so muss er diese dem Ratsuchenden zurückerstatten. In der Literatur ist es weitgehend unumstritten, dass der Anwalt hierzu sogar verpflichtet ist (*Pukall* in Mayer/Kroiß RVG § 58 Rn. 6 m.w.N.). Denn der Übergang des Erstattungsanspruches darf sich gem. § 9 Satz 3 BerHG nicht nachteilig auf den Ratsuchenden auswirken. Daraus folgt, dass der Anwalt – nach Anspruchsübergang – nur Anspruch auf die gesetzlichen Gebühren hat, nicht auf darüber hinausgehende Zahlungen in Form der Beratungshilfegebühr.

II. Anrechnung von Zahlungen in Angelegenheiten, die sich nach dem 3. Teil des Vergütungsverzeichnisses richten

In bürgerlichen Rechtsstreitigkeiten, in Verfahren der freiwilligen Gerichtsbarkeit, in Verfahren der öffentlich-rechtlichen Gerichtsbarkeit, in Verfahren nach dem Strafvollzugsgesetz und ähnlichen Verfahren (Verfahren des 3. Teiles des Vergütungsverzeichnisses) kann der Anwalt Vorschüsse und Zahlungen, die er vor oder nach der Beiordnung erhalten hat, zunächst auf die Vergütung anrechnen, für die ein Anspruch gegen die Staatskasse nicht oder nur unter den Voraussetzungen des § 50 (= weitere Vergütung) besteht. D.h., dass der Anwalt durch § 58 Abs. 2 zunächst die »Lücke« schließen kann, die zwischen der gesetzlichen und der PKH-Vergütung entsteht, wenn der Streitwert mehr als € 3.000,00 beträgt. Es sind insoweit Vorschüsse und Zahlungen zunächst auf den Unterschied zwischen der Anwaltsvergütung nach § 49 und derjenigen aus § 13 Abs. 1 sowie auf die Auslagen, die die Staatskasse gem. § 46 nicht vergütet, anzurechnen (OLG Frankfurt JurBüro 2007, 149).

Angerechnet werden sowohl Zahlungen als auch Vorschüsse. Vorschüsse sind Zahlungen auf noch nicht in Rechnung gestellte Leistungen, Zahlungen sind auf die Erfüllung einer bereits erhobenen Forderung hin getätigte Zuwendungen (vgl. *Schnapp/N. Schneider* in Gebauer/Schneider RVG 1. Aufl. § 58 Rn. 11), wobei in der Praxis diese Unterscheidung nicht vorgenommen wird. Letztlich geht es darum, dass Leistungen auf den Vergütungsanspruch des Anwalts vorgenommen werden (vgl. *Schnapp/N. Schneider* in Gebauer/Schneider, a.a.O.)

§ 58 Abs. 2 unterscheidet nicht danach, ob die Zahlung vom Mandanten oder von einem Dritten erfolgt.

Von Bedeutung ist jedoch, worauf sich die Zahlungen beziehen. Trifft der Mandant keine Tilgungsbestimmung, so ist die Zahlung gem. § 366 Abs. 2 BGB zu verrechnen und insoweit bei der Anrechnung zu berücksichtigen. Zahlt ein Dritter an den Anwalt, so muss die Leistung

Abschnitt 8 – Beigeordneter oder bestellter Rechtsanwalt, Beratungshilfe

ausdrücklich auf die Anwaltsvergütung erfolgen; Tilgung auf die im gerichtlichen Verfahren geltend gemachten Ansprüche des Mandanten können nicht auf die Vergütung angerechnet werden und unterfallen somit nicht der Regelung in § 58 Abs. 2.

13 Die Anrechnung von Vorschüssen und Zahlungen wird folgendermaßen vorgenommen:

Zunächst ist der volle Vergütungsanspruch zu ermitteln, der dem Anwalt als Wahlanwalt zustehen würde. Anschließend ist diejenige Vergütung zu errechnen, die ihm infolge der Beiordnung gegenüber der Staatskasse zusteht. Ist der Gegenstandswert des Verfahrens höher als € 3.000,00, ergibt sich hier eine Differenz. Ein an den beigeordneten Anwalt gezahlter Vorschuss ist dann zunächst auf diese Differenz zu verrechnen. Bleibt nach dieser Verrechnung ein Betrag »übrig«, ist dieser auf die Zahlungen von der Staatskasse zu verrechnen bzw. von der entsprechenden Berechnung in Abzug zu bringen.

14 • **Beispiel**

Der Anwalt macht für den Mandanten eine Forderung in Höhe von € 8.000,00 geltend. Nach Mandatsannahme stellt er dem Mandanten eine Vorschussrechnung in Höhe von € 400,00, die dieser bezahlt. Darüber hinaus stellt er für den Mandanten einen Antrag auf Gewährung von Prozesskostenhilfe und beantragt seine Beiordnung. Beides wird bewilligt. Nach mündlicher Verhandlung kommt es zu einem Endurteil. Der Anwalt kann die Angelegenheit wie folgt abrechnen:

(1) Ermittlung der Wahlanwaltsgebühren gem. Anlage zu § 13 Abs. 1

Gegenstandswert: € 8.000,00

1,3 Verfahrensgebühr, Nr. 3100 VV RVG	€ 535,60
1,2 Terminsgebühr, Nr. 3104 VV RVG	€ 494,40
Auslagenpauschale, Nr. 7002 VV RVG	€ 20,00
Zwischensumme	€ 1.050,00
19 % USt., Nr. 7008 VV RVG	€ 199,50
Summe:	**€ 1.249,50**

(2) Ermittlung der PKH-Gebühren gem. § 49

Gegenstandswert: € 8.000,00

1,3 Verfahrensgebühr, Nr. 3100 VV RVG	€ 304,20
1,2 Terminsgebühr, Nr. 3104 VV RVG	€ 280,80
Auslagenpauschale, Nr. 7002 VV RVG	€ 20,00
Zwischensumme	€ 605,00
19 % USt., Nr. 7008 VV RVG	€ 114,95
Summe:	**€ 719,95**

(3) Ermittlung und Verrechnung der Differenz zwischen Wahlanwalts- und PKH-Gebühren

Die Differenz zwischen Wahl- und PKH-Anwaltsgebühren beträgt in der vorliegenden Abrechnung € 516,20. Der vom Mandanten gezahlte Vorschuss in Höhe von € 400,00 ist von dieser Differenz in Abzug zu bringen, so dass ein Betrag in Höhe von € 116,20 verbleibt. Dieser Betrag ist von der Abrechnung an die Staatskasse in Abzug zu bringen.

(4) Abrechnung gegenüber der Staatskasse

Gegenstandswert: € 8.000,00

1,3 Verfahrensgebühr, Nr. 3100 VV RVG	€ 304,20
1,2 Terminsgebühr, Nr. 3104 VV RVG	€ 280,80
Auslagenpauschale, Nr. 7002 VV RVG	€ 20,00

Anrechnung von Vorschüssen und Zahlungen | § 58

Zwischensumme		€ 605,00
19 % USt., Nr. 7008 VV RVG		€ 114,95
Zwischensumme		€ 719,95
abzüglich gem. § 58 Abs. 2 anzurechnender Zahlungen	./. €	116,20
Summe:		**€ 603,75**

Diesen Betrag erhält der Anwalt aus der Staatskasse.

Besteht zwischen Wahl- und PKH-Vergütung des Anwalts keine Differenz, so sind sämtliche Zahlungen, die der Anwalt vom Mandanten oder Dritten erhalten hat, auf die von der Staatskasse zu leistenden Beträge anzurechnen.

• **Beispiel** 15
Wie oben, jedoch macht der Anwalt eine Forderung in Höhe von € 2.500,00 geltend. Der Vorschuss, den der Mandant zahlt, beträgt auch hier € 400,00. Die Abrechnung sieht folgendermaßen aus:

Gegenstandswert: € 2.500,00

1,3 Verfahrensgebühr, Nr. 3100 VV RVG		€ 209,30
1,2 Terminsgebühr, Nr. 3104 VV RVG		€ 193,20
Auslagenpauschale, Nr. 7002 VV RVG		€ 20,00
Zwischensumme		€ 422,50
19 % USt., Nr. 7008 VV RVG		€ 80,28
Zwischensumme		€ 502,78
abzüglich vom Mandanten gezahlter Vorschuss	./. €	400,00
Summe:		**€ 102,78**

Diesen Betrag erhält der Anwalt aus der Staatskasse.

III. Anrechnung von Vorschüssen in Straf- und Bußgeldsachen sowie in sonstigen Verfahren

In Straf- und Bußgeldsachen sowie in den in Teil 6 des Vergütungsverzeichnisses genannten 16 sonstigen Verfahren hat der Anwalt Vorschüsse und Zahlungen, die er vom Mandanten oder Dritten vor oder nach der gerichtlichen Bestellung oder Beiordnung als Pflichtverteidiger erhält, in vollem Umfang auf die von der Staatskasse zu zahlende Vergütung anzurechnen. Diese Anrechnungsvorschrift gilt nur für die jeweilige Instanz und erfährt durch Satz 3 eine Einschränkung.

Angerechnet werden sowohl Zahlungen als auch Vorschüsse. Vorschüsse sind Zahlungen auf 17 noch nicht in Rechnung gestellte Leistungen, Zahlungen sind auf die Erfüllung einer bereits erhobenen Forderung hin getätigte Zuwendungen (vgl. *Schnapp/N. Schneider* in Gebauer/Schneider RVG 1. Aufl. § 58 Rn. 11), wobei in der Praxis diese Unterscheidung nicht vorgenommen wird. Letztlich geht es darum, dass Leistungen auf den Vergütungsanspruch des Anwalts vorgenommen werden (vgl. *Schnapp/N. Schneider* in Gebauer/Schneider, a. a. O.).

Durch wen die Zahlungen an den Anwalt erfolgen, hat auf die Anrechnung keinen Einfluss, 18 diese können vom Mandanten, dessen Ehepartner und insbesondere auch von der Rechtsschutzversicherung des Mandanten erfolgen.

Angerechnet werden Zahlungen an den Anwalt nur insoweit, wie sie für den **jeweiligen Ver-** 19
fahrensabschnitt erfolgt sind. Dies stellt Abs. 3 Satz 1 ausdrücklich klar. War der Anwalt z. B. in der ersten Instanz als Wahlverteidiger tätig und wird er in der zweiten Instanz zum Pflicht-

Abschnitt 8 – Beigeordneter oder bestellter Rechtsanwalt, Beratungshilfe

verteidiger bestellt, so sind Zahlungen, die für die erstinstanzliche Tätigkeit erfolgen, nicht auf die Pflichtverteidigervergütung der zweiten Instanz anzurechnen (OLG Düsseldorf JurBüro 1991, 808; OLG Frankfurt AGS 2007, 193 = StV 2007, 219; a. A. OLG Oldenburg JurBüro 2007, 415: der Vorschuss, den der Anwalt im Ermittlungsverfahren erhalten hat, ist auf die Pflichtverteidigervergütung in der ersten Instanz anzurechnen, da als Verfahrensabschnitt im Sinne der genannten Vorschrift der Instanzenzug anzusehen sei. Da das Ermittlungsverfahren zur 1. Instanz zähle, sei ein für das Ermittlungsverfahren geleisteter Vorschuss auf die Pflichtverteidigervergütung anzurechnen, ebenso OLG Stuttgart Rpfleger 2007, 682 = AGS 2008, 117).

20 Darüber hinaus erfolgt keine Anrechnung von Zahlungen für Tätigkeiten, die nicht von der Pflichtverteidigung umfasst sind. Beauftragt der Mandant den Anwalt, ein Wiederaufnahmeverfahren zu betreiben, und wird dieser nach angeordneter Wiederaufnahme als Pflichtverteidiger für den Mandanten bestellt, so sind Zahlungen, die für das Wiederaufnahmeverfahren geleistet wurden, nicht auf die Pflichtverteidigervergütung anzurechnen (vgl. *Schnapp/N. Schneider* in Gebauer/Schneider RVG 1. Aufl. § 58 Rn. 38). Die Beiordnung erstreckt sich insoweit nicht auf das Wiederaufnahmeverfahren, es liegen verschiedene Angelegenheiten vor, vgl. § 17 Nr. 12.

21 Erfolgen Zahlungen ausdrücklich auf Auslagen, so sind diese auch nur auf die Auslagen zu verrechnen, nicht jedoch auf die Vergütung (*Schnapp/N. Schneider* in Gebauer/Schneider RVG 1. Aufl. § 58 Rn. 46 m. w. N.). Umfasst die Vorschusszahlung sowohl Gebühren als auch Auslagen, so erstreckt sich die Anrechnung auch auf die aus der Staatskasse zu zahlenden Auslagen (OLG Frankfurt AGS 2007, 193 = StraFo 2007, 219).

22 Wurden Zahlungen an den Anwalt geleistet, nachdem er Gebühren aus der Staatskasse erhalten hat, so ist er zur Rückzahlung an die Staatskasse verpflichtet. Dies stellt Abs. 3 Satz 2 klar. Die Rückzahlungsverpflichtung besteht natürlich nur dann, wenn überhaupt Zahlungen gem. Abs. 3 Satz 1 auf die Gebühren anzurechnen sind.

23 Sowohl die Anrechnung (Satz 1) als auch die Rückzahlung (Satz 2) von Zahlungen erfahren durch Satz 3 eine Einschränkung:

Der Anwalt ist zur Anrechnung oder Rückzahlung nur verpflichtet, soweit er durch alle erfolgten Zahlungen mehr als das Doppelte der ihm aus der Staatskasse zustehenden Gebühren erhalten würde. Zahlungen an den Anwalt, die gem. § 51 (Pauschgebühr) erfolgt sind, werden hierbei nicht berücksichtigt. Auch dies stellt Satz 3 eindeutig klar.

24 Der Anwalt hat also bei der Entscheidung, ob Zahlungen anzurechnen sind, folgendermaßen vorzugehen:

1. Berechnung der Pflichtverteidigergebühren, ohne Vorschüsse;
2. Berechnung des doppelten Betrages der Pflichtverteidigervergütung;
3. Addition der erhaltenen Zahlungen und der ihm zustehenden Pflichtverteidigervergütung;
4. Überprüfung, ob der unter 3. ermittelte Betrag das Doppelte der Pflichtverteidigervergütung übersteigt;
5. eventuell Anrechnung des überschießenden Betrages.

25 Bei der Berechnung der Pflichtverteidigergebühren und des doppelten Betrages der Pflichtverteidigergebühren (Punkt 1. und 2.) werden Auslagen nicht berücksichtigt. Dies ist umstritten. Der Gesetzgeber spricht in Abs. 3 Satz 1 jedoch ausdrücklich von Gebühren und nicht von Vergütung, so dass eine Berücksichtigung der Auslagen auf die Vergütung zu unterbleiben hat (ebenso: *Schnapp/N. Schneider* in Gebauer/Schneider RVG 1. Aufl. § 58 Rn. 55; im Ergebnis auch Enders RVG für Anfänger Rn. 2251; a. A.: *Pukall* in Mayer/Kroiß RVG § 58 Rn. 23 m. w. N., der jedoch nicht den Unterschied zwischen Gebühren und Vergütung berücksichtigt).

Anrechnung von Vorschüssen und Zahlungen | § 58

Unumstritten in Rechtsprechung und Literatur ist, dass die Vergleichsberechnungen netto, also ohne Berücksichtigung der Umsatzsteuer, zu erfolgen haben (OLG Stuttgart JurBüro 1996, 134; OLG Hamm JurBüro 1996, 191; OLG Zweibrücken JurBüro 1998, 75; LG Berlin v. 20. 08. 2007, Az. (515) 68 Js 29104 KLs (22105) n. v.; *Pukall* in Mayer/Kroiß RVG § 58 Rn. 23; *Schnapp/N. Schneider* in Gebauer/Schneider RVG 1. Aufl. § 58 Rn. 54; Enders RVG für Anfänger Rn. 2254).

- **Beispiel 1**

Der Anwalt ist mit der Verteidigung des Mandanten vor dem Amtsgericht beauftragt worden. Es finden zwei jeweils einstündige Termine statt. Der Mandant hat einen Vorschuss in Höhe von € 500,00 bezahlt.

(1) Berechnung der Pflichtverteidigergebühren, ohne Vorschüsse

Grundgebühr § 2 Abs. 2 i. V. m. Nr. 4100 VV RVG	€ 132,00
Verfahrensgebühr für vorbereitendes Verfahren § 2 Abs. 2 i. V. m. Nr. 4104 VV RVG	€ 112,00
Verfahrensgebühr für gerichtliches Verfahren § 2 Abs. 2 i. V. m. Nr. 4106 VV RVG	€ 112,00
Terminsgebühr für ersten Hauptverhandlungstag § 2 Abs. 2 i. V. m. Nr. 4108 VV RVG	€ 184,00
Terminsgebühr für zweiten Hauptverhandlungstag § 2 Abs. 2 i. V. m. Nr. 4108 VV RVG	€ 184,00
Summe:	**€ 724,00**

(2) Berechnung des doppelten Betrages der Pflichtverteidigervergütung

Das Doppelte der unter 1. ausgerechneten Pflichtverteidigervergütung beträgt € 1.448,00.

(3) Addition der erhaltenen Zahlungen und der dem Anwalt zustehenden Pflichtverteidigervergütung

Vorschuss vom Mandanten	€ 500,00
dem Anwalt zustehende Pflichtverteidigervergütung	€ 724,00
Zahlungen i. S. v. Abs. 3 insgesamt	€ 1.224,00

(4) Überprüfung, ob der unter 3. ermittelte Betrag das Doppelte der Pflichtverteidigervergütung übersteigt

Die unter 3. ermittelten Zahlungen in Höhe von € 1.224,00 übersteigen den unter 2. ermittelten doppelten Betrag der Pflichtverteidigervergütung von € 1.448,00 nicht.

(5) eventuell Anrechnung des überschießenden Betrages

Da sich kein »überschießender« Betrag ergibt, braucht der Anwalt den erhaltenen Vorschuss nicht auf die Pflichtverteidigervergütung anzurechnen.

- **Beispiel 2**

Der Anwalt ist mit der Verteidigung des Mandanten vor dem Amtsgericht beauftragt worden. Es findet ein einstündiger Termin statt. Der Mandant hat einen Vorschuss in Höhe von € 750,00 brutto bezahlt.

(1) Berechnung der Pflichtverteidigergebühren, ohne Vorschüsse

Grundgebühr § 2 Abs. 2 i. V. m. Nr. 4100 VV RVG	€ 132,00
Verfahrensgebühr für vorbereitendes Verfahren § 2 Abs. 2 i. V. m. Nr. 4104 VV RVG	€ 112,00
Verfahrensgebühr für gerichtliches Verfahren § 2 Abs. 2 i. V. m. Nr. 4106 VV RVG	€ 112,00

Abschnitt 8 – Beigeordneter oder bestellter Rechtsanwalt, Beratungshilfe

Terminsgebühr für Hauptverhandlung	
§ 2 Abs. 2 i. V. m. Nr. 4108 VV RVG	€ 184,00
Summe:	**€ 540,00**

(2) Berechnung des doppelten Betrages der Pflichtverteidigervergütung

Das Doppelte der unter 1. ausgerechneten Pflichtverteidigervergütung beträgt € 1.080,00.

(3) Addition der erhaltenen Zahlungen und der dem Anwalt zustehenden Pflichtverteidigervergütung

Vorschuss vom Mandanten	€ 750,00
dem Anwalt zustehende Pflichtverteidigervergütung	€ 540,00
Zahlungen i. S. v. Abs. 3 insgesamt	€ 1.290,00

(4) Überprüfung, ob der unter 3. ermittelte Betrag das Doppelte der Pflichtverteidigervergütung übersteigt

Die unter 3. ermittelten Zahlungen in Höhe von € 1.290,00 übersteigen den unter 2. ermittelten doppelten Betrag der Pflichtverteidigervergütung von € 1.080,00 um € 210,00.

5. Eventuell Anrechnung des überschießenden Betrages

Den Betrag von € 210,00 muss sich der Anwalt auf die von der Staatskasse zu leistende Vergütung anrechnen lassen, so dass die Endabrechnung wie folgt aussieht:

Grundgebühr § 2 Abs. 2 i. V. m. Nr. 4100 VV RVG		€ 132,00
Verfahrensgebühr für vorbereitendes Verfahren		
§ 2 Abs. 2 i. V. m. Nr. 4104 VV RVG		€ 112,00
Verfahrensgebühr für gerichtliches Verfahren		
§ 2 Abs. 2 i. V. m. Nr. 4106 VV RVG		€ 112,00
Terminsgebühr für Hauptverhandlung		
§ 2 Abs. 2 i. V. m. Nr. 4108 VV RVG		€ 184,00
Auslagenpauschale, Nr. 7002 VV RVG		€ 20,00
Dokumentenpauschale, Nr. 7000 Nr. 1 a) VV RVG		
60 Kopien		€ 26,50
Zwischensumme		€ 586,50
19 % Umsatzsteuer, Nr. 7008 VV RVG		€ 111,44
Zwischensumme		€ 697,94
abzüglich anzurechnende Zahlung des Mandanten	./.	€ 210,00
Summe:		**€ 487,94**

Den Betrag von € 470,34 erhält der Anwalt als Pflichtverteidigervergütung aus der Staatskasse erstattet.

§ 59
Übergang von Ansprüchen auf die Staatskasse

(1) ¹Soweit dem im Wege der Prozesskostenhilfe oder nach § 625 der Zivilprozessordnung beigeordneten oder nach § 67a Abs. 1 Satz 2 der Verwaltungsgerichtsordnung bestellten Rechtsanwalt wegen seiner Vergütung ein Anspruch gegen die Partei oder einen ersatzpflichtigen Gegner zusteht, geht der Anspruch mit der Befriedigung des Rechtsanwalts durch die Staatskasse auf diese über. ²Der Übergang kann nicht zum Nachteil des Rechtsanwalts geltend gemacht werden.

(2) ¹Für die Geltendmachung des Anspruchs gelten die Vorschriften über die Einziehung der Kosten des gerichtlichen Verfahrens entsprechend. ²Ansprüche der Staatskasse werden bei dem Gericht des ersten Rechtszugs angesetzt. ³Ist das Gericht des ersten Rechtszugs ein Gericht des Landes und ist der Anspruch auf die Bundeskasse übergegangen, wird er insoweit bei dem jeweiligen obersten Gerichtshof des Bundes angesetzt. ⁴Für die Entscheidung über eine gegen den Ansatz gerichtete Erinnerung und über die Beschwerde gilt § 66 des Gerichtskostengesetzes entsprechend.

(3) Absatz 1 gilt entsprechend bei Beratungshilfe.

Inhaltsübersicht

	Rn.		Rn.
A. Allgemeines	1	IV. Umfang des Forderungsüberganges	8
B. Kommentierung	2	V. Forderungsübergang nicht zum Nachteil des Anwalts	9
I. Forderungsübergang	2	VI. Geltendmachung des Anspruches durch die Staatskasse	12
1. Vergütungsanspruch gegenüber dem Mandanten	2	VII. Erinnerungen und Beschwerden gegen den Kostenansatz	14
2. Beitreibungsrecht gegenüber einem ersatzpflichtigen Gegner	3	VIII. Übergang von Ansprüchen auf die Staatskasse bei Beratungshilfe	16
II. Zeitpunkt des Forderungsüberganges	4		
III. Wirkung des Forderungsüberganges	5		

A. Allgemeines

§ 59 gewährt der Staatskasse einen Ausgleich ihrer Aufwendungen zugunsten der prozesskostenhilfeberechtigten Partei. Durch die Bewilligung von Prozesskostenhilfe und gleichzeitiger Beiordnung eines Anwalts entsteht eine Verbindung zwischen Partei, Staat und Anwalt derart, dass die Staatskasse sicherstellt, dass die Partei in einer nicht aussichtslosen Angelegenheit anwaltlich vertreten wird, und dass zum anderen der Anwalt für seine Tätigkeit als beigeordneter Anwalt ein entsprechendes Honorar aus der Staatskasse erhält. Wird das Honorar aus der Staatskasse an den Anwalt gezahlt und stehen Dritte zur Verfügung, die von dem gem. §§ 121, 625 ZPO beigeordneten oder nach § 67a Abs. 1 Satz 2 VwGO bestellten Anwalt zur Zahlung seiner Vergütung herangezogen werden können, so verschafft § 59 der Staatskasse einen entsprechenden Rückgriffsanspruch. 1

Abschnitt 8 – Beigeordneter oder bestellter Rechtsanwalt, Beratungshilfe

B. Kommentierung

I. Forderungsübergang

1. Vergütungsanspruch gegenüber dem Mandanten

2 Dem Anspruch des Anwalts gegenüber seinem Mandanten auf Vergütung in Höhe der Wahlanwaltsvergütung steht die Einrede gem. § 122 Abs. 2 Nr. 3 ZPO entgegen, d. h., der beigeordnete Anwalt kann seine Ansprüche auf die Vergütung gegen den Mandanten nicht geltend machen. Die entsprechende Vergütung für den Anwalt ist nur durchsetzbar, wenn die Bewilligung der Prozesskostenhilfe aufgehoben werden würde, vgl. § 124 ZPO. Dieser einredebehaftete Vergütungsanspruch gegen die Partei geht gem. § 59 Abs. 1 Satz 1 RVG auf die Staatskasse über, er hat jedoch wegen der beschränkten Möglichkeiten der Geltendmachung wenig Relevanz. Bei Kostenaufhebung kommt ein Forderungsübergang, anders als bei Kostenfestsetzung, nicht in Betracht (OLG Frankfurt BRAGOreport 2003, 33).

2. Beitreibungsrecht gegenüber einem ersatzpflichtigen Gegner

3 Hat der Mandant, dem Prozesskostenhilfe bewilligt wurde, einen Kostenerstattungsanspruch gegen den Gegner des Rechtsstreites, so gibt § 126 Abs. 1 ZPO dem Anwalt ein selbständiges eigenes Beitreibungsrecht gegenüber dem kostenerstattungspflichtigen Gegner. Dieses Recht ist auflösend bedingt, es entsteht mit der Verkündung der Kostengrundentscheidung (vgl. Fladrich/Bischof Neue Justiz 1998, 407) und wird endgültig ab Rechtskraft des Urteiles oder Vergleiches (*Philippi* in Zöller ZPO § 126 Rn. 2). Beide Kostenerstattungsansprüche, also die des Mandanten und die des Anwalts, existieren unabhängig voneinander, jedoch ist der Erstattungsanspruch des Mandanten sofort durch das Betreibungsrecht des Anwalts verstrickt (Fladrich/Bischof, a. a. O.). Das bedeutet, dass der Mandant über seinen Erstattungsanspruch nach Rechtskraft der Kostengrundentscheidung nicht zu Lasten des Anwalts verfügen kann. Dieses selbständige Beitreibungsrecht des Anwalts geht ebenfalls gem. § 59 Abs. 1 Satz 1 RVG auf die Staatskasse über. Die Staatskasse kann den gem. § 59 Abs. 1 übergegangenen Kostenerstattungsanspruch gegenüber dem erstattungspflichtigen Gegner auch dann geltend machen, wenn diesem ebenfalls Prozesskostenhilfe bewilligt wurde (OLG Köln FamRZ 2004, 37 = NJW-RR 2004, 439; a. A.: OLG München JurBüro 2001, 310 = MDR 2001, 596).

II. Zeitpunkt des Forderungsüberganges

4 Der Kostenerstattungsanspruch des PKH-Anwalts gegen den in die Kosten verurteilten Gegner seines Mandanten geht mit Befriedigung des Anwalts durch die Staatskasse auf diese über (BGH Rpfleger 1998, 477–478). Der Forderungsübergang setzt also eine Auszahlung der Prozesskostenhilfevergütung durch die Staatskasse an den Anwalt voraus (VG Koblenz, Beschl. v. 13. 07. 1998, Az.: 8 K 2489/95.KO).

III. Wirkung des Forderungsüberganges

5 Es handelt sich bei § 59 RVG um einen gesetzlichen Forderungsübergang gem. § 412 BGB. Die entsprechenden Vorschriften zum Forderungsübergang (§§ 399–404, §§ 406–410 BGB) finden Anwendung, insbesondere kann auch ein Pfändungspfandrecht an der Forderung auf die Staatskasse übergehen (*Pukall* in Mayer/Kroiß RVG § 59 Rn. 10).

6 Der erstattungspflichtige Gegner kann sämtliche Einwendungen gegen den übergegangenen Forderungsanspruch geltend machen, welche auch dem beigeordneten Anwalt zum Zeit-

punkt des Anspruchsübergangs gegenüber zulässig waren. Hierzu gehören Einwendungen in Bezug auf die Anspruchsberechnung oder in Bezug auf den Übergang des Anspruchs auf die Staatskasse als solchen, aber auch die Zahlungspflicht der Staatskasse betreffende Einwendungen (*Pukall* in Mayer/Kroiß RVG § 59 Rn. 22).

Der Mandant, dem PKH bewilligt worden war, kann trotz Forderungsüberganges noch so lange über den Kostenerstattungsanspruch gegenüber dem Gegner verfügen, wie das Verfahren noch nicht rechtskräftig abgeschlossen ist. Eine solche Situation kann eintreten, wenn der Anwalt aufgrund eines Titels oder als Vorschussleistung bereits Zahlungen von der Staatskasse erhalten hat, insoweit also die Forderung übergegangen ist, der Mandant jedoch nach Vergleich oder durch Klagerücknahme eine andere Kostenfolge als die ursprüngliche (Erstattungsanspruch gegen den Gegner) herbeiführt. Nach Rechtskraft der Kostengrundentscheidung ist der Mandant nicht mehr befugt, zu Lasten des Anwalts über den Titel zu verfügen. Dieser Schutz wirkt nach dem Übergang des Beitreibungsrechts auch zugunsten der Staatskasse (BGH RVGreport 2004, 111–112). 7

IV. Umfang des Forderungsüberganges

Ein Interesse der Staatskasse an einem Rückgriff auf den Schuldner besteht bereits dann, wenn sie den Anwalt nur teilweise – z. B. in Höhe des Vorschusses – befriedigt (*Schnapp* in Gebauer/Schneider RVG 1. Aufl. § 59 Rn. 11). Der Umfang des Forderungsübergangs besteht demnach immer in der Höhe, in der die Staatskasse den Anwalt befriedigt. 8

V. Forderungsübergang nicht zum Nachteil des Anwalts

Gem. § 59 Abs. 1 Satz 2 darf der Forderungsübergang nicht zum Nachteil des Anwalts geltend gemacht werden. Abs. 1 Satz 2 sichert damit dem restlichen Vergütungsanspruch des Anwalts (bis zur Höhe der Wahlanwaltsgebühren) den Vorrang vor dem Zugriff der Staatskasse auf den erstattungspflichtigen Gegner. Das bedeutet: Deckt der von der Staatskasse gezahlte Betrag den Vergütungsanspruch als Wahlanwalt nur teilweise (also nur in Höhe der Gebühren, die gem. § 49 anfallen – »PKH-Abrechnung«), kann der Anwalt vorrangig den Erstattungsanspruch gegen den Gegner bis zur Höhe der Differenz zwischen Wahl- und PKH-Anwaltsgebühren geltend machen. Erst wenn der Anwalt in dieser Hinsicht gebührenmäßig befriedigt ist, darf die Staatskasse den Forderungsübergang geltend machen. Der Anwalt steht also hinsichtlich des Erstattungsanspruchs gegenüber der Staatskasse an erster Rangstelle. 9

- **Beispiel: Der Beklagte trägt die Kosten des Rechtsstreits** 10

Der Anwalt klagt für den Mandanten eine Forderung in Höhe von € 4.500,00 ein. Seinem Mandanten wird PKH ohne Ratenzahlung bewilligt, der Anwalt wird beigeordnet. Nach mündlicher Verhandlung ergeht ein die Klageforderung zusprechendes Urteil, der Beklagte trägt die Kosten des Rechtsstreits. Die Kostenberechnung des Anwalts sieht folgendermaßen aus:

1. Vergütung als beigeordneter Anwalt gem. § 49

Gegenstandswert: € 4.500,00

1,3 Verfahrensgebühr, Nr. 3100 VV RVG	€ 275,60
1,2 Terminsgebühr, Nr. 3104 VV RVG	€ 254,40
Auslagenpauschale, Nr. 7002 VV RVG	€ 20,00
Zwischensumme	€ 550,00
19 % Umsatzsteuer, Nr. 7008 VV RVG	€ 104,50
Summe:	**€ 654,50**

Abschnitt 8 – Beigeordneter oder bestellter Rechtsanwalt, Beratungshilfe

2. Vergütung als Wahlanwalt gem. Tabelle zu § 13

1,3 Verfahrensgebühr, Nr. 3100 VV RVG	€ 354,90
1,2 Terminsgebühr, Nr. 3104 VV RVG	€ 327,60
Auslagenpauschale, Nr. 7002 VV RVG	€ 20,00
Zwischensumme	€ 702,50
19 % Umsatzsteuer, Nr. 7008 VV RVG	€ 133,48
Summe:	**€ 835,98**

Zwischen PKH- und Wahlanwaltsvergütung besteht eine Differenz in Höhe von € 181,48.

Der Erstattungsanspruch des Anwalts (§§ 91 Abs. 1 Satz 1, 126 Abs. 1 ZPO, § 59 Abs. 1 RVG) in Höhe von € 835,98 wird rangmäßig wie folgt aufgeteilt:

1. Rangstelle: beigeordneter Anwalt mit	€ 181,48
2. Rangstelle: Staatskasse gem. § 59 Abs. 1 Satz 2 mit	€ 654,50

Sind die Kosten des Rechtsstreits gequotelt worden, so findet zunächst ein Kostenausgleich ohne Berücksichtigung der bewilligten Prozesskostenhilfe statt. Ergibt sich sodann ein Erstattungsanspruch des Anwalts, der zuzüglich der von der Staatskasse erstatteten Gebühren und Auslagen denjenigen Betrag nicht übersteigt, den er als Wahlanwalt von seinem Mandanten verlangen könnte, so verbleibt es bei dem errechneten Erstattungsbetrag. Die Gerichtskosten werden gesondert ausgeglichen.

11 • **Beispiel: Kostenquotelung**
Sachverhalt wie oben, jedoch mit der Maßgabe, dass der Mandant 2/10, der Beklagte 8/10 der Kosten des Rechtsstreits zu tragen hat. Der Beklagte ist ebenfalls anwaltlich vertreten, seinem Anwalt sind Gebühren in selber Höhe entstanden.

1. Kostenausgleich

Kosten Kläger	€ 835,98
Kosten Beklagter	€ 835,98
Kosten insgesamt	€ 1.671,96
davon trägt der Kläger 2/10	€ 334,39
eigene Kosten des Klägers	€ 835,98
vom Beklagten zu erstatten	**€ 501,59**

2. Forderungsübergang gem. § 59 Abs. 1 Satz 1

von der Staatskasse an den Anwalt des Klägers gezahlt	€ 654,50
die Wahlanwaltsvergütung beträgt	€ 835,98
Differenz (= 1. Rangstelle für Anwalt gem. § 59 Abs. 1 Satz 2)	**€ 181,48**
Erstattungsanspruch gem. Berechnung 1.	€ 501,59
Betrag gem. 1. Rangstelle des Anwalts	€ 181,48
Übergang auf die Staatskasse (= 2. Rangstelle gem. § 59 Abs. 1 Satz 2)	**€ 683,07**

Den Betrag von € 683,07 macht die Staatskasse gegenüber dem erstattungspflichtigen Gegner geltend.

VI. Geltendmachung des Anspruches durch die Staatskasse

12 Gem. § 59 Abs. 2 Satz 1 gelten für die Geltendmachung des Anspruchs der Staatskasse die Vorschriften über die Einziehung der Kosten des gerichtlichen Verfahrens entsprechend.

Das heißt, dass im Bereich der ordentlichen Gerichtsbarkeit der Einzug nach der Justizbeitreibungsordnung (dort gem. § 1 Abs. 1 Nr. 4a JBeitrO) erfolgt. War das Verfahren an einem Gericht anderer Gerichtsbarkeit anhängig, werden die Kosten im Verwaltungszwangsverfahren eingezogen (*Pukall* in Mayer/Kroiß RVG § 59 Rn. 27).

§ 59 Abs. 2 Satz 2 und 3 enthalten Einzelheiten über Zuständigkeitsbestimmungen hinsichtlich der Einziehung der Kosten. Örtlich zuständig ist demnach das Gericht des ersten Rechtszuges. Ist dieses ein Gericht des Landes und ist der Anspruch auf die Bundeskasse übergegangen, wird der Anspruch bei dem jeweiligen obersten Gerichtshof des Bundes angesetzt. 13

VII. Erinnerungen und Beschwerden gegen den Kostenansatz

Die Entscheidung über den Kostenansatz kann sowohl vom Kostenschuldner – also dem erstattungspflichtigen Gegner der PKH-Partei – als auch von der Staatskasse mit der Erinnerung angefochten werden. Für die entsprechende Entscheidung über die Erinnerung und eine Beschwerde gegen die Erinnerungsentscheidung gilt § 66 GKG. 14

Danach ist für die Erinnerung örtlich zuständig das Gericht, bei dem die Kosten angesetzt sind. Die Erinnerung erfordert keine betragsmäßige Beschwer, die Beschwerde gegen die Erinnerungsentscheidung ist hingegen an einen Beschwerdewert von € 200,00 gebunden. Die Beschwerde ist einzulegen bei dem Gericht, dessen Erinnerungsentscheidung angefochten wird. 15

Erinnerung und Beschwerde müssen begründet werden, sie haben keine aufschiebende Wirkung. Allerdings kann eine solche Wirkung gem. § 66 Abs. 7 GKG angeordnet werden.

Außergerichtliche Kosten werden weder im Erinnerungs-, noch im Beschwerdeverfahren erstattet, die Verfahren sind gerichtsgebührenfrei, § 66 Abs. 8 GKG.

VIII. Übergang von Ansprüchen auf die Staatskasse bei Beratungshilfe

Gem. § 59 Abs. 3 gelten die Regelungen des Abs. 1 bei Beratungshilfe entsprechend und zwar für die Beratungshilfevergütung, die der Anwalt von der Staatskasse erhalten hat. 16

Ein Erstattungsanspruch besteht hier gem. § 9 Satz 2 BerHG gegen einen erstattungspflichtigen Dritten.

Gem. § 9 Satz 2 BerHG geht dieser Kostenerstattungsanspruch in Höhe der gesetzlichen Gebühren auf den Anwalt über. Hat der Anwalt Zahlungen aus der Staatskasse erhalten, so geht der Anspruch wiederum auf die Staatskasse über.

Gem. Abs. 3 gilt bei Beratungshilfe ausschließlich der Absatz 1. Eine Anwendung des Abs. 2 kommt zugunsten der Staatskasse nicht in Betracht, da es sich bei den Beratungshilfegebühren um außergerichtliche Gebühren handelt. Ein Einzug über die JBeitrO scheidet danach aus.

ABSCHNITT 9
ÜBERGANGS- UND SCHLUSSVORSCHRIFTEN

§ 60
Übergangsvorschrift

(1) ¹Die Vergütung ist nach bisherigem Recht zu berechnen, wenn der unbedingte Auftrag zur Erledigung derselben Angelegenheit im Sinne des § 15 vor dem Inkrafttreten einer Gesetzesänderung erteilt oder der Rechtsanwalt vor diesem Zeitpunkt gerichtlich bestellt oder beigeordnet worden ist. ²Ist der Rechtsanwalt im Zeitpunkt des Inkrafttretens einer Gesetzesänderung in derselben Angelegenheit und, wenn ein gerichtliches Verfahren anhängig ist, in demselben Rechtszug bereits tätig, ist die Vergütung für das Verfahren über ein Rechtsmittel, das nach diesem Zeitpunkt eingelegt worden ist, nach neuem Recht zu berechnen. ³Die Sätze 1 und 2 gelten auch, wenn Vorschriften geändert werden, auf die dieses Gesetz verweist.

(2) Sind Gebühren nach dem zusammengerechneten Wert mehrerer Gegenstände zu bemessen, gilt für die gesamte Vergütung das bisherige Recht auch dann, wenn dies nach Absatz 1 nur für einen der Gegenstände gelten würde.

Inhaltsübersicht

	Rn.
A. Allgemeines	1
B. Kommentierung	4
I. Anwendungsbereich	4
1. Allgemeines	4
2. Abgrenzung RVG zu anderen Gesetzen	5
3. Änderungen des RVG	7
II. Der Tatbestand im Einzelnen	10
1. Unbedingte Auftragserteilung	10
a) Allgemeines	10
b) Anknüpfungszeitpunkt/Stichtag	12
c) Unbedingte Auftragserteilung	14
d) Euro-Umstellung	19
e) Erhöhung der Mehrwertsteuer/Umsatzsteuer zum 01.01.2007	26
aa) Gesetzesänderung	26
bb) Grundsätzliches	36
cc) Verhältnis § 60 RVG zum Umsatzsteuergesetz	38
dd) Auf welche Leistungen ist welcher Umsatzsteuersatz zu berechnen?	44
ee) Wann ist eine anwaltliche Dienstleistung als Teilleistung zu sehen?	45
ff) Weitergabe der Umsatzsteuererhöhung bei »Altverträgen«	55
gg) Vorschusszahlungen nach § 9 RVG	60
hh) Erbringung von Dauerleistungen – Beraterverträge	63
ii) Unklarer Leistungszeitpunkt	65
2. PKH-Bewilligung	66
3. Dieselbe Angelegenheit	67
4. Rechtsmittel	68
5. Mehrere Gegenstände	74
6. Auslagen	75
7. Verweis auf andere Vorschriften	76
8. Pflichtverteidiger	77
9. Mehrere Tatbestände erfüllt	79
10. Beratung/Gutachten	80
11. Anrechnung der Terminsgebühr	81
12. Rechtsprechung zu § 61 RVG	82
13. Vergütungsvereinbarungen ab 01.07.2008	83

A. Allgemeines

1 § 134 BRAGO ist in § 60 RVG wortgleich übernommen worden. Für Übergangsfälle aufgrund des In-Kraft-Tretens des RVG gelten jedoch weder § 134 BRAGO noch § 60 RVG. Diese Übergangsfälle finden in § 61 RVG eine eigene Regelung.

2 Bis zur Änderung des § 134 BRAGO im Rahmen des **Kostenrechtsänderungsgesetzes** von 1994 (vom 24.06.1994, BGBl. I, 1325), war es strittig, ob für die Anwendung des richtigen Rechts der Zeitpunkt der Auftragserteilung oder aber der Zeitpunkt der Anhängigkeit maß-

Übergangsvorschrift | § 60

geblich ist. Mit der damaligen Änderung des § 134 BRAGO wurde diese Streitfrage beigelegt, da seit diesem Zeitpunkt ausschließlich auf den Zeitpunkt der Auftragserteilung abgestellt wird. Im Hinblick auf den nun seit 10 Jahren erledigten Streit wird daher in der nachfolgenden Kommentierung hierauf nicht mehr eingegangen.

Es bleibt auch nach dem RVG dabei, dass es in den Fällen, in denen mehrere Tatbestände des Abs. 1 Satz 1 erfüllt sind, auf den Zeitpunkt ankommt, an dem erstmals einer der Tatbestände gegeben ist. Sowohl die BRAGO als auch das RVG verfügen somit über eine eigene Dauerübergangsregelung, die die Frage regelt, wie nach In-Kraft-Treten einer Änderung des Gebührenrechts oder eines anderen Gesetzes, auf das das RVG verweist, abzurechnen ist. Bedauerlicherweise wurde vom Gesetzgeber die Gelegenheit, § 60 RVG sprachlich so zu gestalten, dass die vorhandenen Auslegungsschwierigkeiten behoben worden wären, verpasst, da der alte § 134 BRAGO wortgleich übernommen wurde. 3

B. Kommentierung

I. Anwendungsbereich

1. Allgemeines

Von Praktikern wurde die bisherige Übergangsregelung in § 134 BRAGO vielfach mit Unverständnis aufgenommen, da ohne weiteres nicht erkennbar ist, warum bei einer Gesetzesänderung, wie z. B. der Euro-Einführung, die Frage, nach welchem Gebührenrecht (»altes« oder »neues« Gebührenrecht) abzurechnen ist, nicht mit dem **Rechnungsdatum** beantwortet werden kann. Tatsächlich würde jedoch das Abstellen auf das Rechnungsdatum **verfassungsrechtlichen Bedenken** begegnen, da in diesem Fall erheblich in einen laufenden Anwaltsvertrag eingegriffen würde (BVerfG, Beschl. v. 10.08.1998, Az.: 2 BVL 11/97). Der Rechtsanwalt, der einen Auftrag annimmt, könnte dann nicht darauf vertrauen, dass er die zu diesem Zeitpunkt gültigen Gebühren auch verdient, ebenso wie der Mandant befürchten müsste, gänzlich andere Gebühren (möglicherweise auch höhere) an den Anwalt zahlen zu müssen. Derartiges soll durch die Übergangsvorschriften vermieden werden. Da § 61 nahezu inhaltsgleich ist, kann für viele Fälle auf die dortigen Kommentierungen verwiesen werden. Zu § 60 sollen aber nachstehend die sich ergebenden Besonderheiten, insbesondere hinsichtlich der Umsatzsteueränderung und Änderungen zum Erfolgshonorarverbot gesondert eingegangen werden. 4

2. Abgrenzung RVG zu anderen Gesetzen

§ 60 ist immer dann anzuwenden, wenn sich Bestimmungen des RVG selbst ändern oder aber Gesetze, auf die das RVG verweist. Für die BRAGO war das nach § 134 BRAGO z. B. mit umfassenden gravierenden praktischen Auswirkungen der Fall, als der Euro eingeführt worden ist (Gesetz zur Umstellung des Kostenrechts und der Steuerberatergebührenordnung auf Euro – **KostREuroUG** – vom 27.04.2001, BGBl. I, S. 751 ff., in Kraft getreten zum 01.01.2002). Die Frage, ob auch die Einführung des Euro über § 134 BRAGO zu lösen ist, war strittig. Das OLG München entschied am 16.04.2002, dass auf die Änderungen der BRAGO durch das Gesetz zur Umstellung des Kostenrechts auf Euro die Übergangsvorschrift des § 134 Abs. 1 BRAGO anwendbar ist (OLG München, Beschl. v. 16.04.2002 – Az.: 11 W 1138/02 in AnwBl. 2002, 434). 5

Zum Verhältnis des § 60 zum Umsatzsteuergesetz vgl. die Ausführungen unter Rn. 38 ff. 6

Abschnitt 9 – Übergangs- und Schlussvorschriften

3. Änderungen des RVG

7 Bisher sind folgende Änderungen des RVG in Kraft getreten:

1. Gesetz zur Einführung der nachträglichen Sicherungsverwahrung v. 23.07.2004, BGBl. I, S. 1838, 1840, in Kraft getreten am 29.07.2004; Änderung Vorbem. 4.1.
2. Gesetz zur Verbesserung der Rechte von Verletzten im Strafverfahren (Opferrechtsreformgesetz – OpferRRG) v. 24.06.2004, BGBl. I, S. 1354, 1357, in Kraft getreten am 01.09.2004, Änderungen: Nr. 4145 VV, Vorm. 4.3. VV RVG
3. Gesetz zur Umsetzung gemeinschaftsrechtlicher Vorschriften über die grenzüberschreitende Prozesskostenhilfe in Zivil- und Handelssachen in den Mitgliedstaaten (EG-Prozesskostenhilfegesetz) v. 15.12.2004, BGBl. I, S. 3392, 3394, in Kraft getreten am 21.12.2004, Änderung § 46 RVG
4. Gesetz zur Kontrolle von Unternehmensabschlüssen (Bilanzkontrollgesetz-BilKoG) v. 15.12.2004, BGBl. I, S. 3408, 3415, in Kraft getreten am 21.12.2004
5. Gesetz über die Rechtsbehelfe bei Verletzung des Anspruchs auf rechtliches Gehör (Anhörungsrügengesetz) v. 09.12.2004, BGBl. I, S. 3220, 3228, in Kraft getreten am 01.01.2005; Einfügung § 12a RVG; Änderungen § 19, Vorbem. 3.1, 3.3.1., 3.3.2., 5.1.; Nrn. 3327, 3330, 3516
6. Gesetz zur Überarbeitung des Lebenspartnerschaftsrechts v. 15.12.2004, BGBl. I, S. 3396, 3405, in Kraft getreten am 01.01.2005; Änderung § 24 RVG
7. Gesetz zum internationalen Familienrecht v. 26.01.2005, BGBl. I, S. 162, 173, in Kraft getreten am 01.03.2005, Änderungen § 19 RVG
8. Gesetz über die Verwendung elektronischer Kommunikationsformen in der Justiz – Justizkommunikationsgesetz (JKomG) v. 22.03.2005, BGBl. I, S. 837, in Kraft getreten am 01.04.2005, Änderungen §§ 11, 33, 56 RVG, Neueinfügung § 12b RVG Nr. 7000 VV RVG
9. Berichtigung des Zweiten Gesetzes zur Neuregelung des Energiewirtschaftsrechts vom 14.12.2005 – EnWG (BGBl. 2005 I, S. 3474, 3621); das 2. Gesetz zur Neuregelung des Energiewirtschaftsrechts ist am 13.07.2005 als das »Zweite Gesetz zur Neuregelung des Energiewirtschaftsrechts« in Kraft getreten (BGBl. I, S. 1953 vom 12.07.2005); Ergänzung Vorbem. 3.2.1 um Nr. 8
10. Gesetz zur Durchführung der Verordnung (EG) Nr. 805/2004 über einen Europäischen Vollstreckungstitel für unbestrittene Forderungen (EG-Vollstreckungstitel-Durchführungsgesetz) v. 18.08.2005, BGBl. I, S. 2477, 2481, in Kraft getreten am 21.10.2005, Änderungen §§ 18, 19, Nrn. 1000, Nr. 3104 VV RVG
11. Kapitalanleger-Musterverfahrensgesetz (KapMuG) v. 16.08.2005, BGBl. I, S. 2437, 2444, in Kraft getreten am 01.11.2005, Änderungen: § 16, Vorbem. 3.2.2., Neueinfügung § 23a RVG
12. Gesetz zur Unternehmensintegrität und Modernisierung des Anfechtungsrechts (UMAG) v. 22.09.2005, BGBl. I, S. 2802, in Kraft getreten am 01.11.2005, Änderung Nr. 3325 VV RVG
13. In-Kraft-Treten des Art. 3 KostRMoG v. 05.05.2004 (BGBl. 2004 I, S. 718) zum 01.07.2006; Änderung im Beratungsbereich insbs. § 34 RVG; Herausnahme Beratung u. Gutachten aus Teil 2 VV RVG
14. Gesetz zur Umsetzung der Richtlinie 2004/25/EG des Europäischen Parlaments und des Rates vom 21. April 2004 betreffend Übernahmeangebote (Übernahmerichtlinie-Umsetzungsgesetz – ÜbernRUmsG), durch Art. 3 des Gesetzes vom 08.07.2006 (BGBl. 2006 I, S. 1426), Neueinfügung des § 31a RVG (Wert in Ausschlussverfahren nach § 39 des Wertpapiererwerbs- und Übernahmegesetzes)
15. Gesetz über die Durchsetzung der Verbraucherschutzgesetze bei innergemeinschaftlichen Verstößen (EG-Verbraucherschutzdurchsetzungsgesetz – VSchDG) v. 21.12.2006 BGBl I, S. 3367 in Kraft getreten am 29.12.2006 Änderung in Vorbemerkung 3.2.1. Abs. 1 VV – Nr. 10. in Beschwerde- und Rechtsbeschwerdeverfahren nach den VSchDG

16. Zweites Gesetz zur Modernisierung der Justiz 2.JuMoG v. 22. 12. 2006 BGBl. I, S. 3416, in Kraft getreten zum 31. 12. 2006, umfangreiche Änderungen, u. a. in § 15 Abs. 6; § 19 Nr. 2, § 22 Abs. 2 S. 1; § 30 S. 1, § 36 Abs. 1 Nr. 1, § 44 Abs. 2; im VV Anmerkung zu Nr. 1003; Vorbem. Abs. 3 3. Alt.; Vorbem. 3 Abs. 4 VV; Anm. zu Nr. 3104; Einfügung Abs. 4 der Anm. zu Nr. 3104; Abs. 2 der Anm. zu Nr. 3202; Nr. 3300 u. 3301 a. F. werden aufgehoben und Nr. 3303 wird 3301; Nr. 3306; Nr. 3335; Nr. 3502 sowie Anmerkung zu Nr. 7000
17. Artikel 3 Gesetz zur Änderung des Wohnungseigentumsgesetzes und anderer Gesetze (WEGuaÄndG) vom 26. 03. 2007 BGBl. I, S. 370, in Kraft getreten zum 01. 07. 2007 redaktionelle Anpassungen im VV
18. Artikel 5 Zweites Gesetz zur Änderung des Jugendgerichtsgesetzes und anderer Gesetze (2. JGGuaÄndG) vom 13. 12. 2007 BGBl. I, S. 2894 in Kraft getreten zum 01. 01. 2008
19. Artikel 18 Gesetz zur Neuregelung des Rechtsberatungsrechts (RBerNG) vom 12. 12. 2007 BGBl. I, S. 2840, in Kraft getreten zum 01. 07. 2008, Änderungen §§ 11, 12 a u. 33 RVG
20. Artikel 2 Gesetz zur Neuregelung des Verbots der Vereinbarung von Erfolgshonoraren (ErfHonVNG) vom 12. 06. 2008 BGBl. I, S. 1000 in Kraft getreten zum 01. 07. 2008, Einfügung § 3 a (neu), (Änderung) § 4, § 4 a (neu), § 4 b (neu).

Weitere Änderungen zum 12.12.2008 durch Art. 6 Gesetz zur Verbesserung der grenzüberschreitenden Forderungsdurchsetzung und Zustellung (GrFord DuG) v. 30.10.2008, BGBl. I, S. 2122 Nr. 50, sowie zum 01.02.2009 durch Art. 6 Wehrrechtsänderungsgesetz 2008 (WehrRÄndG 2008) v. 31.07.2008, BGBl. I, S. 1629 Nr. 35.

Teilweise handelt es sich bei den oben dargestellten Änderungen um redaktionelle Anpassungen oder nur unwesentliche Änderungen. Gravierende Änderungen erfolgten durch Art. 4 KostRMoG im Beratungsbereich (Neugestaltung des § 34 RVG mit neuem Verweis auf eine Gebührenvereinbarung bei Beratungen und Gutachten; Verschiebung der bisherigen Vergütungsverzeichnis-Nummern in Teil 2, so wurde aus der Geschäftsgebühr Nr. 2400 VV Nr. 2300. Das 2. JuModG brachte einige inhaltlich sehr wichtige Klarstellungen und mit dem am 01. 07. 2008 in Kraft getretenen Gesetz zur Neuregelung des Verbots der Vereinbarung von Erfolgshonoraren sind weitere wichtige Änderungen erfolgt).

Weitere Änderungen des RVG sind mit dem **FGG-Reform-Gesetz** geplant (FamFG) sowie dem **Kostenrechtsmodernisierungsgesetz II**. Der Zeitpunkt des In-Kraft-Tretens des KostRModG II steht noch nicht fest, wobei das FamFG vom Bundestag bereits beschlossen wurde und der Bundesrat am 19. 09. 2008 zugestimmt hat. **Das FamFG tritt am 01.09.2009 in Kraft.** Hier werden sich **insbesondere für die Gerichtskosten Neuerungen** ergeben, da diese künftig in einem eigenen FamGKG geregelt werden sollen.

Auch in den Fällen, in denen das RVG auf ein anderes Gesetz verweist, gilt § 60.

II. Der Tatbestand im Einzelnen

1. Unbedingte Auftragserteilung

a) Allgemeines

Entscheidend ist grundsätzlich nicht das Datum der Auftragserteilung sondern vielmehr, wann der Rechtsanwalt den Auftrag annimmt. Es ist beim Anwaltsvertrag auf die üblichen Regelungen zum Vertragsrecht abzustellen. Damit kommt ein Vertrag regelmäßig erst zustande, wenn ein Angebot angenommen wird.

Eine Vollmacht hat wegen ihres auf den Nachweis der Vertretungsmacht beschränkten Inhalts (§ 172 BGB) ohnehin allenfalls indizielle Bedeutung für die hiervon zu trennende materiell-rechtliche Beauftragung (§§ 675, 662, 611 BGB) hat. Sie ist als Nachweis einer Beauftragung eigentlich nicht geeignet, da die Beweiskraft dieser Urkunde nach § 416 ZPO darauf beschränkt ist, dass die dort enthaltenen Erklärungen gemacht wurden.

Abschnitt 9 – Übergangs- und Schlussvorschriften

Damit gilt, dass der Zeitpunkt der Vollmachtserteilung damit grundsätzlich unerheblich ist (OLG Saarbrücken JurBüro 1996, 190; LG Berlin JurBüro 1988, 752 = Rpfleger 1988, 123; LG Saarbrücken AGS 1999, 102), dennoch wird teilweise angenommen, dass die BRAGO (jetzt RVG) dann gilt, wenn eine Vollmacht vor dem Stichtag erteilt und der entsprechende Antrag bei Gericht erst nach dem Stichtag eingereicht wird, weil die Vollmacht für die Auftragserteilung vor dem Stichtag spricht (vgl. zu § 61 RVG: AG Tempelhof-Kreuzberg, Beschl. v. 25. 01. 2005, Az.: 179 AR 96/05 = JurBüro 2005, 196 = RVGreport 2005, 329). Sofern es sich anders verhält, ist der Rechtsanwalt daher gehalten, entsprechend vorzutragen.

Zu beachten ist darüber hinaus, dass eine Vollmacht, die nur mit einer Paraphe »unterzeichnet« ist, nicht als Urkunde i. S. des § 416 ZPO gilt (BGH, Beschl. v. 15. 11. 2006, Az.: IV ZR 122/05, abrufbar unter: www.bundesgerichtshof.de).

b) Anknüpfungszeitpunkt/Stichtag

12 Nach der Übergangsregelung des § 60 RVG hat die Abrechnung nach altem Recht zu erfolgen, wenn

- dem Rechtsanwalt ein unbedingter Auftrag zur Erledigung derselben Angelegenheit (i. S. des § 15 RVG) vor dem In-Kraft-Treten einer Gesetzesänderung erteilt wurde (§ 60 Abs. 1 Satz 1 Alt. 1), oder
- der Rechtsanwalt vor dem In-Kraft-Treten einer Gesetzesänderung gerichtlich bestellt (§ 60 Abs. 1 Satz 1 Alt. 2) oder
- der Rechtsanwalt vor dem In-Kraft-Treten einer Gesetzesänderung gerichtlich beigeordnet (§ 60 Abs. 1 Satz 1 Alt. 3) worden ist.

13 Sofern einer dieser vorgenannten Tatbestände erfüllt ist, hat der Rechtsanwalt nach altem Recht abzurechnen, und zwar unabhängig davon, nach welchem Gesetz die Abrechnung für ihn günstiger ist.

c) Unbedingte Auftragserteilung

14 Unbedingte Auftragserteilung bedeutet: Erteilung eines Auftrags, der nicht an Bedingungen geknüpft ist (z. B. Klage nur unter der Bedingung, dass auf eine (letzte) außergerichtliche Mahnung Zahlung nicht erfolgt; Klage nur unter der Bedingung, dass Prozesskostenhilfe bewilligt wird).

15 Für das Übergangsrecht ist grundsätzlich maßgebend, wann die Bedingung eintritt (Gerold/Schmidt/Mayer, RVG 18. Aufl. 2008 § 60 Rn. 6–7; *N. Schneider* in Hansens/Braun/Schneider Praxis des Vergütungsrechts Teil 20 Rn. 23 f.; Hansens RVGreport 2004, 10, 12; Müller-Rabe NJW 2005, 1609, 1612; Kammergericht RVGreport 2005, 380).

16 Mit »unbedingter Auftragserteilung« ist gemeint, dass die Erteilung des Auftrags an den Rechtsanwalt nicht von einer Bedingung abhängig sein darf. Bedingungen i. S. des § 60 Abs. 1 Satz 1 könnten z. B. sein:

- Eine gerichtliche Geltendmachung soll erst erfolgen, wenn die außergerichtliche Geltendmachung scheitert.
- Der Mandant lässt sich beraten und möchte eine außergerichtliche Vertretung nur, wenn die Rechtsschutzversicherung eine Deckungszusage erteilt.

usw.

17 Da § 60 auf die unbedingte Auftragserteilung abstellt, ist es möglich, dass für die eine Partei nach »altem« Recht abzurechnen ist, während die Gegenseite nach neuem Recht abzurechnen hat (so genanntes gespaltenes Gebührenrecht).

18 • **Beispiel**
Der Mandant beauftragt den Rechtsanwalt im Dezember 2007, Klage zu erheben, was auch noch im Dezember 2007 geschieht. Die Klage wird dem Beklagten im Januar 2008 zugestellt.

Der Beklagte beauftragt seinerseits einen Rechtsanwalt, ihn gegen die Klage zu verteidigen. Der Beklagtenvertreter rechnet nach neuem, der Klägervertreter nach altem Recht ab.

d) Euro-Umstellung

Im Nachfolgenden sollen anhand des KostREuroUG, das am 01.01.2002 in Kraft getreten ist, Abrechnungsbeispiele dargestellt werden.

Seit 01.01.2002 dürfen Rechnungen nicht mehr in DM ausgestellt werden. Die bisherigen DM-Gebühren wurden durch das KostREuroUG auf Euro umgestellt. Bei der Umstellung wurden geringfügig andere Beträge zugrunde gelegt, als sich mit dem amtlichen Umrechnungskurs ermitteln lassen. Der amtliche Umrechnungskurs beträgt DM 1,00 = € 1,95583. Ist die alte BRAGO-Tabelle mit den DM-Beträgen anzuwenden, so wird der dort ausgewiesene DM-Betrag durch 1,95583 geteilt. Die zweite Stelle hinter dem Komma ist kaufmännisch zu runden, d.h. Zahlen bis 4 werden abgerundet, Zahlen ab 5 werden aufgerundet, § 11 Abs. 2 Satz 2 BRAGO. Inversive Kurse (DM 1,00 = € 0,511292) dürfen nicht angewandt werden, Verordnung EG Nr. 1103/97 des Rates vom 17.07.1998, Amtsblatt EG L 162/1, Art. 4 Abs. 3.

- **Beispiel**
DM 700,00 = 700 dividiert durch 1,95583 = 357,90431 = € 357,90.

Die Rundungsregel für Euro-Gebühren ist ebenfalls am 01.01.2002 in Kraft getreten. Durch das Gesetz zur Umstellung des Kostenrechts und der Steuerberatergebührenverordnung auf Euro (KostREuroUG) wurden die Rundungsregeln in den verschiedenen Kostengesetzen (Aufrundung auf volle 10 Pfennig) aufgehoben. Bei verschiedenen Gebühren (z.B. Hebegebühren, 5,5/10 Gebühren usw.) können jedoch Beträge unter einem Cent entstehen. Für diese Fälle war eine Rundungsregel erforderlich. Durch das ERJuKoG wurde mit Art. 9 Abs. 5 Nr. 2 in § 11 Abs. 1 Satz 2 BRAGO diese kaufmännische Rundungsregel eingeführt.

- **Beispiel**
Ein Mandant beauftragt einen RA in den Weihnachtsferien 2001, eine Angelegenheit gerichtlich durchzuführen. Der Rechtsanwalt kehrt am 7. Januar 2002 in die Kanzlei zurück und lässt dem Mandanten mitteilen, dass er das Mandat übernimmt. In diesem Fall hat der Rechtsanwalt seine Kostenrechnung nach der »neuen«, mit dem KostREuroUG geltenden BRAGO-Tabelle abzurechnen.

Da grundsätzlich, wenn der Rechtsanwalt einen unbedingten Auftrag zur Erledigung einer Angelegenheit erhält, dieser bis zur Beendigung des gesamten Verfahrens gelten soll, spielt es für die weiteren Gebühren keine Rolle, wenn sie zu einem Zeitpunkt entstehen, in dem bereits das »neue« Recht gilt. Sie sind dennoch nach »altem« Recht zu berechnen, wenn die unbedingte Auftragserteilung zum Zeitpunkt des »alten« Rechts erfolgte.

- **Beispiel**
Im Dezember 2001 erteilt der Mandant den Auftrag, Klage zu erheben. Die Klage wird noch im Dezember 2001 erhoben. Eine mündliche Verhandlung findet im März 2002 statt. In diesem Fall sind alle Gebühren nach »altem« Recht (vor dem KostREuroUG) abzurechnen.

e) Erhöhung der Mehrwertsteuer/Umsatzsteuer zum 01.01.2007

aa) Gesetzesänderung

Mit Wirkung vom **01.04.1998** wurde der allgemeine Umsatzsteuersatz nach § 12 Abs. 1 UStG von **15 auf 16%** angehoben (Art. 5 Nr. 1 i.V.m. Art. 9 Abs. 1 des Gesetzes zur Finanzierung eines zusätzlichen Bundeszuschusses zur gesetzlichen Rentenversicherung vom 19.12.1997, BGBl. 1997 I, S. 3121; BStBl. 1998 I, S. 7). Der ermäßigte Steuersatz von 7% (§ 12 Abs. 2 UStG) blieb bestehen.

Der Bundestag hat am 19.05.2006 mit den Stimmen der großen Koalition in zweiter/dritter Lesung dem Haushaltsbegleitgesetz 2006 (HBeglG 2006) zugestimmt (BT-Drs. 16/1525). Mit

Abschnitt 9 – Übergangs- und Schlussvorschriften

Wirkung **zum 01.01.2007** wurde beschlossen, den regulären Umsatzsteuersatz von **16 auf 19%** anzuheben, wobei der ermäßigte Steuersatz von 7% bestehen bleiben soll (Art. 4 des HBeglG 2006).

28 § 12 Abs. 1 UStG:

»Die Steuer beträgt für jeden steuerpflichtigen Umsatz neunzehn Prozent der Bemessungsgrundlage (§§ 10, 11, 25 Abs. 3 und § 25a Abs. 3 und 4).«

29 In § 27 Abs. 1 UStG wird die Anwendbarkeit der Übergangsvorschriften auf § 13b Abs. 1 Satz 3 UStG erweitert. (Die Übergangsvorschrift in § 27 Abs. 8 UStG 1999 i. d. F. des StÄndG 2003, nach der § 15a Abs. 1 Satz 1 UStG in der ab dem 1. Januar 2002 geltenden Fassung unter bestimmten Voraussetzungen auch für Zeiträume vor dem 1. Januar 2002 anzuwenden ist, enthält keine verfassungsrechtlich unzulässige Rückwirkung (BFH, Urteil v. 07.07.2005, Az.: V R 32/04; Vorinstanz: FG Berlin vom 2. März 2003, 7 K 7225/01 (EFG 2004, 1554; UStG 1980 § 15a; UStG 1999 § 15a, § 27 Abs. 8; Richtlinie 77/388/EWG Art. 20)).

30 § 27 Abs. 1 UStG Allgemeine Übergangsvorschriften lautet wie folgt:

»Änderungen dieses Gesetzes sind, soweit nichts anderes bestimmt ist, auf Umsätze im Sinne des § 1 Abs. 1 Nr. 1 und 5 anzuwenden, die ab dem Inkrafttreten der maßgeblichen Änderungsvorschrift ausgeführt werden. Das gilt für Lieferungen und sonstige Leistungen auch insoweit, als die Steuer dafür nach § 13 Abs. 1 Nr. 1 Buchstabe a Satz 4, Buchstabe b oder § 13b Abs. 1 Satz 3 vor dem Inkrafttreten der Änderungsvorschrift entstanden ist. Die Berechnung dieser Steuer ist für den Voranmeldungszeitraum zu berichtigen, in dem die Lieferung oder sonstige Leistung ausgeführt wird.«

31 § 13b Abs. 1 UStG lautet:

»Leistungsempfänger als Steuerschuldner

(1) Für folgende steuerpflichtige Umsätze entsteht die Steuer mit Ausstellung der Rechnung, spätestens jedoch mit Ablauf des der Ausführung der Leistung folgenden Kalendermonats:

1. *Werklieferungen und sonstige Leistungen eines im Ausland ansässigen Unternehmers;*
2. *Lieferungen sicherungsübereigneter Gegenstände durch den Sicherungsgeber an den Sicherungsnehmer außerhalb des Insolvenzverfahrens;*
3. *Umsätze, die unter das Grunderwerbsteuergesetz fallen;*
4. *Werklieferungen und sonstige Leistungen, die der Herstellung, Instandsetzung, Instandhaltung, Änderung oder Beseitigung von Bauwerken dienen, mit Ausnahme von Planungs- und Überwachungsleistungen. Nummer 1 bleibt unberührt;*
5. *Lieferungen von Gas und Elektrizität eines im Ausland ansässigen Unternehmers unter den Bedingungen des § 3g.*

§ 13 Abs. 1 Nr. 1 Buchstabe a Satz 2 und 3 gilt entsprechend. **Wird in den in den Sätzen 1 und 2 genannten Fällen das Entgelt oder ein Teil des Entgelts vereinnahmt, bevor die Leistung oder die Teilleistung ausgeführt worden ist, entsteht insoweit die Steuer mit Ablauf des Voranmeldungszeitraums, in dem das Entgelt oder das Teilentgelt vereinnahmt worden ist. ...«**

32 Bekanntlich wird unterschieden zwischen Soll- und Istversteuerung. Soll-Versteuerer sind die so genannten Bilanzpflichtigen (z. B. Anwalts-GmbH), auch 4/1-Rechner genannt entsprechend der in § 4 Abs. 1 EStG normierten Bilanzierungspflicht geregelten Verpflichtung, bereits in Rechnung gestellte Beträge abführen zu müssen (Berechnung der Steuer nach vereinbarten Entgelten) im Gegensatz zu den so genannten 4/3-Rechnern (z. B. GbR, Einzelanwalt), die als Ist-Versteuerer Umsatzsteuer erst dann abführen müssen, wenn sie auch tatsächlich eingegangen ist, und die keine Bilanz sondern vielmehr ihre Buchführung über eine Einnahmen-Überschussrechnung vornehmen (Berechnung der Steuer nach vereinnahmten Entgelten).

33 Die Steuer entsteht (ist abzuführen) für **anwaltliche Dienstleistungen** bei der Berechnung der Steuer nach vereinbarten Entgelten (**Sollversteuerung**; 4/1-Rechner) mit Ablauf des Vor-

anmeldungszeitraums, in dem die Leistungen ausgeführt worden sind, § 13 Abs. 1 Nr. 1 a Satz 1 UStG.

Dies gilt auch für Teilleistungen, § 13 Abs. 1 Nr. 1 a Satz 2 UStG. Teilleistungen liegen vor, wenn für bestimmte Teile einer wirtschaftlich teilbaren Leistung das Entgelt gesondert vereinbart wird, § 13 Abs. 1 Nr. 1 a Satz 3 UStG (zu Teilleistungen bei anwaltlichen Leistungen vgl. Rn. 45). Wird das Entgelt oder ein Teil des Entgelts vereinnahmt, bevor die Leistung oder die Teilleistung ausgeführt worden ist (Vorschuss), entsteht nach § 13 Abs. 1 Nr. 1 a Satz 4 UStG die Steuer insoweit mit Ablauf des Voranmeldungszeitraums, in dem das Entgelt oder das Teilentgelt vereinnahmt worden ist. 34

Die Steuer entsteht für **anwaltliche Dienstleistungen** bei der Berechnung der Steuer nach vereinnahmten Entgelten (§ 20 UStG) (**Istversteuerung**; 4/3-Rechner) mit Ablauf des Voranmeldungszeitraums, in dem die Entgelte vereinnahmt worden sind. 35

bb) Grundsätzliches

Für die Frage, welcher Steuersatz zu berechnen ist, kommt es weder auf den Zeitpunkt der Auftragserteilung, noch auf den Zeitpunkt der Rechnungserteilung oder Zahlung an, vgl. dazu auch Rn. 41. 36

Maßgeblich ist vielmehr der Zeitpunkt der Leistungserbringung (Ausführung des Umsatzes). 37

cc) Verhältnis § 60 RVG zum Umsatzsteuergesetz

Als erstes stellt sich die Frage, ob § 60 RVG überhaupt auf eine Änderung des Umsatzsteuergesetzes Anwendung finden kann. 38

§ 1 Abs. 1 definiert den Begriff der anwaltlichen Vergütung als »Gebühren und Auslagen«. § 60 stellt für die Frage des anwendbaren Rechts auf die »Vergütung« des Anwalts ab, somit auch auf die Auslagen. Die Umsatzsteuer ist in Nr. 7008 VV in Teil 7 »Auslagen« geregelt. Grundsätzlich ist anzumerken, dass die Umsatzsteuer dort schon von der Begrifflichkeit her an der falschen Stelle platziert ist. Auslagen sind Kosten, die vom Anwalt aufgebracht, »verauslagt« werden, so z. B. Reisekosten, Dokumentenpauschale, Porto, etc. Die Umsatzsteuer stellt aber streng genommen keine Auslagen dar. Ihre Platzierung an dieser Stelle i. V. m. der Begriffsdefinition in § 1 und § 60 kann daher zu Missverständnissen hinsichtlich der Abrechnung der Umsatzsteuer führen. 39

Dabei ist zu beachten, dass das RVG das Verhältnis zwischen Anwalt und Mandant regelt, wohingegen das Umsatzsteuergesetz die Umsatzsteuerpflicht des Rechtsanwalts gegenüber dem Finanzamt regelt. Dass beide Gesetze nicht ohne weiteres vermischt werden können, ergibt sich beispielsweise auch aus Anmerkung zu Nr. 2500 (Beratungshilfegebühr). Obwohl in der Anmerkung zu Nr. 2500 VV klar geregelt ist, dass Auslagen neben der Gebühr nicht erhoben werden dürfen, gilt diese Anmerkung nur im Verhältnis zum Mandant. Der Anwalt ist gleichwohl verpflichtet, die gesetzliche Umsatzsteuer aus diesem Betrag von € 10,00 »herauszurechnen« und abzuführen. 40

Nach Überzeugung der Verfasserin kann es für die Frage hinsichtlich der Anwendbarkeit neuen oder alten Rechts (d. h. 16 oder 19 %) z. B. auf den Zeitpunkt der unbedingten Auftragserteilung nicht ankommen, da es nach § 27 Abs. 1 UStG und auch dem Schreiben des BMF vom 10. 02. 1998 (VI C 3 – S 7210 – 20/98), II, Ziff. 1 (1) BStBl. I, 1998, 177) allein auf die Bewirkung der Leistung ankommt. Ergebnis: § 60 RVG gilt in jedem Fall nicht im Verhältnis zwischen Anwalt und Steuerbehörde. 41

Das wirft verschiedene Fragen für die erfolgte Umsatzsteuererhöhung auf: 42

– Wann ist eine Leistung des Anwalts bewirkt (d. h. für welche Leistungen gelten 19 %) (vgl. Rn. 44)?

Abschnitt 9 – Übergangs- und Schlussvorschriften

- Wann ist von Teilleistungen zu sprechen, die ggf. einem unterschiedlichen Steuersatz unterliegen (vgl. Rn. 45)?
- Gibt es Besonderheiten bei Rahmengebühren (vgl. Rn. 49)?
- Wie ist mit Vorschuss- und Schlussabrechnungen zu verfahren (vgl. Rn. 60)?
- Welche Besonderheiten gelten bei Vergütungsvereinbarungen, die vor dem 01.09.2006 abgeschlossen wurden (vgl. Rn. 55 f.)?
- Welche Besonderheiten gelten bei Vergütungsvereinbarungen, die nach dem 01.09.2006 abgeschlossen wurden (vgl. Rn. 57 ff.)?

43 Hartmann ist der Auffassung, dass § 60 auch bei einer Erhöhung der Umsatzsteuer zur Anwendung kommt, wobei er keine Unterscheidung zwischen dem Verhältnis Auftraggeber/Rechtsanwalt sowie Rechtsanwalt/Finanzbehörde vornimmt (Hartmann Kostengesetze 37. Aufl. 2008 § 60 Rn. 5).

dd) Auf welche Leistungen ist welcher Umsatzsteuersatz zu berechnen?

44 Auf alle Leistungen, die nach der Steuererhöhung bewirkt werden, ist der neue Steuersatz in Höhe von 19 % (Ausnahme: ermäßigter Steuersatz) anzuwenden.

ee) Wann ist eine anwaltliche Dienstleistung als Teilleistung zu sehen?

45 Stellt sich die Frage, mit welchem Umsatzsteuersatz zu rechnen ist, wenn die Verfahrensgebühr durch Klageeinreichung im Dezember 2006 und eine Terminsgebühr aufgrund Wahrnehmung eines Termins im Februar 2007 entsteht. Liegen hier »Teilleistungen« im Sinne des Umsatzsteuerrechts vor?

46 Gilt § 60 RVG, der für die Anwendung »alten« oder »neuen« Rechts (16 oder 19 %) u. a. auf die unbedingte Auftragserteilung abstellt, oder kommt vielmehr § 13 UStG als lex specialis vorrangig zur Anwendung? Nach Ansicht der Verfasserin kommt § 13 UStG unmittelbar zur Anwendung. Maßgeblich für die Entstehung der Umsatzsteuer ist damit der Zeitpunkt der Leistungserbringung (Sollversteuerung, z. B. bei Bilanzierung, Anwalts-GmbH, Anwalts AG) oder der Zeitpunkt der Vereinnahmung der Entgelte (Istversteuerung, z. B. GbR, Einzelanwalt, etc.), wobei der Steuersatz (16 oder 19 %) sich nach dem Zeitpunkt der Leistungserbringung richtet.

47 Stellt sich als nächstes die Frage, ob anwaltliche Leistungen bezogen auf einen bestimmten Gebührenanfall Teilleistungen im Sinne des § 13 Abs. 1 Nr. 1a Satz 3 UStG sind. Teilleistungen werden für Werklieferungen und Werkleistungen nach dem BMF-Schreiben vom 11.08.2006, IV A 5 – S 7210–23/06, BStBl. 2006 I, 477, siehe 3.2.2 Ausführung und Abrechnung von Teilleistungen setzen voraus, dass:

- es sich um eine wirtschaftlich teilbare Leistung handelt,
- eine gesonderte Vereinbarung vorliegt,
- eine gesonderte Abrechnung erteilt wird
- und eine gesonderte Abnahme erfolgt.

48 Nach Ansicht der Verfasserin liegt in der überwiegenden Zahl der Fälle bei anwaltlichen Leistungen kein gesonderter Auftrag zur Erbringung von Teilleistungen vor. Vielmehr erhält der Rechtsanwalt den Auftrag zur Durchführung des gesamten Verfahrens einmal, ohne dass er vor jeder Gebühr erneut anfragen muss, ob er die entsprechende Tätigkeit ausführen darf. In der Regel erfolgt auch keine gesonderte Abrechnung für jede Gebühr, sondern die Gebühren werden entweder im Wege einer Vorschussrechnung oder aber nach Fälligkeit (§ 8 RVG) abgerechnet. Da es sich bei anwaltlichen Gebühren um Pauschgebühren handelt, stellt sich des Weiteren die Frage, ob es sich überhaupt um eine wirtschaftlich teilbare Leistung handelt, die der Anwalt erbringt.

49 Bei Rahmengebühren kann eine Festlegung der Gebühr nach billigem Ermessen und unter Berücksichtigung der Kriterien des § 14 erst nach Abschluss der Tätigkeit erfolgen. Das heißt, dass auch erst nach Abschluss der Tätigkeit die konkrete Höhe der Gebühr feststeht. Tätigkei-

ten, für die Rahmengebühren abgerechnet werden, sind daher erst nach vollständiger Erledigung der Angelegenheit erbracht, so dass sich die Umsatzsteuer nach dem Zeitpunkt der Fälligkeit der Gebühren (im Sinne von § 8 RVG) berechnen muss. Rahmengebühren sind daher mit dem Steuersatz zu versteuern, der zum Zeitpunkt der Vollendung der anwaltlichen Leistung gilt.

Aber eben auch andere Gebühren, wie beispielsweise eine Verfahrens- oder Terminsgebühr, sind Schwankungen unterlegen.

- **Beispiel**

Zunächst ergeht im Termin Versäumnisurteil, für das eine 0,5 Terminsgebühr entsteht (Termin war vor dem 01.01.2007). Nach dem 01.01.2007 findet der Termin zur mündlichen Verhandlung statt, so dass die Terminsgebühr in Höhe von 1,2 erwächst.

Geht man von einer teilbaren Leistung aus, würde sich die Frage stellen, ob nun auf die 0,5 Terminsgebühr 16 % und auf die Differenz zur 1,2 Terminsgebühr, somit auf 0,7 eine Umsatzsteuer von 19 % zu zahlen wäre.

Darüber hinaus entstehen Gebühren durchaus mehrfach, auch wenn sie nur einmal abgerechnet werden dürfen.

- **Beispiel**

1. Termin in einer Zivilsache im Oktober 2006, 2. Termin im Dezember 2006, Erledigungsbesprechung, die eine Terminsgebühr auslöst, im Januar 2007. Eine Terminsgebühr ist dreimal entstanden. Sie darf aber aufgrund von § 15 Abs. 2 Satz 1 nur einmal berechnet werden. Welcher Steuersatz soll hier zur Anwendung kommen?

Fazit: Bei einzelnen Gebühren, die während eines Verfahrens entstehen, kann es sich nicht um teilbare Leistungen im Sinne des Steuerrechts handeln, da erst mit Erledigung der Angelegenheit/Beendigung des Auftrags die konkrete Höhe einer Gebühr endgültig feststeht. Auf Anfrage der Verfasserin teilte das Bayerische Staatsministerium der Finanzen seine Auffassung durch Schreiben vom 21.06.2006 dann auch wie folgt mit:»Die Leistungen eines Rechtsanwalts sind grundsätzlich dann ausgeführt, wenn der seiner Leistung zugrunde liegende Auftrag erledigt oder die Angelegenheit beendet ist. Umfaßt die Tätigkeit von vornherein eine Beratungsleistung durch mehrere Instanzen, ist folglich die Leistung insgesamt erst mit Abschluss des gesamten Verfahrens erbracht. Wegen § 16 S. 2 BRAGO (red. Anm.: richtig § 8 RVG) wird jedoch bei Beendigung eines Rechtszugs oder bei getroffener Kostenentscheidung die Vergütung insoweit fällig. Damit ist eine selbständige Teilleistung bei darüber hinaus gehendem Auftrag dann anzunehmen, wenn ein Rechtszug beendet oder eine Kostenentscheidung ergangen ist. Keine Teilleistung liegt dagegen vor, wenn innerhalb der Erledigung eines Auftrages eine Gebühr anfällt, ohne dass der Auftrag oder ein Rechtszug gleichzeitig beendet wird, bzw. eine Kostenentscheidung gefällt wird.«

Das Bayerische Landesamt für Steuern hat eine Anfrage der Verfasserin mit Schreiben vom 14.06.2006 ergänzend ausgeführt: »Eine anwaltliche Leistung ist als sonstige Leistung gem. Abschnitt 177 Abs. 3 UStR grundsätzlich im Zeitpunkt ihrer Vollendung ausgeführt.«

Teilleistungen können aber dann nach Ansicht der Verfasserin angenommen werden, wenn der Rechtsanwalt beispielsweise eine **Stundensatzvereinbarung** mit seinem Mandanten getroffen hat. Stunden, die er in 2006 erbringt, wären dann mit 16 % und Stunden, die er in 2007 erbringt, mit 19 % zu versteuern. Kann der Rechtsanwalt, wenn er selbst seine Umsätze mit 19 % versteuern muss, diese Umsatzsteuer auch an den Mandanten weitergeben, oder sind Fälle denkbar, in denen er trotzdem seinem Mandanten nur 16 % weiterberechnen kann? vgl. Dazu die Kommentierung zu Rn. 55 ff.

Zur Frage der Behandlung von **Beraterverträgen** vgl. Rn. 63.

Abschnitt 9 – Übergangs- und Schlussvorschriften

ff) Weitergabe der Umsatzsteuererhöhung bei »Altverträgen«

55 § 29, der auch bei Anwaltsverträgen und Vergütungsvereinbarungen Anwendung finden kann, lautet:

»Umstellung langfristiger Verträge

(1) Beruht die Leistung auf einem Vertrag, der nicht später als vier Kalendermonate vor dem Inkrafttreten dieses Gesetzes abgeschlossen worden ist, so kann, falls nach diesem Gesetz ein anderer Steuersatz anzuwenden ist, der Umsatz steuerpflichtig, steuerfrei oder nicht steuerbar wird, der eine Vertragsteil von dem anderen einen angemessenen Ausgleich der umsatzsteuerlichen Mehr- oder Minderbelastung verlangen. Satz 1 gilt nicht, soweit die Parteien etwas anderes vereinbart haben. Ist die Höhe der Mehr- oder Minderbelastung streitig, so ist § 287 Abs. 1 der Zivilprozessordnung entsprechend anzuwenden.

(2) Absatz 1 gilt sinngemäß bei einer Änderung dieses Gesetzes.«

56 Für gesetzliche Gebühren stellt das BMF-Schreiben vom 11.08.2006 klar, dass eine Berechnung des Umsatzsteuersatzes von 19% möglich ist, wenn die Leistungen nach dem Stichtag bewirkt worden sind:

»Für bestimmte Leistungsbereiche sind Entgelte (Vergütungen, Gebühren, Honorare usw.) vorgeschrieben, die entsprechend dem umsatzsteuerrechtlichen Entgeltsbegriff die Umsatzsteuer für die Leistungen nicht einschließen. Derartige Entgeltsregelungen enthalten insbesondere die Bundesgebührenordnung für Rechtsanwälte (BRAGO), die Steuerberatergebührenverordnung (StBGebV), die Kostenordnung für Notare (KostO) und die Honorarordnung für Architekten und Ingenieure (HOAI). Soweit die Unternehmer in diesen Fällen berechtigt sind, die für die jeweilige Leistung geschuldete Umsatzsteuer zusätzlich zu dem vorgeschriebenen Entgelt zu berechnen, können sie für ihre nach dem 31.12.2006 ausgeführten Leistungen ohne Rücksicht auf den Zeitpunkt der vertraglichen Vereinbarung die Umsatzsteuer nach dem ab 01.01.2007 geltenden allgemeinen Steuersatz von 19% dem Entgelt hinzurechnen (vgl. Abschnitt 283 Abs. 5 UStR).«

Im BMF-Schreiben vom 11.08.2006, IV A 5 – S 7210 – 23/06, BStBl. 2006 I, 477, siehe Ziff. 2.6.1 Grundsätzliches Rn. 13 wird zu den sogenannten Altverträgen dann weiter folgendes ausgeführt: »Der Unternehmer ist nach § 14 Abs. 2 und § 14a UStG berechtigt und ggf. verpflichtet, über Leistungen (Lieferungen, sonstige Leistungen und ggf. Teilleistungen), die nach dem 31.12.2006 ausgeführt werden und dem allgemeinen Steuersatz unterliegen, Rechnungen zu erteilen, in denen die Umsatzsteuer nach dem ab 01.01.2007 geltenden Steuersatz von 19% ausgewiesen ist. Das gilt auch, wenn die Verträge über diese Leistungen vor dem 01.01.2007 geschlossen worden sind und dabei von dem bis dahin geltenden allgemeinen Steuersatz (16%) ausgegangen worden ist. Aus der Regelung über den Steuerausweis folgt aber nicht, dass die Unternehmer berechtigt sind, bei der Abrechnung der vor dem 01.01.2007 vereinbarten Leistungen die Preise entsprechend der ab 01.01.2007 eingetretenen umsatzsteuerlichen Mehrbelastung zu erhöhen. Es handelt sich dabei vielmehr um eine besondere zivilrechtliche Frage, deren Beantwortung von der jeweiligen Vertrags- und Rechtslage abhängt (vgl. dazu Rzn. 14 und 15).«

Diese Regelung in Zusammenhang mit der Übergangsvorschrift bedeutet nach meiner Ansicht, dass für alle Verträge, die vor dem 01.09.2006 geschlossen worden sind, der Rechtsanwalt einen angemessenen Ausgleich der Mehr- oder Minderbelastung verlangen kann (Ausnahme: vertraglicher Ausschluss). Dies bedeutet, dass auch Leistungen aufgrund von Vergütungsvereinbarungen, die eine Regelung mit 16% Umsatzsteuer fixiert haben, dann mit dem höheren Steuersatz weiterbelastet werden können, wenn diese vor dem 01.09.2006 geschlossen worden sind.

57 Bei Verträgen, die **nach dem 01.09.2006** geschlossen wurden, ist nach Ansicht der Verfasserin zu unterscheiden:

- Hat der Rechtsanwalt (in Kenntnis des neuen Steuersatzes) eine Vereinbarung getroffen, dass

– 19 % Umsatzsteuer für ab dem 01. 01. 2007 erbrachte Leistungen geschuldet werden, kann er entsprechend der Entstehung den jeweiligen Steuersatz, somit ab 01. 01. 2007 19 % an den Mandanten weiterberechnen.

- Hat der Rechtsanwalt eine Vereinbarung getroffen, dass
   – neben der vereinbarten Vergütung 16 % Umsatzsteuer geschuldet werden,
kann er die höhere Umsatzsteuer nicht weiterberechnen, auch wenn er aus den erzielten Erlösen 19 % abführen muss. Dies ist aber nach Ansicht der Verfasserin eher eine zivilrechtliche Frage, da sich der Anwalt gegenüber dem Auftraggeber verpflichtet hat, nicht mehr als 16 % abzurechnen. Dies würde bedeuten, dass der Anwalt die Differenz von 3 % aus seinem Gebührenaufkommen selbst finanzieren muss und nicht nachberechnen darf. Nach Ansicht der Verfasserin handelt es sich bei der festen Angabe des Steuersatzes von 16 % nicht um die in § 29 Abs. 1 UStG angesprochene »abweichende Vereinbarung«. Denn möglicherweise hat der Rechtsanwalt die Vergütungsvereinbarung schon vor Jahren getroffen, als eine Umsatzsteuererhöhung noch in weiter Ferne war, so dass die Parteien eben nicht willentlich die Nachberechnungs-Erlaubnis aus § 29 Abs. 1 UStG mit Angabe des festen Steuersatzes ausgeschlossen haben.

Augenmerk verdient auch § 309 Nr. 1 BGB, der kurzfristige Preiserhöhungen (innerhalb von vier Monaten nach Vertragsschluss) beim **Verbraucher** verbietet, wenn eine solche Klausel unter die AGB-Kontrolle fällt. § 309 Nr. 1 BGB lautet:

»Klauselverbote ohne Wertungsmöglichkeit

Auch soweit eine Abweichung von den gesetzlichen Vorschriften zulässig ist, ist in Allgemeinen Geschäftsbedingungen unwirksam

1. (Kurzfristige Preiserhöhungen)

eine Bestimmung, welche die Erhöhung des Entgelts für Waren oder Leistungen vorsieht, die innerhalb von vier Monaten nach Vertragsschluss geliefert oder erbracht werden sollen; dies gilt nicht bei Waren oder Leistungen, die im Rahmen von Dauerschuldverhältnissen geliefert oder erbracht werden; ...«

Eine Bestimmung, welche die Erhöhung des Entgelts für Leistungen vorsieht, die innerhalb von vier Monaten nach Vertragsschluss erbracht werden sollen, ist nach § 309 Nr. 1 BGB, soweit Allgemeine Geschäftsbedingungen vorliegen, somit unwirksam. Soweit in den Thesen für Vergütungsvereinbarungen (BRAK-Information, Heft 5) die vertragliche Vereinbarung über die Weitergabe von Umsatzsteuererhöhungen für unwirksam gehalten wird (soweit nicht Nr. 7008 VV RVG ohnehin gilt), ist fraglich, ob die Umsatzsteuer »Entgelt« im Sinne der Bestimmung des § 309 Nr. 1 BGB ist und § 309 Nr. 1 BGB auf anwaltliche Dienstverträge Anwendung findet. Grundsätzlich umfasst das Verbot der Preiserhöhungsklausel auch eine Preisanpassung in Folge einer Umsatzsteuererhöhung, da diese nach Ansicht des BGH zum Entgelt im Sinne des § 309 Nr. 1 BGB gehört (BGHZ 77, 82 = NJW 1980, 2133; Palandt/Heinrichs BGB 64. Aufl. 2005 § 309 Rn. 5; Münch/Komm/Basedow Band 2a 4. Aufl. 2003 § 309 Nr. 1 Rn. 16). Eine Klausel, wonach der Preis zuzüglich der jeweiligen Mehrwertsteuer zu zahlen ist, ist gem. § 306 a BGB als Umgehung nichtig (BGH NJW 1981, 979). Nach dem Willen des Gesetzgebers soll die Abwälzung von Umsatzsteuererhöhungen bei einer vereinbarten Lieferfrist von weniger als vier Monaten nicht durch AGB, sondern nur aufgrund individualvertraglicher Vereinbarung erfolgen können (vgl. dazu aus den Gründen: BGH, Urt. v. 28. 01. 1981, Az.: VIII ZR 165/79, NJW 1981, 979). Der Grundgedanke, dass die Mehrwertsteuer im Regelfall den Endverbraucher belasten soll, führt jedoch nach Ansicht des BGH nicht zu einem anderen Ergebnis (BGH, a. a. O.). § 309 Nr. 1 BGB verbietet eine Preiserhöhungsklausel jedoch nur dann, wenn

– die Leistung, für die der Preis zu zahlen ist, innerhalb von 4 Monaten nach Vertragsschluss erbracht werden soll (MünchKomm/Basedow Band 2a 4. Aufl. 2003 § 309 Nr. 1 Rn. 6);
– die Leistung für einen Verbraucher erbracht wird (vgl. § 310 Abs. 1 Nr. 1 BGB);

Abschnitt 9 – Übergangs- und Schlussvorschriften

– kein Dauerschuldverhältnis vorliegt (vgl. den Wortlaut in § 309 Nr. 1 BGB sowie Palandt/Heinrichs BGB 64. Aufl. 2005 § 309 Rn. 6), wobei auch Dienstverträge unter die Dauerschuldverhältnisse fallen (Münch/Komm/Basedow Band 2a 4. Aufl. 2003 § 309 Nr. 1 Rn. 19)

Umsatzsteuergleitklauseln unter Unternehmern sind grundsätzlich zulässig (Münch/Komm/Basedow, Band 2a 4. Aufl. 2003 § 309 Nr. 1 Rn. 25). Schneider hält die Regelung »zzgl. der gesetzlichen Umsatzsteuer« in Vergütungsvereinbarungen für zulässig, da keine Preisanpassungsvereinbarung sondern eine Auslagenvereinbarung erfolgt (*Schneider* in »Die Vergütungsvereinbarung« ZAP Verlag 2006 Rn. 748). Außerdem muss es nach Ansicht von Schneider zulässig sein, dem Auftraggeber die tatsächlich zu zahlende Umsatzsteuer in Rechnung zu stellen, auch wenn diese bei Abschluss der Vergütungsvereinbarung in der konkreten Höhe noch nicht bekannt ist. Ob diese Argumentation durchgreift, erscheint fraglich. Auch so genannte Kostenelementklauseln, die eine Erhöhung der Preise des Verwenders für den Fall vorsehen, dass dessen Kosten oder einzelne Kostenelemente wie Rohstoffkosten etc. steigen, scheiden bei kurzen Leistungsfristen aus (MünchKomm/Basedow Band 2a 4. Aufl. 2003 § 309 Nr. 1 Rn. 16). Hinzu kommt, dass die Auslagen in Teil 7 und somit die dort geregelte Umsatzsteuer zur Vergütung des Rechtsanwalts gehören, vgl. § 1 Abs. 1 RVG.

Fazit:
– Die Aufnahme der höheren Umsatzsteuer in einer Vergütungsvereinbarung, die mit einem Unternehmer geschlossen wird, scheint unproblematisch.
– Die Aufnahme einer höheren Umsatzsteuer in einer Vergütungsvereinbarung, die ein Dauerschuldverhältnis darstellt (Beratervertrag; Dauermandat) scheint unproblematisch, unabhängig davon, ob der Auftraggeber Verbraucher oder Unternehmer ist.
– Die vertragliche Weitergabe der erhöhten Umsatzsteuer an den Verbraucher ist dann problematisch, wenn innerhalb von vier Monaten nach Vertragsschluss die Leistung erbracht werden soll und die Vereinbarung unter die AGB-Kontrolle fällt.

• **Beispiel**
Verbraucher M. schließt im November 2006 eine Stundensatzvereinbarung für die Erstellung eines Gutachtens (Werkvertrag). Es werden im November/Dezember 2006 sowie im Januar bis Februar 2007 Stunden erbracht. Vereinbart ist eine Umsatzsteuergleitklausel. Handelt es sich um eine Vereinbarung, die unter die AGB-Bestimmungen fällt (keine Individualvereinbarung) könnte die Umsatzsteuergleitklausel unwirksam sein.

gg) Vorschusszahlungen nach § 9 RVG

60 Hat der Rechtsanwalt einen Vorschuss (Anzahlung im Sinne des § 13 Abs. 1 Nr. 1 Buchstabe a Satz 4 UStG) bis zum 31.12.2006 erhalten und führt er die entsprechende Leistung erst nach dem 01.01.2007 aus, hat er die Differenz zwischen altem und neuem Steuersatz (3%) nachzuversteuern.

61 Sofern der Rechtsanwalt eine Vorschussrechnung mit 16% Umsatzsteuer erteilt hat, die Leistung aber erst nach dem 01.01.2007 erbracht wird, meldet er zunächst die vereinnahmte Umsatzsteuer von 16% an, ist aber verpflichtet, in der Endabrechnung 19% Umsatzsteuer auszuweisen, somit die Differenz von 3% nachzuversteuern.

62 Vorschussrechnungen, für die Leistungen in Anspruch genommen werden, die erst nach dem 31.12.2006 erbracht werden, können bereits mit dem neuen Steuersatz von 19% versehen werden (vgl. dazu die Ausführungen im BMF-Schreiben vom 11.08.2006, IV A 5 – S 7210 – 23/06, BStBl. 2006 I, 477, siehe unter Ziff. 2.4 Umsatzbesteuerung und Vorsteuerabzug bei der Erteilung von Vorausrechnungen für nach dem 31.12.2006 ausgeführte Leistungen sowie BStBl. 1998 I, 177). Die Umsatzsteuer wird in voller Höhe vom Rechtsanwalt geschuldet und kann vom Auftraggeber nach Bezahlung als Vorsteuer geltend gemacht werden.

Übergangsvorschrift | § 60

hh) Erbringung von Dauerleistungen – Beraterverträge

Anwaltliche Beraterverträge fallen nach Ansicht der Verfasserin unter den umsatzsteuerrechtlichen Begriff der »Dauerleistungen«. Sie sind damit, sofern sie nach dem 01. 01. 2007 erbracht werden, mit einem Steuersatz von 19 % zu versteuern. Zur Frage der Weiterberechnung der erhöhten Umsatzsteuer an den Auftraggeber vgl. die Kommentierung unter Rn. 56. 63

Sofern entsprechend dem Beratervertrag monatlich oder vierteljährlich abgerechnet wird, liegen Teilleistungen i. S. des § 13 Abs. 1 Nr. 1 Buchst. a Satz 2 u. 3 UStG vor (sowohl bei unbefristeten als auch bei befristeten Beraterverträgen). Auch hier richtet sich der Steuersatz nach dem Zeitpunkt der Ausführung der jeweiligen Teilleistung. 64

ii) Unklarer Leistungszeitpunkt

Insbesondere bei Mandanten, die Rahmengebühren auslösen, kann der konkrete Leistungszeitpunkt unklar sein, da sich die Gebühr nach § 14 RVG bestimmt und nicht zu einem bestimmten Zeitpunkt in genau der in Rechnung gestellten Höhe entsteht, vgl. dazu die Ausführungen unter Rn. 49. 65

2. PKH-Bewilligung

Was die PKH-Bewilligung/Beiordnung betrifft, so wird an dieser Stelle auf die ausführliche Kommentierung zu § 61 RVG Rn. 33 ff. verwiesen. Das dort Ausgeführte kann analog auf § 60 angewendet werden. 66

3. Dieselbe Angelegenheit

In § 60 Abs. 1 Satz 1 wird für den Begriff derselben Angelegenheit auf § 15 verwiesen. Im Gegensatz zu § 61, der die Frage, ob das RVG oder die BRAGO anwendbar ist, behandelt, ist der Verweis auf § 15 in § 60 systemgerecht (vgl. zur Streitfrage in § 61 die Kommentierung unter § 61 RVG Rn. 11 ff.). Welche Angelegenheiten nach dem RVG als »dieselbe Angelegenheit« gelten, regelt § 16 (nicht abschließend); verschiedene und besondere Angelegenheiten, die jeweils einen eigenen Auftrag voraussetzen, regeln die §§ 17 und 18. Zum Begriff »dieselbe Angelegenheit« vgl. auch die Kommentierung von Bischof zu § 15. 67

4. Rechtsmittel

Für den Fall, dass der Rechtsanwalt zum Zeitpunkt des In-Kraft-Tretens einer Gesetzesänderung in derselben Angelegenheit und, wenn ein gerichtliches Verfahren anhängig wird, in demselben Rechtszug (§ 19) **bereits tätig** ist, ist die Vergütung für das Verfahren über ein Rechtsmittel, dass nach diesem Zeitpunkt eingelegt worden ist, nach neuem Recht zu berechnen. 68

Mit dieser Regelung in § 60 Abs. 1 Satz 2 soll klargestellt werden, dass es für die Frage der Anwendbarkeit des richtigen Gebührenrechts bei Einlegung eines Rechtsmittels auf diesen Zeitpunkt ankommt, auch wenn der Rechtsanwalt bereits in erster Instanz, wenn sich z. B. abzeichnet, dass das Verfahren nicht zu einem obsiegenden Urteil führen wird, beauftragt wird, in der Rechtsmittelinstanz weiter tätig zu werden. Hier ist in Abs. 1 Satz 2 die Ausnahme zu Abs. 1 Satz 1 geregelt. Der Anwendungsbereich dieser Vorschrift wird zu Recht als unsinnig und widersprüchlich angesehen (Schneider/Wolf § 61 Rn. 7; Hansens RVGreport 2004, 10, 13; Müller-Rabe NJW 2005, 1609, 1615). Denn da Abs. 1 Satz 2 darauf abstellt, dass **nur dann** der Zeitpunkt der Einlegung eines Rechtsmittels maßgeblich ist, wenn der Rechtsanwalt bereits vorinstanzlich tätig war, kann die Anwendung von Abs. 1 Satz 2 zu einer gebührenrechtlichen Ungleichbehandlung der am Prozess beteiligten Rechtsanwälte führen. 69

- **Beispiel** 70

Im November 2001 wird ein Urteil verkündet, das im Dezember 2001 den Parteien zugestellt wird. Gegen dieses Urteil können sowohl der Kläger als auch der Beklagte Berufung einlegen.

Abschnitt 9 – Übergangs- und Schlussvorschriften

Der Kläger beauftragt Ende Dezember einen neuen Rechtsanwalt mit der Einlegung der Berufung. Der Beklagte beauftragt seinen erstinstanzlichen Anwalt ebenfalls im Dezember mit der Einlegung der Berufung. Beide Rechtsanwälte legen erst im Januar 2002 am letzten Tag des Fristablaufs die Berufung ein. Für den Klägervertreter, der erstmalig im Rechtsmittelverfahren tätig wird, gilt bei der Frage nach der Anwendung des richtigen Rechts der Zeitpunkt der Auftragserteilung, somit Dezember 2001. Er hat seine Gebühren nach der alten DM-Tabelle, umgerechnet in Euro-Beträge abzurechnen. Für den Beklagtenvertreter gilt, da er bereits erstinstanzlich tätig war, nach Abs. 1 Satz 2, dass er seine Gebühren nach der ab 01.01.2002 geltenden Euro-Tabelle abzurechnen hat.

71 Es ist nicht verständlich, warum der Gesetzgeber, der die Folgen dieser sprachlich missglückten Regelung kennt, mit dem RVG nicht dafür Sorge getragen hat, die entsprechenden Zweifel auszuräumen. N. Schneider empfiehlt angesichts der sich aus der Anwendung des Abs. 1 Satz 2 ergebenden Problematik, diesen unbeachtlich zu lassen (Schneider/Wolf § 60 Rn. 7; a. A. Müller-Rabe NJW 2005, 1609, 1615; *Mayer* in Gerold/Schmidt RVG 18. Aufl. 2008, § 60 Rn. 60 – »Obwohl die Bestimmung unverständlich und systemwidrig ist, muss sie angewendet werden.«).

72 Aus Abs. 1 Satz 2 ergibt sich nach Ansicht von Schneider nicht, dass auch für den Berufungsbeklagten das bisherige Recht anwendbar sein soll, selbst wenn er erst zum Zeitpunkt des neuen Rechts den Auftrag erhält, im Rechtsmittelverfahren tätig zu werden. Dies ergibt sich eindeutig aus der Begründung zur seinerzeitigen Neufassung des § 134 BRAGO, der wortgleich in § 60 RVG übernommen wurde (BT-Drs. 12/6862, S. 109 ff.; Schneider/Wolf § 60 Rn. 10).

73 Die Vorschrift des Abs. 1 Satz 2 ist darüber hinaus nur für Rechtsmittel anwendbar, nicht für Rechtsbehelfe, wie z. B. einen Einspruch gegen ein Versäumnisurteil oder einen Vollstreckungsbescheid (OLG Hamburg JurBüro 1990, 726).

5. Mehrere Gegenstände

74 Wird der Rechtsanwalt wegen mehrerer Gegenstände tätig, so gilt nach § 60 Abs. 2 das bisherige Recht auch dann, wenn dies nach § 60 Abs. 1 nur für einen der Gegenstände gelten würde.

6. Auslagen

75 Da die Auslagen des Rechtsanwalts in Teil 7 des Vergütungsverzeichnisses geregelt sind und damit zweifelsfrei unter den in Abs. 1 Satz 1 verwendeten Begriff »Vergütung« fallen, gilt, dass die Auslagen ebenso wie die Gebühren nach bisherigem Recht zu berechnen sind, wenn § 60 zur Anwendung kommt.

7. Verweis auf andere Vorschriften

76 § 60 Abs. 1 und 2 gelten auch dann, wenn Vorschriften geändert werden, auf die dieses Gesetz verweist, § 60 Abs. 1 Satz 3. Mit diesen Vorschriften sind vornehmlich solche des GKG und der Kostenordnung gemeint, aber auch Vorschriften des BGB (z. B. § 670 BGB) oder des UStG können hier angesprochen sein. Da für das GKG und die KostO jedoch eigene Übergangsvorschriften gelten, die von der Vorschrift des § 60 RVG abweichen, kann es auch hier zu sogenanntem »gespaltenem Gebührenrecht« kommen. Es wird insoweit jedoch auf die Ausführungen unter § 61 Rn. 116 ff. verwiesen.

8. Pflichtverteidiger

77 Was den Pflichtverteidiger betrifft, so ist hier mangels einer Auftragserteilung durch den Mandanten auf den Zeitpunkt der gerichtlichen Bestellung abzustellen. Dies gilt auch in

den Fällen, wo der Rechtsanwalt zunächst als Wahlverteidiger beauftragt und erst später zum Pflichtverteidiger bestellt wurde. In derartigen Fällen würde der RA die Wahlverteidigervergütung nach bisherigem Recht und die Pflichtverteidigervergütung nach neuem Recht erhalten (vgl. dazu: Enders JurBüro 1995, 2; OLG Celle MDR 1995, 532; OLG Oldenburg JurBüro 1996, 472). Legt ein Wahlverteidiger sein Mandat nieder und wird anschließend zum Pflichtverteidiger bestellt, liegt nach Auffassung des Gesetzgebers hinsichtlich der Pflichtverteidigervergütung kein Zusammentreffen mehrerer Tatbestände i. S. des Abs. 1 Satz 1 vor (BT-Drs. 15/1971, S. 203 zu § 60). Sofern daher die Bestellung des Pflichtverteidigers nach dem Stichtag erfolgt, ist die Pflichtverteidigervergütung nach dem neuen Recht zu berechnen.

Ausführlich zur Frage des Stichtags vgl. auch die Kommentierung zu § 61 Rn. 45; die Frage, ob auf den Zugang des Beschlusses oder den Akt der Bestellung abzustellen ist, vgl. § 61 Rn. 49. **78**

9. Mehrere Tatbestände erfüllt

Die drei Tatbestände des § 60 Abs. 1 Satz 1 können gleichzeitig oder nacheinander erfüllt sein. **79**
Sind sie nacheinander erfüllt, so wird für die Frage, welches Recht anzuwenden ist, auf die Erfüllung des ersten Tatbestandes abgestellt.

10. Beratung/Gutachten

Auch für die seit 01. 07. 2006 geltende Neufassung des § 34 gilt § 60. **80**

11. Anrechnung der Terminsgebühr

Auch für die seit 31. 12. 2006 eingeführte Anrechnungsvorschrift für eine Terminsgebühr, die **81**
in einem dem gerichtlichen Verfahren vorausgegangenen Mahnverfahren oder aber vereinfachten Verfahren über den Unterhalt Minderjähriger entstanden ist, gilt § 60. Dabei ist nach Ansicht der Verfasserin unerheblich, dass der Gesetzgeber mit dem am 01. 10. 2005 in Kraft getretenen Anhörungsrügengesetz, mit dem in Vorbem. 3.2.2. klargestellt wurde, dass eine Terminsgebühr auch im Mahnverfahren entstehen kann, übersehen hatte, dass wg. § 17 Nr. 2 i. V. m. § 15 Abs. 2 Satz 1 die Terminsgebühr nun zweimal anfallen konnte (vgl. dazu die Gesetzesbegründung zum 2. JuModG, mit dem die Anrechnungsvorschrift Abs. 4 der Anm. zu Nr. 3104 zum 31. 12. 2006 eingeführt wurde). Für im Zeitraum zwischen 01. 01. 2005 und 31. 12. 2006 erteilte unbedingte Aufträge zur Einleitung des Mahnverfahrens kommt bei anschließendem gerichtlichen Verfahren die Anrechnungsvorschrift daher noch nicht zur Anwendung.

12. Rechtsprechung zu § 61

Die bisher zu § 61 (Übergangsrecht – BRAGO/RVG) ergangene Rechtsprechung ist umfangreich. Sie kann in vielen Fällen analog auf § 60 angewendet werden, da § 61 und § 60 RVG fast inhaltsgleich sind. Insoweit wird auf die Kommentierung dort verwiesen. **82**

13. Vergütungsvereinbarungen ab 01. 07. 2008

Durch Artikel 2 Gesetz zur Neuregelung des Verbots der Vereinbarung von Erfolgshonoraren **83**
(ErfHonVNG) vom 12. 06. 2008 BGBl. I, S. 1000 in Kraft getreten zum 01. 07. 2008, wurden einige Paragrafen neu eingefügt: **§ 3 a (neu), § 4 (Änderung), § 4 a (neu), § 4 b (neu).** Der Gesetzgeber hat damit innerhalb der vom Bundesverfassungsgericht vorgegebenen Frist zum bisherigen strikten Erfolgshonorarverbot Ausnahmen zugelassen. Mit diesem Gesetz wird außer den bisher bekannten Ausnahmen vom Gebührenunterschreitungsverbot in § 4 Abs. 2 RVG a. F. (bis 30. 06. 2008) auch eine Ausnahme für ein Gebührenunterschreitungsverbot in einem gerichtlichen Verfahren geregelt, wenn nämlich der Rechtsanwalt eine erfolgsbasierte Vereinbarung unter den in § 4 a nun geregelten Voraussetzungen trifft. Es stellt sich nunmehr

Abschnitt 9 – Übergangs- und Schlussvorschriften

die Frage, inwieweit für diese Neuregelung § 60 als Übergangsvorschrift zur Anwendung gelangt.

84 Es ist bedauerlich, dass der Gesetzgeber versäumt hat, durch eine eigene Übergangsvorschrift – z. B. durch Ergänzung des § 60 um einen neuen Abs. 3 RVG – für Klarheit zu sorgen. Während man für die Anwendung der BRAGO bzw. des RVG in § 61 Abs. 2 eine entsprechende Regelung aufgenommen hat, fehlt es an einer solchen für Änderungen im RVG nach dessen Inkrafttreten speziell für Vergütungsvereinbarungen. Dabei sind die Änderungen durch das Gesetz zur Neuregelung des Verbots der Vereinbarung von Erfolgshonoraren weit gravierender als die Änderungen zur Vergütungsvereinbarung zum 01.07.2004 und zum Schutz der Anwälte vor einem nach Erfolgseintritt reumütigen Mandanten wäre eine eigene Übergangsregelung sachdienlich gewesen.

85 Nach § 60 Abs. 1 Satz 1 ist die Vergütung nach bisherigem Recht zu berechnen, wenn der unbedingte Auftrag zur Erledigung derselben Angelegenheit i. S. d. § 15 vor dem Inkrafttreten einer Gesetzesänderung erteilt worden ist. Zweifelhaft ist, ob mit der »Berechnung der Vergütung« nur die gesetzliche Vergütung oder aber auch eine »vereinbarte Vergütung« gemeint ist. Die Frage, ob neben der Vergütungsregelungen auch verfahrensrechtliche Regelungen zur Anwendung kommen, stellte sich in der Vergangenheit bereits nach einer Anwendung z. B. des § 11 RVG, wenn die Vergütung selbst noch nach BRAGO entstanden war (Anwendung von § 19 BRAGO oder § 11 RVG, wenn der Festsetzungsantrag erst ab dem 01.07.2004 gestellt wurde?). Nach einem Teil der sich gebildeten Auffassung beschränkt sich die Übergangsvorschrift des § 61 nicht auf die Berechnung der Vergütung, sondern grenzt zwischen der Anwendung der BRAGO und des RVG ab, so dass auch die Anspruchsgrundlagen sich jeweils entweder nach BRAGO oder RVG, abhängig von den in § 61 genannten Zeitpunkten, ergeben. Geht man daher in Übergangsfällen von einer Anwendung des RVG aus, so gilt das auch für das Verfahrensrecht und damit etwaige Rechtsbehelfe gegen die Festsetzung (vgl. BT-Drs. 15/1971, S. 204; so auch *N. Schneider* in Hansens/Braun/Schneider Praxis des Vergütungsrechts Teil 19 Rn. 84 ff.; OLG Saarland RVGreport 2005, 67; Müller-Rabe NJW 2005, 1609; OLG Jena, Beschl. v. 19.12.2005, Az.: 1 Ws 231/05, JurBüro 2006, 367; OLG Jena, Beschl. v. 25.11.2005, Az.: 1 Ws 226/05, JurBüro 2006, 536; **a. A.:** OLG Koblenz RVGreport 2004, 432; KG RVGreport 2005, 418; LAG Mainz RVGreport 2005, 345; kritisch: Gerold/Schmidt/Mayer 18. Aufl. 2008 § 60 Rn. 3).

86 Für § 60 könnte dies bedeuten, dass die hier enthaltenen Regelungen zur Vergütungsvereinbarung in der Fassung bis zum 30.06.2008 gelten, wenn der unbedingte Auftrag vor dem 01.07.2008 erteilt wurde. Die Frage ist von zentraler Bedeutung. Sofern allgemeines Vertragsrecht – in Ermangelung einer Übergangsvorschrift – zur Anwendung kommen würde, wäre auf den Zeitpunkt des Abschlusses der Vergütungsvereinbarung abzustellen. Es erscheint der Verfasserin – die eine Anwendung allgemeinen Vertragsrechts der Einfachheit halber begrüßen würde – jedoch fraglich, ob dies der Fall ist.

87 Sofern man bejaht, dass die Übergangsvorschrift des § 60 zur Anwendung kommt (so Mayer, AnwBl. 2007, 483 »VII Übergangsregelung« und Enders JurBüro 2008, 338 »1.1 Übergangsregelung«), wäre es dem Rechtsanwalt nicht erlaubt, ein Erfolgshonorar nach den in §§ 3a ff. ZPO geregelten Ausnahmen ab dem 01.07.2008 zu treffen, wenn er den unbedingten Auftrag z. B. am 26.06.2008 erhalten hat, da er gegen ein gesetzliches Verbot verstoßen würde. Er könnte auch nicht mit seinem Auftraggeber vereinbaren, dass das RVG in der neuen Fassung gelten soll, denn derartige Vereinbarungen wären nach § 134 BGB nichtig, weil sie gegen ein gesetzliches Verbot verstoßen. § 49b Abs. 2 BRAO n. F. (seit 01.07.2008) regelt, dass die Vereinbarung eines Erfolgshonorars nicht zulässig ist, sofern im RVG keine Ausnahmen geregelt sind. Das Gebührenunterschreitungsverbot für gerichtliche Verfahren findet aber erst ab dem 01.07.2008 in § 4a RVG eine Ausnahme. Eine nichtige Vergütungsvereinbarung hat aber nicht die Nichtigkeit des Anwaltsvertrags zur Folge; der Mandant schuldet die gesetzliche Vergütung, sofern er nicht durch die nichtige Vereinbarung besser gestellt war. In solchen Fällen schuldet er nach Treu und Glauben nur die vereinbarte Vergütung.

Natürlich ist auch zu bedenken, dass die Ausnahmeregelung dem Anwalt ja gerade erst die 88
Übernahme eines Mandats möglich machen soll und schon daher eine Anwendung auf »Altmandate« fraglich erscheint. Und sofern zunächst eine außergerichtliche Einigung versucht würde, die scheitert, und anschließend Prozessauftrag erteilt wird, können der Rechtsanwalt und sein Mandant, sofern der Prozessauftrag ab dem 01. 07. 2008 erteilt wird, von der Neuregelung Gebrauch machen. Rechtsanwälte sollten im Hinblick auf die Unsicherheit zur Übergangsregelung die Auftragserteilung auch datumsmäßig in die Vereinbarung aufnehmen, dies ist nach der Neuregelung auch ohne deutliches Absetzen erlaubt, da der Gesetzgeber die Auftragserteilung als Teil der Vergütungsvereinbarung nicht als Teil sogen. »anderer Vereinbarungen« sieht (vgl. dazu § 3 a Abs. 1 Satz 2 RVG). Im Zweifel ist zu überlegen, ob der Anwalt zunächst die Auftragsübernahme ablehnt und den Auftrag erst ab dem 01. 07. 2008 annimmt, denn das Auftragsverhältnis kommt nicht mit der Auftragserteilung, sondern mit dessen Annahme zustande.

Abschnitt 9 – Übergangs- und Schlussvorschriften

§ 61
Übergangsvorschrift aus Anlass des Inkrafttretens dieses Gesetzes

(1) ¹Die Bundesgebührenordnung für Rechtsanwälte in der im BGBl Teil III, Gliederungsnummer 368–1, veröffentlichten bereinigten Fassung, zuletzt geändert durch Artikel 2 Abs. 6 des Gesetzes vom 12. 03. 2004 (BGBl I S. 390), und Verweisungen hierauf sind weiter anzuwenden, wenn der unbedingte Auftrag zur Erledigung derselben Angelegenheit im Sinne des § 15 vor dem 01. 07. 2004 erteilt oder der Rechtsanwalt vor diesem Zeitpunkt gerichtlich bestellt oder beigeordnet worden ist. ²Ist der Rechtsanwalt am 01. 07. 2004 in derselben Angelegenheit und, wenn ein gerichtliches Verfahren anhängig ist, in demselben Rechtszug bereits tätig, gilt für das Verfahren über ein Rechtsmittel, das nach diesem Zeitpunkt eingelegt worden ist, dieses Gesetz. ³§ 60 Abs. 2 ist entsprechend anzuwenden.

(2) Auf die Vereinbarung der Vergütung sind die Vorschriften dieses Gesetzes auch dann anzuwenden, wenn nach Absatz 1 die Vorschriften der *Bundesgebührenordnung für Rechtsanwälte* weiterhin anzuwenden und die Willenserklärungen beider Parteien nach dem 01. 07. 2004 abgegeben worden sind.

Inhaltsübersicht

	Rn.
A. Allgemeines	1
I. Übergangsvorschrift zur Anwendung des RVG	1
II. Verfahrensrechtliche Vorschriften	4
B. Kommentierung	8
I. Anwendungsbereich	8
II. Der Tatbestand im Einzelnen	9
1. Zeitpunkt der Auftragsannahme / Vollmacht	9
2. Verweis auf § 15	11
a) Formulierung in § 61	11
b) Einspruchsverfahren	14
c) Selbständiges Beweisverfahren	17
3. Anknüpfungszeitpunkt / Stichtag	19
a) Übersicht der Regelung in § 61 Abs. 1	19
b) Unbedingte Auftragserteilung in derselben Angelegenheit	21
aa) Unbedingte Auftragserteilung	21
bb) Auftragserweiterung	28
cc) Verschiedene Aufträge – verschiedene Gebühren	29
dd) Mehrere Angelegenheiten	30
ee) Verschiedene und besondere Angelegenheiten	31
c) Gerichtliche Bestellung / Beiordnung	33
aa) PKH-Prüfungsverfahren	33
bb) Beschwerdeverfahren	39
cc) Scheidungs- und Folgesachen	40
dd) Beratungshilfe	41
d) Bestellung zum Pflichtverteidiger / beigeordneten Rechtsanwalt	42
aa) Allgemein	42
bb) Auftragserteilung vor / Bestellung nach dem Stichtag	45
cc) Nebenklägervertreter	50
dd) Grundgebühr	51
ee) Beistand	53
e) Strafsachen	55
f) Einstweilige Anordnung	58
g) Mahnverfahren	60
h) Mehrere Rechtsanwälte	68
i) Mehrere Auftraggeber	73
j) Rechtsmittelverfahren	74
aa) Erstinstanzlich tätig gewesener RA	74
bb) Zurückverweisung	80
cc) Pflichtverteidigerbestellung	83
dd) Nichtzulassungsbeschwerde	84
ee) Rechtsbehelfe	85
k) Tätigkeit in eigener Sache	86
l) Mehrere Auftraggeber	89
m) Urkundenprozess	91
n) Hebegebühr	93
o) Selbständiges Beweisverfahren und Hauptsacheverfahren	95
p) Zwangsvollstreckung	96
q) Auslagen	98
r) Zurückverweisung	99
s) Familiensachen u. a.	102
t) Anrechnung einer BRAGO-Geschäftsgebühr	107
u) Parteiwechsel	113
v) Anwaltswechsel	114
w) Anmelde- und Markenverfahren	115
4. Gespaltenes Kostenrecht	116
5. Vergütungsvereinbarung	121

Übergangsvorschrift aus Anlass des Inkrafttretens dieses Gesetzes | § 61

A. Allgemeines

I. Übergangsvorschrift zur Anwendung des RVG

Während § 60 eine Dauerübergangsregelung für Änderungen des RVG selbst und Änderung von auf das RVG verweisenden Gesetzen enthält, gilt die Übergangsvorschrift des § 61 nur aus Anlass des In-Kraft-Tretens des RVG. 1

Mit § 61 wurde somit eine eigene Übergangsvorschrift geschaffen. Abs. 1 zu § 61 entspricht inhaltlich § 60 Abs. 1 Satz 1 und 2 (früher: § 134 Abs. 1 und 2 BRAGO). In § 61 Abs. 1 Satz 3 wird § 60 Abs. 2 für anwendbar erklärt, so dass in den Fällen, in denen Gebühren nach dem zusammengerechneten Wert mehrerer Gegenstände bemessen sind, für die gesamte Vergütung das bisherige Recht auch dann gilt, wenn dies nach Abs. 1 nur für einen der Gegenstände gelten würde. 2

Abs. 2 des § 61 soll klarstellend die Anwendung der Übergangsvorschrift auf Vergütungsvereinbarungen regeln. Hier hat man jedoch aufgrund eines redaktionellen Versehens den 01.07.2004 ausgeklammert. 3

II. Verfahrensrechtliche Vorschriften

Die Übergangsvorschrift des § 61 beschränkt sich nicht auf die Berechnung der Vergütung, sondern grenzt zwischen der Anwendung der BRAGO und des RVG ab, so dass auch die Anspruchsgrundlagen sich jeweils entweder nach BRAGO oder RVG, abhängig von den in § 61 genannten Zeitpunkten, ergeben. Geht man daher in Übergangsfällen von einer Anwendung des RVG aus, so gilt das auch für das Verfahrensrecht und damit etwaige Rechtsbehelfe gegen die Festsetzung (vgl. BT-Drs. 15/1971, S. 204; so auch *N. Schneider* in Hansens/Braun/Schneider Praxis des Vergütungsrechts Teil 19 Rn. 84 ff.; OLG Saarland RVGreport 2005, 67; Müller-Rabe NJW 2005, 1609; OLG Jena, Beschl. v. 19.12.2005, Az.: 1 Ws 231/05, JurBüro 2006, 367; OLG Jena, Beschl. v. 25.11.2005, Az.: 1 Ws 226/05, JurBüro 2006, 536; **a.A.:** OLG Koblenz RVGreport 2004, 432; KG RVGreport 2005, 418; LAG Mainz RVGreport 2005, 345; kritisch: Gerold/Schmidt/Mayer 18. Aufl. 2008 § 60 Rn. 3). 4

Auch ist in der Gesetzesbegründung zu § 61 ausdrücklich festgehalten, dass sich die Übergangsvorschrift nicht auf die Berechnung der Vergütung beschränkt, sondern zwischen der Anwendung der Bundesgebührenordnung für Rechtsanwälte und des vorgeschlagenen RVG abgrenzen soll (vgl. BT-Drs. 15/1971, S. 204). Darüber hinaus wurde § 4 ausdrücklich ausgeklammert, da dessen Anwendung nach § 61 Abs. 2 vom Datum der Willenserklärungen abhängen soll. Hätte man für andere Vorschriften des RVG aus dem §§-Teil eine ähnliche Regelungen haben wollen, hätte man dies ergänzend regeln können. Dies hat der Gesetzgeber jedoch unterlassen. 5

Erfolgt die Bestellung zum Pflichtverteidiger vor dem 01.07.2004 und wird nach diesem Stichtag eine Beschwerde des Pflichtverteidigers gegen die Festsetzung seiner Vergütung eingereicht, muss der Beschwerdewert € 200,00 übersteigen (somit Anwendbarkeit neuen Rechts für die Beschwerde: OLG Hamm, Beschl. v. 03.02.2005, Az.: 2 Ws 306/04, RVGreport 2005, 221). 6

Sofern die Auftragserteilung und Ablehnung der Vergütungsfestsetzung vor dem 01.07.2004, die Beschwerde dagegen nach dem Stichtag erfolgt ist, ist § 11 anwendbar (OLG Koblenz, Beschl. v. 09.08.2004, Az.: 14 W 511/04, RVGreport 2004, 432 = JurBüro 2004, 593 = AGS 2004, 443 m. Anm. N. Schneider = AnwBl. 2005, 76; **a.A.:** Hansens RVGreport 2004, 415; Müller-Rabe NJW 2005, 1609; OLG Saarland, Beschl. v. 22.10.2004, Az.: 2 W 260/04, RVGreport 2005, 67; LVerfG Brandenburg, Beschl. v. 18.11.2004, Az.: VfGBbg 74/02, RVGreport 2005, 186). Für die Praxis ist diese Frage insbesondere bei der Frage nach der Festsetzbar- 7

Abschnitt 9 – Übergangs- und Schlussvorschriften

keit von Gerichtskosten gegen den eigenen Mandanten von Bedeutung, da der BGH zu § 19 BRAGO entschieden hat, dass eine Festsetzung von Gerichtskosten ausscheidet (BGH, Beschl. v. 16.07.2003, AGS 2003, 391 m. Anm. N. Schneider), nach § 11 eine Festsetzung von Gerichtskosten jedoch in Frage kommt. Auch hinsichtlich der Anwendung der korrekten Rechtsbehelfe (vgl. dazu die Unterschiede in § 128 BRAGO und § 56 Abs. 2 Satz 1 i. V. m. § 33 Abs. 3 bis 8 RVG – Frist für die Beschwerde 2 Wochen; Beschwerdewert; weitere Beschwerde) kommt dieser Frage erhebliche Bedeutung zu.

B. Kommentierung

I. Anwendungsbereich

8 § 61 ist die Übergangsvorschrift zum In-Kraft-Treten des RVG. Sie kommt somit für alle Fälle in Betracht, in denen sich aufgrund eines zeitlichen Zusammenhangs die Frage stellt, ob nach BRAGO oder RVG abzurechnen ist.

II. Der Tatbestand im Einzelnen

1. Zeitpunkt der Auftragsannahme/Vollmacht

9 Entscheidend ist grundsätzlich nicht das Datum der Auftragserteilung, sondern vielmehr, wann der Rechtsanwalt den Auftrag annimmt. Es ist beim Anwaltsvertrag auf die üblichen Regelungen zum Vertragsrecht abzustellen. Damit kommt ein Vertrag regelmäßig erst zustande, wenn ein Angebot angenommen wird.

10 Zwar gilt, dass der Zeitpunkt der Vollmachtserteilung damit grundsätzlich unerheblich ist (OLG Saarbrücken JurBüro 1996, 190; LG Berlin JurBüro 1988, 752 = Rpfleger 1988, 123; LG Saarbrücken AGS 1999, 102), dennoch wird teilweise angenommen, dass die BRAGO dann gilt, wenn eine Vollmacht vor dem Stichtag erteilt und der entsprechende Antrag bei Gericht erst nach dem Stichtag eingereicht wird, weil die Vollmacht für die Auftragserteilung vor dem Stichtag spricht (AG Tempelhof-Kreuzberg, Beschl. v. 25.01.2005, Az.: 179 AR 96/05 = JurBüro 2005, 196 = RVGreport 2005, 329). Sofern es sich anders verhält, ist der Rechtsanwalt daher gehalten, entsprechend vorzutragen. Ohne entsprechende Anhaltspunkte kann nicht unterstellt werden, die Partei habe mit PKH-Antrag bereits einen unbedingten Klageauftrag erteilt (OLG Koblenz JurBüro 2006, 198). Die Partei ist bei Änderung des Gebührenrechts auch nicht verpflichtet, mit dem Klageauftrag bis zum In-Kraft-Treten einer kostengünstigeren Neuregelung zu warten (OLG Koblenz JurBüro 2006, 198).

Bei Änderung des Gebührenrechts ist eine Partei darüber hinaus nicht gehalten, mit dem Klageauftrag bis zum In-Kraft-Treten der kostengünstigeren Neuregelung zuzuwarten (OLG Koblenz, Beschl. v. 19.01.2006 – 14 W 35/06, JurBüro 2006, 198 = FamRZ 2006, 638 = Rpfleger 2006, 200 = NJOZ 2006, 1235).

2. Verweis auf § 15

a) Formulierung in § 61

11 In § 61 Abs. 1 Satz 1 wird für die Anwendung der BRAGO abgestellt auf »dieselbe Angelegenheit im Sinne des § 15«. § 61 verweist damit für die Anwendung der BRAGO auf die Fälle, in denen der unbedingte Auftrag zur Erledigung derselben Angelegenheit i. S. d. § 15 vor dem 01.07.2004 erteilt oder der Rechtsanwalt vor diesem Zeitpunkt gerichtlich bestellt oder beigeordnet worden ist, auf eine Vorschrift, die zum Zeitpunkt der Gültigkeit der BRAGO (bis 30.06.2004) noch gar nicht in Kraft getreten war. In der Gesetzesbegründung geht der Gesetz-

Übergangsvorschrift aus Anlass des Inkrafttretens dieses Gesetzes | § 61

geber auf den Verweis auf § 15 in § 61 Abs. 1 Satz 1 mit keinem Wort ein (BT-Drs. 15/1971 zu § 61 RVG, S. 204).

Die Problematik wird in der Literatur kritisch gesehen (vgl. dazu Hansens RVGreport 2004, 10 ff.). So wird denn auch teilweise die Ansicht vertreten, dass es statt § 15 RVG in § 61 RVG richtig heißen muss: § 13 BRAGO (LG Düsseldorf, Beschl. v. 10. 06. 2005 – Az.: XII Qs 66/05 – RVGreport 2005, 344). Nach Auffassung des Landgerichts Düsseldorf handelt es sich bei der Bezugnahme auf § 15 in § 61 Abs. 1 Satz 1 zur Konkretisierung des Begriffs der Angelegenheit um ein redaktionelles Versehen des Gesetzgebers (Hansens RVGreport 2004, 10, 11; Göbel/Gottwald RVG § 61 Rn. 16 ff.; **a. A.:** Müller-Rabe NJW 2005, 1609, 1611). 12

Problematisch ist diese Unsicherheit deshalb, weil das RVG »dieselbe Angelegenheit« in vielen Fällen anders definiert als die BRAGO bzw. die Rechtsprechung zur BRAGO. Dies gilt z. B. 13
– für das Einspruchsverfahren nach § 38 Abs. 1 BRAGO (im RVG ersatzlos gestrichen);
– für das selbständige Beweisverfahren (nach § 37 Nr. 3 BRAGO als zum Rechtszug gehörend und somit ohne zusätzliche Berechnung, in § 19 RVG jedoch willentlich nicht aufgenommen und somit gesonderte Berechnung mit Anrechnungsvorschrift für die Verfahrensgebühr nach Vorbem. 3 Abs. 5 VV RVG; vgl. hierzu auch Hansens RVGreport 2004, 322).

b) Einspruchsverfahren

● **Beispiel** 14
Klage im April 2004, mündliche Verhandlung anberaumt, Gegner erscheint nicht, auf Antrag Versäumnisurteil, hiergegen Einspruch, neuer Termin im Juli 2004, in dem über die Rechtzeitigkeit des Einspruchs verhandelt werden soll. Der Einspruch wird verworfen.

Folgt man der Auffassung, dass der Begriff des § 13 BRAGO als »Angelegenheit« anzunehmen ist, liegen zwei verschiedene Angelegenheiten vor. Für die 1. Angelegenheit (Klageverfahren) wäre nach BRAGO, für die 2. Angelegenheit (nach dem Einspruchsverfahren) wäre nach RVG abzurechnen (**a. A.:** Hansens RVGreport 2004, 13, Beispiel 1, der die Auffassung vertritt, bei Anwendung von § 13 BRAGO wäre das gesamte Verfahren nach BRAGO abzurechnen, was nach Ansicht der Verfasserin nicht richtig sein kann, da nach BRAGO zweifelsfrei eine besondere Angelegenheit vorliegt, § 38 Abs. 1 BRAGO).

Es ergäbe sich folgender Gebührenanspruch des Klägers:

Klageverfahren:

10/10 Prozessgebühr, §§ 11, 31 Abs. 1 Nr. 1 BRAGO
5/10 Verhandlungsgebühr, §§ 11, 31 Abs. 1 Nr. 2, 33 Abs. 1 Satz 1 BRAGO
Auslagen
USt.

Verfahren über den Einspruch:

1,3 Verfahrensgebühr, Nr. 3100 VV RVG
anzurechnen nach § 38 Abs. 1 BRAGO 10/10 Prozessgebühr
1,2 Terminsgebühr, Nr. 3104 VV RVG
Auslagen
USt.

Folgt man der Auffassung, dass der Begriff des § 15 als »Angelegenheit« anzunehmen ist, so gilt das Verfahren über den Einspruch nicht als besondere Angelegenheit. Damit würde es bei der Abrechnung des Klageverfahrens nach BRAGO bleiben, da das RVG ein Verfahren über den Einspruch nicht als besondere Angelegenheit betrachtet. Fraglich wäre lediglich, ob eine Anhebung der Verhandlungsgebühr in Frage kommt, da auch das RVG bei einem weiteren Termin über den Einspruch nicht mehr die 0,5 Terminsgebühr sondern die Terminsgebühr in Höhe von 1,2 entstehen lässt (bejahend, Ansatz einer 10/10 Verhandlungsgebühr: Hansens

Abschnitt 9 – Übergangs- und Schlussvorschriften

RVGreport 2004, 11; **a. A.:** *Schneider* in Schneider/Wolf § 61 Rn. 58 – der von einer 5/10 Gebühr ausgeht, auch wenn im 2. Termin der Einspruch verworfen wird).

15 Die Verfasserin ist der Ansicht, dass sowohl das Abstellen auf § 15 RVG als auch das Abstellen auf § 13 BRAGO Abrechnungsprobleme bringen kann (a. A. Gerold/Schmidt/Mayer 18. Aufl. 2008 § 60 Rn. 11, der keine Systemwidrigkeit sieht und der Auffassung ist, dass der Anknüpfungspunkt beliebig definiert werden kann). Die Abrechnunsprobleme ergeben sich nach Ansicht der Verfasserin aus der Komplexität des Begriffs der »Angelegenheit« und der Tatsache, dass dieser Begriff ebenfalls der Reform unterzogen wurde. Es wird daher vorgeschlagen, im Einzelfall eine sachgerechte Lösung der jeweiligen Probleme anzustreben und ggf. mit dem Mandanten eine Vereinbarung zu treffen (die freilich für den erstattungspflichtigen Gegner nicht zur Anwendung kommt).

16 Sofern nach einem Einspruch gegen ein Versäumnisurteil zur Hauptsache weiter verhandelt wird, ist im Übrigen Müller-Rabe Recht zu geben, dass in der Praxis kaum ein neuer Auftrag erteilt werden wird, sondern die weitergehende Tätigkeit weiter im Rahmen des einmal erteilten Auftrags erfolgt. Müller-Rabe kommt somit zu dem Schluss, dass § 38 BRAGO – Besondere Angelegenheit – anzuwenden ist (Müller-Rabe NJW 2005, 1614). Nach Ansicht von Müller-Rabe komme es daher auf die Frage, ob eine Angelegenheit im Sinne der BRAGO (= besondere Angelegenheit) oder des RVG (= dieselbe Angelegenheit) vorliegt, nicht an (Müller-Rabe NJW 2005, 1614; **a. A.:** Hansens RVGreport 2004, 10, der jedoch ebenfalls das gesamte Verfahren nach BRAGO abrechnet, wenn ursprünglich die BRAGO anwendbar war).

c) Selbständiges Beweisverfahren

17 Fällt der Auftrag für ein selbständiges Beweisverfahren noch unter die Geltung der BRAGO, wurde aber der Auftrag für die Vertretung in der Hauptsache erst unter der Geltung des RVG erteilt, so bestimmt sich die Prozessgebühr für das Beweisverfahren nach der BRAGO, die Verfahrensgebühr für das Hauptsacheverfahren nach RVG, wobei nach Vorbem. 3 Abs. 5 VV RVG eine Anrechnung der Prozessgebühr auf die Verfahrensgebühr vorzunehmen ist

(BGH, Beschl. v. 12. 04. 2007, Az.: VII ZB 98/06, JurBüro 2007, 420 = NJW 2007, 3578 = RVGreport 2007, 297 m. Anm. Hansens; OLG Koblenz, Beschl. v. 22. 12. 2005, Az.: 14 W 817/05, JurBüro 2006, 134; OLG Stuttgart, Beschl. v. 08. 09. 2006, Az.: 8 W 359/06, JurBüro 2007, 32; OLG München, Beschl. v. 25. 04. 2006, Az.: 11 W 1220/06, RVGreport 2006, 262 = AGS 2006, 345 = AnwBl. 2006, 498; OLG Köln, Beschl. v. 13. 01. 2006, Az.: 17 W 302/05, JurBüro 2006, 256 = RVGreport 2006, 141 = AGS 2006, 241; OLG Düsseldorf AGS 2007, 312; OLG Hamm AGS 2006, 62 m. Anm. Hansens; Hansens RVGreport 2004, 322, 325; **a.A.** nur eine Prozessgebühr für Beweis- und Hauptsachsverfahren nach BRAGO: OLG Zweibrücken, Beschl. v. 28. 06. 2005, Az.: 5 WF 83/05, sowie 21. 03. 2006, Az.: 4 W 30/06, BeckRS 2006 05801; JurBüro 2006, 368 = AnwBl. 2006, 499 = AGS 2006, 293; OLG Brandenburg, Beschl. v. 01. 08. 2006, Az.: 6 W 82/06, JurBüro 2007, 142). Eine Anrechnung kommt jedoch nur in Betracht, wenn nicht mehr als zwei Kalenderjahre zwischen dem selbständigen Beweisverfahren und Hauptsacheverfahren liegen (§ 15 Abs. 5 Satz 2).

18 Schneider geht zwar davon aus, dass richtigerweise das Hauptsacheverfahren nach RVG abzurechnen ist, hält dies jedoch im Hinblick auf den Auftraggeber, der bereits die Gebühren für das selbständige Beweisverfahren (und damit bei Anwendung der anderen Auffassung auch der Gebühren für das Hauptsacheverfahren) bezahlt hat, für verfassungswidrig (*N. Schneider* in Schneider/Mock § 34 Rn. 11; ders. in Hansens/Braun/Schneider Praxis des Vergütungsrechts Teil 19 Rn. 30 f.; ders. in AGS 2004, 221, 223; ders. in Gebauer/Schneider § 61 Rn. 41; **a. A.:** OLG Köln (das die Auffassung von Schneider ausdrücklich ablehnt, da in Unkenntnis der Tatsache, ob überhaupt noch ein Hauptsacheprozess folgt, kein schützenswerter Vertrauenstatbestand geschaffen worden sei), Beschl. v. 13. 01. 2006, Az.: 17 W 302/05 = RVGreport 2006, 141). Schneider hat seine Auffassung in der Neuauflage aufgegeben (Schneider/Wolf § 61 Rn. 88).

3. Anknüpfungszeitpunkt/Stichtag
a) Übersicht der Regelung in § 61 Abs. 1

Nach der Übergangsregelung des § 61 hat die Abrechnung nach BRAGO zu erfolgen, wenn

- dem Rechtsanwalt ein unbedingter Auftrag zur Erledigung derselben Angelegenheit (i. S. d. § 15 RVG) vor dem 01. 07. 2004 erteilt wurde (§ 61 Abs. 1 Satz 1, 1. Alt.), oder
- der Rechtsanwalt vor dem 01. 07. 2004 gerichtlich bestellt (§ 61 Abs. 1 Satz 1, 2. Alt.) oder
- der Rechtsanwalt vor dem 01. 07. 2004 gerichtlich beigeordnet (§ 61 Abs. 1 Satz 1, 3. Alt.) worden ist.

Sofern einer dieser vorgenannten Tatbestände erfüllt ist, hat der Rechtsanwalt nach der BRAGO abzurechnen, und zwar unabhängig davon, nach welchem Gesetz die Abrechnung für ihn günstiger ist. Dabei ist grundsätzlich der zeitlich früher erfüllte Tatbestand maßgeblich (Hansens RVGreport 2004, 10, 14). Mit der Auftragserteilung muss bei Änderung des Gebührenrechts auch nicht das In-Kraft-Treten einer evtl. günstigeren Neuregelung abgewartet werden (OLG Koblenz JurBüro 2006, 198).

b) Unbedingte Auftragserteilung in derselben Angelegenheit
aa) Unbedingte Auftragserteilung

Unbedingte Auftragserteilung bedeutet: Erteilung eines Auftrags, der nicht an Bedingungen geknüpft ist (z. B. Klage nur unter der Bedingung, dass auf eine (letzte) außergerichtliche Mahnung Zahlung nicht erfolgt; Klage nur unter der Bedingung, dass Prozesskostenhilfe bewilligt wird).

Für das Übergangsrecht ist grundsätzlich maßgebend, wann die Bedingung eintritt (Gerold/Schmidt/Mayer RVG 18. Aufl. 2008 § 60 Rn. 6–7; *N. Schneider* in Hansens/Braun/Schneider Praxis des Vergütungsrechts Teil 20 Rn. 23 f.; Hansens RVGreport 2004, 10, 12; Müller-Rabe NJW 2005, 1609, 1612; KG RVGreport 2005, 380). Ohne entsprechende Anhaltspunkte kann nicht unterstellt werden, die bedürftige Partei habe ungeachtet der Entscheidung über den PKH-Antrag bereits einen unbedingten Klageauftrag erteilt (OLG Koblenz JurBüro 2006, 198).

In den Fällen, in denen der Mandant vor dem 01. 07. 2004 einen Prozessauftrag erteilt, den der Rechtsanwalt annimmt, hat der Rechtsanwalt seine Gebühren insgesamt nach der BRAGO abzurechnen, auch dann, wenn er einzelne Gebührentatbestände erst nach dem 01. 07. 2004 erfüllt.

- **Beispiel**

Im Mai 2004 hat ein Mandant Auftrag zur Durchführung eines Prozesses erteilt. Der Streitwert beträgt € 35.000,00. Nach streitiger Verhandlung im Juli 2004 und Beweisaufnahme im August 2004 kommt es im September 2004 zu einem Klage stattgebenden Urteil. Der Rechtsanwalt kann hier seine Gebühren insgesamt nach BRAGO abrechnen:

Gegenstandswert: € 35.000,00, § 7 Abs. 1 BRAGO	
10/10 Prozessgebühr §§ 11, 31 Abs. 1 Nr. 1 BRAGO	€ 830,00
10/10 Verhandlungsgebühr §§ 11, 31 Abs. 1 Nr. 2 BRAGO	€ 830,00
10/10 Beweisgebühr §§ 11, 31 Abs. 1 Nr. 3 BRAGO	€ 830,00
Auslagenpauschale, § 26 Satz 2 BRAGO	€ 20,00
Zwischensumme	€ 2.510,00
16 % USt., § 25 Abs. 2 BRAGO	€ 401,60
Summe:	**€ 2.911,60**

Abschnitt 9 – Übergangs- und Schlussvorschriften

Zu Höhe der Umsatzsteuer vgl. § 60 Rn. 26.

25 Dabei kann sich für die im Prozess bestellten Rechtsanwälte je nach Auftragserteilung ein Unterschied ergeben. Wird eine Klage vor dem 01. 07. 2004 erhoben, dem Beklagten aber erst im Juli 2004 zugestellt, so hat der Rechtsanwalt des Klägers nach BRAGO abzurechnen, und der Rechtsanwalt des Beklagten nach RVG.

26 • **Beispiel**
Im Juni 2004 erhebt der Klägervertreter auftragsgemäß Klage über einen Streitwert von € 7.000,00. Die Klage wird dem Beklagten im Juli zugestellt, der sich ebenfalls anwaltlich vertreten lässt. Nach streitiger Verhandlung und Beweisaufnahme ergeht im Januar 2005 ein der Klage stattgebendes Urteil.

Gebührenrechnung des Klägervertreters nach BRAGO:

Gegenstandswert: € 7.000,00	
10/10 Prozessgebühr	
§§ 11, 31 Abs. 1 Nr. 1 BRAGO	€ 375,00
10/10 Verhandlungsgebühr	
§§ 11, 31 Abs. 1 Nr. 2 BRAGO	€ 375,00
10/10 Beweisgebühr	
§§ 11, 31 Abs. 1 Nr. 3 BRAGO	€ 375,00
Auslagenpauschale, § 26 Satz 2 BRAGO	€ 20,00
Zwischensumme	€ 1.145,00
16 % USt., § 25 Abs. 2 BRAGO	€ 183,20
Summe:	**€ 1.328,20**

Gebührenrechnung des Beklagtenvertreters nach RVG:

Gegenstandswert: € 7.000,00	
1,3 Verfahrensgebühr	
Nr. 3100 VV RVG	€ 487,50
1,2 Terminsgebühr	
Nr. 3104 VV RVG	€ 450,00
Auslagenpauschale	
Nr. 7002 VV RVG	€ 20,00
Zwischensumme	€ 957,50
16 % USt.	
Nr. 7008 VV RVG	€ 153,20
Summe:	**€ 1.110,70**

27 Möglicherweise erhält der Beklagtenvertreter auch schon vor dem Stichtag für den Fall der Klageerhebung Prozessauftrag. Dann ist von einem bedingten Klageauftrag auszugehen, der erst mit Zustellung der Klageschrift zu einem unbedingten Auftrag wird. Demnach berechnet sich die Vergütung des Prozessvertreters des Beklagten ebenfalls nach dem RVG, wenn die Zustellung der Klageschrift erst ab dem 01. 07. 2004 erfolgt (KG, Beschl. v. 09. 08. 2005 – Az.: 27 W 152/05 = RVGreport 2005, 380; **a. A.:** OLG Hamburg, Beschl. v. 15. 03. 2005 – Az.: 8 W 47/05 = RVGreport 2005, 381 mit kritischen Anm. Hansens, der die Entscheidung ebenso wie die Verfasserin für falsch hält).

bb) Auftragserweiterung

28 Wird ein Auftrag erweitert, so wie beispielsweise bei der Klageerweiterung, ist ein **einheitlicher** Auftrag anzunehmen (Gerold/Schmidt/Mayer RVG 18. Aufl. 2008 § 60 Rn. 47; Müller-Rabe NJW 2005, 1610). Da die Erweiterung eines Auftrags keine neue Gebührenart auslöst, sondern sich allenfalls erhöhend (wie bei der Klageerweiterung durch Wertaddition) auswirkt, werden einheitlich die Gebühren nach dem alten Recht berechnet. Eine Aufsplit-

tung derselben Gebühr in teilweise altem bzw. teilweise neuem Recht kommt nicht in Frage (von Eicken AnwBl. 1975, 339 (341 unter 1.4.4)). Diese Auffassung ist zu bejahen. Etwas anderes (neues Gebührenrecht) kann nur gelten, wenn durch die Klageerweiterung erstmals ein Dritter in den Prozess einbezogen wird (Gerold/Schmidt/Mayer RVG 18. Aufl. 2008 § 60 Rn. 47).

cc) Verschiedene Aufträge – verschiedene Gebühren

Eine Auftragserweiterung (mit der Folge, dass nach einheitlichem Recht abzurechnen wäre) ist nach Ansicht von Müller-Rabe dann nicht zu sehen, wenn ein neuer Auftrag **andere** Gebührentatbestände anfallen lässt (Müller-Rabe NJW 2005, 1610). Zwar handelt es sich bei dem PKH-Prüfungs- und dem anschließenden Hauptsacheverfahren sowohl nach BRAGO (§ 37 Nr. 3 BRAGO) als auch nach RVG (§ 16 Nr. 2 RVG) um **dieselbe Angelegenheit,** es werden jedoch unterschiedliche Gebühren ausgelöst. Es ist daher nach Ansicht von Müller-Rabe (a. a. O.) davon auszugehen, dass **zwei selbständige Aufträge** vorliegen, wenn zunächst nur ein unbedingter Auftrag für das PKH-Prüfungsverfahren und erst nach Bewilligung der PKH ein unbedingter Auftrag für das Hauptsacheverfahren erteilt werden. Dies hat zur Folge, dass unterschiedliche Gebührengesetze Anwendung finden können (KG AGS 2006, 79; Gerold/Schmidt/Mayer RVG 18. Aufl. 2008 § 60 Rn. 56; Hansens RVGreport 2004, 10; Mayer/Kroiß RVG 2006 § 60 Rn. 10; Müller-Rabe NJW 2005, 1609; Enders RVG für Anfänger 13. Aufl. 2005 Rn. 16; Enders JurBüro 1995, 1; so auch: OLG Düsseldorf AnwBl. 1989, 62; von Eicken AnwBl. 1975, 339; **a. A.:** *N. Schneider* in Hansens/Braun/Schneider Praxis des Vergütungsrechts Teil 19 Rn. 58 ff.; OLG Köln AGS 2005, 448 m. Anm. N. Schneider). 29

dd) Mehrere Angelegenheiten

Nach Müller-Rabe ist es möglich, dass zwar eine neue Angelegenheit vorliegt, dennoch kein neuer Auftrag erteilt wurde, so z. B. bei der Hebegebühr, die für Ratenzahlungen erhoben wird oder für ein Verfahren nach Einspruch gegen ein Versäumnisurteil nach altem Recht. Müller-Rabe stellt dann auf die Anwendung der BRAGO ab, wenn es an einem neuen gesonderten Auftrag fehlt (Müller-Rabe NJW 2005, 1611), vgl. dazu auch Rn. 93. 30

ee) Verschiedene und besondere Angelegenheiten

Eil- und Hauptsacheverfahren stellen sowohl nach altem als auch nach neuem Recht verschiedene Angelegenheiten dar (z. B. einstweilige Verfügung und Hauptsacheverfahren, § 40 BRAGO; § 17 Nr. 4 b) RVG). Es handelt sich damit um zwei Aufträge, so dass jeweils gesondert zu prüfen ist, wann der unbedingte Auftrag erteilt wurde (Hansens/Braun/Schneider Teil 19 Rn. 19). 31

Einstweilige Anordnungen in Familiensachen stellen nach §§ 41 BRAGO, 18 Nr. 1 RVG besondere Angelegenheiten dar und können jeweils gesondert abgerechnet werden. Es kommt dabei auf die unbedingte Auftragserteilung an. Soweit allerdings z. B. in § 18 Nr. 1 b mehrere einstweilige Anordnungen während laufendem Scheidungsverfahren genannt sind, sind sie gebührenrechtlich als eine Angelegenheit zu behandeln, d. h., die Gebühren entstehen einmal aus dem addierten Wert der Gegenstände. In solchen Fällen kommt es auf den erteilten Auftrag für die erste hier genannte einstweilige Anordnung an. 32

c) Gerichtliche Bestellung/Beiordnung

aa) PKH-Prüfungsverfahren

Einer genaueren Beleuchtung sind wiederum die Fälle zu unterziehen, bei denen der Rechtsanwalt zunächst den Antrag auf Bewilligung von Prozesskostenhilfe stellt. In den meisten Fällen erfolgt der Prozessauftrag unter der Bedingung, dass die Prozesskostenhilfe bewilligt wird. Ohne entsprechende Anhaltspunkte kann nicht unterstellt werden, die bedürftige Partei habe ungeachtet der Entscheidung über den PKH-Antrag bereits einen unbedingten Klageauftrag erteilt (OLG Koblenz JurBüro 2006, 198). 33

Abschnitt 9 – Übergangs- und Schlussvorschriften

34 Maßgeblich ist der Zeitpunkt des Bedingungseintritts (Gerold/Schmidt/von Eicken/Madert/Müller-Rabe RVG 16. Aufl. § 60 Rn. 7; *N. Schneider* in Hansens/Braun/Schneider Praxis des Vergütungsrechts Teil 19 Rn. 23 f.; Hansens RVGreport 2004, 10, 12; Müller-Rabe NJW 2005, 1609, 1612; KG RVGreport 2005, 380; **a. A.:** OLG Hamburg RVGreport 2005, 381).

35 Es können sich folgende Konstellationen ergeben:
- Der Mandant beauftragt den Rechtsanwalt vor dem 01. 07. 2004, Prozesskostenhilfe zu beantragen. Das Verfahren soll nur durchgeführt werden, wenn die Prozesskostenhilfe bewilligt wird. Diese wird nach dem 01. 07. 2004 bewilligt.
- Der Mandant beauftragt den Rechtsanwalt, Prozesskostenhilfe zu beantragen und gleichzeitig, unabhängig von einer etwaigen Bewilligung, das Verfahren zu betreiben.

36 Der letztere Beispielfall ist einfach. Hier wird für die Abrechnung des Hauptsacheverfahrens auf den Zeitpunkt abzustellen sein, zu dem die Auftragserteilung erfolgte. Liegt diese vor dem 01. 07. 2004, erfolgt die Abrechnung des Hauptsacheverfahrens nach BRAGO, liegt sie danach, ist das RVG anwendbar.

Was aber ist mit dem ersten Beispiel?

Da das PKH-Prüfungsverfahren und das Hauptsacheverfahren sowohl nach BRAGO (§ 37 Nr. 3 BRAGO) als auch nach RVG (§ 16 Nr. 2 RVG) **dieselbe** Angelegenheit darstellen, wird einerseits die Auffassung vertreten, dass es sich bei zunächst erteiltem Auftrag, das PKH-Verfahren durchzuführen und erst nach Bewilligung der PKH die Klage einzureichen, um eine Erweiterung des ursprünglich erteilten Auftrags handelt und dieser Vorgang daher ähnlich wie eine Klageerweiterung zu betrachten ist. Es ist einheitlich nach BRAGO abzurechnen (OLG Köln AGS 2005, 448 m. Anm. N. Schneider sowie *N. Schneider* in Hansens/Braun/Schneider Praxis des Vergütungsrechts Teil 19 Rn. 58 ff.; sowie Schneider/Wolf § 61 Rn. 81).

37 Andererseits wird darauf verwiesen, dass in § 61 Abs. 1 Nr. 1 auf die Auftragserteilung abgestellt wird. Da der Rechtsanwalt jedoch in derartigen Fällen **zwei** Aufträge erhalten hat, die unterschiedliche Gebühren auslösen, sei zu differenzieren (Müller-Rabe NJW 2005, 1609). Es ist daher nach Ansicht von Müller-Rabe (a. a. O.) davon auszugehen, dass **zwei selbständige Aufträge** vorliegen, wenn zunächst nur ein unbedingter Auftrag für das PKH-Prüfungsverfahren und erst nach Bewilligung der PKH ein unbedingter Auftrag für das Hauptsacheverfahren erteilt werden. Dies hat zur Folge, dass unterschiedliche Gebührengesetze Anwendung finden können (KG AGS 2006, 79; Gerold/Schmidt/Mayer RVG 18. Aufl. § 60 Rn. 56; Hansens RVGreport 2004, 10; Mayer/Kroiß RVG 2006 § 60 Rn. 10; Müller-Rabe NJW 2005, 1609; Enders RVG für Anfänger 13. Aufl. 2005 Rn. 16; Enders JurBüro 1995, 1; so auch: OLG Düsseldorf AnwBl. 1989, 62; von Eicken AnwBl. 1975, 339; **a. A.:** *N. Schneider* in Hansens/Braun/Schneider Praxis des Vergütungsrechts Teil 19 Rn. 58 ff.; OLG Köln AGS 2005, 448 m. Anm. N. Schneider).

38 Maßgeblich ist für die anwaltliche Vergütung das RVG, wenn der Rechtsanwalt zunächst nur beauftragt war, einen PKH-Antrag zu stellen und erst nach dem 01. 07. 2004 PKH gewährt wird, denn der Auftrag für das Verfahren steht regelmäßig unter der Bedingung der positiven PKH-Entscheidung (zitiert nach beck-online: OLG Dresden, Beschluss vom 15. 03. 2007 – 21 WF 229/07, FamRZ 2007, 1671 BeckRS 2007, 13649).

bb) Beschwerdeverfahren

39 Erfolgt Prozessauftrag vor dem 01. 07. 2004 und eine Beschwerde gegen die PKH-Festsetzung nach dem Stichtag, gilt für den Gebührenanspruch für das Beschwerdeverfahren RVG (LAG Mainz, Beschl. v. 07. 07. 2005 – Az.: 10 Ta 144/05 – RVGreport 2005, 345; LAG Mainz, Beschl. v. 25. 10. 2004 – Az.: 2 Ta 234/04 – NZA-RR 2005, 272).

Übergangsvorschrift aus Anlass des Inkrafttretens dieses Gesetzes | § 61

cc) Scheidungs- und Folgesachen

Erfolgt die Beiordnung eines Rechtsanwalts für das Scheidungsverfahren im Wege der Prozesskostenhilfe vor dem 01.07.2004 und wird die PKH nach dem Stichtag auf die Folgesache erweitert, so ist auch für die Folgesache wie für das Scheidungsverfahren BRAGO anwendbar (OLG Nürnberg, Beschl. v. 28.01.2005 – Az.: 9 WF 8/05 – RVGreport 2005, 220), das gilt auch bei einer Erweiterung der Folgesache um das Aufenthaltsbestimmungsrecht für ein Kind (OLG Schleswig, Beschl. v. 17.11.2005, Az.: 15 WF 319/05, FuR 2006, 141). 40

dd) Beratungshilfe

Bei **Beratungshilfe** kommt es ausschließlich auf die Auftragserteilung an, da eine Beiordnung in der Beratungshilfe nicht erfolgt (Schneider AnwBl. 2004, 359). Liegen mehrere Angelegenheiten vor (Beratung/außergerichtl. Vertretung), kommt es auf die jeweilige Auftragserteilung an; hier ist nicht anders zu unterscheiden, als in übrigen Fällen. 41

d) Bestellung zum Pflichtverteidiger/beigeordneten Rechtsanwalt

aa) Allgemein

Für den **Pflichtverteidiger** kommt es nach herrschender Meinung auf den Zeitpunkt seiner Bestellung an, da die Auftragserteilung durch den Mandanten nur beim Wahlverteidiger eine Rolle spielt. 42

Wird ein Rechtsanwalt zum Pflichtverteidiger bestellt, so richten sich für ihn die Gebühren ebenfalls dann nach BRAGO, wenn die gerichtliche Bestellung vor dem 01.07.2004 erfolgt ist, auch wenn er erst Ende 2004 seine Vergütung mit der Staatskasse abrechnet. 43

• **Beispiel** 44
Rechtsanwalt R wird im Mai 2004 für den Angeklagten als Pflichtverteidiger bestellt. Nach Beendigung des Verfahrens im November 2004 rechnet Rechtsanwalt R ab. Da die Bestellung noch vor dem 01.07.2004 erfolgt ist, hat Rechtsanwalt R seine Gebühren nach der BRAGO abzurechnen.

bb) Auftragserteilung vor/Bestellung nach dem Stichtag

Erfolgt der **Auftrag** zur Wahlverteidigung **vor** dem 01.07.2004 und die **Bestellung** zum Pflichtverteidiger **danach**, ist das **RVG** anwendbar (OLG Düsseldorf AGS 2006, 135; OLG Hamm NStZ-RR 2005, 286 = RVGreport 2005, 261; KG RVGreport 2005, 100; OLG Frankfurt, Beschl. v. 09.03.2005, Az.: 2 Ws 15/05, RVGreport 2005, 221; OLG Jena, Beschl. v. 17.03.2005, Az.: 1 Ws 73/05, RVGreport 2005, 221; OLG Bamberg, Beschl. v. 25.02.2005, Az.: 1 Ws 136/05, RVGreport 2005, 260; OLG Hamburg RVGreport 2005, 260; KG, Beschl. v. 07.01.2005, – (1) – 2 StE 10/03 – 2 (4/03), RVGreport 2005, 100 = AGS 2005, 66 m. Anm. N. Schneider; KG, Beschl. v. 08.03.2005, Az.: 4 Ws 158/04 – RVGreport 186, 187 und 234; KG, Beschl. vom 04.02.2005 – Az.: 3 Ws 30/05 – RVGreport 2005, 175; OLG Schleswig, Beschl. v. 30.11.2004, Az.: 1 Ws 423/04, RVGreport 2005, 29 = NJW 2005, 234 = JurBüro 2005, 199; OLG Celle, Beschl. v. 11.02.2005 Az.: 1 ARs 293/04 P – RVGreport 2005, 142; OLG Celle, Beschl. v. 17.05.2005, Az.: 1 Ws 167/05, RVGreport 2005, 277; OLG Hamm RVGreport 2005, 68; **a. A.**: BRAGO anwendbar: LG Berlin, Beschl. v. 20.10.2004 – Az.: 509 Js 40/04 RVGreport 2005, 30 = JurBüro 2005, 31 m. abl. Anm. Jungbauer = AGS 2005, 16 m. Anm. Madert = Rpfleger 2005, 31 – die Entscheidung wurde zwischenzeitlich aufgehoben, KG AGS 2005, 66; OLG Nürnberg, Beschl. v. 31.05.2005 Az.: 1 Ws 321/05 RVGreport 2005, 304; KG, Beschl. v. 18.04.2005 Az.: 4 Ws 159/04 RVGreport 2005, 234). 45

Teilweise wird in der Rechtsprechung die Auffassung vertreten, dass die sich dann ergebende Rückwirkung nach § 48 Abs. 5 RVG vom Gesetzgeber beabsichtigt ist und sämtliche Gebühren nach dem RVG berechnet werden, auch solche, die zum Zeitpunkt der Wahlverteidiger-Stellung entstanden sind (KG, Beschl. v. 11.02.2005, Az.: 5 Ws 656/04, RVGreport 2005, 186; OLG Hamm, Beschl. v. 10.10.2005, Az.: 2 Sbd. 8.267, 268 und 269/04 – RVGreport 2005, 68; LG 46

Abschnitt 9 – Übergangs- und Schlussvorschriften

Berlin, Beschl. v. 27.01.2005, Az.: 539 Qs 2/05, RVGreport 2005, 111; AG Berlin-Tiergarten, Beschl. v. 13.10.2004, Az.: 254 Js 20/04; AG Berlin-Tiergarten, Beschl. v. 22.09.2004, Az.: 258 Ds 110/04; AG Berlin-Tiergarten, Beschl. v. 16.11.2004, Az.: 279 Ds 216/04, RVGreport 2005, 31 ff.; LG Dresden, Beschl. v. 23.02.2005 Az.: 3 KLs 314 Js 51988/03 RVGreport 2005, 176 erwähnt; **a. A.:** *Jungbauer* in JurBüro 2005, 31 mit ablehnender Anm. zur Entscheidung des LG Berlin, Beschl. v. 20.10.2004, Az.: 509 Js 40/04 AGS 2005, 16 = RVGreport 2005, 30 = Rpfleger 2005, 54; *Volpert* in Burhoff Straf- und Bußgeldsachen, 2. Aufl. 2008 §§ 60 f. Rn. 9). Die Entscheidung des LG Berlin wurde durch das KG wieder aufgehoben: KG AGS 2005, 66). Die Verfasserin vertritt die Auffassung, dass eine Rückwirkung nach § 48 Abs. 5 lediglich bedeuten kann, dass die als Wahlanwalt angefallenen Gebühren nach der BRAGO und die als Pflichtverteidiger angefallenen Gebühren nach RVG abgerechnet werden können. Eine andere Auffassung würde im Ergebnis bedeuten, dass der Rechtsanwalt, der möglicherweise schon 2002 als Wahlanwalt tätig und erst nach dem 01.07.2004 als Pflichtverteidiger beigeordnet wurde, sämtliche Gebühren nach dem RVG gegenüber der Staatskasse abrechnen könnte. Das wäre eine verfassungswidrige Ungleichbehandlung des Wahlanwalts zum Pflichtverteidiger, da in solchen Fällen de facto der Pflichtverteidiger, der nach RVG gegenüber der Staatskasse abrechnet, höhere Gebühren als der Wahlverteidiger, der nach BRAGO abrechnen muss, erhalten könnte.

47 Sofern ein vor dem 01.07.2004 mit der Wahlverteidigung beauftragter Rechtsanwalt, der nach dem Stichtag zum Pflichtverteidiger bestellt worden ist, den abgetretenen Kostenerstattungsanspruch seines Auftraggebers gegen die Landeskasse im Wege der Kostenfestsetzung geltend macht, so richtet sich die erstattungsfähige Vergütung nach der BRAGO (KG, Beschl. v. 18.04.2004 – Az.: 4 Ws 159/04 – RVGreport 2005, 234).

48 Eine Grundgebühr nach Nr. 4100 VV kann der Rechtsanwalt, der vor dem 01.07.2004 beauftragt und nach dem 01.07.2004 beigeordnet wurde, nicht gegenüber der Staatskasse abrechnen (wohl aber eine Vorverfahrensgebühr nach § 84 Abs. 1 1. Alt. BRAGO), da er die entsprechende Tätigkeit bereits zu BRAGO-Zeiten erbracht hat und dort eine Grundgebühr nicht vorgesehen ist (OLG Hamm, Beschl. v. 05.12.2005 – Az.: 2 (s) Sbd. VIII – 221/05 (ebenso Burhoff RVGreport 2006, 101 als Anm. zur Entscheidung des OLG Hamm; LG Koblenz RVGreport 2005, 351; N. Schneider AGS 2005, 396; N. Schneider RVGreport 2005, 88; Jungbauer JurBüro 2005, 32; **a. A.:** OLG Frankfurt RVGreport 2005, 28; Madert AGS 2005, 239).

49 Entscheidend ist das Datum des Erlasses des Beiordnungsbeschlusses, nicht seines Zugangs. Ergeht der Beschluss vor dem 01.07.2004, erfolgt der Zugang beim Pflichtverteidiger jedoch erst nach dem 01.07.2004, ist BRAGO anwendbar (OLG Hamm, Beschl. v. 09.06.2005, Az.: 2 (S) Sbd 8–116/05, RVGreport 2005, 261; KG NJW 2005, 3654 = RVGreport 2006, 24; OLG Brandenburg JurBüro 2005, 419; OLG Hamm RVGreport 2005, 261; **a. A.** LG Lübeck, Beschl. v. 26.01.2005 – Az.: 5 StVK 141/04 – AGS 2005, 69 m. Anm. N. Schneider; AG Berlin-Tiergarten JurBüro 2005, 362). Das Kammergericht hält das Datum der stillschweigenden Beiordnung für maßgeblich (KG, Beschl. v. 27.01.2005 – Az.: 5 Ws 633/04 – AGS 2005, 346; ebenso OLG Jena JurBüro 2006, 367).

cc) Nebenklägervertreter

50 Ist der Auftrag zur Vertretung des Nebenklageberechtigten vor dem 01.07.2004 erfolgt und die Beiordnung nach dem Stichtag, ist die BRAGO anwendbar (OLG Köln, Beschl. v. 18.02.2005, Az.: 2 ARs 28/05, RVGreport 2005, 141; KG, Beschl. v. 09.06.2005, Az.: 4 Ws 47/05, RVGreport 2005, 262 – das Kammergericht hob die Entscheidung des LG Berlin, RVGreport 2005, 188 auf; **a. A.:** Für den Beistand als Nebenklägervertreter nach § 397a Abs. 1 StPO ist nur der Zeitpunkt der Bestellung, für die Bewilligung von PKH nach § 397a Abs. 2 StPO auch die Auftragserteilung maßgeblich, LG Berlin, Beschl. v. 01.04.2005, Az.: 518 Qs 48/04 RVGreport 2005, 188).

dd) Grundgebühr

Zur Frage, ob auf die Auftragserteilung, Bestellung oder den Zugang des Beschlusses abzustellen ist, vgl. auch die Kommentierung unter Rn. 49. 51

Erfolgt die Einarbeitung als Wahlverteidiger vor dem 01.07.2004 und die Bestellung zum Pflichtverteidiger danach, kann eine Grundgebühr nach Nr. 4100 VV nicht abgerechnet werden, sondern allenfalls eine Vorverfahrensgebühr nach §§ 97, 84, 83 BRAGO (OLG Bamberg, Beschl. v. 25.02.2005, Az.: 1 Ws 136/05, RVGreport 2005, 260; OLG Hamm, Beschl. v. 05.12.2005, Az.: 2 (s) Sbd. VIII – 221/05, RVGreport 2006, 101). 52

ee) Beistand

Wird ein Rechtsanwalt vor dem 01.07.2004 beauftragt, als Beistand zu vertreten, und erfolgt die Bestellung erst nach dem Stichtag, erfolgt die Vergütung aus der Landeskasse nach dem RVG (Kammergericht, Beschl. v. 18.07.2005, Az.: 3 Ws 323/05 RVGreport 2005, 341). 53

Zur Frage, ob auf die Auftragserteilung, Bestellung oder den Zugang des Beschlusses abzustellen ist, vgl. auch die Kommentierung unter Rn. 49. 54

e) Strafsachen

Erfolgt der Auftrag für das vorbereitende Verfahren vor dem 01.07.2004 und der Auftrag für das Hauptverfahren nach dem Stichtag, so stellen diese verschiedene Angelegenheiten dar, so dass für jede Angelegenheit gesondert auf den Stichtag abzustellen ist (Burhoff RVG in Straf- und Bußgeldsachen 2. Aufl. 2008 §§ 15 ff. Rn. 6 u. 17 (S. 38, 42)), der seine Auffassung aus der Vorauflage ausdrücklich aufgibt; ebenso Madert AGS 2006, 105; Schneider AGS 2005, 7; Schneider/Wolf § 61 Rn. 90; Schneider/Mock Gebührenrecht § 25 Rn. 22; a. A. LG Düsseldorf, Beschl. v. 10.06.2005, Az.: XII Qs 66/05 RVGreport 2005, 344; OLG Saarbrücken RVGreport 2007, 181; LG Koblenz AGS 2006, 174). 55

Wird zunächst eine Angelegenheit als Strafsache verfolgt, diese dann eingestellt und das Delikt als Ordnungswidrigkeit/Bußgeldsache weiter betrieben, handelt es sich um verschiedene Angelegenheiten nach § 17 Nr. 10, so dass für das jeweilige Verfahren gesondert zu prüfen ist, wann der jeweilige unbedingte Auftrag bzw. die Bestellung erfolgt ist. 56

Sofern eine Beiordnung nach § 68 b StPO vor dem 01.07.2004 erfolgt, besteht für diese beschränkte Beiordnung kein Gebührenanspruch nach dem RVG, sondern nach § 97 Abs. 1 i. V. m. § 91 Nr. 2 BRAGO (Thüringer Oberlandesgericht 1. Strafsenat, Beschluss vom 09.01.2006 – AR (S) 149/05, JurBüro 2006, 424). 57

f) Einstweilige Anordnung

Einstweilige Anordnungen waren bereits nach der BRAGO (§ 41) und sind auch nach dem RVG (§ 18) besondere Angelegenheiten. Wird der Rechtsanwalt daher ab dem 01.07.2004 beauftragt, ein einstweiliges Anordnungsverfahren durchzuführen, so richten sich die Gebühren für das einstweilige Anordnungsverfahren nach dem RVG. Für die Berechnung der Gebühren in der Ehesache bzw. der Hauptsache entstehen dennoch Gebühren nach der BRAGO, wenn die Auftragserteilung dort vor dem 01.07.2004 erfolgt ist. 58

Nur wenn mehrere einstweilige Anordnungen desselben Buchstabens nach § 18 Nr. 1 beantragt werden, liegt insoweit gebührenrechtlich dieselbe Angelegenheit vor mit der Folge, dass für das anzuwendende Recht auf die erste einstweilige Anordnung abzustellen ist. 59

g) Mahnverfahren

Das Mahnverfahren und das Streitverfahren stellen verschiedene Angelegenheiten dar (§ 17 Nr. 2), so dass es hier auf die jeweilige Auftragserteilung ankommt. 60

Nicht zu folgen ist nach Ansicht der Verfasserin der Auffassung von *Müller-Rabe* (Müller-Rabe NJW 2005, 1609 f.), dass innerhalb des Mahnverfahrens gespaltenes Gebührenrecht auf- 61

Abschnitt 9 – Übergangs- und Schlussvorschriften

treten kann, wenn für den Mahnbescheid der Auftrag vor dem Stichtag und für den Vollstreckungsbescheid nach dem Stichtag erteilt wird. Da es sich beim Mahn- und VB-Verfahren um dieselbe Angelegenheit handelt, ist nach Ansicht der Verfasserin das gesamte Mahnverfahren einheitlich nach altem oder neuem Gebührenrecht abzurechnen, je nach Auftragserteilung.

62 Vertritt der Rechtsanwalt den Antragsgegner und erhebt für diesen Widerspruch gegen den Mahnbescheid bzw. legt er gegen den Vollstreckungsbescheid Einspruch ein, so stellt das Mahnverfahren eine Angelegenheit dar. Für die Frage des Gebührenrechts kommt es auf die unbedingte Auftragserteilung an. Was eine etwaige Vertretung im späteren streitigen Verfahren betrifft, so kann allenfalls ein bedingter Auftrag für das Streitverfahren erteilt werden, der erst dann zu einem unbedingten Auftrag wird, wenn der Gläubiger die weiteren Gerichtskosten eingezahlt hat.

63 Erfolgt der Mahnverfahrensauftrag vor dem 01.07.2004 und der Auftrag für die Durchführung des streitigen Verfahrens nach dem 01.07.2004, so ist eine nach § 43 Abs. 1 Satz 2 BRAGO entstandene Widerspruchsgebühr gemäß § 43 Abs. 2 BRAGO auf die Verfahrensgebühr nach Nr. 3100 VV RVG anzurechnen (OLG Düsseldorf, Beschl. v. 23.05.2005 – Az.: 24 W 24/05 – RVGreport 2005, 302).

64 Wird vor dem 01.07.2004 der unbedingte Mahnauftrag und gleichzeitig für den Fall eines Widerspruchs ein bedingter Klageauftrag erteilt und erfolgt der Widerspruch erst nach dem 01.07.2004, so richten sich die Gebühren für das Mahnverfahren nach BRAGO, für das Streitverfahren nach RVG (*Madert* in Gerold/Schmidt/von Eicken/Madert/Müller-Rabe 16. Aufl. 2004 § 60 Rn. 26; OLG Köln, Beschl. v. 13.01.2006 – Az.: 17 W 10/06 – RVGreport 2006, 143).

65 Nach BRAGO war das Mahnverfahren gesondert in § 43 geregelt. Sowohl für BRAGO als auch das RVG gilt, dass eine Mahnverfahrensgebühr auf eine im späteren streitigen Verfahren entstehende Prozess-/Verfahrensgebühr anzurechnen ist, soweit der Gegenstand der Verfahren derselbe ist. Schon nach BRAGO konnte die Anwendbarkeit alten oder neuen Rechts für das Mahn- und streitige Verfahren unterschiedlich sein (Gebauer/Schneider BRAGO § 134 Rn. 14; Gerold/Schmidt/von Eicken/Madert BRAGO § 134 Rn. 12; Hamburg MDR 1997, 597; Schleswig JurBüro 1997, 413).

66 Regelmäßig wird der Auftrag für die Durchführung eines streitigen Verfahrens von der Erhebung eines Widerspruchs abhängig sein. Erst mit Eingang der Widerspruchsmitteilung durch das Gericht wird aus dem bedingt erteilten Auftrag ein unbedingt erteilter Auftrag. Zu beachten ist dabei, dass einige Mandanten sich die Durchführung eines streitigen Verfahrens ausdrücklich vorbehalten, so dass im Formular für einen Antrag auf Erlass eines Mahnbescheides das für die Durchführung des streitigen Verfahrens vorgesehene Feld nicht immer angekreuzt wird. In diesen Fällen erfolgt die unbedingte Auftragserteilung nicht durch die Mitteilung des Widerspruchs durch das Gericht, sondern vielmehr erst durch einen entsprechenden Auftrag durch den Mandanten.

67 • **Beispiel**
Anfang Juni 2004 beantragt der Rechtsanwalt auftragsgemäß Mahnbescheid. Streitwert € 7.000,00. 15 Tage nach Zustellung des Mahnbescheids wird der Erlass eines Vollstreckungsbescheids beantragt. Nach Zustellung des Vollstreckungsbescheids legt der Antragsgegner Einspruch ein. Im Juli 2004 erhält der Rechtsanwalt den Auftrag, das streitige Verfahren durchzuführen. Nach Begründung des Anspruchs ergeht im Termin zur mündlichen Verhandlung im Oktober 2004 antragsgemäß ein Versäumnisurteil, da der Beklagte nicht erschienen ist.

Abrechnung Mahnverfahren nach BRAGO:

Gegenstandswert € 7.000,00	
10/10 Mahnbescheidsgebühr	
§§ 11, 43 Abs. 1 Nr. 1 BRAGO	€ 375,00
5/10 Gebühr für Vollstreckungsbescheid	
§§ 11, 43 Abs. 1 Nr. 3 BRAGO	€ 187,50
Auslagenpauschale, § 26 Satz 2 BRAGO	€ 20,00
Zwischensumme	€ 582,50
16 % USt., § 25 Abs. 2 BRAGO	€ 93,20
Summe:	**€ 675,70**

Abrechnung streitiges Verfahren nach RVG:

1,3 Verfahrensgebühr	
Nr. 3100 VV RVG	€ 487,50
abzgl. 1,0 (10/10) Mahnbescheidsgebühr	
Anm. zu Nr. 3305 VV RVG (§ 43 Abs. 2 BRAGO) ./.	€ 375,00
0,5 Terminsgebühr	
Nr. 3105 VV RVG	€ 187,50
Auslagenpauschale	
§ 2 RVG, Nr. 7002 VV RVG	€ 20,00
Zwischensumme	€ 320,00
16 % USt.	
§ 2 RVG, Nr. 7008 VV RVG	€ 51,20
Summe:	**€ 371,20**

In obigem Beispielfall ist es unerheblich, ob die Anrechnung nach altem oder neuen Recht zu erfolgen hat, da die Anrechnung in beiden Fällen 1,0 bzw. 10/10 beträgt und damit wirtschaftlich dasselbe Ergebnis bringt.

h) Mehrere Rechtsanwälte

Es ist durchaus möglich, dass für den Klägervertreter die BRAGO und für den Beklagtenvertreter das RVG gilt, vgl. dazu die Ausführungen mit Beispiel unter Rn. 25 f. **68**

Sofern ein Auftraggeber mehrere Rechtsanwälte beauftragt, ist für diese Rechtsanwälte jeweils auf den ihnen erteilten unbedingten Auftrag abzustellen. **69**

• **Beispiel** **70**

Mandant M beauftragt RA R zur Vertretung in einem Klageverfahren am 15.06.2004. Die Klage wird am 22.06.2004 eingereicht. Das Gericht bestimmt Termin zur mündlichen Verhandlung am 16.08.2004. Da der Termin im 500 km entfernten Gerichtsort stattfindet, wird RA P mit der Wahrnehmung des Termins als Unterbevollmächtigter beauftragt. Nach streitiger mündlicher Verhandlung ergeht im Dezember 2004 ein klageabweisendes Urteil. Der Streitwert hat € 7.000,00 betragen.

Gebühren für den Verfahrensbevollmächtigten:

Streitwert: € 7.000,00	
10/10 Prozessgebühr, §§ 11, 31 Abs. 1 Nr. 1 BRAGO	€ 375,00
5/10 Verhandlungsgebühr, §§ 11, 33 Abs. 3 BRAGO	€ 187,50
Auslagenpauschale, § 26 BRAGO	€ 20,00
Zwischensumme	€ 582,50
16 % Umsatzsteuer, § 25 Abs. 2 BRAGO	€ 93,20
Summe:	**€ 675,70**

Abschnitt 9 – Übergangs- und Schlussvorschriften

Gebühren für den Unterbevollmächtigten:

Streitwert: € 7.000,00

0,65 Verfahrensgebühr, Nr. 3401 i. V. m. 3100 VV RVG	€ 243,75
1,2 Terminsgebühr, Nr. 3104 und 3102 VV RVG	€ 450,00
Auslagenpauschale, Nr. 7002 VV RVG	€ 20,00
Zwischensumme	€ 713,75
16 % Umsatzsteuer, Nr. 7008 VV RVG	€ 114,20
Summe:	**€ 599,55**

Anmerkung:

Bei den Gebühren des Hauptbevollmächtigten ist bezüglich der Verhandlungsgebühr nicht eine 0,6 Verhandlungsgebühr in Abrechnung zu bringen (§ 33 Abs. 3 BRAGO: eine halbe Verhandlungsgebühr der Verhandlungsgebühr des Unterbevollmächtigten), sondern fiktiv vom Anfall einer nach BRAGO entstandenen Verhandlungsgebühr auszugehen. Ebenso ist für den Unterbevollmächtigten so zu tun, als hätte der Hauptbevollmächtigte eine Verfahrensgebühr nach RVG verdient. Der Unterbevollmächtigte erhält nicht eine 0,5 Verfahrensgebühr, sondern eine 0,65 Verfahrensgebühr (ebenso Müller-Rabe NJW 2005, 1615; Gerold / Schmidt / Mayer RVG 18. Aufl. 2008 § 60 Rn. 53).

71 Wird derselbe Rechtsanwalt vor dem 01. 07. 2004 als Unterbevollmächtigter / Terminsvertreter und nach dem Stichtag als Verfahrensbevollmächtigter beauftragt, so liegen nach einer Ansicht zwei selbständige Aufträge vor, die zu unterschiedlichen Gebühren führen, so dass für die eine Tätigkeit nach BRAGO, für die andere nach RVG abzurechnen ist (Gerold / Schmidt / Mayer RVG 18. Aufl. 2008 § 60 Rn. 54; Müller-Rabe NJW 2005, 1613). Es dürfen nicht beide Gebühren nebeneinander geltend gemacht werden (*Müller-Rabe* in Gerold / Schmidt / von Eicken / Madert / Müller-Rabe 16. Aufl. 2004 VV 3401 Rn. 25). Dabei kann der Rechtsanwalt die für ihn günstigeren Gebühren in Rechnung stellen (Müller-Rabe NJW 2005, 1613; Schneider / Wolf § 61 Rn. 75).

72 Für jeden am Verfahren beteiligten Rechtsanwalt kommt es auf das jeweilige eigene Mandatsverhältnis an. Dies gilt auch, wenn beispielsweise eine Streitverkündung oder Streithilfe erfolgt.

i) Mehrere Auftraggeber

73 Vertritt der Rechtsanwalt zunächst einen Auftraggeber und treten zu späterem Zeitpunkt einer oder mehrere weitere Auftraggeber hinzu, berechnen sich die Gebühren einheitlich nach dem Gebührenrecht, das für den ersten Auftraggeber maßgeblich ist, wenn dieselbe Angelegenheit vorliegt. Eine Aufsplittung kommt wegen § 61 Abs. 1 Satz 1 nicht in Betracht (so auch N. *Schneider* in Schneider / Wolf § 61 Rn. 69; etwas anderes gilt nur, wenn eine neue Angelegenheit im Sinne von § 15 anzunehmen ist).

j) Rechtsmittelverfahren

aa) Erstinstanzlich tätig gewesener RA

74 Ist der Rechtsanwalt am 1. Juli 2004 in derselben Angelegenheit und, wenn ein gerichtliches Verfahren anhängig ist, in demselben Rechtszug bereits tätig, gilt für das Verfahren über ein Rechtsmittel, das nach diesem Zeitpunkt eingelegt worden ist, dieses Gesetz. Diese Regelung aus § 61 Abs. 1 Satz 2 entspricht inhaltsgleich § 60 Abs. 1 Satz 2.

75 Die vielfach für misslungen gehaltene Regelung in § 61 Abs. 1 Satz 2, die einen Unterschied zwischen erstinstanzlich tätigem Anwalt und neu beauftragtem Anwalt macht (vgl. dazu Hansens RVGreport 2004, 10; Gebauer / Schneider RVG 2. Aufl. 2004 § 61 Rn. 7; Müller-Rabe NJW 2005, 1615; BVerwG, Beschl. v. 28. 12. 2005 Az.: 1 KSt 1/05 = RVGreport 2005, 99; *N. Schneider* in Hansens / Braun / Schneider Praxis des Vergütungsrechts Teil 19 Rn. 61; Gebauer / Schneider RVG § 61 Rn. 1; *Jungbauer* in Bischof / Jungbauer / Podlech-Trappmann § 60

Übergangsvorschrift aus Anlass des Inkrafttretens dieses Gesetzes | § 61

Rn. 24 und § 61 Rn. 38), kann jedoch, obwohl sie unverständlich und systemwidrig ist, trotz ihres eindeutigen Wortlauts nicht einfach überhaupt nicht zur Anwendung kommen (*Jungbauer* in Bischof/Jungbauer/Podlech-Trappmann § 60 Rn. 24 und § 61 Rn. 38; Müller-Rabe NJW 2005, 1615; Gerold/Schmidt/Mayer RVG 18. Aufl. 2008 § 60 Rn. 60; a. A.: *N. Schneider* in Schneider/Wolf § 61 Rn. 7).

§ 61 Abs. 1 Satz 1 gilt nur für eine Berufung, Revision oder Beschwerde, nicht jedoch für eine Klage, wenn der Klageauftrag ohne Bedingung im März 2004 erteilt worden ist (VG Lüneburg, Beschl. v. 02.12.2004 Az.: 1 B 53/04 = NJW 2005, 697). 76

§ 61 Abs. 2 Satz 2 ist für den Vertreter des Rechtsmittel**gegners** nicht anwendbar (BVerwG, Beschl. v. 28.12.2005, Az.: 1 KSt 1/05 = RVGreport 2005, 99). Sofern das Rechtsmittel erst nach dem 01.07.2004 eingelegt wird, liegt für den Rechtsanwalt des Rechtsmittelgegners erst nach diesem Termin ein unbedingter Auftrag vor (*Klees* in Mayer/Kroiß § 60 Rn. 14). 77

Selbst wenn der Auftrag zur Vertretung im Rechtsmittelverfahren schon vor dem 01.07.2004 erteilt worden ist, liegt lediglich ein bedingter Auftrag für den Fall vor, dass das Rechtsmittel eingelegt wird. 78

Sofern ein Rechtsmittel vor dem Stichtag eingelegt wird und der Verfahrensbevollmächtigte des Rechtsmittelgegners erst nach dem 01.07.2004 beauftragt wird, ist auf diese Auftragserteilung abzustellen (Gerold/Schmidt/Mayer RVG 18. Aufl. 2008 § 60 Rn. 61). 79

bb) Zurückverweisung

Bei der Zurückverweisung handelt es sich um einen neuen Rechtszug, somit um eine neue gebührenrechtliche Angelegenheit, § 21, so dass es für das Verfahren nach Zurückverweisung auf die jeweilige Auftragserteilung ankommt, unabhängig davon, ob es sich um eine Zivil- oder Strafsache handelt (OLG Düsseldorf JurBüro 1988, 1352 = Rpfleger 1988, 337; bejaht für Strafsachen: KG RVG-B 2005, 163). 80

Interessant ist die Entscheidung des Pfälz. OLG Zweibrücken, das mit Beschluss vom 10.08.1999 (Az.: 5 W 2/99 = JurBüro 2000, 21) entschieden hat, dass in den Fällen, in denen ein vor dem 1. Juli 1994 anhängig gewesenes Verfahren nach diesem Stichtag durch ein Berufungsurteil in die erste Instanz zurückverwiesen worden ist, sich die erneut anfallenden Gebühren des Rechtsanwalts nach dem seit diesem Tag geltenden Gebührenrecht bestimmen. Das pfälzerische OLG Zweibrücken verweist insoweit auf § 134 Abs. 1 Satz 2 BRAGO und zählt das Verfahren nach Zurückverweisung (als sog. »zweite« 1. Instanz) unter die Verfahren in den weiteren Rechtszügen, die in § 134 Abs. 1 Satz 2 BRAGO normiert sind. Interessant ist diese Entscheidung für das nunmehr geltende RVG. Nach Ansicht der Verfasserin ist diese Entscheidung analog anwendbar, was dazu führt, dass in den Fällen, in denen die Zurückverweisung nach dem 01.07.2004 erfolgt, das Verfahren vor dem untergeordneten Gericht nach Zurückverweisung nach dem RVG abzurechnen ist. 81

Ist ein vor dem 01.07.2004 anhängig gewesenes Verfahren nach diesem Stichtag vom Rechtsmittelgericht zurückverwiesen worden, richten sich die im neuen Rechtszug anfallenden Gebühren des Rechtsanwalts nach dem RVG, wenn die Zurückverweisung ab dem 01.07.2004 erfolgt (Kammergericht, Beschl. v. 01.08.2005, Az.: 4 Ws 60/05 RVGreport 2005, 343, OLG München, Beschl. v. 02.10.2007, Az.: 11 W 2078/07, BeckRS 2007, 17150). 82

cc) Pflichtverteidigerbestellung

Erfolgt der Auftrag zur Wahlverteidigung und Bestellung zum Pflichtverteidiger vor dem 01.07.2004, die Revisionseinlegung jedoch nach dem Stichtag, gilt für die erste Instanz BRAGO, für die Revisionsinstanz RVG (OLG Frankfurt, Beschl. v. 27.10.2004 – Az.: 3 Ws 1094/04 – RVGreport 2005, 28 = NJW 2005, 377 = NTStZ-RR 2005, 31 = StV 2005, 76 = AGS 2005, 69 m. Anm. Schneider). 83

Abschnitt 9 – Übergangs- und Schlussvorschriften

dd) Nichtzulassungsbeschwerde

84 Sofern der Auftrag zur Vertretung in erster Instanz vor dem 01. 07. 2004 erfolgte und die Einlegung einer Nichtzulassungsbeschwerde erst nach dem 01. 07. 2004, so ist für das Verfahren der Nichtzulassungsbeschwerde das RVG anwendbar (BSG, Beschl. v. 01. 02. 2005 – Az.: B 6 Ka 70/04 B – RVGreport 2005, 219; BVerwG, Beschl. v. 28. 12. 2005, Az.: BVerwG 1 KSt 1.05).

ee) Rechtsbehelfe

85 Bei Rechtsbehelfen (die nicht in die höhere Instanz führen) kommt es darauf an, ob die Tätigkeit zum Rechtszug gehört oder eine eigene neue Angelegenheit ausgelöst wird. Sofern ein Rechtsbehelf zum Rechtszug gehört, entstehen keine neuen Gebühren (§ 19 i. V. m. § 15 Abs. 2 Satz 2). Sofern ein Rechtsbehelf eine neue Angelegenheit darstellt, ist für den Rechtsbehelf wieder gesondert auf die unbedingte Auftragserteilung abzustellen.

k) Tätigkeit in eigener Sache

86 In eigener Angelegenheit kommt es für die Frage des geltenden Rechts auf den Zeitpunkt des ersten Tätigwerdens an (OLG München, Beschl. v. 04. 05. 2005, Az.: 11 W 1257/05 RVGreport 2005, 301 = AGS 2005, 342 m. Anm. N. Schneider).

87 Sofern eine Zustellung der Klage am 30. 06. 2004 erfolgt, die erste prozessbezogene Tätigkeit des Rechtsanwalts jedoch am 01. 07. 2004, erhält der Rechtsanwalt in eigener Sache die Kosten nach dem RVG erstattet (LG Mönchengladbach, Beschl. v. 21. 03. 2005, Az.: 5 T 136/05 RVGreport 2005, 222 = AGS 2005, 343).

88 Sofern der Rechtsanwalt in einer eigenen Angelegenheit tätig wird, kommt es nicht auf den Zeitpunkt an, zu dem sich der Rechtsanwalt entschließt, sich in der Sache selbst zu vertreten, sondern vielmehr auf den Zeitpunkt des ersten Tätigwerdens (Gerold/Schmidt/Mayer § 60 Rn. 8; Hansens RVGreport 2004, 10; *Klees* in Mayer/Kroiß § 60 Rn. 11; **a. A.:** Für den in eigener Sache tätigen Rechtsanwalt ist auf den Zeitpunkt abzustellen, an dem er für Dritte erkennbar nach außen hin tätig geworden ist (LG Mönchengladbach RVGreport 2005, 222).

l) Mehrere Auftraggeber

89 Sofern ein Rechtsanwalt mehrere Auftraggeber in einem Gerichtsverfahren vertritt und einer von diesen ihn vor dem Stichtag, der andere ihn danach beauftragt, so ist dies als Auftragserweiterung in derselben Angelegenheit anzusehen und die Gebühren sind einheitlich nach BRAGO abzurechnen, sofern es sich um dieselbe Angelegenheit handelt (Schneider/Wolf § 61 Rn. 69; Hansens/Braun/Schneider Teil 20 Rn. 58; Wolf JurBüro 2004, 414).

90 Da der Rechtsanwalt nach § 7 Abs. 1 die Gebühren nur einmal erhält und lediglich einen Mehrvertretungszuschlag abrechnen kann, schließt es die Anwendung gespaltenen Gebührenrechts aus. Allerdings führt nicht jede Vertretung von mehreren Auftraggebern zu einer Erhöhung nach Nr. 1008 VV. Unter Umständen liegen auch unterschiedliche Streitgegenstände vor, so dass eine Addition der Streitwerte zu erfolgen hat (§ 22 Abs. 1). Auch in diesem Fall ist, wenn es sich um dieselbe Angelegenheit im Sinne des § 15 als auch § 13 BRAGO handelt, davon auszugehen, dass die Gebühren einheitlich nach BRAGO oder RVG abzurechnen sind, je nachdem, wann der erste Auftraggeber dem Rechtsanwalt einen unbedingten Auftrag erteilt hat (a. A.: Hansens RVGreport 2004, 10).

m) Urkundenprozess

91 Wurde ein Auftrag für einen Urkundenprozess vor dem 01. 07. 2004 erteilt und erfolgt die weitere Tätigkeit im anhängigen ordentlichen Verfahren nach dem 01. 07. 2004, so ist für den Urkundenprozess BRAGO und für das ordentliche Verfahren RVG anwendbar (Kammergericht, Beschl. v. 22. 03. 2005, Az.: 27 W 43/05, RVGreport 2005, 223).

92 Ist der Auftrag für einen Urkundenprozess vor dem 01. 07. 2004 und die weitere Tätigkeit im anhängigen ordentlichen Verfahren nach dem 01. 07. 2004 erfolgt, so ist die nach § 31 Abs. 1

Satz 1 BRAGO im Urkundenprozess entstandene Prozessgebühr gemäß § 39 Satz 2 BRAGO auf die im ordentlichen Verfahren entstandene Verfahrensgebühr nach Nr. 3100 VV RVG anzurechnen (Kammergericht, Beschl. v. 22. 03. 2005 – Az.: 27 W 43/05, RVGreport 2005, 223).

n) Hebegebühr

Was die Hebegebühr betrifft, so ist zu unterscheiden: Wurde der generelle Auftrag erteilt, Teilbeträge einzuziehen, ist von einem Auftrag auszugehen, auch wenn mehrere Auszahlungsvorgänge vorliegen. In einem solchen Fall kommt es auf die erstmalige Auftragserteilung an. Wird jedoch ein jeweils gesonderter Auftrag erteilt, ist auf die jeweiligen Auftragserteilungen abzustellen, vgl. Rn. 30.

Da § 22 BRAGO und Nr. 1009 VV inhaltlich identisch sind, dürfte diese Frage jedoch in der Praxis keine große Rolle spielen.

o) Selbständiges Beweisverfahren und Hauptsacheverfahren

Zum selbständigen Beweisverfahren vgl. die Ausführungen unter Rn. 17 f.

p) Zwangsvollstreckung

Auch wenn regelmäßig der Auftraggeber den Rechtsanwalt beauftragt, solange Vollstreckungsmaßnahmen zu ergreifen, bis die Forderung erfüllt ist, so handelt es sich doch in der Regel zunächst um **einen** Auftrag für eine konkrete Zwangsvollstreckungsmaßnahme und für weitere Maßnahmen lediglich um bedingte Aufträge, die erst dann zu unbedingten Aufträgen werden, wenn die Zwangsvollstreckung fruchtlos ausfällt. Darüber hinaus stellen die in § 18 genannten Vollstreckungsmaßnahmen ohnehin besondere Angelegenheiten dar, für die ein gesonderter Auftrag erteilt wird.

Lediglich wenn der Gläubiger dem Rechtsanwalt den gleichzeitigen Auftrag erteilt, mehrere Vollstreckungsmaßnahmen gleichzeitig durchzuführen (z. B. nach Vorlage mehrerer Titel Konten- und Gehaltspfändung sowie Eintragung einer Zwangssicherungshypothek), ist für diese Aufträge einheitlich vom einmal erteilten Auftrag auszugehen.

q) Auslagen

Ob die Auslagen nach BRAGO oder RVG abzurechnen sind, richtet sich generell nach dem für die Gebühren anwendbaren Gesetz (Gerold/Schmidt/von Eicken/Mayer RVG 18. Aufl. 2008 § 60 Rn. 21; Schneider/Wolf § 60 Rn. 132).

r) Zurückverweisung

Bei der Zurückverweisung handelt es sich um einen neuen Rechtszug, somit um eine neue gebührenrechtliche Angelegenheit, § 21, so dass es für das Verfahren nach Zurückverweisung auf die jeweilige Auftragserteilung ankommt, unabhängig davon, ob es sich um eine Zivil- oder Strafsache handelt (OLG Düsseldorf JurBüro 1988, 1352 = Rpfleger 1988, 337).

Interessant ist die Entscheidung des Pfälz. OLG Zweibrücken, das mit Beschluss vom 10. 08. 1999 (Az.: 5 W 2/99 = JurBüro 2000, 21) entschieden hat, dass in den Fällen, in denen ein vor dem 1. Juli 1994 anhängig gewesenes Verfahren nach diesem Stichtag durch ein Berufungsurteil in die erste Instanz zurückverwiesen worden ist, sich die erneut anfallenden Gebühren des Rechtsanwalts nach dem seit diesem Tag geltenden Gebührenrecht bestimmen. Das pfälzerische OLG Zweibrücken verweist insoweit auf § 134 Abs. 1 Satz 2 BRAGO und zählt das Verfahren nach Zurückverweisung (als sog. »zweite« 1. Instanz) unter die Verfahren in den weiteren Rechtszügen, die in § 134 Abs. 1 Satz 2 BRAGO normiert sind. Interessant ist diese Entscheidung für das nunmehr geltende RVG. Nach Ansicht der Verfasserin ist diese Entscheidung analog anwendbar, was dazu führt, dass in den Fällen, in denen die Zurückverweisung nach dem 01. 07. 2004 erfolgt, das Verfahren vor dem untergeordneten Gericht nach Zurückverweisung nach dem RVG abzurechnen ist.

Abschnitt 9 – Übergangs- und Schlussvorschriften

101 Ist ein vor dem 01. 07. 2004 anhängig gewesenes Verfahren nach diesem Stichtag vom Rechtsmittelgericht zurückverwiesen worden, richten sich die im neuen Rechtszug anfallenden Gebühren des Rechtsanwalts nach dem RVG, wenn die Zurückverweisung ab dem 01. 07. 2004 erfolgt (Kammergericht, Beschl. v. 01. 08. 2005 Az.: 4 Ws 60/05 RVGreport 2005, 343; Schneider/Wolf § 61 Rn. 125).

s) Familiensachen u. a.

102 Werden in einer Scheidungssache weitere Folgesachen im Verbund anhängig, so ist für die Frage, welches Recht anzuwenden ist, auf die Auftragserteilung für die Scheidung abzustellen, da Scheidung und Folgesachen als dieselbe Angelegenheit gelten (§ 16 Nr. 4) (Müller-Rabe NJW 2005, 1612; *ders.* in Madert/Müller-Rabe, Kostenhandbuch Familiensachen, 2001, Kap. E Rn. 4, 12). Gleiches gilt für Lebenspartnerschaftssachen.

103 Lediglich wenn eine echte Abtrennung nach § 623 ZPO vorliegt (nicht Teilentscheidung nach §§ 627, 628 ZPO), gilt der ursprünglich erteilte Auftrag fort, er spaltet sich nun lediglich in zwei Aufträge, es gibt für beide Verfahren das gleiche Recht (abzustellen ist auf den ersten Zeitpunkt). Für Teilabtrennungen gilt ohnehin, dass sie nach dem ursprünglichen Recht abgerechnet werden.

104 Werden isolierte Familiensachen geltend gemacht, die in getrennten Verfahren behandelt werden, so handelt es sich um verschiedene Angelegenheiten. Es kommt jeweils für jedes einzelne Verfahren auf die Auftragserteilung an.

105 Erfolgt eine Beiordnung im Rahmen der Prozesskostenhilfe vor dem 01. 07. 2004 und wird auf die Folgesache elterliche Sorge nach dem Stichtag erweitert, so gilt die BRAGO auch für die Folgesache (OLG Nürnberg, Beschl. v. 28. 01. 2005, Az.: 9 WF 78/05, RVGreport 2005, 220).

106 Die Geltendmachung einer zivilprozessualen Scheidungsfolgesache außerhalb des Verbundverfahrens ist grundsätzlich nicht mutwillig im Sinne des § 114 ZPO (BGH v, 10. 03. 2005, Az.: XII ZB 19/04; BGH, Beschl. v. 10. 03. 2005, Az.: XII ZB 20/04, RVGreport 2005, 235).

t) Anrechnung einer BRAGO-Geschäftsgebühr

107 Da in § 61 die Anwendung der BRAGO bzw. des RVG vom Zeitpunkt der unbedingten Auftragserteilung abhängig gemacht wird, stellt sich in der Praxis die Frage, wie mit der Anrechnungsvorschrift zur Geschäftsgebühr umzugehen ist, wenn die Geschäftsgebühr nach BRAGO, die Verfahrensgebühr aber nach RVG entstanden ist.

108 • **Beispiel**
Im Juni 2004 erhält der Rechtsanwalt den Auftrag, ein außergerichtliches Aufforderungsschreiben an den Gegner zu übersenden. Der Rechtsanwalt hat noch keinen Klageauftrag. Der Streitwert beträgt € 22.000,00. Nach fruchtlosem Ablauf der im Aufforderungsschreiben gesetzten Frist erteilt der Mandant im Juli Klageauftrag.

Unstreitig dürfte bei dieser Konstellation die außergerichtliche Tätigkeit nach BRAGO und die gerichtliche Tätigkeit nach dem RVG abzurechnen sein. Davon ausgehend, dass außergerichtlich eine Geschäftsgebühr nach BRAGO und gerichtlich eine Verfahrens- und Terminsgebühr nach dem RVG angefallen sind, ist zunächst folgende Abrechnung vorzunehmen.

Außergerichtlich:

Gegenstandswert € 22.000,00	
7,5/10 Geschäftsgebühr §§ 11, 12, 118 Abs. 1 Nr. 1 BRAGO	€ 484,50
Auslagenpauschale, § 26 Satz 2 BRAGO	€ 20,00
Zwischensumme	€ 504,50
16 % USt., § 25 Abs. 2 BRAGO	€ 80,72
Summe:	**€ 585,22**

Übergangsvorschrift aus Anlass des Inkrafttretens dieses Gesetzes | § 61

Gerichtlich:

Gegenstandswert € 22.000,00	
1,3 Verfahrensgebühr	
Nr. 3100 VV RVG	€ 839,80
1,2 Terminsgebühr	
Nr. 3104 VV RVG	€ 775,20
Auslagenpauschale	
Nr. 7002 VV RVG	€ 20,00
Zwischensumme	€ 1.635,00
16 % USt.	
Nr. 7008 VV RVG	€ 261,60
Summe:	**€ 1.896,60**

Eine **Anrechnung** der Geschäftsgebühr sieht sowohl die BRAGO als auch das RVG vor. Allerdings ist die Geschäftsgebühr nach § 118 Abs. 2 Satz 1 BRAGO vollständig auf die Verfahrensgebühr des nachfolgenden Rechtsstreits anzurechnen, wenn Gegenstandsidentität besteht. Bei Anwendung des RVG wäre lediglich die Hälfte der Geschäftsgebühr, maximal bis zu 0,75 anzurechnen, vgl. dazu Abs. 4 der Vorbem. 3 VV RVG. Es stellt sich nunmehr die Frage, ob hinsichtlich der Anrechnungsvorschrift auf BRAGO oder RVG abzustellen ist. Im obigen Beispiel hätte eine Anrechnung der Geschäftsgebühr nur i. H. v. € 242,25 zu erfolgen, wenn die Abrechnung nach RVG vorgenommen wird. 109

Während die eine Meinung die Auffassung vertritt, dass in Ermangelung einer klaren Regelung überhaupt keine Anrechnung vorzunehmen ist, wird zum Teil die Ansicht vertreten, die Anrechnung sei nach RVG vorzunehmen (Jungbauer Rechtsanwaltsvergütung Rn. 27; Enders RVG für Anfänger 13. Aufl. 2005 Rn. 15), während der andere Teil die Anrechnungsvorschrift des § 118 Abs. 2 BRAGO gelten lässt, so dass voll anzurechnen wäre (OLG München, Beschl. v. 06. 05. 2005, Az.: 11 WF 1000/05, RVGreport 2005, 303 = AGS 2005, 344 m. Anm. N. Schneider; Hansens RVGreport 2004, 12 u. 2004, 242, 244; Mayer/Kroiß/Klees RVG § 60 Rn. 9; Schneider AnwBl. 2004, 359, 362). 110

Da der Tatbestand der Anrechnung erst mit der unbedingten Auftragserteilung für das Klageverfahren und somit zum Zeitpunkt des RVG entstanden ist, ist die Anrechnung nach Ansicht der Verfasserin nach Vorbem. 3 Abs. 4 VV RVG vorzunehmen (ebenso Enders JurBüro 2004, 230; ders., RVG für Anfänger 13. Aufl. Rn. 15; Bischof/Jungbauer/Podlech/Trappmann RVG 1. Aufl. § 61 Rn. 14; LG Köln NJOZ 2006, 443 f.; so auch *Mayer* in Gerold/Schmidt RVG 18. Aufl. 2008 § 60 Rn. 44, der ebenfalls der hälftigen Anrechnung den Vorzug gibt). Dem steht auch nicht entgegen, dass in Vorbem. 3 Abs. 4 VV nicht auf eine Geschäftsgebühr nach § 118 BRAGO abgestellt wird, sondern eine solche nach Nr. 2300, denn eine analoge Anwendung der Vorbem. 3 Abs. 4 VV verbietet sich nicht (schließlich hat der überwiegende Teil der Rechtsprechung in Übergangsfällen auch kein Problem damit, eine nach BRAGO entstandene Prozessgebühr auf eine nach RVG entstandene Verfahrensgebühr anzurechnen). Auch die Tatsache, dass eine Besprechungsgebühr entstanden sein könnte, die dem Anwalt ohnehin voll verbleibt, greift als Argument gegen diese hälftige Anrechnung nicht durch. Denn nach RVG ist eine Geschäftsgebühr bis zu einem Gebührensatz von 2,5 möglich, wohingegen Geschäfts- und Besprechungsgebühr nach BRAGO maximal 20/10 (2,0) betragen können und die Anrechnung auf den Höchstwert von 0,75 beschränkt ist. Bei einer Anrechnung nach RVG kommt im Hinblick auf die maximale 10/10 Geschäftsgebühr ohnehin nur eine maximale Anrechnung von 5/10 (= 0,5) in Betracht. 111

Der Auffassung, dass überhaupt keine Anrechnung vorzunehmen ist, ist jedoch nach Ansicht der Verfasserin keinesfalls zu folgen (so auch: Müller-Rabe NJW 2005, 1216). 112

Abschnitt 9 – Übergangs- und Schlussvorschriften

u) Parteiwechsel

113 Bei einem Parteiwechsel erhält der Rechtsanwalt der beiden wechselnden Parteien nur eine Gesamtvergütung nach § 6 BRAGO (§ 7 RVG i. V. m. Nr. 1008 RVG VV); hat die ausscheidende Partei den Auftrag vor dem 1. Juli 2004 erteilt, so richtet sich die Vergütung insgesamt nach den Vorschriften der Bundesgebührenordnung für Rechtsanwälte, auch wenn der Parteiwechsel erst nach dem In-Kraft-Treten des Rechtsanwaltsvergütungsgesetzes vollzogen worden ist (§ 61 Abs. 1 Satz 1 RVG) (BGH, Beschl. v. 19. 10. 2006, Az.: V ZB 91/06, RVGreport 2007, 25 m. Anm. Hansens).

v) Anwaltswechsel

114 Das Kammergericht vertritt die Auffassung, dass bei einem Anwaltswechsel (erster Anwalt vor dem 01. 07. 2004; zweiter Anwalt danach) die erstattungsberechtigte Partei nur in Höhe der BRAGO-Gebühren einen Erstattungsanspruch hat (KG, Beschl. v. 03 11. 2006, Az.: 1 W 312/06, RVGreport 2007, 193). Dabei ist zu berücksichtigen, dass die Beschränkung auf die BRAGO-Gebühren nicht gilt, wenn der Anwaltswechsel notwendig i. S. des § 91 ZPO war (so auch das KG, a. a. O.; OLG München JurBüro 1989, 977; LG Berlin Rpfleger 1988, 123).

w) Anmelde- und Markenverfahren

115 Anmelde- und Widerspruchsverfahren sind nämlich aufgrund ihrer besonderen Ausgestaltung im MarkenG nicht als dieselbe Angelegenheit i. S. d. § 15 anzusehen (BPatG, Beschl. v. 13. 02. 2007 – 27 W (pat) 25/06, abrufbar unter www.bpatg.de dort: Entscheidungen = MarkenR 2007, 274 = GRUR 2007, 910). Maßgeblich für die Anwendung der BRAGO ist der unbedingte Auftrag zur Vertretung einer Antragstellerin im Widerspruchsverfahren bereits vor dem 1. Juli 2004 (BPatG, a. a. O.).

4. Gespaltenes Kostenrecht

116 Mit dem KostRMoG wurden auch im Streitwertbereich einige Änderungen vorgenommen, die über § 23 Abs. 1 (bisher § 8 Abs. 1 BRAGO) Auswirkungen für die Berechnung des Anwaltsgebührenstreitwerts haben. So ist nach § 72 Nr. 1 GKG das GKG in der neuen Fassung für Rechtsstreitigkeiten anzuwenden, die nach dem 01. 07. 2004 anhängig geworden sind. Ist die Auftragserteilung für den Rechtsanwalt vor diesem Zeitpunkt erfolgt, hat er seine Gebühren nach der BRAGO abzurechnen. Die Gerichtskosten berechnen sich jedoch, sofern das Verfahren erst nach dem 01. 07. 2004 anhängig gemacht wird, nach den neuen Wertvorschriften. Es stellt sich die Frage, inwieweit dieser Streitwert dann auch für die Anwaltsgebühren maßgeblich sein kann. In der 1. Auflage dieses Kommentars hat die Verfasserin noch die Ansicht vertreten, dass sich die Anwaltsgebühren auch nach dem neuen Streitwertrecht richten. Diese Auffassung hält die Verfasserin jedoch nicht mehr aufrecht.

117 Wie eingangs dargelegt, stellen der Gesetzgeber und auch die herrschende Meinung für die Frage, welches Verfahrensrecht anwendbar ist, auf das maßgebliche Gebührenrecht ab (vgl. dazu die Kommentierung unter Rn. 4 ff.). Dieser Auffassung ist zu folgen. In der Konsequenz bedeutet dies, dass auch die Streitwertregelungen der BRAGO noch anwendbar sind, sofern die BRAGO selbst Anwendung findet.

118 Eine Streitwertdeckelung, wie sie in § 22 vorgesehen ist, kann nach Ansicht der Verfasserin nicht für den Anwalt anwendbar sein, der noch nach BRAGO abrechnet, auch wenn das Verfahren erst nach dem 01. 07. 2004 anhängig gemacht worden ist. Dies würde auch zu untragbaren Ergebnissen für den Anwalt führen.

119 • **Beispiel**
Der Rechtsanwalt erhält den Auftrag, eine Klage über einen Streitwert von € 90 Mio. einzureichen. Den Auftrag erhält er im Februar 2004. Die Vorbereitung der Klageschrift nimmt einige Zeit in Anspruch. Außergerichtliche Vergleichsverhandlungen, die parallel laufen, scheitern. Die Klage wird sodann Anfang Juli 2004 eingereicht.

Übergangsvorschrift aus Anlass des Inkrafttretens dieses Gesetzes | § 61

Für die Gerichtskosten gilt die Streitwertdeckelung auf € 30 Mio. Für die Anwaltsgebühren kann dies nach Ansicht der Verfasserin nicht gelten, da zum Zeitpunkt der Auftragsannahme über € 90 Mio. nicht nur das RVG noch nicht in Kraft getreten, sondern darüber hinaus noch nicht einmal verabschiedet war, so dass es zu einem mit Treu und Glauben nicht vereinbaren Ergebnis führen würde, den Anwalt auch hinsichtlich seiner Gebühren für die Klage auf € 30 Mio. zu deckeln.

Sofern man dennoch annehmen will (was die Verfasserin für falsch hält), dass sich die Gebühren für das gerichtliche Verfahren nach dem neuen Streitwert (hier: € 30 Mio.) richten, müsste im Hinblick auf den Grundsatz, dass einmal entstandene Gebühren nicht wieder wegfallen, zumindest davon ausgegangen werden, dass eine 5/10 Prozessgebühr aus einem Wert von € 90 Mio. entstanden ist, sodann eine 1,3 Verfahrensgebühr aus einem Wert von € 30 Mio. und in der Folge eine Anrechnung in Höhe von 0,5 aus € 30 Mio. vorgenommen werden müsste. 120

5. Vergütungsvereinbarung

Nach Abs. 2 sind auf die Vereinbarung der Vergütung die Vorschriften des RVG auch dann anzuwenden, wenn nach Abs. 1 die Vorschriften der BRAGO weiterhin anzuwenden und die Willenserklärungen beider Parteien nach dem 01. Juli 2004 abgegeben worden sind. Die Regelungen über die Gebührenvereinbarung finden sich im RVG in § 4 (früher § 3 BRAGO). Da § 4 zur Vergütungsvereinbarung im Gegensatz zur Regelung in § 3 BRAGO für den Rechtsanwalt Lockerungen enthält, die z. B. die Aufnahme anderer, die Vergütung nicht betreffender Vereinbarungen erlauben, solange die Vergütungsvereinbarung von diesen anderen Vereinbarungen deutlich abgesetzt ist, kann die Frage, ob eine Vergütungsvereinbarung unter dem Gesichtspunkt von § 3 BRAGO unwirksam wäre, für den Anwalt von großer Bedeutung sein. Es ist daher erfreulich, dass der Gesetzgeber in Abs. 2 ausdrücklich geregelt hat, dass es beim Abschluss einer Vergütungsvereinbarung nicht auf den Zeitpunkt der Auftragserteilung ankommt. Abs. 2 gilt selbstverständlich nur im Verhältnis gegenüber dem Auftraggeber, da das vereinbarte Honorar bei der Frage einer materiell-rechtlichen oder prozessualen Erstattungsfähigkeit unberücksichtigt zu bleiben hat, da hier generell nur die gesetzlichen Gebühren einem etwaigen Erstattungsanspruch unterworfen sind. 121

- **Beispiel** 122
Ein Rechtsanwalt wird im Juni 2004 beauftragt, ein Klageverfahren durchzuführen. Die Klage wird im Juni eingereicht. Im Juli schließen die Parteien eine Vergütungsvereinbarung. Für diese Vergütungsvereinbarung ist das RVG anwendbar, da die Vereinbarung nach dem 01.07.2004 geschlossen wurde. In einem etwaigen Kostenfestsetzungsverfahren sind jedoch die Gebühren nach BRAGO zu berechnen, da die Auftragserteilung im Juni lag.

Nicht ganz nachvollziehbar ist, warum der Gesetzgeber die Worte »die Willenserklärung zum Abschluss einer Vergütungsvereinbarung« gewählt hat. Nach Ansicht der Verfasserin könnte diese Formulierung streitanfällig sein. Eine Vergütungsvereinbarung kann zwischen den Parteien sowohl nach RVG als auch BRAGO mündlich besprochen werden. In den Fällen, in denen die Vergütungsvereinbarung nicht schriftlich festgehalten wird, eine Zahlung des vereinbarten Honorars jedoch durch den Auftraggeber freiwillig und ohne Vorbehalt erfolgt, kann das Gezahlte nicht zurückgefordert werden, auch wenn der Auftraggeber nachträglich von der Nichteinklagbarkeit des vereinbarten Honorars erfahren hat. Der Zeitpunkt zwischen der Besprechung des vereinbarten Honorars zwischen Rechtsanwalt und Auftraggeber fällt regelmäßig in der Praxis nicht mit dem Zeitpunkt der Unterzeichnung einer schriftlichen Vergütungsvereinbarung zusammen. Es könnte somit in der Praxis folgende Frage auftauchen: 123

Im März 2004 erhält der Rechtsanwalt einen Klageauftrag. Der Zeitpunkt der Auftragserteilung liegt vor dem 01.07.2004, so dass die Gebühren für das gesamte Klageverfahren nach BRAGO abzurechnen sind. Im Juni 2004 stellt sich heraus, dass das Verfahren so aufwendig ist, dass der Rechtsanwalt eine weitere Tätigkeit nach den gesetzlichen Gebühren für unange- 124

Abschnitt 9 – Übergangs- und Schlussvorschriften

messen erachtet und telefonisch mit seinem Mandanten den Abschluss einer die gesetzl. Vergütung übersteigenden Vergütungsvereinbarung bespricht. Der Mandant ist mit der vorgeschlagenen Vergütung einverstanden und bittet um Übermittlung einer entsprechenden Vergütungsvereinbarung zwecks Unterzeichnung. Aus zeitlichen Gründen kommt der Rechtsanwalt erst im Juli dazu, dem Mandanten die besprochene Vergütungsvereinbarung vorzulegen, die sodann erst zu diesem Zeitpunkt unterschrieben wird.

125 Es stellt sich nunmehr die Frage, ob die BRAGO oder das RVG anwendbar ist. Die Willenserklärung zum Abschluss einer Vergütungsvereinbarung wurde im Juni 2004 abgegeben, zu einer Zeit, als das RVG noch nicht in Kraft getreten ist. Der wirksame Abschluss der Vergütungsvereinbarung erfolgte jedoch erst im Juli 2004 durch die schriftliche Unterzeichnung. Hätte der Gesetzgeber bei der Formulierung des Abs. 2 auf den wirksamen Abschluss einer Vergütungsvereinbarung abgestellt, hätten sich jedoch ähnliche Auslegungsschwierigkeiten ergeben können, wenn die Nichtwirksamkeit einer Vergütungsvereinbarung erst nachträglich festgestellt wird. Nach Ansicht der Verfasserin sollte daher in Grenzfällen klarstellend in die Vergütungsvereinbarung aufgenommen werden, dass diese auf der Grundlage des RVG geschlossen wird.

126 § 61 ist nach Ansicht der Verfasserin nicht auf die Neuregelungen, die zum 01.07.2008 in Kraft getreten sind (§§ 3a, 4, 4a, 4b RVG) anzuwenden, da in § 61 nicht auf eine Änderung innerhalb des RVG, sondern nur auf die Frage BRAGO oder RVG abgestellt wird. Zur Frage, welches Recht auf Vergütungsvereinbarungen ab dem 01.07.2008 anzuwenden ist, vgl. § 60 Rn. 83.

VORWORT ZUM VERGÜTUNGSVERZEICHNIS

1. Umstellung von Paragrafen auf Nummern

Aus Gebührenparagrafen der BRAGO wurden im Jahre 2004 Nummern des Vergütungsverzeichnisses. Der **Gesetzgeber** begründete die Einstellung der Gebührentatbestände, die bisher in den Paragrafen der BRAGO selbst zu finden waren, in das neu geschaffene Vergütungsverzeichnis (VV RVG) zu § 2 Abs. 2 in der BT-Drs. 15/1971, S. 144 wie folgt:

»*Das Gesetz soll durch seinen äußeren Aufbau transparenter und damit, insbesondere für den rechtsuchenden Bürger, anwenderfreundlicher gestaltet werden. Dies soll insbesondere dadurch erreicht werden, dass sämtliche Gebührentatbestände nicht mehr in dem Gesetz selbst, verteilt auf verschiedene Paragrafen, sondern in einer Anlage, dem Vergütungsverzeichnis, abschließend geregelt werden.*«

Um dieser »Transparenz« willen hat der Gesetzgeber immerhin insgesamt **234 (!) Vergütungsnummern** nebst Vorbemerkungen und Anmerkungen geschaffen. Die BRAGO enthielt 134 Paragrafen, das neue RVG jetzt nur noch 61 Paragrafen.

Der äußere Aufbau und die Lesbarkeit des VV sind sehr stark gewöhnungsbedürftig.

Ein wichtiger **Ratschlag:**

Oberhalb eines ganzen Blocks von Vergütungsnummern stehen häufig ganz wichtige **Vorbemerkungen.** Bevor man eine jede Ziffer des VV liest, sollte man zuvor alle vorangestellten Vorbemerkungen lesen und nach dem Studium der betreffenden Ziffer des VV sich am besten den Inhalt der Vorbemerkung erneut vergegenwärtigen, sonst übersieht man wichtige Regeln und Ausnahmen. Auch die der Gebührenziffer folgenden **Anmerkungen**, die teilweise Ausnahmen bedingen, dürfen nicht unbeachtet bleiben.

Aus § 2 Abs. 2 des RVG ergibt sich, dass Vorbemerkungen (manche gehen den sieben großen Teilen, manche nur den Abschnitten voraus) und Anmerkungen des VV RVG auch Teil des verbindlichen **Gesetzes (RVG)** sind und nicht nur wohlgemeinte Ratschläge, etwa dahin, wie man sinnvoll mit dem Gesetz umgehen sollte oder wie es auszulegen sei (»Anmerkung«). Gelegentlich steht das wirklich Wesentliche auch gar nicht in der betreffenden Gebührennummer, sondern in der Vorbemerkung (so etwa Vorbemerkung 3) oder aber in der Anmerkung (so etwa in Anmerkung Abs. 1 zu Nr. 1008).

Die Haushalte der Justiz und insbesondere die darin vorgesehenen Fortbildungskosten werden von allen Politikern seit Bestehen der Bundesrepublik sehr mager ausgestattet. Darauf beruht es, dass im Gegensatz zur Anwaltschaft, die 2004 große Fortbildungsbemühungen im Gebührenrecht unternommen hat (vgl. Schons NJW 2005, 3089), die Richterschaft im Bezug auf die umfassende Novelle nicht fortgebildet wurde. So kann es dann zu folgenden, von Gebührenspezialisten sicher zu belächelnden Formulierungen eines immerhin Oberlandesgerichts (Familiensenat) kommen: OLG Nürnberg (JurBüro 2005, 190 = FamRZ 2005, 741 = AGS 2005, 150 = OLGR Nürnberg 2005, 309):

»*Es kann deshalb dahinstehen, ob Nr. 3101 Nr. 3 VV-RVG im vorliegenden Fall aufgrund der amtlichen Begründung dazu nicht anwendbar ist.*

Diese (abgedruckt in Schönfelder zu 3101 VV-RVG) lautet in Nr. (2): Nummer 3 ist in streitigen Verfahren der freiwilligen Gerichtsbarkeit, insbesondere in Familiensachen, ... nicht anzuwenden.«

Als ich diese Begründung zunächst flüchtig las, dachte ich, da musst du doch mal in der Gesetzesbegründung nachsehen, ob das dort so steht. Ferner war ich erstaunt, dass der Schönfelder, was ich bisher nicht wusste und mir auch gleich seltsam vorkam, die Gesetzesbegründung des Gesetzgebers – »die amtliche Begründung« – hier ausnahmsweise mit abgedruckt

Vergütungsverzeichnis

hatte. Dann bräuchte man ja nicht mehr umständlich im Internet nach den Gesetzesmotiven zu suchen.

Ja, muss man da noch mehr sagen, als sich die kursiv gedruckten Ausführungen des OLG Nürnberg (unfortgebildet, wie die Justiz ihre Richter nun einmal arbeiten lässt) genüsslich auf der Zunge zergehen zu lassen?

Letztlich hat es sich der Gesetzgeber aber selbst zuzuschreiben, wenn er solch unsinnige Begriffe wie »**Anmerkungen**« (neu und ohne Vorwarnung) in die Gesetzessprache einführt.

Für Pastoren soll es so etwas schon länger zur Auslegung des Bibeltextes geben. Ob das dann zum amtlichen Teil der Bibel selbst gehört, mag dahinstehen, da kommt es vielleicht auf die Konfession an.

Also »Anmerkungen« zum RVG sind das RVG selbst und weder Gesetzgebungsmotive oder *amtliche Begründungen,* wie das OLG Nürnberg meint. Dann darf es einen auch nicht mehr wundern, dass diese Anmerkungen sogar im *Schönfelder* abgedruckt sind.

5 Die Sprache des Gesetzgebers im Zusammenhang mit dem »VVRVG« (das ist die »**amtliche**« Schreibweise der Abkürzung für das Vergütungsverzeichnis) kann man beispielhaft gut erläutern bei den Nrn. 3101 und 3104. Man nehme sich also den Text zur Hand:

Nr. 3101 VV RVG:

Der Satz »Endigt der Auftrag...« heißt: Nr. 3101 Nummer 1 (oder nach Belieben Ziffer 1) und der Satz »Soweit in den Fällen...« heißt: Anmerkung Absatz 1.

Alle Ziffern, die in Klammern gesetzt sind, z. B. (1) oder (2), sind Absätze der **Anmerkungen**, und solche Ziffern ohne Klammer, wie 1. und 2. und 3. bei der Nummer 3101, gehören zur **Gebührennummer selbst**, heißen also Nummer 1 usw. oder, will man nicht zweimal Nummer sagen (einmal davor und einmal danach), besser Ziffer 1 usw.

Test des Gelernten bei Nr. 3104 VV RVG:

Diese Nummer des VV RVG hat keine Ziffern, nur eine Anmerkung, die aus den Absätzen (1), (2) und (3) besteht, mit der hübschen Variante, dass Anmerkung Absatz 1 zusätzlich dann noch über 3 Nummern (oder Ziffern) verfügt.

Der Satz: »das Verfahren vor dem Sozialgericht...« ist also zu bezeichnen:

»Nr. 3104 VV RVG Anmerkung Abs. 1 Nr. 3«.

Da sage noch einer, der Gesetzgeber habe sein Ziel, mehr Transparenz zu wagen, tatsächlich erreicht. Vielleicht tut die Justiz aber damit aus einer höheren Einsicht heraus gut daran, ihre kargen Fortbildungsmittel nicht zur Unterrichtung ihrer Richter über solche gesetzgeberischen Feinheiten zu verschleudern.

Wir Kommentatoren dieses Werkes haben abgesprochen, dass wir entgegen der ersten Auflage den Zopf »VV RVG« nicht durch die gesamte Kommentierung mitschleppen und nur den Begriff Nr. verwenden (manchmal kommt dann doch noch der Begriff VV aus Versehen dazu).

2. In-Kraft-Treten des Artikel 5 KostRMoG (Beratung, Gutachten)

6 Gem. Artikel 5 des Kostenrechtsmodernisierungsgesetzes (KostRMoG, RVG = Artikel 3 des KostRMoG) sind die Gebühren für die außergerichtliche Beratung und ein schriftliches Gutachten mit Wirkung vom 1. Juli 2006 grundlegend geändert worden. Der gesamte Abschnitt 1 des VV (Beratung und Gutachten) im Teil 2 (Nrn. 2100 bis 2103 VV) des RVG ist entfallen und zum 01. 07. 2006 ersetzt durch den neuen § 34 RVG Beratung, Gutachten und Mediation, dessen Abs. 1 wie folgt lautet:

Vorwort zum Vergütungsverzeichnis

»§ 34 Beratung, Gutachten und Mediation

(1) Für einen mündlichen oder schriftlichen Rat oder eine Auskunft (Beratung), die nicht mit einer anderen gebührenpflichtigen Tätigkeit zusammenhängen, für die Ausarbeitung eines schriftlichen Gutachtens und für die Tätigkeit als Mediator soll der Rechtsanwalt auf eine Gebührenvereinbarung hinwirken, soweit in Teil 2 Abschnitt 1 des Vergütungsverzeichnisses (= *Prüfung der Rechtsmittelaussicht*) keine Gebühren bestimmt sind. Wenn keine Vereinbarung getroffen worden ist, erhält der Rechtsanwalt Gebühren nach den Vorschriften des bürgerlichen Rechts. Ist im Falle des Satzes 2 der Auftraggeber Verbraucher, beträgt die Gebühr für die Beratung oder für die Ausarbeitung eines schriftlichen Gutachtens jeweils höchstens € 250,–; § 14 Abs. 1 gilt entsprechend; für ein erstes Beratungsgespräch beträgt die Gebühr jedoch höchstens € 190,–.«

Nur für die in dem vorstehend genannten Teil 2 Abschnitt 1 aufgeführte Prüfung der Erfolgsaussichten von Rechtmitteln sind weiterhin streitwertabhängige gesetzliche Gebühren vorgesehen.

Für die übrigen im § 34 genannten Tätigkeiten (Rat, Auskunft, schriftliches Gutachten, Mediation) sollen grundsätzlich zwischen Anwalt und Mandanten feste Gebührenvereinbarungen getroffen werden. Fehlt eine solche Vereinbarung oder kann der Anwalt sie nicht beweisen, so wird auf die **übliche** Gebühr nach dem BGB verwiesen, was immer das ist.

Noch ein wichtiger Hinweis auf eine etwas versteckte Änderung, die man, wenn man sie nicht kennt, schlecht aus dem neuen § 34 herauslesen kann.

Der neue § 34 Abs. 1 Satz 1 RVG legt dem Anwalt nahe, eine feste Gebührenvereinbarung vor allem bei der Beratung zu treffen. Eine solche feste Gebühr kann er zulässigerweise auch für eine Beratung eines Verbrauchers vereinbaren. Scheut sich der Anwalt, am Anfang über Geld zu sprechen, so kann, wenn der Mandant Verbraucher i. S. von §§ 13 ff. BGB ist (z. B. der Fabrikant, der sich scheiden lassen will), der Anwalt infolge der subsidiär dann geltenden **üblichen** Gebühr auf die »Nase« fallen.

Wenn es nämlich dann bei der Beratung bleibt und ein Verfahren nicht durchgeführt wird, so wird vom Gesetz (§ 34 Abs. 1 Satz 3 RVG) die Beratungsgebühr bei einer Obergrenze von € 250,– gekappt. Das gilt auch dann, wenn sich die Beratung über mehrere Tage hingezogen hat und schwierig war, auch wenn der Anwalt das alles in einer schriftlichen Empfehlung noch einmal zusammengefasst hat.

Nur wenn er ein schriftliches (wissenschaftliches) Gutachten daneben erstellt hat, erhält er mangels fester Gebührenabrede vom Verbraucher noch mal (jeweils) höchstens € 250,–. Bleibt es gar bei einer ersten Beratung, so liegt in diesem Falle die Kappungsgrenze bei € 190,–.

Hier kann man allen Anwälten nur raten, Mut zu haben und bis vor dem Ende der Beratung (zu Beginn weiß man noch nicht, was auf einen zukommt) das Entgelt fest zu verabreden, sonst ist ihre rechtliche Position, wenn es später zum Gebührenstreit kommt, im *Verbraucherfall* finanziell mehr als mager ausgestattet (näher dazu § 34 Rn. 56 ff.).

3. Was hat sich wirklich zum 01. 07. 2006 geändert?

Leider wurden die zum 01. 07. 2006 anstehenden Änderungen, vielleicht sogar bewusst, um Neues in Buch und Vortrag zu verkaufen, irrig aufgebläht.

Inhaltlich hat sich nur die Gebührenregelung der **Beratung** sowie der Erstellung eines **schriftlichen Gutachtens** (§ 34 Gebührenvereinbarung oder übliche Gebühr nach BGB) geändert.

Gelegentlich wurde (wohl bewusst unscharf) propagiert, auch die Gebührenvorschriften über die **außergerichtliche Tätigkeit** des Anwalts (nach Schätzungen 70 bis 80 % der anwaltlichen Tätigkeit) würden sich zum 01. 07. 2006 ändern. So jedenfalls die erzeugte landläufige Meinung unter Anwälten. Das stimmt zum Glück nicht. Bei der außergerichtlichen Vertre-

Vergütungsverzeichnis

tung (Geschäftsgebühr) blieb alles beim Alten. Nur die »Hausnummer« hat sich geändert: Aus Nr. 2400 wird Nr. 2300, weil die vorangehende Nr. 2100 wegen inhaltlichem Wegfall (Beratung geht nach § 34) durch Nr. 2200 aufgefüllt wurde, und so fort.

Also das gesamte Kapitel »Vertretung« der Nrn. 2400 ff. ist 2300 ff. geworden. Das ist zu diesem Punkt alles an Veränderung.

4. Das 2. Justizmodernisierungsgesetz (in Kraft seit 31.12.2006)

14 Durch das 2. Justizmodernisierungsgesetz sind zahlreiche Änderungen des RVG vorgenommen worden. Meist handelt es sich um knappe textliche Änderungen und Fehlerkorrekturen. Gem. § 60 Abs. 1 RVG ist altes Recht weiter auf den Fall anzuwenden, wenn der unbedingte Auftrag vor dem 31.12.2006 erteilt worden ist.

Von gewisser Bedeutung sind folgende Veränderungen:

Wertfestsetzungsbeschwerden des Anwalts aus eigenem Recht (§ 33 Abs. 3 und 6 RVG) sind gebührenpflichtig (Festgebühr des Gerichts von € 50), wenn die Beschwerde verworfen oder zurückgewiesen wird.

Für einen **Vergleich im Beweisverfahren** fällt eine 1,5 Einigungsgebühr an.

Jetzt wird klargestellt, dass dies auch dann gilt, wenn für das Beweisverfahren ein **PKH-**Verfahren angestrengt war (Anm. zu Nr. 1003).

Vorbem. 3.4 sah bisher nur die **Anrechnung** der Geschäftsgebühr auf die nachfolgende Verfahrensgebühr vor, nicht aber dann, wenn die **Geschäftsgebühr nachträglich** erfiel (Beispiel: Parteien unterhalten sich außergerichtlich über die Abwicklung der Ergebnisse des Selbständigen Beweisverfahrens. Durch eine Erweiterung der Vorbemerkung 3.4 ist auch die »**Rückwärtsanrechnung**« angeordnet.

Der Streit, ob eine **Einigungsbesprechung in Gegenwart des Gerichts** die Terminsgebühr der Vorbem. 3.3 hindert, ist durch den »Strich« des Gesetzgebers im Sinne der Vernunft klargestellt: Anwesenheit des Richters hindert nicht.

Die **Terminsgebühr des Mahnverfahrens** wird auf die Terminsgebühr des Streitverfahrens **angerechnet**.

Für das PKH-Verfahren erhält der Anwalt eine 1,0 Verfahrensgebühr (Nr. 3335). Beantragt er PKH für ein Verfahren mit niedrigeren Gebühren (etwa für die Zwangsvollstreckung = 0,3 Gebühr), so bleibt es bei der **niedrigeren Gebühr**, auch wenn PKH versagt wird (Ergänzung der Nr. 3335).

Klargestellt wurde, dass auch ein beim **Gerichtsvollzieher** anhängiges Verfahren einer Einigungsgebühr (etwa in der Zwangsvollstreckung) von 1,5 entgegensteht, Ergänzung der Nr. 1003: **1,0 Einigungsgebühr**.

5. Gesetz zur Neuregelung des Verbots der Vereinbarung von Erfolgshonoraren, in Kraft seit 01.07.2008

15 § 4 RVG a. F. ist aufgesplittet und einiges wird neu geregelt:

§ 3a Vergütungsvereinbarung

§ 4 Erfolgsunabhängige Vergütung

§ 4a Erfolgshonorar

§ 4b Fehlerhafte Vergütungsvereinbarung.

Außerdem wird § 49b Abs. 2 der BRAO geändert.

Zu Details wird auf die Neukommentierung verwiesen.

6. Gliederung des Vergütungsverzeichnisses

Das VV RVG ist in 7 Teile gegliedert: **16**

Teil 1	Allgemeine Gebühren (Nrn. 1000–1009)
Teil 2	Außergerichtliche Tätigkeiten einschließlich der Vertretung im Verwaltungsverfahren (Nrn. 2100–2608)
Teil 3	Bürgerliche Rechtsstreitigkeiten, Verfahren der freiwilligen Gerichtsbarkeit, der öffentlich-rechtlichen Gerichtsbarkeiten, Verfahren nach dem Strafvollzugsgesetz und ähnliche Verfahren (Nrn. 3100–3518)
Teil 4	Strafsachen (Nrn. 4100–4304)
Teil 5	Bußgeldsachen (Nrn. 5100–5200)
Teil 6	Sonstige Verfahren (Nrn. 6100–6404)
Teil 7	Auslagen (Nrn. 7000–7008)

Die einzelnen Nummern des VV:

TEIL 1
ALLGEMEINE GEBÜHREN

Vorbemerkung 1 VV

Nr.	Gebührentatbestand	Gebühr oder Satz der Gebühr nach § 13 RVG
Vorbemerkung 1: Die Gebühren dieses Teils entstehen neben den in anderen Teilen bestimmten Gebühren.		

A. Allgemeines

Diese Vorbemerkung ist Teil des verbindlichen Gesetzes. Aus § 2 Abs. 2 des RVG ergibt sich, dass Bemerkungen und Anmerkungen des VV RVG auch Teil des **Gesetzes** sind und nicht nur wohlgemeinte Ratschläge, etwa dahin, wie man sinnvoll mit dem Gesetz umgehen sollte oder wie es auszulegen sei (»Anmerkung«). Gelegentlich steht das wirklich Wesentliche auch gar nicht in der betreffenden Gebührennummer, sondern in der Vorbemerkung (so etwa Vorbemerkung 3) oder aber in der Anmerkung (so etwa in Anmerkung Abs. 1 zu Nr. 1008).   **1**

B. Kommentierung
1. Allgemeine Gebühr

Zum Teil 1 gehören die Gebührentatbestände der Nrn. 1000 bis 1009 VV. Die Überschrift des Teiles 1 qualifiziert sie als »Allgemeine Gebühren.«   **2**

Die Gebührentatbestände des ersten Teiles können als allgemeine Gebühren grundsätzlich in allen nachfolgenden Teilen entstehen. So kann eine Einigungsgebühr (Nr. 1000) sowohl im außergerichtlichen Bereich des Teils 2, im gerichtlichen Verfahren des Teils 3, wie auch im Teil 4 im Privatklageverfahren (Nr. 4147) anfallen.

Soweit der Gesetzgeber übrigens in Nr. 1000 Anmerkung Abs. 1 Satz 2 auf eine Einigung in den im § 36 RVG (Schiedsverfahren) angeführten Güteverfahren verweist, hat er ein Eigentor geschossen und nicht gemerkt, dass er aus der endgültigen Gesetzesfassung des § 36 die Güteverfahren herausgenommen hat. Es gibt sie aber immer noch und in der Nr. 2303 ist die Vergütung für die anwaltliche Teilnahme an den verschiedenen Güteverfahren speziell geregelt (Hartung/Römermann/Schons RVG 2. Aufl. § 36 Rn. 24). Wenn es der Gesetzgeber selbst nicht gemerkt hat, so ist es verzeihlich, dass auch namhafte Autoren nach wie vor bei Nr. 1000 so tun, als enthalte § 36 RVG den Zusatz »Güteverfahren« immer noch. Der Zusatz war aber nie in der amtlichen Gesetzesfassung des § 36 RVG.

2. Inhalt der Vorbemerkung 1

Die Gebühren des Teiles 1 (Nrn. 1000 bis 1009) erfallen neben den sonst in den Teilen 2, 3, 4 ff. anfallenden Gebühren. Falls also eine Anrechnungsvorschrift fehlt, stehen die angefallenen Gebühren der Teile 2 ff. in **voller Höhe** nebeneinander mit den Allgemeinen Gebühren des Teils 1. Bei einer Einigung in der Zwangsvollstreckung (0,3 Gebühr) erfällt also die höhere Einigungsgebühr von 1,5 (Nr. 1000 – es ist noch kein gerichtliches Zwangsvollstreckungsver-   **3**

Vergütungsverzeichnis

fahren eingeleitet) oder doch wenigstens eine Einigungsgebühr von 1,0 (Nr. 1003 kommt jetzt auch zur Anwendung, wenn Verfahren beim GV läuft, s. Nr. 1003 Anm. Satz 2 seit 01.01.2007). Für den letzteren Fall hatte auch ohne den gesetzlichen Zusatz bei Nr. 1003 *N. Schneider* (Schneider/Wolf RVG 3. Aufl. VV 1000 Rn. 170) nur eine 1,0 Gebühr vorgesehen. Die frühere Anhängigkeit im Erkenntnisverfahren ist in zweifacher Hinsicht unschädlich:

Die Anhängigkeit nach Nr. 1003 muss im Zeitpunkt der Einigung (noch oder schon) bestehen (Schneider/Wolf RVG 3. Aufl. VV 1000 Rn. 141) und ferner sind Erkenntnisverfahren und Zwangsvollstreckungsverfahren zwei verschiedene Angelegenheiten.

3. Erhöhungsgebühr (Nr. 1008) eigene Gebühr und damit anrechnungsfrei (trotz Vorbem. 3 Abs. 4)?

4 In der Literatur gibt es Stimmen, die die Ansicht vertreten, da die Regelung der Nr. 1008 im Teil 1 platziert sei, handele es sich insoweit um eine eigenständige Gebühr neben der Geschäftsgebühr (Teil 2) oder der Verfahrensgebühr (Teil 3). Damit sei der alte Grundsatz der **einheitlichen erhöhten Gebühr** aufgegeben. Dieser eigene Gebührentatbestand (Nr. 1008) sei in der Anrechnungsvorschrift der Vorbemerkung 3 Abs. 4 nicht genannt und daher voll anrechnungsfrei (Mock RVG-Berater 2004, 87, 88) – auch *Schons* (in Hartung/Römermann/Schons RVG 2. Aufl. Vorbem. 3 VV Rn. 86 ff.) argumentiert in diese Richtung.

Diese formale Deduktion verblüfft auf den ersten Blick. An anderer Stelle (Hartung/Römermann/Schons RVG 2. Aufl. Nr. 1008 Rn. 93) ist näher begründet, dass sich aus der insoweit spezielleren Norm der Nr. 1008 vom Wortlaut her ergibt, dass es keine Erhöhungsgebühr, sondern nur eine erhöhte Gebühr gibt. So auch die bislang einhellige Meinung in der Literatur: Schneider/Mock Das neue Gebührenrecht für Anwälte § 4 Rn. 25:

»*Klarzustellen ist, dass es sich bei der Erhöhung nach Nr. 1008 VV nicht um einen eigenen Gebührentatbestand handelt. Der Anwalt erhält also keine zusätzliche Gebühr. Vielmehr erhöhen sich die sich aus anderen Vorschriften ergebenden Verfahrens- und Geschäftsgebühren (sowie die Beratungsgebühr) um einen bestimmten Satz, so dass eine neue einheitliche Gebühr entsteht.*«

Auch *N. Schneider* (Schneider/Wolf RVG 3. Aufl. VV 1008 Rn. 2 und Anlage 1 Rn. 3) betont den Grundsatz der erhöhten Gebühr, ebenso *Müller-Rabe* (Gerold/Schmidt/von Eicken/Madert/Müller-Rabe RVG 17. Aufl. VV 1008 Rn. 252).

Nr. 1000 VV

Nr.	Gebührentatbestand	Gebühr oder Satz der Gebühr nach § 13 RVG
	Vorbemerkung 1: Die Gebühren dieses Teils entstehen neben den in anderen Teilen bestimmten Gebühren.	
1000	Einigungsgebühr .... (1) Die Gebühr entsteht für die Mitwirkung beim Abschluss eines Vertrags, durch den der Streit oder die Ungewissheit der Parteien über ein Rechtsverhältnis beseitigt wird, es sei denn, der Vertrag beschränkt sich ausschließlich auf ein Anerkenntnis oder einen Verzicht. Dies gilt auch für die Mitwirkung bei einer Einigung der Parteien in einem der in § 36 RVG bezeichneten Güteverfahren. Im Privatklageverfahren ist Nummer 4147 anzuwenden. (2) Die Gebühr entsteht auch für die Mitwirkung bei Vertragsverhandlungen, es sei denn, dass diese für den Abschluss des Vertrags im Sinne des Absatzes 1 nicht ursächlich war. (3) Für die Mitwirkung bei einem unter einer aufschiebenden Bedingung oder unter dem Vorbehalt des Widerrufs geschlossenen Vertrag entsteht die Gebühr, wenn die Bedingung eingetreten ist oder der Vertrag nicht mehr widerrufen werden kann. (4) Soweit über die Ansprüche vertraglich verfügt werden kann, gelten die Absätze 1 und 2 auch bei Rechtsverhältnissen des öffentlichen Rechts. (5) Die Gebühr entsteht nicht in Ehesachen (§ 606 Abs. 1 Satz 1 ZPO) und in Lebenspartnerschaftssachen (§ 661 Abs. 1 Nr. 1 bis 3 ZPO). Wird ein Vertrag, insbesondere über den Unterhalt, im Hinblick auf die in Satz 1 genannten Verfahren geschlossen, bleibt der Wert dieser Verfahren bei der Berechnung der Gebühr außer Betracht.	1,5

Inhaltsübersicht

	Rn.
A. Allgemeines	
I. Einigung in Bezug auf Streit oder Ungewissheit	1
II. Rechtspolitische Bedeutung der Norm	18
1. Vorsorgende Rechtspflege	18
2. Systematik Vorbemerkung 1	19
3. Im Regelfall keine Anrechnung	20
4. Voraussetzung und Höhe	21
B. Kommentierung	26
I. Anmerkung Absatz 1	26
1. Mitwirkung	26
a) Der Hauptbevollmächtigte	26
b) Mitwirkung mehrerer Anwälte	29
aa) Verkehrsanwalt	30
bb) Unterbevollmächtigter / Terminsanwalt	33
c) Mitursächlichkeit	38
2. Abschluss eines Vertrags – Einigung	47
a) Wirksamkeit des Vertrags	47
b) Beteiligte	49
3. Streit oder Ungewissheit der Parteien über ein Rechtsverhältnis	52
a) Gegenseitiges Nachgeben nicht notwendig	52
b) Ungewissheit – Rechtsverhältnis	53
c) Streit über ein Rechtsverhältnis	56
d) Objektive Voraussetzung: Ungewissheit oder Streit über ein schon bestehendes Rechtsverhältnis	57
aa) Das Rechtsverhältnis muss schon bestehen	57
bb) Beteiligung des Anwalts an Vertragsverhandlungen	60
cc) Geltendmachung von (unstreitigen) Forderungen aus dem Vertrag	73
dd) Streit über Kosten	76
ee) Ratenzahlungsvergleich	77
4. Anerkenntnis und Verzicht	88
5. Mitwirkung bei Vertragsverhandlungen – Güteverfahren, § 36 RVG	94
6. Anmerkung Absatz 1 Satz 3 Privatklageverfahren	95
II. Anmerkung Abs. 2 zu Nr. 1000 »Mitwirkung bei Vertragsverhandlungen«	96
III. Anmerkung Abs. 3 zu Nr. 1000 Einigung mit Bedingung oder Widerruf	98
IV. Anmerkung Abs. 4 zu Nr. 1000 Rechtsverhältnis des öffentlichen Rechts	99
V. Anmerkung Abs. 5 zu Nr. 1000 Ehe- und Lebenspartnerschaftssachen	100

Nr. 1000 VV

		Rn.			Rn.
VI.	Höhe der Einigungsgebühr	101		b) In einen Vergleich (Einigung) erster Instanz wird ein im Berufungsrechtszug anhängiger Anspruch einbezogen	104
	1. Regelhöhe der Einigungsgebühr	101			
	2. 1,0 Gebühr für Einigung in einem gerichtlichen Verfahren	102			
VII.	Einbeziehung nicht anhängiger Ansprüche in die Einigung	103		2. Einbeziehung in die Einigung der Berufungsinstanz, Nr. 1004 VV RVG	105
	1. Erste Instanz	103		a) Fallbehandlung nach BRAGO und Gesetzeswortlaut des RVG	105
	a) In einen Vergleich (Einigung) erster Instanz wird ein nicht anhängiger Anspruch einbezogen	103		b) Gesetzesanalyse Nr. 1004	106
			VIII.	Wert der Einigung	109

A. Allgemeines

I. Einigung in Bezug auf Streit oder Ungewissheit

1 Durch die Novellierung wollte der Gesetzgeber »die bisher häufigen kostenrechtlichen Auseinandersetzungen« zum Begriff Vergleich vermeiden. Das gegenseitige Nachgeben ist entfallen, die kostenrechtlichen Auseinandersetzungen um die Einigungsgebühr sind eher umfangreicher geworden. Es geht eben häufig bei der Einigungsgebühr um viel Geld.

2 Voraussetzung für den Anfall der Einigungsgebühr ist also nicht mehr das Vorliegen des Tatbestands eines Vergleichs (§ 779 BGB).

Abs. 1 Satz 1 der Anmerkung zu Nr. 1000 VV RVG lautet:

»Die Gebühr entsteht für die Mitwirkung beim Abschluss eines Vertrags, durch den der Streit oder die Ungewissheit der Parteien über ein Rechtsverhältnis beseitigt wird, es sei denn, der Vertrag beschränkt sich ausschließlich auf ein Anerkenntnis oder einen Verzicht.«

3 Voraussetzung für den Anfall der Einigungsgebühr ist also nur noch ein Vertrag, der den Streit oder die Ungewissheit über ein Rechtsverhältnis beseitigt, gegenseitiges Nachgeben wird nicht mehr gefordert. Anfänglicher Streit oder Ungewissheit und anschließende Einigung klingt zwar immer noch so ähnlich wie »Vergleich«. Aber die Motive ergeben eindeutig, dass der Auslegungsstreit, ob ein gegenseitiges Nachgeben (Vergleich) der Parteien vorliegt, der Vergangenheit angehören soll.

4 Ein vollständiges Anerkenntnis oder vollständiger Verzicht reicht nach Anmerkung Absatz 1 Halbsatz 2 für den zusätzlichen Anfall der Einigungsgebühr allerdings nicht aus. Diese Einschränkung ist notwendig, damit nicht schon die Erfüllung des geltend gemachten Anspruchs oder der Verzicht auf die Weiterverfolgung eines Anspruchs die Gebühr auslöst. Teilanerkenntnisse oder sogar auch Vollanerkenntnisse mit Zusatzabreden stehen der Einigungsgebühr nach dem Gesetzeswortlaut allerdings nicht entgegen.

Der Gebührensatz beträgt im Regelfall 1,5. Wenn über den Gegenstand der Einigung ein gerichtliches Verfahren oder ein Verfahren über die Prozesskostenhilfe anhängig ist, beträgt er nur 1,0 (Nr. 1003 VV RVG bzw. Anmerkung zu Nr. 1003).

5 Wichtige Ausnahme für ein besonderes gerichtliches Verfahren, um eine weitere gerichtliche Auseinandersetzung tunlichst zu vermeiden: Wird eine Einigung über den Gegenstand eines selbstständigen Beweisverfahrens erzielt, so beträgt die Einigungsgebühr – statt bis zum Jahre 2004 nur 1,0, – jetzt 1,5 (Nr. 1003 VV RVG, Wortlaut genau lesen!).

6 Abs. 2 der Anmerkung zu Nr. 1000 VV RVG lautet: »Die Gebühr entsteht auch für die Mitwirkung bei Vertragsverhandlungen, es sei denn, dass diese für den Abschluss des Vertrags im Sinne des Absatzes 1 nicht ursächlich war.«

Wenn der Anwalt also an den vorbereitenden Vergleichsverhandlungen mitgewirkt hat, so wird zu seinen Gunsten, auch wenn die Parteien letztlich den »Vergleich« ohne ihn schließen, widerlegbar vermutet, dass sein Beitrag mitursächlich für die Einigung war, was demnach genügt.

Da der Vergleich oder besser die »Einigung« keinem Formzwang unterliegt, kann er auch mündlich oder schlüssig wirksam abgeschlossen werden. (So jetzt wieder der BGH 2. ZS (NJW 2007, 2187 = JurBüro 2007, 411; AGS 2007, 366) und OLG Stuttgart (JurBüro 2008, 472 und OLGR Stuttgart 2008, 120 vom 03. 07. 2007)). Die vielen Oberlandesgerichte, die kritiklos die unhaltbare Entscheidung des 8. ZS des BGH vom 28. 03. 2006 sofort übernommen haben, müssen nun nach der Läuterung des BGH wieder zurückrudern, so etwa OLGR Frankfurt 2007, 880 und das OLG Stuttgart sowie das OLG München (JurBüro 2007, 1226).

Nachdem der 8. ZS nach gerade mal einem Jahr erklärt hat, er halte an seiner früheren Rechtsprechung nicht mehr fest, könnte man eigentlich die nachfolgenden Rn. 8 bis 17 streichen. Aber wehret den Anfängen. Ich habe diese Zeilen vor 2 Jahren in großem Zorn gegen allzu leichtfertigen Umgang mit dem Gesetz und der Praxis durch den BGH geschrieben. Das soll jedenfalls **noch eine weitere Auflage lang als Menetekel hier stehen bleiben** – zumal das seltsame Kriterium des fehlenden »Gerechtigkeitsgewinns« noch nicht von allen BGH-Senaten zurückgezogen worden ist. Als Hilfsrichter habe ich 1971 beim OLG überraschend für mich festgestellt, dass oben auch nur mit »Wasser gekocht« wird.

Ich möchte damit den Richtern der unteren Instanzen Mut machen, wenn sie von einer These überzeugt sind, dies dann auch mutig (wenigstens ein weiteres Mal auch gegen das Rechtsmittelgericht) zu vertreten.

Mein **Text aus der 2. Auflage** gegen den 8. ZS des BGH **lautete:**

Das ist in besonderer Weise das neue Kampfgebiet geworden, vor allem bei Einigungen über Prozesshandlungen. Dem versucht der 8. Senat des BGH (Beschl. v. 28. 03. 2006, NJW 2006, 1523) damit zu begegnen, dass er für Einigungen vor Gericht zwar nicht für die »Einigung« selbst, aber für die Frage der Erstattungsfähigkeit einen Formzwang einführt, den das Gesetz nicht kennt (so schon der 3. Senat des BGH, aber eher vertretbar für die **Vergleichs**gebühr nach § 23 BRAGO, NJW 2002, 3713; ferner der 3. Senat NJW-RR 2004, 1577 und 8. Senat NJW 2005, 1373; ebenso für VV Nr. 1003: OLG Brandenburg JurBüro 2006, 24; **a. A.:** OLG Koblenz MDR 2006, 237: Rücknahme wechselseitig gestellter Anträge in familienrechtlichen Folgesachen; OLG Nürnberg JurBüro 2005, 190 = AGS 2005, 150: familienrechtliche Folgesachen; KG AGS 2006, 65 Rücknahme des Widerspruchs gegen Ratenbewilligung; eingehend dargestellt in: Nr. 1003 Rn. 36 ff.). **Erstattungsfähig** nach BGH ist die Einigungsgebühr nur, wenn die Einigung »förmlich als Prozessvergleich protokolliert« ist.

Und was ist nach BGH mit dem **Anfall** der Gebühr, also im Verhältnis eigener Anwalt zur Partei? Er sagt im zuletzt entschiedenen Fall (NJW 2006, 1523), die Einigung könne stillschweigend erfolgen, also hat er doch wohl den Gebührenanfall im entschiedenen Fall bejaht. Dann aber darf nur noch die Notwendigkeitsprüfung nach § 91 Abs. 1 Satz 1 ZPO folgen.

Hier dürfte der BGH das Gesetz nicht mehr ausgelegt, sondern »unterlegt« haben. Es hätte im Übrigen doch genügt, wenn er mit seinem **zweiten** (wirklich guten) Argument (NJW 2006, 1523) die Erstattung abgelehnt hätte, nämlich Verzicht auf die förmliche Protokollierung = im Zweifel, weil man es billig machen wollte, stillschweigender Ausschluss der Erstattung (ebenso OLG Stuttgart NJW 2005, 2161; ebenso OLGR Köln 2006, 849). Nach den Entscheidungen der beiden vorstehenden BGH-Senate muss man jetzt, will man die Erstattung sicherstellen, immer förmlich die Einigung als Prozessvergleich protokollieren. Wenn der BGH zu Recht für zwischen den Parteien gewechselte förmliche Prozesshandlungen, die ihrerseits bereits prozessgestalterisch wirken – wie Anerkenntnis, Verzicht und Klagerücknahme –, hätte Vorsicht walten lassen wollen und hier ein besonderes Kriterium hätte einbauen wollen, so hätte er den förmlichen Protokollierungszwang in der Form des Prozessvergleichs wenigstens auf prozessgestalterische Prozesshandlungen beschränken können. Dann hätte man das nachvollziehen können. Zu weit geht der totale Protokollierungszwang.

Nr. 1000 VV

10 Musste er wirklich auch sein, wenn etwa beide Anwälte unstreitig vortragen, man habe sich geeinigt, ferner wenn übereinstimmende Einigung schaffende Schriftsätze ausgetauscht werden usw.? Ein guter alter Juristengrundsatz sagt, entscheide nicht mehr, als du musst. Das Überflüssige könnte ja falsch sein.

Der 8. Senat zitiert zur Stützung seiner Protokollierungsforderung seine Entscheidung NJW 2005, 1373, mit der er aus Gründen der Rechtsklarheit und Einfachheit des Kostenfestsetzungsverfahrens (wie schon der 1. Senat: NJW 2003, 901) eine neue Messlatte des »Gerechtigkeitsgewinns« im Zusammenhang mit der Prüfung der Notwendigkeit der Kosten (§ 91 Abs. 1 ZPO) eingeführt hat. Auch kein Glanzstück des BGH. Der BGH bemerkt, eine übermäßig differenzierende Betrachtung des Einzelfalls könne zwar einen **Gerechtigkeitsgewinn** bringen, der aber stehe außer Verhältnis zu dann aufkommenden Streitfragen in der Kostenfestsetzung.

11 Will der BGH damit wirklich nur das Kostenfestsetzungsverfahren einfach und schlank halten unter Ausklammerung der Fallgerechtigkeit (BGH NJW 2003, 901)? Solche Formulierungen wie »fehlender Gerechtigkeitsgewinn«, deren Fundstelle man im Gesetz vergeblich sucht, könnten auch den bösen Schein gegen den BGH erzeugen, wenn kein »Gerechtigkeitsgewinn« mehr zu erwarten sei, werde die Arbeit am Fall eingestellt. Dieses Abblocken der Entscheidung des (sonst doch so gerühmten) Einzelfalles mit seinen besonderen Umständen durch die neue Messlatte des Gerechtigkeitsgewinns wird zum Bumerang für den zukünftig Unterliegenden im dann ersatzweise zu führenden viel teureren Gebühren**prozess**. Dem Rechtspfleger stehen doch im immer noch schnell bleibenden Kostenfestsetzungsverfahren alle Beweismittel (sehr erfolgreich und auch nicht sehr aufwändig: dienstliche Äußerungen der Anwälte und Richter – § 377 Abs. 3 ZPO – und die Vorlage der Handakten) und ferner die Möglichkeit von Aufklärungsauflagen gem. § 139 ZPO offen. Davon hat der Kostensenat, dem ich angehörte, mehrfach mit interessanten Ergebnissen für die gerechte Entscheidung des Einzelfalles Gebrauch gemacht. Oberhalb des Rechtspflegers werden ja ohnehin in den weiteren Rechtszügen wieder Richter tätig. Haben diese, soweit sie Kostensachen bearbeiten, denn ihr Handwerk, dem Einzelfall gerecht zu werden, verlernt? Unabhängig von solchen aufklärungsbedürftigen Ausnahmefällen bleibt die Kostenfestsetzung in der überwiegenden Anzahl ein schnell zu erledigendes Massegeschäft, das zudem in der ersten Instanz kostenfrei geführt wird, der Gebührenprozess erster Instanz kostet dagegen Gerichtsgebühren und 2 × 2,5 Anwaltsgebühren.

12 Wenn sich jetzt Massen von Rechtsbeschwerden zum BGH hinbewegen, so ist das ein vorübergehender Zustand, der durch die erstmalige Öffnung des Rechtsmittelzuges zum BGH (§ 574 ZPO) und die RVG-Novelle bedingt ist.

Das Abblocken mit dem neuen Kriterium »Kein Gerechtigkeitsgewinn« nach dem Motto, wenn ein großer Gewinn zu erwarten ist, wird geprüft, gearbeitet, wenn nein, wird nicht weiter am Fall gearbeitet, sondern die weitere eingehendere Prüfung abgelehnt, ist als Entscheidungskriterium in Kostensachen, bei denen es um einen großen Teil des Einkommens der Anwälte geht, untauglich. Das hindert nicht, in prozessual zulässiger Weise auch in Kostensachen mit dem § 287 ZPO und weiteren ZPO-Beweismitteln einschließlich des Inbegriffs der Verhandlung (§ 286 ZPO) geschickt zu arbeiten. Zum Erhalt des Ansehens der Justiz darf es nicht heißen, Sacharbeit abblocken, sondern intensiv und sachgerecht am Fall arbeiten.

Der BGH (NJW 2006, 1523) meint im Ergebnis seiner Entscheidung, die möglicherweise streitigen und damit arbeitsintensiven Sachen seien besser im Gebührenprozess zu bearbeiten.

13 Einige Amtsrichter, zu denen die Kostenstreitwerte meist kommen, versuchen bereits, sich mit unzulässigen Begründungen die lästigen Gebührenfragen (aus dem RVG) vom Halse zu halten. Einige von ihnen erwehren sich solcher Klagen, die gestützt sind auf Ansprüche aus Nr. 2300 (neu), mit einem unzulässigen Eingriff in die Zuständigkeit der Advokatur. Sie sagen in ihren klageabweisenden Urteilen: Hättest du Anwalt sofort für deine Partei in der Hauptsache geklagt und es nicht zuerst gütlich mit dem Gegner versucht, so wäre es bil-

liger geworden, also werden die zusätzlichen Kosten der vorprozessualen Tätigkeit als nicht notwendig abgewiesen (vgl. näher die von mir angeregte Abhandlung von Eulerich »Wehret den Anfängen« NJW 2005, 3097 mit Fundstellen der Urteile). Dabei halten die Anwälte durch diese vom RVG geförderte Arbeitsweise über 70 % ihrer Fälle von der Richterbank fern.

Es geht im Übrigen auch anders:

In dem unter Rn. 36 zu Nr. 1003 näher erörterten Fall hat der seit Jahren in Kostensachen hoch angesehene Kostensenat des KG eine Einigung (Nr. 1000 VV) mit Erstattungsfähigkeit angenommen, obwohl kein förmlicher Vergleich protokolliert war. Er hat die Einigung daraus abgeleitet, dass er einerseits abgestellt hat auf die Rücknahme des Widerspruchs gegen einen Mahnbescheid und den Vollstreckungsbescheidsantrag (also auch Prozesshandlungen) und er andererseits den in diesem Zusammenhang zwischen den Parteien ausgetauschten Schriftverkehr ausgewertet hat, und so dem Einzelfall gut begründet gerecht geworden ist. 14

Der BGH des Jahres 2006, wenn er den Fall zu entscheiden gehabt hätte, hätte wohl gesagt, ein förmlicher Vergleich fehle und die Einzelfallprüfung wegen € 217,00 bringe keinen »Gerechtigkeitsgewinn«. 15

Der BGH (NJW 2006, 1523) lehnt ja sogar die Erstattung ohne förmlichen Vergleich bei folgender Fallgestaltung ab – Hervorhebungen vom Verfasser –:

»Das Erfordernis eines protokollierten Vergleichs entfällt bei der notwendigen generalisierenden Betrachtungsweise auch dann nicht, wenn die **Feststellung eines vertraglichen Konsenses** der Parteien im Einzelfall **ohne Schwierigkeiten** möglich sein sollte (BGH, Beschl. v. 26. 09. 2003, NJW 2003, 3713).« 16

Es wird im Prozessalltag aber immer Einigungsfälle geben, die man nicht in einen protokollierten Prozessvergleich gegossen hat. Der Gesetzgeber wollte ja mit der Novelle (Nr. 1000 VV) gerade vom Vergleich wegkommen, indem er das neue einfachere Institut der »Einigung« geschaffen hat. 17

Da wird man sich angesichts der restriktiven neuen BGH-Rechtsprechung dann nicht wundern dürfen, wenn die in Kostensachen hochqualifizierten Rechtspfleger zukünftig sagen (quod licet Jovi et licet bovi): Die Aufklärung ist zu schwierig, kein »Gerechtigkeitsgewinn«, also keine Kostenerstattung, Einstellung der Arbeit. Lass das doch meinen »Chef«, den Amtsrichter machen, damit der auch mal Erfahrung in Anwaltsgebühren sammeln kann, die er so besonders schätzt.

II. Rechtspolitische Bedeutung der Norm

1. Vorsorgende Rechtspflege

Das Gebührenverzeichnis beginnt mit der Einigungsgebühr. Damit unterstreicht der Gesetzgeber die gewandelte Anschauung des Zweckes der anwaltlichen Tätigkeiten: Weg von der streitigen gerichtlichen Tätigkeit hin zur vorsorgenden Rechtspflege, der außergerichtlichen Rechtspflege. 18

Dazu die Gesetzesbegründung:

»*Das Bild des Anwalts hat sich in den vergangenen Jahren jedoch erheblich gewandelt. Nach verlässlichen Untersuchungen werden heute mehr als 70 % aller Fälle, die an Anwälte herangetragen werden, von diesen außergerichtlich erledigt. Der so genannten vorsorgenden Rechtspflege – beispielsweise der Vertragsgestaltung – kommt immer mehr Bedeutung zu. Der Anwendungsbereich, der bisher von § 118 BRAGO abgedeckt wird, die außergerichtliche und die rechtsbesorgende Tätigkeit des Rechtsanwalts bildet den Schwerpunkt seiner Tätigkeit. In dem vorgeschlagenen Rechtsanwaltsvergütungsgesetz sollen daher die Gebührenregelungen für die außergerichtliche Tätigkeit an den Anfang gestellt werden.*«

Nr. 1000 VV

2. Systematik Vorbemerkung 1

19 Die Einigungsgebühr (Nr. 1000) steht also am Anfang des Teils 1 – Allgemeine Gebühren des VV RVG Teil 1 (Nrn. 1000 bis 1009). Es werden dann ferner u. a. die Aussöhnungsgebühr (Nr. 1001), die Erledigungsgebühr (Nr. 1002 Rücknahme oder Erlass eines VA) und bis Nr. 1006 besondere Einigungsfälle geregelt. Die im Teil 1 vorangestellten allgemeinen Gebühren entstehen neben den anderen (in den Teilen 2 bis 7) im VV RVG genannten Gebühren. Das folgt aus der Vorbemerkung 1, die lautet:

»Die Gebühren dieses Teils entstehen neben den in anderen Teilen bestimmten Gebühren.«

Die Gebührentatbestände des ersten Teils können demgemäß als allgemeine Gebühren grundsätzlich in allen nachfolgenden Teilen entstehen. So kann eine Einigungsgebühr (Nr. 1000) sowohl im außergerichtlichen Bereich des Teils 2, im gerichtlichen Verfahren des Teils 3, wie auch im Teil 4 im Privatklageverfahren (Nr. 4147) anfallen.

3. Im Regelfall keine Anrechnung

20 Falls in den Teilen 2 bis 6 eine Anrechnungsvorschrift fehlt, stehen die angefallenen Gebühren der Teile 2 bis 6 in voller Höhe nebeneinander mit den allgemeinen Gebühren des Teiles 1.

4. Voraussetzung und Höhe

21 Es genügt, wenn der Vertrag den Streit oder die Ungewissheit der Parteien über ein Rechtsverhältnis beseitigt. Die Regelgebühr beim Vergleich beträgt 1,5.

Nur soweit über den Gegenstand ein gerichtliches Verfahren (auch PKH-Verfahren) anhängig ist, bleibt es bei einer 1,0 Gebühr (Nr. 1003).

22 Die bisher von einem Teil der Rechtsprechung (formalistisch und mit wenig Sinn für die Bedürfnisse der Praxis) für Prozesskostenhilfeanträge zur Einbeziehung weiterer nicht rechtshängiger Ansprüche aufgebaute Hürde, dass schon der mit dem Protokollierungsantrag verbundene PKH-Antrag der 15/10 Vergleichsgebühr entgegenstehe, ist durch einen »Strich des Gesetzgebers« beseitigt worden. Die Anmerkung zu Nr. 1003 (nur 1,0 Gebühr bei Anhängigkeit des Anspruchs) lautet klarstellend:

»Dies gilt auch, wenn ein Verfahren über die Prozesskostenhilfe anhängig ist, soweit nicht lediglich Prozesskostenhilfe für die gerichtliche Protokollierung des Vergleichs beantragt wird oder sich die Beiordnung auf den Abschluss eines Vertrags i. S. d. Nummer 1000 erstreckt (§ 48 Abs. 3 RVG).«

Ich denke, da ist der Wortlaut völlig klar. Warum das OLG Saarbrücken (Juris-Dokument zu RVG VV Nr. 1000) dazu einen eigenen Leitsatz fertigt, darauf hinweist, dass es seine frühere zu einem anderen Gesetzeswortlaut gefestigte Rechtsprechung aufgibt, ferner die Motive des Gesetzgebers und einen bestätigenden Kommentar zur Stützung seiner Ansicht bemüht, ist wenig nachvollziehbar.

23 Eine geringere Gebühr als 1,5 bzw. 1,0 kann niemals bei der Einigung anfallen, selbst dann nicht, wenn in dem Verfahren geringere Grundgebühren gelten, wie etwa im Teil 3 die 0,3 Gebühr in der Zwangsvollstreckung (Nr. 3309) oder die Geschäftsgebühr (Nr. 2300), deren unterster Wert 0,5 beträgt.

24 Der Anwalt muss den Einigungsvertrag nicht persönlich abgeschlossen haben. Es reicht aus, wenn er am Abschluss des Vertrags **mitgewirkt** hat und seine Tätigkeit zumindest mitursächlich war (Abs. 2 der Anmerkung zu Nr. 1000).

Eine Einigungsgebühr kann nicht isoliert entstehen. Sie setzt immer eine zugehörige Betriebsgebühr voraus, etwa eine Beratung, eine Vertretung im außergerichtlichen Bereich, eine Verfahrensgebühr im Rechtsstreit oder eine Zwangsvollstreckungsgebühr.

Die Einigungsgebühr kann auch zunächst einmal nicht nach einem höheren Gegenstandswert anfallen als die zugehörige Betriebsgebühr. Aber auch bei einer Vertretung (Nr. 2300) erhöht sich wie im Rechtsstreit grundsätzlich der Wert der Geschäftsgebühr, soweit die Einigung einen Mehrwert hat. 25

Wird die Einigung mit einem Mehrwert in einem Rechtsstreit abgeschlossen, entsteht neben der 1,3 Verfahrensgebühr aus dem Wert der Klage zusätzlich aus dem Mehrwert der Einigung eine 0,8 Verfahrensgebühr aus Nr. 3101, genannt »**Differenzverfahrensgebühr**«, und zwar sofern bereits auch insoweit ein Prozessauftrag erteilt war nach Nr. 3101 **Nr. 1**, wenn dagegen nur ein Protokollierungsauftrag erteilt war, eine solche nach Nr. 3101 **Nr. 2**. Insgesamt darf jedoch nicht mehr als eine volle 1,3 Verfahrensgebühr aus dem Gesamtwert berechnet werden (§ 15 Abs. 3).

- **Beispiel**

Klagestreitwert € 20.000,00	(Nr. 3100)
Mehrwert € 10.000,00	(insoweit nur Protokollierungsauftrag – Nr. 3101 Nr. 2)
Gesamtwert € 30.000,00	

Es ist zu rechnen:

Streitwert: € 20.000,00 1,3 Verfahrensgebühr § 2 Abs. 2, Nr. 3100 VV RVG	€ 839,80
Streitwert: € 10.000,00 0,8 Verfahrensgebühr § 2 Abs. 2, Nr. 3101 VV RVG	€ 388,80
	€ 1.228,60
Probe nach § 15 Abs. 3 Streitwert: € 30.000,00 1,3 Verfahrensgebühr (Gesamtbetrag, § 15 Abs. 3 Hs. 2) § 2 Abs. 2, Nr. 3100 VV RVG **(also Kappung)**	€ 985,40

B. Kommentierung

I. Anmerkung Absatz 1

1. Mitwirkung

a) Der Hauptbevollmächtigte

Anmerkung **Absatz 1** handelt von der Mitwirkung beim **Abschluss** des Einigungsvertrags selbst, während Absatz 2 von der Mitwirkung bei den Einigungsvertrags**verhandlungen** handelt. 26

Für die Mitwirkung beim Abschluss eines Einigungsvertrags erhält der Rechtsanwalt die Einigungsgebühr. Die Einigungsgebühr fällt z. B. an für die Prüfung und Begutachtung des Vertragsvorschlags der Gegenpartei oder eines vom Auftraggeber selbst ausgearbeiteten Vorschlags. Auch anfänglich gescheiterte Vergleichsbemühungen können ursächlich für einen späteren Vertragsabschluss sein (OLG Braunschweig AnwBl. 1968, 280). Selbst das Abraten kann zu einer Einigungsgebühr führen, wenn es auf günstigere Bedingungen hinzielt, auch 27

Nr. 1000 VV

wenn solche am Ende doch nicht erreichbar waren (OLG München NJW 1958, 1927). Ein Mitwirken liegt auch vor, wenn der Anwalt zu einem von ihm nicht selbst verfassten genehmigungsbedürftigen Vertrag eine gerichtliche oder behördliche Genehmigung einholt. Das Gesetz fordert nicht, dass der Anwalt persönlich mit dem Gegner oder dessen Anwalt verhandelt, es genügt, wenn er nur seine eigene Partei berät.

Hat etwa ein Kollege oder der Bürovorsteher oder Referendar im Termin einen Widerrufsvergleich geschlossen und prüft der Anwalt das Sitzungsprotokoll und erklärt mit oder ohne Rücksprache mit der Partei (Partei war im Termin anwesend), vom Widerrufsrecht werde kein Gebrauch gemacht, so wirkt der Anwalt i. S. v. **Absatz 1** am Einigungsvertrag mit. Es liegt dann kein Fall von Mitwirkung an den Vertragsverhandlungen i. S. v. **Absatz 2** vor.

28 Nach der Rechtsprechung (KG AnwBl. 1970, 290) wird die Ursächlichkeit der Tätigkeit des Anwalts vermutet. Der Auftraggeber hat die Beweislast für die mangelnde Ursächlichkeit.

b) Mitwirkung mehrerer Anwälte

29 Nicht selten wirken mehrere Anwälte am Abschluss des Einigungsvertrags mit.

aa) Verkehrsanwalt

30 Das Musterbeispiel ist die Mitwirkung des Verkehrsanwalts (Nr. 3400). Seine Mitwirkung kann sich in zwei Phasen ergeben:

Der Verkehrsanwalt kann mit dem Gegner den Einigungsvertrag aushandeln, er unterrichtet den Hauptbevollmächtigten und dieser lässt ihn wortgetreu so, wie ausgehandelt, bei Gericht protokollieren. Dann haben beide am Abschluss des Einigungsvertrages mitgewirkt. Der Verkehrsanwalt ohne jeden Zweifel, der Hauptbevollmächtigte durch seine notwendige Anwesenheit bei der Protokollierung, so wurde ein Titel mit seiner Hilfe geschaffen.

2. Möglichkeit: Der Hauptbevollmächtigte schließt im Termin auf Vorschlag des Gerichts einen Widerrufsvergleich, der Verkehrsanwalt bespricht mit der Partei den Inhalt des Widerrufsvergleichs und teilt dem Hauptbevollmächtigten mit, es werde nicht widerrufen. Wie schon ausgeführt, erfällt die Einigungsgebühr immer in voller Höhe (1,5 oder 1,0), auch wenn die Betriebsgebühr niedriger liegt.

31 Der Verkehrsanwalt, der der Partei zur Annahme eines (gerichtlichen oder sonstigen) Vertragsvorschlags rät, verdient die Einigungsgebühr, wenn es zum Abschluss des Vertrages kommt (AG Charlottenburg JurBüro 2001, 86; LG Köln AGS 1999, 179; OLG Hamm JurBüro 1988, 492; OLG Hamburg JurBüro 1984, 1832; OLG Frankfurt JurBüro 1984, 59). Gerade der Verkehrsanwalt wird als Vertrauensanwalt in der Regel den Vertrag eingehend mit der Partei besprechen (OLG Hamm AnwBl. 1981, 108).

32 Problematisch ist in diesen Fällen die **Erstattungsfähigkeit** der zusätzlichen Einigungsgebühr des Korrespondenzanwalts. Es ist gem. § 91 ZPO zu fragen, ob seine Einschaltung auch für den Vertragsabschluss notwendig war. Das ist der Fall, wenn der Vergleich ohne seine Mitwirkung nicht zustande gekommen wäre. Fälle von **Notwendigkeit** sind etwa die **mangelnde Reisefähigkeit** der Partei zum Hauptbevollmächtigten, oder wenn der **Verkehrsanwalt bessere Sachkunde** von den Tatsachen hat als die Partei selbst, oder wenn der Gegner sich **direkt an ihn** gewandt hat (OLG Hamm JurBüro 1988, 492; OLG Bamberg JurBüro 1987, 1517; Hansens JurBüro 1989, 145 m. N.). Bei PKH-Bewilligung werden nur die gesetzlichen Gebühren von der Staatskasse erstattet, es sei denn, der PKH-Anwalt wäre auch zum Vergleichsabschluss beigeordnet (LAG Düsseldorf JurBüro 2006, 260).

bb) Unterbevollmächtigter/Terminsanwalt

33 Dieselbe Konstellation kann sich verfahrenstechnisch für den Unterbevollmächtigten, den Terminsanwalt (Nr. 3401), ergeben. Er schließt im Termin einen Widerrufsvergleich, der Hauptbevollmächtigte macht vom Widerrufsrecht keinen Gebrauch oder der Unterbevollmächtigte protokolliert den vom Hauptbevollmächtigten ausgehandelten Vergleich. AG

Köln (JurBüro 2007, 139 = AGS 2007, 239): »Der Terminsvertreter erhält neben dem Verfahrens-/Hauptbevollmächtigten die Einigungsgebühr, wenn er bei den Einigungsgesprächen vor Gericht mitwirkt. Dies ist insbesondere der Fall, wenn er – wie vorliegend – den Widerrufsvergleich geschlossen und an dessen Protokollierung mitgewirkt hat.«

Aber wieder sei auch hier dem Unterbevollmächtigten ein **Warnsignal** wie bei § 4 (Rn. 55) und Nr. 1008 (Rn. 8) mit auf den Weg gegeben. Die Einigungsgebühr der Nr. 1000 ist eine RVG-Gebühr. Der Unterbevollmächtigte muss also grundsätzlich gemäß der vertraglichen Vereinbarung Vergütungsansprüche nach dem RVG haben. Nach der heftig kritisierten Entscheidung des BGH (AGS 2001, 51 = NJW 2001, 753) zum »Vergütungsanspruch des Unterbevollmächtigten nur gegen den Hauptbevollmächtigten und nicht gegen die Partei, kann der Unterbevollmächtigte, selbst wenn er im Termin den Vergleich mit dem Gegner aushandelt und protokolliert, keine Einigungsgebühr erhalten. Sie fällt für ihn überhaupt nicht an.« 34

Der BGH hatte sich in der vorgenannten Entscheidung mit folgendem Vertrag zwischen Haupt- und Unterbevollmächtigten zu befassen: 35

»Sehr geehrte Herren Kollegen,

in vorbezeichneter Angelegenheit nehmen wir Bezug auf das mit Ihnen geführte Telefonat vom 24.01.1997 und bedanken uns für die Bereitschaft, den Termin am 06.02.1997 für uns in Untervollmacht wahrzunehmen.

Im Übrigen gehen wir davon aus, dass nur die tatsächlich festsetzbaren Kosten intern abgerechnet werden. Soweit Unterbevollmächtigten- bzw. Korrespondenzanwaltskosten nicht in voller Höhe bzw. in Höhe evtl. fiktiver Parteiauslagen gegen die Gegenseite festgesetzt werden können, können diese vereinbarungsgemäß auch nicht gegenüber unserer Mandantschaft in Rechnung gestellt werden.«

Aus diesem Vertragswortlaut hatte der BGH Folgendes abgeleitet: 36

»Erteilt der Prozessbevollmächtigte einem Terminsvertreter im eigenen Namen den Auftrag zur Terminswahrnehmung, so ist dieser im Regelfall Erfüllungsgehilfe des Prozessbevollmächtigten und verdient die Gebühr für diesen (OLG Hamm AnwBl. 1978, 182, 183; Riedel/Sußbauer/Keller Bundesrechtsanwaltsgebührenordnung 8. Aufl. § 53 Rn. 5, § 33 Rn. 27; Gerold/Schmidt/von Eicken/Madert BRAGO 13. Aufl. § 33 Rn. 36). **Zwischen der Partei und dem Terminsvertreter wird kein Vertragsverhältnis begründet.** Die Entschädigungspflicht richtet sich vielmehr nach der internen Vereinbarung zwischen dem Terminsvertreter und dem Prozessbevollmächtigten (OLG Hamm AnwBl. 1978, 182, 183; Gerold/Schmidt/von Eicken/Madert, a. a. O., § 33 Rn. 36), der für die Ansprüche des Terminsvertreters in diesem Fall auch einzustehen hat. Bei dieser Art der Beauftragung eines Terminsvertreters, bei der der Prozessbevollmächtigte die in seinem Interesse liegende Mitarbeit eines weiteren Rechtsanwalts honoriert, ist kein Verstoß gegen § 49b BRAO gegeben.« Der BGH hatte übrigens mit seinen Ausführungen rechtlich gebilligt, dass der Hauptbevollmächtigte den Unterbevollmächtigten mit den Reisekosten abgespeist hatte, weil nur diese erstattungsfähig waren.

Für die hier gegebene Problematik bedeutet das: Der Unterbevollmächtigte des Hauptbevollmächtigten hat keine Ansprüche nach dem RVG, sondern nur aus seinem Vertrag mit dem Hauptbevollmächtigten, und da ist ihm in der Regel keine Vergleichsgebühr ausdrücklich zugesagt, es sei denn, es wäre ausdrücklich hinsichtlich der Vergütung auf die Vorschriften des RVG hingewiesen. Im Wege der ergänzenden Vertragsauslegung wird man das nicht hinbekommen, vor allem weil die Erstattungsfähigkeit von zwei Einigungsgebühren nur ganz ausnahmsweise in Frage kommt und die eigene Partei ja bei der gegebenen Konstellation gar nicht einbezogen ist. 37

c) Mitursächlichkeit

Wie sich aus den vorstehenden Ausführungen ergibt, genügt Mitursächlichkeit für den Einigungsabschluss. 38

Nr. 1000 VV

Der Anwalt muss aber gerade an der Einigung selbst mitwirken. Ein Spezialanwalt fertigt eine vorzügliche Berufungsschrift für den Hauptbevollmächtigten, der für ihn einen unmittelbaren Anwaltsvertrag mit der Partei vermittelt hat. Der OLG-Senat teilt in der mündlichen Verhandlung, an der der Spezialanwalt mangels Mandat nicht teilnimmt, den Beteiligten mit, das Urteil erster Instanz müsse aller Wahrscheinlichkeit nach infolge der Berufung aufgehoben und ganz abgeändert werden, er rege Vergleichsverhandlungen an. Die in erster Instanz unterlegene Partei erhält im Vergleichswege 80 % des geltend gemachten Schadens. Der Spezialanwalt hat sicher **maßgeblich** an diesem Erfolg durch seine Berufungsschrift mitgewirkt. Eine Einigungsgebühr ist gleichwohl nicht zu seinen Gunsten angefallen (vgl. BGH JurBüro 1977, 189; Mayer/Kroiß RVG Nr. 1000 Rn. 35; Gerold/Schmidt/von Eicken/Madert/Müller-Rabe RVG 17. Aufl. 1000 VV Rn. 32). Das hängt mit dem Prinzip der »Aktgebühren« zusammen. Man kann im 2. Akt nur etwas erhalten, wenn man als Schauspieler im zweiten Akt mitgespielt hat. Die Mitwirkung im ersten Akt gibt nur Gebühren im ersten Akt.

39 Allerdings kommt es nicht darauf an, dass die Partei selbst erkannt hat, dass ihre Übereinkunft schon eine Einigung i. S. d. Gebührenvorschrift der Nr. 1000 darstellt.

40 Hat der Anwalt den Vergleich zunächst abgelehnt und ihn dann doch nach einer Beratung mit der Partei protokolliert, so hat er ursächlich mitgewirkt.

41 Anders liegen die Dinge, wenn der Anwalt vom gerichtlichen Vergleichsvorschlag abrät und die Partei den Vergleich ohne seine Mitwirkung dennoch abschließt. So hat ein OLG-Anwalt einmal seine Mitwirkung am Vergleich abgelehnt, obwohl seine Partei mitmachen wollte (ein Bauunternehmer). Zur Begründung gab der Anwalt an, nach der rigiden BGH-Rechtsprechung mache er sich schadensersatzpflichtig, wenn er zu diesem Vergleich zurate. Wir haben dann zum Güteversuch die Sache an den Einzelrichter als beauftragten Richter verwiesen (§§ 278 Abs. 5, 78 Abs. 5 ZPO), der dann (nach Hinweis, dass es je nach rechtlicher Betrachtung nur ein Vertrag und noch kein Vollstreckungstitel sei) den Vergleich (auf einer Seite) anwaltsfrei protokolliert hat. Der vorsichtige Anwalt hatte natürlich nicht die Einigungsgebühr verdient, obwohl er anfänglich an den Vergleichsverhandlungen beteiligt war.

42 Andererseits ist Ursächlichkeit nach vorherigem Fehlschlagen der Verhandlungen dann noch gegeben, wenn die Verhandlungen unter Zuziehung des Anwalts zunächst gescheitert sind, die Parteien danach aber ohne die Anwälte (oder nur die andere Seite vertreten) fast den gleichen Vergleich, nur vielleicht im Kostenpunkt etwas abgeändert, doch noch abschließen.

Ein Abweichen vom zunächst abgebrochenen Stand der Verhandlungen steht der Entstehung der Einigungsgebühr nicht entgegen, wenn sie nur im Großen und Ganzen dem letzten Stand der Einigungsverhandlungen entspricht.

43 Das gilt allerdings nicht mehr, wenn die Parteien ohne die Anwälte eine wesentlich abweichende Einigung geschlossen haben. Gelegentlich bauen geschickte Parteien auch nur unwesentliche Änderungen ein, um die Einigungsgebühr zu sparen. Sie ändern vielleicht die Kostenquote von 50:50 auf 75:25 ab und erhöhen zum Ausgleich dafür die zu leistende Kapitalsumme.

44 In einem Schiedsverfahren hatten wir fast einen Vergleich perfekt: Klagesumme DM 13 Mio., Vergleichssumme DM 7 Mio. Ohne das Schiedsgericht vereinbarten die Anwälte: Der Beklagte erkennt DM 7 Mio. an, der Kläger nimmt im Gegenzug die Klage in Höhe von DM 6 Mio. zurück. Damit sollten die Schiedsrichter, die nach BRAGO bezahlt wurden, von der Vergleichsgebühr ausgeschlossen werden. Schon dies war im Grunde ein Vergleich ohne Protokollierung (a. A. vorübergehend der BGH, siehe Rn. 8). Die Anwälte hatten aber, da sie im Gebührenrecht die Sache nicht durchdacht hatten, einen Fehler gemacht. Sie wollten, dass das Schiedsgericht neben dem Teilanerkenntnisurteil über DM 7 Mio. die Kosten des Verfahrens gegeneinander aufheben sollte, so jedenfalls ihre Vereinbarung hinsichtlich der prozessualen Schritte. Das aber machte jedenfalls die Vereinbarung zum Vergleich. Wir haben dann zwar dennoch auf die Vergleichsgebühr verzichtet (Schiedsrichter erhalten keine ge-

setzlichen Gebühren, anders die Parteianwälte im Schiedsverfahren), und haben uns dafür zu einem Festessen einladen lassen. So ist das Leben. Aber der Reiz jenes Falles ist mir heute mehr wert als die nicht unerhebliche Vergleichsgebühr aus dem Wert DM 13 Mio.

- **Ein Beispielsfall**

Der Anwalt wird von einem Rentner im Altenheim beauftragt, Räumungsklage zu erheben gegen einen wilden Mieter, der sich einfach in seiner Eigentumswohnung eingenistet hat. Der »Mieter« behauptet den Abschluss eines mündlichen Mietvertrags. Der Richter schlägt vor, einen schriftlichen Mietvertrag mit Zahlung einer Kaution und Leistung der ortsüblichen Miete abzuschließen.

Beide Anwälte geben den Vergleichsvorschlag wohlwollend weiter.

Der geschickte Mieter sucht mit seiner gut verdienenden Tochter den Rentner im Altenheim auf und wird mit ihm handelseinig, dass die Tochter die Eigentumswohnung käuflich erwirbt. Mit *von Eicken* (Gerold/Schmidt/von Eicken/Madert/Müller-Rabe RVG 17. Aufl. VV 1000 Rn. 34), der einen ähnlichen Fall schildert, wie ich ihn zu begutachten hatte, bin ich der Ansicht: Hier liegt ein aliud im Verhältnis zum vorgeschlagenen Vergleich vor. Da ist auch keine leicht aufdeckbare Manipulation im Spiel. So ist halt das Leben. Auch Gebührenrecht muss nicht immer trocken sein.

Eine konkrete Mitursächlichkeit ist in folgenden Fällen nicht gegeben (vgl. Hartung/Römermann RVG 2. Aufl. Vorbem. 1, 1000 VV Rn. 22; Gerold/Schmidt/von Eicken/Madert/Müller-Rabe RVG 17. Aufl. 1000 VV Rn. 35; Gebauer/Schneider RVG 2. Aufl. VV 1000 Rn. 105):

– Eine kommentarlose Mitteilung von Einigungsvorschlägen der Gegenpartei oder des Gerichts ohne eigene Stellungnahme des Anwalts;
– Anzeige an das Gericht, dass die Parteien persönlich eine außergerichtliche Einigung geschlossen haben;
– Bloße Bestellung eines Unterbevollmächtigten namens der Partei, der die Einigung abschließt ohne Rücksprache über Details mit dem Hauptbevollmächtigten;
– Der pauschale allgemeine Rat zur gütlichen Einigung (OLG Hamm JurBüro 1965, 466);
– Abraten vom Abschluss einer Einigung, Partei schließt trotzdem persönlich ab (OLG Celle NdsRpfl. 67, 88; OLG Koblenz JurBüro 1992, 603);
– Der Anwalt kommt beim AG verspätet zum Termin, als der Richter den schon ausgehandelten Vergleich gerade abdiktiert (*N. Schneider* in Gebauer/Schneider RVG 2. Aufl. VV 100 Rn. 105; LG Frankfurt Rpfleger 1985, 166). Hier könnte man aber auch Zweifel haben, denn spätestens mit seinem »genehmigt« löst der Anwalt seine grundsätzliche Haftung für eine Fehlberatung aus.

2. Abschluss eines Vertrags – Einigung

a) Wirksamkeit des Vertrags

Die Einigungsgebühr fällt für die Mitwirkung am Vertrag, der Einigung, an. Die anwaltlich (eventuell nur einseitig) vertretenen Parteien müssen übereinstimmende Willenserklärungen abgeben. Die Einigung kann mündlich, schlüssig und natürlich auch schriftlich erfolgen. Sie ist also, wenn vom Vertrag selbst keine Form vorgeschrieben wird, nicht formbedürftig (BGH, Beschl. v. 28. 03. 2006, NJW 2006, 1523). Es ist auch eine Einigung, wenn sie noch einer gerichtlichen Genehmigung bedarf. Dazu hat das OLG Nürnberg (ähnlich OLG Koblenz MDR 2006, 237) bemerkt (JurBüro 2005, 190 = AGS 2005, 150):

Grundsätzlich besteht die Möglichkeit, dass eine Einigung über den Umfang der Übertragung der elterlichen Sorge im Verfahren nach § 1671 BGB eine Einigungsgebühr nach 1000 VV RVG auslösen kann (Schneider MDR 2004, 423).

Nr. 1000 VV

Der Umstand, dass eine solche Einigung über die elterliche Sorge nicht unmittelbar zu einer Beendigung des Verfahrens nach § 1671 BGB führt, sondern dass es dazu noch einer Gerichtsentscheidung auf der Basis der im Anschluss an die Einigung geänderten Anträge nach § 1671 Abs. 2 Nr. 1 BGB bedarf, steht dem Anfall einer Einigungsgebühr auch nicht entgegen (Hartmann Kostengesetze 34. Aufl. 1000 VV RVG Rn. 43 »Sorgerecht« sowie allgemein 1000 VV RVG Rn. 5; OLGR Zweibrücken 2006, 936).

Die Zubilligung einer Einigungsgebühr hängt auch nicht davon ab, dass ein gemeinsamer Vorschlag der Eltern zur elterlichen Sorge protokolliert wird.

Maßgeblich ist allein, ob es tatsächlich zu einer – auch mündlich möglichen – Einigung der Parteien über ein Abweichen von den in den ursprünglichen Anträgen zum Ausdruck gekommenen kontroversen Vorstellungen der Eltern über die elterliche Sorge gekommen ist.

47a **Maßnahmen nach § 1666 BGB**

In gewissen familienrechtlichen Sachen ist es streitig, ob die Beteiligten die Verfügungsbefugnis über den »Einigungsgegenstand« haben und ob daher überhaupt eine Einigungsgebühr nach Nrn. 1000, 1003 anfallen kann.

Dazu das OLG Karlsruhe (OLGR Karlsruhe 2007, 923): »Die Verständigung der Eltern mit dem Jugendamt stellt schon deshalb keine Einigung im Sinne der Nrn. 1000, 1003 VV RVG dar, weil **Maßnahmen nach § 1666 BGB** nicht der Verfügungsgewalt der Eltern und des Jugendamts unterliegen.« Ebenso OLG Koblenz (FamRZ 2006, 720).

48 Auch ein anfechtbar zustande gekommener Vertrag löst die Einigungsgebühr aus. Sie fällt durch die nachträgliche erfolgreiche Anfechtung des Vertrags nicht wieder weg (KG AnwBl. 1974, 183 = JurBüro 1974, 736; OLG Bamberg JurBüro 1987, 1796; OLG Schleswig JurBüro 1991, 982; OLG Karlsruhe OLGR 1999, 332, a. A.: Mayer/Kroiß RVG Nr. 1000 Rn. 31; OLG München AnwBl. 1991, 273).

Anders ist die Rechtslage, wenn der Vertrag von Anfang an nichtig war (§§ 134, 138 BGB), dann ist nie ein Vertrag zustande gekommen (Mayer/Kroiß RVG Nr. 1000 Rn. 30; Gerold/Schmidt/von Eicken/Madert/Müller-Rabe RVG 17. Aufl. 1000 VV Rn. 23).

b) Beteiligte

49 An der Einigung, dem Vertrag, kann sich auch ein Dritter beteiligen (Riedel/Sußbauer BRAGO 8. Aufl. § 23 Rn. 8, in 9. Aufl. zu knapp).

Einigungsvertragsparteien können alle Personen sein, zwischen denen ein Streit oder eine Ungewissheit über ein Rechtsverhältnis besteht. Es ist nicht erforderlich, dass die Forderung (Rechtsverhältnis), über die der Vertrag geschlossen wird, sich gegen die andere Prozesspartei richtet. Auch ein Dritter, etwa die Mutter des angeblichen Schuldners, kann sich als außenstehende Dritter zur Erfüllung des eingeklagten Anspruchs in dem betreffenden (Einigungs-)Vertrag verpflichten.

50 Beim Beitritt eines Dritten, der nach der Rechtsprechung auch im Anwaltsprozess grundsätzlich anwaltsfrei möglich ist, so der BGH (BGHZ 86, 160 = NJW 1983, 1433), erhält, wenn der Dritte anwaltlich vertreten ist, auch der Anwalt des Dritten die Einigungsgebühr (ferner erhält jener beim Beitritt noch die 0,8 Differenzverfahrensgebühr Nr. 3101 Nr. 2). Beauftragt der Dritte den Anwalt einer der beiden Prozessparteien zugleich auch mit seiner Vertretung, sofern das im Einzelfall nicht standeswidrig ist, so erhält dieser Anwalt wegen der mehreren Auftraggeber die um 0,3 erhöhte Verfahrensgebühr nach Nr. 1008 (LG Bonn JurBüro 1995, 527).

51 Der Anwalt des Streithelfers hat nur dann einen Anspruch auf die Einigungsgebühr, wenn der zwischen den Parteien geschlossene Vertrag zugleich ein **Rechtsverhältnis des Streithelfers** regelt (BGH JurBüro 1962, 464 = NJW 1962, 1621; OLG Bamberg JurBüro 1990, 1449; OLG Hamburg JurBüro 1979, 1013; OLG Karlsruhe AnwBl. 1996, 290: dafür reicht schon eine ihn

betreffende Kostenregelung aus). Weiteres Beispiel: Der Streithelfer (Installateur) ist dem Generalunternehmer, der u. a. wegen eines Badezimmermangels in Anspruch genommen worden ist, beigetreten. Die Einigung betrifft u. a. auch diesen Mangel.

3. Streit oder Ungewissheit der Parteien über ein Rechtsverhältnis
a) Gegenseitiges Nachgeben nicht notwendig

Da auch nach neuem Recht der Streit oder die Ungewissheit über ein Rechtsverhältnis durch den Vertrag, die Einigung, beseitigt werden muss, klingt das auch jetzt noch alles nach einem »Vergleich«. Der entscheidende Unterschied liegt im Fehlen des förmlichen Begriffs »Vergleich«, also dem gegenseitigen Nachgeben (§ 779 BGB) als zu erzielendes Ergebnis (OLG Nürnberg JurBüro 2005, 190; LAG Niedersachsen AGS 2005, 281). Die **Einigung** in Bezug auf einen **Streit oder die Ungewissheit über ein Rechtsverhältnis** liegt aber doch dem gegenseitigen Nachgeben sehr nahe. Dabei muss nämlich auch noch beachtet werden, dass die Norm (Einigungsgebühr) nicht anwendbar ist bei einem Anerkenntnis, also wenn die eine Seite im Vertrag die Forderung ganz anerkennt. Sehr viel ist also durch den Wegfall des Begriffs »Vergleich« nicht gewonnen. 52

b) Ungewissheit – Rechtsverhältnis

Der Begriff ist wie ehedem weit aufzufassen. Es kommen Rechtsverhältnisse aus allen fünf Büchern des BGB in Frage: Schuldrechtliche, sachenrechtliche/dingliche, familienrechtliche (z. B. Zugewinnausgleich) und erbrechtliche Rechtsverhältnisse. Aber auch Rechtsverhältnisse aus dem Allgemeinen Teil (z. B. Streit über Stellvertretung und Genehmigung eines Rechtsgeschäfts, ist ein Vertrag durch übereinstimmende Willenserklärungen zustande gekommen?) können ungewiss oder streitig sein und einvernehmlich geregelt werden. 53

Rechtsverhältnisse sind auch die Ansprüche, die durch die Prozessführung entstehen, wie Kostenerstattungsansprüche nach §§ 91 ff., 101 ZPO (Prozessparteien und Streithelfer), sowie prozessuale Schadensersatzansprüche aus §§ 302 Abs. 4, 717 Abs. 2, 840 Abs. 2 Satz 2, 945 ZPO. 54

Die Einigung kann auch im Bezug auf die Abgabe verfahrensbeendender Prozesshandlungen, wie beispielsweise der teilweisen Anerkennung einer Klageforderung oder der Klagerücknahme, liegen (OLG Koblenz MDR 2006, 237 = OLGR Koblenz 2005, 766; N. Schneider MDR 2004, 423; offen gelassen: Gebauer/Schneider RVG 2. Aufl. Nr. 1000 Rn. 56). Diese Entscheidung ist auch nicht durch die (wenig überzeugende) Entscheidung des BGH (NJW 2006, 1523) überholt, weil der BGH die prozessuale Form eines Prozessvergleichs nur für die Frage der Erstattungsfähigkeit fordert, nicht aber für den Anfall der Gebühr selbst (worin gerade die Bedenken gegen die BGH-Entscheidung begründet sind, denn für die Erstattungsfähigkeit kommt es nur auf die Notwendigkeit an, vgl. oben Rn. 8).

Übereinstimmende Erledigungserklärung: OLG Köln (JurBüro 2006, 588): Keine »Einigung« gem. Nr. 1000:

»Haben die Parteien nach ausgiebiger Erörterung des Sach- und Streitstandes in einem zivilrechtlichen Streitverfahren den Rechtsstreit in der Hauptsache gemäß § 91a ZPO übereinstimmend für erledigt erklärt, so ist darin allein noch keine vertragliche Regelung der Parteien zu sehen, durch die der Streit oder die Ungewissheit der Parteien über ein Rechtsverhältnis beseitigt worden ist. Denn die übereinstimmenden wirksamen Erledigungserklärungen der Parteien als solche sind bloße Prozesshandlungen und beenden – jedenfalls im streitigen Erkenntnisverfahren – lediglich die Rechtshängigkeit der bisher streitigen Ansprüche unmittelbar. Sie besagen in diesem Zusammenhang nur, dass die Parteien an einer Sachentscheidung durch das Gericht kein Interesse mehr haben. Sofern also die Parteien nicht gleichzeitig in einem sachlich-rechtlichen Streitpunkt eine Einigung erzielen, liegt nach unstreitiger Erledigung in den bloßen übereinstimmenden Erledigungserklärungen kein Vertrag im Sinne

Nr. 1000 VV

von Nr. 1000 VV RVG vor (vgl. Hartmann Kostengesetze 36. Aufl. 2006 RVG VV 1000 Rn. 27).«

Das OLG bemerkt dann aber zutreffend weiter: »Anders liegen die Dinge, wenn sich die Parteien über das Sorgerecht geeinigt haben und sodann den Rechtsstreit übereinstimmend für erledigt erklären.«

OLG Düsseldorf (26. 04. 2005 – II-10 WF 6/05):»Verständigen sich Parteien nur über eine **Zwischenlösung**, wie über die weitere Vorgehensweise, ist eine Vergleichsgebühr nicht abrechenbar.«

Anders wäre es, wenn durch (Teil-) Vergleich ein Teil des Streitgegenstandes erledigt wäre.

55 Grundsätzlich kann es sich auch um öffentlich-rechtliche Rechtsverhältnisse handeln, soweit darüber vertraglich verfügt werden kann (so Nr. 1000 Anmerkung Abs. 4, siehe ferner zu Rechtsprechungsbeispielen: OVG Bremen AGS 2001, 7; OVG Münster NJW 1955, 1166 und MDR 1954, 317; BVerwGE 14, 103; 17, 87; BGHZ 17, 61; LG München AnwBl. 1970, 360). Meist wird bei den öffentlich-rechtlichen Verfahren eher Nr. 1002 (Erledigungsgebühr) in Frage kommen wegen einvernehmlicher Rücknahme, Änderung oder Erlass eines Verwaltungsaktes.

c) Streit über ein Rechtsverhältnis

56 Es muss nicht aus Ungewissheit ein Streit entstehen oder aus einem Streit eine Ungewissheit. Die beiden Begriffe stehen wahlweise in der Norm nebeneinander.

Es genügt also, dass die Rechtslage ungewiss ist oder aber, dass ein Streit über die Rechtslage besteht. Auf die Tiefe des Streits kommt es ersichtlich nicht an.

Der Streit muss unter den Parteien (des Vertrags) bestehen. Es muss sich dabei nicht um Prozessparteien handeln. Ein Einigungsvertrag i. S. v. Nr. 1000 kann auch geschlossen werden, wenn noch kein Rechtsstreit anhängig ist (vgl. OLG Stuttgart Justiz 1999, 396): Für den Anwalt des Streithelfers fällt die Einigungsgebühr nur an, wenn in dem Vertrag auch Rechtsverhältnisse des Streithelfers geregelt werden (Rn. 51). Auch eine zunächst streitige Kostenregelung genügt.

d) Objektive Voraussetzung: Ungewissheit oder Streit über ein schon bestehendes Rechtsverhältnis

aa) Das Rechtsverhältnis muss schon bestehen

57 Anmerkung Abs. 1 muss bei verständiger Würdigung so gelesen werden, dass es heißen muss: *Bestehendes* Rechtsverhältnis. Denn wenn dort die Rede ist von einem *Rechtsverhältnis*, so kann es nur um ein bereits existierendes Rechtsverhältnis gehen. Objektive Voraussetzung für die Entstehung der Einigungsgebühr für den Anwalt ist das Bestehen eines Rechtsverhältnisses zwischen seinem Mandanten und dessen Gegner. Es genügt also nicht, dass durch die Einigung ein Rechtsverhältnis erst geschaffen, ausgehandelt, werden soll.

58 Daran ändert auch nichts der später noch zu untersuchende **Absatz 2 der Anmerkung**, der nur von **Vertragsverhandlungen** handelt. Dieser Absatz soll nur sicherstellen, dass der Anwalt die Einigungsgebühr auch dann erhält, wenn er zu Beginn der Einigungsverhandlungen zwar mitgewirkt, dann aber an dem Vertragsabschluss selbst nicht mehr beteiligt war.

59 Wortlaut und Gesetzesgeschichte belegen, dass mit den Vertragsverhandlungen des Absatzes 2 der Anmerkung die Einigungsverhandlungen des Absatzes 1 gemeint sind (Rn. 96). Diese setzen aber bereits einen Vertrag oder wenigstens einen von einer Seite behaupteten Vertrag voraus, aus dem sich ein Streit oder eine Ungewissheit entwickelt hat.

Es genügt also auch, dass nur eine Partei das Bestehen eines Rechtsverhältnisses behauptet, während die andere es leugnet. Auch dann kann der Streit darüber durch eine vertragliche Einigung im Sinne der Anmerkung Abs. 1 beendet werden.

bb) Beteiligung des Anwalts an Vertragsverhandlungen

• 1. Beispielsfall

In einem kostenrechtlichen Gutachten wurde mir folgender Fall vorgelegt:

Der erwartungsvolle junge Anwalt war von seinem Mandanten erst zu einem Zeitpunkt zu Kaufvertragsverhandlungen zugezogen worden, als der Kaufpreis von € 2 Mio. so gut wie ausgehandelt war (mündlich). Der Mandant hatte den Anwalt aber wegen der entfernten Möglichkeit von Altlasten auf dem Grundstück (eventuell waren schädliche Stoffe wild vergraben worden) zugezogen. Er sollte neben der rechtlichen Prüfung des gesamten Vertrages die Frage der Gewährleistung rechtlich absichern. Der junge Anwalt verhandelte energisch, drückte wegen der möglichen Altlasten, obwohl er für die beabsichtigte Bauzeit von 1 Jahr noch eine Gewährleistung für 2 Jahre heraushandelte und weil ferner der Verkäufer durch den Zeitablauf unter weiteren Verkaufsdruck geriet, den Kaufpreis für das Grundstück auf € 1 Mio.

Die Geschäftsgebühr nach Nr. 2400 a. F., neu Nr. 2300 hatte er sicher verdient, wobei man sich allerdings über den Satz (0,5 bis 2,5) streiten konnte.

»Ich habe doch sicher auch die Einigungsgebühr Nr. 1000 VV mit 1,5 verdient, aber welcher Wert ist zugrunde zu legen: 1 Mio. oder 2 Mio.?«, wollte er von mir wissen.

In meinem knappen Gutachten musste ich ihn leider enttäuschen, weder aus 1 Mio. oder gar aus 2 Mio. war die Einigungsgebühr angefallen, sondern überhaupt nicht. Denn es gab noch keinen Vertrag, über den man sich streiten konnte, und das hatte auch keiner von beiden einseitig angesichts des Formzwangs behauptet.

Diese Ansicht zu Nr. 1000 wird einhellig vertreten (OLD Düsseldorf AGS 2003, 496; Gerold / Schmidt / von Eicken / Madert / Müller-Rabe RVG 17. Aufl. Nr. 1000 Rn. 12; Mayer / Kroiß RVG Nr. 1000 VV Rn. 32; Gebauer / Schneider RVG 2. Aufl. VV 1000 Rn. 57).

• 2. Beispiel aus meiner Gebührengutachtertätigkeit

Anfrage einer Kollegin:

»Ich wurde beim Verkauf einer alten Villa eingeschaltet, als es bereits den **Entwurf eines notariellen Kaufvertrages** gab. Ab da habe ich sehr erfolgreich nachverhandelt: Es wurden dann statt € 800.000 € 900.000 gezahlt, diverse Vertragsklauseln wurden in zähen Verhandlungen zugunsten meiner Mandantin modifiziert (Gewährleistung, Rücktrittsrechte der Käufer etc.). Die Gegenseite zahlt zunächst auch anstandslos meine Gebühren nebst Einigungsgebühr (Nr. 1000). Jetzt will sie, anwaltlich vertreten, die gezahlte Einigungsgebühr zurückhaben, droht mit Klage und Anzeige bei der Anwaltskammer und der Staatsanwaltschaft wegen Gebührenüberhebung. Was soll ich tun?«

Die Gegenseite äußert: Durch den notariellen Entwurf sei noch kein Rechtsverhältnis im Sinne von § 779 BGB begründet worden, die Voraussetzungen der Nr. 1000 seien also nicht erfüllt. »Ich habe doch sogar ein gegenseitiges Nachgeben (§ 779 BGB) erreicht und den Kaufpreisstreit zwischen den Vertragspartnern geeinigt. Wie sehen Sie das?«

Meine Antwort in Kurzfassung: Die h. M. sagt (z. B. *N. Schneider* in Gebauer / Schneider RVG 2. Aufl. VV 1000 Rn. 57):

»Für das Aushandeln eines Vertrages steht dem Rechtsanwalt eine Einigungsgebühr nur zu, wenn sich zuvor ein Vertragspartner einer Rechtsposition berühmt hat. Das bloße Aushandeln von Verträgen, mit denen ein Rechtsverhältnis eingegangen oder aufgehoben werden soll, stellt für sich genommen noch keine Einigung dar.«

Dies entspricht der ganz herrschenden Rechtsprechung (BAG AGS 1998, 161; OLG Düsseldorf AGS 2003, 496; Gerold / Schmidt / von Eicken / Madert / Müller-Rabe RVG 17. Aufl. Nr. 1000 Rn. 12; Mayer / Kroiß RVG Nr. 1000 VV Rn. 32).

Nr. 1000 VV

Wie ausgeführt: Das Rechtsverhältnis muss auch schon bestehen, oder eine Seite muss wenigstens behaupten, es bestehe ein Rechtsverhältnis (Rn. 68).

63 Bei diesem für die Anwältin negativen Ergebnis hinsichtlich der Einigungsgebühr stellte sich die Frage, ob sie dann nachträglich, wenn sie im Hinblick auf das In-Rechnung-Stellen der Tätigkeit für die Einigung (Nr. 1000), wenn dies sofort oder später vom Mandanten beanstandet wird, ihr bei der Geschäftsgebühr (Nr. 2300) schon ausgeübtes Ermessen nach § 14 (vielleicht angesetzt bisher nur eine 1,5 Mittelgebühr) im Hinblick auf den Wegfall des falschen Gebührenstandes Nr. 1000 noch ändern kann.

Da der Griff zur Gebühr Nr. 2300 mit 1,5 eine Leistungsbestimmung nach § 315 Abs. 2 BGB ist, wird allgemein die Ansicht vertreten, diese Bestimmung sei bindend (BGH AnwBl. 1987, 489; 1988, 250; Gerold/Schmidt/von Eicken/Madert/Müller-Rabe RVG 17. Aufl. § 14 Rn. 4 – Änderung nach *Madert* nur, wenn Erhöhung ausdrücklich oder erkennbar vorbehalten oder wenn RA getäuscht worden ist oder einen gesetzlichen Gebührentatbestand übersehen hat –; ebenso Hartung/Römermann RVG 2. Aufl. § 14 Rn. 7 ff.); Gebauer/Schneider RVG 2. Aufl. § 14 Rn. 89). N. Schneider meint abweichend, die Bindung bleibe auch dann erhalten, wenn der Anwalt einen falschen Gebührentatbestand angewandt habe.

64 Keiner der von der Literatur genannten Ausnahmefälle dürfte hier vorliegen.

Für zukünftige Fälle scheint mir die von Madert a. a. O. angeführte Entscheidung des OLG Köln (AGS 1993, 34 m. Anm. von Madert = NJW-RR 1993, 1073) für die Behandlung des § 14 von allgemeinem Interesse: Der Anwalt kann sich nach Ansicht des OLG Köln für den Fall der nicht pünktlichen Begleichung oder bei Einwendungen des Auftraggebers eine **Erhöhung vorbehalten**.

Wenn solch ein Vorbehalt der Erhöhung (geknüpft an eine klare Bedingung) beigefügt wird, so erhält der Anwalt Handlungsspielraum, den die Anwältin jetzt hätte ausüben können.

65 In einem Kostengutachten, das ich erstattet habe, hatte der Auftraggeber beanstandet, dass der Anwalt aus einer Mietsache und einem Verkauf des Mietobjektes fälschlich zwei Angelegenheiten mit je einer 0,75 Mittelgebühr nach § 118 BRAGO gemacht hatte, was das LG bestätigte, weil der Anwalt zunächst den Verkaufsauftrag hatte, aus dem sich dann ein Mieträumungsverlangen ergab (der in Rn. 45 geschilderte Fall = zwei Angelegenheiten, lag gerade umgekehrt). Konnte der Anwalt nun nach dem Prozessverlust erster Instanz aus den je 0,75 Gebühren bei irrig angenommenen zwei Angelegenheiten eine 1,0 Gebühr hinsichtlich der jetzt als Einheit zu betrachtenden einen Angelegenheit machen?

66 Da es bei der Bestimmung nach § 14 um ein BGB-Institut geht (Leistungsbestimmungsrecht durch die Partei gem. § 315 Abs. 1 BGB), sollte man vor der zutreffenden Rechtsbehauptung, die Bestimmung nach § 14 RVG sei **unwiderruflich**, nicht zu sehr erschrecken. Die einseitige WE, die keinen materiell-rechtlichen Überhang aus dem RVG hat, ist wie jede WE nach dem BGB zu behandeln. Die allgemeinen Regeln über die Nichtigkeit oder Anfechtbarkeit nach §§ 119, 123 BGB sind anwendbar (Bamberger/Roth BGB § 315 Rn. 6; Palandt § 315 Rn. 11).

Demgemäß gelten dann auch die Regeln von Treu und Glauben (§ 242 BGB) und damit auch die Regeln über das Fehlen oder den Wegfall der Geschäftsgrundlage. Damit müsste im hier geschilderten Fall etwas zu erreichen sein.

67 So hat das BAG (VersR 1981, 941) für ein Dauerschuldverhältnis aus Anwendung des Grundsatzes clausula rebus sic stantibus = Fehlen und Wegfall der Geschäftsgrundlage eine anpassende neue Leistungsbestimmung zugelassen.

Man könnte daher m. E. auch sofort bei der Leistungsbestimmung klarstellend hinzufügen, bei Fehlen oder Wegfall der Geschäftsgrundlage kann nach Treu und Glauben eine neue Bestimmung getroffen werden. Dann ließen sich die genannten Fälle, die bei Bestandskraft ein Gefühl der Ungerechtigkeit verursachen, nach Treu und Glauben leistungsgerecht lösen.

Für die Bejahung des Tatbestandsmerkmals »Rechtsverhältnis« genügt es schon, wenn zwar kein Vertrag besteht, sich zuvor aber ein Vertragspartner einer **entsprechenden Rechtsposition berühmt** (Gebauer/Schneider RVG 2. Aufl. VV 1000 Rn. 57; OLG Düsseldorf AGS 2003, 496). In dem vom OLG Düsseldorf untersuchten Fall wurde zwar die Möglichkeit des sich Berühmens erwähnt, im konkreten Fall aber ein solches Berühmen nach dem Sachverhalt verneint und daher die Vergleichsgebühr nach altem Recht mangels Einigung über ein schon bestehendes Rechtsverhältnis verneint. 68

Zum konkreten Fall hat das OLG Düsseldorf ausgeführt: 69

»Auch wenn auf beiden Seiten grundsätzliches Einverständnis mit der Durchführung der Baumaßnahme bestand, waren doch die rechtliche Ausgestaltung und der Umfang der Berechtigungen und Verpflichtungen zwischen den Parteien noch völlig offen, was ihnen bewusst war. Auch später ist während des Mandats der Beklagten ein Vertragsschluss vor dem 23. November 1998 nicht erfolgt.

Dies zeigt sich zum einen darin, dass die Klägerin unter dem 10. November 1997 versuchte, das Einverständnis des Zedenten S. (Mandant) mit dem Beginn der Baumaßnahmen herbeizuführen. Dies wäre nicht erforderlich gewesen, wenn gemäß dem Vorbringen der Beklagten bereits zuvor eine bindende Zustimmung zur Durchführung der Baumaßnahmen erklärt worden wäre.

Zum anderen zeigt sich die Einschätzung der Parteien, dass eine gesicherte Rechtsposition vor dem 23. 01. 1998 nicht bestand oder auch nur geltend gemacht wurde, in ihrem sonstigen Verhalten bei den Vertragsverhandlungen. Wären bereits zuvor verbindliche Erklärungen der Parteien erfolgt, hätte sich der Zedent S. im Rahmen der Verhandlungen nicht, wie geschehen, einseitig von dem bis dahin verhandelten Überbauvertrag lösen und eine völlig neue Vertragsgestaltung einbringen können. Entsprechendes gilt für die Klägerin, die die für sie wirtschaftlich ungünstigere Ausgestaltung der Verträge gemäß den Vorschlägen des Zedenten S. hingenommen hat, ohne sich auf ihre, nach den Behauptungen der Beklagten bereits gesicherte Rechtsposition einer Zusage des Zedenten zu berufen.«

Entscheidend ist also nicht, dass der Anwalt zur Begründung seines Anspruchs hinsichtlich der begehrten Einigungsgebühr behauptet, eine Partei habe sich auf eine gesicherte Rechtsposition berufen, sondern der Beweis des (wenn auch irrigen) Berufens auf eine vertragliche Position muss erbracht werden. Daran fehlte es in dem unter Rn. 69 geschilderten Fall. 70

Ein solches »Berufen« wäre zum Beispiel wie folgt denkbar, dass eine Partei vorträgt, sie habe zwar noch keinen Vertrag abgeschlossen, jedenfalls aber einen Vorvertrag, aus dem sie auf Abschluss des Hauptvertrages klagen könne. 71

Denkbar wäre auch eine Konstellation, dass eine Partei sagt, es sei über alle wesentlichen Momente eines Kaufvertrags Einigkeit erzielt worden, woraus sie vertragliche Ansprüche ableite, während der Gegner die endgültige Einigung bestreitet (Gebauer/Schneider RVG 2. Aufl. VV 100 Rn. 57). 72

cc) Geltendmachung von (unstreitigen) Forderungen aus dem Vertrag

• **1. Beispiel** 73

Fordert ein Anwalt vom Vertragspartner seines Mandanten Nachbesserung (wegen eines Mangels) und liefert der Gegner zur Erfüllung seiner Nachbesserungspflicht das begehrte Nachfolgemodell, so kommt damit kein Einigungsvertrag i. S. v. Nr. 1000 zustande. Dazu das KG (AGS 2006, 719):

»In dem Schreiben wird aber gerade die Lieferung des Nachfolgemodells als Nachbesserung verlangt. Von einem objektivierten Empfängerhorizont aus kann dieses Schreiben daher nicht als Vertragsangebot auf Abschluss eines den Streit über die Gewährleistungsrechte erledigenden Vertrages angesehen werden. Denn nach dem Schreiben wird das Verlangen auf Liefe-

Nr. 1000 VV

rung des Nachfolgemodells damit begründet, dass ein vertraglicher Anspruch bestehe, so dass auch die hierauf erfolgende Lieferung nicht als Annahme eines Angebots zum Abschluss eines **neuen** Vertrages aufgefasst werden kann. Die Frage, ob die Lieferung der Nachfolgemodelle mehr als ein Anerkenntnis des gestellten Nachbesserungsverlangens enthält, stellt sich daher nicht.«

74 Dieser Fall ist vom KG richtig entschieden. Der Sachverhalt liegt aber nahe am Einigungsvertrag (Nr. 1000). Hätte etwa der Verkäufer zunächst seine Nachbesserungspflicht bestritten und sich danach in Einigungsverhandlungen mit dem Käuferanwalt gleichwohl bereit erklärt, durch Lieferung des Nachfolgemodells nachzubessern, so wäre dieses der Abschluss eines Vertrags, durch den der Streit oder die Ungewissheit der Parteien über ein Rechtsverhältnis beseitigt worden wäre, gewesen (Einigungsgebühr Nr. 1000 VV).

• **2. Beispiel**

75 Fordert ein Gläubiger vom Schuldner vertraglichen Schadensersatz (§ 280 BGB), während der Schuldner behauptet, den Vertrag wirksam gem. § 123 BGB angefochten zu haben, so kann dieser Streit durch eine Einigung i. S. von Nr. 1000 beseitigt werden.

• **3. Beispiel**

75a Verkehrsunfall, sogenannte Abrechnungsfälle:

AG Krefeld (SchadensPraxis 2006, 151 – 11. 01. 2005 – 80 C 357/05):

»1. Für den mit einer Verkehrsunfallregulierung beauftragten Rechtsanwalt entsteht eine von der gegnerischen Kfz-Haftpflichtversicherung zu ersetzende Einigungsgebühr nach Nr. 1000 VV RVG nur dann, wenn zwischen den Parteien ein Vertrag zustande gekommen ist, der ihren Streit oder ihre Ungewissheit über den Umfang des zu leistenden Schadenersatzes beseitigt.

2. Kein solcher Vertrag, sondern nur ein vereinbarungsloses tatsächliches Nachgeben liegt vor, wenn die Kfz-Haftpflichtversicherung nur ein geringeres Schmerzensgeld als gefordert »reguliert« und der Geschädigte es dabei belässt.«

BGH (JurBüro 2007, 75 = AGS 2007, 57) – Abrechnungsfall: Zahlung der für berechtigt gehaltenen Positionen ist Abrechnung, kein Vergleich.

dd) Streit über Kosten

76 Einigen sich die Parteien über die Kosten, nachdem sie sich vorher bereits über die Hauptsache geeinigt hatten, so erhält der Anwalt, der die Einigungsgebühr aus der Hauptsache erhalten hatte, **keine weitere** Einigungsgebühr aus dem Kostenwert (§ 4 ZPO).

Werden die Kosten nämlich korrespondierend mit der Hauptsache und nicht als selbständiger Posten nach endgültiger Erledigung der Hauptsache begehrt, so können sie nach § 4 ZPO den Streitwert nicht erhöhen. Ist die Instanz aber abgeschlossen und fordert der Anwalt den Ersatz der Kosten, gestützt auf eine materielle Norm, etwa aus Verzug, so werden nunmehr die Kosten Hauptsache. Wenn sich die Parteien nunmehr in Gegenwart des Anwalts über die Kostentragung einigen, etwa 50 %: 50 % oder nur 25 %: 75 %, so ist das eine Einigung i. S. von Nr. 1000 und ihr Wert bestimmt sich nach dem Wert sämtlicher Kosten (etwa bis zur Berufungsinstanz).

ee) Ratenzahlungsvergleich

77 Der Ratenzahlungsvergleich ist nach dem RVG ein Einigungsvertrag, der die Gebühr auslöst, denn ein gegenseitiges Nachgeben ist nicht mehr gefordert und um ein vollständiges Anerkenntnis handelt es sich dann nicht, wenn es im Vertrag im Gegenseitigkeitsverhältnis vom Entgegenkommen des Vertragspartners abhängig ist, was schon aus dem vertraglichen Aushandeln (bei Streit oder Ungewissheit über ein Rechtsverhältnis) folgt (siehe auch Rn. 57).

Das Anerkenntnis, das mit einer Ratenzahlungsbewilligung verknüpft wird, löst also nunmehr die Einigungsgebühr aus (Gerold / Schmidt / von Eicken / Madert / Müller-Rabe RVG 17. Aufl. 1000 VV Rn. 4; Mayer / Kroiß RVG Nr. 1000 Rn. 17 Vollstreckungsbereich; KG AGS 2006, 65 zum neuen Recht: Ratenbewilligung gegen Rücknahme des Widerspruchs gegen den Mahnbescheid und Abtretung des Arbeitseinkommens). Wer auf Nummer sicher gehen will (trotz BGH vom 01. 03. 2005 – AGS 2005, 140 = JurBüro 2005, 309 zu § 23 BRAGO), macht daraus (wegen der fortbestehenden Voraussetzung: Streit oder Ungewissheit) einen Vergleich alter Prägung und kann dann seiner Sache wirklich sicher sein (siehe Mayer / Kroiß RVG Nr. 1000 Rn. 28).

Erfreulicherweise hatte die völlig verfehlte Entscheidung des 8. ZS des BGH vom 28. 03. 2006 (NJW 2006, 1523), wonach eine Einigung i. S. von Nr. 1000 nur gegeben sei, wenn der Vergleich **förmlich protokolliert** sei, nur eine Restlaufzeit von gut einem Jahr. Dann hat der 8. ZS auf Anfrage des 2. ZS, Entscheidung vom 13. 04. 2007 (BGH NJW 2007, 2187 = JurBüro 2007, 411 = AGS 2007, 366) an seiner unvertretbaren Ansicht nicht mehr festgehalten und der 2. ZS (NJW 2007, 2187) fordert nur noch eine Glaubhaftmachung der Einigung.

(1) Einigung außergerichtlich oder im gerichtlichen Erkenntnisverfahren

Nach altem Recht war die Frage, ob ein reiner Ratenzahlungsvergleich ein Vergleich i. S. v. § 779 BGB sei, weil hier nur der Gläubiger einseitig nachgab, bis zur Entscheidung des BGH vom 01. 03. 2005 (AGS 2005, 140 = JurBüro 2005, 309 zu § 23 BRAGO) heftig umstritten. Für die in einem Prozessvergleich zugebilligte Ratenzahlungsbewilligung hat der BGH den Streit beendet und ausgeführt:

78

»*Ist die Forderung dagegen – wie hier wegen ausdrücklichen Verzichts auf eine Klageerwiderung – unstreitig, liegt in dem Anerkenntnis des Schuldners allein kein Nachgeben (vgl. HansOLG Hamburg, MDR 1983, 589 und MDR 1999, 189; von Eicken in Gerold/Schmidt/von Eicken/Madert BRAGO 15. Aufl. § 23 Rn. 12; Fraunholz in Riedel/Sußbauer BRAGO 8. Aufl. § 23 Rn. 14; Engels MDR 2000, 1287, 1288; Lorenz DGVZ 1997, 129, 130, jew. m. w. N.). Anders verhält es sich indessen, wenn Gläubiger und Schuldner – wie hier – einen gerichtlichen Vergleich schließen. In diesem Fall verschafft der Schuldner, der lediglich eine Ratenzahlungsvereinbarung anstrebt, dem Gläubiger mit dem gerichtlichen Vergleich ohne Verzug einen sicheren Vollstreckungstitel (§ 794 Abs. 1 Nr. 1 ZPO). Er könnte zwar den Erlass eines gleichermaßen sicheren rechtskräftigen Urteils letztlich nicht verhindern, jedoch mit prozessualen Mitteln zumindest vorübergehend hinauszögern (vgl. zu dem vergleichbaren Fall der Aufnahme einer notariellen Urkunde, § 794 Abs. 1 Nr. 5 ZPO, Schumann/Geißinger BRAGO 2. Aufl. § 23 Rn. 17 m. w. N.).«*

Die Ratenzahlungseinigung in einem echten **Prozessvergleich** wird jetzt (weitergehender Wortlaut der Nr. 1000) den Tatbestand der Nr. 1000 erst recht erfüllen. Denn ehe ein Anspruch tituliert ist, ist die Rechtslage nicht gewiss. Für andere Ratenzahlungsvereinbarungen (also ohne Titulierung) genügt jedenfalls schon eine subjektive Behauptung des Gegners, die die Rechtslage subjektiv (nicht notwendig objektiv) unsicher macht, und die dann durch die Ratenzahlungsvereinbarung ausgeräumt wird (damit sind aber auch die materiellen Voraussetzungen des § 779 BGB, gegenseitiges Nachgeben, erfüllt).

79

(2) Einigung in der Zwangsvollstreckung

Im **Vollstreckungsbereich** kann die Einigungsgebühr grundsätzlich ebenfalls entstehen, wenn die Voraussetzungen des Abs. 1 der Anm. zu Nr. 1000 vorliegen. Es muss auch hier durch die Einigung ein Streit oder die Ungewissheit über ein Rechtsverhältnis beseitigt werden und der Einigungsvertrag darf nicht nur ein **Anerkenntnis** oder einen Verzicht beinhalten.

80

Auch eine erst in der Zwangsvollstreckung abgeschlossene Einigung erfüllt die Voraussetzungen der Nr. 1000. Hier muss auf das Typische der Zwangsvollstreckung abgestellt werden. Zwar ist durch die Titulierung das materielle Rechtsverhältnis nun nicht mehr ungewiss (abgesehen von Einwendungen nach § 767 ZPO), aber die Vollstreckung selbst ist aus sich selbst heraus hinsichtlich ihres Ausgangs immer ungewiss. Verpflichtet sich der Vollstre-

Nr. 1000 VV

ckungsschuldner zu Ratenzahlungen, so wird die Zwangsvollstreckungsrechtslage für den Gläubiger gewisser, denn die Lebenserfahrung lehrt, dass er am Ende sein Geld mit größerer Wahrscheinlichkeit erhält, als wenn er durch einen sofortigen vollen Vollstreckungsangriff den Schuldner so in die Hoffnungslosigkeit treibt, dass jener nun gar nichts mehr erwirbt oder aber sein Heil in einer **Restschuldbefreiung** sucht, wodurch der Gläubiger dann teilweise ausfällt.

81 So sieht es auch *Klees* (Mayer/Kroiß RVG Nr. 1000 Rn. 17):

»*Ein Vertrag kommt aber dennoch zustande, da durch die* **Stundungsvereinbarung,** *die üblicherweise in einer Ratenzahlungsvereinbarung enthalten ist, für den Schuldner die Ungewissheit beseitigt wird, der Gläubiger könne jederzeit Vollstreckungsmaßnahmen ergreifen. Auch das* **Zwangsvollstreckungsverfahren** *ist insoweit* **als Rechtsverhältnis** *und zwar als vollstreckungsrechtliches Rechtsverhältnis einzustufen. Erst recht gilt dies, wenn gleichzeitig mit der Vereinbarung über die Ratenzahlung eine Sicherungsabrede getroffen wird, etwa eine Lohnabtretung oder eine sonstige Forderungsabtretung oder eine sonstige Sicherheit vereinbart wird.*«

82 Ein bloßer **Verzicht des Gläubigers** i. S. d. Anm. Abs. 1 Satz 1 zu Nr. 1000 ist in der Einräumung einer Ratenzahlungsvereinbarung nicht zu sehen, da der Gläubiger nicht lediglich auf die sofortige volle ZV verzichtet, sondern im Gegenzug durch die Ratenzahlungsvereinbarung eine Aussicht auf die Realisierung seiner Forderung ohne weitere Kosten durch Vollstreckungsmaßnahmen erhält. In diesen Fällen entsteht also die Einigungsgebühr Nr. 1003 neben der Gebühr Nr. 3309.

83 Man wird die künftige Rechtsprechung beobachten müssen und ferner den Gerichten die vorstehenden Argumente liefern müssen, dass sie diese neuen Gedanken gerade in der Zwangsvollstreckung umsetzen müssen. Immerhin fällt für die Zwangsvollstreckung nur eine 0,3 Gebühr und für die Ratenzahlungsvereinbarung eine 1,0 Einigungsgebühr nach Nr. 1003 i. V. mit Nr. 1000 an. Da muss ein Richter schon springen. Und *Lappe* (NJW 2004, 2409) hält den ähnlich gelagerten Fall bei der erhöhten Gebühr der Nr. 1008 – dort sogar nur 0,3 +0,3 Gebühr – gleich für verfassungswidrig. Dem hat *Jungbauer* (FS Madert RVG Probleme und Chancen 2006 S. 144) zu Nr. 1008 zu Recht entgegengehalten, dass das Gebührenrecht eine Art Mischkalkulation darstellt. Eine erste positive Entscheidung des BGH, zwar noch zur BRAGO, die aber in gleicher Weise für das RVG anwendbar ist, ist in diesem Zusammenhang zu nennen: BGH (NJW 2006, 1598 = JurBüro 2006, 327):

»Die vom Schuldner übernommenen Kosten eines im Zwangsvollstreckungsverfahren geschlossenen Vergleichs sind regelmäßig notwendige Kosten der Zwangsvollstreckung. Das gilt auch für die durch die Einschaltung eines Rechtsanwalts entstandene Vergleichs- oder **Einigungsgebühr.**

Die Kosten eines Vollstreckungsvergleichs können regelmäßig nach § 788 Abs. 1 ZPO beigetrieben werden, wenn der Schuldner in dem Vergleich die Kosten **übernommen** hat. Ohne eine solche Vereinbarung wären die Vergleichskosten in entsprechender Anwendung von § 98 Satz 1 ZPO als gegeneinander aufgehoben anzusehen (vgl. Zöller/Stöber, ZPO, 25. Aufl., § 788 Rn. 7). Eine Kostenerstattung, auch im Wege des § 788 Abs. 1 ZPO, käme dann von vornherein nicht in Betracht.«

Der Anwalt muss also darauf achten, dass er die Kostenübernahme neben der Ratenbewilligung in den Vertrag aufnimmt. Dann sind die Vergleichskosten festsetzbar oder können vom GV zugleich gem. § 788 ZPO beigetrieben werden. Dieser Ansicht ist auch der BGH in mehreren Entscheidungen beigetreten:

BGH (JurBüro 2007, 2126 = AGS 2007, 302):

»Der Senat hat ausgeführt, dass die Kosten eines im Zwangsvollstreckungsverfahren geschlossenen Vergleichs zu den notwendigen Kosten der Zwangsvollstreckung im Sinne von § 788 Abs. 1 ZPO gehören, derartige Kosten könnten regelmäßig nach § 788 Abs. 1

ZPO beigetrieben werden, wenn der Schuldner diese Kosten im Vergleich übernommen habe. Ohne eine solche Vereinbarung seien die Vergleichskosten in entsprechender Anwendung von § 98 Satz 1 ZPO als gegeneinander aufgehoben anzusehen. Eine Kostenerstattung, auch im Wege des § 788 Abs. 1 ZPO, käme von vornherein nicht in Betracht (NJW 2006, 1598). An dieser Ansicht hält der Senat fest.

Die Vergleichsgebühr nach § 23 BRAGO ist aufgrund des Gesetzes zur Modernisierung des Kostenrechts vom 5. Mai 2004 durch die Einigungsgebühr nach Nr. 1000 VV RVG ersetzt worden. Nunmehr soll jede vertragliche Beilegung eines Streits der Parteien honoriert werden. Ein gegenseitiges Nachgeben ist nicht mehr erforderlich. § 98 ZPO ist an diese Gesetzesänderung nicht angepasst worden. Daraus folgt jedoch nicht, dass er auf eine Einigung im Sinne von Nr. 1000 VV RVG ohne gegenseitiges Nachgeben nicht anwendbar ist. Die Gesetzesmaterialien geben für einen derartigen Willen des Gesetzgebers nichts her. Durch die Einführung der Einigungsgebühr sollte der in der Vergangenheit heftige Streit darüber vermieden werden, welche Abrede noch und welche nicht mehr als gegenseitiges Nachgeben zu bewerten ist (vgl. BGH NJW 2006, 1523). Dieser für das Rechtsanwaltsvergütungsgesetz beendete Streit würde in der Zivilprozessordnung unverändert fortgesetzt, wollte man § 98 ZPO nach wie vor nur auf Vergleiche im Sinne von § 779 BGB anwenden.«

AG Nidda (DGVZ 2007, 75): »Hatte der Gläubiger zwar dem Schuldner eine Ratenzahlungsvereinbarung vorgelegt, in der auch ausdrücklich darauf hingewiesen worden war, dass im Gegenzug die Kosten dieser Vereinbarung vom Schuldner übernommen werden, wurde diese Vereinbarung aber vom Schuldner nicht unterschrieben, kann in der Zahlung der Raten an die Gläubigerin zwar die Annahme der Ratenzahlungsvereinbarung gesehen werden, nicht jedoch auch eine Einigung über die Übernahme der Einigungsgebühr. Insofern können diese Kosten nicht als notwendige Kosten der Zwangsvollstreckung nach § 788 ZPO in der Zwangsvollstreckung geltend gemacht werden.«

Es ist also eine »Einigung« und der Anwalt hat einen Anspruch gegen die eigene Partei auf die Gebühr Nr. 1000, er könnte sie aber nicht beim Gegner vollstrecken; ebenso AG Bad Hersfeld (DGVZ 2007, 75) unter Bezugnahme auf BGH (JurBüro 2006, 327).

Zutreffend hat das AG Wiesbaden (DGVZ 2007, 159) dahin erkannt, dass eine Abrede zwischen dem Gläubiger und dem GV nach § 806 b ZPO (Erledigung der ZV durch Beitreibung von Teilbeträgen) **keine** Einigung zwischen den Parteien der ZV darstellt.

AG Bersenbrück (DGVZ 2006, 202): »Eine bloße Ratenzahlungsbewilligung des Gerichtsvollziehers gemäß §§ 806 b, 900 Abs. 3 ZPO im Rahmen des Verfahrens der Abgabe einer eidesstattlichen Versicherung stellt keine Einigung gemäß Nr. 1000 VV RVG dar, sofern nicht der Gläubiger auf die Entscheidung des Gerichtsvollziehers in irgendeiner Weise eingewirkt hat. Für den Rechtsanwalt des Gläubigers fällt daher eine Einigungsgebühr nicht an.«

BGH (JurBüro 2007, 24): »Erklärt sich der Gläubiger allgemein dem Gerichtsvollzieher gegenüber mit der Gestattung von Ratenzahlungen durch den Schuldner einverstanden, löst dies keine Einigungsgebühr nach Nr. 1000 der Anlage 1 zu § 2 Abs. 2 RVG aus.«

Andererseits: Einigen sich die Parteien in der Zwangsvollstreckung ohne Anrufung des Vollstreckungsgerichts oder des GV, so fällt unter den Einigungsvoraussetzungen der Nr. 1000 die 1,5 Einigungsgebühr an.

Beispiel: Der Gläubigeranwalt droht die ZV an, der Schuldner vereinbart mit ihm Ratenzahlungen (BGH JurBüro 2006, 327 = AGS 2006, 214; im Grundsatz auch OLGR Jena 2007, 83 = RVGreport 2006, 345).

Beispiel: Der Gläubigeranwalt droht die Zwangsvollstreckung an, die Parteien einigen sich, dass bei Zahlung von 75 % der Summe innerhalb eines Monats der Titel erledigt sein soll.

Zum Ratenzahlungsvergleich beim Gerichtsvollzieher gibt es auch schon eine insoweit negative Entscheidung: LG Bonn (DGVZ 2005, 77 = RVGreport 2005, 265) zu § 186 Nr. 6 GVollzGA,

Nr. 1000 VV

§ 2 Abs. 2 Satz 1 Anl. 1 Nr. 1000 RVG, § 900 Abs. 3 ZPO: »Erklärt sich der Verfahrensbevollmächtigte bei der Erteilung des Vollstreckungsauftrags (hier: Abnahme der eidesstattlichen Versicherung) mit einer Ratenzahlung einverstanden und bewilligt der Gerichtsvollzieher entsprechende Raten, fällt keine Einigungsgebühr gemäß Nr. 1000 VV RVG an«, und ferner der BGH (28. 06. 2006 – VII ZB 157/05-NSW RVG VV Nr. 1000 BGH – intern):

Gewährt der GV dem Schuldner gem. § 806 b ZPO Ratenzahlungen, mit denen der Gläubiger einverstanden ist, so ist dies keine Einigung i. S. v. Nr. 1000, sondern der GV wird hoheitlich tätig. Dasselbe gilt nach der Begründung des BGH für die Fallgestaltung des § 813 a ZPO. Nr. 1003 Anm. Satz 2 bestimmt nunmehr, dass das Verfahren vor dem GV dem gerichtlichen Verfahren gleichsteht, also Vergleich im GV-Verfahren: nur eine 1,0 Einigungsgebühr. Das könnte aber umgekehrt dazu führen, dass eine vom GV vermittelte Einigung leichter die Einigungsgebühr anfallen lässt.

85 Für das Erkenntnisverfahren muss sich der Anwalt, was die Erstattungsfähigkeit anlangt, auch mit zwei neuen einschränkenden Entscheidungen auseinandersetzen: BGH NJW 2006, 1523 und OLG Stuttgart NJW 2005, 2161, vgl. Rn. 8. Beide Entscheidungen fordern für die Erstattungsfähigkeit die **förmliche Protokollierung** eines **Vergleichs**, die schlichte Einigung genügt ihnen nicht, weil im Absehen von der Form mindestens ein stillschweigender Erstattungsverzicht liege.

Wendet man diese letzteren Gedanken auf die Zwangsvollstreckungseinigung an, so dürfte es nicht mehr zulässig sein, zu locker mit der Form umzugehen und nur Schriftsätze zur Einigung auszutauschen, sonder lieber eine gemeinsame schriftliche, von beiden Teilen unterschriebene Erklärung zu fertigen. Ich rate ferner, weil es sich ja noch nicht bei allen Richtern herumgesprochen haben dürfte, dass man den alten Vergleich (im Sinne der Nr. 1000) jetzt neu, weil man als Anwalt seine Gebührenkenntnisse anbringen möchte, einfach modern »Einigung« nennt, sondern lieber über eine solche Ratenzahlungsvereinbarung in der Zwangsvollstreckung – sicher ist sicher – das Wort »**Vergleich**« dick darüber schreibt.

86 Natürlich ist in gleicher Weise im **Zwangsversteigerungsverfahren** der Anfall einer Einigungsgebühr (Nr. 1003: 1,0) durch eine Einstellungseinigung mit Ratenzahlungsvereinbarung möglich. Hier wird besonders evident, wie wichtig eine solche Hemmungs-Einigung für den Schuldner ist. Das ist aber auch ein verfahrens- und materiell-rechtlich wirksamer Vergleich nach § 779 BGB.

Mit diesem Parallelbeispiel aus der **Zwangsversteigerung** wird man vielleicht auch den noch zögernden Richter bei einer einfachen Ratenzahlungsvereinbarung in der normalen Zwangsvollstreckung davon überzeugen können, dass diese Einigung eine zusätzliche 1,0 Gebühr neben der mageren 0,3 Gebühr auslöst, welch letztere im Gesetzgebungsverfahren ursprünglich ja auch mit 0,5 vorgesehen war (Argument der Mischkalkulation, *Jungbauer* FS Madert RVG Probleme und Chancen 2006 S. 144).

87 Die Einigungsgebühr unterfällt dem § 788 ZPO und ist vom GV mit beizutreiben (LG Köln JurBüro 2004, 497).

4. Anerkenntnis und Verzicht

88 Nach Abs. 1 Hs. 2 der Anmerkung zur Nr. 1000 fällt die Einigungsgebühr nicht an, wenn »der Vertrag sich **ausschließlich** auf ein Anerkenntnis oder einen Verzicht beschränkt«.

Diese neu in den Gesetzeswortlaut (auch die gesetzlichen Anmerkungen gehören dazu und sind vom Richter zu beachten, siehe die Glosse: Das Vergütungsverzeichnis Rn. 4) aufgenommene Beschränkung könnte prozessual, aber auch weitergehend materiellrechtlich, gemeint sein. Es wäre schon hilfreich gewesen, wenn die Gesetzesbegründung hier etwas gesagt hätte.

Vorab: BGH (BB 2006, 2779): Eine wechselseitige Kombination aus Verzicht und Anerkenntnis ist eine »Einigung«, so auch OLG Düsseldorf (AGS 2008, 172). BGH (JurBüro 2007, 73 =

AGS 2007, 57): Teilverzicht und Teilanerkenntnis stehen der Einigungsgebühr (anders das Totalanerkenntnis oder der Totalverzicht) nicht entgegen.

Auf den ersten Blick könnte man annehmen, das prozessuale Anerkenntnis oder der prozessuale Verzicht (§§ 306, 307 ZPO) seien gemeint. Die Gesetzesbegründung lautet: »*Ein vollständiges Anerkenntnis oder ein vollständiger Verzicht sollen jedoch nicht für den zusätzlichen Anfall einer Einigungsgebühr ausreichen. Diese Einschränkung ist notwendig, damit nicht schon die Erfüllung des geltend gemachten Anspruchs oder der Verzicht auf die Weiterverfolgung eines Anspruchs die Gebühr auslösen kann.*«

Das könnte also für das **prozessuale** Anerkenntnis (oder den Verzicht) sprechen. Dieser ausdrückliche Zusatz fehlt aber im Gesetz, also sind sowohl materielle wie prozessuale Anerkenntnisse und Verzichte geregelt. Nur, der in einem »Vertrag« (so der Wortlaut der Nr. 1000) geregelte materielle »Verzicht« heißt nicht Verzicht, sondern »Erlassvertrag« (§ 397 Absätze 1 und 2 BGB). Das OLG Saarbrücken stellt auf einen prozessualen Verzicht ab (AGS 2008, 171).

Auch beim materiellen Anerkenntnis hat man seine Probleme: Soll es sich um ein Anerkenntnis in der Form des § 781 BGB handeln, genügt auch ein mündliches Anerkenntnis. Nach dem Wortlaut der Anmerkung Abs. 1 zu Nr. 1000 müsste das genügen. Wie sieht es dann beim nur tatsächlichen (etwa nur incidenter abgegebenen) Anerkenntnis aus, wie es in § 212 Abs. 1 Nr. 1 BGB geregelt ist? Auch dieses »niedere« Anerkenntnis kann als vollständiges Anerkenntnis eines Anspruchs in einem Vertrag auftauchen.

Da haben wohl alle Gesetzesmacher gedacht, jura novit curia, einschließlich der Auslegung des Gesetzes. Die viel beschäftigte Rechtsprechung wird es schon richten. Immer wenn man etwas Neues erfindet, sollte man aber besonders vorsichtig mit der Gesetzessprache sein. Meine Meinung: Nach dem Wortlaut sind alle prozessualen wie materiellen »Anerkenntnisse« und »Verzichte« ergriffen. Das hätte man durch den klarstellenden Zusatz: »materiell wie prozessual« klarstellen können, mindestens hätte man es in der Gesetzesbegründung ansprechen müssen.

Nun, der neue Brei wird wahrscheinlich nicht so heiß gegessen werden, wie er gekocht ist. Die Praxis wird ihre Auswege suchen und finden.

Braun (Gebührenabrechnung nach dem neuen RVG S. 59) meint zwar: »*Eine Beschränkung ist nunmehr vorgenommen worden, als Anerkenntnis und Verzicht, die in einem Vergleich ausgesprochen werden, keine Einigungsgebühr mehr auslösen; bisher wurde nach überwiegender Rechtsprechung in diesen Fällen eine Vergleichsgebühr gewährt.*«

Eine solche bisherige überwiegende Rechtsprechung, die Braun auch nicht belegt, entzieht sich meiner Kenntnis.

Für ein einseitiges totales Anerkenntnis gab es auch bisher keine Vergleichsgebühr, es musste gegenseitig, wenn auch geringfügig, nachgegeben werden (Gerold / Schmidt / von Eicken / Madert BRAGO 15. Aufl. § 23 Rn. 12; Gebauer / Schneider BRAGO § 23 Rn. 71 m. N.; Hansens BRAGO 8. Aufl. § 23 Rn. 5 a. E.).

Das OLG Düsseldorf (AGS 2005, 494) hat es als einen einseitigen Verzicht angesehen, wenn auch zuvor der Beklagte auf eine zustimmungsbedürftige Klagerücknahme hin seine Zustimmung von einem Klageverzicht des Klägers abhängig gemacht hat, die dieser dann erklärt hat. Es hat daher die Einigungsgebühr trotz des Verhandelns darüber zu Recht versagt. Das OLG Düsseldorf begründet: Der Kläger habe den verlangten Verzicht abgegeben. Es ließe sich auch argumentieren, nach der Klagerücknahme habe es keinen Streit mehr gegeben.

AG Koblenz (FamRZ 2006, 1694): »Die Antragstellerin hat ihren Vater aufgefordert, Auskunft über seine Einkommen- und Vermögensverhältnisse zu geben und Unterhalt zu zahlen. Nach Mitteilung der Antragstellerin hat ihr Vater rückwirkend den Unterhalt für die Monate April bis Juni 2005 überwiesen. Damit hat der Vater der Antragstellerin den Unterhaltsanspruch durch Erfüllung anerkannt. Auch wenn ein solches Anerkenntnis in einem Vertrag geregelt

Nr. 1000 VV

worden wäre, so wäre eine Einigungsgebühr **nicht** entstanden (BT-Drucksache 15–1971, Seite 204)«.

Die Arbeitsgerichtsbarkeit befasst sich verstärkt mit der Frage, ob bei einem Vergleich auf eine Kündigungsschutzklage, bei dem sich die Parteien einigen, dass das Arbeitsverhältnis fortgesetzt wird, nur ein totales Anerkenntnis des Arbeitgebers vorliegt. Übereinstimmend wird die Einigungsgebühr bejaht, weil mit der Vereinbarung der Fortsetzung des Arbeitsverhältnisses mehr geregelt wird als dass nur die Unwirksamkeit der Kündigung vom Arbeitgeber anerkannt wird (LAG Schleswig-Holstein, 15. 02. 2006 – 1 Ta 252/05 –; LAG Köln NZA-RR 2006, 44; LAG Düsseldorf NZA-RR 2005, 604 = JurBüro 2005, 639 und 643; Rpfleger 2006, 45; LAG Berlin JurBüro 2005, 644).

92 Das RVG hat im Gegensatz zur Behauptung von Braun nichts an der bisherigen einhelligen Ansicht zum Totalanerkenntnis geändert. Das **Totalanerkenntnis** reicht heute nicht und erst recht auch früher nicht zum Auslösen der Vergleichs- bzw. Einigungsgebühr. Früher half es bis zur anders lautenden Entscheidung des BGH (AGS 2005, 140 = JurBüro 2005, 309) nach der bis dahin überwiegenden Meinung auch nichts, wenn eine Seite total anerkannte und der Gegner ihm, wenn auch nur geringfügig mit Ratenbewilligung entgegenkam (Nachweise bei Gerold/Schmidt/von Eicken/Madert BRAGO 15. Aufl. § 23 Rn. 12 und Hansens BRAGO 8. Aufl. § 23 Rn. 5 a. E.).

Der Ratenzahlungsvergleich ist nunmehr nach dem RVG ein Einigungsvertrag (Nr. 1000), der die Gebühr auslöst, denn ein gegenseitiges Nachgeben wird dort nicht mehr gefordert und um ein reines Anerkenntnis des Schuldners handelt es sich wegen der Gegenleistung der Ratenbewilligung nicht.

Das Anerkenntnis, das mit einer Ratenzahlungsbewilligung verknüpft wird, löst also nunmehr nach optimistischen Prognosen in Bezug auf die Gesetzestreue der Richter die Einigungsgebühr aus (so auch *Madert* in Gerold/Schmidt/von Eicken/Madert/Müller-Rabe RVG 17. Aufl. 1000 VV Rn. 4; Mayer/Kroiß RVG Nr. 1000 Rn. 17 »Vollstreckungsbereich«). Wer dennoch auf Nummer sicher gehen will, macht daraus (wegen der noch immer geforderten Begriffe Streit oder Ungewissheit) einen **Vergleich** alter Prägung und kann dann seiner Sache angesichts BGH (AGS 2005, 140 = JurBüro 2005, 309) wirklich sicher sein (siehe auch Mayer/Kroiß RVG Nr. 1000 Rn. 28 und Rn. 77, 80).

93 Im seltenen Fall, dass der Beklagte im Rechtsstreit im Termin die Forderung sofort und als erstes isoliert anerkennt und dann der Gegner ihm dennoch nunmehr von sich aus mit einem Ratenangebot entgegenkommt und dann erst die Parteien dies anwaltlich in einen Vertrag einbringen, fehlt es auch nach neuem Recht an der Tatbestandsvoraussetzung (Streit oder Ungewissheit) und ist ferner ein totales Anerkenntnis gegeben, so dass keine Einigungsgebühr trotz Ratenzahlungsvereinbarung vorliegt. Wahrscheinlich war der Anwalt aber auch in diesem Ausnahmefall schon vorher streitschlichtend mündlich tätig und damit ursächlich für die abschließend protokollierte Einigung. Da braucht er ferner nur ein kleines Kostenproblem oder eine leichte Zinsreduzierung zu vereinbaren oder bewusst »einzubauen«, und das als »Gebühreneinschränker« auch von der Gesetzesbegründung so hoch gepriesene **totale Anerkenntnis** ist weg. Der anwaltliche Erfindungsgeist wird's schon richten und vergleichsbewusste Richter ebenfalls. Der Streit muss ja, wie ausgeführt, nicht um eine objektiv berechtigte Position gehen, es genügt ja schon, wenn man sich nur über eine subjektiv aufgestellte falsche Position, und sei sie noch so widersinnig, streitet. Beispiele für das Letztere gibt es im Juristenalltag zuhauf. So etwas wurde schon nach altem Recht von findigen Anwälten in die Vorgeschichte eines Vergleichs (gegenseitiges Nachgeben) zum Anfall der Vergleichsgebühr eingebaut.

Ein reines Anerkenntnis ist es auch nicht, wenn der Beklagte im Vergleich sich zur Erfüllung der Klageforderung und zur Erfüllung **weiterer zusätzlicher** nicht eingeklagter Ansprüche verpflichtet, so OLGR Celle 2008, 346.

Lebhaft **umstritten** ist die Rechtslage, wenn **beide Eheleute** im ersten Termin auf die Durchführung des **Versorgungsausgleichs** verzichten.

Das Oberlandesgericht Nürnberg (NJW 2007, 1071) vertritt den Standpunkt, dass eine Einigungsgebühr gemäß Nr. 1000 Vergütungsverzeichnis RVG beim gegenseitigen Verzicht auf die Durchführung des Versorgungsausgleichs anfalle. Es stützt sich zur Begründung darauf, dass es nicht Absicht des Gesetzgebers gewesen sei, durch die Fassung der Nr. 1000 Vergütungsverzeichnis RVG (im Vergleich zur Praxis zu § 23 BRAGO) den Anfall von Einigungsgebühren zu erschweren. Bis zum Erlass des RVG habe es herrschender Rechtsauffassung entsprochen, dass auch für den gegenseitigen Verzicht auf die Durchführung des Versorgungsausgleichs eine Einigungsgebühr anfalle.

Im Übrigen sei der Ausnahmetatbestand der Nr. 1000 Vergütungsverzeichnis RVG auf die Durchführung kontradiktorischer Verfahren zugeschnitten. Der Ausnahmetatbestand sei dementsprechend erfüllt, wenn eine Partei einseitig auf einen in diesem durchgeführten Verfahren geltend gemachten Anspruch verzichte.

Die Oberlandesgerichte Karlsruhe (NJW 2007, 1022), Stuttgart (NJW 2077, 1022) und Hamm (6 WF 91/07 – 29. 03. 2007) haben demgegenüber den Standpunkt vertreten, dass beim gegenseitigen Verzicht auf die Durchführung des Versorgungsausgleichs keine Einigungsgebühr anfalle, da insoweit nach dem eindeutigen Wortlaut der Nr. 1000 I 1 Vergütungsverzeichnis RVG für den Anfall einer Einigungsgebühr kein Raum bleibe.

Der Ansicht des OLG Nürnberg ist zu folgen, da ein **gegenseitiges** Verzichten anders als das vom Gesetz angesprochene **einseitige** Nachgeben (Verzichten) zu behandeln und zu bewerten ist. Nur das Letztere ist vom Gesetz angesprochen. Der gegenseitige Verzicht ist eine Einigung. Der »Verzicht« ist als Ausnahmetatbestand in Anmerkung 1 zu Nr. 1000 genannt, also eng auszulegen.

Für den **wechselseitigen Unterhaltsverzicht**: OLGR Frankfurt 2006, 1097: »Durch die Mitwirkung des Anwalts bei der Vereinbarung eines wechselseitigen Unterhaltsverzichts zwischen Eheleuten entsteht eine Einigungsgebühr nach Nr. 1000 RVG VV.« Ebenso OLGR Koblenz 2006, 464.

Die Praxis scheint mir im Übrigen großzügig mit der Bejahung der Nr. 1000 umzugehen:

OLG Stuttgart (JurBüro 2008, 472):

»Der Anfall der Einigungsgebühr nach Nr. 1000 Abs. 1 Satz 1 RVG-VV erfordert beim Abschluss des Einigungsvertrages kein gegenseitiges Nachgeben im Sinne des § 779 BGB. Beim Vorliegen nur eines einseitigen Nachgebens kann nicht ohne weiteres das negative Tatbestandsmerkmal des »ausschließlichen Anerkenntnisses oder Verzichts« als erfüllt angenommen werden. Vielmehr ist davon auszugehen, dass beim einseitigen Nachgeben in den Fällen der sorgsamen Abwägung des Für und Wider und schließlich der Vernachlässigung der eigenen Rechtsposition zu Gunsten des Rechtsfriedens sich der zwischen den Beteiligten abgeschlossene Einigungsvertrag nicht »ausschließlich« auf ein Anerkenntnis oder einen Verzicht beschränkt und damit die Einigungsgebühr entstehen lässt.«

Ebenso mit gleicher Begründung: OLG Rostock (OLGR Rostock 2008, 261 = AGS 2008, 326).

5. Mitwirkung bei Vertragsverhandlungen – Güteverfahren, § 36 RVG

Kaum einer (auch der Gesetzgeber selbst nicht) hat bemerkt, dass Nr. 1000 Anmerkung Abs. 1 Satz 2, die auf eine Einigung in den im § 36 (Schiedsverfahren) angeführten Güteverfahren verweist, leer läuft. Denn schon der Gesetzgeber selbst hat aus § 36 die Güteverfahren herausgenommen. Es gibt sie aber immer noch und in der Nr. 2303 ist die Vergütung für die anwaltliche Teilnahme an den verschiedenen Güteverfahren speziell geregelt (Hartung/Römermann/Schons RVG 2. Aufl. § 36 Rn. 24). Wenn es der Gesetzgeber selbst nicht gemerkt hat,

Nr. 1000 VV

so ist es verzeihlich, dass fast alle namhaften Autoren (so auch Hartung/Römermann/Schons RVG 2. Aufl. Nr. 1000 Rn. 3) nach wie vor bei Nr. 1000 so tun, als enthalte § 36 den Zusatz »Güteverfahren« immer noch. Auch ich habe es bei der ersten Auflage nicht bemerkt. Der Zusatz war aber nie in der amtlichen Gesetzesfassung des § 36. Wir sollten uns alle also selbst nicht so wichtig nehmen und über uns selbst ein wenig lächeln.

6. Anmerkung Absatz 1 Satz 3 Privatklageverfahren

95 Die Gebührentatbestände des ersten Teils, also vornehmlich die Einigungsgebühr (Nr. 1000), kann sowohl im außergerichtlichen Bereich des Teils 2, im gerichtlichen Verfahren des Teils 3, wie auch im Teil 4 im Privatklageverfahren (Nr. 4147) anfallen. Wegen der Einzelheiten wird auf Nr. 4147 verwiesen (Wahlanwalt € 20 bis € 150, der Pflichtverteidiger erhält eine feste Gebühr von € 68,00, das ist der überall durchgehaltene Satz von 80 % der Mittelgebühr, also: Mittelgebühr 20 + (130 : 2 =) 65 = 85, davon 80 % = € 68,00).

II. Anmerkung Abs. 2 zu Nr. 1000 »Mitwirkung bei Vertragsverhandlungen«

96 Dem Gesetzgeber war zwar im Fraktionsentwurf der BT-Drs. 15/1971, S. 92 ein redaktioneller Fehler unterlaufen, als man in der Anmerkung Abs. 2 nur von »Vertragsverhandlungen« gesprochen hat. Dieser blanke Text hätte einen neuen, viel weitergehenden Gebührentatbestand geschaffen, nämlich die Mitwirkung des Anwalts bei allen Vertragsverhandlungen. Das hätte zusätzlich zur Geschäftsgebühr (Nr. 2300) auch noch eine Einigungsgebühr nach Nr. 1000 ausgelöst, wenngleich die Gesetzesbegründung meinte, Anmerkung Abs. 2 entspreche § 23 Abs. 1 Satz 2 BRAGO. Dieser Fehler im Gesetzeswortlaut fiel einer Mitautorin diese Kommentars auf, die dann das BJM informierte, was zur Folge hatte, dass das Gesetz jetzt den Zusatz hat: Vertragsverhandlungen »im Sinne des Absatzes 1«. So hat sie Gesetzesgeschichte geschrieben.

97 Jetzt ist wieder klargestellt, dass nicht jedweder Vertrag die Gebühr auslösen kann, sondern nur einer i. S. d. Absatzes 1, also ein Vertrag, der den Streit oder die Ungewissheit über ein Rechtsverhältnis beseitigt.

Absatz 2 der Anmerkung will also nur die alte gesetzliche Regelung des § 23 Abs. 1 Satz 2 BRAGO vom Vergleich auf den »Einigungsvertrag« der Nr. 1000 fortschreiben.

Abs. 2 der Anmerkung zu Nr. 1000 stellt somit wie früher nur klar, dass es schon ausreicht, wenn der Anwalt nur an den Vertragsverhandlungen teilgenommen hat, die zum Einigungsvertrag i. S. von Anmerkung Abs. 1 geführt haben, auch wenn er beim Vertragabschluss selbst nicht zugegen ist. Ferner ist, wie bisher, für die Kausalität die Beweislast im Hs. 2 umgedreht. Der Auftraggeber muss die Nichtursächlichkeit beweisen, will er die Zahlung der Einigungsgebühr ablehnen.

Beispiel für die Mitwirkung an einem solchen Einigungsvertrag: AG Halle-Saalkreis (RVG professionell 2005, 135):

Wenn ein Rechtsanwalt einen Mandanten im Zusammenhang mit einer Schadensregulierung über eine Versicherung darüber berät, ob ein angebotener Einigungsvertrag angemessen ist und es daraufhin zur Einigung kommt (hier: Quotelung des Schadenersatzanspruchs), liegt eine Mitwirkung des Anwalts bei der Einigung vor. Daran ändert auch die Bezeichnung des Einigungsangebots als »Abrechnung« nichts. Es fallen dann die Einigungsgebühren nach Nr. 1000 VV RVG an.

III. Anmerkung Abs. 3 zu Nr. 1000 Einigung mit Bedingung oder Widerruf

Absatz 3 der Anmerkung bestätigt, dass Voraussetzung für den Anfall der Einigungsgebühr wie bisher der wirksame Abschluss des Vertrags ist. Ein unter aufschiebender Bedingung geschlossener oder widerruflicher Vertrag, die Praxis wird diesen weiter einen »Widerrufsvergleich« nennen, löst noch nicht die Einigungsgebühr aus, erst der Eintritt der Bedingung oder der Fristablauf ohne Widerruf.

98

IV. Anmerkung Abs. 4 zu Nr. 1000 Rechtsverhältnis des öffentlichen Rechts

Absatz 4 der Anmerkung bestimmt unverändert, dass eine Einigungsgebühr auch in Angelegenheiten des öffentlichen Rechts entstehen kann, soweit die Parteien über den Anspruch verfügen können.

99

V. Anmerkung Abs. 5 zu Nr. 1000 Ehe- und Lebenspartnerschaftssachen

Abs. 5 der Anmerkung bestimmt, dass in der Ehesache selbst keine gebührenpflichtige Einigung geschlossen werden kann, die Parteien können nämlich über den materiellen Gegenstand des Streits (die Ehe) vertraglich nicht verfügen.

100

Im Zusammenhang mit einer Ehesache können jedoch Einigungen über vermögensrechtliche Ansprüche geschlossen werden, so z. B. über den Unterhalt der Ehegatten und der Kinder für die Zeit des Rechtsstreits oder nach der Scheidung, über die Auseinandersetzung des gemeinschaftlichen Vermögens oder über die Verteilung des Hausrats.

Bei einer Einigung über andere einigungsfähige Gegenstände darf der Wert der Ehesache selbst in den Wert der Einigung nicht einbezogen werden.

VI. Höhe der Einigungsgebühr

1. Regelhöhe der Einigungsgebühr

Nummer 1000 bestimmt den Grundsatz: Die Einigungsgebühr beträgt **grundsätzlich 1,5**. Das gilt, wie nachfolgend dargestellt, auch für das selbständige Beweisverfahren, obwohl es ein gerichtliches Verfahren ist. Die 1,5 Gebühr gilt auch für den in den Vergleich einbezogenen bisher **nicht anhängigen** Anspruch.

101

2. 1,0 Gebühr für Einigung in einem gerichtlichen Verfahren

Wie sich aus dem Ausnahmetatbestand Nr. 1003 nebst Anmerkung ergibt, beträgt die Einigungsgebühr für Einigungen im gerichtlichen und PKH-Verfahren 1,0. Nr. 1003 enthält eine Rückausnahme für ein (gerichtliches) selbständiges Beweisverfahren = 1,5. Wird ein anderweitig **anhängiger Anspruch** in die Einigung einbezogen, so erfällt dafür ebenfalls nur eine 1,0 Gebühr.

102

Im gerichtlichen Verfahren beträgt die Einigungsgebühr selbst dann 1,0, wenn die Gebühr für das Verfahren selbst geringer ist, etwa die Zwangsvollstreckungsgebühr von 0,3 (Nr. 3309).

Nr. 1000 VV

VII. Einbeziehung nicht anhängiger Ansprüche in die Einigung

1. Erste Instanz

a) In einen Vergleich (Einigung) erster Instanz wird ein nicht anhängiger Anspruch einbezogen

103 Am häufigsten wird in eine erstinstanzliche Einigung zur Friedensstiftung ein bisher nicht rechtshängiger Anspruch einbezogen.

Das dann erforderliche, von vielen gefürchtete Rechenwerk ist ganz einfach:

Zunächst werden zur Feststellung der maximalen Gebühr die beiden Wertteile gesondert nach ihrem Streitwert und Gebührensatz berechnet und diese Teilgebühren zur Gesamtgebühr addiert (§ 15 Abs. 3 Alt. 1). Sodann werden zur Kontrolle (Kappung) die beiden Wertteile addiert und für diesen Gesamtwert die Gebühr nach dem höchsten Gebührensatz errechnet. Diese Kappung kann dann letztlich die angefallene Gebühr begrenzen (§ 15 Abs. 1 Alt. 2). So auch OLG Zweibrücken (JurBüro 2005, 539).

Beispiel 1			
Rechtshängig	Wert € 24.000,00	1,0 Gebühr	€ 686,00
einbezogen	Wert € 2.000,00	1,5 Gebühr	€ 199,50
Gesamtgebühr			**€ 885,50**
Probe nach § 15 Abs. 3 Alt. 2			
	Wert € 26.000,00	1,5 Gebühr	€ 1.137,00
also keine Begrenzung, keine Kappung der Gebühr von			€ 885,50
Beispiel 2			
Rechtshängig	Wert € 15.000,00	1,0 Gebühr	€ 566,00
einbezogen	Wert € 20.000,00	1,5 Gebühr	€ 969,00
			€ 1.535,00
Probe nach § 15 Abs. 3 Alt. 2			
	Wert € 35.000,00	1,5 Gebühr	€ 1.245,00
also Kappung nach § 15 der Gebühr auf			€ 1.245,00

b) In einen Vergleich (Einigung) erster Instanz wird ein im Berufungsrechtszug anhängiger Anspruch einbezogen

104 Wird in eine **Einigung erster Instanz** ein in der **Berufungsinstanz anhängiger** Anspruch einbezogen, so muss in strikter Konsequenz des Wortlautes der Nr. 1004 (näher dort) für diesen einbezogenen Berufungsteil eine 1,3 Gebühr erfallen. Daran dürfte der Gesetzgeber angesichts der Gesetzesbegründung zwar nicht gedacht haben, **so aber lautet das Gesetz:** »Über diesen Anspruch ist ein (anderes) Berufungsverfahren anhängig.« Es fällt also für einen Teilwert eine 1,0 und für den Berufungswert eine 1,3 Gebühr für den erstinstanzlichen Anwalt an, der so beliebte § 15 Abs. 3 ist also hier beim Ausrechnen erneut anzuwenden:

Gesamtgebührenwert addiert (§ 15 Abs. 3 Alt. 1). Sodann werden zur Kontrolle (Kappung) die beiden Wertteile addiert und für diesen Gesamtwert die Gebühr nach dem höchsten Gebührensatz errechnet. Diese Kappung kann dann letztlich die angefallene Gebühr begrenzen (§ 15 Abs. 1 Alt. 2).

2. Einbeziehung in die Einigung der Berufungsinstanz, Nr. 1004 VV RVG
a) Fallbehandlung nach BRAGO und Gesetzeswortlaut des RVG

An sich gehört die Kommentierung zur Einigungsgebühr für den Vergleich in der Berufungsinstanz, für die Nr. 1004 eigene höhere Gebühren vorsieht, zur Nr. 1004. Es kommt aber zu Überlappungen, so dass es zweckmäßig erscheint, auch hier (auf die Gefahr einer leichten Doppelung) einen kurzen Abriss zu geben.

Für die **Berufungsinstanz** ist infolge des Wortlauts der Nummern 1000, 1003 und 1004 VV RVG eine Reihe alter Probleme zur Höhe erhalten geblieben, insbesondere zur Einbeziehung von nicht anhängigen Gegenständen (Mehrwert) in der Berufungsinstanz, seien diese Gegenstände überhaupt nicht anhängig oder aber nur bei einem anderen Gericht erster oder zweiter Instanz anhängig.

Beispiele mit bisheriger Lösung nach BRAGO:

1. In die Einigung in der Berufungsinstanz wird ein bisher **nicht anhängiger** Anspruch einbezogen (Entscheidung des BGH JurBüro 2003, 78 = AGS 2003, 609 in der bisher hoch streitigen Frage: nur eine 1,5 Gebühr, keine 1,5 × 1,3 = 1,95 Gebühr).
2. Einbeziehung eines Streitgegenstandes **aus einem anderen Rechtsstreit** (verschiedener Instanzen).
2.1 Vergleich/Einigung in der Berufungsinstanz, Einbeziehung einer **erstinstanzlich** anhängigen Sache (Alle Ansichten: 1,3 Gebühr für beide Wertanteile, so KG JurBüro 1998, 189; OLG Braunschweig MDR 1960, 149; OLG Karlsruhe NJW 1958, 1546; OLG Oldenburg NJW 1972, 1331; Hansens BRAGO 8. Aufl. § 23 Rn. 15; Gebauer/Schneider BRAGO § 23 Rn. 160).
2.2 Vergleich/Einigung in der ersten Instanz, Einbeziehung einer **zweitinstanzlich** anhängigen Sache (streitig: Differenzierung: 1,3 für den Berufungsanteil, 1,0 für den erstinstanzlichen Anteil, so Gerold/Schmidt/von Eicken/Madert BRAGO 15. Aufl. § 23 Rn. 53; dagegen: für beide Anteile 1,3 Gebühr so OLG Oldenburg MDR 1972, 618; OLG Karlsruhe NJW 1958, 1546; Hansens BRAGO 8. Aufl. § 23 Rn. 16).
Eine dritte Meinung gibt für den gesamten in erster Instanz verglichenen Wert (erster und zweiter Instanz) einheitlich nur die 1,0 Gebühr, so Gebauer/Schneider BRAGO § 23 Rn. 161; OLG München JW 29, 1692; OLG Dresden JW 32, 2039).
3. In eine Einigung der Berufungsinstanz wird ein in derselben Instanz (Berufung) anhängiger Rechtsstreit einbezogen (nach h. M. einheitlich 1,3 Gebühr, so Gebauer/Schneider BRAGO § 23 Rn. 156).

Eine Analyse des Wortlauts von Nr. 1004 VV RVG einerseits und § 11 Abs. 1 Satz 3 BRAGO andererseits trägt zur Problemlösung für die richtige Anwendung des RVG bei:

Nr. 1004 VV RVG: »Über den Gegenstand ist ein Berufungs- oder Revisionsverfahren anhängig: Die Gebühren 1000 und 1002 betragen 1,3.«

§ 11 Abs. 1 Satz 3 BRAGO: »Im Berufungs- und Revisionsverfahren erhöhen sich die Beträge der sich aus Satz 1 und 2 ergebenden Gebühren um drei Zehntel.«

b) Gesetzesanalyse Nr. 1004

Die BRAGO hat also auf das Verfahren der Berufungsinstanz abgestellt, das RVG nennt jetzt ausdrücklich den Gegenstand, also den Streitgegenstand der Berufungsinstanz.

Die Begründung des Gesetzestextes

Die Begründung des Gesetzgebers zu Nr. 1004 VV RVG lautet:

»Die Regelung sieht entsprechend der derzeitigen Regelung in § 11 Abs. 1 Satz 4 BRAGO vor, dass die innerhalb eines anhängigen Berufungs- oder Revisionsverfahrens anfallende Einigungs-, Aussöhnungs- oder Erledigungsgebühr um 0,3 höher ausfällt als in der 1. Instanz. Im Falle eines Mitvergleichs nicht rechtshängiger Ansprüche im Berufungs- und Revisionsverfahren soll es bei dem in den Nummern 1000 bis 1002 VV RVG vorgesehenen Gebührensatz von 1,5 bleiben.«

Nr. 1000 VV

107 Bei vordergründiger Auslegung der Worte »nicht rechtshängiger Ansprüche im Berufungsverfahren« in Satz 2 könnte man auslegen, dass alle nicht in der Berufungsinstanz anhängigen Ansprüche, also gleich, ob in erster Instanz anhängig oder nicht, damit gemeint seien. Doch das Zitat der Nr. 1000 und der Gebührensatz von 1,5 besagen eindeutig, dass in Satz 2 nur etwas zu überhaupt nicht anhängigen Ansprüchen gesagt ist. Die Begründung des Satzes 2 hilft also nicht bei dem Problem Anhängigkeit eines einbezogenen Anspruchs in erster Instanz.

Der erste Satz der Gesetzesbegründung greift eher die alte BRAGO-Formulierung »anhängiges Berufungsverfahren« und nicht den neuen Begriff »Gegenstand der Berufung« auf. Ergebnis nach der Analyse der knappen Begründung der Nr. 1004:

Nach der Gesetzesbegründung wäre das Problem genauso zu lösen wie früher entsprechend dem Text der BRAGO.

108 **Der Gesetzestext selbst:**

Ich meine, der Gesetzestext der Nr. 1004 selbst bringt eine inhaltliche Änderung der Rechtslage. Der Wortlaut: »Über den Gegenstand ist ein Berufungsverfahren anhängig.«

Nr. 1004 gewährt die Erhöhung auf 1,3 damit nur für den in der Berufungsinstanz anhängigen Gegenstand (ebenso Hartung/Römermann RVG Nr. 1000 Rn. 32; Gerold/Schmidt/von Eicken/Madert/Müller-Rabe RVG 17. Aufl. Nr. 1004 Rn. 3; Gebauer/Schneider RVG 2. Aufl. Nr. 1000 Rn. 121, 166).

Damit fällt für Gegenstände, die in der Berufungsinstanz zwar mitverglichen werden, aber erstinstanzlich und nicht in der Berufungsinstanz anhängig sind, nur eine 1,0 Einigungsgebühr an.

Damit hat der Gesetzgeber diese Frage, ohne ein Wort der Begründung zu nennen (kennt er das Problem und die einschlägige Rechtsprechung dazu?), gegen die oben (Rn. 105) unter Ziffer 2.1 aufgeführte ganz herrschende Meinung entschieden.

VIII. Wert der Einigung

109 Die Höhe der Gebühr richtet sich nach dem Einigungsgegenstand. Einigungsgegenstand ist das Rechtsverhältnis, über das die Parteien sich einigen (BGH NJW 1964, 1523; OLG Hamburg JurBüro 1981, 1182; OLG Köln AGS 2007, 322), nicht etwa, was Versicherer gerne anstreben, das »magere« **Ergebnis** der Einigung. Fordert eine Seite € 10.000 und einigt man sich auf € 6.000, dann ist der Wert € 10.000.

Siehe aber auch die »Abrechnungsfälle« Rn. 75 a. Streitig ist, wie der **Wert** zu berechnen ist, wenn **unstreitige Forderungen** in die Einigung einbezogen werden (OLG Nürnberg JurBüro 1985, 1395: Titulierungsinteresse – voller Wert –, ebenso OLG Bamberg JurBüro 1989, 201; OLG Koblenz JurBüro 1984, 1218: nur zu schätzender Bruchteil, ebenso Gebauer/Schneider RVG 2. Aufl. Nr. 1000 Rn. 181; Riedel/Sußbauer BRAGO 8. Aufl. § 23 Rn. 32: kein Wertansatz bei Einbeziehung von unstreitigen Forderungen).

110 Nach dem RVG stellt sich die Frage neu, denn die gesetzlichen Voraussetzungen sind heruntergeschraubt worden, es muss nicht mehr nachgegeben werden. Stellt man auf den Streit, insbesondere aber auf die **Ungewissheit** ab oder auf den Wegfall des gegenseitigen Nachgebens – da das Nachgeben nicht mehr Voraussetzung des Gebührenanfalls ist –, könnte man großzügiger mit nichtstreitigen Forderungen umgehen, denn was ist nicht alles zwischen Parteien ungewiss. Das Nachgeben muss ja jetzt nicht mehr festgestellt werden, also die ursprüngliche Position mit der erreichten Position verglichen werden. Mit einzubeziehen in diese Auslegung sind auch die neuen Begriffe »vollständiges Anerkenntnis oder Verzicht«, ein teilweises Anerkenntnis/Verzicht stehen also der Wertberücksichtigung nicht entgegen.

An die Unstreitigkeit eines Anspruchs ist damit ein hohes Maß anzulegen. Aus dem Einigungswert kann dann nämlich nur ein Anspruch herausfallen, den die Gegenseite von Anfang an, also zu Beginn der Einigungsvertragsverhandlungen, bereits total anerkannt hat. Wird der Anspruch erst im Laufe der Verhandlungen unstreitig, ja sogar anerkannt und sodann in den Vertrag einbezogen, so ist auch dieser Gegenstand der Einigung wertmäßig voll anzusetzen. Beides: Kein gegenseitiges Nachgeben mehr und der Begriff vollständiges Anerkenntnis (abzuleiten aus dem Wortlaut der Nr. 1000 sowie der Gesetzesbegründung) fordern einen großzügigen Umgang bei der Wertfestsetzung von sogenannten unstreitigen Forderungen.

Das OLG Zweibrücken (JurBüro 2005, 539) hatte sich mit einem Fall zu befassen, bei dem der Streitwert in der Klageschrift mit € 20.000,00 und nach einem Vergleich unter Einbeziehung eines nicht anhängigen Gegenstands von beiden Anwälten mit nur € 15.000,00 angegeben worden war, ohne dass die Beträge aufgeschlüsselt waren. Den Anwälten war dann auch in der Kostenfestsetzung trotz einer Kostenfestsetzungsbeschwerde, die auch nichts aufschlüsselte, nicht mehr zu helfen.

Nr. 1001 VV

Nr.	Gebührentatbestand	Gebühr oder Satz der Gebühr nach § 13 RVG
1001	Aussöhnungsgebühr .... Die Gebühr entsteht für die Mitwirkung bei der Aussöhnung, wenn der ernstliche Wille eines Ehegatten, eine Scheidungssache oder ein Verfahren auf Aufhebung der Ehe anhängig zu machen, hervorgetreten ist und die Ehegatten die eheliche Lebensgemeinschaft fortsetzen oder die eheliche Lebensgemeinschaft wieder aufnehmen. Dies gilt entsprechend bei Lebenspartnerschaften.	1,5

Inhaltsübersicht

	Rn.		Rn.
A. Allgemeines	1	4. Höhe der Aussöhnungsgebühr	22
B. Kommentierung	3	5. Gegenstandswert	24
I. Anwendungsbereich	3	6. Aussöhnungsgebühr bei PKH	25
II. Der Tatbestand im Einzelnen	9	7. Nachliquidation der Aussöhnungsgebühr	26
1. Ernsthafter Wille	9	8. Einigungsgebühr neben Aussöhnungsgebühr	27
2. Aussöhnung	13	9. Terminsgebühr neben Aussöhnungsgebühr	28
3. Mitwirkung des Rechtsanwalts	16		

A. Allgemeines

1 Nr. 1001 VV RVG entspricht § 36 Abs. 2 BRAGO, wobei der Gebührenanspruch auf 1,5 erhöht wurde, soweit kein gerichtliches Verfahren anhängig ist. Ansonsten gilt nach Nr. 1003 – entsprechend der Einigungsgebühr (Nr. 1000) –, dass der Gebührenanspruch bei Rechtshängigkeit 1,0 beträgt.

2 Der Gesetzgeber begründet die gebührenrechtliche Besserstellung der auf eine frühzeitige Aussöhnung von Ehegatten oder Lebenspartnern gerichteten Anwaltstätigkeit damit, dass ein entsprechendes Engagement des RA honoriert werden soll, das gleichzeitig dazu führt, die Gerichte zu entlasten. Die Beibehaltung eines besonderen Gebührentatbestands sei nach Ansicht des Gesetzgebers bedeutungsvoll für das Institut der Ehe oder der Lebenspartnerschaft.

B. Kommentierung

I. Anwendungsbereich

3 Wirkt der RA bei einer Aussöhnung der Ehegatten bzw. der Lebenspartner einer eingetragenen Lebenspartnerschaft mit (vgl. Gesetz über die Eingetragene Lebenspartnerschaft/Lebenspartnerschaftsgesetz – LPartG v. 16. 02. 2001), so erhält er eine **besondere Aussöhnungsgebühr,** die nach Vorbemerkung 1 neben den in anderen Teilen bestimmten Gebühren (z. B. Teil 3 VV) entsteht.

4 Die Aussöhnungsgebühr entsteht in Ehesachen (§ 606 Abs. 1 Satz 1 ZPO) und in Lebenspartnerschaftssachen (§ 661 Abs. 1 Nrn. 1–3 ZPO).

5 Ehesachen nach § 606 Abs. 1 Satz 1 sind:

- Scheidungsverfahren
- Verfahren auf Aufhebung der Ehe
- Feststellung des Bestehens oder Nichtbestehens einer Ehe.

Lebenspartnerschaftssachen nach § 661 Abs. 1 Nrn. 1–3 ZPO sind: 6

- Verfahren auf Aufhebung der Lebenspartnerschaft aufgrund des LPartG
- Verfahren auf Feststellung des Bestehens oder Nichtbestehens einer Lebenspartnerschaft.

Da die Parteien sich in Ehe- und Lebenspartnerschaftssachen lediglich über die daraus er- 7
gebenen Folgesachen, nicht aber über die Ehe- oder Lebenspartnerschaftssache selbst vergleichen können, regelt Abs. 5 der Anm. zur Nr. 1000, dass aus dem Wert der Ehe- bzw. Lebenspartnerschaftssache eine Einigungsgebühr nicht entstehen kann. Dies hängt schlicht und ergreifend damit zusammen, dass man sich beispielsweise über die Scheidung nicht vergleichen kann (»ein bisschen scheiden lassen geht nicht«).

Der Gesetzgeber sieht jedoch, wenn sich durch Aussöhnung der Parteien die Ehe- oder Le- 8
benspartnerschaftssachen erledigen, unter bestimmten Voraussetzungen eine Aussöhnungsgebühr nach Nr. 1001 vor.

II. Der Tatbestand im Einzelnen

1. Ernsthafter Wille

Voraussetzung für den Anfall einer Aussöhnungsgebühr ist, dass der Weiterbestand der Ehe 9
bzw. Lebenspartnerschaft gefährdet sein muss. Dies ist nach Auffassung des Gesetzgebers dann der Fall, wenn der ernstliche Wille eines Ehegatten hervorgetreten ist, ein Scheidungsverfahren oder ein Verfahren auf Aufhebung der Ehe oder Lebenspartnerschaft anhängig zu machen.

Damit reicht die bloße Anhängigkeit als Voraussetzung zur Entstehung der Aussöhnungsge- 10
bühr aus. Erforderlich ist die Anhängigkeit jedoch nicht. Der ernsthafte Wille einer Partei kann bereits vor Einreichung eines entsprechenden Scheidungsantrags bei Gericht hervorgetreten sein.

Nicht notwendig ist, dass beide Ehegatten oder Lebenspartner den ernsthaften Willen zur 11
Scheidung bzw. zur Aufhebung der Ehe oder Lebenspartnerschaft haben.

Es ist völlig ausreichend, wenn der ernsthafte Wille einer Partei dem Anwalt gegenüber her- 12
vorgetreten ist, der Gesetzgeber fordert nicht, dass der ernsthafte Wille nach außen hervorgetreten ist. Damit reicht die bloße Beauftragung eines Anwalts, Material für ein Eheverfahren zu sammeln, aus, ebenso wie die Tatsache, dass der scheidungswillige Ehegatte seine Absicht dem Anwalt ernstlich kundgetan hat (*Römermann* in Hartung/Römermann/Schons VV 1001 Rn. 2).

2. Aussöhnung

Der Wille beider Parteien, die Ehe fortzusetzen, muss erkennbar sein und damit das Bild einer 13
nicht mehr akut gefährdeten Ehe bestehen (OLG Koblenz OLGR 2000, 428). Eine die Aussöhnungsgebühr auslösende Aussöhnung ist nach Ansicht des OLG Düsseldorf dann nicht anzunehmen, wenn die Ehe nur fortgesetzt wird, um der Drohung eines Ehepartners, im Scheidungsfall belastende Tatsachen vorzutragen, entgegenzutreten (OLG Düsseldorf Rpfleger 1965, 380).

Eine Aussöhnung wird dann angenommen, wenn der Scheidungsantrag zurückgenommen 14
wird und die Eheleute wieder zusammen leben. Die Aussöhnung darf nicht von nur kurzer Dauer sein (KG NJW 1960, 1306; OLG Hamm JurBüro 1964, 733); eine gemeinsame Urlaubsreise genügt (OLG Hamburg AnwBl. 1962, 151); dabei reicht eine versuchsweise Aussöhnung

Nr. 1001 VV

nicht aus (OLG Hamm JurBüro 1964, 733); sie muss aber auch nicht zwingend von Dauer sein (OLG Hamburg MDR 1962, 417 = AnwBl. 1962, 151).

15 Das Ruhen des Verfahrens wegen der Aussöhnung kann ein Indiz für die Entstehung sein (OLG München MDR 1963, 322). Stellen die Parteien die Aussöhnung allerdings unter den Vorbehalt, dass der Prozess gegebenenfalls weitergeführt wird, wird eine Aussöhnungsgebühr nicht ausgelöst (KG, Beschl. v. 27. 01. 1960, Az.: 15 W 1963/59, NJW 1960, 1306).

3. Mitwirkung des Rechtsanwalts

16 Die Anforderungen an die Mitwirkung des Rechtsanwalts sind hoch, so dass die Aussöhnungsgebühr in der täglichen Praxis oft nur eine untergeordnete Rolle spielt, wobei sicherlich eine gewisse Hemmschwelle, »für die Aussöhnung von Ehepartnern« eine Gebühr zu berechnen, dazu beiträgt, dass diese Gebühr immer noch wie ein Stiefkind behandelt wird. Der Rechtsanwalt muss sich erfolgreich durch Beratung, schriftlich oder mündlich, bemüht haben, die Aussöhnung herbeizuführen (Göttlich/Mümmler BRAGO zu 3., S. 180). Dabei ist jedoch eine »irgendwie« ursächliche Mitwirkung ausreichend (OLG Bamberg JurBüro 1974, 1393). Die Mitwirkung des RA kann auch in einer Förderung und Bestärkung vorhandener Bereitschaft bestehen, die anschließend tatsächlich zur Aussöhnung führt (OLG Bamberg JurBüro 1985, 233). Dabei ist die Mitwirkung vom Rechtsanwalt lediglich glaubhaft zu machen (Göttlich/Mümmler BRAGO zu 3., S. 180).

17 Nicht ausreichend für das Entstehen der Aussöhnungsgebühr ist eine allgemeine Tätigkeit des Rechtsanwalts zur Zeit der Aussöhnung (Göttlich/Mümmler BRAGO zu 3., S. 180).

18 In jedem Fall ist anzuraten, dass der Rechtsanwalt seine Mitwirkung in der Akte dokumentiert, damit bei einem späteren Streit über das Entstehen der Aussöhnungsgebühr ein leichter Nachweis möglich ist. An diesen Nachweis dürfen keine zu hohen Anforderungen gestellt werden (OLG Bamberg JurBüro 1985, 233). Im Zweifelsfall muss der Rechtsanwalt das Gericht davon überzeugen können, dass seine Tätigkeit für die Aussöhnung der Eheleute ursächlich war. So bietet es sich z. B. an, wenn Telefonate mit dem Mandanten geführt worden sind, diese nicht nur im Aktenlebenslauf festzuhalten, sondern ggf. auch kurz schriftlich das geführte Gespräch/Telefonat zu bestätigen.

19 Für die Entstehung der Aussöhnungsgebühr ist nicht erforderlich, dass der Rechtsanwalt an den Aussöhnungsgesprächen teilgenommen hat (Pfälz. OLG Zweibrücken, Beschl. v. 02. 08. 1999 – Az.: 5 WF 56/99 – JurBüro 2000, 199).

20 Nimmt der Rechtsanwalt allerdings den Scheidungsantrag zurück, nachdem ihm seine Partei mitgeteilt hat, dass sie sich (ohne sein Zutun) wieder ausgesöhnt hat, reicht dies für den Anfall der Aussöhnungsgebühr nicht aus (OLG Hamm JurBüro 1964, 735).

21 Der Mitwirkungspflicht des Anwalts ist nicht genüge getan, wenn sich die Mitwirkung auf die prozessuale Umsetzung der Aussöhnung beschränkt oder hierzu lediglich ein Rat erteilt wird (Pfälz. OLG Zweibrücken JurBüro 2000, 199). Ein Indiz für die Entstehung der Aussöhnungsgebühr könnte die Durchführung einer Beratung des Auftraggebers dahingehend sein, eine prozessuale Möglichkeit nicht auszuschöpfen, um die Aussöhnung nicht zu gefährden bzw. um sie zu ermöglichen (OLG Zweibrücken, a. a. O.).

4. Höhe der Aussöhnungsgebühr

22 Die Aussöhnungsgebühr entsteht in der Regel neben der Verfahrensgebühr Nr. 3100 oder Nr. 3101 Nr. 1, bei außergerichtlicher Vertretung ggf. neben einer Geschäftsgebühr nach Nr. 2300. Ist bereits Prozessauftrag erteilt, so entsteht die Verfahrensgebühr; ist ein Prozessauftrag noch nicht erteilt, so kann neben der Aussöhnungsgebühr die Geschäftsgebühr nach Nr. 2300 berechnet werden (so auch Kindermann Die Abrechnung in Ehe- und Familiensachen B. III Rn. 391).

Die Höhe der Aussöhnungsgebühr beträgt nach Nr. 1001 VV 1,5. Lediglich wenn bereits ein gerichtliches Verfahren oder aber Prozesskostenhilfe für die Ehesache beantragt ist, entsteht die Aussöhnungsgebühr in Höhe von 1,0, vgl. dazu Anm. zu Nr. 1003.

5. Gegenstandswert

Die Aussöhnungsgebühr ist nach dem Wert der Ehescheidungs- bzw. LPart-Sache zu berechnen und zwar nur nach diesem (somit ohne etwaige Folgesachen).

6. Aussöhnungsgebühr bei PKH

Die Aussöhnungsgebühr kann unter den gleichen Voraussetzungen wie zuvor beschrieben auch der im Wege der PKH beigeordnete Rechtsanwalt verdienen. Nicht notwendig ist die ausdrückliche Beiordnung für die Aussöhnung (OLG Bamberg JurBüro 1985, 233). Allerdings muss die die Gebühr auslösende Tätigkeit zwischen Bewilligung der PKH und Verkündung des Endurteils liegen (OLG Hamm JurBüro 1967, 913).

7. Nachliquidation der Aussöhnungsgebühr

Eine Nachliquidation der Aussöhnungsgebühr im Kostenfestsetzungsverfahren gegen die eigene Partei nach § 11 RVG ist möglich (OLG Hamburg MDR 1979, 235).

8. Einigungsgebühr neben Aussöhnungsgebühr

Es wird die Ansicht vertreten, dass die Aussöhnungsgebühr und die Einigungsgebühr über Scheidungsfolgesachen zwei verschiedene Gebühren darstellen (Groß Anwaltsgebühren in Ehe- und Familiensachen 2. Aufl. 2006 Teil 10 Rn. 501 (S. 229)), was vom Prinzip her zu bejahen ist. Allerdings stellt sich die Frage, in welchen Fällen eine Einigungsgebühr über Scheidungsfolgesachen neben einer Aussöhnungsgebühr entstehen kann, denn die Aussöhnungsgebühr setzt voraus, dass die Parteien sich versöhnen, somit eben gerade nicht scheiden lassen; wobei eine Einigung »für den Fall der Scheidung« in solchen Fällen nicht mehr wirksam wird und die Abrechnung einer Einigungsgebühr wegen Abs. 3 der Anm. zu Nr. 1000 ausscheiden dürfte.

9. Terminsgebühr neben Aussöhnungsgebühr

Sofern der Rechtsanwalt Prozessauftrag hat, kann für die sogenannte Erledigungsbesprechung im Sinne der Vorbem. 3 Abs. 3, 3. Alt. eine Terminsgebühr entstehen (OLG Düsseldorf, Beschl. v. 20. 11. 2007, Az.: I – 10 WF 31/07, JurBüro 2008, 195; vgl. dazu auch Hartmann Kostengesetze Nr. 1001 Rn. 15).

Auch in den Fällen, in denen Prozesskostenhilfe für die Ehesache beantragt wurde und ein Termin im PKH-Prüfungsverfahren stattfindet, kann die Terminsgebühr entstehen.

Nr. 1002 VV

Nr.	Gebührentatbestand	Gebühr oder Satz der Gebühr nach § 13 RVG
1002	Erledigungsgebühr, soweit nicht Nummer 1005 gilt .... Die Gebühr entsteht, wenn sich eine Rechtssache ganz oder teilweise nach Aufhebung oder Änderung des mit einem Rechtsbehelf angefochtenen Verwaltungsakts durch die anwaltliche Mitwirkung erledigt. Das Gleiche gilt, wenn sich eine Rechtssache ganz oder teilweise durch Erlass eines bisher abgelehnten Verwaltungsakts erledigt.	1,5

Inhaltsübersicht

	Rn.		Rn.
A. Allgemeines	1	2. Besondere anwaltliche Mitwirkung	9
B. Kommentierung	6	3. Gegenstandswert und Höhe des Gebührenanspruchs	11
I. Der Tatbestand im Einzelnen	6		
1. Erledigung der Rechtssache	6		

A. Allgemeines

1 Neben dem **Grundtatbestand (Nrn. 2400, 2401)** ergeben sich aus dem Vergütungsverzeichnis nunmehr auch Gebührenansprüche des Rechtsanwalts für den Fall **einer Einigung oder Erledigung**. Dadurch soll das besondere Bemühen des Rechtsanwalts honoriert werden, eine streitige Entscheidung zu vermeiden. Diese Gebühren können zu den sonstigen Gebühren hinzutreten.

2 In den Nrn. 1000 und 1002 sind die **Einigungsgebühr** und die **Erledigungsgebühr** geregelt. Diese Nummern gelten jedoch nicht unmittelbar für sozialrechtliche Angelegenheiten. Die bei einer Einigung oder Erledigung in sozialrechtlichen Angelegenheiten entstehende Gebühr oder der Satz der Gebühr ist in den Nummern 1005 bis 1007 normiert. Diese Nummern sind an die Stelle der früher in § 116 Abs. 4 BRAGO vorgesehenen Erhöhung der Mittelgebühr bei Mitwirkung an einem Vergleich oder einer Erledigung (dazu Plagemann NJW 1990, 2718) getreten. Die frühere Rspr. zur BRAGO (etwa BSG SozR 3–1930 § 116 Nr. 4) kann daher zur Auslegung noch bedingt herangezogen werden (so zutreffend *Leitherer* in Meyer-Ladewig/Keller/Leitherer SGG, a. a. O., § 197 Rn. 7 b).

3 Bei der teilweisen oder gesamten Erledigung einer Rechtssache war nach altem Recht **§ 24 BRAGO** maßgeblich. § 23 BRAGO galt zwar grundsätzlich für alle Vergleiche, er setzte aber voraus, dass der Streit oder die Ungewissheit der Parteien über ein Rechtsverhältnis im Wege gegenseitigen Nachgebens beseitigt werden, also ein »echter« Vergleich nach § 779 BGB vorliegen musste. Da diese Voraussetzungen in öffentlich-rechtlichen Angelegenheiten oft nicht gegeben waren, es andererseits aber in öffentlich-rechtlichen Angelegenheiten Verfahren gibt, die sich durch die Mitwirkung des RA erledigen, und die beteiligte Verwaltungsbehörde den angefochtenen Verwaltungsakt zurücknimmt oder ändert, fand § 24 BRAGO Anwendung. Das Ausschlussverhältnis zwischen § 24 BRAGO und § 23 BRAGO ergab sich insbesondere aus § 23 Abs. 3 BRAGO, der bestimmte, dass, soweit über die Ansprüche vertraglich verfügt werden kann, die Absätze 1 und 2 dieser Norm auch bei Rechtsverhältnissen des öffentlichen Rechts Anwendung fanden. Damit wurde aber gleichzeitig zum Ausdruck gebracht, dass die Vergleichsgebühr bei allen anderen Rechtsverhältnissen des öffentlichen Rechts nicht entstehen kann. Daher konnten Erledigungsgebühr (§ 24 BRAGO)

und Vergleichsgebühr (§ 23 BRAGO) in derselben Angelegenheit, für dieselbe Tätigkeit und hinsichtlich des gleichen Gegenstands nicht nebeneinander entstehen.

Das **Ausschlussverhältnis** gilt auch weiterhin, indem die Einigungsgebühr **(Nr. 1000)** nicht neben der Erledigungsgebühr **(Nr. 1002)** entstehen kann und die zuletzt genannte nur dann entsteht, soweit nicht **Nr. 1005** gilt, also eine Einigung oder Erledigung in sozialrechtlichen Angelegenheiten vorliegt. 4

Eine **Erledigungsgebühr (Nr. 1002)** entsteht in jedem Verwaltungsverfahren, in dem ein Verwaltungsakt angefochten worden ist oder die Behörde einen bisher abgelehnten Verwaltungsakt erlassen hat. 5

B. Kommentierung

I. Der Tatbestand im Einzelnen

1. Erledigung der Rechtssache

Eine Erledigung nach Nr. 1002 tritt ein, wenn sich eine Rechtssache ganz oder teilweise nach Aufhebung oder Änderung des mit einem Rechtsbehelf angefochtenen Verwaltungsakts **durch die anwaltliche Mitwirkung erledigt**. Eine Rechtssache hat sich in diesem Sinne insgesamt oder teilweise erledigt, wenn es bezüglich sämtlicher oder eines Teils der Streitgegenstände **einer streitigen Entscheidung nicht mehr bedarf**. Dies ist der Fall, wenn der Rechtsbehelf oder das jeweilige Rechtsmittel zurückgenommen wird oder wenn sich die Rechtssache durch ein angenommenes (Teil-)Anerkenntnis (vgl. § 101 SGG) erledigt. Das Gleiche gilt, wenn sich eine Rechtssache ganz oder teilweise durch Erlass eines bisher abgelehnten Verwaltungsakts erledigt. In dieser Vorschrift differenziert der Gesetzgeber danach, ob ein (den Betroffenen benachteiligender) Verwaltungsakt angefochten oder ob der Erlass eines bisher abgelehnten (den Betroffenen begünstigenden) Verwaltungsakts begehrt wird. Im ersten Fall kann eine Erledigung so dann eintreten, wenn der Versicherungsträger den belastenden Verwaltungsakt nur teilweise zugunsten des Betroffenen abändert und dieser sich hiermit einverstanden erklärt, also den über die Änderung hinausgehenden Anspruch nicht mehr weiterverfolgt. Diese Situation kann zu **Abgrenzungsschwierigkeiten** zu den Sachverhalten führen, in denen nach Nr. 1000 eine Einigungsgebühr entsteht. 6

Eine Erledigung der Rechtssache in diesem Sinne ist aber z. B. **nicht** gegeben, wenn die Verwaltungsbehörde ihr Rechtsmittel gegen ein Urteil, durch das ein Verwaltungsakt aufgehoben wurde, zurücknimmt (BFH NJW 1961, 2376; Hess. VGH AnwBl. 1986, 411), oder sich die Verwaltungsbehörde lediglich aufschiebend bedingt verpflichtet, dem ursprünglichen Antrag des Rechtsuchenden zu entsprechen, um damit den angefochtenen Verwaltungsakt durch einen dem Antragsteller positiven Verwaltungsakt zu ersetzen (LG Braunschweig Jur-Büro 1985, 398). 7

Mit der Verwendung des Begriffs »Rechtssache« ist klargestellt, dass die **Nr. 1002** den gesamten Bereich der **Verwaltungsangelegenheiten** betrifft, mithin die Verfahren vor den Verwaltungsbehörden und die gerichtlichen Verfahren, soweit deren Gegenstand ein mit einem **Rechtsbehelf** angefochtener **Verwaltungsakt** ist (Gebauer/Schneider, a. a. O., § 24 Rn. 6). 8

2. Besondere anwaltliche Mitwirkung

Entsprechend ihrem Charakter als »Erfolgsgebühr« entsteht die Erledigungsgebühr nur dann, wenn sich die Rechtssache durch die besondere, auf die Beilegung der Sache ohne Entscheidung gerichtete Tätigkeit des Rechtsanwalts erledigt hat. Die Erledigungsgebühr stellt ein Honorar für Prozessbevollmächtigte dar, die durch ihre Mitwirkung erreicht haben, dass eine streitige Entscheidung des Gerichts in der Sache nicht mehr ergehen muss. Mithin 9

Nr. 1002 VV

soll mit der Erledigungsgebühr die Entlastung der Gerichte und das erfolgreiche anwaltliche Bemühen um eine möglichst weitgehende Herstellung des Rechtsfriedens zwischen den Beteiligten ohne gerichtliche Sachentscheidung honoriert werden. Es ist deshalb erforderlich, dass durch besondere anwaltliche Bemühungen – d. h. vor allem durch Verhandlungen mit der Verwaltungsbehörde – erreicht wird, dass ein angefochtener belastender Verwaltungsakt aufgehoben oder zugunsten des Mandanten geändert wird. Dabei kommt es maßgeblich darauf an, dass der Prozessbevollmächtigte an der materiell-rechtlichen Erledigung des im Falle einer Anfechtungsklage dem Rechtsstreit zugrunde liegenden Verwaltungsakts mitgewirkt hat (vgl. OVG Niedersachsen, Beschlüsse vom 06. 09. 2006, 4 OA 209/05, vom 21. 03. 2007, 4 OA 416/06, vom 11. 06. 2007, 2 OA 433/07; vom 07. 09. 2007, 12 OA 135/07 mit weiteren Nachweisen). Die Gebühr tritt nicht automatisch in allen Fällen ein, die sich ohne streitige Entscheidung erledigen. Deshalb genügt eine rein »formelle« Tätigkeit des Rechtsanwalts (er ist zwar bestellt, hat aber die Erledigung nicht zumindest mitursächlich verursacht) nicht. Mit der Formulierung »durch die anwaltliche Mitwirkung« bringt die Vorschrift zum Ausdruck, dass es für das Entstehen der Erledigungsgebühr einer gerade für die Erledigung ursächlichen anwaltlichen Mitwirkung bedarf. Da es insofern lediglich auf den Erfolg der Tätigkeit ankommt, dürfen zwar keine allzu hohen Anforderungen an die Art der anwaltlichen Tätigkeit gestellt werden. Andererseits ergibt sich aus dem Begriff der »Mitwirkung«, dass der Rechtsanwalt zumindest einen nicht ganz unerheblichen oder untauglichen Beitrag zur Erledigung geleistet haben muss (vgl. OVG Rheinland-Pfalz, Beschluss vom 18. 12. 2007, 2 E 11030/07; BayVGH, Beschluss vom 19. 01. 2007, NVwZ-RR 2007, 497). Dies ist schon nach dem Sprachgebrauch mehr als die bloße »Anwesenheit«, »Einschaltung« oder »Hinzuziehung« eines Rechtsanwalts (vgl. BSG; Urteil vom 07. 11. 2006 – B 1 KR 23/06 R). Entscheidend ist also, ob der Rechtsanwalt durch sein Verhalten etwas zur Erledigung des Rechtsstreits ohne Sachentscheidung beigetragen hat. Dies ist aber nur dann der Fall, **wenn seine Tätigkeit nicht hinweggedacht werden kann**, ohne dass es zu einer streitigen Erledigung des Rechtsstreits gekommen wäre. Es genügt jedes besondere Tätigwerden in Richtung des späteren Erfolgs. Dieses kann auch im Einwirken auf den Kläger, sich beispielsweise mit einem Teilerfolg zufrieden zu geben, bestehen.

10 Zu den besonderen Mitwirkungshandlungen des Rechtsanwalts **zählen nicht** die Einlegung und Begründung des Rechtsbehelfs, die gründliche Abfassung von Schriftsätzen, die Vorlage von Belegen und Beweisstücken, die Annahme eines Anerkenntnisses oder die Abgabe der Erledigungserklärung. Diese Tätigkeiten werden aufgrund der **Verpflichtung** des Rechtsanwalts, **ein Verfahren gewissenhaft, gründlich und sorgfältig zu betreiben**, von der jeweiligen Verfahrensgebühr (vgl. Nrn. 3102, 3204 und 3212) erfasst. Die **zusätzliche Erfolgsgebühr** soll vielmehr nur der Rechtsanwalt erhalten, der zur außergerichtlichen Erledigung wesentlich beigetragen hat. Eine besondere Mitwirkung des Rechtsanwalts in diesem Sinne ist deshalb nicht bereits dann gegeben, wenn der Rechtsanwalt in dem konkreten Verfahren bestellt ist, sein Vortrag aber nicht dazu beigetragen hat, dass eine »Erledigung« eingetreten ist. Vielmehr muss sich der Rechtsanwalt die »Erledigungsgebühr« verdienen. Der Gesetzgeber hat mit Nr. 1002 VV eine Erfolgsgebühr geregelt, für die allein eine Mitwirkung des Rechtsanwalts ausreicht, die nicht nur auf eine allgemeine Verfahrensförderung (also natürlich auf das Ziel eines Erfolgs des Mandanten) gerichtet ist und die durch die Geschäfts- oder Verfahrensgebühr abgegolten wird, sondern die – wie bei der Einigung – auf den besonderen Erfolg einer Erledigung des Rechtsstreits ohne förmliche Entscheidung abzielt. Dies ist der Fall, wenn ein besonderes Bemühen des Rechtsanwalts um die unstreitige Erledigung vorliegt, also ein zusätzliches, auf die unstreitige Erledigung gerichtetes und für die Erledigung kausales Engagement des Rechtsanwalts (Göttlich/Mümmler, a. a. O., S. 522; LG Frankfurt Jur-Büro 1986, 886; VGH Baden-Württ. JurBüro 1994, 31).

Im Widerspruchsverfahren verlangt die Gebührenposition regelmäßig eine Tätigkeit, die über die bloße Einlegung und Begründung des Widerspruchs hinausgeht (BSG, Urteile vom 21. 03. 2007 – B 11 a AL 53/06 R – und 07. 11. 2006 – B 1 KR 23/06 R).

Für das Entstehen einer Erledigungsgebühr reicht daher eine schriftsätzlich vorgetragene rechtliche Argumentation bzw. der Hinweis auf die Rechtslage oder eine bestehende Rechtsprechung nicht aus, auch wenn daraufhin der Bescheid geändert oder aufgehoben wird und dies zur Erledigung des Verfahrens führt. Diese Tätigkeit des Rechtsanwalts ist bereits mit der allgemeinen Verfahrensgebühr abgegolten. Es ist selbstverständlich, dass der Prozessbevollmächtigte in möglichst überzeugender Weise rechtliche Argumente vorträgt, die dem Begehren seines Mandanten zum Erfolg verhelfen können. Hierbei handelt es sich nicht um eine besondere Leistung, die nicht bereits mit der Prozessgebühr abgegolten wäre (vgl. FG Schleswig-Holstein, Beschluss vom 20. 08. 2008, 5 KO 15/08; FG Köln, Beschlüsse vom 28. 06. 2004, 10 KO 1603/04, EFG 2004, 1642, vom 28. 08. 2006, 10 KO 202/06, EFG 2007, 145). Vor diesem Hintergrund genügt es für die Entstehung einer Erledigungsgebühr daher auch nicht, dass die Behörde unter dem Eindruck einer Klagebegründung bzw. eines ergänzenden Schriftsatzes, aufgrund eines Hinweises auf die Rechtslage oder auf eine bestehende Rechtsprechung den Bescheid aufhebt bzw. ändert und den Kläger damit klaglos stellt (vgl. FG Köln, Beschluss vom 28. 08. 2006, 10 KO 202/06, EFG 2007, 145 m. w. N. zur Rechtsprechung). Vielmehr muss eine anwaltliche Tätigkeit dahingehend erkennbar sein, das Rechtsbehelfsverfahren über die Widerspruchsbegründung hinaus ohne streitige Entscheidung zu erledigen. Eine besondere zusätzliche qualifizierte Mitwirkung des Prozessbevollmächtigten ist zum Beispiel dann gegeben, wenn er aus eigener Initiative einen zusätzlichen Arztbericht einholt oder Kontakt zu einem besonderen Sachverständigen aufnimmt und die Beklagte nach Vorlage der Unterlagen den angefochtenen Bescheid aufhebt (vgl. dazu VGH Baden-Württemberg, Beschluss vom 05. 02. 2008, 11 S 213/08; LSG Schleswig-Holstein, Urteil vom 22. 05. 2007, L 4 KA 1/07). Ferner, wenn der Prozessbevollmächtigte selbst einen Erledigungsvorschlag unterbreitet und dieser dann zur Erledigung führt (vgl. FG Köln, Beschluss vom 13. 03. 2008, 10 Ko 3739/07). Ein Anspruch auf eine Erledigungsgebühr schließt eine gleichzeitige Terminsgebühr nicht aus. Die Voraussetzungen für die Einigungs- bzw. Erledigungsgebühr sind nicht deckungsgleich mit denen der Terminsgebühr. Die Gebühren haben jeweils auch eine andere Zweckrichtung (vgl. OVG Niedersachsen NVwZ-RR 2007, 215).

3. Gegenstandswert und Höhe des Gebührenanspruchs

Der **Gegenstandswert** bestimmt sich nach dem des Verwaltungsrechtsstreits. Bei teilweiser Erledigung berechnet sich die Gebühr nach dem betroffenen **Teilgegenstand.** 11

Die Erledigungsgebühr entsteht als **Festgebühr** mit einem Gebührensatz in Höhe von **1,5**, soweit nicht **Nr. 1005** gilt, die die Einigung oder Erledigung in sozialrechtlichen Angelegenheiten regelt und bestimmt, dass dort die Gebühren aus **Nrn. 1000/1002** als Betragsrahmengebühren entstehen.

Zu beachten ist aber **Nr. 1003**, die bestimmt, dass soweit über den Gegenstand ein anderes gerichtliches Verfahren als ein selbstständiges Beweisverfahren anhängig ist, der Gebührensatz der Festgebühr sich auf **1,0** mindert, wobei hier auf die o. a. Ausführungen verwiesen werden kann.

Nr. 1003 VV

Nr.	Gebührentatbestand	Gebühr oder Satz der Gebühr nach § 13 RVG
1003	Über den Gegenstand ist ein anderes gerichtliches Verfahren als ein selbständiges Beweisverfahren anhängig: Die Gebühren 1000 bis 1002 betragen	1,0
	Dies gilt auch, wenn ein Verfahren über die Prozesskostenhilfe anhängig ist, soweit nicht lediglich Prozesskostenhilfe für ein selbständiges Beweisverfahren oder die gerichtliche Protokollierung des Vergleichs beantragt wird oder sich die Beiordnung auf den Abschluss eines Vertrags im Sinne der Nummer 1000 erstreckt (§ 48 Abs. 3 RVG). Das Verfahren vor dem Gerichtsvollzieher steht einem gerichtlichen Verfahren gleich.	

Inhaltsübersicht

	Rn.
A. Allgemeines	1
I. Grundsatz	1
II. Die drei Einschränkungen zugunsten des Anwalts	2
1. Selbständiges Beweisverfahren	2
2. PKH-Antrag zur Einbeziehung eines nicht rechtshängigen Anspruchs in die Einigung	3
3. Beiordnung in einer Ehesache auf den Abschluss eines Vertrags i. S. v. Nr. 1000	4
III. Normzweck	5
B. Kommentierung	6
I. Anhängigkeit eines gerichtlichen Verfahrens über den Gegenstand	6
1. Gesetzliche Regelung der ZPO	6
2. Klageentwurf	7
3. Eilverfahren	8
4. Feststellungsklage	13
5. Aufrechnung / Hilfsaufrechnung	17
6. Hilfswiderklage	19
7. Zeitpunkt der Anhängigkeit	20
8. Vergütungsfestsetzungsverfahren nach § 11 RVG	23
a) Ist überhaupt eine Einigungsgebühr angefallen, und wenn ja,	24
b) in Höhe von 1,0 oder 1,5?	24
9. Schiedsgerichtliches Verfahren	25

	Rn.
10. Zwangsvollstreckung durch den Gerichtsvollzieher gerichtliches Verfahren?	26
11. Einbeziehung eines anderweitig bereits anhängigen Anspruchs in einen Gesamtvergleich	31
a) Anhängigkeit in einem anderen Rechtsstreit	31
b) Einheitliche Einigungsgebühr nur im Rechtsstreit A, wenn anderweitig anhängiger Wert B in den Vergleich im Rechtsstreit A einbezogen wird	32
c) Kostenerstattungsanspruch hinsichtlich der einheitlichen Einigungsgebühr nur im Verfahren A – PKH und Rechtsschutz nur im Verfahren B	33
II. Prozessuale Probleme bei der Erstattung der Einigungsgebühr Nr. 1003	36
1. Aufnahme der Einigungsgebühr Nr. 1003, Kostenfestsetzung in den Vollstreckungsbescheid, Ratenzahlung und Rücknahme des Widerspruchs	36
2. Verzichtsvertrag bei Anerkenntnis statt Prozessvergleich	41
III. Anhängigkeit eines selbständigen Beweisverfahrens	43
IV. Prozesskostenhilfeverfahren	45
V. Scheidungsvereinbarung nach § 48 Abs. 3 – Anm. Halbsatz 2 zu Nr. 1003	46

A. Allgemeines

I. Grundsatz

1 Die grundsätzlich als Einigungsgebühr nach Nr. 1000 anfallende 1,5 Gebühr beträgt unter den Tatbestandsvoraussetzungen der Nr. 1003 nur **1,0**, wenn nämlich über den Gegenstand der Einigung entweder ein gerichtliches Verfahren oder ein PKH-Verfahren anhängig ist.

II. Die drei Einschränkungen zugunsten des Anwalts

1. Selbständiges Beweisverfahren

Ist das andere gerichtliche Verfahren ein **selbständiges Beweisverfahren** und wird in diesem Verfahren eine Einigung erzielt, so wird dieses Bemühen des Anwalts im frühen Stadium des selbständigen Beweisverfahrens mit der **1,5** Einigungsgebühr belohnt. Dieser Zweck ergibt sich eindeutig aus der Gesetzesbegründung (»Beitrag zur Vermeidung streitiger Verfahren«), die ursprünglich nach Vorbem. 3 Abs. 5 zum weiteren Anreiz neben dem Erhalt der Terminsgebühr nur eine teilweise Anrechnung der Verfahrensgebühr vorsah. Die Ansicht *von Eickens* (Gerold / Schmidt / von Eicken / Madert / Müller-Rabe RVG 17. Aufl. Nr. 1003 Rn. 6), das selbständige Beweisverfahren sei vermutlich ausgenommen von der Reduzierung auf 1,0, weil seine Stellung zum Hauptsacheverfahren im RVG nicht ganz deutlich werde, ist nach der Gesetzesbegründung nicht haltbar.

2

2. PKH-Antrag zur Einbeziehung eines nicht rechtshängigen Anspruchs in die Einigung

Beantragt eine Partei, wenn ein nicht rechtshängiger Anspruch einbezogen werden soll, ihr auch für den Abschluss dieses Vergleichs (Einigung), nämlich für den bisher nicht anhängigen Streitwert, ebenfalls PKH zu bewilligen, so bleibt es bei der 1,5 Einigungsgebühr (Anmerkung zu Nr. 1003).

3

3. Beiordnung in einer Ehesache auf den Abschluss eines Vertrags i. S. v. Nr. 1000

Bei einer Einigung nach einer Beiordnung in einer Ehesache auf den Abschluss eines Vertrags i. S. d. Nr. 1000 (§ 48 Abs. 3 RVG) erhält der Anwalt die 1,5 Einigungsgebühr (Anm. zu Nr. 1003 Halbsatz 2).

4

§ 48 Abs. 3 RVG lautet:

»Die Beiordnung in einer Ehesache erstreckt sich auf den Abschluss eines Vertrags i. S. d. Nr. 1000 des Vergütungsverzeichnisses, der den gegenseitigen Unterhalt der Ehegatten, den Unterhalt gegenüber den Kindern im Verhältnis der Ehegatten zueinander, die Sorge für die Person der gemeinschaftlichen minderjährigen Kinder, die Regelung des Umgangs mit einem Kind, die Rechtsverhältnisse an der Ehewohnung und dem Hausrat und die Ansprüche aus dem ehelichen Güterrecht betrifft. Satz 1 gilt im Falle der Beiordnung in Lebenspartnerschaftssachen nach § 661 Abs. 1 Nr. 1 bis 3 der Zivilprozessordnung entsprechend.«

In allen drei Fällen fällt also mit der Einigung die 1,5 Einigungsgebühr an.

Aber bereits die **Anhängigkeit** im Verfahren des einstweiligen Rechtsschutzes hindert den Anfall der 1,5 Einigungsgebühr; einigen sich die Parteien nach Einreichung des Antrags bei Gericht (Anhängigkeit), so erfällt nur noch die 1,0 Gebühr der Nr. 1003.

III. Normzweck

Grundsätzlich belaufen sich die Einigungsgebühr (Nr. 1000), die Aussöhnungsgebühr (Nr. 1001) sowie die Erledigungsgebühr (Nr. 1002) auf eine 1,5 Gebühr. Die geringere 1,0 Gebühr muss der Anwalt allerdings dann hinnehmen, wenn über den Gegenstand ein anderes gerichtliches Verfahren oder ein Verfahren über die Prozesskostenhilfe anhängig ist.

5

Sinn und Zweck der Erhöhung der Einigungsgebühr auf 1,5 ist es, einen Anreiz dafür zu schaffen, Streitigkeiten bereits außergerichtlich zu regeln und damit die Gerichte zu entlasten: Daher reduziert sich die Einigungsgebühr auf 1,0, wenn es den Anwälten nicht gelungen

Nr. 1003 VV

ist, eine **außergerichtliche** Regelung herbeizuführen, die Einigung vielmehr erst zu einem Zeitpunkt erfolgt, in dem bereits die Gerichte mit der Sache befasst werden mussten.

Der Gegenstand muss nicht in demselben Verfahren anhängig sein, in dem der Vergleich geschlossen wird. Das Gesetz (Nr. 1003 = 1,0 Gebühr) ist vielmehr schon anwendbar, wenn über den Gegenstand ein **anderes** gerichtliches Verfahren anhängig ist, das heißt, gleichviel, wo derselbe Gegenstand anhängig ist, steht dies der 1,5 Einigungsgebühr entgegen.

B. Kommentierung

I. Anhängigkeit eines gerichtlichen Verfahrens über den Gegenstand

1. Gesetzliche Regelung der ZPO

6 Das Gesetz (ZPO) selbst befasst sich im Gegensatz zum Begriff **Rechtshängigkeit** (§ 261 Abs. 1 ZPO) nur mittelbar mit dem Institut der Anhängigkeit. Anhängigkeit heißt nicht Rechtshängigkeit (Zustellung der Klage, §§ 253, 263 ZPO), sondern nur Einreichung der Klage bei Gericht (siehe jetzt § 167 ZPO; früher § 270 Abs. 3 ZPO; Baumbach/Lauterbach/Albers/Hartmann ZPO 63. Aufl. § 167 Rn. 10 mit Anhängigkeitsbeispielen, z. B. Fax, Nachtbriefkasten). § 167 ZPO legt fest: Fristwahrung bei demnächstiger Zustellung wird schon erreicht durch Einreichung bei Gericht.

Anhängigkeit = Einreichung bedeutet, auch ohne gleichzeitige Zahlung des Vorschusses ist die Klage anhängig. Erst nach Einreichung fordert das Gericht, falls der Vorschuss noch nicht geleistet ist, den Vorschuss an; in Sonderfällen (§ 14 GKG) kann das Gericht bei begründetem Antrag (Vermögenslage oder nur schwer zu ersetzender Schaden) sogar ohne Vorschuss zustellen. Diese Vorschrift muss jeder Anwalt kennen, sonst macht er sich regresspflichtig, wenn etwa wegen Nichtzahlung des Vorschusses binnen 2 Wochen nicht mehr demnächst zugestellt wird (Baumbach/Lauterbach/Albers/Hartmann ZPO 63. Aufl. § 167 Rn. 24, BGH NJW 1986, 1347). Dies kann der Anwalt meist durch einen Antrag nach § 14 Nr. 3b GKG abwenden.

Für den Begriff Anhängigkeit kommt es auf die Kenntnis (etwa des Beklagtenanwalts) nicht an (Gebauer/Schneider RVG 2. Aufl. Nr. 1000 Rn. 126).

War die Sache früher einmal anhängig, wurde die Klage aber zurückgenommen, so ist sie, wenn die Parteien sich jetzt einigen, nicht anhängig (Gebauer/Schneider RVG 2. Aufl. Nr. 1000 Rn. 127; Beispiel Rn. 20).

2. Klageentwurf

7 Wird ein PKH-Gesuch mit einem Klageentwurf eingereicht oder im Zusammenhang mit einem PKH-Gesuch erklärt, Klage solle nur erhoben werden unter der Bedingung der PKH-Bewilligung, so ist zwar damit noch keine Klage eingereicht, also die Sache noch nicht anhängig gemacht. Wird nunmehr eine Einigung vereinbart, so steht der Klageentwurf selbst zwar einer 1,5 Einigungsgebühr nicht entgegen, gleichwohl wird sie, die 1,5 Gebühr, aber verhindert durch die Einleitung des PKH-Prüfungsverfahrens.

3. Eilverfahren

8 In der Literatur ist unumstritten, dass die 1,5 Einigungsgebühr bei einer außergerichtlichen Einigung hinsichtlich des möglichen späteren Hauptsacheantrages anfällt, wenn über den Gegenstand nur ein Eilverfahren (Arrest oder eine einstweilige Verfügung) anhängig ist (Hansens BRAGO 8. Aufl. § 23 Rn. 15). *N. Schneider* (Gebauer/Schneider BRAGO 1. Aufl. § 23 Rn. 124 und 128) bemerkt zur weiteren Klarstellung: »*Soweit der Gegenstand des Vergleichs in einem Arrestverfahren/einstweiligen Verfügungsverfahren anhängig ist, führt dies zur Reduzierung*

*der Vergleichsgebühr nach Abs. 1 Satz 3 Halbsatz 1; allerdings nur insoweit, als die Parteien sich **über den Arrest (einstweilige Verfügung)** vergleichen. Vergleichen sie sich dagegen (also dort schon) in der Hauptsache, fällt insoweit eine Vergleichsgebühr nach Abs. 1 Satz 1 (= 1,5) an, es sei denn, auch die Hauptsache war anhängig. Eine ebensolche Belegstelle für die gleichlautende Regelung des RVG habe ich nur bei Hartmann KostG 35. Aufl. § 1003 VV Rn. 8 gefunden. Eine vertiefte prozessuale Befassung mit dem Thema fehlt.«*

Hier muss man m. E. nach dem Gesetzeswortlaut differenzieren: Es kommt zunächst wieder auf den Begriff **Gegenstand der Einigung** und **Gegenstand des anderen gerichtlichen Verfahrens** an.

Sind beide identisch, dann fällt nur eine 1,0 Gebühr an, sind sie verschieden, dann 1,5 Gebühr.

Hinsichtlich des Streitgegenstandes des Arrestes und der einstweiligen Verfügung ist festzustellen, dass für das Eilverfahren zum Verfügungs-/**Arrestanspruch** das Eilinteresse hinzukommen muss. Der **Anspruch,** den es im Eilverfahren (abgesehen von der hier nicht diskutierten Leistungsverfügung) zu sichern gilt, ist derselbe wie der in der späteren Hauptsache (§ 937 Abs. 1 ZPO). Vergleichen (einigen) sich die Parteien also außerprozessual über denselben Streitgegenstand, denselben materiellen Anspruch, der Gegenstand des gerichtlichen Eilverfahrens und der späteren Hauptsache ist, so fällt für die Einigung nur die 1,0 Gebühr an. Der Anspruch des Eilverfahrens wird inhaltlich nämlich nicht dadurch verändert, dass ein Eilverfahren nur dann zur Verfügung steht, wenn das Eilinteresse gegeben ist. Oder anders ausgedrückt, das **Eilinteresse,** der Verfügungsgrund sind nicht Bestandteil des Streitgegenstandes, des Verfügungsanspruches.

Die zuvor inhaltlich mitgeteilten Literaturstellen gehen offenbar davon aus, dass die Ansprüche (Gegenstände), so wie sie die Nr. 1003 beschreibt, bei Hauptsache und Eilverfahren verschieden seien. Die Streitgegenstände von Hauptsache und einstweiliger Verfügung seien, auch soweit es um den Verfügungs**anspruch** gehe, nicht derselbe.

Das trifft nicht zu: Einigen sich die Parteien außergerichtlich über einen Gegenstand i. S. von Nr. 1003, also einen Anspruch, über den entweder eine Eilsache oder eine Hauptsache bei Gericht anhängig ist, so fällt nur die 1,0 Einigungsgebühr an.

Von vorstehendem Ergebnis ist nur bei einer besonderen Art von einstweiliger Verfügung (§ 940 ZPO) eine Ausnahme zu machen, nämlich wenn es sich nicht um eine normale einstweilige Verfügung nach § 935 ZPO (Überschrift: »Einstweilige Verfügung bezüglich *Streitgegenstand*«) handelt, sondern um eine solche nach § 940 ZPO (»Einstweilige Verfügung zur Regelung eines einstweiligen Zustandes«), also zur Sicherung des Rechtsfriedens. Im letzteren Falle geht es nicht um die Sicherung eines Individualanspruchs, sondern um die Regelung eines Rechtsverhältnisses. Der Gläubiger braucht nach materiellem Recht keinen Anspruch auf die erstrebte Regelung zu haben (Zöller ZPO 25. Aufl. § 940 Rn. 2). In diesem Falle kann in der Tat bei der Identitätsprüfung zwischen der außergerichtlichen Einigung und der einstweiligen Verfügung in Bezug auf den Gegenstand i. S. v. Nr. 1003 herauskommen, dass die Gegenstände nicht dieselben sind und daher die Einigungsgebühr in Höhe von 1,5 anfällt. Voraussetzung ist allerdings, dass gerade der außergerichtlich in der Einigung geregelte Gegenstand nicht Gegenstand des anhängigen einstweiligen Verfügungsverfahrens zur Regelung eines einstweiligen Zustandes ist. Hier liegt dann das Gebührenproblem im Tatsächlichen. Es erhebt sich die Frage, ob bei der Regelungsverfügung (§ 940 ZPO, Friedensregelung) die dort geforderte **Einstweiligkeit** dem materiellen Anspruch, der in einem Eilverfahren durchgesetzt werden soll, eine im Verhältnis zur Hauptsache andere Qualität verleiht, was in der Regel mit einem »Nein« zu beantworten ist.

Ergebnis: Ist der Gegenstand der Einigung auch Gegenstand eines schon anhängigen einstweiligen Verfügungsverfahrens (§ 935 ZPO) oder einer Hauptsache, so erfällt nur die 1,0 Gebühr. Zur Beantwortung der Frage, ob der Gegenstand des Einigungsvertrages identisch ist

Nr. 1003 VV

mit dem gleichzeitig erhobenen Anspruch im Regelungsverfügungsverfahren nach § 940 ZPO, muss eine besonders genaue Identitätsprüfung angestellt werden.

4. Feststellungsklage

13 *N. Schneider* (Gebauer / Schneider RVG 2. Aufl. VV 1000 Rn. 140), der wohl als Einziger dieses Problem aufgegriffen hat, bemerkt zur Feststellungsklage: »*Wird eine Feststellungsklage erhoben, so werden damit die hieraus resultierenden Zahlungsansprüche noch nicht anhängig, so dass es bei einem Vergleich über die Zahlungsansprüche bei einer 15/10-Gebühr verbleibt. Wird sich allerdings einheitlich über Grund und Höhe verglichen, so liegt ein Mischfall vor.*«

Mischfall hieße, ein Fall des § 15 Abs. 3 RVG, somit teilweise eine 1,0, teilweise eine 1,5 Gebühr.

Das müsste man sich je nach Fallgestaltung aber einmal näher ansehen:

14 • **Beispiel**
Feststellungsklage ist erhoben mit dem Antrag, festzustellen, dass der Beklagte dem Kläger für alle Schäden aus dem Verkehrsunfall vom 01. 07. 2006 haftet, soweit diese nicht auf Sozialversicherungsträger übergegangen sind (geschätzter Wert: € 150.000,00).

Nun kommt es mit dem Versicherer zu einer außergerichtlichen Einigung über die Höhe. Man einigt sich über eine Zahlung von € 100.000,00. Nach N. Schneider erfiele hier die 1,5 Gebühr aus dem Wert der Höhe des geltend gemachten Anspruchs (Höhevergleich). Anders wäre es nach Schneider, wenn der Vergleich lautet:

Der Beklagte haftet dem Grunde nach voll und zur Höhe mit € 100.000,00. Jetzt soll ein Mischfall nach § 15 Abs. 3 RVG vorliegen: also **Wert Feststellungsklage:** € 150.000,00, Gebühr 1,0 (Nr. 1003) + **Wert Höhe** wohl auch wenigstens € 150.000,00, richtiger wohl € 187.500,00, wenn Feststellung schon Wert von € 150.000,00 hat, also insoweit weitere Teilgebühr, zu berechnen nach § 15 Abs. 3, so verstehe ich jedenfalls N. Schneider. Macht das einen Sinn? Lohnt es sich, hier weiter zu denken?

15 Gegenstand (Streitgegenstand) i. S. v. Nr. 1003?

Nach meinem Dafürhalten dürfte die Klage über den **Grund** des Anspruchs oder auch das **Feststellungsbegehren** schon eine totale Sperre nach Nr. 1003 bilden, Rechtsgedanke aus § 256 Abs. 2 ZPO. Zum Beispiel hemmt die Feststellungsklage (Klagegrund) auch die Verjährung des daraus abgeleiteten Leistungsanspruchs.

16 Sieht man das anders, so ließe sich zu Gunsten der Gegenmeinung allenfalls argumentieren:

Im Rahmen des § 264 Nr. 2 ZPO subsumiert man den Übergang von der Feststellungsklage zur Leistungsklage als eine Klageerweiterung. Man könnte daher bei formalistischer Betrachtungsweise sagen, der Streitwertanteil von 80 % (= Feststellungsklage) zu 100 % (= Leistungsklage = Höhe), nämlich 20 %, ist noch nicht Gegenstand eines gerichtlichen Verfahrens, wenn eine außergerichtliche Einigung (auch) zur Höhe getroffen wird. Dabei kann es keinen Unterschied machen, ob Feststellungsklage und Höhe in einer einheitlichen Einigung geregelt werden, oder ob eine Einigung nur über die Höhe erzielt wird, weil im letzteren Falle, da ja schon Klage zum Grund (Feststellung) erhoben ist, auch hier gerichtsfrei nur der Mehrwert von 20 % (Differenz zwischen Feststellungsklage und Leistungsklage) ist.

N. Schneider ist dann aber wieder zu folgen, dass jetzt die beiden Teilwerte von 80 % mit einer Gebühr zu 1,0 und 20 % mit einer Gebühr zu 1,5 vorab gem. § 15 Abs. 3 RVG zu berechnen und sodann zu addieren sind und sodann noch die Kappungsprobe nach § 15 Abs. 3 Halbsatz 2 RVG vorzunehmen ist. Letzteres ist bei dieser konkreten Fallgestaltung ungefährlich, weil bei der Kappungsgrenze hier gilt:

Obergrenze 1,5 Gebühr aus Addition der Teilwerte von 80 + 20 % = **100 %** mit 1,5 Gebühr.

Das würde durch die Wohltat des § 15 Abs. 3 RVG für den gesamten Streitwert in vielen Fällen doch die 1,5 Gebühr gewähren. Siehe dazu näher Nr. 1000 Rn. 103 und OLG Zweibrücken (JurBüro 2007, 78 = AGS 2007, 609).

5. Aufrechnung/Hilfsaufrechnung

Eine (**Primär-)Aufrechnung** im Prozess, meist vom Beklagten geltend gemacht, führt, wie sich aus der Rechtskraftregelung des § 322 Abs. 2 ZPO ergibt, sofort zur Anhängigkeit des Gegenstandes, der Aufrechnungsforderung in einem gerichtlichen Verfahren, eine andere Verteidigungswaffe setzt der Beklagte dann nicht entgegen, sonst wäre es ja keine Primäraufrechnung (Gebauer/Schneider RVG 2. Aufl. VV 1000 Rn. 136). Gebühr hier also nur mit einem Satz von 1,0.

17

Im Gegensatz dazu führt die **Hilfsaufrechnung** noch nicht zur Anhängigkeit der Aufrechnungsforderung (BGH MDR 1996, 349). Denn die Hilfsaufrechnung ist mit der schriftsätzlichen Einreichung noch nicht erklärt. Sie ist an die innerprozessuale Bedingung geknüpft, dass sie nur wirksam werden soll, wenn der Richter wegen Bejahung der zugleich bekämpften Klageforderung innerprozessual die Bedingung durch seine Entscheidung eintreten lässt.

18

Daher erhält der Anwalt bei einer Einigung, die **vor dem Eintritt der Bedingung** erzielt wird und die auch die hilfsweise zur Aufrechnung gestellte Forderung mitregelt, aus dem Wert der Hilfsaufrechnung eine **1,5 Einigungsgebühr** (OLG Hamm NJW 1999, 470).

6. Hilfswiderklage

Auch die **Hilfswiderklage** wird zulässigerweise von einer innerprozessualen Bedingung abhängig gemacht (BGH NJW 1996, 2165 und 2306, 2307). Im Gegensatz zur Hilfsaufrechnung wird die Hilfswiderklage aber auflösend bedingt **sofort rechtshängig**. Die Rechtshängigkeit erlischt rückwirkend, wenn die Bedingung ausfällt, weil das Gericht dem Hauptbegehren des Beklagten auf Klageabweisung stattgibt (BGHZ 21, 13, 16 = NJW 1956, 1478; BGHZ 106, 219 = NJW 1989, 1487; Gebauer/Schneider RVG 2. Aufl. VV 1000 Rn. 145). Daraus folgt: Eine Einigung über den Gegenstand der Hilfswiderklage löst daher nur die **1,0 Einigungsgebühr** der Nr. 1003 aus.

19

7. Zeitpunkt der Anhängigkeit

Die Anhängigkeit muss zum Zeitpunkt der Einigung bestehen. Daher hindert eine frühere Anhängigkeit den Anfall der 1,5 Gebühr nicht.

20

- **Beispiel**

Der Anwalt verklagt in einer unternehmensbezogenen Klage die Beklagte mit unrichtigem Klagerubrum. Nachdem der Beklagtenanwalt das gerügt hat, **nimmt** der Kläger kurzerhand die **Klage zurück** und trifft danach einen Einigungsvertrag mit richtigem Rubrum mit der beklagten Firma. In der Einigung werden auch die Kosten der zurückgenommenen Klage geregelt. Selbst wenn man die Rechtsprechung des BGH zur unternehmensbezogenen Klage hier heranzieht, die die Rechtshängigkeit im Bezug auf den wahren Firmeninhaber bewirkt, war doch zum Zeitpunkt der Einigung eine Anhängigkeit nicht mehr gegeben. Die frühere Anhängigkeit spielt nach dem Gesetz keine Rolle mehr (Gebauer/Schneider RVG 2. Aufl. Nr. 1000 Rn. 127). Die Einigungsgebühr erfällt in Höhe von **1,5**.

Dasselbe gilt etwa, wenn zur **Abwendung** einer Vollstreckungsgegenklage eine Einigung über eine streitige Einwendung erzielt wird. Auch die **frühere** Anhängigkeit bis zur Rechtskraft des Urteils steht einer **1,5 Einigungsgebühr** nicht entgegen. Hatte der Anwalt zum Zeitpunkt der Einigung schon Klageauftrag (zur Vollstreckungsgegenklage), so darf die nach der Vorbemerkung 3 Abs. 3 angefallene **1,2 Terminsgebühr**, angefallen wegen Besprechung zur Vermeidung eines gerichtlichen Verfahrens (siehe Anm. 3 Abs. 3), hier nicht vergessen werden.

21

Nr. 1003 VV

22 Wird die Einigung (vielleicht in einem anderen Verfahren) protokolliert, so ist ferner auf die 0,8 Verfahrensgebühr (Nr. 3101, siehe dort) zu verweisen.

8. Vergütungsfestsetzungsverfahren nach § 11 RVG

23 Der Anwalt kann seine im gerichtlichen Verfahren entstandene Vergütung durch den Rechtspfleger gegen die eigene Partei gem. § 11 RVG festsetzen lassen. Das Vergütungsfestsetzungsverfahren, das ein gerichtliches Verfahren darstellt (Absätze 2 und 7), ist zwar im ersten Rechtszug gem. § 11 Abs. 2 Satz 4 RVG gebührenfrei, also auch anwaltsgebührenfrei. Erhebt nun der Mandant aber nichtgebührenrechtliche Einwendungen gem. § 11 Abs. 5, so könnte der Anwalt seine Gebühren im ordentlichen Prozess einklagen. Kommt es jetzt zur Einigung mit dem Mandanten über die Gebührenzahlung, so stellen sich bei dieser Konstellation zwei Fragen:

a) Ist überhaupt eine Einigungsgebühr angefallen, und wenn ja,
b) in Höhe von 1,0 oder 1,5?

Nach *N. Schneider* (Gebauer/Schneider RVG 2. Aufl. VV 1000 Rn. 152) soll hier nur die verminderte Gebühr (1,0) anfallen, da das Vergütungsfestsetzungsverfahren ein gerichtliches Verfahren darstelle, wie sich aus der Verjährungshemmung nach § 11 Abs. 7 RVG ergebe.

24 Dem kann zwar, was den Verfahrensbegriff betrifft, zugestimmt werden. Es ist aber zu fragen, ob überhaupt eine Vergleichsgebühr anfallen kann, weil es an einer zugrunde liegenden Betriebsgebühr im Verhältnis Anwalt zur Partei in der ersten Instanz fehlt. Blickt man allerdings auf den anstehenden ordentlichen Gebührenprozess, so könnte sich der Anwalt dort vertreten lassen, demgemäß mit gleichem Gebührenanfall sich auch selbst vertreten. Aber diese Betriebsgebühr fällt erst mit Erteilung des Prozessauftrags an. Dennoch bejahe ich die oben aufgeworfene Frage zu 1.: Angefallen ist die Einigungsgebühr. Es bleiben aber Zweifel, ob das vereinfachte Festsetzungsverfahren, in dem materielle Ansprüche, also eigentlich derselbe Gegenstand, gar nicht geprüft werden können, § 11 Abs. 5, den Tatbestand der Nr. 1003, erfüllt. Die Waage neigt sich eher zum »Nein« als zur 1,5 Gebühr. Andererseits bleiben Zweifel, denn geht der Festsetzungsantrag nach § 11 durch, dann hat der Anwalt im Ergebnis dasselbe wie bei einem Urteilsverfahren, einen Vollstreckungstitel. Man darf auf einschlägige Rechtsprechung zu diesem Problem gespannt sein.

9. Schiedsgerichtliches Verfahren

25 Die Anhängigkeit in einem schiedsgerichtlichen Verfahren führt nicht zur Reduzierung der Vergleichsgebühr. Das bedeutet, schließt der Anwalt als Parteivertreter im schiedsgerichtlichen Verfahren einen »Prozessvergleich«, so kann er die Einigungsgebühr mit einem Gebührensatz von 1,5 ansetzen (Hansens BRAGO 8. Aufl. § 67 Rn. 7; Gebauer/Schneider RVG 2. Aufl. VV 1000; Hartmann Kostengesetze 35. Aufl. RVG Nr. 1003 VV Rn. 4; Gerold/Schmidt/von Eicken/Madert BRAGO 5. Aufl. § 67 Rn. 12).

10. Zwangsvollstreckung durch den Gerichtsvollzieher gerichtliches Verfahren?

26 Betreibt der Anwalt durch den Gerichtsvollzieher die Zwangsvollstreckung, so war umstritten, ob er, wenn er nun mit dem Schuldner eine Einigung vereinbarte (vielleicht einen Ratenzahlungsvergleich mit Leistung von Sicherheiten), die 1,0 oder 1,5 Einigungsgebühr erhielt.

27 Die frühere Anhängigkeit im **Erkenntnisverfahren** stand zwar der 1,5 Einigungsgebühr nicht entgegen.

Wenn nicht aus einem vorläufig vollstreckbaren Urteil vollstreckt wurde, sondern aus einem rechtskräftigen Titel, so stand schon rein zeitlich das damit abgeschlossene frühere Verfahren (so etwa auch nach der Klagerücknahme Rn. 20; Schneider/Wolf RVG 3. Aufl. Nr. 1000 Rn. 127) nicht entgegen.

Außerdem ist in der Vollstreckung nicht mehr auf den Klagegegenstand i. S. v. Nr. 1003 abzustellen, sondern in der Zwangsvollstreckung auf den Vollstreckungsgegenstand, den Titel (vgl. Nr. 1000 Rn. 80). Gegenstand der Einigung in der Zwangsvollstreckung und des etwa hindernden anhängigen Erkenntnisverfahrens wären also nicht derselbe (also würde auch die Anhängigkeit im Berufungsrechtszug hinsichtlich des zu vollstreckenden vorläufigen Titels der Gebühr von 1,5 gem. Nr. 1000 in der Zwangsvollstreckung nicht entgegenstehen. 28

Hartmann (Kostengesetze 35. Aufl. VV 1003 Rn. 4) hat sich für eine analoge Anwendung der Nr. 1003 auf das GV-Verfahren in der ZV ausgesprochen. 29

Der Gesetzgeber hat durch das 2. Justizmodernisierungsgesetz mit Wirkung vom 31. 12. 2006 dem Streit ein Ende gemacht, indem er die Nr. 1003 dahin ergänzt hat, dass das Verfahren vor dem GV einem gerichtlichen Verfahren gleich stehe, für die Einigung beim GV erfällt also auch nur eine 1,0 Einigungsgebühr. 30

Nun darf man das »Kind aber nicht mit dem Bade ausschütten« und etwa formulieren, in der ZV betrage die Einigungsgebühr immer nur 1,0.

Einigen sich die Parteien in der Zwangsvollstreckung ohne Anrufung des Vollstreckungsgerichts oder des GV, so fällt unter den Einigungsvoraussetzungen der Nr. 1000 die 1,5 Einigungsgebühr an.

Beispiel: Der Gläubigeranwalt droht die ZV an, der Schuldner vereinbart mit ihm Ratenzahlungen (BGH JurBüro 2006, 327 = AGS 2006, 214; im Grundsatz auch OLGR Jena 2007, 83 = RVGreport 2006, 345).

Beispiel: Der Gläubigeranwalt droht die Zwangsvollstreckung an, die Parteien einigen sich, dass bei Zahlung von 75 % der Summe innerhalb eines Monats der Titel erledigt sein soll.

Zu den Problemfällen, wenn der GV die Einigung in seinem Verfahren vermittelt, siehe Nr. 1000 Rn. 84.

11. Einbeziehung eines anderweitig bereits anhängigen Anspruchs in einen Gesamtvergleich

a) Anhängigkeit in einem anderen Rechtsstreit

Wird im **vorliegenden Rechtsstreit A** ein Vergleich (Einigung im gebührenrechtlichen Sinne) abgeschlossen und zugleich ein anderweitig in einem Rechtsstreit B schon anhängiger Anspruch einbezogen, also mitverglichen, so erfällt für den einbezogenen Streitwert B (infolgedessen anderweitige Anhängigkeit) im Rechtsstreit A, wo der Vergleich protokolliert, also abgeschlossen wird, auch **nur eine Einigungsgebühr 1,0 (Nr. 1003)** und nicht etwa wegen Vergleichs in der Sache A (weil dort nicht anhängig) aus dem Wert B eine Einigungsgebühr 1,5 (Nr. 1000). 31

Die Formel »in einem gerichtlichen Verfahren anhängig« setzt also nicht voraus, dass Anhängigkeit gerade in dem Verfahren vorliegt, in dem der Vergleich protokolliert wird, sondern der betreffende verfahrensfremde Anspruch kann auch in einem völlig anderen Gerichtsverfahren anhängig sein (OLG Zweibrücken JurBüro 2007, 78 = AGS 2007, 609).

b) Einheitliche Einigungsgebühr nur im Rechtsstreit A, wenn anderweitig anhängiger Wert B in den Vergleich im Rechtsstreit A einbezogen wird

Bei der Einbeziehung anderweitig anhängiger Ansprüche (B) in einen Prozessvergleich A erwächst eine einheitliche 1,0 Einigungsgebühr nach Nr. 1003 aus den Gesamtwert der verglichenen Ansprüche (Göttlich/Mümmler/Rehberg/Xanke RVG 1. Aufl. »Einigungsgebühr Nr. 1000 VV RVG« Abschnitt 10.3, S. 257; Gerold/Schmidt/von Eicken/Madert/Müller- 32

Nr. 1003 VV

Rabe RVG 17. Aufl. VV 1000 Rn. 45). Der Richter oder die Parteien schicken dann eine Abschrift des Sitzungsprotokolls aus der Sache A zur Sache B. Nimmt es der Richter B förmlich, so lässt er sich noch beiderseitige Erledigungserklärungen der Parteien einreichen. Er kann aber auch einfach die Akte als ruhend weglegen lassen. Durch die Einbeziehung des Gegenstandes des Verfahrens B in den Prozessvergleich des Verfahrens A wurde für das Verfahren B keine weitere gesonderte Einigungsgebühr verursacht, sondern lediglich der Wert der im Verfahren A angefallenen Einigungsgebühr um den Wert des Verfahrens B erhöht. Abschließend bleibt knapp festzuhalten, einen förmlichen Prozessvergleich mit Verfahrenserledigung haben die Parteien dann nur im Verfahren A abgeschlossen. Das hat wichtige Konsequenzen für die Kostenerstattung (etwa teilweise anderes Rubrum in Verfahren A oder B oder zwar gleiches Rubrum, aber verschiedene wirtschaftliche Inhaberschaft), die mir nach so vielen Jahren der Gebührenbefassung erstmals durch einen einschlägigen Beschluss des OLG Stuttgart (JurBüro 2005, 303 = NJW-RR 2005, 940 = AGS 2005, 256) klar geworden sind, die unter der nachfolgenden Rn. 33 erörtert werden. Noch problematischer ist es, wenn etwa die gesamten Kosten des Vergleichs gegeneinander aufgehoben worden sind (PKH oder Rechtsschutz nur für Verfahren B).

Wer bei diesem Punkt bei der Vergleichsprotokollierung nicht zu Ende denkt, setzt sich bei gewissen Fallkonstellationen einer Regressgefahr bzw. einem Gebührenverlust aus.

Diese Ansicht vertritt hinsichtlich der Terminsgebühr auch das OLG Frankfurt (AGS 2008, 224, siehe Nr. 3104 Rn. 70 a).

c) Kostenerstattungsanspruch hinsichtlich der einheitlichen Einigungsgebühr nur im Verfahren A – PKH und Rechtsschutz nur im Verfahren B

33 Wie unter Rn. 31 und 32 näher herausgearbeitet wurde, ist der Prozessvergleich (Titel für eine Kostenfestsetzung) nur in der Sache A protokolliert, geschaffen worden und die Einigungsgebühr gibt es nur einmal (aus dem erhöhten Wert), und zwar nur im Verfahren A. Beantragt eine Partei Kostenerstattung hinsichtlich der Einigungsgebühr gegen den Übernahmeschuldner aus dem Vergleich nach ihrem Gutdünken (oder weil der Schuldner im Verfahren B solventer ist) im Verfahren B, so wird dieser Kostenfestsetzungsantrag mangels Titels in der Sache B abgewiesen werden müssen. Ist etwa die Kostenfestsetzung in der Sache A schon rechtskräftig abgeschlossen, so hat sie Pech gehabt. So etwas kann man aber in aller Regel rechtzeitig steuern und die Kostenfestsetzung in A richtig machen (also unter Einschluss der Einigungsgebühr aus dem erhöhten Streitwert).

34 Eine weitere Gefahr lauert, wenn es etwa im Vergleich heißt, die Kosten des Vergleichs werden gegeneinander aufgehoben. Dann hat zwar die Partei, nennen wir sie X, keinen Erstattungsanspruch gegen den Gegner. Ihr Anwalt hat ihr, um die Zustimmung zu erreichen, vielleicht gesagt, das können wir ruhig machen, wir haben ja Rechtsschutz und mit dem Vergleich haben wir in der Sache selbst einen Erfolg von etwa 50 %, die Kostenquotelung stimmt also mit dem Hauptsacheerfolg überein. Hat nun im angenommenen Fall die Partei X Rechtsschutz nur für den Prozess B, so ist in diesem Prozess keine Einigungsgebühr erfallen und die Rechtsschutzversicherung muss die Einigungsgebühr nicht zahlen, natürlich hinsichtlich des Wertes A ohnehin nicht, aber auch nicht hinsichtlich des einbezogenen Wertes des Verfahrens B. Denn im Verfahren B, man kann es nicht oft genug betonen, ist keine Einigungsgebühr erfallen, sondern nur insgesamt im Verfahren A.

35 Dieselben Probleme wird der Anwalt haben, wenn ihm PKH nur für das Verfahren B bewilligt war.

Vom Gegner gibt es nichts wegen der Kostenaufhebung. Die Partei wird nichts zahlen, weil sie aus PVV einen Schadensersatzanspruch auf Nichtzahlung wegen falscher Belehrung hat. Mit dem eventuellen Einwand, die Fehlberatung sei nicht kausal gewesen für den Schaden, weil mehr vom Gegner nicht herauszuholen gewesen wäre, wird er kaum gehört werden, weil viele verschiedene hypothetische Abläufe denkbar sind. Diesen Gebührenprozess sollte er erst gar nicht versuchen.

Die Anregung zu diesen Ausführungen gab mir der Verfahrensverlauf und die Sachbehandlung in der Entscheidung des OLG Stuttgart von 2005 (JurBüro 2005, 303 = AGS 2005, 256 = NJW-RR 2005, 940). Einigen Ausführungen, so insbesondere dem Leitsatz, dass es die Terminsgebühr nach der Vorbemerkung 3 Abs. 3 nur gebe, wenn die Parteien allein verhandelten, sei das Gericht bei dieser Besprechung dabei, so seien die Voraussetzungen nicht erfüllt, kann ich nicht zustimmen. Das ist juristische Sophisterei und beachtet in keiner Weise die Historie dieser Gebühr und die Motive des Gesetzgebers. Als ich nach In-Kraft-Treten des RVG zum ersten Mal hörte, dass ein Gericht diese Ansicht vertrete, habe ich geglaubt, der Erzähler wolle mich »auf den Arm« nehmen. Aber das OLG Stuttgart und wenige Gleichdenkende werden sagen, das steht doch so wörtlich im Gesetz, was wollen Sie? Wenn da der BGH kein Machtwort spricht – hoffentlich wird das bald vorgelegt – dann ist der Gesetzgeber mit der Reform der Reform dran, dann formuliert er vielleicht zukünftig sorgfältiger.

II. Prozessuale Probleme bei der Erstattung der Einigungsgebühr Nr. 1003

1. Aufnahme der Einigungsgebühr Nr. 1003, Kostenfestsetzung in den Vollstreckungsbescheid, Ratenzahlung und Rücknahme des Widerspruchs

Das hier aufgeworfene Problem ist vom Kostensenat des KG Berlin (AGS 2006, 65 = KGR Berlin 2005, 837 = Rpfleger 2005, 697) in einer sehr lesenswerten und sorgfältig begründeten praxistauglichen Entscheidung herausgearbeitet worden. Der BGH hätte da möglicherweise mit dem neuen BGH-Argument des fehlenden »Gerechtigkeitsgewinns« (BGH NJW 2005, 1373, bestätigt NJW 2006, 1523) von solchen Detailuntersuchungen abgesehen (vgl. näher Nr. 1000 Rn. 8). Nun zur Sache. 36

Im Mahnverfahren hatte die Antragsgegnerin Widerspruch eingelegt und diesen später zurückgenommen. Darauf beantragte die Antragstellerin den Erlass eines Vollstreckungsbescheids und gleichzeitig im Vollstreckungsbescheid Kostenfestsetzung hinsichtlich eines Betrages von € 217,00 für »TZ-Vergleichsgebühr«. 37

Sie hat dazu der Kostenrechtspflegerin eine von der Antragsgegnerin unterschriebene Kopie einer Teilzahlungsvereinbarung vorgelegt.

In dieser Vereinbarung erkannte die Schuldnerin an, der Gläubigerin einen Betrag X zu schulden, und verpflichtete sich, diesen Betrag zuzüglich Zinsen »sowie die Kosten dieser Vereinbarung, die sich aus der beigefügten Abrechnung ergeben«, in monatlichen Raten von € 125,00 zu zahlen. Diese Kosten waren als 1,0 Einigungsgebühr gemäß Nr. 1003 mit € 217,00 berechnet.

Dem Anschreiben war eine vorformulierte Rücknahme des Widerspruchs beigefügt.

Die Rechtspflegerin hat die Festsetzung der Einigungsgebühr (Nr. 1003) abgelehnt. Auf die Beschwerde hat das KG die Einigungsgebühr von € 217,00 in Ergänzung zum Vollstreckungsbescheid (§ 699 Abs. 3 ZPO) festgesetzt.

Das KG hat festgestellt, die Einigungsgebühr sei erfallen und auch erstattungsfähig. 38

Die Einigung liege vor. Die Antragsgegnerin habe vereinbarungsgemäß ihren Widerspruch zurückgenommen, wodurch die Bedingung für den Abschluss der Teilzahlungsvereinbarung eingetreten sei (Nr. 1000 Anm. Abs. 3). Ein Nachgeben der Antragstellerin sei für das Entstehen der Einigungsgebühr nicht mehr erforderlich. Im Übrigen liege aber auch ein Vergleich i. S. d. § 779 BGB vor, wenn der Gläubiger dem Schuldner Ratenzahlung bewillige und dafür einen sicheren Vollstreckungstitel erhalte (BGH Rpfleger 2005, 330). Das sei hier auf-

Nr. 1003 VV

grund der Rücknahme des Widerspruchs und der in der Teilzahlungsvereinbarung erklärten Abtretung des pfändbaren Arbeitseinkommens der Schuldnerin der Fall gewesen. Weitere Details mag man sich beim Studium der Entscheidung anlesen.

39 Der Kostensenat des KG hat die den Kosteninstanzen übertragene Aufgabe der Ermittlung des Sachverhalts wahrgenommen und die Einigung auch aus prozessualen Handlungen (Rücknahme des Widerspruchs, sodann Antrag des Vollstreckungsbescheids) in Verbindung mit der vorgelegten Korrespondenz abgeleitet. Hierbei befindet er sich in richtiger Wahrnehmung seiner kostenrechtlichen Aufgaben im Widerspruch zum BGH, der in seinen »Gerechtigkeitsgewinnentscheidungen« (NJW 2006, 1523; 2005, 1373; 2002, 3713) offenbar diese Aufgabe mit u. a. folgender anfechtbarer Formulierung (aus NJW 2006, 1523) ablehnt (Hervorhebungen vom Verfasser):

40 »d) Das Erfordernis eines protokollierten Vergleichs entfällt bei der notwendigen generalisierenden Betrachtungsweise auch dann nicht, wenn die **Feststellung eines vertraglichen Konsenses** der Parteien im Einzelfall **ohne Schwierigkeiten** möglich sein sollte (BGH, Beschl. v. 26. 09. 2003, NJW 2003, 3713, unter II 3). Angesichts der freien Entscheidung der Parteien zur Beendigung des Prozesses ohne förmlichen Vergleichsabschluss wäre dadurch ein **Gerechtigkeitsgewinn** kaum zu erzielen. Bei einer von Fall zu Fall differenzierenden Betrachtungsweise stünde er auch in keinem Verhältnis zu den sich einstellenden Nachteilen, weil bei der **Bandbreite der denkbaren Gestaltungen** nicht selten darüber gestritten werden könnte, ob eine vertragliche Einigung vorliegt oder nicht (vgl. Senatsbeschl. v. 08. 03. 2005, a. a. O., unter II 3 a bb, zu § 91 Abs. 1 Satz 1 ZPO; BGH, Beschl. vom 12. 12. 2002 – I ZB 29/02, NJW 2003, 901 unter II 2 b aa, zu § 91 Abs. 2 Satz 1 Halbs. 2 ZPO).«

Die Bandbreite des Kostenalltags ist in der Tat groß. Da kann man es sich als Richter für seine Arbeit nicht einfach machen. Kostenarbeit ist vielfach Massenarbeit, gelegentlich aber auch viel aufwändige Kleinarbeit zur gerechten Entscheidung des Einzelfalles (siehe weiter Nr. 1000 Rn. 8).

2. Verzichtsvertrag bei Anerkenntnis statt Prozessvergleich

41 Eng mit der unter Rn. 39, 40 geschilderten Problematik verwandt ist ein vom OLG Stuttgart zur Gebühr Nr. 1003 entschiedener Fall, den dieses unter Heranziehung der Umstände gut vertretbar mit dem Ergebnis gelöst hat, die Umstände ergäben einen Verzichtsvertrag hinsichtlich der Erstattungsfähigkeit.

42 Das OLG Stuttgart (NJW 2005, 2161 = JurBüro 2005, 368 = AGS 2005, 359) hat bemerkt: »Zwar ist hier aufgrund gegenseitigen Nachgebens eine Vergleichsgebühr nach Nr. 1000 Abs. 1, 1003 VV RVG entstanden, weil vor dem Anerkenntnis der Kläger der Beklagten durch eine Stundungszusage entgegen gekommen war und deshalb keine ausschließlich auf das Anerkenntnis beschränkte Einigung vorliegt. Sie ist aber nicht vom Gegner zu erstatten. Wählen anwaltlich vertretene Parteien anstelle eines formgerechten gerichtlichen Vergleichs (§ 794 a ZPO) mit den sich aus Nrn. 1000 Abs. 1, 1003 ergebenden Kostenfolgen absichtlich eine abweichende Form, die für sich genommen diese kostenrechtlichen Folgen vermeidet – hier ein Anerkenntnis (Nr. 1000 Abs. 1 Satz 1 Hs. 2) –, so ist daraus auf einen Verzichtsvertrag der beteiligten Parteien auf Erstattung von Vergleichskosten zu schließen. Ansonsten würden die wirtschaftlichen Vorteile, die hier das Entgegenkommen der klagenden Partei für die anerkennende Partei hätte und auf die die anerkennende Partei erkennbar Wert gelegt hat, über das Kostenrecht teilweise oder ganz wieder genommen. Es wäre treuwidrig (»venire contra factum proprium«), wenn eine Partei eine kostengünstigere prozessuale Erledigungsform wählt und dann dennoch die höheren Kosten geltend macht, die angefallen wären, wenn die an sich dafür vorgesehene Erledigungsform gewählt worden wäre.«

III. Anhängigkeit eines selbständigen Beweisverfahrens

Der Gesetzgeber hat sich nicht mit sprachlichem Ruhm befleckt, als er in Nr. 1003 formulierte: 43

»Über den Gegenstand ist ein anderes gerichtliches Verfahren als ein selbstständiges Beweisverfahren anhängig.«

Ein anderes gerichtliches Verfahren als ein selbständiges Beweisverfahren meint:

Das andere Verfahren ist der Grundfall, das selbständige Beweisverfahren die Ausnahme. In sprachlicher Hinsicht dürfte man doch erwarten, wie es tradierter guter Brauch der Gesetzessprache ist, dass man zuerst die Regel und dann die Ausnahme nennt.

Vielleicht hat der Wortlaut, so kann man sich vielleicht vordergründig herausreden, mit der Anwendbarkeit des VV für den Computer zu tun. Ich habe mir allerdings sagen lassen, der arbeite auch nur nach dem Prinzip von ja und nein. Unter solchen Umständen ist es immer wieder eine Zumutung, wenn das Gesetz damit gepriesen wird, es solle mit dem RVG alles einfacher und transparenter werden.

Die überzeugende Begründung des Gesetzgebers für die Zuerkennung einer 1,5 Einigungsgebühr für eine frühe Erledigung eines Konfliktfalles, bei dem die Parteien wegen der drohenden Auseinandersetzung erst einmal die Beweise gesichert haben, lautet: 44

»*Die Anhängigkeit eines selbstständigen Beweisverfahrens soll den Anfall der höheren Einigungsgebühr nach Nummer 1000 VV RVG nicht mehr hindern. Dieser Vorschlag soll zu einer Vermeidung des streitigen Verfahrens beitragen.*«

Damit hat der Gesetzgeber im selbständigen Beweisverfahren dem Anwalt die Möglichkeit geschaffen, alle Gebühren des 3. Teils (das selbständige Beweisverfahren ist eine Bürgerliche Rechtsstreitigkeit im gebührenrechtlichen Sinne entsprechend der Überschrift des 3. Teils) zu verdienen und daneben die für alle Teile geltende, im ersten Teil (Nr. 1000) platzierte Einigungsgebühr.

Das bedeutet, im selbständigen Beweisverfahren kann der Anwalt verdienen:

– Die Verfahrensgebühr Nr. 3100   1,3
– Die Terminsgebühr Nr. 3104   1,2 (beim Sachverständigentermin (Vorbem. 3 Abs. 3)
 oder durch Einigungsverhandlungen (Vorbem. 3 Abs. 3)
– Die Einigungsgebühr Nr. 1000   1,5.

Damit verdient er im selbständigen Beweisverfahren eine 0,5 Gebühr mehr als in der Hauptsache. Der Anreiz zum endgültigen Abschluss durch Vergleich ist also sehr hoch.

Durch das 2. Justizmodernisierungsgesetz ist mit Wirkung vom 31. 12. 2006 klargestellt, dass weder durch die Anhängigkeit eines selbständigen Beweisverfahrens, noch durch ein PKH-Verfahren, das sich auf ein selbständiges Beweisverfahrens bezieht, das Privileg der 1,5 Einigungsgebühr entfällt.

IV. Prozesskostenhilfeverfahren

Die Gesetzesbegründung formuliert: 45

»*Der Rechtsanwalt soll die Gebühr nach Nummer 1000 auch dann unvermindert erhalten, wenn die Prozesskostenhilfe nur zur Protokollierung des Vergleichs beantragt wird.*«

Von einem umsichtigen Richter werden bei oder vor Erörterung des Sach- und Streitstandes, wie es das Gesetz in § 278 ZPO befiehlt, Vergleichsverhandlungen geführt, und zwar ohne Unterschied für Arm und Reich. Das gilt also auch für die Parteien, denen für den Prozessgegenstand PKH bewilligt ist.

Nr. 1003 VV

Nicht selten kommt es in der Praxis dann vor, dass der Richter im Rahmen von Vergleichsverhandlungen fragt, ob es zwischen den Prozessparteien weiteren Zündstoff gibt, den man zur Gesamtbefriedung gleich miterledigen sollte.

Wird dann ein solcher Gegenstand außerhalb des Klagegegenstandes in die Einigung einbezogen, so stellt sich die Frage, wer die dafür erforderlichen Anwaltsgebühren zahlen soll.

Der sozial Schwache kann nicht, sonst wäre ihm keine PKH bewilligt worden. Der Gegner ist allenfalls bereit, die Kosten seines eigenen Anwalts für diesen »Mehrwert«, der in die Einigung einbezogen werden soll, zu tragen. Es bleibt also nur der Staat, zu dessen Aufgaben die Justizgewährung gehört. Aus heutiger moderner rechtsstaatlicher Sicht hat die Justiz dem konfliktbeladenen Bürger zu dienen. Dazu gehört die Pflicht, den Parteien bei der Friedensstiftung zu helfen und damit für die Einbeziehung des weiteren Streitpunktes in den Gesamtvergleich dem sozial Schwachen PKH unter Beiordnung seines Anwalts zu gewähren.

Diesem Ziel dient die Gesetzesformulierung, die den Grundsatz ausdrückt, dass, falls ein PKH-Verfahren eingeleitet worden ist, der Anwalt, der somit den Frieden nicht ohne Hilfe des Gerichts herstellen konnte, grundsätzlich nur eine 1,0 Einigungsgebühr erhält, während als Anreiz einer schnellen Konfliktbereinigung für den einbezogenen Gegenstand, der bisher das Gericht nicht beschäftigt hat, es bei der Grundgebühr für einen Vergleich/Einigung von 1,5 bleibt.

Das KG (KGR Berlin 2007, 1019) hat noch einmal klargestellt, dass die Ausnahme zu VV 1003 (= 1000 mit der 1,5 Gebühr) – dass **lediglich** Prozesskostenhilfe für die gerichtliche **Protokollierung** beantragt war – dann nicht vorliegt. wenn Prozesskostenhilfe **für den Streitgegenstand selbst** beantragt worden war (Gerold/Schmidt/von Eicken RVG 17. Aufl. VV 1003, 1004 Rn. 7). Denn diesen Normalfall trifft gerade die Anmerkung zu Nr. 1003.

Der beigeordnete PKH-Anwalt erhält die Einigungsgebühr Nr. 1003 nur, wenn er ausdrücklich auch für den Vergleichsabschluss beigeordnet ist (LAG Düsseldorf JurBüro 2006, 260).

V. Scheidungsvereinbarung nach § 48 Abs. 3 – Anm. Halbsatz 2 zu Nr. 1003

46 Der Gesetzgeber begründet diese Norm wie folgt:

»Der Rechtsanwalt soll die Gebühr nach Nummer 1000 auch dann unvermindert erhalten, wenn das Prozesskostenhilfeverfahren zwar anhängig ist, sich die Beiordnung in der Ehesache aber nach § 48 Abs. 3 auf den Vergleich erstreckt.«

Bei einer Einigung nach einer Beiordnung in einer Ehesache auf den Abschluss eines Vertrags i. S. d. Nr. 1000 (§ 48 Abs. 3 RVG), also einer Vereinbarung, die die Folgen der Ehescheidung regelt, erhält der Anwalt die 1,5 Einigungsgebühr (Anm. Halbsatz 2 zu Nr. 1003).

§ 48 Abs. 3 RVG lautet:

»¹Die Beiordnung in einer Ehesache erstreckt sich auf den Abschluss eines Vertrags im Sinne der Nummer 1000 des Vergütungsverzeichnisses, der den gegenseitigen Unterhalt der Ehegatten, den Unterhalt gegenüber den Kindern im Verhältnis der Ehegatten zueinander, die Sorge für die Person der gemeinschaftlichen minderjährigen Kinder, die Regelung des Umgangs mit einem Kind, die Rechtsverhältnisse an der Ehewohnung und dem Hausrat und die Ansprüche aus dem ehelichen Güterrecht betrifft. ²Satz 1 gilt im Fall der Beiordnung in Lebenspartnerschaftssachen nach § 661 Abs. 1 Nr. 1 bis 3 der Zivilprozessordnung entsprechend.«

Mit dem hohen Gebührensatz von 1,5 wird der Anwalt angeregt, entweder sofort oder sukzessive alle Konfliktfelder, die im Zusammenhang mit einer Ehescheidung entstehen, vornehmlich zum Wohle der Kinder durch eine ausgehandelte Einigung regeln zu helfen.

Nr. 1004 VV

Nr.	Gebührentatbestand	Gebühr oder Satz der Gebühr nach § 13 RVG
1004	Über den Gegenstand ist ein Berufungs- oder Revisionsverfahren anhängig: Die Gebühren 1000 bis 1002 betragen......................	1,3

Inhaltsübersicht

	Rn.
A. Allgemeines	1
B. Kommentierung	3
I. Berufungs- oder Revisionsverfahren	3
II. Berufungs- oder Revisionsverfahren anhängig	6
1. Anhängigkeit in prozessualer Sicht	6
2. RVG hat andere Struktur als BRAGO für Rechtsmittelgebühr	7
III. Bedeutung von selbständigem Beweisverfahren und PKH-Antrag nur für Vergleichsprotokollierung bei Einigung im Rechtsmittelrechtszug	8
1. Lehren aus der Regelung in der 1. Instanz (Nr. 1003)	8
2. Hat die Regelung der 1. Instanz Auswirkungen auf die 2. Instanz?	12
IV. Einbeziehung nicht anhängiger Ansprüche bei der Einigung in der Berufungsinstanz, Nr. 1004	20
1. Problemfelder	20
2. Vergleichende Gesetzesanalyse Nr. 1004	22
3. Die Begründung des Gesetzestextes	23
4. Auslegung des Gesetzestextes selbst	24
V. Bedeutung der Nr. 1004 für schiedsrichterliche Gebühren	27

A. Allgemeines

Nr. 1004 sieht vor, dass die innerhalb eines anhängigen Berufungs- oder Revisionsverfahrens anfallende Einigungs-, Aussöhnungs- oder Erledigungsgebühr 1,3 beträgt, in der 1. Instanz = Nr. 1003 nur 1,0.   **1**

Die bisher in der Rechtsprechung kontrovers entschiedenen Fälle der Einbeziehung von anderweitig anhängigen Sachen in die Einigung 2. Instanz hat der Gesetzgeber weder klar geregelt noch in der Gesetzesbegründung überhaupt erwähnt. Warum?!   **2**

In der Gesetzesbegründung ist angeführt, die Einigungsgebühr für einen einbezogenen nicht anhängigen Wert betrage 1,5. Nach altem Recht wurde insoweit von vielen, etwa vom KG, eine 1,3 × 1,5 = 1,95 Gebühr gegeben. Das wird dann auch so in Kommentaren ohne Untersuchung mitgeteilt (Mayer/Kroiß RVG Nr. 1004 Rn. 2; Gebauer/Schneider RVG 2. Aufl. Nr. 1000 Rn. 165; Gerold/Schmidt/von Eicken/Madert/Müller-Rabe RVG 17. Aufl. VV 1003, 1004 Rn. 3). So klar, wie alle meinen, ist das aber nicht. Denn wenn der Anwalt für die Einbeziehung die Differenzverfahrensgebühr für die Berufungsinstanz nach Nr. 3201 Nr. 2 von 1,1 für den einbezogenen Gegenstand erhält, dann wird doch dieser verfahrensmäßig als in der Berufungsinstanz anhängig behandelt. Andernfalls müsste er doch bei gedachter Anhängigkeit in erster Instanz nur die 0,8 Differenzverfahrensgebühr aus Nr. 3101 erhalten.

Nr. 1004 VV

B. Kommentierung

I. Berufungs- oder Revisionsverfahren

3 Im Text der Nr. 1004 findet man nur die Berufungs- und Revisionsverfahren. Ob Nr. 1004 analog auf die Nichtzulassungsbeschwerden (Berufung und Revision) anwendbar ist, ist umstritten, bejahend *N. Schneider* (Gebauer/Schneider RVG 2. Aufl. Nr. 1004 Rn. 2; AnwBl. 2005, 203): »*Man wird auch die Verfahren über die Beschwerde gegen die Nichtzulassung der Berufung oder der Revision hierzu zählen müssen, da diese bereits den Rechtsmittelverfahren zuzuordnen sind.*« Auch das Argument von *Baumgärtel* (Baumgärtel/Föller/Hergenröder/Houben/Lompe RVG 7. Aufl. VV RVG Nr. 1004 Rn. 3) lässt sich hören, die bemerkt, nicht entscheidend sei, ob das Rechtsmittel schon etwa beim BGH anhängig sei, sondern bei welchem die Einigung abgeschlossen worden sei. Zutreffend scheint mir dennoch mit einem kleinen Übergewicht die Gegenmeinung von *Hartmann* (Kostengesetze 35. Aufl. RVG Nr. 1000 Rn. 39), der bemerkt, weder das Revisions- oder Berufungszulassungsverfahren bedeute »in der Berufung anhängig« (so auch N. Schneider AnwBl. 2005, 203), noch die Nichtzulassungsbeschwerde könne als in der Berufung anhängig qualifiziert werden, daran ändere auch nichts die Bestimmung des § 16 Nr. 13 (ebenso Gerold/Schmidt/von Eicken/Madert/Müller-Rabe RVG 17. Aufl. VV 3200 Rn. 32). Vielleicht hat der Gesetzgeber aber wirklich, wie *Baumgärtel* (Baumgärtel/Föller/Hergenröder/ Houben/ Lompe RVG 7. Aufl. VV RVG Nr. 1004 Rn. 3) vermutet, das Problem einfach nur übersehen (vgl. die frühere ausdrückliche positive Regelung in § 11 Abs. 1 Satz 6 BRAGO).

Positiv dürfte die Analogiefrage in den beiden nachfolgenden Fällen zu beurteilen sein:

– **Erstinstanzliches Verfahren vor den Finanzgerichten**

4 Zwar handelt es sich unstreitig um ein erstinstanzliches Verfahren. Das Finanzgericht ist aber seiner Struktur nach ein Obergericht (Mayer/Kroiß RVG Vorbemerkung 3.2.1). Die Vorbemerkung 3.2.1 bestimmt demgemäß in Abs. 1 Nr. 1, dass die Verfahrens- und die Terminsgebühr der Finanzgerichte wie im Berufungsrechtszug erfällt. Es wäre daher inkonsequent, wenn die Einigungsgebühr beim Finanzgericht sich nach den einfachen Beträgen der ersten Instanz richten würde. Diese Regelungslücke ist durch eine analoge Anwendung der Nr. 1004 zu schließen (so im Ergebnis auch Gerold/Schmidt/von Eicken/Madert/Müller-Rabe RVG 17. Aufl. VV Vorb. 3.2.1 Rn. 8).

5 – **Gleiches muss gelten für bestimmte herausgehobene Beschwerdeverfahren der Vorbemerkung 3.2.1 Absatz 1 Nr. 2 bis 7**, z. B. Beschwerden gegen die den Rechtszug beendenden Entscheidungen in Familiensachen, so auch Gerold/Schmidt/von Eicken/Madert/Müller-Rabe RVG 17. Aufl. VV 3200 Rn. 35: »Einigungsgebühr VV 1004, 1007. Wenn also durch die Sondernorm der Vorbemerkung 3.2.1 für gewisse Beschwerden Berufungsgebühren für Verfahrensgebühren gelten, so muss auch dort die Einigungsgebühr wie in der Berufung mit 1,3 anfallen«.

Für eine Einigung in einem normalen Beschwerdeverfahren (anders die in Vorbemerkung 3.2.1 Abs. 1 aufgezählten den Rechtszug beendenden sogenannten Berufungsbeschwerden) fällt der Erhöhungsfaktor von 1,3 nicht an.

Den Unterschied zwischen den Beschwerden hat das OLG Hamm (AGS 2007, 238 = RVGreport 2007, 223) nicht herausgearbeitet und ist auch auf die abweichende Kommentarliteratur (siehe vorstehende Ausführungen schon in der 2. Auflage; Schneider/Wolf RVG 3. Aufl. VV 1004 Rn. 2; Mayer/Kroiß RVG VV 1004 Rn. 6; Schneider AnwBl. 2005, 202; Gerold/Schmidt/ von Eicken/Madert/Müller-Rabe RVG 17. Aufl. VV 3200 Rn. 35) mit keinem Wort eingegangen. Das OLG Hamm bemerkt lapidar: »Entgegen dem Vorbringen war es bereits nach altem Recht so, dass der Rechtsanwalt im Beschwerdeverfahren – auch in isolierten Familiensachen – gerade nicht die erhöhten Vergleichsgebühren wie im Berufungs- oder Revisionsverfahren abrechnen konnte. Die im angefochtenen Beschluss insoweit wiedergegebene Rechtsansicht entsprach der allgemeinen Auffassung in Rechtsprechung (BGH NJW 1981, 2758) und Literatur (Riedel/Sußbauer – Fraunholz, BRAGO, 8. Aufl. 2000, § 11 Rn. 7, Göttlich/Mümmler, BRAGO, 20. Aufl. 2001, Stichwort Beschwerden 2.4. Vergleichsgebühr, Baumbach/Lauterbach/Albers/Hartmann, ZPO, 60. Aufl. 2002, § 621 e Rn. 27). Angesichts des eindeutigen Wortlauts in Nr. 1004 des VV zum RVG spricht nichts dafür, dass in diesem Punkt zugunsten des Rechtsanwalts von der bisherigen Rechtslage abgewichen werden sollte.« Die Entscheidung des OLG Hamm wird von N. Schneider (AGS 2007, 239) kritisiert.

Die Gegenmeinung wird vom OLG Nürnberg (AGS 2007, 493 mit einer aufzählenden Anm. von N. Schneider = NJW-RR 2007, 1727 und vom FG B.-W. (AGS 2007, 349 = JurBüro 2007, 198) vertreten.

II. Berufungs- oder Revisionsverfahren anhängig

1. Anhängigkeit in prozessualer Sicht

Mit der Einlegung des Rechtsmittels bei Gericht ist die Sache im Rechtsmittelzug anhängig. **6**

Anhängigkeit genügt, das Rechtsmittel muss nicht an den Gegner zugestellt sein. Auch wenn der Streithelfer für die Partei das Rechtsmittel einlegt (BGH NJW 1990, 190; 1995, 199; 1985, 2480) und nunmehr die Hauptparteien sich einigen, fällt nur eine 1,3 und keine 1,5 Einigungsgebühr an. Zu Beispielen, die die Anhängigkeit bewirken: Baumbach/Lauterbach/Albers/Hartmann ZPO 63. Aufl. § 167 Rn. 10 mit Anhängigkeitsbeispielen, z. B. Fax, Nachtbriefkasten. Zur weiteren Vertiefung des Begriffs Anhängigkeit in der ersten Instanz wird auf Nr. 1003 Rn. 6 verwiesen.

2. RVG hat andere Struktur als BRAGO für Rechtsmittelgebühr

Der nach dem System der BRAGO generell geltende § 11 Abs. 1 Satz 4 BRAGO: »**Im Beru- 7 fungs- und Revisionsverfahren** erhöhen sich die Beträge der Gebühren um drei Zehntel« ist im RVG als generelle Anweisung aufgelöst worden. Der Satz von 13/10 = 1,3 ist bei zahlreichen Nummern des RVG erhalten geblieben. Das RVG setzt die Gebühren in den Rechtsmittelzügen sofort in zahlreichen Gebührennummern satzmäßig fest: z. B. die hier zu untersuchende Nr. 1004: 1,3; ferner Nr. 3200 Verfahrensgebühr Berufung 1,6; Nr. 3201 Vorzeitige Beendigung 1,1; Nr. 3206 Verfahrensgebühr Revision 1,6 usw.

Umstritten war der Gebührensatz bei der Aufnahme von bislang nicht anhängigen Gegenständen in den Vergleich der Berufungsinstanz (Mehrvergleich). Die Gesetzesbegründung zum RVG (BT-Drs. 15/1971, S. 204) bemerkt dazu: »*Im Falle eines Mitvergleichs nicht rechtshängiger Ansprüche im Berufungs- und Revisionsverfahren soll es bei dem in den Nummern 1000 bis 1002 VV RVG vorgesehenen Gebührensatz von 1,5 bleiben.*«

Soweit die Absicht des Gesetzgebers. Der Gesetzgeber hat mit dem Gesetzestext des RVG noch nicht ganz das Problem des Mehrvergleichs gelöst. Früher wurde argumentiert:

Das 1,3 fache von 1,5 (Nr. 1000) ist = 1,95 Gebühr. Früher konnte man nach dem Wortlaut des § 11 BRAGO argumentieren, der Vergleich wird im Berufungsverfahren protokolliert, also gibt das Verfahren den Ausschlag. Nach dem RVG muss über den verglichenen Gegenstand ein Berufungsverfahren anhängig sein. Also, so sagen viele, ist das Problem vom Tisch (Gerold/Schmidt/von Eicken/Madert/Müller-Rabe RVG 17. Aufl. VV 1003, 1004 Rn. 3).

Sehr spitz ließe sich aber noch heute argumentieren: Wenn die Einigung über den Mehrwert in der Rechtsmittelinstanz protokolliert wird und dadurch auch eine Prozessgebühr, wenn auch nur eine halbe, auslöst (es ist praktisch eine unstreitige Anhängigkeit i. S. v. Nr. 3201 Nr. 2), so ist der Mehrwert dadurch in der Berufungsinstanz eben doch als eine unstreitige Protokollierungsangelegenheit anhängig geworden und die 1,5 Gebühr ist gemäß Nr. 1004

Nr. 1004 VV

auf eine 1,95 Gebühr zu erhöhen. Nachdem der **BGH** aber schon zum alten Recht auf Vorlage entschieden hat, es falle nur eine 1,5 Gebühr und keine 1,5 × 1,3 = 1,95 Gebühr an (JurBüro 2003, 78 = AGS 2003, 609) und ferner auch die Gesetzesbegründung das ebenso sieht und schließlich drittens der alle Rechtsmittelfälle abstrakt regelnde § 11 Abs. 1 Satz 4 BRAGO weggefallen ist, sollte man eine solche Gebühr erst gar nicht beantragen.

Daneben schließt m. E. die neue Struktur eine solche Denkweise auch aus.

Das Gesetz setzt die Gebühren jetzt selbst mit der endgültigen Dezimalstelle fest. Es wird nicht mehr multipliziert (z. B. auch bei Nr. 1008).

Für die Einigung gibt es jetzt den Grundfall der Nr. 1000: 1,5, und ferner die reduzierten fest bestimmten Einigungsfälle:

– Anhängigkeit erste Instanz: 1,0;
– Rechtsmittelanhängigkeit: 1,3.

III. Bedeutung von selbständigem Beweisverfahren und PKH-Antrag nur für Vergleichsprotokollierung bei Einigung im Rechtsmittelrechtszug

1. Lehren aus der Regelung in der 1. Instanz (Nr. 1003)

8   Die Einigungsgebühr fällt zwar grundsätzlich als 1,5 Gebühr an (Nr. 1000), beträgt aber nur 1,0 in erster und 1,3 in zweiter und dritter Instanz, wenn über den Gegenstand der Einigung ein gerichtliches Verfahren oder (so jedenfalls die Regelung der ersten Instanz) ein PKH-Verfahren anhängig ist.

Zu Gunsten der Anwälte gibt es drei Rückausnahmen von Nr. 1003:

9   (1) Ist das andere gerichtliche Verfahren ein selbständiges Beweisverfahren und wird in diesem Verfahren ein Vergleich abgeschlossen, so wird dieses Bemühen des Anwalts im frühen Stadium des selbständigen Beweisverfahrens mit der 1,5 Einigungsgebühr belohnt. Das gilt auch dann, wenn PKH für das selbständige Beweisverfahren beantragt ist.

10 (2) Beantragt eine Partei, wenn ein nicht rechtshängiger Anspruch einbezogen werden soll, ihr auch für den Abschluss dieses Vergleichs (Einigung), nämlich für den bisher nicht anhängigen Streitwert, ebenfalls PKH zu bewilligen, so bleibt es bei der 1,5 Einigungsgebühr (Anmerkung zu Nr. 1003).

11 (3) Beiordnung in einer Ehesache: Wenn sich die Beiordnung auf den Abschluss eines Vertrags i. S. d. Nummer 1000 erstreckt (§ 48 Abs. 3 RVG), erhält der Anwalt die 1,5 Einigungsgebühr.

In allen drei Ausnahmefällen (1) bis (3) fällt also in erster Instanz mit der Einigung die 1,5 Einigungsgebühr (Nr. 1000) an.

2. Hat die Regelung der 1. Instanz Auswirkungen auf die 2. Instanz?

12 Im Gegensatz zur Nr. 1003 (erste Instanz) fehlen bei der Nr. 1004 (2. Instanz) die oben **1.** unter (1) und (2) genannten privilegierenden Zusätze. Nr. 1004 nennt nur die Nummern 1000 bis 1002, **nicht aber Nr. 1003** und damit auch nicht deren Einschränkungen. Soweit im Rechtsmittelzug eine der drei vorgenannten Fallgestaltungen (1) bis (3) auftauchen, sind sie analog der erstinstanzlichen Regelung der Nr. 1003 zu lösen.

Der Fall (3) sei vorangestellt, weil er schon deshalb keine Probleme bietet, weil § 48 Abs. 3 RVG nach seinem Wortlaut nicht an einen Rechtszug gebunden ist, demnach also wohl direkt anwendbar ist, folglich gibt es auch in der Berufungsinstanz insoweit nicht nur eine 1,3 Einigungsgebühr, sondern eine Gebühr 1,5.

Was aber ist mit den Sondertatbeständen (1) Selbständiges Beweisverfahren und (2) PKH-Bewilligung für einen Vergleich (Einigung) im Berufungsrechtszug für einen bisher nicht anhängigen Gegenstand?   13

Im selbständigen Beweisverfahren selbst gibt es keine 2. Instanz. Aber die Berufungsinstanz könnte in seltenen Fällen mit einer **vorgezogenen** Beweisaufnahme beginnen, das wäre dann ein selbständiges Beweisverfahren der 2. Instanz (§ 485 ZPO): Wortlaut: »*Während oder **außerhalb** eines Streitverfahrens ....*«   14

Der Verfasser hat ein solches Verfahren erlebt: Der OLG-Anwalt beantragte vor Rechtskraft des ersten Urteils und Berufungseinlegung die eilige Vernehmung eines Zeugen zur Beweissicherung (zuständiges Gericht das Berufungsgericht gem. §§ 486, 493 ZPO), weil dieser Zeuge abzuleben drohte. Hätte man sich nun auch noch vor Einlegung der Berufung verglichen, so wäre zu fragen, ob eine 1,5 oder 1,3 Einigungsgebühr anfalle. Denn wird die Einigung erst nach **Anhängigkeit** des Berufungsverfahrens erzielt, so bildet das Berufungsverfahren selbst die Sperre gegen die 1,5 Gebühr.   15

Das selbständige Beweisverfahren ist grundsätzlich ein **gerichtliches Verfahren.** Nach dem Wortlaut der Nr. 1004 würde, da bei Nr. 1004 eine für den Anwalt günstige Ausnahmeregelung fehlt, nur die 1,3 Einigungsgebühr (und nicht die 1,5 Einigungsgebühr) anfallen. Wendet man sie dagegen an, da eine Regelungslücke besteht, so fiele, was gesetzeskonform sein dürfte, eine 1,5 Einigungsgebühr an. Wie gesagt, das ist aber wegen der seltenen Konstellation wohl eher ein rein akademischer Fall, weil er praktisch nicht vorkommt.   16

Häufiger ergibt sich die Fallgestaltung (2): **PKH-Bewilligung für eine Einigung in 2. Instanz.**   17

Dabei interessiert nicht die Einigung über die Hauptsache, da hier schon die Anhängigkeit der Hauptsache im Prozess einer höheren Einigungsgebühr als 1,3 entgegensteht. Es steht aber ein Auslegungsproblem an, wenn für einen vergleichenden Mehrwert in 2. oder 3. Instanz eine Erweiterung der PKH-Bewilligung unter Beiordnung des PKH-Anwalts beantragt wird.

Auf den beiden möglichen Denkwegen kommt man aber zum gleichen Ergebnis:

Eine 1,5 Gebühr fällt bei einer solchen Einbeziehung trotz PKH-Bewilligung an.

Entweder argumentiert man: 18

(1) Ein PKH-Verfahren sei kein gerichtliches Verfahren (siehe die sonst überflüssige Sonderregelung, nämlich die besondere Erwähnung des PKH-Verfahrens in Nr. 1003 als Minderungsgrund). Würde also der PKH-Antrag für eine Protokollierung der Einigung gestellt, so erfiele die Regelgebühr der Nr. 1000, da ein PKH-Verfahren ja kein gerichtliches Verfahren ist.

(2) Oder man wendet die Ausnahmeregelung der Anmerkung zu Nr. 1003 erster Instanz (und zwar insgesamt mit Ausnahme und Rückausnahme) analog an, was dann auch zur 1,5 Einigungsgebühr führt.   19

IV. Einbeziehung nicht anhängiger Ansprüche bei der Einigung in der Berufungsinstanz, Nr. 1004

1. Problemfelder

Für die Berufungsinstanz ist infolge des Wortlauts der Nr. 1004 eine Reihe alter Probleme zur Höhe erhalten geblieben, insbesondere zur Einbeziehung von nicht anhängigen Gegenständen (Mehrwert) in der Berufungsinstanz, seien diese Gegenstände überhaupt nicht anhängig oder aber nur bei einem anderen Gericht erster oder zweiter Instanz.   20

Nr. 1004 VV

21 • **Beispiele nach der BRAGO-Regelung:**
1. In die Einigung in der Berufungsinstanz wird ein bisher **nicht anhängiger** Anspruch einbezogen. Entscheidung des BGH (JurBüro 2003, 78 = AGS 2003, 609) in der bisher lebhaft umstrittenen Frage: Nur eine 1,5 Gebühr, keine 1,5 × 1,3 = 1,95 Gebühr.
2. Einbeziehung eines Streitgegenstands **aus einem anderen Rechtsstreit** (verschiedener Instanzen).
2.1 Vergleich/Einigung in der **Berufungsinstanz,** Einbeziehung einer erstinstanzlich anhängigen Sache **(alle Ansichten sagten: 1,3 Gebühr für beide Wertanteile,** KG JurBüro 1998, 189; OLG Braunschweig MDR 1960, 149; OLG Karlsruhe NJW 1958, 1546; OLG Oldenburg NJW 1972, 1331; Hansens BRAGO 8. Aufl. § 23 Rn. 15; Gebauer/Schneider BRAGO § 23 Rn. 160).
2.2 Vergleich/Einigung in der **ersten Instanz,** Einbeziehung einer **zweitinstanzlich** anhängigen Sache:
(1) **Differenzierung:** 1,3 für den Berufungsanteil, 1,0 für den erstinstanzlichen Anteil (Gerold/Schmidt/von Eicken/Madert BRAGO 15. Aufl. § 23 Rn. 53).
(2) **Für beide Anteile 1,3 Gebühr** (OLG Oldenburg MDR 1972, 618; OLG Karlsruhe NJW 1958, 1546; Hansens BRAGO 8. Aufl. § 23 Rn. 16).
(3) Eine **dritte Meinung** gab für den gesamten in erster Instanz verglichenen Wert (**erster und zweiter Instanz**) einheitlich nur die 1,0 Gebühr (Gebauer/Schneider BRAGO § 23 Rn. 161; OLG München JW 29, 1692; OLG Dresden JW 32, 2039).
3. In eine **Einigung** der Berufungsinstanz wird ein in derselben Instanz (**Berufung) anhängiger** Rechtsstreit einbezogen (nach h. M. einheitlich 1,3 Gebühr, so Gebauer/Schneider BRAGO § 23 Rn. 156).

Ist diese Problematik durch die Gesetzesnovelle erledigt?

2. Vergleichende Gesetzesanalyse Nr. 1004

22 Die schon einmal angestellte Analyse des Wortlauts von Nr. 1004 VV RVG einerseits und § 11 Abs. 1 Satz 3 BRAGO (Rn. 7) anderersits trägt zur Problemlösung bei:

Nr. 1004 VV RVG: »Über den **Gegenstand** ist ein Berufungs- oder Revisionsverfahren anhängig: Die Gebühren 1000 und 1002 betragen 1,3.«

§ 11 Abs. 1 Satz 3 BRAGO: »Im Berufungs- und Revisions**verfahren** erhöhen sich die Beträge der sich aus Satz 1 und 2 ergebenden Gebühren um drei Zehntel.«

Die BRAGO hat also auf das **Verfahren,** die Berufungsinstanz, abgestellt, das RVG nennt dagegen jetzt ausdrücklich den **Gegenstand,** also den Streitgegenstand der **Berufungsinstanz.**

3. Die Begründung des Gesetzestextes

23 Die Begründung des Gesetzgebers zu Nr. 1004 VV RVG lautet:

»Die Regelung sieht entsprechend der derzeitigen Regelung in § 11 Abs. 1 Satz 4 BRAGO vor, dass die innerhalb eines anhängigen Berufungs- oder Revisionsverfahrens anfallende Einigungs-, Aussöhnungs- oder Erledigungsgebühr um 0,3 höher ausfällt als in der 1. Instanz. Im Falle eines Mitvergleichs nicht rechtshängiger Ansprüche im Berufungs- und Revisionsverfahren soll es bei dem in den Nummern 1000 bis 1002 VV RVG vorgesehenen Gebührensatz von 1,5 bleiben.«

Bei vordergründiger Auslegung der Worte »nicht rechtshängiger Ansprüche im Berufungsverfahren« in Satz 2 der Gesetzesbegründung könnte man auslegen, dass **alle** nicht in der Berufungsinstanz anhängigen Ansprüche, also gleich ob in einer anderen Instanz **anhängig oder nicht,** damit gemeint seien. Doch das Zitat der Nr. 1000 und der Gebührensatz von 1,5 besagen eindeutig, dass in Satz 2 der Gesetzesbegründung nur etwas **zu überhaupt nicht anhängigen** Ansprüchen gesagt ist. Die Begründung des **Satzes 2** der Gesetzesbegründung hilft also nicht weiter bei dem Problem **Anhängigkeit eines einbezogenen Anspruchs in einer Instanz**.

Der erste Satz der Begründung greift allerdings eher die alte BRAGO-Formulierung »anhängiges Berufungs**verfahren**« und nicht den neuen Begriff **Gegenstand** auf.

4. Auslegung des Gesetzestextes selbst

Ich meine aber, der **Gesetzestext** der Nr. 1004 VV RVG selbst bringt, wie schon an anderer Stelle erwähnt (Rn. 7), eine deutliche **inhaltliche Änderung** der Rechtslage. Die entscheidenden Worte lauten: »Über **den Gegenstand** ist ein Berufungsverfahren **anhängig**.«

Nr. 1004 gewährt die **Erhöhung auf 1,3** damit **nur** für den **in der Berufungsinstanz anhängigen Gegenstand**.

Damit fällt für Gegenstände, die in der Berufungsinstanz zwar mitverglichen werden, aber erstinstanzlich und nicht in der Berufungsinstanz **anhängig** sind, nur eine **1,0** Einigungsgebühr an.

Damit hat der Gesetzgeber diese Frage aber **ohne ein Wort der Begründung** (kennt er das Problem und die einschlägige Rechtsprechung dazu?) gegen die oben (Rn. 21) (Vergleich/Einigung in der Rechtsmittelinstanz) aufgeführte herrschende Meinung entschieden.

Das Kriterium: »In der Berufungsinstanz anhängiger Gegenstand« löst die Fälle der Ziffer **1.** Rn. 21 wie folgt:

(1) Berufungsverfahren + Einbeziehung   nicht anhängiger Gegenstand
    Berufungsanteil 1,3   nicht anhängiger Teil 1,5
(2) Einbeziehung eines Streitgegenstandes **aus einem anderen Rechtsstreit**
(2.1) Vergleich in der **Berufungsinstanz,** Einbeziehung einer erstinstanzlich anhängigen Sache
    Berufungsanteil 1,3   erstinstanzlicher Anteil 1,0
(2.2) Vergleich in der **ersten Instanz,** Einbeziehung einer **zweitinstanzlich** anhängigen Sache
    erstinstanzlicher Anteil 1,0   Berufungsanteil 1,3
(3) Einbeziehung in der Berufungsinstanz anderweit in Berufung anhängigen Rechtsstreits
    Berufungsanteil 1,3   Berufungsanteil 1,3

V. Bedeutung der Nr. 1004 für schiedsrichterliche Gebühren

Für den anwaltlichen Vertreter im Schiedsverfahren gelten über § 36 RVG die allgemeinen Vorschriften des 3. Teils für Zivilrechtsstreitigkeiten und ergänzend die allgemeinen Vorschriften des Teils 1, also auch Nrn. 1000, 1003, 1004 für die Einigungsgebühr.

Für den anwaltlichen Vertreter im Schiedsverfahren vertritt die Literatur im Zusammenhang mit der Einigungsgebühr folgende für ihn günstige Ansicht: Die Anhängigkeit in einem schiedsgerichtlichen Verfahren führt nicht zur Reduzierung der Einigungsgebühr. Das bedeutet, schließt der Anwalt als Parteivertreter im schiedsgerichtlichen Verfahren einen »Prozessvergleich«, so kann er die Einigungsgebühr mit einem Gebührensatz von 1,5 ansetzen (Hansens BRAGO 8. Aufl. § 67 Rn. 7; Gebauer/Schneider RVG 2. Aufl. VV 1000; Hartmann Kostengesetze 35. Aufl. RVG VV 1003 Rn. 4; Gerold/Schmidt/von Eicken/Madert BRAGO 5. Aufl. § 67 Rn. 12 und genauso für die Zeit ab 01.07.2006: Gerold/Schmidt/von Eicken/Madert/Müller-Rabe RVG 17. Aufl. § 36 Rn. 12).

Da **Schiedsrichter** selbst nach Gewohnheitsrecht (mangels abweichender Regelung im Schiedsvertrag) auch anwaltliche Gebühren als üblich, stillschweigend vereinbart, verlangen, setzen sie teilweise für eine Einigung im Schiedsverfahren, wenn sie (für die Beisitzer) 10/10 Gebühren, also heute 1,0 Gebühren vereinbart haben, für die Einigung auch eine 1,5 Gebühr an.

Für ad-hoc-Verfahren gilt abweichend davon das Gewohnheitsrecht, dass für die Beisitzer, da das Schiedsverfahren kein Rechtsmittel kennt, Berufungsanwaltsgebühren anfallen, also nach altem Recht (§ 11 BRAGO) 13/10 Gebühren.

Wenn nun ein solcher Beisitzer in Analogie zur alten Rechtsprechung zur Erhöhung der 1,5 Einigungsgebühr diese noch einmal mit dem Faktor 1,3 auf insgesamt 1,95 erhöhen möchte

Nr. 1004 VV

(siehe Rn. 7), so wird man dem mit Recht auch die neue Struktur der Berufungsgebühren entgegenhalten. Er kann nur entweder die 1,5 Gebühr nach Nr. 1000 oder die 1,3 Gebühr der Nr. 1004 verlangen.

Nrn. 1005–1007 VV

Nr.	Gebührentatbestand	Gebühr oder Satz der Gebühr nach § 13 RVG
1005	Einigung oder Erledigung in sozialrechtlichen Angelegenheiten, in denen im gerichtlichen Verfahren Betragsrahmengebühren entstehen (§ 3 RVG): Die Gebühren 1000 und 1002 betragen	40,00 bis 520,00 EUR
1006	Über den Gegenstand ist ein gerichtliches Verfahren anhängig: Die Gebühr 1005 beträgt	30,00 bis 350,00 EUR
1007	Über den Gegenstand ist ein Berufungs- oder Revisionsverfahren anhängig: Die Gebühr 1005 beträgt	40,00 bis 460,00 EUR

§ 3
Gebühren in sozialrechtlichen Angelegenheiten

(1) ¹In Verfahren vor den Gerichten der Sozialgerichtsbarkeit, in denen das Gerichtskostengesetz nicht anzuwenden ist, entstehen Betragsrahmengebühren. ²In sonstigen Verfahren werden die Gebühren nach dem Gegenstandswert berechnet, wenn der Auftraggeber nicht zu den in § 183 des Sozialgerichtsgesetzes genannten Personen gehört.

(2) Absatz 1 gilt entsprechend für eine Tätigkeit außerhalb eines gerichtlichen Verfahrens.

Inhaltsübersicht

	Rn.		Rn.
A. Allgemeines	1	1. Einigung oder Erledigung (Nr. 1005)	3
B. Kommentierung	3	2. Gerichtliches Verfahren (Nr. 1006)	5
I. Der Tatbestand im Einzelnen	3	3. Berufungs-/Revisionsverfahren (Nr. 1007)	6

A. Allgemeines

Die **Nrn. 1005–1007** kommen nur in **sozialrechtlichen Angelegenheiten** zur Anwendung. 1

Nach der BRAGO erhielt der Rechtsanwalt in den Verfahren vor den Gerichten der **Sozialgerichtsbarkeit** weder eine Vergleichsgebühr entsprechend § 23 BRAGO noch eine Erledigungsgebühr entsprechend § 24 BRAGO, vgl. insoweit § 116 Abs. 4 Satz 1 BRAGO. Bei einer »außergerichtlichen« Erledigung erhöhten sich (vgl. § 116 Abs. 4 Satz 2 BRAGO) lediglich die Höchstbeträge der Gebührenrahmen um 50 %. Durch das RVG werden nun auch in sozialrechtlichen Angelegenheiten eigene Gebührentatbestände für eine Einigung oder Erledigung geschaffen, die neben den **Grundtatbestand (Nrn. 2400, 2401)** treten können. Die Höhe der **Einigungsgebühr (Nr. 1000)** und der **Erledigungsgebühr (Nr. 1002)** richtet sich nach einem **Betragsrahmen**, der sich aus **Nrn. 1005–1007** ergibt. 2

B. Kommentierung

I. Der Tatbestand im Einzelnen

1. Einigung oder Erledigung (Nr. 1005)

3 Der »**Grundtatbestand**« **der Nr. 1005** nimmt ausdrücklich auf »die Gebühren 1000 und 1002« Bezug. Deshalb ist die Frage, wann eine Einigung oder Erledigung der sozialrechtlichen Angelegenheit eingetreten ist, grundsätzlich in Anlehnung an die dort enthaltenen Legaldefinitionen zu beantworten. Selbstverständlich müssen die sozialrechtlichen Besonderheiten berücksichtigt werden. Durch die Gebühr nach Nr. 1005 soll das besondere Bemühen des Rechtsanwalts honoriert werden, eine streitige Entscheidung zu vermeiden. Diese Gebühren können zu den sonstigen Gebühren hinzutreten. Zu den Voraussetzungen einer »Einigung« oder »Erledigung« wird auf die Ausführungen zu den Nrn. 1000, 1002 verwiesen.

4 Die höchste Einigungs- oder Erledigungsgebühr kann in einem außergerichtlichen Verfahren entstehen. Der Gesetzgeber wollte dadurch einen Anreiz schaffen, streitige Entscheidungen zu vermeiden. Nach der Nr. 1005 beläuft sich der Gebührenrahmen in einem außergerichtlichen Verfahren von € 40,00 bis € 520,00. Im Einzelfall ist der konkrete Gebührenanspruch des Rechtsanwalts nach billigem Ermessen unter Beachtung der Voraussetzungen des § 14 RVG zu bestimmen. Die **Einigungs- oder Erledigungsgebühr** kann neben einer Terminsgebühr entstehen, wenn die Einigung erst in einem Termin zustande gekommen ist.

2. Gerichtliches Verfahren (Nr. 1006)

5 Soweit über den Gegenstand der Einigung oder Erledigung ein **gerichtliches Verfahren** anhängig ist, bestimmt **Nr. 1006**, dass die Gebühr aus **Nr. 1005** zu einem geringeren Betragsrahmen entsteht, nämlich in Höhe von € 30,00 bis € 350,00 (Mittelgebühr € 190,00).

Der Gesetzesbegründung ist zu entnehmen, dass es bei Anhängigkeit eines gerichtlichen Verfahrens entsprechend den Ausführungen zu **Nr. 1003** gerechtfertigt ist, eine geringere Einigungs-/Erledigungsgebühr entstehen zu lassen, soweit über den Gegenstand, über den die Einigung bzw. Erledigung erfolgt, bereits ein gerichtliches Verfahren anhängig ist. Wegen der Kommentierung wird auf **Nr. 1003** verwiesen.

3. Berufungs-/Revisionsverfahren (Nr. 1007)

6 Soweit ein Berufungs- oder Revisionsverfahren anhängig ist, beträgt der Gebührenrahmen noch € 40,00 bis € 460,00 (Mittelgebühr € 250,00).

Nr. 1008 VV

Nr.	Gebührentatbestand	Gebühr oder Satz der Gebühr nach § 13 RVG
1008	Auftraggeber sind in derselben Angelegenheit mehrere Personen: Die Verfahrens- oder Geschäftsgebühr erhöht sich für jede weitere Person um .... (1) Dies gilt bei Wertgebühren nur, soweit der Gegenstand der anwaltlichen Tätigkeit derselbe ist. (2) Die Erhöhung wird nach dem Betrag berechnet, an dem die Personen gemeinschaftlich beteiligt sind. (3) Mehrere Erhöhungen dürfen einen Gebührensatz von 2,0 nicht übersteigen; bei Festgebühren dürfen die Erhöhungen das Doppelte der Festgebühr und bei Betragsrahmengebühren das Doppelte des Mindest- und Höchstbetrags nicht übersteigen.	0,3 oder 30 % bei Festgebühren, bei Betragsrahmengebühren erhöhen sich der Mindest- und Höchstbetrag um 30 %

Inhaltsübersicht

	Rn.
A. Allgemeines	1
I. Systematik	1
II. Inhaltliche Änderungen durch das RVG	2
B. Kommentierung	4
I. Auftraggeber mehrere Personen	4
1. Auftraggeber	4
2. Mehrere Personen	9
a) Anwalt wird für mehrere Personen tätig	9
b) BGB-Gesellschaft	11
c) Anwaltssozietät	18
d) Bietergemeinschaft	23
e) Bruchteilsgemeinschaft	24
f) Wohnungseigentum	25
g) Nicht rechtsfähiger Verein	27
h) Erbengemeinschaft	28
aa) Klage der Miterben	28
bb) Die Erben treten in den Prozess nach dem Tod ein	30
i) GmbH u. Co KG	33
j) Testamentsvollstrecker	34
k) Parteiwechsel	35
l) Zeugenbeistand	40
m) Tätigkeit für Partei und Beigeladenen	40 a
II. Dieselbe Angelegenheit	41
1. Abgrenzungskriterien	41
2. Angelegenheit bei gerichtlichem oder behördlichem Verfahren	43
3. Beispiele aus der Rechtsprechung für eine Angelegenheit	44
4. Angelegenheit im außergerichtlichen Bereich	45
III. Erhöhungsfähige Gebühren	50
1. Beratung, Gutachten, Erfolgsaussichten eines Rechtsmittels	50
2. Strafrechtliche Grundgebühr	54
IV. Fest- und Betragsrahmengebühren – Wertgebühren	56
1. Aufbau der Nr. 1008 und der Anmerkung 1	56
2. Beispiel für Satzrahmengebühren	58
V. Anmerkung Absatz 1: Gegenstand der anwaltlichen Tätigkeit ist derselbe	59
1. Bedeutung des Begriffes »derselbe Gegenstand«	59
2. Gegenstand	60
a) Problem der abstrakten Definition	60
b) Gerichtliches Verfahren: Streitgegenstand	62
c) Außergerichtliche Tätigkeit	66
aa) Auftragsfestlegung bei außergerichtlicher Tätigkeit	66
bb) Beispiel für außergerichtlichen Auftrag mit mehreren Gegenständen, nicht Angelegenheiten	67
d) Derselbe Gegenstand – Abgrenzung zu mehreren Gegenständen	71
aa) Derselbe Gegenstand	71
bb) Nicht derselbe Gegenstand – verschiedene Gegenstände = Wertaddition (§ 22)	75
VI. Berechnung der Erhöhung	80
1. Die drei Erhöhungsmöglichkeiten	80
2. Die einzelnen Erhöhungsmöglichkeiten	81
a) Wertgebühren	81
b) Festgebühren	82
c) Betragsrahmengebühren	84
3. Teilweise Erhöhung bei Wertgebühren	87
VII. Obergrenze der Erhöhung	89
1. Grundsatz	89
2. Die drei Möglichkeiten der Erhöhung	90
a) Wertgebühren am Beispiel der Verfahrensgebühr 1. Instanz, Nr. 3100	90

Nr. 1008 VV

	Rn.		Rn.
b) Festgebühren am Beispiel der Beratungshilfegeschäftsgebühr der Nr. 2503 für das Betreiben des Geschäfts der Beratungshilfe: € 70,00	91	1. Erhöhung der Verfahrensgebühr nach Nr. 3401, Terminsanwalt	97
		2. Ergebnis für unsere Rechnung	100
		X. Erhöhung beim Verkehrsanwalt, Nr. 3400	101
c) Betragsrahmengebühren am Beispiel des erstinstanzlichen Verfahrens beim SozG, Nr. 3102	92	XI. Kostenerstattung – Kosten des gemeinsamen Anwalts – unterschiedlicher Prozessausgang	102
		1. Der 50%-Grundsatz	102
VIII. Anrechnung der Geschäftsgebühr auf erhöhte Verfahrensgebühr, Vorbem. 3 Abs. 4	93	2. Umsetzung des 50%-Grundsatzes (Rechenbeispiel)	107
IX. Erhöhung der Hälfte der Verfahrensgebühr des Hauptbevollmächtigten	97	XII. Verhältnis von Kappung nach § 22 Abs. 2 und Erhöhung nach Nr. 1008?	108

A. Allgemeines

I. Systematik

1 Nr. 1008 VV RVG hat nur einen Teil des § 6 BRAGO übernommen, der Rest ist in § 7 RVG eingestellt.

Der Gesetzgeber 2004 hat ohne Not traditionell und inhaltlich Zusammengehöriges des § 6 BRAGO aufgespalten. Den systematischen Teil der Norm hat er in den wortgleichen § 7 RVG eingestellt. Den Absatz 1 Satz 2, das Kernstück der Norm, hat er in das Vergütungsverzeichnis eingestellt, was das Verständnis der auseinander gerissenen Norm nicht gerade erleichtert.

Ich habe mich bei der Kommentierung des § 7 und der Nr. 1008 zu gewissen Doppelungen entschieden und damit von sonst lästigen Verweisungen oder gar Mehrfachverweisungen abgesehen.

II. Inhaltliche Änderungen durch das RVG

2 **a)** Nr. 1008 VV RVG weicht in einem Punkt ganz wesentlich von § 6 Abs. 1 Satz 2 BRAGO ab. Jetzt wird jeweils eine 0,3 Gebühr addiert, während früher mit 0,3 multipliziert wurde, was bei Gebühren unter 1,0 jetzt zu einer Besserstellung, bei Gebühren über 1,0 zu einer Schlechterstellung des Anwalts führt. Lappe (NJW 2004, 2409) meint, es sei verfassungswidrig, dass in der Zwangsvollstreckung (0,3 Gebühr) sofort um 0,3 erhöht werde. Dem hat *Jungbauer* (FS Madert RVG Probleme und Chancen 2006 S. 144) zu Recht entgegengehalten, dass das Gebührenrecht eine Art Mischkalkulation darstellt.

- **1. Beispiel**

Bei der Zwangsvollstreckung fällt eine 0,3 Gebühr an (Nr. 3309), früher nannte man das 3/10. Nach altem Recht wurde gerechnet: 3/10 + (3/10 × 3/10 =) 9/100 = 39/100.

Nach Nr. 1008 wird jetzt addiert: 0,3 + 0,3 = 0,6 = 60/100.

- **2. Beispiel**

Für die Berufungsinstanz betrug eine Prozessgebühr 13/10, diese Gebühr wurde erhöht um 3/10, also 13/10 + **39/100**.

b) Nach Nr. 1008 wird addiert: 1,3 (= 13/10) + 0,3 (= **30/10**). Es sind also 9/100 weniger.

3 Ferner wird nunmehr für die Erhöhung nur noch bei **Wertgebühren** die Gegenstandsgleichheit gefordert, bei allen **anderen Gebühren** genügt nunmehr schon die Gleichheit der **Angelegenheit**.

Das muss man mit Mühe aus dem Wortlaut der Nr. 1008 herausarbeiten. Auf den ersten Blick (so auch der Verfasser beim ersten Lesen) könnte man angesichts des Eingangssatzes von Nr. 1008 meinen, es genüge die gemeinsame Vertretung der mehreren Auftraggeber in derselben **Angelegenheit**. Das gilt aber nur bei **Fest- und Rahmengebühren**. Für die Wertgebühren macht dann Anmerkung Abs. 1 zu Nr. 1008 eine Ausnahme von der allgemeinen Regelung und gibt die Gebührenerhöhung nur, wenn der Gegenstand der anwaltlichen Tätigkeit derselbe ist.

Die Auslegung von Nr. 1008 hat schon den ersten Meinungsstreit hervorgebracht und zwar im Zusammenhang mit der Anrechnungsvorschrift Vorbemerkung 3 Abs. 4 (Rn. 93 ff.).

Kein Mindestbetrag der Erhöhung AG Hohenschönhausen (AGS 2006, 115): Die Regelung des § 13 Abs. 2 RVG, die den **Mindestbetrag** einer Gebühr auf € 10 festlegt, ist auf den Erhöhungssatz der Nr. 1008 VV zum RVG nicht anwendbar.

Schon aus dem Wortlaut der Regelung ergibt sich, dass **keine eigenständige Gebühr**, sondern nur die Erhöhung einer Verfahrens- oder Geschäftsgebühr geregelt werden sollte.

B. Kommentierung

I. Auftraggeber mehrere Personen

1. Auftraggeber

Würde man die Nr. 1008 isoliert lesen, so könnte man bei der nachfolgenden Problematik 4
schnell zu einer falschen Subsumtion kommen.

Meist sind Auftraggeber (i. S. von z. B. §§ 1, 7 Abs. 2, 8, 9 und Nr. 1008) und Prozesspartei zwar identisch. Die Person des Auftraggebers muss aber mit der Prozesspartei nicht übereinstimmen, so kann etwa der Bürge (im eigenen Interesse) kraft eigenen Anwaltsauftrags zahlungspflichtiger Auftraggeber für die Rechtsverteidigung des Hauptschuldners (Prozesspartei) sein. Hier fallen also Auftraggeber und Prozesspartei ausnahmsweise auseinander. Der die Vergütungspflicht auslösende Auftrag kann also ein echter Vertrag zugunsten eines Dritten, der Prozesspartei sein (Gerold/Schmidt/von Eicken/Madert/Müller-Rabe RVG 17. Aufl. VV 1008 Rn. 39). Schuldner der Vergütung ist der Auftraggeber im Sinne der vorstehend genannten §§ 1, 7 Abs. 2, 8, 9 (KG HRR 1942, Nr. 85; Riedel/Sußbauer RVG 9. Aufl. § 1 Rn. 16).

Der Begriff des **Auftraggebers i. S. von Nr. 1008** ist nicht identisch mit dem bürgerlich-recht- 5
lichen vertraglichen »Auftraggeber«, der dem Anwalt aus diesem Vertrag die **Gebühren schuldet**. Mit Letzterem befassen sich allerdings die Haftungsvorschriften des eng mit Nr. 1008 verzahnten § 7 Abs. 2 Satz 1 RVG.

Eine erhöhte Gebühr (Nr. 1008) kann der Anwalt nicht schon dadurch erhalten, dass etwa die Eltern des erwachsenen straffällig gewordenen Sohnes ihn beauftragen, dessen Verteidigung zu übernehmen (sie sind nur **zwei Vertragspartner** (Auftraggeber) und insoweit gesamtschuldnerische Gebührenschuldner). Von der Ratio und dem **Wortlaut** der Nr. 1008 her muss der Anwalt, will er die erhöhte Gebühr erhalten, für mehrere Auftraggeber anwaltlich **tätig** werden (*Müller-Rabe* in Gerold/Schmidt/von Eicken/Madert/Müller-Rabe RVG 17. Aufl. VV 1008 Rn. 36; BGH NJW-RR 2004, 1006).

Angesichts dieser richtigen These von Müller-Rabe ist es inkonsequent, wenn er in den voran- 6
gehenden Rn. 27 und 28 (gemeint sein kann nach dem Sachzusammenhang dort nur Nr. 1008, und nicht § 7) beim Unterbevollmächtigten ausführt, wenn der Hauptbevollmächtigte mehrere Auftraggeber habe, ihn aber, den Unterbevollmächtigten, im eigenen Namen beauftrage, so habe der Unterbevollmächtigte **selbst nur einen Auftraggeber.** Tritt der Unterbevollmäch-

Nr. 1008 VV

tigte im Termin für mehrere Streitgenossen auf, so gilt nach Müller-Rabe (Rn. 36): »*Eine Auftraggebermehrheit liegt vor, wenn derselbe RA für verschiedene natürliche oder juristische Personen auftragsgemäß in derselben Angelegenheit gleichzeitig* **tätig** *werden soll:*« Der Unterbevollmächtigte tritt also für Mehrere auf. Man kann das abweichende Ergebnis von Müller-Rabe (Rn. 27) auch nicht dadurch retten, dass man argumentiert, zunächst müssten einmal die Voraussetzungen des § 7 (mehrere Auftraggeber im **gebührenschuldner**ischen Sinne) vorliegen, ehe man der Anwendung der Nr. 1008 (**Tätigwerden** für mehrere Auftraggeber) nähertreten könne. Denn dazu fehlt eine gesetzliche Grundlage in § 1008, zumal nach der tatbestandlichen Trennung von § 7 und Nr. 1008.

7 Auch der oben genannte Beispielsfall – der Bürge beauftragt den Anwalt, für 2 Hauptschuldner (= 2 Auftraggeber i. S. von Nr. 1008) tätig zu werden – spricht gegen die These von Müller-Rabe in der erwähnten Rn. 27. Wenn ein Anwalt – gleich ob von einem oder zwei oder drei Auftraggebern – den Auftrag erhält, anwaltlich für 2 Personen gleichzeitig **tätig** zu werden, dann sind grundsätzlich die Voraussetzungen der Nr. 1008 (2 Auftraggeber) erfüllt.

8 Im **Ergebnis** hat Müller-Rabe im angeführten Fall ausnahmsweise aber doch Recht, dass trotzdem nicht erhöht wird. Denn wenn der Hauptbevollmächtigte den Unterbevollmächtigten im eigenen Namen beauftragt, für ihn tätig zu werden und dabei für zwei Mandanten gleichzeitig aufzutreten, so ist nach der (im Ergebnis völlig ungerechten) Entscheidung des BGH (AGS 2001, 51 = NJW 2001, 753) das RVG und damit Nr. 1008 überhaupt nicht anwendbar. Der BGH hatte sich mit dem Gebührenanspruch des Unterbevollmächtigten gegen den Hauptbevollmächtigten zu befassen:

In den Entscheidungsgründen hat der **BGH** dazu bemerkt:

»Erteilt der Prozessbevollmächtigte einem Terminsvertreter im eigenen Namen den Auftrag zur Terminswahrnehmung, so ist dieser im Regelfall Erfüllungsgehilfe des Prozessbevollmächtigten und verdient die Gebühr für diesen (OLG Hamm AnwBl. 1978, 182, 183; Riedel/Sußbauer/Keller Bundesrechtsanwaltsgebührenordnung 8. Aufl. § 53 Rn. 5, § 33 Rn. 27; Gerold/Schmidt/von Eicken BRAGO 13. Aufl. § 33 Rn. 36). Zwischen der Partei und dem Terminsvertreter wird kein Vertragsverhältnis begründet. Die Entschädigungspflicht richtet sich vielmehr nach der internen Vereinbarung zwischen dem Terminsvertreter und dem Prozessbevollmächtigten (OLG Hamm AnwBl. 1978, 182, 183; Gerold/Schmidt/von Eicken/Madert, a. a. O., § 33 Rn. 36), der für die Ansprüche des Terminsvertreters in diesem Fall auch einzustehen hat. Bei dieser Art der Beauftragung eines Terminsvertreters, bei der der Prozessbevollmächtigte die in seinem Interesse liegende Mitarbeit eines weiteren Rechtsanwalts honoriert, ist kein Verstoß gegen **§ 49 b BRAO** gegeben. **Das RVG gilt nicht zwischen ihnen.**« Folge jenes Falles: Der Unterbevollmächtigte erhielt nach Ansicht des BGH ausschließlich die Reisekosten.

2. Mehrere Personen
a) Anwalt wird für mehrere Personen tätig

9 Wie schon ausgeführt, kommt es bei Nr. 1008 nicht auf die Anzahl der Gebührenschuldner, sondern auf die Anzahl derjenigen an, für die der Anwalt **auftritt**.

10 Die Begründung der BT-Drs. 15/1971, S. 205 lautet zur Wortwahl (inkonsequent): »**Auftraggeber sind mehrere Personen:**«

»*Sind Auftraggeber mehrere Personen, soll es nicht darauf ankommen, ob gegenüber dem Anwalt eine oder mehrere dieser Personen auftreten. Selbst wenn eine Personenmehrheit eine Person bevollmächtigt, gegenüber dem Anwalt aufzutreten, kann dies für den Anwalt zu einem erhöhten Haftungsrisiko führen. Die Neuregelung soll den bestehenden Streit über die Anwendung der Vorschrift beseitigen.*«

Es ist zu erwarten, dass dies angesichts der bisherigen Rechtsprechung des BGH zu § 6 Abs. 1 Satz 2 BRAGO nicht gelingen wird. *Dinkat* in Mayer/Kroiß RVG Nr. 1008 Rn. 3 meint zwar:

»Neu ist auch, dass es bei der Erhöhung nicht mehr auf die Anzahl der Auftraggeber ankommen soll, sondern auf die Anzahl der Personen, für die der Rechtsanwalt tätig wird. Hierdurch kommt es künftig nicht mehr darauf an, ob gegenüber dem Rechtsanwalt eine oder mehrere Personen auftreten.«

b) BGB-Gesellschaft

Bis hierhin ist der Ansicht von Dinkat zu folgen. 11

Dann fährt Dinkat aber fort (ähnlich Madert AGS 2005, 244):

»Damit soll der Streit darüber beendet werden, ob dem Rechtsanwalt beispielsweise auch dann eine Gebührenerhöhung zusteht, wenn er eine **Gesellschaft bürgerlichen Rechts** vertritt, die aus mehreren Personen besteht. Auch bei einem Tätigwerden im Auftrag einer Gesellschaft bürgerlichen Rechts besteht für den Rechtsanwalt häufig ein erhöhtes Haftungsrisiko.«

Dinkats These ist angesichts der an der betreffenden Kommentarstelle zitierten Entscheidung 12 des BGH (RVG-Letter 2004, 32 = NJW-RR 2004, 489) nicht haltbar. Denn der BGH hat, wenn auch noch zu § 6 Abs. 1 Satz 2, in der genannten Entscheidung u. a. Folgendes ausgeführt:

a) »Für Aktivprozesse einer Anwaltssozietät, insbesondere bei Honorarklagen, fällt nach der ganz überwiegenden obergerichtlichen Rechtsprechung und h. M. in der Literatur eine Erhöhungsgebühr nach § 6 Abs. 1 Satz 2 BRAGO für den die Anwaltssozietät vertretenden Rechtsanwalt nicht an (vgl. OLG Düsseldorf MDR 2000, 851, 852 und NJW-RR 2002, 645, 646; OLG Nürnberg MDR 1997, 689, 690; OLG Koblenz JurBüro 2002, 256; JurBüro 1998, 302 ff. sowie JurBüro 1994, 729; HansOLG Hamburg MDR 1999, 256; im Ergebnis OLG Köln JurBüro 1994, 94; von Eicken in Gerold/Schmidt/ von Eicken/Madert BRAGO 15. Aufl. 2002 § 6 Rn. 15 m. w. N.; Fraunholz in Riedel/Sußbauer BRAGO 8. Aufl. 2000 § 6 Rn. 13; a. A. KG Berlin MDR 1999, 1023 m. w. Hinweisen auf die Gegenansicht). Dieser Ansicht schließt sich der Senat an. Eine Anwaltssozietät kann ohne weiteres dafür Vorsorge treffen, dass eine so häufig vorkommende Aufgabe wie die Einziehung einer Honorarforderung durch ein Sozietätsmitglied **allein** erledigt wird und dadurch die Prozessführungskosten im Interesse des vertretenen Mandanten möglichst gering gehalten werden.«

Bis hierhin wäre das vielleicht noch kein Widerspruch, weil die BGH-These nur zur Notwen- 13 digkeit der Kosten im Zusammenhang mit der Erstattungsfähigkeit (§ 91 ZPO) gesehen werden könnte. Der in Gebührensachen häufig nicht immer sehr systematisch arbeitende BGH trennt nicht klar genug zwischen **Anfall** und **Erstattungsfähigkeit** einer Anwaltsgebühr. Zum Anfall der Gebühr, also der Vorfrage zu Punkt a) seiner Begründung, führt er dann anschließend unter Punkt b) (Anfall der Gebühr) weiter Folgendes aus:

»b) Ohnedies ist nach der grundlegenden Entscheidung des Senats zur **Parteifähigkeit der BGB-Ge-** 14 **sellschaft** vom 29. Januar 2001 (II ZR 331/00, BGHZ 146, 341) – nach Ablauf einer gewissen Übergangszeit (vgl. BGH, Beschl. v. 18. Juni 2002 – VIII ZB 6/02 – NJW 2002, 2958 und Beschl. v. 26. Februar 2003 – VIII ZB 69/02, BRAGOReport 2003, 89) – für die Anwendbarkeit von § 6 Abs. 1 Satz 2 BRAGO jedenfalls beim Aktivprozeß einer BGB-Gesellschaft kein Raum mehr.«

Wendet man diese Grundsätze des BGH auf den Wortlaut der neuen Nr. 1008 an, so kann im 15 Aktivprozess der BGB-Gesellschaft eine erhöhte Gebühr nicht anfallen (Gerold/Schmidt/ von Eicken/Madert/Müller-Rabe RVG 17. Aufl. VV 1008 Rn. 63 m. w. N.), in keinem Falle wäre sie hilfsweise notwendig und damit auch nicht erstattungsfähig.

Angesichts der falschen Wortwahl des BGH, die auch Konsequenzen für die Rechtsanwen- 16 dung hätte, soll hier klargestellt werden: Es gibt keine »Erhöhungsgebühr«, richtig muss es vielmehr heißen: **erhöhte Gebühr** (Gerold/Schmidt/von Eicken/Madert/Müller-Rabe RVG 17. Aufl. VV 1008 Rn. 252). Die richtige Definition hat Auswirkungen auf die richtige Anwendung der Anrechnung einer außergerichtlich entstandenen Geschäftsgebühr bei einer Erhöhung (Rn. 93 ff. zu Nr. 1008).

In der Praxis gibt es aber auch noch **BGB-Gesellschaften**, die von ihrer Zweckbindung her 17 **keine eigene Rechtspersönlichkeit** haben.

Nr. 1008 VV

Der BGH betont, dass alle BGB-Gesellschaften auf Grund der Vertragsfreiheit jede von ihnen gewollte Rechtsposition einnehmen können. Es gibt wirtschaftliche Zweckbündnisse, die nicht selten auf zeitlich beschränkte Dauer gegründet werden, ohne die Stellung einer eigenen Rechtspersönlichkeit zu wollen. Dort wird dann nicht die Gesellschaft aktiv und passiv legitimiert, sondern wie bisher die Gesellschafter selbst. Zu solch »losen« Gesellschaften des Bürgerlichen Rechts gehören (je nach dokumentiertem Gesellschaftszweck) etwa die ARGE im Baurecht, kooperierende Architekturbüros, vielleicht um einen Großauftrag zu erhalten, gelegentlich Praxisgemeinschaften von Ärzten, Anwälten und Unternehmensgruppen. Bei Ärztegemeinschaften wird man näher prüfen müssen, ob sie eine Gemeinschaftspraxis sind oder ob man nur etwa Geräte oder Personal gemeinsam nutzt, Dritten gegenüber aber nicht als Gesellschaft auftritt und daher auch im Außenverhältnis (außer etwa beim Gerätekauf und dem Personal) nicht gemeinschaftlich haften möchte. Hinsichtlich einer normalen ärztlichen Gemeinschaftspraxis hat das AG Bad Schwalbach die Nr. 1008 verneint (AGS 2005, 244).

Passivprozess

17a Anders als im Aktivprozess ist die Rechtslage zu sehen, wenn im Passivprozess neben der Gesellschaft auch die Gesellschafter persönlich verklagt sind. Dazu das OLG Stuttgart (OLGR Stuttgart 2006, 607 = JurBüro 2006, 364): »Neben der Gesellschaft bürgerlichen Rechts sind hier als Beklagte 2 bis 7 die Gesellschafter der Beklagten 1 verklagt worden. Sämtliche Beklagten wurden im Verfahren von einem Prozessbevollmächtigten vertreten. Werden mehrere Gesellschafter einer Gesellschaft bürgerlichen Rechts von einem Prozessbevollmächtigten im Zivilprozess vertreten, fällt hierdurch für jeden Gesellschafter bis zur gesetzlichen Obergrenze eine Erhöhungsgebühr gemäß § 6 Abs. 1 Satz 2 BRAGO/Nr. 1008 VV/RVG an (vgl. BGH NJW 2002, 2958: 20/10 tel bei 400 Gesellschaftern; JurBüro 2004, 145: 20/10 tel Erhöhungsgebühr; JurBüro 2004, 375 zur Erbengemeinschaft; Senat, Die Justiz 2000, 341 = Rpfleger 2000, 427: 20/10 tel bei 400 Gesellschaftern; KG JurBüro 2005, 419).

Es verbietet sich hier, die Gesellschafter als Einheit anzusehen. Vielmehr sind sie angesichts ihrer jeweiligen persönlichen Haftung selbständige Rechtssubjekte, die im Passivprozess jeweils persönlich ihre Interessen wahrnehmen dürfen. Die mit der Vertretung der jeweils eigenständig verklagten Gesellschafter verbundene Mehrarbeit für den Rechtsanwalt rechtfertigt die Gewährung der Erhöhung der Gebühr nach § 6 Abs. 1 Satz 2 BRAGO/Nr. 1008 VV/RVG in Passivprozessen (BGH NJW 2002, 2958; KG JurBüro 2005, 419).«

Anders ist die Situation im Aktivprozess:

Die vom Bundesgerichtshof entwickelten Grundsätzen zum Anfall einer Erhöhungsgebühr nach Nr. 1008 VV oder deren Erstattungsfähigkeit beim Aktivprozess einer Sozietät von Steuerberatern und Rechtsanwälten (BGH NJW-RR 2004, 489) und bei Aktivprozessen anderer BGB-Gesellschaften können (wie auch weitere Obergerichte – auch der BGH – zu Recht meinen) auf die Situation im Passivprozess nicht zur Anwendung kommen. Im Passivprozess können neben der Gesellschaft bürgerlichen Rechts trotz ihrer Rechts- und Parteifähigkeit im Zivilprozess die einzelnen Gesellschafter daneben zur Verwirklichung der persönlichen Gesellschafterhaftung in Anspruch genommen und verklagt werden (BGHZ 146, 341, 356). Es ist deshalb zur zweckentsprechenden Verteidigung notwendig (§ 91 ZPO), dass sich die Gesellschafter selbst neben der Gesellschaft von einem Rechtsanwalt im Zivilprozess vertreten lassen und ihre Rechte wahrnehmen (so auch OLG Köln JurBüro 2006, 248).

c) Anwaltssozietät

18 Die Anwaltssozietät ist im Regelfall eine BGB-Gesellschaft (OLG Hamm JurBüro 1979, 1645; BGH MDR 1996, 1071), die mehreren Sozien erhalten im Allgemeinen vom Mandanten auch nur einen Auftrag an alle (BGHZ 56, 359). Dennoch ist nach der Rechtsprechung des BGH § 5 (Beauftragung mehrerer Rechtsanwälte) nicht anwendbar (BGH NJW 1963, 1301 = MDR 1963, 659).

In der Praxis ist ein Unterschied zu machen zwischen etwa einem Mängelprozess betreffend 19
die Büromöbel, einem Mietprozess betreffend die Praxisräume, und ferner einer passiv
durchzustehenden Regressklage gerichtet gegen die Sozietät einerseits oder einer **Gebührenklage** der Sozietät gegen den Mandanten andererseits. Bei den drei ersten Fallkonstellationen
stellt sich die übliche BGB-Gesellschaftsproblematik: Für eine Gebührenerhöhung in solchen
Fällen haben sich u. a. folgende Gerichte ausgesprochen:

OLG Hamm JurBüro 1979, 1645 (Passivprozess/Schadensersatzprozess – also **Mandant verlangt von Sozietät Schadensersatz);** OLG München JurBüro 1981, 212 (**Passivprozess/Schadensersatz**); OLG Bamberg **5. Senat** JurBüro 1986, 1516 (Passivprozess/Schadensersatz); SchlHOLG JurBüro 1989, 1257 (Passivprozess/Schadensersatz); OLG Hamburg JurBüro 1989, 1676 (Passivprozess/Schadensersatz); OLG Zweibrücken MDR 1998, 800 (Passivprozess); OLG Braunschweig JurBüro 1988, 62 (gemeinschaftl. wettbewerbsrechtlicher Unterlassungsanspruch); OLG Koblenz AGS 1998, 78 = JurBüro 1998, 302 (Rückforderung überhöhter Gebühren – § 812 BGB) OLG Hamburg MDR 1999, 256 (Passivprozess), OLG Hamburg MDR 1999, 381 (Auseinandersetzung einer früheren Anwaltssozietät); OLG Nürnberg JurBüro 2001, 528; 2001, 586 **trotz BGH** NJW 2001, 1056, jedenfalls, wenn Gesellschafter persönlich haften sollen (vgl. dazu DGVZ 2001, 97), **a. A.:** bzgl. des Regressanspruchs des Mandanten gegen die Sozietät OLG Bamberg **3. Senat** (JurBüro 1978, 530).

Klagt der Mandant gegen die Sozien auf Schadensersatz wegen Schlechterfüllung, können 20
diese zwar **prozessual** verschiedene Prozessbevollmächtigte wirksam bestellen oder sich
auch selbst vertreten.

Unter dem Gesichtspunkt der gebotenen sparsamen Prozessführung, die sich als allgemeiner 21
Grundsatz von Treu und Glauben im Prozess (auch als Schutz für den Gegner) aus **§ 91 Abs. 1
Satz 1 ZPO** ergibt, ist die Mehrfachvertretung der Sozien nicht **notwendig**. Wenn sachliche
Gründe für eine Mehrfachvertretung fehlen, sind nur die Kosten eines Anwalts für die Sozietät erstattungsfähig. Einige der Gerichte nennen das Rechtsmissbrauch (siehe **Nachweise** bei
Göttlich/Mümmler BRAGO 20. Aufl. »Anwaltsgemeinschaft (Sozietät)« 3.2; ferner OLG
Hamm JurBüro 1978, 1399; JurBüro 1979, 1060) oder eine unzulässige Maßnahme, die nur
das Kostenrisiko des Gegners erhöhe (z. B. SchlHOLG JurBüro 1987, 119).

Lebhaft umstritten war die Rechtslage beim Gebührenprozess der Sozietät gegen den ei- 22
genen Mandanten.

Diese Streitfrage hat der BGH mit seiner schon erwähnten Entscheidung vom 05. 01. 2004
(NJW-RR 2004, 489 = JurBüro 2004, 375) beendet: Die Gebühr fällt nur 1 × an, jedenfalls
wäre sie nicht erstattungsfähig. Das gilt nach dieser Entscheidung auch für gemischte Sozietäten (Rechtsanwälte + Steuerberater), selbst wenn es nun um eine Steuerberatergebühr gegen den Mandanten geht.

d) Bietergemeinschaft

Angesichts der vorstehenden Ausführungen ist die Bietergemeinschaft als zeitlich befristetes 23
Zweckbündnis und daher vom Prinzip her eher nicht als eigene Rechtspersönlichkeit anzusehen. Dennoch hat das OLG Jena (JurBüro 2004, 208) sie als Einheit angesehen und demgemäß die erhöhte Gebühr (noch nach § 6 Abs. 1 BRAGO) versagt. Das lässt sich allerdings mit
der VOB begründen, die in §§ 21 Nr. 4, 25 Nr. 6 VOB/A die Bietergemeinschaft als einheitliches Unternehmen im Rahmen des Vergabeverfahrens qualifiziert. Diesem Gedanken ist
auch *Müller-Rabe* (Gerold/Schmidt/von Eicken/Madert/Müller-Rabe RVG 17. Aufl. VV
1008 Rn. 68) beigetreten, der die Bietergemeinschaft i. d. R. als BGB-Gesellschaft qualifiziert.

Denkt man diesen Gedanken weiter, so könnte die »lose« BGB-Gesellschaft, etwa beim Gerätekauf für die Gesellschaft, **eine** Rechtsperson im Sinne der neuen BGH-Rechtsprechung sein,
dagegen im Verhältnis zu den jeweiligen Kunden eine nur »lose« Gesellschaft mit nur Gesellschafter-Rechten und Pflichten.

Nr. 1008 VV

Das OLG Düsseldorf (Vergabesenat) hat spiegelbildlich zur **Bieter**gemeinschaft zur **gemeinsamen Ausschreibung** des gemeinsamen Beschaffungsbedarfs von **4 Auftraggebern** von einer **Auftraggeber**gemeinschaft gesprochen, was einer Erhöhungsgebühr entgegenstehe: OLG Düsseldorf (NZBau 2007, 199): »Ob die Beklagten eine Mehrzahl von Auftraggebern bilden, richtet sich nicht nach der Rechtsform, unter der sie richtiger Ansicht nach gehandelt haben, sondern nach dem Rubrum der Klageschrift und der Anspruchsbegründung. Hier sind sie als **Mitbesitzer** verklagt worden. **Gegenstandsidentität** des gegen mehrere Personen gerichteten Unterlassungsbegehrens ist – **ausnahmsweise** - anzunehmen, wenn die Zuwiderhandlung nur von allen gemeinsam begangen werden kann.«

e) Bruchteilsgemeinschaft

24 Klar ist die Rechtslage bei der Bruchteilsgemeinschaft.

Hier vertritt der Anwalt die **einzelnen Mitglieder** der Gemeinschaft und nicht die Gemeinschaft als solche. Der Anwalt hat also mehrere Auftraggeber, wenn er etwa Miteigentümer vertritt.

Bruchteilseigentümer sind auch die Eigentümer der Wohnungseigentümergemeinschaften.

f) Wohnungseigentum

25 Der BGH hat 2005 dahin erkannt, dass eine Mehrvertretung nicht vorliegt, wenn es um Rechte und Pflichten aus dem gemeinsamen Wohnungseigentum geht (BGH NJW 2005, 2061; ebenso OLG Koblenz 13. 03. 2006 – 14 W 164/06: Mängelgewährleistungsansprüche aus dem Gemeinschaftseigentum – **WEG als (teil-)rechtsfähiges Subjekt** und KG JurBüro 2006, 474). Die Rechtsfähigkeit der Wohnungseigentümergemeinschaft ist allerdings auf die Teilbereiche des Rechtslebens beschränkt, bei denen die Wohnungseigentümer im Rahmen der Verwaltung des **gemeinschaftlichen Eigentums** als Gemeinschaft am Rechtsverkehr teilnehmen, was insbesondere auch bei der Verfolgung von **gemeinschaftlichen Beitragsansprüchen** gegen einzelne Wohnungseigentümer vorliegen kann.

Infolgedessen ist die frühere Rechtsprechung des BGH zu dieser Frage weitgehend (jedenfalls unter dem Gesichtspunkt der Notwendigkeit – Erstattung) überholt.

26 Umstritten geblieben war vor der grundlegenden Entscheidung des BGH zur Teilrechtsfähigkeit die Frage, ob diese Erhöhungskosten **notwendig** und damit **erstattungsfähig** sind, wenn die Wohnungseigentümer sich, wie dies im Regelfall geschieht, durch den Verwalter **vertreten** lassen. Der Verwalter kann nämlich auch als **Prozessstandschafter** im **eigenen Namen** klagen (§ 27 Abs. 2 Nr. 5 WEG). Tut er dies nicht und tritt er nur als Vertreter auf, so wird argumentiert, dass der Gegner (Kostenerstattung) für diese nicht notwendigen Mehrkosten nicht aufkommen müsse (LG Frankenthal Rpfleger 1984, 201; LG München JurBüro 1998, 596; a. A.: OLG Düsseldorf JurBüro 1990, 1157: erstattungsfähig; LG Saarbrücken JurBüro 1980, 1892; OLG Koblenz 10. ZS JurBüro 2000, 529).

Diese Rechtsprechung könnte weiter Bedeutung haben für die sogenannten Internen Maßnahmen.

Interne Maßnahmen – Keine Teilrechtsfähigkeit

AG München (ZMR 2007, 316): »Nach § 13 a I FGG sind die notwendigen Kosten zu erstatten. Danach hat der Antragsgegner die Mehrvertretungsgebühr zu tragen, wenn eine Beauftragung durch sämtliche Mitglieder der Wohnungseigentümergemeinschaft notwendig war. Eine solche Beauftragung war dann nicht notwendig, wenn die WEG selbst den Auftrag hätte erteilen können. Die WEG kann selbst den Auftrag erteilen, wenn sie hierzu rechtsfähig ist. Soweit die WEG am Rechtsverkehr teilnimmt, ist sie teilrechtsfähig (BGH-Beschluss v. 02. 06. 2005, NZM 2005, 543). Handelt es sich **aber um eine interne Angelegenheit** der WEG, nimmt diese nicht am Rechtsverkehr teil und sie ist somit nicht rechtsfähig. Hier geht es um die Unterlassung der unzulässigen Nutzung von Gemeinschaftsflächen. Dies ist eine interne Angelegenheit der WEG, da sie dabei nicht am Rechtsverkehr teilnimmt (Beschluss d. **OLG München** v. 27.07.05, NZM 2005, 672, 673). Eine Beauftragung durch sämtliche Wohnungseigentumsmitglieder war deshalb notwendig.«

Hinsichtlich der Beitragsansprüche siehe Rn. 25.

g) Nicht rechtsfähiger Verein

Nach § 54 Satz 1 BGB finden auf den nicht rechtsfähigen Verein die Vorschriften über die BGB-Gesellschaft Anwendung. Es stellt sich also auch hier die schon geschilderte gesellschaftsrechtliche Problematik. Allerdings muss man beim Passivprozess den § 50 Abs. 2 ZPO beachten, der hier dem nicht rechtsfähigen Verein »die Stellung eines rechtsfähigen Vereins« gibt. Das bedeutet: Im Passivprozess erhält der Rechtsanwalt den Auftrag vom Verein, gemäß dessen rechtlicher Stellung aus § 50 Abs. 2 ZPO, der Rechtsanwalt hat also nur einen Auftraggeber (SchlHOLG JurBüro 1992, 168; OLG Karlsruhe JurBüro 1999, 470). Das sieht das OLG Düsseldorf anders (JurBüro 1994, 348 = MDR 1993, 1020). Es meint, den Auftrag nach dem BGB erteilten immer die Vereinsmitglieder, unabhängig von der prozessualen Befugnis, gemeinsam verklagt werden zu dürfen. So werde auch erreicht, dass der nicht rechtsfähige Verein beim Aktiv- und Passivprozess gleich behandelt werde, es falle also **immer** die **erhöhte Gebühr an**. 27

h) Erbengemeinschaft

aa) Klage der Miterben

Beauftragt **von Anfang an die Erbengemeinschaft** den Anwalt, so stellen nach ganz **h. M.** die Miterben eine **Mehrheit von Auftraggebern** dar (BGH JurBüro 2004, 375; weitere Nachweise bei Gerold/Schmidt/von Eicken/Madert/Müller-Rabe RVG 17. Aufl. VV 1008 Rn. 74). Klagten allerdings nur 3 von 10 Miterben auf Leistung an alle 10, so wurden **bisher** nur die **3 klagenden Erben** berücksichtigt (OLG Dresden JurBüro 2001, 27). Der **BGH** hat diese Streitfrage nunmehr entschieden und gibt die **erhöhte Gebühr** für **alle** Miterben, wenn sie durch **einen** Miterben vertreten sind (JurBüro 2004, 375 = NJW-RR 2004, 1006); ebenso OLG Frankfurt AnwBl. 2005, 366. 28

Ist Auftraggeber der Nachlasspfleger für unbekannte Erben, so gibt es keine Erhöhung (KG JurBüro 2002, 248 m. w. N.). 29

Erbschein

OLG München (JurBüro 2006, 312 = AGS 2006, 47): »Im Erbscheinerteilungsverfahren erhält der Rechtsanwalt, der einen Beteiligten im Verfahren der weiteren Beschwerde vertritt, nur eine 0,5 Verfahrensgebühr nach VV Nr. 3500. 29a

Vertritt ein Rechtsanwalt mehrere Beteiligte, erhöht sich die Geschäfts- und Verfahrensgebühr für den zweiten und jeden weiteren Beteiligten um je eine 0,3 Gebühr einer vollen Gebühr nach § 13 RVG und nicht um 0,3 einer etwaigen niedrigeren oder höheren Ausgangsgebühr.«

bb) Die Erben treten in den Prozess nach dem Tod ein

Streitig ist, ob die Erhöhungsgebühr auch anfällt, wenn **im Laufe des Rechtsstreits** die Partei **verstirbt** und nun die **Erbengemeinschaft** das Mandat erteilt: 30

Erhöhte Gebühr?

Nein: OLG Frankfurt AnwBl. 1981, 403; OLG Düsseldorf JurBüro 1989, 795; OLG Bamberg 4. ZS JurBüro 1978, 1179: Der Erblasser habe den Auftrag erteilt, die Erben träten in diesen Vertrag ein.

Ja: OLG Koblenz JurBüro 1997, 583; OLG Hamm AnwBl. 1993, 577; OLG Stuttgart JurBüro 1986, 719 u. MDR 1990, 1126; OLG München JurBüro 1986, 1651; OLG Köln (17. ZS) JurBüro 1986, 1663 (Passivprozess); OLG Schleswig JurBüro 1989, 1391; OLG Saarbrücken JurBüro

Nr. 1008 VV

1990, 1612; OLG Bamberg 6. ZS JurBüro 1991, 821; OLG Düsseldorf MDR 1996, 1300 unter Aufgabe von OLG Düsseldorf JurBüro 1989, 795 = MDR 1989, 468; MDR 1996, 1300, bestätigt in JurBüro 1997, 27; BayObIG JurBüro 2002, 472; Brandenburgisches OLG JurBüro 2007, 524 = AGS 2008, 21).

31 Ich denke, wenn der Anwalt das Kostenproblem kennt, kann er bereits im Erkenntnisverfahren für die Erhöhungsgebühr vorarbeiten. Entscheidend ist nach dem Gesetzeswortlaut der Nr. 1008 mit seiner Anmerkung sowieso nicht, wieviele Mandanten den Auftrag erteilt haben, sondern für wieviele Auftraggeber der Anwalt tätig wird. **Der Anwalt** kann im **Erkenntnisverfahren** etwa einleitend mitteilen: »Ich habe die Miterben ermittelt.« oder: »Ich habe das weitere Verfahren mit den Rechtsnachfolgern des Erblassers abgestimmt. Sie nehmen sämtlich das Verfahren auf.«

32 Darauf kann der Anwalt dann später in der Kostenfestsetzung abheben. Aber auch zu diesem späteren Zeitpunkt könnte ein solcher Vortrag noch hilfreich sein. Das **OLG Bamberg, 6. ZS**, begründet seine vom 4. ZS abweichende Meinung mit folgenden Argumenten (JurBüro 1991, 822):

»Treten Miterben für den ursprünglichen Auftraggeber in das Verfahren ein, kann und wird in der Regel bei der weiteren Ausführung des Auftrags infolge der größeren Zahl von Personen, mit denen es der Auftragnehmer auf Auftraggeberseite zu tun hat, Mehrarbeit für ihn entstehen. Der Geschäftsbesorgungsvertrag verpflichtet ihn, mit den Erben in Verbindung zu treten, ihnen den Stand des Verfahrens mitzuteilen, ihnen die Risikolage zu erläutern und Weisungen einzuholen. Die Bestimmung ist auch dann anzuwenden, wenn die Rechtsnachfolger dem Prozessbevollmächtigten keinen neuen Auftrag erteilen und sie daher streng genommen nicht als Auftraggeber anzusehen sind. Ausschlaggebend ist allein, dass der Rechtsanwalt auf Auftraggeberseite mit mehreren Personen kommunizieren muss, deren jeweilige Interessen und Weisungen er zu beachten hat. Das gilt um so mehr, wenn der Prozess vor seiner Fortsetzung durch die Erben – wie hier – aufgrund des Todes der Prozesspartei gemäß § 246 Abs. 1 ZPO auf Antrag des Prozessbevollmächtigten ausgesetzt werden muss, weil dadurch regelmäßig augenfällig wird, dass der Prozessbevollmächtigte zunächst die Verbindung zu den Erben sucht, um die weitere Vorgehensweise abzustimmen.«

Daraus lässt sich doch für den wachen Rechtsanwalt etwas machen!

i) GmbH u. Co KG

33 Bei der GmbH u. Co KG ist zu unterscheiden zwischen Aktiv- und Passivprozess:

Klagt die **GmbH u. Co KG**, so wird in aller Regel nur **ein Auftraggeber** gegeben sein, denn dann klagt die **Kommanditgesellschaft**, vertreten durch die GmbH, und nicht daneben noch die Komplementärin, die GmbH selbst im eigenen Namen. Siehe das **Rubrum** einer Klage dieser Gesellschaft.

Werden dagegen die **GmbH u. Co KG** einerseits und **daneben die GmbH** als persönlich haftende Gesellschafterin **verklagt**, so ist streitig, ob die Erhöhungsgebühr anfällt. Eine Mehrheit von Auftraggebern **verneinen** (OLG Hamm MDR 1980, 152; OLG Köln JurBüro 1978, 1173; das OLG Köln hat wohl seine Ansicht aufgegeben durch die Entscheidung vom 22.10.1987, KostRsp BRAGO § 6 Nr. 163 = JurBüro 1987, 1871 – Aktivprozess –).

Die überwiegende Ansicht bejaht jedoch eine **Auftraggebermehrheit im Passivprozess** (OLG Frankfurt AnwBl. 1983, 182; OLG Koblenz AnwBl. 1988, 71 u. MDR 1985, 773; OLG Stuttgart AnwBl. 1979, 274; KG JurBüro 1979, 846; OLG Hamm JurBüro 1979, 1646; OLG Bamberg JurBüro 1986, 721).

j) Testamentsvollstrecker

34 Werden **mehrere** Personen (A + B) gleichzeitig als **Testamentsvollstrecker** bestellt und erteilt **nur ein Testamentsvollstrecker** A das Mandat, so muss der Rechtsanwalt (gem. § 2224 Abs. 1

Satz 1 BGB = gemeinschaftliche Amtsführung) davon ausgehen, dass A ihm den Auftrag auch im Namen des weiteren Testamentsvollstreckers B erteilt hat. Es fällt daher die **erhöhte Gebühr** an (BGH MDR 1994, 413).

k) Parteiwechsel

Ein Teil der Rechtsprechung wandte beim Parteiwechsel den § 6 Abs. 1 Satz 2 BRAGO an (jetzt also wäre zur Lösung von Fallgestaltungen, die in der Alltagspraxis häufig vorkommen und dort als »**Rubrumsberichtigung**« oder »**Parteiwechsel**« bezeichnet werden, Nr. 1008 anwendbar). Der BGH (JurBüro 2007, 76 = AGS 2007, 583 = NJW 2007, 76) sieht jetzt in allen Fällen des Parteiwechsels im Prozess das Ganze als eine Angelegenheit mit der Erhöhungsmöglichkeit nach Nr. 1008 an: »Das Gesetz unterscheidet nicht danach, ob der Rechtsanwalt gleichzeitig oder nacheinander für mehrere Auftraggeber tätig wird. In dem einen wie in dem anderen Fall hat dies zur Folge, dass der Rechtsanwalt der beiden wechselnden Beklagten die in dem Rechtszug anfallenden Gebühren nur einmal fordern kann. Die Regelung des § 7 Abs. 1 RVG stellt klar, dass der allgemeine Grundsatz der Einmaligkeit der Gebühren (§ 15 Abs. 2 Satz 1 RVG) auch dann gilt, wenn der Rechtsanwalt in derselben Angelegenheit für mehrere Auftraggeber tätig wird. Die Mehrbelastung bei identischem Gegenstand wird durch die in Nr. 1008 RVG-VV vorgesehene Erhöhung der Prozess- bzw. Geschäftsgebühr und im Übrigen durch Addition der Gegenstandswerte abgegolten.« 35

Auftrag nach Berufungsrücknahme gegen einen Streitgenossen

OLG Koblenz (JurBüro 2007, 320 = AGS 2007, 342): »Wird die Berufung gegen einen von zwei Streitgenossen zurückgenommen, und erteilt der andere Streitgenosse dem Rechtsanwalt erst hiernach einen Vertretungsauftrag, so handelt es sich jedenfalls dann um eine Vertretung in derselben Angelegenheit, wenn zu diesem Zeitpunkt die Kostenentscheidung zu Gunsten des ersten Auftraggebers noch nicht erlassen war. Daher fällt in diesem Fall nur eine **erhöhte Gebühr** nach Nr. 1008 RVG-VV an.« Der BGH würde in Verfolg der zuerst genannten Entscheidung (JurBüro 2007, 76) die Teilidentität nicht mehr prüfen.

Zur Illustration der prozessualen Situation sei hier noch einmal das bisherige Fallbeispiel und die einschlägige Entscheidung des OLG Koblenz zeitlich vor der die Problematik erledigenden Entscheidung des BGH (JurBüro 2007, 76 = AGS 2007, 583 = NJW 2007, 76) skizziert: 36

- **Beispiel**

A hat den **Dieter Meyer** (Vater) verklagt. Der Anwalt M des Dieter Meyer teilt mit, dass der Vater irrig verklagt sei. Vertragspartner sei **Franz Meyer (der Sohn)** gewesen, den er auch vertrete. Jetzt erklärt A, er **berichtige das Rubrum**, richtiger Beklagter sei nicht Dieter, sondern Franz Meyer (Sohn), der, wie gesagt, ebenfalls von RA M vertreten wird.

Das OLG Koblenz (JurBüro 1989, 193; 1985, 1822; 1982, 1348; AGS 1995, 73) argumentiert, Angelegenheit und Gegenstand seien hier derselbe. RA M **vertrete** zumindest **vorübergehend beide Parteien gleichzeitig.** Die Prozessgebühr für den neu eintretenden Franz Meyer (Sohn) falle mit dessen Prozessauftrag an, der Entgegennahme der Information durch den Rechtsanwalt. Zu diesem Zeitpunkt sei der Prozessauftrag des Erstbeklagten (Vaters) noch nicht beendet gewesen. Es falle also eine 13/10 (erhöhte) Prozessgebühr (jetzt also die 1,3 Verfahrensgebühr + 0,3 Erhöhung) an.

Trotz der vorgenannten Entscheidung des BGH (JurBüro 2007, 76) dürfte das nachfolgende Beispiel abweichend zu lösen sein: 37

- **Beispiel**

OLG Koblenz (JurBüro 2002, 191):

Klage gegen Beklagten zu 1.) wird beim AG zurückgenommen mit nachfolgendem Kostenbeschluss nach § 269 ZPO und Verweisung an das LG hinsichtlich des Beklagten zu 2.).

Nr. 1008 VV

Erstmals beim LG bestellt sich für Beklagten zu 2.) der frühere Anwalt des Beklagten zu 1.).

Ergebnis: 2 Angelegenheiten.

Zeitpunkt der Auftragserteilung

38 Die vorstehenden Ausführungen zur »Rubrumsberichtigung« geben Veranlassung zu einer Anmerkung zum **Zeitpunkt** der Erteilung der mehreren Aufträge. Die Aufträge müssen nicht zum selben Zeitpunkt erteilt werden. Eine Auftraggebermehrheit liegt vor, wenn derselbe Rechtsanwalt für verschiedene natürliche oder juristische Personen auftragsgemäß in derselben Angelegenheit gleichzeitig tätig werden soll. Gleichgültig ist, ob die mehreren Auftraggeber bewusst zusammenwirken. Der Anwendungsfall ist auch dann gegeben, wenn zu einem bereits vorhandenen Auftraggeber ein weiterer Auftraggeber ohne Zusammenwirken mit dem ersten hinzutritt (BGH NJW-RR 2004, 1006; Rpfleger 1987, 387; OLG Schleswig JurBüro 1985, 394; OLG Düsseldorf JurBüro 1990, 1614; Gerold/Schmidt/von Eicken/Madert/ Müller-Rabe RVG 17. Aufl. VV 1008 Rn. 43).

Es reicht, wenn ein teilweise überlappendes Zeitfenster gegeben ist (OLG Koblenz, 16. 01. 2007 – 14 W 41/07, JurBüro 2007, 320 = AGS 2007, 342).

Mitglieder einer »Bedarfsgemeinschaft nach § 7 Abs. 2 und Abs. 3 SGB II« (Ein Haushalt)

39 LSG Mecklenburg-Vorpommern (29. 11. 2007 – L 8 AS 39/06). »Die Mitglieder einer Bedarfsgemeinschaft sind Individualauftraggeber im Sinne der Auftraggebermehrheit nach der Ziffer 1008 VV RVG. Die Bedarfsgemeinschaft an sich ist kein Einzelauftraggeber. Eine Personenmehrheit kann nur dann als Einzelauftraggeber angesehen werden, wenn sich die Person kraft eigener Disposition zu einer Gesellschaft zusammenschließt. Nur wer sich selbst eine Rechtseinheit nach außen verschafft, muss sich auch als Einheit behandeln lassen. Diese Voraussetzungen sind im Fall der Bedarfsgemeinschaft nicht gegeben.

Die Bedarfsgemeinschaft nach § 7 Abs. 2 und Abs. 3 SGB II kann aus einem oder mehreren Mitgliedern bestehen. Zur Bedarfsgemeinschaft gehört dabei mindestens **eine erwerbsfähige hilfebedürftige Person**. Zu der Bedarfsgemeinschaft zählen nur die in § 7 Abs. 3 SGB II ausdrücklich genannten Personen, die mit dem erwerbsfähigen Hilfebedürftigen **in einem Haushalt** leben.« Ebenso SG Düsseldorf (AGS 2007, 617); SG Duisburg (AGS 2007, 42).

l) Zeugenbeistand

40 Vertritt der Anwalt mehrere Zeugen als Beistand, so kommt in **Strafsachen** Nr. 1008 zur Anwendung. Diese Ansicht vertritt auch das OLG Koblenz (JurBüro 2005, 589 = AGS 2005, 504): Für die Zeugenbeistandschaft für 2 Zeugen erhält der Anwalt (nach § 7 Abs. 1 RVG i. V. m. Nr. 1008 VV RVG) eine Erhöhung der Gebühr nach Nr. 4118 VV RVG um 30 % (siehe OLG Düsseldorf, JurBüro 1991, 70; Burhoff, Vergütung des Zeugenbeistands im Strafverfahren, www.burhoff.de).

In Zivilsachen scheitert die Anwendung der Nr. 1008 an der fehlenden Gegenstandsgleichheit (Anm. 1), jedem Zeugen ist individueller Beistand zu leisten (näher zum Problem m. Rspr. Vorbem. 3 Rn. 21 ff.), hier also Wertaddition nach § 22.

40a m) Tätigkeit für Partei und Beigeladenen

VG Trier, 03. 06. 2005, 5 K 107/05.TR

Ein Rechtsanwalt, der im Klageverfahren sowohl für den Beklagten als auch für den Beigeladenen aufgetreten ist und in einem einheitlichen Schriftsatz für beide Beteiligte einen Klageabweisungsantrag gestellt hat, ist im Sinne des § 7 des RVG »in derselben Angelegenheit für mehrere Auftraggeber« tätig geworden = VV Nr. 1008 (ebenso OLG Koblenz JurBüro 1990, 42).

II. Dieselbe Angelegenheit

1. Abgrenzungskriterien

Zuerst geht man den gesetzlichen Katalog des § 16 RVG durch. Da dieser aber leider nicht abschließend ist, muss man zur Abgrenzung von dort nicht genannten Fallkonstellationen auf die BGH-Rechtsprechung zurückgreifen:

Der **BGH** definiert (NJW 1995, 1431): »Angelegenheit ist das gesamte Geschäft, das der Rechtsanwalt für den Auftraggeber besorgen soll. Ihr (gemeint ist die Angelegenheit) Inhalt bestimmt den Rahmen, innerhalb dessen der Rechtsanwalt tätig wird (BGH LM § 7 BRAGO Nr. 2; NJW 1984, 1188 = LM § 6 BRAGO Nr. 5, ZIP 1995, 118).«

Bei dem vom BGH entschiedenen Fall ging es um eine außergerichtliche Abwicklung der Schäden aus einem Verkehrsunfall, die sich über **vier** Jahre mit immer neuen Forderungen und damit neuen Aufträgen an den Anwalt hinzog (Unfallrente, Fahrtkosten, Haushaltshilfe, Schmerzensgeld). Das Ganze war nach BGH eine Angelegenheit mit vier Gegenständen.

Der BGH bemerkte zum Schluss jener Entscheidung sehr weise:

»Wann eine und wann mehrere Angelegenheiten vorliegen, bestimmt das Gesetz nicht. Die Abgrenzung ist unter Berücksichtigung der jeweiligen Lebensverhältnisse im Einzelfall vorzunehmen. Dabei ist insbesondere der Inhalt des erteilten Auftrags maßgebend. Sowohl die Feststellung des Auftrags als auch die Abgrenzung im Einzelfall ist grundsätzlich Aufgabe des **Tatrichters** (BGH LM § 7 BRAGO Nr. 2; NJW 1984, 1188).« (Ähnlich BGH JurBüro 1972, 684 = MDR 1972, 765.)

2. Angelegenheit bei gerichtlichem oder behördlichem Verfahren

Für **gerichtliche und behördliche Verfahren** erscheint mir die These von *Madert* (Gerold/Schmidt BRAGO 15. Aufl. § 13 Rn. 5, weniger präzise in der 17. Aufl. § 15 Rn. 11) zur Beschreibung des Begriffs **Angelegenheit** sehr hilfreich: »*Für den in der Praxis wohl häufigsten Fall, dass der Rechtsanwalt in einem gerichtlichen oder sonstigen behördlichen Verfahren tätig wird, ist die* **Angelegenheit** *im Allgemeinen mit dem* **Verfahren identisch**«.

3. Beispiele aus der Rechtsprechung für eine Angelegenheit

(1) **OLG Hamm** (JurBüro 2000, 469):

Nach Abschluss eines Prozessvergleichs begehrt die Partei die Fortsetzung des Prozesses mit der Behauptung, der Prozessvergleich sei unwirksam.

(Anders aber, wenn die Partei einen **neuen Prozess** mit der Behauptung einleitet, sie sei wirksam – nach Fristsetzung – vom Prozessvergleich zurückgetreten oder die Geschäftsgrundlage des Prozessvergleiches sei entfallen. Letzteres muss im neuen Prozess – also 2 Angelegenheiten – geltend gemacht werden.)

(2) **OLG Koblenz** (JurBüro 1990, 42):

Die Beklagten und deren Streithelferin beauftragen denselben Anwalt; VG Trier (03. 06. 2005 – 5 K 107/05 Tr) für Beklagten und Beigeladenen.

(3) **BGH** (JurBüro 1976, 749):

Der Mandant erteilt den Auftrag, seine Arzneimittelfabrik für DM 8,8 Mio. zu verkaufen. Der Ankäufer macht zur Bedingung, dass die Firma zuvor in eine GmbH umgewandelt wird. Der Anwalt erhält den Auftrag, die Firma zunächst in eine KG, dann in eine GmbH umzuwandeln. Dann wirkt er beim Verkauf der GmbH-Anteile mit.

Nr. 1008 VV

Der BGH meint dazu: Das alles ist eine Angelegenheit, da die beiden Umwandlungen nur Hilfsgeschäfte für den Verkauf sind. Es sind noch nicht einmal mehrere Gegenstände – ohne Rücksicht auf die dabei auftauchenden schwierigen Rechtsfragen – und die Gebühr erfällt damit nur einmal aus dem Wert von DM 8,8 Mio.

(4) **OLG Frankfurt** (JurBüro 1978, 697):

Prozessauftrag von drei Familienmitgliedern aus einem erlittenen Verkehrsunfall.

(5) **BGH** (JurBüro 1984, 537):

Vertretung **mehrerer Eigentümer** im Enteignungsverfahren, allerdings nur dann, wenn die Aufträge nach Inhalt, Ziel und Zweck sich weitgehend entsprechen; bei Verschiedenheit der Zielrichtung allerdings mehrere Angelegenheiten.

(6) **LG Göttingen** (JurBüro 2002, 25):

Beratungshilfe für die Vertretung gegen **zwei** Bescheide des Sozialhilfeträgers (zweifelhaft).

(7) **OLG Düsseldorf** (KostRsp § 3 BRAGO Nr. 28 = OLGR 1993, 160):

Eine GmbH-Gesellschafterin beauftragte einen Rechtsanwalt, ihre Interessen wahrzunehmen bei **zwei Gesellschafterversammlungen** (Februar und April 1987), nachdem die übrigen Gesellschafter den Entschluss gefasst hatten, sie auszuschließen. Ferner erhielt er den Auftrag, diesen **Beschluss anzufechten** und den **Gesellschafteranteil** im Wege des Vergleiches bestmöglichst an die übrigen Gesellschafter **zu veräußern**.

(8) **KG** (AGS 2006, 274): »Machen Miterben jeweils einen eigenen Anspruch auf Zahlung ihres Pflichtteils geltend, so ist der **Gegenstand** der anwaltlichen Tätigkeit nicht derselbe. Dies hat zur Folge, dass die Werte der Einzelgegenstände gemäß § 22 Abs. 1 RVG zu addieren sind und die Verfahrensgebühr sich nicht nach Nr. 1008 VV RVG erhöht.« Es ist eine Angelegenheit, die Gegenstände sind nicht dieselben, sodass ein Erhöhungsfall nach Nr. 1008 nicht vorliegt.

4. Angelegenheit im außergerichtlichen Bereich

45 Für die Beurteilung der einheitlichen Angelegenheit im **außergerichtlichen** Bereich werden regelmäßig **drei Kriterien** genannt:

46 (1) **Einheitlicher Auftrag** (OLG München NJW 1965, 258): Jeder neue Auftrag leitet eine neue Angelegenheit ein. OHG-Gesellschafter streiten zunächst über Hallenaufteilung, später über Geschäftsführung.

Das Abgrenzungskriterium »Auftrag« ist insbesondere wegen § 15 Abs. 5 problematisch, weil ein neuer (späterer) Auftrag in derselben Angelegenheit nicht zu einer neuen Angelegenheit führt. Allerdings ist eine neue Angelegenheit mit einem neuen Auftrag dann wiederum gegeben, wenn der erste Auftrag bei Erteilung des zweiten Auftrags **vollständig erledigt** ist (Hansens BRAGO 8. Aufl. § 13 Rn. 8).

Eine gesetzliche Ausnahme gilt nach Ablauf von 2 ganzen Kalenderjahren (§ 15 Abs. 5 Satz 2).

47 (2) **Einheitlicher (äußerer) Rahmen** (Berg/Blaß/Bolder/Kraft/Ramm BRAGO Handbuch, 2. Aufl. A Rn. 14): Etwa die Zusammenfassung in einem Anspruchsschreiben, ferner ein gleichlautendes Schreiben an alle Gläubiger zur Schuldenregulierung.

OLG Frankfurt (JurBüro 1978, 697):

Verkehrsunfallschaden von drei Familienmitgliedern wird in einem Regulierungsschreiben zusammengefasst.

(3) **Innerer Zusammenhang** (OLG Hamburg MDR 1981, 944): 48

Dieser Zusammenhang fehlt zwischen vorgerichtlichem **Abmahnschreiben** in Wettbewerbssachen und dem späteren **Abschlussschreiben**. Das Abmahnschreiben schafft das Rechtsschutzinteresse für die EV. Das Abschlussschreiben des Gläubigers und die dann folgende Abschlusserklärung des Unterlassungsschuldners (Prozessvertrag) machen einen vorläufigen EV-Titel zu einem vollwertigen Titel der Hauptsache (*Schultz-Süchting* in UWG Jakobs/Lindacher-Teplitzky § 25 Rn. 285 ff.).

Innerer Zusammenhang ist etwa gegeben, wenn geschiedene Ehefrau einheitlich (nachehelichen) Unterhalt für sich und als Vertreterin ihrer Kinder geltend macht. 49

III. Erhöhungsfähige Gebühren

1. Beratung, Gutachten, Erfolgsaussichten eines Rechtsmittels

Das Gesetz nennt in Nr. 1008 nur die **Geschäfts-** und die **Verfahrens**gebühr. Verdient der Anwalt beide nacheinander, so sind sie auch beide (unbeschadet der Teilanrechnung) zu erhöhen. 50

Die frühere Streitfrage der analogen Anwendung auf andere Gebühren stellt sich heute nicht mehr, da das RVG die in Betracht kommenden erhöhungsfähigen Gebühren jetzt sämtlich »**Verfahrensgebühren**« nennt. Um nur einige zu nennen: Mahnverfahren (Nrn. 3305, 3307, 3308); Korrespondenzgebühr (Nr. 3400), Terminsvertretungsgebühr (Nr. 3401), Einzeltätigkeitsgebühr (Nr. 3403); Zwangsvollstreckungsgebühr (Nr. 3309); Zwangsversteigerung (Nr. 3311); Berufung (Nr. 3200); Verfahrensgebühr in Strafsachen (Nrn. 4106, 4124).

Trotz des klaren neuen Gesetzeswortlauts ist die Erhöhungsfähigkeit umstritten bei der Beratungs- und Gutachtensgebühr (§ 34), der Gebühr für die Prüfung der Erfolgsaussichten eines Rechtsmittels (Nrn. 2100 bis 2103) sowie in Strafsachen hinsichtlich der Grundgebühr (Nr. 4100). 51

Während sich die Nichterhöhungsfähigkeit bei der **Gutachtensgebühr** noch leicht begründen lässt, nämlich, dass das Gutachten als wissenschaftliche Leistung nicht abhängig davon sein kann davon, ob es für einen oder zwei Auftraggeber erstellt wird, ist die Fragestellung bei **der Beratungsgebühr** schon schwieriger. 52

Erbitten mehrere Auftraggeber den Rat, so ist Nr. 1008 nicht analog anwendbar. Die direkte Anwendung von Nr. 1008 scheitert, weil diese Norm die Erhöhung nur für die »Verfahrens- oder die Geschäftsgebühr« vorsieht. Das ist weder die Beratungs- noch die Erstberatungsgebühr. In der Literatur wird zwar teilweise die Ansicht vertreten, die Norm sei hier entsprechend anwendbar (Hartung/Römermann/Schons RVG 2. Aufl. § 34 Rn. 94; Gebauer/Schneider RVG 2. Aufl. Nr. 1008 Rn. 43; Enders RVG für Anfänger 12. Aufl. Rn. 338; Vorauflage § 7 Rn. 17; Baumgärtel/Föller/Hergenröder/Houben/Lompe RVG 7. Aufl. Nr. 1008 Rn. 15). Angesichts des klaren Gesetzeswortlauts ist *Müller-Rabe* (Gerold/Schmidt/von Eicken/Madert/Müller-Rabe RVG 17. Aufl. VV 1008 Rn. 13 ff.), *Hansens* (BRAGO 8. Aufl. § 6 Rn. 8), *Fraunholz* (Riedel/Sußbauer RVG 9. Aufl. § 7 Rn. 37); *Teubel* (Mayer/Kroiß RVG § 7 Rn. 6) und den Oberlandesgerichten Köln (JurBüro 1992, 237) und Stuttgart (JurBüro 1984, 53) und KG (AGS 2007, 312 für Beratung) zu folgen, die eine Analogie ablehnen. Von der Sache her ist die Erhöhung bei einem reinen Rat auch nicht gefordert, weil sich der Rat an eine oder mehrere Personen inhaltlich kaum unterscheidet. Der Anwalt hat es im Übrigen in der Hand, beim Aushandeln der Gebühr für den Rat dem Umstand Rechnung zu tragen, dass die Gebührenlast sich auf zwei Personen verteilt. Vereinbart er keine feste Gebühr und ist die übliche Gebühr zu suchen, so ist dabei nach der hier vertretenen Ansicht über § 14 (siehe § 34 Rn. 5) ebenfalls das wirtschaftliche Potential der beiden Auftraggeber in ihrer Gesamtheit als Faktor heranziehbar. Da seit dem 01. 07. 2006 für **den Rat** kein fester Gebührenrahmen (nach Streitwert) mehr vorgegeben ist, ist die alte Problematik (weitgehend) entfallen.

Nr. 1008 VV

Beratungshilfe

Bei der Beratungshilfe muss man zwischen **Beratung** (Nr. 2501) und der Beratungshilfe für eine **Geschäftstätigkeit** (Nr. 2503) unterscheiden. Auf die Beratung (Nr. 2501) ist die Erhöhungsvorschrift Nr. 1008 nicht anwendbar, dagegen auf die Geschäftstätigkeit nach Nr. 2503, siehe Beispielsrechnung Rn. 91; OLG Oldenburg (AGS 2007, 45 = JurBüro 2007, 140 = NJW-RR 2007, 431): »Erhöhung der Geschäftsgebühr bei Beratungshilfeangelegenheit für mehrere Auftraggeber. Wird ein Rechtsanwalt in einer Beratungshilfeangelegenheit für mehrere Auftraggeber tätig, so erhöht sich die nach VV RVG Nr. 2603 (jetzt 2503) entstehende Geschäftsgebühr entsprechend VV RVG Nr. 1008, ebenso OLGR Nürnberg (2007, 686) und OLG Düsseldorf (RVGreport 2006, 225).«

53 Das letztere Argument des fehlenden Gebührenrahmens kann allerdings bei der Prüfung der **Erfolgsaussichten eines Rechtsmittels** (Nrn. 2100 bis 2103) nicht zusätzlich herangezogen werden, weil hier noch Wertgebühren gelten. Es überwiegt aber auch hier der wissenschaftliche Ansatz. Es ist ein anwaltlicher Werk-, und nicht wie sonst ein Dienstvertrag. Dem Anwalt bleibt es trotz des Gebührenrahmens unbenommen, nach § 4 RVG (Form!) eine höhere Vergütung wegen des wirtschaftlich höheren Potentials der mehreren Auftraggeber auszuhandeln.

2. Strafrechtliche Grundgebühr

54 Für die **strafrechtliche Grundgebühr** (Nr. 4100) gilt Folgendes:

Müller-Rabe (Gerold/Schmidt/von Eicken/Madert/Müller-Rabe RVG 17. Aufl. VV 1008 Rn. 23) hat überzeugend begründet, weshalb die strafrechtliche Grundgebühr nicht erhöhungsfähig ist:

»Die strafrechtliche Grundgebühr (z. B. VV 4100, 5100, 6200) kann anders als die strafrechtliche Verfahrensgebühr nicht erhöht werden. Es kann kein Versehen des Gesetzgebers angenommen werden, wenn die Beratungsgebühr bzw. Grundgebühr in VV 1008 nicht genannt ist. Hinzu kommt noch, dass in sehr vielen Fällen neben der Grundgebühr auch noch ohne Anrechnung eine Verfahrensgebühr entsteht. Es wären dann gleich zwei Gebühren zu erhöhen, was sowohl der BRAGO als auch dem RVG fremd ist.«

Diese Ausführungen von Müller-Rabe überzeugen. Vor allem das Argument, dass der Gesetzgeber im neu geschaffenen Gesetz den neu kreierten Begriff »Verfahrensgebühr« verwendet, den er durchgängig jetzt für alle Gerichtsbarkeiten geschaffen hat, um ihn auch für FGG-Verfahren verwenden zu können, weil ihm dort der alte Begriff »Prozessgebühr« nicht zu passen schien, muss dazu führen, dass der in anderem Zusammenhang (Nr. 1008) ebenfalls ausgewechselte Begriff »Verfahrensgebühr« im gesamten RVG einheitlich formuliert und so auch gewollt war. Für eine reine Wortlautauslegung der Nr. 1008 hat sich mit klaren Worten auch *Römermann* (Hartung/Römermann/Schons RVG 2. Aufl. Nr. 1008 Rn. 8), ausgesprochen, wenngleich er dann sofort eine Randnummer weiter (Rn. 9) wieder Zweifel sät.

55 Die Gegenmeinung wird von *Baumgärtel* (Baumgärtel/Föller/Hergenröder/Houben/Lompe RVG 7. Aufl. Nr. 1008 Rn. 15) mit dem Scheinargument vertreten, wäre die Aufzählung abschließend, wären die Grundgebühren Nrn. 4100 und 5100 nicht erhöhungsfähig. Das ist natürlich die Folge der Anwendung der h. M. Das ist als Begründung nichts anderes als, dass nicht sein kann, was nicht sein darf. Das historische Argument, dass dies auch schon bei der Beratungsgebühr streitig gewesen sei, kann natürlich nicht auch für die neue strafrechtliche Grundgebühr herangezogen werden. Ferner: Das historische Moment zieht, wie ausgeführt, ab 01. 07. 2006 schon deshalb auch bei der Ratsgebühr nicht mehr, weil kein fester erhöhungsfähiger Rahmen mehr vorliegt (§ 34 RVG). Hartmann (Hartmann Kostengesetze 35. Aufl. RVG Nr. 1008 VV Rn. 4) gibt als Begründung nur an, man müsse das Gesetz weit auslegen und eine Grundgebühr nach Nrn. 4100 und 5100 könne sich erhöhen.

Ich denke, insbesondere angesichts des Wortlauts des § 34 RVG, der die Analogie für die meisten der genannten Institute verbietet, wird die noch schwache Kampffront, die sich für eine allenfalls noch bei den Nrn. 2100–2103 vertretbare erweiternde Analogie einsetzt, in den nächsten Jahren ganz aufgegeben werden.

IV. Fest- und Betragsrahmengebühren – Wertgebühren

1. Aufbau der Nr. 1008 und der Anmerkung 1

Den gut lesbaren § 6 Absatz 1 Satz 2 BRAGO hat der Gesetzgeber, um ein Nebenproblem ausdrücklich zu regeln, in Nr. 1008 VV RVG sprachlich wenig geschickt ausgedrückt. Wer den alten klaren Gesetzestext kannte, braucht m. E. jetzt erst einen Kommentar, um herauszufinden, dass sich nichts geändert hat. Neu ist, dass eine gemeinschaftliche Beteiligung **nur noch** bei **Wertgebühren** erforderlich ist. Bei **Fest- oder Betragsrahmengebühren** tritt die Erhöhung unabhängig davon ein, ob die einzelnen Auftraggeber am betreffenden **Gegenstand** der anwaltlichen Tätigkeit gemeinschaftlich beteiligt sind (Mayer/Kroiß RVG Nr. 1008 Rn. 4). Das wurde teilweise in der Literatur auch schon zum § 6 Abs. 1 Satz 2 BRAGO vertreten (Hansens BRAGO 8. Aufl. § 6 Rn. 15 und Gerold/Schmidt/von Eicken/Madert BRAGO 15. Aufl. § 6 Rn. 36). Diese Literaturansicht wollte der Gesetzgeber wohl im Gesetz festschreiben.

Noch handelt es sich bei den anwaltlichen Gebühren in der Mehrzahl der gesetzlichen Gebühren (also auch den Satzrahmengebühren) um **Wertgebühren**. Warum dann der Gesetzgeber gesetzestechnisch den Ausnahmefall im Eingangstext als Regel und den alltäglichen Regelfall (in Anmerkung 1 dazu) als Ausnahme formuliert hat, darf man mit einem dicken Fragezeichen versehen. Schließlich soll das Gesetz ja auch von solchen Rechtsanwendern verstanden werden, die nur hin und wieder gebührenrechtliche Fragen haben und dann ohne Kommentar nur ins Gesetz sehen. Vielleicht wollte der Gesetzgeber etwas für den Umsatz der Kommentarliteratur und der Gebührenfortbilder tun.

Die Neuregelung hat zur Folge, dass bei **Fest- und Betragsrahmengebühren**, wie etwa bei Strafsachen die Gegenstände der mehreren Auftraggeber nicht mehr dieselben sein müssen. Bei Fest- und Betragsrahmengebühren muss der Anwalt nur noch in derselben Angelegenheit für die mehreren Auftraggeber tätig werden, um die erhöhte Verfahrensgebühr zu verdienen.

Festgebühren sind nur in Strafsachen für den **Pflichtverteidiger** und für die ausdrücklich als »Geschäftsgebühr« in Nr. 2503 genannte Gebühr für das Betreiben des **Geschäfts der Beratungshilfe € 70,00** üblich.

2. Beispiel für Satzrahmengebühren

Der Anwalt vertritt in derselben Angelegenheit beim **Sozialgericht** (die Instanz macht den Prozess zu einer Angelegenheit) zwei Auftraggeber, die verschiedene Gegenstände dem Gericht zur Entscheidung unterbreiten. Da es nach der Nr. 3102 nicht auf den Wert des Gegenstandes ankommt, wird hier nicht wie sonst bei Wertgebühren der Gesamtwert der beiden Gegenstände nach § 22 ermittelt, so dass dann eine Erhöhung der Gebühr nach Nr. 1008 Anmerkung Abs. 1 vom Prinzip her entfällt. Vielmehr erhöhen sich bei den Betragsrahmengebühren infolge der Angelegenheitsregelung der Nr. 1008 sowohl der Mindest- wie der Höchstbetrag (und damit natürlich entsprechend der Mittelwert) um 30 % je weiterem Auftraggeber.

Das bedeutet: Der in Nr. 3102 für die Verfahrensgebühr vorgesehene Betragsrahmen erhöht sich bei **zwei Auftraggebern** in derselben Angelegenheit von

	Betragrahmen	Mittelgebühr
	€ 40,00 bis € 460,00	€ 250,00
auf	€ 52,00 bis € 598,00	€ 325,00

Nr. 1008 VV

V. Anmerkung Absatz 1: Gegenstand der anwaltlichen Tätigkeit ist derselbe

1. Bedeutung des Begriffes »derselbe Gegenstand«

59 Der Begriff »derselbe Gegenstand« wird in vielen Normen des RVG als bekannt vorausgesetzt.

Die schwierigste Materie des anwaltlichen Gebührenrechts sind die wenig greifbaren Begriffe **»Angelegenheit«** und **»Gegenstand«**. Um hier eine Verweisung, eventuell auch noch eine Mehrfachverweisung zu vermeiden, wird der Begriff hier erneut erläutert. Das ist allein schon deshalb erforderlich, um eine richtige Anwendung des naheliegenden, aber doch anderen Falles der Gegenstandsaddition nach § 22 Abs. 1 abzugrenzen. Weiter macht die Sache so kompliziert, dass auch noch Kombinationen von § 22 Abs. 1 (Wertaddition) und Nr. 1008 Anm. Abs. 1 (mehrere Auftraggeber) vorkommen. Um hier für Anfänger Klarheit zu schaffen, benötigt man beim anwaltlichen Intensivkurs im Gebührenrecht **mindestens** einen vollen Arbeitstag.

2. Gegenstand

a) Problem der abstrakten Definition

60 Der Begriff »Gegenstand« ist vom Gesetzgeber nicht definiert. § 2 lautet zwar wie folgt: »Die Gebühren werden, soweit dieses Gesetz nichts anderes bestimmt, nach dem Wert berechnet, den der Gegenstand der anwaltlichen Tätigkeit hat (Gegenstandswert).« Diese gesetzliche Definition ist aber eine leere Hülse: Gegenstandswert ist der Wert des Gegenstandes!

61 Alle Kommentatoren meinen in wörtlicher Übereinstimmung mit der Rechtsprechung wenig inhaltsreich: »*Gegenstands(-wert) der anwaltlichen Tätigkeit ist das* **Recht oder Rechtsverhältnis**, *auf das sich auftragsgemäß die Tätigkeit des Rechtsanwalts bezieht* (Gerold/Schmidt/von Eicken/Madert/Müller-Rabe RVG 17. Aufl. § 22 Rn. 2; Riedel/Sußbauer BRAGO 9. Aufl. § 2 Rn. 2; Gebauer/Schneider RVG 2. Aufl. § 2 Rn. 19; Göttlich/Mümmler/Rehberg/Xanke 20. Aufl. »Gegenstandswert« 7; Hansens BRAGO 8. Aufl. § 6 Rn. 3; Hartmann Kostengesetze 35. Aufl. § 7 RVG Rn. 27; BGH JurBüro 2005, 141; 1972, 684; 1984, 837; ZIP 1995, 118, 122; NJW 2004, 1043, 1045; OLG München NJW 1965, 258; OLG Hamm JurBüro 1979, 1311).

b) Gerichtliches Verfahren: Streitgegenstand

62 Den Gegenstand der anwaltlichen Tätigkeit kann man richtigerweise entsprechend dem gerichtlichen Streitgegenstand begreifen (OLG Koblenz JurBüro 1990, 990). So ist auch *Schnapp* (Gebauer/Schneider RVG 2. Aufl. Nr. 1008 Rn. 26) zu verstehen: »*Die kleinste Einheit einer Rechtsposition*« (gemeint ist der Gegenstand) wird abgegrenzt »*anhand der Bestimmungsgrößen Sachverhalt und Rechtsfolge.*« Das aber ist der Sache nach nichts anderes als der Streitgegenstand gem. der BGH-Definition, nämlich: Historischer Sachverhalt und Antrag = Streitgegenstand (Riedel/Sußbauer BRAGO 8. Aufl. § 7 Rn. 7).

Den Begriff »Streitgegenstand« nennt *Schnapp* (Gebauer/Schneider RVG 2. Aufl. Nr. 1008 Rn. 27) in diesem Zusammenhang bildhaft gut:

Gegenstand = Streitgegenstand und Angelegenheit = Prozess.

Das lässt sich also wie folgt definieren:

Angelegenheit ist der gesamte historische Sachverhalt eines Rechtsstreits, dessen Klageanträge aber mehrere Streitgegenstände kumulativ aneinanderreihen können (objektive Klagehäufung – § 260 ZPO; anders bei einem Antrag, der auf mehrere Anspruchsgrundlagen gestützt wird = Anspruchsgrundlagenkonkurrenz). § 22 Abs. 1 RVG bestimmt dann auch wortgleich wie bisher § 7 Abs. 1 Satz 2 BRAGO, dass in derselben Angelegenheit die Werte mehrerer Gegenstände zusammengerechnet werden.

- **Beispiel 1** 63
Klagt jemand in einer Klage (im Wege der kumulativen, objektiven Klagehäufung) gegen denselben Schuldner sowohl eine Kaufpreis- wie eine Darlehensforderung ein, so sind das zwei Gegenstände und eine (Klage-)Angelegenheit (Gerold/Schmidt/von Eicken/Madert/Müller-Rabe RVG 17. Aufl. § 15 Rn. 6). Die Werte der beiden Gegenstände werden addiert (§ 22).

- **Beispiel 2** 64
Prüft der Rechtsanwalt etwa mögliche Ansprüche seines Mandanten gegen A, B und C, hatte er jedoch nur den Auftrag, den Anspruch gegen den A zu prüfen und einzuklagen, so kann er Gebühren nur für den Gegenstand seines **Auftrages** verlangen (Gebauer/Schneider BRAGO § 7 Rn. 18).

- **Beispiel 3** 65
BGH JurBüro 2005, 141 (Fall aus dem außergerichtlichen Bereich, hätte aber auch ein Prozessauftrag sein können):

Die Beklagte beauftragte den Anwalt mit der außergerichtlichen Wahrnehmung ihrer Interessen. Die Beklagte hatte Wohneigentum erworben, bei der Durchführung des Kaufvertrages gab es Schwierigkeiten, insbesondere im Hinblick auf die Lastenfreistellung und die Eigentumsübertragung. Der Auftrag des Anwalts umfasste unstreitig diesen Gegenstand. Der Anwalt stellte aber noch einen weiteren Gegenstand seiner Tätigkeit in Rechnung, nämlich die Prüfung und Geltendmachung der Wandelungsansprüche. Der Mandant wandte ein, er habe nie die Absicht gehabt, die Wohnung zurückzugeben. Der Anwalt hatte auch nach Prüfung der Rechtslage von einer Weiterverfolgung des Wandlungsbegehrens abgeraten.

Der BGH sah wie der Anwalt auch hinsichtlich des Wandlungsanspruchs (Wert ca. € 180.000,00) eine Auftragserteilung, indem der Mandant unter Hinweis auf die »unfertige Wohnung« an den Anwalt geschrieben hatte: »Muss ich das alles einfach so hinnehmen? Hab ich als Verbraucher keinerlei Rechte?«

Der BGH führte in Bezug auf den Auftrag dazu aus:

Diese Fragen durften die Kläger (Anwälte) auch als Auftrag verstehen, die Aussichten einer Wandlung in rechtlicher und tatsächlicher Hinsicht zu prüfen.

c) Außergerichtliche Tätigkeit

aa) Auftragsfestlegung bei außergerichtlicher Tätigkeit

Außerhalb gerichtlicher Verfahren kann die Bestimmung des Gegenstandes gelegentlich größere Probleme machen, weil der Anwalt im Gespräch mit dem Mandanten erst herausbekommen muss, worum es diesem wirklich geht oder sinnvollerweise gehen sollte, welchen Auftrag er also erhält (so auch das vorstehende Beispiel BGH JurBüro 2005, 141). Hier kann der Gegenstand manchmal erst rückschauend abgegrenzt und festgelegt werden (OLG München NJW 1965, 258; Riedel/Sußbauer BRAGO 8. Aufl. § 7 Rn. 8). Sobald der Anwalt Klarheit gewonnen hat, sollte er dem Mandanten, um späteren Auslegungsstreit zu vermeiden, das Mandat mit dem genauen Auftrag schriftlich bestätigen. Das kann im Übrigen auch beim Anwalt selbst Anlass sein, für sich selbst Klarheit zu schaffen. 66

bb) Beispiel für außergerichtlichen Auftrag mit mehreren Gegenständen, nicht Angelegenheiten

BGH (NJW 1995, 1431): Mehrere Gegenstände 67

Ein sehr lehrreiches Beispiel des BGH zu einer außergerichtlichen Anwaltstätigkeit:

Der Anwalt wird beauftragt, außergerichtlich einen Verkehrsunfallschaden (Angelegenheit) abzuwickeln, der aus vier Gegenständen, nämlich der Geltendmachung von Unfallrente, Fahrtkosten zum Krankenhaus, Ersatz der Kosten einer Haushaltshilfe und Schmerzensgeld besteht. Im Verlauf von mehreren Jahren wurden die vier Gegenstände durch neue Aufträge

Nr. 1008 VV

dem Anwalt übertragen. Beobachtet man diese Fallgestaltung beim nachfolgenden Prozess, so ergibt sich Folgendes: Jeder einzelne Gegenstand hätte isoliert eingeklagt werden können (mehrere selbständige Streitgegenstände), das Ganze kann aber auch in einer Klage (objektive Klagehäufung) zusammengefasst werden (Zusammenrechnung nach § 22).

68 Auftrag, Gegenstand und Angelegenheit können nicht abstrakt gesehen werden. Konkret wird der Gegenstand erst durch den Auftrag. Der Parteiauftrag bestimmt den abzugrenzenden Gegenstand: Unterrichtet die Partei den Anwalt beispielsweise hinsichtlich eines Sachverhalts, der sowohl einen Kaufpreis- wie einen Darlehensanspruch beinhaltet, und erteilt die Partei dem Anwalt den Auftrag, nur den Kaufpreisanspruch einzuklagen, so ist Gegenstand der anwaltlichen Tätigkeit nur der Kaufpreisanspruch. Das lässt sich noch weiter einschränken: Berühmt sich der Mandant eines angeblichen Anspruchs von € 100.000, erteilt er jedoch seinem Anwalt Klageauftrag nur hinsichtlich einer als sicher geglaubten Quote von 40 % und lässt er daher nur einen Teilbetrag von € 40.000 einklagen, so ist Gegenstand für das gerichtliche Verfahren (anders die weitergehende Beratung) dieser Teilbetrag von € 40.000. Auch hier lässt sich die Parallele zum Streitgegenstand (Antrag entscheidet) ziehen. Gegenstand und Streitgegenstand sind bei einem Teilprozessauftrag nicht die gesamte Summe von € 100.000, sondern nur der Teilbetrag von € 40.000. Nur für die Teilklage gilt bei einer Entscheidung des Gerichts der Grundsatz der res judicata und nur insoweit wird die Verjährung durch die Klageerhebung gehemmt.

Mit dieser Denkweise aus dem Prozess lässt sich auch außergerichtlich mit dem Streitgegenstandsbegriff arbeiten.

69 Der gesamte Unfallschaden ist die Angelegenheit, sie besteht aus mehreren Gegenständen (etwa **PKW-Schaden, Eigentümer die Ehegatten,** Unfallrente der Ehefrau, Haushaltshilfeanspruch des Ehemannes, Schmerzensgeld der Ehefrau). Deren fünf Werte sind nach § 22 Abs. 1 zusammenzurechnen.

Würde jeder einzelne der fünf Ansprüche nur einem der beiden Mandanten des Anwalts zustehen, so läge ein Fall der Nr. 1008 Anmerkung Abs. 1 überhaupt nicht vor, es wäre lediglich ein Fall der Streitwertaddition nach § 22 Abs. 1 gegeben, obwohl der Anwalt mehrere Auftraggeber hat.

Entscheidend für die Anwendung auch der Nr. 1008 neben § 22 Abs. 1 sind die Worte: »... soweit der Gegenstand der anwaltlichen Tätigkeit derselbe ist«.

70 Das trifft im Beispielsfall nur beim PKW-Schaden (Miteigentum) zu, also dem Reparaturkostenersatzanspruch, wenn der PKW etwa den Eheleuten gemeinsam gehört. Bei diesem Teilwert am Gesamtanspruch kommt die um 0,3 erhöhte Geschäftsgebühr zum Tragen. Wie in solchen Fällen zu rechnen ist, ist höchst streitig. Bei Gerold/Schmidt/von Eicken/Madert/Müller-Rabe RVG 17. Aufl. VV 1008 Rn. 199 ist durch den Bearbeiterwechsel von der 16. zur 17. Auflage (beides Richter, keine Anwälte) ein Meinungswechsel zu verzeichnen. Während in der Judikatur die Ansicht vorherrscht, Nr. 1008 sei lex spezialis zu § 15 Abs. 3, was zur Folge hat, dass **nur** aus dem **gemeinsamen Streitwert** eine **Erhöhung** hinzutritt, wird in der Literatur überwiegend die Ansicht vertreten, es sei nach **§ 15 Abs. 3** zu rechnen, was, weil dann im Ergebnis der **erhöhte Satz für den Gesamtstreitwert** zum Tragen kommt, zu einer Besserstellung führt.

d) Derselbe Gegenstand – Abgrenzung zu mehreren Gegenständen

Rechtsprechungsbeispiele für Gegenstandsgleichheit (Nr. 1008 Anm. Abs. 1), anschließend Abgrenzung zur Gegenstandsaddition nach § 22 Abs. 1 RVG

aa) Derselbe Gegenstand

71 OLG Koblenz (JurBüro 1982, 1828; OLG München JurBüro 1990, 602; vgl. OLG Schleswig JurBüro 1980, 1505):

Erbrecht: Gemeinsame Klage der beiden Nichten der Erblasserin gegen den Erben (zwei Vermächtnisnehmerinnen).Testament: »Ich vermache meinen beiden Nichten das Miteigentum am Hausgrundstück (Gesamtwert € 250.000,–).« Dann liegt eine gemeinschaftliche Beteiligung am Gegenstand vor, also erhöhte Gebühr nach Nr. 1008 Anmerkung Abs. 1 aus Wert € 250.000,–, aber keine Wertaddition nach § 22 Abs. 1 RVG.

Fallabwandlung: Testament: »Meine beiden Nichten sollen aus meinem Erbe je € 20.000,– bekommen.« Gemeinsame Klage gegen den Erben = Addition nach § 22 Abs. 1. Keine zusätzliche erhöhte Gebühr, weil die Gegenstände (Vermächtnisse, obwohl in der Höhe identisch) verschieden sind = 2 Streitgegenstände.

Rechtsübergang nach Quoten eines Schadensersatzanspruchs (OLGR Hamburg 2007, 533): 71 a
»Vorliegend machen die Klägerinnen nicht etwa einheitlich einen Anspruch geltend. Sie begehren gerade **nicht Erfüllung** insgesamt an sie **als Einheit**. Es werden vielmehr entsprechend der jeweiligen **quotalen Beteiligung** und in Höhe des auch nur insoweit anteilig übergegangenen Schadensersatzanspruchs des Versicherungsnehmers Rechte geltend gemacht. Dies folgt aus der Tatsache, dass bei einer Transportversicherung in Gestalt einer so genannten offenen Mitversicherung in Wahrheit mehrere (gebündelte) Verträge vorliegen (Thume/de la Motte-Ehlers, Transportversicherungsrecht 2004, 3 AV Güter Rn. 627).«

Ergebnis: Nur Wertaddition nach § 22 Abs. 1.

BGH (NJW 2005, 3786); **OLG Stuttgart** (JurBüro 1998, 535 = AGS 1999, 7); OLG Hamm (Rpfleger 2000, 40); AG Dortmund (JurBüro 1994, 485), im Ergebnis auch LG Bonn (Rpfleger 1990, 136): 72

Räumungsklage gegen zwei Mieter, keine Wertaddition nach § 22 Abs. 1, sondern erhöhte Gebühr nach Nr. 1008 VV Anmerkung Abs. 1; **a. A.:** LG Köln (JurBüro 1990, 857) und OLG Köln (JurBüro 1992, 318 und JurBüro 1987, 1182) mit nicht nachvollziehbarer Begründung: weder Wertaddition noch Erhöhung. Unklarheit und Inkonsequenz kommt also auch in »den besten Familien« vor.

OVG Münster (AGS 2000, 226): 73

Ein **Bebauungsplan** wird durch mehrere Miteigentümer oder mehrere Wohnungseigentümer/Grundstückseigentümer mit der gemeinsamen Klage angegriffen. Es liegt ein Fall der Nr. 1008 Anmerkung Abs. 1 vor (mehrere Auftraggeber, gemeinsamer Gegenstand: das Eigentum).

Anders läge der Fall beim Angriff des Bebauungsplanes durch mehrere Grundstückseigentümer (jeweils Alleineigentümer) = mehrere Gegenstände einer Angelegenheit = Addition gemäß § 22 Abs. 1.

OLG Düsseldorf (AnwBl. 1999, 293) – **Mietrückstände + 4 weitere Monatsmieten:** 74

In einen Prozessvergleich werden neben den streitigen Mietrückständen 4 weitere Monatsmieten einbezogen. Das OLG Düsseldorf, das sich zu Unrecht auf die Fundstelle *Madert* in Gerold/Schmidt/von Eicken/Madert BRAGO (bis zur 15. Auflage insoweit identisch mit den Vorauflagen) § 7 Rn. 2 bezieht (auch Rn. 4 mit genau dem einschlägigen Beispiel hätte vom OLG noch gelesen werden müssen!), meint irrig, der Gegenstand sei derselbe.

Richtig dagegen Gerold/Schmidt-*Madert* (BRAGO bis zur 15. Aufl. § 7 Rn. 4, jetzt § 22 RVG 17. Aufl. Rn. 5: Mietrechtsfall): *Mehrere Gegenstände einer Angelegenheit, nämlich die einzelnen Monatsmieten sind natürlich mehrere nach § 22 Abs. 1 zu addierende Gegenstände, auch wenn der Grund identisch ist.*

KG (KGR Berlin 2005, 883) **Einheitliches Schutzrecht** 74 a

Steht mehreren Personen ein einheitliches Recht zu – hier: Schutzrecht aus eingetragenem Gebrauchsmuster gemäß § 11 GebrMG –, so ist der von den Rechtsinhabern geltend gemachte

Nr. 1008 VV

Abwehr- oder Unterlassungsanspruch identisch. Für den Schadensersatzanspruch der Gläubigermehrheit gilt dasselbe. Die Identität ist auch insoweit gegeben, als sich der Anspruch gegen mehrere Verletzer bzw. Schuldner richtet.

KG (JurBüro 2005, 589): Gläubiger aus Urheberrecht = notwendige Streitgenossen

74 b **Gerold/Schmidt**/von Eicken/Madert/Müller-Rabe RVG 17. Aufl. 1008 VV: **Gesamtgläubiger** nach § 428 BGB (OLG Bamberg JurBüro 1983, 1813).

bb) **Nicht derselbe Gegenstand – verschiedene Gegenstände = Wertaddition (§ 22)**

75 **OLG Hamburg** (JurBüro 1987, 1037):

Gegendarstellungsanspruch (zwei Geschädigte), der sich gegen dieselbe (unrichtige) Darstellung wendet. Dieselbe Angelegenheit, die Gegenstände betreffen aber jeden Antragsteller höchstpersönlich, also Addition, kein Fall von Nr. 1008 VV RVG mit Anmerkung Abs. 1, keine Gegenstandsgleichheit.

76 **OLG Hamburg** (JurBüro 1989, 63; JurBüro 1990, 855; JurBüro 1998, 541):

Dasselbe **Unterlassungsgebot** gegen 3 Beklagte, Wert: 3 × € 10.000,00. Jeder Beklagte haftet nur für je € 10.000,00, denn nur insoweit ist er am zusammengerechneten Streitgegenstand beteiligt.

KG (AGS 2007, 556 – 1 W 355/06): Einen interessanten Ausnahmefall vom Unterlassungsgebot (im Regelfall mehrere Gegenstände) hat das KG, wenn auch mit gänzlich verkürztem Sachverhalt, entschieden:

»Ob die Beklagten eine Mehrzahl von Auftraggebern bilden, richtet sich nicht nach der Rechtsform, unter der sie gehandelt haben, sondern nach dem Rubrum der Klageschrift und der Anspruchsbegründung. Hier sind sie als **Mitbesitzer** verklagt worden. **Gegenstandsidentität** des gegen mehrere Personen gerichteten Unterlassungsbegehrens ist – **ausnahmsweise** – anzunehmen, wenn die Zuwiderhandlung nur von allen gemeinsam begangen werden kann, (**Gebot der Unterlassung der Untervermietung**) gegenüber mehreren gemeinsamen Mietern ohne Zustimmung des Eigentümers).«

77 **OLG Düsseldorf** (AGS 1997, 133):

Zusammengefasste Klage – Streitwert € 198.000 – aus **drei Wechseln** je € 66.000,00 – gegen drei Wechselschuldner = nur Addition nach § 22 Abs. 1.

78 **LArbG Nürnberg** (JurBüro 2002, 363): Arbeitsrechtlicher **Lohnanspruch von 24 Arbeitern**, gemeinsame Klage von 24 Bauarbeitern (gleicher Stundenlohn, unterschiedliche Arbeitszeit), rückständiger Lohn = eine Angelegenheit mit verschiedenen Klagegegenständen (individuelle Lohnforderungen): Nur Zusammenzurechnung nach § 22 Abs. 1.

78 a **KG** (AGS 2006, 274): »Machen Miterben jeweils einen eigenen Anspruch auf Zahlung ihres **Pflichtteils** geltend, so ist der Gegenstand der anwaltlichen Tätigkeit nicht derselbe. Dies hat zur Folge, dass die Werte der Einzelgegenstände gemäß **§ 22 Abs. 1 RVG zu addieren** sind und die Verfahrensgebühr sich **nicht** nach Nr. 1008 VV RVG erhöht.«

79 Abschließend noch einmal klarstellend: Sind an **demselben** Gegenstand mehrere Auftraggeber beteiligt, so wird die Gebühr gem. Nr. 1008 Anmerkung Abs. 1 erhöht, vertritt der Anwalt dagegen mehrere Auftraggeber mit **verschiedenen** Gegenständen, so sind diese nur nach § 22 Abs. 1 zu addieren. Es gibt allerdings auch Mischfälle (Rn. 69, 70).

VI. Berechnung der Erhöhung

1. Die drei Erhöhungsmöglichkeiten

(1) Wertgebühren

(2) Festgebühren

(3) Betragsrahmengebühren

sind in der Spalte 3 der Nr. 1008 besonders aufgeführt und spezifische Erhöhungszahlen vorgegeben. Da die unter (2) Festgebühren und unter (3) Betragsrahmengebühren genannten Gebühren nicht wertabhängig sind, macht es bei ihnen keinen Sinn, als Eingangsvoraussetzung Gegenstandsidentität für die Anwendbarkeit der Erhöhungsnorm der Nr. 1008 zu fordern (Gebauer/Schneider RVG 2. Aufl. Nr. 1008 Rn. 37).

2. Die einzelnen Erhöhungsmöglichkeiten

a) Wertgebühren

Erbrecht: Gemeinsame Klage der beiden Nichten der Erblasserin gegen den Erben (zwei Vermächtnisnehmerinnen). Testament: »Ich vermache meinen beiden Nichten das Miteigentum am Hausgrundstück« (Gesamtwert € 250.000,–).

1. Verfahrensgebühr	Wert € 250.000,–	Nr. 3100	1,3	€ 2.667,60
2. Gebührenerhöhung	Wert € 250.000,–	Nr. 1008	0,3	€ 615,60
Summe:				**€ 3.283,20**

Wie nach dem Gesetzestext keinem Zweifel unterliegen kann, beträgt die Erhöhung bei allen Wertgebühren **0,3**, und zwar ohne Rücksicht auf die Höhe der Ausgangsgebühr, sei diese nun 0,3 (Verfahrensgebühr in ZV-Sachen) oder wie hier 1,3 (Rn. 2; so auch LG Frankfurt AGS 2005, 18; irrig AG Offenbach AGS 2005, 154).

b) Festgebühren

Die Festgebühr spielt bisher im RVG nur eine untergeordnete Rolle. Beim beigeordneten RA als Kontaktperson (Nr. 4304) scheidet eine Erhöhung wegen Mehrfachvertretung aus. Eine weitere Festgebühr sieht das Gesetz für den Pflichtverteidiger vor und ferner die in Nr. 2503 VV genannte »Geschäftsgebühr« für das Betreiben des Geschäfts der Beratungshilfe: € 70,–.

Gerold/Schmidt/von Eicken/Madert/Müller-Rabe RVG 17. Aufl. VV 1008 Rn. 22 deuten zwar an, dass für die Beratungshilfe dasselbe gelte wie für die Beratungsgebühr, also § 34, dessen Inhalt gegen eine Anwendbarkeit der Nr. 1008 aus grundsätzlichen Erwägungen spricht (siehe Rn. 52). Bei der Beratungshilfe besteht aber nicht die Möglichkeit einer einvernehmlichen Gebührenabrede. Ferner nennt Nr. 2503 ausdrücklich den mit Nr. 1008 korrespondierenden Begriff »Geschäftsgebühr«, so dass nichts dagegen spricht, bei Mehrfachvertretung in der Beratungshilfe die Geschäftsgebühr der Nr. 2503 von € 70,– zu erhöhen.

Unterstellte man einmal 5 Auftraggeber (der Gegenstand der Angelegenheit muss hier nicht identisch sein), so ist zu rechnen:

Beratungshilfegebühr	Nr. 2503	€ 70,00
4 weitere Auftraggeber (je 30 %)	Nr. 1008 120 %	€ 84,00
Summe:		**€ 154,00**

Der Prozentsatz 120 ist bewusst gewählt, weil Anfänger die Anmerkung Absatz 3 meist verkennen, und meinen, bei **Verdoppelung der Ausgangsgebühr** sei schon Schluss.

Nein, die **Erhöhungen** sind begrenzt auf das Doppelte.

Nr. 1008 VV

c) Betragsrahmengebühren

84 Betragsrahmengebühren spielen im RVG eine größere Rolle, etwa im Zusammenhang mit dem sozialgerichtlichen Verfahren und in Straf- und Bußgeldsachen, ferner in Sachen des 6. Teils.

Wir unterstellen, der Anwalt vertritt beim Sozialgericht erster Instanz 7 Kläger. Identität des **Gegenstandes** ist nicht gefordert.

Wir rechnen:

Verfahrensgebühr	Nr. 3102	€ 40,00 bis € 460,00
6 × Erhöhung	Nr. 1008 (6 × 30 % =) 180 %	€ 72,00 bis € 828,00
Summe:		**€ 112,00 bis € 1.288,00**

85 *Müller-Rabe* (Gerold/Schmidt/von Eicken/Madert/Müller-Rabe RVG 17. Aufl. VV 1008 Rn. 234) meint, das RVG bestimme ausdrücklich, dass erst die Rahmengebühren erhöht werden und dann aus diesem erhöhten Rahmen für den Einzelfall eine angemessene Gebühr unter Berücksichtigung von § 14 zu bilden sei. Zum Beweis, dass diese These richtig sei, wird dann nur auf die 16. Auflage desselben Kommentars verwiesen. Diese Vorgehensweise kann wohl nur mit dem Autorenwechsel erklärt werden und damit, dass man dort ausdrücken will, dass der Vorgänger höchst angesehen war. Eine Ableitung aus dem Gesetz wäre für den kritischen Leser überzeugender.

Nun, aus der Spalte 3 wird man ableiten können, dass das Gesetz von seinem reinen Wortlaut her nichts anderes erlaubt, als zunächst das Erhöhen um 30 % pro hinzutretendem Auftraggeber. Hat man das vollzogen, so steht man da mit seinem Gebührenrahmen von € 112,– bis € 1.288,–. Dann muss man in der Tat, weil noch keine endgültige Festlegung erfolgt ist, mit Hilfe der Kriterien des § 14 einen passenden Wert für den konkreten Fall bilden. Bei Gerold/Schmidt/von Eicken/Madert/Müller-Rabe RVG 17. Aufl. Nr. 1008 wird dann in den Rn. 237 bis 239 versucht, einen vertretbaren fallangemessenen Wert, gegebenenfalls den Durchschnittswert festzusetzen. Das aber wird bei so viel Beteiligten (sechs an der Zahl) immer ein Ermessenswert sein.

86 Bei den ähnlich gelagerten Satzrahmengebühren (etwa der **Geschäftsgebühr** nach Nr. 2300) ist im Gegensatz dazu zunächst der Satzrahmen für den Auftraggeber mit dem **höchsten** Satz zu ermitteln und dieser dann um jeweils 0,3 zu erhöhen (Gerold/Schmidt/von Eicken/Madert/Müller-Rabe RVG 17. Aufl. VV 1008 Rn. 226). Das folgt daraus, dass das Gesetz eine feste Erhöhung von 0,3 vorschreibt, dann muss die Festlegung des Ausgangswerts vorher erfolgen.

3. Teilweise Erhöhung bei Wertgebühren

87 Hier wird der in Rn. 67 ff. schon angerissene Fall erneut als **Beispiel** herangezogen:

Der Anwalt klagt, beauftragt von den Ehegatten, ein: PKW-Schaden, Eigentümer die Ehegatten, Unfallrente der Ehefrau, Haushaltshilfeanspruch des Ehemannes, Schmerzensgeld der Ehefrau. Deren fünf Werte sind zunächst einmal für den Verfahrensstreitwert nach § 22 Abs. 1 zusammenzurechnen.

Nr. 1008 Anm. Abs. 1 setzt für seine Anwendung voraus, dass der Gegenstand derselbe ist. Das trifft nur beim PKW-Schaden (Miteigentum) zu, also dem Reparaturkostenersatzanspruch. Bei diesem Teilwert am Gesamtanspruch kommt die um 0,3 erhöhte Verfahrensgebühr zum Tragen. Wie in solchen Fällen zu rechnen ist, ist höchst streitig.

Die Judikatur (OLG Köln JurBüro 1987, 692; OLG Saarbrücken JurBüro 1988, 189; OLG Düsseldorf JurBüro 1990, 601; OLG Schleswig JurBüro 1994, 26; OLG München AGS 1999, 19 und OLG Hamburg MDR 2001, 56) und ein Teil der Literatur (Gerold/Schmidt/von Eicken/Madert/Müller-Rabe RVG 17. Aufl. VV 1008 Rn. 199; Riedel/Sußbauer BRAGO 8. Aufl. § 6 Rn. 38; Hansens BRAGO 8. Aufl. § 6 Rn. 11; E. Schneider Rpfleger 1982, 370, 371; Hartmann Kostengesetze 35. Aufl. RVG Nr. 1008 Rn. 6) meint zu Recht, Nr. 1008 sei lex spezialis zu § 15 Abs. 3, was zur Folge hat, dass aus dem gemeinsamen Streitwert nur eine Erhöhung hinzutritt. Das folgt aus dem schon in § 6 BRAGO wortgleich wie in Nr. 1008 Anm. Abs. 2 enthaltenen klarstellenden Zusatz:

»**Die Erhöhung wird nach dem Betrag berechnet, an dem die Personen gemeinschaftlich beteiligt sind.**«

Wenn hier die Mindermeinung argumentiert, § 15 Abs. 3 sei lex spezialis, so fragt man sich, was denn der Absatz 2 der Anmerkung zu Nr. 1008 dann noch für eine Bedeutung hätte. Denn denkt man ihn weg, so könnte die Erhöhung doch auch nur von dem gemeinschaftlich beauftragten Streitwertteil berechnet werden (doch wohl nicht vom Gesamtstreitwert) und dann wäre ohne, dass es die Anm. Abs. 2 gäbe, in der Tat vielleicht nach § 15 Abs. 3 vorzugehen. Wenn also die Anm. Abs. 2 einen eigenständigen Sinn hat, dann ist sie doch wörtlich dahin auszulegen, dass (spezialgesetzlich geregelt) die Erhöhung nur vom Betrag der gemeinschaftlichen Beteiligung zu berechnen ist, und nicht über den damit ausgeschlossenen Umweg der Anwendung des § 15 Abs. 3 wieder auf den Gesamtstreitwert erstreckt wird. Die Mindermeinung, die sich bezeichnenderweise mit der Anm. Abs. 2 nicht (jedenfalls nicht schlüssig) auseinandersetzt, ist nicht vertretbar (nämlich LG Bonn AGS 1998, 115; OLG Hamburg MDR 1978, 767 – überholt –; Gebauer/Schneider RVG 2. Aufl. Nr. 1008 Rn. 49; N. Schneider MDR 1998, 1439).

- **Beispielsfall**

88

Anspruch aus Miete	Wert € 5.000,00 gegen Beklagten zu 1 allein		
Anspruch aus Darlehen	Wert € 10.000,00 gegen Beklagten zu 1 und 2 als Gesamtschuldner.		
Es ist zu rechnen:			
Verfahrensgebühr Nr. 3100	Wert € 15.000,00	1,3	€ 735,80
Erhöhungsgebühr Nr. 1008	Wert € 10.000,00	0,3	€ 145,80
			€ **881,60**

Die abzulehnende Mindermeinung würde nach § 15 rechnen:

Verfahrensgebühr Nr. 3100	Wert € 5.000,00	1,3	€ 391,30
Erhöhte Verfahrensgebühr Nr. 3100/1008	Wert € 10.000,00	1,6	€ 777,60
			€ 1.168,90
Kappung nach § 15 Abs. 3			€ **905,60**

VII. Obergrenze der Erhöhung

1. Grundsatz

Der Gesetzestext, wenn man ihn mit Verstand liest, löst hier ohne Schwierigkeiten alle Probleme. Er lautet (Anmerkung Absatz 3 zu Nr. 1008):

89

»(3) Mehrere Erhöhungen dürfen einen Gebührensatz von 2,0 nicht übersteigen; bei Festgebühren dürfen die Erhöhungen das Doppelte der Festgebühr und bei Betragsrahmengebühren das Doppelte des Mindest- und Höchstbetrages nicht übersteigen.«

In allen Fällen kann zur Ausgangsgebühr noch der doppelte Betrag als Erhöhung hinzutreten.

Multipliziert man die Einzelerhöhung von 0,3 oder 30 % mit 6 **weiteren** Auftraggebern, so bedeutet das 1,8. Treten 7 **weitere** Auftraggeber hinzu und multipliziert man 0,3 mit 7, erhielte man 2,1, also ein Zehntel zu viel. Das bedeutet, ab insgesamt 9 gemeinsamen Auftraggebern

Nr. 1008 VV

findet eine weitere Erhöhung überhaupt nicht mehr statt. Für den 8. Auftraggeber gibt es immer nur noch eine Teilerhöhung.

2. Die drei Möglichkeiten der Erhöhung

a) Wertgebühren am Beispiel der Verfahrensgebühr 1. Instanz, Nr. 3100

90 1 Partei 1,3
2 Parteien 1,3 + 0,3
3 Parteien 1,3 + 0,3 + 0,3
4 Parteien 1,3 + 0,3 + 0,3 + 0,3
5 Parteien 1,3 + 0,3 + 0,3 + 0,3 + 0,3
6 Parteien 1,3 + 0,3 + 0,3 + 0,3 + 0,3 + 0,3
7 Parteien 1,3 + 0,3 + 0,3 + 0,3 + 0,3 + 0,3 + 0,3
8 Parteien 1,3 + 0,3 + 0,3 + 0,3 + 0,3 + 0,3 + 0,3 + 0,2 = **1,3 + 2,0 = 3,3** Höchstgebühr

b) Festgebühren am Beispiel der Beratungshilfegeschäftsgebühr der Nr. 2503 für das Betreiben des Geschäfts der Beratungshilfe: € 70,00

91 + 30 %
1 Partei € 70,00
2 Parteien € 70,00 + 21,00
3 Parteien € 70,00 + 21,00 + 21,00
4 Parteien € 70,00 + 21,00 + 21,00 + 21,00
5 Parteien € 70,00 + 21,00 + 21,00 + 21,00 + 21,00
6 Parteien € 70,00 + 21,00 + 21,00 + 21,00 + 21,00 + 21,00
7 Parteien € 70,00 + 21,00 + 21,00 + 21,00 + 21,00 + 21,00 + 21,00
8 Parteien € 70,00 + 21,00 + 21,00 + 21,00 + 21,00 + 21,00 + 21,00 + 14,00 = **€ 70,00 + € 140,00**
(Höchstbetrag der Erhöhung selbst: 2 × 70 = € 140) **€ 210,00**

(Das AG Koblenz (19. 06. 2007 – 40 UR IIa 1450/06) meint, Nr. 1008 fände auf Beratungshilfe schlechthin, also sowohl Beratung Nr. 2501 wie Nr. 2503 (Geschäftgebühr) keine Anwendung (KG AGS 2007, 312: für Beratung); a. A. Schneider / Wolf RVG 3. Aufl. VV 1008 Rn. 22 und 36. Siehe zum Ganzen auch Rn. 52.)

c) Betragsrahmengebühren am Beispiel des erstinstanzlichen Verfahrens beim SozG, Nr. 3102

92

	Mindestbetrag	Höchstbetrag	Mittelgebühr
1 Partei	€ 40,00 bis	€ 460,00	€ 250,00
Erhöhung jeweils um 30 %			
2 Parteien	€ 52,00 bis	€ 598,00	€ 325,00
3 Parteien	€ 64,00 bis	€ 736,00	€ 400,00
4 Parteien	€ 76,00 bis	€ 874,00	€ 475,00
5 Parteien	€ 88,00 bis	€ 1.012,00	€ 550,00
6 Parteien	€ 100,00 bis	€ 1.150,00	€ 625,00
7 Parteien	€ 112,00 bis	€ 1.288,00	€ 700,00
8 Parteien	€ 120,00 bis	€ 1.380,00	€ 750,00

VIII. Anrechnung der Geschäftsgebühr auf erhöhte Verfahrensgebühr, Vorbem. 3 Abs. 4

Über die Anrechnung (Vorbem. 3 Abs. 4) der erhöhten Geschäftsgebühr herrscht Streit. 93

Römermann (Hartung/Römermann RVG Nr. 1008 Rn. 86 und Fn. 56) vertritt die Ansicht, bei Nr. 1008 handele es sich um eine eigenständige Erhöhungsgebühr. Das wird von *Mock* (RVG-Berater 2004, 87, 88) auch aus dem Wortlaut der **Vorbemerkung 1** abgeleitet, die lautet: »Die Gebühren dieses Titels entstehen neben den in anderen Teilen bestimmten Gebühren.« Diese allgemeine Regelung wird aber verdrängt durch die speziellere Regelung der Nr. 1008, die von der Erhöhung der Geschäfts- (Nr. 2300) oder Verfahrensgebühr (Nr. 3100), also der erhöhten Gebühr und nicht von der Erhöhungsgebühr spricht. Die Ansicht von Mock und Römermann ist daher abzulehnen, wenn sie meinen, die gesamte Erhöhung selbst sei von der Anrechnungsvorschrift der Vorbemerkung 3 Abs. 4 vom Wortlaut her nicht betroffen (gegen Römermann auch: Gerold/Schmidt/von Eicken/Madert/Müller-Rabe RVG 17. Aufl. VV 1008 Rn. 249 ff.; *Enders* in FS Madert RVG Probleme und Chancen 2006 S. 79; JurBüro 2004, 404, 405).

Obwohl Nr. 1008 lautet, die »Verfahrens- **oder** Geschäftsgebühr« erhöht sich, ist damit statt des »oder« in Wahrheit ein »**und**« gemeint (LG Ulm AGS 2008, 163; LG Düsseldorf JurBüro 2007, 480). 94

Die Anrechnungsvorschrift der Vorbemerkung 3 Absatz 4 lautet: »Soweit wegen desselben Gegenstandes eine Geschäftsgebühr nach den Nummern 2300 bis 2303 entstanden ist, wird diese Gebühr zur Hälfte, jedoch höchstens mit einem Gebührensatz von 0,75 auf die Verfahrensgebühr des gerichtlichen Verfahrens angerechnet.«

Die wegen Nr. 1008 **erhöhte Geschäftsgebühr** ist als eine **Einheit** anzusehen (LG Ulm AGS 2008, 163).

• **Beispiel** 95

Der Anwalt vertritt in derselben Angelegenheit und wegen desselben Gegenstandes (Wert: € 10.000,–) insgesamt 8 Personen und zwar zunächst außergerichtlich. Der Anwalt hält für die außergerichtliche Vertretung den Ansatz einer Mittelgebühr von 1,5 für angemessen.

Nach dem Scheitern der außergerichtlichen Verhandlungen erhebt der Anwalt auftragsgemäß Klage im Namen seiner 8 Mandanten.

Es ist zu rechnen:

Außergerichtliche Vertretung:

Wert: € 10.000

1) 3,5 Geschäftsgebühr, Nrn. 1008, 2300	€ 1.701,00
(1,5 Geschäftsgebühr + 7 × 0,3 Erhöhung = Höchstbetrag + 2,0 = 3,5)	
2) Pauschale, Nr. 7002	€ 20,00

Gerichtliche Vertretung:

Wert: € 10.000

1) 3,3 Verfahrensgebühr, Nrn. 1008, 3100

(1,3 Verfahrensgebühr + 7 × 0,3 Erhöhung = 3,3 Gebühr)

anzurechnen nach Vorb. 3 Abs. 4

Geschäftsgebühr	0,75	
Es verbleiben	2,55 Verfahrensgebühr	€ 1.239,30
2) Pauschale, Nr. 7002		€ 20,00

Nr. 1008 VV

96 *N. Schneider* (Gebauer/Schneider RVG 2. Aufl. VV Vorb. 3 Rn. 188) hält dieses üppige Gebührenergebnis für zu hoch. Er macht daher folgenden Rechenversuch, um den gesetzgeberischen Missgriff wieder zu reparieren. Aus der Vorbemerkung 3 Abs. 4 leitet er den Grundsatz ab, der Gesetzgeber wolle eine halbe Anrechnung der Geschäftsgebühr. Das will N. Schneider nun dadurch erreichen, dass er bei der Geschäftsgebühr, deren Ausgangsgebühr er zunächst normal anrechnet, die Erhöhungen von 0,30 nur mit 0,15 erhöhend zu Buche schlagen lässt.

Diese Ansicht wird sich wohl nicht durchsetzen, da der Gesetzgeber selbst den Halbanrechnungssatz nicht konsequent durchgehalten hat, indem er einen Höchstanrechnungssatz von 0,75 bei möglichen 2,5 festgelegt hat.

IX. Erhöhung der Hälfte der Verfahrensgebühr des Hauptbevollmächtigten

1. Erhöhung der Verfahrensgebühr nach Nr. 3401, Terminsanwalt

97 Der Terminsanwalt erhält nach Nr. 3401 die Verfahrensgebühr in Höhe der Hälfte der dem Verfahrensbevollmächtigten zustehenden Verfahrensgebühr, in erster Instanz also im Regelfall eine 0,65 Verfahrensgebühr.

Vertritt er dabei mehrere Auftraggeber, so ergibt sich ein vom Gesetzgeber offenbar nicht gesehenes Problem:

Wir rechnen mit 3 Auftraggebern:

1. Möglichkeit:
Der Hauptbevollmächtigte erhielte   1,3 + 0,6 = 1,90
Der Terminsanwalt erhält die Hälfte   **= 0,95**
2. Möglichkeit:
Der Terminsanwalt erhält die Hälfte der nicht erhöhten Gebühr des Hauptbevollmächtigten   0,65
Sodann wird diesem Satz von 0,65 ein Satz von 2 × 0,3 = 0,6 hinzugefügt   0,60
                                                                          1,25

98 Welche Lösung ist richtig? Lange meinte ich, die Lösung komme vom Grundsatzbekenntnis her: Es gibt nur eine erhöhte Gebühr und keine beim Terminsanwalt schlummernde isolierte Erhöhungsgebühr, die er nach Belieben ziehen und oben drauf packen kann. Was ich an Ansätzen zur Lösung des Problems (beim Verkehrsanwalt Nr. 3400 liegt es genau so) gefunden habe, hat mich wenig überzeugt und brachte mich systematisch nicht weiter.

Auch die etwas breitere Ausführung von *Müller-Rabe* (Gerold/Schmidt/von Eicken/Madert/Müller-Rabe RVG 17. Aufl. VV 1008 Rn. 242), die als Begründung u. a. brachte, eine andere Lösung würde sonst in vielen Fällen beim Terminsanwalt und Verkehrsanwalt ohne rechtfertigenden Grund zum Wegfall des Mehrvertretungszuschlages führen, reichte mir nicht aus.

99 Mein theoretischer Ansatz für die Lösung ist nun doch folgender:

Der Hauptbevollmächtigte kann die Eigenschaft (erhöhte Gebühr, weil weitere Auftraggeber) nicht als festes Paket an den Terminsanwalt oder Verkehrsanwalt weitergeben – also etwa wie folgt:

Hauptbevollmächtigter hat 3 Auftraggeber, also erhält er Verfahrensgebühr 1,3 + 0,6 = 1,9. Er gibt als festes Paket diese erhöhte Gebühr zur Hälfte (Nr. 3401) an den Terminsanwalt weiter. Damit ist das Erhöhungsgeschäft erledigt.

Nein: Nr. 1008 stellt ausschließlich darauf ab, ob der Anwalt (hier der Terminsanwalt) im Verfahren tatsächlich für 3 Auftraggeber **tätig** wird (auch hier ist nicht entscheidend der Gebührenanspruch, ob gerichtet gegen den Hauptbevollmächtigten oder die Parteien unmittelbar, siehe Rn. 5, 6).

Die Eigenschaft des Terminsanwalts, das Auftreten im Termin löst die halbe Verfahrensgebühr, um die es hier geht, aus. Für mehrere Auftraggeber erhält der Terminsanwalt durch sein eigenes Tätigwerden, und nicht abgeleitet vom Verhältnis des Hauptbevollmächtigten zu dessen Auftraggebern, die Erhöhung. Das sagt an anderer Stelle mit der nötigen Klarheit auch *Müller-Rabe* (Gerold/Schmidt/von Eicken/Madert/Müller-Rabe RVG 17. Aufl. VV 1008 **Rn. 27**; ebenso, wenn auch beim Terminsanwalt nicht sauber formuliert, Baumgärtel/Föller/Hergenröder/Houben/Lompe RVG 13. Aufl. Nr. 1008 Rn. 9).

Test auf Richtigkeit: Der Hauptbevollmächtigte soll zwei Auftraggeber haben und dann zwei Unterbevollmächtigte für je einen dieser Auftraggeber in den Termin schicken und jeder könnte dann die (halbe) **erhöhte** Gebühr (Nr. 3401) liquidieren. Die Frage stellen, heißt sie verneinen. Die Erhöhung ist also nicht am Hauptbevollmächtigten, sondern am für die Auftraggeber tätigen Terminsanwalt zu messen.

2. Ergebnis für unsere Rechnung

Die 2. Möglichkeit ist zutreffend.

Der Terminsanwalt erhält die Hälfte der nicht erhöhten Gebühr des 100

Hauptbevollmächtigten	0,65
Sodann wird diesem Satz von 0,65 ein Satz von 2 × 0,3 = 0,6 hinzugefügt	0,60
	1,25

(So auch *Müller-Rabe* in Gerold/Schmidt/von Eicken/Madert/Müller-Rabe RVG 17. Aufl. VV 3401 Rn. 55, VV 1008 Rn. 242 ff.; Baumgärtel/Föller/Hergenröder/Houben/Lompe RVG 13. Aufl. Nr. 1008 Rn. 9.)

X. Erhöhung beim Verkehrsanwalt, Nr. 3400

Alle theoretischen Ausführungen zum Terminsanwalt (Rn. 97 bis 100) gelten auch für den 101 Verkehrsanwalt. Auch ihm kann der Hauptbevollmächtigte kein fest geschnürtes Paket mit der Eigenschaft »erhöhte Gebühr« schicken, was dann für den Verkehrsanwalt verbindlich alles an Erhöhung festlegt. Meist geht hier die Post ja auch gerade den umgekehrten Weg. Der Verkehrsanwalt schickt sie (das Mandat) an den Hauptbevollmächtigten.

- **Fall**

Der Verkehrsanwalt wird tätig für 3 Auftraggeber im selben Gegenstand (Wertgebühren).

Es ist zu rechnen:

Prozess erster Instanz:

Hauptbevollmächtigter	1,3 (+ 0,6)
Verkehrsanwalt	0,65 (+ 0,6) = **1,25**

So auch *Müller-Rabe* (Gerold/Schmidt/von Eicken/Madert/Müller-Rabe RVG 17. Aufl. VV 3400 Rn. 46, VV 1008 Rn. 27 ff.; Baumgärtel/Föller/Hergenröder/Houben/Lompe RVG 7. Aufl. Nr. 1008 Rn. 9, für den Verkehrsanwalt richtig definiert).

Nr. 1008 VV

XI. Kostenerstattung – Kosten des gemeinsamen Anwalts – unterschiedlicher Prozessausgang

1. Der 50 %-Grundsatz

102 »Die außergerichtlichen Kosten des Beklagten zu 1) trägt dieser selbst.

Die außergerichtlichen Kosten der Beklagten zu 2) trägt der Kläger:«

Beide Beklagte waren im Rechtsstreit vom selben Anwalt vertreten. Der Gegenstand war derselbe.

Kann dann der obsiegenden Streitgenosse (gemeinsamer Anwalt) seine **gesamten** Kosten, also eine 1,3 Gebühr, für die er dem gemeinsamen Anwalt nach § 7 Abs. 2 Satz 1 haftet (Gesamtgebühr nach Nr. 1008: 1,6), vom insoweit unterlegenen Kläger erstattet verlangen? Es entsprach und entspricht meiner Überzeugung: **Nein**, von nachvollziehbaren Ausnahmen einmal abgesehen.

Wenn zwei Gebührengesamtschuldner bei übereinstimmendem Streitgegenstand einen Anwalt beauftragen, so entspricht es der Lebenserfahrung oder auch der Üblichkeit, dass sie jedenfalls im Innenverhältnis 50 zu 50 an der Kostenlast beteiligt sind.

Dieses interne Verhältnis kann der Kostenrechtspfleger bei der Kostenhöheentscheidung, der Kostenfestsetzung (nicht so bei der Kostengrundentscheidung des Richters) berücksichtigen.

Im Regelfall hat der ganz obsiegende Streitgenosse daher nur einen halben Erstattungsanspruch hinsichtlich der Anwaltskosten der beiden Beklagten gegen den auch nur zur Hälfte unterlegenen Kläger (BGH NJW 2003, 3419; OLG Koblenz JurBüro 2000, 85 und 145; Gerold/Schmidt/von Eicken/Madert/Müller-Rabe RVG 17. Aufl. VV 1008 Rn. 273 m. w. N.). Die früher teilweise abweichenden Gerichte werden sich dem BGH anschließen, so z. B. schon das OLG Düsseldorf neuerdings (NJW-RR 2005, 509).

103 Streiten kann man sich jetzt nur noch darüber, ob es grundsätzlich weiterhin Ausnahmefälle geben kann und vor allem, ob insoweit interne Parteiabsprachen Gehör finden können.

Der erste Fall (Ausnahme):

(1) Der Kostensenat des OLG Koblenz hat den Grundsatz (50 : 50) zum ersten Mal durchbrochen, als in einem Falle das Kind unterlag und seine Mutter (gemeinsamer Anwalt) obsiegte (14 W 764/84). Überzeugend wurde vorgetragen, die Mutter habe dem Anwalt beim Auftrag gesagt, sie sei Kostenschuldner auch für das Kind. Folge: Die obsiegende Mutter erhielt einen vollen Kostenerstattungsanspruch, allerdings nur im Rahmen ihrer gesetzlichen Alleinhaftung nach § 7 Abs. 2 Satz 1 (also ohne die Erhöhung um 0,3). Diesen Grundsatz hat das OLG Koblenz in einer Entscheidung von 2000 (JurBüro 2000, 145) wiederholt (ebenso Gerold/Schmidt/von Eicken/Madert/Müller-Rabe RVG 17. Aufl. VV 1008 Rn. 282).

Der zweite Fall:

(2) In einem Verkehrsunfallprozess obsiegte der Versicherer ganz, der Halter unterlag ganz. Der Versicherer argumentiert, er habe, wie es seiner Pflicht aus dem Versicherungsvertrag entsprach, den gemeinsamen Anwalt ausgesucht, beauftragt und ihm eine Kostenzusage gemacht. Auch dieser Erstattungsanspruch des Versicherers ist in den Grenzen des § 7 Abs. 2 Satz 1 gegeben (vgl. BGH AGS 2005, 92).

(3) Einer der beiden Gesamtschuldner ist oder wird zahlungsunfähig. Der Ansicht von *Müller-Rabe* (Gerold/Schmidt/von Eicken/Madert/Müller-Rabe RVG 17. Aufl. VV 1008 Rn. 281), wonach infolge des fehlenden Gesamtschuldnerausgleichsanspruchs nun der andere Gesamtschuldner, wenn er obsiegt, den vollen Erstattungsanspruch (im Rahmen der Grenzen des § 7 Abs. 2 Satz 1) hat, ist zuzustimmen (so auch BGH NJW-RR 2003, 1507 und OLG Koblenz JurBüro 2007, 370 = OLGR Koblenz 2007, 563 = von Amts wegen).

(4) Bislang entsprach es der h. M., dass eine interne vertragliche Kostenübernahme zur Begründung eines vollen Erstattungsanspruchs (in den Grenzen des § 7 Abs. 2 Satz 1) nicht geeignet sei (OLG München MDR 1995, 856; OLG Stuttgart Rpfleger 1996, 82; OLG Karlsruhe JurBüro 1994, 684; OLG Schleswig JurBüro 1993, 677; OLG Zweibrücken Rpfleger 1988, 38).

Müller-Rabe (Gerold/Schmidt/von Eicken/Madert/Müller-Rabe RVG 17. Aufl. VV 1008 Rn. 283) hegt die Befürchtung, dass auch das OLG Koblenz internen vertraglichen Kostenübernahmen Beachtung schenken wolle, wie sich aus OLG Koblenz MDR 1994, 102 ergebe.

Dazu aber der Originalleitsatz und ein Satz aus den Gründen, der belegt, dass die Gründe von anderen Dingen handeln und damit für sich selbst sprechen:

LS OLG Koblenz (MDR 1994, 102): Werden 2 Parteien von einem gemeinsamen Anwalt vertreten, so haben beide Streitgenossen im Regelfall einen gleichen Anteil der Anwaltskosten zu tragen, soweit sich nicht aus dem Innenverhältnis ergibt, dass ein Streitgenosse die Kosten allein zu tragen hat. Ein solcher Ausnahmefall ist nicht gegeben, wenn der eine der beiden Streitgenossen (und zwar der obsiegende) völlig willkürlich in den Prozess hineingezogen worden ist (etwa um ihn als Zeugen auszuschalten).

Aus den Gründen der Entscheidung des OLG Koblenz: »Eine andere Verteilung (als 50 % im Regelfall) kommt aus Rechtsgründen nur dann in Betracht, wenn sich aus dem Innenverhältnis ergibt, dass ein Streitgenosse im Verhältnis zu den anderen die Kosten des gemeinsamen Anwalts insgesamt zu tragen hat. Dies nimmt der Senat beispielsweise in den Fällen an, in denen feststeht, dass im Innenverhältnis die Anwaltskosten von dem mitverklagten Haftpflichtversicherer zu tragen sind. Ausnahmsweise kann sich eine solche Alleinhaftung eines Streitgenossen aber auch dann ergeben, wenn feststeht, dass dieser im Innenverhältnis für die Kosten des gemeinsamen Rechtsanwalts letztlich allein aufzukommen hat (Senat in JurBüro 1988, 1691 und JurBüro 1991, 1542).«

Die beiden zitierten Entscheidungen ließen, wenn man sie sich ansah, auch keine Befürchtung der leichtfertigen Anerkennung einer Internabsprache aufkommen. Damit kann man sich das Nachlesen an den beiden zitierten Fundstellen ersparen (ein Kommentator muss das leider):

OLG Koblenz (JurBüro 1988, 1691) betraf einen Fall, in dem die unterlegene Partei, wie aus den Prozessakten herausgearbeitet wurde, **zahlungsunfähig** war (also oben Fall (3), bei dem auch Müller-Rabe eine Ausnahme macht).

Genau zur selben Kategorie passt die weiter im Beschluss zitierte Entscheidung OLG Koblenz (JurBüro 1991, 1542). Es genügt, den Leitsatz zu zitieren: »Ausnahmsweise kann sich eine Alleinhaftung dann ergeben, wenn feststeht, dass dieser Streitgenosse für die Kosten allein aufzukommen hat, wenn der andere Streitgenosse in **Konkurs** gefallen oder die **EV** abgegeben hat.«

Fazit: Der Kostensenat des OLG Koblenz und Müller-Rabe liegen noch immer auf einer Linie.

Zu weiterer Rechtsprechung siehe § 7 Rn. 31.

Und nun zum von Müller-Rabe in Rn. 283 a zu VV 1008 gescholtenen BGH:

Das damals noch unveröffentlichte Zitat (BGH 25. 10. 2005 – VI 58/04) kann jetzt mit der Fundstelle nachgetragen werden: AGS 2006, 92 = RVGreport 2006, 34 = MDR 2006, 476 = NJW 2006, 774.

Der BGH hatte nun auch selbst den schon erwähnten Haftpflichtfall zu entscheiden.

Soweit er die Kosten eines Anwalts (§ 7 Abs. 2 Satz 1) als voll erstattungsfähig ansieht, bedeutet die Entscheidung nichts Neues.

Neu ist allerdings, dass der BGH die **gesamten Kosten** zubilligt, also wohl auch die **volle Erhöhung** und die **Auslagen des Unterliegenden**. Das leitet der BGH (offenbar materiell) aus

Nr. 1008 VV

dem Versicherungsvertrag ab. Das ist zwar eine materiell-rechtlich richtige Entscheidung. Das hat man bisher im Kostenfestsetzungsverfahren für nicht zulässig gehalten.

Vielleicht wird man den BGH dann auch bei der Frage der Erstattung der materiell zu prüfenden Kosten der außergerichtlichen Vertretung (Nr. 2300) packen können, Kosten, die materiell häufig leicht auf Verzug gestützt werden können, im vereinfachten Kostenfestsetzungsverfahren festzusetzen und nicht die Parteien, meist zu Lasten des Beklagten (erheblich höhere Gebühren), auf den Klageweg zu verweisen. Ansätze für die Zulässigkeit der Einbeziehung folgen bereits aus dem Umstand, dass wegen der Anrechnung der halben Gebühr nach Nr. 2300 der Rechtspfleger sich ohnehin mit der außergerichtlich entstandenen Gebühr bei der gerichtlichen Festsetzung der Verfahrensgebühr befassen muss, wenn er den Wortlaut der Vorbemerkung 3 Abs. 4 strikt anwendet.

2. Umsetzung des 50 %-Grundsatzes (Rechenbeispiel)

107 Trägt ein Streitgenosse die Kosten des gemeinsamen Anwalts nicht ausnahmsweise (etwa wegen Insolvenz des anderen) allein, so kommt der 50 %-Grundsatz zum Tragen.

Das heißt im Klartext, etwa bei Prozessvertretung in erster Instanz:

Wert € 10.000,00

Erstattungsfähig (bei 50 %) sind

Nr. 3100	1,3 + 0,3	= 1,6
50 %		= 0,8 (OLG Koblenz JurBüro 1985, 774, 775).

XII. Verhältnis von Kappung nach § 22 Abs. 2 und Erhöhung nach Nr. 1008?

108 Werden vier **Gesamtschuldner** auf Zahlung von € 150 Mio. in Anspruch genommen, so wird gem. § 22 Abs. 2 der Streitwert ihres Anwalts auf € 100 Mio. begrenzt. Aus diesem Wert erfällt seine Verfahrensgebühr (Geschäftsgebühr). Da der Gegenstand aber derselbe ist (der Wert hat sich nicht durch ein Aufaddieren der Einzelwerte nach § 22 Abs. 1 ergeben), erhält der Anwalt gem. Nr. 1008 eine um 3 × 0,3 = 0,9 erhöhte Verfahrensgebühr aus € 100 Mio. Diese Ansicht vertritt auch das OLG Dresden (AGS 2007, 521, 26. 07. 2006 – 10 W 0600/06 und 10 W 600/06):

»Entgegen der Auffassung des Landgerichts ist bei der Berechnung der Anwaltsvergütung für die Verfahrensgebühr auch dann der 1,6 fache Satz anzusetzen, wenn der Gegenstandswert nach § 22 Abs. 2 2. HS RVG insgesamt mehr als 30 Mio. Euro beträgt........

Auch die Einwendungen der Klägerin gegen eine »kumulative Anwendung« der Gebührensatzerhöhung nach Nr. 1008 der Vergütungsvorschrift und der Erhöhung des Gegenstandswertes nach § 22 Abs. 2 RVG überzeugen nicht.« Der BGH hat auf die zugelassene Rechtsbeschwerde in der Sache nicht mehr entschieden, weil inzwischen ein Teilvergleich abgeschlossen worden ist (BGH JurBüro 2007, 258).

(Näher zum Problem: § 22 Rn. 61 a.)

Nr. 1009 VV

Nr.	Gebührentatbestand	Gebühr oder Satz der Gebühr nach § 13 RVG
1009	Hebegebühr 1. bis einschließlich 2.500,00 EUR .... 2. von dem Mehrbetrag bis einschließlich 10.000,00 EUR ... 3. von dem Mehrbetrag über 10.000,00 EUR .... (1) Die Gebühr wird für die Auszahlung oder Rückzahlung von entgegengenommenen Geldbeträgen erhoben. (2) Unbare Zahlungen stehen baren Zahlungen gleich. Die Gebühr kann bei der Ablieferung an den Auftraggeber entnommen werden. (3) Ist das Geld in mehreren Beträgen gesondert ausgezahlt oder zurückgezahlt, wird die Gebühr von jedem Betrag besonders erhoben. (4) Für die Ablieferung oder Rücklieferung von Wertpapieren und Kostbarkeiten entsteht die in den Absätzen 1 bis 3 bestimmte Gebühr nach dem Wert. (5) Die Hebegebühr entsteht nicht, soweit Kosten an ein Gericht oder eine Behörde weitergeleitet oder eingezogene Kosten an den Auftraggeber abgeführt oder eingezogene Beträge auf die Vergütung verrechnet werden.	1,0 % 0,5 % 0,25 % des aus- oder zurückgezahlten Betrags – mindestens 1,00 EUR

Inhaltsübersicht

	Rn.
A. Allgemeines	1
B. Kommentierung	2
I. Verwahrungsgeschäft	2
II. Auftrag des Mandanten	3
III. Entstehen der Gebühr	4
1. Auszahlung oder Rückzahlung von entgegengenommenen Geldbeträgen (Abs. 1 der Anmerkung zu Nr. 1009)	4
2. Unbare Zahlungen (Abs. 2 Satz 1 der Anmerkung zu Nr. 1009)	7
3. Entnahmerecht des Anwalts (Abs. 2 Satz 2 der Anmerkung zu Nr. 1009)	8
4. Zahlung mehrerer Beträge in gesonderten Zahlungen (Abs. 3 der Anmerkung zu Nr. 1009)	9
5. Wertpapiere und Kostbarkeiten (Abs. 4 der Anmerkung zu Nr. 1009)	11
6. Weiterleitung von Kosten an Gerichte und Behörden (Abs. 5 Hs. 1 der Anmerkung zu Nr. 1009)	12
7. Abführung von eingezogenen Kosten und Verrechnung eingezogener Beträge auf die Vergütung (Abs. 5 Hs. 2 der Anmerkung zu Nr. 1009)	13
IV. Höhe der Gebühr	16
V. Auslagenberechnung auf die Hebegebühr	17
VI. Kostenerstattung	18

A. Allgemeines

Leistet ein Schuldner oder ein Dritter Zahlungen an den Anwalt und leitet dieser diese Zahlungen an seinen Mandanten weiter, so wird diese Tätigkeit nicht mit den allgemeinen Verfahrensgebühren abgegolten. Das Einziehen und Weiterleiten an den Mandanten stellt eine eigene gebührenrechtliche Angelegenheit i. S. v. § 15 RVG dar, die gesondert durch die Hebegebühr vergütet wird. Dies gilt sowohl für die Entgegennahme, Auszahlung oder Rückzahlung von Geldern, als auch für unbare Zahlungen und die Ablieferung oder Rücklieferung von Wertpapieren und Kostbarkeiten. 1

Nr. 1009 VV

B. Kommentierung

I. Verwahrungsgeschäft

2 Die Hebegebühr entsteht, soweit die Tätigkeit des Anwalts einen Verwahrungscharakter aufweist. Diese Verwahrtätigkeit ist immer mit einer anderen anwaltlichen Tätigkeit i. S. v. § 1 Abs. 1 RVG verbunden, kann also nur entstehen, wenn der Anwalt daneben eine andere Verfahrensgebühr (z. B. Nr. 2400, Nr. 3100) verdient (**a. A.**: OLG München OLGR München 1997, 96, wonach eine Hebegebühr auch allein verdient werden kann). Durch die Hebegebühr werden alle mit dem Verwahrungsgeschäft zusammenhängenden Aufgaben des Anwalts abgegolten, so z. B. die Entgegennahme von Geld von einem Dritten zur Weiterleitung an den Mandanten, die Prüfung der Anweisung des Einzahlers, der Auszahlungsreife und der Auszahlungsunterlagen, die Vornahme des Schriftwechsels im Zusammenhang mit dem Anderkonto und die Weitergabe von Schecks an den Auftraggeber. Erfasst werden auch die mit der Verwahrung von Wertpapieren zusammenhängenden Tätigkeiten, so z. B. die Einlösung von Zinsscheinen.

II. Auftrag des Mandanten

3 Da die Hebegebühr nicht in unmittelbarem Zusammenhang mit den sonstigen Gebühren des Anwalts entsteht, ist für deren Entstehen ein entsprechender Auftrag des Mandanten notwendig. Hierzu reicht eine gewöhnliche Prozessvollmacht (§ 81 ZPO) nicht aus, da diese den Anwalt nur zum Empfang der vom Gegner zu erstattenden Kosten berechtigt. Mithin kann die Hebegebühr nur entstehen, soweit dem Anwalt vom Mandanten Inkassovollmacht erteilt wurde und er nicht nur die Kosten, sondern auch den Streitgegenstand in Empfang nehmen darf. Allerdings dürfte in der Praxis eine ausdrückliche Inkassovollmacht meist nicht vorliegen, so dass von einem konkludent erteilten Auftrag des Mandanten auszugehen ist. Dies umso mehr, wenn der Anwalt nach dem Inhalt seines Auftrags Gelder bei der Gegenseite beitreiben und auch einziehen soll (*N. Schneider* in Gebauer/Schneider 1. Aufl. VV 1009 Rn. 7).

III. Entstehen der Gebühr

1. Auszahlung oder Rückzahlung von entgegengenommenen Geldbeträgen (Abs. 1 der Anmerkung zu Nr. 1009)

4 Die Hebegebühr entsteht ausdrücklich erst dann, wenn der Anwalt die entgegengenommenen Gelder an den Mandanten oder Dritten auszahlt oder zurückzahlt. Dies ergibt sich aus Abs. 1 der Anmerkung zu Nr. 1009.

5 Wird derselbe Geldbetrag mehrmals aus- bzw. zurückgezahlt, so entsteht die Hebegebühr jeweils gesondert. Es ist insoweit von jeweils besonderen Angelegenheiten auszugehen.

- **Beispiel**

6 Laut Urteil kann der Mandant gegen Leistung einer Sicherheit i. H. v. € 3.000,00 vorläufig vollstrecken. Der Mandant übergibt dem Anwalt den Betrag, der Anwalt leitet die Sicherheitsleistung an die Hinterlegungsstelle weiter. Nach Rechtskraft des Urteils überweist die Hinterlegungsstelle den Betrag an den Anwalt, dieser zahlt ihn an den Mandanten zurück. Der Anwalt kann sowohl für die Einzahlung bei der Hinterlegungsstelle als auch für die Rückzahlung an den Mandanten jeweils die Hebegebühr berechnen.

2. Unbare Zahlungen (Abs. 2 Satz 1 der Anmerkung zu Nr. 1009)

Für unbare Zahlungen gilt dasselbe wie für bare Zahlungen, auf die entsprechende Kommentierung in Nr. 1 wird verwiesen. 7

3. Entnahmerecht des Anwalts (Abs. 2 Satz 2 der Anmerkung zu Nr. 1009)

Gem. § 8 Abs. 1 RVG wird die Hebegebühr mit Beendigung des Auftrags fällig, hier also mit 8 der Weiterleitung des Geldes an den Mandanten. Jedoch normiert Satz 2 Abs. 2 der Anmerkung für den Anwalt ein spezielles Vorschussrecht, in dem nämlich die dem Anwalt zustehende Hebegebühr bei der Weiterleitung der Gelder an den Mandanten entnommen werden kann, und zwar ohne Berechnung der Vergütung, wie ansonsten notwendig. Dies entbindet den Anwalt jedoch nicht von der Verpflichtung, dem Mandanten gegenüber die Hebegebühr im Nachhinein gem. § 10 Abs. 2 RVG abzurechnen.

4. Zahlung mehrerer Beträge in gesonderten Zahlungen (Abs. 3 der Anmerkung zu Nr. 1009)

Mehrere Hebegebühren fallen an, wenn der Anwalt Teilzahlungen an den Mandanten weiter- 9 leitet. Allerdings ist zu unterscheiden, ob es sich um mehrere gebührenrechtliche Angelegenheiten handelt oder nur um eine.

Mehrere gebührenrechtliche Angelegenheiten liegen z. B. vor, wenn der Anwalt Teilzahlungen der gegnerischen Haftpflichtversicherung für den Mandanten entgegennimmt und diese Gelder jeweils nach deren Eingang an den Mandanten weiterleitet. Hier entstehen jeweils mehrere Hebegebühren.

Eine gebührenrechtliche Angelegenheit liegt vor, wenn z. B. der Schuldner aufgrund einer Ratenzahlungsvereinbarung mehrere Beträge an den Anwalt überweist, dieser jedoch in nur einer Zahlung die Gelder an den Mandanten weiterleitet. Hier entsteht nur eine Hebegebühr aus dem gesamten weitergeleiteten Betrag.

Vertritt der Anwalt den Mandanten in mehreren Angelegenheiten (Verkehrsunfall, Arbeits- 10 rechtsstreit), zahlen die Gegner jeweils Beträge an den Anwalt; leitet dieser das Geld in nur einer Zahlung an den Mandanten weiter, so liegen trotz der einmaligen Zahlung an den Mandanten hinsichtlich der Hebegebühr mehrere gebührenrechtliche Angelegenheiten vor mit der Folge, dass die Hebegebühr jeweils aus den vom Gegner gezahlten Beträgen berechnet werden kann.

5. Wertpapiere und Kostbarkeiten (Abs. 4 der Anmerkung zu Nr. 1009)

Gem. Abs. 4 der Anmerkung entsteht dem Anwalt die Hebegebühr auch dann, wenn er Wert- 11 papiere und Kostbarkeiten entgegennimmt und an den Mandanten oder Dritte ab- oder rückliefert. Es gelten insoweit die Bestimmungen der Absätze 1 bis 3.

Anzuwenden ist Abs. 4 für Schecks oder Wertpapiere, die der Anwalt entgegennimmt und weiterleitet, ohne dass er sie auf seinem Konto gutschreibt. Würde er einen Scheckbetrag auf seinem Konto gutschreiben lassen, so läge ein Fall von Abs. 2 (= unbare Zahlung) vor. Hier jedoch geht es um das bloße Weiterleiten eines Papieres oder einer Kostbarkeit.

Leitet der Anwalt eine Bürgschaftsurkunde weiter, so entsteht die Hebegebühr nicht (OLG Bremen Rpfleger 1965, 97).

6. Weiterleitung von Kosten an Gerichte und Behörden (Abs. 5 Hs. 1 der Anmerkung zu Nr. 1009)

Ausdrücklich keine Hebegebühr entsteht dem Anwalt, wenn er Kosten an ein Gericht oder 12 eine Behörde weiterleitet. Dies betrifft insbesondere das Weiterleiten von Gerichtskosten und Auslagenvorschüssen an das Gericht. Dies gilt nicht für die Weiterleitung von Geldern, die zur Hinterlegung bestimmt sind, an die Gerichtskasse (OLG Hamburg, Beschl. v. 15.02.2006, Az.: 8 W 22/06) (vgl. Rn. 6).

7. Abführung von eingezogenen Kosten und Verrechnung eingezogener Beträge auf die Vergütung (Abs. 5 Hs. 2 der Anmerkung zu Nr. 1009)

13 Führt der Anwalt eingezogene Kosten an den Mandanten ab, z. B. den Kostenerstattungsbetrag des erstattungspflichtigen Gegners, so entsteht hierfür keine Hebegebühr. Die Kosten müssen eingezogen worden sein, also aufgrund einer Kostenentscheidung eingefordert worden sein. Erstattet das Gericht hingegen nicht verbrauchte Gerichtskosten an den Anwalt und leitet er diesen Betrag an den Mandanten weiter, so ist dies kein Fall von Abs. 5 mit der Folge, dass die Hebegebühr berechnet werden kann (vgl. *N. Schneider* in Gebauer/Schneider 1. Aufl. VV 1009 Rn. 32).

14 Wird dagegen eine Kostenforderung des Mandanten zur Hauptforderung, z. B. in einem Schadensersatzprozess des Mandanten wegen aufgewendeter Anwaltskosten, so ist Abs. 5 nicht anzuwenden mit der Folge, dass der Anwalt die Hebegebühr berechnen kann, wenn der Gegner den Klagebetrag an ihn zahlt.

Darüber hinaus erhält der Anwalt keine Hebegebühr, wenn er eingezogene Beträge auf seine Vergütung verrechnet. Nur auf den nicht verrechneten Betrag kann der Anwalt die Hebegebühr berechnen.

• **Beispiel**

15 Der Anwalt hat eine Honorarforderung von € 1.000,–. Vom Beklagten geht als Zahlung auf die Urteilssumme ein Betrag in Höhe von € 5.000,– ein. Hiervon bringt der Anwalt seine Honorarforderung in Abzug, so dass zur Auszahlung an den Mandanten € 4.000,– verbleiben. Aus diesen € 4.000,– kann der Anwalt die Hebegebühr berechnen. Den restlichen Betrag leitet er an den Mandanten weiter.

IV. Höhe der Gebühr

16 Die Höhe des Anspruchs ergibt sich aus einem Prozentsatz des weiterzuleitenden Geldbetrags wie folgt:

– bei Beträgen bis zu   € 2.500,00 – 1,00 %
– vom Mehrbetrag bis zu   € 10.000,00 – 0,50 %
– vom Mehrbetrag über   € 10.000,00 – 0,25 %

des aus- oder zurückgezahlten Betrages – mindestens € 1,–.

V. Auslagenberechnung auf die Hebegebühr

17 Der Anwalt kann neben der Hebegebühr insbesondere die Entgelte für Post- und Telekommunikationsdienstleistungen berechnen, entweder konkret gem. Nr. 7001 oder pauschal nach Nr. 7002. Die Hebegebühr ist insoweit wie jede andere Gebühr zu behandeln, eine Einschränkung sehen weder Nr. 1009 noch die Nummern 7001, 7002 vor.

VI. Kostenerstattung

Im außergerichtlichen Bereich bedarf es für die Kostenerstattung einer materiell-rechtlichen Grundlage (§ 249 BGB). Die Rechtsprechung geht davon aus, dass ein erstattungsfähiger Schaden insoweit nur gegeben ist, wenn die Hebegebühr notwendige Kosten der Rechtsverfolgung darstellen. Dies wiederum wird verneint mit der Begründung, dass im Allgemeinen die Zuziehung eines Rechtsanwalts bei der Gelderhebung nicht erforderlich sei (LG Detmold Rpfleger 2003, 36–37; SchlHOLG JurBüro 1983, 1527–1527).

Die gleichen Maßstäbe gelten für den gerichtlichen Bereich. Auch hier ist zu prüfen, ob die Hebegebühr zu den notwendigen Kosten des Rechtsstreits i. S. v. § 91 Abs. 1 ZPO gehört.

Das OLG Karlsruhe hat in seinem Beschluss vom 25. 01. 2006 (13 W 67/05, OLGR Karlsruhe 2006, 365) dem Anwalt die Hebegebühr im Rahmen des Kostenfestsetzungsverfahrens zugesprochen. Hintergrund war ein gerichtlich geschlossener Vergleich, in dem die zu erbringende Zahlung zu einem bestimmten Termin auf das Anderkonto des Anwalts zu leisten war. Der Vergleich sollte hinfällig sein, wenn die Zahlung nicht fristgerecht erfolgen würde. Nach Erhalt der Zahlung sollte der Anwalt verschiedene Dokumente austauschen. Das OLG Karlsruhe führte aus: »Die Erstattungsfähigkeit (und damit die Festsetzbarkeit) der Hebegebühr ist zu bejahen, wenn es sich wegen der im Vergleich vereinbarten Zahlungsabwicklung aus objektiven Gründen anbot, diese über das Konto eines RA laufen zu lassen. Im Anwaltsprozess bedarf es dabei keines Hinweises auf das Entstehen der Hebegebühr.« Der BGH hat diese Entscheidung des OLG Karlsruhe, auf die Beschwerde der Beklagten hin bestätigt und in den Entscheidungsgründen ausgeführt, dass die Hebegebühr notwendige Kosten i. S. v. § 91 ZPO ist und daher im Kostenfestsetzungsverfahren zu berücksichtigen ist. Allerdings ergibt sich diese Notwendigkeit nicht schon bereits daraus, dass die Zahlung im Vergleich an den Prozessbevollmächtigten war, sondern in diesem Falle daraus, **dass aus besonderen Gründen die Einschaltung des Prozessbevollmächtigten in den Zahlungsvorgang erforderlich war** (BGH – VII ZB 28/06 – NJW 2007, 1535–1536 = JurBüro 2007, 256).

Die Hebegebühr ist erstattungsfähig, wenn der Schuldner, ohne dass er vom Gläubiger oder vom Anwalt hierzu aufgefordert wurde, von sich aus an den Anwalt zahlt (OLG Hamm JurBüro 1971, 241; OLG Düsseldorf JurBüro 1985, 714; SchlHOLG JurBüro 1985, 394; LG Berlin NZV 1991, 74; AG Rostock RuS 1997, 88; AG Gronau AGS 2000, 211; KG Berlin RVGreport 2004, 399; **a. A.:** LG Köln Schaden-Praxis 2001, 107; AG Rostock NZV 1997, 524).

Wenn eine Pflichtverteidigerbestellung nicht auf die Empfangnahme und Weiterleitung von Geldern erweitert wurde, steht dem **Pflichtverteidiger** kein Anspruch gegen die Staatskasse auf Festsetzung der Hebegebühr zu (OLG Düsseldorf JurBüro 2005, 362; LG Duisburg AGS 2005, 501).

In der **Zwangsvollstreckung** hat sich unterschiedliche Rechtsprechung hinsichtlich der Frage, ob es sich bei der Hebegebühr um notwendige Kosten der Zwangsvollstreckung i. S. v. § 788 ZPO handelt herausgebildet:

Danach ist die Hebegebühr

- grundsätzlich erstattungsfähig (LG Koblenz DGVZ 1984, 42)
- jedenfalls dann erstattungsfähig, wenn der Schuldner die titulierte Schuldsumme nur in unregelmäßiger und zeitraubender Zahlungsweise ablöst oder langwierige Lohnpfändungen verursacht und damit eine Überwachungstätigkeit des Rechtsanwalts erforderlich macht (OLG Düsseldorf AGS 1998, 115)
- erstattungsfähig, wenn sich der Schuldner in einer Ratenzahlungsvereinbarung verpflichtet, die durch den Abschluss der Vereinbarung entstehenden Kosten (anwaltliche Vergleichs- und Hebegebühr) zu übernehmen; diese ist vom Gerichtsvollzieher auch beizutreiben (LG Köln JurBüro 2004, 497)

Nr. 1009 VV

- im Ausnahmefall dann erstattungsfähig, wenn dies wegen der Umstände des Einzelfalles geboten scheint, z. B. durch schwierige Rechtslage, besondere Gründe in der Person oder dem Verhalten des Schuldners, hier: unregelmäßige Zahlungen des Schuldners sowohl hinsichtlich der Höhe als auch des zeitlichen Abstandes (AG Eisenhüttenstadt Rpfleger 2005, 384; AG Limburg AGS 2003, 129)
- grundsätzlich nicht erstattungsfähig, weil es sich bei der Hebegebühr nicht um notwendige Kosten der Zwangsvollstreckung handelt (AG Neukölln DGVZ 1995, 13)
- auch dann nicht erstattungsfähig, wenn ein Gerichtsvollzieher die beizutreibende Forderung an den Prozessbevollmächtigten des Gläubigers abführt, ohne hierzu aufgrund des zu vollstreckenden Titels ermächtigt zu sein (LG Stuttgart Justiz 1997, 213)
- nicht erstattungsfähig, wenn der Schuldner die geschuldete Summe innerhalb angemessener Zeit in mehreren Raten an den Gerichtsvollzieher zahlt, die Einschaltung eines Rechtsanwalts ist dann nicht erforderlich (LG Detmold AGS 2003, 129).

21 Auch hinsichtlich des Deckungsschutzes im Rahmen der **Rechtsschutzversicherung** hat sich unterschiedliche Rechtsprechung herausgebildet: das LG Hagen (ZfS 1990, 18) und das AG Schorndorf (JurBüro 1982, 1348–1349) verneinen grundsätzlich die Erstattung durch den Rechtsschutzversicherer, das AG Hamburg (VersR 1975, 798) bejaht die Erstattungspflicht des Rechtsschutzversicherers.

TEIL 2
AUßERGERICHTLICHE TÄTIGKEITEN EINSCHLIESSLICH DER VERTRETUNG IM VERWALTUNGSVERFAHREN

Nr.	Gebührentatbestand	Gebühr oder Satz der Gebühr nach § 13 RVG
Vorbemerkung 2: (1) Die Vorschriften dieses Teils sind nur anzuwenden, soweit nicht die §§ 34 bis 36 RVG etwas anderes bestimmen. (2) Für die Tätigkeit als Beistand für einen Zeugen oder Sachverständigen in einem Verwaltungsverfahren, für das sich die Gebühren nach diesem Teil bestimmen, entstehen die gleichen Gebühren wie für einen Bevollmächtigten in diesem Verfahren. Für die Tätigkeit als Beistand eines Zeugen oder Sachverständigen vor einem parlamentarischen Untersuchungsausschuss entstehen die gleichen Gebühren wie für die entsprechende Beistandsleistung in einem Strafverfahren des ersten Rechtszugs vor dem Oberlandesgericht. (3) Die Vorschriften dieses Teils mit Ausnahme der Gebühren nach den Nummern 2102, 2103, 2500 und 2501 gelten nicht für die in den Teilen 4 bis 6 geregelten Angelegenheiten.		

Inhaltsübersicht

	Rn.		Rn.
A. Allgemeines	1	2. Beistandstätigkeit	3
B. Kommentierung	2	3. Abgrenzung zu Tätigkeiten nach Teil 4–6 VV	5
I. Anwendungsbereich/Tatbestand im Einzelnen	2	4. Erstattungsfähigkeit	8
1. Ausschluss §§ 34 bis 36 RVG, Vorbemerkung 2 Abs. 1 VV	2		

A. Allgemeines

In Teil 2 VV sind alle außergerichtlichen Tätigkeiten des Rechtsanwalts erfasst, soweit sich 1 aus den §§ 34 bis 36 RVG nichts anderes ergibt. Die Gebühren des Teil 2, insbesondere die unter Nr. 2300 geregelte Geschäftsgebühr, können ausschließlich in außergerichtlichen Angelegenheiten entstehen. Eine Anwendung für gerichtliche Verfahren, wie beispielsweise die Geschäftsgebühr nach § 118 Abs. 1 Nr. 1 BRAGO in gerichtlichen Verfahren der freiwilligen Gerichtsbarkeit, ist nach dem RVG ausgeschlossen.

B. Kommentierung

I. Anwendungsbereich/Tatbestand im Einzelnen

1. Ausschluss §§ 34 bis 36 RVG, Vorbemerkung 2 Abs. 1 VV

Nach Vorbemerkung 2 Abs. 1 ist Teil 2 des VV nicht anzuwenden, soweit die §§ 34 bis 36 RVG 2 zur Anwendung kommen. Damit gilt Teil 2 für folgende Tätigkeiten des Rechtsanwalts nicht:
– schriftlicher Rat oder Auskunft (Beratung), § 34 Abs. 1 RVG
– mündlicher Rat oder Auskunft (Beratung), § 34 Abs. 1 RVG
– Ausarbeitung eines Gutachtens, § 34 Abs. 1 RVG
– Mediation, § 34 Abs. 1 RVG

Vorbemerkung 2 VV

– Hilfeleistung bei der Erfüllung allgemeiner Steuerpflichten und bei der Erfüllung steuerlicher Buchführungs- und Aufzeichnungspflichten entsprechend §§ 23 bis 39 der Steuerberatergebührenverordnung i. V. m. §§ 10 und 13 der Steuerberatergebührenverordnung, § 35 RVG
– schiedsrichterliche Verfahren nach dem 10. Buch der ZPO, § 36 RVG
– Verfahren vor dem Schiedsgericht, § 36 RVG.

2. Beistandstätigkeit

3 Mit dem RVG sollten Beistandsleistungen des Rechtsanwalts für Zeugen oder Sachverständige neu geregelt werden. Für die Beistandsleistung des Rechtsanwalts für einen Zeugen oder Sachverständigen in einem Verwaltungsverfahren, für das sich die Gebühren nach Teil 2 VV bestimmen, gilt über Vorbemerkung 2 Abs. 2 Satz 1, dass der Rechtsanwalt die Gebühren des Teil 2 VV abrechnen kann.

4 Vertritt der Rechtsanwalt als Beistand einen Zeugen oder Sachverständigen vor einem parlamentarischen Untersuchungsausschuss, so erhält der Rechtsanwalt nach Vorbemerkung 2 Absatz 2 Satz 2 die gleichen Gebühren wie für die entsprechende Beistandsleistung in einem Strafverfahren des ersten Rechtszugs vor dem Oberlandesgericht. Da für ein Verfahren vor einem parlamentarischen Untersuchungsausschuss die Vorschriften über den Strafprozess sinngemäß Anwendung finden, hat der Gesetzgeber in entsprechender Konsequenz auf Teil 4 des Vergütungsverzeichnisses verwiesen. Es wird insoweit auf die Kommentierung zu den Vergütungsverzeichnis-Nrn. 4118, 4119, 4120 und 4121 (gegebenenfalls auch Nrn. 4100 und 4101) Bezug genommen.

3. Abgrenzung zu Tätigkeiten nach Teil 4–6 VV

5 Mit Ausnahme nur weniger Gebühren (Nrn. 2102, 2103, 2500, 2501) gelten die Vorschriften des Teils 2 nicht für die in den Teilen 4 bis 6 geregelten Angelegenheiten.

6 Damit kommt Teil 2 VV für eine Vertretung in folgenden Verfahren **nicht** in Betracht:

– Strafsachen, Teil 4
– Bußgeldsachen, Teil 5
– Sonstige Verfahren, Teil 6
– Verfahren nach dem Gesetz über die internationale Rechtshilfe in Strafsachen
– Verfahren nach dem IStGH-Gesetz
– Disziplinarverfahren
– berufsgerichtliche Verfahren
– gerichtliche Verfahren bei Freiheitsentziehung
– Unterbringungssachen
– besondere Verfahren nach der WBO (Teil 6, Abschnitt 4).

7 Sofern der Rechtsanwalt in einer Straf-, Bußgeld- oder sonstigen Sache im Sinne des Teil 6 VV **die Erfolgsaussichten eines Rechtsmittels prüft**, können entweder die Gebühren des Anwalts nach Nrn. 2102 u. 2103 oder im Rahmen der Beratungshilfe nach Nrn. 2500 u. 2501 entstehen.

Für die **Beratung** und Erstellung von Gutachten in derartigen Angelegenheiten, die nicht mit einer anderen gebührenpflichtigen Tätigkeit zusammenhängen, kommt seit dem 01. 07. 2006 § 34 RVG zur Anwendung.

4. Erstattungsfähigkeit

8 Die Kosten, die für die Beistandtätigkeit des Rechtsanwalts für einen Zeugen oder Sachverständigen entstehen, sind nach allgemeiner Auffassung nicht erstattungsfähig (Schneider/Wolf Vorbem. 2 Rn. 12). Eine Erstattungsfähigkeit derartiger Kosten ergibt sich weder aus

dem Gesetz, noch erscheint sie nach Ansicht der Literatur verfassungsrechtlich geboten (Kleinknecht/Meyer-Goßner StPO vor § 48 Rn. 11); auch scheidet eine Erstattung im Rahmen des § 7 Abs. 1 JVEG ebenso aus (vgl. dazu Kleinknecht/Meyer-Goßner, a. a. O.) wie eine gerichtliche Beiordnung des Rechtsanwalts (Kleinknecht/Meyer-Goßner, a. a. O.).

ABSCHNITT 1
PRÜFUNG DER ERFOLGSAUSSICHT EINES RECHTSMITTELS

Nr. 2100 VV

Nr.	Gebührentatbestand	Gebühr oder Satz der Gebühr nach § 13 RVG
	Abschnitt 1 **Prüfung der Erfolgsaussicht eines Rechtsmittels**	
2100	Gebühr für die Prüfung der Erfolgsaussicht eines Rechtsmittels, soweit in Nummer 2102 nichts anderes bestimmt ist .... Die Gebühr ist auf eine Gebühr für das Rechtsmittelverfahren anzurechnen.	0,5 bis 1,0

Inhaltsübersicht

	Rn.		Rn.
A. Allgemeines	1	5. Anrechnungsvorschrift	32
B. Kommentierung	9	a) Anrechnung auf Gebühr für Rechtsmittelverfahren	32
I. Anwendungsbereich	9	b) Anrechnung bei vorzeitiger Beendigung des Prozessauftrags	35
1. Rechtsmittel	9	c) Teilweiser Gegenstand	37
2. Rechtsbehelfe	10	d) Anderes Rechtsmittel	39
3. Rechtsmittelführer / Rechtsmittelgegner	17	e) Gebühren, auf die angerechnet werden muss	41
II. Der Tatbestand im Einzelnen	20	6. Erhöhung nach Nr. 1008	42
1. Erforderliche Tätigkeit	20	7. Gegenstandswert	47
a) Abgrenzung zum Rechtszug	20	8. Keine PKH für Prüfungsgebühr	51
b) Prüfung der Zulässigkeit eines Rechtsmittels	21	9. Kostenerstattung	53
c) Sachliche Prüfung	24	10. Rechtsschutzversicherung	55
d) Postulationsfähigkeit erforderlich?	26	11. Vergütungsfestsetzung nach § 11 gegen den eigenen Mandanten	56
2. Auftragserteilung entscheidet über Gebührenanfall	27		
3. Hinweispflichten des Rechtsanwalts	29		
4. Rahmengebühr	30		

A. Allgemeines

1   Die Gebühr nach Nr. 2100 für die Prüfung der Erfolgsaussicht eines Rechtsmittels sollte an die Stelle des § 20 Abs. 2 BRAGO treten. Die Gebühr ist jedoch nicht mehr, wie zu Zeiten der BRAGO, als so genannte »Abrategebühr« ausgestaltet. Sie sollte nach dem Willen des Gesetzgebers für »jeden Rat im Zusammenhang mit der Prüfung der Erfolgsaussichten eines Rechtsmittels anfallen« (BT-Drs. 15/1971, zu Nr. 2200 (ab 01.07.06 = 2100), S. 206, linke Spalte).

2   Nr. 2100 ist anwendbar in

– bürgerlichen Rechtsstreitigkeiten
– Verwaltungsverfahren
– Arbeitsgerichtssachen
– Finanzgerichtssachen
– Sozialgerichtssachen, soweit Wertgebühren entstehen

- Patentgerichtssachen
- Vergabeverfahren
- Verfassungsgerichtsverfahren
- sowie bei isolierten Rechtsmitteln in Adhäsionsverfahren.

In Strafsachen, Bußgeldverfahren und anderen Angelegenheiten, in denen die Gebühren nicht nach dem Gegenstandswert berechnet werden (bestimmte sozialgerichtliche Verfahren), ist Nr. 2100 nicht anwendbar. Hier gilt vielmehr Nr. 2102. 3

Mit dem Urteil ist der Rechtszug beendet. Die Prüfung der Erfolgsaussichten eines Rechtsmittels stellt damit gebührenrechtlich eine neue Angelegenheit dar, so dass erneut Gebühren entstehen können, § 15 Abs. 2 Satz 2 RVG. 4

Entscheidend für den Gebührenanfall ist der vom Mandanten erteilte Auftrag. Hat der Mandant bereits Auftrag zur Einlegung des Rechtsmittels erteilt, und stellt sich im Rahmen dieses Auftrags nach Prüfung der Urteilsgründe heraus, dass die Einlegung eines Rechtsmittels wenig aussichtsreich ist, so entsteht, wenn das Rechtsmittel durch den beauftragten Rechtsanwalt nicht mehr eingelegt wird, eine 1,1 Verfahrensgebühr nach Nr. 3201 Nr. 1. Für eine Gebühr nach Nr. 2100 ist bei vorzeitiger Beendigung eines Prozessauftrags kein Raum. 5

Umgekehrt gilt Gleiches. Wird ein Rechtsmittel von der Gegenseite nur fristwahrend eingelegt und erfolgt der Auftrag, sich im späteren Verfahren zum Prozessbevollmächtigten zu bestellen, so entsteht, auch wenn lediglich eine Prüfung der Erfolgsaussicht des Rechtsmittels mit Beratung erfolgt ist, eine Gebühr nach Nr. 3201 Nr. 1 in Höhe von 1,1 (vorzeitige Beendigung in der Rechtsmittelinstanz), wenn das Rechtsmittel zurückgenommen wird. 6

Die Abgrenzung des erteilten Auftrags mag in der Praxis Schwierigkeiten bereiten. Da in der Regel derjenige, der eine Gebühr beanspruchen möchte, deren Anfall nachzuweisen hat, empfiehlt sich eine entsprechende Dokumentation des vom Mandanten erteilten Auftrags (vgl. zur Nachweispflicht des RA (hier Terminsgebühr): OLG Koblenz, Beschl. v. 08. 06. 2005, Az.: 14 W 366/05, NJW 2005, 2162). 7

Eine unaufgefordert erteilte Beratung über die Erfolgsaussichten eines Rechtsmittels lässt nach Ansicht von Schneider eine Gebühr Nr. 2100 nicht entstehen (*N. Schneider* in Schneider/Wolf RVG VV 2100 Rn. 2). Da die Gebühr nach Nr. 2100 vielfach nicht öffentlich bekannt ist, sollte der Rechtsanwalt, um späteren Streit mit seinem Auftraggeber zu vermeiden, vorsorglich auf die Gebühr hinweisen, wenn er ein Aufklärungsbedürfnis seines Mandanten erkennt. Eine gesetzliche Hinweispflicht besteht allerdings nicht. 8

B. Kommentierung

I. Anwendungsbereich

1. Rechtsmittel

Erfasst sind **sämtliche Rechtsmittel**, somit: 9

- Berufung
- Revision
- sofortige Beschwerde
- Rechtsbeschwerde
- Nichtzulassungsbeschwerde
- Verfassungsbeschwerde.

Nr. 2100 VV

2. Rechtsbehelfe

10 Im Unterschied zu Rechtsmitteln, die in die nächst höhere Instanz führen (Devolutionseffekt), sind in Nr. 2100 Rechtsbehelfe, die zu einer Überprüfung einer Entscheidung in der gleichen instanzlichen Ebene führen (Suspensiveffekt), nicht erwähnt.

11 Rechtsbehelfe sind z. B.:

– Widerspruch gegen den Mahnbescheid,
– Einspruch gegen den Vollstreckungsbescheid,
– Einspruch gegen ein Versäumnisurteil,
– Antrag auf Tatbestandsberichtigung,
– Antrag auf Urteilsergänzung oder -berichtigung,
– Rechtspflegererinnerung

usw.

12 Rechtsbehelfe fallen nach Ansicht von Schneider nicht unter Nr. 2100. Dies soll auch für die Anhörungsrüge gelten (Schneider/Wolf RVG VV 2100 Rn. 11, 12; Gerold/Schmidt/Madert RVG 18. Aufl. 2008 VV 2100–2103 Rn. 3; Mayer/Kroiß-Winkler VV 2100 Rn. 25).

13 Es ist fraglich, ob dies für alle Rechtsbefehle gelten kann. So erfordert beispielsweise die Beantwortung der Frage, ob eine **Anhörungsrüge** nach **§ 321 a ZPO** (Rechtsbehelf) gegen ein Urteil eingereicht werden kann, unter Umständen den gleichen zeitlichen Aufwand wie die Beantwortung der Frage, ob eine Berufung gegen ein Urteil Aussicht auf Erfolg hat. Zwar kann die Anhörungsrüge nur auf eine Verletzung des rechtlichen Gehörs in entscheidungserheblicher Weise gestützt werden. Um eine Anhörungsrüge, die in vielen Fällen Vorstufe zur Verfassungsbeschwerde wegen Verletzung rechtlichen Gehörs ist, begründen zu können, ist jedoch nicht nur eine sorgfältige Aufarbeitung des jeweiligen Sachvortrags und der Urteilsgründe erforderlich, sondern darüber hinaus auch eine Kenntnis der Rechtsprechung zur Gehörsverletzung, insbesondere des Bundesverfassungsgerichts. Um somit dem Mandanten eine Anhörungsrüge an- oder abraten zu können, ist eine sorgfältige Prüfung erforderlich, die erheblichen Arbeitsaufwand mit sich bringen kann.

14 Die Frage, ob eine Anhörungsrüge Aussicht auf Erfolg hat, ist, da diese seit dem 01.01.2005 klarstellend durch das Anhörungsrügengesetz z. B. auch auf Berufungsurteile Anwendung findet, für den Mandanten durchaus von ebenso hoher Bedeutung wie die Frage, ob eine Revision Aussicht auf Erfolg bietet, zumal die Erschöpfung des Rechtswegs Voraussetzung für die Einreichung einer Verfassungsbeschwerde ist.

15 Aus diesem Grund spricht sich die Verfasserin dafür aus, dass Nr. 2100 auch auf die Anhörungsrüge Anwendung finden sollte. Inwiefern allerdings die Rechtsprechung dieser Auffassung folgt, kann nicht vorhergesagt werden. Denn – unabhängig von der Anhörungsrüge – ist auch zu bedenken, dass nicht jede Prüfung der Erfolgsaussicht eines Rechtsbehelfs ein derartiges Maß an Sachprüfung wie bei der Anhörungsrüge erfordert. Bei der Frage, ob ein Widerspruch oder Einspruch im Mahnverfahren oder Einspruch gegen ein Versäumnisurteil Aussicht auf Erfolg haben, dürften sich die Erfolgsaussichten allenfalls auf die Frage der Zulässigkeit beschränken. Eine sachliche Prüfung der Erfolgsaussichten eines derartigen Rechtsbehelfs hängt eng mit der sachlichen Prüfung der Erfolgsaussichten der Klage oder des Mahnbescheides selbst zusammen und kann nicht zu einer gesonderten Vergütung führen.

16 Es muss daher empfohlen werden, in den Fällen, in denen die Erfolgsaussichten einer Anhörungsrüge geprüft werden, eine Vergütungsvereinbarung zu treffen, um späteren Streit mit dem Auftraggeber zu vermeiden, denn dem Wortlaut nach ist die Anhörungsrüge nicht von Nr. 2100 erfasst. Zur Anhörungsrüge vgl. auch den lesenswerten Beitrag von *Egon Schneider* in RVG – Probleme und Chancen FS für Wolfgang Madert 2006 S. 187 sowie Rn. 23.

3. Rechtsmittelführer/Rechtsmittelgegner

Da im Wortlaut der Nr. 2100 keine Einschränkung für das »eigene Rechtsmittel« vorgesehen ist, fällt diese Gebühr auch dann an, wenn der Rechtsanwalt über die Aussicht eines Rechtsmittels berät, das die Gegenseite **eingelegt hat** oder **einzulegen beabsichtigt** (Schneider/Wolf RVG VV 2100 Rn. 13). Folgt man der Auffassung, dass eine Gebühr nach Nr. 2100 bereits dann entsteht, wenn bei **bloßer Absicht** des Gegners, ein Rechtsmittel einzulegen, eine Prüfung dieser Erfolgsaussichten erfolgt, so dürften an die Hinweispflichten des Rechtsanwalts zur Entstehung der Gebühr nach Nr. 2100 strenge Anforderungen zu stellen sein. 17

Es mag zwar im Einzelfall schwierig sein, eine **konkrete** Prüfung der Erfolgsaussichten eines Rechtsmittels vorzunehmen, wenn die Urteilsgründe bei Einlegung eines Rechtsmittels noch nicht vorliegen; das Entstehen einer Gebühr nach Nr. 2100 ist nach Ansicht der Verfasserin hiervon jedoch nicht abhängig. 18

Ebenso kommt eine Anwendung der Nr. 2100 in Betracht, wenn der Rechtsanwalt über die Erfolgsaussichten eines Rechtsmittels berät, das von einem Dritten (z. B. einem Nebenintervenienten) eingelegt wurde (Schneider/Wolf RVG VV 2100 Rn. 13). 19

II. Der Tatbestand im Einzelnen

1. Erforderliche Tätigkeit

a) Abgrenzung zum Rechtszug

Abzugrenzen ist die Prüfung der Erfolgsaussicht eines Rechtsmittels von einer Tätigkeit nach § 19 Abs. 1 Nr. 9. Nach § 19 Abs. 1 Nr. 9 gehört die Zustellung oder Empfangnahme von Entscheidungen oder Rechtsmittelschriften und ihre Mitteilung an den Auftraggeber zum Rechtszug, so dass durch diese Tätigkeiten keine neuen Gebühren ausgelöst werden, § 15 Abs. 2 Satz 2. 20

b) Prüfung der Zulässigkeit eines Rechtsmittels

Eine **Belehrung über das zulässige Rechtsmittel** löst noch keine Gebühr Nr. 2100 aus (Gerold/Schmidt/Madert RVG 18. Aufl. 2008 VV 2100 Rn. 1). Dieser Auffassung schließt sich die Verfasserin nicht in vollem Umfang an. Denn die Gebühr Nr. 2100 sollte nach dem Willen des Gesetzgebers für »*jeden Rat im Zusammenhang mit der Prüfung der Erfolgsaussichten eines Rechtsmittels anfallen*« (BT-Drs. 15/1971 zu Nr. 2200, S. 206, linke Spalte). Eine Belehrung über das zulässige Rechtsmittel setzt eine entsprechende Prüfung des zulässigen Rechtsmittels voraus. Da ein Rechtsmittel auch an seiner Zulässigkeit scheitern kann und das heutige Rechtsmittelrecht teilweise sehr kompliziert ist (vgl. dazu nur beispielhaft den Aufsatz von Zuck in NJW 2004 »Zur Zulässigkeit einer Verfassungsbeschwerde nach der ZPO-Reform – Anhörungsrüge«), kann auch eine Beratung über die Zulässigkeit eines Rechtsmittels die Gebühr Nr. 2100 auslösen (so auch *Schneider* in Schneider/Wolf VV 2100 Rn. 3). Es stellt sich dann aber im Weiteren die – für die Praxis sehr relevante – Frage, ob die Entstehung einer Gebühr Nr. 2100 davon abhängig ist, dass überhaupt ein Rechtsmittel eingelegt werden kann. Was ist, wenn der Rechtsanwalt nach umfassender Prüfung feststellt, dass ein Rechtsmittel überhaupt nicht gegeben ist? 21

Umgekehrt, wie ist der Fall zu bewerten, wenn sich nach Prüfung der Erfolgsaussichten eines durch den Rechtsmittelgegner eingelegten Rechtsmittels ergibt, dass dieses nicht zulässig ist und mit einer Verwerfung zu rechnen ist? Sicher würde dem prüfenden RA die Gebühr nach Nr. 2100 nicht verwehrt werden können (zum Anfall einer Gebühr Nr. 2100 bei Prüfung der Erfolgsaussichten eines Rechtsmittels, das der Rechtsmittelgegner eingelegt hat, siehe Rn. 17), auch wenn bei der Bemessung des Gebührensatzes der Umfang der Prüfung zu berücksichtigen wäre. Denn Nr. 2100 fordert kein »positives« Ergebnis. 22

Nr. 2100 VV

23 Eine Beschränkung auf die sachliche Prüfung ist in Nr. 2100 vom Gesetzgeber nicht erfolgt. Auch wird in der Praxis in der Regel nicht der Auftrag erteilt, z. B. »die Erfolgsaussichten einer Berufung« zu prüfen. Dies würde voraussetzen, dass der Auftraggeber bereits weiß, dass eine Berufung zulässig wäre. Zumeist läuft es in der Praxis so, dass der Auftraggeber fragt: Kann man die Entscheidung irgendwie anfechten? Angenommen, das Ergebnis der Prüfung wäre, dass zwar eine Berufung nicht zulässig, wohl aber eine Anhörungsrüge möglich, zulässig und sachlich gerechtfertigt ist – hätte der Rechtsanwalt für diese Prüfung eine Gebühr Nr. 2100 verdient? Nach dem Wortlaut der Nr. 2100 nicht, da es sich bei der Anhörungsrüge nicht um ein Rechtsmittel, sondern um einen Rechtsbehelf handelt (zur Anhörungsrüge siehe die kritischen Anmerkungen der Verfasserin unter Rn. 13 ff. u. 21). Weiter angenommen, der Rechtsanwalt berät nach erfolgter Prüfung sogleich darüber, dass der Rechtsweg ausgeschöpft werden muss, die Anhörungsrüge somit erforderlich ist, um sodann bei Nichterfolg ggf. eine Verfassungsbeschwerde (wg. Verstoßes gegen Art. 103 GG) einreichen zu können. Hätte er dann die Gebühr Nr. 2100 verdient? Nach Ansicht der Verfasserin ja. Denn die Verfassungsbeschwerde wg. eines Verstoßes gegen Art. 103 GG, die nach Erfolglosigkeit der Anhörungsrüge einzureichen wäre, wäre im vorliegenden Fall auf den gleichen Verfahrensfehler gestützt wie die Anhörungsrüge (Verletzung des rechtlichen Gehörs in entscheidungserheblicher Weise).

c) Sachliche Prüfung

24 Die Gebühr nach Nr. 2100 entsteht in jedem Fall für die **sachliche Prüfung** der Erfolgsaussichten eines Rechtsmittels.

25 • **Beispiel**
Der geltend gemachte Unterhaltsanspruch wurde wegen Verwirkung nach § 1579 BGB versagt. Das erstinstanzliche Gericht begründet die Versagung in einem 17-seitigen umfangreichen Urteil. Die unterlegene Mandantin möchte wissen, ob eine Berufung Aussicht auf Erfolg bietet. Ihr Rechtsanwalt, der bereits in erster Instanz tätig war, verneint Erfolgsaussichten. Die Berufung wird durch ihn nicht eingelegt. Der Wert hat € 15.736,00 betragen.

Gegenstandswert: € 15.736,00

0,75 Gebühr für Prüfung der Erfolgsaussicht eines Rechtsmittels, Nr. 2100 VV RVG	€ 424,50
Auslagenpauschale, Nr. 7002 VV RVG	€ 20,00
Zwischensumme	€ 444,50
19 % Umsatzsteuer, Nr. 7008 VV RVG	€ 84,46
Summe:	€ **528,96**

d) Postulationsfähigkeit erforderlich?

26 Auch wenn der Rechtsanwalt mangels Postulationsfähigkeit das Rechtsmittel gar nicht einlegen kann, entsteht für ihn bei einer Prüfung der Erfolgsaussicht eines Rechtsmittels die Gebühr nach Nr. 2100. Es dürfte sich jedoch für den Rechtsanwalt aus seiner Pflicht, dem Mandanten die kostengünstigste Variante der Durchführung eines Verfahrens aufzuzeigen, eine Hinweispflicht dahin ergeben, dass eine Anrechnung auf die später für den Prozessbevollmächtigten entstehende Verfahrensgebühr entfällt, da eine Anrechnungsvorschrift sich immer nur auf »denselben« Rechtsanwalt beziehen kann, vgl. dazu auch Kommentierung zu Nr. 2300 Rn. 182.

Das Ergebnis der Prüfung spielt für den Anfall oder die Höhe der Gebühr keine Rolle.

2. Auftragserteilung entscheidet über Gebührenanfall

27 Da die Gebühr nach dem Gesetzeswortlaut für die Prüfung der Erfolgsaussicht eines Rechtsmittels anfällt, ist sie auch dann entstanden, wenn es – aus welchen Gründen auch immer –

nicht mehr zu einer Beratung (Mitteilung des Inhalts dieser Prüfung) kam, weil der Auftrag möglicherweise vorzeitig endete. Dass in der Gesetzesbegründung auf eine »Beratung« abgestellt wird (BT-Drs. 15/1971 zu Nr. 2200, S. 206, linke Spalte), ist dabei unschädlich, da es auf die Auftragserteilung ankommt.

Die vorzeitige Beendigung ist jedoch bei der Bestimmung des Gebührensatzes zu beachten, § 14 Abs. 1 RVG. 28

Ausführlich auch zur Frage der Auftragserteilung unter Rn. 5.

3. Hinweispflichten des Rechtsanwalts

Zur möglichen Hinweispflicht, wenn zwei verschiedene Rechtsanwälte involviert sind, vgl. Rn. 26. 29

Zur Hinweispflicht, wenn auf bloße Vermutung eines vom Gegner beabsichtigten Rechtsmittels der Auftrag zur Prüfung erfolgt, vgl. Rn. 17.

Zur Hinweispflicht, wenn mit einer Reduzierung des Rechtsmittels zu rechnen ist, vgl. Rn. 49.

4. Rahmengebühr

Die Gebühr nach Nr. 2100 entsteht als **Satzrahmengebühr** von 0,5 bis 1,0. Die Mittelgebühr beträgt 0,75. Bei der Bestimmung der Gebühr kommt § 14 zur Anwendung. 30

Sämtliche in § 14 aufgezählten Kriterien kommen ohne Einschränkung zur Anwendung. 31

Für die Bemessung der Gebühr spielen daher

– die Umstände des Einzelfalls,
– die Schwierigkeit der Angelegenheit,
– der Umfang der Angelegenheit,
– die Bedeutung der Angelegenheit für den Auftraggeber,
– die Einkommens- und Vermögensverhältnisse des Auftraggebers

eine Rolle. Ein höheres Haftungsrisiko kann berücksichtigt werden, § 14 Abs. 1 Satz 2. Zu den einzelnen Kriterien vgl. die Kommentierung unter § 14.

5. Anrechnungsvorschrift

a) Anrechnung auf Gebühr für Rechtsmittelverfahren

Die Gebühr Nr. 2100 ist auf eine Verfahrensgebühr für das Rechtsmittelverfahren anzurechnen. Nach der amtlichen Gesetzesbegründung war die **Anrechnungsvorschrift** in der Anmerkung erforderlich, weil die Gebühr auch anfällt, wenn der RA zur Durchführung des Rechtsmittels rät (BT-Drs. 15/1971, zu Nr. 2200, S. 206, linke Spalte). 32

Damit ist klargestellt, dass zwei Angelegenheiten vorliegen, wenn zunächst über die Erfolgsaussichten eines Rechtsmittels beraten und anschließend das Rechtsmittelverfahren betrieben wird. Somit kann auch zweimal eine Auslagenpauschale entstehen. 33

• **Beispiel** 34
Ein Mandant bittet nach verlorenem Prozess (Streitwert: € 6.000,00) seinen Prozessbevollmächtigten 1. Instanz zu prüfen, ob ein Rechtsmittel Aussicht auf Erfolg hat. Nach Prüfung wird die Erfolgsaussicht bejaht und auftragsgemäß das Rechtsmittel eingelegt. Nach einem Termin zur mündlichen Verhandlung ergeht ein Urteil.

Nr. 2100 VV

Gegenstandswert: € 6.000,00

1. Prüfung der Erfolgsaussichten eines Rechtsmittels

0,75 Prüfungsgebühr, Nr. 2100 VV RVG	€	253,50
Auslagenpauschale, Nr. 7002 VV RVG	€	20,00
Zwischensumme	€	273,50
19 % Umsatzsteuer, Nr. 7008 VV RVG	€	51,97
Summe:	**€**	**325,47**

2. Rechtsmittelverfahren

1,6 Verfahrensgebühr, Nr. 3200 VV RVG	€	540,80
Auslagenpauschale, Nr. 7002 VV RVG	€	20,00
Zwischensumme	€	560,80
abzgl. 0,75 Prüfungsgebühr, Nr. 2100 VV RVG	./. €	253,50
Zwischensumme	€	307,30
19 % Umsatzsteuer, Nr. 7008 VV RVG	€	58,39
Summe:	**€**	**365,69**

b) Anrechnung bei vorzeitiger Beendigung des Prozessauftrags

35 Prüft ein Rechtsanwalt zunächst die Erfolgsaussichten eines Rechtsmittels und erhält er sodann den Auftrag, das Rechtsmittel einzulegen, legt er es dann aber aufgrund vorzeitiger Beendigung nicht ein, liegen zwei Angelegenheiten vor.

36 • **Beispiel**
Gegenstandswert: € 6.000,00

1. Prüfung der Erfolgsaussichten eines Rechtsmittels

0,75 Prüfungsgebühr, Nr. 2100 VV RVG	€	253,50
Auslagenpauschale, Nr. 7002 VV RVG	€	20,00
Zwischensumme	€	273,50
19 % Umsatzsteuer, Nr. 7008 VV RVG	€	51,97
Summe:	**€**	**325,47**

2. Auftrag zur Einlegung des Rechtsmittels, vorzeitige Beendigung

1,1 Verfahrensgebühr, Nr. 3201 Nr. 1 VV RVG	€	371,80
Auslagenpauschale, Nr. 7002 VV RVG	€	20,00
Zwischensumme	€	391,80
abzgl. 0,75 Prüfungsgebühr, Nr. 2100 VV RVG	./. €	253,50
Zwischensumme	€	138,30
19 % Umsatzsteuer, Nr. 7008 VV RVG	€	26,28
Summe:	**€**	**164,58**

c) Teilweiser Gegenstand

37 Eine Anrechnung braucht nur soweit zu erfolgen, wie sich die Prüfung der Erfolgsaussichten eines Rechtsmittels und die Vertretung im Rechtsmittelverfahren im Gegenstand decken.

38 • **Beispiel**
Ein Mandant bittet nach verlorenem Prozess (Streitwert: € 6.000,00) seinen Prozessbevollmächtigten 1. Instanz zu prüfen, ob ein Rechtsmittel Aussicht auf Erfolg hat. Nach Prüfung wird die Erfolgsaussicht nur teilweise (Streitwert € 3.000,00) bejaht und auftragsgemäß das

Rechtsmittel auch nur für diesen Betrag eingelegt. Nach einem Termin zur mündlichen Verhandlung ergeht ein Urteil.

Gegenstandswert: € 6.000,00

1. Prüfung der Erfolgsaussichten eines Rechtsmittels

0,75 Prüfungsgebühr, Nr. 2100 VV RVG	€	253,50
Auslagenpauschale, Nr. 7002 VV RVG	€	20,00
Zwischensumme	€	273,50
19 % Umsatzsteuer, Nr. 7008 VV RVG	€	51,97
Summe:	**€**	**325,47**

Streitwert: € 3.000,00

2. Rechtsmittelverfahren

1,6 Verfahrensgebühr aus € 3.000,00, Nr. 3200 VV RVG		€	302,40
Auslagenpauschale, Nr. 7002 VV RVG		€	20,00
Zwischensumme		€	322,40
abzgl. 0,75 Prüfungsgebühr aus € 3.000,00, Nr. 2100 VV RVG	./.	€	141,75
Zwischensumme		€	180,65
19 % Umsatzsteuer, Nr. 7008 VV RVG		€	34,32
Summe:		**€**	**214,97**

d) Anderes Rechtsmittel

Eine Anrechnung ist auch nur insoweit erforderlich, als tatsächlich das Rechtsmittel eingelegt wird, für das die Prüfung der Erfolgsaussichten erfolgt ist. Wird ein anderes Rechtsmittel eingelegt, entsteht die Gebühr Nr. 2100 und bleibt ohne Anrechnung (Schneider/Wolf RVG VV 2100 Rn. 28). Diese Auffassung ist jedoch kritisch zu sehen! Zu prüfen ist nach meiner Ansicht, wie es dazu kam, dass zunächst das falsche Rechtsmittel geprüft wurde.

- **Beispiel**

Prüfung der Erfolgsaussichten einer Berufung. Es erfolgt keine Einlegung der Berufung. In der Folge jedoch Einlegung einer Sprungrevision. Gebühr Nr. 2100 entstanden; keine Anrechnung.

e) Gebühren, auf die angerechnet werden muss

Gebühren, auf die eine Anrechnung der Gebühr Nr. 2100 erfolgen muss, können z. B. sein:

- 1,6 Verfahrensgebühr, Nrn. 3200 u. 3206
- 1,1 Verfahrensgebühr, Nrn. 3201 u. 3207
- 2,3 Verfahrensgebühr, Nr. 3208
- 1,8 Verfahrensgebühr, Nr. 3209
- 1,0 Verfahrensgebühr für PKH-Verfahren, Nr. 3335
- 1,0 Verkehrsanwaltsgebühr, Nr. 3400.

6. Erhöhung nach Nr. 1008

Die Gebühr nach Nr. 2100 ist keine Geschäfts- und auch keine Verfahrensgebühr. Sie ist jedoch Betriebsgebühr, weshalb der Ansatz einer Erhöhung, die das höhere Haftungsrisiko des Anwalts abdeckt, zu befürworten ist (so auch Schneider/Wolf 4. Aufl. 2008 VV 2100 Rn. 27; Gerold/Schmidt/Madert VV 2100 Rn. 2). Gleichwohl ist jedoch zu bedenken, dass der Gesetzgeber, der den Streit über die Frage der Erhöhung z. B. für Beratungsgebühren kannte, keine klarstellende Regelung im RVG vorgenommen hat. Geht man von einer Erhöhung für die Ge-

Nr. 2100 VV

bühr nach Nr. 2100 aus, so erhöht sich damit beispielsweise der Gebührenrahmen auf 0,8 bis 1,3 beträgt diese je weiterem Auftraggeber, max. Erhöhung ist 2,0.

43 Zur Vermeidung von Streit mit dem Mandanten wird aufgrund der Unsicherheit hinsichtlich der Erhöhung empfohlen, gegebenenfalls eine Vergütungsvereinbarung zu schließen.

44 Eine Anhebung der Prüfungsgebühr bei Vertretung mehrerer Personen, die Auftraggeber sind, ist gerechtfertigt, da der Rechtsanwalt zum einen ein höheres Haftungsrisiko (einer tatsächlichen Inanspruchnahme) sowie einen Mehraufwand hat.

45 Eine Erhöhung kommt, da es sich bei Nr. 2100 um eine Wertgebühr handelt, jedoch nur in Frage, soweit der Gegenstand der anwaltlichen Tätigkeit derselbe ist, Abs. 1 der Anm. zu Nr. 1008.

46 Die Erhöhung wird nach dem Betrag berechnet, an dem die Personen gemeinschaftlich beteiligt sind, Abs. 2 der Anm. zu Nr. 1008.

7. Gegenstandswert

47 Der Wert für die Gebühr Nr. 2100 bestimmt sich nach der vollen Beschwer, wenn keine Beschränkung auf einzelne Gegenstände oder Teile davon erfolgt ist. Erhält der Rechtsanwalt daher einen uneingeschränkten Auftrag zur Rechtsmittelprüfung und wird sodann nur wegen eines Teilbetrags (mangels Erfolgsaussicht betreffend des Restes) Berufung eingelegt, hat eine entsprechende Anrechnung auch nur teilweise zu erfolgen (vgl. dazu Berechnungsbeispiel unter Rn. 38).

48 § 40 GKG, der über § 23 Abs. 1 Satz 2 RVG auch für die Wertbestimmung der Anwaltsgebühren gilt, regelt, dass sich bei Berufungsrücknahme vor Antragstellung die Gerichtskosten nach dem Wert der Beschwer richten. Daher erfolgt nicht selten in der Praxis vor Rücknahme einer Berufung eine Beschränkung durch Stellung entsprechender Anträge, um die Kosten zu drücken. Die Gebühr Nr. 2100 richtet sich grundsätzlich nach dem erteilten Auftrag. Der Rechtsanwalt des Rechtsmittelgegners, der die Erfolgsaussichten eines unbeschränkten Rechtsmittels prüft, erhält seine Gebühren aus der vollen Beschwer, selbst wenn der Gegner vor Rücknahme des Rechtsmittels durch entsprechende Antragstellung – ggf. auch rechtsmissbräuchlich – das Rechtsmittel beschränkt.

49 Ist nach einer Berufungseinlegung mit einer Reduzierung der Berufung zu rechnen, so empfiehlt es sich zur Vermeidung von späteren Streitigkeiten, dass der Rechtsanwalt des Rechtsmittelgegners seinen Mandanten hierauf hinweist. Eine Pflicht zur Hinweiserteilung hat der Rechtsanwalt nach Ansicht der Verfasserin aber nur in eindeutig gelagerten Fällen. Denn vom Rechtsanwalt des Rechtsmittelgegners können keine hellseherischen Fähigkeiten abverlangt werden, ob nun durch den Rechtsmittelführer eine Beschränkung erfolgen wird oder nicht, denn eine Prüfung, ob mit einer Beschränkung zu rechnen ist oder nicht, stellt schon eine Prüfung der Erfolgsaussichten des Rechtsmittels dar.

50 • **Beispiel**
Wegen 10 Teilbeträgen à € 100.000,00 wird ein Verfahren in 1. Instanz verloren. Der Kläger ist somit mit dem Wert von € 1 Mio. beschwert. Das Gericht hat im Urteil ausgeführt, dass 8 × € 100.000,00 verjährt sind, die restlichen 2 × € 100.000,00 seien unbegründet. Vom Kläger wird Berufung eingelegt. Der Berufungsbeklagte möchte von seinem Rechtsanwalt wissen, ob die Berufung Aussicht auf Erfolg haben wird. Es könnte nun bereits in 1. Instanz die Verjährungstatsache so klar gewesen sein, dass damit gerechnet werden muss, dass in der Folge die Berufung auf € 200.000,00 beschränkt werden soll. In einem solchen Fall sollte der Rechtsanwalt des Rechtsmittelgegners – um späteren Streit zu vermeiden – mit seinem Mandanten abklären, inwieweit dieser eine Prüfung der Erfolgsaussichten wünscht (volle Beschwer oder nur € 200.000,00?). War die Verjährungsfrage jedoch bereits in 1. Instanz heftig umstritten und

fehlt es zu diesem Punkt an höchstrichterlicher Rechtsprechung, drängt sich eine Reduzierung des Rechtsmittels durch den Rechtsmittelführer nicht auf.

8. Keine PKH für Prüfungsgebühr

Die Gebühr für die Prüfung der Erfolgsaussichten eines Rechtsmittels ist im 2. Teil des VV geregelt. Damit scheidet ein Antrag über Prozesskostenhilfe für diese Gebühr aus (Schneider/Wolf VV 2101 Rn. 31, **a. A.:** Hartung AnwBl. 2005, 206 f.). Denkbar wäre allerdings, dass der Rechtsanwalt Beratungshilfe hierfür beantragt. So entschied denn auch das OLG Frankfurt/M. am 28. 04. 2005 gegen PKH (OLG Frankfurt/M., Beschl. v. 28. 04. 2005, Az.: 1 W 33/05 (LG Limburg a. d. Lahn)). Das OLG Frankfurt hat die Rechtsbeschwerde zugelassen, da es um eine Frage des Verfahrens der PKH geht (vgl. dazu BGH NJW-RR 2003, 1001 f.) und die Voraussetzungen für die Zulassung vorliegen. Zwar berücksichtigte das OLG Frankfurt/M., dass die Beratungshilfe nach § 1 BerHG »*außerhalb eines gerichtlichen Verfahrens*« zu gewähren ist (was für die Prüfungsgebühr nach Nr. 2100 so nicht zutrifft), allerdings solle die Gebühr für die Beratungshilfe immer dann greifen, wenn für die PKH kein Raum sei. Auch könne die Frage der Aussicht auf Erfolg als Voraussetzung für die Bewilligung von PKH auf die Prüfungsgebühr keine Anwendung finden. Der BGH hat inzwischen im Wege der Rechtsbeschwerde über diese Frage entschieden: »Prozesskostenhilfe kann nach § 119 Abs. 1 Satz 1 ZPO nur für den jeweiligen Rechtszug (im kostenrechtlichen Sinne) bewilligt werden, nicht aber für eine außergerichtliche Tätigkeit des Rechtsanwalts »zwischen den Instanzen« (Prüfung der Erfolgsaussicht eines Rechtsmittels, Nr. 2100 des Vergütungsverzeichnisses zum RVG).« (BGH, Beschl. v. 25. 04. 2007, Az.: XII ZB 179/06, abrufbar unter www.bundesgerichtshof.de; NJW-RR 2007, 1439).

51

Es stellt sich die Frage, mit welcher Gebühr dann eine solche Tätigkeit über die Beratungshilfe abzurechnen wäre. Soll der Rechtsanwalt tatsächlich in einer Angelegenheit mit einem hohen Streitwert für die umfassende Prüfung eines Urteils und der Aussichten auf Erfolg eines Rechtsmittels maximal € 30,00 nach Nr. 2501 abrechnen dürfen? Dabei handelt es sich jedoch bei einer derartigen Tätigkeit eben nicht allein um eine Beratung (die allenfalls im Anschluss an die Prüfung erfolgt). Nach Ansicht der Verfasserin müsste daher entweder vom Gesetzgeber ein eigener Gebührentatbestand geschaffen werden oder aber zumindest eine Geschäftsgebühr nach Nr. 2503 abgerechnet werden können. Denn schließlich hat der Gesetzgeber der besonderen Ausgestaltung der Gebühr in Nr. 2100 damit Rechnung getragen, dass sie eine eigene Vergütungsverzeichnis-Nummer erhalten und in ihrem Anwendungsbereich erweitert wurde. Sie ist damit keine »Beratungsgebühr« im üblichen Sinne und fällt damit seit 01. 07. 2006 auch nicht wie andere Beratungsgebühren unter § 34 RVG.

52

9. Kostenerstattung

Eine Kostenerstattung für die Prüfung der Erfolgsaussichten eines Rechtsmittels kommt grundsätzlich nicht in Betracht (OLG München JurBüro 1992, 103 = Rpfleger 1992, 175). Soweit der Gegenstand der Prüfung der Erfolgsaussichten eines Rechtsmittels und eine spätere Tätigkeit des Rechtsanwalts im Rechtsmittelverfahren deckungsgleich sind, scheidet eine Kostenerstattung der **Gebühr** Nr. 2100 aufgrund der Anrechnungsvorschrift ohnehin aus. In Betracht käme allerdings, die zweite **Auslagenpauschale** nebst Umsatzsteuer in ein etwaiges Kostenfestsetzungsverfahren mit einzubeziehen (zwei Angelegenheiten).

53

Wird nach Prüfung der Erfolgsaussichten eines Rechtsmittels ein Anwaltswechsel vorgenommen, so kommt eine Erstattungsfähigkeit der hierdurch veranlassten Mehrkosten (keine Anrechnung) ohnehin nur im Fall eines notwendigen Anwaltswechsels unter strengen Maßstäben in Betracht (OLG Frankfurt AnwBl. 1980, 517 = MDR 1980, 1026 = JurBüro 1981, 126 = Rpfleger 1981, 29).

54

Nr. 2100 VV

10. Rechtsschutzversicherung

55 In jedem Fall sollte vor Prüfung der Erfolgsaussichten eines Rechtsmittels eine etwaige Rechtsschutzversicherung des Mandanten um Deckungsschutz gebeten werden, auch wenn nach den ARB (§ 17 Abs. 1 ARB 1994/2000) die Beratung über die Erfolgsaussichten eines Rechtsmittels bzw. die Prüfung der Erfolgsaussichten eines Rechtsmittels grundsätzlich unter den Versicherungsschutz fallen (Ausnahme: Mutwilligkeit).

11. Vergütungsfestsetzung nach § 11 gegen den eigenen Mandanten

56 Die Verfasserin folgt der Ansicht des OLG Köln, dass eine Festsetzung der Vergütung nach Nr. 2100 über § 11 möglich sein sollte, sofern ein gerichtliches Verfahren über den Gegenstand anhängig ist (OLG Köln OLGR 2000, 144 = AGS 2000, 145; Schneider/Wolf VV 2100 Rn. 30). Das entspricht auch der Prozessökonomie. Sobald ein gerichtliches Verfahren anhängig ist und damit auch ein Aktenzeichen existiert, zu dem die Festsetzung beantragt werden kann, sollten daher auch Vergütungsansprüche des Rechtsanwalts festsetzbar sein, auch wenn diese nicht in Teil 3 des Vergütungsverzeichnisses aufgeführt sind (**a. A.:** OLG Düsseldorf MDR 1954, 625; MDR 1990, 453 = JurBüro 1990, 453; OLG Hamm JurBüro 1996, 416 m. Anm. Hansens). Zwar handelt es sich nicht um Kosten eines gerichtlichen Verfahrens (so aber der Wortlaut in § 11); allerdings sind es Kosten, die im Rahmen eines gerichtlichen Verfahrens außergerichtlich entstanden sind.

57 Es stellt sich die Frage, ob etwas anderes (keine Festsetzbarkeit) dann gelten muss, wenn beispielsweise die Prüfung der Erfolgsaussichten über ein vom Gegner **beabsichtigtes** Rechtsmittel erfolgt ist. Hier ist der Gegenstand in 2. Instanz gar nicht erst anhängig geworden. Aber auch für solche Fälle sollte nach Ansicht der Verfasserin die Vergütung festsetzbar sein, da ohnehin das Gericht des ersten Rechtszugs entscheidet, somit also ein Aktenzeichen vorhanden ist und ein Verfahren anhängig war, unter dem Festsetzung beantragt werden kann. Die Rechte des Auftraggebers, außergebührenrechtliche Einwendungen – wie beispielsweise fehlenden Auftrag – geltend zu machen, bestehen unbeschadet weiter, so dass sich Nachteile für den Auftraggeber, die eine Festsetzung verbieten würden, nach Ansicht der Verfasserin nicht ergeben. Prozessökonomischer als die Einreichung eines Mahnbescheides oder einer Klage ist das Festsetzungsverfahren in jedem Fall.

58 Zu berücksichtigen ist allerdings, dass – da es sich bei der Gebühr Nr. 2100 um eine Rahmengebühr handelt – nach § 11 Abs. 8 somit eine Festsetzung, wenn man sie bejaht, nur möglich ist, wenn lediglich die Mindestgebühr (hier: 0,5) geltend gemacht wird, oder aber mit dem Festsetzungsantrag die Zustimmungserklärung des Auftraggebers vorgelegt wird (vgl. insoweit auch die Kommentierung zu § 11).

Nr. 2101 VV

Nr.	Gebührentatbestand	Gebühr oder Satz der Gebühr nach § 13 RVG
2101	Die Prüfung der Erfolgsaussicht eines Rechtsmittels ist mit der Ausarbeitung eines schriftlichen Gutachtens verbunden: Die Gebühr 2100 beträgt	1,3

Inhaltsübersicht

	Rn.		Rn.
A. Allgemeines	1	2. Höhe der Gebühr	9
B. Kommentierung	2	3. Anrechnungsvorschrift	10
I. Anwendungsbereich	2	4. Erhöhung nach Nr. 1008	13
II. Der Tatbestand im Einzelnen	5	5. Gegenstandswert	14
1. Schriftliches Gutachten	5	6. Vergütungsfestsetzung	15

A. Allgemeines

Die Gebühr nach Nr. 2101 VV RVG ist nicht zu verwechseln mit einer Gebühr für ein Gutachten nach § 34 RVG. Sie stellt eine Ergänzung zu § 34 und Nr. 2100 dar. Der Rechtsanwalt, der nach Prüfung der Erfolgsaussichten eines Rechtsmittels ein schriftliches Gutachten ausarbeitet, erhält den Mehraufwand für die Erstellung des Gutachtens durch eine die Rahmengebühr der Nr. 2100 deutlich übersteigende Gebühr mit einem festen Satz von 1,3 vergütet. 1

Zur Frage, ob eine Gebühr nach Nr. 2101 bei fremdem Rechtsmittel entstehen kann, vgl. die Ausführungen unter Nr. 2100 Rn. 17.

B. Kommentierung

I. Anwendungsbereich

Nr. 2101 ist anwendbar in 2

– bürgerlichen Rechtsstreitigkeiten
– Verwaltungsverfahren
– Arbeitsgerichtssachen
– Finanzgerichtssachen
– Sozialgerichtssachen, soweit Wertgebühren entstehen
– Patentgerichtssachen
– Verfassungsgerichtssachen
– Vergabeverfahren
– sowie bei isolierten Rechtsmitteln in Adhäsionsverfahren.

In Strafsachen, Bußgeldverfahren und anderen Angelegenheiten, in denen die Gebühren nicht nach dem Gegenstandswert berechnet werden (bestimmte sozialgerichtliche Verfahren), ist Nr. 2101 nicht anwendbar. Hier gilt vielmehr Nr. 2103. 3

Es ist zwar nicht erforderlich, dass der Rechtsanwalt, der die Prüfung der Erfolgsaussichten mit einem Gutachten verbindet, an dem Rechtsmittelgericht auch zugelassen beziehungsweise dort postulationsfähig ist. In den meisten Fällen wird dies jedoch aus Kostengründen 4

Nr. 2101 VV

zweckmäßig sein. Denn auch die Gebühr Nr. 2101 ist auf eine Gebühr für das spätere Rechtsmittelverfahren anzurechnen.

II. Der Tatbestand im Einzelnen

1. Schriftliches Gutachten

5 Ein Gutachten hat schriftlich zu erfolgen. Es enthält eine Auseinandersetzung mit der rechtlichen Situation und eine juristische Begründung (OLG München JurBüro 1992, 103 = Rpfleger 1992, 175). Dabei hält das Gutachten nicht nur das Ergebnis sondern auch die rechtliche Prüfung selbst fest (OLG München, a. a. O.; Schalhorn JurBüro 1972, 379). Obwohl ein juristisches Gutachten in der Regel eine Empfehlung nicht zu enthalten braucht, ist davon auszugehen, dass bei dem in Nr. 2101 angesprochenen Gutachten eine Empfehlung gefordert ist. Anders dürfte für die meisten Mandanten ein Gutachten kaum Sinn ergeben. Denn was hat ein Mandant davon, wenn ein Rechtsanwalt die Erfolgsaussichten eines Rechtsmittels prüft, ihm das Fazit seiner Prüfung aber nicht mitteilt. Schließlich soll das Ergebnis der Prüfung dem Mandanten eine Entscheidungshilfe sein.

6 • **Beispiel**
Rechtsanwältin M wird beauftragt, in einem Zugewinnausgleichsverfahren die Erfolgsaussichten eines Rechtsmittels zu prüfen und ein entsprechendes Gutachten zu erstellen. Der Gegenstandswert beträgt € 50.000,00.

Gegenstandswert: € 50.000,00	
1,3 Gebühr für Prüfung der Erfolgsaussichten eines Rechtsmittels mit Gutachten, Nr. 2101 VV RVG	€ 1.359,80
Auslagenpauschale, Nr. 7002 VV RVG	€ 20,00
Zwischensumme	€ 1.379,80
19 % Umsatzsteuer, Nr. 7008 VV RVG	€ 262,16
Summe:	**€ 1.641,96**

7 Gutachterliche Äußerungen, die ein Verkehrsanwalt dem Rechtsmittelanwalt mit Übersendung der Handakten mitteilt, lösen keine Gebühr Nr. 2101 aus. Diese Tätigkeit ist vielmehr mit der Verfahrensgebühr Nr. 3400 abgegolten (Schneider/Wolf RVG VV 2101 Rn. 10).

8 Eine Übersendung des Gutachtens per Telefax oder E-Mail wird, da die Schriftform nicht dem Beweiszweck, sondern der Information des Auftraggebers dient, für ausreichend erachtet (Schneider/Wolf RVG VV 2101 Rn. 5). Da aber auch hier gilt, dass der Rechtsanwalt im Zweifel den Anfall der Gebühr beweisen muss, sollte er den Sendebericht beziehungsweise das Versendungsprotokoll zur Akte nehmen.

2. Höhe der Gebühr

9 Die Gebühr Nr. 2101 entsteht in Höhe von 1,3. Es handelt sich insoweit um einen festen Gebührensatz.

Auch der am BGH zugelassene Rechtsanwalt, der die Erfolgsaussicht einer Revision oder Nichtzulassungsbeschwerde zum BGH prüft, erhält eine 1,3 Gebühr.

3. Anrechnungsvorschrift

10 Da in Nr. 2101 auf Nr. 2100 uneingeschränkt verwiesen wird (»*Die Gebühr 2100 beträgt*.....«), kommt auch in die Anmerkung zu Nr. 2100 zur Anwendung. Bei Verweis einer Gebühr auf eine andere Gebühr im VV gilt auch die Anmerkung der Gebühr, auf die verwiesen wird,

vgl. nur beispielhaft Nr. 1003, die auf Nr. 1000 verweist. Es dürfte kein Zweifel bestehen, dass z. B. Abs. 3 der Anm. zu Nr. 1000 auch bei Nr. 1003 gilt.

Danach ist die Gebühr Nr. 2101 auf eine Gebühr für das Rechtsmittelverfahren anzurechnen. Zur Vermeidung von Wiederholungen wird auf die Ausführungen und zur Anrechnung mit Beispielfällen unter der Nr. 2100 Rn. 32–41 verwiesen. **11**

Da die Gebühr Nr. 2101 auf eine Gebühr für ein Rechtsmittelverfahren anzurechnen ist und keine Einschränkung auf ein **nachfolgendes** Rechtsmittelverfahren vorgenommen wurde, muss die Anrechnung auch dann erfolgen, wenn **nach** Einlegung des Rechtsmittels der Auftrag erteilt wird, ein entsprechendes Gutachten über die Erfolgsaussichten zu erstellen. **12**

4. Erhöhung nach Nr. 1008

Da es sich bei der Gebühr Nr. 2101 um eine Betriebsgebühr handelt, kann eine Erhöhung nach Nr. 1008 für die Vertretung mehrerer Personen, die Auftraggeber sind, entstehen (vgl. dazu die Kommentierung zu Nr. 2100 unter Rn. 42). Diese Auffassung ist jedoch nicht unstrittig. Schon zu BRAGO-Zeiten war die Rechtsprechung hinsichtlich des Anfalls einer Erhöhung auf die Beratungsgebühren strittig. Der Gesetzgeber, der mit dem neuen RVG Gelegenheit gehabt hätte, Rechtssicherheit zu schaffen, hat die Beratungsgebühren nicht in Nr. 1008 aufgenommen. Zur Vermeidung von Streit mit dem Mandanten wird daher empfohlen, gegebenenfalls eine Vergütungsvereinbarung zu schließen. **13**

5. Gegenstandswert

Zur Frage des Gegenstandswertes vgl. die Ausführungen zu Nr. 2100 unter Rn. 47. **14**

6. Vergütungsfestsetzung

Zur Frage der Vergütungsfestsetzung nach § 11 vgl. die Ausführungen zu Nr. 2100 unter Rn. 56. **15**

Nr. 2102 VV

Nr.	Gebührentatbestand	Gebühr oder Satz der Gebühr nach § 13 RVG
2102	Gebühr für die Prüfung der Erfolgsaussicht eines Rechtsmittels in sozialrechtlichen Angelegenheiten, in denen im gerichtlichen Verfahren Betragsrahmengebühren entstehen (§ 3 RVG), und in den Angelegenheiten, für die nach den Teilen 4 bis 6 Betragsrahmengebühren entstehen............ Die Gebühr ist auf eine Gebühr für das Rechtsmittelverfahren anzurechnen.	10,00 bis 260,00 EUR

Inhaltsübersicht

	Rn.
A. Allgemeines	1
B. Kommentierung	2
I. Anwendungsbereich	2
II. Der Tatbestand im Einzelnen	5
1. Rechtsmittelführer / Rechtsmittelgegner	5
2. Gebührenhöhe	6
3. Betragsrahmengebühr	7

	Rn.
4. Anrechnungsvorschrift	8
a) Anrechnung bei identischen Gegenständen	9
b) Anrechnung bei nicht identischen Gegenständen	11
5. Erhöhung nach Nr. 1008	13

A. Allgemeines

1 Erfolgt durch den Rechtsanwalt eine Prüfung der Erfolgsaussichten eines Rechtsmittels in einer Angelegenheit, in der der Rechtsanwalt Betragsrahmengebühren erhält, kommt die Gebühr Nr. 2102 zur Anwendung.

Hinsichtlich der allgemeinen Voraussetzungen (Auftragserteilung, etc.) gilt das unter Nr. 2100 Kommentierte.

B. Kommentierung

I. Anwendungsbereich

2 Die Gebühr kann in folgenden Angelegenheiten bei entsprechender Tätigkeit des Rechtsanwalts entstehen:

– sozialgerichtlichen Verfahren im Sinne von § 3 Abs. 1 Satz 1 (Rahmengebühren)
– Strafsachen (Ausnahme: Adhäsionsverfahren)
– Bußgeldsachen
– Verfahren nach Teil 6 VV (z. B. berufsrechtliche Verfahren, etc.).

3 Für die Entstehung der Gebühr Nr. 2102 kommt es auf die Auftragserteilung an, nicht auf die Tätigkeit des Rechtsanwalts. Um Missverständnisse zu vermeiden, sollte der Rechtsanwalt sich insbesondere im Hinblick auf die kurzen Rechtsmittelfristen im Strafprozess grundsätzlich den erteilten Auftrag zur Akte notieren bzw. schriftlich geben lassen. Dies umso mehr, als die Einlegung eines Rechtsmittels in Straf- und Bußgeldsachen nach § 19 Abs. 1 Satz 2 Nr. 10 zum Rechtszug gehört. Dies bedeutet, dass die Einlegung eines Rechtsmittels keine gesonder-

ten Gebühren auslöst, vgl. § 15 Abs. 2 Satz 2. Erst die Tätigkeit ab Einlegung löst wieder neue Gebühren aus. Welche Gebühren ausgelöst werden, hängt dann vom erteilten Auftrag ab.

- **Beispiel** 4

In einem Strafprozess erhält der Rechtsanwalt noch im Termin den Auftrag, Rechtsmittel einzulegen, was dieser auch tut. Diese Tätigkeit ist mit den Gebühren für den 1. Rechtszug abgegolten. In der Folge wird der Rechtsanwalt beauftragt, die Erfolgsaussichten des Rechtsmittels zu prüfen. Der Rechtsanwalt prüft die Erfolgsaussichten und rät schließlich von der Durchführung des Berufungsverfahrens ab. Es entsteht neben den Gebühren für den 1. Rechtszug die Gebühr Nr. 2102. Gebühren für das Rechtsmittelverfahren entstehen erst in dem Moment, wenn der Rechtsanwalt das Rechtsmittel zurücknimmt oder aber das Verfahren durchführt. Denn ab Rechtsmitteleinlegung beginnt im Strafprozess ein neuer Rechtszug. Die Gebühr Nr. 2102 wäre in der Folge auf die Verfahrensgebühr für das Rechtsmittelverfahren anzurechnen, Anmerkung zu Nr. 2102.

II. Der Tatbestand im Einzelnen

1. Rechtsmittelführer/Rechtsmittelgegner

Die Gebühr Nr. 2102 entsteht auch dann, wenn der Rechtsanwalt auftragsgemäß die Erfolgsaussichten eines von einem Dritten (z. B. Staatsanwaltschaft) eingelegten Rechtsmittels prüft. 5

2. Gebührenhöhe

Die Gebühr entsteht als Betragsrahmengebühr in Höhe von € 10,00 bis € 260,00. Die Mittelgebühr beträgt € 135,00. 6

3. Betragsrahmengebühr

Da es sich bei der Gebühr Nr. 2102 um eine Rahmengebühr handelt, kommt bei der Bestimmung der Gebühr § 14 zur Anwendung. 7

Sämtliche in § 14 aufgezählten Kriterien kommen ohne Einschränkung zur Anwendung. Für die Bemessung der Gebühr spielen daher

- die Umstände des Einzelfalls
- die Schwierigkeit der Angelegenheit
- der Umfang der Angelegenheit
- die Bedeutung der Angelegenheit für den Auftraggeber
- die Einkommens- und Vermögensverhältnisse des Auftraggebers

eine Rolle. Ein höheres Haftungsrisiko soll berücksichtigt werden, § 14 Abs. 1 Satz 2.

Zu den einzelnen Kriterien vgl. die Kommentierung unter § 14.

4. Anrechnungsvorschrift

Auch die Gebühr Nr. 2102 ist auf eine Verfahrensgebühr im Rechtsmittelverfahren **anzurechnen,** Anmerkung zu Nr. 2102. 8

a) Anrechnung bei identischen Gegenständen

Die Anrechnung hat nur soweit zu erfolgen, wie der Gegenstand der Tätigkeit für die Gebühr Nr. 2102 und das anschließende Rechtsmittelverfahren identisch sind. 9

Nr. 2102 VV

10 • **Beispiel**
RA M prüft die Erfolgsaussichten eines Rechtsmittels gegen ein Urteil des Sozialgerichts. Er sieht gute Erfolgsaussichten und rät zur Einlegung des Rechtsmittels. Sodann wird RA M im Verfahren vor dem Landessozialgericht im Rechtsmittelverfahren tätig.

1. Prüfung der Erfolgsaussichten eines Rechtsmittels

Gebühr für die Prüfung der Erfolgsaussichten eines Rechtsmittels, Nr. 2102 (Mittelgebühr) VV RVG	€ 135,00
Auslagenpauschale, Nr. 7002 VV RVG	€ 20,00
Zwischensumme	€ 155,00
19 % Umsatzsteuer, Nr. 7008 VV RVG	€ 29,45
Summe:	**€ 184,45**

2. Verfahren vor dem Landessozialgericht

Verfahrensgebühr, Nr. 3204 (Mittelgebühr) VV RVG	€ 310,00
abzüglich Gebühr für Prüfung der Erfolgsaussichten eines Rechtsmittels, Nr. 2102 VV RVG	./. € 135,00
Zwischensumme	€ 175,00
Auslagenpauschale, Nr. 7002 VV RVG	€ 20,00
Zwischensumme	€ 195,00
19 % Umsatzsteuer, Nr. 7008 VV RVG	€ 37,05
Summe:	**€ 232,05**

b) Anrechnung bei nicht identischen Gegenständen

11 Sind die Gegenstände nicht identisch, so hat eine Anrechnung nur soweit zu erfolgen, als auch das Rechtsmittel tatsächlich eingelegt wird.

Die Abgrenzung kann in der Praxis problematisch sein. N. Schneider schlägt beispielsweise in einer Strafsache, in der die Prüfung der Erfolgsaussichten einer Berufung gegen die Verurteilung zweier Delikte, die Einlegung des Rechtsmittels aber nur wegen eines Delikts erfolgte, eine hälftige Anrechnung vor (*N. Schneider* in Gebauer/Schneider 2. Aufl. 2004 RVG VV 2203 Rn. 5). Eine derart schematische Anrechnung wird aber den Umständen des Einzelfalls unter Umständen nicht gerecht, da die Betragsrahmengebühren nach § 14 zu bestimmen sind.

12 Denkbar ist nur beispielhaft Folgendes:

• **Beispiel**
Es erfolgt eine Verurteilung des Angeklagten wegen Diebstahls und wegen vorsätzlichen gefährlichen Eingriffs in den Straßenverkehr in Tateinheit mit fahrlässiger Körperverletzung. RAin BB prüft die Erfolgsaussichten eines Rechtsmittels. Für die Prüfung der Erfolgsaussichten eines Rechtsmittels wegen des Diebstahldelikts benötigt sie 2 Stunden Arbeitszeit. Wegen der Prüfung hinsichtlich des Delikts vorsätzlicher gefährlicher Eingriff in den Straßenverkehr in Tateinheit mit fahrlässiger Körperverletzung benötigt sie 2 Stunden. Die Beratung des Prüfungsergebnisses erfordert insgesamt 45 Minuten, wobei 15 Min. auf das Diebstahlsdelikt entfallen. Im Hinblick auf den Umfang der Angelegenheit geht RAin BB von einer durchschnittlichen Angelegenheit aus. Dies würde den Ansatz einer Mittelgebühr rechtfertigen. Was die Bedeutung der Angelegenheit für den Auftraggeber betrifft, so wiegt für den Mandanten der Vorwurf des vorsätzlichen Eingriffs in den Straßenverkehr in Tateinheit mit fahrlässiger Körperverletzung so schwer, dass RAin BB es für gerechtfertigt erachtet, eine Gebühr oberhalb der Mittelgebühr anzusetzen, und zwar bei € 180,00 insgesamt.

Angenommen, das Ergebnis der Prüfung bringt den Mandanten zu der Entscheidung, ein Rechtsmittel nur wegen des Diebstahldelikts einzureichen. Eine hälftige Anrechnung wäre in diesem Fall wohl nicht gerechtfertigt. Um Streit mit dem Mandanten vorzubeugen, muss der Abschluss einer Vergütungsvereinbarung angeraten werden. Ist eine solche nicht abgeschlossen worden, könnte nach Ansicht der Verfasserin die Anrechnung analog § 14 nach billigem Ermessen durch den Rechtsanwalt vorgenommen werden. Dabei dürfen hieran keine übersteigerten Anforderungen gestellt werden. Nur ein völlig willkürliches, in keiner Weise nachvollziehbares Anrechnungsergebnis ist zu missbilligen.

5. Erhöhung nach Nr. 1008

Eine Erhöhung für jede weitere Person, die Auftraggeber ist, kommt nach Ansicht der Literatur in Betracht, obwohl in Nr. 1008 die Beratungsgebühr (Prüfungsgebühr für die Erfolgsaussichten eines Rechtsmittels) nicht ausdrücklich genannt ist (vgl. dazu die Kommentierung zu Nr. 2100 Rn. 42). 13

Bei Satzrahmengebühren erhöhen sich Mindest- und Höchstbetrag um 30 %. Dies bedeutet für die Gebühr Nr. 2102 einen erhöhten Rahmen von € 13,00 bis € 338,00 bei einem weiteren Auftraggeber; die Mittelgebühr beträgt bei diesem erhöhten Rahmen € 175,50.

Nr. 2103 VV

Nr.	Gebührentatbestand	Gebühr oder Satz der Gebühr nach § 13 RVG
2103	Die Prüfung der Erfolgsaussicht eines Rechtsmittels ist mit der Ausarbeitung eines schriftlichen Gutachtens verbunden: Die Gebühr 2102 beträgt	40,00 bis 400,00 EUR

Inhaltsübersicht

	Rn.		Rn.
A. Allgemeines	1	2. Gebührenhöhe	4
B. Kommentierung	2	3. Betragsrahmengebühr	5
I. Anwendungsbereich	2	4. Anrechnungsvorschrift	7
II. Der Tatbestand im Einzelnen	3	5. Erhöhung nach Nr. 1008	8
1. Rechtsmittelführer/Rechtsmittelgegner	3		

A. Allgemeines

1 Zur Frage, wann von einem schriftlichen Gutachten gesprochen werden kann, vgl. analog die Kommentierung unter Nr. 2101 Rn. 5.

B. Kommentierung

I. Anwendungsbereich

2 Die Gebühr kann in folgenden Angelegenheiten bei entsprechender Tätigkeit des Rechtsanwalts entstehen:

- sozialgerichtlichen Verfahren im Sinne von § 3 Abs. 1 Satz 1
- (Rahmengebühren)
- Strafsachen (Ausnahme: Adhäsionsverfahren)
- Bußgeldsachen
- Verfahren nach Teil 6 VV (z. B. berufsrechtliche Verfahren, etc.).

II. Der Tatbestand im Einzelnen

1. Rechtsmittelführer/Rechtsmittelgegner

3 Die Gebühr Nr. 2103 entsteht auch dann, wenn der Rechtsanwalt auftragsgemäß die Erfolgsaussichten eines von einem Dritten (z. B. Staatsanwaltschaft) eingelegten Rechtsmittels prüft und hierüber ein entsprechendes Gutachten erstellt.

2. Gebührenhöhe

4 Die Gebühr Nr. 2103 entsteht als Betragsrahmengebühr in Höhe von € 40,00 bis € 400,00. Die Mittelgebühr beträgt € 220,00. Im Gegensatz zur Gebühr Nr. 2101 handelt es sich somit nicht um eine Festgebühr (Nr. 2101 entsteht in Höhe von 1,3), sondern ebenfalls wie die Gebühr Nr. 2102 um eine Betragsrahmengebühr.

3. Betragsrahmengebühr

Da es sich bei der Gebühr Nr. 2103 um eine Rahmengebühr handelt, kommt bei der Bestimmung der Gebühr § 14 zur Anwendung. 5

Sämtliche in § 14 aufgezählten Kriterien kommen ohne Einschränkung zur Anwendung. Für die Bemessung der Gebühr spielen daher 6

- die Umstände des Einzelfalls
- die Schwierigkeit der Angelegenheit
- der Umfang der Angelegenheit
- die Bedeutung der Angelegenheit für den Auftraggeber
- die Einkommens- und Vermögensverhältnisse des Auftraggebers

eine Rolle. Ein höheres Haftungsrisiko soll berücksichtigt werden, § 14 Abs. 1 Satz 2.

Zu den einzelnen Kriterien vgl. die Kommentierung unter § 14.

4. Anrechnungsvorschrift

Auch die Gebühr Nr. 2103 ist auf eine Verfahrensgebühr im Rechtsmittelverfahren **anzurechnen**, Anmerkung zu Nr. 2102, insoweit wird auf die Kommentierung dort unter Rn. 8 verwiesen. 7

5. Erhöhung nach Nr. 1008

Was eine etwaige Erhöhung der Gebühr Nr. 2103 nach Nr. 1008 betrifft, so wird auf die Ausführungen unter Nr. 2100 Rn. 42 verwiesen. 8

Nr. 2200 VV

ABSCHNITT 2
HERSTELLUNG DES EINVERNEHMENS

Nr. 2200 VV

Nr.	Gebührentatbestand	Gebühr oder Satz der Gebühr nach § 13 RVG
	Abschnitt 2 **Herstellung des Einvernehmens**	
2200	Geschäftsgebühr für die Herstellung des Einvernehmens nach § 28 EuRAG	in Höhe der einem Bevollmächtigten oder Verteidiger zustehenden Verfahrensgebühr

Inhaltsübersicht

	Rn.		Rn.
A. Allgemeines	1	b) Rahmengebühren	13
B. Kommentierung	10	c) Erhöhung nach Nr. 1008	14
I. Anwendungsbereich	10	2. Angelegenheiten	16
II. Der Tatbestand im Einzelnen	11	3. Weitere Gebühren	17
1. Höhe der Gebühr	11	4. Keine Anrechnung	18
a) Wertgebühren	12	5. Erstattungsfähigkeit	19

A. Allgemeines

1 Die in Nr. 2200 geregelte Geschäftsgebühr verdient der so genannte **Einvernehmensanwalt**, der nach § 28 EuRAG die Vertretung und Verteidigung in bestimmten Bereichen der Rechtspflege übernommen hat (EuRAG = Gesetz über die Tätigkeit europäischer Rechtsanwälte in Deutschland vom 09. 03. 2000, BGBl. I, 182, BGBl. III, 303–19, geändert durch Artikel 19 G. v. 12. 12. 2007, BGBl. I, S. 2840; zuletzt geändert durch Artikel 6 G. v. 12. 06. 2008, BGBl. I, S. 1000 m. W. v. 01. 07. 2008 – hier insbesondere Aufhebung von § 28 Abs. 4 EuRAG).

2 In gerichtlichen Verfahren sowie in behördlichen Verfahren wegen Straftaten, Ordnungswidrigkeiten, Dienstvergehen oder Berufspflichtverletzungen, in denen der Mandant den Rechtsstreit nicht selbst führen oder sich verteidigen kann, darf der dienstleistende Rechtsanwalt als Vertreter oder Verteidiger eines Mandanten nur im Einvernehmen mit einem Rechtsanwalt handeln.

3 *§ 28 EuRAG Vertretung und Verteidigung im Bereich der Rechtspflege*

(1) Der dienstleistende europäische Rechtsanwalt darf in gerichtlichen Verfahren sowie in behördlichen Verfahren wegen Straftaten, Ordnungswidrigkeiten, Dienstvergehen oder Berufspflichtverletzungen, in denen der Mandant nicht selbst den Rechtsstreit führen oder sich verteidigen kann, als Vertreter oder Verteidiger eines Mandanten nur im Einvernehmen mit einem Rechtsanwalt (Einvernehmensanwalt) handeln.

(2) Der Einvernehmensanwalt muss zur Vertretung oder Verteidigung bei dem Gericht oder der Behörde befugt sein. Ihm obliegt es, gegenüber dem dienstleistenden europäischen Rechtsanwalt darauf hinzuwirken, dass dieser bei der Vertretung oder Verteidigung die Erfordernisse einer geordneten Rechtspflege beachtet.

(3) Zwischen dem Einvernehmensanwalt und dem Mandanten kommt kein Vertragsverhältnis zustande, wenn die Beteiligten nichts anderes bestimmt haben.

Der Einvernehmensanwalt muss daher vor dem Gericht oder der Behörde zur Vertretung oder Verteidigung befugt sein. Soweit Anwalts- oder Zulassungszwang besteht, muss er bei dem Gericht zugelassen oder postulationsfähig sein. Die Aufgabe des Einvernehmensanwalts besteht darin, für eine geordnete Rechtspflege Sorge zu tragen und mangelnde Kenntnis des europäischen Anwalts über hiesige Erfordernisse auszugleichen. Das Einvernehmen ist dem Gericht oder der Behörde mit der ersten Handlung schriftlich nachzuweisen, § 29 Abs. 1 EuRAG, da ohne diesen Nachweis der dienstleistende Anwalt keine wirksamen Verfahrenshandlungen vornehmen kann, § 29 Abs. 3 EuRAG. 4

Ein Widerruf des Einvernehmens, der nur für die Zukunft gilt, ist ebenfalls nach § 29 Abs. 2 EuRAG schriftlich zu erklären. 5

Der dienstleistende europäische Anwalt darf einen Mandanten, dem in einem Strafverfahren die Freiheit auf Grund gerichtlicher oder behördlicher Anordnung entzogen worden ist, nur in Begleitung eines Einvernehmensanwalts nach § 28 Abs. 1 EuRAG besuchen und mit dem Mandanten nur über einen solchen Einvernehmensanwalt schriftlich verkehren, § 30 EuRAG; Ausnahme: eine Gefährdung der Sicherheit ist nicht zu besorgen, § 30 Abs. 2 EuRAG. 6

Zwischen dem Einvernehmensanwalt (deutschen Anwalt) und dem Mandanten kommt ein Vertragsverhältnis nicht zustande, sofern nicht etwas anderes vereinbart worden ist, § 28 Abs. 3 EuRAG. Vertragspartner ist damit der beauftragende europäische Anwalt, der auch die Gebühren schuldet (*N. Schneider* in Schneider/Wolf RVG VV 2200 Rn. 15). 7

Der Einvernehmensanwalt hat die Pflicht gegenüber dem dienstleistenden Anwalt, zukünftige Verfahrensentwicklungen vorab zu besprechen und sich zu vergewissern, wie das Verfahren sich entwickelt (BT-Drs. 15/1971 zu Nr. 2300, S. 206, rechte Spalte). 8

Das gesamte EuRAG kann im Internet unter http://www.rechtsanwaltskammer-muenchen.de/fileadmin/downloads/Anwaltsservice/EuRAG.pdf heruntergeladen werden (Stand: 21.07.2008). 9

B. Kommentierung

I. Anwendungsbereich

Nr. 2200 ist anwendbar, soweit Staatsangehörige der Mitgliedsstaaten der Europäischen Union, der anderen Vertragsstaaten des Abkommens über den Europäischen Wirtschaftsraum und der Schweiz, die berechtigt sind, als Rechtsanwalt unter einer der in der Anlage zum EuRAG genannten Berufsbezeichnungen selbständig tätig zu sein (europäische Rechtsanwälte), im Einvernehmen nach § 28 EuRAG die Vertretung und Verteidigung im Bereich der Rechtspflege in Deutschland wahrnehmen. 10

Nr. 2200 VV

II. Der Tatbestand im Einzelnen

1. Höhe der Gebühr

11 Kommt das Einvernehmen zustande, erhält der Einvernehmensanwalt (deutsche Anwalt) eine Geschäftsgebühr in Höhe der einem Bevollmächtigten oder Verteidiger zustehenden Verfahrensgebühr. Damit ist darauf abzustellen, welche Gebühr der Einvernehmensanwalt erhalten hätte, wenn er selbst Bevollmächtigter oder Verteidiger geworden wäre.

a) Wertgebühren

12 Soweit der bevollmächtigte Rechtsanwalt für seine Tätigkeit eine Verfahrensgebühr nach Nr. 3100 erhalten würde, erhält der Einvernehmensanwalt eine 1,3 Geschäftsgebühr.

Endet die Angelegenheit vorzeitig, so erhält der Einvernehmensanwalt auch nur die entsprechenden Gebühren für vorzeitige Beendigung, wie z. B. die Gebühr Nr. 3101 Nr. 1.

Sofern das Einvernehmen nicht hergestellt wird, entsteht nicht eine Gebühr Nr. 2200, sondern vielmehr eine solche nach Nr. 2201 (0,1 bis 0,5 bzw. der Mindestbetrag der einem Bevollmächtigten oder Verteidiger zustehenden Verfahrensgebühr, siehe auch die Kommentierung unter Nr. 2201).

b) Rahmengebühren

13 Wird der Einvernehmensanwalt beispielsweise in einer Strafsache tätig, so erhält er eine Verfahrensgebühr nach der Ordnung des Gerichts, vor dem die Angelegenheit anhängig ist, bzw. anhängig werden würde.

Sofern allerdings das Einvernehmen gegenüber der Staatsanwaltschaft während des Ermittlungsverfahrens hergestellt wird, erhält der Einvernehmensanwalt eine Verfahrensgebühr nach Nr. 4104.

Sofern der Mandant sich in Haft befindet, entsteht die Verfahrensgebühr mit Zuschlag.

Bei der Bemessung einer Rahmengebühr ist § 14 heranzuziehen. Insoweit wird auf die ausführlichen Kommentierungen zu § 14 verwiesen.

c) Erhöhung nach Nr. 1008

14 Da der Einvernehmensanwalt eine Geschäftsgebühr erhält, die in Nr. 1008 aufgeführt ist, kann er bei Vertretung mehrerer Personen, die Auftraggeber sind, eine entsprechende Erhöhung seiner Geschäftsgebühr erhalten. Da Auftraggeber des Einvernehmensanwalts jedoch nicht die Mandanten, sondern vielmehr der europäische dienstleistende Anwalt (bzw. mehrere Anwälte) sind, ist für die Frage, ob die Geschäftsgebühr zu erhöhen ist, nach Ansicht von N. Schneider auf die Auftraggeber des Einvernehmensanwalts abzustellen, somit auf die Anzahl der europäischen Anwälte, die ihn beauftragt haben (so *N. Schneider* in Gebauer/Schneider RVG VV 2300–2301 Rn. 39 ff.). Nach N. Schneider kann sich eine doppelte Erhöhung ergeben, wenn die Geschäftsgebühr bereits deshalb zu erhöhen ist, weil der europäische Anwalt seinerseits mehrere Auftraggeber hat (*N. Schneider* in Gebauer/Schneider RVG VV 2300–2301 Rn. 42).

15 Der Auffassung von N. Schneider begegnet die Verfasserin mit Bedenken. Nr. 2200 regelt, dass der Rechtsanwalt »eine Geschäftsgebühr in Höhe der einem Bevollmächtigten oder Verteidiger zustehenden Verfahrensgebühr« erhält. Stellt man nun auf die tatsächlichen Auftraggeber, den oder die europäischen Anwälte ab, so hätte der Rechtsanwalt ggf. nur einen Auftraggeber, auch wenn der europäische Rechtsanwalt mehrere Auftraggeber seinerseits hat. Nr. 2200 regelt jedoch nicht die Auftraggeberschaft und damit die Frage, wer für die Vergütung haftet, sondern stellt den Einvernehmensanwalt »fiktiv« an die Position des Bevollmächtigten oder Verteidigers. Damit hat nach Ansicht der Verfasserin der Rechtsanwalt, der im Einvernehmen tätig wird, für die Höhe seiner Gebühr darauf abzustellen, wie viele Auftrag-

geber er hätte, wenn er selbst Bevollmächtigter oder Verteidiger wäre. Für eine doppelte Erhöhung, wie sie Schneider ableitet, wenn beispielsweise der Auftrag zur Herstellung des Einvernehmens von zwei europäischen Anwälten erteilt wird (dabei ausgehend von einer Festgebühr + 30 %), sieht die Verfasserin keinen Raum. Doch selbst wenn man der Auffassung von Schneider folgt, so stellt sich die Frage, inwieweit der Einvernehmensanwalt eine Aufklärungspflicht gegenüber den europäischen Anwälten (die mit den Feinheiten des RVG wohl in den meisten Fällen nicht vertraut sind) hat, so dass er sich insoweit den Auftrag nur von einem Rechtsanwalt erteilen lassen dürfte. Im Ergebnis wird es nach Ansicht der Verfasserin dabei bleiben, dass die Erhöhung nur einmal entsteht.

2. Angelegenheiten

Auch beim Einvernehmensanwalt ist für die Anzahl der Angelegenheiten auf die §§ 15–18 abzustellen. 16

3. Weitere Gebühren

Weitere Gebühren, die über die Gebühr Nr. 2200 hinausgehen, wie z. B. eine Terminsgebühr, Einigungsgebühr, etc. kann der Einvernehmensanwalt nicht verdienen, wenn er nur in seiner Funktion als Einvernehmensanwalt tätig wird. Etwas anderes mag gelten, wenn er zusätzlich einen Verfahrensauftrag erhält (*Mayer* in Gerold/Schmidt RVG 18. Aufl. 2008 VV 2200, 2201 Rn. 22). 17

4. Keine Anrechnung

Da in Vorbemerkung 3 Abs. 4 VV lediglich von einer Anrechnung der Geschäftsgebühren Nrn. 2300 bis 2303 die Rede ist, fällt die Geschäftsgebühr Nr. 2200 nicht unter diese Anrechnungsvorschrift. Auch in Nr. 2300 selbst findet sich keine entsprechende Anmerkung. 18

Der Gesetzgeber wollte die früher in § 24a BRAGO (der durch Nr. 2300 a. F. und jetzigen Nr. 2200 ersetzt wurde) vorgesehene Anrechnungspflicht ausdrücklich streichen (BT-Drs. 15/1971 zu Nr. 2300 VV, S. 206, rechte Spalte). Ihm schien dies aufgrund der sich aus dem neu gestalteten EuRAG ergebenden Pflichten des Einvernehmensanwalts geboten.

5. Erstattungsfähigkeit

Die Kosten eines Einvernehmensanwalts sind nach Auffassung des EuGH grundsätzlich erstattungsfähig (EuGH, Urt. v. 11. 12. 2003, Az.: Rs C – 289/02 = BRAK-Mitt. 2004, 28 m. Anm. Struve = MDR 2004, 358 m. Anm. Kilian; so auch OLG München, Beschl. v. 11. 03. 2004, Az.: 11 W 2889/02 = JurBüro 2004, 380 ff. = NJW-RR 2004, 1508; Hansens/Braun/Schneider Praxis des Vergütungsrechts Teil 6 Rn. 104; Gerold/Schmidt/Mayer 18. Aufl. 2008 2200–2201 VV Rn. 26). 19

Beauftragt eine ausländische, im EU-Gebiet ansässige Partei einen ausländischen Prozessbevollmächtigten und einen Einvernehmensanwalt, so beschränkt sich der Kostenerstattungsanspruch nach Ansicht des OLG München wegen der Kosten des ausländischen Prozessbevollmächtigten auf die Kosten, die bei Beauftragung eines deutschen Rechtsanwalts angefallen wären (OLG München, Beschl. v. 11. 03. 2004, Az.: 11 W 2889/02 = JurBüro 2004, 380 ff. = NJW-RR 2004, 1508). Dies gilt auch für die ggf. anfallende ausländische Umsatzsteuer (OLG München, a. a. O.). Der Kostenerstattungsanspruch umfasst die Kosten des Einvernehmensanwalts einschl. der Umsatzsteuer (OLG München, a. a. O., unter Aufgabe der Senatsrechtsprechung MDR 1988 = Rpfleger 1998, 538 im Anschluss an das Urteil des EuGH v. 11. 12. 2003, Az.: C 289/02).

Nr.	Gebührentatbestand	Gebühr oder Satz der Gebühr nach § 13 RVG
2201	Das Einvernehmen wird nicht hergestellt: Die Gebühr 2200 beträgt	0,1 bis 0,5 oder Mindestbetrag der einem Bevollmächtigten oder Verteidiger zustehenden Verfahrensgebühr

A. Allgemeines

1 Zum Einvernehmensanwalt im Sinne des EuRAG wird auf die Kommentierung unter Nr. 2200 Rn. 2 verwiesen.

B. Kommentierung

I. Der Tatbestand im Einzelnen

1. Keine Herstellung des Einvernehmens

2 Kommt es nicht zur Herstellung des Einvernehmens, reduziert sich die Gebühr Nr. 2200 nach Nr. 2201 auf 0,1 bis 0,5.

3 Keine Herstellung des Einvernehmens liegt vor, wenn
- der Rechtsanwalt nach Prüfung der Sach- und Rechtslage die Herstellung des Einvernehmens ablehnt
- eine Kündigung durch den ausländischen Anwalt erfolgt
- das Verfahren, für das das Einvernehmen hergestellt werden sollte, vorzeitig endet.

2. Höhe der Gebühr

4 Die Geschäftsgebühr Nr. 2201 beträgt 0,1 bis 0,5; die Mittelgebühr beträgt 0,3. Bei Betragsrahmengebühren erhält der Rechtsanwalt die Mindestgebühr.

3. Anrechnung, Kostenerstattung, etc.

5 Zur Frage der Anrechnung siehe Kommentierung unter Nr. 2200 Rn. 18, zur Frage der Kostenerstattung unter Nr. 2200 Rn. 19 und zur Frage der Erhöhung unter Nr. 2200 Rn. 14.

ABSCHNITT 3
VERTRETUNG

Vorbemerkung 2.3 VV

Nr.	Gebührentatbestand	Gebühr oder Satz der Gebühr nach § 13 RVG
	Abschnitt 3 **Vertretung**	
Vorbemerkung 2.3: (1) Im Verwaltungszwangsverfahren ist Teil 3 Abschnitt 3 Unterabschnitt 3 entsprechend anzuwenden. (2) Dieser Abschnitt gilt nicht für die in Abschnitt 4 genannten Angelegenheiten. (3) Die Geschäftsgebühr entsteht für das Betreiben des Geschäfts einschließlich der Information und für die Mitwirkung bei der Gestaltung eines Vertrags.		

Inhaltsübersicht

	Rn.		Rn.
A. Allgemeines	1	a) Außergerichtliche Tätigkeit	15
B. Kommentierung	3	b) Abgrenzung von Teil 2 Abschnitt 3 zur Beratungshilfe	16
I. Anwendungsbereich	3	c) Maßgeblich ist der erteilte Auftrag	17
II. Der Tatbestand im Einzelnen	6	aa) Allgemeines	17
1. Verwaltungszwangsverfahren (Vorbem. 2.3, Abs. 1 VV)	6	bb) Sofortiger Prozessauftrag in arbeitsgerichtlichen Mandaten?	31
2. Sozialrechtliche Angelegenheiten (Vorbem. 2.3, Abs. 2 VV)	12	d) Gestaltung eines Vertrags/einer Urkunde	35
3. Geschäftsgebühr als Betriebsgebühr (Vorbem. 2.3, Abs. 3 VV)	15	e) Erhöhung der Geschäftsgebühren nach Nr. 1008	39

A. Allgemeines

Vorbemerkung 2.3 VV regelt den Anwendungsbereich der hier bestimmten Gebühren. Dies sind: **1**

– Geschäftsgebühr, Nr. 2300
– Geschäftsgebühr bei vorausgegangener Tätigkeit im Verwaltungsverfahren, Nr. 2301
– Geschäftsgebühr für ein Schreiben einfacher Art, Nr. 2302
– Geschäftsgebühr für Güteverfahren u. ähnl. Verfahren, Nr. 2303.

In Teil 2 Abschnitt 3 VV sollen nahezu alle Fälle der außergerichtlichen Vertretung, soweit es sich nicht um die in den Teilen 4 bis 6 VV geregelten Angelegenheiten handelt, zusammengefasst werden (BT-Drs. 15/1971, S. 206 zu Abschnitt 4 (a. F. – ab 01. 07. 2006 Abschnitt 3)). Umfasst sind damit alle bürgerlich-rechtlichen und öffentlich-rechtlichen Streitigkeiten sowie solche Angelegenheiten, für die im gerichtlichen Verfahren das FGG gilt (BT-Drs. 15/1971, S. 206, zu Abschnitt 4 a. F. – ab 01. 07. 2006 Abschnitt 3). **2**

Vorbemerkung 2.3 VV

B. Kommentierung

I. Anwendungsbereich

3 Für Verwaltungszwangsverfahren werden in **Absatz 1** der Vorbemerkung 2.3 VV die Gebühren aus Teil 3, Abschnitt 3, Unterabschnitt 3 für entsprechend anwendbar erklärt (Gebühren für die Zwangsvollstreckung). Da das Verwaltungszwangsverfahren ein außergerichtliches Verfahren darstellt, war der Hinweis in Abs. 1 der Vorbemerkung erforderlich, um in den Anwendungsbereich von Teil 3, Abschnitt 3, Unterabschnitt 3 zu gelangen.

4 Durch **Absatz 2** der Vorbemerkung 2.3 VV wird die Anwendbarkeit der Gebühren nach Nrn. 2300–2303 für außergerichtliche Tätigkeiten, in denen der Rechtsanwalt Betragsrahmengebühren erhält (bestimmte sozialrechtliche Angelegenheiten), ausgeschlossen.

5 Die Geschäftsgebühr entsteht nach **Abs. 3** der Vorbemerkung 2.3 VV für das Betreiben des Geschäfts (sogen. Betriebsgebühr) einschließlich der Information und für die Mitwirkung bei der Gestaltung eines Vertrags.

II. Der Tatbestand im Einzelnen

1. Verwaltungszwangsverfahren (Vorbem. 2.3, Abs. 1 VV)

6 Unter Verwaltungsvollstreckung versteht man die zwangsweise Durchsetzung öffentlich-rechtlicher Verpflichtungen des Bürgers oder eines sonstigen Rechtssubjekts durch die Behörde in einem besonderen Verwaltungszwangsverfahren.

7 Die öffentliche Verwaltung muss sich, anders als der Bürger, nicht der Gerichte oder besonderer Vollstreckungsorgane zur Durchsetzung ihrer Ansprüche bedienen. Die Behörde kann sich vielmehr durch den Erlass eines Verwaltungsaktes den Titel selbst schaffen (Privileg der Selbsttitulierung) und ihn danach selbst vollstrecken (Privileg der Selbstvollstreckung).

8 Die Vollstreckung von Verwaltungsakten richtet sich nach den Verwaltungsvollstreckungsgesetzen des Bundes (Verwaltungs-Vollstreckungsgesetz – VwVG – der Länder (z. B. Niedersächsische Verwaltungsvollstreckungsgesetz (NVwVG) oder Hessisches Verwaltungsvollstreckungsgesetz (HessVwVG)) sowie teilweise nach der Abgabenordnung.

9 Abs. 2 der Vorbemerkung 2.3 VV schließt aus, dass die in Teil 2 Abschnitt 3 geregelten Gebühren (Geschäftsgebühren) in Verwaltungszwangsverfahren zur Anwendung kommen.

10 Somit kann der Rechtsanwalt, der in einem Verwaltungszwangsverfahren tätig wird, eine 0,3 Verfahrensgebühr nach Nr. 3309 sowie eine 0,3 Terminsgebühr nach Nr. 3310 erhalten.

11 § 18 Nr. 3 bestimmt, dass jede Vollstreckungsmaßnahme zusammen mit den durch diese vorbereiteten weiteren Vollstreckungshandlungen bis zur Befriedigung des Gläubigers auch im Verwaltungszwangsverfahren eine besondere Angelegenheit darstellt. Dies hat zur Folge, dass die Gebühren jeweils gesondert entstehen, § 15 Abs. 2 Satz 1. Anrechnungsvorschriften existieren zu den in § 18 RVG genannten besonderen Angelegenheiten nicht.

2. Sozialrechtliche Angelegenheiten (Vorbem. 2.3, Abs. 2 VV)

12 Die außergerichtliche Vertretung in sozialrechtlichen Angelegenheiten, in denen Betragsrahmengebühren entstehen, ist in einem eigenen Abschnitt 4 in Teil 2 geregelt. Bei sozialrechtlichen Angelegenheiten unterscheidet man solche, die sich nach einem Gegenstandswert berechnen lassen und solche, die mangels entsprechender Vorschrift im GKG Betragsrahmengebühren auslösen, da für sie Gerichtskostenfreiheit besteht. Gerichtskostenfreiheit besteht dann, wenn eine der Parteien zum Personenkreis des § 183 SGG zählt.

§ 183 SGG (in der Fassung zuletzt geändert durch Artikel 1 G. v. 26.03.2008, BGBl. I, S. 444 m. W. v. 01.04.2008):

»*Das Verfahren vor den Gerichten der Sozialgerichtsbarkeit ist für Versicherte, Leistungsempfänger einschließlich Hinterbliebenenleistungsempfänger, behinderte Menschen oder deren Sonderrechtsnachfolger nach § 56 des Ersten Buches Sozialgesetzbuch kostenfrei, soweit sie in dieser jeweiligen Eigenschaft als Kläger oder Beklagte beteiligt sind. Nimmt ein sonstiger Rechtsnachfolger das Verfahren auf, bleibt das Verfahren in dem Rechtszug kostenfrei. Den in Satz 1 und 2 genannten Personen steht gleich, wer im Falle des Obsiegens zu diesen Personen gehören würde. § 93 Satz 3, § 109 Abs. 1 Satz 2, § 120 Abs. 2 Satz 1 und § 192 bleiben unberührt.*«

§ 197a SGG (Kostenfestsetzung – rechtliche Grundlagen – zuletzt geändert durch das Siebente Gesetz zur Änderung des Sozialgerichtsgesetzes, 7. SGGÄndG vom 09.12.2004 BGBl. I 2004, S. 3302)

»*(1) Gehört in einem Rechtszug weder der Kläger noch der Beklagte zu den in § 183 genannten Personen, werden Kosten nach den Vorschriften des Gerichtskostengesetzes erhoben; die §§ 184 bis 195 finden keine Anwendung; die §§ 154 bis 162 der Verwaltungsgerichtsordnung sind entsprechend anzuwenden. Wird die Klage zurückgenommen, findet § 161 Abs. 2 der Verwaltungsgerichtsordnung keine Anwendung.*

(2) Dem Beigeladenen werden die Kosten außer in den Fällen des § 154 Abs. 3 der Verwaltungsgerichtsordnung auch auferlegt, soweit er verurteilt wird (§ 75 Abs. 5). Ist eine der in § 183 genannten Personen beigeladen, können dieser Kosten nur unter den Voraussetzungen von § 192 auferlegt werden. Aufwendungen des Beigeladenen werden unter den Voraussetzungen des § 191 vergütet; sie gehören nicht zu den Gerichtskosten.

(3) Die Absätze 1 und 2 gelten auch für Träger der Sozialhilfe, soweit sie an Erstattungsstreitigkeiten mit anderen Trägern beteiligt sind.«

Anwendbar ist Teil 2 Abschnitt 3 daher nur bei sozialrechtlichen Angelegenheiten, die sich nach dem Gegenstandswert berechnen lassen. Insoweit wird auf die Kommentierung unter § 3 verwiesen.

3. Geschäftsgebühr als Betriebsgebühr (Vorbem. 2.3, Abs. 3 VV)

a) Außergerichtliche Tätigkeit

Die Geschäftsgebühr kann ausschließlich in außergerichtlichen Angelegenheiten entstehen. Sie ist nicht mehr anwendbar auf gerichtliche Verfahren, auch nicht solche nach dem FGG.

b) Abgrenzung von Teil 2 Abschnitt 3 zur Beratungshilfe

Die Geschäftsgebühr ist darüber hinaus auch nicht anwendbar auf Beratungshilfemandate. Es ist aber zu berücksichtigen, dass in den Fällen, in denen die Beratungshilfe abgelehnt wurde, möglicherweise eine Geschäftsgebühr zur Abrechnung kommen kann. An eine entsprechende Hinweispflicht des Rechtsanwalts, dass bei Ablehnung der Beratungshilfe die üblichen Gebühren nach Teil 2 zu zahlen sind, ist zu denken, ansonsten besteht lediglich ein Anspruch auf Zahlung der Beratungshilfegebühr Nr. 2500 in Höhe von € 10,00 (vgl. dazu auch Jungbauer Gebührenoptimierung in Familiensachen Rn. 921).

c) Maßgeblich ist der erteilte Auftrag

aa) Allgemeines

Maßgeblich für den Anfall einer Geschäftsgebühr ist der **erteilte Auftrag**, da diesem zu entnehmen ist, welchen Weg der RA zur Erledigung der Angelegenheit beschreiten soll (BGHZ 48, 334, 336 = NJW 1968, 52 = JurBüro 1968, 40; BGH NJW 1968, 2334 = JurBüro 1969, 46 = AnwBl. 1969, 15; Hansens RVGreport 2004, 57 ff.; Enders RVG für Anfänger Rn. 539; Jungbauer Rechtsanwaltsvergütung Rn. 1084; Jungbauer Gebührenoptimierung in Familiensa-

Vorbemerkung 2.3 VV

chen Rn. 77). Es kommt somit letztendlich nicht auf die Tätigkeit des Rechtsanwalts an, sondern auf die Frage, welcher Auftrag ihm erteilt wurde.

18 • **Beispiel**
Ein Mandant lässt sich beraten, wie er eine Forderung durchsetzen kann. Die Rechtsanwältin zählt ihm verschiedene Möglichkeiten auf. Der Mandant beauftragt die Rechtsanwältin, die Forderung außergerichtlich anzumahnen. Noch bevor es zur Absendung des Aufforderungsschreibens kommt, ruft der Mandant an, er habe es sich überlegt, er wolle keine weitere Tätigkeit und bittet um Abrechnung.

19 Obwohl die Tätigkeit der Rechtsanwältin in einer Beratung bestand, hat sie den Auftrag zur außergerichtlichen Vertretung gehabt, wofür eine Geschäftsgebühr nach Nr. 2300 entsteht. Bei der Bemessung der Gebühr ist allerdings der Umstand, dass die Angelegenheit vorzeitig endete, zu berücksichtigen.

20 Auch wenn der Rechtsanwalt außergerichtlich tätig wird, obwohl er bereits Klageauftrag hat, kommt die Geschäftsgebühr nicht mehr zur Anwendung (BGH NJW-RR 2007, 720; BGH NJW 1968, 2334), da sich die Gebühren auch hier nach dem erteilten Auftrag richten (so auch Enders RVG für Anfänger Rn. 539). Nicht erforderlich ist, dass der Rechtsanwalt nach außen hin gegenüber einem Gegner oder Dritten tätig wird (Enders RVG für Anfänger Rn. 542).

21 Die Geschäftsgebühr entsteht nach dem Willen des Gesetzgebers, wie sich aus Abs. 3 der Vorbem. 2.3 VV ergibt, für das Betreiben des Geschäfts einschließlich der Information sowie für die Mitwirkung bei der Gestaltung eines Vertrags.

22 Die Vollmacht ist bei der Auslegung des Auftrags lediglich ein Indiz, niemals Vollbeweis. Sofern der Rechtsanwalt zunächst Auftrag zur außergerichtlichen Vertretung und sodann Prozessauftrag erhält, entsteht zunächst eine Geschäftsgebühr und in der Folge für den Prozessauftrag eine Verfahrensgebühr (mit Anrechnungspflicht nach Vorbem. 3 Abs. 4 VV). Es liegen in diesem Fall zwei Angelegenheiten vor!

23 Es bleibt dabei, dass der Rechtsanwalt die Geschäftsgebühr nicht für einen Rat oder eine Auskunft erhält, hier ist vielmehr § 34 Abs. 1 einschlägig. Dabei kommt es auch hier auf die Auftragserteilung an. Berät der Anwalt seinen Mandanten über mögliche rechtliche Wege und erteilt dieser sodann einen außergerichtlichen Vertretungsauftrag, entsteht die Geschäftsgebühr (mit Entgegennahme der Information); auch wenn über die Beratungstätigkeit hinaus beispielsweise wegen vorzeitiger Mandatskündigung keine weitere Tätigkeit, insbesondere keine Schreiben an Dritte erfolgt sind. Letztere sind nicht Voraussetzung für den Anfall einer Geschäftsgebühr (so auch Gerold/Schmidt/Madert RVG 18. Aufl. 2008 VV 2300 Rn. 13).

24 Sofern der Rechtsanwalt dem Mandanten getrennte Auftragsbestätigungen übersendet oder für das gerichtliche und das außergerichtliche Vorgehen gesonderte Vorschüsse anfordert, spricht dies für die Erteilung von zwei Aufträgen (OLG Bamberg JurBüro 2000, 640; Madert ZfS 1990, 289; *Madert* in Gerold/Schmidt/von Eicken/Madert/Müller-Rabe RVG VV 2300, 2301 Rn. 6).

25 Möglich ist, dass der Rechtsanwalt zeitgleich zwei Aufträge erhält, zunächst einen unbedingten außergerichtlichen und – für den Fall des Scheiterns außergerichtlicher Verhandlungen – einen aufschiebend bedingten Prozessauftrag. Erst wenn die außergerichtlichen Verhandlungen scheitern, greift der Prozessauftrag und damit die Gebühren des 3. Teils VV (so schon zur BRAGO: H. Schmid AnwBl. 1969, 72; BGH AnwBl. 1969, 15 = NJW 1968, 2334 = VersR 1968, 1145; NJW 1961, 1469; 1968, 52; OLG Oldenburg MDR 1961, 245). Lässt sich der Rechtsanwalt sowohl eine außergerichtliche als auch eine Prozessvollmacht erteilen, so spricht dies ebenfalls für zwei Aufträge. Aus anwaltlicher Sicht empfiehlt sich daher, gesonderte Vollmachten erteilen zu lassen (Madert ZfS 1990, 289; *Madert* in Gerold/Schmidt/von Eicken/Madert/Müller-Rabe RVG VV 2300, 2301 Rn. 6). Die Vollmacht legitimiert den Klägervertreter allerdings lediglich im Außenverhältnis und ist nicht maßgebend für das Mandatsinnenverhältnis (AG Coburg, Urt. v. 13.08.2007, Az.: 12 C 599/07, JurBüro 2008, 641). Die Vollmacht kann allerdings Indiz für den erteilten Auftrag sein.

Vorbemerkung 2.3 VV | Teil 2

Wurde dem Rechtsanwalt ein Auftrag zur außergerichtlichen Geltendmachung des Anspruchs erteilt, so ist für das Entstehen der Geschäftsgebühr unschädlich, wenn daneben für den Fall des Scheiterns der außergerichtlichen Geltendmachung bereits Klageauftrag erteilt war (L. d. R. LG Limburg/Lahn Urt. v. 31. 05. 2007 Az.: 6 O 44/06 JurBüro 2008, 86). 26

Ein Rechtsuchender darf, ohne Nachteile befürchten zu müssen, jedenfalls dann zunächst einen Auftrag zur außergerichtlichen Rechtsverfolgung und gleichzeitig einen bedingten Klageauftrag für den Fall des Scheiterns der außergerichtlichen Bemühungen erteilen, wenn hinreichender Grund zu der Annahme besteht, dass der Versuch einer außergerichtlichen Regulierung mit Hilfe eines Anwalts Aussicht auf Erfolg bietet (so auch OLG Hamm, Beschl. v. 31. 10. 2005 Az.: 24 W 23/05 – unter Hinweis auf BGH NJW 1968, 2334; OLG Celle Urt. v. 25. 10. 2007 Az.: 13 U 146/07 JurBüro 2008, 319). 27

Auch im Hinblick auf die durch das RVG völlig neu gestaltete Terminsgebühr, die erst dann für entsprechende Besprechungen entstehen kann, wenn Prozessauftrag erteilt worden ist, wird empfohlen, außergerichtliche und gerichtliche Vollmacht getrennt zu halten und sich jeweils gesondert unterschreiben zu lassen. 28

Beauftragt ein Gläubiger einen Rechtsanwalt, den Schuldner zunächst außergerichtlich zur Zahlung aufzufordern, soll er nach einer m. E. falschen Auffassung die hierdurch verursachten Kosten nur dann vom Schuldner ersetzt verlangen können, wenn er bei Beauftragung des Rechtsanwalts anhand konkreter Umstände damit rechnen konnte, die Forderung werde sich auf diesem Wege ohne Einschaltung des Gerichts beitreiben lassen (AG Geldern, Urt. v. 07. 03. 2005, Az.: 3 C 549/04 = JurBüro 2005, 363 mit krit. Anm. Enders, der zu Recht auf einen möglichen Gebührenanfall bei direktem Klageauftrag von bis zu 2,0 (0,8 Verfahrensgebühr + 1,2 Terminsgebühr) hinweist). 29

Dieser Auffassung kann nicht gefolgt werden. Ob ein Prozessauftrag oder aber ein außergerichtlicher Auftrag kostengünstiger ist, kann in vielen Fällen naturgemäß nicht vorhergesagt werden. Denn wenn beispielsweise der Rechtsanwalt nach erteiltem Prozessauftrag ein Schreiben an den Gegner richtet und dieser sich dann telefonisch meldet, um die Angelegenheit mit dem Anwalt zu besprechen, können, sofern es nicht mehr zur Einreichung einer Klage kommt, eine 0,8 Verfahrens- und 1,2 Terminsgebühr entstehen, mithin 2,0-Gebühren. Darüber hinaus liegt und lag es im Interesse des Gesetzgebers, möglichst viele Angelegenheiten einer außergerichtlichen Streitbeilegung beizuführen. Den Anwalt nun über die »Kostenschiene« dazu zu zwingen, sich sofort Prozessauftrag erteilen zu lassen, widerspricht völlig dem bekannten Willen des Gesetzgebers und dem Gedanken der Prozessökonomie. Darüber hinaus ist nach Ansicht der Verfasserin der Wille des Auftraggebers zu berücksichtigen. Ein bereits erteilter Prozessauftrag mit entsprechend formuliertem Anschreiben fördert in der Regel den Streit und nicht die gütliche Streitbeilegung. Nach Ansicht des BGH spricht die Vermutung dafür, dass der Rechtsanwalt zunächst versuchen soll, die Angelegenheit gütlich zu bereinigen, er somit in erster Linie einen Auftrag, der eine Geschäftsgebühr auslöst, erhalten hat, auch wenn ihm gleichzeitig eine Prozessvollmacht für den Fall des Scheiterns außergerichtlicher Verhandlungen erteilt wurde (BGH AnwBl. 1969, 17 = NJW 1968, 2334 = VersR 1968, 1145; H. Schmidt AnwBl. 1969, 72; Madert AGS 1999, 97). 30

bb) Sofortiger Prozessauftrag in arbeitsgerichtlichen Mandaten?

In Arbeitsgerichtsprozessen herrschen bekannterweise kürzere Fristen als in üblichen Zivilsachen vor. So gilt für die Einreichung einer Kündigungsschutzklage eine dreiwöchige Klagefrist. Diese kurze Frist hat einige Rechtsschutzversicherungen dazu veranlasst, dem Anwalt, der sich zunächst außergerichtlichen Vertretungsauftrag erteilen lässt und sodann innerhalb der Drei-Wochen-Frist Klage erhebt, den nicht anzurechnenden Teil der Geschäftsgebühr abzusprechen, da sich der Anwalt sogleich Prozessauftrag erteilen lassen könnte. Dies sei kostengünstiger. Das Amtsgericht Hamburg-St. Georg hat am 10. Februar 2006 entschieden, dass ein arbeitsrechtlicher Versicherungsschutz nicht auf die gerichtliche Auseinandersetzung beschränkt ist (AG Hamburg-St. Georg, Urt. v. 10. 02. 2006, Az.: 911 C 304/05, JurBüro 2006, 309). 31

Vorbemerkung 2.3 VV

In einer ausführlichen und lesenswerten Anmerkung von Kitzmann (Kitzmann in JurBüro 2006, 310 ff.) setzt sich dieser mit der Entscheidung des Amtsgericht Hamburg-St. Georg auch unter Berücksichtigung der ARB (Allgemeine Rechtsschutzbedingungen) auseinander. Richtig führt Kitzmann aus, dass der Mandant in der Regel zunächst eine außergerichtliche Einigung mit seinem Arbeitgeber versuchen wird. Zitat: »Dies ist schon deshalb empfehlenswert, weil auf diese Weise zusätzlich zu einer Abfindungszahlung zum Beispiel ein – nicht einklagbarer – Verzicht auf die Rechte aus der Kündigung, eine nicht einklagbare Weiterbeschäftigung zu veränderten Konditionen oder eine nicht einklagbare Verlängerung der Kündigungsfrist verhandelt werden kann. Derartige Verhandlungsgegenstände sind von einer gerichtlichen Vollmacht im Sinne eines Klageauftrags zur Erhebung einer Kündigungsschutzklage nicht erfasst. ... Im außergerichtlichen Erfolgsfall kann ... überdies so schnell wie möglich ein positives Zwischenzeugnis erreicht werden.« Kitzmann weist weiter darauf hin, dass eine außergerichtliche Einigung in der Regel dazu führt, dass mündliche Auskünfte gegenüber einem potentiellen neuen Arbeitgeber nicht »durch eine zu erwartende Verstimmung in Folge eines sofort erteilten und auch umgesetzten Klageauftrags gefährdet werden.«

32 Das Argument von Rechtsschutzversicherungen, nur mit sofortigem Prozessauftrag würde der Versicherungsnehmer seiner z. B. in § 17 Abs. 5 c) cc) ARB 94/2000 zu entnehmenden Obliegenheitspflicht Genüge tun, unnötige Erhöhung der Kosten zu vermeiden, und dass aus Gründen der Kostenminimierung sogleich Klageauftrag zu erteilen ist, greift zudem nicht durch. Tatsächlich kann ein erteilter Klageauftrag bei vorzeitiger Beendigung mit Erledigungsbesprechung höhere Gebühren auslösen, als ein außergerichtlicher Vertretungsauftrag.

33 • **Beispiel**
Rechtsanwalt R erhält nach Kündigung des Arbeitsverhältnisses seines Auftraggebers von diesem den Auftrag, eine Kündigungsschutzklage einzureichen. Die Kündigungsschutzklage wird gefertigt. Rechtsanwalt R erhält plötzlich vom Arbeitgeber des Mandanten, der von diesem von der Vertretung durch Rechtsanwalt R erfahren hat, einen Anruf. Der Arbeitgeber befürchtet, dass seine fristlose Kündigung nicht durchgreift und versucht eine außergerichtliche Einigung herbeizuführen, was in der Folge auch gelingt.

Entstanden sind:

0,8 Verfahrensgebühr
Nr. 3101 Nr. 1 VV RVG
1,2 Terminsgebühr
Nr. 3104 VV RVG
1,5 Einigungsgebühr
Nr. 1000 VV RVG
Auslagen, Nr. 7002 VV RVG
Umsatzsteuer, Nr. 7008 VV RVG

34 Die herrschende Meinung spricht sich dafür aus, dass der Rechtsschutzversicherer in arbeitsrechtlichen Kündigungsschutzangelegenheiten nicht verlangen kann, dass dem Anwalt direkt ein Klageauftrag erteilt wird (LG Köln JurBüro 2008, 200; AG Essen-Steele JurBüro 2005, 585 = AGS 2005, 468 = r+s 2006, 70; AG Cham JurBüro 2006, 213 = AnwBl. 2006, 287; AG Velbert AnwBl. 2006, 770; AG Hamburg JurBüro 2007, 265; AG Hamburg-Altona JurBüro 2007, 265; AG Hamburg-St. Georg AGS 2006, 310; AG Hamburg-St. Georg AGS 2006, 311 (jedoch durch LG Hamburg aufgehoben); AG Wiesbaden JurBüro 2007, 143; AG München JurBüro 2007, 591 vgl. dazu auch: BGH AnwBl. 1969, 15; **a. A.:** AG Düsseldorf JurBüro 2004, 426 m. abl. Anm. Enders; AG Düsseldorf RVG-Letter 2006, 108 m. abl. Anm. Mayer; AG München JurBüro 2004, 427; LG München I RVGreport 2008, 438; LG Cottbus ZAP 2006, 958; LG Darmstadt JurBüro 2007, 424; AG Hannover JurBüro 2007, 400; LG Hamburg JurBüro 2006, 649.). Nach meiner Ansicht verbietet sich eine pauschalierte Betrachtung. Es kommt auf den Einzelfall an. Der Anwalt sollte vorsorglich seinen Mandanten darauf hinweisen, dass die RSV möglicherweise für Mehrkosten nicht aufkommt.

d) Gestaltung eines Vertrags/einer Urkunde

Die Geschäftsgebühr fällt auch für die Mitwirkung bei der Gestaltung eines Vertrags, Abs. 3 der Vorbem. 2.3 VV, an. Nicht mehr im Gesetzeswortlaut erwähnt ist das Entwerfen einer Urkunde, wobei sich aus der Gesetzesbegründung kein Hinweis ableiten lässt, dass die Geschäftsgebühr Nr. 2300 für den Entwurf einer Urkunde über eine einseitige Willenserklärung, wie z. B. ein Testament, nicht mehr gelten soll (BT-Drs. 15/1971, S. 206). So geht denn auch Madert zu Recht davon aus, dass derartige Tätigkeiten eine Geschäftsgebühr auslösen (Madert AGS 2005, 2 f.; *Madert* in Gerold/Schmidt RVG 18. Aufl. 2008 VV 2300, 2301 Rn. 13 S. 808 f.). 35

Völlig unerheblich ist, um welche Art von Vertrag es sich handelt. 36

Erforderlich ist die Mitwirkung des Rechtsanwalts. Ein (befugtes) Mithören bei einer fernmündlichen Verhandlung oder Besprechung ist ausreichend (LG Gießen VersR 1981, 963).

Bei der Gestaltung eines Gesellschaftsvertrages liegt die Mitwirkung des Rechtsanwalts auch dann vor, wenn eine Besprechung mit dem/den Auftraggeber/n stattfindet oder eine Vorprüfung erfolgt.

Eine bloße Nachfrage fällt nicht unter den Anwendungsbereich der Nr. 2300. Sie ist vielmehr Auskunfts- oder Ratserteilung (§ 34 Abs. 1). Die Abgrenzung zwischen bloßer Nachfrage und einer über die Nachfrage hinausgehenden Mitwirkung ist nach den Umständen des Einzelfalls unter Beachtung von Treu und Glauben (§ 242 BGB) vorzunehmen (Hartmann Kostengesetze RVG VV 2300 Rn. 18).

Läßt sich der Gesprächspartner auf ein irgendwie sachbezogenes, verfahrensförderndes Gespräch ein, entsteht eine Geschäftsgebühr Nr. 2300 (AG Saarbrücken AnwBl. 1994, 145; AG Hannover JurBüro 1992, 36; AG Heidelberg VersR 1983, 70).

Gegensätzliche Standpunkte sind nicht erforderlich (AG Ahaus AnwBl. 1983, 472).

Auch das Erstellen eines Testaments löst die Geschäftsgebühr aus (Madert AGS 2005, 2 (5); Gerold/Schmidt/Madert RVG 18. Aufl. 2008 VV 2300 Rn. 13). 37

Bei bestehender Rechtsschutzversicherung sollte der beauftragte Rechtsanwalt seinen Mandanten darauf hinweisen, dass diese Frage höchstrichterlich noch nicht geklärt ist und ggf. vor Tätigwerden eine Deckungsanfrage einholen. Eine Verpflichtung hierzu besteht allerdings nur, wenn der Mandant erkennbar von falschen Voraussetzungen ausgeht und der Rechtsanwalt ein Aufklärungsbedürfnis erkennen kann. 38

Der Rechtsanwalt schuldet dem Mandanten gegenüber grundsätzlich keine ausdrückliche Belehrung über anfallende Gebühren; dies gilt jedoch dann nicht, wenn der Mandant erkennbar von falschen Voraussetzungen ausgeht (hier Rechtsschutzversicherung) BGH, Beschl. v. 14.12.2005, Az.: IX ZR 210/03, abrufbar unter: www.bundesgerichtshof.de, dort: Entscheidungen; BRAK-Mitt. 2006, 115).

e) Erhöhung der Geschäftsgebühren nach Nr. 1008

Nach Nr. 1008 erhöhen sich die Geschäftsgebühren in Teil 2, Abschnitt 3 VV bei Vertretung jeder weiteren Person, die Auftraggeber ist, um 0,3. Die maximale Erhöhung beträgt 2,0. Sie kommt dann in Betracht, wenn der Rechtsanwalt somit 8 Personen, die Auftraggeber sind, vertritt (1 + 7 weitere). 39

Da es sich bei den Geschäftsgebühren in Teil 2, Abschnitt 3 VV um Wertgebühren handelt, tritt die Erhöhung nur ein, soweit der Gegenstand der anwaltlichen Tätigkeit derselbe ist.

Die Erhöhung wird nach dem Betrag berechnet, an dem die Personen gemeinschaftlich beteiligt sind.

Im Übrigen wird auf die ausführliche Kommentierung von Bischof zu Nr. 1008 verwiesen.

Zur Anrechnung einer erhöhten Geschäftsgebühr siehe Rn. 193. 40

Nr. 2300 VV

Nr.	Gebührentatbestand	Gebühr oder Satz der Gebühr nach § 13 RVG
2300	Geschäftsgebühr .... Eine Gebühr von mehr als 1,3 kann nur gefordert werden, wenn die Tätigkeit umfangreich oder schwierig war.	0,5 bis 2,5

Inhaltsübersicht

	Rn.
A. Allgemeines	1
B. Kommentierung	2
I. Anwendungsbereich	2
1. Außergerichtliche Tätigkeit	2
a) Tätigkeit außerhalb gerichtlicher Verfahren	3
b) Tätigkeit im Verwaltungsverfahren	5
c) Keine Geschäftsgebühr in gerichtlichen Verfahren	7
d) Abgrenzung zum einfachen Schreiben	8
e) Tätigkeit vor der Vergabekammer	13
II. Der Tatbestand im Einzelnen	15
1. Pauschgebühr	15
2. Gebührenrahmen	17
3. 1,3 Geschäftsgebühr als »Regelgebühr« oder »Schwellengebühr«	25
a) Anmerkung zu Nr. 2300	25
b) Gesetzgeberischer Wille	29
c) Bestimmung der Gebühr	30
d) Der durchschnittliche Fall	34
e) Besprechungen	39
4. Umfang der Angelegenheit	43
a) Zeitlicher Aufwand im Allgemeinen	43
b) Umfang in Familiensachen	53
c) Umfang in Unfallsachen	57
5. Schwierigkeit der anwaltlichen Tätigkeit	58
a) Rechtliche Schwierigkeit	58
b) Tatsächliche Schwierigkeit	66
c) Spezialkenntnisse = weniger schwierig oder weniger Umfang?	70
6. Toleranzgrenze 20 %	73
7. Nachliquidation	82
8. Unfallsachen	87
a) Zu erbringende Tätigkeiten	87
b) Einzelentscheidungen in Unfallsachen	90
aa) Entscheidungen zum Gebührensatz von 0,8 bis 1,0	91
bb) Entscheidungen zum Gebührensatz von 1,3	94
cc) Entscheidungen zum Gebührensatz von mehr als 1,3	95
c) Einfach gelagerte Unfallsache	103
d) Abrechnungsempfehlungen	105
aa) Regulierungssätze	106
bb) Beteiligte Versicherungen	108
cc) Differenzanspruch gegen Mandanten?	113
9. Geschäftsgebühr in Vergabesachen	119
10. Weitere Einzelentscheidungen zur Höhe der Geschäftsgebühr	125
11. Prozessualer oder materiell-rechtlicher Kostenerstattungsanspruch?	128
a) Grundsätzliches	128
b) Prozessualer Kostenerstattungsanspruch bezogen auf die Geschäftsgebühr?	132
c) Materiell-rechtlicher Kostenerstattungsanspruch bezogen auf die Geschäftsgebühr?	140
d) Materiell-rechtlicher Kostenerstattungsanspruch des Anspruchsgegners?	152
e) Kostenerstattungsanspruch in Unfallsachen	156
f) Höhe des Erstattungsanspruchs	157
12. Anrechnungsvorschrift	160
a) Grundsatz – Vorbemerkung 3 Abs. 4 VV	160
b) Anrechnung bei identischen Gegenstandswerten	163
c) Anrechnung bei unterschiedlichen Gegenstandswerten	164
d) Anrechnung bei niedrigerem Gebührensatz der nachfolgenden Gebühr	168
e) Rückwärtsanrechnung	170
f) Anrechnung nur, soweit der Gegenstand der gerichtlichen Tätigkeit derselbe ist	173
g) Anrechnung nur, wenn der Rechtsanwalt derselbe ist	182
h) Anrechnung nur, wenn der Gegner derselbe ist	185
i) Keine Anrechnung bei fehlendem zeitlichem Zusammenhang	188
j) Anrechnung einer nach BRAGO entstandenen Geschäftsgebühr auf eine nach RVG entstandene Verfahrensgebühr	189
k) Anrechnung bei Erhöhung	193
l) Anrechnung bei späterem Anfall einer Differenzverfahrensgebühr	196
m) Anrechnung bei späterer PKH	198
n) Zur Anrechnung, wenn mehrere Geschäftsgebühren entstanden sind	205

		Rn.			Rn.
	o) Zur Anrechnung auf eine 0,8 Verfahrensgebühr	206		KF-Verfahren auch bei fehlender Titulierung?	244
	p) Kettenanrechnung	208		f) BGH v. 22.01.2008	248
13.	Geltendmachung der Geschäftsgebühr	210		g) KG v. 31.03.2008 und kritische Anmerkungen zur Auffassung des BGH	253
	a) Prozessualer oder materiell-rechtlicher Kostenerstattungsanspruch?	210		h) Entscheidung des BGH seit 30.04.2008	257
	b) Haupt- oder Nebenforderung?	211		i) Anrechnung im KF-Verfahren beim obsiegenden Beklagten?	261
	c) Freistellungs- oder Leistungsanspruch?	222		j) Anrechnung bei PKH-Mandaten	262
	d) Möglichkeiten der Geltendmachung	226		k) Anrechnung der Geschäftsgebühr im verwaltungsgerichtlichen Kostenfestsetzungsverfahren	263
	e) Höhe der Auslagenpauschale	235	15.	Der neue § 15a RVG – geplante Änderung und ihre Auswirkungen	266
14.	Anrechnung der Geschäftsgebühr im Kostenfestsetzungsverfahren	237	16.	Geschäftsgebühr und Abrechnung nach Vergütungsvereinbarungen	278
	a) Wortlaut der Anrechnungsvorschrift	237	17.	Geschäftsgebühr für die Einholung einer Deckungszusage bei der RSV	280
	b) Entscheidung des BGH vom 07.03.2007	239			
	c) Praxis bis zur Entscheidung des BGH vom 07.03.2007	240			
	d) Zinsschaden bei nur teilweiser Geltendmachung der Geschäftsgebühr?	242			
	e) Anrechnung der Geschäftsgebühr im				

A. Allgemeines

Zur Regelung in Nr. 2400 a. F. (Rechtslage bis zum 30.06.2006) ergab sich durch das In-Kraft- 1
Treten von Art. 5 des KostRMoG zum 01.07.2006 keine inhaltliche Änderung. Es änderte sich lediglich die Vergütungsverzeichnis-Nummer von 2400 auf 2300. Weitere Änderungen sind zur Geschäftsgebühr Nr. 2300 selbst bisher nicht erfolgt. Allerdings hat die Anrechnung der Geschäftsgebühr in der Praxis nicht nur eine Menge Fragen aufgeworfen sondern darüber hinaus auch zu sehr strittiger Rechtsprechung insbesondere zur Frage der Anrechnung geführt. Hierauf wird im Einzelnen in der nachfolgenden Kommentierung eingegangen. Ergänzend wird der Leser darauf hingewiesen, dass die Anrechnung der Geschäftsgebühr – aufgrund der Wichtigkeit in der anwaltlichen Praxis – nicht nur von der Verfasserin unter Nr. 2300 ab Rn. 160 sondern auch von Bischof unter Vorbem. 3 Abs. 4 kommentiert wird.

B. Kommentierung

I. Anwendungsbereich

1. Außergerichtliche Tätigkeit

Die Geschäftsgebühr regelt Tätigkeiten außerhalb gerichtlicher Verfahren, aber auch die au- 2
ßergerichtliche Vertretung im Verwaltungsverfahren.

a) Tätigkeit außerhalb gerichtlicher Verfahren

Unter die Tätigkeiten außerhalb gerichtlicher Verfahren, die eine Geschäftsgebühr Nr. 2300 3
auslösen, fallen z. B.

– anwaltliche Aufforderungsschreiben,
– die außergerichtliche Regelung von Schadensersatzansprüchen (außergerichtliche Regulierung eines Verkehrsunfalls mit der gegnerischen Versicherung oder der eigenen Vollkaskoversicherung),
– die Anfertigung von Vertragsentwürfen (vgl. dazu Vorbem. 2.3 Abs. 3) und sonstigen Urkunden (vgl. Vorbemerkung 2.3 VV Rn. 35 ff. sowie Gerold/Schmidt/Madert RVG 18. Aufl. 2008 VV 2300, 2301 Rn. 13)

Nr. 2300 VV

- Erstellung einseitiger Willenserklärungen z. B. Testament (vgl. dazu Gerold/Schmidt/Madert RVG 18. Aufl. 2008 VV 2300, 2301 Rn. 13)
- der Entwurf von Allgemeinen Geschäftsbedingungen und Lieferbedingungen,
- die Mitwirkung bei Geschäftsgründungen
- die Teilnahme an Gesellschafterversammlungen
- die außergerichtliche Abwehr von fremden Ansprüchen
- so genannte vorsorgende Rechtsbetreuung.

4 Nicht unter die Geschäftsgebühren des Teil 2 Abschnitt 3 fallen folgende Tätigkeiten

- reine Beratung, Erstellung eines Gutachtens, Mediation (vgl. § 34 RVG)
- Prüfung der Erfolgsaussichten eines Rechtsmittels (Teil 2 Abschnitt 1)
- außergerichtliche Tätigkeit in sozialrechtlichen Angelegenheiten, für die § 3 RVG gilt (vgl. dazu Nr. 2400–2401)
- Hilfe in Steuersachen (vgl. § 35 RVG)
- außergerichtliche Tätigkeit im Rahmen der Beratungshilfe (vgl. Nrn. 2500–2508)
- außergerichtliche Tätigkeit in Straf- und Bußgeldsachen (vgl. Gebühren des Teil 4 u. 5) sowie die in Teil 6 geregelten besonderen Verfahren
- Tätigkeit, die nicht als anwaltliche Tätigkeit im Sinne des § 1 Abs. 1 gelten (vgl. dazu die Aufzählung in § 1 Abs. 2).

b) Tätigkeit im Verwaltungsverfahren

5 Die außergerichtliche Vertretung im Verwaltungsverfahren wie z. B. Verfahren vor Verwaltungsbehörden, baupolizeiliche Angelegenheiten, Konzessionsangelegenheiten nach der Gewerbeordnung oder nach dem Gaststättengesetz, Enteignungen, Erlaubnis zum Führen von Kraftfahrzeugen, Flurbereinigungsverfahren, Verfahren vor den Spruchausschüssen der Verwaltung (z. B. für Kassenärzte), Zulassungsverfahren der Rechtsanwälte, Notare, Wirtschaftsprüfer und Steuerberater, Freistellungsverfahren beim Kreiswehrersatzamt, Geltendmachung von Ersatzansprüchen beim Amt für Verteidigungslasten, Verfahren zur Änderung des Familiennamens und Sozialhilfeangelegenheiten lösen ebenfalls eine Geschäftsgebühr nach Nr. 2300 aus.

6 Wird der Rechtsanwalt in einem Verwaltungsverfahren tätig, so verdient er eine Geschäftsgebühr Nr. 2300. Diese Gebühr verdient er auch dann, wenn er **erstmalig** in einem weiteren, der Nachprüfung des Verwaltungsakts dienenden Verfahren tätig wird. Nur in den Fällen, in denen der Rechtsanwalt, **nachdem** er im Verwaltungsverfahren bereits tätig war, im weiteren Verfahren, das der Nachprüfung des Verwaltungsakts dient, tätig wird, erhält er eine weitere Geschäftsgebühr von 0,5 bis 1,3 (Mittelgebühr 0,9), vgl. dazu die Kommentierung unter Nr. 2301.

c) Keine Geschäftsgebühr in gerichtlichen Verfahren

7 Die Geschäftsgebühr gilt **nicht mehr** in gerichtlichen Verfahren der freiwilligen Gerichtsbarkeit, da auch für diese Verfahren die Verfahrensgebühr nach Nr. 3100 gilt (vgl. dazu Überschrift zu Teil 3 des Vergütungsverzeichnisses: »*Bürgerliche Rechtsstreitigkeiten, Verfahren der freiwilligen Gerichtsbarkeit, der öffentlich-rechtlichen Gerichtsbarkeiten, Verfahren nach dem Strafvollzugsgesetz auch in Verbindung mit § 92 des Jugendgerichtsgesetzes und ähnliche Verfahren*«).

d) Abgrenzung zum einfachen Schreiben

8 Nr. 2302 regelt eine Geschäftsgebühr in Höhe von 0,3 für die Fälle, in denen sich der Auftrag auf ein Schreiben einfacher Art beschränkt. Nach der Anmerkung zu Nr. 2302 handelt es sich um ein Schreiben einfacher Art, wenn dieses weder schwierige rechtliche Ausführungen noch größere sachliche Auseinandersetzungen enthält, vgl. dazu auch die Kommentierung unter Nr. 2302.

In Nr. 2302 wird entsprechend der Entscheidung des BGH (NJW 1983, 2451) allein auf den 9
Inhalt des erteilten Auftrags abgestellt und nicht auf die tatsächlich ausgeführte Tätigkeit.
Die Regelung gilt daher nicht, wenn auftragsgemäß einem einfachen Schreiben umfangreiche
Prüfungen oder Überlegungen vorausgegangen sind (BT-Drs. 15/1971, S. 207). In derartigen
Fällen kommt vielmehr die Geschäftsgebühr Nr. 2300 in Betracht.

Die Abgrenzung zwischen einer außergerichtlichen Vertretung, die eine Gebühr nach 10
Nr. 2300 auslöst und einem einfachen Schreiben nach Nr. 2302 fällt schwer, da die Gebühr
für das einfache Schreiben in der Praxis kaum abgerechnet wird. Dies hängt im übrigen damit
zusammen, dass der Gesetzgeber zwar in der Anmerkung zu Nr. 2302 erklärt, was er sich unter einem einfachen Schreiben vorstellt (»Es handelt sich um ein Schreiben einfacher Art,
wenn dieses weder schwierige rechtlichen Ausführungen noch größere sachlichen Auseinandersetzungen enthält.«) im Gebührentatbestand selbst aber den Auftrag für entscheidend erachtet.

- **Beispiel**
Eine RAin wird beauftragt, eine Kündigung eines Mietverhältnisses wegen Eigenbedarf für
den Mandanten zu erklären. Die RAin berät die Mandanten eingehend über die Voraussetzungen der Eigenbedarfskündigung und auch die in diesem Fall gegebene nicht einfache
Rechtslage, die einen Widerspruch gegen die Kündigung durch die Mieter befürchten lässt.
Die RAin wird diese Überlegungen zur Rechtslage selbstverständlich nicht im Anschreiben
an die Mieter zum Ausdruck bringen, sondern lediglich die Kündigung namens und im Auftrag ihrer Mandanten erklären und auf das Widerrufsrecht hinweisen. Welche Gebühr wird
für diese Tätigkeit ausgelöst?

Betrachtet man allein das Kündigungsschreiben, dürfte dies – da es weder schwierige rechtliche Ausführungen noch größere sachliche Auseinandersetzungen enthält – als einfaches
Schreiben nach Nr. 2302 anzusehen sein. Der Auftrag lautete jedoch auf eine mit dem Kündigungsschreiben im Zusammenhang stehende umfassende rechtliche – nicht einfache – Beratung. Aus diesem Grund ist m. E. im obigen Fall eine Geschäftsgebühr nach Nr. 2300 gerechtfertigt.

Sofern im Rahmen eines Erstattungsprozesses Streit über die Anwendung der Geschäftsge- 11
bühr nach Nr. 2300 aufkommt, dürfte die Beweislast bei dem liegen, der die Gebühr beansprucht. Die Tatsache, dass das Schreiben selbst weder schwierige rechtliche Ausführungen
noch größere sachliche Auseinandersetzungen enthält, ist m. E. als Anscheinsbeweis für den
Anfall einer Geschäftsgebühr nach Nr. 2302 nicht ausreichend. Denn die Geschäftsgebühr
nach Nr. 2302 stellt eher die Ausnahme in der anwaltlichen Praxis dar. Es müssten also weitere Umstände hinzukommen, die diese Annahme rechtfertigen, wie z. B. die Versendung
von Massenschreiben, bei denen schon allein von der Menge her davon ausgegangen werden
muss, dass zeitlich eine tiefere Befassung mit dem Einzelfall nicht erfolgt ist. Dies dürfte nach
m. A. bei sogenannten Masse-Inkassogeschäften der Fall sein, bei denen die Aufforderungsschreiben in hunderten von Fällen wortidentisch sind (lediglich mit Austausch des Schuldners und der ihm zuzuordnenden Forderung) und ohne Unterschrift des Anwalts versendet
werden (vgl. dazu auch Nr. 2302 Rn. 11). In solchen Fällen, in denen offensichtlich keine Befassung des Anwalts mit dem Einzelfall erfolgt, wäre es lebensfremd anzunehmen, dass der
Mandant, der ein Masseninkasso in Auftrag gibt, sich in jedem Einzelfall über Verzug, Möglichkeiten der Geltendmachung etc. beraten lässt.

Für ein »normales« Aufforderungsschreiben außerhalb eines Masseninkasso hat der Anwalt 12
jedoch i. d. R. Anspruch auf Erstattung einer Geschäftsgebühr nach Nr. 2300. Zur Durchsetzung eines Anspruchs ist der Gläubiger nach Auffassung des LG Kassel berechtigt, einem
Rechtsanwalt zunächst einen Auftrag zur außergerichtlichen Geltendmachung und einen
weiteren bedingten Kalgeauftrag, für den Fall, dass sich der Anspruch außergerichtlich nicht
durchsetzen lässt, zu erteilen (LG Kassel, Urt. v. 17. 01. 2008, Az.: 1 S 314/07, JurBüro 2008, 363
L. d. R.). Der Gläubiger muss sich – im Rahmen seiner Schadensminderungspflicht – nicht da-

Nr. 2300 VV

rauf verweisen lassen, seinem Anwalt zunächst nur einen Auftrag für ein Schreiben einfacher Art i. S. der Nr. 2302 VV RVG oder direkt einen Klagauftrag zu erteilen (LG Kassel, a. a. O.). Für die außergerichtliche Geltendmachung einer Forderung kann in der Regel eine 1,3 Geschäftsgebühr nach der Nr. 2300 VV RVG angesetzt werden (LG Kassel, a. a. O.).

e) Tätigkeit vor der Vergabekammer

13 Nach Ansicht des OLG Jena berechnet sich die Tätigkeit des Rechtsanwalts im Vergabeprüfungsverfahren vor der Vergabe**kammer** nach Nr. 2300 (OLG Jena, Beschl. v. 02. 02. 2005, Az.: 9 Verg 6/04; ebenso: BayObLG RVGreport 2005, 144; Gerold/Schmidt/Madert RVG 18. Aufl. 2008 Vorbem. 3.2.1. VV Rn. 55).

14 Zur Höhe der Geschäftsgebühr in Vergabesachen vgl. Rn. 119.

II. Der Tatbestand im Einzelnen

1. Pauschgebühr

15 Abgegolten werden **sämtliche** Tätigkeiten (vgl. auch Rn. 3), die der RA im Rahmen des ihm erteilten außergerichtlichen Mandats ausübt (§ 15 Abs. 1), sofern das Gesetz keine besonderen Gebührenvorschriften vorsieht; **insbesondere**

- die Beratung des Auftraggebers
- das Fertigen von Schriftstücken an Gegner oder Dritte
- die mündliche oder schriftliche Information des eigenen Auftraggebers
- die Einsichtnahme in Gerichtsakten und öffentlichen Registern
- deren Auswertung sowie
- gegebenenfalls das Entwerfen von schriftlichen Vergleichsvorschlägen
- das Entwerfen von Urkunden (Vorbem. 2.3 Rn. 35)
- die Verwertung von Spezial- oder Sprachkenntnissen sowie
- **mündliche** oder **fernmündliche Besprechungen** mit dem **Auftraggeber**
- mündliche oder fernmündliche Besprechungen mit dem **Gegner** oder einem **Dritten**, solange Prozessauftrag nicht erteilt ist.

16 Die Geschäftsgebühr fällt als Betriebsgebühr mit der Entgegennahme der Information und für die Mitwirkung bei der Gestaltung eines Vertrags an (Vorbem. 2.3 Abs. 3).

2. Gebührenrahmen

17 Die Geschäftsgebühr Nr. 2300 entsteht in Höhe von 0,5 bis 2,5. Die Mittelgebühr beträgt 1,5 (BT-Drs. 15/1971, S. 206; zur sogenannten Schwellen- oder Regelgebühr vgl. Rn. 25–42). Sie errechnet sich aus der Addition des Mindest- und Höchstsatzes geteilt durch 2.

18 Da es sich bei der Geschäftsgebühr um eine Rahmengebühr handelt, kommt § 14 zur Anwendung.

19 Damit bestimmt der Rechtsanwalt (und nicht ein Dritter) die Gebühr unter Berücksichtigung

- der Umstände des Einzelfalls;
- der Schwierigkeit der Angelegenheit;
- des Umfangs der Angelegenheit;
- der Bedeutung der Angelegenheit für den Auftraggeber sowie
- der Einkommens- und Vermögensverhältnisse des Auftraggebers

nach billigem Ermessen.

20 Ein höheres Haftungsrisiko kann bei Wertgebühren berücksichtigt werden, § 14 Abs. 1 Satz 2.

Zu den einzelnen Kriterien vgl. die Kommentierung unter § 14 sowie zu den Kriterien Umfang und Schwierigkeit vgl. die Kommentierung unter Rn. 43 ff. u. 58 ff.

Da der Rechtsanwalt unter verschiedenen Gesichtspunkten damit rechnen muss, die von ihm in Ansatz gebrachte Geschäftsgebühr rechtfertigen zu müssen, bietet es sich an, Umfang und Schwierigkeit der Angelegenheit in der Akte zu dokumentieren. Ein nachträgliches Erfassen stellt sich in der Regel als sehr zeitaufwendig dar und lässt sich zudem kaum lückenlos bewerkstelligen. 21

Gründe, warum in der Praxis immer häufiger eine derartige Rechtfertigung erforderlich ist, sind: 22

– Verweigerung der Rechtsschutzversicherung des Auftraggebers, die in Ansatz gebrachte Gebühr zu bezahlen
– Nichtzahlung der Vergütungsrechnung durch den Auftraggeber und erforderliche Klageerhebung
– materiell-rechtliche Geltendmachung der Geschäftsgebühr im Prozess gegen einen erstattungspflichtigen Dritten.

Der früheren Meinung von Braun, die neue Mittelgebühr bei der Geschäftsgebühr für die nicht umfangreiche bzw. die nicht schwierige Tätigkeit des RA sei bei 0,9 anzusiedeln, ist nicht zu folgen (Braun Gebührenabrechnung nach dem neuen Rechtsanwaltsvergütungsgesetz (RVG), S. 62 u. 63). Braun, der seine Meinung zwischenzeitlich aufgegeben hat, ging davon aus, dass es mit dem RVG zwei Geschäftsgebühren geben würde. Eine mit einem Rahmen von 0,5 bis 1,3 für die nicht umfangreiche und auch nicht schwierige Tätigkeit des RA, sowie eine Geschäftsgebühr für eine umfangreiche oder schwierige Tätigkeit des RA von 1,3 bis 2,5. Daraus folgt für Braun, dass die Mittelgebühr für die nicht umfangreiche und nicht schwierige Tätigkeit bei 0,9 (0,5 plus 1,3 = 1,8: 2 = 0,9) anzusiedeln ist. Diese Auslegung der neuen Geschäftsgebühr war falsch. Sie ist weder durch das Gesetz, das nur eine Geschäftsgebühr mit nur einer Vergütungsverzeichnis-Nr. vorsieht, noch durch die Gesetzesbegründung gedeckt (BT-Drs. 15/1971, zu Nr. 2400, S. 206 f.). Denn in der Gesetzesbegründung führt der Gesetzgeber selbst aus, dass er abweichend von der Mittelgebühr mit 1,5 die neue Regelgebühr von 1,3 als Kappungsgrenze einführt. So hat sich denn auch im Mai 2004 Klaus Otto, Referatsleiter im Bundesjustizministerium, in einem Aufsatz in der NJW dahingehend geäußert, dass sich eine Mittelgebühr von 0,9 aus dem Gesetz nicht ableiten lässt (Otto NJW 2004, 1420; vgl. dazu auch: *Jungbauer* in Rechtsanwaltsvergütung Rn. 596 ff., Hansens RVGreport 2004, 57; Hansens JurBüro 2004, 245; Ennemann RVGreport 2004, 97; Enders RVG für Anfänger 13. Aufl. 2004 Rn. 470 ff.; Schneider/Mock Das neue Gebührenrecht für Anwälte § 13 Rn. 8, S. 140; Jungbauer Gebührenoptimierung in Familiensachen Rn. 516; Dombek Neue Justiz 2004, 193, 194; Riedmeyer DAR 2004, 262; AG Heidelberg JurBüro 2006, 249). 23

Sofern auch heute noch manche erstattungspflichtigen Gegner meinen, eine 0,9 Geschäftsgebühr sei in durchschnittlichen Fällen gerechtfertigt, ist dies falsch. 24

3. 1,3 Geschäftsgebühr als »Regelgebühr« oder »Schwellengebühr«

a) Anmerkung zu Nr. 2300

In der Anmerkung zu Nr. 2300 ist geregelt, dass der Rechtsanwalt eine Gebühr von mehr als 1,3 nur dann fordern kann, wenn die Tätigkeit umfangreich **oder** schwierig war. 25

Nachdem während des Gesetzgebungsverfahrens noch die Worte »besonders umfangreich« und »besonders schwierig« verwendet wurden, hat man hiervon vor Verabschiedung des KostRMoG wieder Abstand genommen. Damit spielen für die Höhe der Geschäftsgebühr **ab 1,3** nur noch die Kriterien Umfang und Schwierigkeit eine Rolle, während alle anderen Kriterien des § 14 dahinter vollständig zurücktreten. Dies ist systemfremd und auch nicht wirklich nachvollziehbar. 26

Nr. 2300 VV

27 • **Beispiel**
Einem Gastwirt droht, die Konzession entzogen zu werden. Von dieser Konzession hängt seine ganze Existenz und die seiner Familie ab. Er beauftragt RAin Meyer mit der Wahrnehmung seiner Interessen. Die Vermögens- und Einkommensverhältnisse des Auftraggebers sind sehr gut. Umfang und Schwierigkeit der Angelegenheit waren nur von durchschnittlicher Natur. Bereits nach zwei Anschreiben an die Behörde ist die Sache vom Tisch.

Obwohl die Einkommens- und Vermögensverhältnisse des Gastwirts sehr gut sind und die Angelegenheit für ihn von sehr hoher Bedeutung ist, darf die Geschäftsgebühr nicht über 1,3 angesetzt werden, da Umfang und auch Schwierigkeit im vorliegenden Fall nur durchschnittlich waren (gleicher Meinung (1,3 als Kappungsgrenze, auch wenn andere Kriterien des § 14 RVG überdurchschnittlich sind) wie die Verfasserin: *Hansens* in Hansens/Braun/Schneider RVG VV Teil 7 Rn. 125; Enders RVG für Anfänger Rn. 552; *Winkler* in Mayer/Kroiß RVG VV 2300 Rn. 3–8; Gerold/Schmidt/Madert RVG 18. Aufl. 2008 VV 2300, 2301 Rn. 27 f.; Schneider/Wolf § 14 Rn. 70).

28 Die Kappungsgrenze gilt nur für einen Auftraggeber (*Hansens* in Hansens/Braun/Schneider Praxis des Vergütungsrechts Teil 7 B Rn. 143 (u. 140 ff.)). Hansens sieht zu Recht keinen Anhaltspunkt dafür, dass der Gesetzgeber die Kappungsgrenze von 1,3 auch bei einer nach Nr. 1008 erhöhten Geschäftsgebühr gelten lassen wollte. Dies wäre auch nicht sachgerecht und würde eine nicht zu rechtfertigende Benachteiligung gegenüber einem Anwalt, der Prozessauftrag hat und die Erhöhung ohne Kappung berechnen darf, bedeuten.

b) Gesetzgeberischer Wille

29 Der Gesetzgeber begründet die Regelgebühr im Gesetzesentwurf (BT-Drs. 15/1971, S. 206/257, zu Nr. 2400 (red. Anm. die Geschäftsgebühr Nr. 2400 wurde durch Inkrafttreten des Art. 5 des KostRMoG zum 01.07.2006 zu Nr. 2300)):

»Für alle in einer Angelegenheit anfallenden Tätigkeiten soll nur eine Gebühr anfallen. Vorgesehen ist eine Geschäftsgebühr mit einem Gebührenrahmen von 0,5 bis 2,5. Der insgesamt weite Rahmen ermöglicht eine flexiblere Gebührengestaltung. Die künftig allein anfallende Gebühr soll das Betreiben des Geschäfts einschließlich der Information und der Teilnahme an Besprechungen sowie das Mitwirken bei der Gestaltung eines Vertrags abgelten. Eine Besprechungsgebühr ist nicht mehr vorgesehen. Auch ohne Besprechungen oder Beweisaufnahmen kann bei großem Umfang und erheblicher Schwierigkeit einer Sache der obere Rahmen der Gebühr erreicht werden. Die Regelgebühr liegt bei 1,3. Der erweiterte Abgeltungsbereich der Geschäftsgebühr erfordert eine andere Einordnung der unterschiedlichen außergerichtliche Vertretungsfälle in den zur Verfügung stehenden größeren Gebührenrahmen. Dies führt zwangsläufig zu einer neuen Definition des »Normalfalls«. In durchschnittlichen Angelegenheiten ist grundsätzlich von der Mittelgebühr (1,5) auszugehen. In der Anmerkung soll jedoch bestimmt werden, dass der Rechtsanwalt eine Gebühr von mehr als 1,3 nur fordern kann, wenn die Tätigkeit umfangreich oder schwierig war. Damit ist gemeint, dass Umfang oder Schwierigkeit über dem Durchschnitt liegen. In anderen Fällen dürfte die Schwellengebühr von 1,3 zur Regelgebühr werden.

... Eine nach Abwägung der unterschiedlichen Kriterien des § 14 Abs. 1 RVG-E in der Summe gänzlich durchschnittliche Angelegenheit würde also nur dann einen Gebührensatz von mehr als 1,3 (etwa in Höhe der Mittelgebühr 1,5) rechtfertigen, wenn die Tätigkeit des Anwalts im Hinblick auf Umfang oder Schwierigkeit über dem Durchschnitt liegt, dies jedoch allein in der Gesamtschau nach § 14 Abs. 1 RVG unberücksichtigt bleiben müsste, weil andere Merkmale vergleichsweise unterdurchschnittlich ins Gewicht fallen. Ist eine Sache danach schwierig oder umfangreich, steht eine Ausnutzung des Gebührenrahmens unter den Voraussetzungen des § 14 Abs. 1 RVG (bis zum 2,5-fachen der Gebühr) im billigen Ermessen des Anwalts. Sind auch Umfang und Schwierigkeit der Sache jedoch nur von durchschnittlicher Natur, verbleibt es bei der Regelgebühr (1,3).«

c) Bestimmung der Gebühr

Es werden in der Literatur mehrere »Vorgehensweisen« vorgeschlagen, wie die Geschäftsgebühr bestimmt werden kann. *Teubel* (in Mayer/Kroiß VV 2300 Rn. 3–8) ist der Meinung, dass zunächst die Geschäftsgebühr unter Berücksichtigung aller Kriterien des § 14 zu bestimmen ist; sodann ist – wenn die Tätigkeit nicht umfangreich und/oder nicht schwierig war die Begrenzung auf 1,3 zu beachten. *Rick* (in Schneider/Wolf § 14 Rn. 70) meint, dass es für die Bemessung der Geschäftsgebühr nach Nr. 2300 auf die anderen Kriterien des § 14 nicht mehr ankommt, wenn die Tätigkeit nicht umfangreich oder schwierig war. *Madert* (Gerold/Schmidt RVG 18. Aufl. 2008 VV 2300, 2301 Rn. 28; ders. AGS 2005, 185 (187)) geht bei der Bestimmung der angemessenen Gebühr wie folgt vor:

1. Grundsätzlich ist von der Mittelgebühr mit 1,5 auszugehen.
2. Danach sind die Kriterien des § 14 zu prüfen.
3. Ergibt die Prüfung, dass die Angelegenheit durchschnittlich ist, greift zunächst die Kappungsgrenze von 1,3.
4. Anschließend sind die Kriterien »Umfang« und »Schwierigkeit« dahingehend zu prüfen, ob diese Gebühr überschritten werden darf.

Die Verfasserin schließt sich der Auffassung von Enders (RVG für Anfänger 14. Aufl. 2008 Rn. 590) an, dass zunächst die Gebühr innerhalb des Gebührenrahmens unter Berücksichtigung sämtlicher Kriterien des § 14 (ohne Rücksicht auf die Anmerkung zu Nr. 2300) zu bestimmen ist. Liegt diese Gebühr bis 1,3, kann sie abgerechnet werden. Liegt sie über 1,3, ist ergänzend zu prüfen, ob die Tätigkeit des Rechtsanwalts umfangreich **oder** schwierig war. Ist beides nicht der Fall, ist die Gebühr auf 1,3 abzusenken (Enders, a. a. O.).

Nur wenn **alle** für die Gebührenhöhe maßgebenden Umstände eine Gebühr im unteren Bereich rechtfertigen würden, ist eine unterhalb des Satzes von 1,3 liegende Geschäftsgebühr gerechtfertigt (AG Bielefeld, Urt. v. 28. 12. 2004, Az.: 41 C 1221/04, RVGreport 2005, 109).

Bei der Bemessung der Geschäftsgebühr ist grundsätzlich eine **Einzelfallbetrachtung** erforderlich (Gerold/Schmidt/Mayer RVG 18. Aufl. 2008 § 14 Rn. 16; vgl. auch Rn. 34). Eine Pauschalierung beispielsweise dahingehend, dass bei Tätigkeit in einer Unfallsache generell ein Gebührensatz von 1,3 herangezogen werden kann, verbietet sich. Denn es ist denkbar, dass die Tätigkeit in der Unfallsache unterdurchschnittlich war, weil beispielsweise nur wegen eines offenen Restbetrags eine geringfügige Tätigkeit (ein Schreiben) erfolgte. Andernfalls bedürfte es auch nicht eines Rahmens von 0,5–2,5.

d) Der durchschnittliche Fall

Grundsätzlich ist eine Einzelfallbetrachtung vorzunehmen, Pauschalierungen verbieten sich im Hinblick auf § 14 (so auch: Enders RVG für Anfänger Rn. 559; Schons NJW 2005, 1024). Zur Entlastung der Gerichte wäre allerdings eine Orientierung am Willen des Gesetzgebers, die 1,3 Geschäftsgebühr als Regelgebühr anzuwenden, also für die durchschnittlichen Fälle, wünschenswert.

Eine 1,3 Geschäftsgebühr wurde in der Literatur bereits zu Beginn des RVG für durchschnittliche Angelegenheiten durchweg bejaht (Braun/Hansens RVG-Praxis, 884 ff.; Bultmann Die neue Rechtsanwaltsvergütung Rn. 255 ff.; Enders RVG für Anfänger, 12. Auflage 2004 Rn. 476; *Jungbauer* in Jungbauer/Mock Rechtsanwaltsvergütung Rn. 1095 ff., *Hansens* in Hansens/Braun/Schneider Praxis des Vergütungsrechts Teil 7: Zivilrechtliche Angelegenheiten S. 438 ff. Rn. 122 ff.; Hartmann Kostengesetze RVG VV 2300 Rn. 24; Hartung/Römermann RVG Teil 2 Rn. 56 ff.; *Hembach* in Gebauer/Schneider RVG VV 2400 Rn. 6 ff.; *Kindermann* in Burhoff/Kindermann Rn. 122 f.; *Madert* in Gerold/Schmidt/von Eicken/Madert/Müller-Rabe RVG 16. Aufl. VV 2300–2403 Rn. 95 ff.; Schneider/Mock Das neue Gebührenrecht für Anwälte Rn. 8 S. 140; Enders JurBüro 2004, 169–173; Enders JurBüro 2004, 459–462; Hansens JurBüro 2004, 245; Hansens RVGreport 2004, 59 ff.; Hansens RVGreport 2004, 209 ff.; *Teubel* in

Nr. 2300 VV

Mayer/Kroiß RVG VV 2400 Rn. 9; Göttlich/Mümmler/Rehberg/Xanke RVG S. 433; Onderka RVG Professionell 56 u. 106 ff.; Schönemann RVG Professionell 2004, 127; Volpert RVG Professionell 204, 111 f.; Podlech-Trappmann JurBüro 2004, 351–360; Madert AGS 2004, 185–187 (= ZfS 2004, 301, 303 = MittBl. der ARGE Verkehrsrecht 2004, 40–43); Henke AnwBl. 2004, 579; Ministerialrat im Bundesministerium der Justiz Otto NJW 2004, 1420 f.; **a. A.:** 1,5 Geschäftsgebühr in durchschnittlichen Fällen: Hartung/Römermann RVG VV Teil 2 Rn. 56).

36 Das OLG Jena ist der Auffassung, dass eine **Überschreitung** der Regelgebühr von 1,3 im Rahmen der so genannten Toleranzgrenze von 20 % bei einer nicht umfangreichen und nicht schwierigen Anwaltstätigkeit nicht erlaubt ist (OLG Jena, Beschl. v. 02.02.2005, Az.: 9 Verg 6/04 = JurBüro 2004, 145). Der Auffassung des OLG Jena ist nach Ansicht der Verfasserin nur insoweit zu folgen, als nicht generell auf die Regelgebühr von 1,3 pauschal eine 20 %ige Erhöhung berechnet werden kann, da die Kappungsgrenze von 1,3 eine feste Größenordnung ist, die höhere Ansprüche, wenn die Tätigkeit nicht umfangreich oder schwierig war, ausschließt. Ist die Rechtsschutzversicherung nur bereit, eine 1,1 Gebühr zu zahlen, liegt die vom Anwalt in Ansatz gebrachte 1,3 Gebühr noch innerhalb der 20 %igen Toleranzgrenze (Enders RVG für Anfänger 14. Aufl. 2008 Rn. 162).

37 Zur Toleranzgrenze von 20 % siehe auch die Kommentierung unter Rn. 73.

38 Zur Frage, ob der Rechtsanwalt bei einer einmal berechneten Geschäftsgebühr hinsichtlich des Gebührensatzes nachliquidieren kann, siehe die Kommentierung unter Rn. 82.

e) Besprechungen

39 Besprechungen wirken sich auf den Umfang der anwaltlichen Tätigkeit aus und sind bei der Bestimmung der Geschäftsgebühr zu berücksichtigen (Enders RVG für Anfänger Rn. 565; Gerold/Schmidt/ Madert RVG 18. Aufl. 2008 VV 2300, 2301, Rn. 16 u. 28 (S. 815); Hansens RVGreport 2004, 209, 211).

40 Dabei spielt es keine Rolle, ob es sich um Besprechungen mit dem eigenen Auftraggeber, der Gegenseite oder aber Dritten handelt.

41 Falsch geht das AG Stuttgart davon aus, dass eine Besprechung, die tatsächlich aufgrund der besonderen Lebensumstände des Auftraggebers (2 Todesfälle in der Familie) ausführlich verlief, zu keiner Berücksichtigung führe, wenn objektiv eine kurze Besprechung ausgereicht hätte (AG Stuttgart, Urt. v. 18.02.2005, Az.: 16 C 8655/04, RVGreport 2005, 189 m. krit. Anm. Hansens). Für die Bemessung der Gebühr ist auf den tatsächlichen Aufwand abzustellen. Zudem können im Einzelfall auch mehr und längere Besprechungen erforderlich sein. Lediglich im Verhältnis zu einem erstattungspflichtigen Gegner kann sich etwas anderes ergeben. Hat der Mandant z. B. das Bedürfnis täglich mit seinem Anwalt über seine Rechtsangelegenheit zu sprechen, so löst ein hierdurch veranlasster besonderer Umfang eine höhere Geschäftsgebühr aus. Erstattungspflichtig ist diese aber nur, soweit sie notwendig war. Es ist dabei auch für die Geschäftsgebühr – ähnlich wie für die Prozessgebühren – im Rahmen der Schadensminderungspflicht für die Erstattungsfähigkeit auf die Notwendigkeit angefallener Kosten abzustellen.

42 Besprechungen außerhalb der üblichen Bürozeiten können ebenfalls zu einem höheren Gebührensatz führen (N. Schneider ZfS 2004, 396, 397).

4. Umfang der Angelegenheit

a) Zeitlicher Aufwand im Allgemeinen

43 Umfang bedeutet insbesondere der zeitliche Aufwand, den ein Rechtsanwalt zur Bearbeitung des Mandats erbringen muss (Otto NJW 2004, 1420 u. NJW 2006, 1472 ff.; Enders RVG für Anfänger Rn. 470 ff.; Gerold/Schmidt/Mayer RVG 18. Aufl. 2008 § 14 RVG Rn. 15).

Es ist grundsätzlich eine Einzelfallbetrachtung vorzunehmen. Pauschalierungen auch durch überschlägigen Stundenansatz pro Mandat in Bezug auf die Anzahl der Fälle pro Jahr im Vergleich mit der Arbeitszeit des Anwalts verbieten sich (Enders JurBüro 2004, 462). 44

Mandanten mit schwieriger Persönlichkeitsstruktur und auch schwierige Gegner können zu einer Erhöhung des Umfangs der Angelegenheit führen. 45

In den zeitlichen Umfang nicht mit einzubeziehen sind: 46

- Zeiten für die Aneignung von Basiswissen (Hartung/Römermann RVG § 14 Rn. 22);
- zeitlicher Aufwand, der für das Gericht oder den Gegner entstanden ist;
- der Anschein, den der Umfang der Sache hat.

Einzurechnen sind: 47

- der tatsächliche Umfang (nicht aber der Anschein);
- Dauer der Vorarbeit (Einarbeitungszeit) (LG Freiburg AnwBl. 1998, 213; LG Ravensburg AnwBl. 1985; 160; LG Wuppertal AnwBl. 1985, 160);
- mandatsspezifische Rechercheleistungen (Hartung/Römermann RVG § 14 Rn. 22);
- Studium der Unterlagen (Verträge, geführter Schriftwechsel, Gutachten, etc.);
- Zeit für die Auswertung eines Gutachtens;
- Dauer von persönlichen Besprechungen (OLG Düsseldorf AnwBl. 1980, 468);
- telefonische Besprechungen mit dem Mandanten;
- Kürze oder Länge der Ausführungen (OLG Köln JurBüro 1998, 540);
- Besprechungen mit Dritten (Gegenanwalt, Gegner, Zeugen, Sachverständigen, Streithelfer, etc.);
- Studium und Auswertung einer beigezogenen Akte (z. B. Unfallakte, Ermittlungsakte, Strafakte, etc.);
- Recherche, Studium und Auswertung mandatsbezogener Literatur und Rechtsprechung (Schneider/Wolf RVG § 14 Rn. 29);
- Diktat von Schriftstücken;
- Korrigieren und Ausfertigen von Schriftstücken;
- Studium der eingehenden Korrespondenz;
- Studium eines Fachgutachtens auf einem Spezialgebiet (LG Kiel JurBüro 1992, 602);
- Weiterleitung und Kommentierung der eingehenden Korrespondenz;
- Korrespondenz mit dem Rechtsschutzversicherer (sofern hierfür nicht gesondert Gebühren geltend gemacht werden).

Schreibzeiten der Mitarbeiter des Rechtsanwalts können nicht zu einer Erhöhung des Umfangs führen, wenn diese Mitarbeiter nicht zu dem in § 1 bzw. § 5 aufgezählten Personenkreis gehören, auch wenn der Rechtsanwalt diese Arbeit sonst selbst verrichten müsste. Derartige Personalkosten fallen unter die in Vorbemerkung 7 Abs. 1 VV genannten Bürokosten. 48

Bei einem nur kurzen Schreiben, einer Besprechung und zwei Telefonaten wurde eine **0,9** Geschäftsgebühr für angemessen erachtet (AG Stuttgart, Urt. v. 18. 02. 2005, Az.: 16 C 8655/04, JurBüro 2005, 308 = Enders RVG für Anfänger Rn. 560). 49

Für ein vierseitiges Schreiben an den Arbeitgeber des Mandanten (Entfernung der Abmahnung aus der Personalakte) erachtete das AG Stuttgart eine **1,3** Geschäftsgebühr für angemessen (AG Stuttgart NJW 2005, 1956). 50

1,3 auch für ein 4 Seiten langes Anspruchsschreiben mit umfangreicher Auseinandersetzung der Sach- und Rechtslage, mit Rechtsprechungshinweisen sowie zusätzlich schwieriger Verständigung mit dem Mandanten (AG Pinneberg, Urt. v. 21. 02. 2005, Az.: 69 C 268/04, JurBüro 2005, 308 = Enders RVG für Anfänger Rn. 562). 51

Zur Berücksichtigung von Besprechungen (auch mit dem Auftraggeber) bei der Bemessung des Umfangs vgl. die Kommentierung unter Rn. 39 ff. 52

Nr. 2300 VV

b) Umfang in Familiensachen

53 Bei der Bemessung dessen, was in einer Familiensache als durchschnittlich umfangreich gilt, kann die im Auftrag des Bundesjustizministeriums von Prof. Dr. Hommerich erstellte Studie über den Zeitaufwand der Rechtsanwälte und Rechtsanwältinnen in Familiensachen herangezogen werden. Diese Studie findet sich im Ergebnis in der Gesetzesbegründung zum KostRMoG wieder (BT-Drs. 15/1971, S. 148 f.). Ihr sind durchschnittliche Zeiten für einzelne Tätigkeiten in Familiensachen zu entnehmen, so beispielsweise für ein Verbundverfahren mit mehreren Folgesachen, isolierten Verfahren und einstweiligen Anordnungen.

54 Nach dieser Studie ist bei folgendem Zeitaufwand (außergerichtlich und gerichtlich) von einer durchschnittlichen Sache zu sprechen:

– Scheidung (ohne Folgesachen) – 129 Min.
– Folgesachen (ohne Scheidung) – 159 Min.
– Scheidung mit Folgesachen ohne vorherige Beratung – 288 Min.
– Scheidung mit Folgesachen mit vorheriger Beratung – 434 Min.
– isolierte Unterhaltssache – 231 Min.
– isolierte Sorge- und Umgangsrechtssache – 195 Min.
– isoliertes Verfahren Güterrecht – 182 Min.
– isoliertes Verfahren Ehewohnung und Hausrat – 94 Min.
– einstweilige Anordnung Unterhalt – 125 Min.
– einstweilige Anordnung Sorge- und Umgangsrecht – 177 Min.
– einstweilige Anordnung Ehewohnung u. Hausrat – 88 Min.

55 Rechnet man aus diesen Zeitangaben entsprechende Zeiten, die auf die gerichtliche Tätigkeit entfallen, heraus, erhält man den **durchschnittlichen Aufwand** für eine außergerichtliche Tätigkeit.

56 Kann der RA nachweisen, dass er einen höheren Zeitaufwand hatte, ist eine Geschäftsgebühr oberhalb der Regelgebühr von 1,3 angemessen.

c) Umfang in Unfallsachen

57 Zu dem Kriterium Umfang in Unfallsachen siehe die Kommentierung unter Rn. 87.

5. Schwierigkeit der anwaltlichen Tätigkeit

a) Rechtliche Schwierigkeit

58 Das Bemessungskriterium »Schwierigkeit« betrifft nicht nur Merkmale der juristischen Bearbeitung, in denen besondere Kenntnisse erforderlich sind. Dabei werden die rechtliche und die tatsächliche Schwierigkeit unterschieden. Bei der rechtlichen Schwierigkeit stellt sich regelmäßig die Frage, wie intensiv sich der Rechtsanwalt mit der Sache beschäftigen muss.

59 Immer ist von einem objektiven Maßstab aus zu prüfen, ob die anwaltliche Tätigkeit schwierig ist oder nicht. Die Tätigkeit auf dem bestimmten Rechtsgebiet muss objektiv schwierig sein. So kann beispielsweise ein Zugewinnausgleichsverfahren durchschnittlich sein. Muss aber bei einem Zugewinnausgleichsverfahren beispielsweise erst eine Unternehmensbewertung durch Sachverständigengutachten erfolgen, um den der Mandantschaft zustehenden Ausgleichsanspruch berechnen zu können, kann von einer objektiven Schwierigkeit des Falles ausgegangen werden, was zu einer höheren Gebühr führt. Es kommt also grundsätzlich nicht darauf an, ob die Sache für den bearbeitenden RA schwierig ist (Enders JurBüro 2004, 516).

60 Dabei gibt es einzelne Rechtsgebiete, die für sich genommen objektiv als schwierig angesehen werden:

– Konzernrecht (Otto NJW 2006, 1472 ff., 1475; Hartung/Römermann/Schons § 14 Rn. 26; Enders JurBüro 2004, 516)

- Vergaberecht (OLG Jena NZBau 2005, 356 ff. m. Anm. Mayer = RVG-Letter 2005, 28 ff.; *Mayer* in Gerold/Schmidt RVG 18. Aufl. 2008 § 14 Rn. 16 mit Verweis auch auf Bundeskartellamt AGS 2008, 82)
- EU-Beihilferecht (Otto NJW 2006, 1472 ff., 1475; Hartung/Römermann/Schons, § 14 Rn. 26; Enders JurBüro 2004, 516)
- Umsatzsteuerrecht
- Urheberrecht (Otto NJW 2006, 1472 ff., 1475; Enders JurBüro 2004, 516)
- EG-Recht (Enders JurBüro 2004, 516)
- Wettbewerbssachen (Enders JurBüro 2004, 516)
- entlegene Spezialgebiete
- Angelegenheiten, die komplizierte technische Fragen aufwerfen (Otto NJW 2006, 1472 ff., 1475)
- Familiensachen mit sich ständig ändernden persönlichen und wirtschaftlichen Verhältnissen und teilweise hoher Emotionalität (vgl. dazu auch Otto NJW 2006, 1472 ff., 1475)
- ungeklärte Rechtsgebiete mit fehlender klärender Rechtsprechung, lückenhaften oder neuen Gesetzen, die noch nicht oder noch nicht umfassend kommentiert sind (vgl. auch Mayer/Kroiß/Teubel VV 2300, Rn. 31).

Wenn auch die Gerichte beispielsweise Kammern und Senate mit Spezialzuständigkeit geschaffen haben, kann man davon ausgehen, dass es sich grundsätzlich um ein schwieriges Rechtsgebiet handelt (Schneider/Wolf RVG § 14 Rn. 33) und jahrelange praktische Erfahrungen zur optimalen Fallbearbeitung erforderlich sind.

Nach Enders (Enders JurBüro 2004, 516, wobei Enders sich in RVG für Anfänger 14. Aufl. 2008 Rn. 150 gegen eine Katalogisierung und für eine konkrete Einzelfallbetrachtung ausspricht) können auch Fälle aus bestimmten Rechtsgebieten als schwierig angesehen werden, wenn bei der Bearbeitung von einem Routinefall abgewichen wird. Diese Rechtsgebiete betreffen:

- Familien- und Erbrecht
- Verwaltungsrecht
- Arbeitsrecht
- Sozialrecht
- Strafrecht einschl. Strafvollstreckungsrecht
- Steuerrecht.

Nach Ansicht der Verfasserin fallen hierunter auch:

- das Persönlichkeits- und Presserecht (aufgrund umfassender Einzelfall-Entscheidungen des Bundesverfassungsgerichts einerseits und der vorzunehmenden Abwägung zwischen Pressefreiheit und Persönlichkeitsrecht andererseits)
- das Asylverfahrensrecht.

Auch die Tatsache, dass für ein bestimmtes Rechtsgebiet eine **Fachanwaltschaft** eingeführt wurde, spricht dafür, dass es sich um ein schwierigeres Rechtsgebiet handelt, so z. B.:

- Miet- und WEG-Recht
- Familienrecht
- Erbrecht
- Insolvenzrecht
- Strafrecht
- Banken- und Kapitalmarktrecht
- Bau- und Architektenrecht
- Handels- und Gesellschaftsrecht
- Medizinrecht (da solche oft mit persönlichem Engagement des Anwalts betreut werden, so Otto NJW 2006, 1472 ff., 1475)
- etc.

Nr. 2300 VV

65 Die begründete Einbeziehung eines Fachanwaltstitels ergibt sich bereits aus der Gestaltung der Fachanwaltsordnung, die eben fordert, dass der Rechtsanwalt besondere theoretische und praktische Kenntnisse nachweisen muss, bevor er berechtigt ist, einen Fachanwaltstitel zu führen. Wenn aber »besondere theoretische und praktische Kenntnisse« nicht erforderlich wären, könnte jeder »Durchschnittsanwalt« diese Fälle bearbeiten. Es ist zwar allgemein bekannt, dass die Einführung des Fachanwalts »Verkehrsrecht« eine Folge der BVerfG-Entscheidung zum »Spezialisten für Verkehrsrecht« war und die Fachanwaltschaften weiter stärken sollte, dies ändert jedoch nichts an der Tatsache dass auch Unfallsachen von überdurchschnittlicher Schwierigkeit betroffen sein können, insbesondere z. B. wenn es um Auslandsbeteiligung, eine strittige Mitverschuldensquote oder um einen sogenannten Kettenunfall geht. Natürlich führt jedoch die Tatsache, dass für ein Rechtsgebiet eine Fachanwaltschaft eingeführt ist, nicht zwangsläufig zu einer über dem Durchschnitt liegenden Besonderheit oder Schwierigkeit. Auch hier ist im Einzelfall zu prüfen (Gerold/Schmidt/Mayer RVG 18. Aufl. 2008 § 14 Rn. 16).

b) Tatsächliche Schwierigkeit

66 Tatsächliche Schwierigkeiten können zu einer Erhöhung der Rahmengebühren führen und zwar solche, die durch die Fallgestaltung bedingt sind, aber auch durch den Umgang mit den beteiligten Personen (Gerold/Schmidt/von Eicken/Madert/Müller-Rabe RVG § 14 Rn. 50).

67 Tatsächlich schwierig kann eine Sache sein, wenn

- der Rechtsanwalt sich mit Gutachten auseinandersetzen muss (z. B. medizinischen, psychiatrischen, bautechnischen Gutachten);
- die Aufklärung des Sachverhalts aufgrund von Widersprüchen schwierig ist;
- die Haftungsquote strittig ist;
- die Haftung bereits dem Grunde nach strittig ist;
- Fremdsprachenkenntnisse erforderlich sind (LG Karlsruhe AnwBl. 1980, 121; AG Krefeld AnwBl. 1980, 303);
- Verständigungsschwierigkeiten zwischen RA und Mandant vorhanden sind, z. B.: Mandant trägt ein Hörgerät; es muss ein Dolmetscher hinzugezogen werden (Hartung/Römermann RVG § 14 Rn. 30);
- oder der Rechtsanwalt den im Ausland befindlichen Mandant nur zu ganz bestimmten Uhrzeiten erreichen kann;
- Schwierigkeiten mit einem uneinsichtigen und wenig nachgiebigen Gegner vorherrschen (Enders JurBüro 2004, 516);
- Schwierigkeiten, die in der Persönlichkeitsstruktur des Mandanten liegen, das Mandatsverhältnis prägen (Enders JurBüro 2004, 516; LG Karlsruhe AnwBl. 1987, 338).

68 Schwierige Mandanten und auch schwierige Gegner führen in der Regel auch zu einer Erhöhung des **Umfangs** der Angelegenheit.

69 Die Vertretung mehrerer Auftraggeber kann zu einer Erhöhung des Gebührensatzes wg. erhöhter tatsächlicher Schwierigkeit führen, wenn kein Fall der Nr. 1008 gegeben ist.

c) Spezialkenntnisse = weniger schwierig oder weniger Umfang?

70 Bei der Bemessung des Kriteriums »Umfang« wird regelmäßig auf den tatsächlichen Umfang abzustellen sein. Ist daher ein Rechtsanwalt auf einem Fachgebiet spezialisiert, wird sich möglicherweise der Umfang der Angelegenheit verringern, da der RA wegen einer Spezialisierung mit geringerem Zeitaufwand arbeitet (Hartung/Römermann RVG § 14 Rn. 29).

71 Wie Enders richtig anmerkt, ist der Argumentation von Rechtsschutzversicherern nicht zu folgen, die häufig das Kriterium »Schwierigkeit« beim spezialisierten Anwalt absenken wollen (Enders JurBüro 2004, 517). Umgekehrt würde dies bedeuten, dass für den nicht speziali-

sierten (möglicherweise auch den schlechten) Anwalt nahezu alles schwierig ist mit der Folge, dass er seine Rahmengebühr höher bemessen könnte.

Die Schwierigkeit ist daher immer nach objektiven Maßstäben zu bemessen (Schneider / Wolf 72 RVG § 14 Rn. 33). Ein Fachanwaltstitel im jeweiligen Rechtsgebiet spricht aber bereits für eine schwierigere Rechtsmaterie, vgl. Rn. 65.

6. Toleranzgrenze 20 %

Da die Bestimmung des Gebührensatzes bei einer Rahmengebühr nicht auf den Punkt genau 73 möglich ist, hat sich in der Rechtsprechung die sogenannte Toleranzgrenze von 20 % herausgebildet. Das heißt: Die Bestimmung der Gebühr durch den Rechtsanwalt ist nach § 315 Abs. 3 BGB nur dann unverbindlich, wenn sie nicht der Billigkeit entspricht. Sofern die nach Ansicht des Gerichts angemessene Geschäftsgebühr um nicht mehr als 20 % überstiegen wird, ist sie nach Auffassung der herrschenden Rechtsprechung nicht als unbillig anzusehen (OLG Düsseldorf BRAGOreport 2002, 95; OLG Düsseldorf AnwBl. 1999, 704 = JurBüro 2000, 359; OLG Oldenburg Rpfleger 1999, 566; OLG Köln JurBüro 1994, 31; OLG München JurBüro 1991, 1485 = Rpfleger 1991, 464; OLG Düsseldorf AnwBl. 1983, 875 (hier: Gebühr übersteigt angemessene Gebühr um 17,5 % nicht unbillig); LG Köln MDR 1996, 645; LG Zweibrücken MDR 1992, 196; LG Düsseldorf AnwBl. 1983, 41; SG Stuttgart AnwBl. 1984, 569; SG Karlsruhe AnwBl. 1984, 571; SG Kiel AnwBl. 1984, 571; AG Diez AGS 2003, 74; AG Hof AGS 2003, 245; AG Duisburg AGS 2003, 492).

Das OLG Jena ist der Auffassung, dass eine Überschreitung der Regelgebühr von 1,3 im Rah- 74 men der so genannten Toleranzgrenze von 20 % bei einer nicht umfangreichen und nicht schwierigen Anwaltstätigkeit nicht erlaubt ist (OLG Jena Beschl. v. 02.02.2005 Az.: 9 Verg 6/04 JurBüro 2004, 145).

Eine **20 %ige Toleranzgrenze** ist auch nach dem RVG zuzubilligen (AG Aachen, Urt. v. 75 20.12.2004, Az.: 84 C 591/04, AnwBl. 3/2005, S. 223 = JurBüro 2005, 192 = RVGreport 2005, 60 = AGS 2005, 107; AG Kelheim, Urt. v. 21.12.2004, Az.: 3 C 0929/04, AnwBl. 3/2005, S. 224 = JurBüro 2005, 195; RVGreport 2005, 62 = AGS 2005, 61; Enders 14. Aufl. 2008 RVG für Anfänger Rn. 160).

Das AG Kempen hält eine 1,5 Geschäftsgebühr für angemessen, wenn in nicht schuldhafter 76 Weise die Ansprüche zunächst nicht gegen den richtigen Haftpflichtversicherer geltend gemacht werden; es billigt dem Rechtsanwalt unter Berücksichtigung der **20 %igen** Toleranzgrenze eine 1,8 Geschäftsgebühr zu (AG Kempen, Urt. v. 01.02.2005, Az.: 13 C 450/04, JurBüro 2005, 591).

Die vom Rechtsanwalt angesetzte Gebühr kann bei fehlender Begründung auch dann schon 77 unbillig hoch sein, wenn sie die Toleranzgrenze um weniger als 20 % übersteigt (BVerwG, Urt. v. 17.08.2005, Az.: 6 C 13/04, RVGreport 2006, 21). Ist die Rechtsschutzversicherung nur bereit, eine 1,1 Gebühr zu zahlen, liegt die vom Anwalt in Ansatz gebrachte 1,3 Gebühr noch innerhalb der 20 %igen Toleranzgrenze (Enders RVG für Anfänger Rn. 159).

Zu beachten ist dabei, dass die Toleranzgrenze aber nicht bei der Bestimmung der Gebühr he- 78 rangezogen werden darf. Damit ist gemeint, dass die Toleranzgrenze nicht als Kriterium in § 14 aufgeführt ist; sie zur Begründung eines bestimmten Gebührensatzes heranziehen, hieße, das Pferd von hinten aufzäumen. Die Toleranzgrenze gibt vielmehr dem Gericht die Möglichkeit, eine Gebühr als nicht unangemessen hoch einzustufen, wenn sie innerhalb der Toleranzgrenze von 20 % bemessen ist. Die 20 %ige Toleranzgrenze ist nicht »per se« anzuwenden, entschied denn auch der BFH (Beschl. v. 19.10.2004, Az.: VII B 1/04 = RVGreport 2006, 20).

Teilweise wird angenommen, dass eine 30 %ige Toleranzgrenze nach dem RVG akzeptabel ist 79 (Schneider / Wolf § 14 Rn. 76; Hansens / Braun / Schneider Teil 1 Rn. 207; Meyer / Kroiß / Teubel Das neue Gebührenrecht § 4 Rn. 95; **a.A.** Hartung / Römermann / Schons RVG § 14 Rn. 91

Nr. 2300 VV

(20–25 %); Jungbauer DAR 2007, 58 (20 %); KG AGS 2006, 73 f. (20 %) m. Anm. Hansens; AG Aachen AGS 2005, 107 = RVGreport 2005, 60 = AnwBl. 2005, 223 (20 %); LG Saarbrücken AGS 2005, 245 (20 %)).

80 Nach meiner Ansicht gilt weiterhin eine Toleranzgrenze von 20 %, auch wenn der Gebührenrahmen der Geschäftsgebühr nach RVG 4-fach weiter ist als der nach BRAGO. Denn die Abweichung von einer angemessenen Gebühr bezieht sich nicht auf den gesamten Rahmen sondern auf einen konkreten Gebührensatz.

81 Gerichte sollten im Hinblick auf den sehr weiten Rahmen der Geschäftsgebühr davon absehen, kleinliche Abstriche von der vom Anwalt bemessenen Gebühr zu machen (vgl. dazu auch OLG München AnwBl. 1980, 469).

7. Nachliquidation

82 Hat der Rechtsanwalt bei einer Rahmengebühr einmal sein Ermessen ausgeübt, kann er hiervon nicht zum Nachteil seines Auftraggebers abweichen, wenn die entsprechende Erklärung (Vergütungsrechnung) dem Auftraggeber zugegangen ist (§§ 315 Abs. 2, 130 Abs. 1 Satz 1 BGB). Er ist an sein einmal ausgeübtes Ermessen gebunden (BGH AnwBl. 1987, 489; KG JurBüro 2004, 484; LG Köln DAR 1988, 392; OLG Koblenz AGS 2000, 88; OLG Düsseldorf JurBüro 1998, 412; Enders RVG für Anfänger Rn. 161; Gebauer/Schneider RVG § 14 Rn. 89). Dies soll auch dann gelten, wenn der Rechtsanwalt einen unzutreffenden Gebührentatbestand angewandt hat; wählt er einmal die Mittelgebühr, ist er hieran gebunden (*N. Schneider* in Schneider/Wolf 4. Aufl. 2008 RVG § 14 Rn. 82).

83 Da seit der Änderung des § 14 UStG auf der Rechnung der Leistungszeitraum / Leistungszeitpunkt anzugeben ist, stellt sich die Frage, inwieweit ein Abweichen vom Gebührensatz möglich ist, wenn der Rechtsanwalt **nach** Rechnungsstellung erneut tätig wird. Der Auftraggeber, dem die Besonderheiten bei der Bemessung einer Rahmengebühr meist nicht bekannt sind, vertraut möglicherweise darauf, dass keine höheren Gebühren entstehen. Ob daher ein Abweichen möglich ist, erscheint zweifelhaft. Schneider bejaht die Möglichkeit, bei erneuter Tätigkeit einen höheren Gebührensatz abrechnen zu können (*N. Schneider* in Gebauer/Schneider RVG § 14 Rn. 91).

84 Zur Vermeidung von Streitigkeiten mit dem Auftraggeber sollte daher eine Rechnung erst dann ohne Vorbehalt der Nachliquidation gestellt werden, wenn die Angelegenheit erledigt ist und hinsichtlich des Gebührensatzes Sicherheit besteht, dass hiervon nicht mehr abgewichen werden soll. Generell ist dem Rechtsanwalt anzuraten, bei Abrechnung seiner Gebühr einen Vorbehalt zur Nachliquidation des Gebührensatzes aufzunehmen, wenn er damit rechnen muss, dass eine weitere Tätigkeit von ihm veranlasst ist (z. B. »Nachliquidation hinsichtlich des in Ansatz gebrachten Gebührensatzes bleibt bei weiterer Tätigkeit ausdrücklich vorbehalten.«). Zwar regelt § 14 UStG, dass der Anwalt in der Rechnung den Leistungszeitraum anzugeben hat, so dass sich die bemessene Geschäftsgebühr immer an diesem Zeitraum orientiert. Ob aber ein Gericht im Falle eines Gebührenstreits den Mandanten nicht als schutzwürdig ansieht, kann naturgemäß nicht vorhergesagt werden. Die Aufnahme des Vorbehalts auch für den Fall weitergehender Tätigkeit sichert daher die Gebührenansprüche des Anwalts. Auch sei in diesem Zusammenhang auf § 15 Abs. 5 hingewiesen, der dieselbe Angelegenheit annimmt, wenn der Anwalt innerhalb von 2 Kalenderjahren die Tätigkeit in derselben Angelegenheit nochmals aufnimmt.

85 Die Aufnahme des Vorbehalts ist in der Praxis auch dann sinnvoll, wenn bei dem gegnerischen Haftpflichtversicherer Probleme mit dem Ausgleich zu erwarten sind. Da die vorgerichtlichen Kosten in einer Unfallsache ersatzfähiger Schaden darstellen, kann die Durchsetzung dieser Schadensposition auch den Aufwand in dieser Angelegenheit erhöhen. Der Vorbehalt könnte daher lauten wie folgt: »Wir weisen darauf hin, dass wir uns vorbehalten, bei weitergehender Tätigkeit, insbesondere bei Streit über die in Ansatz gebrachte Gebühr,

die selbst eine ersatzfähige Schadensposition darstellt, die Geschäftsgebühr höher zu bemessen.«

Auch wenn dem Gegner die Kosten bereits im ersten Anschreiben mitgeteilt werden, sollte an die Aufnahme des Vorbehalts gedacht werden (z. B. durch die Formulierung: »Wir weisen darauf hin, dass die nachstehend berechneten Kosten die bisherige Tätigkeit abgelten. Bei weitergehender Tätigkeit kann der Rahmen der Geschäftsgebühr, der bis max. 2,5 betragen kann, weiter ausgeschöpft werden.« Dabei ist jedoch wichtig, die Formulierung in diesen Fällen so zu wählen, dass der Gegner nicht von der Geltendmachung seiner Rechte abgehalten wird. 86

8. Unfallsachen

a) Zu erbringende Tätigkeiten

Folgende Tätigkeiten des Rechtsanwalts kommen bei der Bearbeitung von Unfallsachen häufig vor (vgl. dazu auch die Ausführungen von Hansens RVGreport 2005, 43): 87

- erste Besprechung mit dem Auftraggeber einschl. Beratung
- Hinweis zur Schadensminderungspflicht des Auftraggebers
- Prüfung der Rechtslage; Beratung im Hinblick auf mögliche Schadenspositionen, die dem Laien nicht sofort ersichtlich sind wie z. B. Haushaltsführungsschaden
- Hinweis auf Änderungen des Schadensersatzrechts
- Hinweis auf Berechtigung zur Anmietung eines Mietwagens und Rechtsprechung zum Unfallersatztarif
- Hinweis auf Höhe eines Nutzungsausfalls und Voraussetzungen zur Geltendmachung des Nutzungsausfalls
- Durchsicht von Unterlagen
- Ermittlung der Haftpflichtversicherung des Gegners (Anruf beim Zentralruf der Autoversicherer; Anfrage bei der Kfz-Zulassungsstelle)
- Beauftragung eines Sachverständigen; Abklärung eines Termins
- Prüfung des Sachverständigengutachtens und ggf. Erörterung, soweit Fragen sind
- Besprechungen mit dem Sachverständigen zwecks Erläuterung oder Ergänzung des Gutachtens, gegebenenfalls Abstimmung mit den von der Haftpflichtversicherung zugestandenen geringeren Schadenspositionen/Gebühren
- Einsicht in polizeiliche oder gerichtliche Akten
- Hinweis gegebenenfalls auf Fertigung von Fotografien von der Unfallstelle/den entstandenen Schäden
- Telefonat mit der Werkstatt
- ggf. Einholung einer Auskunft des Wetteramtes
- Korrespondenz mit dem Kreditinstitut des Auftraggebers
- Prüfung der Ansprüche des Auftraggebers
- Regulierungsschreiben an die Haftpflichtversicherung
- Telefonat mit dem Sachbearbeiter der gegnerischen Haftpflichtversicherung
- Schriftwechsel mit der Haftpflichtversicherung, gegebenenfalls auch mit dem Fahrer/Halter des gegnerischen Kraftfahrzeugs
- Prüfung der Einwendungen der Versicherung und Entgegnung hierauf (ggf. nach Rücksprache mit dem Auftraggeber)
- schriftliche Korrespondenz mit dem Auftraggeber
- Besprechungen mit dem Auftraggeber
- Zeugenrecherche
- Prüfung und Auswertung der Abrechnung
- Abrechnung der Schadensbeträge mit den beteiligten Stellen, wenn Abtretungen vorliegen
- Abrechnung mit dem Auftraggeber
- Abrechnung der Vergütungsansprüche des Rechtsanwalts
- Streit über den abgerechneten Gebührensatz.

Nr. 2300 VV

88 Werden **Schmerzensgeldansprüche** geltend gemacht, so sind weitere Tätigkeiten des Rechtsanwalts veranlasst:

- Recherche hinsichtlich geltend zu machenden Schmerzensgeldes;
- Auswahl entsprechender einschlägiger Urteile;
- Besprechung, Beratung hinsichtlich eines etwaigen Strafantrags (wird dieser gestellt, so löst er Gebühren nach Teil 4 des VV RVG aus);
- Anforderung und Prüfung von Arztberichten;
- Hinweis auf Fertigung von Fotografien der Verletzungen (auch während der Genesung);
- Besprechungen mit dem behandelnden Arzt;
- Dokumentation der Dauer und des Grades der Arbeitsunfähigkeit;
- telefonische Besprechungen mit dem Auftraggeber hinsichtlich seines Gesundheitszustandes, etwaiger Verschlechterungen oder Verbesserungen;
- umfassende Besprechung mit dem Auftraggeber hinsichtlich der durch die Verletzungen entstandenen Beeinträchtigungen (schulische Leistungen; berufliche Leistungen; Ausübung des Sports; Beeinträchtigung des Sexuallebens); Besprechung des in Erwägung zu ziehenden Schmerzensgeldbetrages.

89 Die oben aufgeführten Tätigkeiten sind selbstverständlich nicht abschließend. Auch hier kommt es immer auf den Einzelfall an.

b) Einzelentscheidungen in Unfallsachen

90 Im Hinblick auf die Fülle an Rechtsprechung, die zu Unfallsachen ergangen ist, soll diese in einem gesonderten nachfolgenden Kapitel dargestellt werden, um die Kommentierung zur Geschäftsgebühr in anderen Angelegenheiten nicht zu überfrachten. Auf die Ausführungen von Sonderkamp »Die Geschäftsgebühr nach dem RVG im Lichte der Rechtsprechung« wird ergänzend verwiesen (Jens Sonderkamp NJW 2006, 1477 ff.).

aa) Entscheidungen zum Gebührensatz von 0,8 bis 1,0

91 **– 0,8 Geschäftsgebühr**

Das AG Herne geht in seinem Urt. v. 23.12.2004 unter Az.: 5 C 349/04 (JurBüro 2005, 255 = RVGreport 2005, 110) unter falscher Rechtsanwendung von einer 0,8 Geschäftsgebühr aus, weil das RVG die BRAGO-Gebühren »abdecken« sollte. Gegen das Urteil wurde Berufung eingelegt zum LG Bochum, im Berufungsverfahren erfolgte ein Anerkenntnis (LG Bochum, Urt. v. 17.06.2005, Az.: 5 S 15/05).

92 **– 0,9 Geschäftsgebühr**

Das AG Gütersloh hält eine 0,9 Geschäftsgebühr für angemessen, wenn nach dem ersten Anspruchsschreiben innerhalb von vier Tagen nach Zugang beim Haftpflichtversicherer die geltend gemachten Schadensersatzansprüche reguliert werden (AG Gütersloh, Urt. v. 02.03.2005, Az.: 10 C 927/04, JurBüro 2005, 363 = NJW 2005, 2466).

Eine 0,9 Geschäftsgebühr in einer einfach gelagerten Unfallsache halten ebenfalls für angemessen:

- LG Dortmund AGS 2006, 370
- AG Gütersloh JurBüro 2005, 363
- AG Osnabrück, Urt. v. 17.01.2005, Az.: 14 C 636/04 (XXI), JurBüro 2005, 308 = RVGreport 2005, 114
- AG Hamburg-St. Georg, Urt. v. 10.11.2004, Az.: 917 C 252/04, RVGreport 2005, 228
- AG Duisburg-Hamborn, Urt. v. 17.01.2005, Az.: 7 C 530/04 RVGreport 2005, 228 = NZV 2005, 327
- AG Arnstadt NZV 2005, 484.

Nr. 2300 VV | Teil 2

– 1,0 Geschäftsgebühr 93

Für den Ansatz einer 1,0 Geschäftsgebühr in einer durchschnittlichen Unfallsache haben sich ausgesprochen:

– AG Gronau, Urt. v. 07. 10. 2004, Az.: 11 C 136/04, JurBüro 2005, 194 = RVGreport 2005, 64
– AG Bayreuth, Urt. v. 15. 12. 2004, Az.: 9 C 521/04, RVGreport 2005, 112
– AG Berlin-Mitte, Az.: 113 C 3226/04, RVGreport 2005, 63
– AG Chemnitz, Urt. v. 23. 12. 2004, Az.: 12 C 4150/04 (unter Hinweis auf *Madert* in Gerold/Schmidt/von Eicken/Madert/Müller-Rabe 16. Aufl. 2004 § 14 Rn. 101) = RVGreport 2005, 108
– AG Karlsruhe, Urt. v. 13. 12. 2004, Az.: 2 C 208/04 = RVGreport 2005, 269
– AG Worms, Urt. v. 19. 01. 2005, Az.: 2 C 253/04 = RVGreport 2005, 229
– LG Coburg NZV 2005, 483 (Unfallsache mit unterdurchschnittlicher Schwierigkeit)
– LG Mannheim, Urt. v. 11. 11. 2005, Az.: 1 S 108/05, NJW 2006, 1822; NJW-RR 2006, 573 (durchschnittliche Unfallsache).

bb) Entscheidungen zum Gebührensatz von 1,3

– 1,3 Geschäftsgebühr 94

Der überwiegende Teil der Rechtsprechung bejaht eine 1,3 Geschäftsgebühr in durchschnittlichen Unfallsachen:

– BGH, Urt. v. 31. 10. 2006, Az.: VI ZR 261/05, JurBüro 2007, 72 = DAR 2007, 176 m. Anm. Jungbauer = AnwBl. 2006, 357 = NJW-RR 2007, 420 = r + s 2007, 439 = NZV 2007, 181
– AG Aachen, Urt. v. 20. 12. 2004, Az.: 84 C 591/04, AnwBl. 3/2005, 223 = JurBüro 2005, 192 = RVGreport 2005, 60 = AGS 2005, 107
– AG Aachen, Beschl. v. 27. 12. 2004, Az.: 84 C 576/04; Enders RVG für Anfänger Rn. 575
– AG Aachen, Beschl. v. 21. 03. 2005, Az.: 13 C 36/05
– AG Aachen, Urt. v. 14. 04. 2005, Az.: 13 C 303/04
– AG Aachen, Urt. v. 20. 04. 2005, Az.: 15 C 11/05
– AG Annaberg, Urt. v. 24. 05. 2005, Az.: 2 C 179/05 (auch bei Sicherheit über 100 %ige Haftung)
– LG Arnsberg, Urt. v. 27. 03. 2007, Az.: 5 S 132/06, r + s 2008, 131 (Umfang der anwaltlichen Tätigkeit und Beratung zählt; nicht Umfang der Tätigkeit gegenüber Haftpflichtversicherer)
– AG Aschaffenburg, Urt. v. 20. 04. 2005, Az.: 27 C 2739/04
– AG Bad Neustadt a. d. Saale, ZfS 2005, 310 = AGS 2005, 254 m. Anm. Madert
– LG Bad Kreuznach, Urt. v. 13. 10. 2005, Az.: 1 S 26/05, NJOZ 2006, 4460 = VersR 2005, 1602
– AG Berlin-Mitte, Urt. v. 25. 02. 2005, Az.: 102 C 3437/04
– AG Berlin-Mitte, Urt. v. 12. 04. 2005, Az.: 3 C 3491/04
– AG Bersebrück, Urt. v. 08.03.05, Az.: 4 C 62/05
– AG Bielefeld, Urt. v 28. 12. 2004, Az.: 5 C 1041/04, AnwBl. 2005, 223 = JurBüro 2005, 193 = RVGreport 2005, 62 = AGS 2005, 225
– AG Bielefeld, Urt. v. 28. 12. 2004, Az.: 41 C 1221/04, AnwBl. 2005, 223 = RVGreport 2005, 109 = AGS 2005, 226
– AG Bielefeld, Urt. v. 16. 02. 2005, Az.: 17 C 52/05
– AG Bielefeld, Urt. v. 18.03.05, Az.: 42 C 878/04
– AG Bielefeld, Urt. v. 29.03.05, Az.: 4 C 54/05
– LG Bochum, Urt. v. 17. 06. 2005, Az.: 5 S 15/05 (Anerkenntnis)
– AG Bottrop, Urt. v. 29. 08. 2005, Az.: 8 C 85/05
– AG Brakel, Urt. v. 16. 03. 2005, Az.: 7 C 530/05
– AG Bremen, Urt. v. 27. 05. 2005, Az.: 7 C 53/2005 = NJOZ 2005, 2899 = AnwBl. 2005, 588
– AG Bretten, Datum unbekannt, Az.: 1 C 203/05
– AG Brilon, Urt. v. 06. 04. 2005, Az.: 8 C 3/05
– AG Chemnitz, ZfS 2005, 308 = AGS 2005, 252

Nr. 2300 VV

- AG Coburg, Urt. v. 27.01.2005, Az.: 11 C 1347, RVGreport 2005, 190 = AGS 2005, 226
- AG Coburg, Urt. v. 03.03.2005, Az.: 11 C 1347/04, JurBüro 2005, 307 (Berufung zugelassen wg. uneinheitlicher Rechtsprechung – Urteil wurde aufgehoben durch LG Coburg v. 06.05.2005, Az.: 32 S 25/05 – Ergebnis 1,0)
- AG Dachau, Urt. v. 11.08.2005, Az.: 4 C 489/05
- AG Delbrück, Urt. v. 08.02.2005, Az.: 2 C 427/04, AGS 2005, 248 = BeckRS 2005, 14034
- AG Dillingen, Urt. v. 17.03.2005, Az.: 2 C 45/05
- AG Dorsten, Urt. v. 24.03.2005, Az.: 3 C 266/04
- AG Dortmund, Urt. v. 30.05.2005, Az.: 129 C 1870/05, RVGreport 2005, 347
- AG Dortmund, Urt. v. 27.06.2006, Az.: 105 C 14316/05, AnwBl. 2006, 679 (auch wenn die Frage der alleinigen Haftung des Unfallgegners von Anfang an unstreitig ist)
- LG Dresden, Urt. v. 31.05.2007, Az.: 8 S 317/06, ZfS 2007, 531 (Hansens) (Parkplatz-Unfall mit unstreitiger Eintrittspflicht)
- AG Düsseldorf, Urt. v. 19.08.2005, Az.: 27 C 1262/05, RVGreport 2005, 425
- AG Essen, Urt. v. 21.03.2005, Az.: 11 C 81/05; Enders RVG für Anfänger Rn. 575
- AG Essen, Urt. v. 18.04.2005, Az.: 11 C 10/05, RVGreport 2005, 346
- AG Frankenthal, Urt. v. 10.01.2005, Az.: 3 cC 252/04, JurBüro 2005, 254 = RVGreport 2005, 149 (es gibt keine neue 0,9 Mittelgebühr; 1,3 angemessen), DAR 2005, 238
- AG Gelsenkirchen, Urt. v. 28.01.2005, Az.: 32 C 692/05
- AG Gelsenkirchen, Urt. v. 01.02.2005, Az.: 32 C 4/05, JurBüro 2005, 252 = RVGreport 2005, 149 = AGS 2005, 250
- AG Gießen, Urt. v. 01.02.2005, Az.: 46 C 2379/04, RVGreport 2005, 149
- AG Gießen, Urt. v. 08.02.2005, Az.: 43 C 2878/04, RVG-Letter 2005, 33
- AG Greifswald, Beschl. v. 15.02.2005, Az.: 44 C 345/04, RVG-Letter 2005, 33 = RVGreport 2005, 191
- AG Hagen, Beschl. v. 03.01.2005, Az.: 19 C 572/04, AnwBl. 2005, 223 = JurBüro 2005, 194 = AGS 2005, 62 = RVGreport 2005, 112 = NJOZ 2005, 588 L (Mittelgebühr 1,5; Regelgebühr von 1,3 bei durchschnittlicher Angelegenheit gerechtfertigt)
- AG Hagen, Urt. v. 05.04.2005, Az.: 16 C 680/04, AnwBl. 2005, 508
- LG Hagen, Urt. v. 28.02.2007, Az.: 10 S 234/06, NZV 2007, 424
- AG Hamburg, Urt. v. 22.04.2005, Az.: 50 B C 15/05
- AG Hamburg, Urt. v. 03.05.2005, Az.: 56 A C 20/05;
- AG Hamburg, Urt. v. 26.05.2005, Az.: 51 A C 9/05 = RVGreport 2005, 268
- AG Hamburg-Barmbeck, Urt. v. 18.01.2005, Az.: 814 C 328/04, JurBüro 2005, 307 = RVGreport 2005, 148
- AG Hamburg/Harburg AnwBl. 2005, 589
- AG Hamburg-Mitte, Urt. v. 18.03.2005, Az.: 52 C 79/04
- AG Hamburg-St.Georg, Urt. v. 03.05.2005, Az.: 923 C 26/05, AnwBl. 2005, 589
- AG Hameln AnwBl. 2005, 589
- AG Hannover, Urt. v. 25.02.2005, Az.: 515 C 16551/04
- AG Hattingen, Urt. v. 13.01.2005, Az.: 5 C 162/04
- AG Heidelberg, Urt. v. 21.01.2005, 26 C 507/04, JurBüro 2005, 254 = RVGreport 2005, 148
- AG Heidelberg, Urt. v. 05.04.2005, Az.: 24 C 59/05
- AG Heidelberg, Urt. v. 21.01.2005, Az.: 26 C 507/04, RVGreport 2005, 255, 148 = JurBüro 2005, 254
- AG Heidelberg, Urt. v. 09.08.2005, Az.: 24 C 197/05, JurBüro 2005, 592
- AG Heinsberg, Urt. v. 27.04.2005, Az.: 17 C 16/05
- AG Hildesheim, Urt. v. 17.05.2005, Az.: 40 C 55/05, RVGreport 2005, 312
- AG Hof, Urt. v. 21.02.2005, Az.: 12 C 1559/04 = NJOZ 2005, 1693
- AG St. Ingbert, Urt. v. 28.02.2005, Az.: 9 C 668/04 = AGS 2005, 334
- AG Ingolstadt, Urt. v. 11.01.2005, Az.: 10 C 1856/04, DAR 2005, 178
- AG Iserlohn, Urt. v. 11.02.2005, Az.: 40 C 463/04, JurBüro 2005, 254 = RVGreport 2005, 147 = ZfS 2005, 258; NZV 2005, 324 = AGS 2005, 227

- AG Jülich, Urt. v. 13. 12. 2004, Az.: 4 C 447/04, JurBüro 2005, 194 = RVGreport 2005, 63
- AG Jülich, Urt. v. 08. 02. 2005, Az.: 4 C 516/04, NJOZ 2005, 2904 = Enders RVG für Anfänger Rn. 575
- AG Kaiserslautern, Urt. v. 30. 03. 2005, Az.: 8 C 338/05
- AG Karlsruhe, Urt. v. 13. 12. 2004 Az.: 2 C 208/04, RVGreport 2005, 269
- AG Karlsruhe, Urt. v. 14. 12. 2004 Az.: 5 C 440/04, AnwBl. 3/2005, S. 223 = JurBüro 2005, 194 = RVGreport 2005, 61 = AGS 2005, 253 = NZV 2005, 326 (zudem kein eigener Rahmen von 0,5 bis 1,3)
- AG Karlsruhe, Urt. v. 04. 03. 2005 Az.: 11 C 570/04, RVGreport 2005, 192
- AG Kaufbeuren, Urt. v. 18. 05. 2005, Az.: 3 C 186/05, AnwBl. 2005, 508 = RVGreport 2005, 347
- AG Kelheim, Urt. v. 21. 12. 2004, Az.: 3 C 0929/04, AnwBl. 2005, 224 = JurBüro 2005, 195; RVGreport 2005, 62 = AGS 2005, 61 = AGS 2005, 161 = NZV 2005, 326
- AG Köln, Urt. v. 04. 03. 2005, Az.: 266 C 558/04
- AG Köln, Urt. v. 15. 03. 2005, Az.: 123 C 654/04, JurBüro 2005, 307 = RVGreport 2005, 192 = AGS 2005, 146
- AG Köln, Urt. v 13. 05. 2005, Az.: 261 C 578/04
- AG Köln, Urt. v. 29. 04. 2005, Az.: 263 C 88/05
- AG Köln, Urt. v. 08. 06. 2005, Az.: 147 C 86/05
- LG Konstanz, VersR 2005, 1602 (2. Inst.)
- AG Krefeld, Urt. v. 18. 04. 2005, Az.: 82 C 429/04
- AG Landstuhl, Urt. v. 23. 11. 2004, Az.: 4 C 189/04, AnwBl. 2005, 224 = NJW 2005, 161 = JurBüro 2005, 195 = RVGreport 2005, 61 = AGS 2005, 62 (auch bei zügiger Abwicklung ohne Besprechung ist 1,3 gerechtfertigt)
- AG Lebach, Urt. v. 18. 03. 2005, Az.: 3 B C 803/04
- AG Leipzig, Urt. v. 11. 05. 2005, Az.: 116 C 2417/05
- AG Leverkusen, Urt. v. 10. 02. 2005, Az.: 20 C 529/04
- AG Limburg, Urt. v. 16. 03. 2005, Az.: 4 C 13/05 (12), AGS 2005, 333 = RVGreport 2005, 267
- AG Lingen, Urt. v. 23. 05. 2005, Az.: 12 C 193/05 (X), AGS 2005, 337
- AG Lörrach, Urt. v. 15. 02. 2005, Az.: 4 C 2400/04, JurBüro 2005, 255 = RVGreport 2005, 148
- AG Lübeck, Urt. v. 08. 12. 2004, Az.: 21 C 3670/04
- AG Lüdenscheid, Urt. v. 30. 12. 2004, Az.: 92 C 321/04, JurBüro 2005, 196 = RVGreport 2005, 109
- AG Ludwigshafen, Urt. v. 13. 05. 2005, Az.: 2 a C 444/04
- AG Magdeburg, Urt. v. 03. 05. 2005, Az.: 163 C 229/05 (163), RVGreport 2005, 268
- AG Menden, Urt. v. 25. 04. 2005, Az.: 4 C 379/04
- AG Moers, Beschl. v. 30. 11. 2004, Az.: 538 C 201/04
- AG Moers, Urt. v. 10. 03. 2005, Az.: 538 C 213/04
- AG München, Urt. v. 22. 12. 2004, Az.: 345 C 31153/04
- AG München, Urt. v. 29. 12. 2004, Az.: 343 C 32462/04, JurBüro 2005, 196
- AG München, Urt. v. 11. 03. 2004, Az.: 343 C 34020/04
- AG München, Urt. v. 29. 03. 2005, Az.: 322 C 39362/04
- AG München, Urt. v. 25. 04. 2005, Az.: 331 C 385/05
- AG München, Urt. v. 29. 12. 2004, Az.: 343 C 32462/04, AnwBl. 3/2005, S. 224 = JurBüro 2005, 194 = RVGreport 2005, 62 = AGS 2005, 109
- OLG München, Beschl. (§ 522 Abs. 2 Nr. 1 ZPO) v. 19. 07. 2006, Az.: 10 U 2476/06, JurBüro 2006, 634 = DAR 2006, 716 = AnwBl. 2006, 768
- OLG München, Urt. v. 16. 05. 2008, Az.: 10 U 1748/08, FD-RVG 2008, 261806 (auch in einfachen Unfallsachen)
- AG Nürnberg, Urt. v. 03. 02. 2005, Az.: 21 C 9007/04, JurBüro 2005, 363 = RVGreport 2005, 192
- AG Nürnberg, Urt. v. 03. 02. 2005, Az.: 21 C 9007/04, JurBüro 2005, 363

Nr. 2300 VV

- AG Nürnberg, Urt. v. 03. 02. 2005, Az.: 31 C 10208/04, RVGreport 2005, 192
- AG Oberhausen, Urt. v. 22. 04. 2005, Az.: 36 C 3710/04
- AG Osnabrück, Urt. v. 04. 05. 2005, Az.: 47 C 10/05 (Anerkenntnisurteil)
- AG Pinneberg, Urt. v. 21. 02. 2005, Az.: 69 C 268/04, AGS 2005, 249 = JurBüro 2005, 591
- AG Pfaffenhofen a. d. Ilm, Urt. v. 17. 03. 2005, Az.: 1 C 0125/05
- AG Saarlouis, Urt. v. 28. 02. 2005, Az: 30 C 2003/04, AGS 2005, 250
- AG Singen, Urt. v. 27. 01. 2005, Az.: 1 C 281/04, RVG-Letter 2005, 34 = JurBüro 2005, 591
- AG Speyer, Urt. v. 21. 06. 2005; Az.: 31 C 171/05
- AG Straubing, Urt. v. 07. 04. 2005, Az.: 3 C 1479/04
- AG Stuttgart, Urt. v. 24. 02. 2005, Az.: 45 C 9123/04
- AG Waldbröl, Urt. v. 14. 07. 2005, Az.: 3 C 23/05
- AG Wetzlar, Urt. v. 24. 03. 2005, Az.: 36 C 1804/04 (36), AGS 2005, 336 = JurBüro 2005, 591
- AG Witten, Urt. v. 21. 03. 2005, Az.: 2 C 75/05
- AG Würzburg, Urt. v. 02. 03. 2005, Az.: 12 C 3074/04, AGS 2005, 247 = RVGreport 2005, 267 = JurBüro 2005, 591 = NJOZ 2005, 2287
- AG Wuppertal, Urt. v. 14. 03. 2005, Az.: 35 C 66/05, JurBüro 2005, 363 u. 591
- AG Zweibrücken, Urt. v. 04. 04. 2005, Az.: 2 C 993/04, NJOZ 2005, 2289 m. Anm. Mayer = RVG-Letter 2005, 54.

Die oben zitierte Entscheidung des BGH (Urt. v. 31. 10. 2006, Az.: VI ZR 261/05, JurBüro 2007, 72 = AnwBl. 2006, 357 = NJW-RR 2007, 420) zur 1,3 Geschäftsgebühr in einer durchschnittlichen Unfallsache endete zwar in einer 1,0 Geschäftsgebühr (wg. unterdurchschnittlicher Tätigkeit). Beachtlich ist jedoch der Leitsatz des BGH (a. a. O.): »Es ist nicht unbillig, wenn der Rechtsanwalt in einer durchschnittlichen Unfallsache eine Geschäftsgebühr in Höhe von 1,3 berechnet.«

cc) Entscheidungen zum Gebührensatz von mehr als 1,3

95 **– 1,5 Geschäftsgebühr**

Für eine 1,5 Geschäftsgebühr in einer Unfallsache spricht sich aus: AG St. Ingbert Urt. v. 28. 02. 2005 Az.: 9 C 668/04.

96 Das AG Kempen hält eine 1,5 Geschäftsgebühr für angemessen, wenn in nicht schuldhafter Weise die Ansprüche zunächst nicht gegen den richtigen Haftpflichtversicherer geltend gemacht werden; es billigt dem Rechtsanwalt unter Berücksichtigung der **20 %igen** Toleranzgrenze eine 1,8 Geschäftsgebühr zu (AG Kempen, Urt. v. 01. 02. 2005, Az.: 13 C 450/04, JurBüro 2005, 591).

97 **– 1,6 Geschäftsgebühr**

Das Amtsgericht Hamburg-Bergedorf hat mit Urteil vom 13. 05. 2005 unter Az.: 408 C 394/04 eine 1,6 Geschäftsgebühr zugesprochen, da trotz geringer Schadenssumme ungewöhnlich viel Korrespondenz mit dem Sachverständigen, der Werkstatt, dem Haftpflichtversicherer und dem Schädiger zu führen war (AG Hamburg-Bergedorf Urt. v. 13. 05. 2005 Az.: 408 C 394/04).

Eine 1,6 Geschäftsgebühr ist bei 13 Stunden Tätigkeit in einer Unfallsache gerechtfertigt (AG Coburg v. 02. 11. 2006, Az.: 15 C 1220/06, JurBüro 2007, 75).

98 **– 1,8 Geschäftsgebühr**

Auf eine 1,8 Geschäftsgebühr in einer Unfallsache erkannte das Landgericht Saarbrücken in seinem Urteil vom 03. 03. 2005, Az.: 14 O 458/04 (hier war auch Schmerzensgeld Gegenstand der Regulierung; RVGreport 2005, 147 = JurBüro 2005, 306 u. 590 = AGS 2005, 245).

Auch das AG Köln hielt eine 1,8 Geschäftsgebühr für angemessen, da die ungerechtfertigte Kürzung der vom Sachverständigen ermittelten Werte, die eine Rückfrage beim Sachverständigen und weitere Korrespondenz erforderten, zu einem besonderen Umfang führten und darüber hinaus auch eine besondere Schwierigkeit vorlag (vertiefte Befassung mit der Materie des Schadensersatzrechts einschließlich Rechtsprechungsrecherche (erg. Stellungnahme des Sachverständigen und rechtlicher Hinweis auf die Porsche-Entscheidung des BGH) (AG Köln, Urt. v. 08. 06. 2005, Az.: 147 C 86/05, JurBüro 2005, 590 u. 647= AGS 2005, 287).

Eine 1,8 Geschäftsgebühr billigt auch das AG Freiburg zu (AG Freiburg, Urt. v. 01. 02. 2007, Az.: 1 C 3014/06). Vorliegend gab es Widersprüche wegen der Verletzungsfolgen zwischen Mandant und KH-Gutachten; mehrere längere Besprechungen mit dem Mandanten, mehrere längere Telefonate mit dem Sachbearbeiter; darüber hinaus erfolgt die Prüfung eines medizinischen Gutachtens, es wurden Verhandlungen über das zu zahlende Schmerzensgeld geführt und die Angelegenheit zog sich wegen fraglicher Dauerschäden über einen längeren Zeitraum hin. 99

Auch das AG Ottweiler bewilligte in einer Verkehrsunfallsache eine 1,8 Geschäftsgebühr (AG Ottweiler, Urt. v. 10. 10. 2006, Az.: 2 C 305/06); es hielt dabei die Überdurchschnittlichkeit aufgrund mehrerer mit dem Sachbearbeiter der Versicherung geführter Gespräche für gegeben. Gleichzeitig wies das AG Ottweiler darauf hin (a. a. O.), dass der spätere Anfall einer Einigungsgebühr nichts mit der Höhe der Geschäftsgebühr zu tun habe, da die Einigungsgebühr völlig unabhängig von der Geschäftsgebühr entstehe. 100

Eine 1,8 Geschäftsgebühr hat auch das AG Lübeck in einer Unfallsache zugesprochen (AG Lübeck, Urt. v. 12. 09. 2005, Az.: 24 C 3901/04 NJW 2006, 1822 = NJW-RR 2006, 646 = NZV 2006, 604). 101

– 1,9 Geschäftsgebühr 102

Das AG Wiesbaden entschied am 18. 08. 2005 (Az.: 92 C 940/06 – 28) durch ein sehr lesenswertes Urteil, dass in einer überdurchschnittlichen Unfallsache eine 1,9 Geschäftsgebühr nicht unbillig ist. Darüber hinaus hielt das AG Wiesbaden in dieser Entscheidung fest, dass dem Mandanten keine Pflichtverletzung vorgeworfen werden kann, wenn er die Rechnung seines Anwalts begleicht, weil er von ihrer Korrektheit ausgegangen ist. Ein Auswahlverschulden, das im Rahmen der Schadensminderungspflicht zu einem verminderten Ersatzanspruch führe, liege nur dann vor, wenn sich die Ungereimtheit einer anwaltlichen Kostenrechnung geradezu aufdränge oder aber bekannt sei. Im Rahmen der §§ 249 ff. BGB sind die Kosten zu erstatten, die ein verständiger wirtschaftlich denkender Mensch in der Lage des Geschädigten für zweckmäßig und notwendig halten darf; die Grenze wird durch eine entsprechende Anwendung des § 254 Abs. 2 BGB gesetzt (vgl. Palandt BGB 66. Aufl. § 249 Rn. 12 m. w. N.). Eine Verweigerung, den entstandenen Schaden zu ersetzen, besteht allenfalls dann, wenn der Geschädigte seine Pflicht zur Schadensminderung nach § 254 Abs. 2 BGB verletzt hat und die dadurch entstandenen Kosten nicht erforderlich im Sinne des § 249 Abs. 2 BGB sind. Ein Verstoß gegen die Schadensminderungspflicht setze nicht nur eine tatsächlich überhöhte Rechnung voraus, sondern auch, dass die Überhöhung dem Mandanten bekannt ist; keine Pflichtverletzung liege daher vor, wenn der Mandant der Ermessensausübung des Rechtsanwalts vertraut und die Rechnung begleicht.

c) **Einfach gelagerte Unfallsache**

Eine **einfache Sache** liegt nach Hansens ausnahmsweise bei einer Unfallsache vor, wenn Schuldfrage und Schadenshöhe eindeutig sind, kein Streit mit der Versicherung über die Höhe des zu ersetzenden Schadens besteht und die Sache mit wenigen Schreiben und nur einer kurzen Besprechung abgewickelt werden kann (Hansens RVGreport 2005, 44). Hansens lässt offen, ob er eine Besprechung mit dem Auftraggeber oder der Gegenseite meint. Der Auffassung von Hansens folgt die Verfasserin dann nicht, wenn eine Besprechung mit der Gegenseite (gegn. Versicherung, Fahrer, Halter) geführt wird. In einem solchen Fall hält die Verfasserin grundsätzlich eine 1,3 Geschäftsgebühr für angemessen. Zu berücksichtigen ist, dass 103

Nr. 2300 VV

bereits nach BRAGO ausgehend von einer mittleren Geschäftsgebühr und nur einer Mindestgebühr bei der Besprechungsgebühr ein Gebührensatz von 12,5/10 abgerechnet werden konnte.

104 Auch in **einfach gelagerten** Fällen ist der RA berechtigt, eine Geschäftsgebühr von 1,3 zu nehmen, und nicht verpflichtet, den Rahmen nach »unten hin« auszuschöpfen (AG Lüdenscheid, Urt. v. 30. 12. 2004, Az.: 92 C 321/04, AnwBl. 2005, 224 = JurBüro 2005, 196 = RVGreport 2005, 109; AG Lörrach, Urt. v. 15. 02. 2005, Az.: 4 C 2400/04, JurBüro 2005, 255 = RVGreport 2005, 148).

d) Abrechnungsempfehlungen

105 Die seinerzeitigen DAV-Empfehlungen (früher auch HUK-Abkommen oder Abrechnungsmodell nach Gebhardt/Greißinger oder DAV-Abkommen) ist auf Fälle, die nach dem RVG abgerechnet werden, nicht mehr anzuwenden (vgl. dazu auch RVGreport-Arbeitshilfen 2005, 50). Neue Empfehlungen auf Verbandsebene existieren zwar nicht, einige Versicherungen bieten zwischenzeitlich jedoch den DAV-Empfehlungen nachgebildete so genannte Arbeitsanweisungen bzw. Abrechnungsempfehlungen an, wie in Unfallsachen abgerechnet werden kann. Die seinerzeit gültigen Gebührensätze wurden angehoben. Der Rechtsanwalt kann sich jedoch nicht im Einzelfall die für ihn günstigere Methode heraussuchen (RVG oder Abrechnungsempfehlungen), sondern ist bei Zustimmung daran gebunden, generell alle Unfallsachen mit diesem Versicherer, soweit sie vollständig außergerichtlich abgewickelt werden, über diese Abrechnungsempfehlungen abzurechnen. Die Abrechnungsempfehlungen gelten dann nicht mehr, wenn auch nur über einen Teilanspruch (sei es auch nur die Kosten) gerichtlich entschieden werden muss.

aa) Regulierungssätze

106 Im Nachfolgenden sollen Regulierungssätze verschiedener Haftpflichtversicherer dargestellt werden (Stand: Januar 2006). Die Auflistung erhebt keinen Anspruch auf Vollständigkeit. Auf künftige Änderungen ist zu achten. Zu den Einzelnen von den Versicherungen aufgestellten Bedingungen sollte jeweils dort nachgefragt werden. Zu **Haftungsrisiken** bei der Abrechnung nach den Gebührenempfehlungen siehe Rn. 111.

Ein Geschädigter:

Sachschaden	1,8
Personenschaden (und Sachschaden) mit einem Gesamterledigungswert unter € 10.000,00	1,8
Personenschaden (und Sachschaden) mit einem Gesamterledigungswert von € 10.000,00 und mehr	2,1

Mehrere Geschädigte:

Sachschaden	2,4
Personenschaden (und Sachschaden) mit einem Gesamterledigungswert unter € 10.000,00	2,4
Personenschaden (und Sachschaden) mit einem Gesamterledigungswert von € 10.000,00 und mehr	2,7

107 Darüber hinaus sind mit einigen Versicherern individuelle Vereinbarungen im Rahmen des RVG möglich, wenn die Regulierung (auch) Körperschäden betrifft und der Gesamterledigungswert € 20.000,00 oder mehr beträgt. Die Auslagen werden nach den gesetzlichen Regelungen bzw. über individuelle Vereinbarungen erstattet.

bb) Beteiligte Versicherungen

Versicherung:	Geltungsbeginn:
Allianz Versicherung	Auftrag nach dem 30.06.2004
DEVK Versicherung	Auftrag nach dem 30.06.2004
Öffentliche Landesbrandkasse	Schadensereignis ab 01.10.2004
Württembergische Versicherung AG	Auftrag nach dem 30.06.2004 (nicht veröffentlicht)
VGH Versicherung	Schadensereignis ab 01.07.2004/zum 31.10.2004 noch nicht abgerechnet
VHV Versicherung	Auftrag ab 01.01.2005

108

Die HUK-Coburg bietet für die außergerichtliche Regulierung eine Gebührenvereinbarung an mit einer Pauschgebühr i. H. v. 1,5 nach dem Gesamterledigungswert. Die Gebühr erhöht sich auf bis zu 2,25 (mehrere Geschädigte, Regulierung von Körperschäden, ab einem Gesamterledigungswert i. H. v. € 10.000). Der geschäftsführende Ausschuss der Arge Verkehrsrecht des DAV hält das Angebot berechtigt für nicht akzeptabel, da mit dieser Pauschgebühr auch eine etwaige Erhöhung und Einigungsgebühr abgegolten werden soll. 109

Im Hinblick darauf, dass die obigen Abrechnungsempfehlungen möglicherweise einem Wandel unterliegen, wird empfohlen, sich ggf. bei der entsprechenden Versicherung zu erkundigen, unter welchen Bedingungen nach den Abrechnungsempfehlungen abgerechnet werden soll. 110

Teilweise wurde angenommen, dass die Abrechnung nach den Empfehlungen das Angebot zu einem weitergehende Schadensersatzansprüche ausschließenden **Erlassvertrag** gem. § 397 Abs. 1 BGB darstelle, sofern kein einvernehmlicher Vorbehalt hinsichtlich weiterer Schadensersatzpositionen erklärt wurde. Durch den Ausgleich der Gebührenrechnung durch den Versicherer nehme dieser stillschweigend das Angebot für den Erlassvertrag an (Gregor Samimi, Vorstandsmitglied der RAK Berlin, Berliner Anwaltsblatt 4/2005, S. 129 f.; so auch AG Berlin-Mitte, Urt. v. 01.04.2003, Az.: 102 C 3511/02 – hiergegen gerichtete Berufung wurde durch Beschluss des LG Berlin v. 23.10.2003, Az.: 58 S 215/03 zurückgewiesen). Die Erklärung seines Anwalts wird dem Auftraggeber gem. § 164 Abs. 1 BGB zugerechnet (AG Düsseldorf SP 2001, 430; AG Schwerte SP 2001, 361; AG Köln, Urt. v. 30.11.2001, Az.: 261 C 301/01; AG Stralsund, Urt. v. 27.06.2002, Az.: 12 C 188/02), auch wenn der Äußernde fahrlässig nicht erkannt hat, dass sein Verhalten als Willenserklärung aufgefasst werden könnte (BGHZ 109, 171, 11). Ein Erlass kann auch dann zu bejahen sein, wenn der Gläubiger subjektiv keinen Erlasswillen hatte (Palandt-Heinrichs § 397 Rn. 4). Die Abrechnung nach den seinerzeitigen DAV-Empfehlungen und die Annahme und Einlösung eines Verrechnungsschecks können nach Ansicht des BGH jedoch nicht ohne weiteres als Verzicht auf die Geltendmachung weitergehender Ansprüche gesehen werden (BGH, Urt. v. 07.03.2006, Az.: VI ZR 54/05, abrufbar unter www.bundesgerichtshof.de, dort unter Entscheidungen = AGS 2006, 408 = VersR 2006, 659 = NJW 2006, 1511; vgl. dazu auch ausführlich *Jungbauer* in DAR 2006, 357 Abrechnung nach den Regulierungsempfehlungen als »Verzichtsfalle«? sowie nahezu identisch: BGH, Urt. v. 21.11.2006, Az.: VI ZR 76/06, JurBüro 2007, 74.). Nach Ansicht des BGH sind für die Annahme eines Erlassvertrags eindeutige übereinstimmende Willenserklärungen erforderlich, die bloße Abrechnung reiche für die Annahme nicht aus (BGH, Urt. v. 10.05.2001, Az.: VII ZR 356/00, NJW 2001, 2325 f.; eine bloße Vermutung reicht nicht aus: BGH, Urt. v. 20.12.1983, Az.: VI ZR 19/82, NJW 1984, 1346 f. = VersR 1984, 382 f.; BGH, Urt. v. 15.07.1997, Az.: VI ZR 142/95, NJW 1997, 3019, 3021 = VersR 1998, 122, 123; es sind 111

Nr. 2300 VV

sämtliche Begleitumstände zu prüfen: BGH, Urt. v. 15. 01. 2002, Az.: X ZR 91/00, NJW 2002, 1044, 1046). Es müssen vielmehr noch entsprechende Umstände des Einzelfalls hinzukommen.

112 Eine Abrechnung nach den Abrechnungsempfehlungen sollte daher auch nach der Entscheidung des BGH (v. 07. 03. 2006 u. 21. 11. 2006, a. a. O.) generell mit einem **entsprechenden Vorbehalt** der möglichen Geltendmachung etwaiger späterer Schadensersatzansprüche des Auftraggebers erteilt werden.

cc) **Differenzanspruch gegen Mandanten?**

113 Rechnet der Rechtsanwalt entsprechend den DAV-Empfehlungen einen Verkehrsunfallschaden mit dem Haftpflichtversicherer des Unfallgegners nach dem Erledigungswert ab, so bestehen in diesem Umfang keine weitergehenden Ansprüche gegen den Mandanten (OLG Düsseldorf, Urt. v. 24. 05. 2005, Az.: I 24 U 191/04, RVGreport 2005, 348; so auch: AG Schwandorf ZfS 1994, 64 m. zust. Anm. Madert; AG Ahaus AnwBl. 1989, 295; Matzen AnwBl. 1973, 60; N. Schneider Abrechnung in Verkehrssachen nach den sog. »DAV-Abkommen«, Rn. 209 ff.; **a. A.:** Mümmler JurBüro 1994, 161; auch Göttlich/Mümmler BRAGO S. 1571, der insoweit von einer Vertragsabrede zugunsten eines Dritten, hier des Mandanten, einem pactum de non petendo i. S. d. § 328 BGB ausgeht, der dem Rechtsanwalt verbietet, derartige Differenzen gegenüber dem Mandanten geltend zu machen).

114 Übersteigt der Gegenstandswert des Auftrags den Erledigungswert, so hat der Rechtsanwalt gegen den Mandanten weitere Vergütungsansprüche nach dieser Differenz (OLG Düsseldorf a. a. O.). Dieser weitergehende Vergütungsanspruch berechnet sich nach der Differenz zwischen der gesetzlichen Vergütung aus dem gesamten Auftragswert abzüglich der (fiktiven) gesetzlichen Vergütung aus dem Erledigungswert (OLG Düsseldorf a. a. O.).

115 Die obige noch zu Zeiten der »alten« DAV-Empfehlungen ergangene Entscheidung des OLG Düsseldorf kann nach Ansicht der Verfasserin auf die neuen Abrechnungsempfehlungen analog angewendet werden.

116 Ist die Pauschale nach Abrechnungsempfehlungen geringer als die gesetzlichen Gebühren, so kann der Rechtsanwalt die Differenz grundsätzlich nicht vom Mandanten erstattet verlangen, wenn lediglich der Pauschsatz, z. B. 1,8, nach den Abrechnungsempfehlungen geringer ist als die addierten Gebührensätze nach einer RVG-Abrechnung.

Gegenstandswert: € 2.500,00	
1,3 Geschäftsgebühr gem. Nr. 2300 VV RVG	€ 209,30
1,5 Einigungsgebühr gem. Nr. 1000 VV RVG	€ 241,50
Auslagenpauschale gem. Nr. 7002 VV RVG	€ 20,00
Zwischensumme	€ 470,80
Gegenstandswert:	€ 2.500,00
1,8 Pauschgebühr gem. Abrechnungsempfehlung	€ 289,80
Auslagenpauschale gem. Nr. 7002 VV RVG	€ 20,00
Zwischensumme	€ 309,80

Die entstehende Differenz in Höhe von € 161,00 kann nicht vom Mandanten oder Rechtsschutzversicherer gefordert werden.

117 Etwas anderes gilt nach Meinung des OLG Düsseldorf (a. a. O., sowie Enders »Die Auswirkungen der DAV-Empfehlungen über die Abrechnung von Anwaltsgebühren bei der Unfallschadenregulierung in der Praxis«, Aufsatz aus JurBüro 7/1995), wenn von der Versicherung nicht volle geltend gemachte Schaden reguliert wird, weil z. B. ein Mitverschulden des Mandanten von der gegnerischen Haftpflichtversicherung angenommen wird.

• **Beispiel** 118
Auftrag an Rechtsanwalt, aus einem Unfall € 9.000,00 gegenüber der gegnerischen Haftpflichtversicherung geltend zu machen. Versicherung wendet Mitverschulden ein, es werden nur € 7.000,00 gezahlt.

Gegenüber dem Versicherer kann der RA abrechnen:

1,8 Pauschgebühr gem. Abrechnungsempfehlungen aus € 7.000,00 (Erledigungswert)	€ 675,00
Auslagenpauschale, Nr. 7002 VV RVG	€ 20,00
Zwischensumme	€ 695,00
19 % Umsatzsteuer, Nr. 7008 VV RVG	€ 132,05
Summe:	**€ 827,05**

Gegenüber dem Mandanten kann der RA abrechnen – gesetzlicher Gebührenanspruch:

1,5 Geschäftsgebühr, Nr. 2300 (Sache war umfangreich) aus € 9.000,00 (auftragsgemäß geltend gemachte Ansprüche)	€ 673,50
1,5 Einigungsgebühr, Nr. 1000 VV RVG	€ 673,50
Zwischensumme – insgesamt 3,0 aus € 9.000,00	€ 1.347,00
abzüglich 3,0 aus € 7.000,00	./. € 1.125,00
denn nach dem Teilwert von € 7.000,00 ist der Gebührenanspruch des RA durch den vom Haftpflichtversicherer nach den Abrechnungsempfehlungen gezahlten Betrag abgegolten	
Restbetrag	€ 222,00
19 % Umsatzsteuer	€ 42,18
Summe:	**€ 264,18**

Den Betrag in Höhe von € 264,18 kann der Rechtsanwalt noch gegenüber dem Mandanten bzw. dessen Rechtsschutzversicherung geltend machen.

9. Geschäftsgebühr in Vergabesachen

Sofern ein im Nachprüfungsverfahren tätiger Rechtsanwalt den Beteiligten bereits im Verga- 119
beverfahren beraten hat, bestimmt sich seine Tätigkeit im Nachprüfungsverfahren nicht nach der reduzierten Geschäftsgebühr Nr. 2301 sondern nach Nr. 2300 (OLG München, Beschl. v. 13. 11. 2006, Az.: Verg 13/06, zitiert nach BECK RS 2006, 13803 = NJOZ 2007, 479; VergabeR 2007, 266 = OLGReport München 2007, 367) allerdings kann sich die Vorbefassung des Anwalts im Vergabeverfahren gebührenmindernd auswirken (OLG München, a. a. O.).

Die Tätigkeit eines Rechtsanwalts in Vergabenachprüfungsverfahren ist auf Grund der kom- 120
plexen Rechtsmaterie, der gerichtsähnlichen Ausgestaltung des Verfahrens und des hier vorhandenen Zeitdrucks regelmäßig als schwierig einzustufen, was selbst in einfachen Fällen den Ansatz einer 1,3 Geschäftsgebühr rechtfertigt (OLG Dresden, Beschl. v. 30. 11. 2006, Az.: WVerg 18/06).

Eine Tätigkeit vor der Vergabekammer mit mündlicher Verhandlung rechtfertigt eine 2,0 Ge- 121
schäftsgebühr (OLG Düsseldorf RVGreport 2005, 309).

Wird ein Anwalt im Vergabenachprüfungsverfahren tätig, ist es auch bei durchschnittlichen 122
Fällen jedenfalls dann nicht unbillig, den 2,5-fachen Gebührensatz abzurechnen, wenn der Antrag zulässig war und eine mündliche Verhandlung stattgefunden hat (BayObLG, Vergabesenat, Beschl. v. 16. 02. 2005, Az.: Verg 028/04 = JurBüro 2005, 361).

Der abstrakte Schwierigkeitsgrad vergaberechtlicher Nachprüfungsverfahren vor der Verga- 123
bekammer rechtfertigt grundsätzlich die **Überschreitung** der Kappungsgrenze **von 1,3**, im Einzelfall kann eine darunter liegende Gebühr angemessen sein (Ergebnis: Es bleibt bei 1,1:

Nr. 2300 VV

Thüringer OLG, Beschl. v. 02.02.2005, Az.: 9 Verg 6/04, JurBüro 2005, 303; RVGreport 2004, 145).

124 Für eine nicht überdurchschnittliche Tätigkeit in einem Nachprüfungsverfahren (Vergabekammer), das bereits vor einer mündlichen Verhandlung durch Antragsrücknahme beendet wurde, war nach der Entscheidung des BayOblG eine **1,3** Geschäftsgebühr angemessen (BayObLG, Beschl. v. 30.11.2004, Az.: Verg 24/04, RVGreport 2005, 144).

10. Weitere Einzelentscheidungen zur Höhe der Geschäftsgebühr

125 Auch eine **verzögerte Bearbeitung** durch den Haftpflichtversicherer kann zur Erhöhung der Gebühren führen (AG Ettlingen VersR 1982, 1157). Dementsprechend sollte ein Vorbehalt aufgenommen werden, vgl. Rn. 82 ff.

126 Sofern im **Widerspruchsverfahren** (Vertragsarztrecht) eine mündliche Verhandlung statt, ist die anwaltliche Tätigkeit eher als umfangreich anzusehen; eine 1,8 Geschäftsgebühr ist dann gerechtfertigt, wenn eine Vertretung im Widerspruchsverfahren vor dem Zulassungsausschuss für Ärzte bei einer Kassenärztlichen Vereinigung erfolgt (SG Marburg, Beschl. v. 26.03.2008, Az.: S 12 KA 1429/05, JurBüro 2008, 366).

127 In einer **markenrechtlichen** Angelegenheit, die eine Vielzahl von Rechtsfolgen betrifft, ist eine 2,0 Geschäftsgebühr für ein Abmahnschreiben angemessen (LG Frankfurt a.M., Urt. v. 01.11.2006, Az.: 2/6 O 344/05, GRUR-RR 2007, 256).

11. Prozessualer oder materiell-rechtlicher Kostenerstattungsanspruch?

a) Grundsätzliches

128 Zunächst ist zwischen Entstehung von Gebühren und Erstattungsfähigkeit zu unterscheiden. Nur eine rigorose Differenzierung erlaubt eine korrekte Abrechnung. Der Auftraggeber schuldet die entstandenen Gebühren. Die Entstehung der Gebühren betrifft damit das Auftragsverhältnis zwischen Anwalt und Auftraggeber. Ob und in welchem Umfang der Auftraggeber entstandene Gebühren erstattet verlangen kann, ist dabei eine andere Frage.

129 Dabei kann es sein, dass eine Geschäftsgebühr in Höhe von 1,8 entstanden, aber nur in Höhe von 1,3 erstattungsfähig ist. Möglicherweise ist die Geschäftsgebühr in Höhe von 1,8 aufgrund des Umfangs, der sich durch tägliche Telefonate mit dem Auftraggeber ergeben hat, gerechtfertigt; im Verhältnis zum Gegner wird ein Gericht die Vielzahl der Telefonate jedoch nicht immer für erforderlich/notwendig erachten. Sofern Anwälte daher Vergütungsansprüche aus vorgerichtlichen Kosten einklagen, sollten sie ihren Auftraggeber auf eine mögliche unterschiedliche Beurteilung durch das Gericht hinweisen. So mancher Auftraggeber wird auch mehr bemüht sein, seine Gespräche und Rückfragen mit dem Anwalt möglichst gering zu halten, wenn er erfährt, dass unter Umständen nicht alle entstandenen Kosten erstattungsfähig sein können. In der Praxis ist jedoch zu beobachten, dass selbst Anwälte oft keine Differenzierung zwischen den Begriffen »Entstehung« und »Erstattungsfähigkeit« vornehmen. »Korrigiert« das Gericht eine eingeklagte Geschäftsgebühr nach unten, fühlt sich der Auftraggeber in seiner (falschen) Annahme, der Anwalt habe zuviel abgerechnet erst recht bestätigt, wenn dieser bereitwillig seine Rechnung berichtigt und evtl. vermeintlich zuviel Gezahltes zurückerstattet.

130 Kostenerstattungsansprüche können sich sowohl aus dem prozessualem als auch dem materiellen Recht ergeben. Der prozessuale Kostenerstattungsanspruch ergibt sich aus dem Verfahrensrecht (für den Zivilprozess vgl. §§ 91 ff. ZPO) und führt dazu, dass Kosten in die Kostenfestsetzung mit einbezogen werden können. Der prozessuale Kostenerstattungsanspruch setzt eine Kostengrundentscheidung voraus, §§ 308 Abs. 2, 91 ff. ZPO, § 13a Abs. 1 FGG, § 464 Abs. 2 StPO, 161 Abs. 1 VwGO, § 143 Abs. 1 FGO, § 193 Abs. 1 SGG. Erst nach der Kostengrundentscheidung folgt eine Festsetzung der Kosten der Höhe nach, vergleiche dazu

§ 103 Abs. 2 ZPO, § 13 a Abs. 3 FGG, § 464 b StPO, § 164 VwGO, § 149 Abs. 1 FGO, § 197 Abs. 1 SGG.

Unabhängig vom prozessualen Kostenerstattungsanspruch, kann sich ein solcher aber auch aus materiell-rechtlichen Anspruchsgrundlagen wie zum Beispiel Verzug (§§ 280 Abs. 2, 286 BGB), unerlaubter Handlung (§ 823 BGB) oder einer Pflichtverletzung aus Vertrag ergeben (vgl. ausführlich Rn. 141). Ein materiell-rechtlicher Kostenerstattungsanspruch kann gerichtlich geltend gemacht werden (Klage/Mahnbescheid). 131

b) Prozessualer Kostenerstattungsanspruch bezogen auf die Geschäftsgebühr?

Ob der nicht anzurechnende Teil der Geschäftsgebühr im Kostenfestsetzungsverfahren geltend gemacht werden kann, wird unterschiedlich beantwortet. Die herrschende Meinung in Rechtsprechung und Literatur verneint die Möglichkeit (ausführlich: Enders JurBüro 2004, 57 mit zahlreichen Rechtsprechungsnachweisen), so auch der BGH. 132

Eine andere Meinung will vorprozessual entstandene Anwaltskosten als festsetzungsfähig ansehen, wenn sie zur sachgerechten Vorbereitung eines Rechtsstreits erforderlich (Dittmar NJW 1986, 2089) und damit prozessbezogen (LG Saarbrücken JurBüro 2002, 38; LG Schwerin AnwBl. 1997, 541; LG Bremen WuM 1999, 598) waren, sofern sich Gegenstand der vorprozessualen Tätigkeit mit dem Gegenstand des Prozesses decken (Dittmar, a. a. O.). 133

Für eine Einbeziehung der RVG-Geschäftsgebühr in das Kostenfestsetzungsverfahren hat sich Wolf ausgesprochen, der lesenswerte Argumente liefert, die eine Einbeziehung ermöglichen sollen (Wolf Die Geltendmachung der Geschäftsgebühr nach Nr. 2400 im Kostenfestsetzungsverfahren nach Einführung des RVG Rpfleger 2005, 337–388). Dabei spielt lt. Wolf die Tatsache, dass eine Rechtsverfolgung nicht erst mit der gerichtlichen Geltendmachung beginnt, eine entscheidende Rolle (Wolf, a. a. O.). Zudem habe der Rechtspfleger wg. § 13 a FGG auch in der Vergangenheit bereits Rahmengebühren festgesetzt, was auch heute noch für die Straf- und Bußgeldsachen gelte, wobei die vom Gesetzgeber gewünschte Entlastung der Gerichte ebenfalls ein wichtiges Argument für die Einbeziehung ins Kostenfestsetzungsverfahren darstelle. 134

Der BGH hatte sich bereits gegen eine Festsetzbarkeit der **Geschäftsgebühr nach BRAGO** entschieden (BGH, Beschl. v. 22. 12. 2004, Az.: X II ZB 94/04, JurBüro 2005 – Heft 5 = AGS 2005, 100), nach RVG auch, vgl. nachstehend. 135

Eine Festsetzbarkeit der nach **RVG** vorprozessual entstandenen **Geschäftsgebühr** wurde zunächst kontrovers entschieden. Mangels Prozessbezogenheit hat beispielsweise das OLG Koblenz die Festsetzung der im Vorfeld eines Rechtsstreits entstandenen anwaltlichen Geschäftsgebühr nach dem RVG nach §§ 103 ff. ZPO verneint (OLG Koblenz, Beschl. v. 23. 03. 2005, Az.: 14 W 181/05 (5 O 633/04 Landgericht Trier) zu ZPO §§ 91, 103, 104 (Nr. 2400), JurBüro 2005, 313). Ebenso entschieden das OLG Frankfurt (OLG Frankfurt, Beschl. v. 24. 01. 2005, Az.: 6 W 9/05, JurBüro 2005, 202, Heft 4) und das OLG Zweibrücken (OLG Zweibrücken, Beschl. v. 06. 12. 2004, Az.: 4 W 162/04, JurBüro 2005, 313) gegen eine Festsetzung. Auch das OLG Köln verneinte die Möglichkeit einer Festsetzung aufgrund der Kostenentscheidung (OLG Köln, Beschl. v. 28. 12. 2004, Az.: 17 W 313/04, RVGreport 2005, 76). Für eine Festsetzung sprach man sich dagegen in Hamburg aus (AG Hamburg, Beschl. v. 20. 10. 2004, Az.: 102 C II 2050/04 WEG, RVGreport 2005, 75; OLG Hamburg, Beschl. v. 10. 01. 2005, Az.: 8 W 293/04 = ZfS 2005, 201, Heft 4). 136

Bischof hat dem BGH in seinem lesenswerten Aufsatz (JurBüro 2006, 298 »Die Festsetzung der Geschäftsgebühr«) mehrere Wege aufgezeigt, dass und aus welchen Gründen eine Festsetzung der Geschäftsgebühr durchaus in Betracht käme. 137

Der BGH hat sich jedoch mehrfach gegen die Festsetzung der Geschäftsgebühr nach RVG ausgesprochen, so in einer wettbewerbsrechtlichen Abmahnsache, da diese nicht zu den Kosten des Rechtsstreits im Sinne des § 91 Abs. 1 Satz 1 ZPO gehört und damit im Kostenfestset- 138

Nr. 2300 VV

zungsverfahren nach §§ 103, 104 ZPO, § 11 Abs. 1 Satz 1 RVG nicht festgesetzt werden kann (BGH, Urt. v. 20. 10. 2005, Az.: I ZB 21/05, JurBüro 2006, 140 = RVGreport 2006, 72 = AnwBl. 2006, 143 = AGS 2006, 146 = NJW-RR 2006, 501). Auch die für ein Mahnschreiben in einer Forderungsangelegenheit entstandene Geschäftsgebühr hält der BGH in Höhe des nicht anrechenbaren Teils nicht für festsetzungsfähig (BGH, Beschl. v. 27. 04. 2006, Az.: VII ZB 116/05, RVGreport 2006, 274 = JurBüro 2006, 586). Die außergerichtlich entstandenen Anwaltskosten dienen der Vermeidung nicht der Vorbereitung des Rechtsstreits; aus diesem Grund ist eine Festsetzung der Geschäftsgebühr nicht möglich (OLG Dresden, Beschl. v. 29. 04. 2008, Az.: 3 W 408/08, JurBüro 2008, 372).

139 Nach meiner Auffassung ist die Ablehnung der Einbeziehung der Geschäftsgebühr in das Kostenfestsetzungsverfahren vom BGH dann inkonsequent wenn er, wie zur Zeit, gleichzeitig aber die Anrechnung der Geschäftsgebühr im Kostenfestsetzungsverfahren fordert, selbst wenn eine Titulierung der Geschäftsgebühr durch das Gericht nicht gegeben ist (vgl. ausführlich zur Problematik ab Rn. 244 ff.).

c) Materiell-rechtlicher Kostenerstattungsanspruch bezogen auf die Geschäftsgebühr?

140 Da ein prozessualer Kostenerstattungsanspruch der Geschäftsgebühr durch den BGH strikt verneint wurde, kommt eine Kostenfestsetzung nicht in Betracht. Ist jedoch ein materiell-rechtlicher Kostenerstattungsanspruch anzunehmen, kann die Geschäftsgebühr nebst Auslagen und ggf. Umsatzsteuer mit eingeklagt werden.

141 Ein materiell-rechtlicher Kostenerstattungsanspruch wird durch die Regelungen der § 91 ff. ZPO (prozessualer Kostenerstattungsanspruch) nicht von vornherein ausgeschlossen (BGHZ 45, 251, 256 f.; 52, 393, 396; Hösl Kostenerstattung bei außerprozessualer Verteidigung gegen unberechtigte Rechtsverfolgung 2004 S. 13 ff.). Ein materiell-rechtlicher Kostenerstattungsanspruch der vorprozessualen Anwaltskosten erfordert allerdings eine materielle Anspruchsgrundlage. Er kann sich beispielsweise aus

– Verzug, §§ 280, 286 BGB
– deliktischen Vorschriften (§§ 823, 826 BGB)
– Eingriff in den ausgeübten Gewerbebetrieb (§ 823 BGB)
– Verletzung einer Vertragspflicht (§§ 280, 241 BGB)
– PVV oder c. i. c., (§§ 280, 311 BGB)
– bei vorsätzlicher sittenwidriger Schädigung (§ 823 BGB)
– als Sonderbedarf im Rahmen der gesetzlichen Unterhaltspflicht
– aus Vertrag
– oder auch aus Geschäftsführung ohne Auftrag (§§ 677 ff. BGB; BGHZ 52, 393, 399 f.; BGH NJW 1981, 224) ergeben.

142 Voraussetzung für den Eintritt des Verzuges ist, dass der Schuldner selbst den rechtlich geschuldeten Betrag zuverlässig ermitteln kann (KG, Beschl. v. 12. 12. 2007, Az.: 12 W 87/07, JurBüro 2008, 379). Dabei ist zu berücksichtigen, dass ein Verzugsschaden erst ab Eintritt des Verzugs geltend gemacht werden kann. Die Inverzugsetzung selbst löst keinen Erstattungsanspruch aus. Da die Geschäftsgebühr aber für jede Tätigkeit, die der Rechtsanwalt im Rahmen der außergerichtlichen Vertretung erbringt, entsteht (jedoch wegen § 15 Abs. 2 Satz 1 nur einmal gefordert werden darf), wird von der Verfasserin die Auffassung vertreten, dass ein zweites Schreiben (nachdem das erste der Inverzugsetzung diente), durchaus eine Geschäftsgebühr neu auslöst, die dann auch als Verzugsschaden gefordert werden kann. Natürlich ist der Aufwand (Umfang), der bis zum Verzug erbracht worden ist (hier: erstes Schreiben) bei der Bemessung der Gebühr, die vom Gegner gefordert wird, nicht zu berücksichtigen.

143 Kostenerstattungsansprüche, die aus positiver Vertragsverletzung oder aus culpa in contrahendo geltend gemacht werden, setzen voraus, dass der vermeintliche Anspruch im Rahmen einer vertraglichen bzw. vorvertraglichen Beziehung der Parteien geltend gemacht wurde.

Die Kosten der Rechtsverfolgung und deshalb auch die Kosten eines mit der Sache befassten 144
Rechtsanwalts, soweit sie zur Wahrnehmung der Rechte erforderlich und zweckmäßig waren, gehören grundsätzlich zu dem wegen einer unerlaubten Handlung zu ersetzenden Schaden (BGHZ 127, 348 [350] = NJW 1995, 446; BGH, GRUR 2008, 367).

Durch prozessuale Vorschriften kann ein materiell-rechtlicher Erstattungsanspruch ausge- 145
schlossen sein, so z. B. durch die Regelung in § 12 a ArbGG (Schneider/Wolf RVG 4. Aufl. 2008 VV Vorbem. 2.3 Rn. 43). Die Vorschrift des § 12 a ArbGG steht einer Geltendmachung von Anwaltskosten als Verzugsschaden im Beschlussverfahren jedoch nicht entgegen (BAG MDR 1995, 936, 937).

Die Verneinung eines prozessualen Kostenerstattungsanspruchs schließt einen materiell- 146
rechtlichen Kostenerstattungsanspruch nicht aus (*Wolfgang Mathias* in von Eicken/Hellstab/Lappe/Madert/Mathias Die Kostenfestsetzung B 8, S. 23).

Hat sich beispielsweise ein Verletzer von Rechten zur Übernahme der Kosten in einer strafbe- 147
wehrten Unterlassungserklärung verpflichtet, ergibt sich ein **vertraglicher Kostenerstattungsanspruch** (Schneider/Wolf RVG 4. Aufl. 2008 VV Vorbem. 2.3 Rn. 44) und zudem ein solcher aus GoA (Schneider/Wolf RVG 4. Aufl. VV Vorbem. 2.3 Rn. 44).

Da insbesondere bei anwaltlicher Tätigkeit in **Unterhaltssachen** der Verzug oft erst durch die 148
Tätigkeit des Rechtsanwalts herbeigeführt wird, stellt sich die Frage, ob der Verzug vor Auftragserteilung oder aber während des Mandats eingetreten sein muss, um eine Erstattungsfähigkeit zu bejahen (Verzug muss bei Auftragserteilung vorgelegen haben: OLG München FamRZ 1990, 312, 313; für die Erstattungsfähigkeit, wenn Verzug während des Mandats eintritt, spricht sich aus: Kindermann Die Abrechnung in Ehe- und Familiensachen Rn. 357). Nach Ansicht der Verfasserin sind die Kosten eines Anwalts gerade in Unterhaltssachen notwendig, da davon auszugehen ist, dass eine Partei in der Regel den Unterhalt nicht selbst berechnen kann und dabei auf anwaltliche Hilfe angewiesen ist. In Unterhaltssachen sind die Rechtsanwaltskosten für eine vorgerichtliche Tätigkeit erstattungsfähig, die aus Sicht des Schadensersatzgläubigers zur Wahrnehmung und Durchsetzung seiner Rechte erforderlich und zweckmäßig waren (OLG München NJW-RR 2006, 650 – Unterhaltsprozess). Ob sich eine Erstattungsfähigkeit der Geschäftsgebühr in Familiensachen auch aus anderen Anspruchsgrundlagen, wie z. B. Sonderbedarf oder unerlaubte Handlung ergeben kann, wird von Kindermann umfassend beleuchtet (Kindermann Die Abrechnung in Ehe- und Familiensachen Rn. 362 ff.). Kindermann hält insoweit die ältere (verneinende) Rechtsprechung für überholt.

Die Frage, ob durch eine Verletzung absoluter Rechte (wie z. B. des Umgangsrechts) ein An- 149
spruch aus § 823 Abs. 1 BGB entsteht, wird von Kindermann ebenfalls bejaht (Kindermann Rn. 364 m. Verweis auf AG Essen FamRZ 2004, 52 = NJW 2003, 2247).

Beauftragt ein Gläubiger einen Rechtsanwalt, den Schuldner zunächst außergerichtlich zur 150
Zahlung aufzufordern, kann er nach Auffassung des Amtsgerichts Geldern die hierdurch verursachten Kosten nur dann vom Schuldner ersetzt verlangen, wenn er bei Beauftragung des Rechtsanwalts anhand konkreter Umständen damit rechnen konnte, die Forderung werde sich auf diesem Wege ohne Einschaltung des Gerichts beitreiben lassen (AG Geldern, Urt. v. 07. 03. 2005, Az.: 3 C 549/04 = JurBüro 2005, 363 mit krit. Anm. Enders, der zu Recht auf einen möglichen Gebührenanfall bei direktem Klageauftrag von bis zu 2,0 (0,8 Verfahrensgebühr + 1,2 Termingebühr) hinweist).

Nicht haltbar ist damit auch nach Meinung der Verfasserin der Einwand, es hätte sogleich 151
Klageauftrag erteilt werden können, um die Gebühren niedrig zu halten, da bei einem Aufforderungsschreiben mit Klageauftrag bei vorzeitiger Erledigung lediglich eine 0,8 Verfahrensgebühr anfalle – im Gegensatz zu einer 1,3 Geschäftsgebühr. Hierbei darf nicht außer Acht gelassen werden, dass bei einem Aufforderungsschreiben mit Klageauftrag mit einer Besprechung im Sinne der Vorbem. 3 Abs. 3 VV eine 1,2 Termingebühr entsteht, und sich somit

Nr. 2300 VV

der Gebührenanfall auf 2,0 erhöhen kann. Welche Variante die »günstigere« ist, kann naturgemäß ex ante nicht gesagt werden. Letztendlich kommt es für den Gebührenanfall auf den erteilten Auftrag an. Es entspricht auch dem ausdrücklichen und allgemein bekannten Willen des Gesetzgebers, gerichtliche Verfahren zu vermeiden. Schon daraus ergibt sich die Freiheit des Auftraggebers den außergerichtlichen Auftrag anstelle des gerichtlichen zu wählen. Zu dieser Frage in arbeitsrechtlichen Angelegenheiten vgl. auch Vorbem. 2.3 Rn. 34.

d) Materiell-rechtlicher Kostenerstattungsanspruch des Anspruchsgegners?

152 Was die Frage eines materiell-rechtlichen Kostenerstattungsanspruchs bei **Abwehr** unberechtigter Ansprüche durch einen Anwalt betrifft, so geht der BGH **nicht** davon aus, dass einer solcher Anspruch grundsätzlich besteht.

»Die Inanspruchnahme wegen einer Geldforderung begründet nicht ohne weiteres einen materiell-rechtlichen Kostenerstattungsanspruch des in Anspruch Genommenen hinsichtlich der für die außergerichtliche Abwehr des Anspruchs aufgewendeten Anwaltskosten.« (BGH, Urt. v. 12. 12. 2006, Az.: VI ZR 224/05, JurBüro 2007, 249 = RVGreport 2007, 470; NJW 2007, 1458 = BB 2007, 630 = r + s 2007, 474 = WM 2007, 755).

153 In einer Forderungsangelegenheit wurden in dem der obigen Entscheidung des BGH zugrunde liegenden Fall durch die Anspruchsgegner geltend gemachte Ansprüche als unbegründet zurückgewiesen. Hierfür waren Kosten in Höhe von € 2.483,66 entstanden. Das Berufungsgericht bejahte zunächst einen Kostenerstattungsanspruch mit der Begründung, dass aufgrund der als unberechtigt anzusehenden Forderung zwischen den Parteien eine quasi-deliktische Sonderverbindung, die einen Schadenersatzanspruch ähnlich dem aus culpa in contrahendo oder positiver Forderungsverletzung auslösen könne; im übrigen ergebe sich ein Kostenerstattungsanspruch auch, weil die Klägerin der unberechtigten Inanspruchnahme mit einer negativen Feststellungsklage nach § 256 ZPO hätte entgegentreten können (Anm.: Die wiederum zu einem prozessualen Kostenerstattungsanspruch geführt hätte). Der Bundesgerichtshof hob das Urteil jedoch auf und verwies die Sache zur erneuten Verhandlung und Entscheidung an das Berufungsgericht zurück. Der BGH vertrat die Auffassung, dass das Berufungsgericht die Frage, ob ein materiell-rechtlicher Anspruch aus Vertrag gegeben ist, vorliegend nicht erschöpfend beurteilt hatte. Beim Streit über die Frage, ob ein Darlehen oder eine Schenkung erfolgt sind, könne sich ein materiell-rechtlicher Kostenerstattungsanspruch dann ergeben, wenn die Rückforderung eines Darlehens als nachvertragliche Verletzung eines Schenkungsvertrags angesehen werden könne. Dazu wäre jedoch zu beurteilen, ob die Rückforderung tatsächlich unberechtigt war. Sofern eine Partei eine vermeintliche Forderung »schlichtweg erfindet«, läge keine Voraussetzung für eine vertragliche Anspruchsgrundlage vor (BGH, Urt. v. 12. 12. 2006, Az.: VI ZR 224/05, a. a. O.).

154 Nach Ansicht des BGH gehöre die Konfrontation mit unberechtigten Ansprüchen zum allgemeinen **Lebensrisiko**, soweit nicht die Voraussetzungen einer speziellen Haftungsnorm vorlägen (BGH, a. a. O.). Eine Anwendung von § 823 Abs. 1 BGB scheide aus, da § 823 Abs. 1 BGB einen Eingriff in die dort genannten Rechtsgüter und das Erleiden eines Vermögensschadens erfordere; die unberechtigte Geltendmachung einer Forderung sei keine Verletzung des allgemeinen Persönlichkeitsrechts. Falls allerdings eine Forderung nachweislich ohne tatsächliche oder rechtliche Grundlage geltend gemacht wird, könne dies als Betrugsversuch und sittenwidrige vorsätzliche Schädigung anzusehen sein, die wiederum einen materiell-rechtlichen Anspruch aus § 823 Abs. 2 BGB i. V. m. § 263 StGB bzw. § 826 BGB begründen kann. § 91 ZPO für den prozessualen Kostenerstattungsanspruch sei nicht analog auf materiell-rechtliche Kostenerstattungsansprüche anzuwenden (BGH, a. a. O. vgl. dazu auch BGH, Urt. v. 04. 11. 1987, Az.: IVb ZR 83/86, NJW 1988, 2032). Der BGH hielt es darüber hinaus für hinnehmbar, wenn die Kostenerstattung nach materiellem Recht im Gegensatz zu der nach Prozessrecht lückenhaft bleibe, er sah hier auch keine Regelungslücke, da das Haftungsrecht eben nicht an jeden Vermögensnachteil die Ersatzpflicht eines Dritten anknüpfe (BGH, Beschl. v. 12. 12. 2006, a. a. O.). Auch die Möglichkeit einer hypothetischen Feststellungsklage

und damit bei sofortiger Klage entstandene Kosten über § 91 ZPO ersetzt zu erhalten, könne zu keinem anderen Ergebnis führen. Im Übrigen sind Anwaltskosten materiell-rechtlich nur dann zu erstatten, wenn der Geschädigte die Heranziehung eines Anwalts für erforderlich halten durfte (BGHZ 127, 348, 351).

Sofern der Rechtsanwalt auf Seiten des Anspruchgegners außergerichtlich tätig wird, sollte er zunächst zu prüfen, ob sich eine materiell-rechtliche Kostenerstattungsgrundlage ergibt. Ist dies nicht der Fall, kann ihn möglicherweise eine Hinweispflicht dahin treffen, dass er seinen Auftraggeber (hier Anspruchsgegner) dahingehend beraten muss, dass er die kostengünstigste Variante zu wählen hat. Dies kann (muss aber nicht) möglicherweise der sofort erteilte Prozessauftrag sein. Es erscheint wenig sinnvoll, Mandanten, bei denen es an einer materiell-rechtlichen Kostenerstattungsgrundlage fehlt, da beispielsweise ins Blaue hinein Forderungen ihnen gegenüber geltend gemacht worden sind, zu raten, sofort eine negative Feststellungsklage zu erheben. An das Kostenrisiko bei sofortigem Anerkenntnis (§ 93 ZPO) ist hier ebenfalls zu denken. Der faire Anwalt wird daher seinen Mandanten darauf hinweisen, dass er möglicherweise auf einem Teil oder den vollen Kosten sitzen bleibt, um ihm so die Gelegenheit zu geben, anderweitig zu disponieren. So kann der Auftraggeber beispielsweise ein erstes Anschreiben selbst an die Gegenseite richten, mit der er diese unter Fristsetzung auffordert, von der unberechtigten Forderung schriftlich Abstand zu nehmen. Nach fruchtlosem Ablauf der Frist dürfte das Rechtsschutzbedürfnis für eine negative Feststellungsklage gegeben sein.

e) Kostenerstattungsanspruch in Unfallsachen

Anwaltsgebühren für die Vertretung in Unfallsachen stellen einen ersatzfähigen Schaden im Sinne des § 249 BGB dar (BGH AnwBl. 1969, 15 = NJW 1968, 2334 = VersR 1968, 1145). Zu Recht kritisiert Madert die heute noch angewendete – über 40 Jahre alte – Rechtsprechung des BGH, wonach ein Schädiger die Kosten nur aus dem Erledigungswert, nicht aber die entstandenen Kosten aus den geforderten Beträgen erstatten muss (Madert in Gerold/Schmidt/Madert RVG 18. Aufl. 2008 Rn. 58; vgl. ergänzend auch die aktuelle Entscheidung des BGH unter Rn. 157). Madert führt aus, dass nach seiner Auffassung der Geschädigte einen Anspruch auf Zahlung der Kosten aus dem Wert der Gegenstände haben müsste, die er zum Zeitpunkt der Beauftragung für berechtigt erachten durfte (Madert, a. a. O.). Der Auffassung von Madert ist teilweise zuzustimmen. Soweit beispielsweise ein Auftraggeber (unberechtigt) einen Sachschaden mit 100 % geltend macht und schließlich wegen Mitverschuldens nur einen Anspruch auf 70 % hat, ist jedoch nicht einzusehen, warum die gegnerische Versicherung die Kosten aus den geforderten Beträgen erstatten sollte. Es ist in solchen Fällen m. E. Sache des Anwalts, seinem Mandanten – z. B. bei strittigem Mitverschulden – den Hinweis zu erteilen, dass zunächst 100 % geltend gemacht werden (schließlich macht es taktisch keinen Sinn, sofort eine Mitschuld einzuräumen, wenn diese noch strittig ist oder sein könnte), die Gebühren daher aus 100 % entstehen, möglicherweise aber wegen eines Mitverschuldens nur eine geringere Quote zu erwarten ist und sich damit auch der Kostenerstattungsanspruch auf den Wert des »Obsiegens« reduziert. Andererseits ist nicht einzusehen, warum bei Schmerzensgeldforderungen die Kosten ebenfalls nur aus dem Erledigungswert erstattet werden sollen. Gerade wenn eine Einigung über das Schmerzensgeld erfolgt, sollten m. E. die Anwaltsgebühren auch aus dem Wert, der sich mit der Einigung erledigt (also dem geforderten Betrag) ausgeglichen werden (wobei hier in der Tat nur von realistischen Forderungen ausgegangen werden kann und nicht von utopischen »Ich habe im Internet einen Fall gefunden«-Mandanten-Gegenstandswerten). Madert verweist darauf, dass der Anwalt mit seinem Mandanten – unter Hinweis auf das erhebliche Kostenrisiko – aber im Hinblick auf den dem BGH widersprechenden Instanzentscheidungen durchaus die gerichtliche Geltendmachung derartiger Gebührendifferenzen überlegen sollte (*Madert* in Gerold/Schmidt/Madert RVG 18. Aufl. 2008 VV 2300, 2301 Rn. 58 sowie Fußnote 91 auf S. 827).

Nr. 2300 VV

f) **Höhe des Erstattungsanspruchs**

157 Was die Höhe der zu erstattenden Geschäftsgebühr betrifft, hat der **BGH** hierzu entschieden:

»*Dem Erstattungsanspruch des Geschädigten hinsichtlich der ihm entstandenen vorgerichtlichen Anwaltskosten ist im Verhältnis zum Schädiger grundsätzlich der Gegenstandswert zugrunde zu legen, der der berechtigten Schadensersatzforderung entspricht (Fortführung von BGH, Urteil vom 18. Januar 2005 – VI ZR 73/04, NJW 2005, 1112).*« (BGH Urteil vom 07. 11. 2007, Az: VIII ZR 341/06, JurBüro 2008, 190 = NJW 2008, 1888 = DAR 2008, 176 = MDR 2008, 351 = ZfS 2008, 164 = RVGreport 2008, 111).

158 • **Beispiel**
Es werden außergerichtlich € 15.000,00 geltend gemacht. Hierfür entsteht eine Geschäftsgebühr nach Nr. 2300 VV RVG. Im nachfolgenden Klageverfahren urteilt das Gericht, dass der Beklagte lediglich € 8.000,00 zu bezahlen hat. Der Kläger verliert damit den Prozess über den Restbetrag. In der Klage hatte er folgende vorgerichtliche Kosten mit geltend gemacht:

Gegenstandswert: € 15.000,00	
1,3 Geschäftsgebühr	
Nr. 2300 VV RVG	€ 735,80
PT-Pauschale	
Nr. 7002 VV RVG	€ 20,00
Zwischensumme	€ 755,80
19 % Umsatzsteuer	
Nr. 7008 VV RVG	€ 143,60
Summe	**€ 899,40**

Nach der Entscheidung des BGH erhält der Kläger nun nicht 53,33 % der Kosten (Obsiegensquote = € 479,65) sondern vielmehr:

Gegenstandswert € 8.000,00	
1,3 Geschäftsgebühr	
Nr. 2300 VV RVG	€ 535,60
PT-Pauschale	
Nr. 7002 VV RVG	€ 20,00
Zwischensumme	€ 555,60
19 % Umsatzsteuer	
Nr. 7008 VV RVG	€ 105,56
Summe	**€ 661,16**

159 Üblicherweise wird der Kläger nicht eine Geschäftsgebühr aus einem bestimmten Wert klageweise fordern, sondern vielmehr (auch um einen vollstreckungsfähigen Titel zu erhalten) einen konkreten Betrag. Angenommen, der Kläger würde also – nach dem Beispiel aus der vorherigen Rn. 158 – den Betrag von € 899,40 für vorgerichtliche Kosten neben der Hauptsache von € 15.000,00 und Zinsen einklagen. Das Gericht würde ihm im Urteil lediglich einen Betrag von € 8.000,00 zusprechen. Der Richter müsste dann dem Kläger für die vorgerichtlichen Kosten einen Betrag von € 661,16 zuerkennen. In der Praxis ist jedoch zu beobachten, dass die BGH-Entscheidung vielfach noch nicht bekannt ist. Nicht ausreichend für eine spätere Vollstreckung wäre der Tenor: »*Der Beklagte hat an den Kläger vorgerichtliche Kosten in Höhe einer 1,3 Geschäftsgebühr aus € 8.000,00 nebst Auslagen und Umsatzsteuer zu erstatten.*« Gänzlich falsch nach der BGH-Rechtsprechung wäre: »*Der Beklagte hat an den Kläger 53,33 % vorgerichtliche Kosten von € 899,40 zu bezahlen.*« Da der Kläger einen konkreten Betrag beantragt hat, ist das Gericht m. E. gehalten, auch einen konkreten Betrag (wenn auch geringer) zuzusprechen. Es stellt sich die Frage, ob eine Korrektur eines fehlerhaften Urteils über § 321 (Urteilsergänzung) möglich ist. In diesem Fall wäre jedoch die entsprechende Frist (2 Wochen) zu beachten.

12. Anrechnungsvorschrift

a) Grundsatz – Vorbemerkung 3 Abs. 4 VV

Zur Anrechnung der Geschäftsgebühr vgl. auch die Kommentierung von Bischof unter Vorbem. 3 Abs. 4 VV.

160

Die **Anrechnung** der Geschäftsgebühr auf eine nachfolgende Verfahrensgebühr (früher z. B. Prozessgebühr) ist in der **Vorbemerkung** zu Teil 3 des Vergütungsverzeichnisses geregelt. Dort heißt es in Absatz 4 (Fassung seit 31. 12. 2006 durch das 2. JuModG):

»*Soweit wegen desselben Gegenstandes eine Geschäftsgebühr nach den Nummern 2300 bis 2303 entsteht, wird diese Gebühr zur Hälfte, jedoch höchstens mit einem Gebührensatz mit 0,75, auf die Verfahrensgebühr des gerichtlichen Verfahrens angerechnet. Sind mehrere Gebühren entstanden, ist für die Anrechnung die zuletzt entstandene Gebühr maßgebend. Die Anrechnung erfolgt nach dem Wert des Gegenstands, der auch Gegenstand des gerichtlichen Verfahrens ist.*«

Durch das 2. JuModG, das zum 31. 12. 2006 in Kraft getreten ist, wurde die sogenannte Rückwärtsanrechnung der Geschäftsgebühr eingeführt (durch die Umformulierung in Vorbem. 3 Abs. 4 Satz 1 von »*entstanden ist*« zu »*entsteht*« und in Vorbem. 3 Abs. 4 Satz 4 durch die Umformulierung von »*in das gerichtliche Verfahren übergegangen ist*« zu »*der auch Gegenstand des gerichtlichen Verfahrens ist*«). Der Gesetzgeber war der Auffassung (zu Recht), dass es für die Anrechnung der Geschäftsgebühr keinen Unterschied machen könne, ob die Geschäftsgebühr vor oder nach einem gerichtlichen Verfahren erstmalig entsteht. Wichtig für die Anrechnung ist danach, ob es sich bei der außergerichtlichen und der gerichtlichen Tätigkeit um »denselben Gegenstand« handelt, nicht (mehr), in welcher Reihenfolge Geschäfts- und/oder Verfahrensgebühr entstehen.

- **Beispieltabelle**

161

in Ansatz gebrachte Geschäftsgebühr	anzurechnen auf eine Verfahrensgebühr
0,8	0,4
1,0	0,5
1,3	0,65
1,5	0,75
1,8	0,75
2,0	0,75
2,5	0,75

Selbst wenn also der Rechtsanwalt lediglich die Mindestgebühr einer Geschäftsgebühr berechnet, hat er – sofern eine Verfahrensgebühr aus demselben Gegenstand entsteht, die Anrechnung der Geschäftsgebühr mit 0,25 zu beachten.

Anrechnung der Geschäftsgebühr nur:

162

- wenn derselbe RA außergerichtlich und gerichtlich tätig wird (gilt auch für Sozietät und RA-Gesellschaft, vgl. Rn. 182);
- wenn außergerichtliche u. gerichtliche Tätigkeit gegen denselben Gegner gerichtet ist (vgl. Rn. 185);
- wenn der Gegenstand außergerichtlich u. gerichtlich derselbe sind (vgl. Rn. 163);

Nr. 2300 VV

- wenn ein zeitlicher Zusammenhang (siehe Anrechnungsausschluss in § 15 Abs. 5 Satz 2) besteht, (vgl. Rn. 188);
- max. mit dem Gebührensatz der gerichtlichen Verfahrensgebühr, auch wenn der anzurechnende Satz höher wäre (Prinzip: Es muss nicht mehr angerechnet werden, als verdient wird, vgl. Rn. 168).

b) Anrechnung bei identischen Gegenstandswerten

163 Aus der Vorbemerkung ergibt sich, dass eine Anrechnung nur soweit vorzunehmen ist, wie die Gegenstände von außergerichtlicher und gerichtlicher Tätigkeit identisch sind.

Vorbem. 3 Abs. 4 VV: »*Soweit wegen desselben Gegenstandes eine Geschäftsgebühr ...*«

• **Beispiel**
Außergerichtlich angemahnt: € 5.000,00; eingeklagt € 5.000,00. Nach mündlicher Verhandlung ergeht ein der Klage stattgebendes Urteil.

Gegenstandswert: € 5.000,00, § 2 Abs. 1 RVG

1. Außergerichtliche Tätigkeit

1,3 Geschäftsgebühr, Nr. 2300 VV RVG	€ 391,30
Auslagenpauschale, Nr. 7002 VV RVG	€ 20,00
Zwischensumme	€ 411,30
19 % Umsatzsteuer, Nr. 7008 VV RVG	€ 78,15
Summe:	**€ 489,45**

2. Gerichtliche Tätigkeit

1,3 Verfahrensgebühr, Nr. 3100 VV RVG	€ 391,30
abzgl. 0,65 Geschäftsgebühr aus € 5.000,00 Vorbem. 3 Abs. 4 VV	./. € 195,65
Zwischensumme	€ 195,65
1,2 Terminsgebühr, Nr. 3104 VV RVG	€ 361,20
Auslagenpauschale, Nr. 7002 VV RVG	€ 20,00
Zwischensumme	€ 576,85
19 % Umsatzsteuer, Nr. 7008 VV RVG	€ 109,60
Summe:	**€ 686,45**

c) Anrechnung bei unterschiedlichen Gegenstandswerten

164 Sind die Gegenstandswerte nicht identisch, ist eine Anrechnung auch nur teilweise vorzunehmen. Es gilt folgende **Faustformel:**

- Ist der Gegenstandswert von außergerichtlicher und gerichtlicher Tätigkeit identisch, erfolgt die Anrechnung der Geschäftsgebühr zur Hälfte, maximal mit einem Gebührensatz von 0,75.
- Ist der Gegenstandswert des gerichtlichen Verfahrens höher als der Wert der außergerichtlichen Tätigkeit, erfolgt die Anrechnung der Geschäftsgebühr zur Hälfte, maximal mit einem Gebührensatz von 0,75 aus dem Wert der außergerichtlichen Tätigkeit.
- Ist der Gegenstandswert des gerichtlichen Verfahrens niedriger als der Wert der außergerichtlichen Tätigkeit, erfolgt die Anrechnung der Geschäftsgebühr zur Hälfte, maximal mit einem Gebührensatz von 0,75 aus dem Wert der gerichtlichen Tätigkeit.

Der Wert des gerichtlichen Verfahrens ist niedriger

165 • **Beispiel**
Außergerichtliche Mahnung wegen € 5.000,00; danach Zahlung € 3.000,00, Klage über € 2.000,00.

Gegenstandswert: € 2.000,00 / € 5.000,00, § 2 Abs. 1 RVG

1. Außergerichtliche Tätigkeit

1,3 Geschäftsgebühr aus € 5.000,00, Nr. 2300 VV RVG	€ 391,30
Auslagenpauschale, Nr. 7002 VV RVG	€ 20,00
Zwischensumme	€ 411,30
19 % Umsatzsteuer, Nr. 7008 VV RVG	€ 78,15
Summe:	**€ 489,45**

2. Gerichtliche Tätigkeit

1,3 Verfahrensgebühr aus € 2.000,00, Nr. 3100 VV RVG	€ 172,90
Auslagenpauschale, Nr. 7002 VV RVG	€ 20,00
Zwischensumme	€ 192,90
abzgl. 0,65 Geschäftsgebühr aus € 2.000,00 Vorbem. 3 Abs. 4 VV RVG	./. € 86,45
Zwischensumme	€ 106,45
19 % Umsatzsteuer, Nr. 7008 VV RVG	€ 20,23
Summe:	**€ 126,68**

Da aus dem Wert von € 2.000,00 eine Verfahrensgebühr verdient wird, muss aus diesem Wert (der auch Gegenstand des gerichtlichen Verfahrens ist) die Anrechnung der Geschäftsgebühr erfolgen (auf diese Art rechnen an: Enders RVG für Anfänger 14. Aufl. 2008 Rn. 625; Jungbauer Rechtsanwaltsvergütung Rn. 1358; Schneider/Wolf RVG 4. Aufl. 2008 VV Vorbem. 3 Rn. 219; Hartung/Römermann/Schons VV 2300 Rn. 84; Gerold/Schmidt/Madert RVG 18. Aufl. 2008 VV 2300, 2301 Rn. 46; *Hansens* in Praxis des Vergütungsrechts Teil 7 B Rn. 175, 2. Beispiel; **a. A.:** Bliesener NZV 2004, 613 f.; Diepmanns JurBüro 2006, 565 (nach dem Verhältnis der Werte)). 166

Der Wert des gerichtlichen Verfahrens ist höher

• **Beispiel** 167
Außergerichtliche Mahnung wegen € 2.000,00; Klage wegen € 5.000,00.

Gegenstandswert: € 2.000,00 / € 5.000,00, § 2 Abs. 1 RVG

1. Außergerichtliche Tätigkeit

1,3 Geschäftsgebühr aus € 2.000,00, Nr. 2300 VV RVG	€ 172,90
Auslagenpauschale, Nr. 7002 VV RVG	€ 20,00
Zwischensumme	€ 192,90
19 % Umsatzsteuer, Nr. 7008 VV RVG	€ 36,65
Summe:	**€ 229,55**

2. Gerichtliche Tätigkeit

1,3 Verfahrensgebühr aus € 5.000,00, Nr. 3100 VV RVG	€ 391,30
Auslagenpauschale, Nr. 7002 VV RVG	€ 20,00
Zwischensumme	€ 411,30
abzgl. 0,65 Geschäftsgebühr aus € 2.000,00 Vorbem. 3 Abs. 4 VV VV RVG	./. € 86,45
Zwischensumme	€ 324,85
19 % Umsatzsteuer, Nr. 7008 VV RVG	€ 61,72
Summe:	**€ 386,57**

Nr. 2300 VV

d) Anrechnung bei niedrigerem Gebührensatz der nachfolgenden Gebühr

168 Ist die Verfahrensgebühr des gerichtlichen Verfahrens niedriger als der anzurechnende Teil der Geschäftsgebühr (z. B. 0,5 Verfahrensgebühr Nr. 3306), ist die Geschäftsgebühr höchstens in Höhe des Gebührensatzes der Geschäftsgebühr anzurechnen (Enders RVG für Anfänger 14. Aufl. 2008 Rn. 626 sowie ders. JurBüro 2004, 348; Hansens RVGreport 2004, 92 (Beispiel 20); Jungbauer, Rechtsanwaltsvergütung Rn. 1363; Hansens RVGreport 2004, 92).

169 • **Beispiel**
Außergerichtliches Mahnschreiben, Ansatz einer 1,3 Geschäftsgebühr; sodann Auftrag, einen Mahnbescheid einzureichen. Vor Einreichung des Mahnbescheids erledigt sich die Angelegenheit. Es liegen zwei Angelegenheiten vor (außergerichtliche Vertretung, Auftrag zur Durchführung des Mahnverfahrens), § 17 Nr. 2. Für die vorzeitige Beendigung des Mahnverfahrens fällt eine 0,5 Verfahrensgebühr Nr. 3306 an. Die Geschäftsgebühr ist somit nur mit einem Satz von 0,5 anzurechnen und nicht mit einem solchen von 0,65 (die Hälfte).

e) Rückwärtsanrechnung

170 Wird der Rechtsanwalt außergerichtlich in derselben Angelegenheit tätig, nachdem der Rechtszug beendet ist, kann die Geschäftsgebühr erneut entstehen. Zur Frage, wann eine Beendigung des Rechtszugs vorliegt, vgl. die Kommentierung unter § 8.

171 Wie unter Rn. 160 (4. Absatz) dargelegt, hat der Gesetzgeber zum 31. 12. 2006 die sogenannte Rückwärtsanrechnung eingeführt; d. h. eine Geschäftsgebühr muss auch dann angerechnet werden, wenn das gerichtliche Verfahren der außergerichtlichen Tätigkeit vorausgeht.

172 • **Beispiel**
In einem selbständigen Beweisverfahren stellt der Sachverständige die behaupteten Mängel und die Kosten für die Schadensbehebung fest. Es wird Auftrag erteilt, außergerichtlich die festgestellten Kosten für die Schadensbehebung geltend zu machen. Nach einem außergerichtlichen Aufforderungsschreiben erfolgt eine Einigung der Parteien. Hier ist nach dem Abschluss des selbständigen Beweisverfahrens aufgrund des erteilten Auftrags eine Geschäftsgebühr entstanden, die seit dem 31. 12. 2006 auf die Verfahrensgebühr des Beweisverfahrens anzurechnen ist. Für sogenannte Altfälle gilt § 60.

f) Anrechnung nur, soweit der Gegenstand der gerichtlichen Tätigkeit derselbe ist

– Grundsatz

173 Die Geschäftsgebühr ist nur anzurechnen, soweit Gegenstand der außergerichtlichen Tätigkeit und des gerichtlichen Verfahrens identisch sind (Enders RVG für Anfänger Rn. 597 f., ders. JurBüro 2005, 350 – Kap. 5; Hansens RVGreport 2004, 91 und 93).

174 Sofern keine Gegenstandsidentität vorliegt, hat auch keine Anrechnung zu erfolgen.

– Gegenstand nicht Gegenstandswert maßgeblich

175 Bei der Auslegung des prozessualen Begriffs des »Streitgegenstandes« ist die Zielrichtung der in den jeweiligen Verfahren gestellten Anträge maßgeblich (OVG Magdeburg, Beschl. v. 11. 10. 2007, Az.: 1 O 215/07, JurBüro 2008, 141), nicht aber ein etwaiger identischer Gegenstandswert. Nach Ansicht des OVG Magdeburg liegen unterschiedliche Gegenstände in einer verwaltungsgerichtlichen Angelegenheit demnach nur dann vor, wenn ein Vergleich des behördlichen Vorverfahrens und gerichtlichen Verfahrens ergibt, dass es in diesen Verfahren nicht im wesentlichen um denselben Streitgegenstand geht (OVG Magdeburg, a. a. O.; vgl. dazu auch BayVGH, Beschl. v. 14. 05. 2007, Az.: 25 C 07.754 sowie Beschl. v. 28. 05. 2005, Az.: 22 C 05.1871 jeweils zitiert nach Juris).

– **Unterhaltsrückstände**

In einer Unterhaltssache werden zunächst Unterhaltsrückstände für die Monate Januar und 176
Februar geltend gemacht. Im Mai desselben Jahres wird der Unterhalt ab April eingeklagt.
Keine Gegenstandsidentität – keine Anrechnung (weitere Beispiele finden sich in Enders JurBüro 2005, 350, 351 sowie Enders RVG für Anfänger 14. Aufl. 2008 Rn. 622 f.).

– **selbständiges Beweisverfahren und Minderung des Werklohns**

Sofern mittels selbständigem Beweisverfahren Mängel festgestellt werden sollen und im An- 177
schluss hieran außergerichtlich eine Minderung des Werklohns gefordert wird, liegt nicht
derselbe Gegenstand vor, so dass eine Anrechnung der Geschäftsgebühr (rückwärts) auf
die Verfahrensgebühr des Beweisverfahrens nicht in Frage kommt.

– **rückständige Mieten**

In einer Mietangelegenheit werden rückständige Mieten für die Monate August und Septem- 178
ber eines Jahres außergerichtlich geltend gemacht. Der Mieter zahlt nach dem Aufforderungsschreiben die beiden Monatsmieten. Ab Oktober gerät er wieder erneut in Rückstand mit den
weiteren Mietzahlungen. Im Dezember wird Räumungsklage eingereicht und mit ihr werden
für drei Monate Mietrückstände geltend gemacht. Die beiden aus dem Aufforderungsschreiben geltend gemachten Mieten für August und September sind nicht identisch mit den Mietrückständen in der Klage. Daher keine Anrechnung.

– **Kündigung und Räumung**

Die für die vorgerichtliche Tätigkeit betreffend die Kündigung des Mietverhältnisses angefal- 179
lene Geschäftsgebühr ist auf die dem Prozessbevollmächtigten im Kündigungsrechtsstreit
entstandene Verfahrensgebühr anzurechnen, BGH Urt. v. 11. 07. 2007 Az.: VIII RZ 310/06
RVGreport 2007, 421 f.; vgl. dazu auch BGH, Urt. v. 14. 03. 2007, JurBüro 2007, 358 = NJW 2007,
2050 = RVGreport 2007, 220 m. Anm. Hansens = AGS 2007, 289).

»Der Gegenstand der außergerichtlichen Tätigkeit eines Rechtsanwalts, der mit der Beratung
des Vermieters über das Kündigungsrecht und dem Ausspruch der Kündigung beauftragt ist,
betrifft das Räumungsverlangen des Vermieters und somit denselben Gegenstand wie eine
spätere gerichtliche Tätigkeit des Rechtsanwalts im Rahmen der Räumungsklage.

Die Geschäftsgebühr des Rechtsanwalts für die vorgerichtliche Tätigkeit im Zusammenhang
mit der Kündigung ist gemäß § 23 Abs. 1 Satz 3 RVG, § 41 Abs. 2 GKG nach dem einjährigen
Bezug der Nettomiete zu berechnen und im Rahmen der Anlage 1 Teil 3, Vorbemerkung 3
Abs. 4 VV RVG auf die Verfahrensgebühr eines nachfolgenden Räumungsrechtsstreits anzurechnen.«

Die Entscheidung des BGH wurde in der Literatur vielfach kritisiert, widerspricht sie doch
der bis dahin herrschenden Auffassung, dass eine Kündigung alleine niemals Gegenstand
eines gerichtlichen Verfahrens sein kann und somit über § 23 Abs. 1 RVG auch nicht § 42
Abs. 1 GKG zur Anwendung kommen kann (OLG Köln AGS 2004, 17 = MDR 2004, 178 m.
zust. Anm. N. Schneider; LG Kiel BRAGOreport 2002, 59; LG Köln MDR 2000, 730; AG Gotha
AGS 2004, 68; Gebauer/Schneider RVG § 15 Rn. 60; Onderka BRAGOprofessionell 2002, 45;
Hansens ZAP Fach 24, S. 549 ff.; Monschau AGS 2003, 194; N. Schneider MDR 2000, 685; Enders JurBüro 1997, 618; JurBüro 1998, 1; JurBüro 1998, 528; JurBüro 2004, 347 u. 351; Lützenkirchen Anwaltshandbuch Mietrecht Kap. N 150 ff.; Wolgemuth Außergerichtliche Wohnraumkündigung und anschließender Räumungsprozess RVGB 137). Für solche »anderen Angelegenheiten« (die nicht gerichtlich sind und auch nicht gerichtlich sein können) kommt
vielmehr die KostO in Betracht, hier speziell § 25. Die differenzierte Betrachtungsweise von
Egon Schneider (der zwischen reinem Kündigungsauftrag (ohne »Aussicht« auf ein Räumungsverfahren) oder aber Kündigungsauftrag mit dem Ziel und Auftrag, auch im wahrscheinlich folgenden Räumungsverfahren zu vertreten, unterscheidet) ist nach meiner Auffassung korrekt. Es mag zwar für den Gegner schwierig sein, im Streitfall einen Alleinauftrag

Nr. 2300 VV

zur Kündigung zu bestreiten, dies kann aber nicht zu einer systemwidrigen Anwendung des Kostenrechts führen.

– **Anfechtungserklärung und Feststellungsklage**

180 Außergerichtlich Anfertigung eines Entwurfs einer notariellen Anfechtungserklärung bzgl. eines Erbvertrags und anschließend Vertretung als Prozessbevollmächtigter in einer Feststellungsklage über die Rechtswirksamkeit des Erbvertrags stellen nicht denselben Gegenstand dar (OLG München JurBüro 1973, 1160 = MDR 1974, 149).

– **Abschlussschreiben und Hauptsacheklage**

181 *»Das Abschlussschreiben eines Rechtsanwalts, mit dem nach Erwirkung einer auf Unterlassung einer Äußerung gerichteten einstweiligen Verfügung der Antragsgegner dazu aufgefordert wird, den Verfügungsanspruch anzuerkennen und auf Widerspruch sowie die Stellung eines Antrags nach § 926 ZPO zu verzichten, gehört hinsichtlich der Anwaltsgebühren zur angedrohten Hauptsacheklage und nicht mehr zum Eilverfahren. Kommt es nicht zum Hauptsacheprozess, weil der Antragsgegner die geforderten Erklärungen abgibt, steht dem Antragsteller grundsätzlich ein materiell-rechtlicher Kostenerstattungsanspruch zu.«* (BGH, Urt. v. 04. 03. 2008, Az.: VI ZR 176/07, NJW 2008, 1744; MDR 2008, 650). Die Abmahnung, die einem einstweiligen Verfügungsverfahren vorausgeht, gehört hinsichtlich eines geltend gemachten Unterlassungsanspruchs allerdings zum eV-Verfahren. Werden mit der Abmahnung auch Schadensersatz und Auskunftsansprüche geltend gemacht, die regelmäßig nicht im eV-Verfahren sondern erst mit der Hauptsacheklage gerichtlich geltend gemacht werden, so gehört dieser Teil der Abmahnung zum Hauptsacheverfahren. Hauptsacheverfahren und einstweilige Verfügung stellen verschiedene Angelegenheiten dar, § 17 Nr. 4b RVG, eine Anrechnungsvorschrift für die Verfahrensgebühr des eV-Verfahrens auf die Verfahrensgebühr des Hauptsacheverfahrens existiert nicht.

g) Anrechnung nur, wenn der Rechtsanwalt derselbe ist

182 Nur wenn derselbe Rechtsanwalt, dieselbe Sozietät, dieselbe Partnerschaftsgesellschaft oder sonstige Rechtsanwaltsgesellschaft den Auftraggeber sowohl außergerichtlich als auch im nachfolgenden gerichtlichen Verfahren vertritt, ist eine Anrechnung im Verhältnis zum Auftraggeber vorzunehmen (Enders RVG für Anfänger 14. Aufl. 2008 Rn. 614 ff.).

183 Werden verschiedene Rechtsanwälte aus **einer** Sozietät tätig, so ist – wie in Vorbem. 3 Abs. 4 VV gefordert – anzurechnen (Enders RVG für Anfänger 14. Aufl. 2008 Rn. 614 ff.).

184 Auch wenn sich ein Anwalt die durch einen früheren anderen Anwalt verdiente Geschäftsgebühr im Verhältnis zum Mandanten nicht anrechnen lassen muss, muss im Hinblick auf die aktuelle Rechtsprechung zur Anrechnung der Geschäftsgebühr im Moment damit gerechnet werden, dass im Verhältnis zum Gegner dennoch eine Anrechnung im Kostenfestsetzungsverfahren vorgenommen wird (vgl. dazu Rn. 237 ff.).

Die Anrechnung einer Gebühr auf eine andere Gebühr setzt ein gemeinsames Abrechnungsverhältnis voraus (KG, Beschl. v. 31. 03. 2008, Az.: 1 W 111/08, JurBüro 2008, 304).

h) Anrechnung nur, wenn der Gegner derselbe ist

185 Eine Anrechnung hat auch nur dann zu erfolgen, wenn sich die Tätigkeit des Rechtsanwalts gegen denselben Gegner richtet. Ansonsten liegen verschiedene Angelegenheiten vor, die ohnehin gesondert abzurechnen sind.

186 Keine Anrechnung der Geschäftsgebühr bei außergerichtlicher Tätigkeit in einer Unfallsache gegen den KFZ-Haftpflichtversicherer und Klage nur gegen Halter/Fahrer (Enders JurBüro 1997, 57 m. w. N.; LG Bonn, Urt. v. 12. 11. 2003, Az.: 5 S 181/03, JurBüro 2004, 77 m. w. N. = AGS 2004, 15; Jungbauer Rechtsanwaltsvergütung Tipps und Taktik Rn. 1116 – Klage gegen Fahrer und/oder Halter ist dem Haftpflichtversicherer schriftlich anzuzeigen, § 158d Abs. 2 VVG a. F.; § 119 Abs. 2 VVG n. F.).

Eine Anrechnung hat auch nicht zu erfolgen, wenn beispielsweise zunächst ein Auftraggeber 187
seine Forderung an den anderen abtritt und sodann Klage für den Zessionar eingereicht wird.

i) Keine Anrechnung bei fehlendem zeitlichem Zusammenhang

Eine Anrechnung braucht nicht mehr zu erfolgen, wenn der frühere Auftrag seit mehr als 188
zwei Kalenderjahren erledigt ist, da die weitere Tätigkeit dann als neue Angelegenheit gilt,
§ 15 Abs. 5 Satz 2. Die Zwei-Jahres-Frist des § 15 Abs. 5 Satz 2 beginnt mit dem Ablauf des Kalenderjahres, in dem der vorangegangene Auftrag im Sinne von § 8 erledigt ist (Schneider/
Wolf RVG 14. Aufl. 2008 § 15 Rn. 271; Gerold/Schmidt RVG 18. Aufl. 2008 § 15 Rn. 103 f.).

j) Anrechnung einer nach BRAGO entstandenen Geschäftsgebühr auf eine nach RVG entstandene Verfahrensgebühr

Wie eine nach BRAGO entstandene Geschäftsgebühr anzurechnen ist, ist nach wie vor um- 189
stritten.

– Volle Anrechnung:

Die Geschäftsgebühr nach § 118 Abs. 1 Nr. 1 BRAGO ist gemäß § 118 Abs. 2 BRAGO voll auf 190
eine Verfahrensgebühr in einem anschließenden gerichtlichen Verfahren (beispielsweise
Nr. 3100) anzurechnen, da eine wörtliche Anwendung der Vorbem. 3 Abs. 4 VV ausscheidet;
dort ist nur die Geschäftsgebühr Nr. 2400 a. F./2300 n. F. erwähnt und nicht die nach § 118
BRAGO (OLG München, Beschl. v. 06.05.2005, Az.: 11 WF 1000/05, JurBüro 2006, 21 =
NJOZ 2005, 4842; AG Freiburg JurBüro 2005, 82). Darüber hinaus erwerbe der Mandant
mit dem Entstehen einer Geschäftsgebühr nach BRAGO auch ein Anrechnungsguthaben,
das nicht mehr wegfalle (AG Freiburg JurBüro 2005, 82; Hansens RVGreport 2004, 244; Schneider/Mock Das neue Gebührenrecht für Anwälte § 34 Rn. 27, S. 365; Göttlich/Mümmler/
Rehberg/Xanke RVG »Übergangsregelung«, 4.1.; Mayer/Kroiß/Klees RVG § 61 Rn. 1; Hansens/Braun/Schneider Praxis des Vergütungsrechts S. 1389 Rn. 24; Müller-Rabe NJW 2005,
1609, 1612).

– Anrechnung nach Vorbem. 3 Abs. 4 VV:

Die Geschäftsgebühr nach § 118 Abs. 1 Nr. 1 BRAGO ist auf eine Verfahrensgebühr eines ge- 191
richtlichen Verfahrens zur Hälfte anzurechnen (max. mit einem Gebührensatz von 0,75, wobei diese Begrenzung rein theoretischer Natur ist, da die Geschäftsgebühr nach BRAGO maximal 10/10 beträgt und damit die Hälfte von 5/10 (= 0,5) unterhalb der Maximalbegrenzung
liegt). Zwar stellt die Anrechnungsvorschrift in RVG Vorbemerkung 3 Abs. 4 VV RVG auf
eine nach RVG entstandene Geschäftsgebühr ab, im Hinblick auf die Regelungslücke, die
der Gesetzgeber hier gelassen hat, kommt nach dieser Ansicht aber die Anrechnungsvorschrift aus dem RVG deshalb zum Tragen, weil sich die Frage, ob eine Anrechnung vorgenommen werden muss, regelmäßig erst dann stellt, wenn der Prozessauftrag erteilt ist und die
BRAGO zum 01.07.2004 aufgehoben wurde und somit auch die Anrechnungsregel des
§ 118 Abs. 2 BRAGO keine Anwendung mehr findet (für diese Möglichkeit der Anrechnung
sprechen sich aus: LG Köln, Beschl. v. 02.12.2005, Az.: 25 O 127/05, NJOZ 2006, 443 f. m. Anm.
Mayer; Enders JurBüro 2004, 230; Enders RVG für Anfänger 13. Aufl. 2006 Rn. 15, der in der
14. Aufl. 2008, Rn. 13 seine Meinung offenläßt; Mayer NJ 2004, 490, 493; *Mayer* in Gerold/
Schmidt RVG 18. Aufl. 2008 § 60 Rn. 44 (der diese Auffassung für die überzeugendere Argumentation hält).

– Keine Anrechnung:

Die Vertreter der Auffassung, dass überhaupt keine Anrechnung vorzunehmen ist (weder 192
»voll« noch »halb«), stützen dies auf die fehlende gesetzliche Regelung (KG Berlin, Beschl. v.
15.02.2005, Az.: 2 VerG 13/04). Eine Anrechnung kann jedoch **nicht** völlig verneint werden,
da sowohl die BRAGO als auch das RVG eine Anrechnung der Geschäftsgebühr vorsahen
(OLG München, Beschl. v. 06.05.2005, Az.: 11 WF 1000/05 = JurBüro 2006, 21).

Nr. 2300 VV

k) Anrechnung bei Erhöhung

193 Wie eine nach Nr. 1008 VV erhöhte Geschäftsgebühr anzurechnen ist, ist in der Literatur ebenfalls umstritten.

1. Die Erhöhung entsteht nur einmal, entweder auf Geschäfts- oder Verfahrensgebühr (AG Düsseldorf AGS 2006, 593). Ein Anrechnungsproblem stellt sich dann nur, wenn die Gegenstandswerte der außergerichtlichen und gerichtlichen Tätigkeit nicht identisch sind. Die Änderung des Wortlauts Verfahrens- **oder** Geschäftsgebühr, statt wie in § 6 BRAGO Geschäfts- **und** Prozessgebühr, legt die Vermutung nahe, dass der Gesetzgeber im RVG bewusst eine neue Formulierung gewählt hat, da er im Hinblick auf die Anrechnungsproblematik wollte, dass die Erhöhung nur einmal entsteht. Die Gesetzesbegründung (BT-Drs. 15/1971) bleibt jedoch zu dieser Frage stumm. Diese Möglichkeit wird auch in der Literatur ansonsten kaum in Betracht gezogen.
2. Die Erhöhung kann zweimal entstehen (Geschäfts- **und** ggf. Verfahrensgebühr). Sie ist nicht anzurechnen, da in der Vorbem. 3 Abs. 4 VV nur auf Geschäftsgebühren nach Nrn. 2300–2303 – ohne Erwähnung der Nr. 1008 – abgestellt wird (Mock RVG-B 2004, 87 f.).
3. Die Erhöhung kann zweimal entstehen (Gerold/Schmidt/Müller-Rabe RVG 18. Aufl. 2008 VV 1008 Rn. 6 u. 9; Enders JurBüro 2005, 449, 450; N. Schneider AGS 2006, 528). Die erhöhte Geschäftsgebühr ist zur Hälfte, max. mit einem Gebührensatz von 0,75, auf die Verfahrensgebühr des nachfolgenden gerichtlichen Verfahrens anzurechnen (LG Düsseldorf, Urt. v. 22. 06. 2007, Az.: 22 S 439/06, JurBüro 2007, 480 = BeckRS 2007, 10747 = NZM 2007, 743 = RVGreport 2007, 298; AG Stuttgart, Urt. v. 18. 06. 2007, Az.: 18 C 7687/06, JurBüro 2007, 523; Hansens RVGreport 2004, 96; *Hansen* in Hansens/Braun/Schneider Teil 8 Rn. 139; LG Ulm AnwBl. 2008, 73; Enders RVG für Anfänger 14. Aufl. 2008 Rn. 631; Jungbauer Rechtsanwaltsvergütung Rn. 494; Hansens RVGreport 2004, 95; Hansens/Braun/Schneider RVG Teil 7 Rn. 176, 177; Enders JurBüro 2004, 405).
4. Die Erhöhung ist ebenfalls – getrennt neben der Geschäftsgebühr – zur Hälfte anzurechnen, somit mit einem Gebührensatz von 0,15 für jede einzelne Erhöhung (Schneider/Mock Das neue Gebührenrecht für Anwälte § 14 Rn. 57 ff., S. 156; Gebauer/ Schneider RVG VV Vorbem. 3 Rn. 188; wobei Schneider seine bisherige Meinung aufgegeben haben soll).

194 Der Auffassung, dass die erhöhte Geschäftsgebühr zur Hälfte, max. mit einem Gebührensatz von 0,75, anzurechnen ist (Variante 3 oben), ist der Vorzug zu geben. Sie entspricht am ehesten dem Gesetzeswortlaut. Denn nach Nr. 1008 handelt es sich bei der dort geregelten Erhöhung nicht um eine eigenständige Gebühr (so aber Wortlaut der Vorbem. 1), sondern vielmehr um einen Erhöhungsfaktor für die Geschäfts- bzw. Verfahrensgebühr. Dies bedeutet in der Folge, dass bei einem Ausgangsgebührensatz von 1,5 für die Geschäftsgebühr (ohne Erhöhung) die Erhöhung anrechnungsfrei verbleibt, weil der max. Anrechnungssatz von 0,75 bereits mit der Geschäftsgebühr selbst erreicht wird.

Die Entscheidung des LG Düsseldorf (LG Düsseldorf, Urt. v. 22. 06. 2007, Az.: 22 S 439/06; BeckRS 2007, 10747) entspricht dieser Berechnungsvariante:

»Durch den Mehrvertretungszuschlag Nr. 1008 VV erhöhen sich nach Ansicht des Landgerichts Düsseldorf sowohl die Geschäfts- wie auch die Verfahrensgebühr. Bei der außergerichtlichen Tätigkeit des Anwalts und der Tätigkeit im gerichtlichen Verfahren handelt es sich um zwei eigenständige Angelegenheiten. Die um den Mehrvertretungszuschlag erhöhte Geschäftsgebühr ist auch bei der Anrechnung nach Vorbemerkung 3 Absatz 4 VV nicht über einen Satz von 0,75 hinaus zu berücksichtigen.«

195 Einer Anrechnung der erhöhten Geschäftsgebühr widerspricht auch nicht, dass eine erhöhte Mahnverfahrensgebühr bei Übergang in das streitige Verfahren beispielsweise komplett in der erhöhten Verfahrensgebühr aufgeht. Denn dass die Erhöhung auf verschiedene **Verfahrens**gebühren nicht mehrmals gewollt war, ergibt sich auch aus der Anmerkung zu Nr. 3308. Insoweit bleibt jedoch die Rechtsprechung abzuwarten.

l) Anrechnung bei späterem Anfall einer Differenzverfahrensgebühr

Sofern im nachfolgenden Rechtsstreit eine Differenzverfahrensgebühr nach Nr. 3101 Nr. 2 entsteht, ist die Anrechnung der Geschäftsgebühr auf die Verfahrensgebühr **vor** einem Abgleich nach § 15 Abs. 3 vorzunehmen (Enders RVG für Anfänger 14. Aufl. 2008 Rn. 641; N. Schneider Fälle und Lösungen zum RVG § 7 Beispiel 22, S. 134 u. 135; N. Schneider RVG-Berater 2005, 11). Schneider geht allerdings im Gegensatz zu Enders davon aus, dass die Anrechnung der Geschäftsgebühr aus den Teilen des Gegenstands entsprechend den beiden Verfahrensgebühren zu erfolgen hat (N. Schneider Fälle und Lösungen zum RVG § 7 Beispiel 22, S. 134 u. 135). Enders hält dies zu Recht für falsch (Enders RVG für Anfänger 14. Aufl. 2008 Rn. 645), da zu berücksichtigen sei, dass der Rechtsanwalt außergerichtlich in derselben Angelegenheit nicht zweimal eine Geschäftsgebühr abrechnen könne, sondern die Geschäftsgebühr vielmehr aus dem addierten Wert zu berechnen sei. So sind nach Enders von der 1,3 Verfahrensgebühr nach Nr. 3100 aus dem Wert der rechtshängigen Ansprüche und der 0,8 Differenzverfahrensgebühr nach Nr. 3101 Nr. 2 aus dem Wert der nicht rechtshängigen Ansprüche eine 1,3 Geschäftsgebühr aus dem addierten Wert in Abzug zu bringen (Enders RVG für Anfänger 14. Aufl. 2008 Rn. 644). Der Auffassung von Enders ist zu folgen, da diese Berechnung die Degression der Gebührentabelle und § 15 Abs. 2 Satz 1 berücksichtigt.

- **Beispiel**

In einem Räumungsrechtsstreit mit einem Gegenstandswert von € 12.000,00 einigen sich die Parteien auch über die Abrechnung der Mietkaution in Höhe von € 3.000,00. Die Mietkaution war nicht Gegenstand des Klageverfahrens. Insoweit liegt ein Mehrvergleich vor. Über die Mietkaution wurde auch im Termin zur mündlichen Verhandlung erörtert. Vor der Räumungsklage erfolgte bezüglich beider Gegenstände auch eine außergerichtliche Vertretung, für die eine Geschäftsgebühr i. H. v. 1,3 entstanden ist.

1,3 Verfahrensgebühr aus € 12.000,00 Nr. 3100 VV RVG	€ 683,80	
0,8 Verfahrensgebühr aus € 3.000,00 Nr. 3101 Nr. 2 VV RVG	€ 151,20	
Zwischensumme	€ 835,00	
Abzüglich 0,65 Geschäftsgebühr aus € 15.000,00 ./.	€ 367,90	
Zwischensumme	€ 467,10	
§ 15 Abs. 3 RVG höchstens: 1,3 aus € 15.000,00 (keine Kürzung erforderlich)		€ 735,80
1,2 Terminsgebühr aus € 15.000,00 Nr. 3104 VV RVG		€ 679,20
1,0 Einigungsgebühr aus € 12.000,00 Nr. 1003 VV RVG	€ 526,00	
1,5 Einigungsgebühr aus € 3.000,00 Nr. 1000 VV RVG	€ 283,50	
Zwischensumme	€ 809,50	
§ 15 Abs. 3 RVG höchstens: 1,5 aus € 15.000,00		€ 849,00
Zwischensumme		€ 2.264,00
Auslagenpauschale, Nr. 7002 VV RVG		€ 20,00
Zwischensumme		€ 2.284,00
19% Umsatzsteuer, Nr. 7008 VV RVG		€ 433,96
Summe		**€ 2.717,96**

Nr. 2300 VV

m) Anrechnung bei späterer PKH

198 Ist eine Geschäftsgebühr entstanden und wird im gerichtlichen Verfahren sodann Prozesskostenhilfe bewilligt, stellt sich die Frage, wie mit der Geschäftsgebühr umzugehen ist. Richtig hat Enders die Auffassung vertreten, dass der Rechtsanwalt den nicht anzurechnenden Teil der vorgerichtlichen Kosten ohnehin behalten darf, während der anzurechnende Teil nach § 58 Abs. 2 RVG auf die Differenz zwischen Regel- und PKH-Anwaltsgebühren verrechnet werden dürfe (Enders JurBüro 2005, 281; ders. JurBüro 2005, 341; ders. in RVG für Anfänger 14. Aufl. 2008 Rn. 647; Schneider/Wolf 4. Aufl. 2008 VV Vorb 3 Rn. 224; OLG Frankfurt/Main RVG-Letter 2006, 118 = JurBüro 2007, 149). Nur soweit der anzurechnende Teil die Differenz zwischen Regel- und PKH-Anwaltsgebühren übersteigt, ist die Staatskasse berechtigt, in Höhe des Überschusses Abzüge vorzunehmen. Mit den Entscheidungen des BGH zur Anrechnung der Geschäftsgebühr (vgl. ausführlich Rn. 237 ff.) haben einige Gerichte die in der Praxis bewährte Vorgehensweise nicht mehr akzeptiert.

»*1. Das Entstehen einer Geschäftsgebühr setzt voraus, dass dem Rechtsanwalt vor dem Tätigwerden noch kein unbedingter Klageauftrag in der fraglichen Angelegenheit erteilt war.*

2. Eine hiernach entstandene Geschäftsgebühr ist im Rahmen der Festsetzung der Anwaltsvergütung im PKH-Verfahren auf eine wegen desselben Gegenstandes entstandene Verfahrensgebühr anzurechnen. Dem steht die Regelung des § 58 Abs. 2 RVG nicht entgegen.« (LAG Düsseldorf, Beschl. v. 02. 11. 2007, Az.: 13 Ta 181/07, RVGreport 2007, 142; ebenso (Anrechnung, auch wenn die Geschäftsgebühr nicht gezahlt wurde: LAG Köln RVGreport 2007, 457; VG Minden RVGreport 2007, 456 u. RVGreport 2008, 107; Nds. OVG RVGreport 2008, 221; Nds OVG RVGreport 2008, 221 (das bei fehlender Äußerung des Anwalts über die Höhe der Geschäftsgebühr den höchstmöglichen Satz 0,75 abzieht!)). Nicht zu akzeptieren ist, dass einige Bezirksrevisoren dazu übergehen, auch bei längst abgeschlossenen Festsetzungsverfahren die Akten nochmals zu öffnen und Rückforderungsbescheide zu erlassen (Hansens sehr kritisch in RVGreport 2008, 221).

199 Andere Gericht bleiben bei der früheren Vorgehensweise (OLG Frankfurt a. M. RVG-Letter 2006, 118 = JurBüro 2007, 149), dass die Anrechnung der Geschäftgebühr den Anspruch des der bedürftigen Partei im Wege der Prozesskostenhilfe für das Klageverfahren beigeordneten Rechtsanwalts gegen die Staatskasse auf Zahlung der Verfahrensgebühr nicht vermindert.

200 Wieder andere Gerichte wollen nur dann eine Anrechnung der Geschäftsgebühr auf die Verfahrensgebühr vornehmen, wenn der Mandant die Geschäftsgebühr auch gezahlt hat (VG Berlin, Beschl. v. 23. 01. 2008, Az.: 35 KE 39/07, RVGreport 2008, 220; AG Bad Iburg AGS 2008, 58). Dies erscheint sachgerecht. Keinesfalls sollte der Rechtsanwalt der Versuchung erliegen, eine gezahlte Geschäftsgebühr (da sie nach seiner Meinung nicht zu einer Verminderung der Vergütung aus der Staatskasse führt) im Festsetzungsantrag nicht anzugeben oder gar auf Nachfrage des Gerichts falsch vorzutragen.

201 Enders führt zu Recht aus, dass unter Berücksichtigung von § 59 Abs. 1 RVG ein Vergütungsanspruch des Rechtsanwalts gegen die Partei sowie das Beitreibungsrecht des Anwalts gegen den unterlegenen Gegner (§ 126 ZPO) auf die Staatskasse nur übergeht, soweit die Staatskasse den beigeordneten Rechtsanwalt befriedigt hat (vgl. dazu Enders JurBüro 2007, 337 (339 – Kapitel 6); Hartung/Römermann/Schons § 59 Rn. 17). Da die Staatskasse den Rechtsanwalt wegen der vorgerichtlichen Geschäftsgebühr aber nicht befriedigt hat, könne insoweit auch ein Anspruch nicht übergehen (Enders a. a. O.). Weiter weist Enders richtig darauf hin, dass dem Anwalt darüber hinaus auch kein Beitreibungsrecht nach § 126 ZPO gegenüber einem erstattungspflichtigen Dritten betreffend der Geschäftsgebühr zustehe. Allerdings ist im Fall der Kostenfestsetzung nach § 126 ZPO im Verhältnis zum Gegner die Anrechnung (solange keine gesetzliche Änderung erfolgt) zu berücksichtigen (so auch Hansens RVGreport 2007, 282). Die übliche Vorgehensweise im Falle des Obsiegens der PKH-Partei zunächst die Abrechnung gegenüber der Staatskasse vorzunehmen und sodann nur den Rest nach § 126 ZPO gegen den erstattungspflichtigen Gegner festsetzen zu lassen, bietet sich daher insbesondere auch in den Fällen an, wenn der Mandant vorgerichtlich eine Geschäftsgebühr ausgeglichen hat.

Eine Erklärungspflicht des Anwalts zur Geschäftsgebühr gibt es nicht, da § 55 Abs. 5 Satz 2 lediglich eine Erklärung dahin verlangt, ob und welche Zahlungen der beigeordnete Rechtsanwalt erhalten hat/bzw. erhält (vgl. auch Hansens RVGreport 2008, 127). Eine Anrechnungspflicht nach § 58 Abs. 2 RVG besteht nur für erhaltene Zahlungen und zwar solche, die der Rechtsanwalt in derselben Angelegenheit erhalten hat (Hansens a. a. O.). Die vorgerichtliche Tätigkeit ist jedoch eine andere Angelegenheit, auch wenn es um denselben Gegenstand geht. 202

Da ist es auch wenig tröstlich, wenn der Gesetzgeber nun an einer Neuregelung zur Anrechnung im Kostenfestsetzungsverfahren bastelt. Denn diese würde über § 60 Abs. 1 RVG erst für künftige Zeiträume gelten. 203

Dann dürfte aber wieder das gelten, was vor der BGH-Entscheidung vom 07.03.2007 galt (vgl. dazu auch Rn. 239): Eine Geschäftsgebühr für die außergerichtliche Tätigkeit ist nicht von den aus der Staatskasse zu erstattenden Gebühren in Höhe des anzurechnenden Teils in Abzug zu bringen, da es sich insoweit, sofern Zahlung durch den Auftraggeber erfolgt ist, um anderweitige Zahlungen im Sinne des § 58 Abs. 2 handelt, die auf die Differenz zwischen Wahlanwalts- und PKH-Anwalts-Vergütung zu verrechnen sind (Enders RVG für Anfänger Rn. 618). Lediglich, wenn die Differenz geringer ist als der anzurechnende Teil der Geschäftsgebühr, ist eine entsprechende Anrechnung des überschießenden Betrags auf den Gebührenanspruch gegen die Staatskasse zu verrechnen (Enders, a. a. O., Rn. 620 sowie JurBüro 2005, 283, Kap. 2.2, Berechnungsbeispiel 3 und Ergänzung in JurBüro 2005, 341). Der anzurechnende Teil der Geschäftsgebühr kann nach Enders auch auf Auslagen verrechnet werden, für die kein Anspruch gegen die Staatskasse besteht (Enders, a. a. O.). Der nicht anzurechnende Teil darf ohnehin beim RA verbleiben. 204

n) Zur Anrechnung, wenn mehrere Geschäftsgebühren entstanden sind

Zur Anrechnung, wenn mehrere Geschäftsgebühren entstanden sind, vgl. Kommentierung unter Nr. 2303 Rn. 25 f. 205

o) Zur Anrechnung auf eine 0,8 Verfahrensgebühr

Strittig war, ob die Geschäftsgebühr auf eine Verfahrensgebühr nach Nr. 3101 (vorzeitige Beendigung) anzurechnen ist, da in Vorbem. 3 Abs. 4 auf die Verfahrensgebühr eines gerichtlichen Verfahrens abgestellt wird (gegen eine Anrechnung: Hansens in Hansens/Braun/Schneider Praxis des Vergütungsrechts 1. Aufl. S. 449 Rn. 163 f.; für eine Anrechnung: Gerold/Schmidt/von Eicken/Madert/Müller-Rabe 16. Aufl. 2400 VV 2400–2403 Rn. 217; zweifelnd, aber mit Tendenz zur Anrechnung: Enders JurBüro 2006, 129). Da in Nr. 3101 auf Nr. 3100 verwiesen wird, es sich bei Nr. 3101 somit um eine besondere Art der Verfahrensgebühr Nr. 3100 handelt und die Tätigkeit ab Prozessauftrag eine Angelegenheit darstellt, unabhängig davon, ob es zur Klageeinreichung kommt oder nicht, ist nach Ansicht der Verfasserin die Anrechnung vorzunehmen (so auch inzwischen BGH, Beschl. v. 25.09.2008, Az.: IX ZR 133/07, Beck RS 2008, 21851). 206

- **Beispiel**
Für die außergerichtliche Tätigkeit entsteht zunächst eine 1,3 Geschäftsgebühr. Die Fristsetzung bleibt fruchtlos. Der Mandant erteilt daraufhin seinem Anwalt Klageauftrag. Der Anwalt beginnt die Klage zu diktieren. Dies nimmt einige Tage in Anspruch. Der Schuldner meldet sich schließlich telefonisch und bittet um Abschluss eines Teilzahlungsvergleichs. Der Vergleich wird geschlossen; die Klage nicht mehr eingereicht. 207

Nr. 2300 VV

Gebührenanspruch:

1. Vorgerichtliche Tätigkeit

1,3 Geschäftsgebühr Nr. 2300 VV RVG
nebst Auslagen und Umsatzsteuer

2. Tätigkeit nach Prozessauftrag

0,8 Verfahrensgebühr Nr. 3101 Nr. 1 VV RVG
./. 0,65 Geschäftsgebühr Vorbem. 3 Abs. 4 VV RVG
1,2 Terminsgebühr Nr. 3104, Vorbem. 3 Abs. 3, 3. Alt. VV RVG
1,5 Einigungsgebühr Nr. 1000 VV RVG
nebst Auslagen und Umsatzsteuer

p) Kettenanrechnung

208 Im RVG ist an verschiedenen Stellen eine Anrechnung von Gebühren vorgesehen. Wie anzurechnen ist, wenn mehrere Anrechnungen in einer Abrechnung erfolgen müssen, soll an zwei Beispielen nachfolgend dargestellt werden.

209 • **Beispiel**
Zunächst außergerichtliches Aufforderungsschreiben; sodann Antrag auf Erlass eines Mahnbescheides; Widerspruch, streitiges Verfahren

1. Angelegenheit: außergerichtliche Vertretung

1,3 Geschäftsgebühr
zzgl. Auslagen u. USt.

2. Angelegenheit: Mahnverfahren

1,0 Mahnverfahrensgebühr
./. 0,65 Geschäftsgebühr
zzgl. ggf. weitere Gebühren sowie Auslagen u. USt.

3. Angelegenheit: streitiges Verfahren

1,3 Verfahrensgebühr
./. 1,0 Mahnverfahrensgebühr
zzgl. ggf. weitere Gebühren sowie Auslagen u. USt.

Obwohl die Mahnverfahrensgebühr lediglich in Höhe von 0,35 festgesetzt wird, hat eine Anrechnung im streitigen Verfahren in Höhe von 1,0 zu erfolgen; die Anrechnung erfolgt hier von der ursprünglich entstandenen Gebühr. Im Ergebnis erhält der Rechtsanwalt dann 1,95 Gebühren (Geschäftsgebühr zur Hälfte; Mahnverfahrensgebühr fällt weg, somit 0,65 + 1,3 = 1,95 bzw.: 1,3 + 0,35 + 0,3 = 1,95).

13. Geltendmachung der Geschäftsgebühr

a) Prozessualer oder materiell-rechtlicher Kostenerstattungsanspruch?

210 Zur Frage, wann ein prozessualer oder materiell-rechtlicher Kostenerstattungsanspruch gegeben sein kann, vgl. die Ausführungen unter Rn. 128.

b) Haupt- oder Nebenforderung?

211 Was **vorprozessual aufgewendete Kosten** betrifft (insbesondere die Geschäftsgebühr nach Nr. 2300 VV), so sind hinsichtlich der Wertberechnung auf Klägerseite vier Fallgestaltungen zu unterscheiden:

1. Fall) Vollständige Abhängigkeit der Kosten von der Hauptforderung

Vorprozessual aufgewendete Kosten zur Durchsetzung des im laufenden Verfahren geltend gemachten (restlichen) Hauptanspruchs wirken nicht werterhöhend, und zwar unabhängig davon, ob diese Kosten der Hauptforderung hinzugerechnet werden oder neben der im Klageweg geltend gemachten Hauptforderung Gegenstand eines eigenen Antrags sind (BGH, Beschl. v. 30.01.2007, Az.: X ZB 7/06, NJW 2007, 3289 = JurBüro 2007, 313 = VersR 2007, 1102 = RVGreport 2007, 194; BGH, Beschl. v. 15.05.2007, Az.: VI ZB 18/06, BGHReport 2007, 845 = BeckRS 2007, 10888 = JurBüro 2007, 487 = RVGreport 2007, 355 r + s 2008, 42; BGH, Beschl. v. 25.09.2007, Az.: VI ZB 22/07, NJW-RR 2008 374 und Urt. v. 12.06.2007 (BeckRS 2007, 12117); LG Berlin JurBüro 2005, 427; OLG Frankfurt RVGreport 2006, 156 = AGS 2006, 251; OLG Karlsruhe AGS 2006, 453; OLG München JurBüro 2007, 146; OLG München JurBüro 2007, 146; OLG Celle, Beschl. v. 06.02.2007, Az.: 14 W 76/06 RVGreport 2007, 157 **a. A.**: LG Aachen, Beschl. v. 26.10.2005, Az.: 5 T 223/05, JurBüro 2007, 146; LG Braunschweig, AGS 2005, 75). Das gilt unabhängig davon, ob diese Kosten der Hauptforderung hinzugerechnet werden oder neben der im Klageweg geltend gemachten Hauptforderung Gegenstand eines eigenen Antrags sind (BGH, a.a.O.).

Dies kann nach Ansicht der Verfasserin aber nur dann gelten, wenn die **gesamten** geltend gemachten Kosten von der Hauptforderung abhängig sind.

- **Beispiel** 212

Es wurde ein Betrag von € 5.000,00 angemahnt. Die Kosten für das Aufforderungsschreiben betragen:

1,3 Geschäftsgebühr aus € 5.000,00 Nr. 2300 VV RVG	€ 391,30
Auslagenpauschale, Nr. 7002 VV RVG	€ 20,00
Zwischensumme	€ 411,30
19 % USt., Nr. 7008 VV RVG	€ 78,15
Summe:	**€ 489,45**

Die in einer Klage geltend gemachte Hauptforderung (nebst Zinsen) und vorgerichtlichen Kosten i. H. v., € 489,45 führen zu **keiner** Wertaddition.

2. Fall) Isolierte Geltendmachung allein der vorgerichtlichen Kosten 213

Wird die Kostenforderung (mangels Zahlung durch den Schuldner) in voller Höhe mit der Hauptforderung i. H. v. € 5.000,00 eingeklagt, ist der gesamte Kostenbetrag in Höhe von € 489,45 als Nebenforderung anzusehen. Er wirkt nicht werterhöhend. Anders verhält es sich, wenn der Anspruchsgegner in Ausübung seines Leistungsbestimmungsrechts die gesamte Hauptforderung, nicht aber die vorgerichtlichen Kosten, ausgleicht. Werden die vorgerichtlichen Kosten allein geltend gemacht, sind sie als Hauptforderung anzusehen.

- **Beispiel** 214

Es wurde ein Betrag von € 5.000,00 angemahnt. Die Kosten für das Aufforderungsschreiben betragen:

1,3 Geschäftsgebühr aus € 5.000,00 Nr. 2300 VV RVG	€ 391,30
Auslagenpauschale, Nr. 7002 VV RVG	€ 20,00
Zwischensumme	€ 411,30
19 % USt., Nr. 7008 VV RVG	€ 78,15
Summe:	**€ 489,45**

Der Schuldner zahlt auf die Mahnung den gesamten Hauptforderungsbetrag. Offen stehen allein noch die vorgerichtlichen Kosten in Höhe von € 489,15. Diese werden nun klageweise geltend gemacht. Der Gegenstandswert für dieses Verfahren beträgt: € 489,15.

Nr. 2300 VV

215 **3. Fall) Teilweise Abhängigkeit der vorgerichtlichen Kosten von der Hauptforderung**

Angenommen der Anspruchsgegner zahlt auf die geltend gemachte Hauptforderung in Ausübung seines Leistungsbestimmungsrechts einen Teilbetrag i. H. v. 2.000,00. Auf die Kosten zahlt er nichts. Eingeklagt wird nun der Rest-Hauptforderungsbetrag i. H. v. € 3.000,00 sowie die gesamten aus einem Wert von € 5.000,00 entstandenen Kosten i. H. v. € 489,45. Es stellt sich die Frage, wie hoch der Gegenstandswert für dieses Verfahren ist. Nach meiner Ansicht sind zu den € 3.000,00 Resthauptforderung der Teil der vorprozessualen Kosten werterhöhend zu berücksichtigen, die nicht in Abhängigkeit zur im laufenden Verfahren geltend gemachten Hauptforderung stehen (vgl. auch Jungbauer Simplify your RVG Deutscher Anwaltverlag 2007, S. 29 f. inkl. 2 Hörbuch-CDs sowie Enders RVG für Anfänger 14. Aufl. 2008 Rn. 658).

216 • **Beispiel**

Entstanden ist eine		
1,3 Geschäftsgebühr aus € 5.000,00		
Nr. 2300 VV RVG	€	391,30
Hiervon wird in Abzug gebracht eine		
1,3 Geschäftsgebühr aus € 3.000,00, denn insoweit ist die Geschäfts-		
gebühr von der in diesem Verfahren geltend gemachten		
Resthauptforderung abhängig	./. €	245,70
Gebührenanteil, der nicht von der geltend gemachten		
Resthauptforderung abhängig ist	€	145,60
Auslagenpauschale, Nr. 7002 VV RVG	€	20,00
Zwischensumme	€	165,60
19 % USt., Nr. 7008 VV RVG	€	31,46
Summe:	€	**197,06**
Von dem Gesamtbetrag der vorprozessual entstandenen		
Kosten	€	489,45
ist ein Betrag i. H. v. € 197,06	./. €	197,06
werterhöhend, während der Restbetrag	€	292,39
nicht werterhöhend (und damit Nebenforderung) ist.		
Der Gegenstandswert für dieses Verfahren beträgt daher:		
Resthauptforderung	€	3.000,00
werterhöhender Anteil vorprozessualer Kosten	€	197,06
Gesamtwert:	€	**3.197,06**

Aus diesem Wert entsteht eine 1,3 Verfahrensgebühr nach Nr. 3100 für diese Klage. Die vorprozessual entstandene Geschäftsgebühr ist lediglich soweit anzurechnen, wie sich Wert der außergerichtlichen Tätigkeit und der gerichtlichen Tätigkeit decken, damit aus einem Wert von € 3.000,00.

217 Teilweise wird davon ausgegangen, dass der werterhöhende Anteil nach der Quote zu berechnen ist.

• **Beispiel (nach Quote)**

1,3 Geschäftsgebühr aus € 5.000,00		
Nr. 2300 VV RVG	€	391,30
Auslagenpauschale, Nr. 7002 VV RVG	€	20,00
Zwischensumme	€	411,30
19 % USt., Nr. 7008 VV RVG	€	78,15
Summe:	€	**489,45**

Wird nun ein Betrag i. H. v. € 3.000,00 geltend gemacht, wären dann 3/5 der obigen Kosten Nebenforderung, der Restbetrag Hauptforderung:

€ 489,45: 5 × 3 = € 293,67 (oder auch: € 489,45: 5000,00 × 3.000,00)

Durch die Addition ergibt sich im vorliegenden Fall auch hier ein Gebührensprung; der Wert des Verfahrens würde mit dieser Berechnungsmethode € 3.293,67 betragen. Nach meiner Auffassung ist aber die Rechtsprechung des BGH zum quotenmäßigen Erstattungsanspruch gegenüber der Rechtsschutzversicherung nicht zu vergleichen mit der hier behandelten Frage. Zur Verdeutlichung: Nach BGH v. 04.05.2005 (Az.: IV ZR 135/04, JurBüro 2005, 653 = NJW 2005, 2228) hat die RSV, wenn ein Rechtsstreit teils über versicherte und teils über nicht versicherte Ansprüche geführt wird, die Gebühren nur nach der Quote des versicherten Werts am Gesamtwert zu erstatten, nicht aber die Gebühren aus dem Wert, der als versichertes Risiko gilt. Der rechtsschutzversicherte Mandant kann von seiner RSV nicht die Gebühren aus dem (Teil-)Wert verlangen, der versichert ist. Damit ergibt sich eine kostenmäßige gerechte Verteilung der Kosten zwischen Versicherungsnehmer und Rechtsschutzversicherung, was insoweit nachvollziehbar erscheint.

Hiervon ist aber die Frage, welcher Gebührenanteil werterhöhend ist und welcher nicht, zu trennen. Der BGH hat im Verhältnis des Auftraggebers zu einem Schädiger entschieden, dass der Geschädigte die Gebühr aus dem ihm zugesprochenen Wert verlangen kann (vgl. Rn. 157). Auch richtet sich die Anrechnung nach dem Wert, der auch Gegenstand des gerichtlichen Verfahrens ist (Vorbem. 3 Abs. 4 Satz 4 VV RVG). Es erscheint mir daher auch sachgerecht, den Wert erhöhenden Anteil der vorgerichtlichen Kosten wie unter Rn. 216 beschrieben, zu ermitteln. Die Geschäftsgebühr ist aus dem Wert, der auch Wert des gerichtlichen Verfahrens, Nebenforderung; der Restbetrag, der nach Abzug dieses Anteils verbleibt, ist Wert erhöhender Anteil (zzgl. der jeweiligen Umsatzsteuer, zu den Auslagen siehe Rn. 216). 218

Unabhängig davon, wie der Wert erhöhende Anteil berechnet wird, kann sich nicht nur durch die Wertaddition ein Gebührensprung ergeben, sondern auch eine Zuständigkeit des Landgerichts anstelle des Amtsgerichts. Denn für den Zuständigkeitswert sind ebenfalls nur die Nebenforderungen nicht zu berücksichtigen, § 4 ZPO. 219

4. Fall) Erst Nebenforderung, dann im Prozessverlauf Hauptforderung

»Die geltend gemachten vorprozessualen Anwaltskosten sind als Streitwert erhöhender Hauptanspruch zu berücksichtigen, soweit der geltend gemachte Hauptanspruch übereinstimmend für erledigt erklärt worden ist.« BGH, Beschl. v. 04.12.2007, Az.: VI ZB 73/06, JurBüro 2008, 202; Enders RVG für Anfänger 14. Aufl. 2008 Rn. 659. 220

- **Beispiel** 221

Klage auf Zahlung eines Betrags i. H. v. € 3.176,65; weiter eingeklagt vorgerichtliche Kosten in Höhe von € 186,82; geltend gemacht als Nebenforderung, abhängig von der eingeklagten Hauptforderung. Nach Zustellung der Klage wird die Hauptforderung teilweise i. H. v. € 2.700,16 durch den Beklagten bezahlt, die geltend gemachten vorgerichtlichen Kosten nicht. Mit Schriftsatz wird die Hauptsache teilweise für erledigt erklärt. Der BGH setzte den Wert für die Zeit nach Erledigungserklärung auf € 663,31 (Rest-HF € 476,49 + € 186,82 Kosten) als Verfahrenswert fest. Dieser Wert gilt auch für die Anwaltsgebühren (Enders RVG für Anfänger 14. Aufl. 2008 Rn. 659).

c) Freistellungs- oder Leistungsanspruch?

Die vorgerichtlichen Kosten können als Schaden in einem weiteren Klageantrag mit geltend gemacht werden. Voraussetzung: Der Auftraggeber hat diesen Betrag bereits an den Rechtsanwalt bezahlt. Ist die Rechnung vom Auftraggeber nicht bezahlt worden, hat er insoweit gegen den Beklagten nur einen Freistellungsanspruch. Allerdings wandelt sich nach Ansicht des BGH der Freistellungsanspruch in einen Zahlungsanspruch um, wenn der Beklagte jeden Schadensersatz ernsthaft und endgültig verweigert und Geldersatz gefordert wird (BGH NJW 2004, 1868 ff.). Dann geht der Freistellungsanspruch gemäß §§ 249 Abs. 2, 251, 250 Satz 2 BGB in einen Zahlungsanspruch über. 222

Nr. 2300 VV

223 Nach *Langen* (Langen in RVGreport 2005, 327 f.) kann der Ersatzberechtigte jedoch auch dann statt Befreiung von der Verbindlichkeit Zahlung an sich verlangen, wenn seine Inanspruchnahme feststeht (vgl. MünchKomm-BGB/Krüger § 257 Rn. 5 mit Hinweis auf RGZ 78, 26, 34; Prütting/Wegen/Weinreich BGB 2. Aufl. § 250 Rn. 1; Palandt/Heinrichs BGB § 250 Rn. 2 unter Hinweis auf OLG Schleswig SchlHA 1998, 212).

224 Zu beachten ist, dass ein Freistellungsanspruch als solcher nicht verzinslich ist (Hansens/Schneider Formularbuch Anwaltsvergütung im Zivilrecht Teil 8 Rn. 86). Es kann allenfalls auf (weitere) Freistellung auch der Verzugszinsen, die der Anwalt von seinem Auftraggeber fordert, geklagt werden.

Da die Vollstreckung aus einem Freistellungsanspruch (vertretbare Handlung) komplizierter ist als aus einem Leistungsanspruch, sollte – soweit möglich – auf Leistung geklagt werden.

225 Nach Ansicht des OLG Saarbrücken hat ein Prozessvergleich, der eine Freistellungsverpflichtung beinhaltet nur dann einen vollstreckbaren Inhalt, wenn sich die Höhe der Forderung, von der freizustellen ist, aus dem Vergleich selbst ergibt (OLG Saarbrücken, Beschl. v. 26. 09. 2007, Az.: 5 W 210/07 – 73, OLGReport 2008, 73 f.).

d) Möglichkeiten der Geltendmachung

226 Will man die Geschäftsgebühr (nebst Auslagen und Umsatzsteuer) gerichtlich geltend machen, so kann dies im Klagewege oder auch im Mahnbescheid erfolgen. Zur Frage, ob die Geltendmachung als Haupt- oder Nebenforderung erfolgt, vgl. die Kommentierung unter Rn. 211.

227 Eine Prüfungsbefugnis betreffend der Höhe einer geltend gemachten Geschäftsgebühr im Mahnverfahren hat der Rechtspfleger nicht (AG Stuttgart, Beschl. v. 07. 10. 2004, Az.: 04–0224816 – 06-N, JurBüro 2005, 30).

228 Eine »übersehene« Geltendmachung kann im Rahmen einer Klageerweiterung bis zum Schluss der mündlichen Verhandlung erfolgen. Auch eine Einbeziehung als nicht rechtshängiger Anspruch in einen Vergleich kommt in Betracht. Für diese Fälle empfiehlt es sich, zum Gerichtstermin mit entsprechender Berechnung vorbereitet zu erscheinen. Im Hinblick auf die Höhe des Kostenerstattungsanspruchs bei Teilobsiegen (vgl. Rn. 157) sollte das Mitführen eines Taschenrechners und einer Gebührentabelle mit den wichtigsten Gebührensätzen zum Termin selbstverständlich sein, um im Termin die Kosten konkret in €-Beträgen einzubeziehen.

229 Die nachstehenden Vorschläge für Vergleichsformulierungen sind vor Übernahme auf ihre Geeignetheit zum jeweiligen individuellen Fall zu prüfen.

Fall 1:

Geschäftsgebühr beidseitig entstanden; trägt jede Partei selbst; Verfahrensgebühr soll unvermindert festgesetzt werden:

»*Die Beklagte trägt die Kosten des Rechtsstreits. Die vorgerichtlichen Kosten (Geschäftsgebühr nebst Auslagen und Umsatzsteuer) trägt jede Partei selbst. Eine Anrechnung einer entstandenen Geschäftsgebühr auf die Verfahrensgebühr des gerichtlichen Verfahrens soll im Kostenfestsetzungsverfahren nicht erfolgen.*«

230 **Fall 2:**

Geschäftsgebühr entstanden, aber nicht eingeklagt, keine Anrechnung gewünscht:

»*Die Beklagte zahlt zur Abgeltung aller Ansprüche zwischen den Parteien € x. Die Beklagte trägt die Kosten des Rechtsstreits. Eine Anrechnung der Geschäftsgebühr auf die Verfahrensgebühr erfolgt nicht.*« (Anm.: Eine generelle Abgeltungsklausel ist immer mit besonderer Vorsicht anzuwenden, da mit ihr auch Ansprüche, die dem Anwalt möglicherweise nicht bekannt sind, ausgeschlossen werden. Daher sollte eine solche Klausel nur widerruflich oder im Beisein – nach

Rücksprache – mit dem Mandanten aufgenommen werden. Mit einer solchen Klausel ist auch der Anspruch auf Erstattung vorgerichtlich entstandener Kosten umfasst. Will man lediglich die streitgegenständlichen Ansprüche abgegolten haben, sollte zur Geschäftsgebühr eine entsprechende gesonderte Regelung bedacht werden.)

Fall 3: 231

Geschäftsgebühr entstanden, eingeklagt, in Vergleich ausgeklammert. Kostenquote. Geschäftsgebühr soll nicht angerechnet werden.

»*Von den Kosten des Rechtsstreits trägt der Kläger 2/3, die Beklagte 1/3. Eine Anrechnung der beiden Parteien entstandenen Geschäftsgebühren soll im Kostenausgleichungsverfahren nicht erfolgen.*«

Fall 4: 232

Geschäftsgebühr entstanden, eingeklagt, in Vergleich aufgenommen. Kostenquote. Geschäftsgebühr soll angerechnet werden.

»Von den Kosten des Rechtsstreits trät der Kläger 2/3, die Beklagte 1/3. Im Kostenausgleichungsverfahren soll eine Anrechnung der Geschäftsgebühr erfolgen.« (Anm.: In letzterem Fall ist eine Klarstellung der Anrechnungsregelung erforderlich, wenn sich aus dem Vergleich nicht zweifelsfrei Gebührensatz und Wert, aus dem die Geschäftsgebühr entstanden ist, ergeben.)

In manchen Fällen kann es sachgerecht sein, zunächst den Ausgang des Hauptverfahrens abzuwarten und sodann den nicht anzurechnenden Teil der Geschäftsgebühr gesondert gerichtlich geltend zu machen. Durch die gesonderte Geltendmachung entstehen in jedem Fall höhere Kosten. Ob ein Gegner diese zu erstatten hat, hängt davon ab, ob die gesonderte Geltendmachung angezeigt war. Dies kann sich bei Räumungsprozessen ergeben, wenn eine möglichst schnelle Entscheidung sachgerecht ist und etwaige Verzögerungen durch die Geltendmachung vorprozessual entstandener Kosten zu befürchten sind. In der Regel wird man jedoch davon ausgehen müssen, dass sich der Gegner darauf beruft, dass eine gleichzeitige Geltendmachung weniger Kosten ausgelöst hätte und er sich gegen die Auferlegung der weiteren Gebühren verwahrt. 233

Die Verfasserin schlägt zur Routinierung des Kanzleiablaufs unabhängig von erforderlichen Ausnahmen folgende Vorgehensweise vor: 234

– Ist eine Geschäftsgebühr nach Nr. 2300 entstanden und beabsichtigt der RA, mehr als 1,3 abzurechnen, sollten Umfang oder Schwierigkeit zur Akte dokumentiert worden sein.
– Eine außergerichtlich entstandene Geschäftsgebühr sollte grundsätzlich vollständig nebst Auslagen und Umsatzsteuer mit dem Auftraggeber abgerechnet werden.
– Dem Gegner sollten die Kosten bereits im Aufforderungsschreiben mit aufgeben werden. Um später nicht an das einmal ausgeübte Ermessen gebunden zu sein (vgl. dazu BGH AnwBl. 1987, 489), sollte der Zusatz, dass eine Nachliquidation hinsichtlich des Gebührensatzes bei weitergehender Tätigkeit ausdrücklich vorbehalten bleibt, aufgenommen werden. Im Übrigen sollte der Gegner auf seine Leistungspflicht betreffend diese Kosten hingewiesen worden sein (Verzug, unerlaubte Handlung, positive Vertragsverletzung etc.). Sodann sollte ihm eine Zahlungsfrist gesetzt werden.
– Geht die Angelegenheit in ein gerichtliches Verfahren über und besteht ein materiell-rechtlicher Kostenerstattungsanspruch, sollte bezüglich der Geschäftsgebühr (nebst Auslagen und hierauf entfallender Umsatzsteuer – letztere nicht bei Vorsteuerabzugsberechtigung des Auftraggebers) beim Mandanten ein Auftrag zur gleichzeitigen Geltendmachung eingeholt werden.
– Ist ein streitiges Verfahren durchzuführen (bei Klage oder nach Wider-/Einspruch gegen einen Mahnbescheid), muss die Geschäftsgebühr wie jeder andere Klageantrag auch begründet werden.

Nr. 2300 VV

– Vor einem Gerichtstermin ist zu prüfen, ob eine Geschäftsgebühr sowohl auf eigener als auch auf der Gegenseite angefallen ist sowie ob und inwieweit diese jeweils klageweise geltend gemacht wurden. Mit dem Mandanten sollten bei Vergleichsüberlegungen auch die Geschäftsgebühr einbezogen werden.

e) Höhe der Auslagenpauschale

235 Die Anmerkung zu Nr. 7002 stellt klar, dass die Auslagenpauschale in jeder Angelegenheit gesondert berechnet werden kann. Hierunter fällt auch die Beratung und nachfolgende außergerichtliche oder gerichtliche Tätigkeit sowie die außergerichtliche Tätigkeit und ein nachfolgender Rechtsstreit (auch Mahnverfahren) (Gebauer/Schneider RVG VV 7001–7002 Rn. 29). In Vorbemerkung 3 Abs. 4 VV wird insoweit nur von einer Anrechnung der Geschäftsgebühr gesprochen und die Auslagenpauschale nicht mit einbezogen.

236 Dabei ist die Auslagenpauschale jeweils aus den **entstandenen** Gebühren zu berechnen und nicht aus dem Teil der Gebühren, der nach Anrechnung verbleibt (AG Kassel AGS 2007, 133 = JurBüro 2006, 592; OLG Köln Rpfleger 1994, 432; Schneider/Wolf RVG VV 7001–7002 Rn. 36 ff. m. w. N. sowie VV Vorbem. 3 Rn. 189; *Madert* in Gerold/Schmidt RVG 18. Aufl. 2008 VV 2300, 2301 Rn. 52; Enders JurBüro 2004, 173; N. Schneider AGS 2003, 94; OLG Köln Rpfleger 1994, 432; LG Essen JurBüro 2002, 246; AG Nürtingen JurBüro 2003, 417; AG Siegburg JurBüro 2003, 533; N. Schneider AGS 2003, 94; *Müller-Rabe* (in Gerold/Schmidt RVG 18. Aufl. 2008 VV 7001, 7002 Rn. 37) unter Hinweis auf die Entscheidung des BGH, der sich zwar gegen eine Anrechnung der Auslagenpauschale ausgesprochen hätte, sich aber mit der Frage, ob sich die Pauschale aus der ursprünglich entstandenen oder nach Anrechnung verbleibenden Gebühr berechnet nicht befasst hat: BGH NJW-RR 2004, 1656 = FamRZ 2004, 1720 = JurBüro 2004, 649 = NJW-RR 2005, 939 = JurBüro 2005, 142; **a. A.:** KG JurBüro 2000, 583; LG Berlin Rpfleger 1988, 42; Hansens BRAGO § 26 Rn. 4; von Eicken AGS 1996, 109). Die Verfasserin geht in ihren Berechnungsbeispielen ab Rn. 116 ff. davon aus, dass die Auslagenpauschale aus der jeweiligen Geschäftsgebühr ungekürzt verbleibt.

14. Anrechnung der Geschäftsgebühr im Kostenfestsetzungsverfahren

a) Wortlaut der Anrechnungsvorschrift

237 Hinweis an den Leser:

Die Anrechnung der Geschäftsgebühr dürfte das wohl heftig umstrittenste Thema des RVG sein, und zwar bis heute. Da sich aufgrund der unterschiedlichen Rechtsprechung gravierende Veränderungen für die Praxis ergeben haben und wohl auch noch ergeben werden, soll im nachfolgenden Kapitel eine systematische und chronologische Darstellung der Thematik erfolgen, auch wenn die ein oder andere Entscheidung inzwischen überholt ist oder demnächst überholt sein wird. So soll gewährleistet werden, dass sich – gerade auch für sogenannte Altfälle – die Vorgehensweise der Anrechnung der Geschäftsgebühr im Kostenfestsetzungsverfahren strukturiert nachverfolgen lässt. So kann man ggf. auch in Zukunft bei Änderung der Gesetzeslage nochmals nachprüfen, wie denn die Sachlage vor der BGH-Entscheidung vom 07. 03. 2007 gewesen ist.

238 Würde man sich streng an der Vorbemerkung 3 Abs. 4 VV orientieren, müsste in der Konsequenz die volle Geschäftsgebühr (zzgl. Auslagen und Umsatzsteuer) und nicht lediglich der nicht anzurechnende Teil der Geschäftsgebühr eingeklagt werden, mit der Folge, dass sich die Verfahrensgebühr entsprechend reduziert und im Kostenfestsetzungsverfahren sodann auch nur die reduzierte Verfahrensgebühr geltend gemacht werden könnte. Es wurde schon früh zum RVG entschieden, dass eine Reduzierung der Verfahrensgebühr im Kostenfestsetzungsverfahren nicht vorzunehmen ist (KG, Beschl. v. 02. 07. 2005, Az.: 1 W 285/05 = JurBüro 2006, 202 = RVGreport 2005, 392 = AGS 2005, 515): »Durch das KostRMoG hat sich an der Anrechnung außergerichtlich entstandener anwaltlicher Gebühren grundsätzlich nichts geändert. Deshalb ist im Kostenfestsetzungsverfahren keine Geschäftsgebühr nach Nr. 2400 VV RVG anteilig von der Verfahrensgebühr nach Nr. 3100 VV RVG abzuziehen.« – vgl. dazu auch: Rn. 249.

b) Entscheidung des BGH vom 07.03.2007

Am 07.03.2007 entschied der BGH, dass die Geschäftsgebühr auf die Verfahrensgebühr anzurechnen sei (und nicht die Geschäftsgebühr auf die Geschäftsgebühr) und stellte mit dieser – vom Wortlaut her richtigen – Entscheidung die überwiegende Anrechnungspraxis auf den Kopf: 239

»Ist nach der Vorbemerkung 3 Abs. 4 zu Nr. 3100 VV RVG eine wegen desselben Gegenstands entstandene Geschäftsgebühr anteilig auf die Verfahrensgebühr des gerichtlichen Verfahrens anzurechnen, so vermindert sich nicht die bereits entstandene Geschäftsgebühr, sondern die in dem anschließenden gerichtlichen Verfahren anfallende Verfahrensgebühr.« (BGH, Beschl. v. 07.03.2007, Az.: VIII ZR 86/06, NJW 2007, 2049 = JurBüro 2007, 357 = RVGreport 2007, 226 (Hansens) = AGS 2007, 283 m. Anm. Schons, Hansens u. N. Schneider = MDR 2007, 984 = ZMR 2007, 439 = ZfS 2007, 344 = AnwBl. 2007, 630; ebenso BGH, Beschl. v. 14.03.2007, Az.: VIII ZR 184/06, RVGreport 2007, 220 (Hansens) = AGS 2007, 289 = JurBüro 2007, 358; sowie BGH v. 11.07.2007, RVGreport 2007, 421 m. Anm. Hansens = AGS 2008, 41 = NJW 2007, 3500; vgl. dazu auch die Entscheidungen des BayVGH JurBüro 2006, 77 sowie VGH Kassel NJW 2006, 1992 (beide kürzen die Verfahrensgebühr im KF-Verfahren, wenn außergerichtlich eine Geschäftsgebühr entstanden ist); vgl. weiter: Hansens RVGreport 2005, 392 u. RVGreport 2007, 121; Schultze-Rhonhof RVGreport 2005, 374).

c) Praxis bis zur Entscheidung des BGH vom 07.03.2007

Bis zur Entscheidung des BGH wurde regelmäßig nur der nicht anzurechnende Teil der Geschäftsgebühr nebst Auslagen und Umsatzsteuer als »Schaden« in der Klage oder im Mahnbescheid geltend gemacht. 240

• **Beispiel**

Es werden außergerichtlich € 5.000,00 angemahnt und schließlich auch € 5.000,00 eingeklagt. Nach mündlicher Verhandlung ergeht ein die Klage stattgebendes Urteil.

Gegenstandswert: € 5.000,00, § 2 Abs. 1 RVG

a. Außergerichtliche Tätigkeit

1,3 Geschäftsgebühr aus € 5.000,00 Nr. 2300 VV RVG	€ 391,30
Auslagenpauschale, Nr. 7002 VV RVG	€ 20,00
Zwischensumme	€ 411,30
19 % USt., Nr. 7008 VV RVG	€ 78,15
Summe:	**€ 489,45**

b. Gerichtliche Tätigkeit

1,3 Verfahrensgebühr aus € 5.000,00 Nr. 3100 VV RVG		€ 391,30
abzgl. 0,65 Geschäftsgebühr aus € 5.000,00 Vorbem. 3 Abs. 4 VV RVG	./. €	195,65
Zwischensumme		€ 195,65
1,2 Terminsgebühr aus € 5.000,00 Nr. 3104 VV RVG		€ 361,20
Auslagenpauschale, Nr. 7002 VV RVG		€ 20,00
Zwischensumme Übertrag		€ 576,85
19 % USt., Nr. 7008 VV RVG		€ 109,60
Summe:		**€ 686,45**

Nr. 2300 VV

Den »**einklagbaren (nicht anzurechnenden) Teil**« berechnete man sodann wie folgt:

1,3 Geschäftsgebühr aus € 5.000,00 Nr. 2300 VV RVG		€ 391,30
abzgl. 0,65 Geschäftsgebühr aus € 5.000,00 Vorbem. 3 Abs. 4 VV RVG	./.	€ 195,65
Zwischensumme		€ 195,65
Auslagenpauschale, Nr. 7002 VV RVG		€ 20,00
Zwischensumme		€ 215,65
19 % USt., Nr. 7008 VV RVG		€ 40,97
Summe:		€ 256,62

Der Betrag von € 256,62 wurde nach der alten Vorgehensweise zusammen mit der Hauptforderung von € 5.000,00 eingeklagt. Im Kostenfestsetzungsverfahren wurde dann später die 1,3 Verfahrensgebühr unvermindert zur Festsetzung angemeldet (vgl. dazu auch: Enders JurBüro 2007, 337 »Geltendmachung der Geschäftsgebühr gegenüber dem Gegner unter Berücksichtigung der neuen BGH-Rechtsprechung«).

241 Nach dem Wortlaut der Vorbem. 3 Abs. 4 VV RVG müsste jedoch die **volle** Geschäftsgebühr (zzgl. Auslagen und Umsatzsteuer) und nicht lediglich der nicht anzurechnende Teil der Geschäftsgebühr eingeklagt werden, mit der Folge, dass sich die Verfahrensgebühr entsprechend reduziert und im Kostenfestsetzungsverfahren sodann auch nur die reduzierte Verfahrensgebühr geltend gemacht werden könnte (so auch: Hansens RVGreport 2007, 121 (der auf den ansonsten entstehenden Zinsschaden hinweist, sowie: N. Schneider NJW 2007, 2001 »Über den Un-Sinn, die halbe Geschäftsgebühr mit einzuklagen«). Denn in der Vorbem. 3 Abs. 4 VV RVG heißt es:

»*Soweit wegen desselben Gegenstands eine Geschäftsgebühr nach den Nummern 2300 bis 2303 entsteht, wird diese Gebühr zur Hälfte, jedoch höchstens mit einem Gebührensatz von 0,75 auf die Verfahrensgebühr des gerichtlichen Verfahrens angerechnet.*«

Auf diesen Wortlaut stützt sich die obige BGH-Entscheidung. Es empfiehlt sich daher grundsätzlich, die **volle** Geschäftsgebühr nebst Auslagen und Umsatzsteuer mit einzuklagen. Diese Kosten können nur dann mit eingeklagt werden, wenn auch ein materiell-rechtlicher Kostenerstattungsanspruch gegeben ist, z. B. Verzug, unerlaubte Handlung, Schadensersatz, PVV, cic etc., vgl. Rn. 140. Umsatzsteuer kann nur dann mit geltend gemacht werden, wenn keine Vorsteuerabzugsberechtigung besteht.

d) Zinsschaden bei nur teilweiser Geltendmachung der Geschäftsgebühr?

242 Macht der Rechtsanwalt nicht die volle Geschäftsgebühr sondern weiterhin nur den anzurechnenden Teil der Geschäftsgebühr verursacht er seinem Mandanten einen **Zinsschaden**, da die Verzinsung geltend gemachter Kosten mit Klage beginnt im Kostenfestsetzungsverfahren aber erst mit Antragstellung (Hansens RVGreport 2007, 121; vgl. dazu auch: Enders JurBüro 2007, 337 (340). Handelt es sich – weil der Mandant z. B. einen Bankkredit in Anspruch nimmt – um einen hohen Zinssatz und hohe Kostenbeträge, kann dieser nicht unbeträchtlich sein. Zu denken ist auch daran, dass zwischen Unternehmern der Zinssatz 8 Prozentpunkte über dem Basiszinssatz beträgt, § 288 Abs. 2 BGB. Im Kostenfestsetzungsverfahren können lediglich Zinsen in Höhe von 5 Prozentpunkten über dem Basiszinssatz geltend gemacht werden. Nach Auffassung von Enders hätte ein Gegner im Kostenfestsetzungsverfahren die Notwendigkeit der Zinsen zu bestreiten, wenn die Verfahrensgebühr in voller Höhe geltend gemacht wird, weil nur der nicht anzurechnende Teil der Geschäftsgebühr eingeklagt worden wäre (vgl. dazu Enders JurBüro 2007, 337 (340).

243 Zu Recht wendet allerdings Bischof ein, dass nach **altem Recht** (volle Anrechnung der **Geschäftsgebühr nach § 118 Abs. 2 BRAGO**) niemand auf die Idee gekommen wäre, die Prozessgebühr im Kostenfestsetzungsverfahren zu versagen, weil die Geschäftsgebühr außerge-

richtlich angefallen und damit anzurechnen war (Bischof, »Geschäftsgebühr und nachfolgender Prozess – Suche nach einer praktikablen Lösung des Kostenerstattungsproblems« JurBüro 2007, 341). Vielmehr erfolgte eine Auslegung des § 118 Abs. 2 BRAGO dahin, dass »in der Summe eben nur eine volle Prozessgebühr nach §§ 103, 104 ZPO festgesetzt werden« kann (Bischof, a. a. O.).

e) Anrechnung der Geschäftsgebühr im KF-Verfahren auch bei fehlender Titulierung?

In der Kostenfestsetzung nach §§ 103, 104 ZPO ist die **Anrechnung der Geschäftsgebühr** 244 **nach meiner Auffassung** (trotz der BGH-Entscheidung vom 22.01.2008, die unter Rn. 248 dargestellt wird) **nur dann zu berücksichtigen, wenn**

- die **volle Geschäftsgebühr** mit **eingeklagt und auch zugesprochen** worden ist (Hansens, RVGreport 2007, 282 unter Verweis auf Enders JurBüro 2007, 337, 338, der diese Auffassung ebenfalls vertritt).
- der **erstattungspflichtige Gegner** die Geschäftsgebühr für die vorgerichtliche Tätigkeit an die erstattungsberechtigte Partei in vollem Umfange **gezahlt** hat (was aber bei streitiger Hauptsache wohl selten der Fall sein dürfte) oder
- der **erstattungspflichtige Gegner** gegenüber der erstattungsberechtigten Partei wegen der vollen Geschäftsgebühr für die außergerichtliche Vertretung bereits wirksam die **Aufrechnung** mit einer Gegenforderung erklärt hat und der materielle Kostenerstattungsanspruch wegen der vorgerichtlichen Kosten dadurch erloschen ist (vgl. dazu Enders JurBüro 2007, 454 (Checkliste nach Kapitel 9); Hansens RVGreport 2007, 241 (Kapitel I.); N. Schneider NJW 2007, 2001 (2007 – Kapitel X.); Volpert RVG professionell 2007, 127 (130).

Der Rechtspfleger hat im Kostenfestsetzungsverfahren lediglich dafür zu sorgen, dass es 245 nicht zu einer doppelten Titulierung kommt, d. h. die Verfahrensgebühr voll festgesetzt wird, obwohl die Geschäftsgebühr voll zugesprochen wurde (Volpert RVG professionell 2007, 127, 130). Antragsteller im Kostenfestsetzungsverfahren haben dafür Sorge zu tragen, dass sie die Anrechnung selbständig beachten. Zur Berücksichtigung der Anrechnung nur auf substantiierten Vortrag vgl. Rn. 270.

Auch Enders und Hansens halten die generelle Anrechnung im Kostenfestsetzungsverfahren 246 für falsch. Sie vertreten die Auffassung, dass eine Anrechnung der Geschäftsgebühr im KF-Verfahren **nicht stets** zu berücksichtigen ist, sondern nur dann, wenn sie auch im gerichtlichen Verfahren geltend gemacht und zumindest teilweise zuerkannt worden ist (Hansens RVGreport 2007, 282 unter Verweis auf Enders JurBüro 2007, 337, 338, der diese Auffassung ebenfalls vertritt; N. Schneider NJW 2007, 2001–2007 – Kapitel X; Volpert RVG professionell 2007, 127–130). Wurde die Geschäftsgebühr nicht eingeklagt, weil es keinen materiell-rechtlichen Kostenerstattungsanspruch gibt, oder eine Geltendmachung im Verfahren (z. B. einstweiliges Verfügungsverfahren wegen Unterlassung) nicht möglich ist, darf eine Anrechnung im Kostenfestsetzungsverfahren nicht berücksichtigt werden (vgl. auch Rn. 244). Gleiches gilt selbstverständlich dann, wenn eine Geschäftsgebühr gar nicht erst entstanden ist. Wird nur der nicht anrechenbare Teil der Geschäftsgebühr mit eingeklagt, dürfte die Verfahrensgebühr im Kostenfestsetzungsverfahren ebenfalls nicht verringert werden. Auch wenn dies in den ersten Quartalen des Jahres 2008 einige Senate (vgl. nachfolgende Rn. 251) anders sehen, ändert dies nichts daran, dass die Anrechnung der Geschäftsgebühr das Verhältnis zum erstattungspflichtigen Gegner nur dann betrifft, wenn und soweit dieser dazu verurteilt wurde, die Geschäftsgebühr zu bezahlen.

Im Kostenfestsetzungsverfahren nach § 11 RVG gegen den eigenen Auftraggeber kommt 247 m. E. eine Anrechnung nur dann in Frage, wenn der Rechtsanwalt die volle Geschäftsgebühr vom Mandanten bereits erhalten hat bzw. dem Mandanten die volle Geschäftsgebühr in Rechnung gestellt hat und weiter auf Bezahlung der vollen Gebühr besteht. Der Rechtsanwalt hat natürlich die Möglichkeit, seinem Mandanten – bevor es zum Antrag nach § 11 RVG kommt –

Nr. 2300 VV

eine Gutschrift über den anzurechnenden Teil der Geschäftsgebühr zu erteilen und sodann den Antrag nach § 11 RVG über die volle Verfahrensgebühr zu stellen.

f) Entscheidung des BGH vom 22. 01. 2008

248 Während die überwiegende Rechtsprechung bisher davon ausgegangen ist, dass eine Anrechnung der Geschäftsgebühr auf die Verfahrensgebühr des gerichtlichen Verfahrens (die wegen des selben Gegenstands entsteht) nur dann im Kostenfestsetzungsverfahren Berücksichtigung finden soll, wenn diese auch unstreitig tituliert oder außergerichtlich bereits beglichen ist, ist der BGH am 22. 01. 2008 den Entscheidungen der Mindermeinung gefolgt, die für die Anrechnung allein auf die Entstehung der Gebühr abstellen (BGH, Beschl. v. 22. 01. 2008, Az.: VIII ZB 57/07, JurBüro 2008, 302 = RVGreport 2008, 148):

249 **Keine Anrechnung,** wenn die Geschäftsgebühr weder tituliert noch außergerichtlich ausgeglichen worden ist: KG Berlin, Beschl. v. 17. 07. 2007 Az.: 1 W 256/07 bei juris = JurBüro 2007, 582 = RVGreport 2007, 352 = zfs 2007, 584 = AGS 2007, 439 = RVGreport 2007, 431 f., OLG München, Beschl. v. 07. 08. 2007, Az.: 11 W 1999/07 bei Juris = JurBüro 2007, 637 = AnwBl. 2007, 797, DAR 2007, 729 (m. Anm. N. Schneider); RVGreport 2007, 431 = AnwBl. 2007, 797 = AGS 2007 495; OLG München, Beschl. v. 30. 08. 2007, Az.: 11 W 1779/07, RVGreport 2007, 430; OLG Karlsruhe, Beschl. v. 18. 09. 2007, Az.: 13 W 83/07 = JurBüro 2007, 635; RVGreport 2007 432 = AGS 2007, 494; OLG Koblenz, Beschl. v. 10. 10. 2007, Az.: 14 W 667/07 = JurBüro 2007, 636 = AnwBl. 2007, 873; RVGreport 2007, 433 = Rpfleger 2007, 433; OLG Koblenz, Beschl. v. 08. 11. 2007, Az.: 14 W 740/07 AnwBl. 2008, 149; LG Heidelberg, Beschl. v. 01. 10. 2007, Az.: 7 O 11/07 = JurBüro 2007, 638; OLG Stuttgart, Beschl. v. 30. 10. 2007, Az.: 8 W 442/07, JurBüro 2008, 23 = RVGreport 2007, 473; OLG Hamm, Beschl. v. 26. 09. 2007, Az.: 23 W 184/07 = JurBüro 2008, Heft 2 = BeckRS 2007, 18442; OLG Hamm, Beschl. v. 27. 09. 2007, Az.: 23 W 182/07, BeckRS 2007, 18442; AG Köln, Beschl. v. 11. 09. 2007, Az.: 134 C 394/06, AGS 2007, 499 = JurBüro 2008, 26; AG Fritzlar, Beschl. v. 24. 09. 2007, Az.: 8 C 589/07 (10) = JurBüro 2008, 81; AG St. Goar, Beschl. v. 28. 09. 2007, Az.: 3 C 276/05 = JurBüro 2008, 26; OLG Schleswig, Beschl. v. 26. 10. 2007, Az.: 9 W 114/07, BeckRS 2007, 19311; OLG Rostock, Beschl. v. 11. 10. 2007, Az.: 10 WF 184/07, BeckRS 2007, 18493 = JurBüro 2008, 137; OLG Celle Beschl. v. 16. 01. 2008, Az.: 2 W 8/08, RVGreport 2008, 117 = JurBüro 2008, 191; LG Wuppertal, Beschl. v. 12. 12. 2007, Az.: 6 T 813/07, RVGreport 2008, 118; **OLG Saarbrücken,** Beschl. v. 05. 10. 2007, Az.: 2 W 188/07 – 21, JurBüro 2008, 136; OLG Saarbrücken, Beschl. v. 05. 12. 2007, Az.: 2 W 188/07, JurBüro 2008, 136; OVG Magdeburg, Beschl. v. 11. 10. 2007, Az.: 1 O 215/07, RVGreport 2007, 119 = JurBüro 2008, 140 (Ausnahme: Geschäftsgebühr selbst ist erstattungsfähig im Verwaltungsverfahren); Hansens AnwBl. 2007, 841 = AGS 2008, 1 ff.

250 Vgl. zur Problematik auch die zahlreichen **Aufsätze** (Bischof JurBüro 2007, 341 »Geschäftsgebühr und nachfolgender Prozess – Suche nach einer praktikablen Lösung des Erstattungsproblems.«; Enders JurBüro 2007, 337 »Geltendmachung der Geschäftsgebühr gegenüber dem Gegner unter Berücksichtigung der neuen BGH-Rechtsprechung«; Enders JurBüro 2007, 449 »Anrechnung der Geschäftsgebühr in der Kostenfestetzung – Aktuelle Praxisprobleme«; Enders JurBüro 2007, 505: »Erstattung der Geschäftsgebühr/Beendigung des Verfahrens durch Vergleich«; Hansens RVGreport 2007, 241 »Praktische Auswirkungen der neuen Rechtsprechung des BGH zur Anrechnung der Geschäftsgebühr – Teil 1«; Hansens RVGreport 2007, 282 »Praktische Auswirkungen der neuen Rechtsprechung des BGH zur Anrechnung der Geschäftsgebühr – Teil 2«; Hansens ZAP 2007, Fach 24, 1069 – 1072; Hansens AnwBl. 2007, 841 »Anrechnung der Geschäftsgebühr in der Prozesspraxis«; Hansens AGS 2008, 1 »Anrechnung der Geschäftsgebühr beim Prozesskostenhilfe-Anwalt«; Hansens »Praktische Auswirkungen der Rechtsprechung des BGH zur Anrechnung der Geschäftsgebühr im Kostenfestsetzungsverfahren« RVGreport 2008, 121; Ostermeier JurBüro 2008, 6 »Die Anrechnung der Geschäftsgebühr auf die Verfahrensgebühr im Kostenfestsetzungsverfahren«; N. Schneider NJW 2007, 2001 »Über den Un-Sinn, die halbe Geschäftsgebühr mit einzuklagen.«; N. Schneider RENOpraxis 2007, 102 »Volle Geschäftsgebühr als Schadensersatz«; Streppel, MDR 2007, 929 »Die Anrechnung der Geschäftsgebühr auf die Verfahrensgebühr«; Volpert RVGprofes-

sionell 2007, 127 »BGH zur Anrechnung der Geschäftsgebühr: Was ist in der Praxis zu beachten?«; Schons »Das Machtwort des BGH: Die Geschäftsgebühr wird angerechnet« AnwBl. 2008, 356.

Der Auffassung, dass eine Anrechnung vorzunehmen ist, wenn eine Geschäftsgebühr entstanden ist: BGH, Beschl. v. 22. 01. 2008, Az.: VIII ZB 57/07, NJW 2008, 1323 = AnwBl. 2008, 378 = AGS 2008, 158 = JurBüro 2008, 302 = RVGreport 2008, 148; OLG Oldenburg, Urt. v. 01. 10. 2007, Az.: 11 UF 67/07, RVGreport 2007, 471; OLG Frankfurt, Beschl. v. 04. 09. 2007, Az.: 18 W 179/07 = JurBüro 2007, 638; OLG Frankfurt, Beschl. v. 18. 10. 2007, Az.: 18 W 179/07 = RVGreport 2007, 475; OLG Frankfurt, Beschl. v. 29. 10. 2007, Az.: 18 W 275/07, RVGreport 2007, 476; OLG Nürnberg, Beschl. v. 10. 10. 2007, Az.: 3 W 1748/07, RVGreport 2007, 477 = AnwBl. 2008, 150 = JurBüro 2008, 139; LG Hamburg, Beschl. v. 02. 06. 2007, Az.: 8 W 107/07, RVGreport 2007, 474 (Hansens); OLG Hamburg, Beschl. v. 14. 11. 2007, Az.: 8 W 196/07, JurBüro 2008, 138; AG Hohenschönhausen, Beschl. v. 25. 10. 2007, Az.: 14 C 16/06, JurBüro 2008, 192); = RVGreport 2008, 117; Beschl. v. 28. 03. 2008, Az.: 10 OA 143/07, JurBüro 2008, 311 – das seine bisherige Rechtsprechung »keine Anrechnung in diesen Fällen« aufgibt (vgl. dazu noch Beschl. v. 08. 10. 2007, Az.: 10 OA 73/07, RVGreport 2008, 117). 251

Leitsätze des BGH vom 22. 01. 2008 (BGH, Beschl. v. 22. 01. 2008, Az.: VIII ZB 57/07, NJW 2008, 1323 = AnwBl. 2008, 378 = AGS 2008, 158 = JurBüro 2008, 302 = RVGreport 2008, 148): 252

»a) Es wird daran festgehalten, dass sich durch die anteilige Anrechnung einer vorgerichtlich entstandenen Geschäftsgebühr nach Nr. 2300 VV RVG (Nr. 2400 VV RVG aF) auf die Verfahrensgebühr des gerichtlichen Verfahrens gemäß Teil 3 Vorbemerkung 3 Absatz 4 VV RVG nicht die bereits entstandene Geschäftsgebühr, sondern die in dem anschließenden gerichtlichen Verfahren nach Nr. 3100 VV RVG anfallende Verfahrensgebühr vermindert (Senatsurteile vom 7. März 2007 – VIII ZR 86/06, NJW 2007, 2049; vom 14. März 2007 – VIII ZR 184/06, NJW 2007, 2050; vom 11. Juli 2007 – VIII ZR 310/06, NJW 2007, 3500).

b) Für die Anrechnung ist es ohne Bedeutung, ob die Geschäftsgebühr auf materiell-rechtlicher Grundlage vom Prozessgegner zu erstatten ist und ob sie unstreitig, geltend gemacht, tituliert oder bereits beglichen ist.

c) Eine vorprozessual zur Anspruchsabwehr angefallene Geschäftsgebühr kann nicht Gegenstand einer Kostenfestsetzung nach §§ 103 ff. ZPO sein (im Anschluss an BGH, Beschluss vom 27. April 2006 – VII ZB 116/05, NJW 2006, 2560 f.).«

g) Entscheidung des KG vom 31. 03. 2008 und kritische Anmerkungen zur Auffassung des BGH

Das Kammergericht Berlin hat am 31. 03. 2008 entschieden, dass der Beschluss des BGH vom 22. 01. 2008 die Rechtslage nicht geklärt hat und zur Sicherung einer einheitlichen Rechtsprechung die Zulassung der Rechtsbeschwerde weiterhin erforderlich ist (KG Berlin, Beschl. v. 31. 03. 2008, Az.: 1 W 111/08, RVGreport 2008, 192; JurBüro 2008, 304 = NJOZ 2008, 2707). Richtig stellt das Kammergericht fest, dass die Auffassung des BGH, es entstehe die Verfahrensgebühr nur gekürzt, wenn zuvor eine Geschäftsgebühr entstanden ist, falsch ist (KG, a. a. O.; ebenso Hansens »Praktische Auswirkungen der Rechtsprechung des BGH zur Anrechnung der Geschäftsgebühr im Kostenfestsetzungsverfahren« RVGreport 2008, 121). Anrechnung bedeutet nicht, dass von vorneherein Gebühren, auf die angerechnet werden muss, nur in verminderter Höhe entstehen, sondern vielmehr, dass die Gebühr in voller Höhe entsteht und sich erst nach Anrechnung reduziert. (Dass der BGH nur eine 0,65 Verfahrensgebühr für festsetzbar hält, wenn nur eine 0,65 Verfahrensgebühr entsteht, ist zwar falsch, aber konsequent.) Darüber hinaus hält das Kammergericht die vom BGH zum einen vertretene Auffassung, eine Geschäftsgebühr könne nicht festgesetzt werden, ihre Anrechnung müsse aber im Kostenfestsetzungsverfahren berücksichtigt werden, zu Recht für widersprüchlich (KG, a. a. O.). Außer- 253

Nr. 2300 VV

dem sei, so das Kammergericht, der Auffassung des BGH zum vermeintlichen Willen des Gesetzgebers zu widersprechen (KG, a. a. O.).

254 Es stellt sich die Frage, ob die Probleme, die sich durch die BGH-Rechtsprechung zur Anrechnung ergeben, bedacht worden sind. Nur beispielhaft soll nachfolgender häufig vorkommender Fall skizziert werden.

- **Beispiel**

Das Landgericht München I erlässt nach erfolgloser außergerichtlicher Abmahnung die beantragte einstweilige Verfügung auf Unterlassung. Nach Erlass der EV wird Kostenfestsetzung beantragt. Der Rechtspfleger kann aus der Akte ersehen, dass eine vorgerichtlich Abmahnung erfolgt ist. Er fordert den Antragsteller auf, sich zur Höhe der Geschäftsgebühr zu äußern. Der Antragsteller trägt vor, dass die Geschäftsgebühr aufgrund der Schwierigkeit der anwaltlichen Tätigkeit 2,0 beträgt. Die Anrechnung hat damit in Höhe von 0,75 auf die 1,3 Verfahrensgebühr für die einstweilige Verfügung zu erfolgen. Der Antrags**gegner** ist im Dilemma. Bestreitet er den Anfall einer 2,0 Geschäftsgebühr, wird die Verfahrensgebühr möglicherweise um weniger als 0,75 reduziert. Bestreitet er den Anfall nicht, stellt sich die Frage, ob die Zugrundelegung einer 2,0 Geschäftsgebühr und damit Anrechnung von 0,75 Bindungswirkung für den Richter im späteren Hauptsacheverfahren hat. Wohl kaum. Auf jeden Fall aber muss sich der Rechtspfleger mit der Höhe der Gebühr und ihrer Angemessenheit auseinandersetzen. Bei späterer Reduzierung der Geschäftsgebühr im HS-Verfahren durch den Richter müßte ggf. eine sich dann im Nachhinein ergebende zu hoch festgesetzte Geschäftsgebühr korrigiert werden. Dies könnte ggf. nach § 91 Abs. 4 ZPO erfolgen.

255 Konsequenterweise müssten Rechtspfleger auch eine Gebühr für eine Beratung auf eine Verfahrensgebühr anrechnen, wenn nach der Beratung sogleich Prozessauftrag erteilt wird (vgl. dazu Hansens, der mehrfach auf das Problem hingewiesen hat (Hansens RVGreport 2007, 323, 333; RVGreport 2008, 126; gleiches gilt für das strafrechtliche Verfahren: Hansens RVGreport 2007, 323, 27; RVGreport 2008, 126). Die sich ergebenden Schwierigkeiten für das Kostenfestsetzungsverfahren und der hierdurch entstehende Aufwand wären immens.

256 Zu Recht kritisiert Hansens die Auffassung des VIII. ZS des BGH in seiner Entscheidung vom 22. 01. 2008, dass die im Innenverhältnis zwischen Anwalt und Mandant geltende Anrechnungsbestimmung sich automatisch auch auf das Erstattungsverhältnis zwischen Mandant und Gegner auswirke (Hansens RVGreport 2008, 122), während andere Senate in anderen Fällen richtigerweise zwischen Innenverhältnis und Erstattungsverhältnis unterscheiden würden (Hansens, a. a. O. unter Verweis auf BGH Urt. v. 07. 11. 2007 RVGreport 2008, 111 = AnwBl. 2008, 210). Wie Enders richtig anmerkt, hat sogar derselbe Senat diese Frage noch am 07.12.2007 (Az.: VIII ZR 341/06) anders entschieden (Enders RVG für Anfänger 14. Aufl. 2008 Rn. 671).

h) Entscheidungen des BGH seit 30. 04. 2008

257 Am 30. 04. 2008 hat der 3. Senat ebenfalls entschieden, dass grundsätzlich eine Anrechnung im KF-Verfahren vorzunehmen ist, wenn eine Geschäftsgebühr vorgerichtlich entstanden ist (BGH, Beschl. v. 30. 04. 2008, Az.: III ZB 8/08, RVGreport 2008, 271 abrufbar unter www.bundesgerichtshof.de). Der BGH ist der Auffassung, dass auch dann angerechnet werden muss, wenn lediglich eine »halbe« (der nicht anzurechnende Teil) der Geschäftsgebühr eingeklagt wurde.

Aus den Gründen:

»Dass der Kläger im Erkenntnisverfahren lediglich eine halbe vorgerichtliche Geschäftsgebühr eingeklagt hatte, steht dem nach den vorstehenden Ausführungen nicht entgegen. Eine Ausnahme von der gesetzlichen Anrechnung auf die Verfahrensgebühr ist entgegen der Rechtsbeschwerde auch nicht in »Übergangsfällen«, in denen nach bisheriger Übung klageweise nur die Hälfte der Geschäftsgebühr geltend gemacht worden war, geboten. Für einen Vertrauensschutz besteht dabei schon deswegen kein

Bedürfnis, weil es dem Kläger frei steht, die zweite Hälfte der ihn belastenden anwaltlichen Geschäftsgebühr nachträglich gegen die Beklagte gerichtlich geltend zu machen.«

Die Entscheidung ist weder für den Kläger noch für den Beklagten sachgerecht. Es ist zwar richtig, dass der Kläger nach Obsiegen den bisher nicht eingeklagten Geschäftsgebühren-Anteil noch getrennt einklagen kann. Eine solche Klage löst jedoch gesonderte Gebühren aus, da bei einer isolierten Geltendmachung der Geschäftsgebühr diese als Hauptforderung anzunehmen ist (vgl. dazu auch Rn. 212). Der Beklagte kann aber einwenden, dass er den »Fehler« des Klägers, nur die hälftige Geschäftsgebühr einzuklagen, nicht zu vertreten hat und unter Verwahrung gegen die Kostenlast sogleich anerkennen (§ 93 ZPO). Der nächste Streit über die Notwendigkeit der getrennten Geltendmachung ist vorprogrammiert. Eine Entlastung der Gerichte wird so jedenfalls nicht erreicht. Auch weitere Entscheidungen anderer BGH-Senate sind zum Thema Anrechnung inzwischen ergangen. 258

»Die Anrechnung der Geschäftsgebühr auf die Verfahrensgebühr hat auch dann zu erfolgen, wenn es sich um ein selbständiges Beweisverfahren handelt und die Geschäftsgebühr weder geltend gemacht noch tituliert worden ist. (BGH Beschl. v. 03. 06. 2008 Az.: VI ZB 55/07 abrufbar unter: www.bundesgerichtshof.de IBR 2008 3053 = Beck RS 2008, 12236). 259

»Die Verfahrensgebühr darf nur gekürzt festgesetzt werden, wenn außergerichtlich eine Geschäftsgebühr vor dem gerichtlichen Verfahren entstanden ist.« (BGH, Beschl. v. 03. 06. 2008, Az.: VIII ZB 3/08, Beck RS 2008, 12843 abrufbar unter: www.bundesgerichtshof.de).

Weitere aktuelle Entscheidungen des BGH mit der Auffassung, dass die Geschäftsgebühr auch dann anzurechnen ist, wenn sie weder tituliert noch ausgeglichen wurde:

»Auch bei einem selbständigen Beweisverfahren ist die Anrechnung der Geschäftsgebühr auf die Verfahrensgebühr im Kostenfestsetzungsverfahren vorzunehmen, selbst wenn auch die Geschäftsgebühr weder geltend gemacht noch tituliert worden ist.« (BGH, Beschl. v. 03. 06. 2008, Az.: VI ZB 55/07, IBR 2008, 3053 = Beck RS 2008, 12236).

»Die Verfahrensgebühr darf nur gekürzt festgesetzt werden, wenn außergerichtlich eine Geschäftsgebühr vor dem gerichtlichen Verfahren entstanden ist.« (BGH, Beschl. v. 03. 06. 2008, Az.: VIII ZB 3/08, Beck RS 2008, 12843).

Auch der 7. Zivilsenat stimmt der Auffassung der anderen Senate zu, dass die Geschäftsgebühr im Kostenfestsetzungsverfahren anzurechnen ist, und zwar unabhängig davon, ob sie eingeklagt, ausgeurteilt oder überhaupt materiell-rechtlich zu erstatten ist (BGH, Beschlüsse v. 25. 09. 2008, Az.: VII ZB 23/08, Beck RS 2008, 21859 u. VII ZB 93/07, Beck RS 2008, 21860).

Aus den Gründen (wortgleich):

»Nach der Rechtsprechung des Bundesgerichtshofs ist eine wegen desselben Gegenstandes entstandene Geschäftsgebühr nach der Vorbemerkung 3 Abs. 4 zu RVG VV Nr. 3100 anteilig auf die in dem anschließenden gerichtlichen Verfahren anfallende Verfahrensgebühr anzurechnen (BGH, Urteile vom 7. März 2007 – VIII ZR 86/06, NJW 2007, 2049 und vom 14. März 2007 – VIII ZR 184/06, NJW 2007, 2050; Versäumnisurteil vom 11. Juli 2007 – VIII ZR 310/06, NJW 2007, 3500; Beschluss vom 30. April 2008 – III ZB 8/08, NJW-RR 2008, 1095). An dieser Rechtsprechung hat der VIII. Zivilsenat nach Erlass des angefochtenen Beschlusses trotz Kritik ausdrücklich festgehalten und zudem entschieden, dass es für die Anrechnung ohne Bedeutung ist, ob die Geschäftsgebühr auf materiell-rechtlicher Grundlage vom Prozessgegner zu erstatten und ob sie unstreitig, geltend gemacht, tituliert oder bereits beglichen ist (BGH, Beschluss vom 22. Januar 2008 – VIII ZB 57/07, NJW 2008, 1323 mit Nachweisen zur Gegenauffassung; Beschluss vom 3. Juni 2008 – VIII ZB 3/08). Dem haben sich inzwischen der III., der VI. und der IV. Zivilsenat angeschlossen (Beschlüsse vom 30. April 2008 – III ZB 8/08, a. a. O.; vom 3. Juni 2008 – VI ZB 55/07, IBR 2008, 543 und vom 16. Juli 2008 – IV ZB 242/07). Auch der erkennende Senat tritt dieser Rechtsprechung bei.«

Im **einstweiligen Verfügungsverfahren** hat eine Anrechnung der Geschäftsgebühr für die Abmahnung auf die Verfahrensgebühr für das einstweilige Verfügungsverfahren zu erfolgen,

Nr. 2300 VV

auch wenn die Geschäftsgebühr nicht mit geltend gemacht wurde (BGH, Beschl. v. 14.08.2008, Az.: I ZB 103/07, Beck RS 2008, 20015 sowie BGH, Beschl. v. 02.10.2008, Az.: I ZB 30/08, BeckRS 2008 22192).

260 In einem Fall wollte der Beklagte nicht nur eine 0,65 Geschäftsgebühr nach der Vorbemerkung 3 Abs. 4 VV RVG auf die von ihm zu erstattende Verfahrensgebühr angerechnet haben, sondern eine 0,75 Verfahrensgebühr. Da es sich insoweit um eine Ausnahme vom gebührengesetzlichen Regelfall handele, hat nach BGH der Festsetzungsgegner, der sich auf diesen Ausnahmefall beruft, Umstände darzulegen, die eine Abweichung vom Regelfall rechtfertigen könnten (BGH, Beschl. v. 16.07.2008, Az.: IV ZB 24/07, NJW-Spezial 2008, 572 = JurBüro 2008, Heft 10). Das mutet allerdings schon absurd an. Der Beklagte soll die Höhe der Geschäftsgebühr der Gegenseite darlegen. Wie soll er dies tun, ohne die Akte/den Tätigkeitsumfang zu kennen?

i) Anrechnung im KF-Verfahren beim obsiegenden Beklagten?

261 Auch der Beklagte muss sich nach der Rechtsprechung des BG (Beschl. v. 22.01.2008, Az.: VIII ZB 57/07, NJW 2008, 1328 = AnwBl. 2008, 378 = AGS 2008, 158 = JurBüro 2008, 302 = RVGreport 2008, 148) eine außergerichtlich entstandene Geschäftsgebühr anrechnen lassen (ebenso wie der Kläger) und dies bei der Kostenausgleichung berücksichtigen (AG Hohenschönhausen, Beschl. v. 25.10.2007, Az.: 14 C 16/06, JurBüro 2008, 192). Im Hinblick auf die vorherigen Ausführungen halte ich diese Entscheidung für falsch. Auch der Beklagte muss eine Anrechnung der Geschäftsgebühr nur gegen sich gelten lassen, wenn diese unstreitig außergerichtlich voll bezahlt oder aber tituliert worden ist. Bevor ein Beklagter Widerklage wegen der bei ihm entstandenen Geschäftsgebühr erhebt, sollte geprüft werden, ob eine materiell-rechtliche Kostenerstattungsanspruchsgrundlage besteht (vgl. dazu auch Stöber AGS 2006, 261 »Ansprüche auf Erstattung vorprozessualer Anwaltskosten bei unberechtigter Inanspruchnahme«, vgl. dazu auch ausführlich Rn. 152).

j) Anrechnung bei PKH-Mandaten

262 Zur Anrechnung bei PKH-Mandaten vgl. Rn. 198.

k) Anrechnung der Geschäftsgebühr im verwaltungsgerichtlichen Kostenfestsetzungsverfahren

263 Ob die Geschäftsgebühr im verwaltungsgerichtlichen Kostenfestsetzungsverfahren anzurechnen ist, ist strittig.

Keine Anrechnung der vorgerichtlichen Geschäftsgebühr auf eine Verfahrensgebühr in verwaltungsgerichtlichen Angelegenheiten im Kostenfestsetzungsverfahren (BayVGH, Beschl. v. 09.10.2007, Az.: 3 C 07.1903; Beschl. v. 14.05.2007, Az.: 25 C 07.754; Beschl. v. 07.03.2007, Az.: 19 C 06.2591 (unter Aufgabe seines Beschlusses v. 06.03.2006, Az.: 19 C 06.268; Beschl. v. 10.07.2006, Az.: 4 C 06.1129; Beschl. v. 05.01.2007, Az.: 24 C 06.2052; Beschl. v. 17.11.2006, Az.: 24 C 06.2464 jeweils zitiert nach juris (m.w.N.); OVG Nordrhein-Westfalen, Beschl. v. 25.04.2006, Az.: 7 E 410/06, NJW 2006, 1991; OVG Magdeburg JurBüro 2007, 140; **a. A.** BayVGH, Beschl. v. 03.11.2005, Az.: 10 C 05.1131 zitiert nach juris; Hess VGH, Beschl. v. 29.11.2005, Az.: 10 TJ 1637/05, NJW 2006, 1992; VG Minden RVGreport 2008, 107 = JurBüro 2008, 366).

264 Eine Anwendung der Vorbem. 3 Abs. 4 kommt nicht in Betracht, wenn der Verfahrensbevollmächtigte des Normenkontrollantragstellers für diesen schon im Planaufstellungsverfahren Einwendungen vorgebracht hatte; denn das Planaufstellungs- ist nicht als Verwaltungsverfahren i. S. der Nr. 2300 f. VV RVG anzusehen (Niedersächsisches OVG, Beschl. v. 25.01.2008, Az.: 1 KN 22/06, JurBüro 2008, 194 = RVGreport 2008, 151).

265 Sofern ein Bevollmächtigter die Vertretung des obsiegenden Beteiligten im Verwaltungsverfahren im Rahmen der Beratungshilfe übernommen hat, so dass eine Geschäftsgebühr nach Nr. 2503 angefallen ist, kann lediglich die Hälfte dieser Beratungshilfe-Geschäftsgebühr,

nicht aber eine fiktive anteilige Geschäftsgebühr nach Nr. 2300 auf die Verfahrensgebühr angerechnet werden (OVG Lüneburg, Beschl. v. 28.03.2008, Az.: 10 OA 143/07, JurBüro 2008, 311 = RVGreport 2008, 193).

15. Der neue § 15a RVG – geplante Änderung und ihre Auswirkungen

Im Hinblick auf die Gesetzgebung des BGH zur Anrechnung der Geschäftsgebühr im Kostenfestsetzungsverfahren plant der Gesetzgeber die Einführung einer neuen Vorschrift, um die Rechtslage vor der BGH-Entscheidung vom 22.01.2008 (Rn. 248) wiederherzustellen. Da bei Redaktionsschluss noch nicht bekannt war, ob, wie genau und wann die Neuregelung in Kraft tritt, soll an dieser Stelle nur auf die geplante Änderung hingewiesen werden. Der Leser wird darauf hingewiesen, dass die unten dargestellte Neuregelung lediglich den Entwurf vom August 2008 darstellt und naturgemäß nicht vorhergesagt werden kann, ob nicht bis zur Veröffentlichung dieses Werks Änderungen in den geplanten neuen § 15a RVG aufgenommen worden sind. 266

»*§ 15a Anrechnung einer Gebühr* 267
Eine in diesem Gesetz vorgesehene Anrechnung einer Gebühr auf eine andere Gebühr berührt das Entstehen der anderen Gebühr nicht. Die Erfüllung des Anspruchs auf Zahlung einer der beiden Gebühren gilt im Umfang der Anrechnung gleichzeitig als Erfüllung des Anspruchs auf Zahlung der anderen Gebühr. Entsteht eine der beiden Gebühren erst nach der Erfüllung, tritt die Erfüllungswirkung mit dem Entstehen dieser Gebühr ein. Das Gleiche gilt von der Leistung an Erfüllungs statt, der Hinterlegung und der Aufrechnung.«

Zur Begründung führt der Gesetzgeber aus: 268

»*Begründung:*
Der Vorschlag lehnt sich an die Regelungen des BGB für die Gesamtgläubigerschaft an. Der Anwalt wird für die verschiedenen Angelegenheiten (vorgerichtliche Tätigkeit, Tätigkeit im gerichtlichen Verfahren) jeweils wie eine besondere Person behandelt. Dieser Lösungsansatz ist in dieser Form zwar neu, bedeutet aber im Ergebnis, dass der Rechtszustand vor der neuen Rechtsprechung des BGH weitgehend wiederhergestellt wird.

Diese Lösung ist im Verhältnis Anwalt-Mandant sachgerecht. In der Anrechnungssituation hat der Rechtsanwalt für einen Teil seines Gebührenanspruchs zwei Anspruchsgrundlagen. Auf welchen dieser Ansprüche der Auftraggeber zahlt, bleibt ihm überlassen.

Für den Bereich der Kostenerstattung bewirkt eine solche Regelung Folgendes:

A. Der Obsiegende kann grundsätzlich die ungekürzte Verfahrensgebühr gegen den erstattungspflichtigen Gegner festsetzen lassen, weil der Anspruch des Anwalts auf die ungekürzte Verfahrensgebühr entweder noch besteht (Freistellungsanspruch) oder durch Zahlung erloschen ist (Erstattungsanspruch). Dass durch eine Zahlung des Auftraggebers auch ein weiterer Anspruch erlischt, ist unbeachtlich.

B. Da eine Zahlung auf die eine Gebühr auch zum Erlöschen des Anspruchs auf die andere Gebühr führt, kommt eine Titulierung nur einmal in Betracht. Ist die ungekürzte Geschäftsgebühr im Urteil bereits tituliert, kann im Kostenfestsetzungsverfahren nur noch der nicht von der Anrechnung betroffene Teil der Verfahrensgebühr berücksichtigt werden. Dies ist durch eine reine Berechnung möglich und erfordert keine Beweiserhebung. Ist die Geschäftsgebühr nicht tituliert, ist die Verfahrensgebühr in vollem Umfang festsetzbar.«

Sofern § 15a RVG in Kraft tritt, obliegt es damit dem Antragsteller im Kostenfestsetzungsverfahren die volle Verfahrensgebühr festsetzen zu lassen, sofern die Geschäftsgebühr nicht oder nur in Höhe des nicht anzurechnenden Betrags tituliert worden ist. 269

Nr. 2300 VV

270 Eine unstreitige Zahlung oder Titulierung der Geschäftsgebühr ist von Amts wegen bei der Kostenfestsetzung zu berücksichtigen (so auch Hansens RVGreport 2008, 122). Ist eine Titulierung nicht erfolgt oder die Zahlung der Geschäftsgebühr nicht offen- oder gerichtskundig, ist eine Anrechnung der Geschäftsgebühr im Kostenfestsetzungsverfahren nur dann zu berücksichtigen, wenn die Gegenseite substantiiert vorträgt, dass eine Zahlung erfolgt ist (so BGH, Beschl. v. 22. 01. 2008, Az.: VIII ZB 57/07, JurBüro 2008, 302 = RVGreport 2008, 148; OLG Dresden, Beschl. v. 29. 04. 2008, Az.: 3 W 408/08, JurBüro 2008, 372). Ein substantiierter Vortrag dürfte für eine Partei aber schwierig sein, wenn die Gegenseite die Kosten nicht vorher eingefordert hat, da allein aus einer außergerichtlichen Vertretung noch nicht geschlossen werden kann, dass eine Geschäftsgebühr entstanden ist (so auch Hansens RVGreport 2008, 123). Eine vorgerichtliche Tätigkeit kann nämlich auch im Rahmen eines Prozessauftrags erfolgt sein.

271 Die Beweislast für die Anwendung der Anrechnungsvorschrift trägt derjenige, zu dessen Gunsten sich die Anwendung der Anrechnungsvorschrift auswirkt, somit die erstattungspflichtige Partei. Sind Positionen streitig, genügt für die Berücksichtigung im Kostenfestsetzungsverfahren, dass die anspruchstellende Partei ihren Vortrag glaubhaft macht (§ 104 Abs. 2 Satz 1 ZPO; von Ecken/Hellstab/Lappe/Madert/Mathias Die Kostenfestsetzung Handbuch 19. Aufl. Rn. B 64; Zöller ZPO 26. Aufl. § 104 Rn. 8). Macht die Gegenseite ihre Gegenbehauptung jedoch ihrerseits ebenfalls glaubhaft, darf der Rechtspfleger nicht festsetzen.

272 Sofern eine Partei im Kostenfestsetzungsverfahren die Wirksamkeit einer erfolgten Aufrechnung oder Erfüllung bestreitet, ist der Einwand nicht zu berücksichtigen (N. Schneider NJW 2007, 2001). Die Partei ist dann vielmehr auf die Möglichkeit einer Vollstreckungsabwehrklage nach § 767 ZPO zu verweisen (Musielak ZPO 5. Aufl. § 104 Rn. 8). Gleichwohl empfiehlt sich u. U., den Einwand der Erfüllung oder Aufrechnung zu bringen, ggf. die Aufrechnungserklärung auch nochmals zu wiederholen, damit die Gegenseite sich im Prozess nicht auf § 767 Abs. 2 ZPO stützen und Verwirkung des Einwands behaupten kann.

273 Der BGH hat (zur Terminsgebühr) entschieden, dass im Kostenfestsetzungsverfahren alle Beweismittel der ZPO zur Verfügung stehen.

»Im Kostenfestsetzungsverfahren ist es nicht erforderlich, dass sich die für die Festsetzung der beantragten Gebühren maßgeblichen Tatsachen ohne weitere Erhebungen aus der Gerichtsakte ergeben oder unstreitig sind.« (BGH, Beschl. v. 04. 04. 2007, Az.: III ZB 79/06, NJW 2007, 2493 = JurBüro 2007, 365 = AnwBl. 2007, 552 = MDR 2007, 1034).

274 Mit Stellungnahme vom 28. August 2008 hat der DAV (abrufbar unter www.anwaltverein.de) die Gesetzesinitiative begrüßt. Im Einzelnen hat er sich zu § 15 a Satz 1 RVG-E positiv geäußert, da hiermit klargestellt wird, dass eine im Gesetz vorgesehene Anrechnung am Entstehen einer Gebühr nichts ändert, sondern vielmehr die Verminderung erst nach Anrechnung (d. h. Abzug) der anzurechnenden Gebühr erfolgt. § 15 a Satz 2 RVG-E wird vom DAV uneingeschränkt begrüßt, wobei die von der Verfasserin gesehenen Probleme nicht angesprochen werden. Was Satz 3 betrifft, schlägt der DAV eine andere (weitergehende und klarstellende) Formulierung vor: **Zitat:** »Vorschlag für einen neuen § 15 a Satz 3 RVG-E«:

»Sind von der Anrechnung betroffene Gebühren von einem Dritten zu ersetzen, findet die Anrechnung im Verhältnis zum Dritten nur Berücksichtigung soweit anzurechnende Gebührenbeträge gegenüber dem Dritten bereits tituliert oder von diesem bereits ersetzt worden sind.« Den Vorschlag begründet der DAV u. A. damit, dass diese Regelung der überwiegenden Rechtsprechung (vor der BGH-Entscheidung v. 22. 10. 2008) entspräche; eine solche Regelung auch nicht systemwidrig sei, da sich auch § 14 mit dem »Dritten« befasse; Mehrarbeit bei Richtern, Rechtspflegern und Anwälten verhindert würde; ein langes KF-Verfahren und etwaige Insolvenzrisiken für den Berechtigten vermieden würden; eine zuverlässige Kostenentscheidung nach der Baumbachschen Formel mit der heutigen Vorgehensweise nicht vereinbar wäre und im übrigen die Auslegung des BGH nicht dem Willen des Gesetzgebers entspreche, der aufgrund der langjährigen Praxis zur BRAGO (auch hier: Anrechnung der Geschäfts- auf die Prozessge-

bühr jedoch voll, nicht halb) keine Veranlassung gesehen habe, dass die Formulierung im RVG ein Problem in diesen Ausmaßen auslösen könnte.

Die BRAK begrüßt zwar die Gesetzesinitiative, lehnt diese aber ab, da sie unverständlich ist und ihr Sinn sich erst aus der Gesetzesbegründung ergebe (Stellungnahme brak – August 2008). Die BRAK schlägt eine auflösend bedingte Geschäftsgebühr vor, d. h. eine Ermäßigung der Geschäftsgebühr für den Fall, dass eine Verfahrensgebühr entsteht. Zitat:

»Die Bundesrechtsanwaltskammer schlägt daher folgende Gesetzesänderungen im RVG sowie im Vergütungsverzeichnis zum RVG vor:

§ 34 Abs. 2
Wenn nichts anderes vereinbart ist, ermäßigt sich die Gebühr für die Beratung um die Gebühr für eine sonstige Tätigkeit, die mit der Beratung zusammenhängt.

§ 58 Abs. 2 Satz 2
Ist der Rechtsanwalt aufgrund einer nachträglichen Ermäßigung einer Gebühr nach § 34 Abs. 2, der Vorbemerkung 2.1 oder 2.3 Abs. 4 zur Rückzahlung bereits geleisteter Zahlungen verpflichtet, kann er einen zurückzuzahlenden Betrag zunächst auf die Vergütung verrechnen, für die ein Anspruch gegen die Staatskasse nicht oder nur unter der Voraussetzung des § 50 besteht.

Vorbemerkung 2.3 Abs. 4
Soweit wegen desselben Gegenstandes eine Verfahrensgebühr entsteht, er-mäßigt sich die Geschäftsgebühr auf die Hälfte, höchstens jedoch um einen Gebührensatz von 0,75. Sind mehrere Geschäftsgebühren entstanden, ist für die Ermäßigung die zuletzt entstandene Gebühr maßgebend. Die Ermäßigung erfolgt nur bezogen auf den Wert des Gegenstandes, der in das gerichtliche Verfahren übergegangen ist.

Vorbemerkung 2.1
Soweit wegen desselben Gegenstandes eine Geschäftsgebühr oder Verfahrensgebühr entsteht, entfallen die Gebühren dieses Abschnitts.

Vorbemerkung 3
Abs. 4 entfällt
Absätze 5, 6 und 7 werden zu Absätzen 4, 5 und 6.«

Es ist für mich nicht ersichtlich, warum die Gebühr für die Prüfung der Erfolgsaussicht eines Rechtsmittels (geregelt in Nr. 2100 VV, Teil 2 Abschnitt 1) entfallen soll, da diese bisher ja nur nach vorne angerechnet werden muss. Mit der vorgeschlagenen Regelung würde aber die Rückwärtsanrechnung auf eine Verfahrensgebühr des Verfahrens, dessen Entscheidung ggf. angegriffen werden soll, eingeführt. Das wäre eine deutliche Schlechterstellung der Anwälte ohne Not. Darüber hinaus scheint mir die Beibehaltung der bisherigen Anrechnungspraxis der Geschäfts- auf die Verfahrensgebühr durchaus praktikabel, wenn man von der Anrechnung im Kostenfestsetzungsverfahren bei fehlender Titulierung (Zahlung oder anderweitiger Erfüllung) absieht.

In der bisher vom Gesetzgeber vorgeschlagenen Regelung sehe ich aber folgende Probleme verborgen (und der Leser möge nachsichtig mit mir sein, denn ob die von mir gesehenen Probleme in der Praxis bei wortgleicher Umsetzung des § 15 a RVG-Entwurfs tatsächlich eintreten, kann ich naturgemäß nicht sagen).

1. Der Gesetzgeber stellt nur in der Gesetzesbegründung auf die vorgerichtliche und anschließende gerichtliche Tätigkeit ab. Ansonsten spricht er im neuen § 15 a RVG nur von »Anrechnung einer Gebühr auf die andere Gebühr« und zwar sowohl in Satz 1 als auch Satz 2. Damit würde die Regelung auch gelten, wenn es um die Anrechnung einer Verfahrens- auf die Verfahrensgebühr (Mahnverfahren und streitiges Verfahren, Urkundenprozess, Zurückverweisung, Beweisverfahren und Hauptsacheverfahren, etc.) bzw. Termins- auf die Terminsgebühr (Mahnverfahren) geht. Damit könnten sich neue Probleme ergeben, die bisher nicht aufgetaucht waren.

Nr. 2300 VV

● **Beispiel**
Selbständiges Beweisverfahren, Beschluss, Hauptsacheverfahren, Termin dort, Kostenregelung im Vergleich: Die Kosten des Beweisverfahrens trägt der Beklagte, die Kosten des Hauptsacheverfahrens der Kläger.

Eigentlich würde nach der jetzigen Rechtslage die Verfahrensgebühr des Beweisverfahrens »stehen bleiben«, während die 1,3 Verfahrensgebühr des Hauptsacheverfahrens sich nach der Anrechnung (vorausgesetzt es handelt sich um denselben Gegenstand) auf Null reduzieren würde. Wenn nun der Anwalt entscheiden kann, auf welche Gebühr er eine Erfüllung des Mandanten verrechnet, könnte im KF-Verfahren Streit darüber entstehen, wer denn nun die Verfahrensgebühr tatsächlich tragen muss, denn jeder Anwalt wird sich wohl auf die für seinen Mandanten günstige Verrechnungsweise berufen. Das Problem könnte durch eine klare Regelung im Vergleich umgangen werden.

2. Die Vorgehensweise nach § 15 a RVG setzt eine Erfüllung voraus. Das wird i. d. R. Zahlung sein. Was ist aber in den Fällen, in denen eine Zahlung (und auch anderweitige Erfüllung) nicht erfolgt ist, wie z. B. in PKH-Mandaten?

3. Die steuerliche Problematik, die sich aus einer Verrechnung des Anwalts ergeben könnte, halte ich für nicht unerheblich, vor allem z. B. wenn unterschiedliche Umsatzsteuerbeträge zu leisten sind (bei Änderung des Umsatzsteuersatzes); auch die Buchung im Aktenkonto mittels Anwaltsprogramm auf eine bestimmte Rechnung mit Rechnungsnummer könnte problematisch werden. Stellt der RA z. B. die Geschäftsgebühr in Rechnung und zahlt der Mandant diese Rechnung und entsteht dann später bei Klage die Verfahrensgebühr, ist anzunehmen, dass eine förmliche Gutschrift für den Mandanten erstellt werden müsste, um ihm nun die Verfahrensgebühr in Rechnung zu stellen und eine Verrechnung mit der Verfahrensgebühr vornehmen zu können.

16. Geschäftsgebühr und Abrechnung nach Vergütungsvereinbarungen

278 Eine vereinbarte Vergütung ist grundsätzlich nicht erstattungsfähig. Daher wird vielfach angenommen, dass die obige Problematik all die nicht betrifft, die mit ihren Auftraggebern Vergütungsvereinbarungen z. B. über Stundensätze oder Pauschalhonorare treffen. Dieser Ansicht kann nicht gefolgt werden. Denn auch der Mandant, der mit seinem Rechtsanwalt eine Vergütungsvereinbarung getroffen hat, hat gegen einen erstattungspflichtigen Dritten möglicherweise einen materiell-rechtlichen Kostenerstattungsanspruch in Höhe der Geschäftsgebühr nebst Auslagen und Umsatzsteuer, die nach den gesetzlichen Gebühren angefallen wären,. Der Auftraggeber sollte in jedem Fall gefragt werden, ob er diesen Anspruch geltend machen möchte. Interessant wird diese Frage daher auch für große Wirtschaftsunternehmen vor allem bei hohen Streitwerten sein.

279 § 3a Abs. 1 Satz 3 RVG regelt zudem, dass die Vergütungsvereinbarung einen Hinweis darauf zu enthalten hat, dass die gegnerische Partei, ein Verfahrensbeteiligter oder die Staatskasse im Falle der Kostenerstattung regelmäßig nicht mehr als die gesetzliche Vergütung zu erstatten hat. Hieraus folgt der Anspruch der obsiegenden Partei auf eine fiktive gesetzliche Vergütung, wobei die fiktive Vergütung gedeckelt ist auf die tatsächlich entstandene Vergütung (vgl. auch Enders JurBüro 2008, 339). D. h. der Anwalt die Obergrenze ist immer die gesetzliche Vergütung, wenn diese niedriger als die vereinbarte ist oder aber die vereinbarte Vergütung, wenn diese niedriger als die gesetzliche Vergütung ist.

17. Geschäftsgebühr für die Einholung einer Deckungszusage bei der RSV

280 Rechtsschutzanfragen sind grundsätzlich gebührenpflichtig. Darauf muss der Anwalt nicht gesondert hinweisen (AG Lüdenscheid, Beschl. v. 09. 05. 1996, Az.: 8 C 961/95, ZfS 1997, 110).

281 Der Rechtsanwalt kann daher aus dem Wert der Gebühren, von denen sein Auftraggeber befreit werden möchte, eine Geschäftsgebühr abrechnen.

Die Versicherung muss diese Gebühr für die Einholung der Deckungszusage nicht bezahlen, da es sich insoweit um ein nicht versichertes Risiko handelt. Allerdings ergibt sich eine Erstattungspflicht der Versicherung dann, wenn sie die Deckungszusage zunächst zu Unrecht verweigert hat (Pflichtverletzung aus Vertrag). In der Praxis ist daher zu beobachten, dass Rechtsschutzversicherer sich regelmäßig, wenn sie nach entsprechendem Schriftverkehr ihre Einstandspflicht einräumen, auf »Kulanz« berufen. 282

Nr. 2301 VV

Nr.	Gebührentatbestand	Gebühr oder Satz der Gebühr nach § 13 RVG
2301	Es ist eine Tätigkeit im Verwaltungsverfahren vorausgegangen: Die Gebühr 2300 für das weitere, der Nachprüfung des Verwaltungsakts dienende Verwaltungsverfahren beträgt .... (1) Bei der Bemessung der Gebühr ist nicht zu berücksichtigen, dass der Umfang der Tätigkeit infolge der Tätigkeit im Verwaltungsverfahren geringer ist. (2) Eine Gebühr von mehr als 0,7 kann nur gefordert werden, wenn die Tätigkeit umfangreich oder schwierig war.	0,5 bis 1,3

Inhaltsübersicht

	Rn.
A. Allgemeines	1
B. Kommentierung	2
I. Anwendungsbereich	2
II. Der Tatbestand im Einzelnen	4
1. Begriff der Angelegenheit	4
a) Dieselbe außergerichtliche Angelegenheit	5
b) Verschiedene außergerichtliche Angelegenheiten	6
2. Erstmalige Tätigkeit bereits im Verwaltungsverfahren (Vorverfahren)	9

	Rn.
3. Anmerkung zu Nr. 2301	15
4. Anrechnung	17
a) Geschäftsgebühr Nr. 2300 u. 2301 entstanden	17
b) Nachfolgendes gerichtliches Verfahren	18
5. Erhöhung nach Nr. 1008	21
6. Weitere Gebühren	22
7. Verfahren auf Aussetzung oder Anordnung der sofortigen Vollziehung sowie über einstweilige Maßnahmen zur Sicherung der Rechte Dritter	23
8. Kostenerstattung	29

A. Allgemeines

1 Zur Vermeidung von Wiederholungen wird auf die umfangreichen Kommentierungen zur Geschäftsgebühr Nr. 2300 verwiesen, so dass an dieser Stelle lediglich die Besonderheiten der Geschäftsgebühr Nr. 2301 dargestellt werden.

B. Kommentierung

I. Anwendungsbereich

2 Die Gebühr Nr. 2301 entsteht nur in verwaltungsrechtlichen Angelegenheiten. Im Verwaltungsverfahren entsteht grundsätzlich zunächst eine Geschäftsgebühr Nr. 2300. Verwaltungsverfahren sind solche Verfahren, in denen der Auftraggeber gegenüber einer Verwaltungsbehörde vertreten wird. Wird der Rechtsanwalt dann im weiteren, der Nachprüfung eines Verwaltungsaktes dienenden Verwaltungsverfahren tätig, entsteht für ihn die Gebühr Nr. 2301.

3 Die Anwendung der Nr. 2301 setzt voraus, dass bereits eine Gebühr Nr. 2300 entstanden ist.

II. Der Tatbestand im Einzelnen

1. Begriff der Angelegenheit

Wie häufig eine Gebühr Nr. 2300 und 2301 in verwaltungsrechtlichen Angelegenheiten entstehen kann, ist abhängig davon, ob es sich um eine oder mehrere Angelegenheiten handelt.

a) Dieselbe außergerichtliche Angelegenheit

Dieselbe Angelegenheit (und nach § 15 Abs. 2 Satz 1 nur einmal abrechenbar) sind:

§ 16 Nr. 1

»*das Verwaltungsverfahren auf Aussetzung oder Anordnung der sofortigen Vollziehung sowie über einstweilige Maßnahmen zur Sicherung der Rechte Dritter und jedes Verwaltungsverfahren auf Abänderung oder Aufhebung in den genannten Fällen.*«

§ 16 Nr. 6

»*das Verfahren über einen Antrag auf Anordnung eines Arrests, einer einstweiligen Verfügung, auf Erlass einer einstweiligen oder vorläufigen Anordnung, auf Anordnung oder Wiederherstellung der aufschiebenden Wirkung, auf Aufhebung der Vollziehung oder Anordnung der sofortigen Vollziehung eines Verwaltungsakts und jedes Verfahren auf deren Abänderung oder Aufhebung.*«

b) Verschiedene außergerichtliche Angelegenheiten

Verschiedene Angelegenheiten (die Gebühren nach § 15 Abs. 2 Satz 1 ggf. mehrfach entstehen lassen) sind:

§ 17 Nr. 1

»*jeweils das Verwaltungsverfahren, das einem gerichtlichen Verfahren vorausgehende und der Nachprüfung des Verwaltungsakts dienende weitere Verwaltungsverfahren (Vorverfahren, Einspruchsverfahren, Beschwerdeverfahren, Abhilfeverfahren), das Verwaltungsverfahren auf Aussetzung oder Anordnung der sofortigen Vollziehung sowie über einstweilige Maßnahmen zur Sicherung der Rechte Dritter und ein gerichtliches Verfahren.*«

Damit stellen folgende Verfahren verschiedene gebührenrechtliche Angelegenheiten dar (§ 17 Nr. 1):

– das Verwaltungsverfahren (Antragsverfahren);
– das einem gerichtlichen Verfahren vorausgehende und der Nachprüfung des Verwaltungsakts dienende weitere Verwaltungsverfahren (Rechtsbehelfsverfahren);
– das Verwaltungsverfahren auf Aussetzung oder Anordnung der sofortigen Vollziehung sowie über einstweilige Maßnahmen zur Sicherung der Rechte Dritter;
– ein gerichtliches Verfahren vor den Verwaltungsgerichten sowie
– das Verfahren wegen Eilmaßnahmen durch das Gericht (§ 17 Nr. 4).

Sind somit »in derselben Verwaltungssache« nebeneinander oder nacheinander die vorgenannten Verfahren anhängig, erhält der Rechtsanwalt jeweils gesonderte Gebühren (Enders RVG für Anfänger Rn. 2099; Schneider/Wolf RVG § 17 Rn. 5–17).

2. Erstmalige Tätigkeit bereits im Verwaltungsverfahren (Vorverfahren)

Das verwaltungsgerichtliche Vorverfahren beginnt mit dem Widerspruch (§ 69 VwGO) und endet mit dem Widerspruchsbescheid (§ 73 VwGO), wenn dem Widerspruch nicht abgeholfen wird. Darüber hinaus gelten auch in besonderen Gesetzen geregelte Vorverfahren nach § 162 VwGO als solche.

Vertritt der Rechtsanwalt den Auftraggeber in einem außergerichtlichen Verwaltungsverfahren, das der Nachprüfung des Verwaltungsakts dient (Rechtsbehelfsverfahren), so muss un-

Nr. 2301 VV

terschieden werden, ob der Rechtsanwalt **erstmals** im Verwaltungsverfahren über die Nachprüfung des Verwaltungsakts (Rechtsbehelfsverfahren) oder im Verwaltungsverfahren (Antragsverfahren) **und** im Verwaltungsverfahren über die Nachprüfung eines Verwaltungsakts (Rechtsbehelfsverfahren) tätig wird.

11 Bei der erstmaligen Tätigkeit im Verwaltungsverfahren über die Nachprüfung des Verwaltungsakts (Rechtsbehelfsverfahren) erhält der Rechtsanwalt eine 0,5 bis 2,5 Geschäftsgebühr nach Nr. 2300. Die Anmerkung zur Schwellengebühr mit 1,3 gilt auch hier. Mehr als 1,3 kann der Rechtsanwalt daher nur fordern, wenn die Tätigkeit umfangreich oder schwierig war. Insoweit wird auf die Kommentierung zu Nr. 2300 Rn. 43 u. 58 ff. verwiesen.

12 War der Rechtsanwalt bereits im Verwaltungsverfahren (**Antragsverfahren**) tätig und hat bereits die Geschäftsgebühr nach Nr. 2300 verdient, und wird er anschließend im Verwaltungsverfahren, das der Nachprüfung des Verwaltungsakts dient (**Rechtsbehelfsverfahren**) tätig, so erhält er für seine Tätigkeit im Rechtsbehelfsverfahren eine 0,5 bis 1,3 Geschäftsgebühr nach Nr. 2301. Die Anmerkung zu Nr. 2301 (Regelgebühr von 0,7) ist zu beachten.

13 Grundsätzlich gilt, dass beide Geschäftsgebühren Rahmengebühren sind, die nach § 14 unter Berücksichtigung aller Umstände des Einzelfalls, vor allem

– des Umfangs der Angelegenheit;
– der Schwierigkeit der Angelegenheit;
– der Bedeutung der Angelegenheit für den Auftraggeber;
– der Einkommens- und Vermögensverhältnisse des Auftraggebers;
– sowie dem Haftungsrisiko

nach billigem Ermessen vom Rechtsanwalt zu bestimmen sind. Auf die Kommentierung zu § 14 wird verwiesen.

14 Absatz 1 der Anmerkung zu Nr. 2301 bestimmt ausdrücklich, dass bei der Bemessung der Gebühr **nicht** zu berücksichtigen ist, dass der Umfang der Tätigkeit infolge der Tätigkeit im Verwaltungsverfahren geringer ist. Dies hängt damit zusammen, dass die Gebühr nach Nr. 2301 bereits gegenüber der nach Nr. 2300 deutlich abgesenkt ist und nur 0,5 bis 1,3 beträgt. Der Gesetzgeber hat damit bei der geringeren Gebühr Nr. 2301 schon berücksichtigt, dass die Tätigkeit des Anwalts durch die vorangegangene Tätigkeit leichter (weniger umfangreich) ist (BT-Drs. 15/1971, S. 207).

3. Anmerkung zu Nr. 2301

15 Eine Gebühr von mehr als 0,7 kann nur gefordert werden, wenn die Tätigkeit umfangreich oder schwierig war (Abs. 2 der Anm. zu Nr. 2301).

16 Was die Kriterien Umfang und Schwierigkeit betrifft, so wird auf die Kommentierung zu Nr. 2300 unter Rn. 43 u. 58 ff. verwiesen.

4. Anrechnung

a) Geschäftsgebühr Nr. 2300 u. 2301 entstanden

17 Eine Geschäftsgebühr für das Verwaltungsverfahren (Vorverfahren, Antragsverfahren) ist **nicht** anzurechnen, wenn sich dem Antragsverfahren ein Rechtsbehelfsverfahren anschließt. Sie ist allerdings auf die Verfahrensgebühr eines gerichtlichen Verfahrens über denselben Gegenstand anzurechnen. Zur Anrechnung vgl. ausführlich die Kommentierung unter Nr. 2300 ab Rn. 160.

b) Nachfolgendes gerichtliches Verfahren

Sind mehrere Geschäftsgebühren entstanden, ist nur die zuletzt entstandene Geschäftsgebühr nach der Vorbemerkung 3 Abs. 4 Satz 2 VV auf die Verfahrensgebühr des gerichtlichen Verfahrens anzurechnen. 18

Eine Geschäftsgebühr nach Nr. 2301 ist auf eine Verfahrensgebühr eines nachfolgenden gerichtlichen Verfahrens anzurechnen (zur Hälfte, maximal mit einem Gebührensatz von 0,75, der im Hinblick auf den geringeren Gebührensatz jedoch nicht erreicht wird). 19

• **Beispiel** 20
Rechtsanwalt H stellt für seinen Auftraggeber bei der Baubehörde einen Baugenehmigungsantrag. Die Baubehörde lehnt den Antrag ab. Auftragsgemäß wird Widerspruch erhoben, und Rechtsanwalt H vertritt den Mandanten auch im Verwaltungsverfahren, das der Nachprüfung des Verwaltungsakts dient. Der Widerspruch wird zurückgewiesen.

Rechtsanwalt H erhebt nun für seinen Mandanten Klage beim Verwaltungsgericht und vertritt den Mandanten in einem verwaltungsgerichtlichen Verfahren als Prozessbevollmächtigter. Er nimmt den Termin zur mündlichen Verhandlung wahr. Anschließend verkündet das Verwaltungsgericht ein Urteil. Der Gegenstandswert wird auf € 5.000,00 festgesetzt.

Rechtsanwalt R kann abrechnen:

Gegenstandswert: € 5.000,00, § 2 Abs. 1 RVG

1. Tätigkeit im Verwaltungsverfahren (Antragsverfahren):

1,3 Geschäftsgebühr, Nr. 2300 VV RVG	€ 391,30
Auslagenpauschale, Nr. 7002 VV RVG	€ 20,00
Zwischensumme	€ 411,30
19 % Umsatzsteuer, Nr. 7008 VV RVG	€ 78,15
Summe:	**€ 489,45**

2. Tätigkeit im Rechtsbehelfsverfahren:

0,7 Geschäftsgebühr, Nr. 2301 VV RVG	€ 210,70
Auslagenpauschale, Nr. 7002 VV RVG	€ 20,00
Zwischensumme	€ 230,70
19 % Umsatzsteuer, Nr. 7008 VV RVG	€ 43,83
Summe:	**€ 274,53**

3. Tätigkeit im gerichtlichen Verfahren:

1,3 Verfahrensgebühr, Nr. 3100 VV RVG		€ 391,30
abzgl. 0,35 Geschäftsgebühr, Nr. 2301 Vorbemerkung 3 Abs. 4 Satz 1, 2 VV RVG	./. €	105,35
Zwischensumme		€ 285,95
1,2 Terminsgebühr, Nr. 3104 VV RVG		€ 361,20
Auslagenpauschale, Nr. 7002 VV RVG		€ 20,00
Zwischensumme		€ 667,15
19 % Umsatzsteuer, Nr. 7008 VV RVG		€ 126,76
Summe:		**€ 793,91**

5. Erhöhung nach Nr. 1008

War der Rechtsanwalt sowohl im Antragsverfahren als auch im Rechtsbehelfsverfahren tätig und liegen die Voraussetzungen zur Erhöhung nach Nr. 1008 vor, so erhöhen sich beide Geschäftsgebühren (nach Nr. 2300 und nach Nr. 2301). 21

Nr. 2301 VV

6. Weitere Gebühren

22 Sofern eine Einigung mit der Behörde erzielt wird und es sich dabei um Ansprüche handelt, über die vertraglich verfügt werden kann, entsteht eine Einigungsgebühr, Abs. 4 der Anmerkung zu Nr. 1000. Kann über die Ansprüche nicht vertraglich verfügt werden, kann eine Erledigungsgebühr nach Nr. 1002 entstehen. Es wird insoweit auf die Kommentierungen unter Nr. 1000 und 1002 verwiesen.

7. Verfahren auf Aussetzung oder Anordnung der sofortigen Vollziehung sowie über einstweilige Maßnahmen zur Sicherung der Rechte Dritter

23 In § 17 Nr. 1 ist ausdrücklich bestimmt, dass auch ein Verwaltungsverfahren

– auf Aussetzung der sofortigen Vollziehung,
– auf Anordnung der sofortigen Vollziehung,
– über einstweilige Maßnahmen zur Sicherung der Rechte Dritter

eine gesonderte gebührenrechtliche Angelegenheit darstellt.

24 Der Rechtsanwalt kann in einem derartigen Verfahren somit eine besondere 0,5 bis 2,5 Geschäftsgebühr nach Nr. 2300 abrechnen (Enders RVG für Anfänger Rn. 2120; Schneider/Mock Das neue Gebührenrecht für Anwälte S. 227 § 20 Rn. 8–10; Hartung/Römermann RVG § 17 Rn. 7; Schneider/Wolf RVG § 17 Rn. 25).

25 Die Geschäftsgebühr nach Nr. 2300 für eine derartige Tätigkeit fällt daher unabhängig davon an, ob der Rechtsanwalt bereits im Antrags- oder Rechtsbehelfsverfahren eine Geschäftsgebühr nach Nr. 2300 oder 2301 erhalten hat (Enders RVG für Anfänger Rn. 2121; Hansens/Braun/Schneider Praxis des Vergütungsrechts Teil 11 C., V.; Rn. 46–49, S. 909).

26 • Beispiel
Rechtsanwalt H vertritt seinen Mandanten in einem Rechtsbehelfsverfahren gegen die Auferlegung von Erschließungskosten. Gleichzeitig stellt Rechtsanwalt H den Antrag auf Aussetzung der sofortigen Vollziehung bei der Behörde. Auch in diesem außergerichtlichen Verfahren vertritt er den Mandanten. Die Gegenstandswerte betragen: für das Rechtsbehelfsverfahren € 12.000,00, für das Verfahren auf Aussetzung der sofortigen Vollziehung € 5.000,00. Beide Angelegenheiten waren durchschnittlicher Natur.

Rechtsanwalt H kann abrechnen:

Gegenstandswert: € 12.000,00, § 2 Abs. 1 RVG

1. Tätigkeit im Rechtsbehelfsverfahren:

1,3 Geschäftsgebühr, Nr. 2300 VV RVG	€ 683,80
Auslagenpauschale, Nr. 7002 VV RVG	€ 20,00
Zwischensumme	€ 703,80
19 % Umsatzsteuer, Nr. 7008 VV RVG	€ 133,72
Summe:	**€ 837,52**

Gegenstandswert: € 5.000,00, § 2 Abs. 1 RVG

2. Tätigkeit im Verfahren auf Aussetzung der sofortigen Vollziehung:

1,3 Geschäftsgebühr, Nr. 2300 VV RVG	€ 391,30
Auslagenpauschale, Nr. 7002 VV RVG	€ 20,00
Zwischensumme	€ 411,30
17 % Umsatzsteuer, Nr. 7008 VV RVG	€ 78,15
Summe:	**€ 489,45**

Folgt ein gerichtliches Verfahren in der Hauptsache, so ist die Geschäftsgebühr für das Rechtsbehelfsverfahren in Höhe von hier 0,65 nach Vorbemerkung 3 Abs. 4 VV anzurechnen. 27

Die Geschäftsgebühr für das Verfahren auf Aussetzung der sofortigen Vollziehung ist nur anzurechnen, wenn ein gerichtliches Verfahren folgt, das den einstweiligen Rechtsschutz wegen desselben Gegenstands betrifft. 28

8. Kostenerstattung

Folgt einem Widerspruchsverfahren ein verwaltungsgerichtliches Verfahren, so erfasst die gerichtliche Kostenentscheidung auch die Kosten des außergerichtlichen Vorverfahrens. Die gesetzlichen Regelungen zur Kostenerstattung im isolierten Vorverfahren, wenn kein verwaltungsgerichtliches Verfahren nachfolgt, ergeben sich aus der VwGO und dem VwVfG des Bundes oder des Landes. Da die Verwaltungsverfahrensgesetze (VwVfG) der Länder im Wesentlichen mit dem VwVfG des Bundes übereinstimmen, wird im Nachfolgenden nur auf das VwVfG des Bundes abgestellt. 29

Die Kostengrundentscheidung über die Kosten des Vorverfahrens ist im Widerspruchsbescheid aufgenommen (§§ 72, 73 Abs. 3 Satz 3 VwVfG). Ist der Widerspruch erfolgreich, hat der Rechtsträger, dessen Behörde den angefochtenen Verwaltungsakt erlassen hat, demjenigen, der Widerspruch erhoben hat, die zur zweckentsprechenden Rechtsverfolgung oder Rechtsverteidigung notwendigen Aufwendungen zu erstatten (§ 80 Abs. 1 Satz 1 VwVfG). 30

§ 80 VwVfG: 31

»*Erstattung von Kosten im Vorverfahren*

(1) Soweit der Widerspruch erfolgreich ist, hat der Rechtsträger, dessen Behörde den angefochtenen Verwaltungsakt erlassen hat, demjenigen, der Widerspruch erhoben hat, die zur zweckentsprechenden Rechtsverfolgung oder Rechtsverteidigung notwendigen Aufwendungen zu erstatten. Dies gilt auch, wenn der Widerspruch nur deshalb keinen Erfolg hat, weil die Verletzung einer Verfahrens- oder Formvorschrift nach § 45 unbeachtlich ist. Soweit der Widerspruch erfolglos geblieben ist, hat derjenige, der den Widerspruch eingelegt hat, die zur zweckentsprechenden Rechtsverfolgung oder Rechtsverteidigung notwendigen Aufwendungen der Behörde, die den angefochtenen Verwaltungsakt erlassen hat, zu erstatten; dies gilt nicht, wenn der Widerspruch gegen einen Verwaltungsakt eingelegt wird, der im Rahmen

1. *eines bestehenden oder früheren öffentlich-rechtlichen Dienst- oder Amtsverhältnisses oder*
2. *einer bestehenden oder früheren gesetzlichen Dienstpflicht oder einer Tätigkeit, die an Stelle der gesetzlichen Dienstpflicht geleistet werden kann,*

erlassen wurde. Aufwendungen, die durch das Verschulden eines Erstattungsberechtigten entstanden sind, hat dieser selbst zu tragen; das Verschulden eines Vertreters ist dem Vertretenen zuzurechnen.

(2) Die Gebühren und Auslagen eines Rechtsanwalts oder eines sonstigen Bevollmächtigten im Vorverfahren sind erstattungsfähig, wenn die Zuziehung eines Bevollmächtigten notwendig war.

(3) Die Behörde, die die Kostenentscheidung getroffen hat, setzt auf Antrag den Betrag der zu erstattenden Aufwendungen fest; hat ein Ausschuss oder Beirat (§ 73 Abs. 2 der Verwaltungsgerichtsordnung) die Kostenentscheidung getroffen, so obliegt die Kostenfestsetzung der Behörde, bei der der Ausschuss oder Beirat gebildet ist. Die Kostenentscheidung bestimmt auch, ob die Zuziehung eines Rechtsanwalts oder eines sonstigen Bevollmächtigten notwendig war.

(4) Die Absätze 1 bis 3 gelten auch für Vorverfahren bei Maßnahmen des Richterdienstrechts.«

Die Anwaltsgebühren sind jedoch nur dann zu erstatten, wenn nach der Kostengrundentscheidung die Zuziehung eines Rechtsanwalts notwendig war, § 80 Abs. 3 Satz 2 VwVfG. Notwendig ist die Zuziehung eines Anwalts nur, soweit sie im Einzelfall zur zweckentsprechenden Rechtsverfolgung oder Rechtsverteidigung erforderlich ist. Die Frage der Notwen- 32

Nr. 2301 VV

digkeit ist dabei aus der Sicht einer verständigen, nicht rechtskundigen Partei zu beurteilen (BVerwGE BayVBl. 94, 285; 17, 245 = NJW 1964, 686; VGH Kassel NJW 1965, 1732; OVG Koblenz NJW 1972, 222; OVG Münster NVwZ 1983, 355).

33 Die Beurteilung der Notwendigkeit kann nicht durch eine rückschauende Betrachtung in Zweifel gezogen werden, wenn zum Zeitpunkt der Beiziehung des Rechtsanwalts die Beauftragung notwendig erschien (BVerwG AGS 1997, 92 = BayVBl. 1996, 571).

34 Die Ansichten, ob die Zuziehung eines Rechtsanwalts grundsätzlich notwendig ist oder nicht, gehen dabei auseinander. Nach der einen Auffassung ist die Zuziehung eines Rechtsanwalts in der Regel notwendig, weil der Bürger nur in Ausnahmefällen in der Lage ist, seine Rechte gegenüber der Verwaltung ausreichend zu wahren (VGH München AnwBl. 1982, 28; VG Oldenburg AnwBl. 1981, 248; OVG Münster NVwZ 1983, 355; Kopp/Ramsauer VwVfG § 80 Rn. 45 m. w. N.). Anders sieht dies nach Auffassung von Beutling das Bundesverwaltungsgericht; hiernach sei die notwendige Vertretung nicht die Regel, sondern die Ausnahme (Beutling Anwaltsvergütung in Verwaltungssachen Rn. 330 m. w. N.).

35 Eine Darstellung umfangreicher Einzelfallentscheidungen zur Notwendigkeit der Zuziehung eines Bevollmächtigten findet sich in von Eicken/Hellstab/Lappe/Madert/Mathias Die Kostenfestsetzung unter D Rn. 184 (Seite 278).

36 Die Kostenfestsetzung erfolgt durch die Behörde, die die Kostengrundentscheidung getroffen hat. Diese setzt auf Antrag die Höhe der zu erstattenden Aufwendungen fest, § 80 Abs. 3 VwVfG. Die festzusetzenden Kosten werden nicht verzinst.

37 Eine rechtswidrig fehlende Kostengrundentscheidung oder rechtswidrig fehlende Entscheidung über die Notwendigkeit der Zuziehung eines Anwalts ist mit der Verpflichtungsklage anfechtbar (Beutling Anwaltsvergütung in Verwaltungssachen Rn. 347 unter Hinweis auf BVerwG, Urt. v. 04. 10. 1990, Az.: 8 C 28/89).

38 Eine unrichtige Kostenentscheidung eines Widerspruchsbescheids kann isoliert, unabhängig von einer Anfechtung des Widerspruchsbescheids in der Hauptsache, angefochten werden (Beutling Anwaltsvergütung in Verwaltungssachen Rn. 347; Kopp/Ramsauer VwVfG § 80 Rn. 60).

39 Gegen einen Kostenfestsetzungsbeschluss findet die Erinnerung (Entscheidung des Gerichts beantragen) statt. Frist: 2 Wochen, §§ 151, 165 VwGO.

40 Gegen eine Entscheidung des Gerichts nach Erinnerung findet die Beschwerde innerhalb einer Frist von 2 Wochen statt, § 146 VwGO. Der Wert des Beschwerdegegenstands muss € 200,00 übersteigen, § 146 Abs. 3 VwGO.

Nr. 2302 VV

Nr.	Gebührentatbestand	Gebühr oder Satz der Gebühr nach § 13 RVG
2302	Der Auftrag beschränkt sich auf ein Schreiben einfacher Art: Die Gebühr 2300 beträgt .... Es handelt sich um ein Schreiben einfacher Art, wenn dieses weder schwierige rechtliche Ausführungen noch größere sachliche Auseinandersetzungen enthält.	0,3

Inhaltsübersicht

	Rn.		Rn.
A. Allgemeines	1	1. Gebührenhöhe	3
B. Kommentierung	2	2. Schreiben einfacher Art	6
I. Anwendungsbereich	2	3. Mehrere Schreiben einfacher Art	13
II. Der Tatbestand im Einzelnen	3		

A. Allgemeines

Zur Vermeidung von Wiederholungen wird auf die umfangreichen Kommentierungen zur Geschäftsgebühr Nr. 2300 verwiesen. An dieser Stelle werden lediglich die Besonderheiten der Geschäftsgebühr Nr. 2302 dargestellt. **1**

B. Kommentierung

I. Anwendungsbereich

In Nr. 2302 wird entsprechend der Entscheidung des BGH (NJW 1983, 2451) allein auf den Inhalt des erteilten Auftrags abgestellt (»**Der Auftrag beschränkt sich ....**«), und nicht auf die tatsächlich ausgeführte Tätigkeit. Die Regelung gilt daher nicht, wenn auftragsgemäß einem einfachen Schreiben umfangreiche Prüfungen oder Überlegungen vorausgegangen sind (BT-Drs. 15/1971, S. 207). In derartigen Fällen kommt dann die Geschäftsgebühr Nr. 2300 in Betracht. **2**

II. Der Tatbestand im Einzelnen

1. Gebührenhöhe

Die Geschäftsgebühr Nr. 2302 entsteht in Höhe von 0,3 (fester Gebührensatz). **3**

Bei Vertretung mehrerer Personen, die Auftraggeber sind, kann eine Erhöhung für jede weitere Person, die Auftraggeber ist, nach Nr. 1008 in Betracht kommen. **4**

Die Erhöhung beträgt 0,3. Sie ist nicht von der Ausgangsgebühr zu berechnen, so dass sich die Geschäftsgebühr Nr. 2302 auf 0,6 erhöht, wenn der Rechtsanwalt zwei Personen, die Auftraggeber sind, vertritt. Die maximale Erhöhung beträgt 2,0 (7 weitere Auftraggeber). Im Übrigen vgl. die Kommentierung zu Nr. 1008. **5**

Nr. 2302 VV

2. Schreiben einfacher Art

6 Der Anmerkung Nr. 2302 ist zu entnehmen, dass es sich um ein Schreiben einfacher Art handelt, wenn dieses weder schwierige rechtliche Ausführungen noch größere sachliche Auseinandersetzungen enthält.

7 Hat der Rechtsanwalt einen darüber hinausgehenden Auftrag erhalten, kommt die Gebühr Nr. 2302 nicht zur Anwendung. Dies können z. B. die Beratung über Verzug, Kündigungszeitpunkt, Zulässigkeit einer Kündigung, Möglichkeiten einer gerichtlichen Geltendmachung etc. sein (*Madert* in Gerold/Schmidt RVG 18. Aufl. 2008 VV 2302 Rn. 3).

8 Während § 120 BRAGO, der seinerzeit die Geschäftsgebühr Nr. 2302 regelte, noch die Kündigung oder Mahnung erwähnte, findet sich in Nr. 2302 ein entsprechender Hinweis nicht mehr. Auch hierdurch kommt der Wille des Gesetzgebers zum Ausdruck, die Gebühr für ein einfaches Schreiben nicht an der Optik des Schreibens festzumachen, sondern vielmehr am erteilten Auftrag.

9 Wann die Voraussetzungen eines »einfachen Schreibens« erfüllt sind, beurteilt sich nach durchschnittlichen, rechtlichen Kenntnissen und Formerfordernissen. Der Umfang eines Schreibens mag zwar Indiz für die Anwendung einer Geschäftsgebühr Nr. 2302 sein (Hansens RVGreport 2004, 62), entscheidendes Merkmal ist er aber nicht, da sich eine gründliche Rechtsprüfung durchaus in einem kurzen Schreiben äußern kann (Schneider/Wolf RVG VV 2302 Rn. 6).

10 Die Verwendung eines Formulars muss nicht zwangsläufig bedeuten, dass eine Geschäftsgebühr Nr. 2302 in Betracht kommt (Schneider/Wolf RVG VV 2302 Rn. 6).

11 Der Auftrag, ein einfaches Schreiben abzufassen, kann z. B. vorliegen:
– Wenn der Rechtsanwalt für einen Großmandanten in zahlreichen Angelegenheiten Mahnungen versendet, bevor ein gerichtliches Mahnverfahren eingeleitet wird, und für diese Mahnungen die entsprechenden Daten von Mitarbeitern des Rechtsanwalts eingegeben werden, der Rechtsanwalt die Akten nicht zu Gesicht bekommt und die Mahnungen darüber hinaus auch noch ohne persönliche Unterschrift des Rechtsanwalts versendet werden, kann darauf geschlossen werden, dass eine Beratung über Verzug, Möglichkeiten der Geltendmachung etc. nicht nochmals gesondert erfolgt ist, sondern vielmehr diese Mahnungen fast »vollautomatisch« versendet werden. Keinesfalls rechtfertigt eine derartige Massenabfertigung von mehreren hundert Mahnungen monatlich den Ansatz jeweils einer 1,3 Geschäftsgebühr nach Nr. 2300. Zumindest ist darüber hinaus zu prüfen, ob in derartigen Fällen nicht sogleich Auftrag zur Einleitung eines Mahnverfahrens erfolgt ist, so dass bei vorzeitiger Beendigung allenfalls eine 0,5 Verfahrensgebühr Nr. 3306 in Frage käme.
– Auftrag des Mandanten, lediglich einen Handelsregisterauszug einzuholen (und nur das).
– Auftrag des Mandanten, beim Einwohnermeldeamt um die neue Anschrift zu ersuchen (und nur das).

12 Sofern der Anwalt einen Prozessauftrag oder Auftrag zur außergerichtlichen Vertretung hat, gehört die Einholung eines Handelsregister- oder Gewerberegisterauszugs sowie die Einwohnermeldeamtanfrage zu den Pauschgebühren/Betriebsgebühren und löst keine gesonderte Gebühr aus. Der BGH hat am 12.02.2003 (BGH, Beschl. v. 12.12.2003, Az.: IXa ZB 234/03, RVGreport 2004, 108 ff.; JurBüro 2004, 191) entschieden, dass während eines Vollstreckungsverfahrens die Gebühr des § 57 Abs. 1 BRAGO (nunmehr nach RVG Nr. 3309 VV RVG) auch eine Anfrage des Rechtsanwalts beim Einwohnermeldeamt über die Anschrift des Schuldners mit abgilt. Nach Ansicht des BGH kann für eine solche Tätigkeit eine weitere Gebühr nach § 120 Abs. 2 BRAGO (nunmehr nach RVG Nr. 2303) nicht verlangt werden. Nach Ansicht der Verfasserin kann diese BGH-Entscheidung analog auf das RVG angewendet werden (so auch Hansens RVGreport 2004, 109). Bereits am 25.11.2003 hatte der BGH gleichermaßen entschieden für den Rechtsanwalt, der einen Prozessauftrag hat, so dass mit der Prozess-

gebühr nach § 31 Abs. 1 Satz 1 BRAGO (Nr. 3100 VV RVG) abgegolten sind BGH, Beschl. v. 25. 11. 2003, Az.: VIII ZB 69/03).

3. Mehrere Schreiben einfacher Art

Nach dem Wortlaut der Nr. 2302 kann die 0,3 Geschäftsgebühr nur dann entstehen, wenn sich der Auftrag auf »ein« Schreiben einfacher Art beschränkt (»ein« als Zahlwort nicht unbestimmter Artikel). Es wird allgemein angenommen, dass damit Nr. 2302 dann nicht mehr zum Tragen kommt, wenn mehrere Schreiben einfacher Art erfolgen (Hansens RVGreport 2004, 61; Schneider/Mock Das neue Gebührenrecht für Anwälte § 13 Rn. 14 f., a. A. *Madert* in Gerold/Schmidt RVG 18. Aufl. 2008 VV 2302 Rn. 6). 13

Bei der Geschäftsgebühr Nr. 2302 handelt es sich somit um eine »Ausschlussgebühr«. Die Anwendung ist ausgeschlossen, wenn mehrere Schreiben einfacher Art erfolgen. In diesen Fällen ist der Anwendungsbereich der Geschäftsgebühr Nr. 2300 eröffnet (vgl. dazu auch die ähnliche Formulierung in Nr. 3105 »**Wahrnehmung nur eines Termins…**«). 14

Nr. 2303 VV

Nr.	Gebührentatbestand	Gebühr oder Satz der Gebühr nach § 13 RVG
2303	Geschäftsgebühr für 1. Güteverfahren vor einer durch die Landesjustizverwaltung eingerichteten oder anerkannten Gütestelle (§ 794 Abs. 1 Nr. 1 ZPO) oder, wenn die Parteien den Einigungsversuch einvernehmlich unternehmen, vor einer Gütestelle, die Streitbeilegung betreibt (§ 15a Abs. 3 EGZPO), 2. Verfahren vor einem Ausschuss der in § 111 Abs. 2 des Arbeitsgerichtsgesetzes bezeichneten Art, 3. Verfahren vor dem Seemannsamt zur vorläufigen Entscheidung von Arbeitssachen und 4. Verfahren vor sonstigen gesetzlich eingerichteten Einigungsstellen, Gütestellen oder Schiedsstellen .... Soweit wegen desselben Gegenstands eine Geschäftsgebühr nach Nummer 2300 entstanden ist, wird die Hälfte dieser Gebühr nach dem Wert des Gegenstands, der in das Verfahren übergegangen ist, jedoch höchstens mit einem Gebührensatz von 0,75, angerechnet.	1,5

Inhaltsübersicht

	Rn.		Rn.
A. Allgemeines	1	4. Verfahren vor sonstigen gesetzlich eingerichteten Einigungsstellen, Gütestellen oder Schiedsstellen	12
B. Kommentierung	2	II. Der Tatbestand im Einzelnen	15
I. Anwendungsbereich	2	1. 1,5 Gebühr	15
1. Güteverfahren vor einer durch die Landesjustizverwaltung eingerichteten oder anerkannten Gütestelle (§ 794 Abs. 1 Nr. 1 ZPO) oder vor einer Gütestelle nach § 15a Abs. 3 EGZPO	4	2. Anderweitige Gebühren	18
		3. Auftragserteilung entscheidend	22
		4. Terminsvertreter	23
2. Verfahren vor einem Ausschuss der in § 111 Abs. 2 des Arbeitsgerichtsgesetzes bezeichneten Art	9	5. Anrechnung	24
		6. Kostenerstattung	27
		a) Kostenerstattung im Schlichtungsverfahren	27
3. Verfahren vor dem Seemannsamt zur vorläufigen Entscheidung von Arbeitssachen	10	b) Kostenerstattung im nachfolgenden gerichtlichen Verfahren	29

A. Allgemeines

1 Die Geschäftsgebühr nach Nr. 2303 entsteht in bestimmten Güte- bzw. Schiedsverfahren. Sie ist als Gebühr mit einem festen Satz ausgebildet, so dass sich Probleme wie bei der Geschäftsgebühr Nr. 2300 bei der Bestimmung dieser Gebühr nicht ergeben werden.

B. Kommentierung

I. Anwendungsbereich

Vertritt der Rechtsanwalt einen Auftraggeber in

- einem Güteverfahren vor einer durch die Landesjustizverwaltung eingerichteten oder anerkannten Gütestelle (§ 794 Abs. 1 Nr. 1 ZPO) oder, wenn die Parteien den Einigungsversuch einvernehmlich unternehmen, vor einer Gütestelle, die Streitbeilegung betreibt (§ 15 a Abs. 3 EGZPO),
- einem Verfahren vor einem Ausschuss der in § 111 Abs. 2 ArbGG bezeichneten Art,
- einem Verfahren vor dem Seemannsamt zur vorläufigen Entscheidung von Arbeitssachen und
- Verfahren vor sonstigen gesetzlich eingerichteten Einigungsstellen, Gütestellen oder Schiedsstellen,

so erhält der Rechtsanwalt eine Geschäftsgebühr nach Nr. 2303 in Höhe von 1,5. Hier wird die Geschäftsgebühr nicht als Rahmengebühr angegeben, sondern mit einem festen Satz.

Zur allgemeinen Erläuterung soll zunächst nachstehend eine Darstellung der in Nr. 2303 erwähnten Verfahren erfolgen.

1. Güteverfahren vor einer durch die Landesjustizverwaltung eingerichteten oder anerkannten Gütestelle (§ 794 Abs. 1 Nr. 1 ZPO) oder vor einer Gütestelle nach § 15 a Abs. 3 EGZPO

§ 15 a EGZPO (BGBl. 1999 I, S. 2400 – zuletzt geändert durch Gesetz zur Einführung des Euro in Rechtspflegegesetzen und in Gesetzen des Straf- und Ordnungswidrigkeitenrechts, zur Änderung der Mahnvordruckverordnungen sowie zur Änderung weiterer Gesetze vom 13. 12. 2001 (BGBl. I, S. 3574 m. W. v. 01. 01. 2002):

»(1) Durch Landesgesetz kann bestimmt werden, dass die Erhebung der Klage erst zulässig ist, nachdem von einer durch die Landesjustizverwaltung eingerichteten oder anerkannten Gütestelle versucht worden ist, die Streitigkeit einvernehmlich beizulegen

1. *in vermögensrechtlichen Streitigkeiten vor dem Amtsgericht über Ansprüche, deren Gegenstand an Geld oder Geldeswert die Summe von 750 Euro nicht übersteigt,*
2. *in Streitigkeiten über Ansprüche aus dem Nachbarrecht nach den §§ 910, 911, 923 des Bürgerlichen Gesetzbuchs und nach § 906 des Bürgerlichen Gesetzbuchs sowie nach den landesgesetzlichen Vorschriften im Sinne des Artikels 124 des Einführungsgesetzes zum Bürgerlichen Gesetzbuche, sofern es sich nicht um Einwirkungen von einem gewerblichen Betrieb handelt,*
3. *in Streitigkeiten über Ansprüche wegen Verletzung der persönlichen Ehre, die nicht in Presse oder Rundfunk begangen worden sind.*

Der Kläger hat eine von der Gütestelle ausgestellte Bescheinigung über einen erfolglosen Einigungsversuch mit der Klage einzureichen. Diese Bescheinigung ist ihm auf Antrag auch auszustellen, wenn binnen einer Frist von drei Monaten das von ihm beantragte Einigungsverfahren nicht durchgeführt worden ist.

(2) Absatz 1 findet keine Anwendung auf

1. *Klagen nach den §§ 323, 324, 328 der Zivilprozessordnung, Widerklagen und Klagen, die binnen einer gesetzlichen oder gerichtlich angeordneten Frist zu erheben sind,*
2. *Streitigkeiten in Familiensachen,*
3. *Wiederaufnahmeverfahren,*
4. *Ansprüche, die im Urkunden- oder Wechselprozess geltend gemacht werden,*
5. *die Durchführung des streitigen Verfahrens, wenn ein Anspruch im Mahnverfahren geltend gemacht worden ist,*

Nr. 2303 VV

    6. Klagen wegen vollstreckungsrechtlicher Maßnahmen, insbesondere nach dem Achten Buch der Zivilprozessordnung.

Das gleiche gilt, wenn die Parteien nicht in demselben Land wohnen oder ihren Sitz oder eine Niederlassung haben.

(3) Das Erfordernis eines Einigungsversuchs vor einer von der Landesjustizverwaltung eingerichteten oder anerkannten Gütestelle entfällt, wenn die Parteien einvernehmlich einen Einigungsversuch vor einer sonstigen Gütestelle, die Streitbeilegungen betreibt, unternommen haben. Das Einvernehmen nach Satz 1 wird unwiderleglich vermutet, wenn der Verbraucher eine branchengebundene Gütestelle, eine Gütestelle der Industrie- und Handelskammer, der Handwerkskammer oder der Innung angerufen hat. Absatz 1 Satz 2 gilt entsprechend.

(4) Zu den Kosten des Rechtsstreits im Sinne des § 91 Abs. 1, 2 der Zivilprozessordnung gehören die Kosten der Gütestelle, die durch das Einigungsverfahren nach Absatz 1 entstanden sind.

(5) Das Nähere regelt das Landesrecht; es kann auch den Anwendungsbereich des Absatzes 1 einschränken, die Ausschlussgründe des Absatzes 2 erweitern und bestimmen, dass die Gütestelle ihre Tätigkeit von der Einzahlung eines angemessenen Kostenvorschusses abhängig machen und gegen eine im Gütetermin nicht erschienene Partei ein Ordnungsgeld festsetzen darf.

(6) Gütestellen im Sinne dieser Bestimmung können auch durch Landesrecht anerkannt werden. Die vor diesen Gütestellen geschlossenen Vergleiche gelten als Vergleiche im Sinne des § 794 Abs. 1 Nr. 1 der Zivilprozessordnung.«

5 **Kein** Ausführungsgesetz haben:

Berlin, Bremen, Hamburg, Mecklenburg-Vorpommern, Niedersachsen, Rheinland-Pfalz, Thüringen.

6 **Ausführungsgesetze haben** folgende Länder:

- Baden-Württemberg (Gesetz zur obligatorischen außergerichtlichen Streitschlichtung (Schlichtungsgesetz – SchlG) vom 28. 07. 2000 (GBl. S. 470));
- Bayern (Bayerisches Schlichtungsgesetz (BaySchlG) vom 25. 04. 2000 (BayGVBl. S. 268));
- Brandenburg (Gesetz zur Einführung der obligatorischen außergerichtlichen Streitschlichtung im Land Brandenburg (BbgSchlG) vom 05. 10. 2000 (GVBl. I, 134));
- Hessen (Hessisches Gesetz zur Ausführung des § 15 a EGZPO vom 06. 02. 2001 (GVBl. I, 98));
- Saarland (Gesetz Nr. 1464 zur Ausführung des § 15 a EGZPO vom 21. 02. 2001 (ABl. S. 532));
- Sachsen-Anhalt (Gesetz zur Änderung des Schiedsstellengesetzes und anderer Vorschriften vom 17. 05. 2001 (GVBl. LSA S. 174));
- Schleswig-Holstein (Landesschlichtungsgesetz (LSchliG) vom 11. Dezember 2001 (GVOBl. Schl.-H. S. 361)).

7 Die Durchführung eines obligatorischen Schlichtungsverfahrens ist Prozessvoraussetzung. Eine Klage, die entgegen den Bestimmungen eines Landesschlichtungsgesetzes ohne vorherigen Versuch einer obligatorischen Schlichtung eingereicht wird, ist unzulässig.

8 Einige Länder haben zwischenzeitlich ihre Schlichtungsgesetze geändert bzw. verlängert, da sie zeitlich bis zum 31. 12. 2005 befristet waren (keine zeitliche Befristung: Baden-Württemberg; Sachsen-Anhalt). Das bayerische Schlichtungsgesetz war bis zum 31. 12. 2005 beschränkt. Es erfolgte eine Verlängerung des Schlichtungsgesetzes bis 31. 12. 2008. Ab 01. 01. 2006 ist das Bayerische Schlichtungsgesetz nicht mehr gültig für vermögensrechtliche Streitigkeiten bis zu € 750,00 (gleiches gilt für Hessen). Verlängert wurden die Schlichtungsgesetze auch in einigen Ländern, ohne eine Einschränkung des bisherigen Geltungsbereichs vorzunehmen (Brandenburg bis 31. 12. 2006; Nordrhein-Westfalen bis 31. 12. 2007; Saarland bis 31. 12. 2008; Schleswig-Holstein).

2. Verfahren vor einem Ausschuss der in § 111 Abs. 2 des Arbeitsgerichtsgesetzes bezeichneten Art

§ 111 ArbGG:

9

»(2) Zur Beilegung von Streitigkeiten zwischen Ausbildenden und Auszubildenden aus einem bestehenden Berufsausbildungsverhältnis können im Bereich des Handwerks die Handwerksinnungen, im übrigen die zuständigen Stellen im Sinne des Berufsbildungsgesetzes Ausschüsse bilden, denen Arbeitgeber und Arbeitnehmer in gleicher Zahl angehören müssen. Der Ausschuss hat die Parteien mündlich zu hören. Wird der von ihm gefällte Spruch nicht innerhalb einer Woche von beiden Parteien anerkannt, so kann binnen zwei Wochen nach ergangenem Spruch Klage beim zuständigen Arbeitsgericht erhoben werden. § 9 Abs. 5 gilt entsprechend. Der Klage muss in allen Fällen die Verhandlung vor dem Ausschuss vorangegangen sein. Aus Vergleichen, die vor dem Ausschuss geschlossen sind, und aus Sprüchen des Ausschusses, die von beiden Seiten anerkannt sind, findet die Zwangsvollstreckung statt. Die §§ 107 und 109 gelten entsprechend.«

3. Verfahren vor dem Seemannsamt zur vorläufigen Entscheidung von Arbeitssachen

Seemannsämter gibt es in deutschen Hafenstädten, unter anderem in Bremerhaven, Bremen, Kiel, Rostock, Emden, Norden (mit Sitz in Norddeich), Wilhelmshaven, Brake, Cuxhaven usw. Die nach dem Seemannsgesetz zugewiesenen Aufgaben der Seemannsämter reichten in der Vergangenheit von der sozialen Betreuung über Verpflegung, Arbeits- und Kündigungsschutz bis hin zu Erbauseinandersetzungen im Todesfall. Heute sind die Hauptaufgaben der Seemannsämter das An-, Ab- und Ummustern von Seeleuten, das Ausfertigen und Fortschreiben der Musterrollen und Seefahrtsbücher. Die Aufgaben der Seeämter werden heute zum großen Teil durch andere Verwaltungsbehörden mit geregelt. Für die Tauglichkeit der Seeleute ist eine eigene Berufsgenossenschaft zuständig. An die Stelle der Musterrolle, in der früher unter anderem die Heuervertragsbedingungen festgehalten wurden, sind heute ebenfalls Tarifverträge und andere Schiffspapiere getreten, etwa das Schiffsbesatzungszeugnis, das Auskunft über die Soll-Besatzung gibt und von der Seeberufsgenossenschaft ausgestellt wird. Auch die Seefahrtsbücher, in denen die Bordanwesenheit der Besatzungsmitglieder taggenau festgehalten wird, sind inzwischen überholt, da die Nachweise von sozialversicherungspflichtigen Tätigkeiten inzwischen anderweitig erbracht werden. Aus diesem Grund sind einige Bundesländer dazu übergegangen, ihre Seemannsämter aufzulösen, so z. B. Nordrhein-Westfalen. Hier wurden die Seemannsämter Duisburg, Düsseldorf und Köln durch § 4 des Gesetzes zur Eingliederung von Landesoberbehörden und unteren Landesbehörden in die Bezirksregierungen (2. Gesetz zur Modernisierung von Regierung und Verwaltung in Nordrhein-Westfalen) aufgelöst und die Aufgaben der Bezirksregierung Düsseldorf übertragen.

10

Unter Nr. 2303 fällt ein Verfahren nach § 69 Seemannsgesetz: Wird das Heuerverhältnis in den Fällen der §§ 64, 65, 67 Nrn. 1, 2 und 4 bis 7 oder des § 68 außerhalb des Geltungsbereichs des Grundgesetzes gekündigt, so kann das Seemannsamt, das zuerst angerufen werden kann, eine vorläufige Entscheidung über die Berechtigung der Kündigung treffen.

11

4. Verfahren vor sonstigen gesetzlich eingerichteten Einigungsstellen, Gütestellen oder Schiedsstellen

Hierzu gehören alle weiteren bundes- oder landesrechtlich eingerichteten Stellen dieser Art. Unerheblich ist dabei, ob die »gesetzlich eingerichtete« Stelle öffentlich-rechtlicher Natur ist oder privatrechtlich betrieben wird (Gebauer/Schneider RVG VV 2403 Rn. 60). Entscheidend ist lediglich, ob die Stelle durch ein Gesetz oder aufgrund einer in einem Gesetz enthaltenen Ermächtigung eingerichtet worden ist.

12

Nr. 2303 VV

13 In Betracht kommen daher z. B.

– Verfahren vor der Schiedsstelle für Urheberrechtsfälle beim Deutschen Patentamt (OLG München Rpfleger 1994, 316);
– Verfahren vor einem Schiedsamt (Informationen unter www.schiedsamt.de (Stand: Sept. 2008));
– Verfahren vor Einigungsstellen der IHK's nach § 15 UWG (von den Landesregierungen errichtete Einigungsstellen bei Industrie- und Handelskammern zur Beilegung von bürgerlichen Rechtsstreitigkeiten, in denen ein Anspruch auf Grund des UWG geltend gemacht wird);
– Verfahren vor Einigungsstellen nach §§ 39 ff. des Gesetzes über die Erstreckung von gewerblichen Schutzrechten (ErstreckungsG);
– Verfahren vor der Schiedsstelle für Ansprüche gegen den Entschädigungsfonds nach § 14 Nr. 3 a PflVG;
– Verfahren vor der Schiedsstelle für Ansprüche nach § 19 Bundespflegesatzverordnung (BPflV – Verordnung zur Regelung der Krankenhauspflegesätze v. 26. 09. 1994 (BGBl. I, S. 2750);
– Einigungsstelle zur Beilegung von Meinungsverschiedenheiten zwischen Arbeitgeber und Betriebsrat, Gesamtbetriebsrat oder Konzernbetriebsrat nach § 76 BetrVG (BAG NJW 1991, 1846; DB 1996, 1613);
– Einigungsstelle für Meinungsverschiedenheiten zwischen Unternehmer und Betriebsrat über den Interessenausgleich und Sozialplan bei geplanten Betriebsänderungen nach § 112 BetrVG (BAG AnwBl. 1982, 203, 205);
– beim Patentamt eingerichtete Schiedsstelle zur Beilegung von Streitigkeiten zwischen Arbeitgebern und Arbeitnehmern nach §§ 28 ff. des Gesetzes über Arbeitnehmererfindungen.

14 Keine eingerichtete Gütestelle i. S. der Nr. 2303 Nr. 4 sind:

– die Gutachterkommission der Ärztekammern (Madert AGS 2001, 50; Gerold/Schmidt/Madert RVG 18. Aufl. 2008 VV 2303 Rn. 7);
– Güteverhandlungen im Zivil- oder Arbeitsgerichtsprozess (diese werden mit der Terminsgebühr nach Nr. 3104 vergütet);
– gerichtliche Mediationsverfahren (für diese fallen die Gebühren nach Teil 3 VV an; jedoch nicht gesondert, da das gerichtliche Mediationsverfahren gebührenrechtlich nicht als eigene Angelegenheit zum gerichtlichen Verfahren gilt).

II. Der Tatbestand im Einzelnen

1. 1,5 Gebühr

15 Für die Vertretung einer Partei vor den unter I. genannten Güte-, Schlichtungs- und Schiedsstellen erhält der Rechtsanwalt eine Geschäftsgebühr nach Nr. 2303 mit einem festen Gebührensatz in Höhe von 1,5.

16 Umfang, Schwierigkeit oder die anderen in § 14 genannten Kriterien spielen keine Rolle, da § 14 auf Nr. 2303 keine Anwendung findet. Die Gebühr entsteht auch dann in Höhe von 1,5, wenn die Tätigkeit weder umfangreich noch schwierig war.

17 Eine vorzeitige Beendigung führt nicht zur Reduzierung der 1,5 Geschäftsgebühr nach Nr. 2303; auch eine analoge Anwendung der Nr. 3101 Nr. 1 kommt nicht in Betracht (*Madert* in Gerold/Schmidt RVG 18. Aufl. 2008 VV 2303 Rn. 10).

2. Anderweitige Gebühren

18 Eine Differenzverfahrensgebühr nach Nr. 3101 Nr. 2 kann nicht entstehen (Schneider/Wolf RVG VV 2303 Rn. 12), Teil 3 ist nicht anwendbar.

Eine Terminsgebühr kann in einem Güteverfahren nach Ansicht von Enders dann entstehen, 19
wenn der Rechtsanwalt bereits Prozessauftrag hatte (Enders RVG für Anfänger Rn. 655). Dieser Auffassung muss entgegengehalten werden, dass eine solche Terminsgebühr, unterstellt, sie könnte bei Prozessauftrag entstehen, nach Ansicht der Verfasserin nicht erstattungsfähig sein kann. Ist als Prozessvoraussetzung zunächst ein Schlichtungsverfahren durchzuführen, so erscheint es treuwidrig, wenn der Rechtsanwalt sich zugleich Prozessauftrag erteilen lässt. Richtig dürfte vielmehr sein, dass der Rechtsanwalt einen bedingten Prozessauftrag erhält, der erst dann zu einem unbedingten Prozessauftrag wird (und somit einem solchen Auftrag, der überhaupt erst die Terminsgebühr auslösen kann), wenn das Schlichtungsverfahren gescheitert ist und die Prozessvoraussetzungen vorliegen.

Neben der Geschäftsgebühr Nr. 2303 kann eine 1,5 Einigungsgebühr Nr. 1000 entstehen, 20
wenn es zu einer wirksamen Einigung kommt. Nur in den Fällen, in denen das Schlichtungsverfahren während eines bereits anhängigen Prozesses nachgeholt wird, entsteht die Einigungsgebühr lediglich in Höhe von 1,0 bzw. 1,3, wenn diese Ansprüche bereits rechtshängig sind.

Die Erhöhung nach Nr. 1008 kann zur Anwendung kommen, da es sich bei Nr. 2303 um eine 21
Geschäftsgebühr handelt. Die Erhöhung beträgt 0,3 pro weiterer Person, die Auftraggeber ist. Sie entsteht max. in Höhe von 2,0 bei entsprechender Anzahl von Auftraggebern. Erforderlich ist, da es sich um eine Wertgebühr handelt, dass der Gegenstand der anwaltlichen Tätigkeit derselbe ist, Anmerkung Abs. 1 zu Nr. 1008. Die Erhöhung entsteht lediglich aus dem Wert, an dem eine gemeinschaftliche Beteiligung besteht, Anmerkung Abs. 2 zu Nr. 1008. Zur Voraussetzung des Entstehens und der Höhe wird im Übrigen auf die Kommentierung zu Nr. 1008 verwiesen.

3. Auftragserteilung entscheidend

Entscheidend für den Anfall der Gebühr ist der erteilte Auftrag (Schneider/Wolf RVG VV 22
2303 Rn. 9). Selbst wenn der Rechtsanwalt nach erteiltem Auftrag zur Vertretung nur beratend tätig wird, z. B. bei vorzeitiger Beendigung des Auftrags, entsteht die Gebühr Nr. 2303 (Schneider/Wolf, a. a. O.).

4. Terminsvertreter

Sofern ein Terminsvertreter einen Termin vor der Güte- oder Schiedsstelle wahrnimmt, ent- 23
steht für beide Rechtsanwälte die Geschäftsgebühr Nr. 2303. Für eine Anwendung der Nr. 3400 bzw. Nrn. 3401 f. ist kein Raum (Schneider/Wolf RVG VV 2303 Rn. 11).

5. Anrechnung

Soweit wegen desselben Gegenstands eine Geschäftsgebühr nach Nr. 2300 entstanden ist, 24
wird die Hälfte dieser Gebühr nach dem Wert des Gegenstands, der in das Verfahren übergegangen ist, jedoch höchstens mit einem Gebührensatz von 0,75, angerechnet, Anmerkung zu Nr. 2303.

Sind mehrere Geschäftsgebühren entstanden, so ist immer die zuletzt entstandene Geschäfts- 25
gebühr zur Hälfte, max. mit einem Gebührensatz von 0,75, anzurechnen, Vorbem. 3 Abs. 4 Satz 4 VV.

- **Beispiel** 26

Mandant M wird von Rechtsanwalt R außergerichtlich vertreten. Der Gegenstandswert beträgt € 500,–. Es handelt sich um eine durchschnittliche Angelegenheit, die jedoch besonders umfangreich war. Die Parteien beantragen schließlich eine außergerichtliche Streitbeilegung bei einer Gütestelle. Mandant M wird von Rechtsanwalt R auch in diesem Güteverfahren vertreten.

Nr. 2303 VV

Gegenstandswert: € 500,00, § 2 Abs. 1

1. Außergerichtliche Vertretung

1,5 Geschäftsgebühr Nr. 2300 VV RVG	€ 67,50
Auslagenpauschale, Nr. 7002 VV RVG	€ 13,50
Zwischensumme	€ 81,00
19 % Umsatzsteuer, Nr. 7008 VV RVG	€ 15,39
Summe:	**€ 96,39**

2. Vertretung vor der Gütestelle

1,5 Geschäftsgebühr Nr. 2303 VV RVG	€ 67,50
Auslagenpauschale, Nr. 7002 VV RVG	€ 13,50
Zwischensumme	€ 81,00
abzgl. 0,75 Geschäftsgebühr Nr. 2300, gem. Anmerkung zu Nr. 2300 VV RVG	./. € 33,75
Zwischensumme	€ 47,25
19 % Umsatzsteuer, Nr. 7008 VV RVG	€ 8,98
Summe:	**€ 56,23**

Summe der außergerichtlichen Tätigkeit und Vertretung vor der Gütestelle: **€ 148,77**.

6. Kostenerstattung

a) Kostenerstattung im Schlichtungsverfahren

27 Während einige Bundesländer, die Schlichtungsgesetze einführten, in diesen keine Regelung zur einer etwaigen Kostenerstattung aufgenommen haben (so z. B. NRW), finden sich in anderen Schlichtungsgesetzen klare Regelungen (so z. B. Bayern). Art. 17 BaySchlG lautet: »*Jede Partei trägt ihre eigenen Kosten. Kosten werden, vorbehaltlich einer anderen Regelung in der Vereinbarung zur Konfliktbeilegung, nicht erstattet.*«

28 Da die Schlichtungsgesetze zum größten Teil befristet sind bzw. aktuellen Änderungen unterliegen (vgl. dazu Rn. 6), wird empfohlen, für das jeweilige Bundesland im gegebenen Fall das einschlägige Schlichtungsgesetz beizuziehen.

b) Kostenerstattung im nachfolgenden gerichtlichen Verfahren

29 Kosten für die Durchführung eines Schlichtungsverfahrens sind, da es sich hierbei um eine Prozessvoraussetzung handelt, nicht vermeidbar und daher auch, wenn ein gerichtliches Verfahren folgt, im Sinne von § 91 Abs. 1 ZPO notwendig. Etwas anderes mag dann gelten, wenn die Möglichkeit besteht, statt eines Schlichtungsverfahrens vor der Klage den Weg über das Mahnverfahren zu beschreiten.

30 Es ist anzunehmen, dass der BGH eine Einbeziehung der Geschäftsgebühr Nr. 2303 in das Kostenfestsetzungsverfahren ebenso wie für die Geschäftsgebühr Nr. 2300 verneinen wird (vgl. dazu BGH, Beschl. v. 20. 10. 2005, Az.: I ZB 21/05; Nr. 2300 Rn. 132), so dass im Einzelfall zu prüfen ist, ob derartige Kosten als materiell-rechtlicher Kostenerstattungsanspruch (z. B. Verzug, unerlaubte Handlung, etc.) mit der Klage geltend gemacht werden (vgl. dazu auch die Ausführungen zu Nr. 2300 unter Rn. 140 ff.).

31 Auch Schlichtungsverfahren nach § 111 a ArbGG sind zwar Prozessvoraussetzung, eine Kostenerstattung scheidet jedoch bereits aufgrund von § 12 a Abs. 1 ArbGG aus (Schneider/Wolf RVG VV 2303 Rn. 49).

ABSCHNITT 4
VERTRETUNG IN BESTIMMTEN SOZIALRECHTLICHEN ANGELEGENHEITEN

Vorbemerkung 2.4 VV, Nrn. 2400, 2401 VV

Nr.	Gebührentatbestand	Gebühr oder Satz der Gebühr nach § 13 RVG
	Abschnitt 4 **Vertretung in bestimmten sozialrechtlichen Angelegenheiten**	
	Vorbemerkung 2.4: (1) Im Verwaltungszwangsverfahren ist Teil 3 Abschnitt 3 Unterabschnitt 3 entsprechend anzuwenden. (2) Vorbemerkung 2.3 Abs. 3 gilt entsprechend.	
2400	Geschäftsgebühr in sozialrechtlichen Angelegenheiten, in denen im gerichtlichen Verfahren Betragsrahmengebühren entstehen (§ 3 RVG) .... Eine Gebühr von mehr als 240,00 EUR kann nur gefordert werden, wenn die Tätigkeit umfangreich oder schwierig war.	40,00 bis 520,00 EUR
2401	Es ist eine Tätigkeit im Verwaltungsverfahren vorausgegangen: Die Gebühr 2400 für das weitere, der Nachprüfung des Verwaltungsakts dienende Verwaltungsverfahren beträgt ... (1) Bei der Bemessung der Gebühr ist nicht zu berücksichtigen, dass der Umfang der Tätigkeit infolge der Tätigkeit im Verwaltungsverfahren geringer ist. (2) Eine Gebühr von mehr als 120,00 EUR kann nur gefordert werden, wenn die Tätigkeit umfangreich oder schwierig war.	40,00 bis 260,00 EUR

Inhaltsübersicht

	Rn.		Rn.
A. Allgemeines	1	II. Tätigwerden des Rechtsanwalts im Verwaltungs- und/oder Vorverfahren	4
B. Kommentierung	2	III. Gebührenhöhe	5
I. Normzweck/Anwendungsbereich	2		

A. Allgemeines

Das Vergütungsverzeichnis ist in seinem Aufbau dem Kostenverzeichnis des GKG nachempfunden. Es gliedert sich in sieben Teile auf und ist, auch durch die häufigen Vorbemerkungen und Verweise, nicht besonders übersichtlich. Falls Betragsrahmengebühren i. S. d. § 3 RVG entstehen, fallen für die Tätigkeit des auch **im Verwaltungsverfahren tätigen** Rechtsanwalts im Regelfall eine **Geschäftsgebühr** nach den Nrn. 2400 und 2401 VV RVG, eine **Verfahrensgebühr** (vor dem SG im Rahmen von € 40 bis € 460 nach Nr. 3102 VV RVG, vor dem LSG von € 50 bis € 570 nach Nr. 3204 und vor dem BSG von € 80 bis € 800 nach Nr. 3212 des VV RVG) und eine **Terminsgebühr** nach Maßgabe der Nrn. 3106, 3205 und 3213 VV an; unter Umständen kann auch eine **Einigungs- oder Erledigungsgebühr** entstehen (vgl. Nrn. 1006 und 1007 VV RVG). 1

Vorbemerkung 2.4 VV, Nrn. 2400, 2401 VV

B. Kommentierung

I. Normzweck/Anwendungsbereich

2 Die **Geschäftsgebühr**, die der Rechtsanwalt im Verwaltungsverfahren als eine Art »Grundgebühr« erhält, ergibt sich aus **Nrn. 2400/2401 VV**. Die **Geschäftsgebühr** ist eine **allgemeine Betriebsgebühr**. Sie entsteht für das Betreiben des Geschäfts einschließlich der Informationen (vgl. hierzu Vorbemerkung 2.3 Abs. 3), also sobald der für die Vertretung vor einem Gericht der Sozialgerichtsbarkeit beauftragte Rechtsanwalt **für seinen Auftraggeber tätig wird**. Die den Gebührenanspruch begründende **erste Dienstleistung** oder **Geschäftsbesorgung** ist in der Regel in der Entgegennahme der die sozialrechtliche Angelegenheit betreffenden Informationen zu sehen (so zutreffend *Heinz* in Mutschler, a. a. O., § 3 Rn. 229).

3 Die für die **außergerichtliche Tätigkeit** des Rechtsanwalts vorgesehene Geschäftsgebühr fällt in allen sozialgerichtlichen Verfahren an, in denen im gerichtlichen Verfahren Betragsrahmengebühren nach § 3 entstehen. Sie deckt die außergerichtliche Tätigkeit des Rechtsanwalts vollständig ab. Der für die Geschäftsgebühr vorgesehene Betragsrahmen von € 40,- bis € 520,- entspricht dem Betragsrahmen zu **Nr. 1005** für die außergerichtliche Einigungsgebühr. Die **Mittelgebühr** beträgt € 280,00 (zur Berechnung der Mittelgebühr vgl. § 3 Rn. 19).

II. Tätigwerden des Rechtsanwalts im Verwaltungs- und/oder Vorverfahren

4 Bezüglich der Gebührenhöhe ist zwischen den Fällen zu differenzieren, in denen der Rechtsanwalt schon im **Verwaltungsverfahren** (vgl. hierzu §§ 8 ff. SGB X) tätig war oder erst im **Vorverfahren** (§ 78 SGG) tätig geworden ist. Ist der Rechtsanwalt sowohl im Verwaltungs- als auch dem nachfolgenden Vorverfahren tätig, stehen ihm **zwei Geschäftsgebühren** zu. Dies ergibt sich nicht nur aus **§ 17 Nr. 1 RVG**, wonach das Verwaltungsverfahren, das einem gerichtlichen Verfahren vorausgehende und der Nachprüfung des Verwaltungsakts dienende weitere Verwaltungsverfahren (Vorverfahren, Einspruchsverfahren, Beschwerdeverfahren, Abhilfeverfahren), das Verwaltungsverfahren auf Aussetzung oder Anordnung der sofortigen Vollziehung sowie über einstweilige Maßnahmen zur Sicherung der Rechte Dritter und ein gerichtliches Verfahren verschiedene Angelegenheiten sind und folglich gesondert abgerechnet werden können, sondern auch aus der separaten Gebühr nach Nr. 2401, die das Tätigwerden im Vorverfahren honoriert. Die konkrete Festlegung der Gebühr innerhalb des Rahmens richtet sich nach **§ 14 RVG** (siehe dazu § 3 Rn. 17 ff.). Hinzukommen können **Auslagen** nach Nrn. 7000 bis 7008 (u. a. Ablichtungen, Porto, Fahrtkosten, Umsatzsteuer). Wird der Rechtsanwalt aber jeweils nur im Verwaltungsverfahren oder **nur im Vorverfahren tätig**, erhält er (nur) die Gebühr nach Nr. 2400.

III. Gebührenhöhe

5 Nach Nr. 2400 steht dem Rechtsanwalt in sozialrechtlichen Angelegenheiten, in denen im **gerichtlichen Verfahren** Betragsrahmengebühren entstehen, eine **Geschäftsgebühr** im Rahmen von € 40 bis € 520 zu. Ausdrücklich ist klargestellt, dass eine Geschäftsgebühr von mehr als € 240,00 nur gefordert werden kann, wenn die Tätigkeit **umfangreich** oder **schwierig** war. Dies bedeutet, dass Ausgangspunkt für die Festlegung der im Einzelfall angemessenen Geschäftsgebühr **nicht automatisch** die sog. **Mittelgebühr** ist. Diese war nach alter Rechtslage in allen Fällen maßgebend, in denen aufgrund einer Gesamtschau der in § 12 Abs. 1 Satz 1 BRAGO genannten Bewertungskriterien von einem Durchschnittsfall auszugehen war (vgl. BSG, Urteil vom 26. 02. 1992, 9 a RVs 3/90).

Wird der Rechtsanwalt auch im **anschließenden Vorverfahren** nach §§ 78 ff. SGG tätig, beträgt die Geschäftsgebühr nach **Nr. 2401 nur noch € 40 bis € 260** (vgl. näher dazu Hartung/Römermann RVG Rn. 78 ff. zu VV Teil 2 sowie *Madert* in Gerold/Schmidt/von Eicken/Madert/Müller-Rabe RVG 17. Aufl. VV Nr. 2400, 2401 Rn. 12 ff.). Das Gesetz spricht in Nr. 2401 etwas umständlich von einem »weiteren, der Nachprüfung des Verwaltungsakts dienenden Verwaltungsverfahren«. Durch den **niedrigeren Gebührenrahmen** wird zu Recht berücksichtigt, dass die Tätigkeit im Verwaltungsverfahren die Tätigkeit »im weiteren, der Nachprüfung des Verwaltungsakts dienenden Verwaltungsverfahrens« **deutlich erleichtert**, weil der Rechtsanwalt schon mit dem Sach- und Streitstand vertraut ist. Weil bereits der **Gebührenrahmen niedriger** ist, soll **nicht zusätzlich gebührenmindernd berücksichtigt** werden dürfen, dass der Umfang der anwaltlichen Tätigkeit infolge der Tätigkeit im Verwaltungsverfahren geringer ist (Abs. 1). Hierdurch wird klargestellt, dass der durch die vorangegangene Tätigkeit ersparte Aufwand (**»Synergieeffekte«**) ausschließlich durch die Anwendung des geringeren Rahmens und nicht mehr bei der Bemessung der konkreten Gebühr berücksichtigt wird. Andernfalls würde dieser Tatsache **zu Lasten des Rechtsanwalts** zweimal (**gebührenmindernde**) Bedeutung beigemessen werden. Der Gesetzgeber nimmt in diesem Absatz ausdrücklich die Berücksichtigung eines in § 14 genannten Kriteriums (Umfang der anwaltlichen Tätigkeit) aus. Für die Frage der Angemessenheit der Gebühr sind aber die übrigen Kriterien des § 14 anzuwenden.

Allerdings gilt dies nur bei einer Gebühr von bis zu € 120,00. Dies ergibt sich aus Abs. 2, wonach eine Gebühr von mehr als € 120,00 nur gefordert werden kann, wenn die Tätigkeit **umfangreich oder schwierig war** (vgl. hierzu § 3 Rn. 22). Dies hängt vom Einzelfall ab und ist (vgl. § 3 Rn. 20) nach objektiven Kriterien zu beurteilen. Der Gesetzgeber hat auch hier klargestellt, dass die Mittelgebühr von € 150,00 nicht der Regelfall ist. Bearbeitet also der Rechtsanwalt das Verwaltungs- und das Vorverfahren, kann er, falls seine Tätigkeit nicht umfangreich oder schwierig war, nur eine Gebühr nach Nr. 2400 in Höhe von € 240,00 sowie eine Gebühr nach Nr. 2401 in Höhe von € 120,00 verlangen. Eine »Gesamtgebühr« in Höhe von € 360,00 für das Verwaltungs- und das anschließende Vorverfahren ist demnach nach dem Willen des Gesetzes der »Regelfall« und soll nur erhöht werden können, wenn die anwaltliche Tätigkeit »umfangreich oder schwierig« war. Dies muss der Rechtsanwalt, falls er höhere Gebühren als die für den Regelfall vorgesehenen € 240,00 bzw. € 120,00 verlangt, im Einzelnen nachvollziehbar darlegen.

ABSCHNITT 5
BERATUNGSHILFE

Vorbemerkung 2.5 VV

Nr.	Gebührentatbestand	Gebühr oder Satz der Gebühr nach § 13 RVG
	Abschnitt 5 **Beratungshilfe**	
	Vorbemerkung 2.5: Im Rahmen der Beratungshilfe entstehen Gebühren ausschließlich nach diesem Abschnitt.	

Inhaltsübersicht

	Rn.		Rn.
A. Allgemeines	1	3. Pflicht zur Übernahme / Hinweispflicht	30
B. Kommentierung	11	4. Entscheidung über den Antrag / nachträgliche Beantragung	35
I. Anwendungsbereich	11	5. Verfahrensablauf	36
1. Angelegenheiten, für die Beratungshilfe gewährt wird	11	6. Nachträgliche Bewilligung	39
II. Der Tatbestand im Einzelnen	15	7. Ablehnung der Beratungshilfe / Vergütungsanspruch	42
1. Voraussetzungen für die Bewilligung	15	8. Eine oder mehrere Angelegenheiten	46
a) Fehlende erforderliche Mittel	16	9. Vergütungsvereinbarungen	62
b) Fehlende andere Hilfsmöglichkeit	17	10. Kostenersatz durch Gegner	63
c) Fehlende Mutwilligkeit	24	11. Kein Vorschussrecht	66
2. Personen / Stellen, die Beratungshilfe gewähren	25	12. Auslagenersatz	67

A. Allgemeines

1 Für Bürger mit geringem Einkommen ist die Rechtsberatung durch das Beratungshilfegesetz (BerHG v. 18. 06. 1980, BGBl. I, S. 689), zuletzt geändert durch Gesetz zur Umsetzung gemeinschaftsrechtlicher Vorschriften über die grenzüberschreitende Prozesskostenhilfe in Zivil- und Handelssachen in den Mitgliedstaaten (EG-Prozesskostenhilfegesetz) vom 15. 12. 2004 (BGBl. I, S. 3392) bundeseinheitlich geregelt worden. Während in gerichtlichen Verfahren unter den Voraussetzungen der §§ 114 ff. ZPO Prozesskostenhilfe gewährt werden kann, bezieht sich die Beratungshilfe ausschließlich auf eine außergerichtliche Beratung oder Vertretung. Beratungshilfe endet dort, wo Prozesskostenhilfe beginnt oder beginnen könnte (Kammeier Rpfleger 1998, 501).

2 Beratungshilfe kann nach § 1 BerHG gewährt werden.

»§ 1 BerHG

(1) Hilfe für die Wahrnehmung von Rechten außerhalb eines gerichtlichen Verfahrens und im obligatorischen Güteverfahren nach § 15 a des Gesetzes betreffend die Einführung der Zivilprozessordnung (Beratungshilfe) wird auf Antrag gewährt, wenn

    1. der Rechtsuchende die erforderlichen Mittel nach seinen persönlichen und wirtschaftlichen Verhältnissen nicht aufbringen kann,

2. nicht andere Möglichkeiten für eine Hilfe zur Verfügung stehen, deren Inanspruchnahme dem Rechtsuchenden zuzumuten ist,
3. die Wahrnehmung der Rechte nicht mutwillig ist.

(2) Die Voraussetzungen des Absatzes 1 Nr. 1 sind gegeben, wenn dem Rechtsuchenden Prozesskostenhilfe nach den Vorschriften der Zivilprozessordnung ohne einen eigenen Beitrag zu den Kosten zu gewähren wäre.«

§ 12 BerHG enthält Sonderregelungen im Hinblick auf öffentliche Rechtsberatung in den Ländern Bremen, Hamburg und Berlin. Sofern die in § 12 Abs. 1 BerHG geregelte öffentliche Rechtsberatung greift, scheidet eine Rechtsberatung durch Rechtsanwälte oder das Amtsgericht aus.

§ 12 BerHG

»(1) In den Ländern Bremen und Hamburg tritt die eingeführte öffentliche Rechtsberatung an die Stelle der Beratungshilfe nach diesem Gesetz, wenn und soweit das Landesrecht nichts anderes bestimmt.

(2) Im Land Berlin hat der Rechtsuchende die Wahl zwischen der Inanspruchnahme der dort eingeführten öffentlichen Rechtsberatung und anwaltlicher Beratungshilfe nach diesem Gesetz, wenn und soweit das Landesrecht nichts anderes bestimmt.

(3) Die Berater der öffentlichen Rechtsberatung, die über die Befähigung zum Richteramt verfügen, sind in gleicher Weise wie ein beauftragter Rechtsanwalt zur Verschwiegenheit verpflichtet und mit schriftlicher Zustimmung des Ratsuchenden berechtigt, Auskünfte aus Akten zu erhalten und Akteneinsicht zu nehmen.«

Näheres über die Öffentliche Rechtsauskunft- und Vergleichsstelle in Hamburg (ÖRA) kann man im Internet auf der Website der ÖRA unter www.oera.hamburg.de (Stand: Febr. 2006) erfahren.

In Bremen wurde die Öffentliche Rechtsberatung durch Gesetz v. 01.07.1975 (Br. GBl., 297, SaBremR 303 – c – 1) ab 01.09.1975 eingeführt. Für Bremen erhält man unter der Website des Bremer Anwaltsvereins unter www.anwaltsverein-bremen.de (Stand: Juli 2008) sowie unter www.arbeitnehmerkammer.de (Stand: Juli 2008) weitergehende Informationen.

In Berlin sind nach den Grundsätzen für die Rechtsberatungsstellen der Bezirksämter von Berlin (v. 22.01.1974, AmtsBl. f. Berlin, S. 289) bei den dortigen Sozialämtern der Bezirksämter entsprechende Einrichtungen vorhanden. Zwar sind die Grundsätze zum 31.03.1984 außer Kraft getreten, die Rechtsberatungsstellen wurden jedoch bisher nicht aufgelöst. Zudem kann über Rechtsanwälte Beratungshilfe nach dem Beratungshilfegesetz gewährt werden.

Bei Streitsachen mit grenzüberschreitendem Bezug in das EU-Ausland kommt ebenfalls Beratungshilfe nach § 10 BerHG in Betracht:

§ 10 BerHG

»(1) Bei Streitsachen mit grenzüberschreitendem Bezug nach der Richtlinie 2003/8/EG des Rates vom 27. Januar 2003 zur Verbesserung des Zugangs zum Recht bei Streitsachen mit grenzüberschreitendem Bezug durch Festlegung gemeinsamer Mindestvorschriften für die Prozesskostenhilfe in derartigen Streitsachen (ABl. EG Nr. L 26 S. 41, ABl. EU Nr. L 32 S. 15) wird Beratungshilfe gewährt

1. für die vorprozessuale Rechtsberatung im Hinblick auf eine außergerichtliche Streitbeilegung,
2. für die Unterstützung bei einem Antrag nach § 1077 der Zivilprozessordnung, bis das Ersuchen im Mitgliedstaat des Gerichtsstands eingegangen ist.

(2) § 2 Abs. 3 findet keine Anwendung.

(3) Für die Übermittlung von Anträgen auf grenzüberschreitende Beratungshilfe gilt § 1077 der Zivilprozessordnung entsprechend.

Vorbemerkung 2.5 VV

(4) Für eingehende Ersuchen um grenzüberschreitende Beratungshilfe ist das in § 4 Abs. 1 Satz 2 bezeichnete Amtsgericht zuständig. § 1078 Abs. 1 Satz 2, Abs. 2 Satz 2 und Abs. 3 der Zivilprozessordnung gilt entsprechend.«

8   In außergerichtlichen Streitbeilegungen nach § 15 a EGZPO (Schlichtungsgesetze der Länder) soll die Bewilligung von Beratungshilfe ausgeschlossen sein (AG Nürnberg JurBüro 2002, 147). Diese Auffassung ist nach Ansicht der Verfasserin nicht zu teilen. Wird der Auftraggeber in einem solchen Verfahren anwaltlich vertreten, und würde hierdurch – ohne Beratungshilfe – eine Geschäftsgebühr Nr. 2303 ausgelöst, so ist nach Ansicht der Verfasserin Beratungshilfe zu gewähren. So wird denn auch allgemein der Anspruch auf Beratungshilfe in obligatorischen Güteverfahren nach § 15 a EGZPO bejaht (Hartmann NJW 1999, 3749). Zu beachten ist dabei, dass zum 31. 12. 2005 in vielen Landes-Schlichtungsgesetzen Änderungen erfolgt sind, vgl. dazu die Kommentierung zu Nr. 2303 unter Rn. 6.

9   Die Bewilligung von Beratungshilfe ist möglich, wenn ein Rechtsuchender verklagt wurde und sich darüber beraten lassen möchte, ob der Rechtsstreit sich lohnt (Reuter NJW 1985, 2011; Kalthoener / Büttner / Wrobel-Sachs Prozesskosten- und Beratungshilfe Rn. 916; Hansens JurBüro 1987, 333 f.).

10 Für den Streit über die Bewilligung von PKH kommt Beratungshilfe nicht in Frage (OLG Hamm NJW 1982, 287; LG Osnabrück NdsRpfl. 2003, 72; Mümmler JurBüro 1984, Sp. 775 f. m. w. N.). Das OLG München hält Beratungshilfe im PKH-Verfahren nur dann für möglich, wenn es sich um eine Tätigkeit außerhalb eines gerichtlichen Verfahrens handelt, nicht aber um Vertretung im PKH-Prüfungsverfahren (OLG München Rpfleger 1998, 235 = AnwBl. 2000, 58 = JurBüro 1998, 363 = NJW-RR 1999, 684). Nach anderer Meinung kommt Beratungshilfe solange in Betracht, wie über die PKH nicht entschieden ist (Pentz NJW 1982, 1269 f. m. w. N.; BGH NJW 1984, 2106 = AnwBl. 1985, 216 m. krit. Anm. Trenk-Hinterberger = JurBüro 1984, 1349); aus diesem Grund müsse Beratungshilfe auch im Vorfeld des PKH-Verfahrens gewährleistet sein (BVerfG AnwBl. 1983, 216; NJW 1984, 2106; AG Wuppertal AnwBl. 1984, 459; AG Arnsberg JurBüro 1991, 803 = Rpfleger 1991, 25; LG Mainz Rpfleger 1986, 155; AG Neustadt AnwBl. 1986, 458; Greißinger AnwBl. 1989, 573; Mümmler JurBüro 1991, 1309; 1995, 295; **a. A.**: AG München AGS 1998, 91; AG Emmendingen AGS 1998, 125 m. abl. Anm. Madert). Auch zur Abwehr eines PKH-Antrags kann Beratungshilfe für Beratung und Vertretung bewilligt werden (AG Neumünster AGS 1993, 4). Bis zur Antragstellung von PKH kann für den Antragsteller Beratungshilfe gewährt werden, für den Antragsgegner in der Regel bis zur Bewilligung der PKH.

B. Kommentierung

I. Anwendungsbereich

1. Angelegenheiten, für die Beratungshilfe gewährt wird

11 Beratungshilfe wird in Angelegenheiten des Zivilrechts, Arbeitsrechts, Verwaltungsrechts, Verfassungsrechts und Sozialrechts gewährt. In Straf- und Ordnungswidrigkeitensachen wird lediglich Beratungshilfe für die Beratung (nicht aber Vertretung) gewährt.

§ 2 BerHG

»(1) Die Beratungshilfe besteht in Beratung und, soweit erforderlich, in Vertretung.

(2) Beratungshilfe nach diesem Gesetz wird gewährt in Angelegenheiten

1. des Zivilrechts einschließlich der Angelegenheiten, für deren Entscheidung die Gerichte für Arbeitssachen zuständig sind,
2. des Verwaltungsrechts,

3. des Verfassungsrechts,
4. des Sozialrechts.

In Angelegenheiten des Strafrechts und des Ordnungswidrigkeitenrechts wird nur Beratung gewährt. Ist es im Gesamtzusammenhang notwendig, auf andere Rechtsgebiete einzugehen, wird auch insoweit Beratungshilfe gewährt.

(3) Beratungshilfe nach diesem Gesetz wird nicht gewährt in Angelegenheiten, in denen das Recht anderer Staaten anzuwenden ist, sofern der Sachverhalt keine Beziehung zum Inland aufweist.«

In Bayern wird auch darüber hinaus Beratungshilfe im **Steuerrecht** gewährt (Art. 51 AGGVG vom 23. 06. 1981, BayerGVBl. 1981, 188). Am 14.10.2008 entschied das BVerfG, dass die Versorgung von BerH im Steuerrecht verfassungswidrig ist (BVerfG, Beschl. v. 14.10.2008, Az.: 1 BvR 2310/06, PM Nr. 91/2008). Bis zu einer Neuregelung des § 2 BerHG durch den Gesetzgeber ist – sofern die übrigen Voraussetzungen vorliegen – Beratungshilfe im Steuerrecht zu gewähren.

Weder die deutsche Staatsangehörigkeit noch der Wohnsitz in Deutschland sind Voraussetzungen für die Gewährung von Beratungshilfe (BVerfG NJW 1993, 383).

Auch für die Einholung einer Deckungszusage bei der Rechtsschutzversicherung kann Beratungshilfe gewährt werden (Finke JurBüro 1999, 622).

Die Gebühr für die Prüfung der Erfolgsaussichten eines Rechtsmittels ist im 2. Teil des VV geregelt. Damit scheidet ein Antrag über Prozesskostenhilfe für diese Gebühr aus. Denkbar wäre allerdings, dass der Rechtsanwalt Beratungshilfe hierfür beantragt. So entschied denn auch das OLG Frankfurt/M. am 28.04.2005 mit Beschluss, Az.: 1 W 33/05 (LG Limburg a. d. Lahn); ebenso: Gerold/Schmidt/von Eicken/Madert/Müller-Rabe 16. Auflage 2004 RVG VV 2600–2608 Rn. 23; Kalthoener/Büttler/Wrobel-Sachs Prozesskostenhilfe und Beratungshilfe Rn. 921; a. A.: Hartung AnwBl. 2005, 206 f. Das OLG Frankfurt hat die Rechtsbeschwerde zugelassen, da es um eine Frage des Verfahrens der PKH geht (vgl. dazu BGH NJW-RR 2003, 1001 f.) und die Voraussetzungen für die Zulassung vorliegen. Zwar berücksichtigte das OLG Frankfurt/M., dass die Beratungshilfe nach § 1 BerHG »*außerhalb eines gerichtlichen Verfahrens*« zu gewähren ist, allerdings solle die Gebühr für die Beratungshilfe immer dann greifen, wenn für die PKH kein Raum sei. Auch könne die Frage der Aussicht auf Erfolg als Voraussetzung für die Bewilligung von PKH auf die Prüfungsgebühr keine Anwendung finden. Im Hinblick darauf, dass mit einer Fülle von entsprechenden PKH-Anträgen zu rechnen wäre (und das »*Interesse des Kostenschuldners*«, hier des Staats, sicherlich eine große Rolle spielt), muss davon ausgegangen werden, dass auch der BGH die Anwendung von PKH für die Prüfungsgebühr nach Nr. 2200 verneint und auf die Beratungshilfe verweist.

Nach § 2 Abs. 2 Satz 2 BerHG wird in Strafsachen lediglich Beratungshilfe für die Beratung gewährt, nicht für die Vertretung. Allerdings ist in § 2 Abs. 2 Satz 3 BerHG geregelt, dass in den Fällen, in denen daneben auch im Gesamtzusammenhang betrachtet notwendig ist, auf andere Rechtsgebiete einzugehen, auch insoweit Beratungshilfe gewährt wird.

II. Der Tatbestand im Einzelnen

1. Voraussetzungen für die Bewilligung

Anspruch auf Beratungshilfe haben Rechtsuchende,

– die die erforderlichen Mittel für eine Rechtsberatung nicht aufbringen können,
– für die keine anderweitigen Hilfsmöglichkeiten bestehen

und

– wenn die beabsichtigte Wahrnehmung der Rechte nicht mutwillig ist.

Vorbemerkung 2.5 VV

a) Fehlende erforderliche Mittel

16 Die erforderlichen Mittel kann der Rechtsuchende dann nicht aufbringen, wenn ihm (im Falle eines gerichtlichen Verfahrens) Prozesskostenhilfe ohne Ratenzahlung zu bewilligen wäre.

Auch bei Verbraucherinsolvenzverfahren ist die Voraussetzung, dass der Rechtsuchende die erforderlichen Mittel nach seinen persönlichen und wirtschaftlichen Verhältnissen nicht aufbringen kann, zu prüfen. Selbst wenn davon auszugehen ist, dass diese beim Schuldner eines Verbraucherinsolvenzverfahrens regelmäßig vorliegen (Fuchs/Bayer Rpfleger 2000, 2), ist eine Einzelfallprüfung vorzunehmen.

b) Fehlende andere Hilfsmöglichkeit

17 Sofern andere Hilfsmöglichkeiten gegeben sind, hat der Rechtsuchende erst diese auszuschöpfen, bevor er über die Beratungshilfe einen Anwalt aufsucht, soweit sie

– sich objektiv eignen
– und dem Rechtsuchenden zumutbar sind (Schoreit/Dehn Beratungshilfe und Prozesskostenhilfe § 1 BerHG Rn. 41).

18 Voraussetzung für die Eignung einer anderen Hilfsmöglichkeit ist, dass diese Stelle die Befugnis zur Rechtsberatung hat (Schoreit/Dehn Beratungshilfe und Prozesskostenhilfe § 1 BerHG Rn. 42).

19 Andere Hilfsmöglichkeiten bieten z. B.:

– Schuldnerberatungsstellen (vgl. dazu Kammeier Rpfleger 1998, 502 – keine Verpflichtung, erst Schuldnerberatungsstelle aufzusuchen, da diese zur Zeit den Beratungsbedarf nicht decken können; AG Schwelm ZinsO 2000, 173; Vallender MDR 1999, 5999 m. w. N.; außerdem bestehe aufgrund der Wartefristen die Gefahr der Einzelvollstreckung, Fuchs/Bayer Rpfleger 2000, 3; *a. A.*: Landmann Rpfleger 2000, 196 ff.);
– Rechtsschutzversicherungen (Beratungshilfe nur dann, wenn kein Deckungsschutz besteht oder die Vergütung unterhalb der vertraglich vereinbarten Selbstbeteiligung liegt, Gebauer/Schneider RVG VV Vorbem. 2.6. Rn. 4); bei Verneinung der Eintrittspflicht trotz Gegenvorstellung kann der Rechtsuchende nicht auf eine Deckungsklage verwiesen werden (vgl. dazu zur PKH: LAG Düsseldorf AnwBl. 1982, 77); zum Meinungsstreit, ob eine bestehende Rechtsschutzversicherung als »*andere Möglichkeit*« im Sinne von § 1 Abs. 1 Nr. 2 BerHG zu behandeln ist oder aber anzunehmen ist, dass der Rechtsuchende hierdurch nicht »*mittellos*« ist, vgl. Schoreit/Dehn Beratungshilfe und Prozesskostenhilfe § 1 BerHG Rn. 32);
– Jugendamt zu Fragen des Kindesunterhalts (AG Leverkusen AGS 2003, 125 m. Anm. Benkelberg; AG Neunkirchen FF 1999, 60 m. krit. Anm. Kundler; AG Rotenburg Wümme Rpfleger 1990, 171; *a. A.*: *Madert* in Gerold/Schmidt/von Eicken/Madert/Müller-Rabe RVG VV 2500–2508 Rn. 4);
– Jugendamt zu Fragen des Sorge- und Umgangsrechts (Lindemann/Trenk-Hinterberger § 1 BerHG Rn. 17 m. w. N.);
– Beratungsstellen der Deutschen Rentenversicherung Bund zu Fragen der Rente;
– Sozialämter zu Fragen des Anspruchs auf Sozialhilfe;
– Wohnungsämter zu Fragen des Anspruchs auf Wohngeld;
– Mitgliedschaft einer Gewerkschaft (z. B. zu arbeitnehmerrechtlichen Fragen);
– Mitgliedschaft in einem Berufsverband;
– Mitgliedschaft im Mieterbund/Mieterverein (zu mietrechtlichen Fragen);
– Heimleitung eines Übergangswohnheims (im Einzelfall ja: Schoreit/Dehn Beratungshilfe und Prozesskostenhilfe § 1 BerHG Rn. 40);
– Heimaufsicht eines Altenheims (im Einzelfall ja: Schoreit/Dehn Beratungshilfe und Prozesskostenhilfe § 1 BerHG Rn. 40);

- kommunale Rechtsauskunftsstellen (Schoreit/Dehn Beratungshilfe und Prozesskostenhilfe § 1 BerHG Rn. 55 mit zahlreichen Nachweisen und Adressen);
- Versorgungsämter zu Fragen nach Ansprüchen auf Leistungen nach dem Schwerbehinderten-Gesetz (Schoreit/Dehn Beratungshilfe und Prozesskostenhilfe § 1 BerHG Rn. 63);
- gesetzliche Krankenkassen (Schoreit/Dehn Beratungshilfe und Prozesskostenhilfe § 1 BerHG Rn. 63);
- Verbraucherverbände (Schoreit/Dehn Beratungshilfe und Prozesskostenhilfe § 1 BerHG Rn. 71, 87);
- Seniorenberatungsstellen;
- Rentenberater (Schoreit/Dehn Beratungshilfe und Prozesskostenhilfe § 1 BerHG Rn. 86 a);
- Verbraucherzentralen (Schoreit/Dehn Beratungshilfe und Prozesskostenhilfe § 1 BerHG Rn. 90).

Das BVerfG hat zur Frage der Verweisung des Rechtssuchenden auf andere Möglichkeiten am 12.06.2007 wie folgt entschieden (LS – BVerfG, Beschl. v. 12.06.2007, Az:. 1 BvR 1014/07 RVGreport 2008, 199): »Die Versagung der Gewährung nachträglicher Beratungshilfe verletzt den Rechtssuchenden nicht in seinen verfassungsmäßigen Rechten, wenn er darauf verwiesen wird, sich vor Inanspruchnahme von Beratungshilfe zunächst durch Nachfrage bei der zuständigen Behörde selbst um Klärung der Angelegenheit zu bemühen.« Im vorliegenden Fall hatte ein Student sich wg. seiner Unterhaltsansprüche neben dem Bafög gleich an einen Anwalt gewendet, statt zunächst das Studentenwerk als dem zuständigen Amt für Ausbildungsförderung aufzusuchen, da dieses nach § 14 SGB I zur umfassenden Beratung verpflichtet sei. Das Bundesverfassungsgericht hat dabei nicht verkannt, dass es in manchen Fällen dem Rechtssuchenden nicht zumutbar sei, gerade die Behörde um Beratung zu bitten, gegen die er in der fraglichen Angelegenheit argumentieren müsse (vgl. dazu auch LG Göttingen JurBüro 1988, 607). Hier habe es sich jedoch um eine erstmalige Nachfrage gehandelt und das Studentenwerk habe darüber hinaus auch auf seinem Briefkopf auf die Beratungsmöglichkeit hingewiesen (»Auskunft erteilt:«). Auch das Argument des Beschwerdeführers, er sei Analphabet, war für das BVerfG nicht durchschlagend, da die Beratungshilfe kein Instrument der allgemeinen Lebenshilfe sei.

Ähnlich hatte das BVerfG bereits 2007 in einem anderen Fall entschieden, als es einen Rechtssuchenden auf eine Schuldnerberatungsstelle verwiesen hatte, nachdem lange Wartezeiten weder vorgetragen noch sonst ersichtlich waren (BVerfG NJW-RR 2007, 347 = RVGreport 2007, 40 m. Anm. Hansens).

Die Bewilligung von Beratungshilfe kann nach § 1 Abs. 1 Ziff. 2 BerHG jedoch nicht mit der Begründung einer kostengünstigeren Alternative der örtlichen Schuldnerberatungsstelle verweigert werden, wenn diese Institution nicht über die erforderlichen Kapazitäten verfügt, um eine zügige Bearbeitung der Angelegenheit zu gewährleisten. Wartezeiten von zumindest sechs bis neun Monaten sind nicht zumutbar (AG Schwerte, Beschl. v. 05.08.2004, Az.: 3 II a 273/02).

Zu beachten ist jedoch, dass grundsätzlich im Einzelfall eine entsprechende Möglichkeit örtlich vorhanden und dem Rechtsuchenden auch zumutbar sein muss. Beratungshilfe ist nicht dazu da, dem Rechtsuchenden lästige Behördengänge zu ersparen. Sie kann aber nicht verwehrt werden, wenn objektiv und subjektiv die Voraussetzungen zur Bewilligung vorliegen. Dabei ist grundsätzlich auf eine Waffengleichheit der sich gegenüber stehenden Parteien zu achten. Sucht der Auftraggeber gerade Schutz vor einer bestimmten Behörde, kann er nicht auf die Beratungsmöglichkeiten durch diese Behörde verwiesen werden (Grunsky NJW 1980, 2047; Bischof NJW 1981, 895; AG Mönchengladbach AnwBl. 1985, 333 f., speziell auch dann, wenn eine Ausländerbehörde die gebotene Aufklärung unterlassen hat oder sogar unzulässige Bedingungen für die Rückgabe des Nationalpasses an die Antragstellerin stellte).

Daher ist eine Ablehnung von Beratungshilfe gerade dann nicht angezeigt, wenn bei der Behörde, die beraten soll, eine gewisse Parteilichkeit anzunehmen ist.

Vorbemerkung 2.5 VV

Unzumutbar bzw. keine andere Möglichkeit im Sinne des § 1 Abs. 1 Nr. 2 BerHG sind

- die Beratung durch freie Wohlfahrtsverbände in sozialrechtlichen Angelegenheiten;
- Verweis auf Problemlösungen in den Medien, da hier der Schwerpunkt nicht im Rechtsbereich liegen darf (BGH NJW 2002, 2877 ff.);
- Kraftfahrervereinigungen (Schoreit/Dehn Beratungshilfe und Prozesskostenhilfe § 1 BerHG Rn. 96);
- Schieds- und Schlichtungsstellen der IHKs, Handwerksinnungen, usw. (Schoreit/Dehn Beratungshilfe und Prozesskostenhilfe § 1 BerHG Rn. 98).

Ein Asylsuchender kann nicht auf die Auskunft der Ausländerbehörde verwiesen werden (AG Oldenburg AnwBl. 1994, 432; a. A.: AG Westerburg NVwZ – Beilage I 1999, 76).

c) Fehlende Mutwilligkeit

24 Mutwilligkeit wird dann angenommen, wenn eine verständige, nicht bedürftige Partei ihre Rechte nicht in gleicher Weise verfolgen würde, und wo ein sachlich gerechtfertigter Wunsch nach Aufklärung über die Rechtslage und nach rechtlichem Beistand nicht zu erkennen ist (LG Münster JurBüro 1984, 447; AG Marburg JurBüro 1985, 594; AG Geldern JurBüro 1987, 142).

Mutwilligkeit liegt vor, wenn der Rechtsuchende, ohne eine Kontaktaufnahme mit der zuständigen Behörde versucht zu haben, zugleich anwaltliche Hilfe in Anspruch nimmt (AG Northeim JurBüro 1990, 1447).

Erfolgsaussichten müssen nicht gegeben sein (*Madert* in Gerold/Schmidt/von Eicken/Madert/Müller-Rabe RVG 17. Aufl. 2006 VV 2500–2508 Rn. 5; Schoreit/Dehn Beratungshilfe und Prozesskostenhilfe § 1 BerHG Rn. 14).

Unwirtschaftliches Verhalten steht der Gewährung von Beratungshilfe nicht entgegen (Schoreit/Dehn Beratungshilfe und Prozesskostenhilfe § 1 BerHG Rn. 22).

Mutwilligkeit liegt nicht vor, wenn ein Beamtenbewerber sich über die Möglichkeit der Ablehnung eines AIDS-Tests erkundigt und hierfür Beratungshilfe in Anspruch nimmt (AG Nürnberg JurBüro 1988, 857).

2. Personen/Stellen, die Beratungshilfe gewähren

25 Die Beratungshilfe wird durch Rechtsanwälte, Rechtsbeistände, die Mitglied einer Rechtsanwaltskammer sind, sowie durch Beratungsstellen, die auf Grund einer Vereinbarung mit der Landesjustizverwaltung eingerichtet sind, gewährt, § 3 Abs. 1 BerHG.

Auch durch das Amtsgericht kann Beratungshilfe gewährt werden, soweit dem Anliegen durch eine sofortige Auskunft, einen Hinweis auf andere Möglichkeiten für Hilfe oder die Aufnahme eines Antrags oder einer Erklärung entsprochen werden kann.

26 Nach § 49 a BRAO ist der Rechtsanwalt verpflichtet, Beratungshilfe zu übernehmen und kann diese nur im Einzelfall ablehnen. Auch wenn noch kein Berechtigungsschein erteilt worden ist, darf der Rechtsanwalt die Beratungshilfe nicht grundsätzlich ablehnen (Kalthoener/Büttner/Wrobel-Sachs Prozesskostenhilfe und Beratungshilfe Rn. 924; Feuerich/Braun BRAO § 49 a Rn. 2).

Er ist jedoch nicht verpflichtet, die Beratungshilfe vor Erteilung des Berechtigungsscheins zu erteilen, da er dann Gefahr läuft, dass die begehrte Beratungshilfe nicht bewilligt wird und er ohne Vergütung bleibt (*N. Schneider* in Gebauer/Schneider RVG § 44 Rn. 8 f.). Insoweit wird auch auf die Kommentierung unter § 44 verwiesen.

27 Wird Beratungshilfe durch das Amtsgericht gewährt, ist hierfür nach § 24 a Abs. 1 Nr. 2 RPflG der Rechtspfleger zuständig. Eine Verpflichtung zur Beratungshilfe durch den Rechtspfleger

gibt es nicht, insoweit handelt es sich bei § 3 BerHG um eine Kann-Vorschrift, deren Anwendung im Ermessen des Rechtspflegers liegt.

Allerdings darf der Rechtspfleger es sich bei Ablehnung der Beratungshilfe durch ihn nicht zu leicht machen. Die oft übliche Praxis, den Antragsteller auch für die Beantragung eines Berechtigungsscheins an die Anwaltschaft zu verweisen, ist nach Ansicht der Verfasserin nicht zu billigen. Denn eine Verpflichtung für den Rechtsanwalt, den Antrag auf Beratungshilfe zu **stellen**, lässt sich aus dem Gesetz nicht ableiten. § 49 a BRAO verpflichtet den Anwalt lediglich, eine bewilligte Beratungshilfe zu leisten. 28

Die Beratungshilfevergütung nach RVG steht einer i. S. v. § 305 Abs. 1 Nr. 1 InsO anerkannten Stelle für Verbraucherinsolvenzberatung oder einem Rechtsbestand, der nicht Mitglied einer Rechtsanwaltskammer ist, nicht zu (OLG Düsseldorf, Beschl. v. 13. 11. 2007, Az.: 1–10 W 33/07 RVGreport 2008, 216), gleiches gilt für einen Steuerberater oder eine Steuerberater GbR (OLG Düsseldorf, a. a. O.). Auch die Tätigkeit des Anwalts im Hintergrund löst die Vergütungsansprüche nach dem RVG nicht aus (OLG Düsseldorf, a. a. O.). 29

3. Pflicht zur Übernahme/Hinweispflicht

Die Pflicht des Rechtsanwalts, auf den möglichen Anspruch von Beratungshilfe hinzuweisen, ergibt sich aus § 16 Berufsordnung. Eine Verletzung dieser Hinweispflicht kann zur Schadensersatzpflicht des Anwalts führen (OLG Düsseldorf AnwBl. 1984, 444; Greißinger AnwBl. 1994, 371; 1996, 606). 30

§ 16 BRAO Prozesskostenhilfe und Beratungshilfe

»(1) Der Rechtsanwalt ist verpflichtet, bei begründetem Anlass auf die Möglichkeiten von Beratungs- und Prozesskostenhilfe hinzuweisen.

(2) Der Rechtsanwalt darf nach Bewilligung von Prozesskostenhilfe oder bei Inanspruchnahme von Beratungshilfe von seinem Mandanten oder Dritten Zahlungen oder Leistungen nur annehmen, die freiwillig und in Kenntnis der Tatsache gegeben werden, dass der Mandant oder der Dritte zu einer solchen Leistung nicht verpflichtet ist.«

§ 16 Abs. 2 Berufsordnung regelt, dass nach Inanspruchnahme von Beratungshilfe der Rechtsanwalt von seinem Mandanten oder Dritten Zahlungen oder Leistungen nur annehmen darf, die von diesen freiwillig und in Kenntnis der Tatsache gegeben werden, dass eine Verpflichtung hierzu nicht besteht. An die Freiwilligkeit werden hohe Anforderungen gestellt. Freiwillig kann eine Leistung nur erfolgen, wenn Kenntnis darüber herrscht, dass keine Pflicht zur Zahlung besteht. Da im Streitfall der Rechtsanwalt für die Freiwilligkeit der Leistung beweispflichtig sein wird, sollte der erteilte Hinweis immer schriftlich erfolgen. 31

§ 49 a BRAO Pflicht zur Übernahme der Beratungshilfe

»(1) Der Rechtsanwalt ist verpflichtet, die in dem Beratungshilfegesetz vorgesehene Beratungshilfe zu übernehmen. Er kann die Beratungshilfe im Einzelfall aus wichtigem Grund ablehnen.

(2) Der Rechtsanwalt ist verpflichtet, bei Einrichtungen der Rechtsanwaltschaft für die Beratung von Rechtsuchenden mit geringem Einkommen mitzuwirken. Er kann die Mitwirkung im Einzelfall aus wichtigem Grund ablehnen.«

Die Ablehnung der Beratungshilfe ist nur aus wichtigem Grund möglich. Ansonsten besteht eine Pflicht zur Übernahme. 32

Ein **wichtiger Grund** dürfte dann vorliegen, wenn der Rechtsanwalt mit der Person des Rechtsuchenden in der Vergangenheit bereits erhebliche Schwierigkeiten hatte, wie z. B. Anpöbeln des Rechtsanwalts oder seiner Mitarbeiter; Erscheinen in betrunkenem Zustand; Täuschung bei vergangenen Beratungshilfemandaten und damit verbundenes fehlendes Ver- 33

Vorbemerkung 2.5 VV

trauensverhältnis, z. B. durch falsche Angaben oder auch Gewissensnot (Bischof NJW 1981, 894, 899), u. ä.

Kein wichtiger Grund ist die Tatsache, dass der Rechtsanwalt »*sonst nie Beratungshilfe macht*«.

34 Fraglich ist auch, ob die Tatsache, dass der Rechtsanwalt das gegenständliche Rechtsgebiet »*sonst nicht bearbeitet*«, einen wichtigen Ablehnungsgrund darstellt. Tatsächlich ist zu beobachten, dass auch durch immer neue Fachanwaltschaften eine erhebliche Spezialisierung der Anwaltschaft fortschreitet. Soll nun ein Medienrechtler oder Wirtschaftsjurist einen Trennungsunterhaltsanspruch berechnen, kann ihn das vor eine Aufgabe stellen, die erheblicher Vorbereitungszeit bedarf. Ob der Rat oder die Vertretung in einem solchen Mandat noch den Interessen des Rechtsuchenden gerecht wird, mag bezweifelt werden. Den Anwalt trifft insoweit eine Sorgfaltspflicht, den Rechtsuchenden hierauf hinzuweisen. Dieser hat es dann selbst in der Hand, ob er einen anderen Anwalt aufsuchen möchte oder nicht (Feuerich/Braun BRAO § 49a Rn. 6). Der Anwalt ist darüber hinaus berechtigt, den Rechtsuchenden an das Amtsgericht zu verweisen, wenn die Voraussetzungen für die Bewilligung der Beratungshilfe als nicht gegeben gesehen werden (Bischof NJW 1981, 894, 899).

4. Entscheidung über den Antrag/nachträgliche Beantragung

35 Über den Antrag auf Beratungshilfe entscheidet das Amtsgericht, in dessen Bezirk der Rechtsuchende seinen allgemeinen Gerichtsstand hat. Hat der Rechtsuchende im Inland keinen allgemeinen Gerichtsstand, so ist das Amtsgericht zuständig, in dessen Bezirk ein Bedürfnis für Beratungshilfe auftritt, § 4 Abs. 1 BerHG.

Der Antrag kann mündlich oder schriftlich gestellt werden, § 4 Abs. 2 Satz 1 BerHG. Der Sachverhalt, für den Beratungshilfe beantragt wird, ist anzugeben sowie die persönlichen und wirtschaftlichen Verhältnisse des Rechtsuchenden glaubhaft zu machen, § 4 Abs. 2 Satz 2 u. 3 BerHG. Wenn sich der Rechtsuchende wegen Beratungshilfe unmittelbar an einen Rechtsanwalt wendet, kann der Antrag nachträglich gestellt werden, § 4 Abs. 2 Satz 4 BerHG. Am 10.10.2008 hat der Bundesrat (Dr. 648/08) ein Gesetz zur Änderung des Beratungshilferechts beschlossen, mit dem eine Pflicht zur Antragstellung vor der Inanspruchnahme der Beratungshilfe eingeführt werden soll. Wann das Gesetz in Kraft tritt, war bei der Drucklegung noch nicht bekannt. Der Rechtsuchende, der unmittelbar einen Rechtsanwalt aufsucht, hat seine persönlichen und wirtschaftlichen Verhältnisse glaubhaft zu machen und zu versichern, dass ihm in derselben Angelegenheit Beratungshilfe bisher weder gewährt noch durch das Amtsgericht versagt worden ist, § 7 BerHG.

5. Verfahrensablauf

36 Sind die Voraussetzungen für die Gewährung von Beratungshilfe gegeben und wird die Angelegenheit nicht durch das Amtsgericht erledigt, stellt das Amtsgericht dem Rechtsuchenden unter genauer Bezeichnung der Angelegenheit einen Berechtigungsschein für Beratungshilfe durch einen Rechtsanwalt seiner Wahl aus, § 6 Abs. 1 BerHG.

Über den Antrag entscheidet der Rechtspfleger nach § 24a Abs. 1 Nr. 1 RPflG.

37 Nach § 6 Abs. 2 BerHG ist gegen den Beschluss, durch den der Antrag zurückgewiesen wird, nur die Erinnerung statthaft, nicht aber eine Beschwerde. Der Rechtspfleger ist gemäß § 11 Abs. 2 Satz 2 RPflG berechtigt, der Erinnerung abzuhelfen. Sofern er nicht abhilft, hat er die Erinnerung dem Richter des Amtsgerichts zur Entscheidung vorzulegen. Ein Durchgriff auf das Beschwerdegericht erfolgt somit nicht.

Es ist unzulässig, einen bestimmten Rechtsanwalt beizuordnen, d. h., der Rechtsuchende kann sich seinen Anwalt selbst auswählen (LG Verden JurBüro 1988, 198; Greißinger AnwBl. 1992, 49, 52).

Ob die Bewilligung der Beratungshilfe anfechtbar ist, ist strittig (Entscheidung ist unanfechtbar: AG Weiden Rpfleger 1995, 29; LG Aachen Rpfleger 1991, 322; LG Göttingen JurBüro 1988, 197; AG Freiburg JurBüro 1987, 610; LG Bochum AnwBl. 1984, 105; AG Köln AnwBl. 1984, 517; LG Köln Rpfleger 1983, 286 = JurBüro 1983, 709; LG Göttingen NdsRpfl 1983, 277; **a. A.**: AG Würzburg JurBüro 1986, 776; OLG Hamm Rpfleger 1984, 517; LG Münster JurBüro 1983, 1893; Greißinger AnwBl. 1992, 49, 51). 38

Gegen den Beschluss, durch den der Antrag zurückgewiesen wird, ist nur die Erinnerung statthaft, § 6 Abs. 2 BerHG.

6. Nachträgliche Bewilligung

Der Antrag auf Bewilligung von Beratungshilfe kann auch nachträglich gestellt werden, § 4 Abs. 2 Satz 2 BerHG. Dies kommt in der Regel dann vor, wenn der Rechtsuchende sich entsprechend § 4 Abs. 2 Satz 4 u. § 7 BerHG unmittelbar an den Rechtsanwalt wendet. 39

In derartigen Fällen hat der Rechtsuchende dem Rechtsanwalt gegenüber seine persönlichen und wirtschaftlichen Verhältnisse glaubhaft zu machen und zu versichern, dass ihm in derselben Angelegenheit Beratungshilfe bisher weder gewährt noch durch das Amtsgericht versagt worden ist (§ 7 BerHG). 40

Der Minderauffassung, dass der Beratungshilfeantrag vor Gewährung der anwaltlichen Beratung datiert und unterschrieben sein muss (LG Hannover FamRZ 2000, 1230; Kreppel Rpfleger 1986, 87), ist nicht zu folgen; dies ergibt sich auch nicht aus dem Gesetz. Die Auffassung, dass der Beratungshilfeantrag auch nachträglich, d. h. nach Gewährung der Beratungshilfe gestellt werden kann, ist zu bejahen (so auch: OLG Oldenburg BRAGOreport 2001, 14 m. Anm. E. Schneider; E. Schneider BRAGOreport 2000, 38; LG Münster JurBüro 1983; Schoreit/Dehn § 4 BerHG Rn. 16; Hellstab Rpfleger 2004, 337). Auch das BVerfG hat aktuell entschieden, dass die in § 4 Abs. 2 Satz 4 BerHG eingeräumte Möglichkeit des Rechtsuchenden, die Beratungshilfe nachträglich zu beantragen, zeitlich nicht befristet ist (BVerfG, Beschl. v. 19. 12. 2007, Az.: 1 BvR 1984/06 RVGreport 2008, 200). Es wird jedoch darauf hingewiesen, dass der Gesetzgeber plant, die nachträgliche Antragstellung abzuschaffen (siehe dazu Hansens RVGreport 2008, 9). 41

7. Ablehnung der Beratungshilfe/Vergütungsanspruch

Gewährt der Rechtsanwalt die Beratungshilfe und wird nachträglich Antrag auf Beratungshilfe gestellt, trägt der Rechtsanwalt das Risiko, dass die Beratungshilfe möglicherweise abgelehnt wird. Muss der Rechtsanwalt daher befürchten, dass die Beratungshilfe abgelehnt wird oder aber der Rechtsuchende falsche Angaben zu seinen wirtschaftlichen Verhältnissen macht bzw. die Ablehnung von Beratungshilfe durch das Gericht in derselben Angelegenheit verschweigt, sollte er den Rechtsuchenden an die Rechtsantragstelle verweisen, um dort zunächst einen Berechtigungsschein zu beantragen. Der Auffassung, dass hierdurch verbundene zusätzliche Wege und eventuelle Zeitverluste im Ergebnis unvertretbar seien (Nagel Rpfleger 1982, 212, 214; Schoreit/Dehn Beratungshilfe und Prozesskostenhilfe § 8 BerHG Rn. 5), ist zu widersprechen. Nur in wenigen Fällen wird der Zeitverlust unzumutbar sein, nämlich dann, wenn in der Sache selbst Eile geboten ist. Ansonsten ist es nach Ansicht der Verfasserin dem Rechtsuchenden durchaus zuzumuten, sich um die Besorgung des Berechtigungsscheins kurzfristig zu bemühen. Immerhin ist der »Gegenwert« der Rechtsberatung oder außergerichtlichen Vertretung nicht mit dem Wert der aus der Staatskasse gezahlten Beträge zu vergleichen. Gegenüber zu stellen ist vielmehr der tatsächliche Wert der anwaltlichen Dienstleistung, d. h. die gesetzlichen Gebühren ohne Berücksichtigung von Beratungshilfe. 42

Der Hinweis an dieser Stelle, dass seinerzeit die Anwaltschaft selbst während des Gesetzgebungsverfahrens auf einen Direktzugang zum Anwalt bestanden habe (so Schoreit/Dehn Be- 43

Vorbemerkung 2.5 VV

ratungshilfe und Prozesskostenhilfe § 8 BerHG Rn. 6), vermag ebenso wenig wie der Hinweis auf die bekannten »Risiken des früheren Armenrechts« zu überzeugen. Zu berücksichtigen ist auch die Entwicklung der Beratungshilfe in den letzten 20 Jahren und die Tatsache, dass nicht wenige Anwälte überhaupt nicht mit Beratungshilfemandaten konfrontiert sind, während andere eine solche Häufung feststellen müssen, dass die aufzuwendende Zeit (die für andere Mandate fehlt) sie an den Rand des Ruins führt. Bedenkt man dazu, dass im Jahre 1981 für die Beratungshilfe insgesamt Kosten in Höhe von € 1.627.427,00 aufgewandt worden sind, waren dies im Jahre 2006 (ohne die Länder Brandenburg, Hessen und NRW) bereits € 80.247.397,43, eine Steigerung somit um mehr als das 49-fache (vgl. dazu http://www.bmj.bund.de/files/-/2363/2006_Beratungshilfestatistik_1981–2006.pdf – Stand Juli 2008); insbesondere in den letzten beiden Jahren sind die Ausgaben enorm gestiegen, 2004 betrugen diese Ausgaben lt. der Statistik noch € 37.909.928,51. Dies entspricht einer Verdoppelung innerhalb der letzten 2 Jahre.

44 Während das Bundesverfassungsgericht dem Anwalt der »reichen« Partei verbietet, mit dem Hinweis, jede Erstberatung koste € 55,00 zu werben, wird auf der anderen Seite der Anwalt der »armen Partei« verpflichtet, für € 30,00 max. eine Beratung durchzuführen, auch wenn diese sich über mehrere Beratungsgespräche und mehrere Stunden sowie etliche Gegenstände (vgl. Familiensachen) hinzieht. Eine etwas weniger restriktive Rechtsprechung zur Frage, wann eine oder mehrere Angelegenheiten vorliegen (vgl. dazu Rn. 46 ff.), würde daher eher der Sache gerecht.

45 Es versteht sich von selbst, dass eine Beratung oder außergerichtliche Vertretung im Rahmen der Beratungshilfe ohne Rücksicht auf die Höhe der Vergütung ordnungsgemäß zu erfolgen hat.

8. Eine oder mehrere Angelegenheiten

46 Ob der Rechtsanwalt einmal oder mehrmals gegenüber der Staatskasse abrechnen kann, hängt davon ab, ob eine oder mehrere Angelegenheiten vorliegen.

47 Um dieselbe Angelegenheit handelt es sich nach den durch die Rechtsprechung herausgebildeten Grundsätzen, wenn

– dem Rechtsanwalt ein einheitlicher Auftrag erteilt worden ist;
– der gleiche Rahmen bei der Verfolgung der mehreren Ansprüche eingehalten wird;
– zwischen den einzelnen Gegenständen ein innerer objektiver Zusammenhang besteht.

Alle drei – der vorgenannten – Voraussetzungen müssen erfüllt sein, um eine gebührenrechtliche Angelegenheit annehmen zu können (Enders JurBüro 2000, 337). Sofern nicht alle drei Voraussetzungen erfüllt sind, ist von zwei oder mehr gebührenrechtlichen Angelegenheiten auszugehen, so dass der Rechtsanwalt die Gebühren in jeder gebührenrechtlichen Angelegenheit gesondert abrechnen kann. Nach Ansicht des LG Düsseldorf sind die zuvor genannten Voraussetzungen bei Umgangsrecht und Unterhalt nicht erfüllt, wenn auch die Gegenstände ihren gemeinsamen Grund in der Trennung der Eheleute haben (LG Düsseldorf, Beschl. v. 10.01.2007, Az.: 19 T 361/06, RVGreport 2007, 97). Der Lebenssachverhalt für beide Angelegenheiten sei völlig anders und könne sich auch anders entwickeln (vgl. dazu auch: OLG Hamm FamRZ 2005, 532 = AGS 2005, 350; AG Brandenburg Rpfleger 2006, 200 = FamRZ 2006, 638; LG Neuruppin FamRZ 2004, 41; a. A. LG Mönchengladbach AGS 2003, 76 = JurBüro 2002, 421 (Arg.: gleiche Zielsetzung)). Das LG Düsseldorf (a.a.O.) hat sich in seiner Begründung auch auf die Entscheidung des BVerfG gestützt, dass ebenfalls bei Unterhalt und Umgangsrecht verschiedene Angelegenheiten annimmt (vgl. dazu Rn. 53; BVerfG AGS 2002, 273 = NJW 2002, 429). Weiter stützte sich das LG Düsseldorf in seiner obigen Entscheidung darauf, dass § 16 Nr. 4 RVG nur für das gerichtliche Verbundverfahren gelten könne (»Folgesachen«) und damit für den außergerichtlichen Bereich – d. h., die Zeit vor dem Scheidungsantrag keine Gültigkeit hat (LG Düsseldorf, a.a.O.).

Vorbemerkung 2.5 VV | Teil 2

Nach der herrschenden Meinung ist auch in Beratungshilfesachen auf die vorgenannten Kriterien abzustellen (Schoreit/Dehn Beratungshilfe und Prozesskostenhilfe § 44 Rn. 15; Enders JurBüro 2000, 337; Rpfleger 1997, 29 = AnwBl. 1998, 54; LG Aachen AnwBl. 1997, 293, 294; LG Berlin Rpfleger 1996, 464; Hansens JurBüro 1987, 23, 25 m. w. N.; Lindemann NJW 1986, 2299, Kap. III; Herget MDR 1984, 531 Kap. II 3; Greißinger AnwBl. 1994, 375 Kap. IX 1 und AnwBl. 1992, 53 Kap. VIII 4).

48

Die Anzahl der Berechtigungsscheine ist nicht maßgebend für die Zahl der gebührenrechtlichen Angelegenheiten (Gebauer/Schneider RVG VV vor 2601 Rn. 26 m. v. w. N.). Unabhängig von der Zahl der vom Rechtspfleger erteilten Berechtigungsscheine ist im Gebührenfestsetzungsverfahren zu überprüfen, wie viele gebührenrechtliche Angelegenheiten vorgelegen haben (Gebauer/Schneider RVG VV vor 2601 Rn. 25 m. w. N.). Diese Auffassung ist dann abzulehnen, wenn zeitgleich mehrere Berechtigungsscheine ausgestellt wurden. Ein Meinungsstreit zwischen Rechtspfleger und Urkundsbeamten sollte nicht auf dem Rücken der Anwälte ausgetragen werden. Es ist anzunehmen, dass der Rechtspfleger durchaus in der Lage ist, die Anzahl der Berechtigungsscheine korrekt auszustellen. Etwas anderes mag dann gelten, wenn die Berechtigungsscheine zu unterschiedlichen Zeiten ausgestellt wurden.

49

Lässt der Mandant sich von dem RA über **Ehescheidung** und **Folgesachen** beraten, so stellt sich die Frage, ob es sich hier um eine Angelegenheit in der Beratungshilfe handelt, oder ob für jede Folgesache, über die der RA beraten hat, eine gesonderte Gebühr entsteht. Die überwiegende Meinung geht (nach Ansicht der Verfasserin zu Unrecht) dahin, dass es sich bei Beratung über Ehescheidung und Folgesachen um eine Angelegenheit mit der Folge handelt, dass der in der Beratungshilfe tätige RA nur einmal Gebühren berechnen kann, wenn er aus Anlass des Getrenntlebens einen der Ehegatten über die Scheidung und die Folgesachen berät (vgl. dazu: Hansens JurBüro 1986, 7 Kap. 1.223; Lindemann NJW 1986, 2300 Kap. IV; Greißinger AnwBl. 1992, 53 Kap. 4 und AnwBl. 1989, 576; für **eine** Angelegenheit: AG Osnabrück JurBüro 1996, 377; OLG München JurBüro 1988, 593 = MDR 1988, 330 und AGS 1998, 91; LG Bayreuth JurBüro 1990, 1274; OLG Düsseldorf JurBüro 1989, 1400; LG Hannover NdsRpfl. 1987, 256; LG Aurich NdsRpfl. 1986, 6 = JurBüro 1986, 239; LG Göttingen JurBüro 1986, 1843; LG Kleve JurBüro 1986, 734; LG Stuttgart JurBüro 1986, 1519; LG Braunschweig NdsRpfl. 1986, 102; LG Wuppertal JurBüro 1985, 1426; LG Dortmund JurBüro 1985, 1034; LG Köln JurBüro 1985, 1423; LG Berlin JurBüro 1984, 240; 1985, 1665; AG Bayreuth JurBüro 1983, 1844, m. zust. Anm. Mümmler. Für **mehrere** Angelegenheiten: OLG Braunschweig AnwBl. 1984, 514 = JurBüro 1985, 250; OLG Düsseldorf AnwBl. 1986, 162; LG Tübingen Rpfleger 1986, 239; AG Köln AnwBl. 1986, 414).

50

Kindesunterhalt, Umgangsrecht und Zuweisung der Ehewohnung sind eine Angelegenheit (LG Kleve Rpfleger 2003, 303 f.). Diese Entscheidung ist abzulehnen. Auch das LG Düsseldorf nimmt bei Beratungshilfe hinsichtlich des Umgangsrechts einerseits und des Unterhalts andererseits verschiedene gebührenrechtliche Angelegenheiten an (LG Düsseldorf, Beschl. v. 10. 01. 2007, Az.: 19 T 361/06 RVGreport 2007, 97). Dabei spielt es nach Ansicht des LG Düsseldorf keine Rolle, ob einer oder mehrere Berechtigungsscheine erteilt worden sind und ob im Berechtigungsschein der Begriff der Angelegenheit lediglich im Singular verwenden worden sei (LG Düsseldorf, a. a. O.).

Scheidung sowie Unterhalt der Ehegatten und Kinder gelten ebenfalls als eine Angelegenheit, und zwar auch dann, wenn der Rechtsanwalt zu verschiedenen Zeiten beauftragt wurde und die Gegenstände gemeinsam behandelt werden können und einen inneren Zusammenhang aufweisen (AG Koblenz FamRZ 2002, 480; LG Mönchengladbach JurBüro 2002, 421). Diese Auffassung ist abzulehnen. Berät der RA über das Aufenthaltsbestimmungsrecht mehrerer Personen, können mehrere Angelegenheiten vorliegen, jedoch liegt nur eine Angelegenheit vor, wenn sich das Aufenthaltsbestimmungsrecht eines minderjährigen Kindes alleine aus dem Aufenthaltsrecht eines Elternteils ergibt und bereits dem Elternteil Beratungshilfe gewährt wurde (AG Hannover, Beschl. v. 06. 04. 2005, Az.: 811 C 10888/04, JurBüro 2006, 138).

Vorbemerkung 2.5 VV

51 In Ehe- und Familiensachen erfolgt nach Ansicht von Schneider zu Unrecht eine Berufung auf § 7 Abs. 3 BRAGO (nunmehr § 16 Nr. 4 RVG) (Scheidung und Folgesachen), und somit auf »*dieselbe Angelegenheit*«. § 16 Nr. 4 stellt nach Ansicht von Schneider eine Fiktion dar, da die Scheidungs- und Folgesachen gebührenrechtlich betrachtet grundsächlich selbständige Verfahren sind, § 16 Nr. 4 damit nur für das gerichtliche Verfahren gilt, und ein Verbundverfahren unstreitig nur gerichtlich stattfinden kann. Als Ausgleich für die Zusammenfassung von Ehe- und Folgesachen habe der Gesetzgeber in § 22 Abs. 1 geregelt, dass die Werte der einzelnen Gegenstände zu addieren seien. Dies sei aber in Beratungshilfeangelegenheiten nicht möglich. Die von der überwiegenden Rechtsprechung vorgenommene falsche Anwendung des § 16 Nr. 4 habe zur Folge, dass der Rechtsanwalt nur eine Gebühr für die Scheidungs- und Folgesachen erhält, auch wenn er Gebührenverluste nicht über einen höheren Gegenstandswert kompensieren kann (*N. Schneider* in Schneider/Wolf RVG VV vor 2501 ff. Rn. 30).

52 Das OLG Braunschweig führt dann auch folgerichtig aus, dass selbst dann, wenn für alle Regelungsgegenstände dem Rechtsanwalt ein einheitlicher Auftrag erteilt worden sei und der Rechtsanwalt auch wegen aller Gegenstände (Folgesachen) in einem gemeinsamen Rahmen tätig geworden ist, der weiter notwendige besondere innere Zusammenhang fehle (OLG Braunschweig AnwBl. 1984, 514 – zustimmend Lindemann NJW 1986, 2300 Kap. IV.). Dieser innere Zusammenhang werde nicht durch die Tatsache des Getrenntlebens der Ehepartner hergestellt. Vielmehr ziehe die Trennung der Ehepartner eine Vielzahl von zu regelnden Gegenständen nach sich, die sich auch auseinander entwickeln und in verschiedenen Verfahren geltend gemacht werden könnten. Die Trennung der Ehepartner stelle lediglich die Ursache des Entstehens der zu regelnden Gegenstände dar, sie begründe jedoch nicht den erforderlichen innerlich objektiven Zusammenhang auf Dauer (**a. A.:** LG Landau JurBüro 1991, 805 m. zust. Anm. Mümmler; AG Steinfurt Rpfleger 1989, 289; Greißinger, AnwBl. 1992, 53 – Kindesunterhalt und Hausratsverteilung in Auswirkung des Getrenntlebens eine Angelegenheit).

53 Aus verfassungsrechtlicher Sicht spricht vieles dafür, dass die Beratung über den Unterhalt des Kindes und das Umgangsrecht des Vaters **nicht** als dieselbe Angelegenheit gem. § 13 Abs. 2 Satz 2 BRAGO (jetzt § 15 Abs. 2 Satz 2 RVG) anzusehen sind, um den Rechtsanwalt, der in der Beratungshilfe ohnehin zu niedrigeren Gebühren tätig wird, nicht unnötig zu belasten, urteilte das BVerfG bereits 2002 (BVerfG NJW 2002, 429 = AGS 2002, 273).

54 Da ein Verbund nach einer Scheidung der Ehe verfahrensrechtlich nicht mehr erfolgen kann, kann auch nach Ansicht der Verfasserin für Beratungsgegenstände wie z. B. Sorgerecht und nachehelicher Unterhalt nach einer Scheidung der Ehe nicht mehr von einer Angelegenheit ausgegangen werden.

55 **Mehrere** Angelegenheiten liegen vor bei der Geltendmachung von Unterhaltsansprüchen neben Unterlassungsansprüchen betreffend Körperverletzung (LG Münster JurBüro 1990, 333 = Rpfleger 1990, 78); ebenso bei Trennungsunterhalt und Hausratsteilung (LG Detmold JurBüro 1992, 536 = Rpfleger 1992, 202) sowie der Geltendmachung von Unterhaltsansprüchen mehrerer Kinder (AG Detmold Rpfleger 1994, 29).

56 Als ein Argument, verschiedene Angelegenheiten bei Ehe-, LPart- und Folgesachen anzusehen, war bisher auch die Tatsache angesehen, dass für verschiedene Gegenstände unterschiedliche Verfahrensordnungen (ZPO/FGG) maßgeblich sind und schon von daher kein einheitlicher Rahmen gegeben sei. Mit der geplanten Neustrukturierung der familiengerichtlichen Verfahren (FGG-Reform-Gesetz) dürfte dieses Argument bei In-Kraft-Treten des Gesetzes weitgehend obsolet werden. Bei Ehe-, LPart- und Folgesachen eine Angelegenheit anzunehmen, ist jedoch auch deshalb abzulehnen, weil der Rechtsanwalt eben keine (maßvolle) Gebührenerhöhung durch Addition der Werte der verschiedenen Gegenstände erreichen kann. Er kann vielmehr nur einmal die in Teil 2 Abschnitt 5 geregelten Festgebühren erheben. Damit ist er 2-fach dem Rechtsanwalt gegenüber benachteiligt, der zu den gesetzlichen Gebühren abrechnen kann.

Das OLG Stuttgart nimmt dagegen an, dass einmal die Tätigkeiten des Anwalts in einer Familiensache vor der Trennung als eine Angelegenheit anzusehen sind und die Scheidungs- und Folgesachen i. S. des § 16 Nr. 3 RVG ebenfalls als eine Angelegenheit anzusehen sind (OLG Stuttgart, Beschl. v. 04. 10. 2006, Az.: 8 W 360/06, JurBüro 2007, 21). Allerdings ist festzuhalten, dass eine Tätigkeit nach Erteilung des Auftrags, Scheidung zu beantragen, nicht mehr unter die Beratungshilfe fällt, sondern hierfür Prozesskostenhilfe beantragt werden müsste. 57

Eine Angelegenheit liegt vor, wenn es Streit um die Nebenkostenabrechnung gibt und um eine überzahlte Monatsmiete (LG Darmstadt JurBüro 1985, 556); bei Beendigung des **Mietverhältnisses** und Geltendmachung von Zahlungsansprüchen (LG Darmstadt JurBüro 1988, 1164); Streit über Nebenkosten, Kehrwoche und Kaution (LG Stuttgart JurBüro 1986, 1519); Kündigung von Wohnraum und Begehren einer Mieterhöhung (derselbe Mietvertrag) (LG Koblenz JurBüro 1995, 201 = Rpfleger 1995, 219, 366; **a. A.:** Enders JurBüro 2000, 340). 58

Die Vertretung eines Asylbewerbers im **Asylverfahren** und im Verfahren zur Abwendung aufenthaltsbeendender Maßnahmen der Ausländerbehörde stellen dieselbe Angelegenheit dar (AG Köln JurBüro 1986, 641, 644; AG Bielefeld Rpfleger 1991, 116; **a. A.:** mehrere Gegenstände: AG Marburg JurBüro 1987, 330 f.). 59

Werden mehrere an eine Person gerichtete Bescheide betreffend **Sozialhilfe** angefochten, handelt es sich um dieselbe Angelegenheit (AG Osnabrück FamRZ 1999, 392; LG Göttingen JurBüro 2002, 251 = Rpfleger 2002, 160). 60

Berät der Rechtsanwalt einen **Erbschaftsbesitzer** über Auskunftsverlangen und Erbschaftsausschlagung, liegen zwei Angelegenheiten vor (LG Kleve JurBüro 1986, 734).

Die Beratung eines **Obdachlosen**, der Schadensersatzansprüche gegenüber der Stadt abwehren möchte und eine Wohnung bei der Stadt sucht, stellt zwei Angelegenheiten dar (LG Bayreuth JurBüro 1989, 1675; Greißinger AnwBl. 1992, 53).

Eine **Schuldenregulierung** gegenüber verschiedenen Gläubigern ist stets eine Angelegenheit (LG Berlin, Beschl. v. 22. 03. 2006, Az.: 82 T 377/05, RVGreport 2007, 302, sowie BRAGOreport 2001, 93 m. Anm. N. Schneider = AnwBl. 2001, 694 = JurBüro 2001, 694; LG Bielefeld Rpfleger 1989, 375; LG Wuppertal JurBüro 1988, 335). Auch identische Schreiben an verschiedene Gläubiger stellen eine Angelegenheit dar (AG Bayreuth JurBüro 1991, 543). Um verschiedene Angelegenheiten in einer Schuldenbereinigungssache abrechnen zu können, ist daher eine individuelle Tätigkeit gegenüber einzelnen Gläubigern erforderlich (Hansens RVGreport 2007, 303). 61

9. Vergütungsvereinbarungen

Weiterhin gilt, dass Vereinbarungen über die Vergütung im Rahmen der Beratungshilfe nichtig sind (§ 8 BerHG). 62

Nichtig ist eine Vergütungsvereinbarung auch dann, wenn mit ihr die Zahlung der gesetzlichen Vergütung vereinbart wird (Gebauer/Schneider RVG VV Vorbem. 2.6 Rn. 34).

Nach Ansicht von N. Schneider ist eine Vergütungsvereinbarung, mit der die gesetzliche Vergütung vereinbart wird, dann wirksam, wenn sie für den Fall vereinbart wird, dass der Beratungshilfeantrag abgelehnt wird (*N. Schneider* in Gebauer/Schneider RVG VV Vorbem. 2.6 Rn. 35, **a. A.** – ein bedingtes Zahlungsversprechen für den Fall der Versagung der Beratungshilfe durch das AG ist ebenfalls nichtig –: Schoreit/Dehn Beratungs- und Prozesskostenhilfe § 8 BerHG Rn. 2). Nach Ansicht der Verfasserin ist zu unterscheiden. Ist eine Vergütungsvereinbarung nach Vorlage eines Beratungshilfescheins getroffen worden, fällt sie unter § 8 BerHG und ist nichtig. Sie kann auch nicht bei späterer Aufhebung der Beratungshilfe wieder aufleben, da sie von Anfang an unwirksam war. Ist die Beratung erfolgt, ohne dass ein Berechtigungsschein vorlag, und schließen die Parteien für den Fall der Ablehnung der Beratungs-

Vorbemerkung 2.5 VV

hilfe eine Vergütungsvereinbarung, so ist diese nach Ansicht der Verfasserin wirksam, da zum Zeitpunkt der Vereinbarung Beratungshilfe nicht bewilligt war und zudem zu keinem Zeitpunkt – auch nicht nachträglich – bewilligt wurde. Eine Anwendung von § 8 BerHG scheidet daher aus.

10. Kostenersatz durch Gegner

63 Ist der Gegner verpflichtet, dem Rechtsuchenden die Kosten der Wahrnehmung seiner Rechte zu ersetzen, hat er die gesetzliche Vergütung für die Tätigkeit des Rechtsanwalts zu zahlen, § 9 Satz 1 BerHG. Der Anspruch geht auf den Rechtsanwalt über, § 9 Satz 2 BerHG. Der Übergang kann nicht zum Nachteil des Rechtsuchenden geltend gemacht werden, § 9 Satz 3 BerHG.

Ein ersatzpflichtiger Dritter hat die volle Vergütung und nicht lediglich die Vergütung nach § 44 zu übernehmen (*Madert* in Gerold/Schmidt/von Eicken/Madert/Müller-Rabe RVG VV 2500–2508 Rn. 19; Hansens JurBüro 1986, 349).

Da der Anspruch auf den Rechtsanwalt übergegangen ist, wäre er im Falle eines Vergütungsausfalls in einem Vergütungsprozess selbst Kläger. Er trägt somit das volle Prozesskostenrisiko und ist für die Voraussetzungen des materiell-rechtlichen Kostenersatzanspruchs darlegungs- und beweispflichtig.

64 Zahlungen, die der Rechtsanwalt vom ersatzpflichtigen Gegner erhält, sind auf die Vergütung aus der Landeskasse gem. § 59 Abs. 3 i. V. m. § 59 Abs. 1 anzurechnen.

Ob eine vom Rechtsuchenden bereits gezahlte Beratungshilfegebühr von € 10,00 nach Nr. 2500 zu ersetzen ist, wird kontrovers diskutiert (bejahend: Schaich AnwBl. 1981, 4; verneinend, da die Beratungshilfegebühr nach dem Gesetz nicht anzurechnen ist: Lindemann/Treck-Hinterberger Beratungshilfegesetz § 9 Rn. 5; *Madert* in Gerold/Schmidt/von Eicken/Madert/Müller-Rabe RVG VV 2500 Rn. 20).

65 Zahlt der Erstattungspflichtige nur einen Teil der Vergütung, so kann der Übergang des Kostenerstattungsanspruchs nicht zum Nachteil des Rechtsuchenden geltend gemacht werden, d. h., Zahlungen, die für den Rechtsuchenden bestimmt sind, dürfen nicht um eine Differenz zur gesetzlichen Vergütung geschmälert werden, sondern sind vollumfänglich auszukehren.

11. Kein Vorschussrecht

66 Nach § 47 Abs. 2 hat der Rechtsanwalt, der im Rahmen der Beratungshilfe tätig wird, kein Recht darauf, von der Staatskasse einen Vorschuss zu fordern.

12. Auslagenersatz

67 Auslagen, insbesondere Reisekosten, werden nicht vergütet, wenn sie zur sachgemäßen Durchführung der Angelegenheit nicht erforderlich waren, § 46 Abs. 1.

Die Entgelte für Post- und Telekommunikationsdienstleistungen können entweder einzeln, Nr. 7001, oder aber pauschal (20 % der Festgebühren) nach Nr. 7002 berechnet werden. Die Pauschale kann jedoch lediglich gefordert werden, wenn auch tatsächlich Auslagen entstanden sind (AG Koblenz AGS 2004, 158).

Für die Übermittlung der Berechnung (Festsetzungsantrag an das Gericht) allein kann Auslagenersatz nicht gefordert werden, Anm. zu Nr. 7001.

Auch die Dokumentenpauschale kann gefordert werden, sofern die Auslagentatbestände der Nr. 7000 erfüllt sind.

Reisekosten werden in Beratungshilfemandaten nur im Einzelfall und äußerst selten anfallen, da der Rechtsuchende seinen Anwalt regelmäßig selbst aufsucht. Ob und in welcher Höhe

Reisekosten von der Staatskasse erstattet werden, hängt von ihrer Notwendigkeit ab, wobei regelmäßig zu prüfen ist, ob die Einschaltung eines weiteren Anwalts im Rahmen der Beratungshilfe günstiger wäre als die veranlasste Reise. Zweckdienlicherweise beantragt der Beratungshilfe gewährende Rechtsanwalt über die erforderliche Reise eine Vorabentscheidung des Rechtspflegers.

Nr. 2500 VV

Nr.	Gebührentatbestand	Gebühr oder Satz der Gebühr nach § 13 RVG
2500	Beratungshilfegebühr .... Neben der Gebühr werden keine Auslagen erhoben. Die Gebühr kann erlassen werden.	10,00 EUR

A. Kommentierung

1. Allgemeines

1 Nach Nr. 2500 beträgt die Beratungshilfegebühr € 10,–. Diese schuldet ausschließlich der Auftraggeber, § 44 Satz 2. Es handelt sich hierbei um eine Schutzgebühr, die dem Auftraggeber erlassen werden kann.

2. Mehrere Angelegenheiten

2 Liegen mehrere Angelegenheiten vor (vgl. dazu die Ausführungen unter Vorbem. 2.5., Rn. 46 ff.), entsteht die Beratungshilfegebühr entsprechend mehrmals, vgl. dazu § 15 Abs. 2 Satz 1.

3 Werden mehrere Auftraggeber beraten, soll die Beratungshilfegebühr von jedem gesondert verlangt werden können (*N. Schneider* in Gebauer/Schneider RVG VV 2600 Rn. 3 unter Verweis auf Gerold/Schmidt/Madert BRAGO vor § 131 Rn. 13). Diese Ansicht erscheint im Hinblick auf § 15 Abs. 2 RVG fraglich. Die Gebühr erhöht sich nicht nach Nr. 1008.

3. Auslagen beinhaltet

4 Die Regelung in der Anmerkung zu Nr. 2500 stellt klar, dass neben der Gebühr keine Auslagen erhoben werden dürfen. Die Auslagen sind im 7. Teil des Vergütungsverzeichnisses geregelt. Unter die Anmerkung zu Nr. 2500 fallen sämtliche in Teil 7 VV genannten Auslagen, insbesondere somit Entgelte für Post- und Telekommunikationsdienstleistungen nach Nrn. 7001, 7002 sowie Umsatzsteuer nach Nr. 7008 (Mayer-Kroiß RVG VV 2500 Rn. 3; Schneider/Wolf 4. Aufl. 2008 Nr. 2500 VV Rn. 1; Fischer NZA 2004, 1185).

5 Da die Beratungshilfegebühr nach Nr. 2500 steuerbares Entgelt (Erlös) ist, handelt es sich bei dem Betrag von € 10,00 um einen Bruttobetrag (sonstige Leistung nach § 3 Abs. 9 UStG). Die Umsatzsteuer ist mit der jeweils gültigen Höhe herauszurechnen (so auch Henke AnwBl. 2006, 484). Bei einem Umsatzsteuersatz von 19 % ergibt sich damit ein Nettobetrag von € 8,60; der Umsatzsteuerbetrag ist € 1,40.

4. Keine Festsetzbarkeit

6 Die Gebühr nach Nr. 2500 kann nicht gegen den eigenen Mandanten nach § 11 festgesetzt werden, da es sich nicht um Gebühren eines gerichtlichen Verfahrens handelt (so auch: AG Mainz Rpfleger 1985, 324).

Nr. 2501 VV

Nr.	Gebührentatbestand	Gebühr oder Satz der Gebühr nach § 13 RVG
2501	Beratungsgebühr.. (1) Die Gebühr entsteht für eine Beratung, wenn die Beratung nicht mit einer anderen gebührenpflichtigen Tätigkeit zusammenhängt. (2) Die Gebühr ist auf eine Gebühr für eine sonstige Tätigkeit anzurechnen, die mit der Beratung zusammenhängt.	30,00 EUR

Inhaltsübersicht

	Rn.		Rn.
A. Allgemeines	1	2. Auslagenpauschale	9
B. Kommentierung	2	3. Andere gebührenpflichtige Tätigkeit	10
I. Anwendungsbereich	2	4. Anrechnungsvorschrift	13
II. Der Tatbestand im Einzelnen	4	5. Erhöhung	18
1. Beratungsgebühr	4		

A. Allgemeines

Da die Beratungsgebühr nach Nr. 2501 der Beratungsgebühr nach Nr. 2100 a. F. (in der Fassung des RVG bis zum 30.06.2006, s. Anhang III) nachgebildet ist, wird insoweit auch auf die Kommentierung dort verwiesen. **1**

B. Kommentierung

I. Anwendungsbereich

Für einen mündlichen oder schriftlichen Rat oder eine Auskunft erhält der Rechtsanwalt € 30,–. Rat ist eine für die Beurteilung einer Rechtsangelegenheit bedeutsame Empfehlung des Anwalts, wie sich der Auftraggeber in einer bestimmten Lage verhalten soll (BGHZ 7, 351). **2**

Eine Auskunft ist dagegen die Beantwortung einer Frage eher allgemeiner Art, unabhängig von einem konkreten Fall, z. B. wann Pflichtteilsansprüche verjähren, wie sich ein Zugewinnausgleichsanspruch berechnet, etc. **3**

II. Der Tatbestand im Einzelnen

1. Beratungsgebühr

Die Beratungsgebühr nach Nr. 2501 entsteht in Höhe einer Festgebühr von € 30,–. **4**

Berät der Rechtsanwalt mehrere Rechtsuchende, erhöht sich die Gebühr um 30 % für jeden weiteren Auftraggeber, somit um jeweils € 9,–, vgl. dazu Nr. 1008. Zur Frage, ob Beratungsgebühren grundsätzlich zu erhöhen sind, vgl. die Kommentierung unter Nr. 2100 a. F., Rn. 51 ff. im Anhang III sowie Rn. 18. **5**

Nr. 2501 VV

6 Da es sich bei der Beratungsgebühr um eine Festgebühr handelt, gilt Abs. 1 der Anmerkung zu Nr. 1008 nicht. Dies bedeutet, dass es sich bei der Vertretung mehrerer Personen, die Auftraggeber sind, nicht um denselben Gegenstand der anwaltlichen Tätigkeit handeln muss.

7 Die Erhöhungen für mehrere Personen, die Auftraggeber sind, dürfen den Betrag von € 60,00 nicht übersteigen. Bei Vertretung von 8 Personen, die Auftraggeber sind, hat der Rechtsanwalt die Möglichkeit, die Beratungsgebühr um € 60,00 zu erhöhen, somit auf maximal € 90,00.

8 Zur Frage, wann eine oder mehrere Angelegenheiten vorliegen, vgl. die Kommentierung unter Vorbem. 2.5 VV Rn. 46.

2. Auslagenpauschale

9 Die Pauschale für Entgelte für Post- und Telekommunikationsdienstleistungen (Auslagenpauschale) nach Nr. 7002 kann dann in Ansatz gebracht werden, wenn tatsächlich entsprechende Aufwendungen erfolgt sind. Für die Übersendung der Rechnung allein kann der Rechtsanwalt weder die Pauschale noch eine Einzelberechnung der Auslagen verlangen, vgl. dazu die Anmerkung zu Nr. 7001. Es ist davon auszugehen, dass sich die Auslagenpauschale von den Beratungshilfegebühren und nicht den (fiktiven) Wahlanwaltsgebühren berechnet, da in Nr. 7002 auf die Gebühren und nicht wie bisher auf die »gesetzlichen« Gebühren abgestellt wird (so auch *Schneider* in Schneider / Wolf VV 7001–7002 Rn. 50; **a. A.:** AG Köln AGS 2006, 25 m. Anm. Mock – wobei das Abstellen auf die fiktive Wahlanwaltsvergütung ab 01.07.2006 nur noch für die Geschäftsgebühr gelten kann – hier würde sich allerdings eine Differenz von € 6 ergeben, folgt man der Auffassung des AG Köln).

3. Andere gebührenpflichtige Tätigkeit

10 Der Rat oder die Auskunft darf nach Abs. 1 der Anmerkung zu Nr. 2501 nicht mit einer anderen gebührenpflichtigen Tätigkeit zusammenhängen (Ausschlusstatbestand).

11 Hängt der Rat oder die Auskunftserteilung mit einer anderen Tätigkeit zusammen, bleibt kein Raum für eine Abrechnung der Gebühr nach Nr. 2501.

12 Andere gebührenpflichtige Tätigkeiten im Sinne von Abs. 1 der Anmerkung zu Nr. 2501 können im Rahmen der Beratung sein:
– außergerichtliche Vertretung (hier greift die Geschäftsgebühr Nr. 2503);
– Beratung während eines gerichtlichen Verfahrens (diese ist pauschal mit der Verfahrensgebühr vergütet, § 15 Abs. 1, und kann nicht gesondert abgerechnet werden).

4. Anrechnungsvorschrift

13 Die Beratungsgebühr Nr. 2501 ist auf eine Gebühr für eine sonstige Tätigkeit anzurechnen, die mit der Beratung zusammenhängt, Abs. 2 der Anm. zu Nr. 2501.

14 Dabei hat die Anrechnung nur soweit zu erfolgen, wie der Gegenstand der Beratung und der Gegenstand der sonstigen Tätigkeit identisch sind, dann aber in voller Höhe (**a. A.:** AG Aschaffenburg JurBüro 1988, 1351, das volle Anrechnung fordert, auch wenn nur teilweise ein Übergang in anderweitige Tätigkeiten erfolgt). Die Anrechnung erfolgt dann entsprechend dem Verhältnis der Gegenstandswerte zueinander.

15 Besteht die nachfolgende Tätigkeit in einer gerichtlichen Vertretung unter Bewilligung von Prozesskostenhilfe, so ist die Beratungsgebühr nach Nr. 2501 auf die Vergütung nach der PKH aus der Staatskasse anzurechnen. Eine Verrechnung im Sinne des § 58 auf die Differenz zur Wahlanwaltsvergütung darf nicht erfolgen (LG Berlin JurBüro 1983, 1060 = AnwBl. 1983, 478).

Ist der frühere Auftrag seit mehr als zwei Kalenderjahren erledigt, gilt die weitere Tätigkeit als neue Angelegenheit und in diesem Gesetz bestimmte Anrechnungen von Gebühren entfallen, § 15 Abs. 5 Satz 2.

Die Auslagenpauschale ist nicht anzurechnen. Durch die Anmerkung zu Nr. 7002 ist nun mit dem RVG klargestellt, dass die Auslagenpauschale in jeder Angelegenheit gesondert berechnet werden kann. Hierunter fällt auch die Beratung und nachfolgende außergerichtliche oder gerichtliche Tätigkeit sowie die außergerichtliche Tätigkeit und ein nachfolgender Rechtsstreit (auch Mahnverfahren) (Gebauer/Schneider RVG VV 7001–7002 Rn. 29). Auch die Vorbemerkung 3 Abs. 4 spricht insoweit nur von einer Anrechnung der Geschäftsgebühr und bezieht die Auslagenpauschale nicht mit ein. Dabei ist die Auslagenpauschale jeweils aus den entstandenen Gebühren zu berechnen und nicht aus dem Teil der Gebühren, der nach Anrechnung verbleibt (Gebauer/Schneider RVG VV 7001–7002 Rn. 33 ff. mit vielen Rechtsprechungsnachweisen; Gerold/Schmidt/von Eicken/Madert/Müller-Rabe RVG VV 7001, 7002 Rn. 40; Jungbauer Gebührenoptimierung in Familiensachen Rn. 569; a. A.: Hansens BRAGO § 26 Rn. 4; von Eicken AGS 1996, 109). Eine Anrechnung der Auslagenpauschale scheidet daher aus (Enders RVG für Anfänger Rn. 468, 201); zweifacher Auslagenpauschsatz auch nach dem BGH (BGH JurBüro 2004, 649 u. JurBüro 2005, 142). Dies gilt auch für die Auslagenpauschale im Rahmen der Beratungshilfe (N. Schneider in Schneider/Wolf RVG VV 2501 Rn. 14 f.).

5. Erhöhung

Ob auf die Beratungsgebühr Nr. 2501 eine Erhöhung nach Nr. 1008 berechnet werden kann, ist umstritten (vgl. dazu auch *Hansens* in Hansens/Braun/Schneider Teil 6 Rn. 114 f., bejahend: *Madert* in Gerold/Schmidt/von Eicken/Madert/Müller-Rabe RVG 17. Aufl. Nr. 2500–2508 Rn. 27; ablehnend *Müller-Rabe* in Gerold/Schmidt/von Eicken/Madert/Müller-Rabe RVG 17 Aufl. Nr. 1008 Rn. 13 ff.). Teilweise wird der Anfall einer Erhöhung verneint, weil der Gesetzgeber mit dem RVG die Möglichkeit gehabt habe, die bereits zu BRAGO-Zeiten strittige Frage zu klären, dies aber im RVG unterlassen hat (so KG, Urt. v. 06.02.2007, Az.: 1 W 243/06, BeckRS 2007 04794 = RVGreport 2007, 143). Nach Ansicht der Verfasserin entsteht eine Erhöhung nach Nr. 1008, da es sich bei der Beratungsgebühr auch um eine Betriebsgebühr handelt, wie z. B. die Geschäfts- oder Verfahrensgebühr. Zum Umfang der Erhöhung vgl. Rn. 5–7.

Nr. 2502 VV

Nr.	Gebührentatbestand	Gebühr oder Satz der Gebühr nach § 13 RVG
2502	Beratungstätigkeit mit dem Ziel einer außergerichtlichen Einigung mit den Gläubigern über die Schuldenbereinigung auf der Grundlage eines Plans (§ 305 Abs. 1 Nr. 1 InsO): Die Gebühr 2501 beträgt	60,00 EUR

A. Allgemeines

1 Natürliche Personen, die keine selbständige gewerbliche oder freiberufliche Tätigkeit ausüben oder ausgeübt haben, können das Verbraucherinsolvenzverfahren nach §§ 304 ff. InsO beantragen. Personen, die eine selbständige Tätigkeit ausgeübt haben, gehören dazu, wenn ihre Vermögensverhältnisse überschaubar sind und gegen sie keine Forderungen aus Arbeitsverhältnissen bestehen. Überschaubar sind Vermögensverhältnisse, wenn der Schuldner zu dem Zeitpunkt, zu dem der Antrag auf Eröffnung des Insolvenzverfahrens gestellt wird, weniger als 20 Gläubiger hat.

2 Nr. 2502 regelt die Vergütung des Rechtsanwalts, der im Rahmen der Beratungshilfe zur Herbeiführung einer außergerichtlichen Einigung mit den Gläubigern über die Schuldenbereinigung auf der Grundlage eines Plans nach § 305 Abs. 1 Nr. 1 InsO **beratend** tätig wird.

3 Die außergerichtliche Schuldenbereinigung erfolgt im Wege von frei gestalteten Verhandlungen zwischen dem Schuldner und den Gläubigern auf der Grundlage eines vom Schuldner vorzulegenden Plans. Der Versuch einer außergerichtlichen Schuldenbereinigung ist Voraussetzung dafür, dass das gerichtliche Verbraucherinsolvenzverfahren durchgeführt werden kann. Zur Durchführung einer solchen außergerichtlichen Schuldenbereinigung muss sich der Schuldner einer geeigneten Person oder Stelle bedienen. »Geeignete Personen« für die Beratung des Schuldners sind z. B. Rechtsanwälte, Rechtsbeistände mit entsprechender Zulassung, Notare und Steuerberater. »*Geeignete Stellen*« sind in Bayern solche, die entsprechend den Gesetzen zur Ausführung des Verbraucherinsolvenzverfahrens nach der Insolvenzordnung von der jeweiligen Landesregierung anerkannt sind (in Bayern entsprechend (AGInsO), BayRS 311–2-J GVBl. 1998, 414). Scheitert die außergerichtliche Einigung mit den Gläubigern, so muss mit dem Insolvenzantrag eine Bescheinigung dieser Person oder Stelle vorgelegt werden, dass die außergerichtliche Schuldenbereinigung innerhalb der letzten sechs Monate vor Antragstellung erfolglos versucht worden ist.

Die außergerichtliche Schuldenbereinigung wird auf der Grundlage eines Plans versucht, der bestimmte Voraussetzungen erfüllen muss. In diesem Plan unterbreitet der Schuldner seinen Gläubigern einen konkreten Vorschlag zur Schuldenbereinigung; er muss seine Einkommens- und Vermögensverhältnisse darlegen, einen Zahlungs- und Tilgungsplan aufstellen. Aus dem vorgelegten Plan muss für den jeweiligen Gläubiger das Schicksal seiner Forderung erkennbar sein, d. h., es muss sich aus ihm ergeben, wie die Forderung beglichen werden soll, in welcher Höhe eine Stundung, Ratenzahlung oder ein Teilerlass erbeten werden. Dieser Plan wird den jeweiligen Gläubigern mit der Bitte um Zustimmung übermittelt. Betreibt ein Gläubiger die Zwangsvollstreckung weiter, gilt der Plan als gescheitert.

4 § 305 InsO:

»(1) Mit dem schriftlich einzureichenden Antrag auf Eröffnung des Insolvenzverfahrens (§ 311) oder unverzüglich nach diesem Antrag hat der Schuldner vorzulegen:

1. eine Bescheinigung, die von einer geeigneten Person oder Stelle ausgestellt ist und aus der sich ergibt, dass eine außergerichtliche Einigung mit den Gläubigern über die Schuldenbereinigung auf der Grundlage eines Plans innerhalb der letzten sechs Monate vor dem Eröffnungsantrag erfolglos versucht worden ist; der Plan ist beizufügen und die wesentlichen Gründe für sein Scheitern sind darzulegen; die Länder können bestimmen, welche Personen oder Stellen als geeignet anzusehen sind;

...«

B. Kommentierung

Im Hinblick auf den erheblichen Aufwand, der in der Regel mit derartigen Angelegenheiten verbunden ist, beträgt die Beratungsgebühr hier das Doppelte der sonst üblichen Beratungsgebühr, mithin € 60,00.

Die Beratung muss lediglich das Ziel haben, eine außergerichtliche Einigung mit den Gläubigern auf der Grundlage eines Plans zu erreichen; das Ziel muss nicht erreicht werden (Enders JurBüro 2002, 170). Es dürfen keine zu engen Maßstäbe angelegt werden (Enders JurBüro 2002, 170).

Ob bereits ein (fertiger) Plan erstellt sein muss, ist fraglich. Denn oft scheitert ein solcher Plan an einem oder wenigen Gläubigern. Die Bemühungen des Anwalts erfolgen aber bereits vorher, so dass nach Ansicht der Verfasserin auch gerechtfertigt ist, die Gebühr zu bewilligen, wenn der Plan noch nicht erstellt worden ist.

Im Übrigen wird auf die Kommentierung unter Nr. 2501 zur dortigen Beratungsgebühr verwiesen. Das dort Ausgeführte gilt auch hier.

Nr. 2503 VV

Nr.	Gebührentatbestand	Gebühr oder Satz der Gebühr nach § 13 RVG
2503	Geschäftsgebühr.. (1) Die Gebühr entsteht für das Betreiben des Geschäfts einschließlich der Information oder die Mitwirkung bei der Gestaltung eines Vertrags. (2) Auf die Gebühren für ein anschließendes gerichtliches oder behördliches Verfahren ist diese Gebühr zur Hälfte anzurechnen. Auf die Gebühren für ein Verfahren auf Vollstreckbarerklärung eines Vergleichs nach den §§ 796 a, 796 b und 796 c Abs. 2 Satz 2 ZPO ist die Gebühr zu einem Viertel anzurechnen.	70,00 EUR

Inhaltsübersicht

	Rn.		Rn.
A. Allgemeines	1	1. Gebührenhöhe	5
B. Kommentierung	2	2. Abgrenzung zu anderen Tätigkeiten	6
I. Anwendungsbereich	2	3. Erhöhung nach Nr. 1008	7
II. Tatbestand im Einzelnen	4	4. Anrechnung	11

A. Allgemeines

1 Nr. 2503 regelt, dass der Rechtsanwalt für die außergerichtliche Vertretung eine Geschäftsgebühr abrechnen kann. Diese beträgt als Festgebühr € 70,00.

Zum Allgemeinen vgl. insoweit auch die Kommentierung unter Vorbem. 2.5.

Zur Frage, wann eine oder mehrere Angelegenheiten vorliegen, vgl. die Kommentierung unter Vorbem. 2.5. Rn. 46 ff.

B. Kommentierung

I. Anwendungsbereich

2 In den Anwendungsbereich der Geschäftsgebühr Nr. 2503 fallen die Tätigkeiten, die ansonsten nach den Nrn. 2300–2303 VV zu vergüten wären. Insoweit wird auf die dortigen Kommentierungen verwiesen.

3 Mit der Geschäftsgebühr werden pauschal sämtliche Tätigkeiten außergerichtlicher Vertretung abgegolten, so z. B.

– Betreiben des Geschäfts einschl. Information;
– Besprechungen mit der Partei;
– Besprechungen mit der Gegenseite;
– Schriftverkehr mit der Gegenseite;
– Führung von Vergleichsgesprächen;
– Mitwirkung der Gestaltung eines Vertrags (vgl. Anm. Abs. 1 zu Nr. 2503);
– usw.

II. Tatbestand im Einzelnen

»Ein Rechtsanwalt, der einen ausländischen JVA-Hälfting vertritt, ihn hierfür in der U-Haft zur Beratung aufsucht, dabei gebietsübergreifend auch im Ausländer- und Asylrecht berät sowie anschließend mit dem Haftrichter und dem Mandanten korrespondiert, verrichtet eine Geschäftstätigkeit, diei über eine Beratung im Sinne von § 2 Abs. 2 BerHG, RVG VV 2501 weit hinausgeht und einen Gebührenanspruch gegen die Staatskasse nach RVG VV 2503 auslöst« (AG Köln, Beschl. v. 10. 05. 2007, Az.: 364 UR II 1713/06, RVGreport 2007, 301, LS d. Gerichts).

1. Gebührenhöhe

Die Geschäftsgebühr nach Nr. 2503 beträgt € 70,00. Sie ist eine Festgebühr. Bei der Festgebühr von € 70,00 bleibt es auch dann, wenn die Geschäftsgebühr Nr. 2302 beispielsweise im Einzelfall niedriger wäre (*Schneider* in Riedel/Sußbauer BRAGO § 132 Rn. 21; Klinge Beratungshilfegesetz § 10 Rn. 3; Hansens JurBüro 1986, 173).

Endet der Auftrag vorzeitig, verbleibt es ebenfalls bei der Festgebühr Nr. 2503 in Höhe von € 70,00.

2. Abgrenzung zu anderen Tätigkeiten

Bei der Erstellung eines Schreibens, das der Rechtsuchende in eigenem Namen versendet, entsteht ebenfalls die Geschäftsgebühr, nicht die Beratungsgebühr (*Madert* in Gerold/Schmidt/von Eicken/Madert/Müller-Rabe RVG 17. Aufl. 2006 VV 2500–2508 Rn. 31).

3. Erhöhung nach Nr. 1008

Vertritt der Rechtsanwalt mehrere Rechtsuchende, erhöht sich die Gebühr um 30 % für jeden weiteren Auftraggeber, somit um jeweils € 21,–, vgl. dazu Nr. 1008 (so zum RVG: OLG Oldenburg RVGreport 2006, 465 m. Anm. Hansens = AGS 2007, 45; LG Kleve, Beschl. v. 28. 10. 2005, Az.: 4 T 340/05, RVGreport 2006, 101; zur BRAGO: LG Berlin JurBüro 1984, 894; LG Göttingen AnwBl. 1984, 516; LG Bayreuth JurBüro 1984, 1047; LG Wuppertal JurBüro 1990, 356; LG Dortmund JurBüro 1991, 237).

Für die Gewährung der Beratungshilfe gegenüber mehreren Familienmitgliedern im Zusammenhang mit einem Asylfolgeverfahren fällt ein Mehrvertretungszuschlag an (LG Rottweil NVwZ-Beilage 2000, 22).

Da es sich bei der Beratungsgebühr um eine Festgebühr handelt, gilt Abs. 1 der Anmerkung zu Nr. 1008 nicht. Dies bedeutet, dass es sich bei der Vertretung mehrerer Personen, die Auftraggeber sind, nicht um denselben Gegenstand der anwaltlichen Tätigkeit handeln muss.

Die Erhöhungen für mehrere Personen, die Auftraggeber sind, dürfen den Betrag von € 140,00 nicht übersteigen. Bei Vertretung von acht Personen, die Auftraggeber sind, hat der Rechtsanwalt die Möglichkeit, die Geschäftsgebühr um € 140,00 zu erhöhen, somit auf maximal € 210,00.

4. Anrechnung

Die Geschäftsgebühr nach Nr. 2503 ist zur Hälfte auf die Gebühren für ein anschließendes gerichtliches oder behördliches Verfahren anzurechnen, so z. B. auf eine Verfahrensgebühr Nr. 3100.

Der anzurechnende Teil vermindert sich auf ein Viertel (= ohne Erhöhung € 17,50), soweit ein von Parteien und Anwalt unterzeichneter Vergleich nach den §§ 796 a, 796 b und 796 c Abs. 2

Nr. 2503 VV

Satz 2 ZPO für vollstreckbar erklärt worden ist, Abs. 2 der Anm. zu Nr. 2503. Anzurechnen ist in diesem Fall auf die 0,75 Verfahrensgebühr nach Nr. 3327.

13 Besteht die nachfolgende Tätigkeit in einer gerichtlichen Vertretung unter Bewilligung von Prozesskostenhilfe, so ist die Beratungsgebühr nach Nr. 2501 auf die Vergütung nach der PKH aus der Staatskasse anzurechnen. Eine Verrechnung i. S. des § 58 auf die Differenz zur Wahlanwaltsvergütung darf nicht erfolgen (LG Berlin JurBüro 1983, 1060 = AnwBl. 1983, 478).

14 Ist der frühere Auftrag seit mehr als zwei Kalenderjahren erledigt, gilt die weitere Tätigkeit als neue Angelegenheit und in diesem Gesetz bestimmte Anrechnungen von Gebühren entfallen, § 15 Abs. 5 Satz 2.

Zur Nicht-Anrechnung der Auslagenpauschale vgl. die Kommentierung unter Nr. 2501 Rn. 17.

Nrn. 2504–2507 VV

Nr.	Gebührentatbestand	Gebühr oder Satz der Gebühr nach § 13 RVG
2504	Tätigkeit mit dem Ziel einer außergerichtlichen Einigung mit den Gläubigern über die Schuldenbereinigung auf der Grundlage eines Plans (§ 305 Abs. 1 Nr. 1 InsO): Die Gebühr 2503 beträgt bei bis zu 5 Gläubigern	224,00 EUR
2505	Es sind 6 bis 10 Gläubiger vorhanden: Die Gebühr 2503 beträgt	336,00 EUR
2506	Es sind 11 bis 15 Gläubiger vorhanden: Die Gebühr 2503 beträgt	448,00 EUR
2507	Es sind mehr als 15 Gläubiger vorhanden: Die Gebühr 2503 beträgt	560,00 EUR

A. Allgemeines

Die Nrn. 2504–2507 regeln die Tätigkeit zur Herbeiführung einer außergerichtlichen Einigung mit den Gläubigern über die Schuldenbereinigung auf der Grundlage eines Plans (§ 305 Abs. 1 Nr. 1 der Insolvenzordnung), vgl. dazu auch ausführlicher unter Nr. 2502 Rn. 1 ff.   **1**

B. Kommentierung

I. Anwendungsbereich

Geht die Tätigkeit des Rechtsanwalts über die Beratung hinaus und hilft er bei der Erstellung eines Schuldenbereinigungsplans bzw. bei der Kontaktaufnahme mit den Gläubigern, erhält der Rechtsanwalt eine der Geschäftsgebühren nach Nrn. 2504–2507, die in ihrer Höhe abhängig ist von der Anzahl der Gläubiger.   **2**

Abhängig von der Anzahl der Gläubiger entsteht die Geschäftsgebühr in Höhe von   **3**

– € 224,00 bei bis zu 5 Gläubigern (Nr. 2504);
– € 336,00 bei 6 bis 10 Gläubigern (Nr. 2505);
– € 448,00 bei 11 bis 15 Gläubigern (Nr. 2506);
– € 560,00 bei mehr als 15 Gläubigern (Nr. 2507).

II. Der Tatbestand im Einzelnen

Der Gebührenanspruch des Rechtsanwalts ist erfolgsunabhängig. Führt die Tätigkeit nicht zu einer außergerichtlichen Schuldenbereinigung, weil einer oder mehrere Gläubiger hiermit nicht einverstanden sind und weiter vollstrecken, entsteht der Gebührenanspruch gleichwohl.   **4**

Auch bei den in Nrn. 2504–2507 normierten Geschäftsgebühren handelt es sich um Festgebühren, die in ihrer Höhe unabhängig davon entstehen, ob es zu einer vorzeitigen Beendigung kommt oder nicht.   **5**

Für die Höhe der Geschäftsgebühr kommt es darauf an, wieviele Gläubiger zu irgendeinem Zeitpunkt während der Tätigkeit vorhanden waren; nicht erforderlich ist, dass die entspre-   **6**

Nrn. 2504–2507 VV

chende Anzahl der Gläubiger bei Abschluss einer Einigung vorhanden ist (Hartmann Kostengesetze RVG VV 2506–2508 Rn. 2).

7 Führt die Tätigkeit des Rechtsanwalts zu einem Erfolg, d. h. sind alle Gläubiger mit der Durchführung der vorgeschlagenen Schuldenbereinigung aufgrund des vorgelegten Plans einverstanden, kann neben der Geschäftsgebühr noch eine Einigungsgebühr nach Nr. 2508 entstehen.

8 Fraglich ist, ob die Gebühr nach Nrn. 2504–2507 auch dann verdient ist, wenn es – aus welchen Gründen auch immer – nicht mehr zur Aufstellung des Plans kommt, der Rechtsanwalt jedoch den Auftrag hatte, einen solchen zu erstellen. Dann muss nach Ansicht der Verfasserin bereits jede Tätigkeit im Hinblick auf diesen Auftrag dieses Ziel zur Entstehung der Gebühr führen, auch wenn es zur Erstellung des Plans nicht mehr kommt.

Nr. 2508 VV

Nr.	Gebührentatbestand	Gebühr oder Satz der Gebühr nach § 13 RVG
2508	Einigungs- und Erledigungsgebühr .... (1) Die Anmerkungen zu Nummern 1000 und 1002 sind anzuwenden. (2) Die Gebühr entsteht auch für die Mitwirkung bei einer außergerichtlichen Einigung mit den Gläubigern über die Schuldenbereinigung auf der Grundlage eines Plans (§ 305 Abs. 1 Nr. 1 InsO).	125,00 EUR

A. Kommentierung

Die Gebühr Nr. 2508 erhält der Rechtsanwalt neben einer Geschäftsgebühr gem. Nrn. 2503–2507. 1

Zu den Voraussetzungen des Entstehens einer Einigungs- oder Erledigungsgebühr vgl. die Kommentierungen unter Nrn. 1000 und 1002. 2

Da die Aussöhnungsgebühr nach Nr. 1001 in der Anmerkung Abs. 1 zu Nr. 2508 nicht erwähnt wird, ist davon auszugehen, dass diese bei einem Beratungshilfemandat nicht entstehen kann. 3

Kommt es bei einer außergerichtlichen Schuldenbereinigung zu einer Einigung mit allen Gläubigern, kann die Einigungsgebühr entstehen. Erforderlich ist, dass die außergerichtliche Schuldenbereinigung insgesamt erfolgreich ist. Eine Einigung nur mit einem Gläubiger, wenn mehrere Gläubiger vorhanden sind, löst die Einigungsgebühr Nr. 2508 nicht aus. 4

Es ist nicht erforderlich, dass die Vereinbarung, die eine Einigungsgebühr nach Nr. 2508 auslöst, schriftlich geschlossen wird; es gilt auch der stillschweigend geschlossene Vertrag (LG Mönchengladbach, Beschl. v. 21.03.2007, Az.: 5 T 85/07, JurBüro 2007, 306). 5

TEIL 3
BÜRGERLICHE RECHTSSTREITIGKEITEN, VERFAHREN DER FREIWILLIGEN GERICHTSBARKEIT, DER ÖFFENTLICH-RECHTLICHEN GERICHTSBARKEITEN, VERFAHREN NACH DEM STRAFVOLLZUGSGESETZ, AUCH IN VERB. MIT § 92 DES JUGENDGERICHTSGESETZES, UND ÄHNLICHE VERFAHREN

Nr.	Gebührentatbestand	Gebühr oder Satz der Gebühr nach § 13 RVG

Vorbemerkung 3:
(1) Für die Tätigkeit als Beistand für einen Zeugen oder Sachverständigen in einem Verfahren, für das sich Gebühren nach diesem Teil bestimmen, entstehen die gleichen Gebühren wie für einen Verfahrensbevollmächtigten in diesem Verfahren.
(2) Die Verfahrensgebühr entsteht für das Betreiben des Geschäfts einschließlich der Information.
(3) Die Terminsgebühr entsteht für die Vertretung in einem Verhandlungs-, Erörterungs- oder Beweisaufnahmetermin oder die Wahrnehmung eines von einem gerichtlich bestellten Sachverständigen anberaumten Termins oder die Mitwirkung an auf die Vermeidung oder Erledigung des Verfahrens gerichteten Besprechungen auch ohne Beteiligung des Gerichts; dies gilt nicht für Besprechungen mit dem Auftraggeber.
(4) Soweit wegen desselben Gegenstands eine Geschäftsgebühr nach den Nummern 2300 bis 2303 entsteht, wird diese Gebühr zur Hälfte, jedoch höchstens mit einem Gebührensatz von 0,75, auf die Verfahrensgebühr des gerichtlichen Verfahrens angerechnet. Sind mehrere Gebühren entstanden, ist für die Anrechnung die zuletzt entstandene Gebühr maßgebend. Die Anrechnung erfolgt nach dem Wert des Gegenstands, der auch Gegenstand des gerichtlichen Verfahrens ist.
(5) Soweit der Gegenstand eines selbständigen Beweisverfahrens auch Gegenstand eines Rechtsstreits ist oder wird, wird die Verfahrensgebühr des selbständigen Beweisverfahrens auf die Verfahrensgebühr des Rechtszugs angerechnet.
(6) Soweit eine Sache an ein untergeordnetes Gericht zurückverwiesen wird, das mit der Sache bereits befasst war, ist die vor diesem Gericht bereits entstandene Verfahrensgebühr auf die Verfahrensgebühr für das erneute Verfahren anzurechnen.
(7) Die Vorschriften dieses Teils sind nicht anzuwenden, soweit Teil 6 besondere Vorschriften enthält.

Inhaltsübersicht

	Rn.
A. Allgemeines	1
I. Überblick	1
II. Vorbemerkungen der sieben Teile und sonstige Vorbemerkungen und Anmerkungen	12
B. Kommentierung	16
I. Absatz 1 – Zeugen- und Sachverständigenbeistandschaft	16
1. Systematik	16
2. Die gleichen Gebühren wie für einen Verfahrensbevollmächtigten	17
3. Höhe der Gebühr	20
a) Ein Zeuge	20
b) Mehrere Zeugen	21
c) Zeugenbeistandsgebühr in höherer Instanz	24
II. Absatz 2 – Verfahrensgebühr	25
III. Absatz 3 – Terminsgebühr	27
1. Die unproblematischen ersten beiden Alternativen des Absatzes 3 der Vorbemerkung	27
a) Gerichtlicher Termin	27
b) Jeder Termin beim Richter	28
c) Wahrnehmung eines von einem gerichtlich bestellten Sachverständigen anberaumten Termins	36
2. Die unklare 3. Alternative des Absatzes 3 (Einigungsbesprechungen)	37
a) Beginn der anwaltlichen Instanz nach den Gesetzesmotiven – Bestellung	37
b) Besprechung auch ohne Beteiligung des Gerichts – Formerfordernis	46
aa) Problembeschreibung	46
bb) Auslegung mit Hilfe von § 118 Abs. 1 Nr. 2 BRAGO	48
cc) Auslegung von Vorbem. 3.3 Besprechen (ohne Hilfe des alten § 118 BRAGO) – mit neuer einführender allgemeiner Literatur	61
dd) Neue Judikatur und (hilfsweise) neue Literatur zur Erledigungsbesprechung	64

Vorbemerkung 3 VV

	Rn.		Rn.
IV. Absatz 4 – Anrechnung der Geschäftsgebühr auf die Verfahrensgebühr	98	durch die BGH-Rechtsprechung der Anrechnung der Geschäftsgebühr auf die Verfahrensgebühr: PKH-Fälle	120 e
1. Zweck der Norm	98		
a) Der Hintergrund	98	b) Absatz 4 Satz 2	121
b) Die Anwendung – Beispiel einer Anrechnung	99	c) Absatz 4 Satz 3	123
2. Kommentierung	101	V. Absatz 5 – Selbständiges Beweisverfahren – Anrechnung	124
a) Absatz 4 Satz 1 Der Grundfall der Anrechnung	101	1. Die Verfahrensgebühr	124
aa) Das Problem	101	2. Keine Anrechnung bei der Terminsgebühr	125
bb) Die verschiedenen Lösungsansätze	103	a) Wahrnehmung eines vom Gericht oder Sachverständigen anberaumten Termins im Beweisverfahren	126
cc) Streitwerterhöhung durch Miteinklagen der restlichen Geschäftsgebühr	118	b) Mitwirkung an auf die Vermeidung oder Erledigung des Verfahrens gerichteten Besprechungen	128
dd) Keine Anrechnung bei Eilverfahren	119	VI. Absatz 6 – Zurückverweisung	129
ee) Bei wertender Betrachtung: ein Gegenstand (Mietkündigung und Räumungsprozess)	120	1. Zurückverweisung an ein untergeordnetes Gericht	129
ff) Keine Entscheidung nach § 162 Abs. 2 Satz 2 VwGO	120 a	2. Zurückverweisung	130
		3. Diagonalverweisung	132
gg) Aufgabenstellung an die Praxis durch die BGH-Rechtsprechung der Anrechnung der Geschäftsgebühr auf die Verfahrensgebühr: Kostenfestsetzung – Miteinklagen	120 b	4. Vorbefassung des untergeordneten Gerichts	133
		5. Zurückverweisung grundsätzlich neue Instanz	135
		6. Streitwert	136
hh) Aufgabenstellung an die Praxis		VII. Absatz 7 – Eigene Vorschriften für Freiheitsentziehungs-, Unterbringungs- und Disziplinarsachen (Teil 6 VV RVG)	137

A. Allgemeines

I. Überblick

1 Das RVG bringt im Teil 3 VV RVG die Zusammenfassung der Gebührentatbestände für bürgerliche Rechtsstreitigkeiten, Verfahren der freiwilligen Gerichtsbarkeit, der Arbeitsgerichtsbarkeit, der Verwaltungsgerichtsbarkeit, der Finanzgerichtsbarkeit, der Sozialgerichtsbarkeit und für ähnliche Verfahren. Darin sieht die Gesetzesbegründung eine wesentliche Vereinfachung, weil nun die anwaltlichen Gebühren aus allen Gerichtsbarkeiten einheitlich in einem Gesetz geregelt sind. Zu den hier ausdrücklich angesprochenen Verfahren gehören auch wie bisher die Verfahren der Zwangsvollstreckung, der Vollziehung der Arreste, der einstweiligen Verfügungen und einstweiligen Anordnungen. Insbesondere durch die Einbeziehung der FGG-Verfahren entfällt für diese Verfahren durch künftige Zulassung der normalen Kostenfestsetzungsverfahren die frühere aufwändige Prüfung der Ermessenskriterien des § 14 RVG. In strittigen Fällen wurde hier in der Vergangenheit viel Zeit von Richtern, Rechtspflegern und Anwälten gebunden. Der Anwalt kann auch in FGG-Verfahren die Vergütung gegen den eigenen Mandanten nach § 11 RVG festsetzen lassen. Damit wird eine Vielzahl von Vergütungsklagen entbehrlich.

Zu Recht hat das OVG Rh.-Pf. (JurBüro 2008, 81) den Anfall einer Terminsgebühr (Nr. 3104) für eine Terminswahrnehmung durch den Anwalt im Vorverfahren nach § 68 VwGO abgelehnt, weil das Vorverfahren kein gerichtliches Verfahren ist.

2 Die Tätigkeit des Anwalts als Beistand für einen Zeugen oder Sachverständigen ist erstmals gesetzlich (RVG) geregelt. Technisch ist das gelöst durch Aufnahme in die Vorbemerkungen zu den einzelnen Teilen des Vergütungsverzeichnisses (Vorbemerkung 2 Abs. 2, Vorbemerkung 3 Abs. 1, Vorbemerkung 4 Abs. 1, Vorbemerkung 5 Abs. 1, Vorbemerkung 6 Abs. 1).

Vorbemerkung 3 VV | Teil 3

Danach soll der Rechtsanwalt **für diese Tätigkeit** die **gleichen Gebühren** wie ein Verfahrensbevollmächtigter in dem entsprechenden Verfahren (also Verfahrensgebühr, Terminsgebühr) erhalten. 3

Auch für den Zeugenbeistand richten sich die Gebühren nach dem **Gegenstandswert**.

Maßgebend ist aber **nicht der Gegenstandswert des Verfahrens,** in dem der Zeuge aussagt oder in dem der Sachverständige herangezogen wird. Der Anwalt vertritt ja den Zeugen oder den Sachverständigen (also dessen Zeugeninteresse) und nicht die Prozesspartei. Der Wert richtet sich vielmehr nach § 23 Abs. 3 Satz 2 RVG, das bedeutet, er ist **nach billigem Ermessen** zu bestimmen.

In den vorgenannten Verfahren gibt es nur zwei Gebühren: die Verfahrensgebühr, erstinstanzlich mit einem Gebührensatz **von 1,3,** und die **Terminsgebühr** mit einem Gebührensatz **von 1,2.** Damit fallen für den Anwalt in einem Verfahren, das bis zur mündlichen Verhandlung (Termin) führt, 2,5 Gebühren für die erste Instanz an. 4

Das BMJ will festgestellt haben, dass bislang nur in jedem 5. Verfahren Beweis erhoben worden ist (Braun Gebührenabrechnung nach dem neuen RVG S. 65). Beim OLG Koblenz lagen über viele Jahre die Beweisraten der verschiedenen Senate zwischen 15 und 35 %. In erster Instanz dürfte die Beweisquote aber noch höher liegen, so dass die Durchschnittszahl 20 %, nimmt man alle Instanzen zusammen, wohl etwas zu gering angesetzt war. 5

Untersucht man die verschiedenen Prozessgebiete, so liegt die Beweisrate z. B. in Bausachen erheblich höher, so dass die ausschließlich in Bausachen tätigen Anwälte, und solche gibt es immer wieder, bei der Umstellung von der BRAGO auf das RVG, wenn man nur das **Hauptsacheverfahren** betrachtet, ein Minusgeschäft gemacht haben. Andererseits hat ihnen die Neuregelung für das häufig vorgeschaltete **selbständige Beweisverfahren,** was viele noch nicht entdeckt haben, auch Vorteile gebracht. Nach Vorbemerkung 3 Abs. 3 des VV RVG fällt für die Wahrnehmung des vom gerichtlich bestellten **Sachverständigen** anberaumten Termins **(neu)** die 1,2 Terminsgebühr an. Gelingt dem Anwalt bei dieser Gelegenheit oder auch später ein Vergleich (Einigung), so entfällt dafür nach Nr. 1000 eine **1,5** Einigungsgebühr, wie sich aus Nr. 1003 ergibt. Er rechnet also nach dem RVG für das selbständige Beweisverfahren ab: 1,3 Verfahrensgebühr (Nr. 3100) + 1,2 Terminsgebühr (Nr. 3104) + 1,5 Einigungsgebühr (Nr. 1000) = insgesamt **4,0 Gebühr!** 6

Für den Anfall der **Terminsgebühr (1,2),** die eine Antragstellung oder streitige Verhandlung / Erörterung nicht mehr erfordert, genügt bereits das **Wahrnehmen eines Termins**. 7

Bisher konnte nach Anhängigkeit eine Erörterungsgebühr nur bei gerichtlicher Erörterung anfallen. Bemühten sich beide Anwälte nach mehrstündiger Gerichtsverhandlung oder (nach Prozessauftrag) vor dem Gerichtstermin außergerichtlich um eine gütliche Beilegung der prozessualen Streitsache, so wurde diese Mühe bisher nicht durch den Anfall einer Gebühr belohnt, denn diese Tätigkeit gehörte nach der einschränkenden Norm des § 37 Nr. 2 BRAGO zur Instanz und war damit mit der Prozessgebühr abgegolten. 8

Der Gesetzgeber hat diese außergerichtliche Streitbeilegung durch eine völlig neue Norm erheblich gefördert. Dazu bemerkt die **Gesetzesbegründung:** »*Die außergerichtliche Streiterledigung soll ferner dadurch gefördert werden, dass die Terminsgebühr auch dann anfallen soll, wenn der Rechtsanwalt nach Erteilung eines Klageauftrags an einer auf die Vermeidung oder Erledigung des Verfahrens gerichteten Besprechung mitwirkt.*« (Ähnlich der Gesetzestext selbst bei **Vorbemerkung 3 Abs. 3** vor Nr. 3100 VV RVG). Die etwas komplizierte Satzkonstruktion des Absatzes 3 wird an anderer Stelle (siehe nachfolgend Vorbemerkung 3 Rn. 37 ff.) noch näher erläutert werden.

In Kurzform sei hier schon bemerkt: Hat der Anwalt Klageauftrag und einigt er sich danach im Gespräch mit dem Gegner ohne das Gericht, so erhält er neben der Verfahrensgebühr ferner noch die **Termins-** und die **Einigungsgebühr,** und das alles **ohne Anrufung des Gerichts.** 9

Vorbemerkung 3 VV

Es handelt sich praktisch bei dieser Variante des Absatzes 3 der Vorbemerkung 3 um eine »Erörterungsgebühr« für eine Erörterung außerhalb des Gerichtssaals, wobei die Klage noch nicht einmal eingereicht sein muss! Es ist jetzt (seit 31. 12. 2006) gesetzlich klargestellt, dass es keinen Unterschied macht, ob bei diesen Besprechungen der Richter zugegen ist oder nicht. Beispiel dazu in Gerold/Schmidt/von Eicken/Madert/Müller-Rabe (RVG 17. Aufl. Vorbem. 3 Rn. 109, 110): Ein vom Richter herbeitelefonierter Vergleich; ebenso LG Freiburg (AGS 2007, 296).

10 Die Geschäftgebühr (Absatz 4 der Vorbemerkung 3) wird grundsätzlich nur **zur Hälfte, höchstens** jedoch mit einem Gebührensatz von **0,75** auf die Verfahrensgebühr des nachfolgenden gerichtlichen Verfahrens angerechnet. Sind in derselben Angelegenheit mehrere Geschäftsgebühren entstanden, wird die zuletzt entstandene angerechnet. Die Begrenzung der Anrechnung ist angemessen, weil nach Nr. 2300 nur noch eine einheitliche (Geschäfts-)Gebühr, wenn auch mit einem – wohl selten vorkommenden – höchsten Gebührensatz von maximal 2,5, eröffnet ist.

11 Bei Nr. 2300 wird die Bewertungsvorschrift des § 14 wegen der größeren Spanne (0,5 bis 2,5 und dem besonderen Wert von 1,3) zukünftig eine größere Bedeutung gewinnen. Es ist eine Rahmengebühr, die der Anwalt selbst nach den dort aufgezählten Bemessungskriterien bestimmt: also alle Umstände, Umfang und Schwierigkeit der anwaltlichen Tätigkeit, Bedeutung der Angelegenheit für den Auftraggeber sowie Einkommens- und Vermögensverhältnisse des Auftraggebers und schließlich zu berücksichtigendes billiges Ermessen. **Neu** hinzugetreten ist im § 14 nunmehr ein **besonderes Haftungsrisiko** des Anwalts. Der Anwalt setzt, wie ausgeführt, die Gebühr selbst fest. Im Allgemeinen werden Abweichungen von bis zu 20 % noch toleriert (Gerold/Schmidt/von Eicken/Madert/Müller-Rabe RVG 17. Aufl. § 14 Rn. 12). Sollte der Anwalt sein Geld nicht bekommen, so kann er sich zur Titulierung mit der Gebührenklage an das Gericht wenden.

II. Vorbemerkungen der sieben Teile und sonstige Vorbemerkungen und Anmerkungen

12 Die Vorbemerkung 3 ist Bestandteil der zu ihr gehörenden Nummern 3100 bis 3518. Sie ist damit bei allen Gebührennummern, die im 3. Teil aufgeführt sind, mit zu beachten, also in den Gebührennummern, die folgende Rechtsgebiete gebührenrechtlich abdecken: Bürgerliche Rechtsstreitigkeiten, Verfahren der freiwilligen Gerichtsbarkeit, der öffentlich-rechtlichen Gerichtsbarkeiten, Verfahren nach dem Strafvollzugsgesetz und ähnliche Verfahren.

13 Das VV hat Vorbemerkungen, hier also die Vorbemerkung 3, und dann noch einzelne »Unternummern« für die einzelnen Abschnitte, also z. B. Vorbemerkung 3.1 sowie die weitergehende Durchnummerierung der Unterabschnitte, z. B. Vorbemerkung 3.1.1 und ferner noch Anmerkungen, die nur zu betreffenden Nummer des Vergütungsverzeichnisses (VV RVG) gehören, z. B. Nr. 3103, die selbst wieder Absätze, z. B. Nr. 3100 (1), (2), (3) oder Abätze mit eigenen Nummern, z. B. Nr. 3105, vorweisen. Darüber hinaus gibt es auch Nummern des VV, die eigene Nummern oder Ziffern haben, z. B. Nr. 3101. Der Gesetzgeber behauptet, das trage zur Transparenz bei (siehe die Glosse: Das Vergütungsverzeichnis Rn. 4).

Merke:

Immer wenn eine Zahl in einer Klammer steht: (1) oder (2), so handelt es sich um einen Absatz einer Anmerkung.

14 Meine Erfahrungen mit dem GKG (und zwar mit dem gesunden unverbildeten Menschenverstand bei jeder neuen Referendargruppe) sind da eher negativ. Diese etwas seltsame Methode eines Gesetzes fällt auch der neuen computererfahrenen Generation ohne eine ausgiebige Erklärung recht schwer. Dabei kennt das Gebührenverzeichnis des GKG, das bisher dem

Gesetzgeber als Test zur Verfügung stand, nur die Anmerkungen, nicht aber die zusätzlichen **generellen und speziellen Vorbemerkungen** des VV RVG.

Man kann es sich nicht leisten, diese Vorbemerkungen nicht zu lesen oder aber bei einer VV-Nummer, die drei Seiten später kommt, wieder vergessen zu haben.

Empfehlung: Erst die VV-Nummer suchen, dann die Anmerkungen lesen, dann zurückgehen etwa zur Vorbemerkung 3.1 und dann weiter zurückgehen zur allgemeinen Vorbemerkung 3. Da hat der Gesetzgeber doch Recht, wenn er das transparent nennt, warum nicht auch mal von rechts nach links lesen.

B. Kommentierung

I. Absatz 1 – Zeugen- und Sachverständigenbeistandschaft

1. Systematik

Abs. 1 der Vorbemerkung 3 stellt klar, dass **alle Nummern des 3. Teils** (siehe die Überschrift dort) auch für die mit dem RVG neu eingeführte Beistandschaft für Zeugen und Sachverständige gelten.

Der Anwalt erhält nach dem Wortlaut des Absatzes 1 für die Tätigkeit als Beistand für einen Zeugen oder Sachverständigen in einem Verfahren, für das sich Gebühren nach diesem Teil, also dem Teil 3 (Nr. 3100 bis Nr. 3518) bestimmen, die gleichen Gebühren wie der Verfahrensbevollmächtigte.

2. Die gleichen Gebühren wie für einen Verfahrensbevollmächtigten

Die Gleichstellung hinsichtlich der Gebührennummern und des Gebührensatzes selbst ist gerechtfertigt. So erhält der Zeugenbeistand, wenn er an einem Prozesstermin teilnimmt, sowohl die Verfahrensgebühr 1,3 (Nr. 3100) wie auch die Terminsgebühr (Nr. 3104). Denn aus dem schon beschriebenen Effekt, dass die Verfahrensgebühr durch den Prozessbevollmächtigten mehrfach ausgelöst wird, etwa durch Einholung der Information, Fertigung der Klageschrift, jede schriftliche und mündliche Erklärung sowie die Teilnahme an Terminen, wird auch hier allein durch die Beistandstätigkeit des Anwalts im Termin sowohl die Verfahrensgebühr wie die Terminsgebühr ausgelöst. Das hat die Rechtsprechung in Strafsachen, wo die Zeugenbeistandschaft eine erheblich größere Rolle spielt als im Teil 3 für vergleichbare Fallgestaltungen (Beiordnung des Zeugenbeistandes für die Dauer der Vernehmung des Zeugen) entschieden (KG AGS 2005, 557; OLG Köln, Beschl. v. 06.01.06 – 2 WS 9/06, juris; OLG Koblenz, Beschl. vom 11.04.2006 – 1 WS 201/06). Nur vereinzelt wird die angesichts des Wortlautes, der die Gleichbehandlung fordert, nicht haltbare Ansicht vertreten, der Zeugenbeistand erhalte wegen seiner nur temporären Aufgabe die im Gesetz für Einzeltätigkeiten vorgesehenen geringeren Gebühren (so OLG Oldenburg JurBüro 2006, 197). Das Gesetz nennt aber unmissverständlich als Vergleich den Verfahrensbevollmächtigten und nicht den Anwalt einer Einzeltätigkeit.

Für die analoge Anwendung im Teil 3, der ja nicht nur den Zivilprozess, sondern alle übrigen Gerichtsbarkeiten betrifft, ist von Interesse die vorstehend zitierte Entscheidung des OLG Koblenz (vom 11.04.2006 – 1 WS 201/06, juris):

LS: »Im Strafverfahren erhält der Rechtsanwalt als Beistand für einen Zeugen oder Sachverständigen die gleichen Gebühren wie ein Verteidiger, also neben der Terminsgebühr in der Regel auch die Grund- und Verfahrensgebühr.«

Aus den Gründen dieses Urteils ergeben sich weitere überzeugende Erkenntnisse:

Vorbemerkung 3 VV

Die Feststellungen des LS gelten auch dann, wenn der Rechtsanwalt in demselben Verfahrenskomplex dem Zeugen beisteht, dem er bis zu dessen davorliegender Verurteilung (dann Verfahrenstrennung) zunächst als Verteidiger beigestanden hat.

Die erste Angelegenheit war erledigt, danach begann eine neue Angelegenheit, mit der dann neue Gebühren für den Zeugenbeistand anfallen konnten, ja sogar die Grundgebühr, die der Anwalt für die Einarbeitung in das Verfahren verdienen kann.

Die Rechtspflegerin hatte es als unbillig angesehen, dass der schon in die Materie eingearbeitete Anwalt erneut die Grundgebühr erhalte (genau dasselbe könnte man gegen die doppelte Verfahrensgebühr einwenden). Der Senat hat dem aber entgegengehalten: Ohne ausdrückliche Anrechnungsklausel sei der Rechtsanwalt in der »anderen Angelegenheit« so zu honorieren, als sei er erstmals für den Mandanten tätig geworden.

Genauso wie dem Verteidiger, der beispielsweise den des Prozessbetrugs Beschuldigten schon im Zivilverfahren vertreten hatte (und deshalb auch mit der nahezu identischen Materie des Strafverfahrens vertraut ist), die Grundgebühr zusteht, steht sie auch dem Zeugenbeistand zu, der in demselben Verfahrenskomplex Verteidiger des Zeugen war oder ist.

Als problematisch hat der Senat es lediglich im Hinblick auf zwei gegensätzliche OLG-Entscheidungen angesehen, ob der Anwalt etwas Zusätzliches zur reinen Terminsvertretung (etwa Beratung) für den Anfall der Verfahrensgebühr auch noch vortragen müsse.

3. Höhe der Gebühr

a) Ein Zeuge

20 Soweit sich die Höhe der Gebühren für den Verfahrensbevollmächtigten selbst nach dem Gegenstandswert richtet, ist für den Zeugenbeistand **nicht der Gegenstandswert des Verfahrens** maßgebend, in dem der Zeuge aussagt oder in dem der Sachverständige herangezogen wird, denn der Gegenstand dieses Verfahrens ist nicht Gegenstand der anwaltlichen Tätigkeit als Zeugenbeistand. Der häufig niedrigere Wert des Interesses des Zeugen an einem Beistand ergibt sich aus § 23 Abs. 3. Der Gegenstandswert ist nach dieser Norm nach billigem Ermessen zu bestimmen. Sind nicht genügend Tatsachen vom Zeugenbeistand zum Wert nach billigem Ermessen vorgetragen, so ist der Gegenstandswert mit € 4.000 anzunehmen. Soweit der Verfahrensbevollmächtigte Rahmengebühren (Satzrahmen oder im sozialgerichtlichen Verfahren Betragsrahmengebühren) erhält, bietet der Rahmen ausreichenden Spielraum.

Es ist Sache des Gerichts, den Gegenstandswert festzusetzen. Der Beistand leistende Anwalt hat insoweit ein eigenes Antragsrecht nach § 33 Abs. 1. Auf die Ausführungen zu dieser Norm wird verwiesen.

b) Mehrere Zeugen

21 *Müller-Rabe* (Gerold/Schmidt/von Eicken/Madert/Müller-Rabe RVG 17. Aufl. VV Vorb. 3 Rn. 14) bemerkt dazu Folgendes:

»*Vertritt der RA mehrere Zeugen hinsichtlich eines Verfahrens, so scheidet eine Erhöhung der Verfahrensgebühren gem. VV 1008 aus, da keine Identität des Gegenstandes vorliegt. Gegenstand des Auftrages ist es, jedem einzelnen Mandanten Beistand zu leisten.*«

Das klingt gut, ist aber in dieser Absolutheit nicht richtig.

22 Hier muss man die geänderte Struktur der Nr. 1008 VV genau ansehen. Auf die Identität des Streitgegenstandes kommt es nach der Anmerkung zu Nr. 1008 nur bei Wertgebühren an. Erhält der Hauptbevollmächtigte aber Rahmengebühren, wie in Strafsachen, so ist Voraussetzung für die Erhöhung nicht das Erfordernis derselben Angelegenheit. Die Klammer bildet das gemeinsame Verfahren, in dem beide Zeugen vernommen werden. Also erfüllt in Strafsa-

chen die erhöhte Gebühr nach Nr. 1008. Der Rahmen erhöht sich demnach um 30 %, so zutreffend das OLG Koblenz (JurBüro 2005, 589 = AGS 2005, 504):

»Ein Rechtsanwalt, der in einer Hauptverhandlung mehreren Zeugen beisteht, wird für mehrere Auftraggeber in derselben Angelegenheit im Sinne des § 7 Abs. 1 RVG tätig und erhält deshalb die Gebühren – mit der Erhöhung nach Nr. 1008 VV RVG – nur einmal.« 23

Anders aber ist die Rechtslage im Zivilprozess, in dem die Gebühren sich nach dem Wert richten. Hier ist also neben Nr. 1008 noch deren Anmerkung zur Subsumtion heranzuziehen. Jetzt ist die These *Müller-Rabes* (Gerold/Schmidt/von Eicken/Madert/Müller-Rabe RVG 17. Aufl. VV Vorb. 3 Rn. 14) richtig. Müller-Rabe hat den Fall aber noch nicht zu Ende dargestellt. Wenn wegen Gegenstandsverschiedenheit bei Wertgebühren die erhöhte Gebühr nach Nr. 1008 nicht anfällt, so müssen die beiden nicht identischen Gegenstände nach § 22 Abs. 1 addiert werden.

c) Zeugenbeistandsgebühr in höherer Instanz

Wie nicht zweifelhaft sein kann, verdient der Anwalt in der Rechtsmittelinstanz die dort vorgesehene erhöhte Verfahrensgebühr (Berufungsverfahren Nr. 3200 eine 1,6 Verfahrensgebühr gem. Nr. 3200 neben der Terminsgebühr (gleiche Gebühr wie der Verfahrensbevollmächtigte). 24

II. Absatz 2 – Verfahrensgebühr

Absatz 2 übernimmt zur Beschreibung der Tätigkeiten, die die Verfahrensgebühr auslösen, die Legaldefinition zu § 31 Abs. 1 Nr. 1 BRAGO, nämlich: »**für das Betreiben des Geschäfts einschließlich der Information.**« 25

Zum »Betreiben des Geschäfts einschließlich der Information«, welches zeitlich mit dem Erteilen des Prozessauftrages beginnt, gehören u. a.:

1. Die zum Führen des Rechtsstreits erforderlichen Besprechungen mit dem Auftraggeber, dritten Personen und dem Gericht.
2. Der prozessbezogene Schriftverkehr mit den Parteien, Dritten und dem Gericht.
3. Die Sammlung des Prozessstoffs, die Anfertigung der Schriftsätze (Tatsachenbehauptungen und Beweisantritte, die Ermittlung und Angabe der Anschriften von Zeugen). Selbst in der Klagerücknahme liegt noch ein Betreiben des Geschäfts im Sinne des Absatzes 2 (OLG Koblenz JurBüro 1996, 370).
4. Die Wahrnehmung von Terminen jeglicher Art (LG Hildesheim 20. 04. 2006 – S 12 SF 5/06 – juris – Terminsgebühr.)
5. Die Auswertung von Urkunden und Urkundensammlungen = Akten. Die Übersetzung von ausländischen Urkunden ist nicht Anwalts-, sondern Übersetzertätigkeit. Sie wird nicht durch die Verfahrensgebühr abgegolten, sondern ist gemäß § 11 JVEG zu vergüten (OLG Karlsruhe MDR 1978, 674; OLG Bamberg JurBüro 1974, 1027; einschränkend OLG Stuttgart JurBüro 1981, 65). Lässt der Anwalt ausländische Urkunden durch Dritte übersetzen, so sind dies Auslagen, die von dem Auftraggeber zu ersetzen und von dem erstattungspflichtigen Gegner im Rahmen der Notwendigkeit zu erstatten sind (OLG Celle Rpfleger 1964, 327).
6. Die Streitverkündung. Die Anwaltschaft hat zu Recht (leider erfolglos) bis zuletzt gefordert, für diese sehr arbeits- und regressträchtige Tätigkeit eine besondere Gebühr im Gesetz vorzusehen. Aber leider wird gerade diese schwierige Materie, die Streitverkündung auf allen Gebieten, wie z. B. der Ausbildung, der theoretischen Durchdringung wie auch des Gebührenanfalls, traditionell sehr stiefmütterlich behandelt.
7. Die Formulierung von Einstellungsanträgen, die Aufnahme eidesstattlicher Versicherungen von Parteien und Zeugen.
8. Besprechungen tatsächlicher und rechtlicher Art mit dem Auftraggeber, wie auch die Belehrung über die zulässigen Rechtsmittel (nicht aber die Beratung über die Aussichten eines Rechtsmittels, die gem. Nr. 2200 VV RVG besonders zu honorieren ist).

Vorbemerkung 3 VV

9. Wird der Anwalt nach einem Anwaltswechsel erstmalig mit der Beweisaufnahme betraut, so erfällt auch dadurch erneut die Verfahrensgebühr, etwa für die Einarbeitung in den Prozess- oder Beweisstoff.

10. Schutzschrift. BGH (JurBüro 2007, 430 = AGS 2007, 477): »Ob Kosten zur zweckentsprechenden Rechtsverfolgung oder Rechtsverteidigung notwendig waren, beurteilt sich nach einem **objektiven** Maßstab. Die durch die **Einreichung** einer Schutzschrift **nach Rücknahme des Antrags auf Erlass** einer einstweiligen Verfügung entstandenen Kosten sind daher auch dann nicht **erstattungsfähig**, wenn der Antragsgegner die Antragsrücknahme nicht kannte oder kennen musste. Hat der Verfahrensbevollmächtigte des Antragsgegners das Geschäft i. S. von Teil 3 Vorb. 3 Abs. 2 RVG VV bereits **vor der Rücknahme** des Verfügungsantrags **betrieben**, etwa durch Entgegennahme des Auftrags sowie erster Informationen, so ist dadurch aber schon die **0,8-fache Verfahrensgebühr** gemäß Nr. 3100, 3101 Nr. 1 RVG VV angefallen.«

Trotz mehrmaligen Lesens: Ich meine, die BGH-Entscheidung sei widersprüchlich. Im Ergebnis gibt der BGH nämlich trotz seiner objektiven Theorie die 0,8 Verfahrensgebühr, und zwar als Erstattung.

VG Hannover (26. 11. 2007 – 8 C 4505/07): »Der **Auftrag** des Rechtsanwalts des Beklagten oder Antragsgegners zur Rechtsverteidigung endet nach zutreffender Rechtsauffassung erst, wenn dieser oder seine Partei wissen müssen, dass der Rechtsbehelf zurückgenommen worden ist (Hartmann, Kostengesetze, 37. Aufl., VV 3101 Rdnr. 33, m. w. N.; Müller-Rabe in Gerold/Schmidt u. a., RVG, 16. Aufl., VV 3100 Rdnr. 181 f.).«

Kommt es allerdings zur (teilweisen) Durchführung des Eilverfahrens, so gilt Folgendes:

OLG Frankfurt (20. 05. 2008 – 6 W 61/08 –): »Nach der Rechtsprechung des Bundesgerichtshofs und des erkennenden Senats sind die Kosten für eine Schutzschrift als für eine zweckentsprechende Rechtsverfolgung notwendige Kosten im Sinne von § 91 Abs. 1 Satz 1 ZPO zumindest dann anzusehen, wenn die Schutzschrift Bestandteil des Verfahrens geworden ist und mit ihr ein Antrag auf Zurückweisung des Eilantrages gestellt wurde (BGH AGS 2008, 274 = AnwBl 2008, 550; Senat GRUR 1996, 229). Denn durch die Hinzuziehung der Schutzschrift zu den Akten entsteht ein echtes Parteiverhältnis aufgrund der Schutzschrifteinreichung in Verbindung mit dem Verfügungsantrag, so dass die Schutzschrift ihre Funktion erfüllen kann.«

BGH (AGS 2008, 274): »Für die gegen einen erwarteten Antrag auf Erlass einer einstweiligen Verfügung bei Gericht eingereichte Schutzschrift **mit Sachvortrag** erhält der mit der Vertretung im erwarteten Eilverfahren betraute Rechtsanwalt die 1,3-fache Gebühr nach Nr. 3100 RVG-VV, wenn der Verfügungsantrag bei Gericht eingeht und später wieder zurückgenommen wird.«

Kurzum: Die Verfahrensgebühr entsteht für die gesamte anwaltliche Verfahrensführung im Verfahren. Diese Tätigkeit erstreckt sich vom Klageauftrag bis zum Abschluss des Verfahrens der Instanz.

26 Tätigkeiten, für die eine besondere Gebühr vorgesehen ist (z. B. **Termins**gebühr), können, wenn der betreffende Anwalt die **Verfahrens**gebühr noch nicht verdient hat, zugleich auch die Verfahrensgebühr auslösen (vgl. SG Hildesheim, Beschl. vom 20. 04. 2006, S 12 SF 5/06 – juris – Terminsgebühr).

Wie der vorstehende Katalog zeigt, kann die Verfahrensgebühr im Verlaufe eines Rechtsstreits vom Anwalt mehrfach ausgelöst werden, derselbe Anwalt kann sie im jeweiligen Rechtszug aber nur einmal geltend machen (§ 15 Abs. 2 Satz 1). Dieser Gedanke hat besondere Bedeutung für den Anwaltswechsel und bei verzögerter PKH-Bewilligung:

Wie ausgeführt, kann nach einem Anwaltswechsel der neue Anwalt, wenn er nur noch an der abschließenden Beweisaufnahme teilnimmt, dennoch zugleich auch noch die Verfahrensgebühr verdienen. Gleiches gilt, wenn erst zum Zeitpunkt der abschließenden Beweisaufnahme erstmals der vertretenen Partei PKH bewilligt wird.

III. Absatz 3 – Terminsgebühr

1. Die unproblematischen ersten beiden Alternativen des Absatzes 3 der Vorbemerkung

»Vertretung in einem Verhandlungs-, Erörterungs- oder Beweisaufnahmetermin oder die Wahrnehmung eines von einem gerichtlich bestellten Sachverständigen anberaumten Termins.« 27

a) Gerichtlicher Termin

Der erste Teil des Absatzes 3 lautet:

»Die Terminsgebühr entsteht für die Vertretung in einem Verhandlungs-, Erörterungs- oder Beweisaufnahmetermin oder die Wahrnehmung eines von einem gerichtlich bestellten Sachverständigen anberaumten Termins ...«

Während sich im Vergleich der früheren Prozessgebühr mit der neuen Verfahrensgebühr (II.) praktisch kein Unterschied ergibt, sind bei der neuen Terminsgebühr (III.) die Unterschiede zu früher gravierend, sowohl hinsichtlich des Zeitpunkts des Auslösens wie auch hinsichtlich deren Charakters. Die Terminsgebühr tritt an die Stelle von Verhandlungs-, Erörterungs- und Beweisgebühr. Auch die Wahrnehmung eines von einem gerichtlich bestellten Sachverständigen anberaumten Termins durch den Anwalt löst sie aus. Dies alles ist ein Kernstück der Neuregelung. Der erste Teil des Absatzes 3 der Vorbemerkung lässt an Klarheit nichts zu wünschen übrig und ist unproblematisch.

b) Jeder Termin beim Richter

Das Gesetz nennt: Verhandlungs-, Erörterungs- oder Beweisaufnahmetermin. Diese Begriffe darf man aber angesichts der Absicht des Gesetzgebers, den Anfall der Terminsgebühr zu erleichtern und von Rechtsproblemen zu befreien, nicht eng auslegen. Weder die Vorbemerkung 3 Abs. 3 noch die Nr. 3104 bringt insoweit eine Einschränkung. Das bedeutet, die Wahrnehmung eines **jeden richterlich anberaumten Termins** löst für den Anwalt die Terminsgebühr aus. 28

Das gilt also auch für die eher nachrangigen richterlichen Termine: Vorterminliche Güteverhandlung (§ 278 Abs. 2 ZPO), innerterminliche gesonderte Güteverhandlung (§ 278 Abs. 5 Satz 1 ZPO), des beauftragten Richters (§ 361 ZPO) oder ersuchten Richters (§ 362 ZPO, § 157 Abs. 1 GVG), Anhörungstermin im PKH-Prüfungsverfahren (§ 118 ZPO). Auch in den aufgezählten nachrangigen Terminen wird verhandelt, mindestens die Sache **erörtert.** Beim ersuchten und beauftragten Richter geht es um einen Beweisaufnahmetermin i.S. von Absatz 3 der Vorbemerkung 3. 29

Auch *Müller-Rabe* (Gerold/Schmidt/von Eicken/Madert/Müller-Rabe RVG 17. Aufl. VV Vorb. 3 Rn. 35–40) sieht das im Ergebnis genau so, wenn auch zunächst der Eindruck entsteht, er wolle die Begriffe »Verhandlungs-, Erörterungs- oder Beweisaufnahmetermin« eng auslegen. Bei ihm fehlt lediglich der Termin vor dem ersuchten Richter, dafür nennt er aber noch weiter den eventuellen Verhandlungstermin hinsichtlich der beantragten Richterablehnung. Auch die Ausführungen von Hartmann (Hartmann Kostengesetze 35. Aufl. VV 3104 Rn. 5–7) weichen nicht ab. 30

Beide Autoren nehmen allerdings den Termin zur Anhörung der Partei (§ 141 ZPO) hier aus, wobei sich Müller-Rabe statt einer Begründung auf Hartmann und ferner auf Hansens zu § 56 BRAGO bezieht. Die Ansicht von Hansens zum anderen Inhalt von § 56 BRAGO (Abgrenzung zum bestellten Prozessbevollmächtigten) ist zutreffend, die nicht begründete Ansicht von Müller-Rabe und Hartmann ist m. E. prozessual nicht haltbar: 31

§ 286 ZPO nennt als Gegenstand der Beweiswürdigung den »Inhalt der Verhandlungen«, derselbe Begriff findet sich in § 448 ZPO als Berechtigung, die eigene Partei von Amts wegen zu 32

Vorbemerkung 3 VV

vernehmen. Das ist herrschende Meinung, wird auch von Hartmann im ZPO Kommentar so vertreten (Baumbach/Lauterbach ZPO 63. Aufl. § 286 Rn. 14, § 141 m. N. und § 448 Rn. 4): »Parteianhörung nach § 141«; Zöller ZPO 23. Aufl. § 286 Rn. 14: »Sachvortrag und das Prozessverhalten.«

33 Auch die allseits wohl bekannte Entscheidung des EGMR (NJW 1995, 1413), die in Deutschland mit Billigung des BVerfG (NJW 2001, 2531) nicht zwingend durch eine förmliche Parteivernehmung nach § 448 ZPO, sondern häufig durch eine Parteianhörung nach § 141 ZPO umgesetzt wird (BGH NJW 1999, 363; Thomas/Putzo ZPO 23. Aufl. § 141 Rn. 1, 5 u. 7), und in diesen Fällen zweifellos im Rahmen von § 286 ZPO von erheblichem Gewicht ist, spricht gegen die Richtigkeit der Ansicht von Hartmann und Müller-Rabe. Prozessual versierte Anwälte verlangen dabei zu Recht, dass das Gericht bei einer Parteianhörung nach § 141 ZPO, die nur Ergänzung des unklaren Parteivorbringens ist, zunächst einmal konkrete Angaben macht, damit der Anwalt vorweg prüfen kann (Freiheit des Parteivorbringens), ob die Partei bereit ist, ergänzende Angaben zu machen. Auch solches Schweigen in der Parteianhörung kann der Richter im Rahmen von § 286 ZPO frei würdigen.

34 Ergebnis: Auch die Anhörung einer Partei in einem etwaigen Sondertermin, außerhalb einer normalen mündlichen Verhandlung, ist richterlicher Termin i. S. v. Vorbemerkung 3 Absatz 3.

35 Ein **richterlicher** Termin muss es aber schon sein.

Der Termin beim außergerichtlichen Streitschlichter (§ 278 Abs. 5 Satz 2 ZPO), und werde dieser auch, wie etwa beim LG Göttingen (DRiZ 2003, 396) oder Frankfurt, OLG Braunschweig, Hamm oder Rostock im Rahmen der »gerichtsnahen Mediation« von einem Richter durchgeführt, was man als Mediator hinsichtlich des Ansatzes und der Durchführung ohnehin nur kritisieren kann (Bischof SchiedsVZ 2004, 252), ist kein richterlicher Termin, der nach Halbsatz 1 etwa die Terminsgebühr auslösen könnte (allerdings ist die dritte Alternative (Einigungsbesprechung, Rn. 37, 75 a) einschlägig).

c) Wahrnehmung eines von einem gerichtlich bestellten Sachverständigen anberaumten Termins

36 Hier geht es um einen gerichtlich bestellten Sachverständigen und nicht etwa um einen Ortstermin, den ein vom Anwalt beauftragter Privatgutachter durchführt. Viele Anwälte haben gerade beim selbständigen Beweisverfahren die sich ihnen bietende neue Gelegenheit des **doppelten** Anfalls der **Terminsgebühr** noch nicht begriffen. Denn das **selbständige Beweisverfahren** ist jetzt eine **besondere Angelegenheit** geworden (siehe die Anrechnungsvorschrift des Absatzes 5 der Vorbemerkung 3) und bei den **Terminsgebühren** von Beweisverfahren und Hauptsache findet im Gegensatz zur **Verfahrensgebühr** eine Anrechnung nicht statt. Das Gesetz fordert nicht, dass der Anwalt während der gesamten Zeit der Erhebungen des Sachverständigen anwesend bleibt.

KG (JurBüro 2007, 261 = AGS 2007, 648): »Die durch die Teilnahme des Anwalts am Ortstermin des gerichtlichen Sachverständigen entstandene Terminsgebühr (Nr. 3104 VV RVG; Vorbemerkung 3 Abs. 3 VV RVG) ist regelmäßig nach § 91 ZPO erstattungsfähig, ohne dass die Notwendigkeit der Terminsteilnahme besonderer Darlegung bedarf.«

2. Die unklare 3. Alternative des Absatzes 3 (Einigungsbesprechungen)

a) Beginn der anwaltlichen Instanz nach den Gesetzesmotiven – Bestellung

37 »... Mitwirkung an auf die Vermeidung oder Erledigung des Verfahrens gerichteten Besprechungen auch ohne Beteiligung des Gerichts«

Weil einigen Amtsgerichten, die sich auf die nachfolgend zitierten Kommentare von Anwälten stützen konnten, ein anderes Ergebnis wohl zu anwaltsfreundlich erschien – manche mögen sich auch den Unterschied zwischen gerichtlicher und anwaltlicher Instanz nicht hinreichend vergegenwärtigt haben – haben sie (und demgemäß auch Rechtsschutzversicherer, so Schons NJW 2005, 3089, 3092) für den Anfall der auf die Einigungsbesprechungen gestützten Terminsgebühr die **Anhängigkeit der Klage** gefordert (so irrig Göttlich/Mümmler/Rehberg/Xanke RVG 1. Aufl.»Terminsgebühr« 3.2 Seite 942 und *Hembach* in Gebauer/Schneider RVG 2. Aufl. Vorbem. 3 VV Rn. 127).

Das AG Düsseldorf ist ohne große Begründung dieser Fehlbeurteilung gefolgt:

AG Düsseldorf (RVGreport 2005, 425 – Urt. v. 19. 08. 2005 – 27 C 1262/05):

»Eine Terminsgebühr nach Nr. 3104 VV RVG steht den Anwälten der Klägerin nicht zu.

Aus Teil 3 Vorbemerkung 3 Abs. 3 vor Nr. 3100 VV RVG lässt sich entgegen der Annahme der **Klägerin** der Anfall einer Terminsgebühr wegen der Besprechung mit dem Steuerberater der **Klägerin** nicht ableiten. Zwar wird der Anfall der Terminsgebühr in der Literatur unterschiedlich gesehen. So soll die Gebühr nach einer vom Gericht als zutreffend erachteten Ansicht die Gebühr erst **nach Anhängigkeit** eines Klageverfahrens entstehen können, weil nur so der Unterschied zur Geschäftsgebühr nach Nr. 2400 VV RVG gesichert aufrechterhalten werden kann (vgl. Anwaltskommentar-RVG/Gebauer, 2. Aufl., VV Vorb. 3 Rn. 127).«

(Ergebnis des Urteils gleichwohl richtig, da Steuerberater der Partei zur eigenen Partei zu rechnen ist.)

Richtig dagegen LG München (JurBüro 2007, 26): »Die Terminsgebühr der Nummer 3104 VV RVG i. V. m. Vorbemerkung 3 Abs. 3 VV RVG ist auch bereits dann entstanden, wenn ein Rechtsanwalt an einer Besprechung mitwirkt, die auf Vermeidung des Rechtsstreits gerichtet ist, ohne dass ein Rechtsstreit anhängig war.«

Die Streitfrage hat der BGH nunmehr abschließend geklärt: 38

BGH (JurBüro 2007, 241 = NJW-RR 2007, 720): »Hat der Anwalt bereits einen unbedingten Klageauftrag erhalten, kann eine Terminsgebühr auch dann entstehen, wenn der Rechtsstreit oder das Verfahren noch nicht anhängig ist.« Näher dazu Rn. 45.

Zum gesetzlichen Zweck der neuen Erledigungsbesprechung besagen die Motive des Gesetzgebers: 39

»Die in Absatz 3 der Vorbemerkung bestimmte Terminsgebühr soll sowohl die bisherige Verhandlungs- (§ 31 Abs. 1 Nr. 2 BRAGO) als auch die Erörterungsgebühr (§ 31 Abs. 1 Nr. 4 BRAGO) ersetzen. Dabei soll es künftig nicht mehr darauf ankommen, ob in dem Termin Anträge gestellt werden oder ob die Sache erörtert wird. Vielmehr soll es für das Entstehen der Gebühr genügen, dass der Rechtsanwalt einen Termin wahrnimmt. Die Terminsgebühr soll gegenüber der früheren Verhandlungs- und Erörterungsgebühr auch in ihrem Anwendungsbereich erweitert werden und grundsätzlich eine Gebühr mit einem Gebührensatz von 1,2 sein. Die Unterschiede zwischen einer streitigen oder nichtstreitigen Verhandlung, ein- oder zweiseitiger Erörterung sowie zwischen Verhandlungen zur Sache oder nur zur Prozess- oder Sachleitung sollen weitgehend entfallen. Dies führt zu einer erheblichen Vereinfachung, beseitigt viele Streitfragen und entlastet somit die Justiz. Der Anwalt soll nach seiner Bestellung zum Verfahrens- oder Prozessbevollmächtigten in jeder Phase des Verfahrens zu einer möglichst frühen, der Sach- und Rechtslage entsprechenden Beendigung des Verfahrens beitragen. Deshalb soll die Gebühr auch schon verdient sein, wenn der Rechtsanwalt an auf die Erledigung des Verfahrens gerichteten Besprechungen ohne Beteiligung des Gerichts mitwirkt, insbesondere wenn diese auf den Abschluss des Verfahrens durch eine gütliche Regelung zielen.«

Sprachlich schwer verständlich ist der Gesetzeswortlaut, die letzte Alternative des Absatzes 3, sie lautet: 40

»... die Mitwirkung an auf die Vermeidung oder Erledigung des Verfahrens gerichteten Besprechungen auch ohne Beteiligung des Gerichts.«

Vorbemerkung 3 VV

Zunächst die Interpretation dieses Satzes, die durch die angeführte Gesetzesbegründung teilweise erleichtert, aber auch wegen der dann sogleich wieder unpräzisen Wortwahl der Gesetzesbegründung verkompliziert wird (die problematischen Worte der Begründung sind nachfolgend hervorgehoben):

41 »*Der Anwalt soll nach seiner **Bestellung** zum Verfahrens- oder Prozessbevollmächtigten in jeder Phase des Verfahrens zu einer möglichst frühen, der Sach- und Rechtslage entsprechenden Beendigung des Verfahrens beitragen. Deshalb soll die Gebühr auch schon verdient sein, wenn der Rechtsanwalt an auf die **Erledigung des Verfahrens** gerichteten **Besprechungen** auch ohne Beteiligung des Gerichts mitwirkt, insbesondere wenn diese auf den Abschluss des Verfahrens durch eine **gütliche Regelung** zielen.*«

Die Begründung macht zunächst einmal klar, dass **Besprechungen** der Streitteile **ohne das Gericht** ausreichen.

42 Was heißt nun aber »nach seiner **Bestellung** zum Verfahrens- oder Prozessbevollmächtigten?« Kann man davon ausgehen, dass **Bestellung** auch **Bestellung** meint, und zwar so, wie der Begriff »Bestellung« in der ZPO mit gleichlautendem Inhalt gebraucht wird (§§ 87, 215, 271 ZPO; BGH NJW 1980, 2309, 2310; Thomas/Putzo ZPO 23. Aufl. § 87 Rn. 5)? Im Zivilprozess kann sich ein Prozessbevollmächtigter frühestens mit Begründung des Prozessrechtsverhältnisses, was mit dem Anhängigmachen, der Einreichung der Klageschrift beginnt, **bestellen,** sich also als **Prozessbevollmächtigter** zu den Akten melden, sich gegenüber dem Gericht und dem Gegner **bestellen.** (Für das hier zugleich geregelte FGG-Verfahren wäre das die Bestellung zum Verfahrensbevollmächtigten frühestens mit der Einreichung der Antragsschrift.)

43 Aus dem Text der vollständig wiedergegebenen Gesetzesbegründung lässt sich insoweit keine Erhellung des Wortproblems gewinnen. Dass der Gesetzgeber aber mit **Bestellung** zum Prozessbevollmächtigten gar nicht die Bestellung i. S. der ZPO gemeint hat, lässt sich zweifelsfrei aus dem **Gesetzeswortlaut selbst** ableiten. Die schon erwähnte Vorbemerkung 3 Abs. 3 letzte Alternative lautet nämlich:

»... die Mitwirkung an auf **die Vermeidung** oder Erledigung **des Verfahrens** gerichteten Besprechungen auch ohne Beteiligung des Gerichts.«

Macht man ein Verfahren anhängig, kann man es nicht mehr vermeiden, sondern nur noch erledigen. Ein Verfahren zu vermeiden kann also nach den Gesetzen der Sprachlogik nur heißen, es erst gar nicht beginnen zu lassen (so auch Schons AGS 2006, 209 mit Hinweis auf Sprachakrobatik der ARAG). Das bedeutet: Nach der Überschrift des 3. Teils muss es sich um einen Bürgerlichen **Rechtsstreit** handeln, dieser (und zwar die Instanz für den Anwalt) beginnt nach ganz herrschender Lehre und Rechtsprechung schon mit dem **Prozessauftrag.** Wenn die vorstehend zitierte Gesetzesbegründung also formuliert »nach seiner **Bestellung zum Prozessbevollmächtigten«,** so meint sie nicht **Bestellung** im Sinne der ZPO, sondern »nach seiner Beauftragung zum Prozessbevollmächtigten« durch die Partei (vgl. § 19 Rn. 27: Beginn der anwaltlichen Instanz). In dieser Funktion kann er nach Erteilung des Prozessauftrages auch ohne Klageeinreichung (auch ohne Beteiligung des Gerichts) ein Verfahren (durch gütliche Einigung) vermeiden, was besonders honoriert werden soll (mit der Terminsgebühr 1,2).

44 In gleicher Weise unsauber formulierte übrigens auch schon § 31 Abs. 1 Nr. 1 BRAGO:

»Der zum **Prozessbevollmächtigten bestellte Rechtsanwalt** erhält eine volle Gebühr 1. für das Betreiben des Geschäfts einschließlich der Information (Prozessgebühr).«

Auch hier kam die Auslegung dieser drei Worte zu dem Ergebnis, Bestellung im Sinne von § 31 Abs. 1 Nr. 1 ist die **Beauftragung** des Anwalts zur **Prozessführung** durch den Auftraggeber (Gerold/Schmidt/von Eicken/Madert BRAGO 15. Aufl. § 31 Rn. 1 und 19; Gebauer/Schneider BRAGO § 31 Rn. 1 und 7; LG Karlsruhe AnwBl. 1967, 125). Der Gesetzgeber 2004 hat offenbar ohne nachzudenken diesen früheren unbeanstandeten Wortlaut des Gesetzes in seine Gesetzesbegründung übernommen. Da es früher keine vorterminliche Verhandlungsgebühr gab, blieb dieser Sprachfehler bisher unentdeckt und jeder nahm die Interpretation durch die Kommentare wortlos hin. Jetzt, da es Geld kostet, wird man wach.

Die letzte Alternative des Absatzes 3 der Vorbemerkung 3 ist also wie folgt zu lesen: 45

Der Anwalt erhält die Terminsgebühr auch, wenn er **nach Erteilung des Prozessauftrages durch seine Partei (auch** ohne Beteiligung des Gerichts) eine **Besprechung** durchführt, die auf eine **Vermeidung eines Rechtsstreits** oder nach Anhängigkeit auf dessen Beendigung **zielt** (»dies gilt nicht für Besprechungen mit dem Auftraggeber«).

Diese, auch vom Verfasser immer vertretene Auslegung des Gesetzes hat der BGH in seiner Grundsatzentscheidung bestätigt:

BGH (JurBüro 2007, 241 = NJW-RR 2007, 720):»Hat der Anwalt bereits einen unbedingten Klageauftrag erhalten, kann eine Terminsgebühr auch dann entstehen, wenn der Rechtsstreit oder das Verfahren noch nicht anhängig ist.«

Entgegen der Ansicht der Revision (ebenso z. B. AG Frankfurt JurBüro 2006, 252) setzt der Gebührentatbestand der Nr. 3104 VV nicht voraus, dass der Anspruch, der Gegenstand der Besprechung ist, bereits bei Gericht anhängig gemacht worden ist (ebenso z. B. OLG Hamm OLG-Report 2006, 882, 883; OLG Koblenz JurBüro 2006, 23, 24; Hansens JurBüro 2004, 249, 250; Bischof JurBüro 2004, 296, 297; Meyer DRiZ 2004, 291; Schons NJW 2005, 3089, 3092; Bonnen MDR 2005, 1084, 1085; Zöller / Herget, ZPO 26. Aufl. § 104 Rn. 21; Hartmann, Kostengesetze 36. Aufl. VV 3104 Rn. 11 »Vermeidung«; Göttlich / Mümmler, RVG 2. Aufl. Terminsgebühr des Teils 3 Anm. 3.2; Müller-Rabe, in Gerold / Schmidt, RVG 17. Aufl. Vorbem. 3 VV Rn. 90; Riedel / Sußbauer / Keller, RVG 9. Aufl. VV Teil 3 Vorbem. 3 Rn. 48).«

b) Besprechung auch ohne Beteiligung des Gerichts – Formerfordernis

aa) Problembeschreibung

Der angedeutete Auslegungsstreit dreht sich u. a. um die Frage: Gibt es ein **Formerfordernis** 46 für die in der letzten Alternative genannte »**Besprechung?« Was ist eine Besprechung?** Nur soviel hat der Gesetzgeber klar gestellt: Das Gericht muss nicht dabei sein und einseitige Besprechungen des Prozessbevollmächtigten nur mit seinem Auftraggeber genügen nicht. Zur Form der Besprechung schweigt das Gesetz und auch seine Begründung, auch im Entwurf der auch mit Anwälten besetzten Expertenkommission, von der der fragliche Text des Absatzes 3 stammt, ist nichts zu finden. Konsequenz also: Jede Form einer Besprechung mit dem vorstehend beschriebenen Ziel zwischen den Streitteilen (oder mit einem Dritten) unter Beteiligung des Anwalts löst für diesen Anwalt die Terminsgebühr aus.

(Bei der Besprechung mit einem Dritten kommt man aber gelegentlich an den Rand des Vertretbaren.)

- **(Provokatives) Beispiel**

Die beiden Prozessbevollmächtigten treffen sich auf dem Gerichtsflur, der eine fragt den 47 **andern: Kann man sich eigentlich in der Sache Meier ./. Schulze vergleichen? Antwort: Vielleicht. Ich spreche mit meiner Partei. Später ergeht ein VU.**

Besprechung, Folge: Volle Terminsgebühr 1,2 ? (Antwort s. Rn. 48 ff. bis Rn. 97)

Weitere Problemfelder sind die Mitwirkung des Gegners und die Beweisbarkeit einer Besprechung bis hin zur Festsetzbarkeit nach § 104 ZPO.

Vorbemerkung 3 VV

bb) Auslegung mit Hilfe von § 118 Abs. 1 Nr. 2 BRAGO

48 Da der Gesetzeswortlaut recht offen ist und der historische Gesetzgeber in den Motiven schweigt, ist zu fragen, von welchem sprachlichen Selbstverständnis der **Gesetzgeber ausgegangen** ist.

Lässt sich aus Judikatur und Literatur zu § 118 BRAGO **(Besprechung)** etwas zur Auslegung des erneut verwendeten Begriffs der **Besprechungen** i. S. der Vorbemerkung 3 Abs. 3 des RVG gewinnen? Gerade in Kostensachen sollte man als Richter generell und abstrakt, was vor allem auch nunmehr der BGH beherzigen sollte, etwas an Stelle des Gesetzgebers erst formulieren, wenn man genügend ähnliches Fallmaterial (Kasuistik) überblicken kann.

Alle Kommentare zu § 118 BRAGO quollen geradezu über bei der Frage, was eine »Besprechung« im Sinne dieser Norm sei. *Madert* (Gerold/Schmidt/von Eicken/Madert BRAGO 15. Aufl. § 118 Rn. 8) brachte dazu mehr als 2 Druckseiten.

Dieser **historische Grund** soll hier teilweise wiedergegeben werden, damit die früheren Erkenntnisse der Judikatur und Literatur **nahtlos zur Lösung der neuen (alten) Probleme** genutzt werden können.

In dieser Auflage soll davon noch Gebrauch gemacht werden, bis zur nächsten Auflage gibt es genügend **neue Judikate, siehe ab Rn. 64.**

49 **(1) Termin**

In § 118 BRAGO standen die Besprechungen bei einem Gericht oder einer Behörde sowie mit dem Gegner gleichrangig nebeneinander. Niemand forderte, dass der Besprechungstermin mit dem Gegner wie bei Gericht vorher fest terminiert sein musste (Riedel/Sußbauer BRAGO 8. Aufl. § 118 Rn. 37; Gerold/Schmidt/von Eicken/Madert BRAGO 15. Aufl. § 118 Rn. 8; Gebauer/Schneider BRAGO § 118 Rn. 35).

50 **(2) Telefonische Besprechung**

Anerkannt war, dass die Besprechung auch telefonisch erfolgen konnte (BGH NJW 1970, 1704; Gerold/Schmidt/von Eicken/Madert BRAGO 15. Aufl. § 118 Rn. 8). So auch jetzt OLG Düsseldorf (JurBüro 2008, 195 = AGS 2008, 174 telefonisches Aussöhnungsgespräch mit Ehescheidungsklagerücknahme).

51 **(3) Bereitschaft des Gegners zum Besprechen der Sache**

Eine Besprechung mit dem Ziel »der Vermeidung eines gerichtlichen Verfahrens« setzt voraus, dass der Gesprächspartner zu einem entsprechenden Gespräch bereit ist (Gebauer/Schneider BRAGO § 118 Rn. 35). Wenn dieser etwa mitteilt, er sei an Gesprächen über eine Einigung nicht interessiert, so fehlt es an einer Besprechung mit dem Gegner (OVG Lüneburg AnwBl. 1985, 533; LG München VersR 1968, 483). **Gerade diese früheren Erkenntnisse lassen sich 1:1 auf die erneut aufgetretenen Problemfälle anwenden, die zwischenzeitlich die Judikatur bereits erreicht haben.**

52 **(4) Inhalt der Besprechung**

Anerkannt war auch bisher schon, dass eine bloße Sachstandsanfrage an den Gegner (OVG Berlin AnwBl. 1988, 77; OVG Münster AnwBl. 2000, 698) oder eine Frage nur nach objektiv feststehenden Tatsachen die Besprechungsgebühr nicht auslöst (Gebauer/Schneider BRAGO § 118 Rn. 36; AG Dortmund VersR 1996, 110). Das gilt genauso für die Besprechung im Sinne des Absatzes 3 der Vorbemerkung 3.

53 Umstritten war, ob an den Charakter der Besprechung nach § 118 BRAGO gewisse Anforderungen zu stellen waren (Streitgespräch?). Die Mindermeinung (AG München ZfS 1990, 197; AG Düsseldorf ZfS 1987, 46) erkannte eine Besprechung nur dann an, wenn sie zunächst streitig verlief. Weder der Wortlaut des § 118 BRAGO noch der des Absatzes 3 der Vorbemerkung 3 geben für diese Forderung aber etwas her (Bischof JurBüro 2004, 296, 299). Ausreichend war

vielmehr auch ein einvernehmliches Gespräch (LG München VersR 1968, 483; LG Chemnitz ZfS 1991, 291; Madert ZfS 1990, 289, 290; Gebauer/Schneider BRAGO § 118 Rn. 37; Hansens BRAGO 8. Aufl. § 118 Rn. 23; Riedel/Sußbauer BRAGO 8. Aufl. § 118 Rn. 39).

Da allerdings die Vorbemerkung 3 sich in erster Linie auf gerichtshängige Ansprüche, daneben aber auch auf solche bezieht, für die bereits Prozessauftrag erteilt ist, wird ohnehin im Regelfall von zunächst streitigen Positionen aus die Besprechung mit dem Ziel der Vermeidung oder Beendigung eines gerichtlichen Verfahrens beginnen. Voraussetzung des Anfalls der Besprechungsgebühr ist das aber nicht. Es genügte auch eine Besprechung von Verfahrensfragen, wenn diese auf die Einigung gerichtet war (Gerold/Schmidt/von Eicken/Madert BRAGO 15. Aufl. § 118 Rn. 8; Gebauer/Schneider BRAGO § 118 Rn. 42).

(5) Besprechung mit Dritten

Eine Besprechung mit der eigenen Partei genügt, wie das Gesetz nunmehr ausdrücklich hervorhebt, nicht. Dritter – er war im Gegensatz zur Vorbem. 3.3 ausdrücklich in § 118 BRAGO genannt – ist jeder, der nicht Auftraggeber oder dessen Bevollmächtigter ist (AG Heidelberg VersR 1986, 199), z. B. gehörte der Steuerberater des Gegners auch zu dessen »Lager« (LG Krefeld AnwBl. 1974, 52).

54

Die Tatbestandsvoraussetzungen waren nicht erfüllt bei einem Gespräch mit einem Dritten zur reinen Informationsbeschaffung zur Begründung einer Klage/Klageerwiderung (Jahnke VersR 1991, 264, 268), wie etwa die der Informationsbeschaffung dienenden Gespräche mit Zeugen oder der Polizei (AG Norden JurBüro 1999, 587; AG Frankfurt ZfS 1992, 234) oder wenn die Besprechung einer Akteneinsicht gleichzusetzen war (AG Recklinghausen ZfS 1990, 54; zu weiteren Beispielsfällen siehe Hansens BRAGO 8. Aufl. § 118 Rn. 21).

(6) Dauer und Umfang der Besprechung

55

Die Besprechungen konnten auch kurz geführt werden (AG Hof AnwBl. 2000, 262; AG Würzburg AnwBl. 1983, 142; AG Karlsruhe AnwBl. 1983, 471).

Der Anwalt musste zwar grundsätzlich an diesen Besprechungen persönlich mitwirken. Das kann er nur, wenn er erschienen ist. Er musste also bei den Besprechungen anwesend sein. Dagegen brauchte er nicht selbst das Wort zu ergreifen. Es genügte, dass er als Berater oder Beobachter teilnahm (Gerold/Schmidt/von Eicken/Madert BRAGO 15. Aufl. § 118 Rn. 8; KG AnwBl. 1984, 452 und BRAGO-Report 2001, 92; Gebauer/Schneider BRAGO § 118 Rn. 43).

56

Beispiel: Nach Erteilung des Prozessauftrags an den Klägeranwalt, der dem Gegner schon einmal vorab einen Klageentwurf zugeleitet hat (ein häufig vorkommender Fall mit dem Signal, jetzt wird es ernst), unterhalten sich die Parteien persönlich im (schweigenden) Beisein ihrer Anwälte über die Frage, ob und wie man den Prozess doch noch vermeiden könne. Dadurch verdienen beide Anwälte die neue Terminsgebühr, selbst wenn die Einigung dann doch scheitert. Die Terminsgebühr für die Besprechung zur Vermeidung oder Beendigung des gerichtlichen Verfahrens ist im Gegensatz zur Einigungsgebühr (Widerruf nach Widerrufsvorbehalt) **keine Erfolgsgebühr.** Sie fällt schon mit dem Besprechen selbst an. Einmal angefallene Gebühren fallen nachträglich nicht mehr weg.

Bei **fernmündlichen** Verhandlungen genügte es, dass der Anwalt die Verhandlungen an einem zweiten Hörer verfolgte, falls er nicht selbst die fernmündliche Besprechung führte. Er durfte das Gespräch aber **nicht nur als reiner Zuhörer** in der Funktion eines **Zeugen** verfolgen, sondern musste den **Auftrag** haben, sich auch gegebenenfalls selbst in das Gespräch einzuschalten und das auch notfalls tun.

57

Übrigens sehe ich mich weder hier noch – wie *Müller-Rabe* (Gerold/Schmidt/von Eicken/Madert/Müller-Rabe RVG 17. Aufl. Vorb. 3 VV Rn. 103 mit Fn. 106) meint – in JurBüro 2004, 296, 299 in Widerspruch, sondern in völliger Übereinstimmung mit seinen Ausführungen.

Vorbemerkung 3 VV

58 Eine ausdrückliche Belehrungspflicht gegenüber dem Mandanten hinsichtlich der Gebührenpflichtigkeit und der Höhe sah weder die BRAGO vor, noch sieht es das RVG vor.

59 »Man braucht kein Prophet zu sein«, so schrieb ich 2004 in der 1. Auflage: »Schon kurz nach dem 01. 07. 2004 werden die Gerichte mit einer Meinungsvielfalt wie weiland bei der Frage, was ist eine »Erörterung«, ihre klugen Gedanken zur Auslegung des Begriffs »Besprechung« i. S. von Vorbemerkung 3 Abs. 3« zu Papier bringen und nur Juristen können es verstehen, was der normale Menschenverstand belächelt, dass man sich unter Juristen darüber streiten kann, ob es ein Erörtern durch reines Zuhören eines Beteiligten am Gespräch ist (bejahend KG AnwBl. 1980, 265; OLG Koblenz JurBüro 1998, 305; SchlHOLG JurBüro 1997, 140, ferner obiges Beispiel unter Rn. 56) und also künftig ein **Besprechen durch schweigendes Zuhören** geben kann.

60 Eine erste, wenn auch bei der gegebenen Fallgestaltung wenig überzeugende Entscheidung zu dieser Frage ist bereits veröffentlicht (OLG Koblenz MDR 2005, 1137, siehe Rn. 68), die ein Besprechen durch interessiertes Zuhören als ausreichend betrachtet. Da wird es aber auch Gegenstimmen geben.

    cc) **Auslegung von Vorbem. 3.3 Besprechen (ohne Hilfe des alten § 118 BRAGO) – mit neuer einführender allgemeiner Literatur**

61 In der Literatur wird die Unklarheit dieser Norm (auch der Vorbemerkung) zu Recht beklagt.

Mayer (RVG-Letter 2004, 2) beschreibt treffend die beiden Extreme der Auslegungsmöglichkeiten: Förmlicher Termin analog den im ersten Teil des Absatzes 3 aufgezählten anderen Terminen wie Verhandlungstermin, Erörterungstermin, Beweistermin einerseits oder jeder noch so kurze beiläufige Gedankenaustausch in Richtung Einigung zwischen den Prozessbevollmächtigten andererseits.

62 Mayer führt im Einzelnen aus:

»Gerade die zuletzt genannte Entstehungsvariante der Terminsgebühr wird in der Praxis Streitfragen aufwerfen. So kann man sicherlich trefflich darüber streiten, was unter Mitwirkung zu verstehen ist. Wirkt der Anwalt an einer die Terminsgebühr auslösenden Besprechung nur dann mit, wenn er körperlich anwesend ist oder genügt auch eine telefonische Unterredung? Setzt die Terminsgebühr voraus, dass die auf Vermeidung oder Erledigung eines Verfahrens gerichtete Besprechung vorher geplant worden sein muss, also ein Termin für die Besprechung vorher vereinbart worden ist, oder genügt auch ein zufälliges Zusammentreffen aus anderem Anlass, bei dem das Verfahren nebenbei besprochen und ggf. einer gütlichen Einigung zugeführt wird?

Die Bezeichnung der Gebühr als Terminsgebühr und auch der Umstand, dass die anderen Entstehungsvarianten der Terminsgebühr, nämlich die Vertretung in einem Verhandlungs-, Erörterungs- oder Beweisaufnahmetermin oder die Wahrnehmung eines von einem gerichtlich bestellten Sachverständigen anberaumten Termins jeweils immer einen vorher festgelegten Termin voraussetzen, sprechen dafür, auch bei der Entstehungsvariante der Besprechung ohne Beteiligung des Gerichts zu fordern, dass diese Besprechung vorher terminiert worden ist und der Anwalt, der die Gebühr geltend machen möchte, auch bei dieser Besprechung körperlich anwesend ist. Andererseits fordert der Wortlaut des Absatzes 3 der Vorbemerkung 3 nicht diese strenge Auslegung. Denn der Begriff der »Mitwirkung« lässt völlig offen, in welcher Weise der Anwalt bei der Besprechung sich beteiligt. Auch der Begriff einer Besprechung setzt ebenfalls nicht voraus, dass diese vorher geplant und ein Termin für die Besprechung vereinbart wurde. Der Wille des Gesetzgebers, mit dem weiten Anwendungsbereich der Terminsgebühr den Anwalt zu animieren, möglichst schnell zu einer Beendigung des Verfahrens beizutragen, spricht eindeutig dafür, einen großzügigen Maßstab anzulegen und auch zufällige Besprechungen, die die Vermeidung oder Erledigung eines Verfahrens zum Gegenstand haben, für das Entstehen der Terminsgebühr ausreichen zu lassen.«

63 Diese vor In-Kraft-Treten des Gesetzes geäußerte Meinung hat sich in der Literatur durchgesetzt: Schons, Immer Ärger mit der Terminsgebühr, AGS 2006, 209; derselbe, Ein Jahr RVG –

Versuch einer Bestandsaufnahme NJW 2005, 3089, 3092; Gerold/Schmidt/von Eicken/Madert/Müller-Rabe RVG 17. Aufl. Vorb. 3 VV Rn. 101, 102 m. N.; Mayer/Kroiß RVG VV Vorb. 3 Rn. 36, 37). Weitere Literatur:

Weller, Einzelfragen zur Terminsgebühr – FS für Madert RVG Probleme und Chancen 2006 S. 231 (auch zu interessanten Darlegungs- und Haftungsfragen auf Grund von Besprechungen); Bischof, Terminsgebühr durch Besprechung zur Vermeidung oder Beendigung eines gerichtlichen Verfahrens, JurBüro 2004, 296.

dd) Neue Judikatur und (hilfsweise) neue Literatur zur Erledigungsbesprechung

Ich erlaube mir das Spiel: Alles schon mal da gewesen. Wir befinden uns auf historischem juristischem Grund. Ich gliedere daher wie bei Auslegung des § 118 BRAGO: 64

(1) Termin

Anfänglich fanden sich in der Literatur einzelne Stimmen, die in Analogie (Auslegung aus 65 dem Zusammenhang) zu den in der ersten Alternative vom Gesetzgeber genannten Begriffen »Verhandlungs-, Erörterungs- oder Beweisaufnahmetermin« gefordert haben, die Besprechung dürfe nicht spontan zustande gekommen sein, vielmehr müsse sie vorher terminlich verabredet gewesen sein. Da die Rechtsprechung aus verschiedenen Zweigen der Gerichtsbarkeit das spontane Telefonat grundsätzlich als Form der Einigungsbesprechung ausreichen lässt (näher dazu unter (2)), dürften diese anfänglichen engen Stimmen in der Literatur überholt sein.

Gleichwohl, ist aus den Gesichtspunkten (3), (4) und (6) nach wie vor Vorsicht hinsichtlich der Struktur der Besprechung geboten.

(2) Telefonische Besprechung

Folgende Gerichte gehen ohne große Probleme von der Möglichkeit einer telefonischen Besprechung aus: 66

OVG Hamburg, 10. 01. 2006, 1 So 177/05

LG Regensburg, 16. 08. 2005, 7 T 388/05

OLG Koblenz AGS 2005, 411 = MDR 2005, 1194 = AnwBl. 2005, 654

AG Schleiden NJW-RR 2005, 1232 (Telefonat, Fortsetzung mit Detailschriftwechsel)

OLG Koblenz JurBüro 2005, 416

OLG Koblenz JurBüro 2005, 417 = NJW 2005, 2162

LAG RhPf., 21. 01. 2005, 10 Ta 290/04 (mit dem Zusatz, dass Einigungsschriftwechsel keine Besprechung ist)

OLG Dresden (JurBüro 2006, 640)

LAG Hessen (NZA-RR 2007, 37 = RVGreport 2006, 271).

(3) Bereitschaft des Gegners zum Besprechen der Sache
OVG Hamburg (10. 01. 2006 – 1 So 177/05): 67

»Nach Darstellung des Antragstellers hat die Antragsgegnerin in diesem Gespräch darauf hingewiesen, dass eine Einigung nicht in Betracht komme. Die Antragsgegnerin sehe den Fall als Präzedenzfall an und wolle es darauf ankommen lassen. Eine wie auch immer geartete Einigungsbereitschaft der Antragsgegnerin kann daraus nicht entnommen werden. Vielmehr sind die Darstellungen des Antragstellers über das Gespräch dahingehend zu verstehen, dass der Antragsgegnerin nicht an der Vermeidung eines Verfahrens vorläufigen Rechtsschutzes gelegen war. Bei dieser Sachlage kann nicht, wie dies gemäß Vorbemerkung 3 Abs. 3 des Vergütungsverzeichnisses zum RVG erforderlich ist, davon ausgegangen werden, dass der Prozessbevollmächtigte des Antragstellers an auf die Vermeidung oder Erledigung des

Vorbemerkung 3 VV

Verfahrens gerichteten Besprechungen auch ohne Beteiligung des Gerichts mitgewirkt hat. Denn entgegen der Ansicht des Antragstellers und gegen die Ansicht des OLG Koblenz (Beschl. v. 03. 05. 2005, MDR 2005, 1137, 1138) ist nach Ansicht des Senates eine Terminsgebühr erst dann entstanden, wenn der Rechtsanwalt an einer Besprechung mitgewirkt hat, die objektiv auf die Vermeidung oder Erledigung des Verfahrens gerichtet war. Eine einseitige Absicht, das gerichtliche Verfahren zu erledigen oder zu vermeiden, reicht mithin nicht aus, um eine Terminsgebühr entstehen zu lassen. Vielmehr ist auch erforderlich, dass die Gegenseite die Vermeidung oder Erledigung des Verfahrens zumindest im Laufe der Besprechung für sich mit ins Auge fasst und die Besprechung (auch) zu diesem Zwecke führt.«

An dieser Entscheidung, der ich grundsätzlich zustimme, bleibt für mich nur eine Formulierung unklar: »dass die Gegenseite die Vermeidung oder Erledigung des Verfahrens zumindest im Laufe der Besprechung **für sich** mit ins Auge fasst«. Soll es genügen für die Verneinung, dass die Gegenseite nach außen hin Bereitschaft signalisiert, »für sich« aber gar nicht an eine Einigung denkt? Ich meine, es kommt auf die geäußerte Meinung an. Das kann unter bestimmten engen Voraussetzungen auch einmal schlüssig oder stillschweigend erfolgen. Daher geht mir auch die Begründung des vom OVG Hamburg kritisierten OLG Koblenz einen Schritt zu weit:

68 **OLG Koblenz** MDR 2005, 1137 = JurBüro 2005, 416 = AGS 2005, 278 = NJW-RR 2005, 1592:

»Unstreitig rief der Beklagte bei dem Prozessbevollmächtigten der Klägerin an, stellte unter bestimmten Voraussetzungen eine Zahlung in Aussicht und bat im Hinblick darauf um die Rücknahme der Klage.« Das reichte hin, um die Gebühr der Nr. 3104 RVG VV zu begründen. Dabei genügt es, wenn die Unterredung – wie hier – von der einen Seite mit dieser Zielrichtung initiiert wird (vgl. *Müller-Rabe* in Gerold/Schmidt/von Eicken/Madert/Müller-Rabe RVG 16. Aufl. Vorb. 3 VV Rn. 92) und sich die andere darauf einlässt, indem sie zuhört (Hansens JurBüro 2004, 249, 250). Ob das Ansinnen positiv aufgenommen oder gar am Ende eine Einigung herbeigeführt wird, ist ohne Belang.

69 Diese Formulierungen gehen mir zu weit. Der angesprochene Prozessgegner hat nicht die Protestlast, sondern der Gebührenbeanspruchter die Darlegungslast, dass der andere mit ihm in erste Einigungsbesprechungen, die in der Tat nicht erfolgreich ausgehen müssen, eingetreten ist. Der Grundsatz: Wer schweigt, stimmt zu! gilt noch immer nicht. Also ließe sich das Ergebnis nur halten, wenn sauber begründet wäre, warum sich aus den Umständen hier ausnahmsweise ergebe, dass der Gegner schlüssig seine Bereitschaft zur Aufnahme von Einigungsverhandlungen erklärt habe. Von den beiden Zitaten trägt auch nur eines die Entscheidung.

70 *Müller-Rabe* (Gerold/Schmidt/von Eicken/Madert/Müller-Rabe RVG 16. Aufl. Vorb. 3 VV Rn. 92) sagt an der zitierten Stelle etwas anderes: A. a. O. ist nur die Rede davon, dass es meistens um **Einigungsgespräche** geht (gemeint ist in der **Sache** selbst), es aber auch genügt, wenn der Anwalt den Gegner auf andere Weise, nämlich durch abzugebende **Prozesshandlungen**, zur Prozesserledigung bringen will, etwa, so die Fundstelle wörtlich: »*Versucht der RA den Gegner in einem Gespräch zur Rücknahme der Klage zu bewegen, so ist auch dieses Gespräch auf eine Erledigung des Verfahrens gerichtet.*«

In Rn. 90 macht Müller-Rabe aber klar, dass beim Gegner in jedem Falle Gesprächsbereitschaft gegeben sein muss, ein sachbezogenes Gespräch zu führen. Das einseitige Einreden auf ihn reiche nicht aus. In diesem Zusammenhang weist Müller-Rabe dann noch auf OLG Düsseldorf (AnwBl. 2002, 113, 114 c.) hin. Dort heißt es:

»Die Bitte des Rechtsanwalts, die Bank möge ihren Einfluss auf den Beklagten geltend machen und ihn zur Rücküberweisung des entnommenen Geldes veranlassen, löste ebenfalls keine Besprechungsgebühr aus, und zwar deshalb nicht, weil sich die Banksachbearbeiterin nach dem Vortrag des Klägers von vornherein auf eine diesbezügliche Besprechung nicht eingelassen hatte.«

Vorbemerkung 3 VV | Teil 3

Allerdings kann das OLG Koblenz sich auf die Belegstelle von Hansens in JurBüro 2004, 249 **71**
stützen, der in angreifbarer Weise (**a. A.**: Bischof in JurBüro 2004, 298 unter 2.3.3) formuliert:

»*Der Klägeranwalt fordert den Gegner auf, zur Vermeidung der Klageerhebung umgehend zu zahlen. Dies lehnt der angerufene Anwalt ab. Die Terminsgebühr ist erfallen.*«

Wenn Hansens dann noch zur Begründung anführt, es sei zu verweisen auf die Rechtsprechung zur Besprechungsgebühr des § 118 BRAGO, so ist das nicht nachvollziehbar (siehe Rn. 51). Zum Schweigen des Anwalts ist nur so viel richtig, dass der Anwalt schweigend bei einem Gespräch der Parteien selbst dabei sein kann. Dann wirkt er aber mit durch Rechtskontrolle und es wird von den Parteien gesprochen (Schneider/Wolf RVG 3. Aufl. VV Vorb. 3 Rn. 132).

Jener Fall ist aber zu unterscheiden von der Situation, dass der Anwalt selbst der einzige Ge- **72**
sprächspartner ist. Dann muss er zu erkennen geben, dass er grundsätzlich bereit ist, über eine Einigung zu sprechen. Das tut er nicht dadurch, dass er einfach schweigt. Wie gesagt, der so Angesprochene hat nicht die Protestlast.

(4) Inhalt der Besprechung

Das **Thüringer OLG** (AGS 2005, 5169), das der Terminsgebühr nach der Vorbemerkung 3 **73**
Abs. 3 offenbar sehr skeptisch gegenübersteht und zudem auch irrig meint, es handele sich um außergerichtlich angefallene Gebühren und dabei den Grundsatz der anwaltlichen Prozessinstanz verkennt, zumal hier ohnehin Gerichtsanhängigkeit gegeben war, lässt es nicht genügen, wenn bei einer Vielzahl von gleichgelagerten Prozessen allgemein darüber gesprochen worden sei, unter welchen Voraussetzungen eine Beendigung zahlreicher anhängiger Fälle in Betracht komme.

Nach meiner Ansicht angesichts des mitgeteilten Sachverhaltes ist die Entscheidung des OLG zwar zu kritisieren. Aber die Wertung durch das OLG gibt doch Veranlassung, sehr sorgfältig jeden einzelnen Rechtsstreit (gegebenenfalls mit Aktenzeichen) konkret bei der Besprechung, und vor allem in dem Gesprächsvermerk, der dem Gegner mitzuteilen ist, zu vermerken. Der BGH hat diese Entscheidung aufgehoben, s. Rn. 75 d (NJW 2007, 2858 = JurBüro 2007, 303).

Das **OLG Koblenz** (NJW 2005, 2162 = JurBüro 2005, 417) hat den Inhalt folgenden Gesche- **74**
hensablaufs als Besprechung genügen lassen:

Der Antragsgegner einer EV (Unterlassungsverfügung) rief beim Antragsteller an und teilte ihm mit, inzwischen liege die strafbewährte Unterlassungserklärung vor, er möge daher den Verfügungsantrag zurücknehmen. Der Antragstellervertreter erwiderte, er werde dieses Anliegen mit seiner Partei bereden. Gegen den Anfall der Terminsgebühr wandte er später ein, er hätte den EV-Antrag ohnehin zurückgenommen.

Das **LAG Rh.-Pf.** (Beschl. v. 15. 01. 2005 – 10 Ta 290/04) bemerkt zutreffend, der Begriff »Be- **75**
sprechungen« fordert eine mündliche oder fernmündliche Besprechung, der Austausch von Schriftsätzen, die auf eine Einigung hinzielen, reicht zum Anfall der Terminsgebühr nicht aus.

Anders liegen die Dinge, da Mitursächlichkeit reicht und der Erfolg auch nicht Bedingung für die Terminsgebühr ist, wenn zuerst gesprochen und dann weiter geschrieben wird, siehe den Fall des AG Schleiden, NJW-RR 2005, 1232 (Telefonat, Fortsetzung mit Detailschriftwechsel), oben (Rn. 66).

OLG Hamm (NJW 2006, 2499 = AnwBl. 2006, 287): Teilnahme des Anwalts an einer Mediation **75 a**
nach Erteilung des Prozessauftrages (vgl. auch OLG Koblenz RVGreport 2005, 269).

KG (KGR 2007, 1019) Besprechung im PKH-Prüfungstermin: »Der Termin wurde »nunmehr« **75 b**
fortgesetzt durch die Protokollierung des Vergleichs. Dabei spielt es keine Rolle, dass der Rechtsstreit – als streitiges Verfahren – noch nicht anhängig war und die Protokollierung des Vergleichs daher gemäß § 118 Abs. 1 Satz 3 ZPO erfolgte (vgl. § 794 Abs. 1 Nr. ZPO). Ent-

Vorbemerkung 3 VV

scheidend ist, dass in dem Termin im Anschluss an die Bewilligung der Prozesskostenhilfe für die beabsichtigte Klage eine auf die Vermeidung des streitigen Verfahrens gerichtete Besprechung stattgefunden hat, womit die Voraussetzungen der Vorbemerkung 3 Abs. 3 VV RVG erfüllt sind (vgl. BGH MDR 2007, 863 = Rpfleger 2007, 430).«

75 c **KG** (JurBüro 2008, 473):

Im vorliegenden Fall hatte das Landgericht die beantragte einstweilige Verfügung am 20. Oktober 2006 ohne mündliche Verhandlung erlassen. Ein Widerspruch war zum Zeitpunkt des Telefonats vom 13. November 2006 noch nicht erhoben worden. Erst nach Einlegung des Widerspruchs hätte das Gericht nach § 924 Abs. 2 Satz 2 ZPO Termin zur mündlichen Verhandlung anberaumen müssen.

Diese Entscheidung steht in gewissem Widerspruch zur vorstehenden Rn. 75 b und ist auch sachlich hinsichtlich der formalen Begründung abzulehnen, denn das Gespräch hätte der Vermeidung des Verfahrens dienen können:

Das KG argumentiert hier formalistisch, die Besprechungsterminsgebühr habe hier prinzipiell nicht anfallen können, weil noch kein Widerspruch eingelegt worden sei und man sich daher in einem reinen schriftlichen Verfahren befunden habe. Darum ging es hier aber gerade, der Antragsgegner wollte über die Frage diskutieren, sprechen im Sinne von Vorbem. 3.3, ob er Widerspruch einlegen müsse, oder ob man sich so über die Verfahrenserledigung angesichts seiner vorprozessual schon abgegebenen und von der Antragstellerin nicht beachteten Unterlassungserklärung und einer für ihn befriedigenden Kostenregelung einigen könne.

In der Sache hat das KG aber richtig entschieden, denn es kam gar nicht zu einer »Besprechung«. Das folgt aus folgenden Feststellungen des KG:

Eine auf eine Erledigung gerichtete Besprechung setzt als mündlicher Austausch von Erklärungen die Bereitschaft der Gegenseite voraus, überhaupt in Überlegungen mit dem Ziel einer einvernehmlichen Beendigung des Verfahrens einzutreten, wobei an die mündliche Reaktion des Gegners über die Kenntnisnahme und Prüfung des Vorschlags hinausgehende Anforderungen nicht zu stellen sind (Senat, AGS 2008, 27 m. w. N., OLG Köln, AGS 2008, 28). Dient ein Telefonat zwischen zwei Prozessbevollmächtigten lediglich der Klärung der Frage, ob ein Rechtsmittel oder ein Antrag – einseitig – zurückgenommen wird, so löst dies keine Terminsgebühr aus (OLG Köln a. a. O.). Das gleiche gilt nach der Rechtsprechung des Senats (a. a. O.) auch dann, wenn der Prozessbevollmächtigte einer Partei die Gegenseite lediglich über das weitere prozessuale Vorgehen informiert. So liegt der Fall hier. Nach der eigenen Darstellung der Antragsgegnerin hatte der Antragsteller sofort zu Beginn des Gesprächs schon erklärt, er nehme den Verfügungsantrag wegen der vorprozessual abgegebenen Unterlassungserklärung zurück.

Konkrete Vergleichsgespräche sind nicht erforderlich

75 d **BGH** (NJW 2007, 2858 = JurBüro 2007, 303): »Für die Entstehung einer Terminsgebühr gemäß Nr. 3202 i. V. mit Vorbemerkung 3 Abs. 3 des Vergütungsverzeichnisses reicht es aus, wenn bestimmte Rahmenbedingungen für eine mögliche Einigung in mehreren Parallelverfahren abgeklärt und/oder unterschiedliche Vorstellungen der Prozessparteien über die Erledigung der Parallelfälle unter Einschluss des streitigen Verfahrens ausgetauscht werden.«

(5) Besprechung mit Dritten

76 **AG Düsseldorf** (RVGreport 2005, 425, Urt. v. 19. 08. 2005 – 27 C 1262/05):

»Das Gespräch muss zumindest mit Leuten aus dem Lager des Verfahrensgegners geführt worden sein (vgl. *Müller-Rabe* in Gerold/Schmidt/von Eicken/Madert/Müller-Rabe RVG 17. Aufl. VV Vorb. 3 Rn. 104). Die Einholung von Information auch in Gesprächen mit anderen Personen als dem Auftraggeber, z. B. dem Steuerberater des Auftraggebers, der Bank, die den Mandanten unterstützen soll, reicht zum Entstehen der Terminsgebühr nicht.«

Dieses richtige Ergebnis des AG Düsseldorf folgt bereits aus dem Gesetzeswortlaut, denn Auftraggeber nach dem Sinn einer Erledigungsbesprechung sind alle, die dem Anspruch des Auftraggebers zuarbeiten.

Umgekehrt gehören Steuerberater, Subunternehmer des gegnerischen Generalunternehmers, dessen finanzierende Bank, dessen Versicherer, dessen Eltern, die übergeordnete Behörde, der Streithelfer (Gerold/Schmidt/von Eicken/Madert/Müller-Rabe RVG 17. Aufl. Vorb. 3 VV Rn. 107; Bischof JurBüro 2004, 296, 299) zum Lager des Gegners bzw. der Letztere jedenfalls nicht zum Lager der eigenen Partei.

- **Beispielsfall**

Vertritt der Anwalt den Generalunternehmer im Prozess mit dem Bauherrn und führt er nun zur Erledigung dieses Rechtsstreit eine Besprechung mit dem Mangelverursacher, dem Subunternehmer, so müsste der Tatbestand auch erfüllt sein, weil der Subunternehmer nicht unmittelbar »zum Lager« des Generalunternehmers gehört.

Auch Gespräche mit sonstigen Dritten, wenn sie nur nicht zum Lager des Auftraggebers gehören, reichen i. d. R. aus, wie z. B. eine Rücksprache beim Vormundschaftsrichter, selbst wenn es um die Minderjährigkeit des eigenen Mandanten geht, da ein solches Gespräch vom Ausschlussbegriff »Besprechungen mit dem Auftraggeber« zu weit entfernt sein dürfte.

Löst das Erledigungsgespräch mit dem Richter (außerhalb des Gerichtstermins) die Terminsgebühr aus?

Bei der Frage, ob ein Richter mit den Parteivertretern – jeweils getrennt – über Vergleichsmöglichkeiten sprechen darf, scheiden sich die Geister. Die gesetzliche Legitimation gibt § 278 Abs. 1 ZPO.

76 a

Dazu der eher zurückhaltend kommentierende *Hartmann* in Baumbach-Lauterbach ZPO 63. Aufl. § 278 Rn. 10: »*Es wäre grotesk, in den Vergleichsbemühungen einen Ablehnungsgrund zu sehen.*«

Rn. 39: »*Das Gericht braucht bei seinem Vorschlag keine Form einzuhalten. Es kann ihn schriftlich abfassen, durch Telefax übersenden, telefonisch oder elektronisch übermitteln, in einem **spontan oder zufällig sich ergebenden Gespräch an beliebiger Stelle ansprechen**.*«

Wenn man diesen dem Zeitgeist entsprechenden Weg als Richter geht, so stellt sich die Frage, ob, was *Müller-Rabe* (Gerold/Schmidt/Madert/Müller-Rabe/Mayer/Burhoff RVG 18. Aufl. Vorb. 3 VV Rn. 118) bejaht, ein Telefonat des Richters bald mit der einen, bald mit der anderen Partei eine Besprechung i. S. von Vorbemerkung 3.3 darstellt, die die Terminsgebühr auslöst. Bejahend LG Freiburg (AGS 2007, 296, danach soll sogar ein **einseitiges** Gespräch ausreichen, was abzulehnen ist).

Der BGH (FamRZ 2006, 1441 = MDR 2007, 302) zum Problem wörtlich: »Den Vergleich vorbereitende »Besprechungen« zwischen den Rechtsanwälten finden in einem Rechtsstreit auch dann statt, wenn diese ihre unterschiedlichen Vorstellungen über eine vergleichsweise Beilegung des Rechtsstreits **dem Gericht mitteilen** und dieses die Vorschläge und die Antworten hierauf an den **jeweils anderen Anwalt weiterleitet**.«

Es muss nicht so sein, dass der Richter lediglich Sprachbote zwischen den beiden Anwälten ist. Das Gesetz schränkt ja die Besprechungen nur insoweit ein, als Besprechungen mit dem eigenen Auftraggeber des Anwalts nicht ausreichen.

Der Richter kann sich vielmehr mit eigenen Gedanken an der Besprechung beteiligen.

Nach meiner Ansicht reichen allerdings Gespräche **des Richters ausschließlich nur mit einem** Anwalt nicht aus, da dann von zielgerichteten Erledigungsbesprechungen nicht

Vorbemerkung 3 VV

mehr die Rede sein kann (so auch *Müller-Rabe* in Gerold/Schmidt/Madert/Müller-Rabe/Mayer/Burhoff RVG 18. Aufl. 2008 Vorb. 3 VV Rn. 119). Zum Erledigen gehören letztlich beide Streitteile. Sonst würde es genügen, wenn die Klagepartei gegenüber dem Richter im Telefonat äußert, sie sei vergleichsbereit, der Gegneranwalt aber auf eine entsprechende das Gespräch vermittelnde telefonische Anfrage des Richters antwortet, seiner Partei gehe es ums Prinzip, er wolle eine Entscheidung.

Dieses Beispiel zeigt, dass man nicht lapidar sagen kann, das Erledigungsgespräch des Anwalts mit jedwedem Dritten reiche aus, wenn dieser Dritte nur nicht die eigene Partei sei (oder aus deren Lager komme).

76 b **Beim Dritten muss eine wertende Betrachtung der Besprechung vorgenommen werden.**

Ein erster tastender Abgrenzungsversuch: Das Gespräch mit einem Dritten, der nicht zum Lager der eigenen Partei gehört, genügt nur, wenn dieser im weiteren Sinne in die Erledigungsbesprechung eingebunden ist oder werden kann, nachdem der Gegner aber bereits eine mündliche **oder schriftliche** generelle Zustimmung zu Erledigungsbesprechungen gegeben hat.

Das mündliche Einverständnis könnte dann schon bei einer vagen Formulierung genügen und ferner könnte man zusätzlich ein »schriftliches« Einverständnis zum Besprechen nutzbar machen, während sonst Schriftverkehr nicht ausreicht:

Etwa: Schreiben des Anwalts: Kann man sich hier einigen? Antwort des Gegners: »Habe nichts dagegen, wenn Sie sich einmal an meinen Architekten wenden.« Nun spricht der Anwalt (erfolglos) mit dem Architekten des Gegners. Das würde m. E. ausreichen.

Führt der Anwalt dagegen ohne vorherige Rückversicherung beim Gegner aus eigener Initiative das Erledigungsgespräch mit dem Architekten, der ihm gerne zuhört und Lösungsvorschläge macht, die dann aber scheitern, so ist der Tatbestand des Besprechens mit dem Ziel der Erledigung nicht erfüllt.

(6) Dauer und Umfang der Besprechung

77 Geht es um ein eingehend vorbereitetes Einigungsgespräch, so wird der Anwalt vorher mit dem Mandanten Rücksprache halten, ihn vielleicht mitnehmen. Dann wird der Auftrag dazu unproblematisch sein. Da hier aber in Übereinstimmung mit der h. M. (siehe etwa Gerold/Schmidt/von Eicken/Madert/Müller-Rabe RVG 17. Aufl. Vorb. 3 VV Rn. 102) die Ansicht vertreten wird, auch spontan könne der Anwalt seinen Kollegen auf dem Flur ansprechen und ein erstes zweiseitiges Einigungsgespräch beginnen, was die Gebühr auslöse, ist es dringend erforderlich, sich rechtzeitig das Einverständnis des Auftraggebers im Gespräch und dann auch schriftlich einzuholen. Das Einverständnis zu Vermeidungs- oder Erledigungsgesprächen sollte daher schon in die anfängliche Vollmacht aufgenommen werden (Madert AGS 2005, 279, 280 Ziffer 7; Gebauer/Schneider RVG 2. Aufl. VV Vorb. 3 Rn. 131).

78 Inhaltlich nicht ausreichend als Vermeidungs- oder Erledigungsbesprechung ist eine bloße Sachstandsanfrage an den Gegner (OVG Berlin AnwBl. 1988, 77; OVG Münster AnwBl. 2000, 698) oder eine Frage nur nach objektiv feststehenden Tatsachen (AG Dortmund VersR 1996, 110). Der Wortlaut fordert allerdings kein Streitgespräch (Gerold/Schmidt/von Eicken/Madert/Müller-Rabe RVG 17. Aufl. Vorb. 3 VV Rn. 94). Abgrenzungskriterium ist daher nicht, ob der Unterhaltungsgegenstand streitig oder unstreitig ist, ob heftig gestritten oder sanft verhandelt und gelacht wird, sondern nur, ob das Gespräch mit dem Ziel der Einigung (Vermeidung oder Erledigung des Verfahrens) geführt wird (Bischof JurBüro 2004, 296, 299; LG München VersR 1968, 483; LG Chemnitz ZfS 1991, 291; Madert ZfS 1990, 289, 290; BRAGO 8. Aufl. § 118 Rn. 23; Riedel/Sußbauer BRAGO 8. Aufl. § 118 Rn. 39).

79 Es genügt auch eine Besprechung von Verfahrensfragen, etwa hinsichtlich von Prozesshandlungen, wenn diese auf die Einigung/Erledigung hin erörtert werden.

Auch die Dauer oder der Umfang sind unerheblich.

Macht der Klägeranwalt der Gegenseite vorterminlich ein Angebot und die Beklagte nimmt sofort die Summe an, will aber Raten, so ist der Tatbestand der Terminsgebühr Vorb. 3 Abs. 3 erfüllt (Gerold/Schmidt/von Eicken/Madert/Müller-Rabe RVG 17. Aufl. Vorb. 3 VV Rn. 94).

(7) Beweis

Aus Gründen des späteren Beweises sollte der Anwalt sofort den genauen Auftrag und in kurzen Zügen den Inhalt der Besprechung (sowohl einer mündlichen wie erst recht einer telefonischen Besprechung) in einem Bestätigungsschreiben an seine Partei festhalten, sonst ist der Gebührenkonflikt in vielen Fällen schon vorprogrammiert. Auch Richter sind dann eher geneigt, in dem Ganzen eine (wichtige, gebührenauslösende) Besprechung zu sehen, wenn der Anwalt selbst durch die schriftliche Dokumentation ihr auch den Stempel der Wichtigkeit aufdrückt und der eigenen Partei damit auch Klarheit verschafft hat, und was noch wichtiger für die Erstattungsfrage ist, das Ganze auch in einem Schreiben an den Gegner festhält. Schließlich geht es ja seit 2004 um die **volle Terminsgebühr der Nr. 3104 von 1,2.**

OLG Koblenz (NJW 2005, 2162 = JurBüro 2005, 417 = AGS 2005, 411 = MDR 2005, 1194):

»Für das Berufungsverfahren hat der Beklagte eine Terminsgebühr angemeldet. Zwischen Einlegung und Rücknahme der Berufung hätten die Prozessbevollmächtigten zweimal miteinander telefoniert. Dabei sei es um die gütliche Beilegung des gesamten Verfahrens erster und zweiter Instanz gegangen.

Der Prozessbevollmächtigte der Klägerin hat erwidert, bei dem ersten Gespräch seien lediglich die in erster Instanz anhängig gebliebenen Forderungen diskutiert worden. Beim zweiten Telefongespräch sei die Zustimmung zur Verlängerung der Berufungsbegründungsfrist erbeten worden.

Die Gespräche zielten nach Darstellung des Prozessbevollmächtigten des Beklagten auf eine alsbaldige Gesamtbereinigung des Streits der Parteien und damit auch auf eine Erledigung des Berufungsverfahrens.

Gleichwohl scheitert das Rechtsmittel, weil der zweite Gesprächsteilnehmer, der Prozessbevollmächtigte der Klägerin, den Inhalt der Telefonate anders darstellt.

Dass eine anwaltliche Erörterung des in erster Instanz verbliebenen Streitstoffs nach Anfechtung eines Teilurteils keine Terminsgebühr im Berufungsverfahren auslöst, steht außer Zweifel. Auch die Bitte, einer weiteren Verlängerung der Rechtsmittelbegründungsfrist zuzustimmen, und die Einverständniserklärung zielen nicht auf eine Erledigung des Berufungsverfahrens.

Nach Auffassung des Senats hat **derjenige, der einen Gebührentatbestand behauptet**, im Falle des Bestreitens **zu beweisen**, dass die tatsächlichen Voraussetzungen erfüllt sind, an die das Gesetz das Entstehen der Gebühr knüpft.

Demnach musste der Beklagte hier beweisen, dass die anwaltlichen Telefongespräche den von seinem Prozessbevollmächtigten behaupteten Inhalt hatten. Dieser Beweis ist nicht geführt. Die anwaltliche Versicherung, den Gesprächsinhalt richtig wiedergegeben zu haben, ist unzureichend, weil in den Ausführungen der Beschwerdeerwiderung eine inhaltlich gegenläufige anwaltliche Versicherung liegt.«

LG Mannheim (AGS 2005, 518, Beschl. v. 04. 08. 2005 – 9 O 524/03):

1. Wird der Inhalt einer eine Terminsgebühr auslösenden anwaltlichen Besprechung zur Erledigung des Verfahrens von dem anderen Gesprächsteilnehmer bestritten, muss der **Antragsteller** seine Sachdarstellung **beweisen**.

Vorbemerkung 3 VV

2. Voraussetzung für den Anfall einer verfahrenserledigenden Terminsgebühr ist, dass der **jeweilige Einzelfall konkret** besprochen worden ist. **Allgemeine Besprechungen** ohne Bezug zu dem konkreten Einzelfall können **nicht** zum Anfall einer Terminsgebühr führen.

83 *Weller* (FS für Madert):

Sehr interessante Ausführungen zu den Beweismitteln und dem Beweismaß bei der Geltendmachung der Terminsgebühr nach Vorbem. 3 Abs. 3 finden sich bei *Weller* FS für Madert RVG Probleme und Chancen 2006 Terminsgebühr in Zivilsachen, insbesondere für Besprechungen ohne Beteiligung des Gerichts (S. 231, 235 ff.). Ein kurzer Auszug daraus:

»*Beide Anwälte erklären, die Richtigkeit ihres jeweiligen Sachvortrages werde ›anwaltlich versichert‹. Außerdem benennt der Klägeranwalt seine Bürovorsteherin als Zeugin, weil sie das Gespräch über eine Mithöreinrichtung verfolgt habe.*

Ist der Rechtspfleger in diesem Fall gehalten, sich Gedanken über die Glaubwürdigkeit der Kontrahenten zu machen, die Bürovorsteherin als Zeugin zu vernehmen und sich zuvor auch noch den Kopf zu zerbrechen, ob deren Aussage überhaupt verwertbar ist?

Der die Terminsgebühr stützende Sachvortrag ist nicht bewiesen und die Festsetzung der Gebühr daher abzulehnen.«

84 Ich möchte daher mit Weller a. a. O. empfehlen, in derartigen Fällen den Gesprächsinhalt zeitnah schriftlich zusammenzufassen und zu den Handakten zu bringen. Die Vorlage dieses Beweismittels kann in der späteren Kostenfestsetzung durchaus höheres Gewicht haben, als die lediglich von einer vagen Erinnerung getragene Erklärung des gegnerischen Anwalts, sich an derartiges nicht zu erinnern (§ 138 Abs. 4 ZPO).

(8) Besprechungen ohne Beteiligung des Gerichts

85 Der Gesetzgeber hatte unsorgfältig formuliert mit dem Satzteil: »ohne Beteiligung des Gerichts.« Richtig hätte es heißen müssen: »auch ohne Beteiligung des Gerichts.«

Das OLG Stuttgart, das das Gesetz ohne jegliches Bedenken gesetzespositivistisch angewendet hat, befasste sich mit keinem einzigen Satz mit dem Zweck und Hintergrund der Norm (Jur-Büro 2005, 303 = AGS 2005, 256).

Der Gesetzgeber hat zum 31. 12. 2006 mit dem 2. Justizmodernisierungsgesetz das Wort »auch« eingefügt und damit jeglichem sachfremdem Gesetzespositivismus (in diesem Punkt) einen Riegel vorgeschoben.

(9) Festsetzung der Terminsgebühr aus Vorbem. 3.3 gegen den Gegner

86 Die Rechtsprechung war zunächst sehr ablehnend zu dieser Frage:

OLG Stuttgart (NJW 2006, 2196):

»Eine Terminsgebühr gemäß der 3. Alternative der Vorbemerkung 3.3 – Vertretung in einer auf die Vermeidung oder Erledigung des Verfahrens gerichteten Besprechung ohne Mitwirkung des Gerichts – kann nicht Gegenstand der Kostenfestsetzung nach §§ 103 ff. ZPO sein. Der Senat ist der Auffassung, dass die Festsetzung einer außergerichtlich entstandenen Terminsgebühr entsprechend den vom Bundesgerichtshof für die Festsetzbarkeit einer Vergleichsgebühr aufgrund eines außergerichtlichen Vergleichs vertretenen Grundsätzen (NJW 2002, 3713) zu verneinen ist. Die Festsetzung der von der unterlegenen Partei an die obsiegende Partei zu erstattenden Kosten im Verfahren nach §§ 103 ff. ZPO bedarf praktikabler Berechnungsgrundlagen. Dies gilt auch für die zum Ausgleich angemeldeten Anwaltsgebühren. Die Tatsachen, die für die Entstehung einer außergerichtlichen Terminsgebühr maßgebend sind, lassen sich nicht den Akten des gerichtlichen Verfahrens entnehmen. Im Streitfall müsste der Kostenbeamte (wie beim außergerichtlichen Vergleich) Beweis über tatsächliche Vorgänge erheben, die sich außerhalb des gerichtlichen Verfahrens ereignet haben. Die Kostenfestsetzung würde durch die Einbeziehung solcher außergerichtlich angefallenen Anwaltsgebühren erschwert und verlöre ihren Charakter als Mittel zum zügigen Kostenausgleich von Verfahrenskosten.«

OLG Koblenz (AGS 2005, 479 = NJW-RR 2006, 358):

»Vorliegend könnte die Terminsgebühr dadurch angefallen sein, dass die Anwälte vorgerichtlich Gespräche zur Vermeidung einer gerichtlichen Auseinandersetzung geführt hatten. Ob dies der Fall war, kann offen bleiben. Der Streit darüber könnte in Zweifelsfällen das einfach zu haltende Kostenfestsetzungsverfahren mit zusätzlichem Ermittlungsaufwand belasten. Der Senat ist deshalb der Auffassung, dass eine gegebenenfalls vorprozessual angefallene Terminsgebühr, ebenso wie die anwaltliche Geschäftsgebühr gemäß Nr. 2400 RVG VV, nicht im Rahmen des Verfahrens der §§ 103, 104 ZPO zu berücksichtigen ist (Senat vom 23. März 2005 in 14 W 181/05 mit zahlreichen Nachweisen). Denn hier geht es nicht um Kosten des Rechtsstreits, die sich unter die Bestimmung des § 91 Abs. 1 S. 1 ZPO einordnen ließen. An der Situation, dass Kosten, die im Vorfeld eines Prozesses für das Betreiben eines Geschäfts einer Partei anfallen, nicht festsetzbar sind, hat sich nichts geändert. Dies muss auch für eine etwa nur vorprozessual angefallene Terminsgebühr gelten.

Die Rechtsbeschwerde wird zugelassen.«

Das OLG Koblenz hat in einer weiteren (außer der oben kritisierten) 5 Monate früher getroffenen Entscheidung (AGS 2005, 278) ohne weiteres die auf einen unstreitigen Telefonanruf gestützte Terminsgebühr festgesetzt. Diese Entscheidung wird in den Gründen des späteren Beschlusses nicht erwähnt.

Da beide Entscheidungen ähnlich grundsätzlich gegen die Aufklärungsmöglichkeiten in der Kostenfestsetzung argumentierten, hatte ich sie gemeinsam in der 2. Auflage kritisch kommentiert.

Ich hatte bereits unter Nr. 1000 Rn. 8 ff. mit scharfen Worten die sich vom Gesetz entfernende Rechtsprechung vor allem des BGH kritisiert, der, um das Kostenfestsetzungsverfahren schlank zu halten, trotz der materiellen Vereinfachung der Nr. 1000 (kein Vergleich mehr erforderlich) noch eins drauf gesetzt hatte und für die Kostenfestsetzung nunmehr sogar einen prozessualen Vergleich gefordert hatte (nach der BRAGO genügte noch ein materieller Vergleich).

Obwohl zweifellos auf die Kosteninstanzen durch das RVG neue Aufgaben zugekommen sind, versuchte man allenthalben diese mit der Anwendung allgemeiner Lehrsätze, die man selbst schaffte, abzuwiegeln.

Da das Problem trotz des zwischenzeitlichen Rückruderns des BGH (AGS 2007, 549 = JurBüro 2007, 533) noch nicht endgültig – auch bei manchen Instanzgerichten – vom Tisch ist, da denke ich nicht an den Kostensenat des OLG Koblenz –, bleiben meine damaligen mahnenden Worte vorerst hier stehen:

Wo steht denn geschrieben, der Rechtspfleger könne keine Beweise erheben?

Als ich anfing mit den Kostensachen, habe ich zunächst einmal das Handbuch »Die Kostenfestsetzung« von Willenbücher studiert. Diesen Bestseller gibt es heute noch in der 19. Auflage, wer kennt ihn wohl von innen?

Da schreibt der beim BGH zuständige Diplom-Rechtspfleger *Heinrich Hellstab* (von Eicken/Hellstab/Lappe/Madert Die Kostenfestsetzung Handbuch 19. Aufl.) unter D 67–68 Interessantes, was der Rechtspfleger in Sachen Beweisaufnahme alles vermag. Und die Richter in Kostensachen müssten doch auch etwas von zügigen rationellen Beweisaufnahmen mit dienstlichen Erklärungen, schriftlichen Zeugenaussagen (nach § 377 Abs. 3 ZPO) und der Beiziehung von Urkunden (Handakten) verstehen. Das überlässt man dann lieber den Amtsrichtern, die die Kostensachen ja so sehr lieben (siehe Eulerich, Wehret den Anfängen, NJW 2005, 3097 mit Fundstellen der Urteile). Ich denke, die Kosteninstanzen sind von der Materie

Vorbemerkung 3 VV

her besser bei den Spezialisten der Kosteninstanzen aufgehoben. Auch sonst propagiert man doch die Spezialisierung in der Justiz zur Erhöhung der Qualität und Beschleunigung der Arbeitsergebnisse.

90 Es gab und gibt in der Tat eine Rechtsprechung zu den Gebühren nach § 118 BRAGO, die die Kosteninstanzen traditionell als materielle Ansprüche abgetan haben. Schon die Überschrift des 11. Abschnitts vor § 118 schied diese Kosten aus den Kosten, die in **gerichtlichen** Verfahren entstanden sind, aus. Sie waren somit keine Kosten des Rechtsstreits (§§ 103, 104 ZPO).

91 Die beiden vorstehenden Senate suggerieren durch Begriffe wie »außergerichtlich entstandene Terminsgebühr« (so Stuttgart) oder »vorprozessuale Vergleichsgespräche« (so Koblenz), es gehe um etwas Außerprozessuales, damit man sie wie die Geschäftgebühr nach § 118 BRAGO oder jetzt nach Nr. 2300 VV RVG behandeln kann (materielle Einwendungen), obwohl Letzteres infolge der Vorbemerkung 3 Absatz 4 (Anrechnungsberechnung) auch nicht mehr so einfach ist wie zu Zeiten des § 118 BRAGO.

Das klingt dann insoweit zudem recht widersprüchlich, als das OLG Koblenz wenigstens unter 2. beiläufig bemerkt, dass für beide Anwälte ein **Prozessauftrag** vorausgesetzt sei. Das OLG Stuttgart erklärt die Vorgänge sofort als außergerichtlich entstandene Gebühren.

92 Die hier interessierenden Gebühren sind im **3. Teil** geregelt. Der trägt die Überschrift:

»Bürgerliche Recht**sstreitigkeiten** usw.«. Das müsste man doch erst einmal zur Kenntnis nehmen, ehe man an die Rechtsprechung zur Prüfung und Erstattungsfähigkeit der Gebühren des § 118 BRAGO denkt.

Die anwaltliche **Prozessinstanz** – und es geht um die Gebühren der Anwälte, nicht die der Justizkasse – beginnt, wie das OLG Koblenz noch zutreffend bemerkt, mit dem unbedingten **Prozessauftrag**. Wer denn sonst als die Kosteninstanzen soll denn zuständig sein für diese Kosten? Das Argument von der Freihaltung der schnell zu entscheidenden Kostensachen (Höhe der Kostengrundentscheidung) wird immer viel zu schnell, und meist pro domo, gezogen. Wenn da etwas streitig ist, dann muss man eben Beweis erheben. Im Bauprozess kann auch nicht gesagt werden, das ist aber schwierig bei diesen vielen Positionen, wollen wir doch mal sehen, ob wir das nicht jemand anderem funktionell zuweisen können.

Wenn in Kostensachen bei einer zügigen und konzentrierten Beweisaufnahme beim Rechtspfleger und im Rechtmittelzug der Beweis nicht geführt wird (da werden die Anwälte zukünftig zeitnah für Urkunden sorgen müssen), dann wird der Anspruch eben (jedenfalls der prozessuale Kostenerstattungsanspruch) aberkannt. (Das Verhältnis von materiellem und prozessualem Kostenerstattungsanspruch – Streitgegenstand – kann hier nicht vertieft werden).

93 Die Masse der Kostenfestsetzungen bleibt auch bei der hier vorgeschlagenen intensiveren Sachbearbeitung einiger Problemfälle immer noch schlank. Die streitigen Sachen müssen rationell und kreativ (da kann viel mit Musterverfügungen erleichtert werden) von den Kosteninstanzen selbst erledigt werden. Wer Kostensachen mit spitzen Fingern anpackt, der sollte sich um die Sachbearbeitung anderer Sachen bemühen. Schön ist nämlich auf Dauer nur das, was man mit Liebe betrachtet. Dabei wird viel zu wenig anerkannt, dass nur der ein guter Kostenspezialist sein kann, der vertiefte Kenntnisse des Verfahrensrechts besitzt. Ein Umstand, der auch in den Justizministerien tradionell vernachlässigt wird, wovon die Kostengesetze zeugen.

94 Außer den beiden vorstehend kritisierten Entscheidungen gab es noch einen weiteren einschlägigen Beschluss:

Thüringer OLG (AGS 2005, 516) erklärt kurzerhand, in der Regel fielen die durch die Besprechungen ausgelösten Terminsgebühren der Partei selbst zu, weil sie dadurch ja auch die Aussicht auf eine beschleunigte Prozesserledigung erhalte. Abwälzen könne sie diese Gebühr nur, wenn sie einen materiellen Erstattungsanspruch habe.

Die Vorbemerkung 3 Abs. 3 regelt aber Gebühren, die innerprozessual anfallen. Und § 91 Abs. 1 Satz 1 ZPO stellt zunächst einmal eine Vermutung für die Notwendigkeit auf. Das Gebührengesetz will solche Handlungen im Prozess fördern. Für den § 91 ZPO oder die Notwendigkeit (prozessualer Kostenerstattungsanspruch) brauche ich keine **materielle** Anspruchsgrundlage.

Zwischenzeitlich hat der BGH erfreulicherweise wieder zur alten Tugend der Beweismöglichkeit auch in der Kostenfestsetzung zurückgefunden. 95

Zunächst BGH 2. ZS (NJW 2007, 2187 = JurBüro 2007, 411; AGS 2007, 366, nachdem der 8. ZS nach gerademal einem Jahr erklärt hat, er halte an seiner früheren Rechtsprechung (NJW 2006, 1523) nicht mehr fest, und neuerdings wieder: OLG Stuttgart (OLGR Stuttgart 2008, 120 vom 03. 07. 2007). Die vielen Oberlandesgerichte, die kritiklos die unhaltbare Entscheidung des 8. ZS des BGH (NJW 2006, 1523) sofort übernommen haben, müssen nun nach der Läuterung des BGH wieder zurückrudern, so etwa OLGR Frankfurt 2007, 880 und das OLG Stuttgart sowie das OLG München (JurBüro 2007, 1226). Zur speziellen Problematik der Festsetzung der vorgerichtlich durch Besprechungen angefallenen Terminsgebühr (falls es wenigstens zur Klageeinreichung gekommen ist) gibt es nun ferner eine **richtungsweisende** erfreuliche Entscheidung des **BGH** 7. ZS (AGS 2007, 549 = JurBüro 2007, 533): Die vom Kläger beanspruchte Terminsgebühr für die Mitwirkung an einer auf die Erledigung des gerichtlichen Verfahrens gerichteten außergerichtlichen Besprechung ist nach §§ 103, 104 ZPO grundsätzlich als festsetzungsfähig anzusehen (NJW-RR 2007, 286 und vom 27. Februar 2007, XI ZB 38/05). Dies gilt nach neuerer Rechtsprechung des XI. Zivilsenats auch dann, wenn die tatsächlichen Voraussetzungen für den Anfall der Gebühr und deren Erstattungsfähigkeit im Kostenfestsetzungsverfahren zwischen den Parteien streitig sind (BGH, Beschluss vom 27. Februar 2007 – XI ZB 38/05).«

Wird die Klage allerdings nicht mehr eingereicht (Besprechung zur Prozessvermeidung), so ist eine Kostenfestsetzung nach §§ 103, 104 ZPO nicht möglich. Dann muss gegebenenfalls der Weg der Gebührenklage beschritten werden.

(10) Rechtsschutzversicherung

AG Zeven (AGS 2005, 254, Urteil vom 15. 04. 2005 – 3 C 85/05 –): 96

»Der Kläger verlangt Freistellung von einer anwaltlichen Gebührenforderung.

Zwischen den Parteien besteht ein Vertrag über eine Rechtsschutzversicherung auf der Grundlage der ARB 75. Der Kläger beauftragte seine jetzige Prozessbevollmächtigte mit der Geltendmachung einer Forderung aus einem Arbeitsverhältnis. Die Beklagte erteilte auf Grund eines Schreibens der Prozessbevollmächtigten des Klägers Deckungszusage für eine außergerichtliche Tätigkeit. Die Prozessbevollmächtigte des Klägers forderte den ehemaligen Arbeitgeber des Klägers zur Zahlung auf. Dieser wies die Forderungen des Klägers zurück. Danach erteilte der Kläger seiner Prozessbevollmächtigten Klageauftrag. Danach vereinbarten der Kläger und seine Prozessbevollmächtigte, dass diese parallel zur weiteren Vorbereitung der Klage dem früheren Arbeitgeber ein Vergleichsangebot unterbreiten solle, was daraufhin geschah. Nun erörterten die Prozessbevollmächtigte des Klägers und der frühere Arbeitgeber das Vergleichsangebot. Es kam zu einer abschließenden Einigung.

Eine Klageerhebung erfolgte nicht mehr.

Die Beklagte trägt vor:

Die Terminsgebühr sei nicht angefallen. Denn ein Klageverfahren sei nicht rechtshängig bzw. anhängig gewesen.

Das Amtsgericht hat folgenden Leitsatz gefasst:

Wirkt der Rechtsanwalt nach der Erteilung des Klageauftrags in einer arbeitsrechtlichen Streitigkeit, aber noch vor der Anhängigkeit der Klage an einer Besprechung mit der Gegenseite

Vorbemerkung 3 VV

mit, in der eine Einigung erzielt und so das Klageverfahren vermieden wird, fällt gem. Nr. 3104 i. V. m. Teil 3 Vorbem. 3 Abs. 3 VV die (1,2-)Terminsgebühr an, die **von der Rechtsschutzversicherung des Mandanten zu übernehmen** ist.

Eine Berufung gegen das Urteil wird gemäß § 511 Abs. 4 ZPO zugelassen.«

(11) Problemfälle – Judikatur

Besprechen des Verfahrensgangs

96 a   KG Berlin (JurBüro 2007, 587 = AGS 2008, 27): »Eine Terminsgebühr entsteht **nicht**, wenn im Rahmen eines zwischen den Prozessbevollmächtigten der Parteien geführten Telefonats der Prozessbevollmächtigte der Gegenseite lediglich über das weitere prozessuale Vorgehen informiert wird (hier: beabsichtigte Klagerücknahme bei Abgabe eines notariellen Schuldanerkenntnisses eines am Rechtsstreit nicht beteiligten Dritten).

KG Berlin (JurBüro 2008, 473; s. oben Rn. 75 c): »Die Terminsgebühr entsteht **nicht** bei einer telefonischen Besprechung der Anwälte nach Erlass einer einstweiligen Verfügung und vor Einlegung des Widerspruchs, wenn der Bevollmächtigte des Antragstellers **lediglich mitteilt**, der Antrag auf Erlass der einstweiligen Verfügung solle zurückgenommen werden, und der Bevollmächtigte des Antragsgegners daraufhin die Kostenfolgen der Antragsrücknahme erörtert.«

Eine Besprechung – zwei Angelegenheiten (Eilverfahren und Hauptsache)

96 b   OLG Stuttgart (OLGR 2008, 71 = AGS 2007, 564): »Werden in einer Unterhaltssache (Klage in der Hauptsache mit gleichzeitig eingereichtem Antrag auf Erlass einer einstweiligen Anordnung) zwischen den Parteivertretern außergerichtliche Verhandlungen zur Erledigung der Verfahren geführt, fällt die Terminsgebühr sowohl in der Hauptsache als auch im einstweiligen Anordnungsverfahren an und ist auch erstattungsfähig, sofern nicht eine ausdrückliche Beschränkung der Verhandlungen auf eines der Verfahren vorgenommen wurde.«

E-Mailaustausch = Besprechen

96 c   OLG Koblenz (JurBüro 2007, 413 = AGS 2007, 347): So interessant die erweiternde Analogie des OLG Koblenz (JurBüro 2007, 413 = AGS 2007, 347 mit zustimmender Anm. von Schons) auch ist (**Austausch von E-Mails der Anwälte = Besprechungen** i. S. von Vorbem. 3 Abs. 3 = Terminsgebühr), N. Schneider hat in seiner Anm. in AGS 2007, 348 Recht, wenn er bemerkt, die Terminsgebühr sei bereits dadurch erfallen, dass die Anwälte an einem schriftlichen Vergleich im Verfahren mit vorgeschriebener mündlicher Verhandlung mitgewirkt hätten (VV Nr. 3104 Anm. Abs. 1 Nr. 1 Alt. 3).

Immerhin, die Rspr. des OLG Koblenz ist fortentwickelt worden. Das VG Lüneburg (AGS 2008, 282 = NJW-Spezial 2008, 348) sieht eine Besprechung darin, dass ein Anwalt ein e-mail-Vergleichsangebot gemacht hat und der Gegner dieses Angebot mit einer kleinen Variation telefonisch angenommen hat.

Meine Ansicht dazu: E-Mail-Austausch ist kein »Besprechen«, sonst wäre auch sonstiger (erfolgloser) Schriftsatzaustausch ein Besprechen i. S. von Vorbem. 3.3.

Andererseits muss das Besprechen nicht schon zum Vergleichserfolg führen. Beginnen die Anwälte mit einem Telefonat und setzen dann den Gedankenaustausch bis zum Vergleich schriftlich fort, so reicht das als Besprechen im Sinne von Vorbem. 3.3 aus (AG Schleiden NJW-RR 2005, 1232 = RVGreport 2006, 31).

Beschlussverwerfung gem. § 522 ZPO

96 d   BGH (AGS 2007, 397 = JurBüro 2007, 525): »Die gebührenrechtliche Folge der durch das Zivilprozessreformgesetz vom 27. Juli 2001 (BGBl. I, S. 1887) herbeigeführten Änderungen für den Berufungsrechtszug ist, dass in den Beschlussverfahren nach § 522 ZPO keine Terminsgebühr nach RVG-VV Nr. 3202 anfällt (AnwK-RVG/N. Schneider/Wahlen, 3. Aufl., VV Nr. 3202

Rdn. 8; Gerold/Schmidt/von Eicken/Madert/Müller-Rabe, RVG, 17. Aufl., VV Nr. 3202 Rdn. 8; Göttlich/Mümmler/Rehberg/Xanke, RVG, 2. Aufl., S. 161; Mayer/Kroiß/Maué, RVG, 2. Aufl., VV Nrn. 3200–3205 Rdn. 11). Die anwaltliche Tätigkeit wird dann allein durch die Verfahrensgebühr nach RVG-VV Nr. 3200 abgegolten. Der Gesetzgeber hat bewusst von der Aufnahme einer Terminsgebühr abgesehen.«

Terminsgebühr nur für Besprechungen in Verfahren, in denen Termin vorgeschrieben ist

Die Voraussetzungen des Teils 3, Vorbemerkung 3 Abs. 3 des Vergütungsverzeichnisses liegen nicht vor, wenn **für das betreffende Verfahren** eine **mündliche Verhandlung** weder **vorgeschrieben** ist noch eine solche in dem betreffenden Fall ausnahmsweise anberaumt wurde. 96 e

Der mit der Rechtsänderung verfolgte Zweck der gebührenrechtlichen Honorierung möglichst frühzeitiger Einigungsversuche auch ohne Zutun des Gerichts liegt aber (nur) in der Gleichstellung des Bemühens um außergerichtliche Einigung mit den Fällen der streitigen Erörterung vor Gericht. Hierfür spricht auch der systematische Zusammenhang mit den übrigen in Teil 3, Vorbemerkung 3 Abs. 3 genannten Fällen, die eine Terminsgebühr nur entstehen lassen, wenn eine Vertretung in einem Verhandlungs-, Erörterungs- oder Beweisaufnahmetermin stattgefunden hat oder ein von einem gerichtlichen Sachverständigen anberaumter Termin wahrgenommen wurde. Im Verfahren nach § 47 Abs. 6 VwGO, das regelmäßig ohne eine Verhandlung oder Erörterung aufgrund einer Rechtsfolgenabschätzung durch Beschluss entschieden wird, ist dies z. B. nicht der Fall.

Falllösung: 97

Jetzt sind wir in der Lage, das obige Eingangsbeispiel treffsicher zu lösen. Es lautet (Rn. 47):

• **Eingangsbeispiel**

Die beiden Prozessbevollmächtigten treffen sich auf dem Gerichtsflur, der eine fragt den andern: Kann man sich eigentlich in der Sache Meier ./. Schulze vergleichen? Antwort: Vielleicht. Ich spreche mit meiner Partei. Später ergeht ein VU.

Besprechung = Terminsgebühr von 1,2 ist angefallen.

IV. Absatz 4 – Anrechnung der Geschäftsgebühr auf die Verfahrensgebühr

1. Zweck der Norm

a) Der Hintergrund

Nach § 118 Abs. 2 Satz 1 BRAGO war die **gesamte** Geschäftsgebühr auf die Prozessgebühr für ein anschließendes gerichtliches Verfahren bzw. auf die Gebühr für ein anschließendes behördliches Verfahren anzurechnen. 98

Nach Absatz 4 der Vorbemerkung 3 wird die Geschäftsgebühr (Nrn. 2300 bis 2403) grundsätzlich **nur noch zur Hälfte, höchstens** jedoch mit einem Gebührensatz von **0,75** angerechnet. Dies stellt eine wesentliche Verbesserung dar (Madert AGS 2004, 3). Sind in derselben Angelegenheit mehrere Gebühren (nach den Nrn. 2300 bis 2303) entstanden, so wird nur die zuletzt entstandene angerechnet. Früher wurde nur die Geschäftsgebühr, nicht aber die Besprechungs- oder die Beweisgebühr auf die nachfolgende Prozessgebühr angerechnet. Da diese drei Gebühren nunmehr in der nur noch allein anfallenden Geschäftsgebühr (0,5 bis 2,5 Gebühr) zusammengefasst sind, wäre es nicht gerechtfertigt, die gesamte Geschäftsgebühr anzurechnen. Das Gesetz begrenzt doppelt »nur noch zur Hälfte, höchstens jedoch 0,75.« Weitere Differenzierungen sind aus Gründen der Vereinfachung nicht mehr vorgesehen. Ein totaler Wegfall der Anrechnung wäre dem unterschiedlichen Arbeitsaufwand für die Fertigung einer Klageschrift (mit oder ohne einer vorangehenden Vertretung der Partei) nicht gerecht geworden. War der Anwalt vorgerichtlich schon mit der Angelegenheit befasst, wofür er zu-

Vorbemerkung 3 VV

nächst seine angemessene Vergütung (Nr. 2300) verdient, und fertigt er nunmehr die Klage, so ist sein Arbeitsaufwand wegen der Vorbefassung erheblich geringer als wenn er nur einen Klageauftrag erhält. In beiden Klagefällen erhält er aber die Verfahrensgebühr (Nr. 3100) in gleicher Höhe für das Betreiben des Geschäfts einschließlich der Information. Eine Gleichbehandlung des Anwalts, der unmittelbar einen Prozessauftrag erhält, mit dem Anwalt, der zunächst außergerichtlich tätig war, ist nach alledem nicht zu rechtfertigen. Den gerechten Ausgleich schafft die Teilanrechnung. Die Anrechnung fördert ferner eine außergerichtliche Erledigung der Angelegenheit. Würde nicht teilweise angerechnet, so wäre der Anwalt beim Scheitern seiner außergerichtlichen Vertretungsbemühungen und dem anschließenden Einreichen der Klageschrift dem Vorwurf ausgesetzt, er wolle an der Sache doppelt verdienen. Umgekehrt, der Anwalt, der weiß, wenn es nicht zur außergerichtlichen Erledigung kommt, muss er einen Teil seiner schon außergerichtlich verdienten Gebühren im Wege der Anrechnung auf die Klagegebühren wieder hergeben, wird seine ganze Energie dafür einsetzen, dass die Sache tunlichst vorprozessual erledigt wird, zumal schwierige Vergleichsbemühungen nach § 14 als Erhöhungsmerkmal bei der Frage 0,5 bis 2,5 herangezogen werden können (Gerold/Schmidt/von Eicken/Madert/Müller-Rabe RVG 17. Aufl. § 14 Rn. 15).

b) Die Anwendung – Beispiel einer Anrechnung

99 **Vorgerichtliche Vertretung**
Geschäftswert: € 10.000,00
1,6 Geschäftsgebühr Nr. 2300 VV   € 777,60
(umfangreiche oder schwierige Tätigkeit kann im gegebenen Fall belegt werden)

Prozessvertretung
Streitwert: € 10.000,00 (Gegenstände seien dieselben)
1,3 Verfahrensgebühr Nr. 3100 VV   € 631,80
Die Geschäftsgebühr von € 777,60 wird nicht zur Hälfte,
das wäre nämlich 0,8,
sondern nur mit einem Gebührensatz
von 0,75 = € 364,50 angerechnet auf € 631,80   € 364,45
Von der Verfahrensgebühr (1,3) verbleiben ihm dann noch (0,55 =) € 267,35   € 267,35
Er kann also insgesamt geltend machen (€ 777,60 + € 267,35)   € **1.044,95**
(= 1,6 + 0,55 = 2,15)   € **1.044,95**

100 Wären von den ursprünglichen € 10.000 nur € 6.000 ins Klageverfahren
übergegangen, so wären nur 0,75 vom Wert € 6.000   € 253,50
anzurechnen auf die Verfahrensgebühr 1,3 aus Wert € 6.000   € 439,40
daraus verbleiben ihm   € 185,90
Er kann also insgesamt geltend machen (siehe oben: 1,6 aus € 10.000)   € 777,60
                                                                                           + € 185,90
Summe: € 963,50

2. Kommentierung

a) Absatz 4 Satz 1 Der Grundfall der Anrechnung

Vorbemerkung

Seit Erscheinen der 2. Auflage hat der BGH sich in mehreren Entscheidungen zum Problem geäußert. Mut zur praxisgerechten Lösung hat er dabei nicht bewiesen. Schon im Jahre 2004 habe ich im Zusammenhang mit meinen Vorträgen gewarnt, wenn man das Gesetz wörtlich anwende, sei das PKH-Problem vielleicht noch gravierender als das Erstattungsproblem. Nun haben wir beide Probleme und niemand bemüht sich um eine praktikable Lösung. Ich lasse daher die Randnummern 101 bis 120 einmal unverändert stehen, weil ich glaube, dass notfalls der Gesetzgeber, wenn denn die Gerichte es nicht schaffen, die Probleme sachgerecht zu lösen, das Gesetz novellieren muss.

Die Gedanken dieser Randnummern habe ich zusammengefasst und vertieft in meinem Aufsatz in JurBüro 2007, 341 »Geschäftsgebühr und nachfolgender Prozess – Suche nach einer praktikablen Lösung des Kostenerstattungsproblems«. Im Anschluss an die Randnummer 120 werde ich die Rechtsprechung des BGH zur Erstattungsfrage und anschließend die ersten Entscheidungen zum PKH-Problem aufzeigen.

aa) Das Problem

»Soweit wegen desselben Gegenstands eine Geschäftsgebühr nach den Nummern 2300 bis 2303 entstanden ist, wird diese Gebühr zur Hälfte, jedoch höchstens mit einem Gebührensatz von 0,75, auf die Verfahrensgebühr des gerichtlichen Verfahrens angerechnet.«

101

Irrig ist die Ansicht des AG Hamburg-St.Georg (JurBüro 2006, 363), welches ausführt: »Diese Geschäftsgebühr gem. Nr. 2300 VV RVG ist nicht anteilig auf die zusätzlich im Rahmen der letztlich erfolgreichen vorprozessualen Verhandlungen mit Klagauftrag entstandene verkürzte Verfahrensgebühr gem. Nr. **3101** VV RVG anzurechnen. Denn nach dem Vergütungsverzeichnis ist eine Geschäftsgebühr lediglich auf die Verfahrensgebühr des **gerichtlichen Verfahrens** (also nur auf Nr. 3100 VVRVG) anzurechnen, was im vorliegenden Verfahren nicht mehr zustande kam.«

Nach der Systematik des Gesetzes und den Gesetzesmotiven findet auch dann eine Anrechnung statt, wenn die Verfahrensgebühr nur bruchteilsmäßig (0,8) gem. Nr. 3101 VV angefallen ist. Alles andere wäre falsche formelle Wortauslegung.

Der **Absatz 4 der Vorbemerkung 3** stellt nach meinen Beobachtungen, ferner Diskussionen und angesichts der hilfs- und **systemlosen** Lösungsversuche der Praxis **das Problem der Novelle** dar. Solange hier nicht ein Gericht – es müsste natürlich nunmehr (seit 2002) der BGH sein – mutig die Rolle des Ersatzgesetzgebers übernimmt und sich nur an der sinnvollen Sachlösung orientiert, nämlich einen rationellen, verfahrenstechnisch schnellen, sachbezogenen und »kundengerechten« arbeitssparenden Weg zur Berechnung und Titulierung der Verfahrenskosten entwickelt, der sich nicht wie bisher in erster Linie an einer arbeitssparenden Sacharbeit für die Kosteninstanzen ausrichtet, wird alles nur Stückwerk, Flickschusterei und letztlich für die Verfahrensbeteiligten frustrierend sein und meist »Steine statt Brot« liefern.

Die strukturelle Gebührenverbesserung von ca. 12–13 % des Jahres 2004 steckt etwa zur Hälfte in der Verbesserung des Gebührenrahmens für die außergerichtliche Vertretung 0,5 bis 2,5 und ferner in der mit 0,75 limitierten nur Halbanrechnung der Geschäftsgebühr auf die anschließende Verfahrensgebühr. Das macht die hier gegebene Unaufmerksamkeit des Gesetzgebers so brisant.

102

Die gleichlautende Anrechnungsrichtung des § 118 BRAGO (Geschäftsgebühr auf Prozessgebühr!), die unproblematisch war, weil sie eine Vollanrechnung war, machte keine Probleme. Als sie durch die Novelle 2004 für die Anwälte durch den im Prinzip gleichen Wortlaut in Vorbemerkung 3 Absatz 4 aber mit der nur Halbanrechnung erheblich aufgewertet und damit interessant wurde, merkten offenbar erstmals auch die Anwälte, die mit in der Expertenkommission das Gesetz mit dem MdJ vorbereitet hatten, dass sie diese Norm (§ 118 Abs. 2 BRAGO) gedankenlos, wenn auch systemgerecht übernommen hatten, so dass wir jetzt alle vor einem fast nicht lösbaren Problem stehen. Es lautet schlicht und einfach, weil es das Prinzip gibt, dass einmal angefallene Gebühren nicht nachträglich wegfallen:

»... wird diese Gebühr (*also die Geschäftsgebühr*) zur Hälfte, jedoch höchstens mit einem Gebührensatz von 0,75, **auf die Verfahrensgebühr** des gerichtlichen Verfahrens angerechnet.«

Hieße es umgekehrt, so »wird die Verfahrensgebühr **auf die Geschäftsgebühr** angerechnet«, so würde zwar die einmal angefallene Geschäftsgebühr nachträglich (systemwidrig) wieder zur Hälfte wegfallen, aber wir wären ein großes systematisches Problem los. Übrigens: Einen solchen tolerablen Systembruch haben wir ja bereits schon bei Nr. 3101.

Vorbemerkung 3 VV

Beim Anfall der Gebühr wird die Anrechnungsvorschrift des Absatzes 4 der Vorbemerkung 3 zwar noch hingenommen. Obwohl erstattungsfähig immer nur die wirklich angefallenen Kosten sind, wurde der Anrechnungsvorschrift von fast allen Instanzgerichten der Gehorsam verweigert, wenn es um die Erstattungsfrage ging. Dies deshalb, weil das Ergebnis nicht akzeptabel erscheint. Es kann doch nicht sein (was nicht sein darf), dass der Kläger trotz vollen Obsiegens nur die um die Anrechnung (meist 50 % von 1,3 =) von 0,65 verkürzte Verfahrensgebühr vom unterlegenen Prozessgegner erstattet erhält und mit dem Rest leer ausgeht oder insoweit klagen müsste.

bb) Die verschiedenen Lösungsansätze

(1) Nur der Ansatz kann erstattet verlangt werden – Restbruchteil

103 BayVGH (JurBüro 2006, 77):

»Im Kostenfestsetzungsbeschluss ist zu Recht eine Geschäftsgebühr von 0,65 von der Verfahrensgebühr abgezogen worden. Gemäß Vorbemerkung 3 Abs. 4 zu Teil 3 VV RVG wird eine Geschäftsgebühr nach Nrn. 2400 bis 2403 zur Hälfte, aber höchstens mit 0,75, auf die Verfahrensgebühr des gerichtlichen Verfahrens angerechnet. Der Wortlaut dieser Vorschrift ist eindeutig und keiner Auslegung zugänglich. Aus ihr ergibt sich klar, dass die Verfahrensgebühr und nicht die Geschäftsgebühr zu kürzen ist. Nichts anderes ergibt sich aus den Gesetzesmaterialien. Danach ist eine Anrechnung aus systematischen Gründen erforderlich. Die Kürzung der Verfahrensgebühr um 0,65 ist rechtens.«

Würde man das Gesetz, so wie es geschrieben ist, anwenden, wäre die Verfahrensgebühr nur (nach Anrechnung) in Höhe von 1,3 – 0,65 = **0,65 angefallen** und der unterlegene Prozessgegner brauchte auch nur **0,65 zu erstatten**.

Die zuvor angefallene und trotz Anrechnung voll erhalten gebliebene **1,3 Geschäftsgebühr** könnte der Kläger in voller Höhe materiell (zugleich) mit einklagen, wenn ihm eine materielle Anspruchsklage (Verzug, Vertrag, PVV oder unerlaubte Handlung) zur Verfügung stände.

Viele Gerichte unterhalb des BGH. fanden dieses, aus dem nicht zu Ende gedachten Gesetz folgende Ergebnis nicht billig und suchten nach anderen Konstruktionen, so noch immer trotz mehrerer gegenteiliger BGH -Entscheidungen seit März 2007 das KG im Jahre 2008, das erneut dem BGH vorlegt.

(2) »Anrechnungsbestimmung ist für die Kostenfestsetzung irrelevant«

104 Sucht man nach schlüssigen Begründungen für die These der Überschrift, so ist das alles sehr mager und unjuristisch.

Schons (Ein Jahr RVG NJW 2005, 3091, ebenso in Hartung/Römermann RVG 2. Aufl. Vorbem. 3 VV Rn. 80) bemerkt: »*Tatsächlich betrifft die Anrechnungsbestimmung natürlich nur das Verhältnis zwischen Rechtsanwalt und Auftraggeber, ist für das Kostenfestsetzungsverfahren also irrelevant.*« Im vorzitierten Kommentar bezieht er sich dann noch auf *Madert* (Gerold/Schmidt/von Eicken/Madert/Müller-Rabe RVG 16. Aufl. VV 2400–2403 Rn. 205 = Gerold/Schmidt/von Eicken/Madert/Müller-Rabe RVG 17. Aufl. VV 2300, 2301 Rn. 41). Die ganze Fundstelle bei Madert in der 16. Auflage lautet wörtlich: »*Die Anrechnungsbestimmung nach Teil 3 Vorbemerkung 3 Abs. 4 hindert die Festsetzung der vollen Prozessgebühr gegen den Gegner nicht (OLG Schleswig AnwBl 1997, 125).*« In der 17. Auflage wird dieses Zitat ergänzt durch OLG Hamm RVGreport 2005, 433 und KG AGS 2005, 515.

105 Die zitierte Entscheidung des OLG Hamm (JurBüro 2006, 202 = RVGreport 2005, 433):

»Nach wie vor können die außergerichtlich entstandenen Gebühren nicht vom Gericht gegen den Gegner festgesetzt werden (vgl. AnwK-RVG/Hembach/Wahlen, VV Vorb. 2.4 Rdnr. 27 mit weiteren Nachweisen). Bei der Geschäftsgebühr gemäß Nr. 2400 VV RVG handelt es sich ebenso wie bei der gemäß § 118 BRAGO um vorgerichtliche Kosten, die bei der Kostenfestsetzung nicht zu berücksichtigen sind. **Die Anrechnungsbestimmung nach Teil 3 Vorbem. 3 Abs. 4 Satz 2 des Vergütungsverzeichnisses hindert die Festsetzung der vollen Prozess-**

gebühr gegen den Gegner nicht (vgl. Gerold/Schmidt-Madert RVG VV 2400 bis 2403 Rn. 205).«

Das OLG Hamm bezieht sich auf Madert (ohne Begründung, und Madert ohne Begründung auf das OLG Hamm).

Das KG (AGS 2005, 515 = AnwBl. 2005, 792 = JurBüro 2006, 202) ist geringfügig breiter in seiner Begründung: 106

»Nr. 3 Abs. 4 der amtlichen Vorbemerkung zu Teil 3 des Vergütungsverzeichnisses ist vorliegend nicht einschlägig. Danach wird, soweit wegen desselben Gegenstands eine Geschäftsgebühr nach Nummern 2400 bis 2403 entstanden ist, diese Gebühr zur Hälfte, jedoch höchstens mit einem Gebührensatz von 0,75 auf die Verfahrensgebühr des gerichtlichen Verfahrens angerechnet.

Die von der Antragsgegnerin vorgenommene Auslegung von Nr. 3 Abs. 4 des Vergütungsverzeichnisses zu § 2 Abs. 2 RVG ist auch aus prozessökonomischen Gründen abzulehnen. Das Kostenfestsetzungsverfahren bietet der obsiegenden Partei die Möglichkeit, auf einfache Weise einen vollstreckbaren Titel gegen die unterlegene Partei auf Ersatz der ihr durch den Rechtsstreit entstandenen Kosten zu erlangen. Bei Abzug der hälftigen Geschäftsgebühr von der festzusetzenden Verfahrensgebühr wäre die obsiegende Partei darauf angewiesen, außergerichtlich die volle Geschäftsgebühr gegen die unterlegene Partei geltend zu machen und diese eventuell erneut einzuklagen.« Begründung des KG also: Dass nicht sein kann, was nicht sein darf.

Fasst man die mageren Gründe zusammen, so bleibt nur: Das haben wir früher auch schon so gemacht (siehe das Zitat bei Madert aus 1997 zum alten Recht), es ist prozessökonomisch, denn sonst müsste der obsiegende Kläger, der nur die Bruchteilsverfahrensgebühr (Rest nach der Anrechnung) festsetzen lassen könnte, die **gesamte** Geschäftsgebühr (i. d. R. 1,3) zusätzlich einklagen. 107

Hier möchte ich noch eine leichte Ergänzung versuchen. Wenn der unterlegene Beklagte einwendet, der Kläger könne nur die Bruchteilsverfahrensgebühr festsetzen lassen, so ist dieser Einwand **treuwidrig**. Entweder er gesteht zu, dass der Kläger hinsichtlich des angerechneten Teils eine damit anrechenbare materiell erstattungsfähige Geschäftsgebühr gegen ihn hat; dann ist es treuwidrig sich darauf zu berufen, weil er diese Summe ohnehin als Teil der erstattungsfähigen Geschäftsgebühr an den Kläger leisten müsste. Oder aber, der Beklagte bestreitet, dass der Kläger einen materiellen Erstattungsanspruch hinsichtlich der angeblichen Geschäftsgebühr hat, dann kann er mit diesem von ihm selbst bestrittenen Anspruch nichts gegen den vollen prozessualen Erstattungsanspruch des Klägers einwenden. 108

Einen Gedankenansatz für die hier aufgezeigte Lösung finde ich auch bei *Keller* (Riedel/Sußbauer RVG 9. Aufl. VV Teil 3 Vorbem. 3 Rn. 66): *»Soweit eine Geschäftsgebühr auf die Verfahrensgebühr des gerichtlichen Verfahrens angerechnet wird, ist sie auch als* **Teil der Kosten des Rechtsstreits** *erstattbar.«*

Geht man den Weg der nachgeordneten Gerichte., so klagt man sofort den durch die (fiktive) Anrechnung nicht verbrauchten Teil der Geschäftsgebühr zugleich mit der Hauptsache mit ein. 109

Dann muss allerdings dem Gegner, mindestens wenn man die Gebühr von 1,3 überschreitet (besser aber in allen Fällen), die Bewertung nach § 14 substantiiert dargelegt werden; dazu gehören dann gegebenenfalls auch die Vermögensverhältnisse des Mandanten. Darüber ist der Mandant zu unterrichten und insoweit die Entbindung von der Schweigepflicht einzuholen (Schons NJW 2005, 3092).

Vorbemerkung 3 VV

(3) Festsetzung der gesamten auf Klägerseite angefallenen Gebühren nach Nr. 2300 und Nr. 3100

110 **LG Deggendorf** (JurBüro 2006, 83, Urt. v. 10. 11. 2005 – 1 T 160105):

Eine kreative Entscheidung, die ganz in meine Denkrichtung geht, wie ich sie in JurBüro 2007, 341 ff. entwickelt habe, hat das LG Deggendorf getroffen. Aus seinem mutigen Beschluss (Rechtsbeschwerde zugelassen):

»LS: Im Wege des Kostenfestsetzungsverfahrens können die Gebühren nach Nr. 2400 VV RVG und Nr. 7002 VV RVG festgesetzt werden, wenn die **Gegenseite anwaltlich vertreten** ist und einer Festsetzung der außergerichtlichen Kosten **nicht entgegentritt**.

2. Als wesentliches Argument muss gesehen werden, dass die Gegenseite den Anfall der Gebühr nicht bestritten hat. Der Rechtspfleger darf demnach davon ausgehen, dass die klägerseits behauptete außergerichtliche Tätigkeit auch erfolgt ist. Nach § 104 Abs. 2 ZPO genügt »Glaubhaftmachung« im Rahmen der Kostenfestsetzung. Würde man die Partei auf einen materiellen Kostenerstattungsanspruch verweisen und würde die Partei hier Klage erheben, ist damit zu rechnen, dass die Gegenseite den Anspruch nicht bestreitet. Dann aber ist der Anfall der Gebühr als zugestanden i. S. v. § 138 Abs. 3 ZPO anzusehen. Die antragstellende Partei müsste den Anfall der Gebühr nicht beweisen und nicht einmal »glaubhaft« machen. Vorliegend kann demnach durch die Titulierung im Rahmen der Kostenfestsetzung ein weiterer Rechtsstreit vermieden werden. Selbst wenn die Gegenseite der Festsetzung der Gebühr nach Nr. 2400 VV RVG nicht widerspricht, besteht z. B. bei derzeitiger Zahlungsunfähigkeit der Gegenseite ein Interesse der antragstellenden Partei an einer Titulierung. Obwohl also die Gegenseite die Kosten letztlich bezahlen will, müsste ein neuer Rechtsstreit geführt werden. Dies widerspricht dem Rechtsgedanken des § 104 ZPO, der einen einfachen Weg dafür bieten soll, die Kosten eines Rechtsstreits auszugleichen bzw. zu titulieren. In Fällen, in denen die Gegenseite – vor allem wenn sie anwaltlich vertreten ist – der Kostenfestsetzung der Gebühr der Nr. 2400 VV RVG so zustimmt, wie die Gegenseite dies beantragt hat, hat eine Festsetzung im Rahmen des Kostenfestsetzungsverfahrens auch zu erfolgen. Hier wird der im Kostenfestsetzungsverfahren tätige Rechtspfleger auch nicht mit einem Beweisverfahren konfrontiert. Er hat nämlich Anfall und Höhe der Gebühr nach Nr. 2400 VV RVG hinzunehmen, da die Gegenseite dem nicht widersprochen hat. Auch der im Erkenntnisverfahren für die rechtsprechende Gewalt nach Art. 92 GG zuständige Richter müsste dies so hinnehmen. Demnach wird die grundsätzlich dem Richter obliegende Aufgabe (so noch OLG Koblenz JurBüro 1981, 1089 f.) diesem nicht entzogen.

3. Die Gegner einer Geltendmachung von vorgerichtlichen Kosten im Kostenfestsetzungsverfahren argumentieren, dass das Kostenfestsetzungsverfahren auf eine zügige, nach vereinfachten und klaren Grundsätzen zu treffende Entscheidung über die Entstehung und die Erstattungsfähigkeit der geltend gemachten Kosten ausgerichtet sei und nicht für rechtlich schwierige oder nur durch aufwändige Ermittlungen zu klärende Fragestellungen geeignet sei (OLG Frankfurt JurBüro 2003, 201; OLG Nürnberg JurBüro 1995, 592; OLG Stuttgart JurBüro 1983, 438). Gerade diese Gefahr stellt sich wie aufgezeigt nicht, wenn die anwaltlich vertretene Gegenseite dem Kostenerstattungsantrag nicht entgegentritt.

4. Gründe der Prozessökonomie werden auch von der obergerichtlichen Rechtsprechung berücksichtigt.«

111 Eine überzeugende Begründung. Die Rechtsbeschwerde ist zwar zugelassen, eine Bestätigung durch den BGH ist allerdings schon deshalb kaum zu erwarten, weil die Beklagte wohl den Rechtsmittelweg nicht beschreitet.

(4) Kostenfestsetzung aller angefallenen Gebühren mit rechtspflegermöglicher Beweisaufnahme im Kostenfestsetzungsverfahren

Ein Kommentar muss den sichersten Weg aufzeigen. Er war bis zur BGH-Entscheidung von März 2007 sicher. Er ist unter **(2)** beschrieben.

Er darf aber auch andere Möglichkeiten nennen. Der unter **(3)** aufgezeigte kreative Weg ermutigt mich, meine schon in meinen Seminaren geäußerten Gedanken hier anzureißen. Ich habe sie in meiner Abhandlung JurBüro 2007, 341 vertieft.

Durch die Anrechnungsvorschrift der Vorbemerkung 3 Absatz 4 hat der Gesetzgeber im Gegensatz zur Geltung der BRAGO (§ 118 im Teil außergerichtliche Anwaltstätigkeit) eine neue (noch unvollkommene) Zuständigkeitsregelung getroffen. Wenn der Rechtspfleger, wie das Gesetz befiehlt und der BayVGH (oben unter **1**) auch zutreffend entschieden hat, den Rechtspfleger für zuständig erklärt, die Anrechnung vorzunehmen, so muss der Rechtspfleger sich im Rahmen der Kostenfestsetzung mit der Höhe der außergerichtlich nach Nr. 2300 VV angefallenen Geschäftsgebühr und der Festlegung durch den Anwalt nach § 14 befassen.

Ich denke, bis hierher müsste mir jeder in der Argumentation der Gesetzesauslegung folgen.

Dann ist es unzulässig zu argumentieren, das Kostenfestsetzungsverfahren müsse aber schlank bleiben. Das Gesetz hat diese Aufgabe dem Rechtspfleger übertragen.

Soll der nun mit der Stange im Nebel herumfahren und einfach zustechen? Nein, er muss (trotz schlankem Verfahren) zu Nr. 2300 und § 14 den Sachverhalt, wenn er nicht unstreitig ist, aufklären.

Hat er ihn aber aufgeklärt (und hier mag man mir dann nicht mehr folgen oder mit mir streiten), dann kann der Rechtspfleger neben der Kostenfestsetzung, die ihm obliegt, auch zugleich aus Gründen der **Prozessökonomie** die Geschäftsgebühr, die der **Höhe** nach jetzt **gebührenrechtlich** feststeht, auch zugleich dem **Grunde** nach aus **materiellen** Gesichtspunkten festsetzen.

Wer hier einwendet, da ginge ich einen Schritt zu weit, dem möchte ich zunächst einmal einen klugen Satz des BGH aus seiner Anfangszeit in Erinnerung rufen (BGHZ 10, 359): Verfahrensrecht ist Zweckmäßigkeitsrecht, also eine Bestärkung des Grundsatzes der Prozessökonomie, denn die Justiz ist für die Menschen da und nicht für die unbedingte Durchsetzung des formellen Rechts, wenn dieses zu Lasten beider Parteien geht.

Will man letztlich den Rechtspfleger erstinstanzlich, obwohl der über hinreichendes Wissen zu den naheliegenden Anspruchsgrundlagen verfügt, nicht in allen Fällen durchentscheiden lassen, obwohl er ja der richterlichen Kontrolle im Rechtsmittelzug unterliegt, so könnte man, ähnlich dem Einwand in § 11 Abs. 5, dem Kostenpflichtigen einen durch Richterrecht zu schaffenden Sperreinwand einräumen.

Man könnte die materielle Entscheidung des Rechtspflegers auch über den Grund des Erstattungsanspruchs (Geschäftsgebühr) – die Höhe muss er ohnehin festlegen – von der Zustimmung der kostenpflichtigen Partei zur Entscheidung durch den Rechtspfleger abhängig machen.

Dann wäre die lex imperfecta der Vorbemerkung 3 Abs. 4 durch Richterrecht, wenn denn der Gesetzgeber hier seine Aufgabe nur teilweise wahrgenommen und dem Rechtspfleger einen Teil (Höhefestlegung) übertragen hat, zu Ende gebracht. Würde der Kostenpflichtige seine Zustimmung zum kostengünstigen Kostenfestsetzungsverfahren verweigern, so hätte er die eventuell später erheblich höhere Kostenlast eines Zivilprozesses zu Recht zu tragen (in den unteren Streitwerten können die Gesamtgebühren, was sich die in höheren Instanzen tätigen Richter wieder einmal klar machen sollten, höher liegen als der Streitwert der eingeklagten Summe selbst. Auch dieses gehört in die verantwortliche Überlegung des hier angerissenen Problems (Zweckmäßigkeitsrecht).

Vorbemerkung 3 VV

117 Noch ein kreativer Versuch (vielleicht gibt es noch andere Ideen dazu), auch dem Einwand des Richtervorbehaltes zu begegnen:

Der Rechtspfleger könnte nach Durchsicht des ihm zum Grunde des Anspruchs vorgelegten Mahnschreibens oder einfach auf eine knappe Darstellung des Kostengläubigers hin, etwa zum Verzug (am x. y. mit Fristsetzung Schuldner gemahnt, danach Anwalt mit Vertretung zur Beitreibung beauftragt), den Schuldner fragen, ob er dieses Vorbringen, in dem rechtlich eine verzugsbegründende Mahnung liege, für zutreffend erkläre. Sagt jener ja, so wäre der Grund des Anspruchs eingeräumt und bedürfte keiner typisch richterlichen Entscheidung mehr. Das Ganze wäre dann, wie auch das BVerfG (NJW 1977, 145) zum Verfahren nach § 19 BRAGO (jetzt § 11 RVG) gemeint hat, eher ein reines »Abrechnungsverfahren«.

Das hieße allerdings Abschied nehmen von dem traditionellen Einwand der Kosteninstanzen, für materielle Ansprüche seien sie nicht zuständig. Hier ist von der Kostenrechtsprechung ein »Ruck« gefordert! Diesen Schritt ist das LAG Rh.-Pf. in seinem Beschluss v. 25.01.2005 – 10 Ta 290/04 ohne Bedenken gegangen.

cc) Streitwerterhöhung durch Miteinklagen der restlichen Geschäftsgebühr

118 Erhöht, wenn man den Weg zu (2) geht, das Miteinklagen der restlichen, nicht verrechneten Geschäftsgebühr den Gebührenstreitwert der Hauptklage (§ 22 GKG alt = § 43 GKG neu und nicht, wie fast alle irrig meinen, § 4 ZPO)?

Die Frage wird von der überwiegenden Meinung mit Nein zu beantworten, weil es sich um von der Hauptforderung abhängige vorprozessuale Kosten handelt, auch wenn die Anspruchsgrundlagen verschieden sein sollten (BGHZ 128, 85, 92; BGH NJW-RR 2006, 501; BGH AGS 2007, 516 und 2007, 578; Schons NJW 2005, 3091; OLG Oldenburg OLGR Oldenburg 2000, 32; LG Berlin JurBüro 2005, 427, vgl. BGH NJW 1998, 2060, 2061; Hartmann Kostengesetze 35. Aufl. GKG § 43 Rn. 3; **a. A.**: AG München, Beschl. v. 31.01.2006, Az.: 342 C 38.053/05: Nur schon verauslagte Kosten erhöhen den Streitwert nicht; Hinweis auf Stein/Jonas ZPO 21. Aufl. § 4 Rn. 17; LG Braunschweig AGS 2005, 125; LG Aachen Info M 2005, 269 – 5T 223/05).

BGH (JurBüro 2008, 202): Die geltend gemachten vorprozessualen Anwaltskosten sind aber als Streitwert erhöhender Hauptanspruch zu berücksichtigen, soweit der geltend gemachte Hauptanspruch **übereinstimmend für erledigt** erklärt worden ist.«

dd) Keine Anrechnung bei Eilverfahren

119 Voraussetzung für die Anrechnung ist, dass der Gegenstand der Vertretung (Nrn. 2300–2303) derselbe ist wie der Gegenstand des gerichtlichen Verfahrens.

Sowohl für das zivilprozessuale wie für das verwaltungsgerichtliche Verfahren liegt je eine Entscheidung vor, die die Gegenstandsidentität von vorprozessualer Vertretung, die ihrerseits identisch wäre mit dem Klageanspruch, der in der Hauptsache verfolgt wird, und andererseits mit dem Anspruch im Eilverfahren, dem Sicherungsinteresse bzw. der sofortigen Vollziehung verneinen: OLG Düsseldorf (JurBüro 2005, 479 LS = MDR 2005, 1140) für Arrest; BayVGH (JurBüro 2005, 642) für Widerspruchsverfahren und Verfahren nach § 80 V VwGO. Hier wird nicht genügend differenziert zwischen einer reinen Sicherungsverfügung und der Eilverfügung mit identischem Verfügungsanspruch.

ee) Bei wertender Betrachtung: ein Gegenstand (Mietkündigung und Räumungsprozess)

120 Für eine außerprozessuale Mietkündigung und den nachfolgenden Räumungsprozess haben die Zivilgerichte bei wertender Betrachtung Gegenstandsgleichheit angenommen, so dass der Anwalt die Teilanrechnung nach Vorbem. 3 Abs. 4 hinnehmen musste (BGH NJW 2007, 2050 = JurBüro 2007, 358; kritisch Hartung/Römermann RVG 2. Aufl. Vorbem. 3 VV Rn. 73

m. w. N.): LG Bonn, Urteil vom 02. 03. 2006 – 6 S 279/05; OLG Frankfurt NJW 2005, 1282 = AGS 2005, 390 (zu § 118 BRAGO).

ff) Keine Entscheidung nach § 162 Abs. 2 Satz 2 VwGO

Die Anrechnung der Geschäftsgebühr auf die Verfahrensgebühr des Rechtsanwalts nach Vorbemerkung 3 Absatz 4 RVG VV wirkt sich nicht auf die Höhe des Kostenerstattungsanspruchs gegen den unterlegenen Prozessgegner aus, wenn das Gericht keine Entscheidung nach § 162 Abs. 2 Satz 2 VwGO über die Notwendigkeit der Hinzuziehung eines Bevollmächtigten für das Vorverfahren getroffen hat (im Anschluss an OVG Lüneburg, Beschl. v. 08. 10. 2007 – 10 OA 201/07 – NJW 2008, 535 und OVG Münster, Beschl. v. 25. 04. 2006 – 7 E 410/06 – NJW 2006, 1991; entgegen OVG Koblenz, Beschl. v. 28. 01. 2008 – 6 E 11203/07).

120 a

gg) Aufgabenstellung an die Praxis durch die BGH-Rechtsprechung der Anrechnung der Geschäftsgebühr auf die Verfahrensgebühr: Kostenfestsetzung – Miteinklagen

Die BGH-Entscheidungen seit 07. 03. 2007

120 b

(1.1) BGH (07. 03. 2007 – VIII ZR 86/06 – JurBüro 2007, 357 = AGS 2007, 283 = NJW 2007, 2049).
Kläger:

Zu Unrecht hat das Berufungsgericht wegen der Anrechnungsvorschrift nach Vorbemerkung 3 Abs. 4 zu Nr. 3100 VV RVG einen Anspruch des Klägers verneint.

Nach der genannten Regelung ist unter der Voraussetzung, dass es sich um denselben Gegenstand handelt, eine entstandene Geschäftsgebühr teilweise auf die spätere Verfahrensgebühr des gerichtlichen Verfahrens anzurechnen. **Danach bleibt eine bereits entstandene Geschäftsgebühr unangetastet. Durch die hälftige Anrechnung verringert sich eine (später) nach Nr. 3100 VV RVG angefallene Verfahrensgebühr.** Nach dem Gesetzeswortlaut ist die gerichtliche Verfahrensgebühr zu mindern, nicht die vorgerichtliche Geschäftsgebühr (so auch BayVGH NJW 2006, 1990; Schultze-Rhonhof RVGreport 2005, 374; Hansens RVGreport 2005, 392).

Soweit in der Rechtsprechung eine Anrechnung der Geschäftsgebühr auf die Verfahrensgebühr abgelehnt und stattdessen eine hälftige Anrechnung der Verfahrensgebühr auf die Geschäftsgebühr befürwortet wird (z. B. KG JurBüro 2006, 202; OVG NRW NJW 2006, 1991, wobei übersehen wird, dass der Kostenschuldner durch die gegenteilige Auffassung nicht begünstigt wird, weil er einem materiell-rechtlichen Kostenerstattungsanspruch ausgesetzt ist), mögen dafür prozessökonomische Gründe sprechen. Denn bei einer Anrechnung auf die Verfahrensgebühr wird die obsiegende Partei darauf verwiesen, die volle Geschäftsgebühr gegen die unterlegene Partei – gegebenenfalls gerichtlich – geltend zu machen, **weil die Geschäftsgebühr nach Nr. 2300 VV RVG – anders als die Verfahrensgebühr – im Kostenfestsetzungsverfahren nach §§ 103, 104 ZPO nicht berücksichtigt werden kann.** Gründe der Prozessökonomie gestatten es jedoch nicht, ein Gesetz gegen seinen klaren Wortlaut anzuwenden.

Dem Kläger steht ein Anspruch auf die Zahlung weiterer € 254,96 nach § 280 Abs. 1, 2, § 286 BGB zu. Da die Anrechnung, wie ausgeführt, nicht auf die Geschäftsgebühr stattfindet, ist dem Kläger der Restbetrag zuzuerkennen.«

(1.2) BGH (14. 03. 2007 – VIII ZR 184/06 – JurBüro 2007, 358 = NJW 2007, 2050):

Der XIII. ZS nimmt Bezug auf sein vorstehendes Urteil vom 07. 03. 2007.

(1.3) BGH (11. 07. 2007 – VIII ZR 310/06 – NJW 2007, 3500):

Der XIII. ZS nimmt Bezug auf sein vorstehendes Urteil vom 07. 03. 2007.

(1.4) BGH (22. 01. 2008 – VIII ZB 57/07 – AGS 2008, 158 = NJW 2008, 1323 = JurBüro 2008, 302).

Vorbemerkung 3 VV

Beklagter:
vorgehend LG Magdeburg, 18. Juni 2007, Az.: 3 T 325/07 (288):
»Die Klage ist durch rechtskräftiges Urteil des Amtsgerichts auf Kosten des Klägers abgewiesen worden. Bereits vorprozessual hatten die Parteien über die anschließend rechtshängig gemachten Ansprüche korrespondiert, wobei die Beklagte die erhobenen Ansprüche durch ihren späteren Prozessbevollmächtigten zurückweisen ließ.

Das Beschwerdegericht hat die Auffassung vertreten, dass die vom Prozessbevollmächtigten der Beklagten vorprozessual zu Zwecken der Anspruchsabwehr entfaltete Tätigkeit eine Geschäftsgebühr (Nr. 2300 VV RVG) ausgelöst habe und dass diese angesichts ihres eindeutigen Bezuges zum späteren Rechtsstreit im Rahmen des Kostenfestsetzungsverfahrens geltend gemacht werden könne, zumal hierdurch der Beklagten ein im Vergleich zu einem Hauptsacheverfahren einfacherer Weg zur Durchsetzung ihres Kostenerstattungsanspruchs eröffnet werde.

Die Rechtsbeschwerde beanstandet zu Recht, dass das Beschwerdegericht die durch den vorprozessualen Versuch einer Anspruchsabwehr entstandene Geschäftsgebühr nach Nr. 2400 VV RVG als festsetzungsfähig angesehen hat. Denn ebenso wie die Aufwendungen für ein anwaltliches Mahnschreiben nicht zu den Prozesskosten gehören, können die vorprozessual zur Anspruchsabwehr angefallenen Gebühren nicht im Rahmen einer Kostenerstattung nach § 91 ZPO angesetzt werden und somit nicht Gegenstand einer Kostenfestsetzung nach §§ 103 ff. ZPO sein (vgl. BGH NJW 2006, 2560 f.).

Die Rüge der Rechtsbeschwerde greift weiter durch, soweit das Beschwerdegericht die angemeldete Verfahrensgebühr nach Nr. 3100 VV RVG ohne Anwendung der Anrechnungsvorschrift gemäß Vorbemerkung 3 Absatz 4 VV RVG ungekürzt in Ansatz gebracht hat. Durch diese Anrechnung verringert sich die erst später nach Nr. 3100 VV RVG angefallene Verfahrensgebühr, während die zuvor bereits entstandene Geschäftsgebühr von der Anrechnung unangetastet bleibt.

Der Senat hält an dieser Sichtweise, die in erster Linie auf den klaren Wortlaut der Anrechnungsbestimmung gestützt ist, trotz der namentlich in der Instanzrechtsprechung (z. B. KG, AGS 2007, 439; OLG München, Rpfleger 2007, 686; OLG Karlsruhe, AGS 2007, 494; OLG Koblenz, AnwBl. 2007, 873; OLG Stuttgart, Beschluss vom 30. Oktober 2007 – 8 W 442/07; wie der Senat etwa VGH München, NJW 2006, 1990; OLG Hamburg, MDR 2007, 1224) geäußerten Kritik fest.

Die teilweise vertretene Auffassung, der Gesetzgeber habe bei der Anrechnungsbestimmung gemäß Vorbemerkung 3 Absatz 4 VV RVG an der unter der Geltung des § 118 Abs. 2 Satz 1 BRAGO entwickelten Praxis nichts ändern wollen, wonach die schon dort vorgeschriebene Anrechnung der vorgerichtlich entstandenen Geschäftsgebühr auf die im nachfolgenden gerichtlichen Verfahren angefallene Prozess- oder Verkehrsgebühr bei der späteren Kostenfestsetzung nicht zu berücksichtigen sei (vgl. OLG München, a. a. O.), wird durch die Gesetzesbegründung zum Kostenrechtsmodernisierungsgesetz (BT-Drs. 15/1971, S. 209) nicht gestützt. Aus den dort wiedergegebenen Erwägungen geht hervor, dass der Gesetzgeber sich überhaupt mit diesen im rechnerischen Ergebnis ohnehin als wenig bedeutsam angesehenen Praxisdetails befasst hat oder gar eine Festsetzungspraxis hat bestätigen wollen, die am Gesetzeswortlaut vorbei von der hierin vorgesehenen Anrechnung Abstand genommen hatte. Der Gesetzgeber hat also mit Blick auf einen erfahrungsgemäß geringeren Einarbeitungs- und Vorbereitungsaufwand des schon vorprozessual mit der Sache befassten und hierfür nach Nrn. 2400 ff. VV RVG vergüteten Prozessbevollmächtigten dessen gerichtliche Verfahrensgebühr bereits in ihrer Entstehung um den in Vorbemerkung 3 Absatz 4 VV RVG beschriebenen Teil der vorprozessual verdienten Gebühren kürzen wollen.

Kein entscheidendes Gewicht kommt der häufig angeführten Überlegung zu, wie schon § 118 Abs. 2 BRAGO betreffe die Anrechnungsbestimmung in Vorbemerkung 3 Absatz 4 VV RVG nur das Rechtsverhältnis zwischen Rechtsanwalt und Mandant, nicht jedoch das für eine etwaige Kostenerstattung maßgebliche Außenverhältnis zwischen dem Mandanten und seinem Prozessgegner. Ob die vom Prozessgegner auf materiell-rechtlicher Grundlage zu erstattende Geschäftsgebühr unstreitig, geltend gemacht, tituliert oder sogar schon beglichen ist, ist bereits nach dem Wortlaut der Anrechnungsbestimmung ohne Bedeutung.

Soweit eingewandt wird, es sei kein sachlicher Grund dafür ersichtlich, dass die unterlegene Partei nur deshalb niedrigere Kosten zu erstatten habe, weil der Prozessbevollmächtigte der Gegenseite bereits vorprozessual das Geschäft seines Mandanten betrieben habe, greift dies ebenso wenig durch wie die Überlegung, die vom Senat vertretene Auslegung der Anrechnungsvorschrift begünstige diejenige Partei sinnwidrig, die davon abgesehen habe, bereits vorprozessual einen Rechtsanwalt einzuschalten (vgl. KG und OVG Münster, a. a. O.; ferner VGH München, NJW 2007, 170). Es trifft zwar zu, dass durch diese Auslegung ein Beklagter gegenüber der unter der Geltung von § 118 Abs. 2 BRAGO praktizierten Anwendung der Anrechnungsvorschrift benachteiligt wird, wenn ihm für eine bereits vorprozessual eingeleitete Rechtsverteidigung kein Erstattungsanspruch zusteht (vgl. BGH, Urteil vom 12. Dezember 2006 – VI ZR 224/05, NJW 2007, 1458).

Für nicht durchgreifend erachtet der Senat schließlich die Bedenken, das Kostenfestsetzungsverfahren eigne sich nach seinen verfahrensrechtlichen Möglichkeiten nicht, die für eine Anrechnung erforderlichen Voraussetzungen festzustellen (vgl. OLG München und KG, a. a. O.). Abgesehen davon, dass ein anrechnungserhebliches vorprozessuales Tätigwerden in der Regel durch entsprechenden und häufig schon bei den Gerichtsakten befindlichen Schriftwechsel dokumentiert ist und dass die Bemessung der Höhe einer Geschäftsgebühr durch die in Nr. 2400 VV RVG vorgesehene Regelgebühr sowie durch die in der Vorbemerkung 3 Absatz 4 VV RVG vorgesehene Anrechnungskappung zumeist ebenfalls keinen übermäßigen Feststellungs- und Wertungsaufwand erfordert, ist das Kostenfestsetzungsverfahren durchaus darauf angelegt, auch streitigen Sachvortrag zu verarbeiten und zu klären (§ 104 Abs. 2, § 294 ZPO; dazu näher etwa Musielak/Wolst, ZPO, 5. Auflage, § 104 Rdnr. 18 m. w. N.). Zudem ist eine Anrechnung nicht von Amts wegen, sondern erst auf substantiierten, über eine Äußerung bloßer Vermutungen hinausgehenden Einwand des Festsetzungsgegners zu beachten. Im Übrigen bleibt bei Unaufklärbarkeit der Anrechnungsvoraussetzungen immer noch die Beweislastentscheidung zu Lasten dessen, der sich abweichend vom gesetzlichen Regelfall einer 1,3-Verfahrensgebühr nach Nr. 3100 VV RVG auf die Anwendbarkeit der als Ausnahmebestimmung zu wertenden Anrechnungsvorschrift nach Vorbemerkung 3 Absatz 4 VV RVG beruft.«

(1.5) BGH (JurBüro 2008, 414). **Kläger:** »Nach inzwischen gefestigter Rechtsprechung des Bundesgerichtshofs vermindert sich durch die anteilige Anrechnung einer vorgerichtlich entstandenen anwaltlichen Geschäftsgebühr gemäß Nr. 2300 VV RVG auf die Verfahrensgebühr des gerichtlichen Verfahrens nach Teil 3 Vorbemerkung 3 Absatz 4 VV RVG nicht die bereits entstandene Geschäftsgebühr, sondern die in dem anschließenden gerichtlichen Verfahren nach Nr. 3100 VV RVG anfallende Verfahrensgebühr. Das ist, wie der VIII. Zivilsenat des Bundesgerichtshofs nunmehr – nach Erlass des angefochtenen Beschlusses – ebenfalls entschieden hat, wegen § 91 Abs. 1 Satz 1, Abs. 2 Satz 1 ZPO auch im Kostenfestsetzungsverfahren ohne Rücksicht darauf zu beachten, ob die Geschäftsgebühr auf materiellrechtlicher Grundlage vom Prozessgegner zu erstatten ist und ob sie unstreitig, geltend gemacht, tituliert oder bereits beglichen ist (Beschluss vom 22. Januar 2008 a. a. O. Rn. 6 ff.). Dem schließt sich der hier zuständige III. Zivilsenat an. Mit den von den abweichenden Auffassungen dagegen vorgebrachten Argumenten, die sich auch die Rechtsbeschwerde zu Eigen macht, hat sich der VIII. Zivilsenat eingehend auseinandergesetzt und sie sämtlich für nicht durchgreifend erachtet. Darauf wird Bezug genommen. Die dadurch bedingte Belastung des Kostenfestsetzungsverfahrens mit materiellrechtlichen Fragen in manchen Fällen ist angesichts der eindeutigen Fassung des Gesetzes ebenso hinzunehmen wie Einschränkungen der Kostenerstattungsan-

Vorbemerkung 3 VV

sprüche von Beklagten gegenüber der früheren Praxis, die die Anrechnungsvorschriften gegen deren Wortlaut im Kostenfestsetzungsverfahren grundsätzlich nicht angewendet hatte.

Mit Recht haben hiernach die Vorinstanzen die vom Kläger zur Festsetzung angemeldete 1,3-Verfahrensgebühr unter Teilanrechnung der unstreitig wegen desselben Gegenstandes entstandenen Geschäftsgebühr auf die Hälfte vermindert. Dass der Kläger im Erkenntnisverfahren lediglich eine halbe vorgerichtliche Geschäftsgebühr eingeklagt hatte, steht dem nach den vorstehenden Ausführungen nicht entgegen. Eine Ausnahme von der gesetzlichen Anrechnung auf die Verfahrensgebühr ist entgegen der Rechtsbeschwerde auch nicht in »Übergangsfällen«, in denen nach bisheriger Übung klageweise nur die Hälfte der Geschäftsgebühr geltend gemacht worden war, geboten. Für einen Vertrauensschutz besteht dabei schon deswegen kein Bedürfnis, weil es dem Kläger frei steht, die zweite Hälfte der ihn belastenden anwaltlichen Geschäftsgebühr nachträglich gegen die Beklagte gerichtlich geltend zu machen.«

(1.6) BGH (03. 06. 2008 – VI ZB 55/07 –) **Kläger:**

»Nach der Rechtsprechung des Bundesgerichtshofs ist eine wegen desselben Gegenstands entstandene Geschäftsgebühr nach der Vorbemerkung 3 Abs. 4 zu Nr. 3100 VV RVG anteilig auf die in dem anschließenden gerichtlichen Verfahren anfallende Verfahrensgebühr anzurechnen. – Der VI. Zivilsenat schließt sich dieser Auffassung an.

Wie der VIII. Zivilsenat inzwischen – nach Erlass des angefochtenen Beschlusses – entschieden hat, ist es für die Anrechnung ohne Bedeutung, ob die Geschäftsgebühr auf materiellrechtlicher Grundlage vom Prozessgegner zu erstatten und ob sie unstreitig, geltend gemacht, tituliert oder bereits beglichen ist. Für die Anrechnung und damit die von selbst einsetzende Kürzung ist nach dem Wortlaut der Anrechnungsbestimmung vielmehr entscheidend, ob und in welcher Höhe eine Geschäftsgebühr bei vorausgesetzter Identität des Streitgegenstandes entstanden ist, der Rechtsanwalt zum Zeitpunkt des Entstehens der Verfahrensgebühr also schon einen Anspruch auf eine Geschäftsgebühr aus seinem vorprozessualen Tätigwerden erlangt hatte.

Diese Grundsätze gelten entsprechend für das selbständige Beweisverfahren.«

Vom BGH wird damit in absehbarer Zeit nichts Neues kommen.

Allerdings hat sich das KG (Einzelrichterin) mit Beschluss vom 31. 03. 2008 (JurBüro 2008, 3004 = AGS 2008, 216) mit 15 Einzelpunkten gegen die Entscheidung vom 22. 01. 2008 gewandt, der Senat hat sich dem in einem weiteren Beschluss vom 07. 05. 2008 – 1 W 168/07 angeschlossen (Rechtsbeschwerde zugelassen).

120 c **Ergebnis dieser BGH-Rechtsprechung:** Man kann der Partei nur raten, zugleich mit der Hauptforderung (ohne Streitwerterhöhung) immer die angefallene volle Geschäftsgebühr miteinzuklagen. Meist gibt es ja eine taugliche Anspruchsgrundlage: Verzug, unerlaubte Handlung, PVV oder unmittelbar aus Vertrag.

Problematisch wird es für den Beklagten wegen der restriktiven Entscheidung des BGH (6. ZS) vom 12. 12. 2006 (NJW 2007, 1458 = JurBüro 2007, 249): »Die Inanspruchnahme wegen einer Geldforderung begründet nicht ohne weiteres einen materiellrechtlichen Kostenerstattungsanspruch des in Anspruch Genommenen hinsichtlich der für die außergerichtliche Abwehr des Anspruchs aufgewendeten Anwaltskosten.«

Bislang konnte man davon ausgehen, der Aufwendungsersatzanspruch (so auch zahlreiche nachgeordnete Instanzgerichte) sei nach der Rechtsprechung des BGH (BGHZ 52, 393; GRUR 73,384) jedenfalls aus GoA gegeben, denn der Hinweis auf die wirkliche Rechtslage diene auch dem Interesse des zu Unrecht Fordernden. Die jetzige lapidare Behauptung des 6. ZS, »mit unberechtigten Ansprüchen konfrontiert zu werden, gehört zum allgemeinen Lebensrisiko«, wird bei Bundesrichtern wohl nur so lange Bestand haben, bis sie selbst einmal zu Unrecht in Anspruch genommen werden. Sie können sich ja vielleicht als Juristen dann auch noch selbst ohne anwaltliche Hilfe wehren, aber der »kleine Mann« auch? Dieser unrühmliche Satz des 6. ZS wird hoffentlich eine genauso kurze Laufzeit haben, wie die Entscheidung des 8. ZS zur Einigungsgebühr (NJW 2006, 1523). Im Ergebnis sagt der BGH (BGHZ 52, 393; GRUR 73, 384): Wenn du dich vorprozessual mit Hilfe eines Anwalts wehrst, wird dem Anwalt (i. d. R.) die Hälfte der Verfahrensgebühr abgezogen, und du Partei zahlst, obwohl du den Prozess ganz gewinnst, dem Anwalt die vorprozessualen Abwehrkosten, ohne sie vom Gegner, der dich zu Unrecht in Anspruch genommen und später verklagt hat, erstattet zu bekommen. Das ist eben dein allgemeines Lebensrisiko.

Macht diese Rechtsansicht des 6. ZS des BGH Schule, so muss der Gesetzgeber mal wieder sprechen, um die Übereinstimmung von Rechtslage und allgemeinem Rechtsgefühl wieder herzustellen.

Bis dahin sollte man als zu Unrecht in Anspruch genommener Beklagter auf das Rechtsgefühl der Instanzrichter vertrauen (z. B. AG Hamburg MDR 1995, 27).

Erfreulich an der Entscheidung des 8. ZS (NJW 2006, 1523), den ich im Jahre 2006 in der 2. Auflage Nr. 1000 Rn. 10 ff. noch heftig kritisiert habe wegen seiner Thesen zum fehlenden »Gerechtigkeitsgewinn« und wegen seines Formalismus, nur ein protokollierter Vergleich löse die Einigungsgebühr aus, ist seine nunmehrige **These**:

zu **(1.4)** BGH (22. 01. 2008 – VIII ZB 57/07 – AGS 2008, 158 = NJW 2008, 1323 = JurBüro 2008, 302).

Beklagter:
»Das Kostenfestsetzungsverfahren ist durchaus darauf angelegt, auch streitigen Sachvortrag zu verarbeiten und zu klären (§ 104 Abs. 2, § 294 ZPO; dazu näher etwa Musielak/Wolst, ZPO, 5. Auflage, § 104 Rdnr. 18 m. w. N.).«

Vielleicht kann sich der Gesetzgeber dann doch noch durchringen und beachten:

Der Kostenrechtspfleger muss bei der Kostenfestsetzung, will er die richtige Höhe der Geschäftsgebühr für die von ihm vorzunehmende Anrechnung feststellen, die er von der Verfahrensgebühr absetzen muss, mit seinen Ermittlungsmöglichkeiten im Kostenfestsetzungsverfahren festlegen, ob der Anwalt bei seiner Entscheidung i. S. von § 14 sein Ermessen bei der Höhe nicht fehlgebraucht hat.

Das ist doch eine Wertung, die die Durchsicht der Akten erfordert. Dann könnte man noch einen Schritt weiter gehen und den Rechtspfleger (und seine übergeordneten richterlichen Kosteninstanzen) materiell prüfen lassen, ob Verzug, unerlaubte Handlung oder PVV vorliegt mit einem materiellen Kostenerstattungsanspruch. Der **Kostensenat** des OLG Oldenburg war in der Entscheidung AGS 2008, 49 = OLGR Oldenburg 2008, 271 ebenfalls bereit, Verzug zu verneinen.

Wir brauchen hier endlich einen Wechsel im Kopf!

Klagt der Gläubiger zukünftig aus Gründen der Sicherheit die Geschäftsgebühr grundsätzlich mit ein (Klageerweiterung oder Widerklage), so kann es zu folgender Divergenz kommen:

Der Instanzrichter sagt: Geschäftsgebühr ist berechtigt mit 1,5, der Rechtspfleger mit seinen vom 8. ZS des BGH besungenen vorzüglichen Ermittlungsmitteln und auch kraft besserer Sachkompetenz und Anzahl vergleichbarer Fälle, sagt in der anschließenden Kostenfestsetzung: Geschäftsgebühr nur 1,3.

Was gilt? Der materielle noch nicht rechtskräftig ausgeurteilte Anspruch beim erkennenden Richter oder die Kostenfestsetzung für die erste Instanz? Lässt man alles in der Hand der Kosteninstanzen (für das Einklagen fehlt dann allerdings ein Rechtsschutzinteresse), so sind widersprüchliche Entscheidungen in derselben Sache nicht zu befürchten.

Vorbemerkung 3 VV

Noch ein letztes kritisches Wort zu den Ausführungen des 8. ZS unter (1.4) BGH (22. 01. 2008 – VIII ZB 57/07-AGS 2008, 158 = NJW 2008, 1323 = JurBüro 2008, 302): »Der BGH untersucht die Gesetzesmotive und meint, es handele sich hier nur um ein »wenig bedeutsames Praxisdetail«. Mit dieser These entfernt sich der 8. ZS ganz weit von der Praxis. Die Vorbemerkung 3.4 ist, wie ich immer betont habe, das Praxisproblem des RVG (siehe oben Rn. 98). Der Gesetzgeber wird hier nachsitzen müssen, nachdem alle BGH-Senate sich in formeller Theorie vornehm zurückhalten.

Erfreuliche Ausnahme:

120 d **VGH B.-W.** (11 S 2474/07 – 04. 04. 2008): Die Anrechnung der Geschäftsgebühr auf die Verfahrensgebühr des Rechtsanwalts nach Vorbemerkung 3 Absatz 4 RVG VV wirkt sich nicht auf die Höhe des Kostenerstattungsanspruchs gegen den unterlegenen Prozessgegner aus, wenn das Gericht **keine Entscheidung nach § 162 Abs. 2 Satz 2 VwGO** über die **Notwendigkeit der Hinzuziehung** eines Bevollmächtigten für das Vorverfahren getroffen hat (im Anschluss an OVG Lüneburg, Beschl. v. 08. 10. 2007 – 10 OA 201/07 – NJW 2008, 535 und OVG Münster, Beschl. v. 25. 04. 2006 – 7 E 410/06 – NJW 2006, 1991; entgegen OVG Koblenz, Beschl. v. 28. 01. 2008 – 6 E 11203/07).«

hh) **Aufgabenstellung an die Praxis durch die BGH-Rechtsprechung der Anrechnung der Geschäftsgebühr auf die Verfahrensgebühr: PKH-Fälle**

120 e Noch weit gravierender wirkt sich die formelhafte Anwendung der Vorbemerkung 3.4 durch die BGH-Senate auf die Rechtsmaterien des PKH-Anwalts aus. Eine Gefahr, auf die ich von Anfang an in vielen Seminaren gegen das Unverständnis der zuhörenden Anwälte hingewiesen habe:

Hier kann man angesichts der Ergebnisse der Rechtsprechung nur den Kopf schütteln. Wozu Gerichte mit ihrer strikten Gesetzesanwendung fähig sind. Hier ist der Ruf nach dem ordnenden Gesetzgeber unüberhörbar.

(1) **OLG Stuttgart** (15. 01. 2008, JurBüro 2008, 245 = OLGR Stuttgart 2008, 423 und 11. 12. 2007 FamRZ 2008, 1015):

Die Staatskasse kann sich gegenüber einem aufgrund der Bewilligung von Prozesskostenhilfe beigeordneten Rechtsanwalt im Vergütungsfestsetzungsverfahren gemäß § 55 RVG zwar grundsätzlich auf einen vorliegenden Anrechnungstatbestand gemäß Vorbemerkung 3 Abs. 4 VV RVG berufen, wenn im Verhältnis zwischen dem Beigeordneten und seinem Mandanten für eine vorgerichtliche Tätigkeit über denselben Gegenstand eine Geschäftsgebühr gemäß Nr. 2300 RVG-VV entstanden ist. Diese Berufung ist der Staatskasse jedoch verwehrt, soweit eine Zahlung des Mandanten auf die anrechenbare zweite Hälfte der vorgerichtlichen Geschäftsgebühr nicht in einem Umfang vorliegt, durch den auch der von der Staatskasse gemäß § 49 RVG zu tragende Teil der Gebühren des beigeordneten Bevollmächtigten getilgt ist.

(2) **OLGR Schleswig** (2008, 457): Der im Wege der Prozesskostenhilfe beigeordnete Rechtsanwalt kann Zahlungen auf den nach Vorbemerkung 3 Abs. 4 VV RVG anzurechnenden Teil der für seine außergerichtliche Tätigkeit entstandenen Geschäftsgebühr (Nr. 2300 VV RVG) zunächst auf die Differenz zwischen Wahlanwaltsvergütung und Prozesskostenhilfevergütung verrechnen. Eine derartige vorrangige Verrechnung wird auch dann vorgenommen, wenn die Geschäftsgebühr noch nicht gezahlt worden ist.

(3) **Niedersächsisches OVG** (25.04. 2008 – 13 OA 63/08): »Hinsichtlich des Kostenfestsetzungsverfahrens nach § 164 VwGO – also bei der Festsetzung der vom im Kostenpunkt unterliegenden an den obsiegenden Beteiligten zu erstattenden Kosten – werden zur Frage der Anrechnung einer Geschäftsgebühr auf die Verfahrensgebühr unterschiedliche Auffassungen vertreten. Während nach einer Auffassung aufgrund des klaren Wortlauts der Anrechnungsbestimmung und dem in den Gesetzgebungsmaterialien zum Ausdruck kommenden Willen des Gesetzgebers eine Anrechnung im Kostenfestsetzungsverfahren zwin-

gend sei (vgl. etwa Beschl. d. 10. Senats des Nds. OVG vom 28. 03. 2008 – 10 OA 143/07 –, http://www.dbovg.niedersachsen.de/index.asp unter Aufgabe seiner früheren Rechtsprechung (Beschl. v. 08.10. 2007 – 10 OA 201/07 –, NJW 2008, 535); Nds. OVG, Beschl. v. 17. 04. 2008 – 7 OA 51/08 –, http://www.dbovg.niedersachsen.de/index.asp; OVG Koblenz, Beschl. v. 28. 01. 2008 – 6 E 11203/07 –, zit. nach juris) wird nach anderer Auffassung eine Anrechnung mit der Begründung abgelehnt, dass die Anrechnungsbestimmung im Kostenfestsetzungsverfahren außer Betracht bleiben müsse und nur im Verhältnis zwischen Anwalt und Mandant Geltung beanspruchen könne. Es sei nicht gerechtfertigt, den Kostenschuldner im gerichtlichen Verfahren allein aufgrund des Umstands zu entlasten, dass der Rechtsanwalt des Kostenerstattungsberechtigten bereits vorgerichtlich das Geschäft seines Mandanten betrieben habe (vgl. etwa OVG Münster, Beschl. v. 25. 04. 2006 – 7 E 410/06 –, zit. nach juris; VGH München, Beschl. v. 10. 07. 2006 – 4 C 06.1129 –, zit. nach juris).

Einer näheren Auseinandersetzung mit den verschiedenen Auffassungen **bedarf es für das Verfahren der Festsetzung der aus der Staatskasse zu zahlenden Vergütung nach § 55 RVG nicht.** Die in Anbetracht des Wortlauts der Anrechnungsbestimmung und deren Entstehungsgeschichte schon für das Kostenfestsetzungsverfahren nach § 164 VwGO wenig überzeugende Argumentation der die Anrechnung ablehnenden Auffassung lässt sich nämlich bei der Vergütungsfestsetzung nach § 55 RVG nicht in gleicher Weise wie für das Kostenfestsetzungsverfahren ins Feld führen. Dies betrifft sowohl die Konstellation, in der eine Geschäftsgebühr gegenüber dem Mandanten für die vorprozessuale Tätigkeit entstanden ist, als auch diejenige, in der die außergerichtliche Tätigkeit des Anwalts des späteren prozesskostenhilfeberechtigten Beteiligten im Wege der Beratungshilfe erfolgt ist:

Bei der Vergütungsfestsetzung infolge der Gewährung von Prozesskostenhilfe geht es bereits im Ansatz nicht um eine Kostenerstattung durch den im Kostenpunkt unterlegenen Beteiligten, so dass von einer ungerechtfertigten Entlastung des Kostenschuldners aufgrund einer vorgerichtlichen Tätigkeit des Anwalts des obsiegenden Beteiligten nicht die Rede sein kann. In Bezug auf die Festsetzung der Vergütung aus der Staatskasse würde eine Übertragung der Argumentation der die Anrechnung ablehnenden Auffassung vielmehr bedeuten, dass die Anrechnungsbestimmung nicht zu einer Entlastung der Staatskasse führen dürfe. Dies wiederum hätte zur Folge, dass eine Verfahrensgebühr von der Staatskasse an den Rechtsanwalt unvermindert zu zahlen wäre und sich die (nur im Verhältnis von Anwalt und Mandant zur Anwendung gelangende) Anrechnung nur noch dergestalt auswirken könnte, dass der Anwalt seinem prozesskostenhilfeberechtigten Mandanten die für die außergerichtliche Vertretung angefallene Geschäftsgebühr anteilig – nämlich in Höhe des Anrechnungsbetrags – erstattet. Im Ergebnis würden dem Mandanten dann über die Prozesskostenhilfe außergerichtliche Anwaltskosten erstattet. Dem dient die Prozesskostenhilfe jedoch ersichtlich nicht.

Im Falle der Gewährung von Beratungshilfe für die außergerichtliche Tätigkeit des Anwalts käme es zudem zu einer weiteren Widersprüchlichkeit: Der Mandant hat nämlich in diesem Falle grundsätzlich lediglich die Beratungshilfegebühr nach Nr. 2500 VV zu tragen, während der Anwalt die Geschäftsgebühr nach Nr. 2503 VV aus der Staatskasse erhält (§ 44 RVG). Würde man in dieser Situation gleichwohl eine Anrechnung (in diesem Fall nach Nr. 2503 VV Abs. 2) nur im Verhältnis zwischen Anwalt und Mandant verwirklichen wollen, hätte dies zur Folge, dass eine anteilige Geschäftsgebühr an den Mandanten zu erstatten wäre, die dieser gar nicht entrichtet hat, sondern von der Staatskasse im Wege der Beratungshilfe an den Anwalt gezahlt worden ist. Die anteilige Anrechnung der Geschäftsgebühr kann mithin bei der Bewilligung von Prozesskostenhilfe für ein anschließendes gerichtliches Verfahren nur über eine entsprechende Kürzung der Vergütung aus der Staatskasse sinnvoll verwirklicht werden.

(4) **OLG Oldenburg** (27. 05. 2008 – 2 WF 81/08 –): Entsprechend der Vorbemerkung 3 Abs. 4 zu Nr. 3100 des Vergütungsverzeichnisses zum RVG wird eine wegen desselben Gegenstandes nach den Nrn. 2300 bis 2303 entstandene Geschäftsgebühr zur Hälfte, jedoch höchstens mit einem Gebührensatz von 0,75 auf die Verfahrensgebühr des gerichtlichen Verfahrens an-

Vorbemerkung 3 VV

gerechnet. Als Folge dieser Anrechnungsvorschrift vermindert sich nicht die bereits entstandene Geschäftsgebühr, sondern vielmehr die im anschließenden gerichtlichen Verfahren anfallende Verfahrensgebühr (BGH NJW 2007, 2049). Alleine die Entstehung der Geschäftsgebühr führt zu einer automatischen Kürzung der Verfahrensgebühr. Ob die Geschäftsgebühr dem Mandanten gegenüber überhaupt geltend gemacht wird, ob sie tituliert oder sogar bereits beglichen ist, ist auf den Anrechnungstatbestand insoweit ohne Auswirkung (vgl. BGH-Beschluss vom 22. 01. 2008 – VIII ZB 57/07 –). Der durch die Kürzung entfallene Teil der Verfahrensgebühr lebt auch nicht nachträglich wieder auf, sofern es dem im Rahmen der Prozesskostenhilfe beigeordneten Anwalt nicht gelingt, seinen Vergütungsanspruch hinsichtlich der Geschäftsgebühr gegenüber dem Mandanten zu realisieren. Eine dahingehende Ausnahme lässt sich der Anrechnungsbestimmung nicht entnehmen. Ebenso wenig ergibt sie sich aus anderen Vorschriften. Soweit sich der Beschwerdeführer auf die Norm des § 59 RVG beruft, bestimmt diese lediglich, dass der Staatskasse die Geltendmachung eines übergegangenen Vergütungsanspruches zum Nachteil des Rechtsanwalts gegenüber dem Mandanten verwehrt ist. Dass dem Rechtsanwalt ein Vergütungsanspruch gegenüber der Staatskasse anwachsen müsse, wenn es ihm nicht gelingt, gegenüber seinem Mandanten zur Entstehung gelangte Gebührenforderungen durchzusetzen, regelt die Vorschrift demgegenüber nicht.

§ 122 Abs. 1 Nr. 3 ZPO steht dem ebenfalls nicht entgegen. Die Geltendmachung von Vergütungsansprüchen gegenüber der Partei ist hierdurch nur insoweit ausgeschlossen, als es sich um nach der Beiordnung ausgelöste Gebührentatbestände handelt.

Eine Festsetzung der ungekürzten Verfahrensgebühr ist mithin ausgeschlossen (vgl. auch OLG Oldenburg OLGR 2008, 271; AG Bad Iburg RVG Professionell 2008, 64).

b) Absatz 4 Satz 2

121 »Sind mehrere Gebühren entstanden, ist für die Anrechnung die zuletzt entstandene Gebühr maßgebend.«

Das LG Duisburg (RVGreport 2005, 308) hat Gegenstandsgleichheit für alle drei Angelegenheiten bei folgender Fallgestaltung zu Recht angenommen, wobei der hier zu erläuternde Sonderfall des Absatzes 4 Satz 2 gegeben ist (Anrechnung auf die zuletzt entstandene Gebühr):

1. Erwirkung einer vertragsstrafenbewährten Unterlassungserklärung (Telefonterror)
2. Außergerichtliche Geltendmachung der Vertragsstrafe in 7 Fällen à je € 2.000,00
3. Prozess-Leistungsklage 7 × € 2.000,00.

122 Für die Anrechnung auf die allerletzte Gebühr ist die zuletzt entstandene Gebühr maßgebend. Es wird also 2. auf 3. angerechnet. Die Gesetzesformulierung erscheint hier etwas missverständlich. Angerechnet wird auf die letzte Angelegenheit die Gebühr jener Angelegenheit, die unter den beiden ersten die letzte ist.

c) Absatz 4 Satz 3

123 »Die Anrechnung erfolgt nach dem Wert des Gegenstandes, der in das gerichtliche Verfahren übergegangen ist.«

Sind die Werte der beiden Gegenstände identisch, ergeben sich keine Probleme.

Erhebt der Anwalt außergerichtlich einen Anspruch von € 10.000,00, klagt er dann aber nur € 8.000,00 ein, so wird nur eine halbe Geschäftsgebühr aus einem Wert von € 8.00,00 auf die Verfahrensgebühr aus € 8.000,00 angerechnet (siehe Rechenbeispiel Rn. 100).

Zuständigkeit für Einklagung der Geschäftsgebühr betr. Unterhaltsanspruch

123a OLG München (AGS 2007, 157): Macht ein Kläger im **Unterhaltsprozess** außergerichtliche Rechtsanwaltsgebühren als Verzugsschaden geltend, gilt seit In-Kraft-Treten des RVG, dass die Geschäftsgebühr für die außergerichtliche Tätigkeit nicht mehr in der Verfahrensgebühr aufgeht, sondern nur teilweise angerechnet wird.

Insoweit handelt es sich auch um eine **Familiensache kraft Sachzusammenhangs** gem. §§ 23 b Nr. 5, 13 GVG.

V. Absatz 5 – Selbständiges Beweisverfahren – Anrechnung

1. Die Verfahrensgebühr

Auf das selbständige Beweisverfahren finden die Nummern 3100 ff., also insbesondere die Nr. 3100 (Verfahrensgebühr) und Nr. 3104 (Terminsgebühr), Anwendung. Alle Gebühren können also im meist vorangehenden selbständigen Beweisverfahren anfallen, wenn der allgemeine Gebührentatbestand erfüllt ist. Der Entwurf der Expertenkommission und der erste Referentenentwurf hatten von einer Totalanrechnung der Verfahrensgebühr noch abgesehen, um die Arbeit im selbständigen Beweisverfahren und das Drängen des Anwalts auf eine endgültige Erledigung angemessen zu honorieren. Diese Absicht des Gesetzgebers ist noch daran zu erkennen, dass das selbständige Beweisverfahren aus dem Instanzkatalog des neuen § 19 als nunmehr eigene Angelegenheit herausgenommen worden ist. 124

Die Gesetzesbegründung zu § 19 betont das: »*Dieser Entlastungseffekt rechtfertigt es, das selbständige Beweisverfahren auch gebührenmäßig wie die Hauptsache zu behandeln.*«

Die beabsichtigte (nur) **Teilanrechnung** der Verfahrensgebühr des Beweisverfahrens (wie bei der Geschäftsgebühr) ist im Laufe des Gesetzgebungsverfahrens dem Rotstift zum Opfer gefallen, um die staatlichen Kosten, verursacht durch PKH-Verfahren, zu begrenzen. Jetzt bestimmt Absatz 5 der Vorbemerkung 3, dass die Verfahrensgebühr des Beweisverfahrens, wenn eine Hauptsache folgt, in **voller Höhe** auf die Verfahrensgebühr der Hauptsache anzurechnen ist. Da hat sich also zur früheren Rechtslage, wonach das selbständige Beweisverfahren zur Instanz gehörte (so auch der fortgeltende § 493 ZPO) und der Anwalt die Gebühren, auch wenn sie mehrfach angefallen waren (Beweisverfahren und Hauptsache), in der Instanz nur einmal geltend machen konnte, hinsichtlich der Prozessgebühr (jetzt Verfahrensgebühr) **im Ergebnis** nichts geändert: Der Anwalt kann trotz Tätigkeit in jetzt zwei Angelegenheiten (selbständiges Beweisverfahren und Hauptsache, siehe die zum Beweisverfahren noch weit umfangreichere hoffnungmachende Gesetzesbegründung zu § 19) die Verfahrensgebühr (wegen der vollen Anrechnung) nur einmal geltend machen. Also, die für den Anwalt sehr positive Gesetzesbegründung zu § 19 ist viel Lärm um Nichts.

Anrechnung nur bei Identität des Streitgegenstands

OLG Zweibrücken (OLGR Zweibrücken 2008, 280): »Für die Feststellung der Identität des Streitgegenstands kann nicht allein auf den Streitwert abgestellt werden. Identität der Streitgegenstände besteht vielmehr auch dann, wenn beide Verfahren dieselben Mängel einer Werkleistung betreffen, der daraus resultierende Schadenersatzanspruch jedoch in beiden Verfahren unterschiedlich bewertet worden ist (so OLG München, JurBüro 1996, 36).« 124a

Aber Achtung bei der **Terminsgebühr!**

2. Keine Anrechnung bei der Terminsgebühr

Absatz 5 der Vorbemerkung 3 sieht eine Anrechnung ausdrücklich nur für die **Verfahrensgebühr** vor, das bedeutet im Umkehrschluss, alle anderen im selbständigen Beweisverfahren möglichen Gebühren bleiben dem Anwalt anrechnungsfrei erhalten. Insoweit ist die Herausnahme des selbständigen Beweisverfahrens aus dem Instanzkatalog des § 19 doch von gebührenrechtlicher Relevanz. Nur gerade diesen Hinweis vermisst man in der an den letzten Stand der Novelle noch nicht völlig angepassten Gesetzesbegründung zu § 19. 125

Vorbemerkung 3 VV

Die **Terminsgebühr** kann im selbständigen Beweisverfahren jedenfalls durch zwei Auslöser entstehen:

a) Wahrnehmung eines vom Gericht oder Sachverständigen anberaumten Termins im Beweisverfahren

126 In vielen Fällen habe ich in den von mir als erstinstanzlicher Richter angeordneten selbständigen Beweisverfahren (in 99 % der Fälle geht es um den Sachverständigenbeweis) den ersten Einweisungstermin (Sachverständiger und Parteien) selbst wahrgenommen. Das hat mehrere Vorteile:

Es gibt eine Chance, die Sache nach einer groben tatsächlichen und rechtlichen Betrachtung noch vor einer langwierigen Beweisaufnahme (ganz oder teilweise) zu vergleichen. Unklarheiten des Beweisbeschlusses können sofort vor Ort zwischen dem Sachverständigen (Richtergehilfe), dem Gericht und den Parteien geklärt werden. Der Richter hält die Sache terminmäßig in der Hand, indem er den Sachverständigen nötigt, die Akten wenigstens oberflächlich schon vor dem sofort mit dem Beweisbeschluss richterlich bestimmten Einweisungstermin zu studieren. Der Richter gibt die Akten dem Sachverständigen zunächst nur für drei Wochen an die Hand und ermächtigt ihn, ihm notwendig erscheinende Ablichtungen, die dann später auch als Auslagen erstattet werden müssen, zu fertigen. So kann zwischen Beweisbeschluss (gem. den Beweisthemen des Antragstellers, die man meist wörtlich per Klammer in den Beweisbeschluss übernehmen kann) und erstem Einweisungstermin des Sachverständigen eine Frist von nur sechs Wochen liegen.

Nimmt der Anwalt an diesem **richterlich** angeordneten Ortstermin teil, so verdient er gem. Vorbemerkung 3 Absatz 3 (Beweistermin beim Richter) die Terminsgebühr der Nr. 3104 von 1,2, die anrechnungsfrei ist.

127 In gleicher Weise fällt die Terminsgebühr auch schon an, wenn der im Beweisbeschluss gerichtlich bestellte **Sachverständige** seinen eigenen **Ortstermin** (das Gericht ist in diesem Falle nicht anwesend) anberaumt hat. Der Anwalt sollte an solch einem Einweisungstermin des Sachverständigen nicht nur aus Gründen der Gebührensicherung teilnehmen, sondern auch hier kann der juristische Sachverstand den ein oder anderen Fehler des Sachverständigen, der nicht selten in der Praxis zur Unverwertbarkeit des Gutachtens oder Ablehnung des Sachverständigen führt, vermeiden. Ein Beschluss des Kostensenats des OLG Koblenz vom 17. 02. 2004 (MDR 2004, 831) beschäftigt sich mit der Frage, ob der in Verfahrensfragen unerfahrene Sachverständige, der ohne Gegenwart beider Parteien das Aufmaß genommen hat und daher erfolgreich wegen **Besorgnis** der Befangenheit abgelehnt worden ist, seinen Gebührenanspruch verloren hat, was der Senat im konkreten Fall verneint hat. Wäre der Anwalt hingegangen, hätte er sicher den Fehler des Sachverständigen vermieden.

b) Mitwirkung an auf die Vermeidung oder Erledigung des Verfahrens gerichteten Besprechungen

128 Auch das selbständige Beweisverfahren selbst ist ein in Absatz 3 letzte Alternative genanntes Verfahren.

Wenn im selbständigen Beweisverfahren noch kein (vom Richter oder Sachverständigen anberaumter) Termin stattgefunden hat, kann der Anwalt die Terminsgebühr der Nr. 3104 auch dadurch verdienen, dass er mit der Gegenseite eine telefonische Besprechung zur Vermeidung oder Erledigung des selbständigen Beweisverfahrens durchführt (näher dazu oben Rn. 66). Sobald der Anwalt den Auftrag hat, ein selbständiges Beweisverfahren einzuleiten, wofür dann nach der ersten Tätigkeit schon die Verfahrensgebühr (Nr. 3100) anfällt, ist er, wenn er mit der Gegenseite über eine gütliche Beilegung spricht, befugt, auch die Terminsgebühr (Nr. 3104) zu liquidieren. Denn diese Besprechung hat das (erfolgsunabhängige) Ziel zunächst der Vermeidung, und nach Einreichung der Antragsschrift das Ziel der Erledigung des selbständigen Beweisverfahrens. Sollte man hier noch (unberechtigte) Zweifel haben, dass mit Verfahren i. S. d. Absatzes 3 das selbständige Beweisverfahren selbst gemeint sein könnte, so würde mindestens das vermiedene Hauptsacheverfahren die Terminsgebühr jedenfalls auslösen, falls der Anwalt zum Zeitpunkt der Besprechung schon eine Hauptsachevollmacht (Auftrag) hat. Bei einer Abfolge von außergerichtlicher Vertretung, selbständigem Beweisverfahren und Rechtsstreit ist zunächst die Gebühr Nr. 2300 zur Hälfte auf die Verfahrensgebühr Nr. 3100 für das Beweisverfahren anzurechnen (1,3 + 0,65 verbleiben), dann die Verfahrensgebühr Beweisverfahren auf die Verfahrensgebühr Rechtsstreit (verbleibt 1,3 – 1,3 = 0) = Folge von Vorbem. 3 Abs. 4 und 5 (vgl. N. Schneider ZAP Fach 24/865 unter 10).

VI. Absatz 6 – Zurückverweisung

1. Zurückverweisung an ein untergeordnetes Gericht

Bei Zurückverweisung an ein untergeordnetes Gericht ist die bei diesem Gericht für den Anwalt zeitlich früher bereits entstandene Verfahrensgebühr (Nr. 3100) auf die nach Verfahrenszurückverweisung für das erneute Verfahren anfallende Verfahrensgebühr anzurechnen. Das gilt nicht, also ausnahmsweise keine Anrechnung, wenn die Sache an ein **anderes** untergeordnetes Gericht zurückverwiesen wird. 129

2. Zurückverweisung

Eine Zurückverweisung liegt vor, wenn ein Rechtsmittelgericht durch eine den Rechtszug beendende Entscheidung einem in dem Instanzenzug nachgeordneten Gericht die abschließende Entscheidung überträgt (OLG Hamburg JurBüro 1983, 1515). 130

Ein Gericht eines höheren Rechtszugs muss auf ein Rechtsmittel (Berufung, Revision, Beschwerde) mit der Sache befasst gewesen sein und die Sache zur weiteren Verhandlung und Entscheidung zurückverwiesen haben.

Satz 2 ist nur anzuwenden, wenn der Anwalt in der gleichen Instanz bereits vor der Zurückverweisung tätig war und die Verfahrensgebühr verdient hat. Tritt ein anderer Anwalt neu auf, erhält er selbstverständlich auch die Verfahrensgebühr.

• Beispiele 131
(1) Das Oberlandesgericht verweist unter Aufhebung des Urteils und des Verfahrens des Landgerichts die Sache wegen eines wesentlichen Verfahrensmangels gem. § 538 Abs. 2 Nr. 1 an das Landgericht zurück.
(2) Das Landgericht weist die Klage ab, das Oberlandesgericht erklärt den Anspruch dem Grunde nach für gerechtfertigt und verweist die Sache zur Verhandlung über die Höhe zurück (Hansens BRAGO 8. Aufl. § 15 Rn. 3).
(3) Das Landgericht weist die Berufung gegen ein stattgebendes Grundurteil zurück (OLG Zweibrücken JurBüro 1990, 479; OLG Bamberg JurBüro 1978, 1184; OLG Hamm JurBüro 1978, 1507; a. A.: OLG München JurBüro 1994, 543).
(4) Das Berufungsgericht gibt dem Antrag aus der ersten Stufe einer Stufenklage (§ 254 ZPO), etwa einem Auskunftsanspruch, statt und gibt die Sache zur Entscheidung über die 2. und 3. Stufe oder auch nur die 3., die Leistungsstufe, an das Erstgericht zurück (OLG Schleswig JurBüro 1975, 473; OLG Düsseldorf AnwBl. 1970, 289).

3. Diagonalverweisung

Die Rückverweisung nach Absatz 6 (Vorbemerkung 3) muss im Instanzenzug des Gerichtszweigs erfolgen, also z. B. vom LG an das AG. Verweist das LG unter Aufhebung des amtsgerichtlichen Urteils die Sache an das Arbeitsgericht erster Instanz, so liegt nicht Absatz 6 vor, sondern § 20 Satz 2. In diesem Falle beginnt beim Arbeitsgericht eine völlig anrechnungsfreie neue Instanz (§ 20 Satz 2; Riedel/Sußbauer BRAGO 9. Aufl. § 20 Rn. 11). Solche Diagonalverweisungen durch das Rechtsmittelgericht können trotz des Wortlauts des § 17 a Abs. 1 132

Vorbemerkung 3 VV

und 2 GVG auch heute noch vorkommen, dann nämlich, wenn in erster Instanz der Rechtsweg zu Recht vom Beklagten gerügt worden ist und das Erstgericht entgegen § 17 a Abs. 3 Satz 2 GVG nicht in erster Instanz die Zuständigkeitsfrage vorab, sondern erst im Urteil, und dort auch noch unrichtig, entschieden hat (BGHZ 119, 247; Thomas/Putzo ZPO 23. Aufl. § 17 a GVG Rn. 22).

Verweist das Revisionsgericht eine Sache nicht an das Berufungsgericht, sondern an das Gericht erster Instanz zurück, so bildet ein etwaiges späteres neues Berufungsverfahren kostenrechtlich eine neue Instanz (KG NJW 1969, 2151).

4. Vorbefassung des untergeordneten Gerichts

133 War das im Instanzenzug untergeordnete Gericht, an das zurückverwiesen wird, vor der Zurückverweisung mit der Sache noch nicht befasst, so entfällt die Anrechnungspflicht (Umkehrschluss aus dem Gesetzeswortlaut Absatz 6 der Vorbemerkung 3). Ratio für diese Regelung kann doch nur die dadurch entstehende Mehrarbeit des Anwalts sein, der nun einen neuen Spruchkörper mit mehr Aufwand neu unterrichten muss. Wird dagegen an denselben Spruchkörper zurückverwiesen, so kennt dieser die Sache schon und der bisherige Anwalt muss weniger vortragen, was die Anrechnungspflicht der Verfahrensgebühr rechtfertigt.

Angesichts dieser klaren Ratio des Gesetzes verwundert es doch, dass die herrschende, jedenfalls weit überwiegende Meinung in Judikatur und Literatur den Begriff »Gericht« in § 15 BRAGO, der in Absatz 6 der Vorbemerkung 3 wieder aufgegriffen worden ist, einhellig gegen die Ratio der Norm als **Institution** (Amtgericht Mainz, Landgericht Koblenz) und nicht als **Spruchkörper** (z. B.: 5. Zivilsenat des OLG Koblenz) ausgelegt hat und meint, eine Vorbefassung liege auch dann vor, wenn ausdrücklich an eine andere Kammer oder einen anderen Senat desselben Gerichts zurückverwiesen worden sei (OLG Frankfurt JurBüro 1975, 473; OLG Hamm KostRsp. BRAGO § 15 Nr. 15 mit kritischer Anm. von Lappe; OLG Oldenburg AnwBl. 1985, 261; Göttlich/Mümmler/Rehberg/Xanke BRAGO 20. Aufl. »Zurückverweisung« 1.4.1; OLG Hamm JurBüro 1995, 139; Riedel/Sußbauer BRAGO 8. Aufl.§ 15 Rn. 8; Gerold/Schmidt/von Eicken/Madert BRAGO 15. Aufl. § 15 Rn. 9).

134 Aus dem klar zutage tretenden Sinn und Zweck der Norm folge ich der von der Mindermeinung (*Lappe* in Anm. zu OLG Hamm KostRsp. BRAGO § 15 Nr. 15; Gebauer/Schneider RVG 2. Aufl. Vor §§ 20, 21 Rn. 30) vertretenen Auslegung, dass hier mit Gericht nicht die Justizbehörde, sondern sinnvollerweise das Gericht als **Spruchkörper** gemeint ist. Hilfreich zur Auslegung einer Kostennorm kann ein Blick in die ZPO sein: Die zentralen Normen der ZPO, die § 139 Abs. 1 Satz 1 und § 273 Absatz 1 meinen mit »Gericht« nicht die behördliche Institution Landgericht, Amtsgericht, sondern den Spruchkörper, die Kammer, den Senat. Warum sollte dann derselbe Begriff in der BRAGO oder dem RVG kostenrechtlich (darunter versteht man doch sonst, was kostenrechtlich vernünftig ist) anders und zudem gegen den Sinn der Norm ausgelegt werden?

Ein neues Gesetz wie das RVG gibt die Chance, wenn schon der Gesetzgeber das Problem wohl nicht gesehen hat, die Begründung schweigt, das Gesetz nach seiner Ratio, notfalls aus dem Gesichtspunkt vernünftiger kostenrechtlicher Betrachtung, neu zu interpretieren.

Hinzu kommt, dass eine Anrechnung nach neuem Recht (Abs. 6) den Anwalt erheblich mehr beeinträchtigt. Nach der BRAGO verlor er durch die Anrechnung höchstens 10/10 (Prozessgebühr) und konnte weitere 2 × 10/10 in der zurückverwiesenen Instanz verdienen. Jetzt aber verlöre er gleich 1,3 (Verfahrensgebühr) und könnte allenfalls nur noch 1,2 (Terminsgebühr) hinzugewinnen.

Das lässt sich beim Regelfall, der Zurückverweisung an denselben Spruchkörper angesichts des sicher im Hinblick auf die Höhe von 1,3 wenig durchdachten neuen Gesetzesbefehls (Absatz 6 der Vorbemerkung 3), nicht ändern. Es ist aber nicht nötig, den Wortlaut »Gericht« im

Fall der Zurückweisung an einen anderen Spruchkörper eng und zu Lasten der Anwälte und gegen den Sinn und Zweck der Norm auszulegen.

5. Zurückverweisung grundsätzlich neue Instanz

Aus dem Wortlaut und der Anrechnungspflicht nur der Verfahrensgebühr folgt, dass mit der Zurückverweisung grundsätzlich eine neue Instanz mit neuen Gebühren beginnt. Nur auf die ebenfalls (grundsätzlich) erneut anfallende Verfahrensgebühr ist die bereits früher entstandene Verfahrensgebühr, **soweit Deckungsgleichheit besteht,** anzurechnen, nicht aber andere Gebühren wie die Terminsgebühr. 135

6. Streitwert

Der Gegenstandswert richtet sich nach dem Zeitpunkt des Entstehens der neuen Gebühr. Hat das Rechtsmittelgericht die Sache nur teilweise zurückverwiesen, entstehen die neuen Gebühren nur nach dem Werte dieses Teils (OLG Köln JurBüro 1979, 697; Gebauer/Schneider RVG 2. Aufl. § 21 Rn. 38). 136

Erhöht sich der Gegenstandswert nach der Zurückverweisung (durch Klageerweiterung oder Widerklage), entstehen die neuen Gebühren aus dem erhöhten Gegenstandswert (wegen zahlreicher Berechnungsbeispiele siehe Gebauer/Schneider RVG 2. Aufl. § 21 Rn. 34 ff.).

VII. Absatz 7 – Eigene Vorschriften für Freiheitsentziehungs-, Unterbringungs- und Disziplinarsachen (Teil 6 VV RVG)

Zur Notwendigkeit des Absatzes 7 bemerkt die Gesetzesbegründung: 137

»*Absatz 7 der Vorbemerkung ist erforderlich, weil Teil 6 VV RVG z. B. für gerichtliche Verfahren bei Freiheitsentziehungen und Unterbringungen sowie für gerichtliche Verfahren in Disziplinarangelegenheiten eigene Gebührenvorschriften enthält.*«

Damit wird klargestellt, dass für die im Absatz 7 ausdrücklich genannten Angelegenheiten die besonderen Vorschriften des 6. Teils gelten.

Vorbemerkung 3.1 VV

Nr.	Gebührentatbestand	Gebühr oder Satz der Gebühr nach § 13 RVG
	Abschnitt 1 **Erster Rechtszug**	
	Vorbemerkung 3.1: (1) Die Gebühren dieses Abschnitts entstehen in allen Verfahren, für die in den folgenden Abschnitten dieses Teils keine Gebühren bestimmt sind. (2) Dieser Abschnitt ist auch für das Rechtsbeschwerdeverfahren nach § 1065 ZPO anzuwenden.	

Inhaltsübersicht

	Rn.		Rn.
A. Allgemeines	1	II. Vorbemerkung 3.1 Abs. 2	6
B. Kommentierung	2	III. Nicht von Vorbem. 3.1 erfasste Verfahren bzw. Tätigkeiten	7
I. Vorbemerkung 3.1 Absatz 1	2		

A. Allgemeines

1 Das RVG hat sich zum Ziel gesetzt und dies auch verwirklicht, für alle **gerichtlichen Verfahren** ein einheitliches Rechtsanwaltsvergütungsgesetz zu schaffen. Das drückt auch schon die nicht ganz vollständige Überschrift des Teils 3 aus, die lautet:

»Bürgerliche Rechtsstreitigkeiten, Verfahren der freiwilligen Gerichtsbarkeit, der öffentlich-rechtlichen Gerichtsbarkeiten, Verfahren nach dem Strafvollzugsgesetz und ähnliche Verfahren.«

B. Kommentierung

I. Vorbemerkung 3.1 Absatz 1

2 »Alle Verfahren« meint wirklich alle Gerichtsverfahren erster Instanz.

Der Absatz 1 Hs. 2 sieht ausdrücklich Ausnahmen vor, soweit in den folgenden Abschnitten dieses Teils besonderen Gebühren bestimmt sind. Die Verfahren 2. und 3. Instanz werden mit der Vorbemerkung 3.2 (Nummern 3200 ff.) eingeleitet und damit aus dem Bereich der Vorbemerkung 3.1 (also alle Nummern, die mit 31 beginnen = 1. Rechtszug) ausgegliedert.

Eine besondere Ausnahme regelt Vorb. 3.2.1 Abs. 1 Nr. 1: **Verfahren vor dem Finanzgericht.** Finanzgerichte sind auf der Ebene der **Oberlandesgerichte** angesiedelt. Die anwaltlichen Gebühren bestimmen sich hier nach den Nrn. 3200 ff.

Auch die Vertretungen im Vorabentscheidungsverfahren vor dem EuGH sind durch die Sonderregelung des § 38 im zivil- und öffentlich-rechtlichen Bereich in die Rechtsmittelinstanz 3.2 ausgegliedert, während Vorlagen an den EuGH aus dem Bereich Strafrecht und Bußgeld in das strafrechtliche Revisionsverfahren eingegliedert sind. Der § 37 gliedert die Verfahren vor den Verfassungsgerichten der Länder und des Bundes ebenfalls aus (Revisionsinstanz in Strafsachen oder Zivilsachen).

Vorbemerkung 3.1 VV | Teil 3

Unter Einbeziehung der in der Überschrift besonders erwähnten gerichtlichen Verfahren erster Instanz sind für die Anwendbarkeit der Gebührennummern 3100 bis 3106 (Gerichtsverfahren 1. Instanz) folgende gerichtliche Verfahren aufzuzählen:

- Bürgerliche Rechtsstreitigkeiten (also auch Familiensachen)
- Verfahren der freiwilligen Gerichtsbarkeit
- Verwaltungsgerichtsbarkeit
- Sozialgerichtsbarkeit
- Finanzgerichtsbarkeit
- Verfahren nach dem Strafvollzugsgesetz
- ähnliche Verfahren
- Arbeitsgerichtsbarkeit
- Selbständiges Beweisverfahren
- Landwirtschaftsverfahren
- Verfahren nach § 43 WEG
- Hausratsverfahren mit jetzt vollen Gebühren
- Einstweilige Verfügungen
- Einstweilige Anordnungen
- Schiedsgerichtsverfahren (siehe § 36).

Wichtige Folge: In all diesen Verfahren gilt vor allem:

Verfahrensgebühr	Nr. 3100: 1,3 Gebühr
Terminsgebühr	Nr. 3104: 1,2 Gebühr

Abschließend: Es richten sich die anwaltlichen Gebühren aller erstinstanzlichen Verfahren nach den Nrn. 3100 bis 3106. Praktisch enthält die Vorbemerkung 3.1 damit eine Auffangregelung für alle erstinstanzlichen gerichtlichen Verfahren, für die keine besonderen Gebühren bestimmt sind (Gerold/Schmidt/von Eicken/Madert/Müller-Rabe RVG 17. Aufl. 3100 VV Rn. 3).

II. Vorbemerkung 3.1 Abs. 2

»(2) Dieser Abschnitt ist auch für das Rechtsbeschwerdeverfahren nach § 1065 ZPO anzuwenden.«

Es handelt sich dabei um Rechtsbeschwerden gegen Entscheidungen nach § 1062 Abs. 1 Nr. 2 und 4 ZPO. Das Oberlandesgericht, das in der Schiedsvereinbarung bezeichnet ist oder, wenn eine solche Bezeichnung fehlt, in dessen Bezirk der Ort des schiedsrichterlichen Verfahrens liegt, entscheidet über Anträge betreffend:

(1) Nr. 2: die Feststellung der Zulässigkeit oder Unzulässigkeit eines schiedsrichterlichen Verfahrens (§ 1032 ZPO) oder die Entscheidung eines Schiedsgerichts, in der dieses seine Zuständigkeit in einem Zwischenentscheid bejaht hat (§ 1040 ZPO).

(2) Nr. 4: die Aufhebung (§ 1059 ZPO) oder die Vollstreckbarerklärung des Schiedsspruchs (§§ 1060 ff. ZPO) oder die Aufhebung der Vollstreckbarerklärung (§ 1061 ZPO).

Das erstaunt auf den ersten Blick: Verfahren beim OLG und dennoch erstinstanzliche Gebühren? Hintergrund dieser Regelung ist die Novelle des Schiedsverfahrensrechts im Jahre 1998. Damals hat der Gesetzgeber einen Teil der bis dahin auf Amts- und Landgerichte verteilten gerichtlichen Tätigkeiten in Schiedsgerichtssachen (erstinstanzlich) auf die Oberlandesgerichten übertragen, damit sich eine gewisse Konzentrierung und Ordnung in diesen Sachen ergab. Die Deutsche Schiedsgerichtsbarkeit sollte international arbeitsfähig gemacht werden.

Vorbemerkung 3.1 VV

Die Vollstreckbarerklärung von Anwaltsvergleichen wird man unter Absatz 1 zu subsumieren haben, ebenso die Vollstreckbarerklärung von ausländischen Schuldtiteln durch Gerichtsentscheidung.

III. Nicht von Vorbem. 3.1 erfasste Verfahren bzw. Tätigkeiten

7 Wegen der in Absatz 1 Hs. 2 vorgesehenen Möglichkeit einer Sonderregelung werden hier, ohne Anspruch auf Vollständigkeit, die wichtigsten besonders geregelten VV-Nummern aufgeführt:

Abänderung eines Unterhaltstitels	VV 3331
Aufgebotsverfahren	VV 3324
Beschwerde- und Erinnerungsverfahren	VV 3500
Disziplinarverfahren	VV 6200
Einzeltätigkeiten und sonstige Tätigkeiten	VV 3403
Mahnverfahren	VV 3305
Vollstreckungsbescheid	VV 3308
Prozesskostenhilfe-Bewilligungsverfahren	VV 3335
Räumungsfristverfahren	VV 3334
Rügeverfahren rechtliches Gehörs	VV 3330
Unterbringungssachen	VV 6300
Verkehrsanwalt	VV 3400
Vorläufige Einstellung Zwangsvollstreckung	VV 3328
Zwangsversteigerung und Zwangsverwaltung	VV 3311
Zwangsvollstreckungsverfahren + Vollziehung	VV 3309

Nr. 3100 VV

Nr.	Gebührentatbestand	Gebühr oder Satz der Gebühr nach § 13 RVG
3100	Verfahrensgebühr, soweit in Nummer 3102 nichts anderes bestimmt ist	1,3
	(1) Die Verfahrensgebühr für ein vereinfachtes Verfahren über den Unterhalt Minderjähriger wird auf die Verfahrensgebühr angerechnet, die in dem nachfolgenden Rechtsstreit entsteht (§§ 651 und 656 ZPO). (2) Die Verfahrensgebühr für einen Urkunden- oder Wechselprozess wird auf die Verfahrensgebühr für das ordentliche Verfahren angerechnet, wenn dieses nach Abstandnahme vom Urkunden- oder Wechselprozess oder nach einem Vorbehaltsurteil anhängig bleibt (§§ 596, 600 ZPO). (3) Die Verfahrensgebühr für ein Vermittlungsverfahren nach § 52a FGG wird auf die Verfahrensgebühr für ein sich anschließendes Verfahren angerechnet.	

Inhaltsübersicht

	Rn.
A. Allgemeines	1
I. Überblick	1
II. Fundstellen zum Begriff »Verfahrensgebühr«	4
III. Prozessgebühr – Verfahrensgebühr	5
B. Kommentierung	6
I. Auftrag – Beginn der anwaltlichen Instanz	6
1. Das Auftragsgespräch	6
2. Form des Auftrags	7
3. Zeitpunkt – Hinweis auf Gebühren zu Beginn des Auftrags, auch wegen § 49b Abs. 5 BRAO	10
4. Einzeltätigkeits- oder Verfahrensauftrag	12
5. Außergerichtliche Vertretung, Nr. 2300	13
6. Außergerichtliche Vertretung (Nr. 2300) und bedingter Verfahrensauftrag	14
7. Beschreibung der Bedingung für den bedingten Verfahrensauftrag	17
a) Sehr präzise Bedingung für den Verfahrensauftrag im Auftrag festlegen	18
b) Gebundenes Ermessen des Anwalts	19
c) Reine Potestativbedingung	22
8. Sofortiger Verfahrensauftrag	31
II. Zeitliche Gesichtspunkte	32
1. Beginn der anwaltlichen Instanz	32
2. Bestellung	33
a) Kläger/Antragsteller	33
b) Beklagter/Antragsgegner	35
c) Sonderfall: Beklagtenanwalt ist Partei und bestellt sich selbst	38
d) Sonderfall: Schutzschrift	41
e) Sonderfall: Übergang von Mahnverfahren ins Streitverfahren	46a
III. Abgeltungsbereich	47
1. Handlungen, die die Verfahrensgebühr auslösen	47
2. Grundsätzlich: 1,3 Gebühr	49

	Rn.
3. Verfahrensgebühr für die Vertretung des Streitverkündeten	50
IV. Gegenstandswert der Verfahrensgebühr	51
V. Anmerkung Absatz 1 zu Nr. 3100 – Anrechnungspflicht der Verfahrensgebühr bei vereinfachtem Verfahren	52
VI. Anmerkung Absatz 2 zu Nr. 3100 – Anrechnungspflicht der Verfahrensgebühr bei Urkunden- und Wechselprozess	53
VII. Anmerkung Absatz 3 zu Nr. 3100 – Anrechnungspflicht der Verfahrensgebühr für ein erfolglos gebliebenes Vermittlungsverfahren nach § 52a FGG	54
VIII. Anrechnung und Kostenerstattung	55
1. Anrechnung	55
2. Kostenerstattung	57
a) Die gefestigte Rechtsprechung – keine Festsetzung materieller Ansprüche	57
b) Gibt es Alternativen?	58
c) LG Deggendorf (JurBüro 2006, 83): Unbestrittene Geschäftsgebühr festsetzbar	60
d) OLG Hamburg (ZfSch 2005, 201): Einstweilige Verfügung mitfestsetzbar	62
3. Missbräuchliche Trennung	64
a) Einführung	64
b) Beispiele	65
aa) PKW-Kauf mit 4 Schecks	65
bb) Fallabwandlung	66
cc) OLG Koblenz (JurBüro 1990, 206 = MDR 1990, 159)	67
dd) LAG Berlin (Beschluss vom 27.04.2006 – 17 Ta (Kost) 6012/06 – juris, RVG-Verfahrensgebühr)	68

Nr. 3100 VV

A. Allgemeines

I. Überblick

1 Die Überschrift **Abschnitt 1** deckt die VV-Nummern (Gebührenvorschriften) für die erstinstanzlichen Verfahren (Nrn. 3100 bis 3106) ab. Die vorangestellte Vorbemerkung 3.1 (siehe die gesonderte Kommentierung) bezieht sich auf diese erstinstanzlichen Gebührenvorschriften Nrn. 3100 bis 3106 VV RVG.

Die Nrn. 3100 bis 3106 gelten nach der Vorbemerkung 3.1 in allen gerichtlichen Verfahren erster Instanz, auf die Teil 3 anzuwenden ist, es sei denn in den folgenden Abschnitten von Teil 3 seien besondere Gebühren vorgesehen. Die Nrn. 3100 ff. bilden somit eine Auffangregelung, wenn sich im Teil 3 keine Spezialregelung findet (BT-Drs. 15/1971, S. 210 rechte Spalte letzter Absatz).

Mit Hilfe dieser Regel-Ausnahmebestimmung hat das LG Berlin die anwaltlichen Gebühren eines Anwalts für die Vertretung eines Beschwerdeführers gegen eine Kostenrechnung eines Notars (Notarkostenbeschwerde nach § 156 KostO) nach Nr. 3100 und nicht als Vertretung in einem normalen Beschwerdeverfahrens (Nr. 3500) festgesetzt.

Zunächst hat das LG Berlin festgestellt, dass Nr. 2400 nicht anwendbar sei, obwohl unter der Geltung der BRAGO die Rechtsprechung den § 118 BRAGO in solchen Fällen angewandt habe. § 118 BRAGO habe sowohl gerichtliche wie außergerichtliche Tätigkeiten des Anwalts abgedeckt, was bei Nr. 2400 (jetzt Nr. 2300) nicht der Fall sei. Es komme vielmehr die Auffangregelung der Nr. 3100 zum Tragen (vgl. *N. Schneider* in Anm. zu KG AGS 2005, 56). Das Notarkostenbeschwerdeverfahren ähnele eher einem erstinstanzlichen FGG-Verfahren als einem zweitinstanzlichen Beschwerdeverfahren. Deshalb sei die Sondervorschrift Nr. 3500 hier nicht einschlägig und auf die Auffangnorm Nr. 3100 zurückzugreifen. Hinsichtlich weiterer Fälle der Auffangregelung siehe Rn. 49, 51.

2 Der Gebührensatz der Nr. 3100 von 1,3 soll den umfassenden Vorarbeiten des Anwalts schon vor Einreichung einer Klage- oder Antragsschrift gerecht werden. Solch typische Vorarbeiten sind etwa: Informationsgespräche mit dem Auftraggeber, Sichtung schriftlicher Unterlagen und Beschaffung von Urkunden von Dritten (Behörden, Firmen, Versicherungen und Vertragspartnern); Augenscheinseinnahmen, Informationsgespräche mit Sachverständigen, in Familiensachen die Vorgespräche über Hausratsregelungs-, Umgangs- und Sorgerechts-, Unterhalts- sowie Zugewinnausgleichsregelungen.

Dabei macht es hinsichtlich der Vorarbeiten vor Einreichung eines Schriftsatzes keinen Unterschied, auf welcher Seite der Anwalt eingeschaltet ist. Immer muss er auch eine juristische Vorprüfung vornehmen zur Schlüssigkeit der Klage bzw. Erheblichkeit von Bestreiten und Einwendungen. Ein Teil seines Aufgabenkatalogs ist sehr präzise in § 130 ZPO (Vorbereitende Schriftsätze) und § 253 ZPO (Inhalt der Klageschrift) beschrieben. Schließlich kann das Ergebnis der Vorprüfung auch sein, dass der Anwalt von einem gerichtlichen Verfahren abraten oder zu einem sofortigen Anerkenntnis raten muss. Das alles wird mit der Verfahrensgebühr abgegolten. Eine unkritische Umsetzung des Auftrags, die Klage einzureichen oder abzuwehren, könnte die Partei in unnötige Kosten treiben und ihn regresspflichtig machen. Die oft (zu) strenge Rechtsprechung fordert vom Anwalt, dass er immer den sichersten Weg geht. Im Zweifelsfall muss er jeden aus seiner Sicht rechtlich relevanten Stoff mit Beweisantritt vortragen, auch wenn im Ergebnis eine Verwertung durch das Gericht nicht erfolgt. Er muss alles vortragen, was rechtlich relevant sein **könnte**.

3 Dieser Blick auf die anwaltlichen Vorarbeiten nach Erhalt des Prozessauftrages verdeutlicht, dass der anwaltliche Instanzbegriff wesentlich vom gerichtlichen Instanzbegriff abweicht. Für das Gericht geht die Arbeit erst mit der Klageeinreichung los, beim Anwalt beginnt sie mit dem Prozessauftrag (zu diesem Zeitpunkt bereits beginnt schon das Betreiben des Ge-

schäfts einschließlich der Information). Die vorstehend geschilderten umfassenden Tätigkeiten des Anwalts rechtfertigen die Verfahrensgebühr. Der neue Gebührensatz von 1,3 ist als Arbeitsentgelt angemessen.

II. Fundstellen zum Begriff »Verfahrensgebühr«

Die einzelnen Gebührennummern müssen im Zusammenhang mit den sie betreffenden Vorbemerkungen gelesen bzw. ergänzt werden (siehe näher zur Regieanweisung vorstehend »Vorwort zum Vergütungsverzeichnis« Rn. 3 ff.). Es kann nicht alles an beiden Fundstellen doppelt abgedruckt werden. Auf Totalverweisungen wurde zur besseren Lesbarkeit verzichtet und an beiden Stellen zur schnellen Orientierung eine abgerundete Darstellung gebracht. Bei komplizierteren Fragen zur Verfahrensgebühr mag der Leser in der Kommentierung der Vorbemerkung 3 Abs. 2 nachsehen, die die eigentliche Beschreibung des Tatbestandes »Verfahrensgebühr« enthält. **Vorbemerkung 3** Abs. 2 lautet wie folgt: 4

»(2) Die Verfahrensgebühr entsteht für das Betreiben des Geschäfts einschließlich der Information.«

III. Prozessgebühr – Verfahrensgebühr

Aus dem Begriff Prozessgebühr (BRAGO) ist Verfahrensgebühr geworden, das meint aber dasselbe. Die Änderung des Begriffes beruht darauf, dass auch das FGG-Verfahren und die Teile 4 bis 6 (Strafverfahren pp.) mitgegriffen sind.   5

Die ausdrückliche Herausnahme des Regelungsgehaltes der Nr. 3102 aus der Nr. 3100 bedeutet: Die Verfahrensgebühr für Verfahren vor den Sozialgerichten sind nach Nr. 3102 Betragsrahmengebühren von € 40,00 bis € 460,00.

Die Verfahrensgebühr von 1,3 fällt also für das Betreiben des Geschäfts einschließlich der Information in allen gerichtlichen Verfahren der verschiedenen Gerichtsbarkeiten erster Instanz, außer beim Sozialgericht an. Das Finanzgericht wird nach Vorbemerkung 3.2.1 Abs. 1 Nr. 1 wie ein Berufungsgericht behandelt (Verfahrensgebühr daher 1,6 – Nr. 3200).

B. Kommentierung

I. Auftrag – Beginn der anwaltlichen Instanz

1. Das Auftragsgespräch

Bei jeder anwaltlichen Tätigkeit muss man sich zunächst über den Auftrag Klarheit verschaffen. Der anwaltliche Auftrag kommt in der Regel nicht dadurch zustande, dass der Auftraggeber beim Anwalt erscheint und diesem gegenüber erklärt, er wolle dem Anwalt den folgenden Auftrag erteilen. Den Auftrag muss der Anwalt in den meisten Fällen »sich selbst geben.« Zunächst muss er im Gespräch herausbekommen, worum es dem Mandanten geht. Vielleicht will der Mandant ja nur einen Rat (§ 34 RVG). Geht das Anliegen aber darüber hinaus und möchte der Mandant, dass der Anwalt etwas bewirken solle, so muss der Anwalt überlegen, auf welchem juristischen Weg er dieses Ziel vielleicht erreichen kann. Wenn möglich, schlägt er auch Alternativen vor und zeigt das jeweilige Risiko auf (z. B. Beweislast, Beweismittel, Vollstreckungsrisiko, Vorteil einer außergerichtlichen Einigung). Dann wird er vielleicht dem Mandanten als Ergebnis der Beratung einen Prozessauftrag vorschlagen und der Mandant sagt »ja« dazu, indem er sagt: »Ja wenn Sie meinen, Herr Rechtsanwalt, dann machen Sie das mal so.« Dann hat der Auftraggeber den Verfahrensauftrag, der im Anschluss an die erste   6

Nr. 3100 VV

Tätigkeit des Anwalts als Verfahrensbevollmächtigter die Gebühren nach Nr. 3100 oder Nr. 3101 auslöst, erteilt.

2. Form des Auftrags

7 Da die Auftragserteilung keiner Formvorschrift unterliegt, kann der Auftrag mündlich (Gerold/Schmidt/von Eicken/Madert/Müller-Rabe RVG 17. Aufl. VV 3100 Rn. 33) oder stillschweigend (schlüssig: Gebauer/Schneider RVG 2. Aufl. VV Vorb. 3 Rn. 25; OLG Koblenz JurBüro 1991, 861) erteilt werden. Dazu hat das OLG Koblenz in seinem Leitsatz allerdings Folgendes zum möglicherweise schlüssig erteilten Auftrag in der Form des Dabeisitzens der Partei bei der Antragstellung bemerkt:

»Beschränkung des Prozessauftrages des Anwalts: Ablehnung eines Widerklagemandats durch den Mandanten; Beweislast für stillschweigende Mandatserteilung

1. Zwar ermächtigt die Prozessvollmacht (gem. ZPO § 81 im Außenverhältnis) den Prozessbevollmächtigten auch zur Verteidigung gegen die Widerklage. Die Partei kann jedoch im Innenverhältnis den Prozessauftrag beschränken und ein Mandat zur Verteidigung gegen die Widerklage ablehnen.

2. Behauptet der Rechtsanwalt, seine Partei habe ihm nach vorangegangener ausdrücklicher Mandatsablehnung in der mündlichen Verhandlung ein Widerklagemandat erteilt, so trägt er dafür die Darlegungs- und Beweislast. Ein solches Mandat wird nicht schlüssig dadurch erteilt, dass die Partei bei der Antragstellung zur Widerklage in der mündlichen Verhandlung zugegen ist.«

Die Partei hatte nämlich zunächst dem Anwalt mitgeteilt: »Insofern (Widerklage) wollen Sie bitte zunächst nicht tätig werden.« Wenn dann der Mandant in der Sitzung die Antragstellung schweigend begleitet hat, so meint das OLG Koblenz zu Recht, könne das auf den unterschiedlichsten Motivationen beruhen:

Überraschung, die Überlegung, an der Antragstellung als solcher doch nichts mehr ändern zu können oder eben auch ein Einverständnis.

8 Es ist daher recht kühn, wenn im Kommentar von Gebauer/Schneider (RVG 2. Aufl. VV Vorbem. 3 Rn. 25) zu lesen ist: »*Soweit jedoch dort* (also vom OLG Koblenz, dem 5. Senat, dem ich damals angehörte) *angenommen wird, dass allein die Anwesenheit bei der Antragstellung hinsichtlich des Widerklageantrags nicht ausreichen würde, um von einer Mandatserweiterung auszugehen, ist dies nicht zutreffend.*« Allen Lesern kann man nur raten, auch gegenüber Kommentarverfassern, dazu gehört auch meine Person, kritisch zu bleiben und am besten die Originalzitate zu studieren. Die noch erheblich breiteren Gründe des OLG Koblenz, die hier aus Platzgründen nicht wiederholt werden können, sind an der von Gebauer/Schneider angegebenen Zitatstelle (JurBüro 1991, 860) abgedruckt.

9 Ob der Anwalt Verfahrensbevollmächtigter ist, hängt, wie auch das OLG Koblenz (JurBüro 1991, 860) betont, vom Auftrag, vom Innenverhältnis zum Auftraggeber ab, und nicht von der Vollmacht (§ 81 ZPO), die das Außenverhältnis gegenüber Dritten betrifft.

3. Zeitpunkt – Hinweis auf Gebühren zu Beginn des Auftrags, auch wegen § 49 b Abs. 5 BRAO

10 An vielen Stellen in diesem Werk (z. B. § 34 Rn. 31, 53) habe ich empfohlen, spätestens am Ende des ersten Gesprächs auch über Geld zu reden. Das ist immer **noch vor Übernahme des Auftrags**, siehe § 34 Rn. 55, alles andere aus § 49 b Abs. 5 BRAO abzuleiten, wäre wirklichkeitsfremd, so etwa die Forderung der Formalisten: Das erste Wort des Anwalts gegenüber dem Mandanten müsse der Hinweis nach § 49 b Abs. 5 BRAO sein, hier wird nach Wertgebühren abgerechnet.

Es gibt noch immer zahlreiche Anwälte, die es als nicht mit ihrer Würde vereinbar erachten, 11
dass sie mit dem Mandanten über das Honorar sprechen. Dabei erwartet das der Mandant, da
auch er Klarheit haben möchte. Dabei kann man auch erörtern, ob man nach Stundensätzen
abrechnet oder Wertgebühren in Rechnung stellt, eine Belehrung, die ohnehin seit 2004 standesrechtlich für den Anfang des Mandats geboten ist (§ 49 b Abs. 5 BRAO: »Richten sich die
zu erhebenden Gebühren nach dem Gegenstandswert, hat der Rechtsanwalt vor Übernahme
des Auftrags hierauf hinzuweisen.«).

Und dann sollte man nicht zögern, die getroffene Abrede umgehend dem Mandanten schriftlich zu bestätigen und in gewissen Fällen (Zukunftsprognose aufstellen) das Ganze sich vom
Mandanten auch unterschreiben zu lassen. In der Mediation oder der Schiedsgerichtsbarkeit
wird regelmäßig so vorgegangen. Wenn die Geldfrage geklärt ist, kann man sich beruhigt der
Sacharbeit widmen.

4. Einzeltätigkeits- oder Verfahrensauftrag

Nur in wenigen Fällen wird das anfängliche Informationsgespräch in eine Einzeltätigkeit 12
(Nr. 3403) oder eine Tätigkeit als Verkehrsanwalt (Nr. 3400) münden. Die letztere Möglichkeit
ist aber bei großer örtlicher Distanz zum zuständigen Gericht auch heute noch ein denkbarer
Weg.

5. Außergerichtliche Vertretung, Nr. 2300

In vielen Fällen muss der Anwalt ausgiebig mit dem Mandanten besprechen, ob zunächst der 13
Weg einer außergerichtliche Erledigung versucht werden soll. Gerade in solchen Fällen ist ein
Aufklärungsgespräch mit schriftlicher Bestätigung sehr angezeigt. Das unterschiedliche Gebührenaufkommen beim Weg zunächst über die außergerichtliche Vertretung und sodann
übers Klageverfahren ist heute infolge der Nur-Teilanrechnung (Vorbemerkung 3 Abs. 4)
doch erheblich teurer als eine sofortige Klageerhebung. Anderseits erfällt für eine Klage
mit Termin für den Anwalt eine 2,5 Gebühr, dagegen fällt für eine außergerichtliche Vertretung, die die Chance einer endgültigen Regelung bietet, im Regelfall nur eine 1,3 Gebühr an.

6. Außergerichtliche Vertretung (Nr. 2300) und bedingter Verfahrensauftrag

Man kann beides (Vertretungs- und Verfahrensauftrag) auch mit einer Bedingung kombinie- 14
ren: Der Anwalt lässt sich einen unbedingten Vertretungsauftrag (Nr. 2300) und einen (aufschiebend bedingten) Verfahrensauftrag (Nrn. 3100, 3104) geben (Gerold/Schmidt/von
Eicken/Madert/Müller-Rabe RVG 17. Aufl. VV 2300, 2301 Rn. 6 und 7 unter Hinweis auf
BGH NJW 1969, 932; H. Schmidt AnwBl. 1969, 72). Erst mit dem Scheitern der Verhandlungen
wird die Angelegenheit zu einer solchen des Teiles 3 (BGH NJW 1961, 1469; 1968, 62; 1968,
2334 = AnwBl. 1969, 15; OLG Oldenburg MDR 1961, 245; Riedel/Sußbauer RVG 9. Aufl.
VV Teil 2 Rn. 27 b). Mit der ersten Tätigkeit nach Eintritt der Bedingung fällt dann grundsätzlich auch die Verfahrensgebühr (Nr. 3100) an und zwar je nach Stand des Verfahrens in Höhe
von 0,8 (Nr. 3101) oder 1,3 (Nr. 3100).

Da man später, wenn es um die Gebührenabrechnung oder Erstattung geht, sich heftig über
die Frage streiten kann, ob hier die Phase 1. schon eindeutig beendet war (Bedingungseintritt), sodass auch schon Gebühren des 3. Teils (Nr. 3100 = 1,3 oder doch wenigstens Nr. 3101
= 0,8) angefallen sind, sollte dieser Eintritt in diese neue Gebührenphase sowohl gegenüber
dem Auftraggeber wie dem Gegner schriftlich klar mitgeteilt werden.

Die Mitteilung an den Gegner könnte etwa lauten: 15

»Ihr Angebot vom x. y. zur außergerichtlichen vergleichsweisen Erledigung der Angelegenheit ist völlig unzureichend und entspricht in keiner Weise dem Prozessrisiko Ihrer Partei.

Nr. 3100 VV

Ich erachte daher die außergerichtlichen Verhandlungsbemühungen (oder »Vergleichsbemühungen«) als gescheitert.

Gemäß mir vorliegender Vollmacht bin ich beauftragt, Klage zu erheben. Den Entwurf einer demnächst zu erhebenden Klage füge ich diesem Schreiben bei. Sofern ich bis zum z. y. kein akzeptables besseres Angebot Ihrer Partei zur Erledigung der Angelegenheit erhalte, werde ich unmittelbar danach die anliegende Klage einreichen. Bitte teilen Sie mir unter Vollmachtvorlage mit, ob Sie Zustellvollmacht auch für das Prozessverfahren haben. Auch dafür habe ich mir eine Frist bis zum z. y., bei mir eingehend, notiert.«

16 Für dieses Schreiben nebst Anlage, das in Durchschrift an die eigene Partei geht, erfällt die 0,8 Verfahrensgebühr nach Nr. 3101 (neben der schon angefallenen Geschäftsgebühr Nr. 2300, Teilanrechnung: Vorb. 3 Abs. 4).

7. Beschreibung der Bedingung für den bedingten Verfahrensauftrag

17 Dem Thema »Ausgestaltung der Bedingung für den bedingten Verfahrensauftrag« möchte ich wegen seiner Wichtigkeit, die durch die jetzige »Nur-Teilanrechnung nach Vorb. 3 Abs. 4« unterstrichen wird und damit eine neue Gebührendimension erreicht hat (§ 118 Abs. 2 BRAGO stufte das Problem herunter), einen besonderen Erörterungspunkt widmen. Auch die insoweit heißen Diskussionen in meinen RVG-Seminaren der Deutschen Anwaltakademie lassen dies angezeigt sein.

a) Sehr präzise Bedingung für den Verfahrensauftrag im Auftrag festlegen

18 Man kann die **Bedingung** für den Verfahrensauftrag **sehr präzise** im Auftrag festlegen. Etwa: Lehnt der Gegner eine Vergleichssumme von wenigstens € 50.000,00 endgültig ab, so wird hiermit bereits RA A Verfahrensvollmacht zur Einklagung des Anspruchs (folgt nähere Beschreibung) erteilt.

Was ist dann, wenn der Betrag nur in Raten angeboten wird, wenn zwar Verzugszinsen in unangemessener Höhe, im Kostenpunkt aber jede Kostentragungspflicht abgelehnt wird? Der Phantasie sind hier keine Grenzen gesetzt. Die juristischen Perfektionisten, die meinen, das müsse und vor allem das könne man doch alles im Auftrag klar regeln, werden sicher von der Wirklichkeit, dem weiteren Geschehensablauf, auf den Boden der Tatsachen zurückgeholt, denn die Verhältnisse, die sind nicht so.

Also, ich kann nur warnen vor solch einem Perfektionismus, denn die Abrede der Bedingung und deren behaupteter Eintritt müssen später in einem etwa streitigen Gebührenprozess auch noch halten.

b) Gebundenes Ermessen des Anwalts

19 Das Modell des **bedingten Verfahrensauftrages**, das ich von meinem Mitdozenten Rechtsanwalt Madert gelernt habe, hat für mich immer noch einen gewissen Charme, obwohl ich mich angesichts der Möglichkeiten des RVG inzwischen etwas davon gelöst habe.

Wenn man eine Bedingung formuliert, so muss deren Eintrittsbeschreibung von vornherein flexibel ein gewisses **Ermessen des Anwalts** bei der Feststellung des Bedingungseintritts zulassen:

»Sollte das Angebot der Gegenseite in seiner Gesamtheit nach der anwaltlichen Bewertung von Rechtsanwalt A unangemessen sein, so sind die außergerichtlichen (Vergleichs-)Verhandlungen gescheitert und Herr Rechtsanwalt A wird schon jetzt beauftragt, nach seiner entsprechenden Entscheidung Klage zu erheben.«

20 Ein solcher bedingter Auftrag (Vertragsfreiheit) enthält gewisse »Unbestimmtheitselemente«, weil sie auf Ermessen beruhen. Aber den sicher erneut auf den Plan tretenden Formaljuristen halte ich den § 454 Abs. 1 Satz 2 BGB entgegen, aus dem die h. M. abgeleitet hat, dass es die

sogenannte Potestativbedingung gibt (Palandt BGB Einführung vor § 158 BGB Rn. 10; Bamberger/Roth BGB § 158 Rn. 11; BGH NJW 1967, 1607 und WM 1966, 1269). Neben der zukünftigen Handlung eines Dritten (BayObLG NJW-RR 1986, 94) kann nach dieser Fundstelle sogar das freie Belieben einer Partei zur Bedingung gemacht werden. Dann ist die Bedingung, die an das Verhalten eines Dritten anknüpft, das von einer Vertragspartei nach einem gebundenen Ermessen zu beurteilen ist, in jedem Falle rechtlich zulässig.

Es geht hier nicht um das Außenverhältnis zum Gegner. Insoweit könnte die Prozessvollmacht sofort schriftlich gezeichnet werden. Im Innenverhältnis, dem Auftrag, kann zwischen Anwalt und Auftraggeber verabredet werden, dass der Auftraggeber das Auftragsverhältnis hinsichtlich der Prozessführung von dem Eintritt der Bedingung abhängig macht: Das Vergleichsangebot des Gegners ist vom Anwalt »gewogen und als zu leicht befunden worden.«   21

c) Reine Potestativbedingung

Da die Bedingung auch völlig in das Belieben eines Vertragspartners gestellt werden kann, reichte es, was ich nach neuem Gebührenrecht bevorzugen würde, wenn der Mandant dem Anwalt sofort für das Außenverhältnis zwei Vollmachten (einmal Vertretung, einmal Prozessführung) ausstellt.   22

Hinsichtlich des Auftrages im Innenverhältnis formuliert der Mandant den Auftrag wie folgt: (Das ginge auch mündlich, sollte aber aus Beweisgründen schriftlich erfolgen.)   23

»RA A wird hiermit beauftragt, meinen vertraglichen Anspruch (folgt nähere Beschreibung) gegen Herrn B zunächst außergerichtlich geltend zu machen. Für den Fall, dass das nicht im nötigen Umfang gelingt, wird schon jetzt RA A beauftragt, den Anspruch durch Klage geltend zu machen. RA A entscheidet, wann er die außergerichtlichen Verhandlungs-/Vergleichsbemühungen nicht mehr weiter betreibt.«

Dann hat der Anwalt ein weites Ermessen hinsichtlich der Entscheidung, wann er ins Streitverfahren eintritt.

Für alle drei einzeln untersuchten Fälle (1) bis (3) gilt aus Gründen der Klarheit und der Beweisbarkeit: Der Anwalt muss im eigenen Interesse den Eintritt ins Streitverfahren gegenüber Partei und Gegner schriftlich dokumentieren.   24

Gegen die drei Formulierungen wird sicher der Einwand kommen, es sei Beihilfe zur Gebührenschneiderei.   25

Zur Problematik der angeblichen Gebührenschneiderei sage ich:

a) Der Gesetzgeber hat seine Novelle damit angepriesen (BT-Drs. 15/1971, S. 149, die Einbringung vom 11.11.2003 trägt übrigens so bedeutende Namen wie Müntefering, **Dr. Merkel**, Glos, Göring-Eckardt und Dr. Gerhardt, sicher keine Gehilfen zur Gebührenschneiderei), dass die strukturelle Veränderung des Gebührenrechts den Anwälten, die viele Jahre auf eine Gebührenerhöhung warten mussten, alleine infolge des Wegfalls der Totalanrechnung (§ 118 Abs. 2 BRAGO) auf jenem Gebiet (= 70% der anwaltlichen Tätigkeit insgesamt, so Seite 144), ein voraussichtliches statistisches Plus von 15,5% bringe, wenn sie die neuen Möglichkeiten ausschöpften.

Der Anwalt muss sich also die rechtlichen Möglichkeiten schaffen, um das zugesagte Plus auch rechtlich abgesichert zu vereinnahmen. Die Nur-Halbanrechnung soll ja nach dem erklärten Willen des Gesetzgebers den Anwalt anreizen, noch mehr als die verbleibenden 30% forensische Tätigkeit durch Erhöhung außergerichtlicher Erledigung von den Gerichten fernzuhalten (Seite 148).

b) Natürlich wäre es in den derzeit noch 30% der Fälle, die dann letztlich doch zum Gericht kommen, ex post betrachtet billiger gewesen, wenn in diesen Fällen ohne Umschweife und letztlich erfolglose außergerichtliche Erledigungsbemühungen, die zusätzlich Geld gekostet   26

Nr. 3100 VV

haben, sofort zu klagen. Dann wären die zusätzlichen Vertretungsgebühren (Nr. 2300) total entfallen.

27 Mit diesem Argument lässt sich aber der Gebührenanfall nach Nr. 2300 nicht als nicht notwendig oder gar als Gebührenschneiderei, wie es einige Amtsgerichte verlautbart haben, abtun. Dazu hat aus zuständiger anwaltlicher Sicht RA Eulerich auf meine Anregung als Folge von Diskussionen im Gebührenseminar der Anwaltakademie im Jahr 2005 in Sils Maria in seinem Beitrag »Wehret den Anfängen: Kein Eingriff der Justiz in die Unabhängigkeit der freien Advokatur«, NJW 2005, 3097, das Notwendige vor allem an die Adresse der Amtsrichter, die über solche Gebührenansprüche vom Streitwert her meist zu entscheiden haben, gesagt.

28 c) Daher kritisiere ich auch die Ansicht von Müller-Rabe, die er am Beispiel der Familiensachen darlegt. *Müller-Rabe* (Gerold/Schmidt/von Eicken/Madert/Müller-Rabe RVG 17. Aufl. VV 3100 Rn. 24–27) sucht mit seinen Beispielen den jeweils **billigsten Weg** zu finden und gipfelt in dem wegen seiner Abstraktheit nicht ganz unbedenklichen Satz zur Beweislast: *»Führt der vom RA bei der Gebührenabrechnung zugrunde gelegte Auftrag zu höheren Gebühren als bei der Annahme eines anderen Auftrags, so ist der RA nach allgemeinen Beweislastregeln hierfür beweisbelastet. Geht der RA aber von einem Verfahrensauftrag aus, so spricht für ihn die oben dargelegte Vermutung.«*

29 Das suggeriert doch, der Anwalt wähle sicherheitshalber den Weg **nur** zum **Verfahrensauftrag** (nur Nr. 3100). Andernfalls habe er die Beweislast (Wer die Beweislast hat, verliert auch meist). Das ist eine typische ex-post-Betrachtung, die auf die ex-ante-Sicht der Parteien, möglichst zu versuchen, so wenig wie möglich zu streiten, keine Rücksicht nimmt, was für Eltern mit Kindern gerade in den angesprochen Familiensachen aber doch auch sein Geld wert sein müsste.

Die Kosteninstanzen einschließlich der Kostenrichter bei den Amtsgerichten sollten sich aus den Ermessensentscheidungen der Anwälte heraushalten.

Positiv in diesem Sinne ist daher eine Entscheidung des **OLG Celle** (AGS 2008, 161 = JurBüro 2008, 319):

»(Unter Hinweis auf BGH NJW 1968, 2334). Einwendungen gegen die Forderung der Klägerin, die eine Fortsetzung der Weigerungshaltung des Beklagten und Notwendigkeit eines gerichtlichen Verfahrens sicher hätten erwarten lassen, hatte der Beklagte nicht erhoben. Eine Regelmäßigkeit dahin, dass stets dann, wenn eine unstreitige Forderung vom Schuldner nicht bezahlt wird, sich der Schuldner auch nicht aufgrund einer anwaltlichen Aufforderung zur Begleichung durchringen wird, gibt es nicht. Sonstige Umstände, die einen solchen Schluss zuließen, sind weder vorgetragen noch ersichtlich.

Die Entscheidung des **OLG Hamm** (NJW-RR 2006, 242), die eine Umkehr der Beweislast zu Lasten der Partei und ihres Anwalts einerseits und zugunsten des säumigen Schuldners andererseits aufstellt, ist abzulehnen. Anwalt und Partei müssen abwägen dürfen, was der Partei wohl am meisten nützt. Sie haben dabei nicht vordringlich das Interesse des säumigen Schuldners zu wahren.

Gut begründet auch AG Essen-Steele (AGS 2005, 468 = JurBüro 2005, 585): »Neben den allgemeinen Hinweisen über die anfallenden Gebühren ist der Rechtsanwalt nur dann zu dem Hinweis verpflichtet, dass die sofortige Erteilung einer Prozessvollmacht auch beim Versuch einer außergerichtlichen Lösung vor der Klageerhebung (hier: im arbeitsgerichtlichen Kündigungsschutzverfahren nach einer Änderungskündigung des rechtsschutzversicherten Mandanten) zu einem geringeren Gebührenanfall führen würde, wenn die sofortige Erteilung einer Prozessvollmacht dem Interesse des Mandanten an einer zunächst zu versuchenden außergerichtlichen Regelung nicht zuwider läuft und dadurch auch zwingend geringere Gebühren für ihn anfallen. Dies ist regelmäßig nicht der Fall, wenn bei der Mandatserteilung davon ausgegangen wird, dass eine außergerichtliche Einigung erzielt werden kann. Nach aller

Voraussicht entstehen in diesem Fall bei der Beauftragung mit der außergerichtlichen Interessenvertretung geringere Gebühren, als bei sofortiger Erteilung eines Prozessauftrags.«

Erfreulich auch die Entscheidung des **AG Velbert** (AnwBl. 2006, 770) im Bezug auf den **Deckungsschutz** des **Rechtsschutzversicherers:**

»Zwischen den alternativ möglich und zulässigen Gestaltungsformen durfte der Kläger nach Beratung mit seinem Prozessbevollmächtigten wählen und sich darauf verlassen, dass die Beklagte ihm dafür nach Maßgabe der Bedingungen des Versicherungsvertrages Rechtsschutzdeckung gewährt. Anzulegender Maßstab, sowohl für die Verständlichkeit der Versicherungsbedingungen einerseits als auch für deren Verständnis andererseits, ist dabei ein »durchschnittlicher Versicherungsnehmer«, der bei verständiger Würdigung, aufmerksamer Durchsicht und Berücksichtigung des erkennbaren Sinnzusammenhanges die Vertragsbedingungen wie vorliegend der Kläger verstanden hätte (vgl. BGH Urteil vom 14.09.2005, Anwaltsblatt 2006, Seite 64). Der Kläger brauchte nicht damit zu rechnen und braucht sich auch nachträglich nicht damit abzufinden, als rechtsschutzversicherte Partei in der Wahl vernünftiger Gestaltungsvarianten der Verfahrensführung gegenüber einer anderen Partei eingeschränkt zu sein, die auf Kostenüberlegungen keine Rücksicht nehmen muß (vgl. OLG Hamm, OLG-Report 1999, Seite 393).«

Von einer schönen Fallgestaltung eines »bedingten Prozessauftrages« berichtet das **AG Coburg** (JurBüro 2007, 641). Das Ergebnis (der Anwalt befand sich infolge unklarer Erklärungen noch nicht in der Prozessauftragsphase) ist richtig gesehen, die Begründung des AG Coburg, es könne nur **entweder** die Geschäftsgebühr oder die Verfahrensgebühr anfallen, ist allerding unrichtig. Die Gebühren können natürlich beide anfallen, aber **nacheinander**. Hier hätte dem Anwalt die Vereinbarung einer Potestativbedingung (Rn. 22) und deren klare Verlautbarung nach außen geholfen.

Sofern man sich schon in den letzten 15 Jahren mit den modernen Ausbildungseinheiten und Anwaltsklausuren des juristischen Nachwuchses befasst hat, weiß man, dass dort jetzt gelehrt und im Examen abgefragt wird, ob der zukünftige Anwalt auch gehörige Kenntnisse von anwaltlichen Zweckmäßigkeitserwägungen besitzt. Um solche Dinge pflegen sich Richter, die nur nach Notwendigkeitskriterien und dem billigsten Weg zur richtigen Entscheidung suchen, nicht zu kümmern, es sei denn, sie seien für die moderne Streitschlichtung in Form der Mediation aufgeschlossen. Dort geht es auch nicht in erster Linie um die Anwendung von strikten Rechtsregeln, sondern um das, was dem Menschen wirklich Not tut: Ein bisschen Frieden auch in seinem Umfeld und das kann häufig besser durch außergerichtliche Verhandlungen als durch Prozessieren erreicht werden.

8. Sofortiger Verfahrensauftrag

Erhält der Anwalt den Auftrag, den »er sich selbst gibt« (oben Rn. 3), sofort Klage zu erheben oder einen Antrag zu stellen, so hat er nur diesen Verfahrensauftrag. Selbst wenn er nunmehr außergerichtliche Gespräche führt, bevor er die Klage erhoben oder den Antrag eingereicht hat, so wird er gem. § 19 Abs. 1 Satz 2 Nr. 2 RVG nur im Rahmen seines Verfahrensauftrags tätig. Besondere Gebühren für eine **außergerichtliche Vertretung** (Nr. 2300) fallen dann (außer etwa der Terminsgebühr im Rahmen des **Verfahrens**auftrags – Vorbem. 3 Abs. 3) nicht an.

Hat der Beklagtenvertreter den Auftrag, die Klage oder den Antrag bei Gericht abzuwehren, führt er aber, bevor er sich gegenüber dem Gericht äußert, als letzten Versuch außergerichtliche Gespräche, so verdient auch er nach derselben Vorschrift (§ 19 Abs. 1 Satz 2 Nr. 2 RVG) dadurch keine Gebühren gem. Nr. 2300.

Hinsichtlich der Anrechnung der Geschäftsgebühr auf die Verfahrensgebühr wird auf Vorbemerkung 3 VV Rn. 98 ff. verwiesen. Hier sei das neue brennende Problem der Verfahrensgebühr **bei PKH-Bewilligung** und voran entstandener Geschäftsgebühr noch einmal wiederholt (Vorbem. 3 Rn. 120 e):

Nr. 3100 VV

Aufgabenstellung an die Praxis durch die BGH-Rechtsprechung der Anrechnung der Geschäftsgebühr auf die Verfahrensgebühr: PKH-Fälle

Hier kann man angesichts der Ergebnisse der Rechtsprechung nur den Kopf schütteln, um nicht angebrachtere stärkere Ausdrücke zu gebrauchen. Wozu Gerichte mit ihrer Gesetzesanwendung fähig sind. **Hier ist der Ruf nach dem ordnenden Gesetzgeber unüberhörbar.**

Die neue Rechtsprechung sei hier kommentarlos dargestellt. Sie spricht »für« – besser gesagt »gegen« – sich selbst.

(1) OLG Stuttgart (15. 01. 2008 JurBüro 2008, 245 = OLGR Stuttgart 2008, 423):

Die Staatskasse kann sich gegenüber einem aufgrund der Bewilligung von Prozesskostenhilfe beigeordneten Rechtsanwalt im Vergütungsfestsetzungsverfahren gemäß § 55 RVG zwar grundsätzlich auf einen vorliegenden Anrechnungstatbestand gemäß Vorbemerkung 3 Abs. 4 RVG-VV berufen, wenn im Verhältnis zwischen dem Beigeordneten und seinem Mandanten für eine vorgerichtliche Tätigkeit über denselben Gegenstand eine Geschäftsgebühr gemäß Nr. 2300 RVG-VV entstanden ist. Diese Berufung ist der Staatskasse jedoch verwehrt, soweit eine Zahlung des Mandanten auf die anrechenbare zweite Hälfte der vorgerichtlichen Geschäftsgebühr nicht in einem Umfang vorliegt, durch den auch der von der Staatskasse gemäß § 49 RVG zu tragende Teil der Gebühren des beigeordneten Bevollmächtigten getilgt ist.

(2) OLGR Schleswig 2008, 457:

Der im Wege der Prozesskostenhilfe beigeordnete Rechtsanwalt kann Zahlungen auf den nach Vorbemerkung 3 Abs. 4 VV RVG anzurechnenden Teil der für seine außergerichtliche Tätigkeit entstandenen Geschäftsgebühr (Nr. 2300 VV RVG) zunächst auf die Differenz zwischen Wahlanwaltsvergütung und Prozesskostenhilfevergütung verrechnen. Eine derartige vorrangige Verrechnung wird auch dann vorgenommen, wenn die Geschäftsgebühr noch nicht gezahlt worden ist.

(3) Niedersächsisches OVG (25.04. 2008 – 13 OA 63/08):

»Hinsichtlich des Kostenfestsetzungsverfahrens nach § 164 VwGO – also bei der Festsetzung der vom im Kostenpunkt unterliegenden an den obsiegenden Beteiligten zu erstattenden Kosten – werden zur Frage der Anrechnung einer Geschäftsgebühr auf die Verfahrensgebühr unterschiedliche Auffassungen vertreten. Während nach einer Auffassung aufgrund des klaren Wortlauts der Anrechnungsbestimmung und dem in den Gesetzgebungsmaterialien zum Ausdruck kommenden Willen des Gesetzgebers eine Anrechnung im Kostenfestsetzungsverfahren zwingend sei (vgl. etwa Beschl. d. 10. Senats des Nds. OVG vom 28. 03. 2008, 10 OA 143/07, http://www.dbovg.niedersachsen.de/index.asp unter Aufgabe seiner früheren Rechtsprechung (Beschl. v. 08. 10. 2007, 10 OA 201/07, NJW 2008, 535); Nds. OVG, Beschl. v. 17. 04. 2008, 7 OA 51/08, http://www.dbovg.niedersachsen.de/index.asp; OVG Koblenz, Beschl. v. 28. 01. 2008, 6 E 11203/07, zit. nach juris), wird nach anderer Auffassung eine Anrechnung mit der Begründung abgelehnt, dass die Anrechnungsbestimmung im Kostenfestsetzungsverfahren außer Betracht bleiben müsse und nur im Verhältnis zwischen Anwalt und Mandant Geltung beanspruchen könne. Es sei nicht gerechtfertigt, den Kostenschuldner im gerichtlichen Verfahren allein aufgrund des Umstands zu entlasten, dass der Rechtsanwalt des Kostenerstattungsberechtigten bereits vorgerichtlich das Geschäft seines Mandanten betrieben habe (vgl. etwa OVG Münster, Beschl. v. 25. 04. 2006, 7 E 410/06, zit. nach juris; VGH München, Beschl. v. 10. 07. 2006, 4 C 06.1129, zit. nach juris).«

Einer näheren Auseinandersetzung mit den verschiedenen Auffassungen **bedarf es für das Verfahren der Festsetzung der aus der Staatskasse zu zahlenden Vergütung nach § 55 RVG nicht.** Die in Anbetracht des Wortlauts der Anrechnungsbestimmung und deren Entstehungsgeschichte schon für das Kostenfestsetzungsverfahren nach § 164 VwGO wenig überzeugende Argumentation der die Anrechnung ablehnenden Auffassung lässt sich nämlich bei der Vergütungsfestsetzung nach § 55 RVG nicht in gleicher Weise wie für das Kostenfestsetzungsverfahren ins Feld führen. Dies betrifft sowohl die Konstellation, in der eine Geschäftsgebühr gegenüber dem Mandanten für die vorprozessuale Tätigkeit entstanden ist, als auch diejenige, in der die außergerichtliche Tätigkeit des Anwalts des späteren prozesskostenhilfeberechtigten Beteiligten im Wege der Beratungshilfe erfolgt ist:

Bei der Vergütungsfestsetzung infolge der Gewährung von Prozesskostenhilfe geht es bereits im Ansatz nicht um eine Kostenerstattung durch den im Kostenpunkt unterlegenen Beteiligten, so dass von einer ungerechtfertigten Entlastung des Kostenschuldners aufgrund einer vorgerichtlichen Tätigkeit des Anwalts des obsiegenden Beteiligten nicht die Rede sein kann. In Bezug auf die Festsetzung der Vergütung aus der Staatskasse würde eine Übertragung der Argumentation der die Anrechnung ablehnenden Auffassung vielmehr bedeuten, dass die Anrechnungsbestimmung nicht zu einer Entlastung der Staatskasse führen dürfe. Dies wiederum hätte zur Folge, dass eine Verfahrensgebühr von der Staatskasse an den Rechtsanwalt unvermindert zu zahlen wäre und sich die (nur im Verhältnis von Anwalt und Mandant zur Anwendung gelangende) Anrechnung nur noch dergestalt auswirken könnte, dass der Anwalt seinem prozesskostenhilfeberechtigten Mandanten die für die außergerichtliche Vertretung angefallene Geschäftsgebühr anteilig – nämlich in Höhe des Anrechnungsbetrags – erstattet. Im Ergebnis würden dem Mandanten dann über die Prozesskostenhilfe außergerichtliche Anwaltskosten erstattet. Dem dient die Prozesskostenhilfe jedoch ersichtlich nicht.

Im Falle der Gewährung von Beratungshilfe für die außergerichtliche Tätigkeit des Anwalts käme es zudem zu einer weiteren Widersprüchlichkeit: Der Mandant hat nämlich in diesem Falle grundsätzlich lediglich die Beratungshilfegebühr nach Nr. 2500 VV zu tragen, während der Anwalt die Geschäftsgebühr nach Nr. 2503 VV aus der Staatskasse erhält (§ 44 RVG). Würde man in dieser Situation gleichwohl eine Anrechnung (in diesem Fall nach Nr. 2503 Abs. 2 VV) nur im Verhältnis zwischen Anwalt und Mandant verwirklichen wollen, hätte dies zur Folge, dass eine anteilige Geschäftsgebühr an den Mandanten zu erstatten wäre, die dieser gar nicht entrichtet hat, sondern von der Staatskasse im Wege der Beratungshilfe an den Anwalt gezahlt worden ist. Die anteilige Anrechnung der Geschäftsgebühr kann mithin bei der Bewilligung von Prozesskostenhilfe für ein anschließendes gerichtliches Verfahren nur über eine entsprechende Kürzung der Vergütung aus der Staatskasse sinnvoll verwirklicht werden.

(4) OLG Oldenburg (27. 05. 2008 – 2 WF 81/08 –): Entsprechend der Vorbemerkung 3 Abs. 4 zu Nr. 3100 des Vergütungsverzeichnisses zum RVG wird eine wegen desselben Gegenstandes nach den Nrn. 2300 bis 2303 entstandene Geschäftsgebühr zur Hälfte, jedoch höchstens mit einem Gebührensatz von 0,75 auf die Verfahrensgebühr des gerichtlichen Verfahrens angerechnet. Als Folge dieser Anrechnungsvorschrift vermindert sich nicht die bereits entstandene Geschäftsgebühr, sondern vielmehr die im anschließenden gerichtlichen Verfahren anfallende Verfahrensgebühr (BGH NJW 2007, 2049). Alleine die Entstehung der Geschäftsgebühr führt zu einer automatischen Kürzung der Verfahrensgebühr. Ob die Geschäftsgebühr dem Mandanten gegenüber überhaupt geltend gemacht wird, ob sie tituliert oder sogar bereits beglichen ist, ist auf den Anrechnungstatbestand insoweit ohne Auswirkung (vgl. BGH-Beschluss vom 22. 01. 2008, VIII ZB 57/07). Der durch die Kürzung entfallene Teil der Verfahrensgebühr lebt auch nicht nachträglich wieder auf, sofern es dem im Rahmen der Prozesskostenhilfe beigeordneten Anwalt nicht gelingt, seinen Vergütungsanspruch hinsichtlich der Geschäftsgebühr gegenüber dem Mandanten zu realisieren. Eine dahingehende Ausnahme lässt sich der Anrechnungsbestimmung nicht entnehmen. Ebenso wenig ergibt sie sich aus anderen Vorschriften. Soweit sich der Beschwerdeführer auf die Norm des § 59 RVG beruft, bestimmt diese lediglich, dass der Staatskasse die Geltendmachung eines übergegangenen Vergütungsanspruches zum Nachteil des Rechtsanwalts gegenüber dem Mandanten verwehrt ist. Dass dem Rechtsanwalt ein Vergütungsanspruch gegenüber der Staatskasse anwachsen müsse, wenn es ihm nicht gelingt, gegenüber seinem Mandanten zur Entstehung gelangte Gebührenforderungen durchzusetzen, regelt die Vorschrift demgegenüber nicht.

Nr. 3100 VV

§ 122 Abs. 1 Nr. 3 ZPO steht ebenfalls nicht entgegen. Die Geltendmachung von Vergütungsansprüchen gegenüber der Partei ist hierdurch nur insoweit ausgeschlossen, als es sich um nach der Beiordnung ausgelöste Gebührentatbestände handelt.

Eine Festsetzung der ungekürzten Verfahrensgebühr ist mithin ausgeschlossen (vgl. auch OLG Oldenburg, OLGR 2008, 271; Amtsgericht Bad Iburg, RVG Professionell 2008, 64).

II. Zeitliche Gesichtspunkte

1. Beginn der anwaltlichen Instanz

32 Die anwaltliche Instanz beginnt im Gegensatz zur gerichtlichen Instanz (Einreichung der Klage) bereits mit der Erteilung des Prozessauftrages (Riedel/Sußbauer RVG 9. Aufl. VV Teil 3 Vorbem. 3 Rn. 23; Gerold/Schmidt/von Eicken/Madert/Müller-Rabe RVG 17. Aufl. VV Vorb. 3 Rn. 26 und VV 3100 Rn. 46; Baumgärtel/Föller/Hergenröder/Houben/Lompe RVG 7. Aufl. Vorbemerkung 3 Rn. 10). Den Unterschied zwischen anwaltlicher und gerichtlicher Instanz muss man sich immer wieder bewusst machen, damit man das Entstehen der Terminsgebühr durch Einigungsbesprechungen schon vor Einreichung der Klageschrift (Vorbem 3 Absatz 3 letzte Alternative) nachvollziehen kann. N. Schneider ist der irrigen Ansicht von *Gebauer* (Gebauer/Schneider RVG 2. Aufl. VV Vorb. 3 Rn. 127), ein Klageverfahren müsse schon anhängig sein, damit durch Einigungsbesprechungen die Terminsgebühr ausgelöst werden könne, inzwischen entgegengetreten. Die Ansicht wird daher sicher in der nächsten Auflage des Kommentars aufgegeben.

Jede anwaltliche Tätigkeit im Rahmen des Betriebes des Geschäfts oder der Information löst die Verfahrensgebühr schon aus, der Anwalt kann sie in der Instanz jedoch nur einmal geltend machen (§ 15 Abs. 2 RVG).

2. Bestellung

a) Kläger/Antragsteller

33 Der zum Prozessbevollmächtigten bestellte Anwalt erhält die Verfahrensgebühr für die gesamte Tätigkeit, die er außerhalb des Termins erbringt, und zwar vom Beginn des ihm erteilten Prozessauftrages bis zum Abschluss der Instanz. Unerheblich ist, in welchem Verfahrensstadium der Anwalt zum Prozessbevollmächtigten vom Auftraggeber »bestellt«, besser beauftragt wird. Für den Anfall der Verfahrensgebühr ist es gleichgültig, ob ein Rechtsstreit schon anhängig ist oder ob dieser auftragsgemäß noch anhängig gemacht werden soll. Auf der Seite des **Klägers** fällt die Verfahrensgebühr schon sofort mit der ersten Tätigkeit des Anwalts nach Erteilung des Prozessauftrages an, also erheblich vor dem Beginn der gerichtlichen Instanz.

34 »Bestellung« des Klägeranwalts zum Prozessbevollmächtigten meint Erteilung des Auftrags an den Klägeranwalt zur Klageerhebung. Die Verfahrensgebühr entsteht nicht etwa erst, wenn der Anwalt sich **beim Gericht für den Mandanten bestellt** hat. Dies folgt aus der Formulierung der Vorbemerkung 3 Abs. 2, wonach der zum Verfahrensbevollmächtigten bestellte Anwalt die Gebühr »für das Betreiben des Geschäfts einschließlich der Information« erhält (so auch LG Karlsruhe AnwBl. 1967, 125). Es kommt nicht darauf an, wann der Bevollmächtigte seine Bestellung dem Gericht angezeigt hat; bestellt im Sinne des Absatzes 2 der Vorbemerkung 3 ist der Rechtsanwalt, wenn er vertraglich zur Vertretung verpflichtet und bevollmächtigt ist; gebührenrechtlich entscheidet das Innenverhältnis zwischen Auftraggeber und Anwalt, nicht die Anzeige gegenüber dem Gericht, also die prozessuale Bestellung (näher Vorbemerkung 3 Rn. 42 ff.).

b) Beklagter/Antragsgegner

Voraussetzung für das erste Entstehen der Verfahrensgebühr auf der Beklagtenseite ist die Zustellung der Klageschrift. Ein wirksamer Prozessauftrag kann nämlich vom Beklagten erst erteilt werden, wenn das Prozessrechtsverhältnis durch Zustellung der Klage begründet worden ist, mindestens wird ein etwa vorher vorsorglich erteilter Auftrag erst mit Begründung des Prozessrechtsverhältnisses gegenüber dem Beklagten (Bedingung) wirksam (KG Rpfleger 1962, 38; VG Karlsruhe KostRsp. BRAGO § 31 Ziffer 1 Nr. 98. Letzteres bemerkt: »Prozessgebühr entsteht erst bei zuvor erteilter Zustellungsvollmacht mit der Zustellung an den Anwalt«).

35

Von Eicken hat sich zwar (in Gerold/Schmidt/von Eicken/Madert BRAGO 15. Aufl. § 31 Rn. 1 und 16) dafür ausgesprochen, dass auch der Verfahrensbevollmächtigte des Beklagten grundsätzlich schon vor der Zustellung mit der Klageabwehr beauftragt werden könne. Er hat dann zur Stützung seiner Ansicht (§ 31 Rn. 1) auf die vorgenannte Entscheidung des VG Karlsruhe abgestellt, das, wie ausgeführt, als Bedingungseintritt noch die Zustellung gefordert hat. In der 17. Auflage des Kommentars (Gerold/Schmidt/von Eicken/Madert/Müller-Rabe RVG 17. Aufl. VV 3100 Rn. 35, 36) zitiert *Müller-Rabe* die Entscheidung des VG Karlsruhe nicht mehr. Er vertritt die These, die Zustellung habe für die Wirksamkeit des Beklagtenauftrages keine Bedeutung. Der Beklagtenanwalt könne schon vor der Zustellung bei entsprechendem Auftrag eine 0,8 Verfahrensgebühr nach Nr. 3101 verdienen.

36

Der Kommentar von Gebauer/Schneider (RVG 2. Aufl. VV Vorb. 3 Rn. 14) vertritt zwar zunächst die Ansicht, Voraussetzung für das Entstehen der Verfahrensgebühr auf der Beklagtenseite sei die Zustellung der Klageschrift, da zuvor ein Prozessrechtsverhältnis noch nicht begründet sei. Damit läge er wörtlich auf der Linie der zuvor angeführten Rechtsprechung. Dann aber fährt er fort, es sei denkbar, dass der Beklagte dem Gegner schon vor Klageerhebung mitteilt, dass die Zustellung der Klage an einen bestimmten Rechtsanwalt erfolgen könne. Bei dieser Konstellation hätte der Rechtsanwalt schon eine wirksamen Auftrag zur Vertretung als Prozessbevollmächtigter erhalten. Dieser Auftrag löse eine 0,8 Verfahrensgebühr aus.

Auf die Frage, ob die Gebühr erst durch die Zustellung oder sofort, auch wenn dann doch keine Klage (mit Zustellung) erhoben werde, entsteht, geht Schneider nicht näher ein. Die Fundstelle kann daher auch nur als Zustimmung zur Entscheidung des OLG Karlsruhe gewertet werden.

Ich schließe mich den beiden Judikaturstellen an, weil erst mit der Zustellung (Bedingung) geklärt ist, dass es ein Prozessverfahren gegen den Beklagten gibt. Voraussetzung für das Entstehen der Verfahrensgebühr auf der Beklagtenseite ist also die Zustellung der Klageschrift, da zuvor ein Prozessrechtsverhältnis in Bezug auf den Beklagten nicht begründet worden ist.

37

Vorher können alle Aufträge nur unter dem Vorbehalt, dass es zum Prozess kommt, erteilt werden. Damit ergibt sich auch eine Koinzidenz zur Schutzschrift, bei der auch gefordert wird, dass der Verfügungsantrag überhaupt bei Gericht eingeht.

c) Sonderfall: Beklagtenanwalt ist Partei und bestellt sich selbst

Im Zusammenhang mit dem Übergangsrecht (Novellen zur BRAGO) hat sich die Rechtsprechung mehrfach mit der Frage beschäftigt, zu welchem Zeitpunkt der sich selbst vertretende Anwalt sich selbst den Prozessauftrag erteilt.

38

Bei der Selbstbestellung des Anwalts in eigener Sache kommt es nach ganz herrschender Meinung in Literatur und Judikatur nicht auf einen subjektiven Entschluss, sondern auf einen objektivierbaren prozessrechtlichen Akt an (Hansens BRAGO 8. Aufl. § 134 Rn. 3 »Eigene Angelegenheit«; *N. Schneider* in Gebauer/Schneider RVG 2. Aufl. § 61 Rn. 20 und 72; KG AnwBl. 1976, 217 = JurBüro 1976, 762).

Nr. 3100 VV

39 Das KG hat zur großen BRAGO-Novelle 1975, die wie das RVG allein auf den **unbedingten Auftrag** abgestellt und den Fall der Eigenvertretung nicht ausdrücklich geregelt hatte, im Wege der Rechtsfortbildung ausgeführt:

»Ein Auftrag zur Vertretung wurde allerdings im vorliegenden Falle nicht erteilt. Der Fall der Kostenberechnung aufgrund der Mandatsfiktion des § 91 Abs. 2 Satz 4 ZPO ist in den Übergangsvorschriften ersichtlich nicht mit bedacht worden. Es bedarf mithin einer richterlichen Lückenausfüllung unter Anknüpfung an die Wertentscheidungen des Gesetzgebers. Der Gesetzgeber war bei der Bestimmung der übergangsrechtlichen Anknüpfungskriterien auch darauf bedacht, dass die maßgeblichen Umstände leicht u. sicher feststellbar sein sollten. Diesem Ziel würde es zuwiderlaufen, wenn für die gebührenrechtliche Beurteilung darauf abzustellen wäre, ob der Beklagte den Entschluss, selbst als RA in dem Verfahren tätig zu werden, vor oder nach Inkrafttreten des neuen Gebührenrechts gefasst hat. Als dem gesetzlich geregelten Fall der Auftragserteilung vergleichbares objektives Kriterium kommt allein diejenige prozessbezogene Tätigkeit des RA in Frage, aufgrund deren erstmals ein Kostenansatz nach § 91 Abs. 2 Satz 4 ZPO in Betracht gekommen wäre.«

Das KG hat dann auf **das Datum des ersten Schriftsatzes des Anwalts** abgestellt.

40 Auf derselben Linie ist die Rechtsprechung zum RVG geblieben:

OLG München (AGS 2005, 342):
»Vertritt ein Rechtsanwalt sich selbst, so kommt es für die Frage, ob die BRAGO oder das RVG anzuwenden sind, nicht auf einen Auftrag oder den inneren Entschluss des Anwalts an, sondern auf den Zeitpunkt des ersten Tätigwerdens des Anwalts.«

Entscheidend ist also, wann der sich selbst vertretende Anwalt nach Klagezustellung sich zum ersten Mal als Beklagter meldet.

d) Sonderfall: Schutzschrift

41 Inzwischen ist es in der Rechtsprechung allgemein anerkannt, dass der in Aussicht genommene Antragsgegner einer einstweiligen Verfügung das Recht hat, vor Einreichung einer einstweiligen Verfügung auftragsgemäß eine **Schutzschrift** einzureichen (BGH NJW 2003, 1257; OLG Hamburg AGS 2005, 495; OLG Koblenz JurBüro 1990, 1160; OLG Nürnberg NJW-RR 2005, 941 = AGS 2005, 339). Bei dieser besonderen Situation hat der Anwalt des Antragsgegners schon einen Auftrag zur Vertretung als Verfahrensbevollmächtigter des Antragsgegners, ehe die einstweilige Verfügung seiner Partei zugestellt worden ist. Auch hier spricht aber viel dafür, dass man die BGH-Entscheidung dahin auszulegen hat, dass der Auftrag **bedingt** ist durch den **Eingang des Verfügungsantrages** bei Gericht.

Mit einem Sonderfall hat sich das OLG Frankfurt (OLGR Frankfurt 2006, 793) beschäftigt:

»Die Kosten einer Schutzschrift, die zur Verteidigung gegen einen erwarteten Antrag auf Erlass einer einstweiligen Verfügung eingereicht worden ist, sind auch dann erstattungspflichtig, wenn der Antrag vor Eingang der Schutzschrift wieder zurückgenommen worden ist, ohne dass der Antragsgegner hiervon wissen konnte.«

Der **BGH** hat diese Entscheidung aber **aufgehoben** (JurBüro 2007, 430 = AGS 2007, 477): »Ob Kosten zur zweckentsprechenden Rechtsverfolgung oder Rechtsverteidigung **notwendig** waren, beurteilt sich nach einem **objektiven** Maßstab. Die durch die Einreichung einer Schutzschrift **nach Rücknahme des Antrags auf Erlass** einer einstweiligen Verfügung entstandenen Kosten sind daher auch dann nicht **erstattungsfähig**, wenn der Antragsgegner die Antragsrücknahme nicht kannte oder kennen musste.

Hat der Verfahrensbevollmächtigte des Antragsgegners das Geschäft i. S. von Teil 3 Vorb. 3 Abs. 2 RVG VV bereits **vor der Rücknahme** des Verfügungsantrags **betrieben**, etwa durch Entgegennahme des Auftrags sowie erster Informationen, so ist dadurch die 0,8-fache Verfahrensgebühr gemäß Nr. 3100, 3101 Nr. 1 RVG VV angefallen.«

Da der BGH sich in der Entscheidung mit der **Erstattungsfähigkeit**, also der Notwendigkeit, und nicht mit dem **Anfall** der Gebühr gegenüber der eigenen Partei befasst, kann man die Reduzierung auf die 0,8 Verfahrensgebühr noch hinnehmen. Denn der BGH stellt insoweit auf die **objektive** Prozesslage ab. Im Verhältnis zur **eigenen** Partei reichen aber Sachausführungen aus für die volle 1,3 Verfahrensgebühr. Und wenn der Anwalt bei Einreichung der Schutzschrift nicht weiß, dass der EV Antrag schon wieder zurückgenommen ist, so ist der Fall genauso zu betrachten, wie wenn ein EV Antrag gar nicht erst eingereicht wird. Dann ist die Gebühr zwar nicht erstattungsfähig, der Anwalt hat sie aber im Verhältnis zur eigenen Partei mit der Einreichung der Schrift bei Gericht verdient, so

VG Hannover (26. 11. 2007 – 8 C 4505/07): »Der Auftrag des Rechtsanwalts des Beklagten oder Antragsgegners zur Rechtsverteidigung endet nach zutreffender Rechtsauffassung erst, wenn dieser oder seine Partei wissen müssen, dass der Rechtsbehelf zurückgenommen worden ist (Hartmann, Kostengesetze, 37. Aufl., VV 3101 Rdnr. 33, m. w. N.; Müller-Rabe in Gerold/Schmidt u. a., RVG, 16. Aufl., VV 3100 Rnr. 181 f.)«.

Kommt es allerdings zum **Eilverfahren**, so gilt Folgendes:

OLG Frankfurt (20. 05. 2008 – 6 W 61/08 –): »Nach der Rechtsprechung des Bundesgerichtshofs und des erkennenden Senats sind die Kosten für eine Schutzschrift als für eine zweckentsprechende Rechtsverfolgung **notwendige** Kosten im Sinne von § 91 Abs. 1 Satz 1 ZPO zumindest dann anzusehen, wenn die Schutzschrift Bestandteil des Verfahrens geworden ist und mit ihr ein Antrag auf Zurückweisung des Eilantrages gestellt wurde (BGH AGS 2008, 274 = AnwBl 2008, 550; Senat GRUR 1996, 229). Denn durch die Hinzuziehung der Schutzschrift zu den Akten entsteht ein echtes Parteiverhältnis aufgrund der Schutzschrifteinreichung in Verbindung mit dem Verfügungsantrag, so dass die Schutzschrift ihre Funktion erfüllen kann.« Unabhängig vom **grundsätzlichen** Anfall einer Verfahrensgebühr durch Einreichung einer Schutzschrift herrschte lange Streit, ob eine **volle** Verfahrensgebühr anfällt (**so schon nach altem Recht** OLG Koblenz JurBüro 1990, 1160) oder nur eine **halbe** Gebühr, so BGH (NJW 2003, 1257 zum alten Recht – **jetzt 0,8** Gebühr).

Der BGH argumentierte zum alten Recht, der Zurückweisungsantrag sei (im Gegensatz zum Klageabweisungsantrag) kein Sachantrag, weil der Schutzschriftverfasser nicht wisse, welcher Antrag von der Gegenseite gestellt werde. Zwar sei das Sachvorbringen der Schutzschrift nach Art. 103 Abs. 1 GG mitzuwürdigen, das reiche aber nicht aus. Ob die Schutzschrift bereits einen formulierten Antrag enthalte, sei bedeutungslos, denn dieser Antrag sei nur eine Anregung an das Gericht, in bestimmter Weise zu entscheiden. 42

Gerade aber der letztere Satz der Argumentation des BGH ist kostenrechtlich bedeutungslos. Das hat der BGH jedenfalls zum Klageabweisungsantrag, der nach seiner Ansicht (NJW 1965, 397) auch kein prozessualer Sachantrag im Sinne von § 297 ZPO ist, in anderem Zusammenhang festgestellt. Auch wenn nach dieser Entscheidung der Klageabweisungsantrag kein Sachantrag, sondern nur ein Prozessantrag ist, so reicht nämlich ein solcher Klageabweisungsantrag kostenrechtlich als Sachantrag i. S. von § 32 Abs. 1 BRAGO (jetzt Nr. 3101 Nummer 1) nach ganz herrschender Meinung aus (Gerold/Schmidt/von Eicken/Madert/Müller-Rabe RVG 17. Aufl. VV 3101 Rn. 27 a; Riedel/Sußbauer BRAGO 8. Aufl. § 32 Rn. 13; BGHZ 52, 385; OLG Hamm NJW 1969, 2021; KG NJW 1970, 616). 43

Das Problem der Schutzschrift im Zusammenhang mit der ganzen oder der ermäßigten Gebühr der Nr. 3101 VV RVG ist seit In-Kraft-Treten des RVG, wenn es auch noch nicht alle registriert haben, inzwischen anderweit durch das RVG selbst im Sinne der früheren Rechtsprechung des OLG Koblenz mit einer 1,3 Gebühr gelöst. Wenn man den Sachantrag verneint, so zieht jedenfalls der neu in das RVG aufgenommene Begriff »Schriftsatz mit Sachvortrag«. Dies wurde an dieser Stelle bereits in der ersten Auflage (Seite 520) vertreten. 44

Der 5. Senat des OLG Nürnberg (NJW-RR 2005, 941 = AGS 2005, 339) hat zur neuen Rechtslage in einer sorgfältig begründeten Entscheidung Folgendes ausgeführt: 45

Nr. 3100 VV

»Im Gegensatz zum früheren Recht löst eine Schutzschrift nach neuem Gebührenrecht eine volle Gebühr aus. Ausreichend für den Anfall der vollen Gebühr ist nämlich nun auch ein Sachvortrag in einem eingereichten Schriftsatz (Argument aus VV 3101 Ziff. 1). Der Gesetzgeber hat bewusst den Antrag nicht mehr als ausschlaggebend erachtet, weil »kein Grund ersichtlich« sei, weshalb bei Einbringung von Sachvortrag nicht auch ohne ausdrückliche Antragstellung die volle Verfahrensgebühr anfallen solle (vgl. Begründung des Gesetzesentwurfs zum RVG, BT-Drs. 15/1971, S. 211).

46 Das OLG Hamburg (AGS 2005, 495 mit einer zu Recht sehr kritischen Anm. von N. Schneider) hat zu seiner Ablehnung der Anwendbarkeit »Schriftsatz mit Sachausführungen« hinsichtlich der Schutzschrift statt einer Begründung einen Behauptungssatz und einen missverständlichen Satz gebracht:

(1) »Der Umstand, dass die Schutzschrift Sachvortrag enthält, reicht für sich allein nicht aus, eine 1,3 Gebühr nach Nr. 3100 VV auszulösen (Gerold/Schmidt/von Eicken/Madert/Müller-Rabe RVG 16. Aufl. Anhang D Rn. 202).«

Die Fundstelle ergibt gerade das Gegenteil: Madert spricht sich a. a. O. für eine volle Gebühr wegen Sachvortrags in der Schutzschrift aus. Man muss erst zweimal lesen, um herauszufinden: Das OLG Hamburg will vielleicht zu Madert nur sagen, gewogen und zu leicht befunden, also wir lehnen Maderts Ansicht ab. (Übrigens auch N. Schneider hat dem OLG Hamburg die irrig formulierte These geglaubt, es befände sich in guter Gesellschaft, nämlich der von Madert, der, liest man das Original nach, gerade das Gegenteil sagt.) Und nun zum zweiten Argument des OLG Hamburg:

(2) »Eine solche Interpretation der Vorschrift würde die Bedeutung des reduzierten Gebührentatbestandes Nr. 3101 Nr. 1 VV zu sehr einschränken und wäre somit mit der Systematik des Gesetzes nicht vereinbar.«

Am schwierigsten ist es, etwas Sinnvolles gegen Nichtargumente zu sagen. Ich kann nur herausfinden, dass vom OLG Hamburg gesagt wird, es muss auch Fälle zur 0,8 Gebühr geben, die darf man nicht reduzieren und deshalb wäre die Bejahung des Begriffs Sachvortrag unsystematisch. Da mir zu beidem nichts Sinnvolles eingefallen ist, habe ich die »Begründung« des 8. Senats des OLG Hamburg wörtlich gebracht.

Vielleicht meint das OLG Hamburg auch nur, »eine 0,8 Gebühr sei ja nun wirklich genug«.

Das alles dürfte nunmehr durch folgende Entscheidungen zum **neuen** Recht geklärt sein:

BGH (AGS 2008, 274): »Für die gegen einen erwarteten Antrag auf Erlass einer einstweiligen Verfügung bei Gericht eingereichte Schutzschrift **mit Sachvortrag** erhält der mit der Vertretung im erwarteten Eilverfahren betraute Rechtsanwalt die 1,3-fache Gebühr nach Nr. 3100 RVG-VV, wenn der Verfügungsantrag bei Gericht eingeht und später wieder zurückgenommen wird.«

OLG München (AGS 2007, 557). Entgegen der Auffassung der Antragstellerin ist auch die volle 1,3 Verfahrensgebühr entstanden. Die zitierte Entscheidung des Bundesgerichtshofes vom 13. 02. 2003 (NJW 2003, 1257) ist noch zu den §§ 31, 32 BRAGO ergangen. Durch das Inkrafttreten des RVG hat sich die Gesetzeslage jedoch maßgeblich geändert. Während § 32 Abs. 1 BRAGO darauf abgestellt hat, ob der Rechtsanwalt vor der Beendigung des Auftrags bereits einen Schriftsatz eingereicht hatte, der **Sachanträge** enthielt, ist dies nach dem eindeutigen Wortlaut der Nr. 3101 Nr. 1 VV-RVG gerade nicht mehr erforderlich. Vielmehr reicht nunmehr für das Entstehen der vollen Gebühr ein Schriftsatz aus, der **Sachvortrag** enthält (Gerold/Schmidt/Müller-Rabe, a. a. O., Anhang II, Teil D, Rn. 127; OLG Nürnberg OLGR 2005, 397 = AGS 2005, 339 = MDR 2005, 1317; OLG Düsseldorf AGS 2006, 489 = RPfleger 2007, 48 = JurBüro 2007, 36; OLG Hamburg MDR 2007, 493 = OLGR Hamburg 2007, 276 – mit dieser Entscheidung hat das OLG Hamburg seine früher gegensätzliche Rechtsprechung aufgegeben).

e) Sonderfall: Übergang von Mahnverfahren ins Streitverfahren

OLG Köln (AGS 2007, 344): »Mit der Erhebung des Widerspruchs endet das Mahnverfahren. Daher gehört der bereits im Mahnantrag gestellte Antrag auf Durchführung des streitigen Verfahrens nicht mehr zum Mahnverfahren, sondern zum nachfolgenden streitigen Verfahren. Der Überleitungsantrag löst daher auch für den Antragsgegner eine Verfahrensgebühr nach Nr. 3100 ff. RVG-VV aus, nicht nach Nr. 3307 RVG-VV. Wie sich aus dem Regelungsbereich von Nr. 3101 RVG-VV ergibt, ist der Anfall der Verfahrensgebühr gerade nicht von der Einreichung einer Anspruchsbegründung durch den Antragsteller abhängig, (ebenso *Schneider* in Anm. zu AGS 2007, 344 und Schneider/Wolf RVG 3. Aufl. Nr. 3307 Rn. 57 ff. – und zwar für beide Bevollmächtigte –, ferner KG JurBüro 2007, 307 = AGS 2008, 23).« 46a

III. Abgeltungsbereich

1. Handlungen, die die Verfahrensgebühr auslösen

Auslöser für die Verfahrensgebühr können etwa sein: **Besprechungen** mit dem Auftraggeber, dritten Personen und dem Gericht, prozessbezogener **Schriftverkehr** mit den Parteien, Dritten und dem Gericht, Sammlung des Prozessstoffs schlechthin, Wahrnehmung von Terminen, Einstellungsanträge. 47

Hinsichtlich der Besprechungen gibt es eine Besonderheit: Besprechungen zur gütlichen Streitbeilegung (Vorbemerkung 3 Abs. 3) lösen schon eine Terminsgebühr aus.

Tätigkeiten, die der Anwalt **vor Erteilung des Prozessauftrages** erbringt, unterfallen nicht der Nr. 3100 (Verfahrensgebühr), weil sie zeitlich **außerhalb** des gerichtlichen Verfahrens, also gem. Nr. 2300 (Geschäftsgebühr) angefallen sind. Will der Anwalt dafür sorgen, dass bei einer Fortentwicklung seiner Tätigkeit vom ersten auftragsgemäßen Mahnschreiben bis zum Klageverfahren beide Gebühren (Geschäftsgebühr und Verfahrensgebühr) anfallen, so muss er sich sowohl einen Vertretungsauftrag (Nr. 2300) wie einen Klageauftrag erteilen lassen (oben Rn. 11–21). 48

2. Grundsätzlich: 1,3 Gebühr

Die Verfahrensgebühr der Nr. 3100 fällt grundsätzlich als volle 1,3 Gebühr an, sobald der Anwalt die Klage, den ein Verfahren einleitenden Antrag oder einen Schriftsatz, der Sachanträge, die Zurücknahme der Klage oder die Zurücknahme des Antrags enthält, eingereicht oder wenn er für seine Partei einen Termin wahrgenommen hat. Endigt der Auftrag vorher, so beträgt die Gebühr nach dem Ausnahmetatbestand (Nr. 3101) nur 0,8 (früher § 32 Abs. 1 BRAGO: nur 0,5). 49

3. Verfahrensgebühr für die Vertretung des Streitverkündeten

Tritt der Streitverkündete bei, ohne einen Antrag zu stellen, so steht dem Anwalt nur die 0,8 Gebühr der Nr. 3101 zu (OLG Nürnberg JurBüro 1994, 671). Das OLG Nürnberg bemerkt: Ein Schriftsatz mit Sachanträgen im Sinne des § 32 BRAGO (jetzt gleichlautend Nr. 3101 VV RVG) setzt auch für einen Nebenintervenienten voraus, dass er wenigstens andeutungsweise erklärt, wie der Rechtsstreit entschieden werden soll. Der bloße Beitritt als Nebenintervenient auf einer Seite und die Erläuterung, warum er sich nicht auf der Gegenseite anschließt, genügt hierzu nicht. Erst wenn er einen Antrag ankündigt oder er sich wenigstens dem Antrag der Partei anschließt, der er beigetreten ist, erhält er eine volle Verfahrensgebühr nach (heute) Nr. 3100 VV RVG. Aber auch für ihn reicht heute ein Schriftsatz mit Sachausführungen zum Rechtsstreit. 50

Nr. 3100 VV

IV. Gegenstandswert der Verfahrensgebühr

51 Gegenstandswert der Verfahrensgebühr ist der in der Instanz erreichte höchste Wert (Auftrag). Die Wertfestsetzung durch das Gericht richtet sich nach den §§ 32, 33 RVG.

Wird erst im Termin die Hauptsache für erledigt erklärt, ändert dies nichts daran, dass die Verfahrensgebühr (übrigens auch die Terminsgebühr) nach dem vollen Wert der Klage zu berechnen ist, denn einmal angefallene Gebühren (Betreiben des Geschäfts und Information = Verfahrensgebühr) fallen wegen nachträglicher Umstände nicht wieder weg und die Ausnahmetatsachen der Nr. 3101 liegen in diesem Falle (Erledigterklärung) nicht vor.

V. Anmerkung Absatz 1 zu Nr. 3100 – Anrechnungspflicht der Verfahrensgebühr bei vereinfachtem Verfahren

52 »(1) Die Verfahrensgebühr für ein vereinfachtes Verfahren über den Unterhalt Minderjähriger wird auf die Verfahrensgebühr angerechnet, die in dem nachfolgenden Rechtsstreit entsteht (§§ 651 und 656 ZPO).«

Mit diesem Wortlaut des Absatzes 1 der Anmerkung hat das RVG die Regelung des § 44 Abs. 2 BRAGO übernommen, nach der die im vereinfachten Verfahren über den **Unterhalt Minderjähriger (§ 645 Abs. 1 ZPO)** verdiente Gebühr (1,3 Gebühr aus Nr. 3100 für das vereinfachte Verfahren) und die im vereinfachten Verfahren auf **Änderung** eines Vollstreckungstitels (**§ 655 Abs. 1 ZPO**) verdiente Gebühr (0,5 Gebühr aus Nr. 3335 für das vereinfachte Verfahren) auf die Verfahrensgebühr des nachfolgenden Verfahrens (§§ 651, 656 ZPO) voll angerechnet wird, wenn es auf Antrag einer Partei doch zur streitigen Auseinandersetzung kommt, also erneut normale Gebühren (einschließlich der Verfahrensgebühr nach Nr. 3100) anfallen. § 17 Nr. 3 RVG stellt jetzt eindeutig klar, dass es sich beim vereinfachten Verfahren über den Unterhalt Minderjähriger und dem nachfolgenden streitigen Verfahren (§§ 645 Abs. 1, 655 Abs. 1, 651, 656 ZPO) um zwei **verschiedene Angelegenheiten** handelt. Der Anwalt erhält für das **Antragsverfahren der vereinfachten Festsetzung** (nicht für die Abänderung, hier beträgt die Gebühr 0,5 nach Nr. 3335), da diese Handlung im VV (entgegen Nr. 3335 für die Abänderung) nicht besonders erwähnt ist, die **1,3 Verfahrensgebühr der Nr. 3100 VV** RVG (Auffangregelung vgl. Rn. 1).

In beiden Fällen (Titulierung und Abänderung) bestimmt sich der Wert der wiederkehrenden Leistungen nach § 42 GKG.

VI. Anmerkung Absatz 2 zu Nr. 3100 – Anrechnungspflicht der Verfahrensgebühr bei Urkunden- und Wechselprozess

53 »Die Verfahrensgebühr für einen Urkunden- oder Wechselprozess wird auf die Verfahrensgebühr für das ordentliche Verfahren angerechnet, **wenn dieses nach Abstandnahme vom Urkunden- oder Wechselprozess oder nach einem Vorbehaltsurteil anhängig bleibt (§§ 596, 600 ZPO).«**

Die Verfahrensgebühr (nicht auch die Terminsgebühr) des Urkunden- oder Wechselprozesses wird auf die gleiche Gebühr des ordentlichen Verfahrens (2 Angelegenheiten gem. § 17 Nr. 5 RVG) angerechnet.

Übergangsrechtlich hat das KG (AGS 2006, 78) Folgendes entschieden:

»Wenn ein vor dem 1. Juli 2004 im Urkundenprozess beauftragter Verfahrensbevollmächtigter nach Abstandnahme vom Urkundenverfahren weiter im noch anhängigen ordentlichen Verfahren tätig wird, ist die im Urkundenprozess nach § 31 Abs. 1 Nr. 1 BRAGO entstandene

Prozessgebühr auf die im ordentlichen Verfahren entstandene Verfahrensgebühr nach Nr. 3100 VV RVG anzurechnen.«

VII. Anmerkung Absatz 3 zu Nr. 3100 – Anrechnungspflicht der Verfahrensgebühr für ein erfolglos gebliebenes Vermittlungsverfahren nach § 52 a FGG

»(3) Die Verfahrensgebühr für ein Vermittlungsverfahren nach § 52 a FGG wird auf die Verfahrensgebühr für ein sich anschließendes Verfahren angerechnet.« 54

Da das FGG-Verfahren nun in den Teil 3 eingestellt ist und für das Vermittlungsverfahren nach § 52 a FGG (Gerichtliche Vermittlung des Familiengerichts bei Umgangsrechtkonflikten der Eltern) keine besondere Gebührennummer ausgeworfen ist (Auffangtatbestand Rn. 1), erhält der dafür bestellte Anwalt je^tzt die Verfahrensgebühr nach Nr. 3100 VV von 1,3, die gem. Anmerkung Abs. 3 auf die entsprechende Gebühr für ein nachfolgendes Verfahren (bei Misserfolg der gerichtlichen Vermittlung) anzurechnen ist. Nr. 3100 ist auch auf die Vertretung im Vermittlungsverfahren anzuwenden, weil Nr. 3100 grundsätzlich anwendbar ist in allen Verfahrensarten des 3. Teils, also Bürgerlichen Rechtsstreitigkeiten, Verfahren der freiwilligen Gerichtsbarkeit, der Arbeitsgerichtsbarkeit, der Verwaltungsgerichtsbarkeit, der Finanzgerichtsbarkeit, der Sozialgerichtsbarkeit und des Strafvollzugsgesetzes.

VIII. Anrechnung und Kostenerstattung

1. Anrechnung

Die für die Anrechnung der Geschäftsgebühr auf die Verfahrensgebühr (Nr. 3100 oder Nr. 3101 VV) einschlägige Vorbemerkung 3 Abs. 4 lautet: 55

»(4) Soweit wegen desselben Gegenstands eine Geschäftsgebühr nach den Nummern 2300 bis 2303 entstanden ist, wird diese Gebühr zur Hälfte, jedoch höchstens mit einem Gebührensatz von 0,75, auf die Verfahrensgebühr des gerichtlichen Verfahrens angerechnet.«

Nach dem klaren Gesetzestext würde durch die gebotene Anrechnung der **Verfahrensgebührenanspruch** (und nicht die zuerst entstandene Geschäftsgebühr Nr. 2300 VV) zu **reduzieren** sein.

Dazu habe ich zur Klarstellung bei Vorbemerkung 3 unter Rn. 99 die nachfolgende Berechnung aufgemacht 56

Beispiel einer Anrechnung:

Vorgerichtliche Vertretung
Geschäftswert: € 10.000,00
1,6 Geschäftsgebühr Nr. 2300 VV € 777,60
(umfangreiche oder schwierige Tätigkeit kann im gegebenen Fall belegt werden)
Prozessvertretung
Streitwert: € 10.000,00 (Gegenstände seien dieselben)
1,3 Verfahrensgebühr Nr. 3100 VV € 631,80
Die Geschäftsgebühr von € 777,60 wird nicht zur Hälfte, € 631,80 € 364,45
das wäre nämlich 0,8, sondern nur mit einem Gebührensatz von
0,75 = € 364,50 angerechnet auf
Von der Verfahrensgebühr (1,3) verbleiben ihm dann noch (0,55 =) € 267,35 € **267,35**
Er kann also insgesamt geltend machen (€ 777,60 + € 267,35) € **1.044,95**
(= 1,6 + 0,55 = 2,15) € 1.044,95

Nr. 3100 VV

Da ist nichts mehr hinzuzufügen, die Berechnung spricht für sich.

Ich sehe davon ab, die verschiedenen sämtlich rechtlich nicht befriedigenden Ansätze der Praxis hier erneut in aller Breite darzustellen, die aus dem Dilemma herausführen sollen. Zu einem Lächeln hat mich vor allem die imperative Gesetzesauslegung angeregt: Vorbemerkung 3 Absatz 4 gilt nur für den Gebührenanspruch des Anwalts gegen seinen Auftraggeber, aber nicht für den Kostenerstattungsanspruch nach § 91 ZPO (*Madert* in Rn. 104).

Auf die eingehende Kommentierung der Vorbemerkung 3 Rn. 103 ff. wird verwiesen.

2. Kostenerstattung

a) Die gefestigte Rechtsprechung – keine Festsetzung materieller Ansprüche

57 Derzeit lässt sich das Feld derjenigen, die gebetsmühlenhaft wiederholen, das Kostenfestsetzungsverfahren müsse von der Prüfung materieller Kostenerstattungsansprüche freigehalten werden (auch ich habe jahrelang dieses Gebet zum § 118 BRAGO mitgesprochen), kaum aufbrechen.

b) Gibt es Alternativen?

58 Die Anrechnungsvorschrift der Vorbemerkung 3 Abs. 4 sollte zu einem Umdenken anregen. Ich verweise auf meine eingehenden Ausführungen Rn. 112–117 zur Vorbemerkung 3.

Wenn der Rechtspfleger nach dem dort niedergelegten Gesetzesbefehl bei der Kostenfestsetzung den berechtigten Gebührensatz der außergerichtlich entstandenen Geschäftsgebühr (Nr. 2300) feststellen muss, dann ist er mittendrin in der Höhe der Geschäftsgebühr. Dann hat der Gesetzgeber ihm die Höhefeststellung übertragen. Dann ist es nur ein kleiner Schritt, wenn ihm durch Rechtsfortbildung auch die Entscheidung über den Grund übertragen werden würde (**Verzug** würde ja schon in den meisten Fällen genügen, wenn man an die anderen Anspruchsgrundlagen sich nicht heranwagen möchte; bei **nicht bestrittenem Grund** sehe ich überhaupt keine Hindernisse). Erhebt der Kostenschuldner gewichtige Einwände zum Grund, so wäre die vereinfachte Kostenfestsetzung analog § 11 Abs. 5 RVG abzulehnen und die Parteien auf den Klageweg zu verweisen. Dann wäre gegen die Kostenbelastung des Unterliegenden am Ende nichts einzuwenden.

59 Ich habe 2 Jahre lang gezögert, ob ich mit diesem Gedanken versuche, mutige Anhänger in der Rechtsprechung zu finden. Ich wage es, und wenn es nur ein gedanklicher Weg für den Gesetzgeber wird. Im Kostensenat haben wir einige mutige kreative Schritte gemacht, die dann alsbald vom Kostengesetzgeber aufgegriffen worden sind. Bis dahin schützte uns der blaue Himmel über den Kostensenaten bis zur Reform des § 574 ZPO im Jahre 2002. Jetzt ist da doch wohl der BGH dran mit kreativer Rechtsfortbildung. Trotz seiner restriktiven Rechtsprechung zu diesem Problemkreis möchte ich hoffen.

c) LG Deggendorf (JurBüro 2006, 83): Unbestrittene Geschäftsgebühr festsetzbar

60 Mut macht mir als Mitstreiter für eine sachgerechte Lösung der Kostenerstattung in Bezug auf die imperfekte Lösung der Vorbemerkung 3 Abs. 4 vor allem der jüngst veröffentlichte mutige Schritt des LG Deggendorf (JurBüro 2006, 83), siehe auch Rn. 110 zur Vorbem. 3:

»LS: Im Wege des Kostenfestsetzungsverfahrens können die Gebühren nach Nr. 2400 VV RVG und Nr. 7002 VV RVG festgesetzt werden, wenn die Gegenseite anwaltlich vertreten ist und einer Festsetzung der außergerichtlichen Kosten nicht entgegentritt.

2. Als wesentliches Argument muss gesehen werden, dass die Gegenseite den Anfall der Gebühr nicht bestritten hat. Der Rechtspfleger darf demnach davon ausgehen, dass die klägerseits behauptete außergerichtliche Tätigkeit auch erfolgt ist. Nach § 104 Abs. 2 ZPO genügt »Glaubhaftmachung« im Rahmen der Kostenfestsetzung. Würde man die Partei auf einen materiellen Kostenerstattungsanspruch verweisen und würde die Partei hier Klage erheben,

ist damit zu rechnen, dass die Gegenseite den Anspruch nicht bestreitet. Dann aber ist der Anfall der Gebühr als zugestanden i. S. v. § 138 Abs. 3 ZPO anzusehen. Die antragstellende Partei müsste den Anfall der Gebühr nicht beweisen und nicht einmal »glaubhaft« machen. Vorliegend kann demnach durch die Titulierung im Rahmen der Kostenfestsetzung ein weiterer Rechtsstreit vermieden werden. Selbst wenn die Gegenseite der Festsetzung der Gebühr nach Nr. 2400 VV RVG nicht widerspricht, besteht z. B. bei derzeitiger Zahlungsunfähigkeit der Gegenseite ein Interesse der antragsstellenden Partei an einer Titulierung. Obwohl also die Gegenseite die Kosten letztlich bezahlen will, müsste ein neuer Rechtsstreit geführt werden. Dies widerspricht dem Rechtsgedanken des § 104 ZPO, der einen einfachen Weg dafür bieten soll, die Kosten eines Rechtsstreits auszugleichen bzw. zu titulieren. In Fällen, in denen die Gegenseite – vor allem wenn sie anwaltlich vertreten ist – der Kostenfestsetzung der Gebühr der Nr. 2400 VV RVG so zustimmt, wie die Gegenseite dies beantragt hat, hat eine Festsetzung im Rahmen des Kostenfestsetzungsverfahrens auch zu erfolgen. Hier wird der im Kostenfestsetzungsverfahren tätige Rechtspfleger auch nicht mit einem Beweisverfahren konfrontiert. Er hat nämlich Anfall und Höhe der Gebühr nach Nr. 2400 VV RVG hinzunehmen, da die Gegenseite dem nicht widersprochen hat. Auch der im Erkenntnisverfahren für die rechtsprechende Gewalt nach Art. 92 GG zuständige Richter müsste dies so hinnehmen. Demnach wird die grundsätzlich dem Richter obliegende Aufgabe (so noch OLG Koblenz, JurBüro 1981, 1089 f.) diesem nicht entzogen.

3. Die Gegner einer Geltendmachung von vorgerichtlichen Kosten im Kostenfestsetzungsverfahren argumentieren, dass das Kostenfestsetzungsverfahren auf eine zügige, nach vereinfachten und klaren Grundsätzen zu treffende Entscheidung über die Entstehung und die Erstattungsfähigkeit der geltend gemachten Kosten ausgerichtet sei und nicht für rechtlich schwierige oder nur durch aufwendige Ermittlungen zu klärende Fragestellungen geeignet sei (OLG Frankfurt, JurBüro 2003, 201; OLG Nürnberg, JurBüro 1995, 592; OLG Stuttgart, JurBüro 1983, 438). Gerade diese Gefahr stellt sich wie aufgezeigt nicht, wenn die anwaltlich vertretene Gegenseite dem Kostenerstattungsantrag nicht entgegentritt.

4. Gründe der Prozessökonomie werden auch von der obergerichtlichen Rechtsprechung berücksichtigt.«

Eine überzeugende Begründung des LG Deggendorf. Die Rechtsbeschwerde ist zwar zugelassen. Eine Bestätigung durch den BGH ist allerdings schon deshalb kaum zu erwarten, weil die Beklagte wohl den Rechtsmittelweg nicht beschreiten wird. Sie hat ja den Anspruch gar nicht bestritten. Da sieht man, wie anfechtbar die h. M. ist, die beide Seiten mit Mühe und den voraussichtlich unterliegenden erstattungspflichtigen Kostenschuldner nur mit erheblichen Mehrkosten belastet, weil die Kosteninstanzen sich gehalten fühlen, was sie schon immer so gemacht haben, natürlich beizubehalten, oder da könnte ja jeder kommen, wo kämen wir denn da hin, wenn wir statt Anwendung eherner Rechtsgrundsätze über eine vernünftige, praktikable Lösung nachdenken müssten? Nein, materielle Kostenersatzansprüche sind nun mal nicht festsetzbar. Geben wir ruhig weiterhin guten Gewissens Steine statt Brot.

d) OLG Hamburg (ZfSch 2005, 201): Einstweilige Verfügung mitfestsetzbar

In Eilverfahren gibt es nach wie vor keine letzte Zuständigkeit des BGH, der nach altem Recht ja schon eine Festsetzung materieller Ansprüche (§ 118 BRAGO) aus rechtsgrundsätzlichen Erwägungen abgelehnt hat.

Das OLG Hamburg hat daher »letztinstanzlich« durch Beschluss vom 10. 01. 2005 – 8 W 293/04 – (Kostenfestsetzung für ein wettbewerbsrechtliches einstweiliges Verfügungsverfahren: Mitfestsetzung des nicht verbrauchten Rests anwaltlicher Geschäftsgebühr) wie folgt entschieden:

»Im wettbewerbsrechtlichen einstweiligen Verfügungsverfahren entspricht es der Prozessökonomie, den durch Anrechnung nicht verbrauchten Rest der Geschäftsgebühr im Kosten-

Nr. 3100 VV

festsetzungsverfahren mit festzusetzen. Dies gilt jedenfalls dann, wenn die Mittelgebühr von 1,3 zugrunde gelegt wird.«

63 Auch hier findet sich ein möglicher Baustein: Festsetzbar, wenn der Anwalt nur die Regelgebühr von 1,3 ansetzt.

Auch das LAG (Rh.-Pf., 25. 01. 05 – 10 Ta 290/04 –) hat ohne Bedenken die gesamte Geschäftsgebühr mit festgesetzt (1,3 Geschäftsgebühr + 0,65 Verfahrensgebühr).

Mit den Elementen:

Unstreitig,

1,3 Regelgebühr,

Anspruchsgrundlage Verzug (gegebenenfalls, wenn durch Schriftstücke belegbar),

Notfalls Verweisung auf den Klageweg

ließe sich für den BGH, der sich auch einmal bei verdrossenen Anwälten umhören sollte, doch eine praktikable Fortbildung des Rechts entwickeln. Vielleicht gibt es ja auch noch weitere mutige Gerichte wie Deggendorf und Hamburg.

3. Missbräuchliche Trennung

a) Einführung

64 Der hier darzustellende Punkt ist auch das Produkt von Richterrecht und Fortentwicklung von Regeln der Fairness im Prozess- und Kostenrecht. Der Kostensenat des OLG Koblenz, dem ich angehörte, hat auch zu diesem Punkt an der Rechtsfortbildung durch differenzierende Leitsätze beigetragen:

Prozessuale Bedenken bestehen dann, wenn der Kläger bei einem einheitlichen Anspruch durch gleichzeitige (oder zeitlich kurz hintereinander) mehrere Teilklagen seine Forderung aufsplittet, um etwa die amtsgerichtliche Zuständigkeit zu erschleichen oder die Berufungssumme zu unterschreiten. Gleichzeitig führt das zu einer ganz erheblichen Gebührenvermehrung. Die Richter in den beiden Rechtszügen könnten dem Missbrauch durch Prozessverbindung begegnen. Der Pensenschlüssel verführt auch sie, »Nummern« zu machen. Sie verhandeln dann an einem Tage alle parallelen Sachen, aber unter getrennten Aktenzeichen. So lag uns in der Kostenfestsetzung die Frage vor, ob man diesen Fehler im förmlichen, schnell zu entscheidenden Massegeschäft noch aufgreifen dürfe. Das brachte ja zusätzliche Prüfarbeit (siehe meine Kritik an der BGH Rechtsprechung Nr. 1000 Rn. 8 Stichwort »Gerechtigkeitsgewinn«).

b) Beispiele

aa) Beispiel 1: PKW-Kauf mit 4 Schecks

65 Der Beklagte hat einen PKW für € 20.000 gekauft und dafür 4 Schecks à € 5.000 gegeben, die alle schon zu Protest gegangen waren.

Es wäre Rechtsmissbrauch (und eine unzulässige Kostenerhöhung), wenn der Kläger 4 Klagen à € 5.000 gegen den Beklagten beim Amtsgericht erheben würde, oder gar einen € 5.000-Scheck in 8 Klagen à € 600 und eine Klage à € 200 aufteilen würde (Baumbach-Lauterbach ZPO 63. Aufl. § 2 Rn. 7 m. w. N. und § 91 Rn. 32; OLG Köln MDR 1974, 311; KG FamRZ 1989, 1105).

Warum die letztere Aufteilung? (Antwort: § 511 ZPO).

bb) **Beispiel 2: Fallabwandlung**

Die 4 Schecks sind zeitlich gestaffelt (etwa Vereinbarung von Ratenzahlung). Klagt der Kläger dann jeweils einen Scheck à € 5.000 ein, sobald dieser zu Protest gegangen ist, so sind solche »Teilklagen« zulässig. Ihm ist nicht zuzumuten, zuzuwarten, bis alle Schecks à € 5.000 über die Gesamtkaufpreissumme von € 20.000 zu Protest gegangen sind, ehe er sie insgesamt einklagt (OLG Koblenz JurBüro 1983, 271: Aufteilung ist zulässig, wenn ein vertretbarer Grund dargelegt wird). 66

cc) **Beispiel 3: OLG Koblenz (JurBüro 1990, 206 = MDR 1990, 159)**

Hier lagen **vertretbare Gründe** für eine getrennte Geltendmachung vor. Beide Beklagte hatten unterschiedliche Gerichtsstände. Ein gemeinsamer Gerichtsstand des Erfüllungsortes (§ 29 ZPO) war nicht gegeben, weil Leistungsort für die Kaufpreiszahlungen gemäß §§ 269, 270 BGB unabhängig von dem vertraglich bestimmten Ort der Übergabe des Geldes die Wohnsitze der beiden Beklagten waren. Zur Bestimmung eines gemeinsamen Gerichtsstandes gemäß § 36 Nr. 3 ZPO hätte der Bundesgerichtshof angerufen werden müssen, da die Beklagte zu 1) ihren allgemeinen Gerichtsstand in Rheinland-Pfalz hatte, während die Beklagte zu 2) in Beselich (Hessen) niedergelassen war. Bei dieser Sachlage war es zumindest **nicht unvertretbar**, wenn die Kläger die Beklagten zunächst aus zeitlichen Gründen in mehreren Verfahren verklagten, ohne nach § 36 Nr. 3 ZPO vorzugehen. 67

dd) **Beispiel 4: LAG Berlin (Beschluss vom 27.04.2006 – 17 Ta (Kost) 6012/06 – juris, RVG-Verfahrensgebühr)**

Der Anwalt hat vor dem Arbeitsgericht Berlin 127 Arbeitnehmer der Gemeinschuldnerin vertreten. Die Gemeinschuldnerin betrieb ein Call-Center und führte ausschließlich Dienstleistungen für die Deutsche T. AG durch. Sie kündigte die Arbeitsverhältnisse aller Arbeitnehmer. Der Anwalt erhob 127 getrennte Kündigungsschutzklagen. 68

Das Arbeitsgericht hat die Klagen nicht verbunden, erst im Kostenansatz gegen die Staatskasse (PKH) war das Problem zu lösen:

Das LAG Berlin hat wie folgt entschieden:

»1. Ein Rechtsanwalt ist in der Regel nicht verpflichtet, zur Kostenersparnis mehrere Kündigungsklagen im Wege der subjektiven Klagehäufung (Sammelklage) zu verfolgen.
2. Die Erhebung einer Sammelklage ist hingegen geboten, wenn es sich um identische Kündigungssachverhalte handelt, Besonderheiten bei der Bearbeitung einer bestehenden Klage nicht zu erwarten sind und der Rechtsanwalt die Mandate aufgrund einer gemeinsamen Besprechung mit den vertretenen Arbeitnehmern erhält.
3. Der Einwand der Staatskasse, der beigeordnete Rechtsanwalt habe seine Verpflichtung zur kostensparenden Prozessführung verletzt, ist im Vergütungsfestsetzungsverfahren zu erledigen.«

Interessenskollisionen der Mandanten untereinander (also vertretbare Gründe für die Aufspaltung) hat das LAG im gegebenen Fall wegen der sofortigen Beendigung der betrieblichen Tätigkeit und des Wegschaffens der notwendigen Arbeitsgeräte nicht gesehen.

Diese Frage hätte es anders beurteilt, wenn Fragen der Sozialauswahl angestanden hätten.

Das LAG Berlin hat zur Frage der vertretbaren Gründe hinzugefügt:

»Es ist allerdings von einem Rechtsanwalt in aller Regel nicht zu fordern, die gegenüber mehreren Arbeitnehmern ausgesprochenen Kündigungen ihrer Arbeitsverhältnisse in einem Kündigungsschutzverfahren anzugreifen bzw. auf eine derartige Klageerhebung hinzuwirken ...

So kann z.B. bei einem Personalabbau streitig sein, ob und ggf. für welchen Arbeitnehmer eine Weiterbeschäftigung auf einem freien Arbeitsplatz möglich ist.«

Nr. 3101 VV

Nr.	Gebührentatbestand	Gebühr oder Satz der Gebühr nach § 13 RVG
3101	1. Endigt der Auftrag, bevor der Rechtsanwalt die Klage, den ein Verfahren einleitenden Antrag oder einen Schriftsatz, der Sachanträge, Sachvortrag, die Zurücknahme der Klage oder die Zurücknahme des Antrags enthält, eingereicht oder bevor er für seine Partei einen gerichtlichen Termin wahrgenommen hat, 2. soweit lediglich beantragt ist, eine Einigung der Parteien oder mit Dritten über in diesem Verfahren nicht rechtshängige Ansprüche zu Protokoll zu nehmen oder festzustellen (§ 278 Abs. 6 ZPO) oder soweit lediglich Verhandlungen vor Gericht zur Einigung über solche Ansprüche geführt werden oder 3. soweit in einem Verfahren der freiwilligen Gerichtsbarkeit lediglich ein Antrag gestellt und eine Entscheidung entgegengenommen wird, beträgt die Gebühr 3100 .... (1) Soweit in den Fällen der Nummer 2 der sich nach § 15 Abs. 3 RVG ergebende Gesamtbetrag der Verfahrensgebühren die Gebühr 3100 übersteigt, wird der übersteigende Betrag auf eine Verfahrensgebühr angerechnet, die wegen desselben Gegenstands in einer anderen Angelegenheit entsteht. (2) Nummer 3 ist in streitigen Verfahren der freiwilligen Gerichtsbarkeit, insbesondere in Familiensachen und in Verfahren nach dem Gesetz über das gerichtliche Verfahren in Landwirtschaftssachen, nicht anzuwenden.	0,8

Inhaltsübersicht

	Rn.
A. Allgemeines	1
I. Vorzeitige Beendigung des Auftrags – Nr. 3101 Nr. 1 VV	1
II. Pauschalierung	2
III. Auslöser der Verfahrensgebühr	3
IV. Zeitliche Grenze für die Reduzierung der Gebühr	4
V. Regelung der Nr. 3101 gilt nur für Gebiet der Gebühr Nr. 3100	5
VI. PKH-Antrag für Klage mit Klageentwurf	5a
VII. Nr. 3101 Nummer 2 – Differenzverfahrensgebühr	6
VIII. Nr. 3101 Nummer 3 – Wenig arbeitsaufwändige FGG-Verfahren	8
B. Kommentierung	9
I. Nr. 3101 Nr. 1 – Reduzierte Gebühr 0,8 wegen vorzeitiger Beendigung des Auftrags	9
1. Zweck der Norm	9
2. Beendigung des Auftrags	12
3. Zeitpunkt der Beendigung	13
a) Verschiedene Anknüpfungspunkte	13
b) Rechtsprechungsfälle für Nicht-	

	Rn.
kenntnis von Klage- oder Rechtsmittelrücknahme	15
c) Beispielsfall: Kenntnisstand des Anwalts ist entscheidend	16
4. Prozesshandlungen, die die volle Verfahrensgebühr erhalten	18
a) Schema	18
b) Maßnahmen, die Gebühr 1,3 erhalten trotz nachfolgender vorzeitiger Beendigung	19
aa) Übersichtskatalog aus Nr. 3101 Nr. 1 VV RVG – Maßnahmen, die Reduzierungsmöglichkeit beenden	19
bb) Einzelheiten zu den einzelnen Handlungen, die die volle Gebühr erhalten	20
II. Nr. 3101 Nummer 2 – Differenzverfahrensgebühr – Reine Protokollierung der Einigung und/oder Einigungsverhandlungen über in diesem Verfahren nicht rechtshängige Ansprüche	38
– Einführung	38

	Rn.		Rn.
1. Nicht rechtshängige Ansprüche	39	III. Nr. 3101 Nummer 3 – FGG-Verfahren: nur Antragstellung und Entgegennahme einer Entscheidung	69
a) Die Problemlage für den Anwalt	39		
b) Einigung über nicht rechtshängige Ansprüche im Termin	40	IV. Anmerkung Abs. 1 zu Nr. 3101 – Anrechnung der Verfahrensgebühr 0,8 aus der Einbeziehung nach Nr. 3101 Nr. 2, soweit die Verfahrensgebühr auch in einem anderem Verfahren entsteht	70
c) Widerrufsvergleich – Verfahrensgebühr	42		
d) Reiner Protokollierungsauftrag oder außerprozessualer Vertretungsauftrag	46		
e) Abschließende Klarstellung und Hinweise	58	1. Die Anrechnung	70
2. Nr. 3101 Nummer 2 – Einbeziehung von in einem anderen Verfahren anhängigen Ansprüchen	60	2. Erstattungsfähigkeit der Differenzverfahrensgebühr für den einbezogenen Anspruch	82
3. Einbeziehung eines Anspruchs aus einem PKH-Bewilligungsverfahren	63	3. Anspruch gegen Rechtsschutzversicherer hinsichtlich der Differenzverfahrensgebühr für den einbezogenen Anspruch	90 a
4. Vergleichsabschluss mit einem Dritten	66		
5. Annahme eines schriftlichen Vergleichsvorschlags des Gerichts – Mehrwert § 278 Abs. 6 ZPO	67	V. Anmerkung zu Nr. 3101 Abs. 2 – streitige FGG-Verfahren	91
6. Verhandlungen vor Gericht zum Einigungsversuch in allen vorstehenden Fällen 1. bis 5.	68	VI. Rechtsprechungsfälle zu Nr. 3101	92

A. Allgemeines

I. Vorzeitige Beendigung des Auftrags – Nr. 3101 Nr. 1 VV

Mit der Nummer 1 der Nr. 3101 – Vorzeitige Beendigung des Auftrags – wird der Grundsatz 1
von § 15 Abs. 4 RVG durchbrochen, wonach einmal angefallene Gebühren nicht nachträglich wegfallen. § 15 Abs. 4 lautet:

»Auf bereits entstandene Gebühren ist es, soweit dieses Gesetz nichts anderes bestimmt, ohne Einfluss, wenn sich die Angelegenheit vorzeitig erledigt oder der Auftrag endigt, bevor die Angelegenheit erledigt ist.«

Von diesem im Allgemeinen durchgehaltenen Grundsatz macht Nr. 3101 Nummer 1 eine für die Alltagspraxis nicht unbedeutende Reduzierungsausnahme (nämlich statt 1,3 nur eine 0,8 Gebühr) für solche Fälle, in denen an sich mit der ersten Tätigkeit nach Auftragserteilung die volle Verfahrensgebühr (Nr. 3100) schon angefallen ist, aber der Prozessauftrag vorzeitig endet.

II. Pauschalierung

Das RVG geht davon aus, dass die Gebühren im Rechtsstreit (dazu verwendet man die erklä- 2
renden Begriffe: »Pauschalierung« oder auch »Aktgebühren«) grundsätzlich mehrfach in der Instanz durch einzelne Arbeitsschritte, Wiederholungen oder auch verschiedene Handlungen ausgelöst werden können. Der Anwalt kann die Gebühr in demselben Rechtszug aber nur einmal geltend machen (§ 15 Abs. 2).

III. Auslöser der Verfahrensgebühr

Nach Erteilung des Prozessauftrags fällt die Verfahrensgebühr bereits durch die erste Hand- 3
lung des Anwalts zur Erfüllung des Auftrags an (AG Meißen JurBüro 2005, 594; OLG Hamm JurBüro 2005, 593: »Die Verfahrensgebühr (VV 3100) entsteht bereits dann, wenn der Anwalt irgendeine Geschäftstätigkeit für das Verfahren ausübt. Antragsgegnerseite im einstweilen

Nr. 3101 VV

Verfügungsverfahren bereits dann, wenn er die Antragsschrift entgegengenommen hat, um die Rechtsverteidigung vorzubereiten, auch wenn es infolge Antragsrücknahme nicht mehr zur Einreichung eines Schriftsatzes bei Gericht kommt.«). Schon der Beginn des ersten Zuhörens des Anwalts bei der Sachverhaltsschilderung des Auftraggebers oder eines Dritten, wenn zu diesem Zeitpunkt der Auftrag bereits mündlich oder schriftlich erteilt ist, gehört zum »Akt« Verfahrensgebühr und lässt diese anfallen.

Gerade bei diesem ersten »Akt« des Verfahrens kann viel passieren, was dann zu unterschiedlichem Arbeitsaufwand führt.

IV. Zeitliche Grenze für die Reduzierung der Gebühr

4 Die zeitliche Grenze für eine Gebührenminderung wird durch formelle Handlungen gesetzt, die in Nummer 1 einzeln genannt sind (z. B. Klageeinreichung, Antragseinreichung usw.). Die Beendigung des Auftrags kann etwa auf einer Kündigung beruhen oder einer außergerichtlichen Einigung der Parteien über den Streitstoff ohne den Anwalt.

Für solche Fälle vorzeitiger Beendigung des Auftrags sah § 32 Abs. 1 BRAGO den Anfall nur einer 0,5 Prozessgebühr vor. Seit dem Jahre 2004 ist die Verfahrensgebühr (jetzt so wegen der Erstreckung auf FGG-Sachen genannt) erhöht worden auf 0,8.

Die Gesetzesbegründung erkennt ausdrücklich an (BT-Drs. 15/1971, S. 211), dass der Anwalt im Regelfall vor der Klageeinreichung »zeitaufwändige Vorarbeit« leisten muss, so dass die Anhebung von 0,5 auf 0,8 sachangemessen ist.

V. Regelung der Nr. 3101 gilt nur für Gebiet der Gebühr Nr. 3100

5 Nr. 3101 betrifft nur den Anwendungsbereich der Verfahrensgebühr Nr. 3100 selbst. Anders als § 32 BRAGO betrifft die Nr. 3101 nicht zugleich etwa den Rechtsmittel-, Mahn-, Termins- und Verkehrsanwalt. Für diese gibt es computergerecht in der jeweiligen Nähe platzierte Reduzierungsnummern, wie etwa Nr. 3201 Nr. 1 (Berufung), Nr. 3306 (Mahnverfahren) und Nr. 3405 (Verkehrsanwalt und Terminsanwalt) sowie bei der Inanspruchnahme der Scheinpartei, jedenfalls für die Erstattungsfähigkeit, die Nr. 3403 (Einzeltätigkeit), so OLG Dresden (OLGR Dresden 2007, 845 = JurBüro 2007, 490). »Aufgrund der Kostenentscheidung in dem Beschluss vom 28. Dezember 2006, welcher in entsprechender Anwendung von § 91 ZPO erging (BGH NJW-RR 1995, S. 764, 765; KGR Berlin 2003, S. 395/6; OLG Hamm MDR 1991, S. 1201; LG Bremen, Beschluss vom 17. Dezember 2002 – 8 O 1509/02; Zöller-Vollkommer, ZPO 26. Aufl. 2007 Vor § 50 ZPO Rn 8, S. 226), ist die Scheinbeklagte dazu berechtigt, von der Klägerin diejenigen Kosten ersetzt zu verlangen, die notwendig gewesen sind, um ihre Nichtparteieigenschaft gegenüber dem Gericht und der Klägerin geltend zu machen (Stein/Jonas-Bork ZPO Band 1, 22. Aufl. 2004, Vor § 50 ZPO Rn. 11, S. 61).

Gegen die Klägerin war keine 1,3 Verfahrensgebühr nach VV 3100, sondern lediglich eine 0,8 Verfahrensgebühr nach VV 3403 zuzüglich der Pauschale für Post- und Telekommunikationsdienstleistungen nach VV 7002 festzusetzen.

Selbst wenn die »Scheinbeklagte« ihren im Verfahren tätigen Rechtsanwälten einen unbeschränkten Verfahrensauftrag erteilt haben mag, sind die dadurch entstandenen Kosten nicht in vollem Umfang erstattungsfähig. Denn es handelt sich nicht um notwendige Kosten der Rechtsverteidigung im Sinne von § 91 Abs. 1 S. 1 ZPO.

Angesichts des Umstandes, dass die Klägerin aus Sicht der Scheinbeklagten ihre Klage offensichtlich an eine an dem Streitverhältnis unbeteiligte juristische Person hatte zustellen lassen, hätte es ausgereicht, das Gericht und die Klägerin unter Inanspruchnahme anwaltlicher Hilfe auf den Irrtum hinzuweisen.

Eine solche verfahrensbezogene Einzeltätigkeit unterfällt – wie etwa auch der anwaltliche Hinweis auf eine doppelte Rechtshängigkeit (OLG Hamburg JB 1994, S. 492/3; Gerold, Schmidt, von Eicken, Madert, Müller-Rabe, RVG, 17. Aufl. 2007, VV 3403 Rn. 15, S. 1498; Schneider/Wolf, RVG, 3. Aufl. 2006, VV 3403 Rn. 21, S. 1692) der VV 3403 und löst lediglich eine 0,8 Gebühr aus. Der Gebührentatbestand des VV 3101 ist dagegen nicht einschlägig, da die Scheinbeklagte durch ihren Anwalt vor Erledigung des Auftrags einen Schriftsatz mit Sachvortrag bei Gericht hat einreichen lassen und einen Klageabweisungsantrag gestellt hat.«

Das klingt zwar alles nicht ganz systematisch hergeleitet, das Ergebnis, erstattungsfähig ist nur eine Gebühr eines Einzelauftrages (Nr. 3403), lässt sich aber gut vertreten.

VI. PKH-Antrag für Klage mit Klageentwurf

Nach § 16 Nr. 2 sind das PKH-Verfahren und die Hauptsache eine Angelegenheit. Zum PKH-Antrag für Klage mit Klageentwurf hat das KG Berlin (KGR Berlin 2007, 669) entschieden: »Zu Recht hat das Landgericht eine Verfahrensgebühr von – lediglich – 0,8 nach RVG VV 3100, 3101 Nr. 1 berechnet. Die PKH-Bewilligung und Beiordnung für die beabsichtigte Klage erfasst die Verfahrensgebühr für das Klageverfahren, die mangels Einreichung der Klage zum Zwecke ihrer Zustellung jedoch als ermäßigte Gebühr nach VV 3101 entstanden ist.«

5a

VII. Nr. 3101 Nummer 2 – Differenzverfahrensgebühr

Die Gebühr 0,8 fällt auch bei einer gerichtlichen Protokollierung einer Einigung an. Die Gebühr wurde bisher treffend als Differenzprozessgebühr bezeichnet. Diesen Ausdruck sollte man auch weiterhin gebrauchen, jetzt also »**Differenzverfahrensgebühr**«. Das drückt den sachlichen Inhalt gut aus und grenzt ab: Die Regelung bezieht sich nämlich nicht auf den Fall, dass eine Einigung über die in diesem Verfahren schon eingeklagten Ansprüche protokolliert wird, sondern auf den sogenannten **nicht rechtshängigen Mehrwert**.

6

Also die Protokollierung einer Einigung über

1. nicht rechtshängige Ansprüche (Einigung erzielt außerhalb oder innerhalb des Gerichtstermins (Einigungsprotokollierungstermin),
2. in einem anderen Verfahren anhängige Ansprüche,
3. Ansprüche in einem PKH-Bewilligungsverfahren,
4. Vergleiche mit Dritten (z. B. mit einem Streithelfer oder Zeugen),
5. Einbeziehung von nicht anhängigen Ansprüchen in einen Vergleich nach § 278 Abs. 6 ZPO.

Auch einer solchen Einbeziehung gehen regelmäßig erhebliche Bemühungen des Anwalts voraus, die durch den Anfall einer 0,8 Gebühr honoriert werden. Das alles entspricht der im Gesetz zum Ausdruck gebrachten und teilweise auch umgesetzten **Prozessvermeidungsstrategie** des RVG.

7

Die Differenzverfahrensgebühr gehört zu den am häufigsten in der Praxis vergessenen Gebühren. Meist wird noch an den Mehrwert beim Vergleichswert (dort eine Gebühr von 1,5, die den Gebührensatz für den Gesamtvergleich insgesamt auf 1,5 hinaufzieht – § 15 Abs. 3) gedacht. Es wird aber leicht vergessen, dass der Mehrwert zugleich auch eine nunmehr 0,8 Differenzverfahrensgebühr auslöst. Im letzteren Fall zieht die Verfahrensgebühr 1,3 übrigens die Differenzverfahrensgebühr mit auf die Höhe von 1,3 (§ 15 Abs. 3).

Nr. 3101 VV

VIII. Nr. 3101 Nummer 3 – Wenig arbeitsaufwändige FGG-Verfahren

8 Die neue Nummer 3 wurde notwendig durch die Einbeziehung der FGG-Verfahren in die allgemeine Gebührenregelung des 3. Teils des VV RVG. Damit wurde dem Umstand Rechnung getragen, dass solche Verfahren in vielen Fällen wenig arbeitsaufwändig für den am Amtsverfahren beteiligten Anwalt sind.

B. Kommentierung

I. Nr. 3101 Nr. 1 – Reduzierte Gebühr 0,8 wegen vorzeitiger Beendigung des Auftrags

1. Zweck der Norm

9 Grundsätzlich ist es gem. § 15 Abs. 4 auf bereits entstandene Gebühren (also alle) ohne Einfluss, dass der Auftrag vorzeitig endet (Gebauer/Schneider RVG 2. Aufl. § 15 Rn. 202 ff.).

Für die Verfahrensgebühr macht Nr. 3101 davon eine wichtige Ausnahme. Sie ist zwar eine sogenannte »Aktgebühr« und fällt damit bereits mit der ersten anwaltlichen Handlung nach Erteilung des Auftrags an (OLG Hamm JurBüro 2005, 593; OLG Bamberg JurBüro 1977, 204; AG Meißen JurBüro 2005, 594). Für Fälle einer verfahrensmäßig frühen Beendigung des Auftrags (die Tätigkeit ist noch nicht nach außen in Erscheinung getreten) nimmt das Gesetz eine Reduzierung der Gebühr Nr. 3100 von 1,3 durch die Nr. 3101 auf 0,8 vor, weil in diesen Fällen der Anfall der vollen Gebühr als zu hoch angesehen wird (Gerold/Schmidt/von Eicken/Madert/Müller-Rabe RVG 17. Aufl. VV 3101 Rn. 2).

10 Die grobe Pauschalierung mit 1,3, die einen langen Arbeitsbereich abdeckt, könnte dann doch von den Mandanten als sehr ungerecht empfunden werden, wenn die Arbeit schnell beendet ist. Es macht einen Unterschied, ob der Anwalt gerade einen Klageauftrag erhalten hat und anfängt, den Sachverhalt zu sammeln und er jetzt vom Mandanten die Nachricht erhält, der Gegner habe zwei Tage nach Ablauf der gesetzten letzten Frist nun doch noch das geforderte Geld überwiesen, oder ob der Anwalt in einem langwierigen Prozess 10 Schriftsätze mit Beweisantritten einreicht und eine ebensolche Anzahl seines Gegners liest und bewertet und dafür dieselbe (pauschalierte) Verfahrensgebühr erhält. Es ist daher verständlich und sachangemessen, dass das Gesetz für die Verfahrensgebühr im Falle der vorzeitigen Beendigung der Prozessinstanz durch die Nrn. 3100 und 3101 eine Differenzierung nach Sachabschnitten und damit im letzteren Falle eine Reduzierung der vollen Verfahrensgebühr vorgesehen hat, wenn also der Auftrag sich schon in der Anfangsphase erledigt.

11 Wenn sich ein Kostensachbearbeiter vielleicht im für den Anwalt günstigen Einzelfall einer besonders schnellen Sacherledigung mit hohem Streitwert über eine solch hohe »unverdiente« Summe (0,8 Gebühr) ärgert, so mag er oder sie einmal über die sogenannte Mischkalkulation und die daran hängenden Arbeitsplätze in den Anwaltspraxen nachdenken.

Der Anwalt erhält andererseits nämlich, wenn das Verfahren (und damit der Auftrag) zeitlich vor einer dieser genannten formellen Handlungen endet, selbst dann nur die reduzierte Gebühr von 0,8, wenn er bis dahin bereits einen immensen Arbeitsaufwand geleistet hat. Er hat vielleicht eine hoch streitige wirtschaftliche Streitigkeit ganz sorgfältig vorbereitet und die beiden Vorstände einigen sich wegen eines gemeinsamen neuen Auftrags, ehe er die Klage, die mit ihren sorgfältig zusammengetragenen Anlagen einer Doktorarbeit gleicht, eingereicht hat. Der Hinweis auf die Gebührenreduzierungsnorm Nr. 3101 sei auch in die Richtung auf zahlreiche Anwälte gebracht: Wer nur vorzüglich juristisch arbeitet und Gebühren als unter seiner Würde liegend von vornherein abtut, könnte bei einem entsprechenden Fall vorzeitiger Erledigung teures Lehrgeld zahlen, wenn er nicht rechtzeitig für die Sicherung seiner 1,3 Verfahrensgebühr gesorgt hat.

2. Beendigung des Auftrags

Beendigungsfälle sind:

(1) Kündigung des Auftrags durch den Auftraggeber oder den Anwalt
(2) Erledigung der Angelegenheit, aus welchem Anlass auch immer, z. B. Erfüllung des streitigen Anspruchs, Zeitablauf einer begehrten fristgebunden Handlung
(3) Tod des Einzelanwalts oder Ende seiner Zulassung
(4) Tod oder Geschäftsunfähigkeit des Auftraggebers (§ 672 BGB: im Zweifel aber nein).

3. Zeitpunkt der Beendigung

a) Verschiedene Anknüpfungspunkte

(1) Zugang der Kündigung
(2) Zeitpunkt der Erledigung der Angelegenheit
(3) Zeitpunkt des Todes oder Ende der Zulassung des Anwalts
(4) Zeitpunkt des Todes oder der Geschäftsunfähigkeit (z. B. Schlaganfall) des Auftraggebers (siehe aber gegenteilige Zweifelsfallregelung des § 672 BGB).

Erlischt der Auftrag durch Kündigung, so erhält der Anwalt in dem Zeitpunkt der Wirksamkeit, dem Zugang, Kenntnis von der Beendigung des Auftrags.

Erlischt der Auftrag in anderer Weise als durch Kündigung, so gilt der Auftrag zugunsten des Anwalts so lange als fortbestehend, bis er vom Erlöschen Kenntnis erlangt hat oder aber das Erlöschen kennen muss (§ 674 BGB; OLG Naumburg JurBüro 2003, 419; OLG Bamberg JurBüro 1976, 197 und 1981, 717; OLG Düsseldorf JurBüro 1980, 74; OLG München AnwBl. 1983, 523; OLG Hamburg JurBüro 1998, 303; OLG Karlsruhe JurBüro 1996, 420; OLG Koblenz AnwBl. 1988, 413; JurBüro 1998, 537 und AGS 2000, 4).

b) Rechtsprechungsfälle für Nichtkenntnis von Klage- oder Rechtsmittelrücknahme

OLG Frankfurt JurBüro 1978, 862; JurBüro 1983, 83; OLG Köln JurBüro 1995, 642; 1998, 537; OLG Saarbrücken JurBüro 1988, 595; OLG Schleswig JurBüro 1990, 1621; VGH Mannheim AGS 1998, 61; OLG Bamberg JurBüro 1975, 1339; KG JurBüro 1974, 1271.

Wenn also der Anwalt zwar nach dem Erlöschen des Auftrags, aber vor Kenntniserlangung (Kennenmüssen) noch eine der in Nr. 3101 Nummer 1 genannten gebührerhaltenden Tätigkeiten vornimmt, erwächst die Verfahrensgebühr 1,3.

c) • Beispielsfall: Kenntnisstand des Anwalts ist entscheidend

A klagt am 28. 07. 2006 € 12.000 ein (Eingang der Klage bei Gericht). Zwei Tage vor der Klageeinreichung (also am 26. 07. 2006) hatte B an A € 10.000 gezahlt, was der Anwalt des A bei Einreichung der Klage noch nicht wusste.

Die Klage in Höhe von € 12.000 wird dem B am 03. 08. 2006 zugestellt.

Der Beklagte B erteilt am **04. 08. 2006 Prozessauftrag** an RA B 1:

Ziel: Volle Klageabweisung, denn die Klage war um € 2.000 überhöht und in Höhe von € 10.000 bei Zustellung schon erfüllt. RA B 1 reicht demgemäß am 04. 08. 2006 Klageerwiderung mit Sachausführungen und Klageabweisungsantrag ein. Am **02. 08. 2006, also ein Tag vor der Klagezustellung, reicht der Anwalt des A Klagerücknahme** über € 10.000 bei Gericht ein, die an Anwalt B 1 am 07. 08. 2006 zugestellt wird.

Nr. 3101 VV

3 Fragen: Verfahrensgebühr des Anwalts B 1?

a) Wert € 12.000,– ?
b) Wert € 2.000,– ?
und ferner
c) 1,3 oder 0,8 Gebühr?

Vorfrage: Wann wird die Klagerücknahme objektiv wirksam?

Antwort: Mit Eingang bei Gericht (Zöller ZPO § 269 Rn. 12 a).

Ergebnis der Hauptfragen a) bis c):

Kenntnisstand oder Kennenmüssen ist entscheidend (§ 674 BGB und die vorstehend zitierte Rechtsprechung). Nur *Lappe* (Anm. zu KostRsp BRAGO § 32 Nr. 13 (58)) vertritt eine gegenteilige Ansicht und äußert: »*Da die Klage wirksam zurückgenommen ist (und zwar mit Eingang bei Gericht), ist eine 10/10 Proz.Geb.* (heute also 1,3 Verfahrensgebühr) *für den Beklagtenanwalt nicht mehr möglich, nur noch eine 5/10 Gebühr* (heute also eine 0,8 Gebühr) *erfüllt*«.

Diese Mindermeinung ist abzulehnen, nachdem die Rechtsprechung konsequent auf die Kenntnis oder das Kennenmüssen, nicht aber auf die objektive Lage (Wirksamkeit der Klagerücknahme am 02. 08. 2006) abstellt.

17 **Ergebnis des Falles:** Rechtsanwalt B 1 des Beklagten hatte **bei Auftragserteilung** durch B (04. 08. 2006) **keine Kenntnis** von der Teilklagerücknahme (02. 08. 2006). Erfallen ist also eine **1,3 Verfahrensgebühr aus € 12.000**. Nr. 3101 Nummer 1 VV steht nicht entgegen, es kommt nicht eine auf 0,8 reduzierte Verfahrensgebühr für den Beklagtenanwalt zur Anwendung. Bei Kenntniserlangung (07. 08. 2006) von der Klagerücknahme (Eingang bei Gericht: 02. 08. 2006) hatte er schon einen Schriftsatz eingereicht, und zwar sowohl mit einem Sachantrag als auch, was nach neuem Recht ebenfalls reicht, mit Sachausführungen zur Unbegründetheit der Klage.

4. Prozesshandlungen, die die volle Verfahrensgebühr erhalten

a) Schema

18 Zum Verständnis der hier zu untersuchenden Ausnahmeregelung (Nr. 3101 Anmerkung Nummer 1) sei der Aufbau der Nr. 3100 und Nr. 3101 Nummer 1 im Schema dargestellt:

(1) Normalfall: Betreiben des Geschäfts + Information = Verfahrensgebühr (Nr. 3100) 1,3
(2) Ausnahme: Tätigkeit zu 1. endet vorzeitig vor einer Handlung, Nr. 3101 Nr. 1 0,8
(3) Ausnahme von (2): zwar vorzeitige Beendigung, aber vorher z. B. Klage = Gebühr 1,3
   eingereicht, es bleibt beim Grundfall Nr. 3100

b) Maßnahmen, die Gebühr 1,3 erhalten trotz nachfolgender vorzeitiger Beendigung – Katalog zu vorstehend (3)

aa) Übersichtskatalog aus Nr. 3101 Nr. 1 VV RVG – Maßnahmen, die Reduzierungsmöglichkeit beenden

19 Hat der Anwalt eine **der nachfolgenden Maßnahmen** ergriffen, ehe der Auftrag vorzeitig endet, so wird die Verfahrensgebühr nicht auf 0,8 reduziert (Nr. 3101), sondern bleibt in voller Höhe von 1,3 (Nr. 3100) erhalten:

– Einreichung der Klage
– Einreichung eines Antrags, der ein Verfahren einleitet
– Einreichung eines Schriftsatzes mit Sachanträgen
– Einreichung eines Schriftsatzes mit Sachvortrag
– Einreichung eines Schriftsatzes mit einer Klagerücknahme

- Einreichung eines Schriftsatzes mit einer Antragsrücknahme
- Wahrnehmung eines gerichtlichen Termins.

bb) Einzelheiten zu den einzelnen Handlungen, die die volle Gebühr erhalten

(Schriftsatz mit Sachanträgen ergreift teilweise auch die anderen Punkte/Doppelung.)

(1) Einreichung der Klage
Es genügt die Einreichung der Klage bei Gericht, ohne dass etwa auch schon der erforderliche Vorschuss geleistet, eine Prozessakte mit einem Aktenzeichen angelegt oder gar die Klage zugestellt wäre (KG JurBüro 1985, 1030). Gleiches gilt hinsichtlich des Beklagten in Bezug auf die Einreichung einer Widerklage.

(2) Einreichung eines Antrags, der ein Verfahren einleitet
Beispiele solcher Anträge sind: Antrag auf Erlass eines Arrestes (§ 920 ZPO), einer einstweiligen Verfügung (§§ 936, 920 ZPO), auf Vollstreckbarerklärung eines Schiedsspruchs (§ 1060 ZPO), der Antrag auf Durchführung des streitigen Verfahrens nach Einlegung eines Widerspruchs gegen den Mahnbescheid (§ 696 Abs. 1 ZPO; LG Kiel JurBüro 1998, 360).

(3) Einreichung eines Schriftsatzes mit Sachanträgen
Als Schriftsätze mit Sachanträgen sind angesehen worden:

Kläger:

- **Klageantrag**
- **Prozessualer Verzicht (§ 306 ZPO)**
- **Antrag, die Hauptsache für erledigt zu erklären** (Hansens BRAGO 8. Aufl. § 32 Rn. 9). Meldet sich der Anwalt des Beklagten schriftsätzlich mit einem Sachantrag, bevor die Hauptsache vom Kläger für erledigt erklärt worden ist, so erhält er die volle Verfahrensgebühr nach dem ursprünglichen Wert der Hauptsache (OLG Hamm NJW 1968, 2149 = JurBüro 1968, 889).
- **Antrag des Klägers, den Rechtsstreit zu verweisen und umgekehrt, der Widerspruch des Beklagten gegen einen Verweisungsantrag** (OLG Bamberg JurBüro 1987, 1675).
- **Antrag auf Durchführung des streitigen Verfahrens** (OLG Schleswig JurBüro 1984, 405). Dazu das OLG München (JurBüro 2005, 540), das zutreffend auslegt: In der Überweisung der Gerichtskosten für das streitige Verfahren ist ein konkludenter Antrag auf Durchführung des Streitverfahrens zu sehen. Dieser Antrag löst die 1,3 Verfahrensgebühr der Nr. 3100 VV RVG aus.

Beklagter:

- **Klageabweisungsantrag** (Gerold/Schmidt/von Eicken/Madert/Müller-Rabe RVG 17. Aufl. VV 3101 Rn. 27; BGH NJW 1970, 99) und Rechtsmittelzurückweisung (OLG Bamberg JurBüro 1975, 1340)
- **Schriftlich angekündigtes Anerkenntnis** (OLG Celle Rpfleger 1987, 282)
- **Zuständigkeitsrüge** (darin steckt schlüssig der Antrag auf Abweisung wegen Unzulässigkeit – OLG Schleswig JurBüro 1997, 86)
- **Zustimmungsbedürftige Einwilligung in Klagerücknahme** (BFHE 106, 495)
- **Kostenantrag des Beklagten nach Klagerücknahme** (Mahnverfahren/Streitverfahren, Wert: Kosten – OLG Düsseldorf JurBüro 2005, 473).

Die Qualität eines Sachantrags wurde verneint:

- **Einverständnis mit dem Verweisungsantrag der Gegenseite** (OLG Köln JurBüro 1987, 709)
- **Anschluss an einen Verweisungsantrag der Gegenseite** (LG Mönchengladbach, 25.10.2005 – 5 T 446/05)
- **Anwaltsbestellung** (OLG Koblenz JurBüro 1987, 1365)
- **Verteidigungsabsichtserklärung** (OLG Koblenz AnwBl. 1987, 338)

Nr. 3101 VV

- **Terminsverlegungsantrag** (Gerold/Schmidt/von Eicken/Madert/Müller-Rabe RVG 17. Aufl. VV 3101 Rn. 31).

25 **Einreichung einer Schutzschrift** (BGH NJW 2003, 1257). Die Frage war bis zum Erlass der BGH-Entscheidung sehr umstritten, a. A. z. B. OLG Koblenz JurBüro 1990, 1160.

Der BGH argumentierte, der Zurückweisungsantrag sei (im Gegensatz zum Klageabweisungsantrag) kein Sachantrag, weil der Schutzschriftverfasser nicht wisse, welcher Antrag von der Gegenseite gestellt werde. Zwar sei das Sachvorbringen der Schutzschrift nach Art. 103 Abs. 1 GG mitzuwürdigen, das reiche aber nicht aus. Ob die Schutzschrift bereits einen formulierten Antrag enthalte, sei bedeutungslos, denn dieser Antrag sei nur eine Anregung an das Gericht, in bestimmter Weise zu entscheiden.

26 Gerade aber der letztere Satz der Argumentation des BGH ist kostenrechtlich bedeutungslos. Das hat der BGH jedenfalls zum Klageabweisungsantrag, der nach seiner Ansicht (NJW 1965, 397) auch kein prozessualer Sachantrag im Sinne von § 297 ZPO ist, in anderem Zusammenhang festgestellt. Auch wenn nach dieser Entscheidung der Klageabweisungsantrag kein Sachantrag, sondern nur ein Prozessantrag ist, so reicht ein solcher Klageabweisungsantrag kostenrechtlich als Sachantrag i. S. von § 32 Abs. 1 BRAGO (jetzt Nr. 3101 Nummer 1 VV RVG) nach ganz herrschender Meinung aus (Gerold/Schmidt/von Eicken/Madert/Müller-Rabe RVG 17. Aufl. VV 3101 Rn. 27 a; Riedel/Sußbauer BRAGO 8. Aufl. § 32 Rn. 13; BGHZ 52, 385; OLG Hamm NJW 1969, 2021; KG NJW 1970, 616).

27 Das Problem der Schutzschrift im Zusammenhang mit der ganzen oder der ermäßigten Gebühr der Nr. 3101 ist aber seit In-Kraft-Treten des RVG, wenn es auch noch nicht alle registriert haben, inzwischen anderweitig im Sinne der früheren Rechtsprechung des OLG Koblenz mit einer 1,3 Gebühr gelöst. Wenn man den Sachantrag verneint, so zieht jedenfalls der neu aufgenommene Begriff »Schriftsatz mit Sachvortrag«. Dies wurde an dieser Stelle bereits in der 1. Auflage (S. 520) vertreten, siehe ferner nachfolgend (Rn. 31) unter (4). Der 5. Senat des OLG Nürnberg (NJW-RR 2005, 941 = AGS 2005, 339) hat zur neuen Rechtslage in einer sorgfältig begründeten Entscheidung Folgendes ausgeführt:

„Im Gegensatz zum früheren Recht löst eine Schutzschrift nach neuem Gebührenrecht eine volle Gebühr aus. Ausreichend für den Anfall der vollen Gebühr ist nämlich nun auch ein Sachvortrag in einem eingereichten Schriftsatz (Argument aus VV 3101 Ziff. 1). Der Gesetzgeber hat bewusst den Antrag nicht mehr als ausschlaggebend erachtet, weil »kein Grund ersichtlich« sei, weshalb bei Einbringung von Sachvortrag nicht auch ohne ausdrückliche Antragstellung die volle Verfahrensgebühr anfallen solle (vgl. Begründung des Gesetzesentwurfs zum RVG, BT-Drs. 15/1971, S. 211).

28 Das **OLG Hamburg** (AGS 2005, 495 mit einer zu Recht sehr kritischen Anm. von N. Schneider) hat zu seiner Ablehnung der Anwendbarkeit »Schriftsatz mit Sachausführungen« hinsichtlich der Schutzschrift statt einer Begründung einen Behauptungssatz und einen missverständlichen Satz gebracht:

(1) »Der Umstand, dass die Schutzschrift Sachvortrag enthält, reicht für sich allein nicht aus, eine 1,3 Gebühr nach Nr. 3100 VV auszulösen (Gerold/Schmidt/von Eicken/Madert/Müller-Rabe RVG 16. Aufl. Anhang D Rn. 202)«.

Die Fundstelle ergibt gerade das Gegenteil: Madert spricht sich a. a. O. für eine volle Gebühr wegen Sachvortrags in der Schutzschrift aus. Man muss erst zweimal lesen, um herauszufinden: Das OLG Hamburg will zu Madert vielleicht sagen, gewogen und zu leicht befunden, also wir lehnen Maderts Ansicht ab. (Übrigens auch N. Schneider a. a. O. hat dem OLG Hamburg die irrig formulierte These geglaubt, es befände sich in guter Gesellschaft, nämlich der von Madert, der, liest man das Original nach, gerade das Gegenteil sagt.)

Und nun zum zweiten Argument des OLG Hamburg:

(2) »Eine solche Interpretation der Vorschrift würde die Bedeutung des reduzierten Gebührentatbestandes Nr. 3101 Nr. 1 VV zu sehr einschränken und wäre somit mit der Systematik des Gesetzes nicht vereinbar.« Am schwierigsten ist es, etwas Sinnvolles gegen Nichtargumente zu sagen. Ich kann nur herausfinden, dass gesagt wird, es muss auch Fälle zur 0,8 Gebühr geben, die darf man nicht reduzieren und deshalb wäre die Bejahung des Begriffs Sachvortrag unsystematisch. Da mir zu beidem nichts Sinnvolles eingefallen ist, habe ich die »Begründung« des 8. Senats des OLG Hamburg wörtlich sprechen lassen und jeder kann sich seinen Teil dazu denken.

Vielleicht meint das OLG Hamburg auch nur, eine 0,8 Gebühr sei ja nun wirklich genug, und »wo kämen wir denn da hin« usw.

Der **BGH** hat sich mit einem Fall befasst, bei dem der EV-Antrag vor Einreichung der Schutzschrift schon zurückgenommen war, wobei es um die Erstattungsfähigkeit ging. BGH (JurBüro 2007, 430 = AGS 2007, 477): »Ob Kosten zur zweckentsprechenden Rechtsverfolgung oder Rechtsverteidigung notwendig waren, beurteilt sich nach einem **objektiven** Maßstab. Die durch die Einreichung einer Schutzschrift **nach Rücknahme des Antrags auf Erlass** einer einstweiligen Verfügung entstandenen Kosten sind daher auch dann nicht erstattungsfähig, wenn der Antragsgegner die Antragsrücknahme nicht kannte oder kennen musste.

Hat der Verfahrensbevollmächtigte des Antragsgegners das Geschäft i. S. von Teil 3 Vorb. 3 Abs. 2 RVG VV bereits **vor der Rücknahme** des Verfügungsantrags **betrieben**, etwa durch Entgegennahme des Auftrags sowie erster Informationen, so ist dadurch die 0,8-fache Verfahrensgebühr gemäß Nr. 3100, 3101 Nr. 1 RVG VV angefallen.«

Da der BGH sich in der Entscheidung mit der **Erstattungsfähigkeit**, also der Notwendigkeit, und nicht mit dem Anfall der Gebühr gegenüber der eigenen Partei befasst, kann man die Reduzierung auf die 0,8 Verfahrensgebühr noch hinnehmen, da der BGH insoweit auf die objektive Prozesslage abstellt. Im Verhältnis zur eigenen Partei reichen aber Sachausführungen für die 1,3 Verfahrensgebühr aus. Und wenn der Anwalt bei Einreichung der Schutzschrift nicht weiß, dass der EV-Antrag schon wieder zurückgenommen ist, so ist der Fall genauso zu betrachten, wie wenn ein EV- Antrag gar nicht erst eingereicht wird. Dann ist die Gebühr zwar nicht erstattungsfähig, der Anwalt hat sie aber im Verhältnis zur eigenen Partei mit der Einreichung der Schrift bei Gericht verdient.

Antrag auf Terminsbestimmung (OLG Karlsruhe MDR 1993, 1246).

Anwaltsbestellung (OLG Koblenz JurBüro 1981, 1518; OLG Bamberg JurBüro 1984, 403).

Terminsverlegungsantrag (Hansens BRAGO 8. Aufl. § 32 Rn. 11), siehe aber nachfolgende Darstellung von OLG Koblenz JurBüro 1981, 1518.

Antrag, den Streitwert festzusetzen (Hansens BRAGO 8. Aufl. § 32 Rn. 11).

Einreichung eines Antrags auf Bewilligung von Prozesskostenhilfe (Gerold/Schmidt/von Eicken/Madert/Müller-Rabe RVG 17. Aufl. VV 3101 Rn. 31).

Verteidigungsabsichtserklärung des Beklagten gem. § 276 ZPO (OLG Düsseldorf MDR 1983, 764; MDR 2000, 1396).

Ferner: Fall des OLG Koblenz (JurBüro 1981, 1518):

Nach Anordnung des schriftlichen Vorverfahrens gem. § 276 ZPO reicht der Beklagtenanwalt einen Schriftsatz mit folgendem Inhalt ein:

»In Sachen pp bestellen wir uns für die Beklagte.

Namens und im Auftrag der Bekl. zeigen wir an, dass sich diese auf die Klage hin verteidigen wird. Sachanträge und Klageerwiderung werden innerhalb der gesetzlichen Fristen nachgereicht werden.«

Nr. 3101 VV

Im Anschluss daran hat der Kläger die Klage zurückgenommen.

Frage: Volle Verfahrensgebühr nach Nr. 3100 von 1,3 oder nur 0,8 Gebühr nach Nr. 3101 Nummer 1?

Das OLG Koblenz hat die Qualität eines Sachantrags trotz der Bestellung mit u. a. folgenden Gründen wegen der Einschränkung **verneint:**

Es sei beim Begriff des Sachantrags (§ 32 Abs. 1 BRAGO, jetzt Nr. 3101 Nummer 1) wie beim Klageabweisungsantrag zwar nicht auf die verfahrensrechtliche Qualität (kein Sachantrag i. S. von § 297 ZPO – BGH NJW 1965, 397), sondern auf die gebührenrechtliche Betrachtungsweise abzustellen (OLG Koblenz JurBüro 1978, 717; Schneider Anm. KostRsp TLL BRAGO § 32 Nr. 15). Diese Ansicht, so das **OLG Koblenz** weiter, vertrete auch der BGH wie folgt (BGHZ 52, 385, 388): »Wie der Sachantrag des Kl. und ASt. i. S. des Zivilprozessrechts und auch des Gebührenrechts ein »positiver« Antrag ist, durch den er erklärt, welchen Inhalt die von ihm erbetene richterliche Sachentscheidung haben soll, so ist umgekehrt der »negative« Antrag des Beklagten und Antragsgegners auf Abweisung der Klage oder des Antrages oder auf Zurückweisung des Rechtsmittels in gleicher Weise darauf gerichtet, welche gerichtliche Sachentscheidung dieser gegenüber dem Begehren des Klägers oder Antragstellers erstrebt, mithin auch ein Antrag zur Sache.«

Das OLG Koblenz weiter: Der Beklagte habe sich einen **Antrag** aber noch vorbehalten, sich also nicht festgelegt.

(4) Schriftsatz mit Sachvortrag

31 Zur Aufnahme des neuen Tatbestandsmerkmals »Sachvortrag« bemerkt die Gesetzesbegründung (BT-Drs. 15/1971, S. 211):

»Die zusätzlich eingefügte Alternative soll klarstellen, dass der Reduktionstatbestand auch in solchen, besondere Sachanträge der Parteien nicht erfordernden Verfahren (insbesondere nach dem FGG) anzuwenden sein soll ... In den allgemeinen Zivilsachen steht und fällt das Verfahren mit den Anträgen der Parteien (Partei- und Dispositionsmaxime). Welche Anträge der Prozessbevollmächtigte stellt, ist für diesen, im Unterschied zu den Angelegenheiten der freiwilligen Gerichtsbarkeit und insbesondere im Hinblick auf § 12 FGG, ungleich bedeutender. Für die besondere Verantwortung im Hinblick auf die Stellung eines sachgerechten Antrags in Zivilsachen und in originären Streitverfahren im Übrigen, welche für das Obsiegen oder Unterliegen seiner Partei entscheidend sein kann, soll dem Rechtsanwalt die reguläre Verfahrensgebühr mit einem Satz von 1,3 – gleichsam als Entschädigung in Anbetracht seines erhöhten Haftungsrisikos – weiterhin bereits durch die Antragstellung erwachsen. Da jedoch das FGG-Amtsverfahren keiner Sachanträge bedarf, ist das Haftungsrisiko des Anwalts (im Hinblick auf eine fehlerhafte Antragstellung) zur Zeit der Einleitung des Verfahrens ungleich geringer einzustufen. Folglich soll dem Anwalt hier erst dann die volle Verfahrensgebühr nach Nr. 3100 VV RVG erwachsen, **wenn er für seinen Mandanten in der Sache vorträgt.***«*

32 Ein Sachvortrag reicht also nunmehr in allen Verfahrensarten (ob Streit- oder Amtsverfahren) zum Erhalt der vollen Verfahrensgebühr aus. Sachvortrag ist Vortrag zu den Sachurteilsvoraussetzungen (vgl. Thomas/Putzo Vorbem. 15 ff. vor § 253) sowie zu den Angriffs- und Verteidigungsmitteln i. S. v. § 282 Abs. 1 ZPO, also insbesondere Behauptungen, Bestreiten, Einwendungen, Einreden, Beweismittel und Beweiseinreden.

(5) Einreichung eines Schriftsatzes mit einer Klage- oder Antragsrücknahme

33 Die Einreichung eines Schriftsatzes, der die Rücknahme der Klage oder des das Verfahren einleitenden Antrags (Beispiel: Arrestantrag) enthält, ist in Nr. 3101 Nummer 1 ausdrücklich als zum Erhalten der vollen Verfahrensgebühr von 1,3 genügend erklärt worden. Ein Schriftsatz, der die Zurücknahme der Klage oder des Antrags enthält, muss bei Gericht eingereicht sein. Hierunter fällt auch die Zurücknahme der Widerklage oder des Widerspruchs gegen den Mahnbescheid (OLG München JurBüro 1985, 402) sowie die schriftsätzliche »Zurückziehung« einer zwar anhängigen, aber noch nicht zugestellten Klage (Hansens JurBüro 1986, 495).

(6) Wahrnehmung eines gerichtlichen Termins

Dieser Tatbestand wird in der Praxis seltener vorkommen. Denn endet der Auftrag vorzeitig erst nach der Terminswahrnehmung durch den Anwalt, so dürfte in der Regel der Fälle einer der anderen vorstehend erörterten Erhaltungstatbestände zeitlich früher vorliegen. 34

Der Familiensenat des OLG Nürnberg (JurBüro 2005, 190 = FamRZ 2005, 741) hat dazu ein Beispiel geliefert. Die Schriftsätze des Antragsgegners (Streit ums Sorgerecht) waren im PKH-Prüfungsverfahren eingereicht worden. Nach PKH-Bewilligung hatte der Vater jedenfalls am Termin zur mündlichen Verhandlung, der mit einem Vergleich endete, teilgenommen. Das OLG Nürnberg argumentierte, es könne offen bleiben, ob ein bestimmter Schriftsatz der Gebührenreduzierung entgegengestanden habe. Jedenfalls habe hier die Wahrnehmung des Termins in der Hauptsache (PKH war schon bewilligt) ausgereicht.

Der Rechtsausschuss wollte durch Ergänzung des Gesetzestextes klarstellen, dass es sich bei dem genannten Termin um einen **gerichtlichen** Termin handeln müsse, dessen Wahrnehmung den Anfall der vollen Verfahrensgebühr auch bei vorzeitiger Beendigung des Auftrags sichere.

In Nummer 1 ist auf Empfehlung des Rechtsausschusses zur Klarstellung zum Wort »Termin« das Wort »gerichtlich« hinzugesetzt (BT-Drs. 15/2487, S. 184). Nimmt der Anwalt also einen außergerichtlichen Termin, etwa beim Privatgutachter, wahr und endigt danach sein Auftrag, so wird dadurch noch nicht die Ermäßigung auf 0,8 verhindert, es muss vielmehr ein gerichtlicher Termin sein, dann bleibt es trotz vorzeitiger Beendigung des Auftrags bei der vollen 1,3 Verfahrensgebühr der Nr. 3100. *Müller-Rabe* (Gerold/Schmidt/von Eicken/Madert/Müller-Rabe RVG 17. Aufl. VV 3101 Rn. 49) vertritt zu Recht die Ansicht, dass der Termin **des gerichtlichen Sachverständigen** dem richterlichen Termin gleichzustellen ist. Formal ist das gerechtfertigt, weil nach Vorbemerkung 3 Abs. 3 der Anwalt durch die Teilnahme an solch einem Termin ja sogar schon die Terminsgebühr verdient, dann kann die Verfahrensgebühr ja wohl kaum nur zu 0,8 anfallen. Auch die Ratio des Gesetzes, auf die Müller-Rabe seine Ansicht stützt, spricht für diese Auslegung, weil zu einem solchen Zeitpunkt, selbst wenn der Anwalt noch keine schriftlichen Sachausführungen eingereicht haben sollte, jedenfalls der Vorbereitungsaufwand nicht unerheblich sein dürfte. 35

Endet der ihm erteilte Auftrag nach der Wahrnehmung eines gerichtlichen Termins (er braucht nicht bis zum Ende des Termins anwesend zu bleiben) vorzeitig, so ist für eine Kürzung der Verfahrensgebühr gem. Nr. 3101 Nummer 1 kein Raum mehr. 36

Wahrgenommen hat der Prozessbevollmächtigte einen Termin, wenn er bei Aufruf der Sache im Sitzungssaal anwesend ist, in der Absicht, die Interessen seiner Partei zu vertreten. Nicht genügend ist, wenn der Anwalt zwar erscheint, aber dann nur erklärt, dass er nicht auftrete und der Gegner VU nehmen könne (OLG München JurBüro 1994, 542), oder er dem Gericht gegenüber nur erklärt, dass das Mandat niederlege (OLG Hamm JurBüro 1975, 913; Rpfleger 1977, 458).

Hat er vorher noch keine sonstige Maßnahme des Katalogs der Nr. 3101 Ziffer 1 ergriffen und endet jetzt sein Mandat, so bleibt es bei der 0,8 Gebühr. Zur Erfüllung des Merkmals »Wahrnehmung eines gerichtlichen Termins« ist die Stellung von Anträgen in dem Termin nicht erforderlich, so dass eine jede Art von gerichtlichem Termin ausreicht, also auch Termine zur Durchführung einer Beweisaufnahme-, Gütetermine oder Termine vor dem beauftragten oder ersuchten Richter. 37

Ausreichend für die Wahrnehmung eines Termins ist, dass ein Termin überhaupt stattgefunden und der Anwalt in diesem Termin die Interessen seines Mandanten wahrgenommen hat. Unerheblich ist es, ob in diesem Termin der Gegenanwalt oder der Gegner persönlich erschienen ist. Es ist nicht nötig, dass in dem Termin eine Sachentscheidung ergeht und es ist auch gleichgültig, ob der Termin nur vertagt wird.

Nr. 3101 VV

Handelt es sich um den Anwalt des Streitverkündeten, so ist erforderlich, dass der Streitverkündete seinen Beitritt zum Rechtsstreit bereits erklärt hat (OLG Hamm JurBüro 1975, 913). Hat der Prozessbevollmächtigte des Streithelfers sich bereits schriftsätzlich bestellt und den Beitritt mit der Ankündigung eines Antrags erklärt, so ist auch ohne Terminswahrnehmung dadurch bereits die volle Verfahrensgebühr nach Nr. 3100, auch bei vorzeitiger Beendigung des Auftrags, endgültig angefallen (OLG Nürnberg JurBüro 1994, 671).

II. Nr. 3101 Nummer 2 – Differenzverfahrensgebühr – Reine Protokollierung der Einigung und/oder Einigungsverhandlungen über in diesem Verfahren nicht rechtshängige Ansprüche

– Einführung

38 Die Differenzverfahrensgebühr ist durch die Neuregelung von 0,5 auf 0,8 erhöht worden. Der Gesetzgeber begründet das mit der Erwägung, dass auch solchen Einigungen regelmäßig erhebliche Bemühungen des Anwalts vorausgehen. Dennoch haben in der Vergangenheit zahlreiche Anwälte beim so genannten Mehrvergleich zwar den Mehrwert bei der Vergleichsgebühr beachtet, die Differenzprozessgebühr (nach altem Recht eine 5/10 Gebühr in erster Instanz) wurde aber meistens vergessen, und zwar häufig wegen Nichtkenntnis des Gesetzes. Das kann man sich bei einer 0,8 Gebühr noch weniger leisten. Man hat aber nur etwas davon, wenn der einbezogene Anspruch nicht anderweitig rechtshängig ist. Ist er schon in einem anderen Rechtsstreit (etwa B) rechtshängig, so ist das Ganze wegen der Anrechnung des Vorteils in A auf den Gebührenanspruch in B ein Null-Summen-Spiel (siehe Rn. 72–74).

Die Regelung der Nummer 2 von Nr. 3101 (0,8 Verfahrensgebühr) bezieht sich **nicht** auf den Fall, dass eine Einigung über die in diesem Verfahren **schon eingeklagten** Ansprüche protokolliert wird (für diesen Streitgegenstand ist ja schon die 1,3 Verfahrensgebühr Nr. 3100 angefallen), sondern sie bezieht sich auf den so genannten nicht rechtshängigen Mehrwert.

Diese 0,8 Verfahrensgebühr gibt es bei Protokollierung einer Einigung über

1. nicht rechtshängige Ansprüche (es ist gleich, ob Einigung erzielt ist außerhalb oder innerhalb des Gerichtstermins, in dem protokolliert wird (Einigungsprotokollierungstermin)),
2. in einem anderen Verfahren anhängige Ansprüche,
3. Ansprüche, die in einem anderen PKH-Bewilligungsverfahren anhängig sind,
4. Einbeziehung von Dritten in den Vergleich (z. B. Streithelfer oder Zeugen),
5. »Mehrvergleich«, auch möglich bei Vergleich nach § 278 Abs. 6 ZPO.
6. Es genügt nunmehr schon in allen vorstehenden Fällen 1. bis 5. (für den Anfall der Verfahrensgebühr) auch allein die Verhandlung vor Gericht zum Einigungs**versuch**.

Dazu eine Entscheidung: LAG Köln (21. 02. 2008 – 7 Ta 89/07 –): »Gemäß Gebührentatbestand Nr. 3101 Ziff. 2 der Anlage 1 zum RVG fällt eine Verhandlungsgebühr mit dem Faktor 0,8 unter anderem dafür an, dass der Anwalt vor Gericht Verhandlungen zur Einigung über solche Ansprüche führt, die »in diesem Verfahren nicht rechtshängig« sind. Dabei ist nicht zwischen solchen Gegenständen zu differenzieren, die nirgendwo anhängig sind und solchen, die zwar nicht im laufenden Verfahren, wohl aber in einem anderen Gerichtsverfahren rechtshängig sind.«

1. Nicht rechtshängige Ansprüche

a) Die Problemlage für den Anwalt

39 Es dient der endgültigen Befriedung der Parteien, wenn im Rahmen eines Vergleichsgesprächs das Gericht die Frage stellt, ob damit der gesamte Konflikt bereinigt sei oder ob es weitere Streitpunkte gebe. Der Anwalt befindet sich durch eine solche Fragestellung des Ge-

richts häufig in folgender Konfliktsituation: Einerseits sagt ihm sein Gewissen (Organ der Rechtspflege), dass es seine Aufgabe ist, auf eine endgültige friedensschaffende Ausgleichsregelung zwischen den Streitteilen hinzuwirken, dass er aber andererseits die Tatsachen und die Rechtslage bezüglich des einzubeziehenden Konfliktstoffes nicht oder nur unvollständig kennt und sich dadurch bei ungenügender Beratung der Regressgefahr aussetzt. Dieses Dilemma des Anwalts wird noch dadurch übermäßig verschärft, dass nachfolgend Richter, die für eigene Fehler im Amt sich gerne auf das Spruchrichterprivileg des Staates und für sonstiges Handeln auf die Begrenzung ihrer Haftung auf grobe Fahrlässigkeit (Beamtengesetze) berufen, über die Regressansprüche gegen Anwälte mit erheblich überspitzten Schuldmaßstäben (so auch die einschlägige Rechtsprechung des BGH zur Vergleichsberatung) urteilen. So hat der 9. Zivilsenat des BGH (NJW 2002, 1048) den Einwand des beklagten Anwalts, dass er das Mandat erst am Tage des Verhandlungstermins erhalten habe, nur eines einzigen knappen Satzes der Begründung für würdig erachtet hat, nämlich: »Eine Einschränkung dieses Mandats ergab sich daraus für die Mitwirkung am Vergleichsschluss nicht.« Gerade bei Vergleichsabschlüssen, die ja häufig nicht nur auf einer zutreffenden oder unzutreffenden Beurteilung der **wirklichen** Rechtslage (die gibt es sowieso nur bei einer bestimmten Gattung von Richtertypen) beruhen, sondern ganz stark auch auf emotionalen Bezügen, sollten Regressrichter sich weitgehend zurückhalten und nur äußerst ausnahmsweise eine Fehlberatung des Anwalts bejahen.

Wer das anders sieht, der sollte schleunigst anfangen, sich einmal mit den hilfreichen Grundsätzen der Mediation zu befassen. Dann wird ihm vielleicht klar, welch (juristisches) Stückwerk der streitige Prozess herkömmlicher Art ist, so wie er jedenfalls noch häufig ohne ausreichendes wirkliches Gehör der Beteiligten praktiziert wird.

Doch all diesen richterlichen Gefahren zum Trotz gibt es noch Anwälte, die auf Anregung des Gerichts oder aus eigenem Antrieb zur Befriedung der Parteien an einem so genannten friedenschaffenden **Mehrvergleich** mitwirken.

b) Einigung über nicht rechtshängige Ansprüche im Termin

Im Text des § 32 Abs. 2 BRAGO fehlte der jetzt hinzugefügte ausdrückliche Zusatz »**in diesem Verfahren nicht rechtshängig.**« Die neue Gesetzesformulierung übernimmt damit aber nur die frühere Auslegung der Norm, so wie sie vom KG (MDR 1988, 787) und im Kommentar von Gerold/Schmidt/von Eicken/Madert BRAGO 15. Aufl. § 32 Rn. 22 beschrieben ist. Der neue Zusatz ändert also nichts an der Rechtslage.

Die in der Praxis vorkommende Fallgestaltung betrifft nach meinen Beobachtungen Fälle, bei denen aus Anlass eines Prozessvergleichs zugleich noch ein weiterer nicht rechtshängiger Streitpunkt mitgeregelt wird. Der Gesetzeswortlaut ist allerdings auch anwendbar, wenn lediglich eine Einigung erzielt und gerichtlich protokolliert wird über einen nicht rechtshängigen Anspruch und hinsichtlich des gerichtlich anhängigen Streitgegenstandes zu diesem Zeitpunkt nichts geregelt wird. Ich habe so etwas allerdings nur einmal, zudem bei einer **außergerichtlichen** Einigung erlebt, die dann als Vergleich protokolliert wurde. Das gleichzeitig anhängige Hauptsacheverfahren selbst wurde vorerst nicht weiterbetrieben und nach einer Ruhensfrist von sechs Monaten weggelegt.

Die Regel ist aber die Einbeziehung nicht rechtshängiger Ansprüche in einen Gesamtvergleich, auch Mehrwertvergleich genannt.

Abgesehen von der hier kommentierten Verfahrensgebühr ist bei solch einem Vergleich, gebührenrechtlich jetzt **Einigung genannt,** zu beachten, dass sowohl bei der Verfahrens- wie bei der Einigungsgebühr verschiedene Gebührensätze zur Anwendung kommen (§ 15 Abs. 3).

Für den verglichenen **rechtshängigen** Streitgegenstand erfällt eine **1,0 Gebühr** (Nr. 1003) für die Einigung, für den einbezogenen, bisher **nicht rechtshängigen** Wert beträgt die Gebühr **1,5** nach der Grundnorm für die Einigungsgebühr (Nr. 1000).

Nr. 3101 VV

OLG Stuttgart dazu (JurBüro 2008, 306):

»Wird im Rahmen der mündlichen Verhandlung über nicht rechtshängige Ansprüche nach vorheriger Erörterung eine Einigung erzielt und protokolliert, so entsteht neben der 1,5-Einigungsgebühr gem. Nr. 1000 RVG-VV auch eine 0,8-Verfahrensgebühr nach Nr. 3101 Ziff. 2 RVG-VV und eine 1,2-Terminsgebühr nach Nr. 3104 (Abs. 2) RVG-VV.«

LG Regensburg (JurBüro 2005, 647): »Allein der Umstand, daß ein überschießender Vergleich geschlossen wird, deutet darauf hin, daß auch insoweit Verhandlungen, welche die Differenzterminsgebühr auslösen, geführt worden sind; eines Nachweises im Protokoll für die stattgefundene Verhandlung oder Erörterung bedarf es dann für die Festsetzung der Terminsgebühr auch aus den nicht rechtshängigen Ansprüchen nicht mehr.

Ist die Partei und deren Prozeßbevollmächtigter im Termin anwesend, in dem nicht rechtshängige Ansprüche behandelt werden, ist zumindest auch wegen dieser weiteren Ansprüche von einem stillschweigenden Verfahrensauftrag für den Rechtsanwalt auszugehen.«

41 • **Beispiel**

		Klagewert:	€ 15.000,00	
		zusätzlicher, einbezogener Wert:	€ 20.000,00	
1.	1,3 Verfahrensgebühr (Nr. 3100)		€ 15.000,00	€ 735,80
	0,8 Verfahrensgebühr (Nr. 3101)		€ 20.000,00	€ 516,80
				€ 1.252,60
	Kappung nach § 15 Abs. 3			
	1,3 Verfahrensgebühr		€ 35.000,00	**€ 1.079,00**
2.	1,0 Einigungsgebühr (Nr. 1003)		€ 15.000,00	€ 566,00
	1,5 Einigungsgebühr (Nr. 1000)		€ 20.000,00	€ 969,00
				€ 1.535,00
	Kappung nach § 15 Abs. 3			
	1,5 Einigungsgebühr		€ 35.000,00	**€ 1.245,00**
	Hinzu kommt:			
3.	1,2 Terminsgebühr (Nr. 3104 Anm. Abs. 2)		€ 35.000,00	**€ 969,00**

(+ Auslagen + USt.)

Wäre der einbezogene Anspruch **nur protokolliert** worden und nicht im Termin ausgehandelt, so würde daraus die **Terminsgebühr** (anders die Differenzverfahrensgebühr) nicht erfallen (Abs. 3 der Anm. zu Nr. 3104).

Die Terminsgebühr (Wert nur € 15.000,00) betrüge dann **€ 679,20**.

c) Widerrufsvergleich – Verfahrensgebühr

42 Während die Einigungsgebühr (früher Vergleichsgebühr) eine so genannte Erfolgsgebühr ist, ist die Verfahrensgebühr eine Tätigkeitsgebühr. Achtung: Während die Einigungsgebühr (Vergleichsgebühr) beim Widerrufsvorbehalt nur erfüllt (aufschiebende Bedingung), wenn die Einigung (Vergleich) nicht mehr widerrufen werden kann (übrigens auch für den unbedingt abschließenden Partner), bleibt die 0,8 **Verfahrensgebühr** der Nr. 3101 auch beim Wi-

derruf erhalten (OLG Düsseldorf JurBüro 1981, 70; OLG Frankfurt JurBüro 1979, 1664; OLG Hamm JurBüro 1980, 1517; Gerold/Schmidt/von Eicken/Madert BRAGO 15. Aufl. § 32 Rn. 8 u. 22; Berg/Blaß/Bolder/Kraft/Ramm BRAGO-Handbuch 2. Aufl. G 27). Einmal angefallene Gebühren fallen nicht mehr weg (§ 15 Abs. 4). Dieses Ergebnis folgt jetzt eindeutig aus dem Gesetzeswortlaut (Nr. 3101 Nummer 2 Hs. 2), der es alternativ für den Gebührenanfall neben der Einigung genügen lässt, wenn »lediglich Verhandlungen vor Gericht zur Einigung über solche Ansprüche geführt werden.« Die zielgerichtete Verhandlung genügt, auf den Erfolg, den Einigungsabschluss kommt es nach diesem neuen Wortlaut des Gesetzes selbst nicht an.

Allerdings: Der einbezogene Streitgegenstand gehört nicht zum Klagegegenstand und damit sind diese Kosten keine Kosten des Rechtsstreits, auf die die §§ 103, 104 ZPO abstellen, so dass eine Erstattung aufgrund einer späteren Kostenentscheidung (hinsichtlich des anhängigen Streitgegenstandes, wenn der Rechtspfleger beim Kostenfestsetzungsbeschluss aufpasst, nicht erfolgt (Gerold/Schmidt/von Eicken/Madert/Müller-Rabe RVG 17. Aufl. VV 3100 Rn. 168). 43

Im Verhältnis zur eigenen Partei fällt diese Gebühr allerdings an.

Das KostRMoG (BT-Drs. 15/1971, S. 137) hat in Artikel 4 Nr. (18) die BRAO durch Aufnahme eines Absatzes 5 in den § 49 b wie folgt geändert **(Neue Hinweispflicht!):** 44

»Richten sich die zu erhebenden Gebühren nach dem Gegenstandswert, hat der Rechtsanwalt vor Übernahme des Auftrags hierauf hinzuweisen.«

Unterlässt der Anwalt diesen nach neuem Recht gebotenen Hinweis, und das geschieht häufig (Beweislast für Nichthinweis hat der Mandant, BGH NJW 2008, 371), so hat das nicht etwa zur Folge, dass dann die Gebühr erst gar nicht erfüllt. Bei entsprechendem Nachweis eines Schadens und vor allem der Kausalität könnte der Mandant aber Schadensersatz begehren, er könnte also verlangen, so gestellt zu werden, wie er bei ordnungsgemäßer Belehrung gestanden hätte. Da nur auf die Berechnungs**art** »Gegenstandswert«, nicht aber etwa auf die konkrete Höhe hinzuweisen ist, dürfte dem Mandanten der Kausalitätsnachweis für einen Nichtbelehrungsschaden sehr schwer fallen. Nur, wenn der Anwalt den Mandanten so abstrakt (»Gebühren richten sich nach dem Gegenstandswert«) belehrt, wird der Mandant nachhaken und fragen, was heißt das? Dann kommt sicher die Frage nach dem konkreten Streitwert und der konkreten Gebühr. Eine dabei gegebene falsche Antwort kann in geeigneten Fällen bedeuten, dass der Anwalt den entstandenen Gebührenanspruch nicht gegenüber seinem Mandanten erheben kann, weil der Mandant einen entsprechenden Schadensersatzanspruch aus PVV auf Nichterhebung der Gebühr hat.

Aus Gründen der Beweisbarkeit sollte die Belehrung immer schriftlich dokumentiert werden, und zwar muss die **Belehrung vor dem Anfall der Gebühr erfolgen.**

Im ersten Anschreiben an den Mandanten könnte es heißen: »Die Gebühren berechnen sich in Ihrem Fall nach der Höhe des Gegenstandswerts.«

Wenn zu Beginn der Instanz ein solcher Hinweis unterblieben ist, sollte er beim hier gegebenen besonderen Fall der Einbeziehung eines Mehrwertes jedenfalls vor einem Widerrufsvergleich erfolgen, andernfalls wird der Anwalt Probleme bekommen, wenn er nach einem Widerruf des Vergleichs seiner Partei die Mehrkosten (Differenzverfahrensgebühr) des einbezogenen Anspruchs (nicht erstattungsfähig) in Rechnung stellt. 45

d) Reiner Protokollierungsauftrag oder außerprozessualer Vertretungsauftrag

Zwei gegensätzliche Beispielsfälle: 46

- **Fallkonstellation 1**

Mieter hat gegen Vermieter nach seinem Auszug einen Schadensersatzanspruch von € 3.000,00 eingeklagt.

Nr. 3101 VV

Daneben hat der Mieter seinem Anwalt bislang nur einen Vertretungsauftrag (Nr. 2300) erteilt, einen Darlehensrückzahlungsanspruch (Mietkaution) von € 6.000,00 außergerichtlich geltend zu machen. Im Verhandlungstermin regt der Richter einen Vergleich an, die Parteien einigen sich unter Einbeziehung des Mehrwertes von € 6.000,00 auf 2/3 = 2.000,00 + 4.000,00 = insgesamt € 6.000,00 (von geforderten € 9.000,00).

Verfahrensgebühr?

47 • **Fallkonstellation 2**

Mieter hat gegen Vermieter nach seinem Auszug einen Schadensersatzanspruch von € 3.000,00 eingeklagt.

Im Termin fragt der Richter im Rahmen eines Vergleichsgesprächs, ob es sonst noch etwas Streitiges zu regeln gibt. Die Parteien unterrichten nun Gericht und Anwälte, dass es da noch einen Konflikt über die Rückzahlung der geleisteten Mietkaution (€ 6.000,00) gibt. Die Parteien einigen sich mit Hilfe der Anwälte unter Einbeziehung des Mehrwertes von € 6.000,00 auf 2/3 = € 2.000,00 + € 4.000,00 = insgesamt € 6.000,00.

Verfahrensgebühr?

Antwort zur Fallkonstellation 2:

Bei der Fallkonstellation 2 lässt sich die Verfahrensgebühr nach dem bisher Erörterten einfach berechnen (nämlich Anwendung der Berechnungsgrundsätze, oben Rn. 41), schwieriger wird es dann bei der Fallkonstellation 1, und sodann bei einer noch darzustellenden **Mischform 3**.

48 **Fallkonstellation 2:**

	Klagewert:	€ 3.000,00	
	zusätzlicher, einbezogener Wert:	€ 6.000,00	
1.	1,3 Verfahrensgebühr (Nr. 3100)	€ 3.000,00	€ 245,70
2.	0,8 Verfahrensgebühr (Nr. 3101)	€ 6.000,00	€ 270,40
			€ 516,10
	Kappung nach § 15 Abs. 3		
	1,3 Verfahrensgebühr	€ 9.000,00	€ 583,70
	Der »Kappungsbetrag« liegt höher, es verbleibt also bei		**€ 516,10**

49 **Antwort zur Fallkonstellation 1:**

Hat der Anwalt hinsichtlich der Mietkaution von € 6.000,00 (nicht anhängiger Anspruch) zunächst einen außergerichtlichen Verhandlungsauftrag, so fällt die Gebühr der Nr. 2300 (0,5 bis 2,5) durch sein vorprozessuales Tätigwerden an (Gerold/Schmidt/von Eicken/Madert/Müller-Rabe RVG 17. Aufl. VV 2300, 2301 Rn. 7). § 19 Nr. 2 (zum Rechtszug gehören außergerichtliche »Verhandlungen«) steht nicht entgegen, weil § 19 Nr. 2 nur auf den Gegenstand des **Prozessauftrags** abstellt. Zum Streitwert € 6000,00 (Mietkaution) hat der Anwalt aber keinen Prozessauftrag, er soll ja nur einbezogen werden.

Auch der BGH (NJW 1969, 932) hat das so gesehen. Allein entscheidend ist, ob der Anwalt hinsichtlich der nicht rechtshängigen Ansprüche (schon) einen Klageauftrag hatte.

Liegt ein solcher vor, so sind nur die Vorschriften des 3. Teils anzuwenden. Fehlt ein solcher Klageauftrag (so hier einmal angenommen), so richtet sich die Tätigkeit entsprechend dem

Auftrag gebührenrechtlich nach den Gebührenvorschriften Teil 2 über die Vertretung, also Nr. 2300.

Fallkonstellation 1: Berechnung der Vertretungs-/Verfahrensgebühren 50

	Klagewert:	€ 3.000,00	
	zusätzlicher, einbezogener Wert:	€ 6.000,00	
1,3 Verfahrensgebühr (Nr. 3100)	€ 3.000,00	€ 245,70	€ 245,70
1,6 (Annahme) Geschäftsgebühr (Nr. 2300)	€ 6.000,00	€ 540,80	€ 540,80
0,8 Verfahrensgebühr (Nr. 3101)	€ 6.000,00	€ 270,40	
Auf die Verfahrensgebühr		€ 270,40	
sind anzurechnen (Vorbemerkung Teil 3 Abs. 4)			
0,75 der Geschäftsgebühr (Werte mit € 6.000 identisch)		€ 253,50	
Verbleibender Rest aus Verfahrensgebühr		€ 16,90	€ 16,90
Gesamt			**€ 803,40**

Diese Berechnungsweise der Anrechnung entsprechend dem Gesetzeswortlaut der Vorbemerkung 3 Abs. 4 wird im Verhältnis Auftraggeber – Anwalt von allen so akzeptiert. Bei der Kostenerstattung werden andere (Aus-)Wege aus dem Dilemma gesucht (Vorbemerkung 3 Rn. 103 ff.).

Weiter angefallen ist mindestens die Einigungsgebühr, die unproblematisch wie Muster Rn. 41 zu berechnen ist.

Fallkonstellation 3: Mischform von 1 und 2 51

Es ist Klage erhoben zum Wert € 3.000,00.

Hinsichtlich der Mietkaution (€ 6.000,00) ist noch keine Klage erhoben.

Wie ist die Lage, wenn der Anwalt insoweit (Wert € 6.000,00) von vornherein zwei Aufträge hat, einen außergerichtlichen Vertretungsauftrag und einen **bedingten Prozessauftrag,** also Klageauftrag für den Fall des Scheiterns der außergerichtlichen Verhandlungen?

Dann liegt ein unbedingter Auftrag zu einer Angelegenheit der Nr. 2300 und – aufschiebend bedingt – ein Klageauftrag gem. Nrn. 3100, 3104 vor (Gerold/Schmidt/von Eicken/Madert/Müller-Rabe RVG 17. Aufl. VV 2300, 2301 Rn. 6 und 7 unter Hinweis auf BGH NJW 1969, 932; H. Schmidt AnwBl. 1969, 72). Bis zum Eintritt der Bedingung, dem Scheitern der vorgerichtlichen Verhandlungen, erfällt für den Anwalt zunächst die Gebühr der Nr. 2300. Erst mit dem Scheitern der Verhandlungen wird die Angelegenheit zu einer solchen des Teils 3 (BGH NJW 1961, 1469; 1968, 62; 1968, 2334 = AnwBl. 1969, 15; OLG Oldenburg MDR 1961, 245; Riedel/Sußbauer RVG 9. Aufl. VV Teil 2 Rn. 27b). Mit der ersten Tätigkeit nach Eintritt der Bedingung fällt dann grundsätzlich auch zum Wert € 6.000,00 die Verfahrensgebühr (Nr. 3100) an und zwar je nach Stand des Verfahrens in Höhe von 0,8 oder 1,3.

Nr. 3101 VV

52 Die Vermutung spricht dafür, dass der Anwalt zunächst versuchen sollte, die Sache gütlich zu bereinigen, dass er also in erster Linie einen nach Nr. 2300 zu vergütenden Auftrag erhalten hat (BGH AnwBl. 1969, 15). Das LG Mannheim (AnwBl. 1966, 30) ist dem beigetreten und meint, bei Unfallschädenregulierungen spreche die Vermutung für beides, also die Erteilung eines unbedingten Verhandlungs- und eines bedingten Klageauftrags.

53 Bei solch einem bedingten Prozessauftrag muss man im Einzelfall sehen, wie weit der »Film« abgespult war im Zeitpunkt der Einigung: War der Anwalt bis zum Zeitpunkt der Einigungsprotokollierung für seinen Vertretungsauftrag noch nicht einmal tätig, so erhält er nur die 0,8 Verfahrensgebühr der Nr. 3101 Nummer 2 wegen der Einigungsprotokollierung (€ 3.000,00 sind eingeklagt, € 6.000,00 werden durch Protokollierung mit einbezogen in den Prozessvergleich).

54 Hatte er schon Vertretungshandlungen vorgenommen, so ist die **Fallkonstellation 1** gegeben, wobei sich die Höhe des Gebühren**satzes** (0,5–2,5) der Geschäftsgebühr (Nr. 2300) u. a. nach dem Umfang seiner schon erbrachten Bemühungen richtet.

55 Waren die vorgerichtlichen Bemühungen allerdings schon gescheitert, so hatte er jetzt wegen des Eintritts der Bedingung einen Prozessauftrag. Bezieht er den Gegenstand in den Vergleich des anhängigen Rechtsstreits mit ein (damit endet der Auftrag – Nr. 3101), so richtet sich die Verfahrensgebühr, wenn noch keine die gesamte 1,3 Gebühr erhaltende Handlung gegeben war (wie Einreichung der Klageschrift, der Antragsschrift pp), nach Nr. 3101 Nummer 1 = 0,8 (Berechnung dann wie Rn. 50).

56 Diskutieren ließe sich, da die vorzeitige Beendigung des Auftrags in der Vergleichsprotokollierung liege und er zuvor ja schon den entsprechenden gerichtlichen **Termin wahrgenommen** habe, dass darin (nämlich in der Wahrnehmung des Termins) die die ganze Verfahrensgebühr (1,3) erhaltende Maßnahme zu sehen sei. Dem ist aber nicht zu folgen, denn der Termin gehört zur anderen, zur rechtshängigen Sache, während zum einbezogenen Streitgegenstand (im Beispielsfall: Mietkaution) kein gerichtlicher Termin bestimmt war (vgl. OLG Stuttgart NJW-RR 2005, 940 = JurBüro 2005, 303).

Dies wäre nur mit einem auch sonst schon im Prozessalltag praktizierten Verfahren zu erreichen:

Die anhängige Klage müsste um den Streitgegenstand Kaution erweitert werden (objektive Klagehäufung – § 260 ZPO) und der Beklagte müsste in der sofort anberaumten mündlichen Verhandlung sich zur Zustellung bekennen und zugleich auf die Einhaltung von Einlassungs- und Ladungsfrist (§§ 271, 217 ZPO) verzichten. Würde danach protokolliert, so wäre auch für den einbezogenen Streitgegenstand (Wert € 6.000,00) die volle Verfahrensgebühr 1,3 erfallen.

57 • Hinweis zur Terminsgebühr: Vorbemerkung 3 Abs. 3 VV

War die Bedingung für den Prozessauftrag (€ 6.000,00) schon eingetreten und hatte der Klägeranwalt somit auch insoweit einen wirksamen Klageauftrag und **bespricht** er nun außerhalb einer mündlichen Verhandlung über den Klagestreitwert € 3.000,00 (mit oder ohne Gericht, siehe Vorbem. 3 Rn. 84) die Modalitäten eines Vergleichs zur Klageforderung (Wert: € 3.000,00) und ferner über den einbezogenen Anspruch (Wert: € 6.000,00) mit dem **Gegner,** so **vermeidet** diese Besprechung hinsichtlich der € 6.000,00 ein gerichtliches Klageverfahren und erledigt die Besprechung hinsichtlich der € 3.000,00 das anhängige gerichtliche Klageverfahren und der Anwalt verdient die **Terminsgebühr** aus dem Wert von € 6.000,00 + € 3.000,00 = € 9.000,00. Es genügt ja sogar schon, wenn die Besprechung nur dieses Ziel hat, wenn die Einigung auch nicht gelingt (näher dazu bei Nr. 3104 Rn. 43 ff. und Vorbemerkung 3 Abs. 3 Rn. 37 ff.).

e) Abschließende Klarstellung und Hinweise

58 Hat der Anwalt **nur** einen »Prozess«auftrag zur Protokollierung der Einigung Nr. 3101 Nummer 2 (und nicht zuvor auch einen Auftrag zur außergerichtlichen Regulierung), so kann die

Gebühr der Nr. 2300 nicht anfallen (Gerold/Schmidt/von Eicken/Madert BRAGO 15. Aufl. § 32 Rn. 22; Gerold/Schmidt/von Eicken/Madert/Müller-Rabe RVG 17. Aufl. VV 3100 Rn. 15). Wenn also der Auftrag von vornherein nur dahin geht, für eine etwa erzielte Einigung die gerichtliche Protokollierung zu beantragen, so wendet die h. M. insgesamt für die Vergleichsverhandlungen nur die Vorschriften des 3. Teils – also Nr. 3101 Nummer 2 – und nicht auch Nr. 2300 an (BGHZ 48, 334; AG Darmstadt AGS 1999, 116; KG NJW 1974, 323; Riedel/Sußbauer BRAGO 8. Aufl. § 32 Rn. 28 m. w. N.).

Schließlich ist die eingangs schon aufgestellte These zu wiederholen, dass die gesamten vorstehenden Ausführungen auch dann gelten, wenn die Einigung über die Einbeziehung eines nicht anhängigen Anspruchs in den Gesamtvergleich nicht im Gerichtssaal, sondern außergerichtlich ausgehandelt wird (außergerichtlicher Vergleich) mit dem Ziel der gerichtlichen Protokollierung und anschließendem Antrag an das Gericht zur Protokollierung. Die Prozessvermeidungsterminsgebühr der Vorbemerkung 3 Abs. 3 i. H. v. 1,3 erhält der Anwalt auch für einen außergerichtlich abgeschlossenen Vergleich, ja selbst für ein erfolgloses Gespräch (Gerold/Schmidt/von Eicken/Madert/Müller-Rabe RVG 17. Aufl. VV Vorb. 3 Rn. 111) mit diesem Ziel, wenn er nur zu **diesem Zeitpunkt** schon einen **unbedingten Prozessauftrag** hatte. 59

2. Nr. 3101 Nummer 2 – Einbeziehung von in einem anderen Verfahren anhängigen Ansprüchen

Mit dieser Kompromisslösung beendet der Gesetzgeber einen heftig geführten Streit, der zu sehr divergierenden Lösungen geführt hat. 60

Nur soviel zum Verständnis der hier anstehenden Konfliktlage:

Beim Gesamtvergleich werden nicht selten auch solche Ansprüche einbezogen, die bei anderen Gerichten und in verschiedenen Instanzen desselben Gerichts anhängig sind. Soll dann der Anwalt, der die Gesamtprotokollierung begleitet und beantragt, aus dem Wert der schon anderweitig anhängigen Streitsachen noch eine Differenzverfahrensgebühr aus Anlass der Einbeziehung erhalten, wenn er auch in der anderen Streitsache die Partei vertritt, und dort schon die Verfahrensgebühr verdient hat? Man differenzierte bisher danach, ob der betreffende Anwalt, seine Sozietät oder ein fremder Anwalt Prozessbevollmächtigter in dem anderen Verfahren war. Teilweise wurde argumentiert, wenn er oder die Sozietät schon im anderen Prozess die ganze Prozessgebühr verdient habe und die Sache somit kannte, bestehe kein Anlass mehr zum erneuten Anfall auch nur einer halben Prozessgebühr (jetzt Verfahrensgebühr) aus Anlass der Protokollierung der Einigung hinsichtlich des einbezogenen anderweit rechtshängigen Anspruchs (str., siehe zum früheren Meinungsstreit Rn. 75).

Nach der **neuen Gesetzeslage** (Nr. 3101 Nummer 2 VV) erhält der Anwalt, der die Einbeziehung vertritt, die 0,8 Verfahrensgebühr aus dem einbezogenen Streitgegenstand, gleich ob er, seine Sozietät oder ein fremder Anwalt Prozessbevollmächtigter im einbezogenen Rechtsstreit ist. Diesen Schluss muss man aus der Anrechnungspflicht (Nr. 3101 Anm. Abs. 1, siehe nachfolgend Rn. 71) ziehen. Dort hat der Gesetzgeber bestimmt, dass zunächst aus den beiden Teilwerten gem. § 15 Abs. 3 die entsprechenden Verfahrensgebühren zu errechnen sind, also fallen sie auch von beiden Teilstreitwerten an, auch von dem anderweitig rechtshängigen Teilstreitwert. Allerdings führt die Anrechnungspflicht im Ergebnis dazu, dass er letztlich in Fällen anderweitiger Rechtshängigkeit alles, was er in Form der Differenzverfahrensgebühr als Mehr erhält, wegen der Anrechnung wieder verliert. 61

- **Beispielsfall aus der Rechtsprechung**: OLG Hamm (JurBüro 2007, 200):

»Gemäß § 103 Abs. 2 ZPO sind nur die im vorliegenden Ausgangsverfahren angefallenen Kosten festzusetzen (OLG Köln JurBüro 1973, 638; OLG München JurBüro 1978, 1024 m. w. N.; MüKo, a. a. O., Rn. 4 m. w. N.). Daran ändert auch nichts die Tatsache, dass der vorliegende Rechtsstreit durch den im Amtsgerichtsverfahren geschlossenen Gesamtvergleich beendet wurde. Da beide Verfahren durch das Gericht nicht gemäß § 147 ZPO verbunden

Nr. 3101 VV

wurden, kommt in der konkreten Verfahrensweise lediglich der übereinstimmende Wille der Parteien zum Ausdruck, beide Verfahren allein zum Zwecke des Vergleichsabschlusses und auch nur insoweit als untereinander verbunden anzusehen (so OLG München, a. a. O.). Die dadurch im Verfahren vor dem Amtsgericht zusätzlich angefallenen Gebühren sind daher **jenem** Verfahren zuzurechnen und folglich auch **nur dort** festzusetzen (OLG München, a. a. O.).

Die im angefochtenen Beschluss zu Recht allein in Ansatz gebrachte Verfahrensgebühr ist auf die Beschwerde des beklagten Vereins hin allerdings um die im amtsgerichtlichen Verfahren nach demselben Streitwert angefallene 0,8 Verfahrensgebühr (Nr. 3101 VV RVG) auf Grund der **Anrechnungsvorschrift in Nr. 3101** zu kürzen. Sie ist in voller Höhe mit 300 Euro anzurechnen, da der Gesamtbetrag der im Verfahren vor dem Amtsgericht München angefallenen Verfahrensgebühren der Nr. 3100 und 3101 (1,3 Gebühr nach 3.000 Euro + 0,8 Gebühr nach 6.293,66 Euro) mit 545,70 Euro die nach § 15 Abs. 3 RVG zu berücksichtigende Obergrenze von 631,80 Euro (1,3 Gebühr nach 9.293,66 Euro) nicht überschreitet (Onderka / N. Schneider in AnwK-RVG, VV 3101, Rn. 120).«

- **Berufungsinstanz**

62 In der Berufungsinstanz erfällt bei einer Einbeziehung – und zwar gleich, ob der einbezogene Anspruch überhaupt nicht anhängig ist oder aber bei einem erstinstanzlichen Gericht anhängig ist, gleich wer dort vertritt – statt der erstinstanzlichen 0,8 Verfahrensgebühr der Nr. 3101 Nr. 2 eine 1,1 Verfahrensgebühr nach Nr. 3201 Nr. 2.

3. Einbeziehung eines Anspruchs aus einem PKH-Bewilligungsverfahren

63 Das PKH-Bewilligungsverfahren ist kein Prozessverfahren. Daher entsteht nicht die 1,3 Verfahrensgebühr nach Nr. 3100. Die Verfahrensgebühr ist geregelt in Nr. 3335 in Teil 3 Abschnitt 3, Unterabschnitt 6. Die Verfahrensgebühr für das Verfahren über die Prozesskostenhilfe beträgt jetzt 1,0.

Wird nun ein solcher in einem PKH-Bewilligungsverfahren »anhängiger« Anspruch in den Vergleich eines anderen Rechtsstreits als Mehrwert einbezogen, so verdient der dort vertretende Anwalt eine 0,8 Verfahrensgebühr (Nr. 3101 Nummer 2). Dies gilt unabhängig davon, ob er selbst auch Parteivertreter im PKH-Bewilligungsverfahren ist und daher dort schon die 1,0 Verfahrensgebühr der Nr. 3335 verdient hat, oder ob dort ein anderer Anwalt auftritt.

64 Wird dieser im PKH-Verfahren schon »anhängige« Anspruch in einem anderen Prozess in einen Vergleich in der Berufungsinstanz als Mehrwert einbezogen, so erfällt dafür die 1,1 Verfahrensgebühr der Nr. 3201 Nr. 2.

Diese geminderte Verfahrensgebühr entsteht ebenso schon für die anwaltlichen (eventuell erfolglosen) Bemühungen um eine Einigung, was sich aus dem letzten Halbsatz der Nr. 3201 Nummer 2 ergibt, nämlich, »soweit lediglich Verhandlungen vor Gericht zur Einigung über **solche Ansprüche** geführt werden.«

65 Die Gesetzesbegründung, die sich angeblich auf eine Kommentarstelle bei Gerold / Schmidt / von Eicken / Madert BRAGO 15. Aufl. § 32 Rn. 22 bezieht, ist, was das PKH-Verfahren anlangt, irrig und stimmt auch nicht mit dem Kommentarwortlaut, so wie er auch hier zur Auslegung des Gesetzes herangezogen wird, überein.

Die Kommentarstelle (Gerold / Schmidt / von Eicken / Madert BRAGO 15. Aufl. § 32 Rn. 22) lautet:

»§ 32 Abs. 2 bezieht sich **nicht** auf den Fall, dass eine Einigung über **die in diesem Verfahren rechtshängigen** Ansprüche protokolliert wird, sondern darauf, dass die **Protokollierung** eine Einigung über andere, nichtrechtshängige Ansprüche, in einem anderen Verfahren oder **einen im PKH-Bewilligungsverfahren anhängigen Anspruch** betrifft.«

Die Aufzählung der mehreren Ansprüche, die im Protokollierungsverfahren selbst nicht rechtshängig sind, sind, wie sie in Rn. 38 aufgezählt sind, etwa einem anderen Verfahren oder **einem anderen PKH-Verfahren »anhängig«.**

Demgegenüber lautet die falsch vom Kommentar abgeschriebene Gesetzesbegründung:

»Die vorgeschlagene Regelung bezieht sich – wie schon das geltende Recht – nicht auf den Fall, dass eine **Einigung** *über* **die in diesem Verfahren** *rechtshängigen Ansprüche protokolliert wird, sondern darauf, dass die Protokollierung eine Einigung über andere, nicht rechtshängige Ansprüche, in einem anderen Verfahren anhängige Ansprüche oder* **einen im PKH Bewilligungsverfahren geschlossenen Vergleich betrifft** *(so Gerold/Schmidt/von Eicken/Madert BRAGO 15. Aufl. § 32 Rn. 22)«.*

Um einen **im PKH-Bewilligungsverfahren selbst geschlossenen Vergleich** geht es gerade nicht. Dafür würde ohnehin schon nach Nr. 3335 eine 1,0 Verfahrensgebühr und nicht die 0,8 Gebühr erfallen. Das Gesetz selbst, also Nr. 3101 Nummer 2 handelt nach seinem Wortlaut nur von »in diesen Verfahren nicht rechtshängigen Ansprüchen«. Ob und wo diese anderweitig anhängig sind, interessiert nach dem Gesetz nicht. Sie können nach dem zitierten Kommentar z. B. etwa anderweitig Gegenstand eines PKH-Bewilligungsverfahrens sein.

Gut, dass in diesem Falle nur die Begründung falsch, der Gesetzeswortlaut selbst in seiner Kürze aber klar ist. Es wird daher empfohlen, zur Auslegung des knappen Gesetzeswortlauts (Nr. 3101 Nummer 2) nicht die Gesetzesbegründung, sondern die einschlägige Ursprungskommentarstelle (Gerold/Schmidt/von Eicken/Madert BRAGO 15. Aufl. § 32 Rn. 22) heranzuziehen.

Ist einer Partei PKH für den Vergleich bewilligt, der einen Mehrvergleich darstellt, so hat sie gegen die Staatskasse einen Ersatzanspruch auch hinsichtlich der durch die Einbeziehung verursachten sämtlichen Mehrkosten (OLG Koblenz, Beschl. v. 06.06.2006 – 14 W 328/06 – rechtskräftig).

4. Vergleichsabschluss mit einem Dritten

Verkündet etwa in einem Bauprozess wegen Baumängeln, der vom Bauherrn gegen den Generalunternehmer geführt wird, der Generalunternehmer dem Nachunternehmer den Streit und erscheint der Nachunternehmer im Termin und gelingt seine Einbindung in die Einigung zwischen den Prozessparteien, so soll auch diese Einbeziehung eines Mehrwertes in die Einigung, die zugleich eine streitige Auseinandersetzung zwischen dem Generalunternehmer und dem Nachunternehmer von vornherein ohne Anrufung eines Gerichtes beendet, durch eine entsprechende Verfahrensgebühr von 0,8 nach Nr. 3101 Nummer 2 honoriert werden.

Der Mehrwert berechnet sich in diesem Falle nicht nach dem Streitwert zwischen den Hauptparteien (Bauherr/Generalunternehmer), sondern nach dem Wert des Regressanspruchs, dessen sich der Generalunternehmer gegen den Nachunternehmer berühmt. Notfalls muss das Gericht den Wert schätzen.

5. Annahme eines schriftlichen Vergleichsvorschlags des Gerichts – Mehrwert § 278 Abs. 6 ZPO

Der neu geschaffene § 278 Abs. 6 ZPO lautet:

»(6) Ein gerichtlicher Vergleich kann auch dadurch geschlossen werden, dass die Parteien dem Gericht einen schriftlichen Vergleichsvorschlag unterbreiten oder einen schriftlichen Vergleichsvorschlag des Gerichts durch Schriftsatz gegenüber dem Gericht annehmen. Das Gericht stellt das Zustandekommen und den Inhalt eines nach Satz 1 geschlossenen Vergleichs durch Beschluss fest. § 164 gilt entsprechend.«

Auch hier ist der Text der **Gesetzesbegründung wenig klar** und nicht hilfreich. Er lautet (BT-Drs. 15/1971, S. 211):

Nr. 3101 VV

»*Ferner sollen* **Vergleiche**, *die im Rahmen eines Verfahrens nach § 278 Abs. 6 ZPO abgeschlossen werden, mit einbezogen werden.*«

Das suggeriert, auch **Vergleiche** nach § 278 Abs. 6 ZPO sollten wie die anderen Fälle der Einbeziehung behandelt werden, also Anfall der 0,8 Verfahrensgebühr. Das kann so aber nicht richtig sein.

Denn damit das Gericht einen schriftlichen Vergleichsvorschlag (§ 278 Abs. 6 ZPO) unterbreiten kann, muss ja zuvor ein Zivilrechtsstreit durch Klageerhebung anhängig gemacht worden sein. Dann ist aber schon die 1,3 Verfahrensgebühr der Nr. 3100 in jenem Prozessverfahren selbst, das durch Vergleich erledigt werden soll, erfallen. Bei dieser Fallgestaltung geht es auch nicht um die Einbeziehung des betreffenden Streitwerts als Mehrwert in einen anderen Vergleich.

Betrachtet man nun wieder zur Auslegung (quasi der unklaren Gesetzesbegründung) den Gesetzeswortlaut selbst, so besagt das Gesetz nur, es ist gleich, ob ein einbezogener Anspruch, nach dessen Wert es eine 0,8 Verfahrensgebühr gibt, in einen normalen Prozessvergleich (Einigung) Eingang findet oder ob er Bestandteil einer Sonderform des Vergleichs wird, nämlich Bestandteil eines gerichtlichen Vergleichsvorschlags, den die Parteien schriftlich annehmen. Das scheint mir etwas viel Lärm um Nichts. Denn wenn die Parteien den gerichtlichen Vergleichsvorschlag, der einen »Mehrwert« beinhaltet, durch Schriftsatz gegenüber dem Gericht annehmen, worauf das Gericht dann den Inhalt des Vergleichs feststellt, haben die Parteien durch ihren Schriftsatz gegenüber dem Gericht doch auch zum Ausdruck gebracht, dass sie beantragen, diese Einigung zu Protokoll zu nehmen.

Da wollte man mit deutscher Gründlichkeit und »Wichtigkeit« ausdrücken: zu Protokoll **nehmen** (Vergleich i. S. v. Nr. 3101 Nummer 2 VV) ist doch etwas ganz anderes, als zu Protokoll **feststellen** (Vergleich nach § 278 Abs. 6 ZPO).

Hinsichtlich des Anfalls der Terminsgebühr bei § 278 Abs. 6 ZPO siehe jetzt BGH NJW 2006, 157 = JurBüro 2006, 73, ferner Nr. 3104 Rn. 52.

6. Verhandlungen vor Gericht zum Einigungsversuch in allen vorstehenden Fällen 1. bis 5.

68 Für den Anfall der Verfahrensgebühr genügen in allen vorstehenden Fällen 1. bis 5. schon allein die Verhandlung vor Gericht mit dem Ziel eines Einigungsversuchs.

Dieses Ergebnis folgt jetzt eindeutig aus dem Gesetzeswortlaut der Nr. 3101 Nr. 2 Hs. 2, der es alternativ für den Gebührenanfall neben der Einigung genügen lässt, wenn »**lediglich Verhandlungen vor Gericht zur Einigung über solche Ansprüche geführt werden.**« Die zielgerichtete Verhandlung genügt, auf den **Erfolg**, den Einigungsabschluss kommt es nach diesem neuen Wortlaut des Gesetzes selbst nicht an. Die Differenzprozessgebühr, jetzt Differenzverfahrensgebühr genannt, ist, wie unter Ziffer 1. c) (Rn. 42) näher erläutert, im Gegensatz zur Einigungsgebühr (Widerrufsvergleich) keine Erfolgsgebühr.

Unter Verhandlungen sind keine förmlichen Verhandlungen mit Antragstellung (§ 137 ZPO) zu verstehen, was ohnehin mangels Rechtshängigkeit nicht ginge. Aus der Entstehungsgeschichte zur Besprechung mit dem Anfall der Terminsgebühr (Vorbemerkung 3 Nr. 3) kann auch hier gefolgert werden: Es müssen Besprechungen mit dem Ziel einer Einigung über in diesem Verfahren (A) nicht rechtshängige Ansprüche geführt werden, seien diese (einzubeziehenden) Ansprüche anderweitig rechtshängig (Prozess B) oder überhaupt nicht rechtshängig (Mayer / Kroiß RVG Nr. 3101 VV Rn. 30).

III. Nr. 3101 Nummer 3 – FGG-Verfahren: nur Antragstellung und Entgegennahme einer Entscheidung

Die Reduktion der Verfahrensgebühr auf 0,8 findet auch statt, soweit in einem Verfahren der freiwilligen Gerichtsbarkeit lediglich ein Antrag gestellt und eine Entscheidung entgegengenommen wird.

Die neue Nummer 3 wurde notwendig wegen der Einbeziehung der FGG-Verfahren in die allgemeine Gebührenregelung des 3. Teils des VV. Solche FGG-Verfahren sind in vielen Fällen wenig arbeitsaufwändig für den am Amtsverfahren beteiligten Anwalt.

Durch die Gebührenreduktion will der Gesetzgeber nach seiner Begründung verhindern, dass wegen der grundsätzlichen Einbeziehung der FGG-Verfahren in den 3. Teil des VV allein durch die Stellung eines Antrags beim Gericht und die Empfangnahme der Entscheidung (Verfahren mit Amtsermittlung) schon die im viel aufwändigeren Normalprozess zu Recht anfallende 1,3 Verfahrensgebühr entsteht. § 12 FGG bestimmt zur Amtsermittlung, was den Arbeitsaufwand des Anwalts mindert: »*Das Gericht hat von Amts wegen die zur Feststellung der Tatsachen erforderlichen Ermittlungen zu veranstalten und die geeignet erscheinenden Beweise aufzunehmen.*«

IV. Anmerkung Abs. 1 zu Nr. 3101 – Anrechnung der Verfahrensgebühr 0,8 aus der Einbeziehung nach Nr. 3101 Nr. 2, soweit die Verfahrensgebühr auch in einem anderem Verfahren entsteht

1. Die Anrechnung

Der Absatz 1 der Anmerkung zu Nr. 3101 regelt die Anrechnung der 0,8 Verfahrensgebühr für den Mehrwert, soweit für denselben Streitgegenstand bereits in einem anderen Verfahren (Rechtsstreit B) eine Verfahrensgebühr angefallen ist. Diese Norm wurde im Rechtsauschuss noch einmal geändert, »*um sicher zu stellen, dass dem Rechtsanwalt bei Abschluss eines Mehrvergleichs die Verfahrensgebühr in der anderen Angelegenheit (Rechtsstreit B) in voller Höhe erhalten bleibt*« (BT-Drs. 15/2487, S. 185).

Der Absatz 1 der Anmerkung lautet nunmehr:

»*(1) Soweit in den Fällen der Nummer 2 der sich nach § 15 Abs. 3 RVG ergebende Gesamtbetrag der Verfahrensgebühren die Gebühr 3100 übersteigt, wird der übersteigende Betrag auf eine Verfahrensgebühr angerechnet, die wegen desselben Gegenstands in einer anderen Angelegenheit entsteht.*«

Absatz 1 der Anmerkung zu Nr. 3101 ist daher wie folgt anzuwenden: Zunächst sind die Verfahrensgebühren des rechtshängigen (Rechtsstreit A, in dem verglichen wird) und des einbezogenen Werts (Rechtsstreit B) zu berechnen, zu addieren und sodann gegebenenfalls nach § 15 Abs. 3 zu kappen. Die dann auf dem **Mehrwert** beruhende (nach der Kappung **noch verbleibende**) Teilverfahrensgebühr (der echte Gebühren**mehrwert**), also der (die 3100-Gebühr für die Klage A selbst) **übersteigende Betrag** der Verfahrensgebühr wird auf diejenige Verfahrensgebühr (und zwar in ganzer Höhe) angerechnet, die im anderweitig schon rechtshängigen Verfahren (B) bereits entstanden ist (oder noch entsteht, wie das? Antwort: Beim Widerrufsvergleich kann der andere Prozess weitergehen).

Das heißt im Ergebnis:

Die Differenzverfahrensgebühr (= 0,8 aus dem einbezogenen Teilstreitwert oder besser der einbezogene Anteil am Gesamtstreitwert (nach einer eventuellen Kappung)) fällt durch die Vollanrechnung auf die anderweitig (B) meist mit 1,3 angefallene Verfahrensgebühr rechnerisch ganz weg.

Nr. 3101 VV

Oder anders ausgedrückt, die zunächst (im Rechtsstreit A) anfallende Differenzverfahrensgebühr ist rechnerisch am Ende, soweit der einbezogene Streitwert anderweitig (B) schon die 1,3 Verfahrensgebühr ausgelöst hat, gleich Null. Selbst wenn in der anderweitig anhängigen Sache die Verfahrensgebühr erst in Höhe von 0,8 (Nr. 3101) angefallen ist, kann die Differenzverfahrensgebühr aus dem identischen (in den Rechtsstreit A) einbezogenen Wert nicht höher sein, weil sie (durch die Einbeziehung gem. Nr. 3101 Nummer 2) ohnehin nur in Höhe von 0,8 anfällt.

74 • **Beispiel**

Im **Prozess A** ist ein Wert rechtshängig von € 6.000,00. Einbezogen wird ein Wert von € 3.000,00, der anderweitig bereits rechtshängig ist und mit 1,3 (Verfahrensgebühr) dort schon angefallen ist. Es ist zu rechnen:

A Verfahrensgebühr (Wert € 6.000,00)	VV Nr. 3100	1,3	€ 439,40
A Verfahrensgebühr (einbezogener Wert € 3.000,00)	VV Nr. 3101 Nr. 2	0,8	€ 151,20
			€ 590,60
Kappungsprobe nach § 15 Abs. 3 1,3 aus € 9.000,00			**€ 583,70**
Zuvielbetrag infolge Kappung			€ 6,90

Im **Rechtsstreit B** ist bereits angefallen:

Verfahrensgebühr   (Wert € 3.000,00)   VV Nr. 3100 1,3   € 245,70

Nun ist der Gesetzesbefehl aus Nr. 3101 Anm. Abs. 1 zu vollziehen:

Soweit der Gesamtbetrag der gekappten Verfahrensgebühren von	€ 583,70
die Gebühr Nr. 3100 (Verfahrensgebühr nur aus Klage A)	€ 439,40
übersteigt, also in Höhe von	€ 144,30

wird der übersteigende Betrag, also € 144,30, auf die Verfahrensgebühr angerechnet, die wegen desselben Gegenstandes (Wert € 3.000) in der anderen schon rechtshängigen Angelegenheit (B) entsteht.

	€ 245,70
Also Anrechnung von € 144,30 (übersteigende Gebühr) auf (B)	./. € 144,30
es verbleiben (Restverfahrensgebühr in Rechtsstreit B) noch	**€ 101,40**
An Verfahrensgebühren sind also insgesamt angefallen in A nach Einbeziehung	€ 583,70
und in B	+ € 101,40
	€ 685,10

Probe: Wenn man das Ganze ließe und jeden der beiden Rechtsstreite A und B getrennt abrechnen würde:

A Verfahrensgebühr (Wert € 6.000,00)	VV Nr. 3100	1,3	€ 439,40
B Verfahrensgebühr (Wert € 3.000,00)	VV Nr. 3100	1,3	€ 245,70
			€ 685,10

Diesen Rechenweg geht auch *Mayer* (Mayer/Kroiß RVG Nr. 3101 VV Rn. 45).

Das Ganze ist also ein Null-Summen-Spiel.

75 Bei der Erstauflage habe ich noch versucht, positiver für den Anwalt zu rechnen. Denn nach der BRAGO konnte der Anwalt, was allerdings streitig war, die (Differenz-) Prozessgebühr bei einer Einbeziehung doppelt verdienen (OLG Düsseldorf JurBüro 1988, 461; OLG Hamburg MDR 1997, 203; KG NJW 1967, 1573 u. JurBüro 2001, 91; OLG München JurBüro 1999, 358; Gerold/Schmidt/von Eicken/Madert BRAGO 15. Aufl. § 32 Rn. 8). Bei der Durchsicht der Motive des Gesetzgebers war zu diesem Problem nichts zu finden, lediglich setzte sich der Rechtsausschuss (BT-Drs. 15/2487, S. 185) angeblich dafür ein, dass dem Anwalt die Pro-

zessgebühr aus dem bereits rechtshängigen Prozess (B) in **voller Höhe erhalten** bleiben solle. Das ist zwar formell nicht gelungen, weil ihm im Prozess B nur noch der nicht verrechnete Rest verbleibt (vgl. zur Kostenfestsetzung im Rechtsstreit B die dies bestätigende Entscheidung des OLG Stuttgart – JurBüro 2005, 303 = NJW-RR 2005, 940; Gerold/Schmidt/von Eicken/Madert/Müller-Rabe RVG 17. Aufl. VV 3101 Rn. 84). Wenn dem Anwalt, so schloss ich daraus, die Verfahrensgebühr aus dem bereits rechtshängigen Prozess (B) in **voller Höhe erhalten** bleiben solle, so müsse er doch wohl durch die Einbeziehung nach Nr. 3101 Anm. Abs. 1 einen Vorteil erzielen. Ich konnte mir nicht vorstellen, dass der Gesetzgeber ohne ein Wort der ehrlichen Begründung durch die Novelle dem Anwalt etwas wegnehme und dann noch blauäugig behaupte, er sorge für dessen volle Gebührensicherung im Rechtsstreit B. Darauf beruhte mein früherer fehlerhafter Auslegungsversuch, den ich jetzt korrigiert habe.

Aber auch bei der in Übereinstimmung mit der h. M. in der Literatur nun vorgenommenen Gesetzesinterpretation (Rn. 72 bis 74) bleiben nach wie vor Auslegungszweifel an der Schlüssigkeit des Gesetzes: 76

Nr. 3101 Anmerkung Absatz 1 lautet u. a.:

»... auf eine Verfahrensgebühr angerechnet, die wegen desselben Gegenstands in einer anderen Angelegenheit **entsteht**.«

Wird der Anspruch B, was der Regelfall ist, im Rahmen eines endgültigen Vergleichs im Rechtsstreit A einbezogen, so kann zukünftig nichts mehr an Verfahrensgebühr im miterledigten Rechtsstreit B entstehen.

Nur wenn die Einigungsverhandlungen im Rechtsstreit A scheitern und ferner die Verfahrensgebühr im Rechtsstreit B bisher noch nicht voll (1,3) entstanden ist (zu 0,8 ist sie dort in jedem Falle schon erfallen nach einem Prozessauftrag), könnte sie also dort noch restlich bis zu 1,3 entstehen. Es kann nicht angenommen werden, dass der Gesetzeswortlaut nur für solch einen seltenen Ausnahmefall geschaffen sein soll. Wenn also in einer erweiternden Wortinterpretation das Gesetz (mit der überwiegenden Meinung, der ich mich anschließe) **auch** auf eine im anderweitig bereits anhängigen Rechtsstreit B im Zeitpunkt der Einbeziehung des Anspruchs (in A) bereits **entstandene** Verfahrensgebühr Anwendung finden soll (so Gerold/Schmidt/von Eicken/Madert/Müller-Rabe RVG 17. Aufl. VV 3101 Rn. 101; Mayer/Kroiß RVG Nr. 3101 Rn. 42 (Beispielsrechnung) und ausdrücklich bei Nr. 3104 Rn. 42; **a. A.:** Mock AGS 2004, 45, 47), so ergeben sich dadurch massive **Durchführungsprobleme:**

(1) Eine einmal angefallene Gebühr kann nicht nachträglich wieder wegfallen. 77

Ist die Verfahrensgebühr im Rechtsstreit B bereits vor der Einbeziehung dort mit 1,3 entstanden, so kann sie nicht später teilweise durch Anrechnung gem. Nr. 3101 Anm. Abs. 1 wieder teilweise untergehen.

(2) Man stelle sich vor, im Rechtsstreit B hat die Partei Rechtsschutz, im Rechtsstreit A aber 78 nicht. Im Rechtsstreit B hat der Anwalt bereits mit dem Rechtsschutzversicherer seiner Partei die bereits angefallene volle Verfahrensgebühr 1,3 abgerechnet. Nun kommt es zur Einbeziehung des Anspruchs in den Vergleich im Rechtsstreit A mit der Anrechnungspflicht in B: Das durch die Einbeziehung des Anspruchs B in den Vergleich im Rechtsstreit A entstandene Mehr an Verfahrensgebühr (**Differenzverfahrensgebühr**) wird auf die Verfahrensgebühr im Rechtsstreit B angerechnet, im Klartext: von der bereits angefallenen und eingezogenen Verfahrensgebühr im Rechtsstreit B also abgezogen, sie erfällt infolge der Anrechnung im Rechtsstreit B nur noch hinsichtlich der restlichen Differenz.

Dazu sage ich nicht mehr als drei Thesen:

(1) Habe ich da einen Denkfehler begangen, so sage oder schreibe man es mir.
(2) Wie soll man hier dann noch zu einem gesetzeskonformen Ergebnis kommen?

Nr. 3101 VV

(3) Ich fürchte, die Gesetzesmacher haben mal wieder eine lex imperfecta produziert, zu deren Lösung mir jedenfalls kein vernünftiger praktikabler Ausweg einfällt.

79 Vielleicht wäre es klarer und einfacher und ehrlicher gewesen, zu sagen:

Durch die Einbeziehung eines anderweitig schon anhängigen Anspruchs in einen Vergleich (oder in Einigungsverhandlungen) entsteht insoweit keine weitere Verfahrensgebühr.

80 Ein Mehr an Gebühren hat der Gesetzgeber mit seinem Eiertanz des Anfalls und der gegenläufigen Vollanrechnung der Differenzverfahrensgebühr den Anwälten sowieso nicht gegeben.

Vielleicht ist das Ganze auch nur ein Beitrag zur viel gepriesenen »Transparenz«, für die dann auch noch der Rechtsausschuss zu dieser Normänderung Sondermeriten reklamiert, oder ist das Ganze nur Arbeitsbeschaffung à la Parkinson? So vergeudet der moderne Gesetzgeber die teure Ressource Rechtsprechung.

Bei den Kommentatoren habe ich den Eindruck, sie bewundern bei ihren Ausführungen zu dieser Neuregelung des Anfalls der Differenzverfahrensgebühr (ohne ein Wort der Kritik! Habe ich die vielleicht übersehen?) nur »des Kaisers neue Kleider«. Beim Kaiser wussten sie wenigstens alle sofort, dass er nackt war, die Differenzverfahrensgebühr beim einbezogenen anderweitig **rechtshängigen** Anspruch ist es auch.

81 In Rn. 78 ist das Stichwort **Rechtsschutz** gefallen. Vielleicht lässt sich hier noch etwas durch die Einbeziehung in A herausschlagen, wenn für A Rechtsschutz besteht, für B aber nicht (so der Gedankenansatz von N. Schneider (Gebauer/Schneider RVG 2. Aufl. VV 3101 Rn. 111, 112). Aber auch dieses von N. Schneider erhoffte Loch hat der BGH (VersR 2005, 1725) schon durch eine Entscheidung aus 2005 geschlossen: »Endet ein mit Rechtsschutz geführter Rechtsstreit durch Vergleich (also in A), hat der Versicherer dessen Kosten in Höhe der Misserfolgsquote des VN auch insoweit zu tragen, als in den Vergleich weitere, bisher nicht streitige Gegenstände (aus B) einbezogen worden sind, wenn der Versicherer auch für sie (aus B) Rechtsschutz zu gewähren hat und sie rechtlich mit dem Gegenstand des Ausgangsrechtsstreits zusammenhängen.« Also Umkehrschluss: Wenn der Versicherer für den Anspruch B keinen Rechtsschutz zu gewähren hat, so hilft auch der Trick mit dem Einbeziehen in den Prozessvergleich zu A nichts. Bei der aufgezeigten Problematik der rechtlichen Abwicklung der Anmerkung Abs. 1 zu Nr. 3101 muss erneut auf die zutreffenden Erwägungen des OLG Stuttgart (Rn. 75 – JurBüro 2005, 303 = NJW-RR 2005, 940) hingewiesen werden, die manchen Anwalt überraschend und regressträchtig treffen werden.

2. Erstattungsfähigkeit der Differenzverfahrensgebühr für den einbezogenen Anspruch

82 Der im Verfahren A einbezogene Anspruch (Mehrwert) ist, wenn man systematisch denkt, nicht Streitgegenstand des Prozesses A. Die gerichtliche Kostenentscheidung erfasst, wenn man sich schließlich nicht in allen Punkten durch Prozessvergleich einigt und deshalb noch eine streitige Kostenentscheidung ergehen muss, als Kosten des Rechtsstreits nicht den Wert der Einbeziehung, übrigens gleich, ob der einbezogene Anspruch anderweitig rechtshängig oder nicht rechtshängig ist (Gerold/Schmidt/von Eicken/Madert/Müller-Rabe RVG 17. Aufl. VV 3101 Rn. 164, 168; OLG Hamm OLGR Hamm 1998, 364, AGS 2005, 85 und AGS 2007, 399 = JurBüro 2007, 482; OLG Frankfurt AGS 2005, 516). Siehe auch Nr. 3104 Rn. 73 und dort Rn. 51 a.

Rechtliche Konsequenz des unter 1. Rn. 70–74 (mit Beispiel Rn. 74) aufgezeigten »Null-Summen-Spiels« der problematischen Anrechnung: Im Verhältnis **zur eigenen Partei** muss der Anwalt so kompliziert anrechnen, wie dort aufgezeigt.

83 Im Verhältnis zum Prozessgegner kann er aber nur die Verfahrensgebühr aus dem Streitwert A (im Berechnungsbeispiel unter 1. Rn. 74 die € 439,40) festsetzen lassen. Mit der Differenz-

verfahrensgebühr (€ 151,20 – € 6,90 infolge der Kappung = € 144,30) geht er in der Kostenfestsetzung (A) leer aus.

Er kann die Differenzverfahrensgebühr (aus A) nur einklagen, wenn er dazu eine Anspruchsgrundlage findet. Er sollte es lieber gleich lassen, denn die Amtsrichter werden bei dem komplizierten Normgefüge, was ich versucht habe unter 1. darzustellen, sofort die Segel streichen, und, da ein viel beschäftigter Amtsrichter zum Überleben auch schon mal »durchhauen« muss, schon mit irgendeinem Unzulässigkeitsgrund oder Nichtnotwendigkeitsgrund den Differenzgebührenanspruch abweisen. 84

Wenn wenigstens die Differenzverfahrensgebühr (A) nach Anmerkung Absatz 1 zu Nr. 3101 nicht anzurechnen wäre auf die schon anderweitig (B) angefallene normale Verfahrensgebühr, so könnte (angesichts des Null-Summen-Spiels) versucht werden, die Kostenfestsetzung hinsichtlich der vollen Normalverfahrensgebühr im Verfahren B zu versuchen. 85

Vielleicht kriegt er ja dort noch einen Kostentitel, wenn er in jener Sache im Recht ist.

Selbst bei vollem Obsiegen dort (B) könnte aber vom Gegner der Einwand »Anrechnung« kommen und das sogar, wenn in A nur Einigungsverhandlungen erfolglos versucht worden sind. Dann müsste man versuchen, diesem Argument wie bei der Vorbemerkung 3 Abs. 4 (Geschäftsgebühranrechnung auf spätere Verfahrensgebühr, vgl. Vorbem. 3 Rn. 91 ff.) mit dem Gegenargument, Anrechnung gilt nicht für die Kostenfestsetzung, zu begegnen.

Kommt es bei der Einbeziehung nicht lediglich zu erfolglosen »Verhandlungen«, sondern zu einem abschließenden **Prozessvergleich**, so ist man durch die bisherigen Ausführungen zu 2. hoffentlich so problembewusst geworden, dass man jetzt der Kostenregelung eine besondere Aufmerksamkeit widmet und im Kostenpunkt des Vergleichs **lieber einen klarstellenden Satz mehr aufnimmt**: 86

Wenn die gesamten Kosten beider Verfahren einschließlich des Vergleichs gegeneinander aufgehoben werden sollen, so kann man es sich bei der Formulierung natürlich einfach machen und die Kostenaufhebung beider Verfahren vereinbaren. 87

Soll aber gequotelt oder sollen die Gegenstände jeweils verschieden behandelt werden oder eine Partei etwa alle Kosten des Vergleichs alleine tragen, so muss man die einzelnen Gegenstände genau bezeichnen. Die **Kostentragungspflicht** gibt dann zugleich auch einen entsprechenden **Erstattungsanspruch** für die Kostenfestsetzung. 88

Trägt etwa der **Beklagte** im Prozessvergleich vorweg alle Kosten, die auf dem in B eingeklagten Anspruch (B) beruhen, gleich, ob sie im Verfahren B entstanden sind oder durch die Einbeziehung in den Prozessvergleich im Verfahren A, so kann der **Kläger** im Verfahren A auf Grund des dort protokollierten Prozessvergleichs (OLG Stuttgart NJW-RR 2005, 940 = JurBüro 2005, 303) auch all diese Kosten (seine Prozesskosten im Rechtsstreit B, die Verfahrens-, Termins- und Vergleichsgebühren, soweit sie auf der Einbeziehung des Anspruchs aus B beruhen), weil sie im Prozessvergleich in A vom Beklagten übernommen worden sind, im Verfahren A gegen den Beklagten festsetzen lassen. 89

Die Kostentrennung sollte man dann aber sauber durch eine **Mehrkostenformulierung** vornehmen:

Etwa: »Die durch die **Einbeziehung** des Anspruchs B in diesen Prozessvergleich verursachten außergerichtlichen **Mehrkosten** des Klägers (Verfahrens-, Termins- und Vergleichsgebühren) sowie die darauf beruhenden gerichtlichen Mehrkosten des Verfahrens A, sowie ferner (wenn man das auch noch so regeln will – will man hier quoteln, so entfällt das) die außergerichtlichen Kosten des Klägers des Verfahrens B und seine eigenen außergerichtlichen Kosten des Verfahrens B trägt der Beklagte. Die übrigen Kosten der Verfahren A und B trägt der Kläger zu 1/3, der Beklagte zu 2/3.«

Nr. 3101 VV

90 Wenn man nicht mit den Mehrkosten der Einbeziehung arbeitet, dann gibt es Probleme im Vollzug der Kostengrundentscheidung (des Vergleichs), denn wenn man mit einer Quote arbeitet, so muss man die jeweilige Gesamtgebühr (etwa Verfahrensgebühr) quoteln und dann müsste klar gestellt werden, ob man vor oder nach der Anrechnung quotelt. Wird das nicht gesagt, muss der Rechtspfleger im Wege der Auslegung ergründen, was die Parteien gewollt hätten, wenn sie gedacht hätten.

Wie gesagt, lieber einen Satz mehr als zu wenig in den Prozessvergleich hineinschreiben (»das heißt also« oder ähnliche Formulierungen wählen).

Der Gesetzgeber hätte wirklich besser das Null-Summen-Spiel gelassen, siehe Rn. 79 ff.

Substantiell wichtig bleibt die Kostenabsprache für Einbeziehungen von Forderungen, die nicht anderswo rechtshängig sind (Mehrvergleich), weil dann voll abgerechnet werden kann.

Das OLG Koblenz (JurBüro 2007, 138 = AGS 2007, 367 – also der 14. ZS, so hat er früher gedacht und denkt er offenbar noch heute) legt die Formulierung, »der Beklagte trägt die Kosten des Rechtsstreits mit Ausnahme der Kosten des Vergleichs, diegegeneinander aufgehoben sind,« wie folgt aus: Die Verpflichtung, die Kosten des **Rechtsstreits** zu tragen, umfasst **nicht die Verfahrensdifferenzgebühr** nach Nr. 3101 Ziffer 2 VV RVG und die **Terminsgebühr aus dem höheren** Vergleichswert, sondern **nur** die Verfahrensgebühr aus dem Wert der **rechtshängigen Klageforderung.**«

Ebenso OLG München (JurBüro 2006, 598 = AGS 2006, 402); OLG Brandenburg (MDR 2006, 1017); OLG Hamburg (JurBüro 2000, 205); OLG Köln (MDR 2001, 653): OLG Schleswig (JurBüro 1998, 472); *Müller-Rabe* in (Gerold/Schmidt/Madert/Müller-Rabe/Mayer/Burhoff RVG 18. Aufl. 3100 VV Rn. 176 und 177 Differenzterminsgebühr).

Mock (AGS 2007, 329, 333 r. Sp.) verkennt die Entscheidung des OLG Koblenz, wenn er ausführt, die Kosten des Verfahrens- und Terminsmehrwertes seien gegen den Beklagten festzusetzen. Diese Fehlinterpretation verstärkt er noch dadurch, dass er die vom OLG Koblenz abweichende Entscheidung des LG Bonn in der Fn. 14 zitiert. Die These von Mock hatte das OLG Koblenz gerade abgelehnt und alle durch den Vergleich verursachten Mehrkosten (Differenzverfahrens- und Differenzterminsgebühr) ebenfalls der Sonderregelung hinsichtlich der Kosten des Vergleichs zugeordnet. Deshalb, so hat das OLG Koblenz gesagt, seien diese Differenzkosten auch nicht erstattungsfähig, weil die Vergleichskosten gegeneinander aufgehoben waren. Richtig an Mocks These ist nur, dass solche im Verfahren angefallenen Kosten prinzipiell festsetzungsfähig sind. Deutlich in Gegensatz zum OLG Koblenz setzt sich Mock dann bei der von ihm als erstattungsfähig angesehenen Terminsgebühr dafür ein, dass eine Aufspaltung (in Grund und Mehrkosten) nur zur Verwirrung führe und man daher das Aufspalten lassen solle!?

Der Anwalt sollte bei solch einem Vergleich (Einbeziehung) bedenken, dass es zur überwiegenden Meinung auch Gegenstimmen gibt, die jedenfalls die Differenzverfahrensgebühr zur allgemeinen Verfahrensgebühr zählen (LG Bonn JurBüro 1998, 33 mit zustimmender Anm. von Enders, und N. Schneider AGS 1996, 27 und MDR 2001, 653; aufgegeben in Schneider/Wolf RVG 3. Aufl. VV 3101 Rn. 123 unter Hinweis auf OLG Frankfurt AGS 2003, 516 und OLG Hamm AGS 2002, 85).

Ferner: Beim Vergleich nach **§ 278 Abs. 6 ZPO** erfällt nach der Rspr. des BGH (FamRZ 2006, 1441 und JurBüro 2007, 360 = AGS 2007, 341 = NJW-RR 2007, 1149), weil grundsätzlich eine mündliche Verhandlung vorgesehen ist, die Terminsgebühr. Enthält der Vergleich hinsichtlich der »Terminsgebühr« keine spezielle Sonderabsprache, sondern lediglich eine solche für die Kosten des Vergleichs, so zählt der BGH (JurBüro 2007, 360 = AGS 2007, 341 = NJW-RR 2007, 1149 = AnwBl. 2007, 462 = FamRZ 2007, 1013), **hier** die Terminsgebühr zu den allgemeinen Kosten des Rechtsstreits und nicht zu den Kosten des Vergleichs (wenn also die Kostentragung des Vergleichs abweichend geregelt wird).

Die Auslegung der BGH-Entscheidung zum Vergleich nach § 278 Abs. 6 ZPO durch Mock erscheint mir ebenfalls sehr gewagt:

Der BGH hat die Kostenabsprache zwischen den Parteien nur für einen Vergleich ausgelegt, der einen ganz normalen Klagestreitwert erfasst. In solchen Fällen ist es naheliegend, wenn für den Vergleich eine Sonderabsprache getroffen wird, die **gesamten** Kosten für Verfahren und Termin, wie auch sonst bei einem protokollierten Vergleich, zu den Kosten des Rechtsstreit zu zählen. Es geht dabei ja um die Frage, ob der Vergleich in der Form des § 276 Abs. 6 ZPO genauso eine Terminsgebühr auslöst wie ein Verhandlungstermin mit einem Vergleich.

Das OLG Koblenz hat aber einen ganz anderen Fall entschieden, den Fall des Mehrvergleichs, der Einbeziehung von Ansprüchen, und wer dann die Mehrkosten zu tragen hat (Auslegung der Willenserklärung einer Kostenabrede). Hier hat Mock »Äpfel und Birnen« unzulässig gleichbehandelt. Gebührenrecht hat eben viel zu tun mit Prozessrecht.

Also sicherheitshalber immer beim Kostenvergleich konkret formulieren und deutlich klarstellen, wer die Differenzverfahrens- und die Differenzterminsgebühr tragen soll, sonst kann es später ein böses Erwachen und für den Anwalt einen Regress geben (siehe die Auslegung durch das LG Bonn AGS 1997, 27 und ferner die Rechtsanwendung durch Rechtspfleger und Richter, die die BGH-Entscheidung (JurBüro 2007, 360 = AnwBl. 2007, 462) zu § 278 Abs. 6 ZPO nur vordergründig lesen).

3. Anspruch gegen Rechtsschutzversicherer hinsichtlich der Differenzverfahrensgebühr für den einbezogenen Anspruch

Wir, Richter und Anwälte, schimpfen ja oft über die allgemeine Praxisferne des BGH und seine Überanforderungen an die Pflichten des Anwalts beim Abschluss eines Vergleichs.

90 a

Die in diesem Zusammenhang zu zitierende Entscheidung des 4. Zivilsenates ist ein sehr begrüßenswertes Beispiel für eine sachnahe Justiz, die vor allem auch kluge Worte findet für das **umfassende Vergleichen von Streitigkeiten**.

Hinsichtlich des Deckungsschutzes des Versicherten beim Mehrvergleich hat der

BGH (VersR 2005, 1725 = NJW 2006, 513 = AGS 2006, 358)

folgende erfreuliche Feststellungen getroffen:

»Die Auslegung der hier vereinbarten Versicherungsbedingungen (**§ 4 (1) c ARB 94**) ergibt vielmehr, dass bei Beendigung eines unter den Versicherungsschutz fallenden Rechtsstreits durch gerichtlichen Vergleich dessen Kosten – soweit der Versicherungsnehmer keinen Erfolg hatte – vom Versicherer grundsätzlich auch insoweit zu tragen sind, als in den Vergleich weitere, den Gebührenstreitwert erhöhende, nicht wegen eines bestimmten Rechtsverstoßes streitige Gegenstände einbezogen worden sind, wenn für sie grundsätzlich ebenfalls Versicherungsschutz besteht und sie mit dem eigentlichen Gegenstand des verglichenen Rechtsstreits in rechtlichem Zusammenhang stehen.

Nach ständiger Rechtsprechung des Senats sind Allgemeine Versicherungsbedingungen so auszulegen, wie ein durchschnittlicher Versicherungsnehmer sie bei verständiger Würdigung, aufmerksamer Durchsicht und Berücksichtigung des **erkennbaren Sinnzusammenhangs verstehen muss**; dabei kommt es auf die Verständnismöglichkeiten eines Versicherungsnehmers ohne versicherungsrechtliche Spezialkenntnisse und damit – auch – auf seine Interessen an. Bei Klauseln, die den Versicherungsschutz ausschließen **oder einschränken,** geht das Interesse des Versicherungsnehmers regelmäßig dahin, dass der Versicherungsschutz nicht weiter verkürzt wird, als der erkennbare Zweck der Klausel dies gebietet. Er braucht nicht damit zu rechnen, dass sein Versicherungsschutz Lücken hat, **ohne** dass ihm diese **hinreichend verdeutlicht** werden (vgl. BGHZ 123, 83, 85; Urteil vom 29. September 2004 – IV ZR 170/03 – VersR 2004, 1596 unter II 1).

Nr. 3101 VV

Zum Leistungsumfang ist § 5 (1) a ARB 94 zu entnehmen, dass der Versicherer bei einem Rechtsschutzfall im Inland die Vergütung eines für den Versicherungsnehmer tätigen Rechtsanwalts trägt.... Zur gesetzlichen Vergütung gehörte im Zeitpunkt der Beendigung des Kündigungsschutzprozesses auch die Vergleichsgebühr nach § 23 BRAGO (vgl. heute VV Nr. 1000 zum RVG). Dabei handelt es sich um Kosten einer einverständlichen Erledigung des Rechtsstreits, die in § 5 (3) b ARB 94 ausdrücklich angesprochen werden. Mit dieser Vorschrift schließt der Versicherer zwar seine Leistungspflicht hinsichtlich solcher Kosten einer einverständlichen Erledigung aus, die nicht der Misserfolgsquote des Versicherungsnehmers entsprechen. Davon abgesehen geht aber auch die Vorschrift des § 5 (3) b ARB 94 davon aus, dass der Versicherer die im Zusammenhang mit einer einverständlichen Erledigung des Rechtsstreits entstandenen Kosten zu tragen hat.

Bei der einverständlichen Erledigung eines Rechtsstreits durch einen Vergleich ist aber dessen **Ausdehnung auf nicht rechtshängige Streitgegenstände häufig sachdienlich und allgemein üblich** (vgl. BGH, Urteil vom 16. Juni 1977 – IV ZR 97/76 – VersR 1977, 809 unter I 2 b). Die Miterledigung anderer Streitpunkte **schafft vielfach gerade erst** die Grundlage für die Einigung über den bereits streitbefangenen Anspruch. Das wird auch der verständige Versicherungsnehmer in Betracht ziehen. Deshalb bedingt der Umstand, dass ihm gemäß § 4 (1) ARB 94 ein Rechtsschutzanspruch für einen bestimmten – hier durch einen Verstoß im Sinne des § 4 (1) c ARB 94 konkretisierten – Rechtsschutzfall zusteht, nicht notwendig und zugleich ein Verständnis des § 5 (3) b ARB 94 dahin, dass nur solche Kosten vom Versicherer zu tragen sind, die durch die vergleichsweise Erledigung des **konkreten** Rechtsschutzfalles unmittelbar entstanden sind. Der Versicherungsnehmer kann nicht davon ausgehen, dass der Versicherer die Kosten der vergleichsweisen Erledigung anderer Streitpunkte zwischen den Parteien selbst dann nicht (im Rahmen der Misserfolgsquote) tragen will, wenn solche Streitpunkte mit dem unmittelbaren Gegenstand des Rechtsstreits in rechtlichem Zusammenhang stehen und für die der Versicherer im Streitfalle gegebenenfalls deckungspflichtig wäre. Das gilt schon deshalb, weil die Miterledigung anderer Streitpunkte in solchen Fällen zumindest geeignet sein kann, den **Eintritt eines weiteren Rechtsschutzfalles zu verhindern** und weitere Kosten zu vermeiden. Der Versicherungsnehmer wird deshalb die Wendung »Kosten, die im Zusammenhang mit einer einverständlichen Erledigung entstanden sind« dahin verstehen, dass sie auch solche Kosten einschließt, die durch die Einbeziehung weiterer Streitgegenstände entstanden sind, soweit diese mit dem eigentlichen Gegenstand des Streites in rechtlichem Zusammenhang stehen und der Versicherer auch für diese grundsätzlich Rechtsschutz zu gewähren hätte. Dass zudem hinsichtlich der weiteren in die Erledigung einbezogenen Gegenstände bereits ein **Verstoß** im Sinne des § 4 (1) c ARB 94 vorliegen, also bereits ein konkreter Rechtsschutzanspruch gegeben sein müsste, erschließt sich dem Versicherungsnehmer dagegen aus § 5 (3) b ARB 94 nicht. Denn aus seiner Sicht zielt die einverständliche Regelung weiterer, im Zusammenhang mit dem unmittelbaren Streitgegenstand stehender Punkte gerade auch darauf, einen **weiteren Verstoß** und damit einen weiteren Rechtsschutzfall **nicht eintreten** zu lassen.«

V. Anmerkung zu Nr. 3101 Abs. 2 – streitige FGG-Verfahren

91 Nach Anm. Abs. 2 gilt die Gebührenreduktion der Nr. 3101 Nummer 3 (allgemeine FGG-Sachen) nicht für streitige FGG-Sachen. Der Absatz 2 gewährleistet damit, dass in echten Streitverfahren der freiwilligen Gerichtsbarkeit wie in sonstigen Prozessen der übliche Gebührensatz von 1,3 für die Verfahrensgebühr gilt. Der Absatz 2 nennt im Rahmen der nicht abschließenden Aufzählung von streitigen Verfahren der freiwilligen Gerichtsbarkeit insbesondere Familiensachen, Verfahren nach § 43 des Wohnungseigentumsgesetzes und Verfahren nach dem Gesetz über das gerichtliche Verfahren in Landwirtschaftssachen.

VI. Rechtsprechungsfälle zu Nr. 3101

KG (JurBüro 2007, 307): **Vertretung des Antragsgegners nach Übergang ins Streitverfahren und Klagerücknahme** 92

Nimmt der Kläger nach der von ihm beantragten Abgabe des Mahnverfahrens an das Streitgericht die Klage vor Anspruchsbegründung zurück, so ist die dem Prozessbevollmächtigten des Beklagten erwachsene Verfahrensgebühr nach VV Nr. 3101 erstattungsfähig.

OLG Hamburg (NJW-RR 2007, 791): Lässt sich der Prozessbevollmächtigte des Antragsgegners nach **Rücknahme des Verfügungsantrags** den Antrags- sowie Rücknahmeschriftsatz aushändigen und stellt er lediglich einen Kostenantrag, so erfüllt dies zwar formal die Voraussetzungen für das Anfallen einer Verfahrensgebühr, führt aber angesichts der fehlenden Notwendigkeit dieser Tätigkeiten zur Rechtsverteidigung, nicht zur Erstattung der geltend gemachten Gebühren. 93

OLG Köln (OLGR Köln 2006, 661): Im einstweiligen Verfügungsverfahren verdient der Rechtsanwalt des Antragsgegners schon dann eine halbe Verfahrensgebühr, wenn er in Ausführung eines Auftrages, im Eilverfahren mitzuwirken, irgendwie tätig wird. Dafür genügt es, dass er vom Antrag des Gegners durch das Gericht oder auf andere **Weise Kenntnis erlangt, z. B. durch Zustellung.** Ebenso OLG Hamm (JurBüro 2005, 593). 94

AG St. Wendel (JurBüro 2006, 363): Weist eine beim Verwaltungsgericht eingereichte **Klage** die Besonderheit auf, dass sie lediglich die Parteibezeichnungen und den Gegenstand »wegen Erwerb der deutschen Staatsangehörigkeit«, jedoch **weder einen Antrag noch Gründe** enthält, handelt es sich nicht um eine Klage im Sinne von Nr. 3101 Ziff. 1 VV RVG, so dass sich die Verfahrensgebühr von 1,3 auf 0,8 reduziert. 94

LG Mönchen-Gladbach (Rpfleger 2006, 169): Hat der Kläger beim Amtsgericht einen Verweisungsantrag zum Landgericht gestellt und **rügt der Beklagte die Zuständigkeit** des Amtsgerichts, **ohne** einen **Klageabweisungsantrag** zu stellen, so ist allein in der Zuständigkeitsrüge kein Sachantrag zu sehen. Dem Beklagtenvertreter steht deshalb nach einer Klagerücknahme nur die ermäßigte Verfahrensgebühr von 0,8 gem. RVG VV 3101 zu. Ob der Schriftsatz Sachausführungen enthielt, was ausgereicht hätte, kann dem Sachverhalt nicht entnommen werden. 95

KGR (2007, 1019): Zu Recht hat das Landgericht eine Verfahrensgebühr von – lediglich – 0,8 nach RVG VV 3100, 3101 Nr. 1 berechnet. Die PKH-Bewilligung und Beiordnung für die beabsichtigte Klage erfasst die Verfahrensgebühr für das Klageverfahren, die mangels Einreichung der Klage zum Zwecke ihrer Zustellung jedoch als ermäßigte Gebühr nach VV 3101 entstanden ist. Der Prozessauftrag für den im PKH-Verfahren gefertigten Klageentwurf stand zunächst zwar unter der Bedingung, dass Prozesskostenhilfe für diese Klage bewilligt würde. Diese Bedingung ist aber eingetreten. Damit ist die Gebühr erwachsen. Ähnlich OLG München (FamRZ 8/628), das allerdings nur eine 0,5 Verfahrensgebühr aus Nr. 3337 gibt. Dagegen völlig formalistisch OLG Braunschweig (16. 04. 2008 – 3 WF 36/08 –), das argumentiert, die Staatskasse müsse noch nicht einmal eine 0,5 Verfahrensgebühr (aus Nr. 3337) erstatten, weil dies im Ergebnis PKH für PKH-Verfahren sei, was rechtlich nicht möglich sei. 96

Wir haben beim Senat, um solchen Formalismen (in der Kostenfestsetzung) zu begegnen, PKH für die Hauptsache bewilligt, haben in der Hauptsache sofort unter Verzicht auf Ladungsfristen Termin bestimmt und dann den Vergleich protokolliert.

Ich denke, das war bürgernahe praktische Justiz. Allen war geholfen und wertvolle Richterarbeit, die sich später in Formalismen erging, wie das Beispiel des OLG Braunschweig zeigt, blieben erspart. Richterstunden kosten den Staat doch auch Geld. Siehe auch die Lösungsmöglichkeiten in Nr. 3104 Rn. 66 a.

Nrn. 3102–3103 VV

Nr.	Gebührentatbestand	Gebühr oder Satz der Gebühr nach § 13 RVG
3102	Verfahrensgebühr für Verfahren vor den Sozialgerichten, in denen Betragsrahmengebühren entstehen (§ 3 RVG)	40,00 bis 460,00 EUR
3103	Es ist eine Tätigkeit im Verwaltungsverfahren oder im weiteren, der Nachprüfung des Verwaltungsakts dienenden Verwaltungsverfahren vorausgegangen: Die Gebühr 3102 beträgt .... Bei der Bemessung der Gebühr ist nicht zu berücksichtigen, dass der Umfang der Tätigkeit infolge der Tätigkeit im Verwaltungsverfahren oder im weiteren, der Nachprüfung des Verwaltungsakts dienenden Verwaltungsverfahren geringer ist.	20,00 bis 320,00 EUR

§ 3
Gebühren in sozialrechtlichen Angelegenheiten

(1) ¹In Verfahren vor den Gerichten der Sozialgerichtsbarkeit, in denen das Gerichtskostengesetz nicht anzuwenden ist, entstehen Betragsrahmengebühren. ²In sonstigen Verfahren werden die Gebühren nach dem Gegenstandswert berechnet, wenn der Auftraggeber nicht zu den in § 183 des Sozialgerichtsgesetzes genannten Personen gehört.

(2) Absatz 1 gilt entsprechend für eine Tätigkeit außerhalb eines gerichtlichen Verfahrens.

A. Allgemeines

1 Die Gebührenstruktur für die Sozialgerichtsbarkeit wurde durch das RVG, auch soweit Betragsrahmengebühren nach § 3 vorgesehen sind, der allgemeinen Gebührenstruktur für die Tätigkeiten in bürgerlichen Rechtsstreitigkeiten angepasst. Nach altem Recht (§ 116 Abs. 1 BRAGO) erhielt der Rechtsanwalt in den betreffenden Verfahren für seine Tätigkeit als Prozessbevollmächtigter eine Gebühr für jede Instanz. Künftig erhält er in **jeder Instanz eine Verfahrens-** (Nrn. 3102, 3103 – SG –, 3204 – LSG –, 3212 – BSG –) und **eine** Terminsgebühr (Nrn. 3106 – SG –, 3205 – LSG –, 3213 – BSG –). Falls er schon im Verwaltungs- und / oder Vorverfahren tätig war, erhält er außerdem im Klageverfahren noch eine (anzurechnende, vgl. Nr. 3103 VV) Geschäftsgebühr nach Nr. 2400 bzw. Nr. 2401. Hinzukommen kann außerdem noch eine Einigungs- oder Erledigungsgebühr (vgl. Nrn. 1006 und 1007).

B. Kommentierung

I. Verfahrensgebühren (Nrn. 3102, 3103)

2 Bei der Verfahrensgebühr handelt es sich um eine Tätigkeitsgebühr, mit der jede prozessuale Tätigkeit eines Rechtsanwalts abgegolten wird, für die das RVG **keine sonstige Gebühr vorsieht**. Sie entsteht für das **Betreiben des Geschäfts** einschließlich der Information, und gilt ab u. a. die Prüfung der Schlüssigkeit der Klage oder des Rechtsmittels durch den Rechtsanwalt anhand von Rechtsprechung und Literatur, die im Zusammenhang mit dem gerichtlichen Verfahren notwendigen Besprechungen des Rechtanwalts mit dem Auftraggeber, Dritten, dem Gericht, Sachverständigen sowie Schriftwechsel mit dem Auftraggeber, Dritten, Behörden und dem Gericht usw., der sich auf den Prozessstoff bezieht, ferner die Mitwirkung bei

der Auswahl und Beschaffung von Beweismitteln, die Sammlung und den Vortrag des aus der Sicht des Rechtsanwalts rechtlich relevanten Stoffs sowie das Anbieten von Beweismitteln (BT-Drs. 15/1971, S. 210).

Die **Höhe der Verfahrensgebühr** nach Nr. 3102 VV RVG bestimmt der Rechtsanwalt nach § 14 RVG im Einzelfall unter Berücksichtigung aller Umstände, insbesondere des Umfangs und der Schwierigkeit der anwaltlichen Tätigkeit, der Bedeutung der Angelegenheit für den Auftraggeber, der Vermögens- und Einkommensverhältnisse des Auftraggebers sowie seines besonderen Haftungsrisikos (§ 14 Abs. 1 Satz 1 und 3 RVG).

Die von einem beigeordneten Rechtsanwalt im Verfahren nach § 55 RVG getroffene Bestimmung ist **nicht verbindlich, wenn sie unbillig ist** (§ 14 Abs. 1 Satz 4 RVG). Deshalb ist der Urkundsbeamte bzw. das Gericht verpflichtet, die Billigkeit der Gebührenbestimmung durch den Rechtsanwalt zu prüfen. **Bei Angemessenheit** der angesetzten Gebühr hat der Urkundsbeamte der Geschäftsstelle bzw. das Gericht den Kostenansatz **zu übernehmen**. Bei Unbilligkeit hat der Urkundsbeamte der Geschäftsstelle bzw. das Gericht im nachfolgenden gerichtlichen Verfahren die Höhe der Betragsrahmengebühr festzusetzen.

Die Sondervorschrift Nr. 3103 VV findet Anwendung für die Gebühren eines dem Verwaltungs- oder Widerspruchsverfahren folgenden Klageverfahrens (vgl. *Madert* in Gerold/Schmidt/von Eicken/Madert/Müller-Rabe RVG 17. Auflage 2006 VV 3103 Rn. 2). Sie geht als **Spezialvorschrift** der Nr. 3102 VV RVG vor, wenn der **Anwalt im Verwaltungs- und Widerspruchsverfahren** tätig gewesen ist. Sie greift aber auch dann ein, wenn statt eines Klageverfahrens (zunächst) ein Verfahren des einstweiligen Rechtsschutzes nach § 86 b Abs. 2 SGG geführt wird (LSG Thüringen, Beschluss vom 06.03.2008 – L 6 B 198/07 SF). Nr. 3103 VV setzt nicht voraus, dass das Vor- bzw. Widerspruchsverfahren in ein Klageverfahren »eingemündet« sein muss, so dass Nr. 3103 VV nur dann in Betracht kommt, wenn es sich um »denselben Streitgegenstand« handelt. Für die einschränkende Auslegung gibt der Wortlaut keinen Anhalt. Vielmehr ist Nr. 3103 VV immer dann anzuwenden, wenn eine Tätigkeit im zeitlich früheren Widerspruchsverfahren vorliegt. Dies ergibt sich aus dem Sinn und Zweck der Regelung. Dessen niedrigere Gebühr soll berücksichtigen, dass die frühere Tätigkeit die im gerichtlichen Verfahren »durchaus erleichtert« und damit einen entsprechenden Aufwand erspart (BT-Drs. 15/1971, S. 212). Dies gilt nicht nur für das Klageverfahren, sondern auch für ein Verfahren des einstweiligen Rechtsschutzes (vgl. LSG Nordrhein-Westfalen, Beschluss vom 03.12.2007, L 20 B 66/07 AY; vgl. zur grundsätzlichen Anwendbarkeit der Nr. 3103 VV RVG, wenn auf ein Verwaltungs- oder Widerspruchsverfahren ein Verfahren des einstweiligen Rechtsschutzes folgt: Landessozialgericht Nordrhein-Westfalen, Beschluss vom 09.08.2007, L 20 B 91/07 AS unter Hinweis auf Schleswig-Holsteinisches Landessozialgericht, Beschluss vom 28.02.2007, L 1 B 467/06 SK; Bayerisches Landessozialgericht, Beschluss vom 18.01.2007, L 15 B 224/06 AS KO und Landessozialgericht Nordrhein-Westfalen, Beschluss vom 26.04.2007, L 7 B 36/07; Beschluss vom 12.02.2007, L 9 B 14/06 AS). Die Prüfung und der Vortrag des Rechtsanwalts sind hinsichtlich des Anordnungsanspruchs deckungsgleich mit den materiell-rechtlichen Anforderungen der Widerspruchsbegründung. Dass zusätzlich der Anordnungsgrund glaubhaft gemacht werden muss, steht dem nicht entgegen, denn dieser Aufwand tritt üblicherweise gegenüber dem Aufwand für die Begründung des Anordnungsanspruchs erheblich zurück (LSG Thüringen, a. a. O.).

Der Gebührenrahmen der Verfahrensgebühr für Verfahren vor den Sozialgerichten, in denen Betragsrahmengebühren entstehen, beträgt € 40,00 bis € 460,00. Falls der Rechtsanwalt bereits im Verwaltungsverfahren oder dem sich anschließenden Vorverfahren tätig war, ist der Gebührenrahmen der Verfahrensgebühr für das gerichtliche Verfahren erster Instanz niedriger und beträgt noch € 20,00 bis € 320,00.

Dies ist auch sachgerecht. Nach **§ 17 Nr. 1** bilden das Verwaltungsverfahren, das einem gerichtlichen Verfahren vorausgehende oder der Nachprüfung des Verwaltungsaktes dienende weitere Verwaltungsverfahren und das gerichtliche Verfahren gebührenrechtlich **verschie-**

Nrn. 3102–3103 VV

dene Angelegenheiten (vgl. hierzu die Kommentierung zu Nrn. 2400 und 2401). Der niedrigere Gebührenrahmen berücksichtigt, dass die **Tätigkeit im vorausgehenden Verwaltungsverfahren** die Tätigkeit im gerichtlichen Verfahren durchaus erleichtert. In Satz 3 der Nr. 3103 wird aber klargestellt, dass bei der Bemessung der Gebühr der durch die vorangegangene Tätigkeit ersparte Aufwand **ausschließlich** durch die Anwendung des **geringeren Rahmens** und nicht mehr bei der Bemessung der konkreten Gebühr berücksichtigt wird.

4   Im Rahmen der Nr. 3102 VV RVG, Nr. 3103 VV RVG sind alle Kriterien des § 14 RVG zu prüfen.

Aus dem Sinn und Zweck des Gebührentatbestandes der Nr. 3103 VV RVG ergibt sich, dass eine **Reduzierung des Gebührenrahmens** bei einer **Untätigkeitsklage** nicht in Betracht kommt, wenn der Prozessbevollmächtigte bereits im Widerspruchsverfahren tätig gewesen ist. Durch die Reduzierung des Gebührenrahmens soll berücksichtigt werden, dass die Tätigkeit in einem Verwaltungsverfahren bzw. in einem der Nachprüfung des Verwaltungsaktes dienenden Verwaltungsverfahren die anschließende Tätigkeit in einem **gerichtlichen Verfahren durchaus erleichtert**, weil man sich bereits mit der Streitsache befasst hat (BT-Drs. 15/1971, S. 212). Dieser Gesichtspunkt kommt im **Verhältnis von Widerspruchsverfahren und Untätigkeitsklageverfahren** nicht zum Tragen, da das Widerspruchsverfahren auf die Nachprüfung des Verwaltungsaktes in formell-rechtlicher und materiell-rechtlicher Hinsicht gerichtet ist, während es in einem **Untätigkeitsklageverfahren** alleine um die Bescheidung eines Antrages bzw. eines Widerspruches geht. Ein **Synergieeffekt**, der die Minderung des Gebührenrahmens nach den Vorstellungen des Gesetzgebers rechtfertigt, tritt durch die anwaltliche Tätigkeit im Widerspruchsverfahren nicht ein, wenn wegen Nichtbescheidung des Widerspruches Untätigkeitsklage erhoben wird. Während im Widerspruchsverfahren durch den Anwalt eine materiell-rechtliche und formell-rechtliche Prüfung des erlassenen bzw. begehrten Verwaltungsaktes vorzunehmen ist, sind in einem Untätigkeitsklageverfahren völlig andere Fragestellungen zu beurteilen. Insoweit ist ausschließlich zu prüfen, ob die in § 88 SGG vorgesehenen Fristen abgelaufen sind und ob ein zureichender Grund dafür vorliegt, dass der beantragte Verwaltungsakt bzw. der Widerspruchsbescheid noch nicht erlassen worden ist. Wegen der Unterschiedlichkeit der Streitgegenstände ist die Annahme, dass ein Rechtsanwalt aufgrund der Vorbefassung mit der Streitsache in einem Verwaltungsverfahren bzw. einem Widerspruchsverfahren im Rahmen der Untätigkeitsklage einen geringeren Aufwand hat, nicht gerechtfertigt (vgl. LSG Nordrhein-Westfalen, Beschlüsse vom 07.04.2007, Az: L 12 B 44/07 AS und vom 05.05.2008, Az: L 19 B 24/08 AS).

Nr. 3104 VV

Nr.	Gebührentatbestand	Gebühr oder Satz der Gebühr nach § 13 RVG
3104	Terminsgebühr, soweit in Nummer 3106 nichts anderes bestimmt ist .... (1) Die Gebühr entsteht auch, wenn 1. in einem Verfahren, für das mündliche Verhandlung vorgeschrieben ist, im Einverständnis mit den Parteien oder gemäß § 307 oder § 495a ZPO ohne mündliche Verhandlung entschieden oder in einem solchen Verfahren ein schriftlicher Vergleich geschlossen wird, 2. nach § 84 Abs. 1 Satz 1 VwGO oder § 105 Abs. 1 SGG ohne mündliche Verhandlung durch Gerichtsbescheid entschieden wird oder 3. das Verfahren vor dem Sozialgericht nach angenommenem Anerkenntnis ohne mündliche Verhandlung endet. (2) Sind in dem Termin auch Verhandlungen zur Einigung über in diesem Verfahren nicht rechtshängige Ansprüche geführt worden, wird die Terminsgebühr, soweit sie den sich ohne Berücksichtigung der nicht rechtshängigen Ansprüche ergebenden Gebührenbetrag übersteigt, auf eine Terminsgebühr angerechnet, die wegen desselben Gegenstands in einer anderen Angelegenheit entsteht. (3) Die Gebühr entsteht nicht, soweit lediglich beantragt ist, eine Einigung der Parteien oder mit Dritten über nicht rechtshängige Ansprüche zu Protokoll zu nehmen. (4) Eine in einem vorausgegangenen Mahnverfahren oder vereinfachten Verfahren über den Unterhalt Minderjähriger entstandene Terminsgebühr wird auf die Terminsgebühr des nachfolgenden Rechtsstreits angerechnet.	1,2

Inhaltsübersicht

	Rn.
A. Allgemeines	1
B. Kommentierung	12
I. Terminsgebühr Nr. 3104 i. V. m. Vorbemerkung 3 Absatz 3	12
1. Richterlicher Termin	12
2. Inhalt des Termins	20
3. Wahrnehmung eines Termins	21
a) Beginn des Gerichtstermins	21
b) Vertagung	31
c) Verbindungsbeschluss zu Beginn der Sitzung	34a
d) Erledigungserklärungen zu Beginn des Termins – Streitwert	34b
e) Die Regelung in Strafsachen	35
f) Vertretung im Termin	38
aa) Passive Anwesenheit	38
bb) Aktive Anwesenheit	39
cc) Dauer der Anwesenheit	40
dd) Anwalt vertritt Partei und Streithelfer	41a
4. Wahrnehmung eines von einem gerichtlich bestellten Sachverständigen anberaumten Termins	42
5. Mitwirkung an auf die Vermeidung oder Erledigung des Verfahrens gerichteten Besprechungen	43
a) Einigungsbesprechung	43
b) Besprechung zur Vermeidung des Verfahrens	45
c) Besprechungen zur Erledigung des Verfahrens	46
d) Form der Besprechung	47
e) Bereitschaft des Gegners zum Besprechen einer Einigung	48
f) Detaillierte konkrete Vergleichsgespräche sind nicht erforderlich	49
g) Richter telefoniert	50
h) Beweislast	51
i) Kostenfestsetzung	51a
II. Die (gesetzliche) Anmerkung zu Nr. 3104	52
1. Anmerkung Absatz 1	52
a) Anmerkung Absatz 1 Nr. 1 – Entscheidung ohne mündliche Verhandlung	52
aa) Regelungsgehalt der Norm	52
bb) Anerkenntnis: 1,2 Gebühr und nicht nur 0,5 Terminsgebühr (Nr. 3105)	54

Nr. 3104 VV

		Rn.			Rn.
cc)	Kritische Stimme zur 1,2 Gebühr (Analogie zu Nr. 3105: 0,5 Gebühr?)	55		Terminsgebühr bei Einbeziehung eines Mehrwertes	68a
dd)	Rechtfertigung der 1,2 Terminsgebühr für beide Anwälte	56	a)	Darstellung des schwierigen Auslegungsproblems	69
ee)	Terminsgebühr in schriftlichen WEG – Sachen	57	b)	Fallbeispiele	71
ff)	Keine Terminsgebühr für Beschluss nach § 91a ZPO aus dem Kostenwert	59	aa)	Variation 1 – Einbezogener Anspruch anderweit nicht rechtshängig	71
gg)	Klagerücknahme	63	bb)	Variation 2 – Einbeziehung eines schon anderweit rechtshängigen Anspruchs	74
hh)	Kostendeckungsanspruch gegen Versicherer (BGH VersR 2005, 1725) für einbezogenen Anspruch entsprechend anwendbar	65	cc)	Ergebnis von Fallvariation 2 – Einbeziehung schon anderweit rechtshängig	76
ii)	Terminsgebühr bei Anerkenntnis im sozialgerichtlichen Verfahren	66	dd)	Schlussfolgerungen für Fallvariation 2 – (Einbeziehung eines anderweit rechtshängigen Anspruchs)	77
jj)	Terminsgebühr durch Erörterung im PKH-Prüfungsverfahren hinsichtlich der angekündigten Klage nach PKH-Bewilligung	66a	ee)	Rechenbeispiel zur Fallvariation 2	80
			ff)	Hypothetische Vergleichsrechnung	81
kk)	Sorgerechtsverfahren ohne die vorgesehene mündliche Verhandlung	66b	c)	PKH-Bewilligung und Beiordnung für einen einbezogenen Gegenstand	85
			aa)	Grundsätze	85
ll)	Verfahren in Landwirtschaftssachen	66c	bb)	Neue restriktive Rechtsprechung zur Auslegung der Beiordnung bei Einbeziehung	91
b)	Anmerkung Absatz 1 Nr. 2 – Entscheidung durch Gerichtsbescheid des VerwG, Entscheidung durch Gerichtsbescheid durch das SG	67	cc)	Außergerichtlich angefallene Terminsgebühr	102
			dd)	Prozesskostenhilfe für das Prozesskostenhilfeverfahren	103
c)	Anmerkung Absatz 1 Nr. 3 – Anerkenntnis beim Sozialgericht ohne mündliche Verhandlung	68	3.	Anmerkung Absatz 3 – Reine Protokollierung eines Vergleichs	104
2.	Anmerkung Absatz 2 – Anrechnung der		4.	Erstattungsfähigkeit der Terminsgebühr beim Mehrvergleich	113

A. Allgemeines

Terminsgebühr

1 Der wichtigste sachliche Inhalt der Terminsgebühr steht gar nicht in der Nr. 3104 selbst, sondern in der viel weiter vorn angesiedelten Anmerkung 3 zur Vorbemerkung 3 des 3. Teils des VV (siehe dort die eingehende Kommentierung unter Rn. 27 ff.). Man darf also, wenn man zur Terminsgebühr etwas sucht, auch und in erster Linie dort suchen. Dennoch werden die wichtigsten Dinge, und was besser nur zur Nr. 3104 VV selbst passt, nachfolgend gebracht. Für diesen zweiteiligen Aufbau reklamiert der Gesetzgeber den Begriff: **Transparenz**. Um diese gesetzgeberische Verwirrung für den Leser zu beseitigen, wird die grundsätzliche Doppelkommentierung angeboten. Wer allerdings nach allen Details sucht, sei auf die Vorbemerkung 3 Abs. 3 verwiesen.

2 Die Terminsgebühr 1,2 kann, wie sich aus der Überschrift zu Teil 3 ergibt, in folgenden Rechtsgebieten anfallen: Bürgerliche Rechtsstreitigkeiten, Verfahren der freiwilligen Gerichtsbarkeit, der Arbeitsgerichtsbarkeit, der drei öffentlich-rechtlichen Gerichtsbarkeiten, Verfahren nach dem Strafvollzugsgesetz. Für das Sozialgericht entsteht die Gebühr Nr. 3106. Der Entstehungstatbestand ist in Vorbemerkung 3 Abs. 3 wie folgt beschrieben:

»Die Terminsgebühr entsteht für die Vertretung in einem Verhandlungs-, Erörterungs- oder Beweisaufnahmetermin oder die Wahrnehmung eines von einem gerichtlich bestellten Sachverständigen anberaumten Termins oder die Mitwirkung an auf die Vermeidung oder Erledigung des Verfahrens gerichteten Besprechungen ohne Beteiligung des Gerichts; dies gilt nicht für Besprechungen mit dem Auftraggeber.«

Der Termin muss nur wahrgenommen werden. Ob Anträge gestellt werden oder ob die Sache streitig erörtert wird (außer Säumnis einer Partei), ist unerheblich, auch ein Anerkenntnis im Termin ist unschädlich. Keinen Unterschied macht es auch, ob es zu Verhandlungen zur Sache kommt oder nur Prozess- oder Sachleitungsfragen erörtert werden. Für letztere gibt es nur eine Sonderbehandlung bei Terminssäumnis einer Partei (Nr. 3105, ferner Anmerkung zu Nr. 3105). 3

Völlig neu und noch immer gewöhnungsbedürftig ist die letzte Alternative der Vorbemerkung 3 Absatz 3, wonach die Terminsgebühr auch erfällt, wenn der Rechtsanwalt **an auf die Vermeidung oder Erledigung des Verfahrens gerichteten Besprechungen ohne Beteiligung des Gerichts mitwirkt.** Damit soll die außergerichtliche Streitbeilegung durch einen entsprechenden Gebührenanreiz gefördert werden. Der Anwalt soll so früh wie möglich, nachdem er einen Prozessauftrag erhalten hat, ein Gespräch mit dem Gegner zur gütlichen Streitbeilegung suchen; das kann vor Klageeinreichung (**Vermeidung des Verfahrens**) oder auch noch nach Anhängigkeit (**Erledigung des Verfahrens**) sein. Dann erhält er schon für diese Bemühungen, wenn der Gegner Vergleichsgespräche nicht sofort ablehnt, sondern in einem ersten Schritt darauf eingeht, die Terminsgebühr auch ohne Wahrnehmung eines Termins. Der Erfolg dieser Einigungsbemühung ist nicht Voraussetzung für den Anfall der Gebühr. 4

Absatz 1 Nr. 1 der Anmerkung zu Nr. 3104 bestimmt, dass in bestimmten schriftlichen Verfahren gleichwohl die Terminsgebühr anfällt. Die Terminsgebühr entsteht, wenn es sich um ein Verfahren mit gesetzlich vorgeschriebener mündlicher Verhandlung handelt, bei dem das Gericht im Einverständnis der Parteien oder gem. § 307 oder § 495a ZPO ohne mündliche Verhandlung entscheidet. Da zwischenzeitlich das RVG dahin geändert worden ist, dass nur noch § 307 ZPO zitiert wird, ist sichergestellt, dass auch das Anerkenntnisurteil im Schriftlichen Verfahren nach § 307 Satz 2 ZPO ergriffen ist. Dabei ist unerheblich, ob sich die Parteien hier mit dem Schriftlichen Verfahren ausdrücklich einverstanden erklärt haben (OLG Jena JurBüro 2005, 529; OLG Stuttgart JurBüro 2005, 587). 5

Das AE allein genügt nicht, es muss ein AE-Urteil im Schriftlichen Verfahren ergangen sein. Erfolgt dies in mündlicher Verhandlung, so ist Nr. 3104 selbst einschlägig. Hinzugetreten ist der schriftlich zustande gekommene Vergleich auf schriftlichen Vorschlag des Gerichts nach § 278 Abs. 6 ZPO (BGH NJW 2006, 157).

Absatz 1 Nr. 2 der Anmerkung zu Nr. 3104 gewährt eine 1,2 Gebühr für das Verfahren nach § 84 Abs. 1 Satz 2 der VwGO (Gerichtsbescheid des Verwaltungsgerichts ohne mündliche Verhandlung) Die frühere identische Regelung zu § 130a Satz 2 VwGO (Anhörung der Beteiligten, bevor das OVG die Berufung ohne mündliche Verhandlung durch einstimmigen Beschluss zurückweist) findet sich jetzt in VV 3202 Anm. Abs. 2. 6

Findet sowohl im Eilverfahren wie in der Hauptsache ein Termin statt (oder Ersatzregelung nach Vorbem. 3.3), so erfällt die Terminsgebühr zweimal (OLGR Oldenburg 2007, 707 = FamRZ 2007, 575): »Für das einstweilige Anordnungsverfahren nach § 644 ZPO entsteht eine **besondere** Terminsgebühr auch dann, wenn über die einstweilige Anordnung im Hauptsachetermin verhandelt wurde.

Gleiches (1,2 Gebühr) gilt nach Absatz 1 Nr. 2 der Anmerkung zu Nr. 3104 für den Gerichtsbescheid des Sozialgerichts ohne mündliche Verhandlung (§ 105 Abs. 1 SGG). 7

Der ebenfalls durch § 116 Abs. 2 Satz 2 BRAGO geregelte Fall des § 153 Abs. 4 SGG (das Landessozialgericht weist die Berufung ohne mündliche Verhandlung durch einstimmigen Beschluss zurück = bisher halbe Verhandlungsgebühr) ist bewusst nicht mehr ins RVG übernommen worden. Das hat zur Folge: Der Anwalt verdient hier (neben der Verfahrensgebühr) 8

Nr. 3104 VV

keine zusätzliche Terminsgebühr (Mayer Die neue Terminsgebühr im RVG RVG-Letter 2004, 1; Gesetzesbegründung BT-Drs. 15/1971, S. 212).

BVerwG (JurBüro 2008, 142): »Der beschließende Senat hat dieses Klageverfahren auf der Grundlage von § 93 a Abs. 2 VwGO ohne Durchführung einer mündlichen Verhandlung durch Beschluss entschieden. Nach dem Gebührentatbestand Nr. 3104 Abs. 1 VV RVG entsteht in **Beschlussverfahren nach § 93 a Abs. 2 VwGO keine** Terminsgebühr. Die Vorschrift zählt die Verfahren, in denen ohne mündliche Verhandlung entschieden wird und gleichwohl eine Terminsgebühr entsteht, im Einzelnen auf. Sie ist ihrem Wortlaut nach **abschließender** Natur.«

OLG Koblenz (JurBüro 2008, 196 = AGS 2008, 69): »Wird die Klage zurückgenommen, nachdem das Gericht gemäß § 358 a ZPO vorbereitend ein Sachverständigengutachten eingeholt hat, so fällt für den Beklagtenvertreter keine Terminsgebühr an, da die Ausnahmeregelungen der Anm. 1 zu Nr. 3104 RVG-VV auf diesen Sachverhalt nicht analog anwendbar sind.«

Absatz 1 Nr. 3 der Anmerkung (Anerkenntnis beim Sozialgericht ohne mündliche Verhandlung)

9   Die Terminsgebühr von 1,2 fällt auch an, wenn das Verfahren vor dem Sozialgericht nach angenommenem **Anerkenntnis ohne mündliche Verhandlung** endet.

Absatz 2 der Anmerkung (Anrechnung der Terminsgebühr bei Einbeziehung eines Mehrwertes)

10 Der sehr komplizierte Gesetzeswortlaut, der die Anrechnung der Terminsgebühr beim Abschluss eines »Mehrvergleiches« regelt, beruht auf einem Vorschlag des Rechtsausschusses mit folgender Begründung (BT-Drs. 15/2487, S. 185):

»In dieser Fassung soll klargestellt werden, dass die Terminsgebühr für in diesem Verfahren nicht rechtshängige Ansprüche nicht nur auf die Terminsgebühr angerechnet werden soll, die in einer anderen Angelegenheit für die Vertretung in einem gerichtlichen Termin entsteht. Eine Anrechnung soll auch dann erfolgen, wenn in der anderen Angelegenheit zwar ein Prozessauftrag erteilt wurde, aber ausschließlich außergerichtliche Besprechungen stattfinden, die nach Vorbemerkung 3 Abs. 3 VV ebenfalls die Terminsgebühr auslösen. Ferner soll sichergestellt werden, dass dem Rechtsanwalt bei Abschluss eines Mehrvergleichs die Terminsgebühr in der anderen Angelegenheit in voller Höhe erhalten bleibt.«

Absatz 3 der Anmerkung (Ausschließliche Protokollierung eines Vergleichs)

11 Mit Absatz 3 der Anmerkung wird das Entstehen einer Terminsgebühr für den Fall ausgeschlossen, dass nicht anhängige Ansprüche in dem Verfahren verglichen werden, wenn sich die Tätigkeit des Anwalts darauf beschränkt, den Vergleich protokollieren zu lassen. Hier wird es sicher Auslegungsschwierigkeiten geben, weil der Unterschied zum Absatz 2 der Anmerkung im tatsächlichen Bereich nur sehr gering ist (wenn nämlich vor der Protokollierung noch, wenn auch knappe, Einigungsverhandlungen durchgeführt worden sind).

B. Kommentierung

I. Terminsgebühr Nr. 3104 i. V. m. Vorbemerkung 3 Absatz 3

1. Richterlicher Termin

12 Fragt man einen Laien, was ein Termin ist, so ist die Antwort für ihn klar. Fragt man dasselbe einen Juristen, so ist es gar nicht so klar, was er antworten wird.

Ist »Termin« ein jeder gerichtliche Termin oder gilt die Norm nur für bestimmte Termine?

Die Vorbemerkung 3 Absatz 3 äußert sich nicht zu dieser Frage. Sie nennt nur ausdrücklich den Verhandlungs-, Erörterungs- oder Beweisaufnahmetermin oder den von einem gerichtlich bestellten Sachverständigen anberaumten Termin. Auch die eher nachrangigen richterlichen Termine wie vorterminliche Güteverhandlung (§ 278 Abs. 2 ZPO), innerterminliche gesonderte Güteverhandlung (§ 278 Abs. 5 Satz 1 ZPO), Termin des beauftragten Richters (§ 361 ZPO) oder ersuchten Richters (§ 362 ZPO, § 157 Abs. 1 GVG), Anhörungstermin im PKH-Prüfungsverfahren (§ 118 ZPO) reichen als Termin aus, da das Gesetz weder in der Vorbemerkung noch bei der Nr. 3104 VV RVG irgendeine Einschränkung formuliert. Auch in den aufgezählten nachrangigen Terminen wird verhandelt, mindestens die Sache erörtert. Beim ersuchten und beauftragten Richter geht es um einen Beweisaufnahmetermin i. S. von Absatz 3 der Vorbemerkung 3.

Ausnahme aber OLG Stuttgart (AGS 2007, 503): Durch die Teilnahme des Verfahrensbevollmächtigten an einer **persönlichen Anhörung nach § 50 a FGG** im Sorgerechtsverfahren entsteht keine Terminsgebühr nach Nr. 3104.

Ohne jeglichen Ansatz einer Begründung wollen *Müller-Rabe* (Gerold/Schmidt/von Eicken/Madert/Müller-Rabe RVG 17. Aufl. VV Vorb. 3 Rn. 41) und *Hartmann* (Hartmann Kostengesetze 35. Aufl. VV 3104 Rn. 5) den Termin zur Anhörung der Partei (§ 141 ZPO) hier ausnehmen. Das kann nicht richtig sein. § 286 ZPO nennt als Gegenstand der Beweiswürdigung den »Inhalt der Verhandlungen«, dazu ist vornehmlich auch die Parteianhörung nach § 141 ZPO zu zählen. Das belegt insbesondere die Parteianhörung zu einem so genannten Vieraugengespräch (BGH NJW 1999, 363; BVerfG NJW 2001, 2531; EGMR NJW 1995, 1413). Zu weiteren Einzelheiten wird auf Vorbemerkung 3 Rn. 28 ff. verwiesen.

Ein richterlicher Termin muss es aber schon sein. Das sagt das Gesetz zwar im Gegensatz zur Klarstellung durch den Rechtsausschuss bei Nr. 3101 hier nicht ausdrücklich. Es ergibt sich aber als Umkehrschluss aus der Tatsache, dass das Gesetz nunmehr (Vorbemerkung 3 Abs. 3) den vom gerichtlich bestellten Sachverständigen anberaumten Termin ausdrücklich als Sondertatbestand erwähnt. Würde jeder irgendwie in der Streitsache durchgeführte (auch nichtrichterliche) Termin ausreichen, so hätte es der Hervorhebung des Termins des gerichtlich bestellten Sachverständigen nicht bedurft.

Kein richterlicher Termin ist der Termin bei dem in § 278 Abs. 5 Satz 2 ZPO erwähnten außergerichtlichen Streitschlichter, und zwar auch dann nicht, wenn es um eine sogenannte »gerichtsnahe Mediation« beim Richtermediator (DRiZ 2003, 396) geht. Erscheint der Mediant zu einem Termin bei solch einem Richtermediator mit seinem Anwalt, was besonders bei der Wirtschafts-, Arbeitsrechts- und Umweltmediation geschieht, so ist das kein richterlicher Termin und Nr. 3104 nicht erfüllt.

Die Frage wird sich demnächst aber stellen, wenn die erfolgreiche Praxis des LG Göttingen (die die gesamte Justiz, die nach Entlastungsmöglichkeiten sucht, aufhorchen lässt) sich weiter verbreitet, wonach es derzeit aussieht. Das LG Göttingen (DRiZ 2003, 396) hat eigene ausgebildete Richtermediatoren eingesetzt. Der sachlich zuständige Richter gibt ohne Vorprüfung der Falleignung für eine Mediation die Verfahrensakten an die Richtermediatoren ab. Diese wenden sich dann meist telefonisch an die Verfahrensanwälte und bitten um das Einverständnis zur Mediation (§ 278 Abs. 5 Satz 2 ZPO). Wird das Einverständnis erteilt, dann ordnet der erkennende Richter entsprechend §§ 278 Abs. 5 Satz 3, 251 ZPO das Ruhen des Verfahrens an. Nun kommt es regelmäßig beim Richtermediator zu einer Besprechung am runden Tisch. Von Olenhusen, ehemals Präsident des Landgerichts Göttingen, berichtet zum Verfahrensabschluss Folgendes (DRiZ 2003, 396):

*»Zeichnet sich in der Mediation eine Vereinbarung ab, protokolliert der Richtermediator nunmehr als Richter den Vergleich. Verfahrensrechtlich ist diese Vorgehensweise in eine Güteverhandlung vor dem ersuchten Richter analog § 278 Abs. 5 ZPO **eingebettet**.«*

Nr. 3104 VV

Beides dürfte prozessual unrichtig sein, und nach meiner Ansicht wahrscheinlich demnächst zu einem heißen Erwachen aus diesem »**Ruhebett**« führen:

§ 278 Abs. 5 Satz 2 ZPO, also das Gesetz, erklärt richtigerweise, dass es sich um eine außergerichtliche Mediation handelt. Damit wird der Richtermediator bei der von ihm durchgeführten Mediation, die ja auch auf der Freiwilligkeit der Parteien beruht und jederzeit ohne prozessuale Nachteile von diesen wieder abgebrochen werden kann, nicht in seiner richterlichen Funktion tätig. Der Richtermediator ist dann weder »ersuchter Richter« (§ 362 ZPO, § 157 Abs. 1 GVG), noch ist das Mediationsverfahren, »in eine Güteverhandlung analog § 278 Abs. 5 ZPO, also in eine gerichtliche Handlung, eingebettet«. Dann kann er auch nicht »als Richter« den Vergleich protokollieren. Einem solchen Vergleich dürfte keine Klausel erteilt werden und nach meiner Ansicht fehlt es für die Zwangsvollstreckung schon am wirksamen Titel (Bischof SchiedsVZ 2004, 252). Ich erinnere an die Rechtsprechung der Gerichte zu Prozessvergleichen, wenn an einem landgerichtlichen Vergleichsprotokollierungstermin auf einer Seite eine unvertretene Partei beteiligt ist. Das ist nur ein Vertrag, kein vollstreckungsfähiger Prozessvergleich (BGH NJW 1985, 1962 mit Angabe der umstrittenen Lösungsversuche).

18 Ergebnis für das hier anstehende Gebührenproblem: Die Wahrnehmung des Termins beim Richtermediator ist kein gerichtlicher Termin (so schon der Wortlaut des § 278 Abs. 5 Satz 2 ZPO) und löst daher die Terminsgebühr Nr. 3104 nicht aus. Dennoch braucht sich der Anwalt aus gebührenrechtlicher Sicht, wenn vorterminlich die Anfrage kommt, ob er namens seiner Partei sein Einverständnis zur Richtermediation erklären wolle, dem Ansinnen nicht zu versagen.

19 Die Terminsgebühr erhält er dennoch und zwar wegen einer anderen Modalität der Norm (Nr. 3104 i. V. m. Abs. 3 Vorbemerkung 3, letzte Alternative VV RVG): Durch seine Teilnahme an der Besprechung beim Mediator, der hier nicht als Richter handelt, hat er nämlich »mitgewirkt an auf die Erledigung des Verfahrens gerichteten Besprechungen ohne Beteiligung des Gerichts,« wodurch die Terminsgebühr der Nr. 3104 ebenfalls ausgelöst wird.

2. Inhalt des Termins

20 Das Gesetz stellt keine Anforderungen an die inhaltliche Struktur des gerichtlichen Termins. Nach der Gesetzesbegründung zur Vorbemerkung 3 Abs. 3 (BT-Drs. 15/1971, S. 209) kommt es künftig nicht mehr darauf an, ob in dem Termin Anträge gestellt werden oder ob die Sache erörtert wird. Die Unterschiede zwischen einer **streitigen oder nichtstreitigen Verhandlung, ein- oder zweiseitiger Erörterung sowie zwischen Verhandlungen zur Sache oder nur zur Prozess- oder Sachleitung** sind mit Ausnahme des Verfahrens bei Säumnis einer Partei (dann Sonderregelung nach Nr. 3105) irrelevant. Auch die vorzitierte Gesetzesbegründung zu den inhaltlichen Anforderungen an einen Termin i. S. der Vorschrift bestätigen die Feststellung in Rn. 12, 13, dass sämtliche dort genannten richterlichen Termine dem Regelungsbereich der Nr. 3104 (Terminsgebühr) unterfallen. Unzutreffend ist daher auch die in Gebauer / Schneider RVG 2. Aufl. VV Vorb. 3 Rn. 89 geäußerte Ansicht, Anträge zur Prozess oder Sachleitung reichten nicht aus (wie hier auch Gerold/Schmidt/von Eicken/Madert/Müller-Rabe RVG 17. Aufl. Vorb. 3 VV Rn. 61, 63). Die neue Terminsgebühr fällt an für die **Wahrnehmung** eines gerichtlichen Termins durch den Anwalt. Das Tatbestandsmerkmal »Wahrnehmung eines Termins« lässt sich zur Auslegung der Nr. 3104 ableiten aus der ausdrücklichen Verwendung des Begriffs »Wahrnehmung eines Termins« in Nr. 3105 (Säumnisverfahren) und der Wahrnehmung des vom Sachverständigen anberaumten Termins (Vorbem. 3.3). Aber auch die Gesetzesbegründung zu Abs. 3 der Vorbemerkung (BT-Drs. 15/1971, S. 209) bemerkt: »*Vielmehr soll es für das Entstehen der Gebühr genügen, dass der Rechtsanwalt einen Termin wahrnimmt*« (ebenso Mayer Die neue Terminsgebühr im RVG RVG-Letter 2004, 1).

3. Wahrnehmung eines Termins
a) Beginn des Gerichtstermins

Die Beweisgebühr erfiel nach der BRAGO für die Vertretung im Beweisaufnahmeverfahren. Nach ganz h. M. hatte der Anwalt die Beweisgebühr verdient, wenn er nach Erlass des Beweisbeschlusses irgendeine **Vertretungshandlung** vorgenommen hatte, wie etwa das kritische **Lesen** des Beweisbeschlusses. 21

Im Gegensatz dazu kann Vertretung in einem Termin bzw. Wahrnehmung eines Termins noch nicht gegeben sein mit der Kenntnisnahme von der Terminsbestimmung oder der Entgegennahme der Ladung. Wann aber ist es so weit? Der Anwalt reist zum Termin an, bleibt im Stau stecken. Das bedeutet, vor dem Termin, aber nicht in dem Termin.

Klar ist die Lage, wenn der Vorsitzende die Sitzung eröffnet hat (§ 220 Abs. 1 ZPO) und die Anwälte sind erschienen: Dann spätestens ist die Terminsgebühr erfallen. Der Anwalt muss nur den Termin wahrnehmen, reden muss er darin nicht. Es genügt, wenn im Protokoll steht, es erscheint RA X. 22

Was aber ist, wenn der Vorsitzende (oder gegebenenfalls die Vollkammer) erscheint und den verhandlungsbereiten Anwälten mitteilt, wegen Erkrankung eines Teilnehmers (Partei, Zeuge, ganz ausnahmsweise auch eines Mitglieds des Spruchkörpers – Vertretungsregelung greift dann zunächst) müsse der heutige Termin ausfallen. Die Rechtsfrage: War das schon ein Termin, muss dann etwa entschieden werden, wenn die Parteien sich danach ohne die Anwälte außergerichtlich persönlich vergleichen? Auch dieser Vorgang ist bereits eine Wahrnehmung eines gerichtlichen Termins. Bei dem Begriff »Vertretung« in einem Termin, so der Gesetzeswortlaut der Vorbemerkung 3 Abs. 3, könnte man aber eher zweifeln, ob dieses Tatbestandsmerkmal schon erfüllt ist. Legt man aber »Vertretung« so aus, wie es die Nr. 3105 aufdrängt und auch die zitierte Gesetzesbegründung ausdrücklich formuliert – nämlich: Vertretung ist nichts anderes als Wahrnehmung –, so dürfte schon durch das Anhören der Mitteilung, der heutige Termin müsse wegen Krankheit eines Beteiligten ausfallen, die Terminsgebühr angefallen sein. Die Anwälte könnten doch in Wahrnehmung der Parteiinteressen einen Prozessleitungsantrag stellen, z. B. es solle nicht vertagt werden und wenigstens der eine von zwei geladenen Zeugen vernommen oder eine schriftliche Zeugenaussage gem. § 377 Abs. 3 ZPO angeordnet werden. Mindestens wenn die Vollkammer erscheint und als erstes einen Vertagungsbeschluss erlässt, ist die Terminsgebühr erfallen (§ 227 ZPO), anders wäre es bei der Aufhebung oder Verlegung eines Terminsd, denn beides geschieht vorterminlich (vgl. z. B. Thomas / Putzo § 227 Rn. 1: *Aufhebung ist die Beseitigung eines Termins, ohne dass ein neuer bestimmt wird. Verlegung ist die Beseitigung eines Termins vor dessen Beginn, wobei gleichzeitig ein neuer Termin bestimmt wird. Vertagung ist die Bestimmung eines neuen Termins nach Beginn des laufenden Termins* – § 220 Abs. 1 ZPO). 23

Man kann auch nicht argumentieren, wenn die Vollkammer erscheine und äußere, wegen Erkrankung des geladenen Zeugen müsse der Termin vertagt werde, sei das noch kein Aufruf der Sache, sondern eine Verlegung vor dem Beginn des Termins. Denn die Anwälte müssen ja, wie angeführt, Gelegenheit haben, sich dazu zu äußern. Ob sie davon Gebrauch machen, entscheidet nicht darüber, ob der Termin schon begonnen hat oder vorher schon verlegt ist. 24

Bei kostenrechtlicher Betrachtung, die nach allgemeiner Meinung bei Gebührenfragen Anwendung findet, kann es auch nicht darauf ankommen, ob richtigerweise die Vollkammer vertagt oder (prozessordnungswidrig) der Kammervorsitzende allein erscheint. Aufheben und verlegen kann der Vorsitzende, vertagen aber nur der gesamte Spruchkörper. Beim Einzelrichter und Amtsrichter ist davon auszugehen, dass dieser jeweils die gesetzlich gebotene Form gewählt hat. 25

Es wäre auch kleinliches Richterdenken, wenn nun einmal der Gesetzgeber mit einer großen Pauschalierung aus drei (nimmt man die Erörterungsgebühr als subsidiäre Gebühr noch hin- 26

Nr. 3104 VV

zu, dann sind es vier) Gebühren zwei gemacht hat (Verfahrens- und Terminsgebühr) und unter Verzicht auf jegliche nähere Beschreibung der Voraussetzungen die Terminsgebühr geschaffen hat, dann mit der Lupe danach gesucht würde, wie man die allzu großzügig vom Gesetzgeber gewährte Terminsgebühr doch noch versagen könnte. Die Entscheidung des Gesetzgebers ist gefallen.

27 Sitzt der Anwalt im Gerichtssaal, um den Termin wahrzunehmen und erscheint das Gericht und sagt etwas zu der terminierten Sache, dann hat der Termin begonnen.

Aus anwaltlicher Sicht, und es geht um die Gebühren des Anwalts, hat er durch die Anreise und die geistige Vorbereitung des Termins schon erhebliche Zeit und sonstigen Aufwand in den Gebührenakt Termin investiert.

28 Kostenrechtliche Betrachtungsweise:

Zur Vertiefung und beispielgebenden Erläuterung der kostenrechtlichen Betrachtungsweise, die besagt, dass Verfahrensfehler den Anfall einer materiell berechtigten Gebühr nicht verhindern können und dass ganz allgemein bei der kostenrechtlichen Auslegung auf den materiellen Gehalt der prozessualen Handlung abzustellen ist, sei auf folgende Fundstellen der Literatur und Judikatur verwiesen: KostRspBRAGO § 31 Ziffer 3 bei den nachfolgenden Nummern:

- Nr. 7 Anm. E. Schneider, Ziffer III. (Fehlen eines Beweisbeschlusses),
- Nr. 16 Anm. E. Schneider (Stillschweigender Eintritt in die Beweisaufnahme),
- Nr. 47 OLG Koblenz (informatorische Zeugenbefragung),
- Nr. 122 Anm. Lappe (Amtliche Auskunft, eingeholt vom Vorsitzenden).

Riedel/Sußbauer BRAGO 8. Aufl. § 31 Rn. 10: »*Stillschweigender Wille, Beweis zu erheben.*«

29 Die Terminsgebühr erfällt auch, wenn der Termin nicht langfristig angekündigt ist, sondern ad hoc bestimmt und sofort unter Verzicht auf die Einlassungs- und Ladungsfrist in Anwesenheit der Anwälte beginnt. So etwas kommt in der Praxis vor, wenn Anwälte aus Eilgründen beim Gericht um sofortige Terminierung (z. B. Vergleichsabschluss pp.) bitten. Auch Gerichte sollten hier im Sinne der Sache flexibel sein.

Der Termin, in dem eine Seite sofort anerkennt (früher nur halbe Verhandlungsgebühr nach § 33 BRAGO), lässt auch die Terminsgebühr, und zwar eine ganze à 1,2, anfallen. Auf den inhaltlichen Ablauf des Termins kommt es heute außer in der speziellen Fallgestaltung der Nr. 3105 (Säumnis) nicht mehr an (näher dazu Nr. 3105 unter Rn. 30).

30 Von all diesen Argumenten hat sich *Müller-Rabe* (Gerold/Schmidt/von Eicken/Madert/Müller-Rabe RVG 17. Aufl. Vorb. 3 VV Rn. 50–53) nicht überzeugen lassen und mir eine ganze Rn. 53 gewidmet. Zwei Dinge möchte ich zur Vertiefung aufgreifen:

b) Vertagung

31 Müller-Rabe hält mir (Rn. 52) entgegen: Auf die Wortwahl Vertagung oder Verlegung, wenn die Worte denn fielen, dürfe nicht viel gegeben werden, weil der Unterschied häufig nicht beachtet werde. Da gehe ich mit. Aber der Sache nach handelt es sich um eine Verlegung, wenn sie vorterminlich angeordnet wird, dagegen um eine Vertagung, wenn sie im Termin geschieht (§ 227 Abs. 1 Satz 1 ZPO). Folge: Verlegung = keine Terminsgebühr, Vertagung = Terminsgebühr. Bei der von mir reklamierten und vertretenen kostenrechtlichen Betrachtungsweise frage ich: Was ist das, wenn die Kammer erscheint und den Anwälten eröffnet: »Leider muss der heutige Termin ausfallen (gleich ob sie sagen, vertagt oder verlegt werden), denn von den 3 wichtigen Zeugen hat gerade einer mitgeteilt, dass er heute nicht erscheinen kann. Wir haben beschlossen, wir verlegen (oder wir vertagen), da es keinen Sinn macht, nur einen Teil der Zeugen zu vernehmen. Das wärs. Es tut uns auch leid.«?

Der von München nach Mörs (leider gibt es dort kein Landgericht), also nach Duisburg angereiste Klägeranwalt äußert sich, man könne den verhinderten Zeugen (einen Notar, der bekunden solle, dass in seiner Gegenwart anlässlich der Beurkundung mündlich etwas anderes vereinbart worden sei, als er beurkundet habe), doch gem. § 377 Abs. 3 ZPO schriftlich hören und die beiden anderen Zeugen heute vernehmen. Der Gegner erklärt, er protestiere gegen eine nur schriftliche Zeugenaussage des Notars. Das Gericht äußert (à la Müller-Rabe: Rn. 51 bis 53): »Wir haben die Sache nicht aufgerufen. Wir hören nicht zu. Sie reden außerhalb eines Termins.«

Solche Exoten unter den Richtern mag es auch heute noch geben. Wahrscheinlicher ist es, das Gericht äußert etwa, wir wollen die Möglichkeit haben, die Zeugen gegenüberzustellen oder wir machen von § 377 ZPO grundsätzlich keinen Gebrauch, weil wir immer einen persönlichen Eindruck gewinnen wollen, und vieles mehr an Erörterung lässt sich vom Gerichtsalltag hier phantasieren. 32

Und nun setze ich mit meiner kostenrechtlichen Betrachtungsweise an und sage, es kommt nicht darauf an (Begriff des »**Hexeneinmaleins**« aus der ersten Auflage), ob der Begriff »**Verlegung**« oder »**Vertagung**« von der Kammer gebraucht wird, sondern was materiell wirklich abgelaufen ist. Und dann habe ich angesichts der peinlichen Umstände »Reiseaufwand des Anwalts« zu einer richterlichen Großzügigkeit hinsichtlich des Anfalls der Terminsgebühr geraten. Wenn es zum nächsten Termin in der Sache noch kommt, sind diese streitigen Diskussionen sowieso überflüssig. Nur für den Fall des Vergleichs unter den Parteien unter Ausschluss der Anwälte brauchen wir das Extrembeispiel.

Mein Fazit auch heute noch: Wird am Terminstag über die Sache oder das Verfahren geredet, ist es nach neuem Recht, das keine inhaltlichen Anforderungen aufstellt, schon ein Termin. 33

Ich denke auch, wir beide (Müller-Rabe und ich) sind in der Sache ganz nahe beieinander, denn in der 17. Auflage hat er eine neue Rn. 62 zur Vertagung aufgenommen, die ich hier wörtlich wiedergeben möchte:

»*Vertagung unmittelbar nach Aufruf. Ruft das Gericht die Sache auf und erklärt es unmittelbar danach, dass, z. B. wegen Erkrankung des Berichterstatters oder weil der Gegner einen Schriftsatz zu spät erhalten hat, vertagt wird, so hat der Termin begonnen und der RA. verdient eine 1,2 Terminsgebühr, obgleich zur Sache selbst kein Wort gesagt wurde.*« 34

Mein Kommentar dazu:

»Danke, das genügt.« Und nun wenden wir auf meine Fallschilderung nur noch die kostenrechtliche Betrachtungsweise an. Dann sind wir uns eigentlich einig.

Das **sachliche** Ergebnis wird zwischenzeitlich bestätigt durch eine Entscheidung des VG Oldenburg (AGS 2008, 117): »Die Terminsgebühr entsteht, wenn der Verhandlungstermin stattfindet und der Rechtsanwalt diesen wahrnimmt, mithin vertretungsbereit anwesend war. Für die Entstehung der Terminsgebühr ist nicht erforderlich, dass zur Sach- oder Rechtslage auch verhandelt wird. Die Terminsgebühr fällt demnach auch dann an, wenn das Gericht die Sache sofort nach Aufruf wegen einer Erkrankung vertagt.«

Das VG Oldenburg stellt darauf ab, ob der Anwalt **vertretungsbereit im Sitzungssaal anwesend** ist (so auch BayVGH, 17. 04. 2007 – 4 C 07.695 – BayVBl. 2008, 30.)

Soll der Richter es dann wirklich im Erkrankungsfall in der Hand haben und Gebührenschicksaal spielen?

Entweder

(1) – er ruft auf und sagt, leider kann die Sitzung wegen Erkrankung nicht stattfinden oder

(2) – er sagt, wegen Erkrankung kann die Sitzung nicht stattfinden, ich rufe daher die Sache nicht auf.

Ich denke, nicht nur im Sport gilt Fair Play.

Nr. 3104 VV

Auch die Entscheidung des OLG Koblenz (MDR 2007, 55) weist in diese Richtung.

Ich hoffe, die Streitfrage zu (2) wird nie von einem Gericht entschieden werden müssen, denn das setzte voraus, dass es solch unfaire Richter gibt.

Übrigens, was ist in den Fällen, in denen am Sitzungssaal ein Schild hängt:

»**Bitte ohne besonderen Aufruf eintreten**«, und wenn dann der Richter im Saal nicht ausdrücklich die einzelne Sache aufruft?

In vielen Fällen geschieht das durch schlüssiges Handeln trotz § 220 ZPO.

c) Verbindungsbeschluss zu Beginn der Sitzung

34a Die beiden Verwaltungsgerichte VG Oldenburg (AGS 2008, 117) und Bay VGH (17.04. 2007 – 4 C 07.695 – BayVBl. 2008, 30) haben die interessante Frage entschieden, nach welchem Wert sich die Terminsgebühr berechnet, wenn unmittelbar nach dem Aufruf der Sache das Gericht zwei Verfahren verbindet. Sie haben übereinstimmend festgestellt, da der Anwalt nach dem Aufruf der Sache vertretungsbereit anwesend gewesen sei, habe er damit die Terminsgebühr aus beiden noch getrennten Werten (Verfahren) verdient. Eine (abzulehnende) abweichende Ansicht für den sofortigen Verbindungsbeschluss nach dem Aufruf vertritt der VGH B.-W. (DÖV 2006, 967 = BauR 2006, 2032). Er billigt nur eine Terminsgebühr aus dem Gesamtstreitwert der verbundenen Sachen zu.

d) Erledigungserklärungen zu Beginn des Termins – Streitwert

34b OLG Köln (OLGR Köln 2006, 884):

Die reine Anwesenheit des Anwalts im Termin ohne Abgabe irgendwelcher Erklärungen reicht bereits für den Anfall der Terminsgebühr aus. Bedeutungslos ist es, ob streitig verhandelt wird oder nicht.

Die Terminsgebühr erfällt daher in voller Höhe nach dem Streitwert der Hauptsache, wenn die Parteien erstmals im Termin zur mündlichen Verhandlung übereinstimmende Erledigungserklärungen abgeben. Dass gegebenenfalls nur noch die Frage streitig ist, wer die Kosten des Rechtsstreites trägt, ändert nichts daran, dass ein Termin, und zwar vor der Streitwertreduzierung infolge der übereinstimmenden Erledigungserklärung stattgefunden hat.

e) Die Regelung in Strafsachen

35 Müller-Rabe formuliert in VV Vorb. 3 Rn. 47, es sei in (allen) gerichtlichen Verfahren »**anders als im Strafverfahren.**«

In meinen Gebührenseminaren 2004 der Anwaltakademie habe ich mich selber hochgenommen und gesagt, ich hätte seitenlang in meinem Kommentar über die Frage reflektiert, ob der Anwalt die Terminsgebühr erhalte, wenn er, zum Termin angereist, vom Gericht die traurige Mitteilung erhalte, leider müsse der Termin aus den oder jenen Gründen ausfallen.

Da ich in den Seminaren jetzt aber (anders als im Kommentar) auch über Gebühren in Strafsachen referiere, sei ich hinsichtlich meines Problems nachträglich fündig geworden: VV RVG Vorbemerkung 4 Abs. 3 Satz 2:

»Der Rechtsanwalt erhält die Terminsgebühr auch, wenn er zu einem anberaumten Termin erscheint, dieser aber aus Gründen, die er nicht zu vertreten hat, nicht stattfindet.«

36 Dazu Müller-Rabe in VV Vorb. 3 Rn. 47:

»*Der Termin muss (anders als im Strafverfahren – VV Vorb. 4 Abs. 3 S. 2) also auch stattfinden.*«

Kann man wirklich aus der Formulierung im Zivilrecht (und den anderen Gerichtszweigen): »Für die Vertretung **in** einem Termin« herauslesen, das sei ein aliud zu etwa in Strafsachen: Nr. 4102: Terminsgebühr für die Teilnahme an richterlichen Vernehmungen

Nr. 4108: Terminsgebühr je Hauptverhandlungstag usw.?

Auch hier hat doch keine richterliche Vernehmung oder ein Hauptverhandlungstag stattgefunden.

Ich denke, der Hintergrund ist einfach der, dass der Sachbearbeiter Strafrechtsgebühren umsichtiger gearbeitet hat.

Was soll es für einen elementaren Unterschied geben? Auch Müller-Rabe stellt nur beiläufige Behauptungen ohne Begründungen auf.

Das alte Problem: Analogie oder Spezialität.

Im einen Fall zahlt der Staat, wenn er die Verfahrenskosten nicht überwälzen kann, im zivilrechtlichen Fall die unterliegende Partei, die den Prozess verursacht hat – Prozessieren kostet eben Geld.

Ich also bin für eine analoge Anwendung der Vorbemerkung 4 Abs. 3 Satz 2 auch in allen Gerichtsbarkeiten des 3. Teils. Die Gesetzesmaterialien schweigen mal wieder wie immer bei den heißen Fragen. In der Begründung zu Absatz 3 Satz 2 der Vorbemerkung 4 (BT-Drs. 15/1971, S. 221) findet sich nichts, weshalb das für Strafsachen Gesagte in den anderen Gerichtsverfahren anders liege.

f) Vertretung im Termin

aa) Passive Anwesenheit

Erklärt der Prozessbevollmächtigte, er trete nicht auf, seine Partei habe den Vorschuss nicht gezahlt, und bleibt er dennoch während der Verhandlung anwesend, so ist das keine Vertretung der Partei.

Dasselbe gilt, wenn der Anwalt erscheint und erklärt, er wolle nur seine Mandatsniederlegung mitteilen. Erscheint er dann später im Verlauf des Termins kurz vor dessen Ende erneut und teilt mit, seine Partei habe soeben den Vorschuss geleistet, er trete noch auf, so reicht das aus.

Begehrt der Anwalt nach Aufruf der Sache eine Vertagung, weil sein Mandant am Vortage erst von einer Reise zurückgekommen, die Klage beim Postamt abgeholt habe, und wird darauf sofort ohne Sachverhandlung vertagt, so reicht auch dieses als Terminswahrnehmung aus.

bb) Aktive Anwesenheit

Ein streitiges Verhandeln setzt die Vorbemerkung 3 Abs. 3 heute nicht mehr voraus. Es genügt, dass der Anwalt dem Vortrag seines anwesenden Mandanten schweigend folgt, mit der Bereitschaft, gegebenenfalls einzugreifen (Gebauer/Schneider RVG 2. Aufl. VV Vorb. 3 Rn. 93; Gerold/Schmidt/von Eicken/Madert/Müller-Rabe RVG 17. Aufl. VV Vorb. 3 Rn. 63). Auch das Schweigen des Beklagtenvertreters zur Klagerücknahme ist eine Vertretung (Schneider/Wolf RVG 3. Aufl. VV Vorb. 3 Rn. 101).

cc) Dauer der Anwesenheit

Die Anwesenheit während der gesamten Dauer des gerichtlichen Termins ist für den Anfall der Terminsgebühr nicht notwendig (Gerold/Schmidt/von Eicken/Madert/Müller-Rabe RVG 17. Aufl. VV Vorb. 3 Rn. 81; Schneider/Wolf RVG 3. Aufl. VV Vorb. 3 Rn. 100).

Der Termin muss aber schon begonnen haben und darf noch nicht beendet sein.

Erscheint der Anwalt vor Aufruf der Sache, weist auf seine Handakten hin und bittet, dass ein Kollege für ihn auftrete, da er dringend zu einem anderen Termin müsse und tritt dann später kein Kollege für ihn auf, dann hat er die Partei nicht in dem Termin vertreten.

Der Termin darf auch noch nicht beendet sein.

Nr. 3104 VV

Während meiner ersten Sitzung als Zivilrichter erschien ein aufgeregter, sehr freundlicher Anwalt und fragte nach einer bestimmten Sache. Ich eröffnete ihm, ich hätte vor 5 Minuten ein VU gegen seine Partei erlassen. Sein Kollege, der noch im Gerichtssaal anwesend war, habe auf energisches Drängen seiner Partei nach 30 Minuten Wartezeit VU-Antrag gestellt. Der freundliche Anwalt meinte, dann streichen sie das doch einfach wieder im Protokoll, der Kollege ist ja noch anwesend und dann verhandeln wir streitig. Das VU sei sowieso standeswidrig beantragt worden.

Das Streichen ging natürlich nicht und für eine Vertretung war es zunächst zu spät. Ich bot ihm das Einlegen eines Einspruchs zu Protokoll und sofortige Verhandlung an, wenn der Gegner auf Fristen verzichte. Nun wurde der freundliche Herr sehr unfreundlich und rauschte von dannen.

dd) Anwalt vertritt Partei und Streithelfer

41a Vertritt derselbe Anwalt im Termin sowohl die Partei als auch den Streithelfer, so fällt die Terminsgebühr zweimal an (BGH, 11. 07. 2006, Az.: VI ZB 13/06, NSW RVG VV Nr. 3402 BGH – intern).

4. Wahrnehmung eines von einem gerichtlich bestellten Sachverständigen anberaumten Termins

42 Absatz 3 der Vorbemerkung 3 nennt auch die Modalität »**Termin des gerichtlich bestellten Sachverständigen**« für den Anfall der Terminsgebühr.

Die Terminsgebühr erfällt dagegen nicht, wenn der Anwalt zur Vorbereitung der Klage, der Klageerwiderung oder sonst im Laufe des Rechtsstreits zur Aufbereitung des Streitstoffs einen privaten Sachverständigen zuzieht und an dessen Ortstermin teilnimmt. Es muss ein Termin eines **gerichtlich bestellten** Sachverständigen sein. Es ist gleich, ob der Termin lang oder kurz dauert. Gesetzliche Voraussetzung ist es auch nicht, dass der Anwalt während der **ganzen** Terminsdauer anwesend bleibt.

Viele Anwälte haben gerade beim selbständigen Beweisverfahren die sich ihnen bietende neue Gelegenheit des doppelten Anfalls der Terminsgebühr noch nicht begriffen. Denn das **selbständige Beweisverfahren** ist jetzt eine **besondere Angelegenheit** geworden (siehe die Anrechnungsvorschrift des Absatzes 5 der Vorbemerkung 3) und bei den **Terminsgebühren** von selbständigen Beweisverfahren und Hauptsache findet im Gegensatz zur **Verfahrensgebühr** eine Anrechnung nicht statt.

5. Mitwirkung an auf die Vermeidung oder Erledigung des Verfahrens gerichteten Besprechungen

a) Einigungsbesprechung

43 Die Terminsgebühr fällt nicht nur, wie vorstehend erläutert, für die Wahrnehmung gerichtlicher oder vom Sachverständigen anberaumter Termine an, sondern für den Beitrag des Anwalts zu einem frühzeitigen Beendigungsversuch des Verfahrens, so dass es gar nicht erst zum Termin kommt oder das Verfahren gütlich alsbald erledigt wird. Die Vorbemerkung 3 Abs. 3 sieht dafür zwei Varianten vor: Die Verfahrens**vermeidung** und die Verfahrens**beendigung** vor dem Termin.

44 Die Gesetzesbegründung (BT-Drs. 15/1971, S. 209) merkt dazu an, dass der Anwalt nach seiner Bestellung, gemeint ist damit nach Erhalt des **Prozessauftrages** (siehe Vorbemerkung 3 Rn. 42 ff.) möglichst früh zur Beendigung des Verfahrens beitragen soll, was unter gewissen Voraussetzungen zum Anfall der Terminsgebühr, und zwar ohne Wahrnehmung eines Termins, führt. Die gesetzlichen Tatbestandsvoraussetzungen für diese Modalität des Anfalls der Terminsgebühr (Vorbemerkung 3 Abs. 3 letzte Alternative) lauten: »... für ... die Mitwir-

kung an auf die Vermeidung oder Erledigung des Verfahrens gerichteten Besprechungen ohne Beteiligung des Gerichts; dies gilt nicht für Besprechungen mit dem Auftraggeber.«

b) Besprechung zur Vermeidung des Verfahrens

Um den vorstehenden Schachtelsatz zu verstehen, muss man ihn in seine beiden Bestandteile zerlegen. **Vermeidung** des Verfahrens heißt, das gerichtliche Verfahren darf noch gar nicht begonnen haben. Damit haben manche Schwierigkeiten und fügen hinzu, die Sache müsse wenigstens anhängig sein. Das deckt sich aber nicht mit dem Gesetzeswortlaut. Das Rätsel wird durch folgende Binsenwahrheit aufgelöst: 45

Anwaltliche und gerichtliche Instanz fallen hinsichtlich des Beginns zeitlich auseinander. Die anwaltliche Instanz beginnt mit dem Prozessauftrag, die gerichtliche mit Einreichung der Klageschrift bzw. Antragsschrift.

BGH (AGS 2007, 166 = NJW-RR 2007, 720): »Hat der Anwalt bereits einen unbedingten Klageauftrag erhalten, kann eine Terminsgebühr auch dann entstehen, wenn der Rechtsstreit oder das Verfahren noch nicht anhängig ist.«

Bespricht der Anwalt, nachdem ihm der Prozessauftrag erteilt ist, mit dem Gegner (oder auch einem Dritten) die Streitsache mit dem Ziel der Einigung, oder besser »zur Vermeidung des Verfahrens« (in Abwesenheit des Gerichts), so erfällt dafür die volle Terminsgebühr 1,2. Vermeidung des Verfahrens bedeutet in zeitlicher Hinsicht, das Verfahren darf noch gar nicht begonnen haben, sonst kann er es nicht mehr vermeiden. Die Besprechung findet in diesem Falle also **vor Einreichung der Klage** oder des Antrages beim Gericht statt. Gefertigt kann die Klage zu diesem Zeitpunkt bereits sein. Nicht selten treten Beklagte in ernsthafte Vergleichsverhandlungen erst ein, wenn als letzte Mahnung der mit der Prozessführung beauftragte Klägeranwalt ihnen den Entwurf der demnächst zu erhebenden Klage vorab zuleitet. Kommt es darauf zu einer vorprozessualen Besprechung zwischen den Streitteilen, so fällt dadurch für die Anwälte bereits die volle Terminsgebühr an. Der Gesetzgeber verspricht sich davon eine prozessvermeidende Handlungsweise der Anwälte, denn jetzt brauchen sie nicht erst Klage zu erheben, um auch die zweite Gebühr, die **Terminsgebühr,** zu verdienen. Ein **vorgerichtliches Vergleichsgespräch** löst demnach die Terminsgebühr bereits aus. Dabei fällt die Terminsgebühr selbst dann an, wenn es bei dem **Vergleichsversuch** bleibt, der angestrebte Vergleich nicht zustande kommt und nunmehr doch Klage eingereicht wird.

Aus § 15 Abs. 2 RVG folgt, dass der Anwalt, wenn die Terminsgebühr später erneut anfällt, die Terminsgebühr gleichwohl nur einmal geltend machen kann.

c) Besprechungen zur Erledigung des Verfahrens

Ist die Klage eingereicht und kommt es jetzt zu einer Besprechung zwischen den Streitteilen zur **Erledigung** des Verfahrens, und zwar noch vor dem gerichtlichen Termin, so reicht das aus, auch das wird mit der ganzen Terminsgebühr (Nr. 3104) honoriert. 46

d) Form der Besprechung

Die Besprechungen können knapp, aber auch lang sein, in jedem Falle lösen sie die Besprechungsgebühr aus. 47

Die Besprechung muss nicht vorher terminiert sein. Sie kann auch telefonisch erfolgen. Besprechungen mit dem eigenen Mandanten oder den Leuten seines Lagers (Steuerberater, Privatsachverständiger zur Beschaffung der Sachinformation, Detektiv, Rechtsschutzversicherer) reichen nicht aus. Dagegen lösen die Gebühr aus: Einigungsbesprechungen mit dem Gegner und seinem Lager, etwa dessen Versicherer, Steuerberater oder Streithelfer.

OLG Köln (JurBüro 2006, 590 = AGS 2007, 191): Nicht genügend, wenn der Prozessbevollmächtigte der Partei einen **Steuerberater** hinzuzieht und dieser auf Veranlassung, aber in **Abwesenheit des Prozessbevollmächtigten** ein Gespräch mit einer Person aus dem Lager des Verfahrensgegners führt.

Nr. 3104 VV

Telefonische Besprechung genügt (KG JurBüro 2007, 413 = AGS 2008, 65).

Der Ansatz einer 1,2 Terminsgebühr nach VV RVG Nr. 3104 für eine außergerichtliche Besprechung wird auch nicht dadurch ausgeschlossen, dass der **nicht anwaltlich vertretene** Beklagte vor dem Landgericht wegen des dort bestehenden Anwaltszwangs (§ 78 Satz 1 ZPO) die Sache nicht selbst hätte vertreten können. Die Terminsgebühr entsteht auch allein durch die Mitwirkung eines Anwalts an einer unmittelbar zwischen den Parteien geführten Besprechung (BGH NJW-RR 2007, 787).

OLG Naumburg (JurBüro 2008, 141 = AGS 2008, 169): **Verabreden** die Anwälte, dass eine Vollstreckungsgegenklage gegen einen Vergleich **zurückgenommen wird** und ferner, dass die Parteien sich möglichst bald treffen, um untereinander ohne Einschaltung ihrer Prozessbevollmächtigten die weitere Abwicklung zu klären, so verdienen die Anwälte zwar die **Terminsgebühr** (Besprechung zur Erledigung des Rechtsstreits), aber **keine Einigungsgebühr**, weil sie an der Einigung nicht mitgewirkt haben.

OLGR Hamburg (2006, 886): Auch ein Gespräch, in dem der Gegner zur Rücknahme der Klage bewegt werden soll, löst eine Terminsgebühr aus.

Das ist keine reine Verfahrensabsprache, die nicht genügt.

OLG Hamburg (AGS 2007, 31): Ausreichend sind insoweit auch kurze Gespräche, es muss sich jedoch um sachbezogene Gespräche handeln. So löst auch ein Gespräch, in dem der Gegner zur Rücknahme der Klage bewegt werden soll, eine Terminsgebühr aus. Lediglich reine Nachfragen nach dem Sachstand oder das Einholen von Information sind nicht ausreichend.

e) Bereitschaft des Gegners zum Besprechen einer Einigung

48 Der Gegner muss auch eine allgemeine Bereitschaft zeigen, auf solche Einigungsgespräche einzugehen (OLG Düsseldorf AnwBl. 2002, 113; OVG Hamburg, 10.01.2006 – 1 So 177/05).

BGH (JurBüro 2007, 136 = AGS 2007, 129): »Verweigert der Gegner von vornherein entweder ein sachbezogenes Gespräch oder eine gütliche Einigung, kommt eine Besprechung bereits im Ansatz nicht zustande (Müller-Rabe in Gerold/Schmidt/von Eicken, RVG 17. Aufl. Vorbemerkung 3 VV Rdn. 92 f.). Im Unterschied dazu ist von einer Besprechung auszugehen, wenn sich der Gegner auf das Gespräch einlässt, indem er die ihm unterbreiteten Vorschläge zur Kenntnis nimmt und deren Prüfung zusagt.«

Es wird dabei immer auf Nuancen ankommen, ob man das Gespräch wirklich bereits als Erledigungsbesprechung bezeichnen kann. Hier scheinen mir einige Gerichte und Kommentatoren doch etwas zu weit zu gehen, wenn man schon wieder, wie weiland bei der »Erörterungsgebühr« das reine Schweigen des »Gesprächspartners« als Besprechen auslegt.

Kritisch sehe ich daher die nachfolgende Entscheidung des OLG Naumburg hinsichtlich der Frage, ob man im entschiedenen Fall bereits von einem Besprechen einer einvernehmlichen Erledigungsmöglichkeit ausgehen kann, weil dazu doch wohl immer zwei gehören.

OLGR Naumburg (2006, 1012 = JurBüro 2006, 529):

»Es genügt, wenn der Rechtsanwalt der einen Seite die andere Seite in einem Gespräch zur Rücknahme oder zum Anerkenntnis bewegen will (vgl. Müller-Rabe in Gerold/Schmidt, RVG, 16. Aufl., Vorb. 3 VV Rn. 92) und sich die andere Seite darauf einlässt, indem sie **zuhört** (Hansens JurBüro 2004, 250). Etwas anderes gilt nur dann, wenn der Gesprächspartner zu einem Gespräch über eine Erledigung des Rechtsstreits nicht bereit ist und dies **sofort** kundtut (Müller-Rabe a.a.O. Rdnr. 90, OVG Lüneburg AnwBl 85, 533). Ob das Ansinnen positiv aufgenommen oder gar am Ende eine Einigung herbeigeführt wird, ist ohne Belang (vgl. OLG Koblenz NJW-RR 2005, 1592, nochmals NJW 2005, 2162).

Nach dem durch den Kläger unwidersprochen gebliebenen Vortrag des Beklagten rief dessen Prozessbevollmächtigter am 17. November 2004 bei der Prozessbevollmächtigten des Klägers an und regte – unter Darlegung seiner Sicht der Sach- und Rechtslage – eine Klagerücknahme durch den Kläger an. Ausweislich der vorgelegten Telefonnotiz erfolgte am nächsten Tag vereinbarungsgemäß ein Rückruf der Prozessbevollmächtigten des Klägers mit der Mitteilung, dass die Klage nicht zurückgenommen werde. Hieraus ist zwanglos zu schließen, dass das Gespräch nicht rein einseitig von Seiten des Prozessbevollmächtigten des Beklagten der Gegenseite »aufgedrängt« wurde, sondern dass – wie grundsätzlich im Rechtsverkehr auch üblich – durchaus eine Diskussion in der Sache zwischen den Parteivertretern erfolgte, die sogar zu einem Rückruf der Gegenseite führte. Das reicht aus, um die Gebühr der Nr. 3104 RVG-VV zu begründen.«

Bezeichnenderweise nennt das OLG Naumburg in seinem Leitsatz das Ganze eine »Diskussion zum Sach- und Streitstand«.

Mich überzeugen diese Entscheidung und auch die angezogenen Belege nicht. Ich wäre jedenfalls als Klägeranwalt betroffen, wenn man mein geduldiges Zuhören oder »Fighten« mit Gegenargumenten gegen eine Klagerücknahme bereits als eine willentliche Besprechung einer einvernehmlichen Erledigung werten würde.

Es macht inhaltlich auch sicher schon im Ansatz bereits einen Unterschied (»Besprechung einer einvernehmlichen Erledigung des Rechtsstreits«), ob man ein wirkliches Vergleichsangebot (etwa das Angebot einer Reduzierung der Forderung) macht oder ob man vom Kläger wie hier sofort den Totalverlust (Klagerücknahme) fordert. Im letzteren Falle müsste da doch vom Kläger mehr kommen als nur ein **Schweigen**.

Wir Juristen sollten die Sprache so verstehen und anwenden, wie sie auch die Laien, die das alles bezahlen sollen, bei verständiger Würdigung verstehen. Dabei sollte ein solcher Anwalt (der Beklagtenanwalt) das Herz und den Mut haben, sich zu fragen, ob er (zunächst kommt es auf den Anfall der Gebühr im Verhältnis zur Partei an) die Terminsgebühr auch von seiner eigenen Partei fordern würde, und zwar der Redende wie der Schweigende. Diesen wütend die Terminsgebühr zahlenden Klienten würde er sicher nicht noch ein zweites Mal sehen. Bei einem Erstattungsanspruch, der wie gesagt den Anfall im Verhältnis zur eigenen Partei voraussetzt, lässt sich so etwas mit einem gewissen Schneid leicht fordern. Aber der Richter sitzt in der Mitte.

Vielleicht wirft man mir Inkonsequenz vor, wenn ich in folgendem »Einzelfall« das Zuhören als ausreichend betrachte:

OLG Koblenz (AGS 2005, 278 = JurBüro 2005, 416): Ruft der Prozessbevollmächtigte des Beklagten den Rechtsanwalt des Klägers an und stellt eine Zahlung in Aussicht und bittet im Hinblick darauf um eine Klagerücknahme, fällt die Terminsgebühr der Nr. 3104 VV RVG an. Hierfür genügt es, wenn der Angerufene bloß zuhört. Aber hier muss ein verständiger Anwalt im Interesse seiner Partei nachdenken und abwägen, wie man das positive Angebot für seinen Mandanten sicher machen kann.

Abschließend noch einmal: Nicht entscheidend ist es, ob das Ansinnen positiv aufgenommen oder eine Einigung herbeigeführt wird.

f) Detaillierte konkrete Vergleichsgespräche sind nicht erforderlich

BGH (NJW 2007, 2858 = JurBüro 2007, 303): »Für die Entstehung einer Terminsgebühr gemäß Nr. 3202 i. V. mit Vorbemerkung 3 Abs. 3 des Vergütungsverzeichnisses reicht es aus, wenn bestimmte Rahmenbedingungen für eine mögliche Einigung in mehreren Parallelverfahren abgeklärt und/oder unterschiedliche Vorstellungen der Prozessparteien über die Erledigung der Parallelfälle unter Einschluss des streitigen Verfahrens ausgetauscht werden.«

g) Richter telefoniert

Müller-Rabe (Gerold/Schmidt/von Eicken/Madert/Müller-Rabe RVG 17. Aufl. VV Vorb. 3 Rn. 109, 110) bemerkt:

Nr. 3104 VV

»Telefoniert der Richter bald mit dem Kläger-, bald mit dem Beklagtenvertreter, um diese zu einer Einigung zu bewegen, so ist das auch ein auf Erledigung gerichtetes Gespräch mit einem anderen als dem Auftraggeber.«

Wenn man die Ansicht vertritt, das Gespräch nur mit einem Dritten genüge nicht, vielmehr müsse mit der Gegenseite gesprochen werden, so reichte diese Fallgestaltung nach der engen und abzulehnenden Ansicht ebenfalls aus, weil hier die Parteien über den Richter miteinander **sprechen**.

Ein Austausch von **Schreiben** über und von dem Richter würde allerdings nicht genügen. Daher reicht der E-Mail-Austausch (so aber OLG Koblenz JurBüro2007, 413), auch über den Richter, nicht aus, es sei denn, die Voraussetzungen des § 286 Abs. 6 ZPO sind erfüllt (BGH JurBüro 2007, 360). § 278 Abs. 6 ZPO setzt voraus, dass ein Vergleich zum Abschluss kommt, der Versuch einer Einigung, wie er für die Vorbem. 3.3 ausreicht, genügt nicht.

h) Beweislast

51   Um für die Kostenfestsetzung einigermaßen gewappnet zu sein, sollte der Anwalt sofort über ein solches Verfahrensbeendigungs- oder Vermeidungsgespräch einen Aktenvermerk diktieren und diesen der Partei und dem Gegner zur Kenntnis zuleiten.

Ich kenne einen Bauleiter, der diktiert jedes Gespräch von geschäftlicher Relevanz an der Baustelle sofort an Ort und Stelle auf Tonband und leitet dem jeweiligen Betroffenen unmittelbar danach den Aktenvermerk in Durchschrift zu. Ein kluger Mann.

In der Kostenfestsetzung hat seine Partei die Beweislast dafür, dass eine Terminsgebühr durch eine Einigungsbesprechung angefallen ist (OLG Koblenz NJW 2005, 2162; LG Mannheim AGS 2005, 518: näher dazu *Weller* in FS für Madert RVG Probleme und Chancen 2006 Seite 231, 235).

Da die Kostenfestsetzung insoweit Schwierigkeiten bereiten kann und der Anwalt sich dann an seinen Mandanten halten muss, sollte er sich schon sofort in der Vollmacht ausdrücklich zu Einigungsbesprechungen zur Vermeidung oder Beendigung eines streitigen Verfahrens bevollmächtigen lassen.

i) Kostenfestsetzung

51a   **BGH** (NJW-RR 2007, 787): »Eine durch außergerichtliche Verhandlungen entstandene Terminsgebühr kann im Kostenfestsetzungsverfahren in Ansatz gebracht werden, wenn die tatbestandlichen Voraussetzungen des Gebührentatbestandes **unstreitig** sind. Das gilt sowohl dann, wenn der Gegner sich selbst über solche Verhandlungen erklärt und damit die maßgeblichen Tatsachen im Wege eines Geständnisses (§ 288 ZPO) eingeräumt hat, als auch dann, wenn der Gegner sich zu dem den Gebührentatbestand begründenden, ihm zur Stellungnahme überreichten Vortrag nicht erklärt und dieser daher gem. § 138 Abs. 3 ZPO als unstreitig anzusehen ist.

BGH VII. ZS (JurBüro 2007, 533 = AGS 2007, 549 = NJW 2007, 2859): Die vom Kläger beanspruchte Terminsgebühr für die Mitwirkung an einer auf die Erledigung des gerichtlichen Verfahrens gerichteten außergerichtlichen Besprechung ist nach §§ 103, 104 ZPO grundsätzlich als festsetzungsfähig anzusehen (NJW-RR 2007, 286 und vom 27. Februar 2007, XI ZB 38/05). Dies gilt nach neuerer Rechtsprechung des XI. Zivilsenats auch dann, wenn die tatsächlichen Voraussetzungen für den Anfall der Gebühr und deren Erstattungsfähigkeit im Kostenfestsetzungsverfahren zwischen den **Parteien streitig sind** (BGH, Beschluss vom 27. Februar 2007 – XI ZB 38/05).«

Wird die Klage allerdings nicht mehr eingereicht, so ist eine Kostenfestsetzung nach §§ 103, 104 ZPO nicht möglich. Dann muss gegebenenfalls der Weg der Gebührenklage beschritten werden.

OVG Niedersachsen (JurBüro 2007, 78 = AGS 2007, 32): Ist im Kostenfestsetzungsbeschluss eine Terminsgebühr nicht anerkannt worden, so ist ein dagegen eingelegter Rechtsbehelf im Zweifel als in Namen des kostenerstattungsberechtigten Klägers eingelegt anzusehen.

Zur Festsetzung der Differenzgebühr siehe auch Rn. 73 und 113 sowie Nr. 3101 Rn. 82.

II. Die (gesetzliche) Anmerkung zu Nr. 3104

1. Anmerkung Absatz 1

a) Anmerkung Absatz 1 Nr. 1 – Entscheidung ohne mündliche Verhandlung

aa) Regelungsgehalt der Norm

Die Terminsgebühr fällt kraft ausdrücklicher gesetzlicher Regelung (aber auch nur dann) ohne mündliche Verhandlung an, wenn zwar nicht verhandelt wurde, es sich aber um ein Verfahren mit gesetzlich vorgeschriebener mündlicher Verhandlung gehandelt hat und das Gericht im Einverständnis der Parteien oder gem. § 307 ZPO (prozessuales Anerkenntnis – LG Stuttgart NJW 2005, 3152 = AGS 2005, 328) oder § 331 Abs. 3 ZPO (Versäumnisurteil im schriftlichen Vorverfahren wegen fehlender Verteidigungsabsichtserklärung nach § 276 ZPO oder § 495 a ZPO: Verfahren nach billigem Ermessen – bis € 600,00) ohne mündliche Verhandlung entschieden hat. **Streithelfer** (OLG Hamburg OLGR 2006, 885): Diese Regelung (schriftliches Verfahren nach § 128 Abs. 2 ZPO) gilt auch zugunsten des beigetretenen Streithelfers.

52

Wohnungseigentumssachen (BGH NJW 2006, 539 = JurBüro 2006, 362 = AGS 2006, 268): In den Verfahren der freiwilligen Gerichtsbarkeit in Wohnungseigentumssachen (§§ 43 Abs. 1, 44 Abs. 1 WEG) entsteht die Terminsgebühr auch dann, wenn im Einverständnis mit den Beteiligten oder aus besonderen Gründen ausnahmsweise ohne mündliche Verhandlung entschieden wird (Festhaltung an Senatsbeschluss NJW 2003, 3133).

Kostenwiderspruch im Eilverfahren (OLG Frankfurt OLGR Frankfurt 2007, 360 = JurBüro 2007, 200): Über einen Kostenwiderspruch im Eilverfahren muss mit Rücksicht auf § 128 Abs. 3 ZPO nicht mündlich verhandelt werden.

Wenn das Gericht gemäß § 128 Abs. 3 ZPO über einen Kostenwiderspruch im schriftlichen Verfahren entschieden hat, kommt Nr. 3104 Abs. 1 Nr. 1 VV RVG (Terminsgebühr) nicht analog zur Anwendung, wenn das Gericht schriftlich entscheidet (so schon OLG Frankfurt v. 20. 06. 2006, JurBüro 2006, 532).

Verfahren zur Aussetzung der Vollziehung (Niedersächsiches Finanzgericht (EFG 2006, 1012 = RVGreport 2006, 228): Da im Antragsverfahren nach § 69 Abs. 3 FGO (Verfahren zur Aussetzung der Vollziehung) nach der Verfahrensordnung eine mündliche Verhandlung schon vom Grundsatz her nicht vorgesehen ist, kann die im schriftlichen Verfahren ausgesprochene Entscheidung des Gerichts, die keine Entscheidung nach § 79 a Abs. 2, § 90 a oder § 94 a FGO ist, auch keine Terminsgebühr entstehen lassen.

§ 495 a ZPO – Verfahren bis 600,00 EUR – Hinweis auf Ausnahme zum ausdrücklich in Anm. Abs. 1 Nr. 1 genannten Verfahren nach § 495 a ZPO:

AG Ansbach (AGS 2006, 544): »Ergeht im schriftlichen Verfahren nach § 495 a ZPO eine Entscheidung, die auch im ordentlichen Verfahren ohne mündliche Verhandlung ergehen kann (hier: Verwerfung des Einspruchs gegen einen Vollstreckungsbescheid und Entscheidung über einen Wiedereinsetzungsantrag), so fällt auch im Verfahren nach § 495 a ZPO keine Terminsgebühr des Rechtsanwalts an (Anschluss LG Berlin, 23. Januar 2006, 82 T 543/05, RVGreport 2006, 347).«

Nr. 3104 VV

Neu hinzugetreten ist der gerichtliche **Vergleich ohne mündliche Verhandlung**, der durch die Novelle 2002 zur ZPO in der Fassung des **§ 278 Abs. 6 ZPO** jetzt ermöglicht wird. Diese unter den Oberlandesgerichten hoch streitige Frage hat der BGH durch Beschluss vom 27.10. 2005 (unter ausdrücklichem Hinweis auf die Literaturstimmen, so auch auf die erste Auflage dieses Kommentars Anm. 2.6.1.1) wie folgt bestätigt (NJW 2006, 157 = JurBüro 2006, 73 = AGS 2005, 540):

»Wird in einem in erster Instanz geführten Zivilprozess über den rechtshängigen Anspruch (auf Vorschlag des Gerichts) ein schriftlicher Vergleich nach § 278 Abs. 6 ZPO geschlossen, entsteht für den beauftragten Prozessbevollmächtigten – neben einer 1,3 Verfahrensgebühr nach Nr. 3100 VV und einer 1,0 Einigungsgebühr nach Nr. 1003 VV – eine 1,2 Terminsgebühr nach Anmerkung Abs. 1 Nr. 1 zu Nr. 3104 VV RVG.«

53 **Terminsgebühr bei schriftlichem Vergleich im einstweiligen Verfügungsverfahren**

Das **OLG München** will diese Grundsätze allerdings nicht auf einen schriftlichen Vergleich auf Vorschlag des Gerichts im einstweiligen Verfügungsverfahren anwenden. Daher ergeht dieser **Warnhinweis** und der Anwalt muss, will er die Terminsgebühr sicher verdienen, entweder den Weg über die 3. Alternative der Vorbemerkung 3 Abs. 3 gehen (Einigungsbesprechung) oder den Vergleich erst in der mündlichen Verhandlung, auf die er bei einem schriftlichen Gerichtsvorschlag dringen muss, schließen.

Die Entscheidung des OLG München (AGS 2005, 486 = FamRZ 2006, 220):

»Leitsatz: Da im einstweiligen Verfügungsverfahren ohne mündliche Verhandlung durch Beschluss entschieden werden kann, fällt bei einem schriftlichen Vergleich gemäß § 278 Abs. 6 ZPO keine Terminsgebühr gemäß VV RVG 3104 Anm. Abs. 3 Nr. 1 letzte Alternative an.«

Schriftlicher Vergleich (Nr. 1, 3. Alt.)

54 Schließen die Parteien in einem Verfahren, für das mündliche Verhandlung vorgeschrieben ist (etwa § 128 ZPO), einen schriftlichen Vergleich, so erfällt für den dabei mitwirkenden Anwalt die 1,2 Terminsgebühr (Anm. Abs. 1 Nr. 1 Alt. 3).

Da Nr. 1000 jetzt von der Einigung spricht, ist davon auszugehen, dass es sich bei dem Begriff »Vergleich« um ein Redaktionsversehen des Gesetzgebers handelt, das alsbald (etwa bei Gelegenheit eines 3. Justizmodernisierungsgesetzes) klargestellt werden sollte.

Es genügt nicht ein widerruflicher Vergleich, der dann widerrufen wird. Es genügt weiter nicht der Abschluss eines Vergleichs über Folgesachen in einem Scheidungsverfahren, solange die Scheidung nicht rechtskräftig ist, da davon auszugehen ist, dass die Wirksamkeit eines solchen Vergleichs von der Rechtskraft der Scheidung abhängen soll.

Es genügt ein außergerichtlicher Vergleich mit nachfolgender Erledigungserklärung. Eine gerichtliche Protokollierung oder Feststellung nach § 278 Abs. 6 Satz 2 ZPO wird vom weiten Wortlaut des Gesetzes nicht gefordert. Handeln die Parteien die Einigung (also Erfolg, nicht nur schriftlicher Versuch) schriftlich aus, was häufig viel mühsamer ist als ein mündliches Verhandeln, so ist es angemessen, wenn die Rechtsanwälte dadurch nicht schlechter gestellt werden und eine Terminsgebühr verdienen.

So interessant die erweiternde Analogie des OLG Koblenz (JurBüro 2007, 413 = AGS 2007, 347 mit zustimmender Anm. von Schons) auch ist, nämlich der **Austausch von E-Mails der Anwälte sei** »**Besprechungen**« i. S. von Vorbem. 3 Abs. 3: Diese Ansicht ist abzulehnen, ebenso N. Schneider in Anm. AGS 2007, 348. Ein Mail-Austausch ist kein Besprechen, sonst würden alle schriftlich zwischen den Anwälten ausgetauschten Vergleichsbemühungen, seien sie auch nicht erfolgreich, über die Vorbem. 3.3 die Terminsgebühr auslösen.

bb) Anerkenntnis: 1,2 Gebühr und nicht nur 0,5 Terminsgebühr (Nr. 3105)

Achtung – folgende Neuregelung nicht übersehen: 54

Im Gegensatz zu früher gibt es für das **Anerkenntnis im Termin oder im schriftlichen Verfahren** (§ 307 ZPO) jetzt die **volle Terminsgebühr 1,2** nach Nr. 3104 VV RVG. Das macht das Gesetz auch dadurch deutlich, dass es in Anmerkung Abs. 1 Nr. 1 zu Nr. 3104 ausdrücklich heißt:

»In einem Verfahren, für das mündliche Verhandlung vorgeschrieben ist, ... gemäß § 307 ohne mündliche Verhandlung **entschieden** ... wird.«

Die **ganze Terminsgebühr erhält** nicht nur der Anwalt des Antragstellers, sondern auch der nicht streitig verhandelnde **Anwalt des Beklagten**, indem er das Anerkenntnis im Termin oder im schriftlichen Verfahren erklärt.

cc) Kritische Stimme zur 1,2 Gebühr (Analogie zu Nr. 3105: 0,5 Gebühr?)

Diese günstige Gebührensituation gefällt dem **OLG Stuttgart** offenbar nicht und so hat es folgende kritische Leitsätze geprägt (MDR 2005, 1259–1260 = JurBüro 2005, 587 = NJW-RR 2005, 1735): 55

»(1) Nachdem nunmehr die prozessuale Situation des § 307 Abs. 2 ZPO a. F. auf das gesamte zivilprozessuale Verfahren ausgedehnt wurde, ist Nr. 3104 Abs. 1 Nr. 1 2. Alt. VV RVG auf den Erlass eines Anerkenntnisurteils ohne mündliche Verhandlung nicht nur im schriftlichen Vorverfahren, sondern auf solche Urteile im gesamten Zivilprozess anzuwenden.

(2) Ob die Regelung des Nr. 3104 Abs. 1 Nr. 1 VV RVG angesichts des Zwecks dieser Norm und des Umfangs der Tätigkeit der jeweiligen Prozessbevollmächtigten beider Seiten im Einzelnen angemessen ist, ist außer dem Verfassungsrecht der Beurteilung der Judikative entzogen und fällt allein in den Verantwortungsbereich der Legislative.

(3) Die Gebühr in Höhe von 1,2 nach Nr. 3104 Abs. 1 Nr. 1 2. Alt. VV RVG ist bei Erlass eines Anerkenntnisurteils ohne mündliche Verhandlung nicht durch eine erweiternde Auslegung des Nr. 3105 VV RVG auf 0,5 zu reduzieren.«

Das AG Halle (AGS 2008, 280) lehnt die Terminsgebühr der Anm. Abs. 1 Nr. 1 mit folgendem Kunstgriff sogar ganz ab: Da im schiftlichen Vorverfahren auch durch Versäumnisurteil entschieden werden könne, sei eine mündliche Verhandlung gar nicht vorgeschrieben. Genauso gut hätte es dann sagen können, da im schriftlichen Vorverfahren schriftlich durch Anerkenntnisurteil entschieden werden könne, scheide die Terminsgebühr aus. N. Schneider (AGS 2008, 281, Juniheft) sieht darin eine Rechtsbeugung. Dass das Anerkenntnisurteil die teuerste Variante ist, ist bekannt (Gerold/Schmidt/von Eicken/Madert/Müller-Rabe RVG 17. Aufl. 3103, 3104 Rn. 48). Das kann aber nicht, wie das OLG Jena (JurBüro 2005, 529 = MDR 2005, 1436) klar herausgearbeitet hat, zur Nichtanwendung der Norm führen (siehe Rn. 56).

dd) Rechtfertigung der 1,2 Terminsgebühr für beide Anwälte

Inhaltlich überzeugend und in der Tendenz genau entgegengesetzt ist die Argumentation des **OLG Jena** (JurBüro 2005, 529 = MDR 2005, 1436). Zur Rechtfertigung der jeweiligen 1,2 Terminsgebühren führt es u. a. Folgendes aus: »Der Regelung der Nr. 3104 Abs. 1 Nr. 1 VV RVG liegt – ebenso wie bereits dem früheren § 35 BRAGO – der Gedanke zugrunde, dass der Rechtsanwalt zum Ausgleich dafür, dass ihn in den Fällen eines anstelle einer vorgeschriebenen mündlichen Verhandlung durchgeführten schriftlichen Verfahrens eine erhöhte Verantwortung und noch genauere Prüfungspflicht trifft, eine Termins- bzw. Verhandlungsgebühr erhält, so als ob verhandelt worden wäre.« 56

Das OLG Jena hat demgemäß die Terminsgebühr des Obsiegenden auch als erstattungsfähig erklärt.

Nr. 3104 VV

ee) Terminsgebühr in schriftlichen WEG – Sachen

57 WEG BGH (Beschluss v. 09. 03. 2006 – V ZB 164/05 – juris, zu Nr. 3104 Anm. 1 Ziffer 1 RVG): »In den Verfahren der freiwilligen Gerichtsbarkeit in Wohnungseigentumssachen entsteht die Terminsgebühr auch dann, wenn im Einverständnis mit den Beteiligten oder aus besonderen Gründen ausnahmsweise ohne mündliche Verhandlung entschieden wird (Festhaltung an Senatsbeschl. v. 24. 07. 2003 – V ZB 12/03 – NJW 2003, 3133 zu § 31 Abs. 1 Nr. 2 BRAGO).«

58 Genau so haben entschieden: LG Itzehoe, 08. 03. 2005 – 1 T 264/04 – RVGreport 2005, 193; AG Hamburg-Altona ZMR 2005, 657 und LG Braunschweig, 06. 01. 2006–12 T 1214/05 – juris, § 44 WEG; LG Duisburg (ZMR 2008, 75).

ff) Keine Terminsgebühr für Beschluss nach § 91 a ZPO aus dem Kostenwert

59 Bei übereinstimmender Erledigungserklärung (§ 91 a Abs. 1 Satz 1 ZPO) ist heute eine mündliche Verhandlung nicht mehr gesetzlich vorgeschrieben (§ 128 Abs. 3 ZPO; Freigestellte mündliche Verhandlung – Baumbach/Lauterbach ZPO 63. Aufl. § 91 a Rn. 142). Daher fällt bei einer Beschlussentscheidung außerhalb eines Termins keine Terminsgebühr nach Nr. 3104 Anm. Abs. 1 Nr. 1 VV RVG an (AG Hamburg, 11. 02. 2006–7 c C 94/05 – juris, zu Nr. 3104 VV RVG; OLG Rostock AGS 2008, 283; FinG Schleswig-Holstein StE 2008, 359).

60 Wenn nach übereinstimmenden Erledigungserklärungen gleichwohl wegen der Kosten ein Termin stattfindet, erfällt im Verhältnis Anwalt zum Auftraggeber die Terminsgebühr aus dem Kostenwert (Gerold/Schmidt/von Eicken/Madert/Müller-Rabe RVG 17. Aufl. § 15 Rn. 60). BGH (JurBüro 2008, 23 = AGS 2007, 610 = NJW 2008, 668): »Bei Kostenentscheidungen gemäß § 91 a ZPO fällt keine Terminsgebühr des Rechtsanwalts an, **wenn nicht ausnahmsweise eine mündliche Verhandlung stattfindet.**«

VGH B.-W. (AGS 2007, 860): »Durch Besprechungen i. S. von Vorbem. 3.3 kann nur dann eine Terminsgebühr anfallen, wenn dies auch im Verfahren selbst wäre: Im Verfahren nach § 47 Abs. 6 VwGO, das regelmäßig ohne eine Verhandlung oder Erörterung aufgrund einer Rechtsfolgenabschätzung durch Beschluss entschieden wird, ist dies nicht der Fall. Anderes mag gelten, wenn in einem Verfahren nach § 47 Abs. 6 VwGO ausnahmsweise eine mündliche Verhandlung anberaumt wurde und danach eine auf eine Einigung angelegte Besprechung zur Einigung stattgefunden hat.«

61 Wenn dagegen die **Erledigungserklärungen selbst** erst im Termin abgegeben werden, so erfüllt die Terminsgebühr. Wert: Beginnt die Verhandlung sofort mit den beiderseitigen Erledigungserklärungen, so nur der Kostenwert – das kann man auch anders sehen, Wahrnehmung des Termins entscheidet –, wird die Erledigung erst später erklärt, so Hauptsachewert für die Terminsgebühr (vgl. zum alten Recht: OLG Hamm JurBüro 2001, 33 = AGS 2001, 68).

62 Streitig ist, ob der Gegner in der Kostenfestsetzung die fehlende Notwendigkeit einwenden kann, der Kläger hätte die Erledigung vorterminlich erklären müssen. Hier wird man richtigerweise die Umstände des Einzelfalles bei der Frage der Notwendigkeit auswerten müssen, einschließlich des Umstandes, dass der Anwalt immer den sicheren Weg gehen muss und kein Risiko eingehen darf, doch auch eine gewisse Prozesstaktik üben darf.

Terminsgebühr bei Besprechungen betr. Erledigung

62 a OLG Oldenburg (OLGR Oldenburg 2007, 275 = JurBüro 2007, 199 = AQGA 2007, 304): »Eine Terminsgebühr kann auch dann entstehen, wenn nach Erlass einer einstweiligen Anordnung im Verfahren auf Zuweisung der Ehewohnung, der Antragsgegner aus der Ehewohnung auszieht und sich die Verfahrensbevollmächtigten anschließend bei einer telefonischen Unterredung auf die übereinstimmende Erledigungserklärung der Hauptsache verständigen.«

gg) Klagerücknahme

63 Freigestellte mündliche Verhandlung ist ferner vorgesehen bei der Kostenentscheidung (§ 269 Abs. 3 Satz 2 ZPO) nach Klagerücknahme, siehe §§ 269 Abs. 4, 128 Abs. 3 ZPO. Ist al-

lerdings schon ein Urteil ergangen, so wird der Beklagte zusätzlich immer den Verlustigkeitsantrag stellen, so dass § 128 Abs. 3 ZPO nicht mehr einschlägig ist. Hier stellen sich dieselben Fragen (ähnlich auch bei der Berufungsrücknahme erst in der mündlichen Verhandlung) wie bei der Erledigungserklärung erst im Termin. Der Anfall der Terminsgebühr im Verhältnis zur Partei ist unproblematisch. Schwierig wird es bei der Notwendigkeit im Rahmen der Kostenerstattung. Auch hier wird man die Umstände des Einzelfalles abwägen müssen.

Vgl. zum alten Recht den fast inhaltsgleichen § 35 BRAGO: OLG Koblenz JurBüro 1975, 1082; OLG Stuttgart JurBüro 1975, 194; Hansens BRAGO 8. Aufl. § 35 Rn. 3; *Von Eicken* in Gerold / Schmidt BRAGO 14. Aufl. § 35 Rn. 12; **a. A.**: OLG Frankfurt JurBüro 1985, 1831, das den § 35 BRAGO nicht erörtert, und OLG Hamburg JurBüro 1975, 472.

Zur Berufungsrücknahme erst im Termin siehe zum alten Recht: OLG Hamburg JurBüro 1985, 403; OLG Düsseldorf JurBüro 1971, 764; OLG Frankfurt Rpfleger 1982, 81 = JurBüro 1982, 403; LG Detmold JurBüro 1986, 1831; *von Eicken* in Gerold / Schmidt BRAGO 14. Aufl. § 37 Rn. 23 und § 33 Rn. 6. 64

OLG München (Jur Büro 2007, 588 = AGS 2008, 67): »Hat der Beklagte einen Teil der Klageforderung bezahlt und nicht bezweifelt, dass die Klage in der bezahlten Höhe begründet war, so errechnet sich die Terminsgebühr nur aus dem noch offenen Betrag, wenn die Parteien sodann wegen einer Rücknahme miteinander telefonieren.« 64a

hh) Kostendeckungsanspruch gegen Versicherer (BGH VersR 2005, 1725) für einbezogenen Anspruch entsprechend anwendbar

Für den in einen Prozessvergleich einbezogenen Anspruch hat der BGH eine sehr versichertenfreundliche Entscheidung zur Deckung dieser Kosten aus der Rechtsschutzversicherung getroffen (VersR 2005, 1725). Näher dazu Nr. 3101 Rn. 90 a. Deren versichertenfreundliche Gedanken wird man auch bei der Frage der Abgabe der prozessbestimmenden Prozesshandlung erst in der mündlichen Verhandlung heranziehen dürfen. Der Leitsatz lautet: 65

»Endet ein mit Rechtsschutz geführter Rechtsstreit durch Vergleich, hat der Versicherer dessen Kosten in Höhe der Misserfolgsquote des VN auch insoweit zu tragen, als in den Vergleich weitere, bisher nicht streitige Gegenstände einbezogen worden sind, wenn der Versicherer auch für sie Rechtsschutz zu gewähren hat und sie rechtlich mit dem Gegenstand des Ausgangsrechtsstreits zusammenhängen.«

Die Entscheidung hat natürlich eine ganz besondere Bedeutung bei der nachfolgend (Rn. 71 ff.) noch zu erörternden Einbeziehung selbst.

Einen Anspruch auf Rechtsschutz für eine Terminsgebühr, die auf Einigungsverhandlungen nach Vorbemerkung 3 Abs. 3 letzte Alternative gestützt wird, hat das AG Zeven (AGS 2005, 254, Urteil vom 15. 04. 2005 – 3 C 85/05 –) bejaht, siehe Vorbemerkung 3 Rn. 96.

ii) Terminsgebühr bei Anerkenntnis im sozialgerichtlichen Verfahren

Die Terminsgebühr der Nr. 3106 VV RVG fällt an, auch wenn das Verfahren nach angenommenem Anerkenntnis ohne Termin endet (SG Düsseldorf – 26. 07. 2005 – ASR 2005, 129). 66

jj) Terminsgebühr durch Erörterung im PKH-Prüfungsverfahren hinsichtlich der angekündigten Klage nach PKH-Bewilligung

KG (KGR 2007, 1019): **Besprechung im PKH-Prüfungstermin**: »Der Termin wurde »nunmehr« fortgesetzt durch die Protokollierung des Vergleichs. Dabei spielt es keine Rolle, dass der Rechtsstreit – als streitiges Verfahren – noch nicht anhängig war und die Protokollierung des Vergleichs daher gemäß § 118 Abs. 1 Satz 3 ZPO erfolgte (vgl. § 794 Abs. 1 Nr. ZPO). Entscheidend ist, dass in dem Termin **im Anschluss an die Bewilligung der Prozesskostenhilfe** für die beabsichtigte Klage eine auf die Vermeidung des streitigen Verfahrens gerichtete Besprechung stattgefunden hat, womit die Voraussetzungen der Vorbemerkung 3 Abs. 3 VV 66a

Nr. 3104 VV

RVG erfüllt sind (vgl. BGH MDR 2007, 863 = Rpfleger 2007, 430).« Siehe auch die Ausführungen in Nr. 3101 Rn. 96.

kk) Sorgerechtsverfahren ohne die vorgesehene mündliche Verhandlung

66 b **OLG Schleswig** (OLGR Schleswig 2007, 475 = AGS 2005, 502): »In einem ohne mündliche Verhandlung entschiedenen Sorgerechtsverfahren des § 1671 BGB fällt eine Terminsgebühr gemäß Nr. 3104 Anm. Abs. 1 Nr. 1 VV RVG an.

Die §§ 50a und 50b FGG gebieten eine »mündliche Verhandlung« in Streitigkeiten über die elterliche Sorge. Denn gemäß § 50a Abs. 1 Satz 2 FGG soll das Gericht in Angelegenheiten der Personensorge die Eltern in der Regel persönlich anhören. Das bedeutet eine zwingende persönliche, also mündliche Anhörung der Eltern (vgl. BGH, FamRZ 2001, 907; Keidel/Kunze/Winkler, Freiwillige Gerichtsbarkeit, 13. Aufl., § 50a Rn. 10) und Kinder ab etwa vier Jahren (BGH, FamRZ 1984, 1084). Diese Grundsätze sprechen nach Auffassung des Senates dafür, die Honoraransprüche des Rechtsanwalts in ZPO-Verfahren und FGG-Verfahren nach denselben Grundsätzen zu behandeln.«

ll) Verfahren in Landwirtschaftssachen

66 c **OLG Oldenburg** (NJW-Spezial 2008, 411 – 07. 05. 2008 – 10 W 9/08): In den Verfahren in Landwirtschaftssachen nach den §§ 9 ff. LwVG entsteht keine Terminsgebühr nach Nr. 3104 Abs. 1 Satz 1 VV RVG, wenn weder das Gericht von Amts wegen eine mündliche Verhandlung angeordnet hat, noch die Beteiligten nach § 15 Abs. 1 LwVG einen Antrag auf Durchführung einer mündlichen Verhandlung gestellt haben.

b) Anmerkung Absatz 1 Nr. 2 – Entscheidung durch Gerichtsbescheid des VerwG, Entscheidung durch Gerichtsbescheid durch das SG

67 Bei **Absatz 1 Nr. 2 der Anmerkung** geht es um ein Verfahren nach § 84 Abs. 1 Satz 2 der VwGO, wenn also das Verwaltungsgericht über die Klage ohne mündliche Verhandlung durch Gerichtsbescheid entscheidet.

Ferner betrifft Nr. 2 der Anmerkung den § 105 Abs. 1 SGG, wenn also das Sozialgericht ohne mündliche Verhandlung durch Gerichtsbescheid entscheidet.

In beiden Fällen der Nr. 2 erhält der Anwalt die 1,2 Gebühr.

In der 2. Auflage war an dieser Stelle noch der Gerichtsbescheid nach § 130a VwGO angeführt. Er ist hier jetzt aus dem Gesetz herausgenommen worden und zutreffend in Nr. 3202 Anm. Abs. 2 VV untergebracht.

c) Anmerkung Absatz 1 Nr. 3 – Anerkenntnis beim Sozialgericht ohne mündliche Verhandlung

68 Die Terminsgebühr von 1,2 fällt auch an, wenn das Verfahren vor dem Sozialgericht nach angenommenem Anerkenntnis ohne mündliche Verhandlung endet.

Ferner:

SG Karlsruhe (AGS 2007, 456): »Bei Abschluss eines Vergleiches im schriftlichen Verfahren erhält der Anwalt auch in sozialgerichtlichen Verfahren eine Terminsgebühr (fiktive Terminsgebühr).«

2. Anmerkung Absatz 2 – Anrechnung der Terminsgebühr bei Einbeziehung eines Mehrwertes

68 a Vor der Frage der Anrechnung steht die Frage, fällt eine Terminsgebühr für den einbezogenen Anspruch überhaupt an? Die Anrechnung setzt denklogisch den Anfall voraus (lex imperfecta). Das sieht auch das LAG Köln (21. 02. 2008 – 7 Ta 89/07) so: »Zutreffend ist somit Unterabsatz 2 des Gebührentatbestands 3104. Aus diesem Unterabsatz geht hervor, dass sich die

Terminsgebühr auch auf den Streitwert solcher »in diesem Verfahren nicht rechtshängiger Ansprüche« bezieht, über die in dem Termin Einigungsverhandlungen geführt wurden.« Ebenso OLG Stuttgart (JurBüro 2008, 306 und JurBüro 2006, 640 = AGS 2006, 592).

a) Darstellung des schwierigen Auslegungsproblems

Der **jetzige** sehr komplizierte **Gesetzeswortlaut**, der die **Anrechnung der Terminsgebühr** 69 beim Abschluss eines »**Mehrvergleiches**« regelt, soll vor seiner textlichen Auslegung hier noch einmal wörtlich mit den Hervorhebungen der wichtigen Elemente zitiert werden:

»Sind in dem Termin auch Verhandlungen zur Einigung über in diesem Verfahren **nicht rechtshängige** Ansprüche geführt worden, wird die **Terminsgebühr, soweit sie** den sich ohne Berücksichtigung der nicht rechtshängigen Ansprüche ergebenden **Gebührenbetrag** übersteigt, auf eine Terminsgebühr angerechnet, die wegen desselben Gegenstands in einer anderen Angelegenheit entsteht.«

Schon hier sei darauf hingewiesen, dass der Gesetzeswortlaut sowohl den Fall der Einbeziehung eines Anspruchs abdeckt, der anderweitig nicht oder der doch anhängig ist.

Die Gesetzesbegründung des Rechtsausschusses (BT-Drs. 15/2487, S. 185), die nachfolgend 70 wörtlich zitiert wird, hofft, mit dem Gesetzeswortlaut Folgendes (klar?) geregelt zu haben:

»*In dieser Fassung soll klargestellt werden, dass die Terminsgebühr für in diesem Verfahren **nicht rechtshängige** Ansprüche nicht nur auf die Terminsgebühr angerechnet werden soll, die in einer **anderen Angelegenheit** für die Vertretung in einem gerichtlichen Termin entsteht. Eine Anrechnung soll auch dann erfolgen, wenn in **der anderen Angelegenheit** zwar ein Prozessauftrag erteilt wurde, aber ausschließlich **außergerichtliche Besprechungen** stattfinden, die nach Vorbemerkung 3 Abs. 3 VV **ebenfalls die Terminsgebühr** auslösen. Ferner soll sichergestellt werden, dass dem Rechtsanwalt bei Abschluss eines Mehrvergleichs die Terminsgebühr in der anderen Angelegenheit in voller Höhe erhalten bleibt.*«

Festsetzung erfolgt nur im Verfahren, in das einbezogen wird

OLG Frankfurt (AGS 2008, 224): »Wenn in einem Gerichtstermin zusätzlich Verhandlungen 70a zur Einigung über Ansprüche geführt werden, die nicht oder in einem anderen Verfahren rechtshängig sind, so fällt eine durch diese Verhandlungen ausgelöste Terminsgebühr in dem Verfahren (»Einbeziehungsverfahren«) an, in dem der Gerichtstermin stattgefunden hat, nicht in dem Verfahren, dessen Gegenstand einbezogen wurde (vgl. OLG Stuttgart, NJW-RR 2005, 940 f.; Gerold/ Schmidt/ von Eicken/ Madert/ Müller-Rabe, RVG, 17. Auflage, VV 3104, Rdn. 78; Riedel/ Sußbauer-Keller, RVG, 9. Auflage, VV Teil 3 Abschnitt 1, Rdn. 54, 56; Bischof/ Jungbauer/ Bräuer/ Curkovic/ Mathias/ Uher, RVG, 2. Auflage, VV 3104/ Teil 3, Rdn. 71 ff.). Dies folgt aus RVG-VV 3104 Anm. 2).«

So auch OLG Stuttgart (JurBüro 2005, 303 = NJW-RR 2005, 940 = AGS 2005, 256).

So zudem auch der Verfasser in der 2. Auflage Nr. 1003 Rn. 32.

Auf die breiteren Ausführungen an dieser Fundstelle wird wegen der Gefahren eines sorglosen Umgangs mit einem solchen Vergleich (Festsetzung in welchem Verfahren) eindringlich hingewiesen.

b) Fallbeispiele

aa) Variation 1 – Einbezogener Anspruch anderweit nicht rechtshängig

Zur Erläuterung zunächst wieder der schon bekannte **Beispielsfall** zu Nr. 3101 VV: 71

- **Fallvariation 1:** Einbezogener Anspruch anderweit weder anhängig noch Einigungsverhandlungen.

Mieter hat gegen Vermieter nach seinem Auszug einen Schadensersatzanspruch von **€ 3.000,00** eingeklagt. (Rechtsstreit A)

Nr. 3104 VV

Daneben hat der Mieter seinem Anwalt bislang **nur** einen **Vertretungsauftrag** erteilt, einen Darlehensrückzahlungsanspruch **(Mietkaution)** von € **6.000,00** außergerichtlich geltend zu machen (Angelegenheit B). Im Verhandlungstermin des Rechtsstreites A regt der Richter einen Vergleich an, die Parteien einigen sich unter Einbeziehung des Mehrwertes von € 6.000,00 aus der Angelegenheit B auf 2/3 der beiden Beträge = 2.000,00 + 4.000,00 = Vergleich über € 6.000,00. Damit sind beide Ansprüche (€ 3.000,00 + € 6.000,00 = € 9.000,00) abgegolten.

72 Wie ist nun die Terminsgebühr in der Sache A zu berechnen?

Die vorstehend mitgeteilte Begründung des Gesetzgebers lautet **an Hand des Beispielsfalles:**

Wird ein **Mehrbetrag (€ 6.000,00)** in eine Einigungsverhandlung (nicht notwendig einen erfolgreichen Abschluss) **einbezogen** (also im Rechtsstreit A, das ist im Beispiel der Rechtsstreit betreffend den eingeklagten Schadensersatzanspruch des Mieters = € 3.000,00), so erfällt auch für den **Mehrbetrag** (Rückforderung der Mietkaution – Angelegenheit B) grundsätzlich (außer im Falle der Ausnahme nach Anmerkung Abs. 3 = reine Einigungsprotokollierung) die **Terminsgebühr** in diesem Verfahren (Verfahren A). Das folgt indirekt aus dem Gesetz, nämlich Abs. 2 der Anmerkung: »wird die **Terminsgebühr, soweit sie übersteigt**« und zwar **übersteigt den Wert der eingeklagten Forderung**. Sie kann denklogisch nur übersteigen, wenn sie auch anfällt. Das eine lässt sich nicht ohne das andere denken. (Um hier nicht zu verwirren, wird die nicht vertretbare abweichende Rechtsprechung, die den Anfall einer Terminsgebühr bestreitet, später gebracht.)

73 Auch die Begründung des Rechtsausschusses sagt klar, dass die Terminsgebühr im Rechtsstreit A auch anfällt, und zwar aus dem Wert des einbezogenen Anspruchs.

Ergebnis: Da der Anspruch B hier nicht anderweit rechtshängig ist, gibt es insoweit keine weiteren Terminsgebühren und Anrechnungsprobleme. Die Rechnung ist einfach hinsichtlich

Fallvariation 1: Einbezogener Anspruch anderweit weder anhängig noch Einigungsverhandlungen:

Terminsgebühr

Wert: € 3.000,00 + € 6.000,00 = € **9.000,00**

1,2 Terminsgebühr Nr. 3104 Anm. Abs. 2: € 631,20 netto.

Dieses Ergebnis wird bestätigt durch folgende Entscheidung des **OLG Hamm** (JurBüro 2007, 482 = AGS 2007, 399):

»Wird in einem gerichtlichen Termin ein überschießender Vergleich (»Mehrvergleich«) unter Einbeziehung nicht rechtshängiger Ansprüche geschlossen, so fällt die Terminsgebühr grundsätzlich aus dem Gesamtstreitwert an (VV 3104 Abs. 2 RVG), weil in der Regel davon auszugehen ist, dass die mitverglichenen Ansprüche Gegenstand des Termins waren (vgl. Landgericht Regensburg in JurBüro 2005, 647). Vorliegend ist das im Protokoll vom 27. Juli 2006 ausdrücklich vermerkt worden, so dass der tatsächliche Ausnahmefall gemäß VV 3104 Abs. 3 RVG einer sog. »Nurprotokollierung« nicht in Betracht kam. Die Terminsgebühr wäre im Übrigen in voller Höhe auch dann angefallen, wenn es hinsichtlich der nicht rechtshängigen Ansprüche zu keiner Einigung gekommen wäre (vgl. OLG Stuttgart Anwaltsblatt 2006, 769). Dann wäre jedoch der Mehrbetrag nicht Gegenstand des Kostentitels gewesen (vgl. OLG Karlsruhe JurBüro 2006, 540).«

bb) Variation 2 – Einbeziehung eines schon anderweit rechtshängigen Anspruchs

- **Fallvariation 2: Mietkaution € 6.000,00 war schon in einem anderen Rechtsstreit (B) eingeklagt.**

(1) War der Mehrbetrag (Mietkaution € 6.000,00) schon in einem anderen Rechtsstreit (Rechtsstreit B) anhängig und hatte dort bereits durch Terminswahrnehmung oder durch eine Besprechung zur Vermeidung oder Erledigung des Gerichtsverfahrens eine **Terminsgebühr** für den dortigen und jetzigen Anwalt ausgelöst, so wird gleichwohl zunächst wieder im Rechtsstreit A die Gesamtsumme genommen und daraus zunächst einmal (wie in Fallvariation 1) die Terminsgebühr 1,2 aus dem Gesamtwert € 9.000,00 errechnet.

(2) Sodann wird in einem 2. Schritt eine äußerst komplizierte Anrechnung vorgenommen (die, nimmt man alles zusammen, dem Anwalt, der beide Sachen vertritt, also A + B unterm Strich keinen Cent an Mehreinnahmen hinsichtlich der Terminsgebühr bringt). Wie ist nun anzurechnen?

Der **Mehrbetrag** der Terminsgebühr des **Gesamt**verfahrens A, der auf dem Mehrwert B (Mietkaution € 6.000,00) beruht, wird auf die im Verfahren B schon entstandene Terminsgebühr (natürlich nur, soweit Identität der Gegenstände besteht) angerechnet.

cc) Ergebnis von Fallvariation 2 – Einbeziehung schon anderweit rechtshängig

Ergebnis in diesem letzteren Falle: **Für den Mehrwert gibt es am Ende nur einmal die Terminsgebühr.** War sie schon im Mietkautionsprozess (B) entstanden, so fällt sie zwar erneut im Rechtsstreit A durch die Einbeziehung in die Einigungsverhandlungen im Mietzinsrückforderungsprozess (A) mit ihrem Mehrwert € 6.000,00 an, fällt dann im Ergebnis aber doch wieder infolge Anrechnung (Verrechnung) auf den ebenso hohen Gebührenanspruch im Rechtsstreit B (1,2 Gebühr aus € 6.000,00) wieder weg.

Der Anwalt erhält also im Ergebnis die Terminsgebühr für den Streitwert € 6.000,00 (Mietkaution) nur einmal (siehe Musterrechnung Rn. 80).

Nur wenn und soweit die Terminsgebühr des Mehrwertes der Einigungsverhandlung höher ist als die schon für diesen Anwalt im Rechtsstreit B entstandene Terminsgebühr (gerade diesen Gegenstand betreffend), wird dieser **höhere** Betrag, aber nur dieser, **nicht angerechnet** und verbleibt dem Anwalt als **Mehrgebühr**.

dd) Schlussfolgerungen für Fallvariation 2 – (Einbeziehung eines anderweit rechtshängigen Anspruchs)

Das Gesetz und die Gesetzesbegründung machen deutlich:

(1) Trotz Anhängigkeit des Streitgegenstandes (€ 6.000,00) in einem anderen Rechtsstreit (B) und Anfall der Terminsgebühr 1,2 dort fällt bei Einbeziehung desselben Gegenstandes als Mehrwert in eine Einigung (im Rechtsstreit A) die Terminsgebühr, außer im Falle einer reinen Protokollierung, erneut für denselben Anwalt an.

(2) Da die Anrechnung geregelt wird, handelt Anmerkung Abs. 2 zu Nr. 3104 von ein und demselben Anwalt, der die Partei in beiden Verfahren vertritt (A und B).

Denn eine Anrechnung betrifft immer denselben und nie verschiedene Anwälte. Dabei geht es um den Gebührenanspruch des Anwalts gegen die eigene Partei und nicht um den nachrangigen Kostenerstattungsanspruch der obsiegenden Partei gegen den erstattungspflichtigen Gegner (dort Notwendigkeitsprüfung nach § 91 ZPO).

(3) Wird dieselbe Partei im Rechtsstreit B vom Anwalt B und im Rechtsstreit A, in dem die Einbeziehung erfolgt, dagegen von einem Anwalt A vertreten, so fällt für beide Anwälte die Terminsgebühr an (es sei denn, die Einigung über den Mehrwert wird lediglich protokolliert, siehe Anmerkung Abs. 3 zu Nr. 3104), und zwar:

Nr. 3104 VV

Anwalt A Geschäftswert € 3.000,00 + € 6.000,00 = € 9.000,00

Anwalt B Geschäftswert € 6.000,00

Das Ergebnis ist auch gerecht, denn jeder Anwalt muss sich in die Materie einarbeiten.

ee) Rechenbeispiel zur Fallvariation 2

80 **Fallvariation 2 – Einbezogener Anspruch (B) war anderweitig von demselben Anwalt schon rechtshängig gemacht oder Einigungsverhandlungen geführt worden**

Es ist zu rechnen:

(1) Terminsgebühr

Wert: € 3.000,00 (A) + € 6.000,00 (B) = **€ 9.000,00**

1,2 Terminsgebühr (Wert € 9.000,00) Nr. 3104 Anm. Abs. 2	€ 538,80 netto

Diese Terminsgebühr erhält der Anwalt infolge der Einbeziehung in dem Rechtsstreit A.

(2) Nun muss der Anrechnungsbetrag errechnet werden:

1,2 Terminsgebühr (Wert € 9.000,00) Nr. 3104 Anm. Abs. 2	€ 538,80 netto
1,2 Terminsgebühr (Wert € 3.000,00) Nr. 3104 Anm. Abs. 2	€ 226,80 netto
Betrag, der die Gebühr des Ursprungswertes € 3.000,00 übersteigt	€ 312,00 netto

Der Betrag € 312,00 ist der Anrechnungsbetrag auf die 1,2 Gebühr in Sache B.

(3) Rechtsstreit B

1,2 Terminsgebühr (Wert € 6.000,00) Nr. 3104	€ 405,60 netto
anzurechnen darauf sind (Anm. Abs. 2)	€ 312,00 netto
Es bleibt ihm für die Sache B ein nicht verrechneter Rest von	€ 93,60 netto

Insgesamt verdient der Anwalt an beiden Sachen A + B nach Durchführung der Anrechnung:

Rechtsstreit A, oben errechnet (unter 1)	€ 538,80 netto
Rechtsstreit B, vorstehend errechnet (unter 2+3)	€ 93,60 netto
Gesamtsumme:	**€ 632,40 netto**

ff) Hypothetische Vergleichsrechnung

81 Anwalt erhält in jeder Sache die Terminsgebühr (Einbeziehungsfall wird weggedacht):

Rechtsstreit A

1,2 Terminsgebühr (Wert € 3.000,00) Nr. 3104	€ 226,80 netto

Rechtsstreit B

1,2 Terminsgebühr (Wert € 6.000,00) Nr. 3104	€ 405,60 netto
Gesamtsumme:	**€ 632,40 netto**

82 Die Prognose, es sei für den Anwalt ein Null-Summen-Spiel, ist also durch die Zahlen bewiesen.

Auch unter dem Gesichtspunkt des Rechtsschutzes brächte die Einbeziehung in den Rechtsstreit auch dann keinen Vorteil, wenn der Mieter etwa im Schadensersatzprozess (A) für eigene Anwaltskosten Rechtsschutz hätte, dagegen im Rechtsstreit B alles selbst zahlen müsste und keinen vollen Erstattungsanspruch gegen seinen Gegner hätte oder jener nicht zahlen könnte.

Die schon in Rn. 65 erwähnte Entscheidung des BGH (VersR 2005, 1725) betreffend den 83
Rechtsschutz bei einer Einbeziehung lautet:

»Endet ein mit Rechtsschutz geführter Rechtsstreit *(hier also der Rechtsstreit A)* durch Vergleich, hat der Versicherer dessen Kosten in Höhe der Misserfolgsquote des VN auch insoweit zu tragen, als in den Vergleich weitere, bisher nicht streitige Gegenstände *(also aus B)* einbezogen worden sind, wenn der Versicherer auch für sie *(B)* Rechtsschutz zu gewähren hat *(diese Voraussetzung fehlt gerade bei der Fallunterstellung)* und sie rechtlich mit dem Gegenstand des Ausgangsrechtsstreits zusammenhängen.«

Wie bei Nr. 3101 Rn. 81 näher geprüft, wird die Gebühr vom Rechtsschutzversicherer nur getragen, wenn für beide Prozesse Rechtsschutz bewilligt ist.

Nur wenn die Kostenbelastungsquoten unterschiedlich für ihn in den beiden Rechtsstreiten 84
A und B wären, er aber in beiden Sachen Rechtsschutz hätte, könnte es vielleicht günstiger für ihn sein, den Wert B in A einzubeziehen.

Ich fürchte aber, wenn man (bei Rechtsschutz in beiden Sachen A + B) einmal einen hypothetischen Fall durchrechnet, schwindet der Vorteil sofort wieder.

c) PKH-Bewilligung und Beiordnung für einen einbezogenen Gegenstand

aa) Grundsätze

Gerade auf diesem Feld sind inzwischen einige Entscheidungen ergangen, die kritisch zu be- 85
trachten sind:

(1) Entscheidend ist zwar, in welchem Umfang der PKH-Anwalt beigeordnet ist. Wenn hier aber keine Besonderheiten bestimmt sind, deckt sich der Umfang der Beiordnung mit dem der PKH-Bewilligung. Für einen ganz normalen Prozessvergleich (ohne Einbeziehung) gilt:

Da die Beiordnung sich auf den gesamten Rechtszug erstreckt, umfasst die Vergütungspflicht auch den Abschluss eines Prozessvergleichs (OLG Düsseldorf VersR 1982, 882).

(2) Werden andere (also in diesem Rechtsstreit nicht rechtshängige) Ansprüche einbezogen 86
(Fall der Anm. zu Nr. 3104 Absatz 2) so gilt zunächst: Diese Ansprüche sind nicht von der PKH-Bewilligung für den Rechtsstreit selbst mit ergriffen (Mayer/Kroiß RVG § 48 Rn. 36 m. Rechtsprechungsnachweisen).

(3) Dann kommt es immer wieder vor, dass in einem Verfahren, in dem PKH unter Beiord- 87
nung bewilligt ist, über einen vielleicht **einzubeziehenden** weiteren Streitpunkt zur endgültigen Beilegung des Konfliktes gesprochen wird und der betreffende Anwalt fragt: Bekomme ich denn dafür auch PKH? Die Bedürftigkeit ist ja schon bei der Hauptsache bejaht und ein Konflikt ist ein Konflikt, wie der Streit ausginge, weiß man nicht, also ist in einem solchen Falle, um des lieben Friedens willen, schnell PKH auch für den einbezogenen Anspruch bewilligt. Das hat der Gesetzgeber genau so gesehen bzgl. dem alten Streit, ob durch die PKH-Bewilligung für den einzubeziehenden Anspruch incidenter ein neues PKH-Verfahren eingeleitet wird und daher die Einigungsgebühr auf 1,0 zu reduzieren ist.

Der Gesetzgeber fördert das Streitbeilegen durch Einbeziehen, indem er ausdrücklich Folgen- 88
des in Anmerkung zu Nr. 1003 VV RVG bestimmt hat:

»Dies gilt auch, wenn ein Verfahren über die Prozesskostenhilfe anhängig ist, soweit nicht lediglich Prozesskostenhilfe für die gerichtliche Protokollierung des Vergleichs beantragt wird.«

Über den Umfang einer solchen PKH-Bewilligung für einen einzubeziehenden Anspruch herrscht Streit.

Meine Ansicht dazu: Wenn keine besondere Einschränkung getroffen worden ist, erfasst 89
diese PKH-Bewilligung mit der entsprechenden Beiordnung alle gesetzlichen Gebühren,

Nr. 3104 VV

die durch die erfolgreiche Einbeziehung in den Vergleich für den beigeordneten Anwalt anfallen:

1. Die Einigungsgebühr Nr. 1000: 1,5 (Nr. 1003 ist ausdrücklich ausgeschlossen)
2. Die Differenzverfahrensgebühr Nr. 3001 Nr. 2: 0,8
3. Die Terminsgebühr Nr. 3004 Anm. Abs. 2 (falls die Einigung ausgehandelt und nicht lediglich protokolliert wird).

Jedwede Einschränkung im Wege der Auslegung würde für mich eine treuwidrige nachträgliche Maßnahme darstellen. PKH-Bewilligung und Beiordnung heißt eben, wenn eine ausdrückliche Beschränkung fehlt: »unbeschränkt«.

Da kommt der erkennende Richter dann leicht auch einmal in einen Konflikt mit dem Kostenbeamten (so heißt der wirklich in PKH-Sachen, anders in Kostenfestsetzungssachen, da heißt er Rechtspfleger), wenn dieser im Namen der Staatskasse den erkennenden Richter einschränkend auslegt.

90 Das kommt offenbar auch in den besten Familien vor.

So hat der BGH eine eigene PKH-Bewilligung für den Prozess durchschlagen lassen auf einen auf Vorschlag des Senats außergerichtlich abgeschlossenen Vergleich (NJW 1988, 494). Die Rechtspflegerin beim BGH hatte eine Vergleichsgebühr nicht berücksichtigt, weil der Vergleich nicht vor Gericht selbst abgeschlossen worden sei. Dem ist der BGH nicht gefolgt mit der Begründung, der PKH-Anwalt solle dieselben Gebühren erhalten wie der Wahlanwalt. Das entspreche dem Prinzip der Waffengleichheit. Das alles überzeugt.

bb) Neue restriktive Rechtsprechung zur Auslegung der Beiordnung bei Einbeziehung

91 Zum RVG werden nun wieder die ersten restriktiven Entscheidungen veröffentlicht, die sicher das Ziel der Novelle, das Vergleichen zu erleichtern, wenn sich diese restriktive Auslegung herumspricht, erschweren wird. Ein Anwalt, der sich im Vertrauen auf den gesetzlichen Umfang der PKH-Bewilligung auf das »außerprozessuale« Vergleichen in der Form des Einbeziehens (auch Mehrvergleich genannt) einlässt, wird, wenn er einmal vom Kostenbeamten einen Teil der erwarteten Gebühren gestrichen bekommt, solche Dinge zukünftig meiden.

92 Auch die Kosteninstanzen sollten bei ihren Entscheidungen Gedanken der Fairness, der Chancengleichheit und letztlich von Treu und Glauben nicht einem übertriebenen Formalismus im Kostenrecht opfern. Das zahlt sich auf Dauer nicht aus. Und nun zu den Entscheidungen:

93 (1) **OLG Sachsen-Anhalt** (23. 12. 2005 – 14 WF 163/05 – juris, § 33 RVG):

»LS: Wird ein Anwalt nur für einen Vergleich im **PKH-Prüfungsverfahren** beigeordnet, erhält er keine Terminsgebühr:

Nach dem unmissverständlichen Wortlaut dieses Beschlusses ist dem Antragsgegner für den im PKH-Prüfungsverfahren geschlossenen Vergleich und nicht etwa, was auch möglich gewesen wäre, für das gesamte Prüfungsverfahren Prozesskostenhilfe bewilligt worden. Nicht erfasst ist damit die hier ebenfalls begehrte Terminsgebühr gemäß Nr. 3104 VV RVG.

94 Welche Gebühren und Auslagen dem beigeordneten Rechtsanwalt aus der Staatskasse zu vergüten sind, bestimmt sich ausnahmslos nach dem Inhalt des die Prozesskostenhilfe bewilligenden Beschlusses. Wenn eine Partei oder deren Prozessbevollmächtigte meint, eine dergestalt beschränkt vorgenommene Bewilligung der Prozesskostenhilfe sei nicht rechtens, ist folgerichtig der grundlegende Beschluss anzufechten.«

95 (2) **OLG Saarbrücken** (06. 03. 2006 – 6 WF 62/05 – juris, Nr. 1003) »Da sich die Bewilligung der Prozesskostenhilfe und die Anwaltsbeiordnung ausweislich des Bewilligungsbeschlusses ausdrücklich nur auf die Hauptsache und »einen Vergleichsüberhang« erstrecken, begegnet

es keinen Bedenken, dass das Familiengericht die Terminsgebühr nicht aus dem zusammengerechneten Gegenstandswert festgesetzt hat.«

(3) **AG Koblenz** (Beschl. v. 26. 01. 2006 – 18 F 180/05 – juris, § 48 Abs. 2 RVG) »Leitsatz: Der in der mündlichen Verhandlung einer ehebezogenen Familiensache auch zu nicht rechtshängigen Unterhaltsansprüchen geschlossene Vergleich löst insoweit für den im Rahmen der Prozesskostenhilfe beigeordneten Anwalt keinen Anspruch auf Zahlung der Terminsgebühr gegenüber der Staatskasse aus.«

Der in der Entscheidung (3) mitgeteilte Leitsatz lässt nicht erkennen, wie genau die PKH-Bewilligung lautete. Er dürfte allerdings ähnlich lauten wie in den Fällen (1) und (2).

Daher werden die drei Beschlüsse einheitlich kritisch behandelt, weil sie alle an demselben juristischen Mangel leiden:

Sie alle meinen, ein Gebührentatbestand sei nur gegeben, wenn der PKH-Bewilligungsbeschluss (Beiordnung) dies ausdrücklich positiv erwähne, also etwa, es wird PKH für Verfahren, Termin und Einigung gewährt. Allein das Aufschreiben dieser Forderung der drei Gerichte zeigt, dass das Gegenteil der Üblichkeit entspricht. Nur wenn PKH für einzelne Gebührentatbestände, etwa »Vergleich« oder »Verkehrsanwalt« bewilligt wird, muss diese Einschränkung ausdrücklich erwähnt werden. Dabei ergeben sich nicht selten Wortauslegungsschwierigkeiten:

Wird PKH, so wie im Falle (1), für den Vergleich bewilligt, so könnte das heißen: »nur für den Vergleich im PKH-Prüfungsverfahren«, es könnte aber auch heißen, für alles, was mit dem Vergleich ursächlich zusammenhängt, damit jedenfalls Vergleichs- und Verfahrensgebühr.

Wird aber PKH schlechthin, ohne ausdrückliche Einschränkung bewilligt, so gilt die Bewilligung und Beiordnung für alle gesetzlichen Gebühren der Instanz.

Das hat zur Folge, bei einer uneingeschränkten PKH-Bewilligung gilt diese auch für den in den Vergleich einbezogenen Anspruch. Die Bewilligung gilt also für die gesetzlichen Gebührentatbestände, sofern sie tatbestandlich erfüllt sind, wie etwa die Differenzverfahrensgebühr von 0,8 nach Nr. 3101, die Terminsgebühr für Verhandlungen über den einzubeziehenden Anspruch (Nr. 3104 Anm. Abs. 2) oder Einigungsbesprechungen nach Vorbemerkung 3 Abs. 3 letzte Alternative (ähnlich der Entscheidung des BGH (NJW 1988, 494), sowie schließlich die Einigungsgebühr Nr. 1000 mit 1,5 (so jetzt auch OLG Koblenz, 06. 06. 2006 – 14 W 328/06).

Was den Beschluss Nr. (1) vom OLG Sachsen-Anhalt angeht, so ist hinsichtlich der Gebühr für den Termin (Terminsgebühr) im PKH-Prüfungsverfahren die Vorbem. 3.3.6 nicht beachtet.

Hinsichtlich der Höhe der Verfahrens- und Terminsgebühr ist auf Folgendes zu achten:

In Nr. 3335 findet sich eine auf 1,0 reduzierte **Verfahrensgebühr** für »das Verfahren über die Prozesskostenhilfe« selbst. Wird für den einbezogenen Anspruch PKH bewilligt, so ist das PKH-Verfahren aber beendet. Ab dem Zeitpunkt der PKH-Bewilligung befindet sich die Partei im ordentlichen Verfahren mit einer Verfahrensgebühr von 1,3 (Hartung/Römermann RVG VV 3335 Rn. 5). Auch die Terminsgebühr beträgt 1,2 (Gerold/Schmidt/von Eicken/Madert/Müller-Rabe RVG 17. Aufl. VV 3335 Rn. 47). Übrigens kennt das PKH-Verfahren selbst nur eine reduzierte Verfahrensgebühr, dagegen nur die volle Terminsgebühr 1,2, siehe Vorbem. 3.3.6 und die Einigungsgebühren des Teiles 1.

cc) Außergerichtlich angefallene Terminsgebühr

Nach der mehrfach genannten Entscheidung des BGH (NJW 1988, 494) deckt die allgemeine PKH-Bewilligung und Beiordnung in der Instanz die Vergütungspflicht der Staatskasse auch für einen außergerichtlichen Vergleichsabschluss ab.

Nr. 3104 VV

dd) Prozesskostenhilfe für das Prozesskostenhilfeverfahren

103 Der BGH (NJW 1984, 2106) ist der Ansicht, eine Bewilligung von Prozesskostenhilfe könne sich nur auf einen im Prozesskostenhilfeverfahren abzuschließenden Vergleich beziehen. Im Laufe der Zeit hat sich aber eine immer stärker werdende Ansicht entwickelt, die eine Bewilligung von PKH für das Prozesskostenhilfeverfahren selbst für zulässig hält (OLG Köln NJW 1969, 241; OLG Düsseldorf Rpfleger 1979, 35; OLG Koblenz AGS 2001, 67; OLG Nürnberg FamRZ 2000, 838; OLG Hamm NJW-RR 1998, 863; OLG Hamburg JurBüro 1996, 26).

Hier gilt für das Prüfungsverfahren die **Verfahrensgebühr** Nr. 3335: **1,0** und, wie erwähnt, wiederum gem. Vorbem. 3.3.6 die volle **Terminsgebühr** 1,2.

3. Anmerkung Absatz 3 – Reine Protokollierung eines Vergleichs

104 Mit Absatz 3 der Anmerkung zu Nr. 3104 wird das Entstehen einer **Terminsgebühr** für den Fall ausgeschlossen, dass nicht anhängige Ansprüche in dem Verfahren verglichen werden, wenn sich die Tätigkeit des Anwalts **darauf beschränkt, die Einigung protokollieren zu lassen.**

In den Ausführungen der Rn. 72 ist zu Absatz 2 der Anmerkung aus dem Wortlaut des Gesetzes und der Begründung des Rechtsausschusses abgeleitet worden, dass bei Einigungs**verhandlungen** im gerichtlichen Termin betreffend den Mehrwert (»über in diesem Verfahren nicht rechtshängige Ansprüche«) **auch für den Mehrwert die Terminsgebühr** anfällt (nach wie vor interessant für anderweit nicht rechtshängige Ansprüche, das Gros der Einbeziehungsfälle).

105 Wenn die Parteien vor dieser reinen »Protokollierung« (nach Absatz 3 der Anmerkung) noch einige Sätze austauschen, die als Verhandlungen im Sinne des Absatzes 2 der Anmerkung gedeutet werden können (der Umfang der Verhandlungen ist nicht entscheidend), so erfällt dann eben doch die Terminsgebühr nach dem Absatz 2 der Anmerkung aus dem nicht rechtshängigen Betrag.

106 • **Beispiel**
Rechtsstreit (A) über den Anspruch des Mieters auf Schadensersatz (€ 3.000,00). Außergerichtlich unterhalten sich die Parteien über die Rückzahlung der Mietkaution (Prozessauftrag ist noch nicht erteilt, sonst ohnehin Terminsgebühr nach Vorbemerkung 3 Abs. 3). Sie beauftragen ihre Anwälte, falls man sich im Termin über die Schadensersatzforderung des Mieters (Wert € 3.000,00) einigen könne, auch einen Vergleich hinsichtlich der Mietkaution (€ 6.000,00) zu protokollieren mit dem Inhalt:

»Der Vermieter verpflichtet sich, keinen Abzug für festgestellte geringe Mängel in den Räumen vorzunehmen und die ganze Kaution (€ 6.000,00) zurückzuzahlen. Der Mieter verzichtet (schweren Herzens) auf eine Verzinsung der Kaution.«

Im Protokollierungstermin nach Abs. 3 der Anmerkung – man hat sich gerade nach heftigem Streit auf einen Vergleich hinsichtlich des Schadensersatzanspruchs des Mieters (€ 3.000,00) – Prozess A – vergleichsweise geeinigt, fragt der Vermieteranwalt seinen Kollegen, den Mieteranwalt: »Können wir denn nun auch die außergerichtlich abgesprochene Einigung über die Rückzahlung der Kaution und zwar unter Verzicht auf Zinsen **protokollieren?**«

Der Gegner (Mieteranwalt) antwortet: »Mein Mandant möchte doch wenigstens einen Anstandszinssatz gezahlt haben.« Rückfrage des Vermieteranwalts: »Eigentlich war es ja anders abgemacht, aber was stellen Sie sich denn als Zinssatz vor?« Antwort: »2 %«. Vermieteranwalt zieht sich darauf mit seiner Partei zur Beratung zurück. Sie kehren mit folgender Erklärung zurück: »Wir haben über Ihr Ansinnen noch einmal nachgedacht, aber mein Mandant hat in der Hauptsache und im Kostenpunkt (also Hauptsache A) schon soviel nachgegeben, es muss bei der zinsfreien Rückzahlung der Kaution bleiben, sonst können wir nicht protokollieren.«

Darauf wird die Einigung zinsfrei protokolliert.

Da Absatz 2 der Anmerkung konsequenterweise zum Anfall der Terminsgebühr kein gegenseitiges Nachgeben, sondern nur noch Verhandlungen zur Einigung für den Anfall der Terminsgebühr fordert, wäre durch das **Nachverhandeln vor der Protokollierung** die Terminsgebühr bei diesem Sachverhalt jedenfalls nach **Absatz 2** der Anmerkung erfallen. 107

Auch hier setzt der Absatz 2 der Anmerkung zu Nr. 3104 lediglich Verhandeln, aber keinen Verhandlungserfolg voraus. Der Vermieteranwalt hat nicht von Anfang an jegliche Verhandlung schroff abgelehnt, so dass man hier auch nicht von einem nur einseitigen, sofort abgelehnten Begehren sprechen könnte.

Wenn also Einigung und Protokollierung letztlich noch gescheitert wären, hätten die Anwälte schon nach Absatz 2 der Anmerkung die Terminsgebühr verdient, da die Terminsgebühr des Absatzes 2 der Anmerkung **keine Erfolgs-, sondern eine Tätigkeitsgebühr ist** (Parallele zur Vorbemerkung 3 Abs. 3 letzte Alternative: Prozessvermeidungsbesprechungen nach Erteilung des Prozessauftrages). Hinsichtlich des einbezogenen Anspruchs bedarf es zum Anfall dieser Terminsgebühr auch nicht des Prozessauftrages.

Der Gesetzgeber hat die Abschaffung der Erörterungsgebühr u. a. mit folgenden Thesen begründet (BT-Drs. 15/1971, S. 209): 108

*»Solche Besprechungen (sc. ohne Beteiligung des Gerichts) sind **bisher** nicht honoriert worden. In der Praxis (zur Zeit der BRAGO) wird deshalb ein gerichtlicher Verhandlungstermin angestrebt, in dem ein ausgehandelter Vergleich nach »Erörterung der Sach- und Rechtslage« protokolliert wird (damit entsteht die Verhandlungs- bzw. Erörterungsgebühr nach § 31 Abs. 1 Nr. 2 bzw. 4 BRAGO). Den Parteien wird durch den vorgeschlagenen **erweiterten Anwendungsbereich der Terminsgebühr** oft ein **langwieriges und kostspieliges Verfahren erspart** bleiben.«*

Man braucht kein Prophet zu sein: (Gebühren-)kundige Anwälte werden von der **Protokollierungsmöglichkeit des Absatzes 3** der Anmerkung, die ihnen keine Terminsgebühr beschert, nur Gebrauch machen, nachdem zuvor noch einmal ausdrücklich »die Sach- und Rechtslage erörtert« ist. Wenn diese Floskel dann einmal im Protokoll steht, kann die vorher eigentlich schon ausgehandelte Einigung über nicht rechtshängige Ansprüche getrost protokolliert werden und die Terminsgebühr nach Absatz 2 der Anmerkung ist erfallen.

Die Ähnlichkeit des Protokollinhalts zum Anfall der gerade als Verfahrenshemmer verabschiedeten Erörterungsgebühr bei rechtshängigen Ansprüchen – § 31 Abs. 1 Nr. 4 BRAGO – lässt grüßen. Da haben wir dort ein Protokollierungsproblem weg, wofür sich der Gesetzgeber feiern lassen will, und machen es an anderer Stelle (bei der neuen, ach so klaren Terminsgebühr (Anmerkung Abs. 3) **genauso** wieder auf. Hier wird in Fällen, in denen Anwälte ohne eingehende Vorkenntnisse im Gebührenrecht Mehrvergleiche protokollieren lassen (auch die Mehrzahl der Richter findet das Gebührenrecht mehr als trocken und ihrer nicht würdig), in Zukunft heftig in den Kosteninstanzen (Rechtspfleger, Kostensenate und gem. § 574 Abs. 2 BGH-Senate) mit klugen Leitsätzen darüber gegrübelt werden, was ein »nur Protokollieren« und was ein »schon Verhandeln« ist und was im Einzelfall da wohl in der Verhandlung gesprochen worden ist, weil ja leider das Protokoll der Unkundigen (Richter und antragsbefugten Anwälte – § 160 Abs. 4 ZPO) schweigt. Da gibt es dann nach Jahr und Tag so beliebte Aufklärungsmittel wie dienstliche Äußerungen der unwilligen Prozessrichter, die Kostenfragen so lieben, und ferner meist divergierende feste Erinnerungen der Parteivertreter an den genauen Sitzungsverlauf. 109

Der Gesetzgeber hätte zur Beschleunigung (wofür er sich bei der Abschaffung der Erörterungsgebühr feiern lassen will) besser auf die Ausnahme des Absatzes 3 der Anmerkung **ganz verzichtet**. 110

Für schlaue Anwälte bildet er sowieso kein Problem, und schlau sein ist ja nicht verboten. 111

Nr. 3104 VV

Hat der Anwalt schon den Prozessauftrag und handelt er dann mit der Gegenseite die Einigung aus, so fällt die Terminsgebühr 1,2 ohnehin nach der Vorbemerkung 3 Abs. 3 an.

Eine Einigung ohne vorherigen Arbeitsaufwand des Anwalts, der nur die Protokollierung der Einigung bei Gericht bestellt, kenne ich nicht, und wenn die Arbeit des sonst regresspflichtigen Anwalts nur in der Rechtskontrolle der Einigung der Parteien besteht.

Dafür kann er sein Entgelt beanspruchen. Der gebührenkundige Anwalt wird daher angesichts seines Arbeitsaufwandes guten Gewissens entweder sich vorterminlich einen Prozessauftrag geben lassen oder im Termin nachverhandeln oder eine ausdrückliche schriftliche Gebührenabrede nach § 3 a RVG dahin treffen, dass er für die Protokollierung der Einigung (entgegen Nr. 3104 Anmerkung Abs. 3) hier zusätzlich eine Terminsgebühr von 1,2 erhält.

112 Die Anwälte aber, die die Gebührenabrechnungen ihrem kundigeren Büropersonal überlassen, werden dann zwar auch bei Fehlern in der Sache, die sich besonders bei aus dem Stand heraus vereinbarten Mehrvergleichen leicht einschleichen, haften, aber meist wegen Schweigens des Protokolls, hinsichtlich der Terminsgebühr, weil sie die Ausnahmeregelung des Absatzes 3 erst gar nicht kennen, leer ausgehen.

4. Erstattungsfähigkeit der Terminsgebühr beim Mehrvergleich

113 Für die in der Überschrift angesprochene Frage gelten sinngemäß die Ausführungen zur **Differenzverfahrensgebühr** bei einbezogenen Ansprüchen. Es wird daher auf die Rn. 82 zu Nr. 3101 (Erstattungsfähigkeit) verwiesen.

Nr. 3105 VV

Nr.	Gebührentatbestand	Gebühr oder Satz der Gebühr nach § 13 RVG

3105	Wahrnehmung nur eines Termins, in dem eine Partei nicht erschienen oder nicht ordnungsgemäß vertreten ist und lediglich ein Antrag auf Versäumnisurteil oder zur Prozess- oder Sachleitung gestellt wird:
	Die Gebühr 3104 beträgt ....
	(1) Die Gebühr entsteht auch, wenn
	  1. das Gericht bei Säumnis lediglich Entscheidungen zur Prozess- oder Sachleitung von Amts wegen trifft oder
	  2. eine Entscheidung gemäß § 331 Abs. 3 ZPO ergeht.
	(2) Absatz 1 der Anmerkung zu Nummer 3104 gilt entsprechend.
	(3) § 333 ZPO ist nicht entsprechend anzuwenden.
		0,5

Inhaltsübersicht

	Rn.
A. Allgemeines	1
I. Säumnis	1
II. Die Gesetzesbegründung	6
B. Kommentierung	7
I. Fall der engeren Terminsäumnis	7
1. Wahrnehmung eines Termins, in dem eine Partei nicht erschienen oder nicht ordnungsgemäß vertreten ist	7
a) Wahrnehmung eines Termins	7
b) Erscheinen von 2 Anwälten im Termin, dennoch ergeht VU	8
aa) Vorbemerkung	8
bb) Lösung des Problems mit Hilfe der Gesetzesmotive: 2 Anwälte erscheinen, dennoch ergeht am Ende ein VU	10
c) Nachträgliche Terminsäumnis	11
d) Rechtsprechung zum Fall des anfänglichen Terminwahrnehmens und anschließenden nicht Auftretens eines Parteivertreters (Flucht in die Säumnis)	13
aa) OLG Koblenz	13
bb) KG	14
cc) OLGR Köln 2007, 325	15
e) Anwalt erscheint zum Termin und erklärt als erstes, er trete nicht für seine Partei auf	15
f) Terminsäumnis im engeren Sinne – Nr. 3105	16
2. Versäumnisurteilsantrag	18
a) Antrag	18
b) Erlass eines Versäumnisurteils	20
aa) Tatsächlicher Erlass eine Versäumnisurteils	20
bb) Unechtes Versäumnisurteil – § 331 Abs. 2 ZPO	21
cc) Einseitige Erörterungen des Klägeranwalts mit dem Gericht zum Antrag oder der Begründung des Anspruchs	25
3. Antrag zur Prozess- oder Sachleitung	29
a) Sonderregelung für das echte Säumnisverfahren	29
b) Beispiele für Prozess- oder Sachleitungsanträge	30
c) Streitwert des Antrages zur Prozess- oder Sachleitung	31
II. Anmerkung zu Nr. 3105	38
1. Anmerkung Abs. 1 Nr. 1 zu Nr. 3105 – Das Gericht trifft von Amts wegen eine Entscheidung zur Prozess- oder Sachleitung	38
2. Anmerkung Abs. 1 Nr. 2 zu Nr. 3105 – Versäumnisurteil im schriftlichen Vorverfahren, § 331 Abs. 3 ZPO	39
a) Entscheidung ohne mündliche Verhandlung	39
b) Antrag auf Erlass eines VU	40
III. Anmerkung Absatz 2: Anwendbarkeit Anm. Abs. 1 zu Nr. 3104	41
IV. Anmerkung Absatz 3: Abs. 3 § 333 ZPO ist nicht entsprechend anzuwenden	42
V. Zweiter Termin	43
1. Zweiter Termin zweiseitig	43
2. Zweiter Termin einseitig	44
3. Terminsgebühr bei Erlass eines zweiten Versäumnisurteils nach einem Vollstreckungsbescheid	45
VI. Kostenerstattung	46
VII. Abschließende Übersicht	47
VIII. Beispiel einer Gebührenberechnung	48

Nr. 3105 VV

A. Allgemeines

I. Säumnis

1 Nr. 3105 VV RVG hat nur Teile des bisherigen § 33 BRAGO (Nichtstreitige Verhandlung = 0,5 Gebühr) übernommen. Nr. 3105 (nur 0,5 Terminsgebühr) ist hinsichtlich seines Anwendungsbereichs jetzt enger gefasst. Der Anwalt wird also jetzt besser gestellt:

Erkennt der Beklagte im Termin gem. § 307 ZPO den Anspruch an oder erklärt er das Anerkenntnis im schriftlichen Verfahren, so erhalten beide Anwälte die volle 1,2 Terminsgebühr der Nr. 3104.

2 Die **Nr. 3105** mit der (geringen) 0,5 Terminsgebühr ist jetzt **nur** noch eine **Sonderregelung** für das **Versäumnisverfahren**, und zwar ein enger beschriebenes Versäumnisverfahren. »Säumnis!« liegt jetzt nur noch vor, wenn der Gegner (1) **überhaupt nicht** zum Termin **erscheint** oder bei Anwaltszwang (2) **nicht ordnungsgemäß vertreten** ist, oder im schriftlichen Vorverfahren (3) **keine Verteidigungsabsichtserklärung** eingereicht hat und **sodann VU** ergeht. Gleiches gilt im Falle der Säumnis (im engeren Sinne), wenn der erschienene Anwalt bei Säumnis des Gegners lediglich (4) Anträge zur Prozess- oder Sachleitung stellt oder wenn das Gericht (sofern der erschienene Anwalt überhaupt keine Anträge stellt) (5) von Amts wegen Entscheidungen zur Prozess- oder Sachleitung trifft. (Das ist **nicht** mehr die früher für **alle Verhandlungstermine** geltende Regelung des § 33 Abs. 2 BRAGO, die **generell für Anträge zur Prozess-Sachleitung nur eine 0,5 Gebühr** vorsah.)

In allen anderen Fällen bleibt es trotz Abschlusses des Termins durch Versäumnisurteil bei der Normalgebühr der Nr. 3104 von 1,2.

3 • **Erstes Beispiel**

Eine Partei **erscheint** zwar zum Termin, verhandelt aber nicht. Dazu bestimmt zwar § 333 ZPO: Als nicht erschienen ist auch die Partei anzusehen, die in dem Termin zwar erscheint, aber nicht verhandelt. Aber Absatz 3 der Anmerkung zu Nr. 3105 bestimmt gerade, dass § 333 ZPO nicht anwendbar ist. Es bleibt also hier bei der Normalgebühr (Terminsgebühr nach Nr. 3104) von 1,2, denn Abs. 3 lautet: »§ 333 ZPO ist nicht entsprechend anzuwenden.«

4 • **Zweiter Beispielsfall** (häufig vorkommend):

Der Anwalt des Beklagten erscheint zum Termin, hört sich den Hinweis des Gerichts zur Möglichkeit der Zurückweisung wegen Verspätung an und erklärt danach, er trete heute nicht auf.

Schon für dieses Erscheinen des danach prozessual säumigen Beklagten erhält der **Anwalt des Klägers** die volle Terminsgebühr der Nr. 3104 von 1,2. Aber auch der Beklagtenanwalt selbst erhält die 1,2 Terminsgebühr (Nr. 3104) wegen Wahrnehmung des Termins und weil der eng umrissene Ausnahmetatbestand der Nr. 3105 wegen seines Erscheinens im Termin nicht vorliegt.

5 Die Norm geht davon aus, dass der verminderte Aufwand des Anwalts im Regelungsbereich der engen Terminsäumnis durch eine 0,5 Gebühr ausreichend entgolten wird.

II. Die Gesetzesbegründung

Zum Ausnahmecharakter dieser Norm, die nicht in allen Fällen anwendbar ist, in denen im Termin VU ergeht, bemerkt der Gesetzgeber (BT-Drs. 15/1971, S. 212):

»Zu Nummer 3105

Findet nur ein Termin zur mündlichen Verhandlung statt und ergeht daraufhin ein Versäumnisurteil, soll nur eine Terminsgebühr in Höhe von 0,5 anfallen. Gleiches soll gelten, wenn der Rechtsanwalt lediglich Anträge zur Prozess- oder Sachleitung stellt oder wenn das Gericht von Amts wegen Entscheidungen zur Prozess- oder Sachleitung trifft. Dies trägt dem in der Regel verminderten Aufwand des Rechtsanwalts in diesen Fallkonstellationen Rechnung.

Die Reduzierung soll jedoch nur dann gelten, wenn der Rechtsanwalt im Termin tatsächlich keine weiteren Tätigkeiten entfaltet. Da bei gleichzeitiger Anwesenheit beziehungsweise Vertretung beider Parteien in dem Termin in aller Regel ein Mehr an Tätigkeit erfolgt, soll Voraussetzung sein, dass die gegnerische Partei nicht erschienen oder nicht ordnungsgemäß vertreten ist. Dies stellt sicher, dass in den nicht selten vorkommenden Fällen, in denen in dem Termin trotz Erlass eines Versäumnisurteils verhandelt bzw. erörtert werden konnte, weil die Parteien erschienen oder ordnungsgemäß vertreten waren, nicht nur die verminderte Terminsgebühr anfällt. Auf eine Erörterung bzw. eine Verhandlung kann hier nicht abgestellt werden, da der Entwurf des RVG diese Begriffe aus Vereinfachungsgründen nicht verwendet.

Erscheinen im Anwaltsprozess beide Parteien nicht, sind sie aber anwaltlich vertreten, steht den Anwälten daher die volle Terminsgebühr zu, auch wenn ein Versäumnisurteil ergeht.«

B. Kommentierung

I. Fall der engeren Terminsäumnis

1. Wahrnehmung eines Termins, in dem eine Partei nicht erschienen oder nicht ordnungsgemäß vertreten ist

a) Wahrnehmung eines Termins

Wie bei Nr. 3104 heißt **Wahrnehmen eines Termins** nur das Erscheinen des Anwalts zu einem Termin (näher dazu Nr. 3104 Rn. 21 ff.).

b) Erscheinen von 2 Anwälten im Termin, dennoch ergeht VU

aa) Vorbemerkung

Manche missverständliche Formulierung und Auslegung der nicht einfachen Nr. 3105 beruht darauf, dass

– der Gesetzestext nicht genau genug wörtlich angesehen wird,
– ferner nicht klar genug beachtet wird, dass die Gebührenhöhe des die nicht säumige Partei vertretenden Anwalts in erheblichem Maße vom Verhalten des Gegenanwalts abhängt und
– schließlich, dass es offenbar schwer fällt, sich vom Gedankengang der nicht streitigen Verhandlung (§ 33 BRAGO) konsequent zu lösen.

Ich kann auch nur dringend raten, bei der Rechtsanwendung die Motive des Gesetzgebers (oben Rn. 6) immer mal wieder durchzulesen. Sie sind mit hinreichender Klarheit in den Wortlaut des Gesetzes (Nr. 3105) übernommen worden.

Nr. 3105 VV

bb) Lösung des Problems mit Hilfe der Gesetzesmotive: 2 Anwälte erscheinen, dennoch ergeht am Ende ein VU

10 Erscheinen beide Parteien zum Termin, so soll nach der wörtlichen Wertung des Gesetzgebers (BT-Drs. 15/1971, S. 212) eine 1,2 Terminsgebühr erfallen, weil »*die Reduzierung jedoch nur dann gelten soll, wenn der Rechtsanwalt im Termin tatsächlich keine weiteren Tätigkeiten entfaltet. Da bei gleichzeitiger Anwesenheit beziehungsweise Vertretung beider Parteien in dem Termin in aller Regel ein Mehr an Tätigkeit erfolgt, soll* **Voraussetzung** *(für die Gebührenreduzierung* **auf 0,5** *nach Nr. 3105) sein, dass die gegnerische Partei* **nicht erschienen** *oder nicht ordnungsgemäß vertreten ist. Dies stellt sicher, dass in den nicht selten vorkommenden Fällen, in denen in dem Termin trotz Erlass eines Versäumnisurteils verhandelt bzw.* **erörtert werden konnte**, *weil die* **Parteien erschienen** *oder ordnungsgemäß vertreten waren, nicht nur die verminderte Terminsgebühr anfällt. Auf eine Erörterung bzw. eine Verhandlung kann hier nicht abgestellt werden, da der Entwurf des RVG diese Begriffe aus Vereinfachungsgründen nicht verwendet.*«

Die Gesetzesbegründung löst also hinreichend klar den aufgeworfenen Fall der Überschrift bb).

c) Nachträgliche Terminsäumnis

11 Die Ausnahmenorm der Nr. 3105 (Ausnahme zu Nr. 3104) ergreift also **nicht** die Fälle **nachträglicher Säumnis,** wenn also zunächst beide Parteien im Termin erscheinen und Ausführungen machen, und dann aber eine Partei erklärt, sie wolle nicht verhandeln, nicht auftreten (§ 333 ZPO). Diese Fallkonstellation ist unter die allgemeine Terminsgebührennorm Nr. 3104 VV RVG mit einer 1,2 Gebühr zu subsumieren, weil der enge Ausnahmetatbestand der Nr. 3105 nicht greift.

- **Häufiger Beispielsfall aus der Praxis:**

12 Der Anwalt A erscheint für den Kläger, der Anwalt B für den Beklagten. Zunächst hören beide Anwälte dem Prozessreferat des Vorsitzenden zu. Der Vorsitzende weist darauf hin, dass die Beklagte mit ihrem Vorbringen wegen Verspätung voraussichtlich ausgeschlossen werde (§ 296 Abs. 1 ZPO). Nun erklärt der Beklagtenanwalt B, der für seine Partei zugehört hat, er trete nicht auf (Flucht in die Säumnis).

Dieser spezielle Fall der prozessualen Säumnis im Sinne von § 333 ZPO ist in der Anmerkung Abs. 3 ausdrücklich als Anwendungsfall der Nr. 3105 ausgeschlossen. Das hat der Gesetzgeber nach seinen Motiven bewusst so geregelt. Eine gebührenrechtliche Säumnis ist damit nicht gegeben. Beide erschienenen Anwälte haben im Verhältnis zu ihrem Auftraggeber somit die volle 1,2 Gebühr verdient.

d) Rechtsprechung zum Fall des anfänglichen Terminwahrnehmens und anschließenden nicht Auftretens eines Parteivertreters (Flucht in die Säumnis)

aa) OLG Koblenz (AGS 2005, 190 = NJW 2005, 1955 = JurBüro 2005, 360)

13 »**Sachverhalt:** Im Gerichtstermin erschien für die Klägerin deren Prozessbevollmächtigter. Der Kammervorsitzende wies darauf hin, die Klage sei ohne Aussicht auf Erfolg. Daraufhin erklärte der Prozessbevollmächtigte der Klägerin, er trete nicht auf. Auf Antrag des Beklagten erging ein Versäumnisurteil.

Gründe:

Bei dem dargestellten Verfahrensablauf ist eine 1,2 Gebühr nach Nr. 3104 des Vergütungsverzeichnisses entstanden und daher von der Klägerin auch zu erstatten. Dass die Klägerin zu Beginn der mündlichen Verhandlung durch ihren Prozessbevollmächtigten vertreten war, steht außer Zweifel und ist durch die Sitzungsniederschrift belegt. Die Auffassung des Rechtspflegers, die im Laufe eines Gerichtstermins abgegebene Erklärung, (nunmehr) nicht (mehr) aufzutreten, lasse die Vertretungswirkungen ex tunc entfallen, hat keine tragfähige Grundlage.

Die Partei kann aufgrund ihrer Erklärung, nicht aufzutreten, auch nicht als »nicht erschienen« im Sinne von Nr. 3105 VV behandelt werden. Das ergibt sich aus Absatz 3 der Vorschrift, die ausdrücklich § 333 ZPO für nicht entsprechend anwendbar erklärt.

Erklärt ein Anwalt in einem Gerichtstermin, er sei für seine Partei lediglich als Beobachter anwesend, ist die Partei damit weder erschienen noch ordnungsgemäß vertreten. Der gegnerische Anwalt erhält für die Wahrnehmung eines derartigen Termins nur die Gebühr nach Nr. 3105 VV.«

bb) KG (JurBüro 2006, 134 = AGS 2006, 117)

»Im 1. Termin erklärte der Rechtsanwalt der Klägerin auf den Hinweis des Gerichts, dass Bedenken gegen die Schlüssigkeit der Klage bestünden, keinen Antrag stellen zu wollen. Auf Antrag des Rechtsanwalts der Beklagten wurde die Klage durch Versäumnisurteil abgewiesen. Hiergegen legte die Klägerin Einspruch ein. Durch späteres Urteil wurde der Klageforderung der Klägerin stattgegeben. Die Kosten der Säumnis wurden der Klägerin auferlegt.

Die Beklagten beantragten, eine 0,5 Terminsgebühr nach Nr. 3105 VV RVG gegen die Klägerin als Kosten der Säumnis festzusetzen.«

Das KG entschied: »Die von den Beklagten geltend gemachte 0,5 Terminsgebühr gemäß Nr. 3105 VV RVG ist nicht entstanden.

Nach § 2 Abs. 2 RVG in Verbindung mit Nr. 3105 VV RVG entsteht eine 0,5 Terminsgebühr für die Wahrnehmung eines Termins, in dem eine Partei nicht erschienen oder nicht ordnungsgemäß vertreten ist und lediglich ein Antrag auf Versäumnisurteil oder zur Prozess- oder Sachleitung gestellt wird. Diese Voraussetzungen wurden im ersten Termin nicht erfüllt. Beide Parteien waren in dem von dem Landgericht bestimmten Termin ordnungsgemäß durch ihre Rechtsanwälte vertreten. Der Gesetzgeber wollte sicherstellen, dass in Terminen, in denen trotz Erlass eines Versäumnisurteils verhandelt bzw. erörtert werden kann, weil die Parteien erschienen oder ordnungsgemäß vertreten sind, nicht nur die verminderte Terminsgebühr anfällt. Durch die anwaltliche Vertretung im Termin vom 1. Februar 2005 ist somit eine 1,2 Terminsgebühr nach Nr. 3104 VV RVG entstanden.«

cc) OLGR Köln 2007, 325

»Bei »Flucht in die Säumnis« entsteht im Anwaltsprozess eine 1,2 Terminsgebühr.«

e) Anwalt erscheint zum Termin und erklärt als erstes, er trete nicht für seine Partei auf

Der letzte Satz der Rn. 12 lautet: »Beide erschienenen Anwälte haben im Verhältnis zu ihrem Auftraggeber somit die volle 1,2 Gebühr verdient.« Das betraf den Fall, dass beide Anwälte erscheinen und anfänglich die Parteirechte wahrnehmen und es dann erst nachträglich zur Säumnis kommt, weil im Beispielsfall (Rn. 13) der Klägeranwalt erklärt, er trete nicht (mehr) auf, und nunmehr VU gegen seine Partei ergeht.

Bei *Müller-Rabe* (Gerold / Schmidt / von Eicken / Madert / Müller-Rabe RVG 17. Aufl. Nr. 3105 VV) findet sich eine Rn. 12, die man genau lesen muss (ich setze zur Klarstellung wieder die Buchstaben A und B für die Anwälte ein), damit aus Müller-Rabes Ausführungen keine falschen Schlüsse gezogen werden:

»*Erklärt der gegnerische Anwalt B gleich am Anfang, er vertrete seinen Mandanten B in diesem Termin überhaupt nicht, er sei lediglich als Beobachter zugegen, so vertritt er nicht und ist also die gegnerische Partei B auch nicht ordnungsgemäß vertreten. VV 3105 greift ein (nur zugunsten von A). Auch vom Sinn des VV 3105 Anm. Abs. 3 ist es nicht geboten, eine 1,2 Terminsgebühr für A anfallen zu lassen,*

Nr. 3105 VV

wenn von vornherein eine Erörterung ausscheidet, weil der gegnerische Anwalt B für seinen Mandanten nicht auftritt.«

Müller-Rabe zitiert u. a. Göttlich/Mümmler RVG 1. Aufl. Seite 944. Wenn man an jener Fundstelle nachsieht, dann wird nicht 100 %ig klar, ob an der Fundstelle von Anwalt A oder B die Rede ist.

Zur Klarstellung: Sagt B von Anfang an, er trete nicht auf, er sei nur Zuschauer, so ist er gebührenrechtlich überhaupt nicht da. Er, B erhält also überhaupt keine Gebühr und A verdient nur, falls er ein VU beantragt, die Gebühr 3105 mit 0,5.

f) Terminsäumnis im engeren Sinne – Nr. 3105

16 Ergebnis: Der Anwendungsfall der Nr. 3105 (engerer Fall der Säumnis) ist nur unter den folgenden Säumnisvoraussetzungen gegeben:

Eine Partei ist überhaupt nicht zum Termin erschienen oder (im Anwaltsprozess) nicht ordnungsgemäß (durch einen Anwalt) vertreten.

Der häufigste Fall, dass eine Partei nicht ordnungsgemäß vertreten ist, ist das Erscheinen der Partei im Zivilrechtsstreit beim Landgericht ohne einen Anwalt. Sie ist dann nicht ordnungsgemäß vertreten und der Gegner kann gegen sie ein Versäumnisurteil erwirken.

Wenn beim amtsgerichtlichen Prozess auf einer Seite nur die Partei A und auf der anderen Seite nur der Anwalt B erscheint, und dieser erklärt, aus welchen Gründen auch immer, nachdem er sich zunächst zu Wort gemeldet hat, er verlese heute keine Anträge, oder nach diesem Hinweis des Gerichts trete er, B, nicht auf, so ist seine Partei B zwar prozessual säumig, nicht aber säumig im gebührenrechtliche Sinne von Nr. 3105. Der Anwalt B erhält wegen seines Erscheinens für die Partei B zum Termin gleichwohl die volle 1,2 Terminsgebühr der Nr. 3104.

17 Nur die völlige Terminsabwesenheit oder beispielsweise die Erklärung des Anwalts (siehe näher oben Rn. 15) **schon zu Beginn der Verhandlung**, er trete heute nicht auf, er sei nur als interessierter Zuhörer erschienen (Gerold/Schmidt/von Eicken/Madert/Müller-Rabe RVG 17. Aufl. Nr. 3105 Rn. 12) bzw. beim landgerichtlichen Prozess das Fehlen eines Anwalts im Termin, erfüllen die Voraussetzungen der Anwendung der Nr. 3105 (Säumnis des B).

Hat somit ein solcher Termin stattgefunden, in dem ein Antrag auf Erlass eines Versäumnisurteils gestellt worden ist, weil eine Partei (B) nicht erschienen oder nicht ordnungsgemäß vertreten war, so entsteht nach Nummer 3105 VV RVG die Terminsgebühr in Höhe von 0,5 für RA A.

Aber: Allein die völlige Terminssäumnis oder die nicht ordnungsgemäße Vertretung auf der Gegenseite lösen die Terminsgebühr Nr. 3105 des Anwalts A noch nicht aus. Es muss noch eine **Handlung des Klägervertreters** A **hinzutreten**. Über das Maß dabei herrscht Streit.

2. Versäumnisurteilsantrag

a) Antrag

18 Das Gesetz formuliert als Tatbestandsvoraussetzung (der Nr. 3105) für den Anfall der 0,5 Gebühr neben der Säumnis des Gegners als Tätigkeit des Anwalts selbst:

»und lediglich ein Antrag auf Versäumnisurteil oder zur Prozess- oder Sachleitung stellt.«

19 Wird ein Versäumnisurteilsantrag gestellt, so ist alles klar: Die Gebühr Nr. 3105 ist angefallen.

b) Erlass eines Versäumnisurteils

aa) Tatsächlicher Erlass eine Versäumnisurteils

20 Der tatsächliche Erlass eines Versäumnisurteils ist nach der Formulierung der Nr. 3105 nicht erforderlich, so dass die reduzierte 0,5-Terminsgebühr auch dann anfällt, wenn trotz des VU-

Antrages etwa wegen eines der in § 335 Abs. 1 ZPO genannten Gründe (z. B. keine ordnungsgemäße Ladung der beklagten Partei) kein Versäumnisurteil ergeht.

bb) Unechtes Versäumnisurteil – § 331 Abs. 2 ZPO

Beantragt der allein erschienene Kläger den Erlass eines VU und das Gericht verkündet ohne Tatsachen- und Rechtserörterungen ein »unechtes VU«, mit dem es die Klage ganz oder teilweise abweist, so liegen im Regelfall die tatbestandlichen Voraussetzungen der Nr. 3105 **mit der 0,5 Gebühr** vor (Gerold/Schmidt/von Eicken/Madert/Müller-Rabe RVG 17. Aufl. VV 3105 Rn. 16; **a. A.**: Gebauer/Schneider RVG 2. Aufl. VV 3105 Rn. 18). 21

Da es nach dem Gesetz auf die Antragstellung ankommt, fällt auch nur eine 0,5 Gebühr nach Nr. 3105 an (Gerold/Schmidt/von Eicken/Madert/Müller-Rabe RVG 17. Aufl. VV 3105 Rn. 18). Das unechte VU ist zwar ein streitiges Urteil, das mit der Berufung anzufechten ist. Aber für den Gebührenanfall des Anwalts selbst kommt es nur auf seinen Teil, die Antragstellung, nicht aber auf den gerichtlichen Teil, insbesondere den Erlass des Urteilsspruchs und den Inhalt der Gründe des Urteils an.

Mit eben dieser Begründung hat der BGH (JurBüro 2004, 136) zum alten Recht (§ 31 oder 33 BRAGO) die höhere (einseitige) Verhandlungsgebühr nach § 31 wie folgt abgelehnt: »*Die Gebührentatbestände der §§ 31 Abs. 1 Nr. 2, 33 Abs. 1 Satz 1 BRAGO stellen jedoch nicht auf die Bezeichnung der Entscheidung und – entgegen der Ansicht der Rechtsbeschwerde – auch nicht auf den Inhalt der Entscheidung ab.*« 22

Gebauer (in Gebauer/Schneider RVG 2. Aufl. VV 3105 Rn. 18) sieht das mit folgender Begründung anders: 23

»*Ergeht nur ein unechtes Versäumnisurteil, ist VV 3105 nicht einschlägig. Die Reduzierung der Terminsgebühr auf 0,5 wurde vom Gesetzgeber damit begründet, dass in derartigen Fallkonstellationen in der Regel von einem verminderten Arbeitsaufwand des Rechtsanwalts auszugehen ist und die Höhe der Gebühr dem Rechnung zu tragen hat. Diese Motivation des Gesetzgebers kann aber dann nicht herangezogen werden, wenn das Gericht der Klage nicht stattgeben, sondern diese durch ein sog.* **unechtes Versäumnisurteil** *abweisen will. Denn in derartigen Konstellationen kann nicht von einem verminderten Arbeitsaufwand des Rechtsanwalts ausgegangen werden. Vielmehr ist sein Arbeitsaufwand der gleiche, wie wenn die gegnerische Partei anwesend oder durch einen Rechtsanwalt vertreten wäre, da er das Gericht von der Begründetheit oder Zulässigkeit der Klage überzeugen muss …*

Der Rechtsanwalt erhält in diesem Fall eine volle 1,2-Terminsgebühr nach VV 3104.«

Hier werden von Gebauer zwei verschiedene Fallkonstellationen unzulässig miteinander vermischt: 24

– reiner VU-Antrag ohne rechtliche Erörterung im Termin
– einseitige Erörterungen im Termin zwischen Gericht und Klägeranwalt in Gegenwart des Beklagten über die Zulässigkeit oder Begründetheit der Klageforderung (Gefahr eines unechten Versäumnisurteils). Das muss man schon allein deshalb sauber trennen, weil der Gebührensatz in den beiden Fällen unterschiedlich ist (0, 5 oder 1,2) und ferner nur so bei der 2. Alternative (unechtes VU) die Frage der Verursachung von Mehrkosten durch den Klägeranwalt selbst klar herausgearbeitet und zu seinen Lasten festgestellt werden kann. Die nicht differenzierende Ansicht von Gebauer (a. a. O.) ist daher abzulehnen.

cc) Einseitige Erörterungen des Klägeranwalts mit dem Gericht zum Antrag oder der Begründung des Anspruchs

Diese Fallgestaltung ist wegen der großen Praxisrelevanz von Wichtigkeit. 25

Aus dem den Gebührentatbestand der Nr. 3105 sehr einschränkenden Wortlaut lässt sich ableiten, dass diese Norm (Nr. 3105) eng auszulegen ist. Sind die rechtlichen Voraussetzungen dieser Norm nicht sämtlich erfüllt, so ist sie weder direkt noch analog anwendbar. Unter-

Nr. 3105 VV

nimmt der Anwalt also mehr, als nur den VU-Antrag zu stellen, führt er Gespräche zur Sach- oder Rechtslage, so erfüllt er damit die Anforderungen der Nr. **3104**.

26 Dieses Ergebnis folgt aus nachfolgender Wortinterpretation: Nr. 3105 lautet, soweit hier von Interesse, mit Hervorhebungen:

»Wahrnehmung **nur** eines Termins, in dem eine Partei nicht erschienen oder nicht ordnungsgemäß vertreten ist und **lediglich ein Antrag auf Versäumnisurteil** gestellt wird.«

Die erste Hervorhebung (nur **eines** Termins) wird noch von Bedeutung werden für den 2. Termin mit Säumnis.

Die Worte: »**lediglich ein Antrag auf Versäumnisurteil**« lösen die hier gestellte Auslegungsfrage: Was ist, wenn der **Klägeranwalt** mehr tut, als nur den VU-Antrag zu stellen? Antwort: Dann ist der bewusst eng gehaltene Wortlaut der Ausnahmenorm nicht erfüllt und Nr. **3104 kommt zur Anwendung** (Gerold/Schmidt/von Eicken/Madert/Müller-Rabe RVG 17. Aufl. VV 3105 Rn. 27; Mayer/Kroiß RVG Nr. 3105 Rn. 5).

BGH (NJW 2007, 1692) und **OLG Köln** (AGS 2008, 28): Gericht erscheint, ein Anwalt ist erschienen, es wird geforscht, ob Gegner zwischenzeitlich Berufung per Fax zurückgenommen hat, was sich bestätigt.

BGH (JurBüro 2007, 304 = AGS 2007, 226): Die **volle Terminsgebühr** (1,2) entsteht für den Klägervertreter auch dann, wenn der Beklagte im Verhandlungstermin nicht ordnungsgemäß vertreten ist, der Klägervertreter aber über den Antrag auf Erlass eines Versäumnisurteils hinaus mit dem Gericht die Zulässigkeit seines schriftsätzlich angekündigten Sachantrags erörtert oder mit dem persönlich anwesenden Beklagten Möglichkeiten einer einverständlichen Regelung bespricht.

AG Freiburg (AGS 2006, 329): Die Terminsgebühr nach VV Nr. 3104 RVG ist entstanden, da ausweislich des Terminsprotokolls nach Aufruf der Sache der Vertreter des Verfügungsbeklagten zum Streitwert gehört wurde und nach Aushändigung der per Telefax erklärten Antragsrücknahme dieser zugestimmt sowie Kostenantrag gestellt hat. Er hat damit eine Tätigkeit entfaltet, welche über den Tatbestand des VV Nr. 3105 RVG hinausgeht.

LAG Hessen (NZA-RR 2006, 436): Wird im Termin nicht nur der Erlass eines Versäumnisurteils beantragt, sondern zuvor noch über die Präzisierung des Klageantrags und über materiell-rechtliche Fragen zur Schlüssigkeit des Klagebegehrens gesprochen, erwächst dem Rechtsanwalt die volle Terminsgebühr aus Nr. 3104 VV RVG.

OLG Köln (AGS 2007, 238): Dagegen genügt es **nicht** für eine **1,2 Terminsgebühr**, wenn der nicht anwaltlich vertretene Prozessgegner zum Verhandlungstermin erscheint und das Terminsprotokoll nur den Hinweis enthält, dass unter Hinweis auf § 78 ZPO (Anwaltszwang) antragsgemäß VU ergangen sei.

27 Die Rechtsprechung hat auch bereits die Wortauslegung beim im Grundsatz genau so liegenden Problem der **2. Säumnisverhandlung** nachvollziehbar bejahend begründet (OLG Celle NJW 2005, 1283; LG Aachen NJW 2006, 1528). Wendet man dies auch hier an, so löst auch das einseitige Erörtern der Sach- oder Rechtslage (mit Ausnahme der ausdrücklich erwähnten Fragen der Prozess- und Sachleitung (– das Letztere gibt es als Sondertatbestand entgegen mancher unsauberen Begründung nur noch im Säumnisverfahren) die 1,2 Terminsgebühr der Nr. 3104 aus.

Eine andere Frage ist es, ob der Anwalt die Differenz von 0,7 (1,2 zu 0,5) seiner Partei oder ob seine Partei im Erstattungswege die Differenz dem Gegner auch dann in Rechnung stellen kann, wenn der Anwalt selbst die Differenz durch handwerkliche Fehler verursacht hat. Er reicht etwa eine eindeutig unschlüssige Klage ein oder er gibt, was er bei sorgfältiger Arbeit hätte vermeiden können, eine unrichtige Adresse des Beklagten an, sodass dadurch bedingt die Einlassungs- oder Ladungsfrist zum Termin nicht eingehalten wird, weshalb es zu einem 2. Termin kommen muss, oder aber im ersteren Fall ein unechtes VU gegen seine Partei ergeht.

• **Beispiel**

Der Anwalt erhält etwa bei Terminssäumnis des Gegners vom Gericht den Hinweis, die Schlüssigkeitsprüfung habe ergeben, dass das Vorbringen den Antrag nur teilweise rechtfertige (§ 331 Abs. 2 ZPO). Der Anwalt sieht darauf von einer Antragstellung ab, um sein Vorbringen noch nachzubessern. Jetzt bessert er die Klagebegründung nach und im 2. Termin ergeht antragsgemäß VU. Die einseitige Erörterung mit dem Gericht im 1. Termin löst zunächst einmal im Verhältnis Anwalt – Auftraggeber formal die Gebühr Nr. 3104 mit 1,2 aus. Die weiteren angedeuteten Folgefragen (Fehlverhalten des Anwalts) gehören in das Gebiet des materiellen Rechts (Anwalt – Auftraggeber) oder zum § 91 ZPO (**Notwendigkeit** bei der Kostenerstattung).

3. Antrag zur Prozess- oder Sachleitung

a) Sonderregelung für das echte Säumnisverfahren

Stellt der Klägeranwalt im echten Säumnistermin keinen Versäumnisurteilsantrag, so kann er die 0,5 Gebühr (Nr. 3105) auch dadurch auslösen, dass er einen Antrag zur Prozess- oder Sachleitung stellt. Dies trägt dem in der Regel verminderten Aufwand des Anwalts in diesen Fallkonstellationen Rechnung. Damit greift die Norm einen Teil des Regelungsgehaltes des § 33 Abs. 2 BRAGO auf, wonach die Antragstellung nur zur Prozess- oder Sachleitung in allen prozessualen Situationen jeweils nur eine 0,5 Gebühr ausgelöst hat. Mit Ausnahme des Säumnisverfahrens unterfallen solche Antragstellungen nunmehr sämtlich der viel pauschaler konzipierten allgemeinen Terminsgebühr der Nr. 3104 mit einer 1,2 Gebühr. Es kommt nämlich nach neuem Recht bei Nr. 3104 nicht mehr auf den Inhalt oder Verlauf des wahrgenommenen Termins an (siehe Nr. 3104 Rn. 20).

b) Beispiele für Prozess- oder Sachleitungsanträge

– Antrag auf Einsicht in beigezogene Akten (rechtliches Gehör zu § 143 ZPO; OLG Hamm AnwBl. 1982, 70)
– Antrag auf Vertagung (§ 227 ZPO)
– Antrag auf Aussetzung des Verfahrens (§ 246 ZPO)
– Antrag auf Ruhen des Verfahrens (§ 251 ZPO).

Von der Rechtsprechung wird kein förmlicher Parteiantrag gefordert.

Wird im Termin vom allein erschienenen Klägeranwalt kein Versäumnisurteilsantrag gestellt, sondern (etwa wegen beginnender außergerichtlicher Vergleichsverhandlungen mit dem bisher nicht vertretenen Beklagten) **angeregt**, das Ruhen des Verfahrens (§ 251 ZPO) anzuordnen, so reicht das als **Antragstellung** i. S. von Nr. 3105 aus (vgl. zum alten Recht LG Aachen AnwBl. 1970, 20).

Nach der Neuregelung ist dieses Problem allerdings praktisch durch Anmerkung Absatz 1 Nr. 1 beseitigt. Denn jetzt gibt es im Säumnisfall die Gebühr auch schon, wenn das Gericht **von Amts wegen** über Fragen der Prozess- oder Sachleitung entscheidet. Das ist eine erfreuliche Vereinfachung, die die Novelle bringt.

c) Streitwert des Antrages zur Prozess- oder Sachleitung

Hinsichtlich des Wertes des Antrages zur Prozess- oder Sachleitung herrscht Streit. Wird etwa nach Vertagung beantragt, so soll nach Ansicht einer Reihe von Oberlandesgerichten der volle Streitwert der Hauptsache anzusetzen sein (OLG Hamm JurBüro 1971, 944 = NJW 1971, 2317; OLG Düsseldorf 17. Senat JurBüro 1994, 158; ebenso LAG Düsseldorf JurBüro 1991, 1497; Hansens BRAGO 8. Aufl. § 33 Rn. 13; Riedel/Sußbauer BRAGO 8. Aufl. § 33 Rn. 22). Es wird argumentiert, auch die Sachleitung diene der Erledigung der Hauptsache.

Nr. 3105 VV

32   Die Gegenmeinung (OLG Düsseldorf 7. Senat JurBüro 1991, 686: Schätzwert des Einzelfalles; OLG Düsseldorf JurBüro 1990, 865 = AnwBl. 1990, 324) schätzt wohl im Regelfall 1/3 Wert der Hauptsache. Schneider/Herget (Streitwert 11. Aufl. Rn. 2623) argumentiert, mit dem Ansatz des vollen Wertes werde die Bedeutung des allein auf verfahrensrechtlichem Gebiet liegenden Antrages weit überschätzt. Der BGH hat sich in einer ganz frühen Entscheidung (BGH NJW 1957, 424) im Beschwerderechtszug mit dem Wert eines Aussetzungsantrages befasst und in jenem Falle geschätzt. Seine Argumente waren dieselben wie die der beiden vorstehenden Senate des OLG Düsseldorf, mit dem vollen Wert werde die Bedeutung überschätzt.

33   Beide Ansichten lassen sich hören. Auch *Müller-Rabe* (in Gerold/Schmidt/von Eicken/Madert/Müller-Rabe RVG 17. Aufl. Nr. 3105 Rn. 40) will sich offensichtlich nicht festlegen. Nach altem Recht hätte ich mich wahrscheinlich der Ansicht des Schätzwertes angeschlossen.

34   Für die neue Nr. 3105 votiere ich aus **gesetzessystematischen Gründen** für den vollen Hauptsachestreitwert auch bei nur Prozess- oder Sachleitungsanträgen:

   (1) Normzusammenhang
   Der hier betrachtete Antrag steht als »Oder-Antrag« gleichwertig neben dem im gleichen »Atemzug« genannten Antrag auf Erlass eines VU, für den zweifellos der volle Wert gilt.

   Im Übrigen erhält der Anwalt die Terminsgebühr nach Nr. 3105 auch dann (Anmerkung Absatz 1), wenn das Gericht von Amts wegen eine Entscheidung zur Prozess- oder Sachleitung trifft. Welcher Wert soll hier für die anwaltliche Verhandlungsgebühr 0,5 angesetzt werden? Liest man die Norm im Zusammenhang, sollen ersichtlich alle drei Modalitäten in gleicher Weise als gebührenauslösende Maßnahme im Säumnistermin den Tatbestand erfüllen und damit die 0,5 Gebühr auslösen.

   (2) Terminsgebühr erfällt grundsätzlich ohne Rücksicht auf den Terminsablauf
35   Vor allem würde eine 1:1-Übernahme der Rechtsprechung zur BRAGO, die die **Schätzung** nach dem Wert des gestellten **Antrages** als allein richtig angesehen hat, dem Charakter der **Terminsgebühr** nicht gerecht. Was im Termin passiert, soll im Regeltermin Nr. 3104 nach den Motiven des Gesetzgebers nicht mehr Anlass zu Kostenstreitigkeiten sein (Nr. 3104 Rn. 20). Wenn der Anwalt den Termin wahrnimmt, der Termin also begonnen hat, hat er schon die Terminsgebühr verdient. Das ist im Regelfall eine 1,2 Gebühr aus dem Wert der Hauptsache (ohne Rücksicht auf den Inhalt der Verhandlung (vgl. Nr. 3104 Rn. 20).

36   Dieser Regelfall wird mit einer 0,5 Gebühr für den Säumnisfall ausnahmsweise durchbrochen. Die Merkmale

   – Versäumnisurteilsantrag
   – Antrag zur Prozess- oder Sachleitung
   – Entscheidung des Gerichts von Amts wegen über die Prozess- oder Sachleitung

   sind allesamt nur Tatbestandsvoraussetzungen (neben der Säumnis des Gegners) für den Anfall der 0,5 Terminsgebühr, und wie ich meine, nicht mehr Bewertungsgegenstand unter dem Gesichtspunkt des Streitwertes.

37   Wieso sollte der Wert des Antrages zur Prozess- oder Sachleitung streitwertmäßig bei Nr. 3105 noch eine Rolle spielen, bei der weit höheren Gebühr von 1,2 im Normaltermin (Nr. 3104) aber nicht mehr?

   Ergebnis: Bei allen drei vorgenannten Modalitäten ist der volle Wert der Hauptsache anzusetzen.

II. Anmerkung zu Nr. 3105

1. Anmerkung Abs. 1 Nr. 1 zu Nr. 3105 – Das Gericht trifft von Amts wegen eine Entscheidung zur Prozess- oder Sachleitung

Stellt der Prozessbevollmächtigte in der mündlichen Verhandlung weder einen Antrag auf Erlass eines VU noch macht er Ausführungen zur Sach- oder Rechtslage, trifft das **Gericht** aber **von Amts wegen** eine Entscheidung zur Prozess- oder Sachleitung, fällt eine reduzierte 0,5-Terminsgebühr durch die Regelung in Anm. Abs. 1 Nr. 1 an. 38

2. Anmerkung Abs. 1 Nr. 2 zu Nr. 3105 – Versäumnisurteil im schriftlichen Vorverfahren, § 331 Abs. 3 ZPO

a) Entscheidung ohne mündliche Verhandlung

Schon bisher gab es nach der Rechtsprechung die halbe Verhandlungsgebühr für ein im **schriftlichen** Vorverfahren auf Klägerantrag ergangenes Versäumnisurteil (Gerold/Schmidt/von Eicken/Madert BRAGO 15. Aufl. § 35 Rn. 5). Das hat der Gesetzgeber in das RVG in Form der Anmerkung Abs. 1 Nr. 2 zu Nr. 3105 in Höhe einer 0,5 Terminsgebühr übernommen. 39

§ 331 Abs. 3 ZPO bestimmt dazu:

»*(3) Hat der Beklagte entgegen § 276 Abs. 1 Satz 1, Abs. 2 nicht rechtzeitig angezeigt, dass er sich gegen die Klage verteidigen wolle, so trifft auf Antrag des Klägers das Gericht die Entscheidung ohne mündliche Verhandlung.*«

Mit der Formulierung »so trifft auf Antrag des Klägers das Gericht die **Entscheidung**« ist nach nunmehr h. M. sicher gestellt, dass im schriftlichen Vorverfahren ebenfalls ein unechtes VU ergehen kann. Auch in diesem Falle erfällt die Terminsgebühr nur in Höhe von 0,5 an (vgl. Rn. 21).

b) Antrag auf Erlass eines VU

Nach wie vor umstritten ist, ob, wie beim Anerkenntnisurteil vom BGH mehrfach entschieden, auch ein VU ohne Prozessantrag ergehen kann. So formuliert Thomas-Putzo (ZPO § 331 Rn. 2), der diese Möglichkeit bejaht, etwa: 40

»*Prozessantrag des Klägers nicht notwendig ausdrücklich, kann in Sachantrag liegen.*«

Zu dieser Frage, die zur BRAGO umstritten war, gibt es eine Entscheidung zum RVG vom LG Berlin (Beschl. v. 18. 11. 2005 – 82 T 109/05, RVGreport 2006, 105 LS), die den Anfall der 0,5 Gebühr nach Anm. Abs. 2 zu Nr. 3105 bejaht, auch wenn der Anwalt keinen ausdrücklichen Antrag auf Erlass eines VU im schriftlichen Vorverfahren gestellt hat.

Nach altem Recht wurde diese Ansicht schon vertreten vom OLG Koblenz (WM 1997, 1566).

Zum RVG wird sie bejaht von Mayer/Kroiß RVG Nr. 3105 Rn. 8; Schneider/Wolf RVG 3. Aufl. Nr. 3105 VV Rn. 30 und verneint von Gerold/Schmidt/von Eicken/Madert/Müller-Rabe RVG 17. Aufl. Nr. 3105 VV Rn. 23: Gesetz stelle auf die Antragstellung ab.

Zur Begründung seiner Entscheidung führt das LG Berlin u. a. aus:

»*Nach der ausdrücklichen Regelung in Abs. 1 Nr. 2 der Anmerkung zu Nr. 3105 VV RVG entsteht die 0,5 Terminsgebühr auch, wenn eine Entscheidung gemäß § 331 Abs. 3 ZPO ergeht. Einen Antrag auf Erlass des Versäumnisurteils erfordert diese Regelung somit – anders als bei Wahrnehmung des Termins durch den Rechtsanwalt – gerade nicht.*«

OLG Oldenburg (20. 05. 2008 – 13 WF 91/08): »Die Terminsgebühr ist nicht entstanden, weil es an dem erforderlichen Antrag auf Erlass eines Versäumnisurteils fehlt. Entgegen der Auf-

Nr. 3105 VV

fassung des Amtsgerichts ist ein solcher Antrag nicht konkludent gestellt worden. § 331 Abs. 3 ZPO setzt neben dem Sachantrag einen zusätzlichen Prozessantrag des Klägers voraus.

Gemäß Anm. 1 Ziff. 2 zu Nr. 3105 VV RVG entsteht die Gebühr auch dann, wenn eine Entscheidung gemäß § 331 Abs. 3 ZPO ergeht«. Die Frage, ob dies auch dann gilt, wenn der Antrag fehlte, das Versäumnisurteil also verfahrensfehlerhaft erging, wird uneinheitlich beantwortet. Teils wird die Entstehung der Terminsgebühr unter Hinweis darauf befürwortet, dass der Gesetzeswortlaut allein auf das Ergehen der Entscheidung abstelle und nicht zu überprüfen sei, ob diese in prozesswidriger Weise ergangen sei. Überdies müsse der Kläger gemäß § 139 ZPO auf das Fehlen des Antrags hingewiesen werden und der Beklagte werde durch die Festsetzung der Gebühr nicht beschwert (Thüringer OLG MDR 2006, 1196; OLG München JurBüro 2007, 589). Nach anderer Auffassung ist der Antrag Voraussetzung für die Entstehung der Gebühr (OLG Düsseldorf MDR 1984, 950 zu § 35 BRAGO; Hartmann Kostengesetze 38. Aufl. 2008 VV 3105 Rn. 7; Gerold/Schmidt/von Eicken/ Madert/Müller-Rabe RVG 17. Aufl. 2006 3105 VV Rn. 23).

Der Senat schließt sich der letzteren Ansicht an. Der Gesetzeswortlaut wird unzulässig verkürzt, wenn nur auf Anm. 1 Ziff. 2 zu VV 3105 RVG abgestellt wird, da Nr. 3105 VV RVG ausdrücklich an die Stellung eines Antrags auf Versäumnisurteil anknüpft. In der Anm. 1 Ziff. 2 wird lediglich klargestellt, dass dies auch gilt, wenn eine Entscheidung im schriftlichen Vorverfahren gemäß § 331 Abs. 3 ZPO ergeht, **ohne damit auf das Erfordernis eines Antrags zu verzichten.«**

A. A. das KG (11. 03. 2008 – 1 W 332/06): Es lässt das im schriftlichen Vorverfahren ohne ausdrücklichen Versäumnisurteilsantrag ergangene VU genügen für den Anfall der Terminsgebühr Nr. 3105.

Auch ich stimme der Ansicht zu, dass die Gebühr (0,8) auch dann erfällt, wenn das Gericht das VU ohne gesonderten VU-Antrag erlässt. Wie leicht vergisst der Richter, neben dem Sachantrag auch den Prozessantrag zu diktieren, ohne dass es der Anwalt merkt. Wenn zuvor mühevoll festgestellt wird, dass der Beklagte ordnungsgemäß geladen und nach Aufruf nicht erschienen ist und dann »antragsgemäß VU ergeht«, hat dann der Anwalt nicht schlüssig mit seiner Antragstellung beides begehrt. Wir sollten es mit dem Formalismus im Kostenrecht nicht übertreiben, wenn gerade wir Richter bei der entsprechenden Protokollierung großzügig diktieren. Und Hand aufs Herz, wer beachtet immer peinlich genau die Protokollvorschriften des § 160 ZPO, insbesondere den § 162 ZPO (Vorlesen!)?

III. Anmerkung Absatz 2: Anwendbarkeit Anm. Abs. 1 zu Nr. 3104

Anm. Abs. 2 verweist auf Anm. Abs. 1 zu Nr. 3104.

41 Anmerkung **Abs. 1 zu Nr. 3104** bestimmt, dass in Verfahren mit vorgeschriebener mündlicher Verhandlung trotz Entscheidung im schriftlichen Verfahren die Terminsgebühr 1,2 anfällt.

Dazu zählt die Anmerkung Abs. 1 zu Nr. 3104 auch verschiedene Verfahrensarten auf, in denen der Richter freier in der Verfahrensgestaltung ist wie etwa im Verfahren nach § 495 a ZPO. Würde ein Beklagter in einem Verfahren nach § 495 a ZPO völlig unbeteiligt bleiben und der Richter dort auf Antrag des Klägers gegen den Beklagten ein VU erlassen, so erfiele dafür zugunsten des Klägeranwalts eine 0,5 Gebühr nach Nr. 3105.

IV. Anmerkung Absatz 3: Abs. 3 § 333 ZPO ist nicht entsprechend anzuwenden

Für den Gesetzgeber war im Rahmen des Systems der Abgeltung des echten Säumnisverfahrens in Abgrenzung zum Normaltermin der Ausschluss des § 333 ZPO außerordentlich wichtig. Dazu sei noch einmal aus den Motiven zitiert: 42

»Die Reduzierung soll jedoch nur dann gelten, wenn der Rechtsanwalt im Termin tatsächlich keine weiteren Tätigkeiten entfaltet. Da bei **gleichzeitiger Anwesenheit** beziehungsweise **Vertretung beider Parteien in dem Termin** in aller Regel ein Mehr an Tätigkeit erfolgt, soll Voraussetzung sein, dass die gegnerische Partei nicht erschienen oder nicht ordnungsgemäß vertreten ist. Dies stellt sicher, dass in den nicht selten vorkommenden Fällen, in denen in dem Termin trotz Erlass eines Versäumnisurteils verhandelt bzw. erörtert werden konnte, weil die Parteien erschienen oder ordnungsgemäß vertreten waren, nicht nur die verminderte Terminsgebühr anfällt.«

Dieses vom Anwalt erbrachte Mehr an Tätigkeit im Termin soll gebührenrechtlich nicht dadurch wieder rückwirkend entfallen, dass eine Partei im Verlaufe der mündlichen Verhandlung nach § 333 ZPO erklärt, sie wolle nicht verhandeln, also keinen Antrag verlesen (§ 137 ZPO).

V. Zweiter Termin

1. Zweiter Termin zweiseitig

Ist der 2. Termin zweiseitig, so erhöht sich die 0,5 Terminsgebühr unproblematisch gem. § 15 Abs. 2 Satz 1 RVG auf eine 1,2 Terminsgebühr. Da der Anwalt in derselben Angelegenheit die Gebühr nur einmal fordern kann, gilt der höchste Gebührensatz (analoge Anwendung von § 15 Abs. 3 RVG; Gebauer/Schneider RVG 2. Aufl. § 15 Rn. 183). Die zuvor mit einem Gebührensatz von 0,5 verdiente Terminsgebühr kann der Anwalt nicht zusätzlich fordern (§ 15 Abs. 2 Satz 1 RVG). 43

2. Zweiter Termin einseitig

Ist für den Anwalt im ersten Säumnistermin eine 0,5 Terminsgebühr angefallen und kommt es nach Einspruch zu einem erneuten einseitigen Termin infolge Säumnis, so bleibt es nicht infolge § 15 Abs. 2 Satz 1 RVG bei einer erneut anfallenden 0,5 Terminsgebühr, die aber in der Instanz nur einmal gefordert werden kann, sondern jetzt gilt die Sperre der Nr. 3105 nicht mehr. Denn die eng auszulegende Norm lautet (mit Hervorhebungen): 44

»Wahrnehmung **nur eines Termins,** in dem eine Partei nicht erschienen oder nicht ordnungsgemäß vertreten ist.«

Jetzt hat der Anwalt nicht mehr nur einen Säumnistermin, sondern **zwe**i wahrgenommen.

Diese Wortauslegung haben auch bereits einige Gerichte übernommen: BGH (AGS 2006, 366; FamRZ 2006, 1836; AGS 2006, 487 = JurBüro 2006, 639); OLG Celle (NJW 2005, 1283 = JurBüro 2005, 302); LG Aachen (NJW 2006, 1528); LG Düsseldorf (RVGreport 2005, 474); OLG Köln AGS 2006, 372; a. A.: OLG Nürnberg (RVGreport 2006, 64). Das OLG Köln formuliert, die 0,5 Gebühr sei auf die 1,2 Gebühr anzurechnen. Richtiger dürfte die These sein, der Anwalt kann in der Instanz die Gebühr nur einmal fordern (§ 15 Abs. 2 Satz 2), dabei kommt der höchste Gebührensatz zum Tragen.

Nr. 3105 VV

3. Terminsgebühr bei Erlass eines zweiten Versäumnisurteils nach einem Vollstreckungsbescheid

45 Das AG Kaiserslautern (JurBüro 2005, 475, Beschl. v. 14. 06. 2005 – C 241/05 –) hatte eine interessante Fallgestaltung von 2. Säumnis zu entscheiden (1. Vollstreckungsbescheid, 2. Erlass eines VU).

Der Sachverhalt ergibt sich aus dem Leitsatz des Gerichts:

»Ist ein »zweites Versäumnisurteil« ergangen, nachdem der Klägervertreter einen Vollstreckungsbescheid erwirkt hatte, gegen den der Beklagte Einspruch eingelegt hat, so entsteht eine Termingebühr nur in Höhe von 0,5 nach Nr. 3105 VV RVG.«

Zur näheren Begründung seiner Entscheidung hat das AG Kaiserslautern ausgeführt: Im angezogenen Fall des OLG Celle (siehe Rn. 44) habe der Anwalt zwei **Termine wahrgenommen,** was hier nicht der Fall sei. Im Rahmen des Erlasses des Vollstreckungsbescheides sei es naturgemäß nicht zu einem Termin gekommen, sodass der Klägervertreter hier nur **einen** Termin, den Einspruchtermin wahrgenommen habe. Ebenso OLG Köln (AGS 2007, 296): »Beantragt der Prozessbevollmächtigte nach Erwirken eines Vollstreckungsbescheids im Mahnverfahren in dem im nachfolgenden streitigen Verfahren anberaumten Einspruchstermin den Erlass eines zweiten Versäumnisurteils, so fällt hierfür nur eine 0,5-Terminsgebühr nach Nr. 3105 RVG-VV an.«

VI. Kostenerstattung

46 Erscheint der Beklagte weder zum 1. noch zum 2. Termin bei Gericht, so ist die von ihm verursachte 1,2 Terminsgebühr ohne weiteres zu erstatten. Die 1,2 Gebühr kann angefallen sein durch Erörterungen des Klägervertreters mit dem Gericht (Rn. 25).

Den Beklagten treffen auch eventuelle Mehrkosten, die im Rahmen des Ladungs- und Zustellgeschäfts **vom Gericht** zu vertreten sind (Entscheidungsschuldner). Muss er aber auch dem Kläger die von diesem zu vertretenen Mehrkosten erstatten (etwa die Differenz einer 0,5 zu einer 1,2 Terminsgebühr), die der Kläger vielleicht durch eine fahrlässig falsche Angabe der Adresse des Beklagten verursacht hat (im 1. Termin konnte kein VU ergehen, weil durch die falsche Adressangabe nach Eingang des Rückbriefes die gesetzlichen Einlassungs- und Ladungsfristen nicht mehr erfüllt werden konnten)?

Der rechtliche Ansatz wäre die Notwendigkeitsprüfung nach § 91 ZPO.

Hier sollte jedoch solchen Einwänden nur bei völlig klarer Sachlage nachgegangen werden.

Liegt das Vertretenmüssen des Klägers klar zu Tage, so ist die Differenz von 0,5 zu 1,2 nicht erstattungsfähig.

VII. Abschließende Übersicht

47 1. Nach Nr. 3105 entsteht als Ausnahme von Nr. 3104 (1,2 Gebühr) nur eine 0,5 Gebühr, wenn in einem Termin ein Antrag auf Erlass eines Versäumnisurteils gestellt worden ist, weil eine Partei **nicht erschienen** oder **nicht** ordnungsgemäß **vertreten** war. Dasselbe gilt, wenn **bei dieser Sachlage** nicht ein Versäumnisurteilsantrag, sondern ein **Antrag zur Prozess- oder Sachleitung** gestellt wird (Grundfall der Nr. 3105).
2. Dies gilt auch, wenn ein Antrag auf Erlass eines **Versäumnisurteils** gemäß § 331 Abs. 3 ZPO gestellt wird, weil der Beklagte entgegen § 276 Abs. 1 Satz 1, Abs. 2 ZPO nicht rechtzeitig angezeigt hat, dass er sich gegen die Klage verteidigen wolle (Anmerkung Absatz 1 Ziff. 2 zu Nummer 3105).

3. Ist die Gegenpartei in dem Termin erschienen und wird ein Antrag auf Erlass eines Versäumnisurteils gestellt, weil sie erklärt, nicht verhandeln zu wollen (§ 333 ZPO), so entsteht eine 1,2 Terminsgebühr nach Nr. 3104 für beide anwesenden Prozessbevollmächtigten (Absatz 3 der Anmerkung zu Nummer 3105).
4. Die früher gleichbehandelte unstreitige **Verhandlung über ein prozessuales Anerkenntnis** (im Termin oder im schriftlichen Vorverfahren = 0,5 Verhandlungsgebühr) ist nun in der (Ausnahme-)Nr. 3105 nicht mehr erwähnt, sondern findet sich jetzt bei Nr. 3104 in der Anmerkung 1 Nr. 1 durch das Zitat des § 307 ZPO. Folge: Die Wahrnehmung eines Termins, in dem ein Anerkenntnis abgegeben wird und demgemäß ein Anerkenntnisurteil ergeht, ist ein Termin i. S. von Nr. 3104, so dass dafür die 1,2 Terminsgebühr **für beide Anwälte** anfällt. In gleicher Weise fällt gem. Anmerkung 1 Nr. 1 zu Nr. 3104 Ziff. 1 die 1,2 Terminsgebühr für das Erwirken eines **Anerkenntnisurteils** im schriftlichen Verfahren an (neue Textfassung des § 307 ZPO beachten).

Die früher halbe Verhandlungsgebühr und jetzige ganze Terminsgebühr erhielt und erhält nicht nur der Anwalt des Klägers, sondern auch der nicht streitig verhandelnde Anwalt des Beklagten, indem er den Termin wahrnimmt und das Anerkenntnis im Termin oder im schriftlichen Verfahren erklärt (Gerold/Schmidt/von Eicken/Madert/Müller-Rabe RVG 17. Aufl. 3104 VV Rn. 47).

VIII. Beispiel einer Gebührenberechnung

Nichterscheinen des Beklagten – Antrag und Erlass eines Versäumnisurteils:

Wert: € 95.000,00

1,3 Verfahrensgebühr	§§ 2 Abs. 2, 13 RVG i. V. m. Nr. 3100 VV	€ 1.660,10
0,5 Terminsgebühr	§§ 2 Abs. 2, 13 RVG i. V. m. Nr. 3105 VV	€ 638,50
Auslagenpauschale	§ 2 Abs. 2 RVG i. V. m. Nr. 7002 VV	€ 20,00
Zwischensumme		€ 2.318,60
19 % Umsatzsteuer		€ 440,53
Gesamtbetrag		**€ 2.759,13**

Nr. 3106 VV

Nr.	Gebührentatbestand	Gebühr oder Satz der Gebühr nach § 13 RVG
3106	Terminsgebühr in Verfahren vor den Sozialgerichten, in denen Betragsrahmengebühren entstehen (§ 3 RVG) .... Die Gebühr entsteht auch, wenn 1. in einem Verfahren, für das mündliche Verhandlung vorgeschrieben ist, im Einverständnis mit den Parteien ohne mündliche Verhandlung entschieden wird, 2. nach § 105 Abs. 1 SGG ohne mündliche Verhandlung durch Gerichtsbescheid entschieden wird oder 3. das Verfahren nach angenommenem Anerkenntnis ohne mündliche Verhandlung endet.	20,00 bis 380,00 EUR

§ 3
Gebühren in sozialrechtlichen Angelegenheiten

(1) ¹In Verfahren vor den Gerichten der Sozialgerichtsbarkeit, in denen das Gerichtskostengesetz nicht anzuwenden ist, entstehen Betragsrahmengebühren. ²In sonstigen Verfahren werden die Gebühren nach dem Gegenstandswert berechnet, wenn der Auftraggeber nicht zu den in § 183 des Sozialgerichtsgesetzes genannten Personen gehört.

(2) Absatz 1 gilt entsprechend für eine Tätigkeit außerhalb eines gerichtlichen Verfahrens.

A. Allgemeines zur Terminsgebühr

1   Entsprechend der Vorbemerkung 3 Abs. 3 des Teils 3 Abschnitt 1 VV entsteht die Terminsgebühr in sozialrechtlichen Verfahren für die Vertretung in einem Verhandlungs-, Erörterungs- oder Beweisaufnahmetermin (vgl. §§ 106 Abs. 3 Nr. 7, 112, 117 SGG).

2   Nach **Nr. 3106** entsteht eine Terminsgebühr in Verfahren vor den Sozialgerichten, in denen Betragsrahmengebühren anfallen. In den Nummern 1 bis 3 ist geregelt, dass die Terminsgebühr auch dann anfällt, wenn kein Termin im Sinne der oben genannten Vorbemerkung stattgefunden hat.

Zur Gebührenstruktur für die Sozialgerichtsbarkeit s. auch oben Nrn. 3102–3103 Rn. 1.

3   Der Gesetzgeber hat die fiktive Terminsgebühr eingeführt, weil andernfalls im sozialgerichtlichen Verfahren die Neuregelungen des RVG zu drastischen Gebührenreduzierungen geführt hätten und viele Verfahren ohne Anberaumung eines Termins abgeschlossen werden (vgl. LSG Nordrhein-Westfalen, Beschl. v. 26.04.2007 – L 7 B 36/07 AS; Guhl NZS 2005, 193, 195).

4   Durch die Regelung der Nr. 3106 VV RVG (Ziffern 1 bis 3) soll verhindert werden, dass **gerichtliche Termine allein zur Wahrung** des Gebührenanspruchs stattfinden müssen; sie bietet einen Anreiz für den Rechtsanwalt, auf die Durchführung des Termins zu verzichten. Die Anwendung der Grundsätze des § 14 RVG auf die »**fiktive**« **Terminsgebühr** nach Ziffer 3106 Nr. 1 bis 3 VV RVG ist problematisch, weil ein Termin tatsächlich nicht stattgefunden hat und dessen Schwierigkeit und Aufwand für den Prozessbevollmächtigten damit nicht bewertet werden können. Bei der Bemessung der Terminsgebühr ist allein auf den **hypothetischen Aufwand** abzustellen, der bei Durchführung eines Termins im konkreten Verfahrensstadium voraussichtlich entstanden wäre. Es ist mithin eine **fiktive Vergleichsbetrachtung** anzustellen, in welcher Höhe ein Gebührenanspruch voraussichtlich entstanden wäre, wenn ein Ter-

min stattgefunden hätte. Zu berücksichtigen sind alle Umstände des Einzelfalles (z. B. erforderliche Beweisaufnahme, persönliche Anhörung des Klägers etc.). Bei der Terminsgebühr nach Ziff. 3106 Nr. 3 VV RVG besteht die Besonderheit, dass ein **Anerkenntnis** vorliegt, welches im Termin lediglich der Annahme bedarf. Bestehen keine Hinweise darauf, dass der Annahme des Anerkenntnisses tatsächliche oder rechtliche Probleme entgegenstehen, entstünde bei tatsächlicher Durchführung eines Termins (»**Annahmetermin**«) die Terminsgebühr nicht in Höhe der Mittelgebühr. Dies muss auch bei der »fiktiven« Terminsgebühr berücksichtigt werden.

Ist dies nicht abschließend möglich, sollte bei der Festsetzung der Höhe der fiktiven Terminsgebühr der nicht vorhandene Umfang der anwaltlichen Tätigkeit unbeachtlich bleiben und die Gebühr anhand der **übrigen Kriterien** des § 14 Abs. 1 Satz 1 RVG festgesetzt werden. Ebenso wie die Gebühren Nrn. 3102 und 3103 VV RVG betrifft Nr. 3106 VV RVG die Rahmengebühr nach § 3 RVG, die nach § 14 Abs. 1 Satz 1 RVG unter Berücksichtigung »aller Umstände vor allem des Umfangs und der Schwierigkeit der anwaltlichen Tätigkeit, der Bedeutung der Angelegenheit sowie der Einkommens- und Vermögensverhältnisse des Auftraggebers« gebildet wird. Das Anerkenntnis ist kein Grund, die anwaltliche Tätigkeit bei der Bemessung der Terminsgebühr innerhalb des Betragsrahmens als gering zu bewerten. Der Gesetzgeber hat die fiktive Terminsgebühr eingeführt, weil andernfalls im sozialgerichtlichen Verfahren die Neuregelungen des RVG zu **drastischen Gebührenreduzierungen** geführt hätten und viele Verfahren ohne Anberaumung eines Termins abgeschlossen werden (vgl. LSG Nordrhein-Westfalen, Beschl. v. 26. 04. 2007 – L 7 B 36/07 AS; Guhl NZS 2005, 193, 195). 5

Für jede Rahmengebühr sind die in § 14 RVG genannten Kriterien getrennt zu prüfen (LSG Thüringen, Beschl. v. 29. 04. 2008, L 6 B 32/08 SF). Deswegen ist die Terminsgebühr unabhängig von der Verfahrensgebühr zu beurteilen (Schleswig-Holsteinisches LSG, Beschl. v. 12. 09. 2006, Az.: L 1 B 320/05 SF SK). Damit kann sachgemäß dem Umstand Rechnung getragen werden, dass etwa eine sehr aufwändige schriftliche Vorbereitung zu einer extrem kurzen mündlichen Verhandlung geführt hat oder umgekehrt (Schleswig-Holsteinisches LSG, Beschl. v. 12. 09. 2006, Az.: L 1 B 320/05 SF SK, juris, Rn. 11). Maßgeblich ist insoweit nicht zuletzt die **Dauer der Verhandlung** (vgl. Schleswig-Holsteinisches LSG, Beschl. v. 12. 09. 2006, Az.: L 1 B 320/05 SF SK, LSG Nordrhein-Westfalen, Beschl. v. 15. 01. 2007, Az.: L 19 B 13/06 AL). 6

Beim **einstweiligen Rechtsschutzverfahren** entsteht eine fiktive Terminsgebühr nicht. 7

Grundvoraussetzung für die Entstehung einer solchen Gebühr ist nämlich, dass für das entsprechende Rechtsschutzverfahren überhaupt eine mündliche Verhandlung vorgeschrieben ist (ebenso SG Lüneburg, Beschl. v. 10. 05. 2007, Az.: S 25 SF 23/07, juris; a. A. wohl LSG Nordrhein-Westfalen, Beschl. v. 26. 04. 2007, Az.: L 7 B 36/07 AS, juris; SG Würzburg, Beschl. v. 12. 06. 2007, Az.: S 16 AL 146/06.ER.Ko). Dies ist beim einstweiligen Rechtsschutzverfahren aber nicht der Fall (§ 124 Abs. 3 SGG i. V. m. § 86 b Abs. 4 SGG).

B. Kommentierung

I. Tatbestand im Einzelnen

1. Terminsgebühr im Falle einer Entscheidung ohne mündliche Verhandlung

Nach **Nr. 1** entsteht die Gebühr auch, wenn in einem Verfahren, für das mündliche Verhandlung vorgeschrieben ist, im Einverständnis mit den Beteiligten ohne mündliche Verhandlung entschieden wird. Gemeint ist hier der **Fall des § 124 Abs. 2 SGG**. 8

Nr. 3106 VV

2. Terminsgebühr bei einer Entscheidung nach § 105 SGG

9   Nach **Nr. 2** entsteht die Terminsgebühr auch in den Fällen, in denen nach **§ 105 Abs. 1 SGG** ohne mündliche Verhandlung durch **Gerichtsbescheid** entschieden wird. Der Rechtsanwalt soll nicht dadurch benachteiligt werden, dass das Gericht von der Möglichkeit einer Entscheidung durch Gerichtsbescheid ohne mündliche Verhandlung Gebrauch macht.

Die Mittelgebühr dürfte bei Verfahren, die ohne jegliche mündliche Verhandlung mit Gerichtsbescheid enden, die **Obergrenze** sein. Die Höchstgebühr nach Nr. 3106 gilt für Fälle mit **mehreren lang dauernden Terminen** zur mündlichen Verhandlung, zu denen jeweils **angereist** werden muss und bei **sonstigen außergewöhnlichen Umständen** (LSG Sachsen, Beschluss vom 08. 02. 2008, L 6 B 466/07 R-KO). Wird auf die Ankündigung des Gerichts, durch Gerichtsbescheid entscheiden zu wollen, überhaupt nicht reagiert, so kommt die **Mindestgebühr** nach Nr. 3106 VV RVG in Betracht.

3. Terminsgebühr bei Erledigung des Verfahrens durch angenommenes Anerkenntnis

10   Schließlich sieht **Nr. 3** vor, dass die Terminsgebühr auch dann entsteht, wenn das Verfahren nach **angenommenem Anerkenntnis** (vgl. § 101 Abs. 2 SGG) ohne mündliche Verhandlung endet. Diese Vorschrift stellt klar, dass es **gebührenrechtlich ohne Belang** ist, wenn das **Anerkenntnis vor der mündlichen Verhandlung angenommen wird**, so dass der Rechtsstreit erledigt ist. Der Rechtsanwalt soll also nicht gezwungen sein, das Anerkenntnis erst in der mündlichen Verhandlung annehmen zu müssen, um gebührenrechtliche Nachteile zu vermeiden. Im Hinblick auf **Sinn und Zweck** der gesetzlichen Regelung, die **Gerichte zu entlasten** und darauf hinzuwirken, dass **unnötige Verhandlungstermine** vermieden werden, darf der Umstand, dass keine mündliche Verhandlung stattgefunden hat, bei der Frage der Bestimmung der angemessenen Betragsrahmengebühr nach § 14 **nicht gebührenmindernd** berücksichtigt werden. Ansonsten liefe das gesetzgeberische Ziel ins Leere (vgl. auch SG Düsseldorf, Beschluss vom 26. 06. 2005, S 23 AL 311/04 in AnwBl. 2005, 722). Die Terminsgebühr nach Nr. 3106 VV RVG entsteht nach angenommenem Anerkenntnis ohne mündliche Verhandlung. Sie setzt **keine weitere** auf eine Erledigung gerichtete **Mitwirkungshandlung** voraus.

11   Die fiktive Terminsgebühr entsteht nicht, wenn das Verfahren durch **schriftlichen außergerichtlichen Vergleich** beendet worden ist. Eine der Nr. 3104 Abs. 1 Nr. 1 VV RVG entsprechende Regelung, nach der eine **fiktive Terminsgebühr** bei einem **schriftlichen Vergleich** entsteht, **existiert in Nr. 3106 VV RVG nicht**. Eine analoge Anwendung kommt nicht in Betracht (vgl. LSG Nordrhein-Westfalen, Beschl. v. 15. 05. 2008, L 7 B 63/08 AS und 18. 06. 2007, L 7 B 39/07 AS; Schleswig-Holsteinisches Landessozialgericht, Beschl. v. 14. 11. 2007 R SK). Es fehlt an einer Regelungslücke. Der Gesetzgeber hat in Nr. 3104 VV RVG ausdrücklich auf die Spezialvorschrift der Nr. 3106 VV RVG verwiesen, wenn es sich um ein sozialgerichtliches Verfahren handelt, in dem Betragsrahmengebühren entstehen, ohne die Vergleichsregelung aufzunehmen. Er hat damit an dieser Stelle offensichtlich einen besonderen Gebührenanreiz nicht für notwendig erachtet (vgl. Thüringer Landessozialgericht, Beschl. v. 19. 06. 2007, L 6 B 80/07 SF). Dies ist verfassungsrechtlich auch unbedenklich (BVerfG, Beschluss vom 19. 12. 2006, 1 BvR 2091/06).

12   Auch ein Teilanerkenntnis, nach dessen **Annahme der Rechtsstreit ohne mündliche Verhandlung endet**, wird von Nr. 3106 Satz 2 Nr. 3 VV RVG erfasst. Ein Teilanerkenntnis ist ein Anerkenntnis im Sinne von § 101 Abs. 2 SGG, soweit es sich um einen teilbaren Anspruch handelt.

4. Terminsgebühr bei mehreren Terminen

Hat in einem Rechtsstreit sowohl ein Erörterungs-/Beweisaufnahmetermin als auch ein Verhandlungstermin stattgefunden, fällt die **Terminsgebühr** nur einmal an. Mit dieser Gebühr ist die Teilnahme des Rechtsanwalts an beiden Terminen abgegolten. Die Tatsache, dass mehrere Termine stattgefunden haben, ist bei der Gebührenberechnung zu berücksichtigen.

13

Vorbemerkung 3.2 VV

Nr.	Gebührentatbestand	Gebühr oder Satz der Gebühr nach § 13 RVG
	Abschnitt 2 **Berufung, Revision, bestimmte Beschwerden und Verfahren vor dem Finanzgericht**	
	Vorbemerkung 3.2: (1) Dieser Abschnitt ist auch in Verfahren vor dem Rechtsmittelgericht über die Zulassung des Rechtsmittels anzuwenden. (2) Wenn im Verfahren über einen Antrag auf Anordnung, Abänderung oder Aufhebung eines Arrests oder einer einstweiligen Verfügung das Berufungsgericht als Gericht der Hauptsache anzusehen ist (§ 943 ZPO), bestimmen sich die Gebühren nach Abschnitt 1. Dies gilt entsprechend im Verfahren vor den Gerichten der Verwaltungs- und Sozialgerichtsbarkeit auf Anordnung oder Wiederherstellung der aufschiebenden Wirkung, auf Aussetzung oder Aufhebung der Vollziehung oder Anordnung der sofortigen Vollziehung eines Verwaltungsakts und in Verfahren auf Erlass einer einstweiligen Anordnung. Satz 1 gilt ferner entsprechend in Verfahren über einen Antrag nach § 115 Abs. 2 Satz 2 und 3, § 118 Abs. 1 Satz 3 oder nach § 121 GWB.	

A. Allgemeines

1   Absatz 1 der Vorbemerkung 3.2 entspricht inhaltlich § 14 Abs. 2 Satz 2 BRAGO. Absatz 2 Satz 1 übernimmt die Regelung des § 40 Abs. 3 BRAGO. Absatz 2 Satz 2 entspricht den Verweisen in den § 114 Abs. 6 Satz 1 und § 116 Abs. 3 auf § 40 Abs. 3 BRAGO.

B. Kommentierung

I. Verfahren über die Zulassung eines Rechtsmittels (Abs. 1)

2   Die Vorbemerkung 3.2 ergänzt in Absatz 1 § 16 Nr. 13 RVG, wonach das **Rechtmittelverfahren** und das Verfahren über die **Zulassung** des Rechtsmittels dieselbe Angelegenheit sind. Die Tätigkeit im Zulassungsverfahren löst damit bereits die Gebühren für das Rechtsmittelverfahren aus. Dies gilt allerdings nur, wenn die Zulassung als Verfahren vor dem **Rechtsmittelgericht** ausgestaltet ist und zwar auch dann, wenn der Antrag beim Ausgangsgericht zu stellen ist (z. B. § 124a Abs. 4 VwGO). Für das Verfahren vor dem **Ausgangsgericht** (z. B. § 124a Abs. 1 VwGO) gilt die Vorbemerkung nicht. Diese Tätigkeit vor dem Ausgangsgericht wird durch dort verdienten Gebühren abgegolten.

3   Ist dagegen eine **Nichtzulassungsbeschwerde** erforderlich (z. B. § 544 ZPO, § 133 VwGO, § 116 FGO, § 145 SGG), gilt Absatz 1 nicht. Diese Beschwerde und das Rechtsmittelverfahren sind **verschiedene Angelegenheiten** (§ 17 Nr. 9; siehe auch § 16 Nr. 13 Hs. 2). In diesem Fall ist die Tätigkeit nach den Nrn. 3504 ff. VV zu vergüten.

3a   Fraglich ist die Einordnung der Beschwerde gegen die **Nichtzulassung der Rechtsbeschwerde** nach den §§ 621e Abs. 2 Satz 1 Nr. 2 ZPO und 92a Satz 1 ArbGG. Eine besondere Regelung für diese Beschwerden ist nicht vorhanden. Sie könnten unter die **Beschwerden nach Vorb. 3.2.1 Abs. 1 Nr. 2 Buchstabe a, b oder e fallen**. Da das Verfahren über die Rechtsbeschwerde und das Verfahren über die Nichtzulassungsbeschwerde aber verschiedene Angelegenheiten sind (§ 17 Nr. 9), würde eine **Anrechnung** der Verfahrensgebühr der beiden Verfahren nicht stattfinden. Dies wäre aber **sinnwidrig**, da bei der Beschwerde gegen die Nichtzulassung der Berufung oder den Revision eine Anrechnung stattfindet (siehe Anm. zu Nr. 3504 bzw. zu Nr. 3506).

Sie könnten auch zu den **Beschwerden** nach Nr. 3500 zählen. Auch in diesem Fall würde eine **Anrechnung** nicht stattfinden. Außerdem liegt die **Gebührenhöhe** (0,5) deutlich unter der für die das Rechtsbeschwerdeverfahren (1,6). Auch diese Verfahrensweise wäre daher **sinnwidrig**. 3b

Als Lösung bietet sich die **analoge Anwendung** der Gebührenvorschriften über die Nichtzulassung der Revision (Nrn. 3506 bis 3509) an. Nur dies ergibt hinsichtlich Gebührenhöhe und Anrechnung der Verfahrensgebühr auf das nachfolgende Rechtsbeschwerdeverfahren eine sinnvoll Auslegung. 3c

II. Arrest und einstweilige Verfügung, Anordnung oder Wiederherstellung der aufschiebenden Wirkung, Aussetzung oder Aufhebung der Vollziehung, Anordnung der sofortigen Vollziehung oder einstweilige Anordnung, Verfahren über einen Antrag nach § 115 Abs. 2 Satz 2 und 3, § 118 Abs. 1 Satz 3 oder nach § 121 GWB (Abs. 2)

1. Arrest und einstweilige Verfügung

Für das Verfahren über einen Arrest oder eine einstweilige Verfügung ist u. a. das Gericht der Hauptsache zuständig (§§ 919, 937 ZPO). Ist das Verfahren über die Hauptsache bereits in der Berufungsinstanz, ist das Berufungsgericht Gericht der Hauptsache (§ 943 Abs. 1 ZPO). Für diesen Fall bestimmt die Vorbemerkung Abs. 2 Satz 1, dass der RA in dem Verfahren über einen Antrag auf Anordnung, Abänderung oder Aufhebung eines Arrests oder einer einstweiligen Verfügung nur wie in der ersten Instanz zu vergüten ist. Er erhält also nur die Gebühren nach den Nrn. 3100 bis 3106. 4

Von der Regelung werden die einstweiligen ober vorläufigen Anordnungen in FG Sachen nicht erfasst, obwohl auch dort das Berufungs- oder Beschwerdegericht für den Erlass zuständig sein könnte (§ 620 a Abs. 4 Satz 1 oder 2 ZPO). Die Rechtsprechung hat zu der Vorgängervorschrift (§ 40 Abs. 3 BRAGO) die Gebühren für das Berufungsverfahren angewendet (BGH JurBüro 1968, 381; KG JurBüro 1971, 1024). Dies dürfte auch weiterhin zutreffen, da der Gesetzgeber in Kenntnis dieser Rechtsprechung die Verfahrenskonstellation nicht in die Vorb. 3.2 aufgenommen hat (ebenso Schneider/Wolf RVG Vorb. 3.2 Rn. 9). 4a

2. Anordnung oder Wiederherstellung der aufschiebenden Wirkung, Aussetzung oder Aufhebung der Vollziehung, Anordnung der sofortigen Vollziehung oder einstweilige Anordnung

Ein Widerspruch gegen einen Verwaltungsakt hat regelmäßig aufschiebende Wirkung (§ 80 Abs. 1 VwGO, § 86 a Abs. 1 SGG). In einigen Fällen entfällt die aufschiebende Wirkung (§ 80 Abs. 2 VwGO, § 86 a Abs. 2, 4 SGG). Das Gericht der Hauptsache kann in diesen Fällen die aufschiebende Wirkung ganz oder teilweise anordnen oder wiederherstellen oder die Vollziehung aufheben oder die sofortige Vollziehung anordnen oder wiederherstellen (§ 80 Abs. 5 VwGO, § 86 b SGG). Das Gericht der Hauptsache kann auch einstweilige Anordnungen treffen (§ 123 VwGO, § 86 b Abs. 2 SGG). Befindet sich das Verfahren bereits in der Berufungsinstanz, ist das Berufungsgericht Gericht der Hauptsache (§ 123 Abs. 2 Satz 2 VwGO, § 86 b Abs. 2 Satz 3 SGG). Auch hier bestimmt Abs. 2 Satz 2 der Vorbemerkung, dass der RA in diesen Nebenverfahren nur die Vergütung wie in der ersten Instanz erhält (Nrn. 3100 ff.). 5

Soweit allerdings für den Erlass einer einstweiligen Anordnung das Oberverwaltungsgericht (Verwaltungsgerichtshof) als Gericht der ersten Instanz zuständig ist (z. B. § 47 Abs. 6 VwGO), erhält der RA die Gebühren Nrn. 3300 oder 3301. Durch diese Nrn. ist der bisherige Streit beendet (zum bisherigen Streit siehe VGH München JurBüro 1998, 306). 6

Vorbemerkung 3.2 VV

3. Verfahren über einen Antrag nach § 115 Abs. 2 Satz 2 und 3, § 118 Abs. 1 Satz 3 oder nach § 121 GWB

6a Die Vergabe öffentlicher Aufträge unterliegt – unbeschadet der Prüfungsmöglichkeiten von Aufsichtsbehörden und Vergabeprüfstellen – der Nachprüfung durch die Vergabekammern, die vom Bund und den Ländern bei den Kartellbehörden eingerichtet werden können (§§ 102, 103 GWB). Der öffentliche Auftraggeber darf nach Zustellung eines Antrags auf Nachprüfung an ihn vor einer Entscheidung der Vergabekammer und dem Ablauf der Beschwerdefrist nach § 117 Abs. 1 GWB den Zuschlag nicht mehr erteilen (§ 115 Abs. 1 GWB). Die Vergabekammer kann unter bestimmten Voraussetzungen den Zuschlag trotzdem genehmigen (§ 115 Abs. 2 Satz 1 GWB). Es handelt sich um folgende Verfahren:

1. Das Beschwerdegericht (das ist das für den Sitz der Vergabekammer zuständige OLG – § 116 Abs. 3 GWB) kann auf Antrag das Verbot des Zuschlags wiederherstellen (§ 115 Abs. 2 Satz 2 GWB).
2. Wenn die Vergabekammer den Zuschlag nicht gestattet, kann das Beschwerdegericht auf Antrag des Auftraggebers bei bestimmten Voraussetzungen den sofortigen Zuschlag gestatten (§ 115 Abs. 2 Satz 3 GWB).
3. Die sofortige Beschwerde gegen die Entscheidung der Vergabekammer hat aufschiebende Wirkung bis zwei Wochen nach Ablauf der Beschwerdefrist. Hat die Vergabekammer den Antrag auf Nachprüfung abgelehnt, so kann das Beschwerdegericht auf Antrag des Beschwerdeführers die aufschiebende Wirkung bis zur Entscheidung über die Beschwerde verlängern.
4. Das Beschwerdegericht kann unter Berücksichtigung der Erfolgsaussichten der sofortigen Beschwerde vor Entscheidung über die Beschwerde den weiteren Fortgang des Vergabeverfahrens und den Zuschlag gestatten. Das Gericht kann den Zuschlag auch gestatten, wenn unter Berücksichtigung aller möglicherweise geschädigten Interessen sowie des Interesses der Allgemeinheit an einem raschen Abschluss des Vergabeverfahrens die nachteiligen Folgen einer Verzögerung der Vergabe bis zur Entscheidung über die Beschwerde die damit verbundenen Vorteile überwiegen (§ 121 GWB).

6b Die genannten Verfahren und das Beschwerdeverfahren (§ 116 GWB) sind verschiedene Angelegenheiten.

6c Diese Verfahren waren früher in § 65a Satz 2 und 3 BRAGO geregelt. Das RVG billigte diesen Verfahren vorübergehend die besonderen Gebühren Nr. 3200 und 3201 zu, was zu einer erheblichen Erhöhung des Gebührenaufkommens für diese Verfahren und das nachfolgende Beschwerdeverfahren gegenüber der Regelung in der BRAGO führte (3,9 zu 1,95). Der Gesetzgeber hat dies mit dem 2. JModG geändert. Für diese Verfahren fallen nunmehr die gleichen Gebühren an wie in der ersten Instanz. Damit hat sich auch die Rechtsprechung erledigt, die darüber stritt, ob eine 2,3 Gebühr (frühere Nr. 3200) oder nur noch eine Restgebühr von 0,7 anfällt (u. a. OLGR Naumburg 2007, 41 oder OLG Düsseldorf RVGreport 2005, 348).

Vorbemerkung 3.2.1 VV

Nr.	Gebührentatbestand	Gebühr oder Satz der Gebühr nach § 13 RVG
	Unterabschnitt 1 **Berufung, bestimmte Beschwerden und Verfahren vor dem Finanzgericht**	
	Vorbemerkung 3.2.1: (1) Dieser Unterabschnitt ist auch anzuwenden 1. in Verfahren vor dem Finanzgericht, 2. in Verfahren über Beschwerden oder Rechtsbeschwerden gegen die den Rechtszug beendenden Entscheidungen a) in Familiensachen, b) in Lebenspartnerschaftssachen, c) in Verfahren nach dem Gesetz über das gerichtliche Verfahren in Landwirtschaftssachen und d) im Beschlussverfahren vor den Gerichten für Arbeitssachen, 3. in Beschwerde- und Rechtsbeschwerdeverfahren gegen den Rechtszug beendende Entscheidungen über Anträge auf Vollstreckbarerklärung ausländischer Titel oder auf Erteilung der Vollstreckungsklausel zu ausländischen Titeln sowie Anträge auf Aufhebung oder Abänderung der Vollstreckbarerklärung oder der Vollstreckungsklausel, 4. in Beschwerde- und Rechtsbeschwerdeverfahren nach dem GWB, 5. in Beschwerdeverfahren nach dem WpÜG, 6. in Beschwerdeverfahren nach dem WpHG, 7. in Verfahren vor dem BGH über die Beschwerde oder Rechtsbeschwerde gegen Entscheidungen des Bundespatentgerichts, 8. in Rechtsbeschwerdeverfahren nach dem StVollzG, auch in Verb. mit § 92 JGG, 9. in Beschwerde- und Rechtsbeschwerdeverfahren nach dem EnWG, 10. in Beschwerde- und Rechtsbeschwerdeverfahren nach dem VSchDG. (2) Für die in Absatz 1 genannten Verfahren ist Unterabschnitt 2 anzuwenden, wenn sich die Parteien nur durch einen beim BGH zugelassenen Rechtsanwalt vertreten lassen können.	

Inhaltsübersicht

	Rn.
A. Allgemeines	1
B. Kommentierung	4
I. Verfahren vor dem Finanzgericht	4
II. Bestimmte Beschwerdeverfahren	5
1. Beschwerden in FG-Verfahren (Abs. 1 Nr. 2 a–c)	5
2. Beschwerden in Arbeitssachen (Abs. 1 Nr. 2 d)	6
3. Beschwerden, die die Vollstreckbarkeit ausländischer Titel betreffen (Abs. 1 Nr. 3)	7
4. Beschwerden nach dem Gesetz gegen Wettbewerbsbeschränkungen (Abs. 1 Nr. 4)	8
5. Beschwerden nach dem Wertpapiererwerbs- und Übernahmegesetz (Abs. 1 Nr. 5)	9
6. Beschwerden nach dem Wertpapierhandelsgesetz (Abs. 1 Nr. 6)	10
7. Beschwerden gegen Entscheidungen des Bundespatentgerichts (Abs. 1 Nr. 7)	11
8. Rechtsbeschwerde nach dem StVollzG auch i. V. m. § 92 JGG (Abs. 1 Nr. 8)	12
9. Beschwerde- und Rechtsbeschwerdeverfahren nach dem EnWG (Abs. 1 Nr. 9)	13
10. Beschwerde- und Rechtsbeschwerdeverfahren nach dem VSchDG (Abs. 1 Nr. 10)	14
III. Sonstige Verfahren	14
IV. Auswirkung auf Teil 1?	15

A. Allgemeines

Der Unterabschnitt 1 regelt die Gebührenhöhe bei **Berufung** im Zivilprozess, im Arbeitsgerichtsverfahren, im Verwaltungsgerichtsverfahren und im Sozialgerichtsverfahren, bei bestimmten Beschwerden **sowie** bei den **erstinstanzlichen** Finanzgerichtsverfahren.   1

Vorbemerkung 3.2.1 VV

Außerdem regelt die Vorbemerkung 3.2.1 in Abs. 1 Nr. 2 bis 10, für welche **Beschwerden** der Unterabschnitt anzuwenden ist.

2 Anders als in der BRAGO (vgl. § 11 Abs. 1 Satz 4 BRAGO) werden die im Berufungsverfahren möglichen Gebühren mit Gebührenhöhe unmittelbar genannt.

3 Die Regelung in Absatz 1 Nr. 1 ändert die §§ 114, 117 BRAGO, Nr. 2 a fasst § 61 a Abs. 1 Nr. 1 und § 63 Abs. 2 i. V. m. Abs. 1 Nr. 1 BRAGO zusammen, Nr. 2 b entspricht § 61 a Abs. 2 BRAGO, Nr. 2 c war § 63 Abs. 2 i. V. m. Abs. 1 Nr. 2 BRAGO, Nr. 2 d entspricht § 63 Abs. 2 i. V. m. Abs. 1 Nr. 3 BRAGO, Nr. 2 e übernimmt § 62 Abs. 2 BRAGO, Nr. 3 ändert § 47 Abs. 2 BRAGO, Nr. 4 war § 65 a BRAGO, Nr. 5 entspricht § 65 c BRAGO, Nr. 6 wurde durch das Bilanzkontrollgesetz eingefügt, Nr. 7 war § 66 Abs. 3 BRAGO, Nr. 8 entspricht § 66 a Abs. 2, Nr. 9 wurde durch das zweite Gesetz zur Neuregelung des Energiewirtschaftsrechts eingefügt.

B. Kommentierung

I. Verfahren vor dem Finanzgericht

4 Die Vorbemerkung 3.2.1 bestimmt in Nr. 1, dass – anders als in der BRAGO – die RAe im erstinstanzlichen Verfahren vor dem Finanzgericht die gleiche Vergütung erhalten wie bei Berufungsverfahren. Das Finanzgericht ist von seiner Struktur mit anderen Obergerichten vergleichbar. Die Anhebung der Gebühren begründet das KostRMoG (BT-Drs. 15/1971) wie folgt:

»*Das Finanzgericht ist seiner Struktur nach ein Obergericht wie das Oberverwaltungsgericht (der Verwaltungsgerichtshof). Es hat als Obergericht die Senatsverfassung, und die Richter am Finanzgericht werden wie die Richter an anderen Obergerichten besoldet. Die höheren Gebühren sind auch gerechtfertigt, da das Finanzgericht die erste und gleichzeitig letzte Tatsacheninstanz ist und in der Regel die einzige und letzte gerichtliche Instanz darstellt. Die Tätigkeit des Rechtsanwalts im Finanzgerichtsprozess ist daher nicht vergleichbar mit seinen Tätigkeiten vor den sonstigen erstinstanzlichen Gerichten. Sie ist vielmehr vergleichbar mit der anwaltlichen Tätigkeit vor den Berufungsgerichten. Im Unterschied zu dem Vortrag vor den erstinstanzlichen Gerichten ist der Sachverhaltsvortrag vor dem Finanzgericht stets zwingend abschließend. Für die rechtliche Begründung gilt regelmäßig das Gleiche. Sie muss daher stets zu allen denkbaren Einzelheiten umfassend und eingehend vorgetragen werden. Die Tätigkeit vor dem Finanzgericht stellt deshalb an den Rechtsanwalt besondere Anforderungen.*«

Dieser Begründung ist nichts hinzuzufügen.

II. Bestimmte Beschwerdeverfahren

1. Beschwerden in FG-Verfahren (Abs. 1 Nr. 2 a–c)

5 Gegen die im ersten Rechtszug ergangenen Endentscheidungen über Familiensachen des § 621 Abs. 1 Nr. 1 bis 3, 6, 7, 9, 10 (nur Verfahren nach § 1600 e Abs. 2 BGB), Nr. 12 und 13 findet die Beschwerde statt (§§ 621 e Abs. 1; 629 a Abs. 2 ZPO). Das Gleiche gilt für entsprechende Verfahren in Lebenspartnerschaftssachen (§ 661 Abs. 2). Dabei ist die Beschränkung auf die Scheidungsfolgesachen bzw. auf Folgesachen bei Aufhebung einer Lebenspartnerschaft entfallen, so dass die Regelung nunmehr auch für selbständige Familiensachen gilt. In Landwirtschaftsachen ist die Entscheidung nach § 22 LwVG mit der sofortigen Beschwerde zum OLG anfechtbar. In diesen Fällen erhält der RA die Vergütung wie bei Berufung. Es muss sich aber um eine verfahrensabschließende Entscheidung handeln. Hierzu gehört z. B. nicht die Beschwerde gegen den Beschluss, durch den ein Ablehnungsgesuch für unbegründet erklärt wird (§ 46 Abs. 2 ZPO). Der RA erhält in diesen Beschwerdeverfahren Gebühren wie bei einer Berufung (Abs. 1). In den Verfahren nach der ZPO gibt es außerdem

die Rechtsbeschwerde (§§ 621e Abs. 2, 629 Abs. 2; § 661 Abs. 2 ZPO). Dabei muss der RA beim BGH zugelassen sein (§ 78 Abs. 1 Satz 4 ZPO). In Landwirtschaftssachen ist ebenfalls die Rechtsbeschwerde zum BGH möglich (§ 24 LwVG). Vor dem BGH kann nur ein zugelassener RA auftreten (§ 29 LwVG). Damit erhält der RA in den Verfahren vor dem BGH Gebühren wie bei einer Revision (Abs. 2), im Übrigen Gebühren wie bei einer Berufung (Abs. 1).

Mit dem Gesetz zur Änderung des WEG und anderer Gesetze vom 26.03.2007 (BGBl. I, S. 370) ist auf die Verfahren in Wohnungseigentumssachen künftig die ZPO anwendbar. Daher konnte die besondere Regelung für diese Verfahren in den Vorb. 3.2.1 entfallen (früherer Abs. 1 Nr. 2 d). 5a

2. Beschwerden in Arbeitssachen (Abs. 1 Nr. 2 d)

Die Entscheidung des Arbeitsgerichts in den Beschlussverfahren nach § 2a ArbGG sind mit Beschwerde anfechtbar (§ 87 Abs. 1 ArbGG). Auch hier muss es sich um eine den Rechtszug beendende Entscheidung handeln. Gegen die Beschwerdeentscheidung ist Rechtsbeschwerde möglich (§ 92 ArbGG). Hier gilt § 11 Abs. 1 ArbGG (§ 92 Abs. 2 Satz 2 ArbGG). Daher erhält in diesen Verfahren der RA Gebühren wie bei einer Berufung (Abs. 1). 6

3. Beschwerden, die die Vollstreckbarkeit ausländischer Titel betreffen (Abs. 1 Nr. 3)

Aus einem Titel, der in einem anderen Mitgliedstaat der Europäischen Union nach der Verordnung (EG) Nr. 805/2004 als Europäischer Vollstreckungstitel bestätigt worden ist, findet die Zwangsvollstreckung im Inland statt, ohne dass es einer Vollstreckungsklausel bedarf (§ 1082 ZPO). Für diese Titel gilt die Vorbemerkung nicht. Sie gilt auch nicht für die Vollstreckungstitel, die zur Vollstreckung im Inland eines Vollstreckungsurteils bedürfen (§ 722 ZPO). Damit bleiben als Geltungsbereich die ausländischen Titel, die aufgrund von zwischenstaatlichen Vereinbarungen im Beschlussverfahren im Inland für vollstreckbar erklärt werden können (z.B. nach dem »Lugano-Abkommen«). Der RA erhält nunmehr (anders als in § 47 Abs. 2 BRAGO) in die Rechtszug abschließenden Beschwerdeverfahren die gleiche Vergütung wie bei Berufungen. 7

4. Beschwerden nach dem Gesetz gegen Wettbewerbsbeschränkungen (Abs. 1 Nr. 4)

Über die Beschwerde gegen Verfügungen der Kartellbehörde entscheidet das Oberlandesgericht (§ 63 Abs. 4 Satz 1 GWB). Im Beschwerdeverfahren erhält der RA die gleichen Gebühren wie bei der Berufung. 8

Über die Rechtsbeschwerde (§ 74 Abs. 1 GWB) oder die Nichtzulassungsbeschwerde (§ 75 GWB) entscheidet der BGH. Für die Vertretung vor dem BGH muss der RA beim BGH zugelassen sein (§ 73 Nr. 2 GWB, §§ 75 Abs. 4 Satz 1, 78 Abs. 1 Satz 4 ZPO). Im Rechtsbeschwerdeverfahren erhält er die Gebühren wie bei der Revision (Abs. 2).

5. Beschwerden nach dem Wertpapiererwerbs- und Übernahmegesetz (Abs. 1 Nr. 5)

Über die Beschwerde gegen Verfügungen der Bundesanstalt für Finanzdienstleistungsaufsicht entscheidet grundsätzlich das OLG Frankfurt (§ 48 Abs. 4 WpÜG) u.U. der BGH (§ 56 Abs. 6 WpÜG). Im Beschwerdeverfahren erhält der RA die gleichen Gebühren wie bei Berufung und zwar auch, wenn der BGH zuständig ist, da die Parteien sich nicht durch einen beim BGH zugelassen RA vertreten lassen müssen. 9

Vorbemerkung 3.2.1 VV

Eine Rechtsbeschwerde gibt es nur im Ordnungswidrigskeitsverfahren (§ 63 WpÜG i. V. m. § 79 OWiG). Für diese gilt die Vorbemerkung nicht, da es sich um ein Verfahren nach Teil 5 handelt.

6. Beschwerden nach dem Wertpapierhandelsgesetz (Abs. 1 Nr. 6)

10 Gegen Verfügungen der Bundesanstalt für Finanzdienstleistungsaufsicht ist die Beschwerde statthaft (§ 37 u Abs. 1 WpHG). Es entscheidet das OLG Frankfurt (§ 37 u Abs. 2 WpHG, § 48 Abs. 4 WpÜG). Im Beschwerdeverfahren erhält der RA die gleichen Gebühren wie bei Berufung.

7. Beschwerden gegen Entscheidungen des Bundespatentgerichts (Abs. 1 Nr. 7)

11 Gegen Entscheidungen des Bundespatentgericht ist die Rechtsbeschwerde (§ 100 PatG; § 23 Abs. 3 GeschmMG, § 18 Abs. 4 GbMG, § 83 MarkenG, § 4 Abs. 4 Satz 3 HalblSchG i. V. m. § 18 Abs. 4 GbMG, § 35 SortSchG) oder die Beschwerde (§ 122 PatG) zum BGH gegeben Die Parteien müssen sich im Verfahren der Rechtsbeschwerde durch einen beim BGH zugelassenen RA vertreten lassen (§ 102 Abs. 5 Satz 1 PatG, § 23 Abs. 3 Satz 2 GeschmMG, § 18 Abs. 4 Satz 2 GbMG, § 85 Abs. 5 MarkenG, § 36 SortSchG i. V. m. § 102 Abs. 5 PatG). In den Beschwerdeverfahren dagegen nicht. Daher erhält der RA im Beschwerdeverfahren die Gebühren wie bei einer Berufung (Abs. 1) und im Rechtsbeschwerdeverfahren wie bei einer Revision (Abs. 2).

8. Rechtsbeschwerde nach dem StVollzG auch i. V. m. § 92 JGG (Abs. 1 Nr. 8)

12 Für die Rechtsbeschwerde gegen die Entscheidung der Strafvollstreckungskammer ist das Oberlandesgericht zuständig (§ 117 StVollG). Das gleiche gilt für die Rechtsbeschwerde gegen die Entscheidung der Jugendkammer nach § 92 JGG. Der RA erhält daher die Gebühren wie bei einer Berufung.

9. Beschwerde- und Rechtsbeschwerdeverfahren nach dem EnWG (Abs. 1 Nr. 9)

13 Gegen Entscheidungen der Regulierungsbehörde ist die Beschwerde zum Oberlandesgericht zulässig (§§ 75 Abs. 1 und 4 EnWG). Gegen die Entscheidung des OLG ist die Rechtsbeschwerde (§ 86 EnWG) oder die Nichtzulassungsbeschwerde (§ 87 EnWG) zum BGH gegeben. Für die Vertretung beim BGH muss der RA zugelassen sein (§ 87 Abs. 4 Satz 1, § 88 Abs. 5 Satz 1, § 85 Nr. 2 EnWG, § 18 Abs. 1 Satz 4 ZPO). Damit erhält der RA vor dem OLG Gebühren wie bei einer Berufung (Abs. 1), vor dem BGH Gebühren wie bei einer Revision (Abs. 2).

10. Beschwerde- und Rechtsbeschwerdeverfahren nach dem VSchDG (Abs. 1 Nr. 10)

13 a Gegen Entscheidungen der zuständigen Behörde nach § 5 Abs. 1 Satz 2 Nr. 1, Abs. 4, Abs. 5, § 10 oder 11 des EG-Verbraucherschutzdurchführungsgesetzes (VSchDG) findet die Beschwerde statt. Zuständig für die Entscheidung über die Beschwerde ist das Landgericht (§ 13 Abs. 4 VSchDG). Gegen dessen Entscheidungen in der Hauptsache ist die Rechtsbeschwerde zum BGH zulässig, wenn sie zugelassen wurde (§ 24 Abs. 1 VSchDG) oder die Entscheidung bestimmte Mängel aufweist (§ 24 Abs. 4 VSchDG). Außerdem ist die Nichtzulassungsbeschwerde möglich (§ 25 VSchDG). Der RA erhält in den genannten Verfahren die Gebühren wie bei einer Berufung, da für die Vertretung vor dem BGH eine Zulassung beim BGH nicht vorgeschrieben ist (§ 26 Abs. 5 VSchDG).

13 b Die Aufzählung ist abschließend, nicht aufgezählte Beschwerden sind nach Teil 3 Abschnitt 5 VV RVG abzurechnen (OLG München JurBüro 2006, 312). Dies gilt u. a. auch für die Be-

schwerden in Nachlasssachen (OLG München MDR 2007, 620; siehe hierzu auch Enzensberger ZErb 2006, 264; Kuther ZErb 2006, 37)

III. Sonstige Verfahren

Abschnitt 2 ist auf das schiedsrichterliche Verfahren (ZPO 10. Buch) und das Verfahren vor dem Schiedsgericht (§ 104 ArbGG) entsprechend anwendbar (zu den Einzelheiten siehe die Kommentierung zu § 36). Das Gleiche gilt für die Vorabentscheidung vor dem EuGH (zu den Einzelheiten siehe die Kommentierung zu § 38). 14

IV. Auswirkung auf Teil 1?

Auch wenn der RA für die Verfahren vor dem Finanzgericht und die Verfahren über bestimmte Beschwerden die gleichen Verfahrens- und Terminsgebühren wie in der Berufung erhält, gilt dies nicht für andere Gebühren. Die Vorbemerkung bringt nur den Unterabschnitt 1 des Abschnitts 2 im Teil 3 zur Anwendung. Eine analoge Anwendung auf andere Kostentatbestände ist unzulässig. Daher kommt in diesen Verfahren Nr. 1003 und nicht Nr. 1004 zur Anwendung (Wolf JurBüro 2007, 229; a. A.: FG Baden Württemberg JurBüro 2007, 198; FG Köln EFG 2007, 1474; FA Rheinland-Pfalz, Besch. v. 26. 11. 2007 – 6 Ko 2195/07 –; Schneider/Wolf RVG VV Vorb. 3.2.1 Rn. 3; siehe auch N. Schneider NJW 2007, 2666, der die Anwendung der Nr. 1004 befürwortet und eine Gesetzesänderung anregt; siehe auch Kommentierung zu Nr. 1004 Rn. 5). 15

Dieser Anregung ist der Gesetzgeber inzwischen gefolgt und hat durch Art. 47 Abs. 6 d des **FGG-Reformgesetzes** (vgl. BT-Drs. 16/6308), das inzwischen vom Bundestag und Bundesrat angenommen wurde und am **01. 09. 2009 in Kraft tritt**, der **Nr. 1004 folgende Anmerkung angefügt:**

»(1) Dies gilt auch in den in den Vorbemerkungen 3.2.1 und 3.2.2 genannten Beschwerde- und Rechtsbeschwerdeverfahren.

(2) Absatz 2 der Anmerkung zu Nummer 1003 ist anzuwenden.«

Nrn. 3200–3201 VV

Nr.	Gebührentatbestand	Gebühr oder Satz der Gebühr nach § 13 RVG
3200	Verfahrensgebühr, soweit in Nummer 3204 nichts anderes bestimmt ist	1,6
3201	Vorzeitige Beendigung des Auftrags: Die Gebühr 3200 beträgt	1,1
	Eine vorzeitige Beendigung liegt vor, 1. wenn der Auftrag endigt, bevor der Rechtsanwalt das Rechtsmittel eingelegt oder einen Schriftsatz, der Sachanträge, Sachvortrag, die Zurücknahme der Klage oder die Zurücknahme des Rechtsmittels enthält, eingereicht oder bevor er für seine Partei einen gerichtlichen Termin wahrgenommen hat, oder 2. soweit lediglich beantragt ist, eine Einigung der Parteien oder mit Dritten über in diesem Verfahren nicht rechtshängige Ansprüche zu Protokoll zu nehmen oder festzustellen (§ 278 Abs. 6 ZPO), oder soweit lediglich Verhandlungen zur Einigung über solche Ansprüche geführt werden. Soweit in den Fällen der Nummer 2 der sich nach § 15 Abs. 3 RVG ergebende Gesamtbetrag der Verfahrensgebühren die Gebühr 3200 übersteigt, wird der übersteigende Betrag auf eine Verfahrensgebühr angerechnet, die wegen desselben Gegenstands in einer anderen Angelegenheit entsteht.	

Inhaltsübersicht

	Rn.		Rn.
A. Allgemeines	1	b) Beratung nach Einlegung der Berufung	14
B. Kommentierung	3	c) Beauftragung vor Berufungsbegründung	15
1. Verfahrensgebühr	3	d) Rechtsmittel nur zur Fristwahrung	17
2. Wert	9	e) Hinweis des Gerichts, es beabsichtige, die Berufung nach § 522 Abs. 2 ZPO zurückzuweisen	24
3. Kostenerstattung	10		
a) Beauftragung vor Zustellung der Berufung	11	4. Auswirkungen auf die Praxis	25

A. Allgemeines

1 Die Verfahrensgebühr erhält der RA für die Vertretung der Partei in der Berufung vor dem Land- oder Oberlandesgericht, vor dem Landesarbeitsgericht, vor dem Oberverwaltungsgericht, in den in der Vorbemerkung 3.2.1 VV aufgeführten Beschwerde- oder Rechtsbeschwerdeverfahren – soweit nicht eine Vertretung durch einen vor dem BGH zugelassenen RA erforderlich ist – sowie in den Verfahren vor dem Finanzgericht. Für die Verfahren vor dem Landessozialgericht gilt die Vorschrift nur, wenn der RA Wertgebühren erhält. Erhält er dagegen Betragsrahmengebühren, gelten die Nrn. 3204 und 3205. Zur Abgrenzung wird auf die Kommentierung zu diesen Nummern verwiesen.

2 Die Verfahrensgebühr entspricht der früheren Prozessgebühr (§§ 31 Abs. 1 Nr. 1, 32 i. V. m. § 11 Abs. 1 Satz 4 BRAGO), ist aber um 0,3 erhöht worden.

B. Kommentierung

1. Verfahrensgebühr

Die Verfahrensgebühr entsteht wie die Gebühr Nr. 3100 für das Betreiben des Geschäfts einschließlich der Information (Vorb. 3 Abs. 2 VV). Sie entsteht unter den gleichen Bedingungen wie die Nr. 3100. Es wird daher insoweit auf die dortige Kommentierung verwiesen. 3

Die Verfahrensgebühr ermäßigt sich bei vorzeitiger Beendigung des Auftrags. Die in der Anmerkung zu Nr. 3201 genannten Fälle entsprechen denen in der Anmerkung zu Nr. 3101 Nr. 1 und 2 Genannten. Es wird daher auf die dortige Kommentierung Bezug genommen. 4

Die Verfahrensgebühr entsteht mit der Erteilung des unbedingten Auftrags zur Einlegung der Berufung (im Text wird nur Berufung genannt, entsprechendes gilt auch für die in den in der Vorb. 3.2.1 genannten Verfahren) durch die Partei und einer Tätigkeit des RA in dem Verfahren. Die Entgegennahme der Information reicht hierzu aus. Rechtshängigkeit des Verfahrens ist nicht erforderlich. Sofern keine der in der Anmerkung Nr. 1 zu Nr. 3201 genannten Tätigkeiten angefallen sind, entsteht jedoch nur eine 1,1 Gebühr. 5

Hauptanwendungsfall für die Nr. 3201 ist die Beauftragung eines RA durch den Berufungsbeklagten bei Einlegung der Berufung zur Fristwahrung, sofern die Berufung wieder zurückgenommen wird, bevor der RA des Berufungsbeklagten eine der genannten Tätigkeiten vornimmt. Hat der RA die Klageabweisung bereits beantragt, verbleibt es bei der Gebühr Nr. 3200. Zur Erstattungsfähigkeit siehe Rn. 10 ff. 6

Ein weiterer Anwendungsfall ist die Erklärung der Einigung der Parteien über nicht in diesem Verfahren rechtshängige Ansprüche zu Protokoll des Gerichts (Anm. 2 zu Nr. 3201 VV). Diese Ansprüche dürfen dagegen in einem anderen Verfahren rechtshängig sein. Hierbei ist § 15 Abs. 3 zu beachten. 7

• **Beispiel 1**
Es wurde Berufung über € 40.000 eingelegt. Im Termin wird eine Einigung über einen weiteren Anspruch in Höhe von € 20.000 zu Protokoll erklärt. Es entstehen folgende Verfahrensgebühren:

a) 1,6 (Nr. 3200 VV) über € 40.000 für die Berufung	€ 1.443,20
b) 1,1 (Nr. 3201 VV Anm. 2) über € 20.000 für die Einigung	€ 710,60
c) zusammen	€ 2.153,80
d) aber nicht mehr als 1,6 (Nr. 3200 VV) aus € 60.000	€ 1.796,80

Eine weitere Anmerkung zu Nr. 3201 sieht eine Anrechnung vor, wenn die Gebühr für den Anspruch, über den eine Einigung zu Protokoll erklärt, eine Einigung festgestellt wurde (§ 278 Abs. 6 ZPO) oder Verhandlungen über eine Einigung geführt wurden, mit dem Gesamtbetrag nach § 15 Abs. 3 die Gebühr Nr. 3200 über die im Verfahren rechtshängigen Ansprüche übersteigt und in einem anderen Verfahren eine Verfahrensgebühr entsteht. 8

• **Beispiel 2**
Im Beispiel 1 war auch eine Klage über Ansprüche in Höhe von € 20.000 anhängig. In dem Verfahren hatte der Beklagtenvertreter die Klageerwiderung bereits eingereicht. Auf die Verfahrensgebühr von

1,3 (Nr. 3100 VV) über € 20.000	€ 839,80
wird der die im Beispiel 1 unter a) genannte Gebühr übersteigende unter d) genannten Betrag (€ 1.796,80 − € 1.443,20) von	€ 353,60
angerechnet, so dass nur eine Verfahrensgebühr von	€ 486,20
entsteht.	

Dabei kommt man zu dem erstaunlichen Ergebnis, dass die Verfahrensgebühren beider Verfahren letztlich so hoch sind, wie sie wären, wenn die Einigung in einem fremden Verfahren nicht stattgefunden hätte (€ 1.443,20 + € 839,80 sind genau soviel wie € 1.796,80 + € 485,20, nämlich € 2283,00). So etwas nennt man Null-Summen-Spiel.

2. Wert

9   Grundsätzlich richtet sich der Wert nach den für die Gerichtsgebühren geltenden Vorschriften (§ 23). Das ist im Geltungsbereich des GKG insbesondere § 47 GKG i. V. m. den §§ 48 bis 52 und 60 GKG.

3. Kostenerstattung

10   Insbesondere mit der Beauftragung eines RA durch den Berufungsbeklagten befasst sich die Rechtsprechung und Literatur. Die Frage war lange Zeit umstritten. Inzwischen hat sich durch die Entscheidungen des BGH eine herrschende Meinung herausgebildet, die inzwischen kaum noch angezweifelt werden dürfte. Danach gilt Folgendes:

a) Beauftragung vor Zustellung der Berufung

11   Vor Zustellung der Berufung oder einer anderen Rechtsmittelschrift ist i. d. R. die Bestellung eines Prozessbevollmächtigten des Rechtsmittelbeklagten für die Rechtsmittelinstanz noch nicht notwendig, auch wenn der Rechtsmittelkläger die Rechtsmitteleinlegung angedroht hatte (KG JurBüro 1976, 671 und KGR Berlin 2000, 16; OLG Karlsruhe Justiz 1982, 126; LG Köln JurBüro 1985, 1403 = Rpfleger 1985, 321 (erst wenn von Einlegung des Rechtsmittels sichere Kenntnis)).

12   Die Verfahrensgebühr (Nr. 3200) für das Erwirken einer Kostenentscheidung nach § 515 Abs. 3 Satz 2 ZPO ist trotz voreiliger Bestellung erstattungsfähig; Kostenwert ist in diesem Fall jedoch nur der Mindestwert (KG KGR Berlin 2000, 16).

13   Die Vergütung eines vor Zustellung bestellten Anwalts ist auch erstattungsfähig, wenn die Berufung erst nach Zustellung zurückgenommen wird. Denn auch wenn der RA verfrüht beauftragt wurde, ändert das allgemein an der Erstattbarkeit seiner Gebühren nichts, wenn zu einem späteren Zeitpunkt dieselbe Beauftragung als notwendig anzusehen gewesen wäre (KG NJW 1970, 616 = Rpfleger 1970, 69; OVG Münster KostRsp VwGO § 162 Nr. 17; OLG Hamm AnwBl. 1978, 137).

b) Beratung nach Einlegung der Berufung

14   Wird der Rechtsmittelgegner nach Einlegung des Rechtsmittels durch seinen Prozessbevollmächtigten beraten (Rechtsprechung zu Nrn. 2200 bis 2203), ist bei Rücknahme der Berufung diese Ratsgebühr zu erstatten (OLG Düsseldorf AGS 1993, 27; JurBüro 1992, 39).

c) Beauftragung vor Berufungsbegründung

15   Weder die Entstehung noch die Erstattbarkeit der Verfahrensgebühr des RA des Berufungsbeklagten hängen davon ab, dass dessen Tätigkeit nach außen in Erscheinung getreten ist (OLG München AnwBl. 1984, 450).

16   Die Berufungsbegründung braucht der Berufungsbeklagte vor Bestellung eines eigenen Berufungsanwalts keinesfalls abzuwarten, auch wenn es zweifelhaft ist, ob die Berufung durchgeführt wird, z. B. weil der Berufungskläger PKH beantragt hat und es nahe liegt, dass er das Rechtsmittel zurücknehmen wird, wenn die PKH verweigert werden sollte (BGH JurBüro 2003, 257 und JurBüro 2003, 595; vgl. zum Thema Madert NJW 2003, 1496).

16a   Stellt der RA des Berufungsbeklagten allerdings **vor Eingang** der Berufungsbegründung einen die Gebühr Nr. 3200 auslösenden **Sachantrag**, ist diese Tätigkeit nicht notwendig. Es kann daher nur die Gebühr Nr. 3201 **erstattet** werden (BGH JurBüro 2008, 35).

d) Rechtsmittel nur zur Fristwahrung

Sehr streitig ist, ob, in welcher Höhe und unter welchen Voraussetzungen eine Verfahrensgebühr des vom Berufungsbeklagten bestellten RA erstattungsfähig ist, wenn das Rechtsmittel ausdrücklich nur zur Fristwahrung, verbunden mit der Bitte, vorerst noch keinen Anwalt für die Rechtsmittelinstanz zu bestellen, eingelegt war. Schlechthin zu verneinen ist die Frage nur, wenn der Berufungsbeklagte sich durch seinen erstinstanzlichen Prozessbevollmächtigten unstreitig ausdrücklich verpflichtet hat, dieser Bitte bis zu einem bestimmten Zeitpunkt zu entsprechen. Wird die Berufung dann vor dem vereinbarten Zeitpunkt zurückgenommen, so handelt der Berufungsbeklagte vertrags-, jedenfalls aber treuwidrig, wenn er dennoch Festsetzung von Kosten seines Berufungsanwalts beantragt. 17

Ob eine ausdrückliche Vereinbarung durch anwaltliche Übung im Bereich eines bestimmten Gerichts ersetzt werden kann, erscheint sehr zweifelhaft. Vertretbar wäre es wohl nur, eine Übung dahin anzuerkennen, dass Schweigen auf die Bitte, bis zu einem bestimmten Zeitpunkt keinen Berufungsanwalt zu bestellen, als Zustimmung angesehen wird. Denn der Berufungsbeklagte kann durch eine anwaltliche Übung nicht daran gehindert werden, nach seinen eigenen Interessen zu verfahren. Keinesfalls bindet eine in einem Gerichtsbezirk bestehende anwaltliche Übung Anwälte und Parteien außerhalb dieses Bezirks (OLG Düsseldorf AGS 1996, 136 verneint eine anwaltliche Gepflogenheit). Der BGH hat hierzu ausgeführt: »*Ob, wie es der Kläger behauptet hat, sämtliche im Bezirk des Oberlandesgerichts ... tätigen Rechtsanwälte zugesagt haben, vor einem Beschluss nach § 522 ZPO oder Terminierung keinen Antrag auf Berufungszurückweisung zu stellen, kann dahingestellt bleiben. Sollte die damit behauptete anwaltliche Übung tatsächlich bestehen, so wäre diese für den Beklagten nicht bindend. Dieser ist durch eine unter Anwälten bestehende Übung nicht gehindert, seine eigenen Interessen durch eine Antragstellung nach Begründung der Berufung zu wahren.*« (BGH Rpfleger 2004, 123). 18

Besteht über Zustandekommen und Inhalt eines Stillhalteabkommens Streit, so kann dieser nicht im Kostenfestsetzungsverfahren entschieden werden, weil es sich dann nicht mehr um die bloße betragsmäßige Ausfüllung der Kostengrundentscheidung handelt. Die Festsetzung ist vielmehr so durchzuführen, als läge keine Vereinbarung vor (von Eicken/Hellstab/Lappe/Madert/Mathias Die Kostenfestsetzung Rn. B 511). 19

In diesem Fall, ebenso in dem Fall, dass der Berufungsführer seine Berufung nicht bis zu dem vereinbarten Zeitpunkt zurücknimmt oder versucht, unter dem Druck der Durchführung der Berufung ein ihm günstigeres Vergleichsergebnis zu erzielen, ist der Berufungsbeklagte ohne erstattungsrechtliches Risiko befugt, alsbald einen (auch den erstinstanzlichen) Prozessbevollmächtigten für die Berufungsinstanz zu bestellen. 20

Erst recht gilt dies, wenn kein Stillhalteabkommen zwischen den Parteien geschlossen worden ist. Der Berufungskläger hat ohnehin mit der Berufungs- und der Berufungsbegründungsfrist eine längere Überlegungszeit als der Berufungsbeklagte. Es widerspricht § 91 Abs. 2 Satz 1 ZPO und ist auch mit der Wahrung der Chancengleichheit nicht vereinbar, wenn ihm die Möglichkeit eingeräumt wird, durch einseitige Erklärung eine Art von Bann auszusprechen, der den Gegner hindert, ohne erstattungsrechtliches Risiko seine Rechtsverteidigung durch Bestellung eines Berufungsanwalts vorzubereiten, um später nicht in Zeitnot zu geraten. Dieses Risiko besteht aber für den Berufungsbeklagten, wenn man seine Berechtigung zur Bestellung eines Berufungsanwalts von unsicheren Kriterien wie »keine Benachteiligung in Kauf nehmen muss« abhängig macht (so OLG Bamberg JurBüro 1975, 770 = KostRsp ZPO § 91 (B – Vertretungskosten) Nr. 5 und OLG Saarbrücken JurBüro 1978, 708 = KostRsp ZPO § 91 (B – Vertretungskosten) Nr. 14). 21

Außer im Falle eines unstreitigen und vom Berufungskläger nicht zur Druckausübung auf den Gegner missbrauchten Stillhalteabkommens ist die Verfahrensgebühr des vom Berufungsbeklagten für die Berufungsinstanz bestellten Prozessbevollmächtigten als erstattbar anzusehen. 22

23 Wird die Berufung dann jedoch vor ihrer Begründung zurückgenommen, bestand i. d. R. für den Berufungsbeklagten kein Anlass, schon einen Berufungszurückweisungsantrag schriftsätzlich anzukündigen, weil seine prozessuale Stellung dadurch in keiner Weise verbessert wird. Die Wahrung der Chancengleichheit bezieht sich auf die prozessuale Stellung der Partei, nicht auf die gleiche Chance der beiderseitigen Anwälte, eine 1,6 Verfahrensgebühr (Nr. 3200) zu erlangen. Erstattungsfähig ist deshalb in diesem Fall nur eine 1,1 Verfahrensgebühr (Nr. 3201) (BGH JurBüro 2003, 595; JurBüro 2003, 255) zuzüglich einer 1,6 Verfahrensgebühr (Nr. 3200) nach dem Kostenwert (= Wert der in der Berufungsinstanz erwachsenen Gerichts- und beiderseitigen Anwaltskosten) für einen Kostenantrag nach § 516 Abs. 3 ZPO, jedoch begrenzt nach § 15 Abs. 3 RVG (OLG München JurBüro 1972, 786; OLG Karlsruhe Justiz 1981, 441; AnwBl. 1984, 619 = Rpfleger 1985, 167 = JurBüro 1985, 225; KG AnwBl. 1982, 112 = Rpfleger 1982, 160 = JurBüro 1982, 604; AnwBl. 1984, 621; OLG Bamberg JurBüro 1984, 881; OLG Düsseldorf JurBüro 1983, 1334; OLG Koblenz JurBüro 1983, 558; OLG Frankfurt MDR 1984, 1030; LG Berlin JurBüro 1983, 920; **a. A.** (volle Prozessgebühr): OLG Frankfurt JurBüro 1979, 110; AnwBl. 1980, 461 = JurBüro 1980, 1528 = MDR 1980, 940; OLG Nürnberg AnwBl. 1982, 201; OLG Schleswig JurBüro 1983, 773 = SchlHA 1983, 53; AnwBl. 1984, 620; OLG München AnwBl. 1984, 99; LAG Köln AnwBl. 1985, 105 = MDR 1985, 83; **a. A.** (gar keine Erstattung): OLG Bamberg JurBüro 1984, 1526 = KostRsp ZPO § 91 (B – Vertretungskosten) Nr. 65 m. abl. Anm. von Lappe; JurBüro 1985, 407 = KostRsp ZPO § 91 (B – Vertretungskosten) Nr. 97 m. krit. Anm. von Eicken; JurBüro 1986, 62; OLG Köln JurBüro 1981, 139 = MDR 1980, 939; OLG Hamm AnwBl. 1982, 530).

e) Hinweis des Gerichts, es beabsichtige, die Berufung nach § 522 Abs. 2 ZPO zurückzuweisen

24 Zu beachten ist, dass die Rechtsprechung zur Erstattungsfähigkeit gerade um den Problempunkt der erst durch die ZPO-Reform möglich gewordenen Zurückweisung der Berufung durch Beschluss trotz der noch sehr jungen ZPO-Reform bereits unterschiedliche Meinungen hervorgebracht hatte. Es stellte sich in der Rechtsprechung die Frage, ob ein Antrag auf Zurückweisung des Rechtsmittels durch den Berufungsbeklagten notwendig sei, wenn das Gericht mit Zustellung des Berufungsantrages und der Berufungsbegründung an den Berufungsbeklagten den Hinweis gäbe, dass es beabsichtige, die Berufung nach § 522 Abs. 2 ZPO zurückzuweisen. Dabei vertrat das OLG Oldenburg die Auffassung, dass der Beklagte zunächst einmal abwarten könne, ob das Gericht auch tatsächlich die Berufung zurückweise, bevor er seinerseits einen Rechtsanwalt mit der Stellung eines Zurückweisungsantrags beauftrage (OLG Oldenburg, BRAGOreport 2003, 137 = AGS 2003, 275 m. abl. Anm. N. Schneider und Hansens AGS 2003, 96). Der BGH (Rpfleger 2004, 123), der durch Rechtsbeschwerde über die dem OLG Oldenburg zugrunde liegende Entscheidung zu beschließen hatte, schloss sich glücklicherweise nicht der Meinung des OLG Oldenburg an, sondern sprach sich eindeutig für eine Erstattungsfähigkeit aus. Dabei ist auch zu beachten, dass ein entsprechender Zurückweisungsantrag des Beklagten auch in diesem Stadium des Verfahrens das Berufungsgericht veranlasst, den Berufungskläger nach § 522 Abs. 2 Satz 2 ZPO unter Fristsetzung Gelegenheit zur Stellungnahme zu geben. Die Sach- und Rechtslage kann sich nach Vorliegen der Stellungnahme des Berufungsklägers völlig anders darstellen, weshalb es auch im Interesse des Beklagten ist, seinerseits durch eine Stellungnahme die geäußerte Absicht des Berufungsgerichts, die Berufung durch Beschluss zurückzuweisen, zu fördern und durch **weitere Hinweise** zur Sach- und Rechtslage zu festigen. Darüber hinaus wird berechtigt darauf hingewiesen (vgl. dazu Enders JurBüro 2003, 565), dass das rechtliche Gehör auch in diesen Fällen zu gewähren ist.

4. Auswirkungen auf die Praxis

25 Die Entscheidungen des BGH sind für die Praxis von großer Bedeutung, da sie eine Rechtsunsicherheit abschaffen, die durch die früher sehr strittige OLG-Rechtsprechung entstanden war. Zu unterscheiden sind nach wie vor Entstehung und Erstattungsfähigkeit von Gebüh-

ren. Mit der Bestellung zum Prozessbevollmächtigten und Stellung eines Sachantrags ist eine volle Verfahrensgebühr i. H. v. 1,6 entstanden. Erstattungsfähig ist sie jedoch nur unter den oben dargelegten Voraussetzungen. Wird daher Zurückweisung der Berufung nach Einlegung und vor Begründung der Berufung beantragt, so gilt nach der Rechtsprechung des BGH nur die Nr. 3201 als erstattungsfähig. Ein Zurückweisungsantrag nach Begründung der Berufung bzw. schriftsätzlicher Vortrag des Rechtsanwalts nach Berufungsbegründung muss in analoger Anwendung der BGH-Rechtsprechung auf die Regelungen des RVG zu einer Erstattungsfähigkeit der vollen Verfahrensgebühr i. H. v. 1,6 (Nr. 3200) führen. Ist dem Berufungsbeklagten gleichzeitig mit der Berufung die Absicht des Gerichts, die Berufung durch Beschluss zurückzuweisen, mitgeteilt worden, so ist auch hier in analoger Anwendung der Entscheidung des BGH (Rpfleger 2004, 123) die Erstattungsfähigkeit einer vollen Verfahrensgebühr zu bejahen. Bei Stillhalteabkommen ist wegen der Erstattungsfähigkeit darauf abzustellen, ob der Rechtsanwalt sich verpflichtet hat, der Bitte um Stillhalten nachzukommen. Ist dies der Fall, handelt er treuwidrig, wenn er dennoch das Kostenfestsetzungsverfahren betreibt. Äußert sich der Beklagtenvertreter auf die Bitte um Stillhalten nicht, so führt dies nach Ansicht des BGH nicht dazu, dass ein Zurückweisungsantrag nicht gestellt werden könnte. In welcher Höhe die Verfahrensgebühr dann erstattungsfähig ist, hängt davon ab, in welchem Stadium sich das Verfahren befindet.

Nrn. 3202–3203 VV

Nr.	Gebührentatbestand	Gebühr oder Satz der Gebühr nach § 13 RVG
3202	Terminsgebühr, soweit in Nummer 3205 nichts anderes bestimmt ist .... (1) Die Anmerkung zu Nummer 3104 gilt entsprechend. (2) Die Gebühr entsteht auch, wenn nach § 79 a Abs. 2, §§ 90 a, 94 a FGO oder § 130 a VwGO ohne mündliche Verhandlung entschieden wird.	1,2
3203	Wahrnehmung nur eines Termins, in dem eine Partei, im Berufungsverfahren der Berufungskläger, nicht erschienen oder nicht ordnungsgemäß vertreten ist und lediglich ein Antrag auf Versäumnisurteil oder zur Prozess- oder Sachleitung gestellt wird: Die Gebühr 3202 beträgt .... Die Anmerkung zu Nummer 3105 und Absatz 2 der Anmerkung zu Nummer 3202 gelten entsprechend.	0,5

A. Allgemeines

1 Die Terminsgebühr erhält der RA für die Vertretung der Partei in der Berufung vor dem Land- oder Oberlandesgericht, vor dem Landesarbeitsgericht, vor dem Oberverwaltungsgericht, in den in der Vorbemerkung 3.2.1 VV aufgeführten Beschwerde- oder Rechtsbeschwerdeverfahren sowie in den Verfahren vor dem Finanzgericht. Für die Verfahren vor dem Landessozialgericht gilt die Vorschrift nur, wenn der RA Wertgebühren erhält. Erhält er dagegen Betragsrahmengebühren, gilt die Nr. 3205. Zur Abgrenzung wird auf die Kommentierung zu dieser Nummer verwiesen.

2 Die Terminsgebühr ersetzt die frühere Verhandlungsgebühr und Erörterungsgebühr (§ 31 Abs. 1 Nr. 2 und 4, § 33 i. V. m. § 11 Abs. 1 Satz 4 BRAGO), ist aber um 0,2 erhöht worden.

B. Kommentierung

1. Entstehen der Terminsgebühr

3 Die Terminsgebühr entsteht für die Vertretung in einem Verhandlungs-, Erörterungs- oder Beweisaufnahmetermin oder die Wahrnehmung eines von einem gerichtlich bestellten Sachverständigen anberaumten Termins oder die Mitwirkung an auf die Vermeidung oder Erledigung des Verfahrens gerichteten Besprechungen ohne Beteiligung des Gerichts; dies gilt nicht für Besprechungen mit dem Auftraggeber (Vorbemerkung 3 Abs. 3 VV). Sie entsteht unter den gleichen Voraussetzungen wie die Nr. 3104. Es wird daher insoweit auf die dortige Kommentierung verwiesen.

4 Der RA erhält die Gebühr ohne verhandeln zu müssen (Anm. zu Nr. 3203 i. V. m. Anm. Abs. 3 zu Nr. 3105), daher erhält auch der nicht postulationsfähige RA (vgl. § 78 Abs. 1 ZPO) die Gebühr. Der RA muss allerdings vertretungsbereit sein und die Vertretung auch wahrnehmen, wenn sie erforderlich ist. Eine lediglich die Partei beratende Tätigkeit dürfte hierzu nicht ausreichen.

5 In einem Verfahren, in welchem eine mündliche Verhandlung vorgeschrieben ist, entsteht die Gebühr auch, wenn im Einverständnis mit den Parteien ohne mündliche Verhandlung entschieden oder ein schriftlicher Vergleich geschlossen wird (Anm. Abs. 1 zu Nr. 3202 i. V.

m. Anm. Abs. 1 Nr. 1 zu Nr. 3104). Das Gleiche gilt, wenn das Gericht nach §§ 307 Abs. 2, 495 a ZPO (Anm. Abs. 1 zu Nr. 3202 i. V. m. Anm. Abs. 1 Nr. 1 zu Nr. 3104), §§ 84 Abs. 1, 130 a VwGO, 105 Abs. 1 SGG – soweit nicht Nr. 3205 zutrifft – (Anm. Abs. 1 zu Nr. 3202 i. V. m. Anm. Abs. 1 Nr. 2 zu Nr. 3104), §§ 79 a Abs. 2, 90 a oder 94 a FGO (Anm. Abs. 2 zu Nr. 3202) oder nach § 130 a VwGO ohne mündliche Verhandlung entschieden hat. Sie entsteht außerdem in dem in der Anm. Abs. 1 Nr. 3 zu Nr. 3104 genannten Fall (Anm. Abs. 1 zu Nr. 3202), soweit nicht Nr. 3205 zutrifft.

Soweit das Gericht im Übrigen – also in den nicht ausdrücklich aufgeführten Fällen – ohne 6 mündliche Verhandlung entschieden hat (z. B. § 522 i. V. m. § 128 Abs. 4 ZPO, § 107 Abs. 1 PatG, § 69 Abs. 3 FGO), entsteht keine Terminsgebühr, und zwar auch dann nicht, wenn eine Besprechung der RAe ohne Beteiligung des Gerichts stattgefunden hat (**zu § 522 ZPO**: BGH JurBüro 2007, 525; OLGR Schleswig 2004, 188; OLG Stuttgart Rpfleger 2004, 185; OLG Karlsruhe NJW-RR 2004, 287; OLG Stuttgart JurBüro 2003, 585; OLG Nürnberg JurBüro 2003, 249; Schneider/Wolf RVG Nr. 3202 Rn. 8; **zu § 69 Abs. 3 FGO**: FG Hannover StE 2006, 219).

Die Gebühr entsteht auch, wenn in dem Termin über nicht rechtshängige Ansprüche verhan- 7 delt wird (über die mögliche Anrechnung siehe Rn. 13). Soweit ohne Erörterung lediglich beantragt wird, eine Einigung über diese Ansprüche zu Protokoll des Gerichts zu nehmen, entsteht die Gebühr dagegen nicht (Anm. Abs. 1 zu Nr. 3202 i. V. m. Anm. Abs. 3 zu Nr. 3104).

2. Reduzierung der Gebühr (Nr. 3203)

Die Vorschrift Nr. 3203 betrifft das erstinstanzliche Verfahren vor dem Finanzgericht (vgl. 8 Vorb. 3.2.1 Rn. 4), das Berufungsverfahren sowie die in Vorb. 3.2.1 aufgeführten Beschwerden und Rechtsbeschwerden.

Im erstinstanzlichen Verfahren vor dem Finanzgericht reduziert sich die Terminsgebühr auf 9 0,5, wenn eine Partei nicht erschienen oder nicht ordnungsgemäß vertreten ist und lediglich ein Antrag auf Versäumnisurteil oder zur Prozess- oder Sachleitung gestellt wird (wie bei Nr. 3105).

Im Berufungsverfahren reduziert sich die Terminsgebühr wie bei Nr. 3105 nur, wenn der Be- 10 rufungskläger säumig ist. Ist dagegen der Berufungsbeklagte nicht erschienen oder nicht ordnungsgemäß vertreten, bleibt es bei der Gebühr Nr. 3202 (vgl. BT-Drs. 15/1971 Begründung zu Art. 3 Nr. 3203).

In den in der Vorb. 3.2.1 aufgeführten Beschwerden oder Rechtsbeschwerden findet Nr. 3203 11 Anwendung, wenn der Beschwerdeführer säumig ist. Ist dagegen der Beschwerdegegner nicht erschienen oder nicht ordnungsgemäß vertreten, bleibt es bei der Gebühr Nr. 3202.

Trifft das Finanzgericht bei Säumnis einer Partei, das Berufungs-, Beschwerde- oder Rechts- 12 beschwerdegericht bei Säumnis des Berufungsklägers bzw. Beschwerdeführers lediglich Entscheidungen zur Prozess- oder Sachleitung vom Amts wegen, erhält der erschienene gegnerische RA gleichwohl die Gebühr Nr. 3203 (vgl. Anm. zu Nr. 3203 i. V. m. Anm. Abs. 1 Nr. 1 zu Nr. 3105).

Die Anmerkung zu Nr. 3203 verweist außerdem auf die Anm. Abs. 2 zu Nr. 3105 und auf die 13 Anm. Abs. 2 zu Nr. 3202. Das bedeutet, dass der RA die Gebühr auch erhält, wenn das Gericht in den in den Anm. Abs. 1 zu Nr. 3104 und Anm. Abs. 2 zu Nr. 3202 genannten Fällen ohne mündliche Verhandlung entscheidet und die andere Partei sich nicht am Verfahren beteiligt hat oder bereits aus dem Verfahren ausgeschieden ist.

Im Übrigen sind die Voraussetzungen für die Gebühr die Gleichen wie bei Nr. 3105. Es wird 14 daher auf die dortige Kommentierung Bezug genommen.

3. Anrechnung der Gebühr (Anm. Abs. 1 zu Nr. 3202 i. V. m. Anm. Abs. 2 zu Nr. 3104)

15 Durch die Anm. Abs. 1 zu Nr. 3202 gilt die Anm. Abs. 2 zu Nr. 3104 entsprechend. Damit will der Gesetzgeber sicherstellen, dass der RA die Terminsgebühr nicht dadurch doppelt verdient, dass über Ansprüche, die in einem anderen Verfahren anhängig sind oder noch anhängig werden, Verhandlungen geführt werden (vgl. BT-Drs. 15/1971 Begründung zu Artikel 3 Nummer 3104). Wie bei der Verfahrensgebühr wird die Terminsgebühr, die für die im Verfahren nicht rechtshängigen Ansprüche hinzuverdient wird, auf die Terminsgebühr in dem anderen Verfahren angerechnet.

• **Beispiel**
Es wurde Berufung über € 40.000 eingelegt. Im Termin wird über einen weiteren Anspruch in Höhe von € 20.000, der in einem anderen Verfahren, in dem bereits ein Verhandlungstermin stattgefunden hat, anhängig ist, verhandelt und eine Einigung zu Protokoll erklärt. Es entstehen folgende Terminsgebühren:

1,2 (Nr. 3202) über € 60.000 (€ 40.000 + € 20.000)	€ 1.347,60
Davon entfallen auf den nicht anhängigen Anspruch	
Terminsgebühr aus € 60.000	€ 1.347,60
– Terminsgebühr aus dem rechtshängigen Anspruch	€ 1.082,40
damit entfällt auf den nicht rechtshängigen Anspruch	€ 265,20

was auf die Terminsgebühr in einem Verfahren, in dem dieser Anspruch

rechtshängig ist oder wird, angerechnet wird.

1,2 (Nr. 3202) über € 20.000	€ 775,20
abzüglich anzurechnender Betrag	€ 265,20
verbleiben	€ 510,00

Der RA erhält somit nur soviel, wie er ohne Verhandeln über den nicht rechtshängigen Anspruch erhalten würde (€ 1.347,60 + € 510,00 = € 1.082,40 + € 775,20).

4. Kostenerstattung

16 Die Kostenerstattung der Terminsgebühren Nrn. 3202 und 3203 bietet keine Besonderheiten. So ist z. B. die durch die Mitwirkung an einer auf die Erledigung des gerichtlichen Verfahrens gerichteten außergerichtlichen Besprechung entstandene Terminsgebühr grundsätzlich als festsetzungsfähig i. S. d. §§ 103, 104 ZPO anzusehen, und zwar auch dann, wenn die tatsächlichen Voraussetzungen für den Anfall der Gebühr und deren Erstattungsfähigkeit zwischen den Parteien streitig ist (BGH JurBüro 2007,533). Es wird daher auf die Kommentierung zu Nrn. 3104 und 3105 Bezug genommen.

Nrn. 3204–3205 VV

Nr.	Gebührentatbestand	Gebühr oder Satz der Gebühr nach § 13 RVG
3204	Verfahrensgebühr für Verfahren vor den Landessozialgerichten, in denen Betragsrahmengebühren entstehen (§ 3 RVG)	50,00 bis 570,00 EUR
3205	Terminsgebühr in Verfahren vor den Landessozialgerichten, in denen Betragsrahmengebühren entstehen (§ 3 RVG) Die Anmerkung zu Nummer 3106 gilt entsprechend.	20,00 bis 380,00 EUR

A. Allgemeines

Im Abschnitt 2 VV, Unterabschnitte 1 und 2, ist der Gebührenanspruch des Rechtsanwalts in sozialrechtlichen Angelegenheiten für die Tätigkeit in der Rechtsmittelinstanz geregelt. Die Gebühren dieses Abschnitts unterscheiden sich von den Gebühren des den ersten Rechtszug regelnden Abschnitts 1 insbesondere durch die Höhe. 1

Rechtsmittel haben Devolutiveffekt und **Suspensiveffekt.** Sie sind Mittel, um eine gerichtliche Entscheidung durch eine höhere Instanz nachprüfen zu lassen, außerdem hemmen sie den Eintritt der formellen und damit auch der materiellen Rechtskraft. **Rechtsmittel** sind **Berufung** (§ 143 SGG), **Revision** (§ 160 SGG), **Beschwerde** (§ 170 SGG) einschließlich der **Nichtzulassungsbeschwerde.** Bei der Beschwerde tritt der Devolutiveffekt nicht ein, wenn das Gericht der angefochtenen Entscheidung abhilft (§ 174 SGG). Die Berufung und die Beschwerde ermöglichen eine Überprüfung in tatsächlicher und rechtlicher Hinsicht, die Revision dagegen nur in rechtlicher Hinsicht. Die Berufung und Revision richten sich gegen Urteile, die Beschwerde gegen Beschlüsse. Der **Widerspruch** nach § 83 SGG ist **kein Rechtsmittel**, sondern ein Rechtsbehelf. Dies bedeutet, dass für die Prüfung der **Erfolgsaussicht eines Widerspruchsverfahrens** keine Gebühr nach Nr. 2102 entsteht. 2

I. Prüfung eines Rechtsmittels (Nr. 2102)

Prüft der Rechtsanwalt (außerhalb eines gerichtlichen Verfahrens) die Erfolgsaussicht eines **Rechtsmittels in sozialrechtlichen Angelegenheiten** sowie in Angelegenheiten, die in den Teilen 4 bis 6 geregelt sind (also in Strafsachen, in Bußgeldsachen und in sonstigen Verfahren nach Teil 4 bis 6 der Anlage 1 zu § 2 Abs. 2 Vergütungsverzeichnis), so entsteht ebenfalls eine separate Gebühr (**Nr. 2102**). 3

Voraussetzung für das Entstehen der Gebühr nach Nr. 2102 ist, dass der Rechtsanwalt mit der Prüfung des **Rechtsmittels** beauftragt worden ist, damit sich der Mandant danach entscheiden kann, ob er das Rechtsmittelverfahren durchführt oder nicht. Unerheblich ist, um welches Rechtsmittel es sich handelt und zu welchem Ergebnis der Rechtsanwalt gelangt. Hat der Rechtsanwalt aber bereits einen unbedingten Prozessauftrag für das Rechtsmittelverfahren erhalten, wird mit der **jeweiligen Verfahrensgebühr** auch die Beratung über die Erfolgsaussichten des Rechtsmittels abgegolten (so auch *Madert* in Gerold/Schmidt/von Eicken/Madert/Müller-Rabe 17. Aufl. VV 2100–2103 Rn. 1). 4

Nach Satz 2 des Gebührentatbestandes ist allerdings die Gebühr nach Nr. 2102 auf eine Gebühr für das Rechtsmittelverfahren **anzurechnen.** Diese Regelung ist sachgerecht und stellt klar, dass die Gebühr auch dann anfällt, wenn das Rechtsmittel durchgeführt wird. Sie trägt dem Umstand Rechnung, dass eine vorherige (umfangreiche) Prüfung der Erfolgsaussicht eines Rechtsmittels den anschließend erforderlichen Umfang der anwaltlichen Tätigkeit im 5

Rechtsmittelverfahren **deutlich reduzieren kann**. Das Gesetz spricht hier allgemein von einer »**Gebühr für das Rechtsmittelverfahren**«, nennt diese aber nicht. Nach dem Wortlaut könnte daher die Gebühr nach Nr. 2102 auf jede im Rechtsmittelverfahren anfallende Gebühr anzurechnen sein. Die Frage, auf welche konkrete Gebühr eine Anrechnung zu erfolgen hat, kann praktisch durchaus relevant sein. Der Gebührenrahmen der einzelnen Gebühren ist unterschiedlich hoch (vgl. bzgl. einer Verfahrens- und Terminsgebühr Nrn. 3102 und 3106). Weil das Gesetz an anderer Stelle (vgl. Nrn. 3511 und 3512: »... wird auf die **Verfahrensgebühr** für ein nachfolgendes ...«) ausdrücklich die Verfahrensgebühr nennt, die für das Betreiben des Geschäfts einschließlich der Informationen entsteht, ist daher davon auszugehen, dass auch Nr. 2102 die **Verfahrensgebühr des Rechtsmittelverfahrens** meint.

6 Das Gesetz enthält indes keine Aussage dazu, wie die Anrechnung zu erfolgen hat. Nach Sinn und Zweck der Anrechnungsregelung kann dies aber nur eine **volle Anrechnung** der Gebühr nach Nr. 2102 bedeuten. Liegt also die für das Rechtsmittelverfahren entstehende Verfahrensgebühr über dieser, erhält der Rechtsanwalt nur diese eine (höhere) Gebühr, so dass im Ergebnis die Gebühr nach Nr. 2102 nicht zum Tragen kommt. Denkbar ist aber auch der Fall, dass die Gebühr nach Nr. 2201 höher ist als die Gebühr für das Rechtsmittelverfahren. In diesem Fall erhält der Rechtsanwalt **neben der Verfahrensgebühr** die Differenz zwischen dieser und der Gebühr nach Nr. 2102.

II. Prüfung eines Rechtsmittels durch die Ausarbeitung eines schriftlichen Gutachtens (Nr. 2103)

7 Falls allerdings die Prüfung der Erfolgsaussicht mit der durch den Mandanten in Auftrag gegebenen Ausarbeitung eines schriftlichen Gutachtens verbunden ist, so beträgt der Gebührenrahmen € 40,00 bis € 400,00 (Nr. 2103). Der im Verhältnis zu der Nr. 2102 deutlich höhere Gebührenrahmen **berücksichtigt den Mehraufwand** des Rechtsanwalts, der durch die Ausarbeitung eines schriftlichen Gutachtens im Vergleich zur sonstigen Prüfung der Erfolgsaussicht eines Rechtsmittels entsteht.

Obwohl **Nr. 2103** anders als Nr. 2102 nicht regelt, dass die Gebühr auf eine Gebühr für das Rechtsmittelverfahren anzurechnen ist, **gilt die Anrechnungsvorschrift des Satzes 2 der Nr. 2102** wegen der uneingeschränkten Verweisung auf Nr. 2102 auch hier. Im Übrigen entspricht eine Anrechnung auch Sinn und Zweck beider Gebührentatbestände. Weil die Ausarbeitung eines schriftlichen Gutachtens im Regelfall einen großen Arbeitsaufwand erfordert, ist der Gebührenrahmen der Nr. 2103 auch höher. Wird der Rechtsanwalt im Rechtsmittelverfahren dann auch tätig, kommt ihm dieser Arbeitsaufwand zu Gute, der Umfang seiner anwaltlichen Tätigkeit reduziert sich im gerichtlichen Verfahren dadurch deutlich. Deswegen ist es auch hier sachgerecht, dass die Gebühr nach Nr. 2103 auf eine (Verfahrens-)Gebühr für das Rechtsmittelverfahren (in voller Höhe) angerechnet wird.

B. Kommentierung

I. Verfahrensgebühr

8 Die **Nr. 3204** und **Nr. 3212** sehen für Verfahren vor dem **Landessozialgericht** (Nr. 3204) und dem **Bundessozialgericht** (Nr. 3212), in denen der Rechtsanwalt Betragsrahmengebühren erhält, gegenüber dem erstinstanzlichen Verfahren erhöhte Rahmengebühren vor.

Die VV Nr. 3204 regelt die Verfahrensgebühr für Verfahren vor den Landessozialgerichten, in denen Beitragsrahmengebühren entstehen. Sie findet sich in Abschnitt 2 VV, der mit der Überschrift »Berufung, Revision, bestimmte Beschwerden und Verfahren vor dem Finanzgericht«

versehen ist. Der Begriff der »bestimmten Beschwerde« wird in den Vorbemerkungen 3.2.1 und 3.2.2 näher konkretisiert. Beschwerden gegen den Erlass einer einstweiligen Anordnung durch Beschluss der Sozialgerichte sind hiervon nicht erfasst. Vom Anwendungsbereich der VV Nr. 3501 sollten nach der Vorbemerkung 3.5 nur diejenigen Beschwerdeverfahren ausgenommen werden, die in der Vorbemerkung 3.1 Abs. 2 und 3.2.1 genannt werden. Hierzu gehören Beschwerden in Verfahren des **einstweiligen Rechtsschutzes** nicht (vgl. LSG Nordrhein-Westfalen, Beschl. v. 05.05.2008, L 20 B 139/07 SO). Es spricht daher nichts dafür, dass der Gesetzgeber eine Anwendung der VV Nr. 3204 auf Fälle der vorliegenden Art beabsichtigte. Zudem stellt die VV Nr. 3501 eine **Spezialregelung** dar, die nach ihrem Wortlaut unproblematisch einschlägig ist. Auch dies steht einem Rückgriff auf die VV Nr. 3204 entgegen.

II. Terminsgebühr

Die Nrn. 3205 und 3213 regeln die Höhe der Terminsgebühr in Verfahren vor dem Landessozialgericht und dem Bundessozialgericht. Auch bei der Terminsgebühr ist der Betragsrahmen gegenüber dem erstinstanzlichen Verfahren erhöht. Durch den in beiden Nummern enthaltenen Verweis auf die Anmerkung zu Nr. 3106 wird klargestellt, dass auch im Berufungs- und Revisionsverfahren eine Terminsgebühr anfallen kann, wenn eine mündliche Verhandlung nicht durchgeführt wird. 9

1. Terminsgebühr bei einer Entscheidung ohne mündliche Verhandlung und bei Verfahrenserledigung durch angenommenes Anerkenntnis

Regelmäßig wird dies nur in den in Nr. 3106 Nr. 1 und 3 geregelten Fällen, d. h. bei einer Entscheidung ohne mündliche Verhandlung nach § 124 Abs. 2 SGG oder bei einer Verfahrenserledigung durch angenommenes Anerkenntnis nach § 101 Abs. 2 SGG, vor der an sich vorgesehenen mündlichen Verhandlung der Fall sein. **§ 105 SGG** findet grundsätzlich nur im **erstinstanzlichen Verfahren** vor dem SG (vgl. § 8 SGG) Anwendung. Für Entscheidungen über Rechtsmittel ist die Anwendung des § 105 Abs. 1 Satz 1 SGG nach § 153 Abs. 1 SGG ausgeschlossen. Für die Berufungsinstanz bietet § 153 Abs. 4 SGG eine dem Gerichtsbescheid vergleichbare Möglichkeit. Nach § 165 Satz 1 SGG gelten für das Revisionsverfahren die Vorschriften über die Berufung entsprechend, so dass auch im Revisionsverfahren § 105 Abs. 1 Satz 1 SGG keine Anwendung findet. 10

2. Terminsgebühr bei einer erstinstanzlichen Entscheidung des Rechtsmittelgerichts

Eine gesetzlich normierte erstinstanzliche Zuständigkeit des LSG gibt es nicht. Das LSG ist ein Berufungs- und Beschwerdegericht (vgl. § 29 SGG). Es gibt allerdings Fälle, in denen das **Rechtsmittelgericht erstinstanzlich entscheidet,** so dass das LSG in diesem Fall grundsätzlich auch einen **Gerichtsbescheid** erlassen könnte (vgl. Meyer-Ladewig/Keller/Leitherer, a. a. O., § 105 Rn. 4). **Das LSG entscheidet erstinstanzlich, wenn ein Bescheid nach den §§ 153 Abs. 1, 96 Abs. 1 SGG Gegenstand des Verfahrens** geworden ist, wenn eine zulässige Klageänderung nach § 153 Abs. 1 i. V. m. § 99 Abs. 1, 2 SGG vorliegt oder eine Widerklage erst in der Berufungsinstanz erhoben worden ist. In diesen Fällen käme daher grundsätzlich eine Entscheidung durch Gerichtsbescheid nach § 105 Abs. 1 Satz 1 SGG in Betracht. Diese Möglichkeit scheitert aber regelmäßig daran, dass dieser Streitgegenstand in so engem Zusammenhang mit dem Beschwerdegegenstand des Berufungsverfahrens steht, mithin eine isolierte Entscheidung über diesen Streitgegenstand durch Gerichtsbescheid nicht verfahrensdienlich und prozessökonomisch wäre (vgl. auch *Pawlak* in Hennig SGG § 105 Rn. 23). 11

Soweit das BSG nach **§ 39 Abs. 2 SGG** in erster Instanz tätig wird, gelten die Vorschriften für das erstinstanzliche Verfahren, also die §§ 87 bis 122 SGG, entsprechend (vgl. *Leitherer* in Mey- 12

Nrn. 3204–3205 VV

er-Ladewig/Keller/Leitherer, a. a. O., § 39 Rn. 4 und § 105 Rn. 4; *Schmidt* in Henning SGG § 39 Rn. 8)

13 Falls LSG und BSG ausnahmsweise erstinstanzlich tätig werden, entstehen auch in diesen Fällen die **höheren Verfahrens- und Terminsgebühren** nach den Nrn. 3204, 3212, 3205 und 3213. Dies folgt aus der jeweiligen Formulierung, die von »Verfahren vor dem Landessozialgericht« bzw. »Bundessozialgericht« spricht.

Vorbemerkung 3.2.2, Nrn. 3206–3209 VV

Nr.	Gebührentatbestand	Gebühr oder Satz der Gebühr nach § 13 RVG
	Unterabschnitt 2 **Revision**	
	Vorbemerkung 3.2.2: Dieser Unterabschnitt ist auch anzuwenden 1. in den in Vorbemerkung 3.2.1 Abs. 1 genannten Verfahren, wenn sich die Parteien nur durch einen beim BGH zugelassenen Rechtsanwalt vertreten lassen können, 2. in Verfahren über die Rechtsbeschwerde nach § 15 des Kapitalanleger-Musterverfahrensgesetzes.	
3206	Verfahrensgebühr, soweit in Nummer 3212 nichts anderes bestimmt ist	1,6
3207	Vorzeitige Beendigung des Auftrags: Die Gebühr 3206 beträgt .... Die Anmerkung zu Nummer 3201 gilt entsprechend.	1,1
3208	Im Verfahren können sich die Parteien nur durch einen beim BGH zugelassenen Rechtsanwalt vertreten lassen: Die Gebühr 3206 beträgt	2,3
3209	Vorzeitige Beendigung des Auftrags, wenn sich die Parteien nur durch einen beim BGH zugelassenen Rechtsanwalt vertreten lassen können: Die Gebühr 3206 beträgt .... Die Anmerkung zu Nummer 3201 gilt entsprechend.	1,8

A. Allgemeines

Die vorgenannten Gebühren regeln die Verfahrensgebühren im Revisionsverfahren der Zivil-, Verwaltungs-, Arbeitsgerichts- und Finanzgerichtsbarkeit. Im Revisionsverfahren der Sozialgerichtsbarkeit gelten die Nrn. 3206 und 3207 nur, wenn der RA Wertgebühren erhält. Erhält er dagegen Betragsrahmengebühren, gilt die Nr. 3212. Zur Abgrenzung wird auf die Kommentierung zu dieser Nummer verwiesen. Die Gebühren haben die gleiche Höhe wie in der Berufungsinstanz, in der Finanzgerichtsbarkeit sogar wie in der ersten Instanz. Lediglich in Revisionsverfahren vor dem BGH, wenn sich die Parteien nur durch einen beim Bundesgerichtshof zugelassenen Rechtsanwalt vertreten lassen können, gelten höhere Gebühren (Nrn. 3208 und 3209). 1

Darüber hinaus gelten die Gebührentatbestände Nr. 3208 und Nr. 3209 auch für die in Vorb. 3.2.1 Abs. 1 aufgeführten Beschwerde- bzw. Rechtsbeschwerdeverfahren, wenn der BGH zuständig ist und sich die Parteien nur durch einen beim Bundesgerichtshof zugelassenen Rechtsanwalt vertreten lassen können. 2

Die Gebührentatbestände sind entsprechend anzuwenden in 3

a) schiedsrichterlichen Verfahren (§ 36 Abs. 1),
b) in sonstigen Verfahren vor den Verfassungsgerichten (§ 37 Abs. 2) und
c) in Vorabentscheidungsverfahren vor dem EuGH (§ 38 Abs. 1).

Wegen der Einzelheiten wird auf die Kommentierung zu diesen Paragraphen hingewiesen.

Vorbemerkung 3.2.2, Nrn. 3206–3209 VV

B. Kommentierung

1. Vorbemerkung 3.2.2

4 Die Vorbemerkung 3.2.2 Abs. 1 wiederholt die Anordnung aus Vorb. 3.2.1 Abs. 2. In den Verfahren, in denen sich die Parteien nur durch einen beim Bundesgerichtshof zugelassenen Rechtsanwalt vertreten lassen können, finden die Nrn. 3208 bis 3211 Anwendung. Wegen der Aufzählung der Beschwerde- oder Rechtsbeschwerdeverfahren, auf die dies zutrifft, wird auf die Kommentierung zu Vorb. 3.2.1 verwiesen.

5 Vorbemerkung 3.2.2 Abs. 2 sieht vor, dass im Rechtsbeschwerdeverfahren nach dem KapMuG die für das Revisionsverfahren geltenden Gebührenvorschriften anzuwenden sind (wie beim GKG). Dies wurde durch das Kapitalanleger-Musterverfahrensgesetz vom 16. 08. 2005 (BGBl. I, 2437) in das RVG eingefügt und tritt am 01. 11. 2010 wieder außer Kraft.

2. Verfahrengebühr

6 Die Verfahrensgebühr entsteht unter den gleichen Voraussetzungen wie die Verfahrensgebühr Nr. 3200 und reduziert sich unter den Voraussetzungen der Nr. 3201. Es wird daher auf die Ausführungen zu diesen Nummern verwiesen. Unterschiedlich ist lediglich, dass in den Verfahren vor dem BGH die Höhe sich nach den Nrn. 3208 bzw. 3209 richtet, wenn sich die Parteien **nur** durch einen beim Bundesgerichtshof zugelassenen Rechtsanwalt vertreten lassen können. Kann die Vertretung in den Verfahren vor dem BGH auch durch einen anderen RA erfolgen, verbleibt es bei den Gebühren Nrn. 3206 bzw. 3207.

7 Die Erhöhung in den Nrn. 3208 und 3209 gilt nicht für den nicht beim BGH postulationsfähigen RA (BGH NJW 2007, 1461, der damit die Streitfrage entschieden hat), auch wenn er grundsätzlich im Verfahren vor dem BGH Gebühren verdienen kann (KG Rpfleger 1996, 171; OLG München Rpfleger 1994, 384; OLG Zweibrücken Rpfleger 1994, 228; OLG Düsseldorf JurBüro 1991, 683; OLG Hamm AnwBl. 1986, 208; **a. A.:** OLG Koblenz JurBüro 1996, 307 m. abl. Anm. Hansens).

3. Wert

8 Die Grundsätze für den Wert von Berufung und Revision sind gleich, daher wird auf die Ausführungen zu Nr. 3200 verwiesen.

4. Kostenerstattung

9 Für die Kostenerstattung in Revisionsverfahren und den in Nr. 3.2.1 Abs. 1 aufgeführten Beschwerde- oder Rechtsbeschwerdeverfahren gelten die gleichen Grundsätze wie im Berufungsverfahren. Es wird daher auf die Ausführungen bei Nr. 3200 Rn. 9 ff. verwiesen.

Nrn. 3210–3211 VV

Nr.	Gebührentatbestand	Gebühr oder Satz der Gebühr nach § 13 RVG
3210	Terminsgebühr, soweit in Nummer 3213 nichts anderes bestimmt ist .... Die Anmerkung zu Nummer 3104 gilt entsprechend.	1,5
3211	Wahrnehmung nur eines Termins, in dem der Revisionskläger nicht ordnungsgemäß vertreten ist und lediglich ein Antrag auf Versäumnisurteil oder zur Prozess- oder Sachleitung gestellt wird: Die Gebühr 3210 beträgt .... Die Anmerkung zu Nummer 3105 und Absatz 2 der Anmerkung zu Nummer 3202 gelten entsprechend.	0,8

A. Allgemeines

Nr. 3210 und Nr. 3211 regeln die Terminsgebühr in den Revisionsverfahren sowie in den in Vorb. 3.2.1 Abs. 1 aufgeführten Beschwerde- und Rechtsbeschwerdeverfahren vor dem BGH. 1

B. Kommentierung

Das Entstehen der Terminsgebühr Nr. 3210 und ihre Reduzierung nach Nr. 3211, der Wert und die Erstattungsgrundsätze richten sich nach den gleichen Grundsätzen wie bei der Berufung (Nrn. 3202 und 3203). Es wird daher auf die Kommentierung zu den genannten Nummern Bezug genommen. 2

Nrn. 3212–3213 VV

Nr.	Gebührentatbestand	Gebühr oder Satz der Gebühr nach § 13 RVG
3212	Verfahrensgebühr für Verfahren vor dem Bundessozialgericht, in denen Betragsrahmengebühren entstehen (§ 3 RVG)	80,00 bis 800,00 EUR
3213	Terminsgebühr in Verfahren vor dem Bundessozialgericht, in denen Betragsrahmengebühren entstehen (§ 3 RVG) Die Anmerkung zu Nummer 3106 gilt entsprechend.	40,00 bis 700,00 EUR

Betragsrahmengebühren (Nrn. 3212, 3213)

1 Unter Bezugnahme auf die Ausführungen zu § 3 entsteht für den vor dem **Bundessozialgericht** tätigen Rechtsanwalt nach **Nr. 3212** eine **Verfahrensgebühr** in Höhe von € 80,00 bis € 800,00 (Mittelgebühr € 440,00) und nach **Nr. 3213** für die Wahrnehmung des Termins zur mündlichen Verhandlung eine **Terminsgebühr** in Höhe von € 40,00 bis € 700,00 (Mittelgebühr € 370,00). Bzgl. der Besonderheiten wird auf die Kommentierung zu Nrn. 3204, 3205 verwiesen.

Vorbemerkung 3.3.1, Nrn. 3300–3301 VV

Nr.	Gebührentatbestand	Gebühr oder Satz der Gebühr nach § 13 RVG
	Abschnitt 3 **Gebühren für besondere Verfahren** **Unterabschnitt 1** **Besondere erstinstanzliche Verfahren**	
	Vorbemerkung 3.3.1: Die Terminsgebühr bestimmt sich nach Abschnitt 1.	
3300	Verfahrensgebühr 1. für das Verfahren vor dem Oberlandesgericht nach § 16 Abs. 4 des Urheberrechtswahrnehmungsgesetzes und 2. für das erstinstanzliche Verfahren vor dem Bundesverwaltungsgerichtshof und dem Oberverwaltungsgericht (Verwaltungsgerichtshof)............................	1,6
3301	Vorzeitige Beendigung des Auftrags: Die Gebühr 3300 beträgt....................... Die Anmerkung zu Nummer 3201 gilt entsprechend.	1,0

A. Allgemeines

1. Verfahren nach § 16 Abs. 4 des Urheberrechtswahrnehmungsgesetzes (UrhWahrnG)

In Streitfällen, in denen eine Verwertungsgesellschaft i. S. d. § 1 Abs. 1 UrhWahrnG oder ein Sendeunternehmen und ein Kabelunternehmen beteiligt sind, können Ansprüche im Wege der Klage geltend gemacht werden, nachdem ein Verfahren vor der Schiedsstelle vorausgegangen ist (§ 16 Abs. 1 UrhWahrnG). Betreffen diese Verfahren Ansprüche auf Abschluss eines Gesamtvertrags (§ 12 UrhWahrnG) oder eines Vertrags nach § 14 Abs. 1 Nr. 2 UrhWahrnG, ist das für den Sitz der Schiedsstelle zuständige Oberlandesgericht im ersten Rechtszug zuständig (§ 16 Abs. 4 UrhWahrnG). 1

2. Erstinstanzliche Verfahren vor dem BVerwG und dem OVG (VGH)

Es handelt sich um Verfahren nach §§ 47, 48 und 50 VwGO. Die Regelung befand sich früher im § 114 Abs. 2 BRAGO. 2

B. Kommentierung

1. Verfahrensgebühr

Die Gebühr entsteht auch in Verfahren des einstweiligen Rechtsschutzes in den Verfahren vor dem BVerwG und OVG, da eine der Vorb. 3.2 Abs. 2 entsprechende Vorschrift fehlt. 3

Im Übrigen entsprechen die Voraussetzungen für den Anfall und die Reduzierung der Verfahrensgebühr in den genannten Verfahren denen im Berufungsverfahren. Es wird daher auf die Kommentierung zu den Nrn. 3200 und 3201 verwiesen.

Vorbemerkung 3.3.1, Nrn. 3300–3301 VV

2. Terminsgebühr

4 Nach der Vorbemerkung 3.3.1 bestimmt sich die Terminsgebühr für die im Abschnitt 3 Unterabschnitt 1 aufgeführten Verfahren nach Abschnitt 1. Das bedeutet, dass die Nrn. 3104 und 3105 zur Anwendung kommen. Wegen der Einzelheiten wird auf die Kommentierung zu diesen Nummern verwiesen.

3. Wert

5 Der Wert richtet sich für alle Verfahren nach dem GKG (§ 23 Abs. 1 RVG).

4. Kostenerstattung

6 Für die Kostenerstattung gelten die gleichen Grundsätze wie im Berufungsverfahren. Dies gilt insbesondere für die Erstattung der Vergütung des RA des Antragsgegners. Wegen der Einzelheiten wird auf die Ausführungen zu Nr. 3200 verwiesen.

MAHNVERFAHREN

Vorbemerkung 3.3.2, Nrn. 3305–3308 VV

Allgemeines

Nr.	Gebührentatbestand	Gebühr oder Satz der Gebühr nach § 13 RVG
	Unterabschnitt 2 Mahnverfahren	
	Vorbemerkung 3.3.2: Die Terminsgebühr bestimmt sich nach Abschnitt 1.	
3305	Verfahrensgebühr für die Vertretung des Antragstellers ..... Die Gebühr wird auf die Verfahrensgebühr für einen nachfolgenden Rechtsstreit angerechnet.	1,0

Die Vergütungsverzeichnisnummern 3305 bis 3308 regeln die Gebühren für die Tätigkeit des Anwalts im gerichtlichen Mahnverfahren (§§ 688 bis 703 d ZPO). **1**

Das gerichtliche Mahnverfahren beginnt nach der ZPO mit dem Eingang des Antrags auf Erlass eines Mahnbescheids beim zuständigen Mahngericht und endet, nach Erheben des Widerspruches, mit der Abgabe des Verfahrens an das im Mahnantrag bezeichnete Streitgericht (*Vollkommer* in Zöller ZPO vor § 688 Rn. 5; § 696 Rn. 5), wobei der Widerspruch allein das Mahnverfahren noch nicht beendet (BGH NJW-RR 1992, 1021–1022), und mit Erlass des Vollstreckungsbescheids bzw. mit Rücknahme des Mahnantrags. **2**

Der Anwalt erhält die Gebühren nach Nrn. 3305 bis 3308 dann, wenn sich seine Tätigkeit auf das Mahnverfahren beschränkt. Ist er vorher außergerichtlich tätig geworden, erhält er daneben Gebühren gem. Nr. 2400; wird er im nachfolgenden streitigen Verfahren tätig, erhält er außerdem Gebühren gem. Nrn. 3100 ff., wobei die jeweiligen Anrechnungsvorschriften zu beachten sind. **3**

Der Gesetzgeber unterscheidet zwischen der Tätigkeit für den Antragsteller (Nrn. 3305, 3306, 3308) und für den Antragsgegner (Nr. 3307). **4**

Nr. 3305
Vertretung des Antragstellers

Inhaltsübersicht

	Rn.
A. Allgemeines	1
B. Kommentierung	2
I. Abgeltungsbereich	2
II. Entstehen der Gebühr	5
III. Höhe der Gebühr	14
1. Gegenstandswert	14
2. Vertretung mehrerer Personen als Auftraggeber	22
IV. Anrechnungsvorschrift – Anm. zu Nr. 3305	25
1. Anrechnung auf nachfolgendes streitiges Verfahren	26
2. Anrechnung bei vorausgegangener außergerichtlicher Tätigkeit und sich an das Mahnverfahren anschließender Tätigkeit im streitigen Verfahren	35
V. Verhältnis der Mahnverfahrensgebühr zu anderen Gebühren	40
1. Einigungsgebühr	40
2. Terminsgebühr	43
VI. Erstattungsfähigkeit der Mahnverfahrensgebühr	60

A. Allgemeines

1 Die Gebühr Nr. 3305 erhält der Anwalt für die Vertretung des Antragstellers im Mahnverfahren. Sie entspricht vom Grundgedanken her der Regelung in § 43 Abs. 1 Nr. 1 BRAGO. Der Gesetzgeber charakterisiert die Gebühr als Verfahrensgebühr, ohne einzelne Tätigkeiten, wie z. B. die Mitteilung des Widerspruchs an den Auftraggeber (so noch in der BRAGO) hervorzuheben.

B. Kommentierung

I. Abgeltungsbereich

2 Der Auftrag an den Anwalt, einen Mahnbescheid zu beantragen, erfolgt i. d. R. im Anschluss an eine außergerichtliche Tätigkeit oder ohne außergerichtliche Tätigkeit zum Zwecke der Verjährungshemmung. Insoweit muss der Anwalt den Auftraggeber beraten, ob und wann ein Mahnbescheid sinnvoll ist und ob dieser zulässig ist. Die Tätigkeit des Anwalts beginnt also bereits vor dem eigentlichen gerichtlichen Mahnverfahren, weshalb sie zu vergüten ist.

3 Der Anwalt des Antragstellers erhält für seine Tätigkeit im Verfahren über den Antrag auf Erlass eines Mahnbescheides eine 1,0 Verfahrensgebühr gem. Nr. 3305. Mit dieser Gebühr wird die gesamte Tätigkeit des Anwalts innerhalb des Mahnverfahrens pauschal abgegolten (Ausnahme: Antrag auf Erlass des Vollstreckungsbescheides, diese Tätigkeit stellt einen eigenen Gebührentatbestand dar).

4 Insbesondere umfasst die Gebühr Nr. 3305 folgende Tätigkeiten:

- Entgegennahme des Auftrages, Information und Beratung des Auftraggebers;
- Einreichen des Antrages;
- Erinnerung bei Zurückweisung des Antrages;
- Mitteilung über eingelegten Widerspruch durch den Antragsgegner;
- Bearbeitung von gerichtlichen Verfügungen.

II. Entstehen der Gebühr

Die Gebühr entsteht bereits mit der ersten Tätigkeit nach Entgegennahme des Auftrags, nicht 5
erst mit Einreichen des Antrags auf Erlass des Mahnbescheids (so aber Enders RVG für Anfänger Rn. 1559). Folgte man dieser Auffassung, so würde konsequenterweise ohne Einreichen des Mahnantrags keine Gebühr Nr. 3305 entstehen. Die gesamte Tätigkeit des Anwalts, die er bis zu diesem Zeitpunkt entfaltet hat, Entgegennahme des Auftrags, Information und Beratung des Mandanten zum Mahnverfahren oder zu Verjährungsproblemen, bliebe ohne Vergütung. Enders nimmt jedoch für den Fall, dass die Tätigkeit des Anwalts endet, bevor er den Mahnantrag eingereicht hat, (richtig) an, dass sich die Verfahrensgebühr wegen Nr. 3306 auf 0,5 ermäßigt. Mit Verfahrensgebühr kann jedoch doch nur die Gebühr Nr. 3305 gemeint sein; Nr. 3306 beträgt von vornherein nur 0,5. Das bedeutet, dass Nr. 3305 bereits vor Beendigung des Auftrags entstanden sein muss, sonst könnte sie sich nicht ermäßigen.

Die Gebühr Nr. 3305 ist als Verfahrensgebühr in Vorbemerkung 3 Abs. 2 VV definiert: »**Die** 6
Verfahrensgebühr entsteht für das Betreiben des Geschäfts einschließlich der Information.« Vorbemerkung 3 VV gilt als allgemeine Bemerkung für sämtliche im dritten Teil aufgeführten Verzeichnisnummern, mithin auch für die Verfahrensgebühr im Mahnverfahren. Wenn schon der Begriff Verfahrensgebühr mit Betreiben des Geschäfts definiert ist, dann entsteht die Gebühr Nr. 3305 bereits mit der ersten Tätigkeit nach Auftrag an den Anwalt und nicht erst mit dem Einreichen des Mahnantrags.

Die Mahnverfahrensgebühr Nr. 3305 entsteht demnach bereits mit der ersten Tätigkeit des 7
Anwalts in Höhe von 1,0. Sie kann sich jedoch unter bestimmten Umständen ermäßigen. Diese Ermäßigung entspricht auch dem Charakter des Gebührentatbestands Nr. 3306; es handelt sich hierbei nämlich nicht um eine eigene Gebühr, sondern lediglich um einen Ermäßigungstatbestand zur bereits verdienten Gebühr Nr. 3305 (vgl. Kommentierung zu Nr. 3306).

Wird der Anwalt erst nach Antragstellung tätig, erhält er ebenfalls eine volle 1,0 Verfahrens- 8
gebühr Nr. 3305, und zwar für die Information und Beratung des Auftraggebers sowie z. B. für einen Antrag auf Neuzustellung des Mahnbescheids oder das Beheben von Monierungen durch das Mahngericht. Diese Auffassung ist streitig (ebenso: *Gebauer* in Gebauer/Schneider RVG 1. Aufl. VV Nr. 3305 Rn. 7 m. w. N.; *Müller-Rabe* in Gerold/Schmidt/von Eicken/Madert/Müller-Rabe RVG VV Nr. 3305 Rn. 7 u. 8; Schmidt RVGreport 2004, 47, 51; **a. A.:** *Gierl* in Mayer/Kroiß RVG VV Nr. 3306 Rn. 4 mit Hinweis auf *Keller* in Riedel/Sußbauer RVG § 43 Rn. 4 u. 5; Hansens/Braun/Schneider Praxis des Vergütungsrechts VV 3305 Rn. 620). Wird der Anwalt nach Erlass des Mahnbescheides mit der Rücknahme des Mahnantrages beauftragt, so entsteht die Gebühr Nr. 3305 und zwar nach dem Wert, den der Gegenstand der anwaltlichen Tätigkeit hat (OLG Düsseldorf JurBüro 2007, 80). Wird der Mahnantrag nur teilweise zurückgenommen, so berechnet sich die Gebühr aus dem Wert des zurückgenommenen Betrages, denn nur insoweit ist der Anwalt tätig geworden.

Wird der Anwalt mandatiert, nachdem der Antragsgegner gegen den Mahnbescheid Wider- 9
spruch eingelegt hat, so entsteht für die weitere Tätigkeit bis zur Abgabe des Verfahrens an das Streitgericht ebenfalls die Verfahrensgebühr Nr. 3305. Kommt es in diesem Verfahrensstadium z. B. zu Besprechungen mit dem Antragsgegner, so kann hierfür auch eine Terminsgebühr entstehen.

Der Antrag auf Durchführung des streitigen Verfahrens gehört prozessrechtlich gesehen 10
nicht mehr zum Mahnverfahren, denn dieser Antrag ist die Voraussetzung dafür, dass das Mahnverfahren an das Streitgericht abgegeben wird; es handelt sich um einen Sachantrag, der bereits die Gebühr Nr. 3100 auslöst (*Gebauer* in Gebauer/Schneider RVG 1. Aufl. VV 3305 Rn. 12, 13 – im Widerspruch zu Rn. 7, wonach der Anwalt eine 1,0 Verfahrensgebühr Nr. 3305 erhalten soll, wenn er nach Widerspruchseinlegung zunächst die Abgabe der Sache an das Prozessgericht beantragt). Der Antrag kann bereits in den Mahnantrag aufgenommen werden, § 696 Abs. 1 Satz 2 ZPO, für den Fall, dass der Antragsgegner Widerspruch erhebt.

Nr. 3305 VV

Der Antrag steht insoweit unter dem Vorbehalt, dass Widerspruch erhoben wird; tritt die Bedingung ein, dann entsteht die Verfahrensgebühr Nr. 3100. Wird der Antrag, das streitige Verfahren durchzuführen, erst nach Erheben des Widerspruchs gestellt, so ist dies bereits dem streitigen Verfahren zuzuordnen, so dass die Gebühr Nr. 3100 entsteht (vgl. auch *Gierl* in Mayer/Kroiß RVG VV 3305 Rn. 4). Das LG München sieht bereits in der Überweisung der Gerichtskosten einen konkludenten Antrag auf Durchführung des streitigen Verfahrens, welcher für den Prozessbevollmächtigten eine 1,3 Verfahrensgebühr gem. Nr. 3100 auslöst (LG München Rpfleger 2005, 701 = JurBüro 2005, 540 – in dem entschiedenen Fall hatte die Antragstellerin den Mahnbescheid selbst beantragt, der Prozessbevollmächtigte hatte nach Erheben des Widerspruchs die Gerichtskosten eingezahlt). Eines gesonderten (überflüssigen) Antrages auf Durchführung des streitigen Verfahrens bedarf es zur Entstehung der Verfahrensgebühr Nr. 3100 nicht.

11 Auch der Auftrag, nach Erlass des Mahnbescheids und nicht erhobenem Widerspruch einen Vollstreckungsbescheid zu beantragen, löst nicht mehr die Gebühr Nr. 3305 aus, hierfür entsteht die Gebühr Nr. 3308.

12 Soll der Anwalt – entgegen des ursprünglichen Auftrags, den Mandanten im nachfolgenden streitigen Verfahren zu vertreten – gleichwohl noch im Mahnverfahren tätig werden, wenn sich z. B. erst nach Auftragserteilung für das streitige Verfahren herausstellt, dass eine Neuzustellung des Mahnbescheids notwendig wird und beantragt werden muss, so muss der Anwalt den Mandanten darauf hinweisen, dass dies eine gebührenauslösende Tätigkeit gem. Nr. 3305 ist.

13 Dass der Anwalt den Mandanten nach Erlass des Mahnbescheids noch im Mahnverfahren vertritt, wird in der Praxis sicher nicht allzu häufig vorkommen, gleichwohl ist diese Konstellation natürlich denkbar, u. a. was die Bearbeitung von Monierungen angeht oder wenn der Mandant den Anwalt beauftragt, den Antragsgegner zur Rücknahme des Widerspruchs zu bewegen.

III. Höhe der Gebühr

1. Gegenstandswert

14 Der Gegenstandswert für die anwaltliche Gebührenrechnung im Mahnverfahren bestimmt sich nach § 23 Abs. 1 Satz 1 RVG. Zugrundezulegen ist danach die mit dem Mahnantrag geltend gemachte Hauptforderung. Der Wert der Nebenforderung wird nicht berücksichtigt (§ 43 Abs. 1 GKG; § 4 Abs. 1 ZPO).

15 War der Anwalt für den Mandanten bereits außergerichtlich tätig, so sind die für die außergerichtliche Tätigkeit entstandenen Gebühren nicht in vollem Umfange auf die Gebühren für die Tätigkeit in einem nachfolgenden gerichtlichen Verfahren anzurechnen. Vorbemerkung 3 VV gilt insoweit für alle gerichtlichen Verfahren des 3. Abschnittes, also auch für das Mahnverfahren.

16 So stellt Vorbem. 3 Abs. 4 Satz 1 VV klar, dass – soweit wegen desselben Gegenstands eine Geschäftsgebühr nach den Nrn. 2300 bis 2303 entstanden ist – diese Gebühr zur Hälfte, jedoch höchstens mit einem Gebührensatz von 0,75, auf die Verfahrensgebühr des gerichtlichen Verfahrens angerechnet wird. Es verbleibt also immer ein Teil der außergerichtlich verdienten Geschäftsgebühr, der nicht anzurechnen ist. Sofern der Mandant eine materielle Anspruchsgrundlage hinsichtlich dieses nicht anzurechnenden Teiles der außergerichtlichen Kosten hat, stellt sich die Frage, ob er diesen Anspruch im Mahnbescheid mit geltend machen kann und – wenn ja – ob sich der bezifferte Gebührenteil auf den Gegenstandswert des Mahnverfahrens auswirkt. Ist er zum Gegenstandswert zu addieren oder kommt als Gegenstandswert nur die ursprüngliche Hauptforderung in Betracht? Spätestens dann, wenn sich durch eine Addition des außergerichtlichen Gebührenteils zur Hauptforderung ein Gebührensprung hinsichtlich

der im Mahnverfahren entstehenden Anwalts- und Gerichtskosten ergeben würde, ist diese Frage von Bedeutung.

Zur Beantwortung dieser Frage wird verwiesen auf die ausführliche Kommentierung im vorliegenden Kommentar von Bischof hinsichtlich der Anrechnung von Teilen der Geschäftsgebühr auf die Verfahrensgebühr Nr. 3100 Rn. 55. Gleiches gilt für die Mahnverfahrensgebühr:

Außergerichtlich entstandene und nicht anzurechnende Gebührenteile müssen neben der eigentlichen Hauptforderung mit in dem Antrag auf Erlass eines Mahnbescheids geltend gemacht werden.

Sie sind bei der Bestimmung des Gegenstandswertes nicht zu berücksichtigen, d. h., diese Kosten werden zur Berechnung des Gegenstandswertes nicht mit der Hauptforderung addiert. Dasselbe gilt auch, wenn der Antragsteller die für die außergerichtliche Tätigkeit entstandenen Anwaltskosten, soweit sie nicht anzurechnen sind, in einem eigenständigen zweiten Forderungsgrund neben der Hauptforderung geltend macht. Auch dann verändert sich der Charakter der Forderung nicht. Es sind und bleiben Kosten, die bei der Bestimmung des Gegenstandswertes nicht zu berücksichtigen sind (vgl. Enders in JurBüro 2004, 57).

Momentan, bis zur Einführung entsprechend gestalteter Formulare, wird der Beitrag, auf den sich die Gebühr Nr. 3305 wegen der Anrechnung der Geschäftsgebühr mindert (»Minderungsbetrag«), unter IV. »Andere Nebenforderungen« (Zeile 44 des Mahnbescheidsantrages) eingetragen, und zwar im Feld »sonstige Nebenforderung«. Das Feld »Bezeichnung« muss zwingend die Formulierung »Minderungsbetrag 3305« enthalten. Der Betrag wird ohne Auslagenpauschale und ohne Umsatzsteuer eingetragen, da es ansonsten zu Monierungen kommt. Ist der Bereich »Sonstige Nebenforderungen« bereits anderweitig belegt, so ist die Gebühr 3305 (als »Minderungsbetrag 3305«) auf einem mit dem Formular fest verbundenen Anlagenblatt anzugeben.

Die Geschäftsgebühr Nr. 2300 wird in voller Höhe, einschließlich Auslagenpauschale und Umsatzsteuer, in Zeile 44 unter »Anwaltsvergütung vorgerichtl. Tätigkeit« betragsmäßig angegeben (Vordruckfassung 01. 05. 2007).

2. Vertretung mehrerer Personen als Auftraggeber

Vertritt der Anwalt mehrere Personen als Auftraggeber, erhöht sich die Gebühr Nr. 3305 gem. Nr. 1008 um 0,3 für jeden weiteren Auftraggeber. Die Anwendbarkeit von Nr. 1008 ergibt sich aus Vorbemerkung 1.1 VV. Danach entstehen die allgemeinen Gebühren des Teil 1 VV neben den in anderen Teilen bestimmten Gebühren.

Mehrere Erhöhungen dürfen einen Gebührensatz von 2,0 nicht übersteigen (Nr. 1008 Abs. 3). Der Anwalt kann also bei der Vertretung mehrerer Personen als Auftraggeber im Mahnverfahren maximal 3,0 (1,0 + 2,0) Gebühren verdienen.

Zu beachten ist, dass im gesamten Mahnverfahren nur eine Verfahrensgebühr gem. Nr. 1008 erhöht wird. Sofern sich bereits die Gebühr Nr. 3305 wegen mehrerer Auftraggeber erhöht, bleibt es bei dieser Erhöhung. Die weitere Verfahrensgebühr Nr. 3308 wird nicht erhöht. Dies ergibt sich aus Satz 2 der Anmerkung zu Nr. 3308.

IV. Anrechnungsvorschrift – Anm. zu Nr. 3305

Die Anmerkung zu Nr. 3305 bestimmt, dass die Gebühr Nr. 3305 auf eine Verfahrensgebühr für einen nachfolgenden Rechtsstreit anzurechnen ist. Aus der Formulierung ergibt sich, dass eine Anrechnung für eine Tätigkeit gem. Nr. 3308 (Antrag auf Erlass eines Vollstreckungsbescheides) nicht vorgesehen ist.

Nr. 3305 VV

1. Anrechnung auf nachfolgendes streitiges Verfahren

26 Das Mahnverfahren endet mit dem Eingang der Akten bei dem im Mahnantrag bezeichneten Streitgericht. Gem. § 697 Abs. 1 ZPO wird dem Antragsteller aufgegeben, den im Mahnantrag bezeichneten Anspruch binnen zwei Wochen in einer der Klageschrift entsprechenden Form zu begründen.

27 Für das Stellen der Klageanträge erhält der Anwalt eine 1,3 Verfahrensgebühr Nr. 3100. Auf diese Gebühr ist die Gebühr Nr. 3305 anzurechnen, sofern der Anwalt den Auftraggeber bereits im vorausgegangenen Mahnverfahren wegen desselben Gegenstandes vertreten hat. Die Anrechnung erfolgt nach dem Wert des Gegenstandes, der in das gerichtliche Verfahren übergegangen ist, d. h. die Anrechnung setzt eine Identität des Gegenstandes voraus.

28 Zwar bestimmt § 17 Nr. 2 RVG, dass das Mahnverfahren und das sich anschließende streitige Verfahren verschiedene Angelegenheiten sind; gleichwohl ist die Anrechnungsvorschrift in der Anmerkung zu Nr. 3305 eindeutig – die 1,0 Verfahrensgebühr Nr. 3305 ist auf die 1,3 Verfahrensgebühr Nr. 3100 anzurechnen. Das bedeutet, dass der Anwalt die Gebühr Nr. 3305 in Höhe von 1,0 erhält sowie die Gebühr Nr. 3100 in Höhe von 1,3. Nach Anrechnung verbleiben ihm somit nach vorheriger Durchführung des Mahnverfahrens 0,3 (1,3 ./. 1,0) Gebühren mehr als wenn er nur mit der Durchführung des streitigen Verfahrens beauftragt worden wäre.

29 Die Anrechnungsvorschrift erfasst nicht die jeweils entstandenen Auslagen gem. Nrn. 7001, 7002. Diese sind nicht anzurechnen und können sowohl für das Mahn- als auch für das Streitverfahren gesondert verlangt werden und sind insoweit auch erstattungsfähig (BGH, Beschl. v. 28. 10. 2004 – III ZB 41/04, RVGreport 2004, 470; BGH, Beschl. v. 13. 07. 2004 – VIII ZB 14/04, JurBüro 2004, 649: jeweils Entscheidungen zu § 26 Satz 2 BRAGO, die aber ohne Einschränkungen auf das RVG anzuwenden sind, zumal – im Gegensatz zur BRAGO – nunmehr ausdrücklich durch § 17 Nr. 2 RVG geregelt ist, dass es sich um zwei verschiedene Angelegenheiten handelt). Im Übrigen ergibt sich dies auch aus der Anmerkung zu Nr. 7002. Darüber hinaus erfolgt die Anrechnung aus dem vollen Betrag der Gebühr, nicht aus dem nach Anrechnung verbleibenden Teilbetrag der Gebühr (ebenso: *Müller-Rabe* in Gerold/Schmidt/von Eicken/Madert/Müller-Rabe RVG VV 7001, 7002 Rn. 40; LG Essen JurBüro 2002, 246; AG Siegburg JurBüro 2003, 533; **a. A.:** KG JurBüro 2000, 583; LG Berlin Rpfleger 1988, 42).

30 Eine Anrechnung der Mahnverfahrensgebühr auf die Verfahrensgebühr des streitigen Verfahrens erfolgt nur, soweit der Gegenstand des Mahnverfahrens identisch ist mit dem des streitigen Verfahrens. Dies ist immer der Fall, wenn wegen des mit Mahnbescheid verfolgten Anspruchs Widerspruch erhoben wird und diese Forderung sodann im streitigen Verfahren weiter geltend gemacht wird. Eine Ausnahme ergibt sich dann, wenn die Forderung mit den streitigen Anträgen erhöht wird, dieser Teil der Forderung also vorher nicht im Mahnverfahren verfolgt wurde. Dieser Wert des Streitgegenstandes bleibt dann bei der Anrechnung unberücksichtigt.

31 • **Beispiel (Höhe des Gegenstandswertes im Mahnverfahren ist identisch mit dem des streitigen Verfahrens)**
Der Anwalt versucht auftragsgemäß, im Mahnverfahren eine Forderung in Höhe von € 1.000,00 vom Gegner zu erlangen. Nach Erheben des Widerspruchs wird diese Forderung im streitigen Verfahren weiter verfolgt. Der Anwalt kann berechnen:

Gegenstandswert: € 1.000,00

1. Tätigkeit im Mahnverfahren

1,0 Verfahrensgebühr, Nr. 3305	€ 85,00
Auslagenpauschale, Nr. 7002	€ 17,00
Zwischensumme	€ 102,00
19 % Umsatzsteuer, Nr. 7008	€ 19,38
Zwischensumme	€ 121,38

2. Tätigkeit im streitigen Verfahren

1,3 Verfahrensgebühr, Nr. 3100		€ 110,50
abzüglich 1,0 Verfahrensgebühr gem. Anm. zu Nr. 3305	./.	€ 85,00
Auslagenpauschale, Nr. 7002 (errechnet aus € 110,50)		€ 20,00
Zwischensumme		€ 45,50
19 % Umsatzsteuer, Nr. 7008		€ 8,65
Zwischensumme		€ 54,16
Endsumme 1. + 2.:		**€ 175,54**

• **Beispiel: Höhe des Gegenstandswertes im Mahnverfahren ist höher als im sich anschließenden streitigen Verfahren** 32

Der Anwalt versucht auftragsgemäß, im Mahnverfahren eine Forderung in Höhe von € 5.000,00 vom Gegner zu erlangen. Der Gegner anerkennt und zahlt € 2.500,00, wegen der restlichen € 2.500,00 erhebt er Widerspruch und die Sache wird nach entsprechendem Antrag an das Streitgericht abgegeben. Die Anrechnung erfolgt nach dem Wert des Gegenstandes, der in das gerichtliche Verfahren übergegangen ist, nämlich in Höhe eines Betrages von € 2.500,00. Der Anwalt kann berechnen:

1. Tätigkeit im Mahnverfahren

Gegenstandswert: € 5.000,00

1,0 Verfahrensgebühr, Nr. 3305	€ 301,00
Auslagenpauschale, Nr. 7002	€ 20,00
Zwischensumme	€ 321,00
19 % Umsatzsteuer, Nr. 7008	€ 60,99
Zwischensumme	€ 381,99

2. Tätigkeit im streitigen Verfahren

Gegenstandswert: € 2.500,00

1,3 Verfahrensgebühr, Nr. 3100		€ 209,30
abzüglich 1,0 Verfahrensgebühr aus Gegenstandswert € 2.500,00 gem. Anm. zu Nr. 3305	./.	€ 161,00
Auslagenpauschale, Nr. 7002 (errechnet aus € 209,30)		€ 20,00
Zwischensumme		€ 68,30
19 % Umsatzsteuer, Nr. 7008		€ 12,98
Zwischensumme		€ 81,28
Endsumme 1. + 2.:		**€ 463,27**

• **Beispiel: Höhe des Gegenstandswertes im Mahnverfahren ist niedriger als im sich anschließenden streitigen Verfahren** 33

Der Anwalt versucht auftragsgemäß, im Mahnverfahren eine Forderung in Höhe von € 3.000,00 geltend zu machen. Der Antragsgegner legt Widerspruch ein. Im sich anschließenden streitigen Verfahren macht der Mandant weitere Ansprüche in Höhe von € 2.000,00 geltend. Auch hier erfolgt eine Anrechnung nur des Gegenstandswertes, der in das gerichtliche Verfahren übergeht, nämlich der ursprünglichen € 3.000,00. Der Anwalt kann berechnen:

1. Tätigkeit im Mahnverfahren

Gegenstandswert: € 3.000,00

1,0 Verfahrensgebühr, Nr. 3305	€ 189,00
Auslagenpauschale, Nr. 7002	€ 20,00
Zwischensumme	€ 209,00

Nr. 3305 VV

19 % Umsatzsteuer, Nr. 7008	€	39,71
Zwischensumme	€	248,71

2. Tätigkeit im streitigen Verfahren

Gegenstandswert: € 5.000,00

1,3 Verfahrensgebühr, Nr. 3100	€	391,30
abzüglich 1,0 Verfahrensgebühr aus Gegenstandswert		
€ 3.000,00 gem. Anm. zu Nr. 3305	./. €	189,00
Auslagenpauschale, Nr. 7002 (errechnet aus € 391,30)	€	20,00
Zwischensumme	€	222,30
19 % Umsatzsteuer, Nr. 7008	€	42,24
Zwischensumme	€	264,54
Endsumme 1. + 2.:	**€**	**513,25**

33a • **Beispiel: Anwalt wird nach Widerspruch mit der Rücknahme eines Teils des Mahnantrages beauftragt**
Der Antragsteller beantragt einen Mahnbescheid über € 5.000,00. Nachdem der Antragsgegner Widerspruch erhoben hat, wird der Anwalt beauftragt, den Mahnantrag in Höhe von € 4.000,00 zurückzunehmen.

1. Tätigkeit im Mahnverfahren

Gegenstandswert: € 4.000,00 (zur Berechnung vgl. Rn. 8)

1,0 Verfahrensgebühr, Nr. 3305	€	245,00
Auslagenpauschale, Nr. 7002	€	20,00
Zwischensumme	€	265,00
19 % Umsatzsteuer, Nr. 7008	€	50,35
Summe:	**€**	**315,35**

2. Tätigkeit im gerichtlichen Verfahren

Gegenstandswert: € 1.000,00

1,3 Verfahrensgebühr, Nr. 3100	€	318,50
Auslagenpauschale, Nr. 7002	€	20,00
Zwischensumme	€	338,50
19 % Umsatzsteuer, Nr. 7008	€	64,32
Summe:	**€**	**402,82**

Eine Anrechnung der Verfahrensgebühr erfolgt hier nicht. Zwar sind die € 1.000,00 Bestandteil der Mahnbescheidsforderung. Wegen dieses Teilbetrages ist der Anwalt im Mahnverfahren jedoch nicht tätig geworden, da er dort lediglich den Auftrag hatte, einen Teilbetrag in Höhe von € 4.000,00 zurückzunehmen. Der Gegenstand der anwaltlichen Tätigkeit war insoweit nicht derselbe (OLG Düsseldorf JurBüro 2007, 80).

34 Sofern zwischen dem Antrag auf Erlass des Mahnbescheids und der Durchführung des streitigen Verfahrens mehr als zwei Kalenderjahre liegen, so ist § 15 Abs. 5 Satz 2 analog anzuwenden: das streitige Verfahren ist als neue Angelegenheit i. S. v. § 15 Abs. 5 Satz 2 zu betrachten mit der Folge, dass die Mahnverfahrensgebühr Nr. 3305 nicht auf die Gebühr Nr. 3100 angerechnet wird (OLG München in JurBüro 2000, 469 – Entscheidung zu § 13 Abs. 5 Satz 2 BRAGO mit der Begründung, dass – wenn genannte Vorschrift für die selbe Angelegenheit anzuwenden ist – die Anwendung für verschiedene Angelegenheiten nicht weniger sinnvoll erscheint).

2. Anrechnung bei vorausgegangener außergerichtlicher Tätigkeit und sich an das Mahnverfahren anschließender Tätigkeit im streitigen Verfahren

Gem. Vorbem. 3 Abs. 4 VV ist die Geschäftsgebühr nach den Nrn. 2300 bis 2303 auf die Verfahrensgebühr des gerichtlichen Verfahrens zur Hälfte, höchstens jedoch mit einem Gebührensatz von 0,75 anzurechnen. Gemeint ist jedes gerichtliche Verfahren. Die Anrechnung erfolgt nach dem Wert des Gegenstandes, der in das gerichtliche Verfahren übergegangen ist.

Ist der Anwalt zunächst außergerichtlich tätig, sodann im Mahnverfahren und im Anschluss auch im streitigen Verfahren, so wird zunächst die Hälfte der Geschäftsgebühr Nr. 2300 (höchstens 0,75) auf die Verfahrensgebühr des Mahnverfahrens angerechnet. Nach Übergang des Mahnverfahrens in das streitige Prozessverfahren wird sodann die 1,0 Gebühr Nr. 3305 auf die 1,3 Gebühr Nr. 3100 angerechnet. Eine Anrechnung der Geschäftsgebühr erfolgt nur einmal und zwar nur auf das sich anschließende gerichtliche Verfahren. Eine weitere Anrechnung auf eine neben der Mahnverfahrensgebühr entstandene Verfahrensgebühr (Nr. 3100) erfolgt nicht.

Die Anrechnungsvorschrift VV Vorbem. 3 Abs. 4 spricht ohne Einschränkung von einem gerichtlichen Verfahren, ist also sprachlich nicht beschränkt auf das streitige Verfahren. Bei einem Mahnverfahren handelt es sich um ein gerichtliches Verfahren, so dass die Anrechnungsvorschrift greift. Darüber hinaus steht die Regelung zur Anrechnung in den allgemeinen VV-Vorbemerkungen zu Teil 3. Wäre eine Anrechnung nur für das streitige Verfahren vorgesehen gewesen, so hätte sich diese Regelung in VV-Vorbemerkung 3.1. finden müssen.

Zu einem Gebührenverlust für den Anwalt oder einer Mehrbelastung für den Auftraggeber führen die zwei Anrechnungsschritte nicht. Vielmehr ist gewährleistet, dass im Ergebnis durch das vorangegangene Mahnverfahren dieselben Kosten entstehen, als wenn sich nach außergerichtlicher Tätigkeit sogleich das Klageverfahren angeschlossen hätte (bis auf die nicht anzurechnende Auslagenpauschale zzgl. Umsatzsteuer aus dem Mahnverfahren).

- **Beispiel**
Der Anwalt versucht auftragsgemäß, zunächst außergerichtlich einen Betrag in Höhe von € 5.000,00 vom Gegner zu erlangen. Nach erfolglosem Bemühen beantragt er den Erlass eines Mahnbescheids über die gesamte Forderung. Noch vor Antrag auf Erlass des Vollstreckungsbescheids legt der Antragsgegner Widerspruch ein. Es kommt zur Durchführung des streitigen Verfahrens, welches mit Urteil endet. Der Anwalt des Antragstellers kann berechnen:

Gegenstandswert: € 5.000,00

1. Außergerichtliche Tätigkeit

1,3 Geschäftsgebühr, Nr. 2300	€ 391,30
Auslagenpauschale, Nr. 7002	€ 20,00
Zwischensumme	€ 411,30
19 % Umsatzsteuer, Nr. 7008	€ 78,15
Zwischensumme	€ 489,45

2. Mahnverfahren

1,0 Verfahrensgebühr, Nr. 3305		€ 301,00
abzüglich Hälfte der Geschäftsgebühr gem. Vorb. 3 Abs. 4	./.	€ 195,65
Auslagenpauschale, Nr. 7002		€ 20,00
Zwischensumme		€ 125,35
19 % Umsatzsteuer, Nr. 7008		€ 23,82
Zwischensumme		€ 149,17

Nr. 3305 VV

3. Streitiges Verfahren

1,3 Verfahrensgebühr, Nr. 3100		€ 391,30
abzüglich 1,0 Verfahrensgebühr		
gem. Anmerkung zu Nr. 3305	./.	€ 301,00
Auslagenpauschale, Nr. 7002		€ 20,00
Zwischensumme		€ 110,30
19 % Umsatzsteuer, Nr. 7008		€ 20,96
Zwischensumme		€ 131,26
Endsumme 1. + 2. + 3.:		**€ 769,89**

39a Nach der Entscheidung des BGH zur Anrechnungspraxis der Geschäftsgebühr (VII ZR 86/06, JurBüro 2007, 357 = NJW 2007, 2049 = MDR 2007, 984) werden die Beträge im Mahnbescheid und – nach streitigem Verfahren – im Kostenfestsetzungsbeschluss wie folgt tituliert:

– **im Mahnbescheid werden tituliert:**

1,3 Geschäftsgebühr
zuzüglich Auslagenpauschale
zuzüglich Umsatzsteuer
0,35 Mahnverfahrensgebühr (1,0 Mahnverfahrensgebühr abzüglich 0,65 Anrechnung Geschäftsgebühr)
zuzüglich Auslagenpauschale
zuzüglich Umsatzsteuer

– **im Kostenfestsetzungsbeschluss nach streitigem Verfahren werden tituliert:**

0,3 Verfahrensgebühr (1,3 Verfahrensgebühr abzüglich 1,0 Mahnverfahrensgebühr)
zuzüglich Auslagenpauschale
zuzüglich Umsatzsteuer.

Der Anwalt verdient damit insgesamt 1,95 Verfahrensgebühren zuzüglich Auslagenpauschale und Umsatzsteuer – am Gebührenaufkommen des Anwalts ändert sich durch diese Anrechnungsweise selbstverständlich nichts.

• **Beispiel** (Zahlen wie oben unter Rn. 39)

1. Außergerichtliche Tätigkeit

1,3 Geschäftsgebühr, Nr. 2300		€ 391,30
Auslagenpauschale, Nr. 7002		€ 20,00
Zwischensumme		€ 411,30
19 % Umsatzsteuer, Nr. 7008		€ 78,15
Zwischensumme		€ 489,45

2. Mahnverfahren

1,0 Verfahrensgebühr, Nr. 3305		€ 301,00
abzüglich Hälfte der Geschäftsgebühr		
gem. Vorb. 3 Abs. 4	./.	€ 195,65
Auslagenpauschale, Nr. 7002		€ 20,00
Zwischensumme		€ 125,35
19 % Umsatzsteuer, Nr. 7008		€ 23,82
Zwischensumme		€ 149,17

3. Streitiges Verfahren

1,3 Verfahrensgebühr, Nr. 3100		€ 391,30
abzüglich 1,0 Verfahrensgebühr		
gem. Anmerkung zu Nr. 3305	./.	€ 301,00
Auslagenpauschale, Nr. 7002		€ 20,00
Zwischensumme		€ 110,30
19 % Umsatzsteuer, Nr. 7008		€ 20,96
Zwischensumme		€ 131,26
Endsumme 1. + 2. + 3.:		**€ 769,89**

Unter Berufung auf die zur Anrechnung der Geschäftsgebühr ergangene BGH-Rechtsprechung taucht in Kostenfestsetzungsverfahren nunmehr folgende Variante der Anrechnung auf: 39 b

– im Mahnbescheid werden tituliert:

1,3 Geschäftsgebühr
zuzüglich Auslagenpauschale
zuzüglich Umsatzsteuer
0,35 Mahnverfahrensgebühr (1,0 Mahnverfahrensgebühr abzüglich 0,65 Anrechnung Geschäftsgebühr)
zuzüglich Auslagenpauschale
zuzüglich Umsatzsteuer

– im Kostenfestsetzungsbeschluss nach streitigem Verfahren werden tituliert:

0,95 Verfahrensgebühr (1,3 Verfahrensgebühr abzüglich 0,35 nach Anrechnung verbleibende Mahnverfahrensgebühr)
zuzüglich Auslagenpauschale
zuzüglich Umsatzsteuer
insgesamt: 2,6 Gebühren

Diese Anrechnungsmethode folgt dogmatisch dem BGH, indem sie die Gebühr, die zeitlich nach der Geschäftsgebühr entsteht, reduziert, und die Geschäftsgebühr selber in voller Höhe bestehen bleiben lässt. Da nach Anrechnung der Geschäftsgebühr auf die Mahnverfahrensgebühr letztere nur noch mit einem Bruchteil von 0,35 stehen bleibt, wird auch nur dieser Betrag bei der Anrechnung auf die Verfahrensgebühr des streitigen Verfahrens berücksichtigt und nicht, wie in der ersten Anrechnungsvariante, in Höhe von 1,0. Rein rechnerisch ist es nicht zu beanstanden, dass die Mahnverfahrensgebühr nicht in Höhe von 1,0 auf die Verfahrensgebühr des streitigen Verfahrens angerechnet wird, sondern nur mit dem Betrag, der nach Anrechnung der Geschäftsgebühr auf die Gebühr Nr. 3305 tatsächlich verbleibt – nämlich mit 0,35. Folgt man der BGH-Rechtsprechung zur Anrechnung, so existiert die Gebühr Nr. 3305 zum Zeitpunkt des Entstehens der Verfahrensgebühr für das streitige Verfahren (und damit dem frühesten Anrechnungszeitpunkt) durch die Anrechnung der Geschäftsgebühr nur noch in Höhe von 0,35 und nicht in Höhe von 1,0. Für diese Form der Anrechnung spricht außerdem, dass in Vorb. 3 Abs. 4 nur von der »Verfahrensgebühr des gerichtlichen Verfahrens« die Rede ist, und nicht von sämtlichen nach der Geschäftsgebühr entstehenden Verfahrensgebühren (hier 3305 und 3100), auf die anzurechnen wäre. 39 c

Diese Vorgehensweise führt jedoch dazu, dass der Anwalt ein Mehraufkommen an Gebühren in Höhe von 0,65 hat. An dieser Stelle muss auch mit der Kritik angesetzt werden. Sinn und Zweck aller Anrechnungsvorschriften im RVG ist die Überlegung, dass der Anwalt, wenn er bereits mit der Angelegenheit befasst war, sich dies in Bezug auf eine weitere gebührenrechtliche Tätigkeit entgegenhalten lassen muss, da der Arbeitsaufwand z. B. für die Einarbeitung in die Angelegenheit weitaus geringer ist, als wenn er noch nicht mit der Angelegenheit befasst gewesen wäre. Aus diesem Grund erhält er weder die Geschäftsgebühr (zumindest 39 d

Nr. 3305 VV

nicht in voller Höhe) zusätzlich zur Gebühr für das streitige Verfahren, noch die Mahnverfahrensgebühr zusätzlich zur Gebühr Nr. 3100. Dieser anerkannte und weder in Literatur noch in Rechtsprechung je in Frage gestellte Grundsatz wird mit der wortgetreuen Anwendung der jüngsten BGH-Rechtsprechungen zur Anrechnung ad absurdum geführt. Welchen gebührenrechtlichen Grund sollte es geben, dass der Anwalt durch die zweite Variante der Anrechnung 0,65 Gebühren mehr verdient, als bei der bisher in der Praxis vorgenommenen Anrechnung? In diesem Zusammenhang sei auf eine Entscheidung des Hanseatischen OLG aus dem Jahre 1976 verwiesen: »Der Anrechnungsbestimmung liegt ersichtlich die Überlegung zugrunde, daß ein inhaltlicher und zeitlicher Zusammenhang zwischen den verschiedenen Angelegenheiten besteht, in denen der Anwalt tätig geworden ist. Die zugrunde liegende Information wird sich im wesentlichen decken; auch der Arbeitsaufwand für den Anwalt wird jedenfalls normalerweise geringer sein als bei einer Tätigkeit für verschiedene Angelegenheiten, die nicht in der in § 118 Abs. 2 BRAGebO umschriebenen Weise zusammenhängen. Diese Gesichtspunkte sind nicht nur gegeben, wenn der außergerichtlichen Tätigkeit eines Anwalts ein einziges gerichtliches Verfahren nachfolgt. Die Sachlage ist nicht anders, wenn an das zunächst eingeleitete gerichtliche Verfahren sich ein weiteres gerichtliches Verfahren anschließt. Das alles spricht entscheidend dafür, daß trotz der im Singular gehaltenen Ausdrucksweise »auf die Gebühren für ein anschließendes gerichtliches ... Verfahren« in § 118 Abs. 2 BRAGebO der Gesetzgeber in Wirklichkeit eine Anrechnung auf die Gebühren für alle anschließenden gerichtlichen Verfahren gewollt hat.« (Hanseatisches OLG MDR 1977, 325).

39 e Dass der BGH mit seinen Entscheidungen keine Gebührenerhöhung wollte, dürfte auf der Hand liegen. Es sollten daher in die Entscheidungen zur Anrechnung der Geschäftsgebühr auch nicht Dinge hineininterpretiert werden, die so ganz offensichtlich nicht gewollt waren. Darüber hinaus ist auch klar, dass der Gesetzgeber wollte, dass die Geschäftsgebühr für die außergerichtliche Tätigkeit gekürzt wird und die nachfolgende Verfahrensgebühr. Dass er nicht in der Lage war, dies im Gesetzestext sprachlich so zu formulieren, dass das gewünschte Ergebnis herauskommt, kann man dem BGH nicht anlasten. Dass der BGH mit seiner wortwörtlichen Befolgung der Anrechnungsvorschrift für ein großes Maß an Verwirrung gesorgt hat, und dass die Auswirkungen dieser Entscheidungen offensichtlich nicht in alle Richtungen (siehe vorliegendes Problem) bedacht wurden, hat die Praxis in den vergangenen Wochen und Monaten gezeigt. Gefordert ist hier jedoch der Gesetzgeber, um eine eindeutige und den Willen berücksichtigende Anrechnungsregelung zu schaffen. Bis dahin sollte Augenmaß bewahrt werden und nicht unter Berufung auf die BGH-Entscheidungen ein erhebliches Mehr an Gebühren abgerechnet werden, in dem man ausschließlich die rein rechnerische Seite betrachtet. Gebührenrechtlich ist die zweite Anrechnungsmethode nicht richtig.

V. Verhältnis der Mahnverfahrensgebühr zu anderen Gebühren

1. Einigungsgebühr

40 VV Vorbem. 1 bestimmt, dass die Gebühren dieses Teiles (allgemeine Gebühren) neben den in anderen Teilen bestimmten Gebühren entstehen. Das bedeutet für die Einigungsgebühr Nr. 1000, dass sie als allgemeine Gebühr des 1. Teiles in allen anderen Teilen der im Vergütungsverzeichnis genannten Verfahren entstehen kann. Es bedarf jedoch immer der Entstehung einer weiteren Betriebsgebühr (Geschäftsgebühr, Verfahrensgebühr), dies stellt die Formulierung **»neben den in anderen Teilen bestimmten Gebühren«** klar (so auch *Klees* in Mayer/Kroiß RVG VV 1000 Rn. 1). Für das Mahnverfahren als spezielles gerichtliches Verfahren des 3. Teils des Vergütungsverzeichnisses bedeutet das, dass – sofern die Gebühr Nr. 3305 entstanden ist – daneben grundsätzlich auch die Einigungsgebühr Nr. 1003 entstehen kann.

41 Zu den Voraussetzungen des Entstehens der Einigungsgebühr wird verwiesen auf die Ausführungen von Bischof und Jungbauer zu Nrn. 1000 ff. in diesem Kommentar. Im Mahnverfahren als gerichtlichem Verfahren ist es daher grundsätzlich möglich, dass die Einigungsgebühr neben der Mahnverfahrensgebühr anfällt, und zwar wegen der Anhängigkeit eines anderen gerichtlichen Verfahrens (nämlich des Mahnverfahrens) in Höhe von 1,0. Voraussetzung ist auch hier die Mitwirkung des Anwalts am Zustandekommen der entsprechenden Einigung.

- **Beispiel** 42

Der Anwalt wird beauftragt, für den Mandanten eine Forderung in Höhe von € 1.000,00 durch Mahnbescheid geltend zu machen. Nach entsprechendem Antrag, Erlass und Zustellung des Mahnbescheids an den Gegner setzt dieser sich mit dem Anwalt in Verbindung und macht einen Vergleichsvorschlag zur Begleichung der Forderung. Nach Rücksprache mit dem Mandanten stimmt dieser dem Vorschlag zu, ein entsprechender Vergleich wird geschlossen. Der Anwalt kann berechnen:

Gegenstandswert: € 1.000,00	
1,0 Verfahrensgebühr, Nr. 3305	€ 85,00
1,0 Einigungsgebühr, Nr. 1003	€ 85,00
Auslagenpauschale, Nr. 7002	€ 20,00
Zwischensumme	€ 190,00
19 % Umsatzsteuer, Nr. 7008	€ 36,10
Endsumme:	**€ 226,10**

Wegen des Anfalls der Terminsgebühr vgl. nachfolgend Rn. 43 ff.

2. Terminsgebühr

Zur grundsätzlichen Problematik des Entstehens der Terminsgebühr wird auf die entsprechende Kommentierung von Bischof in diesem Kommentar verwiesen. 43

Nach VV Vorbem. 3 Abs. 3 erhält der Anwalt eine Terminsgebühr gem. Nr. 3104 in Höhe von 1,2 auch für die Mitwirkung an auf die Vermeidung oder Erledigung des Verfahrens gerichteten Besprechungen ohne Beteiligung des Gerichts. Diese Konstellation ist auch im Mahnverfahren denkbar, vgl. Beispiel oben unter V. 1.: Durch die Besprechung mit dem Gegner und den Abschluss des Vergleichs ist die weitere Durchführung des Mahnverfahrens (nämlich die Titulierung der Forderung durch Beantragung eines Vollstreckungsbescheids bzw. Überprüfung der Forderung im streitigen Verfahren nach Erheben des Widerspruchs) obsolet geworden, das Mahnverfahren hat sich erledigt. Eine Beteiligung des Gerichts an dieser Verfahrensbeendigung hat zu keinem Zeitpunkt stattgefunden. 44

Durch Art. 17 Nr. 4 d) des Gesetzes über Rechtsbehelfe bei Verletzung des rechtlichen Gehörs vom 09. 12. 2004 (BGBl. I, S. 3220) – in Kraft getreten am 01. 01. 2005 – ist vor Nr. 3305 eine neue Vorbemerkung 3.3.2. eingefügt worden: 46

»**Die Terminsgebühr bestimmt sich nach Abschnitt 1.**«

Dies bedeutet grundsätzlich, dass auch im Mahnverfahren eine Terminsgebühr entstehen kann. 47

Allerdings kommen für das Mahnverfahren nicht sämtliche in VV Vorbemerkung 3. Abs. 3 aufgeführten Konstellationen zum Entstehen der Terminsgebühr in Betracht: Im Mahnverfahren kommt es weder zu einer Vertretung in einem Verhandlungs-, Erörterungs- oder Beweisaufnahmetermin noch zur Wahrnehmung eines von einem gerichtlich bestellten Sachverständigen anberaumten Termins. In Frage kommt für das Entstehen der Terminsgebühr daher nur die Mitwirkung an Besprechungen, die auf die Vermeidung oder Erledigung des (Mahn-)Verfahrens gerichtet sind – ohne Beteiligung des Gerichts. 48

Für das Entstehen der Gebühr ist es ausreichend, dass der Anwalt mit der Vertretung im Mahnverfahren beauftragt worden ist, diese Beauftragung ist allerdings auch Voraussetzung für das Entstehen. Hingegen ist nicht Voraussetzung, dass der Mahnantrag zum Zeitpunkt 49

Nr. 3305 VV

des Entstehens der Terminsgebühr bereits eingereicht war. Dies folgt aus der Formulierung »**Vermeidung des Verfahrens**« – ein bereits anhängiges Mahnverfahren kann nicht mehr vermieden werden. Die Terminsgebühr kann damit sowohl vor Einreichen des Antrags auf Erlass des Mahnbescheids entstehen, als auch während des laufenden Mahnverfahrens.

50 Darüber hinaus kommt es für das Entstehen der Terminsgebühr nicht auf das Ergebnis der Besprechung an, diese muss lediglich entweder auf die Vermeidung oder die Erledigung des Mahnverfahrens gerichtet sein. Wird das Mahnverfahren trotz Besprechung gleichwohl durchgeführt oder weiter betrieben, hat das auf den Anfall der bereits verdienten Terminsgebühr keine Auswirkung.

51 Ebenso wenig kommt es auf die Art der Besprechung an. Diese kann persönlich oder fernmündlich geführt werden. Voraussetzung ist allerdings, dass der gegnerische Anwalt bzw. der Antragsgegner auch ein entsprechendes Gespräch führen möchte. Da der Gesetzgeber lediglich das Gericht oder den eigenen Auftraggeber als Gesprächspartner für den Anfall der Terminsgebühr ausschließt, kann auch eine dritte Person ein gebührenauslösender Gesprächspartner sein, z. B. die Haftpflichtversicherung des Antragsgegners.

52 Wird der Inhalt einer die Terminsgebühr auslösenden anwaltlichen Erledigungsbesprechung von dem anderen Gesprächsteilnehmer bestritten, muss der Anspruchsteller seine Sachdarstellung beweisen (OLG Koblenz NJW 2005, 2162 = JurBüro 2005, 417–418 = MDR 2005, 1194–1195).

53 • **Beispiel**
Gegenstandswert: € 1.000,00
1,0 Verfahrensgebühr, Nr. 3305	€ 85,00
1,2 Terminsgebühr, Nr. 3104	€ 102,00
1,0 Einigungsgebühr, Nr. 1003	€ 85,00
Auslagenpauschale, Nr. 7002	€ 20,00
Zwischensumme	€ 292,00
19 % Umsatzsteuer, Nr. 7008	€ 55,48
Endsumme:	**€ 347,48**

Die Abrechnung der Terminsgebühr führt also in diesem Falle zu einem Gebührenmehraufkommen von mehr als € 100,00 als im Beispielfall V. 2.!

Da Mahnverfahren und sich anschließendes streitiges Verfahren gem. § 17 Nr. 2 verschiedene Angelegenheiten sind, kann der Anwalt die Terminsgebühr in jeder Angelegenheit gesondert abrechnen, d. h. sowohl im Mahnverfahren als auch im streitigen Verfahren. Dies trifft für die Fälle zu, in denen der Anwalt den Antragsteller zunächst im Mahnverfahren und sodann im sich anschließenden streitigen Verfahren vertritt.

53a Mit Artikel 20 des 2. JuMoG (Zweites Gesetz zur Modernisierung der Justiz) vom 22. 12. 2006, in Kraft seit dem 31. 12. 2006 (BGBl. I, S. 3429 Art. 20 Nr. 7 Buchst. e), wird die Rechtslage, die vor dem Inkrafttreten des Anhörungsrügengesetzes galt (vgl. Rn. 46), dem Grunde nach wieder hergestellt: Die Anmerkung zu Nr. 3104 VV wurde um einen Absatz 4 erweitert: »Eine in einem vorausgegangenen Mahnverfahren oder vereinfachten Verfahren über den Unterhalt Minderjähriger entstandene Terminsgebühr wird auf die Terminsgebühr des nachfolgenden Rechtsstreites angerechnet.« Dies bedeutet, dass – nach wie vor – eine Terminsgebühr im Mahnverfahren entstehen kann, an der Vorbemerkung 3.3.2 hat sich insoweit nichts geändert. Der Anwalt kann demnach sowohl im Mahnverfahren als auch im nachfolgenden streitigen Verfahren eine Terminsgebühr verdienen. Allerdings hat der Gesetzgeber durch den neu aufgenommenen Absatz 4 klargestellt, dass nunmehr eine Anrechnung der im Mahnverfahren entstandenen Terminsgebühr auf die Terminsgebühr des streitigen Verfahrens zu erfolgen hat. Aus der Begründung ergibt sich, dass ein zweifacher Anfall der Terminsgebühr, im Mahnverfahren und im nachfolgenden streitigen Verfahren, nicht gewollt war, der Gesetzgeber hat hier schlichtweg übersehen, dass eine Anrechnungsregelung im Anhörungsrügengesetz fehlte.

• **Beispiel** 54

Der Anwalt wird beauftragt, für den Mandanten eine Forderung in Höhe von € 1.000,00 durch Mahnbescheid geltend zu machen. Nach entsprechendem Antrag, Erlass und Zustellung des Mahnbescheides an den Gegner setzt dieser sich mit dem Anwalt in Verbindung und macht einen Vergleichsvorschlag zur Begleichung der Forderung. Nach Rücksprache mit dem Mandanten lehnt dieser den vorgeschlagenen Vergleich ab, es kommt zur Durchführung des streitigen Verfahrens, in dem der Anwalt den Antragsteller ebenfalls vertritt. Der Anwalt fertigt die Anspruchsbegründung. Im Termin zur mündlichen Verhandlung wird der Klage stattgegeben. Der Anwalt kann berechnen:

Gegenstandswert: € 1.000,00

1. Mahnverfahren

1,0 Verfahrensgebühr, Nr. 3305	€ 85,00
1,2 Terminsgebühr, Nr. 3104	€ 102,00
Auslagenpauschale, Nr. 7002	€ 20,00
Zwischensumme	€ 207,00
19 % Umsatzsteuer, Nr. 7008	€ 39,33
Zwischensumme	€ 246,33

2. Streitiges Verfahren

1,3 Verfahrensgebühr, Nr. 3100	€ 110,50
abzüglich 1,0 Verfahrensgebühr gem. Anmerkung zu Nr. 3305	./. € 85,00
1,2 Terminsgebühr, Nr. 3104	€ 102,00
abzüglich Anrechnung Terminsgebühr aus Mahnverfahren	./. € 102,00
Auslagenpauschale, Nr. 7002	€ 5,10
Zwischensumme	€ 30,60
19 % Umsatzsteuer, Nr. 7008	€ 5,81
Zwischensumme	€ 36,41
Endsumme 1. + 2.:	**€ 276,53**

Praktische Probleme für den Anwalt des Antragstellers sind zu erwarten, wenn er die Terminsgebühr Nr. 3104 im Vollstreckungsbescheid titulieren lassen will. Gem. § 699 Abs. 3 Satz 1 ZPO hat der Anwalt die Terminsgebühr als Kosten des Mahnverfahrens in das Vollstreckungsbescheidsformular mit aufzunehmen. Im maschinellen Mahnverfahren erfolgt keine gesonderte Kostenberechnung (§ 699 Abs. 3 Satz 2 Hs. 2 ZPO). Im Mahnbescheidsformular gibt es keine Möglichkeit, die Terminsgebühr als Kosten des Verfahrens aufzunehmen, allenfalls kann in Spalte 44 die Gebühr als »sonstige Nebenforderung« eingetragen werden. Da die Gebühren für das Mahnverfahren maschinell ausgerechnet werden, kann es z. B. zu Problemen kommen, wenn durch die Geltendmachung der Terminsgebühr die Postpauschale Nr. 7002 höher ist, als sie wäre, wenn lediglich die Mahnverfahrensgebühr Nr. 3305 angefallen wäre. Folge ist eine Monierung und zeitliche Verzögerung durch entsprechenden Schriftverkehr mit dem Mahngericht. Praktischerweise wird das Problem so gelöst, dass dem Antrag ein kurzer erläuternder Schriftsatz beigefügt wird, in dem auf die Geltendmachung der außergerichtlich entstandenen Terminsgebühr hingewiesen wird. 56

Entsteht die Terminsgebühr im Laufe des Mahnverfahrens, dann kann sie auch in den Vollstreckungsbescheid aufgenommen und damit tituliert werden (LG Lüneburg AGS 2007, 646 = NJW Spezial 2007, 556). Zwar ist der Anfall der Gebühr für den Rechtspfleger des Mahngerichts nicht ersichtlich. Da ihm jedoch im Mahnverfahren ein vollumfängliches Prüfungs- 57

Nr. 3305 VV

recht hinsichtlich des Kostenerstattungsanspruches nicht zusteht (AG Stuttgart v. 07. 10. 2004, JurBüro 2005, 30), hat er die Gebühr in den Antrag auf Erlass des Vollstreckungsbescheides aufzunehmen. Selbst dann, wenn die Voraussetzungen für den Anfall der Terminsgebühr zwischen Antragsteller und Antragsgegner streitig wäre, kann sie im Kostenfestsetzungsverfahren berücksichtigt werden (ständige Rechtsprechung des BGH – zwar bezogen auf das Kostenfestsetzungsverfahren gem. §§ 103, 104 ZPO, nach Ansicht der Autorin aber gleichermaßen auf die Kostenfestsetzung gem. § 699 Abs. 3 ZPO anzuwenden: BGH JurBüro 2007, 365 = NJW 2007, 2493 (nicht erforderlich, dass sich die für die Festsetzung der beantragten Gebühren maßgeblichen Tatsachen ohne weitere Erhebungen aus der Gerichtsakte ergeben oder unstreitig sind); BGH JurBüro 2007, 533 = NJW 2007, 2859; BGH JurBüro 2007, 303 = NJW 2007, 2858 = AGS 2007, 292; NJW-RR 2007, 787 = RVGreport 2007, 103 (dort Anfall der Terminsgebühr unstreitig); BGH JurBüro 2007, 26 = AGS 2007, 115 (dort ebenfalls unstreitig Anfall). Darüber hinaus steht dem Antragsgegner die Möglichkeit offen, sich durch einen auf die Kosten beschränkten Einspruch gegen den Vollstreckungsbescheid zu wehren. Im Rahmen des dann durchzuführenden streitigen Verfahrens können die nicht im Rahmen des Kostenfestsetzungsverfahrens nach § 699 Abs. 3 ZPO durchzuführenden Ermittlungen zu den sich nicht unmittelbar aus den Akten ergebenden außergerichtlichen Gesprächen nachgeholt werden (LG Lüneburg, a. a. O.).

58 Darüber hinaus dürfte sich evtl. ein weiteres Problem hinsichtlich der Titulierung ergeben:

Der BGH hat in seinem Beschluss vom 22. 12. 2004, RVGreport 2005, 114 f., entschieden, dass Gebühren gem. § 118 BRAGO, die aufgrund der Einbeziehung nichtrechtshängiger Ansprüche in einen Vergleich entstanden sind, nicht gem. §§ 103 f. ZPO festsetzbar sind, und zwar mit dem Argument, dass es sich hierbei um Gebühren handelt, die nicht im gerichtlichen Verfahren entstanden seien.

59 Es bleibt abzuwarten, ob diese Argumentation auch auf die Titulierung der Terminsgebühr angewendet werden wird. Für das Titulierungsbegehren wäre demnach streng zu unterscheiden, zu welchem Zeitpunkt die Terminsgebühr entstanden ist: Zum einen kann die Terminsgebühr entstehen, wenn das gerichtliche Verfahren noch nicht anhängig ist, nämlich dann, wenn eine Besprechung geführt wird, die der Vermeidung des Verfahrens dient: Voraussetzung für das Entstehen ist, dass ein entsprechender Auftrag zur Vertretung im Mahnverfahren vorliegt, nicht jedoch, dass der Mahnantrag bereits eingereicht ist. Insoweit handelt es sich – um der Argumentation des BGH zu folgen – um eine Gebühr, die nicht im gerichtlichen Verfahren entstanden ist. Wird der Mahnbescheid nach einer die Terminsgebühr auslösenden Besprechung gleichwohl beantragt, so dürfte eine Festsetzung bzw. Titulierung der Terminsgebühr nach dieser Auffassung nicht erfolgen, da sie eben nicht im gerichtlichen Verfahren (sondern vorher) entstanden ist, vielmehr müsste die Terminsgebühr in einem weiteren (Mahn-?!) Verfahren als materiell-rechtlicher Kostenerstattungsanspruch eingeklagt werden. Prozessökonomisch ist dies natürlich wenig sinnvoll. Anders wäre es, wenn die Terminsgebühr zu einem Zeitpunkt entsteht, zu dem das Mahnverfahren bereits anhängig ist. Für diesen Fall trifft die Argumentation des BGH nicht zu, die Gebühr wäre ohne Probleme zu titulieren (vgl. Rn. 57, Entscheidung des LG Lüneburg). Diese Unterscheidung ist allerdings wenig praktikabel. Darüber hinaus hat der Antragsgegner auch hier die Möglichkeit, sich durch einen Kostenwiderspruch gegen eine Titulierung der Terminsgebühr zu wehren.

VI. Erstattungsfähigkeit der Mahnverfahrensgebühr

60 Ausschließlich zuständig für das Mahnverfahren ist gem. § 698 Abs. 2 ZPO das Amtsgericht, bei dem der Antragsteller seinen Wohnsitz hat. In der Regel wird daher der Antragsteller einen Rechtsanwalt an seinem Wohnort mit der Durchführung des Mahnverfahrens mandatieren. Dessen Kosten sind gem. § 91 Abs. 2 Satz 1 ZPO vom Antragsgegner als notwendige Kosten des Rechtsstreits zu erstatten.

Erhebt der Antragsgegner Widerspruch gegen den Mahnbescheid, wird das Verfahren nach 61
entsprechendem Antrag an das im Mahnbescheid bezeichnete Gericht abgegeben, § 696
Abs. 1 ZPO. Dies kann ein Gericht sein, welches nicht am Wohnort des Antragstellers gelegen
ist. Durch das Gesetz zur Änderung der Neuordnung des Berufsrechts der Rechtsanwälte
und Patentanwälte v. 17. 12. 1999 kann ab dem 01. 01. 2000 jeder Rechtsanwalt in Deutschland,
sofern er bei einem Amts- oder Landgericht zugelassen ist, vor jedem Land- oder Familiengericht auftreten. Es stellt sich insoweit also nicht mehr das Problem, dass der im Mahnverfahren mandatierte Anwalt evtl. am Streitgericht nicht postulationsfähig ist und insoweit ein
Anwaltswechsel notwendig wird. Jeder Anwalt, der den Mandanten im Mahnverfahren vertritt, kann ihn auch im folgenden streitigen Verfahren vertreten.

Gleichwohl bleibt das Problem bestehen, wenn das streitige Verfahren nicht am Wohnort des 62
Antragstellers (und Kanzleisitz des Prozessbevollmächtigten) durchgeführt wird. Für den
Antragsteller besteht entweder die Möglichkeit, seinen Mahnanwalt mit der Vertretung im
streitigen Verfahren zu beauftragen – und damit Fahrtkosten und Abwesenheitsgelder für
die Wahrnehmung eines Verhandlungstermins zu verursachen. Oder er mandatiert einen
weiteren Anwalt als Unterbevollmächtigten am Gerichtsort mit der Wahrnehmung des Verhandlungstermins – und löst damit ebenfalls zusätzliche Kosten aus.

Es bleibt also nach wie vor zu prüfen, ob die durch das Einschalten eines anderen Prozessbe- 63
vollmächtigten für das streitige Verfahren entstandenen Kosten oder die Fahrtkosten für den
eigenen Anwalt notwendig und damit erstattungsfähig sind.

Nach ständiger Rechsprechung des BGH ist für die auswärtige Partei die Zuziehung eines in 64
der Nähe ihres Wohn- oder Geschäftsortes ansässigen Rechtsanwalts im Regelfall notwendig.
In der ganz überwiegenden Mehrzahl der Fälle ist nämlich ein persönliches Informations-
und Beratungsgespräch zwischen der Partei und ihrem Anwalt zu Beginn des Mandates erforderlich und sinnvoll (BGH NJW 2003, 898; vgl. hierzu auch Rn. 1 ff. zu Nr. 7006).

Nimmt dieser Anwalt den auswärtigen Verhandlungstermin wahr, so sind dessen dadurch 65
verursachten Fahrtkosten und Abwesenheitsgelder jedenfalls dann erstattungsfähig, wenn
der Antragsteller mit einem Widerspruch gegen den Mahnbescheid nicht rechnen musste
(OLG Nürnberg AnwBl. 2001, 123; OLG Hamburg AnwBl. 2001, 124; OLG Düsseldorf AnwBl.
2001, 308; *Gebauer* in Gebauer/Schneider RVG 1. Aufl. VV 3305 Rn. 31).

Auch der BGH stellt hierauf in seiner Entscheidung vom 23. 03. 2004 (Hansens RVGreport 66
2005, 117) ab und geht – in Bezug auf Großgläubiger – noch weiter: Die Gläubigerin hatte nicht
eine Anwaltskanzlei, die am Geschäftssitz bzw. am späteren Gerichtsort ansässig war, mit der
Durchführung des Mahnverfahrens beauftragt, sondern eine Kanzlei, die sie immer mit für
das Mahnverfahren vorgesehenen Forderungen mandatiert. Dies hält der BGH in der zitierten Entscheidung auch für sachgerecht, da die mandatierte Kanzlei personell und organisatorisch in der Lage sei, die große Anzahl der einschlägigen Mandate zu bearbeiten. Darüber
hinaus verneint der BGH für Großgläubiger die Einzelfallprüfung, ob mit Widerspruch gegen
den Mahnbescheid zu rechnen sei. Bei derartiger Sachlage sei es für die Großgläubigerin weder möglich noch zumutbar, aus der Vielzahl der Fälle diejenigen herauszusuchen, in denen
mit einer gewissen Wahrscheinlichkeit der Schuldner Widerspruch einlegen wird und deshalb die Durchführung des Mahnverfahrens besser gleich am Wohnort des Schuldners zu beantragen wäre. Damit bevorzugt der BGH Großgläubiger gegenüber anderen Gläubigern, die
nur wenige Mahnverfahren betreiben.

Beauftragt der Kläger einen weiteren Rechtsanwalt als Terminsvertreter gem. Nr. 3401, so 67
sind dies weitere Kosten, deren Erstattungsfähigkeit in der Rechtsprechung unterschiedlich
beurteilt wird. Teilweise wird dies bejaht (OLG Hamburg AGS 2002, 41; OLG München
AGS 2003, 41 – sogar dann, wenn die Hinzuziehung eines Unterbevollmächtigten nicht die
billigste Lösung im Vergleich zu Reisekosten des Prozessbevollmächtigten war). Zum anderen werden Vergleichsrechnungen entweder hinsichtlich der Höhe der Reisekosten des Prozessbevollmächtigten oder hinsichtlich ersparter Informationsreisekosten der Partei ange-

Nr. 3305 VV

stellt und die Erstattungsfähigkeit insoweit bejaht (OLG Düsseldorf Rpfleger 2001, 148; OLG Hamburg AGS 2002, 41 – erstattungsfähig in Höhe fiktiver Reisekosten des Prozessbevollmächtigten zum Termin; OLG München JurBüro 2001, 30 – erstattungsfähig in Höhe ersparter Informationsreisekosten der Partei zu einem Prozessbevollmächtigten am Gerichtsort).

Nr. 3306 VV
Vorzeitige Erledigung des Auftrags

Nr.	Gebührentatbestand	Gebühr oder Satz der Gebühr nach § 13 RVG
3306	Beendigung des Auftrags, bevor der Rechtsanwalt den verfahrenseinleitenden Antrag oder einen Schriftsatz, der Sachanträge, Sachvortrag oder die Zurücknahme des Antrags enthält, eingereicht hat: Die Gebühr 3305 beträgt	0,5

A. Normzweck

Endet der Auftrag, bevor bzw. ohne dass der Anwalt den Antrag auf Erlass eines Mahnbescheids als verfahrenseinleitenden Antrag eingereicht hat, so ermäßigt sich die Gebühr Nr. 3305 gem. Nr. 3006 um 0,5.

B. Kommentierung

Bereits aus der Gesetzesformulierung zu Nr. 3306: »**die Gebühr 3305 beträgt ...**« wird deutlich, dass es sich bei Nr. 3306 nicht um eine eigenständige Gebühr in Höhe von 0,5 handelt, sondern vielmehr um einen Ermäßigungstatbestand zur Gebühr Nr. 3305. Für diese Auffassung spricht die Gesetzesbegründung: In der Begründung zu Nr. 3306 wird verwiesen auf die Begründung zu Nr. 3201, in der von einer Ermäßigung der Verfahrensgebühr gesprochen wird (BT-Drs. 15/1971, S. 214). Dies bedeutet, dass zunächst einmal eine Verfahrensgebühr entstanden sein muss – hier die Gebühr Nr. 3305 –, bevor sie sich unter bestimmten Umständen ermäßigt.

Der Anwalt verdient also für entsprechende Tätigkeiten bis zum Einreichen des Antrags auf Erlass eines Mahnbescheids grundsätzlich die Gebühr Nr. 3305 in Höhe von 1,0 (vgl. Ausführungen zu Nr. 3305). Diese Gebühr kann sich jedoch gem. Nr. 3306 ermäßigen und zwar in den Fällen, in denen der Auftrag beendet wird, bevor der Anwalt den verfahrensleitenden Antrag eingereicht hat.

Kommt es nicht (mehr) zum Einreichen des Mahnantrags oder eines Schriftsatzes, der Sachanträge, Sachvortrag oder die Zurücknahme des Antrages enthält, durch den Anwalt, so ist es unerheblich, ob die Beendigung des Mandats durch den Anwalt oder den Mandanten erfolgt, es kommt lediglich auf die Beendigung des Auftrags an (vgl. hierzu auch Mümmler JurBüro 1995, 129: »Relation der Bestimmungen des § 32 Abs. 1 BRAGO und des § 628 Abs. 1 Satz 2 BGB«).

Mit Artikel 20 des 2. JuMoG (Zweites Gesetz zur Modernisierung der Justiz) vom 22. 12. 2006, in Kraft getreten am 31. 12. 2006 (BGBl. I, S. 3416, Art. 20 Nr. 7 Buchst. k), wurde der Anwendungsbereich von Nr. 3306 ausgeweitet. Die Gebühr Nr. 3305 ermäßigt sich nunmehr gemäß Nr. 3306 auch dann, wenn der Auftrag beendet wird, bevor der Anwalt einen Schriftsatz, der Sachanträge oder einen Sachvortrag oder die Zurücknahme des Antrags enthält, eingereicht hat. Bis zu dieser Erweiterung des Anwendungsbereiches ermäßigte sich die Gebühr lediglich dann, wenn die Tätigkeit des Anwalts endete, bevor er den verfahrenseinleitenden Antrag, also den Antrag auf Erlass eines Mahnbescheides, eingereicht hatte. Nunmehr werden darüber hinaus alle Schriftsätze, die Sachanträge oder -vorträge enthalten, von der Regelung umfasst. Mit der Änderung soll klargestellt werden, dass nicht der Stand des Verfahrens über die Höhe der Gebühr entscheidet, sondern die Art der anwaltlichen Tätigkeit. Dies ist insbe-

Nr. 3306 VV

sondere für die Fälle von Belang, in denen der Mandant selber einen Antrag auf Erlass eines Mahnbescheides gestellt hat und sodann den Anwalt mit der Vertretung im Mahnverfahren mandatiert. Wird der Anwalt beauftragt, nach entsprechender Monierung z. B. zur örtlichen Zuständigkeit des angerufenen Mahngerichtes vorzutragen und endet das Mandat vor Einreichen dieses Schriftsatzes, so ermäßigt sich die Gebühr Nr. 3305 auf 0,5. Gleiches gilt für den Fall, dass der Anwalt beauftragt wurde, den Mahnantrag zurückzunehmen und das Mandat vor Einreichen des entsprechenden Schriftsatzes endet.

5 Endet der Auftrag zwischen dem Absenden des Mahnantrags und dessen Eingang beim Mahngericht, so ist keine Gebührenermäßigung gem. Nr. 3306 vorzunehmen. Denn bis zu diesem Zeitpunkt hat der Anwalt alles aus seiner Sicht Erforderliche getan, damit es bei der verdienten vollen Gebühr Nr. 3305 bleibt (vgl. auch *Gebauer* in Gebauer/Schneider RVG 1. Aufl. VV 3306 Rn. 10). Darüber hinaus spricht auch der Gesetzgeber vom »eingereichten« Antrag, nicht vom Antrag, der bei Gericht bereits eingegangen sein muss.

6 Die ermäßigte Gebühr Nr. 3305 beträgt gem. Nr. 3306 0,5.

7 Vertritt der Anwalt mehrere Personen als Auftraggeber, so ist die dadurch entstandene Erhöhung der Verfahrensgebühr gem. Nr. 1008 nicht von der Ermäßigung betroffen. Dies ergibt sich eindeutig aus dem Wortlaut der Nr. 3306, der nur die Ermäßigung von Nr. 3305 vorsieht. D. h. es bleibt auch im Falle der Gebührenermäßigung gem. Nr. 3306 bei einer Erhöhung der Mahnverfahrensgebühr von 0,3 für jede weitere Person als Auftraggeber.

8 • **Beispiel**
Der Anwalt wird durch die Eheleute A und B beauftragt, im Mahnverfahren eine Forderung in Höhe von € 1.000,00 geltend zu machen. Er formuliert den Mahnantrag auf entsprechendem Formular. Die Mandanten bitten ihn sodann, den Antrag nicht mehr einzureichen, da der Gegner die Forderung bezahlt habe. Der Anwalt kann berechnen:

Gegenstandswert: € 1.000,00	
0,5 Verfahrensgebühr, Nrn. 3305, 3306	€ 42,50
0,3 erhöhte Verfahrensgebühr gem. Nr. 1008	€ 25,50
Auslagenpauschale, Nr. 7002	€ 13,60
Zwischensumme	€ 81,60
19 % Umsatzsteuer, Nr. 7008	€ 15,50
Summe:	**€ 97,10**

Nr. 3307 VV
Vertretung des Antragsgegners

Nr.	Gebührentatbestand	Gebühr oder Satz der Gebühr nach § 13 RVG
3307	Verfahrensgebühr für die Vertretung des Antragsgegners.... Die Gebühr wird auf die Verfahrensgebühr für einen nachfolgenden Rechtsstreit angerechnet.	0,5

Inhaltsübersicht

	Rn.
A. Allgemeines	1
B. Kommentierung	2
I. Abgeltungsbereich	2
II. Entstehen der Gebühr	5
III. Höhe der Gebühr	6
1. Mehrere Auftraggeber	7
2. Ermäßigung bei vorzeitiger Auftragserledigung	8
IV. Gegenstandswert	9
1. Höhe der Forderung	10
2. Umfang des Auftrages	12
V. Anrechnung auf die Verfahrensgebühr des nachfolgenden Rechtsstreits	14
VI. Verhältnis der Verfahrensgebühr Nr. 3307 zu anderen Gebühren	19
1. Verfahrensgebühr Nr. 3100	19
a) Verbinden des Widerspruches mit einem Klageabweisungsantrag	21
b) Verbinden des Widerspruchs mit dem Antrag auf Durchführung des streitigen Verfahrens	31
c) Abgabe an das Streitgericht, Klagerücknahme	37
2. Einigungsgebühr	38
3. Terminsgebühr	41

A. Allgemeines

Die Gebühr Nr. 3307 erhält der Anwalt für die Vertretung des Antragsgegners im Mahnverfahren. Sie entspricht vom Grundgedanken her der Regelung in § 43 Abs. 1 Nr. 2 BRAGO, jedoch mit dem entscheidenden Unterschied, dass der Anwalt die Gebühr nicht lediglich für das Erheben des Widerspruchs erhält (so noch in der BRAGO), sondern für die gesamte Tätigkeit im Mahnverfahren auf Seiten des Antragsgegners. 1

B. Kommentierung

I. Abgeltungsbereich

Ist der Anwalt für den Antragsgegner im Mahnverfahren tätig, so erhält er gem. Nr. 3307 eine Verfahrensgebühr in Höhe von 0,5. Bereits aus der Bezeichnung »Verfahrensgebühr« wird deutlich, dass eine umfangreichere Tätigkeit des Anwalts als lediglich das Erheben des Widerspruchs gegen den Mahnbescheid abgegolten werden soll. Der Gesetzgeber hat sich insoweit an der Praxis orientiert und führt in der Gesetzesbegründung aus, dass sich die Tätigkeit des Anwalts selten auf die formale Einlegung des Widerspruchs beschränkt. Vielmehr finden seitens des pflichtgemäß handelnden Anwalts zunächst eine Vorprüfung und Gespräche mit dem Mandanten statt, in denen die Prozessaussichten, die weitere Verfahrensweise und die Möglichkeit einer gütlichen Regelung geprüft werden. Darüber hinaus kommt es oft zu Kontakten mit der Gegenseite mit dem Ziel einer Erledigung des Rechtsstreits durch Vergleich (vgl. BT-Drs. 15/1971, S. 215). Diese im Verhältnis zur reinen Widerspruchserhebung umfassendere Tätigkeit honoriert der Gesetzgeber mit einer im Vergleich zu § 43 Abs. 1 Nr. 2 BRAGO um 0,2 erhöhten Gebühr. 2

Nr. 3307 VV

3 Mit der Gebühr werden sämtliche Tätigkeiten des Anwalts im Mahnverfahren, von der Auftragserteilung bis zur Abgabe an das Streitgericht, abgegolten.

4 Die umfassende Auslegung des Tätigkeitsbegriffs wird bedeutsam, wenn der Anwalt erst beauftragt wird, nachdem der Mandant selbst Widerspruch gegen den Mahnbescheid erhoben hat. Die Streitigkeiten in Bezug auf § 43 Abs. 1 Nr. 2 BRAGO dürften sich durch die eindeutige Formulierung von Nr. 3307 VV RVG erledigt haben. Die Gebühr entsteht eben nicht lediglich für das Erheben des Widerspruchs, sondern für die Vertretung des Antragsgegners im Mahnverfahren. Das Erheben des Widerspruchs wird nicht einmal besonders erwähnt. Für das Entstehen der Gebühr kann es daher nicht darauf ankommen, ob der Auftraggeber persönlich Widerspruch gegen den Mahnbescheid erhoben hat, oder ob dies durch den Anwalt geschieht. Es kommt allein auf eine Tätigkeit des Anwalts im Mahnverfahren an, gleich ob vor oder nach Erheben des Widerspruchs.

II. Entstehen der Gebühr

5 Die Gebühr Nr. 3307 entsteht mit der ersten Tätigkeit des Anwalts im Mahnverfahren, in der Regel also mit der Entgegennahme von Informationen nach Auftragserteilung (OLG Düsseldorf JurBüro 2005, 473). Voraussetzung für das Entstehen der Gebühr ist, dass ein Mahnverfahren bereits anhängig ist. Ein auf den bloßen Verdacht hin, der Gegner könnte einen Mahnantrag eingereicht haben, erteilter Auftrag löst die Gebühr Nr. 3307 nicht aus, vielmehr würde in diesem Falle die Abrechnung der Tätigkeit gem. Nr. 2300, mit ggf. späterer Anrechnung auf die Verfahrensgebühr, erfolgen. Auf die Zustellung des Mahnbescheids an den Antragsgegner kommt es für das Entstehen der Gebühr Nr. 3307 hingegen nicht an, da Nr. 3307 allein an die Tätigkeit im (anhängigen) Mahnverfahren anknüpft (so auch *Gierl* in Mayer/Kroiß RVG VV 3307 Rn. 6). Wird der Anwalt beauftragt, nachdem der Mandant bereits selber Widerspruch gegen den Mahnbescheid erhoben hat, so ist zu prüfen, ob das Mahnverfahren überhaupt noch anhängig ist. Wird der Anwalt tätig und das Verfahren ist bereits an das Streitgericht abgegeben, so ist das Mahnverfahren beendet. Der Anwalt kann dann keine Gebühr Nr. 3307 mehr verdienen, auch wenn er zum Zeitpunkt des Tätigwerdens von der Abgabe der Mahnsache keine Kenntnis hatte.

III. Höhe der Gebühr

6 Die Gebühr Nr. 3307 beträgt 0,5.

1. Mehrere Auftraggeber

7 Vertritt der Anwalt mehrere Auftraggeber wegen desselben Mahnbescheids, so erhöht sich die Gebühr Nr. 3307 gem. Nr. 1008 für jeden weiteren Auftraggeber um 0,3. Die Gebührenerhöhung darf jedoch gem. Nr. 1008 Abs. 3 einen Gebührensatz von 2,0 nicht übersteigen. Insgesamt kann der Anwalt des Antragsgegners im Mahnverfahren damit 2,5 Gebühren verdienen. Da die Erhöhung unabhängig von der Höhe der Ausgangsgebühr berechnet wird, ist der Anwalt bei Vertretung mehrerer Auftraggeber im Vergleich zur BRAGO wesentlich besser gestellt.

2. Ermäßigung bei vorzeitiger Auftragserledigung

8 Endet der Auftrag des Anwalts, bevor er Widerspruch gegen den Mahnbescheid erhoben hat bzw. bevor er die Möglichkeit hatte, nach außen hin für den Antragsgegner tätig zu werden, bleibt es bei der verdienten Gebühr in Höhe von 0,5. Eine Gebührenermäßigung sieht Nr. 3307 nicht vor, eine solche Ermäßigung ist auch von Seiten des Gesetzgebers ersichtlich nicht gewollt.

IV. Gegenstandswert

Der Gegenstandswert für die Berechnung der Gebühr bestimmt sich zum einen nach der Höhe der Forderung, zum anderen nach dem Umfang des erteilten Auftrags. 9

1. Höhe der Forderung

Ist der Anwalt beauftragt, hinsichtlich der gesamten Forderungshöhe tätig zu werden, also die gesamte mit Mahnbescheid geltend gemachte Forderung zu prüfen, evtl. Gespräche mit dem Antragsteller zu führen, die Erfolgsaussichten eines Widerspruchs zu prüfen oder wegen der gesamten Forderung Widerspruch zu erheben, so ist für das Berechnen der Gebühr die volle Höhe der Forderung im Mahnbescheid maßgebend. Nebenforderungen bleiben unberücksichtigt. 10

Rät der Anwalt nach Überprüfung der Forderung dazu, nur wegen eines Teilbetrags Widerspruch zu erheben, so entsteht die Gebühr Nr. 3307 ebenfalls aus dem vollen Forderungsbetrag. Durch das Überprüfen der gesamten Forderung hat der Anwalt die Gebühr bereits aus dem gesamten mit Mahnbescheid geltend gemachten Betrag verdient. 11

2. Umfang des Auftrages

Ist der Anwalt von vornherein beauftragt, nur wegen einer Teilforderung Widerspruch einzulegen oder hat der Mandant vor Beauftragung einen Teil der Forderung beglichen, so bemisst sich die Höhe des Gegenstandswerts nach der restlichen noch mit Mahnbescheid geltend gemachten Forderung. 12

Ist der Anwalt beauftragt, lediglich wegen der Kosten des Mahnverfahrens Widerspruch zu erheben, so bemisst sich die Höhe des Gegenstandswerts nach dem Wert der Kosten des Verfahrens (OLG Hamm JurBüro 1963, 100). Zu den Kosten des Verfahrens zählen bis zu diesem Zeitpunkt die (ggf. entstandenen) Anwaltskosten des Antragstellers, die Anwaltskosten des Antragsgegners sowie 0,5 Gerichtsgebühren aus dem Wert des Mahnantrags (mindestens jedoch € 23,00, vgl. Nr. 1110 KV GKG). 13

V. Anrechnung auf die Verfahrensgebühr des nachfolgenden Rechtsstreits

Die Anmerkung zu Nr. 3307 bestimmt, dass die Gebühr Nr. 3307 auf die Verfahrensgebühr eines nachfolgenden Rechtsstreits angerechnet wird. Sofern der Anwalt den Antragsgegner nach erhobenem Widerspruch ebenfalls im nachfolgenden streitigen Verfahren vertritt, verdient er eine Gebühr gem. Nr. 3100 (zum erstmaligen Entstehen der Gebühr Nr. 3100 für den Anwalt des Antragsgegners vgl. Pkt. VI). Auf diese Gebühr ist die Verfahrensgebühr Nr. 3307 anzurechnen. Die Anrechnung erfolgt nach dem Wert des Gegenstandes, der in das gerichtliche Verfahren übergegangen ist. Eine Anrechnung der Gebühr Nr. 3307 auf die Verfahrensgebühr des streitigen Verfahrens erfolgt damit nur, soweit der Gegenstand des Mahnverfahrens identisch ist mit dem des streitigen Verfahrens. Dies ist immer dann der Fall, wenn der Antragsgegner wegen der gesamten Forderung Widerspruch erhoben hat und der Antragsteller diese Forderung sodann im streitigen Verfahren weiter verfolgt. 14

Eine Ausnahme von dieser Gegenstandsidentität ergibt sich dann, wenn der Antragsteller die Forderung mit den streitigen Anträgen erhöht, dieser Teil der Forderung also vorher nicht im Mahnverfahren verfolgt wurde. Der Wert der nunmehr zusätzlich geltend gemachten Forderung bleibt dann bei der Anrechnung unberücksichtigt. 15

Nr. 3307 VV

16 • **Beispiel**
Der Antragsteller macht im Mahnbescheid eine Forderung in Höhe von € 5.000,00 geltend. Der Anwalt wird beauftragt, wegen der gesamten Forderung Widerspruch einzulegen. In der Klagebegründung erweitert der Kläger die Forderung um € 2.000,00. Der Anwalt des Antragsgegners kann berechnen:

Gegenstandswert: € 5.000,00 / € 7.000,00

1. Tätigkeit im Mahnverfahren

0,5 Verfahrensgebühr, Nr. 3307 (aus € 5.000,00)	€ 150,50
Auslagenpauschale, Nr. 7002	€ 20,00
Zwischensumme	€ 170,50
19 % Umsatzsteuer, Nr. 7008	€ 32,40
Zwischensumme	€ 202,90

2. Tätigkeit im streitigen Verfahren

1,3 Verfahrensgebühr, Nr. 3100 (aus € 7.000,00)		€ 487,50
abzüglich 0,5 Verfahrensgebühr (aus € 5.000,00) gem. Anm. zu Nr. 3307	./.	€ 150,50
Auslagenpauschale, Nr. 7002 (errechnet aus € 487,50)		€ 20,00
Zwischensumme		€ 357,00
19 % Umsatzsteuer, Nr. 7008		€ 67,83
Zwischensumme		€ 424,83
Endsumme 1. + 2.:		**€ 627,73**

Ebenso zu beachten ist der Fall, dass der Rechtsstreit nicht wegen der gesamten im Mahnverfahren geltend gemachten Forderung geführt wird. Auch hier erfolgt die Anrechnung nur aus dem Betrag, der in das streitige Verfahren übergegangen ist.

• **Beispiel**
Der Antragsteller macht mit Mahnbescheid eine Forderung von € 4.000,00 geltend. Nach Beauftragung des Anwalts zahlt der Antragsgegner € 2.000,00, wegen der restlichen Forderung führt der Antragsteller das streitige Verfahren durch. Der Anwalt des Antragsgegners kann berechnen:

Gegenstandswert: € 4.000,00 / € 2.000,00

1. Tätigkeit im Mahnverfahren

0,5 Verfahrensgebühr, Nr. 3307 (aus € 4.000,00)	€ 122,50
Auslagenpauschale, Nr. 7002	€ 20,00
Zwischensumme	€ 142,50
19 % Umsatzsteuer, Nr. 7008	€ 27,08
Zwischensumme	€ 169,58

2. Tätigkeit im streitigen Verfahren

1,3 Verfahrensgebühr, Nr. 3100 (aus € 2.000,00)		€ 172,90
abzüglich 0,5 Verfahrensgebühr (aus € 2.000,00) gem. Anm. zu Nr. 3307	./.	€ 66,50
Auslagenpauschale, Nr. 7002 (errechnet aus € 172,90)		€ 20,00
Zwischensumme		€ 126,40
16 % Umsatzsteuer, Nr. 7008		€ 24,02
Zwischensumme		€ 150,42
Endsumme 1. + 2.		**€ 320,00**

Die Anrechnungsvorschrift erfasst nicht die jeweils entstandenen Auslagen gem. Nrn. 7001, 18
7002. Diese sind nicht anzurechnen und können sowohl für das Mahn- als auch für das Streitverfahren gesondert verlangt werden und sind insoweit auch erstattungsfähig (BGH, Beschl. v. 28. 10. 2004, Az.: III ZB 41/04; BGH, Beschl. v. 13. 07. 2004, Az.: VIII ZB 14/04, JurBüro 2004, 649: jeweils Entscheidungen zu § 26 Satz 2 BRAGO, die aber ohne Einschränkungen auf das RVG anzuwenden sind, zumal – im Gegensatz zur BRAGO – nunmehr ausdrücklich durch § 17 Nr. 2 geregelt ist, dass es sich bei Mahn- und streitigem Verfahren um zwei verschiedene Angelegenheiten handelt). Im Übrigen ergibt sich dies auch aus der Anmerkung zu Nr. 7002. Darüber hinaus erfolgt die Anrechnung aus dem vollen Betrag der Gebühr, nicht aus dem nach Anrechnung verbleibenden Teilbetrag der Gebühr (ebenso: *Müller-Rabe* in Gerold/Schmidt/von Eicken/Madert/Müller-Rabe RVG VV 7001, 7002 Rn. 40; LG Essen JurBüro 2002, 246; AG Siegburg JurBüro 2003, 533; a. A.: KG JurBüro 2000, 583; LG Berlin Rpfleger 1988, 42).

Hat der Anwalt eine Widerspruchsgebühr gem. § 43 Abs. 1 Nr. 2 BRAGO nach altem Recht verdient, so ist diese auf eine nach neuem Recht entstandene Verfahrensgebühr gem. Nr. 3100 anzurechnen (OLG Düsseldorf JurBüro 2005, 474 = MDR 2005, 1078–1079).

VI. Verhältnis der Verfahrensgebühr Nr. 3307 zu anderen Gebühren

1. Verfahrensgebühr Nr. 3100

Grundsätzlich ist zu beachten, dass Voraussetzung für das Entstehen der Gebühr Nr. 3100 19
eine Tätigkeit im streitigen Verfahren ist (OLG Düsseldorf RVG-Letter 9/2005, S. 99).

Bei Beantwortung der Frage, zu welchem Zeitpunkt für den Anwalt des Antragsgegners eine 20
Verfahrensgebühr Nr. 3100 entsteht, sind zwei Fallkonstellationen zu betrachten:

a) Verbinden des Widerspruches mit einem Klageabweisungsantrag

Grundsätzlich stellt der Antrag auf Klageabweisung einen Sachantrag dar, der eine Gebühr 21
gem. Nr. 3100 entstehen lässt. Zu beachten ist aber, dass ein streitiges Verfahren nach Erheben des Widerspruchs noch nicht anhängig ist, hierzu bedarf es der Abgabe an das Streitgericht. Das Verfahren befindet sich vielmehr noch im Stadium des Mahnverfahrens, in dem für den Anwalt des Antragsgegners ausschließlich die Gebühr Nr. 3307 entstehen kann. In Rechtsprechung und Literatur ist umstritten, ob der Klageabweisungsantrag der mit dem Widerspruch verbunden ist, dennoch eine Gebühr gem. Nr. 3100 auslöst, hierzu hat sich unterschiedliche Rechtsprechung herausgebildet.

Zum einen wird die Auffassung vertreten, dass der Klageabweisungsantrag gebührenrecht- 22
lich unerheblich ist und die Verfahrensgebühr erst entsteht, wenn der Anwalt tatsächlich – im nachfolgenden streitigen Verfahren – eine die Verfahrensgebühr auslösende Tätigkeit ausübt (OLG Köln JurBüro 1995, 81; OLG Düsseldorf JurBüro 1994, 429; OLG Koblenz JurBüro 1986, 569). Diese Auffassung stellt auf die Rechtshängigkeit des Klageantrags ab. Diese ist im Zeitpunkt der Widerspruchseinlegung noch nicht gegeben, sie tritt vielmehr gem. § 696 Abs. 3 ZPO erst mit der Abgabe der Sache an das im Mahnbescheid bezeichnete Streitgericht ein.

Die schriftsätzliche Erklärung des Anwalts des Antragsgegners, er beantrage, die Klage abzu- 23
weisen, ist, prozessual gesehen, nichts anderes als die Ankündigung, diesen Antrag in der demnächst stattfindenden mündlichen Verhandlung stellen zu wollen. Sie hat einen konkreten Bezug auf das Verfahren nur dann, wenn erwartet werden kann, dass es zu einer mündlichen Verhandlung mit Stellung der Anträge kommen werde. Das aber ist erst dann der Fall, wenn der zu bekämpfende Klageantrag bereits rechtshängig ist (OLG Köln JurBüro 1995, 81).

Nach dieser Auffassung bleibt es also bei der Entstehung einer 0,5 Gebühr gem. Nr. 3307. 24

Nr. 3307 VV

25 Die **gegenteilige Auffassung** geht davon aus, dass es sich bei dem Klageabweisungsantrag um einen Sachantrag handelt, sowohl unter prozessualen als auch unter gebührenrechtlichen Gesichtspunkten. Dies führt dazu, dass bei Verbindung des Widerspruchs mit einem Klageabweisungsantrag eine volle Verfahrensgebühr Nr. 3100 entsteht (OLG Hamm JurBüro 1975, 1605 und OLG Frankfurt JurBüro 1984, 229). Die bereits vor Widerspruchseinlegung entstandene Gebühr Nr. 3307 ist auf die Verfahrensgebühr Nr. 3100 anzurechnen.

26 Folgt man dieser Auffassung, so ist gleichwohl die Erstattungsfähigkeit der Verfahrensgebühr Nr. 3100 zu prüfen.

27 Nimmt der Kläger nach Abgabe an das Streitgericht die Klage zurück, ohne dass weitere Anträge gestellt werden, so war der Antrag auf Klageabweisung zur zweckentsprechenden Rechtsverfolgung nicht notwendig i. S. v. § 91 Abs. 1 Satz 1 ZPO, die entstandene Verfahrensgebühr ist demnach nicht erstattungsfähig (KG JurBüro 2002, 641; a. A.: OLG München JurBüro 1986, 877; LG Berlin JurBüro 1997, 139 – das LG Berlin unterstellt dem Beklagten nach Widerspruch die gleiche Interessenlage wie dem des Berufungsbeklagten nach Einlegung der Berufung ohne Sachantrag des Berufungsklägers und hält die volle Verfahrensgebühr für erstattungsfähig). Darüber hinaus wäre denkbar das Zuerkennen einer 0,8 Verfahrensgebühr Nr. 3101 sowie die Erstattung einer 1,3 Verfahrensgebühr aus dem bis zur Klagerücknahme angefallenen Kostenstreitwert für das Erwirken eines Kostenbeschlusses gem. § 269 Abs. 3 ZPO (Göttlich/Mümmler RVG Stichwort »Mahnverfahren«).

28 Daneben hat sich eine **dritte Auffassung** entwickelt, die auf die aufschiebende Bedingung des Eintritts der Rechtshängigkeit des Anspruches im streitigen Verfahren abstellt, demnach die noch im Mahnverfahren erteilte Prozessvollmacht als aufschiebend bedingt erteilt betrachtet. Danach entsteht die volle Verfahrensgebühr Nr. 3100 erst dann, wenn dem Antragsgegner die Anspruchsbegründung zugestellt wird bzw. Termin anberaumt wird (OLG Düsseldorf JurBüro 1994, 429). Treten diese Bedingungen nicht ein, weil der Antragsteller das Verfahren nicht weiter betreibt oder die Klage zurücknimmt, so bleibt es bei der Gebühr Nr. 3307 für den Anwalt des Antragsgegners. Es entsteht für den Anwalt des Antragsgegners keine 0,8 Gebühr gem. Nr. 3101 (**a. A.:** OLG Frankfurt AnwBl. 1988, 73).

29 **Hier wird der ersten Auffassung gefolgt.** Bei der Frage, ob dem Anwalt des Antragsgegners eine Verfahrensgebühr gem. Nr. 3100 für den Klageabweisungsantrag erwächst, kommt es auf die Rechtshängigkeit des Klageantrags an. Diese ist bei Erheben des Widerspruches gegen den Mahnantrag regelmäßig nicht gegeben, sie tritt vielmehr gem. § 696 Abs. 3 ZPO erst mit der Abgabe der Sache an das im Mahnbescheid bezeichnete Streitgericht ein. Der Klageabweisungsantrag ist insoweit auch nicht mit dem Antrag auf Durchführung des streitigen Verfahrens gleichzustellen, der für den Anwalt des Antragstellers eine Verfahrensgebühr Nr. 3100 auslöst. Der Klageabweisungsantrag allein beendet das Mahnverfahren nämlich nicht, hierzu bedarf es eines entsprechenden Antrages auf Durchführung des streitigen Verfahrens. Will der Antragsgegner die Berechtigung der geltend gemachten Forderung im streitigen Verfahren überprüft haben, so kann auch er einen Antrag auf Durchführung des streitigen Verfahrens stellen. Hierfür entsteht dem Anwalt des Antraggegners sodann eine Gebühr gem. Nr. 3100. Solange sich das Verfahren demnach im Stadium des Mahnverfahrens befindet, verdient der Anwalt des Antragsgegners ausschließlich die Gebühr Nr. 3307.

30 Entgegen der Ansicht von *Gebauer* (in Gebauer/Schneider RVG 1. Aufl. VV 3307 Rn. 17) kann es auch nicht auf den Auftrag des Mandanten ankommen. Gebauer vertritt die Ansicht, dass – sofern der Prozessbevollmächtigte von seinem Mandanten ausdrücklich beauftragt worden ist, den Klageabweisungsantrag zu stellen und er auf die gebührenrechtlichen Folgen hingewiesen worden ist – dem Anwalt durchaus eine volle 1,3 Verfahrensgebühr zuzubilligen ist. Dieser Auffassung kann nicht zugestimmt werden. Zwar kommt es für das Entstehen einer Gebühr auf den entsprechenden Auftrag des Mandanten an, wenn jedoch eine Gebühr von vornherein wegen der bestehenden Prozesslage gar nicht entstehen kann, ändert hieran auch ein entsprechender Auftrag des Mandanten nichts.

b) Verbinden des Widerspruchs mit dem Antrag auf Durchführung des streitigen Verfahrens

Verbindet der Anwalt des Antragsgegners das Erheben des Widerspruchs mit dem Antrag auf Durchführung des streitigen Verfahrens, so ist darin ein Sachantrag i. S. v. Nr. 3100 zu sehen, der eine volle 1,3 Verfahrensgebühr entstehen lässt. Es handelt sich hierbei um einen verfahrenseinleitenden Antrag, der nicht mehr durch die Mahnverfahrensgebühr Nr. 3307 abgegolten wird. Dies ist in Rechtsprechung und Literatur unbestritten (Thüringer OLG JurBüro 2000, 472; HansOLG Hamburg JurBüro 1994, 608; OLG München JurBüro 1992, 604; *Gierl* in Mayer/Kroiß RVG Nr. 3307 Rn. 15; *Gebauer* in Gebauer/Schneider RVG 1. Aufl. VV 3307 Rn. 20; Göttlich/Mümmler RVG Stichwort »Mahnverfahren«). 31

Nimmt der Antragsteller nach erfolgter Abgabe an das Streitgericht den Mahnantrag zurück, wirkt sich dies auf Entstehen oder Höhe der Verfahrensgebühr für den Anwalt des Antragsgegners nicht aus. Dieser hat bereits durch den Antrag gem. § 696 Abs. 1 Satz 1 ZPO eine entsprechende gebührenauslösende Tätigkeit entfaltet (OLG Celle JurBüro 1984, 1522). 32

Getrennt von der Frage der Entstehung der Verfahrensgebühr ist auch hier wieder die Frage der Erstattungsfähigkeit zu betrachten. 33

Es ist zu prüfen, ob für den Antragsgegner der Antrag auf Durchführung des streitigen Verfahrens sachgerecht und zur zweckentsprechenden Rechtsverfolgung notwendig war. Dies ist dann nicht der Fall, wenn der Antragsteller zuvor bereits (auch formularmäßig im Mahnbescheidsantrag) den Antrag auf Abgabe an das Streitgericht gestellt hat. In diesem Falle ist der Antragsgegner gehalten, seine Rechtsverteidigung auf das Erheben des Widerspruchs zu beschränken (OLG Düsseldorf JurBüro 1992, 470). Ein gleichlautender Antrag des Antragsgegners ist insoweit überflüssig und zur zweckentsprechenden Rechtsverfolgung nicht notwendig. Eine Erstattung der entstandenen Verfahrensgebühr kommt für diesen Fall nicht in Betracht (OLG Köln JurBüro 1989, 491; OLG Bamberg JurBüro 1986, 228; OLG Hamm JurBüro 1981, 870). 34

Anders sieht es jedoch aus, wenn der Antragsteller den Antrag auf Durchführung des streitigen Verfahrens nicht gestellt hat. Dann ist ein entsprechender Antrag des Antragsgegners als zur zweckentsprechenden Rechtsverfolgung notwendig zu betrachten mit der Folge, dass die entstandene 1,3 Verfahrensgebühr auch erstattungsfähig ist (OLG Düsseldorf Rpfleger 1975, 1970; OLG Hamm JurBüro 1973, 739). 35

Gleiches gilt für den Fall, dass der Antragsgegner den Antragsteller vergeblich zur Fortführung des Verfahrens auffordert (OLG Bremen JurBüro 1983, 563) oder der Antragsteller den geforderten weiteren Gerichtskostenvorschuss nicht innerhalb angemessener Zeit bezahlt (OLG München JurBüro 1992, 604; OLG Oldenburg JurBüro 1990, 1625; LG München JurBüro 1984, 228) und der Antragsgegner sodann seinerseits den Antrag auf Durchführung des streitigen Verfahrens stellt. Die Tätigkeit des Anwalts des Antragsgegners ist insoweit notwendig, um eine endgültige Entscheidung im schwebenden Verfahren zu erlangen. Die Verfahrensgebühr Nr. 3100 ist damit in voller Höhe erstattungsfähig. 36

c) Abgabe an das Streitgericht, Klagerücknahme

Nimmt der Antragsteller nach Erheben des Widerspruches und Abgabe an das Streitgericht die Klage zurück, so kann der Antragsgegner einen Kostenantrag gem. § 269 Abs. 4 ZPO stellen um dem Antragsteller die Kosten des Mahnverfahrens – in diesem Falle also die Gebühr Nr. 3307 – auferlegen zu lassen. Dieser Antrag löst für den Anwalt des Antragsgegners eine Gebühr gem. Nr. 3100 aus, berechnet nach dem Wert der bis zur Klagerücknahme angefallenen Kosten (OLG Düsseldorf NJW-RR 2005, 1231). 37

Nr. 3307 VV

2. Einigungsgebühr

38 VV Vorbem. 1 bestimmt, dass die Gebühren dieses Teiles (allgemeine Gebühren) neben den in anderen Teilen bestimmten Gebühren entstehen. Das bedeutet für die Einigungsgebühr Nr. 1000, dass sie als allgemeine Gebühr des 1. Teils in den in allen anderen Teilen des Vergütungsverzeichnisses genannten Verfahren entstehen kann. Es bedarf jedoch immer der Entstehung einer weiteren Betriebsgebühr (Geschäftsgebühr, Verfahrensgebühr), dies stellt die Formulierung »**neben den in anderen Teilen bestimmten Gebühren**« klar (so auch *Klees* in Mayer/Kroiß RVG VV 1000 Rn. 1). Für das Mahnverfahren als spezielles gerichtliches Verfahren des 3. Teils des Vergütungsverzeichnisses bedeutet das, dass – sofern die Gebühr Nr. 3307 entstanden ist – daneben grundsätzlich auch die Einigungsgebühr Nr. 1003 entstehen kann.

39 Zu den Voraussetzungen des Entstehens der Einigungsgebühr wird verwiesen auf die Ausführungen von Bischof zu Nrn. 1000 ff. in diesem Kommentar. Im Mahnverfahren als gerichtlichem Verfahren ist es daher denkbar, dass die Einigungsgebühr neben der Mahnverfahrensgebühr anfällt, und zwar wegen der Anhängigkeit eines anderen gerichtlichen Verfahrens (nämlich des Mahnverfahrens) in Höhe von 1,0. Voraussetzung ist auch hier die Mitwirkung des Anwalts am Zustandekommen der entsprechenden Einigung.

40 • **Beispiel**
Der Anwalt wird beauftragt, eine gegen den Mandanten mit Mahnbescheid geltend gemachte Forderung in Höhe von € 1.000,00 zu überprüfen und ggf. Widerspruch einzulegen. Nach entsprechender Überprüfung der Forderung sowie der Erfolgsaussichten eines Widerspruchs setzt sich der Anwalt mit der Gegenseite in Verbindung und macht einen Vergleichsvorschlag zur Begleichung der Forderung und verpflichtet sich, keinen Widerspruch gegen den Mahnbescheid zu erheben. Nach Rücksprache mit dem Mandanten stimmt dieser dem Vorschlag zu, ein entsprechender Vergleich wird geschlossen. Der Anwalt kann berechnen:

Gegenstandswert: € 1.000,00	
0,5 Verfahrensgebühr, Nr. 3307	€ 42,50
1,0 Einigungsgebühr, Nr. 1003	€ 85,00
Auslagenpauschale, Nr. 7002	€ 20,00
Zwischensumme	€ 120,50
19 % Umsatzsteuer, Nr. 7008	€ 22,90
Endsumme:	**€ 143,40**

Zum Anfall der Terminsgebühr vgl. nachfolgend 3.

3. Terminsgebühr

41 Nach VV Vorbem. 3 Abs. 3 erhält der Anwalt eine Terminsgebühr gem. Nr. 3104 in Höhe von 1,2 auch für die Mitwirkung an auf die Vermeidung oder Erledigung des Verfahrens gerichteten Besprechungen ohne Beteiligung des Gerichts. Diese Konstellation ist auch im Mahnverfahren denkbar, vgl. das eben genannte Beispiel: Durch die Besprechung mit dem Gegner und den Abschluss des Vergleichs ist die weitere Durchführung des Mahnverfahrens nicht mehr angezeigt, das Mahnverfahren hat sich erledigt. Eine Beteiligung des Gerichts an dieser Verfahrensbeendigung hat zu keinem Zeitpunkt stattgefunden. Hat der Anwalt für diese Tätigkeit – neben den im o. g. Beispiel bereits abgerechneten Gebühren – auch die Terminsgebühr Nr. 3104 verdient?

Bis zum 31. 12. 2004 galt folgende Regelung:

Gem. VV Vorbem. 3.1. Abs. 1 entstehen die in Abschnitt 1 des 3. Teils geregelten Gebühren (Nr. 3100 bis Nr. 3106), soweit in den folgenden Abschnitten des 3. Teils keine besonderen Gebühren bestimmt sind. Damit bildet der Abschnitt 1 eine Auffangregelung für alle gerichtlichen Verfahren, für die keine besonderen Gebühren bestimmt sind (BT-Drs. 15/1971, S. 210). Die Gebühren für das Mahnverfahren sind jedoch im Abschnitt 3 Unterabschnitt 2 gesondert geregelt, so dass die Gebühren des Abschnitts 1 wegen dieser besonderen Bestimmung nicht auf das Mahnverfahren anzuwenden waren. Die Terminsgebühr Nr. 3104 konnte also im Mahnverfahren keine Anwendung finden.

Der Gesetzgeber hat jedoch – erstaunlich schnell – auf das in der Praxis auftretende Problem reagiert: Durch Art. 17 Nr. 4 d) Anhörungsrügengesetz vom 14. 12. 2004 (BGBl. I, S. 3220) – in Kraft getreten am 01. 01. 2005 – ist nunmehr vor Nr. 3305 eine neue Vorbemerkung 3.3.2. eingefügt worden:

»Die Terminsgebühr bestimmt sich nach Abschnitt 1.«

Dies bedeutet grundsätzlich, dass nunmehr auch im Mahnverfahren eine Terminsgebühr entstehen kann.

Allerdings kommen für das Mahnverfahren nicht sämtliche in VV Vorbemerkung 3 Abs. 3 aufgeführten Konstellationen zum Entstehen der Terminsgebühr in Betracht: Im Mahnverfahren kommt es weder zu einer Vertretung in einem Verhandlungs-, Erörterungs- oder Beweisaufnahmetermin noch zur Wahrnehmung eines von einem gerichtlich bestellten Sachverständigen anberaumten Termins. Auch das Mahnverfahren kann nicht mehr verhindert werden: Wird der Anwalt des Antragstellers beauftragt, so ist das Mahnverfahren bereits anhängig. In Frage kommt für das Entstehen der Terminsgebühr daher nur die Mitwirkung an Besprechungen, die auf die Erledigung des Mahnverfahrens gerichtet sind – ohne Beteiligung des Gerichts.

Darüber hinaus kommt es für das Entstehen der Terminsgebühr nicht auf das Ergebnis der Besprechung an, diese muss lediglich auf die Erledigung des Mahnverfahrens gerichtet sein. Wird das Mahnverfahren trotz Besprechung durch den Antragsteller gleichwohl weiter betrieben, hat das auf den Anfall der bereits verdienten Terminsgebühr keine Auswirkung.

Ebenso wenig kommt es auf die Art der Besprechung an. Diese kann persönlich oder fernmündlich geführt werden. Voraussetzung ist allerdings, dass der gegnerische Anwalt bzw. der Antragsteller auch ein entsprechendes Gespräch führen möchte. Da jedoch die Neuregelung zum Anfall der Terminsgebühr auch im Mahnverfahren durchaus zu einer Erhöhung des Honorareinkommens führt, da die Terminsgebühr auch für den Anwalt des Antragstellers entsteht, dürfte sich dieser in den seltensten Fällen einem Gespräch verweigern.

- **Beispiel**
Seit dem 01. 01. 2005 kann der Anwalt den unter 2. genannten Beispielfall demnach wie folgt abrechnen:

Gegenstandswert: € 1.000,00	
0,5 Verfahrensgebühr, Nr. 3307	€ 42,50
1,2 Terminsgebühr, Nr. 3104	€ 102,00
1,0 Einigungsgebühr, Nr. 1003	€ 85,00
Auslagenpauschale, Nr. 7002	€ 20,00
Zwischensumme	€ 249,50
19 % Umsatzsteuer, Nr. 7008	€ 47,41
Endsumme:	**€ 296,91**

Erhebt jedoch der Antragsgegner Widerspruch gegen den Mahnbescheid und ist Abgabe an das Streitgericht durch den Antragsteller noch nicht beantragt, so kann für Besprechungen zwischen Anwalt und Antragsteller auch in diesem Verfahrensstadium die Terminsgebühr entstehen.

- **Beispiel**
Der Anwalt wird beauftragt, eine gegen den Mandanten mit Mahnbescheid geltend gemachte Forderung in Höhe von € 1.000,00 zu überprüfen und Widerspruch einzulegen. Der Anwalt setzt sich nach Erheben des Widerspruchs mit dem Antragsteller in Verbindung

Nr. 3307 VV

und macht einen Vergleichsvorschlag zur Tilgung der Forderung und verpflichtet sich, namens und in Vollmacht des Antragsgegners den Widerspruch gegen den Mahnbescheid zurückzunehmen. Der Antragsteller stimmt dem Vorschlag zu, ein entsprechender Vergleich wird geschlossen.

In diesem Falle ist die Terminsgebühr entstanden, denn trotz des Widerspruchs befindet sich das Verfahren, prozessrechtlich gesehen, noch im Stadium des Mahnverfahrens. Dies umso mehr, als das durch die Rücknahme des Widerspruchs das Mahnverfahren weiter betrieben werden könnte. Durch die Besprechung ist das Weiterbetreiben des Mahnverfahrens erledigt worden.

Nr. 3308 VV
Verfahren über den Antrag auf Erlass eines Vollstreckungsbescheides

Nr.	Gebührentatbestand	Gebühr oder Satz der Gebühr nach § 13 RVG
3308	Verfahrensgebühr für die Vertretung des Antragstellers im Verfahren über den Antrag auf Erlass eines Vollstreckungsbescheids .... Die Gebühr entsteht neben der Gebühr 3305 nur, wenn innerhalb der Widerspruchsfrist kein Widerspruch erhoben oder der Widerspruch gemäß § 703a Abs. 2 Nr. 4 ZPO beschränkt worden ist. Nummer 1008 ist nicht anzuwenden, wenn sich bereits die Gebühr 3305 erhöht.	0,5

Inhaltsübersicht

	Rn.		Rn.
A. Allgemeines	1	II. Höhe der Gebühr	14
B. Kommentierung	2	1. Erhöhung bei mehreren Personen als Auftraggeber	15
I. Entstehen der Gebühr	3	2. Keine Ermäßigung der Gebühr	19
1. Voraussetzungen	3	III. Gegenstandswert	20
a) Auftrag des Mandanten	5	1. Höhe der Forderung	20
b) Kein Widerspruch durch den Antragsgegner	10	2. Bisherige Kosten des Mahnverfahrens	21
c) Beschränkung des Widerspruches gem. § 703a Abs. 2 Nr. 4 ZPO durch den Antragsgegner	11	IV. Verhältnis Vollstreckungsbescheidgebühr zu anderen Gebühren	24
2. Erheben des Widerspruches durch den Antragsgegner	12	1. Einigungsgebühr	24
		2. Terminsgebühr	27

A. Allgemeines

Die Gebühr Nr. 3308 erhält der Anwalt für die Vertretung des Antragstellers im Verfahren über den Antrag auf Erlass des Vollstreckungsbescheides. Sie entspricht der Regelung in § 43 Abs. 1 Nr. 3 BRAGO. Durch die Gesetzesbegründung wird ausdrücklich klargestellt, dass nur der Anwalt des Antragstellers die Gebühr erhält (BT-Drs. 15/1971, S. 215). Einzeln vertretene Auffassungen zur Regelung in der BRAGO, wonach auch dem Anwalt des Antragsgegners die Gebühr entstehen kann, sind damit ausgeräumt (so Hansens BRAGO § 43 Rn. 7). 1

Legt der Anwalt des Antragsgegners Einspruch gegen den Vollstreckungsbescheid ein, so erwächst ihm die Gebühr Nr. 3308 nicht. Der Vollstreckungsbescheid steht nach § 700 Abs. 1 ZPO einem für vorläufig vollstreckbar erklärten Versäumnisurteil gleich mit der Folge, dass die Streitsache mit Zustellung des Mahnbescheids als rechtshängig geworden gilt (§ 700 Abs. 2 ZPO) und der Einspruch – anders als der Widerspruch – ohne weiteres in das Streitverfahren überleitet (§ 700 Abs. 3 ZPO). Damit ist der Einspruch dem Antrag auf Durchführung des streitigen Verfahrens gleichzusetzen, wodurch für den Anwalt des Antragsgegners eine 1,3 Verfahrensgebühr Nr. 3100 ensteht (OLG München JurBüro 1992).

Nr. 3308 VV

B. Kommentierung

2 Ist der Anwalt für den Antragsteller im Verfahren über den Antrag auf Erlass eines Vollstreckungsbescheides tätig, so erhält er gem. Nr. 3308 eine Verfahrensgebühr in Höhe von 0,5.

I. Entstehen der Gebühr

1. Voraussetzungen

3 Durch die Bezeichnung Verfahrensgebühr wird deutlich, dass eine umfangreichere Tätigkeit des Anwalts als lediglich das Einreichen des Antrags auf Erlass des Vollstreckungsbescheids abgegolten werden soll. Die Gebühr entsteht daher auch nicht erst mit Einreichen des entsprechenden Antrags, sondern bereits mit dem entsprechenden Auftrag des Mandanten (a. A.: Göttlich/Mümmler RVG Stichwort »Mahnverfahren«; OLG Bamberg JurBüro 1980, 721).

4 Voraussetzung für das Entstehen der Gebühr ist, dass der Antragsgegner innerhalb der Widerspruchsfrist keinen Widerspruch einlegt, § 694 Abs. 1 ZPO, oder dass der Antragsgegner im Urkunden-, Wechsel- und Scheckmahnverfahren den Widerspruch auf die Ausführung seiner Rechte im Nachverfahren beschränkt, § 703 a Abs. 2 Nr. 4 ZPO. Ein vor Ablauf der Widerspruchsfrist gestellter Antrag ist unzulässig und löst auch keine Gebühr aus. Der Antrag kann demzufolge auch nicht gleichzeitig mit dem Antrag auf Erlass des Mahnbescheids gestellt werden.

a) Auftrag des Mandanten

5 Der Anwalt erhält die Gebühr Nr. 3308 für seine Tätigkeit im Verfahren über den Antrag auf Erlass des Vollstreckungsbescheides. Voraussetzung ist, dass ihm der Mandant einen entsprechenden Auftrag erteilt hat. Zu beachten ist, dass der Antrag nicht vor Ablauf der Widerspruchsfrist gestellt werden kann und dass er die Erklärung zu enthalten hat, ob und welche Zahlungen auf den Mahnbescheid geleistet worden sind, § 699 Abs. 1 Satz 2 ZPO. Es ergibt sich daher die Frage, zu welchem Zeitpunkt der Mandant den Auftrag erteilen kann, mithin, wann die Gebühr Nr. 3008 frühestens entstehen kann:

6 Zum einen wird die Auffassung vertreten, dass der Auftrag, den Erlass des Vollstreckungsbescheides zu beantragen, bereits vor Ablauf der Widerspruchsfrist erteilt werden kann. Der Auftrag, den Erlass des Vollstreckungsbescheids zu beantragen, steht dann unter der aufschiebenden Bedingung, dass kein Widerspruch eingelegt wird (*Müller-Rabe* in Gerold/ Schmidt/von Eicken/Madert/Müller-Rabe RVG VV 3308 Rn. 18).

7 Zum anderen wird auf die entsprechende Information des Auftraggebers an den Anwalt, dass der Antragsgegner keine bzw. keine vollständige Zahlungen auf den Mahnbescheid geleistet hat, abgestellt. Denn diese Information benötigt der Anwalt, um eine entsprechende Erklärung auf dem Antragsformular abgeben zu können, § 699 Abs. 1 Satz 2 Hs. 2 ZPO (*Gebauer* in Gebauer/Schneider RVG 1. Aufl. Nr. 3308 VV Rn. 4).

8 In der Praxis wird man davon ausgehen können, dass der Auftraggeber bereits mit dem Auftrag, das Mahnverfahren durchzuführen, konkludent den Auftrag erteilt, auch den Antrag auf Erlass des Vollstreckungsbescheids zu stellen. Denn der Auftraggeber entscheidet sich ja gerade für die Durchführung des Mahnverfahrens, um möglichst schnell einen vollstreckbaren Titel gegen den Schuldner vorliegen zu haben. Schnelligkeit ist in diesem Falle sein hauptsächliches Interesse, gerade aus diesem Grunde wählt er nicht das zeitaufwendigere Klageverfahren. Nach Vorliegen der entsprechenden Verfahrensvoraussetzungen, nämlich dass kein Widerspruch erhoben worden ist, wird der Anwalt sodann ohne weitere zeitliche Verzögerung den Erlass des Vollstreckungsbescheids beantragen. Die Information an den Anwalt, dass keine Zahlungen auf die Mahnbescheidsforderung eingegangen sind, steht einer frühzeitigen Auftragserteilung daher nicht entgegen, sondern spricht dafür, dass der Auf-

trag, den Vollstreckungsbescheid unter der Bedingung, dass kein Widerspruch eingelegt worden ist, zu beantragen, erteilt worden ist. Der Auftrag wird daher mit der Bedingung wirksam (*Gierl* in Mayer/Kroiß RVG Nr. 3308 VV Rn. 7).

Das Abstellen auf den zeitlichen Eintritt der Bedingung hat zur Folge, dass der Anwalt, wird er nach Erlass des Mahnbescheids und vor Ablauf der Widerspruchsfrist mandatiert, die Gebühr Nr. 3308 noch nicht verdienen kann, da die Bedingung für das Entstehen der Gebühr – Ablauf der Widerspruchsfrist und kein Erheben des Widerspruchs – noch nicht eingetreten ist. Die Gebühr entsteht also erst für Tätigkeiten nach Ablauf der Widerspruchsfrist. Darauf, ob der Antrag auf Erlass des Vollstreckungsbescheids tatsächlich gestellt wird, kommt es nicht an (a. A.: OLG Bamberg JurBüro 1980, 721: Gebühr entsteht erst mit Eingang des Antrags bei Gericht). Die Entgegennahme der Information, dass der Antragsgegner keine Zahlungen geleistet hat, ist daher für das Entstehen der Gebühr Nr. 3308 ausreichend. 9

b) Kein Widerspruch durch den Antragsgegner

Für das Entstehen der Gebühr Nr. 3308 ist Voraussetzung, dass der Antragsgegner innerhalb der Widerspruchsfrist keinen Widerspruch erhebt. Die Frist beginnt mit der Zustellung des Mahnbescheids und dauert zwei Wochen, §§ 692 Abs. 1 Nr. 3, 693, 694 Abs. 1 ZPO. Erhebt der Antragsgegner Widerspruch, so wird das Verfahren bei Vorliegen des entsprechenden Antrags einer der Parteien an das im Antrag bezeichnete Gericht abgegeben. Wird durch den Antragsgegner kein Widerspruch erhoben, so verdient der Anwalt die Gebühr Nr. 3308 in Höhe von 0,5. 10

c) Beschränkung des Widerspruches gem. § 703 a Abs. 2 Nr. 4 ZPO durch den Antragsgegner

Beschränkt der Antragsgegner im Urkunden-, Wechsel- und Scheckmahnverfahren seinen Widerspruch darauf, seine Rechte im Nachverfahren (vgl. § 600 Abs. 1 ZPO) geltend zu machen, so wird der Vollstreckungsbescheid unter diesem Vorbehalt erlassen. Der Anwalt verdient in diesem Falle die Gebühr Nr. 3308 in Höhe von 0,5, wenn er den Erlass des Vollstreckungsbescheides beantragt. 11

2. Erheben des Widerspruches durch den Antragsgegner

Erhebt der Antragsgegner gem. §§ 692 Abs. 1 Nr. 3, 694 Abs. 1 ZPO Widerspruch gegen den Mahnbescheid, so entsteht dem Anwalt des Antragstellers keine Gebühr gem. Nr. 3308. Es kommt dabei nicht darauf an, ob der Anwalt zum Zeitpunkt der Antragstellung vom Einlegen des Widerspruchs Kenntnis hat (aber: § 695 ZPO), die Gebühr entsteht nicht. Es kommt lediglich darauf an, dass innerhalb der Widerspruchsfrist Widerspruch erhoben worden ist. 12

Dass der Anwalt vom Erheben des Widerspruches keine Kenntnis hat, kommt in der Praxis sogar häufig vor. Nutzt der Antragsgegner nämlich die ihm gesetzlich zustehende zweiwöchige Widerspruchsfrist bis zum letzten Tage aus, so wird der Anwalt des Antragstellers durch das Gericht erst geraume Zeit nach Ablauf der Frist über die Widerspruchserhebung informiert werden. Stellt er daher in Unkenntnis vom erhobenen Widerspruch – um einen schnellen Ablauf des Verfahrens zu gewährleisten und rasch den Vollstreckungstitel zu erlangen – sofort nach Ablauf der Widerspruchsfrist Antrag auf Erlass des Vollstreckungsbescheids, kann die Gebühr Nr. 3308 gleichwohl nicht entstehen. 13

II. Höhe der Gebühr

Der Anwalt erhält die Gebühr Nr. 3308 in Höhe von 0,5. Eine Änderung zur BRAGO ergibt sich insoweit nicht. 14

Nr. 3308 VV

1. Erhöhung bei mehreren Personen als Auftraggeber

15 Vertritt der Anwalt mehrere Personen als Auftraggeber, so erhöht sich die Gebühr Nr. 3308 für jede weitere Person um 0,3. Mehrere Erhöhungen dürfen einen Gebührensatz von 2,0 jedoch nicht überschreiten. Maximal kann der Anwalt somit 2,5 Gebühren verdienen.

16 Gem. Satz 2 der Anmerkung zu Nr. 3308 ist die Nr. 1008 jedoch nicht anzuwenden, wenn sich bereits die Gebühr Nr. 3305 erhöht hat. Dies bedeutet, dass der Anwalt im gesamten Mahnverfahren – einschließlich des Antrags auf Erlass des Vollstreckungsbescheids – die Gebührenerhöhung gem. Nr. 1008 nur einmal geltend machen kann. Auch wenn es sich hier um einen festen Gebührensatz von 0,3 für jeden weiteren Auftraggeber handelt, ist es rechnerisch nicht egal, welche Gebühr – Nr. 3305 oder Nr. 3308 – erhöht wird.

17 • Beispiel
Der Anwalt macht für Eheleute im Mahnverfahren eine Forderung in Höhe von € 890,00 geltend. Nachdem der Antragsgegner Widerspruch gegen den Mahnbescheid nicht erhoben hat, beantragt er Vollstreckungsbescheid. Er erhöht die Gebühr Nr. 3308 gem. Nr. 1008 um 0,3.

1. Antrag auf Erlass des Mahnbescheides

Gegenstandswert: € 890,00		
1,0, Nr. 3305	€	65,00
Auslagenpauschale, Nr. 7002	€	13,00
Zwischensumme	€	78,00
19 % Umsatzsteuer, Nr. 7008	€	14,82
Endbetrag:	€	**92,82**

2. Antrag auf Erlass des Vollstreckungsbescheides

Gegenstandswert: € 1.005,82 (Hauptforderung, Anwaltsgebühren Mahnverfahren, Gerichtskosten Mahnverfahren € 23,00)		
0,5, Nr. 3308	€	42,50
0,3 Erhöhung gem. Nr. 1008 um einen weiteren Auftraggeber	€	25,50
Auslagenpauschale, Nr. 7002	€	13,60
Zwischensumme	€	81,60
19 % Umsatzsteuer, Nr. 7008	€	15,50
Endbetrag:	€	**97,10**

Die Gebühren für das Mahnverfahren, einschließlich des Vollstreckungsbescheidsverfahrens, betragen insgesamt **€ 189,92**.

18 • Beispiel
Gleicher Ausgangsfall wie oben, jedoch erhöht der Anwalt die Mahnverfahrensgebühr gem. Nr. 1008 um 0,3 wegen eines weiteren Auftraggebers. Die Abrechnung sieht folgendermaßen aus:

1. Antrag auf Erlass des Mahnbescheides

Gegenstandswert: € 890,00		
1,0, Nr. 3305	€	65,00
0,3 Erhöhung gem. Nr. 1008	€	19,50
Auslagenpauschale, Nr. 7002	€	16,90
Zwischensumme	€	101,40
19 % Umsatzsteuer, Nr. 7008	€	19,27
Endsumme:	€	**120,67**

2. Antrag auf Erlass des Vollstreckungsbescheides

Gegenstandswert: € 1.030,12 (Hauptforderung, Anwaltsgebühren Mahnverfahren, Gerichtskosten Mahnverfahren € 22,50)

0,5, Nr. 3308	€ 42,50
Auslagenpauschale, Nr. 7002	€ 8,50
Zwischensumme	€ 51,00
19 % Umsatzsteuer Nr. 7008	€ 9,69
Endsumme:	**€ 60,69**

Die Gebühren für das gesamte Mahnverfahren betragen in diesem Falle € 181,36.

Unabhängig davon, dass der Rechnungsbetrag des ersten Beispieles höher ist, sollte der Anwalt die entsprechenden Gebühren immer dann abrechnen, wenn sie erstmals anfallen.

2. Keine Ermäßigung der Gebühr

Endet der Auftrag des Anwalts, bevor er den Antrag auf Erlass des Vollstreckungsbescheides eingereicht hat, z. B. wegen Zahlung durch den Schuldner, so kommt es nicht zu einer Ermäßigung der Gebühr Nr. 3308. Dies sieht der Gesetzgeber nicht vor. Reicht der Anwalt also den entsprechenden Antrag nicht ein, hat er dennoch eine volle Gebühr Nr. 3308 verdient. Voraussetzung ist gleichwohl, dass er im Vollstreckungsverfahren bereits tätig geworden war, z. B. durch Entgegennahme der Information, dass der Schuldner keine Zahlung geleistet hat. 19

III. Gegenstandswert

1. Höhe der Forderung

Der Gegenstandswert der Verfahrensgebühr Nr. 3308 bestimmt sich nach der Höhe der Forderung, derentwegen der Antrag auf Erlass des Vollstreckungsbescheids gestellt wird. Dies kann die ursprüngliche Hauptforderung sein. Leistet der Schuldner hingegen nach Erlass des Mahnbescheides Zahlungen, so wird das Verfahren nur noch wegen der restlichen Forderung weiterbetrieben. Der Gegenstandwert für die Gebühr Nr. 3308 bestimmt sich dann nach der Höhe der restlichen Forderung. Hat der Schuldner jedoch keinen Widerspruch eingelegt und der Mandant den Anwalt bereits informiert, dass Zahlungen durch den Schuldner nicht geleistet wurden und erfolgen erst dann Zahlungen des Schuldners, so berechnet sich die Gebühr nach dem ursprünglichen Gegenstandswert (Hauptforderung zuzüglich Kosten, vgl. III. 2.). Dies ergibt sich aus der konsequenten Anwendung der Auffassung, wann die Gebühr Nr. 3308 erstmalig entstehen kann – vorliegend war der Anwalt durch die Entgegennahme der entsprechenden Information bereits im Verfahren auf Erlass des Vollstreckungsbescheides tätig geworden. 20

2. Bisherige Kosten des Mahnverfahrens

Darüber hinaus sind in den Vollstreckungsbescheid gem. § 699 Abs. 3 Satz 1 ZPO die bislang im Verfahren entstandenen Kosten aufzunehmen. Dies sind alle Kosten, die bislang im Mahnverfahren angefallen sind (also Anwaltsgebühren, Gerichtskosten, evtl. weitere Zustellkosten). Die Anwaltsgebühren errechnen sich damit aus der Hauptforderung sowie aus den bislang angefallenen Kosten, soweit sie im Mahnbescheid aufgeführt sind. Kosten, die vor Beantragung des Mahnbescheids angefallen sind und nicht im Mahnbescheid aufgenommen wurden, sind nicht zu berücksichtigen, da insoweit kein Mahnbescheid ergangen ist. 21

Etwas anderes gilt, wenn die Verfahrensgebühr Nr. 3308 nachträglich in den Vollstreckungsbescheid aufgenommen werden soll. Dies wird dann notwendig, wenn der Antragsteller selber den Vollstreckungsbescheid beantragt hat und der Anwalt erst im Nachhinein mandatiert 22

Nr. 3308 VV

und im Verfahren tätig wurde. Die Gebühr Nr. 3308 ist dann nachträglich in den Vollstreckungsbescheid mit aufzunehmen (KG KGR 2001, 69; OLG München MDR 1997, 299; OLG Schleswig JurBüro 1985, 781; LG Bonn AGS 2005, 340).

23 Zahlt der Schuldner die Hauptforderung, nicht jedoch die bisherigen Kosten des Mahnverfahrens, so kann ein Vollstreckungsbescheid nur hinsichtlich der Verfahrenskosten beantragt werden. Die Anwaltsgebühren berechnen sich dann aus der Summe der im Mahnbescheid aufgeführten Kosten und (nicht beglichenen) Nebenforderungen.

IV. Verhältnis Vollstreckungsbescheidsgebühr zu anderen Gebühren

1. Einigungsgebühr

24 VV Vorbem. 1 bestimmt, dass die Gebühren dieses Teiles (allgemeine Gebühren) neben den in anderen Teilen bestimmten Gebühren entstehen. Das bedeutet für die Einigungsgebühr Nr. 1000, dass sie als allgemeine Gebühr des 1. Teiles in allen anderen Teilen des im Vergütungsverzeichnis genannten Verfahren entstehen kann. Es bedarf jedoch immer der Entstehung einer weiteren Betriebsgebühr (Geschäftsgebühr, Verfahrensgebühr), dies stellt die Formulierung »**neben den in anderen Teilen bestimmten Gebühren**« klar (so auch *Klees* in Mayer/Kroiß RVG Nr. 1000 VV Rn. 1). Für das Verfahren über den Antrag auf Erlass eines Vollstreckungsbescheides (als Bestandteil des Mahnverfahrens als spezielles gerichtliches Verfahren des 3. Teiles des Vergütungsverzeichnisses) bedeutet das, dass – sofern die Gebühr Nr. 3308 entstanden ist – daneben grundsätzlich auch die Einigungsgebühr Nr. 1003 entstehen kann.

25 Zu den Voraussetzungen des Entstehens der Einigungsgebühr wird verwiesen auf die Ausführungen von Bischof zu Nrn. 1000 ff. in diesem Kommentar. Im Verfahren über den Antrag auf Erlass des Vollstreckungsbescheids kann die Einigungsgebühr in Höhe von 1,0 wegen der Anhängigkeit eines anderen gerichtlichen Verfahrens (nämlich des Mahnverfahrens) entstehen. Voraussetzung ist auch hier die Mitwirkung des Anwalts am Zustandekommen der entsprechenden Einigung.

26 • **Beispiel**
Der Anwalt wird beauftragt, für den Mandanten eine Forderung in Höhe von € 1.000,00 durch Mahnbescheid geltend zu machen. Nach entsprechendem Antrag, Erlass und Zustellung des Mahnbescheids und – nachdem der Gegner Widerspruch nicht erhoben hat – Erlass des Vollstreckungsbescheids setzt sich der Antragsgegner mit dem Anwalt in Verbindung und macht einen Vergleichsvorschlag zur Begleichung der Forderung. Nach Rücksprache mit dem Mandanten stimmt dieser dem Vorschlag zu, ein entsprechender Vergleich wird geschlossen. Der Anwalt kann berechnen:

Gegenstandswert: € 1.000,00	
1,0 Verfahrensgebühr, Nr. 3305	€ 85,00
0,5 Verfahrensgebühr, Nr. 3308	€ 42,50
1,0 Einigungsgebühr, Nr. 1003	€ 85,00
Auslagenpauschale, Nr. 7002	€ 20,00
Zwischensumme	€ 232,50
19 % Umsatzsteuer, Nr. 7008	€ 44,18
Endsumme:	**€ 276,68**

26a Die Einigungsgebühr ist gem. § 699 Abs. 3 ZPO in den Vollstreckungsbescheid aufzunehmen (BGH, Beschl. v. 17.09.2008 – IV ZB 11/08).

Zum Anfall der Terminsgebühr vgl. nachfolgend Rn. 27 ff.

2. Terminsgebühr

Zur grundsätzlichen Problematik des Entstehens der Terminsgebühr wird auf die entsprechenden Ausführungen von Bischof in diesem Kommentar verwiesen.

Durch Art. 17 Nr. 4 d) des Gesetzes über Rechtsbehelfe bei Verletzung des rechtlichen Gehörs vom 09. 12. 2004 (BGBl. I, 3220) ist vor Nr. 3305 eine neue Vorbemerkung 3.3.2. eingefügt worden: »**Die Terminsgebühr bestimmt sich nach Abschnitt 1.**« Dies bedeutet grundsätzlich, dass nunmehr auch im Mahnverfahren bzw. im Verfahren über den Antrag auf Erlass eines Vollstreckungsbescheides eine Terminsgebühr entstehen kann.

Allerdings kommen für das Verfahren auf Erlass des Vollstreckungsbescheides nicht sämtliche in Vorbemerkung 3. Abs. 3 aufgeführten Konstellationen zum Entstehen der Terminsgebühr in Betracht: Es kommt weder zu einer Vertretung in einem Verhandlungs-, Erörterungs- oder Beweisaufnahmetermin noch zur Wahrnehmung eines von einem gerichtlich bestellten Sachverständigen anberaumten Termins. Auch eine Vermeidung des Verfahrens durch eine Besprechung kommt zu diesem Zeitpunkt nicht mehr in Betracht. In Frage käme für das Entstehen der Terminsgebühr daher nur die Mitwirkung an Besprechungen, die auf die Erledigung des Verfahrens gerichtet sind – ohne Beteiligung des Gerichts.

- **Beispiel**

Der Anwalt wird beauftragt, für den Mandanten eine Forderung in Höhe von € 1.000,00 durch Mahnbescheid geltend zu machen. Nach entsprechendem Antrag, Erlass und Zustellung des Mahnbescheids und – nachdem der Gegner Widerspruch nicht erhoben hat – Erlass des Vollstreckungsbescheids, setzt sich der Antragsgegner mit dem Anwalt in Verbindung und macht einen Vergleichsvorschlag zur Begleichung der Forderung. Nach Rücksprache mit dem Mandanten stimmt dieser dem Vorschlag zu, ein entsprechender Vergleich wird geschlossen.

Der Sachverhalt im Beispiel entspricht dem in Punkt IV. 2. Hat der Anwalt hier auch eine Terminsgebühr verdient?

Nach Vorbem. 3 Abs. 3 erhält der Anwalt eine Terminsgebühr gem. Nr. 3104 in Höhe von 1,2 auch für das Mitwirken an auf die Vermeidung oder Erledigung des Verfahrens gerichteten Besprechungen ohne Beteiligung des Gerichts.

Zu dem im Beispiel genannten Zeitpunkt (der Vollstreckungsbescheid ist bereits erlassen) ist das Mahnverfahren prozessrechtlich gesehen beendet. Dies bedeutet, dass weder Gespräche mit dem Ziel, das Mahn- bzw. Vollstreckungsbescheidsverfahren zu vermeiden, noch das Verfahren zu erledigen, geführt werden können. Besprechungen, die mit dem Antragsgegner oder einem Dritten nach diesem Zeitpunkt stattfinden, können demnach das Entstehen der Terminsgebühr nicht mehr auslösen.

Im vorgenannten Beispiel kann die Terminsgebühr daher nicht entstehen.

Die Terminsgebühr kann der Anwalt daher nur verdienen zwischen der Beauftragung durch den Mandanten, im Vollstreckungsbescheidsverfahren tätig zu werden, und vor Erlass des Vollstreckungsbescheids.

Ist der Vollstreckungsbescheid bereits beantragt, und hat der Antrag die Kanzlei verlassen, so kann eine in diesem Zeitpunkt geführte Besprechung die Terminsgebühr ebenfalls nicht entstehen lassen. Selbst wenn der Vollstreckungsbescheid zu diesem Zeitpunkt noch nicht erlassen ist, liegt es nicht mehr in der Einflusssphäre des Anwalts, den Erlass zu verhindern. Die durchgeführte Besprechung kann also nicht mehr dazu dienen, das Verfahren zu beenden.

Vorbemerkung 3.3.3 VV, Nr. 3309 VV

ZWANGSVOLLSTRECKUNG

Vorbemerkung 3.3.3 VV, Nr. 3309 VV

Nr.	Gebührentatbestand	Gebühr oder Satz der Gebühr nach § 13 RVG
	Unterabschnitt 3 **Zwangsvollstreckung und Vollziehung einer im Wege des einstweiligen Rechtsschutzes ergangenen Entscheidung**	
	Vorbemerkung 3.3.3: Dieser Unterabschnitt gilt auch für Verfahren auf Eintragung einer Zwangshypothek (§§ 867 und 870a ZPO), Verfahren nach § 33 FGG und für gerichtliche Verfahren über einen Akt der Zwangsvollstreckung (des Verwaltungszwangs).	
3309	Verfahrensgebühr .... Die Gebühr entsteht für die Tätigkeit in der Zwangsvollstreckung, soweit nachfolgend keine besonderen Gebühren bestimmt sind.	0,3

1 Die Zwangsvollstreckung ist ein weitgehend formalisiertes Verfahren zur Durchsetzung bereits titulierter Forderungs- und Leistungsansprüche mit Hilfe staatlicher Vollstreckungsorgane. Als Vollstreckungsorgan ist – je nach Titel und Vollstreckungsobjekt – der Gerichtsvollzieher, das Vollstreckungsgericht, das Prozessgericht 1. Instanz sowie das Grundbuchamt zuständig. Die Zwangsvollstreckung ist geregelt im 8. Buch der ZPO, in den §§ 704 bis 945. Sie findet statt als Vollstreckung wegen Geldforderungen, §§ 803 bis 882a ZPO, als Vollstreckung zur Erwirkung der Herausgabe von Sachen und zur Erwirkung von Handlungen oder Unterlassungen, §§ 883 bis 898 ZPO. Die Zwangsvollstreckung findet aufgrund von Titeln statt, die nach ZPO-Verfahren erwirkt wurden, § 704, § 794 Abs. 1 Nr. 1–5 und darüber hinaus auch aus Titeln, für deren Vollstreckung die entsprechenden Verfahrensvorschriften auf die ZPO verweisen, z. B. § 45 Abs. 3 WEG, §§ 201 Abs. 2, 257 InsO, §§ 198 ff. SozGG, §§ 93, 132, 162 ZVG, §§ 124, 406b, 463b, 464b Satz 3 StPO; §§ 155, 157 KostO. Allgemeine Voraussetzungen für den Beginn der Zwangsvollstreckung sind der Titel, § 724 ZPO, die Klausel, § 725 ZPO und die Zustellung des Titels, § 750 ZPO.

Inhaltsübersicht

	Rn.		Rn.
A. Allgemeines	2	während einer Vollstreckungsmaß-	
I. Anwendungsbereich	3	nahme	29
II. Abgrenzung zwischen prozessrechtlichem und gebührenrechtlichem Begriff der Zwangsvollstreckung	9	2. Höhe der Gebühr	38
		3. Mehrere Personen als Auftraggeber	39
		4. Mehrere Schuldner	45
B. Kommentierung	12	5. Mehrere Drittschuldner	45a
I. Zwangsvollstreckung nach ZPO	12	II. Eintragung einer Zwangssicherungshypothek, §§ 867, 870a ZPO	46
1. Entstehen der Gebühr	12	1. Entstehen der Gebühr	47
a) Vorbereitende Vollstreckungshandlung und Vollstreckungsmaßnahme	12	2. Höhe der Gebühr	48
		3. Mehrere Personen als Auftraggeber	49
b) Voraussetzung der Zwangsvollstreckung	16	III. Verfahren nach § 33 FGG	51
		1. Entstehen der Gebühr	52
c) Zeitpunkt der ersten Vollstreckungshandlung	26	2. Höhe der Gebühr	53
		3. Mehrere Personen als Auftraggeber	54
d) Mehrere Vollstreckungshandlungen			

Vorbemerkung 3.3.3 VV, Nr. 3309 VV | Teil 3

	Rn.		Rn.
IV. Gerichtliche Verfahren über einen Akt der Zwangsvollstreckung (Verwaltungszwang)	56	b) Mitwirkung des Anwalts	76
1. Entstehen der Gebühr	58	c) Höhe	78
2. Höhe der Gebühr	59	2. Raten-/Teilzahlungsvereinbarung	82
3. Mehrere Personen als Auftraggeber	60	a) Entstehen der Einigungsgebühr Nr. 1000 für Ratenzahlungsvereinbarung	83
V. Vollziehung von im Wege des einstweiligen Rechtsschutzes ergangener Entscheidungen	62	b) Erstattungsfähigkeit der Einigungsgebühr bei Raten-/Teilzahlungsvereinbarung	89
1. Entstehen der Gebühr	63	aa) Kosten der Zwangsvollstreckung?	91
2. Höhe der Gebühr	67	bb) Notwendig und damit erstattungsfähig?	93
3. Mehrere Personen als Auftraggeber	68	VII. Erstattungsfähigkeit der Gebühr Nr. 3309	98
VI. Einigungsgebühr Nr. 1000 in der Zwangsvollstreckung	70		
1. Allgemeines	70		
a) Voraussetzung der Entstehung	72		

A. Allgemeines

Die Gebühr Nr. 3309 erhält der Rechtsanwalt für die Tätigkeit in der Zwangsvollstreckung. 2
Sofern der Anwalt eine die Gebühr Nr. 3309 auslösende Tätigkeit ausübt, entsteht diese unabhängig davon, ob der Anwalt zuvor bereits als Prozess- bzw. Verfahrensbevollmächtigter für den Auftraggeber tätig war und ob er den vollstreckbaren Titel, aus dem die Zwangsvollstreckung betrieben wird, erwirkt hat. Auch für den Anwalt, der bereits in einem Verfahren des einstweiligen Rechtsschutzes für den Auftraggeber tätig war und nunmehr mit der Vollziehung dieser Entscheidung beauftragt wird, entsteht diese Gebühr unabhängig von der zuvor ausgeübten Tätigkeit.

I. Anwendungsbereich

Unterabschnitt 3 des 3. Abschnitts (Gebühren für besondere Verfahren) erfasst die Vergütung 3
des Anwalts für die Tätigkeit in der Einzelzwangsvollstreckung und der Vollziehung von Entscheidungen, die im Wege des einstweiligen Rechtsschutzes ergangen sind. Dies ergibt sich aus der Überschrift des Unterabschnitts. Darüber hinaus bestimmt die Vorbemerkung 3.3.3 den Anwendungsbereich von Nr. 3309 (und Nr. 3310). Danach entstehen die Gebühren des 3. Unterabschnitts neben der Tätigkeit in der Einzelzwangsvollstreckung und der Vollziehung von Entscheidungen, die im Wege des einstweiligen Rechtsschutzes ergangen sind, für Tätigkeiten im Verfahren auf Eintragung einer Zwangshypothek, für Verfahren nach § 33 FGG und für gerichtliche Verfahren über einen Akt der Zwangsvollstreckung des Verwaltungszwangs.

Die Gebühr Nr. 3309 kann entstehen für den Anwalt des Gläubigers und für den Anwalt des 4
Schuldners. Bei Tätigkeiten für einen Dritten entsteht die Gebühr Nr. 3309 nicht. Beteiligte im Zwangsvollstreckungsverfahren sind immer nur Gläubiger und Schuldner. Wird der Anwalt für einen Dritten tätig, in dem er z. B. eine Drittschuldnererklärung, § 840 ZPO, abgibt oder er gem. § 771 ZPO eine Drittschuldnerklage führt, so handelt er nicht innerhalb des Zwangsvollstreckungsverfahrens. Er verdient für diese Tätigkeiten die Gebühren gem. Nrn. 2300 ff. bzw. Nrn. 3100 ff. (a. A.: *Gierl* in Maier/Kroiß RVG Nr. 3309 Rn. 12; *Wolf* in Gebauer/Schneider RVG 1. Aufl. VV 3309–3310 Rn. 25 – jeweils für Drittschuldnererklärung; LG Düsseldorf JurBüro 2007, 527: dem Anwalt des »Scheinschuldners« entsteht für die außergerichtliche Interessenwahrnehmung zur Abwehr eines bereits titulierten Anspruchs die Gebühr nach Nr. 3309 und keine Geschäftsgebühr). Ausnahmen von diesem Grundsatz sind Verfahren gem. § 850 g ZPO (Änderung der Unpfändbarkeitsvoraussetzungen). Vertritt der Anwalt hier einen Dritten bzw. den Drittschuldner, so ist er in das (gerichtlich anhängige) Zwangsvollstreckungsverfahren involviert, so dass ihm für diese Tätigkeit die Gebühr Nr. 3309 er-

Vorbemerkung 3.3.3 VV, Nr. 3309 VV

wächst (Hansens BRAGO § 57 Rn. 9; *Wolf* in Gebauer/Schneider RVG 1. Aufl. VV 3309–3310 Rn. 25).

5 Vertritt der Anwalt einen Dritten in einem Verfahren gemäß § 766 ZPO (Erinnerung gegen Art und Weise der Zwangsvollstreckung), erhält er wegen der entsprechenden Regelung in § 15 Abs. 6 ebenfalls eine 0,3 Gebühr gemäß Nr. 3309.

6 Tätigkeiten des Anwalts im Zwangsversteigerungs- und Zwangsverwaltungsverfahren werden nicht nach Nr. 3309 vergütet. Gebühren für diese Tätigkeiten sind in Unterabschnitt 4 aufgeführt. Die Gebühren für Tätigkeiten des Anwalts im Insolvenzverfahren und im Verteilungsverfahren nach der schifffahrtsrechtlichen Verteilungsordnung werden ebenfalls nicht durch Nr. 3309 vergütet, sondern bestimmen sich nach Unterabschnitt 5.

7 Vertritt der Anwalt seinen Mandanten in einem Verfahren nach § 766 ZPO, so erhält er hierfür ebenfalls eine Gebühr nach Nr. 3309, **nicht** nach **Nr. 3500**. Die Gebühr Nr. 3309 für das Erinnerungsverfahren entsteht darüber hinaus nicht zusätzlich zu einer bereits für das Vollstreckungsverfahren verdienten Gebühr Nr. 3309, da das Erinnerungsverfahren gemäß § 19 Abs. 2 Nr. 2 ausdrücklich zum Rechtszug gehört (vgl. auch Rn. 12 und 13 zu Nr. 3500).

8 Erinnerungen gegen eine Maßnahme des Rechtspflegers, z. B. im Verfahren auf Erlass eines Pfändungs- und Überweisungsbeschlusses, sind gem. § 18 Nr. 5 eine besondere Angelegenheit. Die Gebühr Nr. 3305 entsteht neben der Gebühr Nr. 3309 für das zugrunde liegende Vollstreckungsverfahren.

II. Abgrenzung zwischen prozessrechtlichem und gebührenrechtlichem Begriff der Zwangsvollstreckung

9 • **Beispiel**
Der Anwalt hat den Mandanten im streitigen Verfahren vertreten. Das Verfahren endet mit einem Vergleich zwischen den Parteien. Der Mandant bittet den Anwalt nunmehr, eine Abschrift der vollstreckbaren Ausfertigung des Vergleichs an den Gegner zuzustellen. Kann der Anwalt für diese Tätigkeit eine Gebühr gem. Nr. 3309 berechnen?

Bei Beantwortung dieser Frage ist erstens zu prüfen, ob die Zustellung des Vergleiches noch dem Erkenntnisverfahren zuzuordnen ist oder ob es sich bereits um eine Tätigkeit im Zwangsvollstreckungsverfahren handelt. Zweitens ist zu prüfen, ob diese Tätigkeit gebührenrechtlich der Nr. 3309 zuzuordnen ist. Es ist zu beachten, dass der prozessrechtliche Begriff der Zwangsvollstreckung nicht mit dem gebührenrechtlichen Begriff der Zwangsvollstreckung identisch ist. Das heißt, dass bestimmte anwaltliche Tätigkeiten im Hinblick auf die Zwangsvollstreckung noch zum Rechtszug des Erkenntnisverfahrens gehören, andererseits können Tätigkeiten, die der Vorbereitung der Zwangsvollstreckung im prozessrechtlichen Sinne dienen, durchaus bereits von der Gebühr Nr. 3309 erfasst werden.

Für oben genanntes Beispiel bedeutet dies:

Die Zustellung des Vollstreckungstitels ist gem. § 750 ZPO notwendige Voraussetzung für den Beginn der Zwangsvollstreckung und ist somit vorbereitende Vollstreckungshandlung. Aus § 18 Nr. 3 ergibt sich, dass die Zustellung des Vollstreckungstitels – im Beispiel die Zustellung des Vergleichs – als vorbereitende Vollstreckungshandlung grundsätzlich eine Angelegenheit der Zwangsvollstreckung ist, wenn auch keine besondere innerhalb der Zwangsvollstreckung. Als Tätigkeit in der Zwangsvollstreckung würde dem Anwalt hierfür eine Gebühr gem. Nr. 3309 entstehen.

Demgegenüber bestimmt jedoch § 19 Abs. 1 i. V. m. Abs. 2 Nr. 15 RVG, dass die Zustellung des Vollstreckungstitels eine Tätigkeit ist, die noch zum Rechtszug gehört. Gemeint ist hier das Erkenntnisverfahren. Da es sich gem. § 18 Nr. 3 RVG bei der Zustellung des Vollstreckungstitels nicht um eine besondere Angelegenheit (vgl. § 19 Abs. 1 Satz 1 RVG) der Zwangsvollstreckung handelt, bedeutet das für den Anwalt, der den Mandanten bereits im Erkenntnisverfahren vertreten hat, dass die Zustellung des Vollstreckungstitels noch zum Rechtszug des Erkenntnisverfahrens gehört. Diese Tätigkeit ist mit der Gebühr Nr. 3100 abgegolten.

Der Anwalt kann also für die Zustellung der Ausfertigung des vollstreckbaren Vergleichs keine Gebühr gem. Nr. 3309 berechnen, da diese Tätigkeit für ihn noch zum Rechtszug des Erkenntnisverfahrens gehört und diese Tätigkeit mit der Gebühr Nr. 3100 abgegolten ist.

- **Beispiel** 10
Anwalt A hat den Mandanten im streitigen Verfahren vertreten. Nach Abschluss des Verfahrens durch Vergleich händigt der Anwalt dem Mandanten den Vergleich aus und schließt das Mandat ab. Der Mandant beauftragt nun Anwalt B mit der Zustellung des Vergleiches an den Gegner. Kann Anwalt B hierfür eine Gebühr gem. Nr. 3309 berechnen?

Anwalt B hat den Mandanten nicht im Erkenntnisverfahren vertreten, für ihn trifft die Regelung in § 19 daher nicht zu. Gem. § 18 Nr. 3 gehört die Zustellung des Titels als vorbereitende Vollstreckungsmaßnahme zur Zwangsvollstreckung und löst somit eine Gebühr gem. Nr. 3309 aus. Der Anwalt kann also die entsprechende Gebühr verdienen.

Wird er allerdings im Nachhinein mit der Durchführung der Zwangsvollstreckung betraut, so gilt auch hier, dass die Zustellung des Titels gem. § 18 Nr. 3 keine besondere Angelegenheit der Zwangsvollstreckung ist und Nr. 3309 daher nicht gesondert für die Zustellung des Titels anfällt. Vielmehr handelt es sich um eine vorbereitende Vollstreckungshandlung, die nicht gesondert vergütet wird.

Fazit: Vorbereitende Vollstreckungshandlungen sind prozessrechtlich gesehen der Zwangs- 11
vollstreckung noch nicht zuzuordnen, gleichwohl können sie gebührenrechtlich der Zwangsvollstreckung zugeordnet werden und lösen die Gebühr Nr. 3309 aus.

B. Kommentierung

I. Zwangsvollstreckung nach ZPO

1. Entstehen der Gebühr

a) Vorbereitende Vollstreckungshandlung und Vollstreckungsmaßnahme

Gemäß § 18 Abs. 3 bildet jede Vollstreckungsmaßnahme zusammen mit den durch diese vor- 12
bereitenden weiteren Vollstreckungshandlungen eine besondere Angelegenheit. Im Umkehrschluss bedeutet dies, dass jede vorbereitende Vollstreckungshandlung systematisch gesehen eine Angelegenheit der Zwangsvollstreckung ist. Sind vorbereitende Vollstreckungshandlungen der Zwangsvollstreckung zuzuordnen, so müssen sie auch honoriert werden. Denn es wäre nicht sachgerecht, dass ein Anwalt, der lediglich die Zwangsvollstreckung vorbereitende Tätigkeiten ausübt, z. B. den Vollstreckungstitel zustellt oder im Verfahren auf erstmalige Erteilung der Vollstreckungsklausel tätig wird, nicht vergütet würde, weil er sich nicht im Stadium des Vollstreckungsverfahrens befindet. Dies bedeutet, dass die Gebühr Nr. 3309 nicht erst für das eigentliche Zwangsvollstreckungsverfahren entsteht, also in der Regel mit der Erteilung eines Vollstreckungsauftrags oder der Beantragung einer Pfändungsmaßnahme, sondern bereits früher. In Literatur und Rechtsprechung ist unumstritten, dass – nach entsprechender Auftragserteilung – die Gebühr Nr. 3309 bereits mit der Entgegennahme der Information zum Zwecke der Durchführung der Zwangsvollstreckung entsteht (OLG Hamburg JurBüro 1975, 1346; *Wolf* in Gebauer/Schneider RVG 1. Aufl. VV 3309–3310 Rn. 12; *Gierl* in Mayer/Kroiß RVG VV 3309 Rn. 8). Dies schließt die Tätigkeit des Anwalts

Vorbemerkung 3.3.3 VV, Nr. 3309 VV

hinsichtlich vorbereitender Vollstreckungsmaßnahmen ein, diese werden ebenfalls gem. Nr. 3309 vergütet.

13 Es ist immer zu prüfen, ob vorbereitende Vollstreckungshandlungen gebührenrechtlich gem. § 19 Abs. 1 noch dem Erkenntnisverfahren zuzuordnen sind und mit den dort verdienten Gebühren abgegolten sind:

Noch zum Rechtszug des Erkenntnisverfahrens **gehören** – und lösen daher nicht die Gebühr Nr. 3309 aus – folgende Tätigkeiten:

- nachträgliche Vollstreckbarerklärung eines Urteils (§ 19 Abs. 2 Nr. 9);
- Erteilung des Notfrist- und des Rechtskraftzeugnisses (§ 19 Abs. 1 Nr. 9);
- Ausstellung einer Bescheinigung nach § 54 oder § 56 des Anerkennungs- und Vollstreckungsausführungsgesetzes (§ 19 Abs. 1 Nr. 9);
- vorläufige Einstellung, Beschränkung oder Aufhebung der Zwangsvollstreckung, wenn nicht eine abgesonderte mündliche Verhandlung hierüber stattfindet (§ 19 Abs. 1 Nr. 11);
- erstmalige Erteilung der Vollstreckungsklausel, wenn deswegen keine Klage erhoben wird (§ 19 Abs. 1 Nr. 12);
- Zustellung eines Vollstreckungstitels, der Vollstreckungsklausel und der sonstigen in § 750 ZPO genannten Urkunden (§ 19 Abs. 1 Nr. 15).

Die Tätigkeit des Anwalts im Hinblick auf die Hinterlegung einer Sicherheit zur Abwendung der Zwangsvollstreckung löst die Gebühr Nr. 3309 nicht aus, sie ist mit der Verfahrensgebühr des streitigen Verfahrens abgegolten (OLG Düsseldorf JurBüro 2007, 525).

Dass diese Tätigkeiten keine Gebühr gem. Nr. 3309 auslösen, gilt nur für den Anwalt, der bereits im Erkenntnisverfahren tätig war. Wird der Anwalt erstmals mit diesen Tätigkeiten beauftragt, so kann er eine Gebühr gem. Nr. 3309 berechnen. Zu beachten ist jedoch, dass es sich um vorbereitende Vollstreckungshandlungen handelt. Wird der Anwalt sodann im Zwangsvollstreckungsverfahren tätig, so bilden diese Tätigkeiten gem. § 18 Nr. 3 eine Einheit mit der Vollsteckungshandlung und lösen keine gesonderte Gebühr aus.

14 **Nicht mehr zum Rechtszug gehören** folgende Tätigkeiten:

- Vertretung in Verfahren über gerichtliche Anordnungen nach § 758 a ZPO (richterliche Durchsuchungsanordnung; Vollstreckung zur Nachtzeit) (§ 19 Abs. 2 Nr. 1);
- Vertretung in Verfahren gem. § 827 Abs. 1 ZPO und § 854 Abs. 1 ZPO (Verfahren über die Bestimmung eines Gerichtsvollziehers) (§ 19 Abs. 2 Nr. 2);
- Verfahren über die Anzeige der Absicht, die Zwangsvollstreckung gegen eine juristische Person des öffentlichen Rechts zu betreiben (§ 19 Abs. 2 Nr. 3);
- Verfahren über die einer Verurteilung vorausgehenden Androhung von Ordnungsgeld (§ 19 Abs. 2 Nr. 4);
- Verfahren über die Aufhebung einer Vollstreckungsmaßnahme (§ 19 Abs. 2 Nr. 5).

Diese Tätigkeiten gehören zu den in § 18 Nr. 3 genannten besonderen Verfahren und lösen daher sowohl für den Anwalt, der bereits im Erkenntnisverfahren tätig war, als auch für den Anwalt, der erstmals mit diesen Tätigkeiten mandatiert wurde, die Gebühr Nr. 3309 aus. Jedoch ist auch hier wieder zu beachten, dass diese Tätigkeiten gem. § 18 Nr. 3 eine Einheit mit der nachfolgenden Vollsteckungsmaßnahme darstellen und daher die Gebühr Nr. 3309 nur für den Anwalt (gleich, ob im Erkenntnisverfahren bereits tätig oder nicht) auslöst, der ausschließlich hiermit betraut ist.

15 Ebenso stellt ein Antrag gem. § 845 ZPO (Vorpfändung) bereits eine Tätigkeit in der Zwangsvollstreckung i. S. v. § 18 Nr. 3 RVG dar und löst die Gebühr Nr. 3309 aus. Stellt der Anwalt sodann einen Antrag auf Erlass eines Pfändungs- und Überweisungsbeschlusses, so gilt der Antrag gem. § 845 ZPO als vorbereitende Maßnahme und bildet zusammen mit dem Antrag gem. § 839 ZPO (PfÜb) eine Vollstreckungshandlung, die insgesamt einmal vergütet wird.

b) Voraussetzung der Zwangsvollstreckung

In der Rechtsprechung teilweise umstritten ist die Frage, ob die Gebühr Nr. 3309 auch bereits dann anfällt, wenn die allgemeinen Vollstreckungsvoraussetzungen noch nicht vorliegen.

• **Beispiel**

Der Anwalt vertritt den Mandanten im streitigen Verfahren und erwirkt ein obsiegendes Urteil. Nach Abschluss des Kostenfestsetzungsverfahrens bittet der Mandant den Anwalt, den Schuldner – unter Androhung von Zwangsvollstreckungsmaßnahmen – zur Zahlung des im Beschluss festgesetzten Betrages aufzufordern. Der Kostenfestsetzungsbeschluss ist dem Schuldner noch nicht zugestellt. Erhält der Anwalt für diese Tätigkeit bereits die Gebühr gem. Nr. 3309?

Die Zahlungsaufforderung mit Vollstreckungsandrohung gehört nach bejahender Auffassung gebührenrechtlich bereits zur Zwangsvollstreckung und ist nicht mehr gem. § 19 Abs. 1 durch die Verfahrensgebühr Nr. 3100 abgegolten. Diese Tätigkeit löst daher die Gebühr Nr. 3309 aus. Dies gilt grundsätzlich auch dann, wenn die Voraussetzungen der Zwangsvollstreckung noch nicht vorliegen (hier: § 798 ZPO – Wartefrist von zwei Wochen). (Hansens Bundesgebührenordnung für Rechtsanwälte § 57 Rn. 6; ebenso: SchlHOLG JurBüro 1995, 32, m. Anm. Mümmler; BGH v. 18.07.03, Az.: IX a ZB 146/03, n. v. – Titel noch nicht zugestellt.) Danach löst die Zahlungsaufforderung mit Vollstreckungsandrohung auch dann eine erstattungsfähige Vollstreckungsgebühr aus, wenn noch nicht alle Vollstreckungsvoraussetzungen vorliegen.

Nach anderer Auffassung wird jedoch das Entstehen der Vollstreckungsgebühr für den Fall verneint, dass die Voraussetzungen einer Zwangsvollstreckung noch nicht vorliegen (OLG Köln JurBüro 1999, 272).

Zu unterscheiden ist zwischen dem Anfall und der Erstattungsfähigkeit gem. §§ 788, 91 ZPO der Zwangsvollstreckungsgebühr. Beauftragt der Mandant den Anwalt mit Zwangsvollstreckungsmaßnahmen, so beinhaltet dieser Auftrag naturgemäß, dass der Anwalt erst einmal die Voraussetzungen für den Beginn der Zwangsvollstreckung schafft bzw. abwartet (*Wolf* in Gebauer/Schneider RVG 1. Aufl. VV 3309–3310 Rn. 13).

Allerdings wird der Mandant dem Anwalt den Auftrag zur Durchführung von Zwangsvollstreckungsmaßnahmen nur dann erteilen, wenn die dadurch verursachten Kosten auch erstattungsfähig sind. Dies ist aber nur der Fall, wenn der Schuldner im Zeitpunkt des Tätigwerdens des Anwalts zum einen bereits zur Leistung verpflichtet ist und zum anderen ausreichend Zeit hatte, der titulierten Verpflichtung nachzukommen (*Wolf* in Gebauer/Schneider RVG 1. Aufl. VV 3309–3310 Rn. 14). Der Anwalt ist also verpflichtet, den Mandanten darauf hinzuweisen, dass die entstehenden Vollstreckungskosten dann nicht erstattungsfähig sind, wenn die allgemeinen Vollstreckungsvoraussetzungen noch nicht vorliegen (streitig) und wenn dem Schuldner nicht angemessene Zeit zur Begleichung der Forderung eingeräumt wurde.

Für oben genanntes **Beispiel** bedeutet das:

Die Zahlungsaufforderung mit Vollstreckungsandrohung löst die Gebühr Nr. 3309 aus. Der Anwalt hat den Mandanten jedoch darauf hinzuweisen, dass die Wartefrist des § 798 ZPO (Zwangsvollstreckung aus einem selbständigen Kostenfestsetzungsbeschluss darf erst beginnen, wenn der Schuldtitel mindestens zwei Wochen vorher zugestellt ist) noch nicht abgelaufen ist und Zwangsvollstreckungsmaßnahmen insoweit nicht zulässig sind. Erteilt der Mandant gleichwohl den Auftrag, verdient der Anwalt die Gebühr Nr. 3309. Zahlt der Schuldner nach Zahlungsaufforderung, ohne dass weitere Vollstreckungsmaßnahmen notwendig werden, so ist die Gebühr von ihm nicht zu erstatten.

Vorbemerkung 3.3.3 VV, Nr. 3309 VV

23 Um das Problem der fehlenden Erstattungsfähigkeit in der Praxis zu umgehen, und dem Mandanten so schnell wie möglich zu seinem titulierten Anspruch zu verhelfen, könnte der Anwalt wie folgt vorgehen:

24 Der Anwalt kann dem Gericht die dem Kläger entstandenen außergerichtlichen und gerichtlichen Kosten in einer entsprechenden Berechnung bereits in der Klageschrift oder während des Verfahrens mitteilen. Es ergeht sodann ein vereinfachter Kostenfestsetzungsbeschluss gem. § 105 Abs. 1 oder Abs. 2 ZPO, der auf das Urteil und die Ausfertigungen gesetzt wird. Es gibt dann keine besondere Ausfertigung oder Zustellung des Festsetzungsbeschlusses.

25 Aus diesem Beschluss ist die Zwangsvollstreckung sofort zulässig. Die Wartefrist des § 798 ZPO gilt ausdrücklich nur für Kostenfestsetzungsbeschlüsse, die nicht auf das Urteil gesetzt sind. Will bzw. kann man also mit der Zwangsvollstreckung nicht warten und ist abzusehen, dass ein für den Mandanten obsiegendes Urteil ergehen wird, so ist diese Vorgehensweise zu empfehlen. Da die Voraussetzungen für die Vollstreckung in diesem Falle bereits mit Zustellung des auf das Urteil gesetzten Kostenfestsetzungsbeschlusses vorliegen, ist die Gebühr Nr. 3309 auch vom Schuldner zu erstatten.

c) Zeitpunkt der ersten Vollstreckungshandlung

26 Darüber hinaus ist dem Schuldner auch eine angemessene Zeit zur freiwilligen Leistung des titulierten Anspruchs einzuräumen. Wie lang diese Zeit ist, hängt von den Umständen des Einzelfalls ab, sie muss angemessen sein (BVerfG JurBüro 1999, 608). Steht hinter dem Schuldner eine Haftpflichtversicherung, so ist eine Zahlungsfrist von drei Wochen zu kurz und nicht geeignet, die Vollstreckungsgebühr auszulösen (OLG Düsseldorf JurBüro 1991, 116). Dagegen hat der BGH in seiner Entscheidung vom 10.10.2003 (BGH, Beschl. v. 10.10.2003, Az.: IXa ZB 183/03, DGVZ 2004, 24) die schutzwürdigen Belange des Schuldners als vom Gläubiger gewahrt angesehen, nachdem dieser ihm eine zweiwöchige Frist zur Zahlung des Vergleichsbetrages eingeräumt hatte. Eine voreilige Vollstreckungsmaßnahme – hier: Zahlungsaufforderung mit Zwangsvollstreckungsandrohung – lag nicht vor, so dass die Kosten der Zwangsvollstreckung notwendig und damit auch erstattungsfähig sind.

27 Da in der Rechtsprechung unterschiedliche Auffassungen hinsichtlich der Angemessenheit der einzuräumenden Zahlungsfrist bestehen (eine Woche bei banküblichen Überweisungslaufzeiten: OLG Koblenz JurBüro 1995, 208; max. 14 Tage nach Urteilsverkündung bzw. Vergleichsabschluss: OLG Köln JurBüro 1993, 602; a. A.: Gläubiger kann keine anwaltliche Vollstreckungsgebühr für eine Zahlungsaufforderung ersetzt verlangen, wenn sein Rechtsanwalt dem Schuldner nur zwei Wochen vor der Zahlungsaufforderung mitgeteilt hat, dass der widerruflich geschlossene Vergleich durch ihn nicht widerrufen worden ist. LG Karlsruhe MDR 2004, 1081; drei Wochen bei hinter dem Schuldner stehender Haftpflichtversicherung: OLG Düsseldorf JurBüro 1991, 116; 21 Tage: OLG Karlsruhe AnwBl. 1996, 21; 24 Tage seit Rechtskraft: OLG Schleswig SchlHA 1994, 271 – vgl. Jungbauer/Mock Rechtsanwaltsvergütung Rn. 2176), sollte in der Praxis darauf geachtet werden, dass der Anwalt nicht zu früh der Auftrag zur Durchführung von Vollstreckungsmaßnahmen erteilt wird bzw. er nicht verfrüht tätig wird. Der Gläubiger läuft sonst u. U. Gefahr, dass der Schuldner die entstandene Vollstreckungsgebühr nicht zu erstatten hat bzw. der Gläubiger diese nicht gem. §§ 788, 103 ZPO festgesetzt bekommt.

28 Der Gläubiger hat die Möglichkeit, aus einem Urteil die Sicherungsvollstreckung gem. § 720 a ZPO zu betreiben (Voraussetzung beachten: § 750 Abs. 3 ZPO!). Die Ankündigung der Sicherungsvollstreckung löst die Vollstreckungsgebühr aus (HansOLG Hamburg JurBüro 1983, 82; Hansens, a. a. O., § 57 Rn. 8), ebenso die Sicherungsvollstreckung selbst, ohne vorherige Ankündigung (OLG Düsseldorf JurBüro 1987, 239; Hansens, a. a. O.).

d) Mehrere Vollstreckungshandlungen während einer Vollstreckungsmaßnahme

Mehrere Vollstreckungshandlungen während einer Vollstreckungsmaßnahme bilden gem. § 18 Nr. 3 RVG eine gebührenrechtliche Angelegenheit, die Verfahrensgebühr entsteht nur einmal. Wird nur eine dieser Maßnahmen durchgeführt, entsteht die Gebühr Nr. 3309 unabhängig davon, ob es sich um eine vorbereitende Maßnahme oder die eigentliche Vollstreckungshandlung handelt.

Ist für die Durchführung von Zwangvollstreckungsmaßnahmen die **Ermittlung der Schuldneranschrift** notwendig, so ist dies ebenfalls eine die Zwangsvollstreckung vorbereitende Maßnahme und daher gem. Nr. 3309 zu vergüten. Wird der Anwalt sodann im Zwangsvollstreckungsverfahren tätig oder ist die Anschriftenermittlung während einer laufenden Maßnahme notwendig geworden, so ist diese Tätigkeit mit der Verfahrensgebühr Nr. 3309 abgegolten (BGH Rpfleger 2004, 250 = JurBüro 2004, 191–192; OLG Zweibrücken JurBüro 1998, 468; LG Berlin JurBüro 1987, 71; *Müller-Rabe* in Gerold/Schmidt/von Eicken/Madert/Müller-Rabe RVG VV 3309 Rn. 169).

Erteilt der Rechtsanwalt, nachdem sich herausgestellt hat, dass der Gerichtsvollzieher den erteilten Vollstreckungsauftrag nicht durchführen konnte, weil der **Schuldner verzogen** ist, einen erneuten Auftrag, so entsteht hierfür keine gesonderte Gebühr. Der weitere Vollstreckungsauftrag steht in innerem Zusammenhang mit der einmal eingeleiteten Vollstreckungsmaßnahme und ist insoweit nicht gebührenauslösend (BGH Rpfleger 2004, 250 = JurBüro 2004, 191–192). Dies gilt auch, wenn für die Ausführung des neuen Auftrages ein anderer Gerichtsvollzieher zuständig ist.

Gleiches gilt, wenn ein Vollstreckungsversuch an der **privaten Anschrift des Schuldners** scheitert, weil dieser verzogen ist und sodann die Vollstreckung am **Geschäftssitz des Schuldners** versucht wird. Auch hier stehen beide Einzelmaßnahmen in einem inneren Zusammenhang, so dass dem Anwalt steht nur eine Gebühr entsteht. Der zweite Gerichtsvollzieherauftrag dient dem Ziel der Befriedigung derselben Forderung des Gläubigers und stellt eine inhaltsgleiche Wiederholung des ersten Auftrages dar (BGH Rpfleger 2005, 165 = JurBüro 2005, 139–140). Dies gilt ebenso für einen erfolglosen Vollstreckungsversuch am Geschäftssitz des Schuldners, weil dieser nicht mehr besteht, und einem weiteren Versuch am Wohnsitz des Schuldners.

Vor Beginn einer Vollstreckungsmaßnahme wird in der Praxis häufig eine **Auskunft aus dem Schuldnerverzeichnis** eingeholt. Auch diese Tätigkeit wird als vorbereitende Vollstreckungsmaßnahme gem. Nr. 3309 vergütet, fällt jedoch bei weiteren Vollstreckungsmaßnahmen ebenfalls nicht gesondert neben der Verfahrensgebühr Nr. 3309 VV RVG an. Die Gebühr entsteht nur einmal (LG Darmstadt JurBüro 1992, 399; LG Hanau JurBüro 1989, 1552). Die Gebühr entsteht auch, wenn nur eine Auskunft aus dem Schuldnerverzeichnis eingeholt wird und daraufhin von Vollstreckungsmaßnahmen abgesehen wird (a. A.: LG Detmold Rpfleger 1990, 391–392 = DGVZ 1990, 168–169). Das Einholen der Auskunft ist in diesem Falle als vorbereitende Vollstreckungsmaßnahme zu vergüten. Die Gebühr entsteht nicht, wenn der Anwalt des Gläubigers sich lediglich telefonisch beim Schuldnerverzeichnis erkundigt, ob ein Eintrag des Schuldners vorliegt.

Erscheint der Schuldner zum angesetzten Termin zur Abgabe der eidesstattlichen Versicherung nicht, so beantragt der Anwalt i. d. R. den Erlass eines Haftbefehles. Der **Verhaftungsauftrag** bildet zusammen mit dem Antrag auf Abgabe der eidesstattlichen Versicherung gem. § 18 Nr. 3 eine Angelegenheit und wird nicht gesondert vergütet. Zwar handelt es sich bei dem Verhaftungsauftrag nicht um eine vorbereitende Maßnahme, sondern um eine Fortsetzung der Vollstreckungsmaßnahme. Gleichwohl fällt dieser Sachverhalt ebenfalls unter die Regelung des § 18 Nr. 3.

Vorbemerkung 3.3.3 VV, Nr. 3309 VV

35 Bringt der Anwalt auftragsgemäß zur Sicherung einer Forderung ein **vorläufiges Zahlungsverbot** gem. § 845 ZPO aus, so stellt auch dies eine vorbereitende Maßnahme zum sich anschließenden Antrag auf Erlass eines Pfändungs- und Überweisungsbeschlusses dar. Die Verfahrensgebühr Nr. 3309 fällt nur einmal an. Dies gilt auch dann, wenn mehrere vorläufige Zahlungsverbote hinsichtlich derselben zu pfändenden Forderung ausgebracht werden.

Die Androhung von Zwangsvollstreckungsmaßnahmen und der sich daran anschließende **Antrag auf Erlass eines Pfändungsbeschlusses** stellt gebührenrechtlich ebenfalls eine Angelegenheit dar und wird nur einmal vergütet (LG Mainz, Beschl. v. 04. 08. 2005, Az.: 3 T 130/05 n. v.).

36 Ist der Schuldner gem. § 903 ZPO zur **nochmaligen Abgabe der eidesstattlichen Versicherung** verpflichtet, so erhält der Anwalt für den entsprechenden Antrag eine Verfahrensgebühr Nr. 3309. Diese Gebühr entsteht zusätzlich zu einer evtl. bereits verdienten Verfahrensgebühr in einem vorangegangenen Verfahren auf Abgabe der eidesstattlichen Versicherung, in dem der Anwalt bereits für den Gläubiger tätig war. Es handelt sich hierbei nicht um eine Fortsetzung des alten eV-Verfahrens und wird daher gesondert vergütet.

37 Sind die Angaben des Schuldners im Vermögensverzeichnis unvollständig und beantragt der Anwalt daraufhin auftragsgemäß die **Nachbesserung bzw. Ergänzung des Vermögensverzeichnisses**, so handelt es sich um die Fortsetzung des ursprünglichen Verfahrens auf Abgabe der eidesstattlichen Versicherung (LG Darmstadt JurBüro 1979, 1083). Diese Tätigkeit ist daher keine besondere gebührenrechtliche Angelegenheit und löst die Gebühr Nr. 3309 nicht aus.

37 a Nimmt der Anwalt nach erfolgtem Pfändungs- und Überweisungsbeschluss die Drittschuldnererklärung entgegen oder erinnert er den Drittschuldner an die Abgabe der Erklärung, so ist diese Tätigkeit von der (vorangegangenen) Verfahrensgebühr Nr. 3309 umfasst (AG Koblenz AGS 2008, 30).

2. Höhe der Gebühr

38 Die Gebühr Nr. 3309 beträgt grundsätzlich 0,3. Endet der Auftrag des Anwalts, noch bevor er eine Zwangsvollstreckungsmaßnahme eingeleitet hat bzw. eine die Zwangsvollstreckung vorbereitende Tätigkeit ausgeführt hat, so ermäßigt sich die Gebühr nicht. Sie bleibt in vollem Umfang bestehen. Endet der Auftrag des Mandanten, nachdem der Anwalt eine die Vollstreckung vorbereitende Tätigkeit ausgeführt hat und kommt es dann nicht zu weiteren Vollstreckungsmaßnahmen, so ist diese Tätigkeit durch die Gebühr Nr. 3309 in Höhe von 0,3 abgegolten. Eine Ermäßigung kommt auch hier nicht in Betracht.

3. Mehrere Personen als Auftraggeber

39 Vertritt der Anwalt mehrere Personen als Auftraggeber, erhöht sich die Gebühr Nr. 3309 gem. Nr. 1008 um 0,3 für jeden weiteren Auftraggeber. Die Anwendbarkeit von Nr. 1008 ergibt sich aus VV Vorbemerkung 1.1. Danach entstehen die allgemeinen Gebühren des Teil 1 VV neben den in anderen Teilen bestimmten Gebühren.

40 Anders als bei § 6 Abs. 1 Satz 2 BRAGO erhöht sich nicht die Ausgangsgebühr um 0,3, sondern der Anwalt erhält für jede weitere Person als Auftraggeber einen festen Gebührensatz von 0,3. Die Gebührenerhöhung der Verfahrensgebühr Nr. 3309 beträgt also nicht 0,3 von 0,3, sondern 0,3 + 0,3 (LG Frankfurt NJW 2004, 3642; a. A.: Recklinghausen DGVZ 2005, 30).

41 Mehrere Erhöhungen dürfen einen Gebührensatz von 2,0 nicht übersteigen (Nr. 1008 Abs. 3). Der Anwalt kann also bei der Vertretung mehrerer Personen als Auftraggeber maximal 2,3 (0,3 + 2,0) Gebühren verdienen.

• **Beispiel** 42

Der Anwalt wird von neun Gläubigern beauftragt, einen gemeinschaftlich titulierten Anspruch in Höhe von € 4.000,00 gegen den Schuldner geltend zu machen. Der Anwalt bringt eine Vorpfändung gem. § 845 ZPO gegen das Konto des Schuldners aus und beantragt sodann den Erlass eines Pfändungs- und Überweisungsbeschlusses. Der Anwalt kann für diese Tätigkeit folgende Gebühren berechnen:

Gegenstandswert: € 4.000,00	
0,3 Verfahrensgebühr, Nr. 3309	€ 73,50
2,0 Erhöhung, Nr. 1008	€ 490,00
Auslagenpauschale, Nr. 7002	€ 20,00
Zwischensumme	€ 583,50
19 % Umsatzsteuer, Nr. 7008	€ 110,87
Endsumme:	**€ 694,37**

Die Erhöhung für die weiteren acht Auftraggeber würde eigentlich 2,4 (8 × 0,3 = 2,4) betragen. Wegen Nr. 1008 Abs. 3 ist die Erhöhung jedoch auf 2,0 begrenzt.

Der Mindestbetrag einer Gebühr beträgt gem. § 13 Abs. 2 € 10,00. Dies gilt auch für Bruchteilsgebühren, § 13 Abs. 2 stellt insoweit nicht auf volle, d. h. 1,0 Gebühren ab. Daher gilt der Mindestbetrag von € 10,00 auch für die Verfahrensgebühr Nr. 3309 (ebenso Volpert RVGreport 2004, 453).

Problematisch ist die Berechnung der Erhöhung gem. Nr. 1008, wenn bei der Ausgangsgebühr Nr. 3309 der Ansatz der Mindestgebühr in Betracht kommt. Zwei Berechnungsmöglichkeiten sind möglich (Beispiel: Volpert RVGreport 2004, 453):

• **Beispiel**

Der Anwalt beantragt für die zwei von ihm vertretenen Gläubiger wegen eines gemeinschaftlichen titulierten Anspruches von € 300,00 den Erlass eines Pfändungs- und Überweisungsbeschlusses.

1. Möglichkeit: einheitliche Verfahrensgebühr

Gegenstandswert: € 300,00	
0,6 Verfahrensgebühr, Nr. 3309, 1008	€ 15,00
Auslagenpauschale, Nr. 7002	€ 3,00
Zwischensumme	€ 18,00
19 % Umsatzsteuer, Nr. 7008	€ 3,42
Endsumme:	**€ 21,42**

Berechnet wird hier die 0,3 Verfahrensgebühr Nr. 3309 + 0,3 Erhöhung Nr. 1008. Es entsteht eine einheitliche Verfahrensgebühr in Höhe von 0,6, die den Mindestbetrag von € 10,00 gem. § 13 Abs. 2 übersteigt.

2. Möglichkeit: Verfahrensgebühr und Erhöhungsgebühr getrennt

Gegenstandswert: € 300,00	
0,3 Verfahrensgebühr, Nr. 3309	€ 10,00
0,3 Erhöhung, Nr. 1008	€ 10,00
Auslagenpauschale, Nr. 7002	€ 4,00
Zwischensumme	€ 24,00
19 % Umsatzsteuer, Nr. 7008	€ 4,56
Endsumme:	**€ 28,56**

Die zweite Berechnung erscheint nicht sachgerecht. Die Erhöhung Nr. 1008 ist keine eigenständige Gebühr, sie erhöht lediglich die jeweilige Ausgangsgebühr. Aus diesem Grunde

Vorbemerkung 3.3.3 VV, Nr. 3309 VV

gilt auch der Mindestbetrag gem. § 13 Abs. 2 in Höhe von € 10,00 für die Erhöhung gem. Nr. 1008 nicht.

44 • **Beispiel**
Der Anwalt wird beauftragt, für die Mandantin aus einem Unterhaltstitel (nachehelicher Unterhalt) rückständigen Unterhalt in Höhe von € 3.000,00 und für deren Kind aus einem weiteren Unterhaltstitel (Kindesunterhalt) rückständigen Unterhalt in Höhe von € 1.000,00 zu vollstrecken. Der Anwalt erteilt Zwangsvollstreckungsauftrag gegen den Unterhaltsschuldner.

Gegenstandswert: € 4.000,00	
0,3 Verfahrensgebühr, Nr. 3309	€ 73,50
Auslagenpauschale, Nr. 7002	€ 20,00
Zwischensumme	€ 93,20
19 % Umsatzsteuer, Nr. 7008	€ 17,71
Endsumme:	**€ 110,91**

Bei der Geltendmachung von Unterhaltsansprüchen verschiedener Unterhaltsgläubiger (hier: Ehefrau und Kind) handelt es sich um eine Angelegenheit mit mehreren Gegenständen (LG Mönchengladbach JurBüro 2002, 442; HansOLG JurBüro 1982, 1179; OLG Stuttgart JurBüro 1982, 1358). Gem. Nr. 1008 Abs. 1 erhöht sich daher die Verfahrensgebühr nicht, sondern die Gegenstandswerte werden addiert.

44 a Vertritt der Anwalt eine Wohnungseigentümergemeinschaft in einer Zwangsvollstreckungsangelegenheit, so erhöht sich die Gebühr Nr. 3309 nicht (AG Wiesbaden DGVR 2006, 118; AG St. Ingbert DGVZ 2007, 46 – dies auch dann nicht, wenn die Wohnungseigentümer einzeln im Vollstreckungstitel aufgeführt sind).

4. Mehrere Schuldner

45 Erhält der Anwalt den Auftrag, aufgrund eines vollstreckbaren Titels gleichzeitig gegen mehrere Schuldner zu vollstrecken, so handelt es sich jeweils um eine besondere Angelegenheit. Die Verfahrensgebühr Nr. 3309 entsteht hinsichtlich jedes Schuldners gesondert, ebenso Auslagenpauschale und Umsatzsteuer. Dies gilt auch dann, wenn der Anwalt gleichzeitig in einem Antrag gegen mehrere Schuldner vorgeht oder wenn es sich bei den Schuldnern um Eheleute handelt (BGH JurBüro 2007, 156; AG Singen JurBüro 2006, 329).

5. Mehrere Drittschuldner

45 a Beantragt der Anwalt in einem Pfändungs- und Überweisungsbeschluss die Pfändung von Forderungen gegen mehrere Drittschuldner, so stellt dies gebührenrechtlich mehrere Angelegenheiten dar, weil die Pfändungen unabhängig voneinander zur Befriedigung des Gläubigers hätten führen können (LG Berlin Berliner Anwaltsblatt 11/2006, 425).

II. Eintragung einer Zwangssicherungshypothek, §§ 867, 870 a ZPO

46 Aus VV Vorbem. 3.3.3. ergibt sich, dass die Gebühr Nr. 3309 für eine Tätigkeit im Verfahren auf Eintragung einer Zwangshypothek gem. § 867 ZPO (Eintragung einer Sicherungshypothek zugunsten des Gläubigers in das Grundbuch) und gem. § 870 a ZPO (Eintragung einer Schiffshypothek zugunsten des Gläubigers in das Schiffsbauregister) entsteht.

1. Entstehen der Gebühr

Die Gebühr Nr. 3309 entsteht – nach entsprechender Auftragserteilung – mit der Entgegennahme der notwendigen Informationen, um einen entsprechenden Antrag auf Eintragung einer Sicherungshypothek beim zuständigen Vollstreckungsgericht stellen zu können.

2. Höhe der Gebühr

Die Gebühr Nr. 3309 beträgt 0,3. Sie gilt als Pauschgebühr die gesamte Tätigkeit des Anwalts im Verfahren auf Eintragung der Sicherungshypothek ab. Endet der Auftrag des Anwalts, noch bevor er den Antrag auf Eintragung einer Sicherungshypothek gestellt hat, so ermäßigt sich die Gebühr nicht. Sie bleibt in vollem Umfange bestehen.

3. Mehrere Personen als Auftraggeber

Vertritt der Anwalt mehrere Personen als Auftraggeber, erhöht sich die Gebühr Nr. 3309 gem. Nr. 1008 um 0,3 für jeden weiteren Auftraggeber. Die Anwendbarkeit von Nr. 1008 ergibt sich aus VV Vorbem. 1.1. Danach entstehen die allgemeinen Gebühren des Teil 1 VV neben den in anderen Teilen bestimmten Gebühren.

Mehrere Erhöhungen dürfen einen Gebührensatz von 2,0 nicht übersteigen (Nr. 1008 Abs. 3). Der Anwalt kann also bei der Vertretung mehrerer Personen als Auftraggeber maximal 2,3 (0,3 + 2,0) Gebühren verdienen.

III. Verfahren nach § 33 FGG

Aus VV Vorbem. 3.3.3 ergibt sich, dass die Gebühr Nr. 3309 für Verfahren nach § 33 FGG Anwendung findet. Dies sind Verfahren, in denen Verfügungen der freiwilligen Gerichtsbarkeit von Amts wegen vollstreckt werden und zwar durch Festsetzung von Zwangsgeld (Abs. 1), Gewaltanwendung zur Herausgabe einer Person oder Sache bzw. eidesstattliche Versicherung hinsichtlich des Verbleibes einer Person oder Sache (Abs. 2) und durch Festsetzung von Zwangshaft (Abs. 3). Die Verfahren zur Erwirkung der entsprechenden Verfügungen werden durch die Verfahrensgebühr abgegolten, die Gebühr Nr. 3309 entsteht nur in den Vollstreckungsverfahren.

1. Entstehen der Gebühr

Die Gebühr Nr. 3309 entsteht – nach entsprechender Auftragserteilung – mit der Entgegennahme der notwendigen Informationen, um nach Erlass der entsprechenden Verfügung hinsichtlich der angedrohten Zwangsvollstreckungsmaßnahmen tätig zu werden.

2. Höhe der Gebühr

Die Gebühr Nr. 3309 beträgt 0,3. Sie gilt als Pauschgebühr die gesamte Tätigkeit des Anwalts in Verfahren nach § 33 FGG ab. Endet der Auftrag des Anwalts, noch bevor er entsprechend tätig wird, so ermäßigt sich die Gebühr nicht. Sie bleibt in vollem Umfange bestehen.

3. Mehrere Personen als Auftraggeber

Vertritt der Anwalt mehrere Personen als Auftraggeber, erhöht sich die Gebühr Nr. 3309 gem. Nr. 1008 um 0,3 für jeden weiteren Auftraggeber. Die Anwendbarkeit von Nr. 1008 ergibt sich aus VV Vorbem. 1.1. Danach entstehen die allgemeinen Gebühren des Teil 1 VV neben den in anderen Teilen bestimmten Gebühren.

Vorbemerkung 3.3.3 VV, Nr. 3309 VV

55 Mehrere Erhöhungen dürfen einen Gebührensatz von 2,0 nicht übersteigen (Nr. 1008 Abs. 3). Der Anwalt kann also bei der Vertretung mehrerer Personen als Auftraggeber maximal 2,3 (0,3 + 2,0) Gebühren verdienen.

IV. Gerichtliche Verfahren über einen Akt der Zwangsvollstreckung (Verwaltungszwang)

56 Aus Vorbem. 3.3.3 ergibt sich, dass die Gebühr Nr. 3309 für das Verfahren über einen Akt der Zwangsvollstreckung des Verwaltungszwangs Anwendung findet. Dies sind Verfahren, die sich gegen einen Akt der Zwangsvollstreckung des Verwaltungszwangs richten, also gegen die Vollziehung oder Vollstreckung des zugrunde liegenden Verwaltungsakts. Überprüft wird nicht der Verwaltungsakt selber sondern die Frage der Rechtmäßigkeit von daraus resultierenden Vollstreckungsmaßnahmen. Nicht unter den Anwendungsbereich der Nr. 3309 fällt die gerichtliche Überprüfung des Grundverwaltungsakts, der zugleich mit einem Vollstreckungsakt verbunden ist (*Gierl* in Mayer/Kroiß RVG VV Nr. 3309 Rn. 20).

57 Wird der Anwalt im außergerichtlichen Verwaltungsvollstreckungsverfahren tätig, und sodann im gerichtlichen Verfahren über einen Akt der Zwangsvollstreckung, so erhält er die Gebühr Nr. 3309 für jedes Verfahren besonders. Dies ergibt sich aus § 17 Nr. 1 i. V. m. § 18 Nr. 3 (*Wolf* in Gebauer/Schneider RVG 1. Aufl. VV 3309–3310 Rn. 55).

1. Entstehen der Gebühr

58 Die Gebühr Nr. 3309 entsteht – nach entsprechender Auftragserteilung – mit der Entgegennahme der notwendigen Informationen, um hinsichtlich der Anfechtung der Zwangsvollstreckungsmaßnahme tätig zu werden.

2. Höhe der Gebühr

59 Die Gebühr Nr. 3309 beträgt 0,3. Sie gilt als Pauschgebühr die gesamte Tätigkeit des Anwalts im Verfahren auf Anfechtung der Vollstreckungsmaßnahme ab. Endet der Auftrag des Anwalts, noch bevor er entsprechend tätig wird, so ermäßigt sich die Gebühr nicht. Sie bleibt in vollem Umfange bestehen.

3. Mehrere Personen als Auftraggeber

60 Vertritt der Anwalt mehrere Personen als Auftraggeber, erhöht sich die Gebühr Nr. 3309 gem. Nr. 1008 um 0,3 für jeden weiteren Auftraggeber. Die Anwendbarkeit von Nr. 1008 ergibt sich aus VV Vorbem. 1.1. Danach entstehen die allgemeinen Gebühren des Teil 1 VV neben den in anderen Teilen bestimmten Gebühren.

61 Mehrere Erhöhungen dürfen einen Gebührensatz von 2,0 nicht übersteigen (Nr. 1008 Abs. 3). Der Anwalt kann also bei der Vertretung mehrerer Personen als Auftraggeber maximal 2,3 (0,3 + 2,0) Gebühren verdienen.

V. Vollziehung von im Wege des einstweiligen Rechtsschutzes ergangener Entscheidungen

62 Im Wege des einstweiligen Rechtsschutzes können folgende Entscheidungen ergehen:
- Arrest (§§ 916–934 ZPO),
- einstweilige Verfügung (§§ 935–945 ZPO),
- einstweilige Anordnung.

Vollziehung dieser Entscheidungen bedeutet Zwangsvollstreckung, es wird insoweit für diese Verfahren lediglich ein anderer Begriff benutzt, vgl. § 928 ZPO. Bis auf einige Ausnahmen gilt daher für die Vollziehung der Entscheidungen das gleiche wie für die Zwangsvollstreckung. Gem. §§ 17 Nr. 4, 18 Nr. 3, 4 sind das Verfahren, in dem der Vollstreckungstitel erwirkt wurde und das Verfahren hinsichtlich der Vollziehung dieses Vollstreckungstitels verschiedene Angelegenheiten. Das bedeutet, dass der Anwalt, der den Mandanten bereits im Verfahren auf Erlass eines Arrestes oder einer einstweiligen Verfügung / Anordnung vertreten hat und nunmehr mit der Vollziehung dieses Titels beauftragt wurde, die Gebühr Nr. 3309 neben den Gebühren Nrn. 3100 ff. erhält. Allerdings ist auch hier zu beachten, dass bestimmte Tätigkeiten gem. § 19 Abs. 1 noch zum Rechtszug gehören und insoweit nicht die Gebühr Nr. 3309 auslösen.

1. Entstehen der Gebühr

Grundsätzlich gilt auch für die Verfahrensgebühr Nr. 3309 auch in Vollziehungsverfahren, dass die Entgegennahme von Informationen hinsichtlich der zu vollziehenden Entscheidung die Gebühr entstehen lässt. Es sind jedoch einige Ausnahmen zu beachten: 63

Stellt der Anwalt zusammen mit dem Gesuch auf Erlass eines Arrestes den **Antrag auf Pfändung einer Forderung**, § 930 Abs. 1 ZPO, so entsteht neben der Gebühr für das Anordnungsverfahren gem. Nrn. 3100 ff. auch die Gebühr Nr. 3309 für die Tätigkeit im Vollziehungsverfahren (Pfändung einer Forderung). Dies jedoch nur dann, wenn der Arrest tatsächlich erlassen wird. Denn nur dann kommt auch der Pfändungsantrag zum Tragen. Der Pfändungsantrag wird als bedingt gestellt angesehen, nämlich für den Fall, dass der Arresttitel, als Voraussetzung für die Vollziehung, erlassen wird (OLG Düsseldorf JurBüro 1984, 709; a. A.: *Müller-Rabe* in Gerold / Schmidt / von Eicken / Madert / Müller-Rabe RVG VV 3309 Rn. 156, 157). Wird der Arrest hingegen erlassen und der Pfändungsantrag – aus welchen Gründen auch immer – abgelehnt, so entsteht die Gebühr Nr. 3309 gleichwohl (*Müller-Rabe* in Gerold / Schmidt / von Eicken / Madert / Müller-Rabe RVG VV 3309 Rn. 157). 64

Ergeht in einem **einstweiligen Verfügungsverfahren** ein auf Unterlassung gerichtetes Urteil, so stellt der Anwalt, um die Frist des § 929 Abs. 2 ZPO zu wahren und damit deutlich zu machen, dass er die Entscheidung vollziehen will (vgl. *Vollkommer* in Zöller ZPO § 929 Rn. 12), dieses Urteil dem Antragsgegner im Parteibetrieb zu. Weitere Vollstreckungsmaßnahmen finden nicht statt. Gem. § 18 Nr. 4 stellt die sich auf die Zustellung beschränkte Vollziehung eines Arrestes keine besondere Angelegenheit dar, die Gebühr Nr. 3309 kann daher für diese Tätigkeit nicht entstehen (OLG Koblenz JurBüro 2003, 137; OLG Frankfurt JurBüro 2002, 140; OLG Hamm JurBüro 2001, 475; a. A.: *Wolf* in Gebauer / Schneider RVG 1. Aufl. VV 3309–3310 Rn. 35). Verstößt der Schuldner jedoch gegen das titulierte Unterlassungsgebot und beantragt der Anwalt sodann auftragsgemäß die Festsetzung eines Ordnungsgeldes, so verdient er gem. § 18 Nr. 16 – sofern der Antragsgegner verurteilt wird – die Gebühr Nr. 3309. 65

Besteht die Vollziehung in einer **Eintragung ins Grundbuch**, so ist zu unterscheiden, ob es sich tatsächlich um einen Vollziehungsakt handelt oder ob die Tätigkeit des Anwalts lediglich darin besteht, das Gericht gem. § 941 ZPO um einen Eintrag in das Grundbuch zu ersuchen. Für das Eintragungsgesuch fällt die Gebühr Nr. 3309 nicht an (*Gierl* in Mayer / Kroiß RVG VV 3309 Rn. 30; *Wolf* in Gebauer / Schneider RVG 1. Aufl. VV 3309–3310 Rn. 40). Besteht die Vollziehung jedoch darin, die einstweilige Verfügung z. B. durch den Eintrag einer Sicherungshypothek in das Grundbuch zu vollziehen, so löst diese Tätigkeit die Gebühr Nr. 3309 aus (OLG Köln JurBüro 1998, 639). Durch diesen Antrag wird nämlich deutlich, dass der Anwalt die einstweilige Verfügung vollziehen will. Er muss dies innerhalb eines Monats tun, anderenfalls versäumt er die Fristen der §§ 936, 929 Abs. 2 ZPO und er müsste erneut einen Antrag auf Erlass einer einstweiligen Verfügung stellen. Die Gebühr Nr. 3309 entsteht nicht bereits mit dem entsprechenden Auftrag, sondern mit dem Eingang des Antrags bei Gericht. Dies ist in Literatur und Rechtsprechung unbestritten (OLG Köln JurBüro 1998, 639; *Gierl* in May- 66

Vorbemerkung 3.3.3 VV, Nr. 3309 VV

er/Kroiß RVG VV 3309 Rn. 30; *Wolf* in Gebauer/Schneider RVG 1. Aufl. VV 3309–3310 Rn. 40).

2. Höhe der Gebühr

67 Die Gebühr Nr. 3309 beträgt 0,3. Sie gilt als Pauschgebühr die gesamte Tätigkeit des Anwalts im Verfahren hinsichtlich der Vollziehung von im Wege des einstweiligen Rechtsschutzes ergangener Entscheidungen ab. Endet der Auftrag des Anwalts, noch bevor er entsprechend tätig wird, so ermäßigt sich die Gebühr nicht. Sie bleibt in vollem Umfange bestehen.

3. Mehrere Personen als Auftraggeber

68 Vertritt der Anwalt mehrere Personen als Auftraggeber, erhöht sich die Gebühr Nr. 3309 gem. Nr. 1008 um 0,3 für jeden weiteren Auftraggeber. Die Anwendbarkeit von Nr. 1008 ergibt sich aus Vorbem. 1.1 VV. Danach entstehen die allgemeinen Gebühren des Teil 1 VV neben den in anderen Teilen bestimmten Gebühren.

69 Mehrere Erhöhungen dürfen einen Gebührensatz von 2,0 nicht übersteigen (Nr. 1008 Abs. 3). Der Anwalt kann also bei der Vertretung mehrerer Personen als Auftraggeber maximal 2,3 (0,3 + 2,0) Gebühren verdienen.

VI. Einigungsgebühr Nr. 1000 in der Zwangsvollstreckung

1. Allgemeines

70 Auch in der Zwangsvollstreckung kann der Anwalt, einen Auftrag zur Zwangsvollstreckung vorausgesetzt, eine Einigungsgebühr Nr. 1000 verdienen. Die Einigungsgebühr kann als allgemeine Gebühr des 1. Teils des VV neben den in anderen Teilen bestimmten Gebühren entstehen. Da sich im dritten Teil des Vergütungsverzeichnisses, insbesondere nicht im 3. Unterabschnitt, kein Hinweis darauf findet, dass eine Einigungsgebühr nicht entstehen soll, ergibt sich bereits aus der Gesetzessystematik, dass der Anfall der Einigungsgebühr grundsätzlich möglich ist. Darüber hinaus geht auch der Gesetzgeber in seiner Begründung zum RVG davon aus, dass in der Zwangsvollstreckung – insbesondere bei Ratenzahlungsvereinbarungen – die Einigungsgebühr anfallen wird (BT-Drs. 15/1971, S. 215 zu Nr. 3310).

71 Allerdings dürfte der Anfall einer Einigungsgebühr in der Zwangsvollstreckung nicht allzu häufig vorkommen (Ausnahme: Ratenzahlungsvereinbarung und Teilzahlungsvereinbarung: vgl. VI. 2.). Da bei Einleitung von Zwangsvollstreckungsmaßnahmen bereits ein rechtskräftiger Titel vorliegt, besteht ein Streit über die (titulierte) Forderung nicht mehr, er kann daher auch nicht beseitigt werden (Ausnahme: Einwendungen gem. § 767 ZPO). Wird jedoch aus einem vorläufig vollstreckbaren Titel vollstreckt, ist zwischen den Parteien noch ein Rechtsmittelverfahren anhängig und wird sodann zu diesem Zeitpunkt ein Vergleich geschlossen, so kann es durchaus zur Beseitigung des Streites bzw. der Ungewissheit über das Rechtsverhältnis kommen. In diesem Falle entstünde die Einigungsgebühr.

a) Voraussetzung der Entstehung

72 Voraussetzung für das Entstehen der Einigungsgebühr ist auch in der Zwangsvollstreckung, dass durch den Vergleich der Streit oder die Ungewissheit der Parteien über ein Rechtsverhältnis beseitigt wird. Auch das Zwangsvollstreckungsverfahren ist insoweit ein Rechtsverhältnis, und zwar ein vollstreckungsrechtliches zwischen Gläubiger und Schuldner. Die Voraussetzungen eines materiell-rechtlichen Vergleichs gem. § 779 BGB müssen dagegen nicht vorliegen: ein gegenseitiges Nachgeben von Gläubiger und Schuldner ist nicht erforderlich. Der zwischen den Parteien geschlossene (Vergleichs-)Vertrag darf sich jedoch nicht ausschließlich auf ein Anerkenntnis oder einen Verzicht beschränken (Nr. 1000 Abs. 1 Hs. 2).

Da in der Zwangsvollstreckung bereits ein titulierter Anspruch vorliegt, kann durch einen 73
Vergleichsvertrag der Streit zwischen den Parteien über ein Rechtsverhältnis nicht beseitigt
werden. Durch den zwischen Schuldner und Gläubiger geschlossenen Vergleich muss daher
die Ungewissheit des Gläubigers über die Verwirklichung der titulierten Forderung beseitigt
werden.

Auf Seiten des Gläubigers ist es für das Entstehen der Einigungsgebühr daher ausreichend, 74
wenn er auf einen Teil der titulierten Forderung verzichtet, wenn der Schuldner gleichzeitig
bis zu einem bestimmten Zeitpunkt einen gewissen Teilbetrag der Forderung zahlt (*Wolf* in
Gebauer/Schneider RVG 1. Aufl. VV 3309–3310 Rn. 86).

Auf Seiten des Schuldners ist es für das Entstehen der Einigungsgebühr ausreichend, wenn er 75
auf tatsächlich mögliche, stichhaltige und nachprüfbare Einwendungen gegen den titulierten
Anspruch (durch Vollstreckungsgegenklage) verzichtet, er den pfändbaren Teil seines Arbeitseinkommens, Steuererstattungsansprüche oder andere Forderungen gegen Dritte abtritt
und er Sicherheiten, wie z. B. Hinterlegung eines Schmuckstücks oder Kfz-Briefes oder eine
Bürgschaft stellt (Enders JurBüro 1999, 85). Eines Nachgebens des Gläubigers bedarf es nicht.

b) Mitwirkung des Anwalts

Weitere Voraussetzung für das Entstehen der Einigungsgebühr ist, dass der Anwalt an der 76
zwischen Gläubiger und Schuldner getroffenen Vereinbarung mitwirkt. Vergleiche, die Gläubiger und Schuldner ohne Mitwirkung des Anwalts schließen, lassen die Einigungsgebühr
nicht entstehen, auch dann nicht, wenn der Anwalt mit Vollstreckungsmaßnahmen gegen
den Schuldner beauftragt ist.

In der Praxis ist es häufig so, dass der mit der Zwangsvollstreckung betraute Sachbearbeiter 77
in der Kanzlei selbständig die Vollstreckungsmandate betreut und die Korrespondenz mit
dem Schuldner führt. Dieser Sachbearbeiter schließt in der Regel auch – im Namen des Mandanten – entsprechende Vereinbarungen mit dem Schuldner, häufig Ratenzahlungsvergleiche. Für diese Tätigkeit des Sachbearbeiters entsteht dem Anwalt die Einigungsgebühr
Nr. 1000 nicht. Es sollte in der Praxis deshalb darauf geachtet werden, dass der Anwalt zumindest ein entsprechendes Anschreiben mit Vertragstext an den Schuldner selber unterzeichnet und damit zu erkennen gibt, dass er den Vertragstext überprüft und keine Bedenken
hat (vgl. *Wolf* in Gebauer/Schneider RVG 1. Aufl. VV 3309–3310 Rn. 89).

c) Höhe

Ist für den Anwalt die Einigungsgebühr Nr. 1000 in der Zwangsvollstreckung entstanden, so 78
gelten für die Höhe die gleichen Voraussetzungen wie in einem streitigen Verfahren: Ist über
den Gegenstand der Einigung ein gerichtliches Verfahren anhängig, so entsteht die Gebühr in
Höhe von 1,0 gem. Nr. 1003. Ist zum Zeitpunkt der Einigung dagegen kein gerichtliches Verfahren anhängig, so entsteht die Einigungsgebühr in Höhe von 1,5. Der Passus »gerichtliches
Verfahren« bezieht sich auf das anhängige Zwangsvollstreckungsverfahren, nicht etwa auf
das vorausgegangene streitige Verfahren, in dem der Vollstreckungstitel erwirkt wurde.

Ist zum Zeitpunkt des Einigungsvertrags ein gerichtliches Verfahren (z. B. Erinnerungsver- 79
fahren gem. § 766 ZPO) anhängig, so entsteht die Einigungsgebühr in Höhe von 1,0.

Ist eine Zwangsvollstreckungsmaßnahme beim Gerichtsvollzieher anhängig, so entsteht die 80
Einigungsgebühr ebenfalls in Höhe von 1,0, vgl. Anm. zu Nr. 1003.

Der Anwalt verdient also eine erhöhte Einigungsgebühr von 1,5 nur, wenn er im Vollstre- 81
ckungsverfahren überhaupt kein Vollstreckungsorgan in Anspruch nimmt oder Vollstreckungsmaßnahmen abgeschlossen sind und stattdessen eine Einigung zwischen Gläubiger
und Schuldner herbeiführt. Ist zum Zeitpunkt des Abschlusses eines Einigungsvertrags ein
gerichtliches Verfahren oder ein Verfahren beim Gerichtsvollzieher anhängig, so entsteht
die Einigungsgebühr gem. Nr. 1003 in Höhe von 1,0.

Vorbemerkung 3.3.3 VV, Nr. 3309 VV

2. Raten-/Teilzahlungsvereinbarung

82 In der Praxis ist es häufig so, dass nach Vorlegen des vollstreckbaren Titels und der Einleitung von Zwangsvollstreckungsmaßnahmen der Schuldner an den Gläubiger bzw. dessen Anwalt herantritt und um eine Zahlung der titulierten Forderung in Raten bittet. In der Regel gewährt der Gläubiger dem Schuldner diese Bitte, um seine Forderung überhaupt realisieren zu können. Wirkt der Anwalt an solchen Einigung über die Gewährung von Ratenzahlungen mit, stellt sich die Frage, ob ihm hierfür eine Einigungsgebühr gem. Nr. 1000 erwächst. Darüber hinaus muss geprüft werden, ob diese Einigungsgebühr zu den notwendigen Kosten der Zwangsvollstreckung gem. § 788 Abs. 1 ZPO gehört und daher vom Schuldner zu erstatten ist.

a) Entstehen der Einigungsgebühr Nr. 1000 für Ratenzahlungsvereinbarung

83 Schließen Gläubiger und Schuldner im Zwangsvollstreckungsverfahren eine Vereinbarung, nach der der Schuldner die titulierte Forderung in vom Gläubiger festgelegten Raten zahlt, so wird durch diese Vereinbarung der Streit über ein Rechtsverhältnis nicht beseitigt, da der vollstreckbare Titel bereits vorliegt. Für das Entstehen der Einigungsgebühr ist es jedoch ausreichend, wenn die Ungewissheit der Parteien über ein Rechtsverhältnis ausgeräumt wird. Zwar stellt Nr. 1000 nicht mehr auf § 779 Abs. 2 BGB ab, da für das Entstehen der Gebühr ein Vergleich in materiell-rechtlichem Sinne nicht Voraussetzung ist, gleichwohl ist die entsprechende Anwendung von Abs. 2 weiter angebracht (a. A.: Hansens RVGreport 2004, 115).

84 Darüber hinaus hat der BGH in seiner Entscheidung vom 01.03.2005 (BGH JurBüro 2005, 309–310 – Entscheidung zu § 23 BRAGO, entstanden im streitigen Verfahren, jedoch im Hinblick auf das Entscheidungsdatum durchaus auf Nr. 1000 anwendbar) noch einmal ausdrücklich klargestellt, dass es gem. § 779 Abs. 2 BGB der Ungewissheit über ein Rechtsverhältnis gleich steht, wenn die Verwirklichung eines Anspruchs unsicher ist; ebenso: BGH, Beschl. v. 17.09.2008 – IV ZB 11/08. Dies ist bei Abschluss einer Ratenzahlungsvereinbarung zwischen Gläubiger und Schuldner der Fall: Die Ungewissheit des Gläubigers über die Realisierung seiner Forderung wird beseitigt (zumindest so lange, wie der Schuldner die Zahlung der vereinbarten Raten vornimmt) und auch der Schuldner hat durch eine Ratenzahlungsvereinbarung die Sicherheit, dass der Gläubiger vorerst keine weiteren Vollstreckungsmaßnahmen gegen ihn unternimmt.

85 Letztlich ist zur Frage der Entstehung der Einigungsgebühr für Ratenzahlungsvereinbarungen auch die Intention des Gesetzgebers zu beachten: Im Hinblick auf die Neueinführung der Einigungsgebühr hat der Gesetzgeber eine Terminsgebühr in der Zwangsvollstreckung für Besprechungen, die auf Erledigung zielen, als verzichtbar angesehen, weil vielfach die Einigungsgebühr, insbesondere bei Ratenzahlungsvereinbarungen, anfallen wird (BT-Drs. 15/1971).

86 Die Einigungsgebühr Nr. 1000 entsteht, wenn Gläubiger und Schuldner eine wirksame Ratenzahlungsvereinbarung abgeschlossen haben und diese nicht widerrufen wird. Die Gebühr fällt auch nicht im Nachhinein weg, wenn der Schuldner die vereinbarte Zahlung der Raten nicht einhält, auch entsteht die Gebühr nicht erst zu dem Zeitpunkt, in dem die letzte Rate durch den Schuldner gezahlt worden ist. Nr. 1000 Abs. 3 ist insoweit nicht einschlägig, da es sich bei einer Vereinbarung, Raten zu zahlen, nicht um einen unter aufschiebender Bedingung geschlossenen Vertrag handelt. Der Willen des Schuldners, Raten zu zahlen, ist keine aufschiebende Bedingung.

86a Erklärt sich der Gläubiger allgemein dem Gerichtsvollzieher gegenüber mit der Gestattung von Ratenzahlungen durch den Schuldner einverstanden, löst dies keine Einigungsgebühr aus, da ein Vertrag zwischen Gläubiger und Schuldner nicht zustande kommt, wenn der Gerichtsvollzieher gem. § 806b ZPO Ratenzahlungen bewilligt (BGH JurBüro 2007, 25). Es entsteht insbesondere auch dann keine Einigungsgebühr, wenn der Gläubiger dem Gerichtsvollzieher gegenüber allgemein seine Zustimmung zur Ratenzahlung durch den Schuldner gegeben hat. Widerspricht der Gläubiger bereits im Zwangsvollstreckungsauftrag einer Ratenzahlung durch den Schuldner, und fragt der Gerichtsvollzieher im Falle eines erfolglosen Vollstreckungsversuches trotzdem beim Anwalt des Gläubigers nach, ob dieser nicht doch mit Ratenzahlungen einverstanden ist, stimmt der Gläubiger sodann einer Ratenzahlung zu, die der Gerichtsvollzieher dem Schuldner dann bewilligt, entsteht ebenfalls keine Einigungsgebühr, da es hier an einem Vertrag im Sinne von Abs. 1 der Anmerkung zu Nr. 1000 VV RVG zwischen Gläubiger und Schuldner fehlt. Denn auch in diesen Fällen stimmt der Gläubiger nur der Ratenzahlungsbewilligung durch den Gerichtsvollzieher zu. Dieser bewilligt die Ratenzahlung in Ausübung seines Amtes (vgl. Enders JurBüro 2007, 26).

Zahlt der Schuldner die vereinbarten Raten nicht, leitet der Gläubiger sodann wieder Vollstreckungsmaßnahmen ein und kommt es darauf hin zu einer weiteren Ratenzahlungsvereinbarung, so entsteht die Gebühr Nr. 1000 erneut. Allerdings kann der Anwalt die Gebühr gem. § 15 Abs. 2 Satz 1 nur einmal fordern. Das bedeutet: führt der Gläubiger die seinerzeit wegen der Ratenzahlungsvereinbarung ausgesetzte Zwangsvollstreckungsmaßnahme (z. B. Erklärung an den Drittschuldner, dass die Wirkung eines Pfändungs- und Überweisungsbeschlusses wieder aufleben soll) weiter und kommt es sodann zu einer erneuten Vereinbarung, Raten zu zahlen, so kann er die Gebühr Nr. 1000 – trotz erneuten Entstehens – nicht noch einmal fordern. 87

Leitet er hingegen eine andere Vollstreckungsmaßnahme i. S. v. § 18 Nr. 3 ein (erst Pfändungs- und Überweisungsbeschluss, dann Ratenzahlungsvereinbarung, die der Schuldner nicht einhält, jetzt Sachpfändungsauftrag an Gerichtsvollzieher), und kommt es darauf hin zu einer weiteren Ratenzahlungsvereinbarung mit dem Schuldner, so kann die für die Vereinbarung entstandene Gebühr Nr. 1000 erneut berechnet werden, da es sich wegen § 18 Nr. 3 nicht um die selbe Angelegenheit i. S. v. § 15 Abs. 2 Satz 1 handelt. 88

b) Erstattungsfähigkeit der Einigungsgebühr bei Raten-/Teilzahlungsvereinbarung

Die Frage der Erstattungsfähigkeit der Einigungsgebühr für Ratenzahlungsvereinbarungen war schon zu Zeiten der BRAGO (dort: Vergleichsgebühr) sehr umstritten. 89

Bejaht man die Frage, ob die Einigungsgebühr Nr. 1000 auch für einen Ratenzahlungsvergleich entsteht, so ist zu prüfen, ob es sich bei der Gebühr um Kosten der Zwangsvollstreckung handelt und wenn ja, ob diese notwendig i. S. v. §§ 788 Abs. 1 Satz 1, 91 Abs. 1 Satz 1 ZPO und damit vom Schuldner zu erstatten sind. 90

aa) Kosten der Zwangsvollstreckung?

Die Ratenzahlungsvereinbarung an sich ist keine Zwangsvollstreckungsmaßnahme bzw. keine vorbereitende Vollstreckungsmaßnahme, sie dient – im Gegenteil – der Verhinderung weiterer Vollstreckungsmaßnahmen. Fraglich ist daher, ob die dadurch entstandenen Kosten unter die Kosten der Zwangsvollstreckung fallen. 91

Es ist allgemein anerkannt, dass zu den notwendigen Kosten des Rechtsstreits im Sinne des § 91 Abs. 1 ZPO auch die Mehraufwendungen für eine Einigung zählen, die die Fortsetzung des Rechtsstreits und die Erwirkung einer gerichtlichen Entscheidung gerade erübrigen. Entsprechend sind als Kosten der Zwangsvollstreckung im Sinne des § 788 ZPO nicht nur die Kosten für eine vom Vollstreckungsorgan tatsächlich durchgeführte Zwangsvollstreckung zu verstehen, vielmehr auch solche für Maßnahmen, die die weitere Zwangsvollstreckung entbehrlich machen und deren Zweck darin besteht, die Befriedigung der titulierten Forderung zu erreichen (BGH NJW 2005, 2460; Pfälz. OLG Zweibrücken JurBüro 1992, 429 mit Rechtsprechungs- und Literaturnachweisen; ähnlich OLG Stuttgart JurBüro 1994, 739; *Stöber* in Zöller ZPO § 788 Rn. 7; a. A.: LG Münster JurBüro 2002, 664). Demnach fallen auch die Kosten für eine Ratenzahlungsvereinbarung unter die Zwangsvollstreckungskosten, denn durch 92

Vorbemerkung 3.3.3 VV, Nr. 3309 VV

den Abschluss des entsprechenden Einigungsvertrages sollen weitere Vollstreckungsmaßnahmen entbehrlich werden.

bb) Notwendig und damit erstattungsfähig?

93 Zwangsvollstreckungsmaßnahmen bis zur vollständigen Befriedigung des Gläubigers durchzuführen ist schwerer denn je. Gründe hierfür sind die schlechte wirtschaftliche Lage, die daraus resultierende Zahlungsunfähigkeit wohl der meisten Schuldner (nicht umsonst ist in der Praxis meist die erste Vollstreckungshandlung, beim zuständigen AG nach einem Eintrag des Schuldners in der Schuldnerkartei zu fragen und das Vermögensverzeichnis einzusehen) und die damit einhergehende Überlastung der Vollstreckungsorgane, insbesondere der Gerichtsvollzieher. Auch der Schuldnerschutz ist in den vergangenen Jahren immer weiter ausgebaut worden (Anhebung der Pfändungsfreigrenzen für das Arbeitseinkommen, § 850 c Abs. 1 ZPO etc.). An dieser Situation wird sich wohl auch in Zukunft so schnell nichts ändern. Es kann daher keinem verständigen Gläubiger die Möglichkeit abgesprochen werden zu versuchen, seine Forderung durch eine Einigung mit dem Schuldner zu realisieren. Zumal dadurch Kosten für weitere Vollstreckungsmaßnahmen, die dem Schuldner ebenfalls zur Last fallen würden, vermieden werden. Denn auch in der Zwangsvollstreckung hat der Gläubiger seine Maßnahmen zur Wahrung seiner Rechte so einzurichten, dass die Kosten möglichst niedrig gehalten werden (*Stöber* in Zöller ZPO § 788 Rn. 9). Man wird daher wohl i. d. R. von der Notwendigkeit der durch die Ratenzahlungsvereinbarung entstandenen Gebühr Nr. 1000 und damit auch von der Verpflichtung des Schuldners, diese zu erstatten, ausgehen können. Gleichwohl kommt es immer auf eine Einzelfallbetrachtung an (so auch Enders JurBüro 2002, 621).

94 In der Praxis ist es häufig so, dass die Gerichtsvollzieher, die mit dem Einzug der vereinbarten Raten beauftragt sind, die Kosten für den entsprechenden Vergleich abzusetzen. Unter Berufung darauf, dass die Anwaltsgebühren für eine Ratenzahlungsvereinbarung keine notwendigen seien wird dem Schuldner geraten, die letzte Teilzahlungen in Höhe der Kosten für den Ratenzahlungsvergleich nicht mehr zu leisten.

95 Grundsätzlich obliegt dem Vollstreckungsorgan (Gerichtsvollzieher) und dem Vollstreckungsgericht auch die Prüfung von Notwendigkeit und Höhe geltend gemachter Kosten, da kein Schuldner vollstreckungsrechtlichen Zwangsmaßnahmen ausgesetzt werden darf, ohne dass die zu vollstreckende Forderung wenigstens einmal von einem Organ der Rechtspflege überprüft worden ist. Dies gilt auch dann, wenn der Gläubiger diese Kosten nicht als selbständige Positionen geltend macht, sondern vielmehr eine Teilzahlung des Schuldners hierauf verrechnet hat. Auch kann die Überprüfung derartiger Kostenpositionen im Rahmen der Zwangsvollstreckung nicht durch eine Verrechnung, sei es nach § 367 BGB (so wie in den Forderungsaufstellungen üblich – Anm. d. Verf.) oder nach § 366 Abs. 2 BGB umgangen werden, d. h. auch derartige Verrechnungen sind vom Vollstreckungsorgan bzw. Vollstreckungsgericht zu prüfen (LG Wuppertal JurBüro 1996, 606 m. Anm. Mümmler).

96 Setzt also der Gerichtsvollzieher die Kosten für die Ratenzahlungsvereinbarung mit dem Hinweis auf die fehlende Notwendigkeit aus der Kostenberechnung des Anwalts ab, so muss sich der Gläubiger hiergegen mit der Erinnerung (§ 766 ZPO, evtl. § 793 ZPO) wehren.

97 Damit der Anwalt in einem solchen Erinnerungsverfahren nicht mühsam die Notwendigkeit der entstandenen Einigungsgebühr Nr. 1000 darlegen muss, oder eine Festsetzung der Kosten gem. § 788 Abs. 2 ZPO durch eine ablehnende Auffassung des Vollstreckungsgerichts scheitert, sollte in der Praxis in den Ratenzahlungsvertrag die Verpflichtung des Schuldners aufgenommen werden, neben der geltend gemachten Forderung auch die Kosten dieses Vergleichsvertrages zu übernehmen. Dies führt per se natürlich nicht dazu, dass die Einigungsgebühr also notwendig i. S. v. § 788 Abs. 1 Satz 1 ZPO anzusehen ist, sie ist aber dann – bei Notwendigkeit (!) – wg. § 98 Satz 1 ZPO beitreibbar (*Stöber* in Zöller ZPO § 788 Rn. 7; BGH vom 24.01.2006, Az.: VII ZB 74/05: Hat der Schuldner in dem Vergleich die Kosten der Ratenzahlungsvereinbarung übernommen, so können diese Kosten regelmäßig gem. § 788 Abs. 1

ZPO beigetrieben werden. Fehlt es dagegen an solch einer Vereinbarung, so sind die Vergleichskosten in entsprechender Anwendung von § 98 Satz 1 ZPO als gegeneinander aufgehoben zu betrachten. Eine Kostenerstattung kommt dann nicht in Betracht; ebenso: LG Göttingen JurBüro 2005, 323; LG Köln JurBüro 2004, 497). Darüber hinaus verschafft sich der Gläubiger durch die dokumentierte Verpflichtung des Schuldners, die entsprechenden Kosten zu übernehmen, eine materiell-rechtliche Anspruchsgrundlage, und er kann so die nicht erstattete Einigungsgebühr in einem Klage- oder Mahnverfahren geltend machen (Enders JurBüro 2002, 621). Dies ist natürlich ein wenig praktikabler und Erfolg versprechender Weg.

VII. Erstattungsfähigkeit der Gebühr Nr. 3309

Gem. § 788 Abs. 1 ZPO fallen die Kosten der Zwangsvollstreckung dem Schuldner zur Last, soweit sie notwendig waren. Dies gilt für alle Vollstreckungsarten. Hinsichtlich der Notwendigkeit verweist § 788 ZPO auf § 91 ZPO. Die notwendigen Kosten können zusammen mit dem zur Zwangsvollstreckung stehenden Anspruch beigetrieben werden (§ 788 Abs. 1 Satz 1 Hs. 2), auch wenn über sie kein Titel vorliegt. Ob eine Zwangsvollstreckungsmaßnahme notwendig war – und damit die dadurch verursachten Kosten erstattungsfähig sind – bestimmt sich nach dem Standpunkt des Gläubigers zu dem Zeitpunkt, in dem die Kosten durch die Vollstreckungsmaßnahme verursacht wurden. Wesentlich ist, ob der Gläubiger die Maßnahme zu dieser Zeit objektiv für erforderlich (notwendig) halten konnte (*Stöber* in Zöller ZPO § 788 Rn. 9 a m. w. N.). Ob die eingeleitete Vollstreckungsmaßnahme letztlich erfolgreich ist, spielt für das Kriterium Notwendigkeit keine Rolle (wenn z. B. eine Pfändungs- und Überweisungsbeschluss ins Leere geht, weil die Forderung zum Zeitpunkt der Pfändung nicht bestand), jedoch darf der Gläubiger keine unzulässigen, schikanösen, überflüssigen (LG Berlin JurBüro 1997, 106) oder offenbar aussichtslosen Maßnahmen ergreifen – die dadurch verursachten Kosten sind nicht notwendig und damit vom Schuldner auch nicht zu erstatten. **98**

In der Praxis kommt es nicht selten vor, dass der Schuldner den geforderten Betrag auf das Anwaltskonto zahlt, ohne nähere Angaben zu machen, oder es geht nicht der lt. Forderungsaufstellung offene Betrag ein, sondern nur der Urteilsbetrag ohne Zinsen etc. Es bedarf dann oft zeitaufwendiger Recherchen, um den Betrag einer bestimmten Akte zuordnen zu können. Leitet der Gläubiger zu diesem Zeitpunkt Zwangsvollstreckungsmaßnahmen ein, so sind die durch die Vollstreckungsmaßnahmen verursachten Kosten notwendig, wenn er von der Erfüllung nichts wusste, es sei denn, er hätte sich hierüber unschwer Gewissheit verschaffen können (LG Stuttgart JurBüro 2001, 47 m. Rechtsprechungsübersicht). **99**

Nr. 3310 VV
Terminsgebühr

Nr.	Gebührentatbestand	Gebühr oder Satz der Gebühr nach § 13 RVG
3310	Terminsgebühr.. Die Gebühr entsteht nur für die Teilnahme an einem gerichtlichen Termin oder einem Termin zur Abnahme der eidesstattlichen Versicherung.	0,3

A. Allgemeines

1 Im Zwangsvollstreckungsverfahren kann der Anwalt zusätzlich zur Verfahrensgebühr Nr. 3309 eine Terminsgebühr gem. Nr. 3310 verdienen. Die Terminsgebühr entsteht nur unter den in der Anmerkung zu Nr. 3310 genannten Voraussetzungen, nämlich für die Teilnahme an einem gerichtlichen Termin oder an einem Termin zur Abnahme der eidesstattlichen Versicherung. Sie entsteht im Zwangsvollstreckungsverfahren hingegen nicht für die Mitwirkung an auf die Vermeidung oder Erledigung des Verfahrens gerichteten Besprechungen (Vorbem. 3 Abs. 3), es handelt sich insoweit um eine eigenständige Regelung für das Entstehen der Terminsgebühr im Zwangsvollstreckungsverfahren. Der Gesetzgeber hat diese Einschränkung so gewollt, er geht davon aus, dass vor allem bei Besprechungen, die wegen einer Ratenzahlungsvereinbarung zwischen Gläubiger und Schuldner geführt werden (und die damit zu einer Erledigung des Verfahrens führen) eine Einigungsgebühr Nr. 1000 entstehen kann (BT-Drs. 15/1971, S. 215), es demnach einer weiteren zusätzlichen (Termins-)Gebühr nicht bedarf. Diese Einschränkung führt jedoch dazu, dass – führt die Besprechung des Anwalts nicht zur Erledigung des Verfahrens – diese Tätigkeit nicht gesondert vergütet wird sondern mit der Verfahrensgebühr Nr. 3309 abgegolten ist.

2 Die Terminsgebühr Nr. 3310 kann sowohl für den Anwalt des Gläubigers als auch für den Anwalt des Schuldners entstehen.

B. Kommentierung

I. Entstehen der Gebühr

3 Voraussetzung für das Entstehen der Terminsgebühr Nr. 3310 ist, dass der Anwalt einen entsprechenden Auftrag hat, den Mandanten im Zwangsvollstreckungsverfahren zu vertreten. Neben der Terminsgebühr muss daher auch immer die Verfahrensgebühr Nr. 3309 entstehen. Darüber hinaus muss der Anwalt konkret beauftragt sein, an einem gerichtlichen Termin oder an einem Termin zur Abgabe der eidesstattlichen Versicherung teilzunehmen und bei diesem Termin auch anwesend sein. Es ist ausreichend, dass der Anwalt den entsprechenden Termin wahrnimmt, einer Antragstellung bedarf es nicht. Dies ergibt sich aus der Anmerkung zu Nr. 3310.

4 Nimmt der Anwalt an Terminen teil, die der Gerichtsvollzieher ansetzt, z. B. an einem Räumungstermin, so entsteht die Gebühr Nr. 3310 nicht, da es sich nicht um einen gerichtlichen Termin handelt. Insoweit ist der Gesetzestext eindeutig. Auch für Telefonate oder Besprechungen mit dem Gerichtsvollzieher, die den Termin zur Abgabe der eidesstattlichen Versicherung vorbereiten, entsteht die Gebühr Nr. 3310 nicht, erforderlich ist ausdrücklich die Teilnahme an dem Termin.

Nimmt ein anderer als der Anwalt an einen Termin zur Abgabe der eidesstattlichen Versicherung teil, z. B. der zuständige Sachbearbeiter für Zwangsvollstreckung, was in der Praxis durchaus üblich ist, so entsteht die Gebühr Nr. 3310 ebenfalls nicht.

1. Teilnahme an einem gerichtlichen Termin

Gerichtliche Termine im Zwangsvollstreckungsverfahren können in Verfahren gem. § 891 ZPO (§§ 887 bis 889 ZPO), § 764 Abs. 3 ZPO (den Gerichten zugewiesene Anordnungen von Vollstreckungshandlungen) oder § 765a ZPO (Vollstreckungsschutz) stattfinden. Für mündliche Verhandlungen im Rahmen eines Erinnerungsverfahrens gem. § 766 ZPO dürfte die Terminsgebühr Nr. 3310 nicht anfallen, vielmehr ist hier die Terminsgebühr Nr. 3513 in Ansatz zu bringen (anders wohl *Gierl* in Mayer/Kroiß RVG VV 3310 Rn. 2).

2. Termin zur Abgabe der eidesstattlichen Versicherung

Nimmt der Anwalt im Auftrag des Mandanten an einem Termin zur Abgabe der eidesstattlichen Versicherung teil, so erhält er hierfür die Gebühr Nr. 3310. Die bloße Teilnahme des Anwalts ist ausreichend, es ist nicht erforderlich, dass er vom Fragerecht des Gläubigers Gebrauch macht oder einen eigenen Fragenkatalog vorlegt.

II. Höhe der Gebühr

Die Gebühr Nr. 3310 beträgt 0,3.

In gerichtlichen Verfahren bestimmt sich der Gegenstandswert für die Gebühr Nr. 3310 gem. § 25 Abs. 1 Nr. 1 und Abs. 2 RVG. Zur Berechnung der Gebühr ist der Betrag der zu vollstreckenden Geldforderung einschließlich der Nebenforderungen zugrunde zu legen. In Verfahren über den Antrag auf Abnahme der eidesstattlichen Versicherung bestimmt sich der Wert gem. § 25 Abs. 1 Nr. 4 nach dem Betrag, der einschließlich der Nebenforderungen aus dem Vollstreckungstitel noch geschuldet wird, er beträgt jedoch höchstens € 1.500. Der Anwalt kann also bei Teilnahme an einem Termin zur Abgabe der eidesstattlichen Versicherung höchstens € 31,50 zuzüglich Post- und Telekommunikationspauschale gem. Nr. 7002 und evtl. Umsatzsteuer gem. Nr. 7008 abrechnen.

Einf. Nrn. 3311–3312 VV

ZWANGSVERSTEIGERUNG UND ZWANGSVERWALTUNG

Einführung

1 Die Gebühren Nrn. 3311 und 3312 erhält der Anwalt für die Tätigkeit in einem Zwangsversteigerungs- oder Zwangsverwaltungsverfahren. Umfasst wird die Zwangsversteigerung in Grundstücke, Grundstücksbruchteile und grundstücksgleiche Rechte sowie die Zwangsversteigerung von Schiffen und Luftfahrzeugen und von im Kabelbuch eingetragenen Hochseekabeln. Für die Anwendung der Gebührentatbestände ist es nicht von Bedeutung, ob die Zwangsversteigerung als eine Maßnahme der Zwangsvollstreckung durchgeführt wird oder ob es sich um ein besonderes Verfahren handelt, z. B. die Auseinandersetzung einer Gemeinschaft zum Gegenstand hat (§§ 180 ff. ZVG), ob es auf Antrag des Insolvenzverwalters (§§ 172–174 ZVG) oder eines Erben (§§ 175–179 ZVG) betrieben wird (Göttlich/Mümmler/Rehberg/Xanke RVG Stichwort »Zwangsversteigerung«).

2 Nicht unter die Nrn. 3311 und 3312 fällt die Tätigkeit des Anwalts im Rahmen freiwilliger Versteigerungen oder Zwangsversteigerungen auf Grund landesrechtlicher Vorschriften (hierfür fällt die Gebühr Nr. 2400 an) oder für Zwangsvollstreckungsmaßnahmen, die ihren Ursprung im Zwangsversteigerungsverfahren haben, aber diesem nicht zuzurechnen sind, z. B. Vollstreckung aus dem Zuschlagsbeschluss (§ 93 ZVG) durch Räumung gegen den Vollstreckungsschuldner. Hierfür entstehen die Gebühren Nrn. 3309, 3310 (Göttlich/Mümmler/Rehberg/Xanke RVG Stichwort »Zwangsversteigerung«).

Nr. 3311 VV
Verfahrensgebühr für die Tätigkeit im Zwangsversteigerungs- und Zwangsverwaltungsverfahren

Nr.	Gebührentatbestand	Gebühr oder Satz der Gebühr nach § 13 RVG
	Unterabschnitt 4 **Zwangsversteigerung und Zwangsverwaltung**	
3311	Verfahrensgebühr .... Die Gebühr entsteht jeweils gesondert 1. für die Tätigkeit im Zwangsversteigerungsverfahren bis zur Einleitung des Verteilungsverfahrens; 2. im Zwangsversteigerungsverfahren für die Tätigkeit im Verteilungsverfahren, und zwar auch für eine Mitwirkung an einer außergerichtlichen Verteilung; 3. im Verfahren der Zwangsverwaltung für die Vertretung des Antragstellers im Verfahren über den Antrag auf Anordnung der Zwangsverwaltung oder auf Zulassung des Beitritts; 4. im Verfahren der Zwangsverwaltung für die Vertretung des Antragstellers im weiteren Verfahren einschließlich des Verteilungsverfahrens; 5. im Verfahren der Zwangsverwaltung für die Vertretung eines sonstigen Beteiligten im ganzen Verfahren einschließlich des Verteilungsverfahrens und 6. für die Tätigkeit im Verfahren über Anträge auf einstweilige Einstellung oder Beschränkung der Zwangsvollstreckung und einstweilige Einstellung des Verfahrens sowie für Verhandlungen zwischen Gläubiger und Schuldner mit dem Ziel der Aufhebung des Verfahrens.	0,4

Inhaltsübersicht

	Rn.
A. Allgemeines	1
I. Aufbau der VV-Nummer	1
II. Jeweils gesondertes Entstehen der Gebühr Nr. 3311	2
III. Mehrere Verfahren gegen denselben Schuldner	5
IV. Mehrere Personen als Auftraggeber	6
B. Kommentierung	7
I. Nr. 1 – Tätigkeit im Zwangsversteigerungsverfahren bis zur Einleitung des Verteilungsverfahrens	7
II. Nr. 2 – Tätigkeit im Verteilungsverfahren im Rahmen des Zwangsversteigerungsverfahrens	10
III. Ziffer 3 – Tätigkeit für den Antragsteller im Zwangsverwaltungsverfahren über den Antrag auf Anordnung der Zwangsverwaltung oder auf Zulassung des Beitritts	16
IV. Nr. 4 – Vertretung des Antragstellers im Zwangsverwaltungsverfahren einschließlich des Verteilungsverfahrens	18
V. Nr. 5 – Vertretung eines sonstigen Beteiligten im Zwangsverwaltungsverfahren einschließlich des Verteilungsverfahrens	20
VI. Nr. 6 – Tätigkeit im Verfahren über Anträge auf einstweilige Einstellung oder Beschränkung der Zwangsvollstreckung und einstweilige Einstellung des Verfahrens sowie Verhandlungen zwischen Gläubiger und Schuldner mit dem Ziel der Aufhebung des Verfahrens	22

Nr. 3311 VV

A. Allgemeines

I. Aufbau der VV-Nummer

1 In Nr. 3311 werden durch die Nummern 1–6 verschiedene Tätigkeiten des Anwalts im Zwangsversteigerungs- und Zwangsverwaltungsverfahren aufgezählt und hinsichtlich der Art des Verfahrens (Zwangsversteigerung oder Zwangsverwaltung), des Verfahrensabschnittes (Versteigerungsverfahren an sich oder Verteilungsverfahren) und der vertretenen Person (Antragsteller oder Beteiligter) unterschieden. Bei Anwendung der Nr. 3311 muss also geprüft werden, welche Stellung der Mandant im Verfahren einnimmt, in welchem Verfahrensabschnitt der Anwalt tätig geworden ist und ob es sich um ein Zwangsversteigerungs- oder Zwangsverwaltungsverfahren handelt.

II. Jeweils gesondertes Entstehen der Gebühr Nr. 3311

2 Die Anmerkung zur Gebühr Nr. 3311 bestimmt, dass die Gebühr für jede der in den Nummern 1–6 genannten Tätigkeiten gesondert entsteht. Das bedeutet gleichzeitig, dass die Gebühren auch nebeneinander entstehen können. Das gilt z. B. für den Anwalt, der erst im Zwangsversteigerungsverfahren tätig wird und anschließend im fortgeführten Zwangsverwaltungsverfahren, § 77 Abs. 2 ZVG. Die Gebühren gem. Nummern 1 und 3 entstehen dann nebeneinander. Gleiches gilt für den Anwalt, der gleichzeitig die Zwangsversteigerung und die Zwangsverwaltung beantragt.

3 Eine Anrechnung der Gebühren gem. Ziffern 1 bis 6 untereinander findet nicht statt.

4 Wie jede Verfahrensgebühr im dritten Abschnitt des VV, ist auch Nr. 3311 eine Betriebs- bzw. Pauschgebühr. Das bedeutet, dass sämtliche Tätigkeiten, die der Anwalt innerhalb eines Verfahrensabschnitts (definiert durch die Nummern 1–6) ausführt, durch Nr. 3311 abgegolten werden. Wird er innerhalb eines Verfahrensabschnitts nur mit einzelnen Tätigkeiten beauftragt (z. B. Stellen des Antrags auf Anordnung von Sicherungsmaßregeln, § 25 ZVG oder Einreichen der Anspruchsberechnung, § 106 ZVG), so erhält der Anwalt ebenfalls die Gebühr Nr. 3311.

III. Mehrere Verfahren gegen denselben Schuldner

5 Zwangsversteigerung und Zwangsverwaltung sind Vollstreckungsmaßnahmen i. S. v. § 18 Nr. 3. Vertritt der Anwalt also einen Mandanten, der die Zwangsversteigerung mehrerer Grundstücke des Schuldners betreibt, so handelt es sich um jeweils verschiedene Angelegenheiten (Hansens BRAGO § 68 Rn. 9) i. S. v. § 18 Nr. 3 mit der Folge, dass der Anwalt die Gebühr Nr. 3311 für jedes dieser Verfahren gesondert erhält. Gleiches gilt für die Zwangsverwaltung (Hansens BRAGO § 69 Rn. 4). Zu beachten ist jedoch, dass die Zwangsversteigerung mehrerer Grundstücke wegen einer Forderung gegen denselben Schuldner gem. § 18 ZVG in demselben Verfahren erfolgen kann. Betreibt der Gläubiger gleichwohl mehrere Verfahren, so sind die Kosten aller weiteren Verfahren als nicht notwendige Kosten gemäß § 788 Abs. 1 ZPO nicht erstattungsfähig (OLG Düsseldorf JurBüro 1994, 351).

IV. Mehrere Personen als Auftraggeber

6 Vertritt der Anwalt mehrere Personen als Auftraggeber in dem selben Versteigerungs- oder Verwaltungsverfahren, so ist zu unterscheiden: Machen die Auftraggeber als Gläubiger unterschiedliche Forderungen oder Rechte an dem zu versteigernden oder verwaltenden

Grundstück geltend, so werden die Werte der jeweiligen Forderungen oder Rechte addiert, § 22 Abs. 1. Die Gebühr Nr. 3311 (jeweils Nrn. 1 bis 6) entsteht nur einmal, da es sich um dieselbe Angelegenheit handelt. Sind mehrere Personen als Auftraggeber an den selben Forderungen oder Rechten gemeinschaftlich beteiligt, sei es als Gläubiger, Schuldner oder andere Beteiligte, so ist der Gegenstand der anwaltlichen Tätigkeit derselbe, so dass die Gebühr Nr. 3311 (jeweils Nrn. 1 bis 6) gem. Nr. 1008 für jeden weiteren Auftraggeber um 0,3 erhöht wird. Mehrere Erhöhungen dürfen einen Gebührensatz von 2,0 nicht übersteigen. Der Anwalt kann also maximal 2,4 Gebühren verdienen.

B. Kommentierung

I. Nr. 1 – Tätigkeit im Zwangsversteigerungsverfahren bis zur Einleitung des Verteilungsverfahrens

Die Gebühr Nr. 3311 erhält der Anwalt für jede Tätigkeit im Zwangsversteigerungsverfahren bis zur Einleitung des Verteilungsverfahrens. Das Verteilungsverfahren beginnt nach Erteilung des Zuschlages mit der Bestimmung des Verteilungstermins durch das Gericht (§ 105 ZVG). Alle Tätigkeiten, die der Anwalt davor für den Mandanten wahrnimmt, werden durch die Gebühr Nr. 3311 abgegolten, es sei denn, sie sind ausdrücklich ausgeschlossen, wie z. B. die Vertretung im Verfahren über Anträge auf einstweilige Einstellung der Zwangsvollstreckung (vgl. Nr. 6). Die Gebühr gem. Nr. 1 kann sowohl für den Anwalt des betreibenden Gläubigers als auch für den Anwalt des Schuldners oder eines weiteren Beteiligten entstehen. 7

Erste Tätigkeit des Anwalts ist i. d. R. die Entgegennahme entsprechender Informationen durch den Mandanten, um das Versteigerungsverfahren überhaupt betreiben zu können. Weitere Tätigkeiten können sein: die in § 19 Abs. 1 Nrn. 9, 12 und 15 genannten Handlungen, die Androhung der Versteigerung, das Stellen des Versteigerungsantrags, § 15 ZVG, das Stellen eines Antrags auf Beitritt zur Zwangsversteigerung, § 27 ZVG, die Vorbereitung des Versteigerungstermins (nicht der Termin selber: vgl. Nr. 3312), die Prüfung des geringsten Gebots, Bemühungen und Gespräche zwischen den Verfahrensbeteiligten um eine gütliche Einigung oder die Rücknahme des Versteigerungsantrags, § 29 ZVG (ausführlich hierzu: Zeller/Stöber ZVG Einleitung Rn. 89.6). Vgl. aber auch Nr. 6! 8

Die Gebühr Nr. 3311 Nr. 1 entsteht in Höhe von 0,4. Kommt es nicht zur Durchführung des Versteigerungsverfahrens, so ermäßigt sich die Gebühr nicht. Es kommt lediglich darauf an, dass der Anwalt innerhalb dieses ersten Verfahrensabschnitts tätig geworden ist. 9

II. Nr. 2 – Tätigkeit im Verteilungsverfahren im Rahmen des Zwangsversteigerungsverfahrens

Für die Tätigkeit im Verteilungsverfahren im Rahmen des Zwangsvollstreckungsverfahrens erhält der Anwalt eine Gebühr gem. Nr. 3311 Nr. 2. Ist der Anwalt beauftragt, den Mandanten im gesamten Versteigerungsverfahren zu vertreten, so entsteht die Gebühr neben der bereits entstandenen Gebühr gem. Nr. 1. Der Anwalt erhält die Gebühr sowohl für die Mitwirkung am gerichtlichen Verteilungsverfahren, §§ 105 ff. ZVG, als auch für die Mitwirkung an einer außergerichtlichen Einigung über den Versteigerungserlös, § 143 ZVG, oder an einer außergerichtlichen Befriedigung der Berechtigten, § 144 ZVG. Nr. 2 spricht insoweit nur von »außergerichtlicher Verteilung«, so dass beide Verfahren (§§ 143 und 144 ZVG) umfasst sind. 10

Die Gebühr gem. Nr. 2 entsteht für die Vertretung sämtlicher Beteiligter im Verteilungsverfahren, also für den Anwalt des Gläubigers, des Schuldners, eines Bieters, eines mithaftenden Bürgen, des Erstehers. 11

Nr. 3311 VV

12　Kommt es nach einem außergerichtlichen Einigungs- bzw. Befriedigungsversuch gem. §§ 143, 144 ZVG gleichwohl zur Durchführung des gerichtlichen Verteilungsverfahrens gem. § 105 ZVG, so entsteht die Gebühr Nr. 3311 Nr. 2 nicht noch einmal für die Tätigkeit im gerichtlichen Verteilungsverfahren. Die Verbindung der beiden Satzteile durch das Wort »und« bedeutet nicht, dass die Gebühr zwei Mal entstehen kann. Vielmehr ist darauf abzustellen, dass Nr. 2 »und zwar auch« für eine außergerichtliche Verteilung entstehen kann. Es handelt sich hierbei um die Beschreibung einer zweiten Alternative zum Entstehen der Gebühr (a. A.: *Wolf* in Gebauer/Schneider RVG 1. Aufl. VV 3311–3312 Rn. 13, der darauf abstellt, dass beide Satzteile nicht mit einem »oder« verbunden sind und daraus schlussfolgert, dass die Gebühr zusätzlich zur Gebühr für das gerichtliche Verteilungsverfahren entstehen kann).

13　Nachdem im Versteigerungstermin oder in einem besonderen Termin der Zuschlagsbeschluss verkündet wurde, bestimmt das Gericht einen Termin zur Verteilung des Versteigerungserlöses, § 105 Abs. 1 ZVG. Damit beginnt das Verteilungsverfahren. Wählen die Beteiligten des Versteigerungsverfahrens die außergerichtliche Verteilung, so beginnt das Verfahren mit der entsprechenden Anzeige an das Gericht. Sämtliche Tätigkeiten, die der Anwalt nunmehr bis zur Verteilung des Erlöses entfaltet – gleich ob durch gerichtlichen Verteilungstermin oder außergerichtliche Erlösverteilung – werden durch die Gebühr Nr. 2 abgegolten, z. B.: die Vorbereitung des Termins; interne Prüfung, inwieweit der Gläubiger ohne weiteres Zutun aus dem Erlös befriedigt werden kann; Einleiten von Maßnahmen, um einen Forderungsausfall zu verhindern; das (erneute) Einreichen der Anspruchsberechnung, § 106 ZVG; die Neuberechnung der Zinsen. Ebenfalls von der Gebühr umfasst ist das Einlegen der Erinnerung im Verfahren nach § 144 Abs. 1 ZVG (Erinnerung eines Beteiligten gegen die Urkunden oder Erklärungen über die Befriedigung durch das Gebot), nicht jedoch die Vollstreckungserinnerung gem. § 766 ZPO (hierfür entsteht die Gebühr Nr. 3500 VV RVG).

14　Die Gebühr Nr. 3311 Nr. 2 VV RVG entsteht in Höhe von 0,4. Nimmt der Anwalt am gerichtlichen Verteilungstermin nicht teil, z. B. wenn die Befriedigung der Ansprüche des Mandanten sicher gewährleistet ist, so entsteht die Gebühr gem. Ziffer 2 trotzdem. Sie ermäßigt sich auch nicht. Es kommt lediglich darauf an, dass der Anwalt innerhalb dieses Verfahrensabschnitts tätig geworden ist. Gleiches gilt für den Anwalt, der für den Mandanten am außergerichtlichen Verteilungsverfahren teilnimmt. Es ist ausreichend, dass der Anwalt an der Verteilung mitwirkt, sei es durch die entsprechenden Einigungs- oder Befriedigungserklärungen oder auch nur durch die Beratung des Mandanten.

15　Neben der Verfahrensgebühr Nr. 2 kann für den Anwalt im Verteilungsverfahren auch eine Einigungsgebühr gem. Nr. 1003 entstehen. Wegen des anhängigen Zwangsvollstreckungsverfahrens als gerichtlichem Verfahren entsteht die Gebühr in Höhe von 1,0. Zu beachten ist jedoch, dass die Gebühr nicht per se entsteht, weil z. B. im außergerichtlichen Verfahren nach § 143 ZVG von einer »Einigung« der Beteiligten die Rede ist. Der Anwalt muss tatsächlich an einer Einigung der Beteiligten im Verteilungsverfahren mitgewirkt haben. Ein bloßes Anerkenntnis oder ein Verzicht führen nicht zum Entstehen der Einigungsgebühr, vgl. Nr. 1000 Abs. 1.

Eine Terminsgebühr entsteht für die Teilnahme am Verteilungsverfahren nicht.

III. Ziffer 3 – Tätigkeit für den Antragsteller im Zwangsverwaltungsverfahren über den Antrag auf Anordnung der Zwangsverwaltung oder auf Zulassung des Beitritts

16　Die Gebühr Nr. 3311 Nr. 3 erhält der Anwalt für die Vertretung des Gläubigers (Anordnungsgläubiger) im Verfahren auf Anordnung der Zwangsverwaltung. Für den Anwalt, der einen weiteren Gläubiger (Beitrittsgläubiger) im Verfahren auf Zulassung des Beitritts zur Zwangsverwaltung vertritt, entsteht die Gebühr gem. Nr. 3 ebenfalls, vgl. Hs. 2. Der Anwalt, der für den betreibenden Gläubiger (Anordnungs- oder Beitrittsgläubiger) nach erfolgloser Zwangsversteigerung gem. § 77 Abs. 2 ZVG die Fortsetzung des Verfahrens als Zwangsverwaltung beantragt, entsteht die Gebühr ebenfalls und zwar neben der Gebühr Nr. 3311 Nr. 1. Es handelt sich insoweit auch um ein Antragsverfahren, so dass Nr. 3 anzuwenden ist.

Das Verfahren über den Antrag auf Anordnung der Zwangsverwaltung bzw. auf Zulassung des Beitritts zum bereits anhängigen Zwangsverwaltungsverfahren endet mit dem Erlass des Anordnungsbeschlusses, § 146 Abs. 1 ZVG bzw. mit dem Beitrittsbeschluss, §§ 27 Abs. 1, 146 Abs. 1 ZVG resp. mit der Ablehnung der entsprechenden Anträge. Sämtliche Tätigkeiten des Anwalts innerhalb dieser Verfahren werden durch die Gebühr gem. Nr. 3 abgegolten. Hierzu zählen insbesondere die Entgegennahme entsprechender Informationen, das Stellen des Anordnungsantrags, des Antrags auf Zulassung des Beitritts zur Zwangsverwaltung oder das Stellen des Antrags auf Überleitung bzw. Fortsetzung des Zwangsversteigerungsverfahrens als Zwangsverwaltungsverfahren. 17

Die Gebühr gem. Nr. 3 entsteht in Höhe von 0,4. Eine Ermäßigung ist nicht vorgesehen.

IV. Nr. 4 – Vertretung des Antragstellers im Zwangsverwaltungsverfahren einschließlich des Verteilungsverfahrens

Die Gebühr Nr. 3311 Nr. 4 erhält der Anwalt für die Vertretung des Antragstellers im Zwangsverwaltungsverfahren einschließlich des Verteilungsverfahrens. Dies gilt sowohl für den Anwalt des Anordnungs- als auch des Beitrittsgläubigers, auch wenn dies (im Gegensatz zu Nr. 3) nicht ausdrücklich aufgeführt ist. Für den Anwalt des Schuldners oder eines anderen am Verfahren Beteiligten entsteht die Gebühr gem. Nr. 4 nicht. War der Anwalt bereits im Anordnungsverfahren tätig und hat dort die Gebühr gem. Nr. 3 verdient, so erhält er die Gebühr gem. Nr. 4 zusätzlich. 18

Sämtliche Tätigkeiten des Anwalts im Zwangsverwaltungsverfahren werden durch die Gebühr Nr. 4 abgegolten. Dazu gehören z. B. der Schriftverkehr mit dem Zwangsverwalter oder Anträge an das Vollstreckungsgericht i. S. v. § 153 Abs. 1 ZVG. Zieht sich das Verfahren über einen längeren Zeitraum hin, so werden auch wiederholte Tätigkeiten des Anwalts, wie z. B. die Entgegennahme der jährlichen Abrechnung durch den Zwangsverwalter gem. § 154 ZVG, nur einmal vergütet. Die Tätigkeit des Anwalts im Verteilungsverfahren gem. § 156 Abs. 2 ZVG wird nicht gesondert vergütet, dies ergibt sich aus der Formulierung »**einschließlich des Verteilungsverfahrens**«. 19

Die Gebühr gem. Nr. 4 entsteht in Höhe von 0,4. Eine Ermäßigung ist nicht vorgesehen.

V. Nr. 5 – Vertretung eines sonstigen Beteiligten im Zwangsverwaltungsverfahren einschließlich des Verteilungsverfahrens

Die Gebühr Nr. 3311 Nr. 5 erhält der Anwalt des Schuldners (auch des Schuldners gem. § 147 Abs. 1 ZVG) sowie der Anwalt eines sonstigen Beteiligten im Zwangsverwaltungsverfahren einschließlich des Verteilungsverfahrens. Wer – neben dem Schuldner – Beteiligter des Zwangsverwaltungsverfahrens ist, ergibt sich aus § 9 ZVG, also z. B. derjenige, der mit einem dinglichen Recht vor dem Zwangsverwaltungsvermerk eingetragen ist, derjenige, der ein späteres Recht anmeldet oder auch ein Mieter. 20

Durch die Gebühr gem. Nr. 5 werden sämtliche Tätigkeiten des Anwalts im Anordnungsverfahren, im weiteren Zwangsverwaltungsverfahren und im Verteilungsverfahren abgegolten. Auch wenn der Anwalt Tätigkeiten in jedem dieser Verfahrensabschnitte entfaltet, entsteht die Gebühr gem. Nr. 5 nur einmal. Hat der Anwalt den Schuldner oder einen Beteiligten bereits im Zwangsversteigerungsverfahren vertreten, welches gem. § 77 Abs. 2 ZVG als 21

Nr. 3311 VV

Zwangsverwaltungsverfahren fortgeführt wird, so entsteht die Gebühr gem. Nr. 5 zusätzlich zur bereits entstandenen Gebühr gem. Nr. 1.

Die Gebühr gem. Nr. 5 entsteht in Höhe von 0,4. Eine Ermäßigung ist nicht vorgesehen.

VI. Nr. 6 – Tätigkeit im Verfahren über Anträge auf einstweilige Einstellung oder Beschränkung der Zwangsvollstreckung und einstweilige Einstellung des Verfahrens sowie Verhandlungen zwischen Gläubiger und Schuldner mit dem Ziel der Aufhebung des Verfahrens

22 Für Tätigkeiten in Verfahren über Anträge auf einstweilige Einstellung oder Beschränkung der Zwangsvollstreckung (§ 765 a ZPO) und einstweilige Einstellung des Verfahrens (§§ 30 a ff., § 180 Abs. 2 ZVG) erhält der Anwalt die Gebühr Nr. 3311 Nr. 6. Durch die Gebühr werden alle Tätigkeiten des Anwalts im Zusammenhang mit einem Vollstreckungsschutzantrag abgegolten, also die Entgegennahme der entsprechenden Informationen durch den Mandanten, die Stellungnahme zu entsprechenden Anträgen oder die Teilnahme an einer mündlichen Verhandlung (§ 30 b Abs. 2 ZVG). Die Gebühr entsteht sowohl für den Anwalt des Antragstellers als auch für den Anwalt des Antragsgegners.

23 Stellt der Schuldner im Zwangsversteigerungsverfahren einen Antrag nach § 765 a ZPO, so ist zu beachten, dass die Tätigkeit des Anwalts in diesem Vollstreckungsschutzverfahren nicht unter die Gebühr Nr. 3309 fällt, sondern nach Nr. 6 abgerechnet wird. Der Anwalt erhält also für die Tätigkeit in diesem Verfahren 0,1 Gebühren mehr als im Zwangsvollstreckungsverfahren. Ebenso bestimmt sich der Gegenstandswert für einen Antrag nach § 765 a ZPO nach § 26 ZVG, nicht nach § 25 ZVG.

24 Gem. § 18 Nr. 8 ist jedes Verfahren nach § 765 a ZPO eine besondere Angelegenheit. Das bedeutet, dass die Gebühr mehrfach anfallen kann, wenn die Anträge wiederholt gestellt werden. Gleiches gilt auch für Anträge nach §§ 30 a ff. bzw. § 180 Abs. 2 ZVG. Zwar sind diese in § 18 Nr. 8 nicht explizit aufgeführt, es ist aber weder aus der Gesetzesbegründung noch aus der Systematik der Nr. 3310 Nr. 6 ersichtlich, dass der Anwalt für mehrere Anträge gem. ZVG anders (weniger) vergütet werden soll, als für Anträge nach der ZPO. Darüber hinaus ist die Anmerkung zu Nr. 3311 so zu verstehen, dass die Gebühren nicht nur hinsichtlich der verschiedenen Tätigkeiten in den Nrn. 1 bis 6 gesondert entstehen, sondern auch hinsichtlich der in den Nummern genannten Verfahrenssituationen.

25 Darüber hinaus entsteht die Gebühr Nr. 6 für Verhandlungen, die der Anwalt zwischen Gläubiger und Schuldner mit dem Ziel der Aufhebung des Verfahrens führt. Hierunter fallen auch Einstellungsbewilligungen des Gläubigers gem. § 30 ZVG. Kommt es während dieser Verhandlungen zu einer Einigung zwischen Gläubiger und Schuldner, so kann – bei entsprechender Mitwirkung – für den Anwalt auch eine Einigungsgebühr gem. Nrn. 1000, 1003 entstehen und zwar wegen des anhängigen Versteigerungsverfahrens in Höhe von 1,0.

Die Gebühr Nr. 3311 Nr. 6 entsteht in Höhe von 0,4.

Nr. 3312 VV
Terminsgebühr im Zwangsversteigerungsverfahren

Nr.	Gebührentatbestand	Gebühr oder Satz der Gebühr nach § 13 RVG
3312	Terminsgebühr... Die Gebühr entsteht nur für die Wahrnehmung eines Versteigerungstermins für einen Beteiligten. Im Übrigen entsteht im Verfahren der Zwangsversteigerung und der Zwangsverwaltung keine Terminsgebühr.	0,4

Nimmt der Anwalt einem Versteigerungstermin teil, so entsteht hierfür die Gebühr Nr. 3312 in Höhe von 0,4. Auftraggeber des Anwalts kann jeder am Verfahren Beteiligter sein, also der betreibende Gläubiger, ein sonstiger Gläubiger, Antragsteller, Antragsgegner, der Schuldner, Bieter (vgl. Zeller/Stöber ZVG Einl. 89.1). Die Gebühr entsteht ausschließlich für die Teilnahme am Versteigerungstermin, nicht für andere Termine im Rahmen des Versteigerungsverfahrens (§§ 30 b Abs. 2, 62, 87 ZVG). **1**

Der Versteigerungstermin beginnt mit dem Aufruf der Sache, § 66 Abs. 1 ZVG und endet mit der entsprechenden Verkündung des Gerichts, § 73 Abs. 2 ZVG. Innerhalb dieses Zeitraumes muss der Anwalt zumindest für eine kurze Zeit beim Termin anwesend gewesen sein, um die Gebühr Nr. 3312 verdienen zu können. Es ist nicht notwendig, dass er während der gesamten Bietstunde anwesend ist, Anträge stellt oder Erklärungen abgibt. **2**

Durch die Gebühr Nr. 3312 sind sämtliche Tätigkeiten des Anwalts im Termin abgegolten, also die Teilnahme an sich, das Stellen von Anträgen, die Abgabe von Geboten, das Stellen der Sicherheit. Kommt es zu mehreren Versteigerungsterminen und nimmt der Anwalt daran teil, so entsteht die Gebühr wg. § 15 Abs. 2 nur einmal. **3**

Wird der Anwalt beauftragt, nur den Versteigerungstermin wahrzunehmen, entsteht neben der Gebühr Nr. 3312 noch die Verfahrensgebühr Nr. 3311 Nr. 1. Mit der Terminsgebühr Nr. 3312 wird ausschließlich die Teilnahme am Termin abgegolten, die Entgegennahme von entsprechenden Informationen durch den Mandanten, die Vorbereitung des Termins etc. lassen die Verfahrensgebühr Nr. 3311 Nr. 1 entstehen. **4**

Die Terminsgebühr entsteht in Höhe von 0,4. Nimmt der Anwalt – trotz vorherigen Auftrags des Mandanten – nicht am Termin teil, entsteht die Gebühr nicht. **5**

Im Zwangsverwaltungsverfahren entsteht ausdrücklich keine Terminsgebühr. **6**

Vorbemerkung 3.3.5 VV

Nr.	Gebührentatbestand	Gebühr oder Satz der Gebühr nach § 13 RVG
	Unterabschnitt 5 **Insolvenzverfahren, Verteilungsverfahren nach der Schifffahrtsrechtlichen Verteilungsordnung**	
	Vorbemerkung 3.3.5: (1) Die Gebührenvorschriften gelten für die Verteilungsverfahren nach der SVertO, soweit dies ausdrücklich angeordnet ist. (2) Bei der Vertretung mehrerer Gläubiger, die verschiedene Forderungen geltend machen, entstehen die Gebühren jeweils besonders. (3) Für die Vertretung des ausländischen Insolvenzverwalters im Sekundärinsolvenzverfahren entstehen die gleichen Gebühren wie für die Vertretung des Schuldners.	

Inhaltsübersicht

	Rn.		Rn.
A. Allgemeines	1	III. Absatz 3 – Sekundärinsolvenzverfahren	12
B. Kommentierung	2	IV. Insolvenzverfahren und Verteilungsverfahren nach der Schifffahrtsrechtlichen Verteilungsordnung	13
I. Absatz 1 – Schifffahrtsrechtliches Verteilungsverfahren	2		
II. Absatz 2 – Vertretung mehrerer Gläubiger	4		

A. Allgemeines

1 VV Vorbemerkung 3.3.5. bestimmt, inwieweit die Gebührenvorschriften auch für die Tätigkeit im Schifffahrtsrechtlichen Verteilungsverfahren gelten, welche Gebühren bei der Vertretung mehrerer Gläubiger mit verschiedenen Forderungen entstehen und welche Gebühren für die Vertretung des Sekundärinsolvenzverwalters entstehen.

B. Kommentierung

I. Absatz 1 – Schifffahrtsrechtliches Verteilungsverfahren

2 (Ausführlich zu den Vorschriften der Schifffahrtsrechtlichen Verteilungsordnung: vgl. *Gierl* in Mayer/Kroiß RVG VV 3313–3323 Rn. 13; *Wolf* in Gebauer/Schneider RVG 1. Aufl. VV Vorbem. 3.3.5. Rn. 9)

3 Das Verfahren der Schifffahrtsrechtlichen Verteilungsordnung ähnelt dem Insolvenzverfahren, daher gelten die Gebührenvorschriften Nrn. 3313 bis 3323 auch für diese Verfahren. Dies allerdings nur, wenn es ausdrücklich ausgesprochen ist. Dies geschieht durch Anmerkungen zu den Nummern (Nrn. 3313, 3314, 3317, 3320) oder durch spezielle Vorschriften (Nrn. 3322 und 3323).

II. Absatz 2 – Vertretung mehrerer Gläubiger

4 Bei Vertretung **mehrerer** Gläubiger, die **verschiedene** Forderungen **in demselben Verfahren** geltend machen, erhält der Anwalt die entstehenden Gebühren **jeweils gesondert** (vgl. En-

ders JurBüro 1999, 228). Absatz 2 der Vorbemerkung stellt eine Spezialvorschrift zu § 7 Abs. 1 und § 22 Abs. 1 i. V. m. Nr. 1008 dar. Es kommt also weder zu einer Erhöhung der Gebühr gem. § 7 Abs. 1 i. V. m. Nr. 1008 noch zu einer Addition der Gegenstandswerte gem. § 22 Abs. 1.

Zu beachten ist, dass **jedes** der o. g. Merkmale, also mehrere Gläubiger, verschiedene Forderungen, selbes Verfahren, vorliegen muss, damit der Anwalt die Gebühren gesondert erhält.

Ist dies nicht so, so greifen die Vorschriften § 7 Abs. 1 und § 22 Abs. 1:

Vertritt der Anwalt **mehrere Gläubiger** mit **derselben Forderung** in **demselben Verfahren**, so gilt § 7 Abs. 1 i. V. m. Nr. 1008.

• **Beispiel**
Der Anwalt vertritt die Eheleute A und B im Insolvenzeröffnungsverfahren als Gesamtgläubiger wegen einer Kaufpreisforderung in Höhe von € 3.000,00. Der Anwalt kann berechnen:

Gegenstandswert: € 3.000,00	
0,5 Verfahrensgebühr, Nr. 3314	€ 94,50
0,3 Erhöhung der Verfahrensgebühr, Nr. 1008	
i. V. m. § 7 Abs. 1	€ 56,70
Auslagenpauschale, Nr. 7002	€ 20,00
Zwischensumme	€ 171,20
19 % Umsatzsteuer, Nr. 7008	€ 32,53
Summe:	**€ 203,73**

Vertritt der Anwalt **mehrere Gläubiger** mit **der selben Forderung** in **verschiedenen Verfahren**, so gilt § 7 Abs. 1 i. V. m. Nr. 1008 für jedes Verfahren. Der Anwalt kann also die Gebühren für jedes Verfahren berechnen.

• **Beispiel**
Der Anwalt vertritt die Eheleute A und B im Insolvenzeröffnungsverfahren als Gesamtgläubiger wegen einer Kaufpreisforderung in Höhe von € 3.000,00 gegen den Insolvenzschuldner C und in einem weiteren (gesonderten) Insolvenzeröffnungsverfahren wegen derselben Forderung gegen den Insolvenzschuldner D. Der Anwalt kann berechnen:

1. Verfahren gegen Insolvenzschuldner C

Gegenstandswert: € 3.000,00	
0,5 Verfahrensgebühr, Nr. 3314	€ 94,50
0,3 Erhöhung der Verfahrensgebühr, Nr. 1008	
i. V. m. § 7 Abs. 1	€ 56,70
Auslagenpauschale, Nr. 7002	€ 20,00
Zwischensumme	€ 171,20
19 % Umsatzsteuer, Nr. 7008	€ 32,53
Summe:	**€ 203,73**

2. Verfahren gegen Insolvenzschuldner D

Gegenstandswert: € 3.000,00	
0,5 Verfahrensgebühr, Nr. 3314	€ 94,50
Erhöhung der Verfahrensgebühr, Nr. 1008	
i. V. m. § 7 Abs. 1	€ 56,70
Auslagenpauschale, Nr. 7002	€ 20,00
Zwischensumme	€ 171,20
19 % Umsatzsteuer, Nr. 7008	€ 32,53
Summe:	**€ 203,73**

Vorbemerkung 3.3.5 VV

Vertritt der Anwalt **einen Gläubiger** mit **verschiedenen Forderungen** in **demselben Verfahren**, so gilt § 22 Abs. 1.

9 • **Beispiel**
Der Anwalt vertritt den Mandanten im Insolvenzverfahren wegen einer Forderung in Höhe von € 1.200,00 und einer weiteren Forderung in Höhe von € 500,00, die dieser gegen den Insolvenzschuldner hat. Der Anwalt kann berechnen:

Gegenstandswert: € 1.700,00 (§ 22 Abs. 1)	
1,0 Verfahrensgebühr, Nr. 3317	€ 133,00
Auslagenpauschale, Nr. 7002	€ 20,00
Zwischensumme	€ 153,00
19 % Umsatzsteuer, Nr. 7008	€ 29,07
Summe:	**€ 182,07**

Vertritt der Anwalt **einen Gläubiger** mit **einer oder verschiedenen Forderungen** in **verschiedenen Verfahren**, so werden die Gebühren für jedes Verfahren gesondert berechnet. Macht der Gläubiger in einem dieser Verfahren mehrere Forderungen geltend, so gilt für dieses Verfahren ebenfalls § 22 Abs. 1.

10 • **Beispiel**
Der Anwalt vertritt den Mandanten im Insolvenzverfahren gegen die XY-GmbH wegen einer Forderung in Höhe von € 15.000,00 und in Höhe von € 10.000,00 und in einem weiteren Insolvenzverfahren gegen den persönlich haftenden Geschäftsführer der XY-GmbH wegen € 5.000,00. Der Anwalt kann berechnen:

1. Verfahren gegen die XY-GmbH

Gegenstandswert: € 25.000,00 (§ 22 Abs. 1)	
1,0 Verfahrensgebühr, Nr. 3317	€ 686,00
Auslagenpauschale, Nr. 7002	€ 20,00
Zwischensumme	€ 706,00
19 % Umsatzsteuer, Nr. 7008	€ 134,14
Summe:	**€ 840,14**

2. Verfahren gegen den persönlich haftenden Gesellschafter der XY-GmbH

Gegenstandswert: € 5.000,00	
1,0 Verfahrensgebühr, Nr. 3317	€ 301,00
Auslagenpauschale, Nr. 7002	€ 20,00
Zwischensumme	€ 321,00
19 % Umsatzsteuer, Nr. 7008	€ 60,99
Summe:	**€ 381,99**

Vertritt der Anwalt **mehrere Gläubiger** mit jeweils eigenen (**verschiedenen**) **Forderungen** in **demselben Verfahren**, so gilt Abs. 2 Vorbemerkung 3.3.5.

11 • **Beispiel**
Der Anwalt meldet für die Mandanten A, B und C Forderungen von € 1.000,00 (A), € 3.000,00 (B) und € 2.500,00 (C) im Insolvenzverfahren gegen den Insolvenzschuldner S an. Der Anwalt kann berechnen:

1. Tätigkeit für Mandant A

Gegenstandswert: € 1.000,00	
0,5 Gebühr für Forderungsanmeldung, Nr. 3320	€ 42,50
Auslagenpauschale, Nr. 7002	€ 8,50
Zwischensumme	€ 51,00
19 % Umsatzsteuer, Nr. 7008	€ 9,69
Summe:	**€ 60,69**

2. Tätigkeit für Mandant B

Gegenstandswert: € 3.000,00	
0,5 Gebühr für Forderungsanmeldung, Nr. 3320	€ 94,50
Auslagenpauschale, Nr. 7002	€ 18,90
Zwischensumme	€ 113,40
19 % Umsatzsteuer, Nr. 7008	€ 21,55
Summe:	**€ 134,95**

3. Tätigkeit für Mandant C

Gegenstandswert: € 2.500,00	
0,5 Gebühr für Forderungsanmeldung, Nr. 3320	€ 80,50
Auslagenpauschale, Nr. 7002	€ 16,10
Zwischensumme	€ 96,60
19 % Umsatzsteuer, Nr. 7008	€ 18,35
Summe:	**€ 114,95**

III. Absatz 3 – Sekundärinsolvenzverfahren

Wird über das Vermögen des Schuldners im Ausland ein Insolvenzverfahren durchgeführt, und hat er im Inland belegenes Vermögen, so kann im Inland das sog. Sekundärinsolvenzverfahren durchgeführt werden, §§ 356 ff. InsO. Der Anwalt, der den ausländischen Insolvenzverwalter im Sekundärinsolvenzverfahren vertritt, erhält die gleichen Gebühren wie für die Vertretung eines Schuldners. 12

IV. Insolvenzverfahren und Verteilungsverfahren nach der Schifffahrtsrechtlichen Verteilungsordnung

Mit den Gebühren des 5. Unterabschnitts werden die Tätigkeiten des Anwalts für einen Gläubiger oder Schuldner im Insolvenzeröffnungsverfahren, im Verfahren über den Schuldenbereinigungsplan, im eigentlichen Insolvenzverfahren, für die Anmeldung einer Insolvenzforderung, im Restschuldbefreiungsverfahren, im Verfahren über Anträge auf Zulassung der Zwangsvollstreckung und im Verfahren hinsichtlich der Aufhebung von Vollstreckungsmaßregeln vergütet. Die Gebühren entstehen ebenfalls für Verteilungsverfahren nach der Schifffahrtsrechtlichen Verteilungsordnung und für einen ausländischen Insolvenzverwalter im Sekundärinsolvenzverfahren. 13

Der Anwalt, der als Insolvenzverwalter tätig ist, erhält die Gebühren nach Unterabschnitt 5 nicht, er wird vielmehr nach der Insolvenzrechtlichen Vergütungsverordnung vergütet. Gleiches gilt für den Anwalt, der einen Aussonderungs- bzw. Absonderungsberechtigten (§ 47 bzw. § 49 InsO) vertritt, da diese Berechtigten nicht Gläubiger im Insolvenzverfahren sind. Gem. § 1 Abs. 2 fallen auch der Rechtsanwalt als Sachwalter, als Mitglied des Gläubigerausschusses oder als Treuhänder nicht unter den Anwendungsbereich des RVG. Wird der An- 14

Vorbemerkung 3.3.5 VV

walt als Prozessbevollmächtigter des Insolvenzverwalters tätig, so erhält er Gebühren nach dem 3. Abschnitt des RVG.

15 Die Gebühren des 5. Unterabschnittes erhält der Anwalt nur, wenn er im Insolvenz-, Sekundärinsolvenz- oder schifffahrtsrechtlichen Verteilungsverfahren tätig wird. Berät der Anwalt z. B. den Mandanten, bevor das Insolvenzeröffnungsverfahren anhängig ist, so erhält er Gebühren nach der Nr. 2100. Betreibt der Anwalt die Zwangsvollstreckung in Gegenstände, die nicht zur Insolvenzmasse gehören (§ 36 InsO) oder vollstreckt er aus dem Tabellenauszug (§ 178 Abs. 3, § 201 Abs. 2 InsO), so erhält er Gebühren nach Teil 3 Abschnitt 3 Unterabschnitt 3 (Zwangsvollstreckungsgebühren) des RVG.

16 Insgesamt gibt es sechs Verfahrensgebühren. Die einzelnen Gebührennummern orientieren sich am Ablauf des Insolvenzverfahrens und unterscheiden zwischen der Tätigkeit für den Gläubiger oder den Schuldner und differenzieren hinsichtlich des Umfangs der Tätigkeit: Nrn. 3313 und 3314 betreffen die Tätigkeit im Eröffnungsverfahren, Nrn. 3315 und 3316 die Tätigkeit im Verfahren über den Schuldenbereinigungsplan, Nr. 3317 betrifft die Tätigkeit im eigentlichen Insolvenzverfahren, Nrn. 3318 und 3319 regeln die Gebühren für die Tätigkeit im Verfahren über einen Insolvenzplan, Nr. 3320 regelt die Gebühren für die Tätigkeit, die sich auf die Anmeldung einer Insolvenzforderung beschränkt, Nr. 3321 betrifft das Restschuldbefreiungsverfahren und die Nrn. 3322 und 3323 betreffen Tätigkeiten im schifffahrtsrechtlichen Verteilungsverfahren.

17 Die Gebühren können, bei entsprechender Tätigkeit des Anwalts, nebeneinander entstehen, eine Anrechnung der Gebühren untereinander ist nicht vorgesehen.

18 Bei den Gebühren handelt es sich um Pauschgebühren (Ausnahme: Nr. 3320). Das bedeutet, dass die Gebühr für jedwede Tätigkeit im Verfahren anfällt, auf den Umfang der Tätigkeit kommt es insoweit nicht an.

Verfahrensgebühr Nr. 3313 VV
Vertretung des Schuldners im Insolvenzeröffnungsverfahren

Nr.	Gebührentatbestand	Gebühr oder Satz der Gebühr nach § 13 RVG
3313	Verfahrensgebühr für die Vertretung des Schuldners im Eröffnungsverfahren .... Die Gebühr entsteht auch im Verteilungsverfahren nach der SVertO.	1,0

Das Insolvenzeröffnungsverfahren (§§ 11 ff. InsO) beginnt mit der Antragstellung (§§ 13–15 InsO) und endet mit der Rücknahme des Antrags, mit der Abweisung des Eröffnungsantrags mangels Masse (§ 26 InsO), mit der Eröffnung des Verfahrens (§ 27 InsO) oder mit der Abweisung des Insolvenzantrags als unzulässig, z. B. wegen fehlender Zulässigkeitsvoraussetzungen oder als unbegründet z. B. wegen eines fehlendes Insolvenzgrundes (Pape/Uhlenbruck NJW-Schriften 67, S. 341, 343). 1

Nr. 3313 entsteht in Höhe von 1,0 und zwar ausschließlich für die Vertretung des Schuldners im Eröffnungsverfahren. Sie deckt sämtliche Tätigkeiten des Anwalts im Eröffnungsverfahren ab, auch wenn es sich nur um einzelne Tätigkeiten wie z. B. das Stellen des Insolvenzeröffnungsantrags (§ 13 Abs. 1 Satz 2 InsO) handelt. Die Gebühr entsteht erstmals mit der Entgegennahme von entsprechenden Informationen durch den Schuldner (Vorbem. 3 Abs. 2). Die Entgegennahme der gerichtlichen Entscheidung über den Eröffnungsantrag gehört verfahrensrechtlich gesehen zum Eröffnungsverfahren und wird daher durch die Gebühr Nr. 3313 abgegolten (so auch Gierl in Mayer/Kroiß RVG VV 3313 Rn. 4). 2

Berät der Anwalt den Schuldner hinsichtlich der Eröffnung eines Insolvenzverfahrens, so erhält er hierfür Gebühren für eine Beratung, da das Verfahren noch nicht anhängig ist. Gleiches gilt, wenn der Anwalt für den Schuldner außergerichtlich tätig wird, z. B. um ein Insolvenzverfahren zu verhindern oder im Zusammenhang mit dem außergerichtlichen Einigungsversuch mit den Gläubigern über die Schuldenbereinigung (§ 305 Abs. 1 Nr. 1 InsO). Hierfür erhält der Anwalt eine Gebühr nach Nr. 2300. Zu beachten ist, dass sowohl die Gebühr für die Beratung als auch die Gebühr gem. Nr. 2300 auf die Gebühr Nr. 3313 anzurechnen sind, die Gebühr Nr. 2300 jedoch nur zur Hälfte, höchstens jedoch mit einem Gebührensatz von 0,75 (Vorbem. 3 Abs. 4). Eine Anrechnung auf evtl. weiter entstehende Gebühren des 5. Unterabschnitts erfolgt nicht. 3

Eine Ermäßigung der Gebühr, weil der Auftrag des Anwalts vorzeitig endet, kommt nicht in Betracht. 4

Als Gegenstandswert zur Berechnung der Gebühr Nr. 3313 ist gem. § 28 Abs. 1 Satz 1 der Wert der Insolvenzmasse (§ 58 GKG) zugrunde zu legen, er beträgt jedoch mindestens € 4.000,00 (Satz 2). 5

Gem. der Anmerkung zu Nr. 3313 entsteht die Gebühr auch im Verteilungsverfahren nach der SVertO. Der Gegenstandswert bestimmt sich nach § 29. 6

Verfahrensgebühr Nr. 3314 VV

Verfahrensgebühr Nr. 3314 VV
Vertretung des Gläubigers im Insolvenzeröffnungsverfahren

Nr.	Gebührentatbestand	Gebühr oder Satz der Gebühr nach § 13 RVG
3314	Verfahrensgebühr für die Vertretung des Gläubigers im Eröffnungsverfahren.. Die Gebühr entsteht auch im Verteilungsverfahren nach der SVertO.	0,5

A. Allgemeines

1 Das Insolvenzeröffnungsverfahren (§§ 11 ff. InsO) beginnt mit der Antragstellung (§§ 13–15 InsO) und endet mit der Rücknahme des Antrags, mit der Abweisung des Eröffnungsantrages mangels Masse (§ 26 InsO), mit der Eröffnung des Verfahrens (§ 27 InsO) oder mit der Abweisung des Insolvenzantrags als unzulässig, z. B. wegen fehlender Zulässigkeitsvoraussetzungen oder als unbegründet z. B. wegen eines fehlendes Insolvenzgrundes (Pape/Uhlenbruck NJW-Schriften 67, S. 341, 343).

B. Kommentierung

2 Nr. 3314 entsteht in Höhe von 0,5 und zwar ausschließlich für die Vertretung des Gläubigers im Eröffnungsverfahren. Sie deckt sämtliche Tätigkeiten des Anwalts im Eröffnungsverfahren ab, auch wenn es sich nur um einzelne Tätigkeiten wie z. B. das Stellen des Insolvenzeröffnungsantrags (§ 13 Abs. 1 Satz 2 InsO) handelt. Die Gebühr entsteht erstmals mit der Entgegennahme von entsprechenden Informationen durch den Gläubiger (Vorb. 3 Abs. 2). Die Entgegennahme der gerichtlichen Entscheidung über den Eröffnungsantrag gehört verfahrensrechtlich gesehen noch zum Eröffnungsverfahren und wird daher durch die Gebühr Nr. 3313 abgegolten (so auch *Gierl* in Mayer/Kroiß RVG VV 3313 Rn. 4).

3 Berät der Anwalt den Gläubiger hinsichtlich des Insolvenzeröffnungsverfahrens, z. B. weil der Gläubiger einen Insolvenzantrag stellen will (§ 13 Abs. 1 Satz 1 InsO), so erhält er Gebühren für eine Beratung gem. Nr. 2100, da das Verfahren noch nicht anhängig ist. Gleiches gilt, wenn der Anwalt für den Gläubiger außergerichtlich tätig wird, z. B. im Zusammenhang mit dem außergerichtlichen Einigungsversuch des Schuldners über die Schuldenbereinigung (§ 305 Abs. 1 Nr. 1 InsO). Hierfür erhält der Anwalt eine Gebühr nach Nr. 2300. Zu beachten ist, dass sowohl die Ratsgebühr als auch die Gebühr gem. Nr. 2300 auf die Gebühr Nr. 3313 anzurechnen sind, die Gebühr Nr. 2300 jedoch nur zur Hälfte, höchstens jedoch mit einem Gebührensatz von 0,75 (Vorbem. 3 Abs. 4). Eine Anrechnung auf evtl. weiter entstehende Gebühren des 5. Unterabschnitts erfolgt nicht.

4 Eine Ermäßigung der Gebühr, weil der Auftrag des Anwalts vorzeitig endet, z. B. weil der Gläubiger den Insolvenzantrag doch nicht stellen will, kommt nicht in Betracht.

5 Als Gegenstandswert zur Berechnung der Gebühr Nr. 3314 sind gem. § 28 Abs. 2 der Nennwert der Forderung sowie sämtliche Nebenforderungen zugrunde zu legen.

6 Gem. der Anmerkung zu Nr. 3314 entsteht die Gebühr auch im Verteilungsverfahren nach der SVertO. Der Gegenstandswert berechnet sich hier nach § 29.

Nr. 3315 VV
Tätigkeit für den Schuldner im Verfahren über den Schuldenbereinigungsplan

Nr.	Gebührentatbestand	Gebühr oder Satz der Gebühr nach § 13 RVG
3315	Tätigkeit auch im Verfahren über den Schuldenbereinigungsplan: Die Verfahrensgebühr 3313 beträgt...............	1,5

A. Allgemeines

Ist der Schuldner eine natürliche Person, die keine oder nur eine geringfügige selbständige Tätigkeit ausübt, so nimmt er am Verbraucherinsolvenzverfahren teil (§§ 304 ff. InsO). Beantragt der Schuldner die Eröffnung des Insolvenzverfahrens, so muss er gem. § 305 Abs. 1 Nr. 4 InsO mit dem Antrag oder unverzüglich nach diesem Antrag (§ 305 Abs. 1 InsO) einen Schuldenbereinigungsplan vorlegen, der alle Regelungen enthält, die zu einer angemessenen Schuldenbereinigung führen. Bis zur Entscheidung über den Schuldenbereinigungsplan ruht das Insolvenzeröffnungsverfahren (§ 306 Abs. 1 InsO). Das Verfahren über den Schuldenbereinigungsplan ist demnach ein »zwischengeschaltetes« Verfahren zwischen dem Stellen des Insolvenzantrages und der endgültigen Entscheidung, ob das Verfahren eröffnet wird (§ 311 InsO) oder ob der Schuldenbereinigungsplan angenommen wird mit der Folge, dass die Eröffnungsanträge als zurückgenommen gelten (§ 308 Abs. 2 InsO).

B. Kommentierung

Wird der Anwalt in diesem Verfahrensstadium tätig, so erhöht sich die Verfahrensgebühr Nr. 3313 um 0,5 auf 1,5. Durch die Formulierung »**Tätigkeit auch im Schuldenbereinigungsverfahren**« wird deutlich, dass der Anwalt den Schuldner auch im Eröffnungsverfahren vertreten muss, damit Nr. 3315 überhaupt Anwendung findet. Daraus folgt, dass für den Anwalt, der den Schuldner nur hinsichtlich des Schuldenbereinigungsplans vertritt, der Gebührentatbestand Nr. 3315 nicht anzuwenden ist. In der Praxis ist es jedoch so, dass der Anwalt, der den Schuldner im Eröffnungsverfahren vertritt, auch wegen des Schuldenbereinigungsplans tätig wird, da das Verfahren über den Schuldenbereinigungsplan Bestandteil des Eröffnungsverfahrens ist.

Beschränkt sich die Tätigkeit des Anwalts dagegen tatsächlich auf die Vertretung hinsichtlich des Schuldenbereinigungsplanes, so wird in der Kommentierung die Auffassung vertreten, dass diese Tätigkeit gem. Nr. 3403 vergütet wird (*Gierl* in Mayer/Kroiß RVG VV 3315 Rn. 4 m. w. N.).

Darüber hinaus wird durch die Formulierung »die Verfahrensgebühr Nr. 3313 erhöht sich« deutlich, dass es sich bei Nr. 3315 nicht um eine eigenständige Gebühr handelt, sondern um einen Erhöhungstatbestand zu Nr. 3313.

Durch den Gebührentatbestand Nr. 3315 werden sämtliche Tätigkeiten des Anwalts im Verfahren über den Schuldenbereinigungsplan abgegolten. Erstmals tätig wird der Anwalt bei der Entgegennahme von Informationen zur Erstellung des Plans. Weitere Tätigkeiten können die Ausarbeitung des Plans (der Anwalt muss jedoch den Plan nicht selber ausarbeiten, damit Nr. 3315 zur Anwendung kommt) oder der Antrag auf Ersetzung der Zustimmung eines Gläubigers durch das Gericht sein. Eine einzelne Tätigkeit des Anwalts ist ausreichend, damit Nr. 3315 zur Anwendung kommt. Einzelne Tätigkeiten des Anwalts werden jedoch in der Praxis eher selten vorkommen.

Nr. 3315 VV

6 Wird der Anwalt im weiteren Insolvenzverfahren für den Schuldner tätig, erfolgt keine Anrechnung auf evtl. weiter entstehende Gebühren des 5. Unterabschnitts.

7 Eine Ermäßigung der Gebühr, weil der Auftrag des Anwalts vorzeitig endet, kommt nicht in Betracht.

8 Als Gegenstandswert zur Berechnung der Gebühr Nr. 3315 ist gem. § 28 Abs. 1 Satz 1 der Wert der Insolvenzmasse (§ 58 GKG) zugrunde zu legen, er beträgt jedoch mindestens € 4.000 (Satz 2). Dies ergibt sich aus dem Verweis in § 28 Abs. 1 Satz 1 und 2 auf Nr. 3313. Für Nr. 3315 als Erhöhungstatbestand zu Nr. 3313 gilt daher dieselbe Regelung.

Nr. 3316 VV
Tätigkeit für den Gläubiger im Verfahren über den Schuldenbereinigungsplan

Nr.	Gebührentatbestand	Gebühr oder Satz der Gebühr nach § 13 RVG
3316	Tätigkeit auch im Verfahren über den Schuldenbereinigungsplan: Die Verfahrensgebühr 3314 beträgt	1,0

A. Allgemeines

Näheres zum Schuldenbereinigungsplan vgl. die Kommentierung zu Nr. 3315. 1

B. Kommentierung

Wird der Anwalt für den Gläubiger im Verfahren über den Schuldenbereinigungsplan tätig, 2
so erhöht sich die Verfahrensgebühr Nr. 3314 um 0,5 auf 1,0. Durch die Formulierung »**Tätigkeit auch im Schuldenbereinigungsverfahren**« wird deutlich, dass der Anwalt den Gläubiger auch im Eröffnungsverfahren vertreten muss, damit Nr. 3316 überhaupt Anwendung findet. Daraus folgt, dass für den Anwalt, der den Gläubiger nur im Zusammenhang mit dem Schuldenbereinigungsplan vertritt, der Gebührentatbestand Nr. 3316 nicht anzuwenden ist. In der Praxis ist es jedoch so, dass der Anwalt, der den Gläubiger im Eröffnungsverfahren vertritt, auch wegen des Schuldenbereinigungsplans tätig wird, da das Verfahren über den Schuldenbereinigungsplan Bestandteil des Eröffnungsverfahrens ist.

Beschränkt sich die Tätigkeit des Anwalts dagegen tatsächlich auf die Vertretung hinsichtlich 3
des Schuldenbereinigungsplanes, so wird in der Kommentierung die Auffassung vertreten, dass diese Tätigkeit gem. Nr. 3403 vergütet wird (*Gierl* in Mayer/Kroiß RVG VV Nr. 3315 [Vertretung des Schuldners, aber auch auf den Gläubiger anzuwenden] Rn. 4 m. w. N.).

Darüber hinaus wird durch die Formulierung »die Verfahrensgebühr Nr. 3314 erhöht sich« 4
deutlich, dass es sich bei Nr. 3316 nicht um eine eigenständige Gebühr handelt, sondern um einen Erhöhungstatbestand zu Nr. 3314.

Durch den Gebührentatbestand Nr. 3316 werden sämtliche Tätigkeiten des Anwalts im Ver- 5
fahren über den Schuldenbereinigungsplan abgegolten. Erstmals tätig wird der Anwalt bei der Entgegennahme von Informationen über den vom Schuldner aufgestellten Plan. Weitere Tätigkeiten können die Stellungnahme zum Plan des Schuldners oder die Stellungnahme zu einem Antrag des Schuldners auf Ersetzung der Zustimmung eines Gläubigers durch das Gericht sein. Eine einzelne Tätigkeit des Anwalts ist ausreichend, damit Nr. 3316 zur Anwendung kommt, was jedoch in der Praxis eher selten vorkommt.

Wird der Anwalt im weiteren Insolvenzverfahren für den Gläubiger tätig, erfolgt keine An- 6
rechnung auf evtl. weiter entstehende Gebühren des 5. Unterabschnitts.

Eine Ermäßigung des Gebührentatbestandes, weil der Auftrag des Anwalts vorzeitig endet, 7
kommt nicht in Betracht.

Als Gegenstandswert zur Berechnung der Gebühr Nr. 3316 sind gem. § 28 Abs. 2 der Nenn- 8
wert der Forderung sowie sämtliche Nebenforderungen zugrunde zu legen. Dies ergibt sich aus dem Verweis in § 28 Abs. 2 auf Nr. 3314. Für Nr. 3316 als Erhöhungstatbestand zu Nr. 3314 gilt daher dieselbe Regelung.

Nr. 3317 VV
Verfahrensgebühr für die Vertretung im Insolvenzverfahren

Nr.	Gebührentatbestand	Gebühr oder Satz der Gebühr nach § 13 RVG
3317	Verfahrensgebühr für das Insolvenzverfahren .... Die Gebühr entsteht auch im Verteilungsverfahren nach der SVertO.	1,0

Inhaltsübersicht

	Rn.		Rn.
A. Allgemeines	1	VI. Schifffahrtsrechtliches Verteilungsverfahren	12
B. Kommentierung	2	1. Entstehen der Gebühr	14
I. Entstehen der Gebühr	2	2. Abgeltungsbereich	15
II. Abgeltungsbereich	3	3. Höhe der Gebühr	16
III. Höhe der Gebühr	5	4. Anrechnung	17
IV. Anrechnung	6	5. Gegenstandswert	18
V. Gegenstandswert	8		

A. Allgemeines

1 Das Insolvenzverfahren beginnt mit dem Wirksamwerden des Eröffnungsbeschlusses. Dieser wird wirksam, wenn er nach außen hin kundgetan ist. Dies geschieht, wenn der Beschluss von der Geschäftsstelle des Insolvenzgerichtes zur Mitteilung an den Empfänger in den Ausgang gegeben wird (Pape/Uhlenbrock, a. a. O.; BGH NJW 1982, 2075 = ZIP 1982, 464, 465). Das Insolvenzverfahren kann enden mit der Aufhebung des Eröffnungsbeschlusses (§ 34 InsO), durch Aufhebung nach Vollziehung der Schlussverteilung oder Bestätigung des Insolvenzplanes (§§ 200, 258 InsO), durch Einstellung mangels Masse (§ 207 InsO), durch Einstellung wegen Masseunzulänglichkeit (§ 211 InsO), durch Einstellung wegen Wegfalles des Insolvenzgrundes (§ 212 InsO), durch Einstellung mit Zustimmung aller Insolvenzgläubiger (§ 213 InsO). Durch die Gebühr Nr. 3317 wird die Tätigkeit des Anwalts innerhalb dieses Verfahrensabschnitts abgegolten.

B. Kommentierung

I. Entstehen der Gebühr

2 Die Gebühr Nr. 3317 entsteht mit jeder Tätigkeit innerhalb des Insolvenzverfahrens, in der Regel als erstes mit der Entgegennahme von entsprechenden Informationen durch den Mandanten. Ist der Anwalt für den Mandanten bereits im Eröffnungsverfahren tätig geworden, so entsteht Nr. 3317 zusätzlich zur Gebühr Nr. 3313 bzw. 3314. Zu beachten ist jedoch, dass die Entgegennahme des Eröffnungsbeschlusses noch durch die Gebühr Nr. 3313 bzw. 3314 abgegolten wird (*Gierl* in Mayer/Kroiß RVG VV 3317 Rn. 4).

II. Abgeltungsbereich

3 Als Pauschgebühr gilt Nr. 3317 jede Tätigkeit innerhalb des Insolvenzverfahrens ab, z. B. die Korrespondenz mit dem Insolvenzverwalter, dem Gericht oder anderen Verfahrensbeteiligten, die Prüfung von Unterlagen, durch die Forderungen festgestellt werden sollen, die Wahr-

nehmung von Terminen, die Tätigkeit hinsichtlich der Abgabe von eidesstattlichen Versicherungen durch den Schuldner (gem. § 153 Abs. 2 InsO), die Tätigkeit im Verteilungsverfahren, auch hinsichtlich der Nachtragsverteilung (§§ 187 ff. InsO; § 203 Abs. 1 InsO) oder die Anmeldung und Prüfung von Forderungen. Für Letzteres entsteht die Gebühr jedoch nur, wenn der Anwalt mit der Tätigkeit im Insolvenzverfahren beauftragt wurde. Beschränkt sich die Tätigkeit jedoch ausschließlich auf die Forderungsanmeldung, so entsteht die Gebühr Nr. 3317 nicht, vielmehr ist hierfür Nr. 3320 in Ansatz zu bringen.

Ist der Anwalt mit der Zwangsvollstreckung aus dem Tabellenauszug mandatiert (§ 201 Abs. 1 InsO), so fällt dies nicht unter den Abgeltungsbereich der Nr. 3317. Diese Zwangsvollstreckung stellt gem. § 18 Nr. 3 eine besondere Angelegenheit dar, wofür Gebühren nach Nr. 3309 anfallen. 4

III. Höhe der Gebühr

Die Gebühr Nr. 3317 entsteht in Höhe von 1,0. Dies gilt sowohl für den Anwalt des Gläubigers als auch für den Anwalt des Schuldners. Eine Ermäßigung der Gebühr bei vorzeitiger Erledigung bzw. Beendigung des Mandates erfolgt nicht. 5

IV. Anrechnung

Die Gebühr Nr. 3317 wird auf bereits entstandene Gebühren bzw. noch entstehende Gebühren im Insolvenzverfahren nicht angerechnet. Die Gebühr kann neben den Nrn. 3313 bzw. 3314, Nrn. 3318 bzw. 3319 und Nr. 3321 entstehen, die Tätigkeit in den jeweiligen Verfahrensabschnitten vorausgesetzt. 6

War der Anwalt vor der Tätigkeit im Insolvenzverfahren bereits außergerichtlich für den Mandanten tätig, so wird die dafür entstandene Gebühr Nr. 2300 auf die Gebühr Nr. 3317 zur Hälfte, jedoch höchstens mit einem Gebührensatz von 0,75 angerechnet (Vorbem. 3 Abs. 4). Dies gilt jedoch nur, wenn der Anwalt nur im Insolvenzverfahren tätig war. Ist er nach der außergerichtlichen Tätigkeit bereits im Eröffnungsverfahren tätig, so erfolgt die Anrechnung der Gebühr Nr. 2300 gem. Vorbem. 3 Abs. 4 auf die Gebühr Nr. 3314 bzw. 3315. Anderenfalls würde die Gebühr Nr. 2300 doppelt angerechnet (vgl. auch *Gierl* in Mayer/Kroiß RVG VV 3317 Rn. 5). 7

V. Gegenstandswert

Hinsichtlich des Gegenstandswertes ist zu unterscheiden, ob der Anwalt für den Gläubiger oder den Schuldner tätig wird. 8

Vertritt der Anwalt den Schuldner im Insolvenzverfahren, so ist als Gegenstandswert gem. § 28 Abs. 1 Satz 1 der Wert der Insolvenzmasse zugrunde zu legen. 9

Vertritt der Anwalt den Gläubiger im Insolvenzverfahren, so sind als Gegenstandswert gem. § 28 Abs. 2 der Nennwert der Forderung sowie die Nebenforderungen zugrunde zu legen. Abs. 2 verweist insofern auf Abs. 1, in der die Nr. 3317 explizit aufgeführt ist. 10

Die unterschiedliche Berechnung des Gegenstandswertes führt dazu, dass Gläubiger- und Schuldneranwalt im Insolvenzverfahren – trotz des gleichen Gebührensatzes von 1,0 – der Höhe nach unterschiedlich vergütet werden. 11

Nr. 3317 VV

VI. Schifffahrtsrechtliches Verteilungsverfahren

12 Das Schifffahrtsrechtliche Verteilungsverfahren beginnt mit dem Eröffnungsbeschluss (§ 7 und § 40 SVertO) und endet mit der Einstellung des Verfahrens (§ 17 SVertO), mit der Aufhebung des Verfahrens (§ 29 SVertO) bzw. der Nachtragsverteilung (§ 34 Abs. 2 SVertO) (vgl. Gebauer/Schneider RVG 1. Aufl. VV Nr. 3317 Rn. 6). Innerhalb dieses Verfahrensabschnittes verdient der Anwalt die Gebühr Nr. 3317.

13 Die Anmerkung zu Nr. 3317 bestimmt, dass die Vorschrift ohne Einschränkungen auch für die Tätigkeit im Schifffahrtsrechtlichen Verteilungsverfahren anzuwenden ist. Es gelten insoweit die Ausführungen zum Insolvenzverfahren.

1. Entstehen der Gebühr

14 Die Gebühr Nr. 3317 entsteht mit jeder Tätigkeit innerhalb des Verteilungsverfahrens, in der Regel als erstes mit der Entgegennahme von entsprechenden Informationen durch den Mandanten zum Zwecke der Anmeldung. Ist der Anwalt für den Mandanten bereits im Eröffnungsverfahren tätig geworden, so entsteht Nr. 3317 zusätzlich zur Gebühr Nr. 3313 bzw. 3314. Zu beachten ist jedoch, dass die Entgegennahme des Eröffnungsbeschlusses noch durch die Gebühr Nr. 3313 bzw. 3314 abgegolten wird (*Gierl* in Mayer/Kroiß RVG VV Nr. 3317 Rn. 9).

2. Abgeltungsbereich

15 Als Pauschgebühr gilt Nr. 3317 jede Tätigkeit innerhalb des Insolvenzverfahrens ab, z. B. die Anmeldung, Prüfung und Feststellung der Ansprüche oder die Vertretung hinsichtlich der Verteilung oder Nachtragsverteilung (§§ 23–29 SVertO). Einzelne dieser Tätigkeiten genügen, um die Gebühr entstehen zu lassen. Beschränkt sich die Tätigkeit jedoch ausschließlich auf die Forderungsanmeldung, so entsteht die Gebühr Nr. 3317 nicht, vielmehr ist hierfür Nr. 3320 in Ansatz zu bringen.

3. Höhe der Gebühr

16 Die Gebühr Nr. 3317 entsteht in Höhe von 1,0. Dies gilt sowohl für den Anwalt des Gläubigers als auch für den Anwalt des Schuldners. Eine Ermäßigung der Gebühr bei vorzeitiger Erledigung bzw. Beendigung des Mandats erfolgt nicht.

4. Anrechnung

17 Die Gebühr Nr. 3317 wird auf bereits entstandene Gebühren bzw. noch entstehende Gebühren im Schifffahrtsrechtlichen Verteilungsverfahren nicht angerechnet. Die Gebühr kann neben den Nrn. 3313 bzw. 3314, Nr. 3322 und Nr. 3323 entstehen, die Tätigkeit in den jeweiligen Verfahrensabschnitten vorausgesetzt.

5. Gegenstandswert

18 Hinsichtlich des Gegenstandswertes ist zu unterscheiden, ob der Anwalt für den Gläubiger oder den Schuldner tätig wird.

19 Vertritt der Anwalt den Schuldner im Schifffahrtsrechtlichen Verteilungsverfahren, so ist als Gegenstandswert gem. §§ 28 Abs. 1 Satz 1, 29 der Wert der festgesetzten Haftungssumme zugrunde zu legen.

20 Vertritt der Anwalt den Gläubiger im Schifffahrtsrechtlichen Verteilungsverfahren, so ist als Gegenstandswert gem. §§ 28 Abs. 2, 29 der Nennwert der Forderung sowie die Nebenforderungen zugrunde zu legen.

Die unterschiedliche Berechnung des Gegenstandswertes führt dazu, dass Gläubiger- und 21
Schuldneranwalt im Schifffahrtsrechtlichen Verteilungsverfahren – trotz des gleichen Gebührensatzes von 1,0 – der Höhe nach unterschiedlich vergütet werden.

Nr. 3318 VV

Nr. 3318 VV
Verfahrensgebühr für die Vertretung im Verfahren über den Insolvenzplan

Nr.	Gebührentatbestand	Gebühr oder Satz der Gebühr nach § 13 RVG
3318	Verfahrensgebühr für das Verfahren über einen Insolvenzplan..	1,0

A. Allgemeines

1 Der Insolvenzplan ist die schriftliche Festlegung, auf welche Weise die Haftungsverwirklichung zu Gunsten der Gläubiger erfolgen soll (Pape/Uhlenbruck, a. a. O., 570). Im Insolvenzplan können die Befriedigung der absonderungsberechtigten Gläubiger (= Gläubiger, die Anspruch darauf haben, dass sie aus dem Erlös eines bestimmten Gegenstandes der Insolvenzmasse befriedigt werden), die Verwertung der Insolvenzmasse und deren Verteilung an die Beteiligten sowie die Haftung des Schuldners nach Beendigung des Insolvenzverfahrens abweichend von den gesetzlichen Vorschriften der Insolvenzordnung geregelt werden (§§ 207–253 InsO). Das Insolvenzrecht unterscheidet zwischen Sanierungs-, Übertragungs- und Liquidationsplan für den gewerblichen Schuldner und dem Schuldenbereinigungsplan (§ 305 Abs. 1 Nr. 4 InsO) für eine natürliche Person. Vergütungsrechtlich gesehen wird nicht unterschieden, ob der Anwalt für einen gewerblichen oder privaten Schuldner tätig wird.

2 Der Insolvenzplan kann sowohl vom Insolvenzverwalter als auch vom Schuldner vorgelegt werden (§ 218 Abs. 1 InsO). Das Verfahren über den Insolvenzplan endet mit der rechtskräftigen Bestätigung des Insolvenzplanes (§§ 258 Abs. 1, 252 InsO) oder mit Beschluss, durch den die Bestätigung des Insolvenzplanes versagt wird (§ 252 InsO).

3 Durch die Gebühr Nr. 3318 wird die gesamte Tätigkeit des Anwalts für Gläubiger, Schuldner oder einen anderen Beteiligten (*Gierl* in Mayer/Kroiß RVG VV 3318 Rn. 2) innerhalb dieses Verfahrensabschnitts abgegolten. Vertritt der Anwalt den Schuldner und legt dieser (und nicht der Insolvenzverwalter) den Insolvenzplan vor, so ist Nr. 3318 nicht einschlägig, dies stellt Nr. 3319 klar.

B. Kommentierung

I. Entstehen der Gebühr

4 Die Gebühr Nr. 3318 entsteht im Verfahren über den Insolvenzplan (§§ 207–253 InsO). Beschränkt sich der Auftrag jedoch auf die Erstellung eines Insolvenzplans und wird der Anwalt im eigentlichen Insolvenzplanverfahren nicht tätig, so wird diese Tätigkeit gem. Nr. 2300 vergütet (*Gierl* in Mayer/Kroiß RVG VV 3318 Rn. 4; *Wolf* in Gebauer/Schneider RVG 1. Aufl. VV Nr. 3318–3319 Rn. 8). Die Gebühr Nr. 3318 entsteht erstmals mit der Entgegennahme entsprechender Informationen zum Insolvenzplan durch den Mandanten. Da der Insolvenzplan bereits mit dem Antrag auf Eröffnung des Insolvenzverfahrens vorgelegt werden kann (§ 218 Abs. 1 Satz 2 InsO), kann die Gebühr Nr. 3318 bereits vor Eröffnung des Insolvenzverfahrens entstehen (*Gierl* in Mayer/Kroiß RVG VV Nr. 3318 Rn. 5).

II. Abgeltungsbereich

5 Als Pauschgebühr deckt Nr. 3318 sämtliche Tätigkeiten innerhalb dieses Verfahrensabschnittes ab, z. B. die Stellungnahme zum Plan (§ 232 InsO), Teilnahme an Erörterungs- und Abstim-

mungsterminen oder an einem gesonderten Abstimmungstermin (§§ 235 Abs. 1, 241 Abs. 1 InsO). Ebenfalls durch die Gebühr Nr. 3318 abgegolten werden Tätigkeiten, die sich auf die Überwachung der Planerfüllung beziehen (§§ 254–269 InsO), also Tätigkeiten, die zeitlich nach der Aufhebung des Insolvenzverfahrens (§ 258 Abs. 1 InsO) liegen (Enders JurBüro 1999, 113 ff.; *Gierl* in Mayer/Kroiß RVG VV 3318 Rn. 4; *Wolf* in Gebauer/Schneider RVG 1. Aufl. VV Nr. 3318–3319 Rn. 5).

III. Höhe der Gebühr

Die Gebühr Nr. 3318 entsteht in Höhe von 1,0. Dies gilt für die Vertretung eines jeden Verfahrensbeteiligten, eine Unterscheidung hinsichtlich der Verfahrensstellung erfolgt nicht. Eine Ermäßigung der Gebühr bei vorzeitiger Erledigung bzw. Beendigung des Mandats ist nicht vorgesehen. 6

IV. Anrechnung

Die Gebühr Nr. 3318 wird auf bereits entstandene Gebühren bzw. noch entstehende Gebühren im Insolvenzverfahren nicht angerechnet. Die Gebühr kann neben den Nrn. 3313 bzw. 3314, 3317 und 3321 entstehen, die Tätigkeit in den jeweiligen Verfahrensabschnitten vorausgesetzt. 7

V. Gegenstandswert

Der Gegenstandswert für die Berechnung der Gebühr Nr. 3318 ist nach § 28 Abs. 3 zu bestimmen. Dies ergibt sich daraus, dass Nr. 3318 in § 28 Abs. 1 und 2 nicht explizit genannt ist und insoweit dort keine Regelung getroffen wurde. Für alle in den Absätzen 1 und 2 nicht genannten Gebührentatbestände gilt »**im übrigen**« der Absatz 3. Demzufolge ist für die Berechnung der Gebühr § 23 Abs. 3 Satz 2 heranzuziehen und für die Ermessensausübung das wirtschaftliche Interesse des Vertretenen im Insolvenzplanverfahren zugrunde zu legen. Da es sich im Insolvenzverfahren immer um vermögensrechtliche Gegenstände handelt, ist der Werterahmen € 4.000,00 bis € 500.000,00 nicht zu berücksichtigen. 8

Das wirtschaftliche Interesse des Vertretenen ist je nach Beteiligtenstellung unterschiedlich: 9

Vertritt der Anwalt z. B. den Schuldner und sieht der Insolvenzplan vor, dass Teile des Schuldnervermögens erhalten bleiben, so kann als Gegenstandswert der Verkehrswert des Teils des Vermögens angenommen werden, dessen Erhaltung der Schuldner mit dem Insolvenzplan verfolgt (Enders JurBüro 1999, 171). 10

Vertritt der Anwalt den Gläubiger mit dem Ziel, für diesen eine höhere Befriedigungsquote betr. dessen Forderung zu erhalten, so kann als Gegenstandswert die Differenz zwischen der Quote, die im Insolvenzplan vorgesehen ist und der Quote, die der Gläubiger begehrt, als dessen Interesse in diesem Verfahren über den Insolvenzplan angesehen werden. Somit würde sich auch der Gegenstandswert dann nach dieser Differenz bestimmen (Enders JurBüro 1999, 171). 11

Nr. 3319 VV
Vertretung des Schuldners, der den Insolvenzplan vorgelegt hat

Nr.	Gebührentatbestand	Gebühr oder Satz der Gebühr nach § 13 RVG
3319	Vertretung des Schuldners, der den Plan vorgelegt hat: Die Verfahrensgebühr 3318 beträgt	3,0

A. Allgemeines

1 Bei Nr. 3319 handelt es sich nicht um eine eigene Gebühr (so auch *Gierl* in Mayer / Kroiß RVG VV Nr. 3319 Rn. 2), sondern um einen Erhöhungstatbestand zu Nr. 3318. Dies ergibt sich aus der Anmerkung zu Nr. 3319: »**Die Verfahrensgebühr 3318 beträgt...**«. Nr. 3319 ist daher immer im Zusammenhang mit Nr. 3318 zu betrachten. Nur wenn die Voraussetzungen für das Entstehen von Nr. 3318 gegeben sind, kann – bei entsprechender Sachlage – auch Nr. 3319 entstehen.

B. Kommentierung

I. Entstehen der Gebühr

2 Vertritt der Anwalt im Verfahren über den Insolvenzplan den Schuldner, der auch den Insolvenzplan vorgelegt hat, so erhöht sich die Gebühr Nr. 3318 gemäß Nr. 3319 von 1,0 auf 3,0. Dies ist der ausschließliche Anwendungsbereich für Nr. 3319. Legt der Insolvenzverwalter den Insolvenzplan vor, so ist Nr. 3319 nicht einschlägig. Nr. 3319 kann ebenfalls nicht entstehen, wenn der Anwalt einen Gläubiger vertritt. Eine Ermäßigung der Gebühr, z. B. Beendigung des Mandats, bevor über den Insolvenzplan entschieden wurde, ist nicht vorgesehen.

II. Abgeltungsbereich

3 Nr. 3319 ist nur im Zusammenhang mit Nr. 3318 zu sehen. Das bedeutet, dass der Anwalt, der den Schuldner im Insolvenzplanverfahren vertritt, grundsätzlich einmal die Gebühr Nr. 3318 verdient. Für die Anwendung von Nr. 3319 muss hinzukommen, dass der Schuldner, den der Anwalt vertritt, den Insolvenzplan vorgelegt haben muss. Nr. 3319 entsteht also nur, wenn der Anwalt einen Schuldner vertritt, und dieser Schuldner auch den Insolvenzplan vorgelegt hat. Für die Erhöhung der Verfahrensgebühr ist es nicht notwendig, dass der Anwalt an der Ausarbeitung des Insolvenzplans mitgewirkt hat. Nr. 3319 ist auch dann anzuwenden, wenn der Schuldner den Plan selber vorlegt und im Anschluss erst den Anwalt beauftragt, der ihn sodann im Insolvenzplanverfahren vertritt, z. B. Verhandlungen mit den Gläubigern führt, den Plan mit dem Insolvenzverwalter bespricht oder ähnliches (Enders JurBüro 1999, 113 ff.).

III. Anrechnung

4 Eine Anrechnung der Verfahrensgebühr, die gem. Nr. 3319 entstanden ist, erfolgt weder auf bereits entstandene, noch auf noch entstehende Gebühren im Insolvenzverfahren. Eine Verfahrensgebühr gem. Nr. 3319 kann neben den Nrn. 3313, 3317 und 3321 entstehen, die Tätigkeit in den jeweiligen Verfahrensabschnitten vorausgesetzt.

IV. Gegenstandswert

Der Gegenstandswert für die Berechnung der erhöhten Verfahrensgebühr gem. Nr. 3319 ist nach § 28 Abs. 3 zu bestimmen. Dies ergibt sich daraus, dass Nr. 3318 in § 28 Abs. 1 und 2 nicht explizit genannt ist und insoweit dort keine Regelung getroffen wurde. Gleiches gilt für den Erhöhungstatbestand Nr. 3319. Auf die Ausführungen zu Nr. 3318 wird insoweit verwiesen.

Nr. 3320 VV

Nr. 3320 VV
Anmeldung einer Insolvenzforderung

Nr.	Gebührentatbestand	Gebühr oder Satz der Gebühr nach § 13 RVG
3320	Die Tätigkeit beschränkt sich auf die Anmeldung einer Insolvenzforderung: Die Verfahrensgebühr 3317 beträgt .... Die Gebühr entsteht auch im Verteilungsverfahren nach der SVertO.	0,5

I. Allgemeines

1 Die Gebühr Nr. 3320 stellt einen Ermäßigungstatbestand zur Gebühr Nr. 3317 dar. Dies ergibt sich aus der Formulierung »**Die Verfahrensgebühr 3317 beträgt...**«. Um die Gebühr Nr. 3320 verdienen zu können, müssen demnach grundsätzlich alle die Voraussetzungen vorliegen, die zur Entstehung der allgemeinen Verfahrensgebühr im Insolvenzverfahren – Nr. 3317 – führen. Allerdings schränkt Nr. 3320 sowohl den Tätigkeitsbereich des Anwalts als auch den Personenkreis, den der Anwalt im Insolvenzverfahren vertritt, ein: Die Gebühr Nr. 3320 entsteht als ermäßigte Gebühr zu Nr. 3317 dann, wenn sich die Tätigkeit des Anwalts auf die Anmeldung einer Insolvenzforderung beschränkt. Damit ist auch klar, dass Nr. 3320 nur für den Anwalt entsteht, der einen Insolvenzgläubiger vertritt. Die ausdrückliche Beschränkung des Tätigkeitsbereiches auf die Forderungsanmeldung sowie die Bezugnahme auf die Verfahrensgebühr 3317 hinsichtlich der Gebührenhöhe bedeuten außerdem, dass Nr. 3320 nicht neben der Gebühr Nr. 3317 entstehen kann.

II. Kommentierung

1. Entstehen der Gebühr

2 Da es sich bei Nr. 3320 um einen Ermäßigungstatbestand zur Verfahrensgebühr Nr. 3317 handelt, müssen die allgemeinen Entstehungsvoraussetzungen für Nr. 3317 vorliegen (zu den Entstehungsvoraussetzungen für Nr. 3317: vergleiche dort). Nr. 3320 kann demnach nur innerhalb eines Insolvenzverfahrens entstehen. Beauftragt der Mandant den Anwalt z. B., die Voraussetzungen für eine Forderungsanmeldung zu prüfen, weil er vermutet, dass über das Vermögen des Schuldners das Insolvenzverfahren eröffnet werden wird, so stellt dies lediglich eine Beratung dar.

3 Ist das Insolvenzverfahren eröffnet und berät der Anwalt den Mandanten hinsichtlich der Möglichkeiten, Forderungen anzumelden, so löst diese Tätigkeit ebenfalls nicht Nr. 3320 aus. Nr. 3320 entsteht ausdrücklich nur dann, wenn der Anwalt auftragsgemäß die Forderung beim Insolvenzverwalter anmeldet (§§ 28 Abs. 1, 174 InsO) oder die Anmeldung entwirft oder unterzeichnet (*Gierl* in Mayer/Kroiß RVG VV Nr. 3320 Rn. 3).

2. Abgeltungsbereich

4 Nr. 3320 gilt sämtliche Tätigkeiten, die im Zusammenhang mit der Forderungsanmeldung stehen, ab. Dazu gehören die Entgegennahme entsprechender Informationen, die Prüfung der Unterlagen, der Entwurf der Forderungsanmeldung und die Anmeldung der Forderung selber. Nr. 3320 entsteht ebenfalls für das Einreichen eines Urteils, durch das die bestrittene Forderung festgestellt wird (§ 183 Abs. 2 InsO) (*Wolf* in Gebauer/Schneider RVG 1. Aufl. VV Nr. 3320 Rn. 2; *Gierl* in Mayer/Kroiß RVG VV Nr. 3320 Rn. 3). Wurde vom Insolvenzverwalter zunächst eine vom Anwalt angemeldete Forderung bestritten, und – nachdem Klage

auf Feststellung der Forderung erhoben und ein obsiegendes Urteil erstritten wurde – legt der Anwalt nunmehr dieses Urteil vor mit dem Antrag, die Tabelle zu berichtigen (§ 183 Abs. 2 InsO), so entsteht Nr. 3320 nicht doppelt. Es handelt sich hierbei um die Fortsetzung der ursprünglichen Anmeldung, was gebührenrechtlich dieselbe Angelegenheit darstellt (Enders JurBüro 1999, 169, 170; *Wolf* in Gebauer/Schneider RVG 1. Aufl. VV Nr. 3320 Rn. 2).

Vertritt der Anwalt den Mandanten im Eröffnungsverfahren und meldet er sodann die Forderung zur Tabelle an, so entsteht neben Nr. 3320 zusätzlich die Gebühr Nr. 3314 (Enders JurBüro 1999, 169, 170; *Wolf* in Gebauer/Schneider RVG 1. Aufl. VV Nr. 3320 Rn. 4; *Gierl* in Mayer/Kroiß RVG VV 3320 Rn. 4).

3. Höhe der Gebühr

Gem. Anmerkung zu Nr. 3320 ermäßigt sich die Verfahrensgebühr Nr. 3317 auf 0,5.

4. Gegenstandswert

Der Gegenstandswert zur Berechnung von Nr. 3320 bestimmt sich nach § 28 Abs. 2. Dort ist Nr. 3320 zwar nicht explizit aufgeführt, durch den Hinweis auf Nr. 3317 ist jedoch klargestellt, dass § 28 Abs. 2 anzuwenden ist.

5. Schifffahrtsrechtliches Verteilungsverfahren

Die Anmerkung zu Nr. 3320 bestimmt, dass die Vorschrift ohne Einschränkungen auch für die Tätigkeit im Schifffahrtsrechtlichen Verteilungsverfahren anzuwenden ist. Es gelten insoweit die Ausführungen zur Forderungsanmeldung im Insolvenzverfahren. Der Gegenstandswert bestimmt sich nach § 29 i. V. m. § 28 Abs. 2.

Nr. 3321 VV
Verfahrensgebühr für das Verfahren über einen Antrag auf Versagung oder Widerruf der Restschuldbefreiung

Nr.	Gebührentatbestand	Gebühr oder Satz der Gebühr nach § 13 RVG
3321	Verfahrensgebühr für das Verfahren über einen Antrag auf Versagung oder Widerruf der Restschuldbefreiung .... (1) Das Verfahren über mehrere gleichzeitig anhängige Anträge ist eine Angelegenheit. (2) Die Gebühr entsteht auch gesondert, wenn der Antrag bereits vor Aufhebung des Insolvenzverfahrens gestellt wird.	0,5

A. Allgemeines

1 Die Restschuldbefreiung soll einem redlichen Schuldner gewährt werden, der sich seinen Gläubigern gegenüber nichts hat zu Schulden kommen lassen. Die Restschuldbefreiung kann auf Antrag eines Insolvenzgläubigers versagt werden, wenn der Schuldner sich eine der in § 290 Abs. 1 Nr. 1 bis 6 genannten Tatsachen hat zu Schulden kommen lassen, im Falle der rechtskräftigen Verurteilung wegen einer Insolvenzstraftat, § 297 Abs. 1 InsO, wenn die an den Treuhänder abgeführten Beträge für das vorangegangene Jahr seiner Tätigkeit die Mindestvergütung nicht decken und der Schuldner den fehlenden Betrag nicht einzahlt, § 298 Abs. 1 InsO, oder im Falle der Nichtzahlung des nach § 314 Abs. 1 Satz 2 InsO auf Antrag des Treuhänders festgesetzten Gegenwertes der Masse.

2 Die Wohlverhaltensphase des Schuldners (§ 287 Abs. 2 InsO) beginnt, einen entsprechenden Antrag des Schuldners vorausgesetzt, bereits ab Eröffnung des Insolvenzverfahrens. Kommt es während der Wohlverhaltensphase (§ 287 Abs. 2 InsO) zu Obliegenheitspflichtverletzungen des Schuldners, so wird gem. § 296 InsO ein Verfahren zur Versagung der Restschuldbefreiung eingeleitet. Das Verfahren beginnt gem. § 296 Abs. 1 InsO mit dem Antrag eines Insolvenzgläubigers. Liegt ein glaubhaft gemachter Antrag vor und stellt das Gericht eine Obliegenheitspflichtverletzung des Schuldners fest, so leitet das Gericht ein Anhörungsverfahren gem. § 296 Abs. 2 InsO ein. Nach Anhörung von Schuldner, Insolvenzgläubiger und Treuhänder entscheidet das Gericht, ob ein Versagungsgrund vorliegt. Ist dies der Fall, so ist die Restschuldbefreiung zu versagen, § 296 Abs. 2 InsO.

3 Das Insolvenzgericht kann die Erteilung der Restschuldbefreiung widerrufen, wenn sich nachträglich herausstellt, dass der Schuldner eine seiner Obliegenheiten vorsätzlich verletzt und dadurch die Befriedigung der Insolvenzgläubiger erheblich beeinträchtigt hat.

4 Wird der Anwalt im Verfahren über den Antrag auf Versagung der Restschuldbefreiung tätig oder im Verfahren über den Widerruf der Restschuldbefreiung, so richtet sich seine Vergütung nach Nr. 3321.

B. Kommentierung

I. Entstehen der Gebühr

5 Die Gebühr Nr. 3321 entsteht, sobald der Anwalt im Verfahren über einen Antrag auf Versagung oder Widerruf der Restschuldbefreiung tätig wird. Für den Anwalt eines Insolvenzgläubigers oder auch des Treuhänders beginnt das Verfahren mit dem Stellen des entsprechenden Antrages, für den Anwalt des Schuldners mit entsprechender Stellungnahme und Anhörung durch das Gericht.

Wird ein entsprechender Antrag bereits vor Aufhebung des Insolvenzverfahrens gestellt, so wird die Tätigkeit des Anwalts nicht durch die Verfahrensgebühr Nr. 3317 abgegolten. Nr. 3321 entsteht auch in diesen Fällen gesondert, dies ergibt sich aus Abs. 2 der Anmerkung.

Haben mehrere Insolvenzgläubiger oder der Treuhänder gleichzeitig einen Antrag auf Versagung bzw. Widerruf der Restschuldbefreiung gestellt und sind diese Anträge gleichzeitig anhängig, so entsteht die Gebühr Nr. 3321 nur einmal. Dies ergibt sich aus Abs. 1 der Anmerkung. Dass Nr. 3321 nur einmal entsteht, gilt auch dann, wenn der Anwalt des Schuldners z. B. zu mehreren gleichzeitig anhängigen Anträgen Stellung nimmt. Der Mehraufwand des Schuldneranwalts wird insoweit nicht vergütet. Sind die Anträge jedoch nacheinander anhängig, z. B. erst ein Antrag auf Versagung der Restschuldbefreiung (mit entsprechender rechtskräftiger Entscheidung) und nach Erteilung der Restschuldbefreiung ein Antrag auf Widerruf der Restschuldbefreiung, so stellen beide Verfahren besondere gebührenrechtliche Angelegenheiten dar, die jeweils die Gebühr Nr. 3321 entstehen lassen.

II. Abgeltungsbereich

Die Gebühr Nr. 3321 gilt als Verfahrensgebühr sämtliche Tätigkeiten des Anwalts ab, der Umfang der Tätigkeit ist dabei nicht entscheidend. Von der Gebühr ebenfalls umfasst ist die Prüfung der Erfolgsaussichten eines Rechtsmittels gegen die Entscheidung des Insolvenzgerichts (*Gierl* in Mayer/Kroiß RVG VV Nr. 3321 Rn. 4).

III. Höhe der Gebühr

Die Höhe der Gebühr Nr. 3321 beträgt 0,5. Eine Ermäßigung bei vorzeitiger Erledigung der Angelegenheit ist nicht vorgesehen.

IV. Gegenstandswert

Der Gegenstandswert zur Berechnung der Gebühr Nr. 3321 bestimmt sich nach § 28 Abs. 3.

Nr. 3322 VV
Verfahrensgebühr für das Verfahren über Anträge auf Zulassung der Zwangsvollstreckung nach § 17 Abs. 4 SVertO

Nr.	Gebührentatbestand	Gebühr oder Satz der Gebühr nach § 13 RVG
3322	Verfahrensgebühr für das Verfahren über Anträge auf Zulassung der Zwangsvollstreckung nach § 17 Abs. 4 SVertO	0,5

A. Allgemeines

1 Das Verteilungsgericht kann nach § 17 SVertO das Verteilungsverfahren u. a. einstellen, wenn nach der Eröffnung der Mehrbetrag der Haftungssumme nicht innerhalb der gesetzlichen Frist eingezahlt oder die unzureichend gewordene Sicherheit nicht fristgemäß ergänzt bzw. geleistet wird (§§ 17 Abs. 1, 34 Abs. 2 Satz 1 SVertO). Bereits vor der Einstellung kann das Gericht die gem. § 8 Abs. 4 SVertO eigentlich unzulässige Zwangsvollstreckung wegen eines angemeldeten Anspruchs insoweit zulassen, wie dies zur Vollziehung eines Arrestes statthaft ist, wenn begründeter Anlass für die Annahme besteht, dass der Schuldner nicht innerhalb der bestimmten Frist den Mehrbetrag der Haftungssumme einzahlt oder die Sicherheit ergänzen oder leisten wird (*Wolf* in Gebauer/Schneider RVG 1. Aufl. VV Nr. 3322 Rn. 1).

2 Gem. § 18 Nr. 21 stellt das Verfahren über Anträge auf Zulassung der Zwangsvollstreckung nach § 17 Abs. 4 der SVertO gebührenrechtlich eine besondere Angelegenheit dar.

B. Kommentierung

I. Entstehen der Gebühr

3 Für den Anwalt des Gläubigers entsteht die Gebühr Nr. 3322, wenn er auftragsgemäß hinsichtlich des Stellens des entsprechenden Antrags tätig wird. Für den Anwalt des Schuldners entsteht die Gebühr Nr. 3322, wenn er auftragsgemäß hinsichtlich der Abwehr des Antrages tätig wird.

II. Abgeltungsbereich

4 Nr. 3322 gilt sämtliche Tätigkeiten im Zusammenhang mit einem Antrag nach § 17 Abs. 4 SVertO ab. Andere Anträge wegen einer Vollstreckungsmaßnahme werden von Nr. 3322 nicht erfasst, sondern mit den jeweils in Betracht kommenden übrigen Gebührentatbeständen des 5. Unterabschnitts abgegolten (*Gierl* in Mayer/Kroiß RVG VV 3322 Rn. 1). Eine Anrechnung der Gebühr auf die Gebühren Nrn. 3313, 3314, 3317, 3320 und 3323, die neben der Gebühr Nr. 3322 – entsprechende Tätigkeiten vorausgesetzt – entstehen können, erfolgt nicht.

5 Die Gebühr Nr. 3322 kann ohne die anderen Verfahrensgebühren des 5. Unterabschnitts entstehen, wenn sich die Tätigkeit des Anwalts auf das Stellen eines Antrags nach § 17 Abs. 4 SVertO beschränkt.

6 Wird eine Antrag nach § 17 Abs. 4 SVertO abgelehnt und stellt der Anwalt sodann erneut einen Antrag, so fällt die Gebühr Nr. 3322 nur einmal an (*Gierl* in Mayer/Kroiß RVG VV Nr. 3322 Rn. 6).

III. Höhe der Gebühr

Die Gebühr Nr. 3322 beträgt 0,5. Eine Ermäßigung der Gebühr, z. B. wegen vorzeitiger Erledigung des Auftrags, ist nicht vorgesehen.

IV. Gegenstandswert

Der Gegenstandswert zur Berechnung der Gebühr Nr. 3322 bestimmt sich nach §§ 29, 28 Abs. 3.

Nr. 3323 VV
Verfahrensgebühr für das Verfahren über Anträge auf Aufhebung von Vollstreckungsmaßnahmen (§ 8 Abs. 5, § 41 SVertO)

Nr.	Gebührentatbestand	Gebühr oder Satz der Gebühr nach § 13 RVG
3323	Verfahrensgebühr für das Verfahren über Anträge auf Aufhebung von Vollstreckungsmaßregeln (§ 8 Abs. 5 und § 41 SVertO)..	0,5

A. Allgemeines

1 Nach Eröffnung des Schifffahrtsrechtlichen Verteilungsverfahrens ist die Zwangsvollstreckung gem. § 8 Abs. 4 SVertO so lange unzulässig, bis das Verfahren aufgehoben oder eingestellt wird. Betreibt ein Gläubiger gleichwohl die Zwangsvollstreckung, so kann der Schuldner sich hiergegen mit einer Klage gem. § 8 Abs. 4 Satz 2 SVertO wehren. Gem. § 8 Abs. 5 SVertO kann das Gericht, bei dem die Klage auf Unzulässigkeit der Zwangsvollstreckung anhängig ist, auf entsprechenden Antrag des Schuldners hin anordnen, dass Vollstreckungsmaßregeln aufgehoben werden.

2 Gem. § 18 Nr. 22 RVG stellt das Verfahren auf Aufhebung von Vollstreckungsmaßregeln gem. §§ 8 Abs. 5, 41 SVertO eine besondere gebührenrechtliche Angelegenheit dar.

B. Kommentierung

I. Entstehen der Gebühr

3 Für den Anwalt des Gläubigers entsteht die Gebühr Nr. 3323, wenn er auftragsgemäß hinsichtlich des Stellens des entsprechenden Antrags tätig wird. Für den Anwalt des Schuldners entsteht die Gebühr Nr. 3323, wenn er auftragsgemäß hinsichtlich der Abwehr des Antrags tätig wird.

II. Abgeltungsbereich

4 Nr. 3323 gilt sämtliche Tätigkeiten im Zusammenhang mit einem Antrag nach §§ 8 Abs. 5, 41 SVertO ab. Abgegolten werden ausdrücklich nur Anträge gem. § 8 Abs. 5 SVertO, d. h. nur Anträge, die auf Aufhebung der Vollstreckungsmaßregeln gerichtet sind. Hingegen fallen Anträge, die auf einstweilige Einstellung der Zwangsvollstreckung gerichtet sind (§ 8 Abs. 4 SVertO), nicht unter Nr. 3323. Derartige Anträge werden von den jeweils in Betracht kommenden übrigen Gebühren des 5. Unterabschnitts abgegolten (*Gierl* in Mayer/Kroiß RVG VV Nr. 3323 Rn. 1). Eine Anrechnung der Gebühr auf die Gebühren Nrn. 3313, 3314, 3317, 3320 und 3322, die neben der Gebühr Nr. 3323 – entsprechende Tätigkeiten vorausgesetzt – entstehen können, erfolgt nicht.

5 Die Gebühr Nr. 3323 kann ohne die anderen Verfahrensgebühren des 5. Unterabschnitts entstehen, wenn sich die Tätigkeit des Anwalts auf das Stellen eines Antrags nach § 8 Abs. 5 SVertO beschränkt.

6 Wird ein Antrag nach § 8 Abs. 5 SVertO abgelehnt und stellt der Anwalt sodann erneut einen Antrag, so fällt die Gebühr Nr. 3323 nur einmal an (*Gierl* in Mayer/Kroiß RVG VV 3323 Rn. 5).

III. Höhe der Gebühr

Die Gebühr Nr. 3323 beträgt 0,5. Eine Ermäßigung der Gebühr, z. B. wegen vorzeitiger Erledigung des Auftrags, ist nicht vorgesehen. 7

IV. Gegenstandswert

Der Gegenstandswert zur Berechnung der Gebühr Nr. 3323 bestimmt sich nach §§ 29, 28 Abs. 3. 8

Vorbemerkung 3.3.6, Nr. 3324 VV
Verfahrensgebühr für das Aufgebotsverfahren

Nr.	Gebührentatbestand	Gebühr oder Satz der Gebühr nach § 13 RVG
	Unterabschnitt 6 **Sonstige besondere Verfahren**	
	Vorbemerkung 3.3.6: Die Terminsgebühr bestimmt sich nach Abschnitt 1, soweit in diesem Unterabschnitt nichts anderes bestimmt ist.	
3324	Verfahrensgebühr für das Aufgebotsverfahren	1,0

A. Allgemeines

1 Das Aufgebotsverfahren ist im neunten Buch der ZPO in den §§ 946–1024 ZPO geregelt. In diesem Verfahren ergeht eine öffentlich gerichtliche Aufforderung an unbestimmte und unbekannte Beteiligte, Ansprüche oder Rechte anzumelden, um bezüglich dieser Rechte endgültige Rechtssicherheit herzustellen. Für das Entstehen der Gebühr Nr. 3324 ist es unerheblich, ob die Zivilprozessordnung für dieses Verfahren nach dem Bundesrecht oder Landesrecht gilt. Das ergibt sich aus der fehlenden Aufzählung der ZPO-Verfahren in Nr. 3324, so wie sie noch in der BRAGO (§ 45) vorhanden war. Auch für Aufgebotsverfahren, die sich nach dem Gesetz über die Angelegenheiten der freiwilligen Gerichtsbarkeit (FGG) richten, gilt Nr. 3324 (und nicht Nrn. 2300 ff.). Dies ergibt sich daraus, dass sich die Vergütung des Anwalts für FGG-Verfahren generell nach dem dritten Abschnitt des Vergütungsverzeichnisses richtet.

B. Kommentierung

I. Entstehen der Gebühr

2 Die Gebühr Nr. 3324 erhält der Anwalt für seine Tätigkeit im Aufgebotsverfahren. Für das Entstehen der Gebühr ist es unerheblich, ob der Anwalt als Vertreter des Antragstellers oder als Vertreter einer anderen Person tätig wird. Unterscheidungen über die Art und Weise der Tätigkeit bzw. eine Differenzierung dahingehend, für wen der Anwalt tätig wird, werden nicht vorgenommen (so aber in der BRAGO).

3 Die Gebühr Nr. 3324 entsteht mit der ersten Tätigkeit des Anwalts, also in der Regel mit der Entgegennahme entsprechender Informationen.

II. Abgeltungsbereich

4 Die Gebühr Nr. 3324 gilt als Pauschgebühr sämtliche Tätigkeiten des Anwalts ab. Anders als in der BRAGO erhält der Anwalt im Aufgebotsverfahren nur eine Verfahrensgebühr. Stellt er einen Antrag auf Erlass des Aufgebots und außerdem einen Antrag auf Anordnung der Zahlungssperre, wenn der Antrag vor dem Antrag auf Erlass des Aufgebots gestellt wurde, so wird diese Tätigkeit mit nur einer Verfahrensgebühr Nr. 3324 abgegolten.

5 Nimmt der Anwalt einen Termin im Aufgebotsverfahren war, so erhält er hierfür zusätzlich eine Terminsgebühr nach Nr. 3332 (siehe auch dort).

III. Höhe der Gebühr

Die Gebühr Nr. 3324 beträgt 1,0. Die Gebühr kann sich gem. Nr. 3337 (siehe auch dort) auf 0,5 ermäßigen, wenn der Auftrag des Mandanten vorzeitig endet. 6

IV. Mehrere Personen als Auftraggeber

Vertritt der Anwalt mehrere Personen als Auftraggeber, so erhöht sich die Gebühr Nr. 3324 gemäß Nr. 1008 jeweils um 0,3 für jeden weiteren Auftraggeber. 7

V. Gegenstandswert

Der Gegenstandswert im Aufgebotsverfahren wird durch das Gericht nach § 3 ZPO bestimmt. Dieser Wert ist gem. § 23 Abs. 1 ZPO für die Berechnung der Gebühr Nr. 3324 ebenfalls zugrunde zu legen. 8

Nr. 3325 VV

Nr. 3325 VV
Verfahrensgebühr für Verfahren nach § 319 Abs. 6 AktG, i. V. m. § 327 e Abs. 2 AktG, § 16 Abs. 3 UmwG

Nr.	Gebührentatbestand	Gebühr oder Satz der Gebühr nach § 13 RVG
3325	Verfahrensgebühr für Verfahren nach § 148 Abs. 1 und 2, §§ 246 a, 319 Abs. 6 AktG, auch in Verb. mit § 327 e Abs. 2 AktG, oder nach § 16 Abs. 3 UmwG	0,75

A. Allgemeines

1 Durch das am 01.01.1995 in Kraft getretene Gesetz zur Bereinigung des Umwandlungsrechts (UmwBerG) ist die Eingliederung einer Aktiengesellschaft in eine andere (§ 319 AktG) wesentlich geändert worden. Zur Eintragung einer Umwandlung durch Eingliederung nach § 319 AktG z. B. in das Handelsregister hat das Vertretungsorgan zu erklären, dass eine Klage gegen die Wirksamkeit des Verschmelzungsbeschlusses (des Hauptversammlungsbeschlusses über die Eingliederung) nicht oder nicht fristgerecht erhoben oder eine solche Klage rechtskräftig abgewiesen oder zurückgenommen worden ist. Kann eine derartige Erklärung nicht abgegeben werden, weil z. B. eine Klage noch anhängig ist, kann sie nach § 16 Abs. 3 UmwG bzw. § 319 Abs. 6 AktG durch einen rechtskräftigen Beschluss des Prozessgerichts, dass die Klage der Eintragung in das Register nicht entgegensteht, ersetzt werden. Dieser Beschluss setzt einen Antrag des Vertretungsorgans voraus. Der Beschluss kann nur unter bestimmten Voraussetzungen erlassen werden, in dringenden Fällen auch ohne mündliche Verhandlung. Gegen den Beschluss ist die sofortige Beschwerde zulässig. Das Beschlussverfahren des Prozessgerichts ist ein selbstständiges, in das Klageverfahren eingeschobenes, Verfahren und daher gebührenrechtlich gegenüber dem Klageverfahren ebenso wie auch gegenüber dem Eintragungsverfahren eine selbstständige Angelegenheit (Gerold/Schmidt/von Eicken/Madert/Müller-Rabe RVG § 43 Rn. 1–3). Daraus folgt, dass eine Anrechnung von Gebühren nach § 15 Abs. 2 nicht vorgenommen wird.

2 Nach § 327 e AktG (Eintragung des Übertragungsbeschlusses) hat der Vorstand der Aktiengesellschaft den Übertragungsbeschluss zur Eintragung in das Handelsregister anzumelden. Der Anmeldung sind die Niederschrift des Übertragungsbeschlusses und seine Anlagen in Ausfertigung oder öffentlich beglaubigter Abschrift beizufügen. Aus § 327 e Abs. 2 AktG ergibt sich, dass § 319 Abs. 6 AktG sinngemäß gilt.

B. Kommentierung

I. Entstehen der Gebühr

3 Die Gebühr Nr. 3325 entsteht mit der ersten Tätigkeit des Anwalts, also in der Regel mit der Entgegennahme entsprechender Informationen.

II. Abgeltungsbereich

4 Die Gebühr Nr. 3325 gilt als Pauschgebühr sämtliche Tätigkeiten des Anwalts in dem oben beschriebenen Beschlussverfahren ab. Nimmt der Anwalt einen Termin im Beschlussverfahren war, so erhält er hierfür zusätzlich eine Terminsgebühr nach Nr. 3332 (siehe auch dort).

III. Höhe der Gebühr

Die Gebühr Nr. 3325 beträgt 0,75. Die Gebühr kann sich gem. Nr. 3337 (siehe auch dort) auf 0,5 ermäßigen, wenn der Auftrag des Mandanten vorzeitig endet.

IV. Gegenstandswert

Der Gegenstandswert im oben beschriebenen Beschlussverfahren wird durch das Gericht nach § 53 Abs. 1 Nr. 4 und 5 GKG, § 3 ZPO bestimmt. Dieser Wert ist ebenfalls für die Berechnung der Gebühr Nr. 3325 zugrunde zu legen.

Gem. § 53 Abs. 1 Satz 2 GKG darf der Wert jedoch ein Zehntel des Grund- oder Stammkapitals des übertragenden oder formwechselnden Rechtsträgers oder, falls der übertragende oder formwechselnde Rechtsträger kein Grund- oder Stammkapital hat, ein Zehntel des Vermögens dieses Rechtsträgers, höchstens jedoch € 500.000,00 nur insoweit übersteigen, als die Bedeutung der Sache für die Parteien höher zu bewerten ist.

Nr. 3326 VV
Verfahrensgebühr für schiedsgerichtliche Verfahren vor den Arbeitsgerichten

Nr.	Gebührentatbestand	Gebühr oder Satz der Gebühr nach § 13 RVG
3326	Verfahrensgebühr für Verfahren vor den Gerichten für Arbeitssachen, wenn sich die Tätigkeit auf eine gerichtliche Entscheidung über die Bestimmung einer Frist (§ 102 Abs. 3 des Arbeitsgerichtsgesetzes), die Ablehnung eines Schiedsrichters (§ 103 Abs. 3 ArbGG) oder die Vornahme einer Beweisaufnahme oder einer Vereidigung (§ 106 Abs. 2 des Arbeitsgerichtsgesetzes) beschränkt..........................	0,75

A. Allgemeines

1 Wenden sich die Parteien eines Tarifvertrages an das Arbeitsgericht wegen einer Streitigkeit, für die sie einen Schiedsvertrag geschlossen haben, so hat das Gericht die Klage als unzulässig abzuweisen, wenn sich der Beklagte auf den Schiedsvertrag beruft (§ 102 Abs. 1 ArbGG). Der Beklagte kann sich nicht auf das Schiedsgericht berufen, wenn das nach dem Schiedsvertrag gebildete Schiedsgericht die Durchführung des Verfahrens verzögert und die ihm von dem Vorsitzenden des Arbeitsgerichtes gesetzte Frist zur Durchführung des Verfahrens fruchtlos verstrichen ist (§ 102 Abs. 3 ArbGG).

2 Die Mitglieder des Schiedsgerichtes können von den Parteien abgelehnt werden. Über die Ablehnung beschließt die Kammer des Arbeitsgerichts, das für die Geltendmachung des Anspruchs zuständig wäre. Vor dem Beschluss sind die Streitparteien und das abgelehnte Mitglied des Schiedsgerichts zu hören. Der Vorsitzende des Arbeitsgerichts entscheidet, ob sie mündlich oder schriftlich zu hören sind. Die mündliche Anhörung erfolgt vor der Kammer (§ 103 Abs. 3 ArbGG).

3 Das Schiedsgericht kann auch Beweise erheben. Hält das Schiedsgericht eine Beweiserhebung für erforderlich, die es nicht vornehmen kann, so ersucht es um die Vornahme den Vorsitzenden desjenigen Arbeitsgerichts oder, falls dies aus Gründen der örtlichen Lage zweckmäßiger ist, dasjenige Amtsgericht, in dessen Bezirk die Beweisaufnahme erfolgen soll. Gleiches gilt, wenn das Schiedsgericht die Beeidigung eines Zeugen oder Sachverständigen gemäß § 58 Abs. 2 Satz 1 ArbGG für notwendig oder eine eidliche Parteivernehmung für sachdienlich erachtet (§ 106 Abs. 2 ArbGG).

B. Kommentierung

I. Entstehen der Gebühr

4 Die Gebühr Nr. 3326 entsteht mit der ersten Tätigkeit des Anwalts, also in der Regel mit der Entgegennahme entsprechender Informationen.

II. Abgeltungsbereich

5 Die oben beschriebenen Verfahren stellen eigenständige, in das Schiedsgerichtsverfahren eingeschobene Verfahrensabschnitte dar (*Gierl* in Mayer / Kroiß RVG VV Nr. 3326 Rn. 2). Die Verfahrensgebühr Nr. 3326 erhält der Anwalt nur, wenn sich die Tätigkeit auf die o. g. Verfahren **beschränkt**, er also hinsichtlich einer gerichtlichen Entscheidung über die Bestimmung einer

Frist (§ 102 Abs. 3 ArbGG), der Ablehnung eines Schiedsrichters (§ 103 Abs. 3 ArbGG) oder der Vornahme einer Beweisaufnahme oder einer Verteidigung (§ 106 Abs. 2 ArbGG) mandatiert und tätig wird. Dies stellt Nr. 3326 ausdrücklich klar.

Wird der Anwalt hingegen mit der Vertretung vor dem Schiedsgericht nach § 104 ArbGG beauftragt, entsteht für diese Tätigkeit Nr. 3326 nicht. Vielmehr erhält der Anwalt hierfür Gebühren gem. § 36 Abs. 1 Nr. 2 nach Teil 3 Abschnitt 1 und 2 des Vergütungsverzeichnisses. 6

Wird der Anwalt sowohl mit der Interessenwahrnehmung vor dem Schiedsgericht als auch mit der Vertretung in den oben genannten besonderen Verfahren beauftragt, so ist zu beachten, dass es sich gem. § 16 Nr. 11 um dieselbe Angelegenheit handelt und nur die Gebühren nach Teil 3 Abschnitt 1 und 2 des Vergütungsverzeichnisses entstehen. 7

Die Gebühr Nr. 3326 entsteht sowohl für die Vertretung des Antragstellers als auch des Antragsgegners und gilt sämtliche Tätigkeiten in den o. g. Verfahren ab. 8

III. Höhe der Gebühr

Die Gebühr Nr. 3326 beträgt 0,75. Die Gebühr kann sich gem. Nr. 3337 (siehe auch dort) auf 0,5 ermäßigen, wenn der Auftrag des Mandanten vorzeitig endet. 9

Nr. 3327 VV
Verfahrensgebühr für einzelne Tätigkeiten in schiedsrichterlichen Verfahren

Nr.	Gebührentatbestand	Gebühr oder Satz der Gebühr nach § 13 RVG
3327	Verfahrensgebühr für gerichtliche Verfahren über die Bestellung eines Schiedsrichters oder Ersatzschiedsrichters, über die Ablehnung eines Schiedsrichters oder über die Beendigung des Schiedsrichteramts, zur Unterstützung bei der Beweisaufnahme oder bei der Vornahme sonstiger richterlicher Handlungen anlässlich eines schiedsrichterlichen Verfahrens	0,75

A. Allgemeines

1 Das schiedsrichterliche Verfahren ist im zehnten Buch der ZPO in den §§ 1025–1066 ZPO geregelt.

2 Durch Art. 17 Nr. 4 e des Gesetzes über Rechtsbehelfe bei Verletzung des rechtlichen Gehörs vom 09.12.2004 (BGBl. I, S. 3220) – in Kraft getreten am 01.01.2005 – hat der Gesetzgeber eine redaktionelle Korrektur beim Gebührentatbestand Nr. 3327 vorgenommen. Es wird nunmehr nur von schiedsrichterlichen Verfahren gesprochen, nicht mehr ausdrücklich von Verfahren über die Vollstreckbarerklärung von Schiedssprüchen und Anwaltsvergleichen. Am Gebührentatbestand selber ändert sich nichts.

B. Kommentierung

I. Entstehen der Gebühr

3 Die Gebühr Nr. 3327 entsteht mit der ersten Tätigkeit des Anwalts, also in der Regel mit der Entgegennahme entsprechender Informationen.

II. Abgeltungsbereich

4 Mit Nr. 3327 werden Einzeltätigkeiten des Anwalts innerhalb des Schiedsverfahrens abgegolten, nämlich die Bestellung eines Schiedsrichters oder Ersatzschiedsrichters (§§ 1034 Abs. 2, 1035 Abs. 3, 1039 Abs. 1 ZPO), die Beantragung der Beendigung des Schiedsrichteramtes (§ 1038 Abs. 1 Satz 2 ZPO), die Unterstützung bei der Beweisaufnahme und die Vornahme sonstiger richterlicher Handlungen (§§ 1050, 1062 Abs. 4 ZPO). Die Tätigkeit hinsichtlich der Ablehnung eines Schiedsrichters (§ 1037 Abs. 3 ZPO) ist – entgegen des bis zur Änderung der Nummer durch das Anhörungsrügengesetz (vgl. oben A.) lautenden geltenden Textes der Nr. 3327 – nicht explizit aufgeführt. Es ist jedoch kein Grund ersichtlich, und dieser ergibt sich auch nicht aus der Gesetzesbegründung, warum diese Tätigkeit nicht mehr in der Nr. 3327 aufgeführt ist.

5 Als Pauschgebühr deckt Nr. 3327 sämtliche Tätigkeiten des Anwalts in den genannten Verfahren ab.

6 Die oben beschriebenen Verfahren stellen eigenständige, in das Schiedsgerichtsverfahren eingeschobene Verfahrensabschnitte dar (*Gierl* in Mayer/Kroiß RVG VV Nr. 3327 Rn. 2). Die Verfahrensgebühr Nr. 3327 erhält der Anwalt nur, wenn sich die Tätigkeit auf die o. g. Verfahren

beschränkt. Dies stellt Nr. 3327 in der Fassung vom 09. 12. 2004 nicht mehr ausdrücklich klar. Es ist aber auch hier kein Grund ersichtlich, dass eine Änderung hinsichtlich dieser Ausschließlichkeit durch den Gesetzgeber gewollt war.

Wird der Anwalt als Prozessbevollmächtigter mit der Vertretung im schiedsrichterlichen Verfahren beauftragt, entsteht für diese Tätigkeit Nr. 3327 nicht. Vielmehr erhält der Anwalt hierfür Gebühren gem. § 36 Abs. 1 Nr. 1 nach Teil 3 Abschnitt 1 und 2 des Vergütungsverzeichnisses. 7

Wird der Anwalt sowohl mit der Interessenwahrnehmung im schiedsrichterlichen Verfahren als auch mit der Vertretung in den oben genannten besonderen Verfahren beauftragt, so ist zu beachten, dass es sich gem. § 16 Nr. 10 um dieselbe Angelegenheit handelt und nur die Gebühren nach Teil 3 Abschnitt 1 und 2 des Vergütungsverzeichnisses entstehen. 8

Stellt der Anwalt in demselben schiedsrichterlichen Verfahren mehrere der in Nr. 3327 genannten Anträge, so erhält er die Gebühr nur einmal, unabhängig davon, ob er die Anträge zeitgleich oder nacheinander stellt (ebenso *Gierl* in Mayer/Kroiß RVG VV 3327 Rn. 6 – mit der überzeugenden Begründung, dass einer mehrfachen Abrechnung § 15 Abs. 6 entgegensteht, da der Anwalt bei getrennter Abrechnung mehr an Gebühren verdienen würde, als der Anwalt, der mit der Vertretung im schiedsrichterlichen Verfahren beauftragt ist, weil dieser wegen § 16 Nr. 10 keine zusätzlichen Gebühren verdient; a. A.: *Mock* in Gebauer/Schneider RVG 1. Aufl. VV Nr. 3327 Rn. 3). Bei Stellen mehrerer Anträge i. S. v. Nr. 3327 sind die jeweiligen Gegenstandswerte gem. § 22 Abs. 1 zu addieren. 9

III. Höhe der Gebühr

Die Gebühr Nr. 3327 beträgt 0,75. Dies gilt auch dann, wenn die Zuständigkeit für das jeweilige Verfahren beim OLG liegt (vgl. § 1062 Abs. 1 Nr. 1 ZPO). 10

Die Gebühr kann sich gem. Nr. 3337 (siehe auch dort) auf 0,5 ermäßigen, wenn der Auftrag des Mandanten vorzeitig endet. 11

Nr. 3328 VV
Verfahrensgebühr für Verfahren über die vorläufige Einstellung, Beschränkung oder Aufhebung der Zwangsvollstreckung

Nr.	Gebührentatbestand	Gebühr oder Satz der Gebühr nach § 13 RVG
3328	Verfahrensgebühr für Verfahren über die vorläufige Einstellung, Beschränkung oder Aufhebung der Zwangsvollstreckung .... Die Gebühr entsteht nur, wenn eine abgesonderte mündliche Verhandlung hierüber stattfindet. Wird der Antrag beim Vollstreckungsgericht und beim Prozessgericht gestellt, entsteht die Gebühr nur einmal.	0,5

A. Allgemeines

1 Nr. 3328 umfasst alle Verfahren, die darauf gerichtet sind, Zwangsvollstreckungsmaßnahmen vorläufig einzustellen, zu beschränken oder aufzuheben. Eine Beschränkung auf bestimmte Verfahren ist nicht vorgesehen.

2 Nr. 3328 ist im Zusammenhang mit § 19 Abs. 1 Nr. 11 zu betrachten: Danach gehören vorläufige Einstellung, Beschränkung oder Aufhebung der Zwangsvollstreckung zum vorangegangenen Erkenntnisverfahren, es sei denn, es findet eine abgesonderte mündliche Verhandlung in den genannten Verfahren statt. Hierauf stellt Nr. 3328 ab. Das bedeutet, dass der Anwalt die Gebühr Nr. 3328 ausschließlich dann verdienen kann, wenn in den genannten Verfahren eine Verhandlung stattfindet. Findet eine solche Verhandlung nicht statt, so gehören die Verfahren über die vorläufige Einstellung, Beschränkung oder Aufhebung einer Vollstreckungsmaßnahme zum Erkenntnisverfahren und werden nicht gesondert vergütet. Begehrt der Räumungsschuldner außerhalb einer Vollstreckungsabwehrklage die einstweilige Anordnung von Räumungsschutz nach § 769 ZPO, gehört die anwaltliche Tätigkeit noch zum Ausgangsverfahren und ist nicht gesondert zu vergüten (OLG Koblenz Rpfleger 2008, 49 = JurBüro 2007, 640).

B. Kommentierung

I. Entstehen der Gebühr

3 Nr. 3328 entsteht nicht bereits mit der Entgegennahme entsprechender Informationen durch den Anwalt oder mit entsprechenden Tätigkeiten im Verfahren. Aus der Anmerkung zu Nr. 3328 ergibt sich eindeutig, dass diese nur entstehen soll, wenn eine abgesonderte mündliche Verhandlung stattfindet. Das bedeutet, dass die Gebühr auch erst zu dem Zeitpunkt entsteht, wenn eine Verhandlung stattfindet.

4 Fraglich und in der Kommentierung nicht einheitlich beantwortet, ist, ob für das Entstehen der Gebühr das Erscheinen des Anwalts zum Termin bereits ausreichend ist (so: *N. Schneider* in Gebauer / Schneider RVG 1. Aufl. VV 3328 Rn. 5), oder ob der Anwalt in dem anberaumten Termin verhandeln muss, damit er die Gebühr Nr. 3328 verdient (so: OLG Köln JurBüro 1974, 1547; *Gierl* in Mayer / Kroiß RVG VV 3328 Rn. 4 mit der Begründung, dass die sachliche Rechtfertigung für die gesonderte Verfahrensgebühr gerade in einem Tätigwerden in der mündlichen Verhandlung liegt, so dass eine Antragstellung erforderlich ist).

Die zweite Auffassung erscheint auf den ersten Blick überzeugend. Bei näherer Betrachtung berücksichtigt sie jedoch nicht, dass die Terminsgebühr sich grundlegend von der Verhandlungsgebühr in der BRAGO unterscheidet. Für das Entstehen der Terminsgebühr kommt es eben nicht mehr darauf an, ob der Anwalt im Termin Anträge stellt. Es genügt, dass der Anwalt einen Termin wahrnimmt (BT-Drs. 15/1971, S. 209), inhaltliche Anforderungen an das Tätigwerden des Anwalts im Termin werden nicht gestellt. So löst bereits die Anwesenheit des Anwalts im Termin die Gebühr Nr. 3104 aus.

Zwar handelt es sich bei Nr. 3328 nicht um eine Terminsgebühr. Da aber eine Verhandlung Voraussetzung für das Entstehen ist, muss man zur Beurteilung, ob die Gebühr entsteht oder nicht, auch die entsprechenden Kriterien für das Entstehen einer Terminsgebühr heranziehen.

Es erscheint sachgerecht, diese (im Vergleich zur BRAGO geringeren) Maßstäbe auch an die Gebühr Nr. 3328 anzulegen. Nicht nachzuvollziehen wäre es, wenn neben der allgemeinen Terminsgebühr Nr. 3104 weitere Terminsgebührtatbestände mit anderen, höheren Anforderungskriterien konstruiert würden. Dies hat der Gesetzgeber offensichtlich nicht gewollt, ansonsten hätte dies in der Anmerkung zu Nr. 3328 deutlich werden müssen.

Für diese Auffassung spricht außerdem, dass der Anwalt, findet eine entsprechende Verhandlung statt, neben der Verfahrensgebühr auch eine 0,5 Terminsgebühr gem. Nr. 3332 verdient. Gem. VV Vorbemerkung 3.3.6. gelten die Vorschriften zur Terminsgebühr gem. Abschnitt 1, soweit im 6. Unterabschnitt nichts anderes bestimmt ist. Eine solche andere Bestimmung sieht der Unterabschnitt 6 nicht vor. Das bedeutet, dass für das Entstehen der Gebühr Nr. 3332 die Entstehungsvoraussetzungen wie für die Terminsgebühr Nr. 3104 gelten, dass also ein Antragstellen durch den Anwalt im Termin nicht notwendige Entstehungsvoraussetzung ist. Würde man nun an die Entstehung der Gebühr Nr. 3328 andere Maßstäbe anlegen als an die Terminsgebühr Nr. 3332, so käme man u. U. zu dem paradoxen Ergebnis, dass eine Gebühr Nr. 3328 nicht entstanden sein kann, weil der Anwalt – vorausgesetzt es findet ein Termin i. S. v. Nr. 3328 statt – im Termin keine Anträge gestellt hat, andererseits aber das Entstehen der Terminsgebühr Nr. 3332 bejaht werden muss, weil das Stellen von Anträgen eben keine Voraussetzung für das Entstehen der Terminsgebühr ist.

Gemäß Satz 2 der Anmerkung entsteht die Gebühr Nr. 3328 nur einmal, auch wenn der Antrag über die vorläufige Einstellung, Beschränkung oder Aufhebung der Zwangsvollstreckung sowohl beim Vollstreckungsgericht als auch beim Prozessgericht gestellt wird.

II. Abgeltungsbereich

Nr. 3328 gilt sämtliche Tätigkeiten des Anwalts im Verfahren über die vorläufige Einstellung, Beschränkung oder Aufhebung der Zwangsvollstreckung ab.

Nicht unter den Geltungsbereich von Nr. 3328 fällt eine Tätigkeit hinsichtlich der Vorabentscheidung über die vorläufige Vollstreckung in der Berufungsinstanz (§ 718 ZPO). Dieses Verfahren gehört als Zwischenstreit gem. § 19 Abs. 1 Nr. 3 zum Verfahren und wird daher nicht gesondert vergütet (Rpfleger 1975, 70).

III. Höhe der Gebühr

Die Gebühr Nr. 3328 entsteht in Höhe von 0,5. Eine Ermäßigung der Gebühr ist von der Systematik her nicht möglich. Endet der Auftrag nämlich, bevor eine entsprechende mündliche Verhandlung stattfindet, entsteht Nr. 3328 nicht. Aus diesem Grunde ist Nr. 3328 auch nicht in Nr. 3337 aufgeführt.

Nr. 3329 VV
Verfahrensgebühr für Verfahren auf Vollstreckbarerklärung der durch Rechtsmittelanträge nicht angefochtenen Teile eines Urteiles

Nr.	Gebührentatbestand	Gebühr oder Satz der Gebühr nach § 13 RVG
3329	Verfahrensgebühr für Verfahren auf Vollstreckbarerklärung der durch Rechtsmittelanträge nicht angefochtenen Teile eines Urteils (§§ 537, 558 ZPO)	0,5

A. Allgemeines

1   Gem. § 537 Abs. 1 ZPO kann ein nicht vorläufig vollstreckbares Urteil des ersten Rechtszuges (des Berufungsgerichtes, § 558 ZPO) auf Antrag vom Berufungsgericht (vom Revisionsgericht, § 558 ZPO) für vorläufig vollstreckbar erklärt werden, soweit es durch die Berufungsanträge (Revisionsanträge, § 558 ZPO) nicht angefochten wird.

2   Nr. 3329 ist im Zusammenhang mit § 19 Abs. 1 Nr. 9 zu betrachten, es handelt sich insoweit um eine Sondervorschrift (vgl. auch die Ausführungen von Bischof zu § 19 in diesem Kommentar) zu § 19 Nr. 9.

3   Gem. § 19 Nr. 9 gehört die nachträgliche Vollstreckbarerklärung der Teile eines Urteils, die durch die Berufungs- bzw. Revisionsanträge nicht angefochten werden, zum Rechtszug und wird mit der jeweiligen Verfahrensgebühr abgegolten. Dies gilt jedoch nur dann, wenn der Anwalt Berufung oder Revision in vollem Umfang einlegt und er das Rechtsmittel später beschränkt. Der sodann gestellte Antrag auf nachträgliche Vollstreckbarerklärung gehört zum Rechtszug.

4   Wird der Anwalt jedoch beauftragt, das Urteil von vornherein nicht vollumfänglich anzugreifen, sondern nur zu einem Teil, so fällt diese Tätigkeit nicht unter den Regelungsbereich des § 19 Abs. 1 Nr. 9, sondern wird gem. Nr. 3329 vergütet.

5   Hintergrund dieser besonderen Regelung in Nr. 3329 ist, dass sich die Gebühren des Anwalts im Rechtsmittelverfahren aus dem Wert der angefochtenen Beträge errechnen. Legt er nur wegen eines Teils der Forderung Berufung oder Revision ein, so kann er die Gebühren hierfür auch nur aus dem jeweiligen Teilbetrag berechnen. Stellt er zusätzlich einen Antrag auf Vollstreckbarerklärung des nichtangefochtenen Teils des Urteils, so ginge er hinsichtlich dieser Tätigkeit gebührenmäßig leer aus, da diese Tätigkeit gem. § 19 Abs. 1 Nr. 9 zum Rechtszug gehört. An dieser Stelle greift Nr. 3329, wonach der Anwalt aus dem nicht angegriffenen Teil des Rechtsmittelstreitwertes eine 0,5 Gebühr für den Antrag auf Vollstreckbarerklärung erhält.

6   Es ist also immer zu entscheiden, ob eine selbständige Tätigkeit des Anwalts vorliegt, die gem. Nr. 3329 abgerechnet werden kann, oder ob die Tätigkeit des Anwalts gebührenrechtlich mit dem Rechtsmittelverfahren zusammenhängt und insoweit § 19 Abs. 1 Nr. 9 greift. Nur wenn der nicht angefochtene Teil des Urteils nicht Gegenstand des Rechtsmittelverfahrens ist oder war, handelt es sich beim Verfahren auf Vollstreckbarerklärung des Urteils um zwei verschiedene Tätigkeiten des Anwalts.

7   Wird ein erst vollumfänglich eingelegtes Rechtsmittel im Nachhinein beschränkt, bei teilweiser Rücknahme der Berufung z. B., ist Nr. 3329 nicht einschlägig. Hier war nämlich der gesamte Teil der Rechtsmittelforderung schon einmal Gegenstand des Rechtsmittelverfahrens. Der Anwalt hat bereits eine Verfahrensgebühr im Rechtsmittelverfahren aus dem gesamten angefochtenen Gegenstandswert verdient.

Auch wenn das ursprünglich beschränkte Rechtsmittel nachträglich erweitert wird, letztlich 8
also die gesamte Forderung Gegenstand des Rechtsmittelverfahrens wird, liegt ein Fall des
§ 19 Abs. 1 Nr. 9 vor, so dass eine evtl. vorher entstandene Gebühr Nr. 3329 in der Verfahrensgebühr (aus dem gesamten Berufungs- bzw. Revisionsstreitwert) für das Rechtsmittelverfahren aufgeht.

B. Kommentierung

I. Entstehen der Gebühr

Die Gebühr Nr. 3329 entsteht mit dem entsprechenden Auftrag des Mandanten, den nicht an- 9
gefochtenen Teil der entsprechenden Entscheidung für vorläufig vollstreckbar erklären zu
lassen.

II. Abgeltungsbereich

Durch die Gebühr Nr. 3329 wird sämtliche Tätigkeit des Anwalts im Verfahren über die Voll- 10
streckbarerklärung abgegolten.

III. Höhe der Gebühr

Die Gebühr Nr. 3329 beträgt 0,5. Endet der Auftrag des Anwalts, bevor er den entsprechen- 11
den Antrag gestellt hat, ermäßigt sich die Gebühr nicht. Nr. 3337 nimmt insoweit auf Nr. 3329
keinen Bezug.

IV. Gegenstandswert

Als Gegenstandswert zur Berechnung der Gebühr Nr. 3329 wird der Wert des für vollstreck- 12
bar zu erklärenden Teiles des Urteils zugrunde gelegt (*Gierl* in Mayer/Kroiß RVG VV 3329
Rn. 7; *N. Schneider* in Gebauer/Schneider RVG 1. Aufl. VV 3329 Rn. 25; Enders JurBüro 1997,
226). Zinsen, Kosten und Nebenforderungen werden gem. § 43 Abs. 1 GKG nicht berücksichtigt, da es sich bei vorliegendem Verfahren nicht um eine Maßnahme der Zwangsvollstreckung handelt (*N. Schneider* in Gebauer/Schneider RVG 1. Aufl. VV 3329 Rn. 25).

Nach anderer Ansicht ist nicht der Wert der Hauptsache bzw. eines Teils der Hauptsache, hin- 13
sichtlich dessen die einstweilige Einstellung begehrt wird, maßgeblich, sondern der Wert ist
nach § 3 ZPO zu schätzen, wobei das Interesse des Antragstellers an der Vollstreckungsmöglichkeit ohne Sicherheitsleistung maßgeblich ist (OLG Frankfurt JurBüro 1996, 321; OLG
Hamm FamRZ 1994, 248 mit Hinweis auf BGH WPM 83, 968 = 1/5 des Hauptsachewertes).

Nr. 3330 VV
Verfahrensgebühr für Verfahren über eine Rüge wegen Verletzung des Anspruches auf rechtliches Gehör

Nr.	Gebührentatbestand	Gebühr oder Satz der Gebühr nach § 13 RVG
3330	Verfahrensgebühr für Verfahren über eine Rüge wegen Verletzung des Anspruchs auf rechtliches Gehör..............	0,5

A. Allgemeines

1 Ist im Rahmen eines Prozesses der Anspruch einer Partei auf rechtliches Gehör in entscheidungserheblicher Weise verletzt worden und ist ein Rechtsmittel oder ein anderer Rechtsbehelf gegen die Entscheidung nicht gegeben, so kann das erkennende Gericht das Verfahren fortführen, soweit dies aufgrund einer Rüge wegen Verletzung des Anspruchs auf rechtliches Gehör geboten ist. Das Verfahren wird in die Lage zurückversetzt, in der es sich vor dem Abschluss der mündlichen Verhandlung befand.

2 Durch Art. 17 Nr. 4 e) des Gesetzes über Rechtsbehelfe bei Verletzung des rechtlichen Gehörs vom 09. 12. 2004 (BGBl. I, 3220) – in Kraft getreten am 01. 01. 2005 – wurde der bis dahin vorhandene Klammerzusatz in Nr. 3330, der auf § 321 a ZPO verwies, gestrichen, weil die jeweils neuen Vorschriften der Verfahrensordnungen (ebenfalls durch das Gesetz über Rechtsbehelfe bei Verletzung des rechtlichen Gehörs eingefügt) auch von Nr. 3330 umfasst werden. Die Vergütungsvorschrift bezieht sich daher nicht mehr ausdrücklich nur auf das Verfahren über die Gehörsrüge nach § 321 a ZPO, sondern ebenfalls auf die entsprechenden Verfahren nach § 78 a ArbGG, § 27 a FGG, § 81 GBO, § 69 a GKG, § 71 a GWB, § 4 a JVEG, § 157 a KostO, § 12 a RVG, § 178 a SGG, § 33 a StPO, § 152 a VwGO. Eine Aufführung der jeweiligen Verfahren im Gebührentatbestand ist insoweit nicht notwendig, weil Nr. 3330 nunmehr in sämtlichen Verfahren über eine Rüge wegen Verletzung des Anspruchs auf rechtliches Gehör einschlägig ist.

B. Kommentierung

I. Entstehen der Gebühr

3 Die Gebühr Nr. 3330 entsteht mit der ersten Tätigkeit des Anwalts im Verfahren, in der Regel also mit der ersten Entgegennahme entsprechender Informationen.

II. Abgeltungsbereich

4 Die Gebühr Nr. 3330 gilt sämtliche Tätigkeiten des Anwalts im Verfahren ab.

5 Zu beachten ist, dass Nr. 3330 nur einschlägig ist, wenn der Anwalt ausschließlich mit der Vertretung des Mandanten im Verfahren über eine Rüge wegen der Verletzung des rechtlichen Gehörs beauftragt wurde. Vertritt der Anwalt den Mandanten gleichzeitig in dem Verfahren, in dem es zur Verletzung des Anspruches auf rechtliches Gehör kam, so ist diese Tätigkeit gem. § 19 Abs. 1 Nr. 5 dem Rechtszug zuzuordnen und wird nicht gesondert vergütet. Gleiches gilt, wenn der Anwalt erst mit der Durchführung des Rügeverfahrens mandatiert wurde und er den Mandanten sodann weiter im fortgeführten Prozess vertritt. Die Gebühr Nr. 3330 ist in diesem Fall auf die Verfahrensgebühr des Prozesses anzurechnen.

III. Höhe der Gebühr

Die Gebühr Nr. 3330 beträgt 0,5. Eine Ermäßigung bei vorzeitiger Beendigung des Auftrages ist nicht vorgesehen, Nr. 3330 wird insoweit in Nr. 3337 nicht genannt. 6

IV. Gegenstandswert

Der Gegenstandswert zur Berechnung der Gebühr bemisst sich nicht nach dem Wert der Hauptsache, sondern nach der Beschwer entsprechend der Verletzung des Anspruchs auf rechtliches Gehör (*Gierl* in Mayer/Kroiß RVG VV Nr. 3330 Rn. 7; *N. Schneider* in Gebauer/Schneider RVG 1. Aufl. VV Nr. 3330 Rn. 13). 7

Erhebt jede der im Prozess beteiligten Parteien eine Rüge wegen der Verletzung des Anspruchs auf rechtliches Gehör, so werden die jeweiligen Werte gem. § 22 Abs. 1 addiert. 8

Nr. 3331 VV

Nr. 3331 VV
Verfahrensgebühr für das Verfahren über einen Antrag auf Abänderung eines Vollstreckungstitels nach § 655 Abs. 1 ZPO

Nr.	Gebührentatbestand	Gebühr oder Satz der Gebühr nach § 13 RVG
3331	Verfahrensgebühr für das Verfahren über einen Antrag auf Abänderung eines Vollstreckungstitels nach § 655 Abs. 1 ZPO.. Der Wert bestimmt sich nach § 42 GKG.	0,5

A. Allgemeines

1 Nach § 655 Abs. 1 ZPO können auf wiederkehrende Leistungen gerichtete Vollstreckungstitel, in denen ein Betrag der nach den §§ 1612 b, 1612 c BGB anzurechnenden Leistungen festgelegt ist, in einem vereinfachten Verfahren abgeändert werden, wenn sich ein für die Berechnung des festgesetzten Betrages maßgeblicher Umstand ändert.

B. Kommentierung

I. Abgeltungsbereich

2 Nr. 3331 gilt sämtliche Tätigkeiten des Anwalts im vereinfachten Verfahren über einen Antrag auf Abänderung eines Vollstreckungstitels gem. § 655 Abs. 1 ZPO ab.

3 Zu beachten ist, dass gem. § 17 Nr. 3 das vereinfachte Abänderungsverfahren und das sich evtl. anschließende Klageverfahren verschiedene Angelegenheiten sind. Im anschließenden Klageverfahren verdient der Anwalt daher eine Verfahrensgebühr gem. Nr. 3100. Wegen Abs. 1 der Anmerkung zu Nr. 3100 ist jedoch die Verfahrensgebühr für das vereinfachte Unterhaltsabänderungsverfahren auf die Verfahrensgebühr des nachfolgenden Rechtsstreits anzurechnen.

II. Entstehen der Gebühr

4 Die Gebühr Nr. 3331 entsteht mit der ersten Tätigkeit des Anwalts, in der Regel also mit der Entgegennahme entsprechender Informationen.

III. Höhe der Gebühr

5 Die Gebühr Nr. 3331 beträgt 0,5. Eine Ermäßigung bei vorzeitiger Beendigung des Auftrags ist nicht vorgesehen, Nr. 3331 ist insoweit in Nr. 3337 auch nicht aufgeführt.

IV. Gegenstandswert

6 Nach der Anmerkung zu Nr. 3331 bestimmt sich der Gegenstandswert zur Berechnung der Gebühr nach § 42 GKG.

Bei Ansprüchen auf Erfüllung einer gesetzlichen Unterhaltspflicht ist der für die ersten zwölf Monate nach Einreichung der Klage oder des Antrags geforderte Betrag maßgeblich, höchstens jedoch der Gesamtbetrag der geforderten Leistung. Da mit dem Antrag eine Abänderung des bestehenden Unterhaltstitels begehrt wird, entspricht der Gesamtbetrag der Differenz zwischen bisherigem gezahlten Jahresbetrag und dem geforderten Jahresbetrag. Bei Unterhaltsansprüchen nach den §§ 1612a–1612c BGB ist dem Wert nach § 42 Abs. 1 Satz 1 GKG der Monatsbetrag des Unterhalts nach dem Regelbetrag und der Altersstufe zugrunde zu legen, die im Zeitpunkt der Einreichung der Klage oder des Antrags maßgebend sind, § 42 Abs. 1 GKG.

Gem. § 42 Abs. 5 Satz 1 Hs. 1 GKG werden die bei Einreichung des Antrags fälligen Beträge zum Gegenstandswert addiert. 7

Wird der Anwalt wegen eines einheitlichen Auftrags für mehrere unterhaltsberechtigte Mandanten tätig, so ist zu beachten, dass jeder Unterhaltsanspruch ein eigener gebührenrechtlicher Gegenstand ist, d. h. es handelt sich bei der Vertretung um eine Angelegenheit mit mehreren Gegenständen. Gem. § 22 Abs. 1 werden die Werte mehrerer Gegenstände addiert. Eine Erhöhung der Verfahrensgebühr gem. Nr. 1008 für jede weitere Person als Auftraggeber kommt daher nicht in Betracht. 8

Nr. 3332 VV

Nr. 3332 VV
Terminsgebühr für die Verfahren in Nrn. 3324 bis 3331

Nr.	Gebührentatbestand	Gebühr oder Satz der Gebühr nach § 13 RVG
3332	Terminsgebühr in den in Nummern 3324 bis 3331 genannten Verfahren	0,5

A. Allgemeines

1 Die Terminsgebühr gem. Nr. 3332 entsteht, soweit eine mündliche Verhandlung in den Verfahren nach den Nrn. 3324 bis 3331 stattfindet.

B. Kommentierung

2 Gem. VV Vorbemerkung 3.3.6. bestimmt sich die Terminsgebühr nach Abschnitt 1 (Nr. 3104), sofern im 6. Unterabschnitt nichts anderes bestimmt ist. Darüber hinaus gelten auch die allgemeinen Vorschriften zur Terminsgebühr gem. VV Vorbem. 3 Abs. 3, da diese für sämtliche Angelegenheiten des dritten Teils des Vergütungsverzeichnisses Gültigkeit haben. An das Entstehen der Terminsgebühr Nr. 3332 sind daher dieselben Voraussetzungen zu stellen, wie sie in Abs. 3 der VV Vorbemerkung 3 beschrieben sind.

3 Insbesondere kann die Terminsgebühr Nr. 3332 auch entstehen, wenn der Anwalt an einer auf die Vermeidung oder Erledigung des Verfahrens gerichteten Besprechung ohne Beteiligung des Gerichts mitwirkt.

I. Abgeltungsbereich

4 Die Gebühr Nr. 3332 gilt sämtliche Tätigkeiten des Anwalts im Hinblick auf die Wahrnehmung eines Termins ab. Es ist nicht Voraussetzung, dass in dem Gerichtstermin Anträge gestellt werden oder die Sach- und Rechtslage erörtert wird (vgl. hierzu allgemein Bischof Nr. 3104). Zu den besonderen Entstehungsvoraussetzungen hinsichtlich Nr. 3328 vgl. Nr. 3328 Rn. 3 ff.

II. Entstehen der Gebühr

5 Die Gebühr Nr. 3332 entsteht, wenn der Anwalt einen Termin in den Verfahren Nrn. 3324 bis 3331 wahrnimmt, oder er an einer Besprechung mitwirkt, die auf die Vermeidung oder Erledigung des Verfahrens ohne Beteiligung des Gerichts gerichtet ist.

III. Höhe der Gebühr

6 Die Gebühr Nr. 3332 beträgt in allen genannten Verfahren 0,5. Eine Ermäßigung der Gebühr ist nicht vorgesehen. Die Ermäßigungstatbestände der Nr. 3105 sind insoweit nicht einschlägig, da diese sich ausdrücklich auf die Nr. 3104 beziehen.

Nr. 3333 VV
Verfahrensgebühr für ein Verteilungsverfahren außerhalb der Zwangsversteigerung und Zwangsverwaltung

Nr.	Gebührentatbestand	Gebühr oder Satz der Gebühr nach § 13 RVG
3333	Verfahrensgebühr für ein Verteilungsverfahren außerhalb der Zwangsversteigerung und der Zwangsverwaltung ..... Der Wert bestimmt sich nach § 26 Nr. 1 und 2 RVG. Eine Terminsgebühr entsteht nicht.	0,4

A. Allgemeines

Nr. 3333 umfasst gerichtliche Verteilungsverfahren gem. 1
- § 119 Abs. 3 BauGB;
- § 75 Abs. 2 FlurbG;
- § 55 Abs. 2 BundesLeistungsG;
- § 54 Abs. 3 LandbeschaffungsG;
- Art. 52, 53 Abs. 1, 53a, 67 Abs. 2, 109 EGBGB (vgl. *Gierl* in Mayer/Kroiß RVG VV 3333 Rn. 2).

Nicht erfasst werden ausdrücklich die Verteilungsverfahren im Zwangsversteigerungs- und 2 Zwangsverwaltungsverfahren sowie das Verteilungsverfahren nach der SVertO. Diese Verfahren werden mit den Gebühren gem. Nr. 3311 Nr. 2, Nr. 4, Nr. 5 und Nr. 3317 abgegolten.

B. Kommentierung

I. Abgeltungsbereich

Die Gebühr Nr. 3333 entsteht für die gesamte Tätigkeit des Anwalts im Verteilungsverfahren 3 außerhalb der Zwangsversteigerung und der Zwangsverwaltung, einschließlich der Wahrnehmung eines Termins. Für eine Terminswahrnehmung entsteht keine gesonderte Gebühr, dies ergibt sich aus Satz 2 der Anmerkung zu Nr. 3333.

Die Gebühr entsteht auch für die Mitwirkung des Anwalts an einer außergerichtlichen Vertei- 4 lung (*Gierl* in Maier/Kroiß RVG VV 3333 Rn. 6; *Wolf* in Gebauer/Schneider RVG 1. Aufl. VV 3333 Rn. 4).

II. Entstehen der Gebühr

Die Gebühr Nr. 3333 entsteht mit der ersten Tätigkeit des Anwalts im Verteilungsverfahren, 5 in der Regel also mit der Entgegennahme von Informationen durch den Mandanten.

III. Höhe der Gebühr

Die Gebühr beträgt 0,4. Eine Ermäßigung bei vorzeitiger Beendigung der Angelegenheit ist 6 nicht vorgesehen, auch nimmt Nr. 3337 insoweit keinen Bezug auf Nr. 3333.

Nr. 3333 VV

IV. Gegenstandswert

7 Der Gegenstandswert zur Berechnung der Gebühr Nr. 3333 bestimmt sich gem. Anmerkung Hs. 1 nach § 26 Nr. 1 und 2 (ausführlich zu § 26: siehe Bräuer zu § 26 in diesem Kommentar). Demnach ist für die Berechnung des Gegenstandswertes zu unterscheiden, ob der Anwalt für den Gläubiger oder einen der in § 9 Nrn. 1 und 2 ZVG genannten Beteiligten tätig ist (Nr. 1), oder ob er für einen anderen Beteiligten, insbesondere den Schuldner, tätig ist (Nr. 2).

8 Im Falle der Nr. 1 bestimmt sich der Gegenstandswert nach dem Wert des dem Gläubiger oder dem Beteiligten zustehenden Rechtes, es sei denn, der gesamte zur Verteilung kommende Erlös ist geringer. Dann ist dieser Wert der Gebührenberechnung zugrunde zu legen. Im Falle der Nr. 2 bestimmt sich der Wert nach dem zur Verteilung kommenden Erlös.

Nr. 3334 VV
Verfahrensgebühr für Verfahren vor dem Prozessgericht oder dem Amtsgericht auf Bewilligung, Verlängerung oder Verkürzung einer Räumungsfrist (§§ 721, 794a ZPO), wenn das Verfahren mit dem Verfahren über die Hauptsache nicht verbunden ist

Nr.	Gebührentatbestand	Gebühr oder Satz der Gebühr nach § 13 RVG
3334	Verfahrensgebühr für Verfahren vor dem Prozessgericht oder dem Amtsgericht auf Bewilligung, Verlängerung oder Verkürzung einer Räumungsfrist (§§ 721, 794a ZPO), wenn das Verfahren mit dem Verfahren über die Hauptsache nicht verbunden ist	1,0

A. Allgemeines

Wird auf Räumung von Wohnraum erkannt, so kann das Gericht gemäß § 721 ZPO auf Antrag oder von Amts wegen dem Schuldner eine Räumungsfrist gewähren. Hat sich der Schuldner in einem Vergleich, aus dem die Zwangsvollstreckung stattfindet, zur Räumung von Wohnraum verpflichtet, so kann ihm das Amtsgericht gemäß § 794a ZPO eine Räumungsfrist bewilligen. 1

B. Kommentierung

I. Abgeltungsbereich

Nr. 3334 findet ausschließlich dann Anwendung, wenn das Verfahren über eine Räumungsfrist getrennt von der Hauptsache durchgeführt wird, wenn beide Verfahren also nicht verbunden sind. Dies ergibt sich aus der Formulierung des Gesetzestextes. 2

Ein unselbständiges Räumungsverfahren liegt dann vor, wenn über den entsprechenden Räumungsschutzantrag in der mündlichen Verhandlung des Hauptsacheprozesses mitverhandelt wird (vgl. § 721 Abs. 1 Satz 2 ZPO). In diesem Falle gehört die Tätigkeit im Räumungsfristverfahren gem. § 19 Abs. 1 Nr. 11 zum Rechtszug und wird mit der dort verdienten Verfahrensgebühr abgegolten. »Übersieht« das Gericht einen entsprechenden Räumungsschutzantrag und entscheidet sodann im Wege der Urteilsergänzung, so entsteht ebenfalls keine Gebühr gem. Nr. 3334, da das Urteilsergänzungsverfahren gem. § 19 Abs. 1 Nr. 6 zum Rechtszug gehört (vgl. auch *N. Schneider* in Gebauer/Schneider RVG 1. Aufl. VV Nr. 3334 Rn. 5). 3

Ein Räumungsfristverfahren gem. § 794 Abs. 1 Satz 1 ZPO ist immer ein selbständiges Verfahren. 4

Nimmt der Anwalt für den Mandanten einen Termin im selbständigen Räumungsfristverfahren war, so erhält er zusätzlich eine Terminsgebühr gem. Nr. 3104 in Höhe von 1,2. Dies ergibt sich zum einen aus dem fehlenden Verweis auf das Räumungsfristverfahren in Nr. 3332, zum anderen aus der Gültigkeit der VV Vorbemerkung 3.3.6., wonach die Terminsgebühr sich nach Abschnitt 1 VV bestimmt. Es fehlt insoweit eine andere Bestimmung im Unterabschnitt 6 (nämlich, dass eine Terminsgebühr nicht anfallen soll, wie z. B. in Nr. 3333). 5

Ist der Anwalt für den Mandanten in mehreren Räumungsfristverfahren tätig, z. B. gem. § 721 Abs. 1 ZPO (erstmaliger Antrag) und sodann gem. § 721 Abs. 3 ZPO (Antrag auf Verlänge- 6

Nr. 3334 VV

rung der gewährten Räumungsfrist), so sind dies verschiedene gebührenrechtliche Angelegenheiten i. S. v. § 15 Abs. 2, der Anwalt kann die Gebühr Nr. 3334 daher mehrfach verdienen.

II. Höhe der Gebühr

7   Die Gebühr Nr. 3334 beträgt 1,0. Endet der Auftrag vorzeitig, so ermäßigt sich die Gebühr gem. Nr. 3337 um 0,5.

III. Gegenstandswert

8   Da es sich bei einem Räumungsfristverfahren nicht um einen Streit über das Bestehen oder Nichtbestehen eines Mietverhältnisses handelt, und auch die eigentliche Räumung nicht Gegenstand des Verfahrens ist, kann zur Wertbestimmung § 41 Abs. 1, 2 GKG nicht herangezogen werden. Da es darüber hinaus an einer speziellen Wertvorschrift im RVG fehlt, ist für die Wertermittlung gem. § 23 Abs. 1 RVG i. V. m. § 48 Abs. 1 GKG § 3 ZPO zugrunde zu legen.

9   Als Ansatzpunkt zur Wertbestimmung kann das zu zahlende Nutzungsentgelt für die Zeit, für die Räumungsschutz beantragt wird, zugrunde gelegt werden (OLG Zweibrücken MDR 1992, 1081 – streitige Zeit drei Monate = drei Monatsmieten; LG Bonn – 6 T 91/04 – streitige Zeit vier Monate = vier Monatsmieten).

10 Ein generelles Zugrundelegen von drei Monatsmieten als zu zahlende Nutzungsentschädigung (LG Stuttgart Rpfleger 1968, 62) ist nicht sachgerecht, da die beantragte Räumungsfrist durchaus weniger als drei Monate betragen kann. Darüber hinaus ist der Gegenstandswert jeweils an dem individuellen wirtschaftlichen Interesse des Antragstellers zu bemessen. Dieses liegt bei kurzen Räumungsfristen unter dem Dreimonatsbetrag (vgl. *N. Schneider* in Gebauer/Schneider RVG 1. Aufl. VV Nr. 3334 Rn. 18).

Nr. 3335 VV

Nr.	Gebührentatbestand	Gebühr oder Satz der Gebühr nach § 13 RVG
3335	Verfahrensgebühr für das Verfahren über die Prozesskostenhilfe, soweit in Nummer 3336 nichts anderes bestimmt ist .... (1) Im Verfahren über die Bewilligung der Prozesskostenhilfe oder die Aufhebung der Bewilligung nach § 124 Nr. 1 ZPO bestimmt sich der Gegenstandswert nach dem für die Hauptsache maßgebenden Wert; im Übrigen ist er nach dem Kosteninteresse nach billigem Ermessen zu bestimmen. (2) Entsteht die Verfahrensgebühr auch für das Verfahren, für das die Prozesskostenhilfe beantragt worden ist, werden die Werte nicht zusammengerechnet.	in Höhe der Verfahrensgebühr für das Verfahren, für das die Prozesskostenhilfe beantragt wird, höchstens 1,0

Inhaltsübersicht

	Rn.		Rn.
A. Allgemeines	1	a) PKH für einen Teilbetrag, Klage über den gesamten Anspruch	20
B. Kommentierung	4	b) PKH für einen Teilbetrag, Klage nur in Höhe der PKH-Bewilligung	21
1. Abgrenzung zum Hauptverfahren	4	5. Mehrere PKH-Verfahren	23
2. Verfahrensgebühr	7	6. Wert	24
3. Weitere Gebühren	15	a) Verfahren über die Bewilligung	25
a) Gebührenerhöhung	15	b) Verfahren über die Aufhebung nach § 124 Nr. 1 ZPO	26
b) Terminsgebühr	16	c) Sonstige PKH-Verfahren	29
c) Einigungsgebühr	17	7. Kostenerstattung	30
4. Teil-PKH	20		

A. Allgemeines

Die Vorschrift regelt die Verfahrensgebühr in Verfahren, die die Bewilligung, Änderung oder Aufhebung der PKH betreffen. Sie ist in allen Verfahren anzuwenden, in denen die PKH-Vorschriften der ZPO direkt oder entsprechend anwendbar sind. Also auch in den Verfahren der Arbeitsgerichtsbarkeit, der Verwaltungsgerichtsbarkeit, der freiwilligen Gerichtsbarkeit, der Finanzgerichtsbarkeit und der Sozialgerichtsbarkeit. Soweit in Verfahren der Sozialgerichtsbarkeit jedoch Betragsrahmengebühren entstehen, gilt für die Verfahrensgebühr Nr. 3336 VV. Für diese Verfahren wird auf die dortigen Anmerkungen Bezug genommen. 1

Sie übernimmt die Regelungen aus § 51 BRAGO (vgl. zu § 51 BRAGO Enders in JurBüro 1997, 449 u. 505) mit dem Unterschied, dass die Gebühr erhöht wurde und bei vorzeitiger Beendigung des Auftrags nunmehr eine Ermäßigung stattfindet (Nr. 3337 VV). Wegen der Voraussetzungen der Ermäßigung wird auf die Kommentierung zu Nr. 3337 Bezug genommen. 2

Die Vorschrift ist auch anwendbar für die PKH-Verfahren in Strafsachen (z. B. § 397a StPO), wenn sich die Tätigkeit auf die Vertretung im PKH-Verfahren beschränkt, obwohl sich der Teil 3 nicht auf Strafsachen bezieht. Das PKH-Verfahren ist jedoch keine Strafsache. 3

Nr. 3335 VV

B. Kommentierung

1. Abgrenzung zum Hauptverfahren

4 Das Verfahren über die PKH und das Hauptsacheverfahren, für das die PKH bewilligt werden soll, sind dieselbe Angelegenheit (§ 16 Nr. 2). Der RA kann somit die Gebühren nur einmal fordern (§ 15 Abs. 2). Aus diesem Grunde ist zunächst zu prüfen, ob die Partei den RA bereits unbedingt mit der Durchführung des Hauptverfahrens beauftragt hatte, wenn es nicht mehr zum Hauptverfahren kommt, ob also die Verfahrensgebühren für das Hauptverfahren bereits entstanden sind. Kommt es zum Hauptverfahren, treten die Gebühren für das PKH-Verfahren regelmäßig hinter die Gebühren für das Hauptverfahren zurück (vgl. Beispiele bei Enders JurBüro 1997, 449). Eine Ausnahme liegt vor, wenn sich der Gegenstand der PKH-Bewilligung und des Hauptverfahrens nicht decken (vgl. Rn. 21 f.) oder im PKH-Verfahren Gebühren entstanden sind, die im Hauptverfahren nicht mehr anfallen.

5 Regelmäßig wird eine Partei den RA beauftragen, lediglich die Durchführung des PKH-Verfahrens durchzuführen und nur dann das Hauptverfahren zu betreiben, wenn die PKH bewilligt wurde (Göttlich/Mümmler BRAGO »Prozesskostenhilfeverfahren (Bewilligungsverfahren)« Nr. 4). Kommt es in diesem Fall nicht mehr zum Hauptverfahren, ist die Verfahrensgebühr für das Hauptverfahren nicht entstanden.

6 Wird allerdings zusammen mit dem Antrag auf PKH auch die vollständige Klageschrift (der vollständige Antrag zum Hauptverfahren) eingereicht, wird neben dem PKH-Gesuch auch das Hauptverfahren als solches anhängig, es sei denn, der Antragsteller stellt eindeutig klar, dass er den Antrag nur unter der Voraussetzung der PKH-Bewilligung stellen will, etwa indem er dies im Text selbst unmissverständlich kundtut oder die Antragsschrift nur als Anlage zum PKH-Gesuch einreicht, als Entwurf bezeichnet oder nicht unterschreibt (BGH FamRZ 1996, 1142; OLG Zweibrücken NJW-RR 2001, 1653). In diesem Fall ist die Verfahrensgebühr für das Hauptverfahren entstanden. Ob der RA diese auch vom seinem Auftraggeber verlangen kann, hängt von dem ihm erteilten Auftrag ab.

2. Verfahrensgebühr

7 Mit der Entgegennahme der Information und nicht erst mit der Antragstellung entsteht die Gebühr. Bei vorzeitigem Ende ist jedoch Nr. 3337 zu beachten.

8 Wird der gleiche RA nach mehr als zwei Jahren (nach Ende des Bewilligungsverfahrens oder des Hauptverfahrens) im Änderungs- oder Aufhebungsverfahren beauftragt, so erhält er die Gebühr erneut, da diese Tätigkeit als neue Angelegenheit gilt (§ 15 Abs. 5 Satz 2).

9 Die Gebührenhöhe richtet sich nach der Verfahrensgebühr. Ist diese höher, erhält der RA höchstens die 1,0 Gebühr.

10 Bei vorzeitiger Beendigung des Auftrags ermäßigt sich die Gebühr nach Maßgabe der Nr. 3337. Wegen der Einzelheiten wird auf die Kommentierung zu Nr. 3337 Bezug genommen.

11 Ist die Gebühr für das Verfahren lediglich 0,5 oder geringer, findet keine Ermäßigung nach Nr. 3337 statt. Der RA erhält somit auch bei vorzeitiger Beendigung des Auftrags mindestens eine Gebühr in Höhe von 0,5.

12 Wird lediglich beantragt, eine Einigung zu Protokoll zu nehmen, entsteht zusätzlich die Gebühr Nr. 3337. Es handelt sich dabei um Gegenstände, die nicht Gegenstand des PKH-Verfahrens sind, denn für die Gegenstände des PKH-Verfahrens in dem im PKH-Verfahren stattfindenden Termin ist bereits die Gebühr Nr. 3335 entstanden, die nicht mehr ermäßigt werden kann, da aufgrund der Tatbestände der Anm. Nr. 1 zu Nr. 3337 eine vorzeitige Beendigung nicht mehr möglich ist (**a. A.:** Gerold/Schmidt/von Eicken/Madert/Müller-Rabe RVG 3335 Rn. 53). Dabei ist jedoch § 15 Abs. 3 zu beachten.

Die Anrechnung nach der Verfahrensgebühr Nr. 3335 erfolgt auch auf die Verfahrensgebühren, die in dem Hauptverfahren für einzelne Tätigkeiten entstehen (Verkehrsanwalt = Nr. 3400, Terminsvertreter = Nr. 3401), sofern die Tätigkeiten vom gleichen Rechtsanwalt wahrgenommen wurden (Enders JurBüro 1997, 449). 13

Die Beschwerde gegen eine PKH-Entscheidung ist eine besondere Angelegenheit (§ 18 Nr. 5). Für das Beschwerdeverfahren richten sich die Verfahrensgebühren nach Nr. 3500 bzw. Nr. 3501. 14

3. Weitere Gebühren

a) Gebührenerhöhung

Bei mehreren Auftraggebern fällt die Gebührenerhöhung (Nr. 1008) an. Die Erhöhung beträgt unabhängig von der Höhe der Verfahrensgebühr für jede weitere Person 0,3. Dabei dürfen mehrere Erhöhungen 2,0 nicht übersteigen. Zu den Einzelheiten siehe Kommentierung zu Nr. 1008. 15

b) Terminsgebühr

Findet im PKH-Bewilligungs-, -änderungs- oder -aufhebungsverfahren ein Termin statt, erhält der RA auch die Terminsgebühr nach Nr. 3104 (Vorb. 3.3.6). Wegen der Einzelheiten wird auf die Kommentierung zu Nr. 3104 Bezug genommen. Entsteht im Hauptverfahren erneut eine Terminsgebühr, ist § 15 Abs. 2 Satz 1 zu beachten. 16

c) Einigungsgebühr

Wird im PKH-Bewilligungsverfahren ein Vertrag i. S. d. Nr. 1000 über den Gegenstand erzielt, der Gegenstand des Hauptverfahrens sein sollte, fällt die Einigungsgebühr nach Nr. 1003 an, da die Anhängigkeit im PKH-Verfahren ausreicht (Anm. zu Nr. 1003). 17

Wird dagegen PKH lediglich für die gerichtliche Protokollierung des Vergleichs beantragt oder die Beiordnung gemäß § 48 Abs. 3 auf den Abschluss eines Vertrages i. S. d Nr. 1000 erstreckt, entsteht dagegen die Einigungsgebühr nach Nr. 1000 (Anm. zu Nr. 1003). 18

Sofern sowohl eine Einigungsgebühr nach Nr. 1003 als auch eine nach Nr. 1000 anfällt, ist § 15 Abs. 3 zu beachten. 19

4. Teil-PKH

a) PKH für einen Teilbetrag, Klage über den gesamten Anspruch

Wurde nur für einen Teil des Anspruchs PKH bewilligt, gleichwohl aber der ganze Anspruch eingeklagt, erhält der RA seine Vergütung aus der Staatskasse in Höhe des Streitwerts der PKH-Bewilligung und für die Vergütungen, die für die Verfolgung des PKH-bewilligten Anspruchs erforderlich waren (OLGR Schleswig 2005, 487). Wegen des die PKH-Bewilligung übersteigenden Betrags greift die Wirkung des § 122 Abs. 1 Nr. 2 ZPO nicht. Der RA hat insoweit weiterhin einen Anspruch gegen seine Partei. 20

• **Beispiel**
Kläger erhält PKH für einen Anspruch in Höhe von € 20.000, in Höhe von € 30.000 wird PKH versagt, da die Rechtsverfolgung insoweit nicht hinreichend Aussicht auf Erfolg bietet. Er klagt aber gleichwohl wegen € 50.000. Der Klage wird in Höhe von € 20.000 stattgegeben.

aa) In Höhe der PKH-Bewilligung (Wert: € 20.000) beträgt der Vergütungsanspruch (§ 13):

1. 1,3 Verfahrensgebühr (Nr. 3100)	€ 839,80
2. 1,2 Terminsgebühr (Nr. 3104)	€ 775,20
3. Pauschale (Nr. 7002)	€ 20,00
4. Zwischensumme	€ 1.635,00

Nr. 3335 VV

5. 19 % USt.	€ 310,65
6. Insgesamt	**€ 1.945,65**

In dieser Höhe hat er keinen Anspruch gegen seine Partei (§ 122 Abs. 1 Nr. 2 ZPO).

bb) Den Unterschiedsbetrag zu der Vergütung aus dem Wert von € 50.000 kann er von seiner Partei verlangen. Dieser beträgt (§ 13):

1. 1,3 Verfahrensgebühr (Nr. 3100)	€ 1.359,80
2. 1,2 Terminsgebühr (Nr. 3104)	€ 1.255,20
3. Pauschale (Nr. 7002)	€ 20,00
4. Zwischensumme	€ 2.635,00
5. 19 % USt.	€ 500,65
6. Insgesamt	**€ 3.135,65**
7. Abzüglich Anspruch, für den § 122 Abs. 1 Nr. 2 ZPO gilt:	€ 1.945,65
8. Unterschiedsbetrag, den die Partei zahlen muss:	**€ 1.190,00**

Die Gebühr Nr. 3335 geht dabei in der Gebühr Nr. 3100 auf.

b) PKH für einen Teilbetrag, Klage nur in Höhe der PKH-Bewilligung

21 Bei dieser Fallgestaltung entsteht die Gebühr Nr. 3335 aus einem höheren Wert als die Verfahrensgebühr für das Hauptverfahren. Insoweit ist umstritten, wie sich die Restgebühr Nr. 3335 bemisst, die der RA von seiner Partei verlangen kann. Es dürfte dabei der in der Entscheidung des OLG Schleswig (OLGR 2005, 487) angeführte Grundsatz des BGH (BGHZ 13, 373), dass die arme Partei in jedem Falle einen Anspruch darauf habe, von der Zahlungspflicht der Gebühren in der Höhe einstweilen verschont zu bleiben, die sich für den Umfang der Armenrechtsbewilligung bei Berechnung der Gebühren ergebe. Daraus folge, dass der von der Armenrechtsbewilligung nicht gedeckte Teil der Rechtsverfolgung eine Gebührenpflicht nur in Höhe eines Ergänzungsbetrages auslösen könne, welcher in dem Unterschied der Gebühr nach dem Gesamtstreitwert und derjenigen nach seinem vom Armenrecht erfassten Teil bestehe, auch hier Anwendung findet (ebenso Gerold/Schmidt/Madert/Müller-Rabe/Mayer/Burhoff RVG 3335 Rn. 65). Hierzu ein

• **Beispiel**
In dem oben genannten Beispiel wird die Klage nur in Höhe von € 20.000 durchgeführt. Der RA kann daher von seiner Partei noch fordern, da insoweit § 122 Abs. 1 Nr. 2 ZPO nicht gilt:

a) Die Gebühr Nr. 3335 ging in der Gebühr Nr. 3100 auf Wert: € 20.000	€ 646,00
b) Entstanden ist die Gebühr Nr. 3335, Wert € 50.000 in Höhe von	€ 1.046,00
c) Unterschiedsbetrag	**€ 400,00**

Wegen § 15 Abs. 3 kann der RA jedoch nicht mehr verlangen, als er bei einem Auftrag über € 50.000 erhalten hätte (1,2 Verfahrensgebühr Nr. 3100 = € 1.359,80). Da die Gebühr Nr. 3100 aus € 20.000 (€ 839,80 – siehe Beispiel bei Rn. 17) zusammen mit dem Unterschiedsbetrag von € 400,00 darunter bleibt, kann er die € 400,00 nebst hierauf entfallende Umsatzsteuer von seiner Partei verlangen.

22 *Mock* (Schneider/Wolf RVG VV 3335 Rn. 20) berücksichtigt den o. a. Grundsatz des BGH (BGHZ 13, 373) nicht und berechnet die Gebühr Nr. 3335 aus dem Differenzstreitwert. Bei dieser Berechnung wirkt sich die degressive Gestaltung der Gebührentabelle zugunsten des RA aus.

5. Mehrere PKH-Verfahren

Wird der RA in der gleichen Instanz mehrmals mit PKH-Verfahren befasst (z. B. im Antrags- 23
verfahren und im Änderungs- oder Aufhebungsverfahren), gelten diese Verfahren als dieselbe Angelegenheit (§ 16 Nr. 3). Der RA erhält daher die Gebühren nur einmal (§ 15 Abs. 2 Satz 1).

6. Wert

Der Wert für das PKH-Verfahren ist in der Anm. Abs. 1 zu Nr. 3335 geregelt. Dabei sind drei 24
Fälle zu unterscheiden.

a) Verfahren über die Bewilligung

Der Wert des Hauptsacheverfahrens bestimmt auch den Wert des PKH-Bewilligungsverfah- 25
rens. Höchstens ist allerdings der Wert maßgebend, für den PKH beantragt wird.

b) Verfahren über die Aufhebung nach § 124 Nr. 1 ZPO

Das Gericht kann die Bewilligung der Prozesskostenhilfe nach dieser Vorschrift aufheben, 26
wenn die Partei durch unrichtige Darstellung des Streitverhältnisses die für die Bewilligung der Prozesskostenhilfe maßgebenden Voraussetzungen vorgetäuscht hat. Auch für diesen Fall bestimmt der Wert des Hauptsacheverfahrens den Wert des PKH-Verfahrens.

PKH-Verfahren und Hauptsacheverfahren sind zwar dieselbe Angelegenheit, sie bleiben 27
aber gleichwohl verschiedene Gegenstände. Die Werte sind jedoch entgegen § 22 Abs. 1 und damit auch nicht bei § 15 Abs. 3 zusammenzurechnen (Anm. Abs. 2 zu Nr. 3335).

Der Wert für das Beschwerdeverfahren in den unter a) und b) genannten Fällen richtet sich 28
ebenfalls nach dem Wert der Hauptsache (OLG Koblenz JurBüro 1992, 325 mit Zustimmung Mümmler; OLG Frankfurt JurBüro 1992, 98; BayObLG JurBüro 1990, 1640).

c) Sonstige PKH-Verfahren

In den sonstigen Fällen (§§ 120 Abs. 4, 124 Nr. 2 bis 4 ZPO) richtet sich der Wert nach dem Kos- 29
teninteresse. Das sind die (Gerichts- und Anwalts-)Kosten, die die Partei nachzuzahlen hätte, wenn die Ratenzahlung geändert oder die PKH aufgehoben würde (vgl. Enders JurBüro 1997, 449 mit Beispielen).

7. Kostenerstattung

Die Parteien sind im PKH-Verfahren nicht Gegner i. S. d. § 91 ZPO. Aus diesem Grunde be- 30
stimmt § 118 Abs. 1 Satz 4 ZPO, dass die dem **Gegner** entstandenen Kosten nicht erstattet werden.

Eine andere Frage ist es, ob für die Kosten des Antragstellers, die nicht mit den Verfahrens- 31
kosten des Hauptsacheverfahrens verrechnet werden können, bei entsprechender Kostenentscheidung ein Erstattungsanspruch gegen den Gegner besteht (für die Erstattung als Vorbereitungskosten: Enders JurBüro 1997, 449; OLG Bamberg JurBüro 1987, 900; OLG Frankfurt Rpfleger 1979, 111; gegen die Erstattung: OLG Hamburg MDR 2002, 910; OLGR München 1993, 47; OLG Koblenz JurBüro 1986, 1412). Den Gegnern der Erstattung ist darin beizupflichten, dass die Kosten des PKH-Beschwerdeverfahrens aufgrund einer Kostenentscheidung in der Hauptsache nicht gegen den Gegner festsetzbar sind (§ 127 Abs. 5 ZPO). Im Übrigen dürften die verbleibenden RA-Gebühren als Vorbereitungskosten erstattungsfähig sein.

Nr. 3336 VV

Nr.	Gebührentatbestand	Gebühr oder Satz der Gebühr nach § 13 RVG
3336	Verfahrensgebühr für das Verfahren über die Prozesskostenhilfe vor Gerichten der Sozialgerichtsbarkeit, wenn in dem Verfahren, für das Prozesskostenhilfe beantragt wird, Betragsrahmengebühren entstehen (§ 3 RVG).............	30,00 bis 320,00 EUR

A. Allgemeines

1 Aus **Nr. 3336** ergibt sich der Gebührenanspruch des RA für dessen Tätigkeit im Verfahren über die Prozesskostenhilfe vor Gerichten der **Sozialgerichtsbarkeit**.

B. Kommentierung

I. Betragsrahmengebühren

2 Nach § 73 a Abs. 1 Satz 1 SGG gelten die Vorschriften über die Prozesskostenhilfe entsprechend, so dass nach § 119 ZPO auch in sozialrechtlichen Verfahren die Bewilligung von Prozesskostenhilfe für jeden Rechtszug besonders erfolgt. Die Bewilligung von PKH bewirkt, dass der beigeordnete Rechtsanwalt seine **gesetzlichen Gebühren** nach den §§ 45 ff. RVG aus der Staatskasse erhält. Bei Betragsrahmengebühren ist für die Prozesskostenhilfe anders als bei Wertgebühren nach § 49 RVG keine Abweichung von den gesetzlichen Gebühren im Rahmen der Prozesskostenhilfe vorgesehen. Der Rechtsanwalt erhält daher die volle, sich unter Berücksichtigung der in § 14 genannten Kriterien ermittelte Gebühr. Gemäß § 47 Abs. 1 kann der Rechtsanwalt für die entstandenen Gebühren und die entstandenen oder voraussichtlich entstehenden Auslagen aus der Staatskasse einen **angemessenen Vorschuss** fordern. Dieser wird nach § 55 Abs. 1 Satz 1 auf Antrag des Rechtsanwalts von dem Urkundsbeamten der Geschäftsstelle des ersten Rechtszugs festgesetzt.

3 Nach **Nr. 3336** erhält der Rechtsanwalt für das Verfahren über die Prozesskostenhilfe vor Gerichten der Sozialgerichtsbarkeit eine **separate Verfahrensgebühr** in Höhe von € 30,00 bis € 320,00, wenn in dem Verfahren, für das Prozesskostenhilfe beantragt wird, Betragsrahmengebühren entstehen. Weil das Verfahren über die Prozesskostenhilfe und das Verfahren, für das die Prozesskostenhilfe beantragt worden ist, nach **§ 16 Nr. 2** dieselbe Angelegenheit sind, kann der Rechtsanwalt die **Verfahrensgebühr** nur einmal fordern (vgl. § 15 Abs. 2 Satz 1). Im Regelfall wird diese wegen des bei den Nrn. 3102, 3204 und 3212 **deutlich höheren Gebührenrahmens** dazu führen, dass die im Prozesskostenhilfeverfahren verdiente Verfahrensgebühr in der Verfahrensgebühr des Hauptsacheverfahrens aufgeht.

4 Im Rahmen der Prüfung des **§ 115 Abs. 3 ZPO** ist in der jeweiligen Instanz nur von den **im Regelfall** anfallenden Gebühren auszugehen. Dies sind in Verfahren vor dem LSG und BSG die Verfahrens- und Terminsgebühr, im erstinstanzlichen Verfahren kommt noch die Geschäftsgebühr hinzu (vgl. auch Landessozialgericht Rheinland-Pfalz, Beschl. v. 09. 02. 2005, Az.: L 1 AL 200/05).

Nr. 3337 VV
Vorzeitige Beendigung des Auftrags im Fall der Nrn. 3324 bis 3327 und 3335

Nr.	Gebührentatbestand	Gebühr oder Satz der Gebühr nach § 13 RVG
3337	Vorzeitige Beendigung des Auftrags im Fall der Nummern 3324 bis 3327, 3334 und 3335: Die Gebühren 3324 bis 3327, 3334 und 3335 betragen ...... Eine vorzeitige Beendigung liegt vor, 1. wenn der Auftrag endigt, bevor der Rechtsanwalt den das Verfahren einleitenden Antrag oder einen Schriftsatz, der Sachanträge, Sachvortrag oder die Zurücknahme des Antrags enthält, eingereicht oder bevor er für seine Partei einen gerichtlichen Termin wahrgenommen hat, oder 2. soweit lediglich beantragt ist, eine Einigung der Parteien zu Protokoll zu nehmen.	0,5

Inhaltsübersicht

	Rn.		Rn.
A. Allgemeines	1	Einreichen eines Schriftsatzes oder Wahrnehmung eines gerichtlichen Termins	8
B. Kommentierung	4	2. Antrag auf gerichtliche Protokollierung einer Einigung der Parteien	12
I. Anwendungsbereich	4		
1. Vorzeitige Beendigung des Auftrags, vor			

A. Allgemeines

Nr. 3337 entspricht vom Grundgedanken her der Regelung in Nr. 3101 (es wird daher ausdrücklich auf die umfangreiche und ausführliche Kommentierung von Bischof zu Nr. 3101 in diesem Kommentar verwiesen!). Danach soll eine Gebührenermäßigung der jeweiligen Verfahrensgebühr vorgenommen werden, wenn der Auftrag des Mandanten vorzeitig endet. 1

Wie Nr. 3101 stellt auch Nr. 3337 eine Ausnahmeregelung zu § 15 Abs. 4 dar, wonach einmal verdiente Gebühren nicht wegfallen können. 2

Ebenso wie in Nr. 3101 soll die Tätigkeit des Anwalts geringer als mit einer vollen Verfahrensgebühr honoriert werden, wenn er »lediglich« beantragt, eine Einigung der Parteien zu Protokoll zu nehmen. 3

B. Kommentierung

I. Anwendungsbereich

Nr. 3337 nennt folgende Verfahren, in denen sich die Verfahrensgebühr ermäßigen kann: 4

Nr. 3324 (Aufgebotsverfahren), Nr. 3325 (Verfahren nach § 319 Abs. 6 AktG, auch in Verbindung mit § 327 e Abs. 2 AktG, Verfahren nach § 16 Abs. 3 UmwG), Nr. 3326 (Schiedsverfahren vor den Arbeitsgerichten), Nr. 3327 (Schiedsverfahren), Nr. 3334 (Räumungsfristverfahren) und Nr. 3335 (Verfahrensgebühr im Prozesskostenhilfebewilligungsverfahren). 5

Eine Ermäßigung der anderen Verfahren des 6. Unterabschnitts ist nicht vorgesehen, allein schon deshalb, weil die Gebühren in diesen anderen Verfahren nur 0,5 oder weniger (Nr. 3333 – 0,4) betragen. 6

7 Kriterium für die Reduzierung der genannten Gebühren ist die »vorzeitige Beendigung« des Auftrags. Ein Auftrag kann vorzeitig enden durch

– Kündigung des Auftrags durch den Auftraggeber oder den Anwalt;
– Erledigung der Angelegenheit, z. B. durch Erfüllung des Anspruchs;
– Tod des Einzelanwalts oder Ende seiner Zulassung;
– Tod oder Geschäftsunfähigkeit des Auftraggebers (vgl. Bischof in diesem Kommentar Nr. 3101 Rn. 12).

Zum Zeitpunkt des erledigenden Ereignisses vgl. ebenfalls ausführlich Bischof in diesem Kommentar (insb. § 8 Rn. 17, 21 ff.).

1. Vorzeitige Beendigung des Auftrags, vor Einreichen eines Schriftsatzes oder Wahrnehmung eines gerichtlichen Termins

8 Der Anwalt erhält eine volle Verfahrensgebühr, wenn er einen den das Verfahren einleitenden Antrag oder einen Schriftsatz, der Sachanträge, Sachvortrag oder die Zurücknahme des Antrags enthält, bei Gericht eingereicht hat. Dies ergibt sich aus dem Umkehrschluss zu Anmerkung Nr. 1 Hs. 1. Diese Anträge müssen bei Gericht eingegangen sein (*Mayer* in Mayer/Kroiß RVG VV 3101 Rn. 10; *Mock* in Gebauer/Schneider RVG 1. Aufl. VV 3337 Rn. 10).

9 Kommt es gerade nicht zu den in Anmerkung Nr. 1 genannten Tätigkeiten, endet der Auftrag des Anwalts also, bevor er einen den das Verfahren einleitenden Antrag oder einen Schriftsatz, der Sachanträge, Sachvortrag oder die Zurücknahme des Antrags enthält, eingereicht hat, so betragen die Gebühren Nrn. 3324 bis 3327, Nrn. 3334 und 3335 nur 0,5.

10 Hat der Anwalt für den Mandanten einen gerichtlichen Termin wahrgenommen, so erhält er die volle Verfahrensgebühr nach den Nrn. 3324 bis 3327, Nrn. 3334 und 3335. Auch dies ergibt sich aus dem Umkehrschluss zu Anmerkung 1 Hs. 2. Endet der Auftrag des Mandanten nach einer Terminswahrnehmung, so ermäßigen sich die Gebühren Nrn. 3324 bis 3327, Nrn. 3334 und 3335 gerade nicht.

11 Nimmt der Anwalt an einer Besprechung i. S. v. VV Vorbemerkung 3 Abs. Alt. 3 teil, d. h. an einer Besprechung, die der Vermeidung oder Erledigung des Verfahrens ohne Beteiligung des Gerichtes dient, und endet der Auftrag des Anwalts sodann, ohne dass ein Antrag i. S. d. Nrn. 3324 bis 3327, Nrn. 3334 und 3335 bei Gericht eingereicht worden ist, so ermäßigen sich die genannten Verfahrensgebühren ebenfalls. Dies ergibt sich aus der ausdrücklichen Regelung in Anmerkung 1, dass nur die Teilnahme an einem gerichtlichen Termin die Gebührenermäßigung nicht entstehen lassen soll.

2. Antrag auf gerichtliche Protokollierung einer Einigung der Parteien

12 Die Regelung entspricht Nr. 3101 Nr. 2, soweit lediglich eine Einigung der Parteien protokolliert werden soll. Weitere Anwendungsgebiete wie in Nr. 3101 Nr. 2 sind nicht genannt.

13 Dies bedeutet zum einen, dass der Anwalt die Gebühr Nr. 3337 Anm. 2 erhält, der lediglich beauftragt wurde, in den Fällen der Nrn. 3324 bis 3327, Nrn. 3334 und 3335 eine Einigung der Parteien zu Protokoll zu nehmen.

14 Andererseits fehlt in Nr. 3337 ein Hinweis auf die Anmerkung zu Nr. 3101, wonach eine ermäßigte Verfahrensgebühr (= Differenzverfahrensgebühr) entstehen kann, wenn lediglich beantragt ist, eine Einigung der Parteien oder mit Dritten über in diesem Verfahren nicht rechtshängige Ansprüche zu Protokoll zu nehmen. Eine ermäßigte Verfahrensgebühr gem. Nr. 3337 entsteht nur dann, wenn lediglich beantragt ist, eine Einigung der Parteien zu Protokoll zu nehmen. Da der Hinweis auf »nicht rechtshängige Ansprüche« fehlt, unterfallen Vergleiche, die derartige Ansprüche mit einbeziehen, nicht Nr. 3337. Dies hat der Gesetzgeber offensichtlich auch so gewollt. Denn in den Nrn. 3209, 3301, 3303 (jeweils Ermäßigung der Verfahrens-

gebühren bei vorzeitiger Beendigung) ist in den Anmerkungen jeweils ein Verweis auf Nr. 3101 zu finden.

Diese Auffassung ist allerdings streitig: Ebenso *Gierl* in Mayer/Kroiß RVG VV 3337 Rn. 6. Anderer Ansicht ist *Mock* in Gebauer/Schneider RVG 1. Aufl. VV 3337 Rn. 34, der davon ausgeht, dass Nr. 3337 in ihrem Wortlaut auf Nr. 3101 Nr. 2 verweist, auch wenn die dort genannten Alternativen nicht ausdrücklich aufgeführt sind. 15

Abschnitt 4 – Einzeltätigkeiten

ABSCHNITT 4
EINZELTÄTIGKEITEN

Vorbemerkung 3.4 VV

Nr.	Gebührentatbestand	Gebühr oder Satz der Gebühr nach § 13 RVG
	Abschnitt 4 **Einzeltätigkeiten**	
	Vorbemerkung 3.4: (1) Für in diesem Abschnitt genannte Tätigkeiten entsteht eine Terminsgebühr nur, wenn dies ausdrücklich bestimmt ist. (2) Im Verfahren vor den Sozialgerichten, in denen Betragsrahmengebühren entstehen (§ 3 RVG), vermindern sich die in den Nummern 3400, 3401, 3405 und 3406 bestimmten Höchstbeträge auf die Hälfte, wenn eine Tätigkeit im Verwaltungsverfahren oder im weiteren, der Nachprüfung des Verwaltungsakts dienenden Verwaltungsverfahren vorausgegangen ist. Bei der Bemessung der Gebühren ist nicht zu berücksichtigen, dass der Umfang der Tätigkeit infolge der Tätigkeit im Verwaltungsverfahren oder im weiteren, der Nachprüfung des Verwaltungsakts dienenden Verwaltungsverfahren geringer ist.	

A. Allgemeines

1   Abschnitt 4 des VV in Teil 3 befasst sich mit den Gebührenansprüchen für **Einzeltätigkeiten** des Rechtsanwalts, wenn er in den in Teil 3 VV genannten Verfahren tätig wird. Eine Anwendung dieses Abschnitts setzt daher immer voraus, dass der Rechtsanwalt nicht sonst mit der Vertretung als Prozessbevollmächtigter insgesamt betraut ist.

2   In Abs. 1 der Vorbemerkung 3 Abs. 4 ist bestimmt, dass bei den in diesem Abschnitt geregelten Einzeltätigkeiten eine Terminsgebühr nur entstehen kann, wenn dies ausdrücklich bestimmt ist. Zur Frage, die damit für den Verkehrsanwalt aufgeworfen wird, vgl. die Kommentierung unter Nr. 3400 Rn. 34 ff.

3   Die Regelung in Abs. 2 der Vorbemerkung 3.4 (Halbierung der Betragsrahmengebühren in bestimmten sozialgerichtlichen Verfahren (§ 3 RVG) bei Einzeltätigkeiten), wenn eine Tätigkeit im Verwaltungsverfahren im weiteren, der Nachprüfung des Verwaltungsakts dienenden Verwaltungsverfahren vorausgegangen ist, erfolgt statt der in Vorbem. 3 Abs. 4 geregelten Anrechnungsvorschrift. Dies gilt jedoch auch nur in den Fällen, in denen der Anwalt eine Einzeltätigkeit im gerichtlichen Verfahren vornimmt. Tritt der Rechtsanwalt als Prozessbevollmächtigter vor den Sozialgerichten auf, erhält er die Gebühren nach Teil 3 Abschnitt 1 und hat dementsprechend die Anrechnungsvorschrift nach Vorbem. 3 Abs. 4 zu beachten. Zur Frage, wann Rahmengebühren in sozialgerichtlichen Verfahren entstehen, vgl. auch die Kommentierung unter § 3 RVG.

4   Abs. 2 der Vorbemerkung 3.4 bezieht sich auf die Vergütungsverzeichnis-Nummern:

   – 3400 (Verkehrsanwalt / Korrespondenzanwalt)
   – 3401 (Unterbevollmächtigter / Terminsvertreter)
   – 3405 (Vorzeitige Beendigung)
   – 3406 (Einzeltätigkeiten in sozialgerichtlichen Angelegenheiten).

Nr. 3400 VV

Nr.	Gebührentatbestand	Gebühr oder Satz der Gebühr nach § 13 RVG
3400	Der Auftrag beschränkt sich auf die Führung des Verkehrs der Partei mit dem Verfahrensbevollmächtigten: Verfahrensgebühr.. Die gleiche Gebühr entsteht auch, wenn im Einverständnis mit dem Auftraggeber mit der Übersendung der Akten an den Rechtsanwalt des höheren Rechtszugs gutachterliche Äußerungen verbunden sind.	in Höhe der dem Verfahrensbevollmächtigten zustehenden Verfahrensgebühr, höchstens 1,0, bei Betragsrahmengebühren höchstens 260,00 EUR

Inhaltsübersicht

	Rn.
A. Allgemeines	1
B. Kommentierung	5
I. Anwendungsbereich	5
II. Der Tatbestand im Einzelnen	9
1. Verkehrsanwalt/Korrespondenzanwalt	9
a) Führung des Verkehrs der Partei mit dem Verfahrensbevollmächtigten	9
b) Erweiterung der Postulationsfähigkeit	14
2. Einmaligkeitsgrundsatz	18
3. Verfahrensgebühr (Nr. 3400)	20
a) Wertgebühren	20
b) Rahmengebühren	22
c) Kappungsgrenze	25
d) Erhöhung	27
e) Berufungs- und Revisionsverfahren	29
f) Beschwerdeverfahren	30
g) Vorzeitige Beendigung	31
4. Weitere Gebühren	34
a) Terminsgebühr	35
b) Einigungsgebühr	39
c) Differenzverfahrensgebühr	43
d) Weitere Einzeltätigkeiten	45
5. Wechsel in der Position des Anwalts	46
6. Anrechnung	47
7. Übersendung der Handakte mit gutachterlichen Äußerungen	48
a) Übersendung der Handakte	48
b) Gutachterliche Äußerungen	50
c) Zeitlicher Zusammenhang	54
d) Übersendung an Anwalt höherer Instanz	58
8. Erstattungsfähigkeit	59
a) Gebühr Nr. 3400	59
aa) Grundsatz	59
bb) Verkehrsanwalt im Berufungsverfahren	65
cc) Verkehrsanwalt und PKH	69
dd) Erstattungsfähigkeit der Terminsgebühr?	81
ee) Erstattungsfähigkeit der Einigungsgebühr?	82
ff) Rechtsschutzversicherer	83
gg) Ausländischer Verkehrsanwalt	85
b) Gebühr nach Anmerkung zu Nr. 3400	86

A. Allgemeines

Nr. 3400 regelt den Vergütungsanspruch des Verkehrsanwalts, der je nach Region auch Korrespondenzanwalt genannt wird. Vom Verkehrsanwalt ist der Terminsvertreter bzw. Unterbevollmächtigte zu unterscheiden, vgl. insoweit die Kommentierung unter Nrn. 3401 u. 3402. **1**

Neben dem Verkehrsanwalt, der den Schriftverkehr mit der Partei führt, gibt es den Prozessbevollmächtigten (Verfahrensbevollmächtigten), der die Schriftsätze bei Gericht einreicht und im Termin auftritt und verhandelt. Der Verkehrsanwalt tritt als Mittelsmann zwischen Partei und Verfahrensbevollmächtigtem auf bzw. sorgt für die Übersendung der Handakten in Verbindung mit gutachterlichen Äußerungen (vgl. Rn. 47 f.). **2**

Nr. 3400 VV

3 Bei einer vorzeitigen Beendigung des Auftrags folgt aus Nr. 3405, dass die Gebühr nach Nr. 3400 bei Wertgebühren höchstens 0,5 und bei Betragsrahmengebühren höchstens € 130,– beträgt.

4 Ein Verkehrsanwalt kann in allen Instanzen bestellt werden. An der Entstehung der Gebühren ändert dies nichts. Was die Erstattungsfähigkeit von Mehrkosten betrifft, wird auf die Kommentierung unter Rn. 59 ff. verwiesen.

B. Kommentierung

I. Anwendungsbereich

5 Nr. 3400 findet Anwendung, soweit sich der Auftrag darauf beschränkt, dass der Rechtsanwalt die Führung des Verkehrs der Partei mit dem Verfahrensbevollmächtigten übernimmt. Die Bestellung zum Prozessbevollmächtigten schließt eine Tätigkeit als Verkehrsanwalt aus. Der Verkehrsanwalt hat den Auftrag, mit dem Prozessbevollmächtigten und der Partei die Korrespondenz zu führen.

6 Nr. 3400 gilt für sämtliche Angelegenheiten des Teils 3 VV (aber auch nur für diese), somit
 – bürgerliche Rechtsstreitigkeiten (einschl. Arrest- und einstweilige Verfügung),
 – Arbeitsgerichtsverfahren,
 – Verwaltungsstreitigkeiten,
 – Finanzgerichtssachen,
 – Sozialgerichtsverfahren,
 – Verfahren der freiwilligen Gerichtsbarkeit.

7 Nr. 3400 gilt nicht bei außergerichtlicher Tätigkeit, da Nr. 3400 in Teil 3 des VV geregelt ist, der sich ausschließlich mit gerichtlichen Gebühren befasst.

8 Für die Tätigkeit in Beschwerdeverfahren vgl. Rn. 30.

II. Der Tatbestand im Einzelnen

1. Verkehrsanwalt/Korrespondenzanwalt

a) Führung des Verkehrs der Partei mit dem Verfahrensbevollmächtigten

9 Der Verkehrs-/Korrespondenzanwalt ist zweiter Anwalt neben dem Verfahrens-/Prozessbevollmächtigten. Seine Aufgabe besteht darin, den Verkehr der Partei mit dem Verfahrensbevollmächtigten zu führen und diesen sowie die Partei mit Informationen zu versorgen. Dabei ist für den Anfall der Verfahrensgebühr Nr. 3400 erforderlich, dass der Auftrag für das gesamte Verfahren erteilt worden ist und nicht lediglich um einmalige Übersendung irgendwelcher Unterlagen gebeten wird (Gerold/Schmidt/Müller-Rabe RVG 18. Aufl. 2008 VV 3400 Rn. 13).

10 Vertritt der Rechtsanwalt sich selbst, kann er trotz § 91 Abs. 2 Satz 3 ZPO die Verfahrensgebühr als Verkehrsanwalt nicht verdienen, da es an einem erforderlichen Dreiecksverhältnis fehlt (Gerold/Schmidt/Müller-Rabe RVG 18. Aufl. 2008 VV 3400 Rn. 15).

Weitere Tätigkeiten, bei denen die Entstehung der Verkehrsanwalts-Verfahrensgebühr fraglich sein könnte:
 – Testamentsvollstrecker – nein (OLG München JurBüro 1994, 546)
 – Nachlassverwalter (Gerold/Schmidt/Müller-Rabe RVG 18. Aufl. 2008 VV 3400 Rn. 16)
 – Insolvenzverwalter (Hansens JurBüro 1998, 37)

– gesetzlicher Vertreter einer juristischen Person (strittig, wohl nein, wenn er einziger Vertreter oder zuständig für die Informationsvermittlung im Unternehmen ist, Gerold/Schmidt/Müller-Rabe RVG 18. Aufl. 2008 VV 3400 Rn. 17)
– gesetzlicher Vertreter einer natürlichen Person (bejahend Müller-Rabe in Gerold/Schmidt/Müller-Rabe RVG 18. Aufl. 2008 VV 3400 Rn. 18)
– überörtliche Sozietät (verneinend Müller-Rabe in Gerold/Schmidt/Müller-Rabe RVG 18. Aufl. 2008 VV 3400 Rn. 21).

Den Verkehrsanwalt trifft die Pflicht, im Rahmen des Anwaltsvertrags die Informationen sorgfältig zu übermitteln und ggf. den Prozessbevollmächtigten auf eine notwendige Substantiierung des Vortrags hinzuweisen. Eine dem Verkehrsanwalt obliegende Überwachungspflicht (BGH VersR 1988, 418 = FamRZ 1988, 94) endet mit der Übernahme des Prozessmandats durch den Prozessbevollmächtigten (BGH VersR 1990, 801). Der Prozessanwalt hat die Pflicht zum ordnungsgemäßen prozessualen Handeln gegenüber dem Prozessgericht, und zwar auch dann, wenn der Verkehrsanwalt das Abfassen der Schriftsätze übernommen hat (BGH NJW 1988, 1079; OLG Frankfurt, NJW-RR 2003, 709). Bei Unklarheiten des ihm erteilten Auftrags hat der Prozessanwalt den Verkehrsanwalt um Klarstellung zu ersuchen; dagegen ist er grundsätzlich nicht verpflichtet, unter Umgehung des Verkehrsanwalts den Mandanten selbst um Auskunft zu bitten, BGH, Urt. v. 20. 07. 2006, Az.: IX ZR 47/04 FamRZ 2006, 1517 = BRAK-Mitt 2006, 272 = MDR 2007, 272 (vgl. zu den Pflichtenkreisen des Prozessbevollmächtigten und des Verkehrsanwalts auch: BGH, Urt. v. 17. 12. 1987, Az.: IX ZR 41/86 NJW 1988, 1079 unter 4 b; Beschl. v. 08. 03. 2005, Az.: VIII ZB 55/04 – BGH-Report 2005, 947 unter II 3 a bb; OLG Frankfurt OLGR 1993, 90). 11

Mit der Verfahrensgebühr nach Nr. 3400 sind sämtliche Tätigkeiten des Verkehrsanwalts abgegolten, da es sich um eine Pauschgebühr handelt, § 15 Abs. 1 RVG. Derartige Tätigkeiten können z. B. sein: 12

– Entgegennahme der Information
– Beratung im Laufe des Verfahrens
– Akteneinsicht
– Besprechung der Angelegenheit mit dem Auftraggeber
– Besprechungen mit dem Verfahrensbevollmächtigten
– Schriftverkehr mit dem Auftraggeber
– Schriftverkehr mit dem Verfahrensbevollmächtigten
– Weiterleitung von Informationen an den Verfahrensbevollmächtigten
– Vorbereitung/Entwurf von Schriftsätzen.

Tätigkeiten, die nach § 19 RVG zum Rechtszug gehören, können nach § 15 Abs. 2 Satz 2 RVG nicht gesondert abgerechnet werden.

Inwieweit andere Gebühren (z. B. eine Termins- oder Einigungsgebühr) entstehen können, vgl. unter Rn. 35 u. 39. 13

b) Erweiterung der Postulationsfähigkeit

Nach altem Recht mussten sich die Parteien vor den Landgerichten und den Gerichten des höheren Rechtszugs durch einen beim Prozessgericht zugelassenen RA als Bevollmächtigten vertreten lassen. Inzwischen hat sich durch das Gesetz zur Stärkung der Selbstverwaltung der Rechtsanwaltschaft ((RASvStG) vom 26. 03. 2007, BGBl I, S. 358, in Kraft getreten am 01. 06. 2007) für die Rechtsanwälte die Situation nochmals verändert (vgl. Rn. 15 zur aktuellen Rechtslage). 14

Seit dem 01. 01. 2000 war die Postulationsfähigkeit der Rechtsanwälte zunächst derart erweitert worden, dass vor den **Landgerichten** sich die Parteien durch einen bei einem Amts- oder Landgericht zugelassenen RA als Bevollmächtigten vertreten lassen konnten (§ 78 Abs. 1 ZPO). Mit der Zulassung zur Anwaltschaft wird der Rechtsanwalt auf Antrag an seinem Heimatgericht (Kanzleisitz) beim zuständigen Amts- und Landgericht (§ 23 BRAO) zugelassen. 15

Nr. 3400 VV

Auftreten/verhandeln durfte er damit vor allen Amts- und Landgerichten in ganz Deutschland (Postulationsfähigkeit). Für die Vertretung vor den **Oberlandesgerichten** galt ab 01.08.2002, dass ein Rechtsanwalt, der an einem OLG zugelassen ist, vor allen OLG's in Deutschland auftreten (verhandeln) darf (Gesetz zur Änderung des Rechts der Vertretung durch Rechtsanwälte vor den Oberlandesgerichten (OLG-Vertretungsänderungsgesetz – OLGVertrÄndG) vom 23.07.2002, BGBl. I (Nr. 53), S. 2850). Die Zulassung zum »Heimat«-OLG erhielt der Rechtsanwalt auf Antrag, wenn er fünf Jahre als Anwalt zugelassen war, § 20 Abs. 1 Nr. 2 BRAO a. F. § 25 BRAO, der die Singularzulassung regelte, galt für bestehende Zulassungen nur bis zum 30.06.2002 fort, da das Bundesverfassungsgericht am 13.12.2000 § 25 BRAO mit Artikel 12 Abs. 1 GG für unvereinbar erklärt hat (BVerfG, Urt. v. 13.12.2000, Az.: 1 BvR 335/97). Seit dem 01.07.2002 ist daher in allen Bundesländern die Simultanzulassung möglich.

16 Nach § 6 BRAO n. F. ist der Antrag auf Zulassung zur Rechtsanwaltschaft bei der zuständigen Rechtsanwaltskammer zu stellen; diese nimmt auch die Vereidigung vor, § 12a BRAO. § 20 BRAO wurde aufgehoben, der die Versagung der Zulassung vor den OLG's bei nicht fünfjähriger Tätigkeit als Rechtsanwalt vorsah. Ein Rechtsanwalt kann daher seit dem 01.07.2006 ab dem Tage seiner Zulassung vor allen Gerichten, mit Ausnahme des Bundesgerichtshofs, auftreten. Nur der Bundesgerichtshof fordert noch eine besondere BGH-Zulassung.

17 Die Fälle der Beauftragung eines Verkehrsanwalts haben bereits seit dem In-Kraft-Treten des OLG-Vertretungsänderungsgesetzes drastisch abgenommen. Tatsächlich notwendig ist ein Verkehrsanwalt in Revisionsverfahren vor dem Bundesgerichtshof oder in den Fällen, wenn man gezielt einen Prozessbevollmächtigten vor Ort am auswärtigen Gericht, der sich mit den dortigen Usancen auskennt, beauftragt, auch wenn man selbst dort auftreten könnte.

2. Einmaligkeitsgrundsatz

18 Nach § 15 Abs. 2 RVG erhält der Rechtsanwalt in derselben Angelegenheit die Gebühren nur einmal. Die gilt auch für die Verkehrsanwaltsgebühr nach Nr. 3400. Unabhängig davon, dass die Gebühr nur einmal berechnet werden kann, entsteht sie dennoch für jede Tätigkeit im Rahmen des Auftrags als Verkehrsanwalt, somit durchaus mehrmals. Sie kann jedoch wegen § 15 Abs. 2 RVG nur einmal abgerechnet werden.

19 Die Verkehrsgebühr kann jedoch dann mehrmals anfallen, wenn verschiedene oder besondere Angelegenheiten nach §§ 17, 18 RVG vorliegen.

3. Verfahrensgebühr (Nr. 3400)

a) Wertgebühren

20 Nach Nr. 3400 erhält der Verkehrsanwalt eine Verfahrensgebühr in Höhe der dem Verfahrensbevollmächtigten (Prozessbevollmächtigten) zustehenden Verfahrensgebühr, höchstens jedoch eine solche in Höhe von 1,0.

21 Damit können sich beispielsweise folgende Verfahrensgebühren ergeben:

Verfahrensbevollmächtigter	Verkehrsanwalt
1,3 Verfahrensgebühr Nr. 3100	1,0 Verfahrensgebühr Nr. 3400
0,8 Verfahrensgebühr Nr. 3101	0,8 Verfahrensgebühr Nr. 3101
1,6 Verfahrensgebühr Nr. 3200	1,0 Verfahrensgebühr Nr. 3400
1,1 Verfahrensgebühr Nr. 3201	1,0 Verfahrensgebühr Nr. 3400
1,6 Verfahrensgebühr Nr. 3206	1,0 Verfahrensgebühr Nr. 3400

Verfahrensbevollmächtigter	Verkehrsanwalt
1,1 Verfahrensgebühr Nr. 3207	1,0 Verfahrensgebühr Nr. 3400
2,3 Verfahrensgebühr Nr. 3208	1,0 Verfahrensgebühr Nr. 3400
1,8 Verfahrensgebühr Nr. 3209	1,0 Verfahrensgebühr Nr. 3400

b) Rahmengebühren

Beschränkt sich der Auftrag auf die Führung des Verkehrs der Partei mit dem Verfahrensbevollmächtigten, erhält der Rechtsanwalt, wenn Betragsrahmengebühren entstehen, eine solche in Höhe von höchstens € 260,00. 22

Danach können sich beispielsweise folgende Verfahrensgebühren ergeben: 23

Verfahrensgebühr Verfahrensbevollmächtigter	Verfahrensgebühr Verkehrsanwalt
40,00 bis € 460,00, Nr. 3102	höchstens € 260,00 Nr. 3400
20,00 bis € 320,00, Nr. 3103	höchstens € 260,00 Nr. 3400
50,00 bis € 570,00, Nr. 3204	höchstens € 260,00 Nr. 3400
20,00 bis € 380,00, Nr. 3205	höchstens € 260,00 Nr. 3400
80,00 bis € 800,00, Nr. 3212	höchstens € 260,00 Nr. 3400
40,00 bis € 700,00, Nr. 3213	höchstens € 260,00 Nr. 3400

In Verfahren vor den Sozialgerichten, in denen Betragsrahmengebühren entstehen (§ 3 RVG), vermindert sich der in der Nr. 3400 bestimmte Höchstbetrag auf die Hälfte (€ 130,–), wenn eine Tätigkeit im Verwaltungsverfahren oder im weiteren, der Nachprüfung des Verwaltungsakts dienenden Verwaltungsverfahren vorausgegangen ist, Vorbem. 3.4. Abs. 2 Satz 1 VV RVG. Bei der Bemessung der Gebühr ist nicht zu berücksichtigen, dass der Umfang der Tätigkeit infolge der Tätigkeit im Verwaltungsverfahren oder im weiteren, der Nachprüfung des Verwaltungsakts dienenden Verwaltungsverfahren geringer ist. 24

c) Kappungsgrenze

Die Verfahrensgebühr des Verkehrsanwalts ist auf höchstens 1,0 bzw. höchstens € 260,00 beschränkt. 25

Wenig überzeugend führt der Gesetzgeber zu dieser neuen Kappungsgrenze aus (BT-Drs. 15/1971, zu Nr. 3400, S. 218): »*Die Höhe der Gebühr soll jedoch auf höchstens 1,0, bei Betragsrahmengebühren auf 260,00 Euro begrenzt werden, weil sich der Wegfall der Beweisgebühr bei dem Verkehrsanwalt nicht auswirkt.*« Was eine Gebührenbegrenzung mit dem Wegfall der Beweisgebühr zu tun haben soll, erschließt sich der Verfasserin nicht. Lautet die Übersetzung dieser Begründung etwa: »Dem Verkehrsanwalt entsteht ja kein Gebührenverlust durch Streichung der Beweisgebühr, einen Verlust soll er aber erfahren, also führen wir eine Kappungsgrenze ein?« Darüber hinaus führt der Wegfall der Beweisgebühr durchaus auch beim Verkehrsanwalt zu Gebühreneinbußen. Denn in der Regel hat der Verkehrsanwalt den Beweisbeschluss, der ihm vom Verfahrensbevollmächtigten übermittelt wurde, geprüft und an die Partei weitergeleitet, wodurch ihm nach herrschender Meinung eine Beweisgebühr zustand (auch wenn Entstehung nicht gleich Erstattungsfähigkeit bedeutet). Im Weiteren heißt es dann in der Gesetzesbegründung – ebenfalls wenig überzeugend – es solle verhindert werden, dass sich die für das Revisionsverfahren vor dem BGH zusätzlich erhöhte Verfahrensgebühr 26

Nr. 3400 VV

für den Verkehrsanwalt auswirkt (BT-Drs. 15/1971 zu Nr. 3400, S. 218). Dieses Ergebnis hätte man durch eine entsprechende Anmerkung auch erreichen, ohne die Verfahrensgebühr für den Verkehrsanwalt generell zu kappen.

d) Erhöhung

27 Die Kappungsgrenze von 1,0 bzw. max. € 260,00 bezieht sich nicht auf eine Erhöhung nach Nr. 1008. Dies bedeutet, dass der Verkehrsanwalt die ihm nach Nr. 3400 zustehende Verfahrensgebühr entsprechend erhöhen kann, wenn er mehrere Personen vertritt, die Auftraggeber sind, somit um 0,3 für jede weitere Person, die Auftraggeber ist, bzw. um Erhöhung des Mindest- und Höchstbetrags um 30 %.

28 Obwohl die Verfasserin der Ansicht ist, dass die Erhöhung nach Nr. 1008 keine eigenständige Gebühr ist, sondern es sich hierbei vielmehr um einen Erhöhungsfaktor handelt, ist die Verkehrsanwaltsgebühr (bei Wertgebühren) nicht bei einer 1,0 Verfahrensgebühr einschl. Erhöhung zu kappen. Denn jeder Anwalt hat für sich und seine Gebühren zu prüfen, ob er mehrere Personen, die Auftraggeber sind, vertritt und dadurch ein höheres Haftungsrisiko hat. Ist dies der Fall, ist die Gebühr zu erhöhen (so auch *Müller-Rabe* in Gerold/Schmidt/Müller-Rabe RVG 18. Aufl. 2008 VV 1008 Rn. 27 (der richtigerweise fordert, dass der Verkehrsanwalt selbst mehrere Auftraggeber haben muss; *Bischof* in dieser Kommentierung unter Nr. 1008 VV Rn. 101 mit fundierter Begründung.

e) Berufungs- und Revisionsverfahren

29 Auch für den Verkehrsanwalt, der in einem Berufungs- oder Revisionsverfahren (z. B. auch vor dem BGH) tätig wird, entsteht die Verfahrensgebühr Nr. 3400 lediglich in Höhe von max. 1,0 bzw. max. € 260,– (ohne Erhöhung).

f) Beschwerdeverfahren

30 In Beschwerdeverfahren entsteht eine Gebühr nach Nr. 3400 nur, wenn der Rechtsanwalt in seiner Funktion als Verkehrsanwalt tätig wird (*Müller-Rabe* in Gerold/Schmidt/ Müller-Rabe RVG 18. Aufl. 2008 VV 3400 Rn. 8). Legt er selbst Beschwerde ein und vertritt somit die Partei im Beschwerdeverfahren, erhält er nicht die Verfahrensgebühr nach Nr. 3400, sondern vielmehr die Gebühr für das entsprechende Beschwerdeverfahren nach Nr. 3500 ff. (*Müller-Rabe* in Gerold/Schmidt/ Müller-Rabe 18. Aufl. 2008 VV 3400 Rn. 8).

g) Vorzeitige Beendigung

31 Endet der Auftrag des Verkehrsanwalts, bevor der Verfahrensbevollmächtigte beauftragt oder der Rechtsanwalt gegenüber dem Verfahrensbevollmächtigten tätig geworden ist, beträgt die Verfahrensgebühr für den Verkehrsanwalt nach Nr. 3405 Nr. 1 höchstens 0,5, bei Betragsrahmengebühren höchstens € 130,00.

32 Sofern der Rechtsanwalt bereits im Verwaltungs- oder im den Verwaltungsakt überprüfenden Nachverfahren tätig war, und dort eine Geschäftsgebühr verdient, kommt Nr. 3405 Nr. 1 auch bei vorzeitiger Beendigung zur Anwendung, so dass sich die Gebühr auf insgesamt € 65,00 reduziert (Gebauer/Schneider VV 3400 Rn. 52).

Fraglich ist, welche Gebühr entsteht, wenn sich die Angelegenheit für den Verfahrensbevollmächtigten vorzeitigt erledigt.

- **Beispiel**

RA K wird von seinem Mandanten aus München aufgesucht. Es ist eine Nichtzulassungsbeschwerde beim BGH einzureichen. RA K weist seinen Mandanten darauf hin, dass ein RA mit BGH-Zulassung zu beauftragen wäre, da er selbst vor dem BGH nicht postulationsfähig ist. RA K erhält den Auftrag, Kontakt mit einem Verfahrensbevollmächtigten in Karlsruhe aufzunehmen und den Schriftverkehr in dieser Angelegenheit zu führen. Er übersendet die Handakte (ohne gutachterliche Äußerungen) an den BGH-Anwalt und erteilt ihm namens und im Auftrag des Mandanten den Auftrag, Nichtzulassungsbeschwerde einzureichen. Der BGH-

Anwalt nimmt den Auftrag an, stellt jedoch bei Fertigung der Nichtzulassungsbeschwerde fest, dass hier keinerlei Erfolgsaussichten gegeben sind. Die Nichtzulassungsbeschwerde wird nicht eingereicht. Der Vergütungsanspruch des BGH-Anwalts beträgt 1,8 nach Nr. 3209 VV.

Welche Gebühr hat nun der Verkehrsanwalt – RA K – verdient: Eine 0,9 Verfahrensgebühr – 33 ausgehend von der konkret entstandenen Verfahrensgebühr des BGH-Anwalts mit 1,8 (so Hansens/Braun/Schneider Praxis des Vergütungsrechts Teil 8 Rn. 363; Müller-Rabe in Gerold/Schmid 18. Aufl. 2008 3400 VV Rn. 37) oder aber eine 1,0 Verfahrensgebühr nach der sogenannten abstrakten Berechnungsmethode (Riedel/Sußbauer-Keller Teil 3 Abschn. 4 Rn. 25, S. 647)? Nach meiner Auffassung kommt es auf die abstrakte Berechnungsmethode an. Was hätte der Verkehrsanwalt verdient, wenn die Nichtzulassungsbeschwerde eingereicht worden wäre. Es liegt bei obigem Beispiel nach meiner Auffassung keine vorzeitige Beendigung für den Verkehrsanwalt vor, der ja tatsächlich bereits Schriftverkehr übermittelt hat und damit die seine Gebühren auslösenden Tätigkeit bereits erfüllt hat. Etwas anderes könnte nur dann gelten, wenn es noch gar nicht zur Übermittlung von Schriftverkehr gekommen ist, beispielsweise, weil der Auftraggeber nur einen Tag nach der Mandatsbesprechung den Auftrag zurückzieht. Dann gilt Nr. 3405 (0,5 Verfahrensgebühr bzw. höchstens € 130,00). Da die vorzeitige Beendigung für den Verkehrsanwalt aber gesondert geregelt ist, kann für den Verkehrsanwalt nicht gesondert noch mal an einen anderen vorzeitigen Beendigungs-Tatbestand angeknüpft werden.

4. Weitere Gebühren

Im Rahmen der Tätigkeit als Verkehrsanwalt können neben der Verfahrensgebühr auch andere Gebühren entstehen. 34

a) Terminsgebühr

Vorbem. 3.4. Abs. 1 VV bestimmt, dass für in diesem Abschnitt genannte Tätigkeiten eine Ter- 35 minsgebühr nur entsteht, wenn dies ausdrücklich bestimmt ist. Für den Verkehrsanwalt ist – im Gegensatz zum Unterbevollmächtigten – eine Terminsgebühr nicht ausdrücklich bestimmt.

Danach kann – folgt man dem Gesetzeswortlaut – eine Terminsgebühr nicht entstehen, und 36 zwar auch nicht eine solche für eine Erledigungsbesprechung, denn Abs. 1 der Vorbem. 3.4. schließt den Anfall einer Terminsgebühr – ohne Eingrenzung auf bestimmte Fälle – generell aus.

Dem Verkehrsanwalt wird jedoch dann eine Terminsgebühr zugebilligt, wenn er den **zusätz-** 37 **lichen** Einzelauftrag erhalten hat, an einem Termin i. S. d. Vorbem. 3. Abs. 3 teilzunehmen (*Müller-Rabe* in Gerold/Schmidt/Müller-Rabe RVG 18. Aufl. 2008 3400 VV Rn. 60; *Schneider/Wolf* VV 3400 Rn. 59, und zwar dann eine solche nach Nr. 3401 VV (Untervollmacht/Terminsvertreter). Als Beispiel führen *Schneider und Mock* (Schneider/Wolf, a. a. O.) den in einem Prozess vor dem LG Hamburg beauftragten Verkehrsanwalt aus Köln an, der an einer Zeugeneinvernahme in Köln teilnimmt. Schneider lässt hier neben der Verfahrensgebühr für den Verkehrsanwalt in Höhe von 1,0 eine Terminsgebühr nach Nr. 3402 in Höhe von 1,2 entstehen (Gebauer/Schneider VV 3400 Rn. 59). Der Rechtsanwalt ist in diesen Fällen im Termin aber nicht in seiner Funktion als Verkehrsanwalt unterwegs, sondern als Terminsvertreter tätig. In solchen Fällen wäre auch § 15 Abs. 5 Satz 1 RVG kein Problem (der Anwalt, der beauftragt wird, in derselben Angelegenheit weiter tätig zu werden, erhält nicht mehr an Gebühren, als er erhalten würde, wenn er von vornherein hiermit beauftragt worden wäre), da beide Gebühren noch unter den Gebühren eines Verfahrensbevollmächtigten bleiben (1,0 Verfahrensgebühr; 1,2 Terminsgebühr – nicht jedoch eine zusätzliche 0,65 Verfahrensgebühr Nr. 3401!).

Zum Anfall einer Terminsgebühr für den Terminsvertreter vgl. auch die Kommentierung unter Nr. 3402 VV Rn. 4 f. 38

Nr. 3400 VV

b) Einigungsgebühr

39 Wirkt der Verkehrsanwalt am Abschluss einer Einigung/eines Vergleichs mit, kann er auch die Einigungsgebühr beanspruchen. Dies wird häufig dann in der Praxis der Fall sein, wenn der Verkehrsanwalt den Auftraggeber vom Widerruf eines widerruflich geschlossenen Vergleichs abrät.

40 Die bloße Übermittlung eines Einigungsvorschlags reicht für den Anfall der Einigungsgebühr nicht aus (*Müller-Rabe* in Gerold/Schmidt/Müller-Rabe RVG 18. Aufl. 2008 VV 3400 Rn. 75). Gibt der Rechtsanwalt jedoch entsprechende Empfehlungen, ist dies als Mitwirkung ausreichend. Zum Anfall einer Einigungsgebühr vgl. auch die Kommentierung unter Nr. 1000.

41 Bei einer Einigung über nicht rechtshängige Ansprüche kann aus dem Wert der rechtshängigen Ansprüche eine 1,0 Einigungsgebühr nach Nr. 1003 neben einer 1,5 Einigungsgebühr nach Nr. 1000 entstehen. Die Begrenzung nach § 15 Abs. 3 RVG (die beiden Einigungsgebühren dürfen addiert nicht höher sein als eine 1,5 Einigungsgebühr aus dem Gesamtstreitwert) ist zu beachten.

42 Zur Frage der Erstattungsfähigkeit einer Einigungsgebühr vgl. Rn. 82.

c) Differenzverfahrensgebühr

43 Wird ein sogenannter Mehrvergleich oder Überhangvergleich (Vergleich auch über nicht rechtshängige Ansprüche) geschlossen, stellt sich die Frage, welche Gebühr der Verkehrsanwalt berechnen kann.

44 • **Beispiel**
Der Verkehrsanwalt hat den Auftrag, eine Forderung i. H. v € 20.000,00 durchzusetzen. Er beauftragt RA K zunächst aus Kostengründen nur eine Klage über € 7.000,00 einzureichen. RA K wird auf die weiteren noch nicht rechtshängigen Ansprüche von € 13.000,00 hingewiesen. Ihm wird mitgeteilt, unter welchen Voraussetzungen der Mandant vergleichsbereit wäre. Im Termin wird sodann ein Vergleich geschlossen, in den die gesamten € 20.000,00 einbezogen werden.

Vergütungsanspruch RA K

1,3 Verfahrensgebühr, Nr. 3100 aus € 7.000,00
0,8 Differenzverfahrensgebühr, Nr. 3101 aus € 13.000,00
(Obergrenze § 15 Abs. 3: 1,3 Verfahrensgebühr aus € 20.000,00)
1,2 Terminsgebühr, Nr. 3104 aus € 20.000,00
1,0 Einigungsgebühr, Nr. 1003 aus € 7.000,00
1,5 Einigungsgebühr, Nr. 1000 aus € 13.000,00
(Obergrenze § 15 Abs. 3: 1,5 Einigungsgebühr aus € 20.000,00)
PT-Pauschale, USt.

Vergütungsanspruch Verkehrsanwalt

1,0 Verfahrensgebühr, Nr. 3400 i. V. m. 3100 aus € 7.000,00
0,8 Differenzverfahrensgebühr, Nr. 3101 Nr. 1 VV
(Obergrenze § 15 Abs. 3: 1,3 Verfahrensgebühr aus € 20.000,00)
PT-Pauschale, USt.
1,0 Einigungsgebühr, Nr. 1003 aus € 7.000,00
1,5 Einigungsgebühr, Nr. 1000 aus € 13.000,00
(Obergrenze § 15 Abs. 3: 1,5 Einigungsgebühr aus € 20.000,00)

Anmerkung: Die 0,8 Differenzverfahrensgebühr nach Nr. 3101 Nr. 2 kann der Verkehrsanwalt m. E. nicht verdienen, da diese Gebühr eine konkrete Tätigkeit vor Gericht voraussetzt. Diese wurde im vorliegenden Beispielsfall jedoch nicht erbracht. Es ist daher m. E. analog

Nr. 3101 Nr. 1 (vorzeitige Beendigung) anzuwenden. Da der Verfahrensbevollmächtigte bereits beauftragt war, kann Nr. 3405 Nr. 1 nicht entstehen. Die Einigungsgebühren entstehen auch für den Verkehrsanwalt, weil er im Beispielfall an dem Zustandekommen des Vergleichs ursächlich mitgewirkt hat.

d) Weitere Einzeltätigkeiten

Sofern der RA weitere Einzeltätigkeiten (z. B. Einholung einer vollstreckbaren Ausfertigung) erbringt, kann er nicht zusätzlich die Verfahrensgebühr Nr. 3403 abrechnen, da derartige Einzeltätigkeiten mit der Verkehrsgebühr abgegolten sind (*Müller-Rabe* in Gerold/Schmidt/von Eicken/Madert/Müller-Rabe VV 3400 Rn. 66). 45

5. Wechsel in der Position des Anwalts

Wird der Rechtsanwalt zunächst als Verkehrsanwalt, dann als Verfahrensbevollmächtiger in derselben Angelegenheit tätig, erhält er die Verfahrensgebühr in Höhe von 1,3 nach Nr. 3100 (1. Instanz) und nicht eine solche nach Nr. 3400 gesondert. Das gilt auch bei überörtlicher Sozietät (*Müller-Rabe* in Gerold/Schmidt/Müller-Rabe RVG 18. Aufl. 2008 VV 3400 Rn. 71). 46

6. Anrechnung

Hat der Verkehrsanwalt zunächst eine Mahnverfahrensgebühr nach Nr. 3300 verdient und wird er sodann im streitigen Verfahren Verkehrsanwalt, ist die entstandene Mahnverfahrensgebühr auf die Verfahrensgebühr nach Nr. 3400 anzurechnen. 47

7. Übersendung der Handakte mit gutachterlichen Äußerungen

a) Übersendung der Handakte

Das reine Übersenden einer Handakte an den Verfahrensbevollmächtigten löst eine Verkehrsanwaltsgebühr nicht aus. Verbindet der Rechtsanwalt jedoch im Einverständnis mit dem Auftraggeber die Übersendung der Akten an den Rechtsanwalt des höheren Rechtszugs mit gutachterlichen Äußerungen, entsteht die Verfahrensgebühr Nr. 3400. Ein entsprechender Auftrag ist somit erforderlich. 48

Unter Handakte kann auch ein entsprechender Auszug der Handakte verstanden werden, der es dem Verfahrensbevollmächtigten ermöglicht, sich ein umfassendes Bild von der Sache und dem Verfahrensablauf der unteren Instanz zu machen. 49

b) Gutachterliche Äußerungen

Gutachterliche Äußerungen sind kein Gutachten. Die Abgrenzung kann in der Praxis schwierig sein. Zur Frage, wann von einem Gutachten gesprochen werden kann, vgl. die Kommentierung unter § 34 (Bischof) bzw. Nr. 2103 a. F. (Jungbauer Anhang III). 50

An gutachterliche Äußerungen sind nicht so strenge Anforderungen zu stellen wie an ein Gutachten. Dies ergibt sich bereits daraus, dass auch der Gesetzgeber das Gutachten höher bewertet (vgl. dazu Nr. 2101 = 1,3 Gebühr) als die gutachterliche Äußerung eines Verkehrsanwalts (max. 1,0). Für Betragsrahmengebühren ist ebenfalls ein höherer Rahmen vorgesehen, vgl. dazu Nr. 2103 = € 40,00 – € 400,00. 51

Gutachterliche Äußerungen sind jedoch mehr als nur eine Darstellung des Sachverhalts. Der Verkehrsanwalt muss auf die rechtliche Problematik hinweisen und ein Mindestmaß an eigener Stellungnahme übermitteln (Schneider/Wolf VV 3400 Rn. 114). 52

Sofern sich Abgrenzungsschwierigkeiten ergeben, sollte der Verkehrsanwalt vor Auftragsannahme klären, nach welcher Vergütungsverzeichnis-Nummer er abzurechnen gedenkt, damit etwaige Missverständnisse im Vorfeld ausgeräumt werden. Auch Müller-Rabe sieht eine Hinweispflicht des Rechtsanwalts gegenüber dem Mandanten, vor allem dann, wenn 53

Nr. 3400 VV

die Notwendigkeit gutachterlicher Äußerungen in Frage steht oder dem Mandanten PKH in 1. Instanz bewilligt worden ist (*Müller-Rabe* in Gerold/Schmidt/Müller-Rabe RVG 18. Aufl. 2008 VV 3400 Rn. 126).

c) Zeitlicher Zusammenhang

54 Teilweise wird gefordert, dass zwischen Übersendung der Handakte und Übersendung der gutachterlichen Äußerungen ein enger zeitlicher Zusammenhang liegt (Gebauer/Schneider VV 3400 Rn. 109). Denkbar ist jedoch, dass zunächst nur der Bitte um Übersendung der Handakte gefolgt wird und erst im Anschluss daran der Auftrag zur Übersendung einer gutachterlichen Äußerung erteilt wird (vgl. auch Hartmann VV 3400 Rn. 46); auch ein späterer Auftrag bei Einlegung eines weiteren Rechtsmittels/Anschlussrechtsmittels eines Prozessbeteiligten ist möglich.

55 Selbstverständlich haben die gutachterlichen Äußerungen so rechtzeitig zu erfolgen, dass sie für den Rechtsanwalt der höheren Instanz noch verwertbar sind.

56 Ein Blick auf die – zum Teil sehr alte – Rechtsprechung zeigt, dass die meisten Abgrenzungsschwierigkeiten in der Frage des erteilten Auftrags zu sehen sind.
- Was ist, wenn die gutachterlichen Äußerungen gegenüber der Partei erfolgen, diese dem späteren Prozessbevollmächtigten diese Äußerungen später vorlegt, der sie auch verwertet? Nicht ausreichend für den Anfall der Verkehrsgebühr (OLG Düsseldorf NJW 1970, 1802), jedoch dürfte möglicherweise eine Gebühr Nr. 2100 angefallen sein.
- Was ist, wenn der Auftrag nicht ausdrücklich erteilt wurde? Reicht ein stillschweigender Auftrag, ggf. auch im Hinblick auf die Vollmacht nach § 81 ZPO, aus? (Nicht ausreichend: BGH JurBüro 1991, 1647).

57 Für die Praxis ist daher zu empfehlen, bei Unklarheiten den erteilten Auftrag zu fixieren und auf den entsprechenden Gebührenanfall sowie die fehlende Erstattungsfähigkeit hinzuweisen. Bei Unklarheiten des ihm erteilten Auftrags hat der Prozessanwalt den Verkehrsanwalt um Klarstellung zu ersuchen; dagegen ist er grundsätzlich nicht verpflichtet, unter Umgehung des Verkehrsanwalts den Mandanten selbst um Auskunft zu bitten BGH, Urt. v. 20. 07. 2006, Az.: IX ZR 47/04 FamRZ 2006, 1517 = BRAK-Mitt 2006, 272 = MDR 2007, 272).

d) Übersendung an Anwalt höherer Instanz

58 Erforderlich ist, dass die Übersendung an einen Anwalt **höherer Instanz** erfolgt, vgl. Anmerkung zu Nr. 3400, d. h. das Berufungs-, Revisions- oder Beschwerdegericht. Die Übersendung der Handakte an einen Anwalt der gleichen instanzlichen Ebene löst daher eine Gebühr nach Nr. 3400 nicht aus, so z. B. bei einem Anwaltswechsel. In solchen Fällen ist der Abschluss einer Vergütungsvereinbarung für die Tätigkeit anzuraten. Nicht erforderlich ist die Übersendung an einen Anwalt der **nächsthöheren** Instanz.

8. Erstattungsfähigkeit

a) Gebühr Nr. 3400

aa) Grundsatz

59 Unabhängig von der Entstehung der Gebühren bei Beauftragung eines Verkehrsanwalts ist die Erstattungsfähigkeit der entstandenen Gebühren. Erstattungsfähig sind Kosten grundsätzlich dann, wenn (und soweit) sie zur zweckentsprechenden Rechtsverfolgung oder Rechtsverteidigung notwendig waren (§ 91 Abs. 1 Satz 1 ZPO). Dabei sind die Anforderungen an die Erstattungsfähigkeit von Verkehrsanwaltskosten auch in aktueller Zeit (seit 2002) nicht herabzusetzen (BGH, Beschl. v. 21. 09. 2005, Az.: IV ZB 11/04, VersR 2006, 136 = NJW 2006, 301 = NZV 2006, 191 = r + s 2006, 350; vgl. dazu auch BGH, Beschl. v. 04. 08. 2004, Az.: XII ZA 6/04, NJW-RR 2004, 1662 und v. 14. 09. 2004, Az.: VI ZB 37/04, VersR 2005, 997 unter 2 b.

Wie bereits unter Rn. 15 vorgetragen, wird der Verkehrsanwalt – außerhalb des BGH – nur noch selten zum Einsatz kommen. Denkbar sind folgende Fälle:

– Vertretung im Revisions-, Rechtsbeschwerde oder Nichtzulassungsbeschwerdeverfahren vor dem BGH, da dort nur der BGH-Anwalt auftreten darf: Hier dürften die vom BGH aufgestellten Grundsätze zur Erstattungsfähigkeit bei Vertretung im Berufungsverfahren zur Anwendung kommen, vgl. Rn. 29.
– Vertretung in einem Berufungsverfahren, vgl. Rn. 29.
– Vertretung in einem Verfahren 1. Instanz, weil der Verkehrsanwalt vor dem Gericht nicht auftreten möchte, da er z. B. schlechte Erfahrungen bei einer früheren Vertretung in anderer Sache mit dem zuständigen Gericht im Zusammenhang mit seiner Person gemacht hat: Hier dürften nach meiner Ansicht nur die fiktiven Mehrkosten für die Vertretung durch einen Unterbevollmächtigten/Terminsvertreter in Ansatz gebracht werden können, wenn die Verkehrsanwaltskosten höher liegen. Allerdings sind dann die Mehrkosten des fiktiven Unterbevollmächtigten auch in diesen Fällen nur erstattungsfähig, wenn auch generell die Erstattungsfähigkeit bejaht werden würde (zu den Voraussetzungen siehe Kommentierung zu Nr. 3402). Liegen die Verkehrsanwaltskosten unter den fiktiven Mehrkosten eines Unterbevollmächtigten, sind nur die tatsächlich entstandenen Kosten erstattungsfähig.
– Zur Vertretung bei PKH, vgl. Rn. 69.

bb) Verkehrsanwalt im Berufungsverfahren

Im Berufungsverfahren sind **vor** Inkrafttreten des OLG-Vertretungsänderungsgesetzes am 01.08.2002 Kosten eines Verkehrsanwalts nur ausnahmsweise erstattungsfähig. Es genügt hierzu nicht, dass die Partei in großer Entfernung vom Ort des Prozesses wohnt. Erstattungsfähig sind jedoch regelmäßig die fiktiven Kosten einer Informationsreise der Partei zu ihrem Prozessbevollmächtigten am Sitz des Gerichts (BGH, Beschl. v. 07.06.2006, Az.: XII ZB 245/04 NJW-RR 2006, 1563 = FamRZ 2006, 1186 = MDR 2006, 1434 = Rpfleger 2006, 570 = BB 2006, 1656).

Für die Zeit **nach** Erweiterung der Postulationsfähigkeit hat der BGH entschieden, dass im Berufungsverfahren Verkehrsanwaltskosten im Regelfall nicht erstattungsfähig sind (BGH, Beschl. v. 21.09.2005, Az.: IV ZB 11/04, VersR 2006, 136 = NJW 2006, 301 = NZV 2006, 191 = r + s 2006, 350; vgl. dazu auch BGH, Beschl. v. 04.08.2004, Az.: XII ZA 6/04, NJW-RR 2004, 1662 und v. 14.09.2004, Az.: VI ZB 37/04, VersR 2005, 997 unter 2 b generell zur Einschaltung eines Verkehrsanwalts nach Erweiterung der Postulationsfähigkeit).

Der BGH ist dabei der Auffassung, dass die Änderungen des § 78 ZPO seit 2002 und die im Hinblick auf den Unterbevollmächtigten seit diesem Zeitpunkt ergangene Rechtsprechung nicht dazu führt, die Anforderungen an die Erstattungsfähigkeit von Verkehrsanwaltskosten nach früherem Recht herabzusetzen (BGH, a.a.O). Die Erstattungsfähigkeit von Verkehrsanwaltskosten richtet sich nach § 91 Abs. 1 Satz 1 ZPO.

Kosten eines Verkehrsanwalts sind nach Ansicht des BGH ausnahmsweise dann erstattungsfähig, wenn es der Partei z. B. wegen Krankheit oder sonstiger persönlicher Unfähigkeit unmöglich oder unzumutbar ist, den Prozessbevollmächtigten am entfernten Gerichtsort persönlich, schriftlich oder telefonisch zu informieren (a.a.O.); dabei kann im Berufungsverfahren eine Notwendigkeit für die Einschaltung eines Verkehrsanwalts nur dann gesehen werden, wenn ein neuer tatsächlich und rechtlich besonders schwieriger Prozessstoff in das Verfahren eingeführt wird (BGH, a.a.O. m. w. N.). Da dies erst mit der Berufungsbegründung bekannt wird, kommt eine Einschaltung daher auch erst nach diesem Zeitpunkt in Betracht (a.a.O.).

cc) Verkehrsanwalt und PKH

Zunächst wird auf die Änderung in § 121 Abs. 3 ZPO hingewiesen, die durch das Gesetz zur Stärkung der Selbstverwaltung der Rechtsanwaltschaft zum 01.07.2007 in Kraft getreten ist

Nr. 3400 VV

(geändert durch Artikel 4 G. v. 26. 03. 2007, BGBl. I, S. 358 m. W. v. 01. 06. 2007): § 121 Abs. 3 ZPO lautet in der neuen Fassung:

»Ein nicht in dem Bezirk des Prozessgerichts niedergelassener Rechtsanwalt kann nur beigeordnet werden, wenn dadurch weitere Kosten nicht entstehen.«

70 Damit wird nicht mehr auf die Zulassung bei einem Gericht abgestellt, sondern auf die Niederlassung eines Anwalts im Bezirk des Prozessgerichts. Dies hängt mit der Aufgabe des Lokalisationsprinzips zusammen.

Der Gesetzgeber hat die inhaltsgleiche Änderung in § 91 Abs. 2 Satz 1 ZPO wie folgt begründet (BT-Drs. 16/3837 v. 13. 12. 2006, S. 27 zu »Änderungen der Zivilprozessordnung«): »In § 91 Abs. 2 Satz 1 soll für die Erstattung der Reisekosten der obsiegenden Partei nicht mehr darauf abgestellt werden, ob der Anwalt beim Prozessgericht zugelassen, sondern darauf, ob er in dem Bezirk des Prozessgerichts niedergelassen ist.« Eine Begründung zur Änderung in § 121 Abs. 3 ZPO fehlt.

71 Nach Ansicht der Verfasserin stellt sich mit den Änderungen der ZPO zum 01. 06. 2007 die Frage, inwieweit die Formulierung »Beiordnung zu den Bedingungen eines ortsansässigen Rechtsanwalts« nicht zu ändern ist »Beiordnung zu den Bedingungen eines bezirksansässigen Anwalts«, sofern überhaupt eine einschränkende Beiordnung in Betracht zu ziehen ist (vgl. Rn. 74). Damit müssten nach Ansicht der Verfasserin z. B. Reisekosten eines Rechtsanwalts, der zwar im Gerichts**bezirk** niedergelassen, aber nicht am Gerichts**ort** seinen Sitz hat, auch im Rahmen der PKH grundsätzlich erstattungsfähig sein.

72 • **Beispiel**
RA M. aus Starnberg tritt beim Landgericht München II als Prozessbevollmächtigter auf. Reisekosten entstehen, da Starnberg in einer anderen Gemeinde als das Landgericht München II liegt. Derartige Reisekosten müssten seit der Änderung des § 121 Abs. 3 ZPO grundsätzlich erstattungsfähig sein. Gleichwohl wird angeraten, den Beiordnungsbeschluss auf eine einschränkende Beiordnung im früheren Sinne »ortsansässigen RA« zu überprüfen, denn nimmt der RA einen Termin unter der eingeschränkten Beiordnung wahr, kann er im Nachhinein Reisekosten nicht fordern, sowie zum eigenen Beschwerderecht Rn. 75.

73 In der Vergangenheit hatte der BGH die Beiordnung eines auswärtigen nur zu den Bedingungen eines ortsansässigen Rechtsanwalts für zulässig erachtet (vgl. BGHZ 159, 370, 373; BGH, Beschl. v. 23. 03. 2006, Az.: IX ZB 130/05, WM 2006, 1298 und v. 06. 04. 2006, Az.: IX ZB 169/05, NJW 2006, 1881), wobei anzumerken ist, dass diese Rechtsprechung vor Änderung des § 121 Abs. 3 ZPO erging.

74 Nachdem die Rechtsprechung zur Frage, ob beim Anwalt bei einer einschränkenden Beiordnung zuvor nachgefragt werden müsse, strittig war, hat der BGH inzwischen entschieden, dass der für den Fall der Bewilligung von Prozesskostenhilfe gestellte Beiordnungsantrag eines nicht bei dem Prozessgericht zugelassenen Rechtsanwalts regelmäßig ein konkludentes Einverständnis mit einer dem Mehrkostenverbot des § 121 Abs. 3 ZPO entsprechenden Einschränkung der Beiordnung nur zu den Bedingungen eines am Prozessgericht zugelassenen Rechtsanwalts enthält BGH, Beschl. v. 10. 10. 2006, Az.: XI ZB 1/06 NJW 2006, 3783). Es muss also beim Anwalt nicht nachgefragt werden, bevor der einschränkende Beiordnungsbeschluss ergeht. Dass einem am Gerichtsort ortsansässigen beigeordneten Rechtsanwalt die Kosten einer Reise an den Wohnort der Partei zu erstatten sind, wenn die Prozessführung ein Informationsgespräch erfordert und die auswärtige Partei nicht in der Lage ist, die Kosten einer Reise zu ihrem Prozessbevollmächtigten aufzubringen, vermag nach Ansicht des BGH eine einschränkungslose Beiordnung des Prozessbevollmächtigten nicht zu rechtfertigen (BGH, a. a. O.); auch die Kenntnisse in einer Spezialmaterie lassen nach Ansicht des BGH keinen anderen Schluss zu.

Allerdings steht dem betroffenen Anwalt ein eigenes Beschwerderecht zu (BAG NJW 2005, 3083; OLG Hamburg FamRZ 2000, 1227; OLG Oldenburg FamRZ 2003, 107; OLG Köln FamRZ 2005, 2008 f.; OLG Karlsruhe NJW 2005, 2718). 75

Noch zur BRAGO entschied der BGH am 23. 06. 2004 wie folgt: »Im Rahmen einer bewilligten Prozeßkostenhilfe ist bei der Beiordnung eines nicht bei dem Prozeßgericht niedergelassenen Rechtsanwalts stets zu prüfen, ob besondere Umstände für die Beiordnung eines zusätzlichen Verkehrsanwalts i. S. von § 121 Abs. 4 ZPO vorliegen. Nur wenn dieses nicht der Fall ist, darf der auswärtige Rechtsanwalt »zu den Bedingungen eines ortsansässigen Rechtsanwalts« i. S. von § 126 Abs. 1 Satz 2 1. Halbs. BRAGO beigeordnet werden« (BGH, Beschl. v. 23. 06. 2004, Az.: XII ZB 61/04 BGHZ 159, 370 = NJW 2004, 2749 = FPR 2004, 628 = JurBüro 2004, 604). 76

Weiter entschied der BGH: »Der Partei ist auf Antrag zusätzlich ein unterbevollmächtigter Rechtsanwalt zur Wahrnehmung des Verhandlungstermins beizuordnen, wenn in besonders gelagerten Einzelfällen Reisekosten nach § 126 Abs. 1 Satz 2 2. Halbs. BRAGO geschuldet sind und diese die Kosten des unterbevollmächtigten Rechtsanwalts annähernd erreichen.« (BGH, a. a. O.).

Wenn einer Partei neben dem Prozessbevollmächtigten ein Verkehrsanwalt nach § 121 Abs. 4 ZPO beizuordnen wäre, kann die Beiordnung des Prozessbevollmächtigten begrenzt werden auf die Gesamtvergütung eines Prozessbevollmächtigten und Verkehrsanwalts (OLG Schleswig, Beschl. v. 18. 05. 2007, Az.: 8 WF 107/07, NJOZ 2007, 4677) 77

In einem **Verwaltungsgerichtsprozess** ist die einschränkende Beiordnung nicht zulassig, wenn der Rechtsanwalt in einem landgerichtlichen Verfahren am Gerichtsort ohne derartige Einschränkung beizuordnen wäre (VGH Mannheim, Beschl. v. 26. 10. 2006, Az.: 13 S 1799/06, NJW 2007, 1771).

Zur Beiordnung eines Verkehrsanwalts im Wege der **Prozesskostenhilfe** hat das BAG die nachfolgenden Orientierungssätze aufgestellt: BAG, Beschl. v. 18. 07. 2005, Az.: 3 AZB 65/03 (LAG Hamburg), NJW 2005, 3083 f. 78

(Orientierungssätze der Richterinnen und Richter des BAG)

»1. Es ist grundsätzlich zulässig, einen auswärtigen Anwalt im arbeitsgerichtlichen Verfahren bei Bewilligung von Prozesskostenhilfe zu den Bedingungen eines am Ort des Gerichts ansässigen Anwalts beizuordnen.

2. Eines besonderen Hinweises darauf vor der Bewilligung der Prozesskostenhilfe bedarf es auch dann nicht, wenn der Anwalt vor der Entscheidung über die Prozesskostenhilfe zum Termin anreist.

3. Bei Vorliegen besonderer Umstände kann der Partei ein Anwalt zur Vermittlung des Verkehrs mit dem Prozessbevollmächtigten beigeordnet werden (§ 121 IV ZPO). Das kann etwa bei größerer Entfernung zwischen dem Wohnort der Partei und dem Gericht angebracht sein.

4. Unterbleibt dies, sind Reisekosten des am Wohnort der Partei ansässigen Prozessbevollmächtigten bis zu der Höhe erstattungsfähig, in der sie bei Beiordnung eines Verkehrsanwalts entstanden wären.«

Sofern besondere Umstände vorliegen, kann eine Beiordnung eines zusätzlichen Verkehrsanwalts i. S. des § 121 Abs. 4 ZPO erfolgen; dies ist z. B. der Fall, wenn der Kläger eine mehrstündige Fahrt zur Beauftragung eines ansässigen Rechtsanwalts hätte vornehmen müssen und der Verkehrsanwalt darüber hinaus die Muttersprache des Klägers (Urdu bzw. Punjab) spricht (im Gegensatz zum ortsansässigen Rechtsanwalt) (BAG, Beschl. v. 17. 09. 2007, Az.: 3 AZB 23/06 – Beck RS 2007, 47783). 79

Fraglich ist, ob ein nach § 121 Abs. 4 ZPO beigeordneter Verkehrsanwalt von der Staatskasse grundsätzlich nur die Verfahrensgebühr aus Nr. 3400 VV RVG oder auch weitere Gebühren, wie beispielsweise die Einigungsgebühr beanspruchen kann. Der Verkehrsanwalt kann eine Einigungsgebühr, die durch Zustandekommen eines Vergleichs entsteht, nach der herrschenden Meinung jedenfalls dann nicht von der Staatskasse beanspruchen, wenn sich der Be- 80

Nr. 3400 VV

schluss über seine Beordnung als Verkehrsanwalt nicht ausdrücklich auf den Vergleichsabschluss erstreckt (LAG Düsseldorf JurBüro 2006, 260 = RVGreport 2006, 198 m. Anm. v. Hansens; so auch zur BRAGO: OLG München JurBüro 1991, 819; OLG München MDR 2003, 1262 = AGS 2003, 511 m. abl. Anm. N. Schneider; KG JurBüro 1995, 420; OLG Bamberg MDR 1999, 569; a. A.: OLG Oldenburg JurBüro 1993, 155 m. Anm. Mümmler; OLG Zweibrücken JurBüro 1994, 607 m. Anm. Mümmler).

dd) Erstattungsfähigkeit der Terminsgebühr?

81 Was die Erstattungsfähigkeit einer beim Verkehrsanwalt entstandenen **Terminsgebühr** betrifft, so wird auch hier auf die Notwendigkeit abzustellen sein. Die Wahrnehmung eines Termins zur Unterstützung des Verfahrensbevollmächtigten dürfte nach Vorbem. 3.4 Abs. 1 VV RVG eine Terminsgebühr nicht mehr auslösen. Entsteht eine Terminsgebühr, weil der Verkehrsanwalt zusätzlich (!) den Auftrag erhält, im Wege der Rechtshilfe an einem Termin zur Zeugeneinvernahme (am Kanzleisitz und nicht Gerichtsort) teilzunehmen, dürften nach Ansicht der Verfasserin derartige Kosten durchaus als notwendig anzusehen sein, denn eine Beauftragung des Verfahrensbevollmächtigten würde entsprechende Reisekosten nach sich ziehen. Selbstverständlich ist vorab zu prüfen, ob die Terminsgebühr höher ist als etwaige Reisekosten eines Verfahrensbevollmächtigten. Insoweit dürfte den Auftraggeber die Pflicht treffen, die kostengünstigere Variante zu wählen.

ee) Erstattungsfähigkeit der Einigungsgebühr?

82 Eine Erstattungsfähigkeit einer **Einigungsgebühr** kann nur ausnahmsweise und unter strengen Maßstäben angenommen werden. Dabei ist auch hier – wie immer – zwischen Entstehung einer Gebühr und deren Erstattungsfähigkeit zu unterscheiden. Eine Einigungsgebühr für den Verkehrsanwalt kann bereits entstehen, wenn der Verkehrsanwalt rät, eine widerruflich getroffene Einigung nicht zu widerrufen. Erstattungsfähig wird die Einigungsgebühr damit noch nicht.

Eine Einigungsgebühr wird daher in der Regel nicht erstattungsfähig sein, auch wenn sich die **Entstehung** einer Einigungsgebühr oft zwangsläufig aus dem Verfahrensablauf ergibt (Prozessbevollmächtigter schließt widerruflichen Vergleich, nachdem Verkehrsanwalt zuvor auf Vergleichsvoraussetzungen hingewiesen hat und nach Terminsbericht vom Widerruf abrät). Die Frage der Erstattungsfähigkeit orientiert sich in der Praxis oft daran, dass Gerichte durchaus gewisse Mehrkosten als erstattungsfähig anzusehen bereit sind, bei einer Verdoppelung der Gebühren aber hören die Zugeständnisse i. d. R. auf. Oft ohne konkrete Begründung werden derartige Kosten daher als »nicht notwendig« abgesetzt. Das Problem liegt jedoch nach Ansicht der Verfasserin im System. Auf die Problematik für den weiteren Anwalt, der berufsrechtlich nicht regelmäßig auf entstandene Gebühren verzichten darf und damit mangels Erstattungsfähigkeit die möglicherweise obsiegende eigene Partei belasten muss, ist unter Nr. 3402 VV Rn. 112 hingewiesen worden.

ff) Rechtsschutzversicherer

83 **Rechtsschutzversicherer** tragen Mehrkosten, die durch einen Verkehrsanwalt entstehen, in der Regel nur, wenn der Versicherungsnehmer mehr als 100 km Luftlinie vom zuständigen Gericht entfernt wohnt. In der Praxis ist zu beachten, dass alte Versicherungsverträge und damit geltende alte ARB zwar die Entfernung von 100 km vorsahen, jedoch nicht von »Luftlinie« die Rede ist. Nach Ansicht der Verfasserin sollten in der Praxis immer die ARB zum Zeitpunkt des Versicherungsabschlusses geprüft werden, diese werden auf Anforderung von der Versicherung übermittelt. Ist die Einschränkung »Luftlinie« nicht enthalten, spricht vieles dafür, die Erstattung von Mehrkosten (bis zur Höhe einer Verkehrsanwaltsgebühr) auch dann zu verlangen, wenn die Entfernung zwar nicht mehr als 100 km Luftlinie, aber mehr als 100 km Bahn- oder Autobahnlinie beträgt. ARB fallen auch unter die Bestimmungen der Allgemeinen Geschäftsbedingungen. Ein Versicherungsnehmer wird in der Regel nicht davon ausgehen, dass, wenn er 100 km liest, Luftlinie gemeint ist, wenn dies nicht dort steht. Denn der

normale Weg, einen anderen Ort zu erreichen, führt nicht über Luftlinie (nach dem Motto »beam me up, Scottie«) sondern über Bahn oder Auto. Es stellt sich daher die Frage, ob die Berufung auf »Luftlinie«, wenn dies in den alten ARB nicht so vermerkt ist, nicht eine unangemessene Benachteiligung des Versicherungsnehmers darstellt. Nicht umsonst wurde zu späterem Zeitpunkt der Begriff »Luftlinie« in den ARB (Leistungsumfang) aufgenommen.

§ 2 (1) a ARB 75 knüpft im Übrigen bei der Erstattung von Verkehrsanwaltskosten nicht an deren Notwendigkeit i. S. von § 91 ZPO an (BGH, Urt. v. 14. 01. 2007, Az.: IV ZR 249/05 NJW 2007, 1465 = NZV 2007, 296 = r + s 2007, 195; beachte: Entscheidung erging zu den ARB 75). 84

gg) Ausländischer Verkehrsanwalt

Kosten eines ausländischen Verkehrsanwalts, dessen Hinzuziehung zur zweckentsprechenden Rechtsverfolgung oder Rechtsverteidigung geboten war, sind nur in Höhe der Gebühren eines deutschen Rechtsanwalts erstattungsfähig (BGH, Beschl. v. 08. 03. 2005, Az.: VIII ZB 55/04, NJW 2005, 1373 ff.; OLG München JurBüro 2004, 380, 381; NJW-RR 1998, 1694; ähnlich für den Einvernehmensanwalt nach § 28 EuRAG: EuGH, Urt. v. 11. 12. 2003, Az.: C 289/02, NJW 2004, 833). Nach Ansicht des BGH gilt für den ausländischen (europäischen) Verkehrsanwalt der Grundsatz des EuGH (EuGH, a. a. O.), dass nach Art. 4 Abs. 1 der Richtlinie 77/249/EWG des Rates vom 22. März 1977 die gerichtliche Vertretung eines Mandanten in einem anderen Mitgliedsstaat unter den für die in diesem Staat niedergelassenen Rechtsanwälte vorgesehenen Bedingungen ausgeübt werden müsse und eine Kostenerstattungspflicht nach den Regeln dieses Staats für eine Partei, die einen Rechtsstreit austrage und somit Gefahr laufe, im Unterliegensfall die Kosten ihres Gegners zu tragen, dem Grundsatz der Vorhersehbarkeit und der Rechtssicherheit Rechnung tragen müsse. Nach Art. 49 u. 50 EG sowie der erwähnten Richtlinie sei kein Grund ersichtlich, die Erstattungsfähigkeit von Verkehrsanwaltskosten anders zu beurteilen (BGH, a. a. O.). 85

b) Gebühr nach Anmerkung zu Nr. 3400

Eine Gebühr nach Anmerkung zu Nr. 3400 (Übersendung der Handakte mit gutachterlichen Äußerungen verbunden) wird in der Regel nicht erstattungsfähig sein; Ausnahme: eine Gebühr Nr. 3400 wäre als solche erstattungsfähig. 86

Nr. 3401 VV
Verfahrensgebühr für sonstige Einzeltätigkeiten

Nr.	Gebührentatbestand	Gebühr oder Satz der Gebühr nach § 13 RVG
3401	Der Auftrag beschränkt sich auf die Vertretung in einem Termin im Sinne der Vorbemerkung 3 Abs. 3: Verfahrensgebühr...	in Höhe der Hälfte der dem Verfahrensbevollmächtigten zustehenden Verfahrensgebühr

Inhaltsübersicht

	Rn.
A. Allgemeines	1
B. Kommentierung	3
I. Anwendungsbereich	3
1. Sachlicher Anwendungsbereich	3
2. Persönlicher Anwendungsbereich	8
3. Überörtliche Sozietäten	12
II. Der Tatbestand im Einzelnen	16
1. Beschränkter Auftrag	16
2. Auftraggeber	23
3. Verfahrensgebühr	29
a) Wertgebühren	29

	Rn.
b) Betragsrahmengebühren	38
c) Erhöhung	41
d) Sozialgerichtliche Verfahren	44
4. Rechtsmittelverfahren	45
5. Vorzeitige Beendigung	47
6. Nicht rechtshängige Ansprüche	48
7. Terminsgebühr	49
8. Einigungsgebühr und ihre Erstattungsfähigkeit	50
9. Übergangsrecht	53
10. Gebührenteilungsabreden	57
11. Kostenerstattung	64

A. Allgemeines

1 Wie unter Nr. 3400 unter Rn. 14 ff. dargestellt, ist es möglich, dass auf Seiten einer Partei mehrere Rechtsanwälte tätig werden. Die Vergütungsverzeichnisnummern 3401 und 3402 befassen sich mit dem Vergütungsanspruch des Unterbevollmächtigten bzw. Terminsvertreters. Unterbevollmächtigter (UBV) oder Terminsvertreter sind nicht Prozessbevollmächtigte. Der Terminsvertreter ist beauftragt, einen Termin wahrzunehmen. Dabei ist ein Terminsvertreter nicht immer zur Vertretung in einem Verhandlungs-, Erörterungs- oder Beweisaufnahmetermin beauftragt. Ein Terminsvertreter kann z. B. auch einen Protokollierungstermin wahrnehmen, in diesem Fall erhält er eine 0,8 Verfahrensgebühr für eine Einzeltätigkeit (*N. Schneider* in Schneider/Wolf VV 3401–3402 Rn. 2). Die Tätigkeiten eines Unterbevollmächtigten können jedoch wesentlich weitgehender sein als die eines reinen Terminsvertreters. Einem Unterbevollmächtigten können vom Prozessbevollmächtigten sämtliche Tätigkeiten, für die er als Hauptbevollmächtigter (HBV) selbst beauftragt ist, übertragen werden. Der gewählte Begriff ist daher immer im Zusammenhang mit der tatsächlich erbrachten Tätigkeit zu sehen. Ein Terminsvertreter/UBV wird in der Regel dann beauftragt, wenn eine Angelegenheit vor einem auswärtigen Gericht verhandelt wird, im Hinblick auf einen geringen Streitwert der HBV jedoch nicht selbst reisen möchte. Der Fall, dass ein Mandant selbst vor Gericht (AG) auftreten möchte und zur Wahrnehmung seiner Rechte im Termin einen Terminsvertreter entsendet, ohne diesem gleichzeitig Prozessvollmacht im Gesamten zu erteilen, dürfte in der Praxis selten vorkommen; in einem solchen Fall würden für den Rechtsanwalt aber ebenfalls die Gebühren nach Nr. 3401 entstehen (*Müller-Rabe* in Gerold/Schmidt RVG 18. Aufl. 2008 VV 3401 Rn. 9).

Nr. 3401 regelt, dass der Terminsvertreter/UBV eine Verfahrensgebühr in Höhe der Hälfte 2
der dem Verfahrensbevollmächtigten zustehenden Verfahrensgebühr erhält, wenn sich der
Auftrag auf die Vertretung in einem Termin i. S. d. Vorbem. 3 Abs. 3 VV beschränkt.

B. Kommentierung

I. Anwendungsbereich

1. Sachlicher Anwendungsbereich

Nr. 3401 gilt ebenso wie Nr. 3402 für sämtliche Verfahren, die nach Teil 3 des Vergütungsver- 3
zeichnisses abgerechnet werden können. Diese sind:

– Zivilgerichtsverfahren einschließlich Arrest und einstweilige Verfügungen, selbstständige
  Beweisverfahren, einstweilige Anordnungen
– Verfahren der freiwilligen Gerichtsbarkeit
– Arbeitsgerichtsverfahren
– Sozialgerichtsverfahren
– Verwaltungsgerichtsverfahren

Für **Strafsachen** ist Teil 3 des VV insgesamt nicht anwendbar, somit auch nicht die Vorschrif- 4
ten der Nrn. 3401 und 3402. Nimmt ein Rechtsanwalt lediglich einen Hauptverhandlungstermin für einen Kollegen wahr, ohne dass ihm insgesamt die Verteidigung übertragen worden ist, kann er nach Nr. 4301 Nr. 4 (vgl. dazu auch Vorbem. 4.3, 1. Absatz) eine Verfahrensgebühr von € 35,– bis € 385,– (Wahlanwalt) bzw. € 168,– (gerichtlich bestellter oder beigeordneter Rechtsanwalt) abrechnen. Einige Gerichte billigen dem Anwalt, der einen Pflichtverteidiger vertritt, die gleichen Gebühren (aber auch nicht mehr) zu, wie dem Vertretenen, lehnen jedoch die Festsetzung einer Grundgebühr ab, da diese nur einmal entstehen kann (KG RVGreport 2007, 108 m. Anm. Burhoff; OLG Celle StraFo 2006, 471, RVGreport 2007, 71; OLG Hamm RVGreport 2007, 108 m. Anm. Burhoff) hier nur die Termins-, nicht aber die Grundgebühr zu, was aber kritisch gesehen wird, da auch ein Terminsvertreter sich in einer Strafsache einarbeiten muss, auch wenn die Einarbeitung möglicherweise kurz erfolgt (vgl. dazu Burhoff StraFo 2007, 134 [140] – der Terminsvertreter ist wie jeder bestellte Pflichtverteidiger zu vergüten).

Auch in sonstigen Verfahren, so z. B. Zwangsvollstreckungssachen und Prozesskostenhilfe- 5
prüfungsverfahren, gelten die Nrn. 3401 und 3402 (so auch *Müller-Rabe* in Gerold/Schmidt RVG 18. Aufl. 2008 VV 3401 Rn. 4; **a. A.**: Schneider/Wolf Vor VV 3400 Rn. 7 u. VV 3401–3402 Rn. 9). Insoweit ist nicht ersichtlich, warum hier die Nrn. 3401 und 3402 nicht gelten sollten. Zu berücksichtigen ist jedoch, dass die Frage der Erstattungsfähigkeit, insbesondere was die Zwangsvollstreckung betrifft, sehr fraglich sein dürfte. Darüber hinaus stellt sich in der Praxis die Frage, ob in einer Zwangsvollstreckungsangelegenheit, in der ohnehin Termine zur eidesstattlichen Versicherung in der Praxis selten wahrgenommen werden, sich ein Kollege findet, der zu den dann sehr geringen Gebühren einer 0,15 Verfahrensgebühr nach Nr. 3401 i. V. m. Nr. 3309 und einer 0,3 Termingebühr nach Nr. 3402 i. V. m. Nr. 3310 einen Termin wahrnehmen würde. Die Notwendigkeit solcher Mehrkosten und damit der Erstattungsfähigkeit sind jedoch kaum vorstellbar.

Was das Prozesskostenhilfebewilligungsverfahren betrifft, so wird hier sicherlich auch in der 6
Praxis äußerst selten eine Vertretung durch einen Terminsvertreter/UBV in Frage kommen, da die Kosten für ein Prozesskostenhilfeprüfungsverfahren ohnehin deutlich gestiegen sind, für das Prozesskostenhilfeprüfungsverfahren keine PKH bewilligt werden kann (Ausnahme: Vergleich) und bei Ablehnung der PKH der Mandant auf hohen Kosten, die er vermutlich gar nicht bezahlen kann, sitzen bleibt. Dennoch mag es Einzelfälle geben, in denen sich die Frage nach einem Terminsvertreter/UBV stellt. Strikt zu trennen sind hier, wie generell, die Frage einer Entstehung von Gebühren und ihrer möglichen Erstattungsfähigkeit.

7 Auch im Verfahren über die Nichtzulassungsbeschwerde und sonstigen Beschwerden gelten die Nr. 3401, 3402 (*Müller-Rabe* in Gerold/Schmidt RVG 18. Aufl. 2008 VV 3401 Rn. 4 ff.).

2. Persönlicher Anwendungsbereich

8 Terminsvertreter/UBV kann jeder Rechtsanwalt/jede Rechtsanwältin sein, solange es sich nicht um ein Verfahren vor dem BGH handelt, das eine besondere Zulassung erfordert. Das Lokalisationsprinzip wurde durch Änderung der BRAO zum 01.06.2007 aufgehoben, vgl. dazu Nr. 3400 Rn. 14.

9 Nicht erforderlich ist, dass neben dem Terminsvertreter ein Prozessbevollmächtigter/HBV tätig wird. Denkbar ist auch der Fall, dass der Auftraggeber selbst eine Klage eingereicht hat und nun den Auftrag darauf beschränkt, dass der Rechtsanwalt den Termin für ihn wahrnimmt. In der Praxis dürften solche Fälle jedoch eher selten sein, da sich in derartigen Fällen oft eine Notwendigkeit abzeichnet, dass sich der Rechtsanwalt insgesamt als Prozessbevollmächtigter bestellt.

10 Möglich ist auch, dass ein Terminsvertreter/UBV neben dem Verfahrensbevollmächtigten in einem Termin zur mündlichen Verhandlung auftritt, um dort die Parteirechte wahrzunehmen; dies kommt in der Praxis häufig in speziellen Rechtsgebieten (z. B. Urheberrecht) vor.

11 Nimmt ein Rechtsanwalt als unterbevollmächtigter Anwalt in Einzeltätigkeit einen Termin wahr, für den ihm die Partei oder mit deren Einverständnis der Prozessbevollmächtigte nur für die mündliche Verhandlung die Vertretung oder Ausführung der Parteirechte übertragen hat, dann steht die Terminsgebühr nach Nr. 3402 VV dem Unterbevollmächtigten zu und nicht dem beauftragenden Rechtsanwalt (so auch BGH Beschl. v. 11.07.2006 Az.: VI ZB 13/06 Mayer/Kroiß/Klees RVG 2. Auflage § 5 Rn. 25).

3. Überörtliche Sozietäten

12 »Die durch die Terminswahrnehmung anfallenden Reisekosten eines am Wohn- oder Geschäftssitz der auswärtigen Partei ansässigen Prozessbevollmächtigten sind regelmäßig nach § 91 Abs. 2 Satz 1 Halbs. 2 ZPO als zur zweckentsprechenden Rechtsverfolgung notwendig anzusehen und damit erstattungsfähig. Dieser Grundsatz gilt selbst dann, wenn der sachbearbeitende Rechtsanwalt einer überörtlichen Anwaltssozietät angehört, die auch am Sitz des Prozessgerichts mit dort postulationsfähigen Rechtsanwälten vertreten ist.« (BGH, Beschl. v. 16.04.2008 Az.: XII ZB 214/04, NJW 2008, 2122 = JurBüro 2008, Heft 8, vgl. dazu auch Born FPR 2008 394; **a. A.** *Müller-Rabe* in Gerold/Schmidt 18. Aufl. 2008 3401 VV Rn. 10).

13 Richtig stellt der BGH fest, dass zwar ein Rechtsanwalt, der einer Sozietät angehört und ein Mandat übernimmt, auch die mit ihm zur gemeinsamen Berufsausübung verbundenen Kollegen verpflichten will (BGH, a. a. O. unter Verweis auf: BGHZ 124, 47, 49 = NJW 1994, 257; BGH, Urt. v. 19.01.1995, Az.: III ZR 107/94 NJW 1995, 1841) und der Anwaltsvertrag mit einer GbR auch mit der Sozietät als solcher zustande kommt (BGH a. a. O., was im übrigen eine akzessorische Haftung sowohl der örtlichen als auch der überörtlichen Sozietätsmitglieder begründet). Von diesen vertraglichen und haftungsrechtlichen Fragen ist nach Ansicht des BGH jedoch die Frage der Erstattungsfähigkeit von Kosten zu trennen. Eine auswärtige Partei könne daher nicht darauf verwiesen werden, ihre Vertretung im Termin zur Kostenersparnis einem am Sitz des Prozessgerichts ansässigen Anwalts der mandatierten überörtlichen Sozietät zu überlassen (BGH a. a. O.). Der BGH begründet seine Auffassung auch mit dem nicht zwangsläufig vorhandenen Vertrauensverhältnis zwischen Mandant und überörtlichen Sozietätsmitgliedern. Der BGH berücksichtigt aber, dass der Mandant ein Interesse daran hat, von einem Rechtsanwalt seines Vertrauens auch vor auswärtigen Zivilgerichten vertreten zu werden (vgl. BGH, Beschl. v. 11.03.2004, Az. VII ZB 27/03, FamRZ 2004, 939 f. NJW-RR 2004, 858 und v. 16.10.2002 Az.: VIII ZB 30/02, NJW 2003, 898, 901). Auch würde vielen Zivilprozessen eine vorgerichtliche Auseinandersetzung vorausgehen (vgl. BGH, Beschl. v. 11.03.2004 Az.: VII ZB 27/03, NJW 2003, 898; FamRZ 2004, 939 f.).

Zur Tatsache, dass ein Anwalt aus der überörtlichen Sozietät den Termin letztendlich doch wahrgenommen hatte, führte der BGH (BGH, Beschl. v. 16. 04. 2008 Az.: XII ZB 214/04 a. a.O) aus: »*Eine andere Beurteilung ergibt sich vorliegend nicht etwa deshalb, weil ein Termin vor dem Amtsgericht tatsächlich von einem Anwalt des Berliner Büros der von der Klägerin mandatierten Sozietät wahrgenommen wurde. Bei der Prüfung der Notwendigkeit einer bestimmten Rechtsverfolgungs- oder Rechtsverteidigungsmaßnahme ist vielmehr eine typisierende Betrachtungsweise geboten. Denn der Gerechtigkeitsgewinn, der bei einer übermäßig differenzierenden Betrachtung im Einzelfall zu erzielen ist, steht in keinem Verhältnis zu den sich einstellenden Nachteilen, wenn in nahezu jedem Einzelfall darüber gestritten werden könnte, ob die Kosten einer bestimmten Rechtsverfolgungs- oder Rechtsverteidigungsmaßnahme zu erstatten sind oder nicht (BGH Beschlüsse vom 12. Dezember 2002 – I ZB 29/02 – NJW 2003, 901, 902 und vom 13. September 2005 – X ZB 30/04 – NJW-RR 2005, 1622).*« 14

Erfolgt die Schließung des am Gerichtsort bestehenden Büros einer überörtlichen Anwaltssozietät, sind Mehrkosten (Reisekosten), die durch die Übernahme des Mandats eines Anwalts aus einem anderen Standort der zuvor überörtlichen Sozietät anfallen, ebenfalls notwendige Kosten iSd § 91 ZPO und damit erstattungsfähig (BGH, Beschl. v. 18. 05. 2006, Az.: I ZB 57/05, BGH-Report 2006, 1067 f. = AnwBl. 2006, 590 = JurBüro 2007, 90 = MDR 2006, 1420 = Rpfleger 2006, 506). 15

II. Der Tatbestand im Einzelnen

1. Beschränkter Auftrag

Nr. 3401 ist nur dann anwendbar, wenn der Rechtsanwalt lediglich einen beschränkten Auftrag hat. Danach muss sich der Auftrag auf die Vertretung in einem Termin i. S. d. Vorbem. 3 Abs. 3 beschränken. Somit kommen folgende Termine in Betracht: 16

- Verhandlungstermin
- Erörterungstermin
- Beweisaufnahmetermin (z. B. Parteivernehmung, Vernehmung von Zeugen, Anhörung von Sachverständigen, Einnahme eines Augenscheins / Ortstermin)
- Wahrnehmung eines von einem gerichtlich bestellten Sachverständigen anberaumten Termins (Ortstermin) (nicht Privatgutachter)
- Erledigungsbesprechung i. S. d. Vorbem. 3 Abs. 3, 3. Alternative (Schneider/Wolf VV 3401–3402 Rn. 20, *Müller-Rabe* in Gerold/Schmidt RVG 18. Aufl. 2008 Rn. 27 ff – der sich zwar kritisch äußert, aber wohl seine ablehnende Auffassung aus der 16. Auflage aufgibt – VV 3401 Rn. 13 –)
- Termine vor dem ersuchten oder beauftragten Richter (Schneider/Wolf VV 3401–3402 Rn. 24)
- gerichtliche Mediationstermine (Schneider/Wolf VV 3401–3402 Rn. 24)
- Güteverhandlung nach § 278 ZPO, § 54 ArbGG
- reiner Protokollierungstermin zu rechtshängigen Ansprüchen (Gerold/Schmidt/Müller-Rabe RVG 18. Aufl. 2008 Rn. 30; etwas anderes gilt für die Protokollierung nirgendwo anhängiger Ansprüche, ders. Rn. 31; wobei insoweit auf die Kommentierung zu Abs. 3 der Anm. zu Nr. 3104 verwiesen wird).

Da auf die Vertretung in einem Termin abgestellt wird, ist erforderlich, dass der Vertretene Verfahrensbeteiligter ist. Dies kann sein: 17

- Kläger
- Beklagter
- Streithelfer / Streitverkündeter. Auch der Vertreter des Streithelfers kann bei der Wahrnehmung des Termins zur mündlichen Verhandlung eine Terminsgebühr verdienen (vgl. BGH – auch zur Abgrenzung von einer weitergehenden Beauftragung mit einer Einzeltätigkeit

Nr. 3401 VV

nach Teil 3 Abschnitt 4 VV RVG – Beschl. v. 11. 07. 2006, Az.: VI ZB 13/06 JurBüro 2007, 27 = FamRZ 2006, 1373 = MDR 2007, 243).

18 Für die Wahrnehmung eines Termins für einen Streitverkündeten, der dem Rechtsstreit noch nicht beigetreten ist, entstehen nicht die Gebühren nach Nrn. 3401, 3402, sondern vielmehr eine 0,8 Verfahrensgebühr nach Nr. 3403 für eine Einzeltätigkeit.

19 Die Verfahrengebühr Nr. 3401 kann auch dann entstehen, wenn es letztendlich nicht mehr zum Termin kommt, da die Auftragserteilung entscheidend ist. Dies bedeutet, dass zumindest ein Termin anberaumt gewesen sein muss. Zur Höhe der Gebühr bei vorzeitiger Beendigung, vgl. die Kommentierung zu Nr. 3405 unter Rn. 10 ff.

20 Teilweise wird die Ansicht vertreten, dass auch die Vertretung im schriftlichen Verfahren nach §§ 128, 495 a, 278 Abs. 6 ZPO die Gebühren nach Nrn. 3401, 3402 auslöst (Schneider/Wolf VV 3401–3402 Rn. 28). Der Anfall dieser Gebühren ist nach Ansicht der Verfasserin jedoch dann ausgeschlossen, wenn der **Auftrag** für die Vertretung für einen **konkreten** Termin (Gericht, Datum, Uhrzeit, Sitzungssaal etc.) erfolgt, was in der Praxis in der Regel der Fall ist. Das bedeutet: Um eine Vergütung nach den Nrn. 3401, 3402 im schriftlichen Verfahren auszulösen, bedarf es eines darauf gerichteten Auftrags. Es ist kaum vorstellbar, dass ein solcher Auftrag konkret erteilt wird; schließlich kann eine solche Entscheidung/ein solcher Vergleich auch ohne Einbeziehung eines Unterbevollmächtigten erfolgen. Sofern der Terminsvertreter den Auftrag erhalten hat, einen konkreten Gerichtstermin wahrzunehmen und sich sodann das Verfahren – ohne diesen gerichtlichen Termin – beispielsweise durch Beschlussvergleich nach § 278 Abs. 6 ZPO erledigt, wird meinerseits der Anfall einer Terminsgebühr für den beauftragten Terminsvertreter verneint.

21 Erfolgt der Auftrag für die Vertretung in einem Protokollierungstermin, so ist zu unterscheiden: Wird lediglich protokolliert, entsteht eine 0,8 Verfahrensgebühr nach Nr. 3403 (Schneider/Wolf VV 3401–3402 Rn. 33). Wird vor Protokollierung über den Vergleichstext nochmals gesprochen oder erörtert, so entstehen die Gebühren nach Nrn. 3401, 3402 (so *N. Schneider/Mock* in Schneider/Wolf VV 3401–3402 Rn. 33). Nach Ansicht der Verfasserin steht jedoch die Frage im Raum, ob sich der Auftrag zur Protokollierung eines Vergleichs darüber hinaus auf die Erörterung des Vergleichstextes erstrecken kann oder aber ob nicht hierzu ein gesonderter Auftrag erforderlich ist, vor allem, wenn es sich um einen unwiderruflichen Vergleich handelt. Insofern muss für die Praxis den beteiligten Anwälten geraten werden, nicht nur im Hinblick auf einen etwaigen Gebührenanfall die Frage, worauf sich der Auftrag tatsächlich erstreckt, vor dem Termin zu klären.

22 Der sogenannte »Fluranwalt«, der lediglich im Termin einen Rechtsmittelverzicht abgeben soll, erhält eine Vergütung nach Nr. 3402 und nicht eine solche nach Nrn. 3401, 3402.

2. Auftraggeber

23 Auftraggeber des Terminsvertreters/UBV können sein:
– die Partei, die vertreten werden soll;
– der Verfahrensbevollmächtigte/HBV.

24 Sofern der Terminsvertreter/UBV »namens und im Auftrag« der Partei über den Verfahrensbevollmächtigten den Auftrag erhält, schuldet auch die vertretene Partei die Vergütung des Terminsvertreters/UBV.

25 Erteilt der Verfahrensbevollmächtigte/HBV im eigenen Namen den Auftrag, so schuldet er die Vergütung des Terminsvertreters/UBV.

26 Zu beachten ist, dass ein Vertretungsauftrag im eigenen Namen des Verfahrensbevollmächtigten/HBV dann sinnvoll sein kann, wenn nicht Gebührenteilung aller entstandenen oder teilweise entstandenen Gebühren vereinbart werden soll, sondern vielmehr der Verfahrens-

bevollmächtigte/HBV die vom beauftragten Rechtsanwalt nach § 5 RVG für ihn verdiente Terminsgebühr ganz für sich behalten will und dem beauftragten Rechtsanwalt für die Terminswahrnehmung eine Pauschalvergütung bezahlt. Der, dem die Vertretung in der mündlichen Verhandlung vom Prozess übertragen wird, ist Erfüllungsgehilfe des Prozessbevollmächtigten (BGH NJW 2001, 753). Er verdient die Gebühren für den Prozessbevollmächtigten (BGH, a. a. O.). Ein Vergütungsanspruch zwischen zwei Anwälten ist dann frei vereinbar (BGH, a. a. O.; AG Neuruppin AnwBl. 1999, 123 = Schneider/Wolf VV 3401–3402 Rn. 44; Hartmann VV 3401 Rn. 3; vgl. zum Thema »Gebührenteilung« auch die Kommentierung unter Rn. 57).

»Kollegialiter« bedeutet aber nicht unentgeltlich (LG Arnsbach RR 2001, 1144). 27

Wird der Terminsvertreter/UBV namens und im Auftrag der Partei beauftragt, schuldet 28
diese auch die Vergütung. Dies gilt jedoch selbstverständlich nur, wenn dies zwischen Partei und HBV abgesprochen ist. Selbst bei Erteilung einer Prozessvollmacht, die auch zur Erteilung einer Untervollmacht berechtigt, kann dies nur gelten, wenn die Partei darüber informiert und einverstanden ist, das weitere/höhere Kosten entstehen. Unabhängig von einer etwaigen Hinweispflicht des Rechtsanwalts gebietet bereits ein faires Mandatsverhältnis eine entsprechende Absprache.

3. Verfahrensgebühr

a) Wertgebühren

Für die Vertretung in einem Termin i. S. d. Vorbem. 3 Abs. 3 erhält der vertretende Rechtsanwalt eine Verfahrensgebühr in Höhe der Hälfte der dem Verfahrensbevollmächtigten zustehenden Verfahrensgebühr. 29

Damit kommen bei Wertgebühren folgende in Betracht (für diese Beispieltabelle gilt: Verfahrensbevollmächtigter = HBV, Terminsvertreter/UBV = UBV): 30

Verfahrensgebühr HBV	Verfahrensgebühr UBV
1,3 nach Nr. 3100	0,65 nach Nr. 3401 i. V. m. Nr. 3100
0,8 nach Nr. 3101 Nr. 1	0,5 nach Nr. 3401 i. V .m. Nr. 3101 Nr. 1
0,8 nach Nr. 3101 Nr. 2	0,8 nach Nr. 3405 Nr. 2 i. V. m. Nr. 3101 Nr. 2
1,6 nach Nr. 3200	0,8 nach Nr. 3401 i. V. m. Nr. 3200
1,1 nach Nr. 3201 Nr. 1	0,55 nach Nr. 3401 i. V. m. Nr. 3201
1,6 nach Nr. 3206	0,8 nach Nr. 3401 i. V. m. Nr. 3206
1,1 nach Nr. 3207	0,55 nach Nr. 3401 i. V. m. Nr. 3207
2,3 nach Nr. 3208	1,15 nach Nr. 3401 i. V. m. Nr. 3208
1,8 nach Nr. 3209	0,9 nach Nr. 3401 i. V. m. Nr. 3209

Zur Terminsvertretung in einer Angelegenheit vor dem BGH vgl. Rn. 46. 31

Die Verfahrensgebühr des Terminsvertreters/UBV richtet sich ggf. nach einer fiktiven Verfahrensgebühr, wenn z. B. kein Verfahrensbevollmächtigter/HBV bestellt ist, sondern sich die Partei selbst vertritt und lediglich zur Wahrnehmung des Termins einen Terminsvertreter beauftragt. 32

Die Verfahrensgebühr richtet sich nach dem Gegenstand, der zum Zeitpunkt der Auftragserteilung maßgeblich ist. 33

Nr. 3401 VV

34 • **Beispiel**
Klageeinreichung € 3.000,00, Teilanerkenntnis € 2.000,00, zum Termin über den Restbetrag erscheint ein Terminsvertreter. Sein Gebührenanspruch richtet sich nach einem Gegenstandswert € 1.000,00.

35 • **Beispiel**
Klageeinreichung € 6.000,00, die Klage wird um € 4.000,00 erweitert. Zum Termin vor dem LG München I wird ein Terminsvertreter beauftragt. Sein Gebührenanspruch richtet sich nach einem Gegenstandswert von € 10.000,00.

36 • **Beispiel**
Erfolgt die Beweisaufnahme lediglich über einen Teilgegenstand und wird zu dieser Beweisaufnahme über den Teilgegenstand ein Terminsvertreter beauftragt, richten sich seine Gebühren nur nach dem Teilgegenstand, nicht nach dem gesamten rechtshängigen Anspruch (Schneider/Wolf VV 3401–3402 Rn. 52).

37 War der UBV bereits außergerichtlich tätig, so ist seine Geschäftsgebühr auf die Verfahrensgebühr zur Hälfte, höchstens mit einem Gebührensatz von 0,75 anzurechnen. Die Anrechnung ist jedoch auf den Gebührensatz der Verfahrensgebühr begrenzt. Dies bedeutet, dass in den Fällen, in denen der Rechtsanwalt z. B. außergerichtlich eine 1,5 Geschäftsgebühr nach Nr. 2300 verdient hat und er im weiteren Verlauf eine 0,65 Verfahrensgebühr nach Nr. 3401 i. V. m. Nr. 3100 verdient, die Geschäftsgebühr nur mit einem Satz von 0,65 anzurechnen ist, da er nur eine Verfahrensgebühr in dieser Höhe erhält.

b) Betragsrahmengebühren

38 Auch bei Tätigkeiten, in denen Betragsrahmengebühren entstehen, damit Verfahren vor den Sozialgerichten, die nach § 3 RVG Betragsrahmengebühren auslösen (vgl. dazu die Kommentierung zu § 3 RVG), erhält der Terminsvertreter/UBV die Hälfte der dem Verfahrensbevollmächtigten zustehenden Verfahrensgebühr. Zu beachten ist jedoch, dass der Terminsvertreter/UBV sich nicht an der Verfahrensgebühr orientieren muss, die der Verfahrensbevollmächtigte/HBV nach den Kriterien des § 14 RVG für sich selbst bestimmt hat, sondern vielmehr bezieht sich die Regelung in Nr. 3401 darauf, dass der Terminsvertreter/UBV die Hälfte des in den jeweiligen Vergütungsverzeichnisnummern geregelten Betragsrahmens erhält. Der Terminsvertreter/UBV bemisst seine Gebühren selbst unter Berücksichtigung der in § 14 RVG geregelten Kriterien nach billigem Ermessen.

39 § 14 RVG regelt, dass der Rechtsanwalt im Einzelfall unter Berücksichtigung des Umfangs der anwaltlichen Tätigkeit, der Schwierigkeit der Angelegenheit, der Bedeutung der Angelegenheit für den Auftraggeber, der Einkommens- und Vermögensverhältnisse des Auftraggebers sowie des Haftungsrisikos die Gebühr nach billigem Ermessen bestimmt. Zu Einzelheiten vgl. die Kommentierung unter § 14 RVG. Es ist denkbar, dass der Unterbevollmächtigte über der Mittelgebühr liegt, während der Hauptbevollmächtigte selbst eine Mittelgebühr abgerechnet hat. Zur Vermeidung von Streitigkeiten hinsichtlich der Vergütungsansprüche wird daher bei Betragsrahmengebühren dringend empfohlen, sich auf die Modalitäten der Abrechnung vorher festzulegen.

40 Somit sind beispielsweise folgende Verfahrensgebühren denkbar:

Verfahrensgebühr HBV	Verfahrensgebühr UBV
€ 40,00 – € 460,00 nach Nr. 3102	€ 20,00 – € 230,00 nach Nrn. 3401 i. V. m. 3102
€ 20,00 – € 320,00 nach Nr. 3103	€ 10,00 – € 160,00 nach Nrn. 3401 i. V. m. 3103
€ 50,00 – € 570,00 nach Nr. 3204	€ 25,00 – € 285,00 nach Nrn. 3401 i. V. m. 3204
€ 80,00 – € 800,00 nach Nr. 3212	€ 40,00 – € 400,00 nach Nrn. 3401 i. V. m. 3212

c) Erhöhung

Sofern die Wahrnehmung des Termins für mehrere Auftraggeber erfolgt, erhält auch der Terminsvertreter/UBV die Erhöhung entsprechend auf die Verfahrensgebühr, die er verdienen würde, wenn er nur einen Auftraggeber hätte (Hansens RVGreport 204, 373 – Beispiel 8 –; Hansens/Braun/Schneider »Praxis des Vergütungsrechts« 2. Auflage Teil 8 Rn. 331; Enders JurBüro 2005, 4 »Prozessbevollmächtigter und Terminsvertreter/Unterbevollmächtigter«, Kap 2.4.3; Gerold/Schmidt RVG 18. Auflage 2008 VV 1008 Rn. 250; Hartung/Römermann RVG 2. Auflage 3401, 3402 VV Rn. 16; Wolf JurBüro 2004, 518 (519); Hergenröder AGS 2007, 53, 56; Henke AnwBl. 2005, 135 »Berechnung des Mehrvertretungszuschlags bei Korrespondenzanwalt und Terminsvertreter«).

- **Beispiel**

RAin K aus M. vertritt Eheleute in einem Klageverfahren wg. desselben Gegenstands. Zur Terminswahrnehmung in H. beauftragt sie RA G. Es kommt nach mündlicher Verhandlung zu einem Vergleich, an dem auch RAin K. mitgewirkt hat (vgl. dazu auch Rn. 50).

Vergütungsanspruch RAin K

1,6 erhöhte Verfahrensgebühr, Nrn. 3100, 1008 VV
1,0 Einigungsgebühr, Nrn. 1003 VV
PT-Pauschale, Nr. 7002 VV
USt., Nr. 7008 VV

Vergütungsanspruch RA G

0,95 erhöhte Verfahrensgebühr, Nr. 3401 i. V. m. 3100, 1008 VV
1,2 Terminsgebühr, Nrn. 3402 i. V. m. 3104 VV
1,0 Einigungsgebühr, Nrn. 1003 VV
PT-Pauschale, Nr. 7002 VV
USt., Nr. 7008 VV

Zur Frage, in welchen Fällen überhaupt eine Auftraggebermehrheit zu einer Erhöhung der Verfahrensgebühr führt, vgl. die Kommentierung unter Nr. 1008. Satzrahmengebühren erhöhen sich um 0,3 für jede weitere Person, die Auftraggeber ist; max. Erhöhung 2,0. Bei Betragsrahmengebühren erhöhen sich der Mindest- und Höchstbetrag um 30 % für jede weitere Person, die Auftraggeber ist. Mehrere Erhöhungen dürfen das Doppelte des Mindest- und Höchstbetrags nicht übersteigen, Abs. 3 der Anm. zu Nr. 1008.

d) Sozialgerichtliche Verfahren

In Vorbem. 3.4 Abs. 2 ist geregelt, dass in Verfahren vor den Sozialgerichten, in denen Betragsrahmengebühren entstehen (§ 3 RVG), sich unter anderem die in Nr. 3401 bestimmten Höchstbeträge auf die Hälfte reduzieren, wenn eine Tätigkeit im Verwaltungsverfahren oder im weiteren der Nachprüfung des Verwaltungsakt dienenden Verwaltungsverfahren vorausgegangen ist. Bei der Bemessung der Gebühren ist nach Vorbem. 3.4 Abs. 2 Satz 2 VV RVG nicht zu berücksichtigen, dass der Umfang der Tätigkeit infolge der Tätigkeit im Verwaltungsverfahren oder im weiteren der Nachprüfung des Verwaltungsakts dienenden Verwaltungsverfahren geringer ist. Die Regelung in Vorbem. 3.4 Abs. 2 VV RVG erfolgt anstatt der in Vorbem. 3 Abs. 4 VV RVG geregelten Anrechnungsvorschrift für die Geschäftsgebühr. Sie gilt jedoch auch nur in den Fällen, in denen der Anwalt eine Einzeltätigkeit im gerichtlichen Verfahren vornimmt. Tritt der Rechtsanwalt als Prozessbevollmächtigter vor den Sozialgerichten auf, erhält er die Gebühren nach Teil 3 Abschnitt 1 und hat dementsprechend die Anrechnungsvorschriften nach Vorbem. 3 Abs. 4 VV RVG zu beachten. Zur Frage, wann Rahmengebühren in sozialgerichtlichen Verfahren entstehen, vgl. auch die Kommentierung unter § 3 RVG.

Nr. 3401 VV

4. Rechtsmittelverfahren

45 Auch in Rechtsmittelverfahren können Fälle einer Terminsvertretung oder Unterbevollmächtigung erfolgen. Zu den jeweiligen Gebührenansprüchen vgl. die tabellarische Darstellung unter Ziff. 3. a) und b), Rn. 30 u. 40.

46 Da die Vertretung vor dem BGH ausschließlich durch einen beim BGH zugelassenen Rechtsanwalt erfolgen kann, werden Fälle, in denen ein BGH-Anwalt einen anderen BGH-Anwalt bittet, den Termin wahrzunehmen, äußerst selten sein (denkbar ist akute Erkrankung). Der Terminsvertreter/UBV würde in diesem Falle eine 1,15 Verfahrensgebühr nach Nr. 3401 i. V. m. Nr. 3208 verdienen.

5. Vorzeitige Beendigung

47 Zur vorzeitigen Beendigung vgl. die Kommentierung unter Nr. 3405.

6. Nicht rechtshängige Ansprüche

48 Zur Frage, welche Gebühren bei einem Mehrvergleich entstehen können, siehe das ausführliche Berechnungsbeispiel in der Kommentierung zur Nr. 3402 unter Rn. 34.

7. Terminsgebühr

49 Zur Terminsgebühr des Terminsvertreters/UBV vgl. die ausführlichen Kommentierungen unter Nr. 3402 Rn. 4 ff. Zum möglichen Anfall von zwei Terminsgebühren (eine je für HBV und UBV) vgl. Kommentierung zu unter Nr. 3402 Rn. 103.

8. Einigungsgebühr und ihre Erstattungsfähigkeit

50 Beachtlich ist, dass der Terminsvertreter/UBV unter den in Nrn. 1000, 1003 und 1004 genannten Voraussetzungen auch eine Einigungsgebühr verdienen kann. Selbst in den Fällen, in denen er im Termin einen widerruflichen Vergleich schließt, entsteht für ihn eine Terminsgebühr, wenn der Vergleich nicht widerrufen wird, da an seiner Mitwirkung regelmäßig keine Zweifel bestehen, wenn der Vergleich im Termin geschlossen wird. Damit ist durchaus möglich, dass sowohl für den HBV als auch für den UBV eine Einigungsgebühr **entsteht** (AG Berlin-Mitte Beschl. v. 15.05.2006 Az: 15 C 284/05 JurBüro 2006, 422; *Müller-Rabe* in Gerold/Schmidt RVG 18. Aufl. 2008 VV 3401 Rn. 117; OLG München JurBüro 2007, 595 = RVGreport 2007, 392).

51 • **Beispiel**
RA Müller beauftragt als HBV im Namen seines Mandanten RA Huber zur Wahrnehmung eines Termins vor einem auswärtigen Gericht. Im Termin wird ein widerruflicher Vergleich geschlossen. Der Terminsvertreter übermittelt seinen Terminsbericht und weist darauf hin, dass nach seiner Auffassung ein Widerruf wenig sinnvoll erscheint. Rechtsanwalt Müller (HBV) teilt seinem Mandanten den Ausgang des Termins mit und rät ihm dazu, den Vergleich nicht zu widerrufen. Der Mandant ist schließlich damit einverstanden, dass der Vergleich nicht widerrufen wird. Dies wird dem Gericht entsprechend mitgeteilt. Sowohl der HBV als auch der UBV haben am Zustandekommen des wirksamen Vergleichs mitgewirkt, sodass zweifelsfrei für beide Rechtsanwälte je eine 1,0 Einigungsgebühr (I. Instanz) entstanden ist. Selbstverständlich stellt sich die höchst problematische Frage, inwieweit eine derart entstandene Einigungsgebühr erstattungsfähig sein könnte. Erstattungsfähig sind regelmäßig nur die Kosten, die nach § 91 ZPO zur zweckentsprechenden Rechtsverfolgung notwendig waren. Würde man die Notwendigkeit hier bejahen (das Gericht hat auf eine mögliche Klageabweisung hingewiesen, sofern ein Vergleichsabschluss nicht zustande kommt), würde dies in vielen Verfahren zu einer regelrechten Kostenexplosion führen. Die Kosten könnten leicht den Streitwert erreichen. Problematisch ist dabei, dass der Rechtsanwalt in gerichtlichen Ver-

fahren nicht generell auf **entstandene** Gebühren gegenüber seinem Mandanten verzichten darf, § 49b Abs. 1 BRAO. Sofern das Gericht somit die Notwendigkeit verneint, bliebe der Auftraggeber auf der zweiten Einigungsgebühr »sitzen«, wobei zu berücksichtigen ist, dass bei Vergleichsabschluss ohnehin in der Regel Kostenaufhebung oder Kostenquotelung erfolgt. Zwei Einigungsgebühren lassen sich gegenüber einem Auftraggeber jedoch kaum vertreten. Die Regelung in § 49b BRAO, dass in gerichtlichen Verfahren die gesetzlichen Gebühren nicht unterschritten werden dürfen, müsste nach Ansicht der Verfasserin mit Ausnahmen versehen sein. Eine solche Ausnahme wäre zweifelsohne der Fall, wenn mehrere Rechtsanwälte beauftragt werden und hier zwei Einigungsgebühren (ggf. sogar zwei Terminsgebühren, vgl. die Kommentierung zu Nr. 3402 Rn. 61) entstehen. Zwar kann der Rechtsanwalt im Einzelfall auch im gerichtlichen Verfahren unter den gesetzlichen Gebühren bleiben, jedoch nicht regelmäßig. Ein regelmäßiger Verzicht würde einen klaren Verstoß gegen das Berufsrecht darstellen. Der Rechtsanwalt ist hier in einem Dilemma. Rechnet er derart entstandene Gebühren nicht ab, verstößt er gegen das Berufsrecht; rechnet er sie ab, gilt er als Gebührenschinder. Dieses Dilemma sollte vom Gesetzgeber gelöst werden.

Auch Müller-Rabe spricht sich dafür aus, dass der Terminsvertreter bezüglich der Erstattungsfähigkeit der Einigungsgebühr nicht wie der Verkehrsanwalt zu behandeln ist und zwei entstandene Einigungsgebühren auch erstattungsfähig sein sollten (*Müller-Rabe* in Gerold/Schmidt RVG 18. Aufl. 2008 VV 3401 Rn. 117). Der Meinung, der Terminsvertreter sei so zu informieren, dass er selbst darüber entscheiden könne, ob eine Einigung zu treffen ist, so dass keine zwei Einigungsgebühren entstehen (OLG Zweibrücken RVGreport 2004, 192 m. zust. Anm. Hansens bei kaufmännisch versiertem Kläger). In der Praxis läuft die Beauftragung i. d. R. so ab, dass der Hauptbevollmächtigte den Unterbevollmächtigten voll informiert und diesen auch über die Vergleichsbereitschaft des Mandanten einschl. eines etwaigen akzeptablen Vergleichsbetrags informiert. Dies allein ist meiner Ansicht nach bereits ausreichend als Mitwirkungshandlung im Sinne des Absatzes 2 zu Nr. 1000 und löst, sollte ein wirksamer Vergleich geschlossen werden, die Einigungsgebühr aus. Erfolgt die Information nicht so allumfassend, wird der Unterbevollmächtigte wohl nur einen widerruflichen Vergleich abschließen. Es ist praktisch undenkbar, dass der Hauptbevollmächtigte den Terminsbericht des Unterbevollmächtigten und die Möglichkeit des Widerrufs nicht mit dem Mandanten bespricht. Rät er zum Nicht-Widerruf, entsteht für den Hauptbevollmächtigten die Einigungsgebühr mit dem Wirksamwerden der Vereinbarung (Abs. 3 der Anm. zu Nr. 1000). Den Fall, dass ohne jegliche Mitwirkung des Hauptbevollmächtigten ein Vergleich geschlossen wird, ist in der Praxis eigentlich nicht vorstellbar.

9. Übergangsrecht

Es ist durchaus möglich, dass für den Klägervertreter die BRAGO und für den Beklagtenvertreter das RVG gilt, vgl. dazu die Ausführungen mit Beispiel unter Rn. 55.

Sofern ein Auftraggeber mehrere Rechtsanwälte beauftragt, ist für diese Rechtsanwälte jeweils auf den ihnen erteilten unbedingten Auftrag abzustellen.

• **Beispiel**
Mandant M beauftragt RA R zur Vertretung in einem Klageverfahren am 15.06.2004. Die Klage wird am 22.06.2004 eingereicht. Das Gericht bestimmt Termin zur mündlichen Verhandlung am 16.08.2004. Da der Termin im 500 km entfernten Gerichtsort stattfindet, wird RA P mit der Wahrnehmung des Termins als Unterbevollmächtigter beauftragt. Nach streitiger mündlicher Verhandlung ergeht ein klageabweisendes Urteil. Der Streitwert hat € 7.000,– betragen.

Nr. 3401 VV

Gebühren für den Verfahrensbevollmächtigten:

Streitwert: € 7.000,–	
10/10 Prozessgebühr, §§ 11, 31 Abs. 1 Nr. 1 BRAGO	€ 375,00
5/10 Verhandlungsgebühr, §§ 11, 33 Abs. 3 BRAGO	€ 187,50
Auslagenpauschale, § 26 BRAGO	€ 20,00
Zwischensumme	€ 582,50
16 % Umsatzsteuer, § 25 Abs. 2 BRAGO	€ 93,20
Summe:	**€ 675,70**

Gebühren für den Unterbevollmächtigten:

Streitwert: € 7.000,–	
0,65 Verfahrensgebühr, Nr. 3401 i. V. m. 3100 VV RVG	€ 243,75
1,2 Terminsgebühr, Nr. 3104 und 3102 VV RVG	€ 450,00
Auslagenpauschale, Nr. 7002 VV RVG	€ 20,00
Zwischensumme	€ 713,75
16 % Umsatzsteuer, Nr. 7008 VV RVG	€ 114,20
Summe:	**€ 599,55**

Anmerkung:

Bei den Gebühren des Hauptbevollmächtigten ist bezüglich der Verhandlungsgebühr nicht eine 0,6 Verhandlungsgebühr in Abrechnung zu bringen (§ 33 Abs. 3 BRAGO: eine halbe Verhandlungsgebühr der Verhandlungsgebühr des Unterbevollmächtigten), sondern fiktiv vom Anfall einer nach BRAGO entstandenen Verhandlungsgebühr auszugehen. Ebenso ist für den Unterbevollmächtigten so zu tun, als hätte der Hauptbevollmächtigte eine Verfahrensgebühr nach RVG verdient. Der Unterbevollmächtigte erhält nicht eine 0,5 Verfahrensgebühr, sondern eine 0,65 Verfahrengebühr (ebenso Müller-Rabe NJW 2005, 1615 sowie *N. Schneider* in Schneider/Wolf § 61 Rn. 93). Hinweis: Die Umsatzsteuer betrug seinerzeit noch 16 %.

56 Wird **derselbe** Rechtsanwalt vor dem 01.07.2004 als Terminsvertreter/UBV und nach dem Stichtag als Verfahrensbevollmächtigter beauftragt, so liegen nach einer Ansicht zwei selbständige Aufträge vor, die zu unterschiedlichen Gebühren führen, so dass für die eine Tätigkeit nach BRAGO, für die andere nach RVG abzurechnen ist (Müller-Rabe NJW 2005, 1613). Es dürfen nicht beide Gebühren nebeneinander geltend gemacht werden. Dabei kann der Rechtsanwalt die für ihn günstigeren Gebühren in Rechnung stellen (Müller-Rabe NJW 2005, 1613).

10. Gebührenteilungsabreden

57 Im Hinblick auf die Tatsache, dass der Unterbevollmächtigte nach dem neuen RVG oft besser vergütet wird als der Hauptbevollmächtigte (1,85/1,3), stellt sich die Frage, ob die klassische Gebührenteilungsabrede sinnvoll ist. Viele Anwälte gehen daher dazu über, eine Abrede dahingehend zu treffen, dass die Kosten des UBV geteilt werden und der HBV die Verfahrensgebühr 1,3 behält. § 49 b Abs. 3 Satz 2 BRAO, der die Gebührenteilungsabrede zwischen Verkehrsanwalt und Prozessbevollmächtigtem regelt, fordert eine Berücksichtigung der Verantwortlichkeit sowie des Haftungsrisikos der beteiligten Rechtsanwälte und der sonstigen Umstände. Abhängig gemacht werden darf die Erteilung einer Mandatierung von einer solchen Gebührenteilung nicht, § 49 b Abs. 3 Satz 4 BRAO. Nach § 49 b Abs. 3 Satz 5 BRAO dürfen mehrere beauftragte Rechtsanwälte einen Auftrag gemeinsam bearbeiten und die Gebühren in einem den Leistungen, der Verantwortlichkeit und dem Haftungsrisiko entsprechenden angemessenen Verhältnis untereinander teilen.

58 Der Prozessbevollmächtigte vereinbart daher heute oft in den von ihm betriebenen Angelegenheiten Gebührenteilung, wenn die Zuziehung weiterer Rechtsanwälte (Korrespondenz-

anwalt) erforderlich ist. Diese Gebührenteilung war früher nach dem Standesrecht nicht erlaubt. Seit 1979 ist diese jedoch seit langem gängige Praxis zulässig, vgl. dazu § 49 b Abs. 3 Satz 2 u. 3 BRAO. Die Vereinbarung einer solchen Vergütung darf jedoch nicht zur Voraussetzung einer Mandatserteilung gemacht werden, § 49 b Abs. 3 Satz 5 BRAO. Leider wurde § 49 b Abs. 3 BRAO nicht angepasst, so dass dort nach wie vor nur auf eine Tätigkeit mit dem Korrespondenzanwalt abgestellt wird (Nr. 3400 VV RVG), nicht aber mit einem Unterbevollmächtigten oder Terminsvertreter. Probleme können auch bei nicht genügender Präzisierung eintreten, denn oft wird lediglich »Gebührenteilung« vereinbart, ohne genau zu deklarieren, was darunter im Einzelnen verstanden wird. Dadurch kommt es oft zu nicht unerheblichen Differenzen zwischen den Anwälten.

In der Vergangenheit haben Prozessbevollmächtigter und weiterer Anwalt oft auf die Geltendmachung von Mehrkosten gegenüber der Mandantschaft verzichtet, wenn diese vom Gericht nicht festgesetzt worden ist, was oft der Fall war und auch teilweise noch ist. Aber: Ein genereller Verzicht in allen Angelegenheiten der nicht erstattungsfähigen Mehrkosten gegenüber dem Mandanten, ist nach § 49 b BRAO unzulässig. 59

»1. Der Rechtsanwalt hat es zu unterlassen, Rechtsanwälten im Auftrag seines jeweiligen Mandanten Mandate zu niedrigeren als den gesetzlichen Gebühren anzutragen oder zu erteilen.

2. Kein Verstoß gegen § 49 b Abs. 1 BRAO (Gebührenunterschreitungsverbot) liegt vor, wenn ein Rechtsanwalt einem anderen ein solches Mandat im eigenen Auftrag anträgt oder erteilt.«

(BGH, Urt. v. 01. 06. 2006 Az.: I ZR 268/03 (LS der Verfasserin) Jungbauer DAR, 2006, 717 »Gebührenteilung – BGH sorgt für Klarheit«, NJW 2006, 3569 = AGS 2006, 471 = AnwBl. 2006, 672 = JurBüro 2007, 19 = GRUR 2006, 955 = NJW-Spezial 2006, 478 = WM 2007, 42 = FamRZ 2006, 1523 = MDR 2007, 180).

Im der BGH-Entscheidung vom 01. 06. 2006 zugrundeliegenden Fall hatte ein Rechtsanwalt, dem von einem Kollegen ein Mandat in Untervollmacht unter Gebührenteilung der festsetzbaren Gebühren angetragen wurde, auf Unterlassung geklagt, weil nach seiner Ansicht mit dieser Beauftragung ein Verstoß gegen § 49 b Abs. 1 BRAO gegeben sei. Der BGH bejahte einen Wettbewerbsverstoß (nach § 1 UWG a. F. und §§ 3, 4 Nr. 11, § 8 Abs. 1 UWG), der einen Unterlassungsanspruch begründet, soweit ein solcher Auftrag im Namen des Mandanten erfolgt. In seinen Entscheidungsgründen stellte der BGH jedoch ausdrücklich klar, dass ein Verstoß gegen § 49 b Abs. 1 BRAO nicht vorliegt, wenn der Auftrag im **eigenen Namen** des Rechtsanwalts (hier: des Hauptbevollmächtigten) erteilt wird (vgl. dazu auch BGH AGS 2001, 51 = AnwBl. 2001, 302 = NJW 2001, 753 = BRAGOreport 2001, 26). Die Entscheidung, die zu § 53 BRAGO ergangen ist, findet nach Ansicht des BGH auch auf das RVG Anwendung. Sie hat für Rechtsanwälte weit reichende Konsequenzen. Auch durch das Gesetz zur Änderung des Erfolgshonorarverbots (BT-Drs. 16/8916 vom 23. 04. 2008) hat sich an der Sachlage nichts geändert. In § 49 b Abs. 1 Satz 1 BRAO ist weiterhin geregelt, dass es unzulässig ist, geringere Gebühren und Auslagen zu vereinbaren oder zu fordern, als das Rechtsanwaltsvergütungsgesetz vorsieht, soweit dieses nichts anderes bestimmt. Die **Ausnahmen vom Gebührenunterschreitungsverbot** sind damit einzig und allein im RVG geregelt und betreffen folgende Fälle: 60

– außergerichtliche Angelegenheiten (vgl. § 4 Abs. 1 RVG)
– bestimmte Mahn- und Vollstreckungsangelegenheiten (vgl. § 4 Abs. 2 RVG)
– außergerichtliche und gerichtliche Angelegenheiten, in denen ein Erfolgshonorar vereinbart wird (vgl. § 4 a Abs. 1 Satz 2 RVG – dann aber Bedingung: im Gegenzug Vereinbarung eines Zuschlags für den Erfolgsfall). Vgl. ergänzend die Kommentierung von Bischof unter § 4 a.

Die Beauftragung eines Terminsvertreters im eigenen Namen kann für den Rechtsanwalt wirtschaftlich von Interesse sein, da der Terminsvertreter für den Prozessbevollmächtigten 61

Nr. 3401 VV

die Gebühren als Vertreter im Sinne des § 5 RVG verdient und die Honorierung zwischen dem Prozessbevollmächtigten und Terminsvertreter im Falle einer eigenen Beauftragung (somit nicht im Namen des Mandanten) frei verhandelbar ist, wenngleich das vereinbarte Honorar in einem angemessenen Verhältnis zur Leistung und zum Haftungsrisiko stehen sollte.

62 Zu beachten ist auch das höhere Haftungsrisiko für den Hauptbevollmächtigten, denn er haftet für Fehler des Terminsvertreters, den er im eigenen Namen beauftragt hat, mit. Auch schuldet der Hauptbevollmächtigte als Auftraggeber die Vergütung seines Vertreters im Sinne des § 5 RVG.

63 Nicht geklärt ist, inwieweit der zwischen den beiden Anwälten ausgehandelte Vergütungsanspruch festsetzbar i. S. d. § 91 ZPO ist. Die entstandenen Mehrkosten dürften jedoch nach meiner Auffassung soweit erstattungsfähig sein, als sie die fiktiven Mehrkosten eines beauftragten Unterbevollmächtigten nach Nr. 3401, 3402 VV RVG oder aber die fiktiven Reisekosten des Prozessbevollmächtigten zum Termin nicht wesentlich übersteigen (vgl. dazu ausführlich: Enders JurBüro 2007, 1 ff.: »Gebührenteilungsabrede von Prozessbevollmächtigten und Terminsvertreter kann wettbewerbswidrig sein.«)

11. Kostenerstattung

64 Zur Kostenerstattung vgl. ausführlich die Kommentierung unter Nr. 3402 Rn. 69 ff.

Nr. 3402 VV
Terminsgebühr

Nr.	Gebührentatbestand	Gebühr oder Satz der Gebühr nach § 13 RVG
3402	Terminsgebühr in dem in Nummer 3401 genannten Fall	in Höhe der einem Verfahrensbevollmächtigten zustehenden Terminsgebühr

Inhaltsübersicht

	Rn.
A. Allgemeines	1
B. Kommentierung	3
I. Anwendungsbereich	3
II. Der Tatbestand im Einzelnen	4
1. Terminsgebühr	4
a) Vertretung in einem Verhandlungs-, Erörterungs- oder Beweisaufnahmetermin	7
aa) Versäumnisverfahren für den Terminsvertreter	10
bb) Terminsgebühr und Differenzverfahrensgebühr bei Mehrvergleich	26
cc) Terminsgebühr im schriftlichen Verfahren für Terminsvertreter?	47
dd) Vorheriges Mahnverfahren, Terminsvertreter erst im streitigen Verfahren	51
b) Vertretung in einem Ortstermin	55
c) Vertretung bei einer Besprechung i. S. d. Vorbem. 3. Abs. 3, 3. Alt.	56
d) Wertgebühren	57
e) Betragsrahmengebühren	60
f) Keine »automatische« Terminsgebühr für den Hauptbevollmächtigten	61
2. Rechtsmittelverfahren	62
3. Vorzeitige Beendigung	66
4. Nicht rechtshängige Ansprüche	67
5. Gebührenteilungsabreden	68
6. Kostenerstattung	69
a) Grundsätzliches	69
b) Änderung des § 91 Abs. 2 ZPO zum 01.06.2007	71
c) Rechtsprechungsübersicht	75
d) Mehrkosten bei Beauftragung eines Terminsvertreters / UBV	103
e) Mehrkosten liegen unter fiktiven Reisekosten	106
f) Mehrkosten übersteigen fiktive Reisekosten	107
g) Tatsächliche Reisekosten übersteigen fiktive Mehrkosten	108

A. Allgemeines

Nr. 3402 regelt die Gebühren, die der Rechtsanwalt, dessen Auftrag sich auf die Vertretung in einem Termin i. S. d. Vorbem. 3 Abs. 3 VV beschränkt, erhalten kann. Die Terminsgebühr richtet sich in der Höhe nach einer dem Verfahrensbevollmächtigten zustehenden Terminsgebühr. 1

Die Terminsgebühr nach Nr. 3402 kann nur entstehen, wenn bereits eine Verfahrensgebühr nach Nr. 3401 entstanden ist. Zwar kann eine Verfahrensgebühr nach Nr. 3401 ohne eine Terminsgebühr nach Nr. 3402 entstehen, nicht jedoch umgekehrt. 2

Nr. 3402 VV

B. Kommentierung

I. Anwendungsbereich

3 Zum persönlichen und sachlichen Anwendungsbereich vgl. die Kommentierungen unter Nr. 3401 Rn. 3 ff. und Rn. 7 ff.

II. Der Tatbestand im Einzelnen

1. Terminsgebühr

4 Nr. 3402 regelt den Anspruch einer Terminsgebühr in dem in Nr. 3401 genannten Fall (Terminsvertretung/Unterbevollmächtigung). Der Terminsvertreter/UBV erhält eine Terminsgebühr in Höhe der einem Verfahrensbevollmächtigten zustehenden Terminsgebühr. Dabei ist regelmäßig von einer »fiktiven« Terminsgebühr auszugehen, d.h. die Terminsgebühr des Terminsvertreters/UBV richtet sich konkret in ihrer Höhe nach der Gebühr, die der Verfahrensbevollmächtigte für die vom Terminsvertreter/UBV erbrachte Tätigkeit erhalten hätte, wenn er den Termin selbst wahrgenommen hätte. Zu den Voraussetzungen, wann und in welcher Höhe eine Terminsgebühr entstehen kann, vgl. auch die Kommentierung zu Nr. 3104 VV.

5 Da sich Nr. 3402 auf Nr. 3401 bezieht, ist hinsichtlich der Terminsgebühr auf Vorbem. 3 Abs. 3 abgestellt. Die Terminsgebühr kann nach Vorbem. 3 Abs. 3 VV RVG unter folgenden Voraussetzungen entstehen:

– Vertretung in einem Verhandlungstermin
– Vertretung in einem Erörterungstermin
– Vertretung in einem Beweisaufnahmetermin
– Vertretung in der Güteverhandlung im Zivilprozess
– Vertretung in der Güteverhandlung im Arbeitsgerichtsprozess
– Wahrnehmung eines Termins, der von einem gerichtlich bestellten Sachverständigen anberaumt wurde (Ortstermin)
– Erledigungsbesprechung i.S.d. Vorbem. 3 Abs. 3, 3. Alternative (Schneider/Wolf VV 3401–3402 Rn. 20, *Müller-Rabe* in Gerold/Schmidt RVG 18. Aufl. 2008 Rn. 27 ff. – der sich zwar kritisch äußert, aber wohl seine ablehnende Auffassung aus der 16. Auflage aufgibt (VV 3401 Rn. 13))
– Termine vor dem ersuchten oder beauftragten Richter (Schneider/Wolf VV 3401–3402 Rn. 24)
– gerichtliche Mediationstermine (Schneider/Wolf VV 3401–3402 Rn. 24)
– Güteverhandlung nach § 278 ZPO, § 54 ArbGG
– reiner Protokollierungstermin zu rechtshängigen Ansprüchen (Gerold/Schmidt/Müller-Rabe RVG 18. Aufl. 2008 Rn. 30; etwas anderes gilt für die Protokollierung nirgendwo anhängiger Ansprüche, ders. Rn. 31; wobei insoweit auf die Kommentierung zu Abs. 3 der Anm. zu Nr. 3104 verwiesen wird).

6 Die Terminsgebühr kann daher in den gleichen Verfahren entstehen, wie auch die Verfahrensgebühr, vgl. dazu Kommentierung zu Nr. 3401 Rn. 3 ff.

a) Vertretung in einem Verhandlungs-, Erörterungs- oder Beweisaufnahmetermin

7 Zweifelsfrei entsteht eine Terminsgebühr, wenn der Terminsvertreter/UBV einen gerichtlichen Verhandlungs-, Erörterungs- oder Beweisaufnahmetermin wahrnimmt. Die Höhe seiner Terminsgebühr richtet sich nach seiner Tätigkeit. Wird der Terminsvertreter/UBV in 1. Instanz tätig, so erhält er eine 1,2 Terminsgebühr nach Nr. 3104; in Verfahren vor den Sozi-

algerichten, in denen Betragsrahmengebühren entstehen (§ 3 RVG), eine solche Terminsgebühr in Höhe von € 20,00 – € 380,00 nach Nr. 3106.

Nimmt der Terminsvertreter/UBV **nur einen Termin** wahr, in dem eine Partei nicht erschienen oder nicht ordnungsgemäß vertreten ist und lediglich ein Antrag auf Versäumnisurteil oder Prozess- oder Sachleitung gestellt wird, erhält er eine 0,5 Terminsgebühr nach Nr. 3105. 8

In Verfahren vor Sozialgerichten, in denen Betragsrahmengebühren entstehen, reduziert sich die Terminsgebühr Nr. 3106 entsprechend. 9

aa) Versäumnisverfahren für den Terminsvertreter

Voraussetzungen für die Entstehung einer 0,5 Terminsgebühr nach Nr. 3105 sind: 10

– Wahrnehmung **nur eines** Termins,
– in dem Partei entweder nicht erschienen **oder**
– nicht ordnungsgemäß vertreten ist

und lediglich

– ein Antrag auf Versäumnisurteil **oder**
– zur Prozess- oder Sachleitung gestellt wird.

Im Umkehrschluss bedeutet dies, dass z. B. bei Anwesenheit beider Anwälte im Termin eine 1,2 Terminsgebühr entsteht, auch wenn einer der Rechtsanwälte nicht verhandelt und Versäumnisurteil ergeht. In Abs. 3 der Anmerkung ist hierzu ausdrücklich vermerkt, dass § 333 ZPO nicht anzuwenden ist (eine Partei, die nicht verhandelt, ist so zu behandeln, als wäre sie nicht erschienen). Hier folgt das Gebührenrecht dem Verfahrensrecht ausdrücklich **nicht**. 11

Die reduzierte Terminsgebühr fällt auch dann an, wenn letztendlich kein Versäumnisurteil ergeht, obwohl ein Antrag gestellt wurde. Denn Voraussetzung ist eben nur die Stellung des Antrags, nicht der Erlass eines Versäumnisurteils. Dies betrifft beispielsweise Fälle, in denen eine Klage nicht schlüssig ist (vgl. jedoch zum Fall der Erörterung einer nicht schlüssigen Klage Kommentierung zu Nr. 3401). 12

Anträge zur Prozess- oder Sachleitung können sein: 13

– Antrag auf Aussetzung des Verfahrens, §§ 246 ff. ZPO;
– Antrag auf Vertagung, § 227 ZPO;
– Antrag auf Ruhen des Verfahrens, § 251 ZPO;
– Antrag auf Einsicht in beigezogene Akten bzw. Widerspruch dagegen.

Stellt der RA derartige Anträge, erhält er aber die reduzierte Terminsgebühr nur dann, wenn der Gegner nicht erschienen oder nicht ordnungsgemäß vertreten war. 14

Kein Antrag zur Prozess- und Sachleitung ist 15

– die Klagerücknahme im Termin (Schneider/Wolf VV 3105 Rn. 22). Hier entsteht eine 1,2 Terminsgebühr.

• **Beispiel** 16
Amtsgericht. Verhandlungstermin. Der Beklagte ist nicht erschienen. Terminsvertreter beantragt Versäumnisurteil.

0,65 Verfahrensgebühr, Nr. 3401 i. V. m. Nr. 3100
0,5 Terminsgebühr, Nr. 3401 i. V. m. Nr. Nr. 3105

• **Variante 1** 17
Landgericht, 1. Instanz. Verhandlungstermin. Beklagter ist erschienen, aber ohne Anwalt. Terminsvertreter beantragt Versäumnisurteil.

Nr. 3402 VV

0,65 Verfahrensgebühr, Nr. 3401 i. V. m. Nr. 3100
0,5 Terminsgebühr, Nr. 3401 i. V. m. Nr. 3105

18 • **Variante 2**

Landgericht, 1. Instanz, beide Parteien anwaltlich vertreten; für den Beklagten erscheint ein Terminsvertreter. Dieser tritt im Termin Flucht in die Säumnis an und verhandelt nicht. Es entsteht eine 1,2 Terminsgebühr (OLG Koblenz, Beschl. v. 11. 04. 2005, Az.: 14 W 211/05 = JurBüro 2005, 360; KG Berlin, Beschl. v. 13. 12. 2005, Az.: 1 W 454/05 = RVGreport 2006, 66 = JurBüro 2006, 134; OLG Koblenz RVGreport 2005, 231 = AGS 2005, 190; Enders RVG für Anfänger 13. Aufl. 2005 Rn. 1036; Jungbauer Gebührenoptimierung in Familiensachen Rn. 750 und 752).

0,65 Verfahrensgebühr, Nr. 3401 i. V. m. Nr. 3100
1,2 Terminsgebühr, Nr. 3401 i. V. m. Nr. 3104

19 • **Variante 3**

Amtsgericht, 1. Termin, Beklagter nicht erschienen. Terminsvertreter auf Klägerseite beantragt Versäumnisurteil. Einspruch durch Beklagten. Neuer Verhandlungstermin zur Hauptsache. Es entsteht einmal eine 1,2 Terminsgebühr (LG Düsseldorf RVGreport 2005, 474; Jungbauer Gebührenoptimierung in Familiensachen Rn. 746; Enders, a. a. O., Rn. 1042).

0,65 Verfahrensgebühr, Nr. 3401 i. V. m. Nr. 3100
1,2 Terminsgebühr, Nr. 3401 i. V. m. Nr. 3104

20 Nach Abs. 1 Nr. 2 der Anmerkung zu Nr. 3105 VV RVG entsteht die Terminsgebühr auch, wenn im schriftlichen Verfahren nach § 331 Abs. 3 ZPO ein Versäumnisurteil ergeht. Ein Versäumnisurteil kann hier ergehen, wenn der Beklagte die Frist zur Anzeige der Verteidigungsabsicht versäumt hat (Notfrist, 2 Wochen nach Zustellung der Klage, § 276 Abs. 1 ZPO) und vom Kläger ein entsprechender Antrag gestellt wurde. In der Praxis dürfte es für den Terminsvertreter kaum zum Anfall einer Gebühr kommen, da er in der Regel erst beauftragt wird, wenn Termin bestimmt wurde.

21 Das 2. Versäumnisurteil löst eine 1,2 Terminsgebühr aus, da es sich bei Nr. 3105 um eine so genannte Ausschlussgebühr handelt. D. h., diese Gebühr nach Nr. 3105 entsteht nur, wenn tatsächlich in Anzahl nur ein Termin wahrgenommen wurde. Auch eine »Anrechnung der Nr. 3105 VV« auf die 1,2 Terminsgebühr nach Nr. 3104 scheidet systematisch aus. Fazit: Beim 2. VU entsteht eine 1,2 Terminsgebühr nach Nr. 3104, nicht eine solche nach Nr. 3105 in Höhe von 0,5 und zwar sowohl in den Fällen, in denen das 1. VU im Termin als auch im schriftlichen Verfahren ergangen ist (BGH, Beschl. v. 18. 07. 2006, Az.: XI ZB 41/05, NJW 2006, 2927 = FamRZ 2006, 1836; BGH, Beschl. v. 07. 06. 2006, AZ: VIII ZB 108/05, NJW 2006, 3430; ebenso: OLG Celle, Beschl. v. 24. 02. 2005,,Az.: 2 W 36/05, JurBüro 2005, 302 = RVGreport 2005, 150 unter Hinweis auf BT-Drs. 15/1971, S. 212; vgl. auch Kommentierung zu Nr. 3105; **a. A. (aber überholt)**: OLG Nürnberg, Beschl. v. 28. 11. 2005, Az.: 4 W 2257/05, JurBüro 2006, 64 u. 194: 0,5 Terminsgebühr bei 2. Versäumnisurteil – Begründung: § 15 Abs. 2 RVG (Einmaligkeit des Gebührenanfalls) – Die Entscheidung des OLG Nürnberg ist nach Ansicht der Verfasserin falsch (fehlerhafte Anwendung von § 15 Abs. 2 RVG).

22 0,5 Terminsgebühr nach Nr. 3105, wenn ein 2. VU ergeht, nachdem der Klägervertreter einen VB erwirkt hatte, gegen den dann Einspruch eingelegt wurde (AG Kaiserslautern JurBüro 2005, 475; Anmerkung der Verfasserin: Die Entscheidung ist folgerichtig, da es sich bei der VB-Gebühr um eine Verfahrensgebühr handelt und nicht um eine Terminsgebühr. Allerdings bleibt in diesen Fällen die 0,5 VB-Gebühr neben der 0,5 Terminsgebühr stehen, wohingegen beim 2. VU bei zwei Terminen nur eine 1,2 TG entsteht und die 0,5 TG nach Nr. 3105 in eine 1,2 TG nach Nr. 3104 aufgeht).

23 Die volle Terminsgebühr entsteht für den Klägervertreter auch dann, wenn der Beklagte im Verhandlungstermin nicht ordnungsgemäß vertreten ist, der Klägervertreter aber über den

Antrag auf Erlass eines Versäumnisurteils hinaus mit dem Gericht die Zulässigkeit seines schriftsätzlich angekündigten Sachantrags erörtert oder mit dem persönlich anwesenden Beklagten Möglichkeiten einer einverständlichen Regelung bespricht (BGH, Beschl. v. 24. 01. 2007, Az.: IV ZB 21/06, NJW 2007, 1692 = r + s 2008, 41).

Nach Nr. 3203 VV erhält der Rechtsanwalt (hier: Terminsvertreter) des Berufungs**beklagten**, wenn ein Termin stattgefunden hat, in dem auf seinen Antrag hin nur ein Versäumnisurteil ergeht, weil der Berufungs**kläger** nicht ordnungsgemäß vertreten ist, eine Terminsgebühr i. H. v. 0,5. Beantragt dagegen der Berufungskläger ein Versäumnisurteil aus den genannten Gründen, entsteht die Terminsgebühr in voller Höhe mit 1,2 für das Rechtsmittelverfahren. Da im Berufungsverfahren Anwaltszwang herrscht, Nr. 3203, stellt Nr. 3203 daher nicht auf das Erscheinen der Partei ab, da diese regelmäßig vertreten sein muss. Da nur die Terminsgebühr des Berufungsbeklagtenvertreters sich bei Versäumnisurteil auf 0,5 reduziert, gilt im Umkehrschluss, dass für ein Versäumnisurteil, das der Berufungskläger im Termin beantragt, die Reduzierung nicht greift. Der Vertreter des Berufungsklägers erhält nach Nr. 3202 eine volle Terminsgebühr i. H. v. 1,2. 24

• **Beispiel** 25
Rechtsanwalt R tritt als Terminsvertreter für den Berufungskläger in einem Unterhaltsverfahren auf. Das Gericht bestimmt Termin zur mündlichen Verhandlung. Rechtsanwalt R beantragt Versäumnisurteil, da der Berufungsbeklagte nicht erschienen ist.

Rechtsanwalt R kann abrechnen:

0,8 Verfahrensgebühr, Nr. 3401 i. V. m. Nr. 3200
1,2 Terminsgebühr, Nr. 3402 i. V. m. Nr. 3202

bb) Terminsgebühr und Differenzverfahrensgebühr bei Mehrvergleich

Die Terminsgebühr entsteht nicht, soweit **lediglich** beantragt ist, eine Einigung der Parteien oder mit Dritten über nicht rechtshängige Ansprüche zu Protokoll zu nehmen. Dies bedeutet, dass in den Fällen, in denen der Rechtsanwalt mit einem vorbereiteten Vergleich (einer Einigung) zum Termin erscheint und lediglich eine Protokollierung dieses Vergleichs erfolgt, für **diese Tätigkeit** des RA (Antrag auf Protokollierung) aus dem Wert der Vergleichsgegenstände eine Terminsgebühr **nicht** entsteht. 26

Wurde dieser Vergleich (die Einigung) jedoch zuvor zwischen den Parteien bzw. Anwälten in einer Besprechung (telefonisch oder persönlich) ausgehandelt und dann lediglich bei Gericht protokolliert, entsteht die Terminsgebühr in Höhe von 1,2 dennoch, und zwar **für die** Erledigungsbesprechung. 27

Die Aushandlung einer Vereinbarung über nicht rechtshängige Ansprüche auf dem **Papierweg** löst, wenn diese sodann im Termin lediglich noch protokolliert wird, eine Terminsgebühr **nicht** aus! 28

Wird nicht lediglich protokolliert, sondern vielmehr über die Vergleichsgegenstände im Termin noch verhandelt oder diese erörtert, kann die Terminsgebühr von 1,2 nach Nr. 3104 gleichwohl entstehen. Denn in Abs. 3 der Anmerkung zu Nr. 3104 wird durch das Wort »lediglich« klar, dass die Terminsgebühr nur bei der sehr eingeschränkten Tätigkeit des alleinigen Antrags auf Protokollierung nicht entstehen soll. 29

Aus den Anmerkungen Abs. 2 und 3 ergibt sich, dass aus dem Wert nicht rechtshängiger Ansprüche, die in einem Vergleich mit erledigt werden, sehr wohl eine Terminsgebühr entstehen kann, wenn 30

– über diese Ansprüche eine Besprechung i. S. d. Vorbem. 3 Abs. 3 VV stattgefunden hat oder
– über diese Ansprüche im gerichtlichen Termin noch verhandelt/erörtert wurde.

Nr. 3402 VV

31 Die Terminsgebühr berechnet sich dann aus dem gesamten Wert, § 15 Abs. 5 RVG (LG Regensburg, Beschl. v. 01.09.2005, Az.: 2 T 504/05, JurBüro 2005, 647; OLG Hamm, Beschl. v. 06.02.2007, Az.: 23 W 274/06).

32 Allein der Umstand, dass ein überschießender Vergleich geschlossen wird, deutet nach Ansicht des LG Regensburg darauf hin, dass auch insoweit Verhandlungen, welche die so genannte »Differenzterminsgebühr« auslösen, geführt worden sind; eines Nachweises im Protokoll für die stattgefundene Verhandlung oder Erörterung bedarf es dann für die Festsetzung der Terminsgebühr auch aus den nicht rechtshängigen Ansprüchen nicht mehr (LG Regensburg, Beschl. v. 01.09.2005, Az.: 2 T 504/05, JurBüro 2005, 647). Die Entscheidung des LG Regensburg ist kritisch zu sehen. Denn es gibt die Fälle, in denen lediglich protokolliert wird, wobei sich dies in der Regel aus dem Sitzungsprotokoll ergibt, wenn die Parteien einen »fertigen« Vergleich zum Termin mitbringen, der lediglich protokolliert werden soll. Damit es zwischen Terminsvertreter/UBV nicht zu Streitigkeiten kommt, sollte hinsichtlich eines etwaigen Mehrvergleichs sinnvoller Weise vor dem Termin genau abgeklärt werden, welche Befugnisse der Terminsvertreter/UBV hat und welche nicht, zumal das LG Regensburg in seiner Entscheidung vom 01.09.2005 insoweit generell von einem stillschweigenden Auftrag für den Verfahrensbevollmächtigten ausgeht (LG Regensburg, Beschl. v. 01.09.2005, Az.: 2 T 504/05, JurBüro 2005, 647). Dies kann nach Ansicht der Verfasserin aber nicht uneingeschränkt für den Terminsvertreter/UBV gelten.

33 Nachfolgendes Beispiel eines Mehrvergleichs unter Einbeziehung eines Terminsvertreters soll den Gebührenanfall für den Verfahrensbevollmächtigten/HBV und Terminsvertreter/UBV verdeutlichen:

34 • **Beispiel**
RAin Lohs reicht im Juli 2008 auftragsgemäß für ihre Mandanten Erna und Franz Müller Klage zum Landgericht München I auf Zahlung eines Betrags von € 5.100,00 ein. Das Gericht bestimmt Termin zur Güteverhandlung und anschließenden mündlichen Verhandlung. Im Hinblick auf die hohen Reisekosten der RAin Lohs zum Termin wird als Terminsvertreter RA Bogs mit der Wahrnehmung des Termins beauftragt. RA Bogs schließt weisungsgemäß im Termin einen Vergleich, in dem auch weitere, nicht rechtshängige Ansprüche in Höhe von € 3.000,00, über die in diesem Termin ebenfalls verhandelt worden ist, einbezogen werden. RAin Lohs hatte hinsichtlich dieser nicht rechtshängigen Ansprüche bereits Klageauftrag. Am Zustandekommen des Vergleichs hat sie mitgewirkt.

Vergütungsansprüche RAin Lohs:

1,6 erhöhte Verfahrensgebühr aus € 5.100,00 Nrn. 3100, 1008 VV RVG	€ 540,80	
1,1 erhöhte Verfahrensgebühr aus € 3.000,00 Nrn. 3101 Nr. 1, 1008 VV RVG	€ 371,80	
Verfahrensgebühren addiert:	€ 912,60	
gem. § 15 Abs. 3 RVG höchstens: 1,6 aus € 8.100,00		€ 718,40
1,0 Einigungsgebühr aus € 5.100,00 Nr. 1003 VV RVG		€ 338,00
1,5 Einigungsgebühr aus € 3.000,00 Nr. 1000 VV RVG		€ 283,50
gem. § 15 Abs. 3 RVG höchstens: 1,5 Einigungsgebühr aus € 8.100,00 = € 673,50; hier keine Kürzung		
Auslagenpauschale, Nr. 7002 VV RVG		€ 20,00
Zwischensumme		€ 1.359,90
19% Umsatzsteuer, Nr. 7008 VV RVG		€ 258,38
Summe:		**€ 1.618,28**

Vergütungsansprüche RA Bogs:

(0,65 + 0,3) 0,95 erhöhte Verfahrensgebühr aus € 5.100,00		
Nrn. 3401 i. V. m. 3100, 1008	€ 321,10	
(0,8 + 0,3) 1,1 erhöhte Verfahrensgebühr aus € 3.000,00		
Nrn. 3101 Nr. 2, 1008	€ 207,90	
Verfahrensgebühren addiert:	€ 529,00	
gem. § 15 Abs. 3 RVG höchstens:		
1,1 aus € 8.100,00		€ 493,90
1,2 Terminsgebühr aus € 8.100,00		
Nr. 3401 i. V. m. 3104, § 15 Abs. 5 RVG		€ 538,80
1,0 Einigungsgebühr aus € 5.100,00		€ 338,00
Nr. 1003		
1,5 Einigungsgebühr aus € 3.000,00		€ 283,50
Nr. 1000		
gem. § 15 Abs. 3 RVG höchstens:		
1,5 Einigungsgebühr aus € 8.100,00 = € 673,50;		
hier keine Kürzung		
Auslagenpauschale, Nr. 7002		€ 20,00
Zwischensumme		€ 1.674,20
19 % Umsatzsteuer, Nr. 7008		€ 318,10
Summe:		**€ 1.992,30**

Anmerkung: Der Mehrvergleich führt hinsichtlich des Klageauftrags über die weiteren noch nicht eingeklagten Ansprüche von € 3.000,00 zu einer vorzeitigen Beendigung nach Nr. 3101 Nr. 1 für RAin Lohs. Geht man davon aus, wie derartige Fälle in der Praxis ablaufen, kann vorausgesetzt werden, dass auch für RAin Lohs die beiden Einigungsgebühren entstanden sind, da sie am Zustandekommen mitgewirkt haben wird, vgl. dazu Anmerkung Abs. 2 zu Nr. 1000 VV. Zur Frage der erforderlichen Abrechnung im Hinblick auf die Regelungen des Berufsrechts (§ 49 b Abs. 1 BRAO) und der Erstattungsfähigkeit vgl. die Ausführungen unter Rn. 43. 35

Die Frage, ob die Erhöhung nach Nr. 1008 für den Terminsvertreter/UBV gesondert in Höhe von 0,3 anfällt oder aber nur in Höhe der Hälfte von 0,15, ist dahingehend zu beantworten, dass die Erhöhung jeder am Verfahren beteiligte RA voll erhält. Obwohl der Gesetzgeber den bereits zur BRAGO bestehenden Meinungsstreit zur Frage, ob ein Erhöhungs**faktor** oder eine eigenständige Erhöhungs**gebühr** zu berechnen ist, sicherlich kannte, hat er mit dem RVG auch insoweit nicht zur Klärung dieser Frage beigetragen. Für die Annahme, dass eine eigenständige Gebühr vorliegt, spricht nun der Wortlaut der Vorbem. 1: »Die Gebühren dieses Teils entstehen neben den in anderen Teilen bestimmten Gebühren.« Die herrschende Meinung geht jedoch davon aus, dass die in Nr. 1008 geregelte Erhöhung lediglich einen Erhöhungsfaktor für Geschäfts- und/oder Verfahrensgebühr darstellt, sodass es richtig heißen muss (am Beispiel einer Verfahrensgebühr für die 1. Instanz bei zwei Auftraggebern): 36

1,6 erhöhte Verfahrensgebühr
Nrn. 3100, 1008 VV RVG.

Dass der Terminsvertreter/UBV die Hälfte der dem Verfahrensbevollmächtigten zustehenden Verfahrensgebühr erhält, bezieht sich allein auf die Verfahrensgebühr ohne Erhöhung. 37

Für die Frage, wie sich daher die Erhöhung nach Nr. 1008 für den Terminsvertreter/UBV berechnet, ergeben sich zwei Alternativen (vgl. dazu auch Wolf JurBüro 2004, 518; *Müller-Rabe* in Gerold/Schmidt Müller-Rabe RVG 18. Aufl. 2008 VV 1008 Rn. 27 (der – auf den Verkehrsanwalt abgestellt – aber richtigerweise fordert, dass der Verkehrsanwalt selbst mehrere Auftrag- 38

Nr. 3402 VV

geber haben muss; *Bischof* in dieser Kommentierung unter Nr. 1008 VV Rn. 101 mit fundierter Begründung). Dass dem Terminsvertreter eine Erhöhung zusteht, ist in der Literatur unstreitig, die Frage ist lediglich, wie zu berechnen ist:

39 Für eine **unverminderte** Erhöhung nach Nr. 1008 (somit keine Halbierung) sprechen sich aus: Hansens RVGreport 2004, 373, Beispiel 8; Hansens/Braun/Schneider Praxis des Vergütungsrechts Teil 7 Rn. 511, 512; Bischof/Jungbauer/Podlech-Trappmann RVG Vergütungsverzeichnis Teil 3/Bürgerliche Rechtsstreitigkeiten u. a., S. 615, Kap. 2.2, Beispiel; Enders JurBüro 2005, 5).

40 Nach Enders ist der Berechnungsmethode einer unverkürzten Erhöhung zu Recht der Vorzug zu geben, da sich die Berechnung der Verfahrensgebühr nach Nr. 3401 lediglich auf einen Auftraggeber bezieht. Hiervon unabhängig sei die Vorschrift der Nr. 1008 zu beachten. Enders spricht sich gegen eine Kappung der Erhöhung aus, da sich Berechnungsschwierigkeiten ergeben können, wenn mehrere Streitgenossen durch mehrere Prozessbevollmächtigte vertreten werden, die mehreren Streitgenossen aber nur einen Terminsvertreter bestellen (Enders JurBüro 2005, 5; vgl. dazu auch *Hansens* in RVGreport 2004, 373, Beispiele 8, 9 sowie *Hansens* in Hansens/Braun/Schneider Praxis des Vergütungsrechts Teil 7 Rn. 511–514, S. 538).

41 Enders weist darauf hin, dass es für die Frage, ob grundsätzlich eine Erhöhung (gleich welcher Berechnungsmethode man sich anschließen will) entstehen kann, maßgeblich darauf ankommt, ob der Auftrag durch den Hauptbevollmächtigten selbst oder aber im Auftrag der Partei erfolgt ist. Hier ist der Terminsvertreter klar an die Anzahl der Auftraggeber und nicht die Vertretenen gebunden (nur ein Auftraggeber, wenn der Auftrag von einem einzigen Prozessbevollmächtigten im eigenen Namen erfolgt: *Hansens* in RVGreport 2004, 374, Kap. dd Beispiel 10 sowie ders. Hansens/Braun/Schneider Praxis des Vergütungsrechts Teil 7 Rn. 515–516; *Müller-Rabe* in Gerold/Schmidt RVG 18. Aufl. 2008 VV 1008 Rn. 27 **a. A.:** Enders, der zu bedenken gibt, ob sich insoweit die Frage stellt, wie viele Auftraggeber anzunehmen sind, wenn in diesem Fall die Sozietät mehrere Mitglieder hätte und zur Frage, dass die Anwendbarkeit des RVG bei eigenem Auftrag in eigenem Namen des Prozessbevollmächtigten überhaupt fraglich ist (Enders JurBüro 2005, 5; Enders JurBüro 2004, 631).

42 Die Verfasserin spricht sich dafür aus, dass zwar von einem Erhöhungsfaktor auszugehen ist und nicht von einer eigenständigen Gebühr, dieser Erhöhungsfaktor jedoch dem UBV/Terminvertreter unvermindert (0,3 für jede weitere Person, die Auftraggeber ist) zusteht, nicht nur zur Hälfte (0,15), schließlich halbiert sich auch das Haftungsrisiko nicht.

43 Strittig ist, ob bei Abschluss eines Mehrvergleichs die Differenzverfahrensgebühr nach Nr. 3101 Nr. 2 i. V. m. Nr. 3401 i. H. v. 0,8 oder aber 0,4 anfällt (0,8 Verfahrensgebühr berechnen: Enders JurBüro 2005, 2; Jungbauer Rechtsanwaltsvergütung 4. Aufl. 2007 Rn. 1852; **a. A.** *Müller-Rabe* in Gerold/Schmidt RVG 18. Aufl. 2008 VV 3401 Rn. 50). Mock/Schneider gehen vom Anfall einer 0,8 Verfahrensgebühr aus, wenn über nichtrechtshängige Ansprüche verhandelt worden ist **und** der Antrag, eine Einigung zu Protokoll zu nehmen, gestellt wurde, *Schneider/Wolf* VV 3401–3402 Rn. 79). Eine 0,4 Verfahrensgebühr nehmen letztere nur an, wenn nicht rechtshängige Ansprüche im Termin lediglich protokolliert werden (Schneider/Mock, a. a. O.).

Der Auffassung von Müller-Rabe, dass im Falle eines Mehrvergleichs lediglich eine 0,4 Verfahrensgebühr anfällt, kann ich nicht folgen. Zwar führt Müller-Rabe gute Argumente für eine 0,4 Verfahrensgebühr an; gegen diese spricht allerdings die Tatsache, dass die 0,65 Verfahrensgebühr (halbe Verfahrensgebühr des Verfahrensbevollmächtigten) eine »inaktive« Betriebsgebühr ist. Nach der Systematik des RVG kann eine Terminsgebühr ohne Betriebsgebühr nicht entstehen (vgl. auch in Nr. 3101 Nr. 1 den Gebührentatbestand, aus dem sich ergibt, dass **spätestens** mit der Terminswahrnehmung auch eine Verfahrensgebühr entsteht). Da aber die Arbeit durch Einreichung der Klage/Schriftsätze durch den Hauptbevollmächtigten überwiegend schon erfüllt ist, entsteht die Verfahrensgebühr des Unterbevollmächtigten nur in geringerer (halber) Höhe. Dasselbe für die Differenzverfahrensgebühr nach

Nr. 3101 Nr. 2 VV RVG anzunehmen, ist nicht gerechtfertigt, denn diese Gebühr verdient der Unterbevollmächtigte für die aktive Arbeit in der mündlichen Verhandlung. Wenn der Gesetzgeber dem Unterbevollmächtigten aber eine Terminsgebühr bewilligt, die in ihrer Höhe gänzlich einer solchen entspricht, die auch der Hauptbevollmächtigte bei entsprechender Tätigkeit im Termin erhält, muss dies meines Erachtens auch für die aktive Verfahrensgebühr, die Differenzverfahrensgebühr (die ja ebenfalls eine Tätigkeit im Termin abgilt) gelten. Dass möglicherweise der Hauptbevollmächtigte ebenfalls eine 0,8 Verfahrensgebühr erhält (dann aber wohl nach Nr. 3101 Nr. 1 und nicht Nr. 2, denn Nr. 2 setzt eine Tätigkeit im Termin voraus), und das Verfahren dadurch teuer wird, kann nicht Argument für die Ablehnung einer 0,8 Verfahrensgebühr sein. Denn – und dies wurde von mir bereits in der letzten Auflage moniert – können auch für beide Rechtsanwälte (Haupt- und Unterbevollmächtigtem) eine Einigungsgebühr entstehen. Es darf nicht sein, dass das Gebührenunterschreitungsverbot in gerichtlichen Angelegenheiten (vgl. § 49b Abs. 1 BRAO) dazu führt, dass nun über die Rechtsprechung/Literatur mit dem Argument »es wird zu teuer« dem Anwalt Gebührenansprüche abgesprochen werden, auf die Kommentierung unter Rn. 112 wird ergänzend verwiesen.

Voraussetzung für den Anfall der Differenzverfahrensgebühr beim Terminsvertreter/UBV ist, dass er einen entsprechenden Auftrag vom Mandanten (direkt oder vom Verfahrensbevollmächtigten/HBV) erhalten hat. 44

Sofern der Verfahrensbevollmächtigte/HBV eine Erledigungsbesprechung i. S. der Vorbem. 3 Abs. 3, 3. Alt. geführt hat, entsteht auch für ihn eine Terminsgebühr (Enders JurBüro 2004, 629; ders. JurBüro 2005, 3). 45

Sofern über die nicht rechtshängigen Ansprüche nicht mehr verhandelt worden wäre und der Terminsvertreter/UBV lediglich eine fertige Einigung zu Protokoll gegeben hätte, würde die Terminsgebühr wegen Anm. Abs. 3 zu Nr. 3104 nicht aus dem Wert der rechtshängigen Ansprüche entstehen (vgl. auch Kommentierung unter Rn. 26 sowie zu dieser Problematik auch Enders JurBüro 2005, 5). 46

cc) Terminsgebühr im schriftlichen Verfahren für Terminsvertreter?

Die **Voraussetzungen** für den Anfall einer Terminsgebühr im schriftlichen Verfahren für den Verfahrensbevollmächtigten/HBV sind generell, dass 47

- eine mündliche Verhandlung vorgeschrieben ist, vgl. dazu § 128 Abs. 1 ZPO (nicht bei einstweiliger Verfügung und Entscheidung über die Kosten nach § 128 Abs. 3 ZPO, letzteres seit ZPO-Reform geändert)
- und eine Entscheidung ohne mündliche Verhandlung
- im Einverständnis mit den Parteien oder
- bei Anerkenntnisurteil im schriftlichen Verfahren (trotz nicht vorgeschriebener Verhandlung, vgl. dazu Zöller/Vollkommer ZPO 26. Aufl. 2005 § 307 Rn. 3 u. 12 sowie Thüringer OLG, Beschl. v. 21. 07. 2005, Az.: 9 W 245/05, JurBüro 2005, 529; OLG Stuttgart, Beschl. v. 17. 05. 2005, 8 W 183/05, JurBüro 2005, 587 (verfassungsrechtliche Bedenken sind außerhalb des Verfassungsrechts der Beurteilung der Judikative entzogen und fallen allein in den Verantwortungsbereich der Legislative) oder
- bei Versäumnisurteil im schriftlichen Verfahren oder
- eine Entscheidung nach § 94a FGO oder
- eine Entscheidung in Bagatellstreitigkeiten nach § 495a ZPO

ergeht oder

- ein Vergleich in derartigen Verfahren geschlossen wird (BGH, Beschl. v. 27. 10. 2005, Az.: III ZB 42/05, AnwBl. 2006, 71; KG, Beschl. v. 27. 10. 2005, AnwBl. 2006, 71 ff., **a. A.:** auf die Darstellung gegenteiliger Auffassungen, die sich der obiter dictum Entscheidung des BGH vom 30. 03. 2004 angeschlossen hatten, wird an dieser Stelle verzichtet, sie sind durch die Entscheidung des BGH vom 27. 10. 2005 überholt).

Nr. 3402 VV

48 Keine Terminsgebühr entsteht, wenn im schriftlichen Verfahren verwiesen (§ 281 Abs. 1 ZPO) oder das Ruhen des Verfahrens angeordnet wird, § 251 ZPO (OLG Karlsruhe, Beschl. v. 19. 07. 2005, 15 W 26/05, JurBüro 2005, 596).

49 Es stellt sich die Frage, inwieweit der Terminsvertreter im schriftlichen Verfahren eine Terminsgebühr verdienen kann. Da nach Ansicht der Verfasserin der Terminsvertreter/UBV in der Regel (sinnvoller Weise) einen Auftrag bezogen auf einen konkreten Termin erhält, kann er, wenn sich das Verfahren sodann im schriftlichen Verfahren erledigt, eine Terminsgebühr nicht verdienen; diese erhält vielmehr der Hauptbevollmächtigte.

50 Da in Nr. 3401 auf eine Terminsgebühr i. S. der Vorbem. 3 Abs. 3 VV abgestellt wird und damit auch Nr. 3401 (und in der Folge deren Anmerkung) zur Anwendung gelangen, ist die Entstehung einer Terminsgebühr für das schriftliche Verfahren für den Terminsvertreter/UBV aber nicht ausgeschlossen (so auch sinngemäß Schneider/Wolf VV 3401–3402 Rn. 62). Für die Praxis gebietet es sich daher, den Auftrag für den Terminsvertreter/UBV möglichst konkret zu fassen, um unerwünschten Gebührenanfall beim Terminsvertreter/UBV zu vermeiden.

dd) Vorheriges Mahnverfahren, Terminsvertreter erst im streitigen Verfahren

51 Wird der Terminsvertreter erst im streitigen Verfahren tätig, nachdem zuvor ein Mahnverfahren erfolgt ist, können sich für den Verfahrensbevollmächtigten und seinen Terminsvertreter folgende Gebührenansprüche ergeben:

52 • **Beispiel**
RA Rund versendet zunächst ein außergerichtliches Aufforderungsschreiben (1,3 Geschäftsgebühr). Auftragsgemäß wird sodann Mahnbescheid beantragt. Nach Zustellung des Mahnbescheids ruft der Gegner an und telefoniert mit RA Rund. Er versucht, RA Rund zur Zurücknahme des Antrages zu bewegen. RA Rund, der die Verzögerungstaktiken des Schuldners bereits kennt, erklärt diesem, dass der Mandant auf eine Titulierung bestehen wird. Der Gegner erhebt Widerspruch. Die Sache geht in das streitige Verfahren über. Der Termin soll vor einem auswärtigen Gericht stattfinden. Im Hinblick auf die Höhe des Streitwerts soll ein Terminsvertreter den Termin wahrnehmen. Als Terminsvertreter tritt RAin Fröhlich-Gründlich auf. Im Anschluss wird der Klage stattgegeben.

Folgende Vergütungsansprüche von RA Rund und RAin Fröhlich-Gründlich bestehen:

RA Rund (außergerichtliche Vertretung, Vertretung im Mahnverfahren, Verfahrensbevollmächtigter für das streitige Verfahren):

Gegenstandswert: € 8.325,40, § 2 Abs. 1 RVG (drei Angelegenheiten)

1. Außergerichtliche Tätigkeit:

1,3 Geschäftsgebühr, Nr. 2300 VV RVG	€	583,70
Auslagenpauschale, Nr. 7002 VV RVG	€	20,00
Zwischensumme	€	603,70
19 % Umsatzsteuer, Nr. 7008 VV RVG	€	114,70
Summe:	**€**	**718,40**

2. Tätigkeit im Mahnverfahren:

1,0 Mahnverfahrensgebühr, Nr. 3305 VV RVG		€	449,00
abzgl. 0,65 Geschäftsgebühr, Nr. 2300 VV RVG	./.	€	291,85
Zwischensumme		€	157,15
1,2 Terminsgebühr, Nr. 3104, Vorbem. 3.3.2 VV RVG		€	538,80
Auslagenpauschale, Nr. 7002 VV RVG		€	20,00
Zwischensumme		€	715,95
19 % Umsatzsteuer, Nr. 7008 VV RVG		€	136,03
Summe:		**€**	**851,98**

3. Tätigkeit im gerichtlichen Verfahren:

1,3 Verfahrensgebühr, Nr. 3100 VV RVG		€ 583,70
abzgl. 1,0 Mahnverfahrensgebühr		
Nr. 3305 VV RVG	./. €	449,00
Zwischensumme		€ 134,70
Auslagenpauschale, Nr. 7002 VV RVG		€ 20,00
Zwischensumme		€ 154,70
19 % Umsatzsteuer, Nr. 7008 VV RVG		€ 29,39
Summe:		**€ 184,09**

RAin Fröhlich-Gründlich (Terminsvertretung):

0,65 Verfahrensgebühr	
Nr. 3401 i. V. m. 3100 VV RVG	€ 291,85
1,2 Terminsgebühr, Nr. 3104, Vorbem. 3.3.2 VV RVG	€ 538,80
Auslagenpauschale, Nr. 7002 VV RVG	€ 20,00
Zwischensumme	€ 850,65
19 % Umsatzsteuer, Nr. 7008 VV RVG	€ 161,62
Summe:	**€ 1.012,27**

Zur Frage, welche Gebühren erstattungsfähig sind oder sein können, vgl. die Kommentierung unter Rn. 69. 53

Zur Frage, welche Gebührenabrede zwischen Verfahrensbevollmächtigtem und Terminsvertreter getroffen werden kann, vgl. die Kommentierung zu Nr. 3401 unter Rn. 57. 54

b) Vertretung in einem Ortstermin

Für die Vertretung in einem von einem gerichtlich bestellten Sachverständigen anberaumten Termin erhält der Terminsvertreter / UBV eine 1,2 Terminsgebühr nach Nr. 3402 i. V. m. Nr. 3104 (Vorbem. 3 Abs. 3, 2. Alt.). Dies gilt jedoch nur, wenn der Sachverständige vom Gericht bestellt worden ist. Für die Wahrnehmung eines Termins, den ein Privatgutachter anberaumt, entsteht die Terminsgebühr nicht. Möglich ist allerdings, dass in einem derartigen Termin mit einem Privatgutachter dann eine Terminsgebühr entsteht, wenn eine Besprechung i. S. d. Vorbem. 3 Abs. 3, 3. Alt. stattfindet. 55

c) Vertretung bei einer Besprechung i. S. d. Vorbem. 3. Abs. 3, 3. Alt.

Da in Nr. 3401 auf die Vorbem. 3 Abs. 3 VV ohne Einschränkung Bezug genommen wird, kann eine Terminsgebühr für den Terminsvertreter / UBV auch entstehen, wenn er an einer Besprechung i. S. d. Vorbem. 3 Abs. 3, 3. Alt. teilnimmt (Schneider/Wolf VV 3401–3402 Rn. 20, *Müller-Rabe* in Gerold/Schmidt RVG 18. Aufl. 2008 Rn. 27 ff. – der sich zwar kritisch äußert, aber wohl seine ablehnende Auffassung aus der 16. Auflage aufgibt (VV 3401 Rn. 13)) 56

d) Wertgebühren

Bei Wertgebühren entsteht die Terminsgebühr je nach Anfall der erfolgten Tätigkeit. 57

Die Wertgebühr berechnet sich nach dem Gegenstandswert, zu dem der Termin erforderlich wird. So kann sich beispielsweise für die Verfahrensgebühr(en) im Gegensatz zur Terminsgebühr ein Unterschied ergeben. 58

• **Beispiel** 59
RA Huber erhält den Auftrag, als Terminsvertreter in einem Termin vor dem Landgericht Düsseldorf aufzutreten. Zum Zeitpunkt, als er den Auftrag erhält, den Beklagten zu vertreten, war ein Anspruch in Höhe von € 10.000,00 anhängig. Nach Auftragserteilung, kurz vor dem Termin, informiert der HBV den UBV darüber, dass die Klage hinsichtlich eines Teil-

Nr. 3402 VV

betrags in Höhe von € 4.000,00 zurückgenommen worden ist. Der Termin findet lediglich noch über € 6.000,00 statt.

Es ergibt sich folgender Vergütungsanspruch des RA Huber als Terminsvertreter:

0,65 Verfahrensgebühr aus € 6.000,00 Nr. 3401 i. V. m. 3100 VV RVG	€ 219,70	
0,5 Verfahrensgebühr aus € 4.000,00 Nr. 3405 i. V. m. 3101 Nr. 1 VV RVG	€ 122,50	
addiert:	€ 342,20	
§ 15 Abs. 3 RVG höchstens: 0,65 Verfahrensgebühr aus € 10.000,00		€ 315,90
1,2 Terminsgebühr aus € 6.000,00 Nr. 3402 i. V. m. 3104 VV RVG		€ 405,60
Auslagenpauschale, Nr. 7002 VV RVG		€ 20,00
Zwischensumme		€ 741,50
19 % Umsatzsteuer, Nr. 7008 VV RVG		€ 140,89
Summe:		**€ 882,39**

e) Betragsrahmengebühren

60 Sofern für den Terminsvertreter Betragsrahmengebühren vorgesehen sind, vgl. z. B. die Terminsgebühr Nr. 3106 (Verfahren vor den Sozialgerichten, in denen Betragsrahmengebühren nach § 3 RVG entstehen), steht dem Terminsvertreter der volle Betragsrahmen der jeweiligen Gebühr zur Verfügung, bei der Terminsgebühr Nr. 3106 so beispielsweise € 20,00 bis € 380,00. Der Terminsvertreter/UBV berechnet seine Terminsgebühr unter Berücksichtigung der Kriterien aus § 14 RVG, ohne an die Gebühr des HBV gebunden zu sein.

f) Keine »automatische« Terminsgebühr für den Hauptbevollmächtigten

61 Nach § 33 Abs. 3 BRAGO entstand für den Hauptbevollmächtigten automatisch dann eine halbe Verhandlungsgebühr (mind. 3/10), wenn der Unterbevollmächtigte eine Verhandlungsgebühr verdient hatte. Diese automatische Terminsgebühr ist mit dem In-Kraft-Treten des RVG weggefallen. Eine ähnliche Regelung gibt es im RVG nicht. Dies bedeutet nicht, dass für den HBV nicht eine Terminsgebühr entstehen kann, vgl. dazu die Kommentierung unter Rn. 56 (beispielhaft). Der HBV muss jedoch seine Terminsgebühr »selbst verdienen« (so auch Enders JurBüro 2004, 627, 629; Gerold/Schmidt/Müller-Rabe RVG 18. Aufl. 2008, 3401 VV Rn. 75; Schneider/Wolf VV 3401–3402 Rn. 85).

2. Rechtsmittelverfahren

62 Im Rechtsmittelverfahren (Berufung, bestimmte Beschwerden und Verfahren vor dem Finanzgericht) kann eine Terminsgebühr nach Nr. 3202 in Höhe von 1,2 entstehen. Wird nur ein Termin wahrgenommen, in dem eine Partei, im Berufungsverfahren der Berufungskläger, nicht erschienen oder nicht ordnungsgemäß vertreten ist, und lediglich ein Antrag auf Versäumnisurteil oder zur Prozess- oder Sachleitung gestellt wird, beträgt die Terminsgebühr nach Nr. 3202 0,5 nach Nr. 3203. Die entsprechenden Anmerkungen zu Nr. 3104 und 3105 gelten auch hier.

63 Die Terminsgebühr in Verfahren vor den Landessozialgerichten, in denen Betragsrahmengebühren entstehen (§ 3 RVG), beträgt nach Nr. 3205 € 20,00 bis € 380,00. Die Anmerkung zu Nr. 3106 gilt entsprechend.

64 Im Revisionsverfahren beträgt die Terminsgebühr nach Nr. 3210 1,5; auch hier gilt die Anmerkung zu Nr. 3104 entsprechend.

Findet ein Termin vor dem Bundessozialgericht statt, in dem Betragsrahmengebühren entstehen (§ 3 RVG), so beträgt die Terminsgebühr nach Nr. 3213 € 40,00 bis € 700,00; auch hier gilt die Anmerkung zu Nr. 3106 entsprechend.

3. Vorzeitige Beendigung

- Beispiel

Rechtsanwalt Huber erhält den Auftrag, als Terminsvertreter in einem Termin vor dem Landgericht Düsseldorf aufzutreten. Zum Zeitpunkt, als er den Auftrag erhält, den Beklagten zu vertreten, war ein Anspruch in Höhe von € 10.000,00 anhängig. Nach Auftragserteilung, kurz vor dem Termin, informiert der HBV den UBV darüber, dass die Klage hinsichtlich eines Teilbetrags in Höhe von € 4.000,00 zurückgenommen worden ist. Der Termin findet lediglich noch über € 6.000,00 statt. Die Terminsgebühr entsteht in diesem Fall nur noch aus einem Wert von € 6.000,00, da zum Zeitpunkt des Termins nur dieser Betrag in Streit ist.

4. Nicht rechtshängige Ansprüche

Sofern der Unterbevollmächtigte eine Einigung auch über nicht rechtshängige Ansprüche abschließt, erhält er weitere Gebühren. Es wird auf die ausführliche Kommentierung mit Beispielberechnung unter Rn. 67 verwiesen.

5. Gebührenteilungsabreden

Zur Frage der Gebührenteilung vgl. die Ausführungen unter Nr. 3401 Rn. 57.

6. Kostenerstattung

a) Grundsätzliches

Zwischen der Entstehung der Gebühren und einer etwaigen Erstattungsfähigkeit gegenüber Dritten ist grundsätzlich zu unterscheiden. Der Bundesgerichtshof hat dabei in mehreren Grundsatzentscheidungen die Richtung vorgegeben. Es bleibt jedoch dabei, dass immer im Einzelfall geprüft werden muss, inwieweit diese Rechtsprechung zur Anwendung kommen kann, vgl. jedoch ergänzend Rn. 111 zur Frage, wie schematisch bzw. detailliert im Einzelfall zu prüfen ist.

§ 91 Abs. 2 ZPO, der geregelt hatte, dass eine obsiegende Partei die Mehrkosten nicht erstattet erhält, die dadurch entstehen, dass der bei dem Prozessgericht zugelassene Rechtsanwalt seinen Wohnsitz oder seine Kanzlei nicht an dem Ort hat, an dem sich das Prozessgericht oder eine auswärtige Abteilung dieses Gerichts befindet, wurde durch das Kostenrechtmodernisierungsgesetz zum 01.07.2004 **aufgehoben**. Der Gesetzgeber sah die Regelung nicht mehr als sachgerecht an, da die Postulationsfähigkeit der Rechtsanwälte zum 01.01.2000 (Landgerichte) beziehungsweise zum 01.08.2002 (Oberlandesgerichte) erweitert worden ist. Dabei stützte der BGH seine nachfolgende Grundsatzentscheidung bereits zum damaligen Zeitpunkt nicht auf § 91 Abs. 2 ZPO, sondern vielmehr auf § 91 Abs. 1 ZPO, obwohl die Entscheidung vor dem 30.06.2004 erging.

b) Änderung des § 91 Abs. 2 ZPO zum 01.06.2007

Dabei wurde § 91 ZPO nochmals durch **Artikel 4 G. v. 26.03.2007 (Gesetz zur Stärkung der Selbstverwaltung der Rechtsanwaltschaft, BGBl. I, S. 358 m. W. v. 01.06.2007)** geändert. Damit wird nicht mehr auf die Zulassung bei einem Gericht abgestellt, sondern auf die Niederlassung eines Anwalts im Bezirk des Prozessgerichts. Dies hängt mit der Aufgabe des Lokalisationsprinzips zusammen.

Der Gesetzgeber hat die Änderung in § 91 Abs. 2 Satz 1 ZPO wie folgt begründet (BT-Drs. 16/3837 v. 13.12.2006, S. 27 zu »Änderungen der Zivilprozessordnung«): »*In § 91 Abs. 2*

Nr. 3402 VV

Satz 1 soll für die Erstattung der Reisekosten der obsiegenden Partei nicht mehr darauf abgestellt werden, ob der Anwalt beim Prozessgericht zugelassen, sondern darauf, ob er in dem Bezirk des Prozessgerichts niedergelassen ist.«

72 Damit müssten nach Ansicht der Verfasserin z. B. Reisekosten eines Rechtsanwalts, der zwar im Gerichts**bezirk** niedergelassen, aber nicht am Gerichts**ort** seinen Sitz hat, auch grundsätzlich erstattungsfähig sein.

73 **Beispiel**

RA M. aus Starnberg tritt beim Landgericht München II als Prozessbevollmächtigter auf. Reisekosten entstehen, da Starnberg in einer anderen Gemeinde als das Landgericht München II liegt.

74 In welcher Höhe sind jedoch Kosten erstattungsfähig, wenn der Rechtsanwalt weder am Gerichtsort noch im Gerichtsbezirk seinen Kanzleisitz oder Wohnort hat, er am Sitz oder Wohnort der Partei niedergelassen ist? Zu dieser Frage gibt es eine Fülle an Rechtsprechung des BGH, die seit dem Jahr 2002 enorme Veränderungen erlebt und nachfolgend dargestellt werden soll.

c) Rechtsprechungsübersicht

75 Mit dem Erweiterung der Postulationsfähigkeit (vgl. Nr. 3400 Rn. 14) und darüber hinaus dem kompletten Wegfall des Lokalisationsprinzips zum 01.07.2007 hat sich bereits seit dem Jahr 2002 die Rechtsprechung zur Erstattungsfähigkeit von Mehrkosten, die durch die Beauftragung eines weiteren Anwalts entstanden sind, in eine völlig andere Richtung entwickelt. So ist zur Vergleichsberechnung nicht mehr auf die fiktive Informationsreise einer Partei zu ihrem Prozessbevollmächtigten abzustellen (so auch *Müller-Rabe* in Gerold/Schmidt 18. Aufl. 2008 Nr. 3401 VV Rn. 85), denn die Zuziehung eines am Wohn- oder Geschäftsort der auswärtigen Partei ansässigen Rechtsanwalts ist **regelmäßig** als zur zweckentsprechenden Rechtsverfolgung oder Rechtsverteidigung notwendig i. S. v. § 91 Abs. 2 Satz 1 Hs. 2 ZPO anzusehen (BGH, Beschl. v. 16.10.2002, Az.: VIII ZB 30/02, BRAGOreport 2003, 13 = NJW 2003, 898 = JurBüro 2003, 202 = AnwBl. 2003, 309 = FamRZ 2003, 441).

76 Die Kosten eines Unterbevollmächtigten, der für den auswärtigen Prozessbevollmächtigten die Vertretung in der mündlichen Verhandlung übernommen hat, sind erstattungsfähig, soweit sie die durch die Tätigkeit des Unterbevollmächtigten ersparten, erstattungsfähigen Reisekosten des Prozessbevollmächtigten nicht wesentlich (um nicht mehr als 10 %) übersteigen (BGH, Beschl. v. 16.10.2002, Az.: VIII ZB 30/02, BRAGOreport 2003, 13 = NJW 2003, 898 = JurBüro 2003, 202 = AnwBl. 2003, 309). Ausnahme: Schon zum Zeitpunkt der Beauftragung des Rechtsanwalts steht fest, dass ein eingehendes Mandantengespräch für die Prozessführung nicht erforderlich sein wird (wie hier: gewerbliches Unternehmen mit eigener Rechtsabteilung), **und** bei einem in tatsächlicher Hinsicht überschaubaren Streit über eine Geldforderung, bei der die Gegenseite versichert hat, nicht leistungsfähig zu sein, und gegenüber einer Klage keine Einwendungen erhebt, ist nach Ansicht des BGH die Zuziehung eines am Wohn- oder Geschäftsort der auswärtigen Partei ansässigen Rechtsanwalts nicht regelmäßig notwendig (BGH, Beschl. v. 16.10.2002, Az.: VIII ZB 30/02, BRAGOreport 2003, 13 = NJW 2003, 898 = JurBüro 2003, 202 = AnwBl. 2003, 309 = FamRZ 2003, 441). Mit dieser Grundsatzentscheidung stellt der BGH klar, dass in der ex ante Vergleichsberechnung auf die Reisekosten eines Prozessbevollmächtigten abzustellen ist. Nicht relevant sind die – fiktiven – Mehrkosten, die durch die Beauftragung eines Verkehrsanwalts entstanden wären (BGHR 2005, 201; *Müller-Rabe* in Gerold/Schmidt RVG 18. Aufl. 2008 Nr. 3401 Rn. 87). *Müller-Rabe* vertritt die Auffassung, dass mit der pauschalen Risiko-Bewertung von 10 % durch den BGH eine ex ante Rechnung im Kostenfestsetzungsverfahren keine Berücksichtigung mehr spielt und die Partei das Risiko einer unzutreffenden Prognose die Partei trägt (*Müller-Rabe* in Gerold/Schmidt RVG 18. Aufl. 2008 VV 3401 Rn. 88). Vom Anwalt kann jedoch m. E. keine hellseherische Fähigkeit verlangt werden. Nach § 272 Abs. 1 ZPO darf er auch mit der Erledigung in

einem umfassend vorbereiteten Termin rechnen. Wenn er also im Hinblick auf den Streitwert in einer ex ante Rechnung feststellt, dass die eigene Reise günstiger ist als die Beauftragung eines Unterbevollmächtigten und sich daher für die eigene Reise entscheidet, kann seiner obsiegenden Mandantschaft nach meiner Auffassung am Ende des Prozesses nicht negativ angelastet werden, wenn – z. B. weil der Beklagte noch kurz vor dem ersten Termin umfassend vorträgt – ein zweiter Termin erforderlich wird. In einem solchen Fall müssten auch die doppelten Reisekosten erstattungsfähig sein. Etwas anderes kann nur gelten, wenn der Kläger in diesem Fall selbst den weiteren Termin zu vertreten hat. Im weiteren Verlauf seiner Kommentierung hält Müller-Rabe es letztendlich dann auch für gerechtfertigt, auf eine Prognose abzustellen, außer, es ist ohnehin der Fall gegeben, dass der beauftragte Terminsvertreter nicht erheblich (mehr als 10 %) teurer als die fiktive eigene Reise war (*Müller-Rabe* in Gerold / Schmidt RVG 18. Aufl. 2008 VV 3401 Rn. 90). Als Entscheidungszeitpunkt – hier ist Müller-Rabe Recht zu geben – dürfte der Zeitpunkt maßgeblich sein, zu dem die Partei vernünftigerweise einen Terminsvertreter beauftragen musste (Müller-Rabe a. a. O.). Sofern schon zum Entscheidungszeitpunkt klar ist, dass mehrere Termine stattfinden werden, ist dies bei der Prognose entsprechend zu berücksichtigen.

Weitere Entscheidungen, die zum Thema Erstattungsfähigkeit von Mehrkosten bei Beauftragung eines Terminsvertreters / UBV vom BGH ergangen sind:

– Mehrkosten eines auswärtigen Rechtsanwalts

Mehrkosten eines auswärtigen RA, der beim Prozessgericht zwar postulationsfähig, jedoch nicht zugelassen ist, sind nicht erstattungsfähig (Fall: Mandant wurde am Gerichtsort verklagt). Dies gilt nach Ansicht des BGH auch dann, wenn der auswärtige Anwalt bereits vorprozessual in derselben Angelegenheit tätig war. Aber Hinweis durch BGH: erstattungsfähig dann, wenn aufgrund notwendiger Spezialkenntnisse kein vergleichbarer ortsansässiger Rechtsanwalt zur Verfügung steht (BGH, Beschl. v. 12. 12. 2002, Az.: 1 ZB 29/02, BRAGOreport 2003, 35 = JurBüro 2003, 205 = NJW 2003, 901 = AnwBl. 2003, 181 = BRAK-Mittl. 2003, 90 = Rpfleger 2003, 214 = WRP 2003, 391).

Die durch die Bestellung eines in der Nähe des Wohnsitzes der auswärtigen Partei ansässigen Prozessbevollmächtigten und eines Unterbevollmächtigten am Gerichtsort anfallenden Mehrkosten sind im Regelfall dem Grunde nach auch dann erstattungsfähig, wenn die Sache keine tatsächlichen Schwierigkeiten aufweist und in wirtschaftlicher Hinsicht von geringer Bedeutung ist (BGH, Beschl. v. 09. 10. 2003, Az.: VII ZB 45/02, RVGreport 2004, 74 = JurBüro 2005, 64).

Die Zuziehung eines am Wohn- oder Geschäftsort der auswärtigen Partei kanzleiansässigen Rechtsanwalts ist auch dann regelmäßig als zur zweckentsprechenden Rechtsverfolgung oder Rechtsverteidigung notwendig i. S. v. § 91 Abs. 1 Hs. 2 ZPO anzusehen, wenn ein Haftpflichtversicherer Partei ist, der keine eigene Rechtsabteilung unterhält, sondern bei rechtlichen Schwierigkeiten einen Hausanwalt an seinem Geschäftsort beauftragt (BGH, Beschl. v. 11. 11. 2003, Az.: VI ZB 41/03, RVGreport 2004, 34; JurBüro 2005, 64).

Die Reisekosten eines am **dritten Ort** (weder Gerichtsort noch Wohn- oder Geschäftsort der Partei) ansässigen Prozessbevollmächtigten sind bis zur Höhe der fiktiven Reisekosten eines am Wohn- oder Geschäftsort der Partei ansässigen Rechtsanwalts erstattungsfähig, wenn dessen Beauftragung zur zweckentsprechenden Rechtsverfolgung oder Verteidigung erforderlich gewesen wäre (BGH, Beschl. v. 18. 12. 2003, Az.: I ZB 21/03, JurBüro 2004, 431 = RVGreport 2004, 155 = NJW-RR 2004, 855). Die Reisekosten eines beim Prozessgericht nicht zugelassenen und weder am Gerichtsort noch am Geschäfts- oder Wohnort der Prozesspartei ansässigen Prozessbevollmächtigten zur Terminswahrnehmung sind jedenfalls insoweit zu erstatten, soweit sie sich im Rahmen der erstattungsfähigen Reisekosten halten, die angefallen wären, wenn die Partei einen Prozessbevollmächtigten entweder am Gerichtsort oder an ihrem Geschäfts- oder Wohnort beauftragt hätte (BGH, Beschl. v. 11. 03. 2004, Az.: VII ZB 27/03, JurBüro 2004, 432 = NJW-RR 2004, 858).

Nr. 3402 VV

82 Beauftragt eine vor einem auswärtigen Gericht klagende oder verklagte Partei einen an ihrem Wohnsitz oder Geschäftsort ansässigen Rechtsanwalt mit der Vertretung im **Berufungsverfahren**, sind die dadurch entstehenden Reisekosten erstattungsfähig, wenn die Beauftragung zur zweckentsprechenden Rechtsverfolgung oder Verteidigung erforderlich ist. Ob dies der Fall ist, beurteilt sich in zweiter Instanz nach denselben Grundsätzen wie in erster Instanz (BGH, Beschl. v. 06. 05. 2004, Az.: I ZB 27/03, JurBüro 2004, 548 = AGS 2004, 310 = NJW 2004, 1500).

83 Beauftragt eine vor einem auswärtigen Gericht klagende Partei einen in der Nähe ihres Wohnsitzes ansässigen Rechtsanwalt mit der gerichtlichen Vertretung, sind die Kosten des von diesem eingeschalteten Unterbevollmächtigten am Gerichtsort jedenfalls dann erstattungsfähig, wenn sie die fiktiven Reisekosten des Prozessbevollmächtigten am Wohnsitz der Partei nicht erheblich übersteigen (BGH, Beschl. v. 14. 09. 2004, Az.: VI ZB 37/04, JurBüro 2005, 93).

84 Beauftragt ein Unternehmen zur Führung eines Prozesses bei einem auswärtigen Gericht einen Rechtsanwalt an dem Ort, an dem sich zwar nicht der Sitz des Unternehmens befindet, an dem die Sache aber nach der unternehmensinternen Organisation vorprozessual bearbeitet worden ist, sind die Reisekosten dieses Anwalts nach denselben Grundsätzen zu erstatten wie im Falle der Beauftragung eines am Sitz des Unternehmens ansässigen Rechtsanwalts (BGH, Beschl. v. 23. 01. 2007, Az.: I ZB 42/06 (Berichtigung des LS von »Auswärtiger Rechtsanwalt V« zu »Auswärtiger Rechtsanwalt VI« durch Beschl. v. 22. 08. 2007, I ZB 42/06).

Zu berücksichtigen ist jedoch, dass § 121 Abs. 3 ZPO durch das Gesetz zur Stärkung der Selbstverwaltung der Rechtsanwaltschaft zum 01. 07. 2007 geändert wurde (durch Artikel 4 G. v. 26. 03. 2007, BGBl. I, S. 358 m. W. v. 01. 06. 2007): § 121 Abs. 3 ZPO lautet in der neuen Fassung:

»*Ein nicht in dem Bezirk des Prozessgerichts niedergelassener Rechtsanwalt kann nur beigeordnet werden, wenn dadurch weitere Kosten nicht entstehen.*«

Damit wird nicht mehr auf die Zulassung bei einem Gericht abgestellt, sondern auf die Niederlassung eines Anwalts im Bezirk des Prozessgerichts. Dies hängt mit der Aufgabe des Lokalisationsprinzips zusammen.

Der Gesetzgeber hat die inhaltsgleiche Änderung in § 91 Abs. 2 Satz 1 ZPO wie folgt begründet (BT-Drs. 16/3837 v. 13. 12. 2006, S. 27 zu »Änderungen der Zivilprozessordnung«): »*In § 91 Abs. 2 Satz 1 soll für die Erstattung der Reisekosten der obsiegenden Partei nicht mehr darauf abgestellt werden, ob der Anwalt beim Prozessgericht zugelassen, sondern darauf, ob er in dem Bezirk des Prozessgerichts niedergelassen ist.*« Ergänzend wird daher auf die Kommentierung unter Rn. 71 verwiesen.

– **Gewerbliches Unternehmen mit eigener Rechtsabteilung**

85 Beauftragt ein gewerbliches Unternehmen, das über eine eigene, die Sache bearbeitende Rechtsabteilung verfügt, für die Führung eines Prozesses vor einem auswärtigen Gericht einen am Sitz des Unternehmens ansässigen Rechtsanwalt, sind dessen im Zusammenhang mit der Terminswahrnehmung anfallenden Reisekosten im Allgemeinen keine notwendigen Kosten der Rechtsverfolgung oder Verteidigung; dies gilt grundsätzlich auch für das Verfahren der einstweiligen Verfügung (BGH, Beschl. v. 10. 04. 2003, Az.: I ZB 36/02, JurBüro 2003, 370 = BRAGOreport 2003, 155 = NJW 2003, 2027 = Rpfleger 2003, 47).

86 Eine an einem auswärtigen Gericht klagende oder verklagte Partei kann grundsätzlich zur zweckentsprechenden Rechtsverfolgung oder Verteidigung einen in der Nähe ihres Wohn- oder Geschäftsortes ansässigen Rechtsanwalts hinzuziehen. Ein Ausnahmefall (wegen Entgeltlichkeit eines Mandantengesprächs) liegt bei komplexen, rechtlich schwierigen Fragen, die höchstrichterlich noch nicht geklärt sind, auch dann nicht vor, wenn die Partei (hier eine Bank) eine eigene Rechtsabteilung unterhält (BGH, Beschl. v. 17. 02. 2004, Az.: XI Z 37/03, AGS 2004, 359 = JurBüro 2005, 64).

Ein eingehendes persönliches Mandantengespräch, das die Zuziehung eines am Wohn- oder 87
Geschäftsort der auswärtigen Partei ansässigen Rechtsanwalts als zur zweckentsprechenden
Rechtsverfolgung oder Rechtsverteidigung notwendig erscheinen lässt, kann nicht mit der
Begründung als entbehrlich angesehen werden, einem Unternehmen, das nicht über eine eigene Rechtsabteilung verfügt, sei die Einrichtung einer solchen jedenfalls zuzumuten (BGH,
Beschl. v. 25.03.2004, Az.: I ZB 28/03, JurBüro 2004, 433 = RVGreport 2004, 236 = AGS 2004,
358 = NJW-RR 2004, 857).

– **Bank mit eigener Rechtsabteilung** 88

Die Zuziehung am Geschäftsort eines der Partei oder in dessen Nähe ansässigen Rechtsanwalts kann auch dann als zur zweckentsprechenden Rechtsverfolgung vor einem auswärtigen Gericht als notwendig i. S. v. § 91 Abs. 1 Hs. 2 ZPO anzusehen sein, wenn die Partei (hier: eine Bank) zwar über eine eigene Rechtsabteilung verfügt, es sich aber nicht um einen Anspruch aus einem Routinegeschäft handelt (hier: Anspruch aus Bürgschaft); etwaige Mehrkosten sind daher in solchen Fällen erstattungsfähig (BGH, Beschl. v. 18.02.2003, Az.: XI ZB 10/02, JurBüro 2003, 427 = BRAGOreport 2003, 94).

– **In eigener Sache tätiger Rechtsanwalt** 89

Die Terminreisekosten eines in eigener Sache tätigen Rechtsanwalts sind erstattungsfähig (BGH, Beschl. v. 11.02.2003, Az.: VIII ZB 92/02, JurBüro 2003, 426 = BRAGOreport 2003, 116 = NJW 2003, 1534 = AGS 2003, 276 = AnwBl. 2003, 371 = Rpfleger 2003, 321).

– **Mahnanwaltskosten** 90

Die im Anwaltsprozess angefallenen Mehrkosten, die durch die Beauftragung eines Rechtsbeistands im Mahnverfahren anfallen, sind neben den Kosten des im streitigen Verfahren beauftragten Rechtsanwalts unabhängig davon grundsätzlich **nicht** erstattungsfähig, ob bei Einleitung des Mahnverfahrens mit der Erhebung eines Widerspruchs zu rechnen war oder nicht (BGH, Beschl. v. 20.10.2005, Az: XII ZB 53/05, BGHreport 2006, Heft 4, S. 268). Nach Ansicht des BGH (a. a. O.) sind Mehrkosten mehrerer Rechtsanwälte nur insoweit zu erstatten, als sie die Kosten eines Anwalts nicht übersteigen oder als in der Person des Anwalts ein Wechsel eintreten musste. Die Frage der Erstattungsfähigkeit wurde in der vorliegenden Entscheidung unabhängig davon verneint, ob ein Rechtsbeistand oder ein zweiter Rechtsanwalt tätig geworden wäre. Nach Ansicht des BGH (a. a. O.) ist ein Wechsel in der Person des Anwalts nach der seit 01.01.2000 geltenden Rechtslage in Verfahren, die zur Zuständigkeit der Landgerichte gehören, beim Übergang vom Mahnverfahren in das streitige Verfahren i. S. d. § 91 Abs. 2 Satz 2 ZPO (notwendiger Anwaltswechsel) nicht mehr erforderlich (BGH, a. a. O.; vgl. dazu auch OLG Düsseldorf AnwBl. 2001, 306, 307; OLG Brandenburg MDR 2001, 1135; OLG Oldenburg MDR 2003, 778, 779). Auch nach § 91 Abs. 1 Satz 1 ZPO hält der BGH diese Mehrkosten nicht für erstattungsfähig (BGH, a. a. O.). Die Partei habe unter mehreren gleichartigen Maßnahmen die kostengünstigste auszuwählen (BGH, Beschl. v. 23.03.2004, Az: XIII ZB 145/03, FamRZ 2004, 866 m. w. N.). Nach Ansicht des BGH konnte es im vorliegenden Fall offen bleiben, ob die nach der Rechtsprechung des BGH erforderlichen Voraussetzungen erfüllt seien, unter denen die Kosten eines Unterbevollmächtigten am Ort des Prozessgerichts erstattungsfähig sind (vgl. dazu BGH, Beschl. v. 02.12.2004, Az.: I ZB 4/04, MDR 2005, 417; BGH, Beschl. v. 23.04.2004, Az.: XIII ZB 145/03, FamRZ 2004, 866; BGH, Beschl. v. 13.05.2004, Az.: I ZB 3/04, NJW-RR 2004, 1212, 1213 m. w. N.), denn die Beauftragung eines weiteren Anwalts wäre im vorliegenden Fall zur zweckentsprechenden Rechtsverfolgung auch dann nicht erforderlich gewesen, wenn die Klägerin sogleich einen an ihrem Geschäftssitz ansässigen Anwalt mit ihrer Vertretung im Mahnverfahren beauftragt hätte. Da der Rechtsstreit im schriftlichen Vorverfahren durch Erlass eines VU beendet worden ist, bestand für die Klägerin bis zu diesem Zeitpunkt keine Veranlassung, einen Unterbevollmächtigten zu bestellen. Für die Praxis bedeutet diese Entscheidung des BGH, dass die Beauftragung eines Terminsvertreters/UBV erst dann erfolgen sollte, wenn terminiert worden ist. Bei überregional tätigen **Großunternehmen** (im vorliegenden Fall die Deutsche Tele-

Nr. 3402 VV

kom AG) hat der BGH entschieden, dass eine so genannte Widerspruchsprognose nicht angestellt werden muss (BGH RVG-B 2004, 128 m. krit. Anm. Mock). Trotz des Gebots der Kostenersparnis kann es nach Ansicht des BGH hier aus wirtschaftlich sinnvollen Gründen gerechtfertigt sein, weder einen am Unternehmenssitz noch am Gerichtsort des für das streitige Verfahren zuständigen Gerichts ansässigen Anwalt mit der Durchführung des Mahnverfahrens zu beauftragen, auch wenn ein eingehendes Mandantengespräch für die Mandatserteilung nicht erforderlich ist. Der BGH berücksichtigte bei seiner Entscheidung dass in etwa 90 % der vorliegenden Fälle ein Widerspruch nicht erhoben wird. Die Entscheidung des BGH ist kritisch betrachtet worden. Zu Recht wird die Auffassung vertreten, dass es nicht sein kann, dass der Widerspruch erhebende Schuldner das vom Gläubiger bewusst in Kauf genommene Kostenrisiko übergewälzt bekommt (*Herget* in Zöller / Herget § 91 »Mahnverfahren«). Es ist darüber hinaus nicht einzusehen, warum ein deutsches Großunternehmen nicht einen an seinem Unternehmenssitz befindlichen Anwalt suchen kann, zumal Großunternehmen mit einer Vielzahl von gleichartigen Fällen zugemutet werden kann, sich bezüglich der Kostenminimierung grundsätzlich Rat einzuholen. Warum Großunternehmen, die zwar nicht generell über Rechtsabteilungen aber in der Regel doch über größere rechtliche Kenntnisse und größeres rechtliches Verständnis verfügen gegenüber einem kleinen Unternehmer, Handwerker oder einer Privatperson hinsichtlich der Erstattungsfähigkeit bevorzugt wird, ist nicht nachvollziehbar.

91 – **Untervollmacht bei Prozesskostenhilfe**

Zunächst wird auf die Änderung in § 121 Abs. 3 ZPO hingewiesen, die durch das Gesetz zur Stärkung der Selbstverwaltung der Rechtsanwaltschaft zum 01. 07. 2007 in Kraft getreten ist (geändert durch Artikel 4 G. v. 26. 03. 2007, BGBl. I, S. 358 m. W. v. 01. 06. 2007): § 121 Abs. 3 ZPO lautet in der neuen Fassung:

»*Ein nicht in dem Bezirk des Prozessgerichts niedergelassener Rechtsanwalt kann nur beigeordnet werden, wenn dadurch weitere Kosten nicht entstehen.*«

Damit wird nicht mehr auf die Zulassung bei einem Gericht abgestellt, sondern auf die Niederlassung eines Anwalts im Bezirk des Prozessgerichts. Dies hängt mit der Aufgabe des Lokalisationsprinzips zusammen.

Der Gesetzgeber hat die inhaltsgleiche Änderung in § 91 Abs. 2 Satz 1 ZPO wie folgt begründet (BT-Drs. 16/3837 v. 13. 12. 2006, S. 27 zu »Änderungen der Zivilprozessordnung«): »*In § 91 Abs. 2 Satz 1 soll für die Erstattung der Reisekosten der obsiegenden Partei nicht mehr darauf abgestellt werden, ob der Anwalt beim Prozessgericht zugelassen, sondern darauf, ob er in dem Bezirk des Prozessgerichts niedergelassen ist.*« Eine Begründung zur Änderung in § 121 Abs. 3 ZPO fehlt.

Da im Rahmen der PKH sowohl die Beiordnung als Verkehrsanwalt wie auch als Unterbevollmächtigter erfolgen kann, wird nachfolgend auf beide Funktionen eingegangen.

Nach Ansicht der Verfasserin stellt sich mit den Änderungen der ZPO zum 01. 06. 2007 die Frage, inwieweit die Formulierung »Beiordnung zu den Bedingungen eines ortsansässigen Rechtsanwalts« nicht zu ändern ist »Beiordnung zu den Bedingungen eines bezirksansässigen Anwalts«, sofern überhaupt eine einschränkende Beiordnung in Betracht zu ziehen ist. Damit müssten nach Ansicht der Verfasserin z. B. Reisekosten eines Rechtsanwalts, der zwar im Gerichts**bezirk** niedergelassen, aber nicht am Gerichts**ort** seinen Sitz hat, auch im Rahmen der PKH grundsätzlich erstattungsfähig sein (so auch *Müller-Rabe* in Gerold / Schmidt RVG 18. Aufl. 2008 § 46 Rn. 4).

92 Auch das BVerfG hat im Rahmen des Art. 3 Abs. 1 GG i. V. m. dem allgemeinen Rechtsstaatsprinzip eine Angleichung der Situation bei der Verwirklichung des Rechtsschutzes von bemittelten und unbemittelten Parteien für geboten erachtet (BVerfG NJW 2004, 1789).

93 In der Vergangenheit hatte der BGH die Beiordnung eines auswärtigen nur zu den Bedingungen eines ortsansässigen Rechtsanwalts für zulässig erachtet (vgl. BGHZ 159, 370, 373; BGH,

Beschl. v. 23. 03. 2006, Az.: IX ZB 130/05, WM 2006, 1298, und v. 06. 04. 2006, Az.: IX ZB 169/05, NJW 2006, 1881), wobei anzumerken ist, dass diese Rechtsprechung vor Änderung des § 121 Abs. 3 ZPO erging.

Nachdem die Rechtsprechung zur Frage, ob beim Anwalt bei einer einschränkenden Beiordnung zuvor nachgefragt werden müsse, strittig war, hat der BGH inzwischen entschieden, dass der für den Fall der Bewilligung von Prozesskostenhilfe gestellte Beiordnungsantrag eines nicht bei dem Prozessgericht zugelassenen Rechtsanwalts regelmäßig ein konkludentes Einverständnis mit einer dem Mehrkostenverbot des § 121 Abs. 3 ZPO entsprechenden Einschränkung der Beiordnung nur zu den Bedingungen eines am Prozessgericht zugelassenen Rechtsanwalts enthält BGH, Beschl. v. 10. 10. 2006, Az.: XI ZB 1/06, NJW 2006, 3783). Es muss also beim Anwalt nicht nachgefragt werden, bevor der einschränkende Beiordnungsbeschluss ergeht. Dass einem am Gerichtsort ortsansässigen beigeordneten Rechtsanwalt die Kosten einer Reise an den Wohnort der Partei zu erstatten sind, wenn die Prozessführung ein Informationsgespräch erfordert und die auswärtige Partei nicht in der Lage ist, die Kosten einer Reise zu ihrem Prozessbevollmächtigten aufzubringen, vermag nach Ansicht des BGH eine einschränkungslose Beiordnung des Prozessbevollmächtigten nicht zu rechtfertigen (BGH, a. a. O.); auch die Kenntnisse in einer Spezialmaterie lassen nach Ansicht des BGH keinen anderen Schluss zu. 94

Allerdings steht dem betroffenen Anwalt ein eigenes Beschwerderecht zu (BAG NJW 2005, 3083; OLG Hamburg FamRZ 2000, 1227; OLG Oldenburg FamRZ 2003, 107; OLG Köln FamRZ 2005, 2008 f.; OLG Karlsruhe NJW 2005, 2718). Auch Müller-Rabe empfiehlt, sich gegen einen einschränkenden Beiordnungsbeschluss zu wehren (*Müller-Rabe* in Gerold/Schmidt RVG 18. Aufl. 2008 VV 3401 Rn. 122). 95

Noch zur BRAGO entschied der BGH am 23. 06. 2004 wie folgt: »Im Rahmen einer bewilligten Prozeßkostenhilfe ist bei der Beiordnung eines nicht bei dem Prozeßgericht niedergelassenen Rechtsanwalts stets zu prüfen, ob besondere Umstände für die Beiordnung eines zusätzlichen Verkehrsanwalts i. S. von § 121 Abs. 4 ZPO vorliegen. Nur wenn dieses nicht der Fall ist, darf der auswärtige Rechtsanwalt »zu den Bedingungen eines ortsansässigen Rechtsanwalts« i. S. von § 126 Abs. 1 Satz 2 1. Halbs. BRAGO beigeordnet werden« (BGH, Beschl. v. 23. 06. 2004, Az.: XII ZB 61/04, BGHZ 159, 370 = NJW 2004, 2749 = AGS 200, 384 = FPR 2004, 628 = JurBüro 2004, 604). Weiter entschied der BGH: »Der Partei ist auf Antrag zusätzlich ein unterbevollmächtigter Rechtsanwalt zur Wahrnehmung des Verhandlungstermins beizuordnen, wenn in besonders gelagerten Einzelfällen Reisekosten nach § 126 Abs. 1 Satz 2 2. Halbs. BRAGO geschuldet sind und diese die Kosten des unterbevollmächtigten Rechtsanwalts annähernd erreichen.« (BGH, a. a. O.). 96

Wenn einer Partei neben dem Prozessbevollmächtigten ein **Verkehrsanwalt** nach § 121 Abs. 4 ZPO beizuordnen wäre, kann die Beiordnung des Prozessbevollmächtigten begrenzt werden auf die Gesamtvergütung eines Prozessbevollmächtigten und Verkehrsanwalts (OLG Schleswig, Beschl. v. 18. 05. 2007, Az.: 8 WF 107/07, NJOZ 2007, 4677). 97

In einem **Verwaltungsgerichtsprozess** ist die einschränkende Beiordnung nicht zulässig, wenn der Rechtsanwalt in einem landgerichtlichen Verfahren am Gerichtsort ohne derartige Einschränkung beizuordnen wäre (VGH Mannheim, Beschl. v. 26. 10. 2006, Az.: 13 S 1799/06, NJW 2007, 1771). § 162 Abs. 1 VwGO enthält eine Einschränkung wie § 91 Abs. 2 Satz 1 Hs. 2 ZPO nicht, so dass nach Ansicht des VGH München Reisekosten des in der Nähe der Partei ansässigen Anwalts stets zu erstatten sind (VGH München JurBüro 2007, 150 m. w. N.). Über § 166 VwGO gilt dies auch für den im Wege der PKH beigeordneten RA (VGH München JurBüro 2007, 150). 98

Zur Beiordnung eines Verkehrsanwalts im Wege der **Prozesskostenhilfe** in **Arbeitsgerichtssachen** hat das BAG die nachfolgenden Orientierungssätze aufgestellt: BAG, Beschl. v. 18. 07. 2005, Az.: 3 AZB 65/03 (LAG Hamburg), NJW 2005, 3083 f.: 99

Nr. 3402 VV

(Orientierungssätze der Richterinnen und Richter des BAG)

»1. *Es ist grundsätzlich zulässig, einen auswärtigen Anwalt im arbeitsgerichtlichen Verfahren bei Bewilligung von Prozesskostenhilfe zu den Bedingungen eines am Ort des Gerichts ansässigen Anwalts beizuordnen.*

2. Eines besonderen Hinweises darauf vor der Bewilligung der Prozesskostenhilfe bedarf es auch dann nicht, wenn der Anwalt vor der Entscheidung über die Prozesskostenhilfe zum Termin anreist.

3. Bei Vorliegen besonderer Umstände kann der Partei ein Anwalt zur Vermittlung des Verkehrs mit dem Prozessbevollmächtigten beigeordnet werden (§ 121 IV ZPO). Das kann etwa bei größerer Entfernung zwischen dem Wohnort der Partei und dem Gericht angebracht sein.

4. Unterbleibt dies, sind Reisekosten des am Wohnort der Partei ansässigen Prozessbevollmächtigten bis zu der Höhe erstattungsfähig, in der sie bei Beiordnung eines Verkehrsanwalts entstanden wären.«

100 Sofern besondere Umstände vorliegen, kann eine Beiordnung eines zusätzlichen Verkehrsanwalts im Sinne des § 121 Abs. 4 ZPO erfolgen; dies ist z. B. der Fall, wenn der Kläger eine mehrstündige Fahrt zur Beauftragung eines ansässigen Rechtsanwalts hätte vornehmen müssen und der Verkehrsanwalt darüber hinaus die Muttersprache des Klägers (Urdu bzw. Punjab) spricht (im Gegensatz zum ortsansässigen Rechtsanwalt) (BAG, Beschl. v. 17. 09. 2007, Az.: 3 AZB 23/06, Beck RS 2007, 47783.

101 Fraglich ist, ob ein nach § 121 Abs. 4 ZPO beigeordneter Verkehrsanwalt von der Staatskasse grundsätzlich nur die Verfahrensgebühr aus Nr. 3400 VV RVG oder auch weitere Gebühren, wie beispielsweise die Einigungsgebühr beanspruchen kann. Der Verkehrsanwalt kann eine Einigungsgebühr, die durch Zustandekommen eines Vergleichs entsteht, nach der herrschenden Meinung jedenfalls dann nicht von der Staatskasse beanspruchen, wenn sich der Beschluss über seine Beordnung als Verkehrsanwalt nicht ausdrücklich auf den Vergleichsabschluss erstreckt (LAG Düsseldorf JurBüro 2006, 260 = RVGreport 2006, 198 m. Anm. v. Hansens; so auch zur BRAGO: OLG München JurBüro 1991, 819; OLG München MDR 2003, 1262 = AGS 2003, 511 m. abl. Anm. N. Schneider; KG JurBüro 1995, 420; OLG Bamberg MDR 1999, 569; a. A.: OLG Oldenburg JurBüro 1993, 155 m. Anm. Mümmler; OLG Zweibrücken JurBüro 1994, 607 m. Anm. Mümmler).

– Art des Reisemittels des Prozessbevollmächtigten

102 Der Prozessbevollmächtigte, der zu einem auswärtigen Gerichtstermin anzureisen hat, ist bei der Auswahl des öffentlichen Verkehrsmittels grundsätzlich frei; er kann sich auch für das Flugzeug entscheiden (BGH, Urt. v. 22. 03. 2007, Az.: IX ZR 100/06, NJW 2007, 2047). Hansens spricht sich bei Auslandsflügen dafür aus, dass der Anwalt Business-Class fliegen darf (Hansens RVGreport 2007, 308 Ziff. II 3.). Nach meiner Auffassung ist auch bei Inlandsflügen eine Buchung Business-Class gerechtfertigt (nicht First-Class; nicht Economy-Class; nicht Billig-Flieger). Für Business-Class sprechen nach meiner Auffassung folgende Gründe:

– die Geschäftsreise mit Business-Class wird für standesgemäß erachtet
– bei der Reise mit Business-Class bleibt i. d. R. der mittlere Sitz frei, so dass es dem Anwalt möglich ist, sich unter Einhaltung seiner Verschwiegenheitspflicht noch ergänzend auf den Termin vorzubereiten bzw. die Reisezeit anderweitig zu nutzen; diese Möglichkeit steht ihm in Economy-Class nicht zur Verfügung
– Reisebuchungen werden i. d. R. kurzfristig vorgenommen, um Kosten (Umbuchungsgebühren; Stornierungsgebühren) zu sparen; Business-Class-Flüge sind oft nicht wesentlich teurer als umbuchbare Economy-Class Flüge (Flexitarif); dies gilt insbesondere für kurzfristige Buchungen
– Business-Class-Flüge können kostenlos storniert oder umgebucht werden
– der Anwalt spart Zeit, da er beim Aussteigen nach dem Landen keine Zeit verliert
– Anwälte sind nicht selten an mehreren Tagen pro Woche auf Geschäftsreise; ein gewisser Komfort bei der Reise erscheint daher berechtigt, denn es darf nicht vergessen wer-

den, dass auch mehrere Kurzstrecken-Flüge pro Woche eine körperliche Belastung darstellen
- in der Business-Class darf schwereres Handgepäck mitgeführt werden; das Mitführen von Akten (teilweise mehrere Leitzordner) zum Termin ist daher in Business-Class leichter; eine Aufgabe des Handgepäckkoffers seltener erforderlich; auch dies spart Zeit
- in der Business-Class muss nicht mit Überbuchung gerechnet werden; im Gegensatz zu vielen Economy-Flügen ist die Mitflug-Garantie weitgehend sicher

Die Auffassung von Müller-Rabe, der Anwalt habe bei verschiedenen Economy-Class-Flügen (mit und ohne Umbuchungstarif) den günstigeren zu wählen, sofern er diesen noch erhält, ist abzulehnen. Denn das Buchen von Flügen ist eine Momentaufnahme. Die Tarife der verschiedenen Luftfahrtgesellschaften sind undurchsichtig und oft nicht nachvollziehbar. Bejaht man die Ansicht von Müller-Rabe, führt dies m. E. zu einer unzumutbaren Belastung im Kostenfestsetzungsverfahren. Der Anwalt müsste praktisch bei der Flugbuchung bereits mehrere Angebote (z. B. Internet) ausdrucken und für den späteren Nachweis im Kostenfestsetzungsverfahren aufbewahren. Das nachträgliche Beibringen von Nachweisen über vergleichbare Zeiten und Flugkosten ist schwierig und führt oft zu einer Belastung des Kostenfestsetzungsverfahrens.

d) Mehrkosten bei Beauftragung eines Terminsvertreters/UBV

Am nachfolgenden Beispiel soll dargestellt werden, wie sich die Mehrkosten für die Beauftragung eines Terminsvertreters/UBV berechnen. 103

• **Beispiel für die Mehrkosten eines UBV**
RA Müller (München) reicht für Hugo Huber (München) Klage gegen Franz Lehmann beim LG Hamburg ein. Gegenstandswert: € 7.000,00. Im Termin zur mündlichen Verhandlung erscheint Rechtsanwalt Fasel aus Hamburg. Es kommt zu einer streitigen Verhandlung. Danach ergeht klageabweisendes Urteil.

a) Vergütung von Rechtsanwalt Müller und Rechtsanwalt Fasel
b) Mehrkosten für die Beauftragung des Unterbevollmächtigten (ohne Reisekosten für Rechtsanwalt Müller)

(aa) Die Vergütung von Rechtsanwalt Müller und Rechtsanwalt Fasel:

RA Müller aus München (Hauptbevollmächtigter):

Gegenstandswert: € 7.000,00	
1,3 Verfahrensgebühr	
Nr. 3100 VV RVG	€ 487,50
Auslagenpauschale, Nr. 7002 VV RVG	€ 20,00
Zwischensumme	€ 507,50
19 % Umsatzsteuer, Nr. 7008 VV RVG	€ 96,43
Summe:	**€ 603,93**

RA Fasel aus Hamburg (Unterbevollmächtigter):

Gegenstandswert: € 7.000,00	
0,65 Verfahrensgebühr	
Nr. 3401 i. V. m. Nr. 3100 VV RVG	€ 243,75
1,2 Terminsgebühr	
Nr. 3402 i. V. m. Nr. 3104 VV RVG	€ 450,00
Auslagenpauschale, Nr. 7002 VV RVG	€ 20,00
Zwischensumme	€ 713,75
19 % Umsatzsteuer, Nr. 7008 VV RVG	€ 135,61
Summe:	**€ 849,36**

Nr. 3402 VV

(bb) Die Mehrkosten für die Beauftragung des Unterbevollmächtigten berechnen sich wie folgt:

RA Müller	€ 603,93
RA Fasel	€ 849,36
Gesamt	€ 1.1.453,29

Wäre nur ein Rechtsanwalt beauftragt worden, hätte seine Vergütung betragen:

Gegenstandswert: € 7.000,00	
1,3 Verfahrensgebühr Nr. 3100 VV RVG	€ 487,50
1,2 Terminsgebühr Nr. 3104 VV RVG	€ 450,00
Auslagenpauschale, Nr. 7002 VV RVG	€ 20,00
Zwischensumme	€ 957,50
19 % Umsatzsteuer, Nr. 7008 VV RVG	€ 181,93
Summe:	**€ 1.139,43**

Tatsächliche Kosten **beider** RAe	€ 1.453,29
abzüglich fiktive Kosten **eines** RA	./. € 1.139,43
Summe:	**€ 313,86**

Die Mehrkosten für die Beauftragung eines zweiten Rechtsanwalts haben € 313,86 betragen.

104 Im Kostenfestsetzungsverfahren sind die Kosten darzulegen, die entstanden wären, wenn RA Müller selbst von München nach Hamburg gereist wäre, um den Termin wahrzunehmen.

105 **Folgende fiktive Reisekosten** könnten für eine derartige Reise von München nach Hamburg entstehen (vgl. dazu auch die Kommentierungen zu Nrn. 7003–7006 RVG):

Flugkosten – Business-Class – München-Hamburg-München
etwaige Zuschläge (Kerosinzuschlag, etc.)
Taxikosten Kanzlei München zum Flughafen München
Taxikosten Flughafen Hamburg – Gericht
Taxikosten Gericht – Flughafen Hamburg
Taxikosten Flughafen München – Kanzlei
(statt Taxikosten könnten hier auch bei Fahrt mit eigenem PKW berechnet werden:
Fahrt Kanzlei zum Flughafen München – × km à € 0,30, Nr. 7003 VV RVG
Parkgebühren Flughafen)
Taxikosten Flughafen Hamburg – Gericht (ggf. Mietwagen, falls günstiger)
Taxikosten Gericht – Flughafen Hamburg (ggf. Mietwagen, falls günstiger)
Fahrt Flughafen München – Kanzlei – × km à € 0,30, Nr. 7003 VV RVG
Abwesenheitsgeld Nr. 7005 VV RVG
Sonstige Auslagen Nr. 7006 VV RVG
Umsatzsteuer Nr. 7008 VV RVG

Diese fiktiven Reisekosten dürften nach der Erfahrung der Verfasserin bei ca. € 700,00 liegen. Im obigen Fall wäre daher die Festsetzung der Mehrkosten (€ 306,00) keine Frage, sofern es sich nicht um einen der vom BGH zitierten Ausnahmefälle (z. B. gewerbliches Unternehmen mit eigener Rechtsabteilung, vgl. Rn. 88 ff.) handelt.

e) Mehrkosten liegen unter fiktiven Reisekosten

Liegen die Mehrkosten, die durch Beauftragung eines Terminsvertreters/UBV entstanden sind, unter den fiktiven Reisekosten eines Verfahrensbevollmächtigten, so dürften sie i. d. R. dann voll erstattungsfähig sein, wenn kein Ausnahmefall vorliegt, vgl. z. B. Rn. 76 ff. 106

f) Mehrkosten übersteigen fiktive Reisekosten

Übersteigen die Mehrkosten die fiktiven Reisekosten um mehr als 10 %, ist der überschießende Betrag möglicherweise nicht festsetzungsfähig, vgl. dazu aber ergänzend die Kommentierung unter Rn. 76 ff. u. 111. 107

g) Tatsächliche Reisekosten übersteigen fiktive Mehrkosten

Der Rechtsanwalt sollte grundsätzlich bei Annahme eines Mandats prüfen, ob ggf. vor einem auswärtigen Gericht geklagt werden muss, und dann mit seinem Auftraggeber die Vorgehensweise besprechen. Ist der Streitwert sehr hoch, wird in der Regel daran gedacht, selbst zu reisen, statt einen Unterbevollmächtigten zu beauftragen. Nun ist der Rechtsanwalt in der Regel kein Hellseher. Er geht zunächst einmal von einem Termin aus, was er im Hinblick auf § 272 Abs. 1 ZPO auch darf. Stellt sich im Nachhinein heraus, dass zwei Termine erforderlich sind, kann es geschehen, dass die Reisekosten für zwei Termine die fiktiven Mehrkosten, die bei Beauftragung eines Unterbevollmächtigten entstanden wären, übersteigen. 108

Kann schlüssig vorgetragen werden, dass bei der Prognose zum Zeitpunkt der Auftragsannahme nicht mit einem zweiten Termin gerechnet werden konnte und man aufgrund dieser ex ante-Rechnung die günstigere Variante gewählt hat, sich dabei erst im Nachhinein herausstellte, dass es nicht die günstigere Variante ist, bestehen gute Möglichkeiten, die gesamten Reisekosten erstattet zu erhalten, obwohl sie die fiktiven Mehrkosten eines Unterbevollmächtigten möglicherweise um mehr als 10 % übersteigen. Dabei spielt z. B. eine Rolle, ob aufgrund eines späten neuerlichen Vortrags des Beklagten ein weiterer Termin überhaupt erst notwendig wurde, vgl. ergänzend Rn. 76 ff. 109

Am 13. 09. 2005 hat der BGH entschieden, dass die erstattungsfähigen Reisekosten des nicht am Gerichtsort ansässigen Rechtsanwalts der Höhe nach nicht notwendig auf diejenigen Kosten beschränkt sind, die durch die Beauftragung eines Terminsvertreters entstanden wären (BGH, Beschl. v. 13. 09. 2005, Az.: X ZB 30/04, JurBüro 2006, 203). Die Partei ist lediglich gehalten, unter mehreren gleichartigen Maßnahmen die kostengünstigere auszuwählen (vgl. BGH, Beschl. v. 13. 09. 2005, Az.: X ZB 30/04, NJW-RR 2005, 1662 und v. 11. 11. 2003, Az.: VI ZB 41/03, NJW-RR 2004, 430 und v. 16. 10. 2002, Az.: VIII ZB 30/02, NJW 2003, 898, 900). 110

»Die erstattungsfähigen Reisekosten des nicht am Gerichtsort ansässigen Rechtsanwalts sind der Höhe nach grundsätzlich auch dann nicht auf diejenigen Kosten beschränkt, die durch die Beauftragung eines Terminsvertreters entstanden wären, wenn jene Kosten die Kosten der Terminsvertretung beträchtlich übersteigen.«, urteilte der BGH am 11. 12. 2007 (BGH, Beschl. v. 11. 12. 2007, Az.: X ZB 21/07, JurBüro 2008, 258). 111

Nach Ansicht des BGH sind Reisekosten, die einer Partei durch die Beauftragung eines auswärtigen Rechtsanwalts entstanden sind, dann zu erstatten, wenn sie i. S. d. § 91 Abs. 1 Satz 1 ZPO notwendig waren, wobei es dabei darauf ankommt, ob eine verständige und wirtschaftlich vernünftige Partei die kostenauslösende Maßnahme zum Zeitpunkt ihrer Veranlassung als sachdienlich ansehen durfte (BGH a. a. O.). Unter mehreren gleichartigen Maßnahmen hat die Partei die kostengünstigste auszuwählen (BGH, a. a. O.; BGH NJW 2003, 898 = BRAGOreport 2003, 13 = JurBüro 2003, 202 = AnwBl. 2003, 309; Beschl. v. 11. 11. 2003, Az.: VI ZB 41/03, MDR 2004, 539; BGH, Beschl. v. 09. 09. 2004, Az.: I ZB 5/04, GRUR 2005, 84 – Unterbevollmächtigter II). Der BGH hält es im Hinblick auf die vorangegangenen Entscheidungen – unter anderem seine Grundsatzentscheidung aus dem Jahre 2002 – für geboten, dass einer Partei, die die Beauftragung eines nicht am Gerichtsort ansässigen Anwalts als aus ihrer Sicht notwendig anerkannt hat, zuzubilligen sei, sich durch diesen in der Sache vertrauten Rechtsan-

Nr. 3402 VV

walt auch in der mündlichen Verhandlung vertreten zu lassen, zumal die hierdurch entstehenden Kosten im Allgemeinen geringer sein werden als die zusätzliche Beauftragung eines Terminsvertreters. Eine übermäßig differenzierende Betrachtungsweise verbietet sich nach Ansicht des BGH (a. a. O.), da der Gerechtigkeitsgewinn, der im Einzelfall zu erzielen sei, in keinem Verhältnis zu den sich einstellenden Nachteilen stünde, wenn in nahezu jedem Einzelfall darüber gestritten werden könnte, ob die Kosten einer bestimmten Rechtsverfolgungs- oder Rechtsverteidigungsmaßnahme zu erstatten seien oder nicht (vgl. dazu auch BGH, Beschl. v. 12. 12. 2002, Az.: I ZB 29/02, NJW 2003, 901, 902 = WRP 2003, 391 = BRAGOreport 2003, 35 = JurBüro 2003, 901 = AnwBl. 2003, 181 = BRAK-Mitt. 2003, 90 = Rpfleger 2003, 214 – Auswärtiger Rechtsanwalt I).

112 Die Entscheidung des BGH ist in der Literatur kritisiert worden (Hansens RVGreport 2005, 477; Enders JurBüro 2006, 204), da für die Parteien mit dieser Entscheidung des BGH das Prozesskostenrisiko nicht mehr kalkulierbar sei, wenn eine Partei ihren Wohnsitz oder Sitz nicht am Prozessort habe. Nach Ansicht der Verfasserin ist es jedoch grundsätzlich zu begrüßen, dass der BGH versucht, eine Linie zu finden, an der sich die Parteien orientieren können. Es wird zu bedenken gegeben, dass bei Beauftragung eines Terminsvertreters / UBV unvorhergesehen die Kosten explodieren können, wenn beispielsweise mehrere Einigungs- bzw. Terminsgebühren entstehen (vgl. dazu die Kommentierung unter Rn. 67). In der heutigen Zeit ist der Rechtsanwalt gehalten, sich im Hinblick auf solche Entwicklungen frühzeitig mit der Frage auseinanderzusetzen, welche Kosten bei welcher Vorgehensweise entstehen bzw. entstehen können. Denn wenn der Rechtsanwalt aus berufsrechtlichen Gründen nicht generell auf die Geltendmachung von Gebühren, die in gerichtlichen Verfahren entstanden sind, verzichten darf, er diese also seiner Mandantschaft gegenüber abrechnen muss, der Prozessverlauf und die Entstehung der Gebühren aber möglicherweise durch das Verhalten des Gegners verursacht wurden, könnte eine Notwendigkeit und damit Erstattungsfähigkeit kaum verneint werden. In Anbetracht dieser Situation wäre es wünschenswert, wenn der Gesetzgeber zum Einen eine entsprechende Lockerung in § 49 b BRAO vornehmen würde oder aber einheitliche Richtlinien aufgestellt werden, an denen sich eine Partei orientieren kann. In dieser Hinsicht ist die Entscheidung des BGH (Beschl. v. 13. 09. 2005, Az.: X ZB 30/04, JurBüro 2006, 203) zu begrüßen, die zu strenge Anforderungen an eine Einzelfallbetrachtung verbietet.

Nr. 3403 VV
Verfahrensgebühr für sonstige Einzeltätigkeiten

Nr.	Gebührentatbestand	Gebühr oder Satz der Gebühr nach § 13 RVG
3403	Verfahrensgebühr für sonstige Einzeltätigkeiten, soweit in Nummer 3406 nichts anderes bestimmt ist	0,8
	Die Gebühr entsteht für sonstige Tätigkeiten in einem gerichtlichen Verfahren, wenn der Rechtsanwalt nicht zum Prozess- oder Verfahrensbevollmächtigten bestellt ist, soweit in diesem Abschnitt nichts anderes bestimmt ist.	

A. Allgemeines

Die Gebühr Nr. 3403 verweist auf Nr. 3406. Danach soll ein Gebührenanspruch nach Nr. 3403 nur entstehen, soweit in Nr. 3406 nichts anderes bestimmt ist. Da Nr. 3406 ausdrücklich nur auf Einzeltätigkeiten des Anwalts vor Gerichten der Sozialgerichtsbarkeit Anwendung findet, wenn Betragsrahmengebühren entstehen, heißt dies im Umkehrschluss, dass Nr. 3403 für alle anderen Tätigkeiten des 3. Teils des VV, soweit sie nicht der Sozialgerichtsbarkeit unterliegen und diese Verfahren sich nicht nach dem Gegenstandswert richten, anwendbar ist. 1

B. Kommentierung

Der Anwalt erhält für sonstige Einzeltätigkeiten in einem gerichtlichen Verfahren eine Gebühr in Höhe von 0,8. Aus der Anmerkung zu Nr. 3403 ergibt sich, dass dies jedoch nur gilt, wenn der Anwalt nicht zum Prozess- oder Verfahrensbevollmächtigten bestellt ist. Es handelt sich bei Nr. 3403 insoweit um eine Auffangvorschrift für alle die Tätigkeiten des Anwalts, die er in einem gerichtlichen Verfahren für seinen Mandanten ausführen kann, ohne dass er sich für den Mandanten zum Prozess- oder Verfahrensbevollmächtigten bestellt hat. 2

Die Gebühr Nr. 3403 entsteht demnach nicht für den Verkehrs- oder Korrespondenzanwalt oder den Terminsvertreter, diese werden vielmehr durch Nr. 3400 bzw. Nr. 3401 vergütet. Diese Vorschriften gehen der Auffangregelung in Nr. 3403 vor. Dies ergibt sich aus dem Hs. 3 der Anmerkung zu Nr. 3403. 3

In den Abgeltungsbereich von Nr. 3403 fallen das Anfertigen, Unterzeichnen und Einreichen von Schriftsätzen. Unterzeichnete oder eingereichte Schriftsätze müssen nicht durch den Anwalt selber angefertigt worden sein, sie können vielmehr auch vom Mandanten oder einem Dritten erstellt worden sein. Andererseits muss ein vom Anwalt angefertigter Schriftsatz anschließend nicht (durch den Mandanten) eingereicht worden sein. Gerade diese einzelnen Tätigkeiten sollen durch die Nr. 3403 abgegolten werden. 4

Beispiele für nach Nr. 3403 zu vergütende Tätigkeiten sind: 5
– Stellen von Fristverlängerungsanträgen,
– Stellen von Kostenanträgen,
– schriftlicher Rechtsmittelverzicht,
– Stellungnahmen beim BGH,
– Antrag auf Terminsverlegung,
– Antrag auf Erteilung einer Vollstreckungsklausel (vgl. auch *N. Schneider* in Gebauer/Schneider RVG 1. Aufl. VV 3403–3404 Rn. 21);
– Abwehr von Ansprüchen in einem Verfahren nach § 11 RVG.

Nr. 3403 VV

Wird der Anwalt im Nachhinein vom Mandanten mit der Prozessführung mandatiert, so wird die Gebühr Nr. 3403 für eine vorherige einzelne Tätigkeit nicht auf die sodann entstehende Verfahrensgebühr angerechnet, da es an einer solchen Anrechnungsvorschrift fehlt. Ob die Gebühr Nr. 3403 im Kostenfestsetzungsverfahren zusätzlich zu den entstandenen Verfahrensgebühren zu Lasten des Gegners festgesetzt werden kann, hängt vom Einzelfall ab. Hier ist zu prüfen, ob es verständig war, den Anwalt zunächst nicht als Verfahrensbevollmächtigten zu mandatieren, sondern nur mit einer Tätigkeit i. S. v. Nr. 3403. Konnte der Mandant bei Beauftragung mit einer Einzeltätigkeit nicht absehen, dass eine spätere Mandatierung für den Rechtsstreit als Verfahrensbevollmächtigter notwendig werden würde, so ist die Gebühr Nr. 3403 auch im Kostenfestsetzungsverfahren zu berücksichtigen.

- **Beispiel**

Der Mandant beauftragt den Anwalt in einem Verfahren vor dem Amtsgericht, ihm einen Antrag auf Terminsverlegung zu verfassen. Diesen Antrag reicht der Mandant selber bei Gericht ein. Nach Klageerweiterung durch den Gegner verweist das Amtsgericht den Rechtsstreit an das nunmehr zuständige Landgericht. Der Mandant beauftragt den Anwalt jetzt, ihn vor dem Landgericht zu vertreten.

In diesem Falle ist die Gebühr Nr. 3403 (für das Fertigen des Terminsverlegungsantrags) erstattungsfähig. Denn bei Beauftragung war für den Mandanten nicht ersichtlich, dass das Verfahren später vor dem Landgericht geführt werden würde, in welchem er sich von einem Anwalt vertreten lassen muss.

Vertritt der Anwalt mehrere Auftraggeber, so erhöht sich die Gebühr Nr. 3403 für jede weitere Person als Auftraggeber um 0,3.

6 Endet der Auftrag des Anwalts vorzeitig, so ermäßigt sich die Gebühr Nr. 3403 gem. der Anmerkung zu Ziff. 2 Nr. 3405 auf 0,5. Eine vorzeitige Beendigung des Auftrags liegt vor, wenn der Anwalt beauftragt war, einen Schriftsatz anzufertigen, es aber hierzu nicht kommt, bzw. wenn es nicht zur Aushändigung an den Mandanten kommt (letzteres *N. Schneider* in Gebauer/Schneider RVG 1. Aufl. VV 3403–3404 Rn. 38), wenn ein zu unterzeichnender Schriftsatz nicht unterschrieben wird oder wenn ein einzureichender Schriftsatz nicht bei Gericht eingereicht wird.

Nr. 3404 VV
Schreiben einfacher Art

Nr.	Gebührentatbestand	Gebühr oder Satz der Gebühr nach § 13 RVG
3404	Der Auftrag beschränkt sich auf ein Schreiben einfacher Art: Die Gebühr 3403 beträgt .... Die Gebühr entsteht insbesondere, wenn das Schreiben weder schwierige rechtliche Ausführungen noch größere sachliche Auseinandersetzungen enthält.	0,3

A. Allgemeines

Die Gebühr Nr. 3404 entsteht, wenn der Anwalt einzelne Tätigkeiten i. S. v. Nr. 3403 für den Mandanten vornimmt, ohne zum Prozess- oder Verfahrensbevollmächtigten bestimmt zu sein, und sich der entsprechende Auftrag des Mandanten auf Schreiben einfacher Art beschränkt. Der Wortlaut entspricht dem in Nr. 2402, auf die dortige Kommentierung wird daher verwiesen. 1

B. Kommentierung

Das Entstehen der Gebühr Nr. 3404 setzt zum einen voraus, dass der Anwalt für den Mandanten Einzeltätigkeiten in einem gerichtlichen Verfahren i. S. v. Nr. 3403 vornimmt, ohne sich für diesen zum Prozess- oder Verfahrensbevollmächtigten bestellt zu haben. Dies ergibt sich aus dem Verweis auf Nr. 3403. 2

Zum anderen setzt das Entstehen der Gebühr Nr. 3404 voraus, dass der Auftrag des Mandanten sich auf das Anfertigen eines Schreibens einfacher Art in einem gerichtlichen Verfahren beschränkt. Dazu muss der Auftrag des Mandanten von vornherein darauf beschränkt sein, dass der Anwalt nur ein einfaches Schreiben verfassen soll. In der Praxis wird der Mandant das nicht mit dieser wörtlichen Einschränkung tun, da ihm der Unterschied zu einem Schreiben i. S. v. Nr. 3403 nicht klar sein dürfte. Allerdings ergibt sich aus dem entsprechenden einschränkenden Auftrag für den Anwalt, ob es sich um ein einfaches Schreiben handelt. Nur dann ist Nr. 3404 anzuwenden mit der Folge, dass eine Gebühr in Höhe von 0,3 abzurechnen ist. 3

Insbesondere entsteht die Gebühr Nr. 3404, wenn das Schreiben weder schwierige rechtliche Ausführungen, noch größere sachliche Auseinandersetzungen enthält. 4

Erkennt der Anwalt nach Mandatsannahme, dass – entgegen des ursprünglichen Auftrags des Mandanten, ein Schreiben einfacher Art zu fertigen – schwierige rechtliche Ausführungen notwendig sind oder dass es sachlicher Auseinandersetzungen größeren Ausmaßes bedarf, so ist Nr. 3404 nicht anzuwenden (Enders RVG für Anfänger Rn. 529). 5

Vertritt der Anwalt mehrere Auftraggeber, so erhöht sich die Gebühr Nr. 3404 für jede weitere Person als Auftraggeber um 0,3. 6

Endet der Auftrag des Anwalts vorzeitig, so verringert sich die Gebühr Nr. 3404 nicht. 7

Nr. 3405 VV

Nr. 3405 VV
Vorzeitige Beendigung

Nr.	Gebührentatbestand	Gebühr oder Satz der Gebühr nach § 13 RVG
3405	Endet der Auftrag 1. im Fall der Nummer 3400, bevor der Verfahrensbevollmächtigte beauftragt oder der Rechtsanwalt gegenüber dem Verfahrensbevollmächtigten tätig geworden ist, 2. im Fall der Nummer 3401, bevor der Termin begonnen hat: Die Gebühren 3400 und 3401 betragen .... Im Fall der Nummer 3403 gilt die Vorschrift entsprechend.	höchstens 0,5, bei Betragsrahmengebühren höchstens 130,00 EUR

Inhaltsübersicht

	Rn.		Rn.
A. Allgemeines	1	2. Vorzeitige Beendigung beim Terminsvertreter/UBV, Nr. 3405 Nr. 2	10
B. Kommentierung	2	a) Vollständige vorzeitige Beendigung	12
I. Anwendungsbereich	2	b) Teilweise vorzeitige Beendigung	14
II. Der Tatbestand im Einzelnen	4	3. Vorzeitige Beendigung einer sonstigen Einzeltätigkeit, Anm. zu Nr. 3405	16
1. Vorzeitige Beendigung beim Verkehrsanwalt, Nr. 3405 Nr. 1	4	4. Erhöhung zusätzlich?	18
		5. Nicht rechtshängige Ansprüche	19

A. Allgemeines

1 Auch beim Verkehrsanwalt, Terminsvertreter/UBV oder einem Anwalt, der eine der in Nr. 3403 VV benannten Einzeltätigkeiten übernimmt, kann eine vorzeitige Beendigung erfolgen.

B. Kommentierung

I. Anwendungsbereich

2 Die Verfahrensgebühr für die vorzeitige Beendigung nach Nr. 3405 kann bei folgenden Tätigkeiten zur Anwendung gelangen:

– Verkehrsanwalt
– Terminsvertreter/UBV
– Einzeltätigkeiten im Sinne der Nr. 3403.

3 Eine Anwendung auf weitere Tätigkeiten kommt nach Ansicht der Verfasserin nicht in Betracht, da nur die Nrn. 3400, 3401 und 3403 ausdrücklich erwähnt werden.

II. Der Tatbestand im Einzelnen

1. Vorzeitige Beendigung beim Verkehrsanwalt, Nr. 3405 Nr. 1

Endet der Auftrag im Fall der Nr. 3400, somit beim Verkehrsanwalt (auch Korrespondenzanwalt, siehe dort), bevor der Verfahrensbevollmächtigte beauftragt oder der Rechtsanwalt gegenüber dem Verfahrensbevollmächtigten tätig geworden ist, erhält der Verkehrsanwalt eine Verfahrensgebühr lediglich in Höhe von 0,5, bei Betragsrahmengebühren von höchstens € 130,00.

Für die Wertgebühren wird nicht ein fester Gebührensatz mit 0,5 vorgeschrieben, sondern der Gebührensatz beträgt vielmehr »höchstens 0,5«.

Da die Betragsrahmengebühr auf höchstens € 130,00 beschränkt ist, ergibt sich, dass auch bei vorzeitiger Beendigung eine Bestimmung der Gebühr durch den Rechtsanwalt nach den in § 14 RVG genannten Kriterien nach billigem Ermessen zu erfolgen hat, und diese Gebühr somit auch unter € 130,00 liegen kann.

Es stellt sich die Frage, wann eine vorzeitige Beendigung beim Verkehrsanwalt in der Praxis in Betracht kommt. In der Regel erfolgt die erste Auftragserteilung durch die Partei an den Verkehrsanwalt, da er am Wohnort oder Geschäftssitz der Partei seinen Kanzleisitz hat. Von dort wird dann ein Verfahrensbevollmächtigter (namens und im Auftrag der Partei) mit der Führung des Prozesses beauftragt (z. B. Durchführung eines Revisionsverfahrens vor dem BGH). Nr. 3405 Nr. 1 regelt, dass, wenn der Auftrag endet, bevor der Verfahrensbevollmächtigte beauftragt oder der Rechtsanwalt gegenüber dem Verfahrensbevollmächtigten tätig geworden ist, der Verkehrsanwalt lediglich eine Verfahrensgebühr von höchstens 0,5 erhält.

Der Anfall einer Gebühr nach Nr. 3405 setzt eine entsprechende Auftragserteilung als Verkehrsanwalt voraus. Eine Beratung über die Möglichkeit, als Verkehrsanwalt aufzutreten, kann noch im Rahmen einer Vertragsanbahnung gesehen werden. Nr. 3405 Nr. 1 setzt jedoch voraus, dass nicht eine Empfehlung des Anwalts, als Verkehrsanwalt aufzutreten, erfolgt, die dann vom Mandanten ausgeschlagen wird, vielmehr muss eine konkrete Auftragserteilung als Verkehrsanwalt bereits erfolgt sein und sodann endet der Auftrag, z. B. weil der Mandant das Mandat kündigt oder der Anwalt verstirbt (vgl. dazu die Kommentierung unter § 8 RVG).

Endet der Auftrag, bevor der Verkehrsanwalt seine gutachterlichen Äußerungen erstellt oder an den Verfahrensbevollmächtigten übermittelt hat, reduziert sich die Verfahrensgebühr Nr. 3400 ebenfalls nach Nr. 3405 Nr. 1.

2. Vorzeitige Beendigung beim Terminsvertreter/UBV, Nr. 3405 Nr. 2

Endet der Auftrag, bevor der Termin begonnen hat, entsteht nach Nr. 3405 Nr. 2 die Verfahrensgebühr ebenfalls nur in Höhe von höchstens 0,5.

Zur Beendigung des Auftrags vgl. auch die Kommentierung unter § 8 RVG.

a) Vollständige vorzeitige Beendigung

Endet der Auftrag des Terminsvertreters / UBV im Fall der Nr. 3401, bevor der Termin begonnen hat, beträgt die Gebühr Nr. 3401 höchstens 0,5, bei Betragsrahmengebühren höchstens € 130,00.

- **Beispiel**
RA Huber reicht Klage über € 2.000,00 ein. Das Gericht bestimmt Termin zur Güteverhandlung und anschließenden mündlichen Verhandlung. Im Hinblick auf den niedrigen Streitwert wird zum auswärtigen Gerichtstermin RAin Super mit der Terminswahrnehmung beauftragt. Kurz vor dem Termin erfolgt eine vollständige Bezahlung der Haupt- und Nebenforderungen durch den Beklagten, so dass die Klage zurückgenommen wird.

Nr. 3405 VV

Vergütungsansprüche RA Huber als Verfahrensbevollmächtigter:

Gegenstandswert: € 2.000,00	
1,3 Verfahrensgebühr, Nr. 3100 VV RVG	€ 172,90
Auslagenpauschale, Nr. 7002 VV RVG	€ 20,00
Zwischensumme	€ 192,90
19 % Umsatzsteuer, Nr. 7008 VV RVG	€ 36,65
Summe:	**€ 229,55**

Vergütungsansprüche RAin Super:

Gegenstandswert: € 2.000,00	
0,5 Verfahrensgebühr, Nr. 3405 VV RVG i. V. m. Nrn. 3401, 3100 VV RVG	€ 66,50
Auslagenpauschale, Nr. 7002 VV RVG	€ 13,30
Zwischensumme	€ 79,80
19 % Umsatzsteuer, Nr. 7008 VV RVG	€ 15,16
Summe:	**€ 94,96**

b) Teilweise vorzeitige Beendigung

14 Sofern sich eine vorzeitige Beendigung nur teilweise ergibt, entstehen zwei Verfahrensgebühren. Zum einen eine 0,5 Verfahrensgebühr nach Nr. 3405 für die vorzeitige Beendigung und eine 0,65 Verfahrensgebühr nach Nr. 3401 i. V. m. 3100 (ausgehend von einer Tätigkeit in 1. Instanz). Beide Verfahrensgebühren dürfen nach § 15 Abs. 3 RVG eine Verfahrensgebühr aus dem höchsten Satz (1,3) nach dem höchsten Satz aus dem addierten Streitwert nicht übersteigen.

15 • **Beispiel**
Rechtsanwalt Huber erhält den Auftrag, als Terminsvertreter in einem Termin vor dem Landgericht Düsseldorf aufzutreten. Zum Zeitpunkt, als er den Auftrag erhält, den Beklagten zu vertreten, war ein Anspruch in Höhe von € 10.000,00 anhängig. Nach Auftragserteilung, kurz vor dem Termin, informiert der HBV den UBV darüber, dass die Klage hinsichtlich eines Teilbetrags in Höhe von € 4.000,00 zurückgenommen worden ist. Der Termin findet lediglich noch über € 6.000,00 statt, so dass wie folgt abzurechnen ist:

Gegenstandswert € 10.000,00 / € 6.000,00	
0,5 Verfahrensgebühr aus € 4.000,00	
Nr. 3405 i. V. m. Nrn. 3401, 3100 VV RVG	€ 122,50
0,65 Verfahrensgebühr aus € 6.000,00	
Nrn. 3401, 3100 VV RVG	€ 219,70
addiert:	€ 342,20
höchstens nach § 15 Abs. 3 RVG	
0,65 Verfahrensgebühr aus € 10.000,00, somit	€ 315,90
1,2 Terminsgebühr aus € 6.000,00	
Nr. 3402 i. V. m. 3104 VV RVG	€ 405,60
Auslagenpauschale, Nr. 7002 VV RVG	€ 20,00
Zwischensumme	€ 741,50
19 % Umsatzsteuer, Nr. 7008 VV RVG	€ 140,89
Summe:	**€ 882,39**

3. Vorzeitige Beendigung einer sonstigen Einzeltätigkeit, Anm. zu Nr. 3405

16 Endet der Auftrag zu einer sonstigen Tätigkeit vorzeitig, reduziert sich die Verfahrensgebühr ebenfalls entsprechend der Nr. 3405 auf höchstens 0,5 bzw. höchstens € 130,00.

Zur Frage, welche Tätigkeiten unter den sonstigen Einzeltätigkeiten nach Nr. 3403 verstanden werden, vgl. die Kommentierung dort. 17

- **Beispiel**

Mandant Fritz Walter hat vor dem Amtsgericht selbst Klage gegen einen säumigen Schuldner erhoben. Es ergeht antragsgemäß Versäumnisurteil, nachdem der Gegner zum anberaumten Termin nicht erscheint. Eine Zahlung erfolgt trotz des VU nicht. RA Huber erhält den Auftrag, die gezahlten Gerichtskosten zur Festsetzung anzumelden sowie eine vollstreckbare Ausfertigung des Urteils mit Zustellvermerk einzuholen. RA Huber diktiert die entsprechenden Anträge. Zur Absendung des Schriftsatzes kommt es nicht mehr, da Fritz Walter anruft und mitteilt, dass nun vollständige Zahlung erfolgt sei. Entstanden ist eine 0,5 Verfahrensgebühr nach Nr. 3405.

4. Erhöhung zusätzlich?

Der Gebührensatz für Wertgebühren und auch der Betrag für die Betragsrahmengebühren ist für die Vertretung einer Person, die Auftraggeber ist, bemessen. Demnach kann auf die Verfahrensgebühr für die vorzeitige Beendigung eine Erhöhung nach Nr. 1008 zusätzlich erfolgen, und zwar für den Erhöhungsfaktor allein begrenzt auf max. 2,0 bzw. das Doppelte des Mindest- bzw. Höchstbetrags. 18

5. Nicht rechtshängige Ansprüche

Wie abgerechnet wird, wenn ein Terminsvertreter/UBV einen Mehrvergleich schließt, wird unter Nr. 3402 Rn. 34 ausführlich dargestellt. 19

Nr. 3406 VV
Betragsrahmengebühren

Nr.	Gebührentatbestand	Gebühr oder Satz der Gebühr nach § 13 RVG
3406	Verfahrensgebühr für sonstige Einzeltätigkeiten in Verfahren vor Gerichten der Sozialgerichtsbarkeit, wenn Betragsrahmengebühren entstehen (§ 3 RVG) .... Die Anmerkung zu Nummer 3403 gilt entsprechend.	10,00 bis 200,00 EUR

1 In den **Nrn. 3400, 3401, 3402, 3405** und **3406** sind Verfahrensgebühren für bestimmte Einzeltätigkeiten des Rechtsanwalts vorgesehen. Die vorgesehenen Höchstgebühren vermindern sich in sozialrechtlichen Angelegenheiten nach Abs. 2 der Vorbemerkung 3.4 des Abschnitts 4 »Einzeltätigkeiten« auf die Hälfte, wenn eine Tätigkeit im Verwaltungsverfahren oder im weiteren, der Nachprüfung des Verwaltungsakts dienenden Verwaltungsverfahren vorausgegangen ist. Bei der Bemessung der Gebühren ist nicht zu berücksichtigen, dass der Umfang der Tätigkeit infolge der Tätigkeit im Verwaltungsverfahren oder im weiteren, der Nachprüfung des Verwaltungsakts dienenden Verwaltungsverfahren geringer ist. Diese Regelungen tragen dem Umstand Rechnung, dass der Rechtsanwalt von einer zuvor im Verwaltungs- oder Vorverfahren ausgeübten Tätigkeit profitiert und sich sein Aufwand dadurch auch bei den Einzeltätigkeiten reduziert. Allerdings darf sich dies nicht bei der Bestimmung der angemessenen Gebühr zu Lasten des Rechtsanwalts auswirken, da sich andernfalls die Vortätigkeit gebührenrechtlich zweimal zu seinem Nachteil auswirken würde.

2 **Nr. 3400** findet Anwendung, soweit sich der Auftrag des Rechtsanwalts darauf beschränkt, den **Verkehr der Partei** mit dem Verfahrensbevollmächtigten zu führen. Die Vorschrift betrifft also den **Verkehrsanwalt**; dieser ist nicht Unterbevollmächtigter des Prozessbevollmächtigten, sondern ein zweiter Bevollmächtigter des Beteiligten neben dem Prozessbevollmächtigten (*Keller* in Riedel/Sußbauer RVG 9. Aufl. VV Teil 3 Abschnitt 4 Rn. 9). Der Verkehrsanwalt erhält eine Gebühr in Höhe der dem Verfahrensbevollmächtigten **zustehenden Verfahrensgebühr**, höchstens jedoch € 260,00. Zunächst muss also die Höhe der Verfahrensgebühr ermittelt werden.

3 Die **Nrn. 3401 und 3402** bestimmen die Gebühr des Rechtsanwalts, dessen Auftrag sich auf eine Vertretung in einem Termin i. S. d. Vorbemerkung 3 Abs. 3 des Teils beschränkt. In **sozialrechtlichen Verfahren kann** dies ein **Verhandlungs-, Erörterungs- oder Beweisaufnahmetermin** sein. Der insoweit beschränkt beauftragte Rechtsanwalt erhält eine Verfahrensgebühr in Höhe der Hälfte der dem Verfahrensbevollmächtigten zustehenden Verfahrensgebühr und zusätzlich eine (volle) Terminsgebühr in Höhe der einem Verfahrensbevollmächtigten zustehenden Terminsgebühr.

4 Für **sonstige Einzeltätigkeiten** in Verfahren vor Gerichten der **Sozialgerichtsbarkeit** erhält der RA nach **Nr. 3406,** wenn Betragsrahmengebühren entstehen (§ 3), eine Gebühr mit einem Rahmen von € 10,00 bis € 200,00 (Mittelgebühr € 105,00). Insoweit kann auf die Ausführungen zu § 3 verwiesen werden. Die Höhe der Gebühr ist im Einzelfall unter Beachtung der Kriterien aus § 14 zu bestimmen.

BESCHWERDE, NICHTZULASSUNGSBESCHWERDE UND ERINNERUNG

Vorbemerkung 3.5 VV, Nr. 3500 VV
Verfahrensgebühr für Verfahren über die Beschwerde und die Erinnerung

Nr.	Gebührentatbestand	Gebühr oder Satz der Gebühr nach § 13 RVG
	Abschnitt 5 **Beschwerde, Nichtzulassungsbeschwerde und Erinnerung**	
	Vorbemerkung 3.5: Die Gebühren nach diesem Abschnitt entstehen nicht in den in Vorbemerkung 3.1 Abs. 2 und Vorbemerkung 3.2.1 genannten Beschwerdeverfahren.	
3500	Verfahrensgebühr für Verfahren über die Beschwerde und die Erinnerung, soweit in diesem Abschnitt keine besonderen Gebühren bestimmt sind	0,5

Inhaltsübersicht

	Rn.		Rn.
A. Allgemeines	1	I. Entstehen der Gebühr	4
B. Kommentierung	4	II. Eine oder mehrere Angelegenheiten?	7

A. Allgemeines

Die Verfahrensgebühr Nr. 3500 entsteht in Verfahren über die Beschwerde und die Erinnerung, soweit in Abschnitt 5 des Vergütungsverzeichnisses keine besonderen Gebühren bestimmt sind. Nr. 3500 gilt nicht in den in der Vorbemerkung 3.1 Abs. 2 und 3.2.1 genannten Beschwerdeverfahren, dies ergibt sich aus der **Vorbemerkung 3.5**. 1

Die Verfahrensgebühr Nr. 3500 entsteht somit für alle anderen als den in den vorgenannten Vorbemerkungen bzw. in den gesondert in Abschnitt 5 aufgeführten Beschwerdeverfahren, und zwar unabhängig davon, gegen welche Maßnahme sich die Beschwerde richtet. Voraussetzung ist jedoch, dass es sich um eine Angelegenheit des 3. Teils des Vergütungsverzeichnisses handelt. 2

Nr. 3500 gilt insbesondere auch in Verfahren über die Erinnerung gegen die Kostenfestsetzung und gegen den Kostenansatz, sowie in Zwangsvollstreckungssachen und im Prozesskostenhilfeprüfungsverfahren. 3

Die Verfahrensgebühr nach Nr. 3500 entsteht auch dann, wenn das Erstgericht der Beschwerde abhilft, oder sich das Verfahren anderweitig erledigt (*N. Schneider* in Gebauer/ Schneider RVG 1. Aufl. VV 3500 Rn. 9).

Vorbemerkung 3.5 VV, Nr. 3500 VV

B. Kommentierung

I. Entstehen der Gebühr

4 Die Gebühr Nr. 3500 entsteht mit der ersten Tätigkeit des Anwalts im Erinnerungs- bzw. Beschwerdeverfahren.

5 Zu beachten ist, dass im Hinblick auf die sehr kurze Frist zur Einlegung der sofortigen Beschwerde oder auch der befristeten Rechtspflegererinnerung das Einholen des Einverständnisses des Auftraggebers zur Durchführung des Beschwerdeverfahrens nicht versäumt wird. Im Hinblick darauf, dass das Beschwerde- bzw. Erinnerungsverfahren Gebühren auslöst, sollte die Maßnahme mit dem Mandanten auch abgesprochen werden.

6 Für den Anwalt des Beschwerdegegners kommt es für das Entstehen der Gebühr auf den ausdrücklichen Auftrag des Mandanten an. Die Entgegennahme der Beschwerdeschrift löst die Gebühr Nr. 3500 noch nicht aus (*N. Schneider* in Gebauer/Schneider RVG 1. Aufl. VV 3500 Rn. 15).

II. Eine oder mehrere Angelegenheiten?

7 Grundsätzlich ist jedes Beschwerdeverfahren eine eigene gebührenrechtliche Angelegenheit. Das bedeutet, dass der Anwalt die Gebühren für das Beschwerdeverfahren neben den Gebühren für das Hauptsacheverfahren verdient. Eine Anrechnung der Verfahrensgebühren aus dem Hauptsache- und dem Beschwerdeverfahren erfolgt nicht. Hinsichtlich der Frage, ob auch mehrere Beschwerde- bzw. Erinnerungsverfahren jeweils eine eigene gebührenrechtliche Angelegenheit darstellt, ist zu unterscheiden:

8 Gem. § 16 Nr. 12 sind mehrere Verfahren über die Beschwerde und die Erinnerung gegen die Kostenfestsetzung und den Kostenansatz in demselben Rechtszug dieselbe Angelegenheit. Diese Einschränkung gilt jedoch nur für die dort genannten Beschwerden.

9 Für andere Beschwerde- und Erinnerungsverfahren regelt § 18 Nr. 5, dass jedes Beschwerdeverfahren und jedes Verfahren über eine Erinnerung gegen eine Entscheidung des Rechtspflegers in Angelegenheiten, in denen sich die Gebühren nach Teil 3 des Vergütungsverzeichnisses richten, eine besondere Angelegenheit darstellen und somit auch gesondert abgerechnet werden können – soweit sich aus § 16 Nr. 12 nichts anderes ergibt. Das heißt, dass der Anwalt die Gebühr Nr. 3500 mehrfach verdienen kann, sofern in einem gerichtlichen Verfahren mehrere Beschwerden eingelegt werden.

10 Betreffen mehrere Beschwerden oder Erinnerungen den gleichen Gegenstand (z. B. Erinnerung und Anschlusserinnerung), so handelt es sich um dieselbe Angelegenheit mit der Folge, dass die Gebühr Nr. 3500 nur einmal berechnet werden kann. Der Gegenstandswert wird jedoch gem. § 22 Abs. 1 RVG i. V. m. § 45 Abs. 2 GKG addiert.

11 Voraussetzung dafür, dass der Anwalt eine gesonderte Gebühr im Beschwerde- bzw. Erinnerungsverfahren gem. § 18 Nr. 5 erhält, ist, dass sich die Beschwerde gegen eine Entscheidung des Rechtspflegers richtet.

12 Vollstreckungserinnerungen gemäß § 766 ZPO können nicht nach Nr. 3500 abgerechnet werden. Mit Artikel 20 des 2. JuMoG (Zweites Gesetz zur Modernisierung der Justiz) vom 22.12.2006, in Kraft seit dem 31.12.2006 (BGBl. I, 3429 Art. 20 Nr. 2) wurde in § 19 Abs. 2 RVG eine neue Nummer 2 eingefügt. Danach gehört die Erinnerung nach § 766 ZPO zum Rechtszug, löst demnach für den Anwalt keine gesonderte Gebühr aus (AG Koblenz AGS 2007, 72). Da § 766 ZPO sowohl Rechtsmittel gegen eine Entscheidung des Rechtspflegers, als auch gegen die Vorgehensweise des Gerichtsvollziehers ist, gilt diese Regelung für jede Art der Vollstreckungserinnerung. Insoweit ist § 19 Abs. 2 Nr. 2 RVG lex speziales zu

§ 18 Nr. 5 RVG. In der Gesetzesbegründung heißt es, dass es einhellige Auffassung gewesen sei, dass die Vollstreckungserinnerung zur Vollstreckungsangelegenheit gehört und dies nunmehr ausdrücklich geregelt werden sollte. Die noch in der Vorauflage (Nr. 3500 Rn. 13) vertretene Auffassung, dass der Anwalt, der im Rahmen des Zwangsvollstreckungsmandates im Erinnerungsverfahren gegen eine Maßnahme des Gerichtsvollziehers tätig ist, die Gebühr Nr. 3309 »auffüllen« könne bis zu einer 0,5 Gebühr nach Nr. 3500, kann angesichts des nunmehr klaren Gesetzeswortlautes in § 19 Abs. 2 Nr. 2 RVG nicht aufrecht erhalten werden. Die dort angeführte Rechtsprechung (LG Mönchengladbach JurBüro 2006, 76) ist damit ebenfalls obsolet.

Der Anwalt, der ausschließlich mandatiert wird, im Erinnerungsverfahren gemäß § 766 ZPO tätig zu werden, kann seine Tätigkeit ebenfalls nicht nach Nr. 3500 abrechnen. Insoweit bestimmt § 15 Abs. 6 RVG, dass der Anwalt, der nur mit einzelnen Handlungen oder Tätigkeiten, die nach § 19 RVG zum Rechtszug gehören, beauftragt wird, nicht mehr an Gebühren erhält als der Anwalt, der mit der gesamten Angelegenheit für die gleiche Tätigkeit beauftragt ist. Da der Anwalt, der im Rahmen der Zwangsvollstreckung Vollstreckungserinnerung gemäß § 766 ZPO einlegt, diese Tätigkeit nicht gesondert vergütet bekommt, da sie gemäß § 19 Abs. 2 Satz 2 RVG zum Rechtszug gehört, und die Tätigkeit somit mit einer 0,3 Gebühr gemäß Nr. 3309 abgegolten ist, erhält auch der Anwalt, der ausschließlich im Verfahren nach § 766 ZPO tätig wird, nur eine 0,3 Gebühr nach Nr. 3309 und nicht eine 0,5 Gebühr nach Nr. 3500. **13**

Auch das Verfahren über Einwendungen gegen die Erteilung der Vollstreckungsklausel, auf das § 732 ZPO anzuwenden ist (Erinnerung gegen Erteilung der Vollstreckungsklausel), bildet nach § 18 Nr. 6 RVG eine besondere Angelegenheit und ist mit einer Verfahrensgebühr nach Nr. 3500 abzurechnen. **14**

Nr. 3501 VV

Nr.	Gebührentatbestand	Gebühr oder Satz der Gebühr nach § 13 RVG
3501	Verfahrensgebühr für Verfahren vor den Gerichten der Sozialgerichtsbarkeit über die Beschwerde und die Erinnerung, wenn in den Verfahren Betragsrahmengebühren entstehen (§ 3 RVG), soweit in diesem Abschnitt keine besonderen Gebühren bestimmt sind	15,00 bis 160,00 EUR

Beschwerdeverfahren sind gebührenrechtlich gesondert zu behandeln und nach einem Satz von € 15 bis 160 zu vergüten. Diese Gebühr entsteht auch in Kostenbeschwerden, für die Abschnitt 3500 des VV keine besondere Regelung trifft. Jede Beschwerde, die das Verfahren erstmals in den höheren Rechtszug bringt, löst jeweils den Gebührentatbestand des Abschnitts 3500 des VV zum RVG aus. Dies folgt aus dem Regelungsgehalt der §§ 15 Abs. 2, 16; Nr. 12, 18 Nr. 5 RVG (LSG Nordrhein-Westfalen, Beschl. v. 14. 11. 2007, L 19 B 33/07 AL).

Im Übrigen siehe Kommentierung zu Nrn. 3511–3512.

Nr. 3502 VV
Verfahrensgebühr für das Verfahren über die Rechtsbeschwerde (§ 574 ZPO)

Nr.	Gebührentatbestand	Gebühr oder Satz der Gebühr nach § 13 RVG
3502	Verfahrensgebühr für das Verfahren über die Rechtsbeschwerde (§ 574 ZPO, § 78 Satz 2 des Arbeitsgerichtsgesetzes)...	1,0

A. Allgemeines

Die Rechtsbeschwerde ist dann statthaft, wenn dies im Gesetz ausdrücklich bestimmt ist (§ 574 Abs. 1 Nr. 1 ZPO) oder das Beschwerdegericht, das Berufungsgericht oder das Oberlandesgericht im ersten Rechtszug sie in dem Beschluss zugelassen hat (§ 574 Abs. 1 Nr. 2 ZPO). Ist die Statthaftigkeit der Rechtsbeschwerde im Gesetz bestimmt, so ist sie jedoch nur dann zulässig, wenn die Rechtssache grundsätzliche Bedeutung hat oder die Fortbildung des Rechts oder die Sicherung einer einheitlichen Rechtsprechung eine Entscheidung des Rechtsbeschwerdegerichts erfordert (§ 574 Abs. 2 ZPO). Zuzulassen ist die Rechtsbeschwerde dann, wenn die Voraussetzungen des § 574 Abs. 2 ZPO gegeben sind. Das Rechtsbeschwerdegericht ist an die Zulassung gebunden. 1

Erfreulich ist, dass in Nr. 3502 die Rechtsbeschwerde nach §§ 574 ff. ZPO, die seit der ZPO-Reform (Zivilprozessreformgesetz – ZPO – RG vom 27. 07. 2001, BGBl. I, 1887) möglich ist, nunmehr zumindest mit einer Verfahrensgebühr i. H. v. 1,0 honoriert wird. Da die Rechtsbeschwerde in ZPO-Verfahren, auf die hier in Nr. 3502 ausdrücklich Bezug genommen wird, grundsätzlich nur von einem beim BGH zugelassenen Rechtsanwalt eingereicht werden kann, diese Verfahren nicht selten jedoch sehr geringe Streitwerte aufweisen, ist zumindest die Erhöhung der Verfahrensgebühr auf 1,0 ein Schritt in die richtige Richtung. 2

Durch das Zweite Gesetz zur Modernisierung der Justiz (2. JuModG) vom 22. 12. 2006 (BGBl. 3416 Nr. 7 Art. 20 Buchst. k) wurde der Anwendungsbereich von Nr. 3502 auf § 78 Satz 2 ArbGG erweitert. Die Ergänzung dient der Klarstellung. Das Arbeitsgerichtsgesetz verweist für das Verfahren über eine Beschwerde im Urteilsverfahren auf die Vorschriften der Zivilprozessordnung (§ 78 Satz 1 ArbGG). Für die Rechtsbeschwerde (§ 78 Satz 2 ArbGG) fehlt eine solche Verweisung; die Vorschriften der §§ 574 ff. ZPO werden allerdings entsprechend angewandt. 3

Durch Art. 17 Nr. 4 d) des Gesetzes über Rechtsbehelfe bei Verletzung des rechtlichen Gehörs vom 09. 12. 2004 (BGBl. I, 3220) – in Kraft getreten am 01. 01. 2005 – entsteht nunmehr auch im Verfahren nach Nr. 3502 eine Terminsgebühr gem. Nr. 3516 in Höhe von 1,2. 4

Nr. 3503 VV
Vorzeitige Beendigung des Auftrags

Nr.	Gebührentatbestand	Gebühr oder Satz der Gebühr nach § 13 RVG
3503	Vorzeitige Beendigung des Auftrags: Die Gebühr 3502 beträgt .... Die Anmerkung zu Nummer 3201 ist entsprechend anzuwenden.	0,5

1 Endet der Auftrag vorzeitig, beträgt die Gebühr Nr. 3502 (Rechtsbeschwerdeverfahren Nr. 3502) lediglich 0,5 statt 1,0.

2 In der Anmerkung zu Nr. 3503 wird die Anmerkung zu Nr. 3201 für entsprechend anwendbar erklärt. In der Praxis wird die vorzeitige Beendigung am häufigsten dann eintreten, wenn es zu einer Einlegung der Rechtsbeschwerde nicht mehr kommt, weil z. B. der Mandant es sich anders überlegt hat, das Mandat gekündigt hat oder der Anwalt das Mandat niedergelegt hat.

Nrn. 3504–3505 VV

Nr.	Gebührentatbestand	Gebühr oder Satz der Gebühr nach § 13 RVG
3504	Verfahrensgebühr für das Verfahren über die Beschwerde gegen die Nichtzulassung der Berufung, soweit in Nummer 3511 nichts anderes bestimmt ist .... Die Gebühr wird auf die Verfahrensgebühr für ein nachfolgendes Berufungsverfahren angerechnet.	1,6
3505	Vorzeitige Beendigung des Auftrags: Die Gebühr 3504 beträgt .... Die Anmerkung zu Nummer 3201 ist entsprechend anzuwenden.	1,0

A. Allgemeines

Die Berufung bedarf in einigen Verfahren einer besonderen Zulassung (z. B. § 124 VwGO, § 64 Abs. 2 ArbGG, § 144 SGG). Wurde die Berufung nicht zugelassen, können die Parteien in einigen Fällen mit der Beschwerde gegen die Nichtzulassung die Entscheidung des erstinstanzlichen Gerichts anfechten (z. B. § 145 SGG). Für diese Beschwerden sehen die Nrn. 3504 und 3505 und – soweit im Sozialverfahren Betragsrahmengebühren entstehen – die Nrn. 3511 von Nr. 3500 abweichende Regelungen vor. Hinsichtlich der Anwendung der Nr. 3511 wird auf die Kommentierung zu dieser Nummer verwiesen. Nicht erfasst werden von diesen Nrn. die Anträge auf Zulassung der Berufung (z. B. § 124 a Abs. 4 VwGO). 1

Die Nichtzulassungsbeschwerde gehört nicht mehr zum erstinstanzlichen Verfahren. Sie ist aber auch gegenüber dem Verfahren über das Rechtsmittel nicht die gleiche Angelegenheit (§ 17 Nr. 9). Aus diesem Grunde fallen in dem Verfahren über die Nichtzulassungsbeschwerde grundsätzlich die Gebühren und Auslagen unabhängig von dem Berufungsverfahren an. 2

Allerdings wird die Verfahrensgebühr auf die Verfahrensgebühr des bei erfolgreicher Beschwerde nachfolgenden Berufungsverfahrens angerechnet (Anm. zu Nr. 3504). 3

B. Kommentierung

1. Entstehen und Gebührenhöhe

Für das **Entstehen**, **Ermäßigen** und **Anrechnen** der Verfahrensgebühr für Beschwerdeführer und Beschwerdegegner gelten die gleichen Grundsätze wie bei der Verfahrensgebühr im Berufungsverfahren (vgl. Anm. zu VV Nr. 3505, die auf die Anm. zu VV Nr. 3201 verweist). Die Gebühr entsteht für das Betreiben des Geschäfts einschließlich der Information (Vorb. 3 Abs. 2 VV). Die Gebühr entsteht, sobald der Prozessbevollmächtigte nach Auftragserteilung irgendeine Tätigkeit zur Ausführung des prozessbezogenen Auftrags vorgenommen hat. Das gilt unabhängig vom Umfang dieser Tätigkeit und unabhängig davon, ob schon Anhängigkeit oder Rechtshängigkeit eingetreten ist. Hat der RA in derselben Angelegenheit **mehrere Auftraggeber** gilt VV Nr. 1008, die Gebühr erhöht sich für jeden weiteren Auftraggeber um 0,3. Im Übrigen wird auf die Ausführungen zu Nr. 3200 verwiesen. 4

2. Anrechnung auf Verfahrensgebühr

Die Verfahrensgebühren Nrn. 3504 und 3505 werden auf die Verfahrensgebühr des bei erfolgreicher Beschwerde nachfolgenden Berufungsverfahrens **angerechnet** (Anm. zu Nr. 3504). 5

Nrn. 3504–3505 VV

Haben beide Verfahrensgebühren den **gleichen** Gebührenbetrag oder ist der Gebührenbetrag für die Verfahrensgebühr für das Berufungsverfahren höher, fällt die Verfahrensgebühr für die Nichtzulassungsbeschwerde weg. Ist der Gebührenbetrag der Verfahrensgebühr für die Nichtzulassungsbeschwerde dagegen **höher** als die Verfahrensgebühr für das Berufungsverfahren, bleibt der den Gebührenbetrag für die Verfahrensgebühr für das Berufungsverfahren übersteigende Betrag der Verfahrensgebühr für die Nichtzulassungsbeschwerde daneben bestehen (siehe Beispiel bei Nr. 3506 Rn. 9).

3. Wert

6 Der Wert bestimmt sich nach dem Wert des Gegenstandes, der **Grundlage** für die Nichtzulassungsbeschwerde ist. Er muss nicht mit dem Wert des Berufungsverfahrens identisch sein.

4. Kostenerstattung

7 Die Kostenerstattung richtet sich nach den allgemeinen Grundsätzen. Es wird daher auf die Ausführungen zu Nr. 3200 – insbesondere wegen der Erstattbarkeit der Verfahrensgebühr des **Beschwerdegegners** – hingewiesen. Danach darf der Beschwerdegegner sofort nach Zustellung der Nichtzulassungsbeschwerde einen Anwalt beauftragen. Eine aufgrund der Beauftragung entstandene Verfahrensgebühr ist vom unterlegenen Gegner zu erstatten (LAG Schleswig, Beschl. v. 02. 03. 2006 – 1 Ta 104/05 –).

Nrn. 3506–3509 VV

Nr.	Gebührentatbestand	Gebühr oder Satz der Gebühr nach § 13 RVG
3506	Verfahrensgebühr für das Verfahren über die Beschwerde gegen die Nichtzulassung der Revision, soweit in Nummer 3512 nichts anderes bestimmt ist .... Die Gebühr wird auf die Verfahrensgebühr für ein nachfolgendes Revisionsverfahren angerechnet.	1,6
3507	Vorzeitige Beendigung des Auftrags: Die Gebühr 3506 beträgt .... Die Anmerkung zu Nummer 3201 ist entsprechend anzuwenden.	1,1
3508	In dem Verfahren über die Beschwerde gegen die Nichtzulassung der Revision können sich die Parteien nur durch einen beim BGH zugelassenen Rechtsanwalt vertreten lassen: Die Gebühr 3506 beträgt	2,3
3509	Vorzeitige Beendigung des Auftrags, wenn sich die Parteien nur durch einen beim BGH zugelassenen Rechtsanwalt vertreten lassen können: Die Gebühr 3506 beträgt .... Die Anmerkung zu Nummer 3201 ist entsprechend anzuwenden.	1,8

A. Allgemeines

Die Revision bedarf in vielen Verfahren einer besonderen Zulassung (z. B. § 543 ZPO, § 132 VwGO, § 72 ArbGG, § 160 SGG). Wurde die Revision nicht zugelassen, können die Parteien mit der Beschwerde gegen die Nichtzulassung die Entscheidung des Berufungsgerichts anfechten (z. B. § 544 ZPO, § 133 VwGO, § 72 a ArbGG, § 160 a SGG). Für diese Beschwerden sehen – die Nrn. 3506 bis 3509 und – soweit im Sozialverfahren Betragsrahmengebühren entstehen – die Nr. 3512 von Nr. 3500 abweichende Regelungen vor. Hinsichtlich der Anwendung der Nr. 3512 wird auf die Kommentierung zu dieser Nummer verwiesen. 1

Die Nrn. 3506 bis 3509 dürften auf die Beschwerden gegen die Nichtzulassung der Rechtsbeschwerde nach den §§ 621 e Abs. 2 Satz 1 Nr. 2 ZPO und 92 a Satz 1 ArbGG entsprechend anwendbar sein (siehe Vorb. 3.2 Rn. 3 a – Rn. 3 c). 1 a

Das ArbG Koblenz will die Nr. 3506 nicht auf die Nichtzulassungsbeschwerde zum BAG anwenden (AGS 2005, 261). Entgegen der in der Entscheidung angeführten Begründung ist jedoch die Nr. 3506 nicht nur für den Fall des § 544 ZPO zutreffend, sondern betrifft die Beschwerden gegen die Nichtzulassung der Revision in allen Verfahren (siehe auch LAG Schleswig, Beschl. v. 02. 03. 2006 – 1 Ta 104/05). 2

Die Nichtzulassungsbeschwerde gehört nicht mehr zum untergerichtlichen Verfahren. Sie ist aber auch gegenüber dem Verfahren über das Rechtsmittel nicht die gleiche Angelegenheit (§ 17 Nr. 9). Aus diesem Grunde fallen in dem Verfahren über Nichtzulassungsbeschwerden grundsätzlich die Gebühren und Auslagen unabhängig von dem Revisionsverfahren an. 3

Allerdings wird die Verfahrensgebühr auf die Verfahrensgebühr des bei erfolgreicher Beschwerde nachfolgenden Revisionsverfahrens angerechnet (Anm. zu Nr. 3506). 4

B. Kommentierung

1. Entstehen und Gebührenhöhe

5 Für das Entstehen, Ermäßigen und Anrechnen der Verfahrensgebühr für Beschwerdeführer und Beschwerdegegner gelten die gleichen Grundsätze wie bei der Verfahrensgebühr im Berufungsverfahren (vgl. Anm. zu Nr. 3507 und 3509, die auf die Anm. zu Nr. 3201 verweisen). Die Gebühr entsteht für das Betreiben des Geschäfts einschließlich der Information (Vorb. 3 Abs. 2). Die Gebühr entsteht, sobald der Prozessbevollmächtigte nach Auftragserteilung irgendeine Tätigkeit zur Ausführung des prozessbezogenen Auftrags vorgenommen hat. Das gilt unabhängig vom Umfang dieser Tätigkeit und unabhängig davon, ob schon Anhängigkeit oder Rechtshängigkeit eingetreten ist. Im Übrigen wird auf die Ausführungen zu Nr. 3200 verwiesen.

6 Im Revisionsverfahren vor dem BGH müssen sich die Parteien durch einen bei dem BGH zugelassenen RA vertreten lassen (§ 78 Abs. 1 Satz 4 ZPO). Für diese so genannten BGH-Anwälte ist die Verfahrensgebühr um 0,7 erhöht (Nr. 3508 und Nr. 3509).

7 Der nicht beim BGH postulationsfähigen RA kann diese Gebühren **nicht verdienen** (BGH NJW 2007, 1461, der damit die Streitfrage entschieden hat). Soweit der **nicht postulationsfähige RA** im Auftrag seiner Partei sinnvolle Tätigkeiten im Rahmen des Nichtzulassungsbeschwerdeverfahrens ausführt, hat er Anspruch auf Vergütung nach Nr. 3403, 3404 VV (Verfahrensgebühr für Einzeltätigkeiten). Die Gebühr Nr. 3506 jedenfalls fällt nicht an (BGH NJW 2007, 1461; OLGR Brandenburg 2007, 383).

8 Die in § 78 Abs. 4 ZPO genannten Parteien müssen sich für die Nichtzulassungsbeschwerde vorm BGH nicht durch einen RA vertreten lassen. Beauftragen diese gleichwohl einen RA und sei es ein beim BGH zugelassener RA, so fällt lediglich die Gebühr Nr. 3506 und nicht die Nr. 3508 an, da die Gebühr Nr. 3508 nur anfällt, wenn sich die Parteien **nur** durch einen beim BGH zugelassenen RA vertreten lassen können.

2. Anrechnung auf Verfahrensgebühr

9 Die Verfahrensgebühren Nrn. 3506 bis 3509 **werden** auf die Verfahrensgebühr des bei erfolgreicher Beschwerde nachfolgenden Revisionsverfahrens **angerechnet** (Anm. zu Nr. 3506). Haben beide Verfahrensgebühren den gleichen Gebührenbetrag oder ist der Gebührenbetrag für die Verfahrensgebühr für das Revisionsverfahren höher, fällt die Verfahrensgebühr für die Nichtzulassungsbeschwerde weg. Ist der Gebührenbetrag der Verfahrensgebühr für die Nichtzulassungsbeschwerde dagegen höher als die Verfahrensgebühr für das Revisionsverfahren, bleibt der den Gebührenbetrag für die Verfahrensgebühr für das Revisionsverfahren übersteigende Betrag der Verfahrensgebühr für die Nichtzulassungsbeschwerde daneben bestehen.

- **Beispiel**

Klage über € 60.000 und Widerklage über € 40.000 wurden vom Berufungsgericht abgewiesen. Beide Parteien legen Nichtzulassungsbeschwerde ein. Das Revisionsgericht gibt der Beschwerde des Klägers statt und lässt die Revision zu, die Beschwerde hinsichtlich der Widerklage wird dagegen zurückgewiesen.

Es entstehen nur folgende Verfahrensgebühren:

a) Nichtzulassungsbeschwerde
1,6 Gebühren Nr. 3506, Wert € 100.000 € 2.166,40
b) Revisionsverfahren
1,6 Gebühren Nr. 3206, Wert € 60.000 € 1.796,80
Die Gebühr Nr. 3506 übersteigt die Gebühr Nr. 3206 um € 369,60

und bleibt in dieser Höhe bestehen. § 15 Abs. 6 trifft für diesen Fall nicht zu.

3. Wert

Der Wert bestimmt sich nach den Wert des Gegenstands, der Grundlage für die Nichtzulassungsbeschwerde ist. Er muss nicht mit dem Wert des Revisionsverfahrens identisch sein. 10

4. Kostenerstattung

Die Kostenerstattung richtet sich nach den allgemeinen Grundsätzen. Es wird daher auf die Ausführungen zu Nr. 3200 – insbesondere wegen der Erstattbarkeit der Verfahrensgebühr des **Beschwerdegegners** – hingewiesen. Danach darf der Beschwerdegegner sofort nach Zustellung der Nichtzulassungsbeschwerde einen Anwalt beauftragen. Eine aufgrund der Beauftragung entstandene Verfahrensgebühr ist vom unterlegenen Gegner zu erstatten (LAG Schleswig, Beschl. v. 02.03.2006 – 1 Ta 104/05). 11

Nr. 3510 VV

Nr.	Gebührentatbestand	Gebühr oder Satz der Gebühr nach § 13 RVG

3510	Verfahrensgebühr für Beschwerdeverfahren vor dem Bundespatentgericht
	1. nach dem Patentgesetz, wenn sich die Beschwerde gegen einen Beschluss richtet,
	   a) durch den die Vergütung bei Lizenzbereitschaftserklärung festgesetzt wird oder Zahlung der Vergütung an das Deutsche Patent- und Markenamt angeordnet wird,
	   b) durch den eine Anordnung nach § 50 Abs. 1 PatG oder die Aufhebung dieser Anordnung erlassen wird,
	   c) durch den die Anmeldung zurückgewiesen oder über die Aufrechterhaltung, den Widerruf oder die Beschränkung des Patents entschieden wird,
	2. nach dem Gebrauchsmustergesetz, wenn sich die Beschwerde gegen einen Beschluss richtet,
	   a) durch den die Anmeldung zurückgewiesen wird,
	   b) durch den über den Löschungsantrag entschieden wird,
	3. nach dem Markengesetz, wenn sich die Beschwerde gegen einen Beschluss richtet,
	   a) durch den über die Anmeldung einer Marke, einen Widerspruch oder einen Antrag auf Löschung oder über die Erinnerung gegen einen solchen Beschluss entschieden worden ist oder
	   b) durch den ein Antrag auf Eintragung einer geographischen Angabe oder einer Ursprungsbezeichnung zurückgewiesen worden ist,
	4. nach dem Halbleiterschutzgesetz, wenn sich die Beschwerde gegen einen Beschluss richtet,
	   a) durch den die Anmeldung zurückgewiesen wird,
	   b) durch den über den Löschungsantrag entschieden wird,
	5. nach dem Geschmacksmustergesetz, wenn sich die Beschwerde gegen einen Beschluss richtet, durch den die Anmeldung eines Geschmacksmusters zurückgewiesen oder durch den über einen Löschungsantrag entschieden worden ist,
	6. nach dem Sortenschutzgesetz, wenn sich die Beschwerde gegen einen Beschluss des Widerspruchsausschusses richtet ....
		1,3

A. Allgemeines

1 Die Verfahrensgebühr betrifft die nachfolgenden Beschwerdeverfahren vor dem Bundespatentgericht (§§ 73 ff. PatG) und war früher in § 66 Abs. 2 BRAGO enthalten:
  1. Beschwerden gegen **folgende Beschlüsse** nach dem **PatG**:
    a) Entscheidung des Patentamtes, durch die die Vergütung bei Lizenzbereitschaftserklärung festgesetzt wird (§ 23 Abs. 4 PatG) oder Zahlung der Vergütung an das Deutsche Patent- und Markenamt angeordnet wird,

b) Anordnung, dass jede Veröffentlichung unterbleibt, oder die Aufhebung dieser Anordnung (§ 50 Abs. 1 PatG),
c) Zurückweisung der Anmeldung oder Entscheidung über die Aufrechterhaltung, den Widerruf oder die Beschränkung des Patents.
2. Beschwerden gegen **folgende Beschlüsse** nach dem **GbMG**:
   a) Zurückweisung der Anmeldung,
   b) Entscheidung über den Löschungsantrag.
3. Beschwerden gegen **folgende Beschlüsse** nach dem **MarkenG**:
   a) Entscheidung über die Anmeldung einer Marke, einen Widerspruch oder einen Antrag auf Löschung oder über die Erinnerung gegen einen solchen Beschluss,
   b) Zurückweisung eines Antrags auf Eintragung einer geographischen Angabe oder einer Ursprungsbezeichnung.
4. Beschwerden gegen **folgende Beschlüsse** nach dem **Halbleiterschutzgesetz**:
   a) Zurückweisung der Anmeldung,
   b) Entscheidung über den Löschungsantrag.
5. Beschwerden gegen den **Beschluss** nach dem **GeschmMG**, durch den die Anmeldung eines Geschmacksmusters zurückgewiesen oder durch den über einen Löschungsantrag entschieden worden ist.
6. Beschwerden gegen den Beschluss des Widerspruchsausschusses nach dem **Sortenschutzgesetz**.

Für die **übrigen Beschwerden** vor dem Bundespatentgericht gilt Nr. 3500. Für die **Klageverfahren** vor dem BPatG finden die Nrn. 3100 ff. Anwendung.

B. Kommentierung

1. Verfahrensgebühr

Für das **Entstehen** der **Verfahrensgebühr** gelten keine Besonderheiten. Es wird daher insoweit auf die Kommentierung zu der Nr. 3100 verwiesen.

Es fehlt allerdings eine Vorschrift über die **Reduzierung** der Gebühr bei vorzeitiger Beendigung des Auftrags (wie z. B. Nrn. 3505, 3507, 3509). Bei § 66 BRAGO hat man wegen Abs. 1 auch für die in Abs. 2 genannten Verfahren die Anwendbarkeit des § 32 BRAGO angenommen (Gerold/Schmidt/von Eicken/Madert BRAGO § 66 Rn. 5). *Wolf* (Schneider/Wolf RVG VV 3510 Rn. 5) nimmt daher einen Fehler des Gesetzgebers an, da in der Gesetzesbegründung keine Änderungsabsicht erkennbar sei. Dies wird man nicht unterstellen können. Der Gesetzgeber hat bisher keinen Handlungsbedarf gesehen, obwohl das RVG mehrfach geändert wurde. Damit reduziert sich diese Gebühr bei vorzeitiger Beendigung des Auftrags nicht.

2. Wert

Für das gerichtliche Verfahren sind Festgebühren vorgesehen (Nr. 401.100 PatKostG). Aus diesem Grunde ist der **Wert** nach § 23 Abs. 2 RVG zu bestimmen.

3. Kostenerstattung

Die Kostenerstattung richtet sich nach den **allgemeinen Grundsätzen**. Es wird daher auf die Ausführungen zu Nr. 3200 insbesondere wegen der Erstattbarkeit der Verfahrensgebühr des **Beschwerdegegners** hingewiesen.

Nrn. 3511–3512 VV

Nr.	Gebührentatbestand	Gebühr oder Satz der Gebühr nach § 13 RVG
3511	Verfahrensgebühr für das Verfahren über die Beschwerde gegen die Nichtzulassung der Berufung vor dem Landessozialgericht, wenn Betragsrahmengebühren entstehen (§ 3 RVG) .... Die Gebühr wird auf die Verfahrensgebühr für ein nachfolgendes Berufungsverfahren angerechnet.	50,00 bis 570,00 EUR
3512	Verfahrensgebühr für das Verfahren über die Beschwerde gegen die Nichtzulassung der Revision vor dem Bundessozialgericht, wenn Betragsrahmengebühren entstehen (§ 3 RVG) .... Die Gebühr wird auf die Verfahrensgebühr für ein nachfolgendes Revisionsverfahren angerechnet.	80,00 bis 800,00 EUR

A. Allgemeines

1 Die Nummern **3501, 3511 und 3512** sehen Verfahrensgebühren für Verfahren über Beschwerden, Erinnerungen und Nichtzulassungsbeschwerden vor.

B. Kommentierung

I. Normzweck/Anwendungsbereich

2 Nach **§ 172 SGG** findet gegen die Entscheidungen der Sozialgerichte mit Ausnahme der Urteile und gegen Entscheidungen der Vorsitzenden dieser Gerichte die Beschwerde an das Landessozialgericht statt. Die Beschwerde, die ähnlich wie die Berufung eine neue Tatsacheninstanz eröffnet, ist ein Rechtsmittel. Sie ist ausgeschlossen gegen Urteile oder Gerichtsbescheide der Sozialgerichte. Gegen Entscheidungen des LSG findet keine Beschwerde statt (vgl. § 177 SGG). Zur Beschwerde bei Entscheidungen des beauftragten oder ersuchten Richters oder des Urkundsbeamten vgl. § 178 SGG.

3 Nach **§ 197 Abs. 2 SGG** kann gegen die Entscheidung des Urkundsbeamten bzgl. der Kostenfestsetzung »das Gericht« (also immer das SG) angerufen werden, das **endgültig** entscheidet. Die Regelung ist ein Sonderfall der Erinnerung und geht § 178 SGG vor (**lex specialis**).

II. Verfahrensgebühren

4 Die **Verfahrensgebühr** beträgt nach **Nr. 3501** für ein Verfahren vor den Gerichten der Sozialgerichtsbarkeit über die Beschwerde und die Erinnerung € 15,00 bis € 160,00 und die **Terminsgebühr** nach **Nr. 3515** € 15,00 bis € 160,00. Obwohl das LSG über die Beschwerde nach § 176 SGG durch Beschluss entscheidet, kann es nach seinem Ermessen eine mündliche Verhandlung anberaumen (vgl. § 124 Abs. 3 SGG: **fakultative mündliche Verhandlung**).

III. Nichtzulassungsbeschwerde

1. Beschwerde gegen die Nichtzulassung der Berufung durch das SG

Nach § 145 SGG kann die Nichtzulassung der Berufung durch das Sozialgericht durch Beschwerde angefochten werden (**Nichtzulassungsbeschwerde**). Die Vorschrift ist weitgehend an § 160 a SGG (Nichtzulassungsbeschwerde bei der Revision) angeglichen. Die Nichtzulassungsbeschwerde wird beim Landessozialgericht eingelegt. Auch sie ist ein Rechtsmittel. Die Nichtzulassungsbeschwerde kann einlegen, wer Berufung einlegen kann.

Die Verfahrensgebühr beträgt für ein Verfahren über die Beschwerde gegen die Nichtzulassung der Berufung vor dem Landessozialgericht nach Nr. 3511 € 50,00 bis € 570,00. Allerdings wird diese Gebühr bei einer erfolgreichen Nichtzulassungsbeschwerde auf die Verfahrensgebühr für ein nachfolgendes Berufungsverfahren angerechnet. Die Terminsgebühr nach Nr. 3517 beträgt € 12,50 bis € 215,00.

2. Beschwerde gegen die Nichtzulassung der Revision durch das LSG

Nach § 160 a SGG kann die Nichtzulassung der Revision selbständig durch Beschwerde angefochten werden **(Nichtzulassungsbeschwerde)**. Die Nichtzulassungsbeschwerde ist ebenfalls ein **Rechtsmittel**. Sie ist statthaft gegen Urteile des LSG, nicht aber gegen Urteile des SG, das die Zulassung der Revision nicht ausspricht (vgl. § 161 Abs. 2 Satz 3 SGG). Die Nichtzulassungsbeschwerde kann einlegen, wer Revision einlegen kann. Beteiligte müssen sich nach § 166 SGG durch Prozessbevollmächtigte (vgl. Abs. 2 Satz 3) vertreten lassen. Eine **mündliche Verhandlung** ist möglich (vgl. § 124 Abs. 3 SGG). Das BSG entscheidet nach § 160 a Abs. 4 Satz 2 SGG über die Nichtzulassungsbeschwerde unter Zuziehung der ehrenamtlichen Richter durch Beschluss. Nach Nr. 3512 beträgt die Verfahrensgebühr für das Verfahren über die Beschwerde gegen die Nichtzulassung der Revision vor dem Bundessozialgericht € 80,00 bis € 800,00, wobei auch hier die Gebühr auf die Verfahrensgebühr für ein nachfolgendes Revisionsverfahren **angerechnet** wird. Die Terminsgebühr für ein Verfahren über die Beschwerde gegen die Nichtzulassung der Revision vor dem BSG beträgt nach Nr. 3518 € 20,00 bis € 350,00.

Nr. 3513 VV
Terminsgebühr in den in Nr. 3500 genannten Verfahren

Nr.	Gebührentatbestand	Gebühr oder Satz der Gebühr nach § 13 RVG
3513	Terminsgebühr in den in Nummer 3500 genannten Verfahren	0,5

1 Die Terminsgebühr in Verfahren nach Nr. 3500 entsteht gem. Nr. 3513 in Höhe von 0,5.

2 Die Voraussetzungen zum Entstehen der Terminsgebühr sind in Vorbem. 3 Abs. 3 geregelt. Die Vorbemerkung 3 ist insoweit auch für die Gebühr Nr. 3513 einschlägig, da Vorbemerkung 3 für sämtliche Gebühren des dritten Teiles gilt. Das bedeutet, dass die Terminsgebühr insbesondere auch dann entstehen kann, wenn sich die Parteien ohne Beteiligung des Gerichts außergerichtlich über das anhängige Beschwerde- bzw. Erinnerungsverfahren einigen, und diese Besprechung zu einer Erledigung des Verfahrens, z. B. durch Zurücknahme, führt.

3 Darüber hinaus dürfte die Terminsgebühr Nr. 3513 in Erinnerungs- und Beschwerdeverfahren in der Praxis nur äußerst selten anfallen, da das Gericht in derartigen Verfahren durch Beschluss ohne mündliche Verhandlung entscheiden kann.

Nr. 3514 VV
Terminsgebühr

Nr.	Gebührentatbestand	Gebühr oder Satz der Gebühr nach § 13 RVG
3514	Das Beschwerdegericht entscheidet über eine Beschwerde gegen die Zurückweisung des Antrags auf Anordnung eines Arrests oder Erlass einer einstweiligen Verfügung durch Urteil: Die Gebühr 3513 beträgt	1,2

Sofern das Beschwerdegericht über eine Beschwerde gegen die Zurückweisung des Antrags auf Anordnung eines Arrests oder Erlass einer einstweiligen Verfügung durch Urteil entscheidet, entsteht eine Terminsgebühr gem. **Nr. 3514** in Höhe von 1,2. 1

Entscheidet das Gericht hingegen im Beschlussverfahren, so entsteht die Terminsgebühr Nr. 3513 in Höhe von 0,5. 2

Eine Erhöhung der Verfahrensgebühr erfolgt im Urteilsverfahren – im Gegensatz zur Terminsgebühr – nicht. Es bleibt bei der Gebühr Nr. 3500 in Höhe von 0,5. 3

Nr. 3515 VV
Terminsgebühr

Nr.	Gebührentatbestand	Gebühr oder Satz der Gebühr nach § 13 RVG
3515	Terminsgebühr in den in Nummer 3501 genannten Verfahren	15,00 bis 160,00 EUR

1 Die Terminsgebühr nach **Nr. 3515** für ein Verfahren vor den Gerichten der Sozialgerichtsbarkeit über die Beschwerde und die Erinnerung beträgt € 15,00 bis € 160,00.

Siehe hierzu die Kommentierung zu Nrn. 3511–3512.

Nr. 3516 VV

Nr.	Gebührentatbestand	Gebühr oder Satz der Gebühr nach § 13 RVG
3516	Terminsgebühr in den in Nummern 3502, 3504, 3506 und 3510 genannten Verfahren	1,2

A. Allgemeines

Die Vorschrift hat durch das Anhörungsrügengesetz die heutige Fassung erhalten. Vorher hatten die in den Nrn. 3502 und 3504 genannten Verfahren gefehlt. Die Nr. regelt die Terminsgebühr für folgende Verfahren: 1

- Verfahren über die Rechtsbeschwerde (§ 574 ZPO),
- Verfahren über die Beschwerde gegen die Nichtzulassung der Berufung,
- Verfahren über die Beschwerde gegen die Nichtzulassung der Revision und
- Beschwerdeverfahren vor dem Bundespatentgericht.

B. Kommentierung

Für die Entstehung der Gebühr sind die gleichen Grundsätze wie bei Nr. 3104 anwendbar, es wird insoweit auf die dortige Kommentierung verwiesen. Eine Terminsgebühr kann somit **nicht entstehen**, wenn eine mündliche Verhandlung nicht vorgeschrieben ist und das Gericht ohne diese durch Beschluss entscheidet. Eine Terminsgebühr kann daher in den in der Nr. 3516 genannten Verfahren nur entstehen, wenn in dem Verfahren über die Nichtzulassung ausnahmsweise eine **mündliche Verhandlung stattfindet** (BGH NJW 2007, 1461). 2

Darüber hinaus kann nur der **postulationsfähige** RA die Gebühr verdienen (siehe hierzu VV Nr. 3506 Rn. 7). Eine **Reduzierung** der Gebühr wie bei Nr. 3105 findet jedoch nicht statt. Es fehlt auch ein Verweis auf die Anm. zu Nr. 3104. Die Terminsgebühr kann daher **nicht** in den in dieser Anm. genannten Fällen **entstehen**.

Wegen des **Wertes** wird auf die Ausführungen bei den in der Vorschrift aufgeführten Nummern Bezug genommen. 3

Für die **Erstattung** der Gebühr wird auf die Kommentierung zu Nr. 3104 verwiesen. 4

Nrn. 3517–3518 VV

Nr.	Gebührentatbestand	Gebühr oder Satz der Gebühr nach § 13 RVG
3517	Terminsgebühr in den in Nummer 3511 genannten Verfahren.	12,50 bis 215,00 EUR
3518	Terminsgebühr in den in Nummer 3512 genannten Verfahren.	20,00 bis 350,00 EUR

1 Die Terminsgebühr beträgt nach **Nr. 3517** € 12,50 bis € 215,00.

2 Die Terminsgebühr für ein Verfahren über die Beschwerde gegen die Nichtzulassung der Revision vor dem Bundessozialgericht beträgt nach **Nr. 3518** € 20,00 bis € 350,00.

3 Vgl. hierzu die Kommentierung zu Nrn. 3511–3512.

TEIL 4
STRAFSACHEN

Inhaltsübersicht

	Rn.
A. Einleitung	1
I. Vergleich zur BRAGO	1
II. Vergütung nach dem RVG	4
III. Neuregelungen im Vergütungsverzeichnis	6
1. Ermittlungsverfahren	8
2. Gerichtliches Verfahren	14
3. Wahlverteidiger/Pflichtverteidiger	23
4. Rechtsmittelinstanzen	27
5. Wiederaufnahmeverfahren	29
6. Strafvollstreckung	31
B. Kommentierung Teil 4 VV	35
I. Normzweck/Anwendungsbereich	35
II. Die Gebührenansprüche aus dem Vergütungsverzeichnis	36
1. Vorbemerkung 4	36
a) Vorb. 4 Abs. 1	36
b) Vorb. 4 Abs. 2	37
c) Vorb. 4 Abs. 3	43
d) Vorb. 4 Abs. 4 – Gebührenzuschlag	50
e) Vorb. 4 Abs. 5 – Anwendung der Vorschriften des Dritten Teils	58
2. Gebühren des Verteidigers (Abschnitt 1)	59
3. Der Tatbestand im Einzelnen	62
a) Allgemeine Gebühren (Unterabschnitt 1/Nr. 4100–4103)	62
aa) Allgemeines	62
bb) Grundgebühr/mit Zuschlag (Nr. 4100–4101)	65
cc) Terminsgebühr/mit Zuschlag (Nr. 4102–4103)	70
b) Vorbereitendes Verfahren (Unterabschnitt 2/Nr. 4104–4105)	81
aa) Vorbemerkung 4.1.2	82
bb) Verfahrensgebühr/mit Zuschlag (Nr. 4104–4105)	83

	Rn.
c) Gerichtliches Verfahren (Unterabschnitt 3/Nr. 4106–4135)	86
aa) Erster Rechtszug	93
bb) Berufungsverfahren	93
cc) Revisionsverfahren	93
d) Wiederaufnahmeverfahren (Unterabschnitt 4/Nr. 4136–4140)	96
aa) Allgemeines	96
bb) Geschäftsgebühr (Nr. 4136)	100
cc) Verfahrensgebühren (Nr. 4137–4139)	103
dd) Terminsgebühr (Nr. 4140)	106
e) Zusätzliche Gebühren (Unterabschnitt 5/Nr. 4141–4146)	107
aa) Hauptverhandlung wird entbehrlich (Nr. 4141)	107
bb) Einziehung und verwandte Maßnahmen (Nr. 4142)	121
cc) Vermögensrechtliche Ansprüche (Nrn. 4143, 4144)	125
dd) Antrag auf gerichtliche Entscheidung oder Beschwerde (Nrn. 4145, 4146)	135
ee) Einigungsgebühr im Privatklageverfahren (Nr. 4147)	137
4. Gebühren in der Strafvollstreckung (Abschnitt 2)	139
a) Gebühren Nr. 4200–4203 VV	142
b) Gebühren für sonstige Verfahren (Nr. 4204–4207)	150
5. Einzeltätigkeiten (Abschnitt 3)	151
a) Revisionsverfahren (Nr. 4300)	161
b) Weitere Verfahrensgebühren (Nr. 4301–4302)	163
c) Gnadengesuche (Nr. 4303)	164
d) Kontaktperson (Nr. 4304)	165

A. Einleitung

I. Vergleich zur BRAGO

Die bis 30. 06. 2004 geltende BRAGO ging von der tradierten Auffassung der Stellung des Verteidigers aus, wonach dessen hauptsächliche Tätigkeit in der Hauptverhandlung stattfand. Demzufolge machte auch bei der Gebührenregelung die Tätigkeit in der Hauptverhandlung den wesentlichen Anteil des Gebührenaufkommens aus; das – häufig sehr zeitaufwendige – Ermittlungsverfahren sowie die Tätigkeit im gerichtlichen Verfahren außerhalb der Hauptverhandlung hatten nur einen untergeordneten Stellenwert. Tätigkeiten wie die Teilnahme an Haftprüfungsterminen oder Vernehmungen blieben gänzlich unberücksichtigt und konn- 1

Einleitung

ten nur im Rahmen von § 12 BRAGO (Bemessungskriterien bei Rahmengebühren) oder § 99 BRAGO (Pauschgebühr für den Pflichtverteidiger) Berücksichtigung finden.

2 Bei einem durchschnittlichen Fall (Beauftragung bzw. Bestellung im Ermittlungsverfahren, keine Haftsache, ein Verhandlungstag vor dem Amtsgericht) betrug das Gebührenaufkommen für den Wahlverteidiger (Mittelgebühren) € 532,50 netto, für den Pflichtverteidiger € 300,00 netto. Nach Knief (AnwBl. 1999, 76 ff.) liegt der durchschnittliche Stundensatz eines Allgemeinanwalts bei ca. € 220,00 netto, der eines Spezialisten, z. B. eines Fachanwalts, bei € 300,00 netto. Bereits dieser Vergleich zeigt, dass die o. g. gesetzlichen Gebühren keine angemessene Vergütung des Verteidigers darstellen konnten.

3 Es erfolgten zwar Bemühungen des Gesetzgebers, aktuellen Entwicklungen Rechnung zu tragen und den Beitrag des Verteidigers zur Vermeidung unnötigen Aufwands zusätzlich zu honorieren, z. B. durch § 84 Abs. 2 BRAGO einerseits (Vermeidung der Hauptverhandlung), durch die Stärkung der Adhäsionsklage (§ 89 BRAGO) andererseits; diese Bemühungen blieben jedoch Stückwerk, da die grundsätzliche Struktur beibehalten wurde.

II. Vergütung nach dem RVG

4 Die Teile 4 bis 6 des RVG sind strukturell gleich. Auch in der BRAGO waren in Bußgeldsachen und in ehren- und berufsgerichtlichen Verfahren die Vorschriften des Sechsten Abschnitts (Gebühren in Strafsachen) bereits sinngemäß anzuwenden. Die Berechnung der Gebühren in Disziplinarverfahren (alt: § 109 BRAGO) und Wehrbeschwerdeverfahren (alt: § 109 a BRAGO) erfolgt nun ebenfalls wie die Berechnung der Gebühren in berufsrechtlichen Verfahren, was eine erleichterte Handhabung für den RA bedeutet.

5 Die im RVG enthaltenen Neuregelungen für die Vergütung der Anwälte in Strafsachen führen vor allem im **Ermittlungsverfahren** zu einer deutlichen Verbesserung der Honorare und hier insbesondere zu einer höheren Honorierung des Pflichtverteidigers, denn das moderne Verständnis von Verteidigung im Strafverfahren geht davon aus, dass durch das Ermittlungsverfahren bereits das zukünftige Hauptverfahren entscheidend mitbestimmt wird. Damit hat das Ermittlungsverfahren erheblich an Bedeutung für das Schicksal des Beschuldigten gewonnen. Die der Hauptverhandlung vorausgehenden Verfahrensabschnitte werden deshalb grundsätzlich entsprechend in ihrem Umfang und ihrer Bedeutung für das Strafverfahren stärker berücksichtigt.

III. Neuregelungen im Vergütungsverzeichnis

6 Die Neuregelungen des RVG im **Vergütungsverzeichnis** sehen deshalb ein strukturell wesentlich geändertes Gebührensystem vor, das besser als bisher die BRAGO an die einzelnen Verfahrensabschnitte angepasst ist und vor allem die Tätigkeit des RA im **Ermittlungsverfahren** stärker berücksichtigt, denn die Verteidigertätigkeit beginnt in der Regel nicht erst mit der Hauptverhandlung, sondern setzt meist bereits mit Beginn der Ermittlungen ein. Sie erfordert eine sachgerechte Verteidigung ggf. eine Teilnahme des RA an Vernehmungen seines Mandanten bzw. von Zeugen im Ermittlungsverfahren. Häufig ist diese Teilnahme im Interesse des weiteren Verfahrens, insbesondere im Hinblick auf die Verwertbarkeit von Angaben des Beschuldigten bzw. von Zeugen (richtige Belehrung usw.), auch wünschenswert.

7 Durch eine möglichst frühzeitige Einbindung des RA in das Ermittlungsverfahren und eine damit sichergestellte kompetente Verteidigung des Beschuldigten kann das Hauptverfahren oder eine Hauptverhandlung entbehrlich bzw. doch erheblich abgekürzt werden. Die rechtzeitige Einbindung des Verteidigers ermöglicht ggf. eine frühzeitige, verfahrensbeendende Absprache, was im Interesse der schnelleren Erledigung, insbesondere schwieriger Verfahren, zu begrüßen ist.

1. Ermittlungsverfahren

Neu ist zunächst, dass die Vorschriften der Teile 4–6 VV für Verteidiger, Nebenklägervertreter, Zeugenbeistand etc. gleichermaßen gelten. Nach der BRAGO musste z. B. der Zeugenbeistand seine Tätigkeit zu deutlich geringeren Gebühren abrechnen als der Verteidiger.

Neu ist weiterhin die Einführung einer **Grundgebühr (Nr. 4100 f. VV)** für den RA. Diese kann in jedem Verfahrensstadium anfallen (also z. B. auch, wenn der Verteidiger erst im Instanzverfahren beauftragt wird), jedoch je RA nur einmal. Die Grundgebühr gilt die erstmalige Einarbeitung in den Rechtsfall ab, was je RA nur einmal erforderlich sein wird.

Neu ist weiterhin das Entstehen einer **Terminsgebühr (Nr. 4102 f. VV)** für Termine außerhalb der Hauptverhandlung. Diese erhält der RA für die Teilnahme an polizeilichen, staatsanwaltschaftlichen oder richterlichen Vernehmungsterminen (Nr. 1, 2), für die Teilnahme an **Terminen,** in denen über die Anordnung oder Fortdauer der Untersuchungshaft oder der einstweiligen Unterbringung **verhandelt** wird (Nr. 3), ferner für Verhandlungen im Rahmen des Täter-Opfer-Ausgleichs (Nr. 4) und für die Teilnahme an einem Sühnetermin nach § 380 StPO (Nr. 5).

Daneben erhält der RA nach **Nr. 4104 f. VV** eine **Verfahrensgebühr** für die Tätigkeit im vorbereitenden Verfahren, d. h. bis zum Eingang der Anklageschrift, des Antrags auf Erlass eines Strafbefehls bei Gericht oder im beschleunigten Verfahren bis zum Vortrag der Anklage, wenn diese nur mündlich erhoben wird. Diese Gebühr entspricht der des § 84 Abs. 1 BRAGO; abweichend von der BRAGO ist im RVG die Vorverfahrensgebühr (ebenso wie die Gebühren gem. Nrn. 4100–4103 ff.) nicht nach späterer gerichtlicher Zuständigkeit gestaffelt.

Nach der BRAGO betrug der Gebührenrahmen für das Vorverfahren von € 25,00–€ 330,00 (Amtsgericht) bis € 45,00 – € 650,00 (Schwurgericht). Nach dem RVG beträgt der Gebührenrahmen einheitlich € 30,00 – € 250,00 (jeweils ohne Haftzuschlag). Der Gebührenrahmen des RVG liegt also bzgl. des Vorverfahrens in jedem Fall niedriger; dies wird jedoch schon dadurch kompensiert, dass in jedem Fall noch die Grundgebühr hinzuzurechnen sein wird und ggf. weitere Gebührentatbestände hinzukommen.

Im **Ermittlungsverfahren** kann der Verteidiger bis zum Abschluss des vorbereitenden Verfahrens (z. B. Eingang der Anklageschrift bei Gericht) somit bereits bis zu drei verschiedene Gebühren erhalten, nämlich die Grundgebühr, ggf. die Terminsgebühr für Termine außerhalb der Hauptverhandlung und die Verfahrensgebühr für das vorgerichtliche Verfahren.

2. Gerichtliches Verfahren

Das RVG behält die Regelung der BRAGO bei, dass die Höhe der Betragsrahmengebühren in 1. Instanz sich danach unterscheidet, vor welchem Gericht das Verfahren stattfindet. Dies ist auch sachgerecht, da hierdurch der unterschiedlichen Bedeutung der Verfahren (vom Amtsgericht bis zum Schwurgericht) Rechnung getragen wird. Im Revisionsverfahren allerdings gelten für die Revision beim OLG und beim BGH die gleichen Gebührenrahmen. Hier erfolgt also keine Differenzierung.

Neu ist im gerichtlichen Verfahren eine eigene **Verfahrensgebühr,** die unabhängig davon ansteht, ob eine Hauptverhandlung stattfindet oder nicht (**vgl. im Verfahren vor dem AG Nr. 4106/Nr. 4108 VV**).

Da die **Verfahrensgebühr (Nr. 4106 VV)** für das Betreiben des Geschäfts entsteht, ist sie entsprechend niedriger angesetzt worden mit € 30,00 bis € 250,00. Dies auch deswegen, weil der RA, der erstmals im gerichtlichen Verfahren beauftragt wird, ebenfalls die o. a. erwähnte **Grundgebühr (Nr. 4100 VV)** für die erstmalige Einarbeitung in den Rechtsfall erhält. Die so erfolgte Aufteilung der Gebühren auf die verschiedenen Tätigkeiten lässt eine aufwandsangemessene und für den Auftraggeber transparente Abrechnung der Anwaltsgebühren zu.

Einleitung

17 Während bisher mit der Hauptverhandlungsgebühr (§ 83 BRAGO) sowohl die gesamte Tätigkeit außerhalb der Hauptverhandlung als auch die Terminswahrnehmung selbst abgegolten wurde, wird nunmehr Tätigkeit außerhalb der Hauptverhandlung durch die Verfahrensgebühr erfasst, die Terminswahrnehmung selbst von der jeweiligen Terminsgebühr.

18 Für die Tätigkeit in der **Hauptverhandlung** erhält der RA die **Terminsgebühr (im Verfahren vor dem AG Nr. 4108 VV in Höhe von € 60,00 bis € 400,00 pro Verhandlungstag).** Im Unterschied zur BRAGO entfällt die Unterscheidung zwischen dem ersten und den folgenden Verhandlungstagen. Die Terminsgebühr entsteht auch dann, wenn der RA zu einem Termin erscheint, dieser aber aus Gründen, die der Verteidiger nicht zu vertreten hat, nicht stattfindet (**geplatzter Termin**) was sich aus der Vorbemerkung 4 Abs. 3 Satz 2 zu Teil 4 VV ergibt.

19 Befindet sich der Mandant z. B. in **Untersuchungshaft** so erhält der RA einen 25 %-igen **Zuschlag** auf die Gebühren und zwar abweichend von § 83 Abs. 3 BRAGO nicht nur dann, soweit der Gebührenrahmen nicht ausreicht, sondern zwingend immer dann, wenn der Mandant sich z. B. in Untersuchungshaft befindet.

20 Nach § 97 Abs. 1 Satz 3 BRAGO galt der Haftzuschlag nur für den ersten Verhandlungstag, da in dieser Spezialregelung der Tatbestand des § 83 Abs. 2 BRAGO nicht erwähnt wurde. Der Haftzuschlag des RVG gilt demgegenüber für alle Gebührentatbestände von Teil 4, Abschnitt 1, Unterabschnitte 1–3, somit auch für jeden Tag, an dem eine Fortsetzung der Hauptverhandlung stattfindet (sofern sich der Mandant bei der Fortsetzung nicht auf freiem Fuß befindet).

21 Der in § 88 Satz 3 BRAGO vorgesehene Zuschlag für die Tätigkeit des RA, die sich auf ein **Fahrverbot oder die Entziehung der Fahrerlaubnis** erstreckt, ist entfallen. Dieser Umstand ist ggf. berücksichtigungsfähig bei der Bestimmung der Gebührenhöhe gem. **§ 14** durch den RA.

22 Die Verfahren vor der **Staatsschutzkammer** und der großen Strafkammer als **Wirtschaftsstrafkammer** (§§ 74 a, 74 c GVG) sind durch das RVG in den Katalog der Verfahren aufgenommen worden, für die der höchste Gebührenrahmen gilt. Sie werden damit, entsprechend ihrer hervorgehobenen Bedeutung, den **Schwurgerichtsverfahren** gleichgestellt.

3. Wahlverteidiger/Pflichtverteidiger

23 Die Gebühren des RA als **Wahlverteidiger** sind wie in der BRAGO weiterhin als **Rahmengebühren** vorgesehen mit einer entsprechenden Anpassung an die Struktur des RVG.

24 Die Gebühren des **Pflichtverteidigers** sind – wie seinerzeit in § 97 BRAGO – als **Festgebühren** vorgesehen, die auf den Wahlanwaltsgebühren basieren. Anders als bisher in § 97 BRAGO ist aber nicht mehr das vierfache bzw. fünffache der Mindestgebühren zugrunde gelegt, sondern vielmehr ein Satz von 80 % der Mittelgebühr eines Wahlanwalts. Dies bewirkt einen beachtlichen Gebührenzuwachs für den Pflichtverteidiger. Die Anbindung der gesetzlichen Gebühren des Pflichtverteidigers an die Mittelgebühr eines Wahlanwalts, die zu einer höheren gesetzlichen Vergütung des Pflichtverteidigers führt, entspricht der Forderung nach einer sachgerechten Verteidigung des Beschuldigten und dem Umstand, dass dem RA nach der Rechtsprechung des Bundesverfassungsgerichts durch die Übernahme einer Pflichtverteidigung kein ungerechtfertigtes Sonderopfer auferlegt werden darf (BVerfGE 68, S. 237). Sie verdeutlicht zudem, dass Pflichtverteidigung nicht Verteidigung zweiter Klasse ist.

25 Weiterhin ist **neu** bei der **Terminsgebühr** eine **zusätzliche Verlängerungsgebühr** für den **Pflichtverteidiger**; soweit die Hauptverhandlung mehr als fünf bzw. mehr als acht Stunden andauert, wird ein Zuschlag in Höhe von € 92,00 (in Verfahren vor dem AG) gewährt. Dauert die Hauptverhandlung mehr als acht Stunden, erhöht sich der Zuschlag auf das Doppelte, mithin z. B. beim AG auf € 184,00 (in den anderen Verfahren sind die Zuschläge entsprechend höher). Bezüglich der Verlängerungsgebühren erfolgt keine Erhöhung durch den Haftzuschlag.

Die Verlängerungsgebühr ist für den Wahlverteidiger nicht vorgesehen, da dieser die Möglichkeit hat, die Länge der Hauptverhandlung bei der Bestimmung der angemessenen Gebühr zu berücksichtigen (§ 14) und zudem die Möglichkeit hat, mit dem Mandanten eine **Vergütungsvereinbarung (§ 3 a)** abzuschließen. 26

4. Rechtsmittelinstanzen

Im **Berufungsverfahren (Nrn. 4124 ff. VV)** und im **Revisionsverfahren (Nrn. 4130 ff. VV)** gliedern sich die Gebührentatbestände ebenso wie im erstinstanzlichen Verfahren. Es fällt mithin die **Verfahrensgebühr** für das Betreiben des Geschäfts an und für jeden Hauptverhandlungstag eine **Terminsgebühr** jeweils ggf. mit **Haftzuschlägen**. 27

Für das Revisionsverfahren entfällt die Unterscheidung zwischen Revisionen vor dem **BGH** und vor dem **OLG**, die nunmehr in selber Gebührenhöhe vergütet werden. 28

5. Wiederaufnahmeverfahren

In diesem Bereich findet gegenüber § 90 BRAGO eine deutliche Verbesserung statt. Während nach der BRAGO lediglich eine Gebühr in Höhe der Gebühr für den ersten Hauptverhandlungstag beansprucht werden konnte, kann nunmehr der Wahlverteidiger bzw. der gerichtlich bestellte/beigeordnete Anwalt bis zu **vier Gebühren** in Höhe der Verfahrensgebühr bzw. Terminsgebühr für den ersten Rechtszug verdienen (**Nrn. 4136 ff. VV**). Fallen im Wiederaufnahmeverfahren gerichtliche Termine an, entsteht dafür zusätzlich die **Terminsgebühr**. Die Höhe der Gebühren richtet sich nach der Höhe der Verfahrensgebühr der ersten Instanz. 29

Befindet sich der Mandant z. B. in Untersuchungshaft, erhält der RA auch hier den o. a. **Zuschlag**. Außerdem ist auch hier für den Pflichtverteidiger der Längenzuschlag vorgesehen. 30

6. Strafvollstreckung

Nach der BRAGO wurde die Tätigkeit des RA im Rahmen der Strafvollstreckung nach § 91 Nr. 1 und Nr. 2 BRAGO vergütet. 31

Das Vergütungsverzeichnis sieht nunmehr in **Nrn. 4200 ff.** eigene Gebührentatbestände vor, nämliche eine **Verfahrensgebühr** und eine **Terminsgebühr**. Eine **Grundgebühr** ist allerdings nicht vorgesehen. Die Gebührentatbestände gelten auch für den Pflichtverteidiger. 32

Auch hier gilt, dass, soweit sich der Mandant in Haft befindet, der Verteidiger ebenfalls einen Haftzuschlag auf die jeweilige Gebühr erhält. 33

Soweit dem RA nicht die Verteidigung übertragen ist, erhält er für seine Tätigkeit in der Strafvollstreckung diese trotzdem vergütet. Die Verfahren nach §§ 57 a, 67 e StGB sowie sonstige Tätigkeiten in der Strafvollstreckung sind im RVG ausdrücklich als **Einzeltätigkeiten** erwähnt. Damit ist der in Rechtsprechung und Literatur zu § 91 BRAGO bestehende Streit, nach welcher Norm die entsprechende Tätigkeit des RA, der nicht Verteidiger ist, vergütet wird, obsolet. 34

B. Kommentierung Teil 4 VV

I. Normzweck/Anwendungsbereich

Durch das RVG werden die Gebühren des RA völlig neu strukturiert und ergeben sich aus dem **Vergütungsverzeichnis** dort **Teil 4 (Bußgeldverfahren: Teil 5; sonstige Verfahren – Disziplinarverfahren, berufsgerichtliche Verfahren, Freiheitsentziehungs- und Unterbringungssachen: Teil 6).** 35

Vorbemerkung 4 VV

II. Die Gebührenansprüche aus dem Vergütungsverzeichnis

1. Vorbemerkung 4

Nr.	Gebührentatbestand	Gebühr oder Satz der Gebühr nach § 13 oder § 49 RVG	
		Wahlanwalt	gerichtlich bestellter oder beigeordneter Rechtsanwalt

Vorbemerkung 4:
(1) Für die Tätigkeit als Beistand oder Vertreter eines Privatklägers, eines Nebenklägers, eines Einziehungs- oder Nebenbeteiligten, eines Verletzten, eines Zeugen oder Sachverständigen und im Verfahren nach dem Strafrechtlichen Rehabilitierungsgesetz sind die Vorschriften entsprechend anzuwenden.
(2) Die Verfahrensgebühr entsteht für das Betreiben des Geschäfts einschließlich der Information.
(3) Die Terminsgebühr entsteht für die Teilnahme an gerichtlichen Terminen, soweit nichts anderes bestimmt ist. Der Rechtsanwalt erhält die Terminsgebühr auch, wenn er zu einem anberaumten Termin erscheint, dieser aber aus Gründen, die er nicht zu vertreten hat, nicht stattfindet. Dies gilt nicht, wenn er rechtzeitig von der Aufhebung oder Verlegung des Termins in Kenntnis gesetzt worden ist.
(4) Befindet sich der Beschuldigte nicht auf freiem Fuß, entsteht die Gebühr mit Zuschlag.
(5) Für folgende Tätigkeiten entstehen Gebühren nach den Vorschriften des Teils 3:
1. im Verfahren über die Erinnerung oder die Beschwerde gegen einen Kostenfestsetzungsbeschluss (§ 464 b StPO) und im Verfahren über die Erinnerung gegen den Kostenansatz und im Verfahren über die Beschwerde gegen die Entscheidung über diese Erinnerung,
2. in der Zwangsvollstreckung aus Entscheidungen, die über einen aus der Straftat erwachsenen vermögensrechtlichen Anspruch oder die Erstattung von Kosten ergangen sind (§§ 406 b, 464 b StPO), für die Mitwirkung bei der Ausübung der Veröffentlichungsbefugnis und im Beschwerdeverfahren gegen eine dieser Entscheidungen.

a) Vorb. 4 Abs. 1

36 Teil 4 des VV bezieht sich auf die Gebühren der anwaltlichen Vertretung im Strafverfahren, insbesondere als Verteidiger (vgl. Überschrift zu Teil 4 Abschnitt 1) oder für Einzeltätigkeiten (vgl. Abschnitt 3). Vorb. 4 Abs. 1 stellt klar, dass Teil 4 ebenso anzuwenden ist, wenn der RA in anderer Funktion im Strafverfahren tätig ist (Nebenklägervertreter, Zeugenbeistand u. ä.). Nachdem die anwaltliche Tätigkeit sich – wenn auch von anderer Seite – auf den gleichen Sachverhalt bezieht, ist es auch sachgerecht, die Vergütung nach den gleichen Vorschriften zu bestimmen. Etwaigen Unterschieden, z. B. in der Bedeutung der Angelegenheit, dem Umfang der anwaltlichen Tätigkeit etc. kann durch die Bestimmung der angemessenen Gebühr im Einzelfall gem. § 14 Rechnung getragen werden.

b) Vorb. 4 Abs. 2

37 Vorb. 4 Abs. 2 VV bezieht sich auf den Abgeltungsbereich der **Verfahrensgebühr.** Diese erhält der RA für das Betreiben des Geschäfts einschließlich der Information. Die Vorbemerkung bezieht sich sowohl auf die vorgerichtliche als auch auf alle in Betracht kommenden gerichtlichen Verfahrensgebühren. Durch sie werden alle Tätigkeiten des RA abgegolten, soweit hierfür keine besonderen Gebühren vorgesehen sind.

38 Das Verfahren beginnt damit, dass eine hierfür zuständige Behörde ein strafrechtliches Ermittlungsverfahren einleitet. Es beginnt spätestens damit, dass der Mandant formell als Beschuldigter geführt wird; es kann jedoch auch schon vorher beginnen, wenn z. B. die Ermittlungen sich bereits gegen den Mandanten richten, dieser jedoch aus ermittlungstaktischen Gründen – z. B. um dessen Auskunftsverweigerungsrecht gem. § 55 Abs. 1 StPO, § 136 Abs. 1 Satz 1 StPO zu umgehen – von den Ermittlungsbehörden noch als Zeuge bezeichnet wird.

Für den RA kann die Verfahrensgebühr erst ab dem Zeitpunkt der Mandatierung anfallen. Eine Mandatierung erst im gerichtlichen Verfahren wird demzufolge keine Verfahrensgebühr für das vorgerichtliche Verfahren auslösen können. 39

Die Verfahrensgebühr entsteht für das Betreiben des Geschäfts einschließlich der Information. Die Abgrenzung, bis wann (lediglich) die Grundgebühr gem. **Nr. 4100 f. VV** anfällt und ab wann eine Verfahrensgebühr geltend gemacht werden kann, ist unscharf. Mandatserteilung – einschließlich der im Regelfall zugrunde liegenden Erstbesprechung – und ein Gesuch um Akteneinsicht werden noch nicht genügen, um die Verfahrensgebühr auszulösen. Diese ist aber dann angefallen, wenn nach Akteneinsicht die Ermittlungsakte durchgearbeitet und deren Inhalt mit dem Mandanten besprochen wurde. 40

Die Verwirklichung eines Gebührentatbestandes gem. **Nr. 4102 f. VV** setzt voraus, dass der Abgeltungsbereich der Grundgebühr (Erstmalige Einarbeitung in den Rechtsfall) überschritten wurde. Wenn ein solcher Gebührentatbestand vorliegt, wird regelmäßig auch eine Verfahrensgebühr angefallen sein. Dies gilt ebenso für die Einreichung von Anträgen und Stellungnahmen (z. B. Haftbeschwerde, Haftprüfungsantrag) für den Mandanten, da dies nicht zur erstmaligen Einarbeitung gehört, sondern zum Betreiben des Geschäfts, unabhängig davon, ob die Ermittlungsakten bereits vorlagen oder nicht. 41

Auch die weitere Sachaufklärung durch den RA (z. B. Besprechungen mit Mitbeschuldigten, Zeugen, Ermittlungsbeamten) ist als Informationsbeschaffung geeignet, die Verfahrensgebühr auszulösen. 42

c) Vorb. 4 Abs. 3

Absatz 3 Satz 1 der Vorbemerkung 4 VV sieht eine **Terminsgebühr** für die Teilnahme des RA an gerichtlichen Terminen vor. Dies bezieht sich sowohl auf die Hauptverhandlungstermine im gerichtlichen Verfahren (Teil 4 Abschnitt 1 VV), aber auch z. B. auf Termine in Wiederaufnahmeverfahren (Abschnitt 1 Unterabschnitt 4) und in Strafvollstreckungsverfahren (Abschnitt 2). Aus dem Wortlaut (»soweit nichts anderes bestimmt ist«) ergibt sich die Geltung der Vorbemerkung auch für andere Termine, die im VV geregelt sind, und zwar Termine außerhalb der Hauptverhandlung gem. Nr. 4102 f. VV. Hierbei ist wichtig, dass im Falle der Nr. 4102 f. Nr. 3, 4 VV Verhandlungen erfolgen; die bloße Anwesenheit z. B. bei einem Termin zur Eröffnung eines Haftbefehls genügt nicht (vgl. OLG Hamm AGS 2006, 122 f.). 43

Die Anberaumung eines Termins ist Voraussetzung für das Entstehen der Terminsgebühr. Es genügt also nicht, wenn – zufällig oder auf Vereinbarung – der RA den Richter oder Staatsanwalt aufsucht, um mit diesem den Fall zu besprechen. 44

Ausgelöst wird die Terminsgebühr durch die Teilnahme des RA am Termin. Eine – persönliche oder telefonische – Vorabmitteilung des RA, sein Mandant werde zum anberaumten Vernehmungstermin nicht erscheinen, wird daher nicht geeignet sein, den Gebührentatbestand auszulösen. 45

Ist jedoch ein Termin zur Vernehmung des Mandanten angeordnet, und erscheint zu dieser der RA (allein oder im Beisein des Mandanten) und erklärt lediglich, sein Mandant werde nicht aussagen, so löst diese Tätigkeit eine Terminsgebühr aus. Maßgebend ist lediglich, dass ein Termin anberaumt war und dass der RA an diesem teilgenommen hat. Der Inhalt seiner Tätigkeit ist nicht maßgebend dafür, ob der Gebührentatbestand ausgelöst wurde, sondern ist allenfalls bei der Bestimmung der Gebührenhöhe gem. § 14 relevant. 46

Die **Terminsgebühr** entsteht für jeden Tag der **Hauptverhandlung.** Beibehalten wird die Abhängigkeit der Höhe der Gebühr von der Ordnung des Gerichts, bei dem der RA tätig wird. Damit wird hier ebenso die Schwierigkeit und Bedeutung des jeweiligen Verfahrens bei der Bemessung der anwaltlichen Gebühren angemessen berücksichtigt. 47

Gem. Vorb. 4 Abs. 3 Satz 2 erhält der RA die Gebühr auch dann, wenn er zu einem anberaumten Termin erscheint, dieser aber aus Gründen, die er nicht zu vertreten hat, nicht stattfindet 48

Vorbemerkung 4 VV

(**geplatzter Termin**). Dies kommt z. B. in Betracht, wenn der Angeklagte nicht erschienen oder die Richterbank nicht vollständig besetzt ist, aber auch, wenn der Termin aufgehoben oder verlegt wurde (z. B. wg. Erkrankung des Richters). In diesem Fall entsteht die Terminsgebühr jedoch nicht, wenn der RA rechtzeitig von der Aufhebung oder Verlegung des Termins in Kenntnis gesetzt wurde.

49 Es ist daher für das Entstehen der Gebühr nicht (mehr) erforderlich, dass der Termin formell begonnen hat – z. B. mit dem Aufruf der Sache. Es genügt, dass der Termin angesetzt war, der RA erschienen ist und bis zum Erscheinen keine Kenntnis von einer Aufhebung oder Verlegung hatte.

d) Vorb. 4 Abs. 4 – Gebührenzuschlag

50 Gem. Vorb. 4 Abs. 4 VV entsteht jede Gebühr mit Zuschlag (soweit vom RVG vorgesehen, nicht z. B. beim Längenzuschlag für Pflichtverteidiger gem. Nr. 4110, 4111 VV), wenn der Beschuldigte sich nicht auf freiem Fuß befindet. Unmaßgeblich ist, warum sich der Beschuldigte nicht auf freiem Fuß befindet (Untersuchungshaft in dieser oder in anderer Sache, Strafhaft in anderer Sache, Polizeigewahrsam, Jugendarrest, einstweilige oder dauernde Unterbringung, Sicherungsverwahrung, Abschiebehaft). Bei der Gebühr mit Zuschlag bleibt die Mindestgebühr gleich; die Höchstgebühr wird um 25 % erhöht (die Erhöhung z. B. der Mittelgebühr oder der Pflichtverteidigergebühr beträgt also etwas weniger als 25 %).

51 • **Beispiel**
Die **Grundgebühr (Nr. 4100)** entsteht für den **Wahlverteidiger** in Höhe von € 30,00 bis € 300,00 und mithin in Höhe einer Mittelgebühr von € 165,00. Befindet sich der Mandant nicht auf freiem Fuß, sondern z. B. in Untersuchungshaft, so beträgt die Grundgebühr (Nr. 4100) mit Zuschlag gem. **Nr. 4101 VV** € 30,00 bis € 375,00 für den Wahlverteidiger und ergibt eine Mittelgebühr in Höhe von € 202,50 (eine Erhöhung der Mittelgebühr von € 165,00 um 25 % würde € 206,25 ergeben).

52 Begründet wird der Gebührenzuschlag mit der Tatsache, dass gerade bei inhaftierten Mandanten der RA einen erheblich größeren Zeitaufwand zu erbringen hat, der in der Regel allein schon durch die erschwerte Kontaktaufnahme mit dem inhaftierten Beschuldigten entsteht. Dies ist, da die Inhaftierung oder Unterbringung des Mandanten für den RA auf jeden Fall zu einem Mehraufwand führt, angemessen. Weiterhin ist zu sehen, dass die Inhaftierung für den RA, insbesondere für den Verteidiger, auch ein erhöhtes Haftungsrisiko bedeuten kann.

52a Der Gebührenzuschlag entsteht auch, wenn sich der Mandant im offenen Vollzug befindet (KG AGS 2007, 619; LG Aachen AGS 2007, 242 f.; a. A. AG Osnabrück AGS 2006, 232). Eine freiwillige stationäre Therapie ist allerdings nicht geeignet, den Gebührenzuschlag auszulösen (AG Koblenz AGS 2007, 138). Der Gebührenzuschlag entsteht auch dann nicht, wenn der Mandant zwar im Maßregelvollzug untergebracht ist, de facto aber in einem externen Pflegeheim (betreutes Wohnen) wohnt (LG Berlin AGS 2007, 562).

53 Darüber hinaus vermeidet die Neuregelung zudem unnötigen Streit im **Kostenfestsetzungsverfahren** darüber, ob der Gebührenrahmen der jeweiligen Gebühr ausreichend ist. Wie schon nach der bisherigen Rechtslage ist der Umstand der Inhaftierung oder Unterbringung auch weiterhin bei der Bemessung der konkreten Gebühr innerhalb gem. § 14 gesondert zu berücksichtigen.

54 Der Gebührenzuschlag fällt nur für die Verfahrensabschnitte an, in denen der Mandant inhaftiert oder untergebracht ist. Wird der Mandant z. B. während des gerichtlichen Verfahrens vor der Hauptverhandlung erstmals inhaftiert, fällt der Gebührenzuschlag an für die gerichtliche Verfahrensgebühr und für die ab der Inhaftierung entstehenden gerichtlichen Terminsgebühren, nicht jedoch für die Grundgebühr und für die Vorverfahrensgebühr. Wird der Mandant wieder auf freien Fuß gesetzt, fällt ab dann – z. B. für nachfolgende Hauptverhandlungstage – der Gebührenzuschlag ebenfalls nicht mehr an.

Der Gebührenzuschlag fällt an für denjenigen RA, dessen Mandant sich nicht auf freiem Fuß befindet. Befindet sich z. B. der Beschuldigte in Untersuchungshaft, so entsteht der Gebührenzuschlag für den Verteidiger, nicht jedoch für den Vertreter des auf freiem Fuß befindlichen Nebenklägers (OLG Düsseldorf AGS 2006, 435 f. mit abl. Anm. Schneider). Für den Nebenklägervertreter entsteht der Gebührenzuschlag nur, wenn und solange sich sein Mandant (der Nebenkläger) nicht auf freiem Fuß befindet. 55

Der Gebührenzuschlag kann im gesamten vorgerichtlichen und gerichtlichen Verfahren gem. Teil 4 Abschnitt 1 VV anfallen (soweit nicht ausdrücklich ausgenommen, wie in Unterabschnitt 5, Nr. 4141 VV), im gerichtlichen Verfahren also in erster Instanz, im Berufungsverfahren, im Revisionsverfahren und im Wiederaufnahmeverfahren. 56

Werden mehrere Verfahren miteinander verbunden und befindet sich der Beschuldigte nicht auf freiem Fuß, so soll nach Auffassung des OLG Hamm (AGS 2005, 437 ff.) für die bis zur Verbindung entstandenen Gebühren der Haftzuschlag nur einmal entstehen. Diese Auffassung ist abzulehnen. Der Gesetzeswortlaut ist insoweit eindeutig und grenzt nicht danach ab, ob ein Haftzuschlag (auch) für andere Gebühren entstanden ist. 57

e) Vorb. 4 Abs. 5 – Anwendung der Vorschriften des Dritten Teils

Wie auch im Zivilprozess gehören verschiedene Tätigkeiten des RA im **Strafverfahren** nicht zur Instanz, so dass sie gesondert abzugelten sind. Es handelt sich hier um Tätigkeiten im Kostenfestsetzungsverfahren, im Kostenansatzverfahren und schließlich der Tätigkeit des RA in der Zwangsvollstreckung. In Vorb. 4 Abs. 5 VV werden die Fälle aufgezählt, in denen dem RA Gebühren nach den Vorschriften des dritten Teils des Vergütungsverzeichnisses zustehen. Es sind dies im Wesentlichen die kostenrechtlichen Beschwerde- und Erinnerungsverfahren, z. B. die Beschwerde gegen den Kostenfestsetzungsbeschluss (§ 464 b StPO). 58

2. Gebühren des Verteidigers (Abschnitt 1)

Nr.	Gebührentatbestand	Gebühr oder Satz der Gebühr nach § 13 oder § 49 RVG	
		Wahlanwalt	gerichtlich bestellter oder beigeordneter Rechtsanwalt
Abschnitt 1 **Gebühren des Verteidigers**			
Vorbemerkung 4.1: (1) Dieser Abschnitt ist auch anzuwenden auf die Tätigkeit im Verfahren über die im Urteil vorbehaltene Sicherungsverwahrung und im Verfahren über die nachträgliche Anordnung der Sicherungsverwahrung. (2) Durch die Gebühren wird die gesamte Tätigkeit als Verteidiger entgolten. Hierzu gehören auch Tätigkeiten im Rahmen des Täter-Opfer-Ausgleichs, soweit der Gegenstand nicht vermögensrechtlich ist.			

Teil 4 Abschnitt 1 (Gebühren des Verteidigers) regelt den Gebührenanspruch des RA bezogen auf allgemeine Gebühren, für das vorbereitende Verfahren, für das gerichtliche Verfahren, das Wiederaufnahmeverfahren und zusätzliche Gebühren. Gem. Vorb. 4.1 Abs. 1 ist dieser Abschnitt auch anzuwenden auf die Tätigkeit im Verfahren über die im Urteil vorbehaltene Sicherungsverwahrung (§ 66 a StGB). 59

Hierbei ist zu beachten, dass das Verfahren mit Rechtskraft des Urteils (in dem das Gericht die Anordnung der Sicherungsverwahrung vorbehält) abgeschlossen ist. Das Verfahren über die Entscheidung der Anordnung der Sicherungsverwahrung (§ 66 a Abs. 2 StGB) ist ein neues Verfahren. Dieses ist gleichwohl nicht nach Teil 4 Abschnitt 2 abzurechnen (**Nr. 4200 Nr. 1.a ff. VV** – 60

Nr. 4100–4103 VV

Verfahren über die Erledigung oder Aussetzung der Maßregel der Unterbringung in der Sicherungsverwahrung), da es nicht um die Erledigung oder Aussetzung – somit um das Ende der Sicherungsverwahrung – geht, sondern um die Anordnung – somit um deren Beginn.

61 Durch die Gebühren wird die gesamte Tätigkeit als Verteidiger entgolten. Hierzu gehören auch Tätigkeiten im Rahmen des Täter-Opfer-Ausgleichs, soweit der Gegenstand nicht vermögensrechtlich ist (Vorb. 4.1 Abs. 2). Dies umfasst z. B. die Korrespondenz mit der Schlichtungsstelle (vgl. § 155 b StPO) oder mit Beteiligten eines Täter-Opfer-Ausgleichs i. S. v. § 46 a StGB.

3. Der Tatbestand im Einzelnen

a) Allgemeine Gebühren (Unterabschnitt 1/Nr. 4100–4103)

Nr.	Gebührentatbestand	Gebühr oder Satz der Gebühr nach § 13 oder § 49 RVG	
		Wahlanwalt	gerichtlich bestellter oder beigeordneter Rechtsanwalt
Unterabschnitt 1 **Allgemeine Gebühren**			
4100	Grundgebühr .... (1) Die Gebühr entsteht für die erstmalige Einarbeitung in den Rechtsfall nur einmal, unabhängig davon, in welchem Verfahrensabschnitt sie erfolgt. (2) Eine wegen derselben Tat oder Handlung bereits entstandene Gebühr 5100 ist anzurechnen.	30,00 bis 300,00 EUR	132,00 EUR
4101	Gebühr 4100 mit Zuschlag	30,00 bis 375,00 EUR	162,00 EUR
4102	Terminsgebühr für die Teilnahme an 1. richterlichen Vernehmungen und Augenscheinseinnahmen, 2. Vernehmungen durch die Staatsanwaltschaft oder eine andere Strafverfolgungsbehörde, 3. Terminen außerhalb der Hauptverhandlung, in denen über die Anordnung oder Fortdauer der Untersuchungshaft oder der einstweiligen Unterbringung verhandelt wird, 4. Verhandlungen im Rahmen des Täter-Opfer-Ausgleichs sowie 5. Sühneterminen nach § 380 StPO .... Mehrere Termine an einem Tag gelten als ein Termin. Die Gebühr entsteht im vorbereitenden Verfahren und in jedem Rechtszug für die Teilnahme an jeweils bis zu 3 Terminen einmal.	30,00 bis 250,00 EUR	112,00 EUR
4103	Gebühr 4102 mit Zuschlag	30,00 bis 312,50 EUR	137,00 EUR

aa) Allgemeines

Bei allen Gebührentatbeständen des Unterabschnitts 1 ist zu beachten, dass diese für alle Straftatbestände gelten, von Bagatellstraftaten bis zu schwersten Kapitaldelikten. Die Gewichtung der Bemessungskriterien des § 14, insbesondere der Bedeutung der Angelegenheit, ist hier daher anders vorzunehmen als bei den Gebühren im gerichtlichen Verfahren. Eine Angelegenheit, die im gerichtlichen Verfahren (z. B. vor dem AG) als in jeder Hinsicht durchschnittlich einzustufen ist, wird daher bei den vorgerichtlichen Gebührentatbeständen von eher (zumindest leicht) unterdurchschnittlicher Bedeutung sein, da vorgerichtlich nicht nur die amtsgerichtlichen, sondern alle in Betracht kommenden Strafverfahren als Vergleichsmaßstab dienen. Allerdings können diese Überlegungen nicht dazu führen, durchweg die Gebührentatbestände des Unterabschnitts 1 am unteren Rand zu bemessen. Maßgebend für die Bedeutung der Sache ist nicht nur der Vergleich der in Frage stehenden Straftat zu der Bandbreite von Straftaten allgemein, sondern die Bedeutung des konkreten Tatvorwurfs für den Mandanten. 62

Soweit bei einer Wahlverteidigung nach dem Inhalt des Tatvorwurfs auch eine Pflichtverteidigung in Betracht käme, ist kein Grund ersichtlich, warum nicht mindestens die für den Pflichtverteidiger geltenden Gebühren angemessen sein sollten. Dessen Gebührensätze können in solchen Fällen zumindest als Anhaltspunkt dienen. 63

Im übrigen ist zu sehen, dass auch die weiteren Bemessungskriterien des § 14 zu berücksichtigen sind, wie Umfang und Schwierigkeit der anwaltlichen Tätigkeit und die wirtschaftlichen Verhältnisse des Mandanten. Gerade z. B. überdurchschnittlich gute wirtschaftliche Verhältnisse des Mandanten stellen durchaus einen Grund für einen höheren Gebührenansatz dar. Ebenso ist, wie bei fast allen Gebührentatbeständen der Teile 4–6 VV, das **Haftungsrisiko** beim Wahlanwalt zu berücksichtigen, weil es sich um eine Rahmengebühr handelt, die sich nicht nach dem Gegenstandswert richtet. 64

bb) Grundgebühr/mit Zuschlag (Nr. 4100–4101)

Die **Grundgebühr (Nr. 4100 f. VV)** entsteht für die erstmalige Einarbeitung in den Rechtsfall nur einmal, unabhängig davon, in welchem Verfahrensabschnitt der RA tätig geworden ist. Sie honoriert den Arbeitsaufwand, der einmalig mit der Übernahme des Mandats entsteht, mithin z. B. das erste Gespräch mit dem Mandanten, die Beschaffung der erforderlichen Informationen und eine erste Akteneinsicht (OLG Jena RVGreport 2005, 103). 65

Da dieser Aufwand auch dann entsteht, wenn der Verteidiger nicht schon im Ermittlungsverfahren tätig wird, sondern z. B. erst in der Berufungsinstanz, ist es nach Ansicht des Gesetzgebers sachgerecht, das Entstehen der Grundgebühr vom Zeitpunkt des Tätigwerdens unabhängig zu machen. Ist allerdings die Tätigkeit des RA in 1. Instanz nach BRAGO abzurechnen, die in 2. Instanz nach RVG, so erhält er keine Grundgebühr, da die erstmalige Einarbeitung zu einem Zeitpunkt erfolgte, für den das RVG nicht gilt (LG Koblenz RVGreport 2005, 351). 66

Wird ein zufällig im Sitzungssaal anwesender RA in der Hauptverhandlung zum Pflichtverteidiger bestellt und auch nur im Rahmen der Hauptverhandlung tätig, so hat dieser keinen Anspruch auf die gerichtliche Verfahrensgebühr (OLG Koblenz AGS 2005, 158) und auch nicht auf die Grundgebühr (AG Koblenz AGS 2004, 448). Letzteres ist abzulehnen, denn der Gebührentatbestand der erstmaligen Einarbeitung in den Rechtsfall wird zwangsläufig vorliegen. Demzufolge gesteht das KG dem bereits vorgerichtlich tätigen Wahlbeistand, der für die Hauptverhandlung zum Zeugenbeistand bestellt wurde, die Grundgebühr und die Terminsgebühr (Nrn. 4100, 4114) zu (AGS 2006, 176 f.). Die gerichtliche Verfahrensgebühr (Nr. 4112) käme danach in Betracht, wenn zu der erbrachten Tätigkeit – die regelmäßig beim Zeugenbeistand nicht den gleichen Umfang hat wie beim Verteidiger – konkreter Vortrag erfolgte. 67

Nimmt der RA nach erfolgter Besprechung das Mandat nicht an oder wird ihm dieses nicht erteilt, so kommt zwar die Abrechnung einer Beratungsgebühr in Betracht; er wird jedoch 68

Nr. 4100–4103 VV

nicht eine Grundgebühr oder andere Gebühren des Teil 4 in Rechnung stellen können, da er nicht als Verteidiger tätig geworden ist oder beauftragt wurde.

69 Ging wegen derselben Tat bereits ein Bußgeldverfahren voraus, so ist gem. Anm. 2 die im Bußgeldverfahren entstandene Grundgebühr anzurechnen. Der Gebührenrahmen im Bußgeldverfahren ist deutlich niedriger, so dass in aller Regel die Grundgebühr des Bußgeldverfahrens in der des Strafverfahrens vollständig aufgehen wird.

cc) Terminsgebühr/mit Zuschlag (Nr. 4102–4103)

70 **Neu** ist, dass **Terminsgebühren** auch bereits im **Ermittlungsverfahren** anfallen. Mit dem Gebührentatbestand (**Nr. 4102 Nr. 1 – Nr. 5 VV**) wird eine Terminsgebühr für die Teilnahme an einem Termin außerhalb der Hauptverhandlung eingeführt, z. B. für die Teilnahme an richterlichen Vernehmungen und Augenscheinseinahmen, Vernehmungen durch die Strafverfolgungsbehörden, an Haftprüfungen, an Verhandlungen im Rahmen des Täter-Opfer-Ausgleichs und an einem Sühnetermin (§ 380 StPO). In **Nr. 1** des Gebührentatbestands von **Nr. 4102** wurde zusätzlich die **richterliche Augenscheinseinnahme** aufgenommen. Wie im Fall der richterlichen Vernehmung (§ 168 c StPO) ist dem Verteidiger auch bei der Einnahme eines richterlichen Augenscheins die Anwesenheit bei der Verhandlung gestattet (§ 168 d Abs. 1 StPO).

70a Die Teilnahme des Verteidigers an einem Termin zur Exploration seines Mandanten durch einen psychiatrischen Sachverständigen ist im RVG nicht geregelt. Der Verteidiger kann hierfür in analoger Anwendung von Nr. 4102 VV ebenfalls eine Terminsgebühr beanspruchen (LG Offenburg AGS 2006, 436 ff.).

71 Mehrere Termine an einem Tag gelten als ein Termin. Diese Regelung bezieht sich auf die – gelegentlich vorkommende – Möglichkeit, dass sich z. B. an einen richterlichen Termin, etwa eine Augenscheinseinnahme oder einen Haftprüfungstermin, eine Vernehmung des Mandanten durch die Ermittlungsbehörden anschließt. Die zeitliche Inanspruchnahme des RA durch den weiteren Termin erscheint hier so überschaubar, dass es dem Gesetzgeber gerechtfertigt erschien, es in solchen Fällen gleichwohl bei einer Terminsgebühr zu belassen.

72 Die Gebühr entsteht im vorbereitenden Verfahren und in jedem Rechtszug für die Teilnahme an jeweils bis zu **drei Terminen einmal**. Vorbereitendes Verfahren und die jeweiligen Rechtszüge sind getrennt voneinander zu sehen (KG AGS 2006, 546). Dies bedeutet z. B.:

– Im vorbereitenden Verfahren finden insgesamt 2 Termine statt. Der RA erhält 1 Gebühr gem. Nr. 4102 f. VV.
– Es finden 2 Termine statt, einer im vorbereitenden Verfahren, einer im gerichtlichen Verfahren. Der RA erhält 2 Gebühren.
– Es finden 4 Termine im vorbereitenden Verfahren statt. Der RA erhält 2 Gebühren.

73 Die Gebühr für Termine außerhalb der Hauptverhandlung gilt auch für den **Pflichtverteidiger.**

74 Die Regelung, dass die Gebühr für die Teilnahme jeweils an bis zu drei entsprechenden Terminen im vorbereitenden Verfahren und in jeder Instanz nur einmal entsteht, soll der Möglichkeit entgegengesteuert werden, dass solche Termine aus Gebühreninteressen herbeigeführt werden. Nach Ansicht des Gesetzgebers wird die Neuregelung nicht dazu führen, dass Verteidiger, um die Terminsgebühr abrechnen zu können, vermehrt richterliche, polizeiliche oder staatsanwaltschaftliche Vernehmungen beantragen werden, weil die Strafprozessordnung kein entsprechendes Antragsrecht vorsieht mit der Folge, dass eine solche Vernehmung nicht durchgeführt werden muss. Die Teilnahme des Verteidigers an Vernehmungen wird sich damit auf solche beschränken, bei denen Polizei oder Staatsanwaltschaft den Verteidiger zulassen.

75 **Haftprüfungen** werden schon deshalb nicht vermehrt stattfinden, weil der Beschuldigte oder sein Verteidiger, wenn bereits ein mündlicher Haftprüfungstermin stattgefunden hat, nach

§ 118 III StPO einen Anspruch auf einen weiteren mündlichen Haftprüfungstermin erst wieder nach zwei Monaten hat. Allerdings ist das Gericht nicht gehindert, auch schon früher aufgrund einer erneuten mündlichen Haftprüfung zu entscheiden (Kleinknecht/Meyer-Goßner, a. a. O., § 118 StPO Rn. 2). Macht das Gericht von dieser Möglichkeit Gebrauch, ist es sachgerecht, wenn dem Verteidiger für die Teilnahme an dem Termin die Terminsgebühr zusteht.

Des Weiteren hat die Einführung der besonderen Terminsgebühren für den **Pflichtverteidiger** auch Auswirkungen auf die Bewilligung einer **Pauschgebühr (§ 42 und § 51)**. Die Teilnahme an Terminen außerhalb der Hauptverhandlung ist ein Umstand, der bisher von den Oberlandesgerichten bei der Beurteilung des »besonderen Umfangs« des Verfahrens berücksichtigt worden ist. Wenn nunmehr hierfür gesonderte Gebühren anfallen, wird der durch die Teilnahme an diesem zusätzlichen Termin entstandene Zeitaufwand bei der Bewilligung einer Pauschgebühr zumindest nicht im gleichen Maße werden können. Daher ist damit zu rechnen, dass Pauschgebühren in eingeschränkterem Maße als bisher bewilligt werden. 76

Nach **Nr. 4102 Nr. 1/ Nr. 2** entsteht die Terminsgebühr für die Teilnahme an richterlichen, polizeilichen oder staatsanwaltschaftlichen Vernehmungen. Zwar steht dem Verteidiger bislang nach überwiegender Meinung bei polizeilichen Vernehmungen kein Anwesenheitsrecht zu (Umkehrschluss aus § 163 a Abs. 3 i. V. m. § 168 c StPO), ihm kann die Teilnahme an der polizeilichen Vernehmung jedoch gestattet werden, so dass es dann sachgerecht ist, dem Verteidiger dafür auch eine Terminsgebühr zu gewähren. 77

Nr. 4102 Nr. 3 sieht eine Terminsgebühr für die Teilnahme an einem Termin vor, in dem über die Anordnung oder Fortdauer der **Untersuchungshaft** verhandelt wird. Erforderlich ist also ein Verhandeln, so dass insofern die häufig nur sehr kurzen reinen Haftbefehlsverkündungstermine nicht miterfasst werden (OLG Hamm AGS 2006, 122). Allerdings hat der Richter im Rahmen der Eröffnung des Haftbefehls den Beschuldigten zum Gegenstand der Beschuldigung zu vernehmen (§ 115 Abs. 2 StPO). Dies stellt eine richterliche Vernehmung dar, so dass die Terminsgebühr aus diesem Grund entsteht. 78

Schließt sich an die Verkündung des Haftbefehls eine Verhandlung über die Fortdauer der Untersuchungshaft an, entsteht auch aus diesem Grund eine Terminsgebühr.

Nr. 4102 Nr. 4 bestimmt, dass der Verteidiger, Beistand oder Vertreter eine Terminsgebühr auch für die Teilnahme an Verhandlungen im Rahmen des Täter-Opfer-Ausgleichs erhält. Dies dient der sachgerechten Vertretung sowohl des Beschuldigten als auch des Opfers bei diesen Verhandlungen. Voraussetzung ist, dass von der mit dem Täter-Opfer-Ausgleich beauftragten Stelle (Verein Ausgleich e. V., Brücke e. V. o. ä.) ein Termin anberaumt wurde, an dem der Rechtsanwalt teilnimmt (eine formelle Ladung hierfür ist nicht erforderlich). Eine Terminsgebühr entsteht daher nicht, wenn die Schlichtung im schriftlichen Verfahren durchgeführt wird. 79

Schließlich sieht **Nr. 4102 Nr. 5** eine Terminsgebühr für die Teilnahme an dem im **Privatklageverfahren** stattfindenden Sühnetermin vor (§ 380 StPO). Die in diesen Fällen häufig zeitaufwendige Teilnahme des Verteidigers wird damit angemessen honoriert. Die Teilnahme eines Verteidigers oder Beistands ist auch zu begrüßen, da durch sie eher eine Befriedigung der Parteien erreicht werden kann. 80

Nr. 4104–4105 VV

b) Vorbereitendes Verfahren (Unterabschnitt 2/Nr. 4104–4105)

Nr.	Gebührentatbestand	Gebühr oder Satz der Gebühr nach § 13 oder § 49 RVG	
		Wahlanwalt	gerichtlich bestellter oder beigeordneter Rechtsanwalt
	Unterabschnitt 2 **Vorbereitendes Verfahren**		
	Vorbemerkung 4.1.2: Die Vorbereitung der Privatklage steht der Tätigkeit im vorbereitenden Verfahren gleich.		
4104	Verfahrensgebühr .... Die Gebühr entsteht für eine Tätigkeit in dem Verfahren bis zum Eingang der Anklageschrift, des Antrags auf Erlass eines Strafbefehls bei Gericht oder im beschleunigten Verfahren bis zum Vortrag der Anklage, wenn diese nur mündlich erhoben wird.	30,00 bis 250,00 EUR	112,00 EUR
4105	Gebühr 4104 mit Zuschlag	30,00 bis 312,50 EUR	137,00 EUR

81 Im zweiten Unterabschnitt sind die Gebühren für das vorbereitende Verfahren, dem **Ermittlungsverfahren** geregelt.

aa) Vorbemerkung 4.1.2

82 Nach der Vorbemerkung 4.1.2 zu Teil 4 Strafsachen ist die Tätigkeit als Vertreter eines **Privatklägers** der Tätigkeit im Ermittlungsverfahren gleichgestellt. Eine entsprechende Regelung war in § 94 BRAGO, der die Tätigkeit des RA als Beistand oder Vertreter eines Privatklägers erfasste und auf die §§ 83–93 BRAGO verwies, nicht enthalten. Daher bestand seinerzeit in Rechtsprechung und Literatur ein Streit dahingehend, ob und wie die Tätigkeit des Vertreters oder Beistands des Privatklägers zu vergüten war, der nunmehr erledigt ist.

bb) Verfahrensgebühr/mit Zuschlag (Nr. 4104–4105)

83 Mit diesem Gebührentatbestand wird die Verfahrensgebühr für das **Ermittlungsverfahren** festgelegt. Das vorbereitende Verfahren dauert an bis zum Eingang der Anklageschrift, des Antrags auf Erlass eines Strafbefehls bei Gericht und im beschleunigten Verfahren bis zum Vortrag der Anklage, wenn diese nur mündlich erhoben wird. Die Anmerkung stellt klar, für welchen Zeitraum dem RA die Verfahrensgebühr zusteht. Dies entspricht der bisherigen Regelung des § 84 Abs. 1 1. Alt. BRAGO. Zusätzlich ist die Abgrenzung beim beschleunigten Verfahren (§§ 417 ff. StPO) aufgenommen worden, die bis dato nicht geregelt war. Der gewählte Zeitpunkt für den Abschluss des vorbereitenden Verfahrens im beschleunigten Verfahren entspricht dem des Eingangs der Anklageschrift im normalen, gerichtlichen Verfahren.

84 Bei einem Gebührenrahmen von € 30,00 bis € 250,00 für den Wahlanwalt beträgt die Mittelgebühr € 140,00; für den gerichtlich bestellten oder beigeordneten Rechtsanwalt entsteht die Verfahrensgebühr als Festgebühr in Höhe von € 112,00.

85 Mit Haftzuschlag beträgt der Gebührenrahmen für den Wahlverteidiger € 30,00 bis € 312,50, so dass nunmehr die Mittelgebühr € 171,25 beträgt; die Gebühr den Pflichtverteidiger beträgt € 137,00.

c) Gerichtliches Verfahren (Unterabschnitt 3/Nr. 4106–4135)

Im dritten Unterabschnitt werden die Gebühren für das **gerichtliche Verfahren** geregelt. Einheitlich ist die Gliederung nach Verfahrensgebühr, Terminsgebühr je Hauptverhandlungstag und Zuschlägen für den Pflichtverteidiger bei einer Dauer der Hauptverhandlung von mehr als 5 bzw. mehr als 8 Stunden, sowohl im erstinstanzlichen Verfahren, als auch im Berufungs- und Revisionsverfahren. Ebenso ist einheitlich, dass für alle Gebührentatbestände ein Haftzuschlag entsteht (Gebühr mit Zuschlag), wenn der Mandant sich nicht auf freiem Fuß befindet. Unterschiedlich ist der Gebührenrahmen je nach erstinstanzlicher Zuständigkeit und Instanzenzug.

Die Beschränkung der Anmerkung zu **Nr. 4102 VV** (die Gebühr entsteht in jedem Rechtszug für die Teilnahme an bis zu drei Terminen einmal) gilt hier nicht; es ist **jeder Termin** abzurechnen. Für die Bestimmung der Terminsgebühr für den Wahlanwalt kommt es nur auf Umfang und Inhalt der Hauptverhandlung an, nicht auf andere Umstände, die bereits durch die Verfahrensgebühr abgegolten werden (AG Koblenz AGS 2004, 484).

Die Längenzuschläge gelten nur für den gerichtlich bestellten oder beigeordneten RA: Dieser wird ansonsten nach Festgebühren vergütet, die jedoch bei einer übermäßig langen Hauptverhandlung nicht angemessen erscheinen. Die Längenzuschläge sind deshalb erforderlich, um bei einer solchen Hauptverhandlungsdauer dem entstehenden Zeitaufwand des bestellten oder beigeordneten RA Rechnung zu tragen (unabhängig von der Möglichkeit, diesen Umstand bei Beantragung einer Pauschgebühr geltend zu machen).

Bei verspätetem Beginn der Hauptverhandlung ist der Zeitpunkt maßgebend, für den der Pflichtverteidiger geladen worden und anwesend ist (OLG Hamm RVGreport 2005, 351; OLG Karlsruhe RVGreport 2005, 315; LG Essen AGS 2006, 287; OLG Hamm AGS 2006, 337 ff; AGS 2007, 76 f.; a. A. OLG Saarbrücken AGS 2006, 336 f.), es sei denn, der RA hätte einen verspäteten Beginn verschuldet (OLG Hamm AGS 2006, 337 ff.). Pausen und Wartezeiten sind nicht abzuziehen (Burhoff RVG prof. 2005, 200; KG AGS 2006, 123). Das OLG Bamberg (AGS 2006, 124) geht hingegen davon aus, bei kleineren Unterbrechungen »laufe die Uhr weiter«, da ein entsprechender Zeitabzug zu kleinlichen Streitereien führe und in solchen Pausen auch häufig sitzungsrelevante Probleme zwischen Verteidiger und Angeklagtem besprochen würden. Die Unterbrechung durch eine Mittagspause führe jedoch zu einem Zeitabzug, da in dieser Zeit eine Hauptverhandlung nicht stattfinde. Dieser Einzelmeinung ist jedoch entgegenzuhalten, daß auch in der Mittagspause sitzungsrelevante Probleme besprochen werden können, aufgrund geringeren Zeitdrucks sogar besser als bei kleinen Unterbrechungen. Richtigerweise ist auf die Auffassung des OLG Hamm (AGS 2006, 282 ff. – mit umfangreichen Rechtsprechungshinweisen und Fundstellen) abzustellen, wonach dem Rechtsanwalt eine Mittagspause von einer Stunde zuzugestehen ist, diese Stunde von der tatsächlichen Mittagspause abzuziehen ist und dann zu prüfen ist, ob der Rechtsanwalt eine etwa verbleibende Zeit sinnvoll beruflich hätte nutzen können (ebenso OLG Koblenz AGS 2006, 285; LG Essen AGS 2006, 287; OLG Hamm AGS 2007, 76 f.). Zeiten, die der Rechtsanwalt tatsächlich anderweitig beruflich nutzt, sind hingegen abzuziehen, soweit es sich nicht nur um ganz unerhebliche Zeiträume handelt (z. B. kurze Telefonate während einer Unterbrechung). Maßgebend für die Frage einer möglichen anderweitigen Nutzung ist auch, ob die Unterbrechung konkret, insbesondere von ihrer Dauer her für den Rechtsanwalt vorhersehbar war (OLG Hamm, a. a. O.).

Verfahrensabkürzende Absprachen **vor der Hauptverhandlung** sind nicht im Rahmen eines eventuellen Längenzuschlags zu berücksichtigen, sondern ggf. im Rahmen einer Pauschgebühr (OLG Karlsruhe AGS 2006, 121 f.).

Für den Wahlanwalt sind solche Längenzuschläge nicht vorgesehen. Für diesen kann eine Berücksichtigung der übermäßig langen Dauer von Hauptverhandlungstagen daher nur erfolgen a) bei der Bestimmung der Angemessenheit der Gebühr gem. **§ 14**, b) durch Abschluss

Nr. 4106–4135 VV

einer Vergütungsvereinbarung gem. § 4 oder c) bei Beantragung einer Pauschgebühr gem. § 42.

91 Erstinstanzlich wird hinsichtlich der Höhe des jeweiligen Gebührenrahmens unterschieden danach, ob zuständig ist

a) das Amtsgericht – Nr. 4106 bis 4111 VV,

b) das Landgericht – Strafkammer (auch Verfahren vor der Jugendkammer und Verfahren im Rehabilitierungsverfahren nach Abschnitt 2 StrRehaG) – Nr. 4112 bis 4117 VV, oder

c) das Oberlandesgericht, das Schwurgericht, die Jugendkammer des Landgerichts, soweit diese in Sachen entscheidet, die nach den allgemeinen Vorschriften zur Zuständigkeit des Schwurgerichts gehören (vgl. § 74 Abs. 2 GVG), die Staatsschutzkammer (§ 74a GVG) oder die Wirtschaftsstrafkammer (§ 74c GVG) – Nr. 4118 bis 4123 VV.

92 Hinsichtlich des Revisionsverfahrens findet eine Unterscheidung danach, ob das OLG oder der BGH zuständig ist, **nicht** statt.

aa) Erster Rechtszug
(1) Verfahren vor dem Amtsgericht

Nr.	Gebührentatbestand	Gebühr oder Satz der Gebühr nach § 13 oder § 49 RVG	
		Wahlanwalt	gerichtlich bestellter oder beigeordneter Rechtsanwalt
Unterabschnitt 3 **Gerichtliches Verfahren** **Erster Rechtszug**			
4106	Verfahrensgebühr für den ersten Rechtszug vor dem Amtsgericht	30,00 bis 250,00 EUR	112,00 EUR
4107	Gebühr 4106 mit Zuschlag	30,00 bis 312,50 EUR	137,00 EUR
4108	Terminsgebühr je Hauptverhandlungstag in den in Nummer 4106 genannten Verfahren	60,00 bis 400,00 EUR	184,00 EUR
4109	Gebühr 4108 mit Zuschlag	60,00 bis 500,00 EUR	224,00 EUR
4110	Der gerichtlich bestellte oder beigeordnete Rechtsanwalt nimmt mehr als 5 und bis 8 Std. an der Hauptverhandlung teil: Zusätzliche Gebühr neben der Gebühr 4108 oder 4109		92,00 EUR
4111	Der gerichtlich bestellte oder beigeordnete Rechtsanwalt nimmt mehr als 8 Std. an der Hauptverhandlung teil: Zusätzliche Gebühr neben der Gebühr 4108 oder 4109		184,00 EUR

(2) Verfahren vor der Strafkammer

Nr.	Gebührentatbestand	Gebühr oder Satz der Gebühr nach § 13 oder § 49 RVG	
		Wahlanwalt	gerichtlich bestellter oder beigeordneter Rechtsanwalt
4112	Verfahrensgebühr für den ersten Rechtszug vor der Strafkammer ...... Die Gebühr entsteht auch für Verfahren 1. vor der Jugendkammer, soweit sich die Gebühr nicht nach Nummer 4118 bestimmt, 2. im Rehabilitierungsverfahren nach Abschnitt 2 StrRehaG.	40,00 bis 270,00 EUR	124,00 EUR
4113	Gebühr 4112 mit Zuschlag	40,00 bis 337,50 EUR	151,00 EUR
4114	Terminsgebühr je Hauptverhandlungstag in den in Nummer 4112 genannten Verfahren	70,00 bis 470,00 EUR	216,00 EUR
4115	Gebühr 4114 mit Zuschlag	70,00 bis 587,50 EUR	263,00 EUR
4116	Der gerichtlich bestellte oder beigeordnete Rechtsanwalt nimmt mehr als 5 und bis 8 Std. an der Hauptverhandlung teil: Zusätzliche Gebühr neben der Gebühr 4114 oder 4115		108,00 EUR
4117	Der gerichtlich bestellte oder beigeordnete Rechtsanwalt nimmt mehr als 8 Std. an der Hauptverhandlung teil: Zusätzliche Gebühr neben der Gebühr 4114 oder 4115		216,00 EUR

(3) Verfahren vor dem OLG, Schwurgericht etc.

Nr.	Gebührentatbestand	Gebühr oder Satz der Gebühr nach § 13 oder § 49 RVG	
		Wahlanwalt	gerichtlich bestellter oder beigeordneter Rechtsanwalt
4118	Verfahrensgebühr für den ersten Rechtszug vor dem Oberlandesgericht, dem Schwurgericht oder der Strafkammer nach den §§ 74a und 74c GVG .... Die Gebühr entsteht auch für Verfahren vor der Jugendkammer, soweit diese in Sachen entscheidet, die nach den allgemeinen Vorschriften zur Zuständigkeit des Schwurgerichts gehören.	80,00 bis 580,00 EUR	264,00 EUR

Nr. 4106–4135 VV

Nr.	Gebührentatbestand	Gebühr oder Satz der Gebühr nach § 13 oder § 49 RVG	
		Wahlanwalt	gerichtlich bestellter oder beigeordneter Rechtsanwalt
4119	Gebühr 4118 mit Zuschlag	80,00 bis 725,00 EUR	322,00 EUR
4120	Terminsgebühr je Hauptverhandlungstag in den in Nummer 4118 genannten Verfahren	110,00 bis 780,00 EUR	356,00 EUR
4121	Gebühr 4120 mit Zuschlag	110,00 bis 975,00 EUR	434,00 EUR
4122	Der gerichtlich bestellte oder beigeordnete Rechtsanwalt nimmt mehr als 5 und bis 8 Std. an der Hauptverhandlung teil: Zusätzliche Gebühr neben der Gebühr 4120 oder 4121		178,00 EUR
4123	Der gerichtlich bestellte oder beigeordnete Rechtsanwalt nimmt mehr als 8 Std. an der Hauptverhandlung teil: Zusätzliche Gebühr neben der Gebühr 4120 oder 4121		356,00 EUR

bb) **Berufungsverfahren**

Nr.	Gebührentatbestand	Gebühr oder Satz der Gebühr nach § 13 oder § 49 RVG	
		Wahlanwalt	gerichtlich bestellter oder beigeordneter Rechtsanwalt
	Berufung		
4124	Verfahrensgebühr für das Berufungsverfahren .... Die Gebühr entsteht auch für Beschwerdeverfahren nach § 13 StrRehaG.	70,00 bis 470,00 EUR	216,00 EUR
4125	Gebühr 4124 mit Zuschlag	70,00 bis 587,50 EUR	263,00 EUR
4126	Terminsgebühr je Hauptverhandlungstag im Berufungsverfahren .... Die Gebühr entsteht auch für Beschwerdeverfahren nach § 13 StrRehaG.	70,00 bis 470,00 EUR	216,00 EUR
4127	Gebühr 4126 mit Zuschlag	70,00 bis 587,50 EUR	263,00 EUR

Nr.	Gebührentatbestand	Gebühr oder Satz der Gebühr nach § 13 oder § 49 RVG	
		Wahlanwalt	gerichtlich bestellter oder beigeordneter Rechtsanwalt
4128	Der gerichtlich bestellte oder beigeordnete Rechtsanwalt nimmt mehr als 5 und bis 8 Std. an der Hauptverhandlung teil: Zusätzliche Gebühr neben der Gebühr 4126 oder 4127		108,00 EUR
4129	Der gerichtlich bestellte oder beigeordnete Rechtsanwalt nimmt mehr als 8 Std. an der Hauptverhandlung teil: Zusätzliche Gebühr neben der Gebühr 4126 oder 4127		216,00 EUR

cc) **Revisionsverfahren**

Nr.	Gebührentatbestand	Gebühr oder Satz der Gebühr nach § 13 oder § 49 RVG	
		Wahlanwalt	gerichtlich bestellter oder beigeordneter Rechtsanwalt
Revision			
4130	Verfahrensgebühr für das Revisionsverfahren	100,00 bis 930,00 EUR	412,00 EUR
4131	Gebühr 4130 mit Zuschlag	100,00 bis 1.162,50 EUR	505,00 EUR
4132	Terminsgebühr je Hauptverhandlungstag im Revisionsverfahren	100,00 bis 470,00 EUR	228,00 EUR
4133	Gebühr 4132 mit Zuschlag	100,00 bis 587,50 EUR	275,00 EUR
4134	Der gerichtlich bestellte oder beigeordnete Rechtsanwalt nimmt mehr als 5 und bis 8 Std. an der Hauptverhandlung teil: Zusätzliche Gebühr neben der Gebühr 4132 oder 4133		114,00 EUR
4135	Der gerichtlich bestellte oder beigeordnete Rechtsanwalt nimmt mehr als 8 Std. an der Hauptverhandlung teil: Zusätzliche Gebühr neben der Gebühr 4132 oder 4133		228,00 EUR

Vor dem Strafrichter ist bei einer 30-minütigen Hauptverhandlung mit intensiver Beweisaufnahme die Mittelgebühr gerechtfertigt (AG Trier RVGreport 2005, 271; ebenso AG Baden-Ba- 93

Nr. 4136–4140 VV

den AGS 2006, 120, für eine 35-minütige Hauptverhandlung mit kurzer Beweisaufnahme, Erörterung und Antragstellung).

93a Die Verfahrensgebühr im Revisionsverfahren wird nicht schon durch die Einlegung der Revision ausgelöst, sondern erst durch nachfolgende Tätigkeiten (vgl. Vorb. 4 Abs. 2: »Betreiben des Geschäfts«). Dies ist jedenfalls die Fertigung der Revisionsbegründung, aber auch vorhergehende Tätigkeiten gehören dazu, z. B. Besprechungen mit dem Mandanten. Legt ein anderer Beteiligter (Staatsanwaltschaft, Nebenkläger) Revision ein, so löst bereits die Entgegennahme der Information und Weiterleitung an den Mandanten die Verfahrensgebühr aus, unabhängig davon, ob die Revision überhaupt begründet oder letztendlich zurückgenommen wurde (a. A. KG AGS 2006, 375 f., das zu Unrecht darauf abstellt, daß nach seiner Einschätzung der Verteidiger erst nach Vorliegen der Revisionsbegründung sich mit dem Revisionsstreitstoff befassen könne). Auch der bloße Satz »Es wird die Verletzung materiellen Rechts gerügt« genügt bereits zur Begründung einer Revision, so dass mit einem entsprechenden Verteidigerschriftsatz auch bereits die Verfahrensgebühr verdient ist, unabhängig davon, ob das Urteil zum Zeitpunkt der Einreichung schon in schriftlicher Form vorliegt (OLG Hamm AGS 2006, 547 f.). Auch die Rücknahme der Revision löst bereits die Revisionsverfahrensgebühr aus (OLG Hamm AGS 2006, 600 ff.).

94 Nach Ansicht des Gesetzgebers sei Schwerpunkt der anwaltlichen Tätigkeit im Revisionsverfahren die Fertigung der **Revisionsbegründungsschrift**. Durch sie und durch das schriftliche Urteil wird der Streitstoff der Revisionsinstanz fixiert. Die Revisionshauptverhandlung hat daher nur geringe Bedeutung, weil die Verteidiger sich regelmäßig darauf beschränken, das bereits in der Revisionsbegründung Vorgetragene mit anderen Worten erneut darzustellen. In der Praxis des BGH werden Hauptverhandlungstermine meist im 15–20-Minuten-Takt terminiert. Dies rechtfertige nach Ansicht des Gesetzgebers eine gegenüber der Verfahrensgebühr geringere Terminsgebühr, die von der Höchstgebühr derjenigen in der Berufungsinstanz und im erstinstanzlichen Verfahren vor der großen Strafkammer entspricht.

95 Auch für das Revisionsverfahren gilt für den **Pflichtverteidiger** eine zusätzliche erhöhte Festgebühr bei verlängerten Hauptverhandlungen, wenngleich dies (s. o.) eher die Ausnahme sein wird.

d) Wiederaufnahmeverfahren (Unterabschnitt 4/Nr. 4136–4140)

Nr.	Gebührentatbestand	Gebühr oder Satz der Gebühr nach § 13 oder § 49 RVG	
		Wahlanwalt	gerichtlich bestellter oder beigeordneter Rechtsanwalt
Unterabschnitt 4 Wiederaufnahmeverfahren			
Vorbemerkung 4.1.4: Eine Grundgebühr entsteht nicht.			
4136	Geschäftsgebühr für die Vorbereitung eines Antrags .... Die Gebühr entsteht auch, wenn von der Stellung eines Antrags abgeraten wird.	in Höhe der Verfahrensgebühr für den ersten Rechtszug	
4137	Verfahrensgebühr für das Verfahren über die Zulässigkeit des Antrags	in Höhe der Verfahrensgebühr für den ersten Rechtszug	

Nr.	Gebührentatbestand	Gebühr oder Satz der Gebühr nach § 13 oder § 49 RVG	
		Wahlanwalt	gerichtlich bestellter oder beigeordneter Rechtsanwalt
4138	Verfahrensgebühr für das weitere Verfahren	in Höhe der Verfahrensgebühr für den ersten Rechtszug	
4139	Verfahrensgebühr für das Beschwerdeverfahren (§ 372 StPO)	in Höhe der Verfahrensgebühr für den ersten Rechtszug	
4140	Terminsgebühr für jeden Verhandlungstag	in Höhe der Terminsgebühr für den ersten Rechtszug	

aa) Allgemeines

Eine **Grundgebühr** entsteht im Wiederaufnahmeverfahren **nicht** (vgl. Vorb. 4.1.4). **96**

Die Wiederaufnahme eines Verfahrens bestimmt sich nach §§ 359 ff. StPO. Das Wiederaufnahmeverfahren gliedert sich in den Antrag auf Wiederaufnahme (§§ 365, 366 StPO), die Entscheidung des Gerichts über die Zulässigkeit des Antrags (§ 368 StPO), ggf. die Durchführung von Beweisaufnahmen (§ 369 StPO), in deren Zusammenhang auch Gerichtstermine in Betracht kommen, und die Entscheidung des Gerichts über die Begründetheit des Antrags (§ 370 StPO). Die Entscheidungen des Gerichts gem. §§ 368, 370 StPO ergehen durch Beschluss ohne mündliche Verhandlung. **97**

Ist das Wiederaufnahmeverfahren erfolgreich, so entsteht nachfolgend eine Verfahrensgebühr in Höhe der Verfahrensgebühr für den ersten Rechtszug (Nr. 4106, 4112, 4118 VV – vgl. AG Nürnberg AGS 2006, 341). **97a**

Die Bestellung eines Pflichtverteidigers für das Wiederaufnahmeverfahren ist möglich (vgl. § 364a StPO). Seine Gebührenansprüche richten sich dann jeweils nach den für den ersten Rechtszug bestimmten Gebühren eines Pflichtverteidigers. **98**

Ein Haftzuschlag kann anfallen, da Vorb. 4 auch für den Unterabschnitt für das Wiederaufnahmeverfahren gilt. **99**

bb) Geschäftsgebühr (Nr. 4136)

Nr. 4136 gewährt dem Verteidiger eine **Geschäftsgebühr** für die Vorbereitung eines Antrags auf Wiederaufnahme des Verfahrens »in Höhe der Verfahrensgebühr für den ersten Rechtszug«, womit die Bestimmung Bezug nimmt auf die Verfahrensgebühr der ersten Instanz (**Nr. 4106 f., 4112 f., 4118 f. VV**). **100**

Die Geschäftsgebühr fällt auch an für den RA, der seinem Mandanten von der Stellung des Wiederaufnahmeantrags abrät. Sie entsteht bereits durch die Prüfung des Wiederaufnahmebegehrens des Mandanten. **101**

Die Gebühr entsteht auch für den RA der Gegenseite, sobald dieser für das Wiederaufnahmeverfahren mandatiert wurde (z. B. für den RA des im vorhergehenden Verfahren Angeklagten, wenn die Staatsanwaltschaft die Wiederaufnahme betreibt). **102**

Nr. 4136–4140 VV

cc) Verfahrensgebühren (Nr. 4137–4139)

103 Die Geschäftsgebühr gem. **Nr. 4136 VV** umfasst die Vorbereitung des Antrags. Für die Einreichung des Antrags bei Gericht und das gerichtliche Verfahren bis zur Entscheidung über die Zulässigkeit des Antrags entsteht für den RA die Gebühr **Nr. 4137**. Die Höhe entspricht ebenfalls der der Verfahrensgebühr für den ersten Rechtszug.

104 Dies gilt ebenso für die Gebühr **Nr. 4138,** die das sich anschließende weitere Verfahren bis zur Entscheidung über die Begründetheit des Antrags (§ 370 StPO) abdeckt.

105 Soweit ein Antrag des Verurteilten auf Wiederaufnahme (mangels Zulässigkeit oder mangels Begründetheit) verworfen wird, steht ihm das Recht der sofortigen Beschwerde gem. § 372 Satz 1 StPO zu. Der RA erhält für das Beschwerdeverfahren gem. Nr. 4140 VV eine Verfahrensgebühr ebenfalls in Höhe einer Verfahrensgebühr für den ersten Rechtszug. Das ist wegen der Schwierigkeit des Wiederaufnahmeverfahrens und des Umstandes, dass gerade die Begründung der Beschwerde in Wiederaufnahmeverfahren besondere Anforderungen an den RA stellt, sachgerecht. Damit wird außerdem der Bedeutung des Beschwerdeverfahrens, in dem anschließend über den Wiederaufnahmeantrag entschieden wird, mit der Folge, dass vorgebrachte Wiederaufnahmegründe für ein neues Wiederaufnahmeverfahren verbraucht sind, Rechnung getragen.

dd) Terminsgebühr (Nr. 4140)

106 Soweit im Wiederaufnahmeverfahren, z. B. wegen einer durchführenden Beweisaufnahme, ein oder mehrere Gerichtstermine anfielen, entstehen für diese **Terminsgebühren** für jeden Verhandlungstag gem. **Nr. 4140** in Höhe der Terminsgebühr für den ersten Rechtszug. Soweit die Termine länger als 5 bzw. 8 Stunden in Anspruch nehmen, entsteht für den Pflichtverteidiger auch hier der Längenzuschlag, da dieser ein Teil der gerichtlichen Terminsgebühr ist.

e) **Zusätzliche Gebühren (Unterabschnitt 5/Nr. 4141–4146)**

aa) Hauptverhandlung wird entbehrlich (Nr. 4141)

Nr.	Gebührentatbestand	Gebühr oder Satz der Gebühr nach § 13 oder § 49 RVG	
		Wahlanwalt	gerichtlich bestellter oder beigeordneter Rechtsanwalt
	Unterabschnitt 5 **Zusätzliche Gebühren**		
4141	Durch die anwaltliche Mitwirkung wird die Hauptverhandlung entbehrlich: Zusätzliche Gebühr . . . . (1) Die Gebühr entsteht, wenn 1. das Verfahren nicht nur vorläufig eingestellt wird oder 2. das Gericht beschließt, das Hauptverfahren nicht zu eröffnen oder 3. sich das gerichtliche Verfahren durch Rücknahme des Einspruchs gegen den Strafbefehl, der Berufung oder der Revision des Angeklagten oder eines anderen Verfahrensbeteiligten erledigt; ist bereits ein Termin zur Hauptverhandlung bestimmt, entsteht die Gebühr nur, wenn der Einspruch, die Berufung oder die Revision früher als 2 Wochen vor Beginn des Tages, der für die Hauptverhandlung vorgesehen war, zurückgenommen wird. (2) Die Gebühr entsteht nicht, wenn eine auf die Förderung des Verfahrens gerichtete Tätigkeit nicht ersichtlich ist. (3) Die Höhe der Gebühr richtet sich nach dem Rechtszug, in dem die Hauptverhandlung vermieden wurde. Für den Wahlanwalt bemisst sich die Gebühr nach der Rahmenmitte.	in Höhe der jeweiligen Verfahrensgebühr (ohne Zuschlag)	

Nr. 4141 übernimmt den Grundgedanken aus § 84 Abs. 2 BRAGO. Diese Vorschrift war eingeführt worden, um intensive und zeitaufwändige Tätigkeiten des Verteidigers, die zu einer Vermeidung der Hauptverhandlung und damit beim Verteidiger zum **Verlust der Hauptverhandlungsgebühr** führten, gebührenrechtlich zu honorieren. Deshalb erhielt der RA, wenn durch seine Mitwirkung eine Hauptverhandlung entbehrlich wurde, nicht nur die halbe Gebühr des § 84 Abs. 1 BRAGO, sondern – ggf. zusätzlich – die volle Gebühr aus § 83 Abs. 1 BRAGO. 107

Nunmehr erhält der RA in den genannten Fällen eine **zusätzliche Gebühr** in Höhe der jeweiligen Verfahrensgebühr. Für den Wahlanwalt soll hierbei die Mittelgebühr gelten, somit im amtsgerichtlichen Verfahren € 140,00, was gegenüber der BRAGO (ebenso wie in anderen erstinstanzlichen Verfahren) eine Verschlechterung darstellt. 108

Erfolgt die Erledigung bereits im vorbereitenden Verfahren, so soll die zusätzliche Gebühr gem. Nr. 4141 VV sich aus der Verfahrensgebühr des Gerichts errechnen, bei dem mutmaßlich Anklage erhoben worden wäre (Burhoff AGS 2004, 435; a. A. Schneider AGS 2004, 434). 109

Nr. 4141 VV

(1) Beendigung des Verfahrens

110 Die Gebühr entsteht gem. **Nr. 4141 Abs. 1 Nr. 1 VV**, wenn das Verfahren nicht nur vorläufig eingestellt wurde. Dies beinhaltet sowohl die Einstellung gem. § 170 Abs. 2 StPO, als auch die Verweisung auf den Privatklageweg, als auch Einstellungen gem. §§ 153 ff. StPO, soweit diese auf eine endgültige Verfahrenseinstellung abzielen (auch §§ 153 b – 154, 154 b, 154 c, 154 d Satz 3 StPO). Durch die vorläufige Einstellung gem. § 153 a StPO entsteht die Gebühr Nr. 4141 VV noch nicht, wohl aber, wenn der Beschuldigte die Auflagen erfüllt hat und das Verfahren dann endgültig eingestellt wird.

Die Gebühr kann auch entstehen, wenn eine Einstellung des Strafverfahrens durch die Staatsanwaltschaft und Abgabe zur weiteren Verfolgung als Ordnungswidrigkeit an die Verwaltungsbehörde erfolgt (AG Regensburg AGS 2006, 125 f.; AG Köln AGS 2006, 234 f.; AG Hannover, AGS 2006, 235; AG Saarbrücken u. AG Stuttgart AGS 2007, 306; a. A. AG München AGS 2007, 305, das allerdings übersieht, dass Straf- und Bußgeldverfahren gem. § 17 Nr. 10 RVG verschiedene Angelegenheiten sind).

111 Die Gebühr kann nach der Begründung des Gesetzgebers und, entsprechend der zu § 84 Abs. 2 BRAGO ergangenen Rechtsprechung, ebenso entstehen, wenn das Verfahren bereits von der Staatsanwaltschaft eingestellt wird, also gar nicht zu Gericht kommt.

112 Die Gebühr entsteht gem. **Nr. 4141 Abs. 1 Nr. 2 VV**, wenn gem. § 204 StPO das Gericht beschließt, das Hauptverfahren nicht zu eröffnen.

113 Die Gebühr entsteht gem. **Nr. 4141 Abs. 1 Nr. 3 VV**, wenn sich das gerichtliche Verfahren erledigt durch Rücknahme des Einspruchs gegen den Strafbefehl (nur des Angeklagten) oder Rücknahme eines Rechtsmittels (dies gilt für alle Verfahrensbeteiligten, auch Nebenkläger oder Staatsanwaltschaft). Die Gebühr entsteht auch, wenn einvernehmlich eine Erledigung der Angelegenheit im Strafbefehlsverfahren erfolgt (AG Bautzen AGS 2007, 307).

114 Der RA kann daher auch als Verteidiger die Gebühr gem. **Nr. 4141 Abs. 1 Nr. 3 VV** verdienen, wenn nicht er das Rechtsmittel zurücknimmt, sondern z. B. die Staatsanwaltschaft. Dies gilt ebenso, wenn die Hauptverhandlung ausgesetzt wird und nachfolgend die Staatsanwaltschaft den Strafbefehlsantrag zurücknimmt (AG Bad Urach AGS 2007, 307).

115 Neu wurde in **Nr. 4141 Abs. 1 Nr. 3** der Fall erfasst, in dem das gerichtliche Verfahren durch Rücknahme der **Revision** erledigt wird. Ist bereits Hauptverhandlung anberaumt, so gilt in allen Fällen die zeitliche Grenze, dass die Rücknahme des Einspruchs oder Rechtsmittels früher als zwei Wochen vor Beginn des Tages der Hauptverhandlung erfolgt. Maßgebend für die Berechnung dieser Frist ist der Tag, der letztendlich als Hauptverhandlungstermin bestimmt wurde; ein vorher bestimmter Termin, der auf Antrag der Verteidigung verlegt wurde, bleibt außer Betracht (AG Wiesbaden AnwBl. 2006, 148). Hieraus folgt im Umkehrschluss, dass es für die Auslösung des Gebührentatbestands nicht erforderlich ist, ob bereits Termin zur Hauptverhandlung bestimmt wurde.

115 a Auch nach durchgeführter Hauptverhandlung kann die Gebühr gem. Nr. 4141 entstehen, wenn das Verfahren ausgesetzt und eine spätere weitere Hauptverhandlung vermieden wird (LG Düsseldorf AGS 2007, 36 f.; OLG Bamberg AGS 2007, 138 f.). Dies gilt ebenso in der Berufungsinstanz (AG Wittlich AGS 2006, 500 f.). Die Gebühr entsteht allerdings nicht, wen eine Einstellung in der Hauptverhandlung erfolgt, selbst wenn dadurch weitere Verhandlungstage entfallen (OLG Köln AGS 2006, 339 ff.).

116 Wird die vorher nicht begründete Revision zurückgenommen, so soll die Gebühr gem. Nr. 4141 VV nicht entstehen, da bei einer nicht begründeten Revision eine Hauptverhandlung ohnehin nicht in Betracht kommt (OLG Braunschweig AGS 2006, 232 f.; KG RVGreport 2005, 352; ebenso für den Fall, dass für die Durchführung einer Revisionshauptverhandlung noch keine konkreten Anhaltspunkte vorliegen, OLG Hamm AGS 2006, 548 f.; OLG Zweibrücken AGS 2006, 74, mit abl. Anm. Schneider). Diese Auffassung steht allerdings im Widerspruch zu dem Willen des Gesetzgebers, eine auf Verfahrenserledigung gerichtete Tätigkeit des RA zu-

sätzlich zu honorieren. Dies wird nicht danach differenziert, in welchem Verfahrensstadium die Tätigkeit des RA zum Erfolg führt. Im Gegenteil würde so der RA, dessen Bemühen um Verfahrenserledigung frühzeitig zum Erfolg führt, gebührenrechtlich schlechter gestellt. Schließlich wird auch erstinstanzlich die Gebühr gem. Nr. 4141 nicht deswegen versagt, weil noch keine konkreten Anhaltspunkte für eine Durchführung einer Hauptverhandlung – z. B. wegen einer möglichen Erledigung im Strafbefehlsverfahren – vorlagen. Eine Begründung der Revision ist daher nicht erforderlich (LG Hagen AGS 2006, 233 f.), ebenso wenig muss eine Revisionshauptverhandlung terminiert worden sein. Es genügt daher, wenn der RA dem Mandanten rät, die Revision zurückzunehmen (OLG Düsseldorf AGS 2006, 124 f.). Ein Mindestmaß an Mitwirkung des RA ist allerdings erforderlich (LG Göttingen AGS 2006, 180 f., mit zust. Anm. Schneider). Es genügt ein Gespräch mit dem Mandanten, das dazu führt, dass das Rechtsmittel zurückgenommen wird (LG Duisburg AGS 2006, 234).

(2) Auf Förderung des Verfahrens gerichtete Tätigkeit des RA

Nach Absatz 2 der Anmerkung soll der RA die Zusatzgebühr nicht erhalten, wenn ein Beitrag zur Förderung des Verfahrens nicht ersichtlich ist. Damit wird die Formulierung des § 84 Abs. 2 Satz 2 BRAGO übernommen. Beweisbelastet dafür, dass keine Förderung des Verfahrens durch den RA erfolgt sei, ist der Gebührenschuldner (AG Saarbrücken AGS 2006, 126 f.). 117

Danach ist eine intensive oder zeitaufwendige Tätigkeit des RA nicht erforderlich. Es genügen auch Tätigkeiten geringen Umfangs, wenn diese zur Erledigung des Verfahrens mit beigetragen haben können (Gespräche mit Staatsanwaltschaft/Gericht, kurze Schriftsätze). Nicht ausreichend ist die bloße Verteidigerbestellung oder das Gesuch um Akteneinsicht. 118

Demgegenüber genügt bei einem Strafbefehl bereits die Rücknahme des Einspruchs durch den RA (Gerold/Schmidt/von Eicken/Madert/Müller-Rabe VV 4141 ff. Rn. 27). 119

Wird das Verfahren wegen des Todes des Angeklagten außerhalb der Hauptverhandlung gem. § 206 a StPO eingestellt, so wird der Verteidiger allein deswegen die Gebühr für die Vermeidung der Hauptverhandlung nicht beanspruchen können (AG Koblenz AGS 2004, 390). Dies kann sich anders darstellen, wenn der Verteidiger das Ableben des Angeklagten dem Gericht mitteilt, da dies eine Mitwirkung i. S. v. Nr. 4141 Abs. 2 VV darstellt (Schneider, a. a. O., Nr. 4141 VV Rn. 15). 120

bb) Einziehung und verwandte Maßnahmen (Nr. 4142)

Nr.	Gebührentatbestand	Gebühr oder Satz der Gebühr nach § 13 oder § 49 RVG	
		Wahlanwalt	gerichtlich bestellter oder beigeordneter Rechtsanwalt
4142	Verfahrensgebühr bei Einziehung und verwandten Maßnahmen............ (1) Die Gebühr entsteht für eine Tätigkeit für den Beschuldigten, die sich auf die Einziehung, dieser gleichstehende Rechtsfolgen (§ 442 StPO), die Abführung des Mehrerlöses oder auf eine diesen Zwecken dienende Beschlagnahme bezieht. (2) Die Gebühr entsteht nicht, wenn der Gegenstandswert niedriger als 25,00 EUR ist. (3) Die Gebühr entsteht für das Verfahren des ersten Rechtszugs einschließlich des vorbereitenden Verfahrens und für jeden weiteren Rechtszug.	1,0	1,0

Nr. 4142 VV

121 **Nr. 4142 Abs.** 1 sieht eine besondere Verfahrensgebühr als **Wertgebühr** vor, wenn der RA bei Einziehung und verwandten Maßnahmen (§ 442 StPO – Verfall, Vernichtung, Unbrauchbarmachung, Beseitigung eines gesetzwidrigen Zustands) eine darauf bezogene Tätigkeit für den Beschuldigten ausübt.

121a Die Gebühr entsteht nach **Nr. 4142 Abs.** 2 nicht, soweit der Gegenstandswert niedriger als € 25,00 ist. Eine Anwendung dieses Gebührentatbestands im Bagatellbereich (z. B. Einziehung von Tatwerkzeugen) wird damit vermieden. Die Gebühr entsteht ebenfalls nicht im Hinblick auf eine Entziehung der Fahrerlaubnis (OLG Koblenz AGS 2006, 236 f.; Henke AGS 2007, 545 f.), ebenso wenig im Hinblick auf die Sicherstellung von Beweismitteln (LG Mainz AGS 2007, 139).

121b Eingezogenes Rauschgift hat keinen Gegenstandswert (OLG Koblenz AGS 2006, 236 f., 237 f.; AG Nordhorn AGS 2006, 238 f.; KG RVGreport 2005, Heft 10; ebenso LG Göttingen AGS 2006, 75 mit abl. Anm. Madert). Unversteuerte Zigaretten hingegen haben einen Marktwert, der sich aus dem Materialwert zzgl. der üblichen Handelsspanne errechnet (LG Essen AGS 2006, 501 f.). Wird eine Sache versteigert, so ist Gegenstandswert der objektive Verkehrswert, nicht der Versteigerungserlös (OLG Bamberg AGS 2007, 192 f.).

122 Die Neuregelung sieht gegenüber dem bisherigen Recht eine Änderung insofern vor, als seinerzeit der Gebührenrahmen um einen Betrag bis zu einer entsprechenden Wertgebühr nach § 88 BRAGO überschritten werden konnte, soweit der Gebührenrahmen der §§ 83–86 BRAGO nicht ausreichend war, um die Tätigkeit des RA angemessen zu berücksichtigen. Diese Ermessensregelung wird von der Neuregelung im Hinblick auf die Zunahme von Verfahren mit Einziehungs- oder Verfallerklärung und im Hinblick auf die erhebliche wirtschaftliche Bedeutung, welche die Anordnung dieser Maßnahme für den Beschuldigten haben kann, aufgegeben.

123 Zu beachten ist, dass die Gebühr **Nr. 4142 VV** in jeder Instanz gesondert anfällt. Sie entsteht bereits dann, wenn eine Einziehung nur in Betracht kommt, z. B. weil eine Beschlagnahme des möglichen Einziehungsgegenstands durch die Polizei erfolgte; ein Antrag auf Einziehung ist nicht erforderlich (LG Berlin RVGreport 2005, 193). Sie entsteht auch für eine Beratung des Angeklagten, der Einziehung zuzustimmen (KG RVGreport 2005, Heft 10).

124 Die Gebühr **Nr. 4142 VV** fällt, soweit die weiteren Voraussetzungen vorliegen, auch für den gerichtlich bestellten RA an. Die Höhe der dem gerichtlich bestellten RA zustehenden Gebühr wird durch § 49 auf die einem im Wege der Prozesskostenhilfe beigeordneten RA zustehenden Gebührenbeträge begrenzt.

cc) Vermögensrechtliche Ansprüche (Nrn. 4143, 4144)

Nr.	Gebührentatbestand	Gebühr oder Satz der Gebühr nach § 13 oder § 49 RVG	
		Wahlanwalt	gerichtlich bestellter oder beigeordneter Rechtsanwalt
4143	Verfahrensgebühr für das erstinstanzliche Verfahren über vermögensrechtliche Ansprüche des Verletzten oder seines Erben .... (1) Die Gebühr entsteht auch, wenn der Anspruch erstmalig im Berufungsverfahren geltend gemacht wird. (2) Die Gebühr wird zu einem Drittel auf die Verfahrensgebühr, die für einen bürgerlichen Rechtsstreit wegen desselben Anspruchs entsteht, angerechnet.	2,0	2,0
4144	Verfahrensgebühr im Berufungs- und Revisionsverfahren über vermögensrechtliche Ansprüche des Verletzten oder seines Erben	2,5	2,5

In **Nr. 4143** wird eine besondere Verfahrensgebühr für erstinstanzliche Verfahren über vermögensrechtliche Ansprüche des Verletzten oder seines Erben geregelt. Diese fällt an, wenn der Verletzte oder sein Erbe einen aus der Straftat erwachsenen vermögensrechtlichen Anspruch gegen den Beschuldigten im Wege der **Adhäsionsklage** geltend macht. Auch wenn diese eingereicht wird, wenn sich der Strafprozess in der Rechtsmittelinstanz befindet, gilt dann Nr. 4143 (vgl. Anm. 1 zu Nr. 4143). 125

Der Gebührenanspruch entsteht für jeden RA, wenn dieser am Adhäsionsverfahren als Parteivertreter beteiligt ist, also sowohl für den Verteidiger, als auch z. B. für den Beistand oder Nebenklägervertreter. 126

Vertritt der Rechtsanwalt mehrere Anspruchsteller, so ist Nr. 1008 VV anzuwenden, d. h. es entsteht ein Mehrvertretungszuschlag von 0,3 je weiterem Anspruchsteller, bis maximal 2,0. 126a

Nach dem Wortlaut bezieht sich die Gebühr **Nr. 4143 VV** auf das **erstinstanzliche Verfahren**. Eine auf den vermögensrechtlichen Anspruch bezogene vorgerichtliche Tätigkeit ist daher vom Gebührentatbestand nicht umfasst und somit nach Nr. 2300 VV abzurechnen (a. A. Gerold/Schmidt/von Eicken/Madert/Müller-Rabe VV 4141 ff. Rn. 58 f.). Zu beachten ist, dass eine Anrechnung der Gebühr nach Nr. 2400 VV nicht stattfindet (die Anrechnungsvorschrift von Teil 3 Vorb. 3 Abs. 4 gilt nicht für das Adhäsionsverfahren). 127

Unstreitig ist die Gebühr angefallen, wenn das Gericht gem. § 405 StPO von einer Entscheidung absieht oder der bei Gericht eingereichte Antrag zurückgenommen wird, denn in beiden Fällen hatte das erstinstanzliche Verfahren ja bereits begonnen. 128

Nr. 4144 VV fällt an, wenn sich das Adhäsionsverfahren in der Berufungs- oder Revisionsinstanz befindet. 129

Die Gebühren **Nr. 4143, 4144 VV** sind Festgebühren; für deren Höhe ist unmaßgeblich, ob z. B. die Adhäsionsklage noch vor der Verhandlung zurückgenommen wird, da eine der **Nr. 3101 VV** vergleichbare Regelung in Unterabschnitt 5 nicht vorliegt. 130

Nr. 4145–4146 VV

131 Nach **Nr. 4143 Abs. 2** wird die Gebühr nur zu einem Drittel auf die Verfahrensgebühr angerechnet, die der RA wegen desselben Anspruchs im – unter Umständen trotz des Adhäsionsverfahrens noch notwendigen – bürgerlichen Rechtsstreits (hierzu zählt auch ein arbeitsgerichtliches Verfahren – vgl. Hergenröder AGS 2006, 158 ff.) erhält. Voraussetzung für die Anrechnung ist, dass es sich um denselben Rechtsanwalt handelt, der zunächst im Adhäsionsverfahren und danach im Zivilrechtsstreit tätig ist, und dass sowohl Streitgegenstand als auch Parteien identisch sind.

132 Schließen die Parteien – in oder außerhalb der Hauptverhandlung – einen Vergleich, so fällt für den RA, der hieran mitgewirkt hat, eine Einigungsgebühr gem. **Nr. 1003 VV** an. Das Adhäsionsverfahren ist ebenfalls ein gerichtliches Verfahren i. S. v. **Nr. 1003 VV**, so dass die Anwendung von **Nr. 1000 VV** nicht in Betracht kommt (anders, wenn noch keine Adhäsionsklage eingereicht wurde).

133 Der **Pflichtverteidiger** erhält die Gebühren ebenso. Die Bestellung zum Pflichtverteidiger umfasst auch ohne ausdrückliche diesbezügliche Beiordnung das Adhäsionsverfahren (OLG Köln RVGreport 2005, 316; LG Görlitz AGS 2006, 502 f.; a. A. OLG München StV 2004, 38). Der Gebührenanspruch wird durch § 49 begrenzt.

134 Für den Vertreter des Nebenklägers ist hingegen eine gesonderte Beiordnung erforderlich (OLG Köln, a. a. O.), da die Bestellung zum Beistand des Nebenklägers gem. § 397 a Abs. 1 Satz 1 StPO gerade nicht die Beiordnung für das Adhäsionsverfahren umfasst (BGH NJW 2001, 2486).

dd) Antrag auf gerichtliche Entscheidung oder Beschwerde (Nrn. 4145, 4146)

Nr.	Gebührentatbestand	Gebühr oder Satz der Gebühr nach § 13 oder § 49 RVG	
		Wahlanwalt	gerichtlich bestellter oder beigeordneter Rechtsanwalt
4145	Verfahrensgebühr für das Verfahren über die Beschwerde gegen den Beschluss, mit dem nach § 406 Abs. 5 Satz 2 StPO von einer Entscheidung abgesehen wird	0,5	0,5
4146	Verfahrensgebühr für das Verfahren über einen Antrag auf gerichtliche Entscheidung oder über die Beschwerde gegen eine den Rechtszug beendende Entscheidung nach § 25 Abs. 1 Satz 3 bis 5, § 13 StrRehaG	1,5	1,5

135 Das Gericht hat die Möglichkeit, von einer Entscheidung über den Adhäsionsantrag abzusehen, wenn dieser unzulässig ist, unbegründet erscheint oder sich – z. B. weil eine erhebliche Verzögerung eintreten würde – zur Erledigung im Strafverfahren nicht eignet (§ 406 Abs. 1 StPO). Das Gericht hat aber zu prüfen, ob nicht zumindest ein Grund- oder Teilurteil in Betracht kommt, um dem Opfer die Durchsetzung seiner berechtigten Ansprüche zu erleichtern. Das Absehen von einer Entscheidung hat durch Beschluss zu erfolgen. Gegen diesen ist unter den Voraussetzungen des § 406 a Abs. 1 StPO die sofortige Beschwerde zulässig. Die Tätigkeit des Rechtsanwalts im Beschwerdeverfahren ist dann gem. **Nr. 4145 VV** zu vergüten.

Die in **Nr. 4146 VV** enthaltene Regelung einer Verfahrensgebühr im Verfahren über einen Antrag auf gerichtliche Entscheidung oder über die Beschwerde gegen eine den Rechtszug beendende Entscheidung nach § 25 Abs. 1 Satz 3–5, § 13 StrRehaG entspricht der bisherigen Regelung für den Wahlanwalt in § 96 c BRAGO und für den gerichtlich bestellten RA in den §§ 97 Abs. 1 Satz 4, 96 c BRAGO. 136

ee) Einigungsgebühr im Privatklageverfahren (Nr. 4147)

Nr.	Gebührentatbestand	Gebühr oder Satz der Gebühr nach § 13 oder § 49 RVG	
		Wahlanwalt	gerichtlich bestellter oder beigeordneter Rechtsanwalt
4147	Einigungsgebühr im Privatklageverfahren bezüglich des Strafanspruchs und des Kostenerstattungsanspruchs: Die Gebühr 1000 beträgt .... Für einen Vertrag über sonstige Ansprüche entsteht eine weitere Einigungsgebühr nach Teil 1.	20,00 bis 150,00 EUR	68,00 EUR

Die Höhe der für die Mitwirkung an einer Einigung im Privatklageverfahren zu verdienenden Gebühr regelt **Nr. 4147**, weil auch eine Regelung für den gerichtlich bestellten oder beigeordneten RA erforderlich ist, die nicht in die Tabellenstruktur des Teil 1 hineinpasst. 136

Gleichwohl handelt es sich um eine **Einigungsgebühr,** entsprechend der Regelung in **Nr. 1000.** 137

4. Gebühren in der Strafvollstreckung (Abschnitt 2)

Die Neuregelung stellt eine beachtliche Erhöhung der Gebühren gegenüber der BRAGO für die Tätigkeit in der Zwangsvollstreckung dar. Die Gebührenstruktur orientiert sich an derjenigen für Gebühren in Strafsachen, mit dem Unterschied, dass eine **Grundgebühr** nicht entsteht. Es können Verfahrens- und Terminsgebühren (jeweils ggf. mit Haftzuschlag) anfallen. Die bisher von den Gerichten eher zurückhaltend ausgeübte Möglichkeit einer Pflichtverteidigerbestellung ist ausdrücklich mit berücksichtigt. 138

Die Gebühr fällt an für den RA als **Verteidiger** in der Strafvollstreckung. 139

Zu beachten ist, dass gem. Vorb. 4.2 für ein Beschwerdeverfahren (vgl. § 453 Abs. 2 StPO) gegen die Hauptsacheentscheidung die Gebühren gesondert entstehen, nicht jedoch für einen Antrag auf gerichtliche Entscheidung (Schneider AGS 2006, 317 f.). 140

Nr. 4200–4203 VV

a) Gebühren Nr. 4200–4203 VV

Nr.	Gebührentatbestand	Gebühr oder Satz der Gebühr nach § 13 oder § 49 RVG	
		Wahlanwalt	gerichtlich bestellter oder beigeordneter Rechtsanwalt
Abschnitt 2 – Gebühren in der Strafvollstreckung			

Nr.	Gebührentatbestand	Wahlanwalt	gerichtlich bestellter oder beigeordneter Rechtsanwalt
*Vorbemerkung 4.2:* Im Verfahren über die Beschwerde gegen die Entscheidung in der Hauptsache entstehen die Gebühren besonders.			

4200	Verfahrensgebühr als Verteidiger für ein Verfahren über
	1. die Erledigung oder Aussetzung der Maßregel der Unterbringung
	   a) in der Sicherungsverwahrung,
	   b) in einem psychiatrischen Krankenhaus oder
	   c) in einer Entziehungsanstalt,
	2. die Aussetzung des Restes einer zeitigen Freiheitsstrafe oder einer lebenslangen Freiheitsstrafe oder
	3. den Widerruf einer Strafaussetzung zur Bewährung oder den Widerruf der Aussetzung einer Maßregel der Besserung und Sicherung zur Bewährung
		50,00 bis 560,00 EUR	244,00 EUR

4201	Gebühr 4200 mit Zuschlag	50,00 bis 700,00 EUR	300,00 EUR
4202	Terminsgebühr in den in Nummer 4200 genannten Verfahren	50,00 bis 250,00 EUR	120,00 EUR
4203	Gebühr 4202 mit Zuschlag	50,00 bis 312,50 EUR	145,00 EUR

141 Anwendungsbereich der genannten Gebührentatbestände ist die Verteidigertätigkeit in einem Verfahren über

1. die Erledigung oder Aussetzung der Maßregel der Unterbringung
   a) in der Sicherungsverwahrung,
   b) in einem psychiatrischen Krankenhaus oder
   c) in einer Entziehungsanstalt,
2. die Aussetzung des Restes einer zeitigen oder lebenslangen Freiheitsstrafe oder
3. den Widerruf einer Strafaussetzung oder der Aussetzung einer Maßregel der Besserung und Sicherung zur Bewährung.

Die Strafvollstreckung umfasst somit die Herbeiführung und Überwachung der Durchführung des Urteilsinhalts. Demgegenüber steht der Strafvollzug, der die praktische Durchführung zum Inhalt hat von der Aufnahme des Mandanten in der JVA bis zur Entlassung (vgl. Volpert RVG prof. 2005, 214) und der nach Teil 3 VV RVG abzurechnen ist.

Die Erledigung einer Unterbringung bestimmt sich nach § 67 c Abs. 2 Satz 5 StGB oder nach 142
§ 67 d Abs. 3, 4 StGB. Für die (nachträgliche) Aussetzung der Unterbringung zur Bewährung
gelten die §§ 67 c Abs. 2 Satz 4, 67 d Abs. 2 StGB.

Für die Aussetzung eines Strafrestes zur Bewährung gelten die §§ 57, 57 a StGB. 143

Für den Widerruf der Strafaussetzung zur Bewährung gilt § 56 f StGB, für den Widerruf der 144
Aussetzung einer Maßregel der Besserung und Sicherung zur Bewährung § 67 g StGB.

Soweit eine der o. g. Maßnahmen von der Staatsanwaltschaft beantragt wird, beginnt das Ver- 145
fahren mit dem Eingang des Antrags bei Gericht. Dies gilt entsprechend, wenn z. B. die Aussetzung zur Bewährung vom Verteidiger beantragt wird. Für diesen kann die Verfahrensgebühr allerdings auch schon vorher entstehen, nämlich sobald der Mandant diesen mit entsprechender Antragstellung beauftragt (unabhängig davon, ob der Auftrag dann durchgeführt oder ob der RA dem Mandanten von der Antragstellung abrät). Zu beachten ist, dass das Gericht auch von sich aus tätig werden kann (vgl. Tröndle/Fischer § 56 f StGB Rn. 20), wenn es z. B. über die MiStra Kenntnis von einer neuen Straftat des Verurteilten erhält. In diesem Fall beginnt das Verfahren mit der Verfügung des Gerichts, den Verurteilten anzuhören (§ 453 Abs. 1 Satz 2 StPO).

Die Verfahrensgebühr umfasst das Verfahren bis zu dessen Beendigung, also der Entschei- 146
dung des zuständigen Gerichts, ob eine der in **Nr. 4200 Nr. 1–3 VV** genannten Maßnahmen in Betracht kommt oder nicht.

Soweit gegen den entsprechenden Beschluss des Gerichts Beschwerde eingelegt wird, ist dies 147
ein neues Verfahren und gesondert abzurechnen (s. o.).

Terminsgebühren können entstehen für die Anhörung des Mandanten durch das Gericht, fer- 148
ner ggf. für die Anhörung von Sachverständigen. Die Beschränkung der Anmerkung zu
Nr. 4102 VV (die Gebühr entsteht in jedem Rechtszug für die Teilnahme an bis zu drei Terminen einmal) gilt hier nicht; es ist jeder Termin abzurechnen (Gerold/Schmidt/von Eicken/Madert/Müller-Rabe VV 4200 Rn. 16, 21; a. A. KG AGS 2006, 549 ff.; OLG Hamm AGS 2007, 618).

b) Gebühren für sonstige Verfahren (Nr. 4204–4207)

Nr.	Gebührentatbestand	Gebühr oder Satz der Gebühr nach § 13 oder § 49 RVG	
		Wahlanwalt	gerichtlich bestellter oder beigeordneter Rechtsanwalt
4204	Verfahrensgebühr für sonstige Verfahren in der Strafvollstreckung..........	20,00 bis 250,00 EUR	108,00 EUR
4205	Gebühr 4204 mit Zuschlag............	20,00 bis 312,50 EUR	133,00 EUR
4206	Terminsgebühr für sonstige Verfahren.................................	20,00 bis 250,00 EUR	108,00 EUR
4207	Gebühr 4206 mit Zuschlag............	20,00 bis 312,50 EUR	133,00 EUR

In **Nr. 4204–4207 VV** sind – bei sonst gleichen Voraussetzungen – die sonstigen Verfahren in 149
der Zwangsvollstreckung geregelt. Diese haben in der Regel geringere Bedeutung, so dass
diese Verfahren aus einem abgesenkten Gebührenrahmen abzurechnen sind. Zu denken ist
hier z. B. an Verfahren, in denen es »nur« um die Verlängerung der Bewährungszeit geht,
um nachträgliche Entscheidungen gem. § 56 e StGB. Hierzu gehören weiterhin Entscheidun-

gen gem. § 30 JGG oder die nachträgliche Entscheidung über die Strafaussetzung zur Bewährung gem. § 57 Abs. 1 JGG. Auch ein Antrag auf Haftaufschub oder ein Antrag auf Hafturlaub ist nach diesen Vorschriften abzurechnen.

5. Einzeltätigkeiten (Abschnitt 3)

Nr.	Gebührentatbestand	Gebühr oder Satz der Gebühr nach § 13 oder § 49 RVG	
		Wahlanwalt	gerichtlich bestellter oder beigeordneter Rechtsanwalt
Abschnitt 3 Einzeltätigkeiten			
Vorbemerkung 4.3: (1) Die Gebühren entstehen für einzelne Tätigkeiten, ohne dass dem Rechtsanwalt sonst die Verteidigung oder Vertretung übertragen ist. (2) Beschränkt sich die Tätigkeit des Rechtsanwalts auf die Geltendmachung oder Abwehr eines aus der Straftat erwachsenen vermögensrechtlichen Anspruchs im Strafverfahren, so erhält er die Gebühren nach den Nummern 4143 bis 4145. (3) Die Gebühr entsteht für jede der genannten Tätigkeiten gesondert, soweit nichts anderes bestimmt ist. § 15 RVG bleibt unberührt. Das Beschwerdeverfahren gilt als besondere Angelegenheit. (4) Wird dem Rechtsanwalt die Verteidigung oder die Vertretung für das Verfahren übertragen, werden die nach diesem Abschnitt entstandenen Gebühren auf die für die Verteidigung oder Vertretung entstehenden Gebühren angerechnet.			
4300	Verfahrensgebühr für die Anfertigung oder Unterzeichnung einer Schrift 1. zur Begründung der Revision, 2. zur Erklärung auf die von dem Staatsanwalt, Privatkläger oder Nebenkläger eingelegte Revision oder 3. in Verfahren nach den §§ 57 a und 67 e StGB .... Neben der Gebühr für die Begründung der Revision entsteht für die Einlegung der Revision keine besondere Gebühr.	50,00 bis 560,00 EUR	244,00 EUR

Nr.	Gebührentatbestand	Gebühr oder Satz der Gebühr nach § 13 oder § 49 RVG	
		Wahlanwalt	gerichtlich bestellter oder beigeordneter Rechtsanwalt
4301	Verfahrensgebühr für 1. die Anfertigung oder Unterzeichnung einer Privatklage, 2. die Anfertigung oder Unterzeichnung einer Schrift zur Rechtfertigung der Berufung oder zur Beantwortung der von dem Staatsanwalt, Privatkläger oder Nebenkläger eingelegten Berufung, 3. die Führung des Verkehrs mit dem Verteidiger, 4. die Beistandsleistung für den Beschuldigten bei einer richterlichen Vernehmung, einer Vernehmung durch die Staatsanwaltschaft oder eine andere Strafverfolgungsbehörde oder in einer Hauptverhandlung, einer mündlichen Anhörung oder bei einer Augenscheinseinnahme, 5. die Beistandsleistung im Verfahren zur gerichtlichen Erzwingung der Anklage (§ 172 Abs. 2 bis 4, § 173 StPO) oder 6. sonstige Tätigkeiten in der Strafvollstreckung .... Neben der Gebühr für die Rechtfertigung der Berufung entsteht für die Einlegung der Berufung keine besondere Gebühr.	35,00 bis 385,00 EUR	168,00 EUR
4302	Verfahrensgebühr für 1. die Einlegung eines Rechtsmittels, 2. die Anfertigung oder Unterzeichnung anderer Anträge, Gesuche oder Erklärungen oder 3. eine andere nicht in Nummer 4300 oder 4301 erwähnte Beistandsleistung	20,00 bis 250,00 EUR	108,00 EUR
4303	Verfahrensgebühr für die Vertretung in einer Gnadensache .... Der Rechtsanwalt erhält die Gebühr auch, wenn ihm die Verteidigung übertragen war.	25,00 bis 250,00 EUR	110,00 EUR
4304	Gebühr für den als Kontaktperson beigeordneten Rechtsanwalt (§ 34a EGGVG)		3.000,00 EUR

Nr. 4300–4304 VV

150 Voraussetzung für die Anwendbarkeit von **Nr. 4300–4304 VV** ist, dass es sich um Einzeltätigkeiten des RA handelt, ohne dass ihm sonst die Verteidigung oder Vertretung übertragen ist (Vorb. 4.3 Abs. 1). Der RA kann also nicht nach diesen Gebührentatbeständen abrechnen, wenn er Verteidiger des Beschuldigten ist, z. B. wenn er im jährlichen Überprüfungsverfahren gem. § 67e Abs. 2 StGB als Pflichtverteidiger bestellt wurde. Seine Vergütungsansprüche richten sich dann nach Nr. 4200 ff. VV (KG AGS 2005, 393 ff.; OLG Frankfurt AGS 2006, 76; OLG Jena AGS 2006, 288; KG AGS 2006, 376 f.).

151 War der RA aber z. B. als Verteidiger tätig und ist dieses Mandat beendet, so kann sich eine Einzeltätigkeit anschließen, die dann nach **Nr. 4300–4304 VV** zu vergüten ist (Beispiel: Verteidigung in 1. Instanz, nach Mandatsbeendigung Auftrag zur Fertigung der Revisionsbegründung).

151a Denkbar wäre z. B. eine isolierte Beschwerde des Verteidigers gegen eine Bewährungsauflage. Eine solche Tätigkeit wäre nach Nr. 4302 Nr. 3 VV abzurechnen (AG Hamburg-St. Georg AGS 2007, 39 f.).

152 Die Tätigkeit des RA als Verteidiger endet mit Kündigung des Mandats, sofern dieses nicht erfolgt, mit Rechtskraft der das Verfahren beendenden Entscheidung (die Kostenfestsetzung gehört noch zur Instanz, ebenso das Einlegen eines Rechtsmittels).

153 Erteilt der RA lediglich einen Rat oder eine Auskunft, so gilt hierfür seit dem 01.07.2006 § 34 RVG. Wenn nicht eine Vergütungsvereinbarung abgeschlossen wurde, erhält der Rechtsanwalt hierfür Gebühren nach den Vorschriften des bürgerlichen Rechts. Bei einem Verbraucher ist die Gebühr für ein erstes Beratungsgespräch auf € 190,00 begrenzt, die Gebühr für eine Beratung oder ein schriftliches Gutachten auf € 250,00.

153a Die Prüfung der Erfolgsaussichten eines Rechtsmittels (Berufung oder Revision) ist gem. **Nr. 2102 VV** abzurechnen. Dies gilt auch für den Rechtsanwalt, dem die Verteidigung insgesamt übertragen ist (LG Berlin AGS 2006, 73; a. A. KG, AGS 2006, 433 f. mit abl. Anm. Schneider).

154 Im **Adhäsionsverfahren** erhält der RA, auch wenn es sich für ihn um die einzige Tätigkeit handelt, nicht die Gebühren gem. **Nr. 4300–4304 VV**, sondern gem. **Nr. 4143, 4144 VV** (Vorb. 4.3 Abs. 2).

155 Nach Absatz 3 entsteht die jeweilige Gebühr für jede der genannten Tätigkeiten gesondert, soweit nicht etwas anderes bestimmt ist. **§ 15** bleibt unberührt. Aus Satz 3 dieses Absatzes folgt, dass das **Beschwerdeverfahren** darüber hinaus als besondere Angelegenheit gilt.

156 Wird dem RA die Verteidigung oder die Vertretung für das Verfahren übertragen, werden die nach dem dritten Abschnitt entstandenen Gebühren auf die für die Verteidigung oder Vertretung entstehenden Gebühren angerechnet (Vorb. 4.3 Abs. 4).

157 Beispiel: Nach Fertigung der Schrift zur Rechtfertigung der Berufung wird dem RA die Verteidigung in der Berufungsinstanz übertragen. Angemessen sind jeweils die Mittelgebühren.

Nach Nr. 4301 Nr. 2 VV steht dem RA eine Gebühr von € 210,00 zu. Diese Gebühr wird auf die für die Verteidigung im Berufungsverfahren entstehenden Gebühren angerechnet (dort Verfahrensgebühr – Mittelgebühr: € 270,00).

158 Die Gebührentatbestände gelten durchweg sowohl für den Wahlanwalt wie auch für den Pflichtverteidiger (der freilich für eine der Einzeltätigkeiten vom Gericht bestellt werden müsste), mit Ausnahme von Nr. 4304 VV, der nur für den Pflichtverteidiger gilt, da hier eine anderweitige Tätigkeit als nach Bestellung durch das Gericht nicht in Betracht kommt.

159 Haftzuschläge sind bei diesen Gebührentatbeständen **nicht** vorgesehen.

a) Revisionsverfahren (Nr. 4300)

Der Tatbestand gilt für die Anfertigung oder Unterzeichnung einer Schrift zur **Begründung** der Revision oder zur **Erklärung** auf die von anderer Seite (Staatsanwaltschaft, Privat- oder Nebenkläger) eingelegte Revision. Da sich der Auftrag auf eine einzelne Tätigkeit beschränkt, ist der Gebührenrahmen deutlich geringer als bei der Verfahrensgebühr des Verteidigers im Revisionsverfahren. Liegt dieser Tatbestand vor, kann die Einlegung der Revision nicht gesondert abgerechnet werden.

160

Der Tatbestand gilt ebenso in Verfahren gem. § 57 a StGB (Aussetzung des Strafrestes bei lebenslanger Freiheitsstrafe) und § 67 e StGB (Aussetzung der Unterbringung zur Bewährung), es sei denn, der RA ist hier als Verteidiger tätig (dann gelten die **Nr. 4200–4203 VV**).

161

b) Weitere Verfahrensgebühren (Nr. 4301–4302)

Die Auflistung der **Nr. 4301, 4302 VV** umfasst alle bisher noch nicht in Teil 4 VV berücksichtigten denkbaren Tätigkeiten als RA in Strafsachen (häufig z. B. die Erstattung einer Strafanzeige für den Mandanten). Bei der Rechtfertigung der Berufung **(Nr. 4301 Nr. 2 VV)** ist – wie bei der Revision – zu beachten, dass daneben die Einlegung der Berufung nicht gesondert abgerechnet werden kann. Der Gebührentatbestand von **Nr. 4302 Nr. 1 VV** kann daher nur verwirklicht werden, wenn der Auftrag sich auf die Einlegung des Rechtsmittels beschränkt.

162

Nach dem AG Lingen (AGS 2006, 175 f.; ebenso OLG Oldenburg AGS 2006, 332 f.) soll die Beiordnung eines RA als Zeugenbeistand für die Hauptverhandlung als Einzeltätigkeit gem. Nr. 4301 Nr. 4 abzurechnen sein. Dies steht jedoch sowohl im Widerspruch zum Wortlaut dieser Vorschrift (Beistandsleistung für den **Beschuldigten**) als auch zu Teil 4 Vorb. 4 Abs. 1, wonach die Tätigkeit des Zeugenbeistands nach den gleichen Gebührentatbeständen zu berechnen ist wie die des Verteidigers. Richtigerweise wäre hier also zumindest die Grundgebühr und die Terminsgebühr zuzuerkennen gewesen (siehe auch KG AGS 2006, 176 f.; AGS 2006, 329 ff.). Will der Rechtsanwalt auch eine Verfahrensgebühr beanspruchen, bedarf es allerdings aufgrund des eingeschränkten Aufgabenbereichs des Zeugenbeistands gesonderten Vortrags, durch welche von ihm erbrachten Tätigkeiten die Verfahrensgebühr angefallen sein soll (KG, a. a. O.). Wenn dies dargelegt werden kann, dann kann auch die Verfahrensgebühr beansprucht werden (OLG Koblenz AGS 2006, 598 ff.; OLG Schleswig AGS 2007, 191 f.).

c) Gnadengesuche (Nr. 4303)

Aus **Nr. 4303** folgt der Anspruch auf eine gesonderte Verfahrensgebühr für die Vertretung in einer **Gnadensache**. Klargestellt ist, dass dieser Gebührenanspruch dem RA auch dann zusteht, wenn ihm bereits die Verteidigung übertragen war (ebenso die bisherige Regelung des § 93 BRAGO).

163

d) Kontaktperson (Nr. 4304)

Nach **Nr. 4304** erhält ausschließlich der gerichtlich bestellte oder beigeordnete RA für seine Tätigkeit als Kontaktperson pauschal eine Gebühr in Höhe von € 3.000,00 als Festgebühr. Dies schließt allerdings die Möglichkeit nicht aus, gem. § 51 RVG eine Pauschgebühr zu beantragen, da es sich auch hierbei um die Tätigkeit in einer Strafsache handelt.

164

TEIL 5
BUSSGELDSACHEN

Inhaltsübersicht

	Rn.		Rn.
I. Einleitung	1	3. Verfahren vor dem Amtsgericht (Unterabschnitt 3/Nr. 5107–5112)	23
II. Vorbemerkung 5	4	4. Verfahren über die Rechtsbeschwerde (Unterabschnitt 4/Nr. 5113–5114)	27
III. Gebühren des Verteidigers (Abschnitt 1)	9		
1. Grundgebühr (Unterabschnitt 1)	12	5. Zusätzliche Gebühren (Unterabschnitt 5/Nr. 5115–5116)	29
2. Verfahren vor der Verwaltungsbehörde (Unterabschnitt 2/Nr. 5101–5106))	18	IV. Einzeltätigkeiten (Abschnitt 2)	34

I. Einleitung

Die für das Bußgeldverfahren sich ergebende Gebührenstruktur entspricht der für das Strafverfahren, insbesondere bezogen auf das Vergütungsverzeichnis. **1**

Nunmehr wird im Vergütungsverzeichnis für **Bußgeldsachen** – wie in Strafsachen – eine Dreiteilung der Gebühren vorgenommen. Bußgeldverfahren mit einer **Geldbuße** von weniger als € 40,00 (Punktegrenze für Eintragungen in das Verkehrszentralregister) werden niedriger als nach der BRAGO entgolten. Bei Bußgeldverfahren mit darüber liegenden Geldbußen bis € 5.000,00 entsprechen die Gebühren nach dem Vergütungsverzeichnis in etwa dem Niveau des alten Vergütungsrechts. Bußgeldverfahren mit darüber liegenden Geldbußen und nach Ansicht des Gesetzgebers damit entsprechend hoher Bedeutung für den Betroffenen und in der Regel hohem anwaltlichen Aufwand – so die Begründung des Regierungsentwurfs – werden dagegen besser vergütet als bisher. **2**

Bei Geldbußen von mehr als € 5.000,00 sind die **Bußgeldsenate** der Oberlandesgerichte im Rechtsbeschwerdeverfahren mit drei Richtern besetzt, bei geringeren Geldbußen mit einem Richter (§ 80a Abs. 2 Nr. 1 OWiG). **3**

Vorbemerkung 5

II. Vorbemerkung 5

Nr.	Gebührentatbestand	Gebühr oder Satz der Gebühr nach § 13 oder § 49 RVG	
		Wahlanwalt	gerichtlich bestellter oder beigeordneter Rechtsanwalt
Vorbemerkung 5: (1) Für die Tätigkeit als Beistand oder Vertreter eines Einziehungs- oder Nebenbeteiligten, eines Zeugen oder eines Sachverständigen in einem Verfahren, für das sich die Gebühren nach diesem Teil bestimmen, entstehen die gleichen Gebühren wie für einen Verteidiger in diesem Verfahren. (2) Die Verfahrensgebühr entsteht für das Betreiben des Geschäfts einschließlich der Information. (3) Die Terminsgebühr entsteht für die Teilnahme an gerichtlichen Terminen, soweit nichts anderes bestimmt ist. Der Rechtsanwalt erhält die Terminsgebühr auch, wenn er zu einem anberaumten Termin erscheint, dieser aber aus Gründen, die er nicht zu vertreten hat, nicht stattfindet. Dies gilt nicht, wenn er rechtzeitig von der Aufhebung oder Verlegung des Termins in Kenntnis gesetzt worden ist. (4) Für folgende Tätigkeiten entstehen Gebühren nach den Vorschriften des Teils 3: 1. für das Verfahren über die Erinnerung oder die Beschwerde gegen einen Kostenfestsetzungsbeschluss, für das Verfahren über die Erinnerung gegen den Kostenansatz, für das Verfahren über die Beschwerde gegen die Entscheidung über diese Erinnerung und für Verfahren über den Antrag auf gerichtliche Entscheidung gegen einen Kostenfestsetzungsbescheid und den Ansatz der Gebühren und Auslagen (§ 108 OWiG) und 2. in der Zwangsvollstreckung aus Entscheidungen, die über die Erstattung von Kosten ergangen sind, und für das Beschwerdeverfahren gegen die gerichtliche Entscheidung nach Nummer 1.			

4 Die Vorbemerkungen sind im Wesentlichen identisch mit den Vorbemerkungen zu Teil 4 VV. Auf die dortigen Ausführungen wird verwiesen.

5 In Bußgeldsachen ist die Terminsgebühr – anders als bei Strafsachen – gestaffelt nicht nach der Ordnung des Gerichts, sondern vielmehr nach der Höhe der jeweiligen **Geldbuße**. Soweit mehrere Termine stattfinden, fällt die Terminsgebühr für jeden Tag der Hauptverhandlung an. Sie fällt – wie in Strafsachen – ebenso an, wenn der RA zu einem anberaumten Termin erscheint, dieser aber aus Gründen, die er nicht zu vertreten hat, nicht stattfindet.

6 Ein Haftzuschlag ist in Bußgeldsachen nicht vorgesehen. Soweit in einem Bußgeldverfahren der Mandant (z. B. in anderer Sache) in Haft sitzt, wird der daraus resultierende Mehraufwand bei den Bemessungskriterien des § 14 zu berücksichtigen sein.

7 Absatz 4 der Vorbemerkung 5 bestimmt, dass für dort geregelte Tätigkeiten die Gebühren nach den Vorschriften des Teil 3 VV entstehen. Für **Bußgeldsachen** gilt gem. Absatz 4 Nr. 1, dass für das Verfahren über die Erinnerung oder die Beschwerde gegen einen Kostenfestsetzungsbeschluss, für das Verfahren über die Erinnerung gegen den Kostenansatz und für das Verfahren über die Beschwerde gegen die Entscheidung über diese Erinnerung sowie auch für das Verfahren über den Antrag auf gerichtliche Entscheidung gegen einen Kostenfestsetzungsbeschluss bzw. den Ansatz der Gebühren und Auslagen (§ 108 OWiG) Teil 3 entsprechend anzuwenden ist.

8 In der **Zwangsvollstreckung** aus Entscheidungen, die über die Erstattung von Kosten ergangen sind sowie für das Beschwerdeverfahren gegen die gerichtliche Entscheidung nach Nr. 1 gilt Teil 3 VV, was sich aus Absatz 4 Nr. 2 der Vorbemerkung 5 zu den Bußgeldsachen ergibt.

III. Gebühren des Verteidigers (Abschnitt 1)

Nr.	Gebührentatbestand	Gebühr oder Satz der Gebühr nach § 13 oder § 49 RVG	
		Wahlanwalt	gerichtlich bestellter oder beigeordneter Rechtsanwalt
	Abschnitt 1 **Gebühren des Verteidigers**		
	Vorbemerkung 5.1: (1) Durch die Gebühren wird die gesamte Tätigkeit als Verteidiger entgolten. (2) Hängt die Höhe der Gebühren von der Höhe der Geldbuße ab, ist die zum Zeitpunkt des Entstehens der Gebühr zuletzt festgesetzte Geldbuße maßgebend. Ist eine Geldbuße nicht festgesetzt, richtet sich die Höhe der Gebühren im Verfahren vor der Verwaltungsbehörde nach dem mittleren Betrag der in der Bußgeldvorschrift angedrohten Geldbuße. Sind in einer Rechtsvorschrift Regelsätze bestimmt, sind diese maßgebend. Mehrere Geldbußen sind zusammenzurechnen.		

Auch für Bußgeldsachen gilt, dass durch die Gebühren, die Teil 5 VV dem RA zubilligt, die gesamte Tätigkeit als Verteidiger entgolten wird (Vorb. 5.1 Abs. 1). **9**

Gem. Vorb. 5.1 Abs. 2 ist für den jeweiligen Gebührenrahmen die zum Zeitpunkt des Entstehens der Gebühr zuletzt festgesetzte Geldbuße maßgebend. Wird dem RA der Auftrag zur Verteidigung erteilt, nachdem ein **Bußgeldbescheid** erlassen worden ist, ist die darin festgesetzte Geldbuße zugrunde zu legen. **10**

Soweit der Auftrag bereits bei der Anhörung durch die **Verwaltungsbehörde** erteilt wird, kommt Absatz 2 Satz 2 Nr. 3 der Vorbemerkung zum Tragen. Danach wird die in der konkreten Bußgeldvorschrift angedrohte Geldbuße zugrunde gelegt. Ist die Geldbuße als Mindest-/Höchstbetrag angedroht, ist der mittlere Betrag maßgebend, der – entsprechend der Mittelgebühr – berechnet wird, nämlich durch Addition des Mindest- und des Höchstbetrags und anschließender Division durch zwei. Dass es in diesem Fall zu höheren Gebühren kommen kann als nach der ersten Festsetzung, sei nach Ansicht des Gesetzgebers gemäß der Begründung des Regierungsentwurfs gerechtfertigt, weil für den Mandanten alle Geldbußen bis zum Höchstbetrag im Raum stehen. Entsprechend hoch sei in diesem Stadium die Bedeutung des Verfahrens. Sind in einer Rechtsvorschrift Regelsätze bestimmt, so sind diese für die Bemessung der Gebühr maßgebend. **11**

Nr. 5100 VV

1. Grundgebühr (Unterabschnitt 1)

Nr.	Gebührentatbestand	Gebühr oder Satz der Gebühr nach § 13 oder § 49 RVG	
		Wahlanwalt	gerichtlich bestellter oder beigeordneter Rechtsanwalt
Unterabschnitt 1 **Allgemeine Gebühr**			
5100	Grundgebühr..........................	20,00 bis 150,00 EUR	68,00 EUR
	(1) Die Gebühr entsteht für die erstmalige Einarbeitung in den Rechtsfall nur einmal, unabhängig davon, in welchem Verfahrensabschnitt sie erfolgt. (2) Die Gebühr entsteht nicht, wenn in einem vorangegangenen Strafverfahren für dieselbe Handlung oder Tat die Gebühr 4100 entstanden ist.		

12 Anders als im Strafverfahren ist in Unterabschnitt 1 keine Terminsgebühr vorgesehen, die für die Termine im **Verwaltungsverfahren** ausschließlich in Unterabschnitt 2 eingestellt ist.

13 Die **Grundgebühr (Nr. 5100 VV)** steht in einem engen Zusammenhang mit derselben, die für Strafsachen gilt **(Nr. 4100 VV)**. Nach Absatz 1 gilt identisch, dass diese Gebühr jeweils für die erstmalige Einarbeitung in den Rechtsfall nur einmal entsteht, unabhängig davon, in welchem Verfahrensabschnitt sie erfolgt. Ebenso gilt, dass mit dieser Gebühr der mit der einmaligen Einarbeitung in einen Rechtsfall verbundene Aufwand abgegolten wird. Diese zusätzlich vorgesehene Gebühr ist auch in Bußgeldsachen der Grund dafür, dass die Gebühren für die Wahrnehmung gerichtlicher Termine gestaffelt worden sind nach der Höhe der jeweiligen **Geldbuße** mit der Folge, dass für weniger bedeutungsvolle Angelegenheiten geringere Gebühren gezahlt werden. Diese Neuregelung soll dazu führen, dass ein Teil der derzeit erst für das gerichtliche Verfahren anfallenden Gebühren in das Ermittlungsverfahren vorgezogen werden. Auch hier gilt, dass es für den RA wirtschaftlich interessanter werden soll, zu einer Erledigung des Verfahrens bereits im **Ermittlungsverfahren** beizutragen.

14 Die Grundgebühr honoriert den Arbeitsaufwand, der einmalig mit der Übernahme des Mandats entsteht, also das erste Gespräch mit dem Mandanten und die Beschaffung der erforderlichen Informationen. Da dieser Aufwand auch dann entsteht, wenn der RA nicht schon im Ermittlungsverfahren tätig wird, sondern z. B. in einer Rechtsmittelinstanz, ist es sachgerecht, das Entstehen der Grundgebühr vom Zeitpunkt des Tätigwerdens unabhängig zu machen. Auch bei Bußgeldsachen ist die Grundgebühr als **Rahmengebühr** ausgestaltet, aber der Höhe nach nicht von der Höhe der Geldbuße abhängig.

15 Gem. Anmerkung 2 zu **Nr. 5100 VV** entsteht die Grundgebühr für das Bußgeldverfahren nicht, wenn in einem vorangegangenen **Strafverfahren** für dieselbe Handlung oder Tat bereits die Grundgebühr nach **Nr. 4100 VV** entstanden ist.

16 Diese **Begrenzungsvorschrift** für die **Grundgebühr** ist vorrangig gegenüber **§ 17 Nr. 10,** der bestimmt, dass das strafrechtliche Ermittlungsverfahren und ein nach dessen endgültiger Einstellung sich anschließendes Bußgeldverfahren verschiedene Angelegenheiten sind.

17 Sowohl beim Übergang vom Straf- ins Bußgeldverfahren als auch umgekehrt gilt daher, dass der RA insgesamt nur eine Grundgebühr verdient (er muss sich ja auch nur einmal in den Fall einarbeiten, gleichgültig, ob dieser als Straf- oder als Bußgeldsache beginnt). Dies wird dann

regelmäßig die Grundgebühr des Strafverfahrens sein, die einen höheren Gebührenrahmen hat.

2. Verfahren vor der Verwaltungsbehörde (Unterabschnitt 2/Nr. 5101–5106))

Nr.	Gebührentatbestand	Gebühr oder Satz der Gebühr nach § 13 oder § 49 RVG	
		Wahlanwalt	gerichtlich bestellter oder beigeordneter Rechtsanwalt
	Unterabschnitt 2 **Verfahren vor der Verwaltungsbehörde**		
	Vorbemerkung 5.1.2: (1) Zu dem Verfahren vor der Verwaltungsbehörde gehört auch das Verwarnungsverfahren und das Zwischenverfahren (§ 69 OWiG) bis zum Eingang der Akten bei Gericht. (2) Die Terminsgebühr entsteht auch für die Teilnahme an Vernehmungen vor der Polizei oder der Verwaltungsbehörde.		
5101	Verfahrensgebühr bei einer Geldbuße von weniger als 40,00 EUR	10,00 bis 100,00 EUR	44,00 EUR
5102	Terminsgebühr für jeden Tag, an dem ein Termin in den in Nummer 5101 genannten Verfahren stattfindet	10,00 bis 100,00 EUR	44,00 EUR
5103	Verfahrensgebühr bei einer Geldbuße von 40,00 EUR bis 5.000,00 EUR	20,00 bis 250,00 EUR	108,00 EUR
5104	Terminsgebühr für jeden Tag, an dem ein Termin in den in Nummer 5103 genannten Verfahren stattfindet	20,00 bis 250,00 EUR	108,00 EUR
5105	Verfahrensgebühr bei einer Geldbuße von mehr als 5.000,00 EUR	30,00 bis 250,00 EUR	112,00 EUR
5106	Terminsgebühr für jeden Tag, an dem ein Termin in den in Nummer 5105 genannten Verfahren stattfindet	30,00 bis 250,00 EUR	112,00 EUR

Vorb. 5.1.2, Abs. 1, stellt klar, dass zum Verfahren vor der Verwaltungsbehörde bereits das Verwarnungsverfahren und das Zwischenverfahren (§ 69 OWiG) bis zum Eingang der Akten bei Gericht gilt. Es handelt sich hierbei um eine Angelegenheit. 18

Für die **Terminsgebühr** folgt aus Absatz 2 der Vorbemerkung, dass diese auch entsteht für die Teilnahme an Vernehmungen entweder vor der Polizei oder der Verwaltungsbehörde. Durch die Gesetzesbegründung wird klargestellt, dass dieser Grundsatz im Verfahren vor der Verwaltungsbehörde nicht eingeschränkt, sondern ergänzt wird und die Terminsgebühr in diesem Verfahrensstadium somit beispielsweise auch für die Teilnahme an richterlichen Zeugenvernehmungen (§ 48 OWiG) entsteht. 19

Die in Unterabschnitt 2 geregelten **Verfahrensgebühren/Terminsgebühren** entstehen **gesondert neben** der **Grundgebühr**. 20

Vorb. 5.1.3, Nr. 5107–5112 VV

21 Entsprechend der Höhe der Geldbuße ist der jeweilige **Rahmengebühranspruch** auch für den **Wahlverteidiger** gestaffelt, wobei bezogen auf die jeweilige **Höhe der Geldbuße** auch die **Höhe der Verfahrens- und Terminsgebühr selbst identisch ist**; für den gerichtlich bestellten oder beigeordneten RA entsteht sie jeweils als **Festgebühr** ebenso gestaffelt der Höhe nach abhängig von der Höhe der Geldbuße.

22 Die Terminsgebühr entsteht für jeden Tag, an dem ein Termin in den in **Nr. 5101 VV** genannten Verfahren stattfindet. Der Unterschied zwischen Verfahrensgebühr und Terminsgebühr ist mithin derjenige, dass die Verfahrensgebühr im gerichtlichen Verfahren jeweils nur einmal entstehen kann, demgegenüber die **Terminsgebühr mehrfach**.

3. Verfahren vor dem Amtsgericht (Unterabschnitt 3/Nr. 5107–5112)

Nr.	Gebührentatbestand	Gebühr oder Satz der Gebühr nach § 13 oder § 49 RVG	
		Wahlanwalt	gerichtlich bestellter oder beigeordneter Rechtsanwalt
	Unterabschnitt 3 **Gerichtliches Verfahren im ersten Rechtszug**		
	Vorbemerkung 5.1.3: (1) Die Terminsgebühr entsteht auch für die Teilnahme an gerichtlichen Terminen außerhalb der Hauptverhandlung. (2) Die Gebühren dieses Abschnitts entstehen für das Wiederaufnahmeverfahren einschließlich seiner Vorbereitung gesondert; die Verfahrensgebühr entsteht auch, wenn von der Stellung eines Wiederaufnahmeantrags abgeraten wird.		
5107	Verfahrensgebühr bei einer Geldbuße von weniger als 40,00 EUR	10,00 bis 100,00 EUR	44,00 EUR
5108	Terminsgebühr je Hauptverhandlungstag in den in Nummer 5107 genannten Verfahren	20,00 bis 200,00 EUR	88,00 EUR
5109	Verfahrensgebühr bei einer Geldbuße von 40,00 EUR bis 5.000,00 EUR	20,00 bis 250,00 EUR	108,00 EUR
5110	Terminsgebühr je Hauptverhandlungstag in den in Nummer 5109 genannten Verfahren	30,00 bis 400,00 EUR	172,00 EUR
5111	Verfahrensgebühr bei einer Geldbuße von mehr als 5.000,00 EUR	40,00 bis 300,00 EUR	136,00 EUR
5112	Terminsgebühr je Hauptverhandlungstag in den in Nummer 5111 genannten Verfahren	70,00 bis 470,00 EUR	216,00 EUR

23 Durch die Vorbemerkung 5.1.3 zum Unterabschnitt 3 (Verfahren vor dem **Amtsgericht**) wird klargestellt, dass nach Absatz 1 der Rechtsanwalt die Terminsgebühr im Verfahren vor dem Amtsgericht auch für die Teilnahme an solchen Terminen erhält, bei denen es sich nicht um Hauptverhandlungstermine handelt. Hierzu zählen z. B. richterliche Vernehmungen und Augenscheinseinnahmen.

In durchschnittlichen straßenverkehrsrechtlichen OWi-Verfahren ist grundsätzlich die Mittelgebühr angemessen (AG Saarbrücken AGS 2006, 126; AG Rotenburg AGS 2006, 288; AG Viechtach AGS 2006, 289 f.). Geht es in der Hauptverhandlung um ein Fahrverbot oder um eine Eintragung im Verkehrszentralregister, so indiziert dies die Angemessenheit der Mittelgebühr (AG Frankenthal AGS 2005, 292; AG München AGS 2007, 81 ff.). Dies gilt ebenso, wenn die Tätigkeit des RA umfangreich war (mehrere Besprechungen), dem Betroffenen eine weitere Eintragung im Verkehrszentralregister und ein Fahrverbot drohen, oder Maßnahmen seitens der Fahrerlaubnisbehörde aufgrund von Voreintragungen (AG Viechtach AGS 2006, 239), wenn der Betroffene beruflich auf seinen Führerschein angewiesen ist, und/ oder wenn der zugrunde liegende Meßvorgang bei einer Geschwindigkeitsüberschreitung überprüft werden muss (AG München RVG prof. 2005, 188; AG Saarlouis AGS 2006, 127 f.; AG Altenburg AGS 2006, 128). Die Darlegungs- und Beweislast, dass die vom Anwalt getroffene Gebührenbestimmung unbillig ist, liegt beim Erstattungsschuldner (LG Cottbus AGS 2006, 129; AG Saarbrücken, a.a.O.). Die Inaugenscheinnahme der Unfallstelle durch den Verteidiger ist eine sachgerechte Maßnahme, die beim Aufwand und damit bei der Gebührenbestimmung zu berücksichtigen ist (LG Cottbus, a.a.O.). Für Berufskraftfahrer haben Fahrverbot/Einträge im Verkehrszentralregister eine besondere Bedeutung, was gebührenerhöhend zu berücksichtigen ist (LG Kiel AGS 2007, 140 f.). 24

Aus Absatz 2 folgt, dass die Gebühren dieses Abschnitts auch für das Wiederaufnahmeverfahren einschließlich seiner Vorbereitung gesondert entstehen. Der Gesetzesbegründung ist zu entnehmen, dass nach Absatz 2 Halbsatz 2 der Verteidiger im Wiederaufnahmeverfahren die Verfahrensgebühr auch dann erhält, wenn er von der Stellung eines Wiederaufnahmeantrags abrät. Dies entspricht weitgehend der Regelung, die in **Nr. 4136** für den Verteidiger in Strafsachen vorgesehen ist. 25

Der Gebührenanspruch des RA im Verfahren vor dem Amtsgericht ist – entsprechend der Regelung für das Verfahren vor der Verwaltungsbehörde – nach der Höhe der Geldbuße gestaffelt. 26

4. Verfahren über die Rechtsbeschwerde (Unterabschnitt 4/Nr. 5113–5114)

Nr.	Gebührentatbestand	Gebühr oder Satz der Gebühr nach § 13 oder § 49 RVG	
		Wahlanwalt	gerichtlich bestellter oder beigeordneter Rechtsanwalt
Unterabschnitt 4 **Verfahren über die Rechtsbeschwerde**			
5113	Verfahrensgebühr....................	70,00 bis 470,00 EUR	216,00 EUR
5114	Terminsgebühr je Hauptverhandlungstag................	70,00 bis 470,00 EUR	216,00 EUR

Die Gebühren für das Rechtsbeschwerdeverfahren sind nicht nach der Höhe der Geldbuße gestaffelt; in der Praxis ist bei niedrigen Geldbußen eine Rechtsbeschwerde ohnehin eher selten. 27

Auch im Rechtsbeschwerdeverfahren verbleibt es bei der Aufteilung nach Verfahrensgebühr und Terminsgebühr(en). 28

5. Zusätzliche Gebühren (Unterabschnitt 5/Nr. 5115–5116)

Nr.	Gebührentatbestand	Gebühr oder Satz der Gebühr nach § 13 oder § 49 RVG	
		Wahlanwalt	gerichtlich bestellter oder beigeordneter Rechtsanwalt
	Unterabschnitt 5 Zusätzliche Gebühren		
5115	Durch die anwaltliche Mitwirkung wird das Verfahren vor der Verwaltungsbehörde erledigt oder die Hauptverhandlung entbehrlich: Zusätzliche Gebühr .... (1) Die Gebühr entsteht, wenn 1. das Verfahren nicht nur vorläufig eingestellt wird oder 2. der Einspruch gegen den Bußgeldbescheid zurückgenommen wird oder 3. der Bußgeldbescheid nach Einspruch von der Verwaltungsbehörde zurückgenommen und gegen einen neuen Bußgeldbescheid kein Einspruch eingelegt wird oder 4. sich das gerichtliche Verfahren durch Rücknahme des Einspruchs gegen den Bußgeldbescheid oder der Rechtsbeschwerde des Betroffenen oder eines anderen Verfahrensbeteiligten erledigt; ist bereits ein Termin zur Hauptverhandlung bestimmt, entsteht die Gebühr nur, wenn der Einspruch oder die Rechtsbeschwerde früher als 2 Wochen vor Beginn des Tages, der für die Hauptverhandlung vorgesehen war, zurückgenommen wird, oder 5. das Gericht nach § 72 Abs. 1 Satz 1 OWiG durch Beschluss entscheidet. (2) Die Gebühr entsteht nicht, wenn eine auf die Förderung des Verfahrens gerichtete Tätigkeit nicht ersichtlich ist. (3) Die Höhe der Gebühr richtet sich nach dem Rechtszug, in dem die Hauptverhandlung vermieden wurde. Für den Wahlanwalt bemisst sich die Gebühr nach der Rahmenmitte.	in Höhe der jeweiligen Verfahrensgebühr	
5116	Verfahrensgebühr bei Einziehung und verwandten Maßnahmen	1,0	1,0

Nr.	Gebührentatbestand	Gebühr oder Satz der Gebühr nach § 13 oder § 49 RVG	
		Wahlanwalt	gerichtlich bestellter oder beigeordneter Rechtsanwalt
	(1) Die Gebühr entsteht für eine Tätigkeit für den Betroffenen, die sich auf die Einziehung oder dieser gleichstehende Rechtsfolgen (§ 46 Abs. 1 OWiG, § 442 StPO) oder auf eine diesen Zwecken dienende Beschlagnahme bezieht. (2) Die Gebühr entsteht nicht, wenn der Gegenstandswert niedriger als 25,00 EUR ist. (3) Die Gebühr entsteht nur einmal für das Verfahren vor der Verwaltungsbehörde und dem Amtsgericht. Im Rechtsbeschwerdeverfahren entsteht die Gebühr besonders.		

Der im Unterabschnitt 5 VV geregelte zusätzliche Gebührenanspruch des RA bei Bußgeldsachen ist nahezu identisch mit dem des **Strafverteidigers (Nr. 4141 VV), durch dessen anwaltliche Mitwirkung die Hauptverhandlung entbehrlich wird**. Es kann daher auf die Ausführungen hierzu (s. o. Nr. 4141 Rn. 107 ff.) verwiesen werden. Die Gebühr ist als Festgebühr i. H. der Mittelgebühr anzusehen, abhängig vom jeweiligen Gebührenrahmen der Verfahrensgebühr (vgl. Nr. 5115 Anm. 1 Abs. 3; a. A. AG Viechtach AGS 2006, 130, mit abl. Anm. Schneider). 29

Während der Geltung der BRAGO war heftig umstritten, ob bei einer Rücknahme des Einspruchs gegen den Bußgeldbescheid oder bei der in Abs. 1 Nr. 3 dargestellten Konstellation der Verteidiger die »Erledigungsgebühr« des § 84 Abs. 2 BRAGO beanspruchen könne. Die überwiegende Rechtsprechung stand dem ablehnend gegenüber. Die jetzige Regelung stellt klar, dass das Bemühen des RA um Verfahrenserledigung, soweit es erfolgreich ist, in jedem Stadium des Verfahrens zu honorieren ist. 30

Die Gebühr gem. **Nr. 5115 VV** entsteht auch, wenn bereits eine Hauptverhandlung stattgefunden hat, das Verfahren dann ausgesetzt und später im Beschlusswege entschieden wird (AG Dessau AGS 2006, 240), oder wenn danach das Verfahren eingestellt wird oder der Einspruch gegen den Bußgeldbescheid zurückgenommen wird. 30a

Es ist eine Mitwirkung des Rechtsanwalts erforderlich, um den Gebührentatbestand auszulösen. Das einfache Bestreiten des Tatvorwurfs wird hierfür nicht genügen (AG Halle AGS 2007, 85), ebenso wenig ein Einspruch gegen den Bußgeldbescheid ohne Begründung (AG Viechtach AGS 2007, 308 f.), andererseits kann ausreichend sein die Mitteilung des Rechtsanwalts, sein Mandant werde (auch »vorläufig«) von seinem Schweigerecht Gebrauch machen (AG Charlottenburg AGS 2007, 309 ff.). Eine Mitwirkung des Rechtsanwalts liegt nicht vor, wenn das Verfahren ausschließlich von Amts wegen eingestellt wurde (AG Viechtach AGS 2006, 289). 30b

Zu **Nr. 5115 VV** ist für **Bußgeldsachen** in Absatz 1 Nr. 4 der Anmerkung zu dieser Vorschrift neben den in der Anmerkung zu **Nr. 4141 VV** genannten Fällen die Rücknahme des Einspruchs gegen den Bußgeldbescheid oder der Rechtsbeschwerde des Betroffenen oder eines anderen Verfahrensbeteiligten erwähnt. Nach der Gesetzesbegründung wird für die Rücknahme der Rechtsbeschwerde im Bußgeldverfahren eine Gebührenregelung vorgenommen, die der im Fall der Rücknahme der Revision im Strafverfahren vorgesehenen Vorschrift entspricht (Nr. 4141 Nr. 3). Dies gilt ebenso, wenn nach entsprechendem Schriftsatz des Verteidi- 31

Nr. 5200 VV

gers die Staatsanwaltschaft ihre Rechtsbeschwerde zurücknimmt (LG Stralsund RVGreport 2005, 272).

32 Darüber hinaus entsteht die Zusatzgebühr nach Absatz 1 Nr. 5 der Anmerkung zu **Nr. 5115 VV** dann, wenn das Gericht nach § 72 Abs. 1 Satz 1 OWiG durch Beschluss entscheidet. Diese Vorschrift setzt für eine Entscheidung ohne Hauptverhandlung voraus, dass weder die Staatsanwaltschaft noch der Betroffene widersprechen. Soweit der Anwalt daran mitwirkt, dass sein Mandant nicht widerspricht, macht er ebenfalls eine Hauptverhandlung entbehrlich. Dieser Fall würde bereits nach der Formulierung des Gebührentatbestandes die Zusatzgebühr auslösen, zur Klarstellung soll dieser Gebührentatbestand jedoch ausdrücklich genannt werden. Im Übrigen übernimmt die Regelung den Grundgedanken aus § 105 Abs. 2 Satz 2 BRAGO.

33 Hinsichtlich Nr. 5116 VV wird auf die obigen Ausführungen zu Nr. 4142 Rn. 121 ff. verwiesen.

IV. Einzeltätigkeiten (Abschnitt 2)

Nr.	Gebührentatbestand	Gebühr oder Satz der Gebühr nach § 13 oder § 49 RVG	
		Wahlanwalt	gerichtlich bestellter oder beigeordneter Rechtsanwalt
	Abschnitt 2 Einzeltätigkeiten		
5200	Verfahrensgebühr .... (1) Die Gebühr entsteht für einzelne Tätigkeiten, ohne dass dem Rechtsanwalt sonst die Verteidigung übertragen ist. (2) Die Gebühr entsteht für jede Tätigkeit gesondert, soweit nichts anderes bestimmt ist. § 15 RVG bleibt unberührt. (3) Wird dem Rechtsanwalt die Verteidigung für das Verfahren übertragen, werden die nach dieser Nummer entstandenen Gebühren auf die für die Verteidigung entstehenden Gebühren angerechnet. (4) Der Rechtsanwalt erhält die Gebühr für die Vertretung in der Vollstreckung und in einer Gnadensache auch, wenn ihm die Verteidigung übertragen war.	10,00 bis 100,00 EUR	44,00 EUR

34 Dem RA entstehen für **Einzeltätigkeiten** nach Abschnitt 2, Teil 5 VV vergleichbar mit dem Gebührenanspruch des Strafverteidigers für dessen Einzeltätigkeiten (Teil 4, Abschnitt 3 VV) Gebührenansprüche für die einzelnen Tätigkeiten, wenn dem RA sonst die Verteidigung oder Vertretung nicht übertragen ist, jeweils gesondert für jede Tätigkeit, soweit nichts anderes bestimmt ist, wobei § 15 unberührt bleibt.

35 Wie im Strafverfahren sind Gebührenansprüche für Einzeltätigkeiten auf die für die Verteidigung entstehenden Gebühren anzurechnen, wenn dem RA die Verteidigung übertragen wird.

36 Auch hier ist die Tätigkeit in einer Gnadensache (in der Praxis eher selten) gesondert abzurechnen, auch wenn dem RA vorher die Verteidigung übertragen war.

TEIL 6
SONSTIGE VERFAHREN

Inhaltsübersicht

	Rn.
I. Internationale Rechtshilfe in Strafsachen (Abschnitt 1)	4
1. Anwendungsbereich	4
2. Verfahrensgebühr	8
3. Terminsgebühr	9
II. Disziplinarverfahren sowie Verfahren wegen Verletzung einer Berufspflicht (Abschnitt 2)	12
1. Allgemeine Gebühren (Unterabschnitt 1/Nr. 6200–6201)	18
2. Außergerichtliches Verfahren (Unterabschnitt 2/Nr. 6202)	20
3. Gerichtliches Verfahren (Unterabschnitt 3/Nr. 6203–6215)	23
4. Zusatzgebühr (Unterabschnitt 4/Nr. 6216)	27
III. Gerichtliche Verfahren bei Freiheitsentziehung und in Unterbringungssachen (Abschnitt 3)	31
1. Verfahrensgebühren (Nr. 6300, 6302)	32
2. Terminsgebühren (Nr. 6301, 6303)	34
IV. Besondere Verfahren und Einzeltätigkeiten (Abschnitt 4)	36
1. Verfahren vor dem Truppendienstgericht	38
2. Verfahren vor dem Bundesverwaltungsgericht	40
3. Übrige Verfahren/Einzeltätigkeiten (Nr. 6404)	42

Nr.	Gebührentatbestand	Gebühr	
		Wahlverteidiger oder Verfahrensbevollmächtigter	gerichtlich bestellter oder beigeordneter Rechtsanwalt
Vorbemerkung 6:			
(1) Für die Tätigkeit als Beistand für einen Zeugen oder Sachverständigen in einem Verfahren, für das sich die Gebühren nach diesem Teil bestimmen, entstehen die gleichen Gebühren wie für einen Verfahrensbevollmächtigten in diesem Verfahren.			
(2) Die Verfahrensgebühr entsteht für das Betreiben des Geschäfts einschließlich der Information.			
(3) Die Terminsgebühr entsteht für die Teilnahme an gerichtlichen Terminen, soweit nichts anderes bestimmt ist. Der Rechtsanwalt erhält die Terminsgebühr auch, wenn er zu einem anberaumten Termin erscheint, dieser aber aus Gründen, die er nicht zu vertreten hat, nicht stattfindet. Dies gilt nicht, wenn er rechtzeitig von der Aufhebung oder Verlegung des Termins in Kenntnis gesetzt worden ist.			

Die Gebührenstruktur für die in Teil 6 VV geregelten Verfahren ist im Wesentlichen derjenigen in Straf- und Bußgeldsachen gleich. Insofern wird auf die obigen Ausführungen zu Teil 4 und 5 verwiesen. 1

Die Tätigkeit als Beistand für einen Zeugen oder Sachverständigen steht gebührenrechtlich der eines Verfahrensbevollmächtigten gleich. Auch hinsichtlich Anfall und Umfang von Verfahrens- und Terminsgebühr gelten die Ausführungen zu Teil 4 VV entsprechend. 2

Haftzuschläge sind in Teil 6 VV generell nicht vorgesehen. 3

Nrn. 6100–6101 VV

I. Internationale Rechtshilfe in Strafsachen (Abschnitt 1)

Nr.	Gebührentatbestand	Gebühr oder Satz der Gebühr nach § 13 oder § 49 RVG	
		Wahlanwalt	gerichtlich bestellter oder beigeordneter Rechtsanwalt
Abschnitt 1 **Verfahren nach dem Gesetz über die internationale Rechtshilfe in Strafsachen und Verfahren nach dem IStGH-Gesetz**			
6100	Verfahrensgebühr.....................	80,00 bis 580,00 EUR	264,00 EUR
6101	Terminsgebühr je Verhandlungstag....	110,00 bis 780,00 EUR	356,00 EUR

1. Anwendungsbereich

4 Nach dem IRG kommt in Betracht gemäß

– §§ 2 bis 42 IRG die Auslieferung eines Ausländers in sein Heimatland oder ein Drittland,
– § 38 IRG die Herausgabe von Gegenständen im Auslieferungsverfahren,
– §§ 43 bis 47 IRG die Durchlieferung eines Ausländers durch das deutsche Staatsgebiet in sein Heimatland oder ein Drittland,
– §§ 48 bis 58 IRG die Rechtshilfe durch Vollstreckung ausländischer Erkenntnisse,
– §§ 59–67 a IRG sonstige Rechtshilfe.

5 In Betracht kommt weiterhin eine Tätigkeit des RA nach dem IStGH-Gesetz; dies nimmt jedoch in der Praxis einen untergeordneten Stellenwert ein.

6 Eine **Grundgebühr** ist nach Teil 6 Abschnitt 1 VV **nicht** vorgesehen.

7 Eine Pflichtverteidigerbestellung kommt in Betracht gem. § 40 Abs. 2 IRG (der gem. § 45 Abs. 6 IRG auch für das Durchlieferungsverfahren gilt), im Falle der Vollstreckung ausländischer Erkenntnisse gem. § 53 Abs. 2 IRG. Für sonstige Rechtshilfe ist keine Pflichtverteidigung vorgesehen.

2. Verfahrensgebühr

8 Die Verfahrensgebühr entsteht für den RA mit der Erteilung der Information durch den Mandanten oder mit der Bestellung oder Beiordnung durch das Gericht. Sie ist eine Pauschgebühr und deckt alle Tätigkeiten des RA bis zum Abschluss des Verfahrens ab, mit Ausnahme der eventuell gesondert anfallenden Terminsgebühr. Für den Wahlanwalt gelten für die Bestimmung der Angemessenheit der Gebühr im Einzelfall die Kriterien des § 14.

3. Terminsgebühr

9 Die **Terminsgebühr** entsteht je **Verhandlungstag**, fällt also für jeden Verhandlungstag gesondert an. Vernehmungen des Mandanten (z. B. gem. § 28 Abs. 2 IRG) sind keine Verhandlungen und lösen daher die Terminsgebühr nicht aus (OLG Dresden AGS 2007, 355 f.), ebenso wenig Termine zur Verkündung oder Eröffnung eines Haftbefehls (OLG Köln AGS 2006, 380; OLG Hamburg AGS 2005, 443 f.; AGS 2006, 290 f.; OLG Hamm AGS 2006, 343 ff.). Letztere Auffassung steht allerdings im Widerspruch zum Gesetzeswortlaut (vgl. OLG Hamburg a. a. O., Anm. Schneider).

Eine mündliche Verhandlung kann angeordnet werden vom OLG gem. § 30 Abs. 3 IRG, ggf. 10
erneut gem. § 33 Abs. 3 IRG, gem. § 35 Abs. 2 Satz 1 IRG, im Falle der Vollstreckung ausländischer Erkenntnisse gem. § 52 Abs. 2 Satz 1 IRG, bei sonstiger Rechtshilfe gem. § 61 Abs. 1 Satz 3 IRG. Bei Anrufung des BGH ist eine mündliche Verhandlung nicht vorgesehen (§ 42 Abs. 3 Satz 2 IRG).

Ein Längenzuschlag für den Pflichtverteidiger ist in Abschnitt 1 nicht vorgesehen. 11

II. Disziplinarverfahren sowie Verfahren wegen Verletzung einer Berufspflicht (Abschnitt 2)

Nr.	Gebührentatbestand	Gebühr oder Satz der Gebühr nach § 13 oder § 49 RVG	
		Wahlanwalt	gerichtlich bestellter oder beigeordneter Rechtsanwalt
Abschnitt 2 **Disziplinarverfahren, berufsgerichtliche Verfahren wegen der Verletzung einer Berufspflicht**			
Vorbemerkung 6.2: (1) Durch die Gebühren wird die gesamte Tätigkeit im Verfahren abgegolten. (2) Für die Vertretung gegenüber der Aufsichtsbehörde außerhalb eines Disziplinarverfahrens entstehen Gebühren nach Teil 2. (3) Für folgende Tätigkeiten entstehen Gebühren nach Teil 3: 1. für das Verfahren über die Erinnerung oder die Beschwerde gegen einen Kostenfestsetzungsbeschluss, für das Verfahren über die Erinnerung gegen den Kostenansatz und für das Verfahren über die Beschwerde gegen die Entscheidung über diese Erinnerung, 2. in der Zwangsvollstreckung aus einer Entscheidung, die über die Erstattung von Kosten ergangen ist, und für das Beschwerdeverfahren gegen diese Entscheidung.			

Vorb. 6.2. Abs. 1 und 3 entsprechen den Regelungen im 4. und 5. Teil VV. 12

Vorb. 6.2. Abs. 2 stellt klar, dass Teil 6 Abschnitt 2 VV nur anwendbar ist, wenn ein Diszipli- 13
narverfahren geführt wird. Legt der Beamte z. B. gegen eine behördliche Maßnahme (z. B. seine Abordnung oder Versetzung) Widerspruch ein oder setzt er sich aus anderen Gründen mit dem Dienstherrn auseinander, so ist eine diesbezügliche Vertretung durch den RA nicht nach dem 6. Teil abzurechnen.

Das Disziplinarverfahren ist ein förmliches Verfahren, das für Bundesbeamte im BDG gere- 14
gelt ist, für Landesbeamte in den entsprechenden Landesgesetzen (z. B. in Bayern in der BayDO).

Teil 6 Abschnitt 2 VV ist auch anzuwenden auf berufsgerichtliche Verfahren. Dies betrifft ins- 15
besondere die Berufsgerichte von freiberuflich Tätigen, wie Ärzte, Zahnärzte, Tierärzte, Apotheker, Ingenieure, Architekten, Wirtschaftprüfer, Steuerberater und Rechtsanwälte. Soweit die jeweilige Verfahrensordnung (z. B. die Berufsordnung für Rechtsanwälte – BORA) die Möglichkeit vorsieht, ein berufsrechtliches Verfahren vor- oder außergerichtlich durchzuführen (Rügeverfahren gem. § 74 BORA), ist die diesbezügliche Tätigkeit des RA ebenfalls nach Teil 6 Abschnitt 2 VV abzurechnen.

Die Gebührenstruktur entspricht im Wesentlichen der der **Teile 4 und 5 VV**, mit Grundge- 16
bühr, Verfahrensgebühr und Terminsgebühr. Die Höhe der gerichtlichen Gebührenrahmen

Nrn. 6200–6201 VV

entspricht exakt derjenigen im Strafverfahren für ein erstinstanzliches Verfahren vor der Strafkammer, Berufung und Revision.

17 Ein Haftzuschlag ist nach Abschnitt 2 nicht vorgesehen, wohl aber ein Längenzuschlag für den Pflichtverteidiger. Die Pflichtverteidigerbestellung ist in den Disziplinargesetzen nicht explizit geregelt, ergibt sich aber z. B. in der BayDO aus Art. 26 (ergänzende Geltung der StPO).

Nr.	Gebührentatbestand	Gebühr oder Satz der Gebühr nach § 13 oder § 49 RVG	
		Wahlanwalt	gerichtlich bestellter oder beigeordneter Rechtsanwalt
Unterabschnitt 1 **Allgemeine Gebühren**			
6200	Grundgebühr.................... Die Gebühr entsteht für die erstmalige Einarbeitung in den Rechtsfall nur einmal, unabhängig davon, in welchem Verfahrensabschnitt sie erfolgt.	30,00 bis 300,00 EUR	132,00 EUR
6201	Terminsgebühr für jeden Tag, an dem ein Termin stattfindet............... Die Gebühr entsteht für die Teilnahme an außergerichtlichen Anhörungsterminen und außergerichtlichen Terminen zur Beweiserhebung.	30,00 bis 312,50 EUR	137,00 EUR
Unterabschnitt 2 **Außergerichtliches Verfahren**			
6202	Verfahrensgebühr.................... (1) Die Gebühr entsteht gesondert für eine Tätigkeit in einem dem gerichtlichen Verfahren vorausgehenden und der Überprüfung der Verwaltungsentscheidung dienenden weiteren außergerichtlichen Verfahren. (2) Die Gebühr entsteht für eine Tätigkeit in dem Verfahren bis zum Eingang des Antrags oder der Anschuldigungsschrift bei Gericht.	30,00 bis 250,00 EUR	112,00 EUR
Unterabschnitt 3 **Gerichtliches Verfahren** **Erster Rechtszug**			
Vorbemerkung 6.2.3: Die nachfolgenden Gebühren entstehen für das Wiederaufnahmeverfahren einschließlich seiner Vorbereitung gesondert.			
6203	Verfahrensgebühr....................	40,00 bis 270,00 EUR	124,00 EUR
6204	Terminsgebühr je Verhandlungstag ...	70,00 bis 470,00 EUR	216,00 EUR

Nr.	Gebührentatbestand	Gebühr oder Satz der Gebühr nach § 13 oder § 49 RVG	
		Wahlanwalt	gerichtlich bestellter oder beigeordneter Rechtsanwalt
6205	Der gerichtlich bestellte Rechtsanwalt nimmt mehr als 5 und bis 8 Std. an der Hauptverhandlung teil: Zusätzliche Gebühr neben der Gebühr 6204		108,00 EUR
6206	Der gerichtlich bestellte Rechtsanwalt nimmt mehr als 8 Std. an der Hauptverhandlung teil: Zusätzliche Gebühr neben der Gebühr 6204		216,00 EUR
Zweiter Rechtszug			
6207	Verfahrensgebühr	70,00 bis 470,00 EUR	216,00 EUR
6208	Terminsgebühr je Verhandlungstag	70,00 bis 470,00 EUR	216,00 EUR
6209	Der gerichtlich bestellte Rechtsanwalt nimmt mehr als 5 und bis 8 Std. an der Hauptverhandlung teil: Zusätzliche Gebühr neben der Gebühr 6208		108,00 EUR
6210	Der gerichtlich bestellte Rechtsanwalt nimmt mehr als 8 Std. an der Hauptverhandlung teil: Zusätzliche Gebühr neben der Gebühr 6208		216,00 EUR
Dritter Rechtszug			
6211	Verfahrensgebühr	100,00 bis 930,00 EUR	412,00 EUR
6212	Terminsgebühr je Verhandlungstag	100,00 bis 470,00 EUR	228,00 EUR
6213	Der gerichtlich bestellte Rechtsanwalt nimmt mehr als 5 und bis 8 Std. an der Hauptverhandlung teil: Zusätzliche Gebühr neben der Gebühr 6212		114,00 EUR
6214	Der gerichtlich bestellte Rechtsanwalt nimmt mehr als 8 Std. an der Hauptverhandlung teil: Zusätzliche Gebühr neben der Gebühr 6212		228,00 EUR

Nr.	Gebührentatbestand	Gebühr oder Satz der Gebühr nach § 13 oder § 49 RVG	
		Wahlanwalt	gerichtlich bestellter oder beigeordneter Rechtsanwalt
6215	Verfahrensgebühr für das Verfahren über die Beschwerde gegen die Nichtzulassung der Revision	60,00 bis 930,00 EUR	396,00 EUR
	Unterabschnitt 4 Zusatzgebühr		
6216	Durch die anwaltliche Mitwirkung wird die mündliche Verhandlung entbehrlich: Zusätzliche Gebühr .... (1) Die Gebühr entsteht, wenn eine gerichtliche Entscheidung mit Zustimmung der Beteiligten ohne mündliche Verhandlung ergeht oder einer beabsichtigten Entscheidung ohne Hauptverhandlungstermin nicht widersprochen wird. (2) Die Gebühr entsteht nicht, wenn eine auf die Förderung des Verfahrens gerichtete Tätigkeit nicht ersichtlich ist. (3) Die Höhe der Gebühr richtet sich nach dem Rechtszug, in dem die Hauptverhandlung vermieden wurde. Für den Wahlanwalt bemisst sich die Gebühr nach der Rahmenmitte.	in Höhe der jeweiligen Verfahrensgebühr	

1. Allgemeine Gebühren (Unterabschnitt 1/Nr. 6200–6201)

18 Entsprechend den Ausführungen zu **Nr. 4100 VV** entsteht auch hier die **Grundgebühr (Nr. 6200 VV)** für die erstmalige Einarbeitung in den Rechtsfall nur einmal, unabhängig davon, in welchem Verfahrensabschnitt sie erfolgt.

19 Auch im Disziplinarverfahren kann nunmehr eine außergerichtliche **Terminsgebühr (Nr. 6201 VV)** entstehen. Dies wird nach der Anmerkung zu Nr. 6201 VV der Fall sein, wenn eine Anhörung des Mandanten erfolgt oder wenn Termine zur Beweiserhebung erfolgen.

2. Außergerichtliches Verfahren (Unterabschnitt 2/Nr. 6202)

20 Aus **Nr. 6202 Abs. 1** ergibt sich, dass die **Verfahrensgebühr** gesondert entsteht für eine Tätigkeit in einem dem gerichtlichen Verfahren vorausgehenden und der Überprüfung der Verwaltungsentscheidung dienenden weiteren außergerichtlichen Verfahren. Nach der amtlichen Gesetzesbegründung entspricht dies der für das **Verwaltungsverfahren** in Teil 2 Abschnitt 4 VV vorgeschlagenen Systematik. Die dort vorgesehene Anrechnung wird jedoch vorliegend für dieses Verfahren nicht übernommen, weil der durch die Tätigkeit in dem früheren Verfahrensabschnitt ersparte Aufwand bei der Bestimmung der Gebühr innerhalb des Rahmens berücksichtigt werden kann.

21 Das Verfahren beginnt mit der Einleitung disziplinarrechtlicher Vorermittlungen durch den Dienstherrn. Gibt dieser z. B. einer Dienstaufsichtsbeschwerde mangels Begründetheit keine

Folge, so hat das Verfahren noch nicht begonnen. Das Verfahren kann weiter beginnen durch den Antrag des Beamten, gegen sich ein Disziplinarverfahren einzuleiten, um sich von Vorwürfen zu befreien.

Das außergerichtliche Verfahren endet mit dem Eingang des Antrags oder der Anschuldigungsschrift bei Gericht 22

3. Gerichtliches Verfahren (Unterabschnitt 3/Nr. 6203–6215)

Ebenso wie im Strafverfahren entsteht hier – ggf. pro Instanz – eine Verfahrensgebühr. Diese 23 wird in 1. Instanz ausgelöst, sobald der Antrag bzw. die Anschuldigungsschrift bei Gericht eingeht. Das Verfahren endet mit Abschluss der Instanz. Soweit ein Rechtsmittel eingelegt wird, gehört dies – ebenso wie im Strafverfahren – noch zur vorhergehenden Instanz. Durch jede weitere Tätigkeit (z. B. weitere Besprechungen mit dem Mandanten hinsichtlich des Vorgehens im Rechtsmittelverfahren, Begründung des Rechtsmittels) löst die Verfahrensgebühr der Rechtsmittelinstanz aus.

Verfahrens- und evtl. Terminsgebühren des ersten Rechtszugs entstehen auch, wenn ein Wiederaufnahmeverfahren betrieben wird (vgl. Vorb. 6.2.3), nicht jedoch die Grundgebühr (ebenso wie beim Strafverfahren). 24

Auch hier gilt, dass die Terminsgebühren für jeden Verhandlungstag gesondert anfallen. Auf 25 die Längenzuschläge für den Pflichtverteidiger wird verwiesen, im Übrigen auf die Kommentierung zu **Teil 4 VV**.

Eine **besondere Verfahrensgebühr** entsteht für das Verfahren über die **Beschwerde** gegen die 26 Nichtzulassung der Revision, die allerdings der Höhe nach niedriger ist als die Verfahrensgebühr für das Revisionsverfahren selbst. Der Gesetzgeber führt hierzu aus, dass nach **§ 17 Nr. 9** das Revisionsverfahren und das Verfahren über die Beschwerde gegen ihre Nichtzulassung **verschiedene Angelegenheiten** bilden, was sich seinerzeit aus § 109 Abs. 5 BRAGO i. V. m. § 14 Abs. 2 Satz 1 BRAGO ergab. Daher soll für dieses Verfahren auch eine gesonderte Verfahrensgebühr entstehen.

4. Zusatzgebühr (Unterabschnitt 4/Nr. 6216)

Nach **Nr. 6216** entsteht für den **Wahlanwalt** und für den **Pflichtverteidiger** eine **Zusatzgebühr** in Höhe der jeweiligen Verfahrensgebühr, soweit durch die **anwaltliche Mitwirkung** die mündliche Verhandlung entbehrlich wird. Diese Regelung soll, vergleichbar den Regelungen in den Verfahren gem. **Teil 4 und 5 VV**, die besonderen Bemühungen des Rechtsanwalts honorieren, die eine mündliche Verhandlung im gerichtlichen Verfahren entbehrlich macht. Vorliegend kommen insbesondere die Fälle des § 59 BDG und des § 102 WDO in Betracht. In Betracht kommt z. B. auch eine Beendigung des Verfahrens durch Disziplinargerichtsbescheid. 27

Nach Anmerkung 1 entsteht die Gebühr, soweit eine gerichtliche Entscheidung mit Zustim- 28 mung der Beteiligten ohne mündliche Verhandlung ergeht oder einer beabsichtigten Entscheidung ohne Hauptverhandlungstermin nicht widersprochen wird.

Auch hier gilt, dass die Gebühr nicht entsteht, wenn eine auf die Förderung des Verfahrens 29 gerichtete Tätigkeit des RA nicht ersichtlich ist.

Nach Anmerkung 3 Satz 1 richtet sich die Höhe der Gebühr nach dem **Rechtszug,** in dem die 30 Hauptverhandlung vermieden wurde und zwar grundsätzlich in Höhe der jeweiligen Verfahrensgebühr, für den **Wahlanwalt** allerdings mit der Einschränkung, dass sich die Gebühr nach der **Rahmenmitte** bemisst (Anmerkung 3 Satz 2).

III. Gerichtliche Verfahren bei Freiheitsentziehung und in Unterbringungssachen (Abschnitt 3)

Nr.	Gebührentatbestand	Gebühr oder Satz der Gebühr nach § 13 oder § 49 RVG	
		Wahlanwalt	gerichtlich bestellter oder beigeordneter Rechtsanwalt
Abschnitt 3 **Gerichtliche Verfahren bei Freiheitsentziehung und in Unterbringungssachen**			
6300	Verfahrensgebühr bei erstmaliger Freiheitsentziehung nach dem Gesetz über das gerichtliche Verfahren bei Freiheitsentziehungen und bei Unterbringungsmaßnahmen nach § 70 Abs. 1 FGG .... Die Gebühr entsteht für jeden Rechtszug.	30,00 bis 400,00 EUR	172,00 EUR
6301	Terminsgebühr in den Fällen der Nummer 6300 .... Die Gebühr entsteht für die Teilnahme an gerichtlichen Terminen.	30,00 bis 400,00 EUR	172,00 EUR
6302	Verfahrensgebühr in sonstigen Fällen .... Die Gebühr entsteht für jeden Rechtszug des Verfahrens über die Fortdauer der Freiheitsentziehung und über Anträge auf Aufhebung der Freiheitsentziehung sowie des Verfahrens über die Aufhebung oder Verlängerung einer Unterbringungsmaßnahme nach § 70i FGG.	20,00 bis 250,00 EUR	108,00 EUR
6303	Terminsgebühr in den Fällen der Nummer 6302 .... Die Gebühr entsteht für die Teilnahme an gerichtlichen Terminen.	20,00 bis 250,00 EUR	108,00 EUR

31 Anwendungsbereich dieser Vergütungsvorschriften ist das Gesetz über das gerichtliche Verfahren bei Freiheitsentziehungen (FreihEntzG) und § 70 FGG. Letztere Vorschrift beinhaltet u. a. die Unterbringung eines Kindes, eines Betreuten (oder einer Person, die einen Dritten zu ihrer Unterbringung, die mit Freiheitsentziehung verbunden ist, bevollmächtigt hat), die Freiheitsentziehung in einem Heim oder einer Anstalt durch mechanische Vorrichtungen, Medikamente oder in anderer Weise, insbesondere auch die Anordnung einer freiheitsentziehenden Unterbringung nach den Landesgesetzen über die Unterbringung psychisch Kranker.

1. Verfahrensgebühren (Nr. 6300, 6302)

32 Bei **erstmaliger Freiheitsentziehung** entsteht eine **Verfahrensgebühr** gem. **Nr. 6300 VV**. Diese Gebühr entsteht für jeden Rechtszug neu, also für ein eventuelles Beschwerdeverfahren. Sie gilt mit Ausnahme der Terminsgebühren die gesamte Tätigkeit des RA ab, von der

Erteilung des Auftrags bis zum Abschluss der Angelegenheit. Sie beinhaltet auch die richterliche Nachprüfung der Maßnahme.

Wird die Freiheitsentziehung (die ja zeitlich befristet ist) fortgesetzt, so entsteht für den RA erneut eine Verfahrensgebühr, und zwar gem. **Nr. 6302 VV**. Da der RA bereits mit der Angelegenheit vertraut ist, fällt der Aufwand der Einarbeitung – zumindest weitgehend – weg, so dass der Gebührenrahmen abgesenkt ist. 33

2. Terminsgebühren (Nr. 6301, 6303)

In derselben Höhe wie die Verfahrensgebühr entsteht je eine **Terminsgebühr** nach **Nr. 6301** für die Teilnahme an gerichtlichen Terminen. Aufgrund der Anmerkung (Teilnahme an gerichtlichen **Terminen**) ist davon auszugehen, dass die Terminsgebühr nur einmal entsteht, auch wenn mehrere Termine zur mündlichen Anhörung (des Mandanten) oder Vernehmung (von Zeugen und Sachverständigen) stattfinden. 34

Für Termine in sonstigen Fällen (Nr. 6302 VV) entsteht die Terminsgebühr ebenfalls aus einem abgesenkten Gebührenrahmen. Zur Begründung wird auf die obigen Ausführungen verwiesen. 35

IV. Besondere Verfahren und Einzeltätigkeiten (Abschnitt 4)

Nr.	Gebührentatbestand	Gebühr oder Satz der Gebühr nach § 13 oder § 49 RVG	
		Wahlanwalt	gerichtlich bestellter oder beigeordneter Rechtsanwalt
Abschnitt 4 Besondere Verfahren und Einzeltätigkeiten			
Vorbemerkung 6.4: Die Gebühren nach diesem Abschnitt entstehen in Verfahren 1. auf gerichtliche Entscheidung nach der WBO, auch in Verb. mit § 42 WDO, 2. auf Abänderung oder Neubewilligung eines Unterhaltsbeitrags, 3. vor dem Dienstvorgesetzten über die nachträgliche Aufhebung einer Disziplinarmaßnahme und 4. auf gerichtliche Entscheidung über die nachträgliche Aufhebung einer Disziplinarmaßnahme.			

Aus der amtlichen Gesetzesbegründung folgt, dass die in Nr. 1 der Vorbemerkung genannten Verfahren nach der **Wehrbeschwerdeordnung** (WBO) aus § 109 a BRAGO übernommen worden sind. Die Höhe der Mindest- und der Höchstgebühr des Gebührenrahmens entspricht jeweils der Summe der entsprechenden Gebühren nach den **Nrn. 6200, 6203 VV**. Eine **Grundgebühr** ist allerdings **nicht** vorgesehen. 36

Nach Nr. 2 der Vorbemerkung treten die in Abschnitt 4 geregelten Gebühren für besondere Verfahren und Einzeltätigkeiten an die Stelle des § 109 Abs. 6 BRAGO, der Verfahren auf Abänderung oder Neubewilligung eines Unterhaltsbeitrages regelte. Die in Nrn. 3, 4 der Vorbemerkung genannten Verfahren vor dem Dienstvorgesetzten über die nachträgliche Aufhebung einer Disziplinarmaßnahme (Nr. 3) und auf gerichtliche Entscheidung über die nachträgliche Aufhebung einer Disziplinarmaßnahme (Nr. 4) treten an die Stelle des § 109 Abs. 7 BRAGO. 37

Nrn. 6401–6403 VV

1. Verfahren vor dem Truppendienstgericht

Nr.	Gebührentatbestand	Gebühr oder Satz der Gebühr nach § 13 oder § 49 RVG	
		Wahlanwalt	gerichtlich bestellter oder beigeordneter Rechtsanwalt
6401	Terminsgebühr je Verhandlungstag in den in Nummer 6400 genannten Verfahren	70,00 bis 570,00 EUR	
6402	Verfahrensgebühr für das Verfahren auf gerichtliche Entscheidung nach der WBO vor dem Bundesverwaltungsgericht	85,00 bis 665,00 EUR	

38 Es entstehen Gebühren nur für den Wahlverteidiger oder Verfahrensbevollmächtigten. Eine gerichtliche Bestellung entsprechend § 90 WDO ist in gerichtlichen Antragsverfahren nach der Wehrbeschwerdeordnung (WBO) nicht möglich.

39 Es entsteht eine **Terminsgebühr (Nr. 6401 VV)** je Verhandlungstag für die in **Nr. 6400** genannten Verfahren für den Wahlverteidiger in derselben Höhe wie die Verfahrensgebühr.

2. Verfahren vor dem Bundesverwaltungsgericht

Nr.	Gebührentatbestand	Gebühr oder Satz der Gebühr nach § 13 oder § 49 RVG	
		Wahlanwalt	gerichtlich bestellter oder beigeordneter Rechtsanwalt
6402	Verfahrensgebühr für das Verfahren auf gerichtliche Entscheidung nach der WBO vor dem Bundesverwaltungsgericht	85,00 bis 665,00 EUR	
6403	Terminsgebühr je Verhandlungstag in den in Nummer 6402 genannten Verfahren	85,00 bis 665,00 EUR	

40 Die **Verfahrensgebühr** für das Verfahren auf gerichtliche Entscheidung nach der WBO vor dem **Bundesverwaltungsgericht** beträgt gem. **Nr. 6402** als Rahmengebühr für den Wahlanwalt € 85,00 bis € 665,00, sie entsteht als Mittelgebühr in Höhe von € 375,00.

41 Je Verhandlungstag entsteht in den in **Nr. 6402** genannten Verfahren je eine gesonderte **Terminsgebühr (Nr. 6403 VV)** in derselben Höhe wie die Verfahrensgebühr.

3. Übrige Verfahren/Einzeltätigkeiten (Nr. 6404)

Nr.	Gebührentatbestand	Gebühr oder Satz der Gebühr nach § 13 oder § 49 RVG	
		Wahlanwalt	gerichtlich bestellter oder beigeordneter Rechtsanwalt
6404	Verfahrensgebühr für die übrigen Verfahren und für Einzeltätigkeiten .... (1) Für eine Einzeltätigkeit entsteht die Gebühr, wenn dem Rechtsanwalt nicht die Verteidigung oder Vertretung übertragen ist. (2) Die Gebühr entsteht für jede einzelne Tätigkeit gesondert, soweit nichts anderes bestimmt ist. § 15 RVG bleibt unberührt. (3) Wird dem Rechtsanwalt die Verteidigung oder Vertretung für das Verfahren übertragen, werden die nach dieser Nummer entstandenen Gebühren auf die für die Verteidigung oder Vertretung entstehenden Gebühren angerechnet.	20,00 bis 250,00 EUR	108,00 EUR

Für die in Abschnitt 4 genannten übrigen Verfahren – all diejenigen Verfahren mit Ausnahme der Verfahren auf gerichtliche Entscheidung nach der WBO – auch i. V. m. § 42 WBO (Nr. 1 der Vorbemerkung) – entstehen gem. **Nr. 6404 VV** nur **Verfahrensgebühren** und zwar für die übrigen Verfahren auf Abänderung oder Neubewilligung eines Unterhaltsbeitrages (Nr. 2 der Vorbemerkung), Verfahren vor dem Dienstvorgesetzten über die nachträgliche Aufhebung einer Disziplinarmaßnahme (Nr. 3 der Vorbemerkung) und Verfahren auf gerichtliche Entscheidung über die nachträgliche Aufhebung einer Disziplinarmaßname (Nr. 4 der Vorbemerkung). 42

Auch hier gilt, dass die Gebühr für jede einzelne Tätigkeit **gesondert** entsteht, soweit nicht etwas anderes bestimmt ist. **§ 15** bleibt unberührt. 43

Wird dem RA die Verteidigung oder Vertretung für das Verfahren übertragen, so werden die nach **Nr. 6404** entstandenen Gebühren auf die für die Verteidigung oder Vertretung entstehenden Gebühren angerechnet (**Nr. 6404 Abs. 3**). 44

TEIL 7
AUSLAGEN

Vorbemerkung 7 VV

Nr.	Auslagentatbestand	Höhe
Vorbemerkung 7: (1) Mit den Gebühren werden auch die allgemeinen Geschäftskosten entgolten. Soweit nachfolgend nichts anderes bestimmt ist, kann der Rechtsanwalt Ersatz der entstandenen Aufwendungen (§ 675 in Verb. mit § 670 BGB) verlangen. (2) Eine Geschäftsreise liegt vor, wenn das Reiseziel außerhalb der Gemeinde liegt, in der sich die Kanzlei oder die Wohnung des Rechtsanwalts befindet. (3) Dient eine Reise mehreren Geschäften, sind die entstandenen Auslagen nach den Nummern 7003 bis 7006 nach dem Verhältnis der Kosten zu verteilen, die bei gesonderter Ausführung der einzelnen Geschäfte entstanden wären. Ein Rechtsanwalt, der seine Kanzlei an einen anderen Ort verlegt, kann bei Fortführung eines ihm vorher erteilten Auftrags Auslagen nach den Nummern 7003 bis 7006 nur insoweit verlangen, als sie auch von seiner bisherigen Kanzlei aus entstanden wären.		

Inhaltsübersicht

	Rn.
A. Allgemeines	1
B. Kommentierung	5
I. Absatz 1	5
a) Allgemeine Geschäftskosten, Abs. 1 Satz 1	5
b) Besondere Auslagen, Abs. 1 Satz 2	8
aa) Konkret aufgeführte Auslagen	8
bb) Sonstige besondere Auslagen	8a
II. Absatz 2 – Geschäftsreise	9
III. Absatz 3 – Mehrere Geschäftsreisen / Kanzleiverlegung	14
1. Mehrere Geschäftsreisen	14
2. Kanzleiverlegung	16

A. Allgemeines

Das RVG setzt in § 1 einen Anspruch des Anwalts auf Vergütung seiner Tätigkeit voraus und bestimmt, dass sich diese nach dem Rechtsanwaltsvergütungsgesetz bemisst. Die Vergütung umfasst die gesetzlichen Gebühren und Auslagen. Vorbemerkung 7 Satz 1 bestimmt, dass mit den Gebühren auch die **allgemeinen** Geschäftsunkosten entgolten werden. Mit Satz 2 erfolgt eine Konkretisierung dahingehend, dass, soweit nachfolgend – das meint die nachfolgenden VV-Nummern des Teils 7 – nichts anderes bestimmt ist, der Anwalt den Ersatz der entstandenen Aufwendungen verlangen kann. Im Vergütungsverzeichnis wird anstelle des Begriffes Aufwendungen der Begriff Auslagen verwandt. 1

Ob der Anwalt Anspruch auf Ersatz von Auslagen hat, die nicht unter die Konkretisierung in Satz 2 fallen (vgl. Rn. 8), bestimmt das Bürgerliche Recht (§§ 675, 670 BGB). Es gelten die Bestimmungen über den Auftrag; danach sind dem Anwalt Auslagen zu erstatten, soweit er sie bei sorgsamer vernünftiger Überlegung für erforderlich halten durfte (§ 670 BGB). 2

Da die Auslagen einen Teil des Vergütungsanspruches des Anwalts darstellen (vgl. § 1 Abs. 1 Satz 1 RVG), ist Voraussetzung für die Erstattung durch den Mandanten ein Mandatsverhältnis, der Mandant muss also einen Auftrag erteilt haben. Entstehen dem Anwalt Auslagen, weil er z. B. Fotokopien von Unterlagen des Mandanten anfertigt, um überhaupt entscheiden zu können, ob er ein bestimmtes Mandat annimmt, und kommt das Mandat letztlich nicht zustande, so dürfte auch für das Anfertigen der Kopien ein entsprechender Auftrag des Man- 3

Vorbemerkung 7 VV

danten zu sehen sein mit der Folge, dass der Anwalt die Kopiekosten gemäß Nr. 7000 vom Mandanten erstattet verlangen kann.

4   Nach § 11 Abs. 1 können – im Unterschied zur BRAGO – auch Auslagen, soweit sie im gerichtlichen Verfahren entstanden sind, gegen den Auftraggeber festgesetzt werden. Hierzu zählen ausdrücklich auch die besonderen Auslagen (vgl. Rn. 8 a), die nicht konkret in den VV-Nummern 7000 ff. genannt sind, sondern die der Anwalt gemäß § 670 BGB als Aufwendungsersatz vom Mandanten verlangen kann.

B. Kommentierung

I. Absatz 1

a) Allgemeine Geschäftskosten, Abs. 1 Satz 1

5   Grundsätzlich gilt, dass die Gebühren, die vom Auftraggeber an den Anwalt gezahlt werden, die Gegenleistung darstellen für die auftragsgemäß erbrachte Tätigkeit des Anwalts. Aus der Einnahmequelle Gebühren hat der Anwalt sämtliche Ausgaben zu bestreiten, die notwendig sind, damit er seinen Beruf ausüben kann. Daher hat er sämtliche Beträge selbst zu finanzieren, welche durch die Unterhaltung des Büros entstehen, wie z. B. Miete der Kanzleiräume, Gehälter der Angestellten und Sozialabgaben, Aufwendungen für Büromaterial, Literatur, d. h. Fachbücher und Fachzeitschriften, Mitgliedsbeiträge in Fachvereinigungen, Fahrtkosten innerhalb der Gemeinde (vgl. aber Vorb. 7 Abs. 2) und insbesondere auch die allgemeine Grundgebühr für die Benutzung der Telefonanlage und Telefaxgeräte. Diese allgemeinen Geschäftsunkosten können nicht, auch nicht anteilig, neben bzw. zusätzlich zu den Gebühren gefordert werden. Insbesondere können die allgemeinen Unkosten für den Unterhalt der Telefonanlage und der Telefaxgeräte nicht gemäß Nr. 7001, 7002 (Entgelte für Post- und Telekommunikationsdienstleistungen) abgerechnet werden.

6   Hinsichtlich der Kosten für die Abfrage eines Datenbanksystems ist wie folgt zu unterscheiden:

7   Die Anlagen und die Betriebsgebühren für das System sind als allgemeine Geschäftskosten durch die Auslagen abgegolten. Die Kosten einer konkreten Abfrage z. B. bei JURIS sind erstattungsfähig, wenn sie notwendig waren. Notwendig sind diese immer dann, wenn über eine JURIS-Recherche eine einschlägige unveröffentlichte Entscheidung gefunden wird. Erstattungsfähig sind die Kosten auch, soweit eine besondere Rechtsfrage behandelt wird, die in den allgemeinen Kommentierungen nicht auffindbar ist. Wird die JURIS-Abfrage im Einverständnis mit dem Mandanten durchgeführt, so ist dieselbe als besondere Auslage von der Partei neben den allgemeinen Auslagen zu erstatten (Göttlich/Mümmler RVG S. 99 f.).

b) Besondere Auslagen, Abs. 1 Satz 2

aa) Konkret aufgeführte Auslagen

8   Aus Absatz 1 Satz 2 VV Vorbem. 7 ergibt sich, dass der Anwalt den Ersatz von Aufwendungen gem. § 675 BGB i. V. m. § 670 BGB verlangen kann, soweit nachfolgend nichts anderes bestimmt ist. Dies bedeutet, dass die in den Nrn. 7000 bis 7008 aufgeführten Auslagentatbestände eine abschließende Aufzählung darstellen. Auslagen, die nicht in den Nrn. 7000 bis 7008 genannt sind, kann der Anwalt gem. § 675 BGB i. V. m. § 670 BGB vom Mandanten erstattet verlangen. Besondere Auslagen, deren Ersatz der Anwalt verlangen kann, sind

– die Dokumentenpauschale (Nr. 7000 VV)
– Entgelte für Post- und Telekommunikationsdienstleistungen (Nr. 7001, 7002 VV)
– Fahrtkosten für Geschäftsreisen (Nr. 7003 VV)
– anteilige Haftpflichtversicherungsprämie (Nr. 7007).

Auch die auf seine Vergütung entfallende Umsatzsteuer kann der Anwalt vom Mandanten ersetzt verlangen (Nr. 7008 VV), wobei es sich bei der Umsatzsteuer nicht um eine Auslage in dem hier verwendeten Sinne handelt, vielmehr werden auf die Auslagen Umsatzsteuer berechnet.

bb) Sonstige besondere Auslagen

Der Anwalt kann vom Mandanten nach § 670, § 675 BGB sonstige Auslagen als zu ersetzende Aufwendungen erstattet verlangen. Hierzu zählen insbesondere 8 a

- verauslagten Gerichtskosten
- Gerichtsvollzieherkosten
- Kosten für Auskünfte aus dem Melderegister (z. B. EMA, Gewerbeamt)
- Kosten für Auskünfte aus anderen Registern (z. B. Handelsregister) und aus Grundbüchern
- besondere Zustellkosten
- die Aktenversendungspauschale nach Nr. 9003 KV.

Aktenversendungspauschale, Nr. 9003 GKG-KV 8 b

aa) Beantragt der Anwalt die Übersendung der Gerichts- oder staatsanwaltschaftlichen Ermittlungsakte in seine Kanzlei, und wird die Akte übersandt, so handelt es sich hierbei um eine Serviceleistung des Gerichtes, welches hierfür gemäß Nr. 9003 GKG-KV eine Pauschale in Höhe von € 12,00 erhebt. Mit der Pauschale ist nur der Vorgang des Übersendens (Hin- und Rücksendung) durch das Gericht oder die Staatsanwaltschaft abgegolten, sie fällt für den Übersendungsvorgang nur einmal an. Nicht von der Pauschale umfasst sind die Kosten des Anwalts für die Rücksendung der Akte, wie etwa Porto- oder Kurierkosten. Der Anwalt kann daher von der Pauschale nicht das ihm für die Rücksendung entstehende Porto in Abzug bringen (OLG Hamm NJW 2006, 306 = JurBüro 2006, 89) und das Gericht muss auch nicht für eine portofreie Rücksendemöglichkeit (»Freiumschlag«) für den Anwalt sorgen (so aber AG Brandenburg JurBüro 2005, 316 = AGS 2005, 298 = DAR 2005, 658; OLG Koblenz RVGreport 2006; ebenso nur mit anderer Begründung *Müller-Rabe* in Gerold/Schmidt VV Vorb. 7 Rn. 8, der davon ausgeht, dass sich aus der Anm. 1 zu KV-Nr. 9003 eindeutig ergibt, dass mit den € 12,00 auch die Kosten der Rücksendung abgedeckt sind, also das Gericht die Kosten der Rücksendung zu tragen hat, da ansonsten die Anm. 1 überflüssig wäre); a. A. (also für eine Rücksendung auf Kosten des Anwalts): AG Leipzig JurBüro 2005, 547; LG Bonn, Beschl. v. 15. 09. 2005 – 22 AR 42/05 n. v.). Schuldner der Aktenübersendungspauschale ist gemäß § 28 Abs. 2 GKG derjenige, der die Versendung der Akte beantragt hat.

bb) Im **Strafverfahren** normiert § 147 Abs. 1 i. V. m. Abs. 7 StPO ein eigenes Akteneinsichtsrecht des Prozessbevollmächtigten. Beantragt der Anwalt die Übersendung der Akte in die Kanzlei, so ist er der Kostenschuldner für die Pauschale gemäß Nr. 9003 GKG-KV.

cc) Im **Zivilverfahren** steht dem Anwalt als Prozessbevollmächtigter, anders als in der StPO, kein eigenes Akteneinsichtsrecht zu, dieses steht vielmehr gemäß § 299 Abs. 1 Ziff. 1 ZPO grundsätzlich den Parteien zu und wird auch in deren Interesse wahrgenommen. Da der Prozessbevollmächtigte stets namens und in Vollmacht der Partei die Durchführung des Verfahrens als solches beantragt, haftet für die hierdurch veranlassten Kosten des Verfahrens auch die Partei selbst. Dies ist jedoch nicht auf die Sonderregelung zur Kostenhaftung in § 28 Abs. 2 GKG zu übertragen. Nr. 9003 des Kostenverzeichnisses schafft eine spezielle Kostenhaftungsregelung (LG Mainz JurBüro 2007, 597–598 = AGS 2007, 636–637). Demnach ist auch im Zivilprozess der Anwalt, wenn er die Übersendung der Akten in seine Kanzleiräume beantragt, der Kostenschuldner für die Pauschale gemäß Nr. 9003 GKG-KV. Dies auch dann, wenn er die Übersendung »namens und in Vollmacht des Mandanten« fordert.

dd) Werden die Akten in das Gerichtsfach des Anwalts bei dem Gericht, welches die Akten übersendet, gelegt, so fällt die Pauschale Nr. 9003 GKG-KV nicht an, gleiches gilt, wenn die Akte auf der Geschäftsstelle abgeholt wird, da die Pauschale für Verpackungs- und Transport-

Vorbemerkung 7 VV

kosten erhoben wird, welche bei Einlage in das Gerichtsfach bzw. Abholen nicht anfallen. Anders jedoch, wenn die Akten durch das Gericht an ein anderes Gericht, bei dem der Anwalt ein Fach hat, übersandt werden. In diesem Falle entsteht die Pauschale, da das Gericht dann die Aufwendungen, die durch die Pauschale abgegolten werden sollen, hat. Hat der Anwalt die Möglichkeit, sich die Gerichtsakte durch Einlegen in sein Gerichtsfach »übersenden« zu lassen, und tut er dies gleichwohl nicht, so dürften die hierfür anfallenden Kosten nicht notwendig, da nicht erforderlich, sein. Insoweit ist fraglich, ob dem Anwalt der Ersatz der Aktenversendungspauschale durch den Mandanten zusteht, denn gem. § 670 BGB sind nur die Aufwendungen zu ersetzen, die der Rechtsanwalt den Umständen nach für erforderlich halten durfte.

ee) Der Mandant schuldet dem Anwalt gemäß § 670 i. V. m. § 675 BGB die Erstattung des Auslagenbetrages. Die Aktenversendungspauschale stellt keinen sog. durchlaufenden Posten dar, da der Anwalt den Betrag von € 12,00 nicht im Namen und für Rechnung eines anderen (des Mandanten) verausgabt (§ 10 Abs. 1 Satz 6 UStG), vielmehr ist er selbst der Kostenschuldner. Der Anwalt muss demnach auf diese Auslage als Bestandteil seiner Vergütung **Umsatzsteuer** berechnen und sie dem Mandanten in Rechnung stellen. Ausführlich hierzu: Rn. 7 ff. zu Nr. 7008.

8c Hat der Mandant eine **Rechtsschutzversicherung**, so hat diese die Auslagen gem. Nr. 7000 zu erstatten (die Auslagen sind Teil der Vergütung des Anwalts entsprechend § 5 Abs. 1 ARB 2000). Dies gilt nicht nur für die konkret aufgeführten Auslagen in den Nr. 7000 bis 7008, sondern auch für Auslagen, die der Anwalt gem. § 675 i. v. m. § 670 BGB vom Mandanten ersetzt verlangen kann, da auch diese Bestandteil der gesetzlichen Vergütung sind (Vorb. 7 Abs. 1).

II. Absatz 2 – Geschäftsreise

9 Absatz 2 der VV Vorbemerkung 7 definiert den Begriff »**Geschäftsreise**«: Danach liegt eine solche nur vor, wenn das Reiseziel außerhalb der Gemeinde liegt, in der sich die Kanzlei oder die Wohnung des Anwalts befindet.

10 Daher gilt, dass der Anwalt Reisekosten nur dann berechnen kann, soweit die Reise in eine andere Gemeinde (andere Stadt) führt als die, in der der Anwalt seine Kanzlei eingerichtet oder seinen Wohnsitz hat. Es kommt dabei lediglich darauf an, ob der Anwalt für eine Geschäftsreise die Grenze seiner »Gemeinde« überschreitet, nicht jedoch auf die Entfernung. Das heißt, dass – liegen in einer Großstadt Kanzleisitz und Gerichtssitz sehr weit auseinander – der Anwalt in diesen Fällen weder Reisekosten noch Abwesenheitsgeld vom Mandanten erstattet verlangen kann, auch wenn er durch die Entfernung längere Zeit abwesend ist und er sie mit dem eigenen Pkw, öffentlichen Verkehrsmitteln oder Taxi zurücklegen muss. Überschreitet er hingegen die politische Grenze seiner Gemeinde, auch wenn das nächstgelegene Gericht lediglich wenige hundert Meter entfernt ist, so kann er die Unkosten für eine derartige Geschäfts-»reise« vom Mandanten erstattet verlangen.

11 Der Begriff Geschäfts**reise** bedeutet nicht, dass eine solche motorisiert stattfinden muss. In dem eben genannten Beispiel – nächstgelegenes Amtsgericht nur wenige hundert Meter entfernt, aber in einer anderen Gemeinde liegend – kann der Anwalt durchaus Tage- und Abwesenheitsgeld für eine Geschäftsreise (vgl. Nr. 7005) geltend machen, auch wenn er das Gericht zu Fuß erreicht.

12 Die Kosten für eine Geschäftsreise kann der Anwalt vom Mandanten erstattet verlangen, wenn die Geschäftsreise in dessen Auftrag ausgeführt wird (§ 670 BGB). Demnach ist der Auftraggeber zum Ersatz der Reisekosten verpflichtet, wenn der beauftragte Anwalt zum Zwecke der Auftragsausführung Aufwendungen macht, die er den Umständen nach für erforderlich halten darf. Der Erfolg des Auftrags ist hierbei ohne Bedeutung. In der Prozessvollmacht liegt keine allgemeine Ermächtigung des Anwalts zur persönlichen Wahrnehmung

von Terminen jeglicher Art. Es erweist sich deshalb im Einzelfall für den Anwalt als notwendig, bei Vornahme weiter und kostenintensiver Geschäftsreisen (z. B. Flugreisen) zuerst das Einverständnis des Mandanten einzuholen, soweit nicht eine konkludente Ermächtigung angenommen werden kann.

Unter den Begriff »**Geschäftsreise**« fallen nicht nur Fahrten zur Wahrnehmung von Gerichtsterminen, sondern auch die Teilnahme an Ortsterminen, auch wenn diese außerhalb eines Gerichtsverfahrens stattfinden und der Mandant die Teilnahme des Anwalts wünscht und darüber hinaus auch Fahrten zum Mandanten, wenn dieser eine persönliche Begegnung mit dem Anwalt wünscht, das Treffen aber nicht in der Kanzlei des Anwalts stattfinden soll. Die hierfür entstandenen Aufwendungen kann der Anwalt ebenfalls vom Mandanten erstattet verlangen. 13

III. Absatz 3 – Mehrere Geschäftsreisen/Kanzleiverlegung

1. Mehrere Geschäftsreisen

Nimmt der Anwalt eine Geschäftsreise vor, die der Bearbeitung mehrerer »**Geschäfte**«, d. h. mehrerer Mandate, dient, so regelt Abs. 3 Satz 1, wie die entstandenen Auslagen auf die einzelnen Angelegenheiten zu verteilen sind. Dient eine Reise mehreren Geschäften, sind die entsprechenden Auslagen nach den Nummern 7003 bis 7006 nach dem Verhältnis der Kosten zu verteilen, die bei gesonderter Ausführung der einzelnen Geschäfte entstanden wären. Dies gilt sowohl für die Fälle, in denen der Anwalt für denselben Mandanten in mehreren Angelegenheiten unterwegs ist, als auch für die Fälle, in denen der Anwalt die Geschäftsreise für mehrere Mandanten unternimmt. 14

• **Beispiel** 15
Der Anwalt nimmt eine Geschäftsreise wahr, bei der er zwei Angelegenheiten (A1 und A2) gleichzeitig erledigt. Insgesamt legt er 500 Kilometer mit dem eigenen Pkw zurück. Er ist neun Stunden von der Kanzlei abwesend. Bei gesonderter Erledigung der Angelegenheit A1 hätte der Anwalt 400 Kilometer zurückgelegt, seine Abwesenheit hätte sieben Stunden betragen. Für die Angelegenheit A2 wären 300 Kilometer zu fahren gewesen, die Abwesenheit von der Kanzlei hätte sechs Stunden betragen.

Zur Berechnung der anteiligen Kosten pro Angelegenheit werden zunächst

1. die tatsächlich entstandenen Kosten, dann
2. die fiktiven Einzelreisekosten pro Angelegenheit und sodann
3. die Summe der fiktiven Einzelreisekosten ermittelt.

Diese werden dann in folgender **Formel** zusammengeführt:

$$\frac{\text{fiktive Einzelreisekosten pro Angelegenheit} \times \text{tatsächlich entstandene Kosten}}{\text{Summe der fiktiven Einzelreisekosten}}$$

1. Tatsächlich entstandene Kosten

Fahrtkosten gem. Nr. 7003 500 km × € 0,30	€	150,00
Abwesenheitsgeld gem. Nr. 7005 Ziff. 3	€	60,00
Summe:	**€**	**210,00**

2. Fiktive Einzelreisekosten pro Angelegenheit

A1:

Fahrtkosten gem. Nr. 7003 400 km × € 0,30	€	120,00
Abwesenheitsgeld gem. Nr. 7005 Nr. 2	€	35,00
Summe:	**€**	**155,00**

Vorbemerkung 7 VV

A2:
Fahrtkosten gem. Nr. 7003 300 km × € 0,30	€ 90,00
Abwesenheitsgeld gem. Nr. 7005 Nr. 2	€ 35,00
Summe:	**€ 125,00**

3. Summe der fiktiven Einzelreisekosten pro Angelegenheit € 280,00

Kostenverteilung:

A 1:

$$\frac{\text{fiktive Einzelreisekosten} \times \text{tatsächlich entstandene Kosten}}{\text{Summe der fiktiven Einzelreisekosten}}$$

$$\frac{€\,155{,}00 \times €\,210{,}00}{€\,280{,}00} = €\,116{,}25$$

A 2:

$$\frac{\text{fiktive Einzelreisekosten} \times \text{tatsächlich entstandene Kosten}}{\text{Summe der fiktiven Einzelreisekosten}}$$

$$\frac{€\,125{,}00 \times €\,210{,}00}{€\,280{,}00} = €\,93{,}75$$

Für die Angelegenheit A 1 sind € 116,25 und für die Angelegenheit A 2 sind € 93,75 in Rechnung zu stellen. Addiert ergeben diese Beträge € 210,00, dies ist der Betrag, den der Anwalt insgesamt als tatsächlich entstandene Kosten in Rechnung stellen kann.

2. Kanzleiverlegung

16 Abs. 3 Satz 2 der VV Vorbemerkung regelt die Berechnung der Fahrtkosten und Tage- und Abwesenheitsgelder für eine Geschäftsreise, wenn der Anwalt, der seine Kanzlei nach einem anderen Ort verlegt, die bereits begonnenen Mandate fortführt.

17 Grundsätzlich kann der Anwalt die Kosten für eine Geschäftsreise nur insoweit verlangen, als diese auch von der bisherigen Kanzlei aus entstanden wären. Dies gilt sowohl für Fahrtkosten gem. Nrn. 7003, 7004, 7006 als auch für Tage- und Abwesenheitsgelder gem. Nr. 7005. Die Reisekosten dürfen durch die Verlegung der Kanzlei zwar niedriger, aber niemals höher werden, wobei es unerheblich ist, aus welchem Grund die Verlegung der Kanzlei erfolgt ist. Als Vergleich sind die fiktiven Reisekosten auszurechnen, die vom bisherigen Kanzleisitz aus angefallen wären.

18 • **Beispiel**
Nach Erhalt des Mandats verlegt der Anwalt seinen Kanzleisitz von Dortmund nach Bochum. Für die Wahrnehmung von Terminen vor dem LG Dortmund darf er dem Auftraggeber keine Reisekosten in Rechnung stellen.

19 • **Beispiel**
Nach Erhalt des Mandats verlegt der Anwalt seinen Kanzleisitz von München nach Rosenheim. Sodann nimmt er für den Mandanten einen Termin vor dem AG Wolfratshausen wahr. Zur Berechnung der Reisekosten (Fahrtkosten und Abwesenheitsgelder) muss der Anwalt eine fiktive Abrechnung erstellen, die die Kosten vom ehemaligen Kanzleisitz in München zum AG Wolfratshausen beinhaltet. Nur in dieser Höhe kann er die Reisekosten dem Mandanten in Rechnung stellen, auch wenn er vom jetzigen Kanzleisitz Rosenheim aus tatsächlich höhere Kosten für die Wahrnehmung Termins in Wolfratshausen gehabt hat.

Nr. 7000 VV
Auslagen

Nr.	Auslagentatbestand	Höhe

7000	Pauschale für die Herstellung und Überlassung von Dokumenten:
	 1. für Ablichtungen und Ausdrucke
	   a) aus Behörden- und Gerichtsakten, soweit deren Herstellung zur sachgemäßen Bearbeitung der Rechtssache geboten war,
	   b) zur Zustellung oder Mitteilung an Gegner oder Beteiligte und Verfahrensbevollmächtigte auf Grund einer Rechtsvorschrift oder nach Aufforderung durch das Gericht, die Behörde oder die sonst das Verfahren führende Stelle, soweit hierfür mehr als 100 Seiten zu fertigen waren,
	   c) zur notwendigen Unterrichtung des Auftraggebers, soweit hierfür mehr als 100 Seiten zu fertigen waren,
	   d) in sonstigen Fällen nur, wenn sie im Einverständnis mit dem Auftraggeber zusätzlich, auch zur Unterrichtung Dritter, angefertigt worden sind:
	   für die ersten 50 abzurechnenden Seiten je Seite ....
	 für jede weitere Seite ....
	 2. für die Überlassung von elektronisch gespeicherten Dateien anstelle der in Nummer 1 Buchst. d genannten Ablichtungen und Ausdrucke:
	   je Datei ....
		
		0,50 EUR
		 0,15 EUR
		
		 2,50 EUR

	Die Höhe der Dokumentenpauschale nach Nummer 1 ist in derselben Angelegenheit und in gerichtlichen Verfahren in demselben Rechtszug einheitlich zu berechnen. Eine Übermittlung durch den Rechtsanwalt per Telefax steht der Herstellung einer Ablichtung gleich.	

Inhaltsübersicht

	Rn.
A. Allgemeines	1
B. Kommentierung	2
I. Nr. 1 a) – Ablichtungen aus Behörden- und Gerichtsakten	11
1. Zur sachgemäßen Bearbeitung geboten	11 b
II. Nr. 1 b) – Zustellung und Mitteilung an Gegner oder Beteiligte	14
III. Nr. 1 c) – Notwendige Unterrichtung des Auftraggebers	17
IV. Nr. 1 d) – Zusätzlich gefertigte Ablichtungen und Ausdrucke	20
V. Nr. 2 – Elektronisch gespeicherte Dateien	24
VI. Erstattungsfähigkeit der Dokumentenpauschale	30
1. Zivilverfahren	30
2. Strafverfahren	35
3. Aktenauszüge für Versicherungen	36

A. Allgemeines

Der Anwalt erhält für die Herstellung und Überlassung von Dokumenten einen pauschalen Betrag, der durch die Ziffern 1 a) bis d) und 2. betragsmäßig konkretisiert wird. Obwohl hier konkrete Beträge genannt werden: 1

Nr. 7000 VV

– für die ersten 50 abzurechnenden Seiten € 0,50,
– für jede weitere Seite € 0,15 und
– für das Überlassen von elektronisch gespeicherter Dateien,

bleibt diese Vergütung pauschaliert, der Anwalt muss konkrete Berechnungen zu den tatsächlichen Aufwendungen für das Herstellen von Dokumenten (Kosten für Drucker, Papier, Toner, Kopierer etc.) nicht anstellen.

1a In Nr. 7000 wird nicht zwischen einzelnen gerichtlichen Verfahren oder Verfahrens- bzw. Auftragsstadien unterschieden: Die Pauschale fällt sowohl in zivil- als auch strafrechtlichen Verfahren, einschließlich Zwangsvollstreckung, an und sowohl für die gerichtliche als auch die außergerichtliche Tätigkeit. Ebenso wenig erfolgt eine Unterscheidung hinsichtlich der Höhe der pauschalen Beträge in Bezug auf Wahl- oder PKH-Anwaltstätigkeit im Zivil- oder arbeitsgerichtlichen Verfahren oder Wahl- bzw. Pflichtverteidigertätigkeit im Strafverfahren.

1b Wird der Anwalt im Rahmen der **Beratungshilfe** tätig, so erhält er gemäß § 44 »eine Vergütung nach diesem Gesetz«, d. h. er kann die Dokumentenpauschale, wenn er sie vom Mandanten fordern könnte, von der Landeskasse erstattet verlangen. § 46 Abs. 1 enthält insoweit eine Einschränkung, als die Auslagen, unter die die Dokumentenpauschale fällt, nicht vergütet werden, wenn sie zur sachgemäßen Durchführung der Angelegenheit nicht erforderlich waren. Zur Frage der Vergütungsfähigkeit ist ein Vergleich dahingehend vorzunehmen, was eine Partei, der nicht Beratungshilfe gewährt wurde, in verständiger Würdigung der Angelegenheit in Auftrag gegeben hätte (vgl. auch § 46 Rn. 11).

B. Kommentierung

2 Der Anwalt erhält die Dokumentenpauschale nicht für das Fertigen von Urschriften. Das sind die Schreiben an den Auftraggeber, den Gegner oder an dritte Personen, Schriftsätze an das Gericht, die Fertigung eines Vertrages oder die Fertigung eines schriftlichen Gutachtens, mithin die Kosten für die Abwicklung der komplett notwendigen Korrespondenz, die dem Anwalt mit den entstehenden Gebühren abgegolten werden. Auf den Umfang bzw. die Anzahl dieser Urschriften kommt es nicht an. Dies gilt selbst dann, wenn durch das Anfertigen mehrerer Schriftsätze Kosten anfallen, die die Gebühren übersteigen (*Müller-Rabe* in Gerold/Schmidt 7000 VV Rn. 8). Die Information des Auftraggebers durch den Anwalt über den Fortgang und den Abschluss seiner Tätigkeit wird ebenfalls mit den Gebühren abgegolten.

3 An dieser Auffassung ändert auch die 8. Änderung des RVG durch das »Gesetz über die Verwendung elektronischer Kommunikationsformen in der Justiz« (Justizkommunikationsgesetz – JKomG) vom 22.03.2005, BGBl. 2005 I, 856, Ausgabe Nr. 16 vom 29.03.2005 nichts. Dort wurde in Art. 14 Nr. 5 in Nr. 7000 Nr. 1 a) das Wort »Ausdrucke« eingefügt: »**für Ablichtungen und Ausdrucke a).**..« Technisch gesehen stellt der Ausdruck eines Schriftstückes die Urschrift desselben dar, für dessen Anfertigung der Anwalt keine Auslagen verlangen kann (vgl. Rn. 2). Allerdings kann der Gesetzgeber nicht gewollt haben, dass der Anwalt jedes ausgedruckte Schriftstück für die Berechnung der Dokumentenpauschale berücksichtigen kann. Vielmehr dürften hier die zusätzlich zur Urschrift angefertigten Ausdrucke gemeint sein.

4 • **Beispiel**
Der Anwalt unterrichtet den Auftraggeber von einem Mahnschreiben an den Schuldner und von dessen Antwort. Ob die Information durch Brief oder durch Übersenden von Abschriften des Mahnschreibens oder der Antwort des Schuldners erfolgt, ist gleichgültig. Hierfür erhält der RA keine gesonderte Dokumentenpauschale.

5 *(entfallen)*

6 Auf die Art der Anfertigung der Ablichtungen kommt es nicht an. Neben den Ausdrucken aus dem jeweiligen Schreibprogramm (PC, Schreibmaschine), die nunmehr gesondert aufge-

führt sind, zählen hierunter auch Fotokopien oder Telefaxkopien oder Bildschirmausdrucke. Nicht unter die Dokumentenpauschale fallen dagegen das Anfertigen von Lichtbildern oder das Ausdrucken digitaler Fotos. Wenn deren Anfertigung für die sachgerechte Bearbeitung des Mandats erforderlich war, so kann der Anwalt diese Aufwendungen gesondert nach §§ 675, 670 BGB erstattet verlangen (*N. Schneider* in Gebauer/Schneider RVG 1. Aufl. VV 7000 Rn. 13).

Der Anwalt erhält für die ersten 50 **abzurechnenden** Seiten pro Seite € 0,50 und für jede weitere Seite € 0,15. Bei Berechnung der Dokumentenpauschale ist mithin zu prüfen, ob diese gem. Nr. 7000 Nr. 1 a) bis d) überhaupt abrechenbar sind.

Die Auslagentatbestände der Nrn. 1 a) bis d) können nebeneinander entstehen.

Dies bedeutet für die Praxis, dass der Anwalt Buch über jede angefertigte Ablichtung bzw. jeden Ausdruck führen und diese dem jeweiligen Gebührentatbestand zuordnen muss, um eine korrekte Abrechnung vornehmen zu können:

• **Beispiel**

Anzahl	Text	Gebührentatbestand	abrechenbar
110	Bußgeldakte	Nr. 1 a)	110
250	Gegner/Streithelfer	Nr. 1 b)	150
20	an Mandant	Nr. 1 c)	–
40	zusätzlich für Mdt.	Nr. 1 d)	40
420			300

Von den vorliegend 420 gefertigten Ablichtungen kann der Anwalt 300 Stück abrechnen:

50 Ablichtungen á € 0,50 = € 25,00
250 Ablichtungen á € 0,15 = € 37,50   **Summe: € 62,50**

Darüber hinaus bestimmt die Anmerkung zu Nr. 7000, dass die Höhe der Dokumentenpauschale in **derselben Angelegenheit** und in gerichtlichen Verfahren in **demselben Rechtszug** einheitlich zu berechnen ist. Es muss demnach ab der 51. abzurechnenden Seite eine Reduzierung der Pauschale von € 0,50 auf € 0,15 erfolgen. Die Entscheidung, ob es sich um dieselbe Angelegenheit und, im gerichtlichen Verfahren, um denselben Rechtszug handelt, ist anhand der §§ 16 und 19 RVG zu treffen. Demnach sind z. B.

– das Verfahren über die Prozesskostenhilfe und das Verfahren, wofür Prozesskostenhilfe beantragt wurde (§ 16 Nr. 2) oder
– eine Scheidungssache und die Folgesachen (§ 16 Nr. 4)

dieselbe gebührenrechtliche Angelegenheit, bzw. gehören im gerichtlichen Verfahren

– das streitige Verfahren und das gleichzeitige Führen von außergerichtlichen Verhandlungen oder
– das streitige Verfahren und das Kostenfestsetzungsverfahren sowie das Einfordern der Vergütung oder
– die Zustellung des Vollstreckungstitels

zum Rechtszug, so dass die Dokumentenpauschale nicht für jeden Verfahrensabschnitt gesondert berechnet werden kann.

Wird der Anwalt hingegen in **verschiedenen oder besonderen gebührenrechtlichen Angelegenheiten** für den Mandanten tätig (§§ 17, 18), so kann er die Ablichtungen und Ausdrucke

Nr. 7000 VV

für jede dieser Angelegenheiten gesondert berechnen, er muss keine Kürzung vornehmen. Demnach kann der Anwalt Ablichtungen und Ausdrucke jeweils für z. B.

- das Mahnverfahren und das streitige Verfahren (§ 17 Nr. 2),
- das Urkundsverfahren und das ordentliche Verfahren (§ 17 Nr. 5),
- das gerichtliche Verfahren und ein vorausgegangenes Güteverfahren (§ 17 Nr. 7),
- jede Vollstreckungsmaßnahme mit den jeweils vorbereitenden Vollstreckungshandlungen

gesondert berechnen. Er erhält also bei jedem dieser Verfahrens- bzw. Tätigkeitsabschnitte für die ersten 50 abzurechnenden Seiten € 0,50. Hat der Anwalt aber z. B. im Urkundenverfahren 70 Ablichtungen gefertigt und im nachfolgenden ordentlichen Verfahren 40 Kopien, so darf er die Kopienanzahl nicht addieren und zehn Kopien abrechnen. Da es sich um verschiedene gebührenrechtliche Angelegenheit handelt, kann er hier keine Kopien berechnen, da er in keinem der Verfahrensabschnitte die Kopienanzahl von 100 überschreitet.

8 e Möglich ist jedoch eine unterschiedliche Abrechnungsweise, wenn der Anwalt in mehreren Instanzen für den Mandanten tätig wird. Die Anmerkung schließt gerade nicht aus, dass der Anwalt in der ersten Instanz z. B. seine Auslagen pauschal berechnet und in der zweiten Instanz eine konkrete Berechnung vornimmt.

8 f Eine **Anrechnung** der Pauschalen in den Fällen, in denen eine Anrechnung der Gebühren vorgesehen ist (z. B. Nr. 3305 – Nr. 3100 oder Nr. 3100 im selbständigen Beweisverfahren und Nr. 3100 im darauffolgenden streitigen Verfahren), kommt nicht in Betracht, es bleibt bei der gesonderten Zählung der Ablichtungen pro gebührenrechtliche Angelegenheit.

9 Für das **Einscannen und Abspeichern** des gescannten Dokumentes als Datei im PC kann der Anwalt ebenfalls die Dokumentenpauschale berechnen. Bei der gespeicherten Datei handelt es sich wie bei einer Fotokopie um ein Dokument, weil sie dem Anwalt ermöglicht, Zugriff auf den so dokumentierten Vorgang zu nehmen. Da es sich bei einem Scanner um ein Gerät zur optischen Datenerfassung handelt, kann das Scannen unter den Begriff »Ablichtung« gefasst werden. Insbesondere muss ein Dokument nicht in Papierform, sei es durch Fotokopie oder durch Ausdruck, hergestellt werden (OLG Bamberg JurBüro 2006, 588 = NJW 2006, 3504, vorgehend bereits LG Würzburg RVG-Letter 2006, 92).

10 Durch Artikel 20 des 2. JuMoG (Zweites Gesetz zur Modernisierung der Justiz) vom 22. 12. 2006 (BGBl. I, S. 3416 Buchst. o), in Kraft seit dem 31. 12. 2006, wurde ein weiterer Satz in die Anmerkung zu Nr. 7000 eingefügt. Danach steht die **Übermittlung** eines Dokumentes durch den Rechtsanwalt **per Telefax** der Herstellung einer Ablichtung gleich. Nach dem genauen Wortlaut bedeutet das, dass der Anwalt, der ein Fax versendet, seinem Auftraggeber hierfür, bei Vorliegen der weiteren Voraussetzungen der Nr. 1, pro übermittelte Faxseite € 0,50, ab der 51. Telefaxseite € 0,15 berechnen kann. Der Gesetzestext ist insoweit ungenau, als dass von »Telefax« und nicht von »Telefaxseite« gesprochen wird. Gemeint sein kann aber wohl nur die Telefaxseite, denn ansonsten hätte die Anmerkung zu Nr. 1 »für die ersten 50 abzurechnenden Seiten je Seite« ergänzt oder geändert werden müssen. Diese Neuregelung gilt ausdrücklich nur für den Anwalt, der ein Telefax **versendet**. Für den Anwalt, der ein Telefax empfängt und dieses an seinem Faxgerät oder aus dem PC ausdruckt, entsteht diese Pauschale nicht. Hier wird also die »Überlassung« eines Dokumentes honoriert. Das **Empfangen** und Ausdrucken von Telefaxen durch den Anwalt wird hingegen nicht gesondert vergütet, da er keine Ablichtung anfertigt. Dies ist insoweit konsequent, da der Anwalt auch nur für das Herstellen von Ablichtungen die Pauschale berechnen kann, nicht jedoch für deren Empfang oder das Fertigen von Urschriften, was dem erstmaligen Ausdrucken des Faxes wohl gleichzusetzen ist. Warum jedoch der Anwalt, der ein Telefax empfängt, also entsprechende Aufwendungen in Form von Papier und Toner hat, nicht begünstigt wird, sondern der Anwalt, der für die bloße Telefaxübermittlung keine Materialaufwendungen hat, erschließt sich nicht, auch nicht aus der entsprechenden Gesetzesbegründung. Danach soll lediglich die besondere Art der Herstellung durch Faxübermittlung erfasst werden. Dies führt zu der unbefriedigenden Situation, dass der Anwalt, der z. B. einem Unterbevollmäch-

tigten seine Handakte faxt, pro gefaxte Seite € 0,50 bzw. € 0,15 berechnen kann, der Anwalt, dessen Telefaxgerät die Handakte ausdruckt, und der dadurch nicht unerhebliche Toner- und vor allem Papierkosten hat, diese Kosten nicht weiterberechnen kann. Die Regelung ist insoweit auch unverständlich, da Nr. 9000 Nr. 1 GKG-KV z. B. regelt, dass für per Telefax übermittelte Mehrfertigungen, die von der Empfangseinrichtung des Gerichtes ausgedruckt werden, dem Versender pro ausgedruckte Seite € 0,50 in Rechnung gestellt werden. Wenn der Anwalt, der das Fax übermittelt hat, schon für diese Tätigkeit belohnt werden soll, dann wäre diese Neuregelung besser in Nr. 7001 aufgehoben gewesen. Denn unstreitig fallen für die Übermittlung des Faxes Telefon- oder Internetgebühren an. Der Beschluss des Kammergerichtes vom 23. 06. 2006, 4 Ws 71/06, der allerdings noch zu alter Rechtslage erging, und in dem das Entstehen der Dokumentenpauschale für das Empfangen von Faxen verneint wird, ist insoweit auch für die Rechtslage seit dem 31. 12. 2006 gültig.

Fotographien sind keine Ablichtungen i. S. v. Nr. 7000. Kosten für die Herstellung von Fotographien oder das Ausdrucken von digitalen Bildern kann der Anwalt daher vom Mandanten gemäß §§ 675, 670 BGB in voller Höhe erstattet verlangen. 10 a

I. Nr. 1 a) – Ablichtungen aus Behörden- und Gerichtsakten

Der Anwalt erhält für Ablichtungen und Ausdrucke aus Behördenakten und Gerichtsakten die Dokumentenpauschale, soweit er deren Herstellung für erforderlich halten darf. Kriterium für die Erforderlichkeit ist die sachgemäße Bearbeitung der Rechtssache. Eine Einschränkung der Erstattungsfähigkeit durch den Mandanten dahingehend, dass dieser nur die Kosten für Ablichtungen zu ersetzen hat, die der »sachgemäßen Bearbeitung« dienen, sieht Nr. 1 a) nicht vor, diese ergibt sich jedoch aus den allgemeinen Vertragsverpflichtungen des Anwalts (§ 670 BGB). 11

Unter Nr. 1 a) fallen ausschließlich Ablichtungen aus Gerichts- oder Behördenakten. Ablichtungen aus Versicherungsakten, »Handakten« des Mandanten, Prozessakten anderer Anwälte fallen nicht hierunter. Diese Ablichtungen sind ggf. nach Nr. 1 c) oder 1 d) abzurechnen. 11 a

1. Zur sachgemäßen Bearbeitung geboten

Der Anwalt darf dem Mandanten die Ablichtungen berechnen, deren Anfertigung er zur sachgemäßen Bearbeitung für geboten hält. Es kommt hierbei nicht auf die subjektive Ansicht des Auftraggebers oder des Anwalts an, entscheidend ist allein die objektive Notwendigkeit, wobei allerdings dem Anwalt ein gewisser Ermessensspielraum einzuräumen ist (OLG Düsseldorf JurBüro 2000, 359 f.). 11 b

Ansatzpunkt ist, dass der Anwalt durch das Ablichten der Akte bzw. von Aktenteilen ausreichend über den Sach- und Streitstand des jeweiligen Verfahrens informiert wird. Vor dem Hintergrund, dass für das Übersenden der Gerichtsakte gemäß GKG-KV € 9003 12,00 anfallen, muss es dem Anwalt auch gestattet sein, Eventualitäten vorzubeugen, also im Zeitpunkt des Ablichtens noch nicht notwendige, im Laufe des Verfahrens möglicherweise noch notwendig werdende Schriftstücke zu kopieren. Dies dürfte immer noch kostengünstiger sein, als später die Gerichtsakte erneut anfordern zu müssen (so auch *N. Schneider* in Gebauer/Schneider VV 7000 Rn. 17). 11 b

Der Anwalt muss sich nicht auf die Möglichkeit einer Akteneinsicht verweisen lassen oder darauf, dass er die Handakten eines anderen Prozessbevollmächtigten verwenden könne. Auch wenn es notwendig ist, eine Vielzahl von Aktenstücken zu kopieren, so kann es für die rein rechtliche Durchdringung eines Sachverhalts einem verständigen Rechtsanwalt geboten erscheinen, jedenfalls die ihn betreffenden Schriftsätze und die Instanzurteile jederzeit zur Verfügung zu haben (BGH AGS 2005, 573 = RVGreport 2005, 275). 11 c

Nr. 7000 VV

11 d Zur sachgemäßen Bearbeitung nicht gerechtfertigt ist es, ohne jede Prüfung und Auswahl die **gesamte Akte** abzulichten. Andererseits ist es bei umfangreichen Sachakten dem Anwalt nicht zuzumuten, schon bei der Auswahl der abzulichtenden Seiten jede einzelne Seite vollständig zu lesen und auf die Notwendigkeit der Ablichtung zu überprüfen (OLG Düsseldorf JurBüro 2000, 359). Der Anwalt muss insoweit sein Ermessen ausüben. Er sollte die Akte daher vor dem Ablichten durchsehen und eine zumindest grobe Auswahl der zu kopierenden Schriftstücke vornehmen. Diese Auswahl dem Kanzleipersonal zu überlassen, das i. d. R. dann die gesamte Akte kopiert, würde dazu führen, dass der Anwalt nicht sämtliche angefertigte Kopien vom Mandanten erstattet verlangen kann. Allerdings kann dann, wenn dem Anwalt nur eine begrenzte Zeit zur Akteneinsicht zur Verfügung steht, das Kopieren der gesamten Akte gerechtfertigt sein (AG Solingen RVGreport 2008, 44 Burhoff).

11 e Die Entscheidung, welche Kopien für die Verteidigung notwendig sind, obliegt grundsätzlich ausschließlich dem Verteidiger. Diese Entscheidung kann in der Regel nicht durch die Beurteilung des Rechtspflegers ersetzt werden, wenn dieser die Frage der Notwendigkeit aus seiner Sicht anders beurteilt. So kann es z. B. notwendig sein, auch den oder die **Aktendeckel** der Ermittlungsakte abzulichten. Aktendeckel können einen erheblichen Informationsgehalt für den Verteidiger haben, weil auf diesem mit einem Blick beispielsweise zu sehen ist, welche Verfahren miteinander verbunden wurden, ob ein Beschwerdeverfahren stattgefunden hat, welche Beteiligten anfangs in dem Verfahren waren, ob ein Wechsel des Aktenzeichens stattgefunden hat und ähnliches. Ein Aktendeckel erhält daher regelmäßig Informationen, die zur Verteidigung notwendig sind (AG Bochum, 74 Ls 2 Js 556/05–38/06 bei JURIS, Strafrecht).

11 f Darauf, ob der Mandant die notwendigen Ablichtungen preiswerter als der Anwalt anfertigen könnte, kommt es nicht an, einen solchen Kostenvergleich sieht Nr. 7000 an keiner Stelle vor.

11 g Nicht erforderlich ist das Fertigen eines vollständigen Aktendoppels. Zur Vorbereitung der Verteidigung reicht es regelmäßig aus, wenn der Pflichtverteidiger den Beschuldigten unter Heranziehung einzelner Schriftstücke aus den Akten über den Stand der Ermittlungen informiert (KG RVGreport 2006, 109).

12 Der Anwalt kann in sämtlichen gerichtlichen Verfahren den Ersatz der Pauschale gemäß Nr. 1 a) verlangen.

12 a In **Straf- oder Bußgeldsachen** wird es für den Anwalt als Verteidiger immer notwendig und zur sachgerechten Bearbeitung geboten sein, sich einen Auszug aus der Straf- oder Ermittlungsakte anzufertigen, dies schon allein deshalb, weil er über die Ermittlungsschritte der Staatsanwaltschaft oder des Gerichtes nicht automatisch informiert wird. Es gilt das unter Rn. 11 c und Rn. 11 d Gesagte: Auf eine Akteneinsicht bei Gericht muss sich der Anwalt nicht verweisen lassen, vielmehr ist es für eine ordnungsgemäße Bearbeitung des Mandates notwendig, den Akteninhalt präsent zu haben.

12 b Grundsätzlich sind alle Auslagen des beigeordneten Anwalts, mithin auch die Kosten für das **Anfertigen von Aktenauszügen**, als für eine sachgerechte Wahrnehmung der Interessen eines Beschuldigten bzw. Angeklagten notwendig und erforderlich anzusehen (KG RVGreport 2006, 109). Ob es notwendig ist, den gesamten Akteninhalt abzulichten, liegt im Ermessen des Anwalts, er muss hier im Einzelfall entscheiden. Die Überprüfung dieses Ermessens durch Außenstehende hat sich lediglich darauf zu beschränken, ob die Entscheidung des Anwalts offensichtlich fehlerhaft getroffen wurde, d. h., ob Ablichtungen offensichtlich unnötig und überflüssig waren. Dies bedeutet für den Fall, dass er den gesamten Akteninhalt hat ablichten lassen, dass grundsätzlich auch diese Entscheidung vom Ermessen des Anwalts gedeckt ist und eine Kürzung der geltend gemachten Kopiekosten nur dann gerechtfertigt ist, wenn konkret der Nachweis erbracht werden kann, dass auch aus der Sicht des Anwalts einzelne Ablichtungen für eine sachgerechte Verteidigung in keinem Fall erforderlich waren (OLG Düsseldorf JurBüro 2002, 307). Ein pauschaler Abzug von 25 % der vom Pflichtverteidiger als Auslagen geltend gemachten Kosten für Fotokopien ist jedenfalls nicht zulässig

(OLG Düsseldorf, a. a. O.). Gleichzeitig obliegt es jedoch dem Anwalt, wenn gewichtige Anhaltspunkte ersichtlich sind, nach denen einzelne Auslagen unnötig verursacht wurden, die Erforderlichkeit der Auslagen zu belegen, wobei ihm allerdings ein gewisser Ermessensspielraum einzuräumen ist (KG RVGreport 2006, 109). Der Anwalt, der im Ermittlungsverfahren vor Erhebung der Anklage Akteneinsicht erhält, muss darauf achten, dass er umfassend Informationen erhält, um nicht später wiederholt um Akteneinsicht nachsuchen zu müssen. Der Maßstab für die Notwendigkeit ist allein die sachgerechte Verteidigung und nicht die Höhe der Kosten (OLG Düsseldorf AGS 2007, 243 = StRR 2007, 199). Ist es dem Anwalt in der Kürze der Zeit der Aktenübersendung nicht zuzumuten, entsprechende Kopieanweisungen zu fertigen, so kann die Ablichtung der gesamten Akte notwendig sein (AG Solingen, Beschl. v. 20. 02. 2008, Az. 21 Ds-60 Js 5824/06, n. v.). Ist der Akteninhalt mehrerer Strafakten zu studieren, ist auch die Kopie des Aktendeckels notwendig (AG Solingen wie vor).

Werden Straf- oder Bußgeldakten für ein Zivilverfahren kopiert, so kann auch dies erforderlich sein, z. B. in Verkehrsunfallmandaten, da sich in diesen Akten Zeugenaussagen, Unfallhergangsskizzen, Schadenshergangsgutachten u. a. befinden. Sollte im Zivilprozess eine Beiziehung der Akten durch das Gericht erfolgen, so muss auch der Anwalt über deren Inhalt informiert sein. 12 c

Vertritt der Anwalt den Mandanten in einem **Zivilprozess**, so liegt ihm in der Regel sämtlicher geführter Schriftverkehr vor. Daher sind Ablichtungen aus der Gerichtsakte zur sachgemäßen Bearbeitung des Mandats wohl nicht geboten. Allerdings kann es hier objektiv notwendige Ausnahmen geben, z. B. wenn der Anwalt erst während eines laufenden Prozesses mandatiert wird. Dann ist es für die sachgemäße Bearbeitung der Rechtssache geboten, sich anhand der Gerichtsakten über den Verlauf des Rechtsstreites zu informieren, insbesondere z. B. über erfolgte Zustellungen anhand der sich in der Gerichtsakte befindenden Zustellurkunden. 12 d

Etwas anderes gilt, wenn der Anwalt erstmals in einer weiteren Instanz mandatiert wird und vorinstanzlich bereits ein anderer Anwalt tätig war. Gemäß §§ 667, 675 BGB hat der Mandant einen Anspruch auf Herausgabe der Handakten gegenüber seinem früheren Prozessbevollmächtigten. Dieser Anspruch kann durch Übersendung an den zweitinstanzlichen Prozessbevollmächtigten realisiert werden. Der Anwalt kann auf diese Art und Weise Ablichtungen aus der Gerichtsakte erlangen, ohne die Gerichtsakte selber kopieren zu müssen (BGH NJW 2005, 1317 = JurBüro 2005, 480). 12 e

Werden dem Anwalt im Zivilverfahren die Verfügungen und Schriftsätze des Gegners nicht ausreichend zur Verfügung gestellt, so muss er diese bei Gericht anfordern. Diese werden ihm kostenfrei übersandt. Kosten für Ablichtungen aus der evtl. angeforderten Gerichtsakte sind dann nicht zu berechnen (OLG München, AnwBl. 1981, 507 = ZfS 1982, 44). 12 f

Dem Prozessbevollmächtigten des **Streithelfers** stehen für je zwei Ablichtungen von dem vorausgegangenen Inhalt der Prozessakte, soweit er für die Bearbeitung der Rechtssache von Bedeutung ist, Schreibauslagen zu, nämlich für einen Auszug zum eigenen Gebrauch und für einen Auszug zum Gebrauch des Streithelfers. Der Streithelfer kann von dem in die Kosten der Streithilfe verurteilten Gegner der Hauptpartei Erstattung dieser Schreibauslagen verlangen (OLG Düsseldorf VersR 1979, 870). Wird der Anwalt des Streithelfers erst in der Revisionsinstanz beauftragt, so darf er die in erster und zweiter Instanz gewechselten Schriftsätze sowie die beiden erstinstanzlichen Urteile der vorinstanzlichen Gerichtsakte (hier: 350 Seiten) ablichten. Die Entscheidung des Anwalts, die Schriftstücke bei der weiteren Bearbeitung der Sache jederzeit mit ihrem vollständigen Inhalt parat zu haben, ist als in der Regel als sachgerecht hinzunehmen. Diese Kosten können im Rahmen der Kostenerstattung festgesetzt werden (BGH 2005, 573 = RVGreport 2005, 275 – Anm. der Autorin: im entschiedenen Fall hatte sich die Streithelferin am Prozess erst in der Revisionsinstanz beteiligt, indem sie allein Revision eingelegt hat). 13

Nr. 7000 VV

13a In **verwaltungsrechtlichen Verfahren** kann es ebenfalls notwendig sein, Ablichtungen aus der Behörden- oder Gerichtsakte anzufertigen. Auch hier gilt das unter Rn. 11 c und 11 d Gesagte: Es liegt im Ermessen des Anwalts zu entscheiden, welche Aktenteile er präsent haben muss, um die Angelegenheit sachgemäß bearbeiten zu können. Eine bloße Akteneinsicht, womöglich mehrfach, kann dem Anwalt nicht zugemutet werden. Werden einer Klage nach § 82 Abs. 1 Satz 2 VwGO die angefochtenen Bescheide beigefügt, so bedürfen diese nicht der Ablichtung aus der Behördenakte, da sie vom Mandanten beigebracht und abgelichtet werden können (*Müller-Rabe* in Gerold/Schmidt 7000 VV Rn. 34). Der Anwalt kann diese Ablichtungen ggf. nach Nr. 1 d) vergüten.

13b Werden in **sozialrechtlichen Angelegenheiten** Ablichtungen aus Gerichts- oder Behördenakten angefertigt, die zur sachgerechten Bearbeitung der Rechtslage erforderlich sind, dann sind dem Anwalt diese Ablichtungen ebenfalls gem. Nr. 1 a) zu erstatten. Ist es zur sachgerechten Bearbeitung der Rechtslage erforderlich, dass der Rechtsanwalt fotokopierte Befundberichte und dergleichen aus den Gerichtsakten an den Auftraggeber weitergibt, dann sind die Fotokopien erstattungsfähig (SG Duisburg AGS 1997, 19).

II. Nr. 1 b) – Zustellung und Mitteilung an Gegner oder Beteiligte

14 Der Anwalt erhält eine pauschale Vergütung für Ablichtungen und Ausdrucke von Dokumenten zur Zustellung oder Mitteilung an Gegner, Beteiligte oder Verfahrensbevollmächtigte. Das Überlassen dieser Dokumente muss, um unter Nr. 1 b) zu fallen, aufgrund einer Rechtsvorschrift oder nach Aufforderung durch das Gericht, die Behörde oder der sonst verfahrensführenden Stelle erfolgen. Rechtsvorschriften i. S. v. Nr. 1 b) sind z. B. § 88 Abs. 1 Satz 2 FGG, § 86 Abs. 5 VwGO, § 93 Satz 1 SGO, §§ 64 Abs. 2 Satz 1, 77 Abs. 1 Satz 3 FGO, § 253 Abs. 5 ZPO (vgl. *Kroiß* in Mayer/Kroiß RVG VV Nr. 7000–7002 Rn. 2).

15 Darüber hinaus erhält der Anwalt eine Vergütung gem. Nr. 1 b) nur dann, wenn im konkreten Einzelfall jeweils mehr als 100 Ablichtungen und Ausdrucke angefertigt wurden. Eine Erstattungspflicht des Mandanten ist demnach erst ab der gefertigten 101. Ablichtung gegeben. Fertigt der Anwalt gem. Nr. 1 b) 105 Ablichtungen bzw. Ausdrucke, so sind vom Mandanten die Kosten für 5 Ablichtungen, also € 2,50, zu erstatten. Es ist nicht etwa so, dass die Grenze von 100 Ablichtungen erreicht sein muss, um sodann sämtliche Ablichtungen und Ausdrucke abrechnen zu können. Nur die Kosten für die über 100 Ablichtungen bzw. Ausdrucke hinausgehenden angefertigten Dokumente sind vom Mandanten zu erstatten. Die Anfertigung der ersten 100 Ablichtungen und Ausdrucke ist mit den jeweils entstandenen Gebühren abgegolten.

16 Beteiligter i. S. v. Nr. 1 b) ist nicht der Mandant. Ablichtungen für den Auftraggeber fallen unter Nr. 1 c). Zu beachten ist, dass es sich bei den Nr. 1 b) und 1 c) um jeweils eigene Tatbestände handelt, so dass die Ablichtungen und Ausdrucke auch gesondert zu zählen sind. Es ist nicht ausreichend, wenn für den Auftraggeber (Nr. 1 c) und Gegner bzw. Beteiligte (Nr. 1 b) zusammen mehr als 100 Ablichtungen oder Ausdrucke gem. der Nr. 1 b) und c) gefertigt werden.

16a **Beteiligte, an die Zustellungen oder Mitteilungen vorgenommen werden**, können sein

– der Verfahrensgegner, sei es im außergerichtlichen oder gerichtlich anhängigen Verfahren oder in Verfahren der freiwilligen Gerichtsbarkeit der Antragsgegner oder Beteiligte,
– der Prozess- bzw. Verfahrensbevollmächtigte des Gegners,
– der Vollstreckungsschuldner sowie der Drittschuldner in Zwangsvollstreckungsangelegenheiten,
– der Streitverkündete oder der Streithelfer,
– der Prozessbevollmächtigte des Streithelfers,
– Beteiligte in Verwaltungsverfahren (N. Schneider in Gebauer/Schneider VV 7000 Rn. 32).

Nicht zu den Beteiligten i. S. v. Nr. 1 b) gehören 16 b

– das Gericht,
– der Rechtsschutzversicherer des Mandanten (ggf. Abrechnung nach Nr. 1 d),
– der Haftpflichtversicherer oder ein anderer Versicherer des Mandanten (ggf. Abrechnung nach Nr. 1 d),
– weder der eigene noch der gegnerische Verkehrsanwalt oder Terminsvertreter – es mangelt hier an einer entsprechenden Rechtsvorschrift, wonach diese Personen durch Ablichtungen unterrichtet werden müssten (*Müller-Rabe* in Gerold / Schmidt VV7000 Rn. 46), ggf. muss die Unterrichtung des Verkehrsanwalts oder Terminsvertreters des Mandanten mittels Ablichtungen gemäß Nr. 1 d) erfolgen.

Gemäß § 133 Abs. 1 ZPO haben die Parteien den Schriftsätzen, die sie bei Gericht einreichen, 16 c
die für die Zustellung erforderliche **Anzahl von Abschriften** und deren Anlagen beizufügen. Hat sich ein Prozessbevollmächtigter für eine Partei bestellt, dann sind Zustellungen an diesen vorzunehmen (§ 172 Abs. 1 ZPO), ansonsten erfolgen die Zustellungen an die Partei selbst. Insbesondere § 172 Abs. 1 ZPO sieht nicht vor, dass neben dem Anwalt auch eine Zustellung der Schriftstücke an die Partei erfolgen muss. Es existiert demnach keine Rechtsvorschrift, nach welcher der Anwalt neben dem Original des Schriftstückes und einer Abschrift für den gegnerischen Prozessbevollmächtigten weitere Abschriften für die gegnerische Partei anfertigen muss. Gleichwohl wird es in der Praxis sehr oft so gehandhabt, dass den Schriftsätzen neben dem Original und der Abschrift für den gegnerischen Anwalt weitere Abschriften für die gegnerische Partei beigefügt werden. Diese weiteren Abschriften werden nicht von Nr. 1 b) umfasst, da es insoweit an einer entsprechenden Rechtsvorschrift fehlt. In diesem Sinne hat auch das OLG Hamm (JurBüro 2002, 201 = AGS 2002, 69) entschieden: »Ob der Gegenanwalt zur Unterrichtung seiner Partei weitere Kopien anfertigt, ist seine Angelegenheit.«. Fertigt der Anwalt Ablichtungen der gegnerischen Schriftsätze für den Mandanten an, so unterfallen diese ggf. Nr. 1 c). Wenn jedoch das Gericht den Anwalt auffordert, und dies geschieht nicht eben selten, weitere Abschriften für die Parteien beizufügen, so unterfallen diese zusätzlichen Ablichtungen Nr. 1 b), da es sich insoweit um eine Aufforderung durch das Gericht handelt.

Wird eine **Wohnungseigentümergesellschaft** durch einen Verwalter vertreten, so ist für die 16 d
Zustellung nur eine Ausfertigung oder Abschrift für den Verwalter notwendig (BGH NJW 1981, 282). Weiterer Abschriften für die einzelnen Eigentümer bedarf es dann nicht.

Gleiches gilt, wenn der Anwalt in einem Rechtsstreit gegen eine große Anzahl von Teilhabern 16 e
einer **Bauherrengemeinschaft** tätig wird. Wird die Bauherrengemeinschaft nach außen durch einen mit umfassender Vollmacht ausgestatteten Treuhänder vertreten, so ist es ausreichend, wenn Zustellungen an diesen vorgenommen werden (JurBüro 1987, 704 = Rpfleger 1987, 335). Weitere Abschriften von Schriftsätzen für die einzelnen Bauherren sind nicht notwendig und unterfallen nicht Nr. 1 b).

III. Nr. 1 c) – Notwendige Unterrichtung des Auftraggebers

Der Anwalt erhält für das notwendige Unterrichten seines Auftraggebers ebenfalls eine Pau- 17
schale für die Herstellung und Überlassung von Ablichtungen und Dokumenten. Ob das Anfertigen der Ablichtungen notwendig in diesem Sinne war, hängt vom Einzelfall ab. Man kann jedoch davon ausgehen, dass das Herstellen von Ablichtungen sowohl der Schriftsätze des Anwalts als auch der gegnerischen Schriftsätze plus Anlagen notwendig ist. Der Mandant hat ein Anrecht darauf, unterrichtet zu werden, was sein Anwalt und die Gegenseite vortragen. Unterlässt es die Gegenseite in einem gerichtlichen Verfahren, Ablichtungen der Schriftsätze für den Mandanten beizufügen (siehe Rn. 16 c), so unterfällt das Herstellen von Ablichtungen dieser Dokumente Nr. 1 c).

Nr. 7000 VV

17a Auch hier gilt, dass eine Erstattungspflicht des Mandanten erst besteht, soweit der Anwalt mehr als 100 Ablichtungen und Ausdrucke fertigt.

17b Auf die Anzahl der Mandanten, die unterrichtet werden müssen, kommt es nicht an. Was zählt, ist die Summe der Ablichtungen. Hat der Anwalt zehn Auftraggeber, die alle unterrichtet werden müssen, und fertigt er für jeden dieser Auftraggeber 15 Ablichtungen an, so sind hier 50 Ablichtungen ebenso zu erstatten (vgl. Beispiel Rn. 18) wie in dem Fall, in dem der Anwalt für nur einen Auftraggeber 150 Ablichtungen anfertigt.

17c Zu beachten ist, dass diese Regelung für jede gebührenrechtliche Angelegenheit, mit der der Anwalt mandatiert wird, gilt.

18 • **Beispiel**
Der Anwalt wird von 20 Klägern mit einer Sammelklage gegen ein Energieversorgungsunternehmen beauftragt. Hier liegt nur eine gebührenrechtliche Angelegenheit vor, so dass der Anwalt für die notwendige Unterrichtung der Auftraggeber die Dokumentenpauschale gem. Nr. 1 c) erhält, sobald er insgesamt mehr als 100 Ablichtungen bzw. Ausdrucke anfertigt.

19 • **Beispiel**
Wird der Anwalt jedoch von 20 Auftraggebern einzeln mit dem Einreichen einer individuellen Klage gegen das Energieversorgungsunternehmen mandatiert, so erhält er die Dokumentenpauschale gem. Nr. 1 c) erst dann, wenn er für jeden der 20 Auftraggeber mehr als 100 Ablichtungen bzw. Ausdrucke fertigt.

19a Vertritt der Anwalt in einer gebührenrechtlichen Angelegenheit zwei oder mehr Auftraggeber, so haftet jeder der Auftraggeber gemäß § 7 Abs. 2 Satz 1 Hs. 2 in pauschalierter Form für die gesamte Dokumentenpauschale.

19b • **Beispiel**
Der Anwalt vertritt in einer Angelegenheit drei Auftraggeber. Für jeden der Auftraggeber fertigt er 110 Kopien, insgesamt also 330 Kopien. Der Anwalt kann, da es sich um dieselbe gebührenrechtliche Angelegenheit handelt, insgesamt 230 Kopien abrechnen. Er muss diese 230 Kopien nicht pro Auftraggeber splitten und etwa jedem Auftraggeber nur zehn Kopien in Rechnung stellen (was würde mit den restlichen 200 Kopien geschehen?). Vielmehr haftet jeder Auftraggeber für jede dieser 230 abrechenbaren Kopien in voller Höhe. Durch diese pauschalisierte Haftung in voller Höhe ist der einzelne Auftraggeber schlechter gestellt, als wenn er ausschließlich für die Kopien haften würde, die nur für ihn angefertigt worden wären: Müsste der Anwalt eine konkrete Abrechnung vornehmen, so könnte er jedem Auftraggeber zehn Kopien á € 0,50 in Rechnung stellen, mithin € 5,00 pro Auftraggeber. Diese Abrechnung ist aber insofern falsch, als dass zum einen die Kopien in einer Angelegenheit zu addieren sind und zum anderen eine konkrete Berechnung pro Auftraggeber nicht vorgesehen ist. Der Anwalt kann also insgesamt 230 Kopien mit € 42,00 abrechnen und diesen Betrag insgesamt einmal von jedem der Auftraggeber als Gesamtschuldner fordern. Im Innenverhältnis haftet damit jeder der drei Auftraggeber mit € 14,00.

IV. Nr. 1 d) – Zusätzlich gefertigte Ablichtungen und Ausdrucke

20 Im Unterschied zu Auslagen, die der Anwalt nach den Nrn. 1 a) bis c) vom Mandanten erstattet verlangen kann, muss für das Anfertigen von Ablichtungen und Ausdrucken, die der Anwalt zusätzlich, d. h. nicht unter die Buchstaben a) bis c) fallend, anfertigt, das Einverständnis des Mandanten vorliegen.

20a Nr. 1 d) enthält **keine »Mengenbegrenzung«**, d. h. dass der Anwalt jede Ablichtung, die unter Nr. 1 d) fällt, dem Mandanten in Rechnung stellen kann.

Nr. 1 d) darf jedoch nicht dazu »missbraucht« werden, alle die Kopien, die der Anwalt nach den Nr. 1 a) bis c) nicht abrechnen kann, weil sie die Anzahl von 100 nicht überschreiten bzw. zur sachgemäßen Bearbeitung der Angelegenheit nicht geboten waren, nunmehr unter diese Nummer zu subsumieren und abzurechnen. Nr. 1 d) stellt insoweit keinen Auffangtatbestand dar.   20 b

Das Einverständnis zum Anfertigen von weiteren Ablichtungen kann ausdrücklich oder stillschweigend erklärt werden, es wird sich vielfach aus den Umständen ergeben. Von einem Einverständnis wird man ausgehen können, wenn der Anwalt die Anfertigung von zusätzlichen Ablichtungen zur sachgerechten Ausführung seines Auftrages für erforderlich halten durfte oder wenn aus seiner Sicht die Ablichtung zur Unterrichtung des Auftraggebers geboten war (*N. Schneider* in Gebauer/Schneider VV 7000 Rn. 47). Der verkehrsunfallgeschädigte Mandant z. B. wird mit der Fertigung von Aktenauszügen aus den Strafakten einverstanden sein, die der Anwalt zur Begründung der Schadensersatzansprüche benötigt.   21

- **Beispiel**   22
Der Anwalt ist für den Mandanten in einem Schadensersatzprozess wegen eines Unfalls tätig. Er fordert die polizeiliche Unfallakte zur Einsichtnahme an und lässt hieraus die notwendigen Fotokopien fertigen. Da diese Fotokopien zur sachgemäßen Bearbeitung notwendig sind, kann der Anwalt hierfür die Dokumentenpauschale geltend machen, **und** weil das Einverständnis des Mandanten unterstellt werden kann. Der Anspruch des Anwalts auf Ersatz der Dokumentenpauschale ergibt sich vorliegend also sowohl aus Nr. 1 Buchstabe a) als auch aus Nr. 1 Buchstabe d).

Zu den zusätzlich angefertigten und vom Mandanten geforderten Dokumenten gehören alle die Ablichtungen und Ausdrucke, die nicht unter die Buchstaben a) bis c) fallen z. B.:   23

- zusätzliche Ablichtungen und Ausdrucke für den Mandanten selber, soweit sie nicht unter Buchstabe c) fallen;
- Ablichtungen und Ausdrucke für die Rechtsschutzversicherung des Mandanten (allerdings nur, soweit die Korrespondenz mit der Rechtsschutzversicherung des Mandanten kein eigenes Mandat darstellt – für diesen Fall gilt, dass die notwendige Information der Rechtsschutzversicherung mit den Verfahrensgebühren abgegolten ist);
- Ablichtungen und Ausdrucke für die Haftpflicht-/oder Kaskoversicherung des Mandanten;
- Ablichtungen und Ausdrucke für Behörden, Arbeitgeber, Vermieter etc. des Mandanten.

V. Nr. 2 – Elektronisch gespeicherte Dateien

Eine elektronisch gespeicherte Datei enthält Daten, auf welche der Anwalt mittels entsprechender Hard- und Software zugreifen kann. Diese Daten sind auf einem Datenträger gespeichert. Der Datenträger kann entweder in der entsprechenden Hardware integriert sein (z. B. Festplatte) oder er kann von der Hardware losgelöst sein (z. B. Diskette, CD-R, CD-RW, DVD) (*Enders* JurBüro 2005, 394).   24

Für das Entstehen der Dokumentenpauschale ist es unerheblich, welche Art von Datenspeicherung der Anwalt wählt (Textdateien, Bilddateien), um dem Mandanten entsprechende Informationen zu überlassen.   24 a

Je Datei, die der Anwalt einem Dritten überlässt, kann er eine Pauschale in Höhe von € 2,50 berechnen.   24 b

Voraussetzung für das Entstehen der Dokumentenpauschale gem. Nr. 7000 Nr. 2 ist, dass es sich bei den übermittelten Dateien um solche handelt, die anstelle der in Nr. 1 d) genannten Ablichtungen übersandt werden. Es sind also für den Vergütungsanspruch zunächst einmal alle die Kriterien anzusetzen, die auch bei Nr. 1 d) geprüft werden müssen: Es muss das Ein-   25

Nr. 7000 VV

verständnis des Mandanten zur Übermittlung der Dateien an einen Dritten vorliegen, der Anwalt muss die Übermittlung zur sachgerechten Ausführung seines Auftrages für erforderlich halten bzw. muss aus seiner Sicht die Übermittlung zur Unterrichtung des Auftraggebers geboten sein.

25a Die Dokumentenpauschale gem. Nr. 7000 Nr. 2) fällt nicht an, wenn die entsprechende Überlassung unter die Buchstaben a), b) und c) fällt. Das Überlassen der elektronischen Dateien muss also im Einverständnis mit dem Auftraggeber erfolgen und es muss ein »**sonstiger Fall**« i. S. v. Nr. 1 d) vorliegen.

25b Darüber hinaus muss der Anwalt einem Dritten die Dateien überlassen. D. h., durch den Empfang und Abruf der entsprechenden Daten wird die Dokumentenpauschale nicht ausgelöst, erst wenn der Anwalt die Dateien an einen Dritten weiterleitet – und zwar wiederum als elektronisch gespeicherte Datei – kann er die Dokumentenpauschale geltend machen.

26 • **Beispiel**
Druckt der Anwalt vom Sachverständigen überlassene Bilder, die dieser von einem streitgegenständlichen Bauobjekt angefertigt hat, aus und leitet dieses Ausdrucke per Brief an den Mandanten weiter, so kann er hierfür keine gesonderte Dokumentenpauschale gem. Nr. 7000 Nr. 2 berechnen.

27 • **Beispiel**
Der Anwalt ist beauftragt, einen Vertrag zu entwerfen. Im Einverständnis mit seinem Mandanten übermittelt er den Vertragsentwurf per E-Mail an den Mandanten, den steuerlichen Berater des Mandanten, den Geschäftspartner A des Mandanten und den Geschäftspartner B des Mandanten. Der E-Mail hing der Vertrag in einer elektronisch gespeicherten Datei an. Der Anwalt kann 4 × € 2,50 nach Nr. 7000 Nr. 2 berechnen. (Beispiel: Enders JurBüro 2005, 395)

28 • **Beispiel**
Wie oben, jedoch schicken nunmehr alle Beteiligten den Vertragsentwurf an den Anwalt mit Änderungswünschen zurück. Der Anwalt arbeitet auftragsgemäß die Änderungswünsche ein. Er schickt wieder allen vier Vorgenannten eine E-Mail mit dem geänderten Vertragsentwurf in einer angehängten Datei. Der Anwalt kann weitere 4 × € 2,50 nach Nr. 7000 Nr. 2 berechnen (Beispiel: Enders JurBüro 2005, 395).

29 • **Beispiel**
Der Anwalt ist als Prozessbevollmächtigter in einem bürgerlichen Rechtsstreit tätig. Er übermittelt dem Gegenanwalt beglaubigte und einfache Abschrift seines Schriftsatzes an das Gericht per E-Mail, wobei jede Abschrift in einer gesonderten Datei beigefügt ist. Es fällt keine Dokumentenpauschale nach Nr. 7000 Nr. 2 an, da es sich um einen Fall der Nr. 7000 Nr. 1 b) handelt (Beispiel: Enders JurBüro 2005, 395).

VI. Erstattungsfähigkeit der Dokumentenpauschale

1. Zivilverfahren

30 Die Frage der Erstattungsfähigkeit der Dokumentenpauschale ist zur Zeit der Gültigkeit der BRAGO Gegenstand einer Vielzahl von gerichtlichen Entscheidungen gewesen. Vor allem in Zivilsachen hatte sich schlussendlich die Ansicht des BGH, dass Fotokopiekosten – vorbehaltlich der in § 27 Abs. 1 Nr. 2 und § 6 Abs. 2 BRAGO geregelten Ausnahmen – grundsätzlich nicht erstattungsfähig sind (BGH NJW 2003, 1127 = JurBüro 2003, 246) durchgesetzt. § 27 Abs. 1 Nr. 2 BRAGO bestimmte, dass der Anwalt Anspruch auf Ersatz der Schreibauslagen für Abschriften und Ablichtungen für die Unterrichtung von mehr als drei Gegnern oder Beteiligten auf Grund einer Rechtsvorschrift oder nach Aufforderung des Gerichts hat. War keiner der in § 27 Abs. 1 BRAGO aufgeführten Tatbestände erfüllt, fielen die Kosten für die Her-

stellung von Fotokopien nach § 25 Abs. 1, 3 BRAGO unter die allgemeinen Geschäftskosten, die mit den Gebühren, die der Rechtsanwalt für seine Tätigkeit erhält, abgegolten waren (BGH a. a. O.).

Mit Einführung des RVG ist diese Rechtsprechung überholt. Dies schon deshalb, weil die § 27 Abs. 1 Nr. 2 BRAGO entsprechende Vorschrift Nr. 7000 Nr. 1 b) keine Einschränkung hinsichtlich der Zahl der zu unterrichtenden Personen trifft. Vielmehr spielt die Anzahl der Gegner (mehr als drei) keine Rolle, sondern nur die Anzahl der abzurechnenden Kopien (mehr als 100). Auf die reine Anzahl der gefertigten Ablichtungen kam es in § 27 Abs. 1 BRAGO hingegen nicht an. Insoweit fehlt es an der Vergleichbarkeit der Vorschriften, so dass eine analoge Anwendung der BRAGO-Rechtsprechung auf das RVG nicht in Betracht kommt. Insbesondere die Rechtsprechung des BGH, dass Fotokopiekosten – vorbehaltlich der in § 27 Abs. 1 Nr. 2 und § 6 Abs. 2 BRAGO geregelten Ausnahmen – grundsätzlich nicht erstattungsfähig sind (BGH NJW 2003, 1127) ist daher für Entscheidungen zum RVG nicht heranzuziehen (LG Memmingen Rpfleger 2007, 288 = ZAP EN-Nr. 688/2007). 31

Im **Zivilverfahren** richtet sich die Kostenerstattungspflicht der obsiegenden Partei nach § 91 Abs. 2 Satz 1 Hs. 1 ZPO. Auf die Frage der Notwendigkeit gemäß § 91 Abs. 1 Satz 1 ZPO kommt es dabei nicht an (BGH NJW 2003, 1532 = Rpfleger 2003, 320). Danach gelten die gesetzlichen Gebühren und Auslagen des Rechtsanwalts der obsiegenden Partei stets als zweckentsprechende Kosten der Rechtsverfolgung oder Rechtsverteidigung (BRAGOReport 2003, 203). Wird also die Erstattung von Kopiekosten verlangt, die der Prozessbevollmächtigte verauslagt hat, ist (deshalb) allein zu prüfen, ob der Prozessbevollmächtigte gegenüber der von ihm vertretenen Partei Anspruch auf deren Ersatz hat (BGH AGS 2005, 573 = RVGreport 2005, 275; BGH NJW 2005, 1317 = JurBüro 2005, 480). 32

Im Kostenfestsetzungsverfahren ist daher allein zu prüfen, ob der Anwalt die Dokumentenpauschale entsprechend der Vorschriften in Nr. 7000 berechnet hat und ob er diese seiner Partei in Rechnung stellen konnte. Wird diese Frage bejaht und macht die Partei diese Auslagen im Kostenfestsetzungsverfahren geltend, so ist die Dokumentenpauschale ohne weitere Prüfung festzusetzen. 33

Dies kann so uneingeschränkt jedoch nur für die Dokumentenpauschale nach Nr. 1 a), b) und c) gelten. Fertigt der Anwalt zusätzliche Ablichtungen nach Nr. 1 d) an, entweder mit Einverständnis des Mandanten und/oder zur Unterrichtung Dritter, so ist auch hier im Kostenfestsetzungsverfahren wegen § 91 Abs. 2 Satz 1 Hs. 1 ZPO keine Notwendigkeitsprüfung vorzunehmen. Gleichwohl muss überprüft werden, ob es sich bei der Pauschale gemäß Nr. 1 d) um **prozessbezogene** Kosten handelt. Dies wird in den wenigsten Fällen so sein, so dass eine Kostenerstattung durch den unterlegenen Gegner nicht in Frage kommt. 34

2. Strafverfahren

Im **Strafverfahren** richtet sich die Erstattung der Kosten nach § 464 a ZPO. Danach gehören zu den notwendigen Auslagen eines Beteiligten auch die Gebühren und Auslagen eines Rechtsanwalts, soweit sie nach § 91 Abs. 2 der Zivilprozessordnung zu erstatten sind (§ 464 a Abs. 2 Nr. 2 StPO). Durch den Verweis auf § 91 Abs. 2 ZPO ist klargestellt, dass auch im Strafverfahren die gesetzlichen Gebühren und Auslagen des Rechtsanwalts zu erstatten sind. Für die Dokumentenpauschale bedeutet dies, dass, wie im Zivilverfahren, geprüft werden muss, ob der Anwalt die Dokumentenpauschale entsprechend der Vorschriften in Nr. 7000 berechnet hat und ob er diese seiner Partei in Rechnung stellen konnte. Wird diese Frage bejaht, so ist die Dokumentenpauschale ohne weitere Prüfung festzusetzen (vgl. Rn. 33). Insbesondere gilt das für die Pauschale gemäß Nr. 1 a), also für das Anfertigen eines Aktenauszuges (vgl. zum Anfall der Dokumentenpauschale, insbesondere zur Anfertigung eines Aktenauszuges ausführlich Rn. 12 b). Bei der Kostenfestsetzung von Gebühren und Auslagen eines Verteidigers können Kopierkosten lediglich dann in Abzug gebracht werden, wenn ersichtlich ein Missbrauch vorliegt. Die Entscheidung, welche Kopien für die Verteidigung notwendig sind, ob- 35

Nr. 7000 VV

liegt grundsätzlich dem Verteidiger (AG Bochum, Beschl. v. 10.01.2008, Az. 74 Ls 2 Js 556/05–38/06 n. V.; in JURIS unter JURE080001493).

3. Aktenauszüge für Versicherungen

36 Bis zum 01.07.2004 konnte das Honorar für das Besorgen und Erstellen eines Aktenauszuges ohne weiteres wegen der bestehenden Vereinbarung zwischen dem DAV und dem HUK-Verband pauschal abgerechnet werden (»Honorar für Akteneinsicht und Aktenauszüge aus Unfallstrafakten für Versicherungsgesellschaften«). Ob diese Vereinbarung nach Inkrafttreten des RVG weiter gilt, ist streitig (für deren weitere Geltung z. B. *Schneider* in Gebauer/Schneider Anhang V; a. A. Gerold/Schmidt Teil E S. 1877).

37 Es ist zu unterscheiden zwischen der »Vereinbarung über die pauschale Abgeltung der Anwaltsgebühren bei außergerichtlicher Unfallregulierung« (sog. »DAV-Abkommen«) und der erwähnten Vereinbarung hinsichtlich der Akteneinsicht. Während das »DAV-Abkommen« in der Tat nach Einführung des RVG keine Gültigkeit mehr besitzt, da dessen Grundlage weggefallen ist (15/10 Pauschalgebühr bei Regulierung), dürfte die Vereinbarung hinsichtlich der Akteneinsicht weiterhin Bestand haben, da die Pauschale für den Aktenauszug sich gerade nicht auf BRAGO-Gebühren bezog sondern nur pauschale Beträge zum Inhalt hat.

38 Die meisten Versicherungsgesellschaften richten sich auch nach wie vor nach dem Abkommen. Sie erstatten ein Pauschalhonorar in Höhe von derzeit € 26,00 sowie die anfallenden Kopiekosten gemäß Nr. 7000 Nr. 1 a). Darüber hinaus kann der Anwalt entstehende Kosten (Nr. 9003 GKG-KV z. B. oder Kosten der Bußgeldstelle, die diese für die Aktenübersendung erhebt) berechnen sowie die Umsatzsteuer auf das Pauschalhonorar und die Auslagen. Eine Auslagenpauschale nach Nr. 7002 fällt nicht an. Für einen ergänzenden Aktenauszug kann der Anwalt, berechnet er diese Tätigkeit weiter nach der o. g. Vereinbarung, einen Betrag von € 13,00 sowie die bereits beschriebenen zusätzlichen Auslagen verlangen.

39 Die andere Auffassung geht davon aus, dass das Einholen und Erstellen eines Aktenauszuges gemäß Nr. 2300 abzurechnen ist (Gerold/Schmidt, a. a. O.). Einige Versicherer lassen sich auch auf diese Abrechnungsvariante ein.

Nrn. 7001–7002 VV
Entgelte/Pauschale für Entgelte für Post- und Telekommunikationsdienstleistungen

Nr.	Auslagentatbestand	Höhe
7001	Entgelte für Post- und Telekommunikationsdienstleistungen	in voller Höhe Für die durch die Geltendmachung der Vergütung entstehenden Entgelte kann kein Ersatz verlangt werden.
7002	Pauschale für Entgelte für Post- und Telekommunikationsdienstleistungen .... Die Pauschale kann in jeder Angelegenheit anstelle der tatsächlichen Auslagen nach Nummer 7001 gefordert werden.	20 % der Gebühren – höchstens 20,00 EUR

Inhaltsübersicht

	Rn.
A. Allgemeines	1
B. Kommentierung	3
I. Umfang der zu berechnenden Entgelte	3
II. Wahl der Abrechnungsmethode	10
III. Konkrete Abrechnung gemäß Nr. 7001	14
IV. Pauschalierte Abrechnung gemäß Nr. 7002	18
V. Berechnung der Entgelte für Post- und Telekommunikationsdienstleistungen in jeder gebührenrechtlichen Angelegenheit	23
VI. Auslagenpauschale Nr. 7002 in Beratungshilfeangelegenheiten	28
VII. Auslagenpauschale Nr. 7002 bei PKH und Pflichtverteidigung	32
VIII. Keine Anrechnung der Auslagenpauschale	33

A. Allgemeines

Rechnet der Anwalt für seine Tätigkeit die gesetzliche Vergütung ab, so kann er auf seine Gebühren Auslagen gemäß Nr. 7001 oder Nr. 7002 erheben. Hat der Anwalt mit dem Mandanten eine Honorarvereinbarung geschlossen, so muss geprüft werden, ob diese Vereinbarung, wenn keine konkreten Aussagen getroffen wurden, die zusätzliche Zahlung der Entgelte für Post- und Telekommunikationsdienstleistungen bzw. die Pauschale für diese Entgelte umfasst. Im Zweifel muss die geschlossene Vereinbarung nach §§ 133, 157 BGB entsprechend ausgelegt werden (so auch *N. Schneider* in Gebauer/Schneider VV 7001–7002). Dem Anwalt ist demnach zu raten, in die Honorarvereinbarung eine gesonderte Regelung über die Zahlung für Post- und Telekommunikationsentgelte aufzunehmen. Insbesondere gilt dies auch bei Vereinbarung eines Pauschalhonorars, sofern der Anwalt über dieses Honorar hinaus seine Auslagen vergütet haben will. Ansonsten wird bei einem Pauschalhonorar im Zweifel davon auszugehen sein, dass mit Zahlung des pauschalen Betrages auch sämtliche Auslagen abgegolten sind (LG Koblenz JurBüro 1984, 206). 1

Wird der Anwalt in einem Rahmen tätig, der unter § 1 Abs. 2 RVG fällt, so kann er Auslagen nach Nr. 7001 bzw. 7002 nicht berechnen. Vielmehr muss er diese seinem Auftraggeber gemäß § 670 BGB in Rechnung stellen oder, sofern solche vorhanden, die Auslagen nach den für diese Tätigkeiten geltenden Abrechnungsvorschriften berechnen. 2

Nrn. 7001–7002 VV

B. Kommentierung

I. Umfang der zu berechnenden Entgelte

3   Zu den Entgelten nach Nr. 7001, 7002 zählen das Porto für Briefe, Postkarten, Päcken, Pakete, Entgelte für besondere Postdienstleistungen wie Anschriftenprüfungen, Einschreiben, Einschreiben/Rückschein, Telefon- und Internetgebühren und, wenn auch sicherlich in zunehmendem Maße weniger verwendet, Gebühren für Telegramme oder Fernschreiben.

4   Die allgemeinen Unkosten für das Betreiben und Instandhalten der Telefon- oder Telefaxanlage, der Frankiermaschine oder der Internettechnik fallen nicht unter Nr. 7001 bzw. 7002, sondern sind mit den allgemeinen Geschäftsunkosten abgegolten (vgl. Vorb. 7 Abs. 1 Satz 1 Rn. 5).

5   Nicht unter Nr. 7001 bzw. Nr. 7002 fallen z. B. Frachtkosten oder Kosten für Funkboten. Diese kann der Anwalt dem Auftraggeber gemäß §§ 670, 675 BGB in Rechnung stellen (für Funkbotenkosten: LG Frankfurt Rpfleger 1984, 433).

6   Übersendet der Anwalt dem Mandanten seine Honorarrechnung, so kann er für die Übersendung dieser Rechnung keinen Ersatz der hierfür entstehenden Auslagen geltend machen. Dies ergibt sich aus der Anmerkung zu Nr. 7001.

7   Voraussetzung für das Berechnen der Entgelte für Post- und Telekommunikationsdienstleistungen ist, dass in der Angelegenheit überhaupt derartige Auslagen entstanden sind. Wird der Mandant lediglich mündlich beraten, so entstehen keine Auslagen, sie können auch nicht pauschal nach Nr. 7002 berechnet werden. Auch für das anschließende Übersenden der Rechnung kann Porto nicht geltend gemacht werden (vgl. Rn. 6).

8   Bittet der Mandant jedoch darum, das Beratungsergebnis noch einmal schriftlich zusammenzufassen und ihm zu übersenden, so fällt hierfür ein Entgelt für Post- und Telekommunikationsdienstleistung an. Der Anwalt kann sich entscheiden, ob er für das Fertigen dieses Schreibens die konkrete Abrechnung nach Nr. 7001 oder die pauschale Abrechnung nach Nr. 7002 wählt. Letzteres auch dann, wenn durch die pauschale Geltendmachung u. U. der maximale Betrag von € 20,00 erreicht wird. Auf den Umfang der Tätigkeit oder auf die tatsächliche Höhe der Kosten (hier u. U. nur € 0,55) kommt es bei der pauschalen Abrechnung nicht an.

9   In der Praxis kommt es häufig vor, dass der Mandant nach erfolgter mündlicher Beratung darum bittet, die Angelegenheit mit seiner Rechtsschutzversicherung abzurechnen. Fraglich ist, ob der Anwalt für die Deckungsanfrage und das gleichzeitige Übersenden der Kostenberechnung Auslagen nach Nr. 7001 bzw. 7002 berechnen kann.

Entscheidet der Anwalt sich dafür, die Deckungsanfrage bei der Rechtsschutzversicherung des Mandanten nicht als eigene gebührenrechtliche Angelegenheit (die es eigentlich wäre, und die mit einer Geschäftsgebühr nach Nr. 2300 abzurechnen wäre) zu betrachten, sondern dies als Serviceleistung dem Mandanten nicht in Rechnung zu stellen, so kann er für das Schreiben an die Rechtsschutzversicherung Auslagen gemäß Nr. 7001 bzw. 7002 berechnen. Die Tätigkeit des Anwalts erschöpft sich in diesem Falle gerade nicht in der bloßen Übersendung der Kostenberechnung. Vielmehr ist es notwendig, den Gegenstand und das Ergebnis der Beratung schriftlich darzustellen, damit die Rechtsschutzversicherung anhand dieser Mitteilung überhaupt entscheiden kann, ob Deckungsschutz erteilt wird oder nicht. Dem Mandanten sollte nahegebracht werden, dass es sich bei dieser Tätigkeit um eine Serviceleistung des Anwalts handelt, dass der Mandant im Grunde selber für die Deckungszusage verantwortlich ist und dass er, falls er die Deckungsanfrage dem Anwalt überlassen will, diese Tätigkeit eigentlich vergüten müsste.

II. Wahl der Abrechnungsmethode

Der Anwalt kann bei Geltendmachung der Entgelte für Post- und Telekommunikationsdienstleistungen wählen, ob er diese dem Mandanten gegenüber konkret abrechnet, Nr. 7001, oder ob er die Abrechnung pauschaliert gem. Nr. 7002 vornimmt. Das Wahlrecht hierüber steht allein dem Anwalt zu, der Mandant hat auf die Art der Berechnung keinen Einfluss (*N. Schneider* in Gebauer/Schneider VV 7001–7002 Rn. 7). 10

Es spricht nichts dagegen, dass der Anwalt, soweit er für den Mandanten im Rahmen eines Auftrages in mehreren gebührenrechtlichen Angelegenheiten i. S. v. § 15 Abs. 2 tätig ist, die Art der Abrechnung – konkret gem. Nr. 7001 oder pauschal gem. Nr. 7002 – unterschiedlich wählt. 11

- **Beispiel** 12
Der Anwalt ist für den Mandanten in einem bürgerlichen Rechtsstreit tätig. Nach Erstreiten des Titels betreibt er für den Mandanten die Zwangsvollstreckung. Aus Erfahrung wählt der Anwalt für die gebührenrechtliche Angelegenheit »streitiges Verfahren« die konkrete Abrechnung der aufgewandten Entgelte für Post- und Telekommunikationsdienstleistungen gem. Nr. 7001, da diese die Pauschale gem. Nr. 7002 bei weitem übersteigt. Die Abrechnung der Zwangsvollstreckungsmaßnahmen hingegen nimmt er pauschal gem. Nr. 7002 vor.

Der Anwalt kann im Laufe der Bearbeitung des Mandates die Abrechnungsmethode ändern. Die einmal getroffene Wahl der Abrechnung ist nicht bindend (*N. Schneider* Gebauer/Schneider VV 7001, 7002). Die Änderung der Abrechnungsmethode ist nicht mehr möglich, wenn eine nicht mehr abänderbare Entscheidung über die Höhe der Vergütung (Vollstreckungsbescheid, Vergütungsfestsetzungsbeschluss) oder über die Höhe der vom Gegner zu erstattenden Kosten (Kostenfestsetzungsbeschluss, Urteil) vorliegt (*N. Schneider*, a. a. O.). 13

III. Konkrete Abrechnung gemäß Nr. 7001

Entscheidet sich der Anwalt für die konkrete Abrechnung der entstandenen Entgelte für Post- und Telekommunikationsdienstleistungen, so fallen hierunter alle die Aufwendungen, die dem Anwalt zur ordnungsgemäßen Bearbeitung des Mandats entstanden sind und die er den Umständen nach für erforderlich halten durfte (*N. Schneider* in Gebauer/Schneider VV 7001–7002 Rn. 9), also tatsächlich entstandene Portokosten, tatsächlich entstandene Telefongebühren etc., vgl. Rn. 3). 14

Läßt der Anwalt Post per Boten überbringen, sei es an das Gericht, sei es an andere beteiligte Personen, so kann er hierfür keine fiktiven Portokosten berechnen und erstattet verlangen (also keine »Gegenrechnung«: ein Botengang zum Gericht = € 0,55, die angefallen wären, wenn der Brief per Post versandt worden wäre). 15

Der Anwalt kann auf die tatsächlich geltend gemachten Auslagen Umsatzsteuer gem. Nr. 7008 berechnen, und zwar unabhängig davon, ob er die konkrete oder pauschale Abrechnung der Auslagen wählt. Der Anwalt kann auch Umsatzsteuer auf die Auslagen berechnen, die selber keine Umsatzsteuer enthalten (Parkgebühr, Porto). Dies ist vom Gesetzgeber auch so gewollt, ansonsten hätte hier eine Differenzierung zwischen umsatzpflichtigen und umsatzsteuerfreien Auslagen erfolgen müssen (vgl. auch BDiG Rpfleger 1987, 218 = MDR 1987, 467). 15a

Gemäß § 10 Abs. 2 Satz 2 genügt in der Kostenrechnung des Anwalts die Angabe des Gesamtbetrages der tatsächlichen Auslagen. Bestreitet der Auftraggeber die berechneten Auslagen, so muss der Anwalt deren Anfall im Einzelfall beweisen. Der Anwalt, der die Einzelabrechnung wählt, muss daher die Auslagen sorgfältig notieren. 16

17 Die konkret berechneten Auslagen sind nicht auf den nächstliegenden Cent auf- oder abzurunden. § 2 Abs. 2 Satz 2 spricht ausdrücklich von Gebühren, die zu runden sind, nicht von Auslagen.

IV. Pauschalierte Abrechnung gemäß Nr. 7002

18 Anstelle der tatsächlich entstandenen Kosten kann der Anwalt auch eine Pauschale für die Entgelte für Post-/Telekommunikationsdienstleistungen fordern. Die Höhe beträgt 20 % der tatsächlich entstandenen Gebühren, jedoch mit der Maßgabe, dass der Pauschsatz insgesamt beschränkt wird auf höchstens € 20,00. Dieser Höchstsatz gilt auch für Straf- und Bußgeldsachen. Der Anwalt hat kein Wahlrecht zwischen den beiden Beträgen (Pauschale aus 20 % der entstandenen Gebühren oder € 20,00). Beträgt die errechnete Pauschale weniger als € 20,00, so muss dieser Betrag angesetzt werden, der Anwalt kann nicht € 20,00 berechnen, weil dieser Betrag höher ist.

19 Die Pauschale wird nur auf die entstandenen Gebühren berechnet, nicht auf die insgesamt entstandene Vergütung, also nicht auf andere Auslagen wie z. B. Fahrtkosten- und Abwesenheitsgelder. Zur Berechnung kann jede Gebühr herangezogen werden, insbesondere auch die Hebegebühr Nr. 1009.

20 Voraussetzung für die Berechnung der Pauschale ist, dass in der Angelegenheit auch Kosten angefallen sind; auf deren tatsächliche Höhe kommt es dabei nicht an (vgl. auch Rn. 8).

21 • **Beispiel**
Der Mandant beauftragt den Anwalt mit der außergerichtlichen Geltendmachung einer Forderung in Höhe von € 5.000,00. Nach einem Anspruchsschreiben an den Gegner zahlt dieser ohne weitere Umstände. Aufwendungen für dieses Schreiben i. S. v. Nr. 7002 hat der Anwalt in Höhe von € 0,55 gehabt, nämlich lediglich das Porto für das Anschreiben.

Der Anwalt macht in der Vergütungsrechnung von seinem Wahlrecht Gebrauch und wählt die pauschale Abrechnung der entstandenen Post- und Telekommunikationsentgelte. Er berechnet eine 1,0 Geschäftsgebühr Nr. 2300 = € 301,00. Die 20 %ige Pauschale gem. Nr. 7002 beträgt € 60,20, ist jedoch auf € 20,00 zu begrenzen.

22 • **Beispiel**
Wie oben, jedoch beträgt die Forderung des Mandanten lediglich € 75,00. Der Anwalt berechnet eine 1,0 Gebühr Nr. 2300 = € 25,00. Die 20 %ige Pauschale gem. Nr. 7002 beträgt € 5,00. Diesen Betrag kann der Anwalt in der Vergütungsrechnung in Ansatz bringen.

V. Berechnung der Entgelte für Post- und Telekommunikationsdienstleistungen in jeder gebührenrechtlichen Angelegenheit

23 Bringt der Anwalt den Pauschsatz in Ansatz, so kann er diesen in jeder gebührenrechtlichen Angelegenheit fordern. Dies ergibt sich aus der Anmerkung zu Nr. 7002.

24 Nimmt der Anwalt eine konkrete Berechnung der Entgelte für Post- und Telekommunikationsdienstleistungen vor, so kann er diese selbstverständlich auch für jede gebührenrechtliche Angelegenheit gesondert berechnen. Es bedarf insoweit jedoch keiner gesonderten Regelung wie für Nr. 7002, da die Berechnung ohnehin laufend erfolgt – ohne Berücksichtigung der gebührenrechtlichen Angelegenheit.

24a Als Maßstab, ob verschiedene gebührenrechtliche Angelegenheiten vorliegen, gelten die §§ 16 ff., es wird ausdrücklich auf die dortige Kommentierung verwiesen. In den Angelegenheiten, die in den §§ 17, 18, 20 Satz 2 als verschiedene bzw. besondere Angelegenheiten genannt werden, kann der Anwalt die Pauschale nach Nr. 7002 ausnahmslos mehrfach berechnen. Einschränkungen oder Ausnahmen sieht Nr. 7002 nicht vor.

• **Beispiel** 25
Im Urkunden- oder Wechselprozess sind dieses Verfahren und das ordentliche Verfahren nach Abstandnahme vom Urkunden- und Wechselprozess gebührenrechtlich verschiedene Angelegenheiten (§ 17 Nr. 5). Der Anwalt kann eine Auslagenpauschale gem. Nr. 7002 im Urkunden- oder Wechselverfahren (Vorverfahren) und eine weitere Auslagenpauschale im Nachverfahren berechnen.

• **Beispiel** 25a
Das Mahnverfahren und das sich anschließende streitige Verfahren sind gem. § 17 Nr. 2 gebührenrechtlich verschiedene Angelegenheiten, so dass der Anwalt jeweils eine Auslagenpauschale für das Mahn- und für das Streitverfahren in Ansatz bringen kann (hierzu auch schon BGH v. 28. 10. 2004, RVGreport 2004, 470; BGH v. 13. 07. 2004, JurBüro 2004, 649 – Entscheidungen noch zu § 26 BRAGO).

Diese Beispiele zeigen, dass auch in einem »gerichtlichen Verfahren« innerhalb desselben 26 Rechtszuges mehrere Auslagenpauschalen entstehen können, soweit mehrere gebührenrechtliche Angelegenheiten vorliegen, der Begriff der Angelegenheit ist nicht prozessual zu verstehen. Es entsteht je gesonderter Angelegenheit im gebührenrechtlichen Sinn eine gesonderte Auslagenpauschale.

In Literatur und Rechtsprechung umstritten ist die Frage, ob es sich bei einem **staatsanwalt-** 27 **schaftlichen Ermittlungsverfahren und dem sich anschließenden gerichtlichen Strafverfahren um eine oder zwei gebührenrechtliche Angelegenheiten** handelt. Für zwei Angelegenheiten, und damit für die Geltendmachung von zwei Pauschalen, sprechen sich aus: AG Hamburg-St. Georg JurBüro 2006, 359 = AGS 2006, 423 (Verfahren vor der Verwaltungsbehörde und anschließendes Bußgeldverfahren); N. Schneider in AGS 2005, 7; *N. Schneider* in Gebauer/Schneider VV 7001–7002 Rn. 29; Madert in AGS 2006, 105. Gegen das Vorliegen mehrerer gebührenrechtlicher Angelegenheiten, und damit gegen die Geltendmachung von zwei Pauschalen, sprechen sich aus: OLG Saarbrücken AGS 2007, 78 = NStZ-RR 2007, 127 = Rpfleger 2007, 342, die Entscheidung wird kommentiert von Volpert in AGS 2007, 80 und Kroiß in RVG-Letter 2007, 32; LG Düsseldorf RVGreport 2005, 344; LG Koblenz AGS 2006, 174; LG Detmold, Beschl. v. 31. 07. 2007, Az. 4 KLs 31 Js 553/06 in JURIS unter KORE241032007; AG Lüdinghausen (Beschl. v. 14. 02. 2006, Az.: 16 Cs 82 Js 998/05 105/05 n. v.).

VI. Auslagenpauschale Nr. 7002 in Beratungshilfeangelegenheiten

Wird der Anwalt für den Mandanten im Rahmen der Beratungshilfe tätig, so gilt auch hier, 28 dass Entgelt für Post- und Telekommunikationsdienstleistungen dann gegenüber der Staatskasse abgerechnet werden können, wenn sie tatsächlich entstanden sind. Erteilt der Anwalt lediglich mündlichen Rat, so entstehen keine Auslagen nach Nr. 7001, 7002. In der Regel wird vom Kostenbeamten ein Nachweis der entstandenen Auslagen verlangt. Hat der Anwalt also tatsächlich Kosten i. d. S. gehabt, so hat er wegen dieser Kosten gegen die Landeskasse einen Anspruch auf die Auslagenpauschale nach Nr. 7002 RVG VV (AG Münster, Beschl. v. 05. 01. 2007, Az. 54 UR II 1199/06 in juris unter JURE070102597).

Zu beachten ist, dass auf die Gebühr Nr. 2500 keine Pauschale berechnet werden darf, die Anmerkung zu Nr. 2500 schließt jedes Erheben von Auslagen auf diese Gebühr aus. 29

Umstritten ist in Literatur und Rechtsprechung, **welcher Gebührenbetrag für die Berech-** 30 **nung der Auslagenpauschale herangezogen werden darf** – die (geringeren) Beratungshilfegebühren oder die Gebühren, die der Anwalt abrechnen könnte, wäre er nicht im Rahmen der Beratungshilfe tätig. Die Auslagenpauschale beträgt 20 % der Gebühren, so die Anmerkung

Nrn. 7001–7002 VV

zu Nr. 7002. Unter »Gebühr« kann hier nur die Gebühr verstanden werden, die angefallen ist, nicht die »Gebühr, die angefallen wäre, wäre der Anwalt nicht im Rahmen der Beratungshilfe tätig geworden«. Zu berechnen ist die Auslagenpauschale demnach aus der entstandenen Gebühr, nicht aus einer fiktiv zu berechnenden (Wahlanwalts-)Gebühr. Für diese Sichtweise sprechen sich aus

– OLG Düsseldorf AGS 2007, 630
– OLG Bamberg JurBüro 2007, 645
– OLG Bamberg, Beschl. v. 29. 08. 2007, 4 W 85/07 n. v.
– OLG München, Beschl. v. 17. 01. 2008, 11 W 2924/07 n. v.
– OLG Nürnberg, Beschl. v. 20. 06. 2008, 13 W 882/08 n. v. (Juris KORE421512008) – im Gegensatz zu OLG Nürnberg, Beschl. v. 07. 11. 2006, 5 W 1943/06, JurBüro 2007, 253 = MDR 2007 805 mit sehr ausführlicher und überzeugender Begründung
– LG Detmold, Beschl. v. 13. 08. 2007, 3 T 211/07 n. v. (Juris JURE070114745).

31 Für die Berechnung der Pauschale aus einer fiktiven Gebühr, die dem Anwalt als Wahlanwalt zustehen würde, spricht sich das OLG Nürnberg JurBüro 2007, 253 = MDR 2007 805 aus (der 5. Zivilsenat wird aber, nachdem der 13. Zivilsenat eine gegenteilige Auffassung vertreten hat – vgl. oben OLG Nürnberg Beschl. v. 07. 11. 2006, 13 W 882/08 –, an seiner Auffassung in zukünftigen Entscheidungen nicht festhalten. Dies hat der 5. Zivilsenat auf Anfrage mitgeteilt und ergibt sich aus den Entscheidungsgründen zu 13 W 882/08). Die Mindermeinung (noch OLG Nürnberg, 5. Zivilsenat; nicht klar und wenig überzeugend *Schönemann* in RVG professionell, 4/2008) übersieht, dass es keine »fiktive Normalgebühr« in Beratungshilfeangelegenheiten gibt. Die Beratungshilfegebühr wäre zu vergleichen mit einer Gebühr, die der Anwalt ansonsten in Beratungsangelegenheiten erhält. So eine Gebühr gibt es jedoch nicht. Vielmehr ist der Anwalt gehalten, Beratungen mit einer Gebührenvereinbarung abzurechnen. Ein Vergleich zwischen beiden Abrechnungen ist daher schlichtweg unmöglich.

VII. Auslagenpauschale Nr. 7002 bei PKH und Pflichtverteidigung

32 Ist der Anwalt im Wege der Prozesskostenhilfe oder als Pflichtverteidiger beigeordnet, so erhält er gemäß § 45 seine Vergütung aus der Staatskasse. Auslagen werden gemäß § 46 dann nicht vergütet, wenn sie zur sachgemäßen Durchführung der Angelegenheit nicht erforderlich waren. Dies bedeutet im Umkehrschluss, dass dem Anwalt die geltend gemachten Auslagen nur dann nicht zustehen, soweit dem § 46 Abs. 1 entgegensteht (Thür. OLG Rpfleger 2006, 434), wenn sie also nicht erforderlich waren. Diesen Nachweis muss die Staatskasse führen.

VIII. Keine Anrechnung der Auslagenpauschale

33 Die einmal entstandene Auslagenpauschale bleibt bestehen und ist nicht etwa, wie zum Teil die Gebühren, auf später entstehende Auslagenpauschalen anzurechnen. Dies ergibt sich zum einen aus einer fehlenden Anrechnungsvorschrift in Nr. 7002, zum anderen daraus, dass die verschiedenen Anrechnungsvorschriften des RVG regelmäßig von »**Gebühren**« sprechen, nicht jedoch von »Vergütung« (worunter die Post- und Telekommunikationspauschale fallen würde) oder konkret von der Post- und Telekommunikationspauschale (vgl. insoweit z. B. Absatz 4 der VV Vorbemerkung 3 zu Teil 3 oder Anm. 1 zu Nr. 3101). Aus dem Wortlaut dieser Bestimmungen ergibt sich nicht, dass auch eine Anrechnung der Auslagen vorgenommen werden soll.

34 Der Anwalt kann die Auslagenpauschale gem. Nr. 7002 in einer Angelegenheit sowohl für die außergerichtliche Tätigkeit als auch für die sich anschließende Tätigkeit im behördlichen oder im gerichtlichen Verfahren in Ansatz bringen. Erfolgt wegen einer entsprechenden Vorschrift

eine Anrechnung der Gebühren untereinander, so wird die nachfolgend zu berechnende Auslagenpauschale nicht aus den Gebühren nach der Anrechnung berechnet, sondern aus den vor Anrechnung entstandenen Gebühren (LG Essen JurBüro 2002, 246; AG Siegburg JurBüro 2003, 533; AG Lahr, Az.: 5 C 94/05 n. v.; *Müller-Rabe* in Gerold/Schmidt/von Eicken/Madert/Müller-Rabe RVG VV 7001, 7002 Rn. 40; a. A.: KG JurBüro 2000, 583).

EINLEITUNG
zu Nr. 7003–7006 VV – Erstattungsfähigkeit von Reisekosten (Nr. 7003 bis 7006) im gerichtlichen Verfahren

Inhaltsübersicht

	Rn.
I. Allgemeines	1
II. Spezielle Fälle zu § 91 Abs. 2 Satz 1 Hs. 2 ZPO	5
1. Mögliche Konstellationen bei der Beauftragung des Anwalts	5
2. Rechtsprechung des Bundesgerichtshofes zur Erstattungsfähigkeit der Reisekosten/allgemeine Grundsätze	6
a) Zur Prüfung der Notwendigkeit:	8
b) Zur Erstattungsfähigkeit von Reisekosten allgemein	8a
c) Zur Erstattungsfähigkeit von Kosten eines Unterbevollmächtigten allgemein:	10
3. Rechtsprechung des BGH zu Konstellation 1	11
4. Rechtsprechung des BGH zu Konstellation 2	13
4.1. Allgemeine Grundsätze	13
4.2. Einzelfälle zu Konstellation 2	21
a) Unternehmen ohne eigene Rechtsabteilung	21
b) Hausanwalt	22
c) Rechtsabteilung des Unternehmens an einem dritten Ort	25
d) Überörtliche Anwaltssozietät	26a
4.3. Ausnahmen von dem unter 4.2. genannten Grundsätzen	27
4.3.1. Einzelfälle zu 4.3.	28
a) Unternehmen mit eigener Rechtsabteilung	28
b) Partei ist Insolvenzverwalter	29
5. Rechtsprechung des BGH zu Konstellation 3	30
5.1. Einzelfälle zu Konstellation 3	34
a) Unternehmen ohne eigene Rechtsabteilung	34
b) Unternehmen mit Zweigniederlassungen	35
c) Vorprozessuale unternehmensinterne Bearbeitung	36
5.2. Ausnahme zu dem unter 5. genannten Grundsatz	38a
III. § 91 Abs. 2 Satz 2 ZPO	39
IV. § 91 Abs. 2 Satz 3 ZPO – Rechtsanwalt in eigener Sache	40
V. Rechtsanwalt im Berufungs- und Revisionsverfahren	41
VI. Erstattung von Reisekosten im Rahmen bewilligter Prozeßkostenhilfe	45
VII. Verfahren vor den Arbeitsgerichten	47
VIII. Verfahren vor dem Verwaltungsgericht	48
IX. Verfahren vor den Sozialgerichten	49
X. Strafsachen	50
1. Mögliche Konstellationen bei der Beauftragung des Anwalts	51
2. Erstattungsfähigkeit der Reisekosten bei Konstellation 1	53
3. Erstattungsfähigkeit der Reisekosten bei Konstellation 2	54
4. Erstattungsfähigkeit der Reisekosten bei Konstellation 3	55
5. Erstattungsfähigkeit der Reisekosten bei Konstellation 4	56
XI. Vergütungsvereinbarung	60

I. Allgemeines

1 Die Erstattungsfähigkeit von Reisekosten im gerichtlichen Verfahren richtet sich nach § 91 Abs. 1 ZPO i. V. m. § 91 Abs. 2 Satz 1, 2 ZPO. Für den Rechtsanwalt in eigener Sache gilt § 91 Abs. 2 Satz 3 ZPO.

2 Gemäß § 91 Abs. 2 Satz 1 Hs. 1 ZPO sind die gesetzlichen Gebühren und Auslagen des Rechtsanwalts der obsiegenden Partei in allen Prozessen immer zu erstatten. In Verbindung mit § 91 Abs. 1 ZPO gilt dies jedoch nur, wenn die Gebühren und Auslagen zur zweckentsprechenden Rechtsverfolgung oder Rechtsverteidigung notwendig waren. Diese Notwendigkeitsprüfung findet demnach hinsichtlich aller geltend gemachten Gebühren und Auslagen statt. Notwendig sind die Reisekosten des hauptbevollmächtigten Anwalts (»Auslagen *des Rechtsanwalts*«) immer dann, wenn er eine Partei im Bezirk des Prozessgerichtes vertritt und im Rahmen dieses Mandates für auswärtige Beweistermine z. B. Reisekosten entstehen. Dies ist unstreitig.

§ 91 Abs. 2 Satz 1 Hs. 2 ZPO normiert für die Reisekosten eines Anwalts, der **nicht im Bezirk** 3
des Prozeßgerichtes niedergelassen ist und auch nicht am Ort des Prozessgerichtes wohnt,
noch einmal eine besondere Notwendigkeitsprüfung. Diese Kosten sind nur dann zu erstatten, wenn die Hinzuziehung dieses Anwalts zur zweckentsprechenden Rechtsverfolgung
oder Rechtsverteidigung notwendig war. Diese besondere Überprüfung der Notwendigkeit
von entstandenen Reisekosten ergibt sich aus den unterschiedlichen Konstellationen, die bei
Beauftragung eines Anwalts entstehen können (vgl. Rn. 5).

Eine Vergleichsberechnung von Anwaltskosten (Unterbevollmächtigter bzw. Verkehrsanwalt) mit fiktiven Informationsreisekosten der Partei zu einem Anwalt am Gerichtsort findet 4
nicht (mehr) statt. Die Notwendigkeit eines persönlichen Gespräches zwischen einer auswärtigen Partei und ihrem Rechtsanwalt ist auch in der vor dem 1. Januar 2000 ergangenen Rechtsprechung der Oberlandesgerichte für Verfahren vor den Landgerichten anerkannt gewesen
und kostenrechtlich berücksichtigt worden, und zwar in der Weise, dass die auswärtige Partei im Regelfall die Kosten für eine Informationsreise zu ihrem Rechtsanwalt am Prozessgericht sowie, wenn ihr diese Reise ausnahmsweise unzumutbar war, die Kosten eines Verkehrsanwalts erstattet verlangen konnte. Die kostenrechtliche Einengung auf diese beiden
Möglichkeiten zum Gespräch mit einem Rechtsanwalt – Informationsreise zum Prozessbevollmächtigten oder Einschaltung eines Verkehrsanwalts – war deshalb berechtigt, weil die
Partei aufgrund der beschränkten Postulationsfähigkeit vor den Landgerichten als Prozessbevollmächtigten einen am Prozessgericht zugelassenen Rechtsanwalt beauftragen musste.
Nachdem jedoch nunmehr jeder an einem Amts- oder Landgericht zugelassene Rechtsanwalt
vor jedem Landgericht postulationsfähig ist, kann und darf auch eine ihre Belange vernünftig
und kostenbewusst wahrnehmende Partei für das zur Verfolgung ihrer Interessen notwendige persönliche Beratungsgespräch mit einem Rechtsanwalt den für sie einfacheren und naheliegenden Weg wählen, nämlich einen an ihrem Wohn- oder Geschäftsort ansässigen
Rechtsanwalt als Bevollmächtigten beauftragen.

II. Spezielle Fälle zu § 91 Abs. 2 Satz 1 Hs. 2 ZPO

1. Mögliche Konstellationen bei der Beauftragung des Anwalts

Bei der Beauftragung eines Anwalts kann, im Hinblick auf mögliche Reisekosten, wie folgt 5
unterschieden werden:

– Partei wird im eigenen Gerichtsstand verklagt oder klagt dort und beauftragt einen **auswärtigen Anwalt**, der nicht im Bezirk des Prozessgerichtes niedergelassen ist und auch
nicht am Ort des Prozessgerichtes wohnt, mit ihrer Vertretung (*Konstellation 1*);
– Partei wird vor auswärtigem Gericht verklagt oder klagt dort und beauftragt mit ihrer Vertretung einen **Anwalt an ihrem Wohn- oder Geschäftssitz** (*Konstellation 2*);
– Partei wird vor einem auswärtigen Gericht verklagt oder klagt dort und beauftragt einen
Anwalt der **an einem dritten Ort**, der also nicht im Bezirk des Prozessgerichtes niedergelassen ist und auch dort nicht wohnt, mit ihrer Vertretung (*Konstellation 3*).

2. Rechtsprechung des Bundesgerichtshofes zur Erstattungsfähigkeit der Reisekosten/allgemeine Grundsätze

Der BGH hat in einer Vielzahl von Entscheidungen zu Reisekosten im gerichtlichen Verfahren 6
Stellung genommen und dabei Grundsätze herausgearbeitet, die bei der Beurteilung, ob Reisekosten erstattungsfähig sind, beachtet werden müssen. Daneben hat der BGH eine Reihe
von Ausnahmen normiert, die im Folgenden ebenfalls aufgeführt sind.

Danach lassen sich zur Erstattungsfähigkeit von Reisekosten folgende **grundsätzliche Regeln** aufstellen: 7

Einl. zu Nr. 7003–7006 VV

a) Zur Prüfung der Notwendigkei:

8 Bei der Beurteilung der Frage, ob aufgewendete Prozesskosten i. S. des § 91 ZPO notwendig waren, kommt es darauf an, ob eine verständige und wirtschaftlich vernünftige Partei die kostenauslösende Maßnahme im Zeitpunkt ihrer Veranlassung als sachdienlich ansehen durfte. Dabei darf die Partei ihr berechtigtes Interesse verfolgen und die zur vollen Wahrnehmung ihrer Belange erforderlichen Schritte ergreifen. Die Partei ist lediglich gehalten, unter mehreren gleichartigen Maßnahmen die kostengünstigste auszuwählen (BGH v. 16. 10. 2002, VIII ZB 30/02, NJW 2003, 898 = JurBüro 2003, 202 = MDR 2003, 233).

b) Zur Erstattungsfähigkeit von Reisekosten allgemein

8a Die Zuziehung eines am Wohn- oder Geschäftsort der auswärtigen Partei ansässigen Rechtsanwalts ist regelmäßig als zur zweckentsprechenden Rechtsverfolgung oder Rechtsverteidigung notwendig im Sinne von § 91 Abs. 2 Satz 1 Hs. 2. ZPO anzusehen. Die Reisekosten dieses Anwalts sind daher immer zu erstatten. Auswärtig meint hier: nicht am Gerichtsort ansässig.

9 Die Reisekosten eines Rechtsanwalts, der eine Partei vertritt, die bei einem auswärtigen Gericht klagt, und der weder am Gerichtsort noch am Wohn- oder Geschäftsort der Partei ansässig ist (»Rechtsanwalt am dritten Ort«), sind regelmäßig nur bis zur Höhe der fiktiven Reisekosten eines am Wohn- oder Geschäftsort der Partei ansässigen Rechtsanwalts erstattungsfähig. Der Bundesgerichtshof hat in diesem Zusammenhang darauf verwiesen, dass die Erweiterung der Postulationsfähigkeit vor den Landgerichten auf alle bei einem Amts- oder Landgericht zugelassenen Anwälte wesentlich auch damit begründet worden sei, dass das Interesse der Mandanten dahingehe, von einem Rechtsanwalt ihres Vertrauens auch vor auswärtigen Zivilgerichten vertreten werden zu können (BGH v. 16. 10. 2002, VIII ZB 30/02, NJW 2003, 898 = JurBüro 2003, 202 = MDR 2003, 233).

c) Zur Erstattungsfähigkeit von Kosten eines Unterbevollmächtigten allgemein

10 Kosten eines Unterbevollmächtigten sind notwendige Kosten der Rechtsverfolgung oder -verteidigung i. S. v. § 91 Abs. 1 ZPO, soweit durch die Tätigkeit des Unterbevollmächtigten erstattungsfähige Reisekosten des Hauptbevollmächtigten erspart werden, die ansonsten bei der Wahrnehmung des Termins durch den Hauptbevollmächtigten entstanden und als solche erstattungsfähig wären (BGH v. 16. 10. 2002, VIII ZB 30/02, NJW 2003, 898 = JurBüro 2003, 202 = MDR 2003, 233). Reisekosten des am Geschäftsort der Partei ansässigen Unterbevollmächtigten sind nicht erstattungsfähig, wenn dessen Beauftragung nicht zur zweckentsprechenden Rechtsverfolgung oder -verteidigung erforderlich war, sondern ein am Ort des Prozessgerichts ansässiger Rechtsanwalt als Hauptbevollmächtigter hätte beauftragt werden müssen.

3. Rechtsprechung des BGH zu Konstellation 1

11 **Reisekosten des Anwalts sind nicht erstattungsfähig, wenn eine Partei, die an ihrem Gerichtsstand verklagt wird, einen auswärtigen Anwalt beauftragt.**

– BGH v. 12. 12. 2002, I ZB 29/02 = »Auswärtiger Rechtsanwalt I«; NJW 2003, 901 = JurBüro 2003, 205 = VersR 2004, 666.

12 Der BGH führt in den Entscheidungsgründen aus: Notwendig sind Reisekosten auch dann nicht, wenn der Anwalt die Partei ständig vertritt und in diesem Falle auch bereits außergerichtlich vertreten hat. Für die Frage, ob eine bestimmte Rechtsverfolgungs- oder Rechtsverteidigungsmaßnahme notwendig ist, ist nicht erst auf den Zeitpunkt abzustellen, in dem der auswärtige Rechtsanwalt bereits vorprozessual tätig geworden ist. Vielmehr empfiehlt es sich aus der Sicht der vernünftigen und kostenorientierten Partei, schon vorprozessual einen in ihrer Nähe befindlichen Rechtsanwalt einzuschalten. Im Übrigen ist für die Frage der Notwendigkeit bestimmter Rechtsverfolgungs- oder Rechtsverteidigungsmaßnahmen auch auf

die Sicht der Gegenseite abzustellen, die diese Kosten ganz oder teilweise zu tragen hat. Erstattungsfähig sind daher nur Kosten einer Informationsreise vom Geschäftssitz zum Anwalt am Gerichtsort. Bei der Entscheidung, ob eine bestimmte Rechtsverfolgungs- oder -verteidigungsmaßnahme notwendig ist, ist eine typisierende Betrachtungsweise geboten. Der Gerechtigkeitsgewinn, der bei einer übermäßig differenzierenden Betrachtung im Einzelfall zu erzielen ist, steht in keinem Verhältnis zu den sich einstellenden Nachteilen, wenn in nahezu jedem Einzelfall darüber gestritten werden kann, ob die Kosten zu erstatten sind oder nicht.

4. Rechtsprechung des BGH zu Konstellation 2

4.1. Allgemeine Grundsätze

Die Zuziehung eines am Wohn- oder Geschäftsort der auswärtigen Partei ansässigen Rechtsanwalts ist regelmäßig als zur zweckentsprechenden Rechtsverfolgung oder Rechtsverteidigung notwendig im Sinne von § 91 Abs. 2 Satz 1 Hs. 2 ZPO anzusehen. 13

– VIII ZB 30/02 v. 16. 10. 2002; NJW 2003, 898 = JurBüro 2003, 202 = MDR 2003, 233

Zwar ist auch nach diesem Grundsatz im Kostenfestsetzungsverfahren zu prüfen, ob die Reisekosten des Anwalts zum Gericht notwendig waren. Die Zuziehung eines in der Nähe ihres Wohn- oder Geschäftsortes ansässigen Rechtsanwalts durch eine an einem auswärtigen Gericht klagende oder verklagte Partei stellt im Regelfall aber immer eine Maßnahme zweckentsprechender Rechtsverfolgung oder Rechtsverteidigung in dem genannten Sinne dar. 14

Der BGH führt dazu aus: »Eine Partei, die einen Rechtsstreit zu führen beabsichtigt oder selbst verklagt ist und ihre Belange in angemessener Weise wahrgenommen wissen will, wird nämlich in aller Regel einen Rechtsanwalt in der Nähe ihres Wohn- oder Geschäftsortes aufsuchen, um dessen Rat in Anspruch zu nehmen und ihn gegebenenfalls mit der Prozessvertretung zu beauftragen. Sie wird dies wegen der räumlichen Nähe und in der Annahme tun, dass zunächst ein persönliches mündliches Gespräch erforderlich ist. Da ein Rechtsanwalt vor jedem Landgericht postulationsfähig ist, kann und darf eine ihre Belange vernünftig und kostenbewusst wahrnehmende Partei für das zur Verfolgung ihrer Interessen notwendige persönliche Beratungsgespräch mit einem Rechtsanwalt den für sie einfacheren und naheliegenden Weg wählen und einen an ihrem Wohn- oder Geschäftsort ansässigen Rechtsanwalt als Bevollmächtigten beauftragen.« 15

Entstehen also durch die örtliche Verschiedenheit Kanzleisitz des Anwalts – Gerichtsort Reisekosten, so sind diese von der unterlegenen Partei in der Regel zu erstatten. 16

Nimmt der Anwalt den Termin am auswärtigen Gericht nicht selbst wahr, sondern beauftragt die Partei einen **Unterbevollmächtigten** für die Terminswahrnehmung, so sind dessen Kosten mit folgender Einschränkung erstattungsfähig: Die Kosten eines Unterbevollmächtigten, der für den am Wohnort der Partei ansässigen Rechtsanwalt der Partei Termine beim Prozessgericht wahrnimmt, sind notwendige Kosten der Rechtsverfolgung oder Rechtsverteidigung im Sinne von § 91 Abs. 1 Satz 1 ZPO, soweit durch die Tätigkeit des Unterbevollmächtigten erstattungsfähige Reisekosten des Hauptbevollmächtigten, nämlich Tage- und Abwesenheitsgeld sowie Fahrtkosten, erspart werden, die ansonsten bei der Wahrnehmung des Termins durch den Hauptbevollmächtigten entstanden wären (BGH VIII ZB 30/02, ebenda). 17

Demnach ist eine **Vergleichsrechnung** anzustellen, welche Kosten insgesamt geringer sind: Die Reisekosten des Hauptbevollmächtigten zum auswärtigen Gericht für alle Termine, oder die Kosten des Unterbevollmächtigten. Die geringeren Kosten sind vom unterlegenen Gegner zu erstatten (die Beauftragung des Unterbevollmächtigten kann, etwa bei einem geringen Streitwert und einer erheblichen Entfernung zwischen dem Kanzleisitz des Hauptbevollmächtigten und dem Prozessgericht oder wenn mehrere Termine wahrzunehmen sind, kostengünstiger sein, als die Terminswahrnehmung durch den Hauptbevollmächtigten). Die 18

Einl. zu Nr. 7003–7006 VV

Kosten des Unterbevollmächtigten sind auch dann zu erstatten, wenn die **fiktiven Reisekosten des Hauptbevollmächtigten nicht wesentlich überschritten** werden. Eine wesentliche Überschreitung ist dann anzunehmen, wenn die Kosten des Unterbevollmächtigten die ersparten Reisekosten um mehr als 1/10 übersteigen.

18a In einer jüngeren Entscheidung (BGH, X ZB 21/07, JurBüro 2008, 258) hat der BGH entschieden, dass die erstattungsfähigen Reisekosten des nicht am Gerichtsort ansässigen Anwalts der Höhe nach grundsätzlich **auch dann nicht auf diejenigen Kosten beschränkt sind, die durch die Beauftragung eines Terminsvertreters entstanden wären, wenn die Reisekosten die Kosten der Terminsvertretung beträchtlich überschreiten**. Diese Entscheidung ist im Zusammenhang mit der Entscheidung VIII ZB 30/02 zu sehen: Es war in Literatur und Rechtsprechung unumstritten, dass die vorgenannte Entscheidung VIII ZB 30/02 auch für den umgekehrten Fall gilt, nämlich dass die entstandenen Reisekosten dann zu erstatten sind, wenn diese nicht wesentlich höher sind als die Kosten, die durch die Beauftragung eines Unterbevollmächtigten angefallen wären (Thür. OLG MDR 2002, 723; KG BRAGOreport 2003, 93 = KGR Berlin 2003, 377; OLG München AGS 2005, 43 und im Anschluss daran BGH JurBüro 2006, 203 = MDR 2006, 296; Enders JurBüro 2003, 170). Mit der nun vorliegenden Entscheidung (X ZB 21/07) rückt der BGH im Ergebnis von der vorzunehmenden Vergleichsrechnung zwischen Reisekosten und Kosten eines Terminsvertreters und der Wahl der kostengünstigeren Variante für die Erstattung ab. In dem entschiedenen Fall betrugen die zur Festsetzung angemeldeten Reisekosten € 214,19, die Kosten eines Terminsvertreters hätten bei € 30,63 gelegen. Der Prozessbevollmächtigte hatte drei Verhandlungstermine wahrgenommen. Der BGH führt aus: »Der Umstand, dass die Reisekosten des Prozessbevollmächtigten im Einzelfall die Kosten eines Unterbevollmächtigten beträchtlich übersteigen können, gibt ... noch keinen Anlass, in diesen Fällen die Erstattungsfähigkeit zu verneinen..... Da der Rechtsstreit in der Regel in einem umfassend vorbereiteten Termin zur mündlichen Verhandlung zu erledigen ist, brauchte die Klägerin jedenfalls mit mehr als zwei Verhandlungsterminen nicht zu rechnen.«

19 Fazit:

Wenn die Hinzuziehung eines Anwalts am Wohn- oder Geschäftssitz des Mandanten notwendig war, und dies bejaht der BGH für den Regelfall, so sind die Reisekosten des Anwalts zu erstatten. Bejaht man die Notwendigkeit der Beauftragung eines Anwalts am Wohnort oder Geschäftssitz des Mandanten, werden in diesem Falle die Termine aber durch einen Unterbevollmächtigten wahrgenommen, dann ist auch die Beauftragung eines Unterbevollmächtigen notwendig in diesem Sinne. Die Erstattungsfähigkeit seiner Kosten beschränkt sich allerdings auf die Reisekosten, die entstanden wären, hätte der Hauptbevollmächtigte den oder die Termine selber wahrgenommen. Die Kosten des Unterbevollmächtigten sind auch dann erstattungsfähig, wenn sie die fiktiven Reisekosten des Hauptbevollmächtigten nicht wesentlich überschreiten. Eine Ausnahme vom letzten Grundsatz kann dann gelten, wenn der Prozessbevollmächtigte mehrere Termine, mit deren Ansetzung er nicht zu rechnen brauchte, wahrnimmt und die Reisekosten dadurch um ein Vielfaches höher liegen, als die Kosten für einen Terminsvertreter.

20 In diesem Sinne haben ebenfalls entschieden:

- BGH v. 13.09.2005, X ZB 30/04 = »Auswärtiger Rechtsanwalt V«, NJW-RR 2005, 1662 = MDR 2006, 296 = JurBüro 2006, 203
- BGH v. 14.09.2004, IV ZB 37/04, NJW-RR 2005, 707 = JurBüro 2005, 93 = MDR 2005, 177.

4.2. Einzelfälle zu Konstellation 2

a) Unternehmen ohne eigene Rechtsabteilung

21 Ein eingehendes persönliches Mandantengespräch, das die Zuziehung eines am Wohn- oder Geschäftsort der auswärtigen Partei ansässigen Rechtsanwalts als zur zweckentsprechenden Rechtsverfolgung oder Rechtsverteidigung notwendig erscheinen lässt, kann nicht mit der

Begründung als entbehrlich angesehen werden, einem Unternehmen, das nicht über eine eigene Rechtsabteilung verfügt, sei die Einrichtung einer solchen jedenfalls zuzumuten. Die Kosten, die dadurch entstehen, dass das Unternehmen einen Anwalt am Geschäftssitz mit der Vertretung in einem Rechtsstreit beauftragt, sind demnach erstattungsfähig. Zur Begründung siehe auch unter b) »Hausanwalt«.

- BGH v. 09. 10. 2003, VII ZB 45/02, BGHReport 2004, 70 = RVGreport 2004, 74
- BGH v. 25. 03. 2004, I ZB 28/03 = »Unterbevollmächtigter«, NJW-RR 2004, 857 = JurBüro 2004, 433 = MDR 2004, 1138
- BGB v. 04. 04. 2006, VI ZB 60/04, VersR 2006, 1089.

b) Hausanwalt

Die Kosten eines Unterbevollmächtigten sind zu erstatten, wenn ein Unternehmen ohne eigene Rechtsabteilung einen Hausanwalt an ihrem Geschäftsort (»outsourcing«) ständig mandatiert, dieser den Rechtsstreit für die Partei führt, die Partei aber für die Terminswahrnehmung einen Unterbevollmächtigten beauftragt.

- BGH v. 11. 11. 2003, VI ZB 41/03, BGHReport 2004, 345 = NJW-RR 2004, 430 = Rpfleger 2004, 182
- BGH v. 02. 12. 2004, I ZB 4/04 – »Unterbevollmächtigter III«, BGHReport 2005, 472 = JurBüro 2005, 427 = RVGreport 2005, 115

Nach diesen Entscheidungen ist auch bei einem Unternehmen, das laufend Rechtsstreitigkeiten zu führen hat, das Interesse zu berücksichtigen, mit besonders sachkundigen Rechtsanwälten seines Vertrauens am Ort zusammenzuarbeiten. Die Reisekosten des Hausanwalts wären danach ohnehin zu erstatten.

Die Partei muss sich bei der Beurteilung, ob ihre Aufwendungen zur Rechtsverteidigung notwendig waren, auch nicht so behandeln lassen, als habe sie eine Rechtsabteilung eingerichtet. Denn im Rahmen der Kostenerstattung kommt es auf die tatsächliche Organisation des Unternehmens der Partei an und nicht darauf, welche Organisation als zweckmäßiger anzusehen sein könnte (BGH, VI ZB 41/03, a. a. O.). Der Prozessgegner hat es hinzunehmen, dass er die erforderlichen Kosten eines als Hauptbevollmächtigten eingeschalteten Rechtsanwalts regelmäßig zu tragen hat, während die Kosten einer Rechtsabteilung nicht auf ihn abgewälzt werden können (I ZB 28/03 a. a. O.; I ZB 5/04, NJW-RR 2004, 1724 = JurBüro 2005, 94 = MDR 2005, 178). Dies gilt auch dann, wenn eine Partei ständig eine bestimmte Anwaltskanzlei mit der Bearbeitung von Rechtsangelegenheiten, die nicht zu ihrem eigentlichen Unternehmensgegenstand gehören, beauftragt und dadurch die Einrichtung einer eigenen Rechtsabteilung entbehrlich macht.

c) Rechtsabteilung des Unternehmens an einem dritten Ort

(Beispiel: Hauptsitz des Unternehmens in Hamburg, Rechtsabteilung in Köln, Prozessbevollmächtigter in Hamburg, Gerichtsort München, Unterbevollmächtigter in München)

Befindet sich die Rechtsabteilung nicht am Sitz der Partei, wo die Rechtssache bearbeitet worden ist, und war die Rechtsabteilung mit der Sache zu keiner Zeit befasst, so kann die Möglichkeit, gegebenenfalls fernmündlich bei einer an einem anderen Ort eingerichteten Rechtsabteilung Rechtsrat einzuholen, ein persönliches Gespräch mit einem Anwalt am Ort nicht ersetzen. Auf die Frage, ob es nach der Unternehmensorganisation der Klägerin Aufgabe ihrer Rechtsabteilung in Köln war, Sachbearbeitern am Sitz des Unternehmens in Hamburg in Einzelfällen telefonische Rechtsauskünfte zu erteilen, kommt es danach nicht an.

- BGH v. 09. 09. 2004, I ZB 5/04 – »Unterbevollmächtigter II«, NJW-RR 2004, 1724 = JurBüro 2005, 94 = MDR 2005, 178 (zu o. g. Beispiel)

Einl. zu Nr. 7003–7006 VV

26 Die Kosten des Unterbevollmächtigten sind demnach zu erstatten, die Reisekosten des Hauptbevollmächtigten wären es ohnehin.

d) Überörtliche Anwaltssozietät

26a Die durch die Terminswahrnehmung anfallenden Reisekosten eines am Wohn- oder Geschäftssitz der auswärtigen Partei ansässigen Prozessbevollmächtigten sind auch dann regelmäßig nach § 91 Abs. 2 Satz 1 Hs. 2 ZPO als zur zweckentsprechenden Rechtsverfolgung notwendig anzusehen und damit erstattungsfähig, wenn der sachbearbeitende Rechtsanwalt (am Wohn- oder Geschäftssitz der Partei) einer überörtlichen Sozietät angehört, die auch am Sitz des Prozessgerichtes mit dort postulationsfähigen Rechtsanwälten vertreten ist.

– BGH v. 16. 04. 2008, XII ZB 214/04, EBE-BGH 2008, 171 = MittdtschPatAnw 2008, 285.

4.3. Ausnahmen von dem unter 4.2. genannten Grundsätzen

27 Eine Ausnahme vom Grundsatz, dass die Partei einen Anwalt an ihrem Wohn- oder Geschäftssitz beauftragen darf, und dass dessen Kosten erstattungsfähig sind, ist dann gegeben, wenn im Zeitpunkt der Beauftragung des Anwalts feststeht, dass ein eingehendes Mandantengespräch für die Prozessführung nicht notwendig sein wird, z. B. bei gewerblichen Unternehmen, die über eine eigene Rechtsabteilung verfügen, welche die Sache bereits bearbeitet hat. Desweiteren dann, wenn in einem überschaubaren Rechtsstreit um eine Geldforderung die Gegenseite versichert hat, nicht leistungsfähig zu sein und gegenüber einer Klage keine Einwendungen zu erheben (BGH, VIII 30/02, a. a. O.).

4.3.1. Einzelfälle zu 4.3.

a) Unternehmen mit eigener Rechtsabteilung

28 Beauftragt ein gewerbliches Unternehmen, das über eine eigene, die Sache bearbeitende Rechtsabteilung verfügt, für die Führung eines Prozesses vor einem auswärtigen Gericht einen am Sitz des Unternehmens ansässigen Rechtsanwalt, sind dessen im Zusammenhang mit der Terminswahrnehmung anfallenden Reisekosten im allgemeinen keine notwendigen Kosten der Rechtsverfolgung oder –verteidigung und von der unterliegenden Partei nicht zu erstatten.

– BGH v. 10. 04. 2003, I ZB 36/02 = »Auswärtiger Rechtsanwalt II«, NJW 2003, 2027 = JurBüro 2003, 370 = MDR 2003, 1019.

b) Partei ist Insolvenzverwalter

29 Die Beauftragung eines am Sitz des Insolvenzverwalters ansässigen Hauptbevollmächtigten zur Führung eines Rechtsstreits vor einem auswärtigen Gericht stellt in der Regel keine Maßnahme zweckentsprechender Rechtsverfolgung im Sinne von § 91 Abs. 2 Satz 1 Hs. 2 ZPO dar; auch fiktive Reisekosten des Insolvenzverwalters sind in einem solchen Fall in der Regel nicht zu erstatten. Ist die Partei als Insolvenzverwalter Rechtsanwalt, ist davon auszugehen, dass sie einen Rechtsanwalt mit Sitz am Prozessgericht sachgerecht schriftlich zu informieren in der Lage ist. Wie bei sachkundigen Mitarbeitern einer Rechtsabteilung, die die Sache bearbeitet haben, ist auch hier ein eingehendes persönliches Mandantengespräch weder zur Ermittlung des Sachverhalts noch zur Rechtsberatung erforderlich. Nach der schriftlichen Übermittlung der erforderlichen Informationen können vielmehr Beratung und Abstimmung des prozessualen Vorgehens schriftlich oder telefonisch erfolgen.

– BGH v. 13. 07. 2004, X ZB 40/03, NJW 2004, 3187 = JurBüro 2004, 658 = MDR 2005, 50 = NZI 2004, 597
– BGH v. 04. 07. 2005, II ZB 14/04, NJW-RR 2005, 1591 = MDR 2006, 117 = NZI 2006, 183
– BGH v. 13. 06. 2006, IX ZB 44/04, NJW-RR 2007, 53 = NZI 2006, 52 = RVGreport 2006, 356
– BGH v. 13. 12. 2007, IX ZB 112/05, WM 2008, 422 (»Die Klägerin wäre als **Wirtschaftsprüfer- und Steuerberatersozietät** in vorliegender Sache ohne weiteres imstande gewesen, mit Hilfe eines ihrer fachkundigen Mitarbeiter – etwa des Bürovorstehers – einen am Ort des

Prozessgerichts ansässigen Rechtsanwalt zwecks Klageerhebung sachgerecht zu informieren.«)

5. Rechtsprechung des BGH zu Konstellation 3

Die Reisekosten eines an einem dritten Ort (weder Gerichtsort noch Wohn- oder Geschäftsort der Partei) ansässigen Prozessbevollmächtigten sind bis zur Höhe der fiktiven Reisekosten eines am Wohn- oder Geschäftsort der Partei ansässigen Rechtsanwalts erstattungsfähig, wenn dessen Beauftragung zur zweckentsprechenden Rechtsverfolgung oder -verteidigung erforderlich gewesen wäre. 30

– BGH v. 18. 12. 2003, I ZB 21/03 = »Auswärtiger Rechtsanwalt III«, NJW-RR 2004, 855 = Jur-Büro 2004, 431 = MDR 2004, 839.

Aus den Entscheidungsgründen: Die Erstattungsfähigkeit der geltend gemachten Kosten scheitert jedenfalls nicht daran, dass der Anwalt an einem dritten Ort residiert. Eine Partei, die einen Rechtsstreit zu führen beabsichtigt oder selbst verklagt wird, wird in aller Regel einen Rechtsanwalt in der Nähe ihres Wohn- oder Geschäftsorts aufsuchen, um dessen Rat in Anspruch zu nehmen, ihn gegebenenfalls zu beauftragen und für eine sachgemäße Information des Rechtsanwalts zu sorgen. Kann diese sachgerechte Information nur in einem persönlichen mündlichen Gespräch erfolgen, so ist die Zuziehung eines nicht bei dem Prozessgericht zugelassenen, aber in der Nähe des Wohn- oder Geschäftsorts ansässigen Rechtsanwalts regelmäßig zur zweckentsprechenden Rechtsverfolgung oder Rechtsverteidigung notwendig (BGH, I ZB 21/03, a. a O.). 31

Demnach ist eine Vergleichsberechnung dahingehend vorzunehmen, welche Kosten entstanden wären, hätte die Partei einen an ihrem Wohn- oder Geschäftsort ansässigen Rechtsanwalt mit ihrer Vertretung beauftragt (allerdings auch hier dessen notwendige Beauftragung vorausgesetzt – vergleiche die Einzelfälle zu Konstellation 2!). Diese fiktiven Kosten sind zu vergleichen mit den tatsächlich angefallenen Kosten. Die niedrigeren Kosten sind von der unterliegenden Partei zu erstatten. 32

Ebenso hat entschieden 33

– BGH v. 11. 03. 2004, VII ZB 27/03, NJW-RR 2004, 858 = JurBüro 2004, 432 = MDR 2004, 838.

5.1. Einzelfälle zu Konstellation 3

a) Unternehmen ohne eigene Rechtsabteilung

Ein (Versicherungs-)Unternehmen, welches keine eigene Rechtsabteilung hat und daher seine »Hausanwälte«, die ihren Kanzleisitz weder am Sitz des Unternehmens, noch am Gerichtsort haben, mit der Prozessvertretung im Rahmen einer Klage am Wohnort des Versicherungsnehmers beauftragt, hat Anspruch auf Ersatz der für den auswärtigen Prozessbevollmächtigten für die Terminswahrnehmung anfallenden Reisekosten, wenn dadurch keine Mehrkosten entstehen (Vergleich zu den Kosten, die bei Beauftragung von Anwälten am Geschäftssitz der Partei angefallen wären). Es besteht keine Obliegenheit oder gar Verpflichtung für gewerbliche Unternehmen, eine Rechtsabteilung zu unterhalten, die den Streitstoff so gründlich vorbereitet, dass die Einschaltung eines in ihrer Nähe ansässigen Rechtsanwalts entbehrlich ist. 34

– BGH v. 21. 01. 2004, IV ZB 32/03, BGHReport 2004, 706 = JurBüro 2005, 263 = FamRZ 2004, 618
– BGH v. 28. 06. 2006, IV ZB 44/05, NJW 2006, 535 = Rpfleger 2006, 673 = RVGreport 2006, 391.

b) Unternehmen mit Zweigniederlassungen

Beauftragt eine am Ort ihrer Zweigniederlassung verklagte GmbH, deren Rechtsangelegenheiten an ihrem Hauptsitz bearbeitet werden, einen am Hauptsitz ansässigen Rechtsanwalt 35

Einl. zu Nr. 7003–7006 VV

(»Anwalt am dritten Ort«) mit ihrer Vertretung, so sind dessen Reisekosten zum Prozessgericht im Regelfall erstattungsfähig. Werden Rechtsfälle am Sitz der Hauptniederlassung bearbeitet, nicht aber am Sitz der rechtlich unselbständigen Niederlassungen, so ist für die Möglichkeit, ein persönliches Beratungsgespräch mit einem Rechtsanwalt am Ort zu führen, auf den Sitz der Hauptniederlassung, nicht auf den Sitz der Zweigniederlassung abzustellen. Es kommt im Rahmen der Kostenerstattung auf die tatsächliche Organisation des Unternehmens der Partei an und nicht darauf, ob durch eine andere Organisation Mehrkosten bei der Führung eines Rechtsstreits vermieden werden könnten.

– BGH v. 03. 03. 2005, I ZB 24/04 = »Zweigniederlassung«, NJW-RR 2005, 1017 = MDR 2005, 896 = Rpfleger 2005, 479.

c) Vorprozessuale unternehmensinterne Bearbeitung

(Beispiel: Hauptsitz des Unternehmens in Düsseldorf, vorprozessuale Bearbeitung der Angelegenheit in Hamburg, Gerichtsort Köln, Anwalt in Hamburg – Reisekosten Hamburg-Köln)

36 Beauftragt ein Unternehmen zur Führung eines Prozesses bei einem auswärtigen Gericht einen Rechtsanwalt an dem Ort, an dem sich zwar nicht der Sitz des Unternehmens befindet, an dem aber nach der unternehmensinternen Organisation vorprozessual bearbeitet worden ist, so sind die Reisekosten dieses Anwalts nach denselben Grundsätzen zu erstatten wie im Falle der Beauftragung eines am Sitz des Unternehmens ansässigen Rechtsanwalts.

37 Handelt es sich um eine Sache, deren vorangegangene unternehmensinterne Bearbeitung an einem Ort erfolgt ist, an dem das Unternehmen weder seinen Hauptsitz noch eine Zweigniederlassung unterhält, so sind in einem solchen Fall die Reisekosten, die dem Unternehmen durch die Beauftragung eines an diesem Ort ansässigen Rechtsanwalts entstanden sind, nach denselben Grundsätzen zu erstatten wie sonst im Falle der Beauftragung eines am Sitz des Unternehmens ansässigen Rechtsanwalts.

– BGH v. 23. 01. 2007, I ZB 42/06 = »Auswärtiger Anwalt VI«, NJW-RR 2007, 1561 = MDR 2007, 1222 = JurBüro 2007, 536 (zu dem o. g. Beispiel).

38 Ergibt die Vergleichsrechnung hier, dass die Reisekosten des Anwalts am dritten Ort geringer sind als fiktive Reisekosten des Anwalts, der am Unternehmenssitz seine Kanzlei hat, so sind die Reisekosten des Anwalts am dritten Ort zu erstatten.

5.2. Ausnahme zu dem unter 5. genannten Grundsatz

38a Beauftragt eine zu einer **Unternehmensgruppe** gehörende Handelsgesellschaft nur deshalb einen weder am Sitz des Prozessgerichtes noch an ihrem Geschäftsort residierenden Anwalt, weil dieser mit den Gesellschaftern der zur Unternehmensgruppe gehörenden Gesellschaften durch eine langjährige vertrauensvolle Zusammenarbeit verbunden ist und daher für alle Gesellschaften dieser Gruppe tätig wird, so kann dies allein noch nicht als ausreichender Grund zur Beauftragung eines auswärtigen Prozessbevollmächtigten angesehen werden. Die durch die Beauftragung eines Anwalts an einem dritten Ort anfallenden Reisekosten sind daher nicht notwendig i. S. v. § 91 Abs. 2 Satz 1 Hs. 2 ZPO und demzufolge vom Prozessgegner nicht zu erstatten.

– BGH, VIII ZB 92/07, NSW ZPO § 91 (BGH-intern).

III. § 91 Abs. 2 Satz 2 ZPO

39 Beauftragt die Partei mehrere Anwälte als Hauptbevollmächtigte, so sind grundsätzlich nur die Kosten erstattungsfähig, die für die Beauftragung nur eines Anwalts entstanden wären. Eine Ausnahme von diesem Grundsatz normiert Satz 2 Hs. 2: Kosten für mehrere Anwälte sind dann von der unterlegenen Partei zu erstatten, wenn in der Person des Rechtsanwalts

ein Wechsel eintreten musste. »Musste« bedeutet in diesem Zusammenhang, dass der Wechsel des Anwalts nicht in der Sphäre der Partei zu suchen ist, sondern sich durch äußere Umstände, die von der Partei nicht zu beeinflussen sind, ergeben hat. Solche Umstände können sein:

- **Verlust der Zulassung** eines Anwalts während des Prozesses, wodurch es notwendig wird, einen weiteren Anwalt mit der Vertretung zu beauftragen (OLG München JurBüro 2007, 596 = MDR 2007, 1346; a. A. OVG Mecklenburg-Vorpommern für den Fall, dass der Verlust der Anwaltszulassung auf den Nichtabschluss einer Anwaltshaftpflichtversicherung zurückzuführen ist, NordÖR [Zeitschrift für öffentliches Recht in Norddeutschland] 2007, 269).
- **Ablehnung eines Terminsverlegungsantrages** durch das Gericht, obgleich einem Prozessbevollmächtigten wegen Terminsüberschneidung die Teilnahme an der mündlichen Verhandlung unmöglich ist und deshalb ein weiterer Prozessbevollmächtigter als Terminsvertreter tätig wird (Sächsisches OVG in JURIS unter MWRE080000149).

IV. § 91 Abs. 2 Satz 3 ZPO – Rechtsanwalt in eigener Sache

Dem Rechtsanwalt in eigener Sache sind seine Gebühren und Auslagen in der Höhe zu erstatten, in der er sie als bevollmächtigter Anwalt erstattet verlangen könnte. Reist der Anwalt zu einem auswärtigen Termin, dann sind jedoch auch diese Kosten unter dem Gesichtspunkt der Notwendigkeit zu prüfen. Der Rechtsanwalt ist aber nicht gehalten, darauf zu verzichten, sich vor einem auswärtigen Gericht selbst zu vertreten und stattdessen einen dort ansässigen Rechtsanwalt mit seiner Prozessvertretung zu beauftragen (BGH v. 11. 02. 2003, VIII ZB 92/02, NJW 2003, 1534 = JurBüro 2003, 426 = MDR 2003, 656). 40

V. Rechtsanwalt im Berufungs- und Revisionsverfahren

Beauftragt der Mandant den Anwalt, der ihn bereits erstinstanzlich vertreten hat, auch im Berufungsverfahren, so sind evtl. entstehende Reisekosten für die Wahrnehmung eines auswärtigen Termines ebenfalls gemäß § 91 Abs. 2 Satz 1Hs. 2 ZPO zu erstatten. Auch im Berufungsverfahren ist zu prüfen, ob die Beauftragung eines Anwalts, der seinen Kanzleisitz nicht am Ort des Gerichtes hat, für die zweckentsprechende Rechtverfolgung und – verteidigung notwendig war. Grundsätzlich sind jedenfalls auch im Berufungsverfahren die Terminsreisekosten eines am Wohn- oder Geschäftssitz der auswärtigen Partei ansässigen Anwalts regelmäßig erstattungsfähig (OLG München AnwBl. 2003, 314 = JurBüro 2003, 308). 41

Das OLG München führt in der genannten Entscheidung aus: »Allerdings haben für das Berufungsverfahren (insbesondere auch nach der Zivilprozessreform) Tatsacheninformationen weniger Bedeutung als für die erste Instanz. Dies kann dazu führen, die Erstattungsfähigkeit der zweitinstanzlichen Terminsreisekosten in weiterem Umfang einzuschränken (…), ändert aber nichts daran, dass die Partei regelmäßig den an ihrem Sitz ansässigen, bei einem anderen Oberlandesgericht zugelassenen Rechtsanwalt beibehalten kann.« Das OLG München führt hinsichtlich der Ausnahmen, in denen Reisekosten nicht zu erstatten sind, die hier bereits unter 4.3.1. genannten an. Zu einer weiteren Ausnahme für das Berufungsverfahren wird gesagt: »Im Berufungsverfahren kommt der weitere Ausnahmefall in Betracht, dass ein Informationsgespräch deshalb nicht notwendig ist, weil die Parteien (nur noch) um Rechtsfragen streiten. Als weitere Ausnahme käme in Betracht, dass die Partei ohnehin einen Anwaltswechsel vornehmen muss, weil der zunächst beauftragte Rechtsanwalt nicht beim Oberlandesgericht zugelassen ist; in diesem Fall müsste die Partei den Anwalt ohnehin wechseln, so dass das Argument, dass die Partei den bereits eingearbeiteten Rechtsanwalt beibehalten darf, wegfällt; hier könnte zu erwägen seien, ob auf der Grundlage des erstinstanzlichen Ur- 42 teils im Einzelfall tatsächlich noch eine persönliche Unterrichtung des neuen Prozessbevollmächtigten erforderlich ist.«

43 Das LG Stuttgart (Beschl. v. 01. 08. 2002, 10 T 282/02 in JURIS unter KORE428662002) gesteht der Partei, die eine Forderung aus ihrem Geschäftsbetrieb im Berufungsverfahren geltend macht, einen Anspruch auf die Erstattung der Reisekosten zur einmaligen, ersten Information ihres nicht an ihrem Wohnort befindlichen Rechtsanwalts bzw. einen Anspruch auf Erstattung der Reisekosten ihres Prozessbevollmächtigten in dieser Höhe zu. Das Landgericht konnte sich in den Entscheidungsgründen noch nicht auf die entsprechende Rechtsprechung des BGH (VIII ZB 30/02) beziehen.

44 Ebenso wie das LG Stuttgart hat das OLG Karlsruhe (Beschl. v. 02. 04. 2003, 21 W 85/02 in JURIS unter KORE409892003) entschieden, und gesteht der gewerbetreibenden Partei die geltend gemachten Reisekosten ihres Anwalts im Berufungsverfahren in Höhe von Informationsreisekosten zu einem auswärtigen Anwalt am Gerichtsort zu (es wurde die Notwendigkeit eines persönlichen Gespräches mit einem Anwalt, der erstinstanzlich mit der Angelegenheit noch nicht befasst war, bejaht). In seinen Entscheidungsgründen bezieht sich das OLG Karlsruhe nicht auf die entsprechende Rechtsprechung des BGH.

VI. Erstattung von Reisekosten im Rahmen bewilligter Prozeßkostenhilfe

45 Wird im Anwaltsprozess gem. § 121 Abs. 1 ZPO der Partei ein zu ihrer Vertretung bereiter Rechtsanwalt beigeordnet, so hat auch die PKH-Partei einen Anspruch darauf, einen an ihrem Wohnort ansässigen Rechtsanwalt beigeordnet zu bekommen. Erfolgt die Beiordnung ohne Beschränkung, sind die Terminsreisekosten grundsätzlich zu erstatten (OLG Stuttgart jurisPR-FamR 7/2008; OLG Nürnberg MDR 2008, 112; OLG Nürnberg NJW-Spezial 2008, 220; OLG Rostock FamRZ 2001, 510; OLG Koblenz AGS 2002, 67; OLG München MDR 2002, 543; KG Berlin MDR 2004, 474; OLG Oldenburg AGS 2005, 212; BGH NJW 2004, 2749; a. A. LAG München, Beschl. v. 12. 06. 2007, 10 Ta 229/05 in Juris unter KARE600018838).

46 Allerdings ist auch im PKH-Verfahren, und auch dann, wenn die Beiordnung des Anwalts uneingeschränkt erfolgte, die Notwendigkeit der geltend gemachten Reisekosten gemäß § 46 Abs. 1 RVG zu prüfen und zwar im Kostenfestsetzungsverfahren gemäß § 55 RVG. Die uneingeschränkte Beiordnung bedeutet nämlich keine generelle Feststellung der Erforderlichkeit von Reisekosten (OLG Stuttgart a. a. O; KG Rpfleger 2005, 200; OLG Hamm NJOZ 2005, 767; OLG Stuttgart FamRZ 2005, 2007). Es muss also eine Vergleichsrechnung dahingehend vorgenommen werden, ob nicht die Beauftragung eines Unterbevollmächtigten kostengünstiger gewesen wäre. Diese Betrachtung ist ex ante vorzunehmen, maßgeblich ist der Entstehungs- und nicht der spätere Festsetzungszeitpunkt (OLG Stuttgart, a. a. O.). Stellt sich also im Nachhinein heraus, dass die Beauftragung des Unterbevollmächtigten kostengünstiger gewesen wäre, weil mehrere Termine stattgefunden haben, so sind trotzdem die Reisekosten des beigeordneten Anwalts zu erstatten, wenn dessen Beauftragung bei nur einem Termin günstiger gewesen wäre.

VII. Verfahren vor den Arbeitsgerichten

47 Die Grundsätze des BGH zu zivilrechtlichen Streitigkeiten sind auch in arbeitsgerichtlichen Verfahren anzuwenden (*Müller-Rabe* in Gerold/Schmidt 7005–7007 VV Rn. 13).

VIII. Verfahren vor dem Verwaltungsgericht

Gemäß § 162 Abs. 2 VwGO sind die Gebühren und Auslagen eines Rechtsanwalts stets erstattungsfähig. Eine Prüfung der Notwendigkeit der geltend gemachten Kosten ist im Kostenfestsetzungsverfahren ausdrücklich nicht vorgesehen. Demnach sind auch Reisekosten eines auswärtigen Anwalts zum Gerichtsort immer, ohne weitere Prüfung, erstattungsfähig (BVerwG JurBüro 1989, 1456). Die herrschende Meinung (vgl. bei *Müller-Rabe* in Gerold/Schmidt 7005–7007 Rn. 14 mit Rechtsprechungsnachweisen) stellt jedoch darauf ab, dass nicht die Kosten *jedes* Rechtsanwalts, sondern *eines* Rechtsanwalts erstattungsfähig sind. Demnach muss geprüft werden, ob die Auswahl gerade eines auswärtigen Rechtsanwalts zur zweckentsprechenden Rechtsverfolgung notwendig war (Müller-Rabe ebenda).

IX. Verfahren vor den Sozialgerichten

§ 197a SGG verweist hinsichtlich der Kostenerstattung auf §§ 154–162 VwGO. Vergleiche daher Punkt VII.

X. Strafsachen

Gemäß § 467 StPO sind dem Angeklagten, wird er freigesprochen, die notwendigen Auslagen aus der Staatskasse zu erstatten. Zu den notwendigen Auslagen gehören gemäß § 464a Abs. 2 Nr. 2 StPO die Gebühren und Auslagen eines Rechtsanwalts, soweit sie nach § 91 Abs. 2 ZPO zu erstatten sind. Nach § 92 Abs. 2 Satz 1 ZPO sind die Reisekosten des Anwalts, der nicht im Bezirk des Prozessgerichtes niedergelassen ist und am Ort des Prozessgerichtes auch nicht wohnt, insoweit zu erstatten, als sie zur zweckentsprechenden Rechtsverfolgung oder Rechtsverteidigung notwendig waren.

1. Mögliche Konstellationen bei der Beauftragung des Anwalts

– Mandant wird vor einem auswärtigen Gericht angeklagt, der Anwalt reist zu diesem Gericht (*Konstellation 1*)
– Die Hauptverhandlung 1. Instanz findet am Gericht des Wohnsitzes des Mandanten statt, Mandant legt gegen das Urteil Berufung ein, das Berufungsgericht befindet sich nicht am Wohnsitz des Mandanten (*Konstellation 2*)
– Mandant legt gegen ein Urteil Revision ein, das Revisionsgericht befindet sich nicht am Wohnsitz des Mandanten (*Konstellation 3*)
– Mandant wird am Gericht seines Wohnsitzes angeklagt, er beauftragt einen Anwalt, der seinen Kanzleisitz nicht bei diesem Gericht hat, Anwalt reist zur Hauptverhandlung (*Konstellation 4*).

Durch den Verweis in § 464a Abs. 2 Nr. 2 StPO auf § 91 Abs. 2 ZPO ist die diesbezügliche BGH-Rechtsprechung zur Erstattungsfähigkeit von Reisekosten zwangsläufig auch auf die Festsetzungen in Strafsachen anzuwenden (so auch AG Koblenz in Juris unter JURE060087953). Allerdings muss in Strafsachen beachtet werden, dass hinsichtlich der Höhe der Reisekosten keine Vergleichsberechnung vorgenommen werden kann zwischen den Kosten eines Verteidigers und denen eines weiteren Anwalts, der einen Termin wahrnimmt, da der Mandant in der Regel keinen weiteren Verteidiger am Gerichtsort mit seiner Vertretung beauftragen wird. Insoweit entfällt die Prüfung bezüglich einer kostengünstigeren Variante, wie im Zivilprozess. Ist also die Einschaltung eines auswärtigen Rechtsanwalts für die Rechtsverteidigung notwendig, so sind dessen Kosten zu erstatten.

Einl. zu Nr. 7003–7006 VV

2. Erstattungsfähigkeit der Reisekosten bei Konstellation 1

53 Der Mandant ist berechtigt, einen Anwalt am Wohnort mit seiner Verteidigung zu beauftragen, die Hinzuziehung dieses Anwalts stellt eine Maßnahme der zweckentsprechenden Rechtsverteidigung dar. Seine Reisekosten sind zu erstatten. Es kann diesbezüglich auch keinen Unterschied machen, ob es sich um ein für den Mandanten bedeutendes Verfahren oder eine Bagatellsache handelt (a. A. *Madert* in Gerold/Schmidt VV 7005–7007 Rn. 19: danach seien die Reisekosten eines Anwalts, der einen auswärtigen Hauptverhandlungstermin wegen eines Parkverstoßes nicht erstattungsfähig, weil die Reisekosten [im dortigen Beispiel] in keinem angemessenen Verhältnis zur Bedeutung des Verfahrens stünden). Auch im Zivilverfahren gibt es bezüglich der Erstattungsfähigkeit der Reisekosten kein Kriterium »Bedeutung der Angelegenheit für die Partei«. Die Reisekosten eines Anwalts in einem zivilgerichtlichen Verfahren wegen € 200,00 sind, wenn sie notwendig waren, ebenso erstattungsfähig, wie die Reisekosten eines Anwalts, der einen auswärtigen Termin wegen einer Forderung von € 100.000,00 wahrnimmt.

3. Erstattungsfähigkeit der Reisekosten bei Konstellation 2

54 Mandatiert der Mandant den selben Anwalt im Berufungsverfahren, der ihn schon im erstinstanzlichen Verfahren vertreten hat, so sind dessen Reisekosten zum auswärtigen Berufungsgericht in jedem Falle erstattungsfähig. Es ist dem Mandanten nicht zuzumuten, für das Berufungsverfahren einen Anwalt am Gerichtsort zu beauftragen. Dies ist in der Rechtsprechung auch unbestritten (*Madert* in Gerold/Schmidt VV 7005–7007 Rn. 19 m. w. N.).

4. Erstattungsfähigkeit der Reisekosten bei Konstellation 3

55 Die Reisekosten des Anwalts, die dadurch entstehen, dass er den Mandanten bei einem auswärtigen Gericht in der Revisionsverhandlung vertritt, sind erstattungsfähig. Zum einen ist es auch hier dem Mandanten nicht zuzumuten, für die Revisionsverhandlung, sofern der Anwalt ihn bereits vorinstanzlich vertreten hat, einen weiteren Anwalt zu mandatieren. Zum anderen kommt der Revisionsverhandlung eine besondere (prozessuale) Bedeutung zu, weshalb die Reisekosten des Anwalts zu erstatten sind. Dies auch für den Fall, dass die Staatskasse die notwendigen Auslagen des Angeklagten zu erstatten hat (*Madert*, a. a. O.).

5. Erstattungsfähigkeit der Reisekosten bei Konstellation 4

56 Wird der Anwalt von einem auswärtigen Mandanten beauftragt, seine Vertretung in der Hauptverhandlung vor dessen Wohnsitzgericht wahrzunehmen, so ist zu prüfen, ob diese Vorgehensweise notwendig ist und ob demzufolge die Reisekosten zu erstatten sind.

57 Gerade in Strafverfahren kommt es, noch mehr als in anderen Gerichtsbarkeiten, auf ein vertrauensvolles Verhältnis zwischen Mandant und Verteidiger an. Die Reisekosten des selbst gewählten Verteidigers sind daher grundsätzlich zu erstatten (LG Aurich StraFo 2004, 147). Darüber hinaus spielt im Strafverfahren auch die Spezialisierung des Verteidigers oder sein »Ruf« als Spezialist eine nicht zu unterschätzende Rolle. Wählt der Mandant aufgrund der Schwere des Tatvorwurfes einen solchen Spezialisten, so sind dessen Reisekosten zu auswärtigen Verhandlungsterminen zu erstatten. Hinzu kommt in Strafsachen, dass der Mandant bei Beauftragung des Anwalts nicht weiß, ob er im Ergebnis der Hauptverhandlung freigesprochen wird und die Staatskasse seine notwendigen Auslagen zu erstatten hat. Im Falle der Verurteilung müsste er die Mehrkosten, die durch die Teilnahme an auswärtigen Verhandlungsterminen entstehen, selber tragen. Das Argument, dass auf die Sicht einer vernünftigen und kostenorientierten Partei abzustellen sei, kann im Strafverfahren daher so nicht verfangen. Vielmehr ist im Strafverfahren auf die Gründe, aus denen gerade ein auswärtiger Verteidiger beauftragt wird, abzustellen.

Bei der beschriebenen Konstellation 4 ist daher durchaus eine Prüfung dahingehend vorzunehmen, ob es sich bei der Angelegenheit um eine (auch objektiv gesehen) wichtige Angelegenheit oder um ein Bagatellverfahren handelt. Dies auch deshalb, weil eine Vergleichsberechnung hinsichtlich einer kostengünstigeren Methode (weiterer Verteidiger nur für die Terminswahrnehmung) nicht vorgenommen werden kann. 58

So sind die Reisekosten eines auswärtigen Verteidigers dann zu erstatten, wenn es sich um ein Strafverfahren von erheblicher Gewichtigkeit handelt, z. B. bei einer Verhandlung vor der Schwurgerichtskammer (SchlHA 79, 131). Handelt es sich hingegen um eine durchschnittliche Bußgeldsache, so sind die Reisekosten des auswärtigen Verteidigers nicht zu erstatten. Allerdings kann der Mandant die Kosten erstattet verlangen, die ihm für eine Informationsreise zu seinem Anwalt entstanden wären (LG Magdeburg JurBüro 2008, 85). 59

XI. Vergütungsvereinbarung

Schließt der Anwalt mit dem Mandanten eine Honorarvereinbarung hinsichtlich der Reisekosten, so sind diese vom Gegner nicht zu erstatten. Der Erstattungsanspruch gemäß § 92 Abs. 2 ZPO beschränkt sich auf die gesetzlichen Gebühren. Bis zu deren Höhe kann der Mandant Erstattung von der Gegenseite verlangen. 60

Nr. 7003 VV

Nr. 7003 VV
Fahrtkosten bei Benutzung des eigenen Kfz

Nr.	Auslagentatbestand	Höhe
7003	Fahrtkosten für eine Geschäftsreise bei Benutzung eines eigenen Kraftfahrzeugs für jeden gefahrenen Kilometer..... Mit den Fahrtkosten sind die Anschaffungs-, Unterhaltungs- und Betriebskosten sowie die Abnutzung des Kraftfahrzeugs abgegolten.	0,30 EUR

1   Nimmt der Anwalt im Auftrag des Mandanten eine Geschäftsreise (zur Definition, wann eine Geschäftsreise vorliegt, siehe die Kommentierung zu Vorb. 7, dort Rn. 9) vor, so kann er zwischen der Nutzung seines eigenen Kfz oder der Nutzung öffentlicher Verkehrsmittel wählen. Ihm kann weder vorgeschrieben werden, für die Geschäftsreise seinen eigenen PKW zu nutzen, noch auf öffentliche Verkehrsmittel zurückzugreifen (AG Norden JurBüro 2000, 76 m. Anm. Warfsmann). Der Anwalt darf Geschäftsreisen grundsätzlich mit dem eigenen Kraftwagen ausführen. Für die Erstattungsfähigkeit kann es daher nicht darauf ankommen, ob die vergleichsweisen Kosten für die Benutzung öffentlicher Verkehrsmittel geringer sind (a. A.: BFH BFHE 107, 97).

1a   Führt der Anwalt eine Geschäftsreise nicht selbst durch, sondern beauftragt er eine der in § 5 genannten Personen mit der Durchführung, so können deren Reisekosten ebenfalls nach Nr. 7003 abgerechnet werden.

2   Nutzt der Anwalt sein eigenes Kraftfahrzeug, so kann er zur Abgeltung der Anschaffungs-, Unterhaltungs- und Betriebskosten sowie der Abnutzung des Kraftfahrzeugs einen Pauschsatz für jeden gefahrenen Kilometer in Höhe von € 0,30 berechnen. Als eigenes Kraftfahrzeug gilt nicht nur das Auto, sondern auch Motorräder, Mopeds oder Mofas. Der Anwalt muss Eigentümer oder Halter des Kfz sein (*Ebert* in Mayer/Kroiß RVG VV 7003). Für ein gemietetes Kfz kann der Anwalt pauschale Fahrtkosten nicht abrechnen, da er gerade die Kosten, die mit der Pauschale abgegolten werden sollen, nicht selber aufwenden muss. In diesem Falle kann er die konkreten Kosten der Nutzung abrechnen (Nr. 7004).

3   Maßgebend für die Berechnung der Pauschale ist die tatsächlich zurückgelegte Fahrtstrecke, dies stellt Nr. 7003 eindeutig klar, in dem von »**gefahrenen Kilometern**« die Rede ist. Der Anwalt braucht sich demnach nicht auf fiktive Kilometerberechnungen aus Routenplanern etc. verweisen zu lassen. Zu berechnen ist die Entfernung von der Kanzlei oder der Wohnung bis zu dem Ort des vorzunehmenden Geschäfts und die Rückfahrt. Abgelesen wird diese Entfernung am zweckmäßigsten am Kilometerzähler des Kfz, wobei erforderliche Umwege einzubeziehen sind. Ergibt die zusammengerechnete Hin- und Rückreise einen angefangenen Kilometer, ist die Anzahl der Gesamtkilometer um den angefangenen Kilometer aufzurunden (Gerold/Schmidt/von Eicken/Madert/Müller-Rabe VV 7003, 7004 Rn. 19).

4   Zur Abrechnung von Geschäftsreisen, die der Anwalt in mehreren Angelegenheiten gleichzeitig vornimmt, vergleiche die Kommentierung zu Vorb. 7 Abs. 3 Satz 1 (dort Rn. 14 und 15).

5   Mehrere Anwälte, auch wenn sie derselben Kanzlei angehören, können nicht darauf verwiesen werden, aus Kostengründen zu Informationsreisen, Besprechungsterminen oder Hauptverhandlungsterminen gemeinsam anzureisen, wenn sie in derselben Strafsache verschiedene Angeklagte verteidigen (LG Cottbus AGS 2006, 463).

Nr. 7004 VV
Fahrtkosten bei Benutzung anderer Verkehrsmittel

Nr.	Auslagentatbestand	Höhe
7004	Fahrtkosten für eine Geschäftsreise bei Benutzung eines anderen Verkehrsmittels, soweit sie angemessen sind	in voller Höhe

Nutzt der Anwalt zur Durchführung einer Geschäftsreise nicht sein eigenes Kraftfahrzeug, 1 sondern ein anderes Verkehrsmittel, also Bahn, Bus, Straßenbahn, Flugzeug, Taxi (LG Berlin JurBüro 1999, 526; a. A.: BPatG GRUR 1996, 303, wonach der Anwalt im Kostenfestsetzungsverfahren Taxikosten nur in Höhe vergleichbarer Kosten mit der S-Bahn erstattet verlangen kann), Mietauto, Fahrrad, Schiff (Fähre), so sind ihm die hierfür tatsächlich entstandenen Kosten zu erstatten. Rabatte (bei Anmietung eines Fahrzeugs, oder durch Bahn-Card bzw. rechtzeitigen Fahrscheinerwerb), die ihm gewährt werden, sind an den Mandanten weiterzugeben.

Aufwendungen eines Rechtsanwalts für eine **Bahncard** sind bei Wahrnehmung eines Termins 1a als Fahrtkosten für eine Geschäftsreise auch nicht anteilig erstattungsfähig (OVG Nordrhein-Westfalen NJW 2006, 1897).

Grundsätzlich ist es dem Anwalt überlassen, ob er mit seinem eigenen Pkw oder mit öffent- 2 lichen Verkehrsmitteln fährt. Es kann ihm jedenfalls nicht zwingend vorgeschrieben werden, mit eigenem Pkw zu fahren (AG Nordhorn JurBüro 2000, 76). Auch muss der Anwalt sich nicht darauf verweisen lassen, dass ein anderes Verkehrsmittel kostengünstiger gewesen sei (OLG Koblenz AnwBl. 1974, 354; KG JurBüro 2001, 258). Der Anwalt, der zu einem auswärtigen Gerichtstermin anreist, ist bei der Auswahl des öffentlichen Verkehrsmittels grundsätzlich frei, er kann sich auch für das Flugzeug entscheiden (BGH BB 2007/1078). Die Wahl des Anwalts für ein bestimmtes Verkehrsmittel muss der Mandant akzeptieren (OLG Frankfurt in JURIS unter KORE223962007 dort: Flugkosten).

Die abgerechneten Fahrtkosten müssen jedoch angemessen sein. »Angemessen« meint weder 3 luxuriös noch schäbig, sondern den Gesamtumständen angepasst, also auch unter Berücksichtigung des Gegenstandswertes (vgl. hierzu OLG Frankfurt, a. a. O.), der Stellung des Anwalts, seines Auftraggebers usw. Dies gilt auch dann, wenn der Anwalt z. B. die erste statt der zweiten Klasse benutzt. Sein Berufsstand erlaubt ihm grundsätzlich die Benutzung der ersten Klasse (Enders JurBüro 2002, 281 unter Hinweis auf Hartmann Kostengesetze BRAGO § 28 Rn. 23; Brandenburgisches OLG JurBüro 2007, 523 = AGS 2007, 560 – der RA ist erstattungsrechtlich nicht verpflichtet, 2. statt 1. Klasse mit der Bahn zu fahren). Der Rechtsanwalt muss nicht das billigste, sondern darf das für ihn bequemste und zeitgünstigste Verkehrsmittel wählen (vgl. Zöller/Herget ZPO 25. Auflage § 91 Rn. 13 – Reisekosten des Anwalts).

Auch die Nutzung eines Flugzeuges statt der Bahn kann angemessen sein, jedenfalls dann, 4 wenn hierdurch ein erheblicher Zeitgewinn erreicht wird, die Terminwahrnehmung mit Anreise und Rückkehr zur Kanzlei dadurch an einem Tag erfolgen kann und dies bei Benutzung der Bahn oder eines Kraftfahrzeuges nicht gewährleistet wäre (VG Leipzig JurBüro 2000, 359). Der Anwalt ist nicht gehalten, aus Gründen der Kostenersparnis mit der Bahn zu reisen, wenn ihm für diese Kostenersparnis eine längere und unkomfortablere Reise zuzumuten ist (LG Hamburg, Beschl. v. 26. 10. 05, Az.: 322 T 73/05 n. v.). Hinsichtlich der Erstattungsfähigkeit dieser Kosten im Kostenfestsetzungsverfahren billigt der VGH Baden-Württemberg dem Anwalt lediglich die Nutzung der Economyclass zu (VGH Baden-Württemberg VGHBW-Ls 2000 Beilage 9 B 4).

Die zu § 28 Abs. 2 BRAGO existierende Rechtsprechung ist recht speziell und immer auf den 5 Einzelfall abgestellt. Sie kann daher wohl als Grundsatz für die Erstattungsfähigkeit geltend gemachter Fahrtkosten herangezogen werden, im Zweifel ist aber immer der Einzelfall zu

Nr. 7004 VV

prüfen und zu entscheiden. Jedenfalls darf ein Rechtsanwalt grundsätzlich Geschäftsreisen mit dem eigenen Kraftwagen unternehmen. Die Kosten für Flüge von sogenannten Billigfluglinien sind zur Berechnung fiktiver Reisekosten eines Prozessbevollmächtigten nicht geeignet (OLG Stuttgart JurBüro 2005, 367 = AGS 2006, 206).

6 Führt der Anwalt eine Geschäftsreise nicht selbst durch, sondern beauftragt er eine der in § 5 genannten Personen mit der Durchführung, so können deren Reisekosten ebenfalls nach Nr. 7004 abgerechnet werden.

7 Mehrere Anwälte, auch wenn sie derselben Kanzlei angehören, können nicht darauf verwiesen werden, aus Kostengründen zu Informationsreisen, Besprechungsterminen oder Hauptverhandlungsterminen gemeinsam anzureisen, wenn sie in derselben Strafsache verschiedene Angeklagte verteidigen (LG Cottbus AGS 2006, 463).

Nr. 7005 VV
Tage- und Abwesenheitsgeld bei einer Geschäftsreise

Nr.	Auslagentatbestand	Höhe
7005	Tage- und Abwesenheitsgeld bei einer Geschäftsreise	
	1. von nicht mehr als 4 Std.	20,00 EUR
	2. von mehr als 4 bis 8 Std.	35,00 EUR
	3. von mehr als 8 Std.	60,00 EUR
	Bei Auslandsreisen kann zu diesen Beträgen ein Zuschlag von 50 % berechnet werden.	

Nimmt der Anwalt eine Geschäftsreise im Auftrag des Mandanten wahr, erhält er neben den Fahrtkosten auch ein Tage- und Abwesenheitsgeld für die Zeit, in der er aufgrund der Geschäftsreise nicht in der Kanzlei ist. Die durch die Geschäftsreisen anfallenden Mehrkosten des Anwalts sollen durch das Tage- und Abwesenheitsgeld abgegolten werden, insbesondere dient es auch der Entschädigung der wegen der Abwesenheit nicht möglichen Ausübung sonstiger Geschäfte. Berechnet wird die Abwesenheitszeit von der Abreise aus dem Büro oder von der Wohnung bis zur Rückkehr in das Büro oder die Wohnung. 1

Das Tage- und Abwesenheitsgeld gilt die Kosten, die der Anwalt durch die Wahrnehmung der Reise hat, pauschal ab. Pauschalisierte Abgeltung bedeutet jedoch auch, dass der Anwalt die Mehrkosten, die den pauschalen Betrag überschreiten, dem Mandanten gegenüber nicht in Rechnung stellen kann, es sei denn, er hat hierfür eine gesonderte Vergütungsvereinbarung abgeschlossen. 1a

In Abhängigkeit von der Dauer der Abwesenheit können berechnet werden: bei Abwesenheit bis zu vier Stunden € 20,00, von mehr als vier bis zu acht Stunden € 35,00 und von mehr als acht Stunden € 60,00. Bei Auslandsreisen kann zu diesen Beträgen ein Zuschlag von 50 % berechnet werden, auch wenn die eigentlichen Kosten u. U. nicht höher sind als bei einer Inlandsreise. 2

Nr. 7006 VV
Sonstige Auslagen anlässlich einer Geschäftsreise

Nr.	Auslagentatbestand	Höhe
7006	Sonstige Auslagen anlässlich einer Geschäftsreise, soweit sie angemessen sind	in voller Höhe

1 Neben den Fahrtkosten (Nr. 7003 und Nr. 7004) und dem Abwesenheitsgeld (Nr. 7005) kann der Anwalt vom Mandanten auch alle sonstigen Auslagen im Zusammenhang mit einer Geschäftsreise, die ihm Rahmen des Auftrages für diesen Mandanten entstehen, erstattet verlangen. Einziges Kriterium für die Geltendmachung ist die Angemessenheit, dies ergibt sich aus dem Gesetzestext.

2 Geltend machen kann der Anwalt z. B. Parkgebühren, die zusätzlich zu den abzurechnenden Fahrtkosten entstanden sind (OLG Oldenburg MDR 1989, 667; LG Freiburg AnwBl. 1983, 47–47; a. A.: OLG Stuttgart JurBüro 1981, 708; OLG Düsseldorf AnwBl. 1989, 679), Kosten für die Aufbewahrung von Gepäckstücken (OLG Düsseldorf AnwBl. 1978, 471), notwendige Fernsprechgebühren (*Ebert* in Mayer/Kroiß RVG VV Nr. 7006 Rn. 2) sowie Kosten für Mautstraßen und Vignetten.

3 Ebenso erstattungsfähig sind notwendige Übernachtungskosten, dies ergibt sich aus der Gesetzesbegründung (BT-Drs. 15/1971), auch hier hat jedoch die Rechtsprechung unterschiedliche Maßstäbe an die Angemessenheit angelegt: KG AGS 2003, 498 – Zur Vermeidung einer Übernachtung und der damit verbundenen erhöhten Reisekosten ist es dem Rechtsanwalt bei der Wahrnehmung eines auswärtigen Gerichtstermins im Einzelfall zumutbar, um 5.00 Uhr aufzustehen, sofern dem Gericht eine Verlegung der Terminsstunde nicht möglich war; a. A.: Rheinschiffahrtsobergericht Karlsruhe W 3/78 RhSch: Einem – zumal älteren – Prozessbevollmächtigten ist es nicht zuzumuten, unangemessen früh (hier: 5.30 Uhr bzw. 6.00 Uhr) zu einem Termin abzureisen. Ebenso ist eine Rückreise nach einem späten Geschäft nicht mehr zuzumuten, wenn er seinen Wohnort nicht mehr zu angemessener Zeit erreichen kann.

4 Nicht erstattungsfähig sind Bewirtungskosten, da diese durch das Tage- und Abwesenheitsgeld bereits abgegolten sind (BPatG München 10 W (pat) 7/01; OLG Karlsruhe AnwBl. 1986, 110).

Nr. 7007 VV
Prämie für eine zusätzlich abgeschlossene Haftpflichtversicherung

Nr.	Auslagentatbestand	Höhe
7007	Im Einzelfall gezahlte Prämie für eine Haftpflichtversicherung für Vermögensschäden, soweit die Prämie auf Haftungsbeträge von mehr als 30 Mio. EUR entfällt	in voller Höhe
	Soweit sich aus der Rechnung des Versicherers nichts anderes ergibt, ist von der Gesamtprämie der Betrag zu erstatten, der sich aus dem Verhältnis der 30 Mio. EUR übersteigenden Versicherungssumme zu der Gesamtversicherungssumme ergibt.	

Der Anwalt kann die im Einzelfall gezahlte Prämie für eine Vermögensschadenhaftpflichtversicherung vom Mandanten fordern, soweit die Prämie auf Haftungsbeträge von mehr als € 30 Mio. entfällt.

Diese Regelung steht im Zusammenhang mit der Einführung einer allgemeinen Wertgrenze (§§ 22 Abs. 2 Satz 1, 23 Abs. 1 Satz 1 RVG i. V. m. § 39 Abs. 2 GKG) in das RVG. Danach ist der Gegenstandswert für einen Auftraggeber auf € 30 Mio. begrenzt, er erhöht sich bei mehreren Auftraggebern um jeweils weitere € 30 Mio., beträgt jedoch maximal € 100 Mio.

Soweit der Gegenstandswert tatsächlich höher liegt als diese Kappungsgrenze, kann der Anwalt nach Nr. 7007 denjenigen Teil seiner Haftpflichtversicherungsprämie ersetzt verlangen, welcher die Haftung von über € 30 Mio. bzw. über € 100 Mio. abdeckt.

Gemäß Vorbemerkung 7 Abs. 1 werden mit den Gebühren auch die allgemeinen Geschäftskosten abgedeckt. Hierzu zählt auch die Prämie für die Vermögensschadenshaftpflichtversicherung des Anwalts. Daher kann der Anwalt die hierfür gezahlte Prämie nicht auf den Mandanten umlegen, soweit er Gebühren für seine Tätigkeit erhält. Allerdings kann Vorbemerkung 7 Abs. 1 dann nicht greifen, wenn der Gegenstandswert für einen Auftraggeber höher ist als € 30 Mio. bzw. bei mehreren Auftraggebern den Betrag von € 100 Mio. übersteigt. Denn für diese Gegenstandsbeträge erhält der Anwalt wegen der Wertbeschränkung in §§ 22 Abs. 2 Satz 1, 23 Abs. 1 Satz 1 RVG i. V. m. § 39 Abs. 2 GKG keine Gebühren mehr. Folglich können insoweit entstandene allgemeine Geschäftskosten auch nicht abgedeckt werden, da eben keine Gebühren mehr entstehen.

Schließt der Anwalt wegen des erhöhten Haftungsrisikos bei derart hohen Gegenstandswerten eine zusätzliche Vermögensschadenshaftpflichtversicherung für den Einzelfall ab, kann er diese Prämie nach Nr. 7007 dem Mandanten zusätzlich berechnen. Allerdings muss er diese Ausgabe auch tatsächlich haben, d. h. er muss eine entsprechende zusätzliche Haftpflichtversicherung abschließen.

• **Beispiel**
Der Anwalt wird hinsichtlich der Geltendmachung einer Forderung von € 70 Mio. mandatiert, er ist bis zu einem Betrag von € 30 Mio. versichert. Er schließt wegen der weiteren € 40 Mio. eine zusätzliche Haftpflichtversicherung ab. Anhand des im Versicherungsschein ausgewiesenen Zahlungsbetrages kann der Anwalt die gezahlte Prämie dem Mandanten als weitere Auslage in Rechnung stellen.

Im übrigen ist der Mehrbetrag zu ermitteln, zwischen der Versicherungsprämie für Schäden bis € 30 Mio. bzw. für den sich ergebenden Mehrbetrag bis hin zu € 100 Mio. und der Versicherungsprämie für Schäden in Höhe des tatsächlichen Streitwerts (Anmerkung zu Nr. 7007 Alt. 2).

Nr. 7007 VV

8 • **Beispiel**
Der Anwalt ist bis zu einem Betrag von € 45 Mio. versichert. Vom Mandanten kann er die Versicherungsbeiträge erstattet verlangen, die die € 30 Mio. übersteigende Versicherungssumme kosten, also hier für € 15 Mio. Diesen Betrag muss er anteilig ausrechnen: Für den Versicherungsschutz bis € 45 Mio. zahlt der Anwalt € 4.000 im Jahr. Die Berechnung kann nach gewöhnlichem Dreisatz erfolgen:

$$\text{zu ermittelnde Prämie} = \frac{\text{tatsächlich gezahlte Prämie} \times €\ 30\ \text{Mio. übersteigender Betrag}}{\text{tatsächliche Versicherungssumme}}$$

hier also:

$$\text{zu ermittelnde Prämie} = \frac{€\ 4.000 \times €\ 15\ \text{Mio.}}{€\ 45\ \text{Mio.}}$$

= €\underline{1.333}

Diesen Betrag kann der Anwalt dem Mandanten in Rechnung stellen.

Eine andere Berechnungsmethode wählt N. Schneider (*N. Schneider* in Gebauer/Schneider RVG 1. Aufl. VV 7007 Rn. 5), wobei das Ergebnis jedoch dasselbe ist:

$$\text{verhältnismäßiger Anteil} = \frac{\text{tatsächlicher Gegenstandswert} - \text{Höchstwert nach § 22 Abs. 2}}{\text{tatsächlicher Gegenstandswert}} \times \text{Versicherungsprämie}$$

hier also:

$$\frac{(€\ 45\ \text{Mio.} - €\ 30\ \text{Mio.})}{€\ 45\ \text{Mio.}} \times €\ 4.000$$

= €\underline{1.333}

Nr. 7008 VV
Umsatzsteuer

Nr.	Auslagentatbestand	Höhe
7008	Umsatzsteuer auf die Vergütung .... Dies gilt nicht, wenn die Umsatzsteuer nach § 19 Abs. 1 UStG unerhoben bleibt.	in voller Höhe

Inhaltsübersicht

	Rn.
A. Allgemeines	1
B. Kommentierung	2
I. Umsatzsteuer auf Gebühren und Auslagen, Berechnung	3
II. Durchlaufende Posten	7
III. Anwalt in eigener Sache	17
IV. Tätigkeit des Anwalts mit Auslandsberührung	19
1. Ort der Leistung, § 3 a UStG, allgemeine Erläuterungen	20
2. Sonstige Leistung für ein Unternehmen im Ausland	21
3. Sonstige Leistung für eine Privatperson im Ausland	24
4. Grundstücksangelegenheiten	27
V. Vereinbarte Vergütung	28
VI. Einfluss der Vorsteuerabzugsberechtigung des Mandanten auf die Abrechnung des Anwalts	30
VII. PKH- und Pflichtverteidigervergütung	32
VIII. Beratungshilfe	34
IX. Erstattungsfragen	42
1. Kostenerstattung im außergerichtlichen Bereich	42
2. Kostenerstattung im gerichtlichen Verfahren	43
a) Nichtvorsteuerabzugsberechtigter Mandant	43
b) Vorsteuerabzugsberechtigter Mandant	44
c) Unterschiedliche Vorsteuerabzugsberechtigung bei Streitgenossen	45
X. Änderung des Umsatzsteuersatzes	47

A. Allgemeines

Die Verpflichtung des Anwalts, auf die von ihm erbrachten Leistungen Umsatzsteuer zu entrichten, ergibt sich aus § 1 UStG. Der Anwalt ist Unternehmer nach § 2 UStG und erbringt eine Leistung gegen Entgelt. Daher sind seine Leistungen grundsätzlich umsatzsteuerpflichtig (Ausnahme: Kleinunternehmer, vgl. § 19 Abs. 1 UStG). Insoweit ist eine entsprechende Regelung, wie sie Nr. 7008 enthält, überflüssig. Dass die Leistung des Anwalts der Umsatzsteuer unterliegt, normiert nicht das RVG, dies ergibt sich vielmehr aus den entsprechenden umsatzsteuerrechtlichen Vorschriften. Selbst wenn man Nr. 7008 als klarstellende gebührenrechtliche Regelung dahin gehend betrachtet, dass die Umsatzsteuer auf die gesamte Vergütung des Anwalts zu entrichten ist, und diese gem. § 1 Abs. 1 Satz 1 aus Gebühren und Auslagen besteht, ist eine gesonderte Regelung im RVG nicht notwendig. Denn Auslagen als unselbständige Nebenleistung der anwaltlichen Tätigkeit unterliegen ebenfalls der Umsatzsteuerpflicht (z. B. Fahrtkosten gem. Nr. 7003). Auch der Anmerkung zu Nr. 7008 bedarf es nicht, bezieht sich diese doch nur auf die entsprechende umsatzsteuerrechtliche Vorschrift, wonach die Umsatzsteuerpflicht entfällt, wenn der Anwalt Kleinunternehmer i. S. v. § 19 Abs. 1 UStG ist. Nr. 7008 dient demnach allein der Klarstellung, dass die Leistungen, die der Anwalt nach dem RVG berechnen kann, Nettoleistungen sind, und er die hierauf entfallende Umsatzsteuer vom Mandanten erstattet verlangen kann.

Nr. 7008 VV

B. Kommentierung

2   Der Anwalt kann vom Auftraggeber den Ersatz der Umsatzsteuer, die auf seine Vergütung entfällt, erstattet verlangen. Dies allein regelt Nr. 7008 VV. Ob der Umsatz des Anwalts an sich der Umsatzsteuer unterliegt, regelt das Umsatzsteuergesetz. Das deutsche Umsatzsteuergesetz (UStG) regelt, ob die anwaltliche Leistung der Umsatzsteuer unterliegt oder nicht. Dies ist in Fällen mit Auslandsberührung jeweils zu prüfen. Neben dem UStG gilt in Deutschland auch die 6. EG-Umsatzsteuerrichtlinie (Sechste Richtlinie des Rates vom 17. Mai 1977 zur Harmonisierung der Rechtsvorschriften der Mitgliedstaaten über die Umsatzsteuern – Gemeinsames Mehrwertsteuersystem: einheitliche steuerpflichtige Bemessungsgrundlage (77/388/EWG)). Insoweit ist auch die Rechtsprechung des Europäischen Gerichtshofes zum Umsatzsteuerrecht zu beachten, wenn anwaltliche Dienstleistungen gegenüber Mandanten im Gemeinschaftsgebiet erbracht werden oder von einer Niederlassung einer deutschen Anwaltskanzlei im Gemeinschaftsgebiet aus erbracht werden.

I. Umsatzsteuer auf Gebühren und Auslagen, Berechnung

3   Umsatzsteuerpflichtig sind die geltend gemachten Gebühren und die Auslagen (Vergütung, § 1 Satz 1) des Anwalts. Auf die Art der Auslagen kommt es insoweit nicht an, umsatzsteuerpflichtig sind sowohl die Auslagen, die der Anwalt nach RVG abrechnet als auch die Auslagen, die er dem Mandanten gemäß § 670 BGB in Rechnung stellen kann. Auch Auslagen, die selber keine Umsatzsteuer enthalten (Parkgebühren, Porto), sind umsatzsteuerpflichtig (vgl. Kommentierung zu Nr. 7001, 7002 Rn. 15).

4   Die Umsatzsteuer muss als Auslagentatbestand gemäß § 10 Abs. 2 Satz 1 in der Kostenrechnung des Anwalts genau ausgewiesen werden.

5   Hat der Mandant einen **Kostenvorschuss** geleistet, so bedarf die Rechnungsstellung besonderer Aufmerksamkeit. Der Anwalt ist verpflichtet, in der Endabrechnung sowohl die Vorschusszahlung als auch die auf diese Zahlung entfallende Umsatzsteuer abzusetzen, vgl. § 14 Abs. 5 Satz 2 UStG. Es wird so verhindert, dass der vorsteuerabzugsberechtigte Mandant einen doppelten Vorsteuerabzug vornimmt. Es ist darauf zu achten, dass die Umsatzsteuer auf den geleisteten Vorschussbetrag und die Umsatzsteuer auf den endgültigen Rechnungsbetrag getrennt ausgewiesen wird. Sie darf in der Endabrechnung nicht addiert werden.

• **Beispiel**
Der Anwalt vertritt den Mandanten in einem gerichtlichen Verfahren wegen einer Forderung in Höhe von € 3.000,00. Nach Einreichen der Klageschrift zahlt der Mandant am 14. 02. 2008 einen Vorschuss auf die Verfahrens- und Terminsgebühr sowie auf die Auslagenpauschale in Höhe von € 586,08 (netto = € 492,50). In dem Betrag von € 586,08 ist Umsatzsteuer auf die Gebühren und Auslagen in Höhe von € 93,58 enthalten. Das Verfahren endet mit einem Vergleich. Der Anwalt nimmt die Endabrechnung gegenüber dem Mandanten wie folgt vor:

Gegenstandswert: € 3.000,00		
1,3 Verfahrensgebühr, Nr. 3100 VV RVG	€	245,70
1,2 Terminsgebühr, Nr. 3104 VV RVG	€	226,80
1,0 Einigungsgebühr, Nr. 1003 VV RVG	€	189,00
Auslagenpauschale, Nr. 7002 VV RVG	€	20,00
Nettobetrag	€	681,50
19 % Umsatzsteuer, Nr. 7008 VV RVG	€	129,49
Bruttobetrag	€	810,99

anzurechnende Vorschussrechnung Nr. .... vom 14.02.2008

Nettobetrag	./. €	492,50
19 % Umsatzsteuer	./. €	93,58
Summe	./. €	586,08
Gesamtbetrag aus dieser Rechnung:	**€**	**224,91**

Der Anwalt kann in der Rechnung die auf die jeweilige Rechnung entfallende Umsatzsteuer noch einmal gesondert ausweisen:

Einschränkung des Vorsteuerabzugs:

Umsatzsteuer zu 19 % auf diese Rechnung	€	129,49
anzurechnende Umsatzsteuer aus der Rechnung vom 14.02.2008	./. €	93,58
verbleibende Umsatzsteuer aus dieser Rechnung	€	35,91

Falsch ist es, die Abrechnung wie folgt vorzunehmen:

1,3 Verfahrensgebühr, Nr. 3100 VV RVG	€	245,70
1,2 Terminsgebühr, Nr. 3104 VV RVG	€	226,80
1,0 Einigungsgebühr, Nr. 1003 VV RVG	€	189,00
Auslagenpauschale, Nr. 7002 VV RVG	€	20,00
Nettobetrag	€	681,50
19 % Umsatzsteuer, Nr. 7008 VV RVG	€	129,49
Summe	€	810,98
abzüglich Vorschussrechnung vom 14.02.2008	./. €	586,08
Gesamtbetrag:	**€**	**224,91**

In der zweiten Rechnung ist die Umsatzsteuer aus der Vorschussrechnung nicht gesondert ausgewiesen, betragsmäßig jedoch in der Position Umsatzsteuer gemäß Nr. 7008 enthalten. Um zu verhindern, dass der Mandant die Umsatzsteuer aus beiden Rechnungen (€ 129,49 Umsatzsteuer aus dieser Rechnung + € 93,58 Umsatzsteuer aus der Vorschussrechnung) zur Vorsteuer anmeldet, muss in der Abschlussrechnung die Umsatzsteuer aus der Vorschussrechnung gesondert ausgewiesen werden.

II. Durchlaufende Posten

Der steuerpflichtige Umsatz des Anwalts bemisst sich gemäß § 10 Abs. 1 Satz 1 UStG nach dem Entgelt. Umsatzsteuerpflichtiges Entgelt ist das, was der Mandant (= Leistungsempfänger) aufwendet, um die Leistungen des Anwalts zu erhalten, vgl. § 10 Abs. 1 Satz 2 UStG. Hierunter fallen die Gebühren und Auslagen, die der Anwalt dem Mandanten als seine Leistungen in Rechnung stellt. Nicht unter das Entgelt fallen die Beträge, die der Anwalt im Namen und für Rechnung des Mandanten (= eines anderen) vereinnahmt und verausgabt. Dies sind die sog. durchlaufenden Posten nach § 10 Abs. 1 Satz 6 UStG, für deren Einnahme und Ausgabe beim Anwalt keine Umsatzsteuer anfällt. Sie kann dem Mandanten daher auch nicht in Rechnung gestellt werden.

Erläuterungen, wann es sich um einen durchlaufenden Posten handelt, enthält Abschnitt 152 der Umsatzsteuerrichtlinien (Allgemeine Verwaltungsvorschrift zur Ausführung des UStG (Umsatzsteuerrichtlinien 2008 – UStR 2008) vom 10.12.2007, Beilage zum BAnz Nr. 240):

»*Durchlaufende Posten gehören nicht zum Entgelt (§ 10 Abs. 1 letzter Satz UStG). Sie liegen vor, wenn der Unternehmer, der die Beträge vereinnahmt und verausgabt, im Zahlungsverkehr lediglich die Funktion einer* **Mittelsperson** *ausübt, ohne selbst einen Anspruch auf den Betrag gegen den Leis-*

Nr. 7008 VV

tenden zu haben und auch nicht zur Zahlung an den Empfänger verpflichtet zu sein. Ob der Unternehmer Beträge im Namen und für Rechnung eines anderen vereinnahmt und verauslagt, kann nicht nach der wirtschaftlichen Betrachtungsweise entschieden werden. Es ist vielmehr erforderlich, dass zwischen dem Zahlungsverpflichteten und dem, der Anspruch auf die Zahlung hat (Zahlungsempfänger), unmittelbare Rechtsbeziehungen bestehen (vgl. BFH-Urteil vom 24. 02. 1966, V 135/63, BStBl III S. 263). ... Unmittelbare Rechtsbeziehungen setzen voraus, dass der Zahlungsverpflichtete und der Zahlungsempfänger jeweils den Namen des anderen und die Höhe des gezahlten Betrags erfahren (vgl. BFH-Urteil vom 04. 12. 1969, V R 104/66, BStBl 1970 II S. 191). ... **Kosten (Gebühren und Auslagen), die Rechtsanwälte, Notare und Angehörige verwandter Berufe bei Behörden und ähnlichen Stellen für ihre Auftraggeber auslegen, können als durchlaufende Posten auch dann anerkannt werden, wenn dem Zahlungsempfänger Namen und Anschriften der Auftraggeber nicht mitgeteilt werden.** *Voraussetzung ist, dass die Kosten nach Kosten- (Gebühren-) ordnungen berechnet werden, die den Auftraggeber als Kosten-(Gebühren-)schuldner bestimmen (vgl. BFH-Urteil vom 24. 08. 1967, V 239/64, BStBl III S. 719).«*

9 Danach handelt es sich um einen durchlaufenden Posten, wenn der Anwalt lediglich als Mittelsperson tätig wird und sowohl Einnahme als auch Ausgabe der Beträge in fremdem Namen (hier: für den Mandanten) und für fremde Rechnung erfolgt. Der Anwalt darf nicht selber Schuldner dieser Beträge sein. In fremdem Namen handelnd bedeutet darüber hinaus, dass dem Zahlungsempfänger, z. B. der Behörde, welche Auskunft erteilt, Namen und Anschrift des Auftraggebers mitgeteilt werden.

10 Der BFH führt zu dieser Problematik in einer Entscheidung vom 24. 08. 1967 (BFH BStBl. III 1967, 1238 = NJW 1968, 423) aus:

»Es muß ... grundsätzlich daran festgehalten werden, daß Name und Anschrift des Vertretenen dem Zahlungsempfänger bekannt werden. Die Anforderungen, die an die Eindringlichkeit der Bekanntgabe des Vertragspartners gestellt werden müssen, sind allerdings unterschiedlich je nach dem, ob der Dritte mit einem Handeln der Zwischenperson im eigenen oder im fremden Namen rechnet bzw. beide Möglichkeiten ins Auge fassen muß. Großzügig kann verfahren werden, wenn allen bekannt ist, daß die Zwischenperson ihrer beruflichen Wesensart nach in aller Regel in fremdem Namen und für fremde Rechnung auftritt. Das trifft in besonderem Maße für Rechtsanwälte und Notare zu, deren Beruf es ist, fremde Rechtsinteressen wahrzunehmen .... Zusammengefaßt vertritt der Senat die Auffassung, daß Kosten (Gebühren und Auslagen), die Rechtsanwälte, Notare und Angehörige verwandter Berufe bei Behörden und ähnlichen Stellen für ihre Auftraggeber auslegen und diesen in derselben Höhe gesondert in Rechnung stellen, bei den Zwischenpersonen auch dann als durchlaufende Posten anerkannt werden können, wenn dem Zahlungsempfänger Namen und Anschriften der Auftraggeber nicht mitgeteilt werden. Voraussetzung ist, daß die Kosten nach verbindlichen Kosten(Gebühren)ordnungen berechnet werden, die den Auftraggeber als Kosten(Gebühren)schuldner bestimmen.«

11 Angesichts dieser klaren Rechtslage ist die in der letzten Zeit auftretende Diskussion, ob es sich bei den Kosten für Aktenversendungen (Ausnahme: GKG-KV Nr. 9003, siehe Rn. 13), Grundbuchauszüge, Handelsregisterauszüge und Einwohnermeldeamtsanfragen um durchlaufende Posten handelt oder um einen Auslagenersatz, der bei der Weiterberechnung an den Mandanten der Umsatzsteuer unterworfen werden muss (so z. B. OFD Karlsruhe USt-Kartei BW § 10 UStG S 7200 Karte 16), nicht nachvollziehbar. Sie führt zu Unsicherheiten in der Praxis, die in Kenntnis der oben zitierten Rechtsprechung nicht begründet ist.

12 **EMA-Gebühren**, andere **Auskunftsgebühren, Gerichtskosten, Gerichtsvollziehergebühren** etc. sind durchlaufende Posten und damit, auch wenn diese Kosten vom Anwalt veranlasst wurden, nicht umsatzsteuerpflichtig. Voraussetzung dafür, dass diese Kosten vom Anwalt als durchlaufende Posten behandelt werden dürfen, ist, dass sie nach entsprechenden Verwaltungskosten- und Gebührenordnungen oder -satzungen berechnet werden, und dass diese Vorschriften den Mandanten als Kosten- bzw. Gebührenschuldner bestimmen. Kostenschuldner nach den einschlägigen Kostensatzungen ist darüber hinaus (auch) derjenige, zu dessen Gunsten die entsprechende Amtshandlung (hier z. B. die Auskunftserteilung)

vorgenommen wird. Beantragt der Anwalt in seiner Eigenschaft als Vertreter des Mandanten entsprechende Auskünfte, so liegt es auf der Hand, dass der Anwalt im Interesse und im Auftrag des Mandanten handelt, es sei denn, der Anwalt schließt dies ausdrücklich aus. Es ist daher auch unerheblich, an wen entsprechende Rechnungen adressiert sind. Auch der ausdrücklichen Versicherung, dass der Anwalt Auskünfte oder andere gebührenpflichtige Leistungen im Namen des Mandanten fordert, bedarf es nur dann, wenn der Anwalt nicht sicher ist, wen die jeweilige Gebührenverordnung (städtische Satzungen z. B.), nach der Auskünfte etc. berechnet werden, als Gebührenschuldner vorsieht.

Anders verhält es sich, wenn der Anwalt selbst Schuldner von Kosten oder Gebühren ist, auch wenn diese im Rahmen des Mandatsverhältnisses anfallen. Beispielsweise ist der Anwalt gemäß § 28 Abs. 2 GKG Kostenschuldner der **Aktenversendungspauschale**, die gemäß Nr. 9003 GKG-KV erhoben wird. Bei der Aktenversendungspauschale **handelt es sich daher nicht um einen durchlaufenden Posten**. Der Anwalt kann diese Auslagen den Mandanten als Entgelt in Rechnung stellen und muss dann hierauf Umsatzsteuer berechnen. 13

Gleiches gilt für Abrufe aus dem **elektronischen Grundbuch**. Gemäß § 2 GBAbVfV (Verordnung über Grundbuchabrufverfahrengebühren) ist Gebührenschuldner derjenige, dem die Einrichtung eines automatisierten Abrufverfahrens nach § 133 der Grundbuchordnung genehmigt worden ist (Empfänger). Dies ist immer der Anwalt oder der Notar, der Abruf ist nicht für jedermann möglich. Kostenschuldner ist danach der Anwalt, der dem Mandanten die Kosten für den Abruf als umsatzsteuerpflichtige Auslage in Rechnung stellen kann (BayOLG JurBüro 2005, 149 = MDR 2005, 479; OLG Zweibrücken JurBüro 2005, 265 = NJW-RR 2006, 1391). Wird hingegen ein Grundbuchauszug für den Mandanten auf herkömmlichem Wege (schriftliche Anfrage beim Grundbuchamt) angefordert, ist der Mandant der Kostenschuldner mit der Folge, dass es sich bei den hierfür entstandenen Kosten um einen durchlaufenden Posten handelt, der nicht der Umsatzsteuer unterliegt. 14

Anders als bei Abrufen aus dem elektronischen Grundbuch können Abrufe aus dem **elektronischen Handelsregister** von jedermann durchgeführt werden. Gemäß § 7a Satz 1 JVKostO ist Kostenschuldner derjenige, der den Abruf tätigt. Nimmt der Anwalt den Abruf vor, so stellt dies einen Fall dar, in dem der Anwalt die Leistung ausdrücklich im Namen und Auftrag des Mandanten in Anspruch nehmen sollte, um der Kostenschuldnerschaft zu entgehen und die entsprechenden Gebühren als durchlaufende Posten geltend machen zu können. Der Unterschied zur Aktenversendungspauschale Nr. 9003 GKG-KV besteht hier darin, dass Akteneinsicht ausschließlich der Anwalt verlangen kann, keinesfalls der Mandant selber. Der Abruf aus dem elektronischen Handelsregister dagegen wäre auch dem Mandanten möglich, so dass hier eine Klarstellung notwendig ist. Erfolgt der Abruf aus dem Handelsregister jedoch unter einer Kennung, die auf Grund der Anmeldung zum Abrufverfahren vergeben worden ist, ist Schuldner der Kosten ausschließlich derjenige, der sich zum Abrufverfahren angemeldet hat, § 7a Satz 2 JVKostO. In diesem Falle ist der Anwalt Kostenschuldner mit der Folge, dass er dem Mandanten die für den Abruf anfallenden Kosten nicht als durchlaufenden Posten sondern als umsatzsteuerpflichtige Auslage in Rechnung stellen muss. 15

Nicht um durchlaufende Posten handelt es sich bei den **Auslagen**, die der Anwalt **gemäß Nr. 7000 bis 7006 VV** erhebt. Stellt der Anwalt dem Mandanten diese Auslagen in Rechnung, ist insoweit nur die Rechtsbeziehung Anwalt – Mandant betroffen. Einen Dritten, dem ein Anspruch auf diese Zahlungen zustehen könnte, gibt es nicht, und der Anwalt ist insoweit auch nicht Mittelsperson. Es handelt sich bei diesen Auslagen um steuerpflichtiges Entgelt. 16

III. Anwalt in eigener Sache

Wird der Anwalt in eigener Sache tätig, so ist hinsichtlich der Umsatzsteuerpflicht zu unterscheiden, ob der Anwalt in beruflicher oder privater Angelegenheit tätig wird: Klagt er ausstehendes Honorar ein, so liegt keine zu versteuernde Leistung vor, da es sich nicht um eine 17

Nr. 7008 VV

Leistung gegen Entgelt handelt (§ 1 Abs. 1 UStG). Wird der Anwalt jedoch in eigener privater Angelegenheit tätig (z. B. Klage wegen Rückzahlung eines privat gewährten Darlehens), so liegt gem. § 3 Abs. 1 b Satz 1 Nr. 1 UStG eine steuerpflichtige Entnahme vor mit der Folge, dass Umsatzsteuer auf diese Leistung zu entrichten ist.

18 Auch für den Anwalt, der einen Rechtsstreit in eigener Angelegenheit führt, gilt, dass im Kostenfestsetzungsverfahren nach § 104 Abs. 3 ZPO die bloße Erklärung genügt, dass er die Beträge nicht als Vorsteuer abziehen kann. Bestreitet der Gegner dies, so obliegt es ihm, die Richtigkeit der anwaltlichen Behauptung durch einen entsprechenden Beweis zu entkräften (OLG Düsseldorf JurBüro 2005, 369).

IV. Tätigkeit des Anwalts mit Auslandsberührung

19 Gemäß § 1 Abs. 1 Nr. 1 UStG unterliegen die Umsätze, die der Anwalt durch Leistungen im **Inland** erbringt, der Umsatzsteuer. Haben Mandate einen Auslandsbezug, so ist zu prüfen, ob der Anwalt für seine Leistung Umsatzsteuer zu berechnen hat. Die anwaltliche Leistung ist eine sonstige Leistung im Sinne des UStG. Insoweit wird auf den Ort der sonstigen Leistung abgestellt, vgl. § 3 a UStG.

1. Ort der Leistung, § 3 a UStG, allgemeine Erläuterungen

20 Maßgebend für die Besteuerung der Umsätze ist der Ort der Leistungserbringung. Nur wenn sich der Leistungsort im Inland befindet, ist gemäß § 1 Abs. 1 Nr. 1 Satz 1 UStG auf die Umsätze des Anwalts Umsatzsteuer zu erheben. Daneben gibt es Ausnahmen, die in § 3 a UStG geregelt sind.

– **Inland** i. S. d. UStG ist das Gebiet der Bundesrepublik Deutschland (§ 1 Abs. 2 Satz 1 UStG mit den dort genannten Ausnahmen) sowie gemäß § 1 Abs. 2 a) Satz 1 UStG das Gebiet der Europäischen Union (= **Gemeinschaftsgebiet**).
– **Ausland** i. S. d. UStG ist gemäß § 1 Abs. 2 Satz 2 UStG das Gebiet, welches nach § 1 Abs. 2 Satz 1 UStG nicht Inland ist.
– **Drittlandsgebiet** ist gemäß § 1 Abs. 2 a) Satz 3 UStG das Gebiet, welches nicht Gemeinschaftsgebiet ist.

2. Sonstige Leistung für ein Unternehmen im Ausland

21 Die anwaltliche Dienstleistung ist eine »sonstige Leistung« i. S. v. § 3 Abs. 9 Satz 1 UStG (*Leonhard* in Bunjes / Geist UStG § 3 Rn. 85). Der Ort der Leistung ergibt sich aus § 3 a UStG, wobei Abs. 1 für den Fall, dass der Anwalt einen Unternehmer vertritt, nicht einschlägig ist. Ist der Empfänger einer der in § 3 a Abs. 4 UStG bezeichneten sonstigen Leistungen ein **Unternehmer**, so wird die sonstige Leistung dort ausgeführt, **wo der Empfänger sein Unternehmen betreibt**. § 3 a Abs. 4 Nr. 3 UStG führt als sonstige Leistung i. S. v. Absatz 3 die Tätigkeit als Rechtsanwalt auf.

22 Damit gilt für den Anwalt, dass, sofern er für ein Unternehmen tätig ist, der Leistungsort dort ist, wo der Empfänger seiner Leistung (der Mandant als Unternehmer) sein Unternehmen betreibt. Befindet sich dieses **Unternehmen im Ausland**, so ist gemäß § 1 Abs. 1 Nr. 1 UStG auf die Umsätze des Anwalts **keine Umsatzsteuer** zu erheben. Insofern ist stets zu prüfen, wo der Anwalt für den Unternehmer seine Leistung erbringt, ob an dessen Firmensitz im Ausland (keine umsatzsteuerbare Leistung) oder z. B. für dessen Niederlassung in Deutschland (umsatzsteuerbare Leistung).

• **Beispiel**
Der Anwalt wird von einem österreichischen Unternehmen mit der Ausarbeitung von Mitarbeiterverträgen für das Unternehmen mandatiert. Der Umsatz des Anwalts für diese Leistung ist nicht umsatzsteuerpflichtig, da sich der Ort der Leistung nicht im Inland befindet.

Befindet sich dagegen die Betriebsstätte eines ausländischen Unternehmens in Deutschland, so ist für die Frage, ob Umsatzsteuer auf die Umsätze des Anwalts zu erheben ist, der Ort der Betriebsstätte maßgebend (§ 3a Abs. 3 Satz 2 UStG). 23

• **Beispiel**
Wie oben, die Mitarbeiterverträge sollen jedoch für eine deutsche Betriebsstätte des österreichischen Unternehmens erstellt werden. Da der Anwalt seine Leistungen insoweit im Inland erbringt (§ 3a Abs. 3 Satz 2), sind die Umsätze aus dieser Tätigkeit zu versteuern.

3. Sonstige Leistung für eine Privatperson im Ausland

Handelt es sich bei dem Mandanten um einen Ausländer, und wird der Anwalt für den Mandanten als Privatperson tätig, so gilt die Ausnahme gemäß § 3a Abs. 3 Satz 1 hinsichtlich des Leistungsortes nicht, vielmehr ist in diesen Fällen § 3a Abs. 1 UStG einschlägig: maßgeblich ist der Kanzleisitz des Anwalts. 24

Hierbei ist allerdings noch einmal zu unterscheiden, ob der Mandant seinen Wohnsitz im Gemeinschaftsgebiet (EU-Gebiet, vgl. zur Definition Rn. 20) hat, oder ob er in einem Drittlandsgebiet (Nicht-EU-Staat, vgl. zur Definition Rn. 20) wohnt. Im ersten Fall sind die Umsätze des Anwalts gemäß § 1 Abs. 1 Nr. 1 i. V. m. Abs. 2a) UStG umsatzsteuerpflichtig, da der Leistungsort sich im Gemeinschaftsgebiet (= Inland + Europäische Union, vgl. § 1 Abs. 2a) Satz 1 UStG) befindet. Im zweiten Fall sind die Umsätze des Anwalts nicht zu versteuern, da sich der Leistungsort in einem Drittlandsgebiet (= nicht Inland und nicht Europäische Union, vgl. § 1 Abs. 2a) Satz 3 UStG) befindet. 25

• **Beispiel**
Der Anwalt wird von einem österreichischen Mandanten (Österreich als Mitgliedsstaat der Europäischen Union), der seinen Wohnsitz in Österreich hat, beauftragt, ihn wegen eines Verkehrsunfalles, den er in Deutschland verursacht hat, zu vertreten. Ort der Leistung ist hier der Kanzleisitz des Anwalts, auf seinen Umsatz ist Umsatzsteuer zu erheben.

• **Beispiel**
Wie oben, der Verkehrsunfall hat sich jedoch in Österreich ereignet und der Anwalt korrespondiert ausschließlich mit einer österreichischen Haftpflichtversicherung. Der Leistungsort ändert sich insoweit nicht, der Umsatz des Anwalts ist zu versteuern.

Es spielt keine Rolle, ob der ausländische Mandant den Anwalt in seiner Kanzlei aufsucht oder ob der Anwalt das Mandat per Brief oder mit Hilfe von Kommunikationsmitteln bearbeitet, während sich der ausländische Mandant in seinem Heimatland aufhält. Auch auf den Sitz bzw. Wohnort des Gegners kommt es insoweit nicht an. Die anwaltlichen Leistungen werden für die privaten Mandanten am Sitz der Kanzlei erbracht und unterliegen daher der Umsatzsteuer. Der Anwalt muss in der Rechnung die Umsatzsteuer ausweisen. 26

• **Beispiel**
Vertritt der Anwalt einen türkischen Mandanten, der seinen Wohnsitz in der Türkei (als Nichtmitgliedsstaat der Europäischen Union) hat, wegen eines Verkehrsunfalles, der sich in Deutschland ereignet hat, so ist Leistungsort insoweit der Wohnsitz des Mandanten, hier also die Türkei. Da die Türkei Drittlandsgebiet i. S. v. § 1 Abs. 2a) Satz 3 UStG ist, ist Umsatzsteuer auf das Entgelt für die Leistung des Anwalts nicht zu erheben, da er seine Leistung insoweit nicht im Inland erbringt.

4. Grundstücksangelegenheiten

Steht die Tätigkeit des Anwalts im Zusammenhang mit einem Grundstück, so gilt auch hier hinsichtlich des Leistungsortes eine Ausnahme: Gemäß § 3a) Abs. 2 Nr. 1 UStG gilt eine sonstige Leistung also dort ausgeführt, wo das Grundstück liegt. Dies gilt insbesondere für Leistungen im Zusammenhang mit der Veräußerung oder dem Erwerb von Grundstücken 27

Nr. 7008 VV

(Nr. 1 b) sowie für Leistungen, die der Erschließung von Grundstücken oder der Vorbereitung oder Ausführung von Bauleistungen dienen (Nr. 1 c). Befindet sich das Grundstück, welches Gegenstand der anwaltlichen Tätigkeit ist, im Ausland, so ist auf die Vergütung für die diesbezügliche Tätigkeit des Anwalts keine Umsatzsteuer zu berechnen. Weitere Beispiele für Tätigkeiten des Anwalts im Zusammenhang mit Grundstücksangelegenheiten siehe *Langer* in Reiß/Kraeusel/Langer UStG § 3 a Rn. 54 ff.

V. Vereinbarte Vergütung

28 Die Vergütung, die der Anwalt aufgrund einer Honorarvereinbarung vom Mandanten erhält, ist umsatzsteuerpflichtig.

29 Die Honorarvereinbarung sollte so formuliert sein, dass es keine Unklarheiten darüber gibt, ob in dem vereinbarten Betrag die Umsatzsteuer bereits enthalten ist oder nicht. Fehlt diese Klarstellung, dann ist im Zweifel anzunehmen, dass in dem vereinbarten Betrag die Umsatzsteuer enthalten ist (OLG Karlsruhe DB 1979, 447).

VI. Einfluss der Vorsteuerabzugsberechtigung des Mandanten auf die Abrechnung des Anwalts

30 Die Vorsteuerabzugsberechtigung des Mandanten hat auf die Berechnung der Umsatzsteuer gegenüber dem Mandanten keinen Einfluss. Der Mandant hat die Umsatzsteuer auf die Vergütung des Anwalts zu zahlen. Beachtet werden muss die Vorsteuerabzugsberechtigung jedoch, wenn die Gegenseite dem Mandanten die Anwaltskosten als Schadensersatz oder im gerichtlichen Verfahren als aufgewendete Prozesskosten zu erstatten hat (siehe Punkt IX 2 b.).

31 Macht der Anwalt, dessem vorsteuerabzugsberechtigtem Mandanten **Prozeßkostenhilfe** bewilligt wurde, seine Vergütung gegen die unterliegende Partei gemäß § 126 Abs. 1 ZPO geltend, so kann er die auf seine Vergütung entfallende Umsatzsteuer, die von der Gegenseite nicht zu zahlen ist, ebenfalls vom Mandanten erstattet verlangen. Die Sperrwirkung von § 122 Abs. 1 Nr. 3 ZPO greift hier nicht zugunsten des Mandanten. Der Mandant kann aufgrund der Rechnung des Anwalts vom Finanzamt die Erstattung der an den Anwalt zu zahlenden Umsatzsteuer verlangen. Dieser Betrag stellt insoweit einen durchlaufenden Posten für den Mandanten da, so dass er damit finanziell nicht belastet wird (BGH JurBüro 2007, 88 = Rpfleger 2006, 609 = AGS 2007, 628; **a. A.** OLG Koblenz JurBüro 1997, 588; OLG Düsseldorf JurBüro 1993, 29).

VII. PKH- und Pflichtverteidigervergütung

32 Macht der beigeordnete PKH-Anwalt oder der Pflichtverteidiger seine Vergütung gegenüber der Staatskasse geltend, so hat er Anspruch auf die Erstattung der auf seine Gebühren und Auslagen entfallenden Umsatzsteuer. Die Staatskasse tritt hier an die Stelle des Mandanten, so dass es auf eine etwaige Vorsteuerabzugsberechtigung des Mandanten nicht ankommt.

33 Maßgeblich für die Berechnung der Umsatzsteuer sind die tatsächlich geltend gemachten Gebühren, nicht die Wahlverteidigergebühren oder Gebühren nach § 13 RVG.

VIII. Beratungshilfe

Vertritt der Anwalt einen Mandanten, der Beratungshilfe in Anspruch nimmt, und berechnet er dem Mandanten eine Gebühr gem. Nr. 2500 in Höhe von € 10,00, so stellt sich die Frage, ob der Anwalt auf die berechnete Gebühr Umsatzsteuer aufschlagen muss. 34

Nach Umsatzsteuerrecht ist dies der Fall. Die Gebühr gemäß Nr. 2500 ist das Entgelt, welches der Leistungsempfänger aufwendet, um die Leistungen des Anwalts zu erhalten, vgl. § 10 Abs. 1 Satz 2 UStG. Die Beratungshilfegebühr unterfällt somit ganz klar der Umsatzsteuerpflicht. 35

Gem. Anmerkung zu Nr. 2500 werden jedoch auf die Beratungshilfegebühr keine Auslagen erhoben. Da das RVG in Nr. 7008 die Umsatzsteuer als »Auslage« behandelt, kann der Anwalt insoweit keine Umsatzsteuer auf die Beratungshilfegebühr erheben. Da die Beratungshilfegebühr jedoch nach § 4 UStG nicht umsatzsteuerbefreit ist, widerspricht die Anmerkung zu Nr. 2500 den umsatzsteuerrechtlichen Vorschriften. Das RVG kann insoweit auch keine lex specialis sein. 36

Eine Möglichkeit, diesen Widerspruch zu lösen wäre, die € 10,00 als Bruttobetrag zu betrachten und die Umsatzsteuer herauszurechnen. Das heißt, dass der Nettobetrag der der Beratungshilfegebühr € 8,40 beträgt und die Umsatzsteuer hierauf € 1,40. Umsatzsteuerlich betrachtet sind alle Gebühren des RVG jedoch immer Nettobeträge. Demgemäß ist die Anmerkung zu Nr. 2500 ein Widerspruch zum Umsatzsteuerrecht. 37

Betrachtet man die € 10,00 tatsächlich als Bruttobetrag und verfolgt man diesen Ansatz konsequent weiter, so heißt das, dass der Anwalt bei einer Erhöhung der Umsatzsteuer Gebühreneinbußen hinnehmen muss, da sich der Nettobetrag der Beratungshilfegebühr durch die Anhebung der Umsatzsteuer verringert. Alle anderen Gebühren des RVG bleiben von einer Umsatzsteuererhöhung jedoch unberührt. Dass dies ausschließlich bei der Beratungshilfegebühr anders sein soll, kann so vom Gesetzgeber nicht gewollt sein. 38

Gegen die Auffassung, dass die Beratungshilfegebühr ein Bruttobetrag ist, spricht insbesondere, dass das RVG den (Netto-)Wert der anwaltlichen Leistung definiert (vgl. Rn. 1). Die Bewertung der Leistung ist unabhängig vom Umsatzsteuersatz. Es ergibt sich insoweit auch ein Widerspruch zur Berechnung der Vergütung gemäß Nr. 2501 ff. gegenüber der Staatskasse, denn der Anwalt berechnet dort die Umsatzsteuer auf die Vergütung. 39

Es ist davon auszugehen, dass der Gesetzgeber, als er die damalige Regelung aus § 8 Abs. 1 BerHG, wonach der Anwalt unmittelbar vom Rechtssuchenden eine Gebühr in Höhe von € 10,00 verlangen konnte, inhaltsgleich in Nr. 2500 übernommen hat, das umsatzsteuerrechtliche Problem nicht gesehen hat. Der mittellose Ratsuchende soll nicht mit weiteren Auslagen belastet werden, sondern sicher sein, dass er nicht mehr als € 10,00 an den Anwalt zu zahlen hat. Dass das RVG auch die Umsatzsteuer zu den Auslagen zählt, ist in diesem Zusammenhang nicht berücksichtigt worden. Auch in der Gesetzesbegründung (BT-Drs. 15/1971, S. 208) findet sich keine Erklärung dafür, dass die Beratungshilfegebühr als einzige Gebühr des Vergütungsverzeichnisses eine Bruttogebühr sein soll. 40

Eine Lösung dieses Problems kann folgendermaßen aussehen: Der Anwalt stellt eine Rechnung mit Rechnungsempfänger »Mandant« an die Staatskasse über alle angefallenen Gebühren zuzüglich Umsatzsteuer und einschließlich der Gebühr Nr. 2500. Die Staatskasse zahlt den geltend gemachten Betrag abzüglich des »Eigenanteils« (Nr. 2500) des Mandanten an den Anwalt. Der Mandant bekommt diese Rechnung ebenfalls, jedoch mit dem Hinweis, nur den ausgewiesenen »Eigenanteil« zu zahlen. Diese Lösung ist konsequent, da die Staatskasse die Vergütung für die Leistung des Anwalts gegenüber dem Mandanten lediglich übernimmt. 41

Nr. 7008 VV

• Beispiel

1. Abrechnung gegenüber der Staatskasse

Beratungsgebühr, Nr. 2501 VV RVG	€	30,00
Beratungshilfegebühr, Nr. 2500 VV RVG	€	10,00
Zwischensumme	€	40,00
19 % Umsatzsteuer, Nr. 7008 VV RVG	€	7,60
Zwischensumme	€	47,60
abzüglich vom Mandanten zu erstattende Gebühr Nr. 2500 VV RVG	./. €	10,00
Summe:	**€**	**37,60**

2. Abrechnung gegenüber Mandant

Beratungsgebühr, Nr. 2501 VV RVG	€	30,00
Beratungshilfegebühr, Nr. 2500 VV RVG	€	10,00
Zwischensumme	€	40,00
19 % Umsatzsteuer, Nr. 7008 VV RVG	€	7,60
Zwischensumme	€	47,60
abzüglich von der Staatskasse zu erstattende Gebühr Nr. 2501 VV RVG	./. €	37,60
Summe:	**€**	**10,00**

IX. Erstattungsfragen

1. Kostenerstattung im außergerichtlichen Bereich

42 Ist der Gegner des Mandanten aus materiell-rechtlichen Gründen verpflichtet, die dem Mandanten entstandenen Anwaltskosten zu erstatten? Ist der Mandant zum Vorsteuerabzug berechtigt, so ist die Erstattung der Umsatzsteuer auf die anwaltliche Vergütung ausgeschlossen. Durch die Möglichkeit, vom Vorsteuerabzug Gebrauch zu machen, ist dem Mandanten insoweit kein Schaden entstanden, den der Gegner zu ersetzen hätte. Auch hat der Mandant insoweit dem erstattungspflichtigen Gegner gegenüber seine Schadensminderungspflicht aus § 254 BGB zu beachten. Der Mandant ist hier in der Pflicht, den Vorsteuerabzug geltend zu machen.

2. Kostenerstattung im gerichtlichen Verfahren

a) Nichtvorsteuerabzugsberechtigter Mandant

43 Kann der nichtvorsteuerabzugsberechtigte Mandant Kostenerstattung vom unterliegenden Gegner fordern, so umfasst dieser Anspruch ohne weiteres auch die auf die Anwaltsvergütung zu entrichtende Umsatzsteuer. Dies ist unstreitig. Es kommt auch nicht darauf an, ob der der erstattungspflichtige Gegner Ausländer ist, er schuldet dem obsiegenden inländischen Mandanten die von diesem an seinen Anwalt zu entrichtende Umsatzsteuer (OLG Koblenz NJW 1992, 640 = MDR 1992, 307). Um die Umsatzsteuerbeträge auf die Anwaltsvergütung im Kostenfestsetzungsverfahren zu berücksichtigen, reicht die Erklärung des Mandanten (= Antragstellers) gemäß § 104 Abs. 2 Satz 3 ZPO aus, dass er diese Beträge nicht als Vorsteuer abziehen kann. Es genügt dabei die bloße Tatsachenbehauptung des Antragstellers. Nur wenn die Richtigkeit der abgegebenen Erklärung durch entsprechenden, vom erstattungspflichtigen Gegner zu erbringenden Beweis entkräftet wird, oder sich deren offensichtliche Unrichtigkeit aus anderen, dem Gericht bekannten Umständen, etwa aus dem Akteninhalt, ergibt, können die Umsatzsteuerbeträge unberücksichtigt bleiben (BGH Rpfleger 2003, 321 = JurBüro 2003, 426; OLG Düsseldorf JurBüro 2005, 369 = AGS 2006, 199). § 104 Abs. 2 Satz 2 ZPO ist insoweit nicht einschlägig, da dort nur die Auslagen für Post- und Telekommu-

nikationsdienstleistungen erwähnt sind. Erklärt sich der Mandant entsprechend § 104 Abs. 2 Satz 3 ZPO nicht, so darf die Umsatzsteuer nicht festgesetzt werden. Die Erklärung kann jedoch jederzeit im Kostenfestsetzungsverfahren nachgeholt werden.

b) Vorsteuerabzugsberechtigter Mandant

Kann der vorsteuerabzugsberechtigte Mandant vom unterliegenden Gegner Kostenerstattung verlangen, so fällt die Umsatzsteuer nicht hierunter. Die an den Anwalt auf seine Vergütung gezahlte Umsatzsteuer erhält der Mandant im Wege des Vorsteuerabzuges vom Finanzamt erstattet, so dass er mit diesem Betrag letztlich nicht belastet wird. Eine Kostenerstattung scheidet daher aus. Allerdings muss die Vorsteuerabzugsberechtigung hinsichtlich des Streitgegenstandes und in voller Höhe der Umsatzsteuer bestehen. Vertritt der Anwalt z. B. ein Unternehmen, welches an sich vorsteuerabzugsberechtigt ist, der Gegenstand des gerichtlichen Verfahrens bzw. der anwaltlichen Tätigkeit jedoch eine Tätigkeit des Unternehmens war, welche nicht der Umsatzsteuerpflicht unterliegt (§ 4 UStG), so ist die Umsatzsteuer auf die Anwaltsvergütung zu erstatten und festzusetzen. Gleiches gilt, wenn ein Unternehmen für bestimmte Leistungen nur teilweise der Vorsteuerabzugsberechtigung unterliegt (Deutsche Post AG im Brief- und Paketdienst z. B.). 44

c) Unterschiedliche Vorsteuerabzugsberechtigung bei Streitgenossen

Wird der Anwalt von Streitgenossen mandatiert, die gemeinschaftlich am Streitgegenstand beteiligt sind, von denen jedoch einer oder mehrere zum Vorsteuerabzug berechtigt ist und der bzw. die anderen nicht, so stellt sich die Frage, wie sich hier die Vorsteuerabzugsberechtigung auf die Kostenerstattung auswirkt. 45

• **Beispiel**
Der Anwalt vertritt wegen eines Verkehrsunfalles den Fahrer, den Halter und den Verkehrshaftpflichtversicherer als Gesamtschuldner in einem Rechtsstreit. Alle drei Mandanten obsiegen vollumfänglich.

Der BGH (BGH NJW 2006, 774 = MDR 2006, 476) hat für diese typische Konstellation entschieden: »Im Verkehrshaftpflichtprozess ist die Mehrwertsteuer, die die obsiegenden beklagten Streitgenossen (hier: Haftpflichtversicherer, Halter und Fahrer) ihrem gemeinsamen Prozessbevollmächtigten schulden, von der unterlegenen Klägerseite auch dann in voller Höhe zu erstatten, wenn einer der Streitgenossen (hier: der Halter) vorsteuerabzugsberechtigt ist, sofern der nicht vorsteuerabzugsberechtigte Haftpflichtversicherer – wie im Regelfall – im Innenverhältnis der Streitgenossen die gesamten Kosten des gemeinsamen Prozessbevollmächtigten zu tragen hat.« 46

X. Änderung des Umsatzsteuersatzes

Ändert sich während der Tätigkeit des Anwalts für den Mandanten der Umsatzsteuersatz, so ist zu prüfen, in welcher Höhe die Umsatzsteuer auf die Vergütung zu berechnen ist. 47

Gemäß § 13 Abs. 1 Nr. 1 UStG entsteht die Umsatzsteuer, wenn die Leistung ausgeführt worden ist. In der Regel wird dieser Zeitpunkt mit der Fälligkeit der anwaltlichen Vergütung gemäß § 8 Abs. 1 Satz 1 RVG zusammenfallen. Die zu diesem Zeitpunkt geltende Umsatzsteuer ist auf die Vergütung des Anwalts zu berechnen. 48

Es ist üblich, für die Tätigkeiten des Anwalts Zwischenabrechnungen für bereits erbrachte Leistungen vorzunehmen. Es handelt sich insoweit gemäß § 13 Abs. 1 Satz 1, 2 UStG um Teilleistungen. Eine Teilleistung i. S. v. § 13 UStG liegt dann vor, wenn für bestimmte Teile einer wirtschaftlich teilbaren Leistung das Entgelt gesondert vereinbart wird (*Zeuner* in Bunjes/Geist UStG § 13 Rn. 16). Sind diese Teilleistungen abgerechnet, so sind spätere Änderungen des Umsatzsteuersatzes für diese Abrechnungen nicht von Bedeutung. 49

Nr. 7008 VV

• **Beispiel**
Der Anwalt wird für den Mandanten im Mahnverfahren tätig, nach Einreichen des Mahnbescheides rechnet er seine Leistung gegenüber dem Mandanten ab. Nach Erheben des Widerspruches wird das streitige Verfahren durchgeführt, es erfolgt nach Beendigung des Verfahrens die Endabrechnung. Ändert sich zwischen beiden Verfahrensabschnitten der Umsatzsteuersatz, so ist die Vergütung für das Mahnverfahren nach dem alten Steuersatz zu berechnen, die Vergütung für das streitige Verfahren nach dem neuen Steuersatz. Die Abrechnung des Mahnverfahrens stellt insoweit eine Zwischenabrechnung der zu diesem Zeitpunkt erbrachten Leistung i. S. v. § 13 Abs. 1 UStG dar. Die hierauf entfallende Umsatzsteuer war zu diesem Zeitpunkt fällig, eine spätere Änderung des Umsatzsteuersatzes wirkt sich insoweit nicht aus.

50 Nicht gefolgt werden kann der Ansicht, dass es sich, wenn während der Erledigung eines Auftrages eine Gebühr entsteht, um eine abrechenbare Teilleistung i. S. v. § 13 UStG handelt, und dass diese Gebühr, wenn sie als Vorschuss gegenüber dem Mandaten berechnet wird, insoweit dem alten Umsatzsteuersatz unterliegt und sich eine Änderung des Umsatzsteuersatzes nicht auswirkt, während die Endabrechnung der Angelegenheit mit geändertem Umsatzsteuersatz vorgenommen wird (so aber *N. Schneider* in Gebauer/Schneider VV 7008 Rn. 21: Reicht der Anwalt die Klageschrift ein und rechnet die Verfahrensgebühr als Vorschuss ab, so ist hinsichtlich der Verfahrensgebühr eine Teilleistung erbracht, für die eine spätere Erhöhung der Umsatzsteuer nicht mehr relevant ist, es bleibt auch in der Endabrechnung beim alten Umsatzsteuersatz für die Verfahrensgebühr).

51 Gemäß Abschnitt 177 Abs. 3 UStR (Allgemeine Verwaltungsvorschrift zur Ausführung des UStG, Umsatzsteuer-Richtlinien 2008 – UStR 2008, Beilage zum BAnz Nr. 240) sind anwaltliche Leistungen als sonstige Leistungen grundsätzlich im Zeitpunkt ihrer Vollendung ausgeführt. Es liegt somit **keine Teilleistung** i. S. d. UStG vor, wenn während der Erledigung des Auftrages eine Gebühr entsteht, ohne dass der Auftrag beendet ist (vgl. hierzu auch die Ausführungen in diesem Kommentar zu § 60). Für das oben erwähnte Beispiel von *N. Schneider* bedeutet dies, dass der Anwalt die Verfahrensgebühr zwar mit dem zum Zeitpunkt der Vorschussrechnung geltenden Umsatzsteuersatz berechnen muss. Nimmt der Anwalt nach Änderung des Umsatzsteuersatzes die Endabrechnung vor, so muss er jedoch auch auf die Verfahrensgebühr den nunmehr geltenden Umsatzsteuersatz berechnen und dem Mandanten insoweit die Differenz zwischen den Umsatzsteuerbeträgen in Rechnung stellen.

52 Fordert der Anwalt vom Mandanten einen Vorschuss, den er nach Beendigung der Angelegenheit auf die entstandenen Gebühren abrechnet, so gilt für die Abrechnung der neue Steuersatz.

• **Beispiel**
Der Mandant beauftragt den Anwalt, ihn in einem Strafverfahren zu verteidigen. Der Anwalt fordert vom Mandanten vor dem Tätigwerden einen pauschalen Vorschuss in Höhe von € 1.500,00 zuzüglich Umsatzsteuer. Nach Beendigung der Angelegenheit rechnet der Anwalt die entsprechenden Gebühren und Auslagen mit dem Mandanten ab und verrechnet den gezahlten Vorschuss auf diese Gebühren. Die Abrechnung erfolgt hier mit dem zu diesem Zeitpunkt geltenden Steuersatz.

ANHANG

Anhang I   Synopse RVG n. F. – RVG a. F.
Anhang II   Bisherige Änderungen des RVG
Anhang III   Nrn. 2100–2103 VV RVG a. F.
Anhang IV   Streitwertkatalog für die Verwaltungsgerichtsbarkeit
Anhang V   Streitwertkatalog für die Sozialgerichtsbarkeit

Anhang I

Synopse RVG n. F. – RVG a. F.

A. Synopse nach Abschnitten in Teil 2 VV RVG B. Synopse nach Normen	C. Synopse nach Normen mit Regelungsinhalt

Abkürzungen

RVG in der Fassung bis zum 30.06.2006 = RVG a. F.
RVG in der Fassung ab 01.07.2006 = RVG n. F.

A. Synopse nach Abschnitten in Teil 2 VV RVG

Regelungsinhalt	Abschnitt in Teil 2 VV RVG a. F.	Abschnitt in Teil 2 VV RVG n. F. bzw. § RVG
Beratung/Gutachten	Abschnitt 1	§ 34
Prüfung der Erfolgsaussicht eines Rechtsmittels	Abschnitt 2	Abschnitt 1
Herstellung des Einvernehmens	Abschnitt 3	Abschnitt 2
Vertretung	Abschnitt 4	Abschnitt 3
Vertretung in bestimmten sozialrechtlichen Angelegenheiten	Abschnitt 5	Abschnitt 4
Beratungshilfe	Abschnitt 6	Abschnitt 5

B. Synopse nach Normen

RVG a. F.	RVG n. F.
Nr. 2100 VV	§ 34 Abs. 1 Satz 1
Nr. 2101 VV	§ 34 Abs. 1 Satz 1
Nr. 2102 VV	§ 34 Abs. 1 Satz 3
Nr. 2103 VV	§ 34 Abs. 1 Satz 1
Nr. 2200 VV	Nr. 2100 VV
Nr. 2201 VV	Nr. 2101 VV
Nr. 2202 VV	Nr. 2102 VV
Nr. 2203 VV	Nr. 2103 VV
Nr. 2300 VV	Nr. 2200 VV
Nr. 2301 VV	Nr. 2201 VV

Synopse RVG n. F. – RVG a. F.

RVG a. F.	RVG n. F.
Vorbem. 2.4.	Vorbem. 2.3.
Nr. 2400 VV	Nr. 2300 VV
Nr. 2401 VV	Nr. 2301 VV
Nr. 2402 VV	Nr. 2302 VV
Nr. 2403 VV	Nr. 2303 VV
Vorbem. 2.5.	Vorbem. 2.4.
Nr. 2500 VV	Nr. 2400 VV
Nr. 2501 VV	Nr. 2401 VV
Vorbem. 2.6.	Vorbem. 2.5.
Nr. 2600 VV	Nr. 2500 VV
Nr. 2601 VV	Nr. 2501 VV
Nr. 2602 VV	Nr. 2502 VV
Nr. 2603 VV	Nr. 2503 VV
Nr. 2604 VV	Nr. 2504 VV
Nr. 2605 VV	Nr. 2505 VV
Nr. 2606 VV	Nr. 2506 VV
Nr. 2607 VV	Nr. 2507 VV
Nr. 2608 VV	Nr. 2508 VV

C. Synopse nach Normen mit Regelungsinhalt

RVG a. F.	Regelungsinhalt	RVG n. F.	Änderung im Regelungsinhalt
Nr. 2100 VV	Beratungsgebühr 0,1–1,0	§ 34 Abs. 1 Satz 1	RA soll auf Vergütungsvereinbarung hinwirken, Folge bei Fehlen: § 612 BGB i. V. m. § 14 RVG, max. 250,00 EUR beim Verbraucher
Nr. 2101 VV	Beratungsgebühr 10,00 bis 260,00 EUR	§ 34 Abs. 1 Satz 1	RA soll auf Vergütungsvereinbarung hinwirken, Folge bei Fehlen: § 612 BGB i. V. m. § 14 RVG, max. 250,00 EUR beim Verbraucher

RVG a. F.	Regelungsinhalt	RVG n. F.	Änderung im Regelungsinhalt
Nr. 2102 VV	erste Beratung Begrenzung auf 190,00 EUR	§ 34 Abs. 1 Satz 3	bei fehlender Vergütungsvereinbarung max. 190,00 EUR beim Verbraucher
Nr. 2103 VV	Gutachtengebühr (angemessene Gebühr)	§ 34 Abs. 1 Satz 1	RA soll auf Vergütungsvereinbarung hinwirken, Folge bei Fehlen: § 612 BGB
Nr. 2200 VV	Gebühr für Prüfung der Erfolgsaussichten eines Rechtsmittels 0,5 bis 1,0	Nr. 2100 VV	unverändert wie Nr. 2200 VV a. F.
Nr. 2201 VV	Gebühr für Prüfung der Erfolgsaussichten eines Rechtsmittels mit Gutachten i. H. v. 1,3	Nr. 2101 VV	unverändert wie Nr. 2201 VV a. F.
Nr. 2202 VV	Gebühr für Prüfung der Erfolgsaussichten eines Rechtsmittels als Betragsrahmengebühr	Nr. 2102 VV	unverändert wie Nr. 2202 VV a. F.
Nr. 2203 VV	Gebühr für Prüfung der Erfolgsaussichten eines Rechtsmittels mit Gutachten als Betragsrahmengebühr	Nr. 2103 VV	unverändert wie Nr. 2203 VV a. F.
Nr. 2300 VV	Herstellung des Einvernehmens	Nr. 2200 VV	unverändert wie Nr. 2300 VV a. F.
Nr. 2301 VV	Einvernehmen wird nicht hergestellt	Nr. 2201 VV	unverändert wie Nr. 2301 VV a. F.
Vorbem. 2.4.	Anwendungsbereich von Teil 2 Abschnitt 4	Vorbem. 2.3.	Anwendungsbereich von Teil 2 Abschnitt 3
Nr. 2400 VV	Geschäftsgebühr 0,5–2,5	Nr. 2300 VV	unverändert wie Nr. 2400 VV a. F.
Nr. 2401 VV	Geschäftsgebühr 0,5 bis 1,3	Nr. 2301 VV	unverändert wie Nr. 2401 VV a. F.
Nr. 2402 VV	Geschäftsgebühr bei Schreiben einf. Art (0,3)	Nr. 2302 VV	unverändert wie Nr. 2402 VV a. F.
Nr. 2403 VV	Geschäftsgebühr für z. B. Güteverfahren, etc.	Nr. 2303 VV	unverändert wie Nr. 2403 VV a. F.
Vorbem. 2.5.	Anwendungsbereich von Teil 2 Abschnitt 5	Vorbem. 2.4.	Anwendungsbereich von Teil 2 Abschnitt 4

Synopse RVG n. F. – RVG a. F.

RVG a. F.	Regelungsinhalt	RVG n. F.	Änderung im Regelungsinhalt
Nr. 2500 VV	Geschäftsgebühr in bestimmten sozialgerichtlichen Angelegenheiten 40,00–520,00 EUR	Nr. 2400 VV	unverändert wie Nr. 2500 VV a. F.
Nr. 2501 VV	Geschäftsgebühr in bestimmten sozialgerichtlichen Angelegenheiten 40,00–260,00 EUR	Nr. 2401 VV	unverändert wie Nr. 2501 VV a. F.
Vorbem. 2.6.	Anwendungsbereich von Teil 2 Abschnitt 6	Vorbem. 2.5.	Anwendungsbereich von Teil 2 Abschnitt 5
Nr. 2600 VV	Beratungshilfegebühr	Nr. 2500 VV	unverändert wie Nr. 2600 VV a. F.
Nr. 2601 VV	Beratungsgebühr bei Beratungshilfe	Nr. 2501 VV	unverändert wie Nr. 2601 VV a. F.
Nr. 2602 VV	Beratungsgebühr bei Beratungshilfe (Schuldenbereinigungsplan)	Nr. 2502 VV	unverändert wie Nr. 2602 VV a. F.
Nr. 2603 VV	Geschäftsgebühr bei Beratungshilfe	Nr. 2503 VV	unverändert wie Nr. 2603 VV a. F.
Nr. 2604 VV	Geschäftsgebühr bei Beratungshilfe (Schuldenbereinigungsplan bis zu 5 Gläubigern)	Nr. 2504 VV	unverändert wie Nr. 2604 VV a. F.
Nr. 2605 VV	Geschäftsgebühr bei Beratungshilfe (Schuldenbereinigungsplan 6–10 Gläubiger)	Nr. 2505 VV	unverändert wie Nr. 2605 VV a. F.
Nr. 2606 VV	Geschäftsgebühr bei Beratungshilfe (Schuldenbereinigungsplan 11–15 Gläubiger)	Nr. 2506 VV	unverändert wie Nr. 2606 VV a. F.
Nr. 2607 VV	Geschäftsgebühr bei Beratungshilfe (Schuldenbereinigungsplan mehr als 15 Gläubiger)	Nr. 2507 VV	unverändert wie Nr. 2607 VV a. F.
Nr. 2608 VV	Einigungs- und Erledigungsgebühr bei Beratungshilfe	Nr. 2508 VV	unverändert wie Nr. 2608 VV a. F.

Allgemeiner Hinweis: Soweit andere Kommentare, Rechtsprechung oder die Bundestagsdrucksache 15/1971 zitiert werden, sind hier i. d. R. die VV-Nrn. a. F. angegeben, da die Zitatstellen dort auch zu finden sind.

Anhang II

Änderungen des RVG

Bisher sind folgende Änderungen des RVG in Kraft getreten:

1. Gesetz zur Einführung der nachträglichen Sicherungsverwahrung v. 23. 07. 2004, BGBl. I, S. 1838, 1840, in Kraft getreten am 29. 07. 2004; Änderung Vorbem. 4.1.
2. Gesetz zur Verbesserung der Rechte von Verletzten im Strafverfahren (Opferrechtsreformgesetz – OpferRRG) v. 24. 06. 2004, BGBl. I, S. 1354, 1357, in Kraft getreten am 01. 09. 2004, Änderungen: Nr. 4145 VV, Vorm. 4.3. VV RVG
3. Gesetz zur Umsetzung gemeinschaftsrechtlicher Vorschriften über die grenzüberschreitende Prozesskostenhilfe in Zivil- und Handelssachen in den Mitgliedstaaten (EG-Prozesskostenhilfegesetz) v. 15. 12. 2004, BGBl. I, S. 3392, 3394, in Kraft getreten am 21. 12. 2004, Änderung § 46 RVG
4. Gesetz zur Kontrolle von Unternehmensabschlüssen (Bilanzkontrollgesetz-BilKoG) v. 15. 12. 2004, BGBl. I, S. 3408, 3415, in Kraft getreten am 21. 12. 2004
5. Gesetz über die Rechtsbehelfe bei Verletzung des Anspruchs auf rechtliches Gehör (Anhörungsrügengesetz) v. 09. 12. 2004, BGBl. I, S. 3220, 3228, in Kraft getreten am 01. 01. 2005; Einfügung § 12 a RVG; Änderungen § 19, Vorbem. 3.1, 3.3.1., 3.3.2., 5.1.; Nrn. 3327, 3330, 3516
6. Gesetz zur Überarbeitung des Lebenspartnerschaftsrechts v. 15. 12. 2004, BGBl. I, S. 3396, 3405, in Kraft getreten am 01. 01. 2005; Änderung § 24 RVG
7. Gesetz zum internationalen Familienrecht v. 26. 01. 2005, BGBl. I, S. 162, 173, in Kraft getreten am 01. 03. 2005, Änderungen § 19 RVG
8. Gesetz über die Verwendung elektronischer Kommunikationsformen in der Justiz – Justizkommunikationsgesetz (JKomG) v. 22. 03. 2005, BGBl. I, S. 837, in Kraft getreten am 01. 04. 2005, Änderungen §§ 11, 33, 56 RVG, Neueinfügung § 12 b RVG Nr. 7000 VV RVG
9. Berichtigung des Zweiten Gesetzes zur Neuregelung des Energiewirtschaftsrechts vom 14. 12. 2005 – EnWG (BGBl. 2005 I, S. 3474, 3621); das 2. Gesetz zur Neuregelung des Energiewirtschaftsrechts ist am 13. 07. 2005 als das »Zweite Gesetz zur Neuregelung des Energiewirtschaftsrechts« in Kraft getreten (BGBl. I, S. 1953 vom 12. 07. 2005); Ergänzung Vorbem. 3.2.1 um Nr. 8
10. Gesetz zur Durchführung der Verordnung (EG) Nr. 805/2004 über einen Europäischen Vollstreckungstitel für unbestrittene Forderungen (EG-Vollstreckungstitel-Durchführungsgesetz) v. 18. 08. 2005, BGBl. I, S. 2477, 2481, in Kraft getreten am 21. 10. 2005, Änderungen §§ 18, 19, Nrn. 1000, Nr. 3104 VV RVG
11. Kapitalanleger-Musterverfahrensgesetz (KapMuG) v. 16. 08. 2005, BGBl. I, S. 2437, 2444, in Kraft getreten am 01. 11. 2005, Änderungen: § 16, Vorbem. 3.2.2., Neueinfügung § 23 a RVG
12. Gesetz zur Unternehmensintegrität und Modernisierung des Anfechtungsrechts (UMAG) v. 22. 09. 2005, BGBl. I, S. 2802, in Kraft getreten am 01. 11. 2005, Änderung Nr. 3325 VV RVG
13. In-Kraft-Treten des Art. 3 KostRMoG v. 05. 05. 2004 (BGBl. 2004 I, S. 718) zum 01. 07. 2006; Änderung im Beratungsbereich insbs. § 34 RVG; Herausnahme Beratung u. Gutachten aus Teil 2 VV RVG
14. Gesetz zur Umsetzung der Richtlinie 2004/25/EG des Europäischen Parlaments und des Rates vom 21. April 2004 betreffend Übernahmeangebote (Übernahmerichtlinie-Umsetzungsgesetz – ÜbernRUmsG), durch Art. 3 des Gesetzes vom 08. 07. 2006 (BGBl. 2006 I, S. 1426), Neueinfügung des § 31 a RVG (Wert in Ausschlussverfahren nach § 39 des Wertpapiererwerbs- und Übernahmegesetzes)
15. Gesetz über die Durchsetzung der Verbraucherschutzgesetze bei innergemeinschaftlichen Verstößen (EG-Verbraucherschutzdurchsetzungsgesetz – VSchDG) v. 21. 12. 2006

Änderungen des RVG

BGBl I, S. 3367 in Kraft getreten am 29.12.2006 Änderung in Vorbemerkung 3.2.1. Abs. 1 VV – Nr. 10. in Beschwerde- und Rechtsbeschwerdeverfahren nach den VSchDG

16. Zweites Gesetz zur Modernisierung der Justiz 2. JuMoG v. 22.12.2006 BGBl. I, S. 3416, in Kraft getreten zum 31.12.2006, umfangreiche Änderungen, u. a. in § 15 Abs. 6; § 19 Nr. 2, § 22 Abs. 2 S. 1; § 30 S. 1, § 36 Abs. 1 Nr. 1, § 44 Abs. 2; im VV Anmerkung zu Nr. 1003; Vorbem. Abs. 3 3. Alt.; Vorbem. 3 Abs. 4 VV; Anm. zu Nr. 3104; Einfügung Abs. 4 der Anm. zu Nr. 3104; Abs. 2 der Anm. zu Nr. 3202; Nr. 3300 u. 3301 a. F. werden aufgehoben und Nr. 3303 wird 3301; Nr. 3306; Nr. 3335; Nr. 3502 sowie Anmerkung zu Nr. 7000
17. Artikel 3 Gesetz zur Änderung des Wohnungseigentumsgesetzes und anderer Gesetze (WEGuaÄndG) vom 26.03.2007 BGBl. I, S. 370, in Kraft getreten zum 01.07.2007 redaktionelle Anpassungen im VV
18. Artikel 5 Zweites Gesetz zur Änderung des Jugendgerichtsgesetzes und anderer Gesetze (2. JGGuaÄndG) vom 13.12.2007 BGBl. I, S. 2894 in Kraft getreten zum 01.01.2008
19. Artikel 18 Gesetz zur Neuregelung des Rechtsberatungsrechts (RBerNG) vom 12.12.2007 BGBl. I, S. 2840, in Kraft getreten zum 01.07.2008, Änderungen §§ 11, 12 a u. 33 RVG
20. Artikel 2 Gesetz zur Neuregelung des Verbots der Vereinbarung von Erfolgshonoraren (ErfHonVNG) vom 12.06.2008 BGBl. I, S. 1000 in Kraft getreten zum 01.07.2008, Einfügung § 3 a (neu), (Änderung) § 4, § 4 a (neu), § 4 b (neu)

Anhang III

NRN. 2100–2103 VV RVG A. F. (FASSUNG BIS 30. 06. 2006) AUßERGERICHTLICHE TÄTIGKEITEN EINSCHLIESSLICH DER VERTRETUNG IM VERWALTUNGSVERFAHREN

Nr.	Gebührentatbestand	Gebühr oder Satz der Gebühr nach § 13 RVG
Abschnitt 1 Beratung und Gutachten		
2100	Beratungsgebühr, soweit in Nummer 2101 nichts anderes bestimmt ist .... (1) Die Gebühr entsteht für einen mündlichen oder schriftlichen Rat oder eine Auskunft (Beratung), wenn die Beratung nicht mit einer anderen gebührenpflichtigen Tätigkeit zusammenhängt. (2) Die Gebühr ist auf eine Gebühr für eine sonstige Tätigkeit anzurechnen, die mit der Beratung zusammenhängt.	0,1 bis 1,0
2101	Beratungsgebühr in Angelegenheiten, in denen im gerichtlichen Verfahren Betragsrahmengebühren entstehen .... Die Anmerkungen zu Nummer 2100 gelten entsprechend.	10,– bis 260,– EUR
2102	Der Auftraggeber ist Verbraucher und die Tätigkeit beschränkt sich auf ein erstes Beratungsgespräch: Die Gebühren 2100 und 2101 betragen höchstens	190,– EUR
2103	Gutachtengebühr .... (1) Die Gebühr entsteht für die Ausarbeitung eines schriftlichen Gutachtens. (2) § 14 ist entsprechend anzuwenden.	angemessene Gebühr

Inhaltsübersicht

	Rn.
A. Allgemeines	1
I. Zeitliche Begrenzung	1
II. Synopse	5
III. Übergangsfälle	6
IV. Anwendungsbereich	10
B. Kommentierung	11
I. Allgemeines zu Nrn. 2100–2102 a. F.	11
1. Rat oder Auskunft	11
2. Abgrenzung zu anderen Tätigkeiten	15
II. Nr. 2100 a. F. im Einzelnen	32
1. Gebührenhöhe	32
2. Auslagenpauschale	37
3. Eigene Angelegenheit	38
4. Anrechnungsvorschrift	44
5. Erhöhung der Gebühr Nr. 2100 a. F.	51
III. Nr. 2101 a. F. im Einzelnen	58
1. Geltungsbereich	58
2. Beratung über verschiedene Lebenssachverhalte	63
3. Betragsrahmengebühr / Gebührenhöhe	64
4. Anrechnungsvorschrift	66
5. Erhöhung der Gebühr Nr. 2101 a. F.	70
IV. Nr. 2102 a. F. im Einzelnen	73
1. Regelungsgehalt	73
a) Allgemeines	73
b) Kappungsgrenze bei Wertgebühren	75
c) Kappungsgrenze bei Betragsrahmengebühren	76
2. Definition »Verbraucher«	77
a) § 13 BGB	77
b) Verbraucher im Hinblick auf den erteilten Anwaltsauftrag	78
3. Erstes Beratungsgespräch	83
4. Hinweispflicht	85
5. Schriftliche Beratung	86
6. Erhöhung der Gebühr Nr. 2102 a. F.	89

Nrn. 2100–2103 VV a. F.

	Rn.		Rn.
7. Anrechnung der Beratungsgebühr Nr. 2102 a. F.	90	c) Schriftlichkeit	108
		d) Aufbau	111
V. Nr. 2103 a. F. im Einzelnen	98	e) Unparteilichkeit	112
1. Allgemeines	98	f) Verständlichkeit	113
2. Definition des Begriffs »Gutachten«	103	g) Angemessene Gebühr	114
a) Abgrenzung zur Ratserteilung	103	h) Erstattungsfähigkeit	118
b) Inhalt	104		

A. Allgemeines

I. Zeitliche Begrenzung

1 Am 01.07.2004 ist das Gesetz zur Modernisierung des Kostenrechts (Kostenrechtsmodernisierungsgesetz – KostRMoG) in Kraft getreten (BGBl I, Nr. 21 vom 12.05.2004, S. 718 ff.) mit Ausnahme des Artikels 5. Dieser ist am 01.07.2006 in Kraft getreten.

2 Mit Artikel 5 erfolgte eine umfassende Neustrukturierung der Vergütung für die außergerichtliche Beratung und Erstellung von Gutachten in § 34, der bisher die Vergütung bei Mediationen regelte und durch Art. 5 KostRMoG entsprechend ergänzt wird.

3 Die neue Fassung des § 34 RVG, der bereits ebenfalls am 12.05.2004 verkündet wurde und am 01.07.2006 in Kraft getreten ist, lautet:

»(1) Für einen mündlichen oder schriftlichen Rat oder eine Auskunft (Beratung), die nicht mit einer anderen gebührenpflichtigen Tätigkeit zusammenhängen, für die Ausarbeitung eines schriftlichen Gutachtens und für die Tätigkeit als Mediator soll der Rechtsanwalt auf eine Gebührenvereinbarung hinwirken, soweit in Teil 2 Abschnitt 1 des Vergütungsverzeichnisses keine Gebühren bestimmt sind. Wenn keine Vereinbarung getroffen worden ist, erhält der Rechtsanwalt Gebühren nach den Vorschriften des bürgerlichen Rechts. Ist im Falle des Satzes 2 der Auftraggeber Verbraucher, beträgt die Gebühr für die Beratung oder die Ausarbeitung eines schriftlichen Gutachtens jeweils höchstens 250 Euro, § 14 Abs. 1 gilt entsprechend; für ein erstes Beratungsgespräch beträgt die Gebühr jedoch höchstens 190 Euro.

(2) Wenn nichts anderes vereinbart ist, ist die Gebühr für die Beratung auf eine Gebühr für eine sonstige Tätigkeit, die mit der Beratung zusammenhängt, anzurechnen.«

4 Hinsichtlich der Neuregelungen wird auf die Kommentierung zu § 34 verwiesen.

II. Synopse

5 Die nachstehende Kurz-Synopse zeigt, wo sich die Regelungen der nachfolgend kommentierten Vergütungsverzeichnis-Nummern – mit erheblichen inhaltlichen Änderungen – im RVG ab 01.07.2006 befinden.

RVG a. F.	RVG n. F.
Nr. 2100 VV	§ 34 Abs. 1 Satz 1
Nr. 2101 VV	§ 34 Abs. 1 Satz 1
Nr. 2102 VV	§ 34 Abs. 1 Satz 3
Nr. 2103 VV	§ 34 Abs. 1 Satz 1

III. Übergangsfälle

Ob die Tätigkeit des Rechtsanwalts nach altem oder neuem Recht abzurechnen ist, ergibt sich aus der Übergangsvorschrift des § 60, der immer dann zum Einsatz kommt, wenn sich Änderungen im RVG selbst ergeben. 6

Danach ist die Vergütung nach bisherigem Recht zu berechnen, wenn der unbedingte Auftrag zur Erledigung derselben Angelegenheit im Sinne des § 15 vor dem Inkrafttreten einer Gesetzesänderung erteilt worden ist, § 60 Abs. 1 Satz 1. Nach § 60 Abs. 2 ist, wenn Gebühren nach dem zusammengerechneten Wert mehrerer Gegenstände zu bemessen sind, die gesamte Vergütung nach bisherigem Recht abzurechnen, auch wenn dies nach § 60 Abs. 1 nur für einen der Gegenstände gelten würde. 7

• **Beispiel** 8
RA Huber erhält im Juni 2006 den Auftrag, eine Beratung durchzuführen. Die Beratung erfolgt im Juni 2006. Es ist noch das RVG in der bis zum 30. 06. 2006 geltenden Fassung anzuwenden.

Weitere Ausführungen zum Übergangsrecht siehe unter der Kommentierung zu § 60. 9

IV. Anwendungsbereich

Die Gebühren in Teil 2 Abschnitt 1 VV RVG in der bis zum 30. 06. 2006 geltenden Fassung geregelten Gebühren (Nrn. 2100–2103 a. F.) gelten für alle anwaltlichen Tätigkeiten, die nach dem RVG zu vergüten sind, so z. B. 10

– bürgerliche Rechtsstreitigkeiten (Nrn. 2100, 2102, 2103 a. F.);
– arbeitsgerichtliche Angelegenheiten (Nrn. 2100, 2102, 2103 a. F.);
– Straf- und Bußgeldsachen (Nrn. 2101, 2102 a. F.);
– finanzgerichtliche Angelegenheiten (Nrn. 2100, 2102, 2103 a. F.);
– verwaltungsgerichtliche Angelegenheiten (Nrn. 2100, 2102, 2103 a. F.);
– sozialgerichtliche Angelegenheiten, in denen Betragsrahmengebühren entstehen (Nrn. 2101, 2102 a. F.)
– usw.

B. Kommentierung

I. Allgemeines zu Nrn. 2100–2102 a. F.

1. Rat oder Auskunft

Nr. 2100 a. F. regelt die Vergütung für die Erteilung eines Rates oder einer Auskunft in Angelegenheiten, in denen sich die Gebühren nach dem Gegenstandswert richten (Wertgebühren). 11

Rat ist eine für die Beurteilung einer Rechtsangelegenheit bedeutsame Empfehlung des Anwalts, wie sich der Auftraggeber in einer bestimmten Lage verhalten soll (BGHZ 7, 351). 12

Eine Auskunft ist dagegen die Beantwortung einer Frage eher allgemeiner Art, unabhängig von einem konkreten Fall, z. B. wann Pflichtteilsansprüche verjähren, wie sich ein Zugewinnausgleichsanspruch berechnet, etc. 13

Die Grenze zwischen einer Auskunftserteilung und einem Rat kann selten konkret gezogen werden. Das ist auch nicht erforderlich, da beide Tätigkeiten unter Nr. 2100 a. F. fallen. 14

Nrn. 2100–2103 VV a. F.

2. Abgrenzung zu anderen Tätigkeiten

15 Die Abgrenzung, wann die Tätigkeit des Rechtsanwalts noch unter Nr. 2100 fällt und wann eine Geschäftsgebühr Nr. 2300 n. F. oder andere Gebühren, wie z. B. die Verfahrensgebühr Nr. 3101, ausgelöst wird, ist in der Praxis oft schwierig zu ziehen.

16 Entscheidend ist zunächst, dass dem Rechtsanwalt ein Auftrag zur Beratung erteilt worden ist. »Ungefragte« Beratung löst keine Gebühren aus (BGH NJW 1991, 2084; OLG Zweibrücken JurBüro 1998, 21. m. Anm. Enders; OLG Hamm KostRsp. BRAGO § 20 Nr. 26 = OLGR 2001, 168 = AGS 2001).

17 Grundsätzlich ist sodann der erteilte Auftrag dafür entscheidend, welche Gebühren anfallen (z. B. Auftrag zur außergerichtlichen Vertretung – Geschäftsgebühr Nr. 2400 a. F. (Nr. 2300 ab 01. 07. 2006) oder Auftrag zur Einreichung einer Klage, jedoch vorzeitige Beendigung – 0,8 Verfahrensgebühr Nr. 3101 Nr. 1).

18 Mandanten kommen jedoch nicht immer mit einer konkreten Vorstellung zum Rechtsanwalt, was dieser tun soll, weil sie in der Regel gar nicht wissen, welche rechtlichen Möglichkeiten sie haben. So erfolgt dann die konkrete Auftragserteilung in der Praxis häufig am Ende einer Beratung durch den Rechtsanwalt.

19 • **Beispiel**
Bauer Huber hat seinem Bruder einen Betrag in Höhe von € 50.000,00 darlehensweise zur Verfügung gestellt. Die beiden haben per Handschlag vereinbart, dass der Betrag nach einem Jahr zurückgezahlt werden soll. Das Jahr vergeht. Zahlung erfolgt nicht. Bauer Huber fordert seinen Bruder mehrfach mündlich auf, den Betrag zurückzuzahlen. Eine Reaktion erfolgt nicht, so dass Bauer Huber schriftlich das Darlehen kündigt. Nach Ablauf von weiteren vier Monaten ist Bauer Huber es leid. Er sucht RAin Fleidl auf und fragt, was er tun kann, damit er sein Geld wiederbekommt. Er braucht es dringend. RAin Fleidl berät ihn über die rechtlichen Möglichkeiten (Mahnbescheid, außergerichtliches Mahnschreiben, Klage). Bauer Huber erteilt den Auftrag, seinen Bruder zunächst außergerichtlich anzuschreiben. Am nächsten Tag, noch bevor RAin Fleidl das Schreiben zur Absendung bringen kann, ruft Bauer Huber bei RAin Fleidl an und bittet sie, kein Schreiben abzusenden. Er wolle doch nicht gegen seinen Bruder vorgehen und es selbst weiter versuchen. Welche Gebühren sind nun entstanden?

Nachdem Bauer Huber sich mit einer konkreten Frage an RAin Fleidl gewandt hat und um Beantwortung bat, ist von einem Beratungsauftrag auszugehen. Die Beratung erfolgte. Sodann wurde der konkrete Auftrag erteilt, ein außergerichtliches Abmahnschreiben zu fertigen. Damit sind folgende Gebühren entstanden:

1. Beratung

Gegenstandswert: € 50.000,00
0,55 Beratungsgebühr, Nr. 2100 a. F. VV RVG
= € 575,30, jedoch Begrenzung auf

Gebühr für erste Beratung, Nr. 2102 a. F. VV RVG	€ 190,00
16 % Umsatzsteuer, Nr. 7008 VV RVG	€ 30,40
Summe:	**€ 220,40**

2. Außergerichtliche Tätigkeit

0,5 Geschäftsgebühr, Nr. 2400 a. F. VV RVG	€ 523,00
Auslagenpauschale, Nr. 7002 VV RVG	€ 20,00
Zwischensumme	€ 543,00
abzüglich Gebühr für Beratung netto	./. € 190,00
Zwischensumme	€ 353,00
16 % Umsatzsteuer, Nr. 7008 VV RVG	€ 56,48
Summe:	**€ 409,48**

Hinweis: Keine Auslagenpauschale bei hier erfolgter Erstberatung. 0,5 Geschäftsgebühr angesichts der Umstände des Einzelfalls unter Berücksichtigung der in § 14 genannten Kriterien. Denkbar wäre auch der Ansatz einer 0,8 Geschäftsgebühr in Anlehnung an die vorzeitige Beendigung bei Klageauftrag. Wirtschaftliches Ergebnis und Arbeitsaufwand sollten jedoch in einem vertretbaren Verhältnis zueinander stehen.

In der Praxis werden oft in Anrechnungsfällen die Ausgangsgebühren (hier: Beratung) gar nicht mehr erfasst, weil das Ergebnis wirtschaftlich identisch ist. Dies hat jedoch zum einen den Nachteil, dass, wenn für alle Angelegenheiten eine Auslagenpauschale entstanden ist, diese »doppelte« Auslagenpauschale verschenkt wird. Zum anderen wird der Blick für verschiedene Angelegenheiten nicht geschult, was die Abgrenzung noch mehr erschwert.

Grundsätzlich ist zu empfehlen, dass der Anwalt den erteilten Auftrag schriftlich festhält, und zwar durch Vermerk in der Akte (so dass er sich bei einer Vielzahl von Mandaten auch später ohne Schwierigkeiten an die »Richtung der Auftragserteilung« erinnern kann), aber auch schriftlich gegenüber dem Mandanten. Das kann in wenigen freundlichen Worten geschehen, so z. B.: »*. . . komme ich zurück auf unsere Besprechung vom . . ., in der Sie darum baten . . . . . Entsprechend Ihrer Bitte habe ich nunmehr . . . . Zu gegebener Zeit komme ich auf die Angelegenheit zurück.*«

Die Frage des später vielleicht mangelnden Nachweises des erteilten Auftrags ist häufig mit Gebührenverlusten verbunden. Viele Vergütungsansprüche lassen sich oft nicht durchsetzen, weil es an einem Nachweis für den erteilten Auftrag mangelt.

Die Gebühren können trotz gleicher Tätigkeit aufgrund der Auftragserteilung ganz unterschiedlich gestaltet sein. Ist der RA z. B. mit der »**Vertretung** gegenüber . . .« beauftragt worden, so kann in der Regel davon ausgegangen werden, dass Nr. 2400 a. F. (ab 01. 07. 2006 Nr. 2300 (Geschäftsgebühr)) einschlägig ist.

Handelt es sich jedoch um eine **Ratserteilung**, Nr. 2100 a. F., ist nicht nur der Eingangs-Gebührensatz bereits niedriger (0,1 statt 0,5), sondern es taucht zudem oft das Problem auf, dass der RA auf eine »Erstberatungsgebühr« (Nr. 2102 a. F. € 190,00) reduziert werden soll.

Hat der RA dagegen bereits **Klageauftrag**, kann er nach dem neuen RVG auch eine Terminsgebühr verdienen (z. B. neben einer 0,8 Verfahrensgebühr Nr. 3101 Nr. 1 für die vorzeitige Beendigung), wenn er beispielsweise mit dem Sachbearbeiter der gegnerischen Haftpflichtversicherung zur Vermeidung oder Erledigung eines Verfahrens die Angelegenheit persönlich oder telefonisch bespricht. Bei einer außergerichtlichen Vertretung ohne Klageauftrag ist dies nicht möglich. Da bleibt es bei einer Geschäftsgebühr mit einem Satzrahmen von 0,5 bis 2,5 nach Nr. 2400 a. F. (ab 01. 07. 2006 Nr. 2300). Über 1,3 kann der RA nach der Anmerkung jedoch nur fordern, wenn die Tätigkeit umfangreich oder schwierig war, dazu jedoch später mehr.

Möglich ist auch, dass der Rechtsanwalt **zwei Aufträge** erhält. Einmal außergerichtlich eine Kündigung auszusprechen, und zum anderen, für den Fall, dass nicht rechtzeitig die Mietsache wieder herausgegeben wird, die Erhebung einer Räumungsklage. Nach Ansicht von Madert liegt hier ein unbedingter Auftakt zu einer Angelegenheit nach Nummer 2400 und – aufschiebend bedingt – ein Klageauftrag, der eine Verfahrensgebühr nach Nummer 3100 beziehungsweise 3101 auslöst, vor. Bis zum Eintritt der Bedingung erhält der Rechtsanwalt die Gebühr nach Nummer 2400 a. F. (ab 01. 07. 2006 Nr. 2300). Erst mit Scheitern der Verhandlungen entstehen die Gebühren des dritten Teils des VV RVG. Madert empfiehlt dringend, sich zwei Vollmachten, Prozessvollmacht und Vollmacht zur außergerichtlichen Tätigkeit, erteilen zu lassen, um Schwierigkeiten zu vermeiden (Madert AGS 1999, 97; *Madert* in Gerold/Schmidt/von Eicken/Madert/Müller-Rabe RVG 16. Aufl. VV 2400 Rn. 26).

Eine entsprechende außergerichtliche Vollmacht kann jedoch nur Indiz für den Inhalt des Auftrags sein, nicht Beweis.

Nr. 2100 VV a. F.

29 Der BGH hat 1969 entschieden, dass eine bereits ausgestellte Prozessvollmacht nicht zwingend ein Hinweis auf einen Prozessauftrag sein muss, sondern dass in der Regel davon auszugehen ist, dass der RA zunächst mit der außergerichtlichen Regulierung beauftragt war, und die gleichzeitig ausgestellte Prozessvollmacht nur für den Fall des Scheiterns von außergerichtlichen Verhandlungen erteilt wurde (BGH JurBüro 1969, 46 = AnwBl. 1969, 115 = NJW 1969, 2335).

30 Eine Beratungsgebühr nach Nummer 2100 a. F. kann nur entstehen, wenn die Beratung nicht mit einer anderen gebührenpflichtigen Tätigkeit zusammenhängt (vgl. dazu Abs. 1 der Anmerkung zu Nr. 2100 a. F.).

31 Beratungen während eines laufenden Verfahrens sind beispielsweise über die Verfahrensgebühr abgegolten. Dies gilt auch unter Beratungen, die nach erteiltem Auftrag zur außergerichtlichen Vertretung durch den Rechtsanwalt erfolgen.

II. Nr. 2100 a. F. im Einzelnen

1. Gebührenhöhe

32 Bei der Beratungsgebühr handelt es sich um eine Satzrahmengebühr. Der Rechtsanwalt bestimmt nach billigem Ermessen unter Berücksichtigung der in § 14 genannten Kriterien die Gebühr innerhalb eines Satzrahmens von 0,1 bis 1,0 nach billigem Ermessen.

33 Die Mittelgebühr beträgt 0,55.

34 Sämtliche in § 14 aufgezählten Kriterien kommen ohne Einschränkung zur Anwendung. Für die Bemessung der Gebühr spielen daher

– die Umstände des Einzelfalls;
– die Schwierigkeit der Angelegenheit;
– der Umfang der Angelegenheit;
– die Bedeutung der Angelegenheit für den Auftraggeber;
– die Einkommens- und Vermögensverhältnisse des Auftraggebers

eine Rolle. Ein höheres Haftungsrisiko kann berücksichtigt werden, § 14 Abs. 1 Satz 2.

Zu den einzelnen Kriterien vgl. die Kommentierung unter § 14.

35 Nach Ansicht von N. Schneider ist der Gebührensatz für die Beratung auf den Satz beschränkt, den der Rechtsanwalt maximal bei Vertretung in dem entsprechenden gerichtlichen Verfahren erhalten würde (*N. Schneider* in Gebauer/Schneider RVG VV 2100–2101 Rn. 26). N. Schneider führt als Beispiel die Beratung eines Antragsgegners in einer Mahnsache an. Hier sei der Satz für die Beratung auf 0,5 beschränkt, da auch die Vertretung des Antragsgegners selbst nur einen Gebührensatz von 0,5 nach Nr. 3307 auslösen würde. Der Auffassung von N. Schneider schließt sich die Verfasserin nicht an. Dies gibt der Wortlaut in Nr. 2100 a. F. auch nicht her. Es mag Fälle geben, in denen der Rechtsanwalt unter Berücksichtigung der in § 14 genannten Kriterien eine Beratungsgebühr von 0,5 oder auch weniger für angemessen erachtet. Die Prüfung ist aber immer im Einzelfall vorzunehmen. Eine schematische Kappung, wie sie N. Schneider vornimmt, ist nicht gerechtfertigt. Denn es ist im Einzelfall zu berücksichtigen, dass die Beratung nicht auf die Frage, ob Widerspruch erhoben werden kann, beschränkt ist. Möglicherweise geht es um die Frage, ob der Anspruch berechtigt ist, die Zinsen korrekt beantragt sind oder welche wirtschaftlichen Folgen eine Ratenzahlungsvereinbarung hat.

36 Der schriftliche Rat steht dem mündlichen Rat in der Bedeutung gleich (*N. Schneider* in Gebauer/Schneider RVG VV 2100–2101 Rn. 29).

2. Auslagenpauschale

Die Pauschale für Entgelte für Post- und Telekommunikationsdienstleistungen (Auslagenpauschale) nach Nr. 7002 kann dann in Ansatz gebracht werden, wenn tatsächlich entsprechende Aufwendungen erfolgt sind. Für die Übersendung der Rechnung allein kann der Rechtsanwalt weder die Pauschale noch eine Einzelberechnung der Auslagen verlangen, vgl. dazu die Anmerkung zu Nr. 7001.

3. Eigene Angelegenheit

Die Beratung stellt grundsätzlich eine eigene Angelegenheit im Sinne des § 15 Abs. 1 Satz 1 dar.

Mehrere Beratungen lösen nicht mehrere Gebühren aus, soweit der Gegenstand der Beratung derselbe ist, bzw. zwischen verschiedenen Gegenständen ein innerer Zusammenhang besteht und ein einheitlicher Tätigkeitsrahmen des Rechtsanwalts gegeben ist.

Berät der Rechtsanwalt jedoch beispielsweise im selben Besprechungstermin über die Folgen einer beabsichtigten Scheidung sowie die strafrechtlichen Folgen einer Trunkenheitsfahrt, mag zwar für den Auftraggeber privat ein Zusammenhang zwischen beiden Beratungsgegenständen vorliegen, es handelt sich jedoch um zwei Angelegenheiten, da die Beratung über eine strafrechtliche Angelegenheit nach Nr. 2101 a. F. und die Beratung über eine Ehesache nach Nr. 2100 a. F. abgerechnet wird.

Die Auffassung von Lappe, dass im Falle einer Beratung in einer Unfallsache sowohl über zivil- als auch strafrechtliche Folgen nur eine Angelegenheit zu sehen sei (Lappe ZAP Fach 24, S. 260 f., a. A.: Burhoff, der richtigerweise zwei Angelegenheiten annimmt in Burhoff RVG Straf- und Bußgeldsachen Teil B S. 54 Rn. 36), ist abzulehnen. Es mag sein, dass beide Beratungsgegenstände aus demselben Ereignis resultieren. Ein einheitlicher Rahmen ist aber nicht gegeben, da diese Gegenstände im Falle einer gerichtlichen Auseinandersetzung vor völlig verschiedenen Gerichten durchzuführen wären mit der Folge, dass auch hier jeweils gesondert Gebühren anfallen.

Der Schutzgedanke, den Mandanten nicht überraschenderweise mit doppelten Gebühren zu überhäufen, ist zwar nachvollziehbar, kann aber nach Ansicht der Verfasserin nicht zu einer systemwidrigen Anwendung des RVG führen (wie beispielsweise N. Schneider, der vorschlägt, die Betragsrahmengebühr nach Nr. 2101 um den Betrag einer nach dem Gegenstandswert berechneten Beratungsgebühr nach Nr. 2100 zu erhöhen). Dabei wird nach Ansicht der Verfasserin auch zu sehr davon ausgegangen, dass es sich beim Auftraggeber um eine ahnungslose Person handelt, die nun in die Fänge eines geldgierigen Rechtsanwalts gefallen ist. Zumeist ist es doch in der Regel so, dass der Rechtsanwalt über alle möglichen weiteren Gegenstände berät, ohne hierfür jemals etwas in Rechnung zu stellen. Vor allem, wenn mit einem Satz hier und da auf eine Frage ein Hinweis gegeben wird. Die Erfahrung zeigt auch, dass manche Auftraggeber – wissend um den Termin bei ihrem Rechtsanwalt – alle möglichen Rechtsfragen sammeln, um den Anwalt mal alles zu fragen, was sie schon immer einen Anwalt fragen wollten, und dies alles für vermeintlich maximal € 190,00. Derartige Auswüchse in der Praxis (sowohl in die eine als auch die andere Richtung) können aber nicht mit einer systemwidrigen Anwendung des RVG kompensiert werden.

Der Auftraggeber ist nach Ansicht der Verfasserin durch entsprechende Tendenzen in der Rechtsprechung vor dem »Gebühren schindenden« Rechtsanwalt dadurch geschützt, dass sich in bestimmten Fällen eine Hinweispflicht ergeben kann.

Für den Rechtsanwalt kann sich nach mancher Ansicht eine Hinweispflicht ergeben, wenn er den Bereich der »Erstberatungsgebühr« verlässt (LG Braunschweig AGS 1999, 100), vor allem, wenn der Auftraggeber erkennbar davon ausgeht, dass er eine Beratung für maximal € 190,00 erhält. So wurde in einem Fall, in dem eindeutig eine mehrfache Beratung erfolgt

Nr. 2100 VV a. F.

war (wg. Ehescheidung; Nettovermögen der Ehegatten DM 1,5 Mio.!), zu Gunsten der Auftraggeber entschieden, dass sich die beratende Anwältin mit einer Erstberatungsgebühr begnügen musste, da sie nicht darauf hingewiesen hatte, dass durch die weitergehenden telefonischen Beratungen der Bereich der Erstberatung verlassen war und die Auftraggeber damit einen aufrechenbaren Schadenersatzanspruch zustünde (Schütt JurBüro 1998, 250 ff.). Diese Rechtsprechung kann nach Ansicht der Verfasserin analog auch auf den Fall angewendet werden, in dem der Auftraggeber sich wegen verschiedener Gegenstände beraten lässt, die keinen inneren Zusammenhang haben und verschiedene Gebühren nach RVG auslösen.

4. Anrechnungsvorschrift

44   Die Beratungsgebühr Nr. 2100 ist auf eine Gebühr für eine sonstige Tätigkeit anzurechnen, die mit der Beratung zusammenhängt, Abs. 2 der Anm. zu Nr. 2100.

45   Dabei hat die Anrechnung nur soweit zu erfolgen, wie der Gegenstand der Beratung und der Gegenstand der sonstigen Tätigkeit identisch sind.

46   Sind die Gegenstände nicht identisch, ist die Anrechnung nur teilweise vorzunehmen.

47   • **Beispiel**
Mehrfache Beratung wg. gemeinsam gekaufter Ehewohnung (Wert: € 250.000,00), Aktien (Wert: € 90.000,00) sowie Ehescheidung (Wert: € 40.000,00) und Versorgungsausgleich (Wert: € 1.000,00). Das Trennungsjahr ist noch nicht abgelaufen. RAin M reicht fünf Monate später Scheidungsantrag ein. Nur der Versorgungsausgleich wird zudem anhängig. Über die anderen Punkte (Wohnung und Aktien) konnten sich die Parteien aufgrund der für den Ehemann erfolgten guten Beratung von RAin M ohne gerichtliche Hilfe einigen. RAin M kann abrechnen:

1. Beratung

0,55 Beratungsgebühr aus € 381.000,00 (Gegenstände addiert, § 22 Abs. 1), Nr. 2100 VV RVG	€	1.453,10
Auslagenpauschale, Nr. 7002 VV RVG	€	20,00
Zwischensumme	€	1.473,10
16 % Umsatzsteuer, Nr. 7008 VV RVG	€	235,70
Summe:	€	**1.708,80**

2. Gerichtliches Verfahren

1,3 Verfahrensgebühr aus € 41.000,00 (Ehescheidung und VA), Nr. 3100 VV RVG	€	1.266,20
abzüglich 0,55 Beratungsgebühr aus € 41.000,00	./. €	535,70
Zwischensumme	€	730,50
Auslagenpauschale, Nr. 7002 VV RVG	€	20,00
Zwischensumme	€	750,50
16 % Umsatzsteuer, Nr. 7008 VV RVG	€	120,80
Summe:	€	**870,58**

48   Ist der frühere Auftrag seit mehr als zwei Kalenderjahren erledigt, gilt die weitere Tätigkeit als neue Angelegenheit und in diesem Gesetz bestimmte Anrechnungen von Gebühren entfallen, § 15 Abs. 5 Satz 2.

49   Die Auslagenpauschale ist – wie schon zu BRAGO-Zeiten – nicht anzurechnen. Durch die Anmerkung zu Nr. 7002 ist nun mit dem RVG klargestellt, dass die Auslagenpauschale in jeder Angelegenheit gesondert berechnet werden kann. Hierunter fällt auch die Beratung und nachfolgende außergerichtliche oder gerichtliche Tätigkeit sowie die außergerichtliche Tätigkeit und ein nachfolgender Rechtsstreit (auch Mahnverfahren) (Gebauer/Schneider RVG VV

7001–7002 Rn. 29). Auch die Vorbemerkung 3 Abs. 4 VV spricht insoweit nur von einer Anrechnung der Geschäftsgebühr und bezieht die Auslagenpauschale nicht mit ein. Dabei ist die Auslagenpauschale jeweils aus den entstandenen Gebühren zu berechnen und nicht aus dem Teil der Gebühren, der nach Anrechnung verbleibt (Gebauer/Schneider RVG VV 7001–7002 Rn. 33 ff. mit vielen Rechtsprechungsnachweisen; Gerold/Schmidt/von Eicken/Madert/Müller-Rabe RVG VV 7001, 7002 Rn. 40; Jungbauer Gebührenoptimierung in Familiensachen Rn. 569; **a. A.:** von Eicken AGS 1996, 109).

Eine Anrechnung der Auslagenpauschale scheidet daher aus (Enders RVG für Anfänger Rn. 468, 201); zweifacher Auslagenpauschsatz auch nach dem BGH (BGH JurBüro 2004, 649 u. JurBüro 2005, 142). 50

5. Erhöhung der Gebühr Nr. 2100 a. F.

Bereits zu Zeiten der BRAGO war strittig, ob eine Erhöhung nach § 6 BRAGO für eine Beratungsgebühr anfallen kann. Bedauerlicherweise hat der Gesetzgeber in Nr. 1008 die Beratungsgebühr nicht mit aufgeführt. Dort ist nur die Rede von der Verfahrens- oder Geschäftsgebühr. Auf den alten Streit ist der Gesetzgeber in der Gesetzesbegründung zu Nr. 1008 nicht eingegangen (vgl. dazu BT-Drs. 15/1971, zu Nr. 1008). Hier wäre eine Klarstellung wünschenswert gewesen. N. Schneider hält dementsprechend die Nichtaufnahme der Beratungsgebühr in Nr. 1008 für ein gesetzgeberisches Versehen (*N. Schneider* in Gebauer/Schneider RVG VV 2100–2101 Rn. 42). 51

Nach der herrschenden Meinung erhöht sich jedoch auch die Beratungsgebühr nach Nr. 2100, da sie eine der Geschäfts- bzw. Verfahrensgebühr ähnliche Betriebsgebühr ist (Enders RVG für Anfänger Rn. 440; Jungbauer/Mock Rechtsanwaltsvergütung Rn. 479; Gerold/Schmidt/von Eicken/Madert/Müller-Rabe RVG VV 2100–2103 Rn. 31; Hansens/Braun/Schneider Praxis des Vergütungsrechts Teil 7 Rn. 64; *N. Schneider* in Gebauer/Schneider RVG VV 2100–2101 Rn. 44 ff.). 52

Eine Anhebung der Beratungsgebühr bei Vertretung mehrerer Personen, die Auftraggeber sind, ist auch gerechtfertigt, da der Rechtsanwalt zum einen ein höheres Haftungsrisiko (einer tatsächlichen Inanspruchnahme), sowie einen Mehraufwand hat. 53

Da es sich bei der Beratungsgebühr um eine Satzrahmengebühr handelt, erhöht sich die Gebühr für jede weitere Person, die Auftraggeber ist, um 0,3. Die Erhöhungen dürfen insgesamt nicht mehr als 2,0 ergeben (ohne Ausgangsgebühr!) (vgl. dazu Abs. 3 der Anm. zu Nr. 1008). 54

Eine Erhöhung kommt jedoch, da es sich bei der Beratungsgebühr um eine Wertgebühr handelt, nur infrage, soweit der Gegenstand der anwaltlichen Tätigkeit derselbe ist (Abs. 1 der Anm. zu Nr. 1008). 55

Die Erhöhung wird nach dem Betrag berechnet, an dem die Personen gemeinschaftlich beteiligt sind (Abs. 2 der Anm. zu Nr. 1008). 56

Sofern die Rechtsprechung sich in Zukunft auf den Standpunkt stellen sollte, dass Nr. 1008 nicht zur Anwendung gelangt, wirken sich Mehrarbeit und höheres Haftungsrisiko einer tatsächlichen Inanspruchnahme über § 14 aber in jedem Fall auf den Gebührensatz aus. 57

III. Nr. 2101 a. F. im Einzelnen

1. Geltungsbereich

Nr. 2101 a. F. gilt die Beratung in Angelegenheiten, die sich nicht nach dem Gegenstandswert richten, ab. Hierbei handelt es sich um folgende Gegenstände: 58

– Beratung in einer Strafsache;
– Beratung in einer Bußgeldsache;

Nr. 2101 VV a. F.

– Beratung in einer sozialgerichtlichen Sache, die Betragsrahmengebühren auslöst;
– Beratung in einer Angelegenheit nach Teil 6 VV, die Betragsrahmengebühren auslöst.

Die Beratung ist dabei streng von einem Vertretungsauftrag abzugrenzen.

59 Erhält der Rechtsanwalt beispielsweise den Auftrag, den Mandanten in einem Strafverfahren zu vertreten, befindet er sich gebührenrechtlich in Teil 4 VV, selbst wenn es nicht mehr zu einer Vertretung kommen sollte. Nur wenn sich der Auftrag auf die Erteilung einer Beratung beschränkt, können die Gebühren aus Teil 2 des VV in Betracht kommen.

60 Die Beratungsgebühr Nr. 2101 a. F. entsteht nur einmal, auch wenn mehrere Beratungsgespräche stattfinden, § 15 Abs. 2 Satz 1.

61 Mündlicher und schriftlicher Rat stehen auch hier gleichwertig nebeneinander, so dass eine Absenkung der Gebühr aufgrund der Tatsache, dass lediglich mündlich beraten wurde, nicht geboten ist (Burhoff Straf- und Bußgeldsachen B. S. 47 Rn. 15).

62 Burhoff und Schneider vertreten die Auffassung, dass die Beratungsgebühr Nr. 2101 a. F. aufgrund von § 15 Abs. 6 nie höher sein kann als die Gebühr für den Vertretungsauftrag (Burhoff Straf- und Bußgeldsachen B. S. 47 Rn. 15; N. Schneider in Gebauer/Schneider RVG VV 2100–2101 Rn. 33). Diese Problematik kann sich z. B. bei Einzeltätigkeiten stellen, wie beispielsweise einem Strafantrag nach Nr. 4302 Nr. 2. Hier beträgt die Höchstgebühr € 250,00, im Gegensatz zur Beratungsgebühr Nr. 2101 a. F. mit € 260,00. Die Verfasserin gibt zu bedenken, dass dies jedoch nur dann gelten kann, wenn sich die Beratung allein auf die Stellung eines Strafantrags beschränkt. Berät der Rechtsanwalt auch über die Möglichkeit, als Nebenkläger beizutreten etc., sind auch diese Gegenstände mit einzubeziehen. Der Rechtsanwalt sollte, um Unsicherheiten oder späteren Streitigkeiten mit dem Auftraggeber vorzubeugen, den Inhalt der Beratung zumindest in seiner Handakte dokumentieren.

2. Beratung über verschiedene Lebenssachverhalte

63 Zur Frage, wie abzurechnen ist, wenn parallel zivil- und strafrechtlich beraten wird, vgl. die Kommentierung zu Nr. 2100 a. F. Rn. 41.

3. Betragsrahmengebühr/Gebührenhöhe

64 Die Gebühr Nr. 2101 a. F. ist eine Betragsrahmengebühr. Sie beträgt € 10,00 bis € 260,00, die Mittelgebühr beträgt € 135,00.

65 Sämtliche in § 14 aufgezählten Kriterien kommen ohne Einschränkung zur Anwendung. Für die Bemessung der Gebühr spielen daher

– die Umstände des Einzelfalls;
– die Schwierigkeit der Angelegenheit;
– der Umfang der Angelegenheit;
– die Bedeutung der Angelegenheit für den Auftraggeber;
– die Einkommens- und Vermögensverhältnisse des Auftraggebers

eine Rolle. Ein höheres Haftungsrisiko soll berücksichtigt werden, § 14 Abs. 1 Satz 2.

Zu den einzelnen Kriterien vgl. die Kommentierung unter § 14.

4. Anrechnungsvorschrift

66 In der Anmerkung zu Nr. 2101 a. F. wird auf die Anmerkung zu Nr. 2100 a. F. verwiesen. Damit ist nach Abs. 2 der Anmerkung zu Nr. 2100 a. F. auch die Beratungsgebühr Nr. 2101 a. F. auf eine Gebühr für eine sonstige Tätigkeit anzurechnen, die mit der Beratung zusammenhängt.

Es kann sich dabei z. B. um folgende Gebühren handeln: 67

– Geschäftsgebühr Nr. 2500 a. F. (ab 01. 07. 2006 Nr. 2400)
– Verfahrensgebühr Nr. 3102
– Verfahrensgebühren Nrn. 4104, 4106, 4112 usw.
– Verfahrensgebühren Nrn. 5101, 5107, usw.

• **Beispiel** 68
RA Bogs berät seinen Mandanten, der bei Rotlicht eine Ampel überfahren hat, dabei geblitzt wurde, und bereits mehrere Punkte im Verkehrszentralregister hat. RA Bogs weist auf mögliche Folgen nach dem Bußgeldkatalog hin und rät, zunächst einmal abzuwarten, ob der Mandant einen Anhörungsbogen erhält. Die Beratung wird abgerechnet. Wenige Wochen später meldet sich der Mandant, da nun ein Bußgeldverfahren gegen ihn anhängig ist. RA Bogs vertritt den Mandanten im Bußgeldverfahren.

Es stellt sich nun die Frage, ob die zunächst nach Nr. 2101 a. F. entstandene Beratungsgebühr auf eine Grundgebühr nach Nr. 5100 anzurechnen ist, oder aber auf eine etwa im nachfolgenden Bußgeldverfahren entstehende Verfahrensgebühr.

Burhoff vertritt die Auffassung, dass die Anrechnung auf die Grundgebühr zu erfolgen habe, 69 und nicht auf die Verfahrensgebühr (Burhoff RVG Straf- und Bußgeldsachen Teil B S. 53 Rn. 34 f.). Anzurechnen sei nur auf eine »Gebühr«, nicht auf »Gebühren«. Auch hieraus folgt, dass ein nach Anrechnung etwaig verbleibender Rest nicht auf eine weiter folgende Verfahrensgebühr anzurechnen ist. Der Auffassung von Burhoff ist nach Ansicht der Verfasserin auch schon deswegen zu folgen, weil im Prinzip durch die Beratung bereits ein Teil der Einarbeitung, die mit der Grundgebühr abgegolten werden soll, erfolgt ist.

5. Erhöhung der Gebühr Nr. 2101 a. F.

Das unter Rn. 51 ausgeführte dürfte somit auch für die Beratungsgebühr Nr. 2101 a. F. gelten 70 (Enders RVG für Anfänger Rn. 440 sowie Burhoff RVG Straf- und Bußgeldsachen Teil B S. 48 Rn. 18, der Nr. 1008 für Nr. 2101 a. F. für entsprechend anwendbar hält).

Da es sich bei der Beratungsgebühr Nr. 2101 a. F. um eine Betragsrahmengebühr handelt, er- 71 höht sich für jede weitere Person, die Auftraggeber ist, Mindest- und Höchstbetrag um 30 %. Die Erhöhungen dürfen insgesamt nicht mehr als das Doppelte des Mindest- und Höchstbetrags ergeben (ohne Ausgangsgebühr!) (vgl. dazu Abs. 3 der Anm. zu Nr. 1008).

Für die Berechnung der Erhöhung auf eine Betragsrahmengebühr kommt es nicht wie bei 72 Wertgebühren darauf an, dass der Gegenstand der anwaltlichen Tätigkeit derselbe ist, vgl. dazu Abs. 1 der Anm. zu Nr. 1008, der insoweit nur auf Wertgebühren verweist.

IV. Nr. 2102 a. F. im Einzelnen

1. Regelungsgehalt

a) Allgemeines

Ist der Auftraggeber Verbraucher und beschränkt sich die Tätigkeit des Rechtsanwalts auf ein 73 erstes Beratungsgespräch, betragen die Gebühren Nr. 2100 und 2101 a. F. höchstens € 190,00. Nr. 2102 a. F. enthält damit die früher in § 20 geregelte »Erstberatungsgebühr« in einer neuen Ausgestaltung. Die Kappungsgrenze von € 190,00 ist bei einer Beratung nur dann zu beachten, wenn die entsprechenden Tatbestandsmerkmale »Verbraucher« und »erstes Beratungsgespräch« vorliegen.

Dies bedeutet nicht, dass eine erste Beratung, wie immer wieder angenommen wird, generell 74 € 190,00 kostet, vgl. die Ausführungen unter b) und c).

Nr. 2102 VV a.F.

b) **Kappungsgrenze bei Wertgebühren**

75 Bei einer Beratung, die unter Nr. 2100 a. F. fällt, wird zunächst der Gegenstandswert der anwaltlichen Tätigkeit ermittelt. Sodann bestimmt der Rechtsanwalt unter Berücksichtigung der in § 14 genannten Kriterien die Gebühr innerhalb des Satzrahmens von 0,1 bis 1,0 nach billigem Ermessen. Liegt die so ermittelte Gebühr über € 190,00, ist sie auf diesen Betrag zu begrenzen, wenn es sich um eine erste Beratung handelt.

c) **Kappungsgrenze bei Betragsrahmengebühren**

76 Bei einer Beratung, die über Nr. 2101 a. F. abgerechnet wird, ist unter dem dort geregelten Gebühren-Betragsrahmen von € 10,00 bis € 260,00 die Gebühr unter Berücksichtigung der in § 14 genannten Kriterien nach billigem Ermessen durch den Rechtsanwalt zu bestimmen. Liegt die so ermittelte Gebühr über € 190,00, ist sie, wenn es sich um eine erste Beratung handelt, auf diesen Betrag von € 190,00 zu begrenzen.

2. Definition »Verbraucher«

a) **§ 13 BGB**

77 Die Legaldefinition des »Verbrauchers« findet sich in § 13 BGB: »*Verbraucher ist jede natürliche Person, die ein Rechtsgeschäft zu einem Zweck abschließt, der weder ihrer gewerblichen noch ihrer selbständigen beruflichen Tätigkeit zugerechnet werden kann.*«

b) **Verbraucher im Hinblick auf den erteilten Anwaltsauftrag**

78 Die Frage, ob der Auftraggeber hinsichtlich des erteilten Anwaltsauftrages als Verbraucher angesehen werden muss oder aber hinsichtlich des Inhalts seines Beratungsauftrages, wird in der Literatur nicht einheitlich beantwortet, vgl. dazu auch Hansens/Braun/Schneider Praxis des Vergütungsrechts Teil 7 Rn. 34 f.; Burhoff RVG Straf- und Bußgeldsachen Teil B »Beratungsgebühr« Rn. 25 (stellt auf den Anwaltsvertrag ab, da viele Beratungsgegenstände keinem Rechtsgeschäft zuzuordnen sind).

79 Das OLG Hamm vertritt die Auffassung, dass ein Arbeitnehmer kein Verbraucher im Sinne der Nr. 2102 ist (OLG Hamm NJW 2004, 3269 = RVGreport 2004, 432). Diese Meinung ist jedoch eine Mindermeinung, zudem das OLG Hamm in einer wettbewerbsrechtlichen Angelegenheit kurz nach Inkrafttreten des RVG – trotz anzuwendender BRAGO in diesem Fall – einen Ausflug in das RVG unternahm. Diese Meinung wird dann auch von anderen Gerichten und in der Literatur nicht gestützt, so auch das AG Hamburg-St. Georg (Urt. v. 22. 07. 2005, Az.: 912 C 256/05 = JurBüro 2005, 645), das damit argumentiert, dass in § 13 BGB nur die **selbständige** berufliche Tätigkeit ausgenommen ist (ebenso: Enders JurBüro 2005, 57 ff.; Hansens RVGreport 2004, 327; Schiebel NJW Spezial 2004, 103). Hansens ist der Auffassung, dass auch in diesem Fall die Verbrauchereigenschaft zu bejahen sei, da die Begrenzung der Beratungsgebühr dem Verbraucherschutz diene, der auch einem Arbeitnehmer nicht vorenthalten bleiben dürfe (*Hansens* in Hansens/Braun/Schneider Praxis des Vergütungsrechts Teil 7 Rn. 37 f.). Auch wenn die Rechtsprechung bisher in vielen Fällen zum materiellen Recht die Verbraucherstellung eines Auftraggebers verneint hat (Mock AGS 2004, 230), ist der Auffassung von Hansens zu folgen, der zur Abgrenzung der Verbraucherstellung folgende Faustformel anregt: »*Berät der Rechtsanwalt einen Unternehmer über eine sein Unternehmen betreffende Rechtsfrage, stellt dies keine Erstberatung i. S. d. Gebührenrechts dar. In allen übrigen Fällen ist die Beratungsgebühr auf € 190,00 beschränkt*« (Hansens in Hansens/Braun/Schneider Praxis des Vergütungsrechts Teil 7 Rn. 39; sowie Hansens RVGreport 2004, 327 Kap. aa.).

80 Schneider spricht sich ebenfalls dafür aus, dass darauf abzustellen sei, ob der Auftraggeber die Beratung hinsichtlich seiner Privatsphäre oder hinsichtlich einer eventuellen selbständigen freiberuflichen oder gewerblichen Tätigkeit sucht (*Schneider* in Hansens/Braun/Schneider Praxis des Vergütungsrechts Teil 9 Rn. 255 f.). Dabei ist nach Ansicht von Schneider in Fa-

miliensachen in der Regel von einer Verbraucherstellung des Auftraggebers auszugehen, nur in seltenen Fällen sei etwas anderes anzunehmen.

Auch in erbrechtlichen Angelegenheiten ist der Auftraggeber als Verbraucher anzusehen (AG Einbeck JurBüro 2005, 645). 81

Sucht ein Existenzgründer den Rat eines Rechtsanwalts im Hinblick auf ein für seine Existenzgründung erforderliches Rechtsgeschäft, ist er im Sinne der Nr. 2102 a. F. als »Unternehmer« anzusehen, d. h., die Kappungsgrenze greift hier nicht. Der BGH hat diesbezüglich in einer Entscheidung eine Abgrenzung zwischen Verbraucher und Unternehmer gezogen, die analog auf das RVG Anwendung finden kann: »*Unternehmer- (§ 14 BGB) und nicht Verbraucherhandeln (§ 1031 Abs. 5 Satz 1 ZPO i. V. m. § 13 BGB) liegt schon dann vor, wenn das betreffende Geschäft im Zuge der Aufnahme einer gewerblichen oder selbständigen beruflichen Tätigkeit (so genannte Existenzgründung) geschlossen wird*« (BGH, Beschl. v. 24. 02. 2005, Az.: III ZB 36, 04 – OLG Düsseldorf). Rechtsgeschäfte im Zuge einer Existenzgründung, wie z. B. die Anmietung von Geschäftsräumen, der Abschluss eines Franchisevertrags, der Kauf eines Anteils an einer freiberuflichen Gemeinschaftspraxis, sind nach Ansicht des BGH nach objektiven Umständen klar auf unternehmerisches Handeln ausgerichtet (BGH, a. a. O., S. 7). 82

3. Erstes Beratungsgespräch

Unter ein erstes Beratungsgespräch fallen nach Ansicht der Rechtsprechung (die bisher nur zur BRAGO ergangen ist, aber analog anwendbar ist) nicht: die Beantwortung einer Zusatzfrage, die in einem weiteren Beratungsgespräch beantwortet wird (OLG Jena AGS 2000, 62); eine weitere Berechnung des Trennungsunterhalts, nachdem zuvor über die Scheidungsvoraussetzungen und Scheidungsfolgen beraten wurde (AG Augsburg AGS 1999, 132); Beratung über Vorschläge in einem zweiten Beratungsgespräch, die beim ersten Gespräch noch nicht vorlagen (AG Ludwigshafen AGS 1997, 16). Kam es jedoch im ersten Beratungsgespräch nicht zu einer Beratung in der Sache, sondern vielmehr erst im zweiten, so ist für dieses zweite Beratungsgespräch gleichwohl die Kappungsgrenze zu beachten (OLG München NJW-RR 2000, 665 = JurBüro 1999, 298). Die Kappungsgrenze ist auch zu beachten, wenn der Rechtsanwalt beispielsweise wegen seiner Mittagspause die Beratung in einem zweiten Termin fortführt (AG Brühl NJW-RR 1998, 493 = JurBüro 1998, 136). 83

Da der BGH in einer Entscheidung beiläufig ausgeführt hat, dass eine erste Beratung »qualifiziert zu sein« habe (BGH NJW 2004, 847 = AnwBl. 2004, 249), muss der Rechtsanwalt selbst in einer ein- oder mehrstündigen Beratung über die Voraussetzungen und Folgen einer Ehescheidung die Kappungsgrenze auf € 190,00 gelten lassen, wenn dies in einem ersten Beratungsgespräch erfolgt (Hansens/Braun/Schneider Praxis des Vergütungsrechts Teil 7 Rn. 48 f.). 84

4. Hinweispflicht

Für den Rechtsanwalt kann sich eine Hinweispflicht ergeben, wenn er den Bereich der »Erstberatungsgebühr« verlässt (LG Braunschweig AGS 1999, 100), vor allem, wenn der Auftraggeber erkennbar davon ausgeht, dass er eine Beratung für maximal € 190,00 erhält. In einem anderen Fall ging es um eine mehrfache Beratung wg. Ehescheidung bei einem Nettovermögen der Ehegatten von DM 1,5 Mio. Das Gericht urteilte, dass sich die beratende Anwältin mit einer Erstberatungsgebühr begnügen müsse, da sie nicht darauf hingewiesen hatte, dass durch die weitergehenden telefonischen Beratungen der Bereich der Erstberatung verlassen war. Aus diesem Grunde billigte das Gericht dem Auftraggeber einen aufrechenbaren Schadenersatzanspruch zu (Schütt JurBüro 1998, 250 ff.). 85

Nr. 2102 VV a.F.

5. Schriftliche Beratung

86 Die schriftliche Beratung lässt die Kappungsgrenze nicht mehr greifen. Dies gilt nach Ansicht von Hansens auch dann, wenn der Rechtsanwalt auf Bitte des Auftraggebers hin die mündliche Beratung schriftlich fixiert (Hansens RVGreport 2004, 328; Burhoff RVG Straf- und Bußgeldsachen Teil B. Beratungsgebühr S. 51 Rn. 28; Mayer RVG-Letter 2004, 111).

87 Nach Meinung der Verfasserin trifft den Rechtsanwalt jedoch in solchen Fällen eine Hinweispflicht, denn ob der Auftraggeber mit diesen Feinheiten des RVG vertraut ist, mag bezweifelt werden. Lediglich wenn man den Auftraggeber vor die Wahl stellt, kann er frei entscheiden und den Auftrag für eine schriftliche Beratung erteilen (Jungbauer Gebührenoptimierung in Familiensachen Rn. 476). So weist Enders dann auch richtig darauf hin, dass eine unaufgeforderte schriftliche Übermittlung des Beratungsinhalts die Kappungsgrenze nicht zum Wegfall bringt (Enders RVG für Anfänger Rn. 456).

88 • **Beispiel**
Josef Huber lässt sich bei Rechtsanwalt Karl Schnell betreffend eines etwaigen Unterhaltsanspruchs mündlich beraten. Die Forderung beläuft sich auf € 20.000,00. Nach der erfolgten Erstberatung bittet Huber um Abrechnung. Eine Vergütung ist nicht vereinbart worden.

0,55 Beratungsgebühr aus € 20.000,00 Nr. 2100 VV = € 355,30, jedoch Begrenzung Nr. 2102 VV RVG	€ 190,00
16 % Umsatzsteuer nach Nr. 7008 VV RVG	€ 30,40
Summe:	**€ 220,40**

• **Variante**

Die Beratung wurde auftragsgemäß schriftlich erteilt.

Streitwert € 20.000,00	
0,55 Beratungsgebühr Nr. 2100 VV RVG	€ 355,30
Auslagenpauschale nach Nr. 7002 VV RVG	€ 20,00
Zwischensumme	€ 375,30
16 % Umsatzsteuer nach Nr. 7008 VV RVG	€ 60,05
Summe:	**€ 435,35**

6. Erhöhung der Gebühr Nr. 2102 a. F.

89 Nimmt man eine Erhöhung nach Nr. 1008 für die Beratungsgebühren des RVG wie unter Rn. 51 ff. dargestellt an, muss dies konsequenterweise auch für die so genannte »Erstberatungsgebühr« gelten.

7. Anrechnung der Beratungsgebühr Nr. 2102 a. F.

90 Auch die Gebühr für eine erste Beratung nach Nr. 2102 ist auf eine Gebühr für eine sonstige Tätigkeit anzurechnen, die mit der Beratung zusammenhängt. Ist der Gegenstand der ersten Beratung mit dem Gegenstand der weiteren anwaltlichen Tätigkeit identisch, ist die Gebühr für die erste Beratung vollständig anzurechnen (ohne Auslagenpauschale, vgl. Nr. 2100 a. F., Rn. 49).

91 Sind Gegenstand der weiteren Beratung und der ersten Beratung nicht identisch, hat die Anrechnung auch nur insoweit zu erfolgen, als Gegenstandsidentität gegeben ist.

92 Liegen zwischen Beratung und weitergehender Tätigkeit mehr als zwei Kalenderjahre, entfällt die Pflicht zur Anrechnung, § 15 Abs. 5 Satz 2.

Es werden unterschiedliche Abrechnungsmethoden vorgeschlagen, wie die Anrechnung zu erfolgen hat, wenn der Gegenstandswert der weitergehenden Tätigkeit höher ist als der Gegenstand der Beratung (vgl. dazu Kindermann Gebührenpraxis für Anwälte Rn. 338 mit ausführlichem Berechnungsbeispiel).

Einmal erfolgt die Anrechnung im prozentualen Verhältnis der Streitwerte zueinander (Ermittlung des prozentualen Anteils der Werte am Gesamtwert). Dann wird die Anrechnung dargestellt, wenn im Verhältnis der einzelnen Gebühren zueinander jeweils von einer vollen Gebühr ausgegangen wird, und auf diese Weise der prozentual anzurechnende Teil der Erstberatungsgebühr ermittelt. Als dritte Möglichkeit verweist Kindermann auf die Anrechnungsmethode von Schneider, der davon ausgeht, dass der Gebührenbetrag anrechnungsfrei verbleibt, der sich ohne Begrenzung der Beratungsgebühr aus der Differenz zwischen der Beratungsgebühr nach dem höheren Wert und der aus dem geringeren Wert der nachfolgenden Anwaltstätigkeit ergibt.

• **Beispiel**
Beratung aus € 10.000,00 (erste Beratung); gerichtliche Tätigkeit aus € 4.000,00

0,55 Beratungsgebühr aus € 10.000,00 = € 267,30 abzüglich 0,55 Beratungsgebühr aus € 4.000,00 = € 132,55. Dieser Betrag würde nach Schneider anrechnungsfrei verbleiben (Gebauer/Schneider RVG VV 2102 Rn. 23; Hansens/Braun/Schneider Praxis des Vergütungsrechts Rn. 86).

Eine andere Methode errechnet den anrechnungsfrei verbleibenden Betrag aus dem Verhältnis der Werte zueinander.

Formel:
Gegenstandswert der weitergehenden Tätigkeit multipliziert mit € 190,00 dividiert durch den Gegenstandswert der ersten Beratung.

• **Beispiel**
Erstmalige mündliche Beratung wg. Ehescheidung (Wert: € 40.000,00), Ehegattenunterhalt (Wert: € 10.000,00) und Versorgungsausgleich (Wert: € 1.000,00) und gemeinsam gekaufter Immobilie (Wert: € 250.000,00). Nach der ersten Beratung erfolgt einige Wochen später eine gerichtliche Tätigkeit wg. der Ehescheidung, dem Ehegattenunterhalt und Versorgungsausgleich. Die Immobilie wird nicht Gegenstand der weitergehenden anwaltlichen Tätigkeit.

1. Beratung

0,55 Beratungsgebühr aus € 301.000,00
(Gegenstände addiert, § 22 Abs. 1)
Nr. 2100 = € 1.258,40; jedoch
Begrenzung nach Nr. 2101 VV RVG	€ 190,00
16 % Umsatzsteuer, Nr. 7008 VV RVG	€ 30,40
Summe:	**€ 220,40**

2. Gerichtliche Tätigkeit

1,3 Verfahrensgebühr aus € 51.000,00	€ 1.459,90
abzgl. anteilig Erstberatung aus Wert € 51.000,00	./. € 32,19
Zwischensumme	€ 1.427,71
Auslagenpauschale, Nr. 7002 VV RVG	€ 20,00
Zwischensumme	€ 1.447,71
16 % Umsatzsteuer, Nr. 7008 VV RVG	€ 231,63
Summe:	**€ 1.679,34**

Nr. 2103 VV a.F.

V. Nr. 2103 a. F. im Einzelnen

1. Allgemeines

98 Die Gutachtengebühr entsteht für die Ausarbeitung eines schriftlichen Gutachtens, Anmerkung Abs. 1 zu Nr. 2103 a. F. Der Rechtsanwalt erhält eine »angemessene Gebühr«, die er nach § 14 zu bestimmen hat, Anmerkung Abs. 2 zu Nr. 2103 a. F.

99 Nr. 2103 a. F. ist auf sämtliche nur denkbaren Rechtsgebiete anzuwenden.

100 Die Erstellung eines Gutachtens ist als eigene gebührenrechtliche Angelegenheit zu betrachten, eine Anrechnung sieht das Gesetz nicht vor. Dies bedeutet, dass die Gutachtengebühr nach Nr. 2103 a. F. dem Rechtsanwalt verbleibt.

101 Die Erstellung eines Gutachtens im Sinne der Nr. 2103 a. F. ist nicht mit einer gutachterlichen Äußerung eines Verkehrsanwalts nach der Anmerkung zu Nr. 3400 zu verwechseln. Damit es hier nicht zu Missverständnissen kommt, sollte der Rechtsanwalt den ihm erteilten Auftrag schriftlich in der Akte dokumentieren.

102 Erstellt der Rechtsanwalt ein Gutachten über die Erfolgsaussichten eines Rechtsmittels, gehen die Spezialvorschriften in Nrn. 2201, 2203 a. F. (Nr. 2101 u. 2103 ab 01. 07. 2006) vor.

2. Definition des Begriffs »Gutachten«

a) Abgrenzung zur Ratserteilung

103 Ein Gutachten ist – im Gegensatz zum Rat oder einer Auskunft – immer schriftlich, objektiv und mit juristischer Begründung zu versehen. Dabei wird nicht lediglich das Ergebnis einer juristischen Prüfung mitgeteilt sondern auch die rechtliche Prüfung selbst (OLG München JurBüro 1992, 103).

b) Inhalt

104 Das Gutachten muss nicht, kann aber eine Empfehlung enthalten (Gebauer/Schneider RVG VV 2103 Rn. 5).

105 Schneider gibt als Mindestvoraussetzung für die Erstellung eines Gutachtens folgende Eckwerte an (*N. Schneider* in Gebauer/Schneider RVG VV 2103 Rn. 8):
- Schriftlichkeit;
- eine geordnete Darstellung des zu beurteilenden Sachverhalts;
- die Herausstellung der rechtlichen Probleme;
- eine Stellungnahme zu Rechtsprechung und Schrifttum, die sich mit den rechtlich relevanten Problemen befasst, sowie
- ein eigenes Urteil, wie die einzelnen Stimmen aus Rechtsprechung und Literatur zu würdigen sind, insbesondere welche Konsequenzen sich hieraus ergeben.

106 Nach Ansicht der Verfasserin sind zwar hohe – aber keine zu überspannten Anforderungen – an die Erstellung eines Gutachtens zu stellen. Entscheidend ist nach Ansicht der Verfasserin der erteilte Auftrag.

107 Ein Gutachten im Sinne der Nr. 2103 a. F. muss eine gewisse Auseinandersetzung mit vorhandenen Gegenmeinungen und eine Begründung der eigenen Stellungnahme enthalten (OLG München JurBüro 1999, 298; OLG Karlsruhe BB 1976, 334).

c) Schriftlichkeit

108 Ein Gutachten im Sinne der Nr. 2103 a. F. ist grundsätzlich schriftlich zu erstatten (OLG München MDR 1992, 194).

Rein mündliche oder fernmündliche Äußerungen sind auch dann kein schriftliches Gutachten, wenn sie höchsten wissenschaftlichen Ansprüchen genügen (Hartmann Kostengesetze RVG VV 2103 Rn. 3).

Das Gutachten muss nicht zwingend in Papierform übermittelt werden. Es reicht aus, wenn die Versendung so erfolgt, dass sich der Auftraggeber das Gutachten ggf. selbst ausdrucken kann (z. B. E-Mail, Diskette, Fax).

d) Aufbau

Es muss ein dem Prinzip einer wissenschaftlichen Arbeitsweise entsprechender Aufbau vorhanden sein, der die Gesetze der Logik einhält (Hartmann Kostengesetze RVG VV 2103 Rn. 6). Der Stil ist dabei unerheblich (Hartmann Kostengesetze RVG VV 2103 Rn. 6). Angabe von Fundstellen kann, muss aber nicht Anhaltspunkt für das Vorliegen eines Gutachtens sein (Hartmann Kostengesetze RVG VV 2103 Rn. 7); bei Klärung einer Rechtsfrage, die bisher nicht Gegenstand der Rechtsprechung war, kann es sich dennoch um ein qualifiziertes Gutachten handeln (Hartmann Kostengesetze RVG VV 2103 Rn. 7).

e) Unparteilichkeit

Auch wenn der Rechtsanwalt das Gutachten im Auftrag seiner Partei erstellt, hat er als unabhängiges Organ der Rechtspflege seiner Verantwortung, ein unabhängiges Gutachten zu erstellen, auch wenn das Ergebnis für den Auftraggeber nicht gewünscht ist (Hartmann Kostengesetze RVG VV 2103 Rn. 9). Allerdings hat er im Rahmen der Gutachtenerstellung auch die für seinen Auftraggeber günstigen Aspekte zu prüfen.

f) Verständlichkeit

Damit der Auftraggeber in der Lage ist, die rechtlichen Probleme sowie deren Beurteilung durch das Gutachten zu überprüfen, muss das Gutachten verständlich abgefasst sein. Hartmann weist jedoch darauf hin, dass das Gutachten in erster Linie wissenschaftlichen Mindestanforderungen genügen muss (Hartmann Kostengesetze RVG VV 2103 Rn. 11).

g) Angemessene Gebühr

Für das Gutachten ist in Nr. 2103 a. F. lediglich geregelt, dass der Rechtsanwalt eine »angemessene Gebühr« erhält. Da dieser Begriff auch unter Anwendung des § 14 sehr dehnbar ist, da er keinerlei Mindest- oder Höchstgrenze vorgibt, wird in der Praxis in aller Regel für die Erstellung eines Gutachtens eine Vergütungsvereinbarung getroffen. Dieser Handhabung in der Praxis ist der Gesetzgeber dadurch gerecht geworden, dass er ab 01.07.2006 in § 34 Abs. 1 für das Gutachten auf den Abschluss einer Vergütungsvereinbarung abstellt.

N. Schneider schlägt vor: bei möglicher Ermittlung des Gegenstandswerts eine Gebühr von 3,0 bis 3,5 bei einem schwierigen und umfangreichen Gutachten; 1,8 bis 2,5 bei schwierigen Gutachten; 1,5 bei durchschnittlichen Gutachten und 0,5 bis 1,3 bei einfachen Gutachten, (*N. Schneider* in Gebauer/Schneider RVG VV 2103 Rn. 25). Madert legt bei einem Rechtsgutachten in einer Steuersache geringere Gebührensätze zugrunde (*Madert* in Gerold/Schmidt/von Eicken/Madert/Müller-Rabe RVG, 16. Auflage 2004, VV 2100–2103 Rn. 93: 2,5 bis 3,0 bei einem schwierigen und umfangreichen Gutachten; 1,5 bis 2,0 bei schwierigen Gutachten; 1,0 bei durchschnittlichen Gutachten und 0,5 bis 0,75 bei einfachen Gutachten). Nach Ansicht der Verfasserin ist auch der Ansatz eines ortsüblichen Stundensatzes denkbar.

Da in Abs. 2 der Anmerkung zu Nr. 2103 a. F. auf § 14 verwiesen wird, kommen sämtliche in § 14 aufgezählten Kriterien zur Anwendung. Für die Bemessung der Gebühr spielen daher

– die Umstände des Einzelfalls;
– die Schwierigkeit der Angelegenheit;
– der Umfang der Angelegenheit;
– die Bedeutung der Angelegenheit für den Auftraggeber;

Nr. 2103 VV a.F.

– die Einkommens- und Vermögensverhältnisse des Auftraggebers
– sowie das Haftungsrisiko

eine Rolle. Zu den einzelnen Kriterien vgl. die Kommentierung unter § 14.

117 Sofern zwischen Rechtsanwalt und Auftraggeber Streit über die Höhe der Gebühr entsteht, ist ein Gutachten der zuständigen Rechtsanwaltskammer einzuholen (*N. Schneider* in Gebauer/ Schneider RVG VV 2103 Rn. 29).

h) Erstattungsfähigkeit

118 Die Gebühr für die Erstellung eines Gutachtens nach Nr. 2103 a. F. ist grundsätzlich nur dann erstattungsfähig, wenn ihr Anfall zur zweckentsprechenden Rechtsverfolgung oder -verteidigung erforderlich war.

119 Ist der Gegner in einem betreffenden Sachgebiet kundig, kann im Rahmen der Waffengleichheit der Parteien eine Erstattungsfähigkeit bejaht werden (Hartmann Kostengesetze RVG VV 2103 Rn. 22).

120 Inwieweit die Kosten eines Rechtsgutachtens erstattungsfähig sein können, wird in der Rechtsprechung kontrovers diskutiert. Für eine Erstattungsfähigkeit haben sich ausgesprochen: OLG Bremen VersR 1982, 362 – Gutachten zur Beurteilung der Prozessaussichten; OLG Mannheim MDR 1979, 234 – im Verfahren auf Erlass einer einstweiligen Verfügung; OLG Bremen VersR 1982, 362; OLG Frankfurt a. M. VersR 1981, 69; LG Baden-Baden VersR 1977, 66 – Versicherungsgesellschaft holt Gutachten vor Prozess ein; a. A.: KG VersR 1980, 387; OLG Karlsruhe VersR 1980, 377). Soll der Rechtsanwalt bei schwierigen rechtlichen Fragen einen anderen Gutachter widerlegen, können die Kosten für sein Gutachten erstattungsfähig sein (OLG Bamberg JurBüro 1976, 1688; OLG Koblenz JurBüro 1976, 1686) oder wenn es um schwierige Rechtsfragen geht (OLG Nürnberg AnwBl. 1980, 252). Auch wenn ein Musterprozess mit schwierigen wirtschaftlichen Überlegungen mit großer rechtlicher oder wirtschaftlicher Tragweite geführt wird, können die Kosten eines Rechtsgutachtens erstattungsfähig sein (OLG Celle NdsRpfl 1982, 112).

Anhang IV
STREITWERTKATALOG 2004

Streitwertkatalog für die Verwaltungsgerichtsbarkeit in der Fassung der am 07./08. Juli 2004 in Leipzig beschlossenen Änderungen

Vorbemerkungen

1. Seit der Bekanntgabe des Streitwertkataloges für die Verwaltungsgerichtsbarkeit in der Fassung vom Januar 1996* haben sich einige für die Streitwertrechtsprechung bedeutsame Änderungen ergeben, wobei der Anhebung des Auffangwertes von € 4.000,– auf € 5.000,00 durch § 52 Abs. 2 GKG i. F. d. des Kostenrechtsmodernisierungsgesetzes** die größte Bedeutung zukommt. Da der Katalog somit nicht mehr der aktuellen Rechtslage entspricht, haben die Präsidenten des Bundesverwaltungsgerichts und der Oberverwaltungsgerichte bzw. der Verwaltungsgerichtshöfe die Streitwertkommission reaktiviert und mit der Überarbeitung des Streitwertkataloges beauftragt.
2. Im Hinblick darauf, dass der Gesetzgeber den Auffangwert angehoben hat, hält die Streitwertkommission ebenfalls eine Anhebung der mit dem Katalog vorgeschlagenen Werte für angemessen. Dabei hat sie sich an dem Ausmaß der gesetzlichen Erhöhung orientiert, gleichzeitig aber darauf geachtet, möglichst einfach zu handhabende Werte vorzuschlagen. Wie schon bei der Erstellung des Streitwertkataloges 1996 orientiert sich die Kommission im Übrigen an der Rechtsprechung des Bundesverwaltungsgerichts und an den Ergebnissen einer Umfrage zur Streitwertpraxis bei den Oberverwaltungsgerichten bzw. den Verwaltungsgerichtshöfen.
Da Nr. 5502 des Kostenverzeichnisses zu § 3 GKG nunmehr für die sonstigen Beschwerden eine Festgebühr vorsieht, hat die Kommission davon abgesehen, Streitwerte für Zwischenverfahren vorzuschlagen.
3. Mit dem Katalog werden – soweit nicht auf gesetzliche Bestimmungen hingewiesen wird – auf der Grundlage der bisherigen Rechtsprechung Empfehlungen ausgesprochen, denen das Gericht bei der Festsetzung des Streitwertes bzw. des Wertes der anwaltlichen Tätigkeit (§ 33 RVG) aus eigenem Ermessen folgt oder nicht folgt. Entsprechend dem Grundgedanken des Kataloges, zur Vereinheitlichung und Vorhersehbarkeit der Streitwertfestsetzung beizutragen, hält die Kommission Richtwerte in der Regel für sinnvoller als Rahmenwerte.

---

* NVwZ 1996, 562; DVBl. 1996, 605.
** BGBl. I 2004, 718 ff.

Streitwertkatalog 2004

1.	**Allgemeines**
1.1	**Klage-/Antragshäufung**
1.1.1	Werden mehrere Anträge mit selbstständiger Bedeutung gestellt, so werden die Werte in der Regel addiert (vgl. aber § 39 GKG).
1.1.2	Für Hilfsanträge gilt § 45 Abs. 1 GKG.
1.1.3	Klagen mehrere Kläger gemeinschaftlich, sind die Werte der einzelnen Klagen zu addieren, es sei denn die Kläger begehren oder bekämpfen eine Maßnahme als Rechtsgemeinschaft.
1.2	**Verbandsklagen:** Maßgeblich sind die Auswirkungen der begehrten Entscheidung auf die vertretenen Interessen, mindestens € 15.000,00.
1.3	**Feststellungsklagen und Fortsetzungsfeststellungsklagen** sind in der Regel ebenso zu bewerten wie eine auf das vergleichbare Ziel gerichtete Anfechtungs- bzw. Verpflichtungsklage.
1.4	Wird lediglich **Bescheidung** beantragt, so kann der Streitwert einen Bruchteil, mindestens jedoch ½ des Wertes der entsprechenden Verpflichtungsklage betragen.
1.5	In Verfahren des **vorläufigen Rechtsschutzes** beträgt der Streitwert in der Regel ½, in den Fällen des § 80 Abs. 2 Satz 1 Nr. 1 VwGO und bei sonstigen auf bezifferte Geldleistungen gerichteten Verwaltungsakten ¼ des für das Hauptsacheverfahren anzunehmenden Streitwertes. In Verfahren des vorläufigen Rechtsschutzes, die die Entscheidung in der Sache ganz oder zum Teil vorwegnehmen, kann der Streitwert bis zur Höhe des für das Hauptsacheverfahren anzunehmenden Streitwerts angehoben werden.
1.6	**Vollstreckung**
1.6.1	In selbstständigen Vollstreckungsverfahren entspricht der Streitwert der Höhe des festgesetzten Zwangsgeldes oder der geschätzten Kosten der Ersatzvornahme; im Übrigen beträgt er ¼ des Streitwertes der Hauptsache. Bei der Androhung von Zwangsmitteln ist die Hälfte des sich nach Satz 1 ergebenden Betrages festzusetzen.
1.6.2	Wird in dem angefochtenen Bescheid neben einer Grundverfügung zugleich ein Zwangsgeld oder die Ersatzvornahme angedroht, so bleibt dies für die Streitwertfestsetzung grundsätzlich außer Betracht. Soweit die Höhe des angedrohten Zwangsgeldes bzw. des für die Ersatzvornahme zu entrichtenden Vorschusses höher ist als der für die Grundverfügung selbst zu bemessende Streitwert, ist dieser höhere Wert festzusetzen.

2.	**Abfallentsorgung**	
2.1	Klage des Errichters/Betreibers	Es gelten grundsätzlich die nachstehend aufgeführten Werte. Soweit diese die Bedeutung der Genehmigung, des Vorbescheides oder der Anfechtung einer belastenden Maßnahme für den Kläger nicht angemessen erfassen, gilt statt dessen das geschätzte wirtschaftliche Interesse bzw. der Jahresnutzwert.
2.1.1	auf Zulassung einer Anlage oder Anlagenänderung	2,5 % der Investitionssumme
2.1.2	gegen belastende Nebenbestimmung	Betrag der Mehrkosten
2.1.3	gegen Untersagung des Betriebs	1 % der Investitionssumme
2.1.4	gegen sonstige Ordnungsverfügung	Betrag der Aufwendungen
2.1.5	gegen Mitbenutzungsanordnung	Anteil der Betriebskosten (einschl. Abschreibung) für Dauer der Mitbenutzung
2.2	**Klage eines drittbetroffenen Privaten**	
2.2.1	wegen Eigentumsbeeinträchtigung	Betrag der Wertminderung des Grundstücks, höchstens 50 % des geschätzten Verkehrswertes
2.2.2	wegen sonstiger Beeinträchtigungen (ggf. zusätzl. zum Betrag der Eigentumsbeeinträchtigung)	€ 15.000,00
2.2.3	gegen Vorbereitungsarbeiten	€ 7.500,00
2.3	**Klage einer drittbetroffenen Gemeinde**	€ 60.000,00
2.4	**Klage des Abfallbesitzers**	
2.4.1	Beseitigungsanordnung	€ 20,00 je m^3 Abfall
2.4.2	Untersagungsverfügung	€ 20.000,00
3.	**Abgabenrecht**	
3.1	Abgabe	Betrag der streitigen Abgabe; bei wiederkehrenden Leistungen: 3½-facher Jahresbetrag, sofern nicht die voraussichtliche Belastungsdauer geringer ist
3.2	Stundung	6 v. H. des Hauptsachewertes je Jahr (§ 238 AO)
3.3	Normenkontrollverfahren	mindestens Auffangwert

Streitwertkatalog 2004

4.	Arzneimittelrecht	siehe Lebensmittelrecht
5.	Asylrecht	siehe § 30 RVG
6.	Atomrecht	
6.1	Klage des Errichters/Betreibers	
6.1.1	auf Genehmigung oder Teilgenehmigung oder Planfeststellung einer Anlage, §§ 7, 9, 9b AtG	2,5 % der Investitionssumme
6.1.2	auf Aufbewahrungsgenehmigung, § 6 AtG	1 % der für die Aufbewahrung (-sanlage) getätigten Investitionssumme
6.1.3	gegen belastende Nebenbestimmung	Betrag der Mehrkosten
6.1.4	auf Vorbescheid nach § 7a AtG	1 % der Investitionssumme für die beantragten Maßnahmen
6.1.5	auf Standortvorbescheid	1 % der Gesamtinvestitionssumme
6.1.6	gegen Einstellung des Betriebes	wirtschaftlicher Verlust infolge Betriebseinstellung
6.2	Klage eines drittbetroffenen Privaten	wie Abfallentsorgung Nr. 2.2.
6.3	Klage einer drittbetroffenen Gemeinde	€ 60.000,00
7.	Ausbildungsförderung	
7.1	Klage auf bezifferte Leistung	geforderter Betrag
7.2	Klage auf Erhöhung der Förderung	Differenzbetrag im Bewilligungszeitraum
7.3	Klage auf Verpflichtung zur Leistung in gesetzlicher Höhe	gesetzlicher Bedarfssatz für den streitigen Bewilligungszeitraum
7.4	Klage auf Änderung der Leistungsform	½ des bewilligten Förderbetrages
7.5	Klage auf Vorabentscheidung	gesetzlicher Bedarfssatz im ersten Bewilligungszeitraum
8.	Ausländerrecht	
8.1	Aufenthaltstitel	Auffangwert pro Person; keine Erhöhung durch eventuell beigefügte Abschiebungsandrohung
8.2	Ausweisung	Auffangwert pro Person; keine Erhöhung durch eventuell beigefügte Abschiebungsandrohung
8.3	Abschiebung, isolierte Abschiebungsandrohung	½ Auffangwert pro Person
8.4	Pass/Passersatz	Auffangwert pro Person

9.	Bau- und Bodenrecht	Es gelten grundsätzlich die nachstehend aufgeführten Werte. Soweit diese die Bedeutung der Genehmigung, des Vorbescheides oder der Anfechtung einer belastenden Maßnahme für den Kläger nicht angemessen erfassen, gilt statt dessen das geschätzte wirtschaftliche Interesse bzw. der Jahresnutzwert.
9.1	Klage auf Erteilung einer Baugenehmigung für:	
9.1.1	Einfamilienhaus	€ 20.000,00
9.1.2	Doppelhaus	€ 25.000,00
9.1.3	Mehrfamilienhaus	€ 10.000,00 je Wohnung
9.1.4	Einzelhandelsbetrieb	€ 150,00/m² Verkaufsfläche
9.1.5	Spielhalle	€ 600,00/m² Nutzfläche (ohne Nebenräume)
9.1.6	Großflächige Werbetafel	€ 5.000,00
9.1.7	Imbissstand	€ 6.000,00
9.1.8	Windkraftanlagen	10 % der geschätzten Herstellungskosten
9.1.9	sonstige Anlagen regelmäßig	je nach Einzelfall: Bruchteil der geschätzten Rohbaukosten oder Bodenwertsteigerung
9.2	Erteilung eines Bauvorbescheides, einer Teilungsgenehmigung	mindestens ½ des Ansatzes für die Baugenehmigung
9.3	Abrissgenehmigung	wirtschaftliches Interesse am dahinterstehenden Vorhaben
9.4	Bauverbot, Stilllegung, Nutzungsverbot, Räumungsgebot	Höhe des Schadens oder der Aufwendungen (geschätzt)
9.5	Beseitigungsanordnung	Zeitwert der zu beseitigenden Substanz plus Abrisskosten
9.6	Vorkaufsrecht	
9.6.1	Anfechtung des Käufers	25 % des Kaufpreises
9.6.2	Anfechtung des Verkäufers	Preisdifferenz
9.7	Klage eines Drittbetroffenen:	
9.7.1	Nachbar	€ 7.500,00, mindestens Betrag einer Grundstückswertminderung
9.7.2	Nachbargemeinde	€ 30.000,00

9.8	Normenkontrolle gegen Bebauungsplan	
9.8.1	Privatperson	€ 7.500,00 bis € 60.000,00
9.8.2	Nachbargemeinde	€ 60.000,00
9.9	Genehmigung eines Flächennutzungsplanes	mindestens € 10.000,00
10.	**Beamtenrecht**	
10.1	(Großer) Gesamtstatus: Begründung, Umwandlung, Bestehen, Nichtbestehen, Beendigung eines Beamtenverhältnisses ...	§ 52 Abs. 5 S. 1 Nr. 1,2 GKG (13-facher Betrag des Endgrundgehaltes bei Dienst- oder Amtsverhältnis auf Lebenszeit, in sonstigen Fällen 6,5-facher Betrag des Anwärtergrundbetrages)
10.2	(Kleiner) Gesamtstatus: Verleihung eines anderen Amtes, Zeitpunkt der Versetzung in den Ruhestand, Schadensersatz wegen verspäteter Beförderung, Zahlung einer Amtszulage, Verlängerung der Probezeit ...	§ 52 Abs. 5 S. 2 GKG: Hälfte von 10.1
10.3	Neubescheidung eines Beförderungsbegehrens	Hälfte des sich aus § 52 Abs. 5 S. 2 GKG ergebenden Betrages (1/4 von 10.1)
10.4	Teilstatus (Streit um höhere Versorgung, Besoldung oder Zulagen sowie Anrechnungs- und Ruhensbeträge, Berücksichtigung von Vordienstzeiten bei Versorgung, Zeiten für BDA, Unfallausgleich, Unfallruhegehalt, Unterhaltsbeitrag, Hinterbliebenenversorgung)	2-facher Jahresbetrag der Differenz zwischen innegehabtem und erstrebtem Teilstatus
10.5	Dienstliche Beurteilung	Auffangwert
10.6	Genehmigung einer Nebentätigkeit	Gesamtbetrag der Einkünfte aus der Nebentätigkeit, höchstens Jahresbetrag
10.7	Gewährung von Trennungsgeld	Gesamtbetrag des Trennungsgeldes, höchstens Jahresbetrag
10.8	Anerkennung eines Dienstunfalles	Wert der erstrebten Unfallfürsorge, ggf. zuzüglich des Wertes nach 10.4

11.	**Bergrecht**	
11.1	Klage des Unternehmers	Es gelten grundsätzlich die nachstehend aufgeführten Werte. Soweit diese die Bedeutung der Genehmigung, des Vorbescheides oder der Anfechtung einer belastenden Maßnahme für den Kläger nicht angemessen erfassen, gilt statt dessen das geschätzte wirtschaftliche Interesse bzw. der Jahresnutzwert.
11.1.1	auf Planfeststellung eines Rahmenbetriebsplans	2,5 % der Investitionssumme
11.1.2	auf Zulassung eines Rahmenbetriebsplans	1 % der Investitionssumme
11.1.3	auf Zulassung eines Sonder- und Hauptbetriebsplans	2,5 % der Investitionssumme
11.1.4	gegen belastende Nebenbestimmungen	Betrag der Mehrkosten
11.2	Klage eines drittbetroffenen Privaten	wie Abfallentsorgung Nr. 2.2
11.3	Klage einer drittbetroffenen Gemeinde	€ 60.000,00
12.	**Denkmalschutzrecht**	
12.1	Feststellung der Denkmaleigenschaft, denkmalschutzrechtliche Anordnungen, Bescheinigungen	wirtschaftlicher Wert, sonst Auffangwert
12.2	Vorkaufsrecht	Siehe Nr. 9.6
13.	**Flurbereinigung/ Bodenordnung**	
13.1	Anordnung des Verfahrens	Auffangwert
13.2	Entscheidungen im Verfahren	
13.2.1	Wertermittlung	Auswirkungen der Differenz zwischen festgestellter und gewünschter Wertverhältniszahl
13.2.2	Abfindung	Auffangwert, es sei denn abweichendes wirtschaftliches Interesse kann festgestellt werden
13.2.3	sonstige Entscheidungen	Auffangwert, es sei denn abweichendes wirtschaftliches Interesse kann festgestellt werden
14.	**Freie Berufe** (Recht der freien Berufe)	
14.1	Berufsberechtigung, Eintragung, Löschung	Jahresbetrag des erzielten oder erwarteten Gewinns, mindestens € 15.000,00

14.2	Mitgliedschaft in einem berufsständischen Versorgungswerk, Befreiung	dreifacher Jahresbetrag des Beitrages
14.3	Rentenanspruch	dreifacher Jahresbetrag der Rente
15.	**Friedhofsrecht**	
15.1	Grabnutzungsrechte	Auffangwert
15.2	Umbettung	Auffangwert
15.3	Grabmalgestaltung	½ Auffangwert
15.4	Gewerbliche Betätigung auf Friedhöfen	Betrag des erzielten oder erwarteten Jahresgewinns, mindestens € 15.000,00
16.	**Gesundheitsverwaltungsrecht**	
16.1	Approbation	Jahresbetrag des erzielten oder erwarteten Verdienstes, mindestens € 30.000,00
16.2	Facharzt-, Zusatzbezeichnung	€ 15.000,00
16.3	Erlaubnis nach § 10 BÄO	€ 20.000,00
16.4	Notdienst	Auffangwert
16.5	Beteiligung am Rettungsdienst	€ 15.000,00 pro Fahrzeug
17.	**Gewerberecht**	s. Wirtschaftsverwaltungsrecht, Nr. 54
18.	**Hochschulrecht, Recht der Führung akademischer Grade**	
18.1	Anerkennung der Hochschulreife, Zulassung zum Studium, Immatrikulation, Exmatrikulation	Auffangwert
18.2	Zulassung zu einzelnen Lehrveranstaltungen	½ Auffangwert
18.3	Zwischenprüfung	Auffangwert
18.4	Diplomprüfung, Graduierung, Nachgraduierung	€ 15.000,00
18.5	Leistungsnachweis	½ Auffangwert
18.6	Promotion, Entziehung des Doktorgrades	€ 15.000,00
18.7	Nostrifikation	€ 15.000,00
18.8	Habilitation	€ 20.000,00
18.9	Lehrauftrag	Auffangwert
18.10	Ausstattung eines Instituts/Lehrstuhls	10 % des Wertes der streitigen Mehrausstattung, mindestens € 7.500,00

18.11	Hochschulwahlen	Auffangwert
19.	**Immissionsschutzrecht**	
19.1	Klage des Errichters/Betreibers	Es gelten grundsätzlich die nachstehend aufgeführten Werte. Soweit diese die Bedeutung der Genehmigung, des Vorbescheides oder der Anfechtung einer belastenden Maßnahme für den Kläger nicht angemessen erfassen, gilt statt dessen das geschätzte wirtschaftliche Interesse bzw. der Jahresnutzwert.
19.1.1	auf Genehmigung oder Teilgenehmigung	2,5 % der Investitionssumme,
	oder Planfeststellung einer Anlage	mindestens Auffangwert
19.1.2	gegen belastende Nebenbestimmung	Betrag der Mehrkosten
19.1.3	auf Vorbescheid (soweit nicht 19.1.4 einschlägig)	1 % der Investitionssumme für die beantragten Maßnahmen, mindestens Auffangwert
19.1.4	auf Standortvorbescheid	1 % der Gesamtinvestitionssumme, mindestens Auffangwert
19.1.5	gegen Stilllegung, Betriebsuntersagung	1 % der Investitionssumme; soweit nicht feststellbar: entgangener Gewinn, mindestens Auffangwert
19.1.6	gegen sonstige Anordnungen im Einzelfall	Betrag der Aufwendungen
19.2	Klage eines drittbetroffenen Privaten	s. Abfallentsorgung Nr. 2.2
19.3	Klage einer drittbetroffenen Gemeinde	s. Abfallentsorgung Nr. 2.3
20.	**Jagdrecht**	
20.1	Bestand und Abgrenzung von Jagdbezirken	€ 10.000,00
20.2	Verpachtung von Jagdbezirken	Jahresjagdpacht
20.3	Erteilung/Entzug des Jagdscheins	€ 8.000,00
20.4	Jägerprüfung	Auffangwert
21.	**Kinder- und Jugendhilferecht**	
21.1	Laufende Leistungen	Wert der streitigen Leistung, höchstens Jahresbetrag
21.2	Einmalige Leistungen, Kostenerstattung, Aufwendungsersatz, Kostenersatz	Wert der streitigen Leistung

21.3	Überleitung von Ansprüchen	höchstens Jahresbetrag
21.4	Heranziehung zur Kostentragung	höchstens Jahresbetrag
21.5	Erteilung der Erlaubnis § 45 SGB VIII	Jahresgewinn aus dem Betrieb, mindestens € 15.000,00
21.6	Pflegeerlaubnis	Auffangwert
22.	**Kommunalrecht**	
22.1	**Kommunalwahl**	
22.1.1	Anfechtung durch Bürger	Auffangwert
22.1.2	Anfechtung durch Partei, Wählergemeinschaft	mindestens € 15.000,00
22.1.3	Anfechtung durch Wahlbewerber	mindestens € 7.500,00
22.2	Sitzungs- und Ordnungsmaßnahmen	Auffangwert
22.3	Benutzung/Schließung einer Gemeindeeinrichtung	wirtschaftliches Interesse, sonst Auffangwert
22.4	Anschluss- und Benutzungszwang	ersparte Anschlusskosten + Betrag der zu erwartenden Abgaben
22.5	Kommunalaufsicht	€ 15.000,00
22.6	Bürgerbegehren	Auffangwert
22.7	Kommunalverfassungsstreit	€ 10.000,00
23.	**Krankenhausrecht**	
23.1	Aufnahme in den Krankenhausbedarfsplan	Jahresbetrag der Investitionspauschale je Planbett
23.2	Planbettenstreit	€ 500,00 pro Bett
23.3	Festsetzung von Pflegesätzen	streitiger Anteil des Pflegesatzes × Bettenzahl × Belegungsgrad
24.	**Land- und Forstwirtschaft**	
24.1	Festsetzung einer Referenzmenge	streitige Referenzmenge × € 0,10/kg
24.2	Zuteilung der zahlenmäßigen Obergrenze prämienberechtigter Tiere:	75 % der Prämie pro Tier und Jahr
25.	**Lebensmittel-/Arzneimittelrecht**	
25.1	Einfuhr-, Verkaufsverbot, Vernichtungsauflage	Verkaufswert der betroffenen Waren
25.2	Sonstige Maßnahmen	Jahresbetrag der erwarteten wirtschaftlichen Auswirkung, sonst Auffangwert
26.	**Erlaubnis für Luftfahrtpersonal**	
26.1	Privatflugzeugführer	€ 7.500,00

26.2	Berufsflugzeugführer	€ 15.000,00
26.3	Verkehrsflugzeugführer	€ 20.000,00
26.4	sonstige Erlaubnisse für Luftfahrtpersonal	€ 7.500,00
27.	**Mutterschutzrecht**	
27.1	Zustimmung zur Kündigung	Auffangwert
27.2	Zulässigkeitserklärung gemäß § 18 BErzGG	Auffangwert
28.	**Namensrecht**	
28.1	Änderung des Familiennamens oder Vornamens	Auffangwert
28.2	Namensfeststellung	Auffangwert
29.	**Naturschutzrecht**	
29.1	Klage auf Erteilung einer Fällgenehmigung	Auffangwert
29.2	Normenkontrolle gegen Schutz-Gebietsausweisung	wie Bebauungsplan (Nr. 9.8)
30.	**Passrecht**	
30.1	Personalausweis, Reisepass	Auffangwert
31.	**Personalvertretungsrecht**	Auffangwert
32.	**Personen beförderungsrecht**	vgl. Verkehrswirtschaftsrecht
33.	**Pflegegeld**	Wert der streitigen Leistung, höchstens Jahresbetrag
34.	**Planfeststellungsrecht**	
34.1	Klage des Errichters/Betreibers	Es gelten grundsätzlich die nachstehend aufgeführten Werte. Soweit diese die Bedeutung der Genehmigung, des Vorbescheides oder der Anfechtung einer belastenden Maßnahme für den Kläger nicht angemessen erfassen, gilt statt dessen das geschätzte wirtschaftliche Interesse bzw. der Jahresnutzwert.
34.1.1	auf Planfeststellung einer Anlage oder Änderung des Planfeststellungsbeschlusses	2,5 % der Investitionssumme
34.1.2	gegen belastende Nebenbestimmung	Betrag der Mehrkosten
34.2	**Klage eines drittbetroffenen Privaten**	wie Abfallentsorgung Nr. 2.2

34.3	Klage einer drittbetroffenen Gemeinde	wie Abfallentsorgung Nr. 2.3
35.	**Polizei- und Ordnungsrecht**	
35.1	Polizei- und ordnungsrechtliche Verfügung, polizeiliche Sicherstellung	wirtschaftliches Interesse, sonst Auffangwert
35.2	Anordnung gegen Tierhalter	Auffangwert; sofern die Anordnung einer Gewerbeuntersagung gleichkommt, wie Nr. 54.2.1
35.3	Obdachloseneinweisung	Auffangwert
35.4	Streit um erkennungsdienstliche Maßnahmen und kriminalpolizeiliche Unterlagen	Auffangwert
35.5	Normenkontrolle	wirtschaftliches Interesse, sonst Auffangwert
36.	**Prüfungsrecht**	
36.1	Das Studium abschließende Staatsprüfung; ärztliche oder pharmazeutische Prüfung, soweit nicht 35.2	€ 7.500,00
36.2	Den Vorbereitungsdienst abschließende Staatsprüfung, abschließende ärztliche oder pharmazeutische Prüfung	€ 15.000,00
36.3	Sonstige berufseröffnende Prüfungen	€ 15.000,00
36.4	Sonstige Prüfungen	Auffangwert
37.	**Rundfunkrecht**	
37.1	Hörfunkkonzession	€ 200.000,00
37.2	Fernsehkonzession	€ 350.000,00
37.3	Kanalbelegung	wie Hörfunk-/Fernsehkonzession
37.4	Einräumung von Sendezeit	€ 15.000,00
38.	**Schulrecht**	
38.1	Errichtung, Zusammenlegung, Schließung einer Schule (Klage der Eltern bzw. Schüler)	Auffangwert
38.2	Genehmigung zum Betrieb einer Ersatzschule	€ 30.000,00
38.3	Schulpflicht, Einweisung in eine Sonderschule, Entlassung aus der Schule	Auffangwert
38.4	Aufnahme in eine bestimmte Schule oder Schulform	Auffangwert

38.5	Versetzung, Zeugnis	Auffangwert
38.6	Reifeprüfung	Auffangwert
39.	**Schwerbehindertenrecht**	
39.1	Zustimmung des Integrationsamtes	Auffangwert
40.	**Soldatenrecht**	
40.1	Berufssoldaten	wie Beamte auf Lebenszeit
40.2	Soldaten auf Zeit	wie Beamte auf Probe
41.	**Sozialhilfe/Kriegsopferfürsorge**	siehe Streitwertkatalog i. d. F. v. Jan. 1996 (NVwZ 1996, 562; DVBl. 1996, 605)
42.	**Staatsangehörigkeitsrecht**	
42.1	Einbürgerung	doppelter Auffangwert pro Person
42.2	Feststellung der Staatsangehörigkeit	doppelter Auffangwert pro Person
43.	**Straßen- und Wegerecht** (ohne Planfeststellung), **Straßenreinigung**	
43.1	Sondernutzung	zu erwartender Gewinn bis zur Grenze des Jahresbetrags, mindestens € 500,00
43.2	Sondernutzungsgebühr	siehe Abgabenrecht
43.3	Widmung, Einziehung	wirtschaftliches Interesse, mindestens € 7.500,00
43.4	Anfechtung einer Umstufung zur Vermeidung der Straßenbaulast	3 ½-facher Jahreswert
43.5	Straßenreinigungspflicht	wirtschaftliches Interesse
44.	**Subventionsrecht**	
44.1	**Vergabe einer Subvention**	
44.1.1	Leistungsklage	streitiger Betrag
44.1.2	Konkurrentenklage	50 % des Subventionsbetrages
44.2	**Bescheinigung als Voraussetzung für eine Subvention**	75 % der zu erwartenden Subvention
44.3	**Zinsloses oder zinsermäßigtes Darlehen**	Zinsersparnis, im Zweifel pauschaliert: zinsloses Darlehen 25 %, zinsermäßigtes Darlehen 10 % des Darlehensbetrages
45.	**Vereins- und Versammlungsrecht**	
45.1	**Vereinsverbot**	
45.1.1	durch oberste Landesbehörde	€ 15.000,00

45.1.2	durch oberste Bundesbehörde	€ 30.000,00
45.2	**Anfechtung eines Verbots durch einzelne Mitglieder**	Auffangwert je Kläger
45.3	**Auskunftsverlangen**	Auffangwert
45.4	**Versammlungsverbot, Auflage**	Auffangwert
46.	**Verkehrsrecht**	
46.1	Fahrerlaubnis Klasse A	Auffangwert
46.2	Fahrerlaubnis Klasse A 1	½ Auffangwert
46.3	Fahrerlaubnis Klasse B	Auffangwert
46.4	Fahrerlaubnis Klasse C	1 ½ Auffangwert
46.5	Fahrerlaubnis Klasse C 1	Auffangwert
46.6	Fahrerlaubnis Klasse D	1 ½ Auffangwert
46.7	Fahrerlaubnis Klasse D 1	Auffangwert
46.8	Fahrerlaubnis Klasse E	½ Auffangwert
46.9	Fahrerlaubnis Klasse M	½ Auffangwert
46.10	Fahrerlaubnis Klasse L	½ Auffangwert
46.11	Fahrerlaubnis Klasse T	½ Auffangwert
46.12	Fahrerlaubnis zur Fahrgastbeförderung	2-facher Auffangwert
46.13	Fahrtenbuchauflage	€ 400,00 je Monat
46.14	Verkehrsregelnde Anordnung	Auffangwert
46.15	Sicherstellung, Stilllegung eines Kraftfahrzeugs	½ Auffangwert
46.16	Teilnahme an Aufbauseminar	½ Auffangwert
47.	**Verkehrswirtschaftsrecht**	
47.1	Güterfernverkehrsgenehmigung, Gemeinschaftslizenz für EG Ausland, grenzüberschreitender Verkehr	€ 30.000,00
47.2	Bezirksverkehrsgenehmigung	€ 20.000,00
47.3	Nahverkehrsgenehmigung	€ 15.000,00
47.4	Taxigenehmigung	€ 15.000,00
47.5	Mietwagengenehmigung	€ 10.000,00
47.6	Linienverkehr mit Omnibussen	€ 20.000,00 je Linie
47.7	Gelegenheitsverkehr mit Omnibussen	€ 20.000,00

48.	Vermögensrecht	
48.1	Rückübertragung	
48.1.1	Grundstück	aktueller Verkehrswert; klagen einzelne Mitglieder einer Erbengemeinschaft auf Leistung an die Erbengemeinschaft, so ist das wirtschaftliche Interesse nach dem Erbanteil zu bemessen.
48.1.2	Unternehmen	aktueller Verkehrswert
48.1.3	sonstige Vermögensgegenstände	wirtschaftlicher Wert
48.2	Besitzeinweisung	30 % des aktuellen Verkehrswerts
48.3	Investitionsvorrangbescheid	30 % des aktuellen Verkehrswerts
48.4	Einräumung eines Vorkaufsrechts	50 % des aktuellen Verkehrswerts
49.	Vertriebenen- und Flüchtlingsrecht	
49.1	Erteilung oder Entziehung eines Vertriebenenausweises	Auffangwert
49.2	Erteilung oder Rücknahme eines Aufnahmebescheides/einer Bescheinigung nach § 15 BVFG	Auffangwert
50.	Waffenrecht	
50.1	Waffenschein	€ 7.500,00
50.2	Waffenbesitzkarte	Auffangwert zuzügl. € 750,00 je weitere Waffe
50.3	Munitionserwerbsberechtigung	€ 1.500,00
50.4	Waffenhandelserlaubnis	s. Gewerbeerlaubnis Nr. 54.2.1
51.	Wasserrecht (ohne Planfeststellung)	
51.1	Erlaubnis, Bewilligung	wirtschaftlicher Wert
51.2	Anlagen an und in Gewässern	
51.2.1	gewerbliche Nutzung	Jahresgewinn
51.2.2	nichtgewerbliche Nutzung	Auffangwert
51.2.3	Steganlagen incl. ein Bootsliegeplatz	Auffangwert zzgl. € 750,00 für jeden weiteren Liegeplatz
52.	Wehr- und Zivildienst	
52.1	Anerkennung als Kriegsdienstverweigerer	Auffangwert
52.2	Musterung, Tauglichkeit	Auffangwert

52.3	Wehrdienstausnahme, Zurückstellung	Auffangwert, evtl. wirtschaftliches Interesse
52.4	Einberufung	Auffangwert
52.5	Wehrübung	Auffangwert
53.	**Weinrecht**	
53.1	Veränderung der Rebfläche	€ 1,50/m² Rebfläche
53.2	Genehmigung zur Vermarktung oder Verarbeitung von nicht verkehrsfähigem Wein	€ 2,00/Liter
54.	**Wirtschaftsverwaltungsrecht**	
54.1	Gewerbeerlaubnis, Gaststättenkonzession	Jahresbetrag des erzielten oder erwarteten Gewinns, mindestens € 15.000,00
54.2	Gewerbeuntersagung	
54.2.1	ausgeübtes Gewerbe	Jahresbetrag des erzielten oder erwarteten Gewinns, mindestens € 15.000,00
54.2.2	erweiterte Gewerbeuntersagung	Erhöhung um € 5.000,00
54.3	Handwerksrecht	
54.3.1	Eintragung/Löschung in der Handwerksrolle	Jahresbetrag des erzielten oder erwarteten Gewinns, mindestens € 15.000,00
54.3.2	Meisterprüfung	€ 15.000,00
54.3.3	Gesellenprüfung	€ 7.500,00
54.4	Sperrzeitregelung	Jahresbetrag des erzielten oder erwarteten zusätzlichen Gewinns, mindestens € 7.500,00
54.5	Zulassung zu einem Markt	erwarteter Gewinn, mindestens € 300,00 pro Tag
55.	**Wohngeldrecht**	
55.1	Miet- oder Lastenzuschuss	streitiger Zuschuss, höchstens Jahresbetrag
56.	**Wohnraumrecht**	
56.1	Anerkennung als steuerbegünstigte Wohnung	Gesamtbetrag der Steuerersparnis
56.2	Bewilligung öffentlicher Mittel	Zuschussbetrag zuzügl. 10 % der Darlehenssumme
56.3	Erteilung einer Wohnberechtigungsbescheinigung	Auffangwert
56.4	Fehlbelegungsabgabe	streitiger Betrag, höchstens 3,5-facher Jahresbetrag

56.5	Freistellung von der Wohnungsbindung	Auffangwert je Wohnung
56.6	Zweckentfremdung	
56.6.1	Erlaubnis mit Ausgleichszahlung	Jahresbetrag der Ausgleichszahlung, bei laufender Zahlung: Jahresbetrag
56.6.2	Erlaubnis ohne Ausgleichszahlung	Auffangwert
56.6.3	Aufforderung, Wohnräume wieder Wohnzwecken zuzuführen	Falls eine wirtschaftlich günstigere Nutzung stattfindet: Jahresbetrag des Interesses, sonst Auffangwert je Wohnung
56.7	**Wohnungsaufsichtliche Anordnung**	veranschlagte Kosten der geforderten Maßnahmen

Streitwertkatalog für die Sozialgerichtsbarkeit

Anhang V
STREITWERTKATALOG FÜR DIE SOZIALGERICHTSBARKEIT

Streitwertkatalog 2007

[Stand: 1. April 2007]

Überarbeitung des von der Konferenz der Präsidentinnen und Präsidenten der Landessozialgerichte am 16. Mai 2006 auf Vorschlag des Landessozialgerichts Rheinland- Pfalz beschlossenen Streitwertkatalogs 2006

A. Vorbemerkungen

1. Der **Streitwert** (Wert des Streitgegenstandes; § 3 des Gerichtskostengesetzes – GKG –) ist auch in den Verfahren vor den Gerichten der Sozialgerichtsbarkeit maßgebend für die Höhe der gerichtlichen Kosten (Gebühren und Auslagen). Kosten werden nur in den Verfahren erhoben, in denen § 197 a des Sozialgerichtsgesetzes (SGG) anzuwenden ist (§ 1 Abs. 1 Nr. 4 des GKG).
2. Für die Festsetzung der **Höhe des Streitwerts** gilt grundsätzlich:
   a) Der Streitwert ist nach der sich aus dem Antrag des Klägers für ihn ergebenden Bedeutung der Sache nach Ermessen zu bestimmen (§ 52 Abs. 1 GKG).
   b) Bietet der Sach- und Streitstand für die Bestimmung des Streitwerts keine genügenden Anhaltspunkte, ist ein Streitwert von 5000 Euro anzunehmen (§ 52 Abs. 2 GKG: Regelstreitwert [BSG, 20. 10. 2004 – B 6 KA 15/04 R –; 01. 02. 2005 – B 6 KA 70/04 B -]; auch: Auffangwert [BSG, 28. 02. 2006 – B 2 U 31/05 R –; 09. 05. 2006 – B 2 U 34/05 R –; LSG Schleswig-Holstein, 14. 03. 2006 – L 4 KA 3/04 –; Hartmann, Kostengesetze, 36.Aufl., § 52 Rdnr. 17]).
   c) Betrifft der Antrag des Klägers eine bezifferte Geldleistung oder einen hierauf gerichteten Verwaltungsakt ist deren Höhe maßgebend (§ 52 Abs. 3 GKG).
   d) In Verfahren des einstweiligen Rechtsschutzes nach § 86 b SGG bestimmt sich der Streitwert nach § 52 Abs. 1 und 2 GKG (§ 53 Abs. 3 Nr. 4 GKG).
   e) Werden Ansprüche auf wiederkehrende Leistungen dem Grunde oder der Höhe nach geltend gemacht oder abgewehrt, ist der dreifache Jahresbetrag der wiederkehrenden Leistungen maßgebend, wenn nicht der Gesamtbetrag der geforderten Leistungen geringer ist (§ 42 Abs. 1 GKG).
   Ist die Höhe des Jahresbetrags nicht nach dem Antrag des Klägers bestimmt oder nach diesem Antrag mit vertretbarem Aufwand bestimmbar, ist der Streitwert nach § 52 Abs. 1 und 2 GKG zu bestimmen (§ 42 Abs. 3 Satz 2 GKG).
   f) Sind außer dem Hauptanspruch noch Nebenforderungen (z. B. Zinsen, Kosten) betroffen, wird der Wert der Nebenforderungen nicht berücksichtigt (§ 43 Abs. 1 GKG).
   Sind Nebenforderungen ohne den Hauptanspruch betroffen, ist der Wert der Nebenforderungen maßgebend, soweit er den Wert des Hauptanspruchs nicht übersteigt (§ 43 Abs. 2 GKG).
   Sind die Kosten des Rechtsstreits ohne den Hauptanspruch betroffen, ist der Betrag der Kosten maßgebend, soweit er den Wert des Hauptanspruchs nicht übersteigt (§ 43 Abs. 3 GKG).
   g) Für die Wertberechnung ist der Zeitpunkt der den jeweiligen Streitgegenstand betreffenden Antragstellung maßgebend, die den Rechtszug einleitet (§ 40 GKG). *Nach teilweiser Erledigung des Rechtsstreits ist für die danach anfallenden Gebühren ein geringerer Streitwert anzusetzen (Hartmann, Kostengesetze, 36.Aufl., § 52 Rdnr. 13; LSG Rheinland-Pfalz, 13. 03. 2007 – L 5 B 3 73/06 KNK –).*

3. Der Streitwert ist sogleich mit der Einreichung der Klage-, Antrags- oder Rechtsmittelschrift oder mit der Abgabe der entsprechenden Erklärung zu Protokoll **vorläufig festzusetzen** (§ 63 Abs. 1 Satz 1 GKG).
Spätestens nach Abschluss des Verfahrens ist der Streitwert **endgültig festzusetzen** (§ 63 Abs. 2 GKG).
Diese Festsetzungen sind auch für die Gebühren des Rechtsanwalts maßgebend (§ 32 Abs. 1, § 3 Abs. 1 Satz 2 des Rechtsanwaltsvergütungsgesetzes – RVG –).
4. Der Streitwertkatalog soll dazu beitragen, die Maßstäbe der Festsetzung des Streitwerts zu **vereinheitlichen** und die Entscheidungen der Gerichte **vorhersehbar** zu machen.
Der Streitwertkatalog ist eine **Empfehlung** auf der Grundlage der Rechtsprechung der Gerichte der Sozialgerichtsbarkeit unter Berücksichtigung der einschlägigen Rechtsliteratur. Die Empfehlungen sind Vorschläge ohne verbindliche Wirkung für die Gerichte der Sozialgerichtsbarkeit.
5. Der Streitwertkatalog wird in regelmäßigen Zeitabständen aktualisiert und fortgeschrieben werden. Zuständig hierfür ist das Landessozialgericht Rheinland-Pfalz.

B. Allgemeines; Verfahrensrecht

1.	**Grundsätzliches**
1.1	*Für die Anwendung des § 197 a SGG ist auf die Stellung eines Beteiligten im jeweiligen Rechtszug abzustellen. Ein Kostenprivilegierter hat auch dann keine Gerichtskosten zu tragen, wenn er in seiner ursprünglichen Rolle als Beigeladener in einem Prozess zwischen Nichtprivilegierten Rechtsmittel einlegt. Diese Kostenprivilegierung erstreckt sich dann auch auf einen nicht privilegierten Rechtsmittelführer (BSG, 13. 04. 2006 – B 12 KR 21/05 B –; 29. 05. 2006 – B 2 U 391/05 B –); vgl. auch B.5.5.*
1.2	*Versicherter gem. § 183 Satz 1 SGG ist – unabhängig vom Ausgang des Verfahrens – jeder Beteiligte, über dessen Status als Versicherter gestritten wird. Auch wenn der Beteiligte die vom Versicherungsträger behauptete Versicherteneigenschaft bestreitet, gilt der insoweit allgemeine Rechtsgedanke des § 183 Satz 3 SGG (BSG, 05. 10. 2006 – B 10 LW 5/05 R –).*
1.3	*Die Kostenprivilegierung des § 183 Satz 1 SGG entfällt bei einem Beteiligtenwechsel vor dem Beginn des Rechtszuges; vgl. auch § 183 Satz 2 SGG (BSG, 03. 08. 2006 – B 3 KR 24/05 R –).*
1.4	*Für die Festsetzung des Streitwerts ist die sich aus dem Antrag des Klägers für ihn ergebende Bedeutung der Sache maßgebend, dh in der Regel das wirtschaftliche Interesse an der erstrebten Entscheidung (§ 52 Abs. 1 GKG; BSG, 05. 10. 1999 – B 6 Ka 24/98 R –).*
1.5	*Der mittelbare wirtschaftliche Wert eines endgültigen oder vorläufigen Prozesserfolgs ist bei der Streitwertfestsetzung nicht zu berücksichtigen (BSG, 09. 05. 2000 – B 6 Ka 72/97 R –).*
1.6	*Bei Musterverfahren sind die wirtschaftlichen Folgewirkungen für andere Klageansprüche nicht zu berücksichtigen (BSG, 25. 09. 1997 – 6 RKa 65/91 –).*
1.7	*Die Höhe des Streitwerts unterliegt nicht der Dispositionsfreiheit der Beteiligten (arg. § 61, § 63 Abs. 1 Satz 1, Abs. 2 Satz 1 GKG).*
2.	**Feststellungsklage**

Streitwertkatalog für die Sozialgerichtsbarkeit

2.1	*Der Streitwert ist grundsätzlich niedriger als der Streitwert der Leistungsklage (Bay.LSG, 15.0 7.2005 – L3 B 154/05 KA –).* Bei einer Feststellungsklage, die mit einer Leistungsklage gleichwertig ist, bemisst sich der Streitwert nach dem Betrag, den der Kläger letztlich erstrebt. Ein Abzug ist nicht vorzunehmen (BSG, 05. 10. 1999 – B 6 Ka 24/98 R –).
3.	**Bescheidungsklage**
3.1	Der Wert des Streitgegenstandes beträgt drei Viertel bis zur Hälfte des Streitwerts der »Hauptsache« (Hälfte: SG Stuttgart, 30. 12. 1999 – S 10 KA 6840/99 W-A –; drei Viertel: LSG Niedersachsen-Bremen, 31. 01. 2000 – L 5 B 197/98 KA –, LSG Schleswig-Holstein, 22. 09. 2003 – L 6 SF 22/03 SG –).
4.	**Untätigkeitsklage**
4.1	Der Wert des Streitgegenstandes beträgt 10 bis 25 v. H. des Streitwerts der »Hauptsache« (LSG Rheinland-Pfalz, 11. 08. 1994 – L 3 Sb 19/94 –).
5.	**Klage-/Antragshäufung**
5.1	Richtet sich eine Klage gegen mehrere Beklagte, so ist der Streitwert auf ein Mehrfaches des wirtschaftlichen Wertes für den Kläger (§ 39 Abs. 1 GKG; BSG, 08. 04. 2005 – B 6 Ka 60/04 B –), hilfsweise auf ein Mehrfaches des Regelstreitwertes festzusetzen.
5.2	Ein hilfsweise geltend gemachter Anspruch wird mit dem Hauptanspruch zusammengerechnet, soweit über ihn entschieden wird (§ 45 Abs. 1 S. 2 GKG).
5.3	*Bei subjektiver Klagehäufung kommt es nicht auf die Anzahl der Prozessrechtsverhältnisse, sondern darauf an, ob mehrere unterschiedliche Streitgegenstände vorliegen (BSG, 14. 09. 2006 – B 6 KA 24/06 B –; 19. 09. 2006 – B 6 KA 30/06 B –).*
5.4	*Ist bei teilbarem Streitgegenstand nur ein Teil kostenprivilegiert, so ist bei der Kostenentscheidung nach den Streitgegenständen zu differenzieren. Dies gilt sowohl bei einer objektiven Klagehäufung als auch bei einer Eventualklagehäufung (BSG, 27.0 7.2006 – B 3 KR 6/06 B –; 26. 09. 2006 – B 1 KR 1/06 R –).*
5.5	*Ist bei unteilbarem Streitgegenstand ein kostenrechtlich Privilegierter Hauptbeteiligter, gilt für die jeweilige Instanz einheitlich die Regelung für Kostenprivilegierte. Dies gilt auch bei subjektiver Klagehäufung mit einem nicht Kostenprivilegierten (BSG, 29. 05. 2006 – B 2 U 391/05 B –; 26.0 7.2006 – B 3 KR 6/06 B; 26. 09. 2006 – B 1 KR 1/06 R –).*
6.	**Beigeladene**
6.1	Für Beigeladene ist grundsätzlich der Antrag des Klägers maßgebend. Eine gesonderte Streitwertfestsetzung ist zulässig (BSG, 19. 02. 1996 – 6 RKa 40/93 –). Der Streitwert darf jedoch nicht höher als der für die Hauptbeteiligten festgesetzt werden (BSG, 25. 11. 1992 – 1 RR 1/91 –).
7.	**Einstweilige Anordnung**
7.1	*Bei Regelungsanordnungen nach § 86 b Abs. 2 SGG: Der Streitwert beträgt ein Viertel bis zur Hälfte des Streitwerts der Hauptsache je nach deren wirtschaftlicher Bedeutung.* *Bei Vorwegnahme der Hauptsache ist in der Regel der volle Streitwert festzusetzen.*

7.2	*Bei Verfahren nach § 86a Abs. 2 Nr. 1 SGG: ein Viertel des Hauptsachestreitwertes (LSG Baden-Württemberg, 14.02.2007 – L 5 KR 2854/06 W-A –).*
8.	**Gegenvorstellung**
8.1	Gegen unanfechtbare Beschlüsse ist die Gegenvorstellung statthaft. Die Einlegung muss innerhalb eines Monats erfolgen (BSG, 08.09.1997 – 3 RK 27/95 –).
9.	**Rechtswegbeschwerde**
9.1	Im Verfahren über eine Rechtswegbeschwerde ist eine Entscheidung über den Streitwert zu treffen (BSG, 09.02.2006 – B 3 SF 1/05 R –). *Der Streitwert beträgt 1/5 des Begehrens in der Hauptsache (LSG Baden-Württemberg, 30.08.2005 – L 9 SF 863/05 B –).*
10.	*Nichtzulassungsbeschwerde*
10.1	*Der Streitwert bemisst sich gemäß § 47 Absatz 3 GKG nach dem Streitwert des Rechtsmittelverfahrens (BSG, 12.09.2006 – B 6 KA 70/05 B –).*
11.	**Beschwerde gegen Festsetzung des Streitwerts**
11.1	Das Gericht ist an keine Anträge gebunden. Es gilt auch nicht das Verschlechterungsverbot *(BSG, 05.10.2006 – B 10 LW 5/05 R –; vgl. auch B. 1.7).*
11.2	*Auf eine unzulässige Streitwertbeschwerde darf das Rechtsmittelgericht den Streitwert nicht von Amts wegen ändern (LSG Rheinland-Pfalz, 20.07.2006 – L 5 ER 130/06 KA –).*
11.3	*Der Rechtsanwalt kann aus eigenem Recht eine Streitwertbeschwerde erheben (§ 32 Abs. 2 RVG; LSG Nordrhein-Westfalen, 24.02.2006 – L 10 B 21/05 KA –); dies gilt nicht bei einer vorläufigen Festsetzung des Streitwerts (LSG Rheinland-Pfalz, 21.12.2006 – L 5 B 350/06 KA –).*
11.4	Das Verfahren ist gebührenfrei (§ 68 Abs. 3 Satz 1 GKG).
11.5	Außergerichtliche Kosten sind nicht zu erstatten (§ 68 Abs. 3 Satz 2 GKG).
12.	*Abänderung des Streitwerts durch das Rechtsmittelgericht*
12.1	*Für den Wert des Streitgegenstands des ersten Rechtszuges ist gemäß § 47 Absatz 2 GKG nicht der in erster Instanz festgesetzte, sondern der objektiv angemessene Streitwert maßgeblich. Die Abänderung der erstinstanzlichen Streitwertfestsetzung steht gemäß § 63 Absatz 3 Satz 1 GKG im Ermessen des Rechtsmittelgerichts (BSG, 19.09.2006 – B 6 KA 30/06 B –).*
12.2	*Eine unterbliebene Streitwertfestsetzung kann vom Rechtsmittelgericht jeden falls bei betragsmäßig von vornherein feststehendem und offensichtlich gleich gebliebenem Streitwert in erweiternder Auslegung des § 63 Absatz 3 Satz 1 GKG nachgeholt werden (BSG, 05.10.2006 – B 10 LW 5/05 R –).*
13.	**Einseitige Erledigungserklärung durch den Kläger**
13.1	Der Kläger hat nicht zwingend die Kosten gemäß § 197a SGG i. V. m. § 155 Abs. 2 VwGO zu tragen, sondern das Gericht entscheidet nach billigem Ermessen (§ 161 Abs. 2 VwGO; LSG Nordrhein-Westfalen, 07.03.2005 – L 10 KA 36/03 –).

Streitwertkatalog für die Sozialgerichtsbarkeit

14.	Verjährung
14.1	Es gilt keine Verjährung *für den Antrag auf Festsetzung des Streitwertes (BSG, 15. 02. 2001 – 6 RKa 20/83 –). Nach § 63 Absätze 1 und 2 GKG ist der Streitwert von Amts wegen festzusetzen.*
15.	*Zurückweisung des Bevollmächtigten im Widerspruchsverfahren (§ 13 Abs. 5 SGB X); Klage des Bevollmächtigten*
15.1	*Höhe des Gebührenanspruchs des Bevollmächtigten für die begehrte Vertretung (LSG Baden-Württemberg, 03.0 1.2007 – L 13 AL 4889/05 W-B –).*

C. Streitwertkatalog

I.	**Arbeitsförderungsrecht**	
1.	**Arbeitsgenehmigung (Arbeitserlaubnis, Arbeitsberechtigu ng) (§ 284 Abs. 1, Abs. 2 SGB III)**	
1.1	Erteilung (§ 284 SGB III)	Wirtschaftliches Interesse des Unternehmers (HessLSG, 31. 08. 1998 – L 6 AL 1106/97 ER –).
1.2	Gebühr für die Erteilung (§ 287 Abs. 1, Abs. 2 SGB III, § 3 ASAV)	Höhe der Gebühr (BSG, 13. 12. 2000 – B 7 AL 58/99 R –).
2.	**Arbeitnehmerüberlassung**	
2.1	Erteilung der Erlaubnis (§ 2 AÜG)	Unmittelbares wirtschaftliches Interesse.
2.2	Rücknahme, Widerruf der Erlaubnis (§ 4, § 5 AÜG)	Unmittelbarer wirtschaftlicher »Schaden« (LSG Niedersachsen-Bremen, 06. 05. 2003 – L 8 AL 336/02 ER –) *bzw. bei normalem Geschäftsbetrieb erzielbarer Unternehmensgewinn (Bay. LSG, 13. 12. 2006 – L 9 B 823/06 AL ER), hilfsweise Regelstreitwert (LSG Niedersachsen-Bremen, 21.0 1.2003 – L 8 B 158/03 AL –).*
2.3	*Auflage (§ 2 AÜG)*	*Regelstreitwert bei Klage des Arbeitnehmers und fehlenden Anhaltspunkten für das wirtschaftliche Interesse (SG Koblenz, 05. 09. 2006 – S 9 ER 102/06 AL –).*
3.	**Zulassung als förderungsfähige Bildungsmaßnahme (§ 61, § 77 SGB III)**	Hälfte des Streitwerts für die Genehmigung einer Ersatzschule: € 15000 (Nr. 38.2 Streitwertkatalog Verwaltungsgerichtsbarkeit; LSG Baden-Württemberg, 04. 04. 2005 – L 13 AL 2 19/05 W-A –).

Streitwertkatalog für die Sozialgerichtsbarkeit | Anhang V

4.	Eingliederungszuschüsse (§§ 217 ff SGB III)	Keine Streitwertfestsetzung, da gerichtskostenfrei nach § 183 SGG (BSG, 22.09.2004 – B 11 AL 33/03 R –).
5.	**Erstattungspflicht des Arbeitgebers (§ 147 a SGB III)**	
5.1	Grundlagenbescheid	Regelstreitwert (BSG, 22.03.2001 – B 11 AL 91/00 R; 04.09.2001 – B 7 AL 6/01 R –).
5.2	Abrechnungsbescheid	Höhe der Erstattungsforderung (BSG, 03.03.1998 – 11 RAr 103/96 –).
6.	**Kurzarbeitergeld, Klagen des Arbeitnehmers oder der Betriebsvertretung (§§ 169 ff SGB III)**	Keine Streitwertfestsetzung, da gerichtskostenfrei nach § 183 SGG (Meyer-Ladewig/Keller/Leitherer, SGG, 8. Aufl., § 183 Rdnr. 6).
7.	**Vermittlungsgutschein (§ 421 g SGB III)**	
7.1	Ausstellung des Vermittlungsgutscheins	Wert des Gutscheins.
7.2	Ablehnung der Auszahlung *der Vermittlungsvergütung*	*Der Vermittler ist kein Leistungsempfänger im Sinne des § 183 SGG (BSG, 06.04.2006 – B 7a AL 56/05 R –);* € 1000 als Teilbetrag der ersten oder zweiten Rate (LSG Sachsen, 16.02.2005 – L 3 B 64/04 AL –; 20.07.2005 – L 3 AL 132/04 –).
8.	**Winterbau – Umlage (§§ 354 ff SGB III)**	
8.1	Grundlagenbescheid	Regelstreitwert.
8.2	Festsetzung der Umlagenhöhe	Dreifacher Jahresbetrag der Umlage (BSG, 20.06.1995 – 10 RAr 7/94 –).
9.	*Anzeigepflichtige Entlassungen (§§ 17 ff KSchG); Klage eines Arbeitnehmers gegen den Bescheid der Bundesagentur*	*Der Arbeitnehmer ist kein Versicherter im Sinne des § 183 SGG; Regelstreitwert (LSG BadenWürttemberg, 08.01.2007 – L 9 AL 3242/06 AK-A –).*
10.	*Insolvenzgeld; Übertragung des Anspruchs auf Arbeitsentgelt auf einen Dritten (§ 188 Abs. 1 SGB III)*	*Dritter ist Leistungsempfänger im Sinne des § 183 SGG; kein Fall der Rechtsnachfolge nach § 183 S. 2 SGG (BSG, 05.12.2006 – B 11a AL 19/05 R –).*
II.	**Aufsichtsrecht**	
1.	Genehmigung zur Errichtung oder Erweiterung einer Krankenkasse (§§ 147 ff, §§ 157 ff SGB V, §§ 87 ff SGB IV)	Bedeutung der Sache: bei bis zu 1000 betroffenen Pflichtmitgliedern 20-facher, bei bis zu 5000 Pflichtmitgliedern 30-facher Regelstreitwert (BSG, 12.12.1996 – 1 RR 5/90 –).

Streitwertkatalog für die Sozialgerichtsbarkeit

2.	Genehmigung zur Ermäßigung der Beiträge einer Krankenkasse (§ 220 Abs. 3 SGB V)	Dreifacher Regelstreitwert (LSG Baden-Württemberg, 09. 02. 2005 – L 1 A 5378/04 W-B); bei Erwartung eines konkreten Mitgliederzuwachses wie II.1. (LSG Schleswig-Holstein, 04. 03. 2004 – L 1 B 23/04 KR ER –).
3.	Genehmigung der Verlegung des Sitzes einer Krankenkasse (§ 195 SGB V i. V. m. Satzung)	Regelstreitwert (LSG Berlin-Brandenburg, 09. 09. 2005 – L 24 B 1038/05 KR ER –).
III.	**Beitragsrecht**	
1.	Gesamtsozialversicherungsbeitrag (§ 28 d, § 28 e SGB IV)	Höhe der Forderung (BSG, 01. 06. 2006 – B 12 KR 34/0 5 B –).
2.	Säumniszuschlag (§ 24 SGB IV)	
2.1	Von der Hauptforderung getrennte Erhebung	Höhe der Forderung.
2.2	Erhebung zusammen mit der Hauptforderung	a) als Nebenforderung nicht zu berücksichtigen nach § 43 Abs. 1 GKG analog (»Zinsen«) (LSG Rheinland-Pfalz, 03. 11. 2005 – L 5 B 192/05 KR –). b) streitwerterhöhend zu berücksichtigen bei Haftungsbescheid gegenüber Gesellschafter einer VorGmbH (§ 11 Abs. 2 GmbHG) (LSG Rheinland-Pfalz, 02. 12. 2005 – L 2 B 129/05 R –).
3.	Künstlersozialversicherung (KSVG)	
3.1	Erfassungsbescheid gegenüber einem Unternehmer nach §§ 23 ff KSVG	*Betrag der zu erwartenden Künstlersozialabgabe in den ersten drei Jahren (BSG, 30. 05. 2006 – B 3 KR 7/06 R –).*
3.2	Beitragsbescheid gegen einen Unternehmer	*Höhe der festgesetzten Künstlersozialabgabe. Keine Erhöhung nach § 42 Abs. 3 Satz 1 GKG (wiederkehrende Leistungen), da jahresbezogene einmalige Leistung (BSG, 07. 12. 2006 – B 3 KR 2/06 R –).*
IV.	**Krankenversicherung**	
1.	Klage des Herstellers gegen das Hilfsmittelverzeichnis (§ 128, § 33 SGB V)	
1.1	Änderung einer Produktgruppe	5 v. H. des durchschnittlichen Jahresumsatzes in einem Zeitraum von zwei Jahren (LSG Baden-Württemberg, 17. 10. 2005 – L 5 KR 2351/05 W-A –).

Streitwertkatalog für die Sozialgerichtsbarkeit | Anhang V

1.2	Streichung einer Produktuntergruppe	Gewinn in einem Zeitraum von fünf Jahren (LSG Baden-Württemberg, 15.06.2005 – L 11 KR 1158/05 W-A –), hilfsweise mehrfacher Regelstreitwert.
2.	**Krankentransportleistungen (§ 133 SGB V)**	
2.1	Abschluss einer Vergütungsvereinbarung	Dreifacher Betrag der zu erwartenden Einnahmen (LSG Berlin-Brandenburg, 27.11.2003 – L 4 B 75/03 KR ER –), hilfsweise dreifacher Regelstreitwert.
3.	**Erstattung von Arbeitgeberaufwendungen bei Entgeltfortzahlung (§ 1 des Aufwendungsausgleichsgesetzes – AAG –; bis 31.12.2005: § 10 LFZG)**	Keine Streitwertfestsetzung, da gerichtskostenfrei nach § 183 SGG (BSG, 20.12.2005 – B 1 KR 5/05 B –).
4.	Mitgliederwerbung	Regelstreitwert (LSG Rheinland-Pfalz, 03.05.2005 – L 1 ER 11/05 KR –, *14.06.06 – L 5 ER 57/06 KR –*; LSG Saarland, 21.06.2006 – L 2 B 5/06 KR –).
5.	**Sonderkündigungsrecht der Mitglieder (§ 175 Abs. 4 Satz 5 SGB V), (unzulässiges) Feststellungsbegehren zwischen Krankenkassen**	Wirtschaftliche Bedeutung der Sache: wie bei II.1.
6.	**Feststellung der Versicherungspflicht durch die Einzugsstelle (Krankenkasse; § 28h SGB IV) (§ 25 Abs. 1 Satz 1 SGB III, § 5 Abs. 1 Nr. 1 SGB V, § 1 Satz 1 Nr. 1 SGB VI, § 20 Abs. 1 Satz 2 Nr. 1 SGB XI)**	
6.1	Klage des Arbeitnehmers	Keine Streitwertfestsetzung, da gerichtskostenfrei nach § 183 SGG.
6.2	Klage des Arbeitgebers	Höhe der Beiträge.
7.	**Zulassungsstreitigkeiten**	
7.1	Krankenhäuser und Rehabilitationseinrichtungen (§§ 108 ff SGB V)	Überschuss aus den Gesamteinnahmen und den Betriebsausgaben innerhalb von drei Jahren; Vergleichs-berechnung anhand bestehender Einrichtungen gleicher Art und Größe möglich (BSG, 10.11.2005 – B 3 KR 36/05 B –); bei fehlendem Zahlenmaterial pauschaler Streitwert von € 2.500.000 (BSG, 11.11.2003 – B 3 KR 8/03 B –).

Streitwertkatalog für die Sozialgerichtsbarkeit

7.2	Nichtärztliche Leistungserbringer (§ 124, § 126 SGB V)	Überschuss aus den Gesamteinnahmen und den Betriebsausgaben innerhalb von drei Jahren; Vergleichs-Berechnung anhand bestehender Praxen gleicher Art und Größe möglich (BSG 10. 11. 2005 – B 3 KR 36/05 B –).
7.3	*Widerruf der Zulassung zur Abgabe von Hilfsmitteln (§ 126 Abs. 4 SGB V)*	*Fünf Prozent der Bruttoauftragssumme entsprechend § 50 Abs. 2 GKG; bei weit in die Zukunft hineinragenden Genehmigungen für drei Jahre (LSG Baden-Württemberg, 10. 10. 2006 – L 5 KR 89 7/06 W-A –).*
8.	Vergütung von Krankenhausbehandlungen (§ 109 Abs. 4 Satz 3 SGB V i. V. m. dem Krankenhausbehandlungsvertrag nach § 112 Abs. 2 Nr. 1 SGB V)	Höhe der Vergütung.
9.	*Feststellung der Eignung für die Leitung eines ambulanten Krankenpflegediestes (§ 132 a Abs. 2 SGB V)*	Zu schätzender Betrag der künftigen verminderten Einkünfte für drei Jahre (BSG, 07. 12. 2006 – B 3 KR 5/06 R –).
10.	*Arzneimittelabrechnung im Datenträgeraustauschverfahren (§ 300 SGB V)*	Voraussichtliche Kosten der Umstellung des Abrechnungsverfahrens (LSG Nordrhein-Westfalen, 06. 10. 2005 – L 16 KR 232/04 –).
V.	**Pflegeversicherung**	
1.	Zulassung zur Pflege durch Versorgungsvertrag (§ 72 SGB XI)	Wie bei Nr. IV.7.2.
2.	Kündigung des Versorgungsvertrages (§ 74 SGB XI)	Erzielbare Einnahmen für drei Jahre (Hess. LSG, 26. 09. 2005 – L 14 P 1300/00 –; LSG Berlin-Brandenburg, 31. 08. 2006 – L 24 B 31/06 P ER –).
3.	Pflegesatzvereinbarung; Auskunftsklage zur Vorbereitung einer Zahlungsklage (§§ 82 ff SGB XI)	Grad der Abhängigkeit der Durchsetzbarkeit der Ansprüche von der Auskunft, idR ein Fünftel des Zahlungsanspruches (LSG Schleswig-Holstein, 14. 10. 2005 – L 3 P 4/05 –).
4.	*Private Pflegeversicherung*	
4.1	*Übergang von Ansprüchen im Wege der Gesamtrechtsnachfolge*	Jedenfalls bei Ehegatten findet die Kostenprivilegierung des § 183 Satz 1 SGG entsprechende Anwendung (BSG, 28. 09. 2006 – B 3 P 3/05 R –).
VI.	**Rentenversicherung**	
1.	**Betriebsprüfung, Feststellung der Versicherungspflicht (§ 28 p SGB IV)**	

1.1	Klage des Arbeitnehmers	Keine Streitwertfestsetzung, da gerichtskostenfrei nach § 183 SGG.
1.2	Klage des Arbeitgebers	Höhe der Beiträge.
2.	**Anfrageverfahren (§ 7 a SGB IV)**	
2.1	Klage des Arbeitnehmers	Keine Streitwertfestsetzung, da gerichtskostenfrei nach § 183 SGG.
2.2	Klage des Arbeitgebers	*Dreifacher Regelstreitwert angesichts der Bedeutung des zukunftsgerichteten Verfahrens (Bay. LSG, 29. 11. 2006 – L 5 B 572/06 KR –).*
3.	**Klage eines Geldinstituts gegen Rücküberweisung von Rentenleistungen (§ 118 Abs. 3 Satz 2 SGB VI)**	Höhe des Betrags.
VII.	**Sozialhilfe**	
1.	**Abschluss von Vereinbarungen mit Einrichtungen (§§ 75 ff SGB XII)**	Gewinn *bzw.* Minder- einnahmen im angestrebten Vereinbarungszeitraum (LSG Baden-Württemberg, 13.0 7.2006 – L 7 SO 1902/06 ER-B –).
2.	**Erteilung einer Auskunft über die Einkommens- und Vermögensverhältnisse (§ 117 SGB XII)**	Hälfte des Regelstreitwerts.
VIII.	**Unfallversicherung**	
1.	**Anfechtung der Wahl der Vertreterversammlung (§ 46, § 57 SGB IV)**	Regelstreitwert (LSG BadenWürttemberg, 06. 08. 2004 – L 7 U 3170/04 W-A –); *vgl. auch IX. 14.*
2.	**Beitragsforderung (§ 150, § 168 SGB VII);** *Gefahrtarif, Gefahrklassen* **(§§ 157 ff SGB VII)**	
2.1	Veranlagungsbescheid	*Das Zweifache des Differenzbetrages zwischen dem geforderten und dem bei einem Erfolg der Klage zu erwartenden Jahresbeitrag, mindestens der dreifache Regelstreitwert (BSG, 03. 05. 2006 – B 2 U 415/06 B –; a. A.: LSG Baden-Württemberg, 25. 09. 2006 – L 10 U 1403/06 WA – L 10 U 2 72 6/05 –: Tatsächliche bzw. zu erwartende Beitragslast für die ersten drei Umla gejahre, so fern der Gefahrtarif keine kürzere Laufzeit hat; bei Nichtfeststellbarkeit der erstrebten Beitragsersparnis die Hälfte der Beitragslast für die ersten drei Beitragsjahre).*
2.2	Beitragsbescheid	Höhe der Forderung.

Streitwertkatalog für die Sozialgerichtsbarkeit

3.	Mitgliedschaft bei Berufsgenossenschaft (§§ 121 ff, § 136 SGB VII); *Zuständigkeitsstreit*	*Dreifacher Jahresbeitrag des Unfallversicherungsträgers, gegen dessen Zuständigkeit sich der Kläger wendet, mindestens der vierfache Regelstreitwert (BSG, 28. 02. 2006 – B 2 U 3 1/05 R –; 09. 05. 2006 – B 2 U 34/05 R –).*
4.	Versicherungspflicht als Unternehmer (§ 2 SGB VII)	Keine Streitwertfestsetzung, da gerichtskostenfrei nach § 183 SGG, wenn zugleich Versicherter (LSG Sachsen, 02. 05. 2005 – L 2 B 236/04 U/LW/ER –; 22. 11. 2005 – L 2 B 206/05 U –; *Bay. LSG*, 29. 06. 2005 – L 1/3 U 291/04 –; a. A.: Meyer-Ladewig/Keller/Leitherer, SGG, 8. Aufl., § 183 Rdnr. 5).
IX.	**Vertragsarztrecht**	
1.	Genehmigung zur Erbringung und Abrechnung von Leistungen außerhalb der Zulassung (§ 72 Abs. 2, § 82 Abs. 1 S. 1 SGB V i. V. m. den Verträgen)	– beim Vorhandensein von Umsatzzahlen oder Umsatzerwartungen: Honorareinnahmen abzüglich der Praxiskosten für zwei Jahre (LSG Sachsen, 10. 05. 2004 – L 1 B 2/03 KA-ER –) – ansonsten: Regelstreitwert (BSG, 26. 02. 1996 – 6 RKa 20/95 –).
2.	Anstellung eines Arztes in der Vertragsarztpraxis (§ 95 Abs. 9, § 115, § 98 Abs. 2 Nr. 13 i. V. m. Zulassungsverordnung)	– bei einem Dauerassistenten: 80 v. H. der zu erwartenden Umsatzsteigerung für zwei Jahre abzüglich der Praxiskosten und des Gehalts (BSG, 07. 01. 1998 – 6 RKa 84/95 –) – bei einem Vorbereitungsassistenten: Regelstreitwert; im Sonderfall einer nachträglichen Genehmigung: die Mehreinnahmen (LSG Niedersachsen-Bremen, 26. 09. 2005 – L 3 B 16/05 KA –).
3.	Belegarzt (§ 121 SGB V, Vertrag nach § 82 Abs. 1 SGB V)	Honorareinnahmen abzüglich der Betriebskosten für drei Jahre (Wenner/Bernard, NZS 2006, 1, 4).
4.	Budgetierungsmaßnahmen (§ 87 Abs. 1 S. 1 SGB V, einheitlicher Bewertungsmaßstab)	

4.1	Budgeterweiterung	Differenz der Fallpunktzahl im streitigen Zeitraum, hilfsweise für zwei Jahre; dabei ist der Punktwert des letzten vor Klageerhebung abgerechneten Quartals zugrunde zu legen (LSG Sachsen, 23.10.2002 – L 1 B 66/02 KA –; LSG BadenWürttemberg, 22.09.1998 – L 5 KA 2660/98 W-B –).
4.2	Budgetüberschreitung	Höhe der Honorarkürzung.
4.3	Budgetfreistellung	Regelstreitwert.
4.4	Fallzahlzuwachsbegrenzung (§ 85 Abs. 4 SGB V, Honorarverteilungsmaßstab)	Höhe der Honorarkürzung.
5.	**Disziplinarmaßnahmen (§ 81 Abs. 5 SGB V i. V. m. Disziplinarordnung)**	
5.1	Verwarnung, Verweis, Geldbuße	Regelstreitwert zuzüglich des Betrages der Geldbuße (BSG, 01.02.2005 – B 6 KA 70/04 B –).
5.2	Anordnung des Ruhens der Zulassung	Mutmaßlicher Umsatz im Ruhenszeitraum abzüglich der Praxiskosten, Zuschlag von 25 v. H. wegen der Folgewirkungen (u. a. »Abwandern« von Patienten) (Bay.LSG, 23.06.1993 – L 12 B 163/92 Ka –).
6.	**Ermächtigung (§ 98 Abs. 2 Nr. 11 SGB V i. V. m. Zulassungsverordnung)**	
6.1	persönliche Ermächtigung von Krankenhausärzten zur Teilnahme an der vertragsärztlichen Versorgung (§ 116 SGB V)	– erzielbare Einnahmen abzüglich der Praxiskosten und Abgaben an das Krankenhaus im streitigen Zeitraum (BSG, 06.09.1993 – 6 RKa 25/91 –) – bei Streit über Inhalt bzw. Umfang der erteilten Ermächtigung: Regelstreitwert.
6.2	Ermächtigung ärztlich geleiteter Einrichtungen (§§ 117 bis 120 SGB V)	Bruttoeinnahmen im streitigen Zeitraum abzüglich der Einnahmen aus erteilten oder zu Unrecht nicht erteilten Ermächtigungen, bei fehlenden Anhaltspunkten: pauschaler Abzug von 50 v. H. (BSG, 21.12.1995 – 6 RKa 7/92 –), a. A.: LSG Berlin, 15.12.1998 – L 7 KA S 53/98 – dreifacher Jahresbetrag des Einkommens abzüglich der Praxisunkosten.

Streitwertkatalog für die Sozialgerichtsbarkeit

6.3	Konkurrentenklage gegen Ermächtigung	Im Einzelfall zu schätzender Anteil der Umsatzeinbuße der von der Ermächtigung betroffenen Leistungen abzüglich der Praxiskosten (BSG, 24. 02. 1997 – 6 BKa 54/95 –).
6.4.	*Ermächtigung zur Teilnahme an der vertragspsychotherapeutischen Versorgung*	*Geschätzter Jahresgewinn für den streitigen – im Regelfall zweijährigen – Zeitraum (BSG, 19. 07. 2006 – B 6 KA 33/05 B –).*
7.	**Gemeinschaftspraxis** (§ 98 Abs. 2 Nr. 13 SGB V i. V. m. Zulassungsverordnung)	
7.1	Genehmigung	Schätzung anhand der Einkommensverhältnisse und der Schwierigkeit der Angelegenheit (BSG, 06. 01. 1984 – 6 RKa 7/81 –).
7.2	Anordnung der Auflösung	Regelstreitwert (LSG Hessen, 06. 01. 2003 – L 7 KA 1116/02 ER –).
7.3	Vergütungsanspruch	Keine Berechnung von Einzelstreitwerten, da Gesellschaft bürgerlichen Rechts (BSG, 20. 10. 2004 – B 6 KA 15/04 R –).
7.4	Genehmigung der Verlegung des Vertragsarztsitzes durch den Praxispartner; Klage des verbleibenden Praxispartners	Dreifacher Regelstreitwert (entspr. Nr. IX.16.4.: BSG, 14. 03. 2002 – B 6 KA 60/00 B –).
8.	**Gesamtvergütung, Klage der KÄV/ KZÄV gegen die Krankenkasse** (§ 85 Abs. 1, 2 SGB V)	Höhe des Zahlungsanspruchs.
9.	**Verlangen der Herausgabe von Krankenunterlagen eines Arztes zur Prüfung eines Schadensregresses**	Bei geringem in Betracht kommenden Schadensregressbetrag: Hälfte des Regelstreitwertes (LSG Baden-Württemberg, 25. 06. 1997 – L 5 Ka 855/97 W-A –).
10.	**Honorarstreitigkeiten (§ 85 Abs. 4 ff SGB V)**	
10.1	Honoraransprüche oder Honorarberichtigungen	Höhe des geltend gemachten Honorars oder der vorgenommenen Honorarberichtigung (BSG, 06. 11. 1996 – 6 RKa 19/95 –; *LSG Nordrhein-Westfalen, 18. 04. 2006 – L 10 B 1/06 KA –; 05. 07. 2006 – L 10 B 8/06 KA –*) bei Zugrundelegung eines durchschnittlichen oder geschätzten Punktwertes (Wenner/Bernard, NZS, 2001, 57, 61).

10.2	Einheitlicher Bewertungsmaßstab (EBM) (§ 87 Abs. 1 S. 1 SGB V)	Bei Abwertung von Leistungspositionen: Höhe der Honorareinbuße (BSG, 15. 11. 1996 – 6 RKa 49/95; 06. 02. 1997 – 6 RKa 48/95 –); wenn nicht konkretisierbar: Regelstreitwert (BSG, 10. 05. 2004 – B 6 KA 129/03 B –.)
10.3	Abrechenbarkeit einer Gebührennummer (§ 87 Abs. 1 S. 1 SGB i. V. m. EBM)	Wert der Leistung für ein Jahr (vgl. Nr. IX. 10.4.2.).
10.4	Honorarverteilungsmaßstäbe (HVM) (§ 85 Abs. 4 SGB V)	
10.4.1	Zuordnung zum Honorarfonds der Fachärzte	Höhe der Nachvergütung der streitigen Quartale (LSG Sachsen, 27. 01. 2005 – L 1 KA 6/04 –).
10.4.2	Zuordnung zu anderer Arztgruppe (EBM)	Nachvergütungsbetrag eines Quartals mal vier (ein Jahr); BSG, 20. 10. 2004 – B 6 KA 15/04 R –).
10.5	Praxiskosten	Kein Abzug vom Streitwert (Wenner/Bernard, NZS 2001, 57, 61).
10.6	Fallpunktzahlmenge (§ 85 Abs. 4 ff SGB V)	Differenz der abgerechneten und der maximal zustehenden Punkte (BSG, 05. 05. 2000 – B 6 KA 71/97 –; 09. 05. 2000 – B 6 KA 72/97 R –).
10.7	Zusätzliches Honorar bei »fachfremder« Behandlung (Überweisungsverbot; zulassungsrelevante Entscheidung) (§ 73 SGB V)	Erzielbare Einnahmen für drei Jahre unter Abzug der Praxiskosten; bei einem Überweisungsverbot unter Abzug der erzielbaren Einnahmen aus dem »Verkauf« an andere Vertragsärzte (BSG, 03. 03. 1997 – 6 RKa 21/95 –).
10.8	(unzulässige) vorbeugende Unterlassungsklage gegen Honorarbescheid	Regelstreitwert (LSG Niedersachsen-Bremen, 07. 10. 2005 – L 3 KA 139/05 ER –).
10.9	Verhinderung einer Honorarverteilung durch Schiedsspruch (Weitergeltung der früheren günstigeren Honorarverteilung; § 89 SGB V)	€ 50.000 (LSG Niedersachsen-Bremen, 22. 12. 2004 – L 3 KA 368/04 ER –).
11.	**Notdienst (§ 75 Abs. 1 S. 2 SGB V i. V. m. Satzungsregelung der KÄV/KZÄV, § 81 SGB V)**	
11.1	Abberufung als Vorsitzender der Notdienstkommission	Regelstreitwert (LSG Sachsen, 15. 07. 2002 – L 1 B 12/02 KA –).

Streitwertkatalog für die Sozialgerichtsbarkeit

11.2	Befreiung vom Notdienst	Regelstreitwert (LSG Schleswig-Holstein, 25. 02. 2005 – L 4 B 32/04 KA ER –; LSG Hessen, 25. 02. 2005 – L 6/7 B 99/04 KA –; LSG Niedersachsen-Bremen, 25. 08. 2005 – L 3 KA 74/05 ER –).
11.3	Eingliederung von Fachärzten in den allgemeinen Notdienst	Regelstreitwert (SG Dresden, 10. 02. 2005 – S 11 KA 260/04 –).
11.4	Klage auf Teilnahme am Notdienst	zusätzliche Honorarsumme im Quartal für zwei Jahre (LSG Niedersachsen-Bremen, 11. 08. 2005 – L 3 KA 78/05 ER –).
11.5	Vertretung für den Notfalldienst	Kosten der Vertretung (LSG Rheinland-Pfalz, 29. 08. 1977 – L 6 Ka 5/76 –).
12.	**Praxisübernahme**	
12.1	Praxiskauf	Kaufpreis (LSG Berlin, 23. 09. 1997 – L 7 Ka-SE 27/97 –).
12.2	Antrag auf zusätzliche Zulassung bei angestrebtem Praxiskauf	Siehe Erstzulassung (vgl. Nr. IX. 16.4), da Zulassungsstreit (LSG Baden-Württemberg, 27. 08. 1999 – L 5 KA 1576/99 W-B –).
13.	**Schiedsverfahren (§ 89 SGB V)**	Regelstreitwert (LSG Niedersachsen, 20. 09. 2001 – L 3 B 252/01 KA –).
14.	**Wahlanfechtung (§ 80, § 81 Abs. 1 Nr. 2 SGB V i. V. m. Wahlordnung)**	Regelstreitwert; *mehrfacher Regelstreitwert (§ 39 Abs. 1 GKG), wenn die Besetzung mehrerer Positionen angefochten wird, für die jeweils gesonderte Wahlhandlungen vorgesehen sind. Die Zahl der die Wahlanfechtungen betreibenden Kläger ist ohne Bedeutung* (BSG, – 14. 09. 2006 – B 6 KA 24/06 B –; 19. 09. 2006 – B 6 KA 30/06 B –).
15.	**Wirtschaftlichkeitsprüfung (§ 106 SGB V)**	
15.1	Beratung (§ 106 Abs. 1 a SGB V)	Ein Viertel des Regelstreitwertes (Bay.LSG, 07. 09. 1998 – L 12 B 350/97 KA –).
15.2	Bescheidungsantrag bei Honorarkürzung oder Regress	Höhe des Kürzungs- oder des Regressbetrages ohne Abschlag (BSG, 23. 02. 2005 – B 6 KA 72/03 R –); *dies gilt auch bei einer Klage der Krankenkasse gegen die Ablehnung eines Regresses; keine Herabsetzung, wenn auch Versicherte anderer Kassen betroffen sind, mit Ausnahme einer Einzelfallprüfung* (LSG Rheinland-Pfalz, 24. 08. 2006 – L 5 KA 201/06 KA –).

15.3	Honorarkürzung oder Regress	Höhe des Kürzungs- oder des Regressbetrages (BSG, 15.06.1998 – 6 RKa 40/96 –); wenn nur eingeschränkte Anfechtung in nicht quantifizierbarem Umfang: Hälfte der Differenz zwischen dem zuerkannten und dem abgerechneten Honorar (LSG Niedersachsen-Bremen, 19.08.2003 – L 3 B 38/03 KA –).
16.	**Zulassungsverfahren von Ärzten, Zahnärzten und Psychotherapeuten (§ 95 SGB V i. V. m. der Zulassungsverordnung nach § 98 SGB V)**	
16.1	Eintragung in das Arztregister als Vorstufe der Zulassung (§§ 95a, 95c SGB V)	– bei faktischer Vorwegnahme der Zulassung: Höhe der Einnahmen wie bei Nr. IX.16.4 – im Übrigen: Höhe der Einnahmen in dem streitigen Zeitraum der Weiterbildung (BSG, 21.03.1997 – 6 RKa 29/95 –).
16.2	Einstweilige Anordnung	Höhe der Einnahmen (wie bei Nr. IX.16.4) während der voraussichtlichen Verfahrensdauer von einem Jahr ohne Abschlag (Wenner/Bernard, NZS 2001, 57, 59; 2003, 568, 571; 2006, 1, 3 f.).
16.3	Entziehung der Zulassung	Wie bei Nr. IX.16.4, wobei auf die konkret erzielten Umsätze zurückgegriffen werden kann (BSG, 07.04.2000 – B 6 KA 61/99 B –).

Streitwertkatalog für die Sozialgerichtsbarkeit

16.4	Erstzulassung	– Höhe der bundesdurchschnittlichen Umsätze der Arztgruppe (in den neuen Bundesländern: Durchschnitt dieser Länder) abzüglich des durchschnittlichen Praxiskostenanteils in einem Zeitraum von drei Jahren (BSG, 01.09.2005 – B 6 KA 41/04 R –; 12.10.2005 – B 6 KA 47/04 B –) – bei fehlenden Daten bzgl Umsätzen und Praxiskostenanteilen: Rückgriff auf durchschnittliche Werte aller Arztgruppen (BSG, 12.10.2005 – B 6 KA 47/04 B –) – bei fehlenden Daten bzgl Praxiskostenanteilen: Rückgriff auf einen »pauschal gegriffenen Kostensatz« von 50 vH (BSG, 12.10.2005 – B 6 Ka 47/04 B –) – Unterschreiten des »Berechnungszeitraums« von drei Jahren möglich, wenn kürzere Tätigkeit zu erwarten ist (BSG, 28.01.2000 – B 6 KA 22/99 R –) – *in einem atypischen Fall, in welchem die durchschnittlichen Umsätze der Arztgruppe dem wirtschaftlichen Interesse des Arztes nicht annähernd entsprechen, ist für jedes Quartal des Dreijahreszeitraums der Regelstreitwert ohne Abzug von Praxiskosten anzusetzen (BSG, 12.09.2006 – B 6 KA 70/05 B –).*
16.5	Erteilung einer weiteren Zulassung	Mehreinnahmen innerhalb eines Zeitraumes von drei Jahren (BSG, 11.11.2005 – B 6 KA 12/05 B –).
16.6	Konkurrentenklage gegen Zulassung	– Zulassung: dreifacher Regelstreitwert (a. A.: (Mehr-)Einnahmen einer durchschnittlichen Praxis innerhalb von drei Jahren, SG Dresden, 08.03.2001 – S 1 KA 202/00 KO –). – Praxisübernahme: Durchschnittsumsatz in der Arztgruppe ohne Abzug von Praxiskosten (Wenner/Bernard, NZS 2001, 57, 60).
16.7	Nebenbestimmungen zu einer Zulassung (Bedingung)	Wie bei Nr. IX.16.4.
16.8	Verlegung des Arztsitzes	Dreifacher Regelstreitwert (Wenner/Bernard, NZS 2001, 57, 60).

16.9	Weiterführung von Behandlungen nach Versagung der Zulassung zur vertragspsychotherapeutischen Versorgung	Zu erwartendes Honorar (BSG, 08.04.2005 – B 6 KA 52/04 B –).
16.10	Zweigpraxis	Dreifacher Regelstreitwert (Wenner/Bernard, NZS 2003, 568, 572).
16.11	*Erteilung einer Nebentätigkeitsgenehmigung als Konsiliararzt*	Voraussichtliche Honorareinnahmen für drei Jahre abzüglich der Betriebskosten (LSG Nordrhein-Westfalen, 24.02.2006 – L 10 B 21/05 KA –).

STICHWORTREGISTER

§ 1 = § 1 RVG
Nr. 1000 = Nr. 1000 VV RVG
Vorbem. 1.1 = Vorbemerkung 1.1 aus VV RVG
a. F./n. F. = a. F./n. F. des VV RVG

A

Abänderung eines Vollstreckungstitels
– Terminsgebühr Nr. 3332 Rn. 1 ff.
– vorzeitige Beendigung Nr. 3337 Rn. 1 ff.
Abänderungsverfahren § 17 Rn. 17
Abgabe § 20 Rn. 1 ff.
– Allgemeines § 20 Rn. 1 ff.
Abgeltungsbereich der Gebühren § 15 Rn. 1 ff.
Abhilfeverfahren
– Verletzung des rechtlichen Gehörs § 12 a Rn. 1 ff.
Ablichtungen
– aus Behörden- und Gerichtsakten Nr. 7000 Rn. 11 ff.
– zusätzliche ~ Nr. 7000 Rn. 20 ff.
Abschiebungsandrohung § 30 Rn. 13, 17
Abschiebungsschutz § 30 Rn. 11, 12, 15, 23
Abtretung
– Anwaltskosten § 43 Rn. 10
– Kostenerstattungsanspruch § 43 Rn. 1 ff.
– Zeitpunkt § 43 Rn. 5 ff.
Abtretungsanzeige § 43 Rn. 8
Abtretungserklärung § 43 Rn. 3 ff.
Abtretungsurkunde § 43 Rn. 8
Abwesenheitsgeld § 5 Rn. 51; Nr. 7005 Rn. 1 f.
Abwicklungstätigkeit § 19 Rn. 11
Akte
– elektronische ~ § 12 b Rn. 1 ff.
Aktivnachlass
– Bruttowert § 1 Rn. 69
Allgemeine Geschäftskosten § 46 Rn. 9
Allgemeine Geschäftsunkosten § 2 Rn. 18
Allgemeine Vertreter § 5 Rn. 1 ff.
Allgemeine Wertvorschrift § 23 Rn. 1 ff.
Anderweitige Verwertung § 18 Rn. 30
Anerkenntnis
– Einigungsgebühr Nr. 1000 Rn. 88 ff.; Nr. 1003 Rn. 41
– Terminsgebühr Nr. 3104 Rn. 66; Nr. 3106 Rn. 4

Angelegenheit § 2 Rn. 37; § 15 Rn. 3, 9 ff.; § 22 Rn. 3
– Ausnahmen § 15 Rn. 85
– außergerichtliche ~ § 15 Rn. 28 ff.; § 23 Rn. 109 ff.
– außergerichtlicher Bereich § 22 Rn. 28 ff.
– bedingter Auftrag § 15 Rn. 33
– Beendigung § 8 Rn. 30 ff.
– Begriff § 2 Rn. 8; § 22 Rn. 16
– behördliches Verfahren § 15 Rn. 14 ff.
– bei gerichtlichem oder behördlichem Verfahren § 15 Rn. 14; § 22 Rn. 19 ff.
– besondere ~ § 18 Rn. 1 ff.
– Definition § 15 Rn. 9 ff.
– dieselbe ~ § 15 Rn. 61; § 16 Rn. 1 ff.; § 22 Rn. 15 ff.; Nr. 1008 Rn. 41 ff.; *siehe auch Dieselbe Angelegenheit*
– durchschnittliche ~ § 14 Rn. 79
– einheitlicher Auftrag § 15 Rn. 29; § 22 Rn. 29
– einheitlicher Rahmen § 15 Rn. 30; § 22 Rn. 30
– Einmaligkeit der Gebühren § 15 Rn. 61 ff.
– Einvernehmensherstellung Nr. 2200 Rn. 16
– Ende des Auftrags § 15 Rn. 87 ff.
– Erledigung § 15 Rn. 86
– erneuter Auftrag in derselben ~ nach mehr als 2 Jahren § 15 Rn. 93 ff.
– freiwillige Gerichtsbarkeit § 15 Rn. 35
– gerichtliches Verfahren § 15 Rn. 14 ff.
– innerer Zusammenhang § 15 Rn. 31; § 22 Rn. 31
– Instanz § 15 Rn. 61 ff.
– mehrere ~en § 8 Rn. 22; § 15 Rn. 27; § 22 Rn. 32 ff.
– mehrere Auftraggeber § 15 Rn. 32
– mehrere Einzelaufträge § 15 Rn. 98 ff.
– neue Aufträge in derselben ~ § 15 Rn. 88 ff.
– Rechtsprechungsauswertung § 15 Rn. 26
– sozialrechtliche ~ § 3 Rn. 1 ff.
– Strafsachen § 15 Rn. 34
– Übergangsrecht § 15 Rn. 105
– Umfang § 51 Rn. 14 ff.

1613

Stichwortregister

- unterschiedliche Gebührensätze § 15 Rn. 76 ff.
- Verabredung mehrerer ~en durch Gebührenvereinbarung § 15 Rn. 37; § 22 Rn. 32 ff.
- Vergütungsvereinbarung bei mehreren ~en § 15 Rn. 37
- verschiedene ~en § 17 Rn. 1 ff.
- vorzeitige Beendigung § 15 Rn. 87 ff.

Anhängigkeit
- Ende § 8 Rn. 60

Anordnung auf Wiederherstellung der aufschiebenden Wirkung Vorbem. 3.2 Rn. 5

Anordnung der sofortigen Vollziehung Nr. 2301 Rn. 23 ff.; Vorbem. 3.2 Rn. 5

Anordnung der sofortigen Wirksamkeit § 19 Rn. 67

Anrechnung
- § 15 a geplante Änderungen Nr. 2300 Rn. 266 f.
- Abrechnung gegenüber der Staatskasse § 58 Rn. 14
- Addition der erhaltenen Zahlungen und der zustehenden Vergütung § 58 Rn. 27
- Allgemeines § 58 Rn. 1 ff.
- BRAGO-Gebühr § 61 Rn. 107 ff.
- doppelter Betrag der Pflichtverteidigergebühren § 58 Rn. 27
- Einvernehmensherstellung Nr. 2200 Rn. 11
- Erfolgsaussichtsprüfung eines Rechtsmittels Nr. 2100 Rn. 32
- Ermittlung der PKH-Gebühren gem. § 49 § 58 Rn. 14
- Ermittlung der Wahlanwaltsgebühren gem. Anlage zu § 13 Abs. 1 § 58 Rn. 14
- eventuell ~ § 58 Rn. 28
- Geschäftsgebühr Nr. 2300 Rn. 259 f.; Nr. 2503 Rn. 13 ff.
- Güteverfahren Nr. 2303 Rn. 23
- Pflichtverteidigergebühren ohne Vorschüsse § 58 Rn. 27
- Verfahrensgebühr Nr. 3100 Rn. 52; Nr. 3101 Rn. 70 ff.
- Vorschüsse und Zahlungen in Straf- und Bußgeldsachen § 58 Rn. 16 ff.
- Vorschüsse und Zahlungen § 58 Rn. 1 ff.
- Zahlung nach 3. Teil des VV § 58 Rn. 9 ff.
- Zahlungen nach § 9 BerHG § 58 Rn. 5

Antragsgegner
- Verfahrensgebühr Nr. 3100 Rn. 35 ff.

Antragsteller
- Verfahrensgebühr Nr. 3100 Rn. 33

Anwalt in eigener Sache
- Umsatzsteuer Nr. 7008 Rn. 17

Anwaltliche Tätigkeiten § 1 Rn. 1 ff.
- Abgrenzung § 1 Rn. 7 ff.
- Begriff § 1 Rn. 17
- persönlicher Bereich § 1 Rn. 10 ff.
- rechtliche Schwierigkeit § 14 Rn. 24 ff.; Nr. 2300 Rn. 58 ff.
- sachlicher Bereich § 1 Rn. 17 ff.
- Schwierigkeit § 14 Rn. 23 ff.
- Spezialkenntnisse § 14 Rn. 37 ff.
- tatsächliche Schwierigkeit § 14 Rn. 34 ff.; Nr. 2300 Rn. 66
- Umfang § 14 Rn. 14 ff.
- Umfang und Schwierigkeit § 3 Rn. 22 ff.

Anwaltmediator § 1 Rn. 51; § 34 Rn. 111, 122

Anwaltsgemeinschaft
- mehrere Rechtsanwälte § 6 Rn. 26

Anwaltssozietät Nr. 1008 Rn. 18 ff.
- mehrere Auftraggeber § 7 Rn. 21

Anwaltsvertrag § 1 Rn. 21 ff., 26 ff.
- Abschluss § 1 Rn. 26
- Bedingung § 1 Rn. 28 ff.
- Belehrung über Vergütung § 1 Rn. 43 ff.
- Bereicherungsanspruch § 1 Rn. 34
- Deckungszusage der Rechtsschutzversicherung § 1 Rn. 28
- Entgeltlichkeit § 1 Rn. 42
- erster Besuch des Mandanten beim Anwalt § 1 Rn. 43 ff., 51
- Gebührenvereinbarung § 1 Rn. 30
- Hinweispflicht § 1 Rn. 43 ff.
- mehrere Rechtsanwälte § 6 Rn. 1 ff.
- PKH-Bewilligung § 1 Rn. 28
- Vertragsparteien § 1 Rn. 35 ff.
- Zustandekommen § 1 Rn. 26

Anwaltswechsel § 6 Rn. 12 f.
- Prozesskostenhilfe § 50 Rn. 28

Anwaltszwang
- Lebenspartnerschaftssachen § 39 Rn. 7
- Scheidungssachen § 39 Rn. 7

Arbeitseinkommen
- Gegenstandswert § 25 Rn. 13 ff.

Arbeitsgericht
- Schiedsgerichtsverfahren Nr. 3326 Rn. 1 ff.

Arbeitsgerichtliche Wertvorschriften § 23 Rn. 96 ff.

Arbeitsgerichtssachen
- Horizontalverweisung § 20 Rn. 38
- Verweisung § 20 Rn. 38

Arbeitsgerichtsverfahren Vorbem. 3.2.1 Rn. 1 ff.
- Terminsgebühr Nr. 3332 Rn. 1 ff.
- Verfahrensgebühr Nr. 3326 Rn. 1 ff.
- vorzeitige Beendigung Nr. 3337 Rn. 1 ff.

Stichwortregister

Arbeitssachen
- Schiedsgerichtsverfahren § 36 Rn. 16

Arrest Vorbem. 3.2 Rn. 4
- besondere Angelegenheit § 18 Rn. 20

Arrestverfahren Vorbem. 3.2 Rn. 4
- Terminsgebühr Nrn. 3514–3515 Rn. 1 ff.

Assessoren § 5 Rn. 17 ff.

Asylanerkennung § 30 Rn. 11

Asylverfahren
- Beschwerde gegen Gegenstandswertfestsetzung § 30 Rn. 25
- Klageverfahren § 30 Rn. 11 ff.
- mehrere am Verfahren Beteiligte § 30 Rn. 18 ff.
- sonstige Klagen § 30 Rn. 12 ff.
- vorläufiger Rechtsschutz § 30 Rn. 23 ff.

Asylverfahrensgesetz
- Klageverfahren § 30 Rn. 11 ff.

Aufgebotsverfahren § 16 Rn. 19; Nr. 3324 Rn. 1 ff.
- Allgemeines Nr. 3324 Rn. 1
- Terminsgebühr Nr. 3332 Rn. 1 ff.
- Verfahrensgebühr Nr. 3324 Rn. 1 ff.
- vorzeitige Beendigung Nr. 3337 Rn. 1 ff.

Aufhebung
- Mandatsvertrag § 8 Rn. 23
- ~ der Vollziehung Vorbem. 3.2 Rn. 5

Aufhebungsvertrag
- Gegenstandswert § 23 Rn. 26 ff.

Aufrechnung
- Aussöhnungsgebühr Nr. 1003 Rn. 17 f.
- Einigungsgebühr Nr. 1003 Rn. 17 f.
- Erledigungsgebühr Nr. 1003 Rn. 17 f.
- Vereitelung oder Beeinträchtigung des Erstattungsanspruchs des Anwalts § 43 Rn. 12 ff.

Auftrag § 2 Rn. 40; § 15 Rn. 9 ff.; Nr. 3100 Rn. 6 ff.
- außergerichtliche Vertretung Nr. 3100 Rn. 13
- bedingter ~ § 15 Rn. 33
- bedingter Verfahrens~ Nr. 3100 Rn. 14 ff.
- Beschreibung der Bedingung für bedingten Verfahrens~ Nr. 3100 Rn. 17
- einheitlicher ~ § 22 Rn. 29
- Einzeltätigkeit Nr. 3100 Rn. 12
- Erledigung § 8 Rn. 17, 21 ff.
- Form Nr. 3100 Rn. 7
- sofortiger Verfahrens~ Nr. 3100 Rn. 31
- unbedingter ~ § 60 Rn. 14 ff.; § 61 Rn. 21 ff.
- Verfahrens~ Nr. 3100 Rn. 12
- vorzeitige Beendigung Nr. 3101 Rn. 1 ff.; Nr. 3337 Rn. 1 ff.
- Zeitpunkt Nr. 3100 Rn. 10

Auftraggeber
- Begriff Nr. 1008 Rn. 4 ff.
- Einkommensverhältnisse § 14 Rn. 45 ff.
- mehrere ~ § 7 Rn. 1 ff.; Nr. 1008 Rn. 1 ff.
- Vermögensverhältnisse § 14 Rn. 45 ff.

Auftragsausführung § 15 Rn. 61 ff.

Auftragsgespräch Nr. 3100 Rn. 6

Auskunft § 19 Rn. 28 f.; Nrn. 2100–2103 a. F. Rn. 11 ff. (Anhang III)
- Schuldnerverzeichnis Nr. 3309 Rn. 33

Auskunftsansprüche § 22 Rn. 44

Auslagen § 2 Rn. 15; § 46 Rn. 1 ff.; § 60 Rn. 75; § 61 Rn. 98; Nr. 7000 Rn. 1 ff.; Vorbem. 7 Rn. 1 ff.
- Ablichtungen aus Behörden- und Gerichtsakten Nr. 7000 Rn. 11 ff.
- Abwesenheitsgeld Nr. 7005 Rn. 1 f.
- allgemeine Geschäftskosten § 46 Rn. 9; Vorbem. 7 Rn. 5 ff.
- Allgemeines § 46 Rn. 1; Nr. 7000 Rn. 1; Vorbem. 7 Rn. 1 ff.
- Arten § 46 Rn. 9 ff.
- Beratungshilfe Vorbem. 2.5 Rn. 67 ff.; Nr. 2500 Rn. 4; Nr. 2501 Rn. 10; Nrn. 7001–7002 Rn. 28 ff.
- bestellte Rechtsanwälte § 52 Rn. 8 f.
- Bewirtungskosten Nr. 7006 Rn. 4
- Dokumentenpauschale § 46 Rn. 10
- Dolmetscherkosten § 46 Rn. 25
- Einzelheiten § 46 Rn. 5 ff.; Nr. 7000 Rn. 2 ff.
- elektronisch gespeicherte Daten Nr. 7000 Rn. 24 ff.
- Erstattungsgrundsatz § 46 Rn. 5 ff.
- Fahrtkosten Nr. 7003 Rn. 1 ff.; Nr. 7004 Rn. 1 ff.
- Fahrtkosten bei anderen Verkehrsmitteln Nr. 7004 Rn. 1 ff.
- Fahrtkosten bei Benutzung des eigenen Pkw Nr. 7003 Rn. 1 ff.
- Geschäftsreisen Vorbem. 7 Rn. 9 ff.; Nr. 7003 Rn. 1 ff.; Nr. 7004 Rn. 1 ff.
- Haftpflichtversicherung Nr. 7007 Rn. 1 ff.
- Hebegebühr Nr. 1009 Rn. 17
- Kilometerpauschale Nr. 7003 Rn. 1 ff.
- Mautgebühren Nr. 7006 Rn. 2
- Mediation § 34 Rn. 91 ff.
- mehrere Auftraggeber § 7 Rn. 25
- Nachforschungen zur Vorbereitung der Wiederaufnahme § 46 Rn. 32 ff.
- Parkgebühren Nr. 7006 Rn. 2
- Pauschale für Entgelte für Post- und Telekommunikation § 46 Rn. 13

Stichwortregister

- Post- und Telekommunikationsdienstleistungen Nr. 7001–7002 Rn. 1 ff.
- Prämie für zusätzliche Haftpflichtversicherung Nr. 7007 Rn. 1 ff.
- Reisekosten Nr. 7003 Rn. 1 ff.; Nr. 7004 Rn. 1 ff.
- sonstige ~ anläßlich einer Geschäftsreise Nr. 7006 Rn. 1 ff.
- Tagesgeld Nr. 7005 Rn. 1 f.
- Übernachtungskosten Nr. 7006 Rn. 3
- Übersetzungskosten § 46 Rn. 26
- Umsatzsteuer Nr. 7008 Rn. 1 ff.
- Unterrichtung des Auftraggebers Nr. 7000 Rn. 17 ff.
- Vergütungsfestsetzungsverfahren § 11 Rn. 30
- Versicherungsprämie § 22 Rn. 62
- Vignettengebühren Nr. 7006 Rn. 2
- Vorabentscheidung § 46 Rn. 27 ff.
- Vorschuss § 47 Rn. 7
- zusätzliche Ablichtungen und Ausdrucke Nr. 7000 Rn. 20 ff.
- Zustellung und Mitteilung an Gegner oder Beteiligte Nr. 7000 Rn. 14 ff.

Ausländische Titel
- Vollstreckbarkeit Vorbem. 3.2.1 Rn. 7

Auslandsvollstreckung
- Vervollständigung der Entscheidung § 19 Rn. 45

Ausreisepflicht § 30 Rn. 13

Ausschlußverfahren
- nach dem Wertpapiererwerbs- und Übernahmegesetz § 31 a Rn. 1 ff.

Außergerichtliche Angelegenheit § 15 Rn. 28 ff.
- Gegenstandswert § 23 Rn. 109 ff.
- Geschäftsgebühr Nr. 2300 Rn. 3
- materiell-rechtlicher Kostenerstattungsanspruch Nr. 2300 Rn. 128 ff.
- Stundenhonorar § 4 Rn. 95 ff.
- Vertretung Vorbem. 2.3 Rn. 15

Außergerichtliche Beitreibung § 8 Rn. 34

Außergerichtliche Tätigkeiten Vorbem. 2 Rn. 1 ff.
- Abgrenzung Vorbem. 2 Rn. 5 ff.
- Erstattungsfähigkeit Vorbem. 2 Rn. 8

Außergerichtliche Verhandlungen § 19 Rn. 31

Außergerichtlicher Vergleich
- Vergütungsfestsetzungsverfahren § 11 Rn. 35

Aussetzung der sofortigen Vollziehung Nr. 2301 Rn. 23 ff.

Aussetzung der Vollziehung § 19 Rn. 67; Vorbem. 3.2 Rn. 5

Aussöhnung
- Begriff Nr. 1001 Rn. 13

Aussöhnungsgebühr Nr. 1001 Rn. 1 ff.
- Allgemeines Nr. 1001 Rn. 1 ff.
- Aufrechnung Nr. 1003 Rn. 17 f.
- Beiordnung in Ehesachen auf den Abschluss eines Vertrages Nr. 1003 Rn. 4
- Berufungsverfahren Nr. 1004 Rn. 1 ff.
- Ehesachen Nr. 1001 Rn. 1 ff.
- Eilverfahren Nr. 1003 Rn. 8 ff.
- Einbeziehung eines anderweitig bereits anhängigen Anspruchs in Gesamtvergleich Nr. 1003 Rn. 31 ff.
- Einbeziehung nicht anhängiger Ansprüche in die Einigung in der Berufungsinstanz Nr. 1004 Rn. 20 ff.
- Einschränkungen Nr. 1003 Rn. 2 ff.
- Einzelheiten Nr. 1001 Rn. 9 ff.
- ernsthafter Wille zur Einleitung eines Scheidungs- oder Aufhebungsverfahrens Nr. 1001 Rn. 9 ff.
- Feststellungsklage Nr. 1003 Rn. 13 ff.
- Gegenstandswert Nr. 1001 Rn. 24
- gerichtliches Verfahren Nr. 1003 Rn. 1 ff.
- Hilfsaufrechnung Nr. 1003 Rn. 17 f.
- Hilfswiderklage Nr. 1003 Rn. 19
- Höhe Nr. 1001 Rn. 22 f.
- Klageentwurf Nr. 1003 Rn. 7
- Lebenspartnerschaftssachen Nr. 1001 Rn. 1 ff.
- Mitwirkung des RA Nr. 1001 Rn. 3 ff., 14 ff.
- Nachliquidation Nr. 1001 Rn. 26
- PKH Nr. 1001 Rn. 25
- PKH-Antrag zur Einbeziehung eines nicht rechtshängigen Anspruchs in Einigung Nr. 1003 Rn. 3
- PKH-Verfahren Nr. 1003 Rn. 1 ff., 45; Nr. 1004 Rn. 8 ff.
- Revisionsverfahren Nr. 1004 Rn. 1 ff.
- schiedsgerichtliches Verfahren Nr. 1003 Rn. 25
- Schiedsverfahren Nr. 1004 Rn. 27
- selbständiges Beweisverfahren Nr. 1003 Rn. 2, 43; Nr. 1004 Rn. 8 ff.
- Vergütungsfestsetzungsverfahren Nr. 1003 Rn. 23
- Zeitpunkt der Anhängigkeit Nr. 1003 Rn. 20
- Zwangsvollstreckungsverfahren Nr. 1003 Rn. 26 ff.

Stichwortregister

Austauschpfändung
- besondere Angelegenheit § 18 Rn. 29
- Zulassung § 18 Rn. 29

B

Bank mit eigener Rechtsabteilung Nr. 3402 Rn. 88
Bebauungsplan § 22 Rn. 39; Nr. 1008 Rn. 73
Beendigung des Rechtszugs
- Verjährungshemmung § 8 Rn. 53 ff.

Beigeordnete Rechtsanwälte § 45 Rn. 1 ff.; § 61 Rn. 33 ff., 42 ff.
- Allgemeines § 45 Rn. 1 ff.
- als Kontaktperson § 55 Rn. 11
- Anspruchsverlust § 55 Rn. 30
- Antrag auf Vergütung § 55 Rn. 2
- Antragsfrist für Grundvergütung § 55 Rn. 29
- Beendigung unabhängig von der Bewilligung § 48 Rn. 26 ff.
- Beendigung der Bewilligung § 48 Rn. 22
- Beschränkung des Umfangs der Beiordnung oder Bestellung § 48 Rn. 19 ff.
- Bußgeldsachen § 55 Rn. 32
- Ehesachen § 48 Rn. 32 ff.
- Erklärungspflicht § 55 Rn. 27
- Gebührenkürzung § 54 Rn. 11 ff.
- Hindernisse § 45 Rn. 17 ff.
- Insolvenzverfahren § 45 Rn. 3; § 48 Rn. 7
- Klageerzwingungsverfahren § 53 Rn. 1 ff.
- Lebenspartnerschaftssachen § 48 Rn. 32 ff.
- Nebenkläger § 53 Rn. 1 ff.
- notwendige Angabe für Gebührenfestsetzung § 55 Rn. 26 ff.
- Privatkläger § 53 Rn. 1 ff.
- Prozesskostenhilfe § 53 Rn. 3 ff.
- Reisekosten § 46 Rn. 23
- Umfang der Beiordnung § 48 Rn. 1 ff.
- Verfahren nach Teil 3 VV § 48 Rn. 30
- Verfahren nach Teil 4–6 VV § 48 Rn. 37 ff.
- Verschulden § 54 Rn. 1 ff.
- Vorschuss § 47 Rn. 1 ff.
- Wertgebühren aus der Staatskasse § 49 Rn. 1 ff.
- zusammenhängende Verfahren § 48 Rn. 36
- Zwangsvollstreckungsverfahren § 48 Rn. 5

Beistandstätigkeit Vor Nrn. 2100–2103 Rn. 3
Beklagter
- Verfahrensgebühr Nr. 3100 Rn. 35 ff.

Belehrung
- Aufteilung einer Angelegenheit, Belehrung über Mehrgebühren § 15 Rn. 15 ff.
- Belehrung über Rechtslage durch Mediator? § 34 Rn. 111 ff.
- Einigungsbesprechung/Termingebühr Vorbem. 3.3 Rn. 58
- Gebühr für Beratung, keine Belehrungspflicht § 34 Rn. 36
- Rat oder Gutachten § 34 Rn. 37
- Zusammenfassung mehrerer Klagen § 15 Rn. 22

Beraterverträge § 60 Rn. 63 ff.
Beratung § 1 Rn. 17
- durch Vertreter des Rechtsanwalts § 34 Rn. 63
- mehrere Auftraggeber Nr. 1008 Rn. 14 ff.
- Umfang § 34 Rn. 62

Beratungsgebühr § 34 Rn. 1 ff.; Nrn. 2100–2103 a. F. Rn. 32 ff. (Anhang III)
- Anrechnungsvorschrift Nrn. 2100–2103 a. F. Rn. 44 ff., 90 ff. (Anhang III)
- Auslagenpauschale Nrn. 2100–2103 a. F. Rn. 37 (Anhang III)
- eigene Angelegenheiten Nrn. 2100–2103 a. F. Rn. 38 ff. (Anhang III)
- Einzelheiten Nrn. 2100–2103 a. F. Rn. 58 ff. (Anhang III)
- Erhöhung Nrn. 2100–2103 a. F. Rn. 51 ff. (Anhang III)
- erstes Beratungsgespräch Nrn. 2100–2103 a. F. Rn. 83 ff. (Anhang III)
- Höhe Nrn. 2100–2103 a. F. Rn. 30 ff. (Anhang III)
- schriftliche Beratung Nrn. 2100–2103 a. F. Rn. 86 ff. (Anhang III)
- Verbraucher Nrn. 2100–2103 a. F. Rn. 77 ff. (Anhang III)

Beratungshilfe Vorbem. 2.5 Rn. 1 ff.; § 44 Rn. 1 ff.; § 55 Rn. 31
- Abgrenzung zur Vertretung Vorbem. 2.3 Rn. 16
- Ablehnung Vorbem. 2.5 Rn. 42
- Allgemeines Vorbem. 2.5 Rn. 1 ff.; § 44 Rn. 1
- anderweitige Hilfe Vorbem. 2.5 Rn. 117
- Angelegenheiten Vorbem. 2.5 Rn. 46 ff.
- Anrechnung von Vorschüssen und Zahlungen § 58 Rn. 1 ff.
- Anspruch gegen den Gegner § 44 Rn. 12 f.
- Aufhebung § 44 Rn. 9
- Auslagen Vorbem. 2.5 Rn. 67 ff.

1617

Stichwortregister

- außergerichtliche Einigung mit Gläubigern Nr. 2502 Rn. 1 ff.; Nrn. 2504–2507 Rn. 1 ff.
- Berechtigungsschein § 44 Rn. 4 ff.
- Besprechungen Nr. 2503 Rn. 1 ff.
- Bewilligungsvoraussetzungen Vorbem. 2.5 Rn. 15 ff.
- Bußgeldsachen § 44 Rn. 1 ff.
- eine oder mehrere Angelegenheiten Vorbem. 2.5 Rn. 46 ff.
- Einigungsgebühr Nr. 2508 Rn. 1 ff.
- Einzelheiten Vorbem. 2.5 Rn. 15 ff.; § 44 Rn. 3 ff.
- Entscheidung über den Antrag Vorbem. 2.5 Rn. 35 ff.
- Erhöhungsgebühr Nr. 2503 Rn. 7 ff.
- Erledigungsgebühr Nr. 2508 Rn. 1 ff.
- fehlende andere Hilfsmöglichkeit Vorbem. 2.5 Rn. 17 ff.
- fehlende erforderliche Mittel des Ratsuchenden Vorbem. 2.5 Rn. 16
- Forderungsübergang § 59 Rn. 16
- Geschäftsgebühr Nr. 2503 Rn. 1 ff.
- Gewährung § 44 Rn. 3
- Hinweispflicht Vorbem. 2.5 Rn. 30
- Höhe der Gebühren Nr. 2503 Rn. 5
- Kostenerstattung durch Gegner Vorbem. 2.5 Rn. 63 ff.
- mehrere Angelegenheiten Vorbem. 2.5 Rn. 46 ff.
- nachträgliche Aufhebung § 44 Rn. 9
- nachträgliche Beantragung Vorbem. 2.5 Rn. 35 ff.
- nachträgliche Bewilligung Vorbem. 2.5 Rn. 39 ff.
- Personen oder Stellen, die ~ gewähren Vorbem. 2.5 Rn. 24 ff.
- Pflicht zur Übernahme Vorbem. 2.5 Rn. 30
- Rat § 34 Rn. 11
- Rechtsuchender mit Berechtigungsschein § 44 Rn. 4
- Rechtsuchender ohne Berechtigungsschein § 44 Rn. 5 ff.
- Schriftverkehr mit der Gegenseite Nr. 2503 Rn. 1 ff.
- Schuldenbereinigungsplan Nrn. 2504–2507 Rn. 1 ff.
- Strafsachen § 44 Rn. 1 ff.
- Umsatzsteuer Nr. 7008 Rn. 10 ff.
- Verfahrensablauf Vorbem. 2.5 Rn. 36 ff.
- Vergütungsanspruch Vorbem. 2.5 Rn. 42
- Vergütungsvereinbarung Vorbem. 2.5 Rn. 62 ff.
- Vertragsgestaltung Nr. 2503 Rn. 3 ff.
- Vorschuss Vorbem. 2.5 Rn. 66

Beratungshilfebewilligung
- Vergütungsvereinbarung § 4 Rn. 93

Beratungshilfegebühr Vorbem. 2.5 Rn. 1 ff.; Nr. 2500 Rn. 2 ff.; Nr. 2501 Rn. 1 ff.
- Allgemeines Nr. 2500 Rn. 1
- Anrechnungsvorschrift Nr. 2501 Rn. 13 ff.
- Auslagen Nr. 2500 Rn. 4; Nr. 2501 Rn. 10
- außergerichtliche Einigung mit Gläubigern Nr. 2502 Rn. 1 ff.; Nrn. 2504–2507 Rn. 1 ff.
- Einzelheiten Nr. 2501 Rn. 4 ff.
- mehrere Angelegenheiten Nr. 2500 Rn. 2

Berechnung der Vergütung § 10 Rn. 1 ff.
- abgerechnete Angelegenheiten § 10 Rn. 18
- Allgemeines § 10 Rn. 1 ff.
- Angabe des Gebührensatzes § 10 Rn. 20
- Anwendungsbereich des § 8 § 10 Rn. 6 ff.
- Bezeichnung des Gebührentatbetandes § 10 Rn. 19
- Einforderung § 10 Rn. 11 ff.
- Einzelheiten § 10 Rn. 11 ff.
- Form § 10 Rn. 16 ff.
- Inhalt § 10 Rn. 16 ff.
- Nachfordern § 10 Rn. 26
- Nachliquidation § 10 Rn. 24
- Schriftform Rn. 16
- Unrichtigkeiten § 10 Rn. 24
- Vergütungsvereinbarung § 10 Rn. 7

Berechtigungsschein § 44 Rn. 4 ff.
- Rechtsuchender mit ~ § 44 Rn. 4
- Rechtsuchender ohne ~ § 44 Rn. 5 ff.

Bereicherungsanspruch § 1 Rn. 34

Berufsgerichtliches Verfahren Vorbem. 6.2 Rn. 13 ff.
- außergerichtliches Verfahren Nrn. 6200–6202 Rn. 20 ff.
- Beschwerde gegen Nichtzulassung der Revision Nrn. 6203–6216 Rn. 26
- erste Instanz Nrn. 6200–6216 Rn. 23 ff.
- gerichtliches Verfahren Nrn. 6200–6216 Rn. 23 ff.
- Grundgebühr Vorbem. 6.2 Rn. 16 ff.
- Pflichtverteidiger Vorbem. 6.2 Rn. 17 ff.
- Terminsgebühr Nrn. 6200–6202 Rn. 19
- Zusatzgebühr Nrn. 6200–6216 Rn. 27 ff.

Berufstätigkeiten § 1 Rn. 20

Berufsvormund § 1 Rn. 55 ff.

Berufung
- fristwahrend eingelegte ~ Nrn. 3200–3201 Rn. 17

Berufungsverfahren Vorbem. 3.2 Rn. 1 ff.
- Aussöhnungsgebühr Nr. 1004 Rn. 1 ff.
- Einigungsgebühr Nr. 1004 Rn. 1 ff.
- Erledigungsgebühr Nr. 1004 Rn. 1 ff.
- EuGH-Verfahren § 38 Rn. 24
- sozialrechtliche Angelegenheit Nrn. 1005–1007 Rn. 6
- Terminsgebühr Nrn. 3202–3203 Rn. 1 ff.
- Verfahrensgebühr Nrn. 3200–3201 Rn. 1 ff.
- Verkehrsanwalt Nr. 3400 Rn. 29

Beschwer
- Wertfestsetzungsverfahren § 33 Rn. 34 ff.

Beschwerde
- Abhilfe § 33 Rn. 42
- Einlegung § 33 Rn. 48
- Einlegung beim Einzelrichter § 33 Rn. 49
- Einzelrichterzuständigkeit § 33 Rn. 50
- Gebührenfestsetzung § 56 Rn. 1 ff.
- Kostenansatz § 59 Rn. 14
- nächsthöheres Gericht § 33 Rn. 43
- Vorschuss § 47 Rn. 16 ff.
- weitere ~ § 33 Rn. 47
- Wiedereinsetzung in den vorherigen Stand § 33 Rn. 46
- zu Protokoll der Geschäftsstelle § 33 Rn. 48
- Zuständigkeit § 33 Rn. 42

Beschwerdefrist
- Wertfestsetzungsverfahren § 33 Rn. 40 ff.

Beschwerdeschrift § 32 Rn. 30

Beschwerdeverfahren Vorbem. 3.2.1 Rn. 1 ff.; Vorbem. 3.2 Rn. 1 ff.
- besondere Angelegenheit § 18 Rn. 21 ff.
- Frist § 32 Rn. 32
- Gebühren § 32 Rn. 33
- Gegenstandswert § 23 Rn. 103
- Gegenvorstellung § 32 Rn. 34
- Kosten § 32 Rn. 33
- Streitwertfestsetzung § 32 Rn. 30
- Verfahrensgebühr Nr. 3500 Rn. 1 ff.
- Verkehrsanwalt Nr. 3400 Rn. 30
- vor dem Bundespatentgericht Nr. 3510 Rn. 1 ff.

Beschwerdewert § 32 Rn. 31

Besondere Angelegenheit § 18 Rn. 1 ff.
- Abgrenzung § 18 Rn. 5 ff.
- Abnahme einer eidesstattlichen Versicherung § 18 Rn. 41 ff.
- Allgemeines § 18 Rn. 1 ff., 10 ff.
- Anträge auf anderweitige Verwertung § 18 Rn. 30
- Arrest § 18 Rn. 20
- Aufhebung der Vollstreckungsmaßregeln § 18 Rn. 46 f.
- Ausführung der Zwangsvollstreckung durch Zwangsmittel § 18 Rn. 37
- Ausführung der Zwangsvollstreckung in ein gepfändetes Vermögensrecht durch Verwaltung § 18 Rn. 31
- Austauschpfändung § 18 Rn. 29
- Ausüben der Veröffentlichungsbefugnis § 18 Rn. 44
- Begriff § 18 Rn. 4 ff.
- Beschwerdeverfahren § 18 Rn. 21 ff.
- Bestellung einer Sicherheit § 18 Rn. 39
- eidesstattliche Versicherung § 18 Rn. 41 ff.
- einstweilige Anordnungen § 18 Rn. 12 f.
- einstweilige Verfügung § 18 Rn. 20
- Eintragung einer Zwangshypothek § 18 Rn. 33
- Einwendungen des Schuldners gegen Vollstreckungsklausel § 18 Rn. 24
- Einzelheiten § 18 Rn. 12 ff.
- Erinnerungsverfahren § 18 Rn. 21 ff.
- Erteilung einer weiteren vollstreckbaren Ausfertigung § 18 Rn. 25 ff.
- Löschung einer Eintragung im Schuldnerverzeichnis § 18 Rn. 43
- mehrere ~ § 18 Rn. 15
- Ordnungsgeld § 18 Rn. 39
- Sicherungshypothek § 18 Rn. 33 ff.
- Systematik § 18 Rn. 10 ff.
- Veröffentlichungsbefugnis § 18 Rn. 44
- Verteilungsverfahren § 18 Rn. 32
- Verurteilung zu einem Ordnungsgeld § 18 Rn. 39
- Verurteilung zur Bestellung einer Sicherheit § 18 Rn. 40
- Vollstreckungsmaßnahmen § 18 Rn. 14 ff.
- Vollstreckungsschutzanträge § 18 Rn. 28
- Vollziehungsmaßnahmen § 18 Rn. 20
- Vornahme einer vertretbaren Handlung § 18 Rn. 36
- weitere ~ § 18 Rn. 17
- Zwangshypothek § 18 Rn. 33 ff.
- Zwangsvollstreckung auf Vornahme einer Handlung § 18 Rn. 36
- Zwangsvollstreckung nach § 17 Abs. 4 Schifffahrtsrechtliche Verteilungsordnung § 18 Rn. 45

Besprechung
- Bereitschaft des Gegners zum Besprechen einer Einigung Nr. 3104 Rn. 48
- Dauer Vorbem. 3 Rn. 77 ff.
- Erledigung des Verfahrens Nr. 3104 Rn. 43 ff.
- Form Nr. 3104 Rn. 47

Stichwortregister

- Geschäftsgebühr Nr. 2300 Rn. 39 ff.
- Inhalt Vorbem. 3 Rn. 73 ff.
- mit Dritten Vorbem. 3 Rn. 76
- ohne Beteiligung des Gerichts Vorbem. 3 Rn. 85; Nr. 3104 Rn. 49
- Umfang Vorbem. 3 Rn. 77 ff.
- Vermeidung des Verfahrens Nr. 3104 Rn. 45

Bestehen oder Nichtbestehen eines Miet- oder Pachtverhältnisses
- Gegenstandswert § 23 Rn. 45

Bestellte Rechtsanwälte § 45 Rn. 1 ff.; § 61 Rn. 33 ff.
- Allgemeines § 45 Rn. 1 ff.
- Arbeitssachen § 45 Rn. 3
- Auslagen § 52 Rn. 8 f.
- Bußgeldsachen § 52 Rn. 23
- Darlegungsfrist § 52 Rn. 16
- Einzelheiten § 45 Rn. 11 ff.
- Erstattungsanspruch gegen den Beschuldigten oder Betroffenen § 52 Rn. 1 ff.
- Gebührenkürzung § 54 Rn. 11 ff.
- Hindernisse § 45 Rn. 17 ff.
- Insolvenzverfahren § 45 Rn. 3
- Leistungsfähigkeit des Beschuldigten oder Betroffenen § 52 Rn. 12 ff.
- Reisekosten § 46 Rn. 23
- sofortige Beschwerde § 52 Rn. 18
- Verjährungsfrist § 52 Rn. 21
- Verschulden § 54 Rn. 1 ff.
- Vorschuss § 47 Rn. 1 ff.; § 52 Rn. 8 f.
- Wertgebühren aus der Staatskasse § 49 Rn. 1 ff.

Betragsrahmen § 2 Rn. 44

Betragsrahmengebühr § 2 Rn. 11; § 14 Rn. 3; Nr. 3402 Rn. 59
- Bedeutung der Angelegenheit für Auftraggeber § 14 Rn. 41 ff.
- Bemessung § 14 Rn. 8; § 14 Rn. 71 ff.
- Bemessungskriterien § 14 Rn. 8 ff.
- Berechnung § 3 Rn. 17 ff.
- besondere Haftungskriterien § 3 Rn. 29 ff.
- besonderes Haftungsrisiko § 14 Rn. 62 ff.
- Billiges Ermessen § 14 Rn. 51
- Einkommens- und Vermögensverhältnisse des Auftraggebers § 14 Rn. 45 ff.
- einstweiliges Rechtschutzverfahren nach §§ 86 a, 85 b SGG; § 3 Rn. 12 ff.
- Einzelfallbetrachtung § 14 Rn. 11 ff.
- Einzelheiten § 14 Rn. 7 ff.
- Erfolgsaussichtsprüfung eines Rechtsmittels Nr. 2102 Rn. 10
- Erhöhung § 14 Rn. 114 ff.
- Gutachten des Vorstands der Rechtsanwaltskammer § 14 Rn. 128 ff.
- Haftungsrisiko § 14 Rn. 62 ff.
- Kriterien des § 14 § 3 Rn. 21
- mehrere ~en in derselben Angelegenheit § 14 Rn. 69
- mehrere Auftraggeber Nr. 1008 Rn. 56 ff., 84 ff.
- rechtliche Schwierigkeit § 14 Rn. 24 ff.
- schriftliches Gutachten Nr. 2103 Rn. 5
- Schwierigkeit der anwaltlichen Tätigkeit § 14 Rn. 23 ff.
- Sozialgerichtsverfahren Nr. 3336 Rn. 1 ff.
- sozialrechtliche Angelegenheiten § 3 Rn. 12, 17 ff.
- Spezialkenntnisse § 14 Rn. 37 ff.
- tatsächliche Schwierigkeit § 14 Rn. 34 ff.
- Toleranzgrenze § 14 Rn. 52 ff.
- Umfang der anwaltlichen Tätigkeit § 14 Rn. 14 ff.
- Umfang und Schwierigkeit der Tätigkeit § 3 Rn. 22 ff.
- Umstände des Einzelfalls § 3 Rn. 21
- Verbindlichkeit gegenüber ersatzpflichtigen Dritten § 14 Rn. 124 ff.
- Verbindlichkeit gegenüber Auftraggeber § 14 Rn. 118 ff.

Betreuer § 1 Rn. 8, 66

Beweislast
- fehlender Hinweis § 1 Rn. 50

Beweisverfahren § 17 Rn. 36
- selbständiges ~ § 19 Rn. 4; *siehe auch selbständiges Beweisverfahren*

Bewertungszeitpunkt
- Vergütungshöhe § 2 Rn. 24

Bewirtungskosten Nr. 7006 Rn. 4

BGB-Gesellschaft Nr. 1008 Rn. 11 ff.
- mehrere Auftraggeber § 7 Rn. 16 ff.

BGH-Anwalt
- EuGH-Verfahren § 38 Rn. 27

Bietergemeinschaft Nr. 1008 Rn. 23
- mehrere Auftraggeber § 7 Rn. 24

Bruchteilseigentümer § 22 Rn. 46

Bruchteilsgemeinschaft Nr. 1008 Rn. 24
- mehrere Auftraggeber § 7 Rn. 20

Bundespatentgericht
- Beschwerde gegen Entscheidung Vorbem. 3.2.1 Rn. 11

Bundesverfassungsgericht
- Verfahren vor dem ~ § 37 Rn. 1 ff.

Bürgerliche Rechtsstreitigkeiten Vorbem. 3 Rn. 1 ff.

Bürogemeinschaft § 5 Rn. 18

Bürovorsteher § 5 Rn. 27

Stichwortregister

Bußgeldsachen Einleitung Teil 5 Rn. 1 ff.; § 17 Rn. 23
- beigeordnete Rechtsanwälte § 55 Rn. 32
- Beratungshilfe § 44 Rn. 1 ff.
- Beschwerde § 56 Rn. 1 ff.
- bestellte Rechtsanwälte § 52 Rn. 23
- Einlegung von Rechtsmitteln beim Gericht desselben Rechtszuges § 19 Rn. 55 ff.
- Einzeltätigkeiten Nr. 5200 Rn. 34 ff.
- Grundgebühr Nr. 5100 Rn. 13 ff.
- Pauschgebühr § 42 Rn. 1 ff.; § 51 Rn. 1 ff.
- Rahmengebühren § 14 Rn. 88 ff.
- Rechtsbehelfe § 57 Rn. 1 ff.
- Rechtsbeschwerdeverfahren Nrn. 5113–5114 Rn. 27 f.
- Rechtsmittel § 19 Rn. 55 ff.
- Verfahren vor dem Amtsgericht Nrn. 5107–5112 Rn. 23 ff.
- Verfahren vor der Verwaltungsbehörde Nrn. 5101–5106 Rn. 18 ff.
- Vorbemerkung Teil 5 Vorbem. 5 Rn. 4 ff.
- Vorschuss § 58 Rn. 16 ff.
- Zusatzgebühr Nrn. 5115–5116 Rn. 29 ff., 32 ff.

D

Dauerleistungen § 60 Rn. 63 ff.
Deckungsschutzzusage
- Rechtsschutzversicherer § 17 Rn. 31

Deckungszusage
- Einholung beim Rechtsschutzversicherer § 19 Rn. 14 ff.
- Rechtsschutzversicherung § 1 Rn. 28

Diagonalverweisung § 20 Rn. 7, 40 ff.; Vorbem. 3 Rn. 132
Dienstvertrag § 1 Rn. 21 ff.
Dieselbe Angelegenheit § 16 Rn. 1 ff.; § 60 Rn. 67; Nr. 1008 Rn. 41 ff.
- Abänderung nach Aufhebung § 16 Rn. 17
- Abgrenzung § 16 Rn. 4 ff.
- Abgrenzungskriterien Nr. 1008 Rn. 41 ff.
- Allgemeines § 16 Rn. 1 ff., 9 ff.
- Aufgebotsverfahren § 16 Rn. 19
- außergerichtliche Angelegenheit Nr. 1008 Rn. 45 ff.
- außergerichtlicher Bereich § 22 Rn. 28 ff.
- Aussetzung oder Anordnung der sofortigen Vollziehung § 16 Rn. 10; Nr. 2301 Rn. 23 ff.
- Bedeutung Nr. 1008 Rn. 59

- Begriff § 16 Rn. 4 ff.
- behördliches Verfahren Nr. 1008 Rn. 43
- bei gerichtlichem oder behördlichem Verfahren § 22 Rn. 19 ff.
- Beschwerde gegen Kostenansatz und -festsetzung § 16 Rn. 24 ff.
- Bestellung eines Schiedsrichters § 16 Rn. 21
- Definition der Rechtsprechung § 22 Rn. 16 ff.
- einstweilige Maßnahmen zur Sicherung der Rechte Dritter § 16 Rn. 10; Nr. 2301 Rn. 23 ff.
- Erinnerung gegen Kostenansatz und -festsetzung § 16 Rn. 24 ff.
- Folgesachen § 16 Rn. 14
- Folgesachen nach Aufhebung der Lebenspartnerschaft § 16 Rn. 16
- Gegenstandswert § 22 Rn. 15 ff.
- gerichtliches Verfahren Nr. 1008 Rn. 43
- Kostenansatzverfahren § 16 Rn. 24 ff.
- Kostenfestsetzungsverfahren § 16 Rn. 24 ff.
- Lebenspartnerschaft § 16 Rn. 14
- mehrere Auftraggeber § 7 Rn. 5 ff.
- PKH-Verfahren § 16 Rn. 11 f.
- Privatklageverfahren § 16 Rn. 31
- Rechtsmittelverfahren § 16 Rn. 29 ff.
- Rechtsprechungsbeispiele Nr. 1008 Rn. 44
- Scheidungssachen § 16 Rn. 14
- Schiedsverfahren § 16 Rn. 20 ff.
- Systematik § 16 Rn. 9 ff.
- Titulierung im Eilverfahren § 16 Rn. 17
- Verfahren nach §§ 102 Abs. 3, 103 Abs. 3, 106 Abs. 2 ArbGG § 16 Rn. 23
- Verfahren über die Aufhebung der Lebenspartnerschaft § 16 Rn. 14
- Verfahren über die Zulassung des Rechtsmittels § 16 Rn. 29 ff.
- Vertrag mit Österreich § 16 Rn. 18
- Verwaltungsverfahren § 16 Rn. 10
- Vollstreckungsanerkennung § 16 Rn. 18
- Widerklage § 16 Rn. 31
- Zulassung der Vollziehung von Eilmaßnahmen im Schiedsverfahren § 16 Rn. 20

Differenzverfahrensgebühr Nr. 3101 Rn. 6, 38, 82
Disziplinarverfahren Vorbem. 6.2 Rn. 12 ff.; Vorbem. 3 Rn. 137
- außergerichtliches Verfahren Nrn. 6200–6202 Rn. 19 ff.
- Beschwerde gegen Nichtzulassung der Revision Nrn. 6200–6216 Rn. 26
- erste Instanz Nrn. 6200–6216 Rn. 23 ff.

Stichwortregister

– gerichtliches Verfahren Nrn. 6200–6216 Rn. 23 ff.
– Grundgebühr Nrn. 6200–6202 Rn. 18
– Pflichtverteidiger Nr. 6200–6201 Rn. 17 ff.
– Terminsgebühr Nrn. 6200–6202 Rn. 19
– Zusatzgebühr Nrn. 6200–6216 Rn. 27 ff.

Dokument
– elektronisches ~ § 12 b Rn. 1 ff.

Dokumentenpauschale § 46 Rn. 10
– mehrere Auftraggeber § 7 Rn. 25

Dolmetscherkosten § 46 Rn. 25

Drittwiderspruchsklage § 22 Rn. 49

Duldung
– Zwangsvollstreckung § 25 Rn. 23

Durchschnittsfall § 3 Rn. 33

Durchsuchungsanordnung § 19 Rn. 69 f.

E

Ehesachen
– Aussöhnungsgebühr Nr. 1001 Rn. 1 ff.
– beigeordnete Rechtsanwälte § 48 Rn. 32 ff.
– Einigungsgebühr Nr. 1000 Rn. 100

Eidesstattliche Versicherung
– Abnahme § 18 Rn. 41 ff.
– besondere Angelegenheit § 18 Rn. 41 ff.
– Gegenstandswert § 25 Rn. 19 ff.
– nochmalige Abgabe Nr. 3309 Rn. 36

Eilverfahren § 17 Rn. 17
– Aussöhnungsgebühr Nr. 1003 Rn. 8 ff.
– Einigungsgebühr Nr. 1003 Rn. 8 ff.
– Erledigungsgebühr Nr. 1003 Rn. 8 ff.

Einfache Schreiben Nr. 2302 Rn. 1 ff.
– Abgrenzung zur Geschäftsgebühr Nr. 2300 Rn. 8
– Begriff Nr. 2302 Rn. 6 ff.
– Höhe der Gebühren Nr. 2302 Rn. 3 ff.
– mehrere ~ Nr. 2302 Rn. 12
– Verfahrensgebühr Nr. 3404 Rn. 1 ff.

Einigungsbesprechungen Vorbem. 3 Rn. 37 ff.; Nr. 3104 Rn. 43 ff.
– Inhalt Vorbem. 3 Rn. 73 ff.
– ohne Beteiligung des Gerichts Vorbem. 3 Rn. 46 ff.

Einigungsgebühr Nr. 1000 Rn. 1 ff.
– Allgemeines Nr. 1000 Rn. 1 ff.; Nr. 3309 Rn. 70
– Anerkenntnis Nr. 1000 Rn. 88 ff.; Nr. 1003 Rn. 41
– Annahme eines schriftlichen Vergleichsvorschlags des Gerichts Nr. 3101 Rn. 67
– Aufrechnung Nr. 1003 Rn. 17 f.
– Beiordnung in Ehesachen auf den Abschluss eines Vertrages Nr. 1003 Rn. 4
– Beratungshilfe Nr. 2508 Rn. 1 ff.
– Berufungsverfahren Nr. 1004 Rn. 1 ff.
– Ehesachen Nr. 1000 Rn. 100
– Eilverfahren Nr. 1003 Rn. 8 ff.
– Einbeziehung eines anderweitig bereits anhängigen Anspruchs im Gesamtvergleich Nr. 1003 Rn. 31 ff.
– Einbeziehung nicht anhängiger Ansprüche in die Einigung Nr. 1000 Rn. 103 ff.
– Einbeziehung nicht anhängiger Ansprüche in die Einigung in der Berufungsinstanz Nr. 1004 Rn. 20 ff.
– Einigung in Bezug auf Streit und Ungewissheit Nr. 1000 Rn. 1 ff.
– Einigung in der Zwangsvollstreckung Nr. 1000 Rn. 80 ff.
– Einigung mit Bedingung oder Widerruf Nr. 1000 Rn. 98
– Einschränkungen Nr. 1003 Rn. 2 ff.
– Erstattung Nr. 1003 Rn. 36 ff.
– Feststellungsklage Nr. 1003 Rn. 13 ff.
– gerichtliches Verfahren Nr. 1003 Rn. 1 ff.
– Güteverfahren Nr. 1000 Rn. 94
– Hauptbevollmächtigte Nr. 1000 Rn. 26 ff.
– Hilfsaufrechnung Nr. 1003 Rn. 17 f.
– Hilfswiderklage Nr. 1003 Rn. 19
– Höhe Nr. 1000 Rn. 21 ff., 101 f.; Nr. 3309 Rn. 78 ff.
– Klageentwurf Nr. 1003 Rn. 7
– Kostenfestsetzungsverfahren Nr. 1003 Rn. 36 ff.
– Lebenspartnerschaftssachen Nr. 1000 Rn. 100
– Mahnverfahren Nr. 1003 Rn. 36 ff.
– Mahnverfahrensgebühr Nr. 3305 Rn. 40 ff.; Nr. 3307 Rn. 38 ff.
– Mitursächlichkeit Nr. 1000 Rn. 38 ff.
– Mitwirkung mehrerer Anwälte Nr. 1000 Rn. 29 ff.
– Mitwirkung Nr. 1000 Rn. 26 ff.
– Mitwirkung bei Vertragsverhandlungen Nr. 1000 Rn. 94, 96
– Mitwirkung des Anwalts Nr. 3309 Rn. 74 ff.
– nicht rechtshängige Ansprüche Nr. 3101 Rn. 40
– PKH-Antrag zur Einbeziehung eines nicht rechtshängigen Anspruchs in Einigung Nr. 1003 Rn. 3
– PKH-Verfahren Nr. 1003 Rn. 1 ff., 45; Nr. 1004 Rn. 8 ff.; Nr. 3335 Rn. 17

Stichwortregister

- Privatklageverfahren Nr. 1000 Rn. 95; Nr. 4147 Rn. 137
- Raten-/Teilzahlungsvereinbarung Nr. 3309 Rn. 82 ff.
- Ratenzahlung Nr. 1003 Rn. 36 ff.
- Ratenzahlungsvergleich Nr. 1000 Rn. 77, 84
- Rechtsverhältnis des öffentlichen Rechts Nr. 1000 Rn. 99
- Regelhöhe Nr. 1000 Rn. 101 f.
- Revisionsverfahren Nr. 1004 Rn. 1 ff.
- Rücknahme des Widerspruchs Nr. 1003 Rn. 36 ff.
- Scheidungsvereinbarung Nr. 1003 Rn. 46
- schiedsgerichtliches Verfahren Nr. 1003 Rn. 25
- Schiedsverfahren Nr. 1004 Rn. 27
- selbständiges Beweisverfahren Nr. 1003 Rn. 2, 43; Nr. 1004 Rn. 8 ff.
- sozialrechtliche Angelegenheit Nrn. 1005–1007 Rn. 3
- Streit oder Ungewissheit der Parteien über ein Rechtsverhältnis Nr. 1000 Rn. 52 ff.
- Streit über Kosten Nr. 1000 Rn. 76
- Terminsanwalt Nr. 1000 Rn. 33 ff.
- Terminsvertretung Nr. 3401 Rn. 50
- Unterbevollmächtigte Nr. 1000 Rn. 33 ff.
- Vergleichsabschluss mit einem Dritten Nr. 3101 Rn. 66
- Vergütungsfestsetzungsverfahren Nr. 1003 Rn. 23
- Verkehrsanwalt Nr. 1000 Rn. 29 ff.
- Vertragsabschluss Nr. 1000 Rn. 47 ff.
- Verzicht Nr. 1000 Rn. 88 ff.
- Verzichtsvertrag Nr. 1003 Rn. 41
- Vollstreckungsbescheid Nr. 1003 Rn. 36 ff.
- Voraussetzungen Nr. 1000 Rn. 21 ff.; Nr. 3309 Rn. 72
- Wert der Einigung Nr. 1000 Rn. 109 f.
- Zeitpunkt der Anhängigkeit Nr. 1003 Rn. 20
- Zwangsvollstreckung Nr. 3309 Rn. 70 ff.
- Zwangsvollstreckungsverfahren Nr. 1003 Rn. 26 ff.

Einigungsstellen
- Güteverfahren Nr. 2303 Rn. 12 ff.

Einkommensverhältnisse
- Auftraggeber § 14 Rn. 45 ff.

Einmaligkeit der Gebühren § 15 Rn. 61 ff.

Einreden
- Anforderungen § 11 Rn. 69 ff.
- Vergütungsfestsetzungsverfahren § 11 Rn. 69 ff.

Einstweilige Anordnung § 61 Rn. 57; Vorbem. 3.2.1 Rn. 1 ff.; Vorbem. 3.2 Rn. 5
- besondere Angelegenheit § 18 Rn. 12 f.
- bestimmte ~ § 24 Rn. 1 ff.
- Gegenstandswert § 24 Rn. 1 ff.
- HausratsVO § 24 Rn. 9

Einstweilige Maßnahmen zur Sicherung der Rechte Dritter Nr. 2301 Rn. 23 ff.

Einstweilige Verfügung Vorbem. 3.2.1 Rn. 1 ff.
- besondere Angelegenheit § 18 Rn. 20
- Terminsgebühr Nrn. 3514–3515 Rn. 1 ff.

Einstweiliges Rechtsschutzverfahren
- nach §§ 86 a, 85 b SGG § 3 Rn. 12 ff.
- Terminsgebühr Nr. 3106 Rn. 7

Einvernehmensanwalt Nr. 2200 Rn. 1

Einvernehmensherstellung Nr. 2200 Rn. 1 ff.
- Allgemeines Nr. 2200 Rn. 1
- Angelegenheiten Nr. 2200 Rn. 16
- Anrechnung Nr. 2200 Rn. 18
- Einzelheiten Nr. 2200 Rn. 11 ff.
- Erhöhungsgebühr Nr. 2200 Rn. 14
- Erstattungsfähigkeit Nr. 2200 Rn. 19
- Geschäftsgebühr Nr. 2200 Rn. 11
- Höhe der Gebühren Nr. 2200 Rn. 11
- keine ~ Nr. 2201 Rn. 1 ff.
- Rahmengebühr Nr. 2200 Rn. 13 ff.
- weitere Gebühren Nr. 2200 Rn. 17
- Wertgebühren Nr. 2200 Rn. 12 ff.

Einwendungen
- Anforderungen § 11 Rn. 69 ff.
- Vergütungsfestsetzungsverfahren § 11 Rn. 69 ff.
- völlig aus der Luft gegriffene ~ § 11 Rn. 72

Einzeltätigkeiten Vorbem. 3.4 Rn. 1 ff.; Nr. 3400 Rn. 1 ff.
- sonstige ~ Nr. 3401 Rn. 1 ff.
- Sozialgerichtsverfahren Nr. 3406 Rn. 1 ff.
- Verfahrensgebühr Nr. 3403 Rn. 1 ff.
- Verkehrsanwalt Nr. 3400 Rn. 1 ff.

Einziehung und verwandte Maßnahmen Nr. 4142 Rn. 121 ff.

Elektronisch gespeicherte Daten
- Auslagen Nr. 7000 Rn. 24 ff.

Elektronische Akte § 12 b Rn. 1 ff., 1 ff.
- Allgemeines § 12 b Rn. 1
- Einzelheiten § 12 b Rn. 3

Elektronisches Dokument § 12 b Rn. 1 ff.
- Allgemeines § 12 b Rn. 1
- Einzelheiten § 12 b Rn. 3

Elterliche Sorge
- Gegenstandswert § 24 Rn. 6 ff.

Stichwortregister

Endurteil
- Fälligkeit der Vergütung § 8 Rn. 39

Entscheidung
- Vervollständigung für Auslandsvollstreckung § 19 Rn. 45

Erbengemeinschaft Nr. 1008 Rn. 28 ff.

Erbrecht § 22 Rn. 45
- Gegenstand Nr. 1008 Rn. 71

Erfolgsabhängige Vergütung siehe Erfolgshonorar

Erfolgsaussichtsprüfung eines Rechtsmittels Nr. 2100 Rn. 1 ff.
- Abgrenzung zum Rechtszug Nr. 2100 Rn. 20
- Allgemeines Nr. 2100 Rn. 1
- anrechenbare Gebühren Nr. 2100 Rn. 41
- Anrechnung auf Gebühr bei Rechtsmittelverfahren Nr. 2100 Rn. 32
- Anrechnung bei anderem Rechtsmittel im Rechtsmittelverfahren Nr. 2100 Rn. 39
- Anrechnung bei identischen Gegenständen Nr. 2102 Rn. 12
- Anrechnung bei nicht identischen Gegenständen Nr. 2102 Rn. 13
- Anrechnung bei teilweiser Deckung des Gegenstands im Rechtsmittelverfahren Nr. 2100 Rn. 37
- Anrechnung bei vorzeitiger Beendigung des Prozessauftrags Nr. 2100 Rn. 35
- Anrechnungsvorschriften Nr. 2100 Rn. 32 ff.; Nr. 2102 Rn. 10
- Auftragserteilung Nr. 2100 Rn. 27
- Ausarbeitung eines schriftlichen Gutachtens Nr. 2101 Rn. 1 ff.; Nr. 2103 Rn. 1 ff.
- Betragsrahmengebühr Nr. 2102 Rn. 8
- Einzelheiten Nr. 2100 Rn. 20 ff.
- erforderliche Tätigkeit Nr. 2100 Rn. 20 ff.
- Erhöhungsgebühr Nr. 2100 Rn. 42 ff.; Nr. 2102 Rn. 16
- Gegenstandswert Nr. 2100 Rn. 47 ff.
- Gutachten Nr. 2101 Rn. 1 ff.; Nr. 2103 Rn. 1 ff.
- Hinweispflichten des Rechtsanwalts Nr. 2100 Rn. 29
- Höhe der Gebühren Nr. 2102 Rn. 7
- Kostenerstattung Nr. 2100 Rn. 53
- mehrere Auftraggeber Nr. 1008 Rn. 50 ff.
- Postulationsfähigkeit Nr. 2100 Rn. 26
- Prozesskostenhilfe Nr. 2100 Rn. 51
- Prüfung der Zulässigkeit des Rechtsmittels Nr. 2100 Rn. 21
- Rahmengebühr Nr. 2100 Rn. 30
- Rechtsschutzversicherung Nr. 2100 Rn. 55
- sozialrechtliche Angelegenheiten Nr. 2102 Rn. 1 ff.
- Vergütungsfestsetzung Nr. 2100 Rn. 56 ff.

Erfolgshonorar
- Abschlag § 4 a Rn. 13
- Absehen von der Rechtsverfolgung § 4 a Rn. 10
- alte Rechtslage § 4 a Rn. 29, 36 ff.
- Anwendungsgebiete § 4 a Rn. 3
- ausländischer RA § 4 a Rn. 34
- Bedingungen für Eintritt des ~ § 4 a Rn. 23
- Einzelfall § 4 a Rn. 9
- Folgen eines Verstoßes § 4 a Rn. 27
- für ein gerichtliches Verfahren § 4 a Rn. 12
- Gesetzesbegründung § 4 a Rn. 5
- gesetzliche Voraussetzungen § 4 a Rn. 8 ff.
- Hinweispflichten des RA § 4 a Rn. 7
- Kostenerstattungsrisiko § 4 a Rn. 26
- materielle Voraussetzungen § 4 a Rn. 2
- Muster § 4 a Rn. 43 ff.
- neue Rechtslage § 4 a Rn. 28, 41 ff.
- Prozessrisiko § 4 a Rn. 14, 16
- quota litis § 4 a Rn. 29, 33
- Strafprozess § 4 a Rn. 18
- Synallagma von Reduzierung bei Misserfolg und Erhöhung § 4 a Rn. 19
- Transparenzgebot § 4 a Rn. 20
- Unterschreitung gesetzlicher Gebühren in gerichtlichem Verfahren § 4 a Rn. 4 ff.
- voraussichtliche gesetzliche Vergütung § 4 a Rn. 21
- wesentliche Gründe § 4 a Rn. 25
- Zuschlag § 4 a Rn. 13

Erfolgsunabhängige Vergütung
- Abtretung an Erfüllungs statt § 4 Rn. 15
- angemessenes Verhältnis § 4 Rn. 11
- außergerichtliche Angelegenheiten § 4 Rn. 5
- besondere Umstände Auftraggeber § 4 Rn. 12
- Ermessen des Vorstands der RAK § 4 Rn. 21
- Ermessen eines Vertragsteils § 4 Rn. 22
- Erstattungsanspruch an Erfüllungs statt § 4 Rn. 13 ff.
- fehlende Beitreibbarkeit § 4 Rn. 14
- Haftungsrisiko § 4 Rn. 19
- Leistung des Anwalts § 4 Rn. 17
- Mahnverfahren § 4 Rn. 13 ff.
- niedrigere Vergütung § 4 Rn. 6
- Pauschalvergütung § 4 Rn. 9 ff.
- Unterschreitung § 4 Rn. 7
- Verantwortung § 4 Rn. 18

Stichwortregister

- Verhältnis Anwalt – Unterbevollmächtigter § 4 Rn. 4
- Verhältnismäßigkeitsprüfung § 4 Rn. 7
- Zeitvergütung § 4 Rn. 9
- Zwangsvollstreckungsverfahren § 4 Rn. 13 ff.

Erhöhung
- Betragsrahmengebühr § 14 Rn. 108 ff.

Erhöhungsgebühr Nr. 1008 Rn. 1 ff.
- Anrechnung der Geschäftsgebühr Nr. 1008 Rn. 93 ff.
- Beratungshilfe Nr. 2503 Rn. 9 ff.
- Berechnung Nr. 1008 Rn. 80 ff.
- Betragsrahmengebühren Nr. 1008 Rn. 84 ff.
- Einvernehmensherstellung Nr. 2200 Rn. 14
- Erfolgsaussichtsprüfung eines Rechtsmittels Nr. 2100 Rn. 42 ff.; Nr. 2102 Rn. 16
- Festgebühren Nr. 1008 Rn. 82
- Geschäftsgebühr Vorbem. 2.3 Rn. 39 ff.
- Möglichkeiten Nr. 1008 Rn. 80 ff.
- Obergrenze Nr. 1008 Rn. 92 ff.
- PKH-Verfahren Nr. 3335 Rn. 15
- schriftliches Gutachten Nr. 2101 Rn. 15; Nr. 2103 Rn. 10
- teilweise Erhöhung bei Wertgebühren Nr. 1008 Rn. 87 ff.
- Terminsanwalt Nr. 1008 Rn. 101
- Wertgebühren Nr. 1008 Rn. 81, 87 ff.

Erinnerung § 19 Rn. 39 ff.
- besondere Angelegenheit § 18 Rn. 21 ff.
- Gebührenfestsetzung § 56 Rn. 1 ff.
- Kostenansatz § 59 Rn. 14
- Vorschuss § 47 Rn. 13 ff.

Erinnerungsverfahren
- Gegenstandswert § 23 Rn. 104
- Verfahrensgebühr Nr. 3500 Rn. 1 ff.

Erkenntnisverfahren § 17 Rn. 28

Erledigung des Auftrags § 8 Rn. 17, 21 ff.
- Verjährungshemmung § 8 Rn. 53

Erledigungsgebühr Nr. 1002 Rn. 1 ff.
- Allgemeines Nr. 1002 Rn. 1 ff.
- Aufrechnung Nr. 1003 Rn. 17 f.
- Beiordnung in Ehesachen auf den Abschluss eines Vertrages Nr. 1003 Rn. 4
- Beratungshilfe Nr. 2508 Rn. 1 ff.
- Berufungsverfahren Nr. 1004 Rn. 1 ff.
- besondere anwaltliche Mitwirkung Nr. 1002 Rn. 9 f.
- Eilverfahren Nr. 1003 Rn. 8 ff.
- Einbeziehung eines anderweitig bereits anhängigen Anspruchs im Gesamtvergleich Nr. 1003 Rn. 31 ff.
- Einbeziehung nicht anhängiger Ansprüche in die Einigung in der Berufungsinstanz Nr. 1004 Rn. 20 ff.
- Einschränkungen Nr. 1003 Rn. 2 ff.
- Einzelheiten Nr. 1002 Rn. 6 ff.
- Erledigung der Rechtssache Nr. 1002 Rn. 6 ff.
- Feststellungsklage Nr. 1003 Rn. 13 ff.
- Gegenstandswert Nr. 1002 Rn. 11
- gerichtliches Verfahren Nr. 1003 Rn. 1 ff.
- Hilfsaufrechnung Nr. 1003 Rn. 17 f.
- Hilfswiderklage Nr. 1003 Rn. 19
- Höhe Nr. 1002 Rn. 11
- Klageentwurf Nr. 1003 Rn. 7
- PKH-Antrag zur Einbeziehung eines nicht rechtshängigen Anspruchs in Einigung Nr. 1003 Rn. 3
- PKH-Verfahren Nr. 1003 Rn. 1 ff., 45; Nr. 1004 Rn. 8 ff.
- Revisionsverfahren Nr. 1004 Rn. 1 ff.
- Scheidungsvereinbarung Nr. 1003 Rn. 46
- schiedsgerichtliches Verfahren Nr. 1003 Rn. 25
- Schiedsverfahren Nr. 1004 Rn. 27
- selbständiges Beweisverfahren Nr. 1003 Rn. 2, 43; Nr. 1004 Rn. 8 ff.
- Vergütungsfestsetzungsverfahren Nr. 1003 Rn. 23
- Zeitpunkt der Anhängigkeit Nr. 1003 Rn. 20
- Zwangsvollstreckungsverfahren Nr. 1003 Rn. 26 ff.

Ermittlungsverfahren Einleitung Teil 4 Rn. 8 ff.; § 17 Rn. 23; Nrn. 4104–4105 Rn. 83 ff.
- Grundgebühr Einleitung Teil 4 Rn. 9
- Terminsgebühr Einleitung Teil 4 Rn. 10
- Verfahrensgebühr Einleitung Teil 4 Rn. 11; Nrn. 4104–4105 Rn. 83 ff.

Erstattungsfähigkeit von Reisekosten Einleitung zu Nrn. 7003–7006 Rn. 1 ff.

Erstattungspflicht der Staatskasse § 5 Rn. 40 ff.
- Strafsachen § 5 Rn. 41
- Zivilsachen § 5 Rn. 44

Erstattungspflicht des Gegners
- Stellvertretung der Rechtsanwälte § 5 Rn. 46 ff.

Erstberatung § 1 Rn. 23
- Gebührenvereinbarung § 34 Rn. 60

Erster Rechtszug Vorbem. 3.1 Rn. 1 ff.
- Verfahrensgebühr Nr. 3100 Rn. 1 ff.

1625

Stichwortregister

Erteilung einer weiteren vollstreckbaren Ausfertigung § 18 Rn. 25 ff.
EuGH-Verfahren § 38 Rn. 1 ff.
- Allgemeines § 38 Rn. 1 ff.
- Anrechnung der Verfahrensgebühr § 38 Rn. 41 ff.
- Berufungsverfahren § 38 Rn. 23
- BGH-Anwalt § 38 Rn. 27
- Entscheidung im schriftlichen Verfahren § 38 Rn. 48
- Gegenstandswert § 38 Rn. 37 ff.
- Kostenerstattung § 38 Rn. 49
- Revisionsverfahren § 38 Rn. 23
- sozialgerichtliche Angelegenheiten § 38 Rn. 29
- Terminsgebühr § 38 Rn. 44
- Verfahren nach Teil 3 VV § 38 Rn. 22 ff.
- Verfahren nach Teil 4–6 VV § 38 Rn. 32 ff.
- Vorabentscheidungsverfahren § 38 Rn. 10 ff.
- vorzeitige Beendigung § 38 Rn. 43
- Zuständigkeit § 38 Rn. 10 ff., 25 ff.

F

Fachangestellte § 5 Rn. 27
Fahrtkosten
- Benutzung anderer Verkehrsmittel Nr. 7004 Rn. 1 ff.
- Benutzung des eigenen Pkw Nr. 7003 Rn. 1 ff.

Fahrverbot § 14 Rn. 95 f.; Einleitung Teil 4 Rn. 21
Fälligkeit § 8 Rn. 1 ff.; § 11 Rn. 37
- Beendigung der Angelegenheit § 8 Rn. 17, 30 ff.
- Beendigung des Rechtszugs § 8 Rn. 38 ff.
- Einzelheiten § 8 Rn. 15 ff.
- Endurteil § 8 Rn. 39
- Erledigung des Auftrags § 8 Rn. 17, 21 ff.
- Folgen § 8 Rn. 15 ff.
- grob fahrlässige Unkenntnis von ~ § 8 Rn. 17
- Grundurteil § 8 Rn. 40
- Kenntnis § 8 Rn. 15 ff.
- Kostenentscheidung § 8 Rn. 36
- mehrere Angelegenheiten § 8 Rn. 22
- Ruhen des Verfahrens § 8 Rn. 48 ff.
- Sondervereinbarung § 8 Rn. 15, 18 ff.
- Tatbestände § 8 Rn. 15 ff.
- Teilurteil § 8 Rn. 43
- Vorbehaltsurteil § 8 Rn. 41
- Zwischenabrechnungen § 8 Rn. 19

- Zwischenurteil § 8 Rn. 40

Fälligkeitsabrede
- vertragliche ~ § 8 Rn. 15, 18 ff.

Familiensachen § 61 Rn. 102 ff.
- Geschäftsgebühr Nr. 2300 Rn. 53 ff.
- Rahmengebühren § 14 Rn. 95
- Umfang der Angelegenheit Nr. 2300 Rn. 53 ff.

Festgebühren § 2 Rn. 11
- mehrere Auftraggeber Nr. 1008 Rn. 56 ff., 82

Festsetzung der Vergütung § 11 Rn. 1 ff.
- Allgemeines § 11 Rn. 1 ff.
- Gegenstand § 11 Rn. 28 ff.

Feststellungsklage
- Aussöhnungsgebühr Nr. 1003 Rn. 13 ff.
- Einigungsgebühr Nr. 1003 Rn. 13 ff.
- Erledigungsgebühr Nr. 1003 Rn. 13 ff.

FGG-Verfahren
- Antragstellung und Entgegennahme einer Entscheidung Nr. 3101 Rn. 69
- Beschwerde Vorbem. 3.2.1 Rn. 5 ff.
- FGG-Reformgesetz Vorbem. 3.2.1 Rn. 15
- Geschäftsgebühr Nr. 2300 Rn. 6
- streitige ~ Nr. 3101 Rn. 91

Finanzgerichtsverfahren Vorbem. 3.2 Rn. 1 ff.; Vorbem. 3.2.1 Rn. 4
- Rechtsmittel § 11 Rn. 67

Flucht in die Säumnis Nr. 3105 Rn. 12
Folgesachen § 16 Rn. 14
- Beschwerde Vorbem. 3.2.1 Rn. 1 ff.
- nach Aufhebung der Lebenspartnerschaft § 16 Rn. 16

Forderung
- Gegenstandswert § 25 Rn. 1 ff.

Forderungsübergang § 59 Rn. 1 f.
- Beitreibungsrecht gegenüber einem ersatzpflichtigen Gegner § 59 Rn. 2
- Beratungshilfe § 59 Rn. 16
- Geltendmachung des Anspruchs durch die Staatskasse § 59 Rn. 12
- nicht zum Nachteil des Anwalts § 59 Rn. 9 ff.
- Umfang § 59 Rn. 8
- Vergütungsanspruch gegenüber dem Mandanten § 59 Rn. 1
- Wirkung § 59 Rn. 5 ff.
- Zeitpunkt § 59 Rn. 4

Freiheitsentziehungsverfahren Vorbem. 3 Rn. 124; Nrn. 6300–6303 Rn. 31 ff.
- Terminsgebühr Nrn. 6300–6303 Rn. 34
- Verfahrensgebühr Nrn. 6300–6303 Rn. 32

Freiwillige Gerichtsbarkeit
- Angelegenheit § 15 Rn. 35

G

Gebühren § 2 Rn. 14 ff.; § 47 Rn. 6
- Abgeltungsbereich § 15 Rn. 1 ff.
- Definition § 2 Rn. 14
- Mediation § 34 Rn. 82 ff.
- nach Zurückverweisung § 21 Rn. 23 ff.

Gebührenarten
- Wechsel § 20 Rn. 34

Gebührenbemessungsgrundlage § 3 Rn. 29

Gebührenbestimmung
- Unbilligkeit § 3 Rn. 36

Gebührendegression § 22 Rn. 12

Gebührenerhöhung
- mehrere Auftraggeber § 7 Rn. 1 ff.

Gebührenfestsetzung
- Beschwerde § 56 Rn. 1 ff.
- Erinnerung § 56 Rn. 1 ff.
- gegen eigene Partei § 5 Rn. 52 ff.

Gebührenfreiheit § 11 Rn. 47 ff.

Gebührenklage § 11 Rn. 74
- Rechtsschutzinteresse § 11 Rn. 10

Gebührenkürzung
- beigeordnete oder bestellte Rechtsanwälte § 54 Rn. 11 ff.

Gebührenprozess § 32 Rn. 2

Gebührenstreitwert § 23 Rn. 16 ff.; § 32 Rn. 21 ff.

Gebührentabelle § 13 Rn. 7

Gebührenteilungsabrede Nr. 3401 Rn. 47 ff.

Gebührenvereinbarung § 34 Rn. 1 ff.
- Anwaltstätigkeit unterfällt nicht RVG § 34 Rn. 9
- Auftraggeber ist Verbraucher § 34 Rn. 56 ff.
- Beispiele § 34 Rn. 70 ff.
- Belehrungspflicht § 34 Rn. 36
- Beratung durch Vertreter des Rechtsanwalts § 34 Rn. 63
- bisherige Regelung § 34 Rn. 1 ff.
- Erstberatung § 34 Rn. 60
- Fehlen § 34 Rn. 43 ff., 51 ff.
- Form § 34 Rn. 31 ff.
- Grenzen § 34 Rn. 5
- Mediationsvertrag § 34 Rn. 89
- mehrere Auftraggeber § 34 Rn. 65
- Nichtbeweisbarkeit § 34 Rn. 43 ff., 51 ff.
- Prüfungsschema § 34 Rn. 12 ff.
- Rückgriff auf bisherige gesetzliche Regelung § 34 Rn. 71
- schriftliches Gutachten § 34 Rn. 37 ff.
- strafrechtliche Beratung § 34 Rn. 73

- Stundenhonorar § 34 Rn. 75
- Umfang der Beratung § 34 Rn. 62
- umfassendere Anwaltstätigkeit verbunden mit einem Rat § 34 Rn. 10
- Unanwendbarkeit des § 34 RVG § 34 Rn. 9 ff.
- Verabredung mehrerer Angelegenheiten § 22 Rn. 32 ff.
- Verweis auf BGB § 34 Rn. 7
- zivilrechtliche Beratung § 34 Rn. 73

Gebührenwert
- Begrenzung § 22 Rn. 54 ff.
- Begrenzung bei mehreren Personen § 22 Rn. 61
- Kappungsgrenze § 22 Rn. 54 ff.

Gegendarstellungsanspruch Nr. 1008 Rn. 75

Gegenstand § 15 Rn. 4, 39 ff.; § 22 Rn. 3, 34 ff.; Nr. 1008 Rn. 60 ff.
- außergerichtliche Tätigkeit Nr. 1008 Rn. 66 ff.
- Begriff § 2 Rn. 8 ff.; § 22 Rn. 34
- Bewertung § 23 Rn. 10 ff.
- derselbe ~ Nr. 1008 Rn. 71
- Einzelheiten § 2 Rn. 35 ff.
- Erbrecht Nr. 1008 Rn. 71
- gerichtliches Verfahren Nr. 1008 Rn. 62 ff.
- mehrere Gegenstände § 60 Rn. 74, 80

Gegenstandswert § 2 Rn. 1 ff.; § 13 Rn. 2; § 22 Rn. 1 ff., 34
- Allgemeines § 22 Rn. 1 ff.
- Änderung § 22 Rn. 10
- Arbeitseinkommen § 25 Rn. 13 ff.
- Ausschlußverfahren nach dem Wertpapier- und Übernahmegesetz § 31 a Rn. 1 ff.
- außergerichtliche Angelegenheit § 23 Rn. 109 ff.
- Aufhebungsvertrag betr. Arbeitsverhältnis § 23 Rn. 126 ff.
- Aussöhnungsgebühr Nr. 1001 Rn. 21
- Begriff § 23 Rn. 9 ff.
- Beschwerde gegen Festsetzung § 30 Rn. 25
- Beschwerdeverfahren § 23 Rn. 103
- Bestehen oder Nichtbestehen eines Miet- oder Pachtverhältnisses § 23 Rn. 45
- bestimmte einstweilige Anordnungen § 24 Rn. 1 ff.
- dieselbe Angelegenheit § 22 Rn. 15 ff.
- eidesstattliche Versicherung § 25 Rn. 24 ff.
- einstweilige Anordnungen § 24 Rn. 1 ff.
- Einzelheiten § 22 Rn. 15 ff.; § 23 Rn. 14 ff.
- elterliche Sorge § 24 Rn. 6 ff.
- Erfolgsaussichtsprüfung eines Rechtsmittels Nr. 2100 Rn. 47 ff.

Stichwortregister

- Erinnerungsverfahren § 23 Rn. 104
- Erledigungsgebühr Nr. 1002 Rn. 11
- Forderung § 25 Rn. 2 ff.
- Gehörsrügeverfahren § 23 Rn. 104
- gerichtliche Verfahren nach dem Spruchsverfahrensgesetz § 31 Rn. 1 ff.
- gerichtliches Verfahren § 23 Rn. 27 ff.
- gerichtliches Verfahren nach dem Asylverfahrensgesetz § 30 Rn. 1 ff.
- herauszugebende Sache § 25 Rn. 21
- hilfsweise Aufrechnung § 23 Rn. 81 ff.
- Insolvenzplan Nr. 3318 Rn. 8 ff.
- Insolvenzverfahren § 28 Rn. 1 ff.; Nr. 3317 Rn. 8 ff.
- Kapitalanleger-Musterverfahren § 23 a Rn. 1 ff.
- Kindesherausgabe § 24 Rn. 6 ff.
- Klage § 23 Rn. 76 ff.
- Klageverfahren nach dem Asylverfahrensgesetz § 30 Rn. 1 ff.
- Kündigung § 23 Rn. 101
- Mahnverfahren Nr. 3305 Rn. 14 ff.; Nr. 3307 Rn. 9
- Mängelbeseitigung § 23 Rn. 62 ff.
- mehrere am Verfahren Beteiligte § 30 Rn. 18 ff.
- mehrere Antragsteller § 31 Rn. 7
- mehrere Auftraggeber § 26 Rn. 13 ff.; § 31 Rn. 11
- mehrere Schuldner § 26 Rn. 17
- Mieterhöhung § 23 Rn. 62 ff.
- Mietvertrag § 23 Rn. 123 ff.
- Modernisierungsmaßnahmen § 23 Rn. 62 ff.
- Nebenforderung § 23 Rn. 87 ff.; § 25 Rn. 4
- nicht vermögensrechtliche Gegenstände § 23 Rn. 128 ff.
- Pachtvertrag § 23 Rn. 123 ff.
- Pfändung eines Gegenstands § 25 Rn. 6 ff.
- Pfändung von Arbeitseinkommen § 25 Rn. 13 ff.
- Räumungsfristverfahren Nr. 3334 Rn. 8
- Rechtsanwalt als Zwangsverwalter § 27 Rn. 10 f.
- Rechtsmittelverfahren § 23 Rn. 36 ff.
- Restschuldbefreiung Nr. 3321 Rn. 10
- Schadensersatzrente § 23 Rn. 70
- Schätzung nach billigem Ermessen § 23 Rn. 128 ff.
- schiedsrichterliche Verfahren § 36 Rn. 23 ff.
- schriftliches Gutachten Nr. 2101 Rn. 14
- Schuldneranträge § 25 Rn. 27 ff.
- Spruchverfahrensgesetz § 31 Rn. 1 ff.
- Stufenklage § 23 Rn. 92 ff.
- Systematik der Berechnung § 23 Rn. 14 ff.
- Umgangsrecht § 24 Rn. 6 ff.
- Unterhalt § 23 Rn. 67
- Verfahren nach der Schifffahrtsrechtlichen Verteilungsverordnung § 29 Rn. 1 ff.
- Verfahren vor dem EuGH § 38 Rn. 37 ff.
- Verfahrensgebühr Nr. 3100 Rn. 48
- Verfassungsgerichtsverfahren § 37 Rn. 30 ff.
- Verteilungsverfahren § 25 Rn. 19
- Vertretung des Gläubigers § 26 Rn. 4 ff.; § 28 Rn. 9 ff.
- Vertretung des Schuldners § 27 Rn. 7; § 28 Rn. 4 ff.
- Vertretung eines Beteiligten § 26 Rn. 9 ff.
- Vertretung eines sonstigen Beteiligten § 27 Rn. 8; § 28 Rn. 14 ff.
- Vertretung eines unbeteiligten Bieters § 26 Rn. 12
- Vertretung für den Antragsteller § 27 Rn. 3 ff.
- Verwaltungsgerichtsverfahren § 23 Rn. 99
- Vollstreckungsbescheid Nr. 3308 Rn. 20 ff.
- vorläufiger Rechtsschutz § 30 Rn. 23 ff.
- Widerklage § 23 Rn. 76 ff.
- Zeitpunkt der Berechnung § 23 Rn. 40
- Zinsen § 25 Rn. 4
- Zwangsversteigerung § 26 Rn. 1 ff.
- Zwangsverwaltung § 27 Rn. 1 ff.
- Zwangsvollstreckung § 25 Rn. 1 ff.; Nr. 3309 Rn. 38
- Zwangsvollstreckung wegen (un-)vertretbarer Handlung, Duldung, Unterlassen § 25 Rn. 23

Gegenvorstellung
- Beschwerdeverfahren § 32 Rn. 34

Gehörsrüge § 12 a Rn. 1 ff.
- Abhilfe § 12 a Rn. 33
- Form § 12 a Rn. 28
- Frist § 12 a Rn. 19 ff., 28
- Kosten der Hauptsache § 12 a Rn. 36
- rechtliches Gehör des Gegners § 12 a Rn. 27 ff.
- Statthaftigkeit § 12 a Rn. 28
- Terminsgebühr Nr. 3332 Rn. 1 ff.; Nr. 3516 Rn. 1 ff.
- Verfahrensgebühr Nr. 3330 Rn. 1 ff.
- Verfahrenskosten § 12 a Rn. 35 ff.
- vorzeitige Beendigung Nr. 3337 Rn. 1 ff.

Stichwortregister

- Zurückweisung als unbegründet § 12 a Rn. 29
- Zuständigkeit § 12 a Rn. 24 ff.

Gehörsrügeverfahren
- Gegenstandswert § 23 Rn. 104
- Kosten wegen einer Entscheidung nach den Kostengesetzen § 12 a Rn. 38 ff.

Geldforderung
- Zwangsvollstreckung § 25 Rn. 1 ff.

Geldwert
- objektiver ~ § 2 Rn. 23, 41

Gerechtigkeitsgewinn
- Einigungsgebühr nur bei protokolliertem Vergleich Nr. 1000 Rn. 17
- Einfachheit des KF-Verfahrens Nr. 1000 Rn. 10
- Fundstelle im Gesetz? Nr. 1000 Rn. 11
- und Einkommen der Anwälte Nr. 1000 Rn. 12

Gerichtlicher Termin Vorbem. 3 Rn. 27

Gerichtliches Verfahren
- Gegenstandswert § 23 Rn. 27 ff.

Gerichtsgebühren
- Streitwertfestsetzung § 32 Rn. 1 ff.
- Vergütungsfestsetzungsverfahren § 11 Rn. 47 ff.

Gerichtshof der Europäischen Gemeinschaften
- Verfahren vor dem ~ § 38 Rn. 1 ff.

Gerichtsstandsvereinbarung
- Vergütungsvereinbarung § 4 Rn. 83 ff.

Gerichtsvollzieher
- Bestimmung § 19 Rn. 71 ff.

Geschäftsgebühr Nr. 2300 Rn. 1 ff.
- Abgrenzung zum einfachen Schreiben Nr. 2300 Rn. 8
- Allgemeines Nr. 2300 Rn. 1
- Anrechnung Nr. 2503 Rn. 13 ff.
- Anrechnung auf erhöhte Verfahrensgebühr Nr. 1008 Rn. 93 ff.
- Anrechnung auf Verfahrensgebühr Vorbem. 3 Rn. 85 ff.
- Anrechnung bei Erhöhung Nr. 2300 Rn. 193 ff.
- Anrechnung bei identischen Gegenständen Nr. 2300 Rn. 163 ff.
- Anrechnung bei niedrigerem Gebührensatz der nachfolgenden Gebühr Nr. 2300 Rn. 168 ff.
- Anrechnung bei späterer PKH Nr. 2300 Rn. 198 ff.
- Anrechnung bei unterschiedlichen Gegenstandswerten Nr. 2300 Rn. 164 ff.
- Anrechnung, wenn G. weder tituliert noch ausgeglichen wurde Nr. 2300 Rn. 259
- Anrechnung im einstweiligen Verfügungsverfahren Nr. 2300 Rn. 259
- außergerichtliche Angelegenheit Nr. 2300 Rn. 2
- Beratungshilfe Nr. 2503 Rn. 1 ff.
- Besprechungen Nr. 2300 Rn. 39 ff.
- Bestimmung Nr. 2300 Rn. 30
- Differenzansprüche gegenüber Mandanten Nr. 2300 Rn. 113 ff.
- durchschnittlicher Fall Nr. 2300 Rn. 34 ff.
- einfaches Schreiben Nr. 2302 Rn. 1 ff.
- Einvernehmensherstellung Nr. 2200 Rn. 11 ff.
- Einzelfallentscheidungen § 14 Rn. 106 ff.
- Einzelheiten Nr. 2300 Rn. 15 ff.
- Erhöhungsgebühr Vorbem. 2.3 Rn. 39 ff.
- Familiensachen Nr. 2300 Rn. 53 ff.
- Gebührenrahmen Nr. 2300 Rn. 17 ff.
- gesetzgeberischer Wille Nr. 2300 Rn. 29
- Gestaltung einer Urkunde Vorbem. 2.3 Rn. 35 ff.
- Güteverfahren Nr. 2303 Rn. 1 ff.
- Nachliquidation Nr. 2300 Rn. 82 ff.
- Pauschgebühr Nr. 2300 Rn. 15
- rechtliche Schwierigkeiten Nr. 2300 Rn. 58 ff.
- Regelgebühr Nr. 2300 Rn. 25 ff.
- Schiedsverfahren Nr. 2303 Rn. 1 ff.
- Schwellengebühr Nr. 2300 Rn. 25 ff.
- Schwierigkeit der anwaltlichen Tätigkeit Nr. 2300 Rn. 58 ff.
- sozialrechtliche Angelegenheit Vorbem. 2.4 Rn. 1 ff.
- Spezialkenntnisse Nr. 2300 Rn. 70 ff.
- Tätigkeiten vor der Vergabekammer Nr. 2300 Rn. 13
- tatsächliche Schwierigkeiten Nr. 2300 Rn. 66
- Toleranzgrenze 20 % Nr. 2300 Rn. 73 ff.
- Umfang der Angelegenheit Nr. 2300 Rn. 43 ff.
- Unfallsachen Nr. 2300 Rn. 87 ff.
- Vergütungsvereinbarung Nr. 2300 Rn. 278 ff.
- Vertragsgestaltung Vorbem. 2.3 Rn. 35 ff.
- Verwaltungsverfahren Nr. 2300 Rn. 5
- vorangegangenes Verwaltungsverfahren Nr. 2301 Rn. 1 ff.
- Wiederaufnahmeverfahren Nrn. 4136–4140 Rn. 100 ff.

Stichwortregister

- zeitlicher Aufwand Nr. 2300 Rn. 43 ff.
- Zwangsvollstreckung Nr. 3305 Rn. 21

Geschäftskosten Vorbem. 7 Rn. 5 ff.
- allgemeine ~ § 46 Rn. 9

Geschäftsreisen Vorbem. 7 Rn. 9 ff.; Nr. 7003 Rn. 1 ff.; Nr. 7004 Rn. 1 ff.
- Kilometerpauschale Nr. 7003 Rn. 1 ff.
- mehrere ~ Vorbem. 7 Rn. 14
- sonstige Auslagen Nr. 7006 Rn. 1 ff.

Geschäftsunfähigkeit
- Mandant(en) § 1 Rn. 34
- unerkannte ~ § 1 Rn. 34

Geschäftsunkosten
- allgemeine ~ § 2 Rn. 18

Gestaltung einer Urkunde
- Geschäftsgebühr Vorbem. 2.3 Rn. 35 ff.

Gewerbliches Unternehmen mit eigener Rechtsabteilung Nr. 3402 Rn. 85

Gläubigerausschussmitglied § 1 Rn. 75

Gleichheitssatz § 3 Rn. 20

GmbH
- Liquidator § 1 Rn. 91

GmbH & Co KG Nr. 1008 Rn. 33

GmbH-Ausschluss § 17 Rn. 30

Gnadengesuche
- Strafsachen Nrn. 4300–4304 Rn. 163

Grundgebühr
- Bußgeldsachen Nr. 5100 Rn. 13 ff.
- Ermittlungsverfahren Einl. 4 Rn. 9
- Strafsachen Nr. 1008 Rn. 54 ff.

Grundsatz der Vertragsfreiheit § 4 Rn. 1

Grundurteil
- Fälligkeit der Vergütung § 8 Rn. 40

Gutachten Nrn. 3204–3205 Rn. 7; § 34 Rn. 1 ff.
- Abgrenzung zu Rat § 34 Rn. 37
- bisherige Regelung § 34 Rn. 1 ff.
- Erfolgsaussichtsprüfung eines Rechtsmittels Nr. 2101 Rn. 1 ff.; Nr. 2103 Rn. 1 ff.
- Erstattung § 1 Rn. 23
- Gebührenvereinbarung § 34 Rn. 37 ff.
- Inhalt § 34 Rn. 38 ff.
- mehrere Auftraggeber Nr. 1008 Rn. 50 ff.
- schriftliches ~ § 19 Rn. 28 f.; Nr. 2101 Rn. 1 ff.; Nr. 2103 Rn. 1 ff.

Gutachten des Vorstands der Rechtsanwaltskammer § 14 Rn. 128 ff.
- Kostenfreiheit § 14 Rn. 147
- Notwendigkeit § 14 Rn. 128 ff.
- Zuständigkeit § 14 Rn. 141 ff.

Gutachtengebühr Nrn. 2100–2103 a. F. Rn. 98 ff. (Anhang III)
- Abgrenzung Nrn. 2100–2103 a. F. Rn. 103 ff. (Anhang III)

Güteverfahren § 17 Rn. 20
- andere Gebühren Nr. 2303 Rn. 17 ff.
- Anrechnung Nr. 2303 Rn. 23
- Auftragserteilung Nr. 2303 Rn. 21
- Ausschuss der in § 111 Abs. 2 ArbGG bezeichneten Art Nr. 2303 Rn. 9
- durch die Landesjustizverwaltung eingerichtete oder anerkannte Gütestelle Nr. 2303 Rn. 4 ff.
- Einigungsstellen Nr. 2303 Rn. 12 ff.
- Einzelheiten Nr. 2303 Rn. 14 ff.
- Geschäftsgebühr Nr. 2303 Rn. 1 ff.
- Höhe der Gebühren Nr. 2303 Rn. 14 ff.
- Kostenerstattung Nr. 2303 Rn. 26 ff.
- Kostenerstattung im nachfolgenden gerichtlichen Verfahren Nr. 2303 Rn. 28 ff.
- Seemannsamt Nr. 2303 Rn. 10
- Terminsvertreter Nr. 2303 Rn. 22
- Vergütungsfestsetzungsverfahren § 11 Rn. 34
- vorläufige Entscheidung von Arbeitssachen Nr. 2303 Rn. 10
- weitere Einigungsstellen Nr. 2303 Rn. 12

H

Haftpflichtanspruch
- gegen Rechtsanwalt § 1 Rn. 24 f.
- Verjährung § 1 Rn. 24 f.

Haftpflichtversicherung
- Prämie Nr. 7007 Rn. 1 ff.
- zusätzliche ~ Nr. 7007 Rn. 1 ff.

Haftprüfung Nrn. 4100–4103 Rn. 75

Haftungsrisiko
- besonderes ~ § 3 Rn. 31; § 14 Rn. 62 ff.

Handakten
- Herausgabe § 19 Rn. 68

Handlung
- unvertretbare ~ § 25 Rn. 24
- vertretbare ~ § 25 Rn. 24

Hauptbevollmächtigte
- Einigungsgebühr Nr. 1000 Rn. 37

Haupttätigkeit § 19 Rn. 11

Hauptverhandlung
- Terminsgebühr Vorbem. 4 Rn. 43
- Verfahrensgebühr Vorbem. 4 Rn. 37

Hauptverhandlung wird entbehrlich Nr. 4141 Rn. 113 ff.
- auf Förderung des Verfahrens gerichtete RA-Tätigkeit Nr. 4142 Rn. 117 ff.
- Beendigung des Verfahrens Nr. 4141 Rn. 110

Stichwortregister

HausratsVO § 24 Rn. 9
Hebegebühr § 61 Rn. 93; Nr. 1009 Rn. 1 ff.
– Abführung von eingezogenen Kosten Nr. 1009 Rn. 13 ff.
– Allgemeines Nr. 1009 Rn. 1 ff.
– Auftrag des Mandanten Nr. 1009 Rn. 3
– Auslagen Nr. 1009 Rn. 17
– Auszahlung von entgegengenommenen Geldbeträgen Nr. 1009 Rn. 4 ff.
– Entnahmerecht des Anwalts Nr. 1009 Rn. 8
– Entstehen Nr. 1009 Rn. 4 ff.
– Höhe Nr. 1009 Rn. 16
– Kostbarkeiten Nr. 1009 Rn. 11
– Kostenerstattung Nr. 1009 Rn. 18 ff.
– Rückzahlung von entgegengenommenen Geldbeträgen Nr. 1009 Rn. 4 ff.
– unbare Zahlungen Nr. 1009 Rn. 7
– Verrechnung eingezogener Beträge auf die Vergütung Nr. 1009 Rn. 13 ff.
– Verwahrungsgeschäft Nr. 1009 Rn. 2
– Weiterleitung von Kosten an Gerichte und Behörden Nr. 1009 Rn. 12
– Wertpapiere Nr. 1009 Rn. 11
– Zahlung mehrerer Beträge in gesonderten Zahlungen Nr. 1009 Rn. 9
– Zwangsvollstreckungsverfahren Nr. 1009 Rn. 20
Hemmung der Verjährung § 8 Rn. 7 ff., 51 ff.
– Ende § 8 Rn. 58 ff.
– erneute ~ § 8 Rn. 65
– Vergütungsfestsetzungsverfahren § 11 Rn. 76
Herstellung des Einvernehmens Nr. 2200 Rn. 1 ff.
Hilfsaufrechnung
– Aussöhnungsgebühr Nr. 1003 Rn. 17 f.
– Einigungsgebühr Nr. 1003 Rn. 17 f.
– Erledigungsgebühr Nr. 1003 Rn. 17 f.
– Gegenstandswert § 23 Rn. 81 ff.
Hilfswiderklage
– Aussöhnungsgebühr Nr. 1003 Rn. 19
– Einigungsgebühr Nr. 1003 Rn. 19
– Erledigungsgebühr Nr. 1003 Rn. 19
Hinweispflicht
– Beratungshilfe Vorbem. 2.5 Rn. 30
– Erfolgsaussichtsprüfung eines Rechtsmittels Nr. 2100 Rn. 29
– nach § 49 BRAO § 1 Rn. 43 ff.
Hochschullehrer § 1 Rn. 15
Höchstgebühr § 13 Rn. 15 ff.
– Rahmengebühr § 14 Rn. 79
Honorarklage § 32 Rn. 2

Honorarrechnung
– Adressat § 10 Rn. 13 f.
– Nachliquidation § 10 Rn. 24
– Steuernummer § 10 Rn. 23 ff.
– Umsatzsteuer-Identifikationsnummer § 10 Rn. 23
– Unrichtigkeiten § 10 Rn. 24
– Unterzeichnung § 10 Rn. 16
Horizontalverweisung § 20 Rn. 4, 11 ff.
– Allgemeines § 20 Rn. 11
– Arbeitsgerichtssachen § 20 Rn. 38
– Gegenstandsidentität § 20 Rn. 17 ff.
– nach dem 01.07.2004 § 20 Rn. 22
– Rechtszug § 20 Rn. 15
– Strafsachen § 20 Rn. 26 ff.
– Wechsel von Gebührenarten § 20 Rn. 34

I

Insolvenzeröffnungsverfahren
– Vertretung des Gläubigers Nr. 3314 Rn. 1 ff.
– Vertretung des Schuldners Nr. 3313 Rn. 1 ff.
Insolvenzforderung
– Anmeldung Nr. 3320 Rn. 1 ff.
Insolvenzplan Nr. 3318 Rn. 1 ff.
– Gegenstandswert Nr. 3318 Rn. 8 ff.
– Vertretung des Schuldners Nr. 3319 Rn. 1 ff.
Insolvenzverfahren
– Anrechnung Nr. 3317 Rn. 6
– beigeordnete oder bestellte Rechtsanwälte § 45 Rn. 4
– beigeordnete Rechtsanwälte § 48 Rn. 7
– Gegenstandswert § 28 Rn. 1 ff.; Nr. 3317 Rn. 8 ff.
– Höhe der Gebühren Nr. 3317 Rn. 5
– Restschuldbefreiung Nr. 3321 Rn. 1 ff.
– Schifffahrtrechtliches Verteilungsverfahren Vorbem. 3.3.5 Rn. 13 ff.; Nr. 3317 Rn. 12 ff.
– Schuldenbereinigungsplan Nr. 3315 Rn. 1 ff.; Nr. 3316 Rn. 1 ff.
– Sekundär~ Vorbem. 3.3.5 Rn. 12
– Verfahren über einen Insolvenzplan Nr. 3318 Rn. 1 ff.
– Verfahrensgebühr Nr. 3317 Rn. 1 ff.
– Vertretung des Gläubigers § 28 Rn. 9 ff.
– Vertretung des Schuldners § 28 Rn. 4 ff.
– Vertretung eines sonstigen Beteiligten § 28 Rn. 14 ff.

Stichwortregister

Insolvenzverwalter § 1 Rn. 74
Internationales Rechtshilfeverfahren
Nrn. 6100–6101 Rn. 1 ff.

K

Kanzleiverlegung Vorbem. 7 Rn. 16 ff.
Kapitalanleger-Musterverfahren
– Allgemeines § 23 a Rn. 1
– Gegenstandswert § 23 a Rn. 1 ff.
Kappung
– Beratung / Verbraucher § 34 Rn. 11
– Einbeziehung anderweit rechtshängig Nr. 3101 Rn. 73, 74
– Einbeziehung / Kappung Rechenbeispiel Nr. 1000 Rn. 103; Nr. 3101 Rn. 41, 47
– Gebührenfolge § 13 Rn. 15
– Haftpflichtversicherung § 34 Rn. 107
– Kappung § 15: Rechenbeispiel § 15 Rn. 81
– mehrere Einzelaufträge § 15 Rn. 99
– Streitwerte € 30 Mio. / Zeithonorar § 3 a Rn. 61; § 22 Rn. 54
– Verkehrsgebühr Nr. 3400 Rn. 25
– verschiedene Gebührensätze § 15 Rn. 78
Kartellgesetz Nrn. 3300–3301 Rn. 1 ff.
Kaufmännische Rundung § 2 Rn. 46
Kilometergeld § 5 Rn. 51
Kilometerpauschale Nr. 7003 Rn. 1 ff.
Kindesherausgabe
– Gegenstandswert § 24 Rn. 6 ff.
Klage
– Gegenstandswert § 23 Rn. 76 ff.
– Vorbereitung § 19 Rn. 12 f.
Klageabweisungsantrag Nr. 3101 Rn. 23
Klageauftrag § 8 Rn. 34
Klageentwurf Nr. 1003 Rn. 7
Klageerwiderung
– Vorbereitung § 19 Rn. 12 f.
Klageerzwingungsverfahren
– Antragsteller § 53 Rn. 1 ff.
– Vergütungsanspruch des beigeordneten Rechtsanwalts § 53 Rn. 1 ff.
Kläger
– Verfahrensgebühr Nr. 3100 Rn. 30
Klagerücknahme
– Mahnverfahren Nr. 3307 Rn. 37
– Terminsgebühr Nr. 3104 Rn. 63
Klauselerteilung § 18 Rn. 25 ff.
Klauselumschreibung § 18 Rn. 26
Kleines Asyl § 30 Rn. 15

Konstituierungsgebühr § 1 Rn. 68
Kontaktperson
– Strafsachen Nrn. 4300–4303 Rn. 164
Korrespondenzanwalt siehe *Verkehrsanwalt*
Kostbarkeiten
– Hebegebühr Nr. 1009 Rn. 11
Kostenansatz
– Beschwerde § 59 Rn. 14
– Erinnerung § 59 Rn. 14
Kostenansatzverfahren § 16 Rn. 24 ff.
– Strafsachen Vorbem. 4 Rn. 58
Kostenantrag § 19 Rn. 46 ff.; Nr. 3101 Rn. 23
Kostenentscheidung
– Fälligkeit der Vergütung § 8 Rn. 36 f.
– Verjährungshemmung § 8 Rn. 51 ff.
Kostenerstattung § 1 Rn. 16
– Erfolgsaussichtsprüfung eines Rechtsmittels Nr. 2100 Rn. 53
– Güteverfahren Nr. 2303 Rn. 26 ff.
– materiell-rechtlicher ~sanspruch Nr. 2300 Rn. 108 ff.
– mehrere Rechtsanwälte § 6 Rn. 10 ff.
– Schlichtungsverfahren Nr. 2303 Rn. 26 ff.
– Unterbevollmächtigte § 5 Rn. 12
Kostenerstattungsanspruch
– Abtretung § 43 Rn. 1 ff.
– Abtretungserklärung § 43 Rn. 3 ff.
– in Unfallsachen Nr. 2300 Rn. 156
– Zeitpunkt der Abtretung § 43 Rn. 5 ff.
Kostenfestsetzung § 19 Rn. 62
– sozialrechtliche Angelegenheiten § 3 Rn. 38
Kostenfestsetzungsverfahren § 16 Rn. 24 ff.
– Einigungsgebühr Nr. 1003 Rn. 36 ff.
– Strafsachen Vorbem. 4 Rn. 53
– Vorsteuerabzugsberechtigung Nr. 7008 Rn. 6 ff.
Kostengrundentscheidung
– schiedsrichterliche Verfahren § 36 Rn. 30
Kostenrecht
– gespaltenes ~ § 61 Rn. 113 ff.
Kostenrechtliche Betrachtungsweise
– Grundsatz / Judikaturhinweise Nr. 3104 Rn. 28
– Vertagung Nr. 3104 Rn. 31
Kündigung
– Gegenstandswert § 23 Rn. 101
– Mandatsvertrag § 8 Rn. 23
Kündigungsprozess § 17 Rn. 27

Stichwortregister

L

Lebenspartnerschaftssachen § 39 Rn. 1 ff.; Vorbem. 3.2.1 Rn. 1 ff.
- Allgemeines § 39 Rn. 1 ff.
- Anwaltszwang § 39 Rn. 7
- Aussöhnungsgebühr Nr. 1001 Rn. 1 ff.
- beigeordnete Rechtsanwälte § 48 Rn. 32 ff.
- Einigungsgebühr Nr. 1000 Rn. 100
- Folgesachen nach Aufhebung der Lebenspartnerschaft § 16 Rn. 16
- Verfahren über die Aufhebung § 16 Rn. 14
- Vergütung § 39 Rn. 8 ff.
- Vergütungsanspruch gegen Landeskasse § 39 Rn. 17 ff.
- Vorschuss § 39 Rn. 14 ff.

Leistungsempfänger § 3 Rn. 10 ff.
Liquidator § 1 Rn. 53
- GmbH § 1 Rn. 91

Lohnanspruch § 22 Rn. 40

M

Mahnanwaltskosten Nr. 3402 Rn. 90
Mahnverfahren § 17 Rn. 15; § 61 Rn. 60 ff.; Nr. 3305 Rn. 1 ff.
- Abgabe an das Streitgericht Nr. 3307 Rn. 37
- Antrag auf Durchführung des streitigen Verfahrens Nr. 3307 Rn. 31 ff.
- Antrag auf Erlass eines Vollstreckungsbescheids Nr. 3308 Rn. 1 ff.
- Beschränkung des Widerspruchs Nr. 3308 Rn. 12
- Einigungsgebühr Nr. 1003 Rn. 36 ff.
- Forderungshöhe Nr. 3307 Rn. 10
- Gegenstandswert Nr. 3305 Rn. 14 ff.; Nr. 3307 Rn. 9
- kein Widerspruch durch Antragsgegner Nr. 3308 Rn. 10 ff.
- Klagerücknahme Nr. 3307 Rn. 37
- mehrere Auftraggeber Nr. 3305 Rn. 22 ff.; Nr. 3307 Rn. 7
- Umfang des Auftrags Nr. 3307 Rn. 12
- Vergütungsvereinbarung § 4 Rn. 63
- Vertretung des Antragsgegners Nr. 3307 Rn. 1 ff.
- Vertretung des Antragstellers Nr. 3305 Rn. 1 ff.
- vorzeitige Beendigung Nr. 3306 Rn. 1 ff.
- Widerspruch durch Antragsgegner Nr. 3308 Rn. 10 ff.

Mahnverfahrensgebühr
- Anrechnung bei nachfolgendem gerichtlichen Verfahren Nr. 3305 Rn. 26 ff.
- Anrechnung bei vorausgegangener außergerichtlicher Tätigkeit Nr. 3305 Rn. 35 ff.
- Anrechnungsvorschrift Nr. 3305 Rn. 25 ff.
- Anrechnung auf Verfahrensgebühr Nr. 3307 Rn. 14
- Einigungsgebühr Nr. 3305 Rn. 40 ff.; Nr. 3307 Rn. 38
- Ermäßigung bei vorzeitiger Auftragserledigung Nr. 3307 Rn. 8
- Erstattungsfähigkeit Nr. 3305 Rn. 60 ff.
- Höhe Nr. 3305 Rn. 14 ff.; Nr. 3307 Rn. 6
- Terminsgebühr Nr. 3305 Rn. 43 ff.; Nr. 3307 Rn. 41 ff.
- Verhältnis zu anderen Gebühren Nr. 3305 Rn. 49 ff.; Nr. 3307 Rn. 19 ff.
- Vertretung mehrerer Personen als Auftraggeber Nr. 3305 Rn. 22 ff.; Nr. 3307 Rn. 7
- vorzeitige Beendigung Nr. 3307 Rn. 8

Mandant
- erster Besuch beim Anwalt oder Anwaltmediator § 1 Rn. 51
- Geschäftsunfähigkeit § 1 Rn. 34

Mandatsvertrag
- Aufhebung § 8 Rn. 23
- Kündigung § 8 Rn. 23

Mängelbeseitigung
- Gegenstandswert § 23 Rn. 62 ff.

Mautgebühren Nr. 7006 Rn. 2
Mediation § 19 Rn. 31 a; § 34 Rn. 1 ff., 76 ff.
- Allgemeines § 34 Rn. 76 ff.
- bisherige Regelung § 34 Rn. 1 ff.

Mediationsgrundsätze § 34 Rn. 77
Mediationsverfahren
- Begleitung eines Medianten durch einen Anwalt § 34 Rn. 106

Mediationsvertrag § 34 Rn. 78
- Auslagen § 34 Rn. 91 ff.
- Beispiele § 34 Rn. 129 f.
- Fehlen einer ausdrücklichen Gebührenvereinbarung § 34 Rn. 82
- Form § 34 Rn. 78 ff., 89
- Gebühren § 34 Rn. 82 ff.
- Gebührenvereinbarung § 34 Rn. 89
- Höhe der Vergütung § 34 Rn. 91 ff.
- übliche Gebühr § 34 Rn. 83
- Vergütung § 34 Rn. 91
- Vor- und Nachbereitungskosten § 34 Rn. 105
- Zeithonorar § 34 Rn. 95 ff.

Mediator § 1 Rn. 92
- Anwalt~ § 1 Rn. 54; § 34 Rn. 111, 122

Stichwortregister

- Rechtsberatung der Medianten § 34 Rn. 108 ff.
- Richter~ § 34 Rn. 121

Mehrere Angelegenheiten § 8 Rn. 22
- Beratungshilfegebühr Nr. 2500 Rn. 2

Mehrere Aufträge § 17 Rn. 33

Mehrere Auftraggeber § 1 Rn. 35; § 7 Rn. 1 ff.; § 61 Rn. 73, 89; Nr. 1008 Rn. 1 ff.
- Allgemeines § 7 Rn. 1 ff.; Nr. 1008 Rn. 1 ff.
- als gemeinsamer Vertreter bestellter Rechtsanwalt § 40 Rn. 1 ff.
- Angelegenheit § 15 Rn. 32
- Anwaltssozietät § 7 Rn. 21; Nr. 1008 Rn. 18 ff.
- Auslagen § 7 Rn. 25
- Beratung Nr. 1008 Rn. 50 ff.
- Betragsrahmengebühren Nr. 1008 Rn. 56 ff., 84 ff.
- BGB-Gesellschaft § 7 Rn. 16 ff.; Nr. 1008 Rn. 11 ff.
- Bietergemeinschaft § 7 Rn. 19; Nr. 1008 Rn. 23
- Bruchteilsgemeinschaft § 7 Rn. 20; Nr. 1008 Rn. 24
- dieselbe Angelegenheit § 7 Rn. 5 ff.; Nr. 1008 Rn. 41 ff.
- Dokumentenpauschale § 7 Rn. 25
- Einzelheiten § 7 Rn. 15 ff.; Nr. 1008 Rn. 9 ff.
- Erbengemeinschaft Nr. 1008 Rn. 28 ff.
- Erfolgsaussichten eines Rechtsmittels Nr. 1008 Rn. 50 ff.
- erhöhungsfähige Gebühren § 7 Rn. 28; Nr. 1008 Rn. 50 ff.
- Festgebühren Nr. 1008 Rn. 56 ff., 82
- Gegenstand Nr. 1008 Rn. 60 ff.
- Gegenstandswert § 26 Rn. 13 ff.; § 31 Rn. 11
- GmbH & Co KG Nr. 1008 Rn. 33
- Gutachten Nr. 1008 Rn. 50 ff.
- Haftungsrahmen § 7 Rn. 22 ff.
- Kostenerstattung Nr. 1008 Rn. 102
- Mahnverfahren Nr. 3305 Rn. 22 ff.; Nr. 3307 Rn. 7
- nicht rechtsfähiger Verein Nr. 1008 Rn. 27
- Parteiwechsel Nr. 1008 Rn. 35 ff.
- Spruchverfahren § 31 Rn. 11
- Strafsachen Nr. 1008 Rn. 54 ff.
- Testamentsvollstrecker Nr. 1008 Rn. 34
- Verfassungsgerichtsverfahren § 37 Rn. 27
- Verwaltungsgerichtsverfahren § 40 Rn. 1 ff.
- Vollstreckungsbescheidsgebühr Nr. 3308 Rn. 15 ff.
- Wertgebühren Nr. 1008 Rn. 56 ff., 81
- Wohnungseigentum Nr. 1008 Rn. 25
- Zwangsversteigerung § 26 Rn. 13 ff.
- Zwangsversteigerungsverfahren Nr. 3311 Rn. 6
- Zwangsverwaltungsverfahren Nr. 3311 Rn. 6
- Zwangsvollstreckung Nr. 3309 Rn. 39

Mehrere Gegenstände § 60 Rn. 74, 80

Mehrere Gläubiger
- Schifffahrtrechtliches Verteilungsverfahren Vorbem. 3.3.5 Rn. 4 ff.

Mehrere Rechtsanwälte § 6 Rn. 1 ff.; § 61 Rn. 68 ff.
- Allgemeines § 6 Rn. 1 ff.
- Anwaltsgemeinschaft § 6 Rn. 26
- Anwaltswechsel § 6 Rn. 12 f.
- Auftragserteilung an ~ § 6 Rn. 6 f.
- Ausscheiden eines RA aus einer Gemeinschaft § 6 Rn. 14
- Aufsplitten eines Mandats § 6 Rn. 15
- Bürogemeinschaft § 15 Rn. 18
- Erhöhungsgebühr § 6 Rn. 26
- gemeinschaftliche Erledigung eines Auftrags § 6 Rn. 8
- gleiche Aufgabe § 6 Rn. 8
- Gleichzeitigkeit der Tätigkeit § 6 Rn. 9
- Kostenerstattung § 6 Rn. 10 ff.
- Kostenerstattung in Strafsachen § 6 Rn. 20
- Sonderfälle § 6 Rn. 17
- Tätigkeiten nacheinander § 6 Rn. 21
- Unterbevollmächtigte § 6 Rn. 22 ff.

Mehrere Schuldner
- Gegenstandswert § 26 Rn. 17

Mehrkosten
- eines auswärtigen Anwalts Nr. 3402 Rn. 78 ff.
- Erstattungsfähigkeit § 20 Rn. 45 ff.

Mehrvertretung
- anwaltliche ~ § 5 Rn. 10 ff.

Mieterhöhung
- Gegenstandswert § 23 Rn. 62 ff.

Mietvertrag
- Gegenstandswert § 23 Rn. 123 ff.

Minderungsbetrag Nr. 3305 Rn. 20

Mindestgebühr § 13 Rn. 10 ff.
- Rahmengebühr § 14 Rn. 81

Missbrauchsgebühr
- Verfassungsgerichtsverfahren § 37 Rn. 59

Mittelgebühr § 3 Rn. 33 ff.; § 14 Rn. 71, 95 ff.
- arithmetisches Mittel § 14 Rn. 75
- durchschnittliche Angelegenheit § 14 Rn. 72 ff.

Stichwortregister

Modernisierungsmaßnahmen
– Gegenstandswert § 23 Rn. 62 ff.
Musterverfahren
– Gegenstandswert § 23a Rn. 1 ff.

N

Nachbereitungstätigkeit § 19 Rn. 11
Nachforschungen zur Vorbereitung der Wiederaufnahme
– Auslagen § 46 Rn. 32 ff.
Nachlass
– Bruttowert § 1 Rn. 69
Nachliquidation
– Geschäftsgebühr Nr. 2300 Rn. 82 ff.
Nachtzeitvollstreckungen § 19 Rn. 69 f.
Nebenforderung
– Gegenstandswert § 23 Rn. 87 ff.; § 25 Rn. 4
Nebenkläger
– Vergütungsanspruch des beigeordneten Rechtsanwalts § 53 Rn. 1 ff.
– Vorschuss § 9 Rn. 8
Nichtzulassungsbeschwerde § 17 Rn. 22; § 61 Rn. 84; Vorbem. 3.2 Rn. 3
Nichtzulassungsbeschwerdeverfahren
– Revisionsverfahren Nrn. 3506–3509 Rn. 1 ff.; Nrn. 3517–3518 Rn. 1 ff.
– Sozialgerichtsverfahren Nrn. 3511–3512 Rn. 1 ff.
– Terminsgebühr Nr. 3513 Rn. 1 ff.; Nrn. 3517–3518 Rn. 1 ff.
– Verfahrensgebühr Nrn. 3504–3505 Rn. 1 ff.; Nrn. 3506–3509 Rn. 1 ff.; Nrn. 3511–3512 Rn. 1 ff.
– vorzeitige Beendigung des Auftrags Nrn. 3504–3505 Rn. 1 ff.
Notaranwalt
– Vorschuss § 9 Rn. 8
Notarverein
– Empfehlung zur Verwaltungsgebühr § 1 Rn. 70
Notfristzeugnisse § 19 Rn. 46 ff.
– Erteilung § 19 Rn. 54

O

Objektiver Geldwert § 2 Rn. 23, 41
Ordnungsgeld
– Androhung § 19 Rn. 75
– besondere Angelegenheit § 18 Rn. 39
– Verurteilung § 18 Rn. 39
Ortstermin Nr. 3402 Rn. 55

P

Pachtvertrag
– Gegenstandswert § 23 Rn. 123 ff.
Parkgebühren Nr. 7006 Rn. 2
Partei
– Tod § 8 Rn. 25
Parteiwechsel § 15 Rn. 70 ff.; Nr. 1008 Rn. 35 ff.
Partnerschaftsgesellschaften § 1 Rn. 3, 7
Patentanwälte § 1 Rn. 14
Pauschale für Entgelte für Post- und Telekommunikation § 46 Rn. 13
Pauschalhonorar
– Vergütungsvereinbarung § 4 Rn. 57, 129
Pauschgebühr § 15 Rn. 5 ff.
– Abgeltung in zeitlicher Hinsicht § 15 Rn. 7
– Allgemeines § 51 Rn. 1
– Antrag § 42 Rn. 12; § 51 Rn. 9
– Art des Verfahrens § 51 Rn. 10
– Begriff § 15 Rn. 5 ff.
– Bindungswirkung § 42 Rn. 15
– Bußgeldsachen § 42 Rn. 1 ff.; § 51 Rn. 1 ff.
– Einzelheiten § 42 Rn. 7 ff.; § 51 Rn. 6 ff.
– Einzelrichterentscheidung § 42 Rn. 14
– Festsetzung § 51 Rn. 1 ff.
– Feststellung § 42 Rn. 1 ff.
– funktionale Zuständigkeit § 51 Rn. 22 ff.
– Schwierigkeit der anwaltlichen Tätigkeit § 51 Rn. 19 ff.
– Strafsachen § 42 Rn. 1 ff.; § 51 Rn. 1 ff.
– Umfang § 51 Rn. 11
– Umfang der Angelegenheit § 51 Rn. 14 ff.
– Verfahrensabschnitte § 51 Rn. 8 ff.
– Verwaltungsbehörde § 42 Rn. 16; § 51 Rn. 25
– Voraussetzungen § 51 Rn. 12
Pfändung eines Gegenstands
– Gegenstandswert § 25 Rn. 6 ff.
Pfändung von Arbeitseinkommen
– Gegenstandswert § 25 Rn. 13 ff.
Pfleger § 1 Rn. 8
Pflichtverteidiger Vorbem. 4 Rn. 36 ff.; § 60 Rn. 77; § 61 Rn. 42 ff., 83
– außergerichtliches Verfahren Nrn. 6200–6216 Rn. 18 ff.
– berufsgerichtliches Verfahren Vorbem. 6.2 Rn. 12 ff.
– Bestellung zum ~ § 48 Rn. 36
– Disziplinarverfahren Vorbem. 6.2 Rn. 12 ff.
– Einzeltätigkeiten Nr. 6404 Rn. 42 f.
– Erstattungsanspruch gegen den Beschuldigten oder Betroffenen § 52 Rn. 1 ff.

1635

Stichwortregister

- Freiheitsentziehungsverfahren Nrn. 6300–6303 Rn. 31 ff.
- internationale Rechtshilfe in Strafsachen Nrn. 6100–6101 Rn. 4 ff.
- Pauschgebühr § 42 Rn. 1 ff.
- Stellvertretung § 5 Rn. 41 ff.
- Terminsgebühr/mit Zuschlag Nrn. 4100–4103 Rn. 70 ff.
- Umsatzsteuer Nr. 7008 Rn. 8
- Unterbringungssachen Nrn. 6300–6303 Rn. 31 ff.
- Wehrbeschwerdeverfahren Nrn. 6400–6403 Rn. 40 f.
- weiterer ~, da erster verhindert § 48 Rn. 40

PKH-Anwalt
- Reisekosten § 46 Rn. 14 ff.

PKH-Bewilligung § 1 Rn. 28; § 60 Rn. 66 ff.
- Antrag § 45 Rn. 11 ff.
- Beschluss § 48 Rn. 3 ff.
- Umfang des Vergütungsanspruchs und der Beiordnung § 48 Rn. 1 ff.
- Voraussetzungen § 45 Rn. 11 ff.

PKH-Verfahren § 16 Rn. 11 f.; § 45 Rn. 1 ff.
- Abgrenzung zum Hauptverfahren Nr. 3335 Rn. 4 ff.
- Aussöhnungsgebühr Nr. 1003 Rn. 1 ff., 45; Nr. 1004 Rn. 8 ff.
- bedingte Klageerhebung § 16 Rn. 12
- beigeordnete oder bestellte Rechtsanwälte § 45 Rn. 1 ff.
- Einigungsgebühr Nr. 1003 Rn. 1 ff., 45; Nr. 1004 Rn. 8 ff.; Nr. 3335 Rn. 17
- Erhöhungsgebühr Nr. 3335 Rn. 15
- Erledigungsgebühr Nr. 1003 Rn. 1 ff., 45; Nr. 1004 Rn. 8 ff.
- Kostenerstattung Nr. 3335 Rn. 30
- mehrere ~ Nr. 3335 Rn. 23
- mehrere ~ in demselben Rechtszug § 16 Rn. 13
- sonstige ~ Nr. 3335 Rn. 29
- Sozialgerichtsverfahren Nr. 3336 Rn. 1 ff.
- Teil-PKH Nr. 3335 Rn. 20 ff.
- Terminsgebühr Nr. 3104 Rn. 85 ff.; Nr. 3335 Rn. 16
- Verfahrensgebühr Nr. 3335 Rn. 1 ff.
- Verkehrsanwalt Nr. 3400 Rn. 60
- Wert Nr. 3335 Rn. 24

PKH-Vergütungsfestsetzungsverfahren § 3 Rn. 20

Post- und Telekommunikationsdienstleistungen Nr. 7001–7002 Rn. 1 ff.
- Einzelheiten Nr. 7001–7002 Rn. 1 ff.
- Pauschale § 46 Rn. 13; Nr. 7001–7002 Rn. 1 ff.

Postulationsfähigkeit
- Verkehrsanwalt Nr. 3400 Rn. 14

Privatkläger
- Vergütungsanspruch des beigeordneten Rechtsanwalts § 53 Rn. 1 ff.
- Vorschuss § 9 Rn. 8

Privatklageverfahren § 16 Rn. 31; Nrn. 4100–4103 Rn. 80
- Einigungsgebühr Nr. 1000 Rn. 95; Nr. 4147 Rn. 136

Prozessauftrag
- nach Auftrag zur außergerichtlichen Beitreibung § 8 Rn. 34
- unbedingter ~ § 8 Rn. 33

Prozesskostenhilfe § 12 Rn. 1 ff.; § 45 Rn. 1 ff.
- Allgemeines § 12 Rn. 1
- Anrechnung der Geschäftsgebühr Nr. 2300 Rn. 198
- Aussöhnungsgebühr Nr. 1001 Rn. 22
- Deckung der in § 122 Abs. 1 ZPO bezeichneten Kosten und Ansprüche § 50 Rn. 13
- Einzelheiten § 12 Rn. 3
- Erfolgsaussichtsprüfung eines Rechtsmittels Nr. 2100 Rn. 51
- Festsetzung der aus der Staatskasse zu zahlenden Vergütung und Vorschüsse § 55 Rn. 1 ff.
- Hauptbevollmächtigte § 50 Rn. 25
- mehrere Instanzen § 50 Rn. 31
- Quotelung § 50 Rn. 29
- Rechtsanwaltswechsel § 50 Rn. 28
- Teilbetrag Nr. 3335 Rn. 20 ff.
- Umsatzsteuer Nr. 7008 Rn. 8
- Unterbevollmächtigte § 50 Rn. 25; Nr. 3402 Rn. 86
- unverzügliche Mitteilung der Vergütungsberechnung § 50 Rn. 18 ff.
- Verfassungsgerichtsverfahren § 37 Rn. 56
- Vergütungsanspruch des beigeordneten Rechtsanwalts § 53 Rn. 3 ff.
- weitere Vergütung § 50 Rn. 1 ff.
- Zeitpunkt der Vergütungsfestsetzung § 50 Rn. 17

Prozessleitung Nr. 3105 Rn. 29 ff.

Prozesspfleger § 1 Rn. 1; § 41 Rn. 1 ff.
- Allgemeines § 41 Rn. 1 ff.
- Beitreibung der Vergütung § 41 Rn. 13
- Einzelheiten § 41 Rn. 9 ff.
- gesetzlicher Vergütungsanspruch § 41 Rn. 9
- Vorschuss § 9 Rn. 8; § 41 Rn. 10

Stichwortregister

R

Rahmengebühren § 14 Rn. 1 ff.
– Allgemeines § 14 Rn. 1
– arithmetisches Mittel § 14 Rn. 75
– Arten § 14 Rn. 2
– Bemesssung § 14 Rn. 8, 71 ff.
– Betragsrahmengebühren § 14 Rn. 3
– Billiges Ermessen § 14 Rn. 51 ff.
– Bußgeldsachen § 14 Rn. 90 ff.
– durchschnittliche Angelegenheit betreffend Nr. 2300 § 14 Rn. 79
– Erfolgsaussichtsprüfung eines Rechtsmittels Nr. 2100 Rn. 30
– Erhöhung § 14 Rn. 114 ff.
– Ermessen § 14 Rn. 51 f.
– Familiensachen § 14 Rn. 99
– Gutachten des Vorstands der Rechtsanwaltskammer § 14 Rn. 128 ff.
– Haftungsrisiko § 14 Rn. 62
– Höchstgebühr § 14 Rn. 81
– mehrere ~ in derselben Angelegenheit § 14 Rn. 69
– Mindestgebühr § 14 Rn. 71
– Mittelgebühr § 14 Rn. 71, 95 ff.
– Regelgebühr § 14 Rn. 101 ff.
– Satzrahmengebühren § 14 Rn. 5
– Schwellengebühr § 14 Rn. 101 ff.
– Schwierigkeiten der anwaltl. Tätigkeit § 14 Rn. 23 ff.
– Strafsachen § 14 Rn. 84 ff.
– Toleranzgrenze § 14 Rn. 52
– Umfang der anwaltl. Tätigkeit § 14 Rn. 23 ff.
– Unfallsachen § 14 Rn. 100
– Verbindlichkeit gegenüber ersatzpflichtigen Dritten § 14 Rn. 124 ff.
– Verbindlichkeit gegenüber Auftraggeber § 14 Rn. 118 ff.
– Vergütungsfestsetzungsverfahren § 11 Rn. 41, 77
Rat Nrn. 2100–2103 a. F. Rn. 11 ff. (Anhang III)
– Abgrenzung zu Gutachten § 34 Rn. 37
Rat im Rahmen der Beratungshilfe § 34 Rn. 11
Raten-/Teilzahlungsvereinbarung
– Einigungsgebühr Nr. 3309 Rn. 82 ff.
Ratenzahlungsvergleich
– Einigungsgebühr Nr. 1000 Rn. 77, 84
Räumungsfristverfahren
– Gegenstandswert Nr. 3334 Rn. 8
– Verfahrensgebühr Nr. 3334 Rn. 1 ff.
Räumungsklage § 22 Rn. 46

Räumungsprozess § 17 Rn. 27
Rechtliches Gehör
– Abhilfeverfahren bei Verletzung § 12 a Rn. 1 ff.
– Vergütungsfestsetzungsverfahren § 11 Rn. 39
Rechtsanwälte
– ausländische ~ § 1 Rn. 10; Nr. 3402 Rn. 78
– Beauftragung anderer ~ § 5 Rn. 10 ff.
– Befugnisse § 1 Rn. 13
– beigeordnete ~ § 45 Rn. 1 ff.
– bestellte ~ § 45 Rn. 1 ff.
– erster Besuch des Mandanten § 1 Rn. 51
– Gebührenfestsetzung gegen die eigene Partei § 5 Rn. 52 ff.
– mehrere ~ § 6 Rn. 1 ff.
– Stellung § 1 Rn. 10
– Stellvertretung § 5 Rn. 1 ff.
– Tätigkeiten von Vertretern § 5 Rn. 1 ff.
– Tod § 8 Rn. 24; Nr. 3101 Rn. 12 f.; Nr. 3337 Rn. 7
– Vergütungsfestsetzungsverfahren § 11 Rn. 16 ff.
– Zwangsverwalter § 27 Rn. 10 f.
Rechtsanwalt in eigener Sache Nr. 3402 Rn. 89
Rechtsanwaltkammermitglieder § 1 Rn. 4
Rechtsanwaltsgebühren
– Beschwerde § 33 Rn. 1
– besondere Wertvorschriften § 33 Rn. 16
– Beteiligte am konkreten Streitgegenstand § 33 Rn. 34
– gerichtlicher und anwaltlicher Wert decken sich nicht § 33 Rn. 15 ff.
– gerichtliches Verfahren § 33 Rn. 17
– gerichtliches Verfahren ist von Gerichtsgebühren befreit § 33 Rn. 19
– GKG sieht Festgebühr für gerichtliche Tätigkeit vor § 33 Rn. 17 ff.
– Streitwertfestsetzung § 33 Rn. 1 ff.
– weitere Beschwerde § 33 Rn. 47
– Wert für Gerichtsgebühren fehlt § 33 Rn. 17 ff.
– Wertfestsetzungsverfahren § 33 Rn. 26 ff.
– Zulassungsbeschwerde § 33 Rn. 45 f.
Rechtsanwaltsgesellschaften § 1 Rn. 3, 10
Rechtsanwaltmediator
– erster Besuch des Mandanten § 1 Rn. 51
Rechtsbehelfe § 61 Rn. 85
– Bußgeldsachen vor der Verwaltungsbehörde § 57 Rn. 1 ff.
– Erfolgsaussichtsprüfung Nr. 2100 Rn. 10 ff.
Rechtsbeistände § 1 Rn. 5, 8, 11

Stichwortregister

Rechtsberatung
– Mediator § 34 Rn. 108 ff.
Rechtsbeschwerdeverfahren Vorbem. 3.1 Rn. 5; Vorbem. 3.2 Rn. 1 ff.; Vorbem. 3.2.1 Rn. 12; Nrn. 5113–5114 Rn. 27 f.
– Verfahrensgebühr Nr. 3502 Rn. 1 ff.
– vorzeitige Beendigung des Auftrags Nr. 3503 Rn. 1
Rechtshängigkeit
– Ende § 8 Rn. 57
Rechtshilfe
– Internationale ~ in Strafsachen Nrn. 6100–6101 Rn. 4 ff.
Rechtskraft § 8 Rn. 58
– Entscheidungen im Vergütungsfestsetzungsverfahren § 11 Rn. 61
Rechtskraftzeugnis
– Erteilung § 19 Rn. 54
Rechtsmittel § 60 Rn. 68; Nr. 2100 Rn. 9
– Einlegung von ~ beim Gericht desselben Rechtszuges § 19 Rn. 55 ff.
– Entscheidungen des Urkundsbeamten in öffentlich-rechtlichen Verfahren § 11 Rn. 64 ff.
– Erfolgsaussichtsprüfung Nr. 2100 Rn. 1 ff.
– Finanzgerichtsbarkeit § 11 Rn. 67
– Prüfung der Zulässigkeit Nr. 2100 Rn. 21
– Prüfung eines ~s Nrn. 3204–3205 Rn. 3
– Sozialgerichtsbarkeit § 11 Rn. 66
– Verfahren über die Zulassung § 16 Rn. 29 ff.
Rechtsmittelfrist
– Vergütungsfestsetzungsverfahren § 11 Rn. 60
Rechtsmittelführer Nr. 2100 Rn. 17; Nr. 2103 Rn. 3
Rechtsmittelgegner Nr. 2100 Rn. 17; Nr. 2103 Rn. 3
Rechtsmittelinstanz
– Zeugenbeistand Vorbem. 3 Rn. 24
Rechtsmittelverfahren § 16 Rn. 29 ff.; § 17 Rn. 22; § 61 Rn. 74 ff.; Vorbem. 3.2 Rn. 2
– Anrechnung der Gebühr für Erfolgsaussichtsprüfung eines Rechtsmittels Nr. 2100 Rn. 32
– Beauftragung zur Berufungsbegründung Nrn. 3200–3201 Rn. 15
– Beratung des Berufungsbeklagten nach Einlegung des Rechtsmittels Nrn. 3200–3201 Rn. 14
– Gegenstandswert § 23 Rn. 36 ff.
– Strafsachen Vorbem. 4 Rn. 36
– Terminsgebühr Nrn. 3202–3203 Rn. 1 ff.; Nr. 3402 Rn. 62

– Verfahrensgebühr Nr. 3401 Rn. 35
Rechtsschutzinteresse
– Gebührenklage § 11 Rn. 10
Rechtsschutzversicherung
– Deckungsschutzzusage § 1 Rn. 28; § 17 Rn. 31
– Einholung der Deckungszusage § 19 Rn. 14 ff.
– Erfolgsaussichtsprüfung eines Rechtsmittels Nr. 2100 Rn. 55
– Terminsgebühr Vorbem. 3 Rn. 96
– Verkehrsanwalt Nr. 3400 Rn. 83
Rechtsuchender mit Beratungsschein § 44 Rn. 4
Rechtsuchender ohne Beratungsschein § 44 Rn. 5 ff.
Rechtszug § 19 Rn. 1 ff.
– Abwicklungstätigkeit § 19 Rn. 11
– Androhung von Ordnungsgeld § 19 Rn. 75
– Anordnung der sofortigen Wirksamkeit § 19 Rn. 67
– anwaltliche Handlungen nach Ende der prozessualen Instanz § 19 Rn. 46 ff.
– Anzeige der Zwangsvollstreckungsabsicht bei Vollstreckung gegen juristische Personen des öffentlichen Rechts § 19 Rn. 74
– Aufhebung einer Vollstreckungsmaßnahme § 19 Rn. 77 f.
– Auskunft § 19 Rn. 28 f.
– außergerichtliche Verhandlungen § 19 Rn. 31
– Aussetzung der Vollziehung § 19 Rn. 67
– beauftragter Richter § 19 Rn. 38
– Begriff § 19 Rn. 9
– besonderes gerichtliches oder behördliches Verfahren § 19 Rn. 30 ff.
– Bestimmung eines Gerichtsvollziehers oder Sequesters § 19 Rn. 71 ff.
– Durchsuchungsanordnung § 19 Rn. 69 f.
– Einforderung der Vergütung § 19 Rn. 63
– Einholung der Deckungszusage beim Rechtsschutzversicherer § 19 Rn. 14 ff.
– Einlegung von Rechtsmitteln beim Gericht desselben ~es § 19 Rn. 55 ff.
– Erinnerung § 19 Rn. 39 ff.
– erstmalige Erteilung der Vollstreckungsklausel § 19 Rn. 58 ff.
– ersuchter Richter § 19 Rn. 38
– Erteilung der Vollstreckungsklausel § 19 Rn. 58 ff.
– Erteilung eines Notfrist- oder Rechtskraftzeugnisses § 19 Rn. 54
– Handakten § 19 Rn. 68

1638

Stichwortregister

- Haupttätigkeit § 19 Rn. 11
- Herausgabe von Handakten § 19 Rn. 68
- Horizontalverweisung § 20 Rn. 15
- Kostenanträge § 19 Rn. 46 ff.
- Kostenfestsetzung § 19 Rn. 62
- Nachbereitungstätigkeit § 19 Rn. 11
- nachträgliche Vollstreckbarkeit eines Urteils § 19 Rn. 52
- Nachtzeitvollstreckungen § 19 Rn. 69 f.
- Notfristzeugnis § 19 Rn. 46 ff., 54
- Rechtskraftzeugnis § 19 Rn. 54
- Rentenanwartschaft im Scheidungsverfahren § 19 Rn. 65
- Rückgabe einer Sicherheit § 19 Rn. 44
- Rüge der Verletzung des rechtlichen Gehörs § 19 Rn. 39 ff.
- Schaffung einer Rentenanwartschaft im Scheidungsverfahren § 19 Rn. 65
- schriftliches Gutachten § 19 Rn. 28 f.
- Tatbestandsberichtigung § 19 Rn. 43
- Urteilsberichtigung § 19 Rn. 43 f.
- Vergleichsverhandlungen § 19 Rn. 31
- Vervollständigung der Entscheidung für Auslandsvollstreckung § 19 Rn. 45
- Vollstreckungsklausel § 19 Rn. 58 ff.
- Vorbereitung von Klage/Klageerwiderung § 19 Rn. 12 f.
- Vorbereitungstätigkeit § 19 Rn. 11
- vorläufige Einstellung, Beschränkung oder Aufhebung der Zwangsvollstreckung § 19 Rn. 57
- vorprozessuale Beitreibung und Klage § 19 Rn. 19 ff.
- zusammenhängende Tätigkeiten § 19 Rn. 1 ff.
- Zustellung von Titeln § 19 Rn. 66
- Zwischenstreit § 19 Rn. 36 f.

Rechtszugbeendigung
- Fälligkeit der Vergütung § 8 Rn. 40 ff.

Rechnungsdatum § 60 Rn. 4
Referendare § 5 Rn. 20 ff.
Regelgebühr § 14 Rn. 97 ff.; Nr. 2300 Rn. 25
Reisekosten § 5 Rn. 51; § 46 Rn. 14 ff.; Vorbem. 7 Rn. 9 ff.; Nr. 7003 Rn. 1 ff.; Nr. 7004 Rn. 1 ff.
- beigeordnete oder bestellte Rechtsanwälte § 46 Rn. 23
- Erstattungsfähigkeit Einleitung zu Nrn. 7003-7006 Rn. 1 ff.
- Höhe § 46 Rn. 24
- Mehrkosten übersteigen fiktive ~ Nr. 3402 Rn. 107
- Mehrkosten unter fiktiven ~ Nr. 3402 Rn. 106

- PKH-Anwalt § 46 Rn. 14 ff.
- tatsächliche ~ übersteigen fiktive Mehrkosten Nr. 3402 Rn. 108 ff.

Rentenanwartschaft
- Scheidungsverfahren § 19 Rn. 65

Restschuldbefreiung Nr. 3321 Rn. 1 ff.
- Gegenstandswert Nr. 3321 Rn. 10
- Verfahrensgebühr Nr. 3321 Rn. 1 ff.

Revisionsverfahren Vorbem. 3.2 Rn. 1 ff.
- Aussöhnungsgebühr Nr. 1004 Rn. 1 ff.
- Einigungsgebühr Nr. 1004 Rn. 1 ff.
- Erledigungsgebühr Nr. 1004 Rn. 1 ff.
- EuGH-Verfahren § 38 Rn. 23
- Nichtzulassungsbeschwerdeverfahren Nrn. 3506–3509 Rn. 1 ff.; Nrn. 3517–3518 Rn. 1 ff.
- sozialrechtliche Angelegenheit Nrn. 1005–1007 Rn. 6
- Strafsachen Nrn. 4106–4135 Rn. 93 ff.; Nrn. 4300–4304 Rn. 160 ff.
- Terminsgebühr Nrn. 3210–3211 Rn. 1 f.; Nrn. 3517–3518 Rn. 1 ff.
- Verfahrensgebühr Nrn. 3200–3201 Rn. 1 ff.; Nrn. 3206–3209 Rn. 1 ff.; Nrn. 3506–3509 Rn. 1 ff.
- Verkehrsanwalt Nr. 3400 Rn. 29
- vorzeitige Beendigung Nrn. 3206–3209 Rn. 1 ff.

Richter
- beauftragter ~ § 19 Rn. 38
- ersuchter ~ § 19 Rn. 38
- Stellvertretung der Rechtsanwälte § 5 Rn. 16, 27

Richtermediator § 34 Rn. 121
Rubrumsberichtigung § 15 Rn. 70
Rückwärtsanrechnung Nr. 2300 Rn. 160, 170
Rüge der Verletzung des rechtlichen Gehörs § 19 Rn. 39 ff.
Ruhen des Verfahrens
- Fälligkeit der Vergütung § 8 Rn. 48 ff.
- Verjährungshemmung § 8 Rn. 51 ff.

Rundung § 2 Rn. 46
Rundungsregel § 13 Rn. 16
RVG
- Allgemeines § 1 Rn. 1 ff.
- Geltungsbereich § 1 Rn. 1 ff.
- Synopse RVG n. F. – RVG a. F. (Anhang I)
- Unanwendbarkeit § 1 Rn. 52
- Veränderungen durch die Novelle 2004 § 1 Rn. 1 ff.

Stichwortregister

S

Sachleitung Nr. 3105 Rn. 29 ff.
Sachverständigenbeistand Vorbem. 3 Rn. 1 ff.
- Einzelheiten Vorbem. 3 Rn. 16 ff.
Sachwalter § 1 Rn. 52
Satzrahmengebühr § 2 Rn. 44; § 14 Rn. 5
- besondere Haftungskriterien § 3 Rn. 29 ff.
- sozialrechtliche Angelegenheiten § 3 Rn. 17 ff.
Schadensersatzrente
- Gegenstandswert § 23 Rn. 70
Scheidungssachen § 16 Rn. 14; § 39 Rn. 1 ff.
- Allgemeines § 39 Rn. 1 ff.
- Anwaltszwang § 39 Rn. 7
- Vergütung § 39 Rn. 8 ff.
- Vergütungsanspruch gegen Landeskasse § 39 Rn. 17 ff.
- Vorschuss § 39 Rn. 14 ff.
Scheidungsvereinbarung
- Einigungsgebühr Nr. 1003 Rn. 46
- Erledigungsgebühr Nr. 1003 Rn. 46
Scheidungsverfahren
- Rentenanwartschaft § 19 Rn. 65
Schiedsgerichtliches Verfahren
- Aussöhnungsgebühr Nr. 1003 Rn. 25
- Einigungsgebühr Nr. 1003 Rn. 25
- Erledigungsgebühr Nr. 1003 Rn. 25
Schiedsgerichtsverfahren § 1 Rn. 82; § 36 Rn. 1 ff.
- Allgemeines § 36 Rn. 1 ff.
- Arbeitssachen § 36 Rn. 16
- einzelne Tätigkeiten Nr. 3327 Rn. 1 ff.
- Terminsgebühr Nr. 3332 Rn. 1 ff.
- Verfahrensgebühr Nr. 3326 Rn. 1 ff.; Nr. 3327 Rn. 1 ff.
- vor den Arbeitsgerichten Nr. 3326 Rn. 1 ff.
- vorzeitige Beendigung Nr. 3337 Rn. 1 ff.
Schiedsrichter § 1 Rn. 8, 82
- Bestellung § 16 Rn. 21
Schiedsrichtergebühren
- Höhe § 36 Rn. 32 ff.
Schiedsrichterliche Verfahren § 16 Rn. 20 ff.; § 17 Rn. 19; § 36 Rn. 1 ff.
- Allgemeines § 36 Rn. 1 ff.
- Beginn § 36 Rn. 19
- Besonderheiten bei den Gebühren § 36 Rn. 20
- Einzelheiten § 36 Rn. 5 ff.
- Gegenstandswert § 36 Rn. 23 ff.

- Geschäftsgebühr Nr. 2303 Rn. 1 ff.
- Kostengrundentscheidung § 36 Rn. 30
- Vergütungsfestsetzung § 36 Rn. 31
Schifffahrtrechtliches Verteilungsverfahren Vorbem. 3.3.5 Rn. 1 ff.
- Aufhebung von Vollstreckungsmaßnahmen Nr. 3323 Rn. 1 ff.
- Insolvenzverfahren Vorbem. 3.3.5 Rn. 13 ff.; Nr. 3317 Rn. 12 ff.
- mehrere Gläubiger Vorbem. 3.3.5 Rn. 4 ff.
- Verfahrensgebühr Nr. 3322 Rn. 1 ff.
- Verteilungsverfahren Vorbem. 3.3.5 Rn. 13 ff.
- Zulassung der Zwangsvollstreckung Nr. 3322 Rn. 1 ff.
- Zwangsvollstreckung nach § 17 Abs. 4 SVertO § 18 Rn. 45; Nr. 3322 Rn. 1 ff.
Schlichtungsverfahren
- Kostenerstattung Nr. 2303 Rn. 26 ff.
Schmerzensgeldansprüche Nr. 2300 Rn. 88
Schreiben einfacher Art Nr. 3404 Rn. 1 ff.
- Verfahrensgebühr Nr. 3404 Rn. 1 ff.
Schriftliches Gutachten Nr. 2101 Rn. 1 ff.; Nr. 2103 Rn. 1 ff.
- Allgemeines Nr. 2101 Rn. 1; Nr. 2103 Rn. 1
- Anrechnungsvorschriften Nr. 2101 Rn. 12; Nr. 2103 Rn. 9
- Betragsrahmengebühr Nr. 2103 Rn. 5
- Einzelheiten Nr. 2101 Rn. 6 ff.; Nr. 2103 Rn. 3 ff.
- Erhöhungsgebühr Nr. 2101 Rn. 15; Nr. 2103 Rn. 10
- Gegenstandswert Nr. 2101 Rn. 16
- Höhe der Gebühren Nr. 2101 Rn. 11; Nr. 2103 Rn. 4
- Inhalt Nr. 2101 Rn. 6
- Vergütungsfestsetzung Nr. 2101 Rn. 17
Schuldenbereinigungsplan Nrn. 2504–2507 Rn. 1 ff.
Schuldenbereinigungsplanverfahren
- Vertretung des Gläubigers Nr. 3316 Rn. 1 ff.
- Vertretung des Schuldners Nr. 3315 Rn. 1 ff.
Schuldneranschrift
- Ermittlung Nr. 3309 Rn. 30
Schuldneranträge
- Zwangsvollstreckung § 25 Rn. 27 f.
Schuldnerverzeichnis
- Auskunft Nr. 3309 Rn. 33
- Löschung einer Eintragung § 18 Rn. 43

Stichwortregister

Schwellengebühr § 14 Rn. 97 ff.; Nr. 2300 Rn. 25
Schwierigkeit der anwaltlichen Tätigkeit § 14 Rn. 23 ff.
– rechtliche ~ § 14 Rn. 24 ff.; Nr. 2300 Rn. 57 ff.
– tatsächliche ~ § 14 Rn. 34 ff.; Nr. 2300 Rn. 66
– Geschäftsgebühr Nr. 2300 Rn. 58 ff.
Seemannsamt
– Güteverfahren Nr. 2303 Rn. 10
Sekundärinsolvenzverfahren Vorbem. 3.3.5 Rn. 12
Selbständiges Beweisverfahren § 2 Rn. 33; § 19 Rn. 4; § 61 Rn. 95; Vorbem. 3 Rn. 124 ff.
– Aussöhnungsgebühr Nr. 1003 Rn. 2, 43; Nr. 1004 Rn. 8 ff.
– Einigungsgebühr Nr. 1003 Rn. 2, 43; Nr. 1004 Rn. 8 ff.
– Erledigungsgebühr Nr. 1003 Rn. 2, 43; Nr. 1004 Rn. 8 ff.
– Mitwirkung an auf die Vermeidung oder Erledigung des Verfahrens gerichteten Besprechungen ohne Beteiligung des Gerichts Vorbem. 3 Rn. 128
– Terminsgebühr Vorbem. 3 Rn. 125
– Verfahrensgebühr Vorbem. 3 Rn. 124
– Wahrnehmung eines vom Gericht oder Sachverständigen anberaumten Termins Vorbem. 3 Rn. 127
Sequester § 1 Rn. 90
– Bestimmung § 19 Rn. 71 ff.
Sicherheit
– Rückgabe § 19 Rn. 44
Sicherungshypothek
– besondere Angelegenheit § 18 Rn. 33 ff.
Sicherungsverwahrung § 17 Rn. 24
Sittenwidrigkeit
– Vergütungsvereinbarung § 4 Rn. 29 ff.
Sofortige Beschwerde
– Antragsverfahren nach dem GWB Nrn. 3300–3301 Rn. 1 ff.
– bestellte Rechtsanwälte § 52 Rn. 18
Sozialgerichtsbarkeit
– Rechtsmittel § 11 Rn. 66
Sozialgerichtsverfahren Nrn. 3102–3103 Rn. 1 f.
– Anerkenntnis Nr. 3104 Rn. 66
– Anerkenntnis ohne mündliche Verhandlung Nr. 3104 Rn. 68
– Beginn der Gerichtstermins Nr. 3104 Rn. 21 ff.
– Betragsrahmengebühren Nr. 3336 Rn. 1 ff.
– Einzelheiten Nrn. 3102–3103 Rn. 2
– Einzeltätigkeiten Nr. 3406 Rn. 1 ff.
– Entscheidung durch Gerichtsbescheid durch das SozG Nr. 3104 Rn. 67
– Entscheidung ohne mündliche Verhandlung Nr. 3104 Rn. 52 ff.
– EuGH-Verfahren § 38 Rn. 29
– Klagerücknahme Nr. 3104 Rn. 63
– Nichtzulassungsbeschwerdeverfahren Nrn. 3511–3512 Rn. 1 ff.
– PKH-Verfahren Nr. 3336 Rn. 1 ff.
– richterlicher Termin Nr. 3104 Rn. 12 ff.
– sonstige Einzeltätigkeiten Nr. 3403 Rn. 1 ff.; Nr. 3406 Rn. 1 ff.
– Termin Nr. 3104 Rn. 12 ff.
– Terminsgebühr Nr. 3104 Rn. 1 ff.; Nr. 3106 Rn. 1 ff.; Nrn. 3204–3205 Rn. 9 ff.; Nr. 3513 Rn. 1 ff.
– Terminswahrnehmung Nr. 3104 Rn. 21 ff.
– Verfahrensgebühr Nrn. 3102–3103 Rn. 2; Nrn. 3204–3205 Rn. 8; Nr. 3401 Rn. 44; Nr. 3406 Rn. 1 ff.; Nrn. 3511–3512 Rn. 1 ff.
Sozialrechtliche Angelegenheiten § 3 Rn. 1 ff.; Nrn. 1005–1007 Rn. 1 ff.; Nrn. 3102–3103 Rn. 1 f.
– Allgemeines Nrn. 1005–1007 Rn. 1 ff.; Vorbem. 2.4 Rn. 1 ff.; Nrn. 3102–3103 Rn. 1
– Anwendungsbereich des GKG § 3 Rn. 6 ff.
– Berufungsverfahren Nrn. 1005–1007 Rn. 6
– Betragsrahmengebühr § 3 Rn. 12, 17 ff.
– Einigungsgebühr Nrn. 1005–1007 Rn. 3
– einstweiliges Rechtschutzverfahren nach §§ 86 a, 85 b SGG § 3 Rn. 12 ff.
– Erfolgsaussichtsprüfung eines Rechtsmittels Nr. 2102 Rn. 1 ff.
– Gebührenhöhe Vorbem. 2.4 Rn. 5 ff.
– gerichtliches Verfahren Nrn. 1005–1007 Rn. 5
– Geschäftsgebühr Vorbem. 2.4 Rn. 1 ff.
– GKG nicht anwendbar § 3 Rn. 3
– Kostenfestsetzung § 3 Rn. 38
– Mittelgebühr § 3 Rn. 33 ff.
– Personenkreis des § 188 SGG § 3 Rn. 9 ff.
– Revisionsverfahren Nrn. 1005–1007 Rn. 6
– Satzrahmengebühr § 3 Rn. 17 ff.
– Tätigkeit außerhalb eines gerichtlichen Verfahrens § 3 Rn. 4
– Tätigwerden des Anwalts im Verwaltungs- und/oder Vorverfahren Vorbem. 2.4 Rn. 4
– Terminsgebühr Nr. 3106 Rn. 1 ff.
– Unbilligkeit der Gebührenbestimmung § 3 Rn. 36
– Vertretung Vorbem. 2.3 Rn. 12

Stichwortregister

– Verwaltungsverfahren Vorbem. 2.4 Rn. 4
– Vorverfahren Vorbem. 2.4 Rn. 4
Sozius § 5 Rn. 13
Spezialkenntnisse § 14 Rn. 37 ff.
– Geschäftsgebühr Nr. 2300 Rn. 70 ff.
Spruchverfahren
– Gegenstandswert § 31 Rn. 1 ff.
– mehrere Antragsteller § 31 Rn. 7
– mehrere Auftraggeber § 31 Rn. 11
– Streitwertfestsetzung § 31 Rn. 10
– unterlassene Angaben § 31 Rn. 9
– Zeitpunkt der Antragstellung § 31 Rn. 8
Staatsgerichtshof
– Verfahren vor dem ~ § 37 Rn. 1 ff.
Staatskasse
– Übergang von Ansprüchen auf die ~ § 59 Rn. 1 ff.
Staatsschutzkammer Einleitung 4 Rn. 22
Stationsreferendare § 5 Rn. 20 ff.
Stellvertretung der Rechtsanwälte § 5 Rn. 1 ff.
– allgemeine Vertreter § 5 Rn. 15
– Assessoren § 5 Rn. 17 ff.
– Bürovorsteher § 5 Rn. 27
– durch nicht in § 5 genannte Personen § 5 Rn. 27 ff.
– Einzelheiten § 5 Rn. 10 ff.
– Erstattungspflicht der Staatskasse § 5 Rn. 40 ff.
– Erstattungspflicht des Gegners § 5 Rn. 46 ff.
– Fachangestellte § 5 Rn. 27
– Gebührenfestsetzung gegen die eigene Partei § 5 Rn. 52 ff.
– Mehrvertretung § 5 Rn. 10 ff.
– ohne Einverständnis des Mandanten § 5 Rn. 28
– Personenkreis § 5 Rn. 8 ff.
– Pflichtverteidiger § 5 Rn. 41 ff.
– Richter § 5 Rn. 16, 27
– Stationsreferendare § 5 Rn. 20 ff.
– Strafsachen § 5 Rn. 41 ff.
– Vergütung für sonstige Hilfspersonen § 5 Rn. 29 ff.
– Vergütungsvereinbarung für sonstige Hilfspersonen § 5 Rn. 36
– wissenschaftliche Hilfsarbeiter § 5 Rn. 27
– Zivilsachen § 5 Rn. 44 f.
– Zulässigkeit § 5 Rn. 9, 28
Steuerberater § 1 Rn. 12
Steuerberatergebührenverordnung § 35 Rn. 3 ff.
Steuernummer
– Angabe in Kostenrechnung § 10 Rn. 23 ff.

Steuersachen
– Allgemeines § 35 Rn. 1
– Anwendung der StBGebV § 35 Rn. 3 ff.
– Einzelheiten § 35 Rn. 4 ff.
– Hilfeleistung § 35 Rn. 1 ff.
Strafkammerverfahren Nrn. 4106–4135 Rn. 91 ff.
Strafsachen Einleitung 4 Rn. 1 ff.; § 17 Rn. 24; § 61 Rn. 55
– Abtretung des Kostenerstattungsanspruches § 43 Rn. 1 ff.
– Angelegenheit § 15 Rn. 34
– Antrag auf gerichtliche Entscheidung Nrn. 4146 Rn. 135
– Beratungshilfe § 44 Rn. 1 ff.
– berufsgerichtliches Verfahren Vorbem. 6.2 Rn. 12 ff.
– Berufungsverfahren Einleitung 4 Rn. 27
– Beschwerde Nr. 4146 Rn. 135
– besondere Verfahren Vorbem. 6.4 Rn. 12 ff.
– Einlegung von Rechtsmitteln beim Gericht desselben Rechtszuges § 19 Rn. 55 ff.
– Einzeltätigkeiten Nrn. 4300–4304 Rn. 150 ff.
– Einziehung und verwandte Maßnahmen Nr. 4142 Rn. 127 ff.
– Erinnerung gegen Gebührenfestsetzung § 56 Rn. 1 ff.
– Ermittlungsverfahren Einleitung 4 Rn. 8 ff.; Nrn. 4104–4105 Rn. 70 ff.
– Erstattungspflicht der Staatskasse § 5 Rn. 41
– erster Rechtszug Nrn. 4106–4135 Rn. 91
– Fahrverbot Einleitung 4 Rn. 21
– Gebühren des Verteidigers Einleitung 4 Rn. 23 ff.
– gerichtliches Verfahren Einleitung 4 Rn. 14 ff.; Nrn. 4106–4135 Rn. 86 ff.
– Gnadengesuche Nrn. 4300–4304 Rn. 163
– Grundgebühr Nr. 1008 Rn. 54 ff.
– Grundgebühr/mit Zuschlag Einleitung 4 Rn. 16 ff.; Nrn. 4100–4103 Rn. 65 ff.
– Hauptverhandlung Einleitung 4 Rn. 17 ff.
– Hauptverhandlung wird entbehrlich Nr. 4141 Rn. 113 ff.
– Horizontalverweisung § 20 Rn. 26 ff.
– Internationales Rechtshilfeverfahren Nrn. 6100–6101 Rn. 4 ff.
– Kontaktperson Nrn. 4300–4304 Rn. 164
– Kostenfestsetzungsverfahren Vorbem. 4 Rn. 53
– mehrere Auftraggeber Nr. 1008 Rn. 54 ff.

Stichwortregister

- Pauschgebühr § 42 Rn. 1 ff., 1 ff.; § 51 Rn. 1 ff.
- Pflichtverteidiger Einleitung 4 Rn. 24 ff.
- Privatklageverfahren Nr. 4147 Rn. 143
- Rahmengebühren § 14 Rn. 82 ff.
- Rechtsmittel § 19 Rn. 55 ff.
- Rechtsmittelverfahren Einleitung 4 Rn. 27
- Revisionsverfahren Nrn. 4130–4135 Rn. 93 a ff.
- sonstige Verfahren Nrn. 4204–4207 Rn. 149 ff.
- Staatsschutzkammer Einleitung 4 Rn. 22
- Stellvertretung § 5 Rn. 41 ff.
- Terminsgebühr Einleitung 4 Rn. 10 ff., 18; Nrn. 6100–6101 Rn. 9 f.; Nr. 3104 Rn. 35
- Terminsgebühr/mit Zuschlag Nrn. 4100–4103 Rn. 70 ff.
- Untersuchungshaft Einleitung 4 Rn. 19; Nrn. 4100–4103 Rn. 78
- Verfahren vor dem Amtsgericht Nrn. 4106–4135 Rn. 91
- Verfahren vor dem IStGH Nrn. 6100–6101 Rn. 4 ff.
- Verfahren vor dem OLG, Schwurgerichten etc. Nrn. 4106–4135 Rn. 91
- Verfahren vor der Strafkammer Nrn. 4106–4135 Rn. 86 ff.
- Verfahrensgebühr Einleitung 4 Rn. 11 ff., 15; Nrn. 6100–6101 Rn. 8
- Vergleich zur BRAGO Einleitung 4 Rn. 1 ff.
- Vergütung nach dem RVG Einleitung 4 Rn. 4 ff.
- Vergütungsverzeichnis Einleitung 4 Rn. 6
- vermögensrechtliche Ansprüche des Verletzten oder seiner Erben Nr. 4143 Rn. 130
- Verweisung § 20 Rn. 26 ff.
- Vorschuss § 58 Rn. 16 ff.
- Wahlverteidiger Einleitung 4 Rn. 23 ff.
- Wiederaufnahmeverfahren Nrn. 4136–4140 Rn. 102 ff.
- Wirtschaftsstrafkammer Einleitung 4 Rn. 22
- Zurückverweisung § 21 Rn. 5
- Zwangsvollstreckungsverfahren Vorbem. 4.1 Rn. 58

Strafvollstreckung Einleitung 4 Rn. 31 ff.; Nrn. 4200–4203 Rn. 141 ff.

Streitgegenstand § 2 Rn. 36 ff.; Nr. 1008 Rn. 62 ff.
- Änderung § 2 Rn. 24
- mehrere Streitgegenstände § 2 Rn. 37

Streitverkündeter
- Verfahrensgebühr Nr. 3100 Rn. 47

Streitwertfestsetzung
- Anfechtbarkeit des Beschlusses § 32 Rn. 17 ff.
- Antragsrecht § 32 Rn. 28
- Begründungszwang § 32 Rn. 10
- Beschlussform § 32 Rn. 15
- Beschwerde § 33 Rn. 1
- Beschwerderecht § 32 Rn. 29
- Beschwerdeschrift § 32 Rn. 30
- Beschwerdeverfahren § 32 Rn. 30
- Beschwerdewert § 32 Rn. 31
- Bindungswirkung § 32 Rn. 15
- endgültige ~ § 32 Rn. 25 ff.
- Form § 32 Rn. 7 ff.
- Frist § 32 Rn. 32
- Gegenvorstellung § 32 Rn. 34
- Gerichtsgebühren § 32 Rn. 1 ff.
- nach § 62 GKG § 32 Rn. 12 ff.
- nach § 63 GKG § 32 Rn. 21 ff.
- Rechtsanwaltsgebühren § 33 Rn. 1 ff.
- Spruchverfahren § 31 Rn. 10
- vorläufige ~ § 32 Rn. 22 ff.
- Zuständigkeitsstreitwert § 32 Rn. 12 ff.

Stufenklage § 2 Rn. 32 ff.
- Gegenstandswert § 23 Rn. 92 ff.

Stundenhonorar
- außergerichtliche Angelegenheit § 4 Rn. 95 ff.
- Gebührenvereinbarung § 34 Rn. 75
- gerichtliche Angelegenheit § 4 Rn. 99 ff.
- niedriger als die gesetzliche Gebühr § 4 Rn. 95 ff.

T

Tagesgeld Nr. 7005 Rn. 1 f.
Tatbestandsberichtigung § 19 Rn. 43
Täter-Opfer-Ausgleich Nrn. 4100–4103 Rn. 70
Teilleistungen § 60 Rn. 59 ff.
Teilurteil
- Fälligkeit der Vergütung § 8 Rn. 43

Termin
- Beginn Nr. 3104 Rn. 21 ff.
- Begriff Nr. 3104 Rn. 12 ff.
- Inhalt Nr. 3104 Rn. 20

Terminsanwalt
- Einigungsgebühr Nr. 1000 Rn. 33 ff.
- Erhöhungsgebühr Nr. 1008 Rn. 101

Terminsgebühr Vorbem. 3 Rn. 1 ff., 27 ff.; Nr. 3308 Rn. 27 ff.; Nr. 3402 Rn. 1 ff.
- Abänderung eines Vollstreckungstitels Nr. 3332 Rn. 1 ff.

Stichwortregister

- Allgemeines Nr. 3310 Rn. 1
- Anerkenntnis Nr. 3104 Rn. 66
- Anerkenntnis ohne mündliche Verhandlung Nr. 3104 Rn. 68
- Anhörungsrüge Nr. 3516 Rn. 1 ff.
- Anrechnung Nrn. 3202–3203 Rn. 15
- Anrechnung bei Einbeziehung eines Mehrwertes Nr. 3104 Rn. 69 ff.
- Antrag zur Prozess- oder Sachleitung Nr. 3105 Rn. 29 ff.
- Arbeitsgerichtsverfahren Nr. 3332 Rn. 1 ff.
- Arrestverfahren Nrn. 3514–3515 Rn. 1 ff.
- Aufgebotsverfahren Nr. 3332 Rn. 1 ff.
- berufsgerichtliches Verfahren Vorbem. 6.2 Rn. 12 ff.; Nrn. 6200–6201 Rn. 19
- Berufungsverfahren Nrn. 3202–3203 Rn. 1 ff.
- Besprechung Nr. 3402 Rn. 56
- Besprechung mit Dritten Vorbem. 3 Rn. 76
- Besprechung ohne Beteiligung des Gerichts Vorbem. 3 Rn. 84
- Besprechung zur Erledigung der Hauptsache Nr. 3104 Rn. 62
- Besprechung zur Erledigung des Verfahrens Nr. 3104 Rn. 43 ff.
- Besprechung zur Vermeidung des Verfahrens Nr. 3104 Rn. 45
- Bußgeldsachen Nrn. 5101–5106 Rn. 19
- Dauer der Besprechung Vorbem. 3 Rn. 77 ff.
- Disziplinarverfahren Vorbem. 6.2 Rn. 12 ff.; Nrn. 6200–6201 Rn. 19
- Einigungsbesprechungen Vorbem. 3 Rn. 37 ff.
- einstimmige Berufungszurückweisung durch OVG Nr. 3104 Rn. 67
- einstweilige Verfügung Nrn. 3514–3515 Rn. 1 ff.
- Entscheidung durch Gerichtsbescheid des VerwG Nr. 3104 Rn. 67
- Entscheidung durch Gerichtsbescheid durch das SozG Nr. 3104 Rn. 67
- Entscheidung ohne mündliche Verhandlung Nr. 3104 Rn. 52 ff.
- Entscheidung von Amts wegen Nr. 3105 Rn. 38 ff.
- Entstehen Nr. 3310 Rn. 3 ff.
- Ermittlungsverfahren Einleitung 4 Rn. 10
- Erscheinen von 2 Anwälten, dennoch VU Nr. 3105 Rn. 8
- EuGH-Verfahren § 38 Rn. 44
- Festsetzung durch Gericht Vorbem. 3 Rn. 86 ff.
- fiktive ~ Nr. 3106 Rn. 3 f.
- Freiheitsentziehungsverfahren Nrn. 6300–6303 Rn. 34
- Gehörsrüge Nr. 3332 Rn. 1 ff.
- gerichtlicher Termin Vorbem. 3 Rn. 27
- Hauptverhandlung Einleitung 4 Rn. 18
- Höhe Nr. 3310 Rn. 8
- Inhalt der Besprechung Vorbem. 3 Rn. 73 ff.
- jeder Termin beim Richter Vorbem. 3 Rn. 28 ff.
- keine Protokollierung eines Vergleichs Nr. 3104 Rn. 104 ff.
- Klagerücknahme Nr. 3104 Rn. 63
- Kostenerstattung Nr. 3105 Rn. 46; Nrn. 3202–3203 Rn. 16; Nr. 3402 Rn. 69 ff.
- Mahnverfahrensgebühr Nr. 3305 Rn. 43 ff.; Nr. 3307 Rn. 41 ff.
- Mitwirkung an auf die Vermeidung oder Erledigung des Verfahrens gerichteten Besprechungen ohne Beteiligung des Gerichts Nr. 3104 Rn. 43 ff.
- Nichtverhandeln einer Partei Nr. 3105 Rn. 1 ff.
- Nichtzulassungsbeschwerdeverfahren Nr. 3513 Rn. 1 ff.; Nrn. 3517–3518 Rn. 1 ff.
- Ortstermin Nr. 3402 Rn. 55
- Partei erscheint nicht zum Termin Nr. 3105 Rn. 1 ff.
- PKH-Verfahren Nr. 3104 Rn. 66 a, 85 ff.; Nr. 3335 Rn. 16
- Rechtsmittelverfahren Nr. 3402 Rn. 61
- Rechtsschutzversicherung Vorbem. 3 Rn. 83
- Reduzierung Nrn. 3202–3203 Rn. 8 ff.
- Revisionskläger nicht ordnungsgemäß vertreten Nrn. 3210–3211 Rn. 1 f.
- Revisionsverfahren Nrn. 3210–3211 Rn. 1 f.; Nrn. 3517–3518 Rn. 1 ff.
- Schiedsgerichtsverfahren Nr. 3332 Rn. 1 ff.
- schriftliches Verfahren Nr. 3402 Rn. 47 ff.
- selbständiges Beweisverfahren Vorbem. 3 Rn. 125
- Sozialgerichtsverfahren Nr. 3104 Rn. 1 ff.; Nr. 3106 Rn. 1 ff.; Nrn. 3204–3205 Rn. 9 ff.; Nr. 3513 Rn. 1 ff.
- Strafsachen Nrn. 6100–6101 Rn. 9; Nr. 3104 Rn. 35
- Teilnahme an einem gerichtlichen Termin Nr. 3310 Rn. 6
- Terminsvertretung Nr. 3401 Rn. 49
- Umfang der Besprechung Vorbem. 3 Rn. 77 ff.
- Unterbringungssachen Nrn. 6300–6303 Rn. 34

Stichwortregister

- Verfahren nach § 319 Abs. 6 AktG Nr. 3332 Rn. 1 ff.
- Verfahren vor dem Amtsgericht Nr. 5112 Rn. 23 ff.
- Verfahren vor der Verwaltungsbehörde Nrn. 5101–5106 Rn. 19 ff.
- Verfahren zur vorläufigen Einstellung, Beschränkung oder Aufhebung der Zwangsvollstreckung Nr. 3332 Rn. 1 ff.
- Verkehrsanwalt Nr. 3400 Rn. 35 ff.
- Versäumnisurteil, obwohl beide Parteien zum Termin erscheinen Nr. 3105 Rn. 8
- Versäumnisverfahren Nr. 3105 Rn. 1 ff.
- Vertretung in einem Termin Nr. 3104 Rn. 38 ff.
- Vollstreckbarerklärungsverfahren Nr. 3332 Rn. 1 ff.
- vorheriges Mahnverfahren Nr. 3402 Rn. 51
- vorzeitige Beendigung des Auftrags Nr. 3402 Rn. 66
- Wahrnehmung eines Termins Nr. 3104 Rn. 21 ff.; Nr. 3105 Rn. 7
- Wahrnehmung eines von einem Sachverständigen anberaumten Termins Nr. 3104 Rn. 42
- Wiederaufnahmeverfahren Nrn. 4136–4140 Rn. 106
- Zwangsversteigerungsverfahren Nr. 3312 Rn. 1 ff.
- Zwangsverwaltungsverfahren Nr. 3312 Rn. 6
- Zwangsvollstreckung Nr. 3310 Rn. 1 ff.
- zweiter Termin Nr. 3105 Rn. 43 ff.
- zweites VU Nr. 3105 Rn. 45

Terminsäumnis Nr. 3105 Rn. 1 ff.
- Anwalt erscheint zum Termin und Nichtauftreten für Partei Nr. 3105 Rn. 15
- engere ~ Nr. 3105 Rn. 7 ff.
- Erscheinen von 2 Anwälten, dennoch VU Nr. 3105 Rn. 8
- nachträgliche ~ Nr. 3105 Rn. 11

Terminsvertreter § 5 Rn. 10
- Güteverfahren Nr. 2303 Rn. 23

Terminsvertretung Nr. 3104 Rn. 38 ff.; Nr. 3401 Rn. 1 ff.
- aktive Anwesenheit Nr. 3104 Rn. 39
- Auftraggeber Nr. 3401 Rn. 23
- beschränkter Auftrag Nr. 3401 Rn. 16
- Besprechung Nr. 3402 Rn. 54
- Dauer der Anwesenheit Nr. 3104 Rn. 40
- Einigungsgebühr Nr. 3401 Rn. 50
- Gebührenteilungsabrede Nr. 3401 Rn. 47 ff.

- Mehrkosten Nr. 3402 Rn. 103
- Ortstermin Nr. 3402 Rn. 55
- partielle Anwesenheit Nr. 3104 Rn. 38
- schriftliches Verfahren Nr. 3402 Rn. 47 ff.
- Terminsgebühr Nr. 3401 Rn. 49
- Übergangsrecht Nr. 3401 Rn. 53 ff.
- Versäumnisverfahren Nr. 3402 Rn. 10 ff.
- vorheriges Mahnverfahren Nr. 3402 Rn. 51
- vorzeitige Beendigung des Auftrags Nr. 3405 Rn. 9 ff.

Terminswahrnehmung Nr. 3104 Rn. 21 ff.
Testamentsvollstrecker § 1 Rn. 52, 67; Nr. 1008 Rn. 34
Textform
- PDF § 3a Rn. 12

Tod
- der Partei § 8 Rn. 25
- des Anwalts § 8 Rn. 24; Nr. 3101 Rn. 12 f.; Nr. 3337 Rn. 7

Trennung
- Aufteilung mehrerer Klagen § 22 Rn. 23
- Beratung / Prozessauftrag § 34 Rn. 26
- der Kostentragungspflicht – Mehrkosten Nr. 3101 Rn. 89
- der mehreren Klagen § 15 Rn. 14
- missbräuchliche Nr. 3100 Rn. 64
- § 7 und Nr. 1008 Nr. 1008 Rn. 8
- Vergütungsvereinbarung § 3a Rn. 27, 28
- Verteidiger / Verfahrenstrennung / Zeugenbeistand Vorbem. 3 Rn. 19

Treuhänder § 1 Rn. 8, 81

U

Übergangsvorschrift § 60 Rn. 1 ff.
- aus Anlass des Inkrafttreten des RVG § 61 Rn. 1 ff.
- Verweis auf § 15 RVG § 61 Rn. 11 ff.
- Verweis auf andere Vorschriften § 60 Rn. 76

Übernachtungskosten Nr. 7006 Rn. 3
Übersetzungskosten § 46 Rn. 26
Umgangsrecht § 17 Rn. 21
- Gegenstandswert § 24 Rn. 6 ff.

Umsatzsteuer Nr. 7008 Rn. 1 ff.
- Allgemeines Nr. 7008 Rn. 1 ff.
- Anwalt in eigener Sache Nr. 7008 Rn. 17
- Beratungshilfe Nr. 7008 Rn. 10 ff.
- Einfluss der Vorsteuerabzugsberechtigung Nr. 7008 Rn. 3 ff.
- Erhöhung ab 01.01.2007 § 60 Rn. 26 ff.

Stichwortregister

- Mandant ist nicht vorsteuerabzugsberechtigt Nr. 7008 Rn. 3 ff.
- Mandant ist vorsteuerabzugsberechtigt Nr. 7008 Rn. 6 ff.
- Pflichtverteidiger Nr. 7008 Rn. 8
- PKH Nr. 7008 Rn. 8
- Vorsteuerabzugsberechtigung Nr. 7008 Rn. 3 ff.

Umsatzsteuer-Identifikationsnummer
- Angabe in Kostenrechnung § 10 Rn. 23

Unbilligkeit
- der Gebührenbestimmung § 3 Rn. 36

Unfallsachen Nr. 2300 Rn. 87 ff.
- Abrechnungsempfehlungen Nr. 2300 Rn. 105 ff.
- beteiligte Versicherungen Nr. 2300 Rn. 108 ff.
- Differenzansprüche gegenüber Mandanten Nr. 2300 Rn. 113 ff.
- einfach gelagerter Fall Nr. 2300 Rn. 103
- Einzelentscheidungen Nr. 2300 Rn. 90 ff.
- Geschäftsgebühr Nr. 2300 Rn. 91 ff.
- Schmerzensgeldansprüche Nr. 2300 Rn. 88

Untätigkeitsklage
- Reduzierung des Gebührenrahmens Nr. 3102–3103 Rn. 4

Unterbevollmächtigte § 5 Rn. 12; § 6 Rn. 22 ff.
- Einigungsgebühr Nr. 1000 Rn. 33 ff.

Unterbringungssachen Nrn. 6300–6303 Rn. 31 ff.
- Pflichtverteidiger Nrn. 6300–6303 Rn. 31 ff.
- Terminsgebühr Nrn. 6300–6303 Rn. 34
- Verfahrensgebühr Nrn. 6300–6303 Rn. 32
- Wahlverteidiger Nrn. 6300–6303 Rn. 31 ff.

Unterbringungsverfahren Vorbem. 3 Rn. 137

Unterhalt
- Gegenstandswert § 23 Rn. 67

Unterhaltsgläubiger
- mehrere ~ § 22 Rn. 37

Unterlassen
- Zwangsvollstreckung § 25 Rn. 23

Unterlassungsansprüche
- Abwehr § 22 Rn. 43

Unterlassungsgebot Nr. 1008 Rn. 76

Unterrichtung des Auftraggebers
- Auslagen Nr. 7000 Rn. 17 ff.

Unterschiedliche Gebührensätze § 15 Rn. 76 ff.

Untersuchungshaft Einleitung 4 Rn. 19; Nrn. 4100–4103 Rn. 78

Urheberrechtswahrnehmungsgesetz (UrhWahrhG) Vorbem. 3.3.1 Rn. 1 ff.

Urkunden- oder Wechselprozess § 17 Rn. 18
- Vorbehaltsurteil § 17 Rn. 18

Urkundenprozess § 61 Rn. 91 ff.
- Verfahrensgebühr Nr. 3100 Rn. 53

Urteil
- nachträgliche Vollstreckbarkeit § 19 Rn. 52

Urteilsberichtigung § 19 Rn. 43

V

Verbraucher
- Definition Nrn. 2100–2103 a. F. Rn. 77 ff. (Anhang III)

Verein
- nicht rechtsfähiger ~ Nr. 1008 Rn. 27

Vereinfachtes Verfahren
- Verfahrensgebühr Nr. 3100 Rn. 49

Vereinfachtes Verfahren über den Unterhalt Minderjähriger § 17 Rn. 16

Verfahren
- zusammenhängende Tätigkeiten § 19 Rn. 1 ff.

Verfahren der freiwilligen Gerichtsbarkeit Vorbem. 3 Rn. 1 ff.

Verfahren nach § 319 Abs. 6 AktG
- Terminsgebühr Nr. 3332 Rn. 1 ff.
- Verfahrensgebühr Nr. 3325 Rn. 1 ff.
- vorzeitige Beendigung Nr. 3337 Rn. 1 ff.

Verfahren nach der Schifffahrtsrechtlichen Verteilungsverordnung
- Gegenstandswert § 29 Rn. 1 ff.

Verfahren vor dem IStGH Nrn. 6100–6101 a. F. Rn. 4 ff.

Verfahren zur vorläufigen Einstellung, Beschränkung oder Aufhebung der Zwangsvollstreckung
- Terminsgebühr Nr. 3332 Rn. 1 ff.
- vorzeitige Beendigung Nr. 3337 Rn. 1 ff.

Verfahrensbeendigung
- anderweitige ~ § 8 Rn. 60

Verfahrensgebühr Nr. 3100 Rn. 1 ff.; Vorbem. 3 Rn. 1 ff.
- Abänderung eines Vollstreckungstitels Nr. 3331 Rn. 1 ff.
- Abgeltungsbereich Nr. 3100 Rn. 47 ff.
- Allgemeines Nr. 3100 Rn. 1 ff.
- Annahme eines schriftlichen Vergleichsvorschlags des Gerichts Nr. 3101 Rn. 67
- Anrechnung Nr. 3100 Rn. 55; Nr. 3101 Rn. 70 ff.; Nr. 3400 Rn. 47

Stichwortregister

- Anrechnung der Geschäftsgebühr Vorbem. 3 Rn. 98 ff.
- Anrechnung der Geschäftsgebühr auf erhöhte ~ Nr. 1008 Rn. 93 ff.
- Anrechnung bei Zurückverweisung § 21 Rn. 28 ff.
- Anrechnung der Mahnverfahrensgebühr Nr. 3307 Rn. 14 ff.
- Anträge, die Verfahren einleiten Nr. 3101 Rn. 20 ff.
- Antragsgegner Nr. 3100 Rn. 35 ff.
- Antragsteller Nr. 3100 Rn. 33
- Antragsverfahren nach dem GWB Nrn. 3300–3301 Rn. 1 ff.
- Arbeitsgerichtsverfahren Nr. 3326 Rn. 1 ff.
- Aufgebotsverfahren Nr. 3324 Rn. 1 ff.
- Auftrag des Mandanten Nr. 3100 Rn. 6 ff.
- außerprozessualer Vertretungsauftrag Nr. 3101 Rn. 46
- Aussetzung des Vergabeverfahrens Nrn. 3300–3301 Rn. 1 ff.
- Beauftragung zur Berufungsbegründung Nrn. 3200–3201 Rn. 15
- Beginn der anwaltlichen Instanz Nr. 3100 Rn. 32
- Beklagtenanwalt ist Partei Nr. 3100 Rn. 38
- Beklagter Nr. 3100 Rn. 35 ff.
- Beratung des Berufungsbeklagten nach Einlegung des Rechtsmittels Nrn. 3200–3201 Rn. 14
- Berufungsverfahren Nrn. 3200–3201 Rn. 1 ff.
- Beschwerdeverfahren Nr. 3500 Rn. 1 ff.
- Bestellung zum Prozessbevollmächtigten Nr. 3100 Rn. 33 ff.
- Differenz~ Nr. 3101 Rn. 6, 38, 82
- Disziplinarverfahren Vorbem. 6.2 Rn. 12 ff.
- Einbeziehung eines Anspruches aus anderen PKH-Bewilligungsverfahren Nr. 3101 Rn. 61 ff.
- Einbeziehung von in einem anderen Verfahren anhängigen Ansprüchen Nr. 3101 Rn. 60
- einfache Schreiben Nr. 3404 Rn. 1 ff.
- Einreichung einer Schutzschrift Nr. 3101 Rn. 25
- Einreichung eines Schriftsatzes mit einer Klage- oder Antragsrücknahme Nr. 3101 Rn. 33
- Einzelheiten Vorbem. 3 Rn. 25 f.
- Einzeltätigkeiten Nr. 3403 Rn. 1 ff.
- Erhöhung Nr. 3401 Rn. 41
- Erhöhung der Hälfte der ~ des Hauptbevollmächtigten Nr. 1008 Rn. 97 ff.
- Erinnerungsverfahren Nr. 3500 Rn. 1 ff.
- Ermittlungsverfahren Einleitung 4 Rn. 11; Nrn. 4104–4105 Rn. 83 ff.
- FGG-Verfahren Nr. 3101 Rn. 69
- Freiheitsentziehungsverfahren Nrn. 6300–6303 Rn. 31
- fristwahrend eingelegte Berufung Nrn. 3200–3201 Rn. 17
- Fundstellen zum Begriff Nr. 3100 Rn. 4
- Gegenstandswert Nr. 3100 Rn. 51
- Gehörsrüge Nr. 3330 Rn. 1 ff.
- Grundsatz Nr. 3100 Rn. 49
- Hauptverhandlung Einleitung 4 Rn. 16
- Insolvenzverfahren Nr. 3317 Rn. 1 ff.
- Kappungsgrenze Nr. 3400 Rn. 25 ff.
- Klageabweisungsantrag Nr. 3101 Rn. 23
- Klageeinreichung Nr. 3101 Rn. 20
- Kläger Nr. 3100 Rn. 33
- Kostenerstattung Nr. 3100 Rn. 54 ff.; Nrn. 3200–3201 Rn. 10 ff.
- Mahnverfahrensgebühr Nr. 3307 Rn. 14 ff.
- missbräuchliche Trennung Nr. 3100 Rn. 64 ff.
- nicht rechtshängige Ansprüche Nr. 3101 Rn. 39
- Nichtzulassungsbeschwerdeverfahren Nrn. 3504–3505 Rn. 1 ff.; Nrn. 3506–3509 Rn. 1 ff.; Nrn. 3511–3512 Rn. 1 ff.
- PKH-Verfahren Nr. 3335 Rn. 1 ff.
- Prozesshandlungen Nr. 3101 Rn. 18 ff.
- Prozesshandlungen, die die volle ~ enthalten Nr. 3101 Rn. 18 ff.
- Räumungsfristverfahren Nr. 3334 Rn. 1 ff.
- Rechtsbeschwerdeverfahren Nr. 3502 Rn. 1 ff.
- Rechtsmittelverfahren Nr. 3401 Rn. 35
- reiner Protokollierungsauftrag Nr. 3101 Rn. 46
- Restschuldbefreiung Nr. 3321 Rn. 1 ff.
- Revisionsverfahren Nrn. 3200–3201 Rn. 1 ff.; Nrn. 3206–3209 Rn. 1 ff.; Nrn. 3506–3509 Rn. 1 ff.
- Schiedsgerichtsverfahren Nr. 3326 Rn. 1 ff.; Nr. 3327 Rn. 1 ff.
- schifffahrtrechtliches Verteilungsverfahren Nr. 3322 Rn. 1 ff.
- Schreiben einfacher Art Nr. 3404 Rn. 1 ff.
- Schriftsatz mit Sachvortrag Nr. 3101 Rn. 31
- Schriftsätze mit Sachanträgen Nr. 3101 Rn. 21
- Schutzschrift Nr. 3100 Rn. 41 ff.
- selbständiges Beweisverfahren Vorbem. 3 Rn. 124

Stichwortregister

- sonstige Einzeltätigkeiten Nr. 3403 Rn. 1 ff., 1 ff.
- Sozialgerichtsverfahren Nrn. 3102–3103 Rn. 2; Nrn. 3204–3205 Rn. 8; Nr. 3401 Rn. 44; Nr. 3406 Rn. 1 ff.; Nrn. 3511–3512 Rn. 1 ff.
- Strafsachen Vorbem. 4 Rn. 37 ff.; Nrn. 6100–6101 Rn. 8
- Streitverkündeter Nr. 3100 Rn. 50
- Terminsvertretung Nr. 3401 Rn. 49 ff.
- Unterbringungssachen Nrn. 6300–6303 Rn. 32
- Urkundenprozess Nr. 3100 Rn. 53
- vereinfachtes Verfahren Nr. 3100 Rn. 52
- Verfahren nach § 16 Abs. 4 Urheberrechtswahrnehmungsgesetz Nrn. 3302–3304 Rn. 1 ff.
- Verfahren nach § 319 Abs. 6 AktG Nr. 3325 Rn. 1 ff.
- Verfahren vor dem Amtsgericht Nrn. 5107–5112 Rn. 23 ff.
- Verfahren vor dem Bundespatentgericht Nr. 3510 Rn. 1 ff.
- Verfahren vor der Verwaltungsbehörde Nrn. 5107–5112 Rn. 18 ff.
- Vergabeverfahren Nrn. 3300–3301 Rn. 1 ff.
- Vergleich zur BRAGO Nr. 3100 Rn. 5
- Vergleichsabschluss mit einem Dritten Nr. 3101 Rn. 66
- Verkehrsanwalt Nr. 3400 Rn. 20 ff.
- Vermittlungsverfahren nach § 52 a FGG Nr. 3100 Rn. 54
- Verteidigungsabsichtserklärung Nr. 3101 Rn. 23
- Verteilungsverfahren außerhalb der Zwangsversteigerung und Zwangsverwaltung Nr. 3333 Rn. 1 ff.
- Vertretung des Streitverkündeten Nr. 3100 Rn. 50
- Voraussetzungen Nr. 3100 Rn. 33 ff.
- vorzeitige Beendigung Nrn. 3200–3201 Rn. 1 ff.
- vorzeitige Beendigung des Auftrags Nr. 3101 Rn. 1 ff.; Nr. 3401 Rn. 37; Nr. 3405 Rn. 1 ff.
- Wahrnehmung eines gerichtlichen Termins Nr. 3101 Rn. 34
- Wechsel in der Position des Anwalts Nr. 3400 Rn. 46
- Wechselprozess Nr. 3100 Rn. 53
- Wert der ~ Nrn. 3200–3201 Rn. 9
- Widerrufsvergleich Nr. 3101 Rn. 42
- Wiederaufnahmeverfahren Nrn. 4136–4140 Rn. 103 ff.
- Zwangsvollstreckung Nr. 3309 Rn. 12 ff.

Verfahrenspfleger § 1 Rn. 53
Verfahrensstreitwert § 23 Rn. 16 ff.
Verfassungsgerichtshof
- Verfahren vor dem ~ § 37 Rn. 1 ff.

Verfassungsgerichtsverfahren § 37 Rn. 1 ff.
- Gegenstandswert § 37 Rn. 30 ff.
- Kostenerstattung § 37 Rn. 43 ff.
- mehrere Auftraggeber § 37 Rn. 27
- Missbrauchsgebühr § 37 Rn. 59
- Prozesskostenhilfe § 37 Rn. 56
- sonstige Verfahren § 37 Rn. 16 ff.
- strafprozessähnliche Verfahren § 37 Rn. 8 ff.

Vergabekammer Nrn. 3300–3301 Rn. 1 ff.
- Geschäftsgebühr bei Tätigkeiten vor der ~ Nr. 2300 Rn. 13

Vergabeverfahren
- Aussetzung Nrn. 3300–3301 Rn. 1 ff.
- Geschäftsgebühr Nr. 2300 Rn. 119

Vergleich
- außergerichtlicher ~ § 11 Rn. 35

Vergleichsverhandlungen § 19 Rn. 31
Vergütung § 1 Rn. 42
- Belehrung über ~ § 1 Rn. 43
- Einforderung § 19 Rn. 63
- erfolgsabhängige § 4 a Rn. 1 ff.; siehe auch *Erfolgshonorar*
- erfolgsunabhängige § 4 Rn. 1 ff.; siehe auch *Erfolgsunabhängige Vergütung*
- Fälligkeit § 8 Rn. 1 ff.
- Rechtsgrund § 1 Rn. 21 ff.
- Tod der Partei § 8 Rn. 25
- Tod des Anwalts § 8 Rn. 24
- Verjährung § 8 Rn. 7 ff.
- Vorschuss § 9 Rn. 1 ff.

Vergütungsfestsetzung
- Erfolgsaussichtsprüfung eines Rechtsmittels Nr. 2100 Rn. 56 ff.
- gegen Auftraggeber § 14 Rn. 148 ff.
- schiedsrichterliche Verfahren § 36 Rn. 31
- schriftliches Gutachten Nr. 2101 Rn. 17

Vergütungsfestsetzungsverfahren § 11 Rn. 1 ff.
- 1. Instanz § 11 Rn. 47 ff.
- Allgemeines § 11 Rn. 36
- Anfechtung der Entscheidung § 11 Rn. 56 ff.
- Auftraggeber § 11 Rn. 20 ff.
- Aufwendungen nach § 670 BGB § 11 Rn. 32
- Auslagen § 11 Rn. 30
- außergerichtliche Kosten § 11 Rn. 18
- außergerichtlicher Vergleich § 11 Rn. 35

Stichwortregister

- Aussetzung § 11 Rn. 68
- Aussöhnungsgebühr Nr. 1003 Rn. 23
- Austausch von Positionen § 11 Rn. 53
- Beschluss § 11 Rn. 54
- Beteiligte § 11 Rn. 8, 16 ff.
- Bindung an den Antrag § 11 Rn. 52
- Einigungsgebühr Nr. 1003 Rn. 23
- Einreden § 11 Rn. 69 ff.
- Einwendungen § 11 Rn. 69 ff.
- Einzelheiten § 11 Rn. 11 ff.
- Entscheidung § 11 Rn. 51 ff.
- Entscheidungen des Urkundsbeamten in öffentlich-rechtlichen Verfahren § 11 Rn. 64 ff.
- Erledigungsgebühr Nr. 1003 Rn. 23
- Fälligkeit der Vergütung § 11 Rn. 37
- Form § 11 Rn. 75
- Gebühren § 11 Rn. 30
- Gebühren des Güteverfahrens § 11 Rn. 34
- Gebühren entstanden im gerichtlichen Verfahren § 11 Rn. 29
- Gebührenfreiheit § 11 Rn. 47 ff.
- Gegenstandswert bestritten § 11 Rn. 68
- Gerichtsgebühren § 11 Rn. 47 ff.
- gesetzliche Gebühren § 11 Rn. 30
- Grundsätze § 11 Rn. 36
- Hemmung der Verjährung § 11 Rn. 76
- Hilfspersonen des Rechtsanwalts § 11 Rn. 19
- nach § 42 festgestellte Pauschgebühr § 11 Rn. 31
- PkH § 3 Rn. 20
- Rahmengebühr § 11 Rn. 41, 77
- rechtliches Gehör § 11 Rn. 39
- Rechtsanwalt § 11 Rn. 16 ff.
- Rechtskraft von Entscheidungen § 11 Rn. 61
- Rechtsmittelfrist § 11 Rn. 60
- Rechtsnachfolger des Auftraggebers § 11 Rn. 24 ff.
- Sonderfälle § 11 Rn. 33 ff.
- Vergütungsvereinbarung § 11 Rn. 33
- Vertreter des Rechtsanwalts § 11 Rn. 19
- Vollstreckungsgegenklage § 11 Rn. 63
- Zuständigkeit § 11 Rn. 44
- Zustellung § 11 Rn. 55

Vergütungsgrundbetrag
- Empfehlung des Notarvereins § 1 Rn. 70
- Höhe § 1 Rn. 71

Vergütungshöhe § 2 Rn. 1 ff.
- Bewertungszeitpunkt § 2 Rn. 24
- tabellarisches Vergütungsverzeichnis § 2 Rn. 42
- Wertänderung § 2 Rn. 25

Vergütungsvereinbarung § 3 a Rn. 1 ff.; § 60 Rn. 45 ff.; § 61 Rn. 118 ff.
- Absetzung von anderen Vereinbarungen § 3 a Rn. 27 ff.
- AGB § 3 a Rn. 19
- Allgemeines § 3 a Rn. 1 ff.
- Auftragserteilung § 3 a Rn. 23
- außergerichtliche Angelegenheit § 3 a Rn. 56
- außerhalb der Vergütungsvorschriften des RVG § 3 a Rn. 25
- Beratungshilfe § 3 a Rn. 51; Vorbem. 2.5 Rn. 62 ff.
- Berechnung der Vergütung § 10 Rn. 7
- Bestimmtheit § 3 a Rn. 24
- Beweisführung § 3 a Rn. 16
- Beweislast § 3 a Rn. 24
- Bezeichnung § 3 a Rn. 26
- Bruchteilserstattungsanspruch § 3 a Rn. 71
- Erstattungsanspruch § 3 a Rn. 57, 69
- Erstattungsfähigkeit § 3 a Rn. 57
- fehlerhafte § 4 b Rn. 1 ff.
- Formulierungsbeispiele § 3 a Rn. 53 f.
- formwidrige § 4 b Rn. 2 ff.
- Gerichtsstand § 3 a Rn. 39 ff.
- Gerichtsstandsvereinbarung § 3 a Rn. 42
- Gutachten der Rechtsanwaltskammer § 3 a Rn. 47 ff.
- Herabsetzung auf angemessenen Betrag § 3 a Rn. 43 ff.
- Herabsetzung durch das Gericht § 33 a Rn. 38 ff.
- Herabsetzung nach Bezahlung und Vergleich § 3 a Rn. 45
- Pauschalhonorar § 3 a Rn. 53
- PKH § 3 a Rn. 50 ff.
- Preisabsprache § 3 a Rn. 23
- Rechtsfolge der Herabsetzung § 3 a Rn. 46
- Schriftform § 3 a Rn. 9
- Schriftformhinweis § 3 a Rn. 17
- Stundenhonorar § 3 a Rn. 24
- Stundensatzbetrachtung § 3 a Rn. 33
- Textform § 3 a Rn. 9 ff.
- Textformgebot § 3 a Rn. 18
- Unangemessen hohe Vergütung § 3 a Rn. 32 ff.
- Umsatzsteuer R 3 a Rn. 1
- Urheberschaft § 3 a Rn. 13
- vorgedruckte § 3 a Rn. 19
- Zeithonorar § 3 a Rn. 54
- Zeitnachweis der anwaltlichen Tätigkeit § 3 a Rn. 23
- Zugang beim Adressaten § 3 a Rn. 15

Stichwortregister

Vergütungsverzeichnis § 2 Rn. 42
Verhaftungsauftrag Nr. 3309 Rn. 34
Verjährung § 8 Rn. 7 ff.
– Haftpflichtanspruch gegen Rechtsanwalt § 1 Rn. 24 f.
– Vorschuss § 9 Rn. 43
Verjährungshemmung § 8 Rn. 7 ff., 53 ff., 59
– Beendigung des Rechtszugs § 8 Rn. 53 ff.
– Ende § 8 Rn. 60 ff.
– Erledigung des Auftrags § 8 Rn. 53
– erneute ~ § 8 Rn. 65
– formelle Rechtskraft § 8 Rn. 59
– Kostenentscheidung § 8 Rn. 51 ff.
– Nichtbetreiben des Verfahrens § 8 Rn. 63
– Ruhen des Verfahrens § 8 Rn. 61 ff., 63
– Vergütungsfestsetzungsverfahren § 11 Rn. 76
– vertragliche Fälligkeitsabrede § 8 Rn. 55 ff.
Verkehrsanwalt Nr. 3400 Rn. 1 ff.
– Berufungsverfahren Nr. 3400 Rn. 29
– Beschwerdeverfahren Nr. 3400 Rn. 30
– Einigungsgebühr Nr. 1000 Rn. 29 ff.; Nr. 3400 Rn. 39 ff.
– Einmaligkeitsgrundsatz Nr. 3400 Rn. 18
– Einzelheiten Nr. 3400 Rn. 9 ff.
– Einzeltätigkeit Nr. 3400 Rn. 44 ff.
– Erstattungsfähigkeit der Gebühren Nr. 3400 Rn. 59 ff.
– Erweiterung der Postulationsfähigkeit Nr. 3400 Rn. 14
– Führung des Verkehrs der Partei mit dem Verfahrensbevollmächtigten Nr. 3400 Rn. 9 ff.
– Gebührenteilungsabrede Nr. 3401 Rn. 57 ff.
– gutachterliche Äußerungen Nr. 3400 Rn. 50 ff.
– Kostenerstattung Nr. 3401 Rn. 64
– PKH-Verfahren Nr. 3400 Rn. 69
– Postulationsfähigkeit Nr. 3400 Rn. 14
– Rechtsschutzversicherung Nr. 3400 Rn. 83
– Revisionsverfahren Nr. 3400 Rn. 29
– Terminsgebühr Nr. 3400 Rn. 35 ff.
– Übersendung der Handakte Nr. 3400 Rn. 48 ff.
– Verfahrensgebühr Nr. 3400 Rn. 20 ff.
– vorzeitige Beendigung des Auftrags Nr. 3400 Rn. 31; Nr. 3405 Rn. 4 ff.
– Wechsel in der Position des Anwalts Nr. 3400 Rn. 46
– weitere Gebühren Nr. 3400 Rn. 34 ff.
Verkehrsunfall § 17 Rn. 35; § 22 Rn. 38
Verletzung des rechtlichen Gehörs
– Abhilfeverfahren § 12 a Rn. 1 ff.
– Begründung des Beschlusses § 12 a Rn. 30
– fahrlässig vom Richter verursacht § 12 a Rn. 14
– Fehler von anderen Personen § 12 a Rn. 12 ff.
– Fortsetzung des Verfahrens § 12 a Rn. 7 ff.
– Gehörsrüge § 12 a Rn. 1 ff.
– Pannenfälle § 12 a Rn. 12 ff.
– rechtliches Gehör des Gegners zur Gehörsrüge § 12 a Rn. 27 ff.
– Rechtsbehelfsfrist § 12 a Rn. 19 ff.
– Unanfechtbarkeit des Beschlusses § 12 a Rn. 30
– Verfahrensfortsetzung in der 1. Instanz beim judex a quo § 12 a Rn. 7 ff.
– vorsätzliche ~ § 12 a Rn. 15 ff.
– Zuständigkeit für Rüge § 12 a Rn. 24 ff.
Vermittlungsverfahren nach § 52 a FGG
– Verfahrensgebühr Nr. 3100 Rn. 51
Vermögenshaftpflichtprämie
– Auslagenerstattung § 22 Rn. 62
Vermögenshaftpflichtversicherung § 2 Rn. 19 ff.
Vermögensverhältnisse
– Auftraggeber § 14 Rn. 45 ff.
Vermögensverwaltung § 1 Rn. 89
Vermögensverzeichnis
– Ergänzung bzw. Nachbesserung Nr. 3309 Rn. 37
Veröffentlichungsbefugnis
– besondere Angelegenheit § 18 Rn. 44
Versäumnisurteil
– Antrag Nr. 3105 Rn. 18 ff.
– beide Parteien erscheinen zu Termin Nr. 3105 Rn. 8
– Flucht in die Säumnis Nr. 3105 Rn. 12
– Gutachteneinholung nicht erforderlich § 14 Rn. 138
– Kostenerstattung Nr. 3105 Rn. 46
– unechtes ~ Nr. 3105 Rn. 21
– zweites ~ Nr. 3105 Rn. 45
Versäumnisverfahren
– Terminsgebühr Nr. 3105 Rn. 1 ff.
– Terminsvertretung Nr. 3402 Rn. 10 ff.
Verschiedene Angelegenheiten § 17 Rn. 1 ff.
– Abänderungsverfahren § 17 Rn. 17
– Abgrenzung § 17 Rn. 5 ff.
– Abmahnschreiben in Wettbewerbssachen § 17 Rn. 34
– Abstandnahme vom Urkunden- oder Wechselprozess § 17 Rn. 18
– Allgemeines § 17 Rn. 1 ff., 9 f.
– Anspruchserhebung gegenüber Haftpflichtversicherer, dann Kasko § 17 Rn. 35

Stichwortregister

– Aussetzung oder Anordnung der sofortigen Vollziehung § 17 Rn. 12
– Begriff § 17 Rn. 4
– Beweisverfahren § 17 Rn. 36
– Bußgeldsachen § 17 Rn. 23
– Eilverfahren § 17 Rn. 17
– Einholung von Deckungsschutzzusage beim Rechtsschutzversicherer und späterer Prozess § 17 Rn. 31
– Einzelheiten § 17 Rn. 10 ff.
– Erkenntnisverfahren § 17 Rn. 28
– Ermittlungsverfahren § 17 Rn. 23
– Erweiterung des Katalogs des § 17 § 17 Rn. 26 ff.
– FGG-Verfahren § 17 Rn. 21
– gerichtliches Verfahren § 17 Rn. 12
– GmbH-Ausschluss § 17 Rn. 30
– Güteverfahren § 17 Rn. 20
– Kündigungsprozess § 17 Rn. 27
– Mahnverfahren § 17 Rn. 15
– mehrere Aufträge § 17 Rn. 33
– Nichtzulassungsbeschwerde § 17 Rn. 22
– Räumungsprozess § 17 Rn. 27
– Rechtsmittelverfahren § 17 Rn. 22
– Schiedsverfahren § 17 Rn. 19
– Sicherungsverwahrung § 17 Rn. 24
– Strafverfahren § 17 Rn. 24
– streitiges Verfahren § 17 Rn. 15
– Systematik § 17 Rn. 9 f.
– Umgangsrecht § 17 Rn. 21
– Urkunden- oder Wechselprozess § 17 Rn. 18
– vereinfachtes Verfahren über den Unterhalt Minderjähriger § 17 Rn. 16
– Verkehrsunfall § 17 Rn. 26, 35
– Verwaltungsverfahren § 17 Rn. 12
– Vorbehaltsurteil § 17 Rn. 18
– Wettbewerbssachen § 17 Rn. 34
– Widerspruchsverfahren § 17 Rn. 12
– Wiederaufnahmeverfahren § 17 Rn. 25
– Zulassung der Vollziehung § 17 Rn. 19
– Zwangsvollstreckung § 17 Rn. 28
– zweiter Auftrag nach Erledigung des ersten Auftrags § 17 Rn. 26

Verschulden
– Allgemeines § 54 Rn. 1
– beigeordnete oder bestellte Rechtsanwälte § 54 Rn. 1 ff.
– Einzelheiten § 54 Rn. 2 ff.

Versicherungsprämie
– Auslagenerstattung § 22 Rn. 62

Verteidigungsabsichtserklärung Nr. 3101 Rn. 23

Verteilungsverfahren Nr. 3311 Rn. 10 ff., 18
– außerhalb der Zwangsversteigerung und Zwangsverwaltung Nr. 3333 Rn. 1 ff.
– besondere Angelegenheit § 18 Rn. 32
– Gegenstandswert § 25 Rn. 19
– Schifffahrtrechtliches Verteilungsverfahren Vorbem. 3.3.5 Rn. 13 ff.

Vertikalverweisung § 20 Rn. 6

Vertragsabschluss
– Einigungsgebühr Nr. 1000 Rn. 47 ff.

Vertragsfreiheit § 4 Rn. 1

Vertragsgestaltung
– Beratungshilfe Nr. 2503 Rn. 1 ff.
– Geschäftsgebühr Vorbem. 2.3 Rn. 28 ff.

Vertretbare Handlung
– Vornahme § 18 Rn. 36

Vertretung Vorbem. 2.3 Rn. 1 ff.
– Abgrenzung zur Beratungshilfe Vorbem. 2.3 Rn. 16
– Allgemeines Vorbem. 2.3 Rn. 1
– außergerichtliche Angelegenheit Vorbem. 2.3 Rn. 15
– Einzelheiten Vorbem. 2.3 Rn. 6 ff.
– Geschäftsgebühr Vorbem. 2.3 Rn. 15 ff.
– sozialrechtliche Angelegenheiten Vorbem. 2.3 Rn. 12
– Streitverkündeter Nr. 3100 Rn. 50
– Verwaltungszwangsverfahren Vorbem. 2.3 Rn. 11

Verwahrungsgeschäft
– Hebegebühr Nr. 1009 Rn. 2

Verwaltungsbehörde
– Zurückverweisung § 21 Rn. 6

Verwaltungsgebühr § 1 Rn. 69
– Bruttowert des Aktivnachlasses § 1 Rn. 69
– Empfehlung des Notarvereins § 1 Rn. 70

Verwaltungsgerichtsbarkeit
– Rechtsmittel § 11 Rn. 65

Verwaltungsgerichtsverfahren
– als gemeinsamer Vertreter bestellter Rechtsanwalt § 40 Rn. 1 ff.
– Auffanggegenstandswert § 23 Rn. 99
– einstimmige Berufungszurückweisung durch OVG Nr. 3104 Rn. 67
– Entscheidung durch Gerichtsbescheid des VerwG Nr. 3104 Rn. 67

Verwaltungsverfahren § 16 Rn. 10; § 17 Rn. 12; Nrn. 2100–2103 a. F. Rn. 1 ff. (Anhang III)
– Anordnung der sofortigen Vollziehung Nr. 2301 Rn. 23 ff.
– Anrechnung der Geschäftsgebühr Nr. 2301 Rn. 17 ff.

1651

Stichwortregister

- Aussetzung der sofortigen Vollziehung Nr. 2301 Rn. 23 ff.
- einstweilige Maßnahmen zur Sicherung der Rechte Dritter Nr. 2301 Rn. 23 ff.
- Geschäftsgebühr Nr. 2300 Rn. 5; Nr. 2301 Rn. 1 ff.
- nachfolgendes gerichtliches Verfahren Nr. 2301 Rn. 18 ff.
- weitere Gebühren Nr. 2301 Rn. 22

Verwaltungszwangsverfahren
- Vertretung Vorbem. 2.3 Rn. 11
- Zwangsvollstreckung Nr. 3309 Rn. 56 ff.

Verweisung § 20 Rn. 1 ff.
- Allgemeines § 20 Rn. 1 ff.
- Diagonal~ § 20 Rn. 7, 40 ff.
- Erstattungsfähigkeit von Mehrkosten § 20 Rn. 45 ff.
- Horizontal~ § 20 Rn. 4, 11 ff.
- Mehrkosten § 20 Rn. 45 ff.
- nach dem 01. 07. 2004 § 20 Rn. 22
- Vertikal~ § 20 Rn. 6

Verzicht
- Einigungsgebühr Nr. 1000 Rn. 88 ff.

Verzichtsvertrag
- Einigungsgebühr Nr. 1003 Rn. 41

Vignettengebühren Nr. 7006 Rn. 2

Vollstreckbarerklärungsverfahren
- durch Rechtsmittelanträge nicht angefochtene Teile eines Urteils Nr. 3329 Rn. 1 ff.
- Terminsgebühr Nr. 3332 Rn. 1 ff.
- vorzeitige Beendigung Nr. 3337 Rn. 1 ff.

Vollstreckbarkeit
- nachträgliche ~ eines Urteils § 19 Rn. 52

Vollstreckungen
- Nachtzeit~ § 19 Rn. 69 f.

Vollstreckungsanerkennung
- Vertrag mit Österreich § 16 Rn. 18

Vollstreckungsbescheid
- Antrag auf Erlass Nr. 3308 Rn. 1 ff.
- bisherige Kosten des Mahnverfahrens Nr. 3308 Rn. 21
- Einigungsgebühr Nr. 1003 Rn. 36 ff.
- Forderungshöhe Nr. 3308 Rn. 20
- Gegenstandswert Nr. 3308 Rn. 20 ff.

Vollstreckungsbescheidgebühr Nr. 3308 Rn. 1 ff.
- Gebührenermäßigung Nr. 3308 Rn. 19
- Höhe Nr. 3308 Rn. 14 ff.
- mehrere Auftraggeber Nr. 3308 Rn. 15 ff.
- Verhältnis zu anderen Gebühren Nr. 3308 Rn. 24

Vollstreckungsgegenklage
- Vergütungsfestsetzungsverfahren § 11 Rn. 63

Vollstreckungshandlung
- erste ~ Nr. 3309 Rn. 26 ff.
- mehrere ~en während einer Vollstreckungsmaßnahme Nr. 3309 Rn. 29 ff.
- vorbereitende ~ Nr. 3309 Rn. 12 ff.
- Zeitpunkt der ersten ~ Nr. 3309 Rn. 26 ff.

Vollstreckungsklausel
- Einwendungen des Schuldners § 18 Rn. 24
- Erteilung § 19 Rn. 58 ff.

Vollstreckungsmaßnahme Nr. 3309 Rn. 12 ff.
- Aufhebung § 19 Rn. 77 f.
- besondere Angelegenheit § 18 Rn. 14 ff.
- mehrere Vollstreckungshandlungen während einer ~ Nr. 3309 Rn. 29 ff.

Vollstreckungsmaßregeln
- Aufhebung § 18 Rn. 46 f.

Vollstreckungsorgane Nr. 3309 Rn. 1, 1

Vollstreckungsschutzanträge
- besondere Angelegenheit § 18 Rn. 28

Vollstreckungstitel Nr. 3309 Rn. 1
- Abänderung Nr. 3331 Rn. 1 ff.

Vollziehung von im Wege des einstw. Rechtsschutzes ergangenen Entscheidungen Nr. 3309 Rn. 62 ff.

Vollziehungsmaßnahmen
- besondere Angelegenheit § 18 Rn. 20

Vorabentscheidungsverfahren § 38 Rn. 10 ff.

Vorbehaltsurteil § 17 Rn. 18
- Fälligkeit der Vergütung § 8 Rn. 41

Vorbereitungstätigkeit § 19 Rn. 11
- Einholung der Deckungszusage beim Rechtsschutzversicherer § 19 Rn. 14 ff.
- Klage / Klageerwiderung § 19 Rn. 12 f.

Vorläufiger Rechtsschutz
- Asylverfahren § 30 Rn. 23 ff.

Vorläufiges Zahlungsverbot Nr. 3309 Rn. 35

Vormund § 1 Rn. 8, 55 ff.

Vorprozessuale Beitreibung § 19 Rn. 19 ff.

Vorschuss § 9 Rn. 1 ff.; § 47 Rn. 1 ff.
- Abrechnung § 9 Rn. 43
- Allgemeines § 9 Rn. 1 ff.; § 47 Rn. 1
- Anforderung § 9 Rn. 38
- Anrechnung § 58 Rn. 1 ff.
- Antrag § 47 Rn. 9
- Art § 47 Rn. 6 ff.
- Auslagen § 47 Rn. 7

Stichwortregister

- Ausschluss § 9 Rn. 8
- beigeordnete oder bestellte Rechtsanwälte § 47 Rn. 1 ff.
- Beratungshilfe Vorbem. 2.5 Rn. 92
- Berechtigte § 9 Rn. 12 ff.
- Beschwerde § 47 Rn. 16 ff.
- bestellte Rechtsanwälte § 52 Rn. 8 f.
- Bußgeldsachen § 58 Rn. 16 ff.
- Einzelheiten § 9 Rn. 12 ff.; § 47 Rn. 6 ff.
- Entscheidung § 47 Rn. 12
- Erinnerung § 47 Rn. 13 ff.
- Festsetzung § 9 Rn. 42
- Festsetzung des aus der Staatskasse zu zahlenden ~es § 55 Rn. 1 ff.
- Gebühren § 47 Rn. 6
- gerichtlich bestellte Verteidiger § 9 Rn. 8
- Höhe § 9 Rn. 24 ff.; § 47 Rn. 8
- Nebenkläger § 9 Rn. 8
- Nichtzahlung § 9 Rn. 41
- Notaranwalt § 9 Rn. 8
- PKH-Anwalt § 9 Rn. 7
- Privatkläger § 9 Rn. 8
- Prozesspfleger § 9 Rn. 8
- Rechtsbehelfe § 47 Rn. 13 ff.
- steuerliche Behandlung § 9 Rn. 28 ff.
- Strafsachen § 58 Rn. 16 ff.
- Verfahren § 47 Rn. 9 ff.
- Verjährung § 9 Rn. 43
- Verpflichtete § 9 Rn. 15 ff.
- Verzugszinsen § 9 Rn. 39
- Vorläufigkeit der Festsetzung § 47 Rn. 60
- Währung § 9 Rn. 40
- Zahlung § 9 Rn. 39; § 60 Rn. 60
- zuständiges Gericht § 47 Rn. 10

Vorsteuerabzugsberechtigung Nr. 7008 Rn. 6 ff.

Vorverfahren
- isoliertes § 3 Rn. 4

Vorzeitige Beendigung des Auftrags Nr. 3101 Rn. 1 ff.; Nrn. 3200–3201 Rn. 1 ff.
- Beendigungsfälle Nr. 3101 Rn. 12
- Differenzverfahrensgebühr Nr. 3101 Rn. 6, 38
- Einigung über in diesem Verfahren nicht rechtshängige Ansprüche Nr. 3101 Rn. 39
- Einzelheiten Nr. 3101 Rn. 9 ff.
- Kenntnisstand des Anwalts Nr. 3101 Rn. 15
- nicht rechtshängige Ansprüche Nr. 3101 Rn. 39
- Nichtkenntnis von Klage- oder Rechtsmittelrücknahme Nr. 3101 Rn. 15
- Nichtzulassungsbeschwerdeverfahren Nrn. 3504–3505 Rn. 1 ff.
- Pauschalierung Nr. 3101 Rn. 2
- Rechtsbeschwerdeverfahren Nr. 3503 Rn. 1
- Revisionsverfahren Nrn. 3206–3209 Rn. 1 ff.
- Sachvortrag Nr. 3101 Rn. 3
- Terminsgebühr Nr. 3402 Rn. 66
- Terminsvertretung Nr. 3405 Rn. 10 ff.
- Verfahrensgebühr Nr. 3101 Rn. 1 ff.; Nr. 3401 Rn. 47
- Verkehrsanwalt Nr. 3400 Rn. 31; Nr. 3405 Rn. 4 ff.
- wenig arbeitsaufwändige FGG-Verfahren Nr. 3101 Rn. 8
- Zeitpunkt Nr. 3101 Rn. 13

W

Wahlanwaltsgebühren § 13 Rn. 5
- Ermittlung § 58 Rn. 14

Wahlverteidiger Einleitung Rn. 23 ff.; Vorbem. 4 Rn. 51
- außergerichtliches Verfahren Nrn. 6200–6216 Rn. 20 ff.
- berufsgerichtliches Verfahren Vorbem. 6.2 Rn. 12 ff.
- besondere Verfahren Vorbem. 6.4 Rn. 36 f.
- Disziplinarverfahren Vorbem. 6.2 Rn. 12 ff.
- Einzeltätigkeiten Vorbem. 6.4 Rn. 36 f.
- Freiheitsentziehungsverfahren Nrn. 6300–6303 Rn. 31 ff.
- Grundgebühr/mit Zuschlag Einleitung 4 Rn. 16 ff.
- Internationale Rechtshilfe in Strafsachen Nrn. 6100–6101 Rn. 4 ff.
- sonstige Verfahren Vorbem. 6.2 Rn. 12 ff.
- Strafsachen Einleitung 4 Rn. 23 ff.
- Unterbringungssachen Nrn. 6300–6303 Rn. 31 ff.
- Wehrbeschwerdeverfahren Nrn. 6400–6403 Rn. 38 f.

Wechselprozess
- Verfahrensgebühr Nr. 3100 Rn. 53

Wehrbeschwerdeverfahren Nrn. 6402–6403 Rn. 40 f.

Werkvertrag § 1 Rn. 23 ff.

Wertänderung § 2 Rn. 25

Wertberechnung § 2 Rn. 23 ff.
- Bewertungszeitpunkt § 2 Rn. 24
- objektiver Geldwert § 2 Rn. 23, 41

Wertfestsetzungsverfahren § 33 Rn. 26 ff.
- Abhilfe § 33 Rn. 42

Stichwortregister

- Antrag § 33 Rn. 29
- Antragsberechtigung § 33 Rn. 32 ff.
- Beschluss § 33 Rn. 31
- Beschwer § 33 Rn. 34 ff.
- Beschwerde § 33 Rn. 34 ff.
- Einlegung der Beschwerde § 33 Rn. 48
- Einzelrichterzuständigkeit § 33 Rn. 50
- Fälligkeit § 33 Rn. 26 ff.
- Frist § 33 Rn. 24
- Gebühren § 33 Rn. 51
- Kosten § 33 Rn. 51
- nächsthöheres Gericht § 33 Rn. 43
- Verwirkung § 33 Rn. 24
- Wiedereinsetzung in den vorherigen Stand § 33 Rn. 46
- Zulässigkeit § 33 Rn. 15 ff.
- Zuständigkeit § 33 Rn. 50

Wertgebühren § 13 Rn. 1 ff.
- Allgemeines § 13 Rn. 1
- Gegenstandswert § 13 Rn. 2
- Höchstgebühr § 13 Rn. 16 ff.
- mehrere Auftraggeber Nr. 1008 Rn. 56 ff., 81
- Mindestgebühr § 13 Rn. 11 ff.
- Tabelle § 13 Rn. 7

Wertgebühren aus der Staatskasse § 49 Rn. 1 ff.

Wertpapiere
- Hebegebühr Nr. 1009 Rn. 11

Wertpapiererwerbs- und Übernahmegesetz
- Ausschlussverfahren § 31 a Rn. 1 ff.
- Beschwerde Vorbem. 3.2.1 Rn. 9

Wertpapierhandelsgesetz
- Beschwerde Vorbem. 3.2.1 Rn. 10

Wertvorschrift § 23 Rn. 1 ff.
- Allgemeines § 23 Rn. 1 ff.
- arbeitsgerichtliche ~en § 23 Rn. 96 ff.

Wettbewerbsbeschränkungen
- Beschwerde Vorbem. 3.2.1 Rn. 8

Wettbewerbssachen
- Abmahnschreiben § 17 Rn. 34

Widerklage § 16 Rn. 31
- Gegenstandswert § 23 Rn. 76 ff.
- Hilfs~ Nr. 1003 Rn. 19

Widerrufsvergleich
- Verfahrensgebühr Nr. 3101 Rn. 42

Widerspruchsverfahren § 17 Rn. 12

Wiederaufnahmeverfahren § 17 Rn. 25; Nrn. 4136–4140 Rn. 96 ff.
- Geschäftsgebühr Nrn. 4136–4140 Rn. 100 ff.
- Terminsgebühr Nrn. 4136–4140 Rn. 106
- Verfahrensgebühr Nrn. 4136–4140 Rn. 103 ff.

Wiedereinsetzung in den vorherigen Stand
- Wertfestsetzungsverfahren § 33 Rn. 46

Wirtschaftsstrafkammer Einleitung 4 Rn. 22

Wohnungseigentum Nr. 1008 Rn. 25

Wohnungseigentumssachen Vorbem. 3.2.1 Rn. 1 ff.

Z

Zahlung
- Anrechnung § 58 Rn. 1 ff.

Zahlungsaufforderung mit Vollstreckungsandrohung Nr. 3309 Rn. 18

Zahlungsverbot
- vorläufiges ~ Nr. 3309 Rn. 35

Zeithonorar
- Mediationsvertrag § 34 Rn. 95 ff.
- Vergütungsvereinbarung § 4 Rn. 57, 130

Zeugenbeistand Vorbem. 3 Rn. 1 ff.
- ein Zeuge Vorbem. 3 Rn. 20
- Einzelheiten Vorbem. 3 Rn. 16 ff.
- Gebührenhöhe Vorbem. 3 Rn. 20 ff.
- mehrere Zeugen Vorbem. 3 Rn. 21
- Rechtsmittelinstanz Vorbem. 3 Rn. 24

Zinsen
- Gegenstandswert § 25 Rn. 4

Zivilprozess
- Zurückverweisung § 21 Rn. 7 ff.

Zivilsachen
- Erstattungspflicht der Staatskasse § 5 Rn. 44
- Stellvertretung § 5 Rn. 44

Zulassungsbeschwerde
- Bindung § 33 Rn. 45
- Wertfestsetzungsverfahren § 33 Rn. 26 f.

Zurückschiebung § 30 Rn. 13

Zurückverweisung § 21 Rn. 1 ff.; § 61 Rn. 80 ff., 99; Vorbem. 3 Rn. 130 ff.
- Allgemein § 21 Rn. 4
- an untergeordnetes Gericht Vorbem. 3 Rn. 129
- Anrechnung der Verfahrensgebühr § 21 Rn. 28 ff.
- Begriff Vorbem. 3 Rn. 130
- derselbe Rechtszug § 21 Rn. 35
- Diagonalverweisung Vorbem. 3 Rn. 132
- Einzelheiten § 21 Rn. 21 ff.
- Fälle des § 629 b ZPO § 21 Rn. 34 f.
- Gebühren nach ~ § 21 Rn. 23 ff.
- grundsätzlich neue Instanz Vorbem. 3 Rn. 135

- neuer Rechtszug § 21 Rn. 21 ff.
- Rechtszug beendende Entscheidung § 21 Rn. 14 ff.
- Strafsachen § 21 Rn. 5
- Streitwert Vorbem. 3 Rn. 136
- Verwaltungsbehörde § 21 Rn. 6
- Vorbefassung des untergeordneten Gerichts Vorbem. 3 Rn. 133 ff.
- zeitlicher Zusammenhang § 21 Rn. 36
- Zivilprozess § 21 Rn. 7

Zuständigkeit
- funktionale ~ § 51 Rn. 22
- örtliche ~ § 20 Rn. 4
- sachliche ~ § 20 Rn. 4
- Vergütungsfestsetzungsverfahren § 11 Rn. 44

Zuständigkeitsrüge Nr. 3101 Rn. 23

Zuständigkeitsstreitwert § 32 Rn. 12 ff.
- Anfechtbarkeit des Festsetzungsbeschlusses § 32 Rn. 17 ff.

Zustellung und Mitteilung an Gegner oder Beteiligte Nr. 7000 Rn. 14 ff.

Zustellungen § 19 Rn. 46 ff.
- Titel § 19 Rn. 66
- Vergütungsfestsetzungsverfahren § 11 Rn. 55
- Zustellungen § 19 Rn. 66

Zuweisungsentscheidung § 30 Rn. 13

Zwangshypothek
- besondere Angelegenheit § 18 Rn. 33 ff.

Zwangsmittel
- Ausführung der Zwangsvollstreckung § 18 Rn. 37

Zwangssicherungshypothek
- Eintragung Nr. 3309 Rn. 46 ff.

Zwangsversteigerung
- Gegenstandswert § 26 Rn. 1 ff.
- mehrere Auftraggeber § 26 Rn. 13 ff.
- mehrere Schuldner § 26 Rn. 17
- Vertretung des Gläubigers § 26 Rn. 4 ff.
- Vertretung eines Beteiligten § 26 Rn. 9 ff.
- Vertretung eines unbeteiligten Bieters § 26 Rn. 12

Zwangsversteigerungsverfahren Nr. 3311 Rn. 1 ff.
- Antrag auf Anordnung der Zwangsverwaltung oder auf Zulassung des Beitritts Nr. 3311 Rn. 16
- bis zur Einleitung des Verteilungsverfahrens Nr. 3311 Rn. 7
- Einzelheiten Nr. 3311 Rn. 7 ff.
- mehrere ~ gegen denselben Schuldner Nr. 3311 Rn. 5
- mehrere Auftraggeber Nr. 3311 Rn. 6
- Terminsgebühr Nr. 3312 Rn. 1 ff.
- Verteilungsverfahren Nr. 3311 Rn. 10 ff.
- Verteilungsverfahren außerhalb des ~ Nr. 3333 Rn. 1 ff.

Zwangsverwalter § 1 Rn. 76 ff.
- Rechtsanwalt als ~ § 27 Rn. 10 f.

Zwangsverwaltung
- Gegenstandswert § 27 Rn. 1 ff.
- Rechtsanwalt als Zwangsverwalter § 27 Rn. 10 f.
- Vertretung des Schuldners § 27 Rn. 7
- Vertretung eines sonstigen Beteiligten § 27 Rn. 8
- Vertretung für den Antragsteller § 27 Rn. 3 ff.

Zwangsverwaltungsverfahren Nr. 3311 Rn. 1 ff.
- einschließl. Verteilungsverfahren Nr. 3311 Rn. 18
- Einzelheiten Nr. 3311 Rn. 7 ff.
- mehrere ~ gegen denselben Schuldner Nr. 3311 Rn. 5
- mehrere Auftraggeber Nr. 3311 Rn. 6
- Terminsgebühr Nr. 3312 Rn. 6
- Verteilungsverfahren außerhalb des ~ Nr. 3333 Rn. 1 ff.
- Vertretung eines sonstigen Beteiligten Nr. 3311 Rn. 20

Zwangsvollstreckung § 17 Rn. 28; § 19 Rn. 3; Nr. 3309 Rn. 1 ff.
- Allgemeines Nr. 3309 Rn. 2
- Anordnung der sofortigen Wirksamkeit § 19 Rn. 67
- Anträge auf anderweitige Verwertung § 18 Rn. 30
- Aufhebung § 19 Rn. 57
- Auftraggeber Nr. 3309 Rn. 39
- Ausführung der ~ in ein gepfändetes Vermögensrecht durch Verwaltung § 18 Rn. 31
- Aussetzung der Vollziehung § 19 Rn. 67
- Begriff Nr. 3309 Rn. 9 ff.
- Beschränkung § 19 Rn. 57
- Duldung § 25 Rn. 23
- eidesstattliche Versicherung § 25
- Einigungsgebühr Nr. 3309 Rn. 70 ff.
- einstweilige Einstellung oder Beschränkung Nr. 3311 Rn. 22
- Gebührenanspruch Nr. 3309 Rn. 2
- Gegenstandswert § 25 Rn. 1 ff.; Nr. 3309 Rn. 38
- Geldforderung § 25 Rn. 2 ff.
- mehrere Auftraggeber Nr. 3309 Rn. 39

Stichwortregister

- mehrere Schuldner Nr. 3309 Rn. 45
- nach § 17 Abs. 4 Schifffahrtsrechtliche Verteilungsordnung § 18 Rn. 45
- nach FGG Nr. 3309 Rn. 51 ff.
- nach ZPO Nr. 3309 Rn. 12 ff.
- Pfändung eines Gegenstands § 25 Rn. 6 ff.
- Pfändung von Arbeitseinkommen § 25 Rn. 13 ff.
- schifffahrtrechtliches Verteilungsverfahren Nr. 3322 Rn. 1 ff.
- Schuldner Nr. 3309 Rn. 45
- Schuldneranträge § 25 Rn. 28 ff.
- Terminsgebühr Nr. 3310 Rn. 1 ff.
- Unterlassen § 25 Rn. 23
- unvertretbare Handlung § 25 Rn. 24
- Verfahren zur vorläufigen Einstellung, Beschränkung oder Aufhebung Nr. 3328 Rn. 1 ff.
- Verfahrensgebühr Nr. 3309 Rn. 12 ff.
- Verteilungsverfahren § 25 Rn. 19
- vertretbare Handlung § 25 Rn. 24
- Verwaltungszwangsverfahren Nr. 3309 Rn. 56 ff.
- Vollstreckungstitel Nr. 3309 Rn. 1
- Vollziehung von im Wege des einstw. Rechtsschutzes ergangenen Entscheidungen Nr. 3309 Rn. 62 ff.
- Voraussetzungen Nr. 3309 Rn. 16 ff.
- vorläufige Einstellung § 19 Rn. 57
- Vornahme einer vertretbaren Handlung § 18 Rn. 36
- Wert der herauszugebenden Sache § 25 Rn. 20 ff.
- Zwangsmittel § 18 Rn. 37

Zwangsvollstreckung nach § 17 Abs. 4 SVertO Nr. 3322 Rn. 1 ff.

Zwangsvollstreckungsgebühr Nr. 3309 Rn. 12 ff.
- Entstehen Nr. 3309 Rn. 12 ff.
- Erstattungsfähigkeit Nr. 3309 Rn. 98
- Höhe Nr. 3309 Rn. 38

Zwangsvollstreckungsverfahren § 61 Rn. 96
- Aussöhnungsgebühr Nr. 1003 Rn. 26 ff.
- beigeordnete Rechtsanwälte § 48 Rn. 5
- Einigungsgebühr Nr. 1003 Rn. 26 ff.
- Erledigungsgebühr Nr. 1003 Rn. 26 ff.
- Strafsachen Vorbem. 4.1 Rn. 58
- Vergütungsvereinbarung § 4 Rn. 63

Zwischenabrechnungen § 8 Rn. 19

Zwischenstreit § 19 Rn. 36 f.

Zwischenurteil
- Fälligkeit der Vergütung § 8 Rn. 40